Hans Rudolf Trüeb (Hrsg.)
Handkommentar zum Schweizerischen Beschaffungsrecht

Hans Rudolf Trüeb (Hrsg.)
Prof. Dr. iur., LL.M., Rechtsanwalt

Handkommentar zum Schweizerischen Beschaffungsrecht

Schulthess § 2020

Bibliografische Information der Deutschen Nationalbibliothek
Die Deutsche Nationalbibliothek verzeichnet diese Publikation in der Deutschen Nationalbibliografie; detaillierte bibliografische Daten sind im Internet über http://dnb.d-nb.de abrufbar.

Alle Rechte, auch die des Nachdrucks von Auszügen, vorbehalten. Jede Verwertung ist ohne Zustimmung des Verlages unzulässig. Dies gilt insbesondere für Vervielfältigungen, Übersetzungen, Mikroverfilmungen und die Einspeicherung und Verarbeitung in elektronische Systeme.

© Schulthess Juristische Medien AG, Zürich · Basel · Genf 2020
    ISBN 978-3-7255-8032-3

www.schulthess.com

Inhaltsübersicht

Einleitung	XIII
Abkürzungsverzeichnis	XVII
Literaturverzeichnis	XXXIX

Einführung in den internationalen Kontext 3

1. Kapitel: Gegenstand, Zweck und Begriffe 19
- Art. 1 Gegenstand 19
- Art. 2 Zweck 29
- Art. 3 Begriffe 45

2. Kapitel: Geltungsbereich 59

1. Abschnitt: Subjektiver Geltungsbereich 59
- Art. 4 Auftraggeberinnen/Auftraggeber 59
- Art. 5 Anwendbares Recht 97
- Art. 6 Anbieterinnen/Anbieter 109
- Art. 7 Befreiung von der Unterstellung 119

2. Abschnitt: Objektiver Geltungsbereich 134
- Art. 8 Öffentlicher Auftrag 134
- Art. 9 Übertragung öffentlicher Aufgaben und Verleihung von Konzessionen 163
- Art. 10 Ausnahmen 188

3. Kapitel: Allgemeine Grundsätze 211
- Art. 11 Verfahrensgrundsätze 211
- Art. 12 Einhaltung der Arbeitsschutzbestimmungen, der Arbeitsbedingungen, der Lohngleichheit und des Umweltrechts 220
- Art. 13 Ausstand 231
- Art. 14 Vorbefassung 240
- Art. 15 Bestimmung des Auftragswerts 249

4. Kapitel: Vergabeverfahren 259
- Art. 16 Schwellenwerte 259
- Art. 17 Verfahrensarten 269
- Art. 18 Offenes Verfahren 276
- Art. 19 Selektives Verfahren 280
- Art. 20 Einladungsverfahren 287
- Art. 21 Freihändiges Verfahren 292

Inhaltsübersicht

Art. 22	Wettbewerbe sowie Studienaufträge	305
Art. 23	Elektronische Auktionen	324
Art. 24	Dialog	333
Art. 25	Rahmenverträge	342

5. Kapitel: Vergabeanforderungen ... 353

Art. 26	Teilnahmebedingungen	353
Art. 27	Eignungskriterien	358
Art. 28	Verzeichnisse	366
Art. 29	Zuschlagskriterien	371
Art. 30	Technische Spezifikationen	384
Art. 31	Bietergemeinschaften und Subunternehmerinnen/Subunternehmer	402
Art. 32	Lose und Teilleistungen	427
Art. 33	Varianten	444
Art. 34	Formerfordernisse	462

6. Kapitel: Ablauf des Vergabeverfahrens ... 481

Art. 35	Inhalt der Ausschreibung	481
Art. 36	Inhalt der Ausschreibungsunterlagen	505
Art. 37	Angebotsöffnung	513
Art. 38	Prüfung der Angebote	518
Art. 39	Bereinigung der Angebote	524
Art. 40	Bewertung der Angebote	538
Art. 41	Zuschlag	551
Art. 42	Vertragsabschluss	557
Art. 43	Abbruch	575
Art. 44	Ausschluss vom Verfahren und Widerruf des Zuschlags	583
Art. 45	Sanktionen	598

7. Kapitel: Fristen und Veröffentlichungen, Statistik ... 607

Art. 46	Fristen	607
Art. 47	Fristverkürzungen im Staatsvertragsbereich	617
Art. 48	Veröffentlichungen	623
Art. 49	Aufbewahrung der Unterlagen	632
Art. 50	Statistik	637

8. Kapitel: Rechtsschutz ... 641

Art. 51	Eröffnung von Verfügungen	641
Art. 52	Beschwerde	651

Art. 53	Beschwerdeobjekt	663
Art. 54	Aufschiebende Wirkung	676
Art. 55	Anwendbares Recht	694
Art. 56	Beschwerdefrist, Beschwerdegründe und Legitimation	710
Art. 57	Akteneinsicht	728
Art. 58	Beschwerdeentscheid	743
Art. 59	IVöB Revision	758

9. Kapitel: Kommission Beschaffungswesen Bund-Kantone/*Behörden* 761

Art. 59/60	Kommission Beschaffungswesen Bund-Kantone	761
Art. 61	IVöB Interkantonales Organ	766
Art. 62	IVöB Kontrollen	781

10. Kapitel: Schlussbestimmungen 795

Art. 60	BöB Vollzug	795
Art. 61	BöB Aufhebung und Änderung anderer Erlasse	803
Art. 62/64	Übergangsbestimmung/Übergangsrecht	804
Art. 63	IVöB Beitritt, Austritt, Änderung und Aufhebung	807
Art. 63/65	Referendum und Inkrafttreten/Inkrafttreten	814

Anhang 815

Anhang 1
Bundesgesetz über das öffentliche Beschaffungswesen (BöB) 816
Verordnung über das öffentliche Beschaffungswesen (VöB) 861
Anhang 2
Interkantonale Vereinbarung über das öffentliche Beschaffungswesen (IVöB) 876
Anhang 3
Übereinkommen über das öffentliche Beschaffungswesen (GPA 2012) 913
Schlussofferte unter Anhang 1 der Schweiz 947
Anhang 4
Bilat. Abkommen Schweiz-EU 990

Sachregister 1017

Verzeichnis der Autorinnen und Autoren

RUTH AESCHBACHER
MLaw, RAin (Art. 21)

BEATRICE BICHSEL
MLaw, RAin (Art. 22)

PASCAL BIERI
MLaw, Jurist (Art. 51)

MICHA BÜHLER
lic. iur., LL.M., RA (Art. 57–58)

MAURIZIO CERRATTI
lic. rer. pol. (Art. 59 BöB/Art. 60 IVöB)

NATHALIE CLAUSEN
lic. iur. (Art. 59 IVöB, Art. 60 BöB, Art. 63 IVöB)

REGULA FELLNER
lic. iur., RAin (Art. 18–19, 46–47)

THOMAS M. FISCHER
MLaw, RA (Art. 15–16)

ROMAN FRIEDLI
lic. iur., RA (Art. 37–38)

BRUNO GYGI
lic. iur., RA (Art. 39)

MARCEL HADORN
lic. iur., RA, M.Sc. (Computer Science) (Art. 23)

CÉDRIC HÄNER
MLaw, Jurist (Art. 14)

BEAT JOSS
lic. utr. iur., RA (Art. 31–33)

REBEKKA KREBS
MLaw, RAin (Art. 21)

PANDORA KUNZ-NOTTER
Dr. iur., RAin (Art. 11–13)

DOMINIK KUONEN
Dr. iur., RA, exec. MBA (Art. 34–36)

Verzeichnis der Autorinnen und Autoren

ELISABETH LANG
lic. iur., RAin (Art. 55)

LAURA LOCHER
MLaw, RAin (Art. 24, 44)

THOMAS LOCHER
Dr. iur., RA (Art. 29–30, 43)

THÉO MEYLAN
MLaw, RA (Art. 6)

THOMAS P. MÜLLER
Dr. iur., RA, Fachanwalt SAV für Bau- und Immobilienrecht (Art. 8–9, 41–42)

BARBARA OECHSLIN
lic. iur., Fürsprecherin (Art. 29–30)

MIRJAM OLAH
Dr. iur., RAin (Art. 5)

SOPHIE REGENFUSS
MLaw (Art. 62 BöB/Art. 64 IVöB)

MICHÈLE REMUND
MLaw, Juristin (Art. 25)

FLORIAN C. ROTH
MLaw, RA (Art. 3, 56)

NICOLAS RUTSCHMANN
lic. iur., Advokat (Art. 22)

URS SAXER
Prof. Dr. iur., LL.M., RA (Einführung in den internationalen Kontext)

LETIZIA SCHLEGEL
MLaw, LL.M. (Art. 61–62 IVöB)

DANIEL STUCKI
MLaw, RA (Art. 17, 40)

MARKUS TANNER
Betriebswirtschafter HKG (Art. 50)

HANS RUDOLF TRÜEB
Prof. Dr. iur., LL.M., RA (Art. 1–2)

FELIX TUCHSCHMID
MLaw (Art. 10)

KERSTIN NOËLLE VOKINGER
Prof. Dr. iur. et Dr. med., LL.M., RAin (Art. 45)

PHILIP WALTER
lic. iur., MBA ETH (Art. 20, 48–49)

RAMONA WYSS
MLaw, LL.M., RAin (Art. 26–28)

DANIEL ZIMMERLI
Dr. iur., LL.M., RA (Art. 4, 7)

MARTIN ZOBL
Dr. iur., LL.M., RA (Art. 52–54)

Einleitung

Das Jahr 2011 stand bereits im elften Monat, als mich Sandra Eberle vom federführenden Bundesamt für Bauten und Logistik und Regina Füeg von der Bau-, Planungs- und Umweltdirektorenkonferenz kontaktierten und mir ihr Projekt vorstellten. Die Revision des Government Procurement Agreement, die gerade zum Abschluss gekommen war, sollte als Anlass für eine Harmonisierung des schweizerischen Beschaffungsrechts dienen. Ein ähnliches Projekt – wenn auch damals noch *top down* geplant – war drei Jahre früher spektakulär gescheitert. Nach längerer Reflektion sagte ich meine Unterstützung zu.

Wir zogen die Lehren aus dem früheren Projekt und gingen die Harmonisierung von unten an (*bottom up*), die Rechtswirklichkeiten in den Gemeinden und Kantonen ebenso respektierend wie die Beschaffungspraxis des Bundes. Wir identifizierten in einer grossen, paritätisch aus Vertretern von Bund und Kantonen zusammengesetzten Arbeitsgruppe Gemeinsamkeiten und Unterschiede, diskutierten Vor- und Nachteile und entwarfen Kompromisse. Zu schwierigen Fragen wie den Offertverhandlungen, dem Verhältnis zum Wettbewerbsrecht, der Berücksichtigung von Sekundärzielen oder dem Rechtsschutz hielten wir Hearings mit Vertreterinnen und Vertretern von Branchenorganisationen und der Wissenschaft ab.

Innerhalb von eineinhalb Jahren gelang es, gemeinsam mit den Mitgliedern der Arbeitsgruppe eine Vorlage zu entwickeln, welche die Neuerungen des GPA 2012 umsetzte, die föderalen Unterschiede glättete und Zuspruch von den massgeblichen Stakeholdern fand. Nach Abschluss der Arbeiten fand eine nicht enden wollende «Roadshow» mit der Vorlage vor Ämtern, Bundesexpertinnen und -experten, Redaktionskommissionen usw. statt, denen jedes Mal das besondere Projekt der parallelen Harmonisierung zu erklären war. Die Ämterkonsultation und die daran anschliessende Vernehmlassung vernichteten Zeit, sehr viel Zeit, brachten mir aber offen gestanden keinen Erkenntnisgewinn.

Der weitere Weg der Vorlage glich einer Odyssee, wobei Sirenen, Zyklopen und andere Hindernisse gleich mehrfach überwunden werden mussten. Die Sirenenklänge ertönten immer dann am lautesten, wenn es für Gewerbe und Gewerkschaften galt, ihre eigenen Interessen zu verteidigen. Hin und wieder fanden sie die Unterstützung von jenen, die den Freihandel als Einbahnstrasse verstehen: Einkaufspatriotismus hier, Marktzugang für schweizerische Exporte dort.

Wir mussten zum Glück keine brennenden Pfähle einsetzen, um die Zyklopen zu blenden. Auch blieb uns die Reise unter den Schafen erspart, um der Höhle des Zyklopen zu entkommen. Aber spannend blieb die Reise bis zum Schluss, als die Vorlage in die Einigungskonferenz ging, eine Art Super-Tiebreak im 5. Satz in Wimbledon. Ein Komplettabsturz mit Rückweisung an den Bundesrat lag im Bereich des Möglichen, konnte aber in letzter Minute dank eines dilatorischen Formelkompromisses verhindert werden.

Einleitung

Letztlich haben diese Irrfahrten keine bleibenden Schäden an der Vorlage angerichtet. Zwar ist eine stärkere Gewichtung der Sekundärziele unübersehbar. Dies beginnt bereits bei der Kardinalbestimmung der Vorlage, dem leidenschaftlich diskutierten Art. 41: Der Zuschlag soll künftig nicht an das «wirtschaftlich günstigste» Angebot erfolgen, sondern an das «vorteilhafteste» Angebot. Wer freilich die lateinischen Texte der früheren Erlasse kennt, wird von dieser semantischen Anpassung nicht sonderlich beeindruckt sein. Ferner fanden in Art. 12 auch weitergehende Anliegen des Sozial- und Umweltschutzes Eingang in die Vorlage, wobei – bewusst oder unbewusst – eine Differenz zum Binnenmarktgesetz geschaffen wurde. Und dann fand unglücklicherweise und als Resultat einer fruchtlosen Diskussion um die Wettbewerbsfähigkeit der schweizerischen Anbieter im Binnenmarkt in Art. 29 der Verweis auf die Berücksichtigung «unterschiedlicher Preisniveaus in den Ländern» in letzter Minute doch noch Eingang in das Gesetz. Dank der Einschränkung, dass dies nur «unter Beachtung der internationalen Verpflichtungen» geschehen dürfe, bleibt die Kirche indessen im Dorf bzw. hat der Berg eine (tote) Maus geboren.

Davon und von singulären Ausnahmen in Art. 10, die sich weder nach dem GPA noch nach den im Binnenmarkt geltenden Grundsätzen der Wirtschaftsverfassung erklären lassen, abgesehen, konnte sich die bundesrätliche Vorlage im Parlament behaupten. Sie bringt zahlreiche Verbesserungen gegenüber dem aktuellen Recht. Verbesserungen für die anwendenden Behörden, Verbesserungen für die Anbieter und Verbesserungen für die Wirtschaft insgesamt, vom zusätzlich eröffneten Marktzutritt im Wert von gegen CHF 100 Milliarden einmal abgesehen.

Die wichtigste Neuerung ist die weitgehende Harmonisierung des schweizerischen Beschaffungsrechts. Zu diesem Zweck mussten die Bestimmungen der bestehenden Erlasse neu geordnet und auf einer Stufe konzentriert werden. Waren bisher Normen zur subjektiven und objektiven Unterstellung, zu den verschiedenen Verfahrensarten, zum Ablauf der Verfahren, zu den Verfahrensgrundsätzen, zu Ausschluss, Abbruch und Zuschlag, zu den Fristen und Veröffentlichungen, zum Rechtsschutz und zum Vertragsschluss nach keinen mir bekannten Ordnungskriterien auf BöB und VöB verteilt, zwang die Revision zu Ordnung und Systematik. Da die Kantone ihr Beschaffungsrecht weiterhin in einem Konkordat regeln und das Verfassungsrecht keine «Konkordatsverordnung» kennt, musste alles Relevante im Konkordat selber geregelt werden. Gleiches gilt für das Bundesgesetz. Die Verordnung soll, mit Ausnahme des Wettbewerbskapitels, das in Abweichung von der kantonalen Regelung (Verweis auf die SIA-Ordnung) im Bund autonom geregelt wird, nurmehr Vollzugsbestimmungen enthalten. Gleiches gilt für die kantonalen Einführungsgesetze.

Neu finden sich im Gesetz Instrumente wie die elektronische Auktion und der Wettbewerbsdialog. Letzterer fand anlässlich der letzten Revision bereits in die VöB Eingang, wird nun aber konsequent auf Gesetzes-/Konkordatsstufe geregelt. Mit Ausnahme dieser beiden iterativen Verfahren können künftig sowohl auf Bundesstufe als auch auf kantonaler Stufe Offertverhandlungen nicht mehr geführt werden. Was indessen nicht ausschliesst, dass Preisanpassungen im Rahmen von Offertbereinigungen erfolgen. Es bleibt den Vergabestellen auch unter revidiertem Recht erlaubt, während des Verfahrens klüger zu werden.

In den parlamentarischen Beratungen weitgehend unbeachtet blieb ein Kapitel, das für die Genese des GPA 2012 zentral war: die Vermeidung und Sanktionierung von Korruption und Kollusion. Gesetz und Konkordat gehen dabei neue Wege. Art. 44 enthält eine (lange) Liste von Ausschlussgründen, und Art. 45 regelt neu Sanktionen wie Verwarnung und Sperre von Anbietern (in den Kantonen auch Bussen) bei schweren Regelverstössen. Durch je eine Liste der gesperrten Anbieter auf Stufe Bund (BKB) und Kantone (InöB) soll sichergestellt werden, dass Sperren auch wirksam durchgesetzt werden können.

Neu und teils kreativ ist auch das Kapitel über den Rechtsschutz (Art. 51 ff.). Zum einen wird darin die umfangreiche Gerichtspraxis der Eidgenössischen Rekurskommission für das öffentliche Beschaffungswesen und des Bundesverwaltungsgerichts einerseits sowie der kantonalen Verwaltungsgerichte andererseits kodifiziert. Anfechtbare Entscheide, Beschwerdegründe und Fristen werden vereinheitlicht. Neu wird im Bund ausserhalb des Staatsvertragsbereichs Rechtsschutz gewährt, allerdings nur feststellender Natur. Ein Anbieter kann bei diesen unterschwelligen oder aus anderen Gründen nicht dem GPA unterstellten Verfahren nur einen Entscheid darüber verlangen, ob Bundesrecht verletzt wurde. Gleichzeitig wird ihm, auch das ist neu, die Möglichkeit eröffnet, adhäsionsweise Schadenersatz geltend zu machen, ohne das mühselige Verfahren nach Verantwortlichkeitsgesetz einzuleiten. Damit wurde ein sinnvoller Kompromiss zwischen dem Rechtsschutzbedürfnis der Anbieter und den Transaktionskosten untergeordneter Beschaffungen gefunden.

Zu Beginn nannten wir unsere Arbeitsgruppe hoffnungsvoll Aurora, nach der römischen Göttin der Morgenröte. Im Nachhinein hätte ich einen anderen Namen gewählt: Kalypso, nach der sagenumwobenen Nymphe, die Odysseus auf ihrer Insel sieben Jahre gefangen hielt. Sieben Jahre: ein langer Zeitraum für ein Gesetz, mit dem das Rad nicht neu erfunden wurde. Das Resultat der siebenjährigen Geiselhaft ist besser als die Geschichte. Ein solides Gesetz bzw. ein solides Konkordat, das bis zur nächsten GPA-Revision seinen Dienst erfüllen wird. Und das der Schweiz endlich erlaubt, das GPA 2012 zu ratifizieren – mehr als acht Jahre nach der Unterzeichnung des Staatsvertrages, mehr als sechs Jahre nach Inkrafttreten der Richtlinie 2014/24/EU und recht genau vier Jahre nach Eingang der zweitletzten Ratifikationsurkunde bei der WTO, derjenigen der Republik Moldawien. Irgendwie sollten wir versuchen, diesen Prozess zu beschleunigen. Aber das ist ein weites Feld.

Am Kommentar haben zahlreiche Autorinnen und Autoren mitgeschrieben, die beim Entstehen der Erlasse beteiligt waren oder die Arbeiten begleiteten. Einzelne, wie Bruno Gygi, Beat Joss oder Dominik Kuonen, waren von Beginn weg an den Redaktionsarbeiten beteiligt. Allen Autorinnen und Autoren ist gemein, dass sie sich täglich und intensiv mit dem Beschaffungsrecht auseinandersetzen. Der Kommentar wurde bewusst von

Einleitung

Praktikern geschrieben. Und er ist für Praktiker geschrieben. Dogmatische Höhenflüge wird man darin vergebens suchen. Aber (hoffentlich) Aufschluss und Lösungen für praktische Fragen bei der Konzipierung und Durchführung einer Ausschreibung oder, wo unvermeidbar, bei einer gerichtlichen Überprüfung vergaberechtlicher Entscheide. Die Autorinnen und Autoren vertreten in diesem Kommentar allesamt ihre persönlichen Ansichten.

Ich danke allen Autorinnen und Autoren für ihren grossen Einsatz und die wertvollen Beiträge zum Zustandekommen dieses Werks. Ebenfalls geht mein Dank an Frau Kathleen Rother vom Schulthess Verlag sowie an Frau Nathalic Clausen, die mit grosser Fachkenntnis und Hingabe das Fachlektorat führte und letztlich alle Fäden zusammengeführt hat.

Hans Rudolf Trüeb

Abkürzungsverzeichnis

a.A.	anderer Ansicht
a.a.O.	am angeführten Ort
AB	Amtliches Bulletin
ABl	Amtsblatt der Europäischen Union
aBöB	(alt) Bundesgesetz über das öffentliche Beschaffungswesen vom 16.12.1994, SR 172.056.1
Abs.	Absatz/Absätze
aBV	(alt)Bundesverfassung der Schweizerischen Eidgenossenschaft vom 29.05.1874
a.E.	am Ende/in fine
AELE	Association européenne de libre-échange (= EFTA)
AEUV	Vertrag über die Arbeitsweise der Europäischen Union, ABl 2012 C 326/47
aff.	affaire
AG	Aktiengesellschaft
AGB	Allgemeine Geschäftsbedingungen
aGS	Systematische Gesetzessammlung des Kantons Appenzell Innerrhoden
AGVE	Aargauische Gerichts- und Verwaltungsentscheide
AHV	Alters- und Hinterlassenenversicherung
AIMP	Accord intercantonal sur les marchés publics (= IVöB)
aIVöB	(alt) Interkantonale Vereinbarung über das öffentliche Beschaffungswesen vom 25.11.1994/15.03.2001
AJP	Aktuelle Juristische Praxis, St.Gallen
al.	alinéa
ALV	Arbeitslosenversicherung
a.M.	anderer Meinung
AMP	Accord du 15.04.1994 sur les marchés publics, RS 0.632.231.42 (= GPA 1994)
Amtl. Bull. NR/SR	Amtliches Bulletin der Bundesversammlung, Nationalrat/Ständerat
Anm.	Anmerkung(en)

Abkürzungsverzeichnis

AppGer BS	Appellationsgericht des Kantons Basel-Stadt
ArbR	Mitteilungen des Instituts für Schweizerisches Arbeitsrecht
ArG	Bundesgesetz über die Arbeit in Industrie, Gewerbe und Handel vom 13.03.1964, SR 822.11
ARGE	Arbeitsgemeinschaft
ArGV	Verordnungen zum Bundesgesetz über die Arbeit in Industrie, Gewerbe und Handel vom 13.03.1964, SR 822.111–822.115
AR GVP	Ausserrhodische Gerichts- und Verwaltungspraxis
Art.	Artikel
art.	article
AS	Amtliche Sammlung der Bundesgesetze und Verordnungen (Eidgenössische Gesetzessammlung)
ASR	Abhandlungen zum Schweizerischen Recht
ASTRA	Bundesamt für Strassen
ATB	Alpentransit-Beschluss vom 04.10.1991, SR 742.104
ATF	Arrêts du Tribunal fédéral suisse, Recueil officiel (= BGE)
ATG	AlpTransit Gotthard AG
Aufl.	Auflage
AVG	Bundesgesetz über die Arbeitsvermittlung und den Personalverleih vom 06.10.1989, SR 823.11
AVIG	Arbeitslosenversicherungsgesetz vom 25.06.1982, SR 837.0
aVöB	(alt) Verordnung des Bundesrates über das öffentliche Beschaffungswesen vom 11.12.1995, SR 172.056.11
BAFU	Bundesamt für Umwelt
BAKOM	Bundesamt für Kommunikation
BAWI	Bundesamt für Aussenwirtschaft
BBL	Bundesamt für Logistik
BBl	Bundesblatt der Schweizerischen Eidgenossenschaft
BBl 1987 I 369	Botschaft des Bundesrates vom 15.12.1986 zu einem Bundesgesetz über Finanzhilfen und Abgeltungen
BBl 1988 II 413	Botschaft des Bundesrates vom 23.03.1988 zum Bundesgesetz über den Datenschutz (DSG)

BBl 1994 IV 950	Botschaft des Bundesrates vom 19.09.1994 zu den für die Ratifizierung der GATT/WTO-Übereinkommen (Uruguay-Runde) notwendigen Rechtsanpassungen (GATT-Botschaft 2) vom 19.09.1994
BBl 1995 I 468	Botschaft des Bundesrates zu einem Bundesgesetz über Kartelle und andere Wettbewerbsbeschränkungen (Kartellgesetz, KG) vom 23.11.1994
BBl 1997 I 1	Botschaft des Bundesrates vom 20.11.1996 über eine neue Bundesverfassung
BBl 1999 6128	Botschaft des Bundesrates vom 23.06.1999 zur Genehmigung der sektoriellen Abkommen zwischen der Schweiz und der EG
BBl 2009 1817	Botschaft des Bundesrates vom 24.02.2010 zur Änderung des Bundesgesetzes über die Invalidenversicherung (6. IV-Revision, erstes Massnahmenpaket)
BBl 2017 6941	Botschaft des Bundesrates vom 15.09.2017 zum Bundesgesetz über die Totalrevision des Bundesgesetzes über den Datenschutz und die Änderung weiterer Erlasse zum Datenschutz
BBl 2018 4605	Botschaft zur Änderung des Bundesgerichtsgesetzes (BGG) vom 15.06.2018
BC	Brussels Commentary
Bd.	Band
bez.	bezüglich
BFE	Bundesamt für Energie
BGBl.	Bundesgesetzblatt
BGBM	Bundesgesetz über den Binnenmarkt (Binnenmarktgesetz) vom 06.10.1995, SR 943.02
BGE	Bundesgerichtsentscheid/Entscheidungen des Schweizerischen Bundesgerichts, Amtliche Sammlung; nur über das Internet (www.bger.ch) greifbare Entscheide des Bundesgerichts sind mit der Prozessnummer angegeben
BGer	Schweizerisches Bundesgericht
BGerR	Reglement für das Bundesgericht vom 20.11.2006, SR 173.110.131
BGFA	Bundesgesetz über die Freizügigkeit der Anwältinnen und Anwälte vom 23.06.2000, SR 935.61
BGG	Bundesgesetz über das Bundesgericht vom 17.06.2005, SR 173.110

Abkürzungsverzeichnis

BGÖ	Bundesgesetz über das Öffentlichkeitsprinzip der Verwaltung vom 17.12.2004, SR 152.3
BGSA	Bundesgesetz über Massnahmen zur Bekämpfung der Schwarzarbeit vom 17.06.2005, SR 822.41
BIEGE	Bietergemeinschaft
BilatAbk	Abkommen zwischen der Schweizerischen Eidgenossenschaft und der Europäischen Gemeinschaft über bestimmte Aspekte des öffentlichen Beschaffungswesens vom 21.06.1999, in Kraft getreten am 01.06.2002, SR.0.172.052.68
BIT	Bundesamt für Informatik und Telekommunikation
BKB	Beschaffungskommission des Bundes, ab 01.01.2013 Beschaffungskonferenz des Bundes
BKP	Baukontenplan
BLS	Berner Alpenbahn-Gesellschaft Bern–Lötschberg–Simplon
BLV	Base législative vaudoise
BLVGE	Basellandschaftliche Verwaltungsgerichtsentscheide
Botschaft BöB	Botschaft des Bundesrates vom 15.02.2017 zur Totalrevision des Bundesgesetzes über das öffentliche Beschaffungswesen, BBl 2017 1851
Botschaft BöB, aufschiebende Wirkung	Botschaft des Bundesrates vom 19.05.2010 zur Änderung des Bundesgesetzes über das öffentliche Beschaffungswesen (Aufschiebende Wirkung von Beschwerden), BBl 2010 4051
Botschaft GPA	Botschaft des Bundesrates vom 15.02.2017 zur Genehmigung des Protokolls zur Änderung des WTO-Übereinkommens über das öffentliche Beschaffungswesen, BBl 2017 2053
BöB	Bundesgesetz über das öffentliche Beschaffungswesen vom 21.06.2019, SR 172.056.1
BPG	Bundespersonalgesetz vom 24.03.2000, SR 172.220.1
BPS	Bundesgesetz über die im Ausland erbrachten privaten Sicherheitsdienstleistungen vom 27.09.2013, SR 935.41
BPUK	Schweizerische Bau-, Planungs- und Umweltschutzdirektoren-Konferenz
BPV	Bundespersonalverordnung des Bundesrates vom 03.07.2001, SR 172.220.111.3
BR	Baurecht/Droit de la Construction (Universität Freiburg)

BRK	Eidgenössische Rekurskommission für das öffentliche Beschaffungswesen bzw. Bezeichnung von Entscheiden der BRK in deutscher Sprache
BRZ	Bundesreisezentrale
BSG	Bernische Systematische Gesetzessammlung
bspw.	beispielsweise
Bst.	Buchstabe(n), littera(e)
BStGer	Bundesstrafgericht
BSV	Bundesamt für Sozialversicherungen
BUWAL	Bundesamt für Umwelt, Wald und Landschaft (heute: BAFU)
BV	Bundesverfassung der Schweizerischen Eidgenossenschaft vom 18.04.1999, SR 101
BVergG	Bundesgesetz der Republik Österreich über die Vergabe von Aufträgen vom 20.08.2018, BGBl. I Nr. 65/2018
BVG	Bundesgesetz über die berufliche Alters-, Hinterlassenen- und Invalidenvorsorge vom 25.06.1982, SR 831.40
BVGE	Entscheid(e) des Bundesverwaltungsgerichts
BVGer	Schweizerisches Bundesverwaltungsgericht
BVR	Bernische Verwaltungsrechtsprechung, Bern
BWIS	Bundesgesetz über Massnahmen zur Wahrung der inneren Sicherheit vom 21.03.1997, SR 120
BZP	Bundesgesetz über den Bundeszivilprozess vom 04.12.1947, SR 273
bzw.	beziehungsweise
c.-à-d.	c'est-à-dire
CE	Communauté européenne ou traité instituant la Communauté européenne, JO 2006 C 321 E/1
CEE	Communauté économique européenne
CEDH	Convention de sauvegarde des droits de l'homme et des libertés fondamentales, conclue à Rome le 04.11.1950, en vigueur pour la Suisse le 28.11.1974, RS 0.101 (= EMRK)
cf.	confer
ch.	chiffre
CHF	Schweizer Franken

Abkürzungsverzeichnis

CJCE	Cour de justice des Communautés européennes (heute: Cour de justice de l'Union européenne)
CMLR	Common Market Law Review
COM	Communication
cons.	considérant
CPA	Classification of Products by Activities
CPC	Central Product Classification (Zentrale Produkteklassifikation), abgedruckt in: STÖCKLI/BEYELER, Vergaberecht der Schweiz, S. 461 ff.; http://unstats.un.org/unsd/cr/registry/
CPJA FR	Code du Canton de Fribourg de procédure et de juridiction administrative du 23.05.1991, RSF 150.1
CPM	Code des marchés publics
CPV	Common Procurement Vocabulary
CRG ZH	Gesetz des Kantons Zürich über Controlling und Rechnungslegung (CRG) vom 09.01.2006, LS 611
CRM	Commission fédérale de recours en matière de marchés publics bzw. Commissione federale di ricorso in materia di acquisti pubblici
ders.	derselbe
DesG	Bundesgesetz vom 05.10.2001 über den Schutz von Design, SR 232.12
DEZA	Direktion für Entwicklung und Zusammenarbeit
d.h.	das heisst
Diss.	Dissertation
DPC	Droit et politique de la concurrence (= RPW)
DSB	Dispute Settlement Body
DSG	Bundesgesetz über den Datenschutz vom 19.06.1992, SR 235.1
DSU	Dispute Settlement Understanding
DTS	Droits de tirage spéciaux
E.	Erwägung
EAV	Eidgenössische Alkoholverwaltung
E-BGG	Entwurf des Bundesgesetzes über das Bundesgericht, BBl 2018 4663
E-BöB	Entwurf des Bundesgesetzes über das öffentliche Beschaffungswesen, BBl 2017 2005

e.c.	exempli causa
éd.	édition ou éditeur(s)
EDK	Schweizerische Konferenz der kantonalen Erziehungsdirektoren
EEE	Accord du 02.05.1992 sur l'Espace Economique Européen, JO 1994 L 1/1 (= EWR)
EF	Expert Focus, Schweizerische Zeitschrift für Wirtschaftsprüfung, Steuern, Rechnungswesen und Wirtschaftsberatung
EFD	Eidgenössisches Finanzdepartement
EFK	Eidgenössische Finanzkontrolle
EFTA	Europäische Freihandelsassoziation
EG	Europäische Gemeinschaft
EGMR	Europäischer Gerichtshof für Menschenrechte
EGV-SZ	Entscheide der Gerichts- und Verwaltungsbehörden des Kantons Schwyz
Eidg.	Eidgenössisch(e)
EleG	Bundesgesetz betreffend die elektrischen Schwach- und Starkstromanlagen vom 24.06.1902, SR 734.0
ELR	European Law Reporter
ELRev	European Law Review
EMRK	Konvention zum Schutz der Menschenrechte und Grundfreiheiten (Europäische Menschenrechtskonvention) vom 04.11.1950, SR 0.101
ENSI	Eidgenössisches Nuklearsicherheitsinspektorat
EntsG	Bundesgesetz über die minimalen Arbeits- und Lohnbedingungen für die in die Schweiz entsandten Arbeitnehmerinnen und Arbeitnehmer und flankierende Massnahmen vom 08.10.1999, SR 823.20
env.	environ
EO	Erwerbsersatzordnung
EöR	Einrichtung/en des öffentlichen Rechts
EPFL	Eidgenössische Technische Hochschule Lausanne
EPPPL	European Procurement & Public Private Partnership Law Review

Abkürzungsverzeichnis

Erläuternder Bericht aVöB	Erläuternder Bericht des EFD vom 01.01.2010 zur Änderung der Verordnung über das öffentliche Beschaffungswesen (VöB)
Erläuternder Bericht IVöB	Erläuternder Bericht des InöB vom 18.09.2014 zur Änderung der Interkantonalen Vereinbarung über das öffentliche Beschaffungswesen (IVöB)
Erläuternder Bericht VE-BöB	Erläuternder Bericht des EFD vom 01.04.2015 über die Revision des Bundesgesetzes über das öffentliche Beschaffungswesen
Erläuternder Bericht VE-VöB	Erläuternder Bericht des EFD vom 01.04.2015 zur Revision der Verordnung über das öffentliche Beschaffungswesen (VE-VöB)
Erläuterungen VöB	Erläuterungen des EFD vom 12.02.2020 zur Verordnung über das öffentliche Beschaffungswesen (VöB)
ESTV	Eidgenössische Steuerverwaltung
etc.	et cetera
ETH	Eidgenössische Technische Hochschule
ETS	European Telecommunication Standard
ETSI	European Telecommunication Standard Institute
EU	Europäische Union
EuGH	Gerichtshof der Europäischen Gemeinschaften bzw. der Europäischen Union
EUR	Euro
EuR	Europarecht
EURATOM	Traité instituant la Communauté européenne de l'énergie atomique
EuZW	Europäische Zeitschrift für Wirtschaftsrecht
EVD	Eidgenössisches Volkswirtschaftsdepartement
EVU	Elektrizitätsversorgungsunternehmen
EWG	Europäische Wirtschaftsgemeinschaft
EWR	Europäischer Wirtschaftsraum
EWS	Europäisches Wirtschafts- und Steuerrecht
f.	folgende
ff.	fortfolgende
FF	Feuille fédérale (= BBl)
FHG	Bundesgesetz über den eidgenössischen Finanzhaushalt vom 07.10.2005, SR 611.0

FIDLEG	Bundesgesetz über die Finanzdienstleistungen vom 15.06.2018, SR 950.1
FiG	Bundesgesetz über Filmproduktion und Filmkultur vom 14.12.2001, SR 443.1
FINMA	Eidgenössische Finanzmarktaufsicht
Fn.	Fussnote(n)
FOSC	Feuille officielle suisse du commerce (= SHAB)
FöB	Fachkonferenz öffentliches Beschaffungswesen
Freiburg i.Üe.	Freiburg im Üechtland
FuB	Führungsunterstützungsbasis des Bundes
FusG	Bundesgesetz über Fusion, Spaltung, Umwandlung und Vermögensübertragung vom 03.10.2003, SR 221.301
FZA	Abkommen zwischen der Schweizerischen Eidgenossenschaft einerseits und der Europäischen Gemeinschaft und ihren Mitgliedstaaten andererseits über die Freizügigkeit vom 21.06.1999, SR 0.142.112.681
FZR	Freiburger Zeitschrift für Rechtsprechung
g.A.	gleicher Ansicht
GATS	General Agreement on Trade in Services
GATT	General Agreement on Tariffs and Trade (Allgemeines Zoll- und Handelsabkommen)
GAV	Gesamtarbeitsvertrag/Gesamtarbeitsverträge
GBV	Grundbuchverordnung des Bundesrates vom 23.09.2011, SR 211.432.1
GesKR	Schweizerische Zeitschrift für Gesellschafts- und Kapitalmarktrecht sowie Umstrukturierungen
GKG	Bundesgesetz über die Kontrolle zivil und militärisch verwendbarer Güter, besonderer militärischer Güter sowie strategischer Güter vom 13.12.1996, SR 946.2002
GlG	Bundesgesetz über die Gleichstellung von Frau und Mann vom 24.03.1995, SR 151.1
GPA 1994	Government Procurement Agreement (GATT/WTO-Übereinkommen über das öffentliche Beschaffungswesen vom 15.04.1994), SR 0.632.231.422
GPA 2012	Government Procurement Agreement (GATT/WTO-Übereinkommen über das öffentliche Beschaffungswesen vom 15.04.1994), SR 0.632.231.422

Abkürzungsverzeichnis

GU	Generalunternehmung/Generalunternehmer
GWB	Gesetz gegen Wettbewerbsbeschränkungen der Bundesrepublik Deutschland vom 26.08.1998, BGBl I vom 23.02.2016, S. 203
Habil.	Habilitation
HRegV	Handelsregisterverordnung des Bundesrates vom 17.10.2007, SR 221.411
Hrsg.	Herausgeber
i.c.	in casu
ICT	Information and Communication Technology
IDG ZH	Gesetz über die Information und den Datenschutz des Kantons Zürich vom 12.02.2007, LS 170.4
i.f.	in fine (am Ende)
IG BE	Gesetzes über die Information der Bevölkerung des Kantons Bern vom 02.11.1993, BSG 107.1
IGE	Institut für Geistiges Eigentum
IGH	Internationaler Gerichtshof
i.i.	in initio (am Anfang)
ILO	International Labour Organization
inkl.	inklusive
InöB	Interkantonales Organ
insb.	insbesondere
IRV	Rahmenvereinbarung der KdK vom 25.06.2005 für die interkantonale Zusammenarbeit mit Lastenausgleich
i.S.	in Sachen
ISO	International Organization for Standardization
i.S.v.	im Sinne von
IV	Invalidenversicherung
i.V.m.	in Verbindung mit
IVöB	Interkantonale Vereinbarung über das öffentliche Beschaffungswesen vom 15.11.2019
JCMS	Journal of Common Market Studies
JdT	Journal des Tribunaux
JIEL	Journal of International Economic Law

JO	Journal officiel de l'Union européenne
JT Droit européen	Journal des Tribunaux, Droit européen (Bruxelles)
jtes	jointes
JWT	Journal of World Trade
JZ	Juristenzeitung
KBBK	Kommission Beschaffungswesen Bund–Kantone
KBOB	Koordinationskonferenz der Bau- und Liegenschaftsorgane der öffentlichen Bauherren
KdK	Konferenz der Kantonsregierungen
KDSG BE	Datenschutzgesetz des Kantons Bern vom 19.02.1986, BSG 152.04
KEG	Kernenergiegesetz vom 21.03.2001, SR 732.1
KFG	Bundesgesetz über die Kulturförderung vom 11.12.2009, SR 442.1
KG	Bundesgesetz über Kartelle und andere Wettbewerbsbeschränkungen (Kartellgesetz) vom 06.10.1995, SR 251
KGer	Kantonsgericht
KMG	Bundesgesetz über das Kriegsmaterial vom 13.12.1996, SR 514.51
KMU	Kleine und mittlere Unternehmen
KöB	Kommission für das öffentliche Beschaffungswesen (Kanton Zürich)
KVG	Bundesgesetz über die Krankenversicherung vom 18.03.1994, SR 832.10
LCart	Loi fédérale sur les cartels et autres restrictions à la concurrence (Loi sur les cartels, LCart) du 06.10.1995, SR 251 (= KG)
let.	lettre
LFG	Bundesgesetz über die Luftfahrt vom 21.12.1948, SR 748.0
LGVE	Luzerner Gerichts- und Verwaltungsentscheide
LIEI	Legal Issues of European Integration
LMI	Loi fédérale sur le marché intérieur (LMI) du 06.10.1995, SR 943.02 (= BGBM)
LMV	Landesmantelvertrag
LS	Gesetzessammlung des Kantons Zürich

Abkürzungsverzeichnis

LwG	Bundesgesetz über die Landwirtschaft vom 29.04.1998, SR 910.1
max.	maximal
m.H.	mit Hinweisen
Mio.	Millionen
MSchG	Bundesgesetz über den Schutz von Marken und Herkunftsangaben vom 28.10.1992, SR 232.11
Musterbotschaft aIVöB 2001	Musterbotschaft zur Revision der Interkantonalen Vereinbarung über das öffentliche Beschaffungswesen IVöB vom 25.11.1994
Musterbotschaft IVöB	Musterbotschaft zur Totalrevision der Interkantonalen Vereinbarung über das öffentliche Beschaffungswesen (IVöB) vom 15.11.2019
m.w.H.	mit weiteren Hinweisen
MWST	Mehrwertsteuer
N	Note(n)
n°	numéro
NACE	Nomenclature générale des activités économiques dans la Communauté européenne
NAV	Normalarbeitsvertrag
NDG	Bundesgesetz über den Nachrichtendienst vom 25.09.2015, SR 121
NEAT	Neue Eisenbahn-Alpentransversale (Alpentransit)
NJW	Neue Juristische Wochenschrift
NR	Nationalrat
Nr.	Nummer(n)
NSG	Bundesgesetz über die Nationalstrassen vom 08.03.1960, SR 725.11
NSV	Verordnung des Bundesrates über die Nationalstrassen vom 18.12.1995, SR 725.111
NZZ	Neue Zürcher Zeitung (Zürich)
o.Ä.	oder Ähnliches
OECD	Organisation for Economic Cooperation and Development
OeffG SG	Gesetz über das Öffentlichkeitsprinzip der Verwaltung (Öffentlichkeitsgesetz) des Kantons St. Gallen vom 18.11.2014, sGS 140.2

OeffG ZG	Gesetz über das Öffentlichkeitsprinzip der Verwaltung des Kantons Zug vom 20.02.2014, BGS 158.1
OG	Bundesgesetz über die Organisation der Bundesrechtspflege (Bundesrechtspflegegesetz) vom 16.12.1943, aufgehoben durch das BGG
OGer SH	Obergericht des Kantons Schaffhausen
OGer UR	Obergericht des Kantons Uri
OKP	Obligatorische Krankenpflegeversicherung
OLG	Oberlandesgericht
OMC	Organisation mondiale du commerce (= WTO)
ONG	Organisation non gouvernementale
ONU	Nations Unies
OÖBV BE	Verordnung des Regierungsrats des Kantons Bern über die Organisation des öffentlichen Beschaffungswesens des Kantons Bern vom 05.11.2014, BSG 731.22
OR	Bundesgesetz betreffend die Ergänzung des Schweizerischen Zivilgesetzbuches (Fünfter Teil: Obligationenrecht) vom 30.03.1911, SR 220
Org-VöB	Verordnung über die Organisation des öffentlichen Beschaffungswesens des Bundes vom 24.10.2012 (Totalrevision der Org-VöB vom 22.10.2006), SR 172.056.15
OSS	Open Source Software
ÖBG	Gesetz über das öffentliche Beschaffungswesen (ÖGB) des Kantons Bern vom 11.06.2002, BSG 731.2
ÖBV BE	Verordnung des Regierungsrates des Kantons Bern über das öffentliche Beschaffungswesen vom 16.10.2002, BSG 731.2
ÖBV LU	Verordnung des Regierungsrates des Kantons Luzern zum Gesetz über die öffentlichen Beschaffungen vom 07.12.1998, SRL 734
p.	page(s)
para.	paragraphe
PatG	Bundesgesetz über die Erfindungspatente vom 25.06.1954, SR 232.14
PBG	Bundesgesetz über die Personenbeförderung vom 20.03.2009, SR 745.1
PG	Postgesetz vom 17.12.2010 (Totalrevision des PG vom 30.04.1997), SR 783.0

Abkürzungsverzeichnis

plädoyer	Plädoyer, Magazin für Recht und Politik, Zürich/Genf
POG	Bundesgesetz über die Organisation der Schweizerischen Post vom 17.12.2010, SR. 783.1
PPLR	Public Procurement Law Review
PPN	Public Procurement Network
PPP	Public-Private Partnership, Partenariat public-privé
Pra	Die Praxis des Schweizerischen Bundesgerichts
Prov. CPC	Provisional Central Product Classification
PSI	Paul-Scherrer-Institut
pt	point
PUBLICA-Gesetz	Bundesgesetz über die Pensionskasse des Bundes vom 20.12.2006, SR 172.222.1
PVG	Praxis des Verwaltungsgerichts des Kantons Graubünden
RB	Verwaltungsgericht des Kantons Zürich, Rechenschaftsbericht
RB Uri	Rechenschaftsbericht über die Rechtspflege des Kantons Uri
RDAF	Revue de droit administratif et de droit fiscal, Genf
RDAT	Rivista di diritto amministrativo e tributario ticinese
RDUE	Revue du Droit de l'Union européenne
Rec.	Recueil de la Jurisprudence de la Cour de justice et du Tribunal de première instance
recht	Recht, Zeitschrift für Juristische Ausbildung und Praxis, Bern
RekoWEF	Eidgenössische Rekurskommission für Wettbewerbsfragen
resp.	respektive
rev.	revidiert
RhB	Rhätische Bahn
RL	Richtlinie/n
RL 89/665/EWG	Richtlinie 89/665/EWG des Rates vom 21.12.1989 zur Koordinierung der Rechts- und Verwaltungsvorschriften für die Anwendung der Nachprüfungsverfahren im Rahmen der Vergabe öffentlicher Liefer- und Bauaufträge, ABl 1989 L 395/33
RL 2004/17/EG	Richtlinie 2004/17/EG des Europäischen Parlaments und des Rates vom 31.03.2004 zur Koordinierung der Zuschlagserteilung durch Auftraggeber im Bereich der Wasser-, Energie- und Verkehrsversorgung sowie der Postdienste, ABl 2004 L 134/1

RL 2004/18/EG	Richtlinie 2004/18/EG des Europäischen Parlaments und des Rates vom 31.03.2004 über die Koordinierung der Verfahren zur Vergabe öffentlicher Bauaufträge, Lieferaufträge und Dienstleistungsaufträge, ABl 2004 L 134/114
RL 2007/66/EG	Richtlinie 2007/66/EG des Europäischen Parlaments und des Rates vom 11.12.2007 zur Änderung der Richtlinien 89/665/EWG und 92/13/EWG des Rates im Hinblick auf die Verbesserung der Wirksamkeit der Nachprüfungsverfahren bezüglich der Vergabe öffentlicher Aufträge, ABl 2007 L 335/31
RL 2009/81/EG	Richtlinie 2009/81/EG des Europäischen Parlaments und des Rates vom 13.07.2009 über die Koordinierung der Verfahren zur Vergabe bestimmter Bau-, Liefer- und Dienstleistungsaufträge in den Bereichen Verteidigung und Sicherheit und zur Änderung der Richtlinien 2004/17/EG und 2004/18/EG, ABl 2009 L 216/76
RL 2014/23/EU	Richtlinie 2014/23/EU des Europäischen Parlaments und des Rates vom 26.02.2014 über die Konzessionsvergabe, ABl 2014 L 94/1
RL 2014/24/EU	Richtlinie 2014/24/EU des Europäischen Parlaments und des Rates vom 26.02.2014 über die öffentliche Auftragsvergabe und zur Aufhebung der Richtlinie 2004/18/EG, ABl 2014 L 94/65
RL 2014/25/EU	Richtlinie 2014/25/EU des Europäischen Parlaments und des Rates vom 26.02.2014 über die Vergabe von Aufträgen durch Auftraggeber im Bereich der Wasser-, Energie- und Verkehrsversorgung sowie der Postdienste und zur Aufhebung der Richtlinie 2004/17/EG, ABl 2014 L 94/243
RL 2014/45/EU	Richtlinie 2014/45/EU des Europäischen Parlaments und des Rates vom 03.04.2014 über die regelmäßige technische Überwachung von Kraftfahrzeugen und Kraftfahrzeuganhängern und zur Aufhebung der Richtlinie 2009/40/EG, ABl 2014 L 127/51
RLG	Bundesgesetz über Rohrleitungsanlagen zur Beförderung flüssiger oder gasförmiger Brenn- oder Treibstoffe vom 04.10.1963, SR 746.1
RLMP-VD	Règlement d'application de la loi du 24.06.1996 sur les marchés publics du Conseil d'État du Canton de Vaud, BLV 726.01.1
RLTI	Raccolta delle leggi del Cantone Ticino
RMC	Revue du Marché commun
RMUE	Revue du Marché Unique Européen
RPW	Recht und Politik des Wettbewerbs (Wettbewerbskommission, Bern)

Abkürzungsverzeichnis

RS	Recueil systématique du droit fédéral
RSF	Recueil systématique de la législation fribourgeoise
RSG	Recueil systématique genevois
RSJU	Recueil systématique jurassien
RTDE	Revue trimestrielle de droit européen
RVOG	Regierungs- und Verwaltungsorganisationsgesetz vom 21.03.1997, SR 172.010
RVOV	Regierungs- und Verwaltungsorganisationsverordnung des Bundesrates vom 25.11.1998, SR 172.010.1
Rz.	Randziffer(n)
S.	Seite(n)
s.	et suivant
SAR	Systematische Sammlung des Aargauischen Rechts
SBB	Schweizerische Bundesbahnen
SBV	Schweizerischer Baumeisterverband
SchKG	Bundesgesetz über Schuldbetreibung und Konkurs vom 11.04.1889, SR 281.1
scil.	scilicet
SECO	Staatssekretariat für Wirtschaft
SEM	Staatssekretariat für Migration
SERV	Schweizerische Exportrisikoversicherung
SG	Systematische Gesetzessammlung des Kantons Basel-Stadt
SG GVP	St. Gallische Gerichts- und Verwaltungspraxis
SGS	Systematische Gesetzessammlung des Kantons Wallis oder des Kantons Basel-Landschaft
sGS	Systematische Gesetzessammlung des Kantons St. Gallen
SHAB	Schweizerisches Handelsamtsblatt, Bern
SIA	Schweizerischer Ingenieur- und Architektenverein
SIFEM AG	Swiss Investment Fund for Emerging Markets
SIMAP	Système d'Information sur les Marchés Publics
SJ	La semaine judiciaire
SJZ	Schweizerische Juristen Zeitung, Zürich
SMBV	Schweizerischer Maler- und Gipsunternehmer-Verband

SOB	Südostbahn
sog.	sogenannt
SOG	Solothurnische Gerichtspraxis
SpG	Bundesgesetz über die Landessprachen und die Verständigung zwischen den Sprachgemeinschaften vom 05.10.2007, SR 441.1
SR	Ständerat/Systematische Sammlung des Bundesrechts
SRL	Systematische Sammlung des Kantons Luzern
SRSZ	Systematische Gesetzsammlung des Kantons Schwyz
ss	et suivants
ST	Schweiz Tourismus
StGB	Schweizerisches Strafgesetzbuch vom 21.12.1937, SR 311.0
StPO	Schweizerische Strafprozessordnung vom 05.10.2007, SR 312.0
StromVG	Bundesgesetz über die Stromversorgung vom 23.03.2007, SR 734.7
StromVV	Stromversorgungsverordnung vom 14.03.2008, SR 734.71
SubmD AG	Submissionsdekret des Kantons Aargau vom 26.11.1996, SAR 150.910
SubmG bzw. SubmV/(+Kanton)	Submissionsordnung des jeweiligen Kantons
SubV GR	Submissionsverordnung des Regierungsrates des Kantons Graubünden vom 25.05.2004, Bündner Rechtsbuch 803.310
SubV UR	Submissionsverordnung des Regierungsrats des des Kantons Uri vom 15.02.2006, Rechtsbuch des Kantons Uri 3.3112
SubV ZH 1997	Alte Submissionsverordnung des Kantons Zürich vom 18.06.1997, LS 720.11
SubmV ZH	Submissionsverordnung des Kantons Zürich vom 23.07.2003, LS 720.11
SuG	Bundesgesetz über Finanzhilfen und Abgeltungen vom 05.10.1990, SR 616.1
Suva	Schweizerische Unfallversicherungsanstalt
SVÖB	Schweizerische Vereinigung für öffentliches Beschaffungswesen
SZIER	Swiss Review of International & European Law
SZR	Sonderziehungsrechte
SZS	Schweizerische Zeitschrift für Sozialversicherung und berufliche Vorsorge

Abkürzungsverzeichnis

SZW	Schweizerische Zeitschrift für Wirtschafts- und Finanzmarktrecht, Zürich
TED	Tenders Electronic Daily (http://ted.europa.eu)
TRIPS	Agreement on Trade-Related Aspects of Intellectual Property Rights
TVR	Thurgauische Verwaltungsrechtspflege
u.a.	unter anderem
u.a. m.	und andere mehr
UE	Union européenne; traité sur l'Union européenne, JO 2006 C 321 E/1
u.E.	unseres Erachtens
UNCITRAL	United Nations Commission on International Trade Law
UNTS	United Nations Treaty Series
URG	Bundesgesetz über das Urheberrecht und verwandte Schutzrechte vom 09.10.1992, SR 231.1
URP	Umweltrecht in der Praxis (Vereinigung für Umweltrecht, Zürich)
USD	US-Dollar
USG	Bundesgesetz über den Umweltschutz vom 07.10.1983, SR 814.01
usic	Union Suisse des Sociétés d'Ingénieurs-Conseils
usic, publication No. 8	Union Suisse des Sociétés d'Ingénieurs-Conseils, Neue Entwicklungen im Vergabewesen, Berichte zu den Themen «Quality Based Selection», Zwei-Couvert-Methode und Dialog nach Art. 26a VöB, publication No. 8, Bern 2012
ÜbBest.	Übergangsbestimmung(en)
usw.	und so weiter
u.U.	unter Umständen
UVEK	Eidgenössisches Departement für Umwelt, Verkehr, Energie und Kommunikation
UVG	Bundesgesetz über die Unfallversicherung vom 20.03.1981, SR 832.20
UVV	Verordnung des Bundesrates über die Unfallversicherung vom 20.12.1982, SR 832.202
UWG	Bundesgesetz gegen den unlauteren Wettbewerb vom 19.12.1986, SR 241

VBS	Eidgenössisches Departement für Verteidigung, Bevölkerungsschutz und Sport
VDK	Konferenz der kantonalen Volkswirtschaftsdirektoren
VE-BöB	Bundesgesetz über das öffentliche Beschaffungswesen, Vorentwurf vom 01.04.2015
VE-BöB 2008	Bundesgesetz über das öffentliche Beschaffungswesen, Vorentwurf vom 30.05.2008
VerwVG AI	Verwaltungsverfahrensgesetz des Kantons Appenzell Innerrhoden vom 30.04.2000, aGS 172.600
VeÜ-VwV	Verordnung über die elektronische Übermittlung im Rahmen eines Verwaltungsverfahrens vom 18.06.2010, SR 172.021.2
VE-VöB	Verordnung über das öffentliche Beschaffungswesen, Vorentwurf vom 01.04.2015
VG	Bundesgesetz über die Verantwortlichkeit des Bundes sowie seiner Behördenmitglieder und Beamten vom 14.03.1958, SR 170.32
VGer	Verwaltungsgericht
VGG	Bundesgesetz über das Bundesverwaltungsgericht vom 17.06.2005, SR 173.32
VGKE	Reglement über die Kosten und Entschädigungen vor dem Bundesverwaltungsgericht vom 21.02.2008, SR 173.320.2
vgl.	vergleiche
VGR	Geschäftsreglement für das Bundesverwaltungsgericht vom 17.03.2008, SR 173.320.1
VgV	Verordnung der Bundesrepublik Deutschland über die Vergabe öffentlicher Aufträge vom 12.04.2016, BGBl. I S. 1081
VIG	Bundesgesetz über das Vernehmlassungsverfahren vom 18.03.2005, SR 172.061
VILB	Verordnung des Bundesrates über das Immobilienmanagement und die Logistik des Bundes vom 05.12.2008, SR 172.010.21
VIV	Verordnung des Bundesrates über das Vernehmlassungsverfahren vom 17.08.2005, SR 172.061.1
VKEV	Verordnung des Bundesrates über Kosten und Entschädigungen im Verwaltungsverfahren vom 10.09.1969, SR 172.041.0
VKU	Verordnung des Bundesrates über die Kontrolle von Unternehmenszusammenschlüssen vom 17.06.1996, SR 251.4

Abkürzungsverzeichnis

VöB	Verordnung über das öffentliche Beschaffungswesen vom 12.02.2020, SR 172.056.11
VPB	Verwaltungspraxis der Bundesbehörden, Bern
VRG bzw. VRP bzw. VRPG/ (+Kanton)	Verwaltungsrechtspflegegesetz des jeweiligen Kantons
VRG ZH	Verwaltungsrechtspflegegesetz des Kantons Zürich vom 24.05.1959, LS 175.2
VRPG AG	Gesetz über die Verwaltungsrechtspflege des Kantons Aargau vom 04.12.2007, SAR 271.200
VRPG BE	Gesetz über die Verwaltungsrechtspflege des Kantons Bern vom 23.05.1989, BSG 155.21
VRöB	Vergaberichtlinien zur Interkantonalen Vereinbarung über das öffentliche Beschaffungswesen vom 25.11.1994/15.03.2001
VVRG VS	Gesetz über das Verwaltungsverfahren und die Verwaltungsrechtspflege des Kantons Wallis vom 06.10.1976, SGS 172.6
VwVG	Bundesgesetz über das Verwaltungsverfahren vom 20.12.1968, SR 172.021
WBF	Eidgenössisches Departement für Wirtschaft, Bildung und Forschung
WEKO	Wettbewerbskommission
WRG	Bundesgesetz über die Nutzbarmachung der Wasserkräfte vom 22.12.1916, SR 721.80
WTO	World Trade Organization (Welthandelsorganisation)
WuW	Wirtschaft und Wettbewerb
z.B.	zum Beispiel
ZBJV	Zeitschrift des bernischen Juristenvereins, Bern
ZBl	Schweizerisches Zentralblatt für Staats- und Verwaltungsrecht, Zürich
ZBOK	Zentralschweizer Baudirektorenkonferenz
ZertES	Bundesgesetz über Zertifizierungsdienste im Bereich der elektronischen Signatur vom 19.12.2003, SR 943.03
ZGB	Schweizerisches Zivilgesetzbuch vom 10.12.1907, SR 210
ZG GVP	Zuger Gerichts- und Verwaltungspraxis
ZGRG	Zeitschrift für Gesetzgebung und Rechtsprechung in Graubünden (Chur)
Ziff.	Ziffer(n)

zit.	zitiert
ZPO	Schweizerische Zivilprozessordnung vom 19.12.2008, SR 272
ZSR	Zeitschrift für Schweizerisches Recht
ZWR	Zeitschrift für Walliser Rechtsprechung

Kantone werden mit dem jeweiligen Autokennzeichen aufgeführt.

Literaturverzeichnis

ABEGG ANDREAS, Der Verwaltungsvertrag zwischen Staatsverwaltung und Privaten, Grundzüge einer historisch und theoretisch angeleiteten Dogmatik öffentlichrechtlicher und privatrechtlicher Verwaltungsverträge, Zürich 2009 (zit.: ABEGG, Verwaltungsvertrag)

ABEGG ANDREAS, Funktion und Rechtsnatur des Vergabeverhältnisses in Deutschland und in der Schweiz, zugleich ein Kommentar zum Beschluss des deutschen Bundesverwaltungsgerichts 6 B 10.07 vom 02.05.2007 («unterschwelliges Verfahren») BR 2008, S. 147 ff.

ABEGG ANDREAS/HEFTI ANDREAS/SEFEROVIC GORAN, Faires Verfahren beim Zugang zu geschlossenen Märkten des Bundes, Studie im Auftrag des Staatssekretariats für Wirtschaft vom 15. Februar 2019, abrufbar unter https://www.seco.admin.ch/seco/de/home/Publikationen_Dienstleistungen/Publikationen_und_Formulare/Wettbewerb_Service_Public/staat-und-wettbewerb/faires-verfahren-beim-zugang-zu-geschlossenen-maerkten-des-bunde.html (zuletzt besucht 14.02.2020)

ACEMOĞLU DARON/ROBINSON JAMES A., Why Nations Fail, New York 2012

ACKERMANN JÜRG-BEAT/GÜNTER HEINE (Hrsg.), Wirtschaftsstrafrecht der Schweiz, Bern 2013

AEMISEGGER HEINZ, Der Beschwerdegang in öffentlich-rechtlichen Angelegenheiten, in: Ehrenzeller Bernhard/Schweizer Rainer J. (Hrsg.), Die Reorganisation der Bundesrechtspflege, St. Gallen 2006, S. 103 ff.

ALBERTINI MICHELE, Der verfassungsmässige Anspruch auf rechtliches Gehör im Verwaltungsverfahren des modernen Staates, Bern 2000 (zit.: ALBERTINI, Rechtliches Gehör)

ALBERTINI MICHELE, Die bundesgerichtlichen Kriterien zum öffentlichrechtlichen Rechtsschutz im Submissionsverfahren, eine Analyse der aktuellen bundesgerichtlichen Praxis und insbesondere von BGE 119 Ia 424, recht 1994, S. 279 ff. (zit.: ALBERTINI, Kriterien)

AMSTUTZ MARC/REINERT MANI (Hrsg.), Kartellgesetz, Basler Kommentar, Basel 2010 (zit.: BSK KG-BEARBEITER/IN, Art. ... N ...)

ANDRES ROGER, Arbeitssicherheit beim Bauen: ein Anliegen aller Akteure, BR 2017, S. 81 ff.

ARN DANIEL, Die Ausstandspflicht im bernischen Gemeinderecht, BVR 1989, S. 115 ff.

ARROWSMITH SUE, An assessment of the new legislative package on public procurement, CMLR 2004, S. 1277 ff. (zit.: ARROWSMITH, CMLR 2004)

ARROWSMITH SUE, Government Procurement in the WTO, The Hague 2003 (zit.: ARROWSMITH, WTO)

ARROWSMITH SUE, (Hrsg.), Reform of the UNCITRAL Model Law on Procurement: Procurement Regulation for the 21st Century, Eagan 2009 (zit.: BEARBEITER/-IN, in: Arrowsmith)

ARROWSMITH SUE, The Law of Public and Utilities Procurement, 2. Aufl., London 2005 (zit.: ARROWSMITH, Procurement)

ARROWSMITH SUE, Reviewing the GPA: The Role and Development of the Plurilateral Agreement after Doha, JIEL 2002, S. 761 ff. (zit.: ARROWSMITH, Plurilateral)

Literaturverzeichnis

ARROWSMITH SUE, Transparency in Government Procurement: The Objectives of Regulation and the Boundaries of the Word Trade Organization, JWT 37/2003, S. 283 ff. (zit.: ARROWSMITH, Transparency)

ARROWSMITH SUE/ANDERSON ROBERT (Hrsg.), The WTO Regime on Government Procurement: Challenge and Reform, Cambridge 2011

ARROWSMITH SUE/KUNZLIK PETER, Social and environmental policies in EC procurement law: new directives and new directions, Cambridge 2009

AUER CHRISTOPH/MÜLLER MARKUS/SCHINDLER BENJAMIN (Hrsg.), Kommentar zum Bundesgesetz über das Verwaltungsverfahren (VwVG), Zürich/St. Gallen 2008 (zit.: VwVG-Kommentar-BEARBEITER/-IN, Art. ... N ...)

AUER CHRISTOPH/MÜLLER MARKUS/SCHINDLER BENJAMIN (Hrsg.), Kommentar zum Bundesgesetz über das Verwaltungsverfahren (VwVG), 2. Aufl., Zürich/St. Gallen 2019 (zit.: VwVG-Kommentar 2019-BEARBEITER/IN, Art. ... N ...)

BAKER & MCKENZIE (Hrsg.), Entwicklungen im schweizerischen Wirtschaftsrecht 2013/2014, Zürich 2014

BASS ANDREAS, Verschieben von Einheitspreisen in eine Pauschalpreisposition, BR, Sonderheft Vergaberecht 2004, S. 23 f.

BASS ANDREAS/CRAMERI ALBERTO/LANG HERBERT/MALFANTI VINICIO/SPÖRRI PHILIPP, Die Anwendung des Binnenmarktgesetzes auf Ortsansässige, ZBl 2000, S. 249 ff.

BAUMBERGER XAVER, Aufschiebende Wirkung bundesrechtlicher Rechtsmittel im öffentlichen Recht, Zürich/Basel/Genf 2006 (zit.: BAUMBERGER, Aufschiebende Wirkung)

BECHTOLD RAINER/OTTING OLAF, GWB-Kommentar, 6. Aufl., München 2010

BELLANGER FRANÇOIS, La notion de «marchés publics», une définition sans concessions?, in: Auer Andreas/Flückiger Alexandre/Hottelier Michel (Hrsg.), Les droits de l'homme et la constitution, Zürich 2008, S. 399 ff. (zit.: BELLANGER, Notion)

BELLANGER FRANÇOIS, Le droit applicable aux marchés publics, RDAF 2001 I, S. 367 ff. (zit.: BELLANGER, Droit applicable)

BELLANGER FRANÇOIS, Le recours en matière de droit public, in: Bellanger François/Tanquerel Thierry (Hrsg.), Les nouveaux recours fédéraux en droit public, Genf/Basel/Zürich 2006, S. 43 ff. (zit.: BELLANGER, Le recours)

BELLANGER FRANÇOIS, Les jurisprudences récentes en droit des marchés publics, in: Zufferey Jean-Baptiste/Stöckli Hubert (Hrsg.), Aktuelles Vergaberecht 2010, S. 403 ff. (zit.: BELLANGER, Jurisprudences récentes)

BELLANGER FRANÇOIS, Marchés publics et concessions, in: Zufferey Jean-Baptiste/Stöckli Hubert (Hrsg.), Aktuelles Vergaberecht 2012, S. 167 ff. (zit.: BELLANGER, Marchés)

BELLANGER FRANÇOIS/BOVET CHRISTIAN, Marché de l'affichage public ou marché public de l'affichage?, BR 1999, S. 164 ff.

BELLANGER FRANÇOIS/DAYEN BÉNÉDICTE, Les nouveautés concernant la phase postérieure à la décision d'adjudication, BR 2020, S. 36 (zit.: BELLANGER/DAYEN)

BELSER EVA MARIA/WALDMANN BERNHARD/WIEDERKEHR RENÉ, Staatsorganisationsrecht, litera B, Zürich 2017

BEYELER MARTIN, 1. Champ d'application/Der Geltungsbereich, BR 2015, S. 33–34 (zit.: BEYELER, Geltungsbereich)

BEYELER MARTIN, 3. Soumissionnaire/Anbieter, BR 2016, S. 24 und S. 230–231 (zit.: BEYELER, Anbieter)

BEYELER MARTIN, 4. Appel d'offres/Die Ausschreibung, BR 2015, S. 229 (zit.: BEYELER, Ausschreibung)

BEYELER MARTIN, 13. Vergabe und Vertrag/Adjucation et contrat, Urteilsbesprechung EuGH C-549/14 vom 07.09.2016 («Finn Frogne»), BR 2017, S. 63 (zit.: BEYELER, Finn Frogne)

BEYELER MARTIN, 16. Principe de publicité/Öffentlichkeitsprinzip, BR 2016, S. 251–252 (zit.: BEYELER, Öffentlichkeitsprinzip)

BEYELER MARTIN, Abbruch bei laufenden Beschwerdeverfahren, Besprechung des Urteils B-7133/2014, BR 2015, S. 212–213 (zit.: BEYELER, Abbruch)

BEYELER MARTIN, Abbruch für eine interne Lösung, BR 2014, S. 19 ff. (zit.: BEYELER, interne Lösung)

BEYELER MARTIN, Angebot oder Nichtangebot? Anmerkungen zu BGer 2D_64/2008 vom 05.11.2008, recht 2009, S. 34 ff. (zit.: BEYELER, Angebot)

BEYELER MARTIN, Anscheinend befangen, Besprechung des Urteils B-4852/20113, BR 2013, S. 192–194 (zit.: BEYELER, Befangen)

BEYELER MARTIN, Aufschiebende Wirkung: hin zu einer Einschränkung der Praxis?, BR 2017, S. 235 (zit.: BEYELER, Aufschiebende Wirkung)

BEYELER MARTIN, Bausubmissionen: Schwellenwerte, Bauwerkregel und Bagatellklausel, Anwaltsrevue 2008, S. 264 ff. (zit.: BEYELER, Bausubmissionen)

BEYELER MARTIN, Befehl: Vertragserfüllung einstellen!, BR 2013, S. 188–191 (zit.: BEYELER, Befehl)

BEYELER MARTIN, Bemerkungen zu BVGer B-3311/2009 vom 16.07.2009, BR 2009, S. 174 (zit.: BEYELER, BVGer B-3311/2009)

BEYELER MARTIN, Das Vergaberecht in den Entscheiden des Bundesgerichts der Jahre 2005 und 2006, Jusletter vom 14.05.2007 (zit.: BEYELER, Entscheide)

BEYELER MARTIN, Der Geltungsanspruch des Vergaberechts, Zürich 2012 (zit.: BEYELER, Geltungsanspruch)

BEYELER MARTIN, Der objektive Geltungsbereich des Vergaberechts, Gedanken zum Begriff des öffentlichen Auftrags, in: Zufferey Jean-Baptiste/Stöckli Hubert (Hrsg.), Aktuelles Vergaberecht 2008, S. 65 ff. (zit.: BEYELER, Objektiver Geltungsbereich)

BEYELER MARTIN, Die Rechtsprechung 2012–2013, Die Verfahren und die Ausschreibung, in: Stöckli Hubert/Beyeler Martin (Hrsg.), Das Vergaberecht der Schweiz: Überblick – Erlasse – Rechtsprechung, 9. Aufl., Zürich 2014 (zit.: BEYELER, Verfahren)

Literaturverzeichnis

BEYELER MARTIN, Die Rechtsprechung zum Vergaberecht, BR, Sonderheft Vergaberecht 2006, S. 68 ff. (zit.: BEYELER, Rechtsprechung)

BEYELER MARTIN, Die revidierte VöB – ein Kurzkommentar, BR 2010, S. 106 ff. (zit.: BEYELER, Kurzkommentar)

BEYELER MARTIN, Eignung, BR 2010, S. 218 f. (zit.: BEYELER, Eignung)

BEYELER MARTIN, Einladungsverfahren und freihändiges Verfahren, BR 2011, S. 106 ff. (zit.: BEYELER, Einladungsverfahren)

BEYELER MARTIN, Freihänder: BVGer schwenkt Warnlampe, Besprechung des Urteils B-1570/2015, BR 2016, S. 25–28 (zit.: BEYELER, Freihänder)

BEYELER MARTIN, Fokus Nr. 1, BR 2009, S. 97 f. (zit.: BEYELER, Fokus Nr. 1)

BEYELER MARTIN, Fokus Nr. 4, BR 2009, S. 102 f. (zit.: BEYELER, Fokus Nr. 4)

BEYELER MARTIN, Fokus Nr. 5, BR 2008, S. 106 f. (zit.: BEYELER, Fokus Nr. 5)

BEYELER MARTIN, Revision BöB: Harmonie mit Nebengeräuschen, BR 2017, S. 145 ff.

BEYELER MARTIN, Inhouse & Co.: Zuhause ist es am schönsten, Kriterium 39/2015 (zit.: BEYELER, Kriterium)

BEYELER MARTIN, In-house-Vergabe: Wer mit wem, wann und warum, in: Zufferey Jean-Baptiste/Stöckli Hubert (Hrsg.), Aktuelles Vergaberecht 2010, S. 17 ff. (zit.: BEYELER, In-house-Vergabe)

BEYELER MARTIN, Kaffee: Bio und Fair Trade, BR 2012, S. 262 ff. (zit.: BEYELER, Kaffee)

BEYELER MARTIN, Kein Beschwerderecht für Subunternehmerinnen, Urteil 2C_10334/2015, B-6518/2015, BR 2016, S. 223–224 (zit.: BEYELER, Beschwerderecht)

BEYELER MARTIN, Lausanne–Luzern, einfach, Besprechung der Urteile 2C_383/2014 und 2C_380/2014, BR 2015, S. 214–216 (zit.: BEYELER, Lausanne–Luzern)

BEYELER MARTIN, Legitimation zur Zuschlagsanfechtung ohne vorherige Offertstellung, BR 2011, S. 222 ff. (zit.: BEYELER, Legitimation)

BEYELER MARTIN, «Ohnehin-Kosten»: Auslegung der Ausschreibung, BR 2017, S. 24 ff. (zit.: BEYELER, Ohnehin-Kosten)

BEYELER MARTIN, Öffentliche Beschaffung, Vergaberecht und Schadenersatz, Zürich 2004 (zit.: BEYELER, Öffentliche Beschaffung)

BEYELER MARTIN, Öffentliche Listenspitäler unter dem Vergaberecht, BR 4/2019, S. 198 ff. (zit.: BEYELER, Listenspitäler)

BEYELER MARTIN, PPP auf dem Tischmacherhof: Grundsatzfragen und Vergaberecht, Jusletter vom 07.01.2008 (zit.: BEYELER, Tischmacherhof)

BEYELER MARTIN, Präponderanz für die SBB, Besprechung des Urteils B-6350/2015, BR 2016, S. 218–220 (zit.: BEYELER, Präponderanz)

BEYELER MARTIN, «Rechtsfrage von grundsätzlicher Bedeutung» – zur beachtlichen Karriere des Art. 83 lit. f Ziff. 2 BGG, Jusletter vom 04.05.2009 (zit.: BEYELER, Grundsätzliche Bedeutung)

BEYELER MARTIN, Rechtsschutz, Beschaffungsvertrag und Öffentlichkeitsprinzip, BR 2020, S. 40 (zit.: BEYELER, Rechtsschutz)

BEYELER MARTIN, Revision BöB: Harmonie mit Nebengeräuschen, BR 2017, S. 145 ff. (zit.: BEYELER, Revision)

BEYELER MARTIN, (S 1) TF 2P.117/2005 (17.10.2005), BR 2006, S. 81 f. (zit.: BEYELER, TF 2P.117/2005)

BEYELER MARTIN, (S 5) BVGr. (TAF) B-5084/2007 (28.1.2008), BR 2009, S. 76 (zit.: BEYELER, B-5084/2007)

BEYELER MARTIN, (S 7) BVGr. (TAF) B-6177/2008 (25.11.2008), BR 2009, S. 77 (zit.: BEYELER, B-6177/2008)

BEYELER MARTIN, (S 56) VGr. (TA) ZH VB.2008.00111 (16.7.2008), BR 2009, S. 97 (zit.: BEYELER, VB.2008.00111)

BEYELER MARTIN, Staatsbetriebe: Einkauf und Absatz unter dem künftigen Vergaberecht, Jusletter vom 22.12.2014 (zit.: BEYELER, Staatsbetriebe)

BEYELER MARTIN, Überlegungen zum Abbruch von Vergabeverfahren, AJP 2005, S. 784 ff. (zit.: BEYELER, Überlegungen)

BEYELER MARTIN, Vergaberechtliche Entscheide 2014/2015, Bund Kantone, Europäischer Gerichtshof: BR – Beiträge aus dem Institut für schweizerisches und internationales Baurecht, Universität Freiburg Bd./Nr. 33, Zürich 2016 (zit.: BEYELER, EuGH)

BEYELER MARTIN, Vergaberechtliche Entscheide 2016/2017, Bund Kantone, Europäischer Gerichtshof: BR – Beiträge aus dem Institut für schweizerisches und internationales Baurecht, Universität Freiburg Bd./Nr. 37, Zürich 2018 (zit.: BEYELER, EuGH 2016/2017)

BEYELER MARTIN, Vergaberecht und Strommarkt, BR 2012, S. 209 ff. (zit.: BEYELER, Strommarkt)

BEYELER MARTIN, Wann ist ein Abbruch ein Abbruch?, BR 2015, S. 225–228 (zit.: BEYELER, Abbruch)

BEYELER MARTIN, Welches Schicksal dem vergaberechtswidrigen Vertrag? Ein Vorschlag, der die Mitte sucht, AJP 2009, S. 1141 ff. (zit.: BEYELER, Vertrag)

BEYELER MARTIN, Wenn der Beschaffungsprozess ins Stocken kommt, BR 2017, S. 213 ff. (zit.: BEYELER, Beschaffungsprozess)

BEYELER MARTIN, Wer kann's, wenn noch niemand es getan hat?, BR 2017, S. 227 ff. (zit.: BEYELER, Wer kann's)

BEYELER MARTIN, Ziele und Instrumente des Vergaberechts, Die Vergabeprinzipien und ihre Konkretisierung in der Rechtsprechung der BRK, Zürich 2008 (zit.: BEYELER, Ziele)

BEYELER MARTIN/DUBEY JACQUES, Ausstand und Vorbefassung, BR 2012, S. 111 ff. (zit.: BEYELER/DUBEY, Ausstand)

BEYELER MARTIN/SCHERLER STEFAN, 1. Geltungsbereich/Champ d'application, BR 2016, S. 41–44 (zit.: BEYELER/SCHERLER, Geltungsbereich)

Literaturverzeichnis

BEYELER MARTIN/SCHERLER STEFAN, 4. Appel d'offres/Ausschreibung, BR 2012, S. 268 ff. (zit.: BEYELER/SCHERLER, Ausschreibung)

BEYELER MARTIN/SCHERLER STEFAN, 4. Vergabeverfahren/Procédure d'adjudication, BR 2016, S. 231–232 (zit.: BEYELER/SCHERLER, Vergabeverfahren 2016)

BEYELER MARTIN/SCHERLER STEFAN, 6. Les critères d'adjudication/Die Zuschlagskriterien, BR 2014, S. 38–41 (zit.: BEYELER/SCHERLER, Zuschlagskriterien)

BEYELER MARTIN/STÖCKLI HUBERT, Rechtsprechung aus den Jahren 2010–2012, in: Zufferey Jean-Baptiste/Stöckli Hubert (Hrsg.), Aktuelles Vergaberecht 2012, S. 65 ff.

BEYELER MARTIN/ZUFFEREY JEAN-BAPTISTE, 11. Procédure de recours/Das Beschwerdeverfahren, BR 2013, S. 215–222 (zit.: BEYELER/ZUFFEREY, Beschwerdeverfahren 2013)

BEYELER MARTIN/ZUFFEREY JEAN-BAPTISTE/JÄGER CHRISTOPH, 13. Abbruch des Verfahrens/ Interruption de la procédure, BR 2018, S. 58–60 (zit.: BEYELER/ZUFFEREY/JÄGER, Abbruch)

BEYELER MARTIN/DUBEY JACQUES/SCHERLER STEFAN, Das Beschwerdeverfahren/ Procédure de recours, BR 2013, S. 38 ff. (zit.: BEYELER/DUBEY/SCHERLER, Beschwerdeverfahren 2013)

BEYELER MARTIN/JÄGER CHRISTOPH/SCHERLER STEFAN, 4. Vergabeverfahren/Procédure d'adjudication, BR 2017, S. 40–41 (zit.: BEYELER/JÄGER/SCHERLER/ZUFFEREY, Vergabeverfahren 2017)

BEYELER MARTIN/JÄGER CHRISTOPH/SCHERLER STEFAN/ZUFFEREY JEAN-BAPTISTE, 12. Beschwerdeverfahren/Procédure de recours, BR 2017, S. 56 ff. (zit.: BEYELER/JÄGER/SCHERLER/ ZUFFEREY, Beschwerdeverfahren 2017)

BEYELER MARTIN/JÄGER CHRISTOPH/SCHERLER STEFAN/ZUFFEREY JEAN-BAPTISTE, 12. Beschwerdeverfahren/Procédure de recours, BR 2019, S. 43 ff. (zit.: BEYELER/JÄGER/SCHERLER/ ZUFFEREY, Beschwerdeverfahren 2019)

BEYELER MARTIN/JÄGER CHRISTOPH/SCHERLER STEFAN/ZUFFEREY JEAN-BAPTISTE, 13. Adjudication et révocation/Zuschlag und Widerruf, BR 2016, S. 245–246 (zit.: BEYELER/JÄGER/ SCHERLER/ZUFFEREY, Zuschlag und Widerruf)

BEYELER MARTIN/JÄGER CHRISTOPH/SCHERLER STEFAN/ZUFFEREY JEAN-BAPTISTE, Critères d'adjudication/Zuschlagskriterien, in: Institut für Schweizerisches und Internationales Baurecht (Hrsg.), Baurecht, Zürich 2018, S. 250 ff. (zit.: BEYELER/JÄGER/SCHERLER/ZUFFEREY, Zuschlagskriterien 2018)

BEYELER MARTIN/JÄGER CHRISTOPH/ZUFFEREY JEAN-BAPTISTE, 1. Geltungsbereich/Champ d'application, BR 2017, S. 34–37 und S. 240–242 (zit.: BEYELER/JÄGER/SCHERLER/ZUFFEREY, Geltungsbereich)

BEYELER MARTIN/SCHERLER STEFAN/ZUFFEREY JEAN-BAPTISTE, 1. Geltungsbereich/Champ d'application, BR 2014, S. 25–29 (zit.: BEYELER/SCHERLER/ZUFFEREY, Geltungsbereich 2014)

BEYELER MARTIN/SCHERLER STEFAN/ZUFFEREY JEAN-BAPTISTE, 3. Procédure d'adjudication/ Die Vergabeverfahren, BR 2014, S. 30–33 (zit.: BEYELER/SCHERLER/ZUFFEREY, Vergabeverfahren 2014)

BEYELER MARTIN/SCHERLER STEFAN/ZUFFEREY JEAN-BAPTISTE, 4. Critères d'adjudication/Die Zuschlagskriterien, BR 2015, S. 36–39 (zit.: BEYELER/SCHERLER/ZUFFEREY, Zuschlagskriterien 2015)

BEYELER MARTIN/SCHERLER STEFAN/ZUFFEREY JEAN-BAPTISTE, 5. Conditions d'admission, Aptitude et spécifications techniques/Zulassungsbedingungen, Eignung und technische Spezifikationen, BR 2013, S. 201–203 (zit.: BEYELER/SCHERLER/ZUFFEREY, Zulassungskriterien)

BEYELER MARTIN/SCHERLER STEFAN/ZUFFEREY JEAN-BAPTISTE, 7. Eignung, BR 2017, S. 42–46 (zit.: BEYELER/SCHERLER/ZUFFEREY, Eignung 2017)

BEYELER MARTIN/JÄGER CHRISTOPH/SCHERLER STEFAN/ZUFFEREY JEAN-BAPTISTE, 9. Angebot und Variante/Offres et variantes, BR 2017, S. 49–52 (zit.: BEYELER/JÄGER/SCHERLER/ZUFFEREY, Angebot und Variante)

BEYELER MARTIN/SCHERLER STEFAN/ZUFFEREY JEAN-BAPTISTE, 9. Procédures de recours/Das Beschwerdeverfahren, BR 2015, S. 46–51 (zit.: BEYELER/SCHERLER/ZUFFEREY, Beschwerdeverfahren 2015)

BEYELER MARTIN/SCHERLER STEFAN/ZUFFEREY JEAN-BAPTISTE, 9. Zuschlagskriterien/Critères d'adjudication, BR 2016, S. 50–52 (zit.: BEYELER/SCHERLER/ZUFFEREY, Zuschlagskriterien)

BEYELER MARTIN/SCHERLER STEFAN/ZUFFEREY JEAN-BAPTISTE, 10. Procédure de recours/Das Beschwerdeverfahren, BR 2014, S. 49–57 (zit.: BEYELER/SCHERLER/ZUFFEREY, Beschwerdeverfahren 2014)

BEYELER MARTIN/SCHERLER STEFAN/ZUFFEREY JEAN-BAPTISTE, 14. Beschwerdeverfahren/Procédure de recours, BR 2016, S. 57–62 und S. 245–246 (zit.: BEYELER/SCHERLER/ZUFFEREY, Beschwerdeverfahren)

BEYELER MARTIN/SCHERLER STEFAN/ZUFFEREY JEAN-BAPTISTE, 1. Champ d'application/Der Geltungsbereich, BR 2015, S. 226–227 (zit.: BEYELER/SCHERLER/ZUFFEREY, Geltungsbereich)

BHEND JULIA, Ausgewählte Aspekte zum Geltungsbereich des neuen Beschaffungsrechts, BR 2020 S. 16 ff.

BIAGGINI GIOVANNI, Abkommen über bestimmte Aspekte des öffentlichen Beschaffungswesens, in: Thürer Daniel/Weber Rolf H./Portmann Wolfgang/Kellerhals Andreas (Hrsg.), Bilaterale Verträge Schweiz–EG, Ein Handbuch, Zürich 2007, S. 651 ff. (zit.: BIAGGINI, Abkommen)

BIAGGINI GIOVANNI, BV Kommentar, Bundesverfassung der Schweizerischen Eidgenossenschaft, 2. Aufl., Zürich 2017 (zit.: BIAGGINI, Kommentar, Art. … N …)

BIAGGINI GIOVANNI/GÄCHTER THOMAS/KIENER REGINA (Hrsg.), Staatsrecht, 2. Aufl., Zürich/St. Gallen 2015 (zit.: BEARBEITER/-IN, in: Biaggini/Gächter/Kiener, § … Rz. …)

BIAGGINI GIOVANNI/HÄNER ISABELLE/SAXER URS/SCHOTT MARKUS, Verwaltungsrecht, FHB – Fachhandbuch, Zürich 2015 (zit.: BEARBEITER/IN, FHB)

BILLIET STIJN, From GATT to WTO: The Internal Struggle for External Competences in the EU, JCMS 2006, S. 899 ff.

Literaturverzeichnis

BIRCHLER DANIEL/SCHERLER STEFAN, Missbräuche bei der Vergabe öffentlicher Aufträge im Bauwesen – Analysen, Beispiele und Lösungsvorschläge, Bern 2001 (zit.: BIRCHLER/SCHERLER, Missbräuche)

BLAAS MIRJAM, Ökologische Aspekte im Vergaberecht, Zürich 2004

BLECHTA P. GABOR/COLATRELLA PHILOMENA/RÜEDI HUBERT/STAFFELBACH DANIEL (Hrsg.), Krankenversicherungsgesetz, Krankenversicherungsaufsichtsgesetz, Basler Kommentar, Basel 2020 (zit.: Komm KVG/KVAG-BEARBEITER/IN, Art. ... N ...)

BOCK CHRISTIAN, Das europäische Vergaberecht für Bauaufträge unter besonderer Berücksichtigung der Auswirkungen auf das schweizerische Submissionsrecht, Basler Studien zur Rechtswissenschaft, Bd. 43, Basel/Frankfurt am Main 1993 (zit.: BOCK, Vergaberecht)

BOCK CHRISTIAN, Metrologische Aspekte der öffentlichen Beschaffung von Versorgungszählern, BR 2013, S. 248–250

BOLLINGER ERWIN, Grundzüge des Abkommens über bestimmte Aspekte des öffentlichen Beschaffungswesens, in: Felder Daniel/Kaddous Christine (Hrsg.), Bilaterale Abkommen Schweiz–EU (Erste Analysen), Basel 2001, S. 641 ff.

BORNER SILVIO/BRUNETTI AYMO/WEDER PETER, Ökonomische Analyse zur Revision des schweizerischen Kartellgesetzes, in: Zäch Roger/Zweifel Peter (Hrsg.), Grundfragen der schweizerischen Kartellrechtsrevision, St. Gallen 1995, S. 35 ff.

BOSCHUNG MATHIAS, Der bodengebundene Rettungsdienst, Im Spannungsfeld zwischen Staatsaufgabe und regulierter privatwirtschaftlicher Tätigkeit, Zürich 2010

BOVAY BENOÎT, La non-discrimination en droit des marchés publics, RDAF 2004 I, S. 227 ff. (zit.: BOVAY, Non-discrimination)

BOVAY BENOÎT, Procédure administrative, 2. Aufl., Bern 2015, (zit.: BOVAY, Procédure)

BOVAY BENOÎT, Recours, effet suspensif et conclusion du contrat, in: Zufferey Jean-Baptiste/Stöckli Hubert (Hrsg.), Aktuelles Vergaberecht 2010, S. 311 ff. (zit.: BOVAY, Recours)

BOVET CHRISTIAN, Concession et contrat de droit administratif, BR 2001, S. 59 (zit.: BOVET, Concession)

BOVET CHRISTIAN, Contentieux AIMP et LMI, BR 2000, S. 51 (zit.: Bovet, AIMP)

BOVET CHRISTIAN, La procédure de gré à gré, BR, Sonderheft Vergaberecht 2004, S. 42 ff. (zit.: BOVET, Procédure)

BOVET CHRISTIAN, Le contentieux des marchés publics, RDAF 2001 I, S. 415 ff. (zit.: BOVET, Contentieux)

BOVET CHRISTIAN, Les marchés publics face au droit de la concurrence, in: Zufferey Jean-Baptiste/Stöckli Hubert (Hrsg.), Aktuelles Vergaberecht 2010, S. 377 ff. (zit.: BOVET, Concurrence)

BOVET CHRISTIAN, Marchés publics et patrimoine financier: le fait que l'on soit en présence d'un élément du patrimoine administratif ou du patrimoine financier d'un pouvoir adjudicateur détermine-t-il l'application de la règlementation sur les marchés publics? BR 2002, S. 66 ff. (zit.: BOVET, Patrimoine financier)

Bovet Christian, Nouvelles règles sur les soumissions organisées par des pouvoirs adjudicateurs de cantons différents «Interkantonale» Vergaben, Art. 8 Abs. 3 IVöB, BR 2002, S. 158 f. (zit.: Bovet, Nouvelles règles)

Bovis Christopher, Developing Public Procurement Regulation: Jurisprudence and its Influence on Law Making, CMLR 43/2006, S. 461 ff. (zit.: Bovis, Procurement)

Bovis Christopher, EU Public Procurement Law, 2. Aufl., Cheltenham 2012 (zit.: Bovis, EU Procurement)

Bovis Christopher, Public Procurement in the European Union: A Critical Analysis of the New Regime, LIEI 2006, S. 29 ff. (zit.: Bovis, Analysis)

Bovis Christopher, Public Procurement in the European Union: Lessons from the Past and Insights to the Future, Columbia Journal of European Law 2006, S. 103 ff. (zit.: Bovis, Lessons)

Bovis Christopher, Separation of selection and award criteria, in: Piga Gustavo/Treumer Steen (Hrsg.), The Applied Law and Economics of Public Procurement, Abingdon/New York 2012 (zit.: Bovis, Separation)

Bovis Christopher, The effects of the principles of transparency and accountability on public procurement regulation, in: Hofmann Herwig C.H./Türk Alexander H. (Hrsg.), Legal Challenges in EU Administrative Law, Cheltenham 2009 (zit.: Bovis, Transparency)

Bovis Christopher, The New Public Procurement Legal Framework, European Public Law 2006, S. 73 ff. (zit.: Bovis, Framework)

Brahier Jean-Michel, Offre et contrat: vérification, épuration, rectification et négociation, in: Zufferey Jean-Baptiste/Beyeler Martin/Scherler Stefan, Aktuelles Vergaberecht 2018, S. 273 ff. (zit.: Brahier, Contrat)

Brahier Jean-Michel, Partenariat public-privé et concession de travaux, Journées suisses du droit de la construction 2017 – Pour tous ceux qui construisent 2017, S. 87–121

Braun Christian, Besprechung der Mitteilung der Kommission zum Vergaberecht, EuZW 2006, S. 683 ff.

Brazerol Roman, Der Einheitspreis im Bauwerkvertrag, Zürich 2019

Broglin Pierre/Winkle Docourt Gladys, Procédure administrative, Principes généraux et procédure jurasienne, LaPD – La pratique du Droit, Zürich 2015

Bruchez Léonard, La responsabilité de l'État en droit des marchés publics, ZWR 2016, S. 455–474

Bungenberg Marc, Internationalisierung des europäischen Vergaberechts (?), EuR Beiheft 1/2016, S. 183 ff.

Bühler Simon, Der Fluch des Gewinners in der öffentlichen Beschaffung, AJP 2012, S. 685 ff. (zit.: Bühler, AJP)

Bühler Theodor, Der Werkvertrag, Teilband V 2d, 3. Aufl., Zürich 1998 (zit.: Bühler)

Calame Richard, Le développement des procédures sur invitation, BR, Sonderheft Vergaberecht 2006, S. 52 ff.

Literaturverzeichnis

CARRON BENOÎT, Les contrats avec le développeur-contracteur, in: Zufferey Jean-Baptiste/Stöckli Hubert (Hrsg.), Aktuelles Vergaberecht 2012, S. 479 ff.

CARRON VINCENT/FOURNIER JACQUES, La protection juridique dans la passation des marchés publics, Etude de droit comparé – Règles types et rapport explicatif, Freiburg 2002

CASSINA MATTEO, La legge federale sul mercato interno: principi fondamentali e note in merito alla giurisprudenza del Tribunale federale, RDAT 2000 I, S. 99 ff. (zit.: CASSINA, Mercato)

CASSINA MATTEO, Principali aspetti del diritto delle commesse pubbliche nel Cantone Ticino, Lugano 2008 (zit.: CASSINA, Diritto delle Commesse)

CHRIST BENEDICT F., Die Submissionsabsprache, Rechtswirklichkeit und Rechtslage, Freiburg 1999

CLERC EVELYNE, Commentaire de l'art. 5 LMI, in: Martenet Vincent/Bovet Christian/Tercier Pierre (Hrsg.), Commentaire romand – Droit de la concurrence, 2. Aufl., Genf/Basel/München 2013, S. 1929 ff. (zit.: CLERC, Commentaire romand)

CLERC EVELYNE, Innovation et marchés publics: Propriété, intellectuelle, prototype, concours d'idées, dialogue technique et financement privé, in: Michel Nicolas/Zäch Roger (Hrsg.), Submissionswesen im Binnenmarkt Schweiz, Erste praktische Erfahrungen und Entwicklungen, Zürich 1998, S. 83 ff. (zit.: CLERC, Innovation)

CLERC EVELYNE, Le sort du contrat conclu en violation des règles sur les marchés publics, AJP 1997, S. 804 ff. (zit.: CLERC, Contrat conclu)

CLERC EVELYNE, L'ouverture des marchés publics: Effectivité et protection juridique, Freiburg 1997 (zit.: CLERC, Diss.)

CORBOZ BERNARD/WURZBURGER ALAIN/FERRARI PIERRE/FRÉSARD JEAN-MAURICE/GIRARDIN FLORENCE AUBRY, Commentaire de la LTF, 2. Aufl., Bern 2014 (zit.: Commentaire de la LTF-BEARBEITER/ In, Art. ... N ...)

COTTIER THOMAS/EVTIMOV ERIK, Probleme des Rechtsschutzes bei der Anwendung der sektoriellen Abkommen mit der EG, in: Cottier Thomas/Oesch Matthias (Hrsg.), Die sektoriellen Abkommen Schweiz–EG: Ausgewählte Fragen zur Rezeption und Umsetzung der Verträge vom 21. Juni 1999 im schweizerischen Recht/Berner Tagung für die juristische Praxis, Bern 2002, S. 179 ff.

COTTIER THOMAS/MERKT BENOÎT, Die Auswirkungen des Welthandelsrechts der WTO und des Bundesgesetzes über den Binnenmarkt auf das Submissionsrecht der Schweiz, in: von Büren Roland/Cottier Thomas (Hrsg.), Die neue schweizerische Wettbewerbsordnung im internationalen Umfeld: Globalisierung, Wettbewerbsrecht, öffentliches Beschaffungswesen, Bern 1997

COTTIER THOMAS/OESCH MATTHIAS (Hrsg.), Schweizerisches Bundesverwaltungsrecht, Bd. XI: Allgemeines Aussenwirtschafts- und Binnenmarktrecht, Basel 2007

COTTIER THOMAS/WAGNER MANFRED, Das neue Bundesgesetz über den Binnenmarkt (BGBM), AJP 1995, S. 1582 ff.

COTTIER THOMAS/DIEBOLD NICOLAS/KÖLLIKER ISABEL/LIECHTI-MCKEE RACHEL/OESCH MATTHIAS/PAYOSOVA TETYANA/WÜGER DANIEL, Die Rechtsbeziehungen der Schweiz und der Europäischen Union, Bern 2014

CRAMERI ALBERTO, Das öffentliche Beschaffungswesen aus der Sicht Graubündens, ZGRG 1998, S. 136 f. (zit.: CRAMERI, Beschaffungswesen)

CRAMERI ALBERTO, Die Schwellenwerte – Ein heilloses Durcheinander, BR 2002, S. 83 f. (zit.: CRAMERI, Durcheinander)

DANIOTH HALTER PATRIZIA/LANG HERBERT, Das bilaterale Abkommen über das öffentliche Beschaffungswesen, BR 1999, S. 61 ff.

DENZLER BEAT, Bewertung der Angebotspreise, BR, Sonderheft Vergaberecht 2004, S. 20 ff. (zit.: DENZLER, Bewertung)

DENZLER BEAT/HEMPEL HEINRICH, Die aufschiebende Wirkung – Schlüsselstelle des Vergaberechts, in: Zufferey Jean-Baptiste/Stöckli Hubert (Hrsg.), Aktuelles Vergaberecht 2008, S. 313 ff. (zit.: DENZLER/HEMPEL, Aufschiebende Wirkung)

DENZLER BEAT/HEMPEL HEINRICH, Fusioniert, gespalten und übertragen – wenn Anbieter ihr Rechtskleid wechseln, BR, Sonderheft Vergaberecht 2006, S. 23 ff. (zit.: DENZLER/HEMPEL)

DIEBOLD NICOLAS, Das Herkunftsprinzip im Binnenmarktgesetz zur Dienstleistungs- und Niederlassungsfreiheit, ZBl 2010, S. 129 ff. (zit.: DIEBOLD, Herkunftsprinzip)

DIEBOLD NICOLAS F., Die Beschwerdelegitimation der WEKO, SJZ 2013, S. 177 ff. (zit.: DIEBOLD, Beschwerdelegitimation)

DIEBOLD NICOLAS F., Die öffentliche Ausschreibung als Marktzugangsinstrument, ZSR 2014, S. 219 ff. (zit.: DIEBOLD, Ausschreibung)

DIETRICH ADAM, Produktionsmanagement, 8. Aufl., Wiesbaden 1997; EGLI ANTON, Probleme von und mit Baukonsortien, Baurechtstagung 1989, Tagungsunterlagen VI, S. 26 ff.

DIGGELMANN OLIVER/ENZ MARC, Vorbefassung im Submissionsrecht: Was verlangt der Gleichbehandlungsgrundsatz?, ZBl 2007, S. 577 ff.

DOLDER FRITZ, Rechtsanwendung mit Hilfe von multi-criteria Methoden, Jusletter vom 01.06.2015

DRECHSLER CHRISTIAN, Personalverleih: unscharfe Grenzen, AJP 2010, S. 314 ff.

DREYER DOMINIQUE, Obligation de non-concurrence: Licite? Sans effet? Illicite?, in: Pichonnaz Pascal/Werro Franz (Hrsg.), La pratique contractuelle Bd. 4, Zürich 2015, S. 207–240

DRUEY JUST EVA, Was sind gemeinwirtschaftliche Leistungen, Eine Analyse aus der Perspektive des Vertragsrechts, Jusletter vom 26.01.2015

DUBEY JACQUES, Arrêt du Tribunal fédéral dans l'affaire de l'Hôpital Riviera-Chablais: quand l'adjudicateur peut-il, voire doit-il recommencer la procédure?, Besprechung des Urteils 2C_876/2014, BR 2016, S. 36–39 (zit.: DUBEY, Adjudicateur)

DUBEY JACQUES, Hôpital Riviera-Chablais: Quelle portée pour le principe de proportionnalité en cas d'offre irrégulière?, BR 2015, S. 30–32 (zit.: DUBEY, Proportionnalité)

DUBEY JACQUES, La pratique judiciaire depuis 2006, in: Zufferey Jean-Baptiste/Stöckli Hubert (Hrsg.), Aktuelles Vergaberecht 2008, S. 375 ff. (zit.: DUBEY, Pratique)

Literaturverzeichnis

DUBEY JACQUES, Le concours en droit des marchés publics, Zürich/Basel/Genf 2005 (zit.: DUBEY, Concours)

DUBEY JACQUES, Le jugement de concours, in: Zufferey Jean-Baptiste/Stöckli Hubert (Hrsg.), Aktuelles Vergaberecht 2012, S. 245 ff. (zit.: DUBEY, Jugement)

DUBEY JACQUES, Le nouveau règlement des mandats d'étude parallèles d'architecture et d'ingénierie SIA-143/2009, BR 2009, S. 140 ff. (zit.: DUBEY, Nouveau règlement)

DUBEY JACQUES, Les «mandats d'étude parallèles» sont «des marchés de services identiques», BR, Sonderheft Vergaberecht 2006, S. 47 ff. (zit.: DUBEY, Mandats)

DUBEY JACQUES, Les nouveaux règlements SIA-142 und 143 édition 2009, in: Zufferey Jean-Baptiste/Stöckli Hubert (Hrsg.), Aktuelles Vergaberecht 2010, S. 169 ff. (zit.: DUBEY, SIA-142)

DUCREY PATRIK, Kartellrecht, in: Marbach Eugen/Ducrey Patrik/Wild Gregor (Hrsg.), Immaterialgüter- und Wettbewerbsrecht, 4. Aufl., Bern 2017

EGGER ALEXANDER, Europäisches Vergaberecht, Baden-Baden 2008

EGGS RAPHAËL, Besprechung der Urteile BGE 139 II 489 und 2C_91/2013, RDAF 2014 I, S. 467–469

EHLERMANN CLAUS-DIETER, On the Direct Effect of the WTO Agreements, in: Einhorn Talia (Hrsg.), Spontaneous Order, Organization and the Law: Road to a European Civil Society, Liber Amicorum Ernst-Joachim Mestmäcker, Den Haag 2003

EHRENZELLER BERNHARD/MASTRONARDI PHILIPPE/SCHWEIZER RAINER J./VALLENDER KLAUS A. (Hrsg.), Die Schweizerische Bundesverfassung, Kommentar, 2. Aufl., Zürich/St. Gallen 2008 (zit.: St. Galler BV-Kommentar-BEARBEITER/-IN, Art. ... N ...)

EHRENZELLER BERNHARD/SCHINDLER BENJAMIN/SCHWEIZER RAINER J./VALLENDER KLAUS A. (Hrsg.), Die Schweizerische Bundesverfassung, Kommentar (2. Bände), 3. Aufl., Zürich/St. Gallen 2014 (zit.: St. Galler BV-Kommentar-BEARBEITER/-IN 2014, Art. ... N ...)

ELSNER BERNT, BVergG 2006, 2. Aufl., Wien 2008

ENGELBERGER LUKAS, Die Frage der unmittelbaren Anwendbarkeit von WTO-Recht in der Rechtsprechung des Schweizerischen Bundesgerichts – eine Bestandesaufnahme, SZIER 2004, S. 155 ff.

ESSEIVA DENIS, Concours, mandats d'étude parallèles et autres procédures spéciales en droit cantonal: BR, Sonderheft Vergaberecht 2006, S. 44 ff. (zit.: ESSEIVA, Concours)

ESSEIVA DENIS, Contrat d'assurance (Versicherungsvertrag), BR 2000, S. 121 (zit.: ESSEIVA, Versicherungsvertrag)

ESSEIVA DENIS, Droit applicable à un marché comportant des services en partie assujettis au droit des marchés publics, BR 2000, S. 53 ff. (zit.: ESSEIVA, Droit applicable)

ESSEIVA DENIS, Kommentar zu BGer 2P.111/2003 vom 21.01.2004, BR 4/2005, S. 172 (zit.: ESSEIVA, BR 4/2005)

ESSEIVA DENIS, Kommentar zum BGer 2P.172/2002 vom 10.03.2003, BR 4/2003, S. 154 (zit.: ESSEIVA, BR 4/2003).

ESSEIVA DENIS, Les grandes nouveautés: La législation et les normes privées, in: Zufferey Jean-Baptiste/Stöckli Hubert (Hrsg.), Aktuelles Vergaberecht 2008, S. 1 ff. (zit.: ESSEIVA, Nouveautés)

ESSEIVA DENIS, Les nouveautés en législation, BR, Sonderheft Vergaberecht 2004, S. 8 ff. (zit.: ESSEIVA, Législation)

ESSEIVA DENIS, Les problèmes liés au prix, BR, Sonderheft Vergaberecht 2004, S. 27 ff. (zit.: ESSEIVA, Problèmes au prix)

ESSEIVA DENIS, Mise en concurrence de l'octroi de concessions cantonales et communales selon l'article 2 al. 7 LMI, BR 2006, S. 203 ff. (zit.: ESSEIVA, L'octroi)

ESSEIVA DENIS, TA VD 26.1.2000; arrêt CE 99/0135, BR 2000, S. 128 (zit.: ESSEIVA, Arrêt)

FASEL MAGALI, Besprechung der Urteile BGE 141 II 14, 2C_380/2014, RDAF 2016 I, S. 456–460

FELDER DANIEL, Appréciation juridique et politique du cadre institutionnel et dispositions générales des accords sectoriels, in: Felder Daniel/Kaddous Christine (Hrsg.), Bilaterale Abkommen Schweiz–EU, Erste Analysen, Basel 2001

FELLEY YANICK, Ouverture du marché de l'électricité – Quelques considérations juridiques, RDAF 2002 I, S. 65 ff.

FELLMANN WALTER/MÜLLER KARIN, Berner Kommentar, Die einfache Gesellschaft, Art. 530–544 OR, Schweizerisches Zivilgesetzbuch, Das Obligationenrecht, Die einzelnen Vertragsverhältnisse, Bern 2006 (zit.: BK OR-FELLMANN/MÜLLER, Art. ... N ...)

FETZ MARCO, Dialog im Vergaberecht, BR, Sonderheft Vergaberecht 2006, S. 59 ff. (zit.: FETZ, Dialog)

FETZ MARCO, Die funktionale Ausschreibung: Aktivierung des Bieter-Knowhows, in: Zufferey Jean-Baptiste/Stöckli Hubert (Hrsg.), Aktuelles Vergaberecht 2010, S. 101 ff. (zit.: Fetz, Funktionale Ausschreibung)

FETZ MARCO, Öffentliches Beschaffungsrecht des Bundes, in: Cottier Thomas/Oesch Matthias (Hrsg.), Schweizerisches Bundesverwaltungsrecht, Bd. XI: Allgemeines Aussenwirtschafts- und Binnenmarktrecht, Basel 2007, S. 477 ff.
(zit.: FETZ, Beschaffungsrecht)

FLAMME PHILIPPE/FLAMME MAURICE-ANDRÉ/DARDENNE CLAUDE, Les Marchés publics européens et belges: L'irrésistible européanisation du droit de la commande publique, 2. Aufl., Brüssel 2009

FÖHSE KATHRIN, Die rechtliche Ausgestaltung der nationalen Netzgesellschaften im Stromversorgungsgesetz (StromVG), unter besonderer Berücksichtigung der Regulierung und Entflechtung des Übertragungsnetzbereichs im 3. Energiebinnenmarktpaket EU, Zürich 2014

FRANÇAIS OLIVIER, Le développement des procédures sur invitation, BR, Sonderheft Vergaberecht 2006, S. 57 f.

FRENZ WALTER, Grundrechte und Vergaberecht, EuZW 2006, S. 748 ff. (zit.: FRENZ, Grundrechte)

FRENZ WALTER, Handbuch Europarecht, Bd. 3: Beihilfe- und Vergaberecht, Berlin 2007 (zit.: FRENZ, Handbuch)

Literaturverzeichnis

FREUDIGER PATRICK, Anstalt oder Aktiengesellschaft? Zur Bedeutung der Rechtsform bei Ausgliederungen, ASR Bd. 813, Bern 2016

FREY ERIKA DIANE, Der Leistungsvertrag und dessen Anwendung auf dem Gebiet des Straf- und Massnahmenvollzugs, Zürich/Basel/Genf 2019

FRÖHLICH-BLEULER GIANNI, Die Vergabe von IT-Verträgen, in: Zufferey Jean-Baptiste/Beyeler Martin/Scherler Stefan (Hrsg.), Aktuelles Vergaberecht 2016, S. 269 ff.

FUCHS ALLEN/MORGENBESSER MISCHA, Besteht eine Ausschreibungspflicht für die Erteilung von Verteilnetzkonzessionen?, AJP 2010, S. 1099 ff.

GADOLA ATTILIO R., Rechtsschutz und andere Formen der Überwachung der Vorschriften über das öffentliche Beschaffungswesen, AJP 1996, S. 967 ff.

GALLI PETER, Der Rechtsschutz in Vergabesachen auf dem Prüfstand (Kritisches zur restriktiven Praxis des Bundesgerichts und zur Revision auf Bundesebene), BR 2009, S. 201 ff. (zit.: GALLI, Rechtsschutz)

GALLI PETER, Die Submission der öffentlichen Hand im Bauwesen, Zürich 1981 (zit.: GALLI)

GALLI PETER, Rechtsprechung der Eidgenössischen Rekurskommission für das öffentliche Beschaffungswesen (BRK), Die ersten Entscheide und ihre Tragweite, in: Michel Nicolas/Zäch Roger (Hrsg.), Submissionswesen im Binnenmarkt Schweiz, Erste praktische Erfahrungen und Entwicklungen, Zürich 1998, S. 103 ff. (zit.: GALLI, Rechtsprechung)

GALLI PETER, Verhinderung einer De-facto-Vergabe durch einen Anbieter, BR 2017, S. 22 ff. (zit.: GALLI, De-facto-Vergabe)

GALLI PETER, Zuschlagskriterien, Beurteilungsmatrix und Evaluationsbericht, BR 1999, S. 138 (zit.: GALLI, Zuschlagskriterien)

GALLI PETER/LEHMANN DANIEL/RECHSTEINER PETER, Das öffentliche Beschaffungswesen in der Schweiz, Zürich 1996

GALLI PETER/MOSER ANDRÉ/LANG ELISABETH/STEINER MARC, Praxis des öffentlichen Beschaffungsrechts, Eine systematische Darstellung der Rechtsprechung des Bundes und der Kantone, 3. Aufl., Zürich 2013

GANZ GEORGE M., Harmonisierung des Vergaberechts, BR 2004, S. 172 ff. (zit.: GANZ)

GANZ GEORGE M., Neue Ansätze beim Beschaffungsrecht: Ein Vorschlag de lege ferenda, BR 2006, S. 196 ff. (zit.: GANZ, Ansätze)

GANZ GEORGE M., Öffentliches Beschaffungswesen: Ausschreibung von Verkehrsdienstleistungen, AJP 2001, S. 975 ff. (zit.: GANZ, Verkehrsdienstleistungen)

GAUCH PETER, Das neue Beschaffungsgesetz des Bundes, ZSR 1995 I, S. 313 ff. (zit.: GAUCH, ZSR)

GAUCH PETER, Das öffentliche Beschaffungsrecht der Schweiz. Ein Beitrag zum neuen Vergaberecht, recht 1997, S. 165 ff. (zit.: GAUCH, Beschaffungsrecht)

GAUCH PETER, Der verfrüht abgeschlossene Beschaffungsvertrag (eine Reprise), BR 2003, S. 3 ff. (zit.: GAUCH, Beschaffungsvertrag)

GAUCH PETER, Der Werkvertrag, 5. Aufl., Zürich 2011 (zit.: GAUCH, Werkvertrag)

Gauch Peter, Der Werkvertrag, 6. Aufl., Zürich 2019 (zit.: Gauch, Werkvertrag 2019)

Gauch Peter, Probleme von und mit Subunternehmern, in: Peter Forstmoser/Walter R. Schluep (Hrsg.), Freiheit und Verantwortung im Recht, Festschrift zum 60. Geburtstag von Arthur Meier-Hayoz, Bern 1982, S. 151 ff. (zit.: Gauch, Subunternehmer)

Gauch Peter, Probleme von und mit Subunternehmern, Schweizer Ingenieur und Architekt Bd. 99 (1981), Heft 16, S. 345 f. (zit.: Gauch, Probleme)

Gauch Peter, Vergabeverfahren und Vergabegrundsätze, BR 1996, S. 99 ff. (zit.: Gauch, Vergabeverfahren)

Gauch Peter, Von den Submissionsangeboten, die angeblich keine Vertragsofferten sind – Einige Bemerkungen zu BGE 134 II 297, BR 2009, S. 52 ff. (zit.: Gauch, Submissionsangebote)

Gauch Peter, Zuschlag und Verfügung, ein Beitrag zum öffentlichen Vergaberecht, in: Hänni Peter (Hrsg.), Mensch und Staat, Festschrift für Thomas Fleiner zum 65. Geburtstag, Freiburg 2003, S. 595 ff. (zit.: Gauch, Zuschlag und Verfügung)

Gauch Peter, Zur Nichtigkeit eines verfrüht abgeschlossenen Beschaffungsvertrags, Ein Entscheid der Eidgenössischen Rekurskommission für das öffentliche Beschaffungswesen (Entscheid vom 7.11.1997; BRK/CRM 010/97), BR 1998, S. 199 ff. (zit.: Gauch, Nichtigkeit)

Gauch Peter/Stöckli Hubert (Hrsg.), Kommentar zur SIA-Norm 118, Allgemeine Bedingungen für Bauarbeiten, 2. Aufl., Zürich/Basel/Genf 2017 (zit.: Komm SIA 118-Bearbeiter/in, Art. ...N ...)

Gauch Peter/Stöckli Hubert, Thesen zum neuen Vergaberecht des Bundes, Freiburg 1999

Gauch Peter/Tercier Pierre, Das Architektenrecht, 3. Aufl., Freiburg 1995

Gauch Peter/Schluep Walter R./Rey Heinz/Schmid Jörg/Emmenegger Susan, Schweizerisches Obligationenrecht, Band I und Band II: Allgemeiner Teil – ohne ausservertragliches Haftpflichtrecht, begründet von Peter Gauch und Walter R. Schluep, 10. Aufl., Zürich 2014

Gebert Manuela, Listenspitäler und die Subventionsklausel der IVöB, BR 2014, S. 12 ff.

Gehne Katja, Nachhaltige Entwicklung als Rechtsprinzip, normativer Aussagegehalt, rechtstheoretische Einordnung, Funktionen im Recht, Tübingen 2011

Giorello Marco, Gestions in house, entreprises publiques et marché public: La Cour de justice au croisement des chemins du marché intérieure et des services d'intérêt économique général, RDUE 2006, S. 23 ff.

Grabenwarter Christoph/Pabel Katharina, Europäische Menschenrechtskonvention, 5. Aufl., München/Basel/Wien 2012

Graham Thomas R., Results of the Tokyo Round, Georgia Journal of International and Comparative Law 1979, S. 153 ff.

Grätz Silvia/Stüssi Frank, Submissionsabreden erkennen und verhindern, BR 2016, S. 86 ff.

Griffel Alain, Allgemeines Verwaltungsrecht im Spiegel der Rechtsprechung, Zürich 2017 (zit.: Griffel, Verwaltungsrecht)

Literaturverzeichnis

GRIFFEL ALAIN, Auswirkungen der Rechtsweggarantie auf die Entscheidbefugnis eines Gerichts, in: Breitschmid Peter/Jent- Sørensen Ingrid/Schmid Hans/Sogo Miguel (Hrsg.), Tatsachen – Verfahren – Vollstreckung, Festschrift für Isaak Meier, Zürich 2015, S. 263–277 (zit.: GRIFFEL, Auswirkungen der Rechtsweggarantie)

GRIFFEL ALAIN (Hrsg.), Kommentar zum Verwaltungsrechtspflegegesetz des Kantons Zürich (VRG), 3. Aufl., Zürich 2014 (zit.: Kommentar zum VRG-BEARBEITER/-IN, Art. ... N ...)

GROLIMUND PASCAL, Ökologische Aspekte im öffentlichen Beschaffungswesen. Eine Analyse der Vorschriften des WTO-, des EG- und des Schweizer Rechts, Basel/Genf/München 2004, Guide romand pour les marchés publics, version du 02.06.2005

HAUSER MATTHIAS, Umweltaspekte von Baustellen im Vergaberecht, URP 2002, S. 339 ff. (zit.: HAUSER, URP)

HAUSER MATTHIAS, Umweltschutz als Zuschlagskriterium, BR 2003, S. 35 f. (zit.: HAUSER, Umweltschutz)

HAUSER MATTHIAS, Zuschlagskriterien im Submissionsrecht, AJP 2001, S. 1405 ff. (zit.: HAUSER, Zuschlagskriterien)

HAUSER MATTHIAS/LUTZ DANIELA, Bahntechnik Gotthard Basistunnel – Streiflichter auf ein komplexes Submissionsbeschwerdeverfahren, BR 2008, S. 108 ff.

HAUSER PETRA, Submissionsrecht, Entwicklungen im Schweizerischen Wirtschaftsrecht 2015/2016, Zürich 2016, S. 154 ff. (zit.: HAUSER PETRA)

HÄFELIN ULRICH/HALLER WALTER/KELLER HELEN/THURNHERR DANIELA, Schweizerisches Bundesstaatsrecht, 9. Aufl., Zürich/Basel/Genf 2016

HÄFELIN ULRICH/MÜLLER GEORG/UHLMANN FELIX, Allgemeines Verwaltungsrecht, 6. Aufl., Zürich/Basel/Genf 2010 (zit.: HÄFELIN/MÜLLER/UHLMANN, 2010)

HÄFELIN ULRICH/MÜLLER GEORG/UHLMANN FELIX, Allgemeines Verwaltungsrecht, 7. Aufl., Zürich/St. Gallen 2016 (zit.: HÄFELIN/MÜLLER/UHLMANN, 2016)

HÄNER ISABELLE, Organisationsrecht (ausgewählte Fragen) in: Biaggini Giovanni/Häner Isabelle/Saxer Urs/Schott Markus (Hrsg.), Verwaltungsrecht, FHB – Fachhandbuch, Zürich 2015

HÄNER ISABELLE/WALDMANN BERNHARD (Hrsg.), Die Konzession, Zürich/Freiburg 2011

HÄNNI MARCO/SCRUZZI PETER, Zur Ausstandspflicht im Rahmen von Submissionsverfahren, BR 1999, S. 131 ff.

HÄNNI PETER/STÖCKLI ANDREAS, Schweizerisches Wirtschaftsverwaltungsrecht, Bern 2013

HEITZ CHRISTOPH, Die Sanktionierung von Submissionsabsprachen, Eine Untersuchung der Möglichkeiten zur Bekämpfung von Submissionsabsprachen unter besonderer Berücksichtigung des Art. 146 StGB, Zürich 2008

HENNINGER ANTON, Das Projektbündnis – Kooperation statt Konfrontation/Konflikte und Fragen aus den klassischen Vertragsmodellen und Überlegungen zur Beschaffung, in: Stöckli Hubert (Hrsg.), Schweizerische Baurechtstagung 2015 ... für alle, die bauen, Freiburg 2015, S. 147–161

HESS-ODONI URS, Öffentliche Beschaffung und das Wettbewerbsrecht, Jusletter vom 24.05.2004

HETTICH PETER, «Wirksamer Wettbewerb»: Theoretisches Konzept und Praxis, St. Gallen 2003

HILF MEINHARD/OETER STEFAN (Hrsg.), WTO-Recht: Rechtsordnung des Welthandels, 2. Aufl., Baden-Baden 2010

HOEKMAN BERNHARD M./MAVROIDIS PETROS C., Law and Policy in the Public Purchasing: The WTO Agreement on the Government Procurement, 4. Aufl., Michigan 2000

HONSELL HEINRICH/VOGT NEDIM PETER/WIEGAND WOLFGANG (Hrsg.), Basler Kommentar, Obligationenrecht I, Art. 1–529 OR, 6. Aufl., Basel 2015 (zit.: BSK OR I 2015-BEARBEITER/IN)

HONSELL HEINRICH/VOGT NEDIM PETER/WATTER ROLF (Hrsg.), Basler Kommentar, Obligationenrecht II, Art. 530–964 OR inkl. Schlussbestimmungen, 5. Aufl., Basel 2016 (zit.: BSK OR II 2016-BEARBEITER/IN, Art. … N …)

HUNGERBÜHLER ADRIAN, Das Bundesgericht als Rechtsmittelinstanz in Vergabesachen – Auswirkungen der neuen Rechtsmittelordnung, in: Zufferey Jean-Baptiste/Stöckli Hubert (Hrsg.), Aktuelles Vergaberecht 2008, S. 343 ff.

HÜRLIMANN ROLAND, Der SBV-Formularvertrag für Arbeitsgemeinschaften, BR 2017, S. 205 ff. (zit.: HÜRLIMANN, SBV-Formularvertrag)

HÜRLIMANN ROLAND, Unternehmervarianten – Risiken und Problembereiche, BR 1996, S. 3 ff. (zit.: HÜRLIMANN)

INSTITUT FÜR SCHWEIZERISCHES UND INTERNATIONALES BAURECHT, Wettbewerbsverfahren und andere Verfahren für Beschaffungen mit intellektuellen Dienstleistungen, Freiburg 2005 (zit.: ISIB)

JAQUIER MANUEL, Le «gré à gré exceptionnel» dans les marchés publics, Zürich 2018

JÄGER CHRISTOPH, Änderungen im Vergabeverfahren, in: Zuffrey Jean-Baptiste/Beyeler Martin/Scherler Stefan (Hrsg., Aktuelles Vergaberecht 2018, S. 359 ff. (zit.: JÄGER, Änderungen)

JÄGER CHRISTOPH, Ausschluss vom Verfahren – Gründe und Rechtsschutz, in: Zufferey Jean-Baptiste/Stöckli Hubert (Hrsg.), Aktuelles Vergaberecht 2014, S. 325 ff. (zit.: JÄGER, Ausschluss)

JÄGER CHRISTOPH, Die Vorbefassung des Anbieters im öffentlichen Beschaffungsrecht, Zürich/St. Gallen 2009 (zit.: JÄGER, Die Vorbefassung)

JÄGER CHRISTOPH, Direkte und indirekte Vorbefassung im Vergabeverfahren, BR 2011, S. 4 ff. (zit.: JÄGER, Vergabeverfahren)

JÄGER CHRISTOPH, Öffentliches Beschaffungsrecht, in: Müller Markus/Feller Reto (Hrsg.), Bernisches Verwaltungsrecht, Bern 2008, S. 741 ff. (zit.: JÄGER, Öffentliches Beschaffungsrecht)

JÄGER CHRISTOPH, Öffentliches Beschaffungsrecht, in: Müller Markus/Feller Reto (Hrsg.), Bernisches Verwaltungsrecht, Bern 2013, S. 807 ff. (zit.: JÄGER, Beschaffungsrecht 2013)

JOSITSCH DANIEL, Das Schweizerische Korruptionsstrafrecht (Art. 322ter bis Art. 322^{octies} StGB), Zürich 2004

JOST FELIX/SCHNEIDER HEUSI CLAUDIA, Architektur- und Ingenieurwettbewerbe im Submissionsrecht, ZBl 2004, S. 341 ff.

Literaturverzeichnis

Kägi Thomas/Wettstein David, Bilanzierung klimawirksamer Emissionen von Zucker, myclimate, Zürich 2008

Karlen Peter, Schweizerisches Verwaltungsrecht, Gesamtdarstellung unter Einbezug des europäischen Kontextes, Zürich/Basel/Genf 2018

Keller Helen/Balazs-Hegedüs Natalie, Paradigmenwechsel im Verhältnis von Landesrecht und Völkerrecht?, AJP 2016, S. 712 ff.

Keusen Ulrich, PPP – wie beschafft man das?, in: Zufferey Jean-Baptiste/Stöckli Hubert (Hrsg.), Aktuelles Vergaberecht 2012, S. 387 ff.

Kiener Regina/Kälin Walter, Grundrechte, 2. Aufl., Bern 2013

Kiener Regina/Krüsi Melanie, Die Unabhängigkeit von Gerichtssachverständigen, ZSR 2006 I, S. 487 ff.

Kiener Regina/Rütsche Bernhard/Kuhn Matthias, Öffentliches Verfahrensrecht, 2. Aufl., Zürich/St. Gallen 2015

Klaus Samuel, DeRegulierung der netzbasierten Infrastruktur, Identifikation und Analyse von Lenkungsinstrumenten im Rahmen von De-/Regulierungsvorgängen in Primärinfrastruktursektoren, Zürich/Norderstedt 2009

Kneubühler Lorenz, Beschwerdebefugnis vor Bundesgericht: Konkurrenten, Gemeinden, Pläne und Realakte, ZBl 2016. S. 22–42

Kölz Alfred/Bosshart Jürg/Röhl Martin, Kommentar zum Verwaltungsrechtspflegegesetz des Kantons Zürich (Gesetz über den Rechtsschutz in Verwaltungssachen [Verwaltungsrechtspflegegesetz] vom 24.05.1959), 2. Aufl., Zürich 1999 (zit.: Komm VRG-Bearbeiter-In, Art. ... N ...)

Kölz Alfred/Häner Isabelle/Bertschi Martin, Verwaltungsverfahren und Verwaltungsrechtspflege des Bundes, 3. Aufl., Zürich 2013

Kradolfer matthias, Verwaltungsorganisationsrecht, in: Hänni Peter/Stöckli Andreas (Hrsg.), Verwaltungsorganisationsrecht – Staatshaftungsrecht – öffentliches Dienstrecht/Droit public de l'organisation – responsabilité des collectivités publiques – fonction publique, Jahrbuch/Annuaire 2015, Bern 2016, S. 107 ff.

Kramer Ernst A., Juristische Methodenlehre, 5. Aufl., Bern 2016, S. 60 ff.

Krämer Raphael/Ramming Fadri, Die Konzession im Wasser- und Energierecht, in: Häner Isabelle/Waldmann Bernhard (Hrsg.), Die Konzession, Zürich 2011, S. 123 ff.

Kulartz Hans-Peter/Kus Alexander/Portz Norberg (Hrsg.), Kommentar zum GWB-Vergaberecht, 2. Aufl., Neuwied 2009 (zit.: Komm GWB-Bearbeiter/-In, Art. ... N ...)

Kunz Daniel, Der Begriff der «Öffentlichen Beschaffung» in der Gerichtspraxis, Jusletter vom 26.03.2001 (zit.: Kunz, Begriff)

Kunz Daniel, Die EU-Konzessions-Richtlinie 2014/23/EU – Konzessionsvergaben in neuem Licht, BR 2015, S. 13 ff. (zit.: Kunz, EU-Konzessions-Richtlinie)

Kunz Daniel, Die Konzessionserteilung, in: Häner Isabelle/Waldmann Bernhard (Hrsg.), Die Konzession, Zürich 2011, S. 27 ff. (zit.: Kunz, Konzessionserteilung)

Kunz Daniel, Konzessionen – Durchdachte Ausgestaltung und korrekte Vergabe, in: Zufferey Jean-Baptiste/Stöckli Hubert (Hrsg.), Aktuelles Vergaberecht 2012, S. 205 ff. (zit.: Kunz, Konzessionen)

Kunz Daniel, Verfahren und Rechtsschutz bei der Vergabe von Konzessionen, Bern 2004 (zit.: Kunz, Verfahren und Rechtsschutz)

Kuonen Dominik, Das Einladungsverfahren im öffentlichen Beschaffungsrecht, Bern 2005

Laget-Annamayer Aurore, Le statut des accords OMC dans l'ordre juridique communautaire: en attendant la consécration de l'invocabilité, RTDE 2006, S. 249 ff.

Lang Elisabeth, Der Grundsatz der Transparenz im öffentlichen Beschaffungsrecht, Festschrift 100 Jahre Aargauischer Anwaltsverband, Zürich/Basel/Genf 2005, S. 105 ff. (zit.: Lang E., Transparenz)

Lang Elisabeth, Die Praxis des Verwaltungsgerichts des Kantons Aargau zum Submissionsrecht, ZBl 2002, S. 453 ff. (zit.: Lang E., Praxis)

Lang Herbert, Binnenmarkt: Aktuelle Fragen bei der Anwendung des Binnenmarktgesetzes und der Interkantonalen Vereinbarung über das öffentliche Beschaffungswesen, in: Michel Nicolas/Zäch Roger (Hrsg.), Submissionswesen im Binnenmarkt Schweiz, Erste praktische Erfahrungen und Entwicklungen, Zürich 1998, S. 15 ff. (zit.: Lang H., Binnenmarkt)

Lang Herbert, Neue Rechtsgrundlagen für das Vergabeverfahren in der Schweiz – Das Abkommen CH–EU im öffentlichen Beschaffungswesen, ZBl 2003, S. 32 ff. (zit.: Lang H., Rechtsgrundlagen)

Lang Herbert, Offertenbehandlung und Zuschlag im öffentlichen Beschaffungswesen, ZBl 2000, S. 225 ff. (zit.: Lang H., Offertenbehandlung)

Lanter Markus, Die Bewertung der Lehrlingsausbildung im Vergaberecht, ZBl 2013, S. 599–609 (zit.: Lanter, Lehrlingsausbildung)

Lanter Markus, Formeller Charakter des Replikrechts – Herkunft und Folgen, ZBl 2012, S. 167 ff. (zit: Lanter, Formeller Charakter)

Leduc Patrick, Wesentliche Merkmale des revidierten WTO-Übereinkommens über das öffentliche Beschaffungswesen (GPA), BR 2017, S. 5 ff.

Leuthold Alexis, Angebotsänderungen im laufenden Vergabeverfahren. Praxisnaher Kompromiss statt rigider Formstrenge, BR 2009, S. 108 ff. (zit.: Leuthold, Angebotsänderungen)

Leuthold Alexis, Offertverhandlungen in öffentlichen Vergabeverfahren, Zürich 2009 (zit.: Leuthold, Verhandlungen)

Leuthold Alexis, Spielräume bei Bund und den Kantonen, in: Zufferey Jean-Baptiste/Stöckli Hubert (Hrsg.), Aktuelles Vergaberecht 2010, S. 277 ff. (zit.: Leuthold, Spielräume)

Leuthold Alexis, Verhandlungen und der neue «Dialog»: Spielräume bei Bund und den Kantonen, in: Zufferey Jean-Baptiste/Stöckli Hubert (Hrsg.), Aktuelles Vergaberecht 2010, S. 277–310 (zit.: Leuthold, Dialog)

Literaturverzeichnis

Lips Michael/Lippuner Andrea, Besprechung des Urteils 2C_346/2013, AJP 2014, S. 870–873

Locher Alexander, Verwaltungsrechtliche Sanktionen, Rechtliche Ausgestaltung, Abgrenzung und Anwendbarkeit der Verfahrensgarantien, Zürich 2013 (zit.: Locher, Sanktionen)

Locher Thomas, Wirkungen des Zuschlags auf den Vertrag im Vergaberecht, Eine verwaltungsrechtliche Einordnung, ASR Bd. 791, Bern 2013 (zit.: Locher)

Ludin Martin, Privilegierte Vergaben innerhalb der Staatssphäre. Eine Rechtsvergleichung von In-house, Quasi-in-house- und In-state-Geschäften in der EU und der Schweiz. Zürich/St. Gallen, 2019.

Luginbühl Kaspar, Die Nachprüfung der Vergabe öffentlicher Aufträge, Jusletter vom 24.11.2008

Lutz Daniela, Angebotspreis, Kalkulationsfreiheit und die Schranken, in: Zuffrey Jean-Baptiste/Stöckli Hubert (Hrsg.), Aktuelles Vergaberecht 2014, S. 281 ff. (zit.: Lutz, Angebotspreis)

Lutz Daniela, Ausstand und Vorbefassung, BR, Sonderheft Vergaberecht 2004, S. 45 ff. (zit.: Lutz, Ausstand)

Lutz Daniela, Bietergemeinschaften und Subunternehmer, in: Zuffrey/Beyeler/Scherler, Aktuelles Vergaberecht 2018, S. 237 ff. (zit.: Lutz, Anbietergruppen)

Lutz Daniela, Die fachgerechte Auswertung von Offerten, in: Zufferey Jean-Baptiste/Stöckli Hubert (Hrsg.), Aktuelles Vergaberecht 2008, S. 215 ff. (zit.: Lutz, Auswertung)

Lutz Daniela, PPP und öffentliches Beschaffungswesen, BR 2004, S. 176 (zit.: Lutz, PPP)

Lutz Daniela, Varianten – Chance oder schwer kalkulierbares Risiko?, in: Zufferey Jean-Baptiste/Stöckli Hubert (Hrsg.), Aktuelles Vergaberecht 2012, S. 325 ff. (zit.: Lutz, Varianten)

Lutz Daniela/Züfle Rainer, Die Vergabe von Versicherungsdienstleistungen, HAVE 2010, S. 323 ff.

Lutz Martin, Vergaberegime ausserhalb des Vergaberechts? Die Mitteilung der Kommission zur Vergabe öffentlicher Aufträge, die nicht oder teilweise unter die Vergaberichtlinien fallen, WuW 2006, S. 890 ff. (zit.: Lutz Martin)

Lüchinger Widmer Corinne/Oser David (Hrsg.), Obligationenrecht I, Art. 1–529 OR, Basler Kommentar, 7. Aufl., Basel 2019 (zit.: BSK OR I-Bearbeiter/in, Art. ... N ...)

Malfanti Vinicio, Appalti pubblici alle soglie del XXI secolo in diritto intercantonale e cantonale, in: Borghi Marco/Corti Guido (Hrsg.), Problemi emergenti di diritto pubblico: atti della giornata di studio del 05.06.2000, Basel/Genf/München 2001, S. 25 ff. (zit.: Malfanti, Appalti publici)

Malfanti Vinicio, Due esempi di applicazione della normativa sulle commesse pubbliche, RDAT 2002 I, S. 97 ff. (zit.: Malfanti, esempi)

Malfanti Vinicio, Principali novità introdotte dalla Legge sulle commesse pubbliche, RDAT 2001 I, S. 439 ff. (zit.: Malfanti, novità)

Marchegiani Giannangelo, Les relations in-house et le syndrome du cheval à bascule – Quelques considérations à propos de l'arrêt Stadt Halle, RMC 2006, S. 47 ff.

MARX FRIDHELM, Vergaberecht – Was ist das?, in: Brinker Ingo/Scheuing Dieter H./Stockmann Kurt (Hrsg.), Recht und Wettbewerb, Festschrift für Rainer Bechtold zum 65. Geburtstag, München 2006, S. 305 ff.

MATSUSHITA MITSUO/SCHÖNBAUM THOMAS J./MAVROIDIS PETROS C./HAHN MICHAEL, The World Trade Organization, Law, Practice and Policy, 3. Aufl., Oxford 2015

MATTERA ALFONSO, La communication interprétative de la Commission sur les concessions de services d'utilité publique: un instrument de transparence et de libéralisation, RDUE 2000, S. 253 ff.

MAYER ROLAND, Erfahrungen der Kantone mit dem Abkommen über bestimmte Aspekte des öffentlichen Beschaffungswesens, in: Felder Daniel/Kaddous Christine (Hrsg.), Bilaterale Abkommen Schweiz–EU (Erste Analysen), Basel 2001, S. 663 ff.

MCCRUDDEN CHRISTOPHER, Buying Social Justice, Oxford 2007 (zit.: MCCRUDDEN, Social Justice)

MCCRUDDEN CHRISTOPHER, International Economic Law and the Pursuit of Human Rights: A Framework for Discussion of the Legality of «Selective Purchasing» Laws under the WTO Government Procurement Agreement, JIEL 1999, S. 3 ff. (zit.: MCCRUDDEN, Selective Purchasing)

MEIER-MAZZUCATO GIORGIO/TASINI GIULIA, L'expert fiduciaire – Der Treuhandexperte, Coûts du capital et coûts moyens du capital, compte tenu des aspects fiscaux avec le bêta comptable ou fondamental, TREX 2019, S. 107 ff.

MERKLI THOMAS/AESCHLIMANN ARTHUR/HERZOG RUTH (Hrsg.), Kommentar zum Gesetz über die Verwaltungsrechtspflege im Kanton Bern, Bern 1997 (zit.: Komm VRP BE-BEARBEITER/IN, Art. … N …)

MESSERLI BEAT, Der Planungs- und Gesamtleistungswettbewerb im öffentlichen Beschaffungsrecht, 2. Aufl., Bern 2007

MESSERLI BEAT/LEUENBERGER SERAINA, «Ausser Frage»: Berücksichtigung künftiger wirtschaftlicher oder technischer Kapazitäten bei der Eignungsprüfung oder beim Zuschlag, BR 2017, S. 28 ff.

METZ MARKUS/SCHMID GERHARD, Rechtsgrundlagen des öffentlichen Beschaffungswesens, ZBl 1998, S. 49 ff.

MEYER CHRISTOPH, Freihändige Vergabe als Ausnahme von der Ausschreibungspflicht im öffentlichen Beschaffungsrecht, AJP 2005, S. 716 ff.

MICHEL NICOLAS, Droit public de la construction, Freiburg 1996 (zit.: MICHEL, Droit public)

MICHEL NICOLAS, Les marchés publics dans la jurisprudence européenne, Freiburg 1995 (zit.: MICHEL, Marchés publics)

MICHEL NICOLAS, Les règles de passation des marchés publics sous l'aspect du risque de corruption, in: Borghi Marco/Meyer-Bisch Patrice/Balleyguier Dina (Hrsg.), La corruption: l'envers des droits de l'homme, Freiburg 1995, S. 224 ff. (zit.: MICHEL, Reglès de passation)

MOOR PIERRE/BELLANGER FRANÇOIS/TANQUEREL THIERRY, Droit administratif, Volume III: L'organisation des activités administratives. Les biens de l'Etat, 2. Aufl., Bern 2018

Literaturverzeichnis

MOOR PIERRE/POLTIER ETIENNE, Droit administratif, Bd. II, 3. Aufl., Bern 2011

MOSER ANDRÉ, Les marchés publics en Suisse au seuil du XXIe siècle, in: Borghi Marco/Corti Guido (Hrsg.), Problemi emergenti di diritto pubblico: atti della giornata di studio del 5 giugno 2000, Basel/Genf/München 2001, S. 3 ff. (zit.: MOSER, Marchés publics)

MOSER ANDRÉ, Rechtsprechung: Entschiedenes und Unentschiedenes, BR, Sonderheft Vergaberecht 2004, S. 74 ff. (zit.: MOSER, Rechtsprechung)

MOSER ANDRÉ, Überblick über die Rechtsprechung 1998/99 zum öffentlichen Beschaffungswesen (Bund sowie Hinweise auf kantonale Entscheide), AJP 2000, S. 682 ff. (zit.: MOSER, Überblick)

MOSER ANDRÉ/BEUSCH MICHAEL/KNEUBÜHLER LORENZ, Prozessieren vor dem Bundesverwaltungsgericht, 2. Aufl., Basel 2008 (zit.: MOSER/BEUSCH/KNEUBÜHLER 2013)

MOSER ANDRÉ/UEBERSAX PETER, Prozessieren vor eidgenössischen Rekurskommissionen, Basel und Frankfurt am Main 1998

MURER ERWIN, SHK – Stämpflis Handkommentar zum Invalidenversicherungsgesetz, Bern 2014 (zit.: SHK IVG-BEARBEITER/-IN, Art. ... N ...)

MÜLLER CHRISTOPH, Berner Kommentar, Art. 1–18 OR mit allgemeiner Einleitung in das Schweizerische Obligationenrecht, Obligationenrecht, Allgemeine Bestimmungen, Bern 2018 (zit.: BK OR-MÜLLER, Art. ... N ...)

MÜLLER GEORG, Reservate staatlicher Willkür – Grauzonen zwischen Rechtsfreiheit, Rechtsbindung und Rechtskontrolle, in: Recht als Prozess und Gefüge, Festschrift für Hans Huber zum 80. Geburtstag, Bern 1981, S. 109 ff. (zit.: MÜLLER, Willkür)

MÜLLER GEORG/UHLMANN FELIX, Elemente einer Rechtssetzungslehre, 3. Aufl., Zürich 2013

MÜLLER MARKUS, Urteil des Verwaltungsgerichts (Verwaltungsrechtliche Abteilung) vom 08.12.2017 i.S. Naturschutzverbände und BAFU gegen Kanton Bern (VGE 100.2016.271/277) BVR 2018 S. 99–121 (zit.: MÜLLER, BVR 2018)

MÜLLER MARKUS/FELLER RETO, Bernisches Verwaltungsrecht, 2. Aufl., Bern 2013

MÜLLER ROLAND/KOLLER PASCAL, Submissionspflicht bei öffentlichen Unternehmen, EF 3/17, S. 174 ff.

MÜLLER ROLAND/MADUZ CHRISTIAN, Arbeitsrecht, Individual- und Kollektivarbeitsrecht sowie öffentliches Arbeitsrecht, 7. Aufl., Zürich 2017

MÜLLER-TSCHUMI THOMAS, Der PPP-Projektvertrag beim Inhabermodell, in: Zufferey Jean-Baptiste/Stöckli Hubert (Hrsg.), Aktuelles Vergaberecht 2012, S. 403 ff. (zit.: MÜLLER-TSCHUMI, Projektvertrag)

MÜLLER-TSCHUMI THOMAS, Zur Vertragsstruktur von projektfinanzierten PPP-Projekten, BR 2010, S. 34 ff. (zit.: MÜLLER-TSCHUMI, Vertragsstruktur)

MÜLLER-WREDE MALTE (Hrsg.), GWB-Vergaberecht, Kommentar, Köln 2009 (zit.: MÜLLER-WREDE, GWB-Vergaberecht)

MÜLLER-WREDE MALTE (Hrsg.), Kompendium des Vergaberechts, Berlin 2008 (zit.: MÜLLER-WREDE, Kompendium)

NEIER CHRISTINA, Die Bau- und Dienstleistungskonzession im Vergaberecht der EU und der Schweiz, in: Epiney Astrid/Kern Markus/Hehemann Lena (Hrsg.), Schweizerisches Jahrbuch für Europarecht 2014/2015, Zürich/Bern 2015, S. 407–422

NELL PHILIPPE, Liberalisierung des Beschaffungswesens Schweiz–EG: Auf dem Weg zur Gleichwertigkeit zwischen dem EG-Recht und dem neuen GATT-Abkommen über das Beschaffungswesen, in: Meyer-Marsilius Hans-Joachim/Schluep Walter R./Stauffacher Werner (Hrsg.), Beziehungen Schweiz–EG, Bd. 2, Kapitel 4.5, Beschaffungswesen, Zürich 1997

NIELSEN RUTH/TREUMER STEEN (Hrsg.), The New EU Public Procurement Directives, Kopenhagen 2005

NIGGLI MARCEL ALEXANDER, Vergabe und ungetreue Amtsführung, BR 1999, S. 151

NIGGLI MARCEL ALEXANDER/UEBERSAX PETER/WIPRÄCHTIGER HANS (Hrsg.), Bundesgerichtsgesetz, 2. Aufl., Basel 2011 (zit.: Komm BGG-BEARBEITER/-IN, Art. ... N ...)

NOCH RAINER, Vergaberecht kompakt, 5. Aufl., Köln 2011

NYFFENEGGER RES/KOBEL HANS ULRICH, Vorbefassung im Submissionsverfahren, BVR 2004, S. 49 ff.

ODENDAHL KERSTIN, Die Berücksichtigung vergabefremder Kriterien im öffentlichen Auftragswesen – Rechtslage nach EG- und WTO-Recht, EuZW 2004, S. 647 ff.

OESCH MATTHIAS, Entwicklung des Vergaberechts in der Schweiz, Die Volkswirtschaft 3/2010, S. 5 ff.

OESCH MATTHIAS/ZWALD THOMAS, BGBM-Kommentar, in: Oesch Matthias/Weber Rolf H./Zäch Roger (Hrsg.), Wettbewerbsrecht II, Zürich 2011 (zit.: Komm BGBM-OESCH/ZWALD, Art. ... N ...)

PASSERIEUX RÉGIS/THOUVENIN JEAN-MARC, Le partenariat public-privé à la croisée des chemins, entre marché et concession, RMC 2005, S. 232 ff.

PÄRLI KURT, Stämpflis Handkommentar, Entsendegesetz (EntsG), Bern 2018 (zit.: Komm EntsG-PÄRLI, Art. ... N ...)

PETER ERICH/KÜBLER ROLAND/SPOERRI THOMAS/GRABER DANIELE, Vergaberecht und berufliche Vorsorge, SZS 2017, S. 500–541

PFAMMATTER CHRISTIAN, Concours et marchés publics, RDAF 2002 I, S. 439 ff.

PICTET JACQUES/BOLLINGER DOMINIQUE, Adjuger un marché au mieux-disant, Lausanne 2003

PIETH MARC, Korruption – Ein Thema?, Institut für Baurecht, Baurechtstagung 1997/Tagungsunterlage 6, S. 31 ff.

POLEDNA TOMAS/DO CANTO PHILIPP, IT-Beschaffungen des Bundes: freihändige Vergabe mit gebundenen Händen, Jusletter vom 18.05.2009

POLEDNA TOMAS/TRÜMPLER RALPH, Die Vergabe von Spitex-Dienstleistungen durch die öffentliche Hand, AJP 2018, S. 187 ff.

POLTIER ETIENNE, Droit des marchés publics, Bern 2014 (zit.: POLTIER, Marchés publics)

POLTIER ETIENNE, Les marchés publics: premières expériences vaudoises, RDAF 2000 I, S. 297 ff. (zit.: POLTIER, expériences)

POLTIER ETIENNE, Les pouvoirs adjudicateurs. Champ d'application personnel du droit des marchés publics, AJP 2008, S. 1107 ff. (zit.: POLTIER, Pouvoirs adjudicateurs)

POLTIER ETIENNE, Marchés publics, délégations de tâches publiques et concessions, BR 2020, S. 11 ff. (zit.: POLTIER, Délégation)

POLTIER ETIENNE, Nouvelle délimitation du champ d'application objectif du droit des marchés publics dans la révision en cours, Jusletter vom 18.05.2015 (zit.: POLTIER, Délimitation)

POLTIER ETIENNE/CLERC EVELYNE, Commentaire de l'art. 9 LMI, in: Martenet Vincent/Bovet Christian/Tercier Pierre (Hrsg.), Commentaire romand – Droit de la concurrence, 2. Aufl., Genf/Basel/München 2013, S. 2080 ff.

PRIESS HANS-JOACHIM, Handbuch des europäischen Vergaberechts, 3. Aufl., Köln/Berlin/München 2005

RAPPO AURÉLIA, Les marchés publics: champ d'application et qualification, RDAF 2005 I, S. 165 ff.

RASTER JOSHUA/SCHMID STEFAN, Referenzen im Vergabeverfahren, Ein Einblick in die verwaltungsgerichtliche Praxis, Kriterium 17/2005

RECHSTEINER PETER, Ausschluss von Mehrfachbewerbungen, BR 2002, S. 159 f. (zit.: RECHSTEINER, Ausschluss)

RECHSTEINER PETER, Begründung von Entscheiden, BR 2002, S. 65 (zit.: RECHSTEINER, Begründung)

RECHSTEINER PETER, Bekanntgabe der Zuschlagskriterien, BR 2002, S. 65 (zit.: RECHSTEINER, Bekanntgabe)

RECHSTEINER PETER, Die Ausschreibungspflicht: Grundsatz mit vielen Ausnahmen, BR, Sonderheft Vergaberecht 2004, S. 36 ff. (zit.: RECHSTEINER, Ausschreibungspflicht)

RECHSTEINER PETER, Die Beschaffung komplexer Dienstleistungen, in: Zufferey Jean-Baptiste/Stöckli Hubert (Hrsg.), Aktuelles Vergaberecht 2008, S. 203 ff. (zit.: RECHSTEINER, Dienstleistungen)

RECHSTEINER PETER, Erkenntnisgewinn im Verfahren – darf man klüger werden?, BR, Sonderheft Vergaberecht 2006, S. 35 ff. (zit.: RECHSTEINER, Erkenntnisgewinn)

RECHSTEINER PETER, Ermittlung der Angebotspreise, BR, Sonderheft Vergaberecht 2004, S. 17 ff. (zit.: RECHSTEINER, Angebotspreise)

RECHSTEINER PETER, Modifikation von Vertragsunterlagen nach dem Zuschlag, BR 2000, S. 122 f. (zit.: RECHSTEINER, Modifikation)

RECHSTEINER PETER, Option und Auftragswert, BR 1999, S. 49 (zit.: RECHSTEINER, Option)

RECHSTEINER PETER, PPP (Public-Private-Partnership) – eine kurze Übersicht, in: Zufferey Jean-Baptiste/Stöckli Hubert (Hrsg.), Aktuelles Vergaberecht 2012, S. 377 ff. (zit.: RECHSTEINER, PPP)

RECHSTEINER PETER, Rechnungsfehler, BR 2000, S. 123 (zit.: RECHSTEINER, Rechnungsfehler)

RECHSTEINER PETER, Strafrecht und Beschaffungsrecht, BR 2003, S. 56 (zit.: RECHSTEINER, Strafrecht)

RECHSTEINER PETER, «Überschiessende» Offertangaben, BR 2001, S. 60 (zit.: RECHSTEINER, Überschiessende Offertangaben)

RECHSTEINER PETER, Vergabe eines Generalunternehmerauftrags – eine Reihe von Rechtsfragen, BR 2001, S. 98 ff. (zit.: RECHSTEINER, Generalunternehmerauftrag)

RECHSTEINER PETER, Weitergabe von Offertunterlagen, BR 2001, S. 60 (zit.: RECHSTEINER, Weitergabe)

RECHSTEINER PETER, Zentrale Beschaffungsstellen – Les centrales d'achat, BR 2004, S. 161 f. (zit.: RECHSTEINER, Beschaffungsstellen)

RECHSTEINER PETER, Zwei Zuschläge der Alp-Transit Gotthard AG, Juristische Festschrift zur Eröffnung des Gotthard-Basistunnels 2016, Auswahl von Rechtsthemen rund um den Jahrhundertbau NEAT, Zürich 2016, S. 113 ff. (zit.: RECHSTEINER, Gotthard)

RECHSTEINER STEFAN/WALDNER MICHAEL, Netzgebietszuteilung und Konzessionsverträge für die Elektrizitätsversorgung – Aktuelle Fragen und kommende gesetzliche Vorgaben, AJP 2007, S. 1288 ff.

REHBINDER MANFRED/STÖCKLI JEAN-FRITZ, Berner Kommentar, Das Obligationenrecht, Der Arbeitsvertrag, Art. 331–355 und Art. 361–362 OR, 2. Aufl., Bern 2014 (zit.: BK OR-REHBINDER/STÖCKLI, Art. ... N ...)

REICH ARIE, The New Text of the Agreement on Government Procurement: An Analysis and Assessment, JIEL 12 2009, S. 989 ff.

REICH BERTRAND, Droit des marchés publics – L'indemnisation en cas d'admission du recours, RDAF 2006 I, S. 115 ff.

REY ALEXANDER/WITTWER BENJAMIN, Die Ausschreibungspflicht bei der Übertragung von Monopolen nach revidiertem Binnenmarktgesetz – unter besonderer Berücksichtigung des Elektrizitätsbereichs, AJP 2007, S. 585 ff.

RHINOW RENÉ/SCHMID GERHARD/BIAGGINI GIOVANNI/UHLMANN FELIX, Öffentliches Wirtschaftsrecht, 2. Aufl., Basel 2011

RIEDO CHRISTOF, Insieme und die Folgen, BR 2016, S. 265 ff.

RICHER LAURENT, L'Europe des marchés publics, Paris 2009

RODONDI OLIVIER, La gestion de la procédure de soumission – Questions choisies, en particulier les délais, in: Zufferey Jean-Baptiste/Stöckli Hubert (Hrsg.), Aktuelles Vergaberecht 2008, S. 163 ff. (zit.: RODONDI, Délais)

RODONDI OLIVIER, Le droit cantonal des marchés publics, RDAF 1999 I, S. 265 ff. (zit.: RODONDI, Droit cantonal)

RODONDI OLIVIER, Les critères d'aptitude et les critères d'adjudication dans les procédures de marchés publics, RDAF 2001 I, S. 387 ff. (zit.: RODONDI, Critères)

Literaturverzeichnis

Rodondi Olivier, Les marchés de gré à gré, in: Zufferey Jean-Baptiste/Stöckli Hubert (Hrsg.), Aktuelles Vergaberecht 2014, S. 177 ff. (zit.: Rodondi, Marchés de gré à gré)

Roelli Severin, Umgang mit Compliance Risiken in M&A Transaktionen am Beispiel der Privatbestechung, in: Tschäni Rudolf (Hrsg.), Mergers & Acquisitions XIX, Zürich/Basel/Genf 2017, S. 129 ff.

Rohner Beatrice/Rizvi salim, Rahmenvereinbarungen im öffentlichen Beschaffungsrecht, SZW 2015, S. 36–41

Rosenthal David/Jöhl Yvonne, Handkommentar zum Datenschutzgesetz, sowie weiteren, ausgewählten Bestimmungen, Zürich 2008 (zit.: Rosenthal/Jöri, HK DSG, Art. … N …)

Rüetschi David, Die Pflicht zur unverzüglichen Geltendmachung eines Ausstandsgrundes und die Folgen ihrer Verletzung, Jusletter vom 20.12.2010

Rütsche Bernhard, Staatliche Leistungsaufträge und Rechtsschutz, ZBJV 2016, S. 71 ff.

Sander G. Gerald, Zur unmittelbaren Anwendbarkeit der WTO-Abkommen in der europäischen Rechtsordnung, Verfassung und Recht in Übersee/Law and Politics in Africa, Asia and Latin America Vol. 36 Nr. 2 (2003), S. 261 ff.

Sánchez-Graells Albert, Public Procurement and the EU Competition Rules, Oxford 2011

Sánchez-Graells Albert, Regulatory Substitution Between Labour and Public Procurement Law, The EU's Shifting Approach to Enforcing Labour Standards in Public Contracts, European Public Law, 24, 2, (2018), S. 229–254 (zit.: Sánchez-Graells, Substitution)

Schaller Olivier, Clause d'exemption et LMI, BR 2001, S. 151

Scherler Stefan, Abbruch des Verfahrens, BR 2001, S. 152 (zit.: Scherler, Abbruch)

Scherler Stefan, Abbruch und Wiederholung von Vergabeverfahren, in: Zufferey Jean-Baptiste/Stöckli Hubert (Hrsg.), Aktuelles Vergaberecht 2008, S. 285 ff. (zit.: Scherler, Wiederholung)

Scherler Stefan, Beschaffung von Beratungsleistungen im Informatikbereich, BR 2002, S. 67 (zit.: Scherler, Informatikbereich)

Scherler Stefan, Beurteilung von Referenzen in der Eignungsprüfung, BR 2017, S. 32 ff. (zit.: Scherler, Referenzen)

Scherler Stefan, Der Wettbewerb nach der SIA-Ordnung 142, in: Stöckli Hubert/Siegenthaler Thomas (Hrsg.), Die Planerverträge, Zürich/Basel/Genf 2013 (zit.: Scherler, Planerverträge)

Scherler Stefan, Die Rahmenvereinbarungen – Les accords-cadres, BR 2004, S. 163 f. (zit.: Scherler, Rahmenvereinbarungen)

Scherler Stefan, Die Verfügungen im Vergaberecht, in: Zufferey Jean-Baptiste/Stöckli Hubert (Hrsg.), Aktuelles Vergaberecht 2012, S. 347 ff. (zit.: Scherler, Verfügungen)

Scherler Stefan, «In-house»-Vergaben in der Schweiz, BR 2005, S. 67 (zit.: Scherler, In-house-Vergaben)

Scherler Stefan, Kettenverträge in der IT, Die Source-Codes als Quellen des Problems?, BR 2018, S. 38–40 (zit.: Scherler, Kettenverträge)

SCHERLER STEFAN, Korruption bei der Vergabe öffentlicher Aufträge, in: Zufferey Jean-Baptiste/ Beyler Martin/Scherler Stefan, Aktuelles Vergaberecht 2016, S. 493–521 (zit.: SCHERLER, Korruption)

SCHERLER STEFAN, Prinzipien und Rechtsschutz in vergabenahen Bereichen, BR, Sonderheft Vergaberecht 2006, S. 40 ff. (zit.: SCHERLER, Prinzipien und Rechtsschutz)

SCHERLER STEFAN, Rahmenvereinbarungen – Flexibilität bei der Beschaffung, Komplexität bei der Durchführung, Kriterium 38/2014 (zit.: SCHERLER, Kriterium)

SCHERLER STEFAN, Verfahrensprinzipien unterhalb der Schwellenwerte, BR 2000, S. 53 f. (zit.: SCHERLER, Verfahrensprinzipien)

SCHERLER STEFAN, Vergabe von Gesamtleistungen (kombinierte Ausschreibungen), BR 2002, S. 66 f. (zit.: SCHERLER, Gesamtleistungen)

SCHERLER STEFAN/BEYLER MARTIN, Vergaberecht 2016: neue Themen, neue Urteile, in: Zufferey Jean-Baptiste/Beyler Martin/Scherler Stefan (Hrsg.), Aktuelles Vergaberecht 2016, S. 72 (zit.: SCHERLER/BEYLER, neue Urteile)

SCHERLER STEFAN/ZUFFEREY JEAN-BAPTISTE, 3. Teil Öffentliches Recht – Droit Public/Vergaberecht – Droit des marchés publics, Aktuelle Anwaltspraxis 2015, S. 857–881

SCHERRER ERWIN, Freuden und Leiden von und mit Konsortien, in: Institut für Schweizerisches und internationales Baurecht (Hrsg.), Schweizerische Baurechtstagung 2007, Freiburg 2007, S. 87 ff.

SCHERRER-JOST RENATE, Öffentliches Beschaffungswesen, in: Koller Heinrich/Müller Georg/ Rhinow René/Zimmerli Ulrich (Hrsg.), Schweizerisches Bundesverwaltungsrecht, Cottier Thomas/Arpagaus Remo (Hrsg.), Bd. XI Schweizerisches Aussenwirtschafts- und Binnenmarktrecht, Basel/Genf/München 1999, Kapitel 13

SCHINDLER BENJAMIN, Die Befangenheit der Verwaltung, Zürich 2002

SCHMID GERHARD/METZ MARKUS, Öffentliche Bauvorhaben, insbesondere Beschaffungsrecht, in: Münch Peter/Karlen Peter/Geiser Thomas (Hrsg.), Beraten und Prozessieren in Bausachen, Basel/Genf/München 1998, S. 797 ff.

SCHNEIDER HEUSI CLAUDIA, Auftragswert und Vergabeverfahren, Kriterium 37/2014 (zit.: SCHNEIDER HEUSI, Auftragswert)

SCHNEIDER HEUSI CLAUDIA, Die SIA-Ordnung 142/2009 für Architektur und Ingenieurwettbewerbe, BR 2010, S. 4 ff. (zit.: SCHNEIDER HEUSI, SIA-Ordnung)

SCHNEIDER HEUSI CLAUDIA, Sind öffentlich-rechtliche Vorsorgeeinrichtungen dem Vergaberecht unterstellt?, BR 2012, S. 52 ff. (zit.: SCHNEIDER HEUSI, Vorsorgeeinrichtungen)

SCHNEIDER HEUSI CLAUDIA, Vergaberecht in a nutshell, 1. Aufl., Zürich 2013 (zit.: SCHNEIDER HEUSI, Nutshell)

SCHNEIDER HEUSI CLAUDIA, Vergaberecht in a nutshell, 2. Aufl., Zürich 2018 (zit.: SCHNEIDER HEUSI, Vergaberecht)

SCHNEIDER HEUSI CLAUDIA/JOST FELIX, Public Private Partnership – wenn Staat und Private kooperieren, BR, Sonderheft Vergaberecht 2006, S. 27 ff.

Literaturverzeichnis

SCHNEIDER HEUSI CLAUDIA/MAZZARIELLO LAURA, Die freihändige Microsoft-Vergabe der Bundesverwaltung, Jusletter vom 23.05.2011

SCHNEIDER HEUSI CLAUDIA/SCHERLER STEFAN, Wettbewerbe und Studienaufträge, in: Zufferey Jean-Baptiste/Stöckli Hubert (Hrsg.), Aktuelles Vergaberecht 2010, S. 209 ff.

SCHRÖTER OLIVER/MARTI WHITEBREAD CLAUDIO, Die Messung von Lohndiskriminierung und die Kontrollen, Lohngleichheitskontrollen im Beschaffungswesen des Bundes, in: Dunand Jean-Philippe/Lempen Karine/Mahon Pascal (Hrsg.), Die Gleichstellung von Frau und Mann in der Arbeitswelt 1996–2016: 20 Jahre Gleichstellungsgesetz, Zürich 2016, S. 239 ff.

SCHUBARTH MARTIN, Submissionsbetrug – Zu einem Urteil des deutschen BGH, BR 1993, S. 56 ff.

SEILER GERMANIER KATHARINA, Abbruch des Vergabeverfahrens, PBG 2015/4, S. 33–45

SEILER HANSJÖRG/GÜNGERICH ANDREAS/VON WERDT NICOLAS, SHK – Stämpflis Handkommentar zum Bundesgerichtsgesetz (BGG), 2. Aufl., Bern 2015 (zit.: SHK BGG-BEARBEITER/-IN, Art. ... N ...)

SEILER WOLFGANG, Empfehlungen zur Verringerung des Beschwerderisikos im öffentlichen Beschaffungswesen, Juristische Festschrift zur Eröffnung des Gotthard-Basistunnels 2016, Auswahl von Rechtsthemen rund um den Jahrhundertbau NEAT, Zürich 2016, S. 69 ff.

SENTI RICHARD/HILPOLD PETER, WTO, System und Funktionsweise der Welthandelsordnung, 2. Aufl., Zürich 2017

SPIESS HANS RUDOLF/HUSER MARIE-THERES, Der Bau-Werkvertrag in der Praxis, Unter Einbezug der Norm SIA 118, Zürich/St. Gallen 2016 (zit.: SPIESS/HUSER, Bau-Werkvertrag)

SPIESS HANS RUDOLF/HUSER MARIE-THERES, Handkommentar zur Norm SIA 118, Allgemeine Bedingungen für Bauarbeiten, Schweizerischer Ingenieur- und Architektenverein (Hrsg.), Bern 2014 (zit.: SHK Komm SIA-SPIESS/HUSER, Art. ... N ...)

SPRECHER FRANZISKA, Transparenz – Ein Grundprinzip des Rechtsstaats und seine Bedeutung im Gesundheitsrecht, insbesondere im Heilmittel- und Humanforschungsrecht, ZSR 2016 II, S. 139 ff.

STEINER MARC, Das Verfahren vor Bundesverwaltungsgericht in Vergabesachen, in: Leupold Michael et al. (Hrsg.), Der Weg zum Recht, Festschrift für Alfred Bühler, Zürich 2008, S. 405 ff. (zit.: STEINER, Verfahren)

STEINER MARC, Die Berücksichtigung der Mehreignung aus beschaffungsrechtlicher Sicht – ein Beitrag aus der Schweiz, ELR 2010, S. 189 ff. (zit.: STEINER, Mehreignung)

STEINER MARC, Die Berücksichtigung sozialer Aspekte im Rahmen der öffentlichen Beschaffung, vergaberechtliches Arbeitspapier, erstellt im Auftrag der Interessengemeinschaft Ökologische Beschaffung Schweiz (IGÖB), 4. Fassung, Bern 2017 (zit.: STEINER, Arbeitspapier soziale Aspekte)

STEINER MARC, Die neuen EU-Vergaberichtlinien – eine Aussensicht: Vom Preis- zum Qualitätswettbewerb? in: Vergaberecht im Umbruch II: Die neuen EU-Vergaberichtlinien und ihre Umsetzung, Hamburger Kolloquium zum Öffentlichen Wirtschaftsrecht in der Bucerius Law School am 6. November 2014, S. 127 ff. (zit.: STEINER, EU-Vergaberichtlinien)

STEINER MARC, Die umweltfreundliche Beschaffung – vergaberechtliche Möglichkeiten und Grenzen, vergaberechtliche Studie, erstellt im Auftrag der Beschaffungskommission des Bundes (BKB), Aarau 2006 (zit.: STEINER, Umweltfreundliche Beschaffung)

STEINER MARC, Is there a Swiss Approach towards Sustainable Public Procurement?, EPPPL 2013, S. 73 ff. (zit.: STEINER, Swiss Approach)

STEINER MARC, Nachhaltige Beschaffung – vergaberechtliche Möglichkeiten und Grenzen, BR, Sonderheft Vergaberecht 2004, S. 54 ff. (zit.: STEINER, Nachhaltige Beschaffung)

STEINER MARC, Nachhaltige öffentliche Beschaffung – ein Blick auf das Vergaberecht des Bundes und die Perspektiven, in: Zufferey Jean-Baptiste/Stöckli Hubert (Hrsg.), Aktuelles Vergaberecht 2014, S. 149 ff. (zit.: STEINER, Nachhaltige öffentliche Beschaffung)

STEINER MARC, Sekundärziele im öffentlichen Beschaffungswesen: In welche Richtung schwingt das rechtspolitische Pendel?, Jusletter vom 16.01.2012 (= ELR 2011, S. 380 ff.; zit.: STEINER, Sekundärziele)

STEINICKE MICHAEL/VESTERDORF PETER L. (Hrsg.): EU Public Procurement Law: Brussels Commentary, Baden-Baden 2018 (zit.: BC-BEARBEITER/IN, Art. ... N ...)

STÖCKLI HUBERT, Alptransit c. Marti – Ein Rückblick, BR 2007, S. 40 ff.

STÖCKLI HUBERT, Art. 38 VE-BöB, Änderungen der Anforderungen an die Leistung und der Beurteilungskriterien, BR 2008, S. 195 f. (zit.: STÖCKLI, Art. 38 VE-BöB)

STÖCKLI HUBERT, Baurisiken und ihre Verteilung, Schweizerische Baurechtstagung, Freiburg 2007, S. 1 ff. (zit.: STÖCKLI, Baurisiken)

STÖCKLI HUBERT, Bundesgericht und Vergaberecht, Zur vergaberechtlichen Praxis des Bundesgerichts seit 1998, BR 2002, S. 3 ff. (zit.: STÖCKLI, Vergaberechtliche Praxis)

STÖCKLI HUBERT, Der subjektive Geltungsbereich des Vergaberechts,: Aktuelles Vergaberecht 2008, S. 41 ff. (zit.: STÖCKLI, Subjektiver Geltungsbereich)

STÖCKLI HUBERT, Die Rechtsquellen im Wandel, Eine Einführung in das formelle Vergaberecht, in: Stöckli Hubert/Beyeler Martin (Hrsg.), Das Vergaberecht der Schweiz, 8. Aufl., Zürich 2012, S. 1 ff. (zit.: STÖCKLI, Rechtsquellen)

STÖCKLI HUBERT, (S 1) VGr. LU V 07 297 (11.1.2008), BR 2008, S. 88 ff. (zit.: STÖCKLI, V 07 297)

STÖCKLI HUBERT, (S 9) BGr. (TF) 2.3.2000 (2P.282/1999), BR 2001, S. 65 (zit.: STÖCKLI, 2P.282/1999)

STÖCKLI HUBERT, (S 29) CRM 2004-017 (8.9.2005), BR 2005, S. 167 ff. (zit.: STÖCKLI, CRM 2004-017)

STÖCKLI HUBERT, (S 42) VGr. ZG 29.10.2004 (ZG), BR 2005, S. 174 (zit.: STÖCKLI, (S 42))

STÖCKLI HUBERT, (S 43) TA VS 25.2.2005 (A1 04 202) E. 2b. (VS BR 2005, S. 174) (zit.: STÖCKLI, (S 43))

STÖCKLI HUBERT/BEYELER MARTIN (Hrsg.), Das Vergaberecht der Schweiz, 8. Aufl., Zürich 2012 (zit.: STÖCKLI/BEYELER, Vergaberecht der Schweiz)

Literaturverzeichnis

STÖCKLI HUBERT/BEYELER MARTIN, Neues GPA, neue Urteile, neue Tendenzen, in: Zufferey Jean-Baptiste/Stöckli Hubert (Hrsg.), Aktuelles Vergaberecht 2012, S. 27 ff. (zit.: STÖCKLI/ BEYELER, Neues GPA)

STÖCKLI HUBERT/BEYELER MARTIN, Vergaberecht 2014: neue Themen, neue Urteile, in: Stöckli Hubert/Zufferey Jean-Baptiste (Hrsg.), Aktuelles Vergaberecht 2014, S. 1 ff. (zit.: STÖCKLI/ BEYELER, Vergaberecht 2014)

STÖCKLI HUBERT/GRÜNIG SHIRIN, Neue Urteile, neue Gesetze – Privatrecht, in: Stöckli Hubert (Hrsg.), Schweizerische Baurechtstagung 2015 ... für alle, die bauen, Freiburg 2015, S. 179–193

STÖCKLI HUBERT/SIEGENTHALER THOMAS, Die Planerverträge, Verträge mit Architekten und Ingenieuren, Zürich 2013

STÖCKLI HUBERT/SIEGENTHALER THOMAS/ANDRES ROGER, Neue Urteile und laufende Gesetzgebungsprojekte – Privatrecht, in: Stöckli Hubert (Hrsg.), Schweizerische Baurechtstagung 2017 ... für alle, die bauen, Freiburg 2017, S. 193–218

STÖCKLI HUBERT/ZUFFEREY JEAN-BAPTISTE, Bauen für den Staat, in: Schweizerische Baurechtstagung 2013, Freiburg 2013, S. 1 ff.

STÖCKLI JEAN-FRITZ, Regionale und branchenbezogene Lohndifferenzierung, ArbR 2016, S. 151 ff. (zit.: STÖCKLI JEAN-FRITZ)

STÜSSI FRANK/LÜTHI BENDICHT, Zulässige ARGE im Kartellrecht, BR 2015, S. 205 ff.

STRAUB WOLFGANG, Beschaffung komplexer Leistungen zwischen Vertragsfreiheit und Beschaffungsrecht, AJP 2005, S. 1330 ff.

SUTER STEFAN, Der Abbruch des Vergabeverfahrens, Basel 2010

TANNER MARKUS, Mehr Transparenz und Effizienz im Beschaffungswesen mit simap.ch, Die Volkswirtschaft 3/2010, S. 32 f.

THOMMEN JEAN-PAUL, Betriebswirtschaft und Management, Eine managementorientierte Betriebswirtschaftslehre, 10. Aufl., Zürich 2016

THÜRER DANIEL/AUBERT JEAN-FRANÇOIS/MÜLLER JÖRG PAUL (Hrsg.), Verfassungsrecht der Schweiz, Zürich 2001 (zit.: BEARBEITERIN, in: Verfassungsrecht)

TRECHSEL STEFAN (Hrsg.), Schweizerisches Strafgesetzbuch, Praxiskommentar, Zürich/ St. Gallen 2008 (zit.: Prakomm StGB-BEARBEITER/-IN, Art. ... N ...)

TREPTE PETER, Regulating Procurement: Understanding the Ends and Means of public Procurement Regulation, Oxford 2004 (zit.: TREPTE, Public Procurement)

TREPTE PETER, Public Procurement in the EU, A Practitioner's Guide, 2. Aufl., New York 2007 (zit.: TREPTE, Public Procurement)

TRÜEB HANS RUDOLF, Beschaffungsrecht, in: Biaggini Giovanni/Häner Isabelle/Saxer Urs/ Schott Markus (Hrsg.), Verwaltungsrecht, FHB – Fachhandbuch, Zürich 2015 (zit.: TRÜEB, FHB)

TRÜEB HANS RUDOLF, BöB-Kommentar, in: Oesch Matthias/Weber Rolf H./Zäch Roger (Hrsg.), Wettbewerbsrecht II, Zürich 2011 (zit.: Komm BöB-TRÜEB, Art. ... N ...)

Trüeb Hans Rudolf, Hart, aber fair: Die neuen AGB des Bundes für Informatikleistungen, Jusletter vom 15.11.2010 (zit.: Trüeb, Informatikleistungen)

Trüeb Hans Rudolf, Umweltrecht in der WTO, staatliche Regulierungen im Kontext des internationalen Handelsrechts, Habil. Zürich, Zürich 2001 (zit.: Trüeb, Umweltrecht)

Trüeb Hans Rudolf/Zimmerli Daniel, Keine Ausschreibungspflicht für Sondernutzungskonzessionen der Verteilnetzbetreiber, ZBl 2011, S. 113 ff. (zit.: Trüeb/Zimmerli, Sondernutzungskonzessionen)

Trüeb Hans Rudolf/Zimmerli Daniel, Spitalfinanzierung und Vergaberecht, fgr – Forum Gesundheitsrecht Bd. 19, Zürich 2012 (zit.: Trüeb/Zimmerli, Spitalfinanzierung)

Tschannen Pierre, Staatsrecht der Schweizerischen Eidgenossenschaft, 4. Aufl., Bern 2016

Tschannen Pierre/Zimmerli Ulrich/Müller Markus, Allgemeines Verwaltungsrecht, 4. Aufl., Bern 2014

Tuor Peter/Schnyder Bernhard/Schmid Jörg/Jungo Alexandra, Das Schweizerische Zivilgesetzbuch, 14. Aufl., Zürich 2015

Uhlmann Felix, Gewinnorientiertes Staatshandeln, Möglichkeiten und Zulässigkeit gewinnorientierter staatlicher Eigenbetätigung aus wirtschaftsverfassungsrechtlicher Sicht, Basel/Frankfurt am Main 1997

Uhlmann Felix/Zehnder Vital, Rechtsetzung durch Konkordate, LeGes 22 (2011) 1, S. 9 ff.

Ulrich Simon, Die neue SIA-Ordnung 142 für Architektur- und Ingenieurwettbewerbe: Inhalt und Bedeutung – eine erste Einschätzung, AJP 1999, S. 243 ff. (zit.: Ulrich, SIA-Ordnung 142)

Ulrich Simon, Gestaltungsspielräume im öffentlichen Beschaffungswesen, in: Koller Alfred (Hrsg.), 7. St. Galler Baurechtstagung 2006, Tagungsbeiträge, St. Gallen 2006, S. 145 ff. (zit.: Ulrich, Gestaltungsspielräume)

Ulrich Simon, Öffentliche Aufträge an Architekten und Ingenieure unter besonderer Berücksichtigung des neuen Bundesrechts, in: Koller Alfred (Hrsg.), Bau- und Bauprozessrecht, St. Gallen 1996, S. 127 ff. (zit.: Ulrich, Öffentliche Aufträge)

Vlcek Michael/Mamane David/Martens Fabian/Wijesundera Amalie, Kartellrecht – Entwicklungen 2015, njus.ch 2016, S. 101 ff.

Voisard Stéphane, L'auxiliaire dans la surveillance administrative, Du droit bancaire et financier au droit administratif général, AISUF – Arbeiten aus dem juristischen Seminar der Universität Freiburg Bd. 333, Freiburg 2014 (zit.: Voisard, Auxiliaire)

Voisard Stéphane, La délégation d'une tâche publique et l'adjudication d'un marché public, BR 2014, S. 120–123 (zit.: Voisard)

Wagner Manfred, Das Bundesgesetz über den Binnenmarkt (BGBM), in: Koller Heinrich/Müller Georg/Rhinow René/Zimmerli Ulrich (Hrsg.), Schweizerisches Bundesverwaltungsrecht, Cottier Thomas/Arpagaus Remo (Hrsg.), Bd. XI Schweizerisches Aussenwirtschafts- und Binnenmarktrecht, Basel/Genf/München 1999, Kapitel 12 (zit.: Komm BGBM-Wagner, Art. ... N ...)

Wagner Manfred, Haupt- oder Anschlusspartei eines Gesamtarbeitsvertrages, BR 1999, S. 139 (zit.: Wagner, Gesamtarbeitsvertrag)

Literaturverzeichnis

Wagner Manfred, Herkunfts- oder Leistungsortsprinzip, BR 1999, S. 51 f. (zit.: Wagner, Prinzip)

Wagner Manfred, Rechtsvertretung in vergaberechtlichen Streitigkeiten, BR 2000, S. 52 (zit.: Wagner, Rechtsvertretung)

Waldmann Bernhard, Die Rechtsform der Konferenz der Kantonsregierungen (KdK) de lege lata und de lege ferenda, Rechtsabklärung, Freiburg i.Üe. 2005, abrufbar unter http://www.zrk.ch/dms/gutachten/liste_id_451_filename1_rnd5822.pdf (zuletzt besucht am 16.12.2019) (zit.: Waldmann, Rechtsabklärung)

Waldmann Bernhard, Rechtsmittelwege und Rechtsweggarantien im öffentlichen Vergabeverfahren, BR 2002, S. 143 ff. (zit.: Waldmann)

Waldmann Bernhard/Belser Eva Maria/Epiney Astrid (Hrsg.), Bundesverfassung (BV), Basler Kommentar, Basel 2015 (zit.: BSK BV-Bearbeiter/in, Art. ... N ...)

Waldmann Bernhard/Weissenberger Philippe (Hrsg.), VwVG – Praxiskommentar zum Bundesgesetz über das Verwaltungsverfahren, Zürich 2009 (zit.: Prakomm VwVG-Bearbeiter/-in, Art. ... N ...)

Waldmann Bernhard/Weissenberger Philippe (Hrsg.), VwVG – Praxiskommentar Verwaltungsverfahrensgesetz, 2. Aufl., Zürich 2016 (zit.: PraKomm VwVG 2016, Bearbeiter/in, Art. ... N ...)

Waldmann Bernhard/Wiederkehr René, Allgemeines Verwaltungsrecht, Zürich/Basel/Genf 2019

Wasescha Luzius, Das Abkommen über bestimmte Aspekte des öffentlichen Beschaffungswesens: eine Würdigung aus politischer und wirtschaftspolitischer Sicht, in: Felder Daniel/Kaddous Christine (Hrsg.), Bilaterale Abkommen Schweiz–EU (Erste Analysen), Basel 2001, S. 633 ff.

Wasescha Luzius/Nell Philippe, L'OMC et les marchés publics, La Vie économique 10/2002, S. 15 ff.

Waser Astrid/Sutter Daniel, Einsichtsrechte von Vergabestellen bei Submissionsabsprachen, Jusletter vom 13.03.2017

Weber Karl, Das neue Binnenmarktgesetz, SZW 1996, S. 164 ff.

Weber Rolf H., Verhältnis bilaterale Verträge zu EU-Recht und WTO-Recht, in: Thürer Daniel/Weber Rolf H./Portmann Wolfgang/Kellerhals Andreas (Hrsg.), Bilaterale Verträge Schweiz–EG, Ein Handbuch, Zürich 2007

Weber Rolf H./Koch Rika, Öffentliches Beschaffungswesen im Spannungsfeld von Umweltschutz und Diskriminierungsverbot, Jusletter vom 08.02.2016

Weber Rolf H./Rizvi Salim, Submissionskartell, Horizontale Kartellabsprachen am Beispiel der Elektroinstallationsbetriebe Bern, Jusletter vom 01.02.2010

Weko, Prise de position de la Commission de la concurrence du 1er décembre 2014 sur la révision de l'Accord intercantonal sur les marchés publics (AIMP), RPW 2014/4, S. 817–821 (zit.: Weko, Révision de l'Accord)

WEKO, Auswirkungen der Revision und Harmonisierung des Beschaffungsrechts auf das Binnenmarktgesetz, RPW 2014/4, S. 801–808 (zit.: WEKO, Binnenmarktgesetz)

WEKO, Gutachten vom 21. Oktober 2019 zuhanden des Interkantonalen Organs für das öffentliche Beschaffungswesen (InöB), Zulässigkeit des Leistungsortsprinzips für Arbeitsbedingungen, abrufbar unter https://www.weko.admin.ch/weko/de/home/themen/binnenmarkt/praxis/beschaffungen/weko.html (zuletzt besucht am 06.03.2020) (zit.: WEKO, Gutachten Leistungsortsprinzip, S. ...)

WHITEBREAD MARTI CLAUDIO, Lohngleichheit zwischen Frau und Mann: Auslegeordnung, AJP 2015, S. 1551–1558

WIDMER LUKAS, Besprechung der Urteile BGE 141 II 14 und BGer 2C_380/2014, ZBl 2015, S. 251–264

WIEDERKEHR RENÉ, Transparenz als Grundsatz rechtsstaatlichen Handelns (Art. 5 BV), ZBl 2007, S. 521 ff. (zit.: WIEDERKEHR, Transparenz)

WIEDERKEHR RENÉ, Öffentliches Verfahrensrecht, Bern 2016 (zit.: WIEDERKEHR)

WIEDERKEHR RENÉ/EGGENSCHWILER STEFAN, Die allgemeine Beschwerdebefugnis Dritter: Eine Übersicht über die Rechtsprechung zur materiellen Beschwerdebefugnis Dritter im öffentlichen Verfahrensrecht, Bern 2018 (zit.: WIEDERKEHR/EGGENSCHWILER, Beschwerdebefugnis)

WIEDERKEHR RENÉ/RICHLI PAUL, Praxis des allgemeinen Verwaltungsrechts – Band I, Eine systematische Analyse der Rechtsprechung, Bern 2014

WILDHABER ISABELLE, Möglichkeiten und Grenzen der Mindestlohnregulierung in der Schweiz, ARV online 2014 Nr. 1

WILLENBRUCH KLAUS/WIEDDEKIND KRISTINA, Kompaktkommentar Vergaberecht, 2. Aufl., Köln 2011

WILLIAMS SOPE, The mandatory exclusions for corruption in the new EC Procurement Directives, ELRev 2006, S. 711 ff.

WOLF ROBERT, Der Rechtsschutz im öffentlichen Beschaffungswesen, in: Waldmann Bernhard (Hrsg.), Brennpunkte im Verwaltungsprozess, Tagungsband, Freiburg 2013, S. 159 ff. (zit.: WOLF, Rechtsschutz)

WOLF ROBERT, Die Beschwerde gegen Vergabeentscheide – Eine Übersicht über die Rechtsprechung zu den neuen Rechtsmitteln, ZBl 2003, S. 1 ff. (zit.: WOLF, Beschwerde)

WOLF ROBERT, Die neue Rechtsmittelordnung im Bund, BR, Sonderheft Vergaberecht 2006, S. 11 ff. (zit.: WOLF, Rechtsmittelordnung)

WOLF ROBERT, Freihändige Beschaffung – Handlungsfreiheiten und ihre Grenzen, in: Zufferey Jean-Baptiste/Stöckli Hubert (Hrsg.), Aktuelles Vergaberecht 2010, S. 127 ff. (zit.: WOLF, Freihändige Beschaffung)

WOLF ROBERT, Preis und Wirtschaftlichkeit, BR, Sonderheft Vergaberecht 2004, S. 12 ff. (zit.: WOLF, Preis und Wirtschaftlichkeit)

Literaturverzeichnis

Wunder Kilian, Die Binnenmarktfunktion der schweizerischen Handels- und Gewerbefreiheit im Vergleich zu den Grundfreiheiten in der Europäischen Gemeinschaft, Basel/Genf/München 1998

Wyler Rémy, Droit du travail, JdT 2013 II, S. 187–209

Zäch Roger, Die Rolle der Wettbewerbskommission im Submissionswesen, in: Michel Nicolas/Zäch Roger (Hrsg.), Submissionswesen im Binnenmarkt Schweiz, Erste praktische Erfahrungen und Entwicklungen, Zürich 1998, S. 59 ff.

Zäch Roger/Künzler Adrian, Berner Kommentar, Art. 32–40 OR, Stellvertretung, Schweizerisches Zivilgesetzbuch, Das Obligationenrecht, Allgemeine Bestimmungen, 2. Aufl., Bern 2014 (zit.: BK OR-Zäch/Künzler, Art. ... N ...)

Zehnder Vital, Die interkantonale öffentlich-rechtliche Körperschaft als Modellform für die gemeinsame Trägerschaft, Rechtsgrundlagen der interkantonalen Zusammenarbeit und des interkantonalen Vertrags, Zürich 2007

Zimmerli Daniel/Zobl Martin, Ausschreibungspflicht kantonaler Listenspitäler: Urteil des Bundesgerichts 2C_196/2017 vom 21. Februar 2019 in Sachen «GZO-Spital Wetzikon», in: Vergabenews Nr. 22, März 2019

Zimmerli Ulrich, Auswirkungen des Abkommens über bestimmte Aspekte des öffentlichen Beschaffungswesens auf das Vergaberecht insbesondere der Gemeinden, in: Cottier Thomas/Oesch Matthias (Hrsg.), Die sektoriellen Abkommen Schweiz–EG: ausgewählte Fragen zur Rezeption und Umsetzung der Verträge vom 21.06.1999 im schweizerischen Recht/Berner Tagung für die juristische Praxis, Bern 2002, S. 153 ff.

Zobl Martin/Fellner Regula, Was bringt die Revision des Beschaffungsrechts?, VergabeNews Nr. 19, Oktober 2018

Zufferey Jean-Baptiste (Hrsg.), Juridictions administratives, Les juridictions administratives face aux marchés publics, Colloque du 03.10.2000, Freiburg 2001

Zufferey Jean-Baptiste, La qualité pour recourir contre les décisions de l'adjudicateur, in: Zufferey Jean-Baptiste (Hrsg.), Les juridictions administratives face aux marchés publics, Colloque du 03.10.2000, Freiburg 2001, S. 77 ff. (zit.: Zufferey, Qualité)

Zufferey Jean-Baptiste, Le champ d'application du droit des marchés publics, in: Zufferey Jean-Baptiste/Stöckli Hubert (Hrsg.), Aktuelles Vergaberecht 2008, S. 145 ff. (zit.: Zufferey, Champ d'application)

Zufferey Jean-Baptiste, Le dialogue compétitif – der wettbewerbliche Dialog, BR 2008, S. 162 f. (zit.: Zufferey, Dialogue compétitif)

Zufferey Jean-Baptiste, Le droit des «PPP»: état des lieux, in: Zufferey Jean-Baptiste/Stöckli Hubert (Hrsg.), Aktuelles Vergaberecht 2010, S. 247 ff. (zit.: Zufferey, PPP)

Zufferey Jean-Baptiste, Les grandes nouveautés en droit des marchés publics: réglementation, jurisprudence et autres éléments intéressants, in: Zufferey Jean-Baptiste/Stöckli Hubert (Hrsg.), Aktuelles Vergaberecht 2012, S. 1 ff. (zit.: Zufferey, Nouveautés)

ZUFFEREY JEAN-BAPTISTE, Les grandes nouveautés et la jurisprudence récente en droit public, in: Zufferey Jean-Baptiste (Hrsg.), Journées suisses du droit de la construction 2015, Pour tous ceux qui construisent..., Freiburg 2015, S. 197–248 (zit.: ZUFFEREY, Nouveautés 2015)

ZUFFEREY JEAN-BAPTISTE, Les «PPP» en droit suisse: aspects contractuels et institutionnels, in: Zufferey Jean-Baptiste/Stöckli Herbert (Hrsg.), Aktuelles Vergaberecht 2012, S. 429 ff. (zit.: ZUFFEREY, Aspects contractuels)

ZUFFEREY JEAN-BAPTISTE, Marchés publics: ce qu'il reste de la décision administrative et ses conséquences pour le contrat: in: Tercier Pierre (Hrsg.), Gauchs Welt, Festschrift für Peter Gauch zum 65. Geburtstag, Zürich 2004, S. 963 ff. (zit.: ZUFFEREY, Festschrift)

ZUFFEREY JEAN-BAPTISTE/BODEVIN VALÉRIE, La «tâche publique» comme élément caractéristique du marché public, BR 2018, S. 232 ff.

ZUFFEREY JEAN-BAPTISTE/DUBEY JACQUES, Quid après l'adjudication? Les effets du droit (public) des marchés publics sur la conclusion et l'exécution du contrat (de droit privé), BR, Sonderheft Vergaberecht 2004, S. 62 ff. (zit.: ZUFFEREY/DUBEY, Quid après l'adjudication?)

ZUFFEREY JEAN-BAPTISTE/DUBEY JACQUES, Staat und Wirtschaft/État et économie – L'accord-cadre en droit des marchés publics, in: Belser Eva Maria/Waldmann Bernhard (Hrsg.), Mehr oder weniger Staat?, Festschrift für Peter Hänni zum 65. Geburtstag, Bern 2015, S. 421–428 (zit.: ZUFFEREY/DUBEY, Festschrift)

ZUFFEREY JEAN-BAPTISTE/DUBEY JACQUES, Vergleichsstudie: Vergaberecht des Bundes und der Kantone, Freiburg 2003 (zit.: ZUFFEREY/DUBEY, Vergaberecht)

ZUFFEREY JEAN-BAPTISTE/JAQUIER MANUEL, Contrat et adjudication: où en est-on?, BR 2014, S. 185–187 (zit.: ZUFFEREY/JAQUIER, Contrat)

ZUFFEREY JEAN-BAPTISTE/JAQUIER MANUEL, Le gré à gré en raison de l'urgence: une question juridique de principe, à résoudre à l'aune du droit européen, Besprechung des Urteils BGE 141 II 113, BR 2015, S. 220–222 (zit.: ZUFFEREY/JAQUIER, Besprechung)

ZUFFEREY JEAN-BAPTISTE/LE FORT JULIEN, L'assujettissement des PPP au droit des marchés publics, BR 2006, S. 99 ff.

ZUFFEREY JEAN-BAPTISTE/RIPPSTEIN SOPHIE, Le soumissionnaire étatique, BR 2016, S. 216–217

ZUFFEREY JEAN-BAPTISTE/STÖCKLI HUBERT (Hrsg.), Aktuelles Vergaberecht 2008, Zürich 2008 (zit.: ZUFFEREY/STÖCKLI, Aktuelles Vergaberecht 2008)

ZUFFEREY JEAN-BAPTISTE/STÖCKLI HUBERT (Hrsg.), Aktuelles Vergaberecht 2010, Zürich 2010 (zit.: ZUFFEREY/STÖCKLI, Aktuelles Vergaberecht 2010)

ZUFFEREY JEAN-BAPTISTE/STÖCKLI HUBERT (Hrsg.), Aktuelles Vergaberecht 2014, Zürich 2014 (zit.: ZUFFEREY/STÖCKLI, Aktuelles Vergaberecht 2014)

ZUFFEREY JEAN-BAPTISTE/STÖCKLI HUBERT (Hrsg.), Aktuelles Vergaberecht 2012, Zürich 2012 (zit.: ZUFFEREY/STÖCKLI, Aktuelles Vergaberecht 2012)

ZUFFEREY JEAN-BAPTISTE/STÖCKLI HUBERT (Hrsg.), Das Vergaberecht der Schweiz, Überblick – Erlasse – Rechtsprechung, BR – Beiträge aus dem Institut für schweizerisches und internationales Baurecht Bd. 26, 9. Aufl., Freiburg 2014 (zit.: ZUFFEREY/STÖCKLI, Vergaberecht Schweiz)

Literaturverzeichnis

ZUFFEREY JEAN-BAPTISTE/DO VALÉRIE/JAQUIER MANUEL, L'autorité de recours peut-elle adjuger elle-même?, Besprechung des Urteils MPU.2015.0011, BR 2016, S. 31–33

ZUFFEREY JEAN-BAPTISTE/MAILLARD CORINNE/MICHEL NICOLAS, Droit des marchés publics, Présentation générale, éléments choisis et code annoté, Freiburg 2002

ZUFFEREY JEAN-BAPTISTE/BECHAALANY SARAH/CARREL MATTHIEU/DO VALÉRIE/JAQUIER MANUEL, La jurisprudence à incidence spatiale des tribunaux fédéraux en 2014, JdT 2015 I, S. 295–321

ZUFFEREY JEAN-BAPTISTE/BECHAALANY SARAH/JAQUIER MANUEL/PANTILLON CHANTAL/PIREK MILENA, La jurisprudence à incidence spatiale des tribunaux fédéraux en 2013, JdT 2014 I, S. 347–371

ZUFFEREY JEAN-BAPTISTE/BECHAALANY SARAH/JAQUIER MANUEL/LEI OLIVIA/LUY JEAN-SÉBASTIEN, La jurisprudence à incidence spatiale des tribunaux fédéraux en 2012, JdT 2013 I, S. 283–298

ZUFFEREY JEAN-BAPTISTE/AMSTUTZ MARC/ESSEIVA DENIS/BENDANI YASMINA/WEBER THOMAS/CASA STEFANO/GRISEL CLÉMENCE, Les effets juridiques de la concurrence dans le secteur de la construction, BR 2003, S. 43 ff. (zit.: ZUFFEREY et al.)

ZUMSTEIN BONVIN NICOLE, Die Unternehmervariante im Bau: Ein Instrument mit grossem Nutzen, aber auch mit grossen Tücken, Kriterium 30/2011

ZWALD THOMAS, Ausschreibung von Konzessionen, Die Volkswirtschaft 3/2010, S. 28 ff. (zit.: ZWALD, Ausschreibung)

ZWALD THOMAS, Das Bundesgesetz über den Binnenmarkt, in: Cottier Thomas/Oesch Matthias (Hrsg.), Schweizerisches Bundesverwaltungsrecht, Cottier Thomas/Arpagaus Remo (Hrsg.), Bd. XI: Allgemeines Aussenwirtschafts- und Binnenmarktrecht, Basel 2007, S. 420 ff. (zit.: ZWALD, Binnenmarktgesetz)

Zur Benutzung dieses Kommentars

Der Gesetzestext enthält den Wortlaut des BöB sowie der IVöB.
Identische Textstellen sind fett markiert, Standardschrift steht für den Wortlaut des BöB und Kursivschrift für den Text, der nur in der IVöB enthalten ist.
Im BöB wird jeweils die weibliche Form «Anbieterin» und «Auftraggeberin» verwendet, in der IVöB die männliche. Im Kommentar wird die weibliche Form verwendet, ausser in den wenigen Absätzen, die nur in der IVöB, nicht aber im BöB enthalten sind.

Einführung in den internationalen Kontext

Inhaltsverzeichnis
I. Das internationale Beschaffungsrecht als Grundlage 1
A. Ausgangslage: Liberalisierung der Beschaffungsmärkte 1
B. Der globale Rahmen: Das WTO-Übereinkommen über das öffentliche Beschaffungswesen (GPA) 3
    1. Der Weg zum plurilateralen GPA-Übereinkommen 3
    2. Revision des GPA 5
    3. Zielsetzung des GPA 10
    4. Das Verhältnis des GPA zum schweizerischen Beschaffungsrecht 12
        a. Ratifikation und Umsetzung des GPA 13
        b. Frage der direkten Anwendbarkeit 16
    5. Rechtsschutz 23
II. Das europäische Beschaffungsrecht 28
A. Der europäische Rahmen 28
B. Das bilaterale Abkommen über bestimmte Aspekte des öffentlichen Beschaffungswesens 29
    1. Zielsetzung und Anwendungsbereich des bilateralen Beschaffungsabkommens 29
    2. Das Verhältnis des BilatAbk zum schweizerischen Beschaffungsrecht 33
        a. Umsetzung des BilatAbk 34
        b. Frage der direkten Anwendbarkeit 35
    3. Rechtsschutz 37

I. Das internationale Beschaffungsrecht als Grundlage*

A. Ausgangslage: Liberalisierung der Beschaffungsmärkte

Vor dem 01.01.1996, als das Bundesgesetz über das öffentliche Beschaffungswesen in Kraft trat, war das Beschaffungswesen auf Bundesebene in der Verordnung über die Ausschreibung und Vergebung von Arbeiten und Lieferungen bei Hoch- und Tiefbauten des Bundes vom 31.03.1971, in der Verordnung über das Einkaufswesen des Bundes vom 08.12.1975, im Bundesgesetz vom 08.03.1960 und der dazugehörigen Verordnung vom 24.03.1994 über die Nationalstrassen sowie in der Richtlinie des Bundesamtes für Verkehr betreffend Vergabe von Aufträgen im Rahmen der Realisierung der NEAT ge-

---

* Der Autor dankt MLaw Gabi Waldeck und MLaw Sanija Ameti für die Unterstützung beim Verfassen dieses Beitrags.

regelt.¹ Die Beschaffungsentscheidungen des Bundes konnten mit keinem ordentlichen Rechtsmittel angefochten werden.² Einige Kantone kannten zwar bereits seit Ende des 19. Jahrhunderts Submissionsgesetze – indes, diese zerstreuten Regelungen zeigen, dass in der Schweiz das Beschaffungsrecht für lange Zeit ein Schattendasein fristete, obwohl dessen volkswirtschaftliche Bedeutung rasant und stetig anstieg.³ Daran änderten vorerst weder die Grundsätze der Handels- und Gewerbefreiheit (aBV 31) bzw. der Wirtschaftsfreiheit (BV 94) noch die Garantie eines einheitlichen Binnenmarkts (BV 95) etwas.⁴

2   Mit der fortschreitenden Globalisierung der Wirtschaft wurde jedoch erkannt, dass sich eine hauptsächlich nationale oder gar nur lokale Beschaffungspraxis (sog. Submissionsprotektionismus) negativ auf die Gesamtwirtschaft auswirkt.⁵ Durch eine Öffnung der Märkte auf internationaler Ebene erhoffte sich der schweizerische Gesetzgeber «erhöhte Effizienz beim Einsatz von öffentlichen Mitteln und damit verbunden eine merkliche Entlastung des öffentlichen Haushalts» und «einen erhöhten Leistungsdruck für die sich um öffentliche Aufträge bemühenden Unternehmen, welcher längerfristig deren Wettbewerbsfähigkeit stärkt».⁶ Auch verfassungsrechtliche Aspekte, wie bspw. die Gleichbehandlung von einheimischen und auswärtigen Anbieterinnen, fanden vermehrt Eingang in die Diskussion. Es war hierbei klar, dass derartige Ziele am einfachsten über den Weg internationaler Abkommen erreicht werden konnten.⁷ Nach der Ablehnung des EWR-Beitritts am 06.12.1992⁸ bot der GATT/WTO-Rechtsrahmen eine solche Möglichkeit.

B. Der globale Rahmen: Das WTO-Übereinkommen über das öffentliche Beschaffungswesen (GPA)

1. Der Weg zum plurilateralen GPA-Übereinkommen

3   Am 30.10.1947 wurde das allgemeine Zoll- und Handelsabkommen (*General Agreement on Tariffs and Trade*) abgeschlossen, welches eine Liberalisierung des Handels mit Gütern zum Ziel hatte. Das Beschaffungswesen war hierbei zunächst explizit ausgeklammert. Am 12.04.1979, wurde dann aber als Abschluss der sog. Tokio-Welthandelsrunde (1973–1979) das damalige Übereinkommen über das öffentliche Beschaffungswesen (*Government Procurement Code*) abgeschlossen. Dies war auf globaler Ebene ein erster

---

1   BBl 1994 950, S. 1151.
2   BIAGGINI, Abkommen, Rz. 30.
3   BIAGGINI, Abkommen, Rz. 30; Komm BöB-TRÜEB, Art. 1 N 3.
4   BIAGGINI, Abkommen, Rz. 30.
5   Verschiedene Motive für eine protektionistische Grundhaltung finden sich bei BIAGGINI, Abkommen, Rz. 36; COTTIER/MERKT, S. 41.
6   BBl 1994 950, S. 1150.
7   BIAGGINI, Abkommen, Rz. 38.
8   BBl 1994 950, S. 1150.

Schritt zur Festlegung eines verbindlichen Rahmens für öffentliche, d.h. staatliche Beschaffungen.[9]

Dieses Übereinkommen wies nur einen beschränkten Anwendungsbereich sowie eine geringe Zahl an Vertragsparteien auf und konnte entsprechend keine grosse Wirkung entfalten.[10] Parallel zu und als Teil der sog. Uruguay-Runde (1986–1994), welche zur Gründung der WTO führte, wurde über ein revidiertes Übereinkommen verhandelt. Dies mündete schliesslich in das am 15.04.1994 abgeschlossene Übereinkommen über das öffentliche Beschaffungswesen (*Government Procurement Agreement*), welches Anhang 4 des Abkommens vom 15.04.1994 zur Errichtung der Welthandelsorganisation bildet. Es ist am 01.01.1996 in Kraft getreten. Im Unterschied zu den multilateralen WTO-Übereinkommen, bei welchen alle WTO-Mitglieder automatisch Vertragspartei sind, handelt es sich beim GPA 1994 um ein freiwilliges, sog. plurilaterales Übereinkommen.[11] Es entfaltet Geltung nur für diejenigen Mitgliedstaaten, welche es gesondert ratifiziert haben.[12] Dies sind derzeit 47 WTO-Mitglieder, worunter sich die EU-Mitgliedstaaten befinden,[13] also weniger als ein Drittel aller WTO-Mitglieder. Diese relativ geringe Teilnahme zeigt, dass die globale Öffnung nationaler öffentlicher Beschaffungen im Zeichen eines internationalen Wettbewerbs immer noch auf erhebliche, wohl vor allem protektionistisch motivierte Widerstände stösst. Dessen ungeachtet handelt es sich beim GPA 1994 um das wichtigste Instrument des internationalen öffentlichen Vergaberechts.

4

2. Revision des GPA

GPA 1994 XXIV:7 Bst. b und c statuieren einen Verhandlungsauftrag an die Vertragsparteien, das Übereinkommen drei Jahre nach dessen Inkrafttreten auf der Grundlage der Gegenseitigkeit zu erweitern und zu verbessern und diejenigen diskriminierende Massnahmen zu beseitigen, welche beim Inkrafttreten dieses Übereinkommens noch bestanden.[14] Die Reformverhandlungen zum GPA begannen mit der Doha-Runde (seit 2001). Dabei sollten insb. die Entwicklungsländer mit ihren vielversprechenden Beschaffungs-

5

---

9 Biaggini, Abkommen, Rz. 39; vgl. GATT 1947 III:8 Bst. a und XVII:2. Das öffentliche Beschaffungswesen war hingegen von Anfang an im EFTA-Übereinkommen unter dem Diskriminierungsverbot miterfasst gewesen, zeigte aber keine grossen Wirkungen; vgl. Biaggini, Abkommen, Rz. 41; Matsushita/Schoenbaum/Mavroidis/Hahn, S. 677.
10 Arrowsmith/Anderson, S. 3 ff., S. 14; Oesch, S. 5; vertieft zu den Gründen der Wirkungslosigkeit des Übereinkommens: Biaggini, Abkommen, Rz. 39.
11 Botschaft BöB, S. 1858; Bestrebungen, das öffentliche Beschaffungswesen multilateral anzugehen, hat es gegeben und gibt es noch immer, im Gegensatz zu anderen Arbeitsbereichen der WTO sind jedoch nur geringe Fortschritte zu verzeichnen (Arrowsmith/Anderson, S. 4).
12 Biaggini, Abkommen, Rz. 58.
13 Agreement on Government Procurement, Parties, observers and accessions, https://www.wto.org/english/tratop_e/gproc_e/memobs_e.htm (zuletzt besucht im 09.2019).
14 Leduc, S. 6.

märkten dazu bewogen werden, dem GPA beizutreten. Zudem verlangte die stark wachsende Bedeutung des Internets für das Beschaffungswesen entsprechende Regelungen.[15]

6   Am 30.03.2012 kamen die langjährigen Revisionsverhandlungen zur Überarbeitung des GPA mit der formellen Verabschiedung des Protokolls über die Änderung des GPA zum Abschluss. Am 06.04.2014 ist das revidierte GPA 2012 für die Vertragsparteien in Kraft getreten.[16] Es setzt sich aus dem revidierten Vertragstext und vier Anhängen (Anhänge I–IV) zusammen. Anhang I enthält die revidierten Marktzugangsverpflichtungslisten der Mitgliedstaaten.[17] Die Bundesversammlung genehmigte den Vertragsbeitritt am 21.06.2019.

7   Die prägnantesten Änderungen im GPA 2012 sind dessen klarere Struktur; der Vertragstext wurde vereinfacht und modernisiert, der Geltungsbereich erweitert und die elektronische Vergabe miteinbezogen.[18] Neu ist auch eine Forderung nach erhöhter Transparenz, um das Korruptionsrisiko zu minimieren, und die Erreichung von Umweltzielen als Vergabekriterium.[19] Das GPA 2012 adressiert in seiner Präambel deshalb explizit das internationale Übereinkommen zur Bekämpfung der Korruption, welches auch die Schweiz ratifiziert hat.[20]

8   Auch wird in GPA 2012 II:2 erstmals versucht, den Begriff des «öffentlichen Auftrags» zu definieren. Weiter soll der Zugang zum Gericht massvoll und in Beachtung der Rechtsweggarantie ausgebaut werden. Die massgebenden Schwellenwerte werden dabei beibehalten.[21] Diese Änderungen sind massgeblich durch die Entwicklung des EU-Beschaffungsrechts beeinflusst worden. So wurden die EU-Beschaffungsrichtlinien 2004[22] verabschiedet, als die Revisionsverhandlungen des GPA 2012 gerade in eine ausschlaggebende Phase traten.[23]

9   Das GPA 2012 bildete noch vor seiner Genehmigung durch die Bundesversammlung den Referenzrahmen für Regelungen im Bereich des öffentlichen Beschaffungswesens, welche die Schweiz im Rahmen der EFTA oder auf bilateralem Weg mit Partnern aushandelte, die das GPA nicht ratifiziert haben.[24] Zu nennen sind hier insb. die Übereinkommen mit Kolumbien[25], Peru[26], dem Kooperationsrat der Arabischen Staaten des

---

15   Senti/Hilpold, S. 475.
16   Leduc, S. 6.
17   Leduc, S. 6.
18   Stöckli, Rechtsquellen, S. 12.
19   Galli/Moser/Lang/Steiner, Rz. 8.
20   Leduc, S. 6; SR 0.311.56.
21   Botschaft BöB, S. 1854.
22   RL 2004/17/EG und RL 2004/18/EG.
23   Leduc, S. 6.
24   Leduc, S. 5.
25   SR 0.632.312.631.
26   SR 0.632.316.411.

Golfs[27] und einigen Ländern Zentralamerikas (Panama, Costa Rica, Guatemala)[28], welche bereits Kapitel zum öffentlichen Beschaffungswesen umfassen, die sich an den Regeln des GPA 2012 orientieren.

3. Zielsetzung des GPA

Zweck des GPA ist es, den internationalen Wettbewerb durch die gegenseitige Öffnung der Beschaffungsmärkte zwischen den Anbieterinnen zu ermöglichen, dies unter Einhaltung u.a. der allgemeinen, zum Kernbestand des WTO-Rechts zählenden und auch im GATT, GATS und TRIPS anzutreffenden Prinzipien der Transparenz[29], Meistbegünstigung[30] und Inländerbehandlung. Um ein optimales Funktionieren des Wettbewerbs und das Prinzip der Unparteilichkeit im öffentlichen Beschaffungswesen zu gewährleisten, wurde die Präambel im GPA 2012 zudem durch wirtschaftliche Ziele und Governance-Anforderungen ergänzt.[31] Auf den genannten Prinzipien und deren Einhaltung in den nationalen Rechtsordnungen liegt der Fokus des GPA und nicht etwa auf einer umfassenden Regelung des Beschaffungswesens.[32] Daher ist es ungenau, das GPA der englischen Übersetzung entsprechend als «Staatsvertrag über das öffentliche Beschaffungswesen» zu bezeichnen. Das GPA beschäftigt sich vielmehr als Teil des WTO-Rechts und in Analogie zum TRIPS mit den handelsrechtlichen Aspekten des öffentlichen Beschaffungswesens.[33] Durch die Öffnung der Beschaffungsmärkte sollen öffentliche Gelder bei der Beschaffung von Waren, Dienst- und Bauleistungen optimal eingesetzt werden.[34] Das GPA gilt nur für grössere Beschaffungen. Unterhalb der angesetzten Schwellenwerte findet das GPA keine Anwendung, was den Kampf gegen den Submissionsprotektionismus erschwert.[35]

10

Das GPA ist zweiteilig strukturiert: Es beginnt mit dem Vertragstext, an welchen sich – wie auch im GATS – die länderspezifischen Anhänge anschliessen, die mittels Marktzugangsverpflichtungslisten die einzelnen Liberalisierungsniveaus der verschiedenen Vertragsstaaten regeln.

11

---

27 SR 0.632.311.491.
28 SR 0.632.312.851.
29 GPA 1994 XVII; GPA 2012 XVI.
30 Eine Durchbrechung des Meistbegünstigungsgrundsatzes ist jedoch zulässig. Unter der Bedingung der Reziprozität (Gegenrecht) kann einer Partei die Meistbegünstigung verweigert werden, sollten die angebotenen Vorteile nicht genügend gewichtig eingestuft werden (BIAGGINI, Abkommen, Rz. 70; GPA 1994 III; GPA 2012 IV).
31 Vgl. zur Zielsetzung die Präambel des GPA 2012.
32 Government Procurement, Agreement on Government Procurement, https://www.wto.org/english/tratop_e/gproc_e/gp_gpa_e.htm (zuletzt besucht im 09.2019). BIAGGINI, Abkommen, Rz. 69.
33 TRÜEB, FHB, Rz. 25.
34 Botschaft GPA, S. 2057; Government Procurement, Agreement on Government Procurement, https://www.wto.org/english/tratop_e/gproc_e/gp_gpa_e.htm (zuletzt besucht im 09.2019).
35 BIAGGINI, Abkommen, Rz. 69.

4. Das Verhältnis des GPA zum schweizerischen Beschaffungsrecht

12 Die für die Schweiz geltenden globalen und europäischen Rechtsbindungen im Beschaffungswesen werden gemäss der verfassungsrechtlichen Zuständigkeitsordnung von Bund und Kantonen gesondert umgesetzt, weswegen heute zahlreiche vergaberechtliche Erlasse existieren. Für Beschaffungen des Bundes kommen das BöB und die VöB zur Anwendung, während für die Kantone die IVöB gilt. Die unterschiedlichen Schwellenwerte des GPA und des BilatAbk zwischen der Europäischen Gemeinschaft und der Schweizerischen Eidgenossenschaft (vgl. N 29 ff.) werden in IVöB Anhang 1 festgehalten. Die IVöB wird wiederum in verschiedenen kantonalen Beschaffungsgesetzen umgesetzt. Wo das kantonale Recht explizit den Erlass von Gemeinderecht erlaubt, erlassen die Gemeinden ihr eigenes Beschaffungsrecht.[36] Auf völkerrechtlicher Ebene bleibt aber der Bund verantwortlich für die Einhaltung aller vereinbarten Verpflichtungen, auch derjenigen, die in die Kompetenz der Kantone fallen.[37]

a. Ratifikation und Umsetzung des GPA

13 Das Verhältnis von internationalem und nationalem Beschaffungsrecht wird dabei bestimmt durch die allgemeinen Regeln zum Verhältnis von Völker- und Landesrecht. Für die Umsetzung des GPA ist relevant, ob die internationale Norm unmittelbar innerstaatliche Geltung erlangt oder ob sie mittels eines landesrechtlichen Rechtsaktes durch den Gesetzgeber in das nationale Recht transformiert werden muss. Die Schweiz hat sich für ein monistisches System entschieden, wonach völker- und landesrechtliche Normen derselben Rechtsordnung angehören. Völkerrechtliche Regelungen bilden mit Eintritt der völkerrechtlichen Verbindlichkeit in der Schweiz unmittelbar geltendes Recht. Indessen sind die völkerrechtlichen Beschaffungsnormen nicht durchwegs direkt anwendbar (vgl. N 16 ff.) und bedürften daher der gesetzgeberischen Umsetzung.

14 Beim GPA 1994 erfolgte die Umsetzung durch das BöB vom 16.12.1994, die VöB vom 11.12.1995 und die IVöB vom 25.11.1994. Weil GPA 2012 XXII:4 als Ratifikationsvoraussetzung ausdrücklich die vorgängige Anpassung der nationalen Gesetzgebung auf Bundes-, Kantons- und Gemeindeebene an die Verpflichtungen des revidierten GPA verlangt, stellte sich die Frage einer parallelen Anwendbarkeit von GPA 1994 und 2012 nicht. Um das GPA 2012 folglich ratifizieren zu können, war in der Schweiz eine Revision der Beschaffungsgesetzgebungen des Bundes (BöB und VöB) und der Kantone (IVöB) erforderlich.[38] Dabei gelten die Verpflichtungen gemäss GPA 2012 ab dessen Ratifikation für alle Kantone gleichermassen, unbeachtet dessen, ob einige der Kantone bereits der revidierten IVöB beigetreten sind oder noch der aIVöB folgen. Darüber hinaus bezieht sich die aIVöB allgemein auf internationale Staatsverträge und spezifiziert nicht, dass es sich dabei um das GPA 1994 handelt. Deshalb ist davon auszugehen, dass für

---

36 Boschung, S. 487; Stöckli, Rechtsquellen, S. 28.
37 Biaggini, Abkommen, Rz. 160; Komm BöB-Trüeb, Art. 1 N 4.
38 Leduc, S. 8.

die Kantone jeweils die geltenden Staatsverträge, folglich die Verpflichtungen gemäss GPA 2012, und damit die angepassten Anhänge der revidierten IVöB massgebend sind.

Im Rahmen der Revision wurde zudem die Gelegenheit wahrgenommen, die Beschaffungsordnungen von Bund und Kantonen so gut wie möglich zu harmonisieren.[39] Die Umsetzung geschah durch Totalrevisionen des aBöB, der aVöB und der aIVöB. Die Gesetzgebungsverfahren von Bund und Kantonen erfolgten je separat. Abweichungen gibt es grundsätzlich nur bei Themen, die für den Bund und die Kantone schon im GPA 2012 unterschiedlich geregelt sind (so z.B. beim subjektiven Geltungsbereich und bei den Schwellenwerten), bei der Publikation freihändig erteilter Zuschläge, beim Rechtsschutz oder bei Bestimmungen, die nur für den Bund relevant sind (z.B. die Ausnahmeregelung betreffend die Entwicklungshilfe).[40] Im Staatsvertragsbereich unterstehen dem BöB gemäss BöB 8 Abs. 4 die Aufträge nach Massgabe der Anhänge 1–3 des BöB, falls die Schwellenwerte gemäss BöB Anhang 4 Ziff. 1 erreicht werden. Diese Anhänge entsprechen den Annexen 4, 5 und 6 des Anhangs I (Schweiz) zum GPA 2012. Die IVöB definiert in deren Anhang 1 die Schwellenwerte im Staatsvertragsbereich für die darin gennannten Auftraggeberinnen auf kantonaler Ebene. Hinsichtlich der unterstellten Waren, Dienst- und Bauleistungen gilt dasselbe wie auf Bundesebene.

b. Frage der direkten Anwendbarkeit

Von der innerstaatlichen Geltung zu unterscheiden ist die Anwendbarkeit der internationalen beschaffungsrechtlichen Bestimmungen, also die Frage, ob sich natürliche und juristische Personen vor staatlichen Behörden direkt auf eine völkerrechtliche Bestimmung berufen können.[41] Dies setzt voraus, dass die Norm inhaltlich genügend bestimmt ist, folglich keiner weiteren Umsetzungsakte bedarf und daher unmittelbare Entscheidungsgrundlage für die anwendenden Behörden darstellt.[42] Die direkte Anwendbarkeit einer völkerrechtlichen Norm ist jeweils im konkreten Fall individuell zu ermitteln.[43]

Die WTO-Abkommen enthalten keine Regelungen, die besagen, ob und welche Bestimmungen des jeweiligen Abkommens unmittelbar anwendbar sein sollen. Die einzelnen Vertragsstaaten müssen die unmittelbar anwendbaren Bestimmungen somit anhand eigener Prüfkriterien evaluieren. Offenbar setzte sich die Schweiz bereits während der Uruguay-Runde dafür ein, dass den WTO-Übereinkommen direkte Anwendbarkeit zukommt.[44]

---

39 Botschaft BöB, S. 1853 ff.
40 Botschaft BöB, S. 1865 f.
41 Keller/Balazs-Hegedüs, S. 716.
42 Engelberger, S. 12, S. 155.
43 Engelberger, S. 16, S. 18; vgl. auch Art. 11 ff. des Wiener Übereinkommens über das Recht der Verträge (SR 0.111); Keller/Balazs-Hegedüs, S. 715.
44 Ehlermann, S. 414.

18 Der Bundesrat und gewisse Teile der Lehre gehen davon aus, dass das GPA einerseits unmittelbar anwendbare Bestimmungen,[45] andererseits zu konkretisierende Grundsätze enthält, und verweisen auf die Praxis des Bundes- und des Bundesverwaltungsgerichts.[46] Ausgangspunkt für die Beantwortung der Frage der direkten Anwendbarkeit des GPA ist oft GPA 2012 XVIII (früher GPA 1994 XX), der weitgehende Rechtsschutzanforderungen statuiert, indem Anbieterinnen Übereinkommensverletzungen rügen können.[47] Im Entscheid «Chienberg-Tunnel» hat das VGer BL festgestellt, dass GPA 1994 XX:2 den Willen der Vertragsparteien zum Ausdruck bringt, «die individuelle Rechtsstellung der im Regelungsbereich des GPA tätigen Personen direkt zu beeinflussen».[48] Daraus wird gefolgert, dass die unmittelbare Anwendbarkeit des GPA bereits aus völkerrechtlicher Sicht geboten erscheint, sofern die betreffenden Normen justiziabel sind.[49]

19 In einem Urteil vom 21.11.2005 hat sodann das Bundesgericht festgehalten, dass sich die Beschwerdeführerinnen auf den ersten Teil des GPA (GPA 1994 I–XXIV, GPA 2012 I–XXII) unmittelbar berufen können, sofern dessen Regelungen genügend bestimmt sind,[50] und hat dabei GPA 1994 XIII:4 Bst. a direkt angewendet.[51] Ebenso argumentierte das Bundesgericht im Urteil 2P.4/2000 vom 26.06.2000 und wendet etwa den Transparenzgrundsatz direkt an.[52] Als genügend bestimmt zu erachten sind folglich jene Bestimmungen des GPA, welche die Vergabeverfahren in ihren Einzelheiten regeln und keine weiteren Spezifizierungen seitens der Vertragsparteien verlangen. Dabei kann die Wahl der englischsprachigen Formulierungen ein guter Hinweis sein, wann eine Bestimmung genügend formuliert, somit direkt anwendbar, und wann eine solche konkretisierungsbedürftig ist. So kann davon ausgegangen werden, dass sog. «*may*»-Bestimmungen des GPA gänzlich umsetzungsbedürftig sind und deren Umsetzung auf die Freiwilligkeit der Staaten beruht. Durch diese Bestimmungen soll den Vertragsstaaten die Möglichkeit erhalten bleiben, ihre Gesetzgebung den eigenen Bedürfnissen entsprechend anzupassen, wenn sie es wünschen. Etwa überlässt es GPA 2012 XVIII:7 gänzlich dem Ermessen der Vertragsstaaten zu bestimmen, ob einer Beschwerde gegen einen Vergabeentscheid aufschiebende Wirkung zukommt oder nicht. Infolge der Umsetzung bestimmten aBöB 28 Abs. 1 und analog aIVöB 17 Abs. 1 (neu BöB/IVöB 54 Abs. 1), dass die Beschwerde grundsätzlich keine aufschiebende Wirkung hat. Im Rahmen der Revision 2019 ist BöB 54 Abs. 2 verglichen mit aBöB 28 Abs. 2 insofern weiter konkretisiert worden,

---

45 Insb. betreffend Ausschreibung und Vergabeverfahren bestehen sehr detaillierte Regelungen.
46 LEDUC, S. 7, COTTIER/MERKT, S. 48; STÖCKLI, Rechtsquellen, S. 8.
47 ENGELBERGER, S. 181.
48 VGer BL, vom 29.09.1999 und vom 04.10.1999, E. 5.6.4.2 und E. 7.2.2, in: BLVGE 1998/1999, S. 295 ff., S. 321.
49 ENGELBERGER, S. 182.
50 BGer 2P_130/2005 vom 21.11.2005.
51 BGer 2P_130/2005 vom 21.11.2005, E. 4 zu GPA 1994 XIII:4 Bst. a.
52 BGer 2P_4/2000 vom 26.06.2000, E. 1d; vgl. auch BGer 2P_151/1999, E. 1b und 3b.

als das Bundesverwaltungsgericht einer Beschwerde explizit bei einem Auftrag im Staatsvertragsbereich auf Gesuch hin aufschiebende Wirkung gewähren kann.

Daneben finden sich im GPA sog. «*shall*»-Bestimmungen, die als konkrete Anweisungen formuliert und somit grundsätzlich direkt anwendbar sind (vgl. etwa GPA 2012 II:6 Bst. a und b; GPA 2012 IV:1 und 2). Davon sind allerdings weitere «*shall*»- oder manchmal auch «*shall specify*»-Bestimmungen zu unterscheiden (vgl. etwa GPA 2012 II:4), welche die Vertragsstaaten zu weiteren Konkretisierungen anhalten oder im Sinne eines gesetzgeberischen Auftrags formuliert sind. Solche Bestimmungen wären dann weiter umsetzungsbedürftig. So überlässt es bspw. GPA2012 II:4 den Vertragsstaaten, im Rahmen der Anhänge selbst zu spezifizieren, welche nationalen Behörden als Auftragsvergabestellen unterstellt sind und welche Güter bzw. Dienstleistungen und Bauaufträge konkret – innerhalb des vorbestimmten Rahmens – unter den Anwendungsbereich des GPA fallen sollen. Auch GPA 2012 V lässt den Vertragsstaaten Ermessensspielraum, wenn es diese dazu anweist, Entwicklungsländer bei der Anwendung des Abkommens stärker zu berücksichtigen. Weiter werden die Vertragsstaaten in GPA 2012 VIII angehalten, ihre Teilnahmekriterien restriktiv auszugestalten, sodass nur finanziell und technisch genügend ausgerüstete Bieter am Auswahlverfahren teilnehmen können. Die konkrete Ausgestaltung der Teilnahmekriterien obliegt im Rahmen der Umsetzung den Vertragsstaaten selbst.

Eine legislatorische Umsetzung direkt anwendbarer Normen hingegen ist nicht unbedingt erforderlich, kann aber im Sinne der Rechtsklarheit gewünscht sein.[53] In der Schweiz wurden diejenigen Bestimmungen des GPA ins schweizerische Recht umgesetzt, die im Sinne eines gesetzgeberischen Auftrags formuliert oder weiter konkretisierungsbedürftig waren. Zweck dieser nicht direkt anwendbaren Bestimmungen ist, den Vertragsstaaten genügend Spielraum bei der Umsetzung zu belassen.[54] Die Frage der direkten Anwendbarkeit des GPA stellt sich folglich nur dort, wo das schweizerische Recht nicht bereits selbst eine entsprechende Regelung bereithält. Da das GPA auf allen föderalen Ebenen gesetzgeberisch umgesetzt wurde, relativiert dies die Frage seiner direkten Anwendbarkeit.[55] Wichtig ist aber, dass sich die Normen des GPA im Rahmen der völkerrechtskonformen Auslegung auf das schweizerische Beschaffungsrecht auswirken können, weil gemäss dem Prinzip der Einheit der Rechtsordnung Konkordanz zwischen Völker- und Landesrecht herrschen muss.[56] Da sich das GPA durch eine sehr hohe Regelungsdichte auszeichnet, sind seine Bestimmungen oftmals detailreicher als die entsprechende schweizerische Umsetzung. Das GPA dient daher als Hilfsinstrument zur Auslegung innerstaatlichen Rechts.[57] So beurteilte das Bundesverwaltungsgericht in seinem

---

53 Cottier/Diebold/Kölliker/Liechti-McKee/Oesch/Payosova/Wüger, Rz. 254.
54 Leduc, S. 7.
55 Engelberger, S. 178.
56 Engelberger, S. 20; Cottier/Merkt, S. 49.
57 Cottier/Merkt, S. 49.

Urteil vom 11.10.2018 die Frage, ob Loslimitierungen vergaberechtswidrig seien, unter Bezugnahme auf die Regelungen des GPA 1994.[58]

22 Im Ausland wird die Frage der direkten Anwendbarkeit des GPA demgegenüber teilweise anders beantwortet.[59] So schloss der EuGH erstmals nach dem Inkrafttreten des GPA 1994 im Urteil «Portugal/Rat»[60] vom 23.11.1999 die unmittelbare Wirkung der WTO-Bestimmungen «aufgrund der Natur und der Systematik» im Allgemeinen,[61] mitunter die des GPA, aus. Der EuGH folgt dieser Ansicht seither in seiner Rechtsprechung. Dass dem GPA 1994 keine unmittelbare Wirkung zukomme, wird zusätzlich in der RL 2004/17/EG, E. 14, bzw. in der RL 2004/18/EG, E. 7, festgehalten. Der EuGH begründet seine Auffassung mit der einseitigen Erhöhung der Marktzutrittschancen ausländischer Anbieterinnen, wenn die Gerichte einiger Vertragsparteien die WTO-Bestimmungen unmittelbar anwenden, während die anderen dies ablehnen. Dies führe schliesslich zu nicht erwünschten ökonomischen und sozialpolitischen Auswirkungen.[62] Die WTO-Bestimmungen würden für den einzelnen Gemeinschaftsbürger auch keine Rechte begründen, auf die er sich vor den Gerichten unmittelbar berufen könnte, wenn diese günstiger seien als die europäischen Vergaberichtlinien.[63] Eine unmittelbare Anwendbarkeit einer WTO-Bestimmung erwachse erst, wenn diese durch die Gemeinschaft umgesetzt werde.[64] Die neuen Vergaberichtlinien der EU nehmen das GPA 2012 in RL 2014/24/EU, E. 17 und 18, sowie in RL 2014/25/EU, E. 27 und 28, auf und setzen es damit gemeinschaftsrechtskonform um.

5. Rechtsschutz

23 Die Durchsetzung des GPA wird auf zwei Ebenen realisiert: national und international. Auf internationaler Ebene steht gemäss GPA 2012 XX für Streitigkeiten zwischen Vertragsparteien das Verfahren gemäss der WTO-Streitbeilegungsvereinbarung (sog. «*Dispute Settlement Understanding*») zur Verfügung.[65] Dabei beruft das Streitbeilegungsorgan (sog. «*Dispute Settlement Body*») auf Antrag eines Mitgliedstaats ein Expertengremium, welches einen Bericht zur Streitigkeit verfasst. Das DSB hat in der Folge über die Annahme des Berichts zu befinden.[66]

---

58 BVGer B-4011/2018 vom 11.10.2018, E. 3.6 ff.
59 STÖCKLI, Rechtsquellen, S. 10; FRENZ, Rz. 1904 ff.
60 EuGH, C-149/96 vom 23.11.1999 («Portugal/Rat»), Rz. 49.
61 EuGH, C-245/02 vom 16.11.2004 («Anheuser-Busch»), Rz. 54 f.; EuGH, C-300/98 und 392/98 vom 14.12.2000 («Dior»), Rz. 43 f.; vgl. ebenfalls RL 2004/17/EG, E. 14, bzw. RL 2004/18/EG, E. 7; BUNGENBERG, S. 186.
62 SANDER, S. 267 f.
63 EuGH, C-245/02 vom 16.11.2004 («Anheuser-Busch»), Rz. 54 f; vgl. in diesem Sinne auch EuGH, C-300/98 und 392/98 vom 14.12.2000 («Dior»), Rz. 42 f.
64 EuGH, C-149/96 vom 23.11.1999 («Portugal/Rat»), Rz. 49.
65 BIAGGINI, Abkommen, Rz. 58.
66 BIAGGINI, Abkommen, Rz. 78.

Was die nationale Ebene anbelangt, so ist eine grosse Errungenschaft des GPA die Verpflichtung der Staaten zur innerstaatlichen Gewährleistung eines Individualrechtsschutzes.[67] Gemäss GPA 2012 XVIII sind die Vertragsparteien verpflichtet, nichtdiskriminierende, rasch greifende, transparente und wirksame Verfahren einzurichten, welche es der Anbieterin erlauben, gegen Verletzungen des GPA innerstaatlich Beschwerde zu erheben. Diese völkerrechtliche Rechtsweggarantie in Analogie zum TRIPS setzt mithin einen rechtsstaatlichen Mindeststandard. 24

Neu wird der Rechtsschutz in der Schweiz auch auf Bundesebene nicht mehr davon abhängig gemacht, ob eine Vergabe im Staatsvertragsbereich (insb. GPA und BilatAbk) oder ausserhalb desselben gerügt wird.[68] Diese Unterscheidung wird jedoch für die im Rahmen einer Beschwerde zulässigen Rechtsbegehren relevant (Primär- oder Sekundärrechtsschutz). Gemäss BöB 52 Abs. 1 (aBöB 27) ist auf Bundesebene für Beschwerden gegen Verfügungen der Auftraggeberinnen bei Beschaffungsvorhaben, die gestützt auf das BöB ausgeschrieben werden und einen gewissen Schwellenwert erreichen, das Bundesverwaltungsgericht zuständig. Urteile des Bundesverwaltungsgerichts können innert 30 Tagen mit Beschwerde in öffentlich-rechtlichen Angelegenheiten ans Bundesgericht weitergezogen werden (BGG 83 Bst. f, BGG 86 Abs. 1 Bst. a und BGG 100 Abs. 1), wenn kumulativ die staatsvertraglichen Schwellenwerte (vgl. BöB Anhang 4 Ziff. 1) erreicht werden und sich Rechtsfragen von grundsätzlicher Bedeutung stellen.[69] 25

Auf kantonaler Ebene ist gemäss IVöB 52 Abs. 1 gegen Verfügungen der Auftraggeberinnen mindestens ab dem für das Einladungsverfahren massgebenden Auftragswert die Beschwerde an das kantonale Verwaltungsgericht als einzige kantonale Instanz zulässig. Gegen Entscheide der kantonalen Instanzen gilt derselbe Rechtsweg wie für die oben beschriebenen Beschwerden auf Bundesebene (BGG 83 Bst. f). 26

BöB 52 Abs. 2/IVöB 52 Abs. 3 gewährt ausländischen Anbieterinnen ausserhalb des Staatsvertragsbereichs ein Beschwerderecht nur, soweit der Staat, in dem sie ihren Sitz haben, Gegenrecht hält. Gegenrecht nach BöB 52 Abs. 2/IVöB 52 Abs. 3 bedeutet, dass ausländischen Anbieterinnen Marktzutritt und Rechtsschutz gewährt werden, wenn der Staat, in dem diese ihren Sitz haben, dasselbe gewährt. Markzutritt hat eine Anbieterin im Ausland, wenn sie die Möglichkeit hat, ihr Recht auf Zulassung und Beurteilung ihres Angebots gerichtlich durchzusetzen. Ansonsten ist diese gleich wie die *ad hoc* zum Angebot Zugelassene vom Wohlwollen der Vergabestelle abhängig und geniesst somit keinen Marktzutritt. 27

---

67 BIAGGINI, Abkommen, Rz. 77.
68 Botschaft BöB, S. 1977 f.
69 BGE 137 II 313, E. 1.1.1.

II. Das europäische Beschaffungsrecht

A. Der europäische Rahmen

28 Neben dem globalen spielt auch der europäische Rechtsrahmen eine Rolle. Die damalige EWG als Vorläuferin der EG und der EU erliess bereits in den 1960er-Jahren verschiedene Rechtsakte betreffend öffentliche Aufträge. Ursprünglich bestanden dazu vier RL (RL 92/50/EWG, RL 93/36/EWG, RL 93/37/EWG und RL 93/38/EWG), welche immer wieder Anpassungen erfuhren. Im Jahr 2014 schliesslich wurde mit dem Ziel eines klareren Rechtsrahmens und der Anpassung des Rechtsschutzes im Bereich der Konzessionen, der Flexibilisierung und Vereinfachung der Verfahren sowie der höheren Gewichtung ökologischer und sozialer Kriterien die RL 2014/23/EU vom 26.02.2014 über die Konzessionsvergabe, die RL 2014/24/EU vom 26.02.2014 über die öffentliche Auftragsvergabe sowie die RL 2014/25/EU vom 26.02.2014 über die Vergabe von Aufträgen durch Auftraggeberinnen im Bereich der Wasser-, Energie- und Verkehrsversorgung sowie der Postdienste verabschiedet. Im Rahmen öffentlicher Beschaffungen müssen stets die Grundsätze des EU-Rechts, insb. die Grundsätze des freien Warenverkehrs, der Niederlassungs- und der Dienstleistungsfreiheit und die daraus abgeleiteten Grundsätze, eingehalten werden.[70]

B. Das bilaterale Abkommen über bestimmte Aspekte des öffentlichen Beschaffungswesens

1. Zielsetzung und Anwendungsbereich des bilateralen Beschaffungsabkommens

29 Gegen Ende der Uruguay-Runde kamen die Schweiz und die EG überein, bilateral eine Ausweitung des Geltungsbereichs des GPA 1994 zu verhandeln. Diese Gespräche mündeten schliesslich am 21.06.1999 in der Unterzeichnung des bilateralen Abkommens über bestimmte Aspekte des öffentlichen Beschaffungswesens. Dieses trat am 01.06.2002 als Bestandteil der Bilateralen I in Kraft. Anschliessend fand eine Übernahme der zusätzlichen Rechte und Pflichten in die EFTA-Konvention statt (EFTA Konvention 37 i.V.m. Anhang R).[71]

30 Ziel des BilatAbk ist es, eine dem EWR-Abkommen gleichgestellte, gegenseitige Marktöffnung zwischen der Schweiz und den EG-Staaten herzustellen.[72] Damit soll Anbiete-

---

70 Europaparlament, Kurzdarstellungen über die Europäische Union – 2019, Öffentliches Auftragswesen http://www.europarl.europa.eu/ftu/pdf/de/FTU_2.1.10.pdf (zuletzt besucht im 03.2019).
71 COTTIER/DIEBOLD/KÖLLIKER/LIECHTI-MCKEE/OESCH/PAYOSOVA/WÜGER, Rz. 781, Rz. 783.
72 WEBER, Verhältnis, Rz. 20.

rinnen aus den EG/EU-Staaten in der Schweiz derselbe Zugang zum Beschaffungsmarkt garantiert werden wie schweizerischen Anbieterinnen in der EG bzw. EU.[73]

Das BilatAbk dehnt den Anwendungsbereich des GPA insb. auf die öffentlichen Beschaffungen sämtlicher schweizerischen Gemeinden und Bezirke aus. Zusätzlich besteht eine Ausschreibungspflicht für Beschaffungen staatlicher Stellen und gewisser Unternehmen in den Sektoren Schienenverkehr und Telekommunikation, im Bereich der Gas- und Wärmeversorgung sowie in den Sektoren der Wasser-, Elektrizitäts- und Verkehrsversorgung.[74] Gestützt auf die sog. «Ausklinkklausel» (BilatAbk 3 Abs. 5) wurden allerdings schon 2007 die Telekommunikation und Teile des Schienenverkehrs in der Verordnung des UVEK über die Nichtunterstellung unter das öffentliche Beschaffungsrecht wieder ausgenommen.[75]

31

Die Vorschriften des bilateralen BilatAbk kommen nur zur Anwendung, wenn die in BilatAbk 3 Abs. 4 festgesetzten Schwellenwerte überschritten werden. Es ist jedoch mit BilatAbk 6 Abs. 3 eine sog. «*Best-Endeavour-Klausel*» in den Vertragstext integriert worden, wonach bei Beschaffungen unterhalb der Schwellenwerte beide Vertragsparteien die dem BilatAbk unterstellten Beschaffungsstellen auffordern, die Anbieterinnen nicht zu diskriminieren. Die dem Abkommen unterstellten Schweizer Vergabestellen werden jeweils in den Anhängen I–IV definiert. Wenn eine Schweizer Vergabestelle unter die darin genannten Kriterien subsumiert werden kann, gilt sie als eine dem Abkommen unterstellte Beschaffungsstelle. Das Nichtdiskriminierungsgebot unterhalb der Schwellenwerte beruht dabei auf Freiwilligkeit: Ein rechtlich einklagbarer Anspruch auf Gleichbehandlung bei Beschaffungen unterhalb der Schwellenwerte wurde dadurch nicht geschaffen.[76] Die Schweiz ist und bleibt weder wegen des BilatAbk noch wegen des GPA verpflichtet, im unterschwelligen Bereich bzw. ausserhalb des Staatsvertragsbereichs Anbieterinnen ausländischer Staaten bei einer Zulassung zum Vergabeverfahren Rechtsschutz zu gewähren. EU-Anbieterinnen haben im unterschwelligen Bereich weiterhin keinen Anspruch auf Gleichbehandlung in dem Sinn, dass die Zulassung zum Angebot gerichtlich durchgesetzt werden könnte.[77] Hingegen räumt bei Aufträgen ausserhalb des Staatsvertragsbereichs BöB 52 Abs. 2/IVöB 52 Abs. 3 die Möglichkeit zu einem Rechtsschutz bei Zulassung aufgrund eines «Gegenrechts» i.S.v. von Marktzutritt und Rechtsschutz ein (vgl. N 27). Durch die Regelung in BöB 52 Abs. 2/IVöB 52 Abs. 3 öffnet die Schweiz ausländischen Anbieterinnen, die zu einem Vergabeverfahren zugelas-

32

---

73 Weber, Verhältnis, Rz. 21.
74 BBl 1999 6128, S. 6146; Cottier/Diebold/Kölliker/Liechti-McKee/Oesch/Payosova/Wüger, Rz. 781.
75 Bericht des SECO vom 15.01.2002 zur Aussenwirtschaftspolitik 2002 sowie Botschaften zu Wirtschaftsvereinbarungen, S. 826 ff., S. 860; vgl. Verordnung des UVEK vom 18.07.2002 über die Nichtunterstellung unter das öffentliche Beschaffungsrecht, Anhang, SR 172.056.111.
76 BBl 1999 6128, S. 6147.
77 BBl 1999 6128, S. 6147; Biaggini, Abkommen, Rz. 149.

sen sind oder werden, somit freiwillig den Zugang zum Gericht (wenn auch nur unter der Bedingung des Gegenrechts).

2. Das Verhältnis des BilatAbk zum schweizerischen Beschaffungsrecht

33 Mit Bezug auf das Verhältnis zwischen dem GPA und dem BilatAbk statuiert BilatAbk 15 ausdrücklich, dass die Rechte und Pflichten der Vertragsparteien aus den WTO-Übereinkommen vom BilatAbk unberührt bleiben.[78] Dem Grundsatz nach gilt, dass das Vergaberecht in der Schweiz dem nationalen und in der EU dem europäischen Recht untersteht. Die Schweiz übernimmt somit kein europäisches Recht; es gilt die Gleichwertigkeit beider Rechtssysteme.[79]

a. Umsetzung des BilatAbk

34 Die bilateralen Vertragswerke enthalten wie das GPA keine Vorgaben, wie die Umsetzung zu erfolgen hat.[80] Dem monistischen Ansatz folgend gelten die bilateralen Abkommen in der Schweiz mit ihrem Inkrafttreten unmittelbar. Gleich wie beim GPA wurden umsetzungsbedürftige Bestimmungen des BilatAbk auf Ebene des Bundes und der Kantone in Teilrevisionen der aVöB – nicht des aBöB – bzw. der aIVöB näher ausgeführt.[81] Dabei wurden bundesrechtlich Beschaffungen gewisser öffentlich-rechtlicher und privatwirtschaftlicher Organisationen in aVöB 2a Abs. 1 Bst. a und b dem Gesetz unterstellt, die vorher nicht dem Beschaffungsrecht unterstanden hatten. Auch die damals im Schweizer Recht noch nicht bekannte «Ausklinkklausel» fand ihren Eingang in aVöB 2b, wonach eine Nichtunterstellung unter das Beschaffungsrecht möglich ist, sollten die Auftraggeberinnen in einem Wettbewerb stehen. Neu verankert wird die Nichtunterstellung in BöB 7 i.V.m. VöB 2. Die danach befreiten Sektorenmärkte regelt VöB Anhang 1. Auf kantonaler Ebene wurde die Nichtunterstellung in aIVöB 4 Abs. 2 Bst. c^{bis} bzw. neu IVöB 7 umgesetzt. Des Weiteren mussten die Kantone insb. die dem Beschaffungsrecht damals noch nicht unterstellten Gemeinden und Bezirke und weitere privatwirtschaftliche und öffentliche Unternehmen gemäss aIVöB Anhang I, Unterkapitel b ab der festgelegten Schwellenwerte dem Staatsvertragsbereich unterstellen.[82]

---

[78] WEBER, Verhältnis, Rz. 23.
[79] WEBER, Verhältnis, Rz. 22.
[80] FELDER, S. 101.
[81] Die Verpflichtungen des BilatAbk waren im Bund also – anders als die des GPA – nur auf Verordnungsstufe geregelt; vgl. BBl 1999 6128, S. 6210.
[82] SCHNEIDER HEUSI, Umsetzung, S. 37.

b. Frage der direkten Anwendbarkeit

Die Rechtslehre geht mehrheitlich davon aus, dass die meisten Bestimmungen der bilateralen Verträge I die Anforderungen für eine direkte Anwendbarkeit erfüllen.[83] Das Bundesgericht ist bei der Annahme einer direkten Anwendbarkeit der bilateralen Verträge allerdings grösstenteils zurückhaltend.[84] 35

Der EuGH hat in seiner Rechtsprechung zu den Assoziierungsabkommen deren unmittelbare Anwendbarkeit bejaht.[85] Daraus ist wohl zu schliessen, dass auch die sektoriellen Abkommen Schweiz–EU unmittelbare Geltung einnehmen sollen[86] – dies im Kontrast zur skeptischen Haltung, welche der EuGH gegenüber der direkten Anwendbarkeit des GPA an den Tag gelegt hat.[87] In der schweizerischen Praxis stellt sich die Frage der direkten Anwendbarkeit des BilatAbk aber grundsätzlich nicht, da dieses in umfassender Weise in nationales Recht umgesetzt wurde und die Gerichte von einer grundsätzlichen Kongruenz ausgehen. Angesichts dessen war das Bundesgericht auch nicht veranlasst, sich konkret zu dieser Frage zu äussern. 36

3. Rechtsschutz

Die Rechte und Pflichten in Zusammenhang mit dem GPA werden durch das BilatAbk nicht berührt (BilatAbk 15). Dies gilt auch für die Beschwerdeverfahren gemäss BilatAbk 5 und Anhang V.[88] Eine Anpassung in Bezug auf die Rechtsmittel musste folglich nicht vorgenommen werden, da sich hinsichtlich des GPA und seiner umgesetzten Bestimmungen keine Normkonflikte ergaben.[89] Gemäss BilatAbk 8 wird die Durchführung des BilatAbk in jeder Vertragspartei von einer unabhängigen Behörde überwacht, wobei diese Behörde befugt ist, alle Reklamationen oder Beschwerden über die Anwendung dieses Abkommens entgegenzunehmen. In der EU nimmt diese Aufgabe die Europäische Kommission, in der Schweiz die KBBK wahr (vgl. Art. 59/60 N 5, 12 ff.). Dabei handelt es sich um eine ausserparlamentarische Verwaltungskommission, die paritätisch aus Vertreterinnen und Vertretern von Bund und Kantonen gebildet und deren Sekretariat dem SECO angegliedert ist.[90] 37

Sowohl das GPA als auch das BilatAbk sehen Rechtsmittel für Verletzungen der Vergaberegeln sowie Rechtsbehelfe vor. Das BilatAbk enthält keine über das GPA hin- 38

---

83 Cottier/Evtimov, S. 190; Biaggini, Abkommen, Rz. 157.
84 Cottier/Evtimov, S. 193; BGE 131 II 271; BGE 122 II 469; BGE 126 III 129; BGE 118 Ib 367.
85 EuGH, C-63/99 vom 27.09.2001 («Gloszczuk»); EuGH, C-235/99 vom 27.09.2001 («Kondova»); EuGH, C-257/99 vom 27.09.2001 («Barkoci und Malik»).
86 Cottier/Evtimov, S. 194.
87 Biaggini, Abkommen, Rz. 157.
88 Biaggini, Abkommen, Rz. 157.
89 Biaggini, Abkommen, Rz. 147, Rz. 158.
90 BKB und KBBK, <https://www.bkb.admin.ch/bkb/de/home/organisation/weitere-organisationen-rund-um-das-oeffentliche-beschaffungswese/kommission-fuer-das-beschaffungswesen-bund-kantone-kbbk.html> (zuletzt besucht im 09.2019).

ausgehenden Vorgaben für die Ausgestaltung des Rechtsschutzes.[91] Insofern sei hinsichtlich des Rechtsschutzes auf Bundes- und kantonaler Ebene auf die Ausführungen in N 23 ff. vorn verwiesen. Umgekehrt gewährt die EU, bei gegebenen Schwellenwerten oder ausserhalb des Staatsvertragsbereiches unter Voraussetzung des Gegenrechts, den Anbieterinnen aus der Schweiz Zugang zu ihren Beschwerdeverfahren.[92] Die RL 2007/66/EG des Europäischen Parlaments und des Rates vom 11.12.2007 hat zudem zu einer Verbesserung der Wirksamkeit der Nachprüfungsverfahren bez. der Vergabe öffentlicher Aufträge geführt. Danach sollen die Mitgliedstaaten dafür Sorge tragen, dass Entscheidungen der öffentlichen Auftraggeberinnen, ob ein Auftrag in den persönlichen und sachlichen Anwendungsbereich der RL 2014/24/EU und RL 2014/25/EU fällt, wirksam und rasch nachgeprüft werden können.[93]

---

91 Botschaft BöB, aufschiebende Wirkung, S. 4067.
92 STÖCKLI, Rechtsquellen, S. 13.
93 RL 2007/66/EG des Europäischen Parlaments und des Rates vom 11.12.2007 zur Änderung der RL 89/665/EWG und RL 92/13/EWG des Rates im Hinblick auf die Verbesserung der Wirksamkeit der Nachprüfungsverfahren bezüglich der Vergabe öffentlicher Aufträge, E. 2.

1. Kapitel: Gegenstand, Zweck und Begriffe

Art. 1 Gegenstand

Dieses Gesetz / *diese Vereinbarung* findet auf die Vergabe öffentlicher Aufträge durch unterstellte Auftraggeberinnen/*Auftraggeber* innerhalb und ausserhalb des Staatsvertragsbereichs Anwendung.

Inhaltsverzeichnis

I.	Vorbemerkung	1
II.	Einleitung	5
III.	Grundlagen	14
A.	Objektive und subjektive Unterstellung	14
B.	Der sog. Staatsvertragsbereich	17
C.	Befreiung von der Unterstellung	25
IV.	Rechtsvergleichung	27

I. Vorbemerkung

Dem Harmonisierungsziel entsprechend erfolgt die Normierung im BöB und in der IVöB Artikel für Artikel parallel. Unterschiede in einzelnen Bestimmungen gehen primär auf organisatorische Differenzen zwischen den Gemeinwesen der verschiedenen Stufen, damit verbundene Unterschiede in der Unterstellung der Auftraggeberinnen oder Besonderheiten des kommunalen oder kantonalen Beschaffungswesens zurück. Die unterschiedliche Regelung des Rechtsschutzes im Nichtstaatsvertragsbereich (BöB/IVöB 52) ist den Vorgaben des BGBM geschuldet. Die Unterschiede sind insgesamt gering. 1

Aufgrund der weitgehenden Harmonisierung werden zahlreiche bisher in der aVöB und den VRöB enthaltene Regelungsbereiche neu auf Stufe des Gesetzes bzw. des Konkordats normiert. Damit wird vermieden, dass jeder einzelne Kanton ausführliche Einführungsgesetze zur IVöB oder Ausführungsverordnungen erlassen muss. BöB und IVöB enthalten eine in sich geschlossene Regelung des schweizerischen Beschaffungsrechts. Die Bestimmungen der VöB haben, ebenso wie die kantonalen Einführungsgesetze, lediglich ausführenden Charakter.[1] 2

Bei der Harmonisierung der beschaffungsrechtlichen Grundlagen handelt es sich um das Hauptziel der Revision. Zwischen den bisherigen Beschaffungsordnungen von Bund und Kantonen bestanden erhebliche Unterschiede. Zudem gestalteten sich die 3

---

1 Botschaft BöB, S. 1869; Musterbotschaft IVöB, S. 15.

Rechtsgrundlagen unübersichtlich, zersplittert und bisweilen schwer lesbar. Die daraus resultierende Komplexität der Rechtslage war administrativ aufwendig und kostspielig, was mit zahlreichen parlamentarischen Vorstössen thematisiert wurde.[2]

4 Der Bundesrat anerkannte einen entsprechenden Handlungsbedarf erstmals im Jahr 2001. Ein im Mai 2008 in die Vernehmlassung geschickter Vorentwurf zur Totalrevision des BöB wurde von den Wirtschaftsverbänden mehrheitlich begrüsst, von den Kantonen allerdings als Eingriff in ihren Kompetenzbereich abgelehnt. Da sich gleichzeitig die Revision des GPA 1994 verzögerte, entschied der Bundesrat 2009, konjunkturpolitisch dringliche Elemente des Vorentwurfs vorzuziehen und die Totalrevision des BöB zu sistieren. Nach der Unterzeichnung des GPA 2012 wurde eine paritätische Arbeitsgruppe Bund–Kantone beauftragt, einen Vorschlag zur Umsetzung des GPA mit harmonisierten Beschaffungsordnungen auszuarbeiten. Das Ergebnis wurde zur Grundlage der Gesetzgebungsverfahren in Bund und Kantonen.[3]

II. Einleitung

5 Die Schweiz ist keine Insel. Mit einem Leistungsbilanzüberschuss von konstant CHF 70 Milliarden[4] ist sie wie kein anderer Kleinstaat auf den Austausch von Gütern und Dienstleistungen mit ihren Handelspartnern angewiesen. Der öffentliche Sektor trägt in der Schweiz rund 10 % zum Bruttoinlandprodukt bei. Die öffentliche Hand beschafft jährlich Güter, Dienst- und Bauleistungen im Betrag von schätzungsweise mehr als CHF 40 Milliarden, wobei rund 20 % auf Beschaffungen des Bundes und seiner Unternehmen entfallen, der Rest Beschaffungen der subzentralen Einheiten und Organisationen zuzurechnen ist.[5]

6 Als Geburtsstunde des öffentlichen Beschaffungsrechts gilt der 12.04.1979, als 23 Staaten, darunter die Schweiz, sich auf die Grundzüge der Handelsdisziplinen einigten, die im Tokyo Round Government Procurement Code kodifiziert wurden.[6] Dieses handliche Vertragswerk mit neun Artikeln, das anlässlich einer multilateralen Handelsrunde im Rahmen des GATT entstand, schrieb die Beschaffungsprinzipien fest, die auch heute noch Grundlage der modernen Vergabepraxis bilden: Inländerbehandlung, Nichtdiskriminierung, Rücksichtnahme auf die besonderen Bedürfnisse der Entwicklungsländer,

---

2 Botschaft BöB, S. 1865; Musterbotschaft IVöB, S. 11.
3 Botschaft BöB, S. 1862 f.; Musterbotschaft IVöB, S. 19.
4 Vgl. das Referat von JORDAN THOMAS, J., Hoher Leistungsbilanzüberschuss der Schweiz: Konsequenzen für die Geldpolitik der SNB?, vom 23.11.2017, S. 2, abrufbar unter https://www.snb.ch/de/mmr/speeches/id/ref_20171123_tjn/source/ref_20171123_tjn.de.pdf (zuletzt besucht am 29.10.2019).
5 Botschaft BöB, S. 2000; Botschaft GPA, S. 2120; Musterbotschaft IVöB, S. 6. Siehe auch unter https://www.beschaffungsstatistik.ch (zuletzt besucht am 27.08.2020).
6 Zur Entstehung vgl. GRAHAM, S. 153 ff., 165 f.

Anforderungen an technische Spezifikationen, transparente Gestaltung des Verfahrens, ausnahmsweise Zulassung der Direktvergabe, Ausnahmen von der Ausschreibungspflicht, Streitbeilegung sowie Bestimmungen zum Inkrafttreten und zur Umsetzung im nationalen Recht.[7] Obwohl formal auf die sog. Tokyo Declaration von 1973 zurückgehend, fanden die inhaltlichen Verhandlungen und die Verabschiedung des Tokyo Code am damaligen Sitz des GATT in Genf statt. Die Schweiz ist damit der Geburtsort des internationalen Beschaffungsrechts.

Wie andere Abkommen der Uruguay-Runde enthielt auch das GPA 1994 eine «built-in» Agenda für Folgeverhandlungen (GPA 1994 XXIV:7). Diese Verhandlungen zogen sich über eineinhalb Jahrzehnte hin. Das Resultat ist einigermassen ernüchternd: Das Government Procurement Agreement von 2012 bringt inhaltlich wenig Neues. Wenig aufregend erscheint die Aufforderung, die elektronischen Mittel vermehrt einzusetzen (GPA 2012 IV:3, XIV). Wichtiger scheint demgegenüber die verstärkte Bekämpfung der Korruption und wettbewerbsverfälschender Absprachen (GPA 2012 IV:4, XVII). Hilfreich sind zudem die Einführung definierter Begriffe (GPA 2012 I) sowie die neue Strukturierung des Abkommens. Auch im GPA 2012 sind diverse Arbeitsprogramme eingebaut, u.a. hinsichtlich der Behandlung kleiner und mittlerer Unternehmen sowie nachhaltiger Beschaffungen (GPA 2012 XXII:8). Dank zusätzlicher Konzessionen der Mitgliedstaaten wird der durch das GPA 2012 geschaffene zusätzliche Wert des Marktzugangs auf zwischen USD 80 und 100 Milliarden pro Jahr geschätzt.[8]

Zu Recht wird auch in der Botschaft Herkunft und Konnex des GPA 2012, das im Rahmen der WTO verhandelt und abgeschlossen wurde, gewürdigt.[9] Das GPA 2012, das in den Grundprinzipien dem Tokyo Code von 1979 entspricht, ist ein wichtiges Instrument der liberalen Welthandelsordnung. Seine erste und wichtigste Funktion besteht darin, Beschaffungsmärkte für ortsfremde Anbieterinnen zu öffnen – nicht anders, als die Schweiz dies im Binnenverhältnis mit Erlass des Binnenmarktgesetzes realisierte. Der Marktzutritt soll allen qualifizierenden Anbieterinnen diskriminierungsfrei ermöglicht werden. Zu diesem Zweck werden inländische Anbieterinnen und ihre Wettbewerber aus GPA-Staaten gleichbehandelt. Dies nicht etwas aus Rücksicht auf irgendein universales Gleichheitsprinzip, sondern aus einem viel profaneren Grund: Der (unverfälschte, funktionierende) Wettbewerb stellt ein bisher unübertroffenes Allokationsinstrument dar. Dies nicht nur im Binnenmarkt, sondern auch im Verhältnis zwischen den Staaten. DAVID RICARDO hat mit seiner Theorie des komparativen Vorteils nachgewiesen, dass letztlich alle Staaten profitieren, wenn sie nur noch jene Güter oder Dienstleistungen herstellen und verkaufen, die sie (relativ, nicht absolut gesehen) effizienter herstellen können als andere Güter und Dienstleistungen. Die mathematisch anspruchsvolle Begründung dieser rasch verständlichen Theorie soll hier nicht versucht werden.[10]

---

7   ARROWSMITH/ANDERSON, S. 1 ff., 14 ff.
8   Botschaft BöB, S. 1854; Musterbotschaft IVöB, S. 8.
9   Botschaft BöB, S. 1858; Musterbotschaft IVöB, S. 7.
10 Vgl. dazu RICARDO DAVID, On the Principles of Political Economy and Taxation, 3. Aufl., London

1. Kapitel: Gegenstand, Zweck und Begriffe

9   In der volkswirtschaftlichen Realität lässt sich RICARDOS Theorie rasch verifizieren: Schon lange hat eine internationale Spezialisierung und Fokussierung auf Leistungen und Branchen stattgefunden. Diese internationale Arbeitsteilung wird indessen durch Zölle und nichttarifäre Handelshemmnisse wie «Buy local»-Vorschriften behindert. Ziel der internationalen Beschaffungsübereinkommen ist es daher, solche Handelshemmnisse abzubauen und ein «level playing field» für die Anbieterinnen zu schaffen. Dies verspricht Vorteile für alle beteiligten Staaten.

10 Nicht nur Verhandlungen im Rahmen des GATT bzw. (ab 1994) im Rahmen der WTO zeigen Nähe und Verwandtschaft des Beschaffungsrechts mit den Disziplinen des internationalen Waren- und Dienstleistungshandels. Auch die Grundprinzipien, Inländerbehandlung und Nichtdiskriminierung, sind beiden Normenkomplexen gemein. Selbst die Ausnahmen (GATT XX bzw. GPA 2012 III) unterscheiden sich nur in Nuancen. Es überzeugt daher nicht, privaten Handel und öffentliche Beschaffung je verschiedenen Sphären zuzuweisen und nach unterschiedlichen Kriterien zu behandeln.[11] Ebenso wenig hilfreich erscheint eine Gegenüberstellung von «consumer choice» und «government policy». Motivation der liberalen Handelsordnung war nicht die Ertüchtigung des mündigen Konsumenten, sondern die Vermeidung von Wohlfahrtsverlusten, die aus einem ineffizienten Gleichgewicht von Angebot und Nachfrage entstehen.

11 Gleichzeitig ist es unübersehbar, dass die Anliegen des Sozial- und Umweltschutzes im GPA 2012 Spuren hinterlassen haben. Der Gesetzgeber hat die Ermutigung, auch Anliegen anderer Politikbereiche in die Beschaffungsregulierung zu integrieren, mit einem gewissen Enthusiasmus genutzt.[12] In den parlamentarischen Beratungen der Revisionsvorlage schienen Themen wie der Lohn- oder Umweltschutz die «klassischen» vergaberechtlichen Grundsätze wie Marktzugang, Förderung des Wettbewerbs und Wirtschaftlichkeit zeitweise zu überlagern.

12 Einerseits ist es richtig, dass sich der Staat, wenn er sich auf dem (Einkaufs-)Markt bewegt, an den Zielen und Grundsätzen messen lassen muss, die er als Gesetz- und Verordnungsgeber statuiert. Andererseits zeigt der Verlauf der parlamentarischen Beratungen die Nähe der legitimen Sekundärziele zu protektionistischen Massnahmen und Vorkehren. Der Sozial- ebenso wie der Umweltschutz eignen sich gut, um den Schutz des ein-

---

1821 (online abrufbar unter https://socialsciences.mcmaster.ca/~econ/ugcm/3ll3/ricardo/prin/index.html [zuletzt besucht am 27.08.2020]); für eine kritische Einführung in die Theorie, die zwar immer wieder angegriffen, aber nie konklusiv widerlegt wurde, vgl. KRUGMAN PAUL, Ricardo's Difficult Idea, abrufbar unter http://web.mit.edu/krugman/www/ricardo.htm (zuletzt besucht am 27.08.2020).

11 A.M. STEINER MARC, The WTO Government Procurement Agreement: Assessing the scope for green procurement, 01.12.2015, abrufbar unter https://ictsd.iisd.org/bridges-news/biores/news/the-wto-government-procurement-agreement-assessing-the-scope-for-green (zuletzt besucht am 27.08.2020).

12 Vgl. z.B. AB 2018 NR 933, S. 933 f.; AB 2019 NR 140, S. 141 f.; AB 2018 SR 964, S. 969; AB 2019 SR 520, S. 520.

heimischen Markts zu idealisieren. Sollen Wohlfahrtsverluste vermieden und soll eine Instrumentalisierung wichtiger Politikziele für die Zwecke des Handelsprotektionismus unterbunden werden, empfiehlt sich grosse Zurückhaltung bei der Verfolgung von Sekundärzielen. Die legitimen Interessen lassen sich regelmässig effektiver und effizienter über die jeweiligen Sektorpolitiken verfolgen.

Daher ist die These eines vergaberechtlichen «Kulturwandels»[13] mit Vorsicht zu geniessen. Im GPA 2012 ist dieser Kulturwandel nicht angelegt.[14] Die Hauptdisziplinen des Vergaberechts erfuhren keine Änderung. Nicht mehrheitsfähige Themen des Sozial- und Umweltschutzes wurden an Arbeitsgruppen delegiert, auf deren materielle Berichte man bei Drucklegung dieses Kommentars immer noch mit Interesse wartet. Auch die semantische Neuerung in BöB/IVöB 41, wonach nicht mehr das «wirtschaftlich günstigste», sondern das «vorteilhafteste» Angebot den Zuschlag erhält, erlaubt für sich genommen keinen Rückschluss auf eine Neuorientierung der vergaberechtlichen Ziele. Bereits das GPA 1994 verwendete den Begriff des «most advantageous tender», welcher im GPA 2012 beibehalten wurde. Die Erkenntnis, dass der Preis zwar ein wichtiger, aber nicht der einzige Wettbewerbsparameter ist, ist weder neu noch überraschend.

III. Grundlagen

A. Objektive und subjektive Unterstellung

Diese Bestimmung, die im früheren Recht keine Entsprechung findet, grenzt den Geltungsbereich der Erlasse in objektiver und subjektiver Hinsicht ab. Zum einen wird auf BöB/IVöB 8 und 9 verwiesen, in denen der Begriff des «öffentlichen Auftrags» konkretisiert wird. Zum anderen stellt der Einleitungsartikel klar, dass Auftraggeberinnen nur dann von den Disziplinen der Vergabeerlasse erfasst sind, wenn sie gemäss Gesetz bzw. Vereinbarung unterstellt werden. Diese Unterstellung, für den Bund enumerativ, für die Kantone und Gemeinden generell-abstrakt, erfolgt in BöB/IVöB 4 (vgl. die Kommentierung dort).

Sowohl die objektive wie auch die subjektive Unterstellung bilden Quelle vieler Fragen und Unsicherheiten. Einfache Antworten sind nur selten erhältlich. Ungeachtet der Unterschiede von Bundesrecht und Konkordatsrecht wird man im Zweifel auf das gesetzgeberische Motiv zurückgreifen: Beschaffungsrecht soll ein Korrektiv bilden für Bereiche, die dem Wettbewerb entzogen sind. In einem funktionierenden (bzw. «wirksamen»; vgl. BöB/IVöB 7 Abs. 1) Wettbewerb sorgt der Markt für Qualität und angemessene Preise. Einer Korrektur durch das Vergaberecht bedarf es nicht. Ist daher eine Auftraggeberin direkt oder indirekt, beispielsweise durch den Wettbewerbsdruck auf einem

---

13 STEINER, EU-Vergaberichtlinien, S. 130.
14 A.M. STEINER, Nachhaltige öffentliche Beschaffung, S. 151, der bspw. die Erwähnung der Korruptionsbekämpfung im GPA 2012 als Ausdruck einer Trendwende erachtet.

nachgelagerten Markt, dem Wettbewerb ausgesetzt, wird sie ohne staatlichen Zwang und ohne staatliche Aufsicht wirtschaftlich beschaffen. Dieser Grundsatz, der bisher für die Unterstellung der privaten Sektorenauftraggeber massgebend war, findet sich neu für alle Auftraggeber in GPA 2012 II:2 Bst. a, ii.

16 «Wirtschaftlich beschaffen» bedeutet gleichzeitig, keine Anbieterinnen zu diskriminieren. Jede Diskriminierung ist letztlich ineffizient und wird in einem funktionierenden Markt vermieden. Fehlt dieser Wettbewerbsdruck, weil die Auftraggeberin (wie beispielsweise die zentrale Verwaltung, die es definitionsgemäss nur einmal braucht) dem Wettbewerb rechtlich oder faktisch entzogen ist, sorgt das Beschaffungsrecht für ein Korrektiv. Daraus wird deutlich, dass dem Beschaffungsrecht eine dienende Funktion zukommt. Es «emuliert» einen nicht bestehenden Wettbewerbsdruck.

B. Der sog. Staatsvertragsbereich

17 Für die Auftraggeberinnen des Bundes bedeutet BöB 1 eine wesentliche Neuerung. Das aBöB fand nur auf Beschaffungen Anwendung, die im Geltungsbereich des GPA 1994 oder des BilatAbk[15] (sog. Staatsvertragsbereich; zum Begriff vgl. Art. 3 N 15 ff.) erfolgten. Die sogenannten «übrigen Beschaffungen» (d.h. Beschaffungen ausserhalb des Staatsvertragsbereichs) unterlagen den Bestimmungen des 3. Kapitels der aVöB. Diese Bestimmungen sahen u.a. ein besonderes Einladungsverfahren sowie erweiterte Freihandtatbestände vor. Eine Besonderheit der übrigen Beschaffungen war das Fehlen des Rechtsschutzes. Entscheide nach dem 3. Kapitel aVöB konnten nicht mit Beschwerde angefochten werden (aVöB 39).

18 Demgegenüber fand die aIVöB bereits in ihrer Ursprungsfassung von 1994 sowohl auf Beschaffungen Anwendung, die als Folge völkerrechtlicher Verpflichtungen der Schweiz die Gleichbehandlung und den Marktzutritt ausländischer Anbieterinnen garantieren müssen, als auch auf rein binnenrechtliche Beschaffungen. Dies nicht zuletzt als Folge von BGBM 5. Diese bundesrechtliche Vorschrift verpflichtet die Kantone, öffentliche Beschaffungen im Binnenmarkt transparent und diskriminierungsfrei durchzuführen.

19 Das «duale» System des früheren Bundesrechts, das Beschaffungen nach Massgabe des Völkerrechts und reine Binnenbeschaffungen je unterschiedlich regelte, trug den verfassungsrechtlichen Grundsätzen der Wirtschaftsfreiheit und Gleichbehandlung der Konkurrenten sowie der mit der Justizreform neu in die Verfassung aufgenommen Rechtsweggarantie nur ungenügend Rechnung. Daher wurde es aufgegeben. Neu untersteht die Vergabe aller öffentlichen Aufträge, die durch unterstellte Auftraggeberinnen erfolgt, dem Gesetz.

---

15 Sowie weiterer völkerrechtlicher Verträge (wie das EFTA-Übereinkommen), die völkerrechtliche Verpflichtungen zum Marktzugang ausländischer Anbieterinnen enthalten; vgl. BöB/IVöB 3 Bst. c.

Die Unterscheidung in die beiden Bereiche wird gleichwohl beibehalten. Ausschreibungen ausserhalb des Staatsvertragsbereichs sind (vgl. BöB Anhang 5 Ziff. 1). 20

- Beschaffungen, die nicht unter die Listen unterstellter Leistungen nach den Ziffern 1 der Anhänge 1–3 fallen oder deren Auftragswert unterhalb der Schwellenwerte nach Anhang 4 Ziffer 1 liegt;
- die Übertragung öffentlicher Aufgaben und die Verleihung von Konzessionen im Sinne von BöB 9;
- die Beschaffung von Waffen, Munition, Kriegsmaterial oder, sofern sie für Verteidigungs- und Sicherheitszwecke unerlässlich sind, sonstigen Lieferungen, Bauleistungen, Dienstleistungen, Forschungs- oder Entwicklungsleistungen;
- öffentliche Aufträge für die internationale Entwicklungs- und Ostzusammenarbeit, die humanitäre Hilfe sowie die Förderung des Friedens und der menschlichen Sicherheit, soweit eine Beschaffung nicht nach Massgabe von BöB 10 Abs. 1 Bst. h von der Geltung dieses Gesetzes ausgenommen ist.

Für diese Beschaffungen gelten (nach wie vor) die folgenden Sonderregeln (die Liste in 21
BöB Anhang 5 Ziffer 2 ist ebenso illustrativ wie unvollständig):

- Zulassung ausländischer Anbieterinnen zum Angebot nur dann, wenn deren Sitzstaat Gegenrecht gewährt (BöB/IVöB 6 Abs. 2);
- Bagatellklausel und Verzicht auf Zusammenrechnen von mehreren Bauleistungen (BöB 16 Abs. 4 und 5/IVöB 16 Abs. 3 und 4);
- Anwendung des Einladungsverfahrens (BöB/IVöB 20 Abs. 1);
- (begrenzte) Möglichkeit, vergabefremde Zuschlagskriterien zu berücksichtigen (BöB 29 Abs. 1, BöB/IVöB 29 Abs. 2);
- keine Wartefrist für den Vertragsabschluss mit der Zuschlagsempfängerin (BöB 42 Abs. 1);
- kürzere Angebotsfrist (BöB/IVöB 46 Abs. 1);
- Verzicht auf die Veröffentlichung einer Zusammenfassung der Ausschreibung in einer WTO-Amtssprache (*e contrario* BöB/IVöB 48 Abs. 4);
- Verzicht auf die Dokumentation der freihändig vergebenen öffentlichen Aufträge (*e contrario* BöB/IVöB 49 Abs. 2 Bst. i);
- keine Aufnahme in die Beschaffungsstatistik nach BöB/IVöB 50;
- Beschränkung auf Sekundärrechtsschutz gegen Verfügungen (Feststellung der Widerrechtlichkeit; BöB 52 Abs. 2);
- kein Anspruch auf Gewährung aufschiebender Wirkung für Beschwerden (BöB 54 Abs. 2).

22 Wie aus der vorstehenden Liste folgt, gelten einige der Erleichterungen nur für die Auftraggeberinnen des Bundes. Vgl. zu allem Art. 8 N 78.

23 Insbesondere im Bereich des Rechtsschutzes gelten im Bund weiterhin unterschiedliche Regelungen für Beschaffungen innerhalb und ausserhalb des Staatsvertragsbereichs. Für Letztere steht nach Massgabe von BöB 52 Abs. 2 nur der sogenannte Sekundärrechtsschutz zur Verfügung. Das bedeutet, dass ausserhalb des Staatsvertragsbereichs von den Anbieterinnen nur die Feststellung verlangt werden kann, eine Verfügung im Rahmen des Vergabeverfahrens verletze Bundesrecht. Eine Ausnahme gilt lediglich für die Verhängung einer Sanktion (vgl. BöB 45 i.V.m. 53 Abs. 1 Bst. i). Diese Beschränkung führt dazu, dass Verfügungen ausserhalb des Staatsvertragsbereichs gerichtlich nicht aufgehoben werden können; stattdessen werden die Auftraggeberinnen bei rechtswidrigem Handeln unter Umständen schadenersatzpflichtig. Zudem werden ausländische Anbieterinnen nur dann zur Beschwerde zugelassen, wenn ihr Sitzstaat Gegenrecht gewährt. Diese Beschränkungen gehen letztlich auf eine Interessenabwägung zurück: Rechtsschutz hat einen Preis, und gerade bei unterschwelligen Vergaben sind die Kosten des Rechtsschutzes nicht selten höher als der Auftragswert.

24 Für das Konkordatsrecht ändert in konzeptioneller Sicht wenig. Die subjektive Unterstellung der Auftraggeber entspricht der bisherigen Regelung in der aIVöB. In objektiver Hinsicht bleiben alle Arten öffentlicher Aufträge, unabhängig davon, ob sie in eine der staatsvertraglichen Kategorien (Bauaufträge, Lieferaufträge und Dienstleistungsaufträge) fallen, der Vereinbarung unterstellt. Daher darf man sich mit Fug fragen, weshalb für die kantonalen und kommunalen Vergaben nicht auf die Unterscheidung zwischen Staatsvertragsbereich und Binnenbereich verzichtet wurde. Neben der tief in der Vergabepraxis verhafteten Denkweise, die Beschaffungen kategorisch in zwei Bereiche trennt, mögen folgende Besonderheiten der Binnenbeschaffungen den Ausschlag gegeben haben:

- Gewährung des Marktzutritts ausländischer Anbieter nur bei Gegenrecht des Sitzstaats (IVöB 6 Abs. 2);
- Anwendung der Bagatellklausel für Bauaufträge (IVöB 16 Abs. 3);
- Möglichkeit eines Einladungsverfahrens (IVöB 20);
- Berücksichtigung vergabefremder Zuschlagskriterien wie des Angebots an Ausbildungsplätzen, Arbeitsplätzen für ältere Arbeitnehmende oder eine Wiedereingliederung von Langzeitarbeitslosen (IVöB 29 Abs. 2); und
- Möglichkeit der Fristverkürzung nach IVöB 46 Abs. 4.

C. Befreiung von der Unterstellung

Wie bereits unter dem alten Recht können auch nach Massgabe der revidierten Erlasse 25
Auftraggeberinnen oder Beschaffungsmärkte von der Anwendung des Gesetzes bzw. des Konkordats befreit werden. Aufgrund des dynamischen Verweises des Annexes 1 zum Anhang I der Schweiz zum GPA 2012 führt jede Änderung von RVOV Anhang 1 zu einer Änderung des subjektiven Geltungsbereichs. Abgesehen von solchen Mutationen können die Vertragsstaaten des GPA auf dem Weg des Notifikationsverfahrens nach GPA 2012 XIX Änderungen des Geltungsbereichs vornehmen. Solche Notifikationen werden indessen regelmässig zu einer äquivalenten Einschränkung des Marktzugangs für schweizerische Anbieterinnen führen und sind daher gut zu bedenken.

Ganze Beschaffungsmärkte können schliesslich von der Geltung des Gesetzes oder des 26
Konkordats ausgenommen werden, wenn auf diesen Märkten (neuerdings) wirksamer Wettbewerb herrscht. Die Möglichkeit einer solchen «Ausklinkung» stand bereits bisher zur Verfügung, allerdings nur für die Sektorenmärkte (oder Teile davon), die nach Massgabe des BilatAbk unterstellt sind. Mit dem GPA 2012 wurde die Option einer solchen Ausklinkung auf die GPA-Sektoren (Annex 3 zum Anhang I der Schweiz) erweitert. Für die Details vgl. Art. 7 N 6 ff.

IV. Rechtsvergleichung

In der Europäischen Union wurde im Bereich der öffentlichen Auftragsvergabe die all- 27
gemeine Richtlinie 2014/14/EU erlassen, während Beschaffungen im Verteidigungs- und Sicherheitssektor, öffentliche Aufträge im Bereich der Wasser-, Energie- und Verkehrsversorgung sowie der Postdienste und die Konzessionsvergabe in drei separaten Richtlinien geregelt sind. Als öffentliche Aufträge gelten demzufolge zwischen öffentlichen Auftraggebern und Wirtschaftsteilnehmern geschlossene entgeltliche Verträge über die Ausführung von Bauleistungen, die Lieferung von Waren oder die Erbringung von Dienstleistungen (RL 2014/24/EU 2 Abs. 1 Ziff. 5). Auch gemäss der RL 2014/24/EU wird für die subjektive Unterstellung daran angeknüpft, ob ein Auftraggeber dem Wettbewerb ausgesetzt ist (vgl. N 3): Eine Einrichtung, die unter marktüblichen Bedingungen arbeitet, gewinnorientiert ist und die mit der Ausübung ihrer Tätigkeit einhergehende Verluste trägt, wird daher nicht als öffentliche Auftraggeberin beurteilt (vgl. RL 2014/24/EU, E. 10).

Das Unionsrecht gilt nur für Aufträge, deren Volumen über die festgesetzten Schwellen- 28
werte hinausgeht. Diese betragen EUR 5 548 000 bei Bauaufträgen und zwischen EUR 144 000 und EUR 750 000 bei Liefer- und Dienstleistungsaufträgen – je nach Auftraggeberin und Art der Dienstleistung (RL 2014/24/EU 4 sowie Art. 1 der Delegierten Verordnung [EU] 2017/2365). Aufträge im Oberschwellenbereich müssen unter Verwendung von Standardformularen EU-weit bekannt gemacht werden.

29 Liegt das Volumen eines öffentlichen Auftrags unter dem einschlägigen Schwellenwert, kommt das souverän gesetzte Recht des betreffenden Mitgliedstaats zur Anwendung. In Deutschland beispielsweise gestaltet sich die Vergabeordnung folgendermassen: Bei Vergaben oberhalb der Schwellenwerte finden die Gesetze zur Umsetzung der EU-Richtlinien Anwendung – das Gesetz gegen Wettbewerbsbeschränkungen und die Vergabeverordnung. Bei Vergaben unterhalb der unionsrechtlich bestimmten Schwellenwerte findet die Unterschwellenvergabeordnung Anwendung.

Art. 2 Zweck

Dieses Gesetz / *Diese Vereinbarung* bezweckt:

a) den wirtschaftlichen und den volkswirtschaftlich, ökologisch und sozial nachhaltigen Einsatz der öffentlichen Mittel;

b) die Transparenz des Vergabeverfahrens;

c) die Gleichbehandlung und Nichtdiskriminierung der Anbieterinnen/*Anbieter*;

d) die Förderung des wirksamen, fairen Wettbewerbs unter den Anbieterinnen/ *Anbietern*, insbesondere durch Massnahmen gegen unzulässige Wettbewerbsabreden und Korruption.

Inhaltsverzeichnis

I.	Einleitung	1
II.	Grundlagen	11
A.	Bst. a: Wirtschaftlichkeit und Nachhaltigkeit	12
B.	Bst. b: Transparenz	23
C.	Bst. c: Gleichbehandlung	30
D.	Bst. d: Marktzutritt und Wettbewerb	33
III.	Zielkonflikte	38
IV.	Direkte und mittelbare Anwendung	42
V.	Rechtsvergleichung	46

I. Einleitung

Das GPA 2012 erwähnt in der Präambel und in GPA 2012 IV einige allgemeine Grundsätze und Leitlinien für öffentliche Beschaffungen. Wie bereits in den Verträgen des multilateralen Handelssystems, insb. GATT und GATS, statuiert das GPA 2012 wie sein Vorgänger die Grundsätze der Inländerbehandlung und der Nichtdiskriminierung. So dürfen Vergabestellen die Leistungen von Anbieterinnen aus Vertragsstaaten nicht schlechter behandeln als die Leistungen ihrer Anbieterinnen aus dem Binnenmarkt. Insb. dürfen die Anbieterinnen nicht nach Massgabe der Herkunft der Leistungen oder ihrer in- oder ausländischen Konzernzugehörigkeit oder Beherrschung diskriminiert werden. Im Vordergrund steht der Gedanke des liberalen und rechtsgleichen Markzugangs. Gleichzeitig finden sich an verschiedenen Stellen des GPA 2012 Hinweise auf den Schutz natürlicher Ressourcen (Präambel; GPA 2012 X:6 und GPA 2012 X:9). 1

BöB/IVöB 2 ist die Kardinalnorm des neuen Vergaberechts. Sie illustriert die breit gefächerten Erwartungen, denen diese Disziplin gerecht werden muss. Konkurrierten vor 25 Jahren noch zwei Hauptansprüche, nämlich der haushälterische Mittelumgang 2

… und der diskriminierungsfreie Marktzutritt,[1] präsentiert sich das aktuelle Vergaberecht als Projektionsfläche für eine stetig wachsende Anzahl von Gemein- und Partikularinteressen. Fast scheint es, als müssten mithilfe des Vergaberechts alle grösseren Politikversagen der Gegenwart korrigiert werden, während die Kernfunktion immer mehr in den Hintergrund tritt.[2]

3 Bereits an dieser Stelle sei vermerkt: Diesen hohen Erwartungen kann und soll das Vergaberecht nicht gerecht werden. Was in anderen Politikbereichen richtig ist, gilt auch hier: Für jedes (Politik-)Ziel ist das geeignete Instrument zu wählen. Vergaberecht ist primär Wettbewerbsrecht, es will den rechtsgleichen und diskriminierungsfreien Zugang der Anbieterinnen zu den öffentlichen Beschaffungsmärkten sichern. Konsequenterweise werden daher etwa in Deutschland die Grundsätze des Vergaberechts im GWB normiert.[3] Von diesem liberalen Marktzugang profitieren alle: Anbieter, Vergabestellen und Steuerzahler. Wettbewerb garantiert Qualität und Effizienz der Leistungserbringung. Korrekturen an diesem erfolgreichen marktwirtschaftlichen Modell, das der schweizerischen Wirtschaftsverfassung zugrunde liegt, sind nur dann (und immer dann) erforderlich, wenn es Marktversagen (Externalitäten, öffentliche Güter) zu korrigieren gilt.

4 Der liberale Marktzugang ist nicht nur im Binnenmarkt, sondern auch im internationalen Verhältnis sicherzustellen. Es ist kein Zufall, dass die Genese des Vergaberechts im Rahmen der internationalen Handelsorganisation (damals GATT; heute WTO) erfolgte (vgl. Einführung in den internationalen Kontext N 3 ff.). So naheliegend ein «*Buy local*»-Bekenntnis erscheinen mag, so kurzsichtig wäre dessen Umsetzung. Die Liberalisierung des Handels und der Zugang zu den Beschaffungsmärkten gehen Hand in Hand. Gerade die Schweiz als Exportland profitiert vom Zugang zu den ausländischen Märkten und damit von der Liberalisierung überproportional.

5 Teils ernsthafter Sorge um natürliche Ressourcen und Menschenrechte, teils dem profaneren Ziel eines effektiven Heimatschutzes verpflichtet, wird in jüngerer Vergangenheit gefordert, Beschaffungen müssten (auch) auf soziale Anliegen und den Schutz der Umwelt Rücksicht nehmen. Dabei ist unbestritten, dass diese Anliegen für alle Industrieländer – und nicht nur für diese – von grosser Bedeutung sind. Wohlstand und Wachstum bedeuten nichts, wenn sie auf Kosten der Umwelt und der schwächsten Bevölkerungs-

---

1   Das aBöB erwähnte in aBöB 1 Abs. 1 den transparenten Wettbewerb unter den Anbieterinnen und den wirtschaftlichen Einsatz der öffentlichen Mittel als Hauptzweck. Gleichzeitig wollte es die Gleichbehandlung aller Anbieterinnen sicherstellen. In ähnlicher Weise stellte auch die aIVöB die Öffnung der Märkte, die Förderung des Wettbewerbs, Gleichbehandlung, Transparenz und wirtschaftliche Mittelverwendung als gleichberechtigte Konkordatszwecke voran.
2   Vgl. in diesem Zusammenhang auch SÁNCHEZ-GRAELLS, Substitution, S. 233 f., der das öffentliche Beschaffungsrecht salopp als «*regulatory garbage can*» bezeichnet, «*which makes it difficult to keep regulatory priorities focused on the main goals of this instrument for the functioning of the public sector*».
3   GWB 97–184, Teil 4 – Vergabe von öffentlichen Aufträgen und Konzessionen.

gruppen erfolgen. Langfristige Prosperität setzt Rücksicht auf die vitalen Ressourcen und Respektierung der freiheitlichen und sozialen Rechte der Individuen und deren Partizipation am Wohlstand voraus.[4]

Der Schutz der Umwelt sowie der Menschen- und Sozialrechte wird durch umfangreiche Normierungen des nationalen und internationalen Rechts gewährleistet. Es ist selbstverständlich, dass die zu beschaffenden Leistungen den jeweils anwendbaren schweizerischen Bestimmungen genügen müssen. So dürfen keine Fahrzeuge beschafft werden, die nicht über eine Zulassung verfügen und die aktuellen Emissionsgrenzwerte einhalten. Ebenso steht ausser Frage, dass Anbieterinnen und Subunternehmerinnen die anwendbaren Vorschriften des schweizerischen Umweltrechts einhalten müssen. Dies wird in BöB 12 Abs. 3, eingefügt in den parlamentarischen Beratungen, noch einmal bestätigt, gilt aber allgemein: Die Einhaltung des zwingenden Rechts, nicht nur im Bereich des Umweltschutzes und des Arbeitsrechts, ist allemal sicherzustellen. Dies schliesst auch Normen der Produktesicherheit, des Chemikalienrechts, des Heilmittelrechts, des Stark- und Schwachstromrechts, des Rohrleitungsrechts, des Seilbahnrechts, des Kernenergierechts, des Luftfahrtrechts, des Natur- und Heimatschutzrechts, des Fernmelderechts, des Datenschutzrechts, des Finanzmarktrechts und alle weiteren der kontinuierlich wachsenden staatlichen Regulierungen mit ein. Wohlgemerkt: Diese Regulierungen gelten nicht extraterritorial, weder das Gesetz noch das Konkordat erlauben einen Export der schweizerischen Wertvorstellungen. Für einen «Regulierungs-Kolonialismus» besteht weder Anlass noch Berechtigung. Neben den arbeitsrechtlichen Bestimmungen jedoch nur eine einzelne Querschnittregulierung zu erwähnen, greift zu kurz und lässt sich nur dadurch erklären, dass der Umwelt- und Ressourcenschutz in den letzten Jahren vermehrt in den Fokus von Gesellschaft und Politik gerückt ist. 6

In der Panel-Praxis zu GATT III und XX wurde die Grenze zwischen zulässiger und unzulässiger Berücksichtigung ökologischer Anliegen wie folgt gezogen: Für Produkt- bzw. Qualitätsnormen besteht hinsichtlich der Wahl des Schutzniveaus und der Instrumente weitestgehende Autonomie der Vertragsstaaten, solange sie diese Anforderungen nicht mit der Absicht oder Wirkung («*Aim or Effect*») formulieren, die inländischen Anbieterinnen gegenüber der ausländischen Konkurrenz zu privilegieren. Hinsichtlich der Produktionsnormen, d.h. der Anforderungen an die Herstellungsverfahren, ist die Lage etwas komplizierter. Hier wird jeweils geprüft, ob sich diese Verfahren auf die Qualität der Produkte auswirken. Ist dies nicht der Fall, d.h., sind Herstellungsverfahren und Produktqualität entkoppelt, ist in einem zweiten Schritt zu prüfen, ob der Schutz extraterritorialer Umweltgüter wie z.B. der Ozonschicht auf einem internationalen Wertekonsens beruht, der sich z.B. anhand multilateraler Schutzabkommen verifizieren lässt. Und schliesslich kommt es auch hier auf «*Aim and Effect*» der Regulierung an. Soll aufgrund der «Architektur» einer Regulierung primär eine inländische Industrie vor Konkurrenz geschützt werden, ist die Berufung auf höherrangige Schutzinteressen kritisch 7

---

4 Grundlegend: ACEMOĞLU/ROBINSON, S. 70 ff.

zu würdigen.[5] Diese im Zusammenhang mit dem Schutz von Delphinen und Schildkröten entwickelte Praxis dürfte im Hinblick auf klimabezogene Regulierungspakete der einzelnen Länder neue Relevanz erlangen.

8   Über das Gebot der Inländerbehandlung hinaus ist auch eine Diskriminierung der inländischen Anbieterinnen untersagt.[6] Dies ergibt sich bereits aus dem verfassungsrechtlichen Anspruch auf Gleichbehandlung der Wettbewerber. Dieses Gleichbehandlungsgebot ist u.a. bei der Formulierung der Eignungskriterien, der technischen Spezifikationen und der Zuschlagskriterien zu beachten. Kriterien, die lokale Anbieterinnen gegenüber ausserkantonalen Anbieterinnen bevorzugen, sind bereits aufgrund des Binnenmarktgesetzes unzulässig.

9   Dem wurde entgegengehalten, dem Staat sei bei der Auswahl seiner Lieferanten eine grössere Freiheit zu gewähren, solange der zwischenstaatliche Handel als solcher nicht beeinträchtigt werde.[7] Wer so argumentiert, verkennt den Hintergrund des GPA als Übereinkommen über die handelsrelevanten Aspekte des öffentlichen Beschaffungswesens. Das GPA hat zwar nicht den allgemeinen Austausch von Waren oder Dienstleistungen, sondern den Zugang zu den nationalen Beschaffungsmärkten im Visier. Die Kriterien nach GATT III und XX sind für das Verständnis der GPA-Disziplinen jedoch ergänzend beizuziehen. Relevant sind damit allemal Ziel und Wirkung (*«Aim and Effect»*) einer Massnahme, mit welcher der Kreis der Anbieterinnen eingeschränkt wird. Wollte man die Berufung auf die «Nachhaltigkeit» der nachgefragten Leistungen ungeachtet der Motive oder Wirkungen einer Massnahme schützen, würde protektionistischen Einkaufspraktiken Tür und Tor geöffnet.

10 Dazu kommt ein Weiteres: Bei Märkten, in denen der Staat und seine Betriebe einzige oder wichtigste Abnehmer sind, was für den gesamten Infrastrukturbereich (Strassen, Bahn, Flughäfen, Stromübertragung u.a. m.) zutrifft, wirken überzogene Anforderungen an die Leistungserbringung wie tarifäre Handelshemmnisse, indem sie ausländische oder ortsfremde Anbieterinnen von einem Markt insgesamt ausschliessen. Wenn eine Massnahme nach GATT XX weder für den Schutz des Menschen und seiner Umwelt erforderlich noch zur Erhaltung erschöpflicher natürlicher Ressourcen geeignet ist, entsprechende Leistungen mithin auf dem schweizerischen Markt ohne Beschränkung angeboten werden dürfen, dann bedarf es einer qualifizierten Erklärung, wenn der Staat solche Leistungen von seinen Beschaffungsmärkten ausschliessen will.

---

5   Zu allem: TRÜEB, Umweltrecht, S. 343 ff.
6   GALLI/MOSER/LANG/STEINER, Rz. 61.
7   STEINER, Umweltfreundliche Beschaffung, S. 40 ff.

II. Grundlagen

Der Zweckartikel kombiniert programmatische Grundsätze und justiziable Normen, 11
ohne darüber konsequent Rechenschaft abzulegen. Während die Bst. a und d programmatischer Natur und damit geeignet sind, die Gesetzesauslegung zu leiten, eignet den Bst. b und c (Transparenz und Gleichbehandlung) ein eigener normativer Gehalt. Allerdings wiederholt der Grundsatz der Gleichbehandlung und Nichtdiskriminierung lediglich die verfassungsrechtliche Regel von Art 8 BV, ohne – für die grundrechtsgebundenen Vergabestellen – neue oder zusätzliche Verpflichtungen zu normieren.

A. Bst. a: Wirtschaftlichkeit und Nachhaltigkeit

Unter Bst. a erwähnt das revidierte Recht zunächst den Grundsatz des öffentlichen 12
Haushaltrechts, wonach staatliche Mittel wirtschaftlich zu verwenden sind: Das Vergaberecht ist genuin ein Instrument zur Steuerung der Mittelverwendung.[8] Seine Kernfunktion besteht darin, für einen effizienten Einsatz der staatlichen Ressourcen zu sorgen. Während früher mit öffentlichen Mitteln «wirtschaftlich»[9] oder «wirtschaftlich und wirksam»[10] umzugehen war, wurden diese eingängigen Begriffe durch den modernen Begriff des «nachhaltigen Einsatzes öffentlicher Mittel» ersetzt, ohne dass damit eine Neuausrichtung der aktuellen Vergabepraxis verbunden wäre.

Gemäss der Botschaft BöB ist «Nachhaltigkeit» im Sinn der Strategie nachhaltige Ent- 13
wicklung 2016–2019 des Bundesrates und damit in Anlehnung an die sog. Brundlandt-Definition zu verstehen.[11] Der Begriff hat folglich drei Dimensionen: eine wirtschaftliche, eine soziale und eine ökologische.[12] In den parlamentarischen Beratungen erfuhr dieser wohlbekannte Dreiklang mit der Erwähnung der «volkswirtschaftlichen Nachhaltigkeit» eine Erweiterung.[13] Während diese Erweiterung vom Wunsch getragen war, der Staat möge auch die volkswirtschaftlichen Folgen seiner Beschaffungen (im Sinn einer aktiven Beschäftigungs- und Konjunkturpolitik) berücksichtigen,[14] sind sol-

---

8   Beyeler, Ziele, Rz. 131.
9   aBöB 1 Abs. 1 Bst. c.
10 FHG 1 Abs. 2 Bst. b.
11 Botschaft BöB, S. 1885 m.H. auf Strategie Nachhaltige Entwicklung 2016–2019, S. 12 und 52. Grundlegend zum Begriff des «Drei-Säulen-Modells» die Wissenschaftlichen Dienste des Deutschen Bundestags, Nachhaltigkeit – Der aktuelle Begriff, abrufbar unter http://webarchiv.bundestag.de/archive/2008/0506/wissen/analysen/2004/2004_04_06.pdf (zuletzt besucht am 27.08.2020).
12 Steiner, Nachhaltige Beschaffung, S. 54.
13 AB 2018 NR 1000, S. 1010. Bereits im Brundtland-Bericht von 1987 *Our Common Future* wurde darauf hingewiesen, dass die spezifischen Inhalte des Nachhaltigkeitskonzepts unterschiedlich ausgeprägt sein werden, da jeder Kultur- oder Gesellschaftskreis die Spielräume langfristig stabiler, sozialer, ökologischer und ökonomischer Steuerung auf seine Weise interpretieren werde. Vgl. Gehne, S. 7.
14 AB 2018 NR 1000, S. 1004.

chen Praktiken aus naheliegenden Gründen enge Grenzen gesetzt. Die Bevorzugung schweizerischer Anbieterinnen aus volkswirtschaftlichen Gründen wird sich nur ausserhalb des Staatsvertragsbereichs umsetzen lassen. Daher wird diese Ergänzung – die in der französischsprachigen Fassung keine Spuren hinterlassen hat – ebenso wie BöB 29 Abs. 2 keine grosse Bedeutung erlangen.

14   Die wirtschaftliche Dimension der Nachhaltigkeit stellt sicher, dass der Staat sorgsam mit dem ihm treuhänderisch anvertrauten Steuersubstrat umgeht. Dies bedeutet zunächst, dass qualitativ vergleichbare Leistungen dort zu beschaffen sind, wo sie am günstigsten angeboten werden. Der Preis einer Leistung (praktischerweise ermittelt über den gesamten Lebenszyklus) ist und bleibt ein zentraler Wettbewerbsparameter. Wirtschaftlichkeit ist indessen nicht gleichbedeutend mit dem tiefsten Preis. Die Qualität der Leistungen und weitere Parameter, deren Wahl im Ermessen der Auftraggeberin liegt, sind ebenso zu berücksichtigen.[15] Stets wird der Preis indessen als Zuschlagskriterium in die Bewertung miteinzubeziehen sein. Nach der bisherigen Praxis ist eine Gewichtung des Preiskriteriums von 20 % gerade noch vertretbar (und auch das nur bei komplexen Beschaffungen oder intellektuellen Dienstleistungen).[16] Allemal wird indessen darauf zu achten sein, dass auch eine adäquate Preisformel oder -kurve gewählt wird, um die Bedeutung des Preises nicht zu marginalisieren.[17]

15   GPA 2012 X:6 erwähnt explizit (und in engem Zusammenhang mit dem Nichtdiskriminierungsgebot in GPA 2012 X:1) die Realisierung umwelt- und ressourcenpolitischer Zielsetzungen. Über die soziale Dimension der Nachhaltigkeit bzw. die Anwendung sozialer Kriterien bei der öffentlichen Auftragsvergabe konnte während der Revision des GPA 2012 kein Konsens erzielt werden. Angesichts dessen einigten sich die GPA-Mitgliedstaaten darauf, gemäss Mandat in GPA 2012 XXII:8 Bst. a/iii) ein Arbeitsprogramm über nachhaltige Beschaffungen einzuleiten. Im Rahmen dieses im Februar 2017 initiierten Arbeitsprogramms prüfen die GPA-Mitgliedstaaten aus der Warte der Nichtdiskriminierungsverpflichtungen von GPA 2012 IV, wie sie im Einklang mit dem Grundsatz des «besten Preis-Leistungs-Verhältnisses» und ihren internationalen Handelsverpflichtungen nicht nur wirtschaftlich, sondern auch ökologisch und sozial nachhaltig beschaffen können.[18] Bis auf internationaler Ebene ein Konsens gefunden ist, haben die GPA-Mitgliedstaaten weiterhin einen gewissen Handlungsspielraum bei der Gestaltung und Umsetzung der nationalen Gesetze.[19]

---

15   BEYELER, Ziele, Rz. 141.
16   Grundlegend BGE 129 I 313, E. 9.2; das Zürcher Verwaltungsgericht erachtete eine Gewichtung des Preiskriteriums mit 20 % bei einer nicht überdurchschnittlich komplexen Beschaffung als zu niedrig: VGer ZH, VB.2010.00568 vom 12.01.2011, E. 5.5.
17   GALLI/MOSER/LANG/STEINER, Rz. 884 ff.
18   Vgl. dazu WTO, Committee on Government Procurement, Key Take-aways from the Committee's Symposium on Sustainable Procurement. Report by the Secretariat. GPA/W/341 (30.05.2017). Abrufbar unter: https://docs.wto.org/dol2fe/Pages/FE_Search/FE_S_S 005.aspx (zuletzt besucht am 27.08.2020).
19   Botschaft BöB, S. 1884 f.; Botschaft GPA, S. 2071 und 2116.

Ressourcen- und Umweltkriterien finden regelmässig Eingang in die Ausschreibungen der öffentlichen Hand.[20] Bereits die Definition der zu beschaffenden Leistungen, die weitestgehend dem Ermessen der Vergabestellen anheimgestellt ist, erlaubt eine ressourcenorientierte Weichenstellung. Der «sozialen Nachhaltigkeit» wird u.a. dadurch Rechnung getragen, dass Aufträge in der Schweiz nur an Anbieterinnen vergeben werden dürfen, welche die Bestimmungen über Arbeitsschutz und Arbeitsbedingungen sowie die Gleichbehandlung von Frau und Mann in Bezug auf die Lohngleichheit einhalten. Bei Leistungen, die im Ausland erbracht werden, müssen mindestens die acht Kernübereinkommen der ILO eingehalten werden.[21] 16

Die Anwendung von Umwelt- und Sozialkriterien erfordert stets einen sachlichen Bezug zum jeweiligen Beschaffungsobjekt.[22] Solche Anforderungen beziehen sich auf die zu beschaffende Leistung oder auf die erwünschte Wirkung bei der Nutzung dieser Leistung. Die Art und Weise der Produktion kann ebenfalls vorgeschrieben werden, solange die Produktionsweise einen Bezug zum Beschaffungsgegenstand aufweist. Die Produktionsweise muss nicht notwendigerweise im Endprodukt sichtbar sein; sie muss aber zumindest den Wert und die Eigenart des Produkts verändern (z.B. Holz aus naturnaher Waldbewirtschaftung, Tierprodukte aus artgerechter Haltung). Allerdings wohnt der Berücksichtigung nichtwirtschaftlicher Beschaffungsziele regelmässig die Gefahr inne, dass protektionistische Praktiken im Kleid legitimer Ziele Eingang in die Vergabepraxis finden. So «eignen» sich gerade ökologische Kriterien wie die Einhaltung nationaler Umweltstandards oder die Fahrtdistanz[23] gut für die gezielte Bevorzugung inländischer oder lokaler Anbieterinnen. Das GPA 2012 toleriert solche Praktiken trotz Erwähnung ökologischer Ziele nicht. Daher ist bei technischen Spezifikationen oder bei Zuschlagskriterien, die der Ökologie (oder sozialen Anliegen) verpflichtet sind, stets zu fragen, ob diese Kriterien einen sachlichen Bezug zum Leistungsgegenstand aufweisen. Falls Absicht oder Wirkung auf eine Beschränkung des Marktzutritts ausländischer oder ortsfremder Anbieterinnen hinauslaufen, greift die Berufung auf die Nachhaltigkeit einer Anforderung nicht.[24] Dies ist insb. bei Bestimmungen zu Herstellungsverfahren, die ohne Wirkung auf das zu beschaffende Produkt bleiben, sorgfältig zu prüfen.[25] 17

Eine grammatikalische Auslegung der Bestimmung führt zum Ergebnis, dass der Wirtschaftlichkeit durch die Ausgliederung aus der Nachhaltigkeits-Trias ein stärkeres Gewicht eingeräumt wird. Diese Auslegung wird indessen durch die Materialien konter- 18

---

20 Dies galt schon unter bisherigem Recht, so war bspw. «Umweltverträglichkeit» im Katalog möglicher Zuschlagskriterien in aBöB 21 und «Nachhaltigkeit» in aVöB 27/VRöB 32 erwähnt.
21 Botschaft BöB, S. 1885; eingehend hierzu STEINER, Soziale Aspekte, S. 47 ff.
22 Sozial oder ökologisch motivierte Vergabekriterien ohne sachlichen bzw. direkten Zusammenhang mit dem Beschaffungsgegenstand dürfen jedoch herangezogen werden, wenn dies gesetzlich vorgesehen ist, z.B. im Fall des «Lehrlingskriteriums» (BöB/IVöB 29 Abs. 2), vgl. BGE 140 I 285, E. 7. Vgl. Erläuternder Bericht aVöB, S. 19 ff.; Botschaft BöB, S. 1885.
23 Vgl. STEINER, Umweltfreundliche Beschaffung, S. 89 ff. m.w.H.
24 Botschaft BöB, S. 1886; vgl. dazu BEYELER, Kaffee, S. 264.
25 Botschaft BöB, S. 1885 f.

kariert.²⁶ Obwohl sich in der parlamentarischen Debatte kein einheitliches Verständnis der vorgeschlagenen Ergänzung manifestierte, schienen einzelne Votanten in der «volkswirtschaftlichen Nachhaltigkeit» einen Ausgleichsmechanismus zu sehen, der als Korrektiv für das im Vergleich zum Ausland höhere schweizerische Lohn- und Schutzniveau funktionieren soll.²⁷ Davon abgesehen, dass der Nachweis des höheren Schutzniveaus gegenüber den Rechtsordnungen der übrigen Industrieländer erst noch erbracht werden muss, ergibt sich aus den Materialien nicht, wie ein solcher Ausgleich in der Praxis konkret funktionieren sollte (vgl. dazu auch Kommentierung zu Art. 29 Abs. 1). Fest steht immerhin, dass ein solcher «Ausgleichmechanismus» mit den Grundsätzen der Inländerbehandlung und Nichtdiskriminierung (GPA 2012 IV:1 und 2) unvereinbar wäre.

19   Letztlich dürfte der parlamentarische Formelkompromiss zu keiner inhaltlichen Neuorientierung führen. Auch in der Präambel zum GPA 2012 kommt zum Ausdruck, dass sich das multilaterale Handelssystem nicht in einem Vakuum, sondern innerhalb der einzelnen Volkswirtschaften mit ihren je eigenen Rahmenbedingungen einbetten muss.²⁸ Daher bleibt es dabei, dass staatliche Beschaffungen wie andere staatliche Politiken auf den langfristigen wirtschaftlichen Nutzen für den Staat und seine Bürger auszurichten sind. Bei einem generationenübergreifenden Handlungshorizont sind daher Externalitäten wie die Übernutzung öffentlicher Güter zu vermeiden. Bei alledem bleibt die Wirtschaftlichkeit einer Beschaffung im Sinn des (durch solche Marktversagen korrigierten) Kosten-Nutzen-Verhältnisses die oberste Richtschnur. Beschaffungsrecht steht weder im Dienst der Sozial- noch der Umweltpolitik.

20   Richtig bleibt allemal, dass wirtschaftliche und ökologische Nachhaltigkeit zusammengehören. Entgegen einem verbreiteten Missverständnis ist eine liberale Handelsordnung kein Hindernis, sondern ein Baustein der nachhaltigen Ressourcennutzung. Bezeichnenderweise findet man die grössten Umweltsünden in geschlossenen Volkswirtschaften wie bspw. den früheren Sowjetrepubliken. Als der Autor 1988 mit einer Studiengruppe durch Rumänien reiste, überraschte die grossflächige Zerstörung der Umwelt durch die dortige Schwerindustrie. Die Weltbank wies in einer Studie von 2005 nach, dass sich eine Liberalisierung des Handels positiv auf den Einsatz von Pestiziden auswirkt.²⁹ Und erst kürzlich zeigte die Stiftung myclimate in einer Studie auf, dass die Einfuhr von Zucker aus südamerikanischem Zuckerrohr einschliesslich Transport weniger Kohlendioxid generiert als der Anbau von Zuckerrüben in der Schweiz.³⁰

---

26   AB 2018 NR 1000, S. 1000 ff.
27   Z.B. Nationalrätin Sylvia Flückiger-Bäni (AB 2018 NR 1000, S. 1004).
28   «*Recognizing the efficient and effective management of public resources, the performance of the Parties' economies and the functioning of the multilateral trading system*».
29   The World Bank, Sustainable Pest Management: Achievements and Challenges, Washington 2005, S. 7.
30   Kägi/Wettstein, S. 1 ff.

Ähnliches gilt für die soziale Komponente der Nachhaltigkeit. Offene Volkswirtschaften 21
schaffen Wohlstand, Protektionismus drängt die Menschen in die Armut. Seit 1990 ging
der Prozentsatz der Weltbevölkerung, die in extremer Armut (Tageseinkommen geringer als USD 1.90) lebt, dank der Marktöffnung und globaler Wertschöpfungsketten von
26 % auf 10 % zurück. Handel und liberaler Marktzugang sind zentrale und unverzichtbare Entwicklungsmotoren. Sie ermöglichen den Entwicklungs- und Schwellenländern,
den Abstand zu den Industrienationen durch Wachstum und Beschäftigung zu verringern und die Armut zu bekämpfen.[31]

Diese Zusammenhänge überraschen nur scheinbar. Ressourcenverschwendung und 22
Diskriminierung nach Herkunft sind allemal ineffizient und im internationalen Wettbewerb ein Nachteil. Wettbewerbsorientierte Volkswirtschaften tendieren daher zu einem
effizienten Ressourceneinsatz. Die Gleichung geht freilich nur dann auf, wenn staatliche
Politiken dafür sorgen, dass Marktversagen wie Externalitäten oder die Übernutzung
öffentlicher Güter korrigiert werden. Gleichzeitig ist ein «Sozialdumping» zu verhindern. Eine Korrektur dieser Marktversagen durch das Beschaffungsrecht wäre indessen
weniger mit der Aufgabe des Herkules im Stall des Augias zu vergleichen als mit den
frustrierenden Erfahrungen des Sisyphos. Wer erwartet, dass mehr als 4000 öffentliche
Auftraggeberinnen die Sektorpolitiken des Bundes nachprüfen und nach ihrem Gutdünken im Rahmen ihrer Einkaufspolitik ergänzen, wird zwangsläufig enttäuscht werden.

B.   Bst. b: Transparenz

Verwaltungshandeln soll transparent sein und nicht hinter verschlossenen Türen statt- 23
finden. Mit der Absage an die «Kabinettsverwaltung» setzte das Vergaberecht schon früh
ein Zeichen – das Prinzip bildete bereits festen Bestandteil des aBöB und der aIVöB, dies
schon ein Jahrzehnt vor Inkrafttreten des Öffentlichkeitsgesetzes des Bundes. Wie in anderen Verwaltungszweigen gilt auch hier: Transparenz ist weder Gesetzeszweck noch
Endziel, sondern ein Mittel zum Zweck. Sie hat eine dienende Funktion. Transparenz
soll Kontrolle und Nachvollziehbarkeit von Entscheiden sichern und dient daher letztlich einem Doppelzweck: Der Qualität und der Überprüfbarkeit von Vergabeentscheiden.[32]

Transparenz garantiert Fairness und Marktzutritt. BöB und IVöB enthalten daher zahl- 24
reiche Transparenzbestimmungen, die primär die Aktivinformation, d.h. die Informationstätigkeit der Behörde von sich aus bzw. von Amtes wegen betreffen (z.B. BöB/
IVöB 14 Abs. 2, BöB/IVöB 24 Abs. 1, BöB/IVöB 27 ff., BöB/IVöB 35 ff.). Auf Transparenz wird nur verzichtet, wenn dies die Aufgaben der Auftraggeberinnen behindern

---

31 Trading for Development in the Age of Global Value Chains, World Bank Development Report 2020, S. 66 ff.
32 BEYELER, Ziele, Rz. 40 ff.

oder die berechtigten Interessen der Anbieterinnen gefährden würde (vgl. BöB/IVöB 45 Abs. 3).[33]

25 Der Grundsatz der Transparenz gebietet u.a., dass eine Auftraggeberin die Gewichtung der Zuschlagskriterien zum Voraus präzisieren und bekannt geben muss.[34] Ebenso wenig wäre es zulässig, mehrere Zuschlagskriterien unter einem Gesichtspunkt zu evaluieren, dessen Massgeblichkeit lediglich im Zusammenhang mit einem einzigen Zuschlagskriterium angekündet wurde.[35]

26 Ist die Dokumentation der Vergabestelle im Hinblick auf den Beschaffungsgegenstand oder die Gründe für eine vergaberechtliche Verfügung zu wenig aussagekräftig, stellt dies einen Verstoss gegen das Transparenzgebot dar. Das Bundesverwaltungsgericht hebt in diesen Fällen die Verfügung unter Rückweisung der Angelegenheit an die Vergabestelle auf, ohne zu prüfen, ob die Verfügung allenfalls materiell rechtmässig ist. Den Vergabestellen wird dadurch aufgegeben, das Verfahren angemessen zu dokumentieren.[36]

27 Eine Verletzung des Transparenzgrundsatzes liegt auch vor, wenn die Vergabestelle die den Anbietenden bekannt gegebenen Vergabekriterien nachträglich verändert, bekannt gegebene Kriterien ausser Acht lässt, ihre Bedeutungsfolge umstellt, eine andere Gewichtung vornimmt oder Kriterien heranzieht, die sie nicht bekannt gegeben hat; insb. wenn im Rahmen des Zuschlags nur ein bestimmtes Fabrikat zugelassen wird, obwohl dieses nicht als technische Spezifikation definiert worden ist.[37]

28 Es überrascht nicht, dass von den rund 200 Entscheiden des Bundesverwaltungsgerichts, die sich mit Fragen des aBöB auseinandersetzten, mehr als die Hälfte sich (auch) mit dem Anspruch auf eine transparente Gestaltung des Verfahrens befasste.[38] BöB und IVöB sind mit den Vorschriften zur Ausschreibung (BöB/IVöB 35), zu den Ausschreibungsunterlagen (BöB/IVöB 36), zu den Publikationen (BöB/IVöB 48), zur Aufbewahrung von Unterlagen (BöB/IVöB 49) und Statistiken (BöB/IVöB 50) eigentliche «Transparenzerlasse». Kaum ein anderer Verwaltungszweig steht derart im Licht der Öffentlichkeit wie das Beschaffungswesen. An dieser Stelle sei auf die Kommentierung der genannten Bestimmungen sowie auf Art. 11 N 3 ff. verwiesen.

29 Das Öffentlichkeitsprinzip findet Anwendung auf amtliche Dokumente, wobei dieser Begriff von der Praxis (zu) extensiv verstanden wird.[39] Aufgrund von BGÖ 3 Abs. 1 und BGÖ 8 Abs. 2 kann das Recht auf Zugang aber erst (wenn überhaupt) nach Ab-

---

33 Botschaft BöB, S. 1886; Musterbotschaft IVöB, S. 25.
34 BGE 125 II 86, E. 7 Bst. c/d; BVGer B-7216/2014 vom 24.02.2015, E. 4.2 und 4.3.
35 BGE 130 I 241, E. 5.
36 BVGer B-307/2016 vom 23.10.2016 betr. den Widerruf eines Zuschlags.
37 BVGer B-2675/2012 vom 23.07.2012, E. 4.2.3.
38 Bereits vor der BRK wurden BEYELER zufolge am meisten Beschwerden wegen Verletzung von Publikationsregeln erhoben; BEYELER, Ziele, Rz. 11.
39 BGE 142 II 324, E. 2.

schluss eines Vergabeverfahrens entstehen, d.h. mit rechtskräftiger Zuschlags- oder Abbruchverfügung. In einem allfälligen Beschwerdeverfahren verfügen (nur) die Anbieterinnen über einen Anspruch auf Akteneinsicht (BöB/IVöB 57).

C. Bst. c: Gleichbehandlung

Der Grundsatz der Gleichbehandlung der Wettbewerbsteilnehmer (früher noch liebevoll «Gewerbegenossen» genannt) beansprucht Verfassungsrang. Bereits aufgrund der verfassungsrechtlich garantierten Wirtschaftsfreiheit (BV 27) ist es einer Auftraggeberin verwehrt, einzelne Anbieterinnen zu privilegieren oder zu benachteiligen.[40] Der Erwähnung im Zweckartikel des Gesetzes kommt daher keine selbständige Bedeutung zu.[41]

Die Grundsätze der Gleichbehandlung und Nichtdiskriminierung bedeuten, dass einer Anbieterin einerseits keine Nachteile auferlegt werden dürfen, die für andere nicht gelten, und dass ihr anderseits keine Vorteile gewährt werden dürfen, die anderen Anbieterinnen verwehrt sind. So ist es z.B. nicht zulässig, eine Anbieterin im Rahmen der Eignungsprüfung nach einem strengeren Massstab als ihre Mitbewerberinnen zu beurteilen.[42] Ebenso wenig ist es zulässig, dass Eignungskriterien oder technische Spezifikationen zugunsten einer einzelnen Anbieterin aufgestellt, gestrichen oder aufgeweicht werden.

Gleichbehandlung bedeutet nicht Chancengleichheit. Aufgrund unterschiedlicher Ressourcen oder Erfahrung sind die Spiesse der Marktteilnehmer unterschiedlich lang. Es ist nicht Aufgabe der öffentlichen Auftraggeberinnen, diese Spiesse nachträglich zu justieren. Gleichzeitig darf die (naturgemäss starke) Stellung des «*Incumbent*», der aktuellen Anbieterin, bei einer erneuten Ausschreibung der gleichen oder ähnliche Leistungen nicht geschützt werden, indem Leistungsanforderungen diesem *Incumbent* auf den Leib zugeschnitten werden. Ein allfälliger Informationsvorsprung ist durch Transparenz (Bst. b) auszugleichen. Allfällige Projekt- oder Migrationskosten von der alten zur neuen Anbieterin können gleichwohl bewertet werden, wobei sich eine Untergewichtung empfiehlt.

---

40 BSK BV-Uhlmann, Art. 27 N 27; zum Begriff der Gewerbegenossen vgl. St. Galler BV-Kommentar-Vallender, Art. 27 N 28 ff. Die Rüge einer Verletzung der in BV 27 enthaltenen Gleichbehandlung der Konkurrenten garantiert insb. die Möglichkeit, an öffentlichen Submissionen nach sachgerecht und wettbewerbsneutral ausgestalteten Zulassungsbedingungen teilnehmen zu können (BGer 2C_665/2015 vom 26.01.2016, E. 2.3).
41 Komm BöB-Trüeb, Art. 1 N 13.
42 Vgl. z.B. BVGer B-4637/2016 vom 17.03.2017, E 3.7.

D. Bst. d: Marktzutritt und Wettbewerb

33 Das (heuristische) Konzept des «wirksamen Wettbewerbs» wird vom Kartellgesetz vorausgesetzt, aber nicht definiert. Nach allgemeinem (und nicht notwendigerweise falschem) Verständnis ist der Wettbewerb dann wirksam, wenn er seine Kernfunktionen wahrnimmt: Optimierung des Ressourceneinsatzes (Allokationsfunktion), Anpassung an die äusseren Bedingungen (Anpassungsfunktion) sowie die Entwicklung neuer Produkte und Produktionsverfahren (Entdeckungs- oder Innovationsfunktion)[43]. Vollkommen wird ein solcher Wettbewerb indessen nie sein. Bereits die staatliche Ordnungsfunktion setzt dem Spiel der Marktkräfte aus Gründen überwiegender öffentlicher Interessen Schranken. Das Erreichen möglichst optimaler Marktergebnisse soll durch die Kartellaufsicht gesichert werden.[44]

34 Wie in anderen Märkten kann der Wettbewerb auch auf den Beschaffungsmärkten durch Abreden[45] oder andere wettbewerbsbehindernde Verhaltensweisen beeinträchtigt werden. Daher gilt es, Massnahmen insb. gegen unzulässige Wettbewerbsabreden und Korruption vorzusehen. Korruption gilt heute als wesentliches Element der Wettbewerbsverfälschung und Wettbewerbsverhinderung im öffentlichen Beschaffungswesen. Das GPA 2012 sieht daher in der Präambel und in GPA 2012 IV:4 eine griffige internationale Rechtsgrundlage für die Korruptionsbekämpfung vor. Bst. d ändert die entsprechenden Spezialgesetze nicht; diese werden vielmehr um eine spezifische beschaffungsrechtliche Zwecknorm ergänzt.[46]

35 Der wirksame Wettbewerb kann auch in Fällen gefährdet sein, in denen eine öffentliche Auftraggeberin eine marktbeherrschende Stellung missbraucht. Nachfragemacht ist denkbar bei Beschaffungskooperationen oder auf Märkten, in denen der öffentlich-rechtlichen Nachfragerin einer Leistung nur wenige private Nachfragende gegenüberstehen.[47] Allerdings ist infolge der Internationalität vieler Produktmärkte (zu denken ist bspw. an die Beschaffung von Rollmaterial durch die Bahnunternehmen) eine Nachfragemacht nicht leichthin anzunehmen.[48]

36 In den parlamentarischen Beratungen hat das Adjektiv «fair» neu Eingang ins Gesetz gefunden.[49] Der durch das Beschaffungsrecht bezweckte Wettbewerb muss mit anderen Worten nicht nur wirksam, sondern auch fair sein. «Fair» bezeichnet nach allgemeinem Sprachgebrauch «anständig» und «gerecht», ein Verhalten, das den Regeln des mensch-

---

43 BBl 1995 I 468 ff., S. 512; zum Begriff eingehend HETTICH, S. 1 ff.
44 BGE 135 II 60, E. 3.1.1.
45 Vgl. dazu GALLI/MOSER/LANG/STEINER, Rz. 1171 ff.; für ein Beispiel vgl. die Verfügungen der WEKO vom 02.10.2017 i.S. Hoch- und Tiefbauleistungen, abrufbar unter https://www.weko.admin.ch/ (zuletzt besucht am 27.08.2020).
46 Botschaft BöB, S. 1886; Musterbotschaft IVöB, S. 25 f.
47 RPW 2006/2, S. 392 ff. und 409.
48 Botschaft BöB, S. 1886; Musterbotschaft IVöB, S. 26.
49 AB 2018 NR 1000, S. 1010.

lichen Zusammenlebens entspricht. Es handelt sich um keinen Rechtsbegriff mit scharfem Bedeutungsgehalt. Je nach Situation und Blickwinkel kann Fairness verschiedenes bedeuten.

Letztlich dürfte auch dieser Einschub durch Überlegungen motiviert sein, die gleichermassen für die Erwähnung der «volkswirtschaftlichen Nachhaltigkeit» in Bst. a massgebend sind. Fairness wird daher als Kontrapunkt zum «reinen» Preiswettbewerb gesehen, dem sich schweizerische Anbieterinnen auf den Beschaffungsmärkten ausgesetzt sehen. Die Schwierigkeiten in der Umsetzung und der offene Widerspruch von Ausgleichsmassnahmen, die aus Gründen des Schutzes der schweizerischen Volkswirtschaft oder der allgemeinen Fairness getroffen werden, zu den Grundsätzen des GPA wurden bereits dargelegt. 37

III. Zielkonflikte

Die Reihenfolge der Aufzählung in BöB/IVöB 2 bedeutet nicht, dass dem ersten Grundsatz Priorität vor den nachstehend genannten zukäme. Alle Grundsätze verlangen gleichermassen Beachtung. Zielkonflikte sind indessen unvermeidbar.[50] So stehen Transparenz und Wettbewerb in einem Spannungsverhältnis. Eine Anbieterinnen-öffentliche Offertöffnung mit Offenlegung der angebotenen Preise, wie dies in manchen Kantonen immer noch praktiziert wird, führt zwar zu einer Disziplinierung der Auftraggeberinnen, indem die Integrität der einmal eingereichten Offerten gesichert wird. Gleichzeitig führt dies zu einem unerwünschten Preisaustausch, der gerade in Märkten mit einer begrenzten Zahl von Anbieterinnen zu abgestimmten Verhaltensweisen geradezu einlädt. 38

Ähnliche Zielkonflikte bestehen zwischen dem Wirtschaftlichkeitsgebot und der Ermöglichung des Marktzutritts. Dies zeigt sich in aller Schärfe bei Dauerleistungen, die periodisch neu ausgeschrieben werden. Neu in den Markt eintretende Anbieterinnen verfügen regelmässig über einen Wettbewerbsnachteil, da sie sich einarbeiten müssen und eine Migration der Leistungen zwangsläufig mit Kosten verbunden ist. Trotzdem wird man einer Rotation der Anbieterinnen positive Seiten abgewinnen können. 39

Ein anderes Kapitel sind die sog. «Ohnehin-Kosten». Dieser eigenwillige Begriff bezeichnet Kosten, die der Auftraggeberin «ohnehin» entstehen oder entstanden sind, die demnach nicht die unmittelbare Gegenleistung für die ausgeschriebenen Leistungen darstellen. Im Urteil B-364/2014 vom 16.01.2015 des BVGer war eine Ausschreibung des Bundes für ein elektronisches Suchsystem zu beurteilen. Eine Anbieterin offerierte eine Lösung, die auf bestehenden Lizenzen der Auftraggeberin aufsetzte. Durch die Verwendung bereits bestehender Lizenzen war dieses Angebot wirtschaftlich günstiger als Konkurrenzofferten, die Suchsysteme als «*Stand alone*»-Lösung anboten. Die Auftraggeberin rechnete die (bereits ausgegebenen) Kosten für die bestehenden Lizenzen auf das 40

---

50 Botschaft BöB, S. 1884.

Angebot der beschwerdeführenden Anbieterin auf, um im Sinn der Gleichbehandlung allen Anbieterinnen gleichlange Spiesse zu gewähren. Das Bundesverwaltungsgericht sah das anders, motivierte diesen Entscheid aber massgebend mit einer Verletzung der Transparenz.[51]

41 Solche Konflikte sind durch eine Abwägung aller Interessen zu lösen. Die gesetzgeberischen Ziele werden durch weitere Bestimmungen der Vorlage (z.B. zu den Anforderungen an eine Ausschreibung [BöB/IVöB 35], zur Einhaltung von Arbeitsbedingungen und Arbeitsschutzbestimmungen [BöB/IVöB 12], zur Veröffentlichung der Ausschreibung und Ausschreibungsunterlagen [BöB/IVöB 48], zur Sanktionierung wettbewerbsbehindernden Verhaltens [BöB/IVöB 45] oder zum Rechtsschutz [BöB/IVöB 51 ff.]) ausgeführt.[52] Diese Ausdifferenzierungen erlauben in den meisten Fällen einen klaren Entscheid. Verbleibende Konfliktsituationen sind anhand einer wertenden Interessenabwägung zu lösen.

IV. Direkte und mittelbare Anwendung

42 Die Grundsätze der Transparenz (Bst. b) und Gleichbehandlung (Bst. c) sind instrumenteller Natur und damit direkt anwendbar. Ihre Verletzung kann von Anbieterinnen unabhängig von der Ausgestaltung einer Ausschreibung gerügt werden. Eine Verletzung der Transparenz wirkt zudem, ähnlich einer Verletzung des rechtlichen Gehörs, «abstrakt», d.h. führt unabhängig von einer Kausalbeziehung zwischen Verfahrensfehler und Ausgang des Verfahrens zur Aufhebung der angefochtenen (Zuschlags-)Verfügung und zur Rückweisung an die Vorinstanz.[53] Damit nimmt die Transparenz dank ihres «dienenden» Charakters eine Sonderstellung unter den in Bst. a–d statuierten Grundsätzen ein.

43 Wirtschaftlichkeit und Nachhaltigkeit (Bst. a) sowie die Förderung eines wirksamen Wettbewerbs (Bst. c) sind demgegenüber finaler Natur. Ihre Konturen werden erst durch die konkreten Merkmale einer Ausschreibung, insb. die Definition der technischen Spezifikationen, der Eignungskriterien und der Zuschlagskriterien, erkennbar. Sie stecken den Rahmen für die Definition und die Bewertung der nachgefragten Leistungen ab. Immerhin wirkt die Wirtschaftlichkeit (indirekt) auf die Gewichtung der Angebotspreise zur Bestimmung des «vorteilhaftesten» Angebots i.S.v. BöB/IVöB 41.

44 Alle vier Grundsätze dienen überdies als Auslegungshilfe bei der Anwendung anderer beschaffungsrechtlicher Normen. Ausgewählte Beispiele mögen dies illustrieren:
– In Bezug auf vergabefremde Zuschlagskriterien muss zur Vermeidung von Miss-

---

51 Zur Einrechnung von «Ohnehin-Kosten» s. auch BVGer B-3791/2015 vom 19.08.2016, E. 5 m.w.H. und dazu BEYELER, Ohnehin-Kosten, Rz. 25 ff.
52 Botschaft BöB, S. 1909.
53 BVGer B-364/2014 vom 16.01.2015, E. 8.5 m.w.H.

brauch die sachliche Begründetheit des Kriteriums im Hinblick auf das konkrete Beschaffungsgeschäft geprüft werden. Bei deren Statuierung und Anwendung sind die Grundsätze der Transparenz und Gleichbehandlung zu beachten. Ihre Gewichtung ist mit Blick auf den Begriff des vorteilhaftesten Angebots begrenzt.[54]

- Ein Verstoss gegen den Grundsatz der Wettbewerbsneutralität durch eine öffentlich-rechtliche Anbieterin in Form einer Offerte, die auf einer unzulässigen Quersubventionierung beruhte, wurde in BGE 143 II 425 als Ausschlusstatbestand i.S.v. aBöB 11 beurteilt.

- In BGE 129 I 313 befasste sich das Bundesgericht mit dem Grundsatz der Wirtschaftlichkeit und (sozialer) Nachhaltigkeit als Auslegungshilfe für die Zuschlagskriterien des Walliser Gesetzes über das öffentliche Beschaffungswesen: Da der Preis (zulässigerweise) mit 20 % und das Lehrlingskriterium als sozial nachhaltiger Faktor mit 10 % und damit im vorliegenden Fall zu stark gewichtet wurde, war Letzteres nicht anwendbar.[55]

Diese Leitlinien sind nicht nur bei der Gestaltung und Durchführung einer Beschaffung, sondern bei allen Entscheiden im Geltungsbereich des Gesetzes und des Konkordats zu beachten. So hielt das Bundesgericht in BGE 141 II 353 fest, dass das Ermessen der Vergabestelle bei der Beurteilung, ob ein wichtiger Grund vorliege, der einen Verfahrensabbruch rechtfertigt (i.c. die Waadtländer Gesetzgebung über das öffentliche Beschaffungswesen), unter Beachtung der vergaberechtlichen Grundsätze, insb. der Transparenz und Gleichbehandlung, auszuüben ist.[56]

V. Rechtsvergleichung

Die allgemeine Vergaberichtlinie 2014/24/EU verzichtet auf einen Zweckartikel. Gleichzeitig enthalten die dem operativen Teil der Richtlinie vorangestellten Erwägungen umfangreiche Motivations- und Auslegungshilfen, deren Gehalt die vier Kernziele von BöB/IVöB 2 widerspiegelt. Allein der Grundsatz der Transparenz wird dort zwanzig Mal erwähnt. Knapp dahinter folgen die Grundsätze der Nachhaltigkeit und Gleichbehandlung.

So bestimmt RL 2014/24/EU, E. 74, dass technische Spezifikationen so zu formulieren sind, dass sie «das öffentliche Auftragswesen für den Wettbewerb [...] öffnen und Nachhaltigkeitsziele [...] erreichen. Zu diesem Zweck sollte es möglich sein, Angebote einzureichen, die die Diversität der technischen Lösungen, Normen und technischen Spezifikationen auf dem Markt widerspiegeln, einschliesslich solcher, die auf der Grundlage von Leistungskriterien im Zusammenhang mit dem Lebenszyklus und der Nachhaltig-

---

54 BVGer B-4288/2014 vom 25.03.2015, E. 4.4.
55 BGE 129 I 313, E. 9.
56 BGE 141 II 353, E. 6.4.

keit des Produktionsprozesses der Bauleistungen, Lieferungen und Dienstleistungen erstellt wurden». Und RL 2014/24/EU, E. 91, stellt klar, «auf welche Weise die öffentlichen Auftraggeber zum Umweltschutz und zur Förderung einer nachhaltigen Entwicklung beitragen können, und gewährleistet gleichzeitig, dass sie bei der Auftragsvergabe ein optimales Preis-Leistungs-Verhältnis erzielen können».

48 Auffallend ist indessen die stärkere Betonung der Interessen von KMU in der europäischen Vergaberichtlinie. Der Marktzutritt der KMU wird auf Unionsebene einerseits durch eine rigorose Losbildung, andererseits durch die Verwendung elektronischer Informations- und Kommunikationsmittel sowie den Abbau des Verwaltungsaufwands erleichtert. Der Europäische Leitfaden für bewährte Verfahren zur Erleichterung des Zugangs kleiner und mittlerer Unternehmen zu öffentlichen Aufträgen vom 25.06.2008,[57] der in RL 2014/24/EU, E. 78, referenziert wird, enthält konkrete Empfehlungen zur Erleichterung des Markzutritts. Obwohl Gesetz und Konkordat auf eine explizite Berücksichtigung der KMU-Interessen verzichten, findet die Mehrzahl der Empfehlungen eine Entsprechung in den neuen Erlassen.

---

57 Ref. Ares [2016]809912.

Art. 3 Begriffe

In diesem Gesetz/*dieser Vereinbarung* bedeuten:

a. *Anbieterin/Anbieter*: natürliche oder juristische Person des privaten oder öffentlichen Rechts oder Gruppe solcher Personen, die Leistungen anbietet, sich um die Teilnahme an einer öffentlichen Ausschreibung, die Übertragung einer öffentlichen Aufgabe oder die Erteilung einer Konzession bewirbt;

b. *öffentliches Unternehmen:* Unternehmen, auf das staatliche Behörden aufgrund von Eigentum, finanzieller Beteiligung oder der für das Unternehmen einschlägigen Vorschriften unmittelbar oder mittelbar einen beherrschenden Einfluss ausüben können; ein beherrschender Einfluss wird vermutet, wenn das Unternehmen mehrheitlich durch den Staat oder durch andere öffentliche Unternehmen finanziert wird, wenn es hinsichtlich seiner Leitung der Aufsicht durch den Staat oder durch andere öffentliche Unternehmen unterliegt oder wenn dessen Verwaltungs-, Leitungs- oder Aufsichtsorgan mehrheitlich aus Mitgliedern besteht, die vom Staat oder von anderen öffentlichen Unternehmen ernannt worden sind;

c. *Staatsvertragsbereich:* Geltungsbereich der internationalen Verpflichtungen der Schweiz über das öffentliche Beschaffungswesen;

d. *Arbeitsbedingungen:* zwingende Vorschriften des Obligationenrechts über den Arbeitsvertrag, normative Bestimmungen der Gesamtarbeitsverträge und der Normalarbeitsverträge oder, wo diese fehlen, die orts- und branchenüblichen Arbeitsbedingungen;

e. *Arbeitsschutzbestimmungen:* Vorschriften des öffentlichen Arbeitsrechts, einschliesslich der Bestimmungen des Arbeitsgesetzes vom 13. März 1964 und des zugehörigen Ausführungsrechts sowie der Bestimmungen zur Unfallverhütung.

f. *Einrichtung des öffentlichen Rechts: jede Einrichtung, die*

 – *zum besonderen Zweck gegründet wurde, im öffentlichen Interesse liegende Aufgaben nicht gewerblicher Art zu erfüllen;*

 – *Rechtspersönlichkeit besitzt; und*

 – *überwiegend vom Staat, von Gebietskörperschaften oder von anderen Einrichtungen des öffentlichen Rechts finanziert wird, hinsichtlich ihrer Leitung der Aufsicht durch Letztere unterliegt oder deren Verwaltungs-, Leitungs- oder Aufsichtsorgan mehrheitlich aus Mitgliedern besteht, die vom Staat, von den Gebietskörperschaften oder von anderen Einrichtungen des öffentlichen Rechts ernannt worden sind;*

g. *staatliche Behörden: der Staat, die Gebietskörperschaften, Einrichtungen des öffentlichen Rechts und Verbände, die aus einer oder mehreren dieser Körperschaften oder Einrichtungen des öffentlichen Rechts bestehen.*

1. Kapitel: Gegenstand, Zweck und Begriffe

Inhaltsverzeichnis

I.	Grundlagen	1
II.	Begriffe	4
A.	Anbieterin	4
B.	Öffentliches Unternehmen	9
C.	Staatsvertragsbereich	14
	1. Allgemeines	14
	2. Anwendungsbereich des GPA 2012 im Besonderen	17
	a. Objektive Unterstellung	18
	b. Subjektive Unterstellung	21
	c. Einschränkungen des Geltungsbereichs	26
	3. Anwendungsbereich des BilatAbk im Besonderen	27
	4. Anwendbare Bestimmungen ausserhalb des Staatsvertragsbereichs	28
D.	Arbeitsbedingungen und Arbeitsschutzbestimmungen	30
E.	Einrichtung des öffentlichen Rechts	33
F.	Staatliche Behörden	41
III.	Rechtsvergleichung	42

I. Grundlagen

1   Das aBöB enthielt in aBöB 5 einen knappen Katalog an Begriffsdefinitionen, welcher sich auf die Differenzierung zwischen Lieferauftrag, Dienstleistungsauftrag und Bauauftrag beschränkte. Diese Unterscheidung, welche auf die Verpflichtungslisten der Schweiz nach den internationalen Beschaffungsübereinkommen zurückging (vgl. GPA 1994 Appendix I Annexe 4 und 5 und BilatAbk Anhänge VI und VII), wird in BöB 8 Abs. 2 mit leicht angepasster Terminologie («Bauleistungen», «Lieferungen», «Dienstleistungen») entsprechend GPA 2012 Appendix I Annexe 4–6 fortgeführt.[1] Eine Umschreibung der dem Beschaffungsrecht des Bundes unterstellten Auftraggeberinnen fand sich bisher in aBöB 2 und aVöB 2a. Diese wurde nun in ans GPA 2012 angepasster Form in BöB 3 Bst. b und BöB 4 Abs. 1–2 überführt. Auch die aIVöB verzichtete auf einen ausführlichen Definitionenkatalog (vgl. zu den erfassten Auftragsarten aIVöB 6 und zu den unterstellten Auftraggeberinnen aIVöB 8).

2   Eine der zentralen Zielsetzungen der Totalrevision des BöB bzw. der IVöB war die inhaltliche Harmonisierung der Beschaffungsordnungen von Bund und Kantonen. Das BöB wurde zu diesem Zweck modern strukturiert, einschliesslich eines Katalogs neuer Begriffsdefinitionen, welcher sich an GPA 2012 I orientiert und mit der ebenfalls total-

---

[1]   Vgl. Botschaft BöB, S. 1896.

revidierten IVöB abgestimmt ist.² Der Definitionenkatalog in IVöB 3 ist mit BöB 3 weitgehend deckungsgleich, umfasst aber zusätzlich die Begriffe der «Einrichtung des öffentlichen Rechts» (Bst. f) sowie der «staatliche[n] Behörden» (Bst. g). Weitere Begriffsdefinitionen finden sich auch an anderen Stellen im BöB bzw. in der IVöB, etwa in BöB/IVöB 4 (Auftraggeberinnen), in BöB/IVöB 8 und BöB/IVöB 9 (Öffentlicher Auftrag) oder in BöB/IVöB 12 Abs. 3 (Bestimmungen zum Schutz der Umwelt und zur Erhaltung der natürlichen Ressourcen).

Ziel des Definitionenkatalogs in BöB/IVöB 3 ist eine einheitliche Verwendung der zentralen beschaffungsrechtlichen Begriffe im Einklang mit dem GPA 2012. Dadurch soll die Anwendung des Vergaberechts in der Praxis vereinfacht werden.³ 3

II. Begriffe

A. Anbieterin

Anbieterin im Sinne des Gesetzes bzw. der Vereinbarung ist jede natürliche oder juristische Person des privaten oder öffentlichen Rechts oder Gruppe solcher Personen, die Leistungen anbietet, sich um die Teilnahme an einer öffentlichen Ausschreibung, die Übertragung einer öffentlichen Aufgabe oder die Erteilung einer Konzession bewirbt. Anbieterin ist jede geschäftsfähige Person oder Personenmehrheit (sog. Bietergemeinschaft), welche als Partei am Vergabeverfahren teilnimmt und darin in eigenem Namen und auf eigene Rechnung ein Angebot einreichen will oder bereits eingereicht hat.⁴ 4

Als Bietergemeinschaft wird ein als solcher nicht rechtsfähiger Zusammenschluss von mehreren Subjekten bezeichnet, der im Vergabeverfahren als Einheit auftritt und einen Teilnahmeantrag oder ein Angebot eingereicht hat oder noch einreichen will. Vergaberechtlich wird die Bietergemeinschaft im Ergebnis stets als eine einzige Anbieterin behandelt.⁵ Bietergemeinschaften und Subunternehmerinnen sind im Vergabeverfahren zugelassen, soweit die Auftraggeberin dies in der Ausschreibung oder in den Ausschreibungsunterlagen nicht ausschliesst oder beschränkt (BöB/IVöB 31 Abs. 1). Ein Vorschlag der Kommission für Wirtschaft und Abgaben des Ständerates (WAK-S), wonach auf Bundesebene vorbehältlich von Ausnahmen nur noch eine Subunternehmerebene im Vergabeverfahren zugelassen werden sollte, vermochte sich nicht durchzusetzen.⁶ 5

---

2 Botschaft BöB, S. 1868.
3 Botschaft BöB, S. 1887.
4 BEYELER, Geltungsanspruch, Rz. 1335.
5 BEYELER, Geltungsanspruch, Rz. 1338.
6 AB 2018 SR 953, S. 984; zur Abgrenzung zwischen Subunternehmern und Lieferanten siehe BEYELER, Geltungsanspruch, Rz. 1366 und vgl. Art. 31 N 18.

6   Als Anbieterinnen kommen auch teilrechtsfähige Subjekte wie z.B. die Kollektiv- und die Kommanditgesellschaft in Frage. Diese sind aufgrund ihrer nach aussen bestehenden rechtlichen Selbständigkeit (OR 562, 602) vergaberechtlich nicht als Bietergemeinschaft, sondern als eine Einzelanbieterin zu betrachten.[7]

7   Am Vergabeverfahren dürfen sich grundsätzlich nicht nur Subjekte des Privatrechts als Anbieterinnen beteiligen, sondern auch öffentlich-rechtliche Körperschaften und Anstalten sowie gemischtwirtschaftliche Unternehmen. Ebenfalls grundsätzlich zulässig sind Bietergemeinschaften, die sich sowohl aus öffentlich-rechtlichen als auch aus privatrechtlich konstituierten Subjekten zusammensetzen. Die Beteiligung öffentlich-rechtlicher bzw. gemischtwirtschaftlicher Subjekte an Vergabeverfahren hat sich an den Leitplanken zu orientieren, welche die Bundesverfassung für die Beteiligung des Gemeinwesens am Wirtschaftsverkehr in Konkurrenz zur Privatwirtschaft vorsieht. Im Lichte des Grundsatzes der Staatsfreiheit der Wirtschaft[8] ist staatliche Wirtschaftstätigkeit (und damit auch die Beteiligung an Vergabeverfahren) nur zulässig, wo eine entsprechende gesetzliche Grundlage besteht und die wirtschaftliche Tätigkeit des Gemeinwesens zur Verfolgung öffentlicher Interessen geeignet und erforderlich ist.[9] Mithin müssen öffentlich-rechtliche Subjekte für die Beteiligung am Vergabeverfahren über eine gesetzliche Ermächtigung zur wirtschaftlichen Tätigkeit verfügen.[10] Unberührt durch diese Prinzipien bleibt namentlich die Möglichkeit öffentlich-rechtlicher Subjekte, ausserhalb von Vergabeverfahren Aufträge öffentlicher Auftraggeber im Rahmen des In-house- oder Quasi-In-house-Privilegs zu erhalten, wobei sich solche Subjekte grundsätzlich und dauerhaft zwischen der staatsinternen Erbringung von Leistungen und der Teilnahme am Markt zu entscheiden haben.[11]

8   Anbieterinnen aus ausländischen Staaten sind – im Gegensatz zu schweizerischen Anbieterinnen – nur insofern zur Beteiligung an Vergabeverfahren berechtigt, als ein Staatsvertrag dies vorsieht oder der jeweilige ausländische Staat schweizerischen Anbieterinnen Gegenrecht gewährt (BöB/IVöB 6 Abs. 1 und 2, vgl. bereits aBöB 4 und aIVöB 9) (vgl. hierzu die Kommentierung zu Art. 6 N 17 f.).

B.   Öffentliches Unternehmen

9   Als öffentliches Unternehmen gelten – unabhängig von ihrer allfälligen privatrechtlichen oder spezialgesetzlichen Rechtsform – rechtlich selbständige Personen, auf welche staatliche Behörden (d.h. der Staat, die Gebietskörperschaften, die Einrichtungen

---

7   BEYELER, Geltungsanspruch, Rz. 1341.
8   BSK BV-UHLMANN, Art. 94 N 11; vgl. UHLMANN, S. 170.
9   St. Galler BV-Kommentar-VALLENDER, Art. 94 N 18 m.w.H.
10 Siehe BEYELER, Geltungsanspruch, Rz. 1345.
11 BEYELER, Geltungsanspruch, Rz. 1345.

des öffentlichen Rechts und die öffentlichen Zweckverbände[12]) unmittelbar oder mittelbar einen beherrschenden Einfluss ausüben können.[13]

In Anlehnung an die Definition der öffentlichen Unternehmen in GPA 2012 Appendix I Annex 3 Fn. 2 vermutet BöB/IVöB 3 Bst. b einen beherrschenden Einfluss staatlicher Behörden, wenn das Unternehmen (i) mehrheitlich durch den Staat oder durch andere öffentliche Unternehmen finanziert wird, (ii) hinsichtlich seiner Leitung der Aufsicht durch den Staat oder durch andere öffentliche Unternehmen unterliegt oder (iii) dessen Verwaltungs-, Leitungs- oder Aufsichtsorgan mehrheitlich aus Mitgliedern besteht, die vom Staat oder von anderen öffentlichen Unternehmen ernannt worden sind. Es genügt für die Vermutung eines beherrschenden Einflusses, wenn eines dieser drei Kriterien gegeben ist.[14] Die staatliche Beherrschung ist eine mittelbare, wenn sie z.B. durch ein anderes öffentliches Unternehmen ausgeübt wird. So hält der Bund 100 % der Aktien an Die Schweizerische Post AG,[15] welche ihrerseits 100 % der Aktien an der PostAuto AG hält.[16]

Das erste Kriterium (mehrheitliche Finanzierung durch den Staat oder andere öffentliche Unternehmen) bezieht sich auf das Halten einer Mehrheit des gezeichneten Kapitals am betreffenden Unternehmen.[17] Der Gehalt des zweiten in BöB/IVöB 3 Bst. b genannten Kriteriums (Leitung unterliegt der Aufsicht durch den Staat oder andere öffentliche Unternehmen) wird in den Materialien nicht näher erläutert. Unter Zugrundelegung einer GPA-konformen Auslegung erfasst das Kriterium den Fall, wo staatliche Behörden oder andere öffentliche Unternehmen über die Mehrheit der mit den Anteilen des Unternehmens verbundenen Stimmrechte verfügen.[18] Das dritte Kriterium (Ernennung einer Mehrheit des Verwaltungs-, Leitungs- oder Aufsichtsorgans) kann insb. auch gemischtwirtschaftliche Unternehmen betreffen.[19]

Die Beherrschung braucht nicht von einer einzigen staatlichen Behörde auszugehen, sondern kann auch zwischen mehreren Behörden (z.B. mehreren Kantonen) aufgeteilt sein. Bspw. steht die Axpo Holding AG zu 100 % im Eigentum der Nordostschweizer Kantone bzw. ihrer Elektrizitätswerke.[20] Es kommt auch nicht darauf an, ob sich die ver-

---

12 Zum Begriff siehe GPA 2012 Anhang I Annex 3 Fn. 1; vgl. N 41.
13 Vgl. BEYELER, Geltungsanspruch, Rz. 299.
14 GALLI/MOSER/LANG/STEINER, Rz. 152.
15 https://www.post.ch/de/ueber-uns/portraet/konzernstruktur-post (zuletzt besucht am 18.05.2020).
16 https://www.post.ch/de/ueber-uns/portraet/konzerngesellschaften (zuletzt besucht am 18.05.2020).
17 Vgl. GPA 2012 Anhang I Annex 3 Fn. 2 1. Lemma.
18 Vgl. GPA 2012 Anhang I Annex 3 Fn. 1 2. Lemma; vgl. auch Botschaft BöB, S. 1887.
19 Zum Begriff vgl. HÄFELIN/MÜLLER/UHLMANN, Rz. 1806 ff., wobei in der Regel bei gemischtwirtschaftlichen Unternehmen das Gemeinwesen keine Mehrheit der Mitglieder des Verwaltungs-, Leitungs- oder Aufsichtsorgans stellt (so etwa bei der Flughafen Zürich AG).
20 https://www.axpo.com/axpo/global/de/investor-relations/aktionaere.html (zuletzt besucht am 18.05.2020).

schiedenen öffentlichen Subjekte, welche zusammen die Mehrheit an Kapital, Stimmrechten oder Ernennungsmöglichkeiten auf sich vereinen, absprechen oder sonst koordiniert verhalten. Relevant ist einzig die Möglichkeit der staatlichen Beherrschung, nicht die konkrete Einflussnahme.[21]

13   Bei Beschaffungen von öffentlichen Unternehmen ist jeweils im Einzelfall zu prüfen, ob das Vergaberecht Anwendung findet. Öffentliche Unternehmen sind dem Vergaberecht nicht generell subjektiv unterstellt, sondern ausschliesslich für Beschaffungen, welche unter die im GPA 2012 bzw. im BilatAbk genannten Sektoren (wie Wasser-, Energie- und Verkehrsversorgung) fallen (vgl. BöB/IVöB 4 Abs. 2).[22] Öffentliche Unternehmen unterstehen dem Vergaberecht nur bei Aufträgen, welche sie zum Zweck der Verfolgung dieser in der Schweiz ausgeübten[23] relevanten Sektorentätigkeiten vergeben (vgl. BöB/IVöB 4 Abs. 3).[24] Zwischen der fraglichen Beschaffung und der Sektorentätigkeit muss ein funktionaler Zusammenhang bestehen (vgl. hierzu die Kommentierung zu Art. 4 N 41).[25]

C. Staatsvertragsbereich

1. Allgemeines

14   Bereits BöB/IVöB 1 stellt klar, dass das Beschaffungsrecht in Fortführung bisherigen Rechts auf die Vergabe öffentlicher Aufträge «innerhalb und ausserhalb des Staatsvertragsbereichs» Anwendung findet. Damit wird festgehalten, dass sich das Beschaffungsrecht des Bundes und der Kantone nicht auf eine reine Umsetzung der für die Schweiz verbindlichen staatsvertraglichen Vorgaben beschränkt. Gleichzeitig werden die Unterschiede zwischen den von Staatsverträgen erfassten Bereichen und den rein binnenrechtlich unterstellten Beschaffungen angedeutet (etwa bez. Verfahrensarten, Zuschlagskriterien und Rechtsschutz, vgl. BöB Anhang 5 Ziff. 2).

15   Der Staatsvertragsbereich umfasst einerseits das GPA 2012 sowie das BilatAbk, andererseits auch die EFTA-Konvention und die jeweiligen bilateralen Freihandelsabkommen der Schweiz mit diversen Staaten.[26] Einige neuere marktzugangsrelevante Beschaffungsabkommen (Ukraine,[27] Kolumbien, Peru, Golfstaaten, Panama und Costa Rica etc.)

---

21   BEYELER, Geltungsanspruch, Rz. 303 und 311.
22   Siehe GALLI/MOSER/LANG/STEINER, Rz. 152.
23   Vgl. GPA 2012 Anhang I Annex 3 Fn. 1; vgl. BilatAbk Anhang VIII Bst. a.
24   BEYELER, Geltungsanspruch, Rz. 462.
25   BEYELER, Geltungsanspruch, Rz. 513.
26   Eine Liste der von der Schweiz abgeschlossenen Freihandelsabkommen kann unter folgender Internetadresse abgerufen werden: https://www.seco.admin.ch/seco/de/home/Aussenwirtschaftspolitik_Wirtschaftliche_Zusammenarbeit/Wirtschaftsbeziehungen/Freihandelsabkommen/Liste_der_Freihandelsabkommen_der_Schweiz.html (zuletzt besucht am 18.05.2020).
27   Die Ukraine, welche in der Botschaft BöB, S. 1862 ebenfalls unter diesen Drittstaaten aufgeführt wird, ist dem GPA 2012 per 18.05.2016 beigetreten.

wurden bereits auf Basis des GPA 2012 ausgehandelt, weshalb die Schweiz mit der vorliegenden Revision des öffentlichen Beschaffungswesens gleichzeitig die Verpflichtungen aus den betreffenden Freihandelsabkommen erfüllt.

Schon vor der Totalrevision des BöB und der IVöB ging der Geltungsbereich der vergaberechtlichen Erlasse des Bundes und der Kantone über die staatsvertraglichen Verpflichtungen hinaus.[28] Für die kantonalen Auftraggeberinnen ergibt sich dies bereits aus BGBM 5 Abs. 2, welcher die Kantone und Gemeinden nicht nur zur Beachtung der vom Bund eingegangenen Verpflichtungen anhält, sondern darüber hinaus gewisse bundesrechtliche Minimalanforderungen an deren Beschaffungswesen aufstellt. Der Begriff «Staatsvertragsbereich» war bislang in aIVöB 5 Abs. 1 angelegt und hat sich in der Praxis eingebürgert.

16

2. Anwendungsbereich des GPA 2012 im Besonderen

Eine öffentliche Beschaffung fällt in den vom GPA 2012 erfassten Staatsvertragsbereich (sog. «*covered procurement*», GPA 2012 II:1), wenn die Beschaffung von einer subjektiv unterstellten Vergabestelle («*procuring entity*») getätigt wird und das betreffende Geschäft dem GPA 2012 objektiv unterstellt ist (vgl. dazu die Schweiz-spezifischen Annexe zu GPA 2012 Anhang I).

17

a. Objektive Unterstellung

Gemäss GPA 2012 II:2 gelten als vom GPA abgedeckte Beschaffungen staatliche (d.h. öffentliche) Beschaffungen von Lieferungen («*goods*»), Dienstleistungen («*services*»; vom Begriff der Dienstleistungen werden auch die Bauleistungen [«*construction services*»] erfasst, vgl. GPA 2012 I Bst. c) und gemischte Aufträge, welche (i) in den für die jeweilige Vertragspartei zum GPA 2012 geltenden Annexen aufgeführt sind und (ii) die in diesen Vertragspartei-spezifischen Annexen aufgeführten Schwellenwerte erreichen oder überschreiten.

18

Für jede Vertragspartei zum GPA 2012 ist der Appendix I in sieben Annexe aufgeteilt (vgl. GPA 2012 II:4). In den Annexen 4–6 bezeichnen die Vertragsparteien die vom GPA 2012 erfassten Güter und Dienstleistungen, und zwar in folgender Aufteilung:

19

- Annex 4: Lieferungen
- Annex 5: Dienstleistungen (ohne Baudienstleistungen)
- Annex 6: Baudienstleistungen.

Die für die jeweiligen Beschaffungen relevanten Schwellenwerte (angegeben in SZR) sind geordnet nach den unterstellten Beschaffungsstellen in den Annexen 1–3 festgelegt.

20

---

28   Vgl. TRÜEB, FHB, Rz. 25.21.

b. Subjektive Unterstellung

21 In den Annexen 1–3 zu ihrem jeweiligen Appendix I bezeichnen die Vertragsparteien diejenigen Stellen, deren Beschaffungen unter das GPA 2012 fallen sollen, und zwar in folgender Aufteilung:

- Annex 1: Zentrale Regierungsstellen
- Annex 2: Subzentrale Regierungsstellen
- Annex 3: Alle anderen Stellen, deren Beschaffungen sich nach den Bestimmungen des GPA 2012 richten (Sektorunternehmen).

22 Unter GPA 2012 Annex 1 Anhang I (zentrale Regierungsstellen) fallen alle Behörden oder Verwaltungseinheiten der zentralen und dezentralen Bundesverwaltung gemäss RVOG und der RVOV, also insb. die Bundeskanzlei, die Generalsekretariate der Departemente, die Bundesämter sowie ausserparlamentarische Kommissionen (GPA 2012 Annex 1 Appendix I Ziff. I., vgl. auch RVOV 7 f.). Ebenfalls erfasst sind die Beschaffungsstellen aus den eidgenössischen richterlichen Behörden und den eidgenössischen Strafverfolgungsbehörden sowie die Beschaffungsstellen aus der Bundesversammlung (GPA 2012 Annex 1 Appendix I Ziff. II.–III.).

23 Unter Annex 2 (subzentrale Regierungsstellen) fällt jede Behörde oder zentrale und dezentrale Verwaltungseinheit auf Kantonsebene im Sinne des öffentlichen Rechts der Kantone (GPA 2012 Annex 2 Appendix I Ziff. 1) sowie jede zentrale und dezentrale Verwaltungseinheit auf Bezirks- und Gemeindeebene im Sinne des öffentlichen Rechts der Kantone und Gemeinden (GPA 2012 Annex 2 Appendix I Ziff. 2). Im Unterschied zu Annex 1 (zentrale Regierungsstellen) enthält Annex 2 somit eine abstrakte Umschreibung der erfassten Stellen statt einer konkreten Auflistung.

24 Unter Annex 3 (alle anderen Beschaffungsstellen, die Aufträge in Übereinstimmung mit dem GPA 2012 vergeben) fallen staatliche Behörden und Einrichtungen des öffentlichen Rechts («*pouvoirs publics*») sowie öffentliche Unternehmen («*entreprises publiques*»), welche in bestimmten Sektoren tätig sind (Trinkwasser, Stromversorgung, öffentlicher Nahverkehr, Flughafeneinrichtungen, Binnenhäfen, Postdienstleistungen). Annex 3 enthält eine beispielhafte Aufzählung der vom Geltungsbereich des GPA 2012 erfassten Behörden bzw. öffentlichen Unternehmen. Im Vordergrund stehen hier insb. privatrechtliche Verwaltungsträger (z.B. Axpo AG), gemischtwirtschaftliche Unternehmen (z.B. die Flughafen Zürich AG) sowie die öffentlich-rechtlichen Anstalten von Bund und Kantonen (z.B. die Verkehrsbetriebe Zürich).

25 Der subjektive Geltungsbereich des BöB wurde auf die staatsvertraglichen Verpflichtungen der Schweiz, also insb. auf das GPA 2012, abgestimmt (vgl. BöB 4). Es erfolgt mithin keine autonome Ausdehnung des subjektiven Geltungsbereichs gegenüber den massgebenden von der Schweiz abgeschlossenen Beschaffungsübereinkommen.[29] Aus der

---

29 Botschaft BöB, S. 1887.

Tatsache, dass das GPA 2012 jedoch nicht alleinige staatsvertragliche Verpflichtung der Schweiz im Beschaffungswesen darstellt, ergeben sich gewisse Abweichungen zwischen den Annexen 1–3 zu GPA 2012 Appendix I und der Umschreibung des Geltungsbereichs des BöB in dessen BöB 4 (insb. bez. der übrigen Beschaffungsstellen, vgl. GPA 2012 Appendix I Annex 3 und BöB 4 Abs. 2, welcher insb. auch die Verpflichtungen der Schweiz aus dem BilatAbk berücksichtigt). Der subjektive Geltungsbereich der IVöB geht hingegen über die staatsvertraglichen Verpflichtungen der Schweiz hinaus (IVöB 4 Abs. 4; vgl. bereits aIVöB 8 Abs. 2).

c. Einschränkungen des Geltungsbereichs

GPA 2012 Anhang I Annex 7 enthält sog. «*General Notes*», in welchen die jeweilige Vertragspartei den Anwendungsbereich des GPA 2012 einschränken kann. Die Schweiz hat in ihrem Annex 7 Einschränkungen der Geltung des GPA 2012 gegenüber Ländern vorgenommen, welche schweizerischen Unternehmen nicht einen vergleichbaren Zugang zu ihren jeweiligen Märkten gewähren. Diese länderspezifischen Einschränkungen (Bst. a) umfassen etwa die Nichtanwendung der vom GPA 2012 statuierten Vorgaben an den Rechtsschutz (Ziff. 2) oder die gänzliche Nichtanwendung des GPA 2012 gegenüber Anbieterinnen bestimmter Waren und Dienstleistungen aus den betreffenden Ländern (Ziff. 3). Des Weiteren hat die Schweiz einige allgemeine, d.h. nicht länderspezifische Ausnahmen vom Geltungsbereich des GPA 2012 definiert, etwa betreffend Inhouse-Vergaben (Bst. b). 26

3. Anwendungsbereich des BilatAbk im Besonderen

Das GPA 2012 unterstellt staatliche Behörden und Einrichtungen des öffentlichen Rechts sowie öffentliche Unternehmen subjektiv dem Vergaberecht, welche in den Sektoren Trinkwasser- und Stromversorgung, Nahverkehr, Flughafeneinrichtungen, Binnenhäfen und Postdienstleistungen tätig sind (vgl. N 13). BilatAbk 3 Abs. 2 und 3 erweitern den Anwendungsbereich des Vergaberechts im Verhältnis zur EU auf die Sektoren Schienenverkehr und Energieversorgung (ohne Stromversorgung). Das BilatAbk erfasst ferner auch private Vergabestellen, welche in den Sektoren Wasser-, Elektrizitäts- und Verkehrsversorgung öffentliche Dienstleistungen erbringen.[30] Der Telekommunikationssektor wurde im Jahr 2002, der Güterschienenverkehr auf Normalspur im Jahr 2007 vom Anwendungsbereich des Beschaffungsrechts ausgenommen («ausgeklinkt»), da nach Beurteilung der WEKO in diesen Bereichen wirksamer Wettbewerb herrscht (vgl. zum Freistellungsverfahren [oder «Ausklinkverfahren»] Art. 7 N 10 ff.).[31] 27

---

30 Siehe auch Trüeb, FHB, Rz. 25.45.
31 Vgl. Botschaft BöB, S. 1893; vgl. aVöB 2a und den Anhang zur per 01.01.2021 aufgehobenen Verordnung des UVEK über die Nichtunterstellung unter das öffentliche Beschaffungsrecht vom 18.07.2002 (SR 172.056.111). Das Freistellungsverfahren ist geregelt u.a. in BöB 7, BilatAbk 3 Abs. 5 und GPA 2012 XIX und wurde mit der Totalrevision BöB/IVöB auf sämtliche Sektorenmärkte erstreckt.

4. Anwendbare Bestimmungen ausserhalb des Staatsvertragsbereichs

28 Je nachdem, ob eine Beschaffung vom Staatsvertragsbereich erfasst ist oder nicht, finden unterschiedliche Bestimmungen des BöB bzw. der IVöB Anwendung. Ob ein bestimmter öffentlicher Auftrag (vgl. BöB/IVöB 8 Abs. 1) dem Staatsvertragsbereich unterstellt ist, beurteilt sich einerseits nach der Art der Leistung (vgl. BöB Anhänge 1–3) und andererseits nach deren Wert (vgl. Schwellenwerte gemäss BöB Anhang 4 Ziff. 1/IVöB Anhang 1). Die öffentlichen Aufträge ausserhalb des Staatsvertragsbereichs sind in BöB Anhang 5 Ziff. 1 aufgeführt; die IVöB enthält keinen entsprechenden Anhang.

29 BöB und IVöB sehen für Beschaffungen ausserhalb des Staatsvertragsbereichs einige besondere Bestimmungen vor (vgl. BöB Anhang 5 Ziff. 2), so etwa betreffend die subjektive Unterstellung (IVöB 4 Abs. 4), die Zulassung ausländischer Anbieterinnen (BöB/IVöB 6 Abs. 2), die Verfahrensart (BöB 16 Abs. 4/IVöB 16 Abs. 3), das Einladungsverfahren (BöB/IVöB 20), eine Erweiterung der zulässigen Zuschlagskriterien (BöB/IVöB 29 Abs. 2), den Zeitpunkt für den Vertragsabschluss nach Zuschlagserteilung (BöB 42 Abs. 1), die Verkürzung der Angebotsfrist (BöB/IVöB 46 Abs. 4) und die Einschränkung des Rechtsschutzes (BöB 52 Abs. 2 bzw. IVöB 52 Abs. 3).

D. Arbeitsbedingungen und Arbeitsschutzbestimmungen

30 Gemäss BöB 12 Abs. 1 vergibt die Auftraggeberin für die im Inland zu erbringenden Leistungen einen öffentlichen Auftrag nur an Anbieterinnen, welche die am Ort der Leistung massgeblichen Arbeitsschutzbestimmungen und Arbeitsbedingungen, die Melde- und Bewilligungspflichten nach dem BGSA sowie die Bestimmungen über die Gleichbehandlung von Frau und Mann in Bezug auf die Lohngleichheit einhalten. Für die im Ausland zu erbringenden Leistungen vergibt die Auftraggeberin einen öffentlichen Auftrag nur an Anbieterinnen, welche mindestens die Kernübereinkommen der ILO nach Angaben nach Massgabe von BöB Anhang 6/IVöB Anhang 3 einhalten. Diese Regeln sind Ausdruck des vom revidierten BöB verfolgten Ziels der sozialen Nachhaltigkeit der öffentlichen Beschaffungen (vgl. BöB/IVöB 2 Bst. a). Der Grundsatz des früheren aBöB 8 Bst. b, wonach für die Einhaltung von Arbeitsbedingungen und Arbeitsschutzbestimmungen der Ort der Leistung massgebend ist, wird somit im revidierten Bundesgesetz fortgeführt. IVöB 12 Abs. 1 verankert demgegenüber das Herkunftsortprinzip, welches auf der Vermutung der Gleichwertigkeit verschiedener inländischer Arbeitsbedingungen (vgl. BGBM 5 i.V.m. BGBM 2) basiert. Das Vorhaben des Bundesrates, das Herkunftsortprinzip auch im BöB zu verankern, wurde nicht umgesetzt (vgl. hierzu Art. 12 N 6 f.).[32]

31 Unter Arbeitsbedingungen versteht das BöB bzw. die IVöB die zwingenden Vorschriften des Obligationenrechts über den Arbeitsvertrag (vgl. OR 361 und 362), normative Bestimmungen der Gesamtarbeitsverträge (vgl. OR 356 Abs. 1 sowie OR 357) und der Nor-

---

[32] Vgl. noch die entsprechende Regelung in E-BöB 12 Abs. 1; vgl. Botschaft BöB, S. 1911 f.

malarbeitsverträge (vgl. OR 360)[33] oder, wo diese fehlen, die orts- und branchenüblichen Arbeitsbedingungen.

Mit Arbeitsschutzbestimmungen sind Vorschriften des öffentlichen Arbeitsrechts, einschliesslich der Bestimmungen des ArG und des zugehörigen Ausführungsrechts gemeint. Zum Ausführungsrecht gehören insb. die ArGV 1–5, die Verordnung des Departements für Wirtschaft, Bildung und Forschung über gefährliche und beschwerliche Arbeiten bei Schwangerschaft und Mutterschaft vom 20.03.2001 (SR 822.111.52), die Verordnung des WBF über gefährliche Arbeiten für Jugendliche vom 04.12.2007 (SR 822.115.2) und die Verordnung des WBF über die Ausnahmen vom Verbot von Nacht- und Sonntagsarbeit während der beruflichen Grundbildung vom 21.04.2011 (SR 822.115.4). Ebenfalls erfasst sind die Bestimmungen zur Unfallverhütung, namentlich des UVG und der UVV.

E. Einrichtung des öffentlichen Rechts

Der Begriff der «Einrichtung des öffentlichen Rechts» fand in aIVöB 8 Abs. 1 Bst. a zwar Verwendung, wurde aber darin nicht definiert. Aus IVöB 5bis Abs. 2 ergab sich die Verpflichtung zur staatsvertragskonformen Auslegung. GPA 1994 Anhang I Annex 2 unterstellte in subjektiver Hinsicht namentlich die *«organismes de droit public établis au niveau cantonal n'ayant pas un caractère commercial ou industriel»* (Ziff. 2) sowie die *«autorités et organismes publics du niveau des districts et des communes»* (Ziff. 3) dem Vergaberecht. Die Begriffe der *«organismes publics»* (der «öffentlichen Stellen», vgl. Bilat-Abk 2 Abs. 1) und der *«organismes de droit public»* (Einrichtung öffentlichen Rechts) sind deckungsgleich.[34] GPA 1994 Anhang I Annex 2 verzichtete ebenfalls auf eine Umschreibung der Einrichtungen des öffentlichen Rechts. Hingegen enthielt Fn. 1 zum für den Sektorenbereich relevanten Annex 3 eine Definition, welche auf dem massgebenden EU-Recht[35] basiert und von allgemeiner Bedeutung ist.[36]

GPA 1994 Anhang I Annex 2 wurde im GPA 2012 insofern umformuliert, als neu «jede Behörde oder zentrale und dezentrale Verwaltungseinheit» auf Kantons-, Bezirks- und Gemeindeebene subjektiv dem Vergaberecht unterstellt ist (Ziff. 1–2). Die Einrichtungen des öffentlichen Rechts fallen unter den Begriff der dezentralen Verwaltungseinheiten. IVöB 3 Bst. f übernimmt die (gegenüber GPA 1994 unveränderte) Definition in GPA 2012 Anhang I Annex 3 Fn. 1.

---

33 Vgl. die Zusammenstellung der geltenden Normalarbeitsverträge bei MÜLLER/MADUZ, Nr. 6.
34 Vgl. BGer 2C_196/2017 vom 21.02.2019, E. 4.2 m.w.H.; vgl. auch GALLI/MOSER/LANG/STEINER, Rz. 132.
35 RL 2004/17/EG und RL 2004/18/EG; vgl. heute RL 2014/24/EU 2 Abs. 1 Ziff. 4.
36 BGE 142 II 369, E. 3.2 m.H.

35 Nicht von Bedeutung ist, ob die Einrichtung privatrechtlich (etwa als Aktiengesellschaft i.S.v. OR 620 ff. oder als Stiftung i.S.v. ZGB 80 ff.) oder öffentlich-rechtlich (z.B. als öffentlich-rechtliche Anstalt) konstituiert ist.[37]

36 Das Kriterium der Wahrung öffentlicher Interessen wird weit verstanden. Erfasst werden «alle Tätigkeiten», welche die sie wahrnehmenden Subjekte nicht primär für sich selber entfalten und die auch nicht primär oder gar ausschliesslich [...] ganz bestimmten einzelnen Subjekten zugutekommen, sondern die in erster Linie die Begünstigung der Allgemeinheit oder zumindest einer erheblichen Anzahl von im Voraus nicht bestimmten Subjekte bezwecken. «Erfasst werden nicht nur die staatlichen Kernaufgaben, sondern vielmehr alles, was nicht ausschliesslich reinen Partikularinteressen, insbesondere individuellen Gewinninteressen, verpflichtet ist.»[38] Dass Private dieselbe Tätigkeit ebenfalls verfolgen bzw. verfolgen könnten, steht der Qualifikation der Tätigkeit als im öffentlichen Interesse liegend nicht *per se* entgegen. In diesen Fällen kann jedoch die nichtgewerbliche Natur der Tätigkeit in Frage stehen.[39] Entscheidend ist, ob sich das Gemeinwesen zum Schutz anerkannter öffentlicher Interessen eine direkte politische Einflussnahme auf die Aufgabenerfüllung sichern will.[40]

37 Ist eine Einrichtung umfassend und ausnahmslos gewerblich tätig, so stellt sie keine Einrichtung des öffentlichen Rechts im Sinne des Vergaberechts dar.[41] Der Ausnahmetatbestand der gewerblichen bzw. kommerziellen Tätigkeit ist im Kontext der Ziele des öffentlichen Beschaffungsrechts, nämlich der wirtschaftlichen und diskriminierungsfreien Vergabe öffentlicher Aufträge, zu verstehen: Eine Befreiung einer Einrichtung von der Unterstellung unter das Vergaberecht ist nur dann gerechtfertigt, wenn die Anwendung des Vergaberechts auf die betreffenden Beschaffungen zur Erreichung dieser Ziele nicht erforderlich ist. Die Einrichtung muss hierfür wie ein privates Wirtschaftssubjekt dem Druck eines funktionierenden Wettbewerbs unterliegen, welcher «als letzte Konsequenz zu ihrer Verdrängung aus dem Markt führen kann».[42] Besteht eine solche Konkurrenzsituation, sind Einrichtungen ungeachtet ihrer Staatsgebundenheit aufgrund des Kostendrucks von sich aus veranlasst, ihre Aufträge möglichst wirtschaftlich und diskriminierungsfrei zu vergeben.[43]

38 Gemäss umstrittener Ansicht sind Einrichtungen des öffentlichen Rechts integral, d.h. sowohl für ihre gewerblichen als auch für ihre nichtgewerblichen Tätigkeiten, dem Vergaberecht unterstellt.[44] Nach a.M. ist hingegen für die Unterstellung auf den Charakter

---

37 BEYELER, Geltungsanspruch, Rz. 178 ff.
38 BEYELER, Geltungsanspruch, Rz. 251, Beispiele in Rz. 256 ff.
39 Vgl. EuGH C-360/96 vom 10.11.1998, Rz. 44 und 49.
40 BEYELER, Geltungsanspruch, Rz. 253 m.w.H.
41 BEYELER, Geltungsanspruch, Rz. 266 ff.
42 BGer 2C_196/2017 vom 21.02.2019, E. 4.4.3.1.
43 Vgl. BGE 142 II 369, E. 3.3.3.1.
44 BEYELER, Geltungsanspruch, Rz. 40 und 289 ff.; GALLI/MOSER/LANG/STEINER, Rz. 138; STÖCKLI, Subjektiver Geltungsbereich, S. 55.

der einzelnen Tätigkeit abzustellen.[45] Das Bundesgericht hat diese Frage bislang noch nicht entschieden (vgl. hierzu ausführlich Art. 4 N 19 ff.).[46]

Eine Einrichtung ist staatlich beherrscht (staatsgebunden), wenn sie mehrheitlich von der öffentlichen Hand, d.h. vom Staat oder anderen Einrichtungen öffentlichen Rechts, finanziert wird oder wenn ihre Führungs- oder Kontrollorgane mehrheitlich von der öffentlichen Hand bestimmt werden. Die Kriterien sind alternativ.[47] 39

Besondere Bedeutung haben die nunmehr in IVöB 3 Bst. f aufgeführten Kriterien namentlich im Zusammenhang mit der subjektiven Unterstellung kantonaler Listenspitäler erlangt. Zu unterscheiden ist zwischen von der öffentlichen Hand beherrschten Listenspitälern einerseits und privaten Listenspitälern andererseits. In einem viel beachteten Entscheid hat das Bundesgericht festgestellt, dass in der stationären Spitalversorgung bzw. der kantonalen Spitalplanung kein funktionierender Wettbewerb herrsche, welcher das Korrektiv des öffentlichen Beschaffungsrechts entbehrlich machen würde. Das Spitalplanungs- und Spitallistenverfahren vermöge die Vornahme wirtschaftlicher Beschaffungen durch die Listenspitäler nicht sicherzustellen.[48] Kantonale öffentliche Listenspitäler unterstehen mithin als Einrichtungen des öffentlichen Rechts subjektiv dem Beschaffungsrecht. Den privaten Listenspitälern fehlt es hingegen an der im Staatsvertragsbereich geforderten Staatsgebundenheit. Im Nichtstaatsvertragsbereich unterstehen sie jedoch als «andere Träger kantonaler oder kommunaler Aufgaben» (IVöB 4 Abs. 4 Bst. a) dem Vergaberecht (vgl. hierzu auch ausführlich Art. 4 N 15 ff.[49] 40

F. Staatliche Behörden

Der Begriff der staatlichen Behörden umfasst den «Staat, die Gebietskörperschaften, Einrichtungen des öffentlichen Rechts und Verbände, die aus einer oder mehreren dieser Körperschaften oder Einrichtungen des öffentlichen Rechts bestehen» (GPA 2012 Anhang I Annex 3 Fn. 1). Die staatlichen Behörden werden vom GPA 2012 generell dem Vergaberecht unterstellt (vgl. GPA 2012 Anhang I Annexe 1 und 2). Dies im Unterschied zu den öffentlichen Unternehmen («*enterprises publics*»), welche dem Vergaberecht nur unterstehen, soweit sie in einem bestimmten Sektor tätig sind (vgl. GPA 2012 Anhang I Annex 3). Damit übereinstimmend sieht IVöB 4 Abs. 1 vor, dass im Staatsvertragsbereich die staatlichen Behörden sowie zentrale und dezentrale Verwaltungseinheiten (einschliesslich Einrichtungen des öffentlichen Rechts) auf Kantons-, Bezirks- und Gemeindeebene der IVöB unterliegen, mit Ausnahme ihrer gewerblichen Tätigkeiten. 41

---

45 Trüeb/Zimmerli, Spitalfinanzierung, Rz. 139.
46 Vgl. BGer 2C_611/2011 vom 16.12.2011, E. 4.2.
47 Galli/Moser/Lang/Steiner, Rz. 137 m.w.H.
48 BGer 2C_196/2017 vom 21.02.2019, E. 4.5.1 und 4.5.6.
49 Trüeb/Zimmerli, Spitalfinanzierung, Rz. 129 f.

III. Rechtsvergleichung

42 Der Katalog an Begriffsbestimmungen in BöB/IVöB 3 ist sehr schlank. Hingegen enthält RL 2014/24/EU 2 eine wesentlich ausführlichere Liste von Definitionen. BöB/IVöB 3 konnte namentlich deshalb so kurz gefasst werden, weil ein Teil der Definitionen in anderen Artikeln im Gesetz bzw. der Vereinbarung angelegt ist: RL 2014/24/EU 2 Abs. 1 Ziff. 1–3 definieren etwa «öffentliche Auftraggeber» und die entsprechenden Unterkategorien «zentrale Regierungsbehörden» und «subzentrale öffentliche Auftraggeber», während das BöB bzw. die IVöB die Auftraggeber im Rahmen der subjektiven Unterstellung (BöB/IVöB 4 Abs. 1) anspricht. Ausserdem werden gewisse im BöB verwendete Begriffe voraussichtlich auf Verordnungsstufe konkretisiert, so etwa Wettbewerbe und Studienaufträge (vgl. BöB 22 Abs. 2; vgl. RL 2014/24/EU 2 Abs. 1 Ziff. 21). Andererseits erübrigte sich in der RL 2014/24/EU 2 Abs. 1 eine Definition der öffentlichen Unternehmen, da Sektorauftraggeber vom Geltungsbereich der RL nicht erfasst werden (vgl. RL 2014/24/EU 7).[50]

43 Das BöB verzichtet schliesslich auf gewisse Definitionen, z.B. der Auftragsarten (vgl. dagegen RL 2014/24/EU 2 Abs. 1 Ziff. 6 ff.) oder der «Einrichtung des öffentlichen Rechts» – der Begriff findet im BöB keine Verwendung (vgl. dagegen RL 2014/24/EU 2 Abs. 1 Ziff. 4 oder auch IVöB 3 Bst. f). Die Einrichtungen des öffentlichen Rechts fallen unter die dezentralen Bundesverwaltungseinheiten i.S.v. BöB 4 Abs. 1 Bst. a. Eine Definition grundlegender Begriffe wie «Schriftlichkeit» oder «elektronische[r] Mittel» (RL 2014/24 EU 2 Abs. 1 Ziff. 18–19) erübrigte sich im BöB bzw. in der IVöB, da auf bestehende Bundesgesetze zurückgegriffen werden kann.[51]

---

50 Siehe hierzu jedoch die RL 2014/25/EU.
51 Für die Schriftlichkeit vgl. OR 13; soweit Beschaffungen elektronisch abgewickelt werden, kann die Vergabestelle etwa auf die Anforderungen des ZertES und die zugehörigen Ausführungsbestimmungen verweisen (vgl. BöB/IVöB 36 Bst. e).

2. Kapitel: Geltungsbereich

1. Abschnitt: Subjektiver Geltungsbereich

Art. 4 Auftraggeberinnen/*Auftraggeber*

¹ Diesem Gesetz unterstehen als Auftraggeberinnen:

a. die Verwaltungseinheiten der zentralen und der dezentralen Bundesverwaltung nach Artikel 2 des Regierungs- und Verwaltungsorganisationsgesetzes vom 21. März 1997 und nach den dazugehörigen Ausführungsvorschriften in der zum Zeitpunkt der Ausschreibung aktuellen Fassung;

b. die eidgenössischen richterlichen Behörden;

c. die Bundesanwaltschaft;

d. die Parlamentsdienste.

¹ *Im Staatsvertragsbereich unterstehen dieser Vereinbarung die staatlichen Behörden sowie zentrale und dezentrale Verwaltungseinheiten, einschliesslich der Einrichtungen des öffentlichen Rechts auf Kantons-, Bezirks- und Gemeindeebene im Sinne des kantonalen und kommunalen Rechts, mit Ausnahme ihrer gewerblichen Tätigkeiten.*

² Öffentliche/*Im Staatsvertragsbereich unterstehen dieser Vereinbarung ebenso staatliche Behörden sowie öffentliche* und private Unternehmen, die öffentliche Dienstleistungen erbringen und die mit ausschliesslichen oder besonderen Rechten ausgestattet sind, unterstehen diesem Gesetz, soweit sie Tätigkeiten in einem der nachfolgenden Sektoren in der Schweiz ausüben:

a. Bereitstellen oder Betreiben fester Netze zur Versorgung der Öffentlichkeit im Zusammenhang mit der Produktion, dem Transport oder der Verteilung von Trinkwasser oder die Versorgung dieser Netze mit Trinkwasser;

b. Bereitstellen oder Betreiben fester Netze zur Versorgung der Öffentlichkeit im Zusammenhang mit der Produktion, der Fortleitung oder der Verteilung von elektrischer Energie oder *die* Versorgung dieser Netze mit elektrischer Energie

c. *Betreiben von Netzen zur Versorgung der Öffentlichkeit im Bereich des Verkehrs durch Stadtbahn, automatische Systeme, Strassenbahn, Trolleybus, Bus oder Kabelbahn;*

c./d. Versorgung von Beförderungsunternehmen im Luftverkehr mit Flughäfen oder anderen Verkehrsendeinrichtungen;

d./e. Versorgung von Beförderungsunternehmen im Binnenschiffsverkehr mit Häfen oder anderen Verkehrsendeinrichtungen;

2. Kapitel: Geltungsbereich

e. Bereitstellen von Postdiensten im Bereich des reservierten Dienstes nach dem Postgesetz vom 17. Dezember 2010;

f. **Bereitstellen oder Betreiben von Eisenbahnen einschliesslich des darauf durchgeführten Verkehrs;**

g. **Bereitstellen oder Betreiben fester Netze zur Versorgung der Öffentlichkeit im Zusammenhang mit der Produktion, dem Transport oder der Verteilung von Gas oder Wärme oder Versorgung dieser Netze mit Gas oder Wärme; oder**

h. **Nutzung eines geografisch abgegrenzten Gebiets zum Zweck der Suche oder Förderung von Erdöl, Gas, Kohle oder anderen Festbrennstoffen.**

³ Die Auftraggeberinnen/*Auftraggeber* nach Absatz 2 unterstehen diesem Gesetz/*dieser Vereinbarung* nur bei Beschaffungen für den beschriebenen Tätigkeitsbereich, nicht aber für ihre übrigen Tätigkeiten.

⁴ *Ausserhalb des Staatsvertragsbereichs unterstehen dieser Vereinbarung überdies:*

a. *andere Träger kantonaler und kommunaler Aufgaben, mit Ausnahme ihrer gewerblichen Tätigkeiten;*

b. *Objekte und Leistungen, die zu mehr als 50 Prozent der Gesamtkosten mit öffentlichen Geldern subventioniert werden.*

⁴/⁵ **Führt eine Drittperson die Vergabe eines öffentlichen Auftrags für** eine/*einen* **oder mehrere Auftraggeberinnen/***Auftraggeber* **durch, so untersteht diese Drittperson diesem Gesetz wie die von ihr vertretene Auftraggeberin/***dieser Vereinbarung wie der von ihm vertretene Auftraggeber.*

Inhaltsverzeichnis

I. Grundlagen	1
II. Abs. 1: Erfasste Verwaltungseinheiten	4
A. Bundesverwaltung und weitere Stellen auf Bundesebene	4
1. Zentrale und dezentrale Bundesverwaltung (BöB 4 Abs. 1 Bst. a).	4
2. Bundesgerichte und Bundesanwaltschaft (BöB 4 Abs. 1 Bst. b und c)	10
3. Parlamentsdienste (BöB 4 Abs. 1 Bst. d)	11
B. Kantons-, Bezirks-, Gemeindeebene; EöR (Staatsvertragsbereich)	12
1. Abstrakter, funktionaler Auftraggeberbegriff	12
2. Kantone, Gemeinden, Bezirke	13
3. Einrichtungen des öffentlichen Rechts	15
a. «Rechtspersönlichkeit» – privat- oder öffentlich-rechtliche Grundlage ist irrelevant	17
b. «Allgemeininteresse»	18

		c. «nichtgewerbliche Tätigkeit»	19
		d. «Staatsgebundenheit»	22
		e. Kasuistik (Auswahl)	23
C.	Generalausnahme des GPA für Tätigkeiten im Wettbewerb		24
D.	Andere Träger kantonaler und kommunaler Aufgaben; subventionierte Objekte und Leistungen (Nicht-Staatsvertragsbereich)		27
	1. Andere Träger kantonaler und kommunaler Aufgaben (IVöB 4 Abs. 4 Bst. a)		28
	2. Subventionierte Leistungen und Objekte (IVöB 4 Abs. 4 Bst. b)		31
III.	Abs. 2: Erfasste Unternehmen		35
A.	Unterstellung von Sektorenauftraggeberinnen: Grundlagen		35
	1. Unterstellung von Sektorenunternehmen: Staatsvertragsrecht		35
	2. Umsetzung im Landesrecht		39
	3. Nur Teilunterstellung von Sektorenauftraggeberinnen im Kernbereich		41
	4. Ausschreibungspflicht nur für Beschaffungen zugunsten von Sektorentätigkeiten in der Schweiz		42
	5. «Ausklinkung» von Sektoren		43
B.	Zu den einzelnen Sektorenauftraggeberinnen		44
	1. Ausgeklinkt: Telekommunikation und Schienengüterverkehr		45
	2. Trinkwasserversorgung		46
	3. Elektrizitätsversorgung		47
	4. Verkehrsendeinrichtungen des Flug- und Binnenschiffverkehrs		50
	5. Städtischer Nahverkehr		51
	6. Post im reservierten Bereich		52
	7. Eisenbahn-Fernverkehr (Personenverkehr)		54
	8. Energieversorgung (mit Ausnahme der Elektrizitätsversorgung, also: Gas und Wärme, Gewinnung fossiler Brennstoffe)		57
IV.	Abs. 3: Beschränkung auf Kerntätigkeiten		58
V.	Abs. 4: Umgehung und zentrale Beschaffungsstellen		63
A.	Keine Umgehung		63
B.	Zentrale Beschaffungsstellen		67
VI.	Rechtsvergleichung		68

I. Grundlagen

Der subjektive Geltungsbereich des Beschaffungsrechts erfasst öffentliche Auftraggeberinnen. Dies sind staatlich oder privat beherrschte Einheiten, die zur Erfüllung öffentlicher Aufgaben Leistungen am Markt einkaufen (Entscheid *«buy, not make»*), hierzu öffentliche Aufträge (vgl. BöB/IVöB 8) an Leistungserbringer ausserhalb der staatlichen Sphäre vergeben und die eingekauften Leistungen mit Mitteln des Staates («öffentlichen 1

2. Kapitel: Geltungsbereich

Geldern») abgelten.[1] Subjektive (BöB/IVöB 4; «wer beschafft?») und objektive Unterstellung (BöB/IVöB 8; «was wird wie für welchen Zweck beschafft?») beeinflussen sich teilweise gegenseitig (z.B. sind Sektorenauftraggeberinnen subjektiv nur für Beschaffungen unterstellt, die ihrer gesetzlich definierten Sektorentätigkeit dienen; vgl. N 41 und 58 ff.).

2 Auftraggeberinnen im Sinne des GPA 2012 sind «Stellen im Sinne von Annex 1, 2 oder 3 einer Vertragspartei zu Anhang I [GPA 2012]» (GPA 2012 I Bst. o). Auf Bundesebene setzt BöB 4 die Vorgaben des GPA 2012 (GPA 2012 II:2 und GPA 2012 II:4 sowie GPA 2012 Anhang I Annex 1, 3 und 7) und auch des BilatAbk (BilatAbk 3 Abs. 2) zur subjektiven Unterstellung öffentlicher Auftraggeberinnen um. BöB 4 bereinigt das bisherige, historisch gewachsene und eher unübersichtliche[2] System von aBöB 2 und aVöB 2a. Alle Auftraggeberinnen auf Bundesebene, die BöB 4 Abs. 1 und 2 erfasst, fallen in den Staatsvertragsbereich des GPA 2012 oder des BilatAbk. Der subjektive Geltungsbereich des BöB entspricht den staatsvertraglichen Verpflichtungen und geht nicht darüber hinaus.[3] Auf kantonaler und kommunaler Ebene übernimmt IVöB 4 weitgehend Ansatz und Systematik von BöB 4 und passt aIVöB 8 dem GPA 2012 (GPA 2012 Anhang I Annex 2, 3 und 7) an: IVöB 4 Abs. 1 (vormals aIVöB 8 Abs. 1 Bst. a) erfasst im Staatsvertragsbereich die subzentralen Auftraggeberinnen auf Kantons-, Bezirks- und Gemeindeebene und zusätzlich die EöR. IVöB 4 Abs. 2 entspricht weitgehend BöB 4 Abs. 2 und erfasst im Staatsvertragsbereich die Sektorenauftraggeberinnen. Anders als BöB 4 erfasst IVöB 4 Abs. 4 Bst. a und b (vormals aIVöB 8 Abs. 2) ausserhalb des Staatsvertragsbereichs überdies (also zusätzlich zu den Auftraggeberinnen i.S.v. IVöB 4 Abs. 1 und 2) «andere Träger kantonaler und kommunaler Aufgaben» sowie Objekte und Leistungen, die zu mehr als 50 % ihrer Gesamtkosten öffentlich subventioniert werden.[4]

3 Auch unter neuem Recht gilt folgende Faustregel: Subjektiv erfasst das Beschaffungsrecht (i) den Staat auf allen Ebenen (mit sämtlichen zentralen, dezentralen und subzentralen Verwaltungseinheiten), (ii) Einheiten unter staatlicher Kontrolle, welche Aufgaben im öffentlichen Interesse erfüllen (EöR und öffentliche Unternehmen), (iii) gewisse pri-

---

1 Vgl. etwa Beyeler, Geltungsanspruch, Rz. 17.
2 Vgl. etwa Komm BöB-Trüeb, Art. 2 N 2.
3 Botschaft BöB, S. 1887.
4 Eine Erweiterung des subjektiven Geltungsbereichs des BöB um Finanzhilfeempfänger nach diesem Muster (vgl. VE-BöB 4 Abs. 1 Bst. e) wurde im Gesetzgebungsprozess verworfen (Botschaft BöB, S. 1889). Im Sinne eines pragmatischen Kompromisses wurde aber das SuG ergänzt, um die Anliegen der «Subventionsklausel», die in der Revision BöB verworfen worden war, aufzunehmen. Der einschlägige SuG 17 Abs. 4 lautet: «Bestehen Anhaltspunkte dafür, dass der Empfänger einer Finanzhilfe Waren, Dienstleistungen oder Bauleistungen beschafft, die zu mehr als 50 Prozent der Gesamtkosten mit Finanzhilfen des Bundes finanziert werden, so kann die Behörde ihn verpflichten, einen angemessenen Wettbewerb sicherzustellen. In der Regel sind zu diesem Zweck mindestens drei Offerten einzuholen.»; vgl. auch die Verweisung auf diese Bestimmung im ebenfalls angepassten SuG 20 Abs. 1 (zum Ganzen vgl. BöB Anhang 7 Ziff. 4).

vate, nicht staatsgebundene Subjekte, die entweder mit besonderen ausschliesslichen Rechten ausgestattet in gewissen Wirtschaftssektoren tätig sind oder als Träger von Staatsaufgaben qualifizieren, sowie (iv) Objekte und Leistungen, die mehrheitlich öffentlich finanziert werden.[5]

II. Abs. 1: Erfasste Verwaltungseinheiten

A. Bundesverwaltung und weitere Stellen auf Bundesebene

1. Zentrale und dezentrale Bundesverwaltung (BöB 4 Abs. 1 Bst. a).

BöB 4 Abs. 1 setzt GPA 2012 II:4 bzw. GPA 2012 Anhang I Annex 1 um. GPA 2012 Anhang I Annex 1 enthält eine indikative Positivliste. Diese erfasst die dem Staatsvertragsbereich unterstellten «Beschaffungsstellen auf zentraler Regierungsebene»[6], also «alle Behörden oder Verwaltungseinheiten der zentralen und dezentralen Bundesverwaltung im Sinne des öffentlichen Rechts der Schweiz».[7] Entsprechend erfasst BöB 4 Abs. 1 die «Verwaltungseinheiten der zentralen und der dezentralen Bundesverwaltung». Der unpräzise, auslegungsbedürftige[8] Begriff der «allgemeinen Bundesverwaltung» von aBöB 2 Abs. 1 Bst. a wird vermieden.

Weiterhin gilt, dass das BöB nur Beschaffungen erfasst, die dem GPA unterstellt sind, und dass das BöB nur anwendbar ist, wenn die Auftraggeberin dem Gesetz untersteht.[9] Die indikative Positivliste von GPA 2012 Anhang I Annex 1 wirkt exemplarisch und dynamisch, nicht statisch wie die Positivliste von GPA 1994 Anhang I Annex 1[10]. Sie lässt Raum für Entwicklungen und Anpassungen in der Bundesverwaltung. Entsprechend zählt sie die unterstellten Verwaltungseinheiten nicht abschliessend auf[11] – anders als

---

5 Vgl. BEYELER, Geltungsanspruch, Rz. 30 ff.; Botschaft BöB, S. 1887; Botschaft GPA, S. 2102.
6 «Entités du niveau fédéral».
7 «Toute autorité ou unité administrative centralisée et décentralisée de la Confédération au sens du droit public suisse».
8 Vgl. etwa Komm BöB-TRÜEB, Art. 2 N 5 ff.; Gutachten des Bundesamtes für Justiz vom 05.06.2002 (VPB 67.4), E. 1; BVGer B-3060 vom 27.07.2010, E. 3.3; BEYELER, Geltungsanspruch, Rz. 112.
9 Vgl. etwa BVGer B-6834/2018 vom 11.06.2019, E. 2, 2.1, sowie BVGer B-307/2016 vom 23.03.2016, E. 2.1 f. (ETH Zürich); BVGer B-6997/2018 vom 30.04.2019, E. 1.2 f. (BIT); BVGer B-5601/2018 vom 24.04.2019, E. 1.4.1 (armasuisse); BVGer B-2192/2018 vom 12.06.2018, E. 2.1 (ASTRA); BVGer B-3797/2015 vom 13.04.2016, E. 1 f. (BAKOM), bestätigt in BGer 2C_582/2016 vom 22.05.2017, E. 3.2; BVGer B-1687/2010 vom 21.06.2011, E. 3.1 (die FUB erscheint in RVOV Anhang I als Teil der «allgemeinen Bundesverwaltung», ist eine verwaltungsinterne Dienstleistungserbringerin und gleichzeitig Auftraggeberin i.S.v. aBöB 2 Abs. 1 Bst. a); BVGer B-3060/2010 vom 27.08.2010, E. 3.3 (DEZA für die internationale Beschaffung von Leistungen für die ungebundene Hilfe); BVGE 2008/48, E. 2.1 (PSI); BVGE 2008/61, E. 3.4 (BSV).
10 Dies war in der Lehre umstritten, vgl. etwa Komm BöB-TRÜEB, Art. 2 N 6 («dynamisch»), und FETZ, Beschaffungsrecht, Rz. 62 («statisch»).
11 Botschaft BöB, S. 1888.

2. Kapitel: Geltungsbereich

GPA 1994 Anhang I Annex 1 gemäss Rechtsprechung des Bundesverwaltungsgerichts.[12] Die Positivliste von GPA 2012 Anhang I Annex 1 orientiert sich an RVOG 2 («Die Bundesverwaltung») und RVOV 6–8, wo die zentrale (RVOV 7) und die dezentrale (RVOV 7a) Bundesverwaltung definiert und zugeordnet (RVOV 7b für die Zuordnung dezentraler Einheiten) sowie schliesslich in einer abschliessenden Liste aufgezählt werden (RVOV 8, RVOV Anhang 1). Binnenverweise im schweizerischen Landesrecht auf RVOG und RVOV sind stets dynamisch zu verstehen,[13] da sich die Bundesverwaltung entwickelt.

6 Einheiten der zentralen und dezentralen Bundesverwaltung, die weder von GPA 2012 Anhang I Annex 1 noch RVOV Anhang 1 erfasst werden, sind dem BöB subjektiv nicht unterstellt.[14] GPA 2012 Anhang I Annex 1 ist aber völkerrechtskonform auszulegen. Der Bundesgesetzgeber kann den staatsvertraglich verbindlichen Umfang von GPA 2012 Anhang I Annex 1 über unilaterale Änderungen im Landesrecht (mit Auswirkungen auf RVOG und RVOV) zwar erweitern, nicht aber ohne Konsultationsverfahren gemäss GPA 2012 XIX verengen.[15] Denn eine Reduktion der Positivliste sowie weitere organisatorische Umstrukturierungen in der Bundesverwaltung benötigen ein Konsultationsverfahren gemäss GPA 2012 XIX. Für die beschaffungsrechtliche Erfassung von Hierarchien und Organisationsstrukturen der Bundesverwaltung sowie Änderungen derselben mit Wirkungen auf RVOG und RVOV gilt deshalb Folgendes: Unterstellt sind neben der zentralen Bundesverwaltung (Bundeskanzlei, Departemente, Bundesämter) auch selbständige und unselbständige Verwaltungseinheiten mit und ohne Rechtspersönlichkeit («organisatorisch verselbständigte Einheiten ohne Rechtspersönlichkeit»; «rechtlich verselbständigte Körperschaften, Anstalten und Stiftungen»; «Aktiengesellschaften mit Mehrheitsbeteiligung des Bundes»; vgl. die Kategorisierung in RVOV Anhang 1).

7 Alle weiteren Einheiten, die den gelisteten Einheiten nachgeordnet sind, werden ebenfalls erfasst.[16] Werden von GPA 2012 Anhang I Annex 1 erfasste Einheiten im Zuge von Reorganisationen verselbständigt, gespalten oder zusammengelegt, oder erfolgt sogar ein Wechsel der Staatsebene, bleiben die so geschaffenen bzw. geänderten Einheiten unterstellt – auch wenn sie in aktueller Struktur und Bezeichnung nicht mehr der Nomenklatur von GPA 2012 Anhang I Annex 1 entsprechen und in der Positivliste nicht explizit erwähnt werden.[17] Änderungen von Bestand und Bezeichnung von Auftragge-

---

12 Vgl. etwa BVGE 2008/61, E. 3.2 m.H.; vgl. auch Fetz, Beschaffungsrecht, Rz. 61, sowie Beyeler, Geltungsanspruch, Rz. 105 f. m.H. auf abweichende Meinungen.
13 Botschaft BöB, S. 1888 f.; Botschaft GPA, S. 2103.
14 Vgl. etwa Beyeler, Revision, S. 146. *Nota bene:* Das revidierte BöB kennt keine Unterstellung unter das «3. Kapitel der VöB» mehr, zumal es in der revidierten VöB kein inhaltlich entsprechendes Kapitel mehr gibt.
15 Vgl. Beyeler, Geltungsanspruch, Rz. 117.
16 Vgl. etwa BVGE 2008/61, E. 3.5.1 und 3.7 (IV und AHV als Teile des BSV); Beyeler, Staatsbetriebe, Fn. 20.
17 Vgl. GPA 2012 Anhang 2 Annex A; zum Ganzen vgl. Galli/Moser/Lang/Steiner, Rz. 110–113; Stöckli, Subjektiver Geltungsbereich, Rz. 9 ff.; Komm BöB-Trüeb, Art. 2 N 6; eingehend zu Än-

berinnen gemäss GPA 2012 Anhang I Annex 1 (Namensänderung; Fusion und Aufteilung) sind der WTO zu notifizieren und stellen Berichtigungen i.S.v. GPA 2012 XIX dar.[18] Lassen sich Einheiten des Bundes jedoch in staatsvertragskonformer Betrachtung nicht der Positivliste zuordnen, werden sie auch dann nicht zu Vergabestellen i.S.v. GPA 2012 Anhang I Annex 1 und BöB 4 Abs. 1, wenn sie sich dogmatisch etwa als EöR (vgl. N 15 ff.) oder öffentliche Unternehmen (vgl. N 36) des Bundes qualifizieren lassen (ausser es handle sich um öffentliche Unternehmen, die Sektorenauftraggeberinnen i.S.v. BöB 4 Abs. 2 sind). Auf Bundesebene entscheidet die Erwähnung in der Positivliste.[19]

Folgende Beispiele mögen diese Zusammenhänge illustrieren:[20] AHV und IV fehlt zwar die Rechtspersönlichkeit, sie werden aber über das BSV subjektiv erfasst.[21] Das PSI als Forschungsanstalt des ETH-Bereichs war explizit in GPA 1994 Anhang I Annex 1 aufgeführt.[22] Dagegen erschien das IGE in GPA 1994 Anhang I Annex 1 nicht, doch als öffentlich-rechtliche Anstalt des Bundes unterstand es dem aBöB.[23] Armasuisse (vormals Gruppe Rüstung) ist subjektiv unterstellt, die Namensänderung ist beschaffungsrechtlich irrelevant.[24] Swissmedic entstand aus der Interkantonalen Heilmittelkontrollstelle, erschien als Bundesanstalt nicht in GPA 1994 Anhang I Annex 1, wurde aber vom aBöB erfasst.[25] Das ENSI wurde aus dem BFE ausgegliedert, in eine selbständige, öffentlich-rechtliche Anstalt umgewandelt und unterstand trotz dieser organisatorischen Änderung dem aBöB.[26] Alcosuisse (vor der Privatisierung ein Profitcenter der EAV) teilte beschaffungsrechtlich das Schicksal der EAV, die auf der Positivliste erschien.[27] Skyguide (vormals Swisscontrol) war nicht Teil der «allgemeinen Bundesverwaltung» und wurde vom aBöB nicht erfasst. Skyguide wäre dogmatisch wohl eine EöR (i.S.v. GPA 1994 Annex 3), erschien aber nicht als Einheit des Bundes in GPA 1994 Anhang I Annex 1 und

---

derungen in Bestand und Organisation der Bundesverwaltung im Lichte von GPA 1994 Annex 1 BEYELER, Geltungsanspruch, Rz. 104–137, insb. 118–132.
18 Vgl. GPA 2012 Anhang 2 Annex A Ziff. 3.
19 Vgl. GPA 2012 Anhang I Annex 7 erläuternde Anm. C/2: Behörden und zentrale sowie dezentrale Verwaltungseinheiten i.S.v. Annex 1 unterstehen nur Annex 1 (d.h. nicht auch Annex 3, der u.a. EöR auf Stufe Kanton und Gemeinde unterstellt). Zum alten Recht BEYELER, Geltungsanspruch, Rz. 112 m.H. auf abweichende Ansichten.
20 Alle nachstehend genannten Stellen erscheinen in RVOV Anhang 1 und werden so ohne Weiteres auch von der indikativen Positivliste in GPA 2012 Anhang I Annex 1 erfasst.
21 BVGE 2008/61, E. 3.5.1 und 3.7.1.
22 BRK 2000–001 vom 26.04.2000 (VPB 64.62), E. 1.a; BVGE 2008/48, E. 2.1; BVGer B-5452/2015 vom 19.06.2018, E. 1.2 f.
23 Gutachten des Bundesamtes für Justiz vom 05.06.2002 (VPB 67.4), *passim*.
24 BRK 2002–004 vom 26.06.2002 (VPB 66.86), E. 1.a; BVGer B-7252/2007 vom 06.02.2008, E. 1.1.1; ferner etwa BVGer B-855/2017 vom 16.11.2017, E. 1.2 (armasuisse als Teil der «allgemeinen Bundesverwaltung»).
25 BRK 2003–020 vom 28.10.2003, E. 1.
26 Hierzu BEYELER, Fokus Nr. 4, S. 102 («Info» mit Kommentar von BEYELER); BEYELER, Geltungsanspruch, Fn. 131.
27 BVGer B-1600/2014 vom 02.06.2014, E. 2.2.

konnte der damaligen Positivliste auch nicht auslegungsweise zugeordnet werden.[28] Eine funktionale Auslegung und Ausdehnung der Positivliste von GPA 1994 Anhang I Annex 1 auf nicht gelistete Stellen wurde abgelehnt.[29] Zusätzlich seien etwa folgende unterstellte Einheiten erwähnt: Pensionskasse des Bundes (PUBLICA)[30]; FINMA; EPFL und ETH Zürich; ST; SERV; SIFEM AG; Innosuisse; Ausgleichsfonds AHV/IV/EO (Compenswiss); Stiftung Pro Helvetia.[31] Die Schweizerische Post erscheint neu – und anders als unter dem GPA 1994 – nicht in GPA 2012 Anhang I Annex 1, sondern ist öffentliches Unternehmen bzw. Sektorenauftraggeberin i.S.v. GPA 2012 Anhang I Annex 3/VI bzw. BöB 4 Abs. 2 Bst. e (vgl. N 52).

9   Es fällt auf, dass BöB 10 Abs. 1 Bst. i die «öffentlich-rechtlichen Vorsorgeeinrichtungen des Bundes» und damit auch die soeben erwähnte PUBLICA vom Anwendungsbereich des BöB ausnimmt. PUBLICA ist als öffentlich-rechtliche Anstalt des Bundes[32] Teil der dezentralen Bundesverwaltung[33]. BöB 10 Abs. 1 Bst. i wurde in den parlamentarischen Beratungen durch den Ständerat eingeführt[34] und schliesslich beibehalten.[35] Hätte die Schweiz die PUBLICA nicht dem GPA 2012 unterstellen wollen, hätte sie gegenüber der WTO einen entsprechenden Vorbehalt machen müssen, oder sie müsste eine Konsultation (GPA 2012 XIX) einleiten. Die nachträgliche, unilaterale Ausnahme der PUBLICA über BöB 10 (Ausnahmen vom Anwendungsbereich des GPA 2012) ist systematisch inkorrekt und dürfte staatsvertragsrechtlich unzulässig sein. Selbst wenn die PUBLICA in RVOV Anhang 1 gestrichen würde[36] (sofern dies verwaltungsorganisationsrechtlich in Betracht kommt), bliebe die Schweiz staatsvertragsrechtlich verpflichtet. Sollte sich das Bundesgericht mit der Unterstellung der PUBLICA befassen müssen, wird wohl zu prüfen sein, ob BöB 10 Abs. 1 Bst. i ein Fall der «Schubert-Praxis»[37] ist. Die parlamentarischen Beratungen legen nahe, dass es die Räte mindestens in Kauf nahmen, im Falle der PUBLICA gegen das GPA 2012 zu verstossen.[38]

---

28   BRK vom 22.08.2000 (VPB 65.5), E. 3.b.aa. und 3.c.cc (a.E.).
29   Eingehend BEYELER, Geltungsanspruch, Rz. 136 f.
30   Wobei die Schweiz die Anlage der Mittel der Versicherten von öffentlich-rechtlichen Versicherungen und Pensionskassen vom Geltungsbereich des GPA 2012 ausgenommen hat (vgl. GPA 2012 Anhang I Annex 7 erläuternde Anm. C/1).
31   Vgl. Botschaft BöB, S. 1888.
32   PUBLICA-Gesetz 2 Abs. 1.
33   Vgl. RVOV Anhang I Ziff. 2.2.2.
34   AB 2018 SR 970, S. 972 (Votum Bischof). Der Antrag Gysi in der darauffolgenden Session des Nationalrats begründete weiter, es widerspreche dem BVG, die PUBLICA als Vergabestelle dem BöB zu unterstellen, auch wenn sie als dezentrale Verwaltungseinheit des Bundes in RVOV Anhang I erscheine (AB 2019 NR 140, S. 149).
35   AB 2018 NR 142, S. 144; AB 2019 SR 310, S. 310; AB 2019 NR 1000, S. 1000.
36   AB 2019 NR 142, S. 142 ff.: Laut dem Antrag Gysi sei es ein «Gesetzgebungsfehler», die PUBLICA in RVOV Anhang 1 zu erwähnen; vgl. auch AB 2018 SR 970, S. 972 (Votum Bischof).
37   BGE 99 Ib 29, E. 4, allerdings relativiert in BGE 142 II 35, E. 3.3, im Verhältnis zur EU; vgl. etwa BIAGGINI, Kommentar, Art. 190 N 32; TSCHANNEN, § 9 Rz. 33 ff.
38   Nota bene: GPA 2012 Anhang I Annex 7 erläuternde Anm. C/1 nimmt nur (objektiv) die Anlage

2. Bundesgerichte und Bundesanwaltschaft (BöB 4 Abs. 1 Bst. b und c)

Neu werden auch die Bundesgerichte (Bundesgericht, Bundesverwaltungsgericht, Bundesstrafgericht und Bundespatentgericht, einschliesslich Militärgerichte) und die Bundesanwaltschaft als öffentliche Auftraggeberinnen dem BöB und dem GPA 2012 unterstellt («Beschaffungsstellen aus den eidgenössischen richterlichen Behörden und den eidgenössischen Strafverfolgungsbehörden»[39]). 10

3. Parlamentsdienste (BöB 4 Abs. 1 Bst. d)

Dasselbe gilt für die Parlamentsdienste als «Beschaffungsstelle aus der Bundesversammlung».[40] Die Parlamentsdienste sind zwar nicht rechtsanwendende oder rechtssetzende Behörde, führen aber für Letztere Beschaffungen durch.[41] 11

B. Kantons-, Bezirks-, Gemeindeebene; EöR (Staatsvertragsbereich)

1. Abstrakter, funktionaler Auftraggeberbegriff

GPA 2012 Anhang I Annex 2 erfasst die «Beschaffungsstellen auf subzentraler Regierungsebene» und erstreckt sich auf «jede Behörde oder zentrale und dezentrale Verwaltungseinheit» auf Kantons-, Bezirks- und Gemeindeebene im Sinne des öffentlichen Rechts der Kantone und Gemeinden (GPA 2012 Anhang I Annex 2 Ziff. 1 und 2).[42] Dem entspricht funktionell BilatAbk 2 Abs. 1, der auch die «Behörden und öffentlichen Stellen auf Bezirks- und Gemeindeebene» erfasst. Im Gegensatz zu GPA 2012 Anhang I Annex 1 werden kantonale und kommunale Stellen in GPA 2012 Anhang I Annex 2 aber nicht über eine Positivliste definiert und unterstellt, sondern generell-abstrakt nach dem funktionalen Auftraggeberbegriff.[43] IVöB 4 Abs. 1 setzt diesen funktionalen Ansatz auf Kantons-, Gemeinde- und Bezirksebene um,[44] wobei der funktionale Auftraggeberbe- 12

---

von Mitteln der Versicherten durch öffentlich-rechtliche Versicherungen und Pensionskassen vom GPA aus, nicht aber (subjektiv) die öffentlich-rechtliche Vorsorgeeinrichtung.
39 GPA 2012 Anhang I Annex 1 Ziff. II.
40 GPA 2012 Anhang I Annex 1 Ziff. III.
41 Vgl. Botschaft BöB, S. 1889.
42 *Entités des gouvernements sous-centraux*», d.h. die «*gouvernements cantonaux selon la terminologie suisse*» (GPA 2012 Anhang I Annex 2 Fn. *) mit «*Toute autorité ou unité administrative centralisée et décentralisée du niveau cantonal, au sens du droit public cantonal*» sowie «*Toute autorité ou unité administrative centralisée et décentralisée du niveau des districts et des communes au sens du droit public cantonal et communal*». Zu den Auswirkungen des BilatAbk auf das schweizerische Recht bei Inkrafttreten vgl. ZIMMERLI, S. 153 ff., insb. S. 162 ff.
43 Vgl. GALLI/MOSER/LANG/STEINER, Rz. 132; TRÜEB, FHB, Rz. 25.42 bezeichnet dies als «*Catch all-Klausel*».
44 Erläuternder Bericht IVöB, S. 13.

griff auf Kantonsebene bereits aufgrund von BGBM 5 gilt.[45] Auf Grundlage funktionaler Erwägungen nach Sinn und Zweck des GPA 2012 lässt sich der Kreis der nach GPA 2012 Anhang I Annex 2 unterstellten Einheiten auslegungsweise ausdehnen, aber nicht einschränken. Kantonales Ausführungsrecht zur IVöB darf den subjektiven Geltungsbereich weiter, aber nicht enger fassen als das Staatsvertrags-, das Bundes- und das interkantonale Recht.[46]

2. Kantone, Gemeinden, Bezirke

13 Kantone mit ihren zentralen Verwaltungsstellen ohne Rechtspersönlichkeit (Departemente, Direktionen, Ämter, Sektionen etc.) sowie Gemeinden (i.S.v. Einwohnergemeinden als Gebietskörperschaften[47]) werden ohne Weiteres integral als «Staat» erfasst; dies wirft selten Fragen auf.[48] Bezirke treten v.a. als dezentrale Einheiten der Kantonsverwaltung auf (GPA 2012 Anhang I Annex 2 Ziff. 1). Sie sind beschaffungsrechtlich insofern relevant, als das GPA 2012 auf subzentraler Ebene auch föderative Zwischenebenen und insb. EöR erfassen will, die von verschiedenen Gemeinwesen getragen werden (etwa Gemeinde- und Zweckverbände, Regionalkonferenzen etc.).[49] Zum Beschaffungsmarkt von Gemeinden und Bezirken haben Anbieterinnen aus Mitgliedstaaten des GPA 2012 nur im Rahmen von GPA 2012 Anhang I Annex 7 Zugang.[50]

14 Die subjektive Erfassung von Kirchgemeinden und von Landeskirchen ist uneinheitlich. Dies liegt an den vielfältigen Aufgaben (im Allgemeininteresse, je nachdem aber nicht als eigentliche Staatsaufgaben) der Kirchen, an den unterschiedlichen innerkirchlichen Autonomiebereichen, an der differenzierten Finanzierung und v.a. an der unterschiedlichen Erfassung der Kirchen und Kirchgemeinden in den kantonalen Beschaffungs-

---

45 «[...] öffentlichen Beschaffungen durch Kantone, Gemeinden und andere Träger kantonaler und kommunaler Aufgaben [...]»; vgl. Clerc, Commentaire romand, Art. 5 N 85 ff.
46 BGE 142 II 369, E. 4.1.
47 Vgl. Beyeler, Geltungsanspruch, Rz. 149.
48 Vgl. Beyeler, Geltungsanspruch Rz. 138 f., 149, 154 ff. (zur Behandlung von Einheiten, die das kantonale und kommunale Recht den «Gemeinden» gleichstellt); Galli/Moser/Lang/Steiner, Rz. 123, insb. 129; Schneider Heusi, Vergaberecht, S. 24.
49 Vgl. Beyeler, Geltungsanspruch, Rz. 150 ff. Vgl. etwa VGer LU, V 07 297_1 vom 11.01.2008, E. 3.d und 4 (Schulmensa) sowie insb. die Bemerkungen von Stöckli, V 07 297, S. 88 ff.: Entscheidend war entgegen den Erwägungen die subjektive Unterstellung des Kantons an sich – diese ist offensichtlich. Damit stellte sich die Frage nach der Erfüllung einer öffentlichen Aufgabe nicht mehr (vgl. auch Galli/Moser/Lang/Steiner, Rz. 130 f.). Vgl. auch IVöB 3 Bst. g, wo «staatliche Behörden» als Sammelbegriff «die Verwaltungsbehörden der kantonalen, regionalen und kommunalen Ebenen», die EöR und auch Zweckverbände erfasst, die zur Erfüllung öffentlicher Aufgaben gebildet werden (vgl. Musterbotschaft IVöB, S. 27).
50 Vgl. Botschaft GPA, S. 2104 f. Erwähnenswert ist an dieser Stelle, dass der Zugang zum Beschaffungsmarkt auf Gemeinde- und Bezirksebene gewährt werden muss für Anbieterinnen aus EU- und EFTA-Staaten sowie aus Armenien (GPA 2012 Anhang I Annex 7 A.1); hinzu kommen Montenegro und die Ukraine (vgl. Botschaft GPA, S. 2104 f.).

rechtserlassen. Kirchgemeinden und Landeskirchen können je nach Einzelfall als EöR (IVöB 4 Abs. 1; vgl. N 15 ff.), als «andere Träger kantonaler und kommunaler Aufgaben» (IVöB 4 Abs. 4 Bst. a; vgl. N 28 ff.) oder als mehrheitlich staatlich subventionierte Objekte und Leistungen (IVöB 4 Abs. 4 Bst. b; vgl. N 31 ff.) erfasst werden.[51]

3. Einrichtungen des öffentlichen Rechts

EöR sind eine besonders wichtige Ausprägung des funktionellen Auftraggeberbegriffs. Sie erfassen als «Auffangtatbestand»[52] alle Arten von Einheiten unter staatlicher Kontrolle, die im öffentlichen Interesse tätig sind und dem öffentlichen Beschaffungsrecht unterstehen, damit Wettbewerbsverzerrungen vermieden werden.[53] EöR auf Kantons-, Bezirks- und Gemeindestufe, die «keinen kommerziellen und industriellen Charakter» haben, fallen als «dezentrale Einheiten auf Kantons- und Gemeindeebene» unter GPA 2012 Anhang I Annex 2.[54] Sie sind «staatliche Behörden» (*«pouvoirs publics»*[55]) und können verschiedenartig zusammengesetzt sein. Dies stellt u.a. IVöB 3 Bst. g klar, wonach «staatliche Behörden» nicht nur der Staat, Gebietskörperschaften und EöR sind, sondern auch «Verbände, die aus einer oder mehreren dieser Körperschaften oder EöR bestehen». EöR kommen auch in Sektorenmärkten i.S.v. BöB/IVöB 4 Abs. 2 bzw. GPA 2012 Anhang I Annex 3 vor (vgl. N 35 ff.). Auch die Stellen, die BilatAbk 3 Abs. 2 in den dort behandelten Sektorenmärkten subjektiv unterstellt, umfassen EöR, obwohl diese dort nicht explizit erwähnt werden.[56] EöR gibt es auch auf Bundesebene. Dort sind sie dem Beschaffungsrecht aber subjektiv nur unterstellt, soweit sie in der Positivliste von GPA 2012 Anhang I Annex 1 erscheinen oder gemäss BöB 4 Abs. 2 bzw. BilatAbk 3 Abs. 2 als Sektorenauftraggeberinnen erfasst sind (wobei sie in diesem Fall öffentliche Unternehmen sein müssen; vgl. N 36).[57]

15

---

51 Vgl. für eine Übersicht GALLI/MOSER/LANG/STEINER, Rz. 147 ff.; SCHNEIDER HEUSI, Vergaberecht, S. 32; eingehend BEYELER, Geltungsanspruch, Rz. 424 ff. Aus der Rechtsprechung vgl. etwa VGer SG vom 19.03.2001, in: GVP SG 2001 Nr. 16 und VGer SG vom 29.08.2001, in: GVP 2011 Nr. 34, S. 118 (Kanton St. Gallen: keine Unterstellung einer katholischen Kirchgemeinde im innerkirchlichen Autonomiebereich); KGer LU, 7H 15 31 vom 21.07.2015, in: LGVE 2015 IV Nr. 11 (Kanton Luzern: Kirchgemeinden sind «Gemeinden» und als solche integral dem kantonalen Beschaffungsrecht unterstellt); RDAF 2001 I, S. 443 (Kanton Freiburg: Unterstellung einer *«paroisse»* als *«corporation de droit public»*); VGer ZH, VB 2002.00293 vom 05.02.2003 (Kanton Zürich: Unterstellung der Landeskirche als «öffentlich-rechtliche Körperschaft», aber auch als Trägerin «kantonaler und kommunaler Aufgaben» i.S.v. BGBM 5 Abs. 1).
52 STÖCKLI, Subjektiver Geltungsbereich, Rz. 17.
53 Vgl. etwa BEYELER, Geltungsanspruch, Rz. 163.
54 Vgl. GPA 2012 Anhang I Annex 2 Anm. betreffend Annex 2.
55 Vgl. GPA 2012 Anhang I Annex 3 Fn. 1.
56 Vgl. BEYELER, Geltungsanspruch, Rz. 170 ff. und 174.
57 Vgl. BEYELER, Geltungsanspruch, Rz. 175.

2. Kapitel: Geltungsbereich

16　EöR werden staatsvertraglich in GPA 2012 Anhang I Annex 3 (Fn. 1) definiert, wiederum als Unterart der *«pouvoirs publics»*.[58] IVöB 3 Bst. f definiert EöR entsprechend.[59] Zusammengefasst müssen EöR kumulativ folgende Kriterien erfüllen (diese Definition entspricht jener des europäischen Rechts[60]): Sie

- verfügen über eigene Rechtspersönlichkeit;
- erfüllen Aufgaben im Allgemeininteresse;
- sind nicht (oder mindestens nicht ausschliesslich) gewerblich tätig; und
- sind staatsgebunden.[61]

a.　«Rechtspersönlichkeit» – privat- oder öffentlich-rechtliche Grundlage ist irrelevant

17　Alle rechtlich selbständigen Körperschaften, Gesellschaften, Verbände, Anstalten, Stiftungen, Institute, Genossenschaften, Vereine etc. können EöR darstellen; selbst öffentliche Unternehmen können EöR sein (zu den öffentlichen Unternehmen vgl. N 36; öffentliche Unternehmen werden aber von vornherein nur in Sektorenmärkten subjektiv erfasst[62]). Ob eine Einheit formal dem Privatrecht oder dem öffentlichen Recht zuzuweisen ist, ist irrelevant – auch rein privatrechtliche Rechtsträger können EöR sein. Eine «Flucht ins Privatrecht» bei der Erfüllung von Aufgaben im Allgemeininteresse führt nicht zur Vergaberechtsfreiheit.[63]

58　GPA 2012 Anhang I Annex 3 Fn. 1: Einrichtungen, (i) die zu einem besonderen Zweck gegründet wurden, im Allgemeininteresse liegende Aufgaben zu erfüllen, und die keinen industriellen und kommerziellen Charakter haben, (ii) die Rechtspersönlichkeit besitzen und (iii) deren Tätigkeit überwiegend vom Staat, den Gebietskörperschaften oder anderen EöR finanziert wird oder deren Leitungs- oder Aufsichtsorgane mehrheitlich aus Mitgliedern bestehen, die vom Staat, den Gebietskörperschaften oder anderen EöR ernannt wurden.

59　IVöB 3 Bst. f: Einrichtung, die (i) zum besonderen Zweck gegründet wurde, im öffentlichen Interesse liegende Aufgaben nicht gewerblicher Art zu erfüllen, (ii) Rechtspersönlichkeit besitzt und (iii) überwiegend vom Staat, von Gebietskörperschaften oder von anderen Einrichtungen des öffentlichen Rechts finanziert wird, hinsichtlich ihrer Leitung der Aufsicht durch Letztere unterliegt oder deren Verwaltungs-, Leitungs- oder Aufsichtsorgan mehrheitlich aus Mitgliedern besteht, die vom Staat, von den Gebietskörperschaften oder anderen Einrichtungen des öffentlichen Rechts ernannt worden sind.

60　RL 2004/18/EG 1 Ziff. 9; heute RL 2014/24/EU 2 Abs. 1 (4); vgl. auch BGE 142 II 369, E. 3.2; eingehend zur Herleitung im schweizerischen Recht Beyeler, Geltungsanspruch, Rz. 166 ff.; Trüeb/Zimmerli, Spitalfinanzierung, Rz. 39 ff.; Stöckli, Subjektiver Geltungsbereich, Rz. 18 ff. je m.w.H.

61　Vgl. etwa Trüeb/Zimmerli, Spitalfinanzierung, Rz. 50; Galli/Moser/Lang/Steiner, Rz. 133; aus der Rechtsprechung statt vieler BGE 142 II 369, E. 3.2 ff.; BGE 145 II 49, E. 4.2 ff.; vgl. auch IVöB 3 Bst. f.

62　Vgl. etwa Beyeler, Geltungsanspruch, Rz. 165.

63　Vgl. Beyeler, Geltungsanspruch, Rz. 164 und 178 ff.; Trüeb/Zimmerli, Spitalfinanzierung, Rz. 42; Schneider Heusi, Vergaberecht, S. 25; Galli/Moser/Lang/Steiner, Rz. 34.

b. «Allgemeininteresse»

Das «Allgemeininteresse» ist weit zu verstehen. Es erstreckt sich auf die Erfüllung von 18
Tätigkeiten im öffentlichen Interesse, die letztlich der Verwirklichung von Verwaltungsaufgaben oder Staatszielen dienen. Es geht weiter als die Erfüllung eigentlicher Staatsaufgaben.[64] Das «Allgemeininteresse» hat unter BöB/IVöB 4 Abs. 1 kaum limitierende Wirkung.[65] War der Gründungszweck der Einheit ursprünglich nicht auf das Allgemeininteresse ausgerichtet, handelt die Einheit aber mittlerweile im Allgemeininteresse, so sind die tatsächlichen Verhältnisse im Zeitpunkt der Beschaffung massgeblich;[66] dies entspricht dem funktionalen Auftraggeberbegriff. Die Tätigkeiten im Allgemeininteresse müssen andere Tätigkeiten der EöR nicht überwiegen.[67]

c. «nichtgewerbliche Tätigkeit»

Öffentliche Auftraggeberinnen unterstehen dem Beschaffungsrecht, weil und soweit sie 19
in ihrer Tätigkeit auf ihrem Absatzmarkt[68] keinem Wettbewerbsdruck ausgesetzt sind, der sie zu einem effizienten Einsatz öffentlicher Gelder bzw. zu einem effizienten, transparenten und nichtdiskriminierenden Einkaufsverhalten auf dem vorgelagerten Beschaffungsmarkt zwingen würde. Das öffentliche Beschaffungsrecht korrigiert den fehlenden Wettbewerbsdruck (vgl. Art. 7 N 4 m.H.). Soweit EöR jedoch «kommerziell und industriell» (besser: «gewerblich») tätig sind, also «wie ein privates Wirtschaftssubjekt»[69], bedarf es des Korrektivs des Beschaffungsrechts nicht mehr. Tätig «wie private Wirtschaftssubjekte» sind EöR, wenn sie wirksamem Wettbewerb im Sinne des KG[70] ausgesetzt sind. Diesfalls wirken die Marktkräfte und die Wettbewerbsfunktionen (vgl. Art. 7 N 10 ff.). Konkurrenten der EöR müssen mit anderen Worten in der Lage sein, die gleichen Leistungen wie die EöR im gleichen geografischen Gebiet zu den gleichen

---

64 Vgl. BGE 142 II 369, E. 3.3.2 (Betrieb einer kantonalen Pensionskasse); BGE 145 II 49, E. 4.4.1 f. (Betrieb eines kantonalen Listenspitals zur Sicherung der akutsomatischen Spital-Grundversorgung im Rahmen von KVG 39); BGE 135 II 49, E. 5.2.2 (Bereitstellen eines öffentlichen Fahrradverleihs: «*Or, la notion de tâche publique doit être définie largement et englobe toutes les activités qui favorisent un intérêt public, sans être nécessairement elles-mêmes des tâches publiques à proprement parler*» [a.a.O.]); BGE 141 II 113, E. 3.2.2 (Abfallbewirtschaftung für Trägergemeinwesen); RPW 2014/2, S. 442 und 447.
65 So etwa BEYELER, Staatsbetriebe, Rz. 16.
66 TRÜEB/ZIMMERLI, Spitalfinanzierung, Rz. 56 ff., insb. 62.
67 TRÜEB/ZIMMERLI, Spitalfinanzierung, Rz. 56 ff., insb. 72 f.; BEYELER, Geltungsanspruch, Rz. 254 f.
68 Und nicht auf ihrem Beschaffungsmarkt, vgl. etwa RPW 2014/2, S. 442, 445 f.; BEYELER, Staatsbetriebe, Fn. 31.
69 Vgl. BGE 145 II 49, E. 4.4.3.1; BGE 142 II 369, E. 3.3.3.1.
70 GPA 2012 Anhang I Annex 3 Anm. 2 betreffend Annex 3 spricht zwar von «uneingeschränktem Wettbewerb», was lediglich als *de iure*-Wettbewerb verstanden wird (d.h. Abwesenheit rechtlicher Markteintrittshürden). Die Schweiz hat sich indessen für das Konzept des «wirksamen Wettbewerbs» nach dem Vorbild des KG entschieden, welches nicht nur *de iure*, sondern *de facto* Wettbewerb verlangt (vgl. Art. 7 N 11). Die schweizerische Binnenauffassung ist somit strenger als die Vorgaben des GPA 2012 und damit erst recht staatsvertragskompatibel.

Bedingungen anzubieten (vgl. Art. 7 N 5). Die Märkte, auf denen die EöR gewerblich tätig ist, müssen somit offen sein und aktuellen sowie potenziellen Konkurrenzdruck zulassen. Die Produkte der EöR müssen sich aus Nachfragesicht durch Produkte von Drittanbieterinnen substituieren lassen, sodass die Nachfrager bei Preis- und Qualitätsunterschieden auf Alternativen ausweichen können. Die EöR muss wie ihre privaten Konkurrenten den Kostendruck und auch das Verlust- und Konkursrisiko alleine tragen – die Konkurrenz darf also nicht staatlich beeinflusst sein. Unter Wettbewerbsdruck wird eine EöR ihre Aufträge vermutungsweise möglichst wirtschaftlich vergeben, damit sie ihre Investitionen dank der unternehmerischen Tätigkeit auf dem Absatzmarkt amortisieren kann.[71] Dies alles ist im Einzelfall unter Berücksichtigung aller rechtlichen und faktischen Umstände zu prüfen (etwa: Vorliegen von Regeln i.S.v. KG 3, die wirksamen Wettbewerb auf einem Produktmarkt nicht zulassen; historisch gewachsene, starke Stellung der EöR und geringe Substituierbarkeit ihrer Produkte [d.h. geschlossene Märkte, die nur ungenügend erodieren können]; Wettbewerbsvorteile für EöR in Form von staatlichen Zu- und Nachschüssen, Subventionen, Steuervorteilen, Defizitgarantien; volles Konkursrisiko der EöR, ohne dass der Staat *de iure* oder *de facto* «geradestehen» würde[72]; offene oder versteckte Quersubventionierungen und weitere Wettbewerbsvorteile zugunsten der EöR).[73]

20 Unter dem GPA 1994 und aIVöB 8 Abs. 1 war umstritten, ob eine EöR, die nicht nur gewerblichen, sondern auch nichtgewerblichen Tätigkeiten nachgeht, integral dem Beschaffungsrecht unterstellt war oder nur für die nichtgewerblichen Tätigkeiten, die ohne Wettbewerbsdruck erfolgten. Nach der «Infektionstheorie», die ihren Ursprung im EU-Vergaberecht hat, «infizieren» die nichtgewerblichen die gewerblichen Tätigkeiten der EöR. Diesfalls ist die EöR integral «kommerziellen oder industriellen Charakters» – betrachtet wird also die EöR insgesamt.[74] Zu bevorzugen ist indessen die «Präponderanztheorie» (auch: Schwergewichtstheorie): Dieser Ansatz ist etwa geläufig, wenn gemisch-

---

71 Vgl. BGE 142 II 369, E. 3.3.3.1; BGE 145 II 49, E. 4.4.3.1; BGE 141 II 113, E. 3.2.2; TRÜEB/ZIMMERLI, Spitalfinanzierung, Rz. 75; BEYELER, Staatsbetriebe, Rz. 17; BEYELER, Geltungsanspruch, Rz. 274; GALLI/MOSER/LANG/STEINER, Rz. 136.
72 Vgl. etwa BGE 145 II 49, E. 4.5.5.
73 Zusammenfassend vgl. RPW 2014/2, S. 442, 444 f., S. 447 f.; vgl. insb. BGE 145 II 49, E. 4.4.3.2 und eingehend E. 4.5 (kein wirksamer Wettbewerb im Bereich der Spitalversorgung durch kantonale Listenspitäler im Rahmen des krankenversicherungsrechtlichen Planungskonzepts und seiner Umsetzung auf kantonaler Ebene); BGE 142 II 369, E. 3.3.3.3. (kein wirksamer Wettbewerb im BVG-Vorsorgebereich, weil öffentlich-rechtliche Angestellte des Kantons Aargau von Gesetzes wegen bei der Pensionskasse des Kantons Aargau versichert sind); BGE 141 II 113, E. 3.2.4 (keine industrielle und kommerzielle Tätigkeit, weil das Einsatzgebiet der EöR statutarisch beschränkt ist und die EöR nur die reglementarisch und gesetzlich definierte Abfallverwertung besorgt); BEYELER, Staatsbetriebe, Rz. 17; eingehend BEYELER, Geltungsanspruch, Rz. 272 ff., insb. 280 ff.
74 Eingehend BEYELER, Geltungsanspruch, Rz. 289 ff.; BEYELER, Listenspitäler, S. 202; STÖCKLI, Subjektiver Geltungsbereich, S. 55 ff.; KGer GE, ATA/836/2012 vom 18.12.2012, E. 7–12; aus der EU-Rechtsprechung vgl. EuGH C-44/96 vom 15.01.1998 (Mannesmann Anlagenbau Austria AG), Rz. 24 f., 34 f.; EuGH C-360/96 vom 10.11.1998 (Gemeente Arnhem), Rz. 55–58; EuGH

te Verträge nach ihrem Hauptvolumen einer bestimmten Auftragskategorie zugewiesen werden müssen, um die massgeblichen Schwellenwerte zu ermitteln[75] (vgl. Art. 8 N 56 ff.), oder wenn zu entscheiden ist, ob eine Beschaffung einer Sektorenauftraggeberin (BöB/IVöB 4 Abs. 2) schwergewichtig dem unterstellten Kernbereich dient oder nicht. Denn im Sektorenbereich sind typischerweise nur diejenigen Sektorentätigkeiten dem Beschaffungsrecht unterstellt, in denen der Wettbewerbsdruck ungenügend ist (vgl. Art. 7 N 2 ff.; N 35 und 58 ff.). Nach der Präponderanztheorie wird nicht die EöR integral, sondern die konkrete Tätigkeit resp. der konkrete Auftrag betrachtet, der dieser Tätigkeit dient. Denn die subjektive Unterstellung einer Auftraggeberin sagt nichts darüber aus, ob eine bestimmte Tätigkeit gewerblich ist oder nicht. Entscheidend sind deshalb die Wettbewerbsverhältnisse auf dem relevanten Markt, auf dem eine Tätigkeit der EöR stattfindet und für welche ein Auftrag vergeben wird. Dient eine Beschaffung schwergewichtig einer gewerblichen Tätigkeit der EöR (unter Wettbewerbsdruck), so ist die EöR für diese Tätigkeit und die dienende Beschaffung nicht dem Beschaffungsrecht unterstellt – anders eben bei Beschaffungen, die schwergewichtig nichtgewerblichen Tätigkeiten (ohne Wettbewerbsdruck) dienen.[76]

Die Rechtsprechung zu «Präponderanz- vs. Infektionstheorie» war bisher uneinheitlich.[77] Ein höchstrichterlicher Entscheid fehlt.[78] Die Kontroverse dürfte aber unter dem GPA 2012 hinfällig sein, und zwar unabhängig davon, ob im konkreten Fall EöR oder Sektorenauftraggeberinnen betroffen sind: Laut GPA 2012 Anhang I Annex 3 Anm. 2 betreffend Annex 3 ist das GPA 2012 nicht anwendbar auf «Aufträge, die von den Beschaffungsstellen bei der Durchführung einer in diesem Annex aufgezählten Tä- 21

C-18/01 vom 22.05.2001 (Korhonen), Rz. 58 m.w.H. auf die Rechtsprechung); EuGH C-567/15 vom 05.10.2017 (LitSpecMet), Rz. 40–43.
75 Vgl. etwa Botschaft BöB, S. 1896 f.
76 Vgl. TRÜEB/ZIMMERLI, Spitalfinanzierung, Rz. 135 ff., 143 f.; BVGE 2008/48, E. 4.3, 3.9 (implizite Ablehnung der Infektionstheorie); auch die Botschaft BöB, S. 1896, spricht sich dezidiert für die Präponderanztheorie aus. Für eine Übersicht über die verschiedenen Lehrmeinungen unter dem alten Recht vgl. BEYELER, Staatsbetriebe, Fn. 34.
77 Vgl. v.a. BVGer B-1773/2006 vom 25.09.2008, E. 4.3, 3.3, 4.7–4.9 (zugleich BVGE 2008/48; für die Schwergewichtsmethode und gegen die Infektionstheorie); BVGer B-4288/2014 vom 25.03.2015, E. 2.1.8 (für die Infektionstheorie im Falle der Post bei einer Vergabe nach dem GPA; das Bundesgericht trat auf die Beschwerde der Post nicht ein und befasste sich materiell nicht mit der Frage, ob die Infektionstheorie oder die Schwergewichtsmethode gelte [BGer 2C_409/2015 vom 28.09.2015, E. 3.2–3.4.3]; vgl. auch BEYELER/SCHERLER, Geltungsbereich, Rz. 8); BVGer B-6350/2015 vom 22.02.2016, E. 3.5.3 (für die Schwergewichtsmethode und gegen die Infektionstheorie im Falle der SBB bei einer Vergabe nach BöB/VöB und BilatAbk); zu diesen Entscheiden vgl. den Kommentar von BEYELER, Präponderanz, S. 218 ff., insb. 219 f.; auf kantonaler Ebene vgl. KGer GE, ATA/836/2012 vom 18.12.2012, E. 7–12 (für die Infektionstheorie im Falle der Services Industrielles de Genève als einer EöR).
78 Vgl. BGer 2C_611/2011 vom 16.12.2011, E. 4.2; BGer 2C_409/2015 vom 28.09.2015, E. 3.2–3.4.3 (beide Male befasste sich das Bundesgericht aus prozessualen Gründen nicht materiell mit der Frage).

tigkeit vergeben werden, wenn diese Tätigkeit dem uneingeschränkten Wettbewerb des Marktes ausgesetzt ist» *(«à pleine concurrence du marché»)*. Diese Anm. bezieht sich zwar systematisch auf Sektorenauftraggeberinnen, da sie in GPA 2012 Anhang I Annex 3 erscheint. Sie wird sodann als neue Grundlage für die «Ausklinkung» von Sektorentätigkeiten nach BöB/IVöB 7 interpretiert[79] (vgl. Art. 7 N 8). Indessen erfasst GPA 2012 Anhang I Annex 2 Anm. betreffend Annex 2 im Sinne einer Klarstellung auch EöR als dezentrale Einheiten auf Kantons- und Gemeindeebene gemäss GPA 2012 Anhang I Annex 2, sofern sie keinen «kommerziellen oder industriellen Charakter» haben – also soweit sie nicht im Wettbewerb (d.h. nichtgewerblich) tätig sind. Insb. formuliert GPA 2012 II:2 Bst. a/ii neu eine Generalausnahme von der Unterstellung für Aufträge, welche zur Ermöglichung und Unterstützung kommerzieller Tätigkeiten vergeben werden, die im Wettbewerb ausgeübt werden.[80] GPA 2012 II:2 Bst. a/ii knüpft funktional am konkreten Auftrag und damit an den Wettbewerbsverhältnissen auf dem relevanten Markt an und nicht formal an Art und Eigenschaften der Vergabestelle. Es geht somit nicht um den subjektiven, sondern um den objektiven Geltungsbereich des Beschaffungsrechts und damit um die wettbewerblichen Folgen einer konkreten Beschaffung. Diese Generalausnahme gilt deshalb für alle Auftraggeberinnen, also für alle selbständigen und unselbständigen staatlichen Behörden inkl. EöR (vgl. auch N 24 ff.). BEYELER fasst zusammen: «Es ist nicht länger davon auszugehen, dass EöR (welche begriffsgemäss mindestens minderheitlich einer nichtgewerblichen Tätigkeit nachgehen) und staatliche Behörden sämtliche die übrigen Unterstellungsvoraussetzungen erfüllenden Beschaffungen (ungeachtet von deren Zweck) nach dem GPA zu vergeben haben. Nur (aber immerhin) noch diejenigen Aufträge, die nicht einer unter vollem Wettbewerbsdruck ausgeübten Wettbewerbstätigkeit dienen, müssen noch unter dem Vergaberecht erteilt werden.» Und: «Jede dem GPA 2012 (oder nur dem E-IVöB) subjektiv an sich unterworfene Vergabestelle darf all jene Aufträge ausserhalb des GPA 2012 (und des E-IVöB) vergeben, die der Herstellung oder der Bereitstellung von Leistungen dienen, welche mit Gewinnerzielungsabsicht auf dem freien Markt und mithin unter dem Druck des Wettbewerbs auf dem betreffenden Absatzmarkt angeboten werden sollen».[81] Entsprechend nehmen BöB/IVöB 10 Abs. 1 Bst. a die «Beschaffung von Leistungen im Hinblick auf den gewerblichen Verkauf oder Wiederverkauf […]» vom Anwendungsbereich des BöB bzw. der IVöB aus.[82]

---

79 Botschaft GPA, S. 2106.
80 Gemäss GPA 2012 II:2 Bst. a/ii erfasst das GPA 2012 Beschaffungen die «weder im Hinblick auf den gewerblichen Verkauf oder Wiederverkauf noch zur Verwendung in der Produktion oder im Angebot von Waren oder Dienstleistungen für einen gewerblichen Verkauf oder Wiederverkauf erfolgen».
81 BEYELER, Staatsbetriebe, Rz. 19 f.
82 BEYELER, Staatsbetriebe, Rz. 19–24; ferner STÖCKLI/BEYELER, Neues GPA, Rz. 10 f. und 27; GALLI/MOSER/LANG/STEINER, Rz. 176; zum Ganzen vgl. auch Botschaft GPA, S. 2075 f.

d. «Staatsgebundenheit»

Eine EöR ist staatsgebunden, wenn sie mehrheitlich staatlich finanziert und beaufsichtigt wird oder wenn ihre Verwaltungs-, Leitungs- oder Aufsichtsgremien mehrheitlich aus Mitgliedern bestehen, die das Trägergemeinwesen ernannt hat (und auch wieder abberufen kann). Diese Kriterien gelten alternativ und sind je gleichwertig. Das Trägergemeinwesen kann mittelbar oder unmittelbar Einfluss auf die Geschäftsführung der EöR nehmen. Die blosse Möglichkeit hierzu reicht aus, die Kontrolle muss nicht tatsächlich ausgeübt werden. Auszugehen ist somit im Grunde von einem faktischen, materiellen Kontrollbegriff, wie er auch in der Zusammenschlusskontrolle des KG (konkret: KG 4 Abs. 3) geläufig ist.[83] Die Frage lautet: Kann die EöR gesamthaft betrachtet ihre Tätigkeit autonom ausüben oder nicht?[84] 22

e. Kasuistik (Auswahl)

Kantonale Listenspitäler sind im Rahmen ihres Leistungsauftrags (KVG 39 Abs. 1 Bst. e) in der Spitalgrundversorgung zulasten der OKP wegen des Spitalplanungskonzepts des KVG und unter Würdigung aller Umstände keinem wirksamen Wettbewerb ausgesetzt. Sie sind deshalb bei der Leistungserbringung innerhalb des vertraglichen Leistungsspektrums nichtgewerblich tätig. Das Listenspital trug im konkreten Fall nicht das volle Verlust- und Konkursrisiko, weil die Trägergemeinwesen u.U. ein öffentliches Interesse an einer Nachschusspflicht haben. Dies war laut Bundesgericht aber angesichts der übrigen Wettbewerbssituation ohnehin von untergeordneter Bedeutung, weil ein Platz auf der kantonalen Spitalliste dem betreffenden Listenspital bedeutsame Wettbewerbsvorteile gegenüber Nicht-Listenspitälern einräumt (u.a. dank der dual-fixen Finanzierung i.S.v. KVG 49a, des privilegierten Zugangs zu Patienten und des fehlenden Preiswettbewerbs im Rahmen von KVG 49). Kantonal gehaltene, staatsgebundene Listenspitäler sind EöR i.S.v. aIVöB 8 Abs. 1 Bst. a.[85] Nicht staatsgebundene private Listenspitäler sind dagegen «Träger kantonaler oder kommunaler Aufgaben» i.S.v. aIVöB 8 Abs. 2 Bst. a und subjektiv nur im Nicht-Staatsvertragsbereich unterstellt (die Spitalversorgung ist 23

---

83 Vgl. etwa Ducrey, Rz. 1718 ff.; ausführlich RPW 2000/3, S. 417 ff. Rz. 14 ff.
84 BGE 142 II 369, E. 3.4, insb. 3.4.2 (Staatsgebundenheit einer kantonalen öffentlich-rechtlichen Vorsorgeeinrichtung; hierzu Schneider Heusi, Vorsorgeeinrichtungen, S. 55 f.); BGE 145 II 29, E. 4.3 und VGer ZH, VB.2015.00555 vom 20.12.2016, E. 5 (kantonales Listenspital); eingehend Beyeler, Geltungsanspruch, Rz. 184 ff., insb. 198; Trüeb/Zimmerli, Spitalfinanzierung, Rz. 111 ff.; Stöckli, Subjektiver Geltungsbereich, Rz. 56 f.; RPW 2014/2, S. 442, 446 f.
85 BGE 145 II 49 («GZO Wetzikon») sowie die nunmehr durch das Bundesgericht weitgehend widerlegte Kritik von Gebert (passim); vgl. auch Beyeler, Listenspitäler, S. 200 ff. (die Diskussion, ob für Listenspitäler, die EöR sind, die Infektions- oder die Präponderanzmethode gilt [a.a.O., S. 202], ist unter dem neuen Recht dank der Generalausnahme von GPA 2012 II:2 Bst. a/ii hinfällig); kritisch v.a. zur Argumentation des Bundesgerichts hinsichtlich «Nachschusspflicht» der Trägergemeinwesen in BGE 145 II 49 Buchli/Friederich, S. 448 ff.; vgl. auch VGer ZH, VB.2015.00555 vom 20.12.2016; VGer AG, WBE.2016.539 vom 18.04.2017, in: AGVE 2017 Nr. 33, S. 186, E. 1.2.3; VGer AG, WBE.2012.159 vom 01.07.2013, E. 1.2.1, in: AGVE 2013 Nr. 37, S. 193.

Staatsaufgabe; das Bundesgericht hatte sich zur Unterstellung unter aIVöB 8 Abs. 2 Bst. a aber nicht äussern müssen[86]). Ein Spitalverband mit Spitälern und Spitalstiftungen als Mitgliedern, der öffentliche Spitäler und *des établissements médico-sociaux* betreibt, ist EöR.[87] Öffentlich-rechtliche Vorsorgeeinrichtungen sind EöR, wenn sie staatlich beherrscht werden und wegen gesetzlicher Wettbewerbsvorteile keinem wirksamen Wettbewerb ausgesetzt sind.[88] Ein Verein, der für verschiedene Polizeikorps Leistungen beschafft, ist EöR.[89] Ein Zweckverband verschiedener Gemeinden, der ein Pflegeheim betreibt, ist EöR (und zugleich Träger von Gemeindeaufgaben).[90] Eine Aktiengesellschaft im Bereich der Abfallbewirtschaftung, deren Aktienkapital von mehreren Aktiengesellschaften gehalten wird, die ihrerseits den Gemeinden gehören, für welche die Aktiengesellschaft die Abfallbewirtschaftung besorgt, ist EöR.[91] Eine privatrechtliche, aber von einer Gemeinde beherrschte Stiftung, die unter einem Leistungsauftrag ein Pflegeheim für die Gemeinde betreibt, ist EöR.[92] Zur Unterstellung von Kirchgemeinden und Landeskirchen vgl. N 14.

C. Generalausnahme des GPA für Tätigkeiten im Wettbewerb

24 Die Generalausnahme von GPA 2012 II:2 Bst. a/ii für gewerbliche Tätigkeiten (resp. für Beschaffungen, die solchen Tätigkeiten dienen; vgl. N 41 ff.) gilt für alle öffentlichen Auftraggeberinnen, die dem GPA 2012 unterstehen. Sie gilt also nicht nur für Tätigkeiten von EöR und Sektorenauftraggeberinnen (vgl. GPA 2012 Anhang I Annex 3 Anm. 2 betreffend Annex 3 für Tätigkeiten im «uneingeschränkten Wettbewerb»; GPA 2012 Anhang I Annex 2 Anm. betreffend Annex 2 im Zusammenhang mit EöR, die keinen «kommerziellen oder industriellen Charakter haben»). Vielmehr gilt sie für Tätigkeiten aller öffentlichen Auftraggeberinnen, die subjektiv dem GPA 2012 unterstehen, also auch für den weit verstandenen «Staat» mit all seinen zentralen, dezentralen und subzentralen Einheiten gemäss GPA 2012 Anhang I Annex 1 und Annex 2. Massgeblich ist objektiv der konkrete öffentliche Auftrag, nicht die subjektive Eigenschaft der handelnden Einheit.[93] Dies ergibt sich auch aus dem Ausnahmetatbestand von BöB/IVöB 10 Abs. 1 Bst. a

---

86 Vgl. TRÜEB/ZIMMERLI, Spitalfinanzierung, Rz. 121 ff.; gleicher Ansicht BEYELER, Listenspitäler, S. 201 f.; VGer AG, WBE.2016.539 vom 18.04.2017, in: AGVE 2017 Nr. 33, S. 186, E. 1.2.3 (vgl. auch N 28 ff.).
87 VGer VD, MPU.2012.0005 vom 17.07.2012, A./E. 1a.
88 BGE 142 II 369 («APK»): Die Aargauische Pensionskasse ist nicht staatsgebunden im Sinne des GPA und von aIVöB 8 Abs. 1 Bst. a. Sie wird aber durch das kantonale Submissionsdekret erfasst, das über den Staatsvertragsbereich hinausgeht (E. 4); keine gewerbliche Tätigkeit (E. 3.3.3) (zu diesem Fall vgl. SCHNEIDER HEUSI, Vorsorgeeinrichtungen, S. 52 ff., und SCHNEIDER HEUSI, Vergaberecht, S. 30 f.).
89 VGer ZH, VB.2015.00780 vom 11.08.2016, E. 1.1.
90 VGer SG, B 2017/27 vom 15.08.2017, E. 1.
91 BGE 141 II 113 («Tridel»), E. 3.2.
92 VGer SG, B 2014/248 vom 28.07.2015, E. 1.
93 Staat vieler BEYELER, Staatsbetriebe, Rz. 20, 29; STÖCKLI/BEYELER, Neues GPA, Rz. 11.

für gewerbliche Tätigkeiten im Wettbewerb, konkret: für «Beschaffungen von Leistungen im Hinblick auf den gewerblichen Verkauf oder Wiederverkauf oder im Hinblick auf die Verwendung in der Produktion oder im Angebot von Leistungen für einen gewerblichen Verkauf oder Wiederverkauf»[94] (vgl. N 21).

Es ist immer im Einzelfall abzuklären, ob eine Beschaffung einer Tätigkeit im wirksamen Wettbewerb dient und ob sie deshalb «gewerblich» ist. Diese Beurteilung obliegt der öffentlichen Auftraggeberin.[95] Erfolgt eine Beschaffung ohne öffentliche Ausschreibung, weil die Auftraggeberin der Ansicht war, die Beschaffung diene einer gewerblichen Tätigkeit, so können nicht berücksichtigte Anbieterinnen gegen diese *de facto*-Vergabe Beschwerde führen. Darin unterscheidet sich diese Ausnahmekonstellation von der generell-abstrakten «Ausklinkung» ganzer Märkte (genauer: von Sektorentätigkeiten der Auftraggeberinnen auf diesen Märkten) gemäss BöB/IVöB 7 durch den Bundesrat auf dem Verordnungsweg (vgl. Art. 7 N 15–17). 25

Für Sektorenauftraggeberinnen des Bundes mit ausschliesslichen und besonderen Rechten unter dem BilatAbk gilt weiterhin, dass sie Aufträge jenseits ihres gesetzlich definierten Sektoren-Kernbereichs ausserhalb des Beschaffungsrechts vergeben können (vgl. BilatAbk 3 Abs. 2, Anhang VIII Bst. a/b *e contrario*).[96] Ist ein Sektor i.S.v. BilatAbk 3 Abs. 2 liberalisiert und herrscht wirksamer Wettbewerb, so kann er gemäss BilatAbk 3 Abs. 5 und BöB/IVöB 7 ebenfalls «ausgeklinkt» werden (vgl. Art. 7 N 5 ff., insb. 8). 26

D. Andere Träger kantonaler und kommunaler Aufgaben; subventionierte Objekte und Leistungen (Nicht-Staatsvertragsbereich)

IVöB 4 Abs. 4 wirkt als Auffangtatbestand. Er entspricht aIVöB 8 Abs. 2 und bringt gegenüber dieser Vorgängerbestimmung keine Neuerungen. Die Unterstellung «anderer Träger» sowie staatlich subventionierter «Leistungen und Objekte» im Nicht-Staatsvertragsbereich des öffentlichen Beschaffungsrechts verlangt bereits BGBM 5.[97] Unterstellt werden nach IVöB 4 Abs. 4 zusätzlich Auftraggeberinnen im Binnenbereich, also Auftraggeberinnen, die nicht bereits nach IVöB 4 Abs. 1 und 2 dem Staatsvertragsbereich unterstehen («überdies»).[98] 27

---

94 Vgl. Botschaft GPA, S. 2075 f.; Botschaft BöB, S. 1903.
95 Botschaft GPA, S. 2106.
96 Vgl. Beyeler, Staatsbetriebe, Rz. 29.
97 Vgl. grundsätzlich Stöckli, Subjektiver Geltungsbereich, S. 58; Zimmerli, S. 167 f.; Beyeler, Geltungsanspruch, Rz. 423.
98 Vgl. Beyeler, Geltungsanspruch, Rz. 418 ff.; unpräzise Musterbotschaft aIVöB, S. 21; Trüeb/Zimmerli, Spitalfinanzierung, Rz. 124 ff.

2. Kapitel: Geltungsbereich

1. Andere Träger kantonaler und kommunaler Aufgaben (IVöB 4 Abs. 4 Bst. a)

28 Erfasst werden in erster Linie privat gehaltene Einheiten, die nicht staatsgebunden sind und deshalb von vornherein nicht EöR sein können, jedoch öffentliche Aufgaben wahrnehmen. Über IVöB 4 Abs. 4 Bst. a sollen möglichst alle Einheiten unterstellt werden, die öffentliche Aufgaben erfüllen, und zwar unabhängig von Rechtsform und Trägerschaft.[99] Unter solchen Aufgaben sind eigentliche Staatsaufgaben zu verstehen. Der Staat erfüllt solche Aufgaben aufgrund generell-abstrakter Verpflichtung selber, oder er trägt für deren Erfüllung die Gewährleistungsverantwortung. Deshalb will er einen entscheidenden Einfluss darauf behalten. Die Erfüllung von Staatsaufgaben durch Private ist also eine (weit verstandene) Güterproduktion in der Letztverantwortung des gesetzlich beauftragten Gemeinwesens, und an der Erfüllung dieser Aufgaben besteht ein qualifiziertes öffentliches Interesse. «Kantonale und kommunale Aufgaben» sind deshalb enger gefasst als die «Tätigkeiten im Allgemeininteresse» (vgl. N 18). Staatsaufgaben werden generell-abstrakt definiert und begrenzt – entscheidend ist also die konkret relevante Regulierung auf Bundes-, Kantons- und Gemeindeebene.[100]

29 Auf welche Weise der Staat die Aufgabenerfüllung Privaten überträgt (z.B. über einen eigentlichen Beleihungsakt[101] oder einen Leistungsauftrag), ist in den Schranken des Legalitätsprinzips beschaffungsrechtlich nicht entscheidend. Die Übertragung der Verfügungsbefugnis auf Private ist nicht notwendig. Erfüllen private Rechtsträger Staatsaufgaben, so ist davon auszugehen, dass sie dies in relativer Selbständigkeit tun – sie handeln gleichsam «als Verwaltung» und nicht bloss als Verwaltungshelfer «für die Verwaltung», denn ihnen wurde «ein Stück Staatlichkeit» übertragen.[102] Der private Aufgabenträger wird sodann für die Aufgabenerfüllung in der Regel öffentliche Gelder verwenden, und er kann je nach Aufgabenbereich über besondere Rechte verfügen (Ausschliesslichkeitsrechte oder mindestens eine privilegierte Stellung auf dem betreffenden Markt, die keinen wirksamen Wettbewerb in der Leistungserbringung zulässt). Aus diesen Gründen ist eine subjektive Unterstellung unter das Beschaffungsrecht im Binnenbereich erwünscht. Ist der Aufgabenträger bei der Aufgabenerfüllung aber gewerblich tätig, d.h. wirksamem Wettbewerb ausgesetzt, entfällt die subjektive Unterstellung (vgl. N 19 ff., 24 ff.).

30 Praxis zu «anderen Trägern kommunaler und kantonaler Aufgaben» ist spärlich. Etwa private Listenspitäler mit kantonalen Leistungsaufträgen zulasten der OKP (KVG 39)

---

99 BEYELER, Geltungsanspruch, Rz. 422; Musterbotschaft aIVöB, S. 20 f.; SCHNEIDER HEUSI, Vergaberecht, S. 29.
100 Vgl. TRÜEB/ZIMMERLI, Spitalfinanzierung, Rz. 66 f. m.H. zur Herleitung der «Staatsaufgabe»; STÖCKLI, Subjektiver Geltungsbereich, S. 58; BEYELER, Geltungsanspruch, Rz. 141 f.; GALLI/MOSER/LANG/STEINER, Rz. 143.
101 Vgl. TSCHANNEN/ZIMMERLI/MÜLLER, § 10 Rz. 12 ff.
102 Vgl. TSCHANNEN/ZIMMERLI/MÜLLER, § 5 Rz. 10b und § 10 Rz. 14; im gleichen Sinne wohl auch BEYELER, Geltungsanspruch, Rz. 415.

werden meines Erachtens von IVöB 4 Abs. 4 Bst. a erfasst, da sie nicht staatsgebunden sind und Staatsaufgaben (Spitalgrundversorgung) ohne wirksamen Wettbewerbsdruck erfüllen (vgl. N 23).[103] Dasselbe gilt für einen privatrechtlichen Spitalverband, den der Kanton mit öffentlichen Aufgaben betraut hat.[104] Ein Verein, der historische Strassen, Kunstbauten und historische Weganlagen unterhält und fördert, ist Träger einer kantonalen Aufgabe im Lichte des Fuss- und Wandergesetzes des Bundes.[105] Für Kirchen und Kirchgemeinden vgl. N 14.[106]

2. Subventionierte Leistungen und Objekte (IVöB 4 Abs. 4 Bst. b)

Auch diese Bestimmung erfasst Private ausserhalb des Staatsvertragsbereichs. Es werden jedoch direkt nicht Subjekte, sondern Objekte und Leistungen erfasst, nämlich wenn diese zu mehr als 50 % ihrer Gesamtkosten mit öffentlichen Geldern subventioniert werden. Dies führt indirekt zur *ad hoc*-Teilunterstellung der handelnden Einheiten (die normalerweise subjektiv nicht erfasst sind) unter den subjektiven Geltungsbereich des Beschaffungsrechts.[107] Es muss daher in jedem Einzelfall analysiert werden, ob die konkrete Beschaffung einer mehrheitlich staatlich subventionierten Leistung oder einem mehrheitlich staatlich subventionierten Objekt dient.

31

Als öffentliche Gelder gelten Finanzhilfen und Abgeltungen, die von der öffentlichen Hand aller Staatsebenen bzw. von irgendwelchen Organisationen aus der öffentlichen Sphäre ausgerichtet werden.[108] «Geld» ist jeder Zuschuss von wirtschaftlichem Wert, also ein Mittelzuschuss, die Verhinderung eines Mittelabflusses bzw. allgemein eine Verbesserung der wirtschaftlichen Situation des Subventionsempfängers über Geld-, Sach- und Dienstleistungen (Vorzugsbedingungen, Kredite, Bürgschaften, allenfalls auch Defizitgarantien).[109] Dazu gehören aber auch weitere Leistungen aus der staatlichen Sphäre wie z.B. der Kantonsbeitrag (KVG 49a, KVG 25a) an kantonale Listenspitäler und Lis-

32

---

103 TRÜEB/ZIMMERLI, Spitalfinanzierung, Rz. 121 ff.; GALLI/MOSER/LANG/STEINER, Rz. 144; BEYELER, Listenspitäler, S. 201 f.; VGer AG, WBE.2016.539 vom 18.04.2017, E. 1.2.3, in: AGVE 2017 Nr. 33, S. 186: «Die Vergabestelle verkennt, dass auch die Listenspitäler mit rein privater Trägerschaft dem öffentlichen Beschaffungsrecht unterstehen.» Sie sind «andere Träger kantonaler oder kommunaler Aufgaben» und als solche im Umfang ihres Leistungsauftrags nicht kommerziell oder industriell tätig, da im Bereich der Leistungsaufträge i.S.v. KVG 39 Abs. 1 Bst. e «ein wirksamer Wettbewerb im Sinne des Kartellrechts und des öffentlichen Beschaffungsrechts fehlt» (unter Hinweis auf TRÜEB/ZIMMERLI, Spitalfinanzierung). Zum gleichen Ergebnis gelangte auch die Gesundheits- und Fürsorgedirektion des Kantons Bern, RA Nr. 2017–0979 vom 07.02.2018, E. 1. Das Bundesgericht musste sich dazu in BGE 145 II 49 («GZO Wetzikon») nicht äussern.
104 KGer VD, MPU.2010.0008 vom 06.12.2010, E. 3.
105 VGer GR, U 16 22 vom 26.4.2016, E. 1a.
106 Eingehend zu Kirchen und Kirchgemeinden BEYELER, Geltungsanspruch, Rz. 424 ff.
107 BEYELER, Geltungsanspruch, Rz. 325 ff.
108 BEYELER, Geltungsanspruch, Rz. 335 ff.
109 Vgl. eingehend BEYELER, Geltungsanspruch, Rz. 339 ff.

tenpflegeheime bei Leistungen zulasten der OKP, kantonale und kommunale Restfinanzierungen sowie Ergänzungsleistungen.[110] Alle Subventionen sind im konkreten Fall zu addieren.[111]

33 Entscheidend ist der Finanzierungsgrad des spezifischen Auftrags. Bei Subventionen, die direkt einen bestimmten Auftrag oder ein bestimmtes Projekt finanzieren sollen, lässt sich der Subventionsgrad recht einfach ermitteln.[112] Anspruchsvoll ist es, den Finanzierungsanteil einer Subvention für einen konkreten Auftrag zu ermitteln, wenn mit staatlichem Geld ein Geschäftsbereich oder ein ganzes Objekt (ein Betrieb) subventioniert wird. Diesfalls werden indirekt eine Vielzahl von Teilleistungen und entsprechend eine Vielzahl von Aufträgen subventioniert, die verschiedenen Teilleistungen dienen. Es muss eine Vollkostenrechnung des direkt subventionierten Betriebs, Bereichs oder Objekts erstellt werden, damit gestützt darauf der Subventionsgrad der subventionierten Einheit bestimmt werden kann. Sodann müssen die Subventionen rechnerisch auf den konkreten Auftrag verlegt werden. Entscheidend ist, ob die anteilsmässig verlegte Subvention 50 % der Gesamtkosten des konkreten Auftrags übersteigt. Dies ist stark einzelfallabhängig und kann hier nicht vertieft werden.[113]

34 Praxis zur «Subventionsklausel» ist selten. Die «Subventionsklausel» war etwa anwendbar auf eine private, staatlich subventionierte Klinik im Kanton Zug, die eine Kommunikationslösung beschaffte.[114] Eine Subvention in Form von Geld und einer unentgeltlichen Sondernutzungskonzession für Baugrund während 50 Jahren an eine private Stiftung führte zur Anwendbarkeit von aIVöB 8 Abs. 2 Bst. b.[115] Zu Kirchgemeinden und Landeskirchen vgl. N 14.

III. Abs. 2: Erfasste Unternehmen

A. Unterstellung von Sektorenauftraggeberinnen: Grundlagen

1. Unterstellung von Sektorenunternehmen: Staatsvertragsrecht

35 GPA 2012 Anhang I Annex 3 erfasst die Wirtschaftssektoren Trinkwasserversorgung (Ziff. 1), Stromversorgung (Ziff. 2), öffentlicher städtischer Nahverkehr (Ziff. 3) sowie Flughäfen, Häfen für den Binnenschiffsverkehr und andere Verkehrsendeinrichtungen in diesem Sektor (Ziff. 4). Diese Infrastruktursektoren zeichnen sich durch eine Gemen-

---

110 Für Listenspitäler vgl. GEBERT, S. 14 f.
111 BEYELER, Geltungsanspruch, Rz. 354.
112 BEYELER, Geltungsanspruch, Rz. 346 ff.; vgl. auch VGer GE, A/930/2002 vom 18.03.2003, in: SJ 2003 I, S. 561).
113 Eingehend BEYELER, Geltungsanspruch, Rz. 345–364; GEBERT, S. 14 f.; allgemein GALLI/MOSER/LANG/STEINER, Rz. 145 f.
114 VGer ZG, V 2000.36 vom 28.05.2004, E. 1.
115 BGer 2P.117/2005 vom 17.10.2005, E. 4 (BEYELER, TF 2P.117/2005, S. 81 f.).

gelage von staatlichem Einfluss, gemeinwirtschaftlichen Versorgungsleistungen des «*Service public*», Monopolen und ausschliesslichen, besonderen Rechten für gewisse Akteure sowie privatem Wettbewerb aus. Die Liberalisierung dieser Sektoren ist in den verschiedenen Mitgliedstaaten des GPA 2012 (und auch in den Ländern des BilatAbk) unterschiedlich weit fortgeschritten. Deshalb ist auch der Wettbewerbsdruck auf die Sektorenauftraggeberinnen oft ungenügend. Die staatlichen Einflussmöglichkeiten auf Sektorenauftraggeberinnen sind zudem vielfältig und gelegentlich intransparent.[116]

Der Geltungsbereich von GPA 2012 Anhang I Annex 3 blieb gleich wie unter dem GPA 1994.[117] In den Sektoren gemäss GPA 2012 Anhang I Annex 3 werden staatliche Behörden («*pouvoirs publics*»; Staat, Gebietskörperschaften, EöR und Verbände aus den soeben genannten Akteuren) sowie öffentliche Unternehmen (*«entreprises publiques»*) erfasst, sofern und soweit sie eine Sektorentätigkeit ausüben.[118] «Öffentliche Unternehmen» sind gemäss GPA 2012 Anhang I Annex 3 Fn. 2 Unternehmen, auf die der Staat unmittelbar oder mittelbar einen beherrschenden Einfluss ausüben kann (aufgrund von Eigentum, finanzieller Beteiligung oder spezialgesetzlicher Regel). Die staatliche Beherrschung wird vermutet, wenn staatliche Behörden unmittelbar oder mittelbar[119] (i) die Mehrheit des Unternehmenskapitals halten oder (ii) über die Mehrheit der mit den Anteilen des Unternehmens verbundenen Stimmrechte verfügen oder (iii) mehr als die Hälfte der Mitglieder des Verwaltungs-, Leitungs- oder Aufsichtsorgans des Unternehmens bestellen können (vgl. auch BöB/IVöB 3 Bst. b). Diese Kriterien gelten alternativ und sind je gleichwertig. Es reicht die blosse Möglichkeit der Beherrschung, d.h., die Beherrschung muss nicht tatsächlich ausgeübt werden. Dem öffentlichen Unternehmen steht der Beweis des Gegenteils offen, um die Vermutungsfolge der staatlichen Beherrschung zu widerlegen. Selbst wenn keiner der soeben erwähnten Vermutungstatbestände erfüllt ist, kann – wirtschaftlich betrachtet – eine faktische Kontrolle aus anderen Gründen vorliegen[120] (analog zum kartellrechtlichen Kontrollbegriff; vgl. N 22). Anders als EöR kennzeichnen sich öffentliche Unternehmen nur durch ihre Rechtspersönlichkeit (wobei irrelevant ist, ob sich diese aus dem privaten oder aus dem öffentlichen Recht ergibt) und durch ihre Staatsgebundenheit. Da öffentliche Unternehmen dem Beschaffungsrecht subjektiv grundsätzlich nur in Sektorenmärkten unterstehen,

36

---

116 Vgl. statt vieler STÖCKLI, Subjektiver Geltungsbereich, S. 59; RL 2014/25/EU, E. 1; TRÜEB/ZIMMERLI, Spitalversorgung, S. 38; Botschaft GPA, S. 2105.
117 Botschaft GPA, S. 2105.
118 Vgl. STÖCKLI, Subjektiver Geltungsbereich, S. 61 f.
119 So steht etwa die Alptransit Gotthard AG mittelbar unter beherrschendem Einfluss des Bundes, da sie unmittelbar zu 100 % von der SBB AG gehalten wird, die ihrerseits zu 100 % vom Bund beherrscht wird (vgl. BVGer B-3604/2007 vom 16.11.2007, E. 1.1; BRK 2006–011 vom 22.08.2006, E. 1a; BVGer B-4902/2013 vom 14.03. 2014, E. 1.1). Weiter z.B. die Matterhorn Gotthard Infrastruktur AG, deren Aktienkapital zur Mehrheit vom Bund gehalten wird (BVGer B-5084/2007 vom 08.11.2007, E. 1.1.1; dazu BEYELER, B-5084/2007, S. 76, der darauf hinweist, dass für die Frage der Beherrschung die tatsächlichen Verhältnisse massgeblich sind).
120 Vgl. BEYELER, Geltungsanspruch, Rz. 303 f.; STÖCKLI, Subjektiver Geltungsbereich, S. 62.

sind die «Tätigkeit im Allgemeininteresse» sowie die «nichtgewerbliche Tätigkeit» nicht konstitutiv.[121]

37 BilatAbk 3 Abs. 2 unterstellt dem Staatsvertragsbereich des Beschaffungsrechts zusätzlich «private Vergabestellen» – also privat kontrollierte Unternehmen. Weil sie nicht staatsgebunden sind, werden diese Unternehmen nicht von GPA 2012 Anhang I Annex 3 erfasst. Sie erbringen aber öffentliche Dienstleistungen aufgrund «ausschliesslicher oder besonderer Rechte» in den Sektoren gemäss GPA 2012 Anhang I Annex 3 (BilatAbk 3 Abs. 2 Bst. f; die Wirtschaftssektoren in BilatAbk 3 Abs. 2 Bst. f/i–v entsprechen inhaltlich denjenigen in GPA 2012 Anhang I Annex 3). Wurden solche Unternehmen in einem Sektorenmarkt von einer staatlichen Behörde mit Ausschliesslichkeitsrechten ausgestattet (z.B. mit Monopolkonzessionen oder anderen öffentlich-rechtlichen Vorzugsrechten, die sich aus dem Spezialgesetz ergeben und welche sich auf die rechtliche Befugnis und nicht bloss auf die faktische Möglichkeit beziehen, die jeweilige Sektorentätigkeit auszuüben), so ist Konkurrenz durch Dritte nicht möglich – weil rechtlich nicht zulässig – oder mindestens erschwert. Es muss sich also um Rechte handeln, die dem Berechtigten direkt eine ökonomische Exklusivstellung einräumen.[122] Dies ist z.B. nicht der Fall bei blossen Polizeibewilligungen oder anderen Zulassungen, für welche sich unter gleichen Bedingungen auch Konkurrenten qualifizieren können.[123]

38 Schliesslich erweitert BilatAbk 3 Abs. 1 und 2 den subjektiven Geltungsbereich des staatsvertraglichen Beschaffungsrechts im Verhältnis zur EU auf Behörden, öffentliche Unternehmen und andere Anbieterinnen mit besonderen und ausschliesslichen Rechten in den Sektoren Telekommunikation (BilatAbk 3 Abs. 2 Bst. a–c), Schienenverkehr (d.h. über den städtischen Nahverkehr gemäss GPA 2012 Anhang I Annex 3 Ziff. 3 hinaus; BilatAbk 3 Abs. 2 Bst. d) und Energieversorgung (Gas und Wärme, mit Ausnahme der Stromversorgung, die bereits unter GPA 2012 Anhang I Annex 3 Ziff. 2 fällt; zusätzlich Suche und Förderung fossiler Brennstoffe, BilatAbk 3 Abs. 2 Bst. e). Damit erfasst der Staatsvertragsbereich über das GPA 2012 und das BilatAbk sämtliche möglichen öffentlich und privat beherrschten Rechtssubjekte, die als Sektorenauftraggeberinnen auftreten.[124]

---

121 Vgl. BEYELER, Geltungsanspruch, Rz. 298 ff. Ausserhalb von Sektorenmärkten können öffentliche Unternehmen aber u.U. «andere Träger kommunaler und kantonaler Aufgaben» sein oder als überwiegend öffentlich subventionierte Auftraggeberinnen dem Nicht-Staatsvertragsbereich des Beschaffungsrechts unterstehen (vgl. BEYELER, Geltungsanspruch, Rz. 298); zum Ganzen auch GALLI/MOSER/LANG/STEINER, Rz. 151 f.

122 Zum Begriff der «besonderen und ausschliesslichen Rechte» eingehend BEYELER, Geltungsanspruch, Rz. 373 ff., insb. 384 ff.; vgl. konkret BilatAbk Anhänge II B–IV B betreffend die Schweiz; ferner GALLI/MOSER/LANG/STEINER, Rz. 153.

123 BEYELER, Geltungsanspruch, Rz. 377.

124 BEYELER, Geltungsanspruch, Rz. 469. Für eine nützliche Übersicht über die subjektive Unterstellung von Auftraggeberinnen im Sektorenkontext vgl. die Tabelle bei BEYELER, Geltungsanspruch, Rz. 529.

2. Umsetzung im Landesrecht

Auf Bundesebene setzt BöB 4 Abs. 2 diese Vorgaben um für Sektorenauftraggeberinnen, die (i) als öffentliche Unternehmen oder (ii) als private, mit ausschliesslichen oder besonderen Rechten ausgestattete Unternehmen (iii) öffentliche Dienstleistungen in den Sektoren gemäss Bst. a–h erbringen. (*Pro memoria*: Auftraggeberinnen i.S.v. BöB 4 Abs. 1 werden subjektiv ohnehin integral erfasst, auch wenn sie Sektorentätigkeiten entfalten, sofern sie in der Positivliste von GPA 2012 Anhang I Annex 1 erscheinen.) BöB 4 Abs. 2 ersetzt das umständliche Vorgängersystem von aVöB 2a Abs. 1 und 2 i.V.m. aBöB 2 Abs. 2.

39

Auf kantonaler und kommunaler Ebene erfasst IVöB 4 Abs. 2 im Staatsvertragsbereich – nach dem funktionalen Auftraggeberbegriff auf subzentraler Ebene – «staatliche Behörden» (inkl. EöR), öffentliche Unternehmen und private Unternehmen, die mit ausschliesslichen oder besonderen Rechten ausgestattet sind und öffentliche Dienstleistungen in den Sektoren gemäss Bst. a–h erbringen. IVöB 4 Abs. 2 ersetzt aIVöB 8 Abs. 1 Bst. c. Die Listen der Wirtschaftssektoren in BöB 4 Abs. 2 und IVöB 4 Abs. 2 entsprechen sich weitgehend, mit folgenden Unterschieden: IVöB 4 Abs. 2 Bst. c nennt Verkehrsdienstleistungen im städtischen Nahverkehr (vgl. GPA 2012 Anhang I Annex 3 Ziff. 3; dies ist auf Bundesebene nicht von Belang[125]). BöB 4 Abs. 2 Bst. e erwähnt das Bereitstellen von reservierten Postdiensten i.S.v. PG 18 (vgl. GPA 2012 Anhang I Annex 3 Ziff. 6; dies ist auf subzentraler Ebene nicht von Bedeutung).

40

3. Nur Teilunterstellung von Sektorenauftraggeberinnen im Kernbereich

Sektorenauftraggeberinnen unterstehen dem Beschaffungsrecht nur für Beschaffungen zugunsten ihrer Sektoren-Kerntätigkeit.[126] Dies ist der Fall, wenn die konkrete Beschaffung der Kerntätigkeit funktional dient, d.h., wenn sie zur rechtskonformen, fachgerechten und zeitgemässen Erledigung der Kerntätigkeit direkt und indirekt erforderlich ist. Dies erfasst die Beschaffung sämtlicher Betriebsmittel aus den beschaffungsrechtlichen Auftragskategorien, inkl. Infrastrukturleistungen. Die konkrete Beschaffung muss nicht zwingend oder unmittelbar[127] für die Kerntätigkeit notwendig sein. Sie muss jedoch dazu führen, dass sich diese effizienter erfüllen lässt – sie muss also für die Erbringung der Kerntätigkeit nützlich sein[128] (vgl. auch N 58 ff.).

41

---

125 Vgl. Botschaft BöB, S. 1891.
126 Vgl. etwa Komm BöB-Trüeb, Art. 2 N 13.
127 So noch aVöB 2a Abs. 2 Bst. b, wobei an die «Unmittelbarkeit» keine hohen Anforderungen gestellt wurden, vgl. etwa Komm BöB-Trüeb, Art. 2 N 15 f.
128 Vgl. Galli/Moser/Lang/Steiner, Rz. 155; Beyeler, Geltungsanspruch, Rz. 481, hält bereits eine Kindertagesstätte für nützlich und funktional konnex, wenn diese die Kerntätigkeit fördert, weil sie die Mitarbeitenden entlastet; aus der Praxis vgl. etwa BVGer B-82/2017 vom 24.04.2017, E. 1.3.1 (Einkauf von Planerleistungen durch die SBB AG); BVGer B-587/2019 vom 03.04.2019,

4. Ausschreibungspflicht nur für Beschaffungen zugunsten von Sektorentätigkeiten in der Schweiz

42 Nur wenn eine Beschaffung für eine Sektorentätigkeit in der Schweiz erfolgt, ist die Sektorenauftraggeberin subjektiv unterstellt. Beschaffungen für Sektorentätigkeiten im Ausland bewirken keine subjektive Unterstellung der Sektorenauftraggeberin in der Schweiz. Es gilt das Territorialitätsprinzip.[129]

5. «Ausklinkung» von Sektoren

43 Herrscht in einem Sektor i.S.v. BöB/IVöB 4 Abs. 2 wirksamer Wettbewerb, so kann ihn der Bundesrat über BöB/IVöB 7 (neu auch im Staatsvertragsbereich des GPA 2012) und BilatAbk 3 Abs. 5 (wie bisher für Sektorenunternehmen im Verhältnis zur EU) durch Erlass einer Verordnung generell-abstrakt «ausklinken». Eine solche Ausklinkung erfasst alle Unternehmen im betreffenden Sektor und alle ihre Sektorentätigkeiten (vgl. Art. 7 N 15 ff.).

B. Zu den einzelnen Sektorenauftraggeberinnen

44 Die nachstehenden Ausführungen orientieren sich am Katalog von BöB/IVöB 4 Abs. 2.

1. Ausgeklinkt: Telekommunikation und Schienengüterverkehr

45 Die Sektoren «Telekommunikation» (BilatAbk 3 Abs. 2 Bst. a–c) und «Schienengüterverkehr auf der Normalspur» (als Teil des Schienenverkehrs nach BilatAbk 3 Abs. 2 Bst. d) wurden auf Grundlage von BilatAbk 3 Abs. 5 «ausgeklinkt», weil sie mittlerweile liberalisiert und wirksamem Wettbewerb ausgesetzt sind (vgl. Art. 7 N 18). Die Swisscom AG bzw. die SBB Cargo AG sowie ihre Konkurrentinnen unterstehen für Beschaffungen zugunsten von Tätigkeiten in den ausgeklinkten Sektoren nicht mehr dem Beschaffungsrecht (BilatAbk 3 Abs. 2 Bst. a–c, BilatAbk Anhang I bzw. BilatAbk 3 Abs. 2 Bst. d und BilatAbk Anhang II).

2. Trinkwasserversorgung

46 Erfasst werden staatliche Behörden, öffentliche Unternehmen und private Unternehmen mit Exklusivrechten in den Kernbereichen der Gewinnung, Fortleitung und Verteilung sowie Versorgung von Netzen mit Trinkwasser. Sie sind aufgrund kommunaler oder kantonaler Gesetzgebung oder «der darauf abgestützten, individuellen Vereinbarungen» (z.B. Leistungsaufträgen) tätig (z.B. Wasserverbund Region Bern AG; Hardwas-

---

E. 2.2 (Einkauf von Hohlwellenprüfanlagen durch die SBB AG); VGer AG, WBE.2014.219, 21.08.2013, E. 4.1 (Einkauf von Ganzkörperkontaminationsmonitoren durch ein Kernkraftwerk).
129 Vgl. BöB/IVöB 4 Abs. 2; VGer AG, WBE.2015.31 vom 01.06.2015, in: AGVE 2015 Nr. 34, S. 229 ff.; eingehend BEYELER, Geltungsanspruch, Rz. 545 ff.

ser AG; Wasserversorgung Zug AG).[130] Der Kerntätigkeit dient etwa die Vergabe von Ingenieurleistungen für die Planung der Erneuerung eines städtischen Trinkwasserwerks.[131] Abwasseranlagen fallen dagegen nicht in diesen Sektorenbereich.[132] Das BilatAbk gilt sodann nicht für Aufträge zur Wasserbeschaffung[133] (BöB/IVöB 4 Abs. 2 Bst. a; GPA 2012 Anhang I Annex 3 Ziff. 1/I; BilatAbk 3 Abs. 2 Bst. f/i und BilatAbk Anhang IV B Bst. a).

3. Elektrizitätsversorgung

Erfasst werden staatliche Behörden, öffentliche Unternehmen und private Unternehmen mit Exklusivitätsrechten in den Kernbereichen der Produktion, Fortleitung und Verteilung sowie Versorgung von Netzen mit Elektrizität – also EVU, die auf allen Netzebenen (Übertragung, Verteilung, Versorgung, inkl. der vorgelagerten Produktion) tätig sind (z.B. Axpo AG; BKW FMB Energie AG). Besonders zu erwähnen ist die Swissgrid AG: Diese betreibt als nationale Netzgesellschaft (StromVG 18) das schweizerische Übertragungsnetz (StromVG 4 Abs. 1 Bst. h). Swissgrid muss von Gesetzes wegen staatlich kontrolliert sein (ihr Kapital und die damit verbundenen Stimmrechte müssen direkt oder indirekt mehrheitlich Kantonen und Gemeinden gehören; StromVG 18 Abs. 3). Zudem wurde sie «im öffentlichen Interesse» gegründet und ist nichtgewerblich tätig, weil sie wegen StromVG 18 keiner Konkurrenz ausgesetzt ist. Das Bundesverwaltungsgericht qualifiziert sie deshalb als Sektoren-EöR i.S.v. GPA 1994 Anhang I Annex 3 Anm. 2 und nicht bloss als privates Elektrizitätsunternehmen i.S.v. BilatAbk 3 Abs. 3 Bst. f[134] (BöB/IVöB 4 Abs. 2 Bst. b; GPA 2012 Anhang I Annex 3 Ziff. 2/II; BilatAbk 3 Abs. 2 Bst. f/ii und BilatAbk Anhang IV B Bst. b). 47

Im Bereich der Stromproduktion erfasst der Sektorenbereich nur die Stromerzeugung aus Wasser- oder Kernkraft. Diese Produktionsarten erfordern eine Konzession im Sinne des WRG bzw. im Sinne des KEG. Die Stromproduktion aus regenerierbaren Quellen (etwa Sonnenenergie und Windkraft) ist in der Regel konzessionsfrei und steht allen offen – sie spielt sich im Wettbewerb ab und erfolgt gewerblich.[135] Dies bedeutet, dass im 48

---

130 Vgl. GPA 2012 Anhang I Annex 3 Ziff. 1/I.
131 Vgl. VGer ZH, VB.2016.00025 vom 27.09.2016, *passim* (dazu auch BGer 2C_1021/2016 und 2D_39/2016 vom 18.07.2017, E. 2.1); unbestritten war die subjektive Unterstellung des Zweckverbands Seewasserwerk Hirsacker-Appital bei der Ausschreibung von Planungs- und Bauaufträgen für ein Seewasserwerk (VGer ZH, VB.2008.00347 vom 10.12.2008, *passim*).
132 Vgl. etwa VGer ZH, VB.1999.00015 vom 17.02.2000, E. 2; VGer ZH, VB.1999.00106 vom 17.02.2000, E. 3.
133 BilatAbk Anhang VIII Bst. c.
134 BVGer B-4011/2018 vom 11.10.2018, E. 1.3 (=BVGE 2018 IV/6, ohne Erwägungen zur subjektiven Unterstellung); ungenau die Hinweise auf das BilatAbk in BVGer B-7479/2016 vom 08.05.2017, E. 1.1.1 (vgl. Beyeler, EuGH 2016/2017, Rz. 7; Beyeler/Jäger/Scherler/Zufferey, Geltungsbereich, S. 240 ff.); zur Unterstellung der Swissgrid AG vgl. Galli/Moser/Lang/Steiner, Rz. 162; Beyeler, Geltungsanspruch, Rz. 544.
135 Vgl. Beyeler, Strommarkt, S. 209; KGer GE, ATA/836/2012 vom 18.12.2012, E. 5–13.

Kernbereich «Stromproduktion» nur Beschaffungen für die Stromerzeugung aus Wasser- und Kernkraft in den Kernbereich eines Sektorenunternehmens fallen. Erzeugt aber etwa ein (nichtprivates, staatsgebundenes) Kantons- oder Gemeindewerk als Auftraggeberin i.S.v. IVöB 4 Abs. 1/GPA 2012 Anhang I Annex 2 Strom z.B. aus Sonnen- oder Windenergie, so ist es zwar nicht nach Sektorenvergaberecht (IVöB 4 Abs. 2; GPA 2012 Anhang I Annex 3) unterstellt, aber nach dem allgemeinen Beschaffungsrecht.[136] Im Bereich Fortleitung, Verteilung sowie Versorgung von Netzen mit Strom verlangt GPA 2012 Anhang I Annex 3/II, dass eine Sektorenauftraggeberin über ein Enteignungsrecht i.S. des EleG verfügt. Im Zentrum dürften aber mittlerweile die Anschlusspflichten (StromVG 5) der Netzbetreiber und ihre Versorgungspflichten zugunsten fester Endverbraucher (StromVG 6; inkl. Grosskunden, die auf den freien Netzzugang verzichtet haben[137]) stehen sowie die damit verbundenen (berechtigenden und verpflichtenden) Exklusivpositionen. In der Schweiz stehen sodann nach wie vor die meisten EVU unter staatlicher Kontrolle (als staatliche Behörden bzw. EöR oder als öffentliche Unternehmen; vgl. Art. 7 N 7). Besonders im Elektrizitätsmarkt ist zu prüfen, ob eine Beschaffung einer Sektorentätigkeit dient, die gewerblich (also im Wettbewerb) geschieht – z.B. Stromverkauf an freie Endkunden mit Netzzugang, die ihren Stromversorger wählen können. Beschafft ein EVU z.B. Strom, den es hauptsächlich an solche freien Endkunden im Wettbewerb weiterverkauft, ist es gewerblich tätig, und der Wettbewerbsdruck im Absatzmarkt sorgt dafür, dass der Einkauf des EVU zu effizienten Bedingungen erfolgt.[138] Es greift die Ausnahme von GPA 2012 II:2 Bst. a/ii bzw. BilatAbk Anhang VIII Bst. b und BöB 10 Abs. 1 Bst. a. Dient die Beschaffung auch gebundenen Endkunden in der Grundversorgung (StromVG 6), ist nach den Regeln für gemischte Verträge bzw. nach der Präponderanzmethode vorzugehen. Zur objektiven Unterstellung verschiedener Einkaufstätigkeiten von EVU vgl. auch BilatAbk Anhang VIII Bst. f.

49 Zur Kerntätigkeit einer Sektorenauftraggeberin im Elektrizitätssektor gehört etwa die Beschaffung eines Informatiksystems für ein Wasserkraftwerk – dieses ist für die Sektorentätigkeit nötig;[139] der Kerntätigkeit einer Kernkraftwerk-Betreiberin dient auch etwa die Beschaffung von Ganzkörperkontaminationsmonitoren.[140]

4. Verkehrsendeinrichtungen des Flug- und Binnenschiffverkehrs

50 Staatliche Behörden, öffentliche Unternehmen und private Unternehmen mit Exklusivitätsrechten, die Flughäfen mit einer Konzession i.S.v. LFG 36a (z.B. der Flughafen Zürich-Kloten, der Aérodrome civil de Sion oder der Flughafen Bern-Belp; GPA 2012 An-

---

136 Vgl. etwa GALLI/MOSER/LANG/STEINER, Rz. 167; KGer GE, ATA/836/2012 vom 18.12.2012, E. 5–13 und die Bemerkungen in STÖCKLI/BEYELER, Vergaberecht 2014, Rz. 56 f.
137 StromVV 2 Abs. 1 Bst. f.
138 Vgl. Botschaft BöB, S. 1903; ferner Musterbotschaft IVöB, S. 28 f.
139 VGer GR, U 14 40 vom 04.08.2014, E. 1.
140 VGer AG, WBE.2014.219 vom 21.08.2014, E. 4.1, in: AGVE 2014 Nr. 34, S. 196 ff.

hang I Annex 3/IV) sowie Binnenhäfen (etwa die Schweizerischen Rheinhäfen; GPA 2012 Anhang I Annex 3/V) betreiben, bieten Verkehrsendeinrichtungen in einer Ausschliesslichkeitsposition an. Es handelt sich um Umschlagplätze, Terminals und ähnliche Einrichtungen, die eine Schnittstelle am Ende der Verkehrsverbindungen bilden[141] (BöB 4 Abs. 2 Bst. c und d; IVöB 4 Abs. 2 Bst. d und e; GPA 2012 Anhang I Annex 3 Ziff. 4 und 5/IV und V; BilatAbk 3 Abs. 2 Bst. f/iii–iv und BilatAbk Anhang IV B Bst. d [betreffend Flughäfen]).

5. Städtischer Nahverkehr

Erfasst werden staatliche Behörden, öffentliche Unternehmen und private Unternehmen mit Exklusivitätsrechten im Nahverkehr, z.B. per Strassenbahn oder Busverkehr. Entscheidend ist das Sicherstellen einer Transportleistung mit Erschliessungsfunktion aufgrund einer Personenbeförderungskonzession (PBG 6) oder eines vergleichbaren Ausschliesslichkeitsrechts, das im betreffenden Gebiet Konkurrenz ausschliesst (vgl. GPA 2012 Anhang I Annex 3/III; BilatAbk Anhang IV B Bst. c). Darunter fallen etwa städtische Verkehrsbetriebe. Auch die Postauto AG wird erfasst, soweit sie Transportleistungen im Rahmen von GPA 2012 Anhang I Annex 3 Ziff. 3/III anbietet und nicht im Wettbewerb tätig ist (vgl. N 53) (IVöB 4 Abs. 2 Bst. c[142]; GPA 2012 Anhang I Annex 3 Ziff. 3/III; BilatAbk 3 Abs. 2 Bst. f/v). 51

6. Post im reservierten Bereich

Die Schweizerische Post (als spezialgesetzliche AG i.S.v. POG 2) ist ein öffentliches Unternehmen und erscheint neu nicht mehr als «Bundesbehörde» in GPA 2012 Anhang I Annex 1. Sie fällt als Sektorenauftraggeberin für Tätigkeiten, für welche sie über ein ausschliessliches Recht verfügt (GPA 2012 Anhang 1 Annex 3/VI), in den subjektiven Geltungsbereich des Beschaffungsrechts. Ausschreibungspflichtig ist die Schweizerische Post deshalb unter dem neuen Recht nur noch für Beschaffungen, die ihren Leistungen im reservierten Bereich i.S.v. PG 18 dienen (d.h. Briefpost bis 50 g) und nicht auch den übrigen Tätigkeiten der Grundversorgung i.S.v. PG 14. Zu denken ist etwa an Sortieranlagen oder Behältnisse für Briefe bis 50 g. Für Tätigkeiten, welche die Schweizerische Post im Wettbewerb mit Dritten anbietet, untersteht sie subjektiv nicht dem Beschaffungsrecht (vgl. GPA 2012 II:2 Bst. a/ii und GPA 2012 Anhang I Annex 3 Anm. 2 betreffend Annex 3; vgl. auch N 24 ff.). Dient eine Beschaffung nicht ausschliesslich einem Wettbewerbsbereich, sondern auch den reservierten Tätigkeiten, so ist nach den Zuordnungsregeln für gemischte Verträge bzw. nach der Präponderanzmethode vorzugehen: Dient die Beschaffung volumenmässig schwergewichtig den reservierten Tätigkeiten, so ist sie integral ausschreibungspflichtig bzw. die Schweizerische Post ist diesbezüglich als 52

---

141 Botschaft BöB, S. 1889.
142 Dieser Sektor wird nur auf subzentraler Ebene in der IVöB geregelt (Botschaft BöB, S. 1891).

Sektorenauftraggeberin teilunterstellt (BöB 4 Abs. 2 Bst. e; GPA 2012 Anhang I Annex 3 Ziff. 6/VI).[143]

53 Die Postauto AG erscheint nicht explizit im GPA 2012 und im BöB – anders als noch unter GPA 1994 Anhang I Annex 1 und aBöB 2 Abs. 1 Bst. d. Sie ist jedoch als öffentliches Unternehmen – ebenfalls nach allgemeinen Grundsätzen – neu eine Sektorenauftraggeberin i.S.v. GPA 2012 Anhang I Annex 3 Ziff. 3/III im Bereich des Nahverkehrs (vgl. N 51). Denn es müssen immer einzelne Tätigkeiten von Sektorenauftraggeberinnen und nicht die Sektorenauftraggeberinnen an sich daraufhin beurteilt werden, ob sie unter die Kataloge von GPA 2012 Anhang I Annex 3 und BilatAbk 3 Abs. 2 fallen. Soweit die Postauto AG im Wettbewerb tätig ist (z.B. für Ausflugsfahrten), ist sie nicht Sektorenauftraggeberin. Ist sie dagegen aufgrund einer Personenbeförderungskonzession (PBG 6) tätig, wird ihr ein Ausschliesslichkeitsrecht für die konzessionierte Strecke eingeräumt, und sie ist vor Konkurrenz geschützt (vgl. PBG 9 Abs. 2 Bst. b). Dies gilt für den bestellten regionalen Personenverkehr auf der Strasse (PBG 32) und für den städtischen bzw. kommunalen Bus-Nahverkehr grundsätzlich gleichermassen. Zwar mögen Ausschreibungsverfahren für solche Konzessionen und für kommunale Leistungsaufträge nach Wettbewerbsgesichtspunkten ausgestaltet sein. Strassentransportunternehmen mögen ausserdem verpflichtet sein, ihre Dienstleistungen wirtschaftlich und unter steter Effizienzkontrolle der Konzessionsbehörden bzw. der Auftraggeberinnen zu erbringen, wobei sie befürchten müssen, dass Konzessionen und Leistungsaufträge nicht verlängert oder widerrufen (bzw. aufgelöst) werden, sollte die Leistungserbringung unwirtschaftlich erfolgen. Dies schafft aber auf dem «Transportmarkt» (der dem «Konzessionsmarkt» nachgelagert ist) kaum wirksamen Wettbewerb, der auf dieser Stufe das beschaffungsrechtliche Korrektiv hinfällig machen würde.[144] Vor diesem Hintergrund lässt es sich nur mit einem gesetzgeberischen Versehen erklären, dass lediglich IVöB 4 Abs. 2 Bst. c, nicht aber BöB 4 Abs. 2 Transportdienstleistungen i.S.v. GPA 2012 Anhang I Annex 3 Ziff. 3/III erwähnt. Denn es liegt auf der Hand, dass auch öffentliche

---

143 Für die Anwendung der Infektionstheorie im Allgemeinen und auf die Post im Besonderen besteht unter dem neuen Recht kein Platz mehr. BVGer B-4288/2014 vom 25.03.2015 (E. 2.1.4–2.1.9), wonach der Teil einer Beschaffung, der auch Nicht-Wettbewerbstätigkeiten der Post diente, den bedeutenderen «Wettbewerbsteil» dieser Beschaffung «infizierte» und deshalb den gesamten Auftrag ausschreibungspflichtig machte, ist überholt. Die Post ist als Sektorenauftraggeberin gleich wie etwa die SBB AG zu behandeln (vgl. die Kritik an diesem Entscheid von BEYELER, EuGH, Rz. 11; BEYELER/SCHERLER, Geltungsbereich, S. 41 ff.; zur Situation unter dem GPA 2012 BEYELER, Präponderanz, S. 219 f.).

144 Es ist auch nicht leichthin anzunehmen, dass unter dem BöB eine Ausnahmeregel nach dem Vorbild von RL 2014/25/EU 4 Abs. 3 Satz 2 anwendbar sein könnte, wonach Rechte nicht als «besondere oder ausschliessliche Rechte» gelten, wenn sie in einem «angemessen bekannt gegebenen und auf objektiven Kriterien beruhenden Verfahren gewährt wurden». Dasselbe gilt für die analoge Regel von und RL 2014/23/EU 7 Abs. 2, wonach Stellen, «denen in einem angemessen bekannt gegebenen Verfahren besondere und ausschliessliche Rechte auf Grundlage objektiver Kriterien gewährt wurden», nicht als «Auftraggeber» gelten. Ausserdem sind diese Ausnahmen ohnehin nur für private Unternehmen, nicht aber für öffentliche Unternehmen einschlägig.

Unternehmen des Bundes solche Dienstleistungen erbringen können (und dies auch tun). Ausserdem erfasst GPA 2012 Anhang I Annex 3 Sektorenauftraggeberinnen (resp. ihre Tätigkeiten) unabhängig von ihrer förderativen Stufe, also auf Bundes-, Kantons- und Bezirks- bzw. Gemeindeebene gleichermassen.[145] BöB 4 Abs. 2 weist deshalb in Bezug auf GPA 2012 Anhang I Annex 3 Ziff. 3/III eine echte Lücke auf. BöB 4 Abs. 2 ist nicht nur planwidrig, sondern insb. staatsvertragswidrig unvollständig. Einen entsprechenden Vorbehalt in diesem Bereich hatte die Schweiz gegenüber der WTO nicht formuliert. Diese Lücke muss von der Rechtsprechung deshalb *modo legislatoris* geschlossen werden, indem BöB 4 Abs. 2 staatsvertragskonform ausgelegt und ergänzt wird. Auch ein qualifiziertes Schweigen des Bundesgesetzgebers in BöB 4 Abs. 2 lässt sich nicht leichthin annehmen: Es ist nicht ersichtlich, dass der Gesetzgeber bewusst gegen staatsvertragliche Pflichten verstossen wollte – es bestehen keine Hinweise auf einen Anwendungsfall der «Schubert-Praxis». Keine Abhilfe schafft auch IVöB 4 Abs. 2 Bst. c, da die IVöB keine Vergabestellen des Bundes (wie die Postauto AG) erfasst.

7. Eisenbahn-Fernverkehr (Personenverkehr)

Erfasst werden staatliche Behörden, öffentliche Unternehmen und private Unternehmen mit Exklusivitätsrechten, die Eisenbahnen und den darauf durchgeführten Verkehr betreiben. Im Zentrum stehen also Bau und Betrieb von Eisenbahnen mit der ganzen Netzinfrastruktur (Netzerstellung, Netzbetrieb, andere Infrastrukturtätigkeiten) und alle Leistungen, die diesen Kerntätigkeiten in Bezug auf die Vergangenheit, die Gegenwart und die Zukunft funktionell dienen.[146] Subjektiv werden auf Bundesebene die SBB und die von ihr kapital- und stimmenmässig beherrschten Eisenbahnunternehmen wie die Alp Transit Gotthard AG, die BLS Netz AG oder die Matterhorn Gotthard Infrastruktur AG erfasst. Blosse Finanzbeteiligungen des Bundes oder der SBB oder Beteiligungen an Unternehmen, die nicht unmittelbar im Verkehrsbereich tätig sind, sind nicht unterstellt.[147] Die BLS AG, die RhB, die SOB[148] oder andere kantonale Eisenbahnunternehmen (wie die Compagnie des chemins de fer du Jura[149]) unterstehen kantonalem Recht, ausser sie machen von ihrer Rechtswahl i.S.v. BöB 5 Abs. 3/IVöB 5 Abs. 6 Gebrauch (BöB/IVöB 4 Abs. 2 Bst. f; BilatAbk 3 Abs. 2 Bst. d, BilatAbk Anhang II B).[150] 54

Was der Kerntätigkeit eines Eisenbahnunternehmens (Bau und Betrieb der Eisenbahn) dient, ist – wie bei allen Sektorenauftraggeberinnen – im Einzelfall zu beurteilen.[151] Die 55

---

145 Vgl. etwa Botschaft BöB, S. 2105.
146 BVGer B-93/2007 vom 08.06.2007, E. 4.2 ff.
147 BilatAbk Anhang II B Fn. 13 und 15.
148 Die SOB fällt unter BilatAbk 3 Abs. 2 Bst. d, steht aber nicht unter beherrschendem Einfluss des Bundes und fällt deshalb unter das kantonale Beschaffungsrecht (vgl. VGer SG, B 2018/53 vom 13.102018, E. 1).
149 Vgl. KGer JU, ADM 55/2010 vom 26.07.2010, E. 1.
150 Zum Ganzen vgl. Botschaft BöB, S. 1890 f.; eingehend Beyeler, Geltungsanspruch, Rz. 534 ff.
151 Botschaft BöB, S. 1891; Galli/Moser/Lang/Steiner, Rz. 158 ff.; Beyeler, Geltungsanspruch, Rz. 534 ff.; Komm BöB-Trüeb, Art. 2 N 14 ff.

diesbezügliche Praxis im Eisenbahnsektor ist vielfältig. Ein funktionaler Bezug zur Bahnbetriebs-Kerntätigkeit wurde etwa in den folgenden Fällen bejaht (Auswahl): Planer- und Montageleistungen für SBB-Bahnstromanlagen;[152] Anlagen zur sicherheitsrelevanten Prüfung von Rollmaterial;[153] Lieferung von und Dienstleistungen an Warnanlagen;[154] Lieferung von Tunnelorientierungsbeleuchtung;[155] Lieferung von Reinigungsprodukten für Immobilien, RailClean und Schienenfahrzeuge des Personenverkehrs;[156] Dienstleistungen für die Reinigung des Gotthard-Basistunnels;[157] Projekt-Controlling-Software im Rahmen der NEAT, beschafft durch die Alptransit Gotthard AG (mit eingehender Auseinandersetzung zum «unmittelbaren» Zusammenhang gemäss aVöB 2a Abs. 2 Bst. b unter dem Aspekt des weiter gefassten, dienend-funktionalen Bezugs zur Kerntätigkeit);[158] Beschaffung von Sitzbezügen für Eisenbahnwagen;[159] Bau von Lärmschutzwänden an einer Eisenbahnlinie;[160] Planungs- und Bauaufträge der Alptransit Gotthard AG für Fahrbahn und Weichen und Liefer- sowie Dienstleistungsaufträge für bahntechnische Ausrüstung des Ceneri-Basistunnels;[161] Dienstleistungen im Bereich Operational Risk Management, welche die Sicherheit der Bahninfrastruktur gewährleisten;[162] Erneuerung eines Funksystems für die Matterhorn-Gotthard-Bahn, beschafft durch die Matterhorn Gotthard Infrastruktur AG;[163] Projektwettbewerb für die Erweiterung eines Bahnhofs;[164] Bearbeitung von Sicherheitsstreifen entlang von Bahnstrecken, um Betriebsstörungen durch Äste etc. zu vermeiden und um die Bahnsicherheit zu gewährleisten;[165] PWLAN-Dienstleistungen für den Eigenbedarf der SBB (drahtlose Breitband-Kommunikation zwischen Mitarbeitenden für diverse Bahnanwendungen);[166] Vermessungsingenieurmandat betreffend Eisenbahnanlagen;[167] Aufträge für den Aufbau einer Inventar-Datenbank mit Informationen über das Netz, auf welche die SBB angewiesen sind;[168] Aufträge im Zusammenhang mit der Erweite-

---

152 BVGer B-82/2017 vom 24.04.2017, E. 1.3.1.
153 BVGer B-587/2019 vom 03.04.2019, E. 2.3.
154 BVGer B-7753/2016 vom 01.02.2018, E. 2.2.2.
155 BVGer B-3644/2017 vom 23.08.2017, E. 2.4.
156 BVGer B-4387/2017 vom 08.02.2017, E. 1.2 (= BVGE 2018 IV/2, ohne E. 1.2); vgl. auch BVGer B-4086/2018 vom 30.08.2018, E. 1.3.1.
157 BVGer B-4637/2016 vom 17.03.2017, E. 1.1.
158 BVGerB-4958/2013 vom 30.04.2014, E. 1.5.4.
159 BVGer B-1057/2012 vom 29.03.2012, E. 1.4.
160 BVGer B-913/2012 vom 28.03.2012, E. 4.1.
161 BVGer B-4902/2013 und B-4904/2013 vom 29.10.2013, E. 1.1.
162 BVGer B-1831/2018 vom 01.11.2018, E. 1.5.3 (=BVGE 2018 IV/11, ohne E. 1.5.3).
163 BVGer B-5084/2007 vom 28.01.208, E. 1.1 f.
164 BVGer B-6588/2018 vom 04.02.2019, E. 4.3.
165 BRK-2003–021 vom 05.11.2003, E. 1a (Auftrag jedoch nicht objektiv unterstellt).
166 BRK 2004–012 vom 30.11.2004 (VPB 69.32), E. ab/bb (Auftrag jedoch nicht objektiv unterstellt).
167 BVGer B-1774/2006 vom 13.03.2007, E. 1.2.
168 BVGer B-4621/2008 vom 06.10.2008, E. 1.1.2.2.

rung einer Serviceanlage, die in erster Linie der Wartung von Personenzügen dient;[169] Lieferung von Billettautomaten.[170]

Ein funktionaler Bezug zur Bahnbetriebs-Kerntätigkeit wurde etwa in den folgenden Fällen verneint (Auswahl): Besonders illustrativ und mit einem Überblick über die Rechtsprechung: Die Beschaffung einer Software für das Fremdwährungsmanagement als Teil einer Online-Fahrkarten-Applikation liegt als Geldwechselgeschäft/Finanzdienstleistung ausserhalb der Kerntätigkeit der SBB AG. Ein bloss finanzieller Bezug zur Kerntätigkeit genügt nicht und ist nicht «funktional». Diese Fremdwährungswechselfunktion liess sich aber nicht von der Fahrkartenverkaufsfunktion der gleichen Applikation trennen. Nach der Präponderanzmethode war der ganze Auftrag nicht dem BöB unterstellt, weil sein Hauptteil auf das Geldwechselgeschäft entfiel.[171] Die Altlastensanierung «Rietliareal Goldach» stand nicht in einem funktionalen Zusammenhang zur Kerntätigkeit der SBB AG. Der Sanierungsbedarf war nicht durch den Schienenverkehr verursacht worden, sondern durch ein St. Galler Gaskraftwerk. Das Grundstück diente nicht überwiegend dem Bahnbetrieb bzw. wurde nicht «prägend» bahnbetrieblich genutzt. Es sollte umwelttechnisch saniert werden, um danach verkauft werden zu können; die reine Bewirtschaftung von Immobilien ohne bahnbetriebliche Nutzung dient nicht der Kerntätigkeit[172] – dies gilt auch etwa für diejenigen Teile von Bahnhöfen, die für den Bahnbetrieb nicht notwendig sind (z.B. Ladengeschäfte, Supermärkte).[173] Die «Ausschreibung» von Plakatanschlag-Konzessionen an Bahnhöfen der SBB ist kein öffentlicher Auftrag und dient auch nicht der Kerntätigkeit der SBB.[174]

8. Energieversorgung (mit Ausnahme der Elektrizitätsversorgung, also: Gas und Wärme, Gewinnung fossiler Brennstoffe)

Erfasst werden staatliche Behörden, öffentliche Unternehmen und private Unternehmen mit Exklusivitätsrechten, die Gas und Wärme produzieren, transportieren und verteilen und damit Gas- und Fernwärmenetze versorgen. BilatAbk Anhang III B Bst. a

---

169 BVGer B-2561/2009 vom 20.07.2009, E. 1.1.
170 BVGer B-2575/2012 vom 23.07.2012, E. 1.3.
171 BVGer B-6350/2015 vom 22.02.2016, E. 3.5.3 (Präponderanztheorie, Ablehnung der Infektionstheorie), E. 3.6.2 (Beschreibung der Kerntätigkeit «Personenverkehr»). E. 3.6.2 a.E. und E. 3.7.7.1 f. (Fremdwährungswechsel als Tätigkeit, welche die Kerntätigkeiten bloss ergänzt und deshalb «sektorenfremd» ist; die Fremdwährungsfunktion und nicht der Ticketverkauf in Fremdwährung ist der Hauptteil der Applikation – Präponderanztheorie), E. 3.7.2.2 (ein nur finanzieller Zusammenhang zur Kerntätigkeit ist nicht funktional und daher ungenügend, denn der Zusammenhang muss über die blosse Mittelbewirtschaftung für die Kerntätigkeit hinausgehen; der vergaberechtsfreie Hauptzweck des Auftrags – also die Fremdwährungsfunktion – überwiegt den reinen Ticketverkauf). Zu diesem Entscheid vgl. BEYELER, Präponderanz, S. 218 ff.; BEYELER, EuGH 2016/2017, Rz. 10.
172 BVGer B-93/2007 vom 08.06.2007, E. 4.2 ff.
173 BEYELER, Geltungsanspruch, Rz. 536.
174 BVGer B-123/2019 vom 16.04.2019, E. 3.3.

verweist zur Beschreibung der Sektorenauftraggeberinnen (z.B. Swissgas AG und Gasverbund Ostschweiz) auf das RLG. RLG 2 verlangt mittlerweile keine Bundeskonzession mehr, sondern schreibt ein Plangenehmigungsverfahren vor. Mit Rohrleitungsanlagen von Gas- und Fernwärmeversorgern ist aber stets eine gewisse Ausschliesslichkeitsstellung (Gebietsmonopol) verbunden.[175] Für die Öl- und Gasgewinnung sowie das Schürfen von Kohle vgl. BilatAbk Anhang III B Bst. b und c. Zur Unterstellung von Einkaufstätigkeiten von Auftraggeberinnen in diesem Sektor vgl. BilatAbk Anhang VIII Bst. f. (BöB/IVöB 4 Abs. 2 Bst. g und h; BilatAbk 3 Abs. 2 Bst. 3/i–ii, BilatAbk Anhang III B).

IV. Abs. 3: Beschränkung auf Kerntätigkeiten

58 Sektorenauftraggeberinnen nach BöB/IVöB 4 Abs. 2 sind subjektiv dem Beschaffungsrecht nicht umfassend unterstellt (vgl. N 41). Sie sind nur für Beschaffungen «teilunterstellt», welche sie für ihre Kerntätigkeiten im betreffenden Sektor (BöB/IVöB 4 Abs. 2 Bst. a–h) durchführen.[176] Die Beschaffungen müssen zu diesen Kerntätigkeiten in einem funktionalen, dienenden Bezug stehen,[177] wobei dieser Bezug – also der Zweck des konkreten Auftrags – immer im Einzelfall zu beurteilen ist. Für Beschaffungen, die «ihren übrigen Tätigkeiten» dienen, sind die Sektorenauftraggeberinnen subjektiv nicht Vergabestellen (BöB/IVöB 4 Abs. 3). Der Gegenstand einer konkreten Beschaffung bzw. des konkreten Auftrags (der an sich Frage des objektiven Geltungsbereichs ist) beeinflusst somit die subjektive Unterstellung der handelnden Einheit.

59 Dient eine Beschaffung gleichzeitig einer Sektorentätigkeit und einer «übrigen» Tätigkeit, so ist wie bei der Zuordnung gemischter Verträge zu einer Auftragskategorie vorzugehen. Lässt sich eine Beschaffung sachlich sinnvoll und unter Beachtung des Zerstückelungsverbots unterteilen, so ist zu entscheiden, welcher Teil der Sektorentätigkeit dient. Ist eine solche Aufteilung nicht möglich, so ist in Anwendung der Präponderanzmethode[178] zu entscheiden, ob das Hauptvolumen des öffentlichen Auftrags der Sektorentätigkeit dient oder nicht.[179] Je nach Schwergewicht ist der ganze Auftrag ausschreibungspflichtig oder eben nicht. In diesem Zusammenhang ist in Erinnerung zu rufen,

---

175 Subjektive Unterstellung der damaligen Erdgas Zürich (damals eine privatrechtliche AG unter der Kontrolle der Stadt Zürich) als Sektorenauftraggeberin i.S.v. aIVöB 8 Abs. 2 Bst. c offengelassen in VGer ZH, VB.2000.00504 vom 31.01.2002, E. 1b. Erdgas Zürich werde aber unter dem BilatAbk (damals noch nicht in Kraft) als Sektorenauftraggeberin der Gasversorgung erfasst und ebenfalls als andere Trägerin kantonaler oder kommunaler Aufgaben i.S.v. BGBM 5 (a.a.O., E. 1c).
176 Botschaft BöB, S. 1891.
177 BEYELER, Geltungsanspruch, Rz. 481, 512.
178 Vgl. Art. 8 N 56 ff.. Aus der Praxis vgl. z.B. BRK 2003–025 vom 16.12.2003, E. 1; BVGE 2008/48, E. 4.3, 4.9; BVGer B-3060/2010 vom 27.07.2010, E. 4.2; KGer GE, ATA/836/2012 vom 18.12.2012, E. 7–12 (mit Bemerkungen von STÖCKLI/BEYELER, Vergaberecht 2014, Rz. 56 f.).
179 Zum Ganzen vgl. BEYELER, Geltungsanspruch, Rz. 515 ff.; TRÜEB/ZIMMERLI, Spitalfinanzierung, Rz. 140 m.H.

dass Sektorenunternehmen für Beschaffungen zugunsten ihrer Sektorentätigkeiten subjektiv dem Beschaffungsrecht u.a. deshalb unterstellt sind, weil in diesen Sektoren grundsätzlich kein wirksamer Wettbewerb herrscht; das Beschaffungsrecht kompensiert den fehlenden Wettbewerbsdruck (vgl. N 35; vgl. ebenfalls Art. 7 N 4, 10 ff.). Sobald eine Beschaffung eines Sektorenunternehmens schwergewichtig nicht einer Sektorentätigkeit dient, erfolgt sie für eine Tätigkeit im Wettbewerb. Für gewerbliche Tätigkeiten und Beschaffungen zugunsten solcher Tätigkeiten gilt die wettbewerbliche Generalausnahme von GPA 2012 II:2 Bst. a/ii im Einzelfall (vgl. N 24 ff.), oder die betreffende Tätigkeit bzw. der relevante Sektorenmarkt wurde i.S.v. BöB/IVöB 7 generell-abstrakt «ausgeklinkt». Damit bleibt für die «Infektionstheorie» kein Platz: Die soeben erwähnte Generalausnahme und auch die «Ausklinkklausel» (vgl. Art. 7 N 15) verstehen die «Gewerblichkeit» tätigkeits- und nicht subjektbezogen. Sektorenunternehmen, die ausschliesslich über BilatAbk 3 Abs. 2 dem Beschaffungsrecht unterstellt wurden, sind ebenfalls nur für Beschaffungen zugunsten ihrer Sektorentätigkeiten unterstellt, und auch für sie gilt die Präponderanzmethode.[180]

Auftraggeberinnen i.S.v. BöB 4 Abs. 1 (und damit auch von GPA 2012 Anhang I Annex 1) werden von BöB 4 Abs. 3 indessen nicht erfasst. Sie unterstehen dem Beschaffungsrecht umfassend (also für alle ihre öffentlichen Aufträge), selbst wenn sie Sektorentätigkeiten wahrnehmen. Je nachdem, ob eine Beschaffung im Rahmen der Sektoren- oder einer Nicht-Sektorentätigkeit einer solchen Auftraggeberin erfolgt, gilt aber das Sektoren- oder das «allgemeinen» Vergaberecht. Dies kann Auswirkungen auf die jeweils anwendbaren Schwellenwerte haben.[181] 60

Dasselbe gilt für staatliche, zentrale und dezentrale Behörden der Kantone, Bezirke und Gemeinden i.S.v. IVöB 4 Abs. 1, einschliesslich EöR – sie fallen nicht unter IVöB 4 Abs. 3. Selbst wenn sie Sektorentätigkeiten ausüben, sind sie subjektiv nicht nur nach GPA 2012 Anhang I Annex 3 teilunterstellt, sondern nach GPA 2012 Anhang I Annex 2 sowie IVöB 4 Abs. 1 insgesamt nach «normalem Vergaberecht» für sämtliche Beschaffungen. Auch hier gilt: Führen sie Beschaffungen für eine Sektorentätigkeit durch, richten sich diese nach GPA 2012 Anhang I Annex 3, und es gilt Sektorenbeschaffungsrecht. Dient eine Beschaffung nicht einer solchen Sektorentätigkeit, so ist die Auftraggeberin nach GPA 2012 Anhang I Annex 2 unterstellt, und es gelten die allgemeinen Regeln (inkl. die unterschiedlichen, meistens tieferen Schwellenwerte) des «gewöhnlichen» Beschaffungsrechts.[182] 61

Für Auftraggeberinnen i.S.v. BöB/IVöB 4 Abs. 1 gilt indessen auch im Zusammenhang mit Sektorentätigkeiten, dass sie (wie alle Auftraggeberinnen) dem GPA 2012, dem BöB 62

---

180 Vgl. etwa BVGer B-6350/2016 vom 22.02.2016, E. 3.5.3; hierzu BEYELER, Präponderanz, S. 218 ff.
181 Botschaft BöB, S. 1889, 1891.
182 Vgl. BEYELER, Geltungsanspruch, Rz. 520 ff. (auch unter dem GPA 2012 einschlägig); GALLI/MOSER/LANG/STEINER, Rz. 168; Botschaft BöB, S. 1889; KGer GE, ATA/836/2012 vom 18.12.2012, E. 7–12, mit Bemerkungen von STÖCKLI/BEYELER, Vergaberecht 2014, Rz. 57.

und der IVöB (im Staatsvertragsbereich) nicht unterstehen für Beschaffungen, die im Einzelfall Tätigkeiten im wirksamen Wettbewerb dienen (vgl. N 19 ff., 24 ff.).[183]

V. Abs. 4: Umgehung und zentrale Beschaffungsstellen

A. Keine Umgehung

63 BöB 4 Abs. 4 überführt die Regel von aVöB 2d ins formelle Gesetz.[184] BöB 4 Abs. 4 dient der «Klarstellung», wonach die Regeln des Beschaffungsrechts nicht durch Vorschalten Dritter (die allenfalls nicht Auftraggeberinnen im Sinne des Gesetzes sind und deshalb dem Beschaffungsrecht nicht unterstehen) umgangen werden dürfen: «Die beschaffungsrechtlichen Vorgaben gelten auch für Dritte (d.h. nicht mit der unterstellten Auftraggeberin identische Beschaffungsstellen), die Leistungen im Auftrag der Auftraggeberin und als deren direkte oder indirekte Stellvertreter beschaffen. Dies gilt unabhängig davon, ob diese Dritten selber dem Gesetz unterstellt sind oder nicht. Durch das Vorschalten einer (zentralen) Beschaffungsstelle oder die Auslagerung dieser Arbeiten an Dritte kann das Gesetz nicht unterlaufen werden».[185] IVöB 4 Abs. 5 entspricht BöB 4 Abs. 4.

64 Das Bundesverwaltungsgericht hat die Grundsätze dieser «Umgehungsregel» in BVGE 2008/61 konkretisiert: AHV und IV hatten geplant, «marktordnend» Hörgeräte zu beschaffen. Weder AHV noch IV verfügen aber über Rechtspersönlichkeit. Vergabestelle war deshalb zwingend das BSV als das übergeordnete Bundesamt. Das BSV untersteht sowohl für eigene Beschaffungen als auch für Beschaffungen von AHV und IV subjektiv dem Beschaffungsrecht, auch wenn es im «Auftrag» von AHV und IV handelt, deren subjektive Unterstellung (offenbar) ungewiss war. Dies sei ein Gebot der Rechtssicherheit. Die Anwendung des Beschaffungsrechts «kann nicht durch das Vorschieben eines nicht unterstellten Dritten umgangen werden, selbst wenn Letzterer als im eigenen Namen ausschreibende Stelle auftritt».[186] Anders verhalte es sich indessen, wenn eine nicht dem Beschaffungsrecht unterstellte Organisation (damals die Stiftung Schweizerischer Nationalpark) eine unterstellte Einheit (damals das BBL) freiwillig mit der Beschaffung von Büromöbeln beauftrage.[187]

---

183 Vgl. die Generalausnahme von GPA 2012 II:2 Bst. a/ii; ferner GPA 2012 Anhang I Annex 2 Anm. 2 betreffend Annex 2 (zu EöR: «[...] n'ayant pas un caractère commercial ou industriel»); GPA 2012 Anhang I Annex 3 Fn. 1 («[...] ayant un caractère autre qu'industriel ou commercial»); GPA 2012 Anhang I Annex 3 Anm. 2 betreffend Annex 3, also allgemein zu Sektorenunternehmen grundsätzlich jeder Staatsstufe («[...] lorsque cette activité est exposée à la pleine concurrence du marché»).
184 Bereits bei Inkrafttreten von aVöB 2d im Jahr 2010 wurde darauf hingewiesen, diese Regel gehöre eigentlich ins formelle Gesetz (vgl. Erläuternder Bericht aVöB, S. 6).
185 Botschaft BöB, S. 1891.
186 BVGE 2008/61, E. 3.7.1.
187 BVGE 2008/61, E. 3.7 f.; GALLI/MOSER/LANG/STEINER, Rz. 117; BEYELER, B-6177/2008, S. 77.

Zusammengefasst heisst das: Führt eine nichtunterstellte für eine unterstellte Einheit 65
(Vergabe- und Bedarfsstelle) eine Vergabe durch, die Letzterer dient und von dieser finanziert wird, untersteht das Geschäft dem Beschaffungsrecht, und für den Dritten gelten wegen BöB 4 Abs. 4/IVöB 4 Abs. 5 die beschaffungsrechtlichen Regeln. Führt dagegen eine unterstellte Vergabestelle für einen nichtunterstellten Dritten (Bedarfsstelle) eine Vergabe durch, die diesem Dritten dient und von diesem finanziert wird, so untersteht die Vergabe nicht dem Beschaffungsrecht, und BöB 4 Abs. 4/IVöB 4 Abs. 5 wirken nicht.[188] Es findet somit eine wirtschaftliche, funktionale Betrachtungsweise im Einzelfall nach den Zwecken des Beschaffungsrechts statt.[189]

Nicht relevant ist, ob eine vertretungsweise handelnde Drittperson eine Beschaffungs- 66
aufgabe, die an sie delegiert wurde, nur einmal oder dauerhaft wahrnimmt und in wessen Namen sie nach aussen hin auftritt. Auch Dritte, an welche die Auftraggeberin eine Staatsaufgabe ausgelagert hat,[190] werden subjektiv erfasst, sofern diese Auslagerung nicht nach den Regeln des Beschaffungsrechts stattfand und deshalb für die Dritte der Grundsatz der «Einmaligkeit der Ausschreibung» (vgl. Art. 9 N 14, 21) gilt. Die Drittperson wird der von ihr vertretenen Auftraggeberin beschaffungsrechtlich gleichgestellt, selbst wenn sie selber nicht Vergabestelle im Sinne des Gesetzes ist (z.B. der Verein Osec [heute Switzerland Global Enterprise S-GE], der im Auftrag des SECO für die Eidgenossenschaft Leistungen im Bereich der Exportförderung erbringt).[191]

B. Zentrale Beschaffungsstellen

«Dritte» i.S.v. BöB 4 Abs. 4/IVöB 4 Abs. 5 sind auch zentrale Beschaffungsstellen, die in 67
der Regel in unechter Stellvertretung Vergaben für die Bedarfsstellen durchführen.[192] Die zentralen Beschaffungsstellen des Bundes i.S.v. Org-VöB 9 (Gruppe armasuisse, ASTRA, BBL, BRZ) sind grundsätzlich Teil der zentralen und dezentralen Bundesverwaltung und werden bereits deshalb subjektiv von BöB 4 Abs. 1 erfasst. Selbst wenn gewisse – z.B. auf Bundesebene neu gegründete – zentrale Beschaffungsstellen nicht in

---

188 Statt vieler vgl. BEYELER, VB.2008.00111, S. 97 f.; BEYELER, Fokus Nr. 1, S. 97 sowie BEYELER, Geltungsanspruch, Rz. 55 f., 67 f.; a.M. teilweise FETZ, Beschaffungsrecht, Rz. 62.
189 Zu den Implikationen verschiedener Stellvertretungs-Konstellationen vgl. BEYELER, Geltungsanspruch, Rz. 48 ff.
190 Vgl. BRK 1999–006 vom 03.09.1999 (VPB 64.30), E. 1 (Auslagerung der Batterieentsorgung).
191 Für Näheres vgl. GALLI/MOSER/LANG/STEINER, Rz. 118 m.w.H.; a.M. teilweise FETZ, Beschaffungsrecht, Rz. 62. Im Zuge der BöB-Revision wurde indessen klargestellt, dass die «Beauftragung mit der Förderung und Information über den Unternehmensstandort» gemäss dem Bundesgesetz zur Förderung der Information über den Unternehmensstandort Schweiz vom 05.10.2007 (SR 194.2) sowie die «Beauftragung mit der Exportförderung» gemäss dem Exportförderungsgesetz vom 06.10.2000 (SR 946.14) keine öffentlichen Aufträge i.S.v. BöB 9 seien. Die Beauftragten seien aber verpflichtet, gegenüber Dritten die Bestimmungen des BöB und der VöB zu beachten, «soweit diese anwendbar sind» (vgl. BöB Anhang 7 Ziff. 3 und 8 m.H. auf die neuen Bestimmungen der soeben erwähnten Bundesgesetze).
192 Vgl. auch Erläuternder Bericht IVöB, S. 14.

GPA 2012 Anhang I Annex 1 erscheinen würden, wären sie über BöB 4 Abs. 4 den Regeln des Beschaffungsrechts unterstellt, sofern sie Beschaffungen für unterstellte Bedarfsstellen tätigen: Wird die Beschaffungskompetenz auf eine verselbständigte Stelle ausgelagert, ändert dies nichts an der Geltung des GPA 2012.[193] Dasselbe gilt sinngemäss für zentrale Beschaffungsstellen auf Kantons- oder Gemeindeebene sowie für den Geltungsanspruch von GPA 2012 Anhang I Annex 2 im Lichte von IVöB 4 Abs. 5.

VI. Rechtsvergleichung

68 Im EU-Recht werden öffentliche Auftraggeberinnen allgemein in RL 2014/24/EU erfasst und definiert. Die «zentralen Regierungsbehörden», die «subzentralen öffentlichen Auftraggeber» sowie die EöR werden in RL 2014/24/EU 2 Abs. 1 Ziff. 1–4 beschrieben.[194] Diese Begriffe stimmen mit dem Ansatz des GPA 2012, des BilatAbk und von BöB/IVöB weitgehend überein. Sektorenauftraggeberinnen in den Bereichen Wasser-, Energie und Verkehrsversorgung sowie Postdienste werden von RL 2014/25/EU erfasst. Die Beschreibung dieser Auftraggeberinnen (hier unter Einschluss der öffentlichen Unternehmen und privater Unternehmen mit besonderen und ausschliesslichen Rechten) und die Teilunterstellung für Beschaffungen zugunsten der Sektorentätigkeiten (RL 2014/25/EU 3 und 4 Abs. 1–3)[195] sind mit dem schweizerischen Ansatz vergleichbar. Unter beiden RL weicht die Rechtsprechung der EU-Organe in Einzelfragen von der schweizerischen Praxis ab, liefert aber auch für das Schweizer Recht wertvolle Auslegungshinweise.

---

193 Vgl. etwa GALLI/MOSER/LANG/STEINER, Rz. 119; eingehend BEYELER, Geltungsanspruch, Rz. 72 f., insb. 75.
194 Vgl. auch RL 2014/24/EU, E. 10.
195 Vgl. v.a. auch RL 2014/25/EU, E. 12, 20, 21 sowie 43 ff. (betreffend Tätigkeiten im Wettbewerb).

Art. 5 Anwendbares Recht

¹ **Beteiligen sich mehrere dem Bundesrecht und** dem kantonalen Recht /*dieser Vereinbarung* unterstellte Auftraggeberinnen / *Auftraggeber* an einer Beschaffung, so ist das Recht des Gemeinwesens anwendbar, dessen Auftraggeberin / *Auftraggeber* den **grössten Teil an der Finanzierung trägt.** Überwiegt der kantonale Anteil insgesamt den **Bundesanteil,** so findet dieses Gesetz keine Anwendung/*kommt diese Vereinbarung zur Anwendung.*

² *Beteiligen sich mehrere dieser Vereinbarung unterstellte Auftraggeber an einer Beschaffung, so ist das Recht desjenigen Kantons anwendbar, der den grössten Anteil an der Finanzierung trägt.*

²/³ **Mehrere an einer Beschaffung beteiligte** Auftraggeberinnen / *Auftraggeber* **sind im gegenseitigen Einvernehmen befugt, eine gemeinsame Beschaffung in Abweichung von den vorstehenden Grundsätzen dem Recht** einer beteiligten Auftraggeberin / *eines beteiligten Auftraggebers* **zu unterstellen.**

⁴ *Eine Beschaffung, deren Ausführung nicht im Rechtsgebiet des Auftraggebers erfolgt, untersteht wahlweise dem Recht am Sitz des Auftraggebers oder am Ort, wo die Leistungen hauptsächlich erbracht werden.*

⁵ *Eine Beschaffung durch eine gemeinsame Trägerschaft untersteht dem Recht am Sitz der Trägerschaft. Hat diese keinen Sitz, findet das Recht am Ort Anwendung, wo die Leistungen hauptsächlich erbracht werden.*

³/⁶ **Öffentliche oder private Unternehmen mit ausschliesslichen oder besonderen Rechten, die ihnen durch den Bund verliehen wurden, oder die Aufgaben im nationalen Interesse erbringen, können wählen, ob sie ihre Beschaffungen dem Recht an ihrem Sitz oder dem Bundesrecht unterstellen.**

Inhaltsverzeichnis

I.	Grundlagen	1
II.	Abs. 1 BöB (IVöB 5 Abs. 1 und 2): Grundsatz	15
III.	Abs. 2 und Abs. 3 BöB (IVöB 5 Abs. 3, Abs. 4, 5 und Abs. 6) – Rechtswahl und Sonderkonstellationen	19
IV.	Exkurs: Public-Private Partnerships	28

2. Kapitel: Geltungsbereich

I. Grundlagen

1 Im Gegensatz zur Regelung im Unionsrecht, das eine einheitliche Ordnung auf europäischer Ebene vorsieht, ist es in der Schweiz bislang nicht gelungen, ein einheitliches Vergaberecht zu schaffen, das für Bund und Kantone gleichermassen gilt; die Schweiz kennt mithin 27 unterschiedliche Rechtsordnungen für ein und denselben Staat.[1] Im Lichte dieser Rechtszersplitterung und der für die Akteure im Beschaffungswesen damit einhergehenden Herausforderungen hat sich die Lehre bereits seit Jahren dezidiert für eine vollständige Harmonisierung des Vergaberechts ausgesprochen.[2]

2 Eines der beiden Hauptziele der Revision des öffentlichen Beschaffungsrechts bildete denn auch die Harmonisierung der Beschaffungsordnungen von Bund und Kantonen. Im Hinblick darauf, dass die Harmonisierungsbestrebungen unter Beibehaltung der föderalen Kompetenzregelung umgesetzt wurden, führte der Weg indes nicht über eine vereinheitlichende Rahmengesetzgebung, sondern eine möglichst weitgehende inhaltliche Angleichung der Beschaffungserlasse auf Bundes- und (inter-)kantonaler Ebene.[3]

3 Dieses heterogene Regelungsregime wirft im Kontext von Beschaffungen, an denen mehrere Auftraggeberinnen beteiligt sind, die nicht alle derselben Vergaberechtsordnung unterstehen, folglich auch inskünftig die Frage auf, nach welchem Recht *gemeinsame Beschaffungen* zu erfolgen haben. In diesem Zusammenhang kann im konkreten Einzelfall das Vergaberecht des Bundes oder eines der 26 Kantone anwendbar sein.

4 Die Bestimmungen über das öffentliche Beschaffungswesen beruhen auf einer parallelen Kompetenz des Bundes und der Kantone. In Bezug auf die Kantone resultiert dies aus der Generalklausel von BV 3, gemäss der sie ihr eigenes öffentliches Beschaffungswesen unter Vorbehalt der Einhaltung internationaler Abkommen nach BV 5 Abs. 4 regeln können. Der Bund kann seinerseits aufgrund einer inhärenten Kompetenz gemäss BV 164 Abs. 1 Bst. g legiferieren.[4]

5 Mit Blick auf die parallelen Gesetzgebungszuständigkeiten, die Bund und Kantonen im öffentlichen Beschaffungswesen zukommen, ist der Erlass von Kollisionsregeln für die Bezeichnung des anwendbaren Rechts bei gemeinsamen Beschaffungen unerlässlich. Bereits nach altem Recht bestanden auf Bundesebene mit aVöB 2c und auf interkantonaler Ebene mit aIVöB 8 Abs. 3 und 4 Kollisionsregeln betreffend *gemeinsame Beschaffungen* von Auftraggeberinnen gleicher oder verschiedener föderativer Stufe.[5]

6 Die Zuständigkeit des Bundes zum Erlass von Kollisionsregeln stützt sich auf eine implizite Kompetenz, die auf der Bundesaufgabe der Sicherstellung einheitlicher Binnen-

---

1 FHB-Trüeb, Rz. 25.7.
2 FHB-Trüeb, Rz. 25.7; Stöckli/Zufferey, S. 4; vgl. Beyeler, Revision, S. 145; vgl. auch Zufferey et al., S. 45 f.
3 Vgl. Botschaft BöB, S. 1854, 1865, 1867 f.; Musterbotschaft IVöB, S. 5, 11 f.
4 BGE 130 I 156, Pra 2004, Nr. 155, E. 2.6.
5 Weiterführend Beyeler, Geltungsanspruch, Rz. 76 ff.; vgl. auch Botschaft BöB, S. 1891.

marktbedingungen beruht:[6] Gemäss BV 95 Abs. 2 sorgt der Bund für einen einheitlichen schweizerischen Wirtschaftsraum. Diese im Kapitel über die Bundeszuständigkeiten aufgeführte Regelung bildet in erster Linie die Verfassungsgrundlage für die Gesetzgebung über den Binnenmarkt.[7] Sie verleiht dem Bund indes auch weitreichende Kompetenzen für die Gewährleistung eines homogenen Binnenraums, weshalb sich dieser gemäss Lehre und Rechtsprechung auf die entsprechende Bestimmung berufen kann, um in gewissen Bereichen das öffentliche Beschaffungswesen zu harmonisieren.[8] Der Erlass einer Kollisionsregel stützt sich damit auf den Harmonisierungsauftrag gemäss BV 95 Abs. 2.[9]

Die mit dem Erlass kollisionsrechtlicher Bestimmungen einhergehende Einschränkung der kantonalen Souveränität ist gemäss Rechtsprechung des Bundesgerichts verfassungskonform, zumal es dem Bund in einem System, das gemäss BV 49 auf dem Vorrang des Bundesrechts beruht, im Falle paralleler Kompetenzen der Kantone zustehe, Regelungen zu statuieren, die dazu dienen, positive oder negative Kompetenzkonflikte zu vermeiden.[10] 7

Mit der Totalrevision des BöB wurde die bisherige Bestimmung in aVöB 2c von der Regelungsstufe des Verordnungsrechts nunmehr in ein Gesetz im formellen Sinne überführt, wie dies gemäss BV 164 Abs. 1 Bst. g ohnedies erforderlich gewesen wäre.[11] Im Rahmen der neuen Bestimmung erfolgt sodann eine Ergänzung und Neuordnung der altrechtlichen Kollisionsregeln.[12] BöB 5 und dessen Pendant auf interkantonaler Ebene in IVöB 5 regeln die Grundzüge des Kollisionsrechts in Bezug auf unterschiedliche Konstellationen und statuieren neu auch ausdrückliche Rechtswahlklauseln. 8

---

6   BGE 130 I 156, Pra 2004, Nr. 155, E. 2.
7   Vgl. dazu BSK BV-UHLMANN, Art. 95 N 8 ff.
8   BGE 130 I 156, Pra 2004, Nr. 155, E. 2.7.3, m.w.H. u.a. auf VALLENDER, in: Verfassungsrecht, § 61 N 17.
9   BGE 130 I 156, Pra 2004, Nr. 155, E. 2.7.3, m.H. auf ZUFFEREY et al., S. 46. Diese Zuordnung der Kompetenz zum Bundesgesetz- bzw. vormals Bundesverordnungsgeber ist auch unter Sachgerechtigkeitsaspekten zu befürworten. Andernfalls führte dies im Hinblick auf das mit einer kantonalen Kompetenz zwangsläufig einhergehende Nebeneinander zahlreicher unterschiedlicher Lösungsansätze zu einer erheblichen Rechtszersplitterung und Rechtsunsicherheit (BGE 130 I 156, Pra 2004, Nr. 155, E. 2.7.3.).
10 BGE 130 I 156, Pra 2004, Nr. 155, E. 2.7.4. Das Bundesgericht erwog, dass dieses zentralstaatliche Vorrecht einerseits als zur Abgrenzung des eigenen Gesetzgebungsbereichs notwendige implizite Bundeszuständigkeit, anderseits als Anwendungsfall von aBV 42 Abs. 2 angesehen werden könne, wonach der Bund die Aufgaben übernehmen konnte, die einer *einheitlichen Regelung* bedürfen (BGE 130 I 156, Pra 2004, Nr. 155, E. 2.7.4; kritisch betreffend das Abstützen auf aBV 42 Abs. 2, BSK BV-BIAGGINI, Art. 42 N 14).
11 Erläuternder Bericht aVöB, S. 14 f.; vgl. BSK BV-WYTTENBACH/WYSS, Art. 164 N 36.
12 Botschaft BöB, S. 1891.

2. Kapitel: Geltungsbereich

9 Die bundesbeschaffungsrechtliche Kollisionsnorm erfasst dabei Beschaffungen,

- an denen mehrere dem Bundes- und dem kantonalen Recht unterstellte Auftraggeberinnen beteiligt sind (BöB 5 Abs. 1); oder
- von Auftraggeberinnen mit besonderer rechtlicher Stellung (BöB 5 Abs. 3).

10 Nebst komplementären Bestimmungen zur Regelung auf Bundesebene erfasst die Normierung in IVöB 5 sodann weitere Kollisionssachverhalte und adressiert insoweit die Konstellationen, dass

- mehrere *bloss der IVöB unterstellte Auftraggeber* an einer Beschaffung beteiligt sind (IVöB 5 Abs. 2);
- Beschaffungen *nicht im Rechtsgebiet des Auftraggebers* ausgeführt werden (IVöB 5 Abs. 4); und
- Beschaffungen durch *gemeinsame Trägerschaften* erfolgen (Art. 5 Abs. 5 IVöB).

11 Mit Ausnahme der Sonderkonstellationen[13] setzt die Anwendung von BöB/IVöB 5 zunächst stets voraus, dass *mehrere Auftraggeberinnen*, deren Unterstellung unter das Vergaberecht sich bereits aus einer anderen Normierung ergibt, beabsichtigen, *gemeinsam eine Beschaffung zu tätigen*. Davon abzugrenzen sind Fälle der Auftragserteilung in *echter* und *unechter Stellvertretung*, im Rahmen deren gegebenenfalls entweder das auf den Stellvertreter oder den Vertretenen anwendbare Beschaffungsrecht auf das konkrete Vergabeverfahren zur Anwendung gelangt.[14] Sodann müssen diese Auftraggeberinnen unterschiedlichen Vergaberechtsordnungen unterstehen; das Vorliegen eines interföderativen oder rein interkantonalen (Kollisions-)Sachverhalts bildet gleichsam die *raison d'être* für die Kollisionsregelungen.[15]

12 Die allgemeinen kollisionsrechtlichen Vorschriften kommen indes bloss subsidiär[16] zur Anwendung, d.h., soweit die verschiedenen Sektorenerlasse keine spezifischen Vorschriften zum anwendbaren Beschaffungsrecht enthalten,[17] wie etwa die Folgenden:

- Art. 8 des Bundesgesetzes vom 20.03.2009 über die zukünftige Entwicklung der Bahninfrastruktur (SR 742.140.2);
- Art. 38 f. der Nationalstrassenverordnung vom 07.11. 2007 (SR 725.111);
- Art. 15 Abs. 2 der Strukturverbesserungsverordnung vom 07.12.1998 (SR 913.1);

---

13 Gemeint sind die Konstellationen im Sinn von BöB 5 Abs. 3 und IVöB 5 Abs. 4–6.
14 Weiterführend BEYELER, Geltungsanspruch, Rz. 48 ff.
15 BEYELER, Geltungsanspruch, Rz. 336, Fn. 411, m.w.H.
16 Der subsidiäre Charakter der kollisionsrechtlichen Vorschriften wurde im Rahmen des Vorentwurfs noch ausdrücklich in VE-BöB 5 Abs. 5 adressiert. Diese Regelung fand indes keinen Eingang in den Entwurfstext.
17 Vgl. auch Botschaft BöB, S. 1892; Musterbotschaft IVöB, S. 30 f.

- Art. 3a des Stromversorgungsgesetzes vom 23.03.2007 für die Konzessionsvergabe für Übertragungs- und Verteilnetze (SR 734.7);
- Art. 60 Abs. 3bis und Art. 62 Abs. 2bis des Wasserrechtsgesetzes vom 22.12.1916 (SR 721.80).

Die in Anwendung der Kollisionsregelungen gemäss BöB/IVöB 5 ermittelte Vergaberechtsordnung ist in der Folge ausschliesslich massgebend.[18] Das betreffende Submissionsverfahren ist mithin ausschliesslich nach der entsprechenden Vergaberechtsordnung durchzuführen; dies gilt namentlich für die Festlegung des Verfahrens, der für das Verfahren zuständigen Stelle sowie des Rechtsschutzverfahrens.[19] Mit Blick auf das Transparenzgebot im Sinn von BöB/IVöB 2 Bst. b und 11 Bst. a ist die Frage nach dem anwendbaren Recht sodann bereits im Vorfeld einer Ausschreibung zu klären.[20] 13

Abgesehen von BöB/IVöB 5 enthalten die gesetzlichen Grundlagen auf Bundes- und interkantonaler Ebene keine Sonderregeln für gemeinsame Beschaffungen. Die daraus resultierenden Implikationen, die gegebenenfalls einer vom Regelfall abweichenden Herangehensweise bedürfen – wie etwa in Bezug auf die schätzungsweise Bestimmung des Auftragswerts durch die Auftraggeberin im Sinn von BöB/IVöB 15 –, werden damit auch im Rahmen des totalrevidierten Beschaffungsrechts nicht normiert. 14

II. Abs. 1 BöB (IVöB 5 Abs. 1 und 2): Grundsatz

Die Regelung in BöB 5 Abs. 1 adressiert die Kollisionskonstellation, in der sich an einer gemeinsamen Beschaffung mehrere Auftraggeberinnen, die sowohl dem Vergaberecht auf Bundesebene als auch jenem auf kantonaler oder kommunaler Ebene unterstellt sind, beteiligen. 15

In Bezug auf diesen Kollisionskontext statuiert BöB 5 Abs. 1 als Grundsatz, dass in der Regel das für die Hauptauftraggeberin massgebliche Recht zur Anwendung gelangt.[21] Diese Kollisionsregelung stellt dabei als massgebliches Abgrenzungskriterium auf den *Anteil der Finanzierung* ab. Demgemäss wird im Rahmen einer gemeinsamen Beschaffung mehrerer dem Bundesrecht im Sinn von BöB 4 und dem kantonalen Recht nach IVöB 4 unterstellter Auftraggeberinnen jeweils das Recht desjenigen Gemeinwesens an- 16

---

18 Vgl. dazu bereits Leitfaden für interkantonale Submissionen der Zentralschweizer Baudirektorenkonferenz ZBDK, verabschiedet am 07.07.2006, S. 8.
19 Vgl. Leitfaden für interkantonale Submissionen der Zentralschweizer Baudirektorenkonferenz ZBDK, verabschiedet am 07.07.2006, S. 8.
20 BEYELER, Geltungsanspruch, Rz. 80, m.w.H. u.a. auf BOVET, Nouvelles règles, S. 158. Vgl. dazu auch die Regelung gemäss VE-VöB 4 Abs. 2, die ausdrücklich vorsah, dass das ganze Vergabeverfahren gemäss dem gewählten Recht durchzuführen ist, wenn eine Ausschreibung erst publiziert worden ist. Diese Bestimmung ist im aktuellen Verordnungstext indes nicht mehr enthalten.
21 Vgl. auch Botschaft BöB, S. 1891; Musterbotschaft IVöB, S. 30.

gewendet, das insgesamt den finanziellen Hauptteil bzw. die Mehrheit der Beschaffungskosten aufbringt.[22] Diesbezüglich stellt sich sodann die Frage, in welchem Verhältnis die Begriffe *Finanzierung* einer Beschaffung im Sinn von BöB/IVöB 5 und *Auftragswert* gemäss BöB/IVöB 15 zueinander stehen.[23] Abweichend vom Auftragswert im Sinn von BöB/IVöB 15, der infolge BöB/IVöB 15 Abs. 3 exklusive der gesetzlich vorgeschriebenen Mehrwertsteuer betrachtet wird, kann sich die Bezugsgrösse für die Bestimmung des anwendbaren Rechts einzig auf die *Gesamtkosten von Beschaffungen* beziehen,[24] d.h. auf den Gesamtwert inkl. Mehrwertsteuer, wie er im Übrigen auch im Rahmen der Statistik nach BöB/IVöB 50 Abs. 3 abzubilden ist.[25] Massgeblich sind dabei die kumulierten Anteile aller Auftraggeberinnen der jeweiligen staatlichen Ebene.[26] Die Regelung kodifiziert damit nunmehr auf Gesetzesstufe ausdrücklich die Rechtsprechung des Bundesgerichts, das betreffend die Auslegung des nach altem Recht relevanten Begriffs der Hauptauftraggeberin erwog, dass das Kriterium, wonach als Hauptauftraggeberin i.S.v. aVöB 2c gelte, wer sich finanziell am meisten an der Beschaffung beteilige, *klar*, *sachlich* und *transparent* sei und damit anderen Abgrenzungskriterien, wie jenem des überwiegenden Interesses an der Beschaffung, aus Rechtssicherheitsgründen vorzuziehen sei.[27] Der gewählte Lösungsansatz ist letztlich auch Ausdruck eines allgemeinen beschaffungsrechtlichen Grundsatzes, der sog. Schwergewichtstheorie.[28]

17 Ausgehend von einer strikt grammatikalischen Auslegung würde BöB 5 Abs. 1 *Satz 1* grundsätzlich auch regeln, welches kantonale Recht anwendbar ist, wenn der Bund nicht den grössten Teil an der Finanzierung trägt und neben Vergabestellen der Bundesebene mehrere dem kantonalen Vergaberecht unterstellte Auftraggeber an einer gemeinsamen Beschaffung beteiligt sind. Im Hinblick darauf, dass dies einen unzulässigen Eingriff in die Regelungskompetenz der Kantone zur Folge hätte und eine weiter reichende Regelung als aVöB 2c beinhalten würde,[29] wird in *Satz 2* ausdrücklich klargestellt, dass das Bundesbeschaffungsrecht keine Anwendung findet, wenn der kantonale Anteil insgesamt den Bundesanteil überwiegt. Zusammenfassend gilt mithin Folgendes: Kommt Bundesrecht unterstellten Auftraggeberinnen die Stellung als Hauptauftraggeberin zu,

---

22 Botschaft BöB, S. 1891; Musterbotschaft IVöB, S. 30; vgl. zum alten Recht BEYELER, Geltungsanspruch, Rz. 82, m.w.H. und ZUFFEREY, Champ d'application, Rz. 8.
23 Zur Bestimmung des Auftragswerts vgl. Art. 15 N 1 ff. und Art. 52 N 12.
24 In Frage stehen folglich die Gesamtkosten der jeweiligen gemeinsamen Beschaffung, massgeblich ist demgemäss nicht nur die dem Leistungserbringer zu entrichtende Vergütung, sondern es sind darüber hinaus auch noch allfällige weitere, direkt im Zusammenhang mit dem Auftrag stehende Kosten zu berücksichtigen. Vgl. dazu auch die Ausführungen zum Terminus «Gesamtkosten» im Sinn von aIVöB 8 Abs. 2 Bst. b in BEYELER, Geltungsanspruch, Rz. 356.
25 Vgl. Botschaft BöB, S. 1973; Musterbotschaft IVöB, S. 93.
26 So zum alten Recht, BEYELER, Geltungsanspruch, Rz. 81 f., m.w.H.
27 BGE 130 I 156, Pra 2004, Nr. 155, E. 2.
28 TRÜEB/ZIMMERLI, Sondernutzungskonzessionen, Rz. 140. Zur Schwergewichtstheorie vgl. Komm BöB-TRÜEB, Art. 5 N 35 ff.
29 Vgl. BEYELER, BR 2010, S. 106.

so gilt Bundesbeschaffungsrecht, demgegenüber bleibt die Regelung der anderen Konstellationen mit Bundesbeteiligung den Kantonen überlassen.

In diesem Sinne enthalten die Bestimmungen auf interkantonaler Ebene mit IVöB 5 Abs. 1 zunächst eine komplementäre Regelung zu BöB 5 Abs. 1 betreffend gemeinsame Beschaffungen, an denen sich mehrere Auftraggeber beteiligen, die dem Beschaffungsrecht unterschiedlicher föderativer Stufe unterstellt sind, bei denen der kantonale Anteil indes insgesamt den Bundesanteil überwiegt. Zudem statuiert das interkantonale Recht in IVöB 5 Abs. 2 eine analoge Kollisionsregelung zu BöB/IVöB 5 Abs. 1, die Kollisionskonstellationen bezüglich gemeinsamer Beschaffungen im rein interkantonalen Kontext adressiert: Demgemäss ist in Bezug auf Beschaffungen, an denen sich mehrere der Vereinbarung/IVöB unterstellte Auftraggeber beteiligen, jeweils das Recht desjenigen Kantons anwendbar, der den grössten Anteil an der Finanzierung trägt. Infolgedessen wird nunmehr auch in Bezug auf rein interkantonale Kollisionskonstellationen als entscheidendes Abgrenzungskriterium betreffend das anwendbare Recht ausdrücklich auf die finanzielle Beteiligung abgestellt. Anhand dieses einheitlichen Regelungsregimes wird für den interkantonalen Bereich Rechtssicherheit geschaffen, zumal nunmehr keine abweichenden Auslegungen des Terminus des Hauptauftraggebers statthaft sind.[30] In diesem Kontext stellt sich mit Blick auf IVöB 65 Abs. 2 die Frage, wie in Bezug auf Konstellationen zu verfahren ist, im Rahmen deren eine gemeinsame Beschaffung durch mehrere kantonale Auftraggeber erfolgt, von denen einige der revidierten IVöB bereits beigetreten sind, während für andere weiterhin die Vereinbarung vom 15.03.2001/ aIVöB gilt. Aufgrund der u.U. abweichenden Auslegungen betreffend den Begriff des Hauptauftraggebers liesse sich im Sinn eines pragmatischen Lösungsansatzes darauf abstellen, dass den beteiligten Akteuren mit IVöB 5 Abs. 3 und aIVöB 8 Abs. 3 Satz 4 im Rahmen beider diesfalls parallel anwendbarer Rechtsgrundlagen in Bezug auf die entsprechende Kollisionskonstellation eine Rechtswahlmöglichkeit eingeräumt wird. Infolgedessen wäre das anwendbare Recht grundsätzlich in erster Linie in gegenseitigem Einvernehmen festzulegen.

III. Abs. 2 und Abs. 3 BöB (IVöB 5 Abs. 3, Abs. 4, 5 und Abs. 6) – Rechtswahl und Sonderkonstellationen

Mit den totalrevidierten Bestimmungen betreffend das anwendbare Recht in BöB und IVöB wurden neu auch Rechtswahlklauseln eingeführt. In Bezug auf diese gilt es zu unterscheiden zwischen der Rechtswahlklausel hinsichtlich *gemeinsamer Beschaffungen*

---

30 Zum alten Recht vgl. BEYELER, Geltungsanspruch, Rz. 80 f., m.w.H. u.a. auf BOVET, Nouvelles règles, S. 158 und RAPPO, S. 178; vgl. dazu auch die Kaskadenordnung gemäss dem Leitfaden für interkantonale Submissionen der Zentralschweizer Baudirektorenkonferenz ZBDK, verabschiedet am 07.07.2006, S. 5.

2. Kapitel: Geltungsbereich

mehrerer Auftraggeberinnen sowie Rechtswahlklauseln, die Sonderkonstellationen adressieren.

20 Die nunmehr auch auf Bundesebene vorgesehene Rechtswahl der beteiligten Auftraggeberinnen soll eine optimale Ressourcennutzung gewährleisten, darf indes keinesfalls dazu führen, dass eine Auftraggeberin oder deren Beschaffungen von der Unterstellung unter das Beschaffungsrecht befreit werden.[31] Zur Gewährleistung der Rechtssicherheit sollte die Rechtswahl sodann gerade mit Blick auf wahlberechtigte Akteure im Sinn von BöB 5 Abs. 3 bzw. IVöB 5 Abs. 6 grundsätzlich nicht fallweise erfolgen, sondern vielmehr über eine gewisse Zeitspanne Bestand haben.[32] Ferner ist das gewählte Recht – Bundes- oder kantonales Recht – gemäss dem Transparenzgebot bei sämtlichen Ausschreibungen bekannt zu geben.[33] Die Einzelheiten betreffend die Rechtswahl – wie etwa namentlich deren Bekanntmachung – sollten ursprünglich im Rahmen des Verordnungsrechts näher ausgeführt werden.[34] Der aktuelle Verordnungstext äussert sich – anders als noch der Vorentwurf mit VE-VöB 4 – nicht mehr zu den Einzelheiten der Rechtswahl. Damit steht den beteiligten Akteuren hinsichtlich der Modalitäten der Rechtswahl ein gewisser Spielraum zu, mithin ob die Rechtswahlmöglichkeit z.B. im Rahmen eines Konkordats generell-abstrakt wahrgenommen oder doch durch fallweise Vereinbarung ausgeübt wird.

21 BöB 5 Abs. 2 statuiert zugunsten der beteiligten Auftraggeberinnen die Möglichkeit der Rechtswahl hinsichtlich des auf eine *gemeinsame Beschaffung* anwendbaren Rechts und verankert damit die Rechtswahl im Verhältnis mehrerer dem Bundesbeschaffungsrecht und dem Beschaffungsrecht auf kantonaler Ebene unterstellter Akteure. Diese können das anwendbare Recht nunmehr *im gegenseitigen Einvernehmen* abweichend vom Grundsatz gemäss BöB 5 Abs. 1 wahlweise dem Recht einer der beteiligten Auftraggeberinnen unterstellen. Auf interkantonaler Ebene beinhaltet IVöB 5 Abs. 3 eine analoge Regelung. Diese bezieht sich ausgehend von ihrem Wortlaut – «*in Abweichung von den vorstehenden Grundsätzen*» – einzig auf die Kollisionssachverhalte im Sinn von IVöB 5 Abs. 1 und Abs. 2 und erfasst damit sowohl *gemeinsame Beschaffungen* von Auftraggebern, die dem Beschaffungsrecht unterschiedlicher föderativer Stufe unterstellt sind, bei denen der kantonale Finanzierungsanteil insgesamt überwiegt, sowie solche, die durch mehrere Auftraggeber im Sinn von IVöB 4 im rein interkantonalen Kontext erfolgen.

22 Ferner können gestützt auf die Regelung in BöB 5 Abs. 3 neu auch «öffentliche oder private Unternehmen mit ausschliesslichen oder besonderen Rechten, die ihnen durch den Bund verliehen wurden, oder die Aufgaben im nationalen Interesse erbringen», wählen, ob sie ihre Beschaffungen dem Vergaberecht an ihrem Sitz, mithin kantonalem Recht,

---

31 Botschaft BöB, S. 1892; Musterbotschaft IVöB, S. 30.
32 Vgl. Erläuternder Bericht VE-VöB, S. 5.
33 Diese Forderung war in VE-VöB 4 Abs. 1 noch ausdrücklich positivrechtlich verankert.
34 Botschaft BöB, S. 1892.

oder dem Bundesrecht unterstellen. In diesem Kontext steht nicht eine gemeinsame Beschaffung in Frage, das revidierte BöB gewährt diesen Akteuren vielmehr betreffend das auf ihre Beschaffungen anwendbare Recht entsprechenden Spielraum. Das interkantonale Recht enthält mit IVöB 5 Abs. 6 eine gleichlautende Bestimmung.

Als Beispiele für wahlberechtigte Unternehmen nach BöB 5 Abs. 3 bzw. IVöB 5 Abs. 6 werden in den jeweiligen Materialen namentlich die Flughafen Zürich AG, die BLS AG oder die Kernkraftwerk Leibstadt AG genannt.[35] Mit Blick auf den Umstand, dass es sich bei BöB/IVöB 5 um blosse Kollisionsnormen und nicht um Normierungen handelt, auf die sich die subjektive Unterwerfung einer bestimmten Stelle unter das öffentliche Vergaberecht abstützen lässt,[36] können mit den «*öffentliche[n] oder private[n] Unternehmen mit ausschliesslichen oder besonderen Rechten, die ihnen durch den Bund verliehen wurden, oder die Aufgaben im nationalen Interesse erbringen*», einzig Auftraggeberinnen im Sinn von BöB/IVöB 4 Abs. 2 gemeint sein. Eine abweichende Auslegung lässt sich folglich auch nicht auf die unterschiedlichen Formulierungen in den jeweiligen Regelungen abstützen und es handelt sich insoweit wohl bloss um ein rein redaktionelles Versehen. Infolgedessen darf in Bezug auf die *Aufgaben im nationalen Interesse* im Sinn von BöB 5 Abs. 3 bzw. IVöB 5 Abs. 6 davon ausgegangen werden, dass sich diese auf die Sektorentätigkeiten gemäss BöB/IVöB 4 Abs. 2 Bst. a–h beziehen, die sprachlichen Unterschiede mithin kein inhaltlich abweichendes Verständnis zu begründen vermögen. 23

Darüber hinaus statuiert das revidierte interkantonale Recht einerseits eine weitere Rechtswahlklausel in Bezug auf Beschaffungen, deren Ausführung nicht im Rechtsgebiet des Auftraggebers erfolgt (IVöB 5 Abs. 4), und äussert sich andererseits zu dem auf Beschaffungen durch eine *gemeinsame Trägerschaft* (IVöB 5 Abs. 5) anwendbaren Recht: 24

Gleichsam in Durchbrechung des Territorialitätsprinzips sieht IVöB 5 Abs. 4 vor, dass eine Beschaffung, deren Ausführung nicht im Rechtsgebiet des Auftraggebers erfolgt, wahlweise dem Recht am Sitz des Auftraggebers oder am Ort, wo die Leistungen hauptsächlich erbracht werden, untersteht. Diese Bestimmung bezieht sich mithin nicht auf die typischen Kollisionssachverhalte – d.h. die Beteiligung mehrerer Auftraggeber gegebenenfalls unterschiedlicher föderativer Stufe –, sondern regelt vielmehr eine Sonderkonstellation, die lediglich auf interkantonaler Ebene von Bedeutung ist.[37] 25

---

35 Botschaft BöB, S. 1892; Musterbotschaft IVöB, S. 30.
36 BEYELER, Geltungsanspruch, Rz. 336, Fn. 411, m.w.H.
37 Im Gegensatz z.B. zu den USA, die mit dem *District of Columbia* über direkt dem Kongress unterstehendes, sog. bundesunmittelbares Territorium verfügen, kennt die Schweiz kein Bundesterritorium, das nicht zugleich Kantonsterritorium ist (HÄFELIN/HALLER/KELLER/THURNHERR, Rz. 932).

2. Kapitel: Geltungsbereich

26 Beschaffungen, die durch eine sog. *gemeinsame Trägerschaft* erfolgen, unterstehen sodann gemäss IVöB 5 Abs. 5 dem Recht *am Sitz* der gemeinsamen Trägerschaft.[38] In Bezug auf gemeinsame Trägerschaften, die nicht über einen Sitz verfügen – wie dies etwa im Kontext einer entsprechenden interkantonalen Kooperation der Fall ist, die auf Basis einer einfachen Gesellschaft erfolgt –,[39] findet das Recht *am Ort, an dem die Leistungen hauptsächlich erbracht werden*, Anwendung.[40] Die Frage, ob auch in Bezug auf diese Sonderkonstellation eine Rechtswahlmöglichkeit besteht – wie dies nach altem Recht in aIVöB 8 Abs. 3 Satz 4 vorgesehen war –, ist mit Blick auf den Wortlaut von IVöB 5 Abs. 5 und jenen der Rechtswahlklausel gemäss IVöB 5 Abs. 3 grundsätzlich zu verneinen. Die an der gemeinsamen Trägerschaft beteiligten Akteure können sich folglich nicht auf IVöB 5 Abs. 3 abstützen, zumal es sich streng genommen nicht um eine gemeinsame Beschaffung handelt, an der mehrere Auftraggeber beteiligt sind, sondern vielmehr die gemeinsame Trägerschaft als alleinige Auftraggeberin auftritt. Auch in diesem Zusammenhang besteht sodann die bereits zuvor betreffend gemeinsame Beschaffungen im rein interkantonalen Kontext skizzierte Konstellation, dass an einer gemeinsamen Trägerschaft mehrere Gemeinwesen beteiligt sind, von denen einige der revidierten IVöB noch nicht beigetreten sind, während andere dieser bereits unterstehen. Im Lichte der weitgehend deckungsgleichen Regelungen dürften sich indes aus einer parallelen Anwendung beider Vereinbarungsversionen, mithin aIVöB 8 Abs. 3 Satz 2 f. und IVöB 5 Abs. 5, grundsätzlich keine Friktionen ergeben.

27 Ferner ist zu konstatieren, dass mangels ausdrücklicher Regelung im Bundesbeschaffungsrecht unklar ist, was in Bezug auf gemeinsame Trägerschaften von Bund und Kantonen mit überwiegendem Bundesanteil gilt. Die Lehre hat sich diesbezüglich bereits zum alten Recht für eine analoge Anwendung der Kollisionsregel gemäss aVöB 2c Abs. 1 ausgesprochen.[41] In Ermangelung einer expliziten Normierung spricht grundsätzlich nichts dagegen, diese Konstellation auch inskünftig gestützt auf eine analoge Anwendung von BöB 5 Abs. 1 abzudecken, zumal diese Regelung letztlich auf der sog. Schwergewichtstheorie gründet, die als allgemeiner beschaffungsrechtlicher Grundsatz ohnedies Geltung beanspruchen könnte.[42]

---

38 Zur Rechtslage betr. gemeinsame Trägerschaften nach aIVöB vgl. BEYELER, Geltungsanspruch, Rz. 84 ff. und POLTIER, Marchés publics, Rz. 234.
39 BOVET, Nouvelles règles, S. 158.
40 So auch nach aIVöB, vgl. BEYELER, Geltungsanspruch, Rz. 85 und POLTIER, Marchés publics, Rz. 234.
41 BEYELER, Geltungsanspruch, Rz. 86, m.H. auf POLTIER, Pouvoirs adjudicateurs, S. 1121; vgl. POLTIER, Marchés publics, Rz. 232.
42 Mit Blick auf den Wortlaut von BöB 5 Abs. 2 ist davon auszugehen, dass die Anwendung von Bundesbeschaffungsrecht nicht dazu führen kann, dass in Bezug auf diese Sonderkonstellation eine Rechtswahlmöglichkeit besteht.

IV. Exkurs: Public-Private Partnerships

Die Frage nach dem anwendbaren Recht stellt sich schliesslich auch in Bezug auf Ausschreibungen betreffend die Suche und Wahl von privaten Investoren, wie etwa im Rahmen sog. Public-Private Partnerships (PPP).[43] Die Abkürzung PPP bezeichnet die in der Regel langfristige, partnerschaftliche Zusammenarbeit zwischen der öffentlichen Hand und privaten Anbieterinnen mit dem Ziel, öffentliche Aufgaben zu erbringen.[44] Angesichts der vielfältigen und unterschiedlichen Formen, Inhalte und Ausgestaltungen von PPP-Geschäftsmodellen hat sich indes bislang kein allgemeingültiger, gefestigter juristischer Begriff etabliert.[45]

In der Lehre wird namentlich zwischen sog. «Beschaffungs-PPP» und «Aufgabenerfüllungs-PPP» unterschieden.[46] Im Rahmen Ersterer schliesst die öffentliche Hand mit einer Anbieterin einen Vertrag betreffend die Erbringung von Bau- und Sachdienstleistungen, um langfristig eine öffentliche Aufgabe zu erfüllen; dieser Erscheinungsform zuzuordnende Kooperationen werden deshalb auch als *vertragliche* PPP bezeichnet.[47] Demgegenüber zeichnen sich die Aufgabenerfüllungs-PPP oder *gesellschaftlichen*, mithin institutionalisierten PPP regelmässig durch die Gründung gemischtwirtschaftlicher Gesellschaften zur Erfüllung einer öffentlichen Aufgabe aus.[48]

In inhaltlicher Hinsicht werden bspw. folgende Modelle unterschieden:[49]

- Build-Operate-Transfer (BOT);[50]
- Design-Build-Operate-Transfer (DBOT);[51]
- Design-Build-Finance-Operate-Transfer (DBFOT).[52]

---

43 Botschaft BöB, S. 1892; Musterbotschaft IVöB, S. 31.
44 Vgl. GALLI/MOSER/LANG/STEINER, Rz. 261, m.w.H. u.a. auf Verein PPP Schweiz, Allgemeine Fragen zum PPP-Modell, abrufbar unter: www.ppp-schweiz.ch/faq, zuletzt besucht am 11.10.2019.
45 GALLI/MOSER/LANG/STEINER, Rz. 261, m.w.H. u.a. auf BEYELER, Geltungsanspruch, Rz. 924.
46 GALLI/MOSER/LANG/STEINER, Rz. 264; BEYELER, Geltungsanspruch, Rz. 927, Fn. 1098.
47 GALLI/MOSER/LANG/STEINER, Rz. 264, m.w.H. u.a. auf Komm BöB-TRÜEB, Art. 5 N 24.
48 GALLI/MOSER/LANG/STEINER, Rz. 264, m.w.H. u.a. auf Komm BöB-TRÜEB, Art. 5 N 24 und BEYELER, Geltungsanspruch, Rz. 932.
49 GALLI/MOSER/LANG/STEINER, Rz. 264, m.w.H. u.a. auf BEYELER, Geltungsanspruch, Rz. 928 f.
50 Das Projekt wird durch den privaten Partner erbaut, dieser betreibt es über eine vertragliche Dauer und übergibt es dann dem öffentlichen Partner.
51 Der private Partner übernimmt zusätzlich die mit der Projektrealisierung verbundenen Planungsaufgaben.
52 Im Rahmen dieses Modells kommt dem privaten Partner darüber hinaus auch noch die Aufgabe der Projektfinanzierung zu.

31 In der Praxis sind u.a. die folgenden PPP-Projekte auf Bundes- bzw. kantonaler Ebene zu nennen:[53]

- Schweizerischer Innovationspark «Switzerland Innovation»;
- Liebefeld Käsekulturen;
- Neumatt – Kantonales Verwaltungszentrum Burgdorf;
- sitem-insel, Bern.

32 Die Anwendbarkeit des Beschaffungsrechts auf PPP-Projekte ist anhand der charakteristischen Leistungen fallweise zu beurteilen.[54] Die Bezeichnung als PPP allein vermag mithin weder eine Unterstellung noch eine Nichtunterstellung unter das Vergaberecht zu begründen. Erforderlich ist vielmehr, den konkreten Sachverhalt dahingehend zu analysieren, ob Gehalt und Struktur des PPP eine Subsumtion unter den Begriff des öffentlichen Auftrags erlauben.[55] Mit BEYLER ist insoweit zu konstatieren, dass aus der Perspektive des Beschaffungsrechts auf die Bildung einer neuen Kategorie «PPP» verzichtet werden kann: «*In der Regel liegen langfristige sowie komplexe Leistungsbündel und Pflichtenverflechtungen umfassende, letztlich aber gewöhnliche öffentliche Aufträge vor [...].*»[56]

33 Ungeachtet der diesem Themenfeld inhärenten Unwägbarkeiten betreffend das anwendbare Recht ist an dieser Stelle schliesslich noch hervorzuheben, dass infolge des Prinzips der Einmaligkeit der Ausschreibung allfällige Aufträge eines PPP-Partners an Subunternehmer nicht mehr nach den Regeln des Beschaffungsrechts vergeben zu werden brauchen, wenn der private PPP-Partner in einem dem Vergaberecht unterstellten Verfahren bestimmt worden ist und das Gemeinwesen die entsprechenden Vergaben des PPP-Partners nicht massgeblich beeinflusst.[57]

34 Im Hinblick darauf, dass PPP-Projekte vielfältige Formen annehmen können und der vorhandene Spielraum nicht unnötig eingegrenzt werden soll, wurde sowohl auf Bundesebene wie auch im interkantonalen Recht bewusst auf eine gesetzliche Regelung verzichtet.[58]

---

53 Zu diesen und weiteren PPP-Projekten vgl. die Ausführungen auf der Homepage des Vereins PPP Schweiz, einsehbar unter: <https://www.ppp-schweiz.ch/de/ppp-wissen/ppp-projekte-in-der-schweiz/>; zuletzt besucht am 13.10.2019.
54 Vgl. GALLI/MOSER/LANG/STEINER, Rz. 270 ff.
55 GALLI/MOSER/LANG/STEINER, Rz. 270, m.w.H.; BEYLER, Geltungsanspruch, Rz. 926.
56 BEYLER, Geltungsanspruch, Rz. 925.
57 GALLI/MOSER/LANG/STEINER, Rz. 268 f., m.H. auf VGer SZ, VGE III 2007 vom 06.03.2007, E. 5.4.1, in: EGV-SZ 2007, S. 142.
58 Botschaft BöB, S. 1892; Musterbotschaft IVöB, S. 30.

Art. 6 Anbieterinnen/*Anbieter*

¹ Nach diesem Gesetz / *dieser Vereinbarung* sind Anbieterinnen / *Anbieter* aus der Schweiz zum Angebot zugelassen sowie Anbieterinnen / *Anbieter* aus Staaten, denen gegenüber die Schweiz sich vertraglich zur Gewährung des Marktzutritts verpflichtet hat, Letzteres im Rahmen der gegenseitig eingegangenen Verpflichtungen.

² Ausserhalb des Staatsvertragsbereichs werden ausländische Anbieterinnen /*Anbieter* aus Staaten zum Angebot zugelassen, soweit diese Gegenrecht gewähren oder soweit die Auftraggeberin /*der Auftraggeber* dies zulässt.

³ Der Bundesrat führt eine Liste der Staaten, die sich gegenüber der Schweiz zur Gewährung des Marktzutritts verpflichtet haben. Die Liste wird periodisch nachgeführt.

⁴ *Die Kantone können Vereinbarungen mit den Grenzregionen und Nachbarstaaten abschliessen.*

Inhaltsverzeichnis
I.	Grundlagen	1
II.	Abs. 1, 1. Teil: Schweizerische Anbieterinnen	6
III.	Abs. 1, 2. Teil: Ausländische Anbieterinnen im Staatsvertragsbereich	9
IV.	Abs. 2: Ausländische Anbieterinnen im Nichtstaatsvertragsbereich	17
V.	Abs. 3: Liste der Vertragsstaaten	23
VI.	Vereinbarungen der Kantone mit Grenzregionen und Nachbarstaaten (IVöB 6 Abs. 4)	26
VII.	Rechtsvergleichung	27

I. Grundlagen

Mit BöB/IVöB 6 werden GPA 2012 IV sowie verschiedene andere internationale Verpflichtungen der Schweiz umgesetzt, wonach gewisse privilegierte ausländische Anbieterinnen nicht weniger günstig behandelt werden als die schweizerischen Anbieterinnen.[1]

Das Diskriminierungsverbot bedeutet, dass die Offerte einer ausländischen Anbieterin nicht aufgrund dieser Besonderheiten schlechter bewertet werden darf als das Angebot einer Schweizer Anbieterin. Somit soll zum Beispiel die finanzielle und fachliche Eignung durch ausländische Garantien, Erfahrungen, Fähigkeitszeugnisse und Zertifikate nachgewiesen werden können.[2] Drittgründe dürfen von Auftraggeberinnen nicht zum Zwecke der versteckten Diskriminierung herangezogen werden; es ist insbesondere nicht zulässig, ohne signifikanten Bedarf oder objektive Rechtfertigung die Beherr-

---
1 Botschaft BöB, S. 1892.
2 Komm BöB-Trüeb, Art. 6 N 6.

schung einer schweizerischen Landessprache oder den Nachweis der maximalen geografischen Entfernung zu verlangen.[3]

3   Bereits aBöB 4 sah vor, dass das Gesetz auf Angebote gewisser privilegierter ausländischer Anbieterinnen anwendbar war;[4] aIVöB 9 enthielt eine ähnliche Regelung. BöB/IVöB 6 weist nun eine neue Struktur auf. Während BöB/IVöB 6 Abs. 1 die Zulassung im Binnenmarkt- und Staatsvertragsbereich (wo die Schweiz sich vertraglich zur Gewährung des Marktzutritts verpflichtet hat) regelt, wird in BöB/IVöB 6 Abs. 2 der sog. Nichtstaatsvertragsbereich näher ausgeführt. Mit BöB/IVöB 6 Abs. 3 wird nun aVöB 33 Abs. 3 auf Gesetzesstufe verankert.

4   BöB 6 Abs. 1–3 und IVöB 6 Abs. 1–3 sind inhaltlich identisch. IVöB 6 Abs. 4 enthält eine besondere Regel zu Vereinbarungen der Kantone mit Grenzregionen und Nachbarstaaten (die den Bund logischerweise nicht betrifft).

5   Inhaltlich ändert BöB/IVöB 6 nichts an der bereits geltenden Rechtslage, dies wird nur systematisch besser abgebildet. Entsprechend dürfte die zu aBöB 4 entwickelte Lehre und Rechtsprechung im Wesentlichen ihre Gültigkeit behalten.

II.   Abs. 1, 1. Teil: Schweizerische Anbieterinnen

6   Ausdrücklich wird nun (im Gegensatz zu aBöB 4) in BöB/IVöB 6 Abs. 1 zwischen schweizerischen und ausländischen Anbieterinnen unterschieden.

7   Schweizerische Anbieterinnen sind solche, die ihren Wohnsitz, Sitz oder eine Niederlassung in der Schweiz haben. Bei natürlichen Personen ist auf den zivilrechtlichen Wohnsitz abzustellen (ZGB 23 ff.). Demnach ist die Staatsangehörigkeit einer natürlichen Person, die ihren Wohnsitz in der Schweiz hat, nach wie vor irrelevant. Unter dem Blickwinkel des Ausländerrechts könnte jedoch die Staatsangehörigkeit einer in der Schweiz wohnhaften Person eine Schranke darstellen (und somit den Zuschlag eines Auftrags verhindern), obwohl diese Person grundsätzlich Marktzutritt hätte.[5] Da die Staatsangehörigkeit nicht massgebend ist, gelten umgekehrt Auslandschweizer nicht als Schweizer Anbieter.[6]

8   Bei juristischen Personen ist ihr Sitz oder ihre Niederlassung in der Schweiz aufgrund von BGBM 5 massgebend.[7] Somit gilt ein im Ausland ansässiges Unternehmen mit einer Niederlassung in der Schweiz als Schweizer Anbieterin, sofern das Angebot tatsächlich

---

3   Komm BöB-Trüeb, Art. 6 N 6.
4   Nämlich Anbieterinnen aus Vertragsstaaten des GPA, die Gegenrecht gewähren; Anbieterinnen aus anderen Staaten, mit denen die Schweiz eine vertragliche Abmachung eingegangen ist, und anderen Staaten, die die Gleichbehandlung schweizerischer Anbieterinnen gewähren.
5   Beyeler, Geltungsanspruch, Rz. 1421.
6   Beyeler, Geltungsanspruch, Rz. 1422.
7   Beyeler, Geltungsanspruch, Rz. 1410.

von der Niederlassung in der Schweiz abgegeben wird.[8] Die Tatsache, dass ein Unternehmen mit Sitz in der Schweiz von einem ausländischen Unternehmen kontrolliert wird, spielt keine Rolle.[9] Damit ist Anbieterinnen aus Drittstaaten bereits dann der Marktzutritt zu gewähren, wenn sie in der Schweiz oder einem anderen GPA-Vertragsstaat über eine Niederlassung oder Tochtergesellschaft verfügen.

III. Abs. 1, 2. Teil: Ausländische Anbieterinnen im Staatsvertragsbereich

Neben dem (selbsterklärenden) Marktzutritt der schweizerischen Anbieterinnen regelt BöB/IVöB 6 Abs. 1 ebenfalls die Berücksichtigung ausländischer Anbieterinnen, die aufgrund einer staatsvertraglichen Verpflichtung der Schweiz einen diskriminierungsfreien Marktzutritt geniessen. Diese Anbieterinnen werden jeweilen als «privilegierte Anbieterinnen» bezeichnet. Die Zurechnung einer ausländischen Anbieterin zum Herkunftsstaat muss durch den anwendbaren Staatsvertrag festgelegt oder, falls keine Bestimmung dies regelt, auf der Grundlage des Staatsvertrags ausgelegt werden.[10] In aller Regel dürfte aber eine Niederlassung in dem betroffenen Herkunftsstaat genügen, um die ausländische Anbieterin als privilegierte Anbieterin zu betrachten, solange das Angebot tatsächlich von der entsprechenden Niederlassung eingereicht wird.[11]

Fraglich ist, ob der Marktzutritt der privilegierten Anbieterinnen für alle Märkte gilt oder nur für Märkte, die einer internationalen Verpflichtung unterworfen sind. Der Wortlaut von BöB/IVöB 6 Abs. 1 könnte den falschen Eindruck erwecken, dass der Schwerpunkt einzig auf dem Herkunftsstaat liegt (handelt es sich um einen Staat, mit dem die Schweiz eine internationale Vereinbarung getroffen hat?) und nicht auf der Reichweite der vertraglichen Verpflichtung (unterliegt dieser Auftrag einer internationalen Verpflichtung seitens der Schweiz?). Durch eine teleologische und systematische Auslegung im Zusammenhang mit BöB/IVöB 6 Abs. 2 (der dagegen ausdrücklich von «*ausserhalb des Staatsvertragsbereichs*» spricht, umso klarer auf Französisch mit «*pour des marchés non soumis aux accords internationaux*» oder auf Italienisch mit «*per le commesse pubbliche che non rientrano nell'ambito di applicazione dei trattati internazionali*») ergibt sich, dass BöB/IVöB 6 Abs. 1 sich nicht allgemein auf den Herkunftsstaat und dessen Anbieterinnen bezieht, sondern vielmehr zusätzlich verlangt, dass der betreffende Auftrag von der internationalen Verpflichtung der Schweiz erfasst sein muss.[12] Zusammengefasst lässt sich sagen, dass eine ausländische Anbieterin nur in Bezug auf einen

---

8   BEYELER, Geltungsanspruch, Rz. 1416 ff.
9   BEYELER, Geltungsanspruch, Rz. 1419.
10 BEYELER, Geltungsanspruch, Rz. 1432.
11 BEYELER, Geltungsanspruch, Rz. 1434 ff.
12 BEYELER, Geltungsanspruch, Rz. 1426.

besonderen Auftrag als privilegiert betrachtet wird (oder nicht). Somit muss stets anhand des anwendbaren Staatsvertrags überprüft werden, ob der Marktzutritt für die betroffene Ausschreibung gilt; wäre dies nicht der Fall, muss die Zulassung der ausländischen Anbieterinnen unter BöB/IVöB 6 Abs. 2 überprüft werden.

11 Die internationalen Verpflichtungen der Schweiz ergeben sich aus verschiedenen Staatsverträgen. Zu erwähnen sind insbesondere das GPA 2012, das *Abkommen zwischen der Schweizerischen Eidgenossenschaft und der Europäischen Gemeinschaft über bestimmte Aspekte des öffentlichen Beschaffungswesens* und das *Übereinkommen zur Errichtung der Europäischen Freihandelsassoziation*. Dazu kommen zahlreiche bilaterale Staatsabkommen (vgl. die Kommentierung zu Art. 3 N 15.).

12 Das GPA 2012 gilt (nach wie vor unter dem GPA 1994) gegenüber Armenien, Aruba, der Europäischen Union (und damit ihren Mitgliedstaaten), Hongkong, Island, Israel, Japan, Kanada, Liechtenstein, Moldau, Montenegro, Neuseeland, Norwegen, Singapur, Südkorea, Taiwan, Ukraine und den Vereinigten Staaten von Amerika. Die Anwendbarkeit des GPA 2012 soll erstens anhand des generellen Anwendungsbereichs von GPA 2012 II überprüft werden, da wichtige Ausschlüsse insbesondere in GPA 2012 II:3 vorgesehen sind. Darüber hinaus sind die spezifischen Anwendungsbereiche massgebend, die von den einzelnen Vertragsstaaten als «*Final appendix I*» des Abkommens festgelegt sind. Die schweizerischen *Notes générales et dérogations aux dispositions de l'article IV* (Annex 7 zum *Final appendix I* der Schweiz) sehen generelle Ausnahmen (welche für alle Herkunftsländer gelten), spezifische Ausnahmen (je nach Staat) sowie Erläuterungen zur Auslegung des Abkommens (aus schweizerischer Sicht) vor. Die wichtigste Einschränkung des GPA 2012 betrifft (nach wie vor) die Aufträge auf Bezirks- und Gemeindeebene. Mit Ausnahme der Mitglieder der Europäischen Union, der Mitglieder der Europäischen Freihandelsassoziation (EFTA) und Armenien[13] gewährt die Schweiz einen Marktzutritt auf Bezirks- und Gemeindeebene nur, falls sie festgestellt hat, dass die betroffenen Vertragsparteien schweizerischen Unternehmen vergleichbaren und effektiven Marktzutritt zu ihren Beschaffungsmärkten gewähren.[14] Der Zugang zu solchen Aufträgen wird damit nicht automatisch allen GPA-Vertragsstaaten gewährt, sondern nur bei Gewährung des Gegenrechts, sei es durch eine internationale Verpflichtung (Europäische Union, EFTA und Armenien) oder durch einen vergleichbaren und effektiven Marktzutritt in der Praxis. Zur Feststellung des vergleichbaren und effektiven Marktzutritts wird die in BöB/IVöB 6 Abs. 3 vorgesehene Liste bedeutend sein. Des Weiteren sind ebenfalls spezifische Ausschlüsse gegenüber Kanada, den Vereinigten Staaten, Japan, Singapur, Südkorea und Israel zu erwähnen.[15]

---

13 *Notes générales et dérogations aux dispositions de l'article IV* zum GPA 2012, Bst. a Ziff. 1.
14 *Notes générales et dérogations aux dispositions de l'article IV* zum GPA 2012, Bst. a Ziff. 1 mit Bezug auf Annex 2 Ziff. 2.
15 *Notes générales et dérogations aux dispositions de l'article IV* zum GPA 2012, Bst. a Ziff. 1, 2 und 3.

Schliesslich wird im «*Final appendix I*» der Schweiz klargestellt, dass die Schweiz für [13] Dienstleistungen[16] und Bauleistungen[17] den Marktzutritt nur auf der Grundlage strikter Gegenseitigkeit offeriert; diese Anforderung gilt demgegenüber nicht für Lieferungen.[18] Aufgrund des Wortlauts dieser Bestimmung wird die Schweiz den Marktzutritt für Dienst- und Bauleistungen in zwei Fällen gewähren: (1) Der Herkunftsstaat nimmt solche Leistungen in seine eigene Liste auf (was eine rechtliche Verpflichtung darstellt), oder (2) der Herkunftsstaat nimmt keine rechtliche Verpflichtung auf, gewährt schweizerischen Anbieterinnen aber trotzdem (gemäss Feststellung der Schweiz) einen vergleichbaren und effektiven Zugang zu den betreffenden Aufträgen. Daraus folgt, dass die Gegenseitigkeitsanforderung gemäss GPA 2012 für Dienst- und Bauleistungen entweder rechtlich (wenn der Herkunftsstaat solche Leistungen ebenfalls in seine Liste aufnimmt) oder praktisch (wenn die Schweiz feststellt, dass ein vergleichbarer und effektiver Marktzutritt besteht) erfüllt werden kann. Die in BöB/IVöB 6 Abs. 3 vorgesehene Liste wird auch in Zusammenhang mit der zweiten (praktischen) Möglichkeit von Bedeutung sein.

Mit dem Abkommen zwischen der Schweizerischen Eidgenossenschaft und der Euro- [14] päischen Gemeinschaft über bestimmte Aspekte des öffentlichen Beschaffungswesens vom 21.06.1999 (SR 0.172.052.68) hat sich die Schweiz (unter anderem) verpflichtet, europäischen Anbieterinnen den Marktzutritt auf Bezirks- und Gemeindeebene zu gewähren. Mit dem Übereinkommen zur Errichtung der Europäischen Freihandelsassoziation (SR 0.632.31) wird diese Regelung auf die EFTA-Länder (Island, Liechtenstein und Norwegen) ausgedehnt. Diese Verpflichtungen wurden in den Notes générales et dérogations aux dispositions de l'article IV zum GPA 2012 übernommen.[19]

Schliesslich sind verschiedene bilaterale und plurilaterale Freihandelsabkommen zu be- [15] achten, welche Regeln zum Marktzutritt enthalten. Da der Geltungsbereich dieser Abkommen jeweils das Ergebnis von Verhandlungen ist, ist von Fall zu Fall zu prüfen, ob ein bestimmter Auftrag unter das Abkommen fällt. Staatsverträge mit einem Marktzutritt im Bereich öffentliches Beschaffungswesen wurden im Rahmen der EFTA mit Mexiko,[20] Chile,[21] Kolumbien,[22] den Mitgliedstaaten des Kooperationsrates der Arabischen Golfstaaten (Vereinigte Arabische Emirate, Königreich Bahrain, Königreich Sau-

---

16 *Final appendix 1* der Schweiz zum GPA 2012, Annex 5.
17 *Final appendix 1* der Schweiz zum GPA 2012, Annex 6.
18 *Final appendix 1* der Schweiz zum GPA 2012, Annex 4.
19 *Notes générales et dérogations aux dispositions de l'article IV* zum GPA 2012, Bst. a Ziff. 1.
20 Art. 56 ff. des Freihandelsabkommens zwischen den EFTA-Staaten und den Vereinigten Mexikanischen Staaten vom 27.11.2000 (SR 0.632.315.631.1).
21 Art. 47 ff. des Freihandelsabkommens zwischen den EFTA-Staaten und der Republik Chile vom 26.06.2003 (SR 0.632.312.451).
22 Kap. 7 des Freihandelsabkommens zwischen der Republik Kolumbien und den EFTA-Staaten vom 25.11.2008 (SR 0.632.312.631).

di-Arabien, Katar, Kuwait und Sultanat Oman),[23] Peru,[24] den zentralamerikanischen Staaten (Costa Rica und Panama, künftig auch Guatemala),[25] Georgien[26] und Ecuador[27] abgeschlossen. Für die Zukunft sind noch Freihandelsabkommen mit einem Marktzutritt im Bereich des öffentlichen Beschaffungswesens mit dem Mercosur (Argentinien, Brasilien, Paraguay und Uruguay)[28], Vietnam[29] und Malaysia[30] in Verhandlungen.

16   BöB/IVöB 52 Abs. 2 sieht bedeutende Einschränkungen des Rechtsschutzes vor, falls eine nichtprivilegierte ausländische Anbieterin (insbesondere wenn Gegenrecht durch deren Herkunftsstaat nicht gewährt wäre) den Rechtsweg einlegen würde. Nach der hier vertretenen Auffassung bedeutet Gegenrecht nach BöB/IVöB 6 Abs. 2 immer Marktzutritt samt Rechtsschutz. Wenn eine Schweizer Anbieterin im Ausland ihr Recht (auf Zulassung und Beurteilung ihres Angebots) nicht durchsetzen kann, dann hat sie keinen Marktzutritt und ist gleich wie die ad hoc zum Angebot Zugelassene vom Wohlwollen der Vergabestelle abhängig. Kann die Schweizer Anbieterin im Ausland das Gericht anrufen, dann muss somit gleiches Recht auch für die dortigen Anbieterinnen gelten, die sich in der Schweiz um Aufträge bewerben. Die Gegenseitigkeit soll also nicht nur im Hinblick auf den Marktzutritt im engeren Sinn gemessen werden, sondern auch im Hinblick auf die Möglichkeit, einen wirksamen Rechtsbehelf einzulegen. In dieser Hinsicht muss die Wahrung der wichtigsten Verfahrensgrundsätze gewährleistet sein, damit der Zugang zur gerichtlichen Rechtshilfe als gegeben angesehen werden kann.

---

23   Kap. 6 des Freihandelsabkommens zwischen den EFTA-Staaten und den Mitgliedstaaten des Kooperationsrates der Arabischen Golfstaaten vom 22.06.2009 (SR 0.632.311.491).
24   Kap. 7 des Freihandelsabkommens zwischen der Republik Peru und den EFTA-Staaten vom 14.07.2010 (SR 0.632.316.411).
25   Kap. 7 des Freihandelsabkommens zwischen den EFTA-Staaten und den zentralamerikanischen Staaten vom 24.07.2013 (SR 0.632.312.851); das *Protocol on the Accession of the Republic of Guatemala to the Free Trade Agreement between the EFTA States and the Central American States* wurde am 22.06.2015 unterschrieben, soll aber noch von Guatemala genehmigt werden.
26   Kap. 8 des Freihandelsabkommens zwischen den EFTA-Staaten und Georgien vom 27.06.2016 (SR 0.632.313.601).
27   Kap. 6 des Freihandelsabkommens zwischen den EFTA-Staaten und Ecuador vom 25.06.2018 (SR 0.632.313.271.1).
28   https://www.seco.admin.ch/seco/fr/home/Aussenwirtschaftspolitik_Wirtschaftliche_Zusammenarbeit/Wirtschaftsbeziehungen/Freihandelsabkommen/Partner_weltweit/mercosur.html (zuletzt besucht am 12.05.2020).
29   https://www.efta.int/free-trade/ongoing-negotiations-talks/vietnam (zuletzt besucht am 12.05.2020).
30   https://www.efta.int/free-trade/ongoing-negotiations-talks/malaysia (zuletzt besucht am 12.05.2020).

IV. Abs. 2: Ausländische Anbieterinnen im Nichtstaatsvertragsbereich

Besteht keine internationale Verpflichtung der Schweiz hinsichtlich Marktzutritt einer ausländischen Anbieterin, wird durch BöB/IVöB 6 Abs. 2 geregelt, inwiefern ausländische Anbieterinnen zum Angebot zugelassen sind oder zugelassen werden dürfen. BöB/IVöB 6 Abs. 2 sieht zwei Varianten vor: (a) die Zulassung bei der Gewährung des Gegenrechts und (b) eine einzelfallweise Zulassung durch die Auftraggeberin. 17

Mit «Gewährung des Gegenrechts» wird die Besonderheit bezeichnet, dass der Herkunftsstaat der ausländischen Anbieterin durch keine internationale Verpflichtung (oder nur von einer einseitigen Verpflichtung zugunsten der Schweiz, was kaum vorstellbar ist) gebunden ist, jedoch schweizerischen Anbieterinnen den Markzutritt in Bezug auf den betroffenen Markt freiwillig, aber effektiv und vergleichbar gewährt. Der Marktzutritt im Herkunftsstaat muss nicht nur de jure, sondern auch de facto garantiert sein. Der Nachweis (Substanziierungslast) obliegt der Anbieterin, die den Marktzutritt beansprucht, soweit nicht die Liste nach Abs. 3 entsprechende Hinweise enthält. 18

Demgegenüber geniessen Auftraggeberinnen volle Handlungsfreiheit betreffend Zulassung nichtprivilegierter Anbieterinnen aus Herkunftsstaaten, die kein Gegenrecht gewähren. In dieser Hinsicht dürfen Auftraggeberinnen einseitig und freiwillig solche Anbieterinnen zulassen, sind dazu aber nicht verpflichtet. Nach der hier vertretenen Auffassung gibt es keinen Fall (vorbehältlich bestimmter Konstellationen, wie z.B. Vertrauensschutz oder Verbot widersprüchlichen Verhaltens), in dem Auftraggeberinnen gezwungen werden könnten, ausländische Anbieterinnen zuzulassen. In diesem Sinn erklärt die Botschaft, dass gegen solche Zulassungs- oder Nichtzulassungsentscheide der Auftraggeberinnen kein Rechtsschutz zur Verfügung steht.[31] Andererseits gibt es kein gesetzliches Verbot, Angebote von nichtprivilegierten Anbieterinnen anzunehmen.[32] Konkurrenten einer ausländischen Anbieterin, die nach Ermessen der Vergabestelle zum Angebot zugelassen worden ist und in der Folge den Zuschlag erhält, können sich somit nicht darauf berufen, dass kein Staatsvertrag den Marktzutritt einer solchen ausländischen Anbieterin gewährt.[33] 19

BöB/IVöB 6 Abs. 2 regelt nicht, in welcher Form eine solche Zulassung ausländischer Anbieterinnen stattfinden soll. Es ist somit denkbar, dass die Auftraggeberin bereits in der Ausschreibung darauf hinweist, dass nichtprivilegierte Anbieterinnen aus Herkunftsstaaten ohne Gegenrecht zugelassen sind. Eine solche Zulassungserklärung ist u.E. für die Auftraggeberin bindend und unwiderruflich, sodass sie diese Einstellung später nicht mehr ändern darf. Aufgrund des Vertrauensschutzes und des Verbots wi- 20

---

31 Botschaft BöB, S. 1893.
32 BEYELER, Geltungsanspruch, Rz. 1443 ff.
33 BEYELER, Geltungsanspruch, Rz. 1445.

dersprüchlichen Verhaltens[34] könnte somit eine nichtprivilegierte ausländische Anbieterin klagen und zugelassen werden. Wird jedoch in der Ausschreibung nichts über die Zulassung solcher Anbieterinnen gesagt, bleibt die Auftraggeberin grundsätzlich frei, dies nach Angebotsöffnung zu bestimmen.[35]

21 BöB 52 Abs. 2 sieht auf Bundesebene eine massgebliche Einschränkung des Rechtsschutzes vor, indem – generell, d.h. auch von Schweizer und privilegierten Anbieterinnen – bei Aufträgen ausserhalb des Staatsvertragsbereichs nur die Feststellung der Rechtswidrigkeit, nicht aber der Zuschlag der bestrittenen Ausschreibung beantragt werden kann (sog. sekundärer Rechtsschutz). Eine Ausnahme gilt nur in Bezug auf die Verhängung einer Sanktion (Verwarnung oder Auftragssperre, vgl. BöB 45). Die IVöB kennt, teilweise als Folge von BGBM Art. 9, keine solche Einschränkung.

22 In Bezug auf nichtprivilegierte Anbieterinnen sieht BöB 52 Abs. 2 *in fine* eine weitere Beschränkung des Rechtsschutzes vor: Auf deren Beschwerde wird nicht eingetreten, wenn ihr Herkunftsstaat kein Gegenrecht gewährt, d.h., wenn sie aufgrund einer einzelfallweisen Zulassung der Auftraggeberin teilgenommen haben. Diese Beschränkung gilt nicht, wenn die ausländische Anbieterin Marktzutritt aufgrund des Gegenrechts (Marktzugang und Rechtsschutz) beansprucht. IVöB 52 Abs. 3 enthält eine inhaltlich ähnliche – jedoch nicht auf den Sekundärrechtsschutz beschränkte – Regelung.

V. Abs. 3: Liste der Vertragsstaaten

23 Auftraggeberinnen sehen sich mit folgenden Schwierigkeiten konfrontiert: Einerseits steht eine Vielzahl internationaler Abkommen in Kraft, jeweils mit nicht kongruenten Anwendungsbereichen und technischen Listen; andererseits ist es für Auftraggeberinnen und Anbieterinnen in der Schweiz aus praktischer Sicht fast unmöglich, den vergleichbaren und effektiven Marktzutritt zu überprüfen. Um die Auftraggeberinnen und Anbieterinnen bei der Überwindung dieser Hürden zu unterstützen, wird durch BöB/IVöB 6 Abs. 3 die bereits durch aBöV 33 Abs. 3 vorgesehene Liste nun auf Gesetzstufe verankert.

24 Die Liste enthält nach dem gesetzlichen Auftrag die folgenden Informationen: (a) eine Darstellung der internationalen Abkommen und deren Anwendungsbereiche (siehe BöB/IVöB 6 Abs. 1), um die rechtliche Lage verständlicher zu machen, (b) eine Feststellung des allfälligen vergleichbaren und effektiven Marktzutritts durch die GPA-Vertragsstaaten (in Bezug auf die *Notes générales et dérogations aux dispositions de l'article IV* oder auf die Dienst- und Bauleistungen gemäss *Final appendix 1* der Schweiz zum GPA 2012) oder Drittstaaten (wie z.B. durch das EFTA-Freihandelsabkommen), wenn die Schweiz den Marktzutritt von der Gegenseitigkeit abhängig gemacht hat, und, laut

---

[34] BGE 131 II 627, E. 6.1.
[35] Beyeler, Geltungsanspruch, Rz. 1447 ff.

Ausführungen in der Botschaft, ebenfalls (c) eine Feststellung der Herkunftsstaaten, die ausserhalb jeder internationaler Verpflichtung trotzdem einen vergleichbaren und effektiven Marktzutritt gewähren würden (siehe BöB/IVöB 6 Abs. 2 sowie BöB/IVöB 52 Abs. 2). Letzteres ist vom Gesetz nicht explizit vorgesehen, dürfte für die Auftraggeberinnen aber eine nicht zu unterschätzende Hilfe bedeuten. Es ist davon auszugehen, dass die Liste kontinuierlich und auf Basis der Anfragen der Auftraggeberinnen und Anbieterinnen weiterentwickelt wird. Gemäss VöB 5 Abs. 1 soll diese Aufgabe weiterhin dem SECO obliegen.[36]

Wie die Botschaft klarstellt, hat diese Liste bloss indikativen Charakter.[37] Somit dürfen (und müssen) die Parteien in einem Verfahren im Einzelfall nachweisen, dass ein vergleichbarer und effektiver Marktzutritt durch einen besonderen Herkunftsstaat gewährt wird. Nach der hier vertretenen Auffassung ist ein strikter Beweis in diesem Bereich in der Regel nicht möglich oder zumindest nicht zumutbar, sodass hier eine Beweisnot besteht. Gemäss Rechtsprechung des Bundesgerichts sollte das Beweismass daher auf die überwiegende Wahrscheinlichkeit reduziert werden.[38] Somit würde der Beweis als erbracht gelten, wenn *«für die Richtigkeit der Sachbehauptung nach objektiven Gesichtspunkten derart gewichtige Gründe sprechen, dass andere denkbare Möglichkeiten vernünftigerweise nicht massgeblich in Betracht fallen»*. Die Substanziierungslast obliegt der Anbieterin, die den Marktzutritt beansprucht.

VI. Vereinbarungen der Kantone mit Grenzregionen und Nachbarstaaten (IVöB 6 Abs. 4)

Mit IVöB 6 Abs. 4 wird die bisherige Regelung von aIVöB 2 Bst. b weitergeführt. Die Grundlage dafür findet sich in BV 56 (SR 101).

VII. Rechtsvergleichung

RL 2014/24/EU 25 und RL 2014/25/EU 43 sehen ein ähnliches Diskriminierungsverbot wie BöB/IVöB 6 Abs. 1 vor, falls der betroffene Markt einer internationalen Verpflichtung unterliegt. Für den «Nichtstaatsvertragsbereich» (ausserhalb internationaler Verpflichtungen) ist in diesen Richtlinien nichts vorgesehen, sodass kein Pendant zu BöB/IVöB 6 Abs. 2 besteht. Dementsprechend gibt es für die Mitgliedstaaten der Europäischen Union keine Verpflichtung, Anbieterinnen aus Drittstaaten bei Gewährung des Gegenrechts (ausserhalb internationaler Verpflichtungen) den Marktzutritt zu ihren

---

36 Botschaft BöB, S. 1893.
37 Botschaft BöB, S. 1893.
38 BGE 140 III 610, E. 4.1.

Beschaffungsmärkten zu gewähren (vgl. Einführung in den internationalen Kontext N 32).

28 Da die beiden Richtlinien von den Mitgliedstaaten in ihr nationales Recht umgesetzt werden müssen, sind unterschiedliche nationale Bestimmungen möglich. Es ist daher immer erforderlich, die geltenden nationalen Regelungen zu prüfen, da sie günstiger sein können.

Art. 7 BöB Befreiung von der Unterstellung

[1] Herrscht in einem Sektorenmarkt nach Artikel 4 Absatz 2 wirksamer Wettbewerb, so befreit der Bundesrat auf Vorschlag einer Auftraggeberin oder des Interkantonalen Organs für das öffentliche Beschaffungswesen (InöB) in einer Verordnung die Beschaffungen in diesem Markt ganz oder teilweise von der Unterstellung unter dieses Gesetz.

[2] Der Bundesrat konsultiert vor Erlass seiner Verordnung die Wettbewerbskommission, das InöB und die betroffenen Wirtschaftskreise. Die Wettbewerbskommission kann ihr Gutachten unter Wahrung der Geschäftsgeheimnisse veröffentlichen.

Art. 7 IVöB Befreiung von der Unterstellung

[1] *Herrscht in einem Sektorenmarkt nach Artikel 4 Absatz 2 wirksamer Wettbewerb, kann das Interkantonale Organ für das öffentliche Beschaffungswesen (InöB) dem Bundesrat vorschlagen, die entsprechenden Beschaffungen ganz oder teilweise von der Unterstellung unter diese Vereinbarung zu befreien. Im betroffenen Sektorenmarkt tätige Auftraggeber sind berechtigt, zu Handen des InöB ein diesbezügliches Gesuch zu stellen.*

[2] *Eine Befreiung gilt für die entsprechenden Beschaffungen aller im betroffenen Sektorenmarkt tätigen Auftraggeber.*

Inhaltsverzeichnis

I.	**Grundlagen**	1
A.	Unterstellung von Sektorenauftraggeberinnen	2
B.	Liberalisierung von Sektorenmärkten	5
C.	Ausklinkung und Abgrenzungsschwierigkeiten unter bisherigem Recht	6
D.	Konsolidierung im neuen Recht	8
II.	**Ausklinkung bei wirksamem Wettbewerb**	10
A.	Wirksamer Wettbewerb als materielle Voraussetzung für die Ausklinkung	10
B.	Die Ausklinkung erfolgt tätigkeitsorientiert	15
C.	Die Ausklinkung wirkt auf dem ganzen Sektorenmarkt *erga omnes*	16
D.	Bisherige Ausklinkungen	18
E.	Ausklinkung neuerdings generell-abstrakt in Verordnungsform	19
F.	Rechtsweg	20
III.	**Konsultation**	24
IV.	**Rechtsvergleichung**	27

I. Grundlagen

1 BöB/IVöB 7 formulieren eine sog. Ausklinkklausel. Diese gestattet, Sektorenauftraggeberinnen i.S.v. BöB/IVöB 4 Abs. 2 (vgl. Art. 4 N 35 ff.) resp. gewisse ihrer Sektorentätigkeiten von der Unterstellung unter das Beschaffungsrecht zu befreien («auszuklinken»), soweit in den betreffenden Sektorenmärkten Wettbewerb herrscht. Die Vorgängerbestimmung von BöB 7 ist aVöB 2b aus dem Jahr 2001.[1] Grundlage von aVöB 2b bildet BilatAbk 3 Abs. 5, der erstmals eine Ausklinkklausel ins schweizerische Beschaffungsrecht einführte.

A. Unterstellung von Sektorenauftraggeberinnen

2 BilatAbk 3 Abs. 5 ist zusammen mit BilatAbk 5 Abs. 1 und 2 zu lesen. BilatAbk 3 Abs. 1 und 2 unterstellen gewisse Sektorenunternehmen dem Beschaffungsrecht, und zwar über den Geltungsbereich von GPA 1994 Anhang I Annex 3 hinaus.[2] Diese Bestimmung erfasst zunächst staatliche Behörden aller Stufen, öffentliche Unternehmen und Anbieterinnen mit besonderen und ausschliesslichen Rechten resp. deren Dienstleistungen in den Sektoren Telekommunikation, Schienenverkehr und Energieversorgung, allerdings mit Ausnahme der Stromversorgung (vgl. BilatAbk 3 Abs. 2 Bst. a–e).[3] GPA 1994 Anhang I Annex 3 erfasste diese Sektorenunternehmen nicht. Überdies erfasst BilatAbk 3 Abs. 2 Bst. f in den bereits von GPA 1994 Anhang I Annex 3 erfassten Sektoren neu auch «private Vergabestellen, die öffentliche Dienstleistungen erbringen», welche «nicht unter das GPA fallen, jedoch mit ausschliesslichen und besonderen Rechten» für die Ausübung der genannten Tätigkeit ausgestattet sind, in den Sektoren Trinkwasser- und Elektrizitätsversorgung, Verkehrsendeinrichtungen (Flughafen- sowie Hafeneinrichtungen im See- oder Binnenschiffsverkehr[4]) und öffentlicher Nahverkehr.[5] Die Anhänge zum BilatAbk beschreiben alle diese Sektorenauftraggeberinnen näher, u.a. für die Schweiz.[6] Das GPA 1994 und das BilatAbk erfassen damit alle möglichen Rechtssubjekte, die in den von diesen Abkommen beschriebenen Sektoren tätig sind (vgl. Art. 4 N 35 ff.).[7]

---

1 In Kraft ab dem 01.06.2002 (AS 2002 886); vgl. RPW 2014/2, S. 442 und 445 f.
2 GPA 1994 Anhang I Annex 3 erfasste staatliche Behörden und Einrichtungen des öffentlichen Rechts (*«pouvoirs publics»*) und öffentliche Unternehmen (*«entreprises publiques»*) in den Sektoren Trinkwasser- und Elektrizitätsversorgung, öffentlicher Nahverkehr, Flughafeneinrichtungen und Binnenhäfen (vgl. GALLI/MOSER/LANG/STEINER, Rz. 151; Komm BöB-TRÜEB, Art. 2 N 10).
3 BBl 1999 6128, S. 6203 f.
4 Hierzu Botschaft BöB, S. 1889.
5 BBl 1999 6128, S. 6204.
6 Vgl. BilatAbk Anhang I B – Schweiz (Anbieter von Telekommunikationsdienstleistungen), Anhang II B – Schweiz (Anbieter von Schienenverkehrsdienstleistungen), Anhang III B – Schweiz (Stellen in der Energiewirtschaft), Anhang IV B (private Stellen in den Sektoren gemäss BilatAbk 3 Abs. 2 Bst. f); vgl. auch BBl 1999 6128, S. 6203 f.
7 Hierzu BEYELER, Geltungsanspruch, Rz. 469.

In Ausführung des BilatAbk bezeichnete der Bundesrat auf Grundlage von aBöB 2 **3**
Abs. 2 die öffentlich- und privatrechtlichen Organisationen unter beherrschendem Einfluss des Bundes sowie die privatrechtlichen Organisationen, die auf nationaler Ebene gemeinwirtschaftliche Leistungen erbringen und dazu besondere oder ausschliessliche Rechte besitzen (aVöB 2a Abs. 1). Diese Sektorenauftraggeberinnen wurden nur für Tätigkeiten in ihrem Kernbereich i.S.v. aVöB 2a Abs. 2 dem aBöB unterstellt. Auf kantonaler Ebene wurden die Sektorenauftraggeberinnen über aIVöB 8 Abs. 1 Bst. c für Beschaffungen in den Sektorenbereichen erfasst.[8]

Der subjektive Geltungsbereich des Beschaffungsrechts wurde auf Sektorenunternehmen ausgedehnt, weil diese auf Infrastrukturmärkten tätig sind, die sich durch eine Gemengelage von staatlichem Einfluss, Service Public, Monopolen und weiteren Ausschliesslichkeitsrechten (etwa über Konzessionen an ein einziges oder einige wenige öffentliche oder private Unternehmen) kennzeichnen (vgl. Art. 4 N 35 ff.).[9] Auf diesen Märkten herrscht typischerweise kein oder nur wenig Wettbewerbsdruck, und der Marktzugang ist beschränkt. Ohne Wettbewerbsdruck wirtschaften Sektorenauftraggeberinnen vermutungsweise ineffizient. Sie müssen sich nicht oder nur ungenügend mit aktuellen oder potenziellen Konkurrenten messen. Ihre «Kundschaft» ist auf ihre Dienstleistungen angewiesen, zumal diese in Erfüllung einer öffentlichen Aufgabe angeboten werden und Substitutionsprodukte alternativer Anbieterinnen nicht oder kaum existieren. Der Anreiz, Beschaffungen zugunsten von Sektorentätigkeiten effizient zu tätigen und dafür öffentliche Aufträge an die Anbieterin mit dem vorteilhaftesten Angebot zu vergeben, ist gering, weil höhere Kosten der Sektorendienstleistungen auf die Nachfrager in Form höherer Preise überwälzt werden können.[10] Das öffentliche Beschaffungsrecht wirkt deshalb als Korrektiv u.a. für den fehlenden Wettbewerbsdruck unter den öffentlichen Auftraggeberinnen. Es sorgt für eine effiziente, transparente und nichtdiskriminierende Allokation öffentlicher Mittel bei der Erfüllung öffentlicher Aufgaben (vgl. auch Art. 2 N 1 ff.).[11] **4**

---

8   GALLI/MOSER/LANG/STEINER, Rz. 156 ff. und 166 ff.; Komm BöB-TRÜEB Art. 2 N 12 f.; FETZ, Beschaffungsrecht, Rz. 63. Für eine Übersicht über die bisher durch das GPA 1994 und das BilatAbk erfassten Sektorentätigkeiten vgl. BEYELER, Geltungsanspruch, Rz. 471 ff.
9   TRÜEB/ZIMMERLI, Spitalfinanzierung, Rz. 38; BEYELER, Geltungsanspruch, Rz. 463 und 470.
10 Allgemein hierzu im Beschaffungsrechtskontext BEYELER, Geltungsanspruch, Rz. 482 f. und 498 ff.; zum ökonomischen Effekt von Monopolen, der sich u.a. in Sektorenmärkten mit Ausschliesslichkeitssituationen einstellen kann, vgl. etwa BSK KG-BÜHLER/HALBHEER, Vor Art. 1 N 36 ff.; RPW 2014/2, S. 442 und 444.
11 BEYELER, Geltungsanspruch, Rz. 463, 470 und 482–484; TRÜEB, FHB, Rz. 25.36; RPW 2014/2, S. 442 und 444.

B. Liberalisierung von Sektorenmärkten

5   Die Sektorenmärkte können jedoch liberalisiert und dem Wettbewerb geöffnet werden. Je nach Sektorenmarkt und Vertragspartei des GPA bzw. des BilatAbk geschieht dies in unterschiedlichem Tempo und Ausmass.[12] BilatAbk 3 Abs. 5 gestattet, die Aufträge in diesen Sektoren aus dem Geltungsbereich des Beschaffungsrechts auszuklinken, sofern diese Sektormärkte (i) liberalisiert sind und (ii) andere Anbieter in diesen Sektoren «die Möglichkeit haben, diese Dienstleistungen in demselben geographischen Gebiet unter im Wesentlichen gleichen Bedingungen anzubieten»,[13] d.h.: wenn in einem Sektorenmarkt Wettbewerb herrscht (vgl. N 10 ff.). Gewährleisten die Marktkräfte, dass Beschaffungen von Sektorenauftraggeberinnen nach wirtschaftlichen Kriterien erfolgen,[14] können Sektorenauftraggeberinnen resp. die Beschaffungen für ihre Sektorentätigkeiten aus dem Geltungsbereich des Beschaffungsrechts ausgeklinkt werden. Das regulatorische Korrektiv des öffentlichen Beschaffungsrechts wird entbehrlich.

C. Ausklinkung und Abgrenzungsschwierigkeiten unter bisherigem Recht

6   Die Möglichkeit der Ausklinkung war allerdings bis anhin auf diejenigen Sektorenunternehmen beschränkt, die erst das BilatAbk dem Beschaffungsrecht unterstellt hatte. Entsprechend verweist aVöB 2b Abs. 1 auf Bundesebene nur auf die Sektorenauftraggeberinnen und deren Tätigkeiten i.S.v. aVöB 2a. Aufgrund von BilatAbk 3 Abs. 5 können auch Beschaffungen kantonaler und kommunaler Sektorenauftraggeberinnen ausgeklinkt werden: aIVöB 4 Abs. 2 Bst. c^{bis} verwies auf aIVöB 8 Abs. 1 Bst. c, der die Sektorenauftraggeberinnen im kantonalen und kommunalen Recht unterstellte.[15] Für Bund und Kantone galt somit das gleiche Ausklinksystem – mit den gleichen Abgrenzungsschwierigkeiten zum GPA:[16] Öffentliche Auftraggeberinnen, die in gewissen Sektoren aufgrund von GPA 1994 Anhang I Annex 3 dem öffentlichen Beschaffungsrecht unterstellt waren (als staatliche Stellen, Einrichtungen des öffentlichen Rechts und öffentliche Unternehmen auf kantonaler und kommunaler Ebene), konnten über BilatAbk 3 Abs. 5 bzw. aVöB 2b auf Bundesebene und aIVöB 4 Abs. 2 Bst. c^{bis} auf kantonaler Ebene nicht

---

12 Vgl. BEYELER, Geltungsanspruch, Rz. 482 ff.; TRÜEB/ZIMMERLI, Spitalfinanzierung, Rz. 38.
13 Vgl. auch BBl 1999 6128, S. 6205 f.
14 Vgl. etwa TRÜEB, FHB, Rz. 25.36; BBl 1999 6128, S. 6206; RPW 2001/3, S. 622 und 623 und S. 624; RPW 2014/2, S. 442 und 445 f.; allgemein BEYELER, Geltungsanspruch, Rz. 483 f.
15 Näheres hierzu bei BEYELER, Geltungsanspruch, Rz. 491; GALLI/MOSER/LANG/STEINER, Rz. 170; Musterbotschaft aIVöB 2001, S. 12; RPW 2001/3, S. 622 und 623; Botschaft BöB, S. 1893.
16 Art. 1 Verordnung des UVEK über die Nichtunterstellung unter das öffentliche Beschaffungsrecht (SR 172.056.111); vgl. auch Musterbotschaft aIVöB 2001, S. 12; RPW 2001/3, S. 622 und 623; FETZ, Beschaffungsrecht, Rz. 18 und 63; Komm BöB-TRÜEB, Art. 2 N 18; BEYELER, Geltungsanspruch, Rz. 487; SCHNEIDER HEUSI, Vergaberecht, S. 28.

ausgeklinkt werden – unabhängig von Liberalisierung und Wettbewerb in diesen Sektoren. Denn das GPA 1994 kannte keine «Ausklinkklausel».[17] Nur die Schweizerische Post[18] und der öffentliche Autobusverkehr[19] waren dem GPA 1994 nicht unterstellt, sofern dort Leistungen im Wettbewerb erbracht wurden. Dafür war aber kein Freistellungs- oder Ausklinkverfahren i.S.v. aVöB 2b notwendig, denn diese spezielle Nichtunterstellung galt *eo ipso*, sobald die Tatbestandsvoraussetzungen erfüllt waren.[20] Auch Vergabestellen i.S.v. GPA 1994 Anhang I Annex 1 und 2 konnten nicht auf Grundlage von BilatAbk 3 Abs. 5 ausgeklinkt werden, und zwar bereits grundsätzlich nicht und erst recht nicht für Sektorentätigkeiten, die aufgrund von GPA 1994 Anhang I Annex 3 dem Beschaffungsrecht unterstellt waren.

Praktisch bedeutete das anspruchsvolle Nebeneinander von BilatAbk 3 Abs. 5 und GPA 1994 Anhang I Annex 3 für die Ausklinkung Folgendes: Es konnten Auftraggeberinnen in den Sektoren Telekommunikation, Schienenverkehr und Energieversorgung (mit Ausnahme der Stromversorgung) ausgeklinkt werden (BilatAbk 3 Abs. 2 Bst. a–e; aVöB 2b i.V.m. 2a und aBöB 2 Abs. 2), weil GPA 1994 Anhang I Annex 3 diese Sektorenauftraggeberinnen nicht erfasste. Darüber hinaus konnten nur noch private Sektorenauftraggeberinnen mit ausschliesslichen und besonderen Rechten für Tätigkeiten gemäss BilatAbk 3 Abs. 5 Bst. f ausgeklinkt werden. Denn für ebendiese Sektorentätigkeiten fielen staatliche Stellen (inkl. Einrichtungen des öffentlichen Rechts) und öffentliche Unternehmen unter GPA 1994 Anhang I Annex 3 Ziff. 1–5, nicht aber die privat beherrschten Sektorenauftraggeberinnen. Besonders illustrativ hierfür war der Elektrizitätssektor: Hier schliesst BilatAbk 3 Abs. 5 eine Ausklinkung der Stromversorgungstätigkeit staatlicher Behörden und öffentlicher Unternehmen explizit aus (BilatAbk 3 Abs. 2 Bst. e). Kantonale und kommunale Stromversorger, die etwa als Kantons- oder Gemeindewerke Teile der zentralen Verwaltung sind (als Verwaltungsabteilungen), als Einrichtungen des öffentlichen Recht oder als öffentliche Unternehmen konstituiert wurden oder anderweitig unter staatlichem Einfluss standen – was aufgrund der Eigenheiten des schweizerischen Strommarktes für die meisten Energieversorgungsunternehmen in der Schweiz noch heute zutrifft –, konnten nicht über BilatAbk 3 Abs. 5, aVöB 2b oder aIVöB 4 Abs. 2 Bst. c^{bis} ausgeklinkt werden. Dies selbst dann nicht, wenn der Strommarkt liberalisiert und dem Wettbewerb geöffnet worden wäre, denn solche Sektorenunternehmen fallen unter GPA 1994 Anhang I Annex 3 Ziff. 2. Eine Ausklinkung war hier deshalb nur für privat kontrollierte Stromversorger möglich, die über besondere und ausschliessliche Rechte verfügten (BilatAbk 3 Abs. 2 Bst. f/ii); GPA 1994 Anhang I An-

7

---

17 Vgl. zum Ganzen BEYELER, Geltungsanspruch, Rz. 487–490; GALLI/MOSER/LANG/STEINER, Rz. 170.
18 Vgl. GPA 1994 Anhang I Annex I Fn. 2: Nicht reservierte Dienste und Wettbewerbsdienste (BEYELER, Geltungsanspruch, Rz. 490).
19 Vgl. GPA 1994 Anhang I Annex 3 Fn. 6: Wettbewerb mit anderen Anbietern von Autobusdienstleistungen (BEYELER, Geltungsanspruch, Rz. 489).
20 BEYELER, Geltungsanspruch, Rz. 491.

nex 3 erfasste diese Sektorenunternehmen nicht.[21] Private Energieversorgungsunternehmen sind in der Schweiz aber nach wie vor in der Minderheit. Deshalb blieb die Ausklinkung im schweizerischen Elektrizitätsmarkt bisher Theorie.

D. Konsolidierung im neuen Recht

8 BöB/IVöB 7 beheben diese Abgrenzungsschwierigkeiten zwischen GPA und BilatAbk in den Sektorenmärkten. Herrscht in einem Sektorenmarkt nach BöB 4 Abs. 2 (und nicht zwischen Sektorenauftraggeberinnen, wie dies noch unter aVöB 2b i.V.m. 2a galt[22]) wirksamer Wettbewerb, so kann der Bundesrat Beschaffungen in diesem Markt ganz oder teilweise von der Unterstellung unter das Beschaffungsrecht befreien (vgl. BöB 7 Abs. 1).[23] IVöB 7 Abs. 1 ist gleich konzipiert und verweist auf kantonaler und kommunaler Ebene analog auf die Sektorenmärkte i.S.v. IVöB 4 Abs. 2. Die Ausklinkung wird auf diese Weise auf alle Sektorenmärkte ausgedehnt, sofern dort wirksamer Wettbewerb herrscht[24], und sie bleibt nicht auf gewisse Sektorenauftraggeberinnen beschränkt. Damit werden die Ausklinktatbestände gemäss BilatAbk und GPA 2012 konsolidiert, und Friktionen zwischen BöB/IVöB 7 und BilatAbk 3 Abs. 5 werden vermieden. Ermöglicht wird dies durch GPA 2012 Anhang I Annex 3 Anm. 2, die dem GPA 1994 fremd war. Danach ist das GPA 2012 nicht anwendbar auf Aufträge, «die von den Beschaffungsstellen bei der Durchführung einer in Annex 3 aufgeführten *Tätigkeit* vergeben werden, wenn diese Tätigkeit dem uneingeschränkten Wettbewerb des Marktes ausgesetzt ist». Nach dem massgeblichen französischen Originalwortlaut dieser Anm. ist das GPA 2012 nicht anwendbar auf «*les marchés passés par les entités adjudicatrices*», wenn die «*activité décrite dans la présente Annexe [...] est exposée à la pleine concurrence du marché*». GPA 2012 Anhang I Annex 3 Anm. 2 orientiert sich an BilatAbk 3 Abs. 5.[25]

9 IVöB 7 übernimmt das System von BöB 7. Zwischen IVöB 7 und BöB 7 bestehen keine nennenswerten materiellen Unterschiede.

---

21 Für die Stromproduktion vgl. BEYELER, Strommarkt, S. 209; BEYELER, Geltungsanspruch, Rz. 487 ff.; GALLI/MOSER/LANG/STEINER, Rz. 170; vgl. zur Unterstellung privater Sektorenunternehmen über BilatAbk 3 Abs. 2 Bst. f im Vergleich zum GPA 1994 BBl 1999 6128, S. 6204; RPW 2001/3, S. 622 und 623; illustrativ ferner der «Leitfaden für Gesuchstellende um Nichtunterstellung gemäss Verordnung des UVEK über die Nichtunterstellung unter das Bundesgesetz» (Stand 17.12.2007), Teil A Ziff. 4.
22 Vgl. den Wortlaut von aVöB 2b.
23 Anders noch aVöB 2b, der für eine Ausklinkung verlangte, dass «unter den Auftraggeberinnen im Sinne von Art. 2 Bst. a Wettbewerb herrscht [...]».
24 Botschaft BöB, S. 1893.
25 Botschaft BöB, S. 1893 f.; Botschaft GPA, S. 2106.

II. Ausklinkung bei wirksamem Wettbewerb

A. Wirksamer Wettbewerb als materielle Voraussetzung für die Ausklinkung

Um einen Sektorenmarkt aus dem Beschaffungsrecht auszuklinken, muss auf diesem Markt oder auf Teilen dieses Marktes «wirksamer Wettbewerb» herrschen. Wirksamer Wettbewerb ist ein kartellrechtlicher Begriff und zugleich Schutzgut des KG. BöB/IVöB 7 übernehmen den Wettbewerbsabsatz des KG.[26] Wettbewerb ist «wirksam», wenn die Wettbewerbsfunktionen (z.B. Innovations-, Allokations-, Preisstabilisierungs-, Markträumungs- und Renditennormalisierungsfunktion) in einem bestimmten Markt nicht durch private oder staatliche Einflüsse erheblich gestört sind und der Markt offen ist. In diesem Fall führen die Marktkräfte zu effizienten Marktergebnissen (allokative bzw. statische sowie produktive bzw. dynamische Effizienz des Wettbewerbs). Dagegen wirken die Wettbewerbsfunktionen typischerweise nicht bei vermachteten Marktverhältnissen (z.B. in Monopol- oder Oligopolsituationen, wie sie in Sektorenmärkten vorkommen).[27]

10

Indem BöB/IVöB 7 Abs. 1 für die Ausklinkung wirksamen Wettbewerb verlangen, gehen sie über die Vorgaben von BilatAbk 3 Abs. 5 und GPA 2012 Anhang I Annex 3 Anm. 2 hinaus.[28] Gemäss BilatAbk 3 Abs. 5 kann ein Sektorenmarkt ausgeklinkt werden, wenn er «liberalisiert» ist, den Konkurrenten der Sektorenauftraggeberinnen offensteht und diese Konkurrenten die Möglichkeit haben, konkurrierende Dienstleistungen «in demselben geographischen Gebiet unter im Wesentlichen gleichen Bedingungen anzubieten». GPA 2012 Anhang I Annex 3 Anm. 2 verlangt, dass die betreffende Sektorentätigkeit dem «uneingeschränkten Wettbewerb des Marktes» ausgesetzt ist.[29] Wie intensiv ein so beschriebener Wettbewerb sein muss, ist staatsvertraglich nicht abschliessend definiert. Wird in erster Linie auf die Liberalisierung eines Sektorenmarktes abgestellt, so deutet dies darauf hin, dass *de iure*-Wettbewerb für eine Ausklinkung genügen soll – also die blosse Abwesenheit regulatorischer Markteintrittshürden. Indem BöB/IVöB 7 Abs. 1 «wirksamen Wettbewerb» verlangen, machen sie klar, dass das Korrektiv des Beschaffungsrechts nur entbehrlich ist, wenn in einem Sektorenmarkt *de facto*-Wettbewerb herrscht, und zwar eben in «wirksamer» Ausprägung im kartellrechtlichen Sinn. Dies ist sachgerecht: Denn selbst wenn ein Sektorenmarkt rechtlich liberalisiert wird und die rechtlichen Rahmenbedingungen für Wettbewerb geschaffen werden, setzt Wettbewerb erst nach einer gewissen Anfangsphase ein. Neue Konkurrenten können ehemalige Monopolisten erst disziplinieren, nachdem sie sich im Markt etabliert haben. Ob und wann

11

---

26 Botschaft BöB, S. 1893.
27 Vgl. BBl 1995 I 468, S. 511 f.; konzis Ducrey, Rz. 1374 ff.; Näheres bei Borner/Brunetti/Weder, S. 40 ff. (zu den Wettbewerbsfunktionen); BSK KG-Lehne, Art. 1 N 27 ff. (zum kartellrechtlichen Leitbegriff des «wirksamen Wettbewerbs»).
28 Zum Verhältnis zwischen BilatAbk 3 Abs. 5 und aVöB 2b sowie IVöB 4 Abs. 2 Bst. c^{bis} vgl. Beyeler, Geltungsanspruch, Rz. 498 ff.
29 Vgl. auch Botschaft GPA, S. 2106.

in einem bestimmten Sektorenmarkt neben dem *Incumbent* überhaupt zusätzliche Konkurrenten eintreten und effektiv bestehen können, ist oft über längere Zeit unsicher.[30] Der Bundesrat hatte deshalb in E-BöB 7[31] wie im bisherigen Recht den Begriff des «wirksamen Wettbewerbs» vorgeschlagen. In den parlamentarischen Beratungen zu BöB 7 Abs. 1 stimmten die WAK-NR und der Nationalrat diesem Ansatz konsequent zu.[32] Die WAK-SR und der Ständerat wollten sich dagegen wiederholt mit *de iure*-Wettbewerb zufriedengeben. Diesen beschrieben sie je nach Beratungsstadium ohne stringentes Konzept: Einmal verlangte der Ständerat unter Hinweis auf das GPA 2012 «uneingeschränkten Wettbewerb».[33] Später sollte eine Ausklinkung «aufgrund des Rechtsrahmens Wettbewerb» möglich sein. Diese zweite Variante wurde im Ständerat teilweise als *de facto*-Wettbewerb verstanden.[34] Teilweise wurde sie aber auch als *de iure*-Wettbewerb interpretiert, für den eine bloss rechtliche Liberalisierung genüge und eine «WEKO-Untersuchung» unerwünscht sei, um zu klären, «ob jetzt tatsächlich dieser uneingeschränkte Wettbewerb herrscht». Dahinter standen insb. politisch-opportunistische Überlegungen im Zusammenhang mit der Liberalisierung des Strommarktes, mit der sich der Schweizer Gesetzgeber nicht nur im Kontext der BöB-, sondern auch der StromVG-Revision schwertut.[35] Der Ständerat beharrte auf seinem sektor- und regionalpolitisch allenfalls verständlichen, beschaffungs- und wettbewerbsrechtlich aber verfehlten Wettbewerbsverständnis, bis er sich in der Einigungskonferenz dem Nationalrat und dem Entwurf des Bundesrates anschloss.[36]

12 Damit ist klar, dass eine Ausklinkung nur bei wirksamem Wettbewerb (also mindestens *de facto*-Wettbewerb) im betreffenden Sektorenmarkt in Frage kommt. Hierfür kann weiterhin – wie unter dem alten Recht – auf das kartellrechtliche Wettbewerbsinstrumentarium zurückgegriffen werden. Im Zentrum stehen die Substituierbarkeit der Waren und Dienstleistungen aus Sicht der Marktgegenseite der Sektorenauftraggeberinnen, das Vermeiden von Monopolrenten, die Offenheit des Marktes und das ökonomische Korrektiv der Marktkräfte. Nur wenn ein Sektorenunternehmen die Folgen ineffizienter Beschaffungstätigkeit in Erfüllung öffentlicher Aufgaben effektiv und prompt spürt, weil seine Kunden wegen überhöhter Preise oder schlechter Qualität der Dienstleistungen auf alternative Anbieterinnen ausweichen, ist von wirksamem Wettbewerb die Rede, der von der Einhaltung der beschaffungsrechtlichen Regeln dispensieren kann.

13 Die Tatsachen, die zu berücksichtigen sind, um das Vorliegen wirksamen Wettbewerbs zu untersuchen, wurden bis anhin im «Leitfaden für Gesuchstellende um Nichtunterstellung gemäss Verordnung des UVEK über die Nichtunterstellung unter das Bundesge-

---

30 Hierzu treffend Beyeler, Geltungsanspruch, Rz. 500–502.
31 Botschaft BöB, S. 2008.
32 AB 2018 NR 1000, S. 1011; AB 2019 NR 140, S. 141; AB 2018 NR 1000, S. 1000.
33 AB 2018 SR 963, S. 970; vgl. auch Botschaft GPA, S. 2106.
34 AB 2019 SR 309, S. 310 (Votum Bischof).
35 AB 2019 SR 309, S. 310 (Votum Schmid).
36 AB 2019 SR 416, S. 416 ff.

setz» (Stand 17.12.2007) dargestellt. Teil B dieses Leitfadens verlangt umfangreiche Informationen zur Definition der «betroffenen Märkte» (also der relevanten Sektorenmärkte), zu den Marktanteilen (also zur Marktstruktur) und zu Marktzutritten (also zur Offenheit der Märkte). Dieser Fragenkatalog orientiert sich stark an den kartellrechtlichen Vorgaben von VKU 11 und des Meldeformulars der WEKO «Merkblatt und Formular Zusammenschlusskontrolle».[37] Die Nähe der Ausklinkklausel von BöB/IVöB 7 zur wettbewerbsrechtlichen Thematik des KG ist augenfällig. Es wäre unverständlich gewesen, wenn die Räte in BöB 7 ein anderes Wettbewerbskonzept als jenes des wirksamen Wettbewerbs verankert hätten.

Ob in einem Sektorenmarkt wirksamer Wettbewerb herrscht, wird schliesslich anhand der indikativen Kriterien zu entscheiden sein, die der Ausschuss für das öffentliche Beschaffungswesen in Anwendung von GPA 2012 XIX:8 Bst. b[38] dereinst festlegen wird.[39] Es ist zu erwarten, dass hierbei die etablierten Prüfkriterien des Kartellrechts eine massgebliche Rolle spielen werden. Der Bundesrat wird sie im Ausklinkverfahren berücksichtigen müssen (vgl. N 24 ff.). 14

B. Die Ausklinkung erfolgt tätigkeitsorientiert

Die Ausklinkung nach BöB/IVöB 7 bewirkt nicht, dass Sektorenauftraggeberinnen mit all ihren Tätigkeiten und Bereichen vom Anwendungsbereich des öffentlichen Beschaffungsrechts ausgeklinkt werden. Vielmehr werden Beschaffungen für Tätigkeiten i.S.v. BöB/IVöB 4 Abs. 2 ausgeklinkt, soweit ein Sektorenunternehmen damit im wirksamen Wettbewerb mit alternativen, aktuellen und allenfalls auch potenziellen Konkurrenten steht.[40] Anders formuliert: Es werden sachlich relevante Märkte aus dem Geltungsbereich des Beschaffungsrechts ausgeklinkt.[41] Dies ergibt sich ohne Weiteres aus dem Wortlaut von BöB/IVöB 7 Abs. 1 und folgt auch der Systematik von BöB/IVöB 4 Abs. 3, wonach Sektorenauftraggeberinnen nur für die in BöB/IVöB 4 Abs. 2 beschriebenen Tätigkeitsbereiche, «nicht aber für die übrigen Tätigkeitsbereiche» dem Beschaffungsrecht unterstellt sind. BöB/IVöB 7 sind also tätigkeitsorientiert und bilden in dieser Hinsicht gewissermassen das Gegenstück zu BöB/IVöB 4 Abs. 3. Zudem entspricht diese Betrachtungsweise der kartellrechtlichen Systematik, nach welcher aus Sicht der Marktge- 15

---

37 Abrufbar unter: https://www.weko.admin.ch/dam/weko/de/dokumente/2015/08/merkblatt_und_formularzusammenschlussvorhaben.pdf (zuletzt besucht am 21.03.2020); auch die Musterbotschaft IVöB (S. 31 f.) weist darauf hin, es gelte der Begriff des «wirksamen Wettbewerbs» i.S. des KG.
38 «Der Ausschuss verabschiedet: b) indikative Kriterien, welche die Aufhebung der Kontrolle der Regierung oder ihres Einflusses auf die unterstellten Beschaffungen eines Auftraggebers nachweisen; […]».
39 Botschaft BöB, S. 1894.
40 Insoweit erfreulich klar und konzis Botschaft BöB, S. 1893.
41 Vgl. etwa TRÜEB, FHB, Rz. 25.36; BBl 1999 6128, S. 6205 f.; GALLI/MOSER/LANG/STEINER, Rz. 170.

genseite sachliche, räumliche und allenfalls auch zeitliche Märkte nach dem Bedarfsmarktprinzip abgegrenzt (Konzept der funktionalen Austauschbarkeit von Leistungen; vgl. hierzu VKU 11 Abs. 3 Bst. a und b[42]) und danach die Verhältnisse auf diesen Märkten analysiert werden (Disziplinierung der Sektorenauftraggeberinnen durch aktuelle und potenzielle Konkurrenz, je nachdem auch durch Stellung und Struktur der Marktgegenseite).[43] Stellt die Sektorentätigkeit den relevanten Markt dar und ist sie wirksamem Wettbewerb ausgesetzt, so wird sie ausgeklinkt, und zwar «ganz oder teilweise» (BöB/IVöB 7 Abs. 1), also als ganzer Bereich oder nur in Teilbereichen – je nachdem, wie weit der wirksame Wettbewerb sachlich und räumlich (sowie allenfalls zeitlich) wirkt. Gleichzeitig ist klar, dass Tätigkeiten von Auftraggeberinnen gemäss BöB/IVöB 4 Abs. 1 (also Verwaltungseinheiten der zentralen und dezentralen Bundesverwaltung [BöB]; zentrale und dezentrale Einheiten der Kantons- und Gemeindeverwaltung sowie Einrichtungen des öffentlichen Recht [IVöB]) von vornherein nicht «ausgeklinkt werden können».

C. Die Ausklinkung wirkt auf dem ganzen Sektorenmarkt *erga omnes*

16 Wird ein Markt ausgeklinkt, so wirkt dies *erga omnes*, d.h. für alle Sektorenauftraggeberinnen auf Bundes-, Kantons- und Gemeindeebene, die auf diesem Markt tätig sind (vgl. explizit IVöB 7 Abs. 2; vgl. auch VöB 2 Abs. 1, wonach «Sektorenmärkte» ausgeklinkt werden).[44] «Einzelgesuche» für die Ausklinkung bestimmter Sektorenauftraggeberinnen sind nicht notwendig. Einzelne Sektorenauftraggeberinnen auf den ausgeklinkten Märkten müssen sich auch nicht an einem Verfahren nach BöB/IVöB 7 beteiligt haben. Die Ausklinkung der betreffenden Sektorenmärkte wirkt auf Bundesebene (über BöB 7) und auf kantonaler Ebene (über IVöB 7). Sie wirkt umfassend und neutralisiert binnenstaatliches Vergaberecht. Sie ist namentlich unabhängig davon, ob Aufträge in den ausgeklinkten Sektorenmärkten Auftragsschwellenwerte nach GPA 2012, BilatAbk, BöB und IVöB/kantonalem Beschaffungsrecht erreichen. Denn herrscht in einem Sektorenmarkt wirksamer Wettbewerb, ist der Umfang der öffentlichen Beschaffung wie nach bisherigen Recht irrelevant.[45]

---

42 Bst. a: «Der sachliche Markt umfasst alle Waren und Leistungen, die von der Marktgegenseite hinsichtlich ihrer Eigenschaften und ihres vorgesehenen Verwendungszwecks als substituierbar angesehen werden.» Bst. b: «Der räumliche Markt umfasst das Gebiet, in welchem die Marktgegenseite die den sachlichen Markt umfassenden Waren und Leistungen nachfragt oder anbietet.»
43 Hierzu etwa Ducrey, Rz. 1455 ff. (Grundlagen der Marktabgrenzung) und 1626 ff. (Beurteilung der Wettbewerbsverhältnisse, wenn in Frage steht, ob ein Anbieter oder Nachfrager marktbeherrschend ist), je m.w.H.
44 Botschaft BöB, S. 1894; Musterbotschaft IVöB, S. 32.
45 Vgl. bereits RPW 2001/3, S. 622 und 624 f.; Beyeler, Geltungsanspruch, Rz. 486; Galli/Moser/Lang/Steiner, Rz. 174.

Darin liegt mitunter der Unterschied zwischen der Ausklinkung von Sektorenmärkten 17
und der Nicht-Unterstellung gewisser Beschaffungen, wenn sie gewerblichen Tätigkeiten der Auftraggeberinnen im Wettbewerb dienen (in der Terminologie von aIVöB 8: «kommerzielle oder industrielle Tätigkeiten»; neu BöB 4 Abs. 3: «[...] nicht aber für ihre übrigen Tätigkeiten», sowie IVöB 4 Abs. 1 und Abs. 4 Bst. a: «[...] mit Ausnahme ihrer gewerblichen Tätigkeiten»). In solchen Fällen gilt der Generalvorbehalt von GPA 2012 II:2 Bst. a/ii für Tätigkeiten im Wettbewerb («gewerblicher Verkauf» etc.).[46] Hier findet jedoch keine «Sektorenausklinkung» statt. Vielmehr muss die Auftraggeberin beurteilen, ob die Vergabe eines konkreten öffentlichen Auftrags einer Wettbewerbstätigkeit dient oder nicht. Die Rechtsmittelinstanzen können diese Selbsteinschätzung auf Beschwerde hin überprüfen.[47]

D. Bisherige Ausklinkungen

Bisher hatte das UVEK die folgenden Sektorenmärkte auf Grundlage von aVöB 2b und 18
der Verordnung des UVEK über die Nichtunterstellung unter das öffentliche Beschaffungsrecht ausgeklinkt:[48] den Bereich der Telekommunikation auf dem Gebiet der Eidgenossenschaft mit den Teilbereichen Festnetzkommunikation, Mobilkommunikation, Internetzugang, Datenkommunikation,[49] soweit er in den Anwendungsbereich des BilatAbk (scil. BilatAbk 3 Abs. 1, 2 und 5) fällt;[50] den Bereich des Schienengüterverkehrs auf dem Gebiet der Eidgenossenschaft mit dem Teilbereich Güterverkehr auf Normalspur,[51] soweit er in den Anwendungsbereich des BilatAbk (scil. BilatAbk 3 Abs. 1, 2 und 5) fällt.[52]

E. Ausklinkung neuerdings generell-abstrakt in Verordnungsform

Sektorenauftraggeberinnen sowie das InöB können dem Bundesrat (resp. dem UVEK; 19
vgl. VöB 2 Abs. 2) «Ausklinkvorschläge» unterbreiten (BöB/IVöB 7 Abs. 1 sprechen effektiv von «Vorschlägen»). Auf kantonaler Ebene können Sektorenauftraggeberinnen

---

46 Vgl. ferner den Ausnahmetatbestand von BöB/IVöB 10 Abs. 1 Bst. a (vgl. hierzu Art. 10 N 6 ff.).
47 Vgl. Botschaft GPA, S. 2106; GALLI/MOSER/LANG/STEINER, Rz. 176.
48 Näheres bei GALLI/MOSER/LANG/STEINER, Rz. 173–175.
49 Vgl. Verordnung des UVEK über die Nichtunterstellung unter das öffentliche Beschaffungsrecht, Anhang Ziff. 1 (Fassung vom 25.09.2007, AS 2007 4519); Verfügung des UVEK 369.1/0.-02-02 vom 01.06.2002.
50 Bekanntmachung des UVEK vom 11.06.2002, Nichtunterstellung unter das öffentliche Beschaffungsrecht (Telekommunikation) (BBl 2002 4210).
51 Verordnung des UVEK über die Nichtunterstellung unter das öffentliche Beschaffungsrecht, Anhang Ziff. 2 (Fassung vom 25.09.2007, AS 2007 4519); Verfügung des UVEK 369.1-06 vom 20.08.2007.
52 Bekanntmachung des UVEK vom 21.08.2007, Nichtunterstellung unter das öffentliche Beschaffungsrecht (Güterverkehr auf der Schiene) (BBl 2007 6097).

dem InöB ein «Gesuch» stellen, und das InöB kann dem Bundesrat (u.a. auf dieser Grundlage) «Ausklinkvorschläge» unterbreiten (IVöB 7 Abs. 1). Unter bisherigem Recht erfolgte die Ausklinkung in Form einer generell-konkreten Feststellungsverfügung (Allgemeinverfügung), und das Verfahren hierzu wurde typischerweise mit einem Gesuch[53] eingeleitet. Diese Verfügung konnte ab Inkrafttreten der geltenden Bundesrechtspflege vor BVGer angefochten werden (vgl. N 20).[54] Neu erfolgt die Ausklinkung generell-abstrakt, indem der Bundesrat eine Verordnung erlässt bzw. anpasst (vgl. auch VöB 2 Abs. 3). Es mag deshalb nachvollziehbar sein, dass der Gesetzgeber nicht mehr von «Gesuchen», sondern von «Vorschlägen» auf Erlass einer solchen Verordnung spricht. Die Wahl der Erlassform stellt ausserdem dogmatisch und rechtssetzungstechnisch klar, dass eine Ausklinkung *erga omnes* wirkt, also für alle Anbieterinnen auf dem ausgeklinkten Markt[55] (vgl. IVöB 7 Abs. 2).

F. Rechtsweg

20 Dieser neue, generell-abstrakte Ansatz hat jedoch einschneidende Folgen für den Rechtsweg und die Justiziabilität der Ausklinkung. Ob sich der Gesetzgeber mit diesen Folgen überhaupt befasst oder sie sogar bewusst hingenommen hat, sei dahingestellt; die verfügbaren Materialen äussern sich nicht dazu. Wesentlich ist Folgendes: Unter altem Recht konnte eine Feststellungsverfügung des UVEK nach den allgemeinen Regeln der Bundesrechtspflege mit Beschwerde vor BVGer angefochten werden. Beschwerdebefugt waren unterlegene Gesuchsteller sowie aktuelle und potenzielle Anbieterinnen in einem Bereich oder Teilbereich, der von der Unterstellung unter das Beschaffungsrecht befreit wurde (also Gegner der Ausklinkung).[56] Der Ausklinkungsentscheid war ohne Weiteres justiziabel. Nach den allgemeinen Grundsätzen der Bundesrechtspflege war er Gegenstand einer Kontrolle in einem rechtsstaatlichen Verfahren. Unter dem neuen, generell-abstrakten Konzept ist die Situation grundlegend anders. Eine beschwerdeweise Überprüfung einer Ausklinkung ist neuerdings offenbar nicht mehr erwünscht.

21 Wer mit dem Ergebnis eines «Ausklinkverfahrens» nach BöB/IVöB 7 nicht einverstanden ist, muss neu eine Bundesratsverordnung anfechten. Eine Beschwerde vor BVGer oder BGer gegen eine Bundesratsverordnung auf dem Weg der abstrakten Normenkontrolle ist jedoch bekanntlich nicht vorgesehen (vgl. VwVG 44 und VGG 31; BGG 82 Bst. b *e contrario*).[57] Dies bedeutet, dass gegen eine Ausklinkung neuerdings nur noch mittels

---

53 Vgl. nur Art. 2 («Gesuch») Verordnung des UVEK über die Nichtunterstellung unter das öffentliche Beschaffungsrecht.
54 Art. 5 («Feststellungsverfügungen») Verordnung des UVEK über die Nichtunterstellung unter das öffentliche Beschaffungsrecht; für Näheres vgl. Musterbotschaft aIVöB 2001, S. 12 ff.; GALLI/MOSER/LANG/STEINER, Rz. 171.
55 Botschaft BöB, S. 1894.
56 Vgl. auch Art. 5 Verordnung des UVEK über die Nichtunterstellung unter das öffentliche Beschaffungsrecht; GALLI/MOSER/LANG/STEINER, Rz. 171; Musterbotschaft aIVöB 2001, S. 13 f.
57 Vgl. BV 189 Abs. 4; KIENER/RÜTSCHE/KUHN, Rz. 1772 ff.

konkreter Normenkontrolle vorgegangen werden kann. Um den Rechtsweg zu öffnen, ist ein Einzelakt als Anfechtungsobjekt notwendig. Ein solches Anfechtungsobjekt kann allerdings nur eine Auftraggeberin schaffen, die im fraglichen Sektor tätig ist. Es sind zwei Konstellationen denkbar. Erstens: Hat der Bundesrat entgegen einem «Vorschlag» einer Sektorenauftraggeberin oder des InöB einen Sektor nicht ausgeklinkt, so muss eine Sektorenauftraggeberin auf eine öffentliche Ausschreibung im fraglichen Sektor verzichten und eine *de facto*-Vergabe tätigen. Diese gilt beschaffungsrechtlich als Zuschlag und damit als Anfechtungsobjekt (BöB/IVöB 53 Abs. 1 Bst. e). Der Rechtsweg wird für die unterlegene Sektorenauftraggeberin aber erst geöffnet, wenn eine nicht berücksichtigte Anbieterin (oder auf kantonaler Ebene die WEKO nach BGBM 9) gegen diese *de facto*-Vergabe Beschwerde führt. Denn die Sektorenauftraggeberin kann ihre eigene *de facto*-Vergabe nicht anfechten. Im Beschwerdeverfahren – sofern ein solches eingeleitet wird – kann die Sektorenauftraggeberin inzident prüfen lassen, ob der Bundesrat den fraglichen Sektor zu Recht nicht ausgeklinkt hat bzw. ob darin wirksamer Wettbewerb herrscht. Zweitens: Hat der Bundesrat einen Sektorenmarkt ausgeklinkt und hat eine Sektorenauftraggeberin einen Auftrag ohne öffentliche Ausschreibung vergeben (*de facto*-Vergabe aus Sicht einer nicht berücksichtigten Anbieterin; Anfechtungsobjekt gemäss BöB/IVöB 53 Abs. 1 Bst. e), muss eine nicht berücksichtigte Anbieterin dagegen Beschwerde führen. Im Rahmen dieser Beschwerde kann die Anbieterin vorfrageweise überprüfen lassen, ob der Bundesrat den fraglichen Sektorenmarkt zu Recht ausgeklinkt hat.

Zwar betrifft die erfolgte oder unterlassene Ausklinkung eines Sektors durch den Bundesrat eine bundesrechtliche Frage, unabhängig davon, ob sie von einer Sektorenauftraggeberin auf Bundes- oder auf kantonaler Ebene zum Streitgegenstand erhoben wird. Der Instanzenzug unterscheidet sich aber je nachdem, ob ein Verfahren auf bundes- oder kantonalrechtlicher Grundlage eingeleitet wird. Erfolgte die anfechtbare *de facto*-Vergabe durch eine Sektorenauftraggeberin auf Bundesebene auf Grundlage des BöB, so führt der Beschwerdeweg über das Bundesverwaltungsgericht bis vor Bundesgericht, sofern das Bundesgericht bei einer Beschwerde in öffentlich-rechtlichen Angelegenheiten (BGG 82) zum Schluss kommt, die Ausnahme i.S.v. BGG 83 Bst. f sei nicht erfüllt und die Beschwerde sei zulässig. Erfolgte die *de facto*-Vergabe durch eine kantonale Sektorenauftraggeberin (IVöB 4 Abs. 2) auf Grundlage der IVöB und des kantonalen Beschaffungsrechts, so muss zunächst der kantonale Instanzenzug durchlaufen werden. Für eine Beschwerde in öffentlich-rechtlichen Angelegenheiten vor Bundesgericht (BGG 82) stellt sich wiederum die Frage, ob die Ausnahme von BGG 83 Bst. f gilt. In Frage kommt auch die subsidiäre Verfassungsbeschwerde (BGG 113), wenn gerügt wird, der Entscheid der letzten kantonalen Instanz verletze verfassungsmässige Rechte der Sektorenauftraggeberin oder der übergangenen Anbieterin, weil er eine verfassungswidrige Bundesratsverordnung anwende. In praktischer Hinsicht wird in jedem Fall das Bundesgericht letztinstanzlich die Rechtskonformität einer Bundesratsverordnung nach BöB 7 Abs. 1 beurteilen müssen. Es wird die Beschwerde gegen den angefochtenen Einzelakt abweisen oder gutheissen und – je nach Resultat – der inzident überprüften Bundesratsverordnung die Anwendung verweigern.[58] In diesem Fall wird der Bundesrat von sich aus oder auf erneuten «Vorschlag» hin die Verordnung i.S.v. BöB 7 überprüfen müssen.

23 Auf dieser Grundlage lässt sich eine erfolgte oder verweigerte Ausklinkung kaum innert nützlicher Frist und auch nicht wirksam überprüfen. Das Rechtsmittelverfahren gestaltet sich prozessual kompliziert und aufwendig, sofern sich der Rechtsweg praktisch überhaupt öffnet. Die Verfahrensrechte der Betroffenen werden im Vergleich zum bisherigen, generell-konkreten Konzept der Allgemeinverfügung erheblich beschränkt. Das neue Konzept erscheint deshalb als (bewusster?) Versuch, die Justiziabilität der Ausklinkung bzw. des Ausklinkverfahrens zu vereiteln und die Frage, ob auf einem Sektorenmarkt wirksamer Wettbewerb herrscht, einer effektiven rechtsstaatlichen Überprüfung zu entziehen. Es erstaunt, dass der Gesetzgeber diesen Systemwechsel und seine Konsequenzen für Justiziabilität und Verfahren völlig unkommentiert lässt – dies auch deshalb, weil unter dem alten Recht unbestritten war, dass Ausklinkungen beschwerdefähig sein müssen, da sie zivilrechtliche Ansprüche i.S.v. EMRK 6 Abs. 1 betreffen.[59]

III. Konsultation

24 Bevor der Bundesrat eine Verordnung erlässt, konsultiert er die WEKO, das InöB und die betroffenen Wirtschaftskreise. Da neuerdings anstelle einer Feststellungsverfügung eine Verordnung erlassen wird, sind die Vorgaben des Vernehmlassungsverfahrens gemäss VlG und VlV des Bundes einzuhalten. Eine Ausklinkverordnung des Bundesrates ist ohne Zweifel von grosser «politischer, finanzieller, wirtschaftlicher […]» Tragweite (VlG 3 Abs. 1 Bst. d). BöB 7 Abs. 2 verlangt indessen, dass nur die soeben erwähnten Akteure konsultiert werden. Ob dies ein bewusster Entscheid ist, die allgemeinen Vorschriften über das Vernehmlassungsverfahren (insb. VlG 4) spezialgesetzlich zu ändern, ist nicht ersichtlich. Angesichts der beschaffungs- und wettbewerbsrechtlichen Tragweite eines Ausklinkverfahrens würde es erstaunen, wenn der Kreis der Vernehmlassungs- resp. Konsultationsadressaten gegenüber VlG 4 eingeschränkt werden sollte, ohne dies ausdrücklich zu adressieren. Dies auch deshalb, weil die gerichtliche Überprüfung einer Ausklinkung im neuen Konzept ohnehin erheblich erschwert wird und sich die prozessualen Mitwirkungsrechte der im Markt Betroffenen nicht mehr nach BV 29 und den verwaltungsprozessrechtlichen Vorschriften, sondern nach dem VlG richten und im Rechtsetzungsverfahren entsprechend beschränkt sind.

25 Wie unter dem bisherigen Recht erstattet die WEKO Gutachten zur Frage, ob im auszuklinkenden Sektorenmarkt wirksamer Wettbewerb herrscht. Diese Gutachten hatten in den bisherigen Ausklinkverfügungen (vgl. N 18 f.) grosses, mitunter entscheidendes Gewicht.[60] Es ist sachgerecht, dass sich zur Frage des wirksamen Wettbewerbs weiterhin

---

58 Zu konkreten Normenkontrolle vgl. etwa KIENER/RÜTSCHE/KUHN, Rz. 1760 f. und 1770 ff.
59 Vgl. nur Musterbotschaft aIVöB 2001, S. 13 f.
60 Vgl. etwa BEYELER, Geltungsanspruch, Rz. 496.

die WEKO als Fachbehörde äussert. Solche Gutachten werden auch künftig grosse Bedeutung haben. Die WEKO wird u.a. im Lichte der indikativen Kriterien i.S.v. GPA 2012 XIX:8 Bst. b beurteilen, ob auf einem Sektorenmarkt wirksamer Wettbewerb herrscht, sobald der Ausschuss für das öffentliche Beschaffungswesen diese Kriterien definiert hat. Sie kann ihre Gutachten unter Wahrung allfälliger Geschäftsgeheimnisse veröffentlichen.

Eine Befreiung von der Unterstellung tritt erst mit Abschluss des Verfahrens nach GPA 2012 XIX in Kraft (Notifizierungs- und Einwendungs- bzw. Konsultationsverfahren, allenfalls Schiedsverfahren). Angesichts dieses Verfahrens versteht sich von selbst, dass die Schweiz ein Interesse hat, dass sich eine Ausklinkung auf einen umfassend erhobenen Sachverhalt und auf sachdienliche Informationen und Stellungnahmen eines breiten Kreises von Vernehmlassungsadressaten im Verfahren nach BöB/IVöB 7 stützen kann. Der Bundesrat wird insb. sicherstellen müssen, dass der WEKO für ein Gutachten alle notwendigen Informationen zur Verfügung stehen. Wer eine Ausklinkung verlangt, wird zuhanden der WEKO auch unter dem neuen Recht die umfangreichen Informationen gemäss Teil B des «Leitfadens für Gesuchstellende um Nichtunterstellung gemäss Verordnung des UVEK über die Nichtunterstellung unter das Bundegesetz» vorlegen müssen. Klargestellt werden muss aber allemal, dass es im neuen Recht kein «Gesuchsverfahren» um Ausklinkung mehr geben wird, da die Ausklinkung jetzt generell-abstrakt in einer Verordnung geregelt und nicht mehr generell-konkret verfügt werden soll. Dies ändert aber nichts daran, dass nach dem neuen Konzept «Verordnung statt Verfügung» die Hauptverantwortung für das Erheben des Sachverhalts beim Bundesrat liegt. 26

IV. Rechtsvergleichung

Die Sektorenrichtlinie (RL 2014/25/EU) der EU sieht ebenfalls ein Verfahren vor, nach welchem Sektorentätigkeiten vom Geltungsbereich dieser RL befreit werden können, wenn sie «unmittelbar dem Wettbewerb auf Märkten ausgesetzt [sind], die keiner Zugangsbeschränkung unterliegen» (RL 2014/25/EU 34 Abs. 1; RL 2014/25/EU 35 für das Verfahren). Entscheidend dafür ist ebenfalls der Wettbewerb auf einem sachlich und räumlich relevanten Markt gemäss den wettbewerbsrechtlichen Vorgaben des AEUV (RL 2014/25/EU 34 Abs. 2). Ins Zentrum der Wettbewerbsbetrachtung wird der freie Marktzugang gestellt bzw. die Abwesenheit von Zugangsbeschränkungen. Der Wettbewerb soll nach dem Konzept der RL 2014/25/EU nach objektiven Kriterien untersucht werden und sich aufgrund mitgliedstaatlicher Liberalisierungs- und Marktzugangsgesetzgebung einstellen. Im Zweifelsfall ist nachzuweisen, dass der freie Marktzugang «faktisch und rechtlich» (RL 2014/25/EU 34 Abs. 3) resp. «de jure und de facto» besteht (RL 2014/25/EU, E. 46 f.).[61] 27

---

61 Für Näheres vgl. RL 2014/25/EU, E. 43–50.

2. Abschnitt: Objektiver Geltungsbereich

Art. 8 Öffentlicher Auftrag

¹ Ein öffentlicher Auftrag ist ein Vertrag, der zwischen Auftraggeberin / *Auftraggeber* und Anbieterin / *Anbieter* abgeschlossen wird und der Erfüllung einer öffentlichen Aufgabe dient. Er ist gekennzeichnet durch seine Entgeltlichkeit sowie den Austausch von Leistung und Gegenleistung, wobei die charakteristische Leistung durch die Anbieterin / *den Anbieter* erbracht wird.

² Es werden folgende Leistungen unterschieden:

    a. Bauleistungen *(Bauhaupt- und Baunebengewerbe)*;

    b. Lieferungen;

    c. Dienstleistungen.

³ Gemischte Aufträge setzen sich aus unterschiedlichen Leistungen nach Absatz 2 zusammen und bilden ein Gesamtgeschäft. Die Qualifikation des Gesamtgeschäfts folgt der finanziell überwiegenden Leistung. Leistungen dürfen nicht mit der Absicht oder Wirkung gemischt oder gebündelt werden, die Bestimmungen dieses Gesetzes / *dieser Vereinbarung* zu umgehen.

⁴ Im Staatsvertragsbereich unterstehen diesem Gesetz die Leistungen nach Massgabe der Anhänge 1–3, soweit sie die Schwellenwerte nach Anhang 4 Ziffer 1 erreichen.

⁵ Die öffentlichen Aufträge ausserhalb des Staatsvertragsbereichs und die darauf anwendbaren Sonderbestimmungen sind in Anhang 5 aufgeführt.

Inhaltsverzeichnis

I.	Grundlagen	1
II.	Abs. 1: Definition des öffentlichen Auftrags	6
A.	«Vertrag»	9
B.	«zwischen Auftraggeberin und Anbieterin»	14
C.	Der «Erfüllung einer öffentlichen Aufgabe» dienend	18
D.	Entgeltlichkeit	31
E.	Austausch von Leistung und Gegenleistung	33
F.	Charakteristische Leistung durch die Anbieterin	39
G.	Ausnahmen	43
III.	Abs. 2: Kategorien von Leistungen	45
A.	Bauleistungen	49
B.	Lieferungen	52
C.	Dienstleistungen	55

IV.	Abs. 3: Gemischte Aufträge	56
V.	BöB 8 Abs. 4: Leistungen im Staatsvertragsbereich	74
VI.	BöB 8 Abs. 5: Leistungen ausserhalb des Staatsvertragsbereichs	78
VII.	Rechtsvergleichung	79

I. Grundlagen

BöB/IVöB definieren ihren objektiven Geltungsbereich im zweiten Abschnitt des zweiten Kapitels. Zentral ist dabei die Umschreibung des öffentlichen Auftrags in BöB/IVöB 8. Darüber hinaus gelten zusätzlich unter bestimmten Voraussetzungen auch die Übertragung öffentlicher Aufgaben und die Verleihung von Konzessionen als öffentliche Aufträge (vgl. dazu Art. 9 N 30 ff.). BöB/IVöB definieren andererseits aber auch Ausnahmetatbestände, welche bestimmte öffentliche Aufträge dem objektiven Geltungsbereich des Vergaberechts entziehen (vgl. Art. 10 N 6 ff.). 1

Das GPA 2012 umschreibt in GPA 2012 II seinen Geltungsbereich. Ihm unterstellt sind gemäss GPA 2012 II:2 Beschaffungen von öffentlichen Auftraggeberinnen (i) «zur Erfüllung staatlicher Aufgaben», die (ii) durch vertragliche Mittel erfolgen, (iii) Waren, Dienstleistungen (inkl. Bauleistungen) oder eine Kombination von beidem betreffen, (iv) nicht im Hinblick auf den gewerblichen Verkauf oder Wiederverkauf erworben werden, soweit sie (v) nicht nach den jeweiligen Länderanhängen vom Geltungsbereich ausgeschlossen sind und (vi) ihr Wert den Schwellenwert nach den Länderanhängen erreicht.[1] 2

Diese Bestimmung ist für die Auslegung von BöB/IVöB in doppelter Hinsicht von Belang: BöB/IVöB wollen zum einen die staatsvertraglichen Vorgaben des GPA 2012 im schweizerischen Recht umsetzen (vgl. Einführung in den internationalen Kontext N 12 ff.). Beschaffungen, die in den Geltungsbereich des GPA 2012 fallen, sollen folglich auch vom Geltungsbereich von BöB/IVöB erfasst werden. GPA 2012 II setzt damit mit Bezug auf den Geltungsbereich einen Mindeststandard, der im Rahmen einer staatsvertragskonformen Auslegung der entsprechenden Bestimmungen von BöB/IVöB zu berücksichtigen ist. Zum anderen wollen BöB/IVöB über diesen Mindeststandard hinaus alle öffentlichen Beschaffungen regeln. Dabei gelten teilweise unterschiedliche Regelungen für Beschaffungen innerhalb und ausserhalb des Staatsvertragsbereichs. Die Definition des Geltungsbereichs durch GPA 2012 II bestimmt folglich die (interne) Grenzziehung zwischen Beschaffungen innerhalb und ausserhalb des Staatsvertragsbereichs und damit die auf die konkrete Beschaffung anwendbaren gesetzlichen Bestimmungen (vgl. Art. 3 N 14 ff.). 3

BöB/IVöB 8 Abs. 1–3 sind inhaltlich weitestgehend identisch, wobei IVöB 8 Abs. 2 Bst. a die bisherige Unterscheidung von Bauhaupt- und Baunebengewerbe fortführt (vgl. N 50). BöB 8 umfasst im Vergleich zu IVöB 8 zwei zusätzliche Absätze, welche auf Bun- 4

---

[1] Vgl. Botschaft BöB, S. 1894; Musterbotschaft IVöB, S. 32 f.

desebene ergänzende Bestimmungen im Zusammenhang mit der Unterscheidung von Beschaffungen innerhalb und ausserhalb des Staatsvertragsbereichs beinhalten.

5   BöB 8 entspricht der Formulierung im E-BöB und war nicht Gegenstand einer parlamentarischen Debatte. BöB/IVöB 8 resp. die Bestimmungen zum objektiven Geltungsbereich insgesamt weichen indessen in ihrer Systematik erheblich von den einschlägigen Bestimmungen im VE-BöB/IVöB ab, indem die vormals in VE-BöB/IVöB 8 als Abs. 2 integrierte Bestimmung betreffend Übertragung öffentlicher Aufgaben und Konzessionen einen eigenen Art. erhielt (BöB/IVöB 9), während die vormaligen Bestimmungen zu den Auftragsarten (VE-BöB/IVöB 9) und für Bundesbeschaffungen ausserhalb des Staatsvertragsbereichs in BöB/IVöB 8 Aufnahme fanden.

II.   Abs. 1: Definition des öffentlichen Auftrags

6   Im Binnenrecht wurde bisher auf eine Definition des öffentlichen Auftrags[2] verzichtet. Die Rechtsprechung hat fallweise Kriterien für die objektive Unterstellung formuliert. Dies führte zu einer Rechtsunsicherheit, die mit der Revision beseitigt werden sollte.[3]

7   In den Materialien wird der öffentliche Auftrag zusammenfassend als Geschäft umschrieben, mit dem sich eine dem Beschaffungsrecht unterstellte Auftraggeberin gegen Bezahlung die Leistungen beschafft, die sie für die Erfüllung ihrer Aufgaben benötigt. Die beschaffte Leistung muss es der Auftraggeberin ermöglichen oder erleichtern, eine ihr zugewiesene öffentliche Aufgabe zu erfüllen.[4]

8   Der Begriff des öffentlichen Auftrags bildet die Grundlage für die Definition des objektiven Geltungsbereichs des Vergaberechts. Gemäss Lehre und Rechtsprechung ist er funktional, d.h. gesamthaft und wirtschaftlich, zu verstehen und mit Rücksicht auf den Zweck des Beschaffungsrechts, öffentliche Mittel wirksam, effizient, volkswirtschaftlich, ökologisch und sozial nachhaltig, zudem wettbewerbsneutral sowie in einem transparenten und nichtdiskriminierenden Verfahren einzusetzen, auszulegen.[5] Formale Abgrenzungskriterien wie etwa Handlungsformen sind für die Einordnung als öffentlicher Auftrag nachrangig. BöB/IVöB 8 Abs. 1 führen sechs Elemente auf, welche den öffentlichen Auftrag kennzeichnen. Diese Elemente sind ihrerseits ebenfalls funktional zu verstehen. Sie sollen im Folgenden auf der Basis von Lehre und Rechtsprechung zu den Vorgängererlassen analysiert werden. Offen muss dabei bleiben, welche Auswirkungen der erfolgte Einbezug *ex lege* der Übertragung öffentlicher Aufgaben und (bestimmter) Konzessionen unter den Begriff des öffentlichen Auftrags (BöB/IVöB 9) auf die Auslegung

---

2   Aus terminologischer Sicht ist vorab festzuhalten, dass der vergaberechtliche Begriff des öffentlichen Auftrags nicht deckungsgleich ist mit demjenigen des Auftrags i.S.v. OR 394 ff.
3   Botschaft BöB, S. 1895; Musterbotschaft IVöB, S. 33.
4   Botschaft BöB, S. 1895; Musterbotschaft IVöB, S. 33.
5   BGer 2C_198/2012 vom 16.10.2012, E. 5.1.2; BEYELER, Objektiver Geltungsbereich, Rz. 70.

des Begriffs des öffentlichen Auftrags gemäss BöB/IVöB 8, haben wird (vgl. dazu auch Art. 9 N 49 f.).

A. «Vertrag»

BöB/IVöB 8 Abs. 1 bezeichnen das Rechtsgeschäft, das der Erfüllung der öffentlichen 9
Aufgabe durch die Anbieterin zugrunde liegt, als Vertrag. Als Idealtypus haben sie den privatrechtlichen Vertrag im Sinne des OR vor Auge. Bereits eine staatsvertragskonforme Auslegung gebietet indes ein funktionales Verständnis von Vertrag, schliesst doch GPA 2012 II:2 Beschaffungen «*by any contractual means*» in seinen Geltungsbereich ein.

Vertrag im vergaberechtlichen Sinn meint die Begründung eines Rechtsverhältnisses, 10
das zumindest in Teilaspekten durch die Vertragsfreiheit beherrscht wird: einem Mindestmass an Inhaltsfreiheit sowie auf Seiten der Anbieterin Abschlussfreiheit und Partnerwahlfreiheit auf Seiten der Auftraggeberin.[6]

In positiver Hinsicht bedeutet dies, dass das auf dieses Rechtsverhältnis anwendbare 11
Recht für die Qualifikation als Vertrag im vergaberechtlichen Sinn nicht relevant ist. Öffentlich-rechtliche Verträge fallen ebenso unter den Vertragsbegriff wie privatrechtliche.[7]

Grundsätzlich schliesst das Kriterium «Vertrag» hoheitliche Handlungsformen aus dem 12
Begriff der öffentlichen Aufgabe i.S.v. BöB/IVöB 8 Abs. 1 aus: Rechtssetzungsakte (Gesetze, Verordnungen), Pläne und Verordnungen fallen demnach nicht in den objektiven Geltungsbereich des Vergaberechts. Einzig wenn bei mitwirkungsbedürftigen Verfügungen[8] betreffend Inhalt Verhandlungsspielraum besteht, können in Ausnahmefällen selbst (formell) hoheitliche Handlungsformen als Verträge i.S.v. BöB/IVöB 8 Abs. 1 qualifizieren.[9]

In negativer Hinsicht fallen demgegenüber formell als Verträge bezeichnete Rechtsver- 13
hältnisse, denen die genannten Aspekte der Vertragsfreiheit abgehen, aus dem vergaberechtlichen Begriff des Vertrags, sodass diese Rechtsverhältnisse keine öffentlichen Aufträge darstellen:

– Fehlende oder stark limitierte Abschlussfreiheit der «Anbieterin». Dies ist namentlich dann anzunehmen, wenn die öffentliche Hand beim Scheitern der Vertragsverhandlungen entsprechende Rechtsfolgen hoheitlich anordnen könnte (Enteignungsverträge, Regulierungsverträge);

---

[6] Vgl. auch BEYELER, Geltungsanspruch, Rz. 634 ff.: «Freiwilligkeit des Leistungserbringers» und «Auswahlfreiheit für den öffentlichen Auftraggeber».
[7] Das ist seit BGE 134 II 297, E. 2.2, auch höchstrichterlich anerkannt.
[8] Zu diesem Begriff HÄFELIN/MÜLLER/UHLMANN, Rz. 892 ff.
[9] Zu denken ist an Konzessionen, deren Inhalt auf Verhandlungen zwischen Konzessionsgeberin und -nehmer beruht und die in der Folge aufgrund einer gesetzlichen Vorgabe als Verfügungen begründet werden.

- fehlende Partnerwahlfreiheit der «Auftraggeberin», wenn diese durch Gesetz oder Konzession zum Leistungsbezug bei einem bestimmten Leistungserbringer verpflichtet ist (so ausdrücklich die Ausnahmebestimmung von BöB/IVöB 10 Abs. 3 Bst. a, vgl. Art. 10 N 37);

- fehlende Inhaltsfreiheit des Vertrags, weil die Vertragskonditionen im Wesentlichen gesetzlich bereits determiniert sind. Zu denken ist namentlich an Situationen, in denen die öffentliche Hand im Rahmen eines Bewilligungssystems mit allen Anbieterinnen, welche die entsprechenden gesetzlichen Voraussetzungen erfüllen, eine Leistungsvereinbarung mit gesetzlich weitgehend vorgegebenem Inhalt abschliessen muss.

B. «zwischen Auftraggeberin und Anbieterin»

14 Mit dem Erfordernis, dass ein Vertrag «zwischen Auftraggeberin und Anbieterin» vorausgesetzt ist, verknüpfen BöB/IVöB 8 Abs. 1 den öffentlichen Auftrag einerseits mit dem subjektiven Geltungsbereich des Vergaberechts (Definition der Auftraggeberin in BöB/IVöB 4, vgl. dazu Art. 4 N 4 ff.) und andererseits mit den Ausnahmebestimmungen in BöB/IVöB 10, welche die Beschaffung bei bestimmten Anbieterinnen vom Geltungsbereich des Vergaberechts ausnehmen, so namentlich bei In-state-, In-house- und Quasi-In-house-Beschaffungen (vgl. dazu Art. 10 N 38 ff.) und bei Aufträgen an gemeinnützigen Organisationen und Strafanstalten (vgl. dazu Art. 10 N 16 ff.).

15 Auch wenn die Auftraggeberin Partei des (Beschaffungs-)Vertrags sein muss, ist es unerheblich, ob sie die Leistung selber benötigt oder ob die Leistung der Öffentlichkeit zur Verfügung gestellt wird.[10]

16 Die Anbieterin im Sinne dieses Erfordernisses muss aus kommerziellen Motiven handeln und auf kommerzieller Basis beauftragt werden. Allerdings führt nur die Kombination aus nichtkommerzieller grundsätzlicher Zwecksetzung der «Anbieterin», deren im Einzelfall nichtkommerziellen Absichten mit Bezug auf die fragliche Leistungserbringung sowie der tatsächlich nichtkommerziellen Ausgestaltung des Geschäfts dazu, dass das Geschäft nicht als öffentlicher Auftrag gilt und daher ohne Beachtung des Vergaberechts vergeben werden darf.[11]

17 Klargestellt wird mit dieser Voraussetzung aber auch, dass das Rechtsverhältnis zwischen Auftraggeberin und Anbieterin darüber entscheidet, ob ein öffentlicher Auftrag vorliegt. Dieses Rechtsverhältnis muss die übrigen Voraussetzungen des öffentlichen

---

10 BGer 2C_861/2017 vom 12.10.2018, E. 3.5 (betreffend Spitex-Leistungserbringer); VGer ZH, VB.2018.00469 vom 17.01.2019, E. 1.3 (betreffend Container und Sammlung für Altkleider); vgl. auch GALLI/MOSER/LANG/STEINER, Rz. 178 m.w.H.

11 BGer 2C_861/2017 vom 12.10.2018, E. 3.7.3; im fraglichen Fall war ein Einladungsverfahren zu beurteilen, bei dem ideell motivierte Organisationen eine nicht gewinnstrebige Offerte einreichen konnten und der Preis im Umfang von 80 % als Zuschlagskriterium gewichtet war.

Auftrags erfüllen, nicht allenfalls daraus resultierende Rechtsverhältnisse zwischen der Anbieterin und Dritten.¹²

C. Der «Erfüllung einer öffentlichen Aufgabe» dienend

Mit dem Erfordernis, dass der Vertrag der Erfüllung einer öffentlichen Aufgabe dient, greifen BöB/IVöB den Wortlaut von GPA 2012 II:2 auf («*procurement for governmental purposes*», in der deutschen Übersetzung: «Beschaffungen zur Erfüllung staatlicher Aufgaben»). 18

Der Begriff der öffentlichen Aufgabe ist nach ständiger bundesgerichtlicher Rechtsprechung breit und dynamisch zu verstehen: Öffentliche Aufgabe ist grundsätzlich, was sich der Staat gesetzlich als Aufgabe gibt.¹³ Gemäss BGE 135 II 49, E. 5.2.2, gelten alle Tätigkeiten als öffentliche Aufgaben, die ein öffentliches Interesse unterstützen, ohne notwendigerweise selbst eigentliche öffentliche Aufgaben zu sein. Dabei ist nicht erforderlich, dass für eine bestimmte Aufgabe eine ausdrücklich gesetzliche Grundlage besteht.¹⁴ 19

Angesichts dieses sehr weiten Verständnisses wurde dem Begriff der öffentlichen Aufgabe vor der Revision von BöB/IVöB teilweise eine limitierende Funktion mit Bezug auf die Definition des objektiven Geltungsbereichs abgesprochen.¹⁵ Dieser Einwand ist – zumindest für die zentralen und dezentralen Verwaltungseinheiten – insoweit berechtigt, als diese unbestrittenermassen in ihrem gesamten Handeln von Verfassungs wegen in die Grundsätze der Gesetzmässigkeit (Legalitätsprinzip) und der Wahrung des öffentlichen Interesses eingebunden sind (BV 5 Abs. 1 und 2).¹⁶ Wenn die Verwaltung die Grundsätze rechtsstaatlichen Verwaltungshandelns wahrt, erfolgt jede Handlung der Verwaltung zur Erfüllung ihrer Aufgaben gestützt auf eine gesetzliche Grundlage und in Wahrung des öffentlichen Interesses. Es erstaunt daher wenig, dass in der Literatur 20

---

12 So verneinte der EuGH im Entscheid C-9/17 vom 01.03.2018 (Tirkkonen) richtigerweise das Vorliegen eines öffentlichen Auftrags im Falle der Ausschreibung einer offenen Zahl von Rahmenverträgen durch eine für die Landwirtschaft zuständige Behörde, die diese allen Wirtschaftsteilnehmerinnen zuteil kommen lassen wollte, welche bestimmte Eignungskriterien erfüllten. Gemäss diesen Verträgen sollten in der Landwirtschaft tätige Personen, die an einem bestimmten Förderungsprogramm teilnahmen, nach freier Wahl Beratungsleistungen von Wirtschaftsteilnehmerinnen beziehen können, mit denen ein Rahmenvertragsverhältnis besteht, wobei die Behörde die rahmenvertragsgemässe Vergütung (nach Stundenaufwand) übernehmen würde. Allein der Umstand, dass nicht der öffentliche Auftraggeber die tatsächlichen Leistungserbringer auswählt, sondern die einzelnen privaten Destinatäre der Leistung je ihre eigene Wahl treffen, ist danach ausreichend, einen öffentlichen Auftrag zu verneinen. Zu diesem Entscheid: BEYELER, EuGH 2016/2017, S. 20 ff.
13 BGer 2C_198/2012 vom 16.10.2012, E. 5.2.3; aus der kantonalen Rechtsprechung etwa VGer AG, vom 08.10.2014, E. 1.3.3. f., in: AGVE 2014, S. 199 ff.
14 BEYELER, Geltungsanspruch, Rz. 680; BRAHIER, S. 106 f.
15 BEYELER, Geltungsanspruch, Rz. 677.
16 Statt vieler: HÄFELIN/MÜLLER/UHLMANN, Rz. 320 ff.

zu den Vorgängererlassen die Erfüllung einer öffentlichen Aufgabe gar nicht als Begriffselement des öffentlichen Auftrags genannt wird.[17]

21 Nachdem BöB/IVöB 8 Abs. 1 für die Definition des öffentlichen Auftrags nunmehr ausdrücklich an der Erfüllung einer öffentlichen Aufgabe anknüpfen, stellt sich die Frage nach dem Verständnis dieses Begriffs neu. Ob man mit ZUFFEREY/BODEVIN befürchten muss, dass uns BöB/IVöB damit von Charybdis zu Skylla schicken,[18] lässt sich noch nicht beantworten; kaum falsch liegen diese Autoren aber mit ihrer Prognose, dass der Begriff in gerichtlichen Auseinandersetzungen zum Thema gemacht werden wird und die Gerichte dessen Bedeutung klären müssen.

22 Der Begriff der öffentlichen Aufgabe, den BöB/IVöB 8 Abs. 1 verwenden, ist insofern klärungsbedürftig, als er teilweise als Synonym für eine staatliche Aufgabe im Sinne einer verpflichtenden Beauftragung verstanden wird, teilweise aber weiter als Tätigkeit im öffentlichen Interesse, was auch zahlreiche Tätigkeiten von Privaten erfasst.[19] Die Materialien scheinen öffentliche Aufgaben im erstgenannten Sinne zu verstehen. Danach fallen darunter «all jene Aufgaben, die der Staat aufgrund eines Rechtssatzes wahrzunehmen hat. Sie reichen von polizeilichen Aufgaben bis zur Daseinsvorsorge und dem Umweltschutz.»[20] Dies erweckt den Eindruck, es gehe ausschliesslich um Aufgaben, zu deren Erfüllung die öffentliche Hand verpflichtet ist.[21] Dieser Eindruck wird noch verstärkt durch die in den Materialien aufgeführten Beispiele. Im Zusammenhang mit BöB/IVöB 9, in denen der Begriff öffentliche Aufgabe ebenfalls verwendet wird, nehmen die Materialien sogar ausdrücklich Bezug auf die Erfüllungsverantwortung.[22] Eine Bezugnahme auf die Unterstützung öffentlicher Interessen fehlt in den Materialien vollständig.

23 Auf die Erfüllung öffentlicher Aufgaben wird in verschiedenen weiteren Erlassen Bezug genommen, teils in leicht modifizierter Terminologie (Erfüllung staatlicher Aufgaben[23], Erfüllung öffentlich-rechtlicher Aufgaben[24]). Regelmässig geht es dabei um die Definition der funktionalen Verwaltungs- resp. Staatstätigkeit, indem nicht nur die Tätigkeit der zentralen und dezentralen Verwaltungseinheiten, sondern jene externer Verwal-

---

17 Vgl. etwa Komm BöB-TRÜEB, Art. 5 N 3; gemäss diesem Autor ist der öffentliche Auftrag durch die Elemente (i) synallagmatischer Vertrag, (ii) Entgeltlichkeit der Transaktion und (iii) öffentliche Hand als Abnehmerin gekennzeichnet. Ähnlich POLTIER, Marchés publics, Rz. 148 ff.
18 ZUFFEREY/BODEVIN, S. 233.
19 Z.B von Künstlerinnen und Künstlern, Ärztinnen und Ärzten oder Landwirtinnen und Landwirten; vgl. zum Ganzen HÄFELIN/MÜLLER/UHLMANN, Rz. 25.
20 Botschaft BöB, S. 1895; Musterbotschaft IVöB, S. 33.
21 In der französischsprachigen Botschaft heisst es: «*toutes les tâches que l'État **doit accomplir** en vertu d'une norme juridique*» (Hervorhebung dazugefügt).
22 Botschaft BöB, S. 1895; Musterbotschaft IVöB, S. 33; vgl. dazu Art. 9 N 19 ff. und 26 ff.
23 BV 35 Abs. 2.
24 VwVG 1 Abs. 2 Bst. e.

tungsträger bestimmten Vorgaben unterstellt wird.[25] Die Bezugnahme auf die Erfüllung öffentlicher Aufgaben umreisst dabei gleichzeitig den subjektiven und den objektiven Geltungsbereich dieser Erlasse für die externen Verwaltungsträger.

Öffentliches Vergaberecht ist, unabhängig davon, ob man in der schweizerischen Konzeption die Zweistufen- oder die Zweischichtentheorie umgesetzt sieht (vgl. Art. 41 N 7 f.), als Auswahlverfahren materiell Verwaltungsrecht. Die funktionelle Verwaltungstätigkeit der öffentlichen Auftraggeberinnen besteht in der Bereitstellung der Mittel für die Erfüllung von Verwaltungsaufgaben. Das öffentliche Vergaberecht bildet damit Teil der sog. Bedarfsverwaltung; diese umfasst «die Beschaffung der Sach- und Personalmittel, welche zur unmittelbaren Erfüllung von Aufgaben der Verwaltungsbehörden notwendig sind».[26] Öffentliches Beschaffungsrecht ist mittelbare Erfüllung von Verwaltungsaufgaben und dergestalt (funktionelle) Verwaltungstätigkeit. Mit dem Erfordernis, dass die öffentliche Beschaffung der Erfüllung einer öffentlichen Aufgabe dient, wird nach der hier vertretenen Meinung wie in anderen Erlassen der Umfang dieser funktionellen Verwaltungstätigkeit umrissen.[27] 24

Dies hat zunächst primär Auswirkungen auf all jene öffentlichen Auftraggeberinnen, die zusätzlich zu ihrer funktionellen Verwaltungstätigkeit weitere Aktivitäten entfalten, namentlich öffentliche Auftraggeberinnen i.S.v. IVöB 4 Abs. 4 (andere Träger kantonaler und kommunaler Aufgaben, aufgrund von subventionierten Objekten und Leistungen *ad hoc* teilunterstellte Auftraggeberinnen). Aber auch öffentliche Unternehmen und Einrichtungen des öffentlichen Rechts (zu diesen Begriffen vgl. Art. 3 N 9 ff. und 33 ff.) erfüllen nicht zwingend ausschliesslich Verwaltungsaufgaben. Für diese Kategorie kann öffentliche Aufgabe nur funktionelle Verwaltungsaufgaben meinen, für deren Erfüllung dieser öffentlichen Auftraggeberin gesetzlich die Erfüllungsverantwortung zugewiesen wurde. Die Unterstützung eines öffentlichen Interesses ist dabei notwendige, aber nicht hinreichende Voraussetzung einer öffentlichen Aufgabe. Wenn solche Auftraggeberinnen Aufgaben im öffentlichen Interesse wahrnehmen, zu deren Erfüllung sie nicht gesetzlich verpflichtet sind, dient dies nicht der Erfüllung einer öffentlichen Aufgabe i.S.v. BöB/IVöB 8 Abs. 1. Wenn also bspw. eine Einrichtung des öffentlichen Rechts freiwillig einen öffentlich zugänglichen Kinderspielplatz erstellt, unterstützt dies zweifellos ein öffentliches Interesse, qualifiziert aber mangels entsprechender gesetzlicher Aufgabenverpflichtung nicht als öffentliche Aufgabe i.S.v. BöB/IVöB 8 Abs. 1; eine solche 25

---

25 Vgl. etwa BV 35 Abs. 2 für die Geltung der Grundrechte, VwVG 1 Abs. 2 Bst. e für die Anwendbarkeit der verwaltungsverfahrensrechtlichen Bestimmungen des Bundes, DSG 3 Bst. h für die Definition von Bundesbehörden, BGÖ 2 Abs. 1 Bst. b i.V.m. VwVG 1 Abs. 2 Bst. e für die Bestimmung des persönlichen Geltungsbereichs (Verfügungsbefugnis).
26 Häfelin/Müller/Uhlmann, Rz. 40.
27 Die Aufteilung in den subjektiven und den objektiven Geltungsbereich ist allerdings nicht völlig konsequent umgesetzt, beschränken doch BöB/IVöB 4 den subjektiven Geltungsbereich verschiedentlich durch Ausnahmen, die den objektiven Geltungsbereich betreffen, vgl. bspw. IVöB 4 Abs. 1 («mit Ausnahme ihrer gewerblichen Tätigkeiten») und BöB/IVöB 4 Abs. 2 («nur bei Beschaffungen für den beschriebenen Geltungsbereich»).

Beschaffung fällt somit auch nicht in den objektiven Geltungsbereich des Vergaberechts. Fragen kann man sich in diesen Fällen einzig, ob allenfalls aufgrund der subventionsrechtlichen Vorgaben eine Ausschreibungspflicht besteht (vgl. dazu für den Bund Art. 9 N 65 ff.).

26 Mit anderen Worten: Für öffentliche Auftraggeberinnen, die nicht im vollen Umfang als funktionelle Verwaltungseinheiten agieren, ist die Bezugnahme auf die Erfüllung eines öffentlichen Auftrags zur Bestimmung ihrer funktionellen Verwaltungstätigkeit sehr wohl von Bedeutung. Die Kritik von BEYELER an diesem Erfordernis – seiner Meinung nach hätte man stattdessen ausschliesslich auf nichtgewerblich ausgeübte Tätigkeiten abstellen müssen[28] – ist daher nicht gerechtfertigt oder zumindest zu wenig differenziert.

27 Anders gelagert ist die Fragestellung für Verwaltungseinheiten, die integral den Anforderungen rechtsstaatlichen Verwaltungshandelns unterstehen, namentlich also die zentralen und dezentralen Verwaltungseinheiten. Hier fordert das Legalitätsprinzip für jede Handlung eine gesetzliche Grundlage, und sei es nur in Form einer generellen finalen Bestimmung.[29] Innerhalb der zentralen und dezentralen Verwaltungseinheiten kann man daher grundsätzlich davon ausgehen, dass jede Erfüllung einer Verwaltungsaufgabe auf eine Aufgabe zurückzuführen ist, die sich der Staat gesetzlich als Aufgabe gegeben hat und folglich im Sinne der bisherigen Praxis[30] beschaffungsrechtlich als Erfüllung einer öffentlichen Aufgabe zu qualifizieren ist.[31] Dabei kann es keine Rolle spielen, ob die Aufgabe selbst ihrerseits unmittelbar oder mittelbar der Erfüllung einer öffentlichen Aufgabe dient. Wer Aufgaben der Bedarfsverwaltung (mittelbare Erfüllung öffentlicher Aufgaben)[32] wahrzunehmen hat, erfüllt unmittelbar eine öffentliche Aufgabe.[33] Illustrieren lässt sich das am erwähnten Beispiel der Kinderkrippe, welche eine Verwaltungsein-

---

28 BEYELER, Staatsbetriebe, Fn. 42.
29 Vgl. dazu etwa das Gutachten des Bundesamts für Justiz vom 29.03.1995 (VPB 60.1), Erfordernis der gesetzlichen Grundlage im Bereich der Leistungsverwaltung, welches die Schaffung einer Kinderkrippe durch den Bund zugunsten seines Personals als Bedarfsverwaltung qualifiziert und u.a. das verfassungsrechtliche Gebot, in allen Tätigkeitsbereichen die Familie zu berücksichtigen, als genügende gesetzliche Grundlage für die Schaffung einer Krippe ansieht: «Auch die Ausgestaltung der ‹Bedarfsverwaltung› hat in Berücksichtigung des Grundsatzes der verfassungskonformen Auslegung die materiellen Aufträge der Verfassung zu berücksichtigen» (Gutachten des Bundesamts für Justiz vom 29.03.1995 [VPB 60.1], Ziff. 5.1).
30 BGer 2C_198/2012 vom 16.10.2012, E. 5.2.3, aus der kantonalen Rechtsprechung etwa OGer AG, vom 08.10.2014, E. 1.3.3. f., in: AGVE 2014, S. 199 ff.
31 Vgl. dazu etwa auch AppGer BS, VD.2014.5 vom 21.05.2014, E. 1.2.3.4: «Unerheblich erscheint in diesem Zusammenhang, dass es sich um eine von den Gemeinden freiwillig übernommene Aufgabe handelt, können doch die Gemeinwesen öffentliche Aufgaben entsprechend dem freien Willen ihres demokratischen Gesetzgebers definieren.» Ähnlich: VGer GR, U 13 101 vom 16.12.2014, E. 2c–2e.
32 HÄFELIN/MÜLLER/UHLMANN, Rz. 40.
33 Vgl. dazu etwa BVGE 2011/17, E. 2. Das BVGer versteht das öffentliches Personalwesen als Teil der Bedarfsverwaltung und betrachtet den Abschluss von Arbeitsverträgen als «*Make*»- und Personalverleih als (ausschreibungspflichtigen) «*Buy*»-Entscheid.

heit zugunsten ihres Personals realisiert und betreibt (Bedarfsverwaltung).[34] Wenn sich eine Verwaltungseinheit die Einrichtung und den Betrieb einer Kinderkrippe gestützt auf eine (wenn auch reichlich unbestimmte) gesetzliche Grundlage zur Aufgabe macht, ohne dazu ausdrücklich verpflichtet zu sein, liegt eine öffentliche Aufgabe i.S.v. BöB/IVöB 8 Abs. 1 vor, und Beschaffungen, die der Realisierung dieser Aufgabe dienen, fallen grundsätzlich in den objektiven Geltungsbereich des Vergaberechts.[35] Hat freilich die Leistung der Anbieterin gar keinen Bezug zur öffentlichen Aufgabenerfüllung, liegt kein öffentlicher Auftrag vor.

Ausgeklammert aus dem Begriff der öffentlichen Aufgabe bleiben indessen gewerbliche Tätigkeiten öffentlicher Auftraggeberinnen: Gemäss der revidierten Umschreibung des Geltungsbereichs in GPA 2012 gelten Beschaffungen, die entweder im Hinblick auf den gewerblichen Verkauf oder Wiederverkauf oder zur Verwendung in der Produktion oder im Angebot von Waren oder Dienstleistungen für einen gewerblichen Verkauf oder Wiederverkauf erfolgen, nicht als öffentliche Aufträge (GPA 2012 II:2 Bst. a/ii). Diese Einschränkung ist sowohl in die Definition der Einrichtungen des öffentlichen Rechts (vgl. dazu Art. 4 N 19 ff.) als auch in die Ausnahmebestimmung gemäss BöB/IVöB 10 Abs. 1 Bst. a (vgl. dazu Art. 10 N 6 ff.) eingeflossen. Es ist, soweit ersichtlich, unbestritten, dass diese Einschränkung für alle öffentlichen Auftraggeberinnen unter Einschluss der Zentralverwaltung gilt, weil sie am konkreten Auftrag und nicht an der Identität der Auftraggeberin anknüpft.[36] 28

Gewerbliche Tätigkeit liegt vom Grundgedanken des Vergaberechts her dann vor, wenn der Wettbewerbsdruck das zentrale Ziel des öffentlichen Beschaffungsrechts – die Vergabe öffentlicher Aufträge in unwirtschaftlicher oder diskriminierender Weise zu verhindern[37] – substituiert (vgl. ausführlich dazu Art. 4 N 19 und 24 ff.). Das Ausmass erforderlichen Wettbewerbs für die Annahme einer gewerblichen Tätigkeit ist nach Massgabe der Ziele des öffentlichen Beschaffungsrechts zu bestimmen, zumal es sich bei der Gewerblichkeit um ein funktionales Kriterium handelt.[38] Dazu bedarf es einer Gesamtbetrachtung der wesentlichen politischen, ökonomischen und sozialen Parameter.[39] Wenn daher der Gesetzgeber die Grundlage dafür geschaffen hat, dass eine öffentliche Auftraggeberin privatwirtschaftlich und gewinnorientiert tätig wird, muss dies bei der Gesamtbetrachtung berücksichtigt werden und bildet ein starkes Element für die Qualifikation dieser Tätigkeit als «gewerblich». Beyelers Forderung, dass die öffent- 29

---

34 Gutachten des Bundesamts für Justiz vom 29.03.1995 (VPB 60.1).
35 Vgl. dazu auch VGer LU, V 07 297_1 vom 11.01.2008, E. 4a: Die Schaffung von Verpflegungsmöglichkeiten an Kantonsschulen und kantonalen Spitälern stellt eine öffentliche Aufgabe dar.
36 Vgl. Art. 4 N 22; Beyeler, Staatsbetriebe, Rz. 19.
37 BGE 145 II 49, E. 4.4.3.1.
38 BGE 145 II 49, E. 4.4.3.1.
39 Trüeb/Zimmerli, Spitalfinanzierung, Rz. 82; ähnlich BGE 145 II 49, E. 4.4.3.2: «Die Beurteilung […] hat im Ergebnis nach allen erheblichen rechtlichen und tatsächlichen Gesichtspunkten zu erfolgen.»

liche Auftraggeberin das volle Konkursrisiko tragen muss, kann in diesem Sinne zumindest bei der Prüfung, ob eine öffentliche Aufgabe erfüllt wird, keine *conditio sine qua non* für die Annahme einer gewerblichen Tätigkeit bilden, zumal diese Voraussetzung bei zentralen und dezentralen Verwaltungseinheiten kaum je erfüllt ist.

30 Die Verwaltung des Finanzvermögens ist daher, auch wenn sie definitionsgemäss nur mittelbar der Erfüllung öffentlicher Aufgaben dient,[40] grundsätzlich als (unmittelbare) Erfüllung einer öffentlichen Aufgabe anzusehen.[41] Nach der hier vertretenen Auffassung unterscheidet sich der Wettbewerbsdruck, dem die zuständige Verwaltungseinheit bei der Verwaltung des Finanzvermögens ausgesetzt ist, jedoch nur unwesentlich von jenem der privaten Wettbewerbsteilnehmer. Diese Aufgabe ist daher namentlich unter Berücksichtigung des engmaschigen *controlling*, das die Finanzhaushaltsgesetzgebung in diesem Bereich vorgibt, und der *benchmarks*, welche die privaten Wettbewerbsteilnehmer setzen und an denen die öffentliche Hand gemessen werden kann, generell als gewerblich und damit nicht als öffentliche Aufgabe i.S.v. BöB/IVöB 8 Abs. 1 zu qualifizieren. Nach der hier vertretenen Auffassung steht daher die generelle Vergaberechtsfreiheit der Verwaltung des Finanzvermögens entgegen BEYELER[42] nicht im Widerspruch zu den staatsvertraglichen Verpflichtungen der Schweiz.[43] Die Frage dürfte bis zu einer höchstrichterlichen Klärung umstritten bleiben.[44]

---

40 Für den Bund: FHG 3 Abs. 5 und 6: Das Verwaltungsvermögen umfasst die Vermögenswerte, die unmittelbar der Erfüllung öffentlicher Aufgaben dienen. Das Finanzvermögen umfasst alle übrigen Vermögenswerte.

41 So ist bspw. im Kanton Zürich die für die Finanzen zuständige Direktion gemäss CRG ZH 60 Abs. 1 Bst. c für «die sichere und zinsgünstige Anlage sowie die Verwaltung des Finanzvermögens besorgt».

42 BEYELER, Kriterium, S. 6; BEYELER, Staatsbetriebe, Rz. 22.

43 Interessant erscheinen in diesem Zusammenhang auch die Erläuternden Anmerkungen der Schweiz für die Anlage der Mittel der Versicherten durch eine Einrichtung des öffentlichen Rechts (GPA 2012 Anhang I Annex 7 Bst. C): «Die Schweiz interpretiert Artikel II Absatz 2 a) ii) in dem Sinne, dass die Anlage der Mittel der Versicherten durch Einrichtungen des Öffentlichen Rechts wie öffentlich-rechtliche Versicherungen und Pensionskassen nicht unter das vorliegende Übereinkommen fällt.» Zumindest für jene öffentlich-rechtlichen Versicherungen und Pensionskassen, welche im Rahmen einer In-house-Vergabe beauftragt werden, ist der Wettbewerbsdruck mit jenem der Verwaltung des Finanzvermögens vergleichbar (dazu etwa SCHNEIDER HEUSI, Vorsorgeeinrichtungen, S. 54 f.). Das Bundesgericht hat allerdings im Entscheid BGE 142 II 369, E. 5.4, betreffend Aargauische Pensionskasse (APK) einen Entscheid des VGer AG geschützt, das Unterhalts- und Sanierungsarbeiten an Liegenschaften im Anlagevermögen der APK als ausschreibungspflichtig qualifiziert hat, u.a. mit der Begründung, dass die Vorschriften des BVG betreffend Vermögensanlage und -verwaltung nicht die gleichen Ziele wie das Vergaberecht verfolgten und die Unterstellung solcher Arbeiten unter das Vergaberecht Sinn und Zweck dieser Vorschriften nicht vereiteln oder übermässig erschweren würde.

44 Vgl. nunmehr immerhin KGer GE, ATA/112/2018 vom 06.02.2018, E. 3d und e, das mit Bezug auf einen Hotelmanagement-Vertrag betreffend ein unbestrittenermassen im Finanzvermögen stehendes Hotel der Stadt Genf entschied, dass Rechtsgeschäfte im Zusammenhang mit der Verwaltung des Finanzvermögens grundsätzlich nicht in den objektiven Geltungsbereich des Vergabe-

D. Entgeltlichkeit

Für die Bejahung des Kriteriums «Entgeltlichkeit» muss das Gemeinwesen die Erfüllung einer öffentlichen Aufgabe nicht zwingend durch Geldzahlung abgelten.[45] Die Gegenleistung der Auftraggeberin kann sowohl in Geld als auch in einer geldwerten Leistung (z.B. Sachleistungen oder Nutzungsrechten) bestehen.[46] Neben Tauschgeschäften können daher auch Transaktionen als vergaberechtlichen Sinn entgeltlich qualifiziert werden, bei denen die Auftraggeberin der Anbieterin dadurch einen geldwerten Vorteil einräumt, dass sie gegenüber der Anbieterin auf einen ihr gesetzlich zustehenden Anspruch (z.B. Konzessionsgebühr) verzichtet oder diesen reduziert.[47] Das Bundesgericht hat dies im Zusammenhang mit Veloverleihsystemen, die von den Anbieterinnen zu einem Preis von CHF 0 offeriert wurden, bestätigt.[48] Ja, selbst ein Geldfluss von der Anbieterin zur Auftraggeberin schliesst einen entgeltlichen Auftrag i.S.v. BöB/IVöB 8 Abs. 1 nicht aus. In diesem Sinne sah das VGer ZH das Erfordernis der Entgeltlichkeit erfüllt mit Bezug auf einen Auftrag betreffend Sammlung von Alttextilien, bei dem die Anbieterin die Auftraggeberin für die eingesammelten Textilien nach Gewicht zu einem Preis entschädigen muss, der unter dem zu erwartenden Erlös bei der Verwertung liegt.[49]

31

---

rechts fallen, und dabei gegenteilige Lehrmeinungen (BEYELER, Geltungsanspruch, Rz. 684 ff., POLTIER, Marchés publics, Rz. 166, BOVET, Patrimoine financier, S. 66) ausdrücklich verwarf. Das Bundesgericht hat diesen Entscheid geschützt (BGE 145 II 252, E. 4 und 5), ohne sich direkt zur Vergaberechtsfreiheit der Verwaltung des Finanzvermögens zu äussern; ein öffentlicher Auftrag entfällt seines Erachtens bereits deshalb, weil die Stadt Genf als Anbieterin agiere, und Monopole seien im Rahmen des Finanzvermögens nicht denkbar.

45 BGE 144 II 177, E. 1.3.5.
46 BGE 135 II 49, E. 4.3.1, E. 5.2.
47 Komm BöB-TRÜEB, Art. 5 N 8.
48 BGE 144 II 177, E. 1.3.5: «Wie die Vorinstanz zutreffend ausführt, stellen die Erteilung von Sondernutzungsrechten an öffentlichem Grund und die weiteren Dienstleistungen der Einwohnergemeinde Bern zugunsten des ausgewählten Anbieters geldwerte Leistungen und damit ein Entgelt dar.» Im Entscheid BGE 144 II 184, E. 2.5, bei dem es um ein Veloverleihsystem in Genf ging, erachtete das BGer eine Gebühr von CHF 10/m^2 für die Überlassung des öffentlichen Grunds als deutlich unter dem eigentlichen Wert liegend, womit der erlassene Gebührenanteil dem Entgelt zuzurechnen sei.
49 VGer ZH, VB.2018.00469 vom 17.01.2019, E. 1.3.2: «Es liegt deshalb bei Bezahlung eines Entgelts durch den Dienstleister nur vordergründig ein reines Veräusserungsgeschäft vor: Effektiv erbringt der Abnehmer gegenüber dem Gemeinwesen eine Dienstleistung und leistet das Gemeinwesen ein Entgelt in Form der Wertstoffe, die es dem Abnehmer zum Sammeln und Verwerten überlässt […] Tatsächlich kann es für die Qualifizierung der in Frage stehenden Dienstleistung als öffentlicher Auftrag nicht darauf ankommen, ob der Dienstleister durch das Gemeinwesen entschädigt wird oder diesem ein Entgelt entrichtet. In beiden Fällen erfüllt der Dienstleister eine öffentliche Aufgabe. Ob er ein Entgelt erhält oder entrichtet, hängt von den wirtschaftlichen Gegebenheiten ab, insb. davon, welchen Erlös er aus der Verwertung der Alttextilien erzielen kann.» Anders liegt der Fall, wenn eine Anbieterin bereits eingesammelte Güter übernimmt und verwertet; dies wäre

32 Ohne Einfluss auf das Kriterium «Entgeltlichkeit» bleibt sodann, ob das Entgelt von Auftraggeberin selbst oder von einem Nutzer geleistet wird.[50] Entsprechend sind nach der hier vertretenen Auffassung auch Ersatzvornahmen, welche die verfügende Behörde i.S.v. VwVG 41 Abs. 1 Bst. a (resp. analogen Bestimmungen in den kantonalen VRPG) «durch einen beauftragten Dritten auf Kosten des Verpflichteten» durchführen lässt, grundsätzlich als öffentliche Aufträge zu qualifizieren, zumal die öffentliche Hand das Risiko der Einbringlichkeit der resultierenden Forderung trägt.[51]

E. Austausch von Leistung und Gegenleistung

33 Öffentliche Aufträge setzen voraus, dass öffentlicher Auftraggeberin und Anbieterin gegenseitige Leistungspflichten obliegen, die wechselseitig voneinander abhängig sind.[52] Ein vollkommenes Synallagma wird dabei nicht vorausgesetzt. Es ist nötig und ausreichend, dass die Leistung der öffentlichen Auftraggeberin als kausal für eine Gegenleistung erscheint, und zwar in der Weise, dass ohne sie die Anbieterin ihre Gegenleistung aus eigenem Antrieb nicht erbringen würde.[53]

34 Komplexe Beschaffungsvorhaben können in ein Geflecht gegenseitiger Leistungen münden. Bei der Prüfung, ob ein öffentlicher Auftrag vorliegt, sind deshalb die Leistungen und Gegenleistungen aufzugliedern und zunächst je einzeln (und danach auch in einer Gesamtbetrachtung) zu würdigen.[54] Diese Vorgehensweise ist insb. beim Querschnittthema öffentlich-privater Zusammenarbeit (PPP) zentral. Diese ist in vielfältigsten Formen denkbar. Erforderlich ist daher stets eine konkrete Analyse sämtlicher Leistungen im Lichte der Begriffselemente des öffentlichen Auftrags. Dies gilt gleichermassen für vertragliche wie für institutionelle Zusammenarbeitsformen.[55]

35 Keine synallagmatischen Verträge bilden grundsätzlich Gesellschaftsverträge. Diese beruhen auf einer Interessengemeinschaft; Leistungen werden nicht ausgetauscht, sondern zur Verwirklichung eines gemeinsamen Zwecks erbracht.[56] Isoliert betrachtet sind

---

als Veräusserungsgeschäft und somit nicht als öffentlicher Auftrag zu qualifizieren, vgl. BEYELER, EuGH 2016/2017, S. 15 f. unter Bezugnahme auf VGer TI, 52.2016.3 vom 23.02.2016.

50 Vgl. BGer 2C_1014/2015 vom 21.07.2016, E. 2.2.3, betreffend Spitex; AppGer BS, VD.2014.5 vom 08.05.2014, E. 1.2.4.3, betreffend Übertragung des Betriebs eines Netzes, bei dem die Anbieterin von den Netzkunden bezahlt wird.

51 VGer ZH, VB.2005.00155 vom 19.10.2005, E. 3.2.1, betreffend Abschleppdienst bei widerrechtlich parkierten Fahrzeugen. Ebenso BEYELER, Geltungsanspruch, Rz. 881 ff.; anders VGer FR, 2A 04 21 vom 01.10.2004, E. 2.

52 BEYELER, Geltungsanspruch, Rz. 645 ff.

53 Komm BöB-TRÜEB, Art. 5 N 6 f.; BGE 135 II 49, E. 4.3.2, 5.2.1 und 5.2.2.

54 Komm BöB-TRÜEB, Art. 5 N 5.

55 Komm BöB-TRÜEB, Art. 5 N 5. Zur Infrastruktur-PPP, welche regelmässig eine Baukonzession beinhaltet, vgl. BGer 2C_116/2007 und BGer 2C_396/2007 vom 10.10.2007; VGer SZ, VGE III 2007 10 vom 06.03.2007, in: EGV-SZ 2007 B 11.4, S. 135 ff.

56 GAUCH/SCHLUEP/SCHMID, Rz. 260.

Gesellschaftsverträge folglich nicht als öffentliche Aufträge zu qualifizieren. Erfolgt die Gründung der Gesellschaft indessen mit dem Ziel der Erfüllung einer öffentlichen Aufgabe, ist von einem Synallagma im weiteren Sinne und damit von der Erfüllung des Erfordernisses von Leistung und Gegenleistung auszugehen.[57]

Kein Leistungsaustausch findet statt, wenn der Staat einem Privaten erlaubt, eine bestimmte Tätigkeit auszuüben. In diesen Fällen liegt kein öffentlicher Auftrag vor, weil der Staat dabei nicht eine Tätigkeit veranlasst oder ein Gut beschafft, sondern bloss eine private Tätigkeit hoheitlich ordnet oder reguliert.[58] 36

Kein Synallagma besteht sodann bei Finanzhilfen; die Empfänger von Finanzhilfen erbringen keine konkreten Gegenleistungen, sondern erfüllen vielmehr eine Aufgabe, an deren Förderung ein allgemeines öffentliches Interesse besteht. Die Materialien bezeichnen BöB/IVöB 10 Abs. 1 Bst. c daher als unechten Ausnahmetatbestand.[59] Unter diesem Aspekt sind auch Sponsoringverträge zu analysieren. Soweit das Sponsoring eine Tätigkeit im öffentlichen Interesse allgemein fördert, ohne dass eine direkte Gegenleistung geschuldet wird, fällt der Sponsoringvertrag nicht in den Geltungsbereich des Vergaberechts. Der Förderanteil stellt eine Finanzhilfe dar, der es wie erwähnt am Charakter eines Synallagmas fehlt (für die aber zwingend eine gesetzliche Grundlage erforderlich ist). Ist neben dem Förderzweck auch eine direkte Leistung geschuldet (bspw. Entgelt für eine Standmiete an einem Grossanlass), liegt in diesem Umfang ein Synallagma vor. Als Förderung ist dann derjenige Betrag zu qualifizieren, der das Entgelt für die direkte Gegenleistung übersteigt.[60] Bei solchen gemischten Sponsoringverträgen ist nach den für kombinierte Gesamtgeschäfte geltenden Regeln zu beurteilen, ob ein öffentlicher Auftrag vorliegt oder nicht (vgl. N 66 ff.). 37

Auch einseitige Verträge wie bspw. Schenkungsverträge erfüllen das Erfordernis des Synallagmas nicht.[61] Vergaberechtlich relevant werden Schenkungsverträge dann, wenn sie als gemischte Schenkungen auftreten. Eine Anbieterin könnte der öffentlichen Auftraggeberin bspw. eine Sachleistung zu einem schenkungsweise stark reduzierten Preis offerieren. In einem solchen Fall wäre in einem ersten Schritt nach den Regeln betreffend kombinierte Gesamtgeschäfte zu prüfen, ob dieses Rechtsgeschäft in den objektiven Geltungsbereich des Vergaberechts fällt oder nicht (vgl. N 66 ff.). Ist es in einer Gesamtbetrachtung als öffentlicher Auftrag zu qualifizieren, wäre in einem zweiten Schritt abzuklären, ob allenfalls ein Freihandtatbestand i.S.v BöB/IVöB 21 Abs. 2 Bst. h (günstige, zeitlich befristete Gelegenheit) erfüllt ist.[62] 38

---

57 Komm BöB-Trüeb, Art. 5 N 23; Beyeler, Geltungsanspruch, Rz. 649 ff.
58 BGer 2C_861/2017 vom 12.10.2018, E. 3.3.
59 Vgl. Botschaft BöB, S. 1903; Musterbotschaft IVöB, S. 37; vgl. Art. 10 N 11 ff.
60 Botschaft BöB, S. 1895 f.
61 Botschaft BöB, S. 1895; Musterbotschaft IVöB, S. 33.
62 Vgl. dazu etwa Jaquier, der mit Bezug auf die Voraussetzung, dass die Beschaffung zu «ausserordentlich günstigen» Konditionen resp. «erheblich unter den üblichen Preisen» erfolgt, postuliert, sich an der Rechtsprechung zu den «Dumping-Angeboten» zu orientieren. Dort habe sich in di-

F. Charakteristische Leistung durch die Anbieterin

39 Eine öffentliche Beschaffung kann grundsätzlich nur dann vorliegen, wenn die öffentliche Hand auf dem freien Markt als Abnehmerin auftritt und dabei im Austausch gegen ein Entgelt die erforderlichen Mittel erwirbt, die sie zur Erfüllung der öffentlichen Aufgaben benötigt.[63] Diese Voraussetzung kommt in BöB/IVöB 8 Abs. 1 dadurch zum Ausdruck, dass ein öffentlicher Auftrag nur anzunehmen ist, wenn die charakteristische Leistung durch die Anbieterin erbracht wird.

40 Wie bei der Prüfung des Synallagmas bedingt die Ermittlung der charakteristischen Leistung eine genaue Analyse von Leistung und Gegenleistung. Während bei reinen Verkaufsgeschäften einer öffentlichen Auftraggeberin kein Zweifel daran bestehen kann, dass die charakteristische Leistung durch diese erbracht wird (Verschaffung des Eigentums am Kaufobjekt) und folglich kein öffentlicher Auftrag vorliegt, können sich schwierige Abgrenzungsfragen stellen, wenn sich die Gegenleistung der Anbieterin nicht in einem reinen Entgelt erschöpft (Bezahlung des Kaufpreises, der Miete o.Ä.), sondern zusätzlich weitere Elemente umfasst. In der Praxis illustrieren dies insb. Rechtsgeschäfte im Zusammenhang mit Altpapier. Kein öffentlicher Auftrag ist anzunehmen, wenn das Rechtsgeschäft ausschliesslich den Kauf des Werkstoffes durch den Privaten beinhaltet. Die Gegenleistung des privaten Vertragspartners kann jedoch zusätzlich Dienstleistungen betreffend Sammlung des Altpapiers umfassen, welche isoliert betrachtet die Merkmale eines öffentlichen Auftrags erfüllen. In diesen Fällen liegt ein gemischtes (nach der hier verwendeten Terminologie: kombiniertes) Geschäft vor. Falls auf diese Weise ein nicht dem Vergaberecht unterstehendes Rechtsgeschäft (Verkauf) mit einem als öffentlicher Auftrag zu qualifizierenden Rechtsgeschäft gemischt/gebündelt wird und diese Mischung/Bündelung als notwendig erscheint, entscheidet der Schwerpunkt des Rechtsgeschäfts darüber, ob es sich um einen öffentlichen Auftrag handelt. Ist die Mischung/Bündelung nicht notwendig, muss die öffentliche Auftraggeberin zumindest nach der hier vertretenen Auffassung entweder getrennte Rechtsgeschäfte abschliessen oder das Gesamtgeschäft gemäss den für den fraglichen öffentlichen Auftrag geltenden vergaberechtlichen Bestimmungen ausschreiben (vgl. N 69 f.).[64]

---

versen Kantonen die Praxis etabliert, bei einer Abweichung von mehr als 30 % im Vergleich zu Durchschnittsangeboten ein «Dumping-Angebot» anzunehmen. Diese Schwelle von 30 % müsse auch für die vorliegende Fragestellung massgebend sein. Wenn ein Angebot weniger als 30 % unter dem Marktpreis liegt, qualifiziere es nicht als «ausserordentlich günstig». Für diesen Fall meint er: *«L'intérêt public à une telle économie est prépondérant sur l'intérêt privé des soumissionnaires à accéder au marché»* (JAQUIER, Rz. 475).

63 BGE 125 I 209, E. 6b; kein öffentlicher Auftrag beim Verkauf eines kommunalen Kabelnetzes: VGer SO, VWBES. 2018.187 vom 10.09.2018, E. 5; Komm BöB-TRÜEB Art. 5 N 9.

64 Im Lichte dieser Überlegungen nicht zu beanstanden: AppGer BS, VD.2014.5 vom 08.05.2014, E. 1.2.4.2, das den Verkauf eines kommunalen Kabelnetzes trotz der damit verbundenen Verpflichtungen des Erwerbers, gewisse Qualitätsanforderungen im Betrieb einzuhalten und der verkaufenden Gemeinde für ihren eigenen Gebrauch im Netz einen störungsfreien Übertragungskanal zur Verfügung zu stellen sowie die Weiternutzung einzelner Fasern zu gewähren, nicht als öffent-

Nicht massgeblich bei der Ermittlung der charakteristischen Leistung ist es, ob die öffentliche Hand die beschafften Leistungen direkt oder nur indirekt nutzt. Es genügt daher, wenn die öffentliche Hand mittelbarer Nutzniesser der beschafften Leistungen ist.[65] 41

Bei der Einräumung von Sondernutzungskonzessionen wird die charakteristische Leistung regelmässig von der öffentlichen Auftraggeberin erbracht.[66] Erschöpft sich die Gegenleistung der Anbieterin indessen nicht in der Bezahlung eines Entgelts im Austausch für die Einräumung der Sondernutzungskonzession, sondern ist sie in ein Gesamtgeschäft eingebettet, kann sich in Würdigung sämtlicher Umstände ergeben, dass das Geschäft insgesamt als öffentliche Beschaffung zu qualifizieren ist. Als naheliegend erweist sich dieser Schluss insb. dann, wenn bei der Erteilung der Sondernutzungskonzession nicht ein regulativer Zweck (Ordnung der Nutzung öffentlichen Grundes) im Vordergrund steht, sondern die Übertragung eines (geldwerten) Rechts zur Erfüllung öffentlicher Aufgaben.[67] Gemäss Rechtsprechung ist dies namentlich dann der Fall, wenn mit der Erteilung der Konzession untrennbar Gegenleistungen von gewisser Bedeutung verbunden sind, die normalerweise Gegenstand einer öffentlichen Beschaffung bilden.[68] Ausführlicher zur Einräumung von Sondernutzungskonzessionen Art. 9 N 22 ff., insb. N 27 f. 42

G. Ausnahmen

Nicht jedes Rechtsgeschäft, das i.S.v. BöB/IVöB 8 Abs. 1 als öffentlicher Auftrag zu qualifizieren wäre, fällt in den objektiven Geltungsbereich des Vergaberechts: BöB/IVöB 10 listen die Ausnahmen auf. Neben der erwähnten Ausnahme für Finanzhilfen und für gewerbliche Leistungen öffentlicher Auftraggeberinnen finden BöB/IVöB bspw. aufgrund des sog. Grundstückprivilegs (BöB/IVöB 10 Abs. 1 Bst. b) keine Anwendung, wenn eine öffentliche Auftraggeberin von einem Privaten ein Grundstück zwecks Erstellung eines 43

---

lichen Auftrag qualifizierte: «Dabei handelt es sich um mit der Abtretung des Netzes verbundene und davon abhängige Nebenbedingungen, die nicht selbständig und abtrennbar vom Hauptgeschäft bestehen.» Gemäss Beyeler, EuGH, S. 18 f., wurde hier unzulässigerweise der Verkauf mit einem entgeltlichen öffentlichen Auftrag betreffend Zurverfügungstellung von Datenübertragungskapazitäten kombiniert. Diese Kritik erscheint nicht gerechtfertigt: Der öffentlichen Hand muss es offenstehen, den Kaufgegenstand so zu definieren, dass sie gewisse damit verbundene Rechte (i.c. kostenlose Weiterbenutzung des Übertragungskanals und einzelner Fasern) nicht mitverkauft. Im Übrigen stimmt aber auch Beyeler, EuGH, S. 18 f., dem AppGer BS insoweit zu, als dieses aufgrund der Auflagen der Verkäuferin betreffend die (künftige) Qualität des Netzbetriebes das Rechtsgeschäft nicht als öffentlichen Auftrag qualifiziert.

65 BVGer B-6177/2008 vom 25.11.2008, E. 2.3. Das BSV (handelnd für die IV/AHV) ist Abnehmer von Hörgeräten (und untersteht damit als Auftraggeber dem BöB), auch wenn diese letztlich für die Versicherten bestimmt sind (BVGer B-6177/2008 vom 25.11.2008, E. 3.7 und E. 3.8).
66 Vgl. BGE 143 II 120, E. 6. Ebenso für die Vergabe von Standplätzen BGE 126 I 250, E. 2d/bb und BGE 128 I 136, E. 4.1.
67 BGE 144 II 177, E. 1.3.2.
68 BGer 2C_861/2017 vom 12.10.2018, E. 3.3.

Verwaltungsgebäudes erwirbt, obwohl dieses Rechtsgeschäft alle Voraussetzungen gemäss BöB/IVöB 8 Abs. 1 erfüllt (vgl. im Einzelnen Art. 10 N 9 f.).

44 Sodann relativiert BöB 8 Abs. 5 auf Bundesebene für Beschaffungen ausserhalb des Staatsvertragsbereichs den Begriff des öffentlichen Auftrags (vgl. N 74 ff.).

III. Abs. 2: Kategorien von Leistungen

45 BöB/IVöB 8 Abs. 2 teilt die öffentlichen Aufträge in drei Kategorien von Leistungen ein: Bauleistungen, Lieferungen (Waren) und Dienstleistungen.[69] Für die einzelnen Leistungsarten kommen unterschiedlich Schwellenwerte zum Tragen. Die Schwellenwerte ihrerseits können massgeblich sein für die Bestimmung des Staatsvertragsbereichs, der zulässigen Verfahrensarten und der anwendbaren Bestimmungen von BöB/IVöB. Die Zuordnung eines öffentlichen Auftrags zu einer der Leistungsarten ist daher von erheblicher praktischer Bedeutung. Die Gliederung von BöB/IVöB 8 Abs. 2 geht dabei auf die Verpflichtungslisten der Schweiz nach den internationalen Beschaffungsübereinkommen zurück und war bereits Bestandteil der Vorgängererlasse.[70]

46 Anders als im EU-Recht vermischen BöB/IVöB die verschiedenen Leistungsarten nicht mit der Grundfrage gemäss BöB/IVöB 8 Abs. 1, wann überhaupt eine öffentliche Beschaffung vorliegt. Dies ist systematisch korrekt,[71] allerdings nur mit Bezug auf die Definition des objektiven Geltungsbereichs des schweizerischen Vergaberechts. Hier gilt: Nicht die Leistungsarten bestimmen, was ein öffentlicher Auftrag ist, sondern öffentliche Aufträge müssen einer der Leistungskategorien gemäss Abs. 2 zugeordnet werden. Dies gilt für alle öffentlichen Aufträge unter Einschluss der Übertragung öffentlicher Aufgaben und Konzessionen gemäss BöB/IVöB 9 (vgl. dazu BöB/IVöB 9 N 53).

47 Für die Bestimmung des objektiven staatsvertraglichen Geltungsbereichs dagegen sind die drei Leistungsarten insoweit Teil des (staatsvertraglichen) Begriffs des öffentlichen Auftrags, als nur die in den Verpflichtungslisten aufgeführten Leistungen als öffentlicher Auftrag im Sinne des Staatsvertragsrechts qualifizieren. Man spricht in diesem Zusammenhang richtigerweise auch von Positivlisten: Nur jene Leistungsarten, welche in den Verpflichtungslisten positiviert sind (und die festgelegten Schwellenwerte erreichen), bilden öffentliche Aufträge des Staatsvertragsbereichs.

---

69 Im VE-BöB/IVöB war dieser Unterteilung unter der Marginalie «Auftragsarten» zusammen mit den nachfolgenden Absätzen des heutigen BöB/IVöB 8 ein eigener Artikel gewidmet.
70 Botschaft BöB, S. 1896; Musterbotschaft IVöB, S. 34. Das BilatAbk erweitert nur den subjektiven, nicht auch den objektiven Geltungsbereich des Staatsvertragsbereichs, sodass im Folgenden im Zusammenhang mit dem Staatsvertragsbereich ausschliesslich auf das GPA 2012 Bezug genommen wird; vgl. BEYELER, Geltungsbereich, Rz. 9.
71 Erläuternder Bericht VE-BöB, S. 14.

Während sich in den Vorgängererlassen zumindest Ansätze einer Definition der ver- 48
schiedenen Leistungsarten fanden (aBöB 5, aIVöB 6), begnügen sich BöB/IVöB 8 Abs. 2
mit der schlichten Auflistung der drei (resp. im Falle des IVöB: vier) Leistungsarten. Im
Staatsvertragsbereich lassen sich diese anhand der für die Schweiz geltenden Positivlisten (GPA 2012 Annex I Anhänge 4–6) sehr genau bestimmen. Aber auch für den nicht
auf die Positivlisten beschränkten objektiven Geltungsbereich der öffentlichen Aufträge
ausserhalb des Staatsvertragsbereichs schaffen die Positivlisten für die Zuordnung weitgehend Klarheit. Im Einzelnen:

A. Bauleistungen

Bauleistungen umfassen alle Leistungen, die unmittelbar physisch zur Veränderung 49
einer unbeweglichen Sache und damit dazu führen oder beitragen, dass ein Bauwerk
(einschliesslich Baugrund) errichtet, verändert oder beseitigt wird.[72] Die Positivliste betreffend Bauleistungen (GPA 2012 Annex I Anhang 5, BöB Anhang 1) listet sämtliche
Bauleistungen nach Prov.CPC auf,[73] sodass der objektive Geltungsbereich der Bauleistungen innerhalb und ausserhalb des Staatsvertragsbereichs weitgehend deckungsgleich
sein dürfte.

Innerhalb der Bauleistungen unterscheidet die IVöB im Gegensatz zum BöB wie bis an- 50
hin des Weiteren zwischen Aufträgen des Bauhaupt- und des Baunebengewerbes;[74] für
Letztere gelten tiefere Schwellenwerte (vgl. IVöB Anhang 2). Unter das Bauhauptgewerbe fallen alle Arbeiten für die tragenden Elemente eines Bauwerks,[75] alle übrigen Arbeiten fallen unter das Baunebengewerbe.[76]

Die Schwellenwerte bei Bauleistungen sind substanziell höher im Vergleich zu Lieferun- 51
gen und Dienstleistungen.[77] Die Abgrenzung von den Lieferungen und den Dienstleistungen ist daher regelmässig von einiger Relevanz für das auf einen konkreten Auftrag
anwendbare Recht. Mit Bezug auf Lieferungen besteht dabei die Schwierigkeit, dass die

---

72 BEYELER, Geltungsanspruch, Rz. 936.
73 BEYELER, Geltungsanspruch, Rz. 937.
74 Vgl. zu dieser Unterscheidung Musterbotschaft IVöB, S. 34.
75 Hoch- und Tiefbau, Strassenbau (inkl. Belagseinbau), Aushub-, Bagger- und Traxarbeiten, Abbrucharbeiten sowie Spezialtiefbau (Pfählungen, Baugrubensicherungen, Ankerarbeiten usw.), aber auch Zimmerei- oder Metallbauarbeiten, sofern sie als Tragkonstruktion eines Gebäudes dienen.
76 Z.B. Maler-, Gipser-, Dachdecker-, Plattenleger-, Gärtner-, Schreiner-, Heizungs-, Klima-, Lüftungs-, Spenglerei-, Sanitär- oder Elektroinstallationsarbeiten.
77 Dabei sind bei Bauleistungen für die Abgrenzung von öffentlichen Aufträgen innerhalb und ausserhalb des Staatsvertragsbereichs die geschätzten Auftragswerte eines bestimmten Vorhabens auch dann zusammenzuzählen, wenn sie nicht als Gesamtgeschäft i.S.v. BöB 8 Abs. 3 ausgeschrieben werden (sog. Bauwerksregel, vgl. dazu Art. 16 N 21 ff.), wobei auch bei Bauwerken innerhalb des Staatsvertragsbereichs gewisse Bauleistungen vom Staatsvertragsbereich ausgenommen werden können (sog. Bagatellklausel, vgl. dazu Art. 16 N 28 ff.).

Ausführung von Bauleistungen praktisch immer die Lieferung von Baumaterialien einschliesst. Werden diese Baumaterialien eingebaut (ZGB 671 Abs. 1), ist ihre Lieferung unter die Bauleistungen zu subsumieren, ohne dass ein gemischter Auftrag (BöB/IVöB 8 Abs. 3) vorliegt. Eine Lieferung liegt hingegen vor, wenn die öffentliche Auftraggeberin Baumaterialien in beweglicher Form beschafft, um sie selber einzubauen oder durch einen Dritten einbauen zu lassen.[78] Als Dienst- und nicht als Bauleistungen gelten mit einem Bauwerk zusammenhängende Arbeiten ohne direkte physische Auswirkungen, namentlich Architektur- und Ingenieurdienstleistungen.[79] Nach der hier vertretenen Meinung sind pfandberechtigte Arbeiten i.S.v. ZGB 837 Abs. 1 Ziff. 3 (Bauhandwerkerpfandrecht) stets als Bauleistungen qualifizieren. Zur Abgrenzung zwischen Bauleistungen und Konzessionen resp. Baukonzessionen vgl. Art. 9 N 4 f.

B. Lieferungen

52 Lieferungen meint die Beschaffung von Gütern. Das GPA 2012 geht dabei wie das GPA 1994 aus von einem umfassenden Güterbegriff unter Einschluss von Immaterialgüterrechten und immateriellen Gütern (wie Standardsoftware bzw. entsprechende Lizenzen) und kennt auch bez. der Erwerbsmodalitäten keine Einschränkungen. Im Ergebnis fallen sämtliche Güter unabhängig der Erwerbsform unter den Begriff der Lieferung gemäss GPA 2012, vorbehalten bleiben ausschliesslich explizite Ausnahmen.[80] Dieses weite Verständnis von Lieferungen muss auch für die Auslegung von BöB/IVöB 8 Abs. 2 massgebend sein.[81]

53 Die angesprochenen Ausnahmen finden sich namentlich in BöB/IVöB 10: Betreffend Güter des Staatsvertragsbereichs kommt mit Bezug auf die mit der Verteidigung und Sicherheit beauftragten Auftraggeberinnen die entsprechende Positivliste zum Tragen, für alle weiteren Auftraggeberinnen erstreckt sich der objektive Geltungsbereich auf sämtliche Güter.

54 Für die Abgrenzung der Lieferungen von den Dienstleistungen ist zu fragen, wo der Schwerpunkt der Leistung der Anbieterin liegt:[82] Besteht dieser in der Einräumung von Gebrauchs- oder Nutzungsrechten (Eigentum, Miete, Pacht, Lizenz etc.), ist von einer Lieferung auszugehen, steht die Arbeitsleistung der Anbieterin im Vordergrund,

---

78 BEYELER, Geltungsanspruch, Rz. 939 ff. Aus der Praxis vgl. etwa BVGer B-3596/2015 vom 03.09.2015, E. 1, betreffend Lüftungs- und Klimaanlagen.
79 BEYELER, Geltungsanspruch, Rz. 942.
80 So für das GPA 1994: Komm BöB-TRÜEB, Art. 5 N 27.
81 Komm BöB-TRÜEB, Art. 5 N 27; vgl. auch BEYELER, Geltungsanspruch, Rz. 967 ff.; GALLI/MOSER/LANG/STEINER, Rz. 219. Unter den Vorgängererlassen wurden Lieferaufträge definiert als Verträge «über die Beschaffung beweglicher Güter namentlich durch Kauf, Leasing, Miete, Pacht oder Mietkauf» (aBöB 5 Abs. 1 Bst. a und aIVöB 6 Abs. 1 Bst. a).
82 Präponderanztheorie, vgl. dazu ausführlich N 55. Entsprechend ist der Schwerpunkt auch bei der Abgrenzung von Lieferungen und Dienstleistungen anhand des finanziellen Gewichts der Leistung festzustellen.

welche die von der Auftraggeberin erworbenen Güter erst hervorbringt, handelt es sich um eine Dienstleistung.[83]

C. Dienstleistungen

Dienstleistungen bilden gleichsam das Sammelbecken für alle öffentlichen Aufträge, die weder als Bauleistungen noch als Lieferungen zu qualifizieren sind.[84] Allerdings gilt es zu unterscheiden: Während bei öffentlichen Aufträgen ausserhalb des Staatsvertragsbereichs der Auffangtatbestand uneingeschränkt spielt, müssen Dienstleistungen innerhalb des Staatsvertragsbereichs auf der entsprechenden Positivliste aufgeführt sein.

55

IV. Abs. 3: Gemischte Aufträge

Die Subsumtion einer Beschaffung unter eine der Leistungsarten gemäss BöB/IVöB 8 Abs. 2 kann wie erwähnt Auswirkungen auf die anwendbaren vergaberechtlichen Bestimmungen haben (vgl. N 47). Werden verschiedene Leistungsarten zu einem Gesamtauftrag zusammengefasst, sind daher Konstellationen denkbar, bei denen für gewisse Teilleistungen bei einer getrennten Vergabe andere vergaberechtliche Bestimmungen anzuwenden wären als für die anderen Teilleistungen des Gesamtgeschäfts.

56

BöB/IVöB 8 Abs. 3 bezeichnen solche öffentlichen Aufträge, die sich aus Teilleistungen zusammensetzen, die unterschiedlichen Leistungsarten i.S.v. BöB/IVöB 8 Abs. 2 zuzuordnen sind, als gemischte Aufträge. Diese bilden ein Gesamtgeschäft. Die Frage nach der Zulässigkeit gemischter Aufträge beantworten BöB/IVöB grundsätzlich positiv.[85] Den öffentlichen Auftraggeberinnen sollen in ihrem weitgehenden Ermessen hinsichtlich der Definition von Gegenstand und Umfang einer Beschaffung[86] keine Fesseln in

57

---

83 In diesem Sinne ist etwa der Erwerb einer Maschine «ab Stange», die bei der Auftraggeberin noch montiert werden muss (Kauf mit Montagepflicht) als Lieferung zu qualifizieren, solange die Montageverpflichtung von (finanziell) untergeordneter Bedeutung bleibt. Umgekehrt ändert der Erwerb von Planunterlagen und der damit verknüpften Immaterialgüterrechten im Rahmen eines Architekturvertrags nichts daran, dass der Schwerpunkt eines solchen Auftrags in der Erarbeitung dieser Unterlagen liegt und er folglich als Dienstleistung zu qualifizieren ist.
84 BEYELER, Geltungsanspruch, Rz. 1041.
85 Dies wird in BöB/IVöB 8 Abs. 3 zwar nicht ausdrücklich ausgesprochen, ergibt sich aber im Umkehrschluss aus Satz 3, gemäss welchem aus der Mischung oder Bündelung von Leistungen keine Umgehung der Bestimmungen von BöB/IVöB resultieren darf. Zumindest missverständlich daher die Aussagen in Botschaft BöB, S. 1896 f. und Musterbotschaft IVöB, S. 34: «Als Pendant zum Zerstückelungsverbot in Artikel 15 Absatz 2 wird hier ein Misch- und Bündelungsverbot statuiert». BöB/IVöB 8 Abs. 3 erlauben die Mischung/Bündelung von Leistungen vielmehr (Satz 1). Sie verbieten sie nur in bestimmten Fällen, dann nämlich, wenn sie eine Gesetzesumgehung zur Folge hätten.
86 BVGer B-5865/2007 vom 03.12.2007, E. 3.1. Dieses Ermessen hat meines Erachtens jedoch nichts mit einer aus der Wirtschaftsfreiheit abgeleiteten Vertragsfreiheit der Auftraggeberin zu tun.

2. Kapitel: Geltungsbereich

Form eines Verbots der Mischung unterschiedlicher Leistungsarten angelegt werden. Selbstverständlich gilt weiterhin, dass die öffentlichen Auftraggeberinnen den konkreten Beschaffungsgegenstand im Rahmen der gesetzlichen Vorgaben (bspw. bez. der technischen Spezifikationen, vgl. Art. 30 N 13 ff.) und namentlich unter Beachtung der vergaberechtlichen Zielsetzungen gemäss BöB/IVöB 2 festlegen müssen; kommt eine öffentliche Auftraggeberin dabei aber in Wahrung ihres pflichtgemässen Ermessens zum Schluss, diesen Anforderungen sei durch eine Mischung oder Bündelung unterschiedlicher Leistungsarten am besten Rechnung getragen, soll sie die Möglichkeit haben, ein Gesamtgeschäft auszuschreiben.

58 Damit stellt sich die Anschlussfrage, wie in solchen Fällen das anwendbare Recht zu bestimmen ist. Für deren Beantwortung stehen zwei alternative Lösungsansätze zur Verfügung: Der erste basiert auf der Überlegung, dass die Beschaffung jeweils nach den strengeren der auf die verschiedenen Teilleistungen anwendbaren vergaberechtlichen Bestimmungen abgewickelt werden soll (sog. Infektionstheorie). Der zweite will auf das Gesamtgeschäft die vergaberechtlichen Bestimmungen jener Leistungsart anwenden, der innerhalb des Gesamtgeschäfts das grösste Gewicht zukommt (sog. Präponderanz- oder Schwergewichtstheorie).[87]

59 Das Bundesgericht anerkannte unter dem aBöB, dass die Rechtsfrage, welche der beiden genannten Theorien anwendbar sei, von grundsätzlicher Bedeutung i.S.v. BGG 83 Bst. f Ziff. 2 sein könnte, musste sie im konkreten Fall jedoch nicht beantworten.[88] Der Gesetzgeber hat sich nun zugunsten der Präponderanztheorie ausgesprochen und gleichzeitig klargestellt, dass die Präponderanz anhand des finanziellen Gewichts der einzelnen Leistungselemente zu ermitteln ist. Massgebend dafür sind die Vorgaben zur Bestimmung des Auftragswerts (vgl. dazu Art. 15 N 4 ff.).

Nach herrschender Lehre und Praxis ist der Staat selbst nicht Träger der Wirtschaftsfreiheit. Dies gilt zumindest dann, wenn er eine öffentliche Aufgabe wahrnimmt, was im Geltungsbereich von BöB/IVöB definitionsgemäss der Fall ist (vgl. BGE 138 I 289, E. 2.8.1, sowie BSK BV-Uhlmann, Art. 27 N 32). BöB/IVöB 8 Abs. 3 Satz 3 schränkt folglich nicht die Wirtschaftsfreiheit der öffentlichen Auftraggeberinnen ein, sondern legt ihre Kompetenzen und ihren Handlungsspielraum mit Bezug auf die Mischung/Bündelung von Leistungen fest. Etwas anderes gilt bei der Ermittlung des subjektiven Geltungsbereichs des Vergaberechts: Für Privatunternehmen bedeutet die subjektive Unterstellung unter das Vergaberecht einen Eingriff in ihre Vertragsfreiheit und damit in ihre Wirtschaftsfreiheit und muss daher den Anforderungen gemäss BV 36 genügen (vgl. Trüeb/Zimmerli, Spitalfinanzierung, Rz. 143 f.; vgl. auch AppGer BS, VD.2017.261 vom 21.09.2018, E. 5.2: «Der öffentliche Auftraggeber ist bei der Umschreibung des Gegenstands einer Beschaffung grundsätzlich frei. Es ist Sache des Auftraggebers, seinen Auftrag zu definieren. Er ist frei in der Wahl von Gegenstand, Art, Qualität, Umfang und Zeitpunkt seines Beschaffungsvorhabens. Solange der Auftraggeber die gewünschte Leistung nichtdiskriminierend umschreibt, geniesst er jedenfalls bezogen auf die vergaberechtliche Rechtslage eine vollumfängliche und jeglicher Rechtskontrolle entzogene Freiheit in der Definition dessen, was er beschaffen will»).

87 Vgl. Komm BöB-Trüeb, Art. 5 N 35 ff.
88 BGer 2C_409/2015 vom 28.09.2015, E. 3.4.

Das Ermessen der öffentlichen Auftraggeberinnen mit Bezug auf die Definition des Beschaffungsgegenstandes hinsichtlich Mischung/Bündelung der Leistungsarten zu einem Gesamtgeschäft wird durch BöB/IVöB 8 Abs. 3 Satz 3 eingeschränkt. Danach darf die Mischung/Bündelung nicht mit der «Absicht oder Wirkung» erfolgen, die Bestimmungen von BöB/IVöB zu «umgehen». 60

Absicht und Wirkung sind nach dem klaren Gesetzeswortlaut alternativ zu verstehen; in den Materialien ist denn auch ausdrücklich festgehalten, dass eine Gesetzumgehung im Sinne dieser Bestimmung keine rechtswidrige Absicht der Auftraggeberin voraussetzt.[89] Allerdings kann es kaum die Meinung des Gesetzgebers gewesen sein, dass eine ausschliesslich beabsichtigte, aber objektiv nicht hervorgerufene Umgehung, gleichsam also eine «Putativ-Umgehung», zum Verbot eines entsprechenden gemischten Auftrags führt. Als alternative Voraussetzung verliert die «Absicht» im vorliegenden Zusammenhang folglich ihre selbständige Bedeutung. Im Sinne einer teleologischen Reduktion ist daher entgegen dem Wortlaut der Bestimmung («mit der Absicht oder Wirkung») für die Zulässigkeit gemischter Aufträge die Absicht der öffentlichen Auftraggeberin gänzlich irrelevant, und es ist ausschliesslich darauf abzustellen, ob objektiv der Umgehungstatbestand erfüllt ist. 61

Zu klären bleibt der Begriff der Umgehung der Bestimmungen von BöB/IVöB. In den Materialien finden sich hierzu keine weiterführenden Hinweise. Die wenigen Äusserungen in Lehre und Rechtsprechung erinnern an Judge Potter Stewarts berühmtes Argument: «*I know it when I see it.*» Dieser pragmatische Ansatz dürfte in der Tat wohl auch bei der Frage, ob eine Umgehung vergaberechtlicher Bestimmungen vorliegt, regelmässig den richtigen Weg weisen. Gleichwohl dispensiert dies nicht von jeglichen dogmatischen Bemühungen: 62

Das Bundesgericht spricht in allgemeiner Weise von einer Gesetzesumgehung bei der Verletzung eines gesetzlichen Verbots, indem ein scheinbar legitimes Mittel verwendet wird, um ein Ergebnis zu erzielen, das verboten ist. Das Institut der Gesetzesumgehung habe Berührungspunkte zum Rechtsmissbrauchsverbot und setze eine umgangene Norm voraus. Der blosse Umstand, dass ein Ziel des Gesetzes möglicherweise nicht optimal erreicht werde, erlaube noch nicht die Annahme einer Umgehung.[90] 63

Das scheinbar legitime Mittel im Sinne der bundesgerichtlichen Rechtsprechung ist die Mischung/Bündelung unterschiedlicher Leistungsarten zu einem gemischten Auftrag. BöB/IVöB 8 Abs. 3 Satz 1 erlauben den öffentlichen Auftraggeberinnen dieses Vorgehen im Rahmen deren pflichtgemässen Ermessens bei der Definition des Beschaffungsgegenstandes. Schwieriger fassbar ist das zweite Element, das gemäss Bundesgericht die Gesetzesumgehung kennzeichnet: das verbotene Ergebnis, welches durch die an sich zulässige Mischung/Bündelung erzielt wird.[91] Dieses kann nicht darin liegen, dass auf be- 64

---

89 Botschaft BöB, S. 1897; Musterbotschaft IVöB, S. 34.
90 BGE 140 II 233, E. 5.1.
91 Zur Vermeidung von Missverständnissen sei ausdrücklich darauf hingewiesen, dass das verbote-

stimmte Teilleistungen des Gesamtgeschäfts weniger strenge vergaberechtliche Bestimmungen Anwendung finden, als es bei einer getrennten Beschaffung der Fall wäre. Mit der Anerkennung der Präponderanztheorie rechnet der Gesetzgeber gleichsam mit einer partiellen Lockerung der vergaberechtlichen Vorschriften für Teilleistungen des Gesamtgeschäfts; dies ist vergaberechtlich zwar unerwünscht, wird von BöB/IVöB 8 Abs. 3 indessen in Kauf genommen. Hält man sich den Grund vor Augen, weshalb der Gesetzgeber gemischte Aufträge erlaubt (keine Einschränkung des pflichtgemässen Ermessens der Auftraggeberinnen hinsichtlich der Definition des Beschaffungsgegenstandes, vgl. N 54), besteht das Verbot nach der hier vertretenen Meinung darin, dass im konkreten Fall die Freiheit der Auftraggeberin bei der Definition des Beschaffungsgegenstandes die Rechtsfolge (partielle Ausserkraftsetzung vergaberechtlicher Bestimmungen) nicht zu rechtfertigen vermag.

65 Gefordert ist eine Gegenüberstellung der widerstreitenden Interessen: Auf der einen Seite das Interesse an der Durchsetzung des materiellen Vergaberechts, auf der anderen Seite das Interesse der öffentlichen Auftraggeberin, den Beschaffungsgegenstand so zu definieren, dass er namentlich die vergaberechtlichen Ziele (BöB/IVöB 2) nach ihrem Ermessen bestmöglich erfüllt.

66 Eine Umgehung der Bestimmungen von BöB/IVöB ist daher dann anzunehmen, wenn sich die aus der Mischung/Bündelung von Leistungen resultierenden Abweichungen vom materiellen Vergaberecht sachlich nicht mehr mit dem Interesse an der Freiheit öffentlichen Auftraggeberinnen bei der Definition des Beschaffungsgegenstandes rechtfertigen lassen. Dies bedingt eine Bewertung sowohl der resultierenden Abweichungen vom materiellen Vergaberecht als auch des in der Definition des Beschaffungsgegenstandes manifestierten Interesses der Auftraggeberin. Mit Bezug auf den zweiten Aspekt geht es nicht um Ermessensverletzungen bei der Definition des Beschaffungsgegenstandes;[92] vielmehr ist – aus objektiver Sicht[93] – die Handhabung des Definitionsspielraums durch die Auftraggeberin nach Massgabe der vergaberechtlichen Ziele (BöB/IVöB 2) zu bewerten.

67 Für die Rechtfertigung der Mischung/Bündelung gelten strengere Anforderungen, je stärker dadurch vom materiellen Vergaberecht abgewichen wird und umgekehrt. Konkret: An die sachliche Rechtfertigung eines gemischten Auftrags, der dazu führt, dass gewisse Leistungen im Einladungsverfahren statt im offenen oder selektiven Verfahren beschafft werden, sind weniger hohe Anforderungen zu stellen, als wenn das Gesamtge-

---

ne Ergebnis gemäss der erwähnten bundesgerichtlichen Umschreibung der Gesetzesumgehung nicht in der gemäss BöB/IVöB 8 Abs. 3 Satz 3 verbotenen Umgehung vergaberechtlicher Bestimmung gesucht werden darf. Dies würde geradewegs in einer Tautologie enden (eine Gesetzesumgehung liegt vor, wenn das scheinbar legitime Mittel der Mischung/Bündelung zu einer Gesetzesumgehung führt).

92 Ermessensverletzungen sind generell nicht statthaft; um sie zu verbieten, hätte es nicht der spezifischen Regelung von BöB/IVöB 8 Abs. 3 Satz 3 bedurft.

93 Die Absicht der Auftraggeberin spielt wie erwähnt keine Rolle (vgl. N 58).

schäft freihändig vergeben werden kann oder gar ganz aus dem Geltungsbereich des Beschaffungsrechts fällt.

In der Literatur wird teilweise gefordert, dass für gemischte Aufträge eine Notwendigkeit der Leistungsvermischung in dem Sinne bestehen müsse, dass die separate Beschaffung einzelner Leistungen unmöglich oder zumindest unzumutbar sein müsse.[94] Zumindest für die Mischung/Bündelung unterschiedlicher Leistungsarten i.S.v. BöB/IVöB 8 Abs. 2 lässt sich diese Forderung unter den revidierten Erlassen nicht mehr aufrechterhalten. Bei einer unmöglichen oder unzumutbaren Trennung der unterschiedlichen Leistungsarten besteht für die Auftraggeberinnen zum Vornherein kein Spielraum bei der Definition des Beschaffungsgegenstandes, und in allen anderen Fällen würde gemäss dieser Lehrmeinung jeglicher Spielraum entfallen, weil die Leistungen ja trennbar sind. Das aber ist nach dem Gesagten gerade nicht der Wille des Gesetzgebers, der mit BöB/IVöB einen Entscheid zugunsten eines (begrenzten) Ermessensspielraums der Auftraggeberinnen bei der Definition des Beschaffungsgegenstandes auch bei gemischten Aufträgen getroffen hat. Richtig erscheint demgegenüber der Ansatz des BVGer, das verlangt, dass gemischte Aufträge sachlich begründet sind.[95] Nach der hier vertretenen Auffassung ist dies anzunehmen, wenn sich die aus der Mischung/Bündelung von Leistungen resultierenden Abweichungen vom materiellen Vergaberecht im Lichte von BöB/IVöB 2 sachlich mit dem Interesse an der Freiheit öffentlicher Auftraggeberinnen bei der Definition des Beschaffungsgegenstandes rechtfertigen lassen. Gleichwohl bleiben Fragen offen: 68

Zunächst fällt auf, dass sich BöB/IVöB 8 Abs. 3 wörtlich verstanden nur auf gemischte Aufträge bezieht, die sich aus verschiedenen Leistungsarten gemäss BöB/IVöB 8 Abs. 2 zusammensetzen. Vom Wortlaut der Bestimmung nicht erfasst sind dagegen Beschaffungen, welche sich aus solchen Leistungsarten und aus nicht als öffentliche Aufträge zu qualifizierenden Leistungen zusammensetzen.[96] TRÜEB spricht hier in Abgrenzung zu den gemischten Aufträgen von kombinierten Leistungen.[97] Kombinierte Leistungen sind aus Sicht von BöB/IVöB brisanter, geht es doch nicht nur um die Frage, welche vergaberechtlichen Bestimmungen zur Anwendung gelangen, sondern ob solche Rechtsgeschäfte überhaupt in den Geltungsbereich des Vergaberechts fallen. 69

Die Materialien deuten darauf hin, dass der Gesetzgeber die in BöB/IVöB 8 Abs. 3 kodifizierten Grundsätze auch für kombinierte Leistungen anzuwenden beabsichtigt, diskutieren die Botschaft BöB und die Musterbotschaft IVöB in diesem Zusammenhang doch unbelastet vom Wortlaut auch die Bündelung von dem Vergaberecht unterstellten 70

---

94 BEYELER, Geltungsanspruch, Rz. 1134.
95 BVGer B-3060/2010 vom 27.08.2010, E. 4.2; BVGE 2008/48, E. 4.3.
96 Vgl. zur Mischung von Leistungen unter Einbezug von öffentlichen Aufträgen i.S.v. BöB/IVöB 9 (Übertragung öffentlicher Aufgaben und die Verleihung von Konzessionen): vgl. Art. 9 N 54 ff.
97 Komm BöB-TRÜEB, Art. 5 N 38 f.; in der Terminologie von BEYELER handelt es sich um öffentliche Aufträge, die mit einem *aliud* vermischt sind, vgl. BEYELER, Geltungsanspruch, Rz. 1122 ff.

und nicht unterstellten Leistungen und behaupten darüber hinaus, dass auch in diesen Fällen die Präponderanztheorie gelte.[98] Die Infektionstheorie, gemäss welcher kombinierte Leistungen in jedem Fall dem Vergaberecht unterstehen, wenn dies bei isolierter Betrachtung nur schon für ein untergeordnetes Leistungselement der Fall ist, wird in der Botschaft BöB verworfen, weil ihre Anwendung dazu führen würde, dass sachlich überwiegende nicht dem BöB unterstehende Leistungen *contra legem* BöB/IVöB unterstellt würden, und dies nicht dem Willen des Gesetzgebers entspreche.[99] Diese Begründung ist allerdings wenig überzeugend.[100] Denn umgekehrt liesse sich mit gleichem Recht sagen, dass die Präponderanztheorie dazu führen kann, dass dadurch in den Geltungsbereich des Vergaberechts fallende Leistungen diesem aufgrund ihrer Kombination mit nicht unterstellten Leistungen entzogen werden. Genau zu diesem Schluss kam das Bundesgericht bekanntlich im Entscheid BGE 135 II 49 bei der Beurteilung eines Gesamtgeschäfts bestehend aus der Erteilung des Monopols zum Plakataushang (nicht dem Vergaberecht unterstellte Konzessionsvergabe) und der als öffentlicher Auftrag ausschreibungspflichtigen Beauftragung mit der Einrichtung eines Veloverleihs. Für das Bundesgericht war es ausreichend, dass das (abtrennbare) Leistungselement Veloverleih nicht als blosse Nebenleistung zur Konzession betrachtet werden kann («*ne peut être assimilé à une simple prestation accessoire à la concession*»), sodass das Gesamtgeschäft nicht den prozessualen Garantien des Vergaberechts entzogen werden dürfe.[101] Und nicht zuletzt der rechtsvergleichende Blick auf die einschlägigen Regelungen im EU-Recht (vgl. N 77 f.) sollte Warnung genug sein, gemischte Aufträge und kombinierte Leistungen im erwähnten Sinne vorschnell über den gleichen Leisten der Präponderanztheorie zu schlagen: Die Präponderanztheorie kommt dort bei gemischten Aufträgen zur Anwendung, bei kombinierten jedoch nur, wenn diese objektiv nicht trennbar sind. Objektiv trennbare kombinierte Aufträge sind in der EU im Sinne der Infektionstheorie öffentlich auszuschreiben.

71 Das richtige Verständnis von kombinierten Aufträgen ist mit einer (Vor-)Frage verknüpft, die BöB/IVöB ebenfalls nicht explizit beantworten: Welche Konsequenzen hat es, wenn eine Mischung/Bündelung zu einer Umgehung vergaberechtlicher Bestimmungen führt? Bedeutet dies, dass in diesem Fall ein entsprechendes Gesamtgeschäft grundsätzlich verboten ist, oder entfällt die Umgehung (und ist die Mischung/Bündelung entsprechend zulässig), wenn die Auftraggeberin den gemischten Auftrag den strengeren vergaberechtlichen Bestimmungen unterstellt resp. den kombinierten Auftrag gemäss BöB/IVöB öffentlich ausschreibt?

---

98 Botschaft BöB, S. 1897; Musterbotschaft IVöB, S. 34.
99 Botschaft BöB, S. 1897.
100 Sie entpuppt sich bei näherer Betrachtung als *petitio principii*: Richtig ist zwar, dass die Infektionstheorie den geschilderten Effekt hätte; aber ob dies *contra legem* erfolgen würde und dem Willen des Gesetzgebers widerspräche, ist ja gerade die zu klärende (Auslegungs-)Frage und kann daher nicht als Begründung für deren Beantwortung dienen.
101 BGE 135 II 49, E. 5.2.3.

Mit dem Umgehungsverbot gemäss BöB/IVöB 8 Abs. 3 Satz 3 sollen wie erwähnt nicht 72
bestimmte Mischungen/Bündelungen verboten werden, sondern allein die daraus resultierende partielle Ausserkraftsetzung vergaberechtlicher Bestimmungen. Dem mehrfach erwähnten Entscheid des Gesetzgebers zugunsten eines (begrenzten) Ermessensspielraums der Auftraggeberinnen bei der Definition des Beschaffungsgegenstandes wird man fraglos besser gerecht, wenn man solche Mischungen/Bündelungen nicht verbietet, sondern nur die unerwünschten Rechtsfolgen beseitigt. Die Auftraggeberinnen sollten in solchen Fällen daher die Wahl haben, statt auf entsprechende Gesamtgeschäfte zu verzichten, diese den strengeren Regeln resp. überhaupt dem Vergaberecht zu unterstellen.[102]

Folgt man diesem Ansatz, bedeutet dies für kombinierte Leistungen: Die partielle Aus- 73
serkraftsetzung vergaberechtlicher Bestimmungen ist bei notwendigen Mischungen/Bündelungen stets sachlich gerechtfertigt und folglich erlaubt. Notwendigkeit darf dabei nicht auf rechtliche oder technische Aspekte reduziert werden,[103] sondern kann auch aus organisatorischen oder wirtschaftlichen Gründen resultieren.[104] In diesen Fällen ist es angezeigt, analog zu den erlaubten gemischten Aufträgen das anwendbare Recht gemäss der Präponderanztheorie zu bestimmen. Ist die Kombination von dem Vergaberecht unterstellten und nicht unterstellten Auftragsteilen indessen nicht notwendig, ist die vollständige Ausserkraftsetzung des materiellen Vergaberechts für einen an sich unterstellten Auftragsteil sachlich nicht gerechtfertigt (resp. höchstens dann, wenn dieser Auftragsteil von stark untergeordneter Bedeutung ist). In diesem Fall hat die Auftraggeberin die Wahl, die (grundsätzlich ja trennbaren) Aufträge separat zu vergeben (und nur den unterstellten Teil öffentlich auszuschreiben) oder aber ein Gesamtgeschäft zu vergeben, dieses aber (unter Einschluss des nichtunterstellten Auftragsteils) gemäss BöB/IVöB öffentlich auszuschreiben. Analog wäre bei gemischten Aufträgen zu verfahren, bei denen sich die aus der Mischung/Bündelung von Leistungen resultierenden Abweichungen vom materiellen Vergaberecht im Lichte von BöB/IVöB 2 sachlich mit dem In-

---

102 In verschiedenen kantonalen Entscheiden wurde der Auftraggeberin zugestanden, ein höherstufiges Verfahren durchzuführen, als es im konkreten Einzelfall erforderlich wäre (vgl. etwa KGer BL, 810 17 69 vom 30.08.2017, E. 4.2.3; VGer ZH, VB.2015.00701 vom 07.04.2016, E. 4.1; VGer TG, vom 20.10.2010, in: TVR 2010 Nr. 15). Nach meiner Interpretation dürfte das auch der Meinung des Bundesgerichts entsprechen: Im Entscheid BGE 135 II 49, E. 4.4, kam es zum Schluss, dass ein Gesamtgeschäft bestehend aus der Erteilung des Monopols zum Plakataushang (nicht dem Vergaberecht unterstellte Konzessionsvergabe) und der als ausschreibungspflichtiger öffentlicher Auftrag zu qualifizierenden Beauftragung mit der Einrichtung eines Veloverleihs eine Umgehung des Vergaberechts bedeuten würde («*il ne faut pas qu'une collectivité publique puisse, par le biais de l'octroi d'une concession, détourner l'application des règles sur les marchés publics*»). Es beurteilte das Gesamtgeschäft indessen nicht als unzulässig, sondern wies es an die Vorinstanz zurück, um der Beschwerdeführerin die gerügte Verletzung der Ausschreibungsunterlagen zu ermöglichen.
103 So aber im Ergebnis BEYELER, Geltungsanspruch, Rz. 1123. Seiner Meinung muss die Mischung/Bündelung «alternativlos» sein.
104 Vgl. dazu auch RL 2014/24/EU, E. 11: «Es sollte klargestellt werden, dass die Notwendigkeit, einen einzigen Auftrag zu vergeben, aus Gründen sowohl technischer als auch wirtschaftlicher Art gegeben sein kann.» Vgl. dazu auch Fn. 64 zu AppGer BS, VD.2014.5 vom 08.05.2014, E. 1.2.4.2.

teresse der öffentlichen Auftraggeberinnen betreffend Freiheit bei der Definition des Beschaffungsgegenstandes nicht rechtfertigen: Hier hat die Auftraggeberin die Wahl, die Leistungsteile getrennt zu vergeben oder aber als Gesamtgeschäft nach den strengeren vergaberechtlichen Bestimmungen auszuschreiben. Die hier vorgeschlagene Lösung kommt im Ergebnis der Regelung in RL 2014/24/EU 3 sehr nahe, ermöglicht aber eine flexiblere Handhabung.

V. BöB 8 Abs. 4: Leistungen im Staatsvertragsbereich

74   Gemäss BöB 8 Abs. 4 unterstehen im Bereich der Bundesbeschaffungen die Leistungen nach Massgabe der BöB Anhänge 1–3 dem Staatvertragsbereich. Die genannten Anhänge entsprechen den Positivlisten gemäss den Annexen 4, 5 und 6 des Anhangs I (Schweiz) zum GPA 2012. Nachdem bereits BöB 1 die Vergabe öffentlicher Aufträge durch öffentliche Auftraggeberinnen im Staatsvertragsbereich in seinen Geltungsbereich einbezieht, hat BöB 8 Abs. 4 weitgehend deklaratorischen Charakter. Immerhin steigert die Wiederholung der Positivlisten des GPA 2012 in BöB Anhänge 1–3 und der Schwellenwerte in BöB Anhang 4 die Benutzerfreundlichkeit erheblich.

75   Anhang 1 enthält dabei die Positivliste für Bauleistungen, Anhang 3 jene für Dienstleistungen. In den Staatsvertragsbereich fallen ausschliesslich die in der Positivliste abschliessend genannten Dienst- und Bauleistungskategorien. Die nicht aufgeführten Dienstleistungen sind daher nach Massgabe der Vorschriften für Vergaben ausserhalb des Staatsvertragsbereichs auszuschreiben.[105]

76   Anhang 2 stellt klar, dass für Lieferungen eine differenzierte Regelung gilt: Für die Beschaffung durch die mit der Verteidigung und Sicherheit beauftragten Auftraggeberinnen, die in den für die Schweiz geltenden internationalen Abkommen aufgelistet sind,[106] kommt laut Ziff. 1.1. Bst. a die Positivliste gemäss Anhang 2 Ziff. 1.2 (Liste des zivilen Materials für Verteidigung und Sicherheit) zur Anwendung. Beschaffen diese Auftraggeberinnen andere Waren, handelt es sich um Beschaffungen ausserhalb des Staatsvertragsbereichs. Sämtliche Waren, die von anderen Auftraggeberinnen beschafft werden, fallen demgegenüber bei Erreichen der entsprechenden Schwellenwerte gemäss Ziff. 1.1 Bst. b in den Staatsvertragsbereich.[107]

---

105   Botschaft BöB, S. 1897. Die praktischen Konsequenzen des abschliessenden Charakters der Positivlisten zeigt die Botschaft BöB an Hand von Informatikdienstleistungen auf: Diese sind in den Positivlisten aufgeführt (CPC-Klassifikation 84) und fallen folglich in den Staatsvertragsbereich. Demgegenüber ist dies beim Personalverleih (CPC–Klassifikation 872) nicht der Fall. Personalverleih gehört daher nicht dem Staatsvertragsbereich an, selbst wenn er im Informatikbereich erfolgt.
106   Darunter fallen nicht nur militärische, sondern auch andere mit der Sicherheit beauftragte Auftraggeberinnen (z.B. Zivilschutz, Grenzwache, Zollbehörden).
107   Vgl. Botschaft BöB, S. 1897.

Anhang 4 schliesslich enthält die Schwellenwerte für die verschiedenen Auftragsarten, wobei dessen Ziff. 1 die Aufträge im Staatsvertragsbereich betrifft und seinerseits mit den staatsvertraglichen Vorgaben übereinstimmt. Anhang 4 Ziff. 1 wird nach Massgabe der internationalen Verpflichtungen und der Umrechnungskurse sowie nach Konsultation des InöB periodisch durch den Bundesrat angepasst (BöB 16 Abs. 1).[108]

VI. BöB 8 Abs. 5: Leistungen ausserhalb des Staatsvertragsbereichs

Anhang 5 verschafft für BöB-Vergaben einen Überblick über die öffentlichen Aufträge ausserhalb des Staatsvertragsbereichs. Bei diesen bestehen einige materiellrechtliche Besonderheiten. Anhang 5 zählt die dafür massgeblichen Bestimmungen auf.[109] Damit soll für Vergaben im Binnenmarkt eine Flexibilisierung des Vergabeverfahrens erreicht werden, ohne die Erreichung des Gesetzeszwecks zu gefährden.[110]

VII. Rechtsvergleichung

RL 2014/24/EU definiert öffentliche Aufträge in Ziff. 5 seiner Begriffsbestimmungen (RL 2014/24/EU 2 Abs. 1) unter Einbezug der drei Leistungsarten (Bauleistungen, Lieferung von Waren und Erbringung von Dienstleistungen). In den Begriffsbestimmungen werden zusätzlich auch «öffentliche Bauaufträge» (Ziff. 6 f.), «öffentliche Lieferaufträge» (Ziff. 8) und «öffentliche Dienstleistungsaufträge» (Ziff. 9) definiert.

Die Vergabe gemischter öffentlicher Aufträge regelt RL 2014/24/EU 3 ausführlicher als BöB/IVöB 8 Abs. 3:

RL 2014/24/EU 3 Abs. 2 befasst sich mit öffentlichen Aufträgen, die die Vergabe von zwei oder mehr Arten öffentlicher Aufträge zum Gegenstand haben (Bauleistungen, Lieferungen oder Dienstleistungen). Diese sollen vergleichbar mit gemischten Aufträgen i.S.v. BöB/IVöB 8 Abs. 3 gemäss den Bestimmungen für die Art von Beschaffungen vergeben werden, «die dem Hauptgegenstand des betreffenden Auftrags zuzuordnen ist».

Für öffentliche Aufträge, die in den Geltungsbereich der RL 2014/24/EU fallende Leistungen mit anderen (nicht ausschreibungspflichtigen) Leistungen mischen, ist zu fragen,

---

108 Botschaft BöB, S. 1897.
109 Solche bestehen hinsichtlich des Markzutritts ausländischer Anbieterinnen (BöB 6 Abs. 2), der Bestimmung des für die Verfahrenswahl massgeblichen Auftragswerts bei Bauleistungen (BöB 16 Abs. 4 und 5), der Bedeutung des Einladungsverfahrens (BöB 20), der Berücksichtigung von Ausbildungsplätzen (BöB 29 Abs. 2), der Frist für die Einreichung von Angeboten (BöB 46 Abs. 4), des Zeitpunkts des Vertragsabschlusses (BöB 42 Abs. 1) sowie des Rechtsschutzes (BöB 52 Abs. 2).
110 Botschaft BöB, S. 1989.

ob die verschiedenen Teile des Auftrags objektiv trennbar sind. Ist dies zu verneinen, wird die anwendbare rechtliche Regelung wiederum anhand des Hauptgegenstands des Auftrags bestimmt (Abs. 6). Bei objektiv trennbaren Leistungen hat der öffentliche Auftraggeber die Wahl, ob er getrennte Aufträge für die einzelnen Teile oder einen einzigen Auftrag vergibt. Im ersten Fall ist für die einzelnen Teile das jeweils auf sie anwendbare Recht zu beachten, im zweiten Fall sind die Bestimmungen der RL 2014/24/EU zu beachten (ausser bei einer Mischung mit Leistungen, die in den Geltungsbereich der RL 2014/25/EU fallen, bei der deren Bestimmungen zur Anwendung gelangen).

Art. 9 Übertragung öffentlicher Aufgaben und Verleihung von Konzessionen

Die Übertragung einer öffentlichen Aufgabe oder die Verleihung einer Konzession gilt als öffentlicher Auftrag, wenn der Anbieterin / *dem Anbieter* dadurch ausschliessliche oder besondere Rechte zukommen, die sie / *er* im öffentlichen Interesse wahrnimmt, und ihr / *ihm* dafür direkt oder indirekt ein Entgelt oder eine Abgeltung zukommt. Spezialgesetzliche Bestimmungen *des Bundesrechts und des kantonalen Rechts* gehen vor.

Inhaltsverzeichnis

I.	Grundlagen	1
II.	Zu den sogenannten Bau- und Dienstleistungskonzessionen gemäss RL 2014/23/EU	4
III.	Zu Satz 1	8
A.	Vorbemerkungen	8
B.	Übertragung einer öffentlichen Aufgabe oder Verleihung einer Konzession	13
	1. Allgemeines	13
	2. Die Übertragung einer öffentlichen Aufgabe	15
	3. Die Verleihung einer Konzession	22
C.	Tatbestandsvoraussetzungen	30
	1. Übertragung der Erfüllungsverantwortung für eine öffentliche Aufgabe	30
	2. Einräumung von ausschliesslichen oder besonderen Rechten	37
	3. Wahrnehmung der eingeräumten Rechte im öffentlichen Interesse	41
	4. Direktes oder indirektes Entgelt oder Abgeltung	44
	5. Ausnahmen	46
	6. Normkonkurrenz von BöB/IVöB 8 und 9?	49
D.	Rechtsfolgen	51
IV.	Zu Satz 2 (Vorrang sektorenspezifischer Regelungen)	59
A.	Allgemeines	59
B.	Die spezialgesetzlichen Bestimmungen gemäss revidiertem SuG	65
V.	Rechtsvergleichende Hinweise	70

I. Grundlagen

Als eine der wichtigen inhaltlichen Neuerungen der Vergaberechtsrevision[1] erweitern BöB/IVöB 9 den objektiven Geltungsbereich des Vergaberechts, indem sie die Verleihung von Konzessionen und die Übertragung öffentlicher Aufgaben unter bestimmten

---

[1] So ausdrücklich: Botschaft BöB, S. 1888; Musterbotschaft IVöB, S. 14.

Voraussetzungen *ex lege* zu öffentlichen Aufträgen erklären und damit dem objektiven Geltungsbereich des Beschaffungsrechts unterstellen. Diese Ausdehnung ist im GPA 2012 nicht vorgesehen[2] und erfolgt daher nicht aufgrund staatsvertraglicher Verpflichtungen.[3]

2 BöB/IVöB 9 haben einen nahezu identischen Wortlaut; IVöB 9 Satz 2 erwähnt mit Bezug auf den Vorrang spezialgesetzlicher Bestimmungen ausdrücklich Bundesrecht und kantonales Recht. Diese nachträglich eingefügte Ergänzung soll klarstellen, dass spezielles Sektorenrecht aller Ebenen dem allgemeinen Beschaffungsrecht vorgeht.[4]

3 Eine BöB/IVöB 9 entsprechende Regelung fand sich bereits in den VE-BöB/IVöB 8 Abs. 2; diese durchliefen den Gesetzgebungsprozess von marginalen sprachlichen Anpassungen abgesehen ohne Änderungen.[5] Hingegen stellten die Kantone angesichts von IVöB 9 erfolglos den Weiterbestand von BGBM 2 Abs. 7 in Frage, da sie dies als Doppelspurigkeit erachteten.[6]

II. Zu den sogenannten Bau- und Dienstleistungskonzessionen gemäss RL 2014/23/EU

4 Die EU hat mit der RL 2014/23/EU einen umfassenden Rechtsrahmen für die Vergabe von Bau- und Dienstleistungskonzessionen geschaffen. Gemäss den Legaldefinitionen in RL 2014/23/EU 5 Abs. 1 werden damit entgeltliche, schriftlich geschlossene Verträge

---

2 Vgl. allerdings NEIER, welche es als nach wie vor ungeklärt ansieht, ob Konzessionen vom GPA erfasst seien, vgl. NEIER, S. 407, Fn. 2 m.w.H.; vgl. auch BRK 1999–006 (VPB 64.30) E. 1e und f betreffend die Subsumierung von Dienstleistungskonzessionen unter das GPA 1994.
3 Gemäss BöB Anhang 5 Ziff. 1 Bst. b gelten die Übertragung öffentlicher Aufgaben und die Verleihung von Konzessionen im Sinne von BöB 9 ausdrücklich als öffentliche Aufträge ausserhalb des Staatsvertragsbereichs. Zu den (potenziellen) staatsvertraglichen Verpflichtungen betreffend Baukonzessionen vgl. N 5.
4 Musterbotschaft IVöB, S. 36.
5 Vgl. allerdings POLTIER, Délégation, der die geltenden Regelungen so interpretiert, dass bei den Konzessionen abweichend von den VE-BöB/IVöB eine Bezugnahme auf öffentliche Aufgaben fehlt und der Anwendungsbereich daher weiter gefasst sei (Fn. 12). Dies scheint schon sprachlich reichlich gesucht, weil die Begriffe concession d'une tâche publique respektive Konzession einer öffentlichen Aufgabe nicht gebräuchlich sind, während délégation d'une tâche publique respektive Übertragung einer öffentlichen Aufgabe als fixe Wortkombinationen in Lehre und Rechtsprechung verbreitet sind, sodass sich aus der geänderten Abfolge der Ausdrücke (VE-BöB/IVöB: «Die Verleihung einer Konzession oder die Übertragung einer öffentlichen Aufgabe») nichts ableiten lässt. Vor allem aber würde dieses entstehungsgeschichtliche Argument ohnehin durch die späteren unmissverständlichen Ausführungen in den Materialien, dass sich Konzessionen im Sinne von BöB/IVöB 9 auf die Übertragung öffentlicher Aufgaben beziehen müssen (Botschaft BöB, S. 1899, Musterbotschaft IVöB, S. 35), hinfällig.
6 Botschaft BöB, S. 1877; Musterbotschaft IVöB, S. 18 f.

erfasst, mit denen öffentliche Auftraggeberinnen Wirtschaftsteilnehmer mit der Erbringung von Bauleistungen respektive der Erbringung und Verwaltung von Dienstleistungen beauftragen, wobei die Gegenleistung entweder allein in dem Recht zur Nutzung des vertragsgegenständlichen Bauwerks respektive zur Verwertung der vertragsgegenständlichen Dienstleistungen oder in diesem Recht zuzüglich einer Zahlung besteht. Die Anbieterin übernimmt dabei das Betriebsrisiko, wobei es sich um ein Nachfrage- und/oder ein Angebotsrisiko handeln kann. Das Betriebsrisiko gilt als von der Konzessionsnehmerin getragen, wenn unter normalen Betriebsbedingungen nicht garantiert ist, dass die Investitionsaufwendungen oder die Kosten für den Betrieb des Bauwerks oder die Erbringung der Dienstleistungen, die Gegenstand der Konzession sind, wieder erwirtschaftet werden können. Die Konzessionsnehmerin muss dabei den Unwägbarkeiten des Marktes tatsächlich ausgesetzt zu sein; potenzielle Risikotragung meint, dass dabei Verluste der Konzessionsnehmerin nicht rein nominell oder vernachlässigbar sind.

Der Erläuternde Bericht zum VE-IVöB vertrat die Ansicht, mit VE-BöB/IVöB 8 Abs. 2, der im Wortlaut mit dem heutigen BöB/IVöB 9 wie erwähnt nahezu identisch war, bewege sich die Schweiz im Einklang mit RL 2014/23/EU und verwende nur deshalb eine andere Formulierung, weil die Begriffe und die Instrumente der Bau- und Dienstleistungskonzession in der Schweiz nicht bekannt seien.[7] Demgegenüber stellen sich der Erläuternde Bericht BöB und in der Folge auch die Botschaft BöB und die Musterbotschaft IVöB auf den Standpunkt, dass BöB/IVöB 9 keine gesetzliche Grundlage für die Einführung von Baukonzessionen gemäss der europarechtlichen Definition bildeten.[8] Diese Position dürfte nicht zuletzt darauf zurückzuführen sein, dass die Schweiz Zugang zu Baukonzessionen gemäss RL 2014/23/EU hat, ihrerseits im Rahmen der Revisionsverhandlungen jedoch erklärt hat, dass ihr Rechtssystem keine Regelung für Baukonzessionen im Sinne der EU-Richtlinien beinhalte.[9] Die schweizerischen Beschaffungsgesetzgebungen sähen aber auch kein Verbot für die Vergabe einer Baukonzession vor. Trotz möglicher Einzelfälle habe die Schweiz zu verstehen gegeben, dass es ihr im Lichte der geltenden Rechtsgrundlagen nicht möglich sei, die Gegenseitigkeit bei der Vergabe von Baukonzessionen vorzuschlagen, da die Ausschreibungen in der Schweiz in der Regel in Form von «Bauleistungen» im Sinne des GPA erfolgten. Die EU habe ihr grundsätzliches Einverständnis zu einem Briefwechsel zwischen der Europäischen Kommission und dem Vorsteher des Eidgenössischen Departements für Wirtschaft, Bildung und Forschung (WBF) erklärt, der gewährleiste, dass die Schweiz die Baukonzessionen ab dem Zeitpunkt unterstellen werde, an dem die Schweizer Gesetzgebung ein solches System eingeführt habe. Die Materialien halten vor diesem Hintergrund fest, Baukonzessionen müssten gegenüber den EU- und EFTA-Staaten, Korea sowie gewissen Part-

---

[7] Erläuternder Bericht VE-IVöB, S. 17.
[8] Erläuternder Bericht VE-BöB, S. 15; Botschaft BöB, S. 1899; Musterbotschaft IVöB, S. 35 («**Falls** die Schweiz eines Tages Baukonzessionen einführen sollte»; Hervorhebung dazugefügt).
[9] Dazu und zum Folgenden: Botschaft GPA, S. 2108 f.

nern von Freihandelsabkommen Gegenstand einer öffentlichen Ausschreibung bilden, falls die Schweiz diese «eines Tages» einführen sollte.[10]

6   Dienstleistungskonzessionen im europarechtlichen Sinne fänden sich in der Schweiz in grosser Zahl bereits heute, ohne dass sich dieser Begriff eingebürgert habe.[11]

7   Die Anwendungsbereiche von RL 2014/23/EU und von BöB/IVöB 9 überschneiden sich wohl teilweise, sind aber keineswegs deckungsgleich. Aus den europarechtlichen Legaldefinitionen der Bau- und Dienstleistungskonzessionen lässt sich weder eine Ausweitung noch eine Beschränkung des Anwendungsbereichs von BöB/IVöB 9 (und 8) ableiten; diese sind vielmehr eigenständig auszulegen.

III.   Zu Satz 1

A.   Vorbemerkungen

8   Wenn nur eine beschränkte Zahl von Marktteilnehmern im Auftrag des Staats Leistungen erbringen darf oder zum Markt zugelassen wird und so in den Genuss eines Wettbewerbsvorteils kommt, beantwortet das Vergaberecht im weiten Sinne die Frage nach dem rechtsstaatlich korrekten Auswahlverfahren dieses staatlichen Markteinflusses. Wichtigster Anwendungsfall dieses Vergaberechts im weiten Sinne bildet dabei das öffentliche Beschaffungsrecht.[12] Dieses regelt die Vergabe öffentlicher Aufträge (BöB/IVöB 1).

9   Im Zentrum steht dabei die Beschaffung von Leistungen, die es einer öffentlichen Auftraggeberin ermöglichen oder erleichtern, öffentliche Aufgaben zu erfüllen (öffentliche Aufträge im Sinne von BöB/IVöB 8). Stets geht es dabei um öffentliche Aufgaben, für deren Erfüllung die entsprechende öffentliche Auftraggeberin in Erfüllungsverantwortung steht.[13] Die Leistungserbringung durch die Anbieterin ist der administrativen

---

10   Botschaft BöB, S. 1899; Musterbotschaft IVöB, S. 35 je mit Verweis auf GPA 2012, Anhang I, Annex 6. Vgl. dazu auch N 5. In diesem Zusammenhang kann man sich allerdings die Frage stellen, welche zusätzlichen gesetzlichen Grundlagen für die Einführung von Baukonzessionen noch erforderlich sein sollten. Bereits heute könnte beispielsweise der Bund gestützt auf BV 83 Abs. 2 den Bau und Betrieb von Nationalstrassen materiell qua Baukonzession auf Private übertragen. Diese Aufgabenübertragung würde in den Geltungsbereich des Beschaffungsrechts fallen (BöB 9).
11   Botschaft BöB, S. 1899; Musterbotschaft IVöB, S. 35.
12   Diebold, Ausschreibung, S. 219 f.
13   Botschaft BöB, S. 1895, Musterbotschaft IVöB, S. 33. Nach der hier vertretenen Auffassung ist dabei zu differenzieren, ob die Auftraggeberinnen integral den rechtsstaatlichen Anforderungen betreffend Verwaltungstätigkeiten unterstellt sind oder nur für Teilbereiche ihrer Tätigkeit: Die erste Gruppe erfüllt in ihrer gesamten Tätigkeit gestützt auf eine gesetzliche Grundlage und in Wahrnehmung des öffentlichen Interesses öffentliche Aufgaben, die zweite Gruppe hingegen nur, wenn für eine Aufgabe eine verpflichtende Erfüllungsverantwortung besteht; vgl. Art. 8 N 25 f.

Hilfstätigkeit (Bedarfsverwaltung) zuzuordnen;[14] die Anbieterin selbst agiert als Verwaltungshelferin.[15]

Erfüllt der Staat eine öffentliche Aufgabe selbst, steht er in der Erfüllungsverantwortung; 10 diese Form der Aufgabenerfüllung wird daher als sogenannte Erfüllungsverwaltung kategorisiert. Die Verantwortung für die Erfüllung öffentlicher Aufgaben muss aber nicht zwingend dem Staat selbst obliegen; dieser kann die Erfüllungsverantwortung für eine öffentliche Aufgabe unter bestimmten Voraussetzungen Privaten übertragen oder sie ihnen überlassen. Die öffentliche Aufgabe bleibt dabei öffentliche Aufgabe (kein Aufgabenverzicht im Sinne einer echten Privatisierung), doch reduziert sich die Verantwortung des Staats entsprechend der konkreten Regelung gleichsam auf eine Garantstellung für die Sicherstellung der Aufgabenerfüllung (Gewährleistungsverwaltung).[16]

Im Rahmen der Gewährleistungsverwaltung werden öffentliche Aufgaben somit definitionsgemäss von Privaten erfüllt; der Staat ist hier folglich für die Erfüllung seiner öffentlichen Aufgaben zwingend auf Leistungen Privater angewiesen. Wenn diese Leistungen nur von einer beschränkten Zahl von Marktteilnehmern erbracht werden können, muss folglich ein rechtsstaatlich korrektes Auswahlverfahren durchgeführt werden (N 8). 11

BöB/IVöB 9 regeln folglich das Auswahlverfahren mit Bezug auf private Leistungser- 12 bringer für bestimmte Bereiche der Gewährleistungsverwaltung. Hier biete sich – so die Botschaft BöB – die Anwendung von beschaffungsrechtlichen Bestimmungen geradezu an.[17] Denn aus der Sicht des Finanzhaushaltrechts und des diskriminierungsfreien Marktzutritts könne es keinen Unterschied machen, ob der Staat eine Leistung einkaufe oder ihre Erfüllung unter Auslagerung des Betriebsrisikos einem Dritten überlasse. Beide Male sei sicherzustellen, dass die Erbringung der Leistung bzw. die Erfüllung der Aufgabe effizient erfolge und es allen qualifizierten Anbietern offenstehe, sich für die Leistungserbringung zu bewerben.[18]

---

14 Art. 8 N 24; vgl. auch Bhend, S. 18.
15 Tschannen/Zimmerli/Müller, § 5 Rz. 10a f.
16 Vgl. dazu etwa Häfelin/Müller/Uhlmann, Rz. 41 ff.; Tschannen/Zimmerli/Müller, § 11 Rz. 7. Im Weiteren: Moor/Bellanger/Tanquerel, S. 223: «Elle ne supprime cependant pas la responsabilité de la collectivité en tant que garante de l'accomplissement de la tâche.» Ausführlich Klaus, Rz. 635 ff., der zwischen Gewährleistungs-, Rahmen-, Auffang- und Erfüllungsverantwortung unterscheidet.
17 Botschaft BöB, S. 1901.
18 Botschaft BöB, S. 1900; Musterbotschaft IVöB, S. 36.

B. Übertragung einer öffentlichen Aufgabe oder Verleihung einer Konzession

1. Allgemeines

13 BöB/IVöB 9 beziehen sich auf zwei Anwendungsfälle: die Übertragung einer öffentlichen Aufgabe und die Verleihung einer Konzession. Diese erfüllen den Tatbestand von BöB/IVöB 9 unter der dreifachen Voraussetzung, dass (i) der Anbieterin dadurch ausschliessliche oder besondere Rechte zukommen, die sie (ii) im öffentlichen Interesse wahrnimmt, und ihr (iii) dafür direkt oder indirekt ein Entgelt oder eine Abgeltung zukommt.

14 Die Bestimmung des Anwendungsbereichs muss BöB/IVöB 9 gleichsam nach innen und nach aussen abgrenzen: Nach aussen geht es um die Frage, welche Leistungen, die Private im Rahmen der Gewährleistungsverwaltung erbringen, als öffentliche Aufträge im Sinne von BöB/IVöB 9 zu qualifizieren sind. Anders als man aufgrund der von BöB/IVöB 9 festgelegten Rechtsfolge (unter BöB/IVöB 9 zu subsumierende Sachverhalte gelten als öffentliche Aufträge) denken würde, stellen sich aber vor allem schwierige Abgrenzungsfragen nach innen auch gegenüber den öffentlichen Aufträgen im Sinne von BöB/IVöB 8. In beiden Fällen sprechen BöB/IVöB zwar von öffentlichen Aufträgen. Mit Blick auf die resultierenden konkreten Rechtsfolgen macht es aber einen wesentlichen Unterschied, unter welche Bestimmung ein öffentlicher Auftrag zu subsumieren ist. Bedeutung hat diese Frage namentlich für die Abgrenzung des Staatsvertrags- und des Nichtstaatsvertragsbereichs: Öffentliche Aufträge gemäss BöB/IVöB 9 sind Letzterem zuzuordnen, für den Anwendungsbereich des BöB sogar von Gesetzes wegen (vgl. BöB Anhang 5 Ziff. 1 Bst. b). Dazu kommt, dass spezialgesetzliche Bestimmungen bei öffentlichen Aufträgen im Sinne von BöB/IVöB 9 gemäss deren Satz 2 Vorrang geniessen (dazu N 64 ff.). Auswirkungen kann die konkrete Subsumtion schliesslich aber auch mit Bezug auf den Grundsatz der «Einmaligkeit der Ausschreibung» haben: Während die Anbieterin nach erfolgtem Zuschlag bei einem öffentlichen Auftrag gemäss BöB/IVöB 8 Abs. 1 ihrerseits für nachgeordnete Beschaffungen bei Dritten von den Vorgaben des Beschaffungsrechts befreit ist,[19] kann sie bei einem öffentlichen Auftrag gemäss BöB/IVöB 9 – bspw. als Trägerin kantonaler und kommunaler Aufgaben gemäss IVöB 4 Abs. 4 – ihrerseits in den subjektiven Geltungsbereich des Beschaffungsrechts fallen, sodass sie für ihre Beschaffungen die Vorgaben von BöB/IVöB beachten muss und der Grundsatz der Einmaligkeit der Ausschreibung insoweit nicht verfängt. Dies alles zwingt dazu, streng zwischen dem öffentlichen Auftrag *strictu senso* gemäss BöB/IVöB 8 und dem öffentlichen Auftrag im Sinne von BöB/IVöB 9 zu unterscheiden.[20]

---

19 Wichtigster Anwendungsfall ist die Vergabe von Teilleistungen an Subunternehmer im Rahmen eines Total- oder Generalunternehmervertrags. Zum Grundsatz der Einmaligkeit der Ausschreibung vgl. BEYELER, Geltungsanspruch, Rz. 592 ff.
20 Botschaft BöB, S. 1901; POLTIER, Délégation, S. 12.

2. Die Übertragung einer öffentlichen Aufgabe

In der Standardliteratur zum allgemeinen Verwaltungsrecht erhält die Übertragung von öffentlichen Aufgaben regelmässig prominenten Platz eingeräumt. Diskutiert wird sie primär im Zusammenhang mit der Zusammenarbeit zwischen Verwaltungsbehörden und Privaten. Auch die vorliegende Kommentierung kann sich darauf fokussieren, weil die Übertragung öffentlicher Aufgaben auf andere Verwaltungsbehörden, sofern sie überhaupt in den Anwendungsbereich von BöB/IVöB 9 fallen würde, als In-state- respektive (Quasi-)Inhouse-Vergabe ohnehin davon wieder ausgenommen würde (Art. 10 N 38 ff., zu gemischtwirtschaftlichen Unternehmen vgl. N 20). 15

Die grundsätzliche Zulässigkeit der Übertragung von Verwaltungsaufgaben auf Private ist in der Schweiz seit langem unbestritten. Sie ist zulässig, sofern 16

- sie auf einer gesetzlichen Grundlage beruht, welche die Art der Aufgabenerfüllung durch die Privaten in den Grundzügen regelt, um sicherzustellen, dass dabei die öffentlichen Interessen ausreichend gewahrt werden;
- die Privaten der Aufsicht des Staates unterstehen;
- gewährleistet ist, dass die Privaten bei der Ausübung ihrer Tätigkeiten die Verfassung, insbesondere die Grundrechte, beachten.[21]

Bei HÄFELIN/MÜLLER/UHLMANN hat «Übertragung von Verwaltungsaufgaben auf Private» die Bedeutung eines Oberbegriffs, unter dem verschiedene Formen der Aufgabenübertragung auf Private zusammengefasst werden: die Verleihung von Monopolkonzessionen, die Beleihung von Privaten mit Verwaltungsaufgaben, Akkreditierungen und Zertifizierungen sowie die Errichtung privatrechtlicher Stiftungen mit gleichzeitiger Übertragung einer öffentlichen Aufgabe.[22] Andere Autoren verwenden den Begriff einschränkender, gleichbedeutend mit dem Institut der Beleihung[23] respektive des staatlichen Leistungsauftrags.[24] 17

Diese begrifflichen Nuancierungen erschweren eine grammatikalische Auslegung und legen es zumindest nahe, nicht vorschnell Kooperationsformen zwischen dem Staat und Privaten allein aus Wortlautüberlegungen vom Anwendungsbereich von BöB/ IVöB 9 auszuschliessen. Die Materialien weisen zu Recht darauf hin, dass für die Subsu- 18

---

21 BGer 2C_39/2018 vom 18.06.2019, E. 2.4; HÄFELIN/MÜLLER/UHLMANN, Rz. 1817 f. m.w.H.
22 HÄFELIN/MÜLLER/UHLMANN, Rz. 1817 ff.
23 KARLEN, S. 186 f.; WALDMANN/WIEDERKEHR, Kapitel 3 Rz. 64 ff.; vgl. auch aus der französischsprachigen Literatur MOOR/BELLANGER/TANQUEREL, S. 222 f., welche die «délégation de tâches publiques» mit dem deutschen Begriff «Beleihung» gleichsetzen.
24 RÜTSCHE, S. 71 ff., wobei der Leistungsauftrag anders als die Beleihung nicht nur die Übertragung öffentlicher Aufgaben auf Private betrifft, sondern auch Aufgabenübertragungen an Personen des öffentlichen Rechts.

mierung unter BöB/IVöB 9 nicht die Form der Übertragung oder Beleihung massgebend sein kann, sondern die Wirkung der Aufgabenübertragung.[25]

19 Der Begriff der öffentlichen Aufgabe ist breit und dynamisch (ausführlich Art. 8 N 19 ff.). Öffentliche Aufgaben im Sinne von BöB/IVöB 9 können indessen nur Aufgaben sein, welche das Gemeinwesen von Gesetzes wegen erfüllen muss, für die mit anderen Worten eine gesetzlich fundierte Erfüllungsverantwortung besteht.[26] Mit der Übertragung der öffentlichen Aufgabe wird der Anbieterin die entsprechende Erfüllungsverantwortung übertragen und für die öffentliche Auftraggeberin wandelt sich auf diese Weise die (unmittelbare) Erfüllungs- in eine Gewährleistungsverantwortung (N 10).[27] Nach der hier vertretenen Auffassung verpflichtet die Übertragung einer öffentlichen Aufgabe die Anbieterin zur Wahrnehmung der Erfüllungsverantwortung für diese Aufgabe. Übertragung einer öffentlichen Aufgabe meint demnach Übertragung der Erfüllungsverantwortung für diese Aufgabe.

20 Hauptanwendungsfall der Übertragung einer öffentlichen Aufgabe ist ohne Frage die sogenannte Beleihung respektive die Übertragung einer Aufgabe mittels Leistungsvereinbarung.[28] Zusätzlich zur Verleihung einer Konzession, welche in BöB/IVöB 9 explizit aufgeführt ist (N 22 ff.), kann die Übertragung einer öffentlichen Aufgabe nach dem hier vertretenen weiten Verständnis dieses Begriffs (N 18) auch in anderer Form erfolgen. Zu nennen sind:

- Die Übertragung einer öffentlichen Aufgabe kann durch die Schaffung eines gemischtwirtschaftlichen Unternehmens erfolgen, wenn damit die Übertragung der Erfüllungsverantwortung für eine öffentliche Aufgabe einhergeht.[29] Schon vor der Revision qualifizierte die herrschende Lehre diesen Vorgang als öffentlichen Auftrag (Art. 8 N 34); nach der hier vertretenen Auffassung fällt er aber inskünftig in den Anwendungsbereich von BöB/IVöB 9 (dazu N 49).

- Mittels Zertifizierungen und Akkreditierungen verlagert der Staat komplexe Prüfungen von Produkten und Dienstleistungen auf private Unternehmen. Der Staat untersucht dabei für eine bestimmte wirtschaftliche Tätigkeit oder ein Produkt nicht selbst, ob die erforderlichen gesetzlichen Vorschriften eingehalten sind, sondern verlangt von den Unternehmen ein Zertifikat oder eine Konformitätsbescheinigung. Das Zertifikat wird von einer privaten Stelle ausgestellt, welche ihrerseits beim Staat akkreditiert sein muss[30].

---

25 Botschaft BöB, S. 1902.
26 Botschaft BöB, S. 1895, Musterbotschaft IVöB, S. 33. Dadurch unterscheidet sich die Übertragung einer öffentlichen Aufgabe von der sogenannten Aufgabenprivatisierung, bei der das Gemeinwesen die Erbringung einer bisher von ihm wahrgenommenen Aufgabe nicht mehr als notwendig erachtet und diese in Zukunft den Privaten überlässt.
27 Vgl. auch ABEGG/HEFTI/SEFEROVIC, S. 46.
28 Vgl. HÄFELIN/MÜLLER/UHLMANN, Rz. 1821 ff. sowie die Literaturhinweise in den Fn. 23 und 24.
29 HÄFELIN/MÜLLER/UHLMANN, Rz. 1782 ff.; FREY, S. 62.
30 Vgl. HÄFELIN/MÜLLER/UHLMANN, Rz. 1840 ff. sowie BVGer C-135/2016 vom 12.06.2017, E. 4.

– Errichtet die öffentliche Hand eine privatrechtliche Stiftung, kann sie dieser im Errichtungsakt (Stiftungsurkunde) die Erfüllungsverantwortung für eine öffentliche Aufgabe übertragen.[31]

Mit der Übertragung der Erfüllungsverantwortung ändert sich der Status der Anbieterin: Während sie bei der Erfüllung eines öffentlichen Auftrags im Sinne von BöB/IVöB 8 als Verwaltungshelferin agiert, wird sie bei der Übertragung der Erfüllungsverantwortung für eine öffentliche Aufgabe funktionell zur Verwaltungsträgerin.[32] Nachgeordnete Beschaffungen der Anbieterin, die der Erfüllung der ihr übertragenen öffentlichen Aufgabe dienen, können daher in den Geltungsbereich des Beschaffungsrechts fallen; der Grundsatz der Einmaligkeit der Ausschreibung verfängt hier nicht (N 14). 21

3. Die Verleihung einer Konzession

Konzession meint die Verleihung eines Rechts zur Ausübung einer wirtschaftlichen Tätigkeit, die aufgrund eines rechtlichen oder faktischen Monopols dem Staat vorbehalten ist oder die zu den Aufgaben des Staats gehört.[33] Dabei unterscheidet man herkömmlicherweise Monopolkonzessionen, bei denen das verliehene Recht seine Grundlage in einem rechtlichen Monopol hat, und Sondernutzungskonzessionen, die das Recht zur ausschliesslichen Nutzung einer öffentlichen Sache einräumen und folglich ein faktisches Monopol des konzedierenden Gemeinwesens voraussetzen.[34] Die Einräumung des (monopolisierten) Rechts, eine Tätigkeit auszuüben, kann mit der Pflicht, sie tatsächlich und in einem bestimmten Sinn wahrzunehmen, verknüpft werden. Diese Verknüpfung von Verleihung und Beleihung wird als Konzession des öffentlichen Dienstes (concession de service public) bezeichnet.[35] 22

Die strikte Verknüpfung der Konzession mit einem Monopol wird zu Recht kritisiert. Der Staat kann auch für Tätigkeiten Konzessionen einräumen, die er gar nicht selbst ausüben, sondern nur einer besonders weitreichenden Regulierung unterwerfen will, wie dies z.B. beim Betrieb von Spielbanken der Fall ist.[36] In diesem Zusammenhang ist auch von Konzessionshoheiten die Rede.[37] KARLEN erscheint die Konzession heute nicht 23

---

31 HÄFELIN/MÜLLER/UHLMANN, Rz. 1846 ff.
32 TSCHANNEN/ZIMMERLI/MÜLLER, § 45 Rz. 21.
33 BGE 143 II 598, E. 4.1.1; vgl. auch HÄFELIN/MÜLLER/UHLMANN, Rz. 2718 ff.; TSCHANNEN/ZIMMERLI/MÜLLER § 45 Rz. 1 ff.; WALDMANN/WIEDERKEHR, Kapitel 2 Rz. 37 ff. Im Gegensatz dazu ist für den Konzessionsbegriff gemäss RL 2014/23/EU der Konnex zu einem Monopolbereich oder einer Konzessionshoheit nicht charakteristisch, vgl. KUNZ, EU-Konzessions-Richtlinie, S. 14.
34 HÄFELIN/MÜLLER/UHLMANN, Rz. 2733 ff.; TSCHANNEN/ZIMMERLI/MÜLLER § 45 Rz. 19 ff.; WALDMANN/WIEDERKEHR, Kapitel 2 Rz. 39.
35 TSCHANNEN/ZIMMERLI/MÜLLER § 45 Rz. 20; KARLEN, S. 456 f. HÄFELIN/MÜLLER/UHLMANN, Rz. 2735, lehnen diesen Begriff ab, weil er teilweise für Beleihungen verwendet werde, schlagen aber keine Alternative vor.
36 KARLEN, S. 454.
37 Vgl. etwa KUNZ, Konzessionen, S. 208 m.w.H.

2. Kapitel: Geltungsbereich

mehr als einheitliche Rechtsfigur, sondern als blosser Sammelbegriff für Zulassungsregelungen, die dem Staat eine besonders weitreichende Verhaltenssteuerung erlauben und dem Privaten im Gegenzug einen erhöhten Bestandesschutz in Form wohlerworbener Rechte vermitteln.[38]

24 Für die Auslegung des beschaffungsrechtlichen Begriffs der Konzession ist zunächst von einem weiten Verständnis auszugehen, das alle Arten der Verleihung wirtschaftlicher Sonder- oder Ausschliesslichkeitsrechte umfasst. Namentlich im Bereich kontingentierter Märkte[39] werden derartige Rechte zuweilen formell als Bewilligungen verliehen.[40]

25 Der Begriff der Konzession im Sinne von BöB/IVöB 9 wird unter einem anderen Aspekt begrenzt: Die Materialien betonen, dass BöB/IVöB 9 nur Konzessionen unterstellt sein sollen, bei denen «die Übertragung einer öffentlichen Aufgabe in Frage steht».[41] Das Bundesgericht hat sich in einem *obiter dictum* zu den VE-BöB/IVöB in gleicher Weise geäussert.[42] In den Anwendungsbereich von BöB/IVöB 9 fallen demnach nur Konzessionen, bei denen Verleihung und Beleihung kombiniert werden,[43] kurz: Konzessionen des öffentlichen Dienstes.[44]

26 Die Einschränkung des Anwendungsbereichs von BöB/IVöB 9 auf diese eine Kategorie von Konzessionen wird nicht nur durch die weiteren Tatbestandsvoraussetzungen bestä-

---

38 KARLEN, S. 454.
39 DIEBOLD, Ausschreibung, S. 240 ff., spricht von kontingentierten Märkten, wenn der Staat ausserhalb des Grundversorgungsbereichs die Anzahl der Anbieter einer privatwirtschaftlichen Tätigkeit regulatorisch beschränkt. Das staatliche Recht zu einem solchen Eingriff in die Angebotsstruktur ergibt sich entweder direkt aus einem Gesetz bzw. der kantonalen Verfassung (rechtlich kontingentierte Märkte) oder aus dem staatlichen Hoheitsrecht über öffentliche Sachen (faktisch kontingentierte Märkte).
40 DIEBOLD, Ausschreibung, S. 245.
41 Botschaft BöB, S. 1899; Musterbotschaft IVöB, S. 35.
42 BGE 143 II 120, E. 6.3.2. Gemäss den VE-BöB/IVöB würden «seules les concessions portant sur des tâches de droit public» dem Beschaffungsrecht unterstellt.
43 Klarzustellen ist allerdings: Die öffentliche Aufgabe, die bei einer Konzession des öffentlichen Dienstes übertragen wird, muss in der Pflicht bestehen, das eingeräumte (monopolisierte) Recht tatsächlich und in einem bestimmten Sinn wahrzunehmen. Die Einräumung einer Konzession (beispielsweise betreffend Plakatmonopol) verbunden mit der Übertragung (irgend)einer öffentlichen Aufgabe ohne Zusammenhang mit der Konzession (beispielsweise Aufbau und Betrieb eines Veloverleihs) ist als gemischtes (genauer: kombiniertes) Geschäft zu qualifizieren und nach den entsprechenden Grundsätzen zu behandeln (Art. 8 N 68 ff. und Art. 9 N 53 ff.); vgl. dazu auch BGE 125 I 209.
44 A.M. POLTIER, Délégation, S. 13, der eine Einschränkung auf Konzessionen des öffentlichen Dienstes ausdrücklich ablehnt (anders noch zu den VE-BöB/IVöB, vgl. POLTIER, Délimitation, S. 10). Seiner Meinung nach genügt es, dass eine Konzession im öffentlichen Interesse ausgeübt wird (Fn. 19). Soweit ersichtlich stützt er seine Argumentation ausschliesslich auf den Wortlaut respektive die Entstehungsgeschichte von BöB/IVöB 9 ab, was nach der hier vertretenen Auffassung namentlich angesichts der unmissverständlichen Aussagen in den Materialien nicht überzeugt (vgl. Fn. 5).

tigt (N 30 ff.); sie ist auch deshalb gerechtfertigt, weil sich die Ausweitung des Begriffs des öffentlichen Auftrags auf beschaffungsähnliche Sachverhalte beschränken sollte. Bei der Übertragung der Erfüllungsverantwortung für eine öffentliche Aufgabe ist dies gegeben. Hier verpflichtet sich die Anbieterin dazu, anstelle des Staats (aber unter dessen Gewährleistungsverantwortung) alle für die Wahrnehmung der Erfüllungsverantwortung erforderlichen Leistungen zu erbringen. Diese Leistungen sind der Beschaffungsgegenstand und der Staat entsprechend Nachfrager.[45] Räumt der Staat einem Privaten indessen (monopolisierte) Rechte ein, ohne dass er dadurch im Austausch konkrete durchsetzbare Leistungsansprüche gegenüber dem Privaten erhält, lässt sich bereits begrifflich schwerlich von einer Beschaffung sprechen. Vor allem erscheint fraglich, ob BöB/IVöB ausserhalb zumindest beschaffungsähnlicher Tatbestände den geeigneten Rahmen für das Auswahlverfahren bieten. Ein solches ist ja auch ausserhalb des Anwendungsbereichs von BöB/IVöB 9 verfassungsrechtlich geboten[46] und entfällt nicht einfach, wenn BöB/IVöB 9 keine Anwendung finden.

Keine Konzession gemäss BöB/IVöB 9 ist nach der hier vertretenen Auffassung anzunehmen, wenn die Einräumung einer Monopol- oder Sondernutzungskonzession kombiniert wird mit der Verpflichtung der Konzessionärin zu Leistungen, die einer öffentlichen Aufgabe dienen, ohne dass der Konzessionärin die Erfüllungsverantwortung für diese öffentliche Aufgabe übertragen wird. In diesem Fall ist, falls die weiteren Voraussetzungen erfüllt sind, von einem Gesamtgeschäft auszugehen, das eine (nicht BöB/IVöB 9 unterstehende) Konzession mit einem öffentlichen Auftrag gemäss BöB/IVöB 8 Abs. 1 kombiniert. Das anwendbare Recht ist in diesem Fall gemäss BöB/IVöB 8 Abs. 3 zu bestimmen (dazu Art. 8 N 55 ff.). 27

Versteht man Konzession im Sinne von BöB/IVöB 9 wie hier als Konzession des öffentlichen Dienstes, sind Sondernutzungskonzessionen nicht prinzipiell aus dem Anwendungsbereich von BöB/IVöB 9 ausgeschlossen. Ausgehend von der Prämisse, dass Sondernutzungskonzessionen nicht im Zusammenhang mit öffentlichen Aufgaben stehen können, wird dies in den Materialien zwar so vertreten.[47] Konzessionen des öffentlichen Dienstes sind indessen auch auf der Basis von Sondernutzungskonzessionen denkbar[48]. 28

---

45 Ähnlich POLTIER, Délégation, S. 12.; VOISARD, S. 122.
46 DIEBOLD, Ausschreibung, S. 221 f.
47 Vgl. Botschaft BöB, S. 1899; Musterbotschaft IVöB, S. 35.
48 So TSCHANNEN/ZIMMERLI/MÜLLER § 45 Rz. 23; KARLEN, S. 457; vgl. auch BGer 2C_401/2010 vom 14.12.2012, E. 2.3.3. Allerdings resultiert nicht aus jeder Kombination von Übertragung einer öffentlichen Aufgabe und Einräumung einer Sondernutzungskonzession eine Konzession des öffentlichen Dienstes; die Verleihung von Sondernutzungskonzessionen kann auch einen untergeordneten Teil der Gegenleistung der Auftraggeberin bilden, wenn sie einer Anbieterin eine öffentliche Aufgabe überträgt oder von ihr Leistungen im Rahmen eines öffentlichen Auftrags gemäss BöB/IVöB 8 bezieht; so auch BEYELER, Geltungsanspruch, Rz. 819. Illustrativ dazu der Sachverhalt von BGE 144 II 184, bei dem die Stadt Genf einer Anbieterin den Aufbau und Betrieb eines Veloverleihsystems als öffentliche Aufgabe übertrug und ihr gleichzeitig in Form von Sondernutzungskonzessionen öffentlichen Grund für die Installation von Standplätzen zur Verfügung stel-

Wenn aber einer Anbieterin die Erfüllungsverantwortung für eine öffentliche Aufgabe kombiniert mit der Verleihung einer Sondernutzungskonzession als Konzession des öffentlichen Dienstes übertragen wird, ist diese Vergabe unter BöB/IVöB 9 zu subsumieren.[49] Im Sinne einer funktionalen Betrachtungsweise kann das Kriterium der Übertragung einer öffentlichen Aufgabe auch bei formell als Bewilligungen bezeichneten Verleihungsakten erfüllt sein.[50]

29 Nach der hier vertretenen Auffassung muss die Beleihung der Konzessionärin im Rahmen von BöB/IVöB 9 deren Status im Umfang der Beleihung ebenfalls ändern. Soweit der Konzessionärin die Erfüllung einer öffentlichen Aufgabe übertragen wird, agiert sie ebenfalls funktionell als Verwaltungsträgerin (N 21).[51]

C. Tatbestandsvoraussetzungen

1. Übertragung der Erfüllungsverantwortung für eine öffentliche Aufgabe

30 Nach der hier vertretenen Auffassung setzt die Anwendbarkeit von BöB/IVöB 9 in jedem Fall die Übertragung der Erfüllungsverantwortung für eine öffentliche Aufgabe voraus. Die Anbieterin muss sich im Rahmen eines öffentlichen Auftrags im Sinne von BöB/IVöB 9 gegenüber der Auftraggeberin zu Leistungen verpflichten, die nicht bloss der Erfüllung einer öffentlichen Aufgabe dienen, sondern welche zumindest Teilaspekte der öffentlichen Aufgabe unmittelbar erfüllen.

---

len wollte. Die Übertragung einer öffentlichen Aufgabe kann sogar einen Anspruch auf Erteilung einer Sondernutzungskonzession einräumen; vgl. in diesem Zusammenhang die überzeugenden Ausführungen von TRÜEB/ZIMMERLI, Sondernutzungskonzessionen, zur Rechtslage betreffend Sondernutzungskonzessionen der Verteilnetzbetreiber vor der Revision des StromVG.

49 Nach der hier vertretenen Auffassung wäre daher der BGE 145 II 303 zugrunde liegende Sachverhalt unter IVöB 9 zu subsumieren, weil der Anbieterin neben der Sondernutzungskonzession betreffend ein städtisches Theater auch der (subventionierte) Betrieb desselben und damit eine öffentliche Aufgabe übertragen wurde.

50 So hat das VGer GR im Entscheid E. 3d die Betrauung eines Kaminfegers mit einem bestimmten Teil des Kantonsgebiets zur (rechtlich abgesicherten) exklusiven Wahrnehmung des Kaminfegerwesens BGBM 2 Abs. 7 unterstellt, nicht jedoch den Vorschriften über das öffentliche Beschaffungswesen. Das VGer betonte dabei, dass ein öffentliches Interesse daran bestehe, dass die Kamine gewartet und überwacht werden und dementsprechend das geltende Recht einen Teil der Verantwortung bei der betrauenden Behörde belasse und ihr direkte Eingriffsmöglichkeiten zugestehe. Nach der hier vertretenen Auffassung wird der Anbieterin damit die Erfüllungsverantwortung für eine öffentliche Aufgabe übertragen; die Eingriffsmöglichkeiten der Konzedentin sind Ausfluss ihrer Gewährleistungsverantwortung. Ein öffentlicher Auftrag im Sinne von BöB/IVöB 9 wäre zu bejahen.

51 KARLEN, S. 457; DIEBOLD, Ausschreibung, S. 239; anders, aber ohne überzeugende Begründung TSCHANNEN/ZIMMERLI/MÜLLER § 45 Rz. 21.

Innerhalb der Gewährleistungsverwaltung setzt die Übertragung der Erfüllungsverant- 31
wortung voraus, dass den Anbieterinnen konkrete durchsetzbare Leistungspflichten mit
Bezug auf die öffentliche Aufgabe auferlegt werden. Wenn der Staat im Rahmen seiner
Gewährleistungsverantwortung die Erfüllung einer öffentlichen Aufgabe dem (regulierten) Markt überlässt, sind BöB/IVöB 9 nicht anwendbar.

Illustrieren lässt sich dies anhand des Grundversorgungsbereichs.[52] Bei einem Grund- 32
versorgungsmonopol ist die Verleihung einer Konzession ohne Frage als öffentlicher
Auftrag im Sinne von BöB/IVöB 9 zu qualifizieren.[53] Besteht demgegenüber ein Grundversorgungsmarkt, bei dem sowohl staatlich beauftragte Leistungsträger als auch private
Drittanbieter ohne Leistungsauftrag im Wettbewerbsverhältnis eine Grundversorgungstätigkeit ausüben, schliesst der Staat einzig mit der ersten Gruppe einen öffentlichen
Auftrag im Sinne von BöB/IVöB 9 ab,[54] allfällige Zulassungsverfahren für private Drittanbieter sind demgegenüber nicht unter BöB/IVöB 9 zu subsumieren. Im Einzelfall
schwierig kann sich allerdings die Frage erweisen, welchen Umfang die übertragenen
öffentlichen Aufgaben aufweisen müssen, damit von einem Grundversorgungsbereich
gesprochen werden kann.[55]

---

52 Vgl. dazu und zum Folgenden DIEBOLD, Ausschreibung, S. 234 ff.
53 Vgl. beispielsweise die Grundversorgungskonzession gemäss FMG 14, für die dann allerdings BöB 9 Satz 2 zu Tragen kommt (Vorbehalt spezialgesetzlicher Bestimmungen).
54 Vgl. DIEBOLD, Ausschreibung, S. 237: «Der Leistungsträger verfügt gegenüber dem Staat über grosse Autonomie mit Bezug auf die Art und Weise, wie er die Grundversorgungsaufgabe erfüllt und wie er sich betrieblich organisiert. Er untersteht aber der staatlichen Aufsicht. Der Leistungsträger agiert grundsätzlich im eigenen Namen und auf eigene Rechnung und er trägt das Inkassorisiko. Er ist dem Staat gegenüber direkt verpflichtet, die Leistung gemäss den Bedingungen des Leistungsauftrags auf Markt anzubieten.»
55 Vgl. dazu etwa BGE 143 II 598, bei dem das Bundesgericht eine Regelung der Association de communes de la région lausannoise zu beurteilen hatte, die zwischen zwei Arten von Taxibetrieben unterscheidet. Der einen Kategorie mit gewissen wirtschaftlichen Privilegierungen werden, in allerdings sehr geringem Umfang, öffentliche Aufgaben übertragen (insbesondere Pflicht, im Einvernehmen mit der konzessionierten Telefonzentrale, an die sich jeder Taxiunternehmer anschliessen muss, dafür zu sorgen, dass stets wenigstens eine minimale Anzahl Taxis zur Verfügung steht, um den Bedürfnissen der Kunden jederzeit entsprechen zu können). Das Bundesgericht spricht denn auch nicht von «tâches de service public», sondern von «tâches relevant du service public» (E. 4.1.1.). Nach der hier vertretenen Auffassung kann man angesichts der doch untergeordneten Bedeutung der Übertragung dieses Leistungsauftrags im Verhältnis zur in Frage stehenden wirtschaftlichen Berechtigung nicht von der Übertragung einer öffentlichen Aufgabe im Sinne von BöB/IVöB 9 sprechen. Die zusätzlichen Leistungspflichten, welche dieser Kategorie von Taxiunternehmen auferlegt werden (Anwendung eines einheitlichen Tarifs, Bezahlung einer Abgabe an die Behörde, Verpflichtung, einer Anzahl künftiger neuer Taxifahrer eine angemessene berufliche Ausbildung anzubieten), haben den Charakter einer zwar im öffentlichen Interesse liegenden Marktregulierung, nicht aber einer eigentlichen Übertragung öffentlicher Aufgaben. Indessen beurteilte das Bundesgericht die Verleihung der entsprechenden Konzessionen richtigerweise gestützt auf BGBM 2 Abs. 7 als ausschreibungspflichtig (E. 4.3).

2. Kapitel: Geltungsbereich

33 Die Unterscheidung von öffentlichen Aufträgen gemäss BöB/IVöB 8 und 9 folgt der Grenzlinie zwischen der Erfüllungs- und der Gewährleistungsverwaltung (N 10). Diese verwaltungsrechtsdogmatische Kategorisierung kann indes nicht mehr sein als eine erste Orientierungshilfe, weil sie ihrerseits nur den Versuch darstellt, die vielfältigen verwaltungsorganisationsrechtlichen Erscheinungsformen zu systematisieren. Auch im Rahmen der Gewährleistungsverwaltung bleibt die Letztverantwortung für die öffentliche Aufgabe beim Staat und diesem obliegen je nach öffentlicher Aufgabe unterschiedlich abgestufte Restverantwortungen. Namentlich kann der Staat auch nur Teilaspekte der Erfüllung einer öffentlichen Aufgabe auslagern,[56] was die entsprechende Übertragung je nach Umfang dieses Teilaspekts wiederum in die Nähe der administrativen Hilfstätigkeit rückt.

34 Zwingende Voraussetzung für die Übertragung einer öffentlichen Aufgabe und damit ein zentrales Kennzeichen der Übertragung der Erfüllungsverantwortung bildet eine entsprechende gesetzliche Grundlage (N 16);[57] allerdings wird in der Botschaft BöB zu Recht darauf hingewiesen, dass eine bestehende gesetzliche Grundlage nicht *eo ipso* bedeute, dass eine Aufgabenübertragung erfolgt ist.[58] Auch für andere öffentliche Aufträge existierten Bestimmungen auf Gesetzesebene. Ebenfalls nur begrenzt geeignet als Unterscheidungskriterium sei der Wortlaut der entsprechenden Gesetzesbestimmung: Oftmals bestünden kaum Unterschiede. Die Verwaltung werde zum Beizug oder zur Beauftragung Dritter, zur Durchführung von Kontrollen durch Dritte oder zur Übertragung von gewissen (Teil-)Bereichen an Dritte ermächtigt. Erst aus den Materialien werde ersichtlich, ob nur eine administrative Hilfstätigkeit oder weitergehende Befugnisse an Dritte vergeben werden dürften. Die Gesetzesartikel glichen sich auch in Bezug auf die Regelungsdichte. Die historisch gewachsenen Bestimmungen zur Übertragung von öffentlichen Aufgaben genügten den heutigen Anforderungen oft nicht. Statt die Aufgabe zu definieren, das Vorgehen beim Aufgabenübergang zu bestimmen, die Aufsicht durch den Bund, die Finanzierung und die Haftung zu regeln sowie verfahrensrechtliche und allenfalls organisatorische Fragen zu klären, werde oft nur festgehalten, dass

---

[56] Vgl. dazu etwa BGE 134 II 297, E. 3.2. und 3.3. Das KGer GR hatte erwogen, dass nicht die öffentliche Aufgabe als solche übertragen werde, wenn die Auftraggeberin der Anbieterin nur einen Teil ihrer Verpflichtung zur Abfallentsorgung überbinden wolle, während die Verantwortlichkeit für Abfuhr, Verwertung und Entsorgung von Hauskehricht bei ihr verbleibe. Dem hält das BGer entgegen, «dass der Abtransport des Hauskehrichts schon für sich allein als eigentliche öffentliche Aufgabe betrachtet werden kann und – entgegen den Ausführungen der Vorinstanz – nicht bloss eine untergeordnete Hilfstätigkeit zur Abfallentsorgung als Ganzes darzustellen braucht; es verhält sich diesbezüglich anders, als wenn etwa die blosse Beschaffung der für die Kehrichtabfuhr benötigten Fahrzeuge in Frage stünde».

[57] Eine mangels ausreichender gesetzlicher Grundlage in Verletzung des Legalitätsprinzips erfolgende Aufgabenübertragung kann aber selbstredend nicht dazu führen, dass dieses Rechtsgeschäft nicht BöB/IVöB 9 untersteht. Das Beschaffungsrecht muss primär eine rechtsstaatlich korrekte Vergabe sicherstellen, nicht die generelle Einhaltung der Anforderungen des Legalitätsprinzips für Aufgabenübertragungen; vgl. dazu auch Art. 2 N 2.

[58] Dazu und zum Folgenden: Botschaft BöB, S. 1901 f.

die Aufgabe übertragen werden darf. Man muss davon ausgehen, dass man auf kantonaler und kommunaler Ebene mit der gleichen Problematik konfrontiert ist.

Ob im konkreten Fall eine Aufgabenübertragung oder ein anderer öffentlicher Auftrag 35
vorliegt, muss im Einzelfall abgeklärt werden. Um trotz dieser Abgrenzungsschwierigkeiten zu verdeutlichen, wann BöB 9 zur Anwendung gelangt, enthält die Botschaft BöB eine Tabelle mit illustrativen Beispielen gesetzlicher Bestimmungen des Bundesrechts, die es den Behörden erlauben, öffentliche Aufgaben an Dritte zu übertragen:

SR Nr.	Artikel/Gesetz	Beschrieb
SR 725.11	Art. 49a Abs. 2 Nationalstrassengesetz (NSG)	Übertragung der Ausführung des betrieblichen und projektfreien baulichen Unterhalts der Nationalstrassen an Dritte (nicht Kantone)
SR 730.0	Art. 15b bis Abs. 7 Energiegesetz (EnG)	Übertragung von Aufgaben im Zusammenhang mit dem Vollzug bei der Rückerstattung der Zuschläge auf die Übertragungskosten der Hochspannungsnetze
SR 734.0	Art. 21 Ziff. 2 Elektrizitätsgesetz (EleG)	Übertragung der Kontrolle der Vorschriften für die übrigen Schwach- und Starkstromanlagen mit Inbegriff der elektrischen Maschinen an ein vom Bundesrat bezeichnetes Inspektorat
SR 784.40	Art. 69d Abs. 1 RTVG	Übertragung der Erhebung der Empfangsgebühren und der damit verbundenen Aufgaben an eine unabhängige Organisation (Gebührenerhebungsstelle)

Von der Übertragung der Erfüllungsverantwortung für eine öffentliche Aufgabe ist in 36
jedem Fall auszugehen, wenn einer Anbieterin mit der Aufgabenübertragung hoheitliche Befugnisse eingeräumt werden. Die Rechtsnatur des Übertragungsakts kann ebenfalls Hinweise liefern, erfolgt doch die Übertragung einer öffentlichen Aufgabe regelmässig gestützt auf öffentliches Recht. Auch setzt die Übertragung einer öffentlichen Aufgabe immer einen Dauervertrag voraus, während ein öffentlicher Auftrag im Sinne von BöB/IVöB 8 häufig als einfacher Schuldvertrag zu qualifizieren ist.

2. Einräumung von ausschliesslichen oder besonderen Rechten

Ein öffentlicher Auftrag im Sinne von BöB/IVöB 9 setzt voraus, dass der Anbieterin aus- 37
schliessliche oder besondere Rechte eingeräumt werden. Dieses Erfordernis ist begrifflich an RL 2014/25/EU 4 (3) angelehnt. Demnach wären darunter Rechte zu verstehen, die dazu führen, dass die Ausübung einer Tätigkeit einem oder mehreren Unternehmen

vorbehalten und damit die Möglichkeit anderer Unternehmen, diese Tätigkeit auszuüben, erheblich beeinträchtigt wird.[59] Keine ausschliesslichen und besonderen Rechte werden gemäss Bundesgericht im Rahmen der Verwaltung des Finanzvermögens eingeräumt.[60]

38 Diese Voraussetzung hängt spiegelbildlich mit den Leistungspflichten der Anbieterin betreffend Erfüllung der öffentlichen Aufgabe zusammen. Mit der Übertragung der Erfüllungsverantwortung für eine öffentliche Aufgabe muss die Auftraggeberin der Anbieterin zwingend die zur Wahrnehmung dieser Verantwortung erforderlichen Rechte einräumen.

39 Wenn die Auftraggeberin die Erfüllungsverantwortung einer einzigen Anbieterin oder einem beschränkten Kreis von Anbieterinnen überträgt, wird damit auch regelmässig die Möglichkeit anderer Privater, diese Tätigkeit auszuüben, ausgeschlossen oder erheblich beschränkt.

40 Immerhin stellt diese Tatbestandsvoraussetzung klar, dass der Tatbestand von BöB/IVöB 9 dann nicht erfüllt ist, wenn der Kreis möglicher Anbieterinnen offenbleibt.[61] Dies lässt sich über eine Bewilligungspflicht regeln, die einem Akkreditierungssystem gleichkommt. Zu einer Beschränkung der Anzahl von Aufgabenträgern und damit zur Einräumung ausschliesslicher oder besonderer Rechte wird namentlich gegriffen, wenn die Aufgabenerfüllung mit Staatsbeiträgen abgegolten wird.

3. Wahrnehmung der eingeräumten Rechte im öffentlichen Interesse

41 Die eingeräumten ausschliesslichen oder besonderen Rechte müssen im öffentlichen Interesse wahrgenommen werden. Gemeint ist damit nicht, dass die Anbieterinnen ausschliesslich öffentliche Interessen wahrnehmen müssen. Im Gegenteil: Die Verfolgung eigener kommerzieller Interessen ist auf Seiten der Anbieterinnen sogar vorausgesetzt (vgl. Art. 8 N 16).[62] Zusätzlich zur Verfolgung ihrer eigenen kommerziellen Interessen müssen die Anbieterinnen die eingeräumten Rechte aber auch im öffentlichen Interesse wahrnehmen.

---

59 Vgl. dazu etwa die entsprechende Definition in § 100 (2) GWB.
60 BGE 145 II 252, E. 5 im Zusammenhang mit einem Hotel und dessen Restaurant, das dem Finanzvermögen der Stadt Genf zuzuordnen ist.
61 Vgl. hierzu und zum Folgenden: Häner, S. 1195.
62 Kein öffentlicher Auftrag gemäss BöB/IVöB 9 liegt deshalb vor mit Bezug auf Programme zur Durchführung von arbeitsmarktlichen Massnahmen, bei denen die Organisatoren gemäss Praxis des SECO keine Gewinne erzielen dürfen und allfällige Erlöse mit den anrechenbaren Kosten verrechnet werden müssen. Vgl. dazu Abegg/Hefti/Seferovic, S. 103. Die Qualifikationsfrage kann sich in diesem Zusammenhang trotz des Ausnahmetatbestands von BöB 10 Abs. 1 Bst. e gleichwohl stellen, weil es den Kantonen IVöB 63 Abs. 4 freisteht, in ihren Einführungsgesetzen eine Gegenausnahme vorzusehen.

Mit der Übertragung einer öffentlichen Aufgabe wird die Anbieterin *eo ipso* dazu verpflichtet, die mit der Übertragung eingeräumten Rechte im öffentlichen Interesse wahrzunehmen. Die Anbieterin übt in diesem Fall eine funktionelle Verwaltungstätigkeit aus und muss dabei von Verfassungs wegen das öffentliche Interesse beachten (BV 5 Abs. 2) 42

Einschränkende Wirkung hat diese Voraussetzung daher ausschliesslich bei den Konzessionen. Wichtig für ihre vergaberechtliche Qualifikation ist dabei namentlich, dass BöB/IVöB 9 die Wahrnehmung der öffentlichen Interessen mit den der Anbieterin verliehenen Rechten verknüpfen. Denn die mit der Verleihung der Konzession verbundenen Verpflichtungen erfüllt die Anbieterin stets im öffentlichen Interesse, weil die staatliche Regulierung eines Markts (oder Nutzungsrechte an öffentlichen Sachen) ihrerseits auf dem öffentlichen Interesse basieren muss.[63] Wenn der Staat also beispielsweise mit der Verleihung der Sondernutzungskonzession ein öffentliches Interesse verfolgt (beispielsweise die wirtschaftlich optimierte Randnutzung des Verwaltungsvermögens), ist dies bei der Prüfung des Erfordernisses irrelevant.[64] Wiederum ist aber zu beachten, dass eine rechtsstaatlich korrekte Vergabe dieses Rechts auch dann sichergestellt werden muss, wenn die Konzessionärin die eingeräumten Rechte in der Folge ausschliesslich in ihrem privaten Interesse wahrnimmt und die Konzessionsvergabe daher nicht unter BöB/IVöB 9 zu subsumieren ist. Für Sondernutzungskonzessionen folgt dies im Bereich der IVöB aus BGBM 2 Abs. 7, im Bereich des BöB aus allgemeinen verfassungsrechtlichen Anforderungen (Vergaberecht im weiten Sinn, vgl. N 8). 43

4. Direktes oder indirektes Entgelt oder Abgeltung

Das Erfordernis der Entgeltlichkeit findet sich schon bei der Definition des öffentlichen Auftrags im Sinne von BöB/IVöB 8. Ergänzend zu den entsprechenden Erläuterungen (Art. 8 N 31 f.) fällt bei der Formulierung von BöB/IVöB 9 auf, dass ausdrücklich festgehalten ist, dass das Entgelt direkt oder indirekt geleistet werden kann. Das indirekte Entgelt kann in der Übertragung des (exklusiven) Nutzungsrechts bestehen.[65] 44

---

[63] Konkret: Wenn der Bund gestützt auf BV 106 den Spielbankenmarkt reguliert, um dabei mit angemessenen Schutzmassnahmen den Gefahren von Geldspielen Rechnung zu tragen, eine Spielbankenabgabe vorsieht und die Verleihung der Konzession mit entsprechenden Verpflichtungen verknüpft, so erfüllt die Konzessionärin diese Pflichten im öffentlichen Interesse; das aus der Konzession fliessende besondere Recht betreffend Betrieb einer Spielbank nimmt sie demgegenüber nicht im öffentlichen Interesse wahr, sodass die Verleihung einer Spielbankenkonzession nicht unter BöB 9 fällt.

[64] Vgl. in diesem Zusammenhang etwa BVGer B-6872/2017 vom 16.05.2018, E. 2.3.6: Eine Auftraggeberin, die einer Anbieterin auf dem Weg einer Ausschreibung (Auswahlverfahren) Werbeflächen des öffentlichen Raums zur Sondernutzung und kommerziellen Bewirtschaftung zuteilt, verwalte und koordiniere eine öffentliche Sache und nehme insofern unmittelbar eine staatliche Aufgabe wahr.

[65] Kunz, Konzessionen, S. 213; vgl. auch BGE 144 II 177, E. 1.3.5.

45 Der ebenfalls aufgeführte Begriff der Abgeltung ist dabei im Sinne der Legaldefinition in SuG 3 Abs. 2 (N 65) zu verstehen; Finanzhilfen im Sinne von SuG 3 Abs. 1[66] bilden demgegenüber kein Entgelt im Sinne von BöB/IVöB 9.[67] Zur Vermeidung von Missverständnissen ist allerdings ausdrücklich zu betonen: Die Leistung einer Abgeltung ist nur eine (überdies alternative) von mehreren Tatbestandsvoraussetzungen von BöB/IVöB 9. Sind die weiteren Tatbestandsvoraussetzungen nicht erfüllt, ist auch bei der Leistung einer Abgeltung ein öffentlicher Auftrag im Sinne von BöB/IVöB zu verneinen.

5. Ausnahmen

46 Die allgemeinen Ausnahmebestimmungen gemäss BöB/IVöB 10 gelten für alle öffentlichen Aufträge, mithin auch für öffentliche Aufträge im Sinne von BöB/IVöB 9. Von Bedeutung sind dabei namentlich die Ausnahmen für In-state- und für In-house-Geschäfte (Art. 10 N 38 ff. und N 41 ff.), für Aufgabenübertragungen an dezentrale Verwaltungseinheiten[68] sowie für Aufgabenauslagerung auf einen Dritten, die unmittelbar gestützt auf ein Gesetz erfolgen (BöB/IVöB 10 Abs. 3 Bst. a).

47 Zusätzlich zu den Ausnahmetatbeständen gemäss BöB/IVöB 10 hat der Bundesgesetzgeber gleichzeitig mit dem Erlass des BöB vier weitere Bundesgesetze geändert, um zu verhindern, dass sich die Rechtsfolge gemäss BöB/IVöB 9 Satz 1 auf bestimmte Konzessionen erstreckt, bei denen dies der Bundesgesetzgeber als nicht angezeigt ansah. Ausdrücklich nicht als öffentliche Aufträge im Sinne von BöB 9 gelten:

- die Beauftragung mit der Förderung der Information über den Unternehmensstandort Schweiz;[69]
- die Erteilung einer Infrastrukturkonzession gemäss EBG[70] 5 Abs. 5;
- die Erteilung einer Personenbeförderungskonzession gemäss PBG[71] 6 Abs. 5;
- die Beauftragung mit der Exportförderung gemäss Exportförderungsgesetz[72] 3 Abs. 1bis.

---

66 D.h. «geldwerte Vorteile, die Empfängern ausserhalb der Bundesverwaltung gewährt werden, um die Erfüllung einer vom Empfänger gewählten Aufgabe zu fördern oder zu erhalten».
67 Nachdem diese begriffliche Differenzierung zwischen Finanzhilfe und Abgeltung auch in den meisten Kantonen Verwendung findet, muss dieses Verständnis auch für IVöB 9 gelten.
68 Vgl. auch BEYELER, Geltungsanspruch, Rz. 668.
69 Art. 3 Abs. 1bis des Bundesgesetzes vom 05.10.2007 zur Förderung der Information über den Unternehmensstandort Schweiz (SR 194.2).
70 Eisenbahngesetz vom 20.12.1957 (EBG; SR 752.101).
71 Bundesgesetz vom 20.03.2009 über die Personenbeförderung (Personenbeförderungsgesetz, PBG; SR 745.1).
72 Bundesgesetz vom 06.10.2000 über die Förderung des Exports (Exportförderungsgesetz; SR 946.14).

Den Kantonen bleibt es demgegenüber bereits aufgrund des Vorrangs interkantonalen 48
Konkordatsrechts (BV 48 Abs. 5) versagt, mittels einfacher Gesetzgebung bestimmte
Rechtsgeschäfte vom Begriff des öffentlichen Auftrags im Sinne von IVöB 9 auszunehmen; angesichts von BGBM 2 Abs. 7 bestände hierzu ohnehin wenig Spielraum. Die
Kantone können einzig spezielle sektorenspezifische Bestimmungen erlassen, welche
dem allgemeinen Beschaffungsrecht vorgehen (N 58 ff.).

6. Normkonkurrenz von BöB/IVöB 8 und 9?

Die Übertragung öffentlicher Aufgaben und die Verleihung von Konzessionen, die Leis- 49
tungspflichten zur Erfüllung öffentlicher Aufgaben beinhalten, wurden von Lehre und
Rechtsprechung bereits vor der Revision teilweise als öffentliche Aufträge qualifiziert
und dem objektiven Geltungsbereich des Beschaffungsrechts zugeordnet.[73] Der Begriff
des öffentlichen Auftrags gemäss BöB/IVöB 9 überschneidet sich folglich teilweise mit
der Definition des öffentlichen Auftrags unter aBöB und aIVöB. Wenn man sich für die
Auslegung von BöB/IVöB 8 Abs. 1 am altrechtlichen Begriff des öffentlichen Auftrags
orientiert, sind Überschneidungen der Anwendungsbereiche von BöB/IVöB 8 und 9 unvermeidlich. Es wird sich weisen, ob der Begriff des öffentlichen Auftrags gemäss BöB/
IVöB 8 inskünftig enger als bisher verstanden wird, sodass alle Tatbestände, die von
BöB/IVöB 9 erfasst werden, nicht mehr darunter subsumiert werden, oder ob sich
die Anwendungsbereiche der beiden Bestimmungen überschneiden werden.

Im zweiten Fall muss BöB/IVöB 9 im Verhältnis zu BöB/IVöB 8 der Charakter einer *lex* 50
specialis eingeräumt werden.[74] Andernfalls würde die angestrebte Möglichkeit der Flexibilisierung des Auswahlverfahrens durch den Vorbehalt spezialgesetzlicher Bestimmungen gemäss Satz 2 in weiten Teilen obsolet. Das heisst, alle Sachverhalte, die unter
BöB/IVöB 9 subsumiert werden können, gelten – mit den entsprechenden Auswirkungen betreffend Rechtsfolgen (N 14) – als öffentliche Aufträge im Sinne von BöB/IVöB 9,
unabhängig davon, ob sie gleichzeitig auch im Sinne von BöB/IVöB 8 Abs. 1 als öffentliche Aufträge zu qualifizieren sind. Als *leges speciales* kommen BöB/IVöB 9 allerdings
nur im Binnenverhältnis in Betracht. Ein Beschaffungsgeschäft, das im Sinne des Staatsvertragsrechts als öffentlicher Auftrag zu qualifizieren ist, muss auf staatsvertragskonforme Weise, mithin als öffentlicher Auftrag gemäss BöB/IVöB 8, abgewickelt werden.
Nach der hier vertretenen Auffassung beziehen sich BöB/IVöB 9 folglich nur auf den
Nichtsstaatsvertragsbereich.[75]

---

73 Vgl. etwa Beyeler, Geltungsanspruch, Rz. 653 ff. (betreffend Übertragung öffentlicher Aufgaben)
und Rz. 771 ff. (betreffend Konzessionen) jeweils mit zahlreichen Hinweisen auf Lehre und Rechtsprechung.
74 Poltier, Délégation, S. 13.
75 Bei dieser Auslegung von BöB 9 hat BöB Anhang 5 Ziff. 1 Bst. b, demgemäss Beschaffungen im
Sinne von BöB 9 ausdrücklich als «öffentliche Aufträge ausserhalb des Staatsvertragsbereichs gelten», keine eigenständige Bedeutung (was, im Lichte der Schubert-Praxis, zu schwierigen Anschlussfragen führte), sondern soll ausschliesslich die auf öffentliche Aufträge im Sinne von

D. Rechtsfolgen

51 Die primäre Rechtsfolge der Erfüllung der Tatbestandsvoraussetzungen von BöB/IVöB 9 besteht darin, dass das entsprechende Rechtsgeschäft *ex lege* als öffentlicher Auftrag gilt und damit in den objektiven Geltungsbereich des öffentlichen Beschaffungsrechts fällt. Das entsprechende Beschaffungsverfahren muss also nach den Vorgaben von BöB/IVöB erfolgen. Auf folgende Besonderheiten ist dabei jedoch hinzuweisen:

52 **a. Direkte Anwendung von BöB/IVöB auf öffentliche Aufträge gemäss BöB/IVöB 9:** Wie bereits in den Materialien festgehalten wird, bietet das Beschaffungsrecht mit seinem Fokus auf Wettbewerb und Wirtschaftlichkeit nicht immer den passenden Rahmen für das Auswahlverfahren. Dies ist der Grund für den Vorbehalt zugunsten spezialgesetzlicher Bestimmungen gemäss BöB/IVöB 9 Satz 2.[76] Denkbar gewesen wäre auch, dass BöB/IVöB ihre beschaffungsrechtlichen Bestimmungen für die Übertragung öffentlicher Aufgaben und die Verleihung von Konzessionen nur für analog anwendbar erklären. BöB/IVöB haben sich indessen bewusst für die direkte Anwendbarkeit entschieden. Nach der hier vertretenen Auffassung besteht folglich kein Spielraum für eine abweichende Auslegung der weiteren Bestimmungen von BöB/IVöB je nach Kategorie des öffentlichen Auftrags. Dies gilt umso mehr, als in BöB/IVöB 9 Satz 2 spezialgesetzliche Bestimmungen vorbehalten sind und es folglich auch den Kantonen offensteht, das Auswahlverfahren für Aufgabenübertragungen und Konzessionen zu modifizieren, falls die Regeln von BöB/IVöB den Besonderheiten bestimmter öffentlicher Aufträge nicht ausreichend Rechnung tragen.

53 **b. Zuordnung zu den Leistungsarten gemäss BöB/IVöB 8 Abs. 2:** Die Übertragung öffentlicher Aufgaben und die Verleihung von Konzessionen bilden keine eigene Leistungsart; sie müssen zur Bestimmung der relevanten Schwellenwerte (und der daraus resultierenden Rechtsfolgen, Art. 8 N 45 ff.) unter eine der drei (respektive im Falle der IVöB: vier) Leistungsarten subsumiert werden.[77]

54 **c. Gemischte Aufträge:** Gemischte Aufträge sind laut den Materialien anhand des Schwergewichts zu unterstellen.[78] Diese sogenannte **Präponderanztheorie** wird in BöB/IVöB 8 Abs. 3 verankert. Unproblematisch und ohne Frage direkt anwendbar ist die Präponderanztheorie bei der Mischung/Bündelung von Leistungsarten im Rahmen

---

BöB 9 anwendbaren Bestimmungen des BöB festlegen, soweit solche Beschaffungen nicht in den Staatsvertragsbereich fallen. Den selbst gesetzten Anspruch, mit BöB/IVöB 9 mehr Rechtssicherheit zu schaffen (Botschaft BöB, S. 1878), kann man unter diesen Umständen auch mit viel Wohlwollen nur als halbwegs eingelöst bezeichnen.

76 Botschaft BöB, S. 1899.
77 Botschaft BöB, S. 1902 f.; Musterbotschaft IVöB, S. 37. In beiden Dokumenten heisst es, die Schwellenwerte gälten analog. Die Unterscheidung der Leistungsarten gemäss BöB/IVöB 8 Abs. 2 bezieht sich jedoch unterschiedslos auf alle öffentlichen Aufträge, sodass auch die Schwellenwerte direkt Anwendung finden.
78 Botschaft BöB, S. 1903; Musterbotschaft IVöB, S. 37.

von öffentlichen Aufträgen, die ausschliesslich gestützt auf BöB/IVöB 9 in den objektiven Geltungsbereich des Beschaffungsrechts fallen (beispielsweise Bau und Betrieb einer Infrastrukturanlage). Denkbar sind aber auch Konstellationen, in denen ein öffentlicher Auftrag im Sinne von BöB/IVöB 9 Leistungen mitumfasst, die gemäss BöB/IVöB 8 Abs. 1 als öffentlicher Auftrag zu qualifizieren sind.

Aufbauend auf den Überlegungen zu den gemischten und den kombinierten Gesamtaufträgen (dazu ausführlich Art. 8 N 55 ff.) ist nach der hier vertretenen Auffassung zu differenzieren: Im Binnenbereich ist die Mischung/Bündelung von öffentlichen Aufträgen im Sinne von BöB/IVöB 8 und 9 als gemischter Auftrag zu qualifizieren, weil das Auswahlverfahren unabhängig vom Schwerpunkt des Auftrags gesetzlich geregelt ist, indem entweder beschaffungsrechtliche oder aber spezialgesetzliche Bestimmungen zur Anwendung gelangen. Die Mischung/Bündelung kann dazu führen, dass für Teilleistungen bei isolierter Betrachtung strengere Vergaberegeln Anwendung fänden, nie aber, dass sie einem gesetzlich geregelten Auswahlverfahren gänzlich entzogen werden. Das anwendbare Recht ist folglich ausschliesslich nach der Präponderanztheorie zu bestimmen. 55

Wenn jedoch der BöB/IVöB 8 Abs. 1 zuzuordnende Auftragsteil isoliert betrachtet in den Staatsvertragsbereich fiele, ist das anwendbare Recht nach den für kombinierte Aufträge geltenden Regeln zu bestimmen. Nach der hier vertretenen Auffassung bedeutet dies kurz zusammengefasst, dass nur notwendige Mischungen/Bündelungen gemäss der Präponderanztheorie zu beurteilen sind, während bei nicht notwendigen Mischungen/Bündelungen die für den Staatsvertragsbereich geltenden beschaffungsrechtlichen Bestimmungen zur Anwendung gelangen (dazu ausführlich Art. 8 N 69 ff.). 56

Das gleiche Vorgehen muss bei der Kombination eines öffentlichen Auftrags im Sinne von BöB/IVöB 9 mit Leistungen gelten, die gänzlich ausserhalb eines gesetzlich geregelten Vergabeverfahrens (im weiten Sinne) anzusiedeln sind. 57

Dieser Ansatz ist im Ergebnis mit RL 2014/23/EU 20 vergleichbar (N 71). 58

IV. Zu Satz 2 (Vorrang sektorenspezifischer Regelungen)

A. Allgemeines

Der zweite Satz von BöB/IVöB 9 stellt klar, dass spezielles Sektorenrecht dem allgemeinen Beschaffungsrecht vorgeht. Die Bedeutung dieser Regelung geht über eine ausdrückliche Verankerung der Maxime «lex specialis derogat legi generali» im Fall von Normkonkurrenzen hinaus: 59

Auf kantonaler Ebene begründet erst IVöB 9 Satz 2 die Kompetenz zum Erlass spezialgesetzlicher Bestimmungen; ohne diese Bestimmung würden spezialgesetzliche Bestimmungen kantonalen Rechts am Vorrang des interkantonalen Konkordatsrechts (BV 48 Abs. 5) scheitern. Mit der nachträglich aufgenommenen Ergänzung «des Bundesrechts 60

2. Kapitel: Geltungsbereich

und des kantonalen Rechts» sollte genau diese Kompetenz der Kantone zum Erlass spezialgesetzlicher Bestimmungen klargestellt werden. Sieht also beispielsweise ein Kanton, in Beachtung von BGBM 7 Abs. 2, für die Nutzung des Untergrunds (Abbau von Bodenschätzen, Einlagerung von Material oder Entnahme von Ware) eine Konzession vor und knüpft das kantonale Recht die Konzessionsgewährung an ein klar geregeltes Verfahren mit durch Rechtssatz definierten Kriterien, dann geht eine solche Regelung IVöB 9 vor.[79] Der Unterschied zwischen den beiden Normtexten ist indessen dann von Bedeutung, wenn kantonale Behörden ihnen übertragene Bundesaufgaben an Private übertragen; für solche «Sub-Übertragungen» haben die Kantone keine Kompetenz zum Erlass eigener spezialgesetzlicher Bestimmungen.

61 Sodann suspendiert der Gesetzgeber mit BöB/IVöB 9 Satz 2 im Verhältnis von Beschaffungsrecht und speziellem Sektorenrecht die Maxime «lex posterior derogat legi priori». Mit anderen Worten: Auch als jüngere Erlasse übersteuern BöB/IVöB 9 keine älteren Sektoren-Erlasse mit weniger strengen Anforderungen an das Auswahlverfahren.

62 Schliesslich ergibt sich aus dem Wortlaut von BöB/IVöB 9 Satz 2, dass nicht die Sektoren-Erlasse als Ganzes Vorrang geniessen, sondern einzig entsprechende «spezialgesetzliche Bestimmungen». Gemeint sein können damit nur Bestimmungen betreffend das Auswahlverfahren zur Bestimmung der Beliehenen (im Falle der Übertragung öffentlicher Aufgaben) respektive der Konzessionärin (im Falle von Konzessionen). Es muss daher im Einzelfall entschieden werden, ob ein Sektoren-Erlass überhaupt spezialgesetzliche Bestimmungen zum Auswahlverfahren enthält, denen Vorrang zukommen kann. Ist dies nicht der Fall, muss das Auswahlverfahren neu gemäss BöB/IVöB erfolgen.

63 Unproblematisch ist dies, wenn die spezialgesetzlichen Bestimmungen ein Ausschreibungsverfahren explizit ausschliessen (exemplarisch: StromVG 3a[80] und WRG 60 Abs. 3bis und 62 Abs. 2bis[81])[82] oder ein spezifisches Ausschreibungsverfahren vorsehen wie SuG 15b (dazu ausführlicher N 64 ff.).

---

79 Musterbotschaft IVöB, S. 36.
80 «Die Kantone und die Gemeinden können Konzessionen im Zusammenhang mit dem Übertragungs- und dem Verteilnetz, insbesondere das Recht zur Nutzung des öffentlichen Grund und Bodens, ohne Ausschreibung erteilen. Sie gewährleisten ein diskriminierungsfreies und transparentes Verfahren.»
81 Die beiden Bestimmungen haben den gleichen Wortlaut: «Die Konzession kann ohne Ausschreibung verliehen werden. Die Verleihung hat in einem diskriminierungsfreien und transparenten Verfahren zu erfolgen».
82 Als weitere Bereiche, die vom Beschaffungsrecht ausgenommen bleiben, führt die Botschaft BöB (S. 1900) an: die Erteilung einer Grundversorgungskonzession gemäss FMG 14 (Fernmeldegesetz vom 30.04.1997, SR 787.10), die Erteilung einer Funkkonzession gemäss FMG 24 und anderseits die Übertragung der Verwaltung und Zuteilung bestimmter Adressierungselemente auf Dritte gemäss FMG 28 Abs. 2. Im Radio- und Fernsehgesetz vom 26.03.2006 (RTVG, SR 784.40) finden sich spezialgesetzliche Ausnahmebestimmungen für die Erteilung von Veranstalterkonzessionen gemäss RTVG 25 (an die Schweizerische Radio- und Fernsehgesellschaft SRG SSR) sowie gemäss

Heikler zu beantworten ist die Frage, welche inhaltlichen[83] und formellen Mindestanforderungen der Vorbehalt spezialgesetzlicher Bestimmungen an die Ausgestaltung des spezialgesetzlichen Auswahlverfahrens stellt. Nach der hier vertretenen Auffassung legen BöB/IVöB 9 für ihren Anwendungsbereich die Grundordnung für das vergaberechtliche Auswahlverfahren fest; Abweichungen von dieser Grundordnung in spezialgesetzlichen Bestimmungen müssen aufgrund der Besonderheiten des konkreten Beschaffungsgeschäfts sachlich gerechtfertigt sein und müssen – wie es neu in SuG 10 Abs. 1 Bst. e Ziff. 1 heisst – «ein transparentes, objektives und unparteiisches Auswahlverfahren» gewährleisten.[84] Die Normstufe ist demgegenüber von untergeordneter Bedeutung, solange das Auswahlverfahren für die Anbieterinnen transparent und vorhersehbar ist. Nach der hier vertretenen Auffassung ist daher ein Gesetz im materiellen Sinne ausreichend, d.h., spezialgesetzliche Bestimmungen im Sinne von BöB/IVöB 9 Abs. 1 können auch auf Verordnungsstufe festgelegt werden.[85]

B. Die spezialgesetzlichen Bestimmungen gemäss revidiertem SuG

Auf Bundesebene von besonderer Bedeutung sind im vorliegenden Zusammenhang die spezialgesetzlichen Bestimmungen des revidierten SuG, die zusammen mit dem BöB in Kraft treten.

Diese betreffen **Abgeltungen**; darunter sind gemäss der (unveränderten) Legaldefinition in SuG 3 Abs. 2 Leistungen an Empfänger ausserhalb der Bundesverwaltung zur Milderung oder zum Ausgleich von finanziellen Lasten zu verstehen, die sich ergeben

---

RTVG 38 ff. (an andere Veranstalter mit Leistungsauftrag und Gebührenanteil) und gemäss RTVG 43 ff. (an andere Veranstalter mit Leistungsauftrag ohne Gebührenanteil).

83 Was gilt, wenn die spezialgesetzlichen Bestimmungen den verfassungsrechtlichen Vorgaben an das Auswahlverfahren nicht genügen? Ist es denkbar, ein qualifiziertes Schweigen anzunehmen, wenn sich ein Sektorenerlass gänzlich zum Auswahlverfahren ausschweigt (was namentlich bei älteren Erlassen nicht selten der Fall ist, vgl. Botschaft BöB, S. 1901 f.) und der historische Gesetzgeber ein solches klarerweise auch ablehnte? Kommen in einem solchen Fall die allgemeinen verfassungsrechtlichen Anforderungen an Vergaben im weiten Sinn (N 26) zum Tragen oder sind die Vorgaben von BöB/IVöB anwendbar?

84 Das Bundesgericht zeigt sich gegenüber den Kantonen und Gemeinden bei der Verleihung einer Monopolkonzession gemäss BGBM 2 Abs. 7 sehr grosszügig betreffend Einbezug weitergehender öffentlicher Interessen als Vergabekriterien. Der wirtschaftliche Charakter müsse nicht notwendigerweise ausschlaggebend sein; vgl. BGE 143 II 120, E. 6.4.2.

85 Nach der hier vertretenen Auffassung sind daher VIL 10 ff. (Verordnung über die Infrastruktur der Luftfahrt vom 23.11.1994, SR 748.131.1) betreffend Erteilung der Betriebskonzession für den Betrieb eines Flughafens, die sich auf eine vergleichsweise unbestimmte Delegationsnorm in LFG 36 Abs. 1 (Luftfahrtgesetz vom 21.12.1948, SR 748.0; «Der Bundesrat erlässt nähere Vorschriften über Bau und Betrieb von Flugplätzen») stützen, als (normstufengerechte) spezialgesetzliche Bestimmungen im Sinne von BöB/IVöB 9 Satz 2 zu qualifizieren; zweifelnd ABEGG/HEFTI/SEFEROVIC, S. 96.

aus der Erfüllung von a. bundesrechtlich vorgeschriebenen Aufgaben und b. öffentlich-rechtlichen Aufgaben, die dem Empfänger vom Bund übertragen worden sind.

67 Gemäss der neu eingefügten Bestimmung von SuG 10 Abs. 1 Bst. e Ziff. 1 muss bei der Übertragung von öffentlich-rechtlichen Aufgaben unter anderem **«ein transparentes, objektives und unparteiisches Auswahlverfahren»** stattfinden, wenn mehrere Anbieterinnen zur Auswahl stehen. Anders gewendet findet dieses spezielle subventionsrechtliche Auswahlverfahren keine Anwendung auf Abgeltungen im Sinne von SuG Abs. 2 Bst. a und in jedem Fall nicht, wenn nur eine Anbieterin zur Auswahl steht.

68 Dieses Verfahren richtet sich nach den jeweils anwendbaren spezialgesetzlichen Bestimmungen. Vielfach enthalten diese jedoch noch keine oder nur ungenügende Bestimmungen zum Auswahlverfahren. In diesen Fällen kommen gemäss SuG 15b Abs. 1 für das Auswahlverfahren die Bestimmungen des BöB für Beschaffungen ausserhalb des Staatsvertragsbereichs zur Anwendung. Abweichend vom BöB erfolgt dabei die Publikation des Auswahlverfahrens im Bundesblatt (SuG 15b Abs. 2). Der Rechtsschutz sowie die Übertragung und die Abgeltung nach einem rechtskräftig abgeschlossenen Auswahlverfahren richten sich nach den Bestimmungen des SuG (SuG 15b Abs. 2 und 3).[86] Analog zu IVöB 45 Abs. 5 (dazu Art. 45 N 18) sieht schliesslich auch der neu eingefügte SuG 30 Abs. 2bis als zusätzliche Sanktionsmöglichkeit vor, dass Finanzhilfen ganz oder teilweise entzogen oder zurückgefordert werden können, wenn der Empfänger bei der Verwendung dieser Mittel gegen beschaffungsrechtliche Vorgaben verstösst.

69 Darüber hinaus eröffnet SuG 17 Abs. 4 gleichsam in Anlehnung an IVöB 4 Abs. 4 Bst. b (*Ad-hoc-Teilunterstellung*) die Möglichkeit, dass die Behörde den Empfänger verpflichtet, einen angemessenen Wettbewerb sicherzustellen, wenn er Waren, Dienstleistungen oder Bauleistungen beschafft, die voraussichtlich zu mehr als 50 Prozent der Gesamtkosten mit Finanzhilfen des Bundes finanziert werden. In der Regel sind zu diesem Zweck mindestens drei Offerten einzuholen.

V. Rechtsvergleichende Hinweise

70 Die EU hat am 26.12.2014 die RL 2014/23/EU über die Konzessionsvergabe erlassen. Die grundlegenden Unterschiede hinsichtlich des Regelungsgegenstands der RL 2014/23/EU und BöB/IVöB 9 wurden einleitend bereits thematisiert (N 4 ff.). Inhaltlich erscheinen ergänzend namentlich folgende Aspekte erwähnenswert:

71 Die verfahrensrechtlichen Vorschriften für die Konzessionsvergabe sind geprägt durch eine grosse Freiheit der Auftraggeberinnen in der konkreten Ausgestaltung des Verfahrens.[87] Massgebend sind die Grundsätze der Gleichbehandlung, Nichtdiskriminierung

---

86 Botschaft BöB, S. 1989 f.
87 Vgl. namentlich RL 2014/23/EU 30 Abs. 1: Die Auftraggeberinnen «können das Verfahren zur Wahl des Konzessionsnehmers vorbehaltlich der Einhaltung dieser Richtlinie frei gestalten».

und Transparenz (RL 2014/23/EU 3). Die Vorgaben sind damit nur unwesentlich strenger als neuere spezialgesetzliche Bestimmungen im Bund[88] und räumen den Auftraggeberinnen deutlich mehr Freiheit in der Ausgestaltung des Auswahlverfahrens ein, als es bei beschaffungsrechtlichen Verfahren gemäss BöB/IVöB 9 Satz 1 der Fall ist.

Die wesentlich freiere Gestaltung des Auswahlverfahrens bei Bau- und Dienstleistungskonzessionen hat Auswirkungen auf die Regelung der gemischten Verträge (RL 2014/23/EU 20). Das anwendbare Recht bei Konzessionen, die sowohl Bau- als auch Dienstleistungen zum Gegenstand haben, wird gemäss den für diejenige Konzessionsart geltenden Bestimmungen vergeben, die den Hauptgegenstand des Konzessionsvertrags darstellt (Abs. 1). Im Fall von gemischten Konzessionen, die sowohl Elemente von Konzessionen wie auch von öffentlichen Aufträgen im Sinne von RL 2014/24/EU oder RL 2014/25/EU enthalten, wird das anwendbare Recht bei objektiv nicht trennbaren Verträgen gemäss der Präponderanztheorie bestimmt, trennbare Gesamtgeschäfte können gemeinsam vergeben werden, doch kommen dann die (strengeren) Regeln der RL 2014/24/EU respektive der RL 2014/25/EU zur Anwendung. 72

---

[88] Diese fordern regelmässig ebenfalls ein «diskriminierungsfreies und transparentes Verfahren», vgl. z.B. StromVG 3a und WRG 60 Abs. 2bis und 62 Abs. 2bis, dazu BöB/IVöB 9 N 62.

Art. 10 Ausnahmen

¹ Dieses Gesetz / *Diese Vereinbarung* findet keine Anwendung auf:

a. die Beschaffung von Leistungen im Hinblick auf den gewerblichen Verkauf oder Wiederverkauf oder im Hinblick auf die Verwendung in der Produktion oder im Angebot von Leistungen für einen gewerblichen Verkauf oder Wiederverkauf;

b. den Erwerb, die Miete oder die Pacht von Grundstücken, Bauten und Anlagen sowie der entsprechenden Rechte daran;

c. die Ausrichtung von Finanzhilfen gemäss dem Subventionsgesetz vom 5. Oktober 1990;

d. Verträge über Finanzdienstleistungen im Zusammenhang mit Ausgabe, Ankauf, Verkauf, Übertragung oder Verwaltung von Wertpapieren oder anderen Finanzinstrumenten sowie Dienstleistungen der Zentralbanken;

e. Aufträge an Behinderteninstitutionen, Organisationen der Arbeitsintegration, Wohltätigkeitseinrichtungen und Strafanstalten;

f. die Verträge des Personalrechts;

g. folgende Rechtsdienstleistungen:

   1. Vertretung des Bundes oder eines öffentlichen Unternehmens des Bundes durch eine Anwältin oder einen Anwalt in einem nationalen oder internationalen Schiedsgerichts-, Schlichtungs- oder Gerichtsverfahren und damit zusammenhängende Dienstleistungen,

   2. Rechtsberatung durch eine Anwältin oder einen Anwalt im Hinblick auf ein mögliches Verfahren nach Ziffer 1, wenn eine hohe Wahrscheinlichkeit besteht, dass die Angelegenheit, auf die sich die Beratung bezieht, Gegenstand eines solchen Verfahrens werden wird;

h. Beschaffungen:

   1. im Rahmen internationaler humanitärer Nothilfe sowie Agrar- und Ernährungshilfe,

   2. gemäss den besonderen Verfahren oder Bedingungen eines internationalen Abkommens betreffend die Stationierung von Truppen oder die gemeinsame Umsetzung eines Projekts durch Unterzeichnerstaaten,

   3. die gemäss den besonderen Verfahren oder Bedingungen einer internationalen Organisation durchgeführt werden oder die durch internationale Finanzhilfen, Darlehen oder andere Unterstützung mitfinanziert werden, falls die dabei anwendbaren Verfahren oder Bedingungen mit diesem Gesetz nicht vereinbar wären,

    4. im Rahmen der internationalen Zusammenarbeit, soweit ein äquivalentes lokales Verfahren im Empfängerstaat beachtet wird;

i./g. **die öffentlich-rechtlichen Vorsorgeeinrichtungen** des Bundes / *der Kantone und Gemeinden.*

² Der Auftraggeber erstellt über jeden nach Massgabe von Absatz 1 Buchstabe h vergebenen Auftrag eine Dokumentation.

³/² Dieses Gesetz / *Diese Vereinbarung* findet zudem keine Anwendung auf die Beschaffung von Leistungen:

a. bei Anbieterinnen / *Anbietern*, denen ein ausschliessliches Recht zur Erbringung solcher Leistungen zusteht;

b. bei anderen, rechtlich selbstständigen Auftraggeberinnen / *Auftraggebern*, die ihrerseits dem Beschaffungsrecht unterstellt sind, soweit diese Auftraggeberinnen / *Auftraggeber* diese Leistungen nicht im Wettbewerb mit privaten Anbieterinnen / *Anbietern* erbringen;

c. bei unselbstständigen Organisationseinheiten der Auftraggeberin / *des Auftraggebers*;

d. bei Anbieterinnen / *Anbietern*, über die die Auftraggeberin / *der Auftraggeber* eine Kontrolle ausübt, die der Kontrolle über ihre eigenen Dienststellen entspricht, soweit diese Unternehmen ihre Leistungen im Wesentlichen für die Auftraggeberin / *den Auftraggeber* erbringen.

⁴/³ Dieses Gesetz / *Diese Vereinbarung* findet sodann keine Anwendung auf öffentliche Aufträge:

a. wenn dies für den Schutz und die Aufrechterhaltung der äusseren oder inneren Sicherheit oder der öffentlichen Ordnung als erforderlich erachtet wird;

b. b. soweit dies erforderlich ist zum Schutz der Gesundheit oder des Lebens von Menschen oder zum Schutz der Tier- und Pflanzenwelt;

c. soweit deren Ausschreibung Rechte des geistigen Eigentums verletzen würde.

Inhaltsverzeichnis

I.	Grundlagen	1
II.	Abs. 1: Ausnahmen	6
A.	Bst. a: Gewerblicher Verkauf oder Wiederverkauf	6
B.	Bst. b: Grundstücksgeschäfte	9
C.	Bst. c: Finanzhilfen	11
D.	Bst. d: Finanzdienstleistungen	14
E.	Bst. e: Leistungen von gemeinnützigen Organisationen, Strafanstalten und Organisationen der Arbeitsintegration	16

F.	Bst. f: Verträge des Personalrechts	20
G.	Bst. g BöB: Rechtsdienstleistungen	22
H.	Bst. h BöB: Internationale Zusammenarbeit	28
I.	Bst. i Böb/Bst. g IVöB: Öffentlich-rechtliche Vorsorgeeinrichtungen	32
III.	**Abs. 2 BöB: Dokumentationspflicht**	**35**
IV.	**Abs. 3 BöB/Abs. 2 IVöB: Monopole und Vergaben innerhalb der Staatssphäre**	**36**
A.	Bst. a: Beauftragung einer Monopolistin	37
B.	Bst. b: In-state-Geschäfte	38
C.	Bst. c und d: In-house- und Quasi-In-house-Geschäfte	41
V.	**Abs. 4 BöB/Abs. 3 IVöB: Weitere Ausnahmen**	**48**
A.	Bst. a: Sicherheit und öffentliche Ordnung	49
B.	Bst. b: Gesundheits- und Umweltschutz	55
C.	Bst. c: Geistiges Eigentum	57
VI.	**Rechtsvergleichung**	**59**

I. Grundlagen

1 Die Bestimmung von BöB 10 enthält einen Ausnahmekatalog zu BöB 8 und 9. Sie listet Beschaffungen, auf welche das Gesetz insgesamt keine Anwendung findet, obwohl in den meisten Fällen eine Auftraggeberin, die subjektiv unterstellt ist (vgl. Art. 4 N 4 ff.), einen entgeltlichen synallagmatischen Vertrag i.S.v. BöB 8 abschliesst. Es geht also um Ausnahmen vom objektiven Geltungsbereich des öffentlichen Beschaffungsrechts des Bundes. Öffentliche Aufträge, welche unter die Ausnahmebestimmungen fallen, können nach Belieben der Auftraggeberin frei vergeben werden.

2 Die in BöB 10 aufgezählten Ausnahmen vom objektiven Geltungsbereich des Gesetzes sind abschliessend.[1] Die Ausnahmetatbestände stützen sich grösstenteils auf die staatsvertraglichen Verpflichtungen der Schweiz. So werden die Ausnahmen gemäss GPA 2012 II:3 und GPA 2012 III sowie die Vorbehalte der Schweiz anlässlich ihres Beitritts zum Abkommen ins Bundesrecht überführt. Vereinzelt hat das Parlament den Ausnahmebereich selbständig zusätzlich erweitert (vgl. N 16 und 32).

3 Bei der Auslegung von Ausnahmetatbeständen, die bereits in aBöB 3 vorgesehen waren, kann auf die bisherige Praxis der Vergabebehörden abgestellt werden. Abzulehnen ist jedoch die Auffassung des Bundesverwaltungsgerichts, Ausnahmebestimmungen des BöB seien stets eng auszulegen.[2] Vielmehr ist auch die Bestimmung von BöB 10 nach

---

1 Botschaft BöB, S. 1903.
2 BVGer B-7252/2007 vom 06.02.2008, E. 1.1.4 zu aBöB 3 Abs. 1 Bst. e mit Verweis auf BRK 2004–007 vom 22.09.2004, E. 1b m.w.H.

den gängigen Auslegungsregeln aufgrund ihres Wortlauts, des historischen Zusammenhangs, der Systematik des Gesetzes und ihres Sinn und Zwecks auszulegen.³

Die Ausnahmebestimmung von BöB 10 darf keinesfalls missbräuchlich angewendet werden, um unliebsame Ausschreibungen zu vermeiden, und nicht zu einer willkürlichen oder ungerechtfertigten Diskriminierung anderer Anbieterinnen führen (BV 8 und 9 sowie GPA 2012 III:2). Das Verhältnismässigkeitsprinzip ist in jedem Fall zu beachten (BV 5 Abs. 2).

IVöB 10 enthält eine weitgehend ähnlich formulierte Ausnahmebestimmung. Unterschiede bestehen bez. einzelner Tatbestände (BöB 10 Abs. 1 Bst. e, g und h, BöB 10 Abs. 2), welche in der Kommentierung zum entsprechenden Ausnahmetatbestand jeweils genauer erörtert werden.

II. Abs. 1: Ausnahmen

A. Bst. a: Gewerblicher Verkauf oder Wiederverkauf

Die Ausnahmebestimmung zu Beschaffungen im Hinblick auf den gewerblichen Verkauf oder Wiederverkauf wurde fast unverändert aus dem Staatsvertragsrecht übernommen (vgl. GPA 2012 II:2 Bst. a(ii) *e contrario*). Sie trägt dem Umstand Rechnung, dass Beschaffungen von Waren, Dienst- und Bauleistungen für den Wiederverkauf den Regeln des GATT- bzw. GATS-Abkommens unterstehen (GATT III:8 Bst. a und GATS XIII:1).⁴

Die Ausnahme greift, wenn die Auftraggeberin eine Beschaffung tätigt, um auf einem nachgelagerten Markt gewerblich – also unter Wettbewerbsbedingungen – tätig zu werden. Der Wettbewerbsdruck auf dem nachgelagerten Markt sorgt dafür, dass die Auftraggeberin die Beschaffung bereits auf dem vorgelagerten Markt effizient tätigen muss.⁵ Daher sind in diesen Fällen die Vorschriften des öffentlichen Beschaffungsrechts nicht nötig, um für wirksamen Wettbewerb (vgl. BöB/IVöB 2 Bst. d) zu sorgen. Unter die Ausnahmebestimmung fällt insb. der Einkauf von Strom oder von Baudienstleistungen, sofern ein gewerblicher Weiterverkauf des Stroms bzw. des Bauwerks an freie Endverbraucher erfolgt.⁶

Eine gewerbliche Tätigkeit darf nicht leichthin angenommen werden. Untersteht die Auftraggeberin als zentrale oder dezentrale Verwaltungseinheit dem FHG, so ist insb.

---

3 Vgl. Komm BöB-Trüeb, Art. 3 N 2 und Komm BöB-Trüeb, Art. 13 N 7 f.; BGE 114 V 298, E. 3e: Der Grundsatz, wonach Ausnahmebestimmungen restriktiv auszulegen seien, ist überholt; a.M. Galli/Moser/Lang/Steiner, Rz. 186; allgemein zu den Auslegungselementen Kramer, S. 60 ff.
4 Botschaft GPA, S. 2075 f.
5 Botschaft BöB, S. 1903; Musterbotschaft IVöB, S. 37.
6 Botschaft BöB, S. 1903; Botschaft GPA, S. 2075.

zu beachten, dass gewerbliche Leistungen nur dann erbracht werden dürfen, wenn dafür eine gesetzliche Grundlage besteht (FHG 41).

B. Bst. b: Grundstücksgeschäfte

9 Die Bestimmung von BöB/IVöB 10 Abs. 1 Bst. b beruht auf GPA 2012 II:3 Bst. a und nimmt sämtliche Grundstücksgeschäfte, also den Erwerb, die Miete oder die Pacht von Grundstücken, Bauten und Anlagen sowie der entsprechenden Rechte daran vom objektiven Geltungsbereich des Vergaberechts aus.[7] Grundstücke meint die Liegenschaften (jede Bodenfläche mit genügend bestimmten Grenzen [GBV 2 Bst. a]), die in das Grundbuch aufgenommenen selbständigen und dauernden Rechte (z.B. ein Baurecht gemäss ZGB 675), die Bergwerke und die Miteigentumsanteile an Grundstücken im Sinne der zivilrechtlichen Definition von ZGB 655 Abs. 2. Bauten sind Gebäude oder Teile davon, und unter Anlagen werden Infrastrukturbauten wie Strassen oder Mobilfunkantennen subsumiert.[8]

10 Die Ausnahme für Grundstücksgeschäfte lässt sich (teilweise) dadurch begründen, dass der Raumbedarf der Auftraggeberinnen nach BöB/IVöB 4 von einer Vielzahl von politischen, raumplanerischen und funktionalen Kriterien abhängt. Bez. des Erwerbsgegenstands wären daher häufig keine Substitutionsgüter und folglich auch kein wirklicher Markt vorhanden, auf dem Wettbewerb spielen könnte. Eine Anwendung des Beschaffungsrechts würde so in den meisten Fällen lediglich auf die Zulässigkeit des freihändigen Verfahrens (BöB/IVöB 21) hinauslaufen.[9]

C. Bst. c: Finanzhilfen

11 GPA 2012 II:3 Bst. b schliesst nichtvertragliche Vereinbarungen oder Unterstützungsleistungen (insb. Kooperationsvereinbarungen, Zuschüsse, Darlehen, Kapitalbeihilfen, Bürgschaften und Steueranreize) vom Beschaffungsrecht aus. Gestützt darauf wurde die Ausnahme für die Ausrichtung von Finanzhilfen von BöB/IVöB 10 Abs. 1 Bst. c erlassen. Sie wurde jedoch terminologisch «helvetisiert» und verweist – auf Bundesebene – auf das SuG.[10] Die Bestimmung ist ein unechter Ausnahmetatbestand zu BöB/IVöB, da bei Finanzhilfen mangels Synallagma ohnehin kein öffentlicher Auftrag vorliegt:[11] Der Empfänger von Finanzhilfen erbringt keine konkrete Gegenleistung, sondern erfüllt

---

[7] Vgl. bereits GPA 1994 Anhang I Annex 4 Anm. 3: «*Le présent accord ne s'applique pas [...] aux marchés de services qui ont pour objet l'acquisition ou la location, quelles qu'en soient les modalités financières, de terrains, de bâtiments existants ou d'autres biens immeubles ou qui concernent des droits sur ces biens.*»

[8] Botschaft BöB, S. 1903.

[9] Vgl. Beyeler, Geltungsanspruch, Rz. 1006; Zufferey/Maillard/Michel, S. 61.

[10] IVöB 10 Abs. 1 Bst. c enthält dieselbe Formulierung, ohne Bezug auf das SuG zu nehmen. Die Kantone kennen eigene Subventionserlasse, vgl. Musterbotschaft IVöB, S. 37.

[11] Vgl. Botschaft BöB, S. 1903; Musterbotschaft IVöB, S. 37.

vielmehr eine Aufgabe, an deren Förderung ein allgemeines öffentliches Interesse besteht.

Erfasst sind alle geldwerten Vorteile, die Empfängern ausserhalb der Bundesverwaltung 12
gewährt werden, um die Erfüllung einer vom Empfänger gewählten Aufgabe zu fördern
oder zu erhalten (SuG 3 Abs. 1). Charakteristisch für Finanzhilfen ist, dass der Empfänger einen geldwerten Vorteil erhält, ohne der Subventionsgeberin direkt eine marktübliche Gegenleistung zu erbringen.[12] Als Beispiele für Finanzhilfen des Bundes können
die Filmförderung (FiG 13), die Kulturförderung (KFG 25) oder Direktzahlungen an
landwirtschaftliche Betriebe (LwG 70 ff.) genannt werden. Die Kantone haben jeweils
eigene Subventionsgesetze erlassen.[13] Als Beispiel für kantonale Subventionen kann
bspw. die Vergabe von Stipendien genannt werden.[14]

Von Finanzhilfen zu unterscheiden sind Abgeltungen, d.h. Leistungen zur Milderung 13
oder zum Ausgleich finanzieller Lasten, die sich aus der Erfüllung bundesrechtlich vorgeschriebener oder übertragener öffentlicher Aufgaben ergeben (SuG 3 Abs. 2). Hat die
Zusprechung einer Abgeltung einen Ausschlusscharakter, so sind die Regeln von BöB/
IVöB 9 einschlägig (vgl. Art. 9 N 30 ff.).

D.   Bst. d: Finanzdienstleistungen

Die Bestimmung beruht im Wesentlichen auf GPA 2012 II:3 Bst. c. und nimmt – etwas 14
offener formuliert als die staatsvertragliche Norm – alle Verträge über Finanzdienstleistungen im Zusammenhang mit Finanzinstrumenten vom objektiven Geltungsbereich
des BöB bzw. der IVöB aus. Unter den Begriff der Finanzinstrumente fallen sämtliche
Beteiligungs- und Forderungspapiere, Anteile an kollektiven Kapitalanlagen, strukturierte Produkte, Derivate, Anleihensobligationen sowie gewisse Einlagen (vgl. FIDLEG 3
Bst. a). Auch der Begriff Finanzdienstleistungen ist in Übereinstimmung mit der Legaldefinition des FIDLEG auszulegen.[15]

Unter diese Ausnahmebestimmung fallen somit insb. die Bewirtschaftung von öffent- 15
lichen Schulden durch Verwaltungseinheiten, die Liquiditäts- und Fremdwährungs-

---

12 BBl 1987 I 369, S. 382.
13 Vgl. etwa Staatsbeitragsgesetz des Kantons Zürich vom 01.04.1990 (LS 132.2); Subventionsgesetz des Kantons Wallis vom 13.11.1995 (SGS 616.1); Staatsbeitragsgesetz des Kantons Basel-Stadt vom 11.12.2013 (SG 610.500).
14 Vgl. etwa Gesetz über die Ausbildungsbeiträge des Kantons Bern vom 18.11.2004 (BSG 438.31).
15 Botschaft BöB, S. 1904; FIDLEG 3 Bst. c: Finanzdienstleistungen sind die folgenden für Kundinnen und Kunden (vgl. FIDLEG 4) erbrachten Tätigkeiten: (1) der Erwerb oder die Veräusserung von Finanzinstrumenten, (2) die Annahme und Übermittlung von Aufträgen, die Finanzinstrumente zum Gegenstand haben, (3) die Verwaltung von Finanzinstrumenten (Vermögensverwaltung), (4) die Erteilung von persönlichen Empfehlungen, die sich auf Geschäfte mit Finanzinstrumenten beziehen (Anlageberatung), (5) die Gewährung von Krediten für die Durchführung von Geschäften mit Finanzinstrumenten.

bewirtschaftung durch Zentralbanken sowie jegliche Vermögensbewirtschaftung im Bereich der Finanzinstrumente, etwa durch Organe der ersten und zweiten Säule (Ausgleichsfonds AHV/IV/EO oder Compenswiss).[16]

E. Bst. e: Leistungen von gemeinnützigen Organisationen, Strafanstalten und Organisationen der Arbeitsintegration

16 Die Ausnahmebestimmung von BöB/IVöB 10 Abs. 1 Bst. e entspricht weitgehend aBöB 3 Abs. 1 Bst. a bzw. aIVöB 10 Abs. 1 Bst. a: Aufträge an Behinderteninstitutionen, Wohltätigkeitseinrichtungen und Strafanstalten sind dem Beschaffungsrecht nicht unterstellt. Der Gesetzgeber nutzt damit die staatsvertraglich gewährte Freiheit der Vertragsparteien, Massnahmen in Bezug auf von Behinderten, Wohltätigkeitseinrichtungen oder Strafgefangenen hergestellte Waren zu beschliessen und durchzusetzen (GPA 2012 III:2 Bst. d), und erweitert die Ausnahme durch die Verwendung des Begriffs «Aufträge» auch auf Bau- und Dienstleistungen. Der Ausnahmetatbestand wird damit begründet, dass die Anbieterinnen in diesen Fällen nicht gewinnorientiert handeln, sondern ideelle Zwecke – wie die Förderung sozial schwacher Gruppen oder die Wiedereingliederung von Straftätern in die Gesellschaft – verfolgen.[17] Entscheidend ist einerseits, dass die Anbieterin nicht aus kommerziellen Motiven handelt, andererseits aber auch, dass die Anbieterin von der Auftraggeberin nicht auf kommerzieller Basis beauftragt wird. Es ist insbesondere zu eruieren, ob die Auftraggeberin eine möglichst günstige Aufgabenerfüllung oder vielmehr die Unterstützung einer gemeinnützigen Organisation anstrebt. Eine Auftraggeberin, welche die für sie günstigste Anbieterin von Spitex-Leistungen auswählt und das Zuschlagskriterium «Preis» mit 80 % gewichtet, handelt kommerziell, selbst wenn sie in der Ausschreibung nach einem «Non-Profit-Unternehmen» sucht, das – abgesehen von betriebsnotwendigen Reserven – keinen Gewinn erzielt. [BGer 2C_861/2017 vom 12.10.2017, E. 3.7.]

17 Das Bundesparlament hat im Rahmen der Totalrevision neu auch Aufträge an Organisationen der Arbeitsintegration vom Beschaffungsrecht ausgenommen.[18] Darunter fallen insb. Aufträge an Anbieterinnen von Dienstleistungen im Zusammenhang mit ar-

---

16 Botschaft BöB, S. 1903 f. Die Botschaft nennt als Beispiel zudem die Pensionskasse des Bundes PUBLICA. Diese ist aber aufgrund der parlamentarischen Ergänzung des Gesetzes durch die Ausnahmebestimmung in BöB 10 Abs. 1 Bst. i dem Beschaffungsrecht faktisch gar nicht mehr unterstellt; vgl. N 32 ff.

17 Komm BöB-TRÜEB, Art. 3 N 6; BEYELER, Geltungsbereich, Rz. 85; BEYELER, Geltungsanspruch, Rz. 708 ff.

18 Der französische Wortlaut der Bestimmung «*des organismes d'insertion socioprofessionnelle*» liesse eine weitere Auslegung der Ausnahmebestimmung auf Organisationen der sozialen oder beruflichen Integration zu. Die ursprünglichen Antragsteller waren sich in der Parlamentsdebatte aber einig, dass nur die Organisationen der Arbeitsintegration gemeint sind (vgl. AB 2018 NR 1000, S. 1000 ff.).

beitsmarktlichen Massnahmen gemäss Art. 59 ff. AVIG,[19] der Arbeitsintegration von vorläufig Aufgenommenen und Asylsuchenden oder der beruflichen Wiedereingliederung von Menschen mit Anspruch auf Leistungen der Invalidenversicherung. Auf die Ausnahmebestimmung können sich insb. Auftraggeberinnen wie das SECO, das SEM oder auch das BSV berufen.

Die parlamentarische Ergänzung der Ausnahmebestimmung ist völkerrechtswidrig.[20] Sie führt zu einer unerlaubten Ausdehnung der allgemeinen Ausnahme von GPA 2012 III:2 Bst. d. Organisationen der Arbeitsintegration können nicht allgemein unter den Begriff der Wohltätigkeitseinrichtungen subsumiert werden. Bei diesen Organisationen handelt es sich zum Teil um öffentlich-rechtliche Organisationen, zum Teil um private Vereine und Gesellschaften.[21] Oft verfolgen die privatrechtlich organisierten Anbieterinnen keinen rein ideellen Zweck, sondern sind kommerziell motiviert und damit gewerblich tätig.[22] Die Ergänzung von BöB 10 Abs. 1 Bst. e entspricht einer Änderung des Geltungsbereichs des GPA 2012. Die Schweiz ist verpflichtet, eine solche Änderung dem Ausschuss für das öffentliche Beschaffungswesen der WTO zu notifizieren (GPA 2012 XIX:1). Gegen eine solche Notifizierung können alle Vertragsparteien Einwände erheben. Ist dies der Fall, folgt ein Konsultationsverfahren zur Ausräumung der Einwände und allenfalls ein Schiedsverfahren zur Streitbeilegung (GPA 2012 XIX und XX).

18

Die überwiegende Mehrheit der Aufträge an Organisationen der Arbeitsintegration wird über kantonale Stellen abgewickelt, die nicht dem BöB, sondern dem kantonalen Vergaberecht unterstehen. In der bisherigen Praxis wurde etwa die Vergabe von Aufträgen im Zusammenhang mit arbeitsmarktlichen Massnahmen in den Kantonen unterschiedlich gehandhabt. Während in den meisten deutschsprachigen Kantonen diese Massnahmen in der Regel ausgeschrieben werden, ist dies in der lateinischen Schweiz bislang nicht der Fall.[23] Auch die IVöB enthält neu eine entsprechende Ausnahme für Organisationen der Arbeitsintegration, wobei es den Kantonen gemäss IVöB 63 Abs. 4 überlassen bleibt, im Rahmen kantonaler Ausführungsbestimmungen – und unter Beachtung der internationalen Verpflichtungen der Schweiz – eine Unterstellung unter

19

---

19 Arbeitsmarktliche Massnahmen umfassen bspw. Bildungsmassnahmen wie Umschulungs- oder Weiterbildungskurse und Beschäftigungsmassnahmen wie Berufspraktika oder Motivationssemester.
20 Vgl. Votum Bundesrat Maurer (AB 2018 SR 963, S. 972).
21 Vgl. die Mitgliederliste des Vereins Arbeitsintegration Schweiz, abrufbar unter <http://www.arbeitsintegrationschweiz.ch/mitglieder> (zuletzt besucht am 06.11.2019).
22 Musterbotschaft IVöB, S. 38.
23 Vgl. Votum BISCHOF (AB 2018 SR 963, S. 970 f.); Musterbotschaft IVöB, S. 38; Ausnahmen sind die Kantone Basel-Stadt und Basel-Landschaft, die arbeitsmarktliche Massnahmen explizit vom Anwendungsbereich des Beschaffungsrechts ausschliessen: § 3 Abs. 2 des Gesetzes über öffentliche Beschaffungen vom 20.05.1999 des Kantons Basel-Stadt (SG 914.100); § 3 Abs. 2 des Gesetzes über öffentliche Beschaffungen vom 03.06.1999 des Kantons Basel-Landschaft (SGS 420).

das Beschaffungsrecht festzulegen.[24] Die entsprechende Ergänzung der IVöB ist – im Staatsvertragsbereich – ebenso wie die Bestimmung des BöB (vgl. N 18) völkerrechtswidrig und daher der WTO zu notifizieren.

F. Bst. f: Verträge des Personalrechts

20 Die Anstellung von Personal durch eine öffentliche Auftraggeberin ist – unabhängig davon, ob die Anstellung gestützt auf eine Anstellungsverfügung oder einen privatrechtlichen Vertrag erfolgt – vom objektiven Geltungsbereich des Beschaffungsrechts ausgenommen. Die Ausnahmebestimmung beruht auf GPA 2012 II:3 Bst. d. und stellt eine unechte Ausnahme zu BöB/IVöB 8 dar,[25] denn bei der Anstellung von Personal handelt es sich nicht um einen öffentlichen Auftrag:[26] Der Anstellungsvertrag dient nicht unmittelbar der Erfüllung einer konkreten öffentlichen Aufgabe, sondern bezweckt die Integration der Mitarbeiterin oder des Mitarbeiters in die Arbeitsorganisation der öffentlichen Auftraggeberin. Das Vergaberecht ist zudem für Verträge des Personalrechts nicht geeignet, da die Auswahl von Mitarbeitenden – mit Ausnahme von objektivierbaren beruflichen Qualifikationen – hauptsächlich auf nichtwirtschaftlichen, subjektiven Kriterien des Arbeitgebers beruht.[27] Trotz der Vergaberechtsfreiheit des Personalrechts müssen offene Stellen teilweise aufgrund spezialgesetzlicher Vorschriften öffentlich ausgeschrieben werden (vgl. BPG 7).

21 Der Personalverleih ist – anders als die unmittelbare Anstellung von Personal – dem Beschaffungsrecht unterstellt. Beim Personalverleih geht es nicht um das Verhältnis zwischen einer öffentlichen Auftraggeberin und einer einzelnen Arbeitskraft, sondern um die entgeltliche Dienstleistung der Zurverfügungstellung von Arbeitskräften durch eine Anbieterin.[28] Massgebend für die Unterscheidung zwischen Personalanstellung und Personalverleih ist die Eingliederung der Arbeitnehmenden in die Arbeitsorganisation der öffentlichen Auftraggeberin (Personaladministration, Tragung Sozialasten, Lohnfortzahlungsrisiko). Der Personalverleih ist allerdings nicht im Dienstleistungskatalog von GPA 2012 Anhang 1 Annex 5 bzw. BöB Anhang 3 aufgeführt und fällt somit nicht in den Staatsvertragsbereich. Er ist daher nach den Bestimmungen zu öffentlichen Aufträgen ausserhalb des Staatsvertragsbereichs zu behandeln (vgl. BöB Anhang 5). Zusätzlich sind die Vorschriften des AVG anwendbar (insb. Bewilligungspflicht).

---

24 Musterbotschaft IVöB, S. 38.
25 Bereits unter dem GPA 1994 hatte die Schweiz die Anstellung von Personal ausgeschlossen (GPA 1994 Anhang I Annex 4 Anm. 4).
26 Botschaft BöB, S. 1904; Musterbotschaft IVöB, S. 38.
27 BEYELER, Geltungsanspruch, Rz. 1088.
28 BVGE 2011/17 E. 2 und 5.4; BEYELER, Geltungsanspruch, Rz. 1093.

G. Bst. g BöB: Rechtsdienstleistungen

Neu unterstehen Beratungsdienstleistungen auf dem Gebiet des Rechts des Herkunfts- 22
landes und des Völkerrechts dem Beschaffungsrecht und sind öffentlich auszuschreiben
(vgl. Positivlisten in GPA 2012 Anhang 1 Annex 5 und BöB Anhang 3).[29] Von dieser
grundsätzlichen Unterstellung ausgenommen ist die anwaltliche Vertretung des Bundes
oder eines öffentlichen Unternehmens des Bundes (z.B. SBB, Post, Skyguide, RUAG) in
nationalen oder internationalen Schiedsgerichts-, Schlichtungs- oder Gerichtsverfahren
(BöB 10 Abs. 1 Bst. g Ziff. 1).[30] Die Ausnahmebestimmung erfasst insb. Beratung bez.
Klagen gegen den Bund, etwa vor dem IGH oder dem EGMR, Streitschlichtungsverfahren im Rahmen der WTO oder von Freihandelsabkommen, aber auch Beratung im
Hinblick auf nationale Verfahren vor Zivilgerichten, etwa in Staatshaftungsfällen. Ausgenommen sind zudem mit dem Rechtsberatungsmandat zusammenhängende Dienstleistungen, also etwa Dokumentations- und Übersetzungsdienstleistungen oder Expertenmandate (z.B. Sachverständigengutachten).[31]

Gegen eine Ausschreibung von Rechtsberatungsdienstleistungen im Hinblick auf solche 23
Verfahren sprechen einerseits prozesstaktische Gründe: Der Bund hat ein legitimes Interesse daran zu verhindern, dass der Streitgegenstand oder die Identität der Rechtsvertretung vor der Fällung eines rechtskräftigen Urteils aufgrund von Ausschreibungspflichten bekannt wird. Zudem birgt die Einsicht verschiedener Anwältinnen und
Anwälte in Details des Falls die Gefahr eines Nachteils im Verfahren, wenn bspw. ein
in der Ausschreibung nicht berücksichtigter Anwalt plötzlich die Gegenseite vertritt.
Andererseits verunmöglichen die prozessualen Fristen in Verfahren, in denen der Bund
als beklagte Partei auftritt, eine vorgängige Ausschreibung der Beratungsleistungen.
Schliesslich ist auch zu berücksichtigen, dass zwischen Anwältinnen und Anwälten
und ihren Klientinnen und Klienten ein besonderes Vertrauensverhältnis entsteht,
was grundsätzlich gegen einen stetigen Wechsel der Rechtsvertretung spricht.

Vom objektiven Geltungsbereich ausgenommen ist zudem die anwaltliche Beratung im 24
Hinblick auf ein mögliches Schiedsgerichts-, Schlichtungs- oder Gerichtsverfahren,
wenn eine hohe Wahrscheinlichkeit besteht, dass die Angelegenheit, auf die sich die Beratung bezieht, Gegenstand eines solchen Verfahrens werden wird (Ziff. 2). Für juristische Laien sowie für rechtlich geschultes Personal des Bundes ist es regelmässig schwer
abzuschätzen, ob eine hohe Wahrscheinlichkeit einer (schieds)gerichtlichen Auseinandersetzung besteht. Die Ausnahmebestimmung in BöB 10 Abs. 1 Bst. g Ziff. 2 ist folglich
weit auszulegen. Eine Ausschreibung hat lediglich dann zu erfolgen, wenn es um allgemeine rechtliche Abklärungen oder Beratung ohne Bezug zu einem konkreten Fall geht

---

29 In der Positivliste des GPA 1994 Anhang I Annex 4 waren Rechtsdienstleistungen nicht enthalten.
30 Das EU-Recht kennt einen ähnlichen Ausnahmetatbestand: RL 2014/24/EU 10 Bst. d Ziff. i und ii;
allgemein zu den Ausnahmen vom objektiven Geltungsbereich im EU-Beschaffungsrecht vgl.
N 59 ff.
31 Botschaft BöB, S. 1904 f.

(z.B. die Erstellung eines Gutachtens) oder wenn auch für juristische Laien offensichtlich ist, dass kein Prozessrisiko besteht.

25 Schliesslich sind auch Rechtsberatungsdienstleistungen im Hinblick auf ein streitiges Verwaltungsverfahren – etwa eine Untersuchung der Wettbewerbskommission – von BöB 10 Abs. 1 Bst. g Ziff. 2 erfasst, da solche Verfahren in der Regel eine genügend hohe Wahrscheinlichkeit implizieren, in ein Gerichtsverfahren zu münden. Dies ist auch vom Ergebnis her richtig, da die Gründe, die für eine Ausnahme für die Rechtsberatung im Hinblick auf Gerichtsverfahren sprechen (Prozessrisiko, Fristen, Vertrauensverhältnis), auch bez. eines Verwaltungsverfahrens einschlägig sind, selbst wenn die erstinstanzliche Behörde regelmässig kein Gericht ist. BöB 10 Abs. 1 Bst. g Ziff. 1 wäre deshalb aufgrund seines Sinn und Zweckes *contra legem* auszulegen, sodass auch streitige Verwaltungsverfahren erfasst sind.[32] In Ausnahmefällen könnten auch Rechtsdienstleistungen im Hinblick auf eine kontroverse Beschaffung vom Vergaberecht ausgenommen sein, sofern die Behörde bereits vor Erstellen der Ausschreibungsunterlagen erkennt, dass die Angelegenheit mit hoher Wahrscheinlichkeit Gegenstand eines Gerichtsverfahrens wird. Die Bestimmung kann folglich auch den Beizug externer Rechtsberatungsdienstleistungen durch eine erstinstanzliche Verwaltungsinstanz erfassen, sofern absehbar ist, dass eine hohe Wahrscheinlichkeit einer Anfechtung der Verfügung vor einer gerichtlichen Instanz besteht.

26 Das Gesetz beschränkt die anwaltliche Vertretung nicht auf gemäss BGFA zugelassene Anwältinnen und Anwälte. Damit fallen auch entsprechende Rechtsberatungsleistungen von Anwältinnen und Anwälten, die im Ausland zugelassen sind, unter die Ausnahmebestimmung, was insb. im Hinblick auf internationale Schieds- oder Gerichtsverfahren durchaus sinnvoll erscheint.

27 IVöB 10 sieht keine entsprechende Ausnahmebestimmung für Rechtsdienstleistungen zur Vertretung der Kantone vor. Damit sind auf kantonaler Ebene im Staatsvertragsbereich grundsätzlich sämtliche Rechtsdienstleistungen der Positivliste in GPA 2012 Anhang 1 Annex 5 ausschreibungspflichtig. In vielen Fällen können Rechtsdienstleistungen jedoch aufgrund kurzer Verfahrensfristen als dringliche Beschaffungen im freihändigen Verfahren vergeben werden (vgl. IVöB 21 Abs. 2 Bst. d).

H. Bst. h BöB: Internationale Zusammenarbeit

28 Die Ausnahmetatbestände von Bst. h beruhen im Wesentlichen auf GPA 2012 II:3 Bst. e und waren grösstenteils bereits in aBöB 3 Abs. 1 Bst. b–d enthalten.

29 Zunächst sind Beschaffungen für kurzfristige Massnahmen der internationalen humanitären Nothilfe und im Bereich der Agrar- und Ernährungshilfe nicht dem BöB unterstellt (BöB 10 Abs. 1 Bst. h Ziff. 1). Kurzfristig sind bspw. unmittelbare Hilfeleistungen

---

32 Auch die europäische Ausnahmebestimmung, an welcher sich die schweizerische Regelung orientiert, beinhaltet Verfahren vor «Behörden eines Mitgliedstaats»; vgl. RL 2014/24/EU 10 Bst. d Ziff. i.

für die Opfer von Naturkatastrophen. In solch dringlichen Fällen wäre eine Zeitverzögerung oder ein Aufschub von Massnahmen aufgrund des Beschaffungsrechts unverhältnismässig. Die Vorsorge oder Planung bez. solcher Ereignisse ist hingegen dem Beschaffungsrecht unterstellt.[33]

In der internationalen Zusammenarbeit sind die Beschaffungsregeln grundsätzlich durch internationale Abkommen zur Stationierung von Truppen bzw. zur Durchführung gemeinsamer Projekte oder durch Verfahrensvorschriften internationaler Organisationen koordiniert, weshalb es in diesen Fällen nicht angebracht wäre, nationalstaatliches Beschaffungsrecht anzuwenden (BöB 10 Abs. 1 Bst. h Ziff. 2 und 3). Sofern bez. internationaler Zusammenarbeit keine solchen internationalen Abkommen oder Verfahrensvorschriften bestehen, kommt das schweizerische Beschaffungsrecht nur zur Anwendung, wenn im Empfängerstaat kein äquivalentes lokales Verfahren vorhanden ist (BöB 10 Abs. 1 Bst. h Ziff. 4). Der Bund soll auch in diesen Fällen die Möglichkeit haben, im Rahmen internationaler Zusammenarbeit lokale Ausschreibungen mit lokalem Anbieterkreis im Empfängerstaat durchzuführen, um die lokalen Kapazitäten zu fördern (vgl. Art. 5 und 6 des Bundesgesetzes über die internationale Entwicklungszusammenarbeit und humanitäre Hilfe[34]).[35]

30

IVöB 10 sieht – im Gegensatz zu aIVöB 10 Abs. 1 Bst. b und d – keine entsprechende Ausnahmebestimmung für die Kantone vor, obwohl die Kantone eigentlich völkerrechtliche Verträge in ihren Zuständigkeitsbereichen schliessen dürften, soweit sie dem Recht und den Interessen des Bundes sowie den Rechten anderer Kantone nicht zuwiderlaufen (BV 56).

31

I. Bst. i Böb/Bst. g IVöB: Öffentlich-rechtliche Vorsorgeeinrichtungen

Das BöB findet keine Anwendung auf die öffentlich-rechtlichen Vorsorgeeinrichtungen des Bundes. Die Bestimmung stellt dogmatisch gesehen eigentlich keine Ausnahme vom objektiven Geltungsbereich des BöB dar. Vielmehr beinhaltet Bst. i eine faktische Ausnahme zur subjektiven Unterstellung der Bundesverwaltung. Das Parlament hat den Ausnahmetatbestand für öffentlich-rechtliche Vorsorgeeinrichtungen des Bundes im Rahmen der parlamentarischen Beratung des Gesetzesentwurfs eingefügt. Es bezweckte damit, die Pensionskasse des Bundes PUBLICA, aber auch andere öffentlich-rechtlichen Vorsorgeeinrichtungen des Bundes wie die Pensionskasse Post, die Pensionskasse SBB oder die comPlan generell vom Anwendungsbereich des BöB auszunehmen. Dadurch müssen diese Einrichtungen nicht nur bei Anlageentscheiden i.S.v. BöB 10 Abs. 1

32

---

33 Botschaft BöB, S. 1905.
34 Bundesgesetz über die internationale Entwicklungszusammenarbeit und humanitäre Hilfe vom 19.03.1976 (SR 974.0).
35 Botschaft BöB, S. 1905.

Bst. d, sondern auch bei allen anderen Beschaffungen kein Vergabeverfahren durchzuführen.[36]

33 Zumindest die Pensionskasse des Bundes PUBLICA wäre eigentlich gemäss der Positivliste in GPA 2012 Anhang 1 Annex1 Ziff. I.6.1 dem Beschaffungsrecht subjektiv zu unterstellen.[37] BöB 10 Abs. 1 Bst. i ist völkerrechtswidrig, zumal der Vorbehalt von GPA Annex 7 Ziff. C.1 nur die Anlage der Mittel der Versicherten und nicht sämtliche Tätigkeiten der Vorsorgeeinrichtungen (etwa Bautätigkeiten zwecks Anlage oder aber die Beschaffung der eigenen Infrastruktur) erfasst. Die Schweiz ist verpflichtet, die beabsichtigte Änderung des staatsvertraglichen Geltungsbereichs im Verfahren gemäss GPA 2012 XIX der WTO zu notifizieren.[38]

34 Die IVöB 10 Abs. 1 Bst. g enthält eine entsprechende Ausnahmebestimmung für die öffentlich-rechtlichen Vorsorgeeinrichtungen der Kantone und Gemeinden. Den Kantonen steht es aber frei, Pensionskassen gestützt auf IVöB 63 Abs. 4 im Rahmen kantonaler Ausführungsbestimmungen dem Beschaffungsrecht zu unterstellen.[39] Damit können die momentan unterschiedlichen geltenden Regelungen in den Kantonen beibehalten werden. So sieht etwa SubmD 5 Abs. 1 Bst. a explizit vor, dass Anstalten des Kantons, wozu auch kantonale öffentlich-rechtliche Vorsorgeeinrichtungen gehören, dem Vergaberecht subjektiv unterstellt sind.[40] IVöB 10 Abs. 1 Bst. g ist – wie BöB 10 Abs. 1 Bst. i – im Staatsvertragsbereich völkerrechtswidrig und der WTO zu notifizieren, da eine generelle Ausnahme von öffentlichen Vorsorgeeinrichtungen (unabhängig von ihrer Unterstellung im Einzelfall nach Massgabe von Art. 4) im GPA 2012 nicht vorgesehen ist (vgl. N 33).

III. Abs. 2 BöB: Dokumentationspflicht

35 Diese Bestimmung stellt klar, dass zur internationalen Hilfe und Zusammenarbeit vergebene Aufträge (BöB 10 Abs. 1 Bst. h) aus Transparenzgründen[41] von der Auftraggeberin nachvollziehbar zu dokumentieren sind. Eine solche Pflicht gilt aufgrund verfassungs- und verwaltungsrechtlicher Prinzipien ohnehin für alle Auftraggeberinnen i.S.v. BöB 4, auch wenn das BöB nicht anwendbar ist. Die Träger einer öffentlichen Auf-

---

36 Vgl. Votum BISCHOF (AB 2018 SR 963, S. 970 f.).
37 Da die Positivliste des GPA 2012 im Gegensatz zu derjenigen des GPA 1994 nur exemplarisch ist, wäre es denkbar, auch die anderen öffentlich-rechtlichen Vorsorgeeinrichtungen des Bundes als unterstellt zu betrachten; vgl. die Formulierung in GPA 2012 Anhang I Annex 1: «Indikative Liste der Beschaffungsstellen»; Botschaft BöB, S. 1888.
38 Zum Notifizierungsverfahren nach GPA 2012 vgl. N 18.
39 Musterbotschaft IVöB, S. 38 f.
40 Vgl. hierzu BGE 142 II 369, E. 3 und 4: Das Bundesgericht verneinte eine Unterstellung der Aargauischen Pensionskasse unter den subjektiven Geltungsbereich des GPA 1994 und liess offen, ob die Voraussetzungen von IVöB 8 Abs. 1 Bst. a erfüllt waren. Allerdings bestätigte es eine Ausschreibungspflicht aufgrund des weiter gefassten kantonalen Beschaffungsrechts.
41 Botschaft BöB, S. 1905.

gabe auf kantonaler und Bundesebene haben stets eine Pflicht zur Aktenführung, Begründung und Rechenschaftsablage.[42] Durch die Dokumentation muss insb. nachvollziehbar sein, welche Beschaffung frei vergeben wurde, wie und aus welchen Gründen der Auftragsempfänger ausgewählt wurde, auf welcher Grundlage der Preis der Leistung berechnet wurde und aus welchen Gründen ein Ausnahmetatbestand von BöB/IVöB 10 einschlägig war.

IV. Abs. 3 BöB/Abs. 2 IVöB: Monopole und Vergaben innerhalb der Staatssphäre

BöB/IVöB 10 Abs. 3/2 nimmt unterschiedliche Konstellationen vom objektiven Geltungsbereich des Gesetzes aus, in welchen die öffentliche Hand selbst oder eine von ihr geschaffene Monopolistin als Anbieterin auftritt. Die Ausnahmen beruhen auf den in der Lehre abgegrenzten Fallgruppen der rechtlichen Monopole, der In-state-, In-house- sowie der Quasi-In-house-Beschaffungen (privilegierte Vergaben innerhalb der Staatssphäre).[43] Für Sektorenunternehmen (vgl. Art. 4 N 33 ff.) ist BöB/IVöB 10 Abs. 3/2 im Lichte der *Notes relatives* zu GPA 1994 Anhang I Annex 4 und in Übereinstimmung mit BilatAbk Anhang VIII auszulegen.[44] 36

A. Bst. a: Beauftragung einer Monopolistin

Die Bestimmung beruht auf dem Vorbehalt der Schweiz in GPA 2012 Anhang I Annex 7 Ziff. B.2: Eine Beschaffung von Gütern, Dienst- und Bauleistungen ist vom Beschaffungsrecht ausgenommen, wenn diese nur von einer einzigen Anbieterin erbracht werden kann, die aufgrund einer Gesetzes-, Reglements- oder Verwaltungsbestimmung über ein Monopol (z.B. für die Beschaffung von Trinkwasser oder Energie) verfügt. Die Anwendung des Beschaffungsrechts ist zwecklos, wenn es von Gesetzes wegen nur eine mögliche Anbieterin gibt. Der Auftraggeberin fehlen Auswahl- bzw. Ausweichmöglichkeiten.[45] Mit der Erteilung einer Monopolkonzession greift der Staat bewusst ordnend in das Marktgeschehen ein und verzichtet aus übergeordneten Interessen auf wirksamen Wettbewerb und die Anwendung des Beschaffungsrechts. Einschlägig sind die massgebenden spezialgesetzlichen Regeln. Faktische Monopolstellungen werden von BöB/IVöB 10 Abs. 3/2 Bst. a hingegen nicht erfasst, ermöglichen aber gemäss BöB/IVöB 21 Abs. 2 Bst. c eine freihändige Vergabe (vgl. Art. 21 N 13 ff.). 37

---

42 Vgl. HÄFELIN/MÜLLER/UHLMANN, Rz. 1552 ff.; Weisungen über die Aktenführung in der Bundesverwaltung vom 13.06.1999 (BBl 1999 5428 ff.); Begründungspflicht für Verfügungen in VwVG 35 als Ausfluss des rechtlichen Gehörs gemäss BV 29a.
43 BEYELER, Geltungsanspruch, Rz. 801 ff., 1139 ff.; Komm BöB-TRÜEB, Art. 5 N 9 ff.; GALLI/MOSER/LANG/STEINER, Rz. 244 ff. jeweils m.w.H.
44 Botschaft BöB, S. 1906.
45 BEYELER, Geltungsanspruch, Rz. 803.

B. Bst. b: In-state-Geschäfte

38 Die Erteilung von Aufträgen durch eine öffentliche Auftraggeberin an eine rechtlich selbständige, öffentliche Körperschaft, die ausschliesslich für öffentliche Auftraggeberinnen im Rahmen der Erfüllung einer öffentlichen Aufgabe der Auftraggeberin tätig ist, kann unter das Privileg der als In-state- bzw. Inter-state-Vergaben bezeichneten Geschäfte fallen.[46] In-state-Geschäfte sind Zusammenarbeitsformen zwischen verschiedenen öffentlich-rechtlichen Auftraggeberinnen, vor allem in interkommunalen Zweckverbänden (bspw. bei der Abfallentsorgung), aber etwa auch zwischen verschiedenen Universitäten. Ähnlich der In-house-Vergabe (vgl. N 41 ff.) sind auch In-state-Geschäfte in der Regel nicht ausschreibungspflichtig, solange sie wettbewerbsneutral erfolgen.[47]

39 Die Ausnahmebestimmung von BöB/IVöB 10 Abs. 3/2 Bst. b nimmt daher die Beschaffung von Leistungen bei anderen (rechtlich selbständigen) öffentlichen Auftraggeberinnen, die ihrerseits dem Beschaffungsrecht unterstellt sind, vom Anwendungsbereich des BöB bzw. der IVöB aus, soweit diese Leistungen nicht im Wettbewerb mit privaten Anbieterinnen erbracht werden. Für diese Ausnahme hat die Schweiz in GPA 2012 Anhang I Annex 7 Ziff. B.1 einen Vorbehalt angebracht. Die In-state-Ausnahme von BöB/IVöB 10 Abs. 3 Bst. b setzt voraus, dass an der Leistungserbringerin keine Privaten beteiligt sind. Bereits eine Minderheitsbeteiligung Privater schliesst die Anwendung der Ausnahmebestimmung aus.[48] Ob die Leistungserbringerin subjektiv dem bundesrechtlichen oder kantonalen Beschaffungsrecht untersteht, ist hingegen unbeachtlich.[49]

40 Gemäss BEYELER schliesst jede Gewinnstrebigkeit des Leistungserbringers aus, dass Aufträge vergaberechtsfrei erteilt werden können. Das Unternehmen dürfe nur kostendeckend tätig sein. Ist ein Sektorenunternehmen ausserhalb des Kernbereichs gewerblich tätig, solle es nicht mehr von anderen öffentlichen Auftraggebern vergaberechtsfrei beauftragt werden dürfen.[50] Bei In-state-Vergaben kann nach der hier vertretenen Meinung die Gewinnstrebigkeit des Leistungserbringers jedoch nicht allein massgebend sein. Relevant sind die Wettbewerbseffekte eines Geschäfts im Einzelfall. Nicht mehr wettbewerbsneutral ist die Beauftragung einer staatlichen oder staatsnahen Organisation dann, wenn dadurch direkt oder indirekt kommerzielle Tätigkeiten finanziert werden und dadurch der Wettbewerb zulasten Dritter verzerrt wird (vgl. Art. 2 N 33 ff.). Davon ist bspw. dann auszugehen, wenn die leistungserbringende SBB-Gesellschaft erhebliche Leistungen in Konkurrenz mit Privaten erbringt (also ausserhalb ihres Monopolbereichs tätig ist) und die Gewinne aus der Erbringung von Leistungen an die öffent-

---

[46] Vgl. EuGH C-15/13 vom 08.05.2014 (TU Hamburg-Harburg); grundsätzlich zu In-state-Geschäften vgl. LUDIN, Rz. 587 ff.
[47] Vgl. GALLI/MOSER/LANG/STEINER, Rz. 256.
[48] Botschaft BöB, S. 1906; BEYELER, Geltungsanspruch, Rz. 1302.
[49] Botschaft BöB, S. 1906; Musterbotschaft IVöB, S. 39.
[50] BEYELER, Geltungsanspruch, Rz. 1300 ff.; vgl. auch GALLI/MOSER/LANG/STEINER, Rz. 256.

lichen Auftraggeber, seien sie monetärer oder immaterieller Natur wie etwa die Übertragung von Know-how, ihre Wettbewerbsangebote (quer)subventionieren können.[51]

C. Bst. c und d: In-house- und Quasi-In-house-Geschäfte

In der Lehre[52] wird überwiegend vertreten, für sog. In-house- bzw. Quasi-In-house-Vergaben analoge Regelungen anzuwenden, wie sie der EuGH für das europäische Recht entwickelt hat.[53] In-house-Vergaben betreffen eine ähnliche Problematik und oft gleiche Situationen wie konzerninterne Vergaben. Die analoge Anwendung der Rechtsprechung des EuGH ist etwa im Sektor Schienenverkehr insb. angezeigt, weil dieser Sektor (erst) durch die Bilateralen Verträge mit der EG dem BöB unterstellt wurde (vgl. BilatAbk 3). 41

Sog. «In-house-Vergaben» unterstehen grundsätzlich nicht dem Vergaberecht (BöB/IVöB 10 Abs. 3/2 Bst. c), können also ohne öffentliche Ausschreibung durchgeführt werden. Bei der echten In-house-Vergabe wird die Leistung durch eine interne Stelle erbracht, die dem gleichen Rechtsträger wie die dem Vergaberecht unterstellte Auftraggeberin zugehört. Es liegt kein Austauschgeschäft, mithin keine Beschaffung im Sinne des öffentlichen Vergaberechts vor. Der «*Make or buy*»-Entscheid ist vergaberechtsfrei.[54] So sind etwa alle Verwaltungseinheiten der zentralen Bundesverwaltung gemäss RVOV 7 als unselbständig zu qualifizieren, weshalb das Beschaffungsrecht bei Leistungen, welche durch diese Verwaltungseinheiten untereinander erbracht werden, nicht anwendbar ist. 42

Bei «Quasi-In-house-Vergaben» liegt zwar ein Vertrag zwischen zwei verschiedenen Rechtsträgern vor, diese sind aber wirtschaftlich identisch, weil die Auftraggeberin die Anbieterin beherrscht.[55] Auch eine solche Konstellation stellt in Anlehnung an die Rechtsprechung des EuGH dann keine dem Vergaberecht unterstellte Beschaffung dar, wenn: 43

a. die Leistungserbringerin wie eine eigene Dienststelle kontrolliert wird (Kontrollerfordernis); und

---

51 Vgl. auch Botschaft BöB, S. 1906: «Voraussetzung für den Wegfall der Ausschreibungspflicht ist allemal, dass der Wettbewerb nicht verfälscht wird.»
52 GALLI/MOSER/LANG/STEINER, Rz. 244 ff.; BEYELER, Geltungsanspruch, Rz. 1139 ff.; Komm BöB-TRÜEB, Art. 5 N 12 f.; vgl. auch das Gutachten der WEKO vom 01.12.2014 zuhanden des Bundesamtes für Justiz zum Projekt eOperations Schweiz, in: RPW 2014/4, S. 785 ff., insb. Rz. 43 ff.; grundsätzlich zu In-house- und Quasi-In-house-Geschäften vgl. LUDIN, Rz. 108 ff. und 135 ff.
53 EuGH C-107/98 vom 18.11.1999 (Teckal); zu In-house Vergaben im EU-Recht statt vieler: BC-EGGER, Art. 12 N 1 ff. m.w.H. und Commission Staff Working Paper concerning the application of EU public procurement law to relations between contracting authorities («public-public cooperation»), SEC(2011) 1169 final vom 04.10.2011, S. 6 ff.
54 BEYELER, In-house-Vergabe, Rz. 13 ff.; Komm BöB-TRÜEB, Art. 5 N 12; vgl. auch BVGE 2011/17, E. 2; VGer ZH, VB.2006.00145 vom 05.04.2006, E. 1.2.
55 Komm BöB-TRÜEB, Art. 5 N 13.

b. sie im Wesentlichen für die Auftraggeberin tätig ist (Tätigkeitserfordernis) (sog. Teckal-Kriterien).[56]

44 Die Bestimmung von BöB 10 Abs. 3 Bst. d – und die entsprechende Ausnahme in IVöB 10 Abs. 2 Bst. d – kodifiziert die Teckal-Praxis des EuGH und nimmt Quasi-Inhouse-Vergaben vom Anwendungsbereich des Beschaffungsrechts aus. Dabei handelt es sich um keine dynamische Übernahme der EU-Rechtsprechung; deren weitere Entwicklung ist vielmehr für die Auslegung der Bestimmung nicht bindend.[57]

45 Die Teckal-Kriterien wurden unter Geltung der Koordinationsrichtlinie (RL 2004/18/EG) entwickelt und lassen sich nicht unbesehen auf Sektoren-Auftraggeberinnen wie die SBB und ihre Konzerngesellschaften (soweit diese Tätigkeiten im Kernbereich erbringen) übertragen. Zur Auslegung von BöB/IVöB 10 Abs. 3/2 Bst. d sollten insb. auch die staatsvertraglichen Grundlagen im Beschaffungsrecht herangezogen werden, welche besondere Vorschriften zu konzerninternen Dienstleistungen von Sektorunternehmen enthalten. Nach BilatAbk Anhang VI Ziff. 2 i.V.m. BilatAbk 3 Abs. 6 und 7 sind Dienstleistungsaufträge, die eine Vergabestelle an ein mit ihr «verbundenes Unternehmen» vergibt, vergaberechtsfrei, sofern das verbundene Unternehmen mindestens 80 % seines Umsatzes in den letzten drei Jahren mit gleichen Dienstleistungen an verbundene Unternehmen erwirtschaftet hat.[58] Der Begriff des «verbundenen Unternehmens» wird im BilatAbk nicht definiert. Insb. wird keine qualifizierte Beherrschung der Leistungserbringerin verlangt.

46 Nach RL 2014/25/EU 29 ist ein Unternehmen mit einem anderen verbunden, wenn es (i) zusammen mit diesem über einen konsolidierten Jahresabschluss verfügt, (ii) mittelbar oder unmittelbar einem beherrschenden Einfluss der Auftraggeberin unterliegen kann, (iii) einen beherrschenden Einfluss auf die Auftraggeberin ausüben kann oder (iv) gemeinsam mit der Auftraggeberin aufgrund der Eigentumsverhältnisse, der finanziellen Beteiligung oder der für das Unternehmen geltenden Bestimmungen dem beherrschenden Einfluss eines anderen Unternehmens unterliegt. Ein beherrschender Einfluss auf ein anderes Unternehmen wird gemäss RL 2014/25/EU 4 Abs. 2 vermutet, wenn (i) ein Unternehmen unmittelbar oder mittelbar die Mehrheit des gezeichneten Kapitals des anderen Unternehmens hält, (ii) über die Mehrheit der mit den Anteilen am anderen Unternehmen verbundenen Stimmrechte verfügt oder (iii) mehr als die Hälfte der Mitglieder des Verwaltungs-, Leitungs- oder Aufsichtsorgans des anderen Unternehmens ernennen kann. Vorausgesetzt ist in der EU also lediglich faktische «einfache» Kontrolle.[59] Die Botschaft verweist hinsichtlich des Kontrollerfordernisses auf die indikativen Kriterien des Ausschusses für das öffentliche Beschaffungswesen der WTO (vgl. GPA 2012 XIX:8 Bst. b), welche bei der Auslegung zu berücksichtigen sind.[60]

---

56 EuGH C-107/98 vom 18.11.1999 (Teckal), Rz. 50.
57 Botschaft BöB, S. 1907.
58 Vgl. auch RL 2014/24/EU 12.
59 Vgl. hierzu bereits RL 2004/17/EG 29.
60 Botschaft BöB, S. 1907.

Diese Kriterien wurden vom Ausschuss bislang noch nicht verabschiedet. Bis dahin sind daher sinnvollerweise die Kriterien der RL 2014/25/EU heranzuziehen.

In der Botschaft zum BöB wird bez. des Tätigkeitserfordernisses ebenfalls festgehalten, dass angenommen werden kann, dass eine Anbieterin «im Wesentlichen» für eine (Sektoren-)Auftraggeberin tätig ist, wenn sie mindestens 80 % ihrer Leistungen in einem bestimmten Markt für diese Auftraggeberin erbringt.[61] Das Waadtländer Verwaltungsgericht stellte in einem Urteil im Jahre 2009 (nicht den Sektorenbereich betreffend) sogar fest, dass 51 % der Tätigkeit für die den Auftragnehmer kontrollierenden Vergabestellen für die Anwendung des Quasi-In-house-Privilegs genügen würden. Es konnte die Frage jedoch offen lassen, da aus anderen Gründen die Voraussetzungen einer Quasi-In-house-Vergabe nicht erfüllt waren.[62] Das Aargauer Verwaltungsgericht erachtete das Tätigkeitserfordernis in einem Urteil im Jahre 2013 für nicht erfüllt, da die Anbieterin in erheblichem Umfang auch Tätigkeiten gegenüber anderen öffentlichen und privaten Institutionen im Gesundheits- und Sozialbereich, die an ihr nicht als Aktionäre beteiligt waren, erbrachte, was mit der vorausgesetzten Wettbewerbsneutralität unvereinbar sei.[63]

V. Abs. 4 BöB/Abs. 3 IVöB: Weitere Ausnahmen

BöB/IVöB 10 Abs. 4/3 entspricht weitgehend dem geltenden Recht (vgl. aBöB 3 Abs. 2 und aIVöB 10 Abs. 2). Die Bestimmung formuliert – in Übereinstimmung mit GPA 2012 III:2 – Ausnahmetatbestände bez. gewisser übergeordneter Werte, welche die Förderung des wirksamen Wettbewerbs überwiegen. Das BöB bzw. die IVöB ist in diesen Fällen – wie auch in den Fällen von BöB/IVöB 10 Abs. 1 und Abs. 3/2 – insgesamt nicht anwendbar.[64]

A. Bst. a: Sicherheit und öffentliche Ordnung

Die Ausnahme von BöB/IVöB 10 Abs. 4/3 Bst. a betrifft sicherheitspolitische Interessen: Das BöB bzw. die IVöB findet keine Anwendung, wenn die Vergabestelle dies für den Schutz oder für die Aufrechterhaltung der äusseren oder inneren Sicherheit oder der öffentlichen Ordnung als erforderlich erachtet. Die Botschaft BöB erläutert, dass bei all diesen Ausnahmetatbeständen keine Verhältnismässigkeitsprüfung im engeren Sinne (Zumutbarkeit bzw. Abwägung öffentlicher und privater Interessen[65]) stattfinden könne und dass den Vergabestellen bei der Entscheidung, ob eine Beschaffung aus Sicherheits-

---

61 Botschaft BöB, S. 1907; eine 80 %-Schwelle findet sich auch in RL 2014/24/EU 12.
62 VGer VD, GE.2007.0013 vom 06.11.2009, E. 3a; vgl. auch VGer VD, MPU.2011.0020 vom 16.03.2012, E. 6b m.w.H.
63 VGer AG, WBE 2012.159 vom 01.07.2013, E. 2.1 und 2.2.
64 Botschaft BöB, S. 1907.
65 Allgemein zur Verhältnismässigkeit im engeren Sinne vgl. Häfelin/Müller/Uhlmann, Rz. 555 ff. m.w.H.

überlegungen nicht einer Ausschreibung zugeführt werden soll, ein äusserst weitgehender Ermessensspielraum zukomme. Eine gerichtliche Überprüfung des Spielraums solle nur möglich sein, wo ein Rechtsfehler, also eine Über- oder Unterschreitung des Ermessens oder ein Ermessensmissbrauch, vorliegt.[66]

50 Die Formulierung der sicherheitspolitischen Ausnahme geht auf GPA 2012 III:1 zurück, welcher vorsieht, dass die Bestimmungen des Staatsvertrags die Vertragsstaaten nicht daran hindern dürfen, zum Schutz ihrer wesentlichen Sicherheitsinteressen (d.h. nationale Sicherheit und Landesverteidigung) Massnahmen zu treffen, soweit sie dies für erforderlich erachten.[67] Massnahmen zum Schutz der öffentlichen Sicherheit und Ordnung finden sich hingegen in GPA 2012 III:2 Bst. a. Der Staatsvertrag bestimmt hier, dass diese Ausnahmetatbestände nur angewendet werden dürfen, sofern dies nicht zu einer willkürlichen oder ungerechtfertigten Diskriminierung zwischen Vertragsparteien, in denen gleiche Bedingungen herrschen, oder zu einer versteckten Beschränkung des internationalen Handels führt.[68]

51 Der Gesetzgeber weicht in BöB 10 Abs. 4 Bst. a von der staatsvertraglichen Ordnung ab und vermischt internationale Souveränitätsüberlegungen mit den inneren Angelegenheiten des Bundes. Die Formulierung «als erforderlich erachtet» in GPA 2012 III:1 bezweckt klarzustellen, dass die Souveränität der Staaten durch den Staatsvertrag nicht beschränkt werden soll und jeder Nationalstaat sein Sicherheitsniveau im Verhältnis zu seinen Vertragspartnern selbst wählen kann.[69] Im Bereich der nationalen (d.h. äusseren) Sicherheit hat die Vergabestelle – wie in der Botschaft umschrieben – ein weitgehendes Ermessen bei der Beurteilung, ob ein Fall militärisch als «geheim» klassifiziert wird, ob die Ausschreibung der Leistung die öffentliche Sicherheit gefährden würde oder die ausgeschriebene Leistung als solche sicherheitskritisch ist. Gerichtlich überprüfbar ist hier – in Übereinstimmung mit dem GPA 2012 – lediglich die Frage, ob tatsächlich ein wesentliches nationales Sicherheitsinteresse betroffen ist und ob die Nichtanwendung des Beschaffungsrechts vor dem Hintergrund dieses wesentlichen Sicherheitsinteresses als plausibel erscheint.[70]

---

66 Botschaft BöB, S. 1907; Musterbotschaft IVöB, S. 40 f., macht hingegen keine Ausführungen zur gerichtlichen Überprüfbarkeit.
67 Die sicherheitspolitische Ausnahme ist bereits in exakt gleicher Formulierung in GPA 1994 XXIII:1 enthalten; vgl. auch GATT XXI: «Keine Bestimmung des vorliegenden Abkommens soll dahin ausgelegt werden, (a) dass sie einem Vertragspartner die Verpflichtung auferlegt, Auskünfte zu erteilen, deren Verbreitung er als den wesentlichen Interessen seiner Sicherheit entgegenstehend ansieht; oder (b) dass ein Vertragspartner daran gehindert wird, die Massnahmen zu treffen, die er zum Schutz seiner Sicherheit [...] für erforderlich hält.»
68 Die Formulierung beruht auf der allgemeinen Ausnahmebestimmung in GATT XX; vgl. auch die entsprechende Formulierung in GPA 1994 XXIII:2.
69 Vgl. Botschaft GPA, S. 2077 f.: «Artikel III:1 betrifft die Beschaffungen für die Landesverteidigung.»
70 Vgl. ARROWSMITH, WTO, S. 149.

Es ist hingegen in GPA 2012 III:2 Bst. a nicht vorgesehen, dass Vergabestellen auch in 52
sämtlichen Angelegenheiten der inneren Sicherheit und öffentlichen Ordnung auf die
Anwendung des Vergaberechts verzichten können, sobald sie dies innerhalb eines weiten Ermessensspielraums als erforderlich erachten. Nach der hier vertretenen Meinung
muss in Fällen, die keinen Bezug zur nationalen Sicherheit haben, der Entscheid, auf die
Anwendung des Vergaberechts zu verzichten, stets einer vollständigen Erforderlichkeitsprüfung (Prüfung milderer Massnahmen) sowie einer Verhältnismässigkeitsprüfung im
engeren Sinne – also einer umfassenden Interessenabwägung – standhalten.[71] Die Nichtanwendung des BöB muss also tatsächlich erforderlich und zumutbar sein und nicht
bloss als erforderlich erachtet werden. Ansonsten riskiert die Vergabestelle, Anbieterinnen aus anderen Vertragsstaaten in völkerrechtlich unzulässiger Weise zu diskriminieren bzw. den internationalen Handel zu beschränken.

BöB 10 Abs. 4 Bst. a ist folglich völkerrechtlich so auszulegen, dass nur bei Beschaffun- 53
gen, die einen Bezugspunkt zu einem wesentlichen nationalen Sicherheitsinteresse haben, für die Gerichte ein eingeschränkter Prüfungsmassstab herrscht, der Verzicht
auf die Anwendung des Beschaffungsrechts also lediglich als erforderlich erachtet werden muss. Geht es um Ausschreibungen, welche die innere Sicherheit oder öffentliche
Ordnung gefährden könnten, ohne dabei ein nationales Sicherheitsinteresse zu betreffen, muss die Nichtanwendung des Beschaffungsrechts erforderlich und zumutbar
sein.[72] Dies ist umfassend gerichtlich überprüfbar. Ein Bezug zu nationalen Sicherheitsinteressen kann insb. in folgenden Fällen bestehen: Die Beschaffung von geheimer
Ausrüstung zur Bekämpfung des internationalen Terrorismus durch den Nachrichtendienst oder – im Rahmen der gleichlautenden Bestimmung von IVöB 10 Abs. 3 Bst. a –
durch kantonale Polizeikorps,[73] die Beschaffung von geheimer Spezialausrüstung, Material oder Waffen des Militärs[74], die Ausschreibung von Reinigungsdienstleistungen in als
geheim klassifizierten Bunkeranlagen oder aber – vor dem Hintergrund internationaler
Überwachungs- und Spionageaffären – Beschaffungen im Zusammenhang mit staatlicher Kommunikationsinfrastruktur.[75]

---

71 Die Botschaft zum BöB fordert bei den anderen Tatbeständen von GPA 2012 II:2 (Gesundheits- und Umweltschutz sowie Verletzung geistigen Eigentums) zumindest eine Prüfung der Erforderlichkeit (vgl. Botschaft BöB, S. 1908).
72 Vgl. auch die Differenzierung im EU-Recht: RL 2014/24/EU, E. 41, «zum Schutz der öffentlichen Ordnung, der öffentlichen Sittlichkeit und der öffentlichen Sicherheit […] notwendig sind» und andererseits RL 2009/81/EG 13 Bst. a «seines Erachtens nach seinen wesentlichen Sicherheitsinteressen widerspricht».
73 Vgl. Arrowsmith, WTO, S. 150.
74 Die Beschaffung von zivilem Material für die Verteidigung und Sicherheit ist dem Beschaffungsrecht grundsätzlich unterstellt (vgl. die Positivliste in BöB Anhang 2 Ziff. 1.2). Die Beschaffung von «gewöhnlichen» Waffen, Munition, Kriegsmaterial oder, sofern sie für Verteidigungs- und Sicherheitszwecke unerlässlich sind, von sonstigen Lieferungen oder Leistungen sind dem BöB grundsätzlich ebenfalls unterstellt (BöB Anhang 5 Ziff. 1 Bst. c) und können gemäss BöB 20 Abs. 3 im Einladungsverfahren vergeben werden (vgl. Art. 20 N 8 ff.).
75 Vgl. Botschaft BöB, S. 1908.

54 Eine vollständige Verhältnismässigkeitsprüfung hat hingegen zu erfolgen bei einer Nichtanwendung des Vergaberechts auf Beschaffungen von Sicherheitsbehörden des Bundes (z.B. fedpol), welche lediglich die öffentliche Sicherheit und Ordnung, nicht aber die nationale Sicherheit, betreffen, sowie – auf kantonaler Ebene – bei «gewöhnlichen» Beschaffungen der kantonalen oder kommunalen Polizeikorps.

B. Bst. b: Gesundheits- und Umweltschutz

55 BöB und IVöB sind nicht auf öffentliche Aufträge anwendbar, soweit dies zum Schutz der Gesundheit oder des Lebens von Menschen oder zum Schutz der Tier- und Pflanzenwelt erforderlich ist. Der Ausnahmetatbestand für Gesundheits- und Umweltschutz beruht auf GPA 2012 III:2 Bst. b und entspricht inhaltlich aBöB 3 Abs. 2 Bst. b bzw. aIVöB 10 Abs. 2 Bst. b. Die Ausnahmebestimmung ist insb. dann anwendbar, wenn eine unmittelbare Gefährdung für Menschen oder Tiere vorliegt, die keine Verzögerung durch ein Beschaffungsverfahren erlaubt. Für die Beschaffung muss also eine gewisse Dringlichkeit bestehen. So wurde bspw. der sofortige Ersatz von fehlerhaften Fahrbahnübergängen als für den Schutz des Lebens und der Gesundheit von Menschen erforderlich angesehen.[76]

56 Die Anwendung des Ausnahmetatbestands für Gesundheits- und Umweltschutz muss stets sachlich gerechtfertigt und verhältnismässig sein. Insb. ist zu prüfen, ob mildere, den Wettbewerb weniger stark einschränkende Mittel zur Verfügung stehen als eine Nichtanwendung des BöB oder der IVöB.[77] In den meisten Fällen wird die freihändige Vergabe dringlicher Aufträge aufgrund unvorhersehbarer Ereignisse i.S.v. Art. 21 Abs. 2 Bst. d BöB/IVöB das mildere Mittel sein. Dies gilt auch in Krisensituationen, etwa wenn der Bundesrat gestützt auf das Epidemiengesetz[78] eine «ausserordentliche Lage» ausruft.[79]

C. Bst. c: Geistiges Eigentum

57 Das Beschaffungsrecht ist gemäss BöB/IVöB 10 Abs. 4/3 Bst. c nicht anwendbar, sofern die Ausschreibung einer Leistung Rechte des geistigen Eigentums verletzen würde. Die Ausnahme für geistiges Eigentum wurde fast wörtlich aus dem bisherigen Recht übernommen (aBöB 3 Abs. 2 Bst. c, aIVöB 10 Abs. 2 Bst. c) und stützt sich auf GPA 2012 III:2 Bst. c. Das geistige Eigentum umfasst insb. Marken, Patente, Designs, Firmen, Know-how, das Urheberrecht und verwandte Schutzrechte, welche ihrem Inhaber ein gewisses Ausschliesslichkeitsrecht gewähren (vgl. etwa MSchG 13 Abs. 1). Dies hat

---

76 BVGer B-4657/2009 vom 20.07.2010, E. 2.6; kritisch BEYELER, Geltungsanspruch, Rz. 2356; DUBEY/BEYELER, BR 2010, S. 215.
77 Vgl. Komm BöB-TRÜEB, Art. 3 N 10; Botschaft BöB, S. 1908; Musterbotschaft IVöB, S. 41.
78 Bundesgesetz über die Bekämpfung übertragbarer Krankheiten des Menschen vom 28.09.2012 (SR 818.101).
79 A.M. wohl Empfehlungen der Beschaffungskonferenz des Bundes BKB vom 27.03.2020, Coronavirus, Ziff. 3.3.

zur Folge, dass eine Anbieterin als Inhaberin eines Immaterialgüterrechts das ausschliessliche Recht haben kann, die von der Auftraggeberin benötigte Leistung zu erbringen. Die Inhaberin eines Patents für ein Herstellungsverfahren ist bspw. ausschliesslich dazu berechtigt, die unmittelbaren Erzeugnisse dieses Verfahrens gewerbsmässig zu verkaufen (PatG 8 Abs. 1 i.V.m. 8a Abs. 1). Der Urheber einer Individualsoftware hat das ausschliessliche Recht zu bestimmen, wann und wie der Quellcode geändert werden darf (URG 11), und müsste in dessen Offenlegung zum Zwecke der Weiterentwicklung der Software einwilligen.[80] In diesen Fällen kommen meist lediglich die Rechtsinhaberinnen als Zuschlagsempfängerinnen in Frage und die Anwendung der Regeln des Beschaffungsrecht wäre zwecklos.

Auch bez. der Ausnahmebestimmung von BöB/IVöB 10 Abs. 4/3 Bst. c ist jeweils die Verhältnismässigkeit eines vollständigen Verzichts auf die Anwendung des BöB bzw. der IVöB zu prüfen. Falls die Ausschreibung Immaterialgüterrechte einer Anbieterin verletzen würde, sind immer auch mildere Massnahmen, wie die Einholung der Einwilligung zur Offenlegung eines immaterialgüterrechtlich geschützten Guts oder die freihändige Vergabe nach BöB 21 Abs. 2 Bst. c, in Betracht zu ziehen.[81] 58

VI. Rechtsvergleichung

RL 2014/24/EU enthält – mit BöB/IVöB 10 vergleichbare – Ausnahmebestimmungen zum (objektiven) Anwendungsbereich des europäischen Beschaffungsrechts. Ausgenommen sind etwa Aufträge im Zusammenhang mit internationaler Zusammenarbeit (RL 2014/24/EU 9), Grundstücksgeschäfte (RL 2014/24/EU 10 Bst. a), gewisse Rechtsberatungsdienstleistungen (RL 2014/24/EU 10 Bst. d), Finanzdienstleistungen (RL 2014/24/EU 10 Bst. e), Arbeitsverträge (RL 2014/24/EU 10 Bst. g) sowie rechtliche Monopole (RL 2014/24/EU 11). Wie das BöB bzw. die IVöB kodifiziert auch das europäische Beschaffungsrecht die Teckal-Praxis des EuGH (vgl. N 43 ff.) zu Aufträgen zwischen Einrichtungen des öffentlichen Sektors (RL 2014/24/EU 12). Im Unterschied zum schweizerischen Beschaffungsrecht nimmt der EU-Gesetzgeber auch gewisse Dienstleistungen von Anbietern von audiovisuellen oder Hörfunkmedien (RL 2014/24/EU 10 Bst. b), Schiedsgerichts- und Schlichtungsdienstleistungen (RL 2014/24/EU 10 Bst. c), Kredite und Darlehen (RL 2014/24/EU 10 Bst. e) sowie Dienstleistungen im Rahmen politischer Kampagnen (Art. 10 Bst. j) vom Anwendungsbereich der RL aus. Schliesslich findet das Vergaberecht der EU auch auf einige Dienstleistungen im Bereich der Forschung und Entwicklung keine Anwendung (RL 2014/24/EU 14). 59

Eine Ausnahmeregelung zum gewerblichen Wiederverkauf – analog zu BöB 10 Abs. 1 Bst. a – ist hingegen in RL 2014/24/EU nicht enthalten, sondern nur in RL 2014/25/EU 18. Auch auf Leistungen gemeinnütziger Organisationen und Strafanstalten findet 60

---

80 Komm BöB-Trüeb, Art. 3 N 12.
81 Botschaft BöB, S. 1908.

2. Kapitel: Geltungsbereich

das EU-Beschaffungsrecht grundsätzlich Anwendung. Eine Ausnahme findet sich jedoch in RL 2014/24/EU 10 Bst. h für Dienstleistungen des Katastrophenschutzes, des Zivilschutzes und der Gefahrenabwehr, die von gemeinnützigen Organisationen erbracht werden. Rechte des geistigen Eigentums begründen ebenso keine Ausnahme vom objektiven Anwendungsbereich der RL 2014/24/EU. Schliesslich findet sich – im Unterschied zu BöB/IVöB 10 Abs. 4/3 Bst. b – keine eigentliche Ausnahmebestimmung zum Gesundheits- und Umweltschutz. Allerdings bestimmt RL 2014/24/EU, E. 41, dass keine Bestimmung der RL 2014/24/EU dem Erlass oder der Durchsetzung von Massnahmen, die zum Schutz der Gesundheit und des Lebens von Menschen und Tieren oder zur Erhaltung pflanzlichen Lebens notwendig sind, oder von sonstigen Umweltschutzmassnahmen, insb. mit Blick auf eine nachhaltige Entwicklung, entgegenstehen sollte.

61 RL 2014/25/EU regelt die Vergabe von Aufträgen durch Auftraggeberinnen im Bereich der Wasser-, Energie- und Verkehrsversorgung sowie der Postdienste. Sie beinhaltet ebenfalls Ausnahmetatbestände von ihrem Anwendungsbereich (RL 2014/25/EU 20 ff.), die mit denjenigen der RL 2014/24/EU weitgehend deckungsgleich sind. Zudem findet sich in RL 2014/25/EU eine Legaldefinition für ein «verbundenes Unternehmen», welche zur Auslegung von BöB/IVöB 10 Abs. 3/2 Bst. c und d herangezogen werden kann (vgl. N 46).

62 Die Vergabe von Aufträgen mit Verteidigungs- oder Sicherheitsaspekten wird in der EU in einer separaten RL[82] geregelt (vgl. die Ausnahmen in RL 2014/24/EU 15–17). RL 2009/81/EG anerkennt allerdings, dass die nationale Sicherheit weiterhin in die alleinige Zuständigkeit der Mitgliedstaaten fällt. Die RL findet daher – in Übereinstimmung mit GPA 2012 III:1[83] – keine Anwendung auf Aufträge, bei denen die Anwendung der Vorschriften der RL einen Mitgliedstaat zwingen würde, Auskünfte zu erteilen, deren Preisgabe seines Erachtens nach seinen wesentlichen Sicherheitsinteressen widerspricht (RL 2009/81/EG 13).

---

82 RL 2009/81/EG.
83 Anders die zu weit formulierte Ausnahmebestimmung des schweizerischen Rechts in BöB/IVöB 10 Abs. 4/3 Bst. a (vgl. N 49 ff.).

3. Kapitel: Allgemeine Grundsätze

Art. 11 Verfahrensgrundsätze

Bei der Vergabe öffentlicher Aufträge beachtet die Auftraggeberin / *der Auftraggeber* folgende Verfahrensgrundsätze:

a. Sie / *Er* führt Vergabeverfahren transparent, objektiv und unparteiisch durch.

b. Sie / *Er* trifft Massnahmen gegen Interessenkonflikte, unzulässige Wettbewerbsabreden und Korruption.

c. Sie / *Er* achtet in allen Phasen des Verfahrens auf die Gleichbehandlung der Anbieterinnen.

d. Sie / *Er* verzichtet auf Abgebotsrunden.

e. Sie / *Er* wahrt den vertraulichen Charakter der Angaben der Anbieterinnen.

Inhaltsverzeichnis

I.	Grundlagen	1
II.	Bst. a: Transparenz, Objektivität und Unparteilichkeit	4
III.	Bst. b: Antikorruptionsgrundsätze	9
IV.	Bst. c: Gebot der Gleichbehandlung	14
V.	Bst. d: Verzicht auf Abgebotsrunden	18
VI.	Bst. e: Vertraulichkeit	21
VII.	Rechtsvergleichung	24

I. Grundlagen

Mit BöB/IVöB 11 wird GPA 2012 IV (Allgemeine Grundsätze) umgesetzt. GPA 2012 IV enthält einen Abschnitt über die Grundsätze, die bei öffentlichen Auftragsvergaben einzuhalten sind. Dazu zählen das Diskriminierungsverbot, das Bekenntnis zu einem transparenten und unparteiischen Verfahren, die Bekämpfung der Korruption sowie der Verzicht auf Kompensationsgeschäfte.[1]   1

In BöB/IVöB 11 werden die allgemeinen Verfahrensgrundsätze, im Gegensatz zu früher, neu in einer Bestimmung zusammengefasst.   2

Die Verfahrensgrundsätze sind abzugrenzen vom Zweck gemäss BöB/IVöB 2. Sie regeln die Prinzipien des Verfahrens und stehen im Dienste der übergeordneten Ziele eines   3

---

1 Botschaft BöB, S. 1908.

Vergabeverfahrens.² Sie bestimmen und leiten die Entscheide der öffentlichen Auftraggeberin in jeder Phase der Ausschreibung.³ Untereinander sind die Verfahrensgrundsätze gleichwertig. Die Reihenfolge der Aufzählung in BöB/IVöB 11 bedeutet keine Prioritätsordnung. Vielmehr sind die Grundsätze insgesamt zu beachten. Konflikte sind durch Interessenabwägungen zu lösen.⁴

II. Bst. a: Transparenz, Objektivität und Unparteilichkeit

4   Die Auftraggeberin hat das Vergabeverfahren transparent durchzuführen. Aus dem Transparenzgebot kann zum einen abgeleitet werden, dass die Ausschreibung und die Ausschreibungsunterlagen widerspruchsfrei und unmissverständlich formuliert sein müssen. Die ausgeschriebene Leistung muss klar und eindeutig bezeichnet werden. Nur so sind die Anbieterinnen in der Lage, ordnungsgemäss zu offerieren. Zum anderen muss das Bewertungssystem zum Voraus bekannt gegeben werden.⁵ Die Eignungskriterien sowie die Zuschlagskriterien müssen vorab und nachvollziehbar offengelegt werden (vgl. auch BöB/IVöB 36 und BöB/IVöB 29 Abs. 3). Bei den Zuschlagskriterien ist die Gewichtung anzugeben (BöB/IVöB 35 Bst. p).⁶ Auch die Unterkriterien, inklusive ihrer Gewichtung, müssen offengelegt werden.⁷ Nach der Rechtsprechung des Bundesgerichts müssen Unterkriterien nur dann nicht im Voraus bekannt gegeben werden, wenn sie einzig dazu dienen, ein publiziertes Kriterium zu konkretisieren, und nicht über das hinausgehen, was gemeinhin zur Definition des betreffenden Hauptkriteriums angeführt wird, oder soweit ihnen die Auftraggeberin nicht eine überragende Bedeutung verleiht und ihnen eine Rolle zuschreibt, welche derjenigen eines Hauptkriteriums entspricht.⁸ Realistischerweise dürfte dies nur selten der Fall sein, weshalb Vergabestellen gut beraten sind, in jedem Fall die gesamte Bewertungsmatrix inklusive Punkteskalen bekannt zu geben.⁹

---

2   Botschaft BöB, S. 1909.
3   Botschaft BöB, S. 1909.
4   Botschaft BöB, S. 1909.
5   Komm BöB-Trüeb, Art. 21 N 6; Entscheid BRK 2001-003 vom 05.07.2001, publiziert in VPB 65. 94, E. 3d mit Hinweis auf VGer AG, BE.98.00173 vom 16.07.1998, publiziert in AGVE 1998 S. 394, E. 3b/bb.
6   BGE 125 II 86, E. 7.
7   Komm BöB-Trüeb, Art. 21 N 8; Galli/Moser/Lang/Steiner, Rz. 848; BGE 130 I 241, E. 5.1; BGer 2P.299/2000 vom 24.08.2001, E. 2c; BGer 2P.111/2003 vom 21.01.2004, E. 2.1–2.2; BVGer B-6837/2010 vom 15.03.2011, E. 5.2.4 f.
8   BGE 130 I 241, E. 5.1.
9   Komm BöB-Trüeb, Art. 21 N 8; BVGer B-4717/2010 vom 01.04.2011, E. 5.3 und 6.6.

Weiter kann aus dem Transparenzgebot in Verbindung mit dem Gleichbehandlungsge- 5
bot[10] die Bindung der Auftraggeberin an die Ausschreibung und die Ausschreibungsunterlagen abgeleitet werden.[11] Der Auftraggeberin ist es insbesondere verboten, die den Anbieterinnen bekannt gegebenen Vergabekriterien[12] oder das Leistungsverzeichnis[13] nachträglich zu ändern. Es ist auch unzulässig, einzelne Kriterien beim Zuschlag ausser Acht zu lassen[14], die Bedeutungsreihenfolge der Kriterien umzustellen, andere Gewichtungen (als die im Voraus bekannt gegebenen) vorzunehmen oder zusätzliche Kriterien heranzuziehen.[15]

Weiter verlangt das Transparenzgebot eine nachvollziehbare und dokumentierte Evalua- 6
tion der Offerten (vgl. BöB 40 Abs. 1 sowie die Kommentierung dazu).[16] Die Auftraggeberin hat ihren Zuschlagsentscheid in einem Evaluationsbericht so zu dokumentieren, dass er für einen Dritten nachvollziehbar ist und mit vernünftigem Aufwand überprüft werden kann, ob die Beurteilung der Kriterien richtig erfolgte.[17] Das Fehlen eines korrekten Evaluationsberichts ist als formeller Mangel des Submissionsverfahrens zu werten.[18] Weiter ist von der Auftraggeberin ein Offertöffnungsprotokoll zu erstellen. Dies soll verhindern, dass beispielsweise ein verspätet eingereichtes Angebot noch berücksichtigt wird.[19] Wenn eine Anbieterin für eine Klärung des Angebots angefragt wird, sind die Antworten schriftlich festzuhalten (BöB 38 Abs. 2). Auch die Bereinigung der Angebote ist zu protokollieren (BöB 39 Abs. 4).

Das Transparenzgebot ist nach der herrschenden Lehre und Rechtsprechung eine Regel 7
formeller Natur. Wird es verletzt, ist der angefochtene Entscheid grundsätzlich auch

---

10 Siehe unten, N 14 ff.
11 BVGer B-6837/2010 vom 15.03.2011, E. 3.2 f. m.w.H.; BVGer B-5504/2015 vom 29.10.2015, E. 6.4.3.
12 BVGer B-4902/2013 vom 29.10.2013, E. 5.5; Entscheide der BRK vom 30.05.2005, veröffentlicht in VPB 69.105; vom 03.09.1999, veröffentlicht in VPB 64.30; vom 05.07.2011, veröffentlicht in VPB 65.95, E. 6a.
13 BGer 2P.151/1999 vom 30.05.2000, E. 4c; Entscheid der BRK vom 11.03.2005, BRK 2004-014.
14 Aus dem Gebot der Transparenz ergibt sich das Prinzip der Unveränderbarkeit der Offerten nach deren Einreichung bei den Auftraggeberinnen. Ein Angebot, das den Vorgaben der Ausschreibung bzw. den Ausschreibungsunterlagen nicht entspricht, kann deshalb nicht berücksichtigt werden. BVGer B-4969/2017 vom 24.09.2017, E. 4.3; BVGer B-6123/2011 vom 08.12.2011, E. 3.1; BVGE 2007/13, E. 1; Entscheid BRK vom 23.12.2005, BRK 2005-017, publiziert in: VPB 70.33, E. 2a/aa.
15 GALLI/MOSER/LANG/STEINER, Rz. 848; BVGer B-4011/2018 vom 11.10.2018, E. 6.1; BVGE 2017 IV/3, E. 4.35; BVGer B-4958/2013 vom 30.04.2014, E. 2.5.2; BVGer B-6837/2010 vom 15.03.2011, E. 3.1.
16 GALLI/MOSER/LANG/STEINER, Rz. 848; BVGer B-6837/2010 vom 15.03.2011, E. 3.4; BVGer B-4717/2010 vom 01.04.2011, E. 9.4.
17 GALLI/MOSER/LANG/STEINER, Rz. 865 ff.; BVGer B-6837/2010 vom 15.03.2011, E. 3.4 und 5.1.7; BRK 3/01, E. 2b; BRK 6/00 E. 2a; RECHSTEINER, Begründung, S. 65.
18 GALLI/MOSER/LANG/STEINER, Rz. 868; BRK 12/98, E. 2 c.
19 GALLI/MOSER/LANG/STEINER, Rz. 662.

dann aufzuheben, wenn eine Kausalbeziehung zwischen Verfahrensfehler und Zuschlagserteilung fehlt bzw. nicht dargetan ist.[20]

8 Nach BöB/IVöB 11 Bst. a hat die Auftraggeberin das Verfahren nicht nur transparent, sondern auch objektiv und unparteiisch durchzuführen. Die Anbieterinnen haben im Vergabeverfahren einen Anspruch auf Beurteilung ihrer Offerten und Durchführung des Vergabeverfahrens durch eine unabhängige und unvoreingenommene Auftraggeberin.[21] Dieser Anspruch ist verfassungsrechtlicher Natur (BV 29 Abs. 1).[22] Es gelten die Regeln über den Ausstand nach BöB/IVöB 13.[23]

III. Bst. b: Antikorruptionsgrundsätze

9 Die Auftraggeberin hat Massnahmen gegen Interessenkonflikte[24], unzulässige Wettbewerbsabsprachen[25] und Korruption zu treffen. Die Vermeidung von Korruption und Interessenkonflikten stellt eines der Hauptanliegen der GPA-Revision dar.[26] Als Korruptionsprävention steht das Gebot, das gesamte Vergabeverfahren möglichst transparent[27] zu gestalten, im Vordergrund.[28]

10 Weiter sind in BöB/IVöB explizit die Möglichkeiten vorgesehen, eine der Korruption überführte Anbieterin aus einem Beschaffungsverfahren auszuschliessen, und zwar auch längerfristig, bzw. den Zuschlag an diese zu widerrufen (BöB/IVöB 44 Abs. 1 Bst. e

---

20 GALLI/MOSER/LANG/STEINER, Rz. 852; STÖCKLI, vergaberechtliche Praxis, S. 4; BGer 2P.299/2000 vom 24.08.2001, E. 4; BVGer B-6837/2010 vom 15.03.2011, E. 3.6; BVGer B-891/2009 vom 05.11.2009, E. 6.1; Entscheid BRK vom 18.05.2006, BRK 2005-025, E. 3a/aa m.w.H.
21 GALLI/MOSER/LANG/STEINER, Rz. 1071; mit Verweis auf LUTZ, Ausstand, S. 45 ff.
22 GALLI/MOSER/LANG/STEINER, Rz. 1071; St. Galler BV-Kommentar STEINMANN, Art. 29 N 1 ff.; BGE 137 V 210, E. 2.1.3; BGE 137 II 431, E. 5.2.
23 Früher galt VwVG 10 in Anwendung durch Verweis von aBöB 26; vgl. GALLI/MOSER/LANG/STEINER, Rz. 1071.
24 Zur Vermeidung von Interessenkonflikten wurde als Zuschlagskriterium die organisatorische und finanzielle Unabhängigkeit der Anbieterin gefordert (BVGer B-4288/2014 vom 25.03.2015, E. 3.6–3.8). Weiter können als Massnahmen verschiedene Aufgabengebiete verschiedenen Anbieterinnen zugeteilt werden (BVGer B-6626/2016 vom 29.11.2016; siehe BEYELER/SCHERLER/ZUFFEREY, Eignung 2017, S. 44 f.).
25 Vgl. Leitfaden OECD vom Februar 2009 zur Bekämpfung von Angebotsabsprachen im öffentlichen Beschaffungswesen; ERNST/WAGNER/WOLTERS, in: Gallmann/Gersbach (Hrsg.), Der Unternehmensjurist, Zürich 2016, XIV. Kapitel Wettbewerbsrecht, S. 537–566, S. 578. Zu den kartellrechtlichen Folgen von Submissionsabsprachen siehe BVGer B-771/2012, B-807/2012, B-829/2012, B-880/2012 vom 25.06.2018.
26 Botschaft BöB, S. 1909.
27 Zum Transparenzgebot siehe oben, N 4 ff.
28 GALLI/MOSER/LANG/STEINER, Rz. 1147.

und BöB/IVöB 45 Abs. 1).[29] Die zuständige Behörde führt eine nicht öffentliche Liste der sanktionierten Anbieterinnen und Subunternehmerinnen (BöB/IVöB 45 Abs. 3)[30]

VöB 3 enthält einen nicht abschliessenden Katalog von geeigneten verwaltungsinternen Massnahmen zur Korruptionsbekämpfung.[31] Demnach haben die Mitarbeitenden von Auftraggeberinnen Rechenschaft über Nebenbeschäftigungen, andere Beschäftigungs- und Auftragsverhältnisse sowie besondere Interessen, die zu einem Interessenkonflikt führen, abzulegen. Weiter setzt die Auftraggeberin nur Mitarbeitende und Dritte ein, die eine Unbefangenheitserklärung unterzeichnet haben. Überdies hat die Auftraggeberin die regelmässige Information und Ausbildung ihrer Mitarbeitenden über die Korruptionsprävention und -bekämpfung im Vergabewesen sicherzustellen.

Für die Mitarbeitenden von Auftraggeberinnen gelten weitere Vorschriften. Personen, die im Beschaffungswesen des Bundes tätig sind, unterstehen den von der Bundesverwaltung erlassenen Regeln und Verhaltensanweisungen.[32] Sie dürfen keine (auch nicht geringfügige und sozial übliche) Einladungen oder andere Vorteile annehmen, die ihnen im Zusammenhang mit diesen Prozessen angeboten werden.[33] Bei einem möglichen Verdacht der Korruption ist dies den Vorgesetzten oder der Eidgenössischen Finanzkontrolle (EFK) zu melden (BPG 22a). Die EFK betreibt seit 2017 auch eine Whistleblowing-Meldestelle, auf der Private wie auch Bundesangestellte Verdachtsmeldungen von Korruptionshandlungen oder anderen Unregelmässigkeiten auf sichere und anonyme Art platzieren können. Weiter können sich die Einzelnen der Bestechung strafbar machen (StGB, 19. Kapitel):[34] Ein Amtsträger kann sich haftbar machen der ungetreuen Amtsführung nach StGB 314, des Sich-bestechen-Lassens nach StGB 322^{quarter}, des Bestechens nach StGB 322ter oder Weiterem.[35] Strafbar sind aber auch jene, die jemanden bestechen.[36]

Als Massnahme zur Verhinderung und Bekämpfung von Korruption kann die Auftraggeberin entsprechende Klauseln in ihren AGB sowie im Beschaffungsvertrag (Integritätsklausel, Konventionalstrafen, Massnahmen zur Sicherstellung rechtskonformer Geschäftsprozesse) vorsehen. Die Zuschlagsempfängerin kann zur Überbindung dieser Massnahmen auf ihre Subunternehmerin verpflichtet werden.[37]

---

29 Botschaft BöB, S. 1910.
30 Vgl. Kommentierung zu Art. 44 und 45.
31 Erläuterungen VöB, S. 6.
32 BPG, BPV, Weisungen der Departemente und Verwaltungseinheiten.
33 Verhaltenskodex der Bundesverwaltung vom 12.08.2012 (Ziff. 5).
34 Das geltende Korruptionsstrafrecht ist auf den 01.05.2000 in Kraft getreten (AS 2000 1128). Vgl. hierzu JOSITSCH DANIEL, Das Schweizerische Korruptionsstrafrecht, Zürich 2004.
35 Siehe bspw. Urteil des Bundesstrafgerichts SK.2016.5 vom 06.12.2016; Urteil des Bundesstrafgerichts SK.2015.12 vom 15.09.2015.
36 GALLI/MOSER/LANG/STEINER, Rz. 1159 ff.
37 Vgl. Erläuterungen VöB, S. 6.

IV. Bst. c: Gebot der Gleichbehandlung

14 Die Auftraggeberin hat im Vergabeverfahren alle Anbieterinnen gleich zu behandeln. Im Staatsvertragsbereich gilt das Gebot der Gleichbehandlung von in- und ausländischen Anbieterinnen. Zum einen sind die ausländischen Anbieterinnen gleich zu behandeln wie inländische (und umgekehrt), zum anderen muss die Gleichbehandlung inländischer und ausländischer Anbieterinnen unter sich gewährleistet sein.[38] Im unterschwelligen Bereich gelten für die Kantone die Vorgaben des BGBM, nämlich das Herkunftsortsprinzip[39].[40]

15 Das Gleichbehandlungsgebot ist in allen Phasen des Vergabeverfahrens zu beachten. Die Auftraggeberin hat das Gebot insbesondere bei der Formulierung der Eignungskriterien, der technischen Spezifikationen und der Zuschlagskriterien zu beachten. Kriterien, die inländische oder lokale Anbieterinnen gegenüber ausländischen oder ausserkantonalen Anbieterinnen bevorzugen, wirken wie Handelshemmnisse und sind daher unzulässig.[41] Eine Vergabe mit protektionistischen Motiven ist ausgeschlossen. Weder die Herkunft eines Produkts noch die Tatsache, dass der Firmensitz eines Unternehmens in der Nähe liegt oder dass das Unternehmen für die Umgebung wirtschaftlich und fiskalisch bedeutsam ist, dürfen berücksichtigt werden.[42] Einzelne Anbieterinnen dürfen durch die gewählten Eignungs- und Zuschlagskriterien nicht diskriminiert werden.[43] Überdies müssen allen Anbieterinnen die gleichen Informationen zum Ausschreibungsgegenstand zur Verfügung stehen.[44] Ein Informationsvorsprung einer Anbieterin ist zu vermeiden.[45]

16 Weiter sind sämtliche Anbieterinnen während des laufenden Vergabeverfahrens gleich zu behandeln. Der Grundsatz der Gleichbehandlung der Parteien ist ein wesentlicher Bestandteil des Anspruchs auf Fairness im Verfahren nach EMRK 6 Ziff. 1 und BV 29 Abs. 1.[46] Der Gleichbehandlungsgrundsatz ist beispielsweise verletzt, wenn nur eine Anbieterin ihr Angebot nachbessern kann.[47] Bei einer Berichtigung von Offerten sind sämt-

---

[38] Botschaft BöB, S. 1910; vgl. auch Urteil BRK 11/97 vom 04.12.1997, E. 2.
[39] Das Herkunftsortsprinzip ermöglicht die Überwindung von Marktzugangsschranken, die sich aus strengeren Marktzugangsregeln am Leistungs- bzw. Bestimmungsort ergeben. Vgl. hierzu Komm BGMB-Oesch/Zwald, Art. 2 N 1 ff.
[40] Musterbotschaft IVöB, S. 21 f.; Botschaft BöB, S. 1910.
[41] Trüeb, in: Verwaltungsrecht, Rz. 25.15.
[42] Botschaft BöB, S. 1910; Urteil BRK 11/97 vom 04.12.1997, E. 2; BGer 2P.342/1999 vom 31.05.2000, E. 5a.
[43] Komm BöB-Trüeb, Art. 1 N 14.
[44] Komm BöB-Trüeb, Art. 2 N 14.
[45] Zur Vorbefassung vgl. BöB 14 Abs. 1; Botschaft BöB, S. 1910, 1918.
[46] BGE 133 I 1, E. 5.3.1; BGE 1432 II 425, E. 4.2 und 4.4.2; Kölz/Häner/Bertschi, Rz. 208.
[47] BRK 2005/002 vom 30.05.2005, E. 4c, publiziert in VPB 69.105.

liche Anbieterinnen gleich zu behandeln.[48] Vorbehalten bleibt die Korrektur von unbeabsichtigten Fehlern, wie Rechen-[49] oder Schreibfehlern, oder das Nachreichen von Belegen, soweit darin nicht eine Benachteiligung der Mitbewerber liegt.[50] Auch das Einholen von Erläuterungen beim Offerenten erscheint im Lichte des Gleichbehandlungsgrundsatzes als problematisch.[51] Die Auftraggeberin muss daher gleichbehandelnd vorgehen und allen Anbieterinnen, bei denen mit Bezug auf die Offerte Präzisierungsbedarf besteht, eine gleichwertige Erläuterungsmöglichkeit einräumen, ausser der Gehalt der Präzisierung spielt bei der Zuschlagsentscheidung mit Gewissheit keine Rolle.[52]

Nicht zuletzt darf eine Auftraggeberin ein Vergabeverfahren nicht mit dem Ziel abbrechen, eine Anbieterin gezielt zu diskriminieren.[53]

V. Bst. d: Verzicht auf Abgebotsrunden

Die Möglichkeit, Verhandlungen durchzuführen, war bereits Gegenstand des GPA 1994. Auch das GPA 2012 sieht Verhandlungsmöglichkeiten vor, wenn auch in gestraffter Form. Unter altem Recht waren auf Bundesebene Verhandlungen (auch reine Preisverhandlungen) zulässig.[54] Demgegenüber waren Verhandlungen in den Kantonen, ausser im freihändigen Verfahren, bisher nicht erlaubt (aIVöB 11 Bst. c; aVRöB 30).[55]

In BöB/IVöB 12 Bst. d ist neu ein Verbot von Abgebotsrunden vorgesehen. «Abgebotsrunden» sind Verhandlungen mit dem einzigen Zweck, den Angebotspreis zu senken, ohne Änderung des Leistungsgegenstands.[56] Der ausdrückliche Verzicht auf Abgebotsrunden ist dadurch motiviert, dass Anbieterinnen im Hinblick auf Preisverhandlungen Margen in ihre Angebote einbauen, die sie später wieder preisgeben. Das Verbot von Abgebotsrunden soll solche Vorgehensweisen verhindern und maximale Transparenz sichern.[57]

Der Verzicht auf Abgebotsrunden bedeutet nicht, dass im Vergabeverfahren keine Preisanpassungen mehr möglich sind. Im Rahmen der Angebotsbereinigung (BöB/IVöB 39)

---

48 BVGer B-3885/2016 vom 14.07.2017.
49 Zu Kalkulations- und Rechnungsfehlern vgl. statt vieler GALLI/MOSER/LANG/STEINER, Rz. 729 ff. mit weiteren Hinweisen; RECHSTEINER, Rechnungsfehler, S. 123 Ziff. 2d.
50 GALLI/MOSER/LANG/STEINER, Rz. 684; BVGer B-614/2018 vom 17.07.2018, E. 4.5.1; BVGer B-3644/2017 vom 23.08.2017, E. 6.4.2; BVGer B-985/2015 vom 12.08.2015, E. 5.3.4.
51 Vgl. SCHERLER STEFAN M./ZUFFEREY JEAN-BAPTISTE, Angebot und Varianten, in: BR 2010 S. 95–96, S. 95.
52 BVGE 2007/13, E. 3.4; BVGer B-4969/2017 vom 28.03.2018, E. 6.4.2.
53 BGE 134 II 192, E. 2.3.
54 Vgl. aBöB 20 Abs. 1; aVöB 26 ; Entscheid BRK 2003-016 vom 23.07.2003, publiziert in VPB 67.108 E. 4.b; GALLI/MOSER/LANG/STEINER, Rz. 686; Komm BöB-TRÜEB, Art. 20 N 3 f.
55 Musterbotschaft IVöB, S. 16.
56 Komm BöB-TRÜEB, Art. 20 N 4.
57 Botschaft BöB, S. 1910.

oder bei speziellen Verfahren wie dem Dialog (BöB/IVöB 24) kann es zu einer untergeordneten Modifizierung des Leistungsgegenstands kommen. Dies wird in der Regel auch zu Anpassungen in der Preisofferte führen.[58] Zudem können Preisanpassungen auch im Rahmen der elektronischen Auktion oder bei Verhandlungen einer Offerte im freihändigen Verfahren erfolgen.[59]

VI. Bst. e: Vertraulichkeit

21 Anbieterinnen haben während des Vergabeverfahrens Anspruch auf Schutz ihrer Daten und Geschäftsgeheimnisse. Werden diese Daten nicht geschützt, kann sich kein funktionierender Anbieterwettbewerb einstellen. Zu grosse Transparenz kann abgestimmte Verhaltensweisen begünstigen und sich antikompetitiv auswirken. Zudem besteht die Gefahr, dass sich Anbieterinnen nicht an öffentlichen Ausschreibungen beteiligen, wenn sie befürchten, ihre Angebote könnten Dritten (wie Konkurrenzunternehmen oder Medienschaffenden) zugänglich sein. Daher schützt die Vertraulichkeit nicht nur private Interessen der Anbieterinnen, sondern auch die Funktionsfähigkeit des Beschaffungsverfahrens im Grundsatz.[60]

22 Die Vertraulichkeit bezieht sich auf alle Angaben, die eine Anbieterin im Vergabeverfahren gemacht hat, unbeachtet des konkreten Inhalts.[61] Insbesondere die Offerten werden als vertraulich gehalten.[62] Vorbehalten sind die in BöB/IVöB 48 ausdrücklich vorbehaltenen Publikationspflichten sowie gesetzliche Auskunftspflichten (vgl. IVöB 49 Abs. 3).[63] Zudem erstellen die Auftraggeberinnen umfangreiche Statistiken, in denen sie über ihre Beschaffungen Rechenschaft abgeben (BöB/IVöB 50). Die Einhaltung der beschaffungsrechtlichen Verpflichtungen wird von der EFK periodisch auditiert.[64]

23 Der Grundsatz der Vertraulichkeit gilt nur während des Vergabeverfahrens. Dadurch sollen mögliche Verzerrungen bis zum Vergabeentscheid verhindert werden.[65] Das Vertraulichkeitsprinzip soll aber nicht durch das Einlegen eines Rechtsmittels umgangen werden können. Deshalb besteht grundsätzlich auch im Rechtsmittelverfahren kein Anspruch auf Einsicht in die Offertunterlagen von Konkurrenten.[66] Nach Abschluss des Vergabeverfahrens gilt die Vertraulichkeit jedoch nur noch in beschränktem Umfang. Das Bundesgericht erachtete aBöB 8 Abs. 1 als keine spezialgesetzliche Ausnahme

---

58 Botschaft BöB, S. 1910 f.
59 Botschaft BöB, S. 1911; Musterbotschaft IVöB, S. 43.
60 Botschaft BöB, S. 1911.
61 GALLI/LEHMANN/RECHSTEINER, Rz. 263; GALLI/MOSER/LANG/STEINER, Rz. 1181.
62 Vgl. aBöB 8 Bst. d; aIVöB 11 Bst. g; vgl. BGer 2P.111/2003 vom 21.01.2010, E. 4.1.2.
63 Vgl. Kommentierung zu Art. 49 N 18 ff.
64 Botschaft BöB, S. 1911.
65 BGer 1C_50/2015 vom 02.12.2015, E. 3.1; VPG 2013 Nr. 2 S. 15 f.; vgl. auch GALLI/MOSER/LANG/STEINER, Rz. 693.
66 BGer 2C_890/2008 vom 22.04.2009, E. 5.3.3; BGer 2P.111/2003 vom 21.01.2004, E. 4.1.2 m.w.H.

vom Transparenzgebot gemäss BGÖ 4. Folglich gelange das BGÖ grundsätzlich zur Anwendung.[67] Gemäss TRÜEB geht das Prinzip der Vertraulichkeit dem Zugangs- und Auskunftsanspruch nach BGÖ vor.[68] E-BöB 49 Abs. 3 sah vor, dass sämtliche Unterlagen auch während der Dauer ihrer Aufbewahrung der Geheimhaltung unterstehen. Dieser Artikel wurde im Rahmen der parlamentarischen Beratung gestrichen. Folglich wird das BGÖ – wie bisher – nach Abschluss des Vergabeverfahrens grundsätzlich Anwendung finden, wobei auch nach BGÖ 7 Abs. 1 Bst. g Berufs-, Geschäfts- und Fabrikationsgeheimnisse zu wahren sind.

VII. Rechtsvergleichung

In der Richtlinie sind die Grundsätze der Auftragsvergabe in Art. 18, der Grundsatz der Vertraulichkeit in Art. 21 und das Gebot, Interessenkonflikte zu vermeiden, in Art. 24 festgelegt. 24

Nach RL 2014/24/EU 18 Abs. 1 sind alle Wirtschaftsteilnehmer in gleicher und nichtdiskriminierender Weise zu behandeln. Weiter hat das Verfahren transparent und verhältnismässig zu sein. Das Vergabeverfahren darf nicht mit der Absicht konzipiert werden, es vom Anwendungsbereich dieser Richtlinie auszunehmen oder den Wettbewerb künstlich einzuschränken. Nach Abs. 2 treffen die Mitgliedstaaten geeignete Massnahmen, um dafür zu sorgen, dass die Wirtschaftsteilnehmer bei der Ausführung öffentlicher Aufträge die geltenden umwelt-, sozial- und arbeitsrechtlichen Verpflichtungen einhalten, die durch Rechtsvorschriften der Union, einzelstaatliche Rechtsvorschriften, Tarifvertrag oder die in Anhang X aufgeführten internationalen umwelt-, sozial- und arbeitsrechtlichen Vorschriften festgelegt sind. 25

Nach RL 2014/24/EU 24 haben die Mitgliedstaaten sicherzustellen, dass die öffentlichen Auftraggeberinnen geeignete Massnahmen zur wirksamen Verhinderung, Aufdeckung und Behebung von Interessenkonflikten treffen, die sich bei der Durchführung von Vergabeverfahren ergeben, um Wettbewerbsverzerrungen zu vermeiden und eine Gleichbehandlung aller Wirtschaftsteilnehmer zu gewährleisten. 26

---

67   BGer 1C_50/2015 vom 02.12.2015, E. 3.3.
68   Komm BöB-TRÜEB, Art. 9 N 4.

Art. 12 Einhaltung der Arbeitsschutzbestimmungen, der Arbeitsbedingungen, der Lohngleichheit und des Umweltrechts

¹ Für die im Inland zu erbringenden Leistungen vergibt die Auftraggeberin / *der Auftraggeber* einen öffentlichen Auftrag nur an Anbieterinnen / *Anbieter*, welche die am Ort der Leistung / *im Inland* massgeblichen Arbeitsschutzbestimmungen und Arbeitsbedingungen, die Melde- und Bewilligungspflichten nach dem Bundesgesetz vom 17. Juni 2005 gegen die Schwarzarbeit (BGSA) sowie die Bestimmungen über die Gleichbehandlung von Frau und Mann in Bezug auf die Lohngleichheit einhalten.

² Für die im Ausland zu erbringenden Leistungen vergibt die Auftraggeberin / *der Auftraggeber* einen öffentlichen Auftrag nur an Anbieterinnen / *Anbieter*, welche mindestens die Kernübereinkommen der Internationalen Arbeitsorganisation (ILO) nach Massgabe von Anhang 6 / 3 einhalten. Die Auftraggeberin / *Der Auftraggeber* kann darüber hinaus die Einhaltung weiterer wesentlicher internationaler Arbeitsstandards fordern und entsprechende Nachweise verlangen sowie Kontrollen vereinbaren.

³ Die Auftraggeberin / *Der Auftraggeber* vergibt einen öffentlichen Auftrag nur an Anbieterinnen / *Anbieter*, welche mindestens die am Ort der Leistung geltenden rechtlichen Vorschriften zum Schutz der Umwelt und zur Erhaltung der natürlichen Ressourcen einhalten; dazu gehören im Inland die Bestimmungen des schweizerischen Umweltrechts und im Ausland die vom Bundesrat bezeichneten internationalen Übereinkommen zum Schutz der Umwelt *nach Massgabe von Anhang 4*.

⁴ Die Subunternehmerinnen / *Die Subunternehmer* sind verpflichtet, die Anforderungen nach den Absätzen 1– / *bis* 3 einzuhalten. Diese Verpflichtungen sind in die Vereinbarungen zwischen den Anbieterinnen / *Anbietern* und den Subunternehmerinnen / *Subunternehmern* aufzunehmen.

⁵ Die Auftraggeberin / *Der Auftraggeber* kann die Einhaltung der Anforderungen nach den Absätzen 1– / *bis* 3 kontrollieren oder die Kontrolle Dritten übertragen, soweit diese Aufgabe nicht einer spezialgesetzlichen Behörde oder einer anderen geeigneten Instanz, insbesondere einem paritätischen Kontrollorgan, übertragen wurde. Für die Durchführung dieser Kontrollen kann die Auftraggeberin / *der Auftraggeber* der Behörde oder dem Kontrollorgan die erforderlichen Auskünfte erteilen sowie Unterlagen zur Verfügung stellen. Auf Verlangen hat die Anbieterin / *der Anbieter* die erforderlichen Nachweise zu erbringen.

⁶ Die mit der Einhaltung der Anforderungen nach den Absätzen 1– / *bis* 3 befassten Behörden und Kontrollorgane erstatten der Auftraggeberin / *dem Auftraggeber* Bericht über die Ergebnisse der Kontrollen und über allfällige getroffene Massnahmen.

Art. 12 Arbeitsschutzbestimmungen und -bedingungen, Lohngleichheit, Umweltrecht

Inhaltsverzeichnis

I.	Grundlagen	1
II.	Abs. 1: Leistungserbringung im Inland	5
III.	Abs. 2: Leistungserbringung im Ausland	11
IV.	Abs. 3: Umweltrecht	15
V.	Abs. 4: Subunternehmer	17
VI.	Abs. 5: Kontrolle	20
VII.	Abs. 6: Informationsaustausch	26
VIII.	Rechtsvergleichung	28

I. Grundlagen

Das GPA 2012 sieht in Bezug auf die Einhaltung minimaler Arbeits- und Sozialstandards sowie in Bezug auf die Einhaltung des Umweltrechts keine explizite Regelung vor. Die Berücksichtigung minimaler Arbeits- und Sozialstandards entspricht aber ständiger Praxis sowohl in der Schweiz als auch in der EU. Bereits heute ist Usanz, bei innerschweizerischen Vergaben die Einhaltung der inländischen Arbeitsschutzbestimmungen und Arbeitsbedingungen und bei internationalen Vergaben mindestens die Einhaltung der Kernübereinkommen der Internationalen Arbeitsorganisation (ILO) zu verlangen (vgl. aBöB 8 Abs. 1 Bst. b, c und Abs. 2 i.V.m. aVöB 6; VRöB 27 Bst. d i.V.m. aIVöB 11 Bst. e).[1] Die Einhaltung minimaler Arbeits- und Sozialstandards ist für einen funktionierenden Wettbewerb unverzichtbar.[2] Das missbräuchliche Unterbieten der Arbeitsbedingungen, die Verletzung der massgeblichen Arbeitsschutzbestimmungen und die ungleiche Behandlung von Frau und Mann in Bezug auf den Lohn können zu einer Verzerrung des Wettbewerbs führen.[3] Es wird diesbezüglich auch vom Aspekt der sozialen Nachhaltigkeit gesprochen.[4] Die AGB des Bundes sehen eine Verpflichtung vor, die Arbeitsbedingungen und Arbeitsschutzbestimmungen einzuhalten.[5] 1

Die Einhaltung der Arbeitsschutzbestimmungen, der Arbeitsbedingungen, der Umweltschutzgesetzgebung sowie die Einhaltung der Steuer- und Abgabepflichten stellen allgemeine Teilnahmebedingungen bzw. vergaberechtliche Grundvoraussetzungen[6] dar (vgl. BöB/IVöB 26 Abs. 1).[7] Diese Bedingungen sind von allen Anbieterinnen einzuhal- 2

---

1 Botschaft BöB, S. 1911 f.; siehe auch Komm BöB-Trüeb, Art. 8 N 2.
2 Botschaft BöB, S. 1912.
3 Botschaft BöB, S. 1911.
4 Botschaft BöB, S. 1885.
5 Vgl. hierzu https://www.beschaffung.admin.ch/bpl/de/home/auftraege-bund/agb.html (zuletzt besucht am 28.08.2020).
6 Vgl. Jäger, Ausschluss, Rz. 37; OGer AG, WBE.2018.188 vom 17.09.2018, E. 2.2, in: AGVE 2018, S. 253 ff.
7 BVGer B-985/2015 vom 12.07.2015, E. 5.1.5.2.

ten, losgelöst von der Natur und der Ausgestaltung des öffentlichen Auftrags. Diese Bedingungen können nicht mehr oder weniger erfüllt sein, sondern nur ganz oder gar nicht. Es handelt sich dabei um nicht eignungsrelevante Ausschlussgründe.[8]

3 Sofern ein Nachweis einer Verletzung dieser Anforderungen gegeben ist, können die betroffenen Anbieterinnen aus dem Vergabeverfahren ausgeschlossen werden (vgl. BöB/IVöB 44).[9] Allerdings sind beim Ausschluss einer Anbieterin das Verhältnismässigkeitsprinzip und insb. das Verbot des überspitzten Formalismus zu beachten.[10] Fehlt bspw. eine Unterschrift auf der Selbstdeklaration[11] betreffend die Einhaltung der Arbeitsbedingungen, ist fraglich, ob die Unterschrift noch nachgereicht werden darf. Voraussetzung ist, dass alle Anbieterinnen gleichbehandelt werden.[12] Bei schweren Fällen der Missachtung der Teilnahmebedingungen kann der Verfahrensausschluss auch für künftige Submissionen vorgesehen werden (vgl. BöB/IVöB 45).[13]

4 In Abs. 1 BöB/IVöB 12 besteht eine Differenz betreffend die Einhaltung der Arbeitsschutzbestimmungen und Arbeitsbedingungen bei einer Leistungserbringung im Inland (vgl. N 5 ff.).

II. Abs. 1: Leistungserbringung im Inland

5 Auf Bundesebene gilt nach BöB 12 Abs. 1 wie bisher das Leistungsortsprinzip: Für die im Inland zu erbringenden Leistungen haben die Anbieterinnen – unabhängig davon, ob sie ihren Sitz oder ihre Niederlassung in der Schweiz oder im Ausland haben – immer die am Leistungsort massgeblichen Arbeitsschutzbestimmungen und Arbeitsbedingungen (u.a. Arbeitszeiten, Mindestlöhne, Lohnzulagen, Sozialleistungen usw.) einzuhalten.

6 Der Bundesrat hatte in seinem Entwurf eine differenzierte Regelung vorgeschlagen:[14] Für schweizerische Anbieterinnen sollte in Übereinstimmung mit dem BGBM das Herkunftsortsprinzip gelten, während ausländische Anbieterinnen, auf die das BGBM keine Anwendung findet, den Bestimmungen am Leistungsort unterstehen (E-BöB 12 Abs. 1). Das BGBM geht vom Herkunftsortsprinzip aus, indem es auf der Vermutung der Gleichwertigkeit unterschiedlicher Arbeitsbedingungen basiert (BGBM 2).[15] Die in BGBM 2 enthaltenen Grundsätze verleihen den vom Geltungsbereich erfassten Personen einen

---

[8] BVGer B-985/2015 vom 12.07.2015, E. 5.1.5.1.
[9] VGer BE, VGE 20757/20758 vom 24.08.1999, in: BVR 2000, S. 118 ff.; OGer AG, WBE.2018.188 vom 17.09.2018, E. 3, in: AGVE 2018, S. 253 ff.
[10] GALLI/MOSER/LANG/STEINER, Rz. 520.
[11] Vgl. zu den Selbstdeklarationen der BKB die Informationen auf https://www.beschaffung.admin.ch/bpl/de/home/auftraege-bund/selbstdeklarationen.html (zuletzt besucht am 28.08.2020).
[12] BVGer B-985/2015 vom 12.07.2015, E. 5.1.5.2.
[13] Vgl. auch GALLI/MOSER/LANG/STEINER, Rz. 521; GALLI/LEHMANN/RECHSTEINER, Rz. 496 ff.
[14] STÖCKLI JEAN-FRITZ, S. 164.
[15] Komm BGBM-OESCH/ZWALD, Art. 3 N 4.

individualrechtlichen Anspruch auf freien Marktzugang für das Anbieten von Waren, Dienst- und Arbeitsleistungen nach Massgabe der an ihrem Sitz oder an ihrer Niederlassung geltenden Vorschriften.[16] Dieses Herkunftsprinzip gilt allerdings nicht absolut und kann im Einzelfall zugunsten des Leistungsortsprinzips eingeschränkt werden, wenn überwiegende öffentliche Interessen dies zwingend erfordern und der Schutz der Interessen nicht bereits durch die Vorschriften des Herkunftsorts gewährleistet ist (BGBM 3 Abs. 1 und 2). Mit dem Vorschlag des Bundesrates hätte nicht zuletzt der administrative Aufwand für schweizweit tätige Unternehmen verringert werden sollen, indem sie nicht je nach Auftragsort unterschiedliche Regelungen hätten verifizieren und einhalten müssen.[17]

Entgegen dem Vorschlag des Bundesrates entschied sich das Parlament in BöB 12 Abs. 1 für das Leistungsortsprinzip, also für das Einhalten der am Leistungsort massgeblichen Arbeitsschutzbestimmungen und Arbeitsbedingungen. Mit diesem Entscheid wurde eine Differenz zum BGBM geschaffen, der im Vollzug noch die eine oder andere Frage aufwerfen wird.

Anders als der Bund bleiben die Kantone an die Vorgaben des BGBM gebunden. Deshalb gilt auf kantonaler Ebene nach IVöB 12 Abs. 1 eine differenzierte Regelung für ausländische und inländische Anbieterinnen (entsprechend dem Entwurf in E-BöB/VE-IVöB 12 Abs. 1). Demnach haben ausländische Anbieterinnen immer die am Leistungsort geltenden Arbeitsschutzbestimmungen und Arbeitsbedingungen einzuhalten. Anbieterinnen mit Sitz oder Niederlassung in der Schweiz haben wie bisher diejenigen Arbeitsschutzbestimmungen und Arbeitsbedingungen zu berücksichtigen, die an ihrem Sitz oder Niederlassungsort Geltung haben (Herkunftsortsprinzip nach BGBM). Das Herkunftsortsprinzip kann im Einzelfall zugunsten des Leistungsortsprinzips eingeschränkt werden.[18] Gestützt auf IVöB 63 Abs. 3 können die Kantone unter Beachtung der internationalen Verpflichtungen Ausführungsbestimmungen zu IVöB 12 erlassen.

Gemäss BöB/IVöB 12 Abs. 1 sind bei einer Leistungserbringung im Inland insb. die zwingenden Bestimmungen des Obligationenrechts sowie die Bestimmungen des Arbeitsgesetzes vom 13. März 1964 (ArG; SR 822.11) und seine Ausführungsverordnungen sowie die Bestimmungen zur Gleichbehandlung von Frau und Mann in Bezug auf den Lohn (vgl. GlG, SR 151.1) zu befolgen. Darüber hinaus sind auch die Bestimmungen von Gesamt-[19] und Normalarbeitsverträgen[20] sowie, wo solche Instrumente fehlen, die orts-

---

16 Komm BGBM-OESCH/ZWALD, Art. 3 N 1.
17 Botschaft BöB, S. 1912.
18 Musterbotschaft IVöB, S. 44; Gutachten WEKO vom 21.10.2019 betreffend Zulässigkeit des Leistungsortsprinzips für Arbeitsbedingungen im kantonalen Beschaffungsrecht.
19 Manchmal dürfte es schwierig sein zu ermitteln, welcher GAV i.c. anwendbar ist; GALLI/MOSER/LANG/STEINER, Rz. 519. Siehe zudem zur Geltung von Gesamtarbeitsverträgen, STÖCKLI JEAN-FRITZ, S. 161 ff.
20 Nach einem Entscheid des Luzerner Verwaltungsgerichts ist kein formeller Beitritt oder Anschluss an einen Gesamtarbeitsvertrag erforderlich; VGer LU, V 00 179 vom 03.08.2000, in: LGVE 2000 II, Nr. 12, S. 208 f.; GALLI/MOSER/LANG/STEINER, Rz. 516.

und branchenüblichen Arbeitsbedingungen[21] einzuhalten.[22] Existiert bspw. in einer Branche ein Gesamtarbeitsvertrag, sind die Anbieterinnen zwar nicht verpflichtet, diesem beizutreten, jedoch darf im Rahmen der Vergabe öffentlicher Aufträge von den Anbieterinnen dessen Einhaltung in Bezug auf die massgeblichen Arbeitsbedingungen, u.a. die vorgesehenen Mindestlöhne, verlangt werden.[23] Weiter sind insb. die Melde- und Bewilligungspflichten nach dem Bundesgesetz vom 17. Juni 2005 gegen die Schwarzarbeit (BGSA; SR 822.41) einzuhalten.

10 In einem Zuger Verfahren war der Vergabebehörde bekannt, dass ein Verfahren wegen Verletzung des Landesmantelvertrags für das schweizerische Bauhauptgewerbe (GAV/LMV) gegen eine Unternehmung, welche Mitglied des anbietenden Konsortiums war, bei der Paritätischen Berufskommission hängig war. Die Vergabebehörde durfte in diesem konkreten Fall aufgrund von diversen schweren Verfehlungen davon ausgehen, dass keine genügende Gewähr für die Einhaltung der Arbeitsschutzbestimmungen und Arbeitsbedingungen bestand und durfte die Unternehmung daher, im Einklang mit dem Verhältnismässigkeitsgrundsatz, aus dem Verfahren ausschliessen.[24]

III. Abs. 2: Leistungserbringung im Ausland

11 Für Leistungen, die im Ausland erbracht werden, gilt das Leistungsortsprinzip. Es entspricht bisheriger Praxis in der EU und der Schweiz, dass bei internationalen Vergaben die Kernübereinkommen der ILO einzuhalten sind (vgl. aVöB 7 Abs. 2). Sofern das Recht am Leistungsort strenger ist, ist dieses zu beachten.

12 Als Kernübereinkommen der ILO im Sinn von BöB/IVöB 12 Abs. 2 gelten die folgenden Übereinkommen (BöB Anhang 6/IVöB Anhang 3):

- 1. Übereinkommen Nr. 29 vom 28.06.1930 über Zwangs- oder Pflichtarbeit (SR 0.822.713.9);

- 2. Übereinkommen Nr. 87 vom 09.07.1948 über die Vereinigungsfreiheit und den Schutz des Vereinigungsrechtes (SR 0.822.719.7);

- 3. Übereinkommen Nr. 98 vom 01.07.1949 über die Anwendung der Grundsätze des Vereinigungsrechtes und des Rechtes zu Kollektivverhandlungen (SR 0.822.719.9);

- 4. Übereinkommen Nr. 100 vom 29.06.1951 über die Gleichheit des Entgelts männlicher und weiblicher Arbeitskräfte für gleichwertige Arbeit (SR 0.822.720.0);

---

21 Es dürfte manchmal schwierig sein zu definieren, was branchenüblich ist. GALLI/MOSER/LANG/STEINER, Rz. 519.
22 Botschaft BöB, S. 1911.
23 OGer AG, WBE.2018.188 vom 17.09.2018, E. 2.2, in: AGVE 2018, S. 253 ff.; ferner BGE 130 I 258 ff.
24 VGer ZG, V/2000 27 vom 27.02.2002 i.S. ARGE C, E. 4c; GALLI/MOSER/LANG/STEINER, Rz. 517.

- 5. Übereinkommen Nr. 105 vom 25.06.1957 über die Abschaffung der Zwangsarbeit (SR 0.822.720.5);

- 6. Übereinkommen Nr. 111 vom 25.06.1958 über die Diskriminierung in Beschäftigung und Beruf (SR 0.822.721.1);

- 7. Übereinkommen Nr. 138 vom 26.06.1973 über das Mindestalter für die Zulassung zur Beschäftigung (SR 0.822.723.8);

- 8. Übereinkommen Nr. 182 vom 17.06.1999 über das Verbot und unverzügliche Massnahmen zur Beseitigung der schlimmsten Formen der Kinderarbeit (SR 0.822.728.2).[25]

Bei Anbieterinnen aus EU-/EFTA-Staaten gilt zudem das Abkommen zwischen der Schweizerischen Eidgenossenschaft einerseits und der Europäischen Gemeinschaft und ihren Mitgliedstaaten andererseits über die Freizügigkeit (FZA; SR 0.142.112.681). Es nimmt auf die RL 96/71/EG über die Entsendung von Arbeitnehmern im Rahmen der Erbringung von Dienstleistungen[26] Bezug. Darin garantieren die Mitgliedstaaten allen entsandten Arbeitnehmerinnen und Arbeitnehmern unabhängig von dem auf das jeweilige Arbeitsverhältnis anwendbaren Recht die Arbeits- und Beschäftigungsbedingungen nach RL 96/71/EG 3. Gemäss FZA 16 Abs. 1 und 2 trifft die Schweiz alle erforderlichen Massnahmen, damit gleichwertige Rechte und Pflichten wie in der Richtlinie Anwendung finden. Soweit für die Anwendung des Abkommens Begriffe des Gemeinschaftsrechts herangezogen werden, wird auch die einschlägige Rechtsprechung des EuGH[27] vor dem Zeitpunkt der Unterzeichnung des Abkommens berücksichtigt (FZA 16 Abs. 2).[28] 13

Darüber hinaus kann die Auftraggeberin die Einhaltung weiterer wesentlicher Arbeitsstandards fordern und entsprechende Nachweise verlangen sowie Kontrollen durchführen (BöB/IVöB 12 Abs. 2 Satz 2). Dieser Satz wurde im Rahmen der parlamentarischen Diskussionen eingefügt. Im Inland[29] sind die Anforderungen an die Anbieterinnen höher, da die gesamte Gesetzgebung einzuhalten ist – d.h. Arbeits- und Sozialversicherungsrecht und eventuell auch ein GAV. Demgegenüber genügt im Ausland die Einhaltung der ILO-Kernarbeitsnormen. Den Beschaffungsstellen soll daher die Möglichkeit eingeräumt werden, in spezifischen Fällen über das absolute Minimum hinausgehende 14

---

25 Vgl. STEINER, Arbeitspapier soziale Aspekte, S. 49.
26 RL 96/71/EG des europäischen Parlaments und des Rates vom 16.12.1996; ABl. L 18, vom 21.01.1997, S. 1 in der zum Zeitpunkt der Unterzeichnung des Abkommens geltenden Fassung.
27 Nach der Rechtsprechung des EuGH können die Anbieterinnen verpflichtet werden, den eingesetzten Beschäftigten einen Mindestlohn zu bezahlen, vgl. EuGH, C-115/14 vom 17.11.2015.
28 Botschaft BöB, S. 1913.
29 Die Kontrolle der Einhaltung weiterer Arbeitsstandards hat nach Massgabe von Absatz 5 zu erfolgen. Der zweite Teil dieses nachträglich eingefügten Satzes hätte weggelassen werden können.

Anforderungen in die Ausschreibung aufzunehmen (bspw. Anforderungen betreffend Arbeitssicherheit und Gesundheitsschutz der Mitarbeitenden).[30]

IV. Abs. 3: Umweltrecht

15 Weiter vergibt die Auftraggeberin einen öffentlichen Auftrag nur an Anbieterinnen, welche mindestens die am Ort der Leistung geltenden rechtlichen Vorschriften zum Schutz der Umwelt und zur Erhaltung der natürlichen Ressourcen einhalten; dazu gehören im Inland die Bestimmungen des schweizerischen Umweltrechts und im Ausland gewisse internationale Übereinkommen zum Schutz der Umwelt. Das schweizerische Umweltrecht besteht aus diversen Gesetzen und Verordnungen.[31] Zu erwähnen sind insb. das Bundesgesetz über den Umweltschutz (USG; SR 814.01), das Bundesgesetz über den Schutz der Gewässer (GSchG; SR 814.20) und das Bundesgesetz über den Natur- und Heimatschutz (NHG; SR 451). Die internationalen Übereinkommen sind im VöB Anhang 2 bzw. IVöB Anhang 4 bezeichnet.

16 Dieser Absatz war im E-BöB (und VE-IVöB) noch nicht vorgesehen, sondern wurde erst im Rahmen der parlamentarischen Diskussionen ins Gesetz eingefügt. Zunächst war der Inhalt dieses Abs. in einem separaten Art. 12a vorgesehen[32], wurde dann aber durch die Redaktionskommission im Auftrag der WAK-SR in BöB 12 integriert.[33] Aus Gründen der Harmonisierung haben die Kantone diese Regelung in IVöB 12 übernommen.[34] Die Bestimmung in BöB/IVöB 12 Abs. 3 illustriert die erhöhte Sensitivität der Gesellschaft für die Anliegen des Umwelt- und Ressourcenschutzes.[35] Die Einhaltung des zwingenden Rechts (nicht nur im Bereich des Umweltschutzes) bildete allerdings bereits bisher eine Voraussetzung zur Erlangung öffentlicher Aufträge.[36] Nur bestand hierfür noch keine ausdrückliche gesetzliche Grundlage.[37] Daneben können ökologische Aspekte im Rahmen des Vergabeverfahrens unter gewissen Voraussetzungen auch bei den Vergabekriterien berücksichtigt werden.[38]

---

30 AB 2018 NR 992, S. 1012 ff.
31 Die primäre Umweltgesetzgebung des Bundes enthält 11 Gesetze und 72 Verordnungen.
32 Vgl. AB 2018 NR 992, S. 1006 und 1010.
33 AB 2019 SR 519, S. 519 f.
34 Musterbotschaft IVöB, S. 46.
35 Vgl. zum Paradigmenwechsel bspw. auch STEINER, Nachhaltige öffentliche Beschaffung, S. 150 ff.
36 Vgl. OGer AG, WBE.2018.188 vom 17.09.2018, E. 2.2, in: AGVE 2018, S. 253 ff.; STEINER, Nachhaltige öffentliche Beschaffung, S. 154 f.
37 STEINER, Nachhaltige öffentliche Beschaffung, S. 154. Die Beschaffungserlasse einiger Kantone enthielten bereits teilweise Regelungen betreffend die Einhaltung von umweltrechtlichen Bestimmungen (vgl. bspw. ÖBG 8 Abs. 1 Bst. f).
38 Vgl. hierzu bspw. STEINER, Nachhaltige öffentliche Beschaffung, S. 150 ff. Die Anwendung von Umweltkriterien bedarf aber stets eines sachlichen Bezugs zum jeweiligen Beschaffungsobjekt, vgl. Botschaft BöB, S. 1885.

V. Abs. 4: Subunternehmer

Die Schutzbestimmungen nach den Abs. 1–3 sind auch von allen Subunternehmern einzuhalten. Subunternehmer ist, wer einen relevanten Bestandteil der ausgeschriebenen Leistung erbringt. Zulieferer von Grundstoffen, Vermieter der Produktionsstätten, Anbieterinnen allgemeiner Serviceleistungen für den Geschäftsbetrieb u.a. m. sind keine Subunternehmer (vgl. Art. 31 N 14 ff.).[39] Die Kontrollen nach Abs. 5 können über die Anbieterinnen oder direkt bei den Subunternehmern erfolgen. 17

Im Baugewerbe trägt der Erstunternehmer nach EntsG[40] 5 eine subsidiäre solidarische Haftung für seine Subunternehmer. Dies haben die öffentlichen Vergabestellen entsprechend zu berücksichtigen.[41] Dies gilt nicht nur bei entsandten Arbeitnehmerinnen und Arbeitnehmern (EntsG 1 Abs. 2).[42] Deshalb trifft den Erstunternehmer die Pflicht, dafür zu sorgen, dass der Subunternehmer die Mindest- und Arbeitsbedingungen einhält, gegenüber allen Unternehmen in der Subunternehmerkette. Es gehört zu seiner Sorgfaltspflicht, die erforderlichen vertraglichen und organisatorischen Vorkehrungen zu treffen, um die Einhaltung durch jedes einzelne in der Auftragskette involvierte Unternehmen sicherzustellen. 18

Gestützt auf BöB/IVöB 12 Abs. 4 sind die Verträge mit Subunternehmern so auszugestalten, dass eine allfällige ganze oder teilweise Weitervergabe eines Auftrags mit der Bedingung der Einhaltung der Mindestbedingungen verknüpft ist.[43] Weiter kann der Erstunternehmer bspw. bei allen Weitervergabeverträgen ein jederzeitiges Recht zur Einsicht in die Verträge mit den Arbeitnehmenden und die konkreten Lohnabrechnungen vorsehen.[44] 19

VI. Abs. 5: Kontrolle

Die Auftraggeberin kann die Einhaltung der Anforderungen nach den Absätzen 1–3 entweder selber kontrollieren oder durch geeignete Dritte (z.B. Paritätische Landeskommission im Schweizerischen Elektro- und Telekommunikations-Installationsgewerbe) kontrollieren lassen, sofern diese Aufgabe nicht einer spezialgesetzlichen Behörde oder einer anderen geeigneten Instanz übertragen wurde. 20

---

39 Botschaft BöB, S. 1914.
40 Bundesgesetz über die flankierenden Massnahmen bei entsandten Arbeitnehmerinnen und Arbeitnehmern und über die Kontrolle der in Normalarbeitsverträgen vorgesehenen Mindestlöhne (Entsendegesetz; EntsG) vom 08.10.1999, SR 823.20.
41 Vgl. Komm EntsG-Pärli, Art. 5 N 125.
42 Botschaft BöB, S. 1914.
43 AB 2018 NR 992, S. 1012.
44 Vgl. Komm EntsG-Pärli, Art. 5 N 132.

21 Auf Verlangen haben die Anbieterinnen nachzuweisen, dass sie und ihre Subunternehmer die massgeblichen Arbeitsschutzbestimmungen und die Arbeitsbedingungen, den Grundsatz der Gleichbehandlung von Frau und Mann in Bezug auf den Lohn sowie die Umweltschutzgesetzvorgaben einhalten. In der Praxis erfolgt dieser Nachweis häufig durch eine schriftliche Selbstdeklaration oder Bestätigung der Anbieterinnen (vgl. BöB/IVöB 26 Abs. 2).[45] Die Anbieterinnen sichern damit verbindlich zu, die entsprechenden Vorschriften einzuhalten. Für die Prüfung der Einhaltung der Lohngleichheit von Frau und Mann steht den Anbieterinnen ein Selbsttest zur Verfügung.[46] Je nachdem kann die Auftraggeberin bei den Anbieterinnen weitere Unterlagen einfordern.[47] Die Anbieterinnen trifft diesbezüglich eine Mitwirkungspflicht.[48] Sie haben die für die Kontrolle notwendigen Daten und Unterlagen kostenlos zur Verfügung zu stellen.[49]

22 Alternativ zur Kontrolle auf Verlangen kann die Auftraggeberin auf international anerkannte Zertifizierungssysteme oder Berufsregister zurückgreifen. Bspw. auf das Berufsregister für die Branchen Maler und Gipser, Gerüstbau, Decken- und Innenausbau sowie Plattenleger. Dieses stellt den Anbieterinnen auf ihr Gesuch hin Bestätigungen hinsichtlich ihrer Konformität mit den Gesamtarbeitsverträgen zuhanden der Beschaffungsstellen aus.[50]

23 Abs. 5 umfasst neu auch die Kontrolle der Einhaltung der Melde- und Bewilligungspflichten gemäss BGSA, insb. im Bereich des Sozialversicherungs-, Ausländer- und Quellensteuerrechts. Dies ist notwendig, weil die Schwarzarbeit neu einen Tatbestand für den Ausschluss oder Widerruf darstellt (BöB 44 Abs. 2 Bst. g).[51] Folglich muss die Auftraggeberin die Einhaltung dieser Pflichten kontrollieren lassen können.[52]

24 Die Sicherstellung und Kontrolle der Einhaltung der Arbeitsschutzbestimmungen und Arbeitsbedingungen können während des Beschaffungsverfahrens sowie nach Vertragsabschluss stattfinden. Letzteres ist insb. im Fall von wechselnden Lieferketten angezeigt,

---

45 aVöB Ziff. 6 Anhang 3. Vgl. zu den Selbstdeklarationen der BKB die Informationen auf https://www.beschaffung.admin.ch/bpl/de/home/auftraege-bund/selbstdeklarationen.html (zuletzt besucht am 28.08.2020).
46 Das Selbsttest-Tool Logib eignet sich für Unternehmen mit mindestens 50 Mitarbeitenden. Vgl. https://www.ebg.admin.ch/ebg/de/home/dienstleistungen/logib.html (zuletzt besucht am 28.08.2020). Der Nachweis der Lohngleichheitseinhaltung ist aber auch mit anderen Instrumenten möglich und zulässig (vgl. Antwort des Bundesrates zur Motion 16.3657 von Nationalrat Franz Grüter vom 9.11.2016).
47 OGer AG, WBE.2018.188 vom 17.09.2018, E. 2.2, in: AGVE 2018, S. 253 ff.
48 Gestützt auf VwVG 13 sind die Parteien grundsätzlich dazu verpflichtet, in einem Verwaltungsverfahren an der Sachverhaltsermittlung mitzuwirken. Hierzu gehört insb., die für das Verfahren notwendigen korrekten Informationen an die Behörde abzuliefern. Vgl. VwVG-Kommentar-Auer/Müller/Schindler, Art. 13 N 3 ff.
49 Vgl. Schröter/Marti Whitebread, S. 259 f.
50 Botschaft BöB, S. 1914.
51 Nach altem Recht war gestützt auf BGSA 13 auch ein Ausschluss von künftigen Vergaben möglich.
52 Botschaft BöB, S. 1914.

wie z.B. in der Textilindustrie. Durch geeignete Abreden in den Beschaffungsverträgen, insb. durch Konventionalstrafen[53], soll abweichendes Verhalten sanktioniert werden.[54] Nach der Rechtsprechung können während eines laufenden Beschaffungsverfahrens bei einem aussergewöhnlich tiefen Preis Erkundigungen bei der Anbieterin eingeholt werden[55], ob die Anforderungen eingehalten sind; dies gilt auch in Bezug auf die Arbeitsschutzbestimmungen und -bedingungen.[56]

Die Auftraggeberin kann für die Kontrolle auch die Hilfe Dritter beiziehen (bspw. Kontrolle staatlicher Behörden oder Lohnanalysen durch Dritte). Bisher führte das Eidgenössische Büro für die Gleichstellung zwischen Frau und Mann (EBG) Kontrollen im Auftrag der Beschaffungskonferenz des Bundes durch.[57] Dabei prüfte es das Nicht-Vorliegen einer systematischen Lohndiskriminierung auf Ebene eines gesamten Unternehmens, d.h. zwischen der Gesamtheit der beschäftigten Frauen und der Gesamtheit der beschäftigten Männer.[58] Auf kantonaler Ebene wurden Kontrollen bisher durch die kantonalen Gleichstellungsbüros durchgeführt.

VII. Abs. 6: Informationsaustausch

Soweit die Einhaltung der Anforderungen nach den Absätzen 1–3 von anderen Behörden und Kontrollorganen als der Auftraggeberin wahrgenommen werden, haben diese der Auftraggeberin entsprechend Bericht über die Ergebnisse der Kontrollen und über allfällig getroffene Massnahmen zu erstatten (BöB/IVöB 12 Abs. 6). Es hat ein Informationsaustausch zwischen der Auftraggeberin und den diversen Kontrollorganen des Arbeitsmarkts sowie den spezialgesetzlichen Behörden stattzufinden. Damit die Auftraggeberin die vorgesehenen Sanktionen nach BöB/IVöB 45 anwenden kann, müssen sie und die zuständigen Organe und Behörden die notwendigen Informationen austauschen können, bspw. über das Vorliegen eines Verstosses gegen die minimalen Lohn- und Arbeitsbedingungen.[59]

---

53 In den AGB des Bundes sind bereits seit langem Konventionalstrafen vorgesehen.
54 Botschaft BöB, S. 1914.
55 Gemäss BöB/IVöB 38 Abs. 3 besteht neu eine Pflicht, bei ungewöhnlich niedrigen Preisen zweckdienliche Erkundigungen einzuholen.
56 Urteil BVGer B-3196/2016 vom 31.08.2016, E. 7.
57 aBöB 8 Abs. 2, aVöB 6 Abs. 4; Leitlinien zur Kontrolle der Einhaltung der Lohngleichheit zwischen Frau und Mann im Beschaffungswesen, abrufbar unter: https://www.bkb.admin.ch/bkb/de/home/oeffentliches-beschaffungswesen/arbeitsschutzbestimmungen-und-bedingungen-lohngleichheit.html (zuletzt besucht am 28.08.2020).
58 Vgl. hierzu eingehend MARTI WHITEBREAD, S. 1553 f.
59 Botschaft BöB, S. 1914 f.

27 Kontrollorgane sind insb.:

- Kontrollorgane gemäss BGSA 4;
- Behörden nach BGSA 11, insb. in den Bereichen Sozialversicherungs-, Quellensteuer- und Ausländerrecht;
- paritätische Vollzugsorgane i.S.v. Art. 3 des Bundesgesetzes vom 28.09.1956 über die Allgemeinverbindlicherklärung von Gesamtarbeitsverträgen (SR 221.215.311);
- tripartite Kommissionen im Sinn von OR 360b;
- kantonale Vollzugsbehörden im Sinn von ArG 41;
- Durchführungsorgane im Sinn von UVG 85 sowie
- Gleichstellungsbüros.[60]

VIII. Rechtsvergleichung

28 RL 2014/24/EU verweist hinsichtlich der Einhaltung der Arbeitsbedingungen auf die Richtlinie RL 96/71/EG (vgl. N 13). Im Übrigen sieht RL 2014/24/EU 18 Abs. 2 vor, dass die Mitgliedstaaten geeignete Massnahmen zu treffen haben, um dafür zu sorgen, dass die Wirtschaftsteilnehmer bei der Ausführung öffentlicher Aufträge die geltenden umwelt-, sozial- und arbeitsrechtlichen Verpflichtungen einhalten, die durch Rechtsvorschriften der Union, einzelstaatliche Rechtsvorschriften, Tarifvertrag oder die in Anhang X aufgeführten internationalen umwelt-, sozial- und arbeitsrechtlichen Vorschriften festgelegt sind. In Anhang X sind die Kernübereinkommen der ILO sowie vier Umweltübereinkommen erwähnt.

---

60 Botschaft BöB, S. 1915.

Art. 13 Ausstand

¹ Am Vergabeverfahren dürfen auf Seiten der Auftraggeberin / *des Auftraggebers* oder eines Expertengremiums keine Personen mitwirken, die:

a. an einem Auftrag ein persönliches Interesse haben;

b. mit einer Anbieterin / *einem Anbieter* oder mit einem Mitglied eines ihrer Organe durch Ehe oder eingetragene Partnerschaft verbunden sind oder eine faktische Lebensgemeinschaft führen;

c. mit einer Anbieterin / *einem Anbieter* oder mit einem Mitglied eines ihrer / *seiner* Organe in gerader Linie oder bis zum dritten Grad in der Seitenlinie verwandt oder verschwägert sind;

d. Vertreterinnen / *Vertreter* einer Anbieterin / *eines Anbieters* sind oder für eine Anbieterin / *einen Anbieter* in der gleichen Sache tätig waren; oder

e. aufgrund anderer Umstände die für die Durchführung öffentlicher Beschaffungen erforderliche Unabhängigkeit vermissen lassen.

² Ein Ausstandsbegehren ist unmittelbar nach Kenntnis des Ausstandsgrundes vorzubringen.

³ Über Ausstandsbegehren entscheidet die Auftraggeberin / *der Auftraggeber* oder das Expertengremium unter Ausschluss der betreffenden Person.

⁴ *Der Auftraggeber kann in der Ausschreibung vorgeben, dass Anbieter, die bei Wettbewerben und Studienaufträgen in einem ausstandsbegründenden Verhältnis zu einem Jurymitglied stehen, vom Verfahren ausgeschlossen sind.*

Inhaltsverzeichnis

I.	Grundlagen	1
II.	Abs. 1: Ausstandspflicht	5
A.	Grundlagen	5
B.	Bst. a: Persönliches Interesse in der Sache	7
C.	Bst. b: Ehe, eingetragene Partnerschaft oder faktische Lebensgemeinschaft	9
D.	Bst. c: Verwandtschaft oder Schwägerschaft	10
E.	Bst. d: Vertreter einer Partei	14
F.	Bst. e: Andere Gründe (Auffangtatbestand)	16
III.	Abs. 2: Geltendmachung	20
IV.	Abs. 3: Entscheid über den Ausstand	23
V.	Abs. 4 IVöB: Ausschluss des Anbieters bei Wettbewerben und Studienaufträgen	25
VI.	Rechtsvergleichung	28

I. Grundlagen

1 Nach GPA 2012 IV:4 und BöB/IVöB 11 Bst. a muss die Auftraggeberin das Verfahren unparteiisch durchführen. Bisher galten für die öffentlichen Auftraggeberinnen die Ausstandsregeln des allgemeinen Verfahrensrechts, d.h. auf Bundesebene die Ausstandsgründe nach aBöB 26 i.V.m. VwVG 10. Und auf kantonaler Ebene führte aIVöB 11 Bst. d die Beachtung der Ausstandsregeln explizit bei den Verfahrensgrundsätzen auf.[1]

2 Die Anbieterinnen eines Vergabeverfahrens haben einen Anspruch auf die Beurteilung ihrer Angebote durch eine unabhängige Behörde bzw. durch ein unabhängiges Expertengremium im Fall von Planungs- und Gesamtleistungswettbewerben und Studienaufträgen. Dieser Anspruch ergibt sich aus BV 29 Abs. 1.[2] Für verwaltungsinterne Verfahren gilt nicht der gleich strenge Massstab wie für unabhängige richterliche Behörden.[3]

3 Ist die Unabhängigkeit auf Seiten der Auftraggeberin nicht gewahrt, besteht eine Ausstandspflicht nach BöB/IVöB 13. Die befangene Person hat umgehend aus dem Verfahren auszuscheiden und ihr sind bis zum Abschluss des Verfahrens sämtliche Einflussmöglichkeiten zu verwehren.[4] Für Beschaffungsverfahren in einem kleinen Beschaffungsmarkt, beispielsweise im hochspezialisierten IT-Bereich, sollen die Ausstandsvorschriften jedoch nicht zu streng gehandhabt werden.[5]

4 Der Anspruch auf eine unbefangene Entscheidinstanz ist formeller Natur. Eine in Missachtung der Ausstandsvorschriften getroffene Verfügung ist daher anfechtbar und aufzuheben, und zwar unabhängig davon, ob ein materielles Interesse an ihrer Aufhebung besteht. Die den Entscheid wegen Verletzung der Ausstandsbestimmungen anfechtende Person muss grundsätzlich nicht nachweisen, dass dieser ohne Mitwirkung der befangenen Person anders ausgefallen wäre.[6] Andererseits hat die Antragstellerin die Umstände, die eine Ausstandspflicht begründen, zu nennen und glaubhaft zu machen.[7] Nur bei der Sonderbestimmung in Bst. e kann die Vergabestelle den Nachweis erbringen, dass die Umstände, welche die Unabhängigkeit in Frage stellen, für den Ausgang des Verfahrens nicht relevant wurden.[8]

---

1 Botschaft BöB, S. 1915; GALLI/MOSER/LANG/STEINER, Rz. 692; BEYELER/DUBEY, Ausstand, S. 111 ff.; VGer TG, TVR 2017 21 (VG.2017.103/E); BVGer B-5452/2015 vom 19.06.2018, E. 4.1.1.
2 GALLI/MOSER/LANG/STEINER, Rz. 1071; St. Galler BV-Kommentar-STEINMANN, Art. 29 N 1 ff.; BGE 137 V 210, E. 2.1.3; 137 II 431, E. 5.2.
3 BGE 137 II 431, E. 5.2 mit Hinweisen; Kritik dazu in PraKomm VwVG-BREITENMOSER/SPORI FEDAIL, Art. 10 N 9 ff.
4 FELLER/KUNZ-NOTTER, in: VwVG-Kommentar-AUER/MÜLLER/SCHINDLER, Art. 10 N 43; BGE 128 V 82, E. 3c in Pra 2002 Nr. 102, ARN, Ausstandspflicht, S. 120 f.; SCHINDLER, Befangenheit, S. 87 f.
5 Botschaft BöB, S. 67; BVGer B-5452/2015 vom 19.06.2018, E. 4.3.3.3.
6 BVGer B-5452/2015 vom 19.06.2018, E. 4.1.2; BVGer B-4958/2013 vom 23.10.2013, E. 5.3; PraKomm VwVG-BREITENMOSER/SPORI FEDAIL, Art. 10 N 109; KIENER/RÜTSCHE/KUHN, Rz. 557.
7 BVGer B-5452/2015 vom 19.06.2018, E. 4.1.2; BGE 137 II 431, E. 5.2.
8 Botschaft BöB, S. 1916; siehe dazu unten, N 16 ff.

II. Abs. 1: Ausstandspflicht

A. Grundlagen

Der Wortlaut von BöB/IVöB 13 Abs. 1 erfasst alle Personen, die auf Seiten der Auftraggeberin oder eines Expertengremiums am Vergabeverfahren mitwirken. Ausschlaggebend ist, dass die entsprechenden Personen einen faktischen Einfluss auf den Entscheid haben können.[9] Dabei ist auf die konkrete Funktion der betroffenen Person sowie die Stellung im Verfahren abzustellen.[10] Die Ausstandsregeln gelten auch für Private, die im Auftrag der Vergabestelle im Zusammenhang mit dem Vergabeverfahren Tätigkeiten wahrnehmen, soweit diese Tätigkeiten als Vorbereitung des Vergabeentscheids oder als direkte Mitwirkung an diesem Entscheid einzustufen sind.[11] Folglich sind von der Ausstandspflicht nach BöB/IVöB 13 auch externe Berater und Experten[12] erfasst.[13] Externe Berater und Experten können ein Vergabeverfahren sowohl in der Vorbereitungsphase (beispielsweise bei der Erstellung der Ausschreibungsunterlagen) als auch im Rahmen der Offertbewertung beeinflussen.[14] Demgegenüber sind mit ausführenden Arbeiten beschäftigte Personen wie Kanzleikräfte oder Buchhaltungsverantwortliche nicht von der Ausstandspflicht erfasst.[15]

Gemäss BöB/IVöB 13 Abs. 1 gelten beinahe dieselben Ausstandsgründe wie in VwVG 10. In Bst. a–d handelt es sich um konkrete Ausstandsgründe und bei Bst. e um einen Auffangtatbestand.[16] Beweisschwierigkeiten ergeben sich hauptsächlich in Bezug auf die Tatbestände des persönlichen Interesses und der besonderen Umstände (Bst. a und e). Beim Auffangtatbestand nach Bst. e gelten etwas andere Massstäbe als beim Auffangtatbestand in VwVG 10 Abs. 1 Bst. e.[17]

---

9   BVGer B-4852/2012 vom 15.11.2012, E. 5.4; BRK 1999-006 vom 03.09.1999, publiziert in VPB 64.30, E. 2.a; BRK 2000-005 vom 27.06.2000, publiziert in VPB 65.10, E. 3; BGE 119 V 456, E. 5a.
10 BGE 140 I 326, E. 5.2; 137 II 431, E. 5.2 und weitere.
11 BVGer B-1685/2016 vom 06.04.2017, E. 4.2.2 ff.; in Beyeler, Ausstand 2019, S. 242.
12 Wobei fraglich ist, ob Experten als Sachverständige gelten, bei denen sich die Unbefangenheit sinngemäss an den Voraussetzungen von BGG 34 bemisst. Feller/Kunz-Notter, in: VwVG-Kommentar-Auer/Müller/Schindler, Art. 10 N 5; Kiener/Krüsi, Unabhängigkeit, S. 487 ff.; BGE 132 V 376, E. 7.3 S. 384.
13 BVGer B-1685/2016 vom 06.04.2017, E. 4.2.2; in Beyeler, Ausstand 2019, S. 242.
14 BVGer B-5452/2015 vom 19.06.2018, E. 4.3.3.2.
15 Feller/Kunz-Notter, in: VwVG-Kommentar-Auer/Müller/Schindler, Art. 10 N 5; Merkli/Aeschlimann/Herzog, Kommentar, Art. 9 N 7.
16 Feller/Kunz-Notter, in: VwVG-Kommentar-Auer/Müller/Schindler, Art. 10 N 14.
17 Siehe dazu unten, N 14.

B. Bst. a: Persönliches Interesse in der Sache

7 Der Entwurf BöB sah als Ausstandsgrund ein «unmittelbares» persönliches Interesse in der Sache vor. Nach der nun geltenden Fassung reicht ein «persönliches Interesse» als Ausstandsgrund analog zu VwVG 10 Abs. 1 Bst. a. Dieser Ausstandsgrund soll verhindern, dass die Amtsperson in eigener Sache entscheidet.

8 Ein persönliches Interesse liegt vor, wenn das mit der Sache befasste Mitglied der Auftraggeberin entweder direkt oder indirekt betroffen ist. Direkt betroffen ist es, wenn es ein persönliches Interesse am Ausgang des Verfahrens hat, d.h., wenn der Entscheid für ihn einen direkten Vor- oder Nachteil bewirkt. Bei einer indirekten Betroffenheit hat das Mitglied der Auftraggeberin in den Ausstand zu treten, wenn seine persönliche Interessensphäre durch den Ausgang des Verfahrens spürbar tangiert wird.[18]

C. Bst. b: Ehe, eingetragene Partnerschaft oder faktische Lebensgemeinschaft

9 Auf Seiten der Auftraggeberin darf keine Person mitwirken, die mit einer Anbieterin oder einem Mitglied eines ihrer Organe durch Ehe[19] oder eingetragene Partnerschaft[20] verbunden ist oder mit dieser eine faktische Lebensgemeinschaft[21] führt. Ist die fragliche Person mit einer Anbieterin oder einem Mitglied eines ihrer Organe verlobt, greift der Auffangtatbestand nach Bst. d, sofern die Verlobten keine faktische Lebensgemeinschaft führen.[22]

D. Bst. c: Verwandtschaft oder Schwägerschaft

10 Die Begriffe der Verwandtschaft und der Schwägerschaft sind in ZGB 20 und 21 umschrieben. Die betroffene Person darf nicht in gerader Linie oder bis zum dritten Grad in der Seitenlinie mit einer Anbieterin verwandt oder verschwägert sein.

11 In gerader Linie sind zwei Personen miteinander verwandt, wenn eine von der anderen abstammt (ZGB 20 Abs. 2): Eltern, Grosseltern, Kinder und Enkel. Die Ausstandspflicht besteht unabhängig vom Grad der Verwandtschaft in gerader Linie. Der Ausstands-

---

[18] BVGer B-5452/2015 vom 19.06.2018, E. 4.1.3; PraKomm VwVG-BREITENMOSER/SPORI FEDAIL, Art. 10 N 39 ff.; KIENER/RÜTSCHE/KUHN, Rz. 539 ff.
[19] Vgl. ZGB 94 ff.
[20] Vgl. PartG 3 ff.
[21] Der Begriff der faktischen Lebensgemeinschaft wurde durch die Rechtsprechung geformt (vgl. FELLER/KUNZ-NOTTER, in: VwVG-Kommentar-AUER/MÜLLER/SCHINDLER, Art. 10 N 18). Die faktische Lebensgemeinschaft ist gekennzeichnet durch eine Wohn- und Geschlechtsgemeinschaft, die in den meisten Fällen auch in eine wirtschaftliche Gemeinschaft mündet, und durch ein Vertrauensverhältnis, das nach dem mutmasslichen Willen der Parteien nicht durch Rechtsregeln bestimmt sein soll (BGE 124 III 52, E. 2a/aa mit weiteren Hinweisen).
[22] FELLER/KUNZ-NOTTER, in: VwVG-Kommentar-AUER/MÜLLER/SCHINDLER, Art. 10 N 18.

grund bei der Verwandtschaft in der Seitenlinie ist auf den dritten Grad begrenzt. Geschwister sind miteinander in der zweiten, Geschwisterkinder (Cousins und Cousinen) im vierten, Tante und Nichte sowie Onkel und Neffe im dritten Grad verwandt.[23]

Wer mit einer Person verwandt ist, ist mit deren Ehegatten, deren eingetragenen Partnerin oder deren eingetragenem Partner in der gleichen Linie und in dem gleichen Grade verschwägert (ZGB 21 Abs. 1). Demzufolge sind von der Ausstandspflicht auch die Schwiegereltern, Schwiegerkinder, Ehegatten der Enkel etc. erfasst. Schwägerschaft im dritten Grad besteht beispielsweise zur Ehegattin des Onkels (Schwiegertante). Nach ZGB 21 Abs. 2 wird die Schwägerschaft durch die Auflösung der Ehe oder der eingetragenen Partnerschaft nicht aufgehoben. 12

Diese Ausstandsgründe dürften in der Praxis nicht von grosser Relevanz sein.[24] 13

E. Bst. d: Vertreter einer Partei

Eine Amtsperson, die eine Partei vertritt oder in gleicher Sache für eine Partei tätig war, hat unabhängig davon, ob das Vertretungsverhältnis auf vertraglicher, gesetzlicher oder statutarischer Grundlage erfolgt, in den Ausstand zu treten. Der Ausstandsgrund umfasst beispielsweise Rechtsanwälte, Organe einer juristischen Person, Treuhänder, Beistände oder Konsulenten.[25] Umgekehrt kann auch der Wechsel eines Mitarbeiters oder einer Mitarbeiterin der Auftraggeberin in die Leitung eines Unternehmens, das einen Zuschlag erhalten hat, einen Ausstandsgrund darstellen.[26] 14

Die Ausstandspflicht kann sich auch aus abgeschlossenen Mandaten ergeben. Der Vertreter oder die Vertreterin muss in der gleichen Sache tätig gewesen sein. Es muss also eine inhaltliche Verknüpfung mit dem neuen Beschaffungsverfahren bestehen.[27] Nach der Botschaft zum BöB meint «in gleicher Sache», dass ein bei der Vorbereitung und Durchführung der in Frage stehenden Ausschreibung involvierter Mitarbeiter einer öffentlichen Auftraggeberin in den letzten 18 Monaten vor der Ausschreibung weder als Mitarbeiter noch als Vertreter einer Anbieterin bei der Abwicklung eines vorangehenden Auftrags in gleicher (den Beschaffungsgegenstand bildenden) Sache mitgewirkt hat.[28] 15

---

23 FELLER/KUNZ-NOTTER, in: VwVG-Kommentar-AUER/MÜLLER/SCHINDLER, Art. 10 N 19 f.; SCHINDLER, Befangenheit, S. 102 ff.; TUOR/SCHNYDER/SCHMID/JUNGO, Zivilgesetzbuch, § 10 N 5.
24 FELLER/KUNZ-NOTTER, in: VwVG-Kommentar-AUER/MÜLLER/SCHINDLER, Art. 10 N 21.
25 FELLER/KUNZ-NOTTER, in: VwVG-Kommentar-AUER/MÜLLER/SCHINDLER, Art. 10 N 22; MERKLI/AESCHLIMANN/HERZOG, Kommentar, Art. 9 N 14; SCHINDLER, Befangenheit, S. 107.
26 Vgl. BEYELER/DUBEY, Ausstand, S. 111.
27 FELLER/KUNZ-NOTTER, in: VwVG-Kommentar-AUER/MÜLLER/SCHINDLER, Art. 10 N 22 mit weiteren Hinweisen.
28 Botschaft BöB, S. 1916.

F. Bst. e: Andere Gründe (Auffangtatbestand)

16 Auf den Auffangtatbestand in Bst. e ist abzustellen, wenn die Person aufgrund anderer Umstände die für die Durchführung öffentlicher Beschaffungen erforderliche Unabhängigkeit vermissen lässt. Dabei ist auf die konkreten Umstände im Einzelfall abzustellen.

17 Dies ist dann der Fall, wenn Umstände bestehen, die das Misstrauen in die Unbefangenheit und damit in die Unparteilichkeit des Amtswalters objektiv rechtfertigen. Auf das subjektive Empfinden der Partei, welche die Befangenheit behauptet, kommt es dabei ebenso wenig an wie darauf, ob die betroffene Person tatsächlich befangen ist[29] oder ob gar nur Anhaltspunkte für eine tatsächliche Voreingenommenheit bestehen.[30] Anders als bei VwVG 10 reicht aber der blosse Anschein der Befangenheit[31] nicht aus, sondern die Befangenheit muss sich konkret auf den Beschaffungsvorgang auswirken. Demnach soll die Ausstandspflicht bei Gelingen des Nachweises, dass sich eine anscheinende oder tatsächliche Befangenheit nicht auf das Verfahrensergebnis ausgewirkt hat, entfallen.[32] Ist beispielsweise erstellt, dass eine befangene Mitarbeiterin oder ein befangener Mitarbeiter bei der Evaluation freiwillig in den Ausstand trat, oder ist ihr oder sein Beitrag nicht kausal für den Zuschlagsentscheid, wäre eine Wiederholung des gesamten Verfahrens unverhältnismässig und mit den Zielen des Beschaffungsrechts nicht vereinbar.[33]

18 Diese Sonderbestimmung wird in der Lehre kritisiert.[34] Nach BEYELER hätte es für Beschaffungen, die einen sehr kleinen Markt haben, eine Sonderbestimmung geben sollen. Die neue Regelung entspricht nicht der bisherigen Rechtsprechung.[35]

19 Es lassen sich für diesen Ausstandsgrund folgende Fallgruppen nennen:
   – Soziale oder wirtschaftliche Beziehungen (Arbeitsverhältnis[36] oder sonstige Geschäftsbeziehungen) können Interessenkollisionen begünstigen. Beispielsweise bei einer Freundschaft oder Feindschaft[37] zu einer Partei oder wenn ein Behördenmitglied nebenamtlich oder nur Teilzeit für die Auftraggeberin tätig ist.[38] Bei Ausstands-

---

29 BVGer B-5452/2015 vom 19.06.2018, E. 4.1.3; BGE 137 II 431, E. 5.2 m.w.H.
30 BGE 119 V 456, E. 5c.
31 BVGer B-5452/2015 vom 19.06.2018, E. 4.1.3; BVGer B-4852/2012 vom 15.11.2012, E. 5.2; KIENER/RÜTSCHE/KUHN, Rz. 533.
32 Botschaft BöB, S. 1916.
33 Botschaft BöB, S. 1916.
34 BEYELER, Harmonie, S. 148.
35 BVGer B-5452/2015 vom 19.06.2018, E. 4.1.1; BVGer B-4958/2013 vom 23.10.2013, E. 5.5.
36 Kadermitarbeiter hätte in den Ausstand treten müssen (BVGer B-536/2013 vom 29.05.2013, E. 3.1.3).
37 Vgl. BGG 34 Abs. 1 Bst. e. BVGE 2008/13, E. 10.5; BGE 139 I 121, E. 5.3.
38 Herr X hat den Evaluationsbericht erstellt und als Delegierter der Behörden in der Verwaltung der Zuschlagsempfängerin mitgewirkt. Dadurch wurde die Ausstandspflicht verletzt. Vgl. BRK 1999-006 vom 03.09.1999 publiziert in VPB 64.30, E. 2.b. Demgegenüber besteht kein Anschein von Befangenheit bei einem Funktionär, der seit rund zwei Jahren seit Zuschlagserteilung in keinerlei Be-

fragen, bei denen ein früherer Arbeitgeber vom Verfahren betroffen ist, hängt es von der Dauer der Anstellung, der Zeitspanne seit Auflösung des Arbeitsverhältnisses sowie der Position des Arbeitnehmers ab, ob die Besorgnis der Befangenheit begründet ist.[39] Ausstandsgründe liegen umso eher vor, je intensiver und aktueller die Beziehungsnähe ist.[40]

- Die Zugehörigkeit eines Amtsträgers zu einer Interessengruppe (Verein, politische Partei, Religionsgemeinschaft).[41]

- Misstrauen gegen die Unvoreingenommenheit kann auch durch das persönliche Verhalten eines Behördenmitglieds ausgelöst werden (informeller Austausch mit einer Partei, Annahme von Gefälligkeiten, prozessuale Fehler).[42]

- Wenn der Entscheidträger bereits zu einem frühen Zeitpunkt im Verfahren vorbefasst ist.[43]

- Das Zusammentreffen verschiedener Umstände, die für sich allein genommen keinen genügenden Intensitätsgrad für eine Ausstandspflicht aufweisen, aber zur begründeten Besorgnis der Befangenheit führen.[44]

III. Abs. 2: Geltendmachung

Grundsätzlich hat jede Person, die am Vergabeverfahren mitwirkt, die Ausstandsgründe von Amtes wegen zu beachten, auch wenn die Verfahrensparteien keine Einwände erheben oder ausdrücklich darauf verzichten.[45] Tritt das Mitglied der Auftraggeberin nicht   20

---

ziehung mehr zur Zuschlagsempfängerin gestanden hatte und seine Unabhängigkeit von ihr auch dadurch gezeigt hatte, dass er im Rahmen einer ersten Verfügung nicht ihr den Zuschlag erteilt hatte. Vgl. BRK 2000-005 vom 27.06.2000, E. 3. Nicht relevant ist, ob die fragliche Verfügung ohne Mitwirkung der befangenen Person anders ausgefallen wäre (vgl. BVGer B-4852/2012 vom 15.11.2012, E. 5.4.3).

39 BVGer B-5452/2015 vom 19.06.2018, E. 4.1.3; BVGer B-4958/2013 vom 23.10.2013, E. 5.4; BVGer B-4852/2012 vom 15.11.2012, E. 5.3.2 ff.; SCHINDLER, S. 115.
40 Botschaft BöB, S. 1915; BVGer B-4852/2012 vom 15.11.2012, E. 4 ff.; BVGer B-1682/2016 vom 06.04.2017, E. 4.2.2 und 4.2.3.
41 FELLER/KUNZ-NOTTER, in: VwVG-Kommentar-AUER/MÜLLER/SCHINDLER, Art. 10 N 25 mit weiteren Hinweisen.
42 FELLER/KUNZ-NOTTER, in: VwVG-Kommentar-AUER/MÜLLER/SCHINDLER, Art. 10 N 26 ff. mit Beispielen.
43 FELLER/KUNZ-NOTTER, in: VwVG-Kommentar-AUER/MÜLLER/SCHINDLER, Art. 10 N 31 mit Beispielen.
44 FELLER/KUNZ-NOTTER, in: VwVG-Kommentar-AUER/MÜLLER/SCHINDLER, Art. 10 N 33; Urteil BVGer B-7483/2010 vom 06.06.2011, E. 3.1 mit Verweis auf SCHINDLER, Befangenheit, S. 147–150; Botschaft BöB, S. 1915.
45 MERKLI/AESCHLIMANN/HERZOG, Kommentar, Art. 9 N 3; RHINOW/SCHMID/BIAGGINI/UHLMANN, Öffentliches Prozessrecht, N 1192.

aus eigenem Antrieb in den Ausstand, hat die betroffene Partei ein Ausstandsbegehren zu stellen.[46]

21 Ausstandsgründe sind auch im öffentlich-rechtlichen Vergabeverfahren umgehend geltend zu machen, d.h. grundsätzlich zu dem Zeitpunkt, in dem die betroffene Person Kenntnis der für eine Befangenheit sprechenden Tatsachen erhält. Ein Untätigbleiben oder eine Einlassung auf ein Verfahren im Wissen um das Vorliegen von Ausstandsgründen gilt als Verzicht und führt zum Verwirken des Anspruchs.[47]

22 Erfährt die Anbieterin erst zusammen mit der Endverfügung von Ausstandsgründen und ist ihr diesbezüglich keine Unsorgfalt anzulasten, kann sie den Ausstandsgrund auch noch mit dem Rechtsmittel gegen den Entscheid in der Hauptsache geltend machen.[48] Wenn Ausstandsgründe erst nach Rechtskraft des Zuschlagsentscheids bekannt werden, kann die mangelhafte Verfügung nach den Voraussetzungen der Wiedererwägung[49] durch eine neue Sachverfügung ersetzt werden. Die Verletzung von Ausstandsvorschriften kann auch einen Revisionsgrund bilden (vgl. VwVG 66 Abs. 2 Bst. c bzw. anwendbares kantonales Verfahrensrecht).[50]

IV. Abs. 3: Entscheid über den Ausstand

23 Über das Ausstandsbegehren entscheidet die Auftraggeberin oder das Expertengremium unter Ausschluss der betreffenden Person. Ist eine Auftraggeberin beschlussunfähig, weil das Ausstandsbegehren auf eine Vielzahl oder alle Mitglieder zielt, hat deren Aufsichtsbehörde zu entscheiden.[51]

24 Der Entscheid hat in Form einer selbständig anfechtbaren Zwischenverfügung gemäss VwVG 45 Abs. 1 bzw. gemäss dem anwendbaren kantonalen Verfahrensrecht zu ergehen.[52] Er ist anfechtbar nach BöB/IVöB 53 Abs. 1 Bst. d. Wird von der Anfechtungsmög-

---

46 FELLER/KUNZ-NOTTER, in: VwVG-Kommentar-AUER/MÜLLER/SCHINDLER, Art. 10 N 35.
47 VGer ZH VB.2016.00513 vom 23.03.2017, E. 2a; BGE 134 I 20, E. 4.3.1; 132 II 485, E. 4.3.
48 BVGer B-5452/2015 vom 19.06.2018, E. 4.2; BGE 139 III 120, E. 3.2.1; 115 V 257, E. 4c.
49 Vgl. statt vieler KÖLZ/HÄNER/BERTSCHI, Verwaltungsverfahren, N 704 ff.; TSCHANNEN/ZIMMERLI/MÜLLER, § 31 N 21 ff.
50 Vgl. statt vieler FELLER/KUNZ-NOTTER, in: VwVG-Kommentar-AUER/MÜLLER/SCHINDLER, Art. 10 N 40. Analog sind kantonalrechtliche Bestimmungen heranzuziehen.
51 Analog zu VwVG 10 FELLER/KUNZ-NOTTER, in: VwVG-Kommentar-AUER/MÜLLER/SCHINDLER, Art. 10 N 39; BGE 122 II 471, E. 3a.
52 Botschaft BöB, S. 1916; FELLER/KUNZ-NOTTER, in: VwVG-Kommentar-AUER/MÜLLER/SCHINDLER, Art. 10 N 35. A.M. bisher Kommentar zum VRG-KIENER, § 5 N 48 ff.; und SCHINDLER, Befangenheit, S. 203; die der Auffassung waren, die Gutheissung des Ausstandsbegehrens bedürfe keines formellen Entscheids, weil es an der Beschwerde der Verfahrensbeteiligten mangle.

lichkeit kein Gebrauch gemacht, ist dieser Prozesspunkt erledigt. Eine spätere Anfechtung wäre ausgeschlossen.[53]

V. Abs. 4 IVöB: Ausschluss des Anbieters bei Wettbewerben und Studienaufträgen

Diese Bestimmung wurde ursprünglich im Bundesparlament vorgeschlagen, aber auf Bundesebene schliesslich nicht angenommen. Demgegenüber haben sich die Kantone für diese Bestimmung ausgesprochen, weil sie Transparenz für die Spielregeln bei Wettbewerben und Studienaufträgen schaffe.[54] 25

Bei Wettbewerben und Studienaufträgen hat die Zusammensetzung der Jury einen massgebenden Einfluss auf die Bewertung der Angebote. Ziel dieser Bestimmung ist es, dass die Jury während des gesamten Verfahrens in derselben Zusammensetzung beraten und entscheiden kann. Deshalb kann[55] der Auftraggeber in der Ausschreibung vorgeben, dass Anbieter, die in einem ausstandsbegründenden Verhältnis gemäss Absatz 1 zu einem Jurymitglied stehen, vom Verfahren ausgeschlossen werden. Demnach liegt die Ausstandsverantwortung bei den Anbietern und nicht bei der Auftraggeberin bzw. den Jurymitgliedern.[56] 26

Absatz 4 entspricht den Regelungen nach den SIA-Standards (SIA 142/3).[57] 27

VI. Rechtsvergleichung

Der Anspruch auf einen unabhängigen Richter ergibt sich aus EMRK 6. Gemäss RL 2014/24/EU 81 und 82 hat das Preisgericht unabhängig zu sein. Im Übrigen sind die jeweiligen Verfahrensbestimmungen zu konsultieren. 28

---

53 FELLER/KUNZ-NOTTER, in: VwVG-Kommentar-AUER/MÜLLER/SCHINDLER, Art. 10 N 38.
54 Musterbotschaft IVöB, S. 48 f.
55 Es handelt sich um eine Kann-Formulierung, d.h. es liegt im Ermessen des Auftraggebers.
56 Vgl. AB 2018 NR 1001, S. 1014 f.
57 Musterbotschaft IVöB, S. 49.

Art. 14 Vorbefassung

¹ Anbieterinnen / *Anbieter*, die an der Vorbereitung eines Vergabeverfahrens beteiligt waren, sind zum Angebot nicht zugelassen, wenn der ihnen dadurch entstandene Wettbewerbsvorteil nicht mit geeigneten Mitteln ausgeglichen werden kann und wenn der Ausschluss den wirksamen Wettbewerb unter den Anbieterinnen /*Anbietern* nicht gefährdet.

² Geeignete Mittel, um den Wettbewerbsvorteil auszugleichen, sind insbesondere:

a. die Weitergabe aller wesentlichen Angaben über die Vorarbeiten;

b. die Bekanntgabe der an der Vorbereitung Beteiligten;

c. die Verlängerung der Mindestfristen.

³ Eine der öffentlichen Ausschreibung vorgelagerte Marktabklärung durch die Auftraggeberin / *den Auftraggeber* führt nicht zur Vorbefassung der angefragten Anbieterinnen /*Anbieter*. Die Auftraggeberin / *Der Auftraggeber* gibt die Ergebnisse der Marktabklärung in den Ausschreibungsunterlagen bekannt.

Inhaltsverzeichnis

I.	Grundlagen	1
II.	Abs. 1: Grundsätze	5
III.	Abs. 2: Ausgleichsmöglichkeiten	12
A.	Bst. a: Weitergabe wesentlicher Angaben	13
B.	Bst. b: Bekanntgabe der an der Vorbereitung Beteiligten	16
C.	Bst. c: Verlängerung der Mindestfristen	17
IV.	Abs. 3: Vorbefassung und Marktabklärungen	18
V.	Rechtsvergleichung	21

I. Grundlagen

1 Mit BöB/IVöB 14 wird GPA 2012 X:5 in der Schweiz auf Gesetzesstufe umgesetzt. GPA 2012 X:5 hält im Rahmen der Regelungen zu den technischen Spezifikationen fest, dass die Vergabestellen nicht auf eine den Wettbewerb ausschaltende Art und Weise von einer Firma, die ein geschäftliches Interesse an der Beschaffung haben könnte, Ratschläge einholen oder annehmen dürfen, welche bei der Ausarbeitung der Spezifikationen für eine bestimmte Beschaffung verwendet werden können.[1] Sofern eine Vergabestelle Unterstützung in der Vorbereitung einer Beschaffung benötigt, sei es in Vorabklärungen, Studien oder im Erstellen der Ausschreibungsunterlagen selbst, sind gewisse Spielregeln

---

1 GPA 2012 X:5.

zu beachten, nach welchen Massstäben diese Unterstützung erfolgen darf und welche Konsequenzen daraus abgeleitet werden müssen.

Die Vorbefassung hat ihre Wurzeln in den allgemeinen beschaffungsrechtlichen Zielen gemäss BöB/IVöB 2, der Förderung des Wettbewerbs sowie der Gleichbehandlung der Anbieterinnen.[2] Ebenso wird durch die in BöB/IVöB 14 Abs. 2 enthaltenen Ausgleichsmöglichkeiten dem Transparenzgebot[3] hinsichtlich der Nennung der vorbefassten Firmen entsprochen.[4]

Erstmals im Schweizer Recht kodifiziert wurde die Vorbefassung auf Verordnungsstufe in aVöB 21a, welche in der Revision der aVöB 2010 neu hinzugekommen ist. Die in aVöB 21a Abs. 1 und 2 statuierten Regelungen wurden ohne inhaltliche Änderungen in BöB/IVöB 14 Abs. 1 und 2 übernommen. Entsprechend dürften hinsichtlich BöB/IVöB 14 Abs. 1 und 2 die bestehende Rechtsprechung und Lehre ihre Gültigkeit behalten. Neu hinzugekommen ist mit BöB/IVöB 14 Abs. 3 eine Ergänzung zur Vorbefassung im Rahmen der Durchführung von Marktabklärungen. Dies entspricht einem in der Praxis entstandenen Bedürfnis der Vergabestellen nach mehr Rechtssicherheit bei Marktabklärungen.

Auf kantonaler Ebene enthält die aIVöB keine Regelung hinsichtlich der Vorbefassung. Lediglich in der Vergaberichtlinie zur aIVöB (VRöB), geregelt in VRöB 8 sowie VRöB 15 Abs. 4, gibt es Vorgaben hinsichtlich des Einbezugs vorbefasster Anbieterinnen. In VRöB 8 findet sich eine allgemeine Regelung zur Vorbefassung, welche festhält, dass Personen und Unternehmen, die an der Vorbereitung der Unterlagen oder des Vergabeverfahrens derart mitgewirkt haben, dass sie die Vergabe zu ihren Gunsten beeinflussen konnten, sich nicht am Verfahren beteiligen dürfen.[5] Dies wird auch in VRöB 15 bezüglich der technischen Kriterien nochmals festgehalten, welcher das Sicherstellen des Wettbewerbs zum Ziel hat.[6] Es lag jedoch an den Kantonen, die in der Vergaberichtlinie aufgenommenen Regelungen zur Vorbefassung in ihren kantonalen Ausführungsbestimmungen zu regeln.

---

2 Botschaft BöB S. 1917; BVGer B-1172/2011 vom 31.03.2011, E. 5.2.2; Erläuternder Bericht aVöB S. 13; GALLI/MOSER/LANG/STEINER, Rz. 1044; NYFFENEGGER/KOBEL, S. 57.
3 Vgl. BöB 2 Bst. b.
4 Zur Bekanntgabe der vorbefassten Anbieterin: vgl. BöB 14 N 17; BVGer B-1172/2011 vom 31.03.2011, E. 5.3.3; vgl. KÖLZ/HÄNER/BERTSCHI, S. 1910; vgl. BEYELER, Kurzkommentar, S. 108.
5 Vgl. VRöB 8.
6 Vgl. VRöB 15 Abs. 4.

II. Abs. 1: Grundsätze

5 Die Auftraggeberin ist nach dem Grundsatz der Gleichbehandlung dazu verpflichtet, keine Anbieterin gegenüber einer Konkurrentin zu bevorzugen und niemandem einseitig Vorteile einzuräumen.[7] Eine Vorbefassung liegt nach bundesgerichtlicher Rechtsprechung dann vor, wenn «ein Anbieter bei der Vorbereitung eines Submissionsverfahrens mitgewirkt hat, sei es durch das Verfassen von Projektgrundlagen, durch das Erstellen von Ausschreibungsunterlagen oder durch das Informieren der Vergabestelle über bestimmte technische Spezifikationen des zu beschaffenden Gutes»[8]. Eine in dieser Form involvierte Anbieterin kann die im Rahmen der Vorarbeiten gewonnenen Erkenntnisse im nachfolgenden Ausschreibungsverfahren zu ihrem Vorteil einsetzen oder die Beschaffung selbst auf die Stärken ihrer Firma zuschneiden, um gegenüber der Konkurrenz einen Vorteil zu erhalten.[9] Eine solche Anbieterin findet sich in einem Interessenskonflikt zwischen zwei Rollen wieder: der als Unterstützung der Auftraggeberin einerseits sowie der als potenzielle Anbieterin in einem Beschaffungsverfahren andererseits.[10]

6 Die in BöB/IVöB 14 Abs. 1 enthaltene Rechtsfolge des Ausschlusses aus dem Vergabeverfahren tritt nur ein, wenn die Vorbefassung qualifiziert ist, d.h. eine gewisse Schwere und Tragweite erreicht.[11] Eine als qualifiziert einzustufende Vorbefassung kann dabei mit dem Gebot der Gleichbehandlung der Anbieterinnen sowie der Förderung des Wettbewerbs kollidieren. Unter eine qualifizierte Vorbefassung fällt gemäss Rechtsprechung insbesondere eine Mitwirkung, welche nicht nur untergeordneter Natur ist.[12] Dies ist insbesondere dann anzunehmen, wenn eine Anbieterin die Planung oder Projektierung in Vorbereitung einer Ausschreibung durchgeführt hat. Ebenso darunter subsumiert wird, wenn die betroffene Anbieterin zur gesamten Submission Studien oder Vorprojekte erstellt und hierzu eine vertiefte Analyse der Verhältnisse vorgenommen hat oder wenn die Anbieterin sogar wesentliche Teile oder die gesamten Ausschreibungsunterlagen erarbeitet hat.[13]

7 Die Teilnahme einer vorbefassten Anbieterin erachtet das Bundesgericht demgegenüber unter anderem dann als zulässig, wenn nur ein geringfügiger Wissensvorsprung gegenüber der Konkurrenz vorhanden ist.[14] Ebenso wird eine Teilnahme als im Grundsatz unbedenklich eingestuft, wenn (a) die fraglichen Handlungen der Vorbefassten nur von untergeordneter Natur waren, wenn (b) aufgrund der Marktsituation die ausgeschriebe-

---

7 Vgl. BöB/IVöB 2 Bst. c.
8 BGer 2P.164/2004 vom 25.01.2005, E. 3.1; BVGer B-5439/2015 vom 12.11.2015, E. 3.1.5.
9 BGer 2P.164/2004 vom 25.01.2005, E. 3.1.
10 Vgl. Jäger, Vergabeverfahren, S. 4.
11 Botschaft BöB, S. 1917; BVGer B-3013/2012 vom 31.08.2012, E. 3.7; Nyffenegger/Kobel, S. 65 ff.
12 BGer 2P.164/2004 vom 25.01.2005, E. 3.3; BVGer B-3013/2012 vom 31.08.2012, E. 3.6.
13 BGer 2P.164/2004 vom 25.01.2005, E. 3.3.
14 A.a.O., E. 3.2.

ne Leistung nur noch von wenigen Anbieterinnen erbracht werden kann[15] oder wenn (c) die Mitwirkung der vorbefassten Anbieterin bzw. deren Wissensvorsprung gegenüber den übrigen Anbieterinnen ausgeglichen[16] sowie im Hinblick auf die Herstellung der Transparenz[17] offengelegt wird.[18]

Falls eine nicht nur geringfügige Vorteilssituation besteht, darf die Auftraggeberin auf einen Ausschluss dieser vorbefassten Anbieterin verzichten, wenn der entstandene Wettbewerbsvorteil ausgeglichen werden kann.[19] Ob ein solcher Ausgleich aus zeitlichen Aspekten und hinsichtlich der zur Verfügung stehenden Mittel im konkreten Einzelfall möglich ist, liegt im Ermessen der Vergabestelle.[20] Ein Verzicht auf einen Ausgleich des Wissensvorsprungs führt jedoch zum Ausschluss der Vorbefassten.[21] 8

Bei wiederkehrend benötigten Leistungen, welche periodisch neu ausgeschrieben werden müssen, liegt es in der Natur der Sache, dass die bereits mit der Leistungserbringung beauftragte Anbieterin über einen Wissensvorsprung gegenüber der Konkurrenz verfügt. Einen generellen und automatischen Ausschluss dieser bisherigen Anbieterin würde aber dem Gleichbehandlungsgebot widersprechen.[22] Es erscheint in solchen Situationen klar, dass die spezifischen Kenntnisse und Erfahrungen der Leistungserbringerin allen Anbieterinnen zugänglich gemacht werden, um den Wissensvorsprung bestmöglich auszugleichen.[23] 9

Neben diesen Massnahmen zur Wiederherstellung eines fairen Wettbewerbs sehen BöB/IVöB 14 Abs. 1 ergänzend vor, dass eine vorbefasste Anbieterin auch dann im Verfahren zuzulassen sei, wenn der Ausschluss derselben den wirksamen Wettbewerb unter den Anbieterinnen gefährden würde.[24] Dies gilt auch, wenn der Vorteil der vorbefassten Anbieterin nicht ausgeglichen werden kann. Wenn an einem Verfahren bei Ausschluss der vorbefassten Anbieterin lediglich eine oder allenfalls zwei Anbieterinnen in Frage kommen, soll nach dem Willen des Gesetzgebers die Zulassung der Vorbefassten zulässig sein. Dies wird im Anwendungsfall regelmässig zu einer Verletzung des Gleichbehandlungsgrundsatzes führen.[25] Die vorbefasste Anbieterin wird im Normalfall einen derartigen Vorteil haben, dass zwar eine Wettbewerbssituation geschaffen wurde, die Zuschlagsempfängerin aber jeweils vor der Ausschreibung schon faktisch feststeht. In einer 10

---

15 Vgl. N 11.
16 Vgl. N 14 ff.
17 Vgl. N 17.
18 Botschaft BöB, S. 1917; BVGer B-3013/2012 vom 31.08.2012, E. 3.6.
19 Botschaft BöB, S. 1918.
20 BVGer B-3013/2012 vom 31.08.2012, E. 3.5.
21 Botschaft BöB, S. 1918; vgl. Komm BöB-Trüeb, Art. 11 N 14.
22 Botschaft BöB, S. 1918; BVGer B-4621/2008 vom 06.10.2008, E. 5.5; BVGer B-7062/2017 vom 16.02.2018, E. 11.1.
23 Botschaft BöB, S. 1918; BVGer B-4621/2008 vom 06.10.2008, E. 5.5.
24 Vgl. Diggelmann/Enz, S. 590 ff.
25 Vgl. Galli/Moser/Lang/Steiner, Rz. 1046.

solchen Situation erscheint es notwendig, sämtliche möglichen Massnahmen zur Ausgleichung des Wettbewerbsvorteils zu ergreifen, um die Vorbefassung auf ein Minimum zu beschränken. Es wäre in diesen Konstellationen ebenso zu prüfen, ob nicht, sofern möglich, alle potenziellen Anbieterinnen gleichermassen vorbefasst werden können, um einen fairen Wettbewerb zu ermöglichen.[26]

11 Mit Blick auf die Komplexität der Vorbefassung empfiehlt sich eine frühzeitige Berücksichtigung bereits im Rahmen der Planung eines Projekts. Sofern die Auftraggeberin in den Vorbereitungsarbeiten oder bei vorgelagerten Abklärungen und Studien auf externe Hilfe zurückgreifen muss, sind die Auswirkungen dieser Tätigkeiten auf die geplante nachfolgende Beschaffung zu prüfen. Im Sinne der Transparenz und einer respektvollen Zusammenarbeit ist es angebracht, der als externe Unterstützung vorgesehenen Anbieterin vor Beauftragung aufzuzeigen, dass ihre Tätigkeit sie von einer allfälligen nachgelagerten Beschaffung aufgrund Vorbefassung disqualifiziert. Die betroffene Anbieterin kann dadurch frühzeitig entscheiden, ob sie den Auftrag annehmen möchte oder aber sich die Chance offenhalten will, in einem Beschaffungsverfahren den Zuschlag zu erhalten.

III. Abs. 2: Ausgleichsmöglichkeiten

12 Wettbewerbsvorteile lassen sich nicht in jedem Fall vermeiden. BöB/IVöB 14 Abs. 2 beinhaltet daher Massnahmen, nach welchen die Vergabestelle die Wettbewerbsvorteile einer vorbefassten Anbieterin ausgleichen und dadurch einen Ausschluss verhindern kann. Diese können je für sich oder in Kombination angewendet werden, um die Chancengleichheit der Anbieterinnen zu gewährleisten. Dabei gilt weiterhin, dass auch unter Anwendung der nachfolgend aufgeführten Ausgleichsmittel gewisse Situationen zu einer Interessenlage führen, welche trotz Einsatz aller Massnahmen nicht ausgeglichen werden kann und einen Ausschluss der vorbefassten Anbieterin indiziert. Um dies zu beurteilen, wird auf die Intensität der Vorbefassung abgestellt. Insbesondere die Ausarbeitung des Leistungsbeschriebs (bzw. die Mitwirkung bei diesen Arbeiten führt gemäss Rechtsprechung und Lehre regelmässig dazu, dass die vorbefasste Anbieterin keine Offerte mehr einreichen darf.[27]

A. Bst. a: Weitergabe wesentlicher Angaben

13 Zentrales Mittel zum Ausgleich eines Wissensvorsprungs ist die Weitergabe aller wesentlichen Informationen über die Vorarbeiten. Die ungleiche Wissensverteilung zwischen den Konkurrentinnen soll dadurch beseitigt und so die Chancengleichheit im Rahmen der Angebotserstellung gewahrt werden. Unter dem Begriff der Weitergabe von wesent-

---

26 Vgl. BEYELER, Kurzkommentar, S. 108 f.
27 BVGer B-7062/2017 vom 16.02.2018, E. 10.4; vgl. GALLI/MOSER/LANG/STEINER, Rz. 1048.

lichen Informationen können eine Vielzahl von Möglichkeiten subsumiert werden. Es können insbesondere Vorstudien, Projektanalysen oder bestehende Systemdokumentationen als Teil der Ausschreibung allen interessierten Anbieterinnen zur Verfügung gestellt werden. Falls ein relevantes Vorwissen darin besteht, dass eine Anbieterin Kenntnisse der Begebenheiten und Räumlichkeiten beim Ort der Leistungserbringung hat und diese Informationen wesentlich für die Erstellung eines Angebots sind, kann die Weitergabe aller Informationen auch in der Durchführung einer Begehung der Örtlichkeiten innerhalb der Angebotsfrist bestehen. Auch hierbei wäre in der Ausschreibung aufzuzeigen, nach welchen Massstäben eine solche Begehung erfolgt und wie die interessierten Anbieterinnen diese wahrnehmen können.

Regelmässig sind die erarbeiteten Informationen, welche zum Ausgleich des Wissensvorsprungs herausgegeben werden sollen, nicht für die Öffentlichkeit bestimmt. In den Ausschreibungsunterlagen kann festgehalten werden, welche Schritte von den interessierten Anbieterinnen unternommen werden müssen, um Zugang zu diesen weiterführenden Informationen zu erhalten. Die Herausgabe dieser Dokumente kann, sofern als notwendig erachtet, gegen Vorliegen einer unterzeichneten Geheimhaltungsverpflichtung vorgenommen werden. Bei besonders schützenswerten Informationen ist sogar vorstellbar, diese nur vor Ort und unter Aufsicht der Auftraggeberin den interessierten Anbieterinnen vorzulegen, um den Schutz der Informationen zu gewährleisten und gleichzeitig einen Informationsvorsprung auszugleichen.

Zu beachten gilt es bei Herausgabe von Dokumenten, welche durch eine Anbieterin im Rahmen der Vorbereitungsarbeiten erstellt wurden, wer das geistige Eigentum daran hat und ob die Dokumente Geschäftsgeheimnisse der Erstellerin beinhalten, welche nicht zur Weitergabe oder Publikation vorgesehen sind. Es gilt daher, durch die Auftraggeberin bereits in der Beauftragung der Leistungserbringung sicherzustellen, dass die Rechte an den erstellten Dokumenten und Ergebnisse der Auftraggeberin zustehen und entsprechend in einer Ausschreibung weitergegeben und publiziert werden dürfen.

B. Bst. b: Bekanntgabe der an der Vorbereitung Beteiligten

BöB/IVöB 14 Abs. 2 Bst. b sieht als weiteres Mittel zum Ausgleich einer Vorbefassung die Bekanntgabe der an der Vorbereitung beteiligten Anbieterinnen vor. Hierzu wird in der Lehre und Rechtsprechung richtigerweise festgehalten, dass die reine Bekanntgabe der vorbefassten Anbieterinnen für sich selbst kein Mittel darstellt, eine Vorbefassung auszugleichen. Vielmehr dient es dem Transparenzgebot und stellt eine Grundvoraussetzung zum Ausgleich jeglicher Vorbefassung dar.[28]

---

28   BVGer B-1172/2011 vom 31.03.2011, E. 5.3.3; KÖLZ/HÄNER/BERTSCHI, S. 1910; BEYELER, Kurzkommentar, S. 108.

C. Bst. c: Verlängerung der Mindestfristen

17 Eine Verlängerung der Mindestfristen wird analog zu BöB/IVöB 14 Abs. 2 Bst. a durch die Rechtsprechung als geeignet anerkannt, eine Vorbefassung ausgleichen zu können.[29] Ob eine reine Verlängerung der Mindestfristen ohne weitere ausgleichende Massnahmen bereits als hinreichend für den Ausgleich einer konkreten Vorbefassung erachtet werden kann, muss am konkreten Einzelfall beurteilt werden. Die Verlängerung der Fristen kann auf zwei unterschiedliche Arten vorgenommen werden. Zum einen kann eine generelle Verlängerung der gesetzlich vorgesehenen Mindestfrist von 40 Tagen[30] um eine, für die Ausgleichung des Vorteils als notwendig erachtete, zusätzliche Frist vorgenommen werden.[31] Diese kann je nach Umfang der bekannt gegebenen Informationen oder Komplexität der Materie unterschiedlich sein und von wenigen Tagen bis hin zu mehreren Wochen reichen. Zum anderen kann eine unterschiedliche Laufzeit der Fristen vorgesehen werden. Dabei wird eine für die vorbefasste Anbieterin kürzere Angebotsfrist gegenüber den nicht vorbefassten Anbieterinnen in der Ausschreibung festgehalten. In Anwendung der zweiten Möglichkeit ist jedoch sicherzustellen, dass die Mindestfrist von 40 Tagen für die vorbefasste Anbieterin nicht unterschritten wird, sofern nicht weitere Gründe für eine generelle Verkürzung der Angebotsfristen sprechen.[32]

IV. Abs. 3: Vorbefassung und Marktabklärungen

18 In vielen Fällen ist die Auftraggeberin darauf angewiesen, vorgängig zu einer öffentlichen Ausschreibung eine Marktabklärung selbst durchzuführen oder durch Dritte vornehmen zu lassen, um die notwendigen Informationen zur Erstellung der Ausschreibungsunterlagen sowie zur Definition des Leistungsgegenstands zu erhalten. BöB/IVöB 14 Abs. 3 regelt neu, dass eine vorgelagerte Marktabklärung nicht automatisch zu einer Vorbefassung der angefragten Anbieterinnen führt. Dies soll der Sicherheit der Auftraggeberinnen im Rahmen der Vorbereitung der Ausschreibungsunterlagen dienen. Was jedoch alles unter dem Begriff «Marktabklärung» zu verstehen ist und wie diese korrekterweise durchgeführt werden muss, wird im Gesetz und der dazugehörigen Botschaft nicht weiter definiert.

---

29 BVGer B-1172/2011 vom 31.03.2011, E. 5.3.3.
30 Vgl. BöB/IVöB 46 Abs. 2.
31 Botschaft BöB, S. 1918.
32 BVGer B-1358/2013 vom 23.07.2013, E. 4.5; ebenso gilt zu beachten, dass unterschiedliche Fristenläufe in der Praxis zu weiteren Herausforderungen führen können. Denkbar ist insbesondere eine erhöhte Komplexität in der Angebotsöffnung und der Überprüfung der Einhaltung der Fristen oder auch, dass in Märkten mit grossen Preis- und Währungsschwankungen die unterschiedliche Abgabefrist für die Angebote die Wettbewerbssituation der Anbieterinnen beeinflussen kann.

Der Zweck der Vorbefassungsregelungen liegt in der Sicherstellung eines funktionierenden Wettbewerbs sowie der Gleichbehandlung der Anbieterinnen. Eine Marktabklärung, welche den Kontakt zu potenziellen Anbieterinnen beinhaltet, kann für diese einen Wettbewerbsvorteil darstellen. Die Botschaft zu BöB/IVöB 14 Abs. 3 hält dementsprechend fest, dass, zumindest solange die Resultate der Marktabklärung mit den Ausschreibungsunterlagen zur Verfügung gestellt werden, diese Marktabklärung per se nicht zu einer Vorbefassung der kontaktierten Anbieterinnen führt.[33] Bezüglich einer allfälligen Vorbefassung der mit der Marktabklärung beauftragten Dritten gelten die allgemeinen Regelungen hinsichtlich der Intensität der Vorbefassung sowie der möglichen ausgleichenden Massnahmen, wobei allenfalls bereits durch die Bekanntgabe der Resultate der Marktabklärung sowie der Nennung der Dritten deren Vorbefassung ausgeglichen sein könnte.[34]

19

Wie weit die Pflicht der Auftraggeberin geht, die Ergebnisse der Marktabklärung in den Ausschreibungsunterlagen bekannt zu geben, ist unklar. Dabei scheint die Bandbreite von einer kurzen Information bis hin zur Publikation aller die Marktabklärung betreffenden Dokumente zu gehen. Zumindest in letzterem Fall müsste im Einzelfall sichergestellt sein, dass keine Geschäftsgeheimnisse der angefragten Anbieterinnen veröffentlicht werden. Im Hinblick darauf, dass die Bekanntgabe der Ergebnisse der Marktabklärung eine die Vorbefassung ausgleichende Massnahme darstellen soll, scheint es überzeugend, jeweils zumindest so viel bekannt zu geben wie benötigt wird, um alle Anbieterinnen auf denselben Informationsstand zu bringen. Dies gilt umso mehr, wenn nur ein Teil der potenziellen Anbieterinnen zur Teilnahme an der Marktabklärung eingeladen wurde.

20

V. Rechtsvergleichung

GPA 2012 X:5 wird in RL 2014/24/EU 41 umgesetzt. Es finden sich dabei analog zur Bestimmung in BöB/IVöB 14 allgemeine Aussagen hinsichtlich der Gleichbehandlung der Anbieterinnen sowie der Sicherstellung eines funktionierenden und nicht verzerrten Wettbewerbs. Zudem werden Massnahmen festgehalten, mit welchen eine solche Wettbewerbsverzerrung verhindert werden kann. Diese umfassen namentlich die Weitergabe der einschlägigen Informationen, welche in Zusammenhang mit der Einbeziehung der Bieterin in die Vorbereitung der Vergabe entstanden sind resp. mit dieser ausgetauscht wurden, oder eine Festlegung einer angemessenen Frist.[35] Diese beiden explizit festgehaltenen Ausgleichsmassnahmen entsprechen inhaltlich BöB/IVöB 14 Abs. 2, wobei RL 2014/24/EU 41 aber auf eine Nennung der vorbefassten Anbieterin verzichtet. Diese in BöB/IVöB vorgesehene Nennung der an der Vorbereitung beteiligten Anbieterin kann jedoch als implizit in der Weitergabe der einschlägigen Informationen enthal-

21

---

33 Botschaft BöB, S. 1919.
34 A.a.O., S. 1919.
35 Vgl. RL 2014/24/EU 41.

ten angesehen werden, wobei auch in der schweizerischen Rechtsprechung klar festgehalten wird, dass die reine Nennung der Vorbefassten keine Ausgleichsmassnahme darstellt.[36]

22 Im Unterschied zu BöB/IVöB 14 regelt die RL 2014/24/EU, dass die vorbefasste Anbieterin nur dann ausgeschlossen wird, wenn keine andere Möglichkeit besteht, die Wahrung der Gleichbehandlung zu gewährleisten.[37] Dies setzt die Vergabestellen in die Pflicht, alle Ausgleichsmassnahmen anzuwenden und nur, falls diese nicht ausreichend sein sollten, den Vorteil der vorbefassten Anbieterin aufzufangen, diese auszuschliessen. Eine solche Pflicht zum Ausgleich ist in BöB/IVöB 14 nicht enthalten. Die schweizerische Rechtsprechung geht sogar so weit, dass es im Ermessen der Vergabestelle liegt, ob der Wissensvorsprung einer vorbefassten Anbieterin ausgeglichen werden soll oder aber diese von der Ausschreibung ausgeschlossen wird.[38] Diese Rechtsprechung stützt sich dabei auf den Erläuternden Bericht zur revidierten aVöB.[39] Die Botschaft BöB übernimmt diese Betrachtungsweise und hält ausdrücklich fest, dass es im Ermessen der Auftraggeberin liegt, ob im jeweiligen Einzelfall ausreichend Zeit und die benötigten Mittel vorhanden sind, den bestehenden Wettbewerbsvorteil auszugleichen.[40]

23 Hinsichtlich der neu in BöB/IVöB 14 Abs. 3 aufgenommenen Regelung, dass eine Marktabklärung nicht per se zu einer Vorbefassung der angefragten Anbieterinnen führt, enthält RL 2014/24/EU 40 Vergleichbares. Eine vorherige Marktkonsultation vor der Einleitung eines Vergabeverfahrens ist zulässig, der eingeholte Rat darf jedoch nicht zu einer Wettbewerbsverzerrung oder einem Verstoss gegen die Nichtdiskriminierung und Transparenz führen. RL 2014/24/EU 41 verweist im Rahmen der Vorbefassung explizit auf RL 2014/24/EU 40, womit eine Marktkonsultation nicht als schädlich zu erachten ist, solange zumindest der Wettbewerbsvorteil der angefragten Anbieterinnen ausgeglichen werden kann.

24 In den Grundzügen entsprechen die EU-Regelungen den in BöB/IVöB 14 enthaltenen Bestimmungen und setzen die Vorgaben von GPA 2012 X:5 analog um.

---

36 Vgl. N 17.
37 RL 2014/24/EU 57 Abs. 4 Bst. f.
38 BVGer B-3013/2012 vom 31.08.2012, E. 3.5.
39 Erläuternder Bericht aVöB, S. 13; GALLI/MOSER/LANG/STEINER, Rz. 1046.
40 Botschaft BöB, S. 1917.

Art. 15 Bestimmung des Auftragswerts

¹ Die Auftraggeberin / *Der Auftraggeber* schätzt den voraussichtlichen Auftragswert.

² Ein öffentlicher Auftrag darf nicht aufgeteilt werden, um Bestimmungen dieses Gesetzes / *dieser Vereinbarung* zu umgehen.

³ Für die Schätzung des Auftragswerts ist die Gesamtheit der auszuschreibenden Leistungen oder Entgelte, soweit sie sachlich oder rechtlich eng zusammenhängen, zu berücksichtigen. Alle Bestandteile der Entgelte sind einzurechnen, einschliesslich Verlängerungsoptionen und Optionen auf Folgeaufträge sowie sämtliche zu erwartenden Prämien, Gebühren, Kommissionen und Zinsen, ohne Mehrwertsteuer.

⁴ Bei Verträgen mit bestimmter Laufzeit errechnet sich der Auftragswert anhand der kumulierten Entgelte über die bestimmte Laufzeit, einschliesslich allfälliger Verlängerungsoptionen. Die bestimmte Laufzeit darf in der Regel 5 Jahre nicht übersteigen. In begründeten Fällen kann eine längere Laufzeit vorgesehen werden.

⁵ Bei Verträgen mit unbestimmter Laufzeit errechnet sich der Auftragswert anhand des monatlichen Entgelts multipliziert mit 48.

⁶ Bei Verträgen über wiederkehrend benötigte Leistungen errechnet sich der Auftragswert aufgrund des geleisteten Entgelts für solche Leistungen während der letzten 12 Monate oder, bei einer Erstbeauftragung, anhand des geschätzten Bedarfs über die nächsten 12 Monate.

Inhaltsverzeichnis

I.	Grundlagen	1
II.	Abs. 1: Schätzung durch die Auftraggeberin	4
III.	Abs. 2 und Abs. 3 Satz 1: Zerstückelungsverbot und Zusammenrechnungspflicht	8
IV.	Abs. 4 Satz 2 und 3: Laufzeit des Vertrags	14
V.	Abs. 3 Satz 2, Abs. 4 Satz 1 sowie Abs. 5 und 6: Methoden zur Bestimmung des Auftragswerts	20
VI.	Rechtsvergleichung	26

I. Grundlagen

Die Bestimmung des Auftragswerts ist Gegenstand von GPA 2012 II:6 ff., GPA 1994 II, RL 2014/24/EU 5, aBöB 6 f. sowie aIVöB 7 Abs. 1ter und 2. 1

Die Bestimmung des Auftragswerts ist massgeblich für die Wahl des Beschaffungsverfahrens durch die Auftraggeberin. Wenn der Auftragswert die Schwellenwerte gemäss BöB Anhang 4 bzw. IVöB Anhang 1 und 2 erreicht, muss die Auftraggeberin das dort vorgesehene Verfahren oder ein höherstufiges Verfahren anwenden (BöB/IVöB 16). 2

3. Kapitel: Allgemeine Grundsätze

Um zu verhindern, dass die Auftraggeberin von einem zu tiefen Auftragswert ausgeht und zu Unrecht kein Einladungsverfahren bzw. kein offenes oder selektives Verfahren durchführt, stellt BöB/IVöB 15 Regeln zur Bestimmung des Auftragswerts auf.

3 BöB/IVöB 15 verzichtet auf eine stringente Systematik. Die Bestimmung regelt ein nicht zur Sachüberschrift gehörendes Thema (die Höchstdauer von Aufträgen, Abs. 4), verteilt Zusammengehörendes auf mehrere Absätze und enthält Redundantes sowie Widersprüchliches. Die Kommentierung gliedert die Inhalte daher thematisch statt nach Absätzen. Zu beachten ist, dass BöB 16 Abs. 3 und 4 bzw. IVöB 16 Abs. 4 und 5 (Bauwerkregel/Bagatellklausel) ebenfalls die Bestimmung des massgeblichen Auftragswerts betreffen.

II. Abs. 1: Schätzung durch die Auftraggeberin

4 Der tatsächliche Auftragswert ist frühestens im Zeitpunkt des Zuschlags bzw. Vertragsabschlusses anhand des ihm zugrunde liegenden Angebots bestimmbar. Oft steht er erst nach der Abwicklung des Vertrags fest, weil viele Aufträge Optionen enthalten oder eine vom tatsächlichen Aufwand abhängige Vergütung vorsehen. Daher muss die Auftraggeberin den Auftragswert, den sie der Verfahrenswahl zugrunde legt, schätzen.

5 Grundlage der Schätzung sind die Markt- und Fachkenntnis sowie die Erfahrung der Auftraggeberin.[1] Als weitere Grundlage kann sie Marktabklärungen durchführen,[2] z.B. durch das Einholen der Erfahrungen anderer Auftraggeberinnen oder unverbindlicher Richtangebote einzelner Anbieterinnen. Dies führt nicht zu deren Vorbefassung (vgl. BöB/IVöB 14 Abs. 3 und Art. 14 N 18 ff.).

6 Jede Schätzung ist mit Unsicherheiten verbunden. Diese betreffen die Preise der erwarteten Angebote ebenso wie ggf. den tatsächlichen Umfang des Auftrags, etwa wenn dieser als Rahmenvertrag ausgestaltet ist. Der geschätzte Auftragswert ist daher in der Realität eine Bandbreite zwischen dem tiefsten und dem höchsten möglichen Wert. Wenn ein Schwellenwert innerhalb – vor allem am oberen Rand – dieser Bandbreite liegt, muss die Auftraggeberin aus Gründen der Sorgfalt das höherstufige Verfahren wählen. Sie muss im Zweifel also für mehr statt weniger Wettbewerb sorgen.[3]

7 Liegt der Wert der eingehenden Angebote unter dem geschätzten Wert, sodass auch ein tieferstufiges Verfahren zulässig gewesen wäre, bleibt die Auftraggeberin dennoch an

---

1 Botschaft BöB, S. 1919.
2 Botschaft BöB, S. 1919.
3 Vgl. zur entsprechenden Praxis der VGer VS, ZH und SZ GALLI/MOSER/LANG/STEINER, Rz. 327 ff. m.w.H. auf: KGer VS, A1 00 206 vom 11.01.2011, E. 5.2; VGer GR, PVG 2003 Nr. 28, E. 3; VGer ZH, VB.1999.00125, E. 2b; VGer SZ, EGV-SZ 2009, Nr. 11.1, S. 109 ff.; vgl. zudem KGer VD, MPU.2016.0016 vom 12.12.2016 sowie CE 99/0135 vom 26.01.2000, welcher eine «genügend sichere» Schätzung als Grundlage einer unterschwelligen Freihandvergabe verlangt.

das gewählte Verfahren gebunden.[4] Liegt er über der Schätzung und hätte daher ein höherstufiges Verfahren gewählt werden müssen, ist das Verfahren gemäss der Botschaft abzubrechen und ggf. zu wiederholen.[5] Demgegenüber vertreten die bisherige Lehre und das BVGer die Meinung, dass eine sorgfältige Schätzung massgeblich bleibt, auch wenn die Angebote höher oder tiefer liegen.[6] Dieser Auffassung ist zuzustimmen, da im Bereich der Schwellenwerte die Wiederholung eines Beschaffungsverfahrens für alle Beteiligten zu Transaktionskosten führt, die stark im Missverhältnis zum Auftragswert stehen. Sie sollte daher mit Blick auf das Wirtschaftlichkeitsgebot nur bei groben Fehlern erfolgen. Eine Differenz zwischen dem geschätzten Wert und den angebotenen Preisen weist nicht zwingend auf eine unsorgfältige Schätzung hin, da die Differenz Gründe haben kann, die die Auftraggeberin bei der Schätzung nicht kennen konnte[7] und die z.B. in der Unternehmensstrategie der Anbieterinnen liegen können. Auch vor dem Eingang der Angebote kann das Verfahren auf Beschwerde hin aufgehoben werden, wenn die Beschwerdeführerin einen Fehler der Schätzung nachweist,[8] selbst wenn sie sich auf das Verfahren eingelassen hat.[9]

III. Abs. 2 und Abs. 3 Satz 1: Zerstückelungsverbot und Zusammenrechnungspflicht

Das in Abs. 2 (und GPA 2012 II:6 Bst. a) vorgesehene Zerstückelungsverbot verbietet es, einen Auftrag, der wirtschaftlich eine Einheit bildet, aufzuteilen, um die Pflicht zur Durchführung eines Beschaffungsverfahrens zu umgehen. Eine subjektive Absicht der Auftraggeberin, diese «Salamitaktik» (frz. «*technique du saucissonnage*»[10]) zu betreiben, ist nicht erforderlich; es genügt, dass die Schwellenwerte im Ergebnis unterlaufen werden.[11] Die unzulässige Aufteilung kann durch eine zeitliche Staffelung aufeinanderfolgender ähnlicher Aufträge erfolgen oder durch die gleichzeitige Vergabe von Aufträgen, die demselben Zweck dienen.[12]

8

---

4   Botschaft BöB, S. 1919; ESSEIVA, Arrêt, S. 128.
5   Botschaft BöB, S. 1919.
6   BVGer B-3311/2009 vom 16.07.2009, E. 3.5; B-985/2015 vom 25.03.2015, E. 3.5; B-307/2016 vom 23.03.2016, E. 2.4; Komm BöB-TRÜEB, Art. 7 N 6 f.; BEYELER, Geltungsanspruch, Rz. 946, Fn. 1109; BEYELER, BVGer B-3311/2009, S. 174.
7   BEYELER, a.a.O.
8   Vgl. ESSEIVA, Arrêt, S. 128, m.w.H. u.a. auf: VGer AG, AGVE 1997 vom 12.12.1997, S. 343; in diesem Sinn auch VGer JU, ADM 93/100 vom 17.05.2001, E. 2b und GALLI/MOSER/LANG/STEINER, Rz. 333.
9   BRK 1999-005 vom 19.07.1999 (VPB 64.8), E. 1.cc.
10 BEYELER, Geltungsanspruch, Rz. 947, Fn. 1111.
11 Botschaft BöB, S. 1919; vgl. auch Komm BöB-TRÜEB, Art. 7 N 2; ebenso für die RL 2014/24/EU, BC-STEINICKE, Art. 5 N 17.
12 BC-STEINICKE, Art. 5 N 17.

3. Kapitel: Allgemeine Grundsätze

9 Die Auftraggeberin ist dennoch frei in der Aufteilung eines Auftrags in Teilaufträge oder Lose (BöB/IVöB 32). Sie muss aber nach Abs. 3 Satz 1 für deren (gemeinsame oder einzelne) Vergabe jeweils dasjenige Verfahren wählen, das sich aus dem kumulierten geschätzten Wert aller «sachlich oder rechtlich eng zusammenhängenden» Leistungen ergibt.[13] Gemäss der Botschaft gilt diese Zusammenrechnungspflicht,[14] wenn «die Leistungen vernünftigerweise im Geschäftsverkehr nicht unabhängig voneinander beschafft werden, insbesondere, wenn sie demselben Zweck dienen, von derselben Person erbracht werden sollen oder wenn die Aufteilung der Verantwortlichkeiten unerwünscht ist».[15] Kurzum: Zusammenzurechnen ist, was zusammengehört.

10 Eine Vergabe von Einzelaufträgen nach Massgabe ihrer einzelnen Werte bleibt damit möglich, wenn dies sachlich bzw. betriebswirtschaftlich gerechtfertigt ist.[16] Dies kann etwa der Fall sein, wenn Teilaufträge, die demselben Vorhaben dienen, wegen unterschiedlichen Anforderungen an unterschiedliche Anbieterinnen vergeben werden müssen. Indizien für ein Fehlen sachlicher Gründe können Vertragsgestaltungen bzw. Vorgehensweisen der Auftraggeberin sein, die nicht markt- oder branchenüblich sind und die zu Auftragswerten führen, die relativ knapp unter den Schwellenwerten liegen. Es obliegt der Auftraggeberin, sachliche Gründe für ihre Vorgehensweise vorzulegen.[17]

11 Verneint wurde eine Verletzung des Zerstückelungsverbots bzw. der Zusammenrechnungspflicht in der Praxis bei separaten Aufträgen über Hygieneartikel (Seifenspender, Seifenkartuschen, Handtuchrollen und deren Halter);[18] über die Kehricht-, Grüngut- und Papierabfuhr[19] sowie über ein Bau-Vorprojekt und darauffolgende weitere Planerleistungen.[20] Die Lehre hält auch die Separatvergabe unterschiedlicher Versicherungsaufträge wie Sach- und Haftpflichtversicherungen für zulässig oder derselben Versicherung für Organisationen mit stark unterschiedlichem Risiko.[21]

12 Bejaht wurde eine Verletzung des Zerstückelungsverbots in der Praxis bei separaten Aufträgen über die Miete von Maschinen zur Strassensanierung und die Lieferung des Baumaterials;[22] in Strafverfahren auch über Lizenzen, Schulung und Consulting in Bezug auf eine Software[23] sowie über Aufträge zur Umsetzung des Informatikprojekts

---

13 Botschaft BöB, S. 1919; vgl. u.a. BEYELER, Geltungsanspruch, Rz. 2106, Fn. 1979; GALLI/MOSER/LANG/STEINER, Rz. 308; Komm BöB-TRÜEB, Art. 7 N 3; BVGer B-913/2012 vom 28.03.2012, E. 4.2.6; ebenso für die RL 2014/24/EU, BC-STEINICKE, Art. 5 N 17.
14 Zum Begriff als Konterpart des Zerstückelungsverbots vgl. BEYELER, Geltungsanspruch, Rz. 2106.
15 Botschaft BöB, S. 1919.
16 Komm BöB-TRÜEB, Art. 7 N 4; vgl. ausdrücklich in der RL 2014/24/EU 5 Abs. 3: «objektive Gründe».
17 BC-STEINICKE, Art. 5 N 18.
18 AppGer BS, VD.2015.14 vom 15.07.2015, E. 2.2.2.
19 VGer AG, AGVE 1999 vom 29.06.1999, S. 304 f.
20 VGer GR, U 13 86 und 87 vom 13.01.2014, E. 3c.
21 LUTZ/ZÜFLE, S. 328 f.; ESSEIVA, Versicherungsvertrag, S. 121.
22 KGer VS, vom 03.12.2009, E. 5, publ. in ZWR 2010, S. 22 ff.
23 BStGer, SK.2016.5 vom 06.12.2016, E. 4.2.4.3.c.aa.

«Insieme»;[24] in der EU auch über die Planung und Leitung einzelner Etappen einer Gebäudesanierung.[25]

Für die Zusammenrechnung des Werts von Bauaufträgen ist die strengere «Bauwerkregel» zu beachten (BöB 16 Abs. 4 und 5/IVöB 16 Abs. 3 und 4). 13

IV. Abs. 4 Satz 2 und 3: Laufzeit des Vertrags

Nach Abs. 4 Satz 2 und 3 dürfen Verträge ausser in begründeten Fällen nicht für länger 14
als fünf Jahre abgeschlossen werden. Diese 2010 in die aVöB[26] eingefügte und aus ihr übernommene Regel bezweckt, dass der Zugang zum öffentlichen Markt nicht zu lange eingeschränkt bleibt und dass Aufträge im Interesse der Wirtschaftlichkeit regelmässig neu vergeben werden, weil sich wegen der Entwicklung des Marktes und der Technik neue Angebote oft als vorteilhafter als das früher zugeschlagene erweisen.[27] Sie gilt auch für Verlängerungen bestehender Verträge, welche nach der Botschaft strenger zu beurteilen sind als Neuvergaben.[28]

Eine Vertragsdauer von mehr als fünf Jahren muss im Einzelfall sachlich (namentlich 15
betriebswirtschaftlich) begründet sein und mit Blick auf ihre Auswirkungen auf den Markt und die Wirtschaftlichkeit verhältnismässig sein; sie muss so lang wie nötig und so kurz wie möglich sein.[29] Dies kann auf Aufträge zutreffen, die wegen einer langen Amortisations- bzw. Abschreibungsdauer oder mit Rücksicht auf Lebenszyklen eine längere Vertragsdauer voraussetzen. Z.B. werden Wartungs- und Weiterentwicklungsaufträge für Informatiklösungen[30] meist für die ganze geschätzte Lebensdauer der Lösung vergeben.

Da Satz 3 nicht eine *bestimmte* längere Laufzeit verlangt, können gestützt auf ihn auch 16
Verträge abgeschlossen werden, deren Endtermin zwar noch nicht von Anfang an bestimmt, aber wenigstens bestimmbar ist. Dies können z.B. Verträge sein, die bis zum Ende eines bestimmten Projekts dauern sollen oder solange eine bestimmte, von vornherein zeitlich begrenzte öffentliche Aufgabe erfüllt werden muss. Auch in diesem Fall muss die voraussichtliche Laufzeit verhältnismässig sein, und sie ist nach den oben ausgeführten Grundsätzen zu schätzen und der Wertbestimmung zugrunde zu legen.

---

24 BStGer, SK.2015.12 vom 15.09.2015, E. 2.5.4.b.
25 EuGH, C-574/10 vom 15.03.2012, Rz. 34 ff.
26 aVöB 15a Abs. 1.
27 BRK 2000-007 vom 03.11.2000 (VPB 65.41), E. 3.c.ii, wo die BRK auf die entsprechende Lücke im aBöB hinwies. Diese Lücke füllte der Bundesrat mit der Revision der aVöB vom 18.11.2009; vgl. Erläuternder Bericht aVöB S. 9.
28 Botschaft BöB, S. 1920.
29 BEYELER, Geltungsanspruch, Rz. 904.
30 Botschaft BöB, S. 1920.

3. Kapitel: Allgemeine Grundsätze

17 Wie schon der erläuternde Bericht zur VöB-Änderung 2010[31] beschreibt die Botschaft Abs. 4 Satz 2 und 3 als «rein verwaltungsinterne Anweisung, die nicht justiziabel ist».[32] Die Umstände, dass die Regel jetzt im Gesetz bzw. Konkordat verankert ist, dass eine übermässig lange Vertragslaufzeit sich wesentlich auf die Wirtschaftlichkeit des Auftrags und auf den Marktzugang anderer Anbieterinnen auswirkt und dass die kantonale Gesetzgebung[33] und Praxis[34] unbefristete bzw. überlange Verträge schon bisher als unzulässig erklärt hat, sprechen jedoch dafür, die Regel als justiziabel zu betrachten.

18 Wortlaut und Zweck von Abs. 4 Satz 2 und 3 lassen darauf schliessen, dass Verträge mit unbestimmter oder unbestimmbarer Laufzeit (also Verträge ohne Endtermin oder sich von selbst verlängernde Verträge) nicht abgeschlossen werden sollen.[35] Abs. 5 enthält jedoch Regeln zur Bestimmung des Werts solcher Aufträge, was vermuten lassen könnte, dass sie dennoch zulässig sein sollen. Die Botschaft empfiehlt dazu, den Auftrag spätestens nach Ablauf der für die Wertbestimmung massgeblichen 48 Monate neu zu vergeben, und hält fest, dass «Verträge mit unbestimmter Laufzeit aus beschaffungsrechtlicher Sicht nur mit Zurückhaltung geschlossen werden dürfen».[36]

19 Abs. 4 Satz 2 und 3 einerseits und Abs. 5 andererseits stehen damit in einem Spannungsverhältnis zueinander. Dieses ist nur historisch erklärbar: Abs. 5 entspricht dem bisherigen und neuen Landesrecht,[37] welches die Bestimmung dem GPA 1994[38] und dem EU-Beschaffungsrecht entnahm, wo sie sich seit den 1980er Jahren findet.[39] Weil das GPA und das EU-Recht keine Maximallaufzeit für Verträge kennen (ausser für Rahmenvereinbarungen, RL 2014/24/EU 33 Abs. 1), führt die Bestimmung dort nicht zu einem Widerspruch. Nachdem das neuere Schweizer Recht nun aber für alle Aufträge eine Maximallaufzeit eingeführt hat, ist nach der hier vertretenen Auffassung davon auszugehen, dass diese neuere Vorschrift als (zulässige, da den Wettbewerb fördernde) Ergänzung zum GPA zu verstehen ist. Der dem GPA entnommene Abs. 5 ist daher nicht dahingehend auszulegen, dass er in Abweichung von Abs. 4 Satz 2 und 3 den Abschluss von Verträgen mit unbestimmter Laufzeit erlaubt.

---

31 Erläuternder Bericht aVöB, S. 9.
32 Botschaft BöB, S. 1920.
33 Vgl. im bisherigen kantonalen Recht etwa OÖBV-BE 17 Abs. 2 (gleich wie aVöB 15a Abs. 1), ÖBV-LU 3 Abs. 4 (i.d.R. max. 10 Jahre); SubmV-ZH 2 Abs. 3 (nicht «unangemessen lange»).
34 VGer ZH, VB.2008.00111 vom 16.07.2018, E. 8, mit Verweisen auf die entsprechende frühere Praxis; vgl. dazu auch Beyeler, Geltungsanspruch, Rz. 2563, Fn. 2333.
35 Beyeler, Geltungsanspruch, Rz. 904 und Rz. 2563, leitet dies bereits aus den Grundsätzen des Vergaberechts ab.
36 Botschaft BöB, S. 1920 f.
37 aVöB 15 Abs. 1 Bst. b; VRöB 4 Abs. 3 Bst. b (und dementsprechend viele kantonale Erlasse).
38 GPA 1994 II:5 Bst. b; GPA 2012 II:8 Bst. b.
39 U.a.: RL 2014/24/EU 5 Abs. 14 Bst. b; RL 2004/18/EG 9 Abs. 8 Bst. b; RL 92/50/EWG 7 Abs. 5; RL 77/62/EWG 5 Abs. 2 in der Fassung gemäss RL 88/295/EWG 6.

V. Abs. 3 Satz 2, Abs. 4 Satz 1 sowie Abs. 5 und 6: Methoden zur Bestimmung des Auftragswerts

Abs. 3 Satz 2 entspricht GPA 2012 II:2. Danach ist der Wertbestimmung das maximale mögliche Auftragsvolumen zugrunde zu legen. Einzurechnen sind daher der geschätzte Wert aller in der Ausschreibung ausgewiesenen Optionen (also Leistungen, über deren Inanspruchnahme die Auftraggeberin erst nach dem Vertragsabschluss entscheiden will), wie auch der geschätzte Wert der im Rahmen von Rahmenverträgen (BöB/IVöB 25) zu erbringenden Leistungen, da solche Leistungsabrufe ebenfalls Optionen darstellen.[40] Auch zum Auftragswert gehören allfällige Prämien (z.B. für besonders gute Vertragserfüllung) oder Entschädigungen für die Teilnahme am Beschaffungsverfahren.[41] Die MWST ist zwar für die Bestimmung des Auftragswerts nicht einzurechnen, wohl aber später bei der Bestimmung und Publikation des dem Zuschlag zugrunde liegenden Preises.

Wenn eine Anbieterin auf bestehende Vorleistungen der Auftraggeberin zurückgreifen kann, die sich für die Leistungen anderer Anbieterinnen nicht eignen (z.B. früher beschaffte Softwarelizenzen), stellt sich die Frage, ob dieser Vorteil hinzunehmen oder im Interesse der Gleichbehandlung auszugleichen ist, indem die früheren Kosten der Vorleistungen den Anbieterinnen, die sie nutzen wollen, angerechnet werden. Die Praxis lässt die Anrechnung solcher «Ohnehin-Kosten» bzw. hypothetischer[42] oder fiktiver Kosten zu, wenn die Ausschreibung dies vorsieht.[43] Nach der hier vertretenen Auffassung ist dieses Vorgehen nur angebracht, wenn ansonsten mit wenig Angeboten zu rechnen wäre und somit mangels wirksamen Wettbewerbs (BöB/IVöB 2 Bst. d) ein unwirtschaftliches Beschaffungsergebnis riskiert würde. In diesem Fall gehören auch die «Ohnehin-Kosten» zum Auftragswert. Ähnliche Fragen stellen sich auch bei Kosten, die sich erst aus der Übertragung eines Auftrags an einen neuen Leistungserbringer ergeben. 2019 schützte das Bundesgericht die Nichtberücksichtigung solcher Kosten und bemerkte obiter, dass auch aus der staatlichen Wettbewerbsneutralität folge, dass bisherige Anbieter grundsätzlich keine Vorteile geniessen dürfen.[44] Mit diesem Argument müssten Ohnehin-Kosten wohl immer, und dürften Mandatsübergabekosten nie, mit eingerechnet werden. Mit Blick auf das Wirtschaftlichkeitsprinzip wäre das aber nicht immer sachgerecht.

Abs. 4 Satz 1 regelt die Bestimmung des Auftragswerts bei Verträgen mit bestimmter oder bestimmbarer Laufzeit. Inhaltlich wiederholt die Bestimmung bloss, was bereits in Abs. 3 Satz 2 steht. Sie hat daher keine eigenständige Bedeutung.

---

40 So ausdrücklich die RL 2014/24/EU 5 Abs. 5.
41 So ausdrücklich die RL 2014/24/EU 5 Abs. 1.
42 BEYELER, Ohnehin-Kosten, S. 27.
43 BVGer B-3791/2015 vom 19.08.2016, E. 5; B-364/2014 vom 16.01.2015, E. 8.3; KGer LU, 7H 14 124 vom 23.07.2014, E. 4.4.
44 BGer 2C_111/2018 vom 02.07.2019, E. 4.1.

23 Abs. 5 basiert auf GPA 2012 II:8 Bst. b und stellt für Verträge mit unbestimmter Laufzeit auf die Kosten ab, die während 48 Monaten anfallen. Das GPA 2012 sieht diese besondere Berechnungsmethode jedoch anders als BöB und IVöB nur für «Leasing, Miete oder Mietkauf» oder «Beschaffungen ohne Angabe eines Gesamtpreises» vor. Nach dem vorstehend Gesagten (vgl. N 18) dürfen Verträge mit unbestimmter Laufzeit wegen der Vorschriften über die Maximallaufzeit von Verträgen (Abs. 4 Satz 2 und 3) nicht abgeschlossen werden. Von Bedeutung ist Abs. 5 möglicherweise noch im Rahmen von *Ex-post*-Betrachtungen, d.h., um zu beurteilen, ob ein bereits bestehender unbefristeter Auftrag rückblickend in einem wettbewerblichen Verfahren hätte vergeben werden müssen.[45]

24 Abs. 6 entspricht GPA 2012 II:7. Danach gilt für Verträge über wiederkehrend benötigte Leistungen der Wert von 12 Monaten. Ein diesem Wert entsprechendes Verfahren ist für zukünftige Aufträge entweder dann durchzuführen, wenn der Schwellenwert in einer 12-Monats-Periode überschritten wird oder wenn schon bei der Erstbeauftragung feststeht, dass er in den nächsten 12 Monaten überschritten wird. Die Bestimmung ist auf Situationen zugeschnitten, in denen eine Auftraggeberin immer wieder kleinere, gleichartige Verträge abschliesst. Dazu gehören etwa die Lieferung von Verbrauchsmaterial oder Ersatzteilen oder die Inanspruchnahme von Dienstleistungen je nach Bedarf im Einzelfall.

25 Grundsätzlich liesse sich die Vergabe solcher Auftragsserien auch nach den Regeln über die Zusammenrechnungspflicht (vgl. N 8 ff.) beurteilen. Möglicherweise um dem Einwand zu begegnen, die Aufträge seien wegen ihrer zeitlichen Trennung nicht zusammenzurechnen, trafen die GPA-Mitgliedstaaten diese schematische Sonderregelung. Der Gesetzgeber nimmt dabei in Kauf, dass ein- und dieselbe Auftragsserie unterschiedlich bewertet wird, wenn sie in Ausführung eines mehrjährigen Rahmenvertrags erfolgt (diesfalls gilt das geschätzte Volumen während dessen Laufzeit, vgl. N 20) oder aus nicht weiter zusammenhängenden Aufträgen besteht (diesfalls gilt nach Abs. 6 das Volumen von 12 Monaten).

VI. Rechtsvergleichung

26 BöB und IVöB regeln die Bestimmung des Auftragswerts grundsätzlich gleich wie die RL 2014/24/EU, die allerdings ausführlicher und kasuistischer formuliert ist. Gleich geregelt sind in RL 2014/24/EU 5 insb. die folgenden Themen: das Abstellen auf die Schätzung der Auftraggeberin, das Ausklammern der MWST, das Einrechnen aller Verlängerungs- und sonstigen Optionen (Abs. 1), das Zerstückelungsgebot und die Zusammenrechnungspflicht (Abs. 3 und Abs. 8 f.), die Bewertung von Aufträgen mit

---

45 Der Autor dankt Prof. Martin Beyeler und den Teilnehmerinnen und Teilnehmern der Berner Submissions-Kontroversen für die Diskussionen, die die vorliegende Auseinandersetzung mit dem Verhältnis zwischen Abs. 4 Satz 2 und 3 einerseits und Abs. 5 andererseits inspiriert haben.

unbestimmter Laufzeit (Abs. 12 Bst. b und Abs. 14 Bst. b) und das Einrechnen aller Vergütungsbestandteile wie Gebühren, Kommissionen und Zinsen (Abs. 13 und 14).

Klarer als BöB und IVöB, aber im Ergebnis gleich umschreibt das EU-Recht das Zerstückelungsverbot (vgl. N 8), indem RL 2014/24/EU 5 Abs. 3 festhält, dass ein Auftrag nicht nur mit der Absicht, sondern auch mit der Auswirkung der Umgehung des Beschaffungsrechts nicht unterteilt werden darf, «ausser es liegen objektive Gründe dafür vor». Auch im Ergebnis gleich wie das Schweizer Recht hält RL 2014/24/EU 5 Abs. 4 ausdrücklich fest, dass der geschätzte Wert aller Verträge, die einem Rahmenvertrag unterstehen, massgeblich ist. 27

In der RL nicht vorgesehen sind Regeln über die Höchstdauer von Aufträgen oder Verträgen (vgl. N 14 ff.). 28

Nicht in BöB und IVöB, aber in RL 2014/24/EU 5 Abs. 4 geregelt ist der für die Schätzung des Auftragswerts massgebliche Zeitpunkt. Dies ist der Zeitpunkt der Ausschreibung bzw., wenn diese nicht erfolgt, der Beginn des Beschaffungsverfahrens. 29

RL 2014/24/EU 5 Abs. 2 regelt zudem den Fall, dass die Auftraggeberin aus «mehreren eigenständigen Organisationseinheiten» besteht. Diesfalls gilt der Gesamtwert nur dann für alle solchen Einheiten, wenn sie nicht selbst für ihre Beschaffungen zuständig sind. Auch in der Schweiz könnten diese Kriterien dabei helfen, die Frage zu beantworten, ob der Wert gleichartiger Aufträge z.B. einzelner Spitäler einer öffentlichen Spitalgruppe oder organisatorisch autonomer öffentlicher Schulen eines Kantons zusammenzurechnen ist. 30

Für die Regeln der RL zur Bewertung von Bauaufträgen wird auf den Kommentar zu BöB/IVöB 16 verwiesen. 31

4. Kapitel: Vergabeverfahren

Art. 16 Schwellenwerte

¹ **Die Wahl des Verfahrens richtet sich danach, ob ein Auftrag einen Schwellenwert nach** Anhang 4 / *den Anhängen 1 und 2* **erreicht.** Der Bundesrat passt die Schwellenwerte nach Konsultation des InöB periodisch gemäss den internationalen Verpflichtungen an. *Das InöB passt die Schwellenwerte nach Konsultation des Bundesrates periodisch gemäss den internationalen Verpflichtungen an.*

² **Bei einer Anpassung der internationalen Verpflichtungen hinsichtlich der Schwellenwerte garantiert der Bund den Kantonen die Mitwirkung.**

³ Beteiligen sich mehrere diesem Gesetz unterstellte Auftraggeberinnen, für die je verschiedene Schwellenwerte gelten, an einer Beschaffung, so sind für die gesamte Beschaffung die Schwellenwerte derjenigen Auftraggeberin massgebend, die den grössten Teil an der Finanzierung trägt.

⁴/³ **Erreicht der Gesamtwert mehrerer Bauleistungen** nach Anhang 1 Ziffer 1 **für die Realisierung eines Bauwerks den Schwellenwert des Staatsvertragsbereichs, so finden die Bestimmungen** dieses Gesetzes / *dieser Vereinbarung* **für Beschaffungen im Staatsvertragsbereich Anwendung. Erreichen jedoch die Werte der einzelnen Leistungen nicht zwei Millionen Franken und überschreitet der Wert dieser Leistungen zusammengerechnet nicht 20 Prozent des Gesamtwerts des Bauwerks, so finden für diese Leistungen die Bestimmungen für Beschaffungen ausserhalb des Staatsvertragsbereichs Anwendung (Bagatellklausel).**

⁵/⁴ **Ausserhalb des Staatsvertragsbereichs wird das massgebliche Verfahren für Bauleistungen anhand des Wertes der einzelnen Leistungen bestimmt.**

Inhaltsverzeichnis

I.	Grundlagen	1
II.	Abs. 1: BöB Anhang 4 und IVöB Anhang 1 und 2	3
III.	Abs. 2: Mitwirkung der Kantone	16
IV.	Abs. 3: Schwellenwerte bei mehreren Auftraggeberinnen	17
V.	BöB Abs. 4 und 5 und IVöB Abs. 3 und 4: Bauwerkregel und Bagatellklausel	20
A.	Bauwerkregel	21
B.	Bagatellklausel	28
VI.	Rechtsvergleichung	31

4. Kapitel: Vergabeverfahren

I. Grundlagen

1 Wenn der gemäss BöB/IVöB 15 geschätzte Auftragswert einen gesetzlichen Schwellenwert erreicht, ist die Auftraggeberin gemäss BöB/IVöB 17 verpflichtet, das zu diesem Schwellenwert angegebene Verfahren anzuwenden oder ein Verfahren mit höherem Schwellenwert. D.h., wenn der geschätzte Auftragswert den Schwellenwert des Einladungsverfahrens erreicht, muss die Auftraggeberin entweder das Einladungsverfahren, das offene Verfahren oder das selektive Verfahren anwenden. Und wird der Schwellenwert des offenen oder selektiven Verfahrens erreicht, muss die Auftraggeberin eines dieser beiden Verfahren anwenden. Vorbehalten bleibt eine ausnahmsweise freihändige Vergabe (BöB/IVöB 21 Abs. 2) oder in gewissen Fällen ein vom Schwellenwert unabhängiges Einladungsverfahren (BöB 20 Abs. 3).

2 Die Schwellenwerte entscheiden nicht darüber, ob das öffentliche Beschaffungsrecht anwendbar ist oder nicht, sondern nur, welches Verfahren im Rahmen des öffentlichen Beschaffungsrechts anzuwenden ist.[1] Die für den Staatsvertragsbereich geltenden Schwellenwerte entscheiden zudem mit darüber, ob die Regeln für Beschaffungen im Staatsvertragsbereich anwendbar sind.[2]

II. Abs. 1: BöB Anhang 4 und IVöB Anhang 1 und 2

3 Die Schwellenwerte finden sich in BöB Anhang 4 und IVöB Anhang 1 und 2. Die folgenden Tabellen fassen diese Schwellenwerte zusammen.

Schwellenwerte ausserhalb des Staatsvertragsbereichs (CHF)[3]

Verfahren	Lieferungen/Dienstleistungen		Bauleistungen		
Freihändige Vergabe		unter 150 000	BöB:		unter 300 000
			IVöB:	Baunebengewerbe:	unter 150 000
				Bauhauptgewerbe:	unter 300 000
Einladungsverfahren		ab 150 000	BöB:		unter 300 000
			IVöB:	Baunebengewerbe:	unter 150 000
				Bauhauptgewerbe:	unter 300 000
Offenes/selektives Verfahren	BöB:	ab 230 000	BöB:		ab 2 000 000
	IVöB:	ab 250 000	IVöB:	Baunebengewerbe:	ab 250 000
				Bauhauptgewerbe:	ab 500 000

---

1 BEYELER, Bausubmissionen, Rz. 4; Botschaft BöB, S. 1921 f.
2 Vgl. zu den Besonderheiten der Beschaffungen ausserhalb des Staatsvertragsbereichs BöB Anhang 5.
3 Basierend auf der Tabelle in der Botschaft BöB, S. 1868.

Schwellenwerte im Staatsvertragsbereich

Auftraggeberinnen	Lieferungen/Dienstleistungen		Bauleistungen	
Bundesbehörden (CH-Annex 1 zum GPA 2012)	CHF	230 000	CHF	8 700 000
	SZR	130 000	SZR	5 000 000
Kantonale und kommunale Behörden (CH-Annex 2 zum GPA 2012)	CHF	350 000	CHF	8 700 000
	SZR	200 000	SZR	5 000 000
Sektorenunternehmen (CH-Annex 3 zum GPA 2012)	CHF	700 000	CHF	8 700 000
	SZR	400 000	SZR	5 000 000
Telekommunikationsdienstleister (BilatAbk 3 Abs. 4 Bst. a) (Sektor ausgeklinkt)[4]	CHF	960 000	CHF	8 000 000
	SZR	600 000	SZR	5 000 000
Schienenverkehrsunternehmen, Energieversorger (exkl. Stromversorgung) (BilatAbk 3 Abs. 4 Bst. b)	CHF	640 000	CHF	8 000 000
	SZR	400 000	SZR	5 000 000
Private Auftraggeberinnen, die öffentliche Dienstleistungen erbringen (BilatAbk 3 Abs. 4 Bst. c)	CHF	700 000	CHF	8 700 000
	SZR	400 000	SZR	5 000 000

Die Anhänge zu BöB und IVöB sehen für den Staatsvertragsbereich höhere, für die übrigen Beschaffungen tiefere Schwellenwerte vor. Dies hat unterschiedliche Auswirkungen:

Im BöB ist zu prüfen, ob sich ein Auftrag gemäss seinem Gegenstand (BöB Anhänge 1, 2, 3 und 5 jeweils Ziff. 1) im Staatsvertragsbereich befindet und ob der Auftragswert den Schwellenwert für den Staatsvertragsbereich gemäss Anhang 4 Ziff. 1 erreicht. Wenn beides der Fall ist, sind die Schwellenwerte gemäss Anhang 4 Ziff. 1 für die Verfahrenswahl massgeblich, ansonsten diejenigen gemäss Anhang 4 Ziff. 2.

---

4 Telekommunikationsanbieter und der Güterverkehr auf der Normalspur sind dem öffentlichen Beschaffungsrecht nach BilatAbk 7 nicht unterstellt, vgl. dazu den Anhang zur Verordnung des UVEK vom 18.07.2002 über die Nichtunterstellung unter das öffentliche Beschaffungsrecht (SR 172.056.111) bzw. neu VöB Anhang 1.

6 In der IVöB dagegen ist die Frage, ob ein Auftrag gemäss seinem Gegenstand im Staatsvertragsbereich liegt oder nicht, für die Verfahrenswahl nicht massgeblich. Die Verfahrenswahl richtet sich immer nach den (tieferen) Schwellenwerten für Aufträge ausserhalb des Staatsvertragsbereichs gemäss Anhang 2. Dies ergibt sich daraus, dass die IVöB keine Bestimmungen enthält, die gemäss BöB 8 Abs. 4 und 5 und den BöB-Anhängen 1–3 den Staatsvertragsbereich inhaltlich umschreiben und für ihn ein anderes Beschaffungsregime vorsehen als für die übrigen Aufträge. Dies wiederum ist eine Konsequenz von BGBM 5 Abs. 2, wonach alle «umfangreichen» kantonalen und kommunalen Aufträge öffentlich auszuschreiben sind.[5] Mit dem Festlegen tieferer als der staatsvertraglichen Schwellenwerte in IVöB Anhang 2 haben die Kantone den Begriff der «umfangreichen» Aufträge, die unabhängig vom GPA der binnenmarktrechtlichen Ausschreibungspflicht unterstehen, konkretisiert.[6]

7 Damit gilt in der IVöB weiterhin und im BöB neu das Modell der konzentrischen Kreise:[7] Für alle Aufträge gelten grundsätzlich dieselben Regeln und für Aufträge im Staatsvertragsbereich einige zusätzliche Regeln, etwa über die Zulassung ausländischer Anbieterinnen (BöB/IVöB 6 Abs. 2), die Fristen (BöB/IVöB 46 Abs. 2) oder den Rechtsschutz (BöB/IVöB 52 Abs. 3). Die Schwellenwerte gemäss IVöB Anhang 1 haben daher keine Auswirkung auf das anzuwendende Verfahren, sondern nur darauf, ob die besonderen Verfahrensregeln für Aufträge im Staatsvertragsbereich zu beachten sind oder nicht.

8 Die Anhänge zu BöB und IVöB unterscheiden zwischen Schwellenwerten für Bauleistungen (in der IVöB: Bauhauptleistungen und Baunebenleistungen), Lieferungen und Dienstleistungen (vgl. Art. 8 N 45 ff.).

9 Die Schwellenwerte für Bauleistungen sind wesentlich höher als die für Lieferungen und Dienstleistungen. Der Grund dafür ist, dass die Schweiz sich beim Abschluss des GPA den hohen Bau-Schwellenwerten der anderen europäischen Staaten anschloss, in denen Bauaufträge oft an General- oder Totalunternehmen vergeben werden. Weil das in der Schweiz seltener der Fall ist (oder war), sieht unser öffentliches Beschaffungsrecht die sog. Bauwerkregel vor, wonach die Werte aller Aufträge für ein Bauwerk zusammenzurechnen sind (vgl. N 20 ff.).[8]

10 Das GPA kennt nur das offene und selektive Verfahren (GPA 2012 I Bst. m und q). Daher sieht es keine Schwellenwerte für das Einladungsverfahren vor, und diese fehlen daher auch in BöB und IVöB bei den Schwellenwerten für Aufträge im Staatsvertragsbereich.

11 Die Schwellenwerte im Staatsvertragsbereich basieren auf den Schwellenwerten, zu deren Beachtung sich die Schweiz im Rahmen des GPA und des BilatAbk verpflichtet hat. Die Mitgliedstaaten dürfen in ihrem Binnenrecht tiefere Schwellenwerte vorsehen, aber

---

5   Musterbotschaft IVöB, S. 10.
6   Vgl. Komm BGBM-OESCH/ZWALD, Art. 5 N 4.
7   BEYELER, Geltungsanspruch, Rz. 12.
8   BEYELER, Bausubmissionen, Rz. 6.

nicht höhere.⁹ Die GPA-Schwellenwerte sind mit wenigen Abweichungen für alle Mitgliedstaaten des GPA dieselben.¹⁰ Im GPA 2012 blieben die für die Schweiz geltenden Schwellenwerte gegenüber dem GPA 1994 unverändert.¹¹

In den Schweizer Annexen zum GPA 2012¹² sind die Schwellenwerte in Sonderziehungsrechten (SZR) angegeben. SZR sind eine Recheneinheit, die vom Internationalen Währungsfonds festgelegt wird, und zwar auf der Basis eines Währungskorbs, der mehrere wichtige nationale Währungen umfasst. In BilatAbk 3 Abs. 4 sind die Schwellenwerte in «Euro oder der Gegenwert in SZR» oder umgekehrt angegeben.

Abs. 1 beauftragt den Bundesrat bzw. das InöB damit, die in den Anhängen geregelten Schwellenwerte «periodisch gemäss den internationalen Verpflichtungen» und dem sich ändernden Wechselkurs des CHF zu SZR und EUR¹³ anzupassen. Dies muss nach Konsultation zwischen Bund und Kantonen erfolgen; die Gesetzgeber erwarten also einen aufeinander abgestimmten Entscheid.¹⁴ Ein Entscheid des durch das GPA eingesetzten Ausschusses verpflichtet die GPA-Mitgliedstaaten, diese Umrechnung in ihre nationale Währung alle zwei Jahre vorzunehmen, und zwar auf der Basis des Durchschnittswechselkurses der letzten zwei Jahre per 1. Oktober oder 1. November. Das Ergebnis ist dem Ausschuss *for possible examination and challenge* mitzuteilen.¹⁵

Die Schweiz hat diesen Anpassungsauftrag nicht konsequent umgesetzt. Am Tag des Abschlusses des GPA 1994 galt ein Wechselkurs von SZR 1 = CHF 2.¹⁶ Seit etwa 2011 bewegt sich der Wechselkurs jedoch im heutigen Bereich von SZR 1 = CHF 1.4. Dementsprechend hätten der Bund und die Kantone die in CHF angegebenen Schwellenwerte in BöB und IVöB um rund 35 % senken müssen, um die Einhaltung des GPA bzw. des BilatAbk sicherzustellen. Dies erfolgte jedoch nur im Umfang von rund 17 %.¹⁷ Die verbleibende Differenz zwischen den Schwellenwerten im GPA gemäss aktuellem Wechselkurs und in BöB/IVöB wurde in das neue Recht übernommen. Dasselbe gilt analog für die Euro-Schwellenwerte des BilatAbk.

---

9   Botschaft BöB, S. 1922.
10 Vgl. für eine Übersicht der GPA-Schwellenwerte der Mitgliedstaaten die Webseite der WTO, e-gpa.wto.org/en/ThresholdNotification/FrontPage (abgerufen im Oktober 2019).
11 Botschaft GPA, S. 2069.
12 Nicht in der AS publiziert, BBl 2017 2053, S. 2310 ff., jeweils aktuell verfügbar auf der Webseite der WTO, www.wto.org/english/tratop_e/gproc_e/gp_app_agree_e.htm (abgerufen im Oktober 2019).
13 Botschaft BöB, S. 1922.
14 Vgl. zum Verfahren nach dem alten Recht auch BEYELER, Bausubmissionen, Rz. 10 ff.
15 Entscheid vom 05.03.1996, Annex 3; WTO-Dok. GPA/1, docs.wto.org (abgerufen im März 2019).
16 Wechselkurs vom 15.04.1994 gemäss den Daten von fxtop.com (abgerufen im März 2019).
17 Beim Erlass des aBöB betrug z.B. der Schwellenwert für Bauleistungen CHF 10,07 Mio. (AS 1996 508, Art. 6). Er betrug gemäss den Verordnungen des EVD bzw. WBF über die Anpassung der Schwellenwerte im öffentlichen Beschaffungswesen von 1997 bis Juni 2010 CHF 9,575 Mio. (AS 1996 3096) sowie von Juli 2010 bis 2019 CHF 8,7 Mio. (AS 2010 2647).

4. Kapitel: Vergabeverfahren

15 Dies hat aber nicht zur Folge, dass die Auftraggeberinnen die tieferen staatsvertraglichen Schwellenwerte gemäss aktuellem Wechselkurs anwenden müssen. Das GPA ist als Staatsvertrag grundsätzlich durch Schweizer Behörden direkt anwendbar («*self-executing*»), jedoch nur, soweit es dafür genügend bestimmt und klar formuliert ist.[18] Dies trifft auf die Schwellenwerte als solche zu, aber nicht auf ihre Umrechnung in CHF. Für diese ist völkerrechtlich ein besonderes Verfahren vorgesehen, das eine Mitteilung an den GPA-Ausschuss und ggf. Verhandlungen in diesem umfasst. Erst als Ergebnis dieses auch politischen Prozesses liegen die für die Schweiz völkerrechtlich verbindlichen und klar bestimmten Schwellenwerte in CHF vor. Diese fanden, Stand Oktober 2019, ihren Ausdruck zuletzt in der soweit ersichtlich unangefochtenen und damit für die Zwecke des GPA massgeblichen Mitteilung der Schweiz für die Jahre 2016 und 2017, welche dieselben Schwellenwerte in CHF vorsieht wie BöB und IVöB.[19] Ähnliches gilt für die Schwellenwerte nach dem BilatAbk: Dieses basiert auf dem GPA 1994 und verweist in Art. 4 für die Umrechnung ebenfalls auf das GPA-Verfahren.

III. Abs. 2: Mitwirkung der Kantone

16 Abs. 2 regelt die direkte Mitwirkung der Kantone (d.h. nicht nur mit einer Stellungnahme)[20] an internationalen Verhandlungen über die Schwellenwerte. Dies ist in BV 55 für Verhandlungen vorgesehen, die die Kantone in ihren Zuständigkeiten betreffen. Ein Mitentscheidungs- oder Vetorecht der Kantone ist damit aber nicht verbunden, und der Bund ist an die Meinungsäusserungen der Kantone nicht gebunden.[21]

IV. Abs. 3: Schwellenwerte bei mehreren Auftraggeberinnen

17 Wenn Auftraggeberinnen, für die unterschiedliche Schwellenwerte gelten (z.B. ein Bundesamt und ein Sektorenunternehmen), eine gemeinsame Beschaffung durchführen, stellt sich die Frage, wessen Schwellenwerte massgeblich sind. Die Lösung von BöB 16 Abs. 3 reflektiert das auch in BöB/IVöB 5 (anwendbares Recht) verankerte Schwergewichtsprinzip.[22]

---

18 BGE 125 II 86, E. 7a m.w.H., BGer 2P.4/2000 vom 26.06.2000, E. 1d; Leduc, S. 7; vgl. zu den Voraussetzungen der direkten Anwendbarkeit Einführung in den internationalen Kontext N 16 ff. und im Allgemeinen etwa Komm BV-Schindler/Tschumi 2014, Art. 5 N 68.
19 WTO-Dok. GPA/W/336/Add.3 vom 06.01.2016, docs.wto.org (abgerufen im Oktober 2019).
20 Botschaft BöB, S. 1922.
21 Biaggini, Kommentar, Art. 55 N 3 und N 9.
22 Botschaft BöB, S. 1922.

Die IVöB kennt diese Bestimmung nicht. In ihrem Geltungsbereich sind bei gemeinsa- 18
men Beschaffungen mehrerer Auftraggeberinnen mit unterschiedlichen Schwellenwerten daher die tiefsten Schwellenwerte massgeblich, um zu vermeiden, dass die Auftraggeberin mit den tiefsten Schwellenwerten diese verletzt. Eine analoge Anwendung von IVöB 5, um zum gleichen Ergebnis wie gemäss BöB 16 Abs. 3 zu gelangen, ist nicht möglich, weil IVöB 5 sich nur auf die Wahl zwischen dem Beschaffungsregime des Bundes oder der Kantone bezieht.

Anders als BöB 5 sieht BöB 16 Abs. 3 keine Möglichkeit vor, abweichend von der gesetz- 19
lichen Regelung eine Vereinbarung darüber zu treffen, wessen Schwellenwerte gelten sollen. Weil das anwendbare Recht und die Schwellenwerte eng zusammenhängen (vgl. N 3 ff.), gilt eine Rechtswahl gemäss BöB 5 auch für die anwendbaren Schwellenwerte und übersteuert gegebenenfalls die nach BöB 16 Abs. 3 geltenden Schwellenwerte. Eine Wahl allein der Schwellenwerte nach BöB oder IVöB ist dagegen gesetzlich nicht vorgesehen.

V. BöB Abs. 4 und 5 und IVöB Abs. 3 und 4: Bauwerkregel und Bagatellklausel

Die letzten beiden Absätze von BöB/IVöB 16 enthalten eine besondere Regelung zur Be- 20
stimmung des geschätzten Auftragswerts für Bauaufträge im Staatsvertragsbereich (die Bauwerkregel) und eine Ausnahme davon (die Bagatellklausel). Damit übernehmen sie das bisherige Recht (aBöb 7 Abs. 2; aIVöB 7 Abs. 2).

A. Bauwerkregel

Die Bauwerkregel schreibt für Bauaufträge im Staatsvertragsbereich eine weitergehende 21
Zusammenrechnung des geschätzten Auftragswerts von Teilaufträgen vor als für Liefer- und Dienstleistungsaufträge. Für diese gelten nur die Vorschriften von BöB/IVöB 15 Abs. 2 und 3 – also das Zerstückelungsverbot und die Pflicht zur Zusammenrechnung sachlich und zeitlich eng zusammenhängender Leistungen. Für Bauaufträge gilt dagegen, dass zusammenzurechnen ist, was demselben Bauwerk dient, auch wenn die Aufträge nicht zeitlich und sachlich eng zusammenhängen und daher gemäss BöB/IVöB 15 nach Massgabe ihres einzelnen Wertes vergeben werden könnten. Wie bei BöB/IVöB 15 hat die Anwendung der Bauwerkregel nicht zur Folge, dass alle ihr unterstehenden Aufträge in einem einzigen Verfahren oder Los oder an dieselbe Anbieterin vergeben werden müssen, sondern nur, dass sie unter Anwendung der Regeln für den Staatsvertragsbereich im offenen oder selektiven Verfahren vergeben werden müssen.[23]

Der Bauwerkregel unterstehen nur Aufträge über Bauleistungen gemäss BöB/IVöB 8 22
Abs. 2 Bst. a. Unter sie fallen also nicht Dienstleistungs- oder Lieferaufträge, auch wenn

---

[23] BVGer B-913/2012 vom 28.03.2012, E. 4.2.6; vgl. dazu BEYELER, Verfahren, Rz. 35.

sie sich auf ein Bauvorhaben beziehen (z.B. Ingenieurleistungen oder die reine Lieferung von Baumaterialien).[24] Ein gemischter Auftrag (z.B. ein Totalunternehmervertrag), der gemäss BöB/IVöB 8 Abs. 3 insgesamt als Bauauftrag gilt, unterliegt der Bauwerkregel aber vollständig.[25]

23 Die Bauwerkregel bezieht sich auf «die Realisierung eines Bauwerks». RL 2014/24/EU 2 Abs. 1 Ziff. 7 definiert ein «Bauwerk» als «das Ergebnis einer Gesamtheit von Hoch- oder Tiefbauarbeiten, das seinem Wesen nach eine wirtschaftliche oder technische Funktion erfüllen soll». Dieser Betrachtungsweise hat sich auch das BVGer angeschlossen.[26] Massgeblich ist damit, ob das Ergebnis der Aufträge einen einheitlichen wirtschaftlichen oder technischen Zweck hat bzw., gemäss dem BVGer, «ob im Gegenstand eines Bauauftrags ein isoliertes eigenes Bauwerk oder ein Teil eines grösseren Bauvorhabens zu sehen ist».[27]

24 Die Praxis stellt dafür auf unterschiedliche Gesichtspunkte ab. Im «Sydev»-Entscheid verneinte der EuGH eine Verletzung der Zusammenrechnungspflicht dadurch, dass Elektrifizierungs- und Strassenbeleuchtungsaufträge in unterschiedlichen Ortschaften je separat vergeben wurden. Er hielt fest, diese Netze erfüllten eine unterschiedliche Funktion und ihre Auftragswerte müssten daher nicht zusammengerechnet werden. Dies hätte jedoch in Bezug auf die Stromnetzaufträge erfolgen müssen, weil diese Netze (anders als die Beleuchtungsnetze) verbundfähig waren und zusammen dieselbe Funktion der Stromverteilung erfüllten. Für die Zusammenrechnung sprachen auch der zeitliche und örtliche Zusammenhang der Aufträge und ihre koordinierte Vergabe.[28] Beim Bau dreier Lärmschutzwände durch die SBB in drei Zürcher Ortschaften verneinte das BVGer die Zusammenrechnungspflicht, obwohl die Wände im Rahmen derselben Sanierungseinheit erstellt wurden, weil die Projekte separat bewilligt wurden und jede Wand für sich ihren Zweck erfüllte.[29]

25 Ein Bauwerk ist daher zumindest, was auch für sich alleine sinnvollerweise gebaut werden könnte. Werden mehrere solche Bauten zusammen erstellt, bilden sie ein einziges Bauwerk, wenn zwischen ihnen «enge konstruktive, technische oder wirtschaftliche Zusammenhänge» bestehen.[30] So zusammen gehören jedenfalls Bauten, die nur zusammen sinnvoll nutzbar sind, z.B. einzelne Strassen- oder Tunnelabschnitte.[31] Die zeitliche

---

24 BEYELER, Geltungsanspruch, Rz. 950.
25 BEYELER, Geltungsanspruch, Rz. 950.
26 BVGer B-579/2015 vom 19.03.2015, E. 4.3; vgl. auch BVGer B-3311/2009 vom 16.07.2009, E. 3.6.3 f., BVGer B-2778/2008 vom 20.05.2009, E. 2.4.3, BVGer B-913/2012 vom 28.03.2012, E. 4.2.1, jeweils unter Hinweis auf EuGH C-16/98 («Sydev») vom 05.10.2000.
27 BVGer B-3311/2009 vom 16.07.2009, E. 3.6.3; BVGer B-6837/2010 vom 15.03.2011, E. 1.4, m.w.H. auf BEYELER, Bausubmissionen, S. 265.
28 EuGH C-16/98 vom 05.10.2000, E. 51 ff. und 64 f.
29 BVGer B-913/2012 vom 28.03.2012, E. 4.2.
30 BEYELER, Geltungsanspruch, Rz. 952.
31 BEYELER, Geltungsanspruch, Rz. 953.

Etappierung oder die organisatorische Gliederung der einzelnen Aufträge in Lose, Projekte, Verträge etc. ändert nichts daran, ob die Aufträge demselben Zweck dienen, und sie ist daher für die Anwendung der Bauwerkregel nicht massgeblich. Jedoch kann eine Zusammenrechnung der Werte gegenwärtiger und zukünftiger Bauetappen nicht verlangt werden, wenn die sachliche Umschreibung und der Umfang der Letzteren noch nicht feststehen und ihr Wert daher nicht schätzbar ist.[32]

Obwohl der Wortlaut der Norm («Realisierung») vermuten lassen könnte, dass die Bauwerkregel nur für neue Bauwerke gilt, gilt sie schon nach dem bisherigen Recht auch für Bauleistungen für bestehende Bauwerke, z.B. Sanierungen. Bei gleichzeitig geplanten oder ausgeführten Arbeiten kommt es für die Zusammenrechnung darauf an, ob die betroffenen Bauten, wenn sie neu gebaut würden, ein einziges Bauwerk darstellen würden.[33] 26

Zur Klärung der Betroffenheit des Staatsvertragsbereichs und damit der Anwendbarkeit der Bauwerkregel ist wie folgt vorzugehen: Zuerst wird der geschätzte Auftragswert unter der Annahme, die Bauwerksregel gelte, ermittelt. Hat dies zur Folge, dass der Auftrag im Staatsvertragsbereich liegt, bleibt es dabei und die Bauwerkregel gilt. Ansonsten gelten die Bestimmungen für die Aufträge ausserhalb des Staatsvertragsbereichs, und eine Zusammenrechnung gemäss der Bauwerkregel muss nicht erfolgen.[34] 27

B. Bagatellklausel

Die Bagatellklausel erlaubt es der Auftraggeberin, ein bestimmtes Kontingent von Teilaufträgen, das gemäss der Bauwerkregel in den Gesamtwert eines Bauvorhabens eingerechnet werden müsste, aus diesem Gesamtwert herauszulösen und diese Teilaufträge ohne Rücksicht auf die Bauwerkregel zu vergeben. D.h., diese Teilaufträge können separat, nach Massgabe ihres individuellen Auftragswerts vergeben werden, aber weiterhin unter Beachtung des Zerstückelungsverbots (BöB/IVöB 15 Abs. 2).[35] Das Auftragsvolumen, das so vergeben werden darf, beträgt 20 % des Gesamtwerts des Bauauftrags gemäss der Bauwerkregel. Dabei darf der Wert der so vergebenen Teilaufträge CHF 2 Mio. pro Teilauftrag nicht überschreiten. 28

Die Bagatellklausel entstammt dem europäischen Recht.[36] Sie hat einerseits den Zweck, dass die Auftraggeberin auch KMU die Teilnahme an grossen Bauvorhaben direkt ermöglichen kann.[37] Sie mildert damit die Auswirkungen der Praxis, grössere Bauvorha- 29

---

32 BEYELER, Bausubmissionen, Rz. 23.
33 BEYELER, Geltungsanspruch, Rz. 954.
34 BEYELER, Geltungsanspruch, Rz. 949; vgl. auch VGer LU, V 12 275 vom 11.02.2015, E. 2.c, in: LGVE 2013 IV Nr. 1.
35 Botschaft BöB, S. 1922; a.M. zum bisherigen Recht BEYELER, Geltungsanspruch, Rz. 958, nach dem «im Rahmen der Geltung der Bagatellklausel (also innerhalb des 20-Prozent-Kontingents) kein weiteres materielles Zerstückelungsverbot gilt».
36 BEYELER, Bausubmissionen, Rz. 6.
37 BC-STEINICKE/VESTERDORF, Art. 5 N 51.

ben an Total- oder Generalunternehmen und somit an Grossunternehmen zu vergeben, auf die KMU. Andererseits trägt sie auch der Praktikabilität Rechnung: Bauvorhaben umfassen oft Klein- und Kleinstaufträge, deren Vergabe im Rahmen eines offenen oder selektiven Verfahrens unverhältnismässig aufwendig wäre.[38]

30 Die Auftraggeberin hat ihr Vorhaben so zu planen, dass sie Kleinaufträge im Rahmen des 20%-Kontingents der Bagatellklausel vergeben kann. Ist dieses ausgeschöpft, müssen alle weiteren Teilaufträge gemäss den staatsvertraglichen Regeln ausgeschrieben werden.[39] Sie muss sich schon bei der Ausschreibung oder der Einleitung des Einladungsverfahrens für die Teilaufträge, die sie der Bagatellklausel unterstellen will, ausdrücklich auf diese Klausel berufen.[40] Ansonsten könnte sie das Bagatellkontingent überdehnen, indem sie sich nur bei Bedarf, im Beschwerdefall, darauf beruft.[41]

VI. Rechtsvergleichung

31 RL 2014/24/EU 4 legt folgende Schwellenwerte fest:

- EUR 5 186 000 für Bauaufträge,

- EUR 134 000 für Liefer- und Dienstleistungsaufträge der zentralen Regierungsbehörden,

- EUR 207 000 für Liefer- und Dienstleistungsaufträge subzentraler Behörden und EUR 750 000 für soziale und besondere Dienstleistungen gemäss Anhang XIV der Richtlinie.

32 Diese Schwellenwerte gelten gemäss RL 2014/24/EU 25 ff. für alle Verfahren der Richtlinie.

33 Die laufende Anpassung der Schwellenwerte in EUR an die Verpflichtungen der EU in SZR gemäss dem GPA 2012 wird in RL 2014/24/EU 6 an die Kommission delegiert. Danach werden die Schwellenwerte alle zwei Jahre jeweils per Ende August anhand des durchschnittlichen Wechselkurses der letzten 24 Monate neu festgelegt.

34 Eine Zusammenrechnungspflicht, die der Bauwerkregel entspricht, findet sich auch in RL 2014/24/EU 5 Abs. 8. Danach sind die Auftragswerte einzelner Lose von Dienstleistungsaufträgen ebenso wie von Bauvorhaben zusammenzurechnen. RL 2014/24/EU 5 Abs. 10 sieht ebenfalls eine Bagatellklausel vor, die Abweichungen von der Zusammenrechnungspflicht bis zum Volumen von 20% des Gesamtwerts erlaubt. Der Höchstbetrag der einzelnen darunterfallenden Teilaufträge beträgt EUR 80 000 pro Dienstleistungsauftrag und EUR 1 Mio. pro Bauauftrag.

---

38 BEYELER, Geltungsanspruch, Rz. 956.
39 BEYELER, Geltungsanspruch, Rz. 957.
40 BVGer B-2778/2008 vom 20.05.2009, E. 2.4.2.
41 BEYELER, Geltungsanspruch, Rz. 962.

Art. 17 Verfahrensarten

In Abhängigkeit vom Auftragswert und der Schwellenwerte werden öffentliche Aufträge nach **Wahl** der Auftraggeberin / *des Auftraggebers* entweder im offenen Verfahren, im selektiven Verfahren, im Einladungsverfahren oder im freihändigen Verfahren vergeben.

Inhaltsverzeichnis
I.	Vorbemerkungen	1
II.	Verfahrensarten	6
A.	Übersicht	6
B.	Abgrenzung zu den Verfahrensinstrumenten	7
III.	Wahl der Verfahrensart	9
A.	Ermittlung der regulären Verfahrensart	9
B.	Abweichungen von der regulären Verfahrensart	11
	1. Freiwilliges Opt-in	11
	2. Ausnahmsweises Opt-out	15
	3. Konkurrenzofferten im freihändigen Verfahren	16
C.	Rechtsschutz	17
IV.	Rechtsvergleichung	19

I. Vorbemerkungen

Das vergaberechtliche Verfahren bildet «Herz und Seele» einer jeden öffentlichen Vergabe.[1] Ohne ein solches und ohne einen daraus hervorgegangenen rechtskräftigen Zuschlag ist es einer Vergabestelle «[...] *kategorisch verboten, Geschäfte betreffend öffentliche Aufträge einzugehen*».[2]

Die Durchführung eines Vergabeverfahrens hat zum Zweck, das transparente und faire Handeln der Vergabestelle bei der Vergabe von öffentlichen Aufträgen sicherzustellen, sodass die potenziellen Anbieterinnen (nach Massgabe ihrer Gleichheit) die gleiche Chance erhalten, mit der öffentlichen Hand ins Geschäft zu kommen.[3] Die Einhaltung dieser Prinzipien hat die Vergabestelle durch einen formalisierten Willensbildungsprozess im Rahmen eines ebensolchen öffentlich-rechtlichen Vergabeverfahrens sicherzustellen, welcher in der Zuschlagsverfügung mündet.[4] Ist die Zuschlagsverfügung rechts-

---

1 Vgl. BC-Caranta, Art. 26 N 1.
2 Beyeler, Geltungsanspruch, Rz. 5.
3 Vgl. BV 8 und 27; BGE 134 II 297, E. 2.1.
4 Vgl. Müller, BVR 2018, Ziff. 4.2.

4. Kapitel: Vergabeverfahren

kräftig, so ist das Vergabeverfahren (nicht aber der damit schlussendlich bezweckte Vertrag) abgeschlossen.[5]

3   Aus obligationenrechtlicher Sicht kann man das Vergabeverfahren als eine durch das öffentliche Vergaberecht formalisierte «Vertragsverhandlung» zwischen der Vergabestelle und den Anbieterinnen bezeichnen, mit dem Zweck, zwischen ihr und der Anbieterin mit dem vorteilhaftesten Angebot, einen Vertrag herbeizuführen.[6] Im Rahmen dieser «Vertragsverhandlung» tritt die Vergabestelle gegenüber den Anbieterinnen wie eine Privatperson auf und schliesst mit der Zuschlagsempfängerin letztlich den bezweckten privatrechtlichen Vertrag.[7]

4   Gemäss BöB/IVöB 17 werden öffentliche Aufträge «[i]n Abhängigkeit vom Auftragswert und der Schwellenwerte […] nach Wahl der Auftraggeberin […]» in einer der gesetzlichen Verfahrensarten vergeben. Aufgrund dieses Wortlauts kann *prima vista* der Eindruck entstehen, dass die Vergabestelle in der Wahl der Verfahrensart relativ frei sei (etwas restriktiver wirkt demgegenüber der Wortlaut von BöB/IVöB 16 Abs. 1 Satz 1). Freilich hat die Vergabestelle aber die *Pflicht*, eine der gesetzlich geregelten Verfahrensarten zu wählen.

5   BöB/IVöB 17 zählt die Verfahrensarten kurz auf. Dies sind das offene und das selektive Verfahren, das Einladungsverfahren sowie das freihändige Verfahren. Diese Aufzählung ist abschliessend.[8] Das offene und das selektive Verfahren verstehen sich in dieser Aufzählung als die höchstrangigen unter den Verfahrensarten (wobei sie selbst untereinander als gleichrangig betrachtet werden). Nach ihnen steht im zweiten Rang das Einladungsverfahren und im dritten Rang das freihändige Verfahren.

---

5   Vgl. sog. «Zweischichtentheorie» gem. BEYELER, Geltungsanspruch, Rz. 2407 ff. sowie die sog. «Zweistufentheorie» gem. GALLI/MOSER/LANG/STEINER, Rz. 1088 ff.; BGE 134 II 297, E. 2.1 und Art. 41 N 7 f. Der Zuschlag an sich begründet keine Kontrahierungspflicht, vgl. GALLI/MOSER/LANG/STEINER, Rz. 1088.

6   Was bedeutet, dass mit Rechtskraft des Zuschlags auch «[…] alle wesentlichen Elemente des künftigen Vertrags feststehen [müssen]», GALLI/MOSER/LANG/STEINER, Rz. 1089.

7   Vgl. BGE 134 II 297, E. 2.1.

8   Aufgrund des Legalitätsprinzips ergibt sich ein *numerus clausus* der Verfahrensarten; vgl. Botschaft BöB, S. 1923; GALLI/MOSER/LANG/STEINER, Rz. 282 und 1002; dasselbe gilt sinngemäss für die Verfahrensarten des GPA 2012 und der RL 2014/24/EU, vgl. BC-CARANTA, Art. 26 N 3.

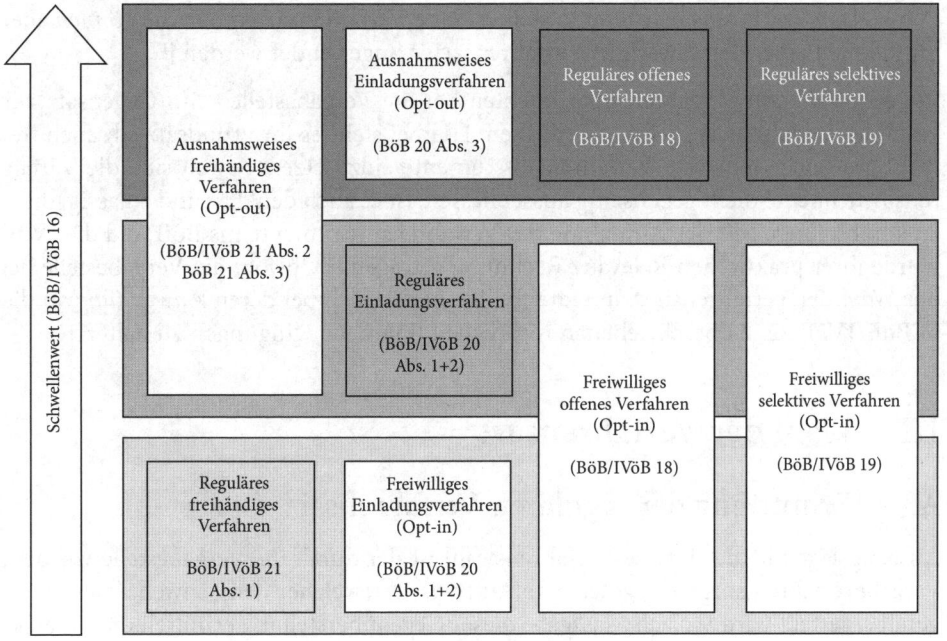

II. Verfahrensarten

A. Übersicht

Das Gesetz bzw. die Vereinbarung gibt vor, welche Verfahrensart im jeweiligen durch BöB 16 und Anhang 4 bzw. IVöB 16 und Anhänge 1 und 2 umschriebenen Schwellenwertsegment in der Regel zu wählen ist. Diese Vorgabe versteht sich als *Mindest*vorgabe. Nachstehende Grafik gibt eine schematische Übersicht über die Verfahrensarten und wie diese von der Vergabestelle eingesetzt werden können. Hierbei stellen die grau hinterlegten Verfahrensarten die regulären, mindestens zu wählenden Verfahrensarten dar. Die Verfahrensarten vor weissem Hintergrund verorten die möglichen Abweichungen von der regulären Verfahrensart aufgrund eines freiwilligen «*Opt-in*» oder aufgrund eines ausnahmsweisen «*Opt-out*» bei Vorliegen eines Ausnahmetatbestands.

B. Abgrenzung zu den Verfahrensinstrumenten

Von den Verfahrens*arten* zu unterscheiden sind die Verfahrens*instrumente*, namentlich der Planungs- und Gesamtleistungswettbewerb und der Studienauftrag (BöB/IVöB 22),[9] die elektronische Auktion (BöB/IVöB 23) sowie der Dialog (BöB/

---

9 Vgl. BVGer B-6588/2018 vom 04.02.2019, E. 6.

IVöB 24).[10] Verfahrensinstrumente stellen keine Verfahrensarten dar. Sie *können* aber im Rahmen einer der zulässigen Verfahrensarten angewendet werden.[11]

8 Bei der Wahl von Verfahrensinstrumenten hat die Vergabestelle – im Gegensatz zur Wahl der Verfahrensart – freies Ermessen. Hierbei steht es ihr grundsätzlich auch frei, nicht gesetzlich genannte Verfahrensinstrumente einzusetzen. Soweit sich die Verfahrensinstrumente nicht gegenseitig ausschliessen, ist es auch denkbar und zulässig, diese zu kombinieren. Mit der Aufnahme der Verfahrensinstrumente ins BöB und die IVöB wurde ihrer praktischen Relevanz Rechnung getragen.[12] Obwohl die Vergabestelle bei der *Wahl* der Verfahrensinstrumente frei ist, hat sie sich bei deren *Anwendung* an die in BöB/IVöB 22–24 beschriebenen rechtlichen Rahmenbedingungen zu halten.[13]

III. Wahl der Verfahrensart

A. Ermittlung der regulären Verfahrensart

9 Ausgangslage für die richtige Verfahrenswahl ist der durch die Vergabestelle vor dem Vergabeverfahren sorgfältig geschätzte Auftragswert, welcher den Schwellenwerten gegenübergestellt wird.[14] Nach Massgabe dieser Gegenüberstellung ermittelt die Vergabestelle das massgebliche Schwellenwertsegment, in welchem sich die Beschaffung bewegt.

10 Üblicherweise wählt die Vergabestelle anhand dieser Standortbestimmung die entsprechend vorgesehene reguläre Verfahrensart. Diese berücksichtigt die Interessen der Wirtschaftlichkeit, Transparenz und Gleichbehandlung in ausreichendem Mass und ist deshalb für die Anwendung innerhalb dieser Schwellenwertsegmente mindestens vorgesehen.

B. Abweichungen von der regulären Verfahrensart

1. Freiwilliges Opt-in

11 Muss die Vergabestelle «bloss» ein freihändiges Verfahren oder ein Einladungsverfahren durchführen, so kann sie sich freiwillig entscheiden, für eine höherrangige Verfahrensart zu optieren. Diese Abweichung von der regulären Verfahrensart ist im Gesetz nicht ausdrücklich geregelt. Die Botschaft zum BöB nimmt aber immerhin kurz Bezug auf das

---

10 Der Umfang des *numerus clausus* der Verfahrensarten in der EU unterscheidet sich von jenem nach BöB/IVöB, vgl. Botschaft BöB, S. 1933 sowie BC-Caranta, Art. 26 N 3 und 8.
11 Vgl. den jeweils ersten Absatz von BöB/IVöB 22–24.
12 Vgl. insb. Botschaft BöB, S. 1930; für das GPA 2012 und die RL 2014/24/EU vgl. BC-Caranta, Art. 26 N 2.
13 Vgl. BöB/IVöB 22–24.
14 Vgl. BöB/IVöB 15 f.

Opt-in.[15] Dort hält sie fest, dass mit Blick auf die Verfahrensökonomie (a) ein Opt-in nicht ohne sachlichen Grund erfolgen dürfe und es (b) bei Beschaffungen, welche regulär im freihändigen Verfahren durchzuführen wären (sog. «Bagatellbeschaffungen»), grundsätzlich nicht angezeigt sei, für ein offenes oder selektives Verfahren zu optieren.[16]

Weshalb die Botschaft *kategorisch* zum Schluss kommt, dass es verfahrens*un*ökonomisch sei, bei Bagatellbeschaffungen für ein offenes oder selektives Verfahren zu optieren, ist nicht ohne Weiteres nachvollziehbar und wird a.a.O. auch nicht näher ausgeleuchtet. Bereits mit kurzem Blick auf die Praxis[17] kann nämlich gesagt werden, dass sich der Aufwand für die Durchführung eines Einladungsverfahrens durchaus in einem ähnlichen Rahmen bewegen kann wie bei einem offenen oder selektiven Verfahren. 12

Der massgebliche Unterschied zwischen einem Einladungsverfahren und einem offenen oder selektiven Verfahren liegt auch mit Blick auf den Bestimmungswortlaut lediglich darin, dass im Einladungsverfahren «[…] die Auftraggeberin [bestimmt], welche Anbieterinnen sie ohne öffentliche Ausschreibung zur Angebotsabgabe einladen will».[18] Darüber hinaus hat die Vergabestelle die Unterlagen für ein Einladungsverfahren im selben Umfang und mit derselben Sorgfalt zu erstellen, wie bei einem offenen oder selektiven Verfahren.[19] Verfahrensökonomisch hat deshalb der «Sprung» vom freihändigen Verfahren ins Einladungsverfahren einschneidendere Folgen als der blosse «Schritt» vom Einladungsverfahren ins offene oder selektive Verfahren.[20] 13

Nach dem Gesagten muss es der Vergabestelle deshalb (und trotz der Formulierung von BöB Anhang 4, wonach ein Verfahren *ab* einem bestimmten Auftragswert angewandt wird) ohne Weiteres offenstehen, bei Bagatellbeschaffungen auch für das offene oder selektive Verfahren optieren zu können, wenn dafür sachliche Gründe vorliegen.[21] Aus dem Vertrauensgrundsatz ergibt sich sodann, dass sich die Vergabestelle, wenn sie für eine höherrangige Verfahrensart optiert, an die gesetzlichen Regeln dieser Verfahrensart hält.[22] 14

---

15 Vgl. Botschaft BöB, S. 1923.
16 Vgl. Botschaft BöB, S. 1923; GALLI/MOSER/LANG/STEINER, Rz. 283.
17 Insb. der Kantone, welche den Rechtsschutz bei Einladungsverfahren bereits bis anhin kannten.
18 BöB/IVöB 20 Abs. 2.
19 Nunmehr insbesondere auch auf Bundesebene, da der Zuschlag im Einladungsverfahren neu angefochten werden kann, vgl. Botschaft BöB, S. 1978 f. und Art. 53 N 14. Vgl. ebenfalls VöB 7.
20 Nicht zuletzt kann es für die Vergabestelle auch von Interesse sein, durch ein offenes oder selektives Verfahren einen grösseren Kreis potenzieller Anbieterinnen zu erreichen und so einen effektiveren Preiswettbewerb sicherzustellen. Damit relativiert sich die mutmasslich «schlechtere» Ökonomie des Verfahrens ggf. durch ein besseres Preis-Leistungs-Verhältnis im Ergebnis der Beschaffung, vgl. BVGer B-1570/2015 vom 07.10.2015, E. 2.1.
21 G.A. GALLI/MOSER/LANG/STEINER, Rz. 283.
22 Vgl. GALLI/MOSER/LANG/STEINER, Rz. 283. Bzgl. Rechtsschutz vgl. aber Art. 52 N 13.

2. Ausnahmsweises Opt-out

15 Handelt es sich bei der durchzuführenden Beschaffung nicht um eine Bagatellbeschaffung, so hat die Vergabestelle in bestimmten vordefinierten Ausnahmefällen die Möglichkeit, eine tieferrangige Verfahrensart zu wählen. So kann sie aus einem regulären offenen oder selektiven Verfahren optieren, wenn die Voraussetzungen des ausnahmsweisen Einladungsverfahrens gemäss BöB 20 Abs. 3 oder jene des ausnahmsweisen freihändigen Verfahrens gemäss BöB/IVöB 21 Abs. 2 erfüllt sind.[23] Bei einem Opt-out aus dem regulären *Einladungs*verfahren gilt das Gesagte selbstredend nur für das ausnahmsweise freihändige Verfahren.

3. Konkurrenzofferten im freihändigen Verfahren

16 Es ist zulässig, dass die Vergabestelle im Rahmen eines freihändigen Verfahrens Konkurrenzofferten einholt, ohne dass sie für ein Einladungsverfahren optiert.[24] Aufgrund des Gutglaubens- und Transparenzgrundsatzes muss die Vergabestelle aber sicherstellen, dass sie dies den Anbieterinnen in ihrem Anschreiben unmissverständlich anzeigt, bspw. indem sie durchwegs von einem «freihändigen Verfahren» spricht und darauf hinweist, dass keine Rechtsmittel ergriffen werden können.[25]

C. Rechtsschutz

17 Die unrechtmässige Wahl eines freihändigen Verfahrens anstelle des korrekten höherstufigen Verfahrens ist beschwerdefähig.[26] Zur Beschwerde legitimiert sind potenzielle Anbieterinnen, welche von der Vergabestelle für eine Vergabe nicht berücksichtigt wurden, aber bei korrekter Verfahrenswahl mit intakten Chancen auf den Zuschlag hätten am Verfahren teilnehmen können.[27]

18 Dasselbe muss auch für Fälle gelten, in denen die Vergabestelle unrechtmässigerweise ein *Einladungsverfahren* anstelle eines korrekten offenen oder selektiven Verfahrens durchführt. Eine einschlägige Bestimmung für diese Konstellation sucht man im BöB

---

23 Vgl. dazu Art. 20 N 8 ff. und Art. 21 N 9 ff.
24 Und durch dieses Opt-in den angeschriebenen Anbieterinnen den Beschwerdeweg eröffnen würde; vgl. zum Ganzen GALLI/MOSER/LANG/STEINER, Rz. 370 ff.; VGer ZH, VB.2008.00555 vom 20.05.2009, E. 1.2 (zu den Vorteilen des angeführten Vorgehens insb. E. 1.3 a.a.O.).
25 Zu den möglichen Indizien im Anschreiben vgl. VGer ZH, VB.2008.00555 vom 20.05.2009, E. 1.4.
26 Vgl. BöB/IVöB 56 Abs. 4/5 i.V.m. 53 Abs. 1 Bst. e.
27 Ob die Beschwerdeführerin eine *potenzielle* Anbieterin ist, ergibt sich erst aus materieller Beurteilung des Beschaffungsgegenstands und des Markts. Bei diesem Umstand handelt es sich somit um eine doppelrelevante Tatsache (vgl. BVGer B-1570/2015 vom 07.10.2015, E. 1.5.4 m.H. auf BGE 141 II 14, E. 5.1 und 137 II 313, E. 3.3.3). Als Eintretensvoraussetzung muss die Beschwerdeführerin deshalb bloss glaubhaft machen, dass ihre Aussichten auf einen Zuschlag bei Aufhebung der angefochtenen Verfügung intakt wären, vgl. BGE 141 II 14, E. 5.1. Vgl. auch VGer SG, B-2016/146 vom 22.02.2018, E. 2 sowie WIEDERKEHR/EGGENSCHWILER, Beschwerdebefugnis, Rz. 177 ff.

und der IVöB jedoch vergebens. Nach der hier vertretenen Auffassung muss es im Sinn von BöB 56 Abs. 4 bzw. IVöB 56 Abs. 5 *per analogiam* möglich sein, die Verfahrenswahl unter denselben Voraussetzungen wie beim freihändigen Verfahren gerichtlich überprüfen zu lassen.[28] Ansonsten führte dies zur absurden Situation, dass Vergabestellen für eine derartige widerrechtliche Verfahrenswahl nicht zur Rechenschaft gezogen werden könnten.

IV. Rechtsvergleichung

Das GPA 2012 führt die Verfahrensarten direkt in seinen Begriffsbestimmungen in Art. I Bst. h, m und q ein. Ob sich die Vergabestelle an die Verfahrensregeln des GPA 2012 halten muss, bestimmt sich danach, ob es sich um eine «unterstellte Beschaffung» im Sinn von Art. II handelt, also namentlich, wenn die Schwellenwerte des Staatsvertragsbereichs erreicht werden (GPA 2012 II:2 Bst. c). Im Staatsvertragsbereich muss grundsätzlich ein offenes oder selektives Verfahren durchgeführt werden. Beim freihändigen Verfahren gemäss GPA 2012 XIII handelt es sich stets um ein ausnahmsweises freihändiges Verfahren.

Die RL 2014/24/EU ist analog zum GPA 2012 nur anwendbar, wenn die Schwellenwerte gemäss Art. 4 nicht unterschritten werden. Sie nennt als Verfahrensarten das offene (Art. 27) und das nichtoffene Verfahren (Art. 28), das Verhandlungsverfahren (Art. 29), den wettbewerblichen Dialog (Art. 29) und die Innovationspartnerschaft (Art. 31).[29] Das offene und das nichtoffene Verfahren stellen hierbei die regulären Vergabeverfahren dar.[30] Ein ausnahmsweises freihändiges Verfahren kennt die Richtlinie nicht – stattdessen kann unter den vergleichbaren Voraussetzungen von Art. 32 Abs. 2 ff. ein sog. «Verhandlungsverfahren ohne vorherige Veröffentlichung» durchgeführt werden.[31]

---

28 Vgl. Art. 56 N 45.
29 Vgl. BC-Caranta, Art. 26 N 2 f.
30 Vgl. BC-Caranta, Art. 26 N 35 ff.
31 Vgl. BC-Caranta, Art. 26 N 46 ff.

Art. 18 Offenes Verfahren

¹ Im offenen Verfahren schreibt die Auftraggeberin / *der Auftraggeber* den Auftrag öffentlich aus.

² Alle Anbieterinnen / *Anbieter* können ein Angebot einreichen.

Inhaltsverzeichnis
I. Grundlagen 1
II. Abs. 1: Öffentliche Ausschreibung 5
III. Abs. 2: Allgemeiner Teilnahmeanspruch 10
IV. Rechtsvergleichung 12

I. Grundlagen

1 Das offene Verfahren ermöglicht den vollen Marktzugang und gewährleistet die Grundsätze der Transparenz und Gleichbehandlung in der reinsten Form (GPA 2012 IV:4 Bst. a; BöB/IVöB 2).[1]

2 Als «Mutter aller Vergabeverfahren» kommt das offene Verfahren immer dann zur Anwendung, wenn (im Staatsvertragsbereich) kein selektives oder freihändiges Verfahren bzw. (im Binnenbereich) kein Einladungsverfahren gewählt wird (vgl. BöB/IVöB 17; GPA 2012 IV:4 Bst. a).[2] Das offene Verfahren steht voraussetzungslos zur Verfügung. Insbesondere kann ein Auftrag auch im offenen Verfahren vergeben werden, wenn an sich das Freihand- oder Einladungsverfahren zulässig wären, da ein höherstufiges Verfahren stets zulässig ist.[3]

3 Soweit das anwendbare Vergaberecht in Bezug auf eine konkrete Beschaffung die Durchführung eines offenen (oder selektiven) Verfahrens vorschreibt, besteht ein allgemeiner Anspruch aller interessierten Anbieterinnen, am Vergabeverfahren teilzunehmen und ein Angebot (bzw. einen Teilnahmeantrag im selektiven Verfahren) einzureichen (sog. allgemeiner Teilnahmeanspruch; vgl. BöB/IVöB 18 Abs. 2).[4] Der allgemeine Teilnahmeanspruch wird verletzt, wenn die Vergabestelle in Missachtung ihrer Pflicht, ein offenes (oder selektives) Verfahren durchzuführen, einen Auftrag freihändig oder in einem Einladungsverfahren vergibt.[5] Dieser Anspruch ist im Grundsatz gerichtlich durchsetzbar: Gegen die (unrechtmässige) Durchführung einer Vergabe im freihändigen Verfahren oder im Einladungsverfahren kann sich eine nicht eingeladene potenzielle Anbieterin

---

1 Botschaft BöB, S. 1923; Komm BöB-Trüeb, Art. 14 N 1.
2 Vgl. zu den Verfahrensarten BöB/IVöB 17.
3 Komm BöB-Trüeb, Art. 13 N 4; VGer ZH, VB.2015.00701 vom 07.04.2016, E.4.1 m.w.H.
4 Beyeler, Öffentliche Beschaffung, S. 196 f. N 275.
5 Beyeler, Öffentliche Beschaffung, S. 197 N 275.

beschwerdeweise zur Wehr setzen und geltend machen, es sei zu Unrecht auf eine öffentliche Ausschreibung des Auftrags (im offen oder selektiven Verfahren) verzichtet und ihr so die Einreichung eines Angebots (bzw. Teilnahmeantrags) verunmöglicht worden, sofern sie in der Lage ist, einen Auftrag der betreffenden Art zu übernehmen, und ein Interesse an dessen Ausführung glaubhaft macht.[6]

Das offene Verfahren stellt die aufwendigste Form der Submission dar. Der Ablauf des offenen Verfahrens gliedert sich in folgende Verfahrensabschnitte:[7] 4

- Ausschreibung (BöB/IVöB 35 f.);
- Einreichung von Angeboten durch alle interessierten Anbieterinnen;
- Angebotsöffnung (BöB/IVöB 37);
- Prüfung der Angebote hinsichtlich der Einhaltung der Frist- und Formerfordernisse (BöB/IVöB 38 Abs. 1 i.V.m. BöB/IVöB 34, BöB/IVöB 46 f.);
- Allfällige Erläuterungen durch die Anbieterinnen (BöB/IVöB 38 Abs. 2);
- Prüfung der Angebote hinsichtlich der Erfüllung der gesetzlichen Anforderungen (BöB/IVöB 12), Teilnahmebedingungen (BöB/IVöB 26), Eignungskriterien (BöB/IVöB 27) und technischen Spezifikationen (BöB/IVöB 30);
- Allfällige Bereinigung der Angebote (BöB/IVöB 39);
- Bewertung der Angebote nach Massgabe der Zuschlagskriterien (BöB/IVöB 40 i.V.m. BöB/IVöB 29);
- Zuschlag (BöB/IVöB 41);
- Vertragsabschluss (BöB/IVöB 42).

II. Abs. 1: Öffentliche Ausschreibung

Die Vergabestelle hat jede einzelne Beschaffung, die im offenen (oder selektiven) Verfahren durchgeführt wird, öffentlich auszuschreiben. Ausschreibungen sind Anzeigen, die von der Vergabestelle veröffentlicht werden und in denen interessierte Anbieterinnen eingeladen werden, einen Teilnahmeantrag zu stellen und/oder ein Angebot einzureichen (GPA 2012 I Bst. k). Mithin stellt die Ausschreibung das Instrument dar, mit dem das Beschaffungsverfahren aufgenommen wird.[8] 5

---

[6] BGE 141 II 307, E. 6.3, BGE 137 II 313, E. 3.3.2; VGer ZH, VB.2015.00238 vom 03.12.2015, E. 2.1 m.w.H.
[7] Komm BöB-Trüeb, Art. 14 N 1.
[8] Botschaft GPA, S. 2080; Beyeler, Öffentliche Beschaffung, S. 99 N 138.

6 Die öffentliche Ausschreibung ermöglicht zum einen, dass alle interessierten Anbieterinnen am Wettbewerb teilnehmen und einen Antrag einreichen können (Gleichbehandlung aller Anbieterinnen; vgl. BöB/IVöB 18 Abs. 2). Zum anderen wird durch die Verpflichtung zur öffentlichen Ausschreibung der Grundsatz der Transparenz umgesetzt.

7 Gemäss GPA 2012 VII:1 hat die Ausschreibung in einem geeigneten, in Anhang III des GPA 2012 aufgeführten Publikationsorgan in Papier- oder elektronischer Form zu erfolgen. BöB/IVöB 48 Abs. 1 sieht die Veröffentlichung der Ausschreibung auf einer gemeinsam von Bund und Kantonen betriebenen Internetplattform für öffentliche Beschaffungen (www.simap.ch) vor. Die Ausschreibungen müssen für die Öffentlichkeit mindestens bis zum Ablauf der darin erwähnten Frist leicht (und kostenlos) zugänglich bleiben (GPA 2012 VII:1).

8 In den Ausschreibungen hat die Vergabestelle – nach vorgängiger Abklärung des Beschaffungsbedarfs – insbesondere den Beschaffungsgegenstand zu umschreiben und die Konditionen der Beschaffung zu formulieren (vgl. zu den notwendigen Mindestangaben einer Ausschreibung GPA 2012 VII:2 und BöB/IVöB 35 f.).

9 Im Gegensatz zum selektiven Verfahren (BöB/IVöB 19) werden die Leistungen im offenen Verfahren direkt ausgeschrieben; es erfolgt keine Vorselektion der Anbieterinnen.[9]

III. Abs. 2: Allgemeiner Teilnahmeanspruch

10 Aufgrund der öffentlichen Ausschreibung (Abs. 1) steht es allen interessierten Anbieterinnen zu, am offenen Verfahren teilzunehmen und ein Angebot einzureichen (sog. allgemeiner Teilnahmeanspruch; vgl. GPA 2012 I Bst. m).[10] Das Angebot begründet zwischen der Vergabestelle und der jeweiligen Anbieterin ein öffentlich-rechtliches Vergabeverhältnis, welches einerseits entsprechende Verfahrensrechte begründet und andererseits ein vorvertragliches Vertrauensverhältnis mit daraus resultierenden Treuepflichten entstehen lässt.[11] Mit dem Angebot äussern die Anbieterinnen ihre grundsätzliche Bereitschaft, den Beschaffungsvertrag über die ausgeschriebene Leistung zu dem von ihnen offerierten Preis (und ihren Bedingungen) abzuschliessen. Gleichzeitig verpflichten sich die Anbieterinnen in aller Regel auch, die in der Ausschreibung und den Ausschreibungsunterlagen bekannt gegebenen Submissionsbedingungen zu akzeptieren. Ein Angebot, dessen Inhalt sich nicht an die Vorgaben der Ausschreibung und Ausschreibungsunterlagen hält, ist aus Gründen der Gleichbehandlung zwingend vom Vergabeverfahren auszuschliessen (vgl. BöB/IVöB 44 Abs. 1 Bst. b). Die Vergabe-

---

9 Botschaft BöB, S. 1923.
10 BEYELER, Öffentliche Beschaffung, S. 196 f. N 275.
11 BEYELER, Öffentliche Beschaffung, S. 102 N 143.

stelle kann die Zuschlagsempfängerin durch blosse Annahmeerklärung des Angebots zum Abschluss des (privatrechtlichen) Vertragsverhältnisses verpflichten.[12]

Die Durchführung eines offenen Verfahrens kann zur Folge haben, dass eine grosse Zahl von Angeboten eingereicht werden, was einerseits zu einem grossen Aufwand auf Seiten der Vergabestelle bei der Prüfung der Angebote führt, andererseits aber den grösstmöglichen Wettbewerb erlaubt. Da die Eignungsprüfung im Rahmen der Evaluation der Angebote erfolgt, beansprucht das offene Verfahren insgesamt aber weniger Zeit als das selektive Verfahren, bei dem die Angebotsrunde erst nach abgeschlossener Präqualifikation stattfindet (vgl. BöB/IVöB 19). Der Ausschluss von Anbieterinnen mangels Eignung fällt im offenen Verfahren regelmässig schwerer, da jede Anbieterin bereits einen erheblichen Aufwand für die Ausarbeitung eines Angebots getätigt hat.[13] 11

IV. Rechtsvergleichung

Auch das EU-Vergaberecht kennt das offene Verfahren, welches den maximalen Wettbewerb garantieren soll.[14] Die RL 2014/24/EU (Art. 27 Abs. 1) sieht in vergleichbarer Weise zu BöB/IVöB 18 Abs. 2 vor, dass bei einem offenen Verfahren jede interessierte Anbieterin auf einen Aufruf zum Wettbewerb hin ein Angebot abgeben kann. 12

Eine Besonderheit besteht in Bezug auf die Beurteilung und Bewertung der Angebote. So ermöglicht die RL 2014/24/EU eine Abweichung der üblichen Prüfungsreihenfolge: Es steht den öffentlichen Auftraggeberinnen im offenen Verfahren zu, Angebote inhaltlich zu prüfen, ehe sie beurteilen, ob Ausschlussgründe vorliegen oder die Eignungskriterien eingehalten werden (Art. 56 Abs. 2, sog. «post-qualification»).[15] Diese Vorgehensweise kann insbesondere dann von praktischem Nutzen sein, wenn eine Vielzahl von Angeboten eingehen, deren Eignungsprüfung erhebliche Ressourcen nach sich ziehen würde, währenddem die inhaltliche Prüfung der Angebote einen geringen Aufwand erfordert (beispielsweise weil der Zuschlag alleine anhand der Bewertung des Preises erfolgen soll).[16] Die nachträgliche Prüfung des Nichtvorliegens von Ausschlussgründen und der Einhaltung der Eignungskriterien hat in unparteiischer und transparenter Weise zu erfolgen, sodass keine Anbieterin den Zuschlag erhält, deren Angebot hätte ausgeschlossen werden müssen (Art. 56 Abs. 2 Satz 2). Die Mitgliedstaaten können die Anwendung dieses Verfahrens für bestimmte Formen der Beschaffung oder bestimmte Umstände ausschliessen oder darauf beschränken (Art. 56 Abs. 2 Unterabsatz 2). 13

---

12   Beyeler, Öffentliche Beschaffung, S. 103 N 144.
13   Komm BöB-Trüeb, Art. 14 N 2.
14   BC-Caranta, Part I, Art. 27 N 2.
15   Vgl. BC-Caranta, Part I, Art. 27 N 2; BC-Risvig Hamer, Part I, Art. 56 N 4 und N 13.
16   Vgl. BC-Risvig Hamer, Part I, Art. 56 N 14 f.

Art. 19 Selektives Verfahren

¹ Im selektiven Verfahren schreibt die Auftraggeberin / *der Auftraggeber* den Auftrag öffentlich aus und fordert die Anbieterinnen / *Anbieter* auf, vorerst einen Antrag auf Teilnahme zu stellen.

² Die Auftraggeberin / *Der Auftraggeber* wählt die Anbieterinnen / *Anbieter*, die ein Angebot einreichen dürfen, aufgrund ihrer Eignung aus.

³ Die Auftraggeberin / *Der Auftraggeber* kann die Zahl der zum Angebot zugelassenen Anbieterinnen / *Anbieter* so weit beschränken, als ein wirksamer Wettbewerb gewährleistet bleibt. Es werden wenn möglich mindestens drei Anbieterinnen / *Anbieter* zum Angebot zugelassen.

Inhaltsverzeichnis

I.	Grundlagen	1
II.	Abs. 1: Öffentliche Ausschreibung und Teilnahmeantrag	7
III.	Abs. 2: Präqualifikation	9
IV.	Abs. 3: Beschränkung der Teilnehmerzahl	15
V.	Rechtsvergleichung	22

I. Grundlagen

1 Wie das offene Verfahren steht auch das selektive Verfahren voraussetzungslos zur Verfügung. Insbesondere kann ein Auftrag auch im selektiven (oder offenen) Verfahren vergeben werden, wenn an sich das Freihand- oder Einladungsverfahren zulässig wären, da ein höherstufiges Verfahren stets zulässig ist.[1]

2 Die Wahl der Vergabestelle zwischen offenem und selektivem Verfahren hat nicht nach rechtlichen, sondern nach praktischen Gesichtspunkten, insbesondere anhand der Komplexität der auszuschreibenden Leistung, zu erfolgen. Aufgrund des vorgeschalteten Präqualifikationsverfahrens eignet sich das selektive Verfahren besser für komplexe Vergaben mit hohen Anforderungen an die Anbieterinnen, währenddem sich das offene Verfahren bei der Ausschreibung standardisierter Leistungen anbietet. Ebenso kann eine grosse Zahl an zu erwartenden Angeboten für ein selektives Verfahren sprechen, da eine arbeitsintensive Prüfung zahlreicher Angebote die Vergabestelle unnötig belasten und dem Grundsatz des öffentlichen Haushaltsrechts (BöB/IVöB 2 Bst. a) widersprechen würde. Allerdings ist beim selektiven Verfahren mit einem grösseren Zeitbedarf (um rund zwei Monate) zu rechnen.[2]

---

1   Komm BöB-Trüeb, Art. 13 N 4; VGer ZH, VB.2015.00701 vom 07.04.2016, E.4.1 m.w.H.
2   Komm BöB-Trüeb, Art. 13 N 4 f.

3 Beim selektiven Verfahren handelt es sich um eine Ausformung des offenen Verfahrens (BöB/IVöB 18) mit der Besonderheit der vorgeschalteten Eignungsprüfung im sog. Präqualifikationsverfahren (vgl. GPA 2012 I Bst. q).[3] In der ersten Phase erfolgt eine öffentliche Ausschreibung des Auftrags, in der alle interessierten Anbieterinnen eingeladen werden, einen Antrag auf Teilnahme zu stellen (BöB/IVöB 19 Abs. 1; GPA 2012 IX:4 Bst. a). Die Vergabestelle wählt aufgrund der Eignung diejenigen Anbieterinnen aus, welche in der zweiten Phase ein Angebot einreichen dürfen (Abs. 2; sog. präqualifizierte Anbieterinnen). Während die Wahl der zugelassenen Anbieterinnen beim Einladungsverfahren im Ermessen der Vergabestelle liegt, wird also beim selektiven Verfahren die Anzahl der Anbieterinnen, die ein Angebot einreichen können, mittels einer strukturierten Eignungsprüfung reduziert.[4]

4 Sofern der wirksame, faire Wettbewerb gewährleistet bleibt (vgl. BöB 2 Bst. d), besteht für die Vergabestelle die Möglichkeit, die Anzahl der Anbieterinnen, die (in der zweiten Phase) ein Angebot einreichen dürfen, zu beschränken. Zumindest sind, soweit möglich, drei Anbieterinnen zur Einreichung eines Angebots zuzulassen (BöB/IVöB 19 Abs. 3).

5 Der Ablauf des selektiven Verfahrens gliedert sich in folgende Verfahrensschritte:[5]

- Ausschreibung (BöB/IVöB 35 f.);
- Präqualifikationsverfahren:
  - Einreichung von Anträgen auf Teilnahme durch alle interessierten Anbieterinnen (BöB/IVöB 19 Abs. 1),
  - Prüfung der Teilnahmeanträge hinsichtlich der Einhaltung der Frist- und Formerfordernisse (BöB/IVöB 34 und 46 f.),
  - Prüfung hinsichtlich der Erfüllung der Eignungskriterien (BöB/IVöB 19 Abs. 2 i.V.m. BöB/IVöB 27),
  - evtl. Beschränkung der Teilnehmerzahl (BöB/IVöB 19 Abs. 3);
- Vorauswahl: Präqualifikationsentscheid (BöB/IVöB 19 Abs. 2, BöB/IVöB 53 Abs. 1 Bst. b) und Einladung der geeigneten Anbieterinnen zur Offertstellung;
- Einreichung von Angeboten nur durch die präqualifizierten Anbieterinnen (BöB/IVöB 19 Abs. 2);
- Prüfung der Angebote durch die Vergabestelle hinsichtlich der Einhaltung der Frist- und Formerfordernisse (BöB/IVöB 38 Abs. 1 i.V.m. BöB/IVöB 34, BöB/IVöB 46 f.);
- allfällige Erläuterungen durch die Anbieterinnen (BöB/IVöB 38 Abs. 2);

3　Komm BöB-Trüeb, Art. 15 N 1.
4　Botschaft BöB, S. 1924.
5　Komm BöB-Trüeb, Art. 15 N 2.

- Prüfung der Angebote hinsichtlich der Erfüllung der gesetzlichen Anforderungen (BöB/IVöB 12), der Teilnahmebedingungen (BöB/IVöB 26) und technischen Spezifikationen (BöB/IVöB 30);

- allfällige Bereinigung der Angebote (BöB/IVöB 39);

- Bewertung der Angebote nach Massgabe der Zuschlagskriterien (BöB/IVöB 40 i.V.m. BöB/IVöB 29);

- Zuschlag (BöB/IVöB 41);

- Vertragsabschluss (BöB/IVöB 42).

6 Werden die Ausschreibungsunterlagen bei der Veröffentlichung der Ausschreibung in der ersten Phase nicht öffentlich zugänglich gemacht, so hat die Vergabestelle diese allen präqualifizierten Anbieterinnen gleichzeitig zur Verfügung zu stellen (GPA 2012 IX:6).

II. Abs. 1: Öffentliche Ausschreibung und Teilnahmeantrag

7 Das selektive Verfahren beginnt, wie das offene Verfahren (BöB/IVöB 18), mit einer öffentlichen Ausschreibung.[6] Im Gegensatz zum offenen Verfahren offerieren die interessierten Anbieterinnen im selektiven Verfahren nicht direkt, sondern stellen zunächst (in der ersten Phase) einen Antrag auf Teilnahme am Vergabeverfahren. Hierzu sind alle interessierten Anbieterinnen berechtigt (sog. allgemeiner Teilnahmeanspruch).[7] Bereits der Antrag auf Teilnahme begründet zwischen der Vergabestelle und der jeweiligen Anbieterin ein öffentlich-rechtliches Vergabeverhältnis, welches einerseits entsprechende Verfahrensrechte begründet und andererseits ein vorvertragliches Vertrauensverhältnis mit daraus resultierenden Treuepflichten entstehen lässt.[8]

8 Mit dem Teilnahmeantrag reichen die interessierten Anbieterinnen auch ihre Eignungsnachweise ein, aufgrund deren die Vergabestelle die Eignung beurteilt (vgl. BöB/IVöB 27). Nur die geeigneten Anbieterinnen werden daraufhin dazu eingeladen, ihre Angebote (in der zweiten Phase) einzureichen (Abs. 2).

---

6 Vgl. hierzu Art. 18 Abs. 1 N 5–8.
7 Vgl. hierzu Art. 18 Abs. 1 N 3.
8 Beyeler, Öffentliche Beschaffung, S. 102 N 143.

III. Abs. 2: Präqualifikation

Das Präqualifikationsverfahren ist gesetzlich nicht geregelt, sondern steht im Ermessen der Vergabestelle.[9] Zumindest hat die Vergabestelle die Auswahl unter den als geeignet erachteten Anbieterinnen in einer objektiven, den Grundsätzen der Gleichbehandlung (BöB/IVöB 2 Bst. c) und Transparenz (BöB/IVöB 2 Bst. b) verpflichteten Weise vorzunehmen.[10]

Die Vergabestelle prüft vorab im Präqualifikationsverfahren die Eignung der Anbieterinnen, welche einen Antrag auf Teilnahme am Verfahren eingereicht haben. Aufgrund von vorgängig in der Ausschreibung festgelegten Eignungskriterien (BöB/IVöB 27) bestimmt die Vergabestelle diejenigen Anbieterinnen, welche in der zweiten Phase ein Angebot einreichen können.[11]

Im Hinblick auf die Überprüfung der Eignung der Anbieterinnen kann die Vergabestelle Unterlagen oder Nachweise – wie beispielsweise Handels- oder Betreibungsregisterauszüge, Bilanzauszüge des Unternehmens, Prüfungsberichte der Revisionsstellen oder Referenzen – anfordern (VöB 4 Abs. 4 i.V.m. Anhang 3).

Die vorgeschaltete Eignungsprüfung kann aus Gründen der Verfahrensökonomie und der Sicherstellung eines genügend breiten Wettbewerbs im Offertverfahren nach der Präqualifikation auch bereits gewisse zwingend einzuhaltende Mindestanforderungen an den Auftragsgegenstand (technische Spezifikationen) beinhalten.[12]

Der Vergabestelle ist es erlaubt, bei der Auswahl der zuzulassenden Anbieterinnen auf ein Verzeichnis gemäss BöB/IVöB 28 abzustellen (vgl. GPA 2012 IX:7). Allerdings sind auch Anbieterinnen zuzulassen, die nicht in einem Verzeichnis aufgeführt sind, sofern sie die notwendigen Eignungsnachweise erbringen (BöB/IVöB 28 Abs. 4; GPA 2012 IX:11). In jedem Fall hat die Vergabestelle eine individuelle Beurteilung der Eignung der einzelnen Anbieterinnen vorzunehmen; grundsätzlich unzulässig ist eine Auswahl mittels Losentscheid.[13]

Die aufgrund der Eignung ausgewählten Anbieterinnen werden eingeladen, ein Angebot einzureichen. Der Entscheid über die Auswahl der Anbieterinnen (sog. Präqualifikationsentscheid) ist selbständig mit Beschwerde anfechtbar (BöB/IVöB 53 Abs. 1 Bst. b) und durch die Vergabestelle summarisch zu begründen sowie mit einer Rechtsmittelbelehrung zu versehen (BöB/IVöB 51 Abs. 2). Die Rechtsprechung, wonach nicht berücksichtigte Anbieterinnen zur Beschwerde gegen ihren Ausschluss aus dem Vergabeverfahren legitimiert sind, wenn sie bei deren Gutheissung eine realistische Chance haben,

---

9   Komm BöB-Trüeb, Art. 15 N 9 mit Hinweisen auf VGer ZH, VB.1999.00359 vom 17.02.2000, E. 4b/bb und VGer ZH, VB.1999.00348 vom 13.04.2000, E. 5b.
10 Komm BöB-Trüeb, Art. 15 N 9; Galli/Moser/Lang/Steiner, Rz. 287.
11 Vgl. zur Angebotsabgabe BöB 18 Abs. 2 N 10.
12 Botschaft BöB, S. 1924.
13 Komm BöB-Trüeb, Art. 15 N 10; Galli/Moser/Lang/Steiner, Rz. 287.

mit dem eigenen Angebot zum Zuge zu kommen, oder wenn die Gutheissung der Beschwerde zu einer Wiederholung des Submissionsverfahrens führt, in welchem sie ein neues Angebot einreichen können, gilt auch bei Beschwerden gegen Präqualifikationsentscheide.[14]

IV. Abs. 3: Beschränkung der Teilnehmerzahl

15 Grundsätzlich sind – im Einklang mit GPA 2012 IX:5 – alle geeigneten Anbieterinnen zur Einreichung eines Angebots einzuladen.[15] Unter bestimmten Voraussetzungen besteht allerdings die Möglichkeit, die Anzahl derjenigen Anbieterinnen, die ein Angebot einreichen dürfen, zu beschränken. Die Beschränkung der Teilnehmerzahl zielt in erster Linie darauf ab, den bei der Vergabestelle anfallenden Aufwand für die Abwicklung des Vergabeverfahrens in einem tragbaren Rahmen zu halten.[16]

16 Vorausgesetzt wird (kumulativ), dass die Beschränkung der Teilnehmerzahl vorgängig bekannt gegeben wird (s. N 17), sachliche und nichtdiskriminierende Gründe hierfür vorliegen (s. N 19) sowie ein wirksamer und fairer Wettbewerb gewährleistet bleibt (s. N 18).

17 Vorgängige Bekanntgabe: Die Vergabestelle hat die Absicht zur Beschränkung der Anzahl zugelassener Anbieterinnen in der Ausschreibung vorgängig bekannt zu geben (BöB/IVöB 35 Bst. o; GPA 2012 IX:5, GPA 2012 VII:2 Bst. k). Dabei hat die Bekanntgabe folgende Inhalte zu umfassen:[17]

- die Mitteilung, dass und gegebenenfalls unter welchen Umständen eine Beschränkung der Teilnehmerzahl ins Auge gefasst wird;

- die Anzahl der Teilnehmerinnen, die zur Offerteingabe zugelassen werden, wobei es zulässig ist, einen Spielraum offenzulassen (z.B. mit dem Zusatz «ungefähr» oder einer Spanne wie «3–5»);

- sowie die Auswahlkriterien und deren Gewichtung für die beschränkte Anzahl Anbieterinnen. Geeignete Kriterien, anhand deren die Auswahl der Anbieterinnen erfolgt, sind insbesondere jene Eignungsaspekte, die quantitativ oder qualitativ messbare Unterschiede zwischen den einzelnen Anbieterinnen aufzeigen können und sich nicht in einer binären Prüfung («erfüllt»/«nicht erfüllt») erschöpfen.

18 Gewährleistung eines wirksamen und fairen Wettbewerbs: Zur Offerteingabe sind mindestens drei Anbieterinnen einzuladen (BöB/IVöB 19 Abs. 3 Satz 2), sofern überhaupt

---

14 VGer ZH, VB.2016.00761 vom 04.01.2016, E. 1.3.
15 GALLI/MOSER/LANG/STEINER, Rz. 286.
16 BRK 2004-003 (VPB 68.88), E. 3.
17 Botschaft BöB, S. 1924; Komm BöB-TRÜEB, Art. 15 N 5.

so viele die Eignungskriterien erfüllen.[18] Diese Schwelle gilt allerdings nicht absolut; je nach dem betroffenen Markt kann auch die Anzahl von drei Anbieterinnen nicht genügen, um einen wirksamen Wettbewerb zu gewährleisten.[19]

Sachliche Gründe: Die Vergabestelle muss sachliche und nichtdiskriminierende Gründe für eine Beschränkung der Teilnehmerzahl aufführen können.[20] Beim Entscheid darüber, ob sich eine Beschränkung der Teilnehmerzahl rechtfertigt, hat die Vergabestelle einerseits die Komplexität der durchzuführenden Beschaffung und andererseits den Wert des zu vergebenden Auftrags zu berücksichtigen.[21] Je komplexer die Beschaffung und je geringer der Auftragswert, umso eher ist eine Beschränkung der Teilnehmerzahl gerechtfertigt.[22]

Eine Anbieterin, die sich gegen die Beschränkung der Teilnehmerzahl zur Wehr setzen will, muss bereits die Ausschreibung, welche die entsprechende Bekanntmachung enthält, anfechten (vgl. BöB/IVöB 53 Abs. 1 Bst. a), andernfalls ihr entsprechendes Beschwerderecht verwirkt.[23]

Eine nachträgliche Änderung der Zahl der zugelassenen Teilnehmer ist grundsätzlich unzulässig: Eine im Nachgang vorgenommene Reduktion der Teilnehmerzahl verletzt das Transparenzprinzip (BöB/IVöB 2 Bst. b), eine nachträgliche Erhöhung das Gleichbehandlungsgebot (BöB/IVöB 2 Bst. c).[24] Nur unter aussergewöhnlichen Umständen ist eine nachträgliche Beschränkung der Teilnehmerzahl möglich, z.B. wenn sich die Vergabestelle unerwarteterweise (und unvorhersehbarerweise) mit einer sehr grossen Anzahl geeigneter Anbieterinnen, welche die Eignungskriterien erfüllen, konfrontiert sieht.[25]

V. Rechtsvergleichung

Die RL 2014/24/EU sieht ebenfalls ein zweistufiges Vergabeverfahren vor (sog. nichtoffenes Verfahren; Art. 26 Abs. 2). In der ersten Phase kann jede Anbieterin einen Teilnahmeantrag einreichen. Darin haben die Anbieterinnen die Informationen für eine qualitative Auswahl, die von der Vergabestelle verlangt werden, vorzulegen (Art. 28 Abs. 1

---

18 BVGer B-5363/2013 vom 22.01.2014, E. III; BRK 2004-003 (VPB 68.88), E. 3; Komm BöB-Trüeb, Art. 15 N 6; Galli/Moser/Lang/Steiner, Rz. 286 Fn. 699.
19 Komm BöB-Trüeb, Art. 15 N 6; Galli/Moser/Lang/Steiner, Rz. 286 Fn. 699.
20 Botschaft BöB, S. 1924; Komm BöB-Trüeb, Art. 15 N 7.
21 BRK 2004-003 (VPB 68.88), E. 3.
22 VGer ZH, VB.1999.00385 vom 13.04.2000, E. 4c/aa; BRK 2004-003 (VPB 68.88), E. 3; Komm BöB-Trüeb, Art. 15 N 7 mit weiteren Hinweisen.
23 BVGer B-421/2012 vom 08.04.2012, E. 1.6; BGE 130 I 241, E. 4.3; BRK 2001-001 (VPB 2002 Nr. 38), E. 3d/aa; VGer BE, 2005/205 vom 22.02.2006, E. 3a; Galli/Moser/Lang/Steiner, Rz. 286 Fn. 702.
24 Komm BöB-Trüeb, Art. 15 N 8; Galli/Moser/Lang/Steiner, Rz. 286.
25 Komm BöB-Trüeb, Art. 15 N 8 mit weiteren Hinweisen; Galli/Moser/Lang/Steiner, Rz. 286.

Unterabsatz 1). Nur diejenigen Anbieterinnen, welche von der Vergabestelle infolge ihrer Bewertung der bereitgestellten Informationen dazu aufgefordert werden, können (in der zweiten Phase) ein Angebot abgeben (Art. 28 Abs. 2 Unterabsatz 1 Satz 1).

23 Ebenfalls vorgesehen ist in der RL 2014/24/EU die Möglichkeit der Vergabestelle, die Anzahl der geeigneten Bewerberinnen, die ein Angebot einreichen können, zu begrenzen (Art. 28 Abs. 2 Unterabsatz 1 Satz 2 und Art. 65 Abs. 1). Die Voraussetzungen, welche hierfür gegeben sein müssen, sind in Art. 65 geregelt. Auch hier muss die Beschränkung auf objektiven und nichtdiskriminierenden Kriterien beruhen (Art. 65 Abs. 2 Unterabsatz 1).[26] Im Gegensatz zu BöB/IVöB 19 Abs. 3 sind mindestens fünf (geeignete) Anbieterinnen zur Einreichung von Angeboten zuzulassen (Art. 65 Abs. 2 Unterabsatz 2 Satz 1). In jedem Fall muss auch hier die Zahl der eingeladenen Anbieterinnen ausreichend hoch sein, sodass ein echter Wettbewerb gewährleistet ist (Art. 65 Abs. 2 Unterabsatz 2 Satz 3). Überdies steht es den Vergabestellen offen, eine Höchstzahl an Anbieterinnen, die ein Angebot einreichen dürfen, festzulegen (Art. 65 Abs. 2 Unterabsatz 1).[27] Auch die Kombination der Festlegung einer Mindestzahl und einer Höchstzahl von einzuladenden Anbieterinnen ist zulässig.[28]

24 Die Vergabestelle hat die Auswahlkriterien, die vorgesehene Mindestzahl und gegebenenfalls die Höchstzahl der einzuladenden Bewerberinnen in der Auftragsbekanntmachung oder in der Aufforderung zur Interessenbestätigung bekannt zu geben (Art. 65 Abs. 2 Unterabsatz 1).

---

26 Vgl. BC-Caranta, Part I, Art. 28 N 4; BC-Steinicke, Part I, Art. 65 N 4.
27 Vgl. BC-Steinicke, Part I, Art. 65 N 32.
28 Vgl. BC-Steinicke, Part I, Art. 65 N 33.

Art. 20 Einladungsverfahren

¹ Das Einladungsverfahren findet Anwendung für öffentliche Aufträge ausserhalb des Staatsvertragsbereichs nach Massgabe der Schwellenwerte von Anhang 4/2.

² Im Einladungsverfahren bestimmt die Auftraggeberin / der Auftraggeber, welche Anbieterinnen /*Anbieter* sie / *er* ohne öffentliche Ausschreibung zur Angebotsabgabe einladen will. Zu diesem Zweck erstellt sie / er Ausschreibungsunterlagen. Es werden wenn möglich mindestens drei Angebote eingeholt.

³ Für die Beschaffung von Waffen, Munition, Kriegsmaterial oder, sofern sie für Verteidigungs- und Sicherheitszwecke unerlässlich sind, sonstigen Lieferungen, Bauleistungen, Dienstleistungen, Forschungs- oder Entwicklungsleistungen steht das Einladungsverfahren ohne Beachtung der Schwellenwerte zur Verfügung.

Inhaltsverzeichnis
I.	Einleitung	1
II.	Abs. 1: Anwendbarkeit	3
III.	Abs. 2: Teilnehmerauswahl	4
IV.	Abs. 3: Verteidigungs- und Sicherheitsbeschaffungen	8

I. Einleitung

Mit dem Einladungsverfahren schreibt der Gesetzgeber der Vergabebehörde vor, wie in der Privatwirtschaft üblich, Vergleichsofferten einzuholen. Die zu beachtenden vergaberechtlichen Mindestanforderungen sind in Abs. 2 enthalten, der der Mechanik der behördlichen Willensbildung Rechnung trägt. Eine entsprechende Regel ist im Völkerrecht nicht enthalten. Daher findet diese Verfahrensart nur ausserhalb des Staatsvertragsbereichs i.S.v. BöB/IVöB 3 Bst. c Anwendung. Vor der Wahl dieses Verfahrens muss daher in jedem Fall die Typisierung und objektive Unterstellung einer Leistung geprüft werden. 1

Das Beschaffungsrecht ordnet eine Beschaffung den in BöB/IVöB 8 Abs. 2 aufgeführten Leistungskategorien zu. Diese Klassifikation unterscheidet sich von der privatrechtlichen Vertragstypenqualifikation. Zum einen ist dem schweizerischen Privatrecht der Begriff «Dienstleistung» fremd. Der Begriff stammt aus dem angelsächsischen Rechtsraum, wo eine Vielzahl von Vertragsarten «*services*» darstellen. Zum anderen kann der zivilrechtliche Besitz nicht nur mittels Kauf verschafft werden. Dies hatte wegen der unterschiedlichen Schwellenwerte von CHF 50 000 für Lieferungen und CHF 150 000 für Dienstleistungen einen Einfluss auf die Verfahrenswahl bei Leistungen zwischen diesen Schwellenwerten. Nicht jede Beschaffung liess sich im bisherigen Recht, wo die entsprechenden Regelungen im dritten Kapitel der aVöB enthalten waren, eindeutig und zweifelsfrei dem Begriff Dienstleistung oder Lieferung zuordnen. In der Fol- 2 ge hatte auch die privatwirtschaftliche Gestaltung des Vertrages Einfluss auf ebendiese Zuordnung. Hinzu kamen noch Unsicherheiten, wenn eine Beschaffung sowohl Elemente einer Lieferung und einer Dienstleistung beinhaltete, da je nach den geschätzten Kosten ein anderes Verfahren zur Anwendung kam. Da nun neu nur noch auf die staatsvertragliche Klassifikation abgestützt wird und die privatrechtliche Vertragstypenqualifikation für die Bestimmung des Schwellenwerts keine Bedeutung mehr hat, haben die vorgenannten Grenzfälle bei speziellen Vertragsverhältnissen oder bei gemischten Leistungen keinen Einfluss mehr auf die Verfahrenswahl. Nicht geändert hat sich jedoch die Fragestellung hinsichtlich der Unterstellung unter das Staatsvertragsrecht. Diese Fragen stellen sich insb. im Ausnahmebereich nach BöB 20 Abs. 3.

II. Abs. 1: Anwendbarkeit

3 Das Einladungsverfahren gelangt bei der Vergabe von Güterlieferungen und Dienstleistungen mit einem Wert ab CHF 150 000 bis zur Höhe der Schwellenwerte für ein offenes oder selektives Verfahren zur Anwendung. Ebenfalls findet es Anwendung bei Bauleistungen ab CHF 300 000 bis zum Schwellenwert für ein offenes oder selektives Verfahren (gegenwärtig CHF 2 000 000). Die Schwellenwerte sind in BöB Anhang 4/IVöB Anhang 2 aufgeführt. Ein weiterer Anwendungsbereich sind Verfahren, bei denen zwar eine Ausnahme gemäss BöB/IVöB 10 oder 21 Abs. 2 gegeben wäre, aber gestützt auf den Sachverhalt und die Beschaffungsmarktanalyse trotzdem mehr als eine Anbieterin zur Leistung fähig wäre.

III. Abs. 2: Teilnehmerauswahl

4 Das Einladungsverfahren ist in seinem Anwendungsbereich, neben dem offenen und selektiven Verfahren sowie dem freihändigen Verfahren, ein ordentliches Vergabeverfahren. Das bedeutet, dass (mit wenigen Ausnahmen) sämtliche Bestimmungen des Gesetzes bzw. des Konkordats auf Beschaffungen im Einladungsverfahren Anwendung finden. Die Ausnahmen betreffen primär die Publizität des Verfahrens (vgl. Art. 48). Eine Besonderheit gilt hinsichtlich des Rechtsschutzes: Neu wird ab dem Schwellenwert für das Einladungsverfahren Rechtsschutz gewährt, im Bund allerdings nur feststellender Natur (Art. 52).

5 Eine wesentliche Neuerung ist, dass im Gegensatz zur bisherigen Regelung in aVöB 35 nicht nur die Erstellung von Ausschreibungsunterlagen vorgeschrieben ist, sondern dass diese in allen Fällen Zuschlagskriterien und ihre Gewichtung, gestützt auf BöB/IVöB 29 Abs. 3, zu enthalten haben. Damit wird auch beim Einladungsverfahren die verfahrensrechtliche Rechtsförmigkeit und -förmlichkeit anstelle des weiten Ermessens der Vergabebehörde im bisherigen Bundesrecht gestellt. Nach wie vor muss die Vergabebehörde von Amtes wegen die Eignung der Anbieter ermitteln. Dies geschieht mittels der

gleichen Vorgehensweisen wie in den anderen ordentlichen Verfahren. Wie im bisherigen Recht (aVöB 35 Abs. 1) liegt es im Ermessen der Vergabebehörde, mit welchen Anbieterinnen sie das Vergabeverfahren eröffnen will.

Bei der Wahl bzw. Beschränkung der zugelassenen Anbieterinnen sind insb. die Beschaffungskosten resp. der Auftragswert gegen die Kosten der Beschaffung abzuwägen. Darunter sind nicht nur die direkt aus der Beschaffung resultierenden verwaltungsinternen Kosten für Vorbereitung und Evaluation zu verstehen, sondern auch die Kosten, die durch den Anbieterwechsel oder gar nur bei der Anbieterin entstehen können. Daraus ergibt sich, ähnlich wie beim selektiven Verfahren mit beschränkter Anzahl präqualifizierter Anbieterinnen, die sachgerechte Anzahl der Teilnehmerinnen. Übersteigen die Kosten für die Zulassung weiterer Anbieterinnen die Preis- oder Qualitätsgewinne unverhältnismässig, so ist dies bei der Festlegung des Verfahrens stets zu berücksichtigen. Diese entscheiderheblichen Tatsachen bedingen von der Vergabebehörde hinreichende Marktkenntnisse, wie sie u.a. mittels Beschaffungsmarktanalysen zu erheben sind. 6

Das Gesetz schreibt das Einholen mindestens dreier Angebote vor, sofern dies möglich ist. Diese Offertanfragen sollten nach dem Wissensstand zum Versandzeitpunkt an geeignete Anbieterinnen gehen. Einer Anbieterin steht es jedoch frei, ein Angebot einzureichen. Tut sie dies nicht, ist die Vergabebehörde nicht nur nicht dazu verpflichtet, weitere Angebote einzuholen; sie ist im Hinblick auf die Gleichbehandlung der Gewerbegenossen grundsätzlich sogar dazu gehalten, auf das Einladen weiterer Anbieterinnen zu verzichten. Werden weniger als drei Angebote eingeholt, muss sich die Vergabebehörde stets vergewissern, dass es sich um eine rechtliche oder tatsächliche Unmöglichkeit handelt. Ersteres trifft häufig zu, wenn die Anbieterin selbst oder die Leistung öffentlich-rechtlichen Beschränkungen, auch im Ausland, unterliegt. Zweiteres dürfte nur in Ausnahmefällen vorliegen. Ist der Anbietermarkt derart klein, so ist das Fehlen wettbewerbswidriger Absprachen unter den Bedingungen von BöB 44 Abs. 2 auszuschliessen. Für den Bund verlangt VöB 5, dass eine Anbieterin eingeladen wird, die einem anderen Sprachraum der Schweiz als die Vergabestelle angehört. 7

IV. Abs. 3: Verteidigungs- und Sicherheitsbeschaffungen

Soweit eine Vergabe, als Folge einer Rechtsgüterabwägung nach den Vorschriften von BöB 10 Abs. 4, in einem ordentlichen Vergabeverfahren erfolgen kann, ist für Verteidigungs- und Sicherheitszwecke unerlässliche Beschaffungen ein Einladungsverfahren ungeachtet der Schwellenwerte zulässig. 8

Hinsichtlich der Verteidigungs- und Sicherheitszwecke hat der Gesetzgeber in zweierlei Hinsicht bereits eine gesetzliche Wertung vorgenommen. 9

Erstens ist dies, wie im bisherigen Recht, das Kriegsmaterial, das stets BöB 20 Abs. 3 unterworfen ist. Der Begriff des Kriegsmaterials im Beschaffungsrecht ist, als Umsetzung eines Staatsvertrags und als Erfüllung eines solchen, ebenfalls in einem staatsvertra- 10 glichen Kontext auszulegen. Das binnenrechtliche Güterkontrollgesetz und das Kriegsmaterialgesetz setzen die Wasenaar-Vereinbarung um. Die Vertragsstaaten erachten die in der Munitionsliste enthaltenen Einzelposten («*items*»), also die darin aufgeführten Güter und geistigen Leistungen, als Kriegsmaterial.[1]

11 Zweitens ist dies das zivile Material für Verteidigung und Sicherheit nach BöB Anhang 2 Ziff. 1.2. Dies ist gesetzlich nie als Kriegsmaterial zu betrachten. Die Subsumtion unter diese Listen hat dabei den zollrechtlichen Regeln zu folgen. Dabei ist zu beachten, dass alle Güter zu verzollen sind und es sich bei den hier im Gesetz aufgeführten Kapitelüberschriften um Warenkategorien und nicht etwa um einzelne Güter handelt. Bei Beschaffungen, die nicht in den vorgenannten beiden Listen enthalten sind, muss folglich stets eine Einzelfallprüfung vorgenommen werden. Zudem ist der persönliche Geltungsbereich eingeschränkt, da dieser eine Stütze in dem entsprechenden internationalen Abkommen benötigt.[2]

12 Schon unter dem geltenden Recht musste der unbestimmte Rechtsbegriff der Unerlässlichkeit für Verteidigungs- und Sicherheitszwecke in der Anwendung von Org-VöB Anhang 1 ermittelt werden. Der Autor hat die Praxis für das Bundesamt für Rüstung in einem Merkblatt intern publiziert.[3] Für Verteidigungszwecke unerlässlich ist demnach neben Gütern, die als Kampfmittel verwendet werden können, alles Material, das spezifisch für militärische Zwecke («*military use*») konzipiert oder abgeändert worden ist. Der Begriff der «spezifischen Konzeption» gilt dabei für das Produkt selbst und nicht für die ihm zugrunde liegende Technologie. Mit anderen Worten hat die zu beschaffende Leistung charakteristische Eigenschaften, die eine militärische Verwendung bedingen. Der Beschaffungsgegenstand muss somit im Hinblick auf Gefechtsfeldbedingungen Eigenschaften aufweisen, die zivile Produkte und Leistungen nicht besitzen, da solche Eigenschaften in einer zivilen Verwendung unnötig, unwirtschaftlich oder gar kontraproduktiv sind. So verringern z.B. Panzerung und Waffenstationen bei einem Transportfahrzeug die Zuladung und erhöhen den Treibstoffverbrauch.

13 Neu können u.a. auch für Verteidigungs- und Sicherheitszwecke unerlässliche Dienstleistungen unabhängig vom Schwellenwert im Rahmen eines Einladungsverfahrens beschafft werden. Leistungen, die stets als Sicherheitsleistungen zu qualifizieren sind, fin-

---

1 Vgl. Intangible Transfers of Software and Technology (WA-GWG [01] DE 7 Version 2.0): «*Participating States recognise that it is important to have comprehensive controls on listed ‹software› and ‹technology›, including controls on intangible transfers. National export control legislation should therefore permit controls on transfers of listed ‹software› and ‹technology› irrespective of the way in which the transfer takes place*».
2 Für Beschaffungen durch die mit der Verteidigung und Sicherheit beauftragten Auftraggeberinnen, die in den für die Schweiz geltenden internationalen Abkommen als solche bezeichnet werden.
3 Unveröffentlichtes Merkblatt zu Kriegsmaterial und Verteidigungszwecken in der Beschaffung vom 15.06.2018.

den sich in BPS 4. Für die Praxis bedeutend sind insb. Logistik- und Instandhaltungsleistungen gemäss BPS 4 Abs. 1 Bst. a Ziff. 6.

Für «Sicherheitszwecke» gelten die vorgehenden Überlegungen entsprechend angepasst. Die unerlässlichen Leistungen müssen den gesetzlichen Auftrag des Schutzes der öffentlichen Sicherheit befördern oder ermöglichen. Hier stehen als Bedarf vor allem Tätigkeiten im Vordergrund, die ausschliesslich von Behörden ausgeführt werden dürfen, namentlich im Hinblick auf staatliche Zwangsmassnahmen gemäss der StPO oder bei Ermittlung und Aufklärung nach dem BWIS oder dem NDG. 14

Darüber hinaus gilt es bei den Sicherheits- und Verteidigungszwecken zu beachten, dass eine allfällige Markteinschränkung im Einzelfall eines Ermessensentscheids bedarf. Daher muss auch die Markteinschränkung erforderlich und geeignet sein, den angestrebten Sicherheitszweck zu erfüllen. 15

Namentlich bei der Unterstellung der Güter für berechtigte Bedarfsträger und bei – vergaberechtlich – gemischten Verträgen ist immer noch eine Einzelfallprüfung vorzunehmen. Zu denken ist z.B. an eine sicherheitsrelevante Dienstleistung mit einem hohen oder gar überwiegenden Anteil von handelsüblichen Gütern. Meines Erachtens sind hier die Spezialität der Leistung (militärisches Fachwissen), aber auch die Trennbarkeit unter wirtschaftlichen Gesichtspunkten im Sinne einer Güterabwägung und einer gesamtheitlichen Prüfung des Geschäftsfalls stets zu berücksichtigen. 16

Art. 21 Freihändiges Verfahren

¹ Im freihändigen Verfahren vergibt die Auftraggeberin / *der Auftraggeber* einen öffentlichen Auftrag direkt ohne Ausschreibung. Die Auftraggeberin / *Der Auftraggeber* ist berechtigt, Vergleichsofferten einzuholen und Verhandlungen durchzuführen.

² Die Auftraggeberin / *Der Auftraggeber* kann einen Auftrag unabhängig vom Schwellenwert freihändig vergeben, wenn eine der nachstehenden Voraussetzungen erfüllt ist:

a. Es gehen im offenen Verfahren, im selektiven Verfahren oder im Einladungsverfahren keine Angebote oder keine Teilnahmeanträge ein, kein Angebot entspricht den wesentlichen Anforderungen der Ausschreibung oder den technischen Spezifikationen oder es erfüllt keine Anbieterin / *kein Anbieter* die Eignungskriterien.

b. Es bestehen hinreichende Anhaltspunkte, dass alle im offenen Verfahren, im selektiven Verfahren oder im Einladungsverfahren eingegangenen Angebote auf einer unzulässigen Wettbewerbsabrede beruhen.

c. Aufgrund der technischen oder künstlerischen Besonderheiten des Auftrags oder aus Gründen des Schutzes geistigen Eigentums kommt nur eine Anbieterin / *ein Anbieter* in Frage, und es gibt keine angemessene Alternative.

d. Aufgrund unvorhersehbarer Ereignisse wird die Beschaffung so dringlich, dass selbst mit verkürzten Fristen kein offenes oder selektives Verfahren und kein Einladungsverfahren durchgeführt werden kann.

e. Ein Wechsel der Anbieterin / *des Anbieters* für Leistungen zur Ersetzung, Ergänzung oder Erweiterung bereits erbrachter Leistungen ist aus wirtschaftlichen oder technischen Gründen nicht möglich, würde erhebliche Schwierigkeiten bereiten oder substanzielle Mehrkosten mit sich bringen.

f. Die Auftraggeberin / *Der Auftraggeber* beschafft Erstanfertigungen (Prototypen) oder neuartige Leistungen, die auf ihr/sein Verlangen im Rahmen eines Forschungs-, Versuchs-, Studien- oder Neuentwicklungsauftrags hergestellt oder entwickelt werden.

g. Die Auftraggeberin / *Der Auftraggeber* beschafft Leistungen an Warenbörsen.

h. Die Auftraggeberin / *Der Auftraggeber* kann Leistungen im Rahmen einer günstigen, zeitlich befristeten Gelegenheit zu einem Preis beschaffen, der erheblich unter den üblichen Preisen liegt (insbesondere bei Liquidationsverkäufen).

i. Die Auftraggeberin / *Der Auftraggeber* vergibt den Folgeauftrag an die Gewinnerin / *den Gewinner* eines Planungs- oder Gesamtleistungswettbewerbs oder eines Auswahlverfahrens zu Planungs- oder Gesamtleistungsstudien; dabei müssen die folgenden Voraussetzungen erfüllt sein:

1. das vorausgehende Verfahren wurde in Übereinstimmung mit den Grundsätzen des Gesetzes / *der Vereinbarung* durchgeführt;welche Verfahrensarten anzuwenden sind;

2. die Lösungsvorschläge wurden von einem unabhängigen Expertengremium beurteilt;

3. die Auftraggeberin / *der Auftraggeber* hat sich in der Ausschreibung vorbehalten, den Folgeauftrag freihändig zu vergeben.

³ Die Auftraggeberin kann einen Auftrag nach Artikel 20 Absatz 3 freihändig vergeben, wenn das freihändige Verfahren von grosser Bedeutung ist:

a. zum Erhalt von inländischen Unternehmen, die für die Landesverteidigung wichtig sind; oder

b. für die Wahrung der öffentlichen Interessen der Schweiz.

⁴/³ Sie/*Der Auftraggeber* erstellt über jeden nach Massgabe von Absatz 2 oder 3 vergebenen Auftrag eine Dokumentation mit folgendem Inhalt:

a. Name der Auftraggeberin / *des Auftraggebers* und der berücksichtigten Anbieterin / *des berücksichtigten Anbieters*;

b. Art und Wert der beschafften Leistung;

c. Erklärung der Umstände und Bedingungen, welche die Anwendung des freihändigen Verfahrens rechtfertigen.

⁵ Öffentliche Aufträge dürfen nicht mit der Absicht umschrieben werden, dass von vornherein nur eine bestimmte Anbieterin für den Zuschlag in Frage kommt, insbesondere aufgrund technischer oder künstlerischer Besonderheiten des Auftrags (Abs. 2 Bst. c) oder im Fall der Ersetzung, Ergänzung oder Erweiterung bereits erbrachter Leistungen (Abs. 2 Bst. e).

Inhaltsverzeichnis

I.	Grundlagen	1
A.	Referenz zu GPA und früheren Bestimmungen	1
B.	GAP-Analyse BöB/IVöB	3
C.	Gegenstand, Zweck und Funktion	4
II.	Abs. 1: Allgemeines	5
III.	Abs. 2: Die einzelnen Freihandtatbestände	9
A.	Bst. a: Kein oder kein gehöriges Angebot	9
B.	Bst. b: Unzulässige Wettbewerbsabrede	11
C.	Bst. c: Technische oder künstlerische Besonderheiten oder Schutz geistigen Eigentums	13
D.	Bst. d: Dringlichkeit	16

E.	Bst. e: Ersetzung, Ergänzung oder Erweiterung	18
F.	Bst. f: Prototypen oder neuartige Leistungen	24
G.	Bst. g: Warenbörsen	25
H.	Bst. h: Liquidationsverkäufe u.Ä.	26
I.	Bst. i: Folgeauftrag aus Planungs- oder Gesamtleistungswettbewerb	27
IV.	Abs. 3: Weitere Freihandtatbestände	29
V.	Abs. 4: Dokumentation	31
VI.	Abs. 5: Keine absichtliche Herbeiführung	34
VII.	Rechtsvergleichung	35

I. Grundlagen

A. Referenz zu GPA und früheren Bestimmungen

1   Das freihändige Verfahren war bereits in GPA 1994 XV vorgesehen. Diese Bestimmung wurde auf Bundesebene mit aBöB 13 Abs. 1 und 2 sowie aVöB 13 umgesetzt. Bei öffentlichen Aufträgen ausserhalb des Staatsvertragsbereichs erklärte aVöB 36 die Ausnahmegründe gemäss aVöB 13 Abs. 1 als anwendbar, erweiterte diese in Abs. 2 aber um zusätzliche Ausnahmegründe.[1] Auf kantonaler Ebene waren aIVöB 12 Bst. c sowie VRöB 9 massgebend.

2   Im GPA 2012 ist das freihändige Verfahren in Art. XIII geregelt. Die Umsetzung erfolgt mittels BöB/IVöB 21, der jedoch auch ausserhalb des Staatsvertragsbereichs zur Anwendung kommt. Wie in GPA 2012 XIII:1 ist auch in BöB 21 Abs. 5 festgehalten, dass die Vergabestellen das freihändige Verfahren nicht mit der Absicht anwenden dürfen, den Wettbewerb unter den Anbieterinnen zu verhindern oder Anbieterinnen eines anderen Vertragsstaats zu diskriminieren. BöB 21 Abs. 5 nimmt insb. Bezug auf die Ausnahmetatbestände von Abs. 2 Bst. c und e, anders als das GPA 2012, welches allgemein gehalten ist.[2]

B. GAP-Analyse BöB/IVöB

3   Neben den formellen Unterschieden ist in der IVöB der Abs. 3 von BöB 21 nicht vorhanden; dies ist eine Folge davon, dass das IVöB auch keinen IVöB 20 Abs. 3 aufweist. Beschaffungen von Waffen, Munition, Kriegsmaterial sowie weitere Beschaffungen, sofern sie für Verteidigungs- und Sicherheitszwecke von grosser Bedeutung sind, befinden sich

---

1   Komm BöB-TRÜEB, Art. 13 N 10.
2   GPA 2012 XIII:1: «Ein Auftraggeber kann das freihändige Verfahren anwenden, sofern er diese Bestimmung nicht mit der Absicht anwendet, den Wettbewerb unter den Anbietern zu verhindern, oder sie so anwendet, dass Anbieter einer anderen Vertragspartei diskriminiert werden, oder sie zum Schutz inländischer Anbieter einsetzt; [...].»

in der Hoheit des Bundes. Diese Regelung entfällt dementsprechend für die Kantone. Zudem übernehmen die Kantone BöB 21 Abs. 5 nicht. Weitere materielle Abweichungen gibt es nicht.

C. Gegenstand, Zweck und Funktion

Im freihändigen Verfahren vergibt die Vergabestelle einen Auftrag direkt, ohne vorgängige öffentliche Ausschreibung. Das freihändige Verfahren kommt einerseits zur Anwendung, wenn die Schwellenwerte für das Einladungsverfahren nach BöB Anhang 4 Ziff. 2 resp. IVöB Anhang 2 nicht erreicht werden, und andererseits, wenn die Schwellenwerte für das Einladungsverfahren zwar erreicht werden, jedoch ein Ausnahmetatbestand nach BöB/IVöB 21 Abs. 2 erfüllt ist.[3] Die unter BöB/IVöB 21 Abs. 2 aufgeführten Tatbestände bilden einen *numerus clausus* und sind damit abschliessend. Analogieschlüsse sind nicht zulässig.[4] In der Lehre ist jedoch umstritten, ob die Tatbestände stets eng auszulegen sind.[5] Das Verfahren der freihändigen Vergabe darf nicht mit der Absicht angewendet werden, den grösstmöglichen Wettbewerb zu verhindern. Die vorgenannten Ausnahmetatbestände sehen allerdings eben gerade gewisse Gründe vor, bei welchen legitimierweise auf den Wettbewerb verzichtet werden kann. Die Kontroverse zwischen den Zielsetzungen des wirtschaftlichen Einsatzes der öffentlichen Mittel und der Stärkung des Wettbewerbs wird bei Erfüllung der Ausnahmetatbestände zugunsten der Wirtschaftlichkeit gelöst. Die Kosten, welche durch die Herstellung der Wettbewerbssituation und der Transparenz entstehen, sind demnach unter diesen besonderen Umständen grösser als der Vorteil, welcher durch eine offene Ausschreibung generiert wird. Es ist allerdings stets sicherzustellen, dass die Ausnahmetatbestände sinn- und zweckentsprechend angewendet werden.[6]

II. Abs. 1: Allgemeines

Auch bei einer freihändigen Vergabe ist die Vergabestelle stets an die Grundsätze des rechtsstaatlichen Verwaltungshandelns wie das Willkürverbot, die rechtsgleiche Behandlung, Treu und Glauben sowie das Gebot eines fairen Verfahrens gebunden.[7] Die

---

3 Vgl. dazu auch Art. 17 N 6.
4 FRÖHLICH-BLEULER, Rz. 46.
5 FRÖHLICH-BLEULER, Rz. 47; WOLF, Rz. 15; für eine enge Auslegung: BVGer B-3402/2009 vom 02.07.2009, E. 4.2; GALLI/MOSER/LANG/STEINER, Rz. 291; Botschaft BöB, S. 1925. Die neuere Lehre befürwortet lediglich für die Tatbestände BöB 21 Abs. 2 Bst. d und h eine enge Auslegung, die restlichen Tatbestände von BöB 21 Abs. 2 seien nach den gewöhnlichen Auslegungsregeln (Wortlaut, Systematik, historischem Zusammenhang und Teleologie) auszulegen: Komm BöB-TRÜEB, Art. 16 N 7; MEYER, S. 718.
6 BVGer B-5729/2009 vom 15.10.2009, E. 4.1; MEYER, S. 719.
7 VGer ZH, VB.2008.00555 vom 30.05.2009, E. 2.2.

4. Kapitel: Vergabeverfahren

vergaberechtlichen Grundsätze der Gleichbehandlung, Wirtschaftlichkeit und Transparenz kommen im freihändigen Verfahren jedoch nur in abgeschwächter Form zum Tragen.[8] Eine absichtliche Herbeiführung einer Situation, welche zu einer Freihandvergabe führt, berechtigt die Vergabestelle nicht, sich auf einen Ausnahmetatbestand nach BöB/IVöB 21 Abs. 2 zu berufen.[9] Die Anwendbarkeit ist ebenfalls nicht zulässig, wenn die Vergabestelle die Ausnahmesituation selber verschuldet hat.[10] Im Rahmen eines freihändigen Verfahrens ist es der Vergabestelle explizit gestattet – sofern der Tatbestand dies zulässt[11] –, Vergleichsofferten einzuholen und Verhandlungen zu führen. Allerdings muss darauf geachtet werden, dass bei den Anbieterinnen nicht der Anschein erweckt wird, dass ein Einladungsverfahren durchgeführt werde.[12]

6   Zu beachten ist, dass BöB/IVöB 21 Abs. 2 explizit als Kann-Vorschrift formuliert ist. Sofern demnach ein «höherrangiges» Verfahren, welches mehr Wettbewerb zulässt (z.B. ein Einladungsverfahren), ebenfalls zum Ziel führt, ist dieses Verfahren im Lichte der Verhältnismässigkeit ebenfalls anwendbar.[13]

7   Die Beweislast für das Vorliegen der Voraussetzungen einer freihändigen Vergabe liegt grundsätzlich bei der Vergabestelle. Nicht umfasst ist jedoch der Beweis von negativen Tatsachen, d.h., der Nachweis, dass keine Alternative zur Freihandvergabe besteht, muss nicht von der Vergabestelle geführt werden.[14]

8   Da bei einer freihändigen Vergabe für Dritte keine Möglichkeit zur Teilnahme am Verfahren besteht, liegt es in der Natur der Sache, dass der Rechtsschutz gegen eine Zuschlagserteilung nicht an die Verfahrensbeteiligung geknüpft werden kann. Geprüft werden muss demnach in jedem Fall das schutzwürdige Interesse an der Aufhebung der Verfügung.[15] Die Legitimation zur Beschwerde gegen eine freihändige Vergabe steht lediglich potenziellen Anbieterinnen zu.[16] Dieses Kriterium darf jedoch nicht zu eng ausgelegt werden, eine einschlägige Branchenzugehörigkeit genügt als potenzielle Anbietereigenschaft.[17]

---

8   Komm BöB-Trüeb, Art. 16 N 4.
9   Fröhlich-Bleuler, Rz. 71.
10 Vgl. dazu insb. Tatbestand der Dringlichkeit, nachfolgend N 16.
11 So ist bei BöB 21 Abs. 2 Bst. c oder BöB 21 Abs. 2 Bst. g das Einholen einer Vergleichsofferte naturgemäss nicht möglich.
12 Neu geklärt, keine diesbezügliche Regelung in aVöB 13, bejahend: VGer ZH, VB.2008.00555 vom 20.05.2009, E. 1.2 ff.; a.M.: Rechsteiner, Ausschreibungspflicht, S. 39; Bovet, Procédure, S. 42.
13 Komm BöB-Trüeb, Art. 13 N 12 f., vgl. dazu auch Art. 17 N 7.
14 BGE 137 II 313, E. 3.5.2; VGer ZH, VB.2015.00780 vom 11.08.2016, E 3.2; a.M.: Galli/Moser/Lang/Steiner, Rz. 301 ff.; Fröhlich-Bleuler, Rz. 70 und BVGer B-/1570/2015 vom 07.10.2015. Die Beweislast für das Vorliegen eines Freihand-Tatbestands liege bei der Vergabebehörde. Ist ein Beweis nicht möglich, seien die Voraussetzungen zumindest glaubhaft zu machen. Vgl. dazu auch N 15.
15 BVGer B-562/2015 vom 21.04.2015, E. 4.5; schutzwürdiges Interesse VwVG 48 Abs. 1 Bst. c.
16 Vgl. dazu auch Art. 56 N 26 ff.
17 VGer ZH, VB.2015.000780 vom 11.08.2016, E. 3.2.

III. Abs. 2: Die einzelnen Freihandtatbestände

A. Bst. a: Kein oder kein gehöriges Angebot

Der erste Ausnahmetatbestand umfass drei Sachverhalte: (1) Im offenen oder im selektiven Verfahren oder im Einladungsverfahren sind keine Angebote oder Teilnahmeanträge eingegangen, (2) kein Angebot entspricht den wesentlichen Anforderungen der Ausschreibung oder der technischen Spezifikationen, und (3) es erfüllt keine Anbieterin die Eignungskriterien. Der Tatbestand muss auch dann als erfüllt angesehen werden, wenn eine Kombination der drei Sachverhalte zu keinem bzw. zu keinem brauchbaren Angebot führt.[18]

Die Vergabestelle darf die Ausschreibungsunterlagen nicht derart ausgestalten, dass die möglichen Anbieterinnen die Anforderungen gar nicht erfüllen können, um danach den Auftrag nach Bst. a freihändig zu vergeben.[19] Zudem setzt eine freihändige Vergabe nach Bst. a voraus, dass die Anforderungen der ursprünglichen Ausschreibung im Auftrag, der vergeben wird, nicht wesentlich geändert werden.[20]

B. Bst. b: Unzulässige Wettbewerbsabrede

Dieser Tatbestand setzt implizit den Abbruch eines vorangegangenen offenen oder selektiven Verfahrens oder eines Einladungsverfahrens voraus. Für den Abbruch und die darauffolgende freihändige Vergabe muss die Vergabestelle hinreichende Anhaltspunkte einer unzulässigen Wettbewerbsabrede haben. Ein strikter Beweis darf von der Vergabestelle aber nicht verlangt werden, da ein solcher im zeitlich begrenzten Rahmen für die Vergabestelle kaum möglich ist.[21] Hingegen reicht auch die blosse Vermutung, es könnte zu Preisabsprachen gekommen sein, nicht aus, um eine freihändige Vergabe zu rechtfertigen.[22] Bei einer vermuteten Abrede kann die Vergabestelle die WEKO für eine erste Einschätzung kontaktieren.[23]

Die freihändige Vergabe soll zudem nur dann zulässig sein, wenn ausserhalb der an der unzulässigen Wettbewerbsabrede Beteiligten kein Restwettbewerb mehr möglich ist und das Verfahren damit abgebrochen werden muss.

---

18 WOLF, Freihändige Beschaffung, Rz. 18.
19 Botschaft BöB, S. 1926.
20 Vgl. GPA 2012 XIII:1 Bst. a.
21 GALLI/MOSER/LANG/STEINER, Rz. 368; VGer ZH, VB.2000.00403 vom 31.01.2002, E. 3 und VB.2009.00369 vom 10.02.2010, E. 5.
22 VGer AG, 99/3/028 vom 29.06.1999, BR 2000, S. 129.
23 Botschaft BöB, S. 1926.

C. Bst. c: Technische oder künstlerische Besonderheiten oder Schutz geistigen Eigentums

13 Eine freihändige Vergabe nach Bst. c ist dann zulässig, wenn aufgrund der technischen oder künstlerischen Besonderheiten oder aufgrund des Schutzes von geistigem Eigentum nur eine Anbieterin in Frage kommt. Zusätzlich darf keine angemessene Alternative vorliegen. Die Vergabestelle muss aber solchen freihändigen Vergaben vorbeugen, indem sie Beschaffungsvorhaben vorgängig zur Erstbeschaffung auf ihr Potenzial zur Verursachung von Freihandtatbeständen für Folgeleistungen untersucht und auf sorgfältige und vorausschauende Weise plant. Insb. bei der Beschaffung von Software sollen technische und auch rechtliche Abhängigkeiten von Anbieterinnen möglichst vermieden werden.[24]

14 Massgebend für die Anrufung von Bst. c ist der durch die Vergabestelle rechtmässig definierte Beschaffungsgegenstand. Eine Anbieterin ist nur dann zur Beschwerde gegen eine Vergabe nach Bst. c legitimiert, wenn sie die ausgeschriebene Leistung offerieren kann. Wer eine andere Leistung anbieten will, ist zur Beschwerde nicht legitimiert.[25]

15 Die Vergabestelle muss darlegen, dass eine technische oder künstlerische Besonderheit vorliegt oder bestehendes geistiges Eigentum andere Anbieterinnen ausschliesst.[26] Eine mögliche Beschwerdeführerin, die behauptet, es bestünde eine angemessene Alternative, muss dies beweisen. Sie trägt die Beweislast für diese anspruchsbegründende Tatsache, und nicht die Vergabestelle muss nachweisen, dass es keine angemessene Alternative gibt. So hat dies das Bundesgericht im umstrittenen «Microsoft-Entscheid» festgehalten.[27]

D. Bst. d: Dringlichkeit

16 Will die Vergabestelle einen Auftrag mit der Begründung der Dringlichkeit vergeben, so müssen kumulativ folgende Voraussetzungen erfüllt sein: (1) Die Beschaffung muss aufgrund eines unvorhersehbaren Ereignisses dringlich sein. (2) Dieses unvorhersehbare Ereignis darf nicht von der Vergabestelle selber verursacht und damit verschuldet sein.[28]

---

24 VGer SG, B 2017/118 vom 07.04.2017 und dazu SCHERLER, Kettenverträge, S. 40. Freihändige Vergabe ebenfalls bejaht in VGer ZH, VB.2015.00780 vom 11.08.2016.
25 BGE 137 II 313, E. 3.3.
26 Das VGer SG hat mit Entscheid B 2008/70 vom 14.10.2008 eine freihändige Vergabe eines Architekturauftrags mit Begründung der künstlerischen Besonderheit als unzulässig erklärt, da keine konkreten Vorarbeiten vorlagen, welche künstlerische Besonderheiten oder den Schutz des geistigen Eigentums dokumentierten. Zum Zeitpunkt, wann die Begründung der Vergabestelle für eine freihändige Vergabe vorliegen muss, vgl. N 30.
27 BGE 137 II 313, E. 3.5.2, a.M.: BEYELER, EuGH 2016/2017, Rz. 75; ebenso SCHNEIDER HEUSI/MAZZARIELLO, Ziff. V.2 und auch BVGer B-1570/2015 vom 07.10.2015.
28 Vgl. zu dieser zweiten Voraussetzung KG LU, LGVE 2014 IV Nr. 1, E. 12.3.1, welches die Dringlichkeit im beschaffungsrechtlichen Sinn verneint.

Ist das öffentliche Interesse an einer sofortigen Ausführung der Arbeiten unzweifelhaft grösser als der Anspruch potenzieller Anbieterinnen auf gleichberechtigte Teilnahme an einem ordentlichen Vergabeverfahren, soll nicht jedes Mitverschulden der Vergabebehörde die Durchführung des freihändigen Verfahrens verunmöglichen.[29] Die Vergabestelle muss weiter nachweisen, dass sie ihren Pflichten nicht nachkommen könnte, falls sie ein offenes oder selektives Verfahren oder ein Einladungsverfahren durchführen würde. Ebenso hat die Vergabestelle zu prüfen, ob mildere Mittel als die freihändige Vergabe möglich wären (wie z.B. Verkürzung der Fristen). Falls ja, hat sie das mildere Mittel zu wählen und eine freihändige Vergabe mit der Begründung der Dringlichkeit ist nicht gerechtfertigt.[30]

Eine Beschaffung kann dann dringlich sein, wenn sie als Übergangslösung zu erfolgen hat, weil der Vertrag mit einer ordentlichen Zuschlagsempfängerin aus Gründen, welche die Vergabestelle nicht zu verantworten hat, nicht geschlossen werden kann und der bisher gültige Vertrag ausgelaufen ist.[31]

E. Bst. e: Ersetzung, Ergänzung oder Erweiterung

BöB/IVöB 21 Abs. 2 Bst. e umfasst neben den Folgebeschaffungen für bereits erbrachte Lieferungen und Dienstleistungen auch diejenigen für bereits erbrachte Bauleistungen.[32]

Eine freihändige Vergabe ist zulässig, wenn ein Anbieterwechsel aus wirtschaftlichen oder technischen Gründen nicht möglich ist, erhebliche Schwierigkeiten bereiten oder substanzielle Mehrkosten mit sich bringen würde.[33] Hinsichtlich der erwarteten Mehrkosten liegt die Schwelle hoch und nicht jede Erhöhung der erwarteten Kosten berechtigt zum Ausschluss des Wettbewerbs. Die Mehrkosten müssen unverhältnismässig sein, dies hat die Vergabestelle in der schriftlichen Begründung nachvollziehbar darzulegen.[34]

Voraussetzung für eine solche Folgebeschaffung ist ein vergaberechtskonformer Grundauftrag.[35]

Zwischen der Erst- und der Folgebeschaffung ist ein angemessenes Verhältnis zu wahren. Für eine erste Erprobung und anschliessend eine Beschaffung einer grossen Menge der gleichen Leistung ist für den Auftragswert die Gesamtmenge massgebend, und die Be-

---

29 VGer SG, B 2017/40 vom 15.03.2017, E. 2.3.3; GALLI/MOSER/LANG/STEINER, Rz. 365, sowie KG BL, 2005-037 vom 01.06.2005.
30 Botschaft BöB, S. 1927.
31 VGer GR, U 06 91 vom 07.11.2006, E. 4, bestätigt mit BGer 2P.329/2006 vom 15.06.2007, E. 4.
32 aVöB 13 Abs. 1 Bst. h wurde in BöB 21 Abs. 2 Bst. e integriert.
33 Bez. des kumulativen oder alternativen Vorliegens der Voraussetzungen vgl. N 23.
34 Botschaft BöB, S. 1927.
35 VGer ZH, VB.2001.00116 vom 09.11.2001, E. 4d.

schaffungsstelle hat das entsprechende Verfahren zu wählen, wobei sie die grosse Menge im Vertrag dann optional vereinbaren kann.[36]

22 Die Vergabestelle kann sich zur Rechtfertigung einer freihändigen Vergabe an ein bestimmtes Unternehmen nicht auf Schutzrechte (wie Urheberrechte) berufen, welche das berechtigte Unternehmen innehat, wenn sie es versäumt hat, sich diese Rechte bei der Erstbeauftragung dieses Unternehmens in einer Art zu sichern, welche ihr die öffentliche Ausschreibung der weiteren Leistungen ermöglichen würde. Dies hat im Gegenteil allenfalls zur Folge, dass die Vorarbeiten nochmals erbracht werden müssen.[37]

23 GPA 2012 XIII:1 Bst. c verlangt kumulativ zum Erfordernis der Austauschbarkeit entweder substanzielle Mehrkosten oder erhebliche Schwierigkeiten für den Auftraggeber.[38] BöB/IVöB 21 Abs. 2 Bst. e hingegen trennt diese beiden Voraussetzungen mit einem Komma gefolgt von einem «oder» bez. der zweiten Voraussetzung der erheblichen Schwierigkeiten und der substanziellen Mehrkosten. Damit ist fraglich, ob sich das «oder» auch auf die durch Komma getrennte Voraussetzung bezieht und damit ein inhaltlicher Unterschied zum GPA bestünde.

F. Bst. f: Prototypen oder neuartige Leistungen

24 Damit die Vergabestelle evaluieren kann, ob sich ein bestimmtes Verfahren oder eine gewisse Dienstleistung für eine ordentliche Produktion eignet, kann sie Erstanfertigungen (Prototypen) oder neuartige Leistungen, die auf ihr Verlangen im Rahmen eines Forschungs-, Versuchs-, Studien- oder Neuentwicklungsauftrags hergestellt oder entwickelt werden, freihändig beschaffen. Diese Neuentwicklung einer Erstanfertigung oder Dienstleistung schliesst eine begrenzte Produktion oder Lieferung ein, sodass festgestellt werden kann, ob sich das Produkt für eine Serienlieferung eignet.[39] Die Anwendung ist aber strikt auf Testzwecke limitiert, die Einführung einer Serie muss wieder regulär ausgeschrieben und vergeben werden. In diesem Zusammenhang besteht jedoch die Problematik, dass derjenige Hersteller, der den Prototyp angefertigt hat, oft vorbefasst ist.[40] Ferner ist zu erwähnen, dass sich die Vergabestelle im Rahmen der Prototypherstellung

---

36 VGer SG, B 2016/146 vom 22.02.2018, E. 4; WOLF, Freihändige Beschaffung, Rz. 47 ff.
37 VGer ZH, VB.2013.00393 vom 16.01.2014, E. 5.3.2.
38 GPA 2012 XIII:1 Bst. c: «[...] bei zusätzlichen Lieferungen des ursprünglichen Anbieters der Waren oder Dienstleistungen, die nicht in der ursprünglichen Ausschreibung enthalten waren, sofern ein Wechsel des Anbieters für die zusätzlichen Waren oder Dienstleistungen: i) aus wirtschaftlichen oder technischen Gründen wie dem Erfordernis der Austauschbarkeit oder Kompatibilität mit Material, Software, Dienstleistungen oder Anlagen aus der ursprünglichen Beschaffung nicht möglich ist **und** ii) für den Auftraggeber erhebliche Schwierigkeiten oder substanzielle Mehrkosten mit sich bringen würde» (Hervorhebung durch die Autorinnen).
39 GPA 2012 XIII:1 Bst. f; RECHSTEINER, Ausschreibungspflicht, S. 36.
40 FRÖHLICH-BLEUER, Rz. 66 ff.; WOLF, Freihändige Beschaffung, Rz. 31 ff.

die Immaterialgüterrechte soweit gesichert haben sollte, dass sie einer öffentlichen Ausschreibung nicht im Wege stehen.[41]

G. Bst. g: Warenbörsen

Produkte[42], welche naturgemäss erheblichen Preisschwankungen unterliegen, können an der Warenbörse zu einem bestimmten Preis ver- oder gekauft werden. Die Warenbörse ermöglicht eine gewisse Preisstabilität und Vorhersehbarkeit unter Einhaltung der Grundsätze des Vergaberechts (transparentes Verfahren, wirksamer Wettbewerb, Gleichbehandlung der Anbieterinnen und die wirtschaftliche Verwendung öffentlicher Gelder), welche bei einem freihändigen Kauf an der Warenbörse eingehalten werden. Mögliche Güter, welche an Warenbösen gehandelt werden, sind bspw. Kaffee, Zucker, Baumwolle, Metalle, Gas und Elektrizität.[43]

25

H. Bst. h: Liquidationsverkäufe u.Ä.

Die Vergabestelle hat die Möglichkeit, ausserordentlich günstige Leistungen, welche aus zeitlichen Gründen nicht in einem regulären Verfahren beschafft werden können, freihändig zu beschaffen. Dieser Ausnahmetatbestand gilt insb. bei Liquidationsverkäufen, wobei die gesetzliche Zweckbestimmung (BöB/IVöB 2) auch hier zu beachten ist.[44] Macht eine Anbieterin ein besonders günstiges Angebot, welches erheblich unter dem üblichen Preis liegt, und setzt für dessen Annahme eine kurze Frist, so ist eine Berufung auf BöB 21 Abs. 2 Bst. h jedoch nicht möglich.[45]

26

I. Bst. i: Folgeauftrag aus Planungs- oder Gesamtleistungswettbewerb

Der Gewinnerin eines Planungs- oder Gesamtleistungswettbewerbs oder eines Auswahlverfahrens zu Planungs- oder Gesamtleistungsstudien können gewisse Folgeaufträge freihändig vergeben werden, sofern dies in der Ausschreibung angekündigt wurde, der Wettbewerb öffentlich ausgeschrieben, transparent und nichtdiskriminierend durchgeführt und von einem unabhängigen Expertengremium beurteilt worden ist. Der Wettbewerb bildet somit die Grundlage für eine freihändige Vergabe, ist jedoch kein eigenes

27

---

41 RECHSTEINER, Ausschreibungspflicht, S. 36.
42 BöB 21 Abs. 2 Bst. g spricht von «Leistungen», welche an Warenbörsen beschafft werden können. GPA 2012 XIII:1 Bst. e sieht hingegen vor, dass lediglich «Waren (Goods)» an Warenbörsen beschafft werden können (so auch aVöB 13 Abs. 1 Bst. i). Da BöB 21 Abs. 2 Bst. g staatsvertragskonform auszulegen ist, ist in zutreffender Weise auf «Waren» abzustellen.
43 WOLF, Freihändige Beschaffung, Rz. 35; MEYER, S. 725.
44 Botschaft BöB, S. 1928; Musterbotschaft IVöB, S. 57.
45 WOLF, Freihändige Beschaffung, Rz. 34; MEYER, S. 725; ausführlich zum Ganzen JAQUIER, S. 324 ff.

Vergabeverfahren.[46] Der Anwendungsbereich von BöB/IVöB 21 Abs. 2 Bst. i beschränkt sich nicht auf den Baubereich.[47] Er umfasst sämtliche Leistungen, welche einer Lösungsrealisierung dienen, wie bspw. Konzeptarbeiten.[48] Die Anforderungen und Verfahrensbestimmungen sind auf Bundesebene in der Verordnung geregelt.[49] Unter Einhaltung der in BöB/IVöB 21 Abs. 2 Bst. i genannten Voraussetzungen kann bei einem Planungswettbewerb die Folgeplanung bzw. die Detailkonzeption oder die Koordination der Leistungen zur Umsetzung der Planung freihändig an die Gewinnerin vergeben werden. Bei einem Gesamtleistungswettbewerb sind es die Planer- oder Konzeptionierungsleistungen sowie die Realisierung der Lösung, welche freihändig vergeben werden können. Ist ein Studienauftrag vorausgegangen, so können der Gewinnerin des Auswahlverfahrens weitere planerische sowie Konzeptionierungs-Leistungen oder – bei einer Gesamtleistungsstudie – die Realisierung der Lösung freihändig vergeben werden.[50]

28 Mit Expertengremium ist insb. das Preisgericht bei Wettbewerben gemeint. Dieses muss nicht nur aus Fachleuten bestehen, die Vergabestelle kann im Gremium vertreten sein. Ein Expertengremium ist unabhängig, solange mehrheitlich unabhängige Fachpersonen mitwirken und darin keine am Verfahren teilnehmenden Anbieterinnen vertreten sind.[51]

IV. Abs. 3: Weitere Freihandtatbestände

29 BöB 21 Abs. 3 lässt weitere freihändige Vergaben zu, sofern es sich um Beschaffungen für Verteidigungs- und Sicherheitszwecke handelt, für die eigentlich ein Einladungsverfahren nach BöB 20 Abs. 3 vorgesehen wäre. Eine freihändige Vergabe ist bei solchen Beschaffungen auch dann zulässig, wenn dies (a) zum Erhalt von inländischen Unternehmen, die für die Landesverteidigung wichtig sind, oder (b) für die Wahrung der öffentlichen Interessen der Schweiz von grosser Bedeutung ist. Der erste Tatbestand zum Erhalt von inländischen Unternehmen kommt dann zur Anwendung, wenn zur Sicherung der Unabhängigkeit und der Souveränität des Landes inländische Rüstungsbetriebe unerlässlich sind. Nur wenn der Erhalt dieser inländischen Rüstungsbetriebe nicht anderweitig sichergestellt werden kann (Erforderlichkeit der Massnahme), ist eine freihändige Vergabe gerechtfertigt.[52] Der zweite Tatbestand zur Wahrung der öffentlichen Interessen der Schweiz lässt der Vergabestelle grösseren Ermessensspielraum. Die Beschaffung für Verteidigungs- und Sicherheitszwecke muss für die Wahrung der öffent-

---

46 BEYELER, Kurzkommentar, S. 107; BVGer B-6588/2018 vom 04.02.2019, E. 6; Botschaft BöB, S. 1930.
47 Anders in aBöB; die Öffnung über den Baubereich hinaus entspricht GPA 2012 XIII:1 Bst. h.
48 Botschaft BöB, S. 1929; Musterbotschaft IVöB, S. 58.
49 Vgl. Art. 22 N 13 ff.
50 Botschaft BöB, S. 1928 ff.; Musterbotschaft IVöB, S. 57 f.
51 Botschaft BöB, S. 1929.
52 Botschaft BöB, S. 1929.

lichen Interessen der Schweiz von grosser Bedeutung sein. Denkbar sind hier z.B. Beschaffungen von Software zur Verhinderung von Cyberangriffen auf die Schweiz.

Ist einer dieser beiden Tatbestände erfüllt, kann eine freihändige Vergabe ohne weitere Voraussetzungen erfolgen. Solche Vergaben erfolgen ausserhalb des Staatsvertragsbereichs.

V. Abs. 4: Dokumentation

BöB 21 Abs. 4/IVöB 21 Abs. 3 entspricht der Regelung in GPA 2012 XIII:2. Demnach ist die Vergabestelle verpflichtet, über jeden nach BöB 21 Abs. 2 und 3/IVöB 21 Abs. 2 freihändig vergebenen Auftrag eine Dokumentation zu erstellen. Diese umfasst mindestens den Namen der Auftraggeberin und der berücksichtigten Anbieterin, die Art und den Wert der beschafften Leistung und eine Erklärung der Umstände und Bedingungen, welche die Anwendung des freihändigen Verfahrens rechtfertigen.

Eine Veröffentlichung der Dokumentation ist nicht vorgeschrieben, da dieselben Angaben nach Massgabe von BöB/IVöB 48 Abs. 6 bereits mit dem Zuschlag publiziert werden.[53]

Da der Gesetzgeber keinen Zeitpunkt für die Erstellung der Dokumentation nennt, dürfte ein Nachschieben der Begründung erst auf Beschwerde einer nicht berücksichtigten Anbieterin hin nach wie vor zulässig sein.[54] Begründet die Vergabestelle ihren Entscheid erst mit ihrer Beschwerdeantwort und hat die Beschwerdeführerin damit die Gelegenheit, in ihrer Replik dazu Stellung zu nehmen, so kann eine allfällige Verletzung des rechtlichen Gehörs aufgrund einer ursprünglich fehlenden Begründung bzw. Dokumentation geheilt werden.[55] Zwingend ist dabei aber, dass die Grundlagen der Entscheidung für die freihändige Vergabe bereits im Zeitpunkt des Entscheids vorgelegen haben und entsprechend dokumentiert sind.[56]

VI. Abs. 5: Keine absichtliche Herbeiführung

BöB 21 Abs. 5 wurde nachträglich zum Entwurf des Bundesrates von den beiden Kammern, National- und Ständerat, eingefügt. Demnach dürfen öffentliche Aufträge nicht mit der Absicht umschrieben werden, dass von vornherein nur eine bestimmte Anbie-

---

53 Botschaft BöB, S. 1929.
54 So die Rechtsprechung zu aVöB 13 Abs. 2: VGer ZH, VB.2001.00116 vom 09.11.2001, E. 4b; VGer ZH, VB.2005.00557 vom 13.09.2006, E. 5 und 5.2.
55 VGer ZH, VB.1999.00015 vom 17.01.2000, E. 4a; VGer ZH, VB.2001.00360 vom 19.06.2002, E. 5d.
56 BVGer B-1570/2015 vom 07.10.2015, E. 2.5; BRK 2001-003 vom 05.07.2001 (VPB 65.94), E. 2b und 4b; VGer ZH, VB.2005.00227 vom 21.09.2005, E. 4.2.2; STÖCKLI, Vergaberechtliche Praxis, S. 70.

terin in Frage kommt, insb. aufgrund technischer oder künstlerischer Besonderheiten des Auftrags nach BöB/IVöB 21 Abs. 2 Bst. c oder im Fall der Ersetzung, Ergänzung oder Erweiterung bereits erbrachter Leistungen nach BöB/IVöB 21 Abs. 2 Bst. e.[57]

VII. Rechtsvergleichung

35   Die freihändige Vergabe nach BöB/IVöB 21 entspricht im Wesentlichen RL 2014/24/EU 32. Kleine Unterschiede gibt es aber dennoch. So sind bspw. RL 2014/24/EU 32 Abs. 3 Bst. a und b auf Lieferaufträge beschränkt, während die Pendants dazu in BöB/IVöB 21 Abs. 2 (Erstanfertigungen von Prototypen Bst. f sowie Ersetzung, Ergänzung und Erweiterung Bst. e) sowohl für Lieferaufträge als auch für Dienstleistungsaufträge gelten.

36   Zudem führt RL 2014/24/EU 31 Abs. 5 die Wiederholung gleichartiger Bau- oder Dienstleistungen als Freihandtatbestand auf. Dieser Artikel entspricht im Grundsatz (dem auf Bauaufträge beschränkten) aVöB 13 Abs. 1 Bst. h bzw. (dem auf sämtliche Auftragsarten anwendbaren) VRöB 9 Abs. 1 Bst. h. In BöB/IVöB findet sich dafür keine eigene Regelung, da der Inhalt in BöB/IVöB 21 Abs. 2 Bst. e integriert wurde.

37   Der Tatbestand von BöB 21 Abs. 3 (Erhalt von inländischen Unternehmen, welche für die Landesverteidigung wichtig sind, sowie Wahrung der öffentlichen Landesinteressen) ist in der RL nicht erwähnt und somit eine Spezialität des Bundesrechts. Die EU RL sowie die entsprechende Rechtsprechung des EuGH kann den schweizerischen Gerichten als Quelle der Inspiration dienen. Dies gilt insb. auch für den Tatbestand der freihändigen Vergabe.[58]

---

57   Vgl. hierzu auch N 1.
58   BGE 141 II 113, E. 5.3.2.

Art. 22 Wettbewerbe sowie Studienaufträge

¹ Die Auftraggeberin / *Der Auftraggeber,* die / *der* einen Planungs- oder Gesamtleistungswettbewerb veranstaltet oder Studienaufträge erteilt, regelt im Rahmen der Grundsätze dieses Gesetzes / *dieser Vereinbarung* das Verfahren im Einzelfall. Sie / *Er* kann auf einschlägige Bestimmungen von Fachverbänden verweisen.

² Der Bundesrat bestimmt:

die Wettbewerbsarten sowie die Modalitäten der Studienaufträge;

a. welche Verfahrensarten anzuwenden sind;
b. die Anforderungen an die Vorbereitungsarbeiten;
c. die Modalitäten der technischen Vorprüfung der Wettbewerbsbeiträge vor
d. deren Bewertung durch das Expertengremium;
e. die besonderen Modalitäten für Studienaufträge und Wettbewerbe zur Beschaffung von Leistungen im Bereich der Informations- und Kommunikationstechnologie;
f. die Zusammensetzung des Expertengremiums und die Anforderungen an die Unabhängigkeit seiner Mitglieder;
g. die Aufgaben des Expertengremiums;
h. unter welchen Voraussetzungen das Expertengremium Ankäufe beschliessen kann;
i. unter welchen Voraussetzungen das Expertengremium für Wettbewerbsbeiträge, die von den Bestimmungen des Wettbewerbsprogramms abweichen, eine Rangierung vornehmen kann;
j. in welcher Art Preise vergeben werden können sowie die Ansprüche, welche die Gewinnerinnen je nach Wettbewerbsart geltend machen können;
k. die Abgeltungen für die Urheber prämierter Wettbewerbsbeiträge in Fällen, in denen die Auftraggeberin der Empfehlung des Expertengremiums nicht folgt.

Inhaltsverzeichnis

I.	Grundlagen	1
A.	Ausgangslage	1
B.	Änderungen BöB und VöB	2
C.	IVöB	3
D.	GPA-Analyse	4
E.	Zweck und praktische Bedeutung	7
F.	Zu erlassende Weisungen des EFD	8

4. Kapitel: Vergabeverfahren

II.	Abs. 1: Regelung des Verfahrens	9
III.	Abs. 2: Delegation an den Bundesrat	13
A.	Bst. a: Wettbewerbsarten, Modalitäten der Studienaufträge	13
B.	Bst. b: Verfahrensarten	28
C.	Bst. c–d: Anforderungen an Vorbereitungsarbeiten; die Modalitäten der technischen Vorprüfung vor deren Bewertung durch das Expertengremium	32
D.	Bst. e: Besondere Modalitäten für Studienaufträge und Wettbewerbe zur Beschaffung von Leistungen im Bereich der Informations- und Kommunikationstechnologie	38
E.	Bst. f: Die Zusammensetzung des Expertengremiums und die Anforderungen an die Unabhängigkeit seiner Mitglieder	40
F.	Bst. g: Die Aufgaben des Expertengremiums	44
G.	Bst. h–i: Unter welchen Voraussetzungen das Expertengremium Ankäufe beschliessen kann; unter welchen Voraussetzungen das Expertengremium für Wettbewerbsbeiträge, die von den Bestimmungen des Wettbewerbsprogramms abweichen, eine Rangierung vornehmen kann	45
H.	Bst. j: In welcher Art Preise vergeben werden können sowie die Ansprüche, welche die Gewinnerinnen je nach Wettbewerbsart geltend machen können	51
I.	Bst. k: Abgeltungen für die Urheber prämierter Wettbewerbsbeiträge in Fällen, in denen die Auftraggeberin der Empfehlung des Expertengremiums nicht folgt	53
IV.	Rechtsvergleichung	55

I. Grundlagen

A. Ausgangslage

1 Der Planungs- und Gesamtleistungswettbewerb sowie der Studienauftrag sind neu in BöB 22 geregelt. Wie bisher delegiert der Gesetzgeber die Kompetenz zur Regelung der Modalitäten der Wettbewerbe und des Studienauftrags weitestgehend an den Bundesrat. In BöB 22 Abs. 2 Bst. a–k ist in einer ausführlichen Kompetenzdelegation neu detailliert vorgesehen, was der Bundesrat zu regeln hat. Diese generelle Kompetenzdelegation wurde in der Lehre schon bisher verschiedentlich kritisiert, ist in praktischer Hinsicht jedoch sinnvoll, weil damit gerade im Umfeld neuer Technologien eine Flexibilität ermöglicht wird, rasch und zielführend zu reagieren und Änderungen der Verordnung vorzunehmen.

B. Änderungen BöB und VöB

2 Die Bestimmungen zum Wettbewerbs- und Studienauftragsverfahren wurden in der VöB im Vergleich zu den bisherigen Bestimmungen betreffend den Planungs- und Gesamtleistungswettbewerb auf die notwendigen Vorgaben gemäss dem gesetzgeberischen Auftrag in BöB 22 Abs. 2 reduziert. Die konzisen Bestimmungen orientieren sich dabei – soweit möglich und sinnvoll – an den bisherigen Bestimmungen unter Einbezug des neu

geregelten Studienauftrags. Zudem soll damit der Öffnung der Wettbewerbs- und Studienauftragsverfahren auf andere Branchen als den Baubereich, welche vom Gesetzgeber vorgesehen wird (vgl. BöB 22 Abs. 2 Bst. e), Rechnung getragen werden. Die spezifische Regelung wird den jeweiligen Branchen und den mit ihnen in Verbindung stehenden Institutionen, wie bspw. der BKB und der KBOB, überlassen, auf deren Antrag das EFD entsprechende Weisungen erlässt. Es wird diesen somit ermöglicht, ihren Bedürfnissen angepasste Modalitäten und Verfahrensabläufe zu erstellen, anstatt einschränkende allgemeine Regelungen zu erlassen. Dieses Vorgehen soll die Anwendung der für viele Branchen neuen Wettbewerbs- und Studienauftragsverfahren attraktiver machen und fördern.

C. IVöB

Die IVöB regelt Studienaufträge und Wettbewerbe identisch wie BöB 22 Abs. 1. Allerdings sind in der IVöB im Gegensatz zum BöB keine weitergehenden Bestimmungen bzw. Delegationskompetenzen vorgesehen. Insofern besteht für die Kantone im Geltungsbereich des IVöB grosser Handlungsspielraum betreffend Ausgestaltung von Wettbewerben und Studienaufträgen. 3

D. GPA-Analyse

Gemäss GPA 2012 XIII:1 Bst. h kann dem Gewinner eines Wettbewerbs der Zuschlag freihändig erteilt werden, vorausgesetzt, dass: 4

i. die Organisation des Wettbewerbs den Grundsätzen dieses Übereinkommens insb. in Bezug auf die Veröffentlichung der Ausschreibung entspricht, und

ii. die Teilnehmer von einer unabhängigen Jury beurteilt werden und dem Gewinner ein Vertrag in Aussicht gestellt wird.

Die Vorgaben des GPA 2012 haben sich abgesehen von der rein redaktionellen Neuformulierung verglichen mit der entsprechenden Bestimmung aus dem GPA 1994 (GPA 1994 XV:1 Bst. j) inhaltlich nicht verändert. Die Vertragsparteien haben sich betreffend die Bestimmungen des freihändigen Verfahrens darauf beschränkt, Präzisierungen vorzunehmen.[1] Dementsprechend äussert sich die Botschaft auch nicht zu den Bestimmungen zur freihändigen Vergabe nach Durchführung eines Wettbewerbs. 5

Aus dem GPA 2012 lässt sich im Wesentlichen entnehmen, dass nach GPA-konformer Durchführung eines Wettbewerbs eine freihändige Vergabe an den Gewinner erfolgen kann, sofern dieser aus einer Beurteilung einer unabhängigen Jury hervorgeht und ihm ein Vertrag in Aussicht gestellt wurde. Über die Art und Durchführung des Wettbewerbs äussert sich das GPA allerdings nicht.[2] Es ist mithin im Rahmen der GPA- 6

---

1 Botschaft GPA, S. 2091.
2 GALLI/MOSER/LANG/STEINER, Rz. 988.

Grundsätze den Vertragsstaaten überlassen, wie sie Wettbewerbe ausgestalten. Die Voraussetzungen des GPA wurden weitgehend in BöB 21 Abs. 2 Bst. i überführt.[3]

E. Zweck und praktische Bedeutung

7 Studien und Wettbewerbe sind heute vor allem in der Architektur von grosser praktischer Bedeutung.[4] Entsprechend waren die bisherigen Bestimmungen in der Verordnung auch auf den Baubereich ausgerichtet. Anwendung finden sie aber auch in der Ingenieurtechnik und der Kunst. In diesen Bereichen bestehen auch private Normenwerke (von grosser praktischer Bedeutung ist die SIA-Ordnung 142). Mit der Revision der VöB werden Wettbewerbe und Studienaufträge nun auch auf andere Branchen anwendbar. Es wird sich zeigen, wo sich solche Verfahren durchsetzen können. Zu denken ist insb. an die Anwendung im Technologiebereich (IT, technische Ingenieurleistungen etc.). Damit kann die Innovationskraft gefördert und ein Dialog erleichtert werden.

F. Zu erlassende Weisungen des EFD

8 Das EFD hat gestützt auf VöB 19 die Kompetenz, weiterführende branchenspezifische Weisungen zu erlassen. Da zum heutigen Zeitpunkt keine solche Weisungen erlassen worden sind, stehen die nachfolgenden Ausführungen unter Vorbehalt allfälliger zu einem späteren Zeitpunkt in Kraft tretenden Weisungen. Deren direkte Anwendbarkeit für bundesnahe Unternehmen wird nach der hier vertretenen Auffassung allerdings verneint.

II. Abs. 1: Regelung des Verfahrens

9 Die Welt wird komplexer und schneller. Was heute als innovativ gilt, ist morgen bereits wieder veraltet. Für eine Auftraggeberin war und ist es bei der Beschaffung von Leistungen zusehends schwierig, die Übersicht über verschiedene Anbieter am Markt, die bestehenden Produkte und Dienstleistungen und die unterschiedlichen Lösungswege zu bekommen. Zudem ist es oftmals fast unmöglich, ohne Hilfe der Marktgegenseite die Anforderungen bereits in der Ausschreibung abschliessend festzulegen.[5] Für die Beschaffung von solchen mehr oder weniger umfassend und klar definierbaren intellektuellen und innovativen Dienstleistungen stellt das revidierte Beschaffungsrecht die Wettbewerbsverfahren, den Studienauftrag sowie den Dialog zur Verfügung.[6] Diese flexiblen Instrumente erlauben es der Auftraggeberin, sich unter Konkurrenz einen Über-

---

3 Botschaft BöB, S. 1930.
4 MESSERLI, S. 20.
5 LEUTHOLD, Dialog, Rz. 2; zu den «prestations de conception» vgl. DUBEY, Concours, Rz. 158 ff.
6 Botschaft BöB, S. 1871 f.

blick über mögliche Lösungen zu verschaffen und gleichzeitig einen Anbieter auszuwählen.[7]

Die Auftraggeberin kann ein Wettbewerbs- und Studienauftragsverfahren im Einzelfall regeln. Sie hat dabei die Grundsätze des Gesetzes (Gleichbehandlung, Transparenz, Wirtschaftlichkeit und Effizienz) sowie die einschlägigen Vorschriften in der BöB und VöB zu beachten. Diese sind jedoch nicht abschliessend.[8] Die Auftraggeberin kann zur Ergänzung der gesetzlichen und ihrer eigenen Verfahrensvorschriften auf einschlägige Bestimmungen von Fachverbänden verweisen (BöB 22 Abs. 1). Diese privatrechtlichen Regelwerke finden nur Anwendung, wenn dies in der Ausschreibung oder im Wettbewerbsprogramm ausdrücklich vorgesehen ist. Die gesetzlichen Vorschriften gehen den privatrechtlichen Regelwerken vor.[9] Bei der Auslegung der gesetzlichen Vorschriften auf kantonaler und eidgenössischer Ebene werden sie jedoch regelmässig von den zuständigen Behörden zur Lückenfüllung oder Konkretisierung von Normen herangezogen.[10] Ein Beispiel eines privatrechtlichen Regelwerks sind die SIA-Ordnungen 142 für Architektur- und Ingenieurwettbewerbe[11] und 143 für Architektur- und Ingenieurstudienaufträge, welche heute vorwiegend in der Architektur von grosser praktischer Bedeutung sind.[12] Im Ingenieursbereich fristen die Wettbewerbe hingegen ein Schattendasein und sind höchstens dann anzufinden, wenn die Leistungen einem hohen ästhetischen Anspruch zu genügen haben (z.B. im Brückenbau).[13]

10

Die Vorschriften in der VöB zu den Wettbewerbs- und Studienauftragsverfahren wurden im Rahmen der Totalrevision des BöB wesentlich verschlankt. Mit Blick auf die Förderung der Wettbewerbs- und Studienauftragsverfahren in anderen als der Baubranche ist die Reduktion der Vorgaben zu begrüssen. Die Verschlankung eröffnet Raum für die Erarbeitung spezifischer Bestimmungen durch Fachverbände, die branchenspezifisches Know-how haben und praxisbezogene Regelungen erarbeiten können. Es ist anzunehmen, dass die Ordnungen der Fachverbände künftig (weiter) an Bedeutung gewinnen werden.[14]

11

---

7   GALLI/LEHMANN/RECHSTEINER, Rz. 635.
8   GALLI/LEHMANN/RECHSTEINER, Rz. 639; DUBEY, Concours, Rz. 57–59 und 120.
9   BVGer B-7435/2010 vom 15.12.2010, E. 3.2; GALLI/MOSER/LANG/STEINER, Rz. 995; JOST/SCHNEIDER HEUSI, S. 344 und 345; MESSERLI, S. 68.
10 MESSERLI, S. 38; JOST/SCHNEIDER HEUSI, S. 345; DUBEY, Concours, Rz. 112.
11 GALLI/MOSER/LANG/STEINER, Rz. 992.
12 GALLI/MOSER/LANG/STEINER, Rz. 992; STÖCKLI/SIEGENTHALER, Rz. 4.14; MESSERLI, S. 66 ff.
13 JOST/SCHNEIDER HEUSI, S. 346; ULRICH, SIA-Ordnung 142, S. 244.
14 Die Reduktion der Bestimmungen geht sehr weit, sodass sich fragen lässt, ob die Verordnung dem gesetzgeberischen Auftrag entspricht und die Minimalanforderungen in BöB 22 Abs. 2 erfüllt werden. So wurde u.a. auf eine Regelung der Modalitäten für Studienaufträge und Wettbewerbe zur Beschaffung von Leistungen im Bereich der Informations- und Kommunikationstechnologie gänzlich verzichtet, obwohl der Gesetzgeber weitergehende Ausführungen explizit vorgesehen hat (BöB 22 Abs. 2 Bst. e). Das Bundesgericht hielt in seinem Urteil 2C_46/2011 vom 07.06.2011, E. 5, fest, dass der Bundesrat ein grosses Ermessen bei der Ausgestaltung der Verordnung habe (kri-

12　In VöB 19 ist vorgesehen, dass das EFD auf Antrag der BKB und der KBOB weiterführende und ergänzende branchenspezifische Weisungen für die Auftraggeberinnen erlassen kann. Es handelt sich um eine analoge Bestimmung, wie sie bereits heute in VILB 27 und Org-VöB 24 Abs. 6 zu finden ist.[15] Diesen Weisungen kommt zwar kein Gesetzescharakter zu, womit sie für die Auftraggeberinnen ausserhalb der Bundesverwaltung nicht rechtsverbindlich sind. Es ist aber – wie bei den privatrechtlichen Bestimmungen der Fachverbände – anzunehmen, dass die gestützt auf VöB 19 erlassenen Weisungen für die Auslegung und Konkretisierung der Bestimmungen zu den Wettbewerben und dem Studienauftrag durch die zuständigen Behörden und Gerichte beigezogen werden und entsprechend indirekt ihre Wirkung auch für Auftraggeberinnen ausserhalb der Bundesverwaltung entfalten werden.

III.　Abs. 2: Delegation an den Bundesrat

A.　Bst. a: Wettbewerbsarten, Modalitäten der Studienaufträge

13　Wettbewerbs- und Studienauftragsverfahren können zur Beschaffung sämtlicher Leistungen im Sinne von BöB 8 Abs. 2 durchgeführt werden (VöB 13). Die Instrumente des Studienauftrags und Wettbewerbs sollen überall dort eingesetzt werden, wo sie Beschaffungen dienlich sind.[16] Als «neu zu erschliessendes» Einsatzgebiet wird explizit der Kommunikations- und Technologiebereich erwähnt (BöB 22 Abs. 2 Bst. e).

14　Wettbewerbs- und Studienauftragsverfahren weisen gegenüber dem «klassischen» Beschaffungsverfahren einige wesentliche Vorteile auf. Einerseits erhält die Vergabestelle im Verlaufe der Verfahren eine breite Palette an Vorschlägen, wie sich ihr Projekt in gestalterischer, ökologischer, konzeptioneller, wirtschaftlicher, funktionaler und/oder technischer Sicht umsetzen lässt (Evaluationsfunktion). Andererseits werden in Wettbewerbs- und Studienverfahren regelmässig neue technische oder gestalterische Lösungen aufgezeigt, weshalb sie als Antrieb für Innovationen gelten.[17] Auch die Auswahl eines Projekts wird im Rahmen eines städtebaulichen Projektwettbewerbsverfahrens durch die eingesetzte unabhängige Jury demokratisch legitimiert. Und schliesslich stellt die Teilnahme an einem solchen Verfahren u.a. für Nachwuchsfachkräfte eine Möglichkeit

---

　　　tisch zur Rechtsprechung des Bundesgerichts BEYELER/STÖCKLI, Rz. 194). Im Lichte dieser Norm und aufgrund der Sinnhaftigkeit der Reduktion der Verfahrensbestimmungen ist das Vorgehen des Bundesrats zu begrüssen.
15　Erläuternder Bericht VE-VöB, S. 10.
16　Botschaft BöB, S. 1929.
17　JOST/SCHNEIDER HEUSI, S. 345.

dar, an renommierte, grosse und komplexe Aufträge zu gelangen und sich einen Namen in der Branche zu erarbeiten (Nachwuchsförderung).[18]

Am 01.01.2010 wurde mit der letzten Revision des BöB die Möglichkeit zum Dialog als «Verfahrenselement» eingeführt.[19] Dieses Instrument bezweckt ähnlich wie der Studienauftrag, bei komplexen Beschaffungen oder intellektuellen Dienstleistungen in einen Austausch mit der Marktgegenseite zu treten und so in einem iterativen Prozess mögliche Lösungswege und Vorgehensweisen zu erarbeiten.[20] Anders als beim Wettbewerbs- oder Studienauftragsverfahren kann der Dialog in ein normales Beschaffungsverfahren integriert werden, ohne ein Expertengremium einzusetzen. Dafür ermöglicht der Dialog keine freihändige Vergabe analog dem Wettbewerbs- oder Studienauftragsverfahren (BöB 21 Abs. 1 Bst. i).[21] Denkbar wäre die Verbindung des Dialogs mit einem Studienauftrag, wobei die BRK in einem früheren Entscheid eine solche Verknüpfung von Elementen aus verschiedenen Verfahren als unzulässig erachtet hat.[22] Die Ermöglichung von Mischformen der Instrumente des Dialogs, Studienauftrags und der Wettbewerbsverfahren würde jedoch einem praktischen Bedürfnis entsprechen.[23] Leider sieht die neue VöB keine explizite Zulassung vor, womit die erwähnte Rechtsprechung der BRK zumindest vorderhand weiterhin ihre Gültigkeit behält.

15

Der Studienauftrag[24] eignet sich für «Aufgabenstellungen, die aufgrund ihrer Komplexität erst im Laufe des weiteren Verfahrens präzisiert und vervollständigt werden können» (VöB 14 Abs. 3). Der Studienauftrag kommt somit für die Bearbeitung komplexer, noch nicht klar definierbarer Aufgaben in Frage, deren Randbedingungen flexibel gehandhabt werden müssen und bei denen das Verfahren als interaktiver Lernprozess dienen soll. Das Wettbewerbsverfahren findet dagegen Anwendung bei Aufgaben, die «im Voraus genügend und abschliessend bestimmt werden können» (VöB 14 Abs. 2).

16

Beim Studienauftrag resp. Wettbewerb wird zwischen Planungsstudien resp. Planungswettbewerben einerseits und Gesamtleistungsstudien resp. Gesamtleistungswettbewerben andererseits unterschieden.[25] Mit dem Planungswettbewerb resp. der Planungswettbewerbsstudie werden Lösungsvorschläge für planerische Aufgaben generiert. Darunter fallen Ideen- und Projektwettbewerbe resp. -studien.[26] Vom Ideenwettbewerb resp. der Ideenstudie spricht man, wenn die im Programm gestellte Aufgabe allgemein umschrieben und abgegrenzt und die Ausführung der Aufgabe nicht unmittelbar vorgesehen

17

---

18 Zur Funktion von Wettbewerben und Studienaufträgen vgl. MESSERLI, S. 19 ff.; STÖCKLI/SIEGENTHALER, Rz. 4.85.
19 STÖCKLI/SIEGENTHALER, Rz. 4.141.
20 LEUTHOLD, Dialog, Rz. 16.
21 LEUTHOLD, Dialog, Rz. 18.
22 BRK 2004-017 vom 08.09.2005 (VPB 70.3), E. 4; ESSEIVA, Concours, S. 45 f.
23 Vgl. u.a. CLERC, Innovation, S. 99 f.; LEUTHOLD, Dialog, Rz. 2 und 18.
24 GALLI/MOSER/LANG/STEINER, Rz. 1002.
25 Zum Ganzen vgl. DUBEY, Concours, Rz. 329 ff.
26 GALLI/MOSER/LANG/STEINER, Rz. 1017 ff.; GALLI/LEHMANN/RECHSTEINER, Rz. 6.44.

4. Kapitel: Vergabeverfahren

ist.[27] Der Ideenwettbewerb beinhaltet in der Regel keinen Folgeauftrag.[28] Beim Projektwettbewerb gibt die Auftraggeberin im Voraus eine konkret umrissene Aufgabenstellung vor. Er dient dazu, einen geeigneten Vertragspartner zu finden, der fähig ist, die eingereichte Lösung weiterzubearbeiten.[29] Der Sieger des Projektwettbewerbs hat unter den Voraussetzungen von BöB 21 Abs. 2 Bst. i zudem grundsätzlich Anspruch auf einen Folgeauftrag zur Planung der Aufgabe resp. des Projekts.

18 Beim Gesamtleistungswettbewerb resp. der Gesamtleistungsstudie umfasst der Folgeauftrag nebst der Planung auch die Realisierung der geplanten Lösung (im Baubereich somit sämtliche Planungs- und Bauleistungen[30]).[31] Die Grenzen zwischen Ideen- und Planungswettbewerben sind fliessend.[32]

19 Aufgrund der neu formulierten Begriffsdefinition in VöB 14 Abs. 3 stellt sich die Frage, ob Ideenwettbewerbe überhaupt noch zulässig sind. Ideenwettbewerbe weisen sich gerade dadurch aus, dass die Aufgabe im Voraus nicht genügend und abschliessend bestimmt werden kann. Die Zulässigkeit ist zu bejahen. Sinn und Zweck der Revision war die Ausweitung des Anwendungsbereichs und die Aufweichung der Grenzen zwischen den Verfahren. Eine anderweitige Auslegung würde diesem Zweck widersprechen.[33]

20 Wettbewerbs- und Studienauftragsverfahren weisen viele Parallelen, aber auch einige wesentliche Unterschiede[34] auf.

21 Der Studienauftrag ist ein nicht anonymes Verfahren für komplexe Vorhaben.[35] Komplex ist ein Vorhaben dann, wenn die Auftraggeberin nicht in der Lage ist, ohne Marktgegenseite die technischen Mittel im Voraus zu spezifizieren oder nicht zu bestimmen, welche der zahlreichen in Frage stehenden Lösungsmöglichkeiten und -wege ihren Bedürfnissen am besten gerecht wird.[36] In einem Studienverfahren beauftragt die Auftraggeberin gleichzeitig mehrere Firmen mit der Behandlung derselben Aufgabe zur

---

27 Messerli, S. 73 f.
28 Stöckli/Siegenthaler, Rz. 4.18; Dubey, Concours, Rz. 3.29 f.; Schneider Heusi/Scherler, Rz. 74; Leuthold, Verhandlungen, Rz. 725; Galli/Moser/Lang/Steiner, Rz. 999; ein Ideenwettbewerb mit Folgeauftrag ist ebenfalls zulässig (vgl. Jost/Schneider Heusi, S. 367).
29 Messerli, S. 75.
30 Galli/Moser/Lang/Steiner, Rz. 1000; Stöckli/Siegenthaler, S. 127; Dubey, Concours, Rz. 331 f.
31 Botschaft BöB, S. 1930; Stöckli/Siegenthaler, S. 128; Messerli, S. 46 f. und S. 76; Galli/Lehmann/Rechsteiner, S. 651; Dubey, Concours, Rz. 335.
32 Messerli, S. 77.
33 Vgl. Botschaft BöB, S. 1930, in welcher der Ideenwettbewerb explizit erwähnt wird. VöB 13 sieht entsprechend vor, dass Wettbewerbs- sowie Studienauftragsverfahren zur Beschaffung sämtlicher Leistungen durchgeführt werden können.
34 Vgl. zu den Unterschieden auch Dubey, Concours, Rz. 424; Esseiva, Concours, S. 45; Messerli, S. 47.
35 Stöckli/Siegenthaler, Rz. 4.106.
36 Leuthold, Dialog, Rz. 26 ff.; Dubey, Nouveau règlement, S. 141.

Erarbeitung von Ideen und Vorschlägen. Sie schliesst für die Planung einer Leistung gleichzeitig mit mehreren Teilnehmern separate, identische Verträge ab.[37] Die Ergebnisse des Studienauftrags sind keine Offerten, sondern das Resultat des Auftrags. Bei Wettbewerben mit Folgeauftrag haben die Wettbewerbsteilnehmer ihren Lösungsvorschlag sowie verbindliche Offerten (für die Planung oder Planung und Realisierung) einzureichen.[38] Der Wettbewerb ist somit eine Abwandlung eines Einladungs- oder offenen Verfahrens,[39] in welchem einerseits Lösungsvorschläge erlangt werden und andererseits ein geeigneter Partner für den Folgeauftrag ausgewählt wird.[40]

Studienauftrags oder wettbewerbsähnliche Verfahren, welche die Mindestanforderungen der Verordnung (insb. unabhängiges Expertengremium) nicht erfüllen, gelten als konventionelle Vergabeverfahren, die die diesbezüglichen Regeln vollumfänglich und ausnahmslos einzuhalten haben und in einem selektiven oder offenen Verfahren durchzuführen sind.[41] Eine freihändige Vergabe des Folgeauftrags ist in solchen Verfahren nicht zulässig. 22

Der Studienauftrag wird nicht anonym[42] durchgeführt, was der Auftraggeberin erlaubt, mit den Beauftragten in den Dialog zu treten. Zu den Regeln für die Durchführung dieses wettbewerblichen Dialogs im Rahmen des Studienverfahrens kann im Baubereich hilfsweise auf die SIA 143/2009 oder generell auf die Regeln zum Dialogverfahren (BöB 24) zurückgegriffen werden. Vergaberechtlich muss der Dialog zwischen dem Expertengremium und allen Teilnehmenden gleichermassen und je einzeln stattfinden. Ausserdem dürfen die Rahmenbedingungen und die Aufgabenstellung während des Verfahrens nicht grundlegend geändert werden.[43] 23

Im Gegensatz dazu sind Wettbewerbsverfahren grundsätzlich anonym, wobei unter neuem Recht die Anonymität aufgehoben werden kann, wenn sich die Auftraggeberin dieses Recht in der Ausschreibung vorbehalten hat (VöB 17 Abs. 3). Diese weitgehende und fast voraussetzungslos geltende neue Regelung überrascht, da die Anonymität teilweise als «unerlässliches Merkmal des Planungs- und Gesamtleistungswettbewerbs» und als Instrument für eine faire Jurierung angesehen wurde.[44] Diese Flexibilisierung 24

---

37 GALLI/MOSER/LANG/STEINER, Rz. 1002; MESSERLI, S. 46; LEUTHOLD, Verhandlungen, Rz. 728; STÖCKLI/SIEGENTHALER, Rz. 4.1 und 4.23; ULRICH, SIA-Ordnung 142, S. 246; DUBEY, Concours, Rz. 420; MESSERLI, S. 46.
38 STÖCKLI/SIEGENTHALER, Rz. 3.41; zum «Janusgesicht» des Wettbewerbs vgl. MESSERLI, S. 23.
39 Das offene Wettbewerbsverfahren ist eine Preisausschreibung im Sinne von OR 8.
40 LEUTHOLD, Verhandlungen, Rz. 737.
41 JOST/SCHNEIDER HEUSI, S. 351–352.
42 Die Anonymität ist definiert als «die konsequente Trennung zwischen der Kenntnis des Lösungsvorschlags einerseits und des Verfassers andererseits» (SIA 142 und 143, Begriffsdefinition auf S. 5; STÖCKLI/SIEGENTHALER, Rz. 4.24); in der Praxis wird zur Sicherung der Anonymität auch ein Notar oder Treuhänder eingesetzt.
43 STÖCKLI/SIEGENTHALER, Rz. 4.143–4.144 und Rz. 4.148.
44 STÖCKLI/SIEGENTHALER, Rz. 4.107; GALLI/MOSER/LANG/STEINER, Rz. 1013; kritisch JOST/ SCHNEIDER HEUSI, S. 352–353; zum Zweck der Anonymität vgl. MESSERLI, S. 117–118.

des Wettbewerbsverfahrens ist in praktischer Hinsicht jedoch sehr zu begrüssen, da auch in Wettbewerbsverfahren ein Bedürfnis nach mündlichem Austausch, der Durchführung von Zwischenbesprechungen oder mündlicher Frageklärung bestehen kann.

25 Mit Aufhebung der Anonymität hat die Auftraggeberin und das Expertengremium den Grundsätzen der Gleichbehandlung und der Transparenz verstärkt Beachtung zu schenken. Sie hat u.a. im Wettbewerbsprogramm den Ablauf des Verfahrens genau zu umschreiben[45] und Besprechungen vollständig zu protokollieren (in Bezug auf Inhalt, Anzahl und Form).[46]

26 Die Rangierung wird durch ein unabhängiges Expertengremium[47] erstellt, welche auch den Sieger des Wettbewerbs erkürt. Das Unabhängigkeitserfordernis gilt grundsätzlich auch für den Studienauftrag, wenn der Folgeauftrag freihändig vergeben werden soll.

27 Dem Beschaffungsrecht unterstellte Leistungen wurden bislang kaum in einem Gesamtleistungswettbewerb vergeben. Dies ist u.a. auf praktische und rechtliche Schwierigkeiten zurückzuführen. Bei Gesamtleistungswettbewerben hat die Auftraggeberin aufgrund des Umfangs und der Komplexität des Auftrags (Planung und Realisierung) ein gegenüber Projektwettbewerben verstärktes Bedürfnis, mit den Teilnehmenden in einen Dialog zu treten, d.h., Lösungsvorschläge zu besprechen, zu vertiefen und Unklarheiten zu beseitigen und aus Effizienzgründen den Teilnehmerkreis sukzessive zu verkleinern. In der Praxis bedient man sich hierzu häufig des Instruments des mehrstufigen Wettbewerbs, mit welchem die Auftraggeberin den Teilnehmerkreis stufenweise verkleinert und/oder dabei die Wettbewerbsaufgabe modifiziert resp. vertieft wird.[48] Ein solches Vorgehen war unter bisherigem Recht mit erheblichen rechtlichen Risiken verbunden.[49] Auch die Anonymität musste bis anhin bis zum Vorliegen des Juryberichts aufrechterhalten werden, was dem Bedürfnis nach Verhandlungen nicht gerecht wurde. Unter neuem Recht wird sowohl ein mehrstufiger Wettbewerb (VöB 15 Abs. 3) als auch die Aufhebung der Anonymität (VöB 17 Abs. 3) unter Einhaltung der gesetzlichen Grundsätze der Gleichbehandlung und Transparenz zulässig sein. Diese neue Regelung wird die Attraktivität nicht nur von Gesamtleistungswettbewerbs-, sondern auch von Projektwettbewerbsverfahren weiter erhöhen. Unbeantwortet lässt der Gesetzgeber die Frage, wie die Entscheidungen zur Reduktion der Teilnehmer während des Verfahrens zu eröffnen sind. Zur Erlangung von Rechtssicherheit ist zu empfehlen, die Entscheidungen mittels

---

45 STÖCKLI/SIEGENTHALER, Rz. 4.37.
46 STÖCKLI/SIEGENTHALER, Rz. 4.30 und 4.170 ff.
47 Das Expertengremium ist der Oberbegriff für das Preisgericht bei Wettbewerben resp. das Beurteilungsgremium bei Studienaufträgen (Botschaft BöB, S. 1930 f.). Es bleibt Raum für branchenspezifische Bezeichnungen des Gremiums in Wettbewerbs- und Studienauftragsverfahren (Erläuterungen VöB, S. 10).
48 STÖCKLI/SIEGENTHALER, Rz. 3.14; SCHNEIDER HEUSI, SIA-Ordnung, S. 6.
49 SCHNEIDER HEUSI/SCHERLER, Rz. 63; MESSERLI, Fn. 10 und 11 zu VöB 42; GALLI/MOSER/LANG/STEINER, Rz. 1002: BRK 2004-017 vom 08.09.2005 (VPB 70.3); JOST/SCHNEIDER HEUSI, S. 349; kritisch STÖCKLI, CRM 2004-017, S. 168; MESSERLI, S. 50; ULRICH, SIA-Ordnung 142, S. 249.

beschwerdefähiger Verfügungen und unter Wahrung der Anonymität zu erlassen (sofern die Anonymität nicht aufgehoben wurde).[50] Die Reduktion der Teilnehmerzahlen hat in Anlehnung zum Dialog nach sachlichen und transparenten Kriterien zu erfolgen (BöB 24).

B. Bst. b: Verfahrensarten

Weder der Studienauftrag noch der Wettbewerb sind eigenständige Verfahrensarten.[51] Die Teilnehmenden eines Wettbewerbs oder eines Studienauftrags können im Einladungsverfahren, im selektiven oder im offenen Verfahren ausgewählt werden.[52] Der Schwellenwert für die Bestimmung der Verfahrensart ergibt sich aus BöB Anhang 4 (VöB 15 Abs. 1 und 2). Der massgebende Wettbewerbs- bzw. Schwellenwert definiert sich aus der Summe der den Planern versprochenen Honorare bzw. der Gesamtpreissumme sowie aus dem Wert eines allfällig dem Gewinner in Aussicht gestellten Folgeauftrags.[53]

28

Bei Erreichung des Schwellenwerts ist das Verfahren im offenen oder selektiven Verfahren durchzuführen. Um die finanziellen Mittel und auch den Aufwand für die Auftraggeberin in einem angemessenen Verhältnis zu halten, wird regelmässig eine Präqualifikation, mithin also das selektive Verfahren, durchgeführt.[54] Im Studienauftrag, in welchem der Dialog nur mit einer begrenzten Anzahl Teilnehmer möglich ist, hat das selektive Verfahren eine noch grössere Bedeutung. Hier bietet sich deshalb das selektive oder das Einladungsverfahren besonders an.[55]

29

Die Selektion der Teilnehmenden im Präqualifikationsverfahren anhand der im Wettbewerbsprogramm definierten Eignungskriterien erfolgt durch die Auftraggeberin. Der Entscheid über die Präqualifikation ist mittels beschwerdefähiger Verfügung zu eröffnen.[56]

30

Im Zuge der Revision wurde in der VöB eine wesentliche Neuerung aufgenommen: VöB 15 Abs. 3 erlaubt es, die Anzahl der Teilnehmer im Verlaufe des Verfahrens zu reduzieren, sofern auf diese Möglichkeit in der Ausschreibung hingewiesen worden ist. Dies entspricht einem praktischen Bedürfnis, welches sich in der Praxis zu den SIA 142/143 5.1 bewährt hat: Einerseits werden Beiträge, bei welchen sich eine Rangierung auf den hinteren Plätzen abzeichnet, frühzeitig aus dem Wettbewerb genommen

31

---

50 SCHNEIDER HEUSI/SCHERLER, Rz. 65; SCHNEIDER HEUSI, SIA-Ordnung, S. 7.
51 GALLI/MOSER/LANG/STEINER, Rz. 990; JOST/SCHNEIDER HEUSI, S. 351; vgl. zur früheren Rechtsprechung der REKO MESSERLI, S. 53 f.
52 MESSERLI, S. 84; JOST/SCHNEIDER HEUSI, S. 349.
53 GALLI/MOSER/LANG/STEINER, Rz. 1002; STÖCKLI/SIEGENTHALER, Rz. 3.35 ff.; MESSERLI, S. 46.
54 MESSERLI, S. 47.
55 Wegleitung zu den Ordnungen SIA 142 und SIA 143, Selektives Verfahren, 142i–601d, 2. Revision, Zürich 2011 (zit. Wegleitung selektives Verfahren), Ziff. 1.1.
56 Vgl. N 27.

und die Teilnehmer entsprechend nicht mit unnötiger Arbeit bemüht. Andererseits kann sich das unabhängige Expertengremium auf die Beurteilung der aussichtsreichen Beiträge konzentrieren. Die Beurteilung über den Verbleib im Wettbewerb erfolgt anhand von im Wettbewerbsprogramm definierten Zuschlagskriterien. Die entsprechende Entscheidungsbefugnis obliegt im Sinne einer GPA-konformen Auslegung dem unabhängigen Expertengremium. Gestützt auf diesen Entscheid sind durch die Auftraggeberin anfechtbare Verfügungen an die ausscheidenden Teilnehmenden zu erlassen.[57] Dieses stufenweise Vorgehen ist streng zu unterscheiden von der Präqualifikation im selektiven Verfahren, welche grundsätzlich durch die Auftraggeberin anhand von Eignungskriterien erfolgt.[58]

C. Bst. c–d: Anforderungen an Vorbereitungsarbeiten; die Modalitäten der technischen Vorprüfung vor deren Bewertung durch das Expertengremium

32 Gemäss BöB 22 Abs. 2 Bst. c und d sollten die Anforderungen an Vorbereitungsarbeiten sowie die Modalitäten der technischen Vorprüfung der Wettbewerbsbeiträge vor deren Bewertung durch das Expertengremium in der VöB geregelt werden. Im Zuge der Verschlankung der VöB wurden allerdings keine entsprechenden Bestimmungen in die VöB aufgenommen. Damit wird nun den Bestimmungen der einschlägigen Fachverbände (BöB 22 Abs. 1) sowie den noch zu erlassenden branchenspezifischen Weisungen des EFD (VöB 19) in diesem Bereich besondere Bedeutung zukommen. Sollte die Auftraggeberin weder auf Bestimmungen einschlägiger Fachverbände verweisen noch Weisungen des EFD unterstehen, ist sie selbst verpflichtet, Anforderungen an Vorbereitungsarbeiten sowie die Modalitäten der technischen Vorprüfung der Wettbewerbsbeiträge in den Ausschreibungsunterlagen unter Berücksichtigung der Prinzipien des BöB wie Nichtdiskriminierung, Transparenz und Gleichbehandlung zu definieren.

33 Bezüglich Anforderungen an Vorbereitungsarbeiten wurde unter bisherigem Recht insb. der Beizug von Fachpersonen zur Beratung der Auftraggeberin in den Bereichen Wahl des geeigneten Verfahrens, Ausschreibung des Wettbewerbs, Ausarbeitung des Wettbewerbsprogramms; Auswahl der Mitglieder des Preisgerichts und allfälliger Sachverständiger sowie Selektionierung der Wettbewerbsteilnehmer und -teilnehmerinnen geregelt (aVöB 45). Da diese Regelung nun entfällt, werden im Baubereich die SIA 142/143 9 an Bedeutung gewinnen, in welchen der Beizug von Fachpersonen ebenfalls entsprechend vorgesehen ist. Zudem sind in den SIA 142/143 9.1 die Aufgaben der Auftraggeberin ausführlich geregelt. So ist danach insb. die Selektion der Wettbewerbs- und Studienauftragsteilnehmer als Sache der Auftraggeberin vorgesehen,[59] was unter altem Recht ebenfalls so vorgesehen war (aVöB 45 Bst. e).

---

57 Vgl. N 27.
58 JOST/SCHNEIDER HEUSI, S. 349.
59 A.M. SCHERLER, Planerverträge, Rz. 3.55.

Unter bisherigem Recht wurde geregelt, dass durch die Auftraggeberin oder die durch 34
sie beauftragte Fachpersonen vor der Bewertung durch das Preisgericht eine wertungsfreie technische Vorprüfung durchzuführen sei (aVöB 49). Eine analoge Bestimmung gibt es unter neuem Recht und Verweis auf die Verschlankung der VöB nicht. Allerdings geht hinsichtlich technischer Vorprüfung aus dem Gesetz hervor, dass diese wie bis anhin vor deren Bewertung durch das Expertengremium zu erfolgen hat (BöB 22 Abs. 2 Bst. d). Die in den SIA 142/143 15 Abs. 2 vorgesehene Möglichkeit der stufenweisen Vertiefung der Vorprüfung während der Beurteilung durch das Preisgericht ist deshalb nach wie vor nicht zulässig.[60] Zudem ist in den SIA 142/143 15 nur noch eine wertungsfreie Vorprüfung vorgesehen, das Erfordernis nach einem technischen Aspekt fehlt. So gesehen kann der Anwendungsbereich der Vorprüfung als ausgedehnt betrachtet werden.

Praxisgemäss werden in der Vorprüfung formelle Gesichtspunkte wie die Einhaltung 35
der Eingabefrist, die Vollständigkeit der Unterlagen, die Anonymisierung bei Wettbewerben, die Formvorschriften etc. geprüft. Aufgrund des technischen Aspekts konnten aber auch in einer ersten Sichtung die Einhaltung der baurechtlichen Vorschriften, Vorgaben der Flächen und Dimensionen oder betriebliche Auflagen geprüft werden. Insofern diente die Vorprüfung auch als erste inhaltliche Prüfung der Unterlagen,[61] was bei entsprechender Ausgestaltung der Ausschreibungsunterlagen auch weiterhin möglich sein wird.

Stellt die Auftraggeberin einen wesentlichen Verstoss gegen die formellen Bestimmun- 36
gen des Wettbewerbs- oder Studienauftragsprogramms, gegen die Wettbewerbs- oder Studienauftragsbedingungen oder gegen fundamentale Wettbewerbs- oder Studienauftragsgrundsätze fest, muss sie den Teilnehmer ausschliessen (vgl. BöB 44). VöB 17 Abs. 1 hält überdies wie bis anhin fest, dass Teilnehmer, die gegen das Anonymitätsgebot verstossen, vom Wettbewerb ausgeschlossen werden.

Bei der formellen Prüfung sind die Grundsätze der Verhältnismässigkeit und des Ver- 37
bots des überspitzten Formalismus zu beachten und ist entsprechend bei Vorliegen untergeordneter Verstösse eine Nachfrist zur Behebung des Mangels anzusetzen.[62]

D. Bst. e: Besondere Modalitäten für Studienaufträge und Wettbewerbe zur Beschaffung von Leistungen im Bereich der Informations- und Kommunikationstechnologie

Wettbewerbs- und Studienauftragsverfahren können zur Beschaffung sämtlicher Leis- 38
tungen im Sinne von BöB 8 Abs. 2 durchgeführt werden (VöB 13 Abs. 1). Im Gesetz explizit als neues Einsatzgebiet erwähnt wird die Informations- und Kommunikations-

---

60 Messerli, S. 47.
61 Vgl. zum Ganzen Messerli, S. 124 f.
62 Messerli, S. 126.

technologie (BöB 22 Abs. 2 Bst. e). Die besonderen Modalitäten sollten in der Verordnung geregelt werden.

39 Der Bundesrat hat auf den Erlass spezifischer Bestimmungen zu den neuen Technologien verzichtet. Er hat sich dazu entschlossen, die früher auf den Baubereich ausgerichteten Bestimmungen in der VöB zu generalisieren und auf das rechtlich notwendige Minimum zu reduzieren. Die Detaillierung der branchenspezifischen Verfahren wird den jeweiligen Fachverbänden überlassen.

E. Bst. f: Die Zusammensetzung des Expertengremiums und die Anforderungen an die Unabhängigkeit seiner Mitglieder

40 Der Gesetzgeber hat vor dem Hintergrund der Öffnung der Wettbewerbs- und Studienauftragsverfahren für neue Branchen einen Oberbegriff des für die Bewertung der Beiträge zuständigen Gremiums gewählt (Expertengremium). Die VöB hält ebenfalls am Begriff des Expertengremiums fest und überlässt es damit den zu erlassenden Weisungen des EFD bzw. allenfalls anwendbar erklärten Bestimmungen von Fachverbänden, das Expertengremium zu benennen. Es kann davon ausgegangen werden, dass in Übereinstimmung mit den SIA-Normen 142/143 für den Baubereich an den bewährten Begriffen Preisgericht bei Wettbewerben und das Beurteilungsgremium bei Studienaufträgen festgehalten wird.[63]

41 Die Zusammensetzung des unabhängigen Expertengremiums ergibt sich aus VöB 16 Abs. 1–3. Das Expertengremium muss nicht nur aus Fachleuten zusammengesetzt sein.[64] Die Mehrheit der Mitglieder müssen Fachpersonen auf mindestens einem der ausgeschriebenen Leistungsgegenstände sein. Von diesen Fachpersonen muss mindestens die Hälfte von der Auftraggeberin unabhängig sein.[65] Die weiteren Mitglieder können unter Beachtung der vorstehenden Voraussetzungen frei von der Auftraggeberin bestimmt werden.

42 Der Unabhängigkeit des Expertengremiums kommt eine doppelte Funktion zu:[66]

– Zunächst müssen alle Mitglieder des unabhängigen Expertengremiums von den Teilnehmern unabhängig sein. Das BöB regelt neu[67] in BöB 13 Ausstandsgründe, welche auch auf das Expertengremium anwendbar sind.

– Auf der anderen Seite muss mindestens die Hälfte der Fachpersonen von der Auftraggeberin unabhängig sein. Mit dieser Besetzung dürfte die Anforderung eines un-

---

[63] Botschaft BöB, S. 1930.
[64] Botschaft BöB, S. 1930.
[65] VöB 16.
[66] MESSERLI, S. 135.
[67] Nach altem Recht wurde auf die analoge Geltung des Bundesrechtspflegegesetzes vom 16.12.1943 bzw. des Bundesgerichtsgesetzes vom 17.06.2005 verwiesen.

abhängigen Expertengremiums gemäss GPA 2012 erfüllt sein.[68] Inhaltlich bedeutet dies, dass ein Mitglied des unabhängigen Expertengremiums nicht mit der Auftraggeberin in einer vertraglichen Beziehung stehen oder bei ihr angestellt sein darf.[69]

Wird kein Folgeauftrag erteilt, muss das Unabhängigkeitserfordernis nicht beachtet werden.[70] Zudem sind auch die Anforderungen an die Begründungspflicht heruntergesetzt.[71]

F. Bst. g: Die Aufgaben des Expertengremiums

Die Hauptaufgabe des Expertengremiums besteht darin, Empfehlungen zuhanden der Auftraggeberin betreffend Erteilung eines Folgeauftrags oder das weitere Vorgehen im Verfahren abzugeben. Zudem muss es im Wettbewerbsverfahren die Rangierung der formell korrekten Beiträge vornehmen (VöB 16 Abs. 5/6). Weiter kann es unter bestimmten Voraussetzungen über die Rangierung bzw. Weiterempfehlung von Beiträgen befinden, die in wesentlichen Punkten von den Ausschreibungsunterlagen abweichen. Nicht mehr in der VöB vorgesehen ist das Verfassen eines Beurteilungsberichts, was im Sinne der Nachvollziehbarkeit des Entscheids sowie der vollständigen Dokumentation gerade im submissionsrechtlichen Verfahren zwingend erscheint. Ebenfalls nicht mehr[72] geregelt ist die Zuständigkeit betreffend Auswahl der Teilnehmer im selektiven Verfahren. Grundsätzlich obliegt diese Aufgabe auch vor dem Hintergrund der allgemeinen Verfahrensbestimmungen der Auftraggeberin, wobei eine Delegation dieser Aufgabe an das unabhängige Expertengremium weiterhin nicht ausgeschlossen ist.[73]

G. Bst. h–i: Unter welchen Voraussetzungen das Expertengremium Ankäufe beschliessen kann; unter welchen Voraussetzungen das Expertengremium für Wettbewerbsbeiträge, die von den Bestimmungen des Wettbewerbsprogramms abweichen, eine Rangierung vornehmen kann

Grundsätzlich dürfen nur Beiträge prämiert werden, die nicht wesentlich vom Wettbewerbsprogramm abweichen.[74] Der Gesetzgeber sieht aber im Sinne einer Ausnahme von diesem Grundsatz vor, dass unter bestimmten Voraussetzungen auch Beiträge angekauft werden können. Unter einem Ankauf versteht man eine Auszeichnung für Beiträ-

---

68 Wie im alten Recht; vgl. JOST/SCHNEIDER HEUSI, S. 360.
69 MESSERLI, S. 139 f.
70 Im Umkehrschluss zu BöB 21 Abs. 2 Bst. i; Botschaft BöB, S. 1930 f.
71 SCHNEIDER HEUSI/SCHERLER, Rz. 83.
72 Vgl. aVöB 45 Abs. 3 Bst. e.
73 MESSERLI, S. 98; JOST/SCHNEIDER HEUSI, S. 361.
74 MESSERLI, S. 91.

ge, die hervorragende Lösungsansätze aufzeigen und gleichzeitig gegen wesentliche Rahmenbedingungen verstossen.[75]

46 Angekaufte Beiträge können rangiert und gar zur Weiterbearbeitung empfohlen werden, sofern dieser Beitrag den ersten Rang erreicht, obwohl sie gegen wesentliche Bestimmungen der Ausschreibungsunterlagen verstossen (VöB 16 Abs. 6).

47 Die Auftraggeberin muss die Möglichkeit eines Ankaufs in ihren Ausschreibungsunterlagen festgelegt haben, genauso wie das Quorum, mit welchem das unabhängige Expertengremium einen Ankauf beschliessen kann (VöB 16 Abs. 6 Bst. b). Diese Bestimmung stellt eine Neuerung dar, da unter altem Recht ein einstimmiger Entscheid des Preisgerichts notwendig war (aVöB 52 Abs. 2). In SIA 142/143 22 ist festgelegt, dass Ankäufe mit einer Mehrheit von mindestens drei Vierteln der Stimmen und bei Zustimmung aller Vertreter des Auftraggebers zur Weiterbearbeitung empfohlen werden können.

48 Die Gründe für einen wesentlichen Verstoss gegen die Rahmenbedingungen können vielfältig sein. So ist denkbar, dass ein Beitrag privatrechtliche oder öffentlich-rechtliche Vorgaben nicht einhält. Eine Empfehlung zur Weiterbearbeitung eines Ankaufs ist in diesen Fällen aber nur dann möglich, wenn diese Hürden durch z.B. privatrechtliche Vereinbarungen oder gesetzlich vorgesehene Bestimmungen überwunden werden können.[76] Ein weiterer Grund können unklare oder widersprüchliche Unterlagen der Auftraggeberin sein.

49 Beiträge mit unwesentlichen Verstössen gegen die Ausschreibungsunterlagen dürfen im Sinne des Verbots von überspitztem Formalismus nicht von der Preiserteilung oder gar von der Beurteilung ausgeschlossen werden.[77] Es liegt im Ermessensspielraum des unabhängigen Expertengremiums, ob eine Vorgabe in den Ausschreibungsunterlagen wesentlich oder unwesentlich ist.[78]

50 In der Lehre wird die Auffassung vertreten, dass Ankäufe nicht möglich sein sollen bei Verstössen gegen in den Ausschreibungsunterlagen als «zwingend» hervorgehobene Punkte.[79] Dies im Wesentlichen mit der Begründung, dass eine solch «zwingende» Bestimmung mit einem Ankauf ausgehebelt werden könne. Das sei widersprüchlich. Im Gegensatz dazu ist im Geltungsbereich der SIA 142/143 vorgesehen, dass auch bei Verstössen gegen als «zwingend» bezeichnete Bestimmungen ein Ankauf erfolgen kann – das sei gerade der Sinn des Ankaufs.[80] Nach der hier vertretenen Auffassung ist es vor dem Hintergrund einer GPA-konformen Auslegung und in Übereinstimmung mit den Grundsätzen (insb. Gebote der Transparenz und Gleichbehandlung) des BöB zwei-

---

75 Wegleitung zu den Ordnungen SIA 142 und SIA 143, Ankauf, 142i–404d, Zürich 2011 (zit. Wegleitung Ankauf), Ziff. 1.1.
76 Wegleitung Ankauf, Ziff. 3.3 und 3.4.
77 Wegleitung Ankauf, Ziff. 1.5.1.
78 BVGer B-7435/2010 vom 15.12.2010, E. 4.4.2.
79 Beyeler/Stöckli, Rz. 193.
80 Wegleitung Ankauf, Ziff. 4.2.

felhaft, in den Ausschreibungsunterlagen einerseits «zwingende» Anforderungen zu stellen, um diese in der Folge mit einem Ankauf und einer Empfehlung zur Weiterbearbeitung wieder zu verwerfen. Vor diesem Hintergrund ist es in der Praxis ratsam, in Ausschreibungsunterlagen mit «zwingenden» Bestimmungen zurückhaltend umzugehen.

H. Bst. j: In welcher Art Preise vergeben werden können sowie die Ansprüche, welche die Gewinnerinnen je nach Wettbewerbsart geltend machen können

Die Beauftragten eines Studienverfahrens haben Anspruch auf vollständige und gleiche Bezahlung ihrer Arbeit.[81] Die Teilnehmenden am Wettbewerb erhalten je nach Rangierung lediglich ein Preisgeld, welches i.d.R. nur einen Teil der Aufwendungen der Teilnehmenden deckt. Eine weitergehende Entschädigung für ihre geleistete Arbeit besteht ohne explizite anderweitige Regelung nicht. 51

Eine freihändige Vergabe nach durchgeführtem Studienauftrag resp. Wettbewerb ist gemäss BöB 21 Abs. 1 Bst. i dann möglich, wenn sich die Auftraggeberin die freihändige Vergabe des Folgeauftrags vorbehalten hat, der Folgeauftrag an die Gewinnerin des Studienverfahrens resp. Wettbewerbs vergeben wurde, das Verfahren in Übereinstimmung mit den Grundsätzen des Gesetzes (insb. Einhaltung des Transparenzgebots, des Diskriminierungsverbots und Gewährleistung der Gleichbehandlung[82]) durchgeführt und die Lösungsvorschläge durch ein unabhängiges Expertengremium beurteilt wurden. Gewinner des Verfahrens ist der am besten rangierte Wettbewerbsteilnehmer, gegen den kein Ausschlussgrund vorliegt.[83] 52

I. Bst. k: Abgeltungen für die Urheber prämierter Wettbewerbsbeiträge in Fällen, in denen die Auftraggeberin der Empfehlung des Expertengremiums nicht folgt

VöB 18 regelt die zusätzliche Abgeltung von Teilnehmenden von Wettbewerben und Studienaufträgen, in deren Ausschreibung ein Folgeauftrag in Aussicht gestellt worden ist. Es sind folgende zwei Konstellationen vorgesehen: 53

- Der Auftraggeber vergibt entgegen der Empfehlung des unabhängigen Expertengremiums den Auftrag an einen Dritten (VöB 18 Abs. 2 Bst. b Ziff. 1). Grundsätzlich ist die Auftraggeberin an die Empfehlung des Expertengremiums gebunden. Sie kann

---

81 ULRICH, SIA-Ordnung 142, S. 245, wobei ULRICH dabei die Auffassung vertritt, dass der Studienauftrag für Auftraggeber wirtschaftlich interessant ist, wenn eine kleine Auswahl von verschiedenen Projekten gewünscht wird, aber nicht für jedes der einzelnen Werke der volle Werkpreis gezahlt werden soll. Er geht somit indirekt von einer «nicht vollständigen Bezahlung» der Arbeit aus.
82 JOST/SCHNEIDER HEUSI, S. 351; DUBEY, Nouveau règlement, S. 142.
83 JOST/SCHNEIDER HEUSI, S. 355.

sich nur aus triftigen Gründen über die Empfehlung des unabhängigen Expertengremiums hinwegsetzen.[84] Ein triftiger Grund[85] könnte z.B. die Empfehlung eines Beitrags sein, dessen Verwendung dem Auftraggeber vernünftigerweise nicht zugemutet werden kann. Weiter kann auch eine nicht annehmbare Offerte eines Unternehmers oder die deutliche Überschreitung des ausgeschriebenen Kostendachs einen triftigen Grund darstellen. Auch eine mangelnde Eignung eines Teilnehmers kann als ein triftiger Grund für die Nichtbefolgung der Empfehlung des unabhängigen Expertengremiums angesehen werden. In diesem Fall ist allerdings keine Entschädigung gemäss VöB 18 Abs. 2 Bst. b Ziff. 1 geschuldet, da der Unternehmer aufgrund seiner Nichteignung gar nicht erst einen Rechtsanspruch auf den Folgeauftrag und damit auch keinen Anspruch auf die Entschädigung hat.[86]

– Die Auftraggeberin verwendet den Beitrag mit Zustimmung des Urhebers weiter, ohne diesem einen Folgeauftrag zu erteilen (VöB 19 Abs. 2 Bst. b Ziff. 1). In der vorliegenden Neufassung ist die Zustimmung des Urhebers zur weiteren Verwendung vorgesehen. Diese Zustimmung kann einerseits ausdrücklich durch z.B. schriftliche Annahme der Wettbewerbsbestimmungen samt den darin geregelten Urheberrechtsübertragungen erfolgen. Andererseits kann die Urheberrechtsübertragung auch konkludent durch Einreichung eines Wettbewerbsbeitrags eintreten, in dessen Ausschreibungsunterlagen die entsprechenden Regelungen festgehalten sind.[87] Auch hier ist die Nichterteilung eines Folgeauftrags aus triftigen Gründen die Voraussetzung der Entschädigung.[88] Weitere zivilrechtliche Ansprüche bleiben vorbehalten. Wenn der Teilnehmer den Nachweis erbringen kann, dass der Wert der Werkverwendung nicht angemessen ist, steht ihm der entsprechende Mehrwert zu.[89]

54 Nach altem Recht hatten die Teilnehmer in beiden Fällen einen Anspruch auf ein Drittel der Gesamtpreissumme (aVöB 55). Neu obliegt es der Auftraggeberin, die entsprechenden Entschädigungen in den Ausschreibungsunterlagen festzusetzen.

IV. Rechtsvergleichung

55 Die EU regelt den Wettbewerb in RL 2014/24/EU 78–82. Die Bestimmungen finden Anwendung auf Wettbewerbe, die im Rahmen der Vergabe eines öffentlichen Dienstleistungsauftrags durchgeführt werden oder mit Preisgeldern oder Zahlungen an die Teilnehmer verbunden sind. Sie enthält Bestimmungen über den Anwendungsbereich, die Bekanntmachung, die Auswahl der Teilnehmer sowie die Zusammensetzung und die

---

84 Messerli, S. 159 m.w.H.
85 Messerli, S. 161 ff. mit weiteren Beispielen für triftige Gründe.
86 Messerli, S. 161 f.
87 Messerli, S. 172.
88 Messerli, S. 181.
89 Messerli, S. 182.

Entscheidungen des Preisgerichts. Die Regeln decken sich weitgehend mit den Bestimmungen des BöB resp. der VöB. U.a. muss das Preisgericht unabhängig sein (RL 2014/24/EU 82 Abs. 1) und das Wettbewerbsverfahren anonym durchgeführt werden (RL 2014/24/EU 82 Abs. 2), wobei die Möglichkeit zur Aufhebung der Anonymität nicht vorgesehen ist. Ein «mehrstufiger Wettbewerb» ist zulässig in nichtoffenen Verfahren (RL 2014/24/EU 65).

Im Gegensatz zur VöB regelt die RL die Berechnungsgrundlage zur Bestimmung der Schwellenwerte und damit des anwendbaren Verfahrens explizit (RL 2014/24/EU 78). Zudem sieht sie in Abweichung zur VöB u.a. vor, dass, wenn von den Wettbewerbsteilnehmern eine bestimmte berufliche Qualifikation verlangt wird, mindestens ein Drittel der Preisrichter über dieselbe oder eine gleichwertige Qualifikation verfügen muss (RL 2014/24/EU 81). 56

Die RL enthält im Übrigen auch Bestimmungen über den wettbewerblichen Dialog (RL 2014/24/EU 30). Demgegenüber sind keine Bestimmungen über Ankäufe (vgl. VöB 16 Abs. 6) oder Abgeltungen enthalten (vgl. VöB 18 Abs. 2). 57

Art. 23 Elektronische Auktionen

¹ Die Auftraggeberin / *Der Auftraggeber* kann für die Beschaffung standardisierter Leistungen im Rahmen eines Verfahrens nach diesem Gesetz / *dieser Vereinbarung* eine elektronische Auktion durchführen. Dabei werden die Angebote nach einer ersten vollständigen Bewertung überarbeitet und mittels elektronischer Hilfsmittel und allenfalls mehrfacher Durchgänge neu geordnet. In der Ausschreibung ist darauf hinzuweisen.

² Die elektronische Auktion erstreckt sich:

a. auf die Preise, wenn der Zuschlag für den niedrigsten Gesamtpreis erteilt wird; oder

b. auf die Preise und die Werte für quantifizierbare Komponenten wie Gewicht, Reinheit oder Qualität, wenn der Zuschlag für das vorteilhafteste Angebot erteilt wird.

³ Die Auftraggeberin / *Der Auftraggeber* prüft, ob die Anbieterinnen /*Anbieter* die Eignungskriterien und ob die Angebote die technischen Spezifikationen erfüllen. Sie / *Er* nimmt anhand der Zuschlagskriterien und der dafür festgelegten Gewichtung eine erste Bewertung der Angebote vor. Vor Beginn der Auktion stellt sie jeder Anbieterin / *er jedem Anbieter* zur Verfügung:

a. die automatische Bewertungsmethode, einschliesslich der auf den genannten Zuschlagskriterien beruhenden mathematischen Formel;

b. das Ergebnis der ersten Bewertung ihres / *seines* Angebots; und

c. alle weiteren relevanten Informationen zur Abwicklung der Auktion.

⁴ Alle zugelassenen Anbieterinnen / *Anbieter* werden gleichzeitig und auf elektronischem Weg aufgefordert, neue beziehungsweise angepasste Angebote einzureichen. Die Auftraggeberin / *Der Auftraggeber* kann die Zahl der zugelassenen Anbieterinnen / *Anbieter* beschränken, sofern sie / *er* dies in der Ausschreibung oder in den Ausschreibungsunterlagen bekannt gegeben hat.

⁵ Die elektronische Auktion kann mehrere aufeinander folgende Durchgänge umfassen. Die Auftraggeberin / *Der Auftraggeber* informiert alle Anbieterinnen /*Anbieter* in jedem Durchgang über ihren jeweiligen Rang.

Inhaltsverzeichnis

I.	Grundlagen	1
II.	Abs. 1: Grundsätzliches zu elektronischen Auktionen	10
III.	Abs. 2: Umfang der elektronischen Auktionen	14
IV.	Abs. 3: Präqualifikationsphase	17
V.	Abs. 4: Ablauf der Auktionsphase	24

VI. Abs. 5: Anzahl der Auktionsdurchgänge 26
VII. Rechtsvergleichung 28

I. Grundlagen

Elektronischen Auktionen wurden als neues Instrument in GPA 2012 XIV (Elektronische Auktionen) aufgenommen[1] und mit BöB/IVöB 23 in nationales Recht umgesetzt. Bereits seit 2004 hat die EU die Durchführung von elektronischen Auktionen explizit in ihren RL vorgesehen.[2] Auch die EU-RL von 2014 regeln elektronische Auktionen in detaillierter Weise.[3] Die EU-RL eignen sich daher als Auslegungshilfe für das schweizerische Recht, jedenfalls wenn es um technische oder administrative Fragen der Abwicklung von elektronischen Auktionen geht.

Trotz Gemeinsamkeiten mit dem Steigerungskauf finden die obligationenrechtlichen Bestimmungen (OR 229 ff.) keine Anwendung.[4] Der Grund liegt darin, dass gemäss der Zweistufentheorie Beschaffungsverfahren und somit auch elektronische Auktionen dem öffentlichen Recht unterstehen, während erst der Vertrag privatrechtlicher Natur ist.[5]

Elektronische Auktionen stehen im Zeichen der zunehmenden Bedeutung des Einsatzes elektronischer Hilfsmittel und entsprechender Technologie.[6] GPA 2012 anerkennt in der Präambel die Bedeutung elektronischer Hilfsmittel für Beschaffungen und will deren Verwendung fördern. Beschaffungsvorhaben sollen zunehmend auf elektronischem Weg abgewickelt werde, um die Transaktionskosten zu senken, die Transparenz zu erhöhen und den Marktzutritt ortsfremder Anbieterinnen zu fördern.[7] So werden z.B. in Deutschland seit dem 18.09.2018 alle überschwelligen Vergabeverfahren nur noch elektronisch abgewickelt, was zwingend die elektronische Angebotsabgabe umfasst.[8]

Im europäischen Raum werden elektronischen Auktionen regelmässig verwendet. So werden bspw. in Deutschland standardmässig Strom und Gas elektronisch auktioniert[9]

---

1 TRÜEB, FHB, S. 1021; GALLI/MOSER/LANG/STEINER, S. 6.
2 Vgl. RL 2004/17/EG 56 und RL 2004/18/EG 54.
3 Vgl. RL 2014/24/EU 35 und RL 2014/25/EU 53.
4 Botschaft BöB, S. 1931.
5 GALLI/MOSER/LANG/STEINER, S. 503.
6 TRÜEB, FHB, S. 1021; GALLI/MOSER/LANG/STEINER, S. 6.
7 Botschaft BöB, S. 1931.
8 Bundesministerium für Wirtschaft und Energie, elektronische Vergabe, https://www.bmwi.de/Redaktion/DE/Artikel/Wirtschaft/elektronische-vergabe.html (zuletzt besucht am 23.10.2019).
9 Vgl. z.B. die langjährige Erfahrungen des öffentlichen Unternehmens KUBUS mit elektronischen Auktionen bei der Beschaffung von Strom und Erdgas für öffentliche Auftraggeber in Deutschland, https://www.kubus-mv.de/vergabeverfahren/strom-und-erdgasbeschaffung/ (zuletzt besucht am 23.10.2019).

sowie in Österreich gelegentlich die Vergabe von Bauaufträgen.[10] Trotz des Fehlens einer expliziten Rechtsgrundlage wurden auch in der Schweiz bereits vereinzelt elektronische Auktionen durchgeführt.[11]

5   Bei der elektronischen Auktion handelt es sich nicht um ein eigenständiges Vergabeverfahren, sondern um ein Instrument, welches im Rahmen eines Beschaffungsvorhabens und eines dafür gewählten Verfahrens (offen, selektiv oder auf Einladung) angewandt werden kann.[12] Der elektronischen Auktion geht eine erste vollständige Prüfung und Bewertung der Angebote voraus (Präqualifikationsphase[13]). Erst in einem zweiten Verfahrensschritt findet eine elektronische Auktion statt (Auktionsphase). Die Anbieterinnen können dabei ihre Offerten bez. des Preises oder bestimmter quantifizierbaren Komponenten (allenfalls wiederholt) modifizieren und sich gegenseitig über- oder unterbieten. Die Bewertung der modifizierten Angebote und die damit verbundenen Neuplatzierungen der Anbieterinnen werden dabei durch ein automatisiertes System vorgenommen.[14]

6   Elektronische Auktionen werden entweder über Online-Plattformen oder mittels bei den Anbietern zu installierender Software durchgeführt.[15] Um eine möglichst niederschwellige Benutzung durch die Anbieterinnen sicherzustellen, sind allgemein verfügbare und kompatible Systeme und Software einzusetzen.[16] Um die Integrität der Angebote zu gewährleisten, muss das elektronische Auktionssystem zudem vor unbefugtem Zugang geschützt sein.[17]

7   Das revidierte GPA verlangt, «dass Mechanismen bestehen, um die Integrität von Teilnahmeanträgen und von Angeboten zu gewährleisten» (GPA 2012 IV:3 Bst. b). Zur Authentifizierung der Anbieterinnen im Rahmen einer elektronischen Auktion ist die Verwendung einer elektronischen Signatur im Sinne des ZertES aber nur erforderlich, wenn die Identifizierung der Anbieterinnen und die Integrität der Übermittlung nicht in anderer geeigneter Weise sichergestellt sind.[18]

8   Elektronische Auktionen können administrativen Mehraufwand und zusätzliche Kosten für die Auftraggeberin und die Anbieterinnen verursachen. Im Vorfeld der Ausschreibung sollte daher geklärt werden, ob die potenziellen Einsparnisse, welche mit

---

10   Vgl. z.B. http://vergabeblog.manz.at/2012/07/stadt-salzburg-setzt-bei-bauauftragen-auf-elektronische-auktionen/ (zuletzt besucht am 23.10.2019).
11   So haben bspw. die SBB in den 2000er-Jahren das Instrument der elektronischen Auktion bereits genutzt.
12   Botschaft BöB, S. 1931.
13   Botschaft BöB, S. 1932 nennt diese Phase explizit «Präqualifikation».
14   Botschaft BöB, S. 1932; Musterbotschaft IVöB, S. 28.
15   Vgl. zu den Möglichkeiten der Angebotseingabe https://de.wikipedia.org/wiki/Elektronische_Vergabe (zuletzt besucht am 23.10.2019).
16   GPA 2012 IV:3; Botschaft BöB, S. 1931; Musterbotschaft IVöB, S. 28.
17   GPA 2012 IV:3; Botschaft BöB, S. 1931; Musterbotschaft IVöB, S. 28.
18   VeÜ-VwV 1 Abs. 1 i.V.m. VeÜ-VwV 6 Abs. 1.

der elektronischen Auktion erreicht werden könnten, die zusätzlichen Kosten rechtfertigen.

Eine elektronische Auktion zwingt die Anbieterinnen zudem dazu, sich gegenseitig zu unterbieten. In Märkten, in denen die Gewinnmarge ohnehin bereits sehr klein ist, könnte die Ankündigung einer elektronischen Auktion die Anbieterinnen davor abschrecken, an der öffentlichen Ausschreibung teilzunehmen.[19]

II. Abs. 1: Grundsätzliches zu elektronischen Auktionen

Eine elektronische Auktion ist kein eigenständiges Vergabeverfahren, sondern kann als Instrument im offenen oder selektiven Verfahren, im Einladungsverfahren oder im Rahmen eines Abrufverfahrens nach dem Zuschlag von Rahmenverträgen eingesetzt werden.[20] Elektronische Auktionen sind somit eine Ausgestaltungsmöglichkeit von Vergabeverfahren, die von Verhandlungen[21] und Dialogrunden abzugrenzen sind. Für die Auktionsdurchgänge ist der Verzicht auf Abgebotsrunden gemäss BöB/IVöB 11 Bst. d nicht anwendbar, obwohl Auktionen gemäss BöB/IVöB 23 Abs. 2 auch nur über den Preis durchgeführt werden dürfen. Die Besonderheit der elektronischen Auktion besteht darin, dass die Offerten anhand eines iterativen, automatisierten Verfahrens bewertet werden. Es kommt somit in der Regel zu mehreren Auktionsdurchgängen.[22]

Eine elektronische Auktion erfolgt in zwei Phasen: In einer ersten Phase (Präqualifikationsphase[23]) prüft die Auftraggeberin die Eignungskriterien und die technischen Spezifikationen und nimmt eine erste Bewertung vor. Erst in der zweiten Phase (Auktionsphase) kommt es zur eigentlichen Auktion mit den Auktionsdurchgängen.[24]

Mittels elektronischer Auktion können nur standardisierte Leistungen beschafft werden. Die Leistungen müssen in Anlehnung an die europäischen RL soweit standardisiert sein, dass sie sich für eine automatische Bewertung auf elektronischem Wege – ohne jegliche Intervention oder Begutachtung durch die öffentliche Auftraggeberin – eignen. Die zu bewertenden Eigenschaften müssen somit quantifizierbar sein, d.h. sich in Zahlen oder

---

19 In Deutschland haben bspw. gewisse Facility-Service-Unternehmen u.a. wegen Auktionen kein Interesse mehr daran, an öffentlichen Ausschreibungen teilzunehmen, jedenfalls wenn der günstigste Preis für den Zuschlag ausschlaggebend ist. Vgl. https://www.vergabeblog.de/2017-10-18/facility-dienstleister-haben-keine-lust-auf-ausschreibungen/ (zuletzt besucht am 29.03.2019).
20 Botschaft BöB, S. 1931; Musterbotschaft IVöB, S. 28.
21 Gemäss Botschaft BöB, S. 1931 und Musterbotschaft IVöB, S. 28 sind elektronische Auktionen keine besondere Form der Verhandlungen.
22 GPA 2012 I Bst. f (Begriffsbestimmungen) definiert elektronische Auktionen als iterative Verfahren. BöB/IVöB 23 Abs. 1 und 5 lässt auch nur einen einzigen Durchgang zu.
23 Botschaft BöB, S. 1932 nennt diese Phase explizit «Präqualifikation».
24 Botschaft BöB, S. 1932; Musterbotschaft IVöB, S. 29.

Prozentsätzen ausdrücken lassen.[25] Intellektuelle Dienstleistungen können somit von vornherein nicht mittels elektronischer Auktion beschafft werden. Auch Bauleistungen dürfen nur insoweit mittels elektronischer Auktion beschafft werden, als sie standardisiert sind. Zulässig ist aber der Kauf von Rechten an einem bestimmten geistigen Eigentum (Lizenzen) über eine Auktion.[26]

13 Eine elektronische Auktion muss bereits in der Ausschreibung angekündigt werden[27]. Die Anbieterinnen sollen bereits in der Ausschreibung erkennen, dass eine elektronische Auktion geplant ist, um frühzeitig über ihre Teilnahme entscheiden und die entsprechenden Vorbereitungen treffen zu können.

III. Abs. 2: Umfang der elektronischen Auktionen

14 BöB/IVöB 23 Abs. 2 gibt der Auftraggeberin zwei Ausgestaltungsmöglichkeiten zur Anpassung der Angebote in der Auktionsphase: Entweder dürfen die Anbieterinnen nur neue Preise oder auch Werte für quantifizierbare Komponenten anbieten.

15 Falls die Anbieterinnen in der Auktionsphase nur neue Preise (bei gleichbleibendem Angebot) anbieten dürfen, muss der Zuschlag gemäss BöB/IVöB 23 Abs. 2 für den «niedrigsten Gesamtpreis» erteilt werden. Es ist damit bei dieser Auktionsform nicht zulässig, neben dem Preis weitere Zuschlagskriterien zu berücksichtigen. Der Preis ist in diesem Fall das einzige Zuschlagskriterium, was für standardisierte Leistungen zielführend ist, falls die Auftraggeberin einen genau definierten Bedarf hat und keinen Vorteil aus einer höheren als der angefragten Qualität zieht. Zudem müssen bei dieser Vorgehensweise gemäss BöB 29 Abs. 4 aufgrund der technischen Spezifikation der Leistung hohe Anforderungen an die Nachhaltigkeit in sozialer, ökologischer und wirtschaftlicher Hinsicht gewährleistet werden.

16 Falls die Anbieterinnen in der Auktionsphase nebst neuen Preisen auch angepasste Werte für quantifizierbare Komponenten anbieten dürfen, so wird der Zuschlag gemäss BöB/IVöB 23 Abs. 2 dem vorteilhaftesten Angebot erteilt. In dieser Variante sind somit nebst dem Preis auch weitere Zuschlagskriterien zulässig. Mögliche weitere Zuschlagskriterien nebst dem Preis sind z.B. die Länge von Realisierungs-, Liefer-[28] oder Garantiefristen oder der zeitliche Umfang der täglichen Supportbereitschaft.

---

25 Vgl. RL 2014/24/EU, Präambel und E. 67 und RL 2014/25/EU, Präambel und E. 76.
26 Vgl. RL 2014/24/EU, Präambel und E. 67 und RL 2014/25/EU, Präambel und E. 76.
27 BöB/IVöB 23 Abs. 1 und BöB/IVöB 35 Bst. i.
28 Botschaft BöB, S. 1931 erwähnt Lieferfristen bei der Realisierung.

IV. Abs. 3: Präqualifikationsphase

BöB/IVöB 23 Abs. 3 regelt die Präqualifikationsphase,[29] in der über die Zulassung zur Auktionsphase entschieden wird. Die Auftraggeberin prüft zunächst die Muss-Kriterien, d.h., sie prüft, ob die Anbieterinnen die Eignungskriterien und ihre Angebote die technischen Spezifikationen erfüllen. Falls die Zahl der zugelassenen Anbieterinnen für das betreffende Vergabeverfahren gemäss BöB/IVöB 23 Abs. 4 nicht beschränkt wurde, gelten alle Anbieterinnen als präqualifiziert, welche selbst und mit ihren Angeboten die Musskriterien erfüllen. Danach bewertet die Auftraggeberin anhand der Zuschlagskriterien und der dafür festgelegten Gewichtung ein erstes Mal die zulässigen Angebote. Bei einer Beschränkung der Zahl der Anbieterinnen für das betreffende Vergabeverfahren gelten nur die Anbieterinnen als präqualifiziert, deren Angebote in den Rängen bis zur Beschränkung liegen (sog. «Short Listing»). Im Gegensatz zur Präqualifikation im selektiven Verfahren, bei der bewertete Eignungskriterien zum Einsatz kommen, erfolgt bei elektronischen Auktionen die Präqualifikation anhand der Bewertung der Angebote mit den Zuschlagskriterien.

17

Zur Herstellung von Transparenz und zur Gleichbehandlung der Anbieterinnen muss die Auftraggeberin gemäss BöB/IVöB 23 Abs. 3 vor Beginn der Auktionsphase jeder Anbieterin (a) die Informationen über die automatische Bewertungsmethode, einschliesslich der mathematischen Formel, (b) das Ergebnis ihrer ersten Angebotsbewertung und (c) alle weiteren relevanten Informationen zur Abwicklung der Auktion zur Verfügung zu stellen.[30] Überdies regelt BöB/IVöB 36 Bst. f, dass bereits in den Ausschreibungsunterlagen die Regeln genannt werden müssen, nach denen die Auktion durchgeführt wird, einschliesslich der Bezeichnung jener Angebotselemente, die angepasst werden können und anhand der Zuschlagskriterien bewertet werden.

18

Um Abgrenzungsfragen zwischen den schon in den Ausschreibungsunterlagen (gemäss BöB/IVöB 36 Bst. f) und den erst vor Beginn der Auktionsphase mitzuteilenden Angaben (gemäss BöB/IVöB 23 Abs. 3) zu vermeiden, beschreibt die Auftraggeberin sinnvollerweise die genaue Ausgestaltung des Auktionsverfahren bereits in den Ausschreibungsunterlagen.

19

Auch alle Angaben zur Auktion, welche die Anbieterinnen benötigen, um ihren Teilnahmeentscheid zu fällen, sollten in den Ausschreibungsunterlagen stehen. Für den Teilnahmeentscheid ist die Bewertungsmethode wichtig, da diese den Anbieterinnen erlaubt, ihre Chancen abzuschätzen. Zudem sind Angaben zum eingesetzten Auktionssystem und -verfahren[31] für die Anbieterinnen relevant, damit diese ihren Aufwand abschätzen

20

---

29 Botschaft BöB, S. 1932 nennt diese Phase explizit «Präqualifikation».
30 Botschaft BöB, S. 1932; Musterbotschaft IVöB, S. 29.
31 Gemäss RL 2014/24/EU Anhang VI Bst. f müssen die Ausschreibungsunterlagen «die relevanten Angaben zur verwendeten elektronischen Vorrichtung und zu den technischen Modalitäten und Merkmalen der Anschlussverbindung» nennen.

und einplanen können. Insb. «kleine Anbieterinnen» werden zur Personalplanung auf eine rechtzeitige Mitteilung der vorgesehenen Termine der Auktionsdurchläufe angewiesen sein. Schliesslich sollten die Ausschreibungsunterlagen die Anforderungen an Authentifizierung und Verschlüsselung aufführen, welche die Anbieterinnen bei der Einreichung ihrer Angebote zu erfüllen haben.[32] Gemäss EU-RL sind in den Ausschreibungsunterlagen auch folgende weitere Angaben zu machen, was auch im Schweizer Recht sinnvoll erscheint: (i) die Informationen, die den Anbieterinnen im Laufe der elektronischen Auktion zur Verfügung gestellt werden, sowie der Termin, an dem sie ihnen gegebenenfalls zur Verfügung gestellt werden, (ii) die Bedingungen, unter denen die Anbieterinnen Angebote abgeben können, und insb. die Mindestabstände, die bei diesen Angeboten gegebenenfalls einzuhalten sind.[33]

21 Gemäss BöB/IVöB 23 Abs. 3 stützt sich die automatische Bewertungsmethode auf eine mathematische Formel. Diese Formel muss alle Zuschlagskriterien einbeziehen, welche in der Ausschreibung zum Einsatz kommen.[34] Die Anbieterinnen können somit für alle Zuschlagskriterien der Ausschreibung in der Auktionsphase neue Werte resp. einen neuen Preis anbieten. Es bleibt kein Raum für Zuschlagskriterien, welche nur in der Präqualifikationsphase bewertet würden und danach in der Auktionsphase unveränderlich bleiben.

22 Gemäss BöB/IVöB 23 Abs. 3 Bst. b ist den Anbieterinnen das Ergebnis der ersten Bewertung ihres Angebots mitzuteilen. Sinnvollerweise umfasst diese Mitteilung auch den jeweiligen Rang der Anbieterinnen, wie dies auch BöB/IVöB 23 Abs. 5 vorsieht, damit die Anbieterinnen schon im ersten Auktionsdurchlauf ernsthaft bieten können.

23 Schliesslich müssen den Anbieterinnen laut BöB/IVöB 23 Abs. 3 Bst. c alle weiteren relevanten Informationen zur Abwicklung der Auktion mitgeteilt werden, sofern dies nicht schon in den Ausschreibungsunterlagen geschehen ist. Hier geht es insb. um die Informationen zur Durchführung und zur Beendigung der Auktion wie: Anzahl der Auktionsrunden oder gegebenenfalls Bedingungen zur Beendigung der Auktion, allenfalls Mindestschritte zum Verändern der angebotenen Preise und Werte.[35]

---

32 Botschaft BöB, S. 1932; Musterbotschaft IVöB, S. 40.
33 Vgl. RL 2014/24/EU Anhang VI Bst. c und e und RL 2014/25/EU Anhang VII Bst. c und e.
34 Dies lässt sich aus dem Wortlaut von BöB/IVöB 23 Abs. 3 folgern, der unter Bst. a von den «genannten Zuschlagskriterien» spricht und dabei auf den Ingress verweist, der sich auf alle Zuschlagskriterien bezieht. Auch BöB/IVöB 36 Bst. f besagt, dass die Angebotselemente, die angepasst werden können, anhand der Zuschlagskriterien bewertet werden.
35 Vgl. RL 2014/24/EU 35 Abs. 8 und RL 2014/25/EU 53 Abs. 8.

V. Abs. 4: Ablauf der Auktionsphase

BöB/IVöB 23 Abs. 4 regelt, wie in der Auktionsphase ein Auktiondurchgang abläuft. Alle nach der Präqualifikation zugelassenen Anbieterinnen werden jeweils gleichzeitig und auf elektronischem Wege aufgefordert, neue bzw. angepasste Angebote einzureichen. Mit neuen bzw. angepassten Angeboten ist laut BöB/IVöB 23 Abs. 2 gemeint, dass die Anbieterinnen einen neuen Preis und – sofern vorgesehen – neue Werte für quantifizierbare Komponenten eingeben können.[36] Gemäss BöB/IVöB 36 Bst. f werden diese veränderbaren Angebotselemente anschliessend anhand der Zuschlagskriterien bewertet. Die anderen Elemente des Angebots wie z.B. Angaben zu technischen Spezifikationen können in der Auktionsphase nicht mehr angepasst werden.

24

Die Anbieterzahl kann beschränkt werden, falls dies vorab in der Ausschreibung oder den Ausschreibungsunterlagen bekannt gegeben wurde[37] und dafür ein sachlicher Grund vorliegt.[38] Als Gründe für die Beschränkung nennt die Botschaft die Effizienz und Administrierbarkeit der elektronischen Auktion.[39] Es ist im Einzelfall zu prüfen, ob insb. diese Gründe eine Beschränkung rechtfertigen, da die elektronische Auktion gerade als effizientes und automatisches – d.h. leicht administrierbares – Bewertungsverfahren gilt. In Übereinstimmung mit den EU-RL ist jedenfalls zu fordern, dass die Anbieterinnen nach der Präqualifikationsphase wissen, ob sie zugelassen sind. In der Auktionsphase kann dementsprechend keine weitere Reduktion der Anbieterzahl erfolgen.[40]

25

VI. Abs. 5: Anzahl der Auktionsdurchgänge

Gemäss BöB/IVöB 23 Abs. 5 kann die Auktionsphase einen oder mehrere Auktionsdurchgänge umfassen. In der Regel werden mehrere Durchgänge sinnvoll sein, um optimale Angebote zu erhalten. BöB/IVöB 23 Abs. 5 lässt Raum für verschiedene Arten der Beendigung der Auktionsphase. Die Auftraggeberin kann eine feste Anzahl Durchgänge vorgeben. Es ist aber in Anlehnung an die EU-RL auch denkbar, dass die Auktion endet, sobald in einer Auktionsrunde keine neuen Preise oder Werte eingehen.[41] Aus Gründen der Gleichbehandlung und Transparenz müssen den Anbieterinnen auf jeden Fall mit Abschluss der Präqualifikationsphase die Anzahl der Durchgänge oder die Bedingungen zur Beendigung der Auktion bekannt gegeben werden.[42]

26

---

36 Botschaft BöB, S. 1932.
37 BöB/IVöB 23 Abs. 4 Satz 2.
38 Häfelin/Müller/Uhlmann, Rz. 411 und 412, führt als allgemeinen verwaltungsrechtlichen Grundsatz die Begründungspflicht an, welche sich auf sachliche Überlegungen stützen muss.
39 Botschaft BöB, S. 1932; Musterbotschaft IVöB, S. 29
40 Vgl. RL 2014/24/EU, Präambel und E. 67 und RL 2014/25/EU, Präambel und E. 76.
41 Vgl. RL 2014/24/EU 35 Abs. 8 und RL 2014/25/EU 53 Abs. 8.
42 BöB/IVöB 23 Abs. 3 Bst. c.

27 BöB/IVöB 23 Abs. 5 sieht nur vor, dass die Auftraggeberin den Anbieterinnen nach jedem Durchgang ihren jeweiligen Rang mitteilt. Mangels einer weitergehenden Regelung ist in Übereinstimmung mit der EU-RL davon auszugehen, dass die Auftraggeberin den Anbieterinnen weitere Informationen wie z.B. den Punkteabstand zur Erstplatzierten oder die übermittelten Preise oder Werte zukommen lassen darf.[43] Es erscheint regelmässig sinnvoll zu sein, wenn die Anbieterinnen ihren Punkteabstand zur Erstplatzierten kennen, damit sie ihre Angebote zielgerichtet verbessern können. Da die Angaben der Anbieterinnen vertraulich zu behandeln sind, dürfen jedoch keinesfalls die Identitäten der Anbieterinnen offengelegt werden.[44] Die Mitteilungen an die Anbieterinnen haben in pseudonymisierter Form zu erfolgen, d.h., es muss vermieden werden, dass die Anbieterinnen erkennen können, welche Angebote die Mitbewerberinnen abgeben.[45]

VII. Rechtsvergleichung

28 Elektronischen Auktionen werden in der RL 2014/24/EU (insb. in RL 2014/24/EU 35) sowie in der RL 2014/25/EU (insb. RL 2014/25/EU 53) geregelt. Die RL 2014/24/EU behandelt die öffentliche Auftragsvergabe und die RL 2014/25/EU die Vergabe von Aufträgen durch Auftraggeber im Bereich der Wasser-, Energie- und Verkehrsversorgung sowie der Postdienste. Die beiden EU-RL von 2014 umfassen eine detaillierte Regelung der elektronischen Auktionen. Der Schweizer Gesetzgeber hat in BöB/IVöB 23 zwar eine viel grobmaschigere Regelung der elektronischen Auktionen vorgenommen, sich dabei aber klarerweise von diesen EU-RL inspirieren lassen. Die EU-RL weisen keine entscheidenden Widersprüche zum schweizerischen Recht auf und eignen sich daher als Auslegungshilfe, jedenfalls wenn es um technische oder administrative Fragen der Abwicklung von elektronischen Auktionen geht.

---

43 Vgl. RL 2014/24/EU 35 Abs. 7 und RL 2014/25/EU 53 Abs. 7.
44 BöB/IVöB 11 Bst. e.
45 Botschaft BöB, S. 1932.

Art. 24 Dialog

¹ Bei komplexen Aufträgen, bei intellektuellen Dienstleistungen oder bei der Beschaffung innovativer Leistungen kann eine Auftraggeberin /*ein Auftraggeber* im Rahmen eines offenen oder selektiven Verfahrens einen Dialog durchführen mit dem Ziel, den Leistungsgenstand zu konkretisieren sowie die Lösungswege oder Vorgehensweisen zu ermitteln und festzulegen. Auf den Dialog ist in der Ausschreibung hinzuweisen.

² Der Dialog darf nicht zum Zweck geführt werden, Preise und Gesamtpreise zu verhandeln.

³ Die Auftraggeberin / *Der Auftraggeber* formuliert und erläutert ihre / *seine* Bedürfnisse und Anforderungen in der Ausschreibung oder in den Ausschreibungsunterlagen. *Sie / Er* gibt ausserdem bekannt:

   a. den Ablauf des Dialogs;
   b. die möglichen Inhalte des Dialogs;
   c. ob und wie die Teilnahme am Dialog und die Nutzung der Immaterialgüterrechte sowie der Kenntnisse und Erfahrungen der Anbieterin / *des Anbieters* entschädigt werden;
   d. die Fristen und Modalitäten zur Einreichung des endgültigen Angebots.

⁴ Sie / *Der Auftraggeber* kann die Zahl der teilnehmenden Anbieterinnen / *Anbieter* nach sachlichen und transparenten Kriterien reduzieren.

⁵ Sie / Er dokumentiert den Ablauf und den Inhalt des Dialogs in geeigneter und nachvollziehbarer Weise.

⁶ Der Bundesrat kann die Modalitäten des Dialogs näher regeln.

Inhaltsverzeichnis

I.	Grundlagen	1
II.	Abs. 1: Zulassungsvoraussetzungen	7
III.	Abs. 2: Möglichkeit von Bereinigungen	15
IV.	Abs. 3: Zwingende Parameter	17
V.	Abs. 4: Auswahl der Dialogteilnehmenden	23
VI.	Abs. 5: Dokumentation	27
VII.	Abs. 6: Anpassungen Bundesrat	30
VIII.	Rechtsvergleichung	31

4. Kapitel: Vergabeverfahren

I. Grundlagen

1 Der Dialog ist im Bundesbeschaffungsrecht – im Gegensatz zum kantonalen Recht – seit dem 01.01.2010 verankert (aVöB 26a). Beim Dialog handelt es sich nicht um eine eigenständige Verfahrensart, sondern um ein beschaffungsrechtliches Instrument. Dieses war weder im GPA 1994 vorgesehen noch findet sich eine ausdrückliche Bestimmung hierzu im GPA 2012.

2 GPA 2012 IV:4 Bst. a bestimmt, dass die Auftraggeberin unterstellte Beschaffungen transparent und unparteiisch durchzuführen hat, sodass sie mit dem Übereinkommen vereinbar sind, indem Methoden wie das offene, selektive und freihändige Verfahren eingesetzt werden. Das GPA 2012 enthält durch die offene Formulierung («Methoden wie») keinen Numerus clausus von Verfahren, was den Dialog möglich macht. Gleichzeitig gilt vor diesem Hintergrund, dass auch der Dialog transparent und unparteiisch durchzuführen ist. Die Auftraggeberin ist daher gehalten, die einzelnen Schritte des Dialogs objektiv und nachvollziehbar durchzuführen sowie systematisch festzuhalten und zu dokumentieren.

3 GPA 2012 XII hält fest, dass die Vertragsparteien Verhandlungen vorsehen können, wenn die Auftraggeberin ihre Absicht dazu in der Ausschreibung angekündigt hat oder die Bewertung ergibt, dass kein Angebot nach den spezifischen Zuschlagskriterien in der Ausschreibung oder den Ausschreibungsunterlagen eindeutig das vorteilhafteste («the most advantageous»/«la plus avantageuse») ist. Im Unterschied zu GPA 1994 XIV:2 ist die Feststellung von Stärken und Schwächen der Angebote als Voraussetzung für Verhandlungen nicht mehr vorausgesetzt. Dies ermöglicht ein Instrument wie den Dialog. Ausdrücklich verlangt wird jedoch, dass in der Ausschreibung darauf hingewiesen wird (vgl. GPA 2012 XII und VII:2 Bst. f).

4 Auch die IVöB sieht nun – im Unterschied zur aIVöB – die Möglichkeit des Dialogs vor. Aus praktischer Sicht ist die Regelung für die Kantone zu begrüssen. Aufgrund des Verbots von Abgebotsrunden[1] war den Vergabestellen häufig unklar, ob dieses auch für technische Verhandlungen galt und was die Folgen davon waren. Durch die neue Regelung wird diesbezüglich Klarheit geschaffen.

5 Mit Bezug auf den Zeitpunkt ist festzuhalten, dass es sich beim Dialog nicht um eine Verhandlung nach der Offertabgabe handelt. Vielmehr reichen die Anbieterinnen beim Dialog zu Beginn der Offertphase Lösungsvorschläge (und keine Offerten) ein, die sie mit der Auftraggeberin weiterentwickeln. Die endgültige Offerte wird auf der Basis der Dialoge erst am Ende des Verfahrens unterbreitet.

6 Beim Dialog handelt es sich ausdrücklich um eine Kann-Bestimmung. Der Auftraggeberin ist es daher freigestellt, auf die Durchführung des Dialogs zu verzichten, selbst wenn die Voraussetzungen eigentlich erfüllt wären.

---

1 aIVöB 11 Bst. c.

II. Abs. 1: Zulassungsvoraussetzungen

Beim Dialog ist der Beschaffungsgegenstand nicht von vornherein abschliessend definiert. Er fällt daher für alle Beschaffungen ausser Betracht, bei welchen der Beschaffungsgegenstand vorab endgültig bestimmt werden kann. 7

Gleichzeitig muss aufgrund der Formulierung von Abs. 1 der Beschaffungsgegenstand zumindest summarisch oder provisorisch beschrieben sein. Dieser summarische Leistungsbeschrieb wird während des Dialogs konkretisiert, und es werden Lösungswege oder Vorgehensweisen ermittelt, die in der Folge zum definitiven Beschaffungsgegenstand führen. 8

Da der Dialog nicht für alle Beschaffungen geeignet ist, wird seine Durchführung an Zulassungsvoraussetzungen geknüpft. Erforderlich ist, dass ein komplexer Auftrag, eine intellektuelle Dienstleistung oder eine innovative Leistung vorliegt. Aufgrund der Formulierung im Gesetz ist diese Voraussetzung alternativ zu verstehen. Eine intellektuelle Dienstleistung oder eine innovative Leistung muss somit nicht auch komplex sein. 9

Was ein komplexer Auftrag ist, wird in BöB/IVöB nicht definiert. Komplex ist ein Auftrag, wenn es objektiv unmöglich, unzumutbar oder unzweckmässig wäre, die benötigten Leistungen ohne einen Dialog mit den Anbieterinnen zu bestimmen, in welchem die Leistungsumschreibung gemeinsam entwickelt wird.[2] Dabei muss sich die objektive Unmöglichkeit auf die Umschreibung des Beschaffungsgegenstands als solche beziehen.[3] Als komplexe Beschaffungen können beispielsweise die Beratung zu Vorgehen in Bereichen ohne standardisierte Prozesse, interdisziplinäre Projekte oder die EDV-Applikationen mit Integration einer Vielzahl von verknüpften Einzellösungen genannt werden.[4] 10

Intellektuelle Dienstleistungen liegen demgegenüber vor, wenn der Schwerpunkt des Auftrags in geistigen Arbeitsergebnissen besteht, deren physischer Niederschlag sekundär bleibt.[5] 11

---

2   BEYELER, Kurzkommentar, S. 110. GALLI/MOSER/LANG/STEINER, Rz. 702. Anders dagegen RECHSTEINER, Dienstleistungen, S. 206, welcher festhält, dass ein Auftrag komplex ist, wenn er dazu dient, eine Vielzahl von Bedürfnissen einer Vergabestelle einer Lösung zuzuführen, die wiederum aus einer Vielzahl von möglichen Lösungen als optimale Lösung eruiert werden muss.
3   Vgl. dazu den Leitfaden Öffentliche Beschaffungen mit Dialog (Stand Mai 2012) der Koordinationskonferenz der Bau- und Liegenschaftsorgane der öffentlichen Bauherren (KBOB), nachfolgend KBOB Leitfaden, S. 9, abrufbar unter https://www.kbob.admin.ch/kbob/de/home/publikationen/dienstleistungen-planer.html (zuletzt besucht am 05.11.2019).
4   KBOB Leitfaden, S. 9.
5   BEYELER, Kurzkommentar, S. 110, für den dies in sehr vielen Fällen zutreffen dürfte. Als Beispiele zu nennen sind die Beschaffung von Bauprojekten, von Individualsoftware, von Konzepten aller Art, von statischen oder sonstigen Berechnungen und von Werbe- oder Öffentlichkeitsarbeitstexten.

12 Die Beurteilung, ob die Zulässigkeitsvoraussetzungen erfüllt sind, liegt im Ermessen der Auftraggeberin. Der Dialog ist im offenen oder selektiven Verfahren möglich. Im Einladungsverfahren sowie im freihändigen Verfahren besteht somit kein Raum für einen Dialog mit den Anbieterinnen.

13 Mit dem Dialog wird der Auftraggeberin ein Instrument zur Verfügung gestellt, mit dem sie auf das Know-how der Anbieterinnen zurückgreifen kann, indem sie zusammen mit ausgewählten Dialogteilnehmenden in einem iterativen Prozess mögliche Lösungswege oder Vorgehensweisen erarbeitet.[6] Aus diesem Grund ist der Dialog von den «Verhandlungen» im Rahmen von BöB/IVöB 39 abzugrenzen. Bei dieser Bestimmung geht es darum, dass Angebote nach der Eingabefrist unter bestimmten Voraussetzungen bereinigt werden können. Beim Dialog werden die endgültigen Angebote aber durch die Durchführung des Dialogs erst möglich. Nach Abgabe des endgültigen Angebots ist der Dialog beendet.

14 Auf den Dialog ist in der Ausschreibung hinzuweisen, d.h. in der Publikation selbst und nicht nur in den Ausschreibungsunterlagen. Fehlt dieser Hinweis, darf nachträglich – d.h. während eines laufenden Ausschreibungsverfahrens, insbesondere bei funktionalen Ausschreibungen – kein Dialog mehr ein- bzw. durchgeführt werden. Als Auftraggeberin empfiehlt es sich, einen ausdrücklichen Hinweis auf den Dialog anzubringen und auf eine Formulierung, wonach man sich einen Dialog vorbehält, zu verzichten. Aus Transparenzgründen sollen die Anbieterinnen zu Beginn wissen, ob ein Dialog durchgeführt wird oder nicht. Gleichzeitig sind Anbieterinnen gehalten, innert der Rechtsmittelfrist ab Publikation der Ausschreibung Letztere anzufechten, wenn sie mit der Durchführung eines Dialogs nicht einverstanden sind (bspw. weil sie die Auffassung vertreten, es handle sich nicht um einen komplexen Auftrag).

III. Abs. 2: Möglichkeit von Bereinigungen

15 BöB/IVöB 39 bestimmt, unter welchen Voraussetzungen Bereinigungen zulässig sind.[7] BöB/IVöB 24 geht als *lex specialis* BöB/IVöB 39 vor. Dies bedeutet, dass die Voraussetzungen für eine Bereinigung gemäss BöB/IVöB 39 Abs. 1 und 2 beim Dialog keine Anwendung finden.[8] Die engen Vorgaben der Verhandlungsmöglichkeiten werden mit dem Dialog damit gelockert.[9]

16 Gleichwohl darf der Dialog gemäss Abs. 2 nicht zum Zweck geführt werden, Preise und Gesamtpreise zu verhandeln. Mit der Umschreibung «Preise und Gesamtpreise» hat

---

6   LEUTHOLD, Dialog, S. 283 f.
7   Art. 39 N 15 ff.
8   So auch die Botschaft BöB, S. 1934, und die Musterbotschaft IVöB, S. 61, welche aber nur die Voraussetzungen von BöB/IVöB 39 Abs. 2 erwähnen.
9   Komm BöB-TRÜEB, Art. 20 N 13.

das Parlament klar zum Ausdruck gebracht, dass Nachverhandlungen grundsätzlich weder bei einzelnen Preisbestandteilen noch beim Gesamtpreis zulässig sind.[10] Bei der Durchführung des Dialogs, bei welchem ein Lösungsweg erarbeitet bzw. der Leistungsbeschrieb konkretisiert wird, ist es unerlässlich, dass die Preise durch die jeweilige Weiterentwicklung im Verlauf des Dialogs angepasst werden können. Solche Preisanpassungen bis und mit Abgabe des endgültigen Angebots müssen bei der Durchführung des Dialogs möglich sein. Die Preisanpassungen sind aber im Verlauf des Dialogs zu dokumentieren und müssen stets mit der jeweiligen Erarbeitung des Lösungswegs bzw. der Konkretisierung des Leistungsbeschriebs in unmittelbarem Zusammenhang stehen. So kann auch dem Vorwurf begegnet werden, der Dialog sei zum Zweck geführt worden, die Preise und den Gesamtpreis zu verhandeln.

IV. Abs. 3: Zwingende Parameter

Nebst dem Hinweis, dass ein Dialog durchgeführt wird (Abs. 1), muss die Auftraggeberin ihre Bedürfnisse und Anforderungen in der Ausschreibung oder den Ausschreibungsunterlagen formulieren und erläutern.[11] Diesbezüglich sind u.a. zwingende Parameter vorzugeben, welche von den Anbieterinnen erfüllt werden müssen (bspw. Vorgabe der Kompatibilität mit bestehenden Instrumenten, Einhaltung von Gesetzesvorschriften). Wie in jeder öffentlichen Ausschreibung sind auch bei der Anwendung des Dialogs die Eignungskriterien[12] sowie die Zuschlagskriterien[13] zu definieren. 17

Da im Dialog Lösungswege und Vorgehensweisen gesucht werden, wird zu Beginn keine detaillierte Leistungsbeschreibung erfolgen. Aus diesem Grund kann es schwierig sein, mit der Ausschreibung auch bereits die Gewichtung der Zuschlagskriterien vorzugeben. BöB/IVöB 29 Abs. 3 sieht in Fällen, in denen Lösungen, Lösungswege oder Vorgehensweisen Gegenstand der Beschaffung sind, vor, dass auf die Bekanntgabe der Gewichtung verzichtet werden kann. Dies wird in Verfahren, in denen ein Dialog möglich ist, regelmässig der Fall sein. Daher können die Zuschlagskriterien ohne Bekanntgabe der Gewichtung festgelegt werden. Aus Transparenzgründen ist aber die Rangfolge der Zuschlagskriterien anzugeben. 18

Die Auftraggeberin gibt ferner bekannt, wie der Dialog ablaufen wird und was die möglichen Inhalte desselben sein werden. Dabei ist insbesondere anzugeben, wie viele Etappen der Dialog aufweisen wird. 19

---

10 Musterbotschaft IVöB, S. 61.
11 Gemäss Botschaft BöB, S. 1934, sind bestimmte Mindestangaben zum Ablauf des Dialogs nur ausgewählten Anbieterinnen bekannt zu geben. Dies ist unzutreffend: In der Ausschreibung und den Ausschreibungsunterlagen sind diese Angaben selbstverständlich allen potenziellen Anbieterinnen zu Beginn der Ausschreibung mitzuteilen.
12 Vgl. zu den Eignungskriterien Art. 27 N 8 ff.
13 Vgl. zu den Zuschlagskriterien Art. 29 N 19 ff.

20 Im Unterschied zu aVöB 26a Abs. 2 müssen die Teilnahme am Dialog und die Nutzung der Immaterialgüterrechte sowie die Kenntnisse und Erfahrung der Anbieterinnen nicht mehr zwingend entschädigt werden. BöB/IVöB 24 Abs. 3 hält ausdrücklich fest, dass die Auftraggeberin in der Ausschreibung oder den Ausschreibungsunterlagen bekannt gibt, ob sie dies entschädigt (oder eben nicht). Auf Bundesebene hält VöB 10 dazu fest, dass die Auftraggeberin in den Ausschreibungsunterlagen bekannt gibt, ob und wie Vorleistungen, die über den gewöhnlichen Aufwand hinausgehen, entschädigt werden (Abs. 2). Im Übrigen haben Anbieterinnen keinen Anspruch auf eine Entschädigung für die Erstellung ihres Angebots (Abs. 1). Dies gilt insbesondere auch für die Ausarbeitung des Angebots. Vor diesem Hintergrund sind einerseits die Teilnahme am Dialog sowie die Nutzung der Immaterialgüterrechte von Gesetzes wegen nicht (mehr) zwingend zu entschädigen, selbst wenn sie mit wesentlichem Zusatzaufwand verbunden sind. Andererseits hat die Zuschlagsempfängerin keinen Anspruch auf eine Vergütung.[14]

21 In der Praxis werden die Anbieterinnen die erforderlichen Mittel allerdings kaum ohne jede Gegenleistung bereitstellen. Eine Entschädigung des Aufwands und der Teilnahme kann angemessen sein, damit die Anbieterinnen ein Interesse haben, Ressourcen für das Erarbeiten von Lösungen und Verfahrensweisen einzusetzen.[15] In den Ausschreibungsunterlagen ist die Vergütung für die Teilnahme am Dialog und für die Nutzung der Anbieterleistungen festzuhalten.[16] Schliesslich macht es Sinn, den Umgang mit den Immaterialgüterrechten in den Ausschreibungsunterlagen detailliert zu regeln.

22 Sodann sind die Fristen und Modalitäten zur Einreichung des endgültigen Angebots bekannt zu geben. Es empfiehlt sich, dass sich die Fristen nach Massgabe des angewandten Vergabeverfahrens richten. Wird ein offenes Verfahren durchgeführt, gelten somit die gesetzlichen Fristen für das offene Verfahren.[17] In der Ausschreibung bzw. den Ausschreibungsunterlagen kann bspw. eine verbindliche Frist für die Einreichung des ersten Lösungsvorschlags gesetzt werden. In Bezug auf die weiteren Fristen ist es möglich, dass dafür in den Ausschreibungsunterlagen eine Zeitspanne definiert und insbesondere die Frist für die definitiven Angebote verbindlich erst vor Abschluss des Dialogverfahrens festgelegt wird.

---

14 Wird der Zuschlag widerrufen und wurde eine Entschädigung vorgesehen, muss diese auch an die Zuschlagsempfängerin erfolgen, sofern sie den Widerruf nicht verursacht hat, vgl. auch Erläuternder Bericht VE-VöB, S. 10 f.
15 Vgl. zur Vergütung im Einzelnen das Merkblatt der Beschaffungskonferenz des Bundes, BKB «Vergütung im Dialog» vom Mai 2014, abrufbar unter https://www.beschaffung.admin.ch/bpl/de/home/beschaffung/merkblaetter.html (zuletzt besucht am 04.11.2019).
16 Vgl. dazu auch den KBOB Leitfaden, S. 12.
17 Vgl. insbesondere Art. 46 N 15 f.

V. Abs. 4: Auswahl der Dialogteilnehmenden

Der Auftraggeberin bestimmt, welche Anbieterinnen sie zum Dialog einladen will. Vorausgesetzt ist, dass sie die Kriterien, nach welchen die Auswahl der Anbieterinnen erfolgen soll, in der Ausschreibung oder den Ausschreibungsunterlagen bekannt gibt und es sich dabei um sachliche und transparente Kriterien handelt. Es werden wenn möglich mindestens drei Anbieterinnen zum Dialog eingeladen.[18] Letztere Bestimmung entspricht den im selektiven Verfahren und Einladungsverfahren geltenden Regeln.   23

Die Auftraggeberin ist daher gesetzlich nicht verpflichtet, mit allen Anbieterinnen einen Dialog zu führen, welche die Teilnahmebedingungen erfüllen.[19] Vielmehr hat die Auftraggeberin die Möglichkeit, anhand von vorgängig bekannt gegebenen Zuschlagskriterien eine Reduktion der am Dialog teilnehmenden Anbieterinnen vorzunehmen. Den Zuschlagskriterien kommt daher im Dialog eine doppelte Funktion zu: Sie dienen einerseits der Auswahl der Anbieterinnen, mit denen ein Dialog geführt werden soll, andererseits dienen sie auch der Bewertung der endgültigen Angebote und der Zuschlagserteilung.[20]   24

Mit einer Anbieterin soll nur über den von ihr entwickelten Lösungsweg ein Dialog geführt werden. Aufgrund des Vertraulichkeitsgrundsatzes (vgl. N 28 nachstehend) ist der Dialog bzw. die Weiterentwicklung eines Lösungswegs mit einer anderen Anbieterin in der Regel ausgeschlossen.   25

Den Anbieterinnen ist schriftlich mitzuteilen, ob sie am Dialog teilnehmen können oder nicht. Diese Mitteilung ist als anfechtbare Verfügung auszugestalten.[21] Die im Dialog verbliebenen Anbieterinnen werden über den Abschluss des Dialogs und die relevanten Ergebnisse orientiert und aufgefordert, innert Frist ihr endgültiges Angebot einzureichen. Die Auftraggeberin beurteilt die eingereichten Angebote anhand der in der Ausschreibung oder in den Ausschreibungsunterlagen festgelegten Zuschlagskriterien und wählt das vorteilhafteste Angebot aus.   26

VI. Abs. 5: Dokumentation

Damit die einzelnen Schritte des Dialogs nachvollzogen werden und auch einer allfälligen gerichtlichen Überprüfung standhalten können, sind alle Etappen zu dokumentieren. An die Dokumentation sind – da die Gefahr von Ungleichbehandlungen der   27

---

18 VöB 6 Abs. 1.
19 Dies entgegen der bisher geltenden Praxis, vgl. GALLI/MOSER/LANG/STEINER, Rz. 704.
20 Vgl. dazu auch den KBOB Leitfaden, S. 12, mit möglichen Beispielen für solche Kriterien.
21 Vgl. dazu auch die Botschaft BöB, S. 1935; Musterbotschaft IVöB, S. 62.

Anbieterinnen gross ist – hohe Anforderungen zu stellen.[22] Die Dialoge mit den Anbieterinnen sind umfassend zu protokollieren, und sämtliche Entscheide, die sich vor oder nach einem Dialog ergeben, sind schriftlich festzuhalten und zu begründen.

28 Im Unterschied zu aVöB 26a wird die Vertraulichkeit des Dialogs in VöB 6 Abs. 3 nun ausdrücklich geregelt. Während eines Dialogs dürfen vorbehältlich einer schriftlichen Zustimmung der Betroffenen keine Informationen über Lösungen und Vorgehensweisen der einzelnen Anbieterinnen weitergegeben werden. Damit werden Geschäftsgeheimnisse und Urheberrechte gewahrt.[23] Dies gilt auch nach der Zuschlagserteilung. Eine ausdrückliche Zustimmung der betroffenen Anbieterin kann im Rahmen des Dialogs eingeholt werden und hat schriftlich zu erfolgen.[24] Diese Bestimmung korrespondiert mit dem Vertraulichkeitsgrundsatz in BöB/IVöB 11 Bst. e.[25]

29 In die Dokumentation gehören auch die mit den Dialogpartnern abgeschlossenen Dialogvereinbarungen. VöB 6 Abs. 2 sieht vor, dass der Ablauf des Dialogs einschliesslich Dauer, Fristen, Entschädigung und Nutzung der Immaterialgüterrechte in einer Dialogvereinbarung festgelegt wird. Im Hinblick auf die Gleichbehandlung der Anbieterinnen müssen alle Dialogvereinbarungen zum gleichen Verfahren inhaltlich übereinstimmen.[26] Es macht Sinn, wenn ein Entwurf der Dialogvereinbarung bereits vor der Publikation der Ausschreibung vorbereitet wird.

VII. Abs. 6: Anpassungen Bundesrat

30 Es ist davon auszugehen, dass der Dialog in Zukunft an Bedeutung gewinnen wird. Der Bundesrat kann die Modalitäten des Dialogs näher regeln und bei Bedarf später Anpassungen vornehmen (VöB) oder dem Parlament beantragen (BöB).[27] Dieser Absatz ist ausschliesslich im BöB vorgesehen.

VIII. Rechtsvergleichung

31 Die EU kennt ein dem schweizerischen Dialog ähnliches Vergabeverfahren, das bei besonders komplexen Aufträgen zur Anwendung gelangt. Der sog. wettbewerbliche Dialog der EU findet seine Grundlage in RL 2014/24/EU 30. Dabei handelt es sich um ein eigenständiges Verfahren, d.h., im Unterschied zur Regelung in BöB/IVöB stellt der Dialog nicht nur ein beschaffungsrechtliches Instrument dar.

---

22 Galli/Moser/Lang/Steiner, Rz. 703.
23 Erläuternder Bericht VE-VöB, S. 10 f.
24 Erläuternder Bericht VE-VöB, S. 10 f.
25 Vgl. Art. 11 N 21 f.
26 Erläuternder Bericht VE-VöB, S. 10 f.
27 Botschaft BöB, S. 1933.

Der wettbewerbliche Dialog ist ein dreistufiges Verfahren. In der ersten Stufe werden die 32
Unternehmen öffentlich dazu aufgefordert, Teilnahmeanträge zu stellen (Abs. 1). Nach
der Auswahl von geeigneten Bewerbenden beginnt die zweite Stufe – der eigentliche
Dialog (Abs. 3). Ziel des Dialogs ist, die Mittel, mit denen die Auftraggeberin ihre Bedürfnisse am besten erfüllen kann, zu ermitteln und festzulegen. Beim Dialog kann
die Auftraggeberin mit den ausgewählten Teilnehmenden alle Aspekte der Auftragsvergabe erörtern. Nach Erarbeitung einer oder mehrerer Lösungen werden dann in der dritten Stufe die Bewerbenden zur Angebotsabgabe aufgefordert (Abs. 6).

Art. 25 Rahmenverträge

[1] Die Auftraggeberin / *Der Auftraggeber* kann Vereinbarungen mit einer / *einem* oder mehreren Anbieterinnen /*Anbietern* ausschreiben, die zum Ziel haben, die Bedingungen für die Leistungen, die im Laufe eines bestimmten Zeitraums bezogen werden sollen, festzulegen, insbesondere in Bezug auf deren Preis und gegebenenfalls die in Aussicht genommenen Mengen. Gestützt auf einen solchen Rahmenvertrag kann die Auftraggeberin / *der Auftraggeber* während dessen Laufzeit Einzelverträge abschliessen.

[2] Rahmenverträge dürfen nicht mit der Absicht oder der Wirkung verwendet werden, den Wettbewerb zu behindern oder zu beseitigen.

[3] Die Laufzeit eines Rahmenvertrags beträgt höchstens fünf Jahre. Eine automatische Verlängerung ist nicht möglich. In begründeten Fällen kann eine längere Laufzeit vorgesehen werden.

[4] Wird ein Rahmenvertrag mit nur einer Anbieterin / *einem Anbieter* abgeschlossen, so werden die auf diesem Rahmenvertrag beruhenden Einzelverträge entsprechend den Bedingungen des Rahmenvertrags abgeschlossen. Für den Abschluss der Einzelverträge kann die Auftraggeberin / *der Auftraggeber* die jeweilige Vertragspartnerin / *den jeweiligen Vertragspartner* schriftlich auffordern, ihr / *sein* Angebot zu vervollständigen.

[5] Werden aus zureichenden Gründen Rahmenverträge mit mehreren Anbieterinnen / *Anbietern* abgeschlossen, so erfolgt der Abschluss von Einzelverträgen nach Wahl der Auftraggeberin / *des Auftraggebers* entweder nach den Bedingungen des jeweiligen Rahmenvertrags ohne erneuten Aufruf zur Angebotseinreichung oder nach folgendem Verfahren:

   a. Vor Abschluss jedes Einzelvertrags konsultiert die Auftraggeberin / *der Auftraggeber* schriftlich die Vertragspartnerinnen / *Vertragspartner* und teilt ihnen den konkreten Bedarf mit.

   b. Die Auftraggeberin / *der Auftraggeber* setzt ihnen / *den Vertragspartnern* eine angemessene Frist für die Abgabe der Angebote für jeden Einzelvertrag.

   c. Die Angebote sind schriftlich einzureichen und während der Dauer, die in der Anfrage genannt ist, verbindlich.

   d. Die Auftraggeberin / *der Auftraggeber* schliesst den Einzelvertrag mit derjenigen Vertragspartnerin / *demjenigen Vertragspartner,* die / *der* gestützt auf die in den Ausschreibungsunterlagen oder im Rahmenvertrag definierten Kriterien das beste Angebot unterbreitet.

Inhaltsverzeichnis

I.	Grundlagen	1
II.	Generelles zum Rahmenvertrag	3
A.	Abs. 1: Definition und Anwendungsbereich	6
B.	Abs. 2: Beachtung des Wettbewerbsgrundsatzes	8
C.	Abs. 3: Laufzeitbeschränkung	9
D.	Abs. 4: Rahmenvertrag mit einer Zuschlagsempfängerin	11
E.	Abs. 5: Rahmenverträge mit mehreren Zuschlagsempfängerinnen	16
III.	Rechtsvergleichung	23

I. Grundlagen

Die Möglichkeit der Vergabe von Rahmenverträgen findet sich weder explizit im GPA 1994 noch im GPA 2012. Vielmehr wird deren Zulässigkeit aus den generellen Grundsätzen (insbesondere Schaffung von Wettbewerb und Wirtschaftlichkeit) des Beschaffungsrechts abgeleitet. Dass Leistungsbezüge über Rahmenverträge grundsätzlich als vergaberechtlich relevante öffentliche Aufträge zu qualifizieren sind, ergibt sich schon daraus, dass ein Rahmenvertrag letztlich nichts anderes als eine zusammengefasste Mehrzahl von Einzelbestellungen ist.[1] Weder das aBöB noch die aIVöB kannten jedoch bislang Bestimmungen über die Vornahme resp. Vergabe von Rahmenverträgen. In der Praxis wird dieses Konstrukt auf die eine oder andere Weise bereits seit mehreren Jahren angewendet. Gestützt hat sich diese Praxis insbesondere auf die Europäischen Vergaberichtlinien, welche die sog. Rahmenvereinbarungen bereits seit 2004 kennen. Der Begriff der Rahmenvereinbarung wurde im EU-Recht in den RL 2004/17/EG (Art. 14 und 29) und RL 2004/18/EG (Art. 32) eingeführt. Das breit angewandte und europaweit als effiziente Beschaffungsmethode angesehene Instrument ist auch in den RL 2014/24/EU (Art. 33) und RL 2014/25/EU (Art. 51) vorgesehen.

Die im BöB bzw. in der IVöB neu aufgenommene Bestimmung spiegelt in weiten Teilen die gängige Praxis wider und dient somit der Rechtssicherheit bei der weitergehenden Verfeinerung der Beschaffungspraxis in Sachen Rahmenverträge.

II. Generelles zum Rahmenvertrag

Der Begriff Rahmenvertrag (oder Rahmenvereinbarung) leitet sich aus der allgemeinen Vertragsfreiheit ab. Es gibt keine Legaldefinition des Rahmenvertrags und keine scharfe dogmatische Abgrenzung zum Begriff Vertrag. In der Lehre ist aber allgemein anerkannt, dass sich ein Rahmenvertrag insbesondere dadurch kennzeichnet, dass er weder

---

1 BEYELER, Geltungsanspruch, Rz. 2927.

eine direkte Leistungspflicht durch die Auftragnehmerin noch eine Bezugspflicht der Auftraggeberin beinhaltet. Ein klassischer Rahmenvertrag beinhaltet lediglich die Bedingungen, zu welchen die konkreten Aufträge innerhalb eines bestimmten Zeitraums abgerufen resp. erbracht werden sollen.[2] Regelmässig beinhaltet ein Rahmenvertrag somit einen grossen Anteil an optionalen Leistungen bzw. wird die Ausschreibung rein optional durchgeführt.[3] Die Ausschreibung eines Rahmenvertrags erfolgt also insbesondere dann, wenn die zu realisierenden Projekte zum Zeitpunkt der Publikation der Ausschreibung resp. des Vertragsabschlusses nur teilweise bestimmbar sind oder der Zeitpunkt und die jeweils benötigte Menge an Waren nicht zum Voraus exakt festgelegt werden können. Jedoch muss auch bei einer Rahmenvertragsausschreibung der Beschaffungsprozess eingehalten und als erster Schritt stets eine saubere Bedarfsanalyse durchgeführt werden. Zum Zeitpunkt der Ausschreibung sollten aufgrund des Transparenzgebots zumindest ein Leistungsbeschrieb und das maximale Volumen, welches über den ausgeschriebenen Rahmenvertrag abgerufen werden kann, feststehen.[4]

4 Da das Mittel der Rahmenvereinbarungen massgebend «zur Verbesserung des Wettbewerbs und zur Rationalisierung des öffentlichen Beschaffungswesens»[5] beitragen kann, wird es häufig eingesetzt, wenn grosse Mengen beschafft werden müssen.

5 Es sind insbesondere zwei Arten von Rahmenverträgen zu unterscheiden: der Abschluss eines Rahmenvertrags durch eine (oder mehrere) öffentliche Auftraggeberin(nen) mit einer Zuschlagsempfängerin eines Ausschreibungsverfahrens (one to one resp. many to one; nachfolgend Einfachzuschlag) und der Abschluss eines Rahmenvertrags mit mehreren Zuschlagsempfängerinnen (one to many resp. many to many; nachfolgend Mehrfachzuschlag). Beide Ausprägungen werden vom Gesetzgeber behandelt, wobei der Rahmenvertrag mit mehreren (parallelen) Vertragspartnerinnen in der vergaberechtskonformen Umsetzung sicherlich die grösseren Herausforderungen bietet und auch mit der (neuen) gesetzlichen Grundlage noch bieten wird.

---

2 Vgl. SCHERLER, Rahmenvereinbarungen, S. 164.
3 Beim Abschluss eines Rahmenvertrags mit mehreren Zuschlagsempfängern sind rein optionale Ausschreibungen in der Praxis die Regel, da die Definition eines Grundauftrags pro Rahmenvertragspartner häufig nicht möglich sein wird. Vgl. auch Kommentar zu BöB/IVöB 25 N 16 ff.
4 So auch in der Musterbotschaft zur IVöB, S. 63: «Rahmenverträge müssen stets auf eine spezifische Leistungskategorie beschränkt bleiben. Die Leistungen sind daher hinreichend zu spezifizieren. Ein Rahmenvertrag bildet keinen Ersatz für eine mangelhafte Leistungsbeschreibung.»
5 Botschaft BöB, S. 1935.

A. Abs. 1: Definition und Anwendungsbereich

Die Botschaft unterstreicht die bestehende Praxis, dass die Ausschreibung eines Rahmenvertrags keines besonderen Beschaffungsverfahrens bedarf.[6] Vielmehr können Rahmenverträge in jeder der vom Gesetz vorgesehenen Verfahrensarten ausgeschrieben werden.[7] Massgebend ist dabei standardgemäss der geschätzte Auftragswert, hier der mögliche Gesamtwert, welcher unter dem fraglichen Rahmenvertrag abgerufen werden könnte. Im Gegensatz zum Hilfsmittel des «Dialogs» kann die Anwendung eines Rahmenvertragskonstrukts auch bei weniger komplexen und standardisierten Leistungen durchaus sinnvoll sein. So kann es sich beispielsweise anbieten, standardisierte Güter wie Stühle via einen Rahmenvertrag zu beschaffen, da es der Vergabestelle zwar möglich ist, den ungefähren Bedarf (also die Stückzahl) an Stühlen für die nächsten 3–5 Jahre abzuschätzen, der genaue Bezugszeitpunkt aber um einiges schwieriger zu bestimmen sein wird. Dies insbesondere dann, wenn es sich bei dieser Beschaffung um eine sog. «Bündelungsausschreibung» handelt, bei welcher mehrere Bedarfsstellen Stühle vom abzuschliessenden Rahmenvertrag abrufen bzw. bestellen möchten.

Auch wenn das Instrument des Rahmenvertrags einige Flexibilität für die Vergabestelle mit sich bringt, so wird doch durch den Wortlaut von BöB/IVöB 25 Abs. 1 klar gefordert, dass zumindest die Dauer des Rahmenvertrags sowie die (maximalen) Preise festzulegen sind. Der maximale Leistungsumfang ist nur «gegebenenfalls» festzulegen. Basierend auf dem Transparenzgrundsatz (BöB/IVöB 2 Bst. b) und in Verbindung mit BöB/IVöB 25 Abs. 2 ist aber davon auszugehen, dass gerade dieser maximale Leistungsumfang regelmässig bereits mit der Publikation der Ausschreibung bekannt zu geben ist.[8] Die Botschaft führt sodann auch aus, dass der Gesamtpreis die Grundlage für den Zuschlag bildet.[9] Die Bildung eines (aussagekräftigen) Gesamtpreises ist grundsätzlich nur dann möglich, wenn auch der Lieferumfang als Kalkulationsbasis bekannt gegeben wird. Bei Gütern kann dies eine (zumindest teilweise optionale) Angabe von Stückzahlen sein. Bei der Beschaffung von Dienstleistungen wird häufig mit (Arbeits-) Stunden resp. Stundenansätzen gearbeitet. Dabei haben sich mit der Zeit in der Bundesverwaltung zwei Vorgehensvarianten ergeben, um ein massgebliches Gesamtvolumen zu bestimmen. Die erste Variante wird in perfekter Analogie zu den Güterbeschaffungen angewendet, indem die Vergabestelle einen sog. «Stundenpool» vorgibt und der angebotene Stundenansatz mit der Anzahl Stunden multipliziert wird. Die zweite Variante wird insbesondere bei der Vergabe von Mehrfachzuschlägen herangezogen. Sie sieht vor, ein maximales Beschaffungsvolumen vorzugeben, welches dann massgeblich so-

---

6   Botschaft BöB, S. 1936 zu Abs. 1.
7   Vgl. dazu auch SCHERLER, Kriterium N 38, 2014: «Die Vergabe von Rahmenverträgen ist keine eigene Verfahrensart, sondern lediglich ein Hilfsmittel: Sie kann deshalb sowohl im offenen, selektiven wie auch im Einladungsverfahren und auf sämtliche Leistungsarten angewendet werden.»
8   Vgl. dazu auch EuGH C-216/17 vom 19.12.2018, Coopservice; Rz. 59 ff.
9   Botschaft BöB, S. 1936 zu Abs. 1.

wohl für die Zuschlagssumme wie auch das spätere maximale Abrufvolumen ist. Im Rahmen der Evaluation wird bei dieser Variante der angebotene Stundensatz in die vorgegebene Preisformel eingesetzt. In beiden Varianten dient dieser Stundensatz jeweils als Basis für die abzuschliessenden Einzelverträge aus dem jeweiligen Rahmenvertrag.

B. Abs. 2: Beachtung des Wettbewerbsgrundsatzes

8 Die Förderung eines wirksamen und fairen Wettbewerbs unter den Anbieterinnen wird bereits im Zweckartikel der revidierten Beschaffungserlasse statuiert.[10] Die zusätzliche explizite Erwähnung im Zusammenhang mit Rahmenverträgen lässt auf den Wunsch des Gesetzgebers schliessen, hier eine besondere Sensibilisierung herzustellen. Die Frage, wann ein Rahmenvertrag zu weit gefasst wird, d.h., der Leistungsgegenstand zu ungenau definiert ist, zu wenige oder zu viele Rahmenvertragspartnerinnen berücksichtigt werden etc., lässt sich schwer abstrakt regeln. Die Ausschreibung einer «leeren Hülle», um nachfolgend unter eingeschränktem (bei Mehrfachzuschlag) oder nicht mehr existierendem Wettbewerb (bei Einfachzuschlag) Leistungen in einem zuvor wenig bis nicht definierten Umfang sowie mit einem wenig bekannten Inhalt zu beziehen, würde den hier vorliegenden Regelungen aber sicherlich widersprechen. Wo genau dieser Grad an Konkretisierung liegen muss – was also noch zulässig ist und was schon nicht mehr –, ist im Einzelfall und bezogen auf die benötigten Leistungen und den vorliegenden Markt zu beurteilen. Zustimmung findet jedoch sicher die Auffassung, dass eine (Rahmenvertrags-)Ausschreibung, bei welcher als Leistungsgegenstand beispielsweise «Dienstleistungen im Bereich IKT» ohne weitere Konkretisierungen ausgeschrieben würden, als nicht zulässig anzusehen wäre.[11]

C. Abs. 3: Laufzeitbeschränkung

9 Die grundsätzliche Beschränkung der Laufzeit eines Rahmenvertrags auf fünf Jahre entspricht einerseits der allgemein geltenden Regelung über die bestimmte Laufzeit eines Vertrags.[12] Andererseits ist sie ebenfalls im Zusammenhang mit Abs. 2 vorstehend (Förderung des Wettbewerbs) zu lesen und dient der regelmässigen Schaffung von (vollem) Wettbewerb. Wie in BöB/IVöB 15 Abs. 4 ist es aber auch bei der Vereinbarung von Rahmenverträgen möglich, in begründeten Fällen eine massvolle Verlängerung vorzusehen.[13] In der Botschaft wird sodann ausgeführt, dass sich eine längere Laufzeit als die grundsätzlich vorgesehenen fünf Jahre auch bei einem Mehrfachzuschlag rechtfertigt, wenn für den Abruf selber ein Restwettbewerb (sog. Minitender[14]) vorgesehen ist. Die-

---

10 BöB/IVöB 2 Bst. d.
11 Vgl. hierzu auch Botschaft BöB, S. 1936 zu Abs. 2.
12 BöB/IVöB 15 Abs. 4.
13 Vgl. hierzu Art. 15 N 14 ff.
14 Vgl. Art. 25 N 18.

sen Überlegungen ist insofern zu folgen, als durch diese Art des Abrufs dem Wettbewerbsgrundsatz zumindest teilweise nachgekommen wird. Dagegen muss aber angeführt werden, dass es sich – wie die Botschaft dies bereits richtig betitelt – lediglich um einen Restwettbewerb handelt. Neue Marktteilnehmende oder sonstige veränderte Marktverhältnisse werden resp. dürfen in diesen Minitenderverfahren nicht oder nicht vollumfänglich berücksichtigt werden. Deshalb ist mit Blick auf eben diesen Wettbewerbsgrundsatz davon abzusehen, den Mehrfachzuschlag mit Minitender als generelle Begründung für eine längere Vertragsdauer heranzuziehen. Vielmehr sollte m.E. auf die generellen Grundsätze, wie sie bei der Anwendung von BöB/IVöB 15 zu beachten sind, abgestellt werden. Die RL 2014/24/EU zieht als Beispiel für eine Verlängerung einer Rahmenvertragsdauer den Amortisierungszeitraum von benötigter Ausrüstung heran und führt aus, ein hinreichender Grund für eine Verlängerung könne vorliegen, wenn der Amortisierungszeitraum schon per se länger sei als die vorgegebene Maximaldauer.[15]

Ausschliesslich in BöB/IVöB 25 Abs. 3 zu finden und somit explizit nur auf die Ausschreibung von Rahmenverträgen anwendbar ist der Zusatz, dass eine automatische Vertragsverlängerung nicht möglich ist. Diese Regelung ist zu begrüssen, ist ja auch die Laufzeit des Rahmenvertrags bereits bei der Ausschreibung bekannt zu geben. Im Umkehrschluss bedeutet dies auch, dass Rahmenverträge nicht auf unbestimmte Zeit abgeschlossen werden sollen.[16]

D. Abs. 4: Rahmenvertrag mit einer Zuschlagsempfängerin

Die Auftraggeberin hat im Fall eines Einfachzuschlags bereits im Rahmenvertrag vorzugeben, unter welchen Bedingungen der Einzelvertrag schliesslich abgeschlossen wird. Der Gesetzgeber unterscheidet dabei zwei Fälle:

Einerseits soll es der Auftraggeberin möglich sein, Einzelverträge ohne weitere «Verhandlungen» mit der Vertragspartnerin abzuschliessen. Dies wird regelmässig dann möglich und sinnvoll sein, wenn die Konditionen bezüglich Leistungsinhalt, Lieferterminen, technischen Voraussetzungen und sonstiger Rahmenbedingungen bereits auf Stufe Rahmenvertrag sehr detailliert geregelt werden konnten. Zu denken ist da u.a. an einen Rahmenvertrag über die Lieferung von «standardisierbaren Gütern» wie Stühlen oder sonstigem Mobiliar. Hier wird es regelmässig möglich sein, die Bedingungen im Rahmenvertrag so genau auszugestalten, dass eine einfache Bestellung beim Lieferanten dem Abschluss eines Einzelvertrags gleichkommt. Da es Sinn und Zweck eines Rahmenvertragskonstrukts widersprechen würde, kann dies jedoch nicht bedeuten, dass im

---

15 RL 2014/24/EU, E. 62.
16 Dazu auch Botschaft BöB, S. 1937: «Ein Rahmenvertrag mit unbestimmter Dauer, der während Jahren nicht gekündigt werden kann, würde der Zuschlagsempfängerin einen Wettbewerbsvorteil einräumen und damit den Markzutritt der Konkurrenz sowie den Wettbewerb beeinträchtigen.»

Rahmenvertrag bereits die genauen Mengen und Termine, welche mittels Einzelvertrag abgerufen werden, zwingend festgelegt werden müssen.

13 Andererseits lässt BöB/IVöB 25 Abs. 4 der Auftraggeberin die Möglichkeit offen, vor dem Abschluss des Einzelvertrags erneut in eine Art Verhandlungen mit der Vertragspartnerin zu treten und diese aufzufordern, ihr Angebot zu vervollständigen. Unter dem Titel der «Vervollständigung» kann beispielsweise die Angabe der nun konkreten, auf die aktuelle Situation angepassten, Preise zu verstehen sein; dies natürlich nur innerhalb der durch die Ausschreibung definierten Obergrenze. Denkbar – und in der heutigen Praxis auch weit verbreitet – ist es aber auch, der Vertragspartnerin zum Zeitpunkt des Abrufs die Möglichkeit einzuräumen, nun ihr Angebot entsprechend dem konkret vorliegenden Projekt anzupassen resp. eine konkrete Offerte für den zwischenzeitlich detaillierten Bedarf der Auftraggeberin zu erstellen. Die Inhalte der vorgängig durchgeführten Ausschreibung setzen den Anpassungsmöglichkeiten jedoch Grenzen. Diese Methode der Konkretisierung im Abrufzeitpunkt kommt regelmässig bei der Beschaffung von Dienstleistungen zur Anwendung. Gerade in der IKT-Beschaffung, wenn ein neues System über einen Lifecycle von beispielsweise acht Jahren beschafft wird, steht zwar bereits zum Ausschreibungszeitpunkt fest, dass auch Weiterentwicklungen an diesem System notwendig sein werden. Welche genauen Inhalte mit diesen aber abgedeckt werden müssen, kann schwerlich bereits zu einem solch frühen Zeitpunkt abschliessend festgelegt werden. Hier bietet das Konstrukt des Rahmenvertrags die Möglichkeit, die Leistungen im offenen und transparenten Wettbewerb zu beschaffen, aber dennoch genügend Flexibilität in der Leistungsbeschreibung zum Zeitpunkt des effektiven Bedarfs zu gewährleisten.

14 Im Sinn eines transparenten Handelns der Vergabestelle wird die Wahl der Abrufmethode, also die Beschreibung des sog. Abrufverfahrens, regelmässig zu den Bedingungen gehören, welche zwingend im Rahmenvertrag zu vereinbaren sind und bereits zum Zeitpunkt der Publikation der Ausschreibung bekannt gemacht werden müssen.

15 Unabhängig davon, welches Abrufverfahren gewählt wird, ist eine wesentliche Änderung oder Erweiterung der Leistungen mittels Einzelvertrag nicht zulässig.[17] Dies ergibt sich einerseits aus der Tatsache, dass eine wesentliche Änderung der nachgefragten Leistungen einen Abbruchgrund nach BöB/IVöB 43 Abs. 1 Bst. f darstellt und somit eine neue Ausschreibung für den geänderten Bedarf durchgeführt werden muss. Andererseits wird die Vergabestelle durch die Erteilung eines Zuschlags jeweils nur berechtigt, den mittels Ausschreibung vergebenen Leistungsinhalt und -umfang zu beziehen. Eine Erweiterung dieses Ausschreibungsgegenstands durch den Abschluss eines Einzelvertrags würde somit ohne vergaberechtliche Grundlage erfolgen und wäre als eine unzulässige «*de facto*-Vergabe» anzusehen.[18]

---

[17] Vgl. Botschaft BöB, S. 1938.
[18] Einzige Ausnahme bildet eine freihändige Vergabe unterhalb des Schwellenwerts für das Einladungsverfahren.

E. Abs. 5: Rahmenverträge mit mehreren Zuschlagsempfängerinnen

Für die Vornahme eines Mehrfachzuschlags werden zureichende Gründe gefordert. In der Botschaft werden einige Beispiele aufgezählt: «aus Gründen des Ressourcenbedarfs, der Versorgungssicherheit, der Vermeidung einer Abhängigkeit von einer einzelnen Lieferantin, zur Senkung der Transaktionskosten».[19] Gemessen an diesen Beispielen ist der Massstab an die Begründungtiefe nicht sehr hoch anzusetzen. Auch hier muss es der Vergabestelle zustehen, ihren Bedarf und das Beschaffungskonstrukt nach ihren Bedürfnissen festlegen zu können. Das bedeutet schlussendlich: Kann der Bedarf der Vergabestelle aus ihrer Sicht am besten durch die Vornahme einer Ausschreibung mit Mehrfachzuschlägen abgedeckt werden, wird dies wohl regelmässig als Begründung ausreichen.

16

Der Auftraggeberin kommen bei der Entscheidung, wie sie zum konkreten Leistungsbezug, sprich zum Abschluss eines Einzelvertrags, kommen will, grosse Freiheiten zu. Zwar werden auch bei der Vornahme eines Mehrfachzuschlags wiederum zwei Wege zum Vertragsabschluss festgehalten, wie dies auch bezüglich des Einfachzuschlags der Fall ist. Jedoch lässt die vom Wortlaut her identische Regelung «nach den Bedingungen im Rahmenvertrag» im Konstrukt Mehrfachzuschlag einen sehr viel grösseren Spielraum zu. So kann die Auftraggeberin im Rahmenvertrag grundsätzlich jedes nur denkbare Abrufverfahren vorsehen, solange kein erneuter Aufruf zur Angebotseinreichung erfolgt. Beispielsweise kann ein sog. «Rangfolgeabruf» festgelegt werden, bei welchem den Vertragspartnerinnen eine Verfügbarkeitsanfrage in der Reihenfolge ihrer Rangierung in der Ausschreibung zugestellt wird. Mit der ersten Unternehmung, die ihre Verfügbarkeit zusagt, wird der Einzelvertrag abgeschlossen.

17

Als zweite Wahlmöglichkeit wird an dieser Stelle die Anwendung des sog. Minitender (Miniwettbewerb) gesetzlich verankert. Dabei wird allen Rahmenvertragspartnerinnen die Möglichkeit geboten, ein konkretisiertes Angebot auf den ebenfalls konkretisierten Bedarf der Auftraggeberin einzureichen. Diese Angebote werden dann erneut von der Vergabestelle verglichen. Über das Angebot, welches die konkretisierten Minitender-Kriterien am besten erfüllt, wird ein Einzelvertrag geschlossen. Die grosse Herausforderung bei der Durchführung solcher Minitender wird regelmässig die Definition ebendieser Minitender-Kriterien sein. Anhand der Regelung in BöB/IVöB 25 Abs. 5 Bst. d lässt sich nicht mit absoluter Sicherheit bestimmen, ob diese Kriterien bereits zum Zeitpunkt der Ausschreibung bekannt gegeben werden sollen («auf die in den Ausschreibungsunterlagen oder *im Rahmenvertrag* definierten Kriterien»). Sinn und Zweck dieser Reglung wird es aber wohl sein, dass den Anbieterinnen bereits im Beschaffungsverfahren transparent mitgeteilt wird, anhand welcher Kriterien entschieden wird, welches Unternehmen schlussendlich die konkreten Leistungen erbringen darf. Dies einerseits, damit die Anbieterin in der Lage ist, ihre Chancen realistisch abzuschätzen (analog der Bekannt-

18

---

19 Botschaft BöB, S. 1938.

4. Kapitel: Vergabeverfahren

machung der Zuschlagskriterien im Beschaffungsverfahren), und andererseits, um ein willkürliches Vorgehen im Abruf zu vermeiden. Eine klare Aussage dazu, dass die Abrufkriterien bereits in den Ausschreibungsunterlagen festzuhalten sind, findet man dann auch in der – für die Schweiz zwar nicht verbindlichen – RL 2014/24/EU.[20]

19 Es ist somit davon auszugehen, dass die Kriterien, welche im Abruf herangezogen werden sollen, bereits zum Zeitpunkt der Publikation der Ausschreibung bekannt zu geben sind. Der Entwurf des Rahmenvertrags kann bereits der Ausschreibung beigelegt werden. Ist dies der Fall, so erscheint es als sehr sinnvoll, die Kriterien auch von Anfang an dort festzuhalten, denn schliesslich wird dies das massgebende Dokument für die Erstellung des Einzelvertrags sein.

20 Welche Inhalte diese Abrufkriterien konkret aufweisen dürfen, wird nicht weiter thematisiert. Einzig der Umstand, dass die Erfüllung der Muss-Kriterien und der Erfüllungsgrad der Zuschlagskriterien im Minimum gleich sein müssen wie in der zugrunde liegenden Ausschreibung, ist in den Materialien zum Bundesratsentwurf zu finden.[21] Der Grundsatz, dass durch den Abruf keine wesentlichen Änderungen oder Erweiterungen des Beschaffungsgegenstands vorgenommen werden dürfen, muss aber auch hier gelten. Wann diese Schwelle zur wesentlichen Änderung erreicht ist, wird regelmässig Fragen aufwerfen und im Einzelfall zu überprüfen sein.

21 Die Grenze der Flexibilität in der Ausgestaltung des Abrufverfahrens wird in Abs. 5 nicht explizit geregelt. Da dieses Abrufverfahren jedoch bereits zum Zeitpunkt der Ausschreibung bekannt zu machen ist, ist anzunehmen, dass auch in Bezug auf dieses nachgelagerte Abrufverfahren die allgemeinen Grundsätze des Vergaberechts anzuwenden sind und deshalb ein Vorgehen gewählt werden muss, welches insbesondere den Anforderungen von BöB/IVöB 2 Genüge tut.

22 Gemäss BöB/IVöB 53 Abs. 6 ist bei Rahmenvertragsausschreibungen der Abschluss des Einzelvertrags nicht mittels Beschwerde an das Bundesverwaltungsgericht bzw. die kantonal zuständige Beschwerdeinstanz anfechtbar. U.a. aufgrund der dargelegten grossen Flexibilität der Vergabestellen in der Ausgestaltung des Abrufverfahrens ist aber darauf hinzuweisen, dass – sollten im tatsächlichen Abruf die grundsätzlichen Bedingungen der durchgeführten Ausschreibung verletzt resp. geändert werden – eine verwaltungsgerichtliche Überprüfbarkeit dieses Umstands nicht vollends auszuschliessen ist. Klar ist, dass jederzeit eine zivilgerichtliche oder aufsichtsrechtliche Klage[22] gegen die unsachgerechte Durchführung von Abrufverfahren erhoben werden kann.

---

[20] RL 2014/24/EU, E. 61: «Zur Sicherstellung der Gleichbehandlung und Transparenz sollten die öffentlichen Auftraggeber in den Auftragsunterlagen für die Rahmenvereinbarung die objektiven Kriterien angeben, die für die Entscheidung zwischen diesen beiden Methoden zur Ausführung der Rahmenvereinbarung ausschlaggebend sind.»
[21] Botschaft BöB, S. 1938 zu Abs. 5.
[22] Vgl. z.B. VwVG 71.

III. Rechtsvergleichung

Die EU kennt das Instrument des Rahmenvertrags bereits seit geraumer Zeit. So erstaunt es dann auch nicht, dass die Vorgaben in RL 2014/24/EU 33 und RL 2014/25/EU 51 in vielen Teilen den Regelungen entspricht, welche die Schweiz nun auch aufgenommen hat.

23

Der grösste und schwerwiegendste Unterschied liegt wohl im Umgang mit der Anfechtbarkeit des Einzelvertrags resp. des vorangehenden Evaluationsentscheids im Minitender.

24

Vermutlich aus diesem Umstand resultiert die Pflicht zur Bekanntmachung der abgeschlossenen Einzelverträge, wobei eine vierteljährliche Bündelungspublikation ausreicht (RL 2014/24/EU 50 Abs. 2 bzw. RL 2014/25/EU 70 Abs. 2). Eine solche Pflicht zur Bekanntgabe der Einzelvertragsabschlüsse kennt das Schweizer Beschaffungsrecht nicht, vielmehr wird das öffentlich-rechtliche Beschaffungsverfahren nach dem rechtskräftigen Zuschlag als abgeschlossen angesehen.

25

Ein weiterer Unterschied findet sich zudem in der zulässigen Vertragsdauer von Rahmenverträgen: Gemäss RL 2014/24/EU 33 Abs. 1 beträgt die grundsätzliche Maximaldauer vier anstelle der im BöB bzw. der IVöB vorgesehen fünf Jahre. Und für Rahmenvereinbarungen von Sektorenauftraggebern ist eine grundsätzliche Maximaldauer von acht Jahren vorgesehen (RL 2014/25/EU 51 Abs. 2).

26

5. Kapitel: Vergabeanforderungen

Art. 26 Teilnahmebedingungen

[1] Die Auftraggeberin / *Der Auftraggeber* stellt im Rahmen des Vergabeverfahrens und bei der Erbringung der zugeschlagenen Leistungen sicher, dass die Anbieterin / *der Anbieter* und ihre Subunternehmerinnen / *seine Subunternehmer* die Teilnahmebedingungen, namentlich die Voraussetzungen nach Artikel 12, erfüllen, die fälligen Steuern und Sozialversicherungsbeiträge bezahlt haben und auf unzulässige Wettbewerbsabreden verzichten.

[2] Sie kann von der Anbieterin / *vom Anbieter* verlangen, dass diese / *diese*r die Einhaltung der Teilnahmebedingungen insbesondere mit einer Selbstdeklaration oder der Aufnahme in ein Verzeichnis nachweist.

[3] Sie / *Er* gibt in der Ausschreibung oder in den Ausschreibungsunterlagen bekannt, zu welchem Zeitpunkt welche Nachweise einzureichen sind.

Inhaltsverzeichnis

I.	Grundlagen	1
II.	Abs. 1: Gegenstand und Pflichten der Vergabestelle	5
III.	Abs. 2: Nachweis der Teilnahmebedingungen	10
IV.	Abs. 3: Zeitpunkt des Nachweises	12
V.	Rechtsvergleichung	14

I. Grundlagen

Die in der deutschen Fassung deckungsgleichen[1] Bestimmungen in BöB/IVöB 26 kodifizieren die ständige Praxis der Schweiz bezüglich «Teilnahmebedingungen»[2] und betten diese ins System der Vergabeanforderungen ein. Entsprechende Bestimmungen waren bzw. sind in dieser Form weder in den früheren Fassungen von BöB und IVöB noch dem GPA 2012 enthalten. GPA 2012 VIII mit der Marginalie «Teilnahmebedingungen» bezieht sich überwiegend auf die Eignungskriterien[3] und statuiert in Abs. 4 nicht ab-

---

1 Zu den Abweichungen im französischen bzw. italienischen Text vgl. N 8.
2 Die Terminologie in Lehre und Praxis zum bisherigen Recht war bisweilen uneinheitlich. Teilweise wurden unter Teilnahmebedingungen auch die Gesamtheit aller Vergabevoraussetzungen, Eignungskriterien oder – wie heute – die von den Eignungskriterien abzugrenzenden Grundvoraussetzungen für die Teilnahme am Vergabeverfahren verstanden. Vgl. zum Ganzen auch BRAZEROL, Fn. 254.
3 Vgl. BöB/IVöB 27.

schliessend Ausschlussgründe, welche teilweise der Durchsetzung von Teilnahmebedingungen i.S.v. BöB/IVöB 26 dienen.[4]

2 Das Respektieren von minimalen Arbeitsschutzbestimmungen und Arbeitsbedingungen sowie der Lohngleichheit zwischen (bzw. der Gleichbehandlung von) Frau und Mann gehörte jedoch auch unter bisherigem Recht zu den Vergabegrundsätzen und war auf Verlangen der Vergabestelle nachzuweisen.[5] Die Verletzung dieser Grundsätze wie auch das Nichtbezahlen von Steuern oder Sozialabgaben oder unzulässige Wettbewerbsabreden waren Gründe für den Ausschluss vom Vergabeverfahren bzw. den Widerruf des Zuschlags.[6] Einzelne kantonale Submissionsverordnungen erklärten auch bereits die Einhaltung von Umweltschutzgründen zu Vergabegrundsätzen und deren Nichteinhaltung zu Ausschlussgründen.[7]

3 Die Einhaltung minimaler Sozialstandards durch alle Marktteilnehmer ist Voraussetzung für das Funktionieren des Wettbewerbs.[8] Dasselbe gilt für die übrigen vorerwähnten Grundsätze.[9] Teilnahmebedingungen sind daher Grundvoraussetzung für die Teilnahme am Vergabeverfahren.[10] Sie sind unabhängig von Art, Gegenstand und Ausgestaltung des konkreten öffentlichen Auftrags von allen Anbieterinnen und Subunternehmern[11] einzuhalten.[12]

4 Die Nichteinhaltung von Teilnahmebedingungen führt grundsätzlich zum Ausschluss aus dem Vergabeverfahren bzw. zum Widerruf des Zuschlags.[13] Die Vergabestelle kann (anders als bei Eignungskriterien) selbst dann nicht auf die Einhaltung von Teilnahmebedingungen verzichten, wenn sie von keiner Anbieterin erfüllt werden.[14] Den allgemeinen Prinzipien des Verfassungs- und Verwaltungsrechts, namentlich dem Verhältnismässigkeitsprinzip und dem Verbot des überspitzten Formalismus, ist jedoch Rechnung zu tragen.[15] Verstösse gegen bestimmte Teilnahmebedingungen können zudem Sanktionen gemäss BöB/IVöB 45 nach sich ziehen.

---

[4] So namentlich der Ausschluss bei Nichtbezahlung von Steuern. Vgl. auch JÄGER, Ausschluss, Rz. 23.
[5] Vgl. aBöB 8 Abs. 1 Bst. b und c, aIVöB 11 Bst. e und f.
[6] Vgl. aBöB 11 Bst. c–e sowie VRöB 27 Bst. c–e.
[7] So u.a. ÖBG 8 Abs. 1 Bst. f; SubmD AG 3 Abs. 1 Bst. c und 28 Abs. 1 Bst. d.
[8] Botschaft BöB, S. 1911; Musterbotschaft IVöB, S. 43.
[9] BGE 143 II 425, E. 4.4; BVGer B-396/2018 vom 19.02.2019, E. 3.4.2 je m.w.H.
[10] BVGer B-396/2018 vom 19.02.2019, E. 3.4.1; OGer AG, WBE.2018.188 vom 17.09.2018, E. 2.2, in: AGVE 2018 Nr. 22 vom 17.09.2018.
[11] Zum Begriff vgl. Art. 12 N 17.
[12] Botschaft BöB, S. 1940; Musterbotschaft IVöB, S. 65; OGer AG, WBE.2018.188 vom 17.09.2018, E. 2.2, in: AGVE 2018 Nr. 22 vom 17.09.2018.
[13] BöB/IVöB 44 Abs. 1 Bst. a; BVGE 2019 IV/1, E. 4; VGer GR, U 17 66 vom 27.09.2017.
[14] Vgl. Art. 27 N 4.
[15] BVGE 2019 IV/1, E. 4.1; GALLI/MOSER/LANG/STEINER, Rz. 444 ff.; vgl. auch VGer GR, U 16 97 vom 10.01.2017, E. 4 f. betreffend irrtümlich falsch ausgefüllte Selbstdeklaration.

II. Abs. 1: Gegenstand und Pflichten der Vergabestelle

Zu den Teilnahmebedingungen gehört zunächst die Einhaltung der in BöB/IVöB 12 statuierten Grundsätze, also der massgeblichen Arbeitsschutzbestimmungen und Arbeitsbedingungen einschliesslich der Bewilligungspflichten gemäss dem BGSA, der Bestimmungen über die Gleichbehandlung von Frau und Mann in Bezug auf die Lohngleichheit sowie der am Ort der Leistung geltenden rechtlichen Vorschriften zum Schutz der Umwelt und zur Erhaltung der natürlichen Ressourcen.[16]

Sodann zählen auch der Verzicht auf unzulässige Wettbewerbsabreden und das Bezahlen der fälligen Steuern und Sozialabgaben zu den zwingenden Teilnahmebedingungen. Unter Steuern und Sozialversicherungsbeiträge sind, unabhängig davon, ob das Vergabeverfahren dem BöB oder der IVöB unterstellt ist, sowohl Bundessteuern und -abgaben (inkl. MWST, AHV-, IV-, EO-, ALV-, BVG- und UVG-Beiträge) als auch kantonale und kommunale Steuern zu verstehen.[17]

Der Wortlaut von BöB/IVöB 26 Abs. 1 lässt darüber hinaus Raum für weitere Teilnahmebedingungen. Es können jedoch nur Anforderungen mit ähnlich grundlegender Bedeutung für das Funktionieren des Wettbewerbs wie die im Gesetz genannten Anforderungen zum Gegenstand von Teilnahmebedingungen werden. Zu denken ist bspw. an das Quersubventionierungsverbot.[18] Andere anbieterbezogene «Musskriterien» müssen den Anforderungen an die Eignungskriterien, insb. dem Sachlichkeits- und dem Verhältnismässigkeitsgebot, genügen und sind in der Ausschreibung bzw. den Ausschreibungsunterlagen transparent zu nennen.[19]

Die Formulierung in den Vorentwürfen von BöB und InöB, wonach die Vergabestelle «darauf achtet», dass die Teilnahmebestimmungen eingehalten werden, wurde im Zuge der parlamentarischen Beratungen zum BöB zu «stellt sicher» geändert. Die InöB hat die Anpassung übernommen, jedoch im französischen und italienischen Gesetzestext der IVöB in Abweichung zum BöB die Formulierung «*s'assure que*» bzw. «*si assicura che*» anstelle von «*garantit que*» bzw. «*garantisce che*» gewählt. Damit sollte unterstrichen werden, dass der revidierte Wortlaut keine Grundlage für Staatshaftungsansprüche gegen die Vergabestelle schaffen soll.[20]

Das dürfte auch nicht die Absicht des Bundesgesetzgebers gewesen sein. Unbestrittenermassen wollte dieser jedoch die Vergabestellen in Bezug auf die Einhaltung der Teilnahmebedingungen stärker in die Pflicht nehmen.[21] Die Sicherstellungspflicht bezieht sich nicht nur auf das Vergabeverfahren, mithin das Einholen und Prüfen von geeigneten

---

16 Vgl. hierzu BöB/IVöB 12.
17 Botschaft BöB, S. 1940; Musterbotschaft IVöB, S. 66.
18 BGE 143 II 425, E. 4.4 f.
19 Vgl. BöB/IVöB 27.
20 Musterbotschaft IVöB, S. 66.
21 Vgl. die Voten von SR Beat Vonlanthen, AB 2018 SR 963, S. 966; SR Pirmin Bischof, AB 2018

Nachweisen und gegebenenfalls auch weitere Massnahmen wie Risikoanalysen oder die Durchführung von Kontrollen,[22] sondern auch auf die Phase der Leistungserbringung. Gerade hier wird sich die praktische Tragweite der beschlossenen Verschärfung noch weisen müssen. Die effektive Durchsetzung der Teilnahmebedingungen nach Vertragsschluss bedingt jedoch grundsätzlich die vertragliche Vereinbarung von entsprechenden Pflichten bzw. Gewährleistungen des Zuschlagsempfängers und von geeigneten Rechtsbehelfen wie Konventionalstrafen und Kündigungsrechten sowie gegebenenfalls von Informations- und Auditrechten.[23]

III. Abs. 2: Nachweis der Teilnahmebedingungen

10 Die Festlegung der zu erbringenden Nachweise liegt im Ermessen der Vergabestelle. Sie kann die Erfüllung der Teilnahmekriterien selber überprüfen, durch Dritte überprüfen lassen oder die notwendigen Nachweise von der Anbieterin verlangen.[24] Der Verzicht auf jegliche Art von Überprüfung oder Nachweis seitens der Vergabestelle dürfte hingegen trotz «kann»-Formulierung in Abs. 2 mit der Sicherstellungspflicht gemäss Abs. 1 unvereinbar sein.

11 In der Praxis weitaus häufigste Nachweisform und im Gesetzestext ausdrücklich erwähnt ist die Selbstdeklaration. Auch die Aufnahme in ein Verzeichnis gemäss BöB/IVöB ist eine zulässige Form des Nachweises. Das Beibringen von Nachweisen entbindet die Vergabestelle jedoch nicht davon, begründeten Zweifeln an deren Korrektheit nachzugehen. Im Rahmen einer solchen Überprüfung bleibt die Einforderung weiterer, in der Ausschreibung bzw. den Ausschreibungsunterlagen nicht ausdrücklich erwähnter Nachweise vorbehalten.[25]

IV. Abs. 3: Zeitpunkt des Nachweises

12 Die Vergabestelle gibt in der Ausschreibung oder in den Ausschreibungsunterlagen bekannt, zu welchem Zeitpunkt welche Nachweise einzureichen sind. Sie kann mithin, wie auch beim Nachweis von Eignungskriterien,[26] vorgeben, dass die Teilnahmebedingungen erst zu einem späteren Zeitpunkt im Verfahren nachgewiesen werden müssen. Ge-

---

SR 963, S. 977; NR Martin Landolt, AB 2018 NR 992, S. 1015, NR Prisca Birrer-Heimo, AB 2018 NR 992, S. 1018.
22 Vgl. auch BöB/IVöB 12 Abs. 5.
23 Vgl. aVöB 6, der Vergleichbares jedoch lediglich für die Einhaltung von Arbeitsschutzbestimmungen, Arbeitsbedingungen und der Lohngleichheit von Frau und Mann vorsah.
24 Botschaft BöB, S. 1940; Musterbotschaft IVöB, S. 66.
25 Vgl. auch BöB/IVöB 12 Abs. 5.
26 Vgl. BöB/IVöB 27 Abs. 3.

mäss den Materialien soll Anbieterinnen, welche keine Chance auf den Zuschlag haben, damit das Einholen aufwendiger Nachweise erspart werden können.[27]

Mit Blick auf die vom Gesetzgeber verschärfte und für das gesamte Vergabeverfahren geltende Sicherstellungspflicht sollte der Nachweis von Teilnahmebedingungen nach hier vertretener Auffassung nur mit Zurückhaltung aufgeschoben werden. Die in der Praxis häufig verlangte Selbstdeklaration dürfte daher in aller Regel schon mit der Offerteinreichung beizubringen sein. Auch die in den Materialien erwähnte Bankgarantie[28] ist kein taugliches Beispiel für besonders aufwendig nachzuweisende Teilnahmebedingungen. Bankgarantien dienen dem Nachweis bzw. der Sicherung der finanziellen Leistungsfähigkeit. Letztere kann allenfalls ein Eignungskriterium darstellen,[29] nicht jedoch Teilnahmebedingung sein. 13

V. Rechtsvergleichung

Die RL 2014/24/EU statuiert keine BöB/IVöB 26 eins zu eins entsprechende Bestimmung. Gleichwohl sind die Mitgliedstaaten gemäss RL 2014/24/EU 18(2) verpflichtet, geeignete Massnahmen zu treffen, um bei der Ausführung öffentlicher Aufträge für die Einhaltung umwelt-, sozial- und arbeitsrechtlichen Verpflichtungen zu sorgen, die durch Rechtsvorschriften der Union, einzelstaatliche Rechtsvorschriften, Tarifverträge oder die in Anhang X aufgeführten internationalen umwelt-, sozial- und arbeitsrechtlichen Vorschriften festgelegt sind.[30] Die Nichteinhaltung dieser Bedingungen kann gemäss RL 2014/24/EU 57 zum Ausschluss von der Teilnahme am Vergabeverfahren führen.[31] Gleiches gilt für das Nichtbezahlen fälliger Steuern und Sozialabgaben und das Treffen von auf die Verzerrung des Wettbewerbs abzielenden Vereinbarungen,[32] mit jeweils unterschiedlichen Anforderungen an das Beweismass und Exkulpationsmöglichkeiten.[33] 14

---

27 Botschaft BöB, S. 1940; Musterbotschaft IVöB S. 66.
28 Botschaft BöB, S. 1940; Musterbotschaft IVöB, S. 66.
29 Vgl. Art. 27 N 11.
30 Vgl. auch Art. 12 N 28.
31 RL 2014/24/EU 57(4)(a).
32 RL 2014/24/EU 57(2) sowie (4)(d).
33 Vgl. auch Art. 44 N 42.

Art. 27 Eignungskriterien

¹ Die Auftraggeberin / *Der Auftraggeber* legt in der Ausschreibung oder in den Ausschreibungsunterlagen die Kriterien zur Eignung der Anbieterin / *des Anbieters* abschliessend fest. Die Kriterien müssen im Hinblick auf das Beschaffungsvorhaben objektiv erforderlich und überprüfbar sein.

² Die Eignungskriterien können insbesondere die fachliche, finanzielle, wirtschaftliche, technische und organisatorische Leistungsfähigkeit sowie die Erfahrung der Anbieterin / *des Anbieters* betreffen.

³ Die Auftraggeberin / *Der Auftraggeber* gibt in der Ausschreibung oder in den Ausschreibungsunterlagen bekannt, zu welchem Zeitpunkt welche Nachweise einzureichen sind.

⁴ Sie / *Er* darf nicht zur Bedingung machen, dass die Anbieterin / *der Anbieter* bereits einen oder mehrere öffentliche Aufträge einer diesem Gesetz unterstellten Auftraggeberin / *eines dieser Vereinbarung unterstellten Auftraggebers* erhalten hat.

Inhaltsverzeichnis

I.	Grundlagen	1
II.	Abs. 1: Festlegung der Eignungskriterien	8
III.	Abs. 2: Mögliche Eignungskriterien	11
IV.	Abs. 3: Nachweis und Überprüfung der Eignungskriterien	14
V.	Abs. 4: Referenzaufträge öffentlicher Auftraggeber	19
VI.	Rechtsvergleichung	21

I. Grundlagen

1 Mit BöB/IVöB 27 wird GPA 2012 VIII (Teilnahmebedingungen) umgesetzt. Um übermässigen sowie diskriminierenden Beschränkungen des Anbieterkreises entgegenzuwirken, sind die Bedingungen zur Teilnahme am Vergabeverfahren auch unter dem revidierten GPA auf diejenigen Anforderungen zu beschränken, welche wesentlich (im französischen Text: «*indispensable*») sind, um sicherzustellen, dass die Anbieterin über die rechtlichen Voraussetzungen, finanziellen Kapazitäten sowie die wirtschaftliche und technische Leistungsfähigkeit für die Durchführung der betreffenden Beschaffung verfügt (GPA 2012 VIII:1). Weiter hält das GPA 2012 ausdrücklich fest, dass im Rahmen der Eignungsprüfung auch die Geschäftstätigkeit der Anbieterinnen im Ausland zu berücksichtigen ist (GPA 2012 VIII:3 Bst. a) und die Eignung nicht von Referenzaufträgen einer inländischen Vergabestelle abhängig gemacht werden darf (GPA 2012 VIII:2 Bst. a).

Die in GPA 2012 VIII:1 und GPA 2012 VIII:3 Bst. a statuierten Anforderungen und Schranken in Bezug auf Eignungskriterien wurden in das revidierte BöB übernommen (vgl. BöB 27 Abs. 1 und Abs. 4). Zusammen mit dem aus aBöB 9 überführten Regelungsinhalt resultiert ein gegenüber der Vorgängerbestimmung ausführlicherer Gesetzestext. Da die neu hinzugekommenen Abschnitte lediglich bereits zuvor geltende Grundprinzipien des Vergabe- bzw. Verwaltungsrechts (namentlich das Diskriminierungsverbot und das Verhältnismässigkeitsprinzip) konkretisieren, ergeben sich daraus jedoch keine grundlegenden inhaltlichen Neuerungen. Entsprechend dürfte die zu aBöB 9 entwickelte Lehre und Rechtsprechung ihre Gültigkeit behalten. 2

Die revidierte Fassung der IVöB enthält mit IVöB 27 erstmals eine umfassende Regelung der Eignungskriterien. Gemäss der früheren Fassung war das Verfahren zur Überprüfung der Eignung der Anbieterinnen in den kantonalen Ausführungsbestimmungen zu regeln, wobei die Kantone ein Prüfverfahren «nach objektiven und überprüfbaren Kriterien» vorzusehen hatten.[1] Die Regelung in IVöB 27 entspricht derjenigen in BöB 27. 3

Mittels der Eignungskriterien soll die Befähigung der Anbieterinnen zur Erfüllung des Auftrags sichergestellt werden. Der Kreis der Anbieterinnen wird auf diejenigen Unternehmen eingegrenzt, welche in der Lage sind, den ausgeschriebenen Auftrag zu erfüllen. Eignungskriterien sind stets auf die Person der Anbieterin bezogen.[2] Anders als die Teilnahmebedingungen im engeren Sinn welche von den Anbieterinnen unabhängig von der Art des Auftrags zu erfüllen sind,[3] sind Eignungskriterien jedoch mit Rücksicht auf den Leistungsgegenstand, also auftragsspezifisch, zu definieren.[4] 4

Eignungskriterien sind Ausschlusskriterien; erfüllt eine Anbieterin ein Eignungskriterium nicht, ist sie auszuschliessen, sofern sich der Ausschluss nicht als unverhältnismässig oder überspitzt formalistisch erweist.[5] Im selektiven Verfahren wird die Eignungsprüfung vorgezogen: Nur wer die Eignungskriterien erfüllt, ist zum Angebot zuzulassen. Einzig wenn keine Anbieterin die von der Vergabebehörde definierten Eignungskriterien erfüllt, kann die Vergabestelle – im offenen wie im selektiven Verfahren – unter Wahrung der Gleichbehandlung der Anbieterinnen auf die betreffende Anforderung verzichten. Diese Lösung drängt sich insb. dann auf, wenn ein Abbruch des Verfahrens[6] unverhältnismässig wäre.[7] 5

---

1 Vgl. aIVöB 13 Bst. d.
2 In dieser Hinsicht unterscheiden sich Eignungskriterien von der technischen Spezifikation, welche ebenfalls absoluter Natur ist, sich jedoch allein auf die beschafften Waren, Dienst- oder Bauleistungen bezieht (vgl. BöB/IVöB 30).
3 Vgl. Art. 26 N 3.
4 Botschaft BöB, S. 1941; Musterbotschaft IVöB, S. 66; BVGE 2010/58, E. 2.1 m.w.H.
5 BGer 2C_346/2013 vom 20.01.2014, E. 3.3; BGer 2C_665/2015 vom 26.01.2016, E. 1.3.3 m.w.H.; vgl. auch N 18.
6 Vgl. BöB/IVöB 43 Abs. 1 Bst. c.
7 BGE 141 II 353, E. 7.3 und 7.4.2.

5. Kapitel: Vergabeanforderungen

6 Die Eignungsprüfung ist grundsätzlich binärer Natur.[8] Ein nicht erfülltes Eignungskriterium kann entsprechend nicht durch «Übererfüllung» anderer Eignungskriterien (oder ein mit Blick auf die Zuschlagskriterien besonders wirtschaftliches resp. neu vorteilhaftes Angebot) kompensiert werden.[9] Zulässig ist es jedoch, bei Kriterien, die graduell bewertet werden können (wie z.B. Anforderungen an die Fachkompetenz), im Rahmen der Eignungskriterien gewisse Mindestanforderungen zu stellen und gleichzeitig die Zuschlagskriterien so festzulegen, dass die darüber hinausgehende Erfüllung bzw. Übererfüllung («Mehreignung») dort gewichtet werden kann.[10] Sodann werden die Anbieterinnen im selektiven Verfahren mit zahlenmässiger Beschränkung der zum Angebot zugelassenen Anbieterinnen ebenfalls nach ihrer «graduellen» Eignung bewertet («*Shortlisting*»).[11]

7 Inwieweit die Mitglieder einer Bietergemeinschaft sowie Subunternehmerinnen je einzeln die Eignungskriterien erfüllen müssen, bestimmt sich primär anhand der Ausschreibungsunterlagen.[12] Je nach Art des Auftrags und Funktion der Beteiligten können sich Differenzierungen bez. der von den einzelnen Beteiligten zu erfüllenden Eignungskriterien aufdrängen.[13] Umgekehrt ist es zulässig, bei parallel auszuführenden Arbeiten von sämtlichen Mitgliedern einer Bietergemeinschaft die Erfüllung der Eignungskriterien zu verlangen.[14] Gleiches gilt für Subunternehmerinnen, welche relevante Leistungsteile erbringen.[15] Soweit sich eine Anbieterin für die Erfüllung der Eignungskriterien auf die Leistungsfähigkeit oder die Erfahrung einer anderen Konzerngesellschaft stützt, hat sie dies zu deklarieren und mit ihrem Angebot nachzuweisen, dass sie effektiv über die betreffenden Mittel verfügt (z.B. mittels einer Erfüllungsgarantie, Konzernerklärung oder vergleichbaren Zusage).[16]

---

8 Komm BöB-Trüeb, Art. 9 N 8.
9 BGE 139 II 489, E. 2.2.4; BVGer B-7062/2017 vom 22.08.2019, E. 2.5.
10 Botschaft BöB, S. 1941; Musterbotschaft IVöB, S. 67; BGE 139 II 489, E. 2.2.4 m.w.H.; VGer ZH, VB.2001.00095, E. 2.d. Ebenso für das Verhältnis zwischen Teilnahmebedingungen und Zuschlagskriterien BGE 140 I 285, E. 5.
11 Vgl. Art. 19 N 15 ff.
12 BGer 2C_1101/2012 vom 24.01.2013, E. 2.4.2 ff.; Galli/Moser/Lang/Steiner, Rz. 562, 645 f., scheinen hingegen davon auszugehen, dass «grundsätzlich» eine entsprechende Pflicht besteht.
13 So implizit VGer ZH, VB.2001.00095 vom 18.12.2002, E. 4.c.
14 VGer SG, B 2011/22 vom 12.04.2011, E. 2.1 f.
15 BVGer B-3803/2010 vom 23.06.2010, E. 3.1.4.
16 VGer ZH, VB.2008.00194, E. 4.1 f.; Galli/Moser/Lang/Steiner, Rz. 648. Zur Anrechnung von Referenzen von Rechtsvorgängern bzw. von anderen Unternehmen übernommenen Geschäftsbereichen vgl. VGer ZH, VB.2018.00450, E. 6.3.1 f. m.w.H.

II. Abs. 1: Festlegung der Eignungskriterien

Die Eignungskriterien sind zu Beginn des Vergabeverfahrens festzulegen und im Publikationstext oder in den Ausschreibungsunterlagen abschliessend aufzuführen. Das Transparenzgebot (BöB/IVöB 2 Bst. b) steht einer nachträglichen Ergänzung bzw. Verschärfung der bekannt gegebenen Kriterien entgegen.[17] Auch die Abschwächung eines Eignungskriteriums bzw. ein Verzicht auf dessen Einhaltung ist nur unter engen Voraussetzungen zulässig.[18]

8

Eignungskriterien müssen je einzeln und in ihrer Gesamtheit objektiv, d.h. sachlich begründet, für die Auftragserfüllung wesentlich und überprüfbar sein. Das Verhältnismässigkeitsprinzip (BV 5 Abs. 2) gebietet, dass die gewählten Kriterien den Anbieterkreis nicht weiter einschränken, als dies durch den Beschaffungsgegenstand gerechtfertigt ist.[19] Sie dürfen sich sodann nicht diskriminierend auswirken (BöB/IVöB 2 Bst. c) und insb. nicht in der Absicht festgelegt werden, gewisse Anbieterinnen zum Vornherein auszuschliessen.[20] Ein hinreichender Restwettbewerb unter den qualifizierten Anbietern muss allemal gesichert sein.[21]

9

Mit dem aus aIVöB 13 Bst. d übernommenen Kriterium der (objektiven) Überprüfbarkeit soll sichergestellt werden, dass die Eignungskriterien die ihnen zugedachte Selektionswirkung entfalten können und dem Transparenzgebot (BöB/IVöB 2 Bst. b) entsprochen wird.

10

III. Abs. 2: Mögliche Eignungskriterien

Neben der finanziellen, wirtschaftlichen und technischen Leistungsfähigkeit der Anbieterin werden in BöB/IVöB 27 neu auch die fachliche und organisatorische Leistungsfähigkeit sowie die Erfahrung der Anbieterin als mögliche Anknüpfungspunkte für die Eignungsprüfung ausdrücklich erwähnt.[22]

11

Wie bis anhin ist die Aufzählung nicht abschliessend; die Vergabestelle kann andere oder weitere Anforderungen an die Eignung der Anbieter festlegen.[23] Hierbei kommt ihr ein

12

---

17 BGer 2C_742/2018 vom 09.09.2019, E. 1.3.2; BGer 2C_1021/2016 vom 18.07.2017, E. 7.7; BVGer B-396/2018 vom 05.04.2018, E. 4.3.2 je m.w.H.
18 Vgl. N 5.
19 Vgl. auch GPA 2012 VIII:1; Botschaft BöB, S. 1941; Musterbotschaft IVöB, S. 66.
20 BVGE 2010/58, E. 2.1 m.w.H.
21 BVGE 2010/58, E. 6.4 ff.
22 Statt vieler: BGE 137 II 313, E. 3.4; BGer 2D_52/2011 vom 10.02.2012, E. 3.2; BVGer B-1470/2010 vom 29.09.2010, E. 2.2. Zu den rechtlichen Schranken vgl. N 19 ff.
23 Botschaft BöB, S. 1941; Musterbotschaft IVöB, S. 66. Entsprechend können bspw. ökologische oder soziale Kriterien berücksichtigt werden, wenn der konkrete Beschaffungsgegenstand dies rechtfertigt (AB 2018 NR 992, S. 1028).

grosser Ermessensspielraum zu. Eine gerichtliche Überprüfung setzt eine Rechtsverletzung bzw. einen Ermessensfehler (Missbrauch oder Überschreitung des Ermessens) voraus.

13 Von der Rechtsprechung für zulässig befunden wurden u.a. Anforderungen an den Mindestumsatz in der relevanten Geschäftssparte,[24] mit dem Beschaffungsgegenstand in Bezug auf Art und Umfang vergleichbare Referenzaufträge,[25] Qualitätssicherung und Umweltmanagement (z.B. durch einschlägige Zertifizierung),[26] die für die Erfüllung des Auftrags zur Verfügung stehenden personellen Ressourcen und deren Fachkompetenz[27] sowie das Vorhandensein der erforderlichen Bewilligungen und Zulassungen[28]. Demgegenüber sind ortsbezogene Eignungskriterien (wie z.B. Anforderungen an das Steuerdomizil) regelmässig diskriminierend und damit unzulässig.[29] Die Dienstleistungsqualität ist stattdessen über geeignete organisatorische Anforderungen im Rahmen der technischen Spezifikation (z.B. Reaktions- und Interventionszeiten) sicherzustellen.[30] Ebenso dürften Anforderungen in Bezug auf die Ausbildung von Lernenden[31] und die Akzeptanz von Vertragsbedingungen[32] dem Diskriminierungsverbot bzw. dem Sachlichkeitsgebot nicht standhalten.

IV. Abs. 3: Nachweis und Überprüfung der Eignungskriterien

14 Die Vergabestelle gibt in der Ausschreibung oder in den Ausschreibungsunterlagen bekannt, zu welchem Zeitpunkt welche Nachweise einzureichen sind. Sie kann mithin vorgeben, dass gewisse Nachweise erst zu einem späteren Zeitpunkt im Verfahren eingereicht werden müssen, und so Anbieterinnen, welche keine Chance auf den Zuschlag

---

24 BVGer B-2576/2017 vom 15.12.2017, E. 6.1; VGer ZH, VB.2016.00680, E. 3.3; vgl. auch VöB Anhang 3 Ziff. 6. Vom Gewinn als Bezugsgrösse ist hingegen abzuraten (kritisch, aber offengelassen vom VGer ZH, VB.2006.00425, E. 6).
25 Statt vieler: BGE 141 II 14, E. 2.2; BVGE 2010/58, E. 4.3 f.; vgl. auch VöB Anhang 3 Ziff. 12.
26 BVGer B-1470/2010 vom 29.09.2010, E. 5 und 6; BVGer B-7252/2007 vom 06.02.2008, E. 8.1; vgl. auch STEINER, Nachhaltige öffentliche Beschaffung, S. 157 f.
27 BVGer B-3596/2015 vom 03.09.2015, E. 4.3; BVGer B-4637/2016 vom 17.03.2017, E. 3.6 ff.; vgl. auch VöB Anhang 3 Ziff. 15 und 16.
28 BGer 2C_563/2016 vom 30.12.2016, E. 2; BGer 2C_384/2016 vom 06.03.2017, E. 2.3. (Transportlizenz).
29 BGer 2C_111/2018 vom 02.07.2019, E. 3.2.2 f. m.w.H.; BVGE 2019 IV/2, E. 6.8.3 ff. m.w.H.; Komm BöB-TRÜEB, Art. 21 N 15; GALLI/MOSER/LANG/STEINER, Rz. 558, 592.
30 LUTZ/ZÜFLE, S. 331.
31 VGer AG, vom 28.08.1998, in: AGVE 1998, S. 375 ff. Zur Berücksichtigung im Rahmen des Zuschlags im Nicht-Staatsvertragsbereich vgl. Art. 29 N 30 f.
32 Komm BöB-TRÜEB, Art. 9 N 5.

haben, das Einholen aufwendiger Nachweise ersparen.[33] Auch der Zeitraum, welcher für die Erfüllung der Eignungskriterien massgebend ist, kann durch entsprechende Formulierung der Eignungskriterien durch die Vergabestelle (in Ausübung ihres pflichtgemässen Ermessens) bestimmt werden. Ist in der Ausschreibung bzw. den Ausschreibungsunterlagen nichts anderes bestimmt, müssen die Eignungskriterien spätestens im Zeitpunkt, in dem der entsprechende Nachweis zu erbringen ist, erfüllt sein.[34] Eine verspätete Erfüllung (insb. erst nach dem Zuschlag während des Beschwerdeverfahrens) ist grundsätzlich unbeachtlich.[35] Eignungskriterien müssen sodann auch im Zeitpunkt des Zuschlagsentscheids noch erfüllt sein. Fallen sie während des laufenden Verfahrens weg, führt dies zum Ausschluss der betroffenen Anbieterin.[36]

VöB Anhang enthält eine exemplarische Liste möglicher Nachweise. Diese entspricht inhaltlich weitgehend der Liste in aVöB Anhang 3. 15

Auch bei der Beurteilung, ob die Anbieterinnen die Eignungskriterien erfüllen, bzw. bei der Überprüfung der Nachweise, kommt der Vergabestelle ein grosser Ermessensspielraum zu.[37] Es trifft sie keine generelle Pflicht, die eingereichten Nachweise zu überprüfen. Begründeten Zweifeln an der Korrektheit der Nachweise ist jedoch nachzugehen.[38] Der Gleichbehandlungsgrundsatz gebietet sodann, dass bei der Überprüfung für alle Anbieterinnen der gleiche Massstab angewendet wird. Der Ausschluss einer Anbieterin wegen Nichterfüllung eines Eignungskriteriums ist unzulässig, wenn die Vergabestelle bei anderen, nicht ausgeschlossenen Anbieterinnen über die Nichterfüllung dieses Kriteriums hinwegsieht. Ebenso verstösst der selektive Verzicht auf die Eignungsprüfung bei einer oder mehreren für geeignet befundenen Anbieterinnen gegen das Gleichbehandlungsgebot (BöB/IVöB 2 Bst. c, BV 8 Abs. 1).[39] 16

---

33 Botschaft BöB, S. 1941; Musterbotschaft IVöB, S. 67.
34 Die unter früherem Recht ergangene Rechtsprechung und Lehre, wonach Eignungskriterien grundsätzlich im Zeitpunkt der Offerteinreichung erfüllt sein mussten (BGE 143 I 177, E. 2.5.1, VGer LU, V 11 91 und V 11 92 vom 16.06.2011, E. 3e, in: LGVE 2011 II Nr. 3 und GALLI/MOSER/LANG/STEINER, Rz. 631), ist nach hier vertretener Auffassung vor dem Hintergrund des neu geschaffenen BöB/IVöB 27 Abs. 3 zu relativieren: Gibt die Vergabestelle in transparenter Weise bekannt, dass Nachweise erst zu einem späteren Zeitpunkt im Verfahren erbracht werden müssen, ist für die Erfüllung der betreffenden Eignungskriterien auf diesen späteren Zeitpunkt abzustellen.
35 BGE 143 I 177, E. 2.5.1. Vgl. aber BGer 2C_111/2018 vom 02.07.2019, E. 3.1.2 und 3.3, in welchem das Bundesgericht mit Blick auf die binnenmarktrechtlichen Vorgaben den Entscheid der Vorinstanz schützte, wonach das Eignungskriterium «Bürostandort im Nachführungskreis» durch die Zusicherung der Zuschlagsempfängerin in der Offerte, einen solchen auf den Zeitpunkt des Mandatsbeginns hin zu eröffnen, erfüllt sei.
36 Vgl. Art. 44 N 12 f. Ebenso bereits aBöB 11 Bst. a und VRöB 27 Bst. a.
37 BGer 2C_383/2014 vom 15.09.2014, E. 7.1; BGer 2C_346/2013 vom 20.01.2014, E. 2.2 m.w.H.
38 Botschaft BöB, S. 1941; Musterbotschaft IVöB, S. 67; Komm BöB-TRÜEB, Art. 9 N 6.
39 GALLI/MOSER/LANG/STEINER, Rz. 568, 570. Vgl. auch BVGer B-3803/2010 vom 02.02.2011, E. 5.4 sowie BVGer B-3803/2010 vom 23.06.2010, E. 4.4 bez. bloss selektiver Überprüfung individueller Referenzen. Eine Überprüfung der Nachweise bloss bei einzelnen Anbieterinnen rechtfertigt sich

17 Bei der Anwendung und Auslegung der Eignungskriterien hat die Vergabestelle sodann den allgemeinen Grundsatz von Treu und Glauben (BV 5 Abs. 3 und 9) sowie das vergaberechtliche Transparenzprinzip (BöB/IVöB 2 Bst. b) zu beachten. Eignungskriterien sind daher so auszulegen und anzuwenden, wie sie von den Anbieterinnen in guten Treuen verstanden werden durften und mussten. Der subjektive Wille der Vergabestelle ist unbeachtlich.[40] Dies gilt auch für die Frage, ob es sich bei den konkreten Anforderungen um Eignungskriterien handelt. Toleriert die Vergabestelle bei als Muss-Kriterien bezeichneten Anforderungen eine bloss teilweise Erfüllung (z.B. indem sie die Bewertung auf einer Skala vorsieht), darf sie Anbieterinnen nicht wegen ungenügender Erfüllung ausschliessen.[41]

18 Ein Ausschluss einer Anbieterin aufgrund lediglich geringfügiger, im Ergebnis unbedeutender Abweichungen von den in den Eignungskriterien statuierten Anforderungen verstösst gegen das Verhältnismässigkeitsprinzip (BV 5 Abs. 2) bzw. das Verbot des überspitzten Formalismus (BV 29).[42] Entsprechend ist die Vergabestelle in solchen Fällen berechtigt, die nachträgliche Einreichung von Detailnachweisen zuzulassen, bzw. u.U. verpflichtet, solche einzuholen.[43]

V. Abs. 4: Referenzaufträge öffentlicher Auftraggeber

19 In Umsetzung von GPA 2012 VIII:2 Bst. a ist es Vergabestellen unter dem revidierten Recht ausdrücklich untersagt, die Eignung davon abhängig zu machen, dass die Anbieterin bereits einen oder mehrere öffentliche Aufträge erhalten hat. Mit dem Verbot sollen langjährige «Seilschaften» und Diskriminierungen verhindert sowie die Transparenz und der Marktzutritt gesichert werden.[44]

20 Über den Wortlaut von BöB 27 Abs. 4 («öffentliche Aufträge einer diesem Gesetz unterstellten Auftraggeberin») hinaus bezieht sich das Anknüpfungsverbot auch auf öffentliche Aufträge einer der IVöB unterstellten Auftraggeberin[45] und umgekehrt.[46] Ohnehin sind mit Blick auf das Sachlichkeitsgebot vergleichbare Aufträge privater Auftraggebe-

---

jedoch dann, wenn nur deren Nachweise Anlass für begründete Zweifel an ihrer Korrektheit aufwerfen. Zum Recht der Vergabestelle, eigene Referenzen einzuholen, vgl. BGE 139 II 489, E. 3.2 f.
40 BGE 141 II 14, E. 7.1; BGer 2C_111/2018 vom 02.07.2019, E. 3.3.2 m.w.H.
41 VGer ZH, VB.2005.00350 vom 28.06.2006, E. 4.2.3.
42 Vgl. Art. 34 N 17 ff.
43 GALLI/MOSER/LANG/STEINER, Rz. 575; BGer 2C_782/2012 vom 10.01.2013, E. 3.3.
44 Botschaft BöB, S. 1942; Musterbotschaft IVöB, S. 67.
45 GPA 2012 VIII:2 Bst. a verbietet die Anknüpfung an öffentliche Aufträge jeglicher öffentlicher Auftraggeberinnen einer bestimmten Vertragspartei («[...] *d'une entité contractante d'une Partie donnée*»).
46 Vgl. IVöB 27 Abs. 4 («öffentliche Aufträge eines dieser Vereinbarung unterstellten Auftraggebers»).

rinnen stets als Referenzen zuzulassen.⁴⁷ Eignungskriterien wie «Erfahrung in der Zusammenarbeit mit einer Organisation des öffentlichen Rechts» wie sie unter früherem Recht von der Rechtsprechung für zulässig befunden wurden, dürften daher künftig einen schweren Stand haben.⁴⁸

VI. Rechtsvergleichung

Anders als das Schweizer Recht enthält RL 2014/24/EU eine abschliessende Aufzählung der zulässigen Eignungskriterien. Es können folglich nur die unter die RL 2014/24/EU 58 Abs. 2–4 subsumierbaren Anforderungen an die Befähigung zur Berufsausübung, die wirtschaftliche und finanzielle Leistungsfähigkeit sowie die technische und berufliche Leistungsfähigkeit gestellt werden. Die konkret gestellten Anforderungen müssen zudem mit Blick auf den zu vergebenden Auftrag zweckmässig sein.⁴⁹ Zusätzliche Kriterien zur Begrenzung der Zahl geeigneter Bewerber können nur im nichtoffenen Verfahren, bei Verhandlungsverfahren, wettbewerblichen Dialogen und Innovationspartnerschaften aufgestellt werden. Sie müssen objektiv und nichtdiskriminierend sein.⁵⁰ Auch die in Anhang XII enthaltene Auflistung möglicher Nachweise ist, vorbehältlich der in RL 2014/24/EU 62 erwähnten Nachweise betreffend Qualitätssicherung und Umweltmanagement, abschliessend.⁵¹ 21

Die Eignungskriterien und die geforderten Nachweise sind wie in der Schweiz mit der Auftragsbekanntmachung oder der Aufforderung zur Interessensbestätigung bekannt zu geben.⁵² Die Eigenerklärung («Selbstdeklaration»), mit der nebst dem Fehlen von Ausschlussgründen⁵³ auch die Erfüllung der Eignungskriterien und gegebenenfalls der weiteren objektiven Kriterien gemäss RL 2014/24/EU 65 bestätigt wird, ist standardisiert und vom Anbieter für sich selbst wie auch für alle anderen Unternehmen gemäss RL 2014/24/EU 63, dessen Kapazitäten der Anbieter in Anspruch nimmt, beizubringen.⁵⁴ 22

---

47 Botschaft BöB, S. 1942; Musterbotschaft IVöB, S. 67.
48 BVGer B-4366/2009 vom 24.02.2010, E. 2.2. Vgl. auch BVGE 2010/58, E. 4.3 f.
49 RL 2014/24/EU 58 Abs. 1.
50 RL 2014/24/EU 65 Abs. 1 und 2.
51 RL 2014/24/EU 60 Abs. 1.
52 RL 2014/24/EU 58 Abs. 5.
53 Vgl. Art. 26.
54 RL 2014/24/EU 59 Abs. 1.

Art. 28 Verzeichnisse

¹ **Die Auftraggeberin /** *Der Auftraggeber oder die nach gesetzlicher Anordnung zuständige Behörde* **kann ein Verzeichnis der** Anbieterinnen /*Anbieter* **führen, die aufgrund ihrer Eignung die Voraussetzungen zur Übernahme öffentlicher Aufträge erfüllen.**

² Folgende Angaben sind auf der Internetplattform von Bund und Kantonen zu veröffentlichen:

    a. Fundstelle des Verzeichnisses;

    b. Informationen über die zu erfüllenden Kriterien;

    c. Prüfungsmethoden und Eintragungsbedingungen;

    d. Dauer der Gültigkeit und Verfahren zur Erneuerung des Eintrags.

³ Ein transparentes Verfahren muss sicherstellen, dass die Gesuchseinreichung, die Prüfung oder die Nachprüfung der Eignung sowie die Eintragung einer *Gesuchstellerin* / *eines Gesuchstellers* in das Verzeichnis oder deren Streichung aus dem Verzeichnis jederzeit möglich sind.

⁴ In einem konkreten Beschaffungsvorhaben sind auch Anbieterinnen /*Anbieter* zugelassen, die nicht in einem Verzeichnis aufgeführt sind, sofern sie den Eignungsnachweis erbringen.

⁵ Wird das Verzeichnis aufgehoben, so werden die darin aufgeführten Anbieterinnen / *Anbieter* informiert.

Inhaltsverzeichnis

I.	Grundlagen	1
II.	Abs. 1 und 2: Ermächtigung und Inhalt von Verzeichnissen	6
III.	Abs. 3: Prüfung und Nachprüfung	10
IV.	Abs. 4: Eignungsnachweis auch ohne Eintrag	11
V.	Abs. 5: Informationspflicht	13
VI.	Rechtsvergleichung	14

I. Grundlagen

1 Das GPA 2012 gestattet in GPA 2012 IX:7–13 die Verwendung von «*multi-use lists*». BöB/IVöB 28 überführen diese Ermächtigung unter der Marginalie «Verzeichnisse» ins nationale Recht, wobei gemäss IVöB 28 nicht nur die einzelnen Auftraggeberinnen, sondern auch die nach gesetzlicher Anordnung zuständigen Behörden das Verzeichnis

führen können. Damit bleibt es den Kantonen unbenommen, Verzeichnisse weiterhin zentral zu führen.[1]

Verzeichnisse dienen der effizienteren Abwicklung einer Ausschreibung, indem die Eignung einer Anbieterin nicht jedes Mal von Neuem geprüft werden muss. Sie eignen sich daher vor allem für wiederkehrende Beschaffungen gleicher oder ähnlicher Leistungen.[2]

Gleichzeitig bergen Verzeichnisse die Gefahr der fehlenden Aktualität sowie einer Bevorzugung der verzeichneten Anbieterinnen.[3] Diesen beiden Gesichtspunkten trägt BöB/IVöB 28 durch Publikations- und Nachführungspflichten Rechnung. Zudem sind sowohl die Verzeichnisse wie auch die darauf abstellenden Vergabeverfahren für (noch) nicht verzeichnete Anbieterinnen offenzuhalten.

Bereits das frühere Recht sah in aBöB 10 und aVöB 10 ff. (Prüfungssysteme) bzw. aIVöB 13 Bst. e und VRöB 22 (ständige Listen) Verzeichnisse qualifizierter Lieferantinnen vor. Als dem Bundesrecht unterstehende Beschaffungsstelle führten die SBB für gewisse Produkte ein Prüfungssystem nach aBöB 10. Die Liste der qualifizierten Lieferantinnen wurde, wie von aVöB 10 vorgeschrieben, jährlich auf simap.ch publiziert. Das Departement für Bau und Umwelt des Kantons Thurgau führte eine «ständige Liste» über qualifizierte Anbieterinnen des Bauhaupt- und Baunebengewerbes sowie von Dienstleistungen, die dem Baugewerbe nahestehen (Architektinnen, Planerinnen, Ingenieurinnen). Der Kanton Wallis führte mehrere ständige Listen für Anbieterinnen bestimmter Branchen, welche der Vorqualifikation der Anbieterinnen betreffend ihre beruflichen Fähigkeiten sowie die Einhaltung der Teilnahmebedingungen dienen.[4]

Von den Verzeichnissen zu unterscheiden sind die elektronischen Anbieterprofile, welche Anbieterinnen auf simap.ch erstellen bzw. hinterlegen können. Diese beinhalten keine Eignungsprüfung. Auch diesbezüglich muss seitens der ausschreibenden Auftraggeberinnen jedoch sichergestellt werden, dass die hinterlegten Angaben jederzeit aktuell sind und Anbieterinnen ohne Profil nicht benachteiligt werden.[5] Es wäre somit unzulässig, lediglich Angebote von Anbieterinnen mit hinterlegtem Profil entgegenzunehmen bzw. im selektiven Verfahren lediglich anhand der hinterlegten Anbieterprofile über die Einladung zur Offertstellung zu entscheiden.

---

1   Vgl. für den Kanton Wallis Art. 3 Abs. 2 der Verordnung betreffend die Führung ständiger Listen (SGS 726.101), wonach der Staatsrat über Anzahl und Art der geführten ständigen Listen entscheidet.
2   TRÜEB, FHB, Rz. 25.96; GALLI/MOSER/LANG/STEINER, Rz. 585.
3   Botschaft BöB, S. 1942; Musterbotschaft IVöB, S. 67.
4   Art. 2 der Verordnung betreffend die Führung ständiger Listen des Kantons Wallis.
5   Botschaft BöB, S. 1942; Musterbotschaft IVöB, S. 67.

II. Abs. 1 und 2: Ermächtigung und Inhalt von Verzeichnissen

6 Abs. 1 räumt den Auftraggeberinnen die Möglichkeit ein, ein Verzeichnis über geeignete Anbieterinnen zu führen. Das Transparenzgebot gilt auch für die Einrichtung und die Führung solcher Verzeichnisse. Die Angaben, die zu den Verzeichnissen zwingend zu publizieren sind, werden in Abs. 2 aufgeführt. Im Anwendungsbereich des GPA sind zusätzlich auch Art der Güter und Dienstleistungen, für die das Verzeichnis verwendet wird, Name, Adresse und Kontaktinformationen der Vergabestelle und die Angabe, dass die Liste für Vergabeverfahren im Anwendungsbereich des GPA verwendet werden kann, anzugeben (GPA 2012 IX:8).[6]

7 Die Angaben sind sodann mindestens einmal jährlich (erneut) auf simap.ch sowie – nach Wahl der Auftraggeberin – in weiteren Publikationsorganen zu veröffentlichen. Sie müssen zudem ständig abrufbar sein (GPA 2012 IX:7) und sind laufend nachzuführen.[7]

8 Auch wenn das GPA und BöB/IVöB grundsätzlich Verzeichnisse mit unbeschränkter Gültigkeitsdauer zulassen, ist mit Blick auf die potenziell marktzutrittsbeschränkende Wirkung eine Befristung zu postulieren.[8]

9 Die Aufnahme neuer Anbieterinnen, die sich über die gestellten Anforderungen ausweisen, muss innert angemessener Frist erfolgen (GPA 2012 IX:10).

III. Abs. 3: Prüfung und Nachprüfung

10 Die Einreichung von Aufnahmegesuchen, die Prüfung derselben und die Eintragung neuer Anbieterinnen sowie die Überprüfung der Eignung verzeichneter Anbieterinnen müssen während der Gültigkeitsdauer des Verzeichnisses jederzeit möglich sein, und es ist ein entsprechendes transparentes Verfahren vorzusehen. Die Verweigerung der Eintragung und die Streichung aus dem Verzeichnis sind mittels Verfügung zu eröffnen (BöB/IVöB 53 Bst. c).

---

[6] Die Auflistung ist daher entgegen den Ausführungen in den Materialien zumindest im Staatsvertragsbereich nicht abschliessend (vgl. Botschaft BöB, S. 1942; Musterbotschaft IVöB, S. 68).

[7] Botschaft BöB, S. 1942; Musterbotschaft IVöB, S. 68; zur jährlichen Publikationspflicht vgl. bereits aVöB 8.

[8] Vgl. auch Komm BöB-TRÜEB, Art. 10 N 2, der sich bez. altrechtlicher Publikationssysteme in Anlehnung an aVöB 15a (maximale Vertragsdauer für wiederkehrende Leistungen) für eine Maximaldauer von fünf Jahren aussprach.

IV. Abs. 4: Eignungsnachweis auch ohne Eintrag

Auch wenn ein Verzeichnis geführt wird, muss es allen Anbieterinnen freigestellt bleiben, ihre Eignung in Bezug auf ein konkretes Beschaffungsvorhaben dennoch fallweise anhand der in der Ausschreibung bzw. den Ausschreibungsunterlagen bezeichneten Nachweise darzutun. Die Vergabestelle kann mithin bei der Eignungsprüfung auf ein allfälliges Verzeichnis abstellen, darf sich jedoch nicht darauf beschränken.[9] Die Regelung im BöB und in der IVöB ist in dieser Hinsicht strenger als der im GPA vorgeschriebene Minimalstandard, wonach die Vergabestelle in komplexen Fällen Anbieterinnen, die erst im Rahmen der konkreten Beschaffung die Aufnahme ins Verzeichnis beantragt haben, vom Verfahren ausschliessen können, wenn eine Prüfung innert der Angebotsfrist nicht möglich ist (GPA 2012 IX:11).

Umgekehrt steht es der Vergabestelle auch weiterhin frei, im Rahmen der gesetzlichen Schranken[10] im konkreten Beschaffungsverfahren zusätzliche Anforderungen an die Eignung auch bereits im Verzeichnis aufgeführter Anbieterinnen aufzustellen.[11]

V. Abs. 5: Informationspflicht

Wird ein Verzeichnis nicht mehr weitergeführt, ist dies allen darin verzeichneten Anbieterinnen mitzuteilen. Dieser Entscheid kann wie bis anhin nicht mit Beschwerde angefochten werden.[12]

VI. Rechtsvergleichung

Gemäss RL 2014/24/EU 64 Abs. 1 können Mitgliedstaaten entweder amtliche Verzeichnisse zugelassener Bauunternehmerinnen, Lieferantinnen oder Dienstleistungserbringerinnen oder eine Zertifizierung durch Zertifizierungsstellen ein- oder fortführen. Letztere müssen den Europäischen Zertifizierungsstandards im Sinne des Anhangs VII der RL 2014/24/EU genügen.

---

9   Botschaft BöB, S. 1942 f.; Musterbotschaft IVöB, S. 68. Vgl. auch bereits Komm BöB-Trüeb, Art. 15 N 10 mit Verweis auf aVöB12 Abs. 2 und 3 und zur aIVöB BGer 2P.184/2005 vom 08.12.2005, E. 3.3.2; KGer VS, A1 01 50 vom 29.06.2001, E. 2 f.; Galli/Moser/Lang/Steiner, Rz. 640 f. m.w.H.
10 Vgl. BöB/IVöB 27.
11 Vgl. bereits aVöB 11 Abs. 4; VGer VD, GE.2000.0039 vom 05.07.2000, E. 2b; Galli/Moser/Lang/Steiner, Rz. 644.
12 Botschaft BöB, S. 1943; Musterbotschaft IVöB, S. 68.

5. Kapitel: Vergabeanforderungen

15 Die von den zuständigen Stellen bescheinigte Eintragung in die amtlichen Verzeichnisse bzw. die von der Zertifizierungsstelle ausgestellte Bescheinigung stellt nur eine Eignungsvermutung in Bezug auf die qualitativen Kriterien, auf die sich die Wirtschaftsteilnehmerinnen für ihre Eintragung berufen, dar, die Angaben dürfen jedoch nicht ohne Begründung in Zweifel gezogen werden (RL 2014/24/EU 64 Abs. 4 und 5).

16 Die Wirtschaftsteilnehmerinnen können jederzeit ihre Eintragung in ein amtliches Verzeichnis oder die Ausstellung der Bescheinigung beantragen (RL 2014/24/EU 64 Abs. 6). Weiter regelt RL 2014/24/EU die Anforderungen an die Nachweise (RL 2014/24/EU 64 Abs. 6), die Anerkennung gleichwertiger Bescheinigungen von Stellen anderer Mitgliedstaaten sowie gleichwertiger Nachweise (RL 2014/24/EU 64 Abs. 7) sowie den Informationsaustausch unter den Mitgliedstaaten über die Erfüllung der Anforderungen bzw. die Gleichwertigkeit von Nachweisen (RL 2014/24/EU 64 Abs. 8).

Art. 29 Zuschlagskriterien

¹ Die Auftraggeberin prüft die Angebote anhand leistungsbezogener Zuschlagskriterien. Sie berücksichtigt, unter Beachtung der internationalen Verpflichtungen der Schweiz, neben dem Preis und der Qualität einer Leistung, insbesondere Kriterien wie Zweckmässigkeit, Termine, technischer Wert, Wirtschaftlichkeit, Lebenszykluskosten, Ästhetik, Nachhaltigkeit, Plausibilität des Angebots, die unterschiedlichen Preisniveaus in den Ländern, in welchen die Leistung erbracht wird, Verlässlichkeit des Preises, Kreativität, Kundendienst, Lieferbedingungen, Infrastruktur, Innovationsgehalt, Funktionalität, Servicebereitschaft, Fachkompetenz oder Effizienz der Methodik.

¹ Der Auftraggeber prüft die Angebote anhand leistungsbezogener Zuschlagskriterien. Neben dem Preis und der Qualität einer Leistung kann er insbesondere Kriterien wie Zweckmässigkeit, Termine, technischer Wert, Wirtschaftlichkeit, Lebenszykluskosten, Ästhetik, Nachhaltigkeit, Plausibilität des Angebots, Kreativität, Kundendienst, Lieferbedingungen, Infrastruktur, Innovationsgehalt, Funktionalität, Servicebereitschaft, Fachkompetenz oder Effizienz der Methodik berücksichtigen.

² **Ausserhalb des Staatsvertragsbereichs kann die** Auftraggeberin / *der Auftraggeber* **ergänzend berücksichtigen, inwieweit die** Anbieterin / *der Anbieter* **Ausbildungsplätze für Lernende in der beruflichen Grundbildung, Arbeitsplätze für ältere Arbeitnehmende oder eine Wiedereingliederung für Langzeitarbeitslose anbietet.**

³ Die Auftraggeberin / *Der Auftraggeber* gibt die Zuschlagskriterien und ihre Gewichtung in der Ausschreibung oder in den Ausschreibungsunterlagen bekannt. Sind Lösungen, Lösungswege oder Vorgehensweisen Gegenstand der Beschaffung, so kann auf eine Bekanntgabe der Gewichtung verzichtet werden.

⁴ **Für standardisierte Leistungen kann der Zuschlag ausschliesslich nach dem Kriterium des niedrigste** Gesamtpreises / *Preises* **erfolgen, sofern aufgrund der technischen Spezifikation der Leistung hohe Anforderungen an die Nachhaltigkeit in sozialer, ökologischer und wirtschaftlicher Hinsicht gewährleistet sind.**

Inhaltsverzeichnis

I.	Grundlagen	1
A.	Referenz zu GPA und früheren Bestimmungen in BöB/VöB/IVöB	1
B.	Unterschiede BöB/IVöB 29	3
C.	Gegenstand, Zweck und Funktion	5
	1. Spielregeln festlegen; Bindung an die Zuschlagskriterien und Gewichtung	5
	2. Formulierung, Auslegung von Zuschlagskriterien und Muss-Kriterien	8
	3. Änderung von Zuschlagskriterien während des Vergabeverfahrens	12
	4. Eignungs- und Zuschlagskriterium: Doppelprüfung?	14
	5. Zuschlagskriterium Preis	17
II.	Abs. 1: Zulässige Kriterien	19

III.	Abs. 2: Vergaberechtsfremde Kriterien	30
IV.	Abs. 3: Transparenz	32
V.	Abs. 4: Standardisierte Leistungen	33
VI.	Rechtsvergleichung	35

I. Grundlagen

A. Referenz zu GPA und früheren Bestimmungen in BöB/VöB/IVöB

1   BöB/IVöB 29 befassen sich mit den Zuschlagskriterien. Die Bestimmungen setzen GPA 2012 XV:5 um. Wie nach bisherigem Recht enthält der Gesetzestext eine nicht abschliessende Aufzählung möglicher Zuschlagskriterien (aBöB 21, aIVöB 13 Bst. f mit den jeweiligen kantonalen Ausführungserlassen). Das bisherige Recht regelte in aBöB 21 sowohl die Zuschlagskriterien als auch den Zuschlag an das «wirtschaftlich günstigste Angebot». Der Gesetzgeber hat sich entschieden, die «Zuschlagskriterien» in BöB/IVöB 29 und «den Zuschlag» an das vorteilhafteste Angebot in BöB/IVöB 41 festzulegen.

2   Unter Zuschlagskriterien sind die Gesichtspunkte zu verstehen, mit denen mit Blick auf den Vergabeentscheid das «beste» Angebot ermittelt wird. In Abweichung zum bisherigen Recht (aBöB 21 Abs. 1) wird nach neuem Recht terminologisch nicht mehr das wirtschaftlich günstigste Angebot, sondern das vorteilhafteste Angebot (BöB 41) beschafft. Damit hat sich der Gesetzgeber entschieden, nicht die Formulierung von GPA 2012 XV:5 zu übernehmen, sondern eine eigene Formulierung zu verwenden (vgl. Art. 41 N 14 ff.).

B. Unterschiede BöB/IVöB 29

3   BöB/IVöB 29 Abs. 2 und 3 stimmen textlich überein. BöB 29 Abs. 1 enthält weitergehende Vorschriften zur Berücksichtigung der unterschiedlichen Preisniveaus in den Ländern und der Verlässlichkeit des Preises. Dabei hat die Bundesbehörde jeweils die internationalen Verpflichtungen der Schweiz zu beachten (vgl. N 21 ff.).

4   BöB 29 Abs. 4 befasst sich mit dem Zuschlag für standardisierte Güter, der ausschliesslich nach dem niedrigsten Gesamtpreis erfolgen kann. Auch hier sich hat der Bundesgesetzgeber entschieden, Einschränkungen bez. Anforderungen an die Nachhaltigkeit in sozialer, ökologischer und wirtschaftlicher Hinsicht einzuführen (vgl. N 33 f.).

C. Gegenstand, Zweck und Funktion

1. Spielregeln festlegen; Bindung an die Zuschlagskriterien und Gewichtung

Der Formulierung und Festlegung der Zuschlagskriterien kommt eine sehr gewichtige 5
Bedeutung zu. Sie definieren im Voraus verbindlich die Spielregeln des Vergabeverfahrens. Damit lassen sich Missbrauch und Manipulation bei der Zuschlagserteilung vermeiden. Zuschlagskriterien sind daher nicht nur für die Anbieterinnen zur Ausarbeitung ihres Angebots einschlägig, sondern in besonderem Masse auch für die Vergabestelle bindend.[1]

Die Auftraggeberin hat die Zuschlagskriterien und deren Gewichtung in der Ausschrei- 6
bung oder gegebenenfalls in den Ausschreibungsunterlagen vorgängig zu veröffentlichen (BöB/IVöB 35 Bst. p oder BöB/IVöB 36 Bst. d). Mit der Veröffentlichung verschafft die Vergabestelle dem Transparenz- und Gleichbehandlungsgebot (BöB/IVöB 2 Bst. b und c) Nachachtung.[2] Die Publikationspflicht gilt auch für Subkriterien.[3] Damit lässt sich die Gefahr einer Verzerrung des Gehalts der einzelnen Kriterien über eine nachträgliche Anpassung der Subkriterien vermeiden. Im Gegensatz zum bisherigen Recht (aBöB 21 Abs. 2) ist die Vergabestelle künftig nicht mehr verpflichtet, Zuschlagskriterien in der Reihenfolge ihrer Bedeutung aufzuführen. Immerhin muss die Auftraggeberin bei funktionalen Ausschreibungen die Rangfolge im Voraus festlegen und die Bewertung dokumentieren.[4] Keiner Publikation der Gewichtung bedarf es bei funktionalen Beschaffungen (vgl. N 32; BöB/IVöB 29 Abs. 3; vgl. ebenso aVöB 27 Abs. 1 Satz 2).

Das Gesamtsystem von Zuschlags- und Subkriterien mit der festgelegten Gewichtung 7
für jedes Kriterium stellt die Beurteilungsmatrix dar.[5] Die Vergabestelle muss reine Hilfsmittel zur Beurteilung der einzelnen Zuschlagskriterien (Noten- und Punkteskalen, Berechnungsschemen etc.) nicht publizieren, wenn für die Anbieterin die Beurteilungsmatrix bereits aufgrund der bekannt gegebenen Zuschlagskriterien und ihrer relativen Gewichtung (und derjenigen der entsprechenden Subkriterien) erkennbar ist.[6] Bei komplexeren Beschaffungen wird die Beurteilungsmatrix oft nicht ersichtlich sein. Die Vergabestelle ist in diesen Fällen deshalb gut beraten, eine Bewertungsmatrix samt Punkteschema im Voraus bekannt zu geben, um allfälligen Beschwerden vorzubeugen.

---

1 Komm BöB-Trüeb, Art. 21 N 5.
2 BVGer B-891/2009 vom 05.11.2009, E. 3.4.
3 BVGer B-4086/2018 vom 12.08.2019, E. 6.3; BGE 130 I 241, E. 5.1; Komm BöB-Trüeb, Art. 21 N 8.
4 Botschaft BöB, S. 1945.
5 BVGer B-891/2009 vom 05.11.2009, E. 3.1.
6 BGE 130 I 241, E. 5.1.

2. Formulierung, Auslegung von Zuschlagskriterien und Muss-Kriterien

8 Wie bei den technischen Spezifikationen (vgl. Art. 30 N 12) gelangt hinsichtlich Formulierung der Zuschlagskriterien das Vertrauensprinzip zur Anwendung.[7] Bei der Auslegung der Zuschlagskriterien ist für die Anbieterinnen primär der gewöhnliche Sprachgebrauch einschlägig. Drängt sich aus Sicht der Vergabestelle ein anderes Verständnis auf, hat sie dieses zu deklarieren.[8] Gerade offene und unbestimmte Begriffe als Zuschlagskriterien bedürfen genauerer Begriffsbestimmungen oder näherer Definitionen durch Sub- und Teilkriterien.[9] Wenn z.B. in einem Vergabeverfahren bez. Dienstleistung ein Zuschlagskriterium «Verankerung am Markt» ohne ergänzende Hinweise aufgeführt wird, sind darunter wohl die Anzahl der ausgeführten Projekte und der Kundenstamm, aber nicht bloss Beziehungen zu Branchenverbänden zu verstehen.[10]

9 Bei der Auswahl und Gewichtung der Zuschlagskriterien verfügt die Vergabestelle über einen breiten Ermessensspielraum, in welchen die Gerichte nur unter qualifizierten Voraussetzungen eingreifen dürfen.[11] Grundsätzlich sind daher alle Zuschlagskriterien zulässig, welche auf den Beschaffungsgegenstand bezogen, sachlich gerechtfertigt und inhaltlich bestimmt sind.[12]

10 Unzulässig sind hingegen protektionistische und vergaberechtsfremde Zuschlagskriterien, da sie zu einer Diskriminierung der Anbieterinnen führen (BöB/IVöB 2 Bst. c). Protektionistische Zuschlagskriterien bevorzugen ortsansässige Anbieterinnen oder einheimische Produkte. Als vergaberechtsfremde Zuschlagskriterien gelten Kriterien, welche aufgrund regional-, steuer-, fiskal- oder strukturpolitischer Gründe eingefügt wurden (vgl. z.B. zur Ortsansässigkeit und Anfahrtsweg N 26; zur Ausnahme BöB 29 Abs. 2).[13]

11 Nicht zu beanstanden sind grundsätzlich Zuschlagskriterien, die als «Muss-Kriterien» formuliert sind.[14] Deren Nichteinhalten führen zum Ausschluss des Angebots (BöB/IVöB 44 Abs. 1 Bst. b),[15] wobei die Abgrenzung zu den technischen Spezifikationen bei dieser Ausprägung der Zuschlagskriterien fliessend ist (vgl. auch Art. 30 N 7). Die verlangten verbindlichen Vorgaben hat eine Anbieterin einzuhalten. Tut sie dies nicht,

---

7 Vgl. BGE 141 II 14, E. 7.1.
8 BVGer B-3553/2019 vom 24.09.2019, E. 6.2; BVGE 2011/58, E. 13.2.1.
9 BRK 2004-014 vom 11.03.2005 (VPB 69.79), E. 3a/aa.
10 BRK 2001-003 vom 05.07.2003 (VPB 65.94), E. 6.a ff.
11 BVGer B-6082/2011 vom 08.05.2012, E. 2.2.1.
12 VGer ZH, VB.1999.00026 vom 07.07.1999, E. 5d, in: ZBl 2000, S. 271 ff.
13 Zum Ganzen vgl. GALLI/MOSER/LANG/STEINER, Rz. 917.
14 Muss-Kriterien entsprechen aber an sich nicht dem Konzept der relativen Natur von Zuschlagskriterien, vgl. BVGer B-879/2020 vom 26.03.2020, E. 6.3.1. m.w.H.
15 Im Gegensatz zum alten Recht wird die Zulässigkeit des Ausschlusses bei Nichterfüllen von Muss-Kriterien gesetzlich festgelegt und damit e contrario auch die Zulässigkeit der Festlegung von Muss-Kriterien. Zur Zulässigkeit vgl. GALLI/MOSER/LANG/STEINER, Rz. 862 f.

kann die Auftraggeberin sie aus dem Verfahren ausschliessen. Verbindliche Vorgaben können z.B. eine minimal zu erfüllende Qualität oder auch ein Maximalpreis sein. Solche Vorgaben sind im Voraus bekannt und damit transparent zu machen.[16] Zudem dürfen die festgelegten Muss-Kriterien nicht diskriminierend wirken.[17] Das wäre u.a. der Fall, wenn mit den Muss-Kriterien die Zahl der Wettbewerber bewusst sehr eingeschränkt würde. Ebenfalls müssen Auswahl der Kriterien und deren Gewichtung sachlich gerechtfertigt sein. Das Muss-Kriterium hat sich daher am konkreten Auftrag, an dessen Anforderung und Bedeutung zu orientieren.[18]

3. Änderung von Zuschlagskriterien während des Vergabeverfahrens

Die Bindung der Vergabestelle an die publizierten Zuschlagskriterien und Bewertungsmatrix führt konsequenterweise zu deren Unabänderlichkeit während des Verfahrens. Es ist daher regelmässig unzulässig, Zuschlagskriterien im Rahmen der Bewertung nicht zu berücksichtigen, andere Gewichtungen vorzunehmen oder neue, nicht publizierte Zuschlagskriterien heranzuziehen.[19] Die strikte Durchsetzung dieses Grundsatzes der Unabänderlichkeit kann aber im Widerspruch zum öffentlichen Interesse (der Vergabestelle) an einer optimalen Durchführung von Beschaffungsgeschäften stehen.[20] Aus diesem Grund muss es der Vergabestelle unter gewissen Voraussetzungen möglich sein, neue Erkenntnisse im Verfahren einzuflechten und gegebenenfalls Änderungen an den vorgängig festgelegten Spielregeln vorzunehmen.[21] 12

Eine Änderung der Zuschlagskriterien während des hängigen Verfahrens darf nicht dazu führen, dass die nachgefragte Leistung wesentlich ändert.[22] In einem solchen Fall wäre der provisorische (Teil-)Abbruch des Verfahrens inkl. seiner Neuauflage in Betracht zu ziehen (BöB 43 Abs. 1 Bst. f). Zulässig erweist sich eine Änderung unter den folgenden, kumulativ zu erfüllenden Voraussetzungen:[23] 13

– Die Änderung ist sachlich begründet.

– Vorgenommene Änderungen müssen allen Anbieterinnen gleichzeitig und transparent mitgeteilt werden.

– Die Anbieterinnen müssen ihre Offerten erst nach Kenntnisnahme der Änderungen einreichen. Andernfalls ist den Anbieterinnen eine angemessene Frist einzuräumen zur Anpassung der Angebote an die neuen Zuschlags- oder Bewertungskriterien.

---

16 VGer SG, B 2012/178 vom 24.01.2013, E. 2.2.4.3.
17 Botschaft BöB, S. 1961.
18 VGer AG, vom 29.10.2002, E. 3c, in: AGVE 2002, S. 331 ff.
19 BGE 143 II 553, E. 7.7; BGE 130 I 241, E. 5.1; BGE 125 II 86, E. 7c; BVGer B-3553/2019 vom 24.09.2019, E. 6.2.
20 Komm BöB-TRÜEB, Art. 21 N 22 m.w.H.
21 VGer ZH, VB.2012.00714 vom 09.05.2012, E. 3.1; VGer ZH, VB.2002.0258 vom 23.01.2003, E. 3a.
22 BGer 2P.299/2000 vom 24.08.2001, E. 4.
23 BRK 20/2000 vom 18.12.2000, in: BR 2001, S. 63.

- Der potenzielle Anbieterinnenkreis wird nicht verändert (andernfalls läge eine wesentliche Änderung vor, welche über die Regeln des Abbruchs zu behandeln wäre).

4. Eignungs- und Zuschlagskriterium: Doppelprüfung?

14 Eignungs- und Zuschlagskriterien haben unterschiedliche Funktionen. Die Nichterfüllung der Eignungskriterien führt zum Ausschluss einer Anbieterin. Demgegenüber dienen Zuschlagskriterien der Bewertung der zulässigen Angebote. Daher ist in einem ersten Schritt die Eignung der Anbieterinnen zu prüfen. In einem zweiten Schritt sind die zulässigen Offerten zu bewerten. Es ist nicht unzulässig, im zweiten Schritt die gleichen Kriterien zu berücksichtigen wie im ersten.[24] Sinnfrei (oder je nach Auffassung verboten) ist es, ein anbieterbezogenes Kritcrium unverändert auch angebotsbezogen zu prüfen.[25]

15 Lassen sich Kriterien graduell bewerten, ist es ohne Weiteres zulässig, eine gewisse Mindestanforderung als Eignungskriterium zu verlangen und eine darüber hinausgehende Erfüllung als Zuschlagskriterium zu gewichten (z.B. das Beibringen von drei Referenzen als Eignungskriterium, die Qualität der Referenzen als Zuschlagskriterium). Dabei handelt es sich nicht um eine Doppelprüfung, sondern um die Prüfung eines Kriteriums unter einem anbieterbezogenen und einem angebotsbezogenen Aspekt (vgl. auch Art. 30 N 7 betreffend die technischen Spezifikationen).[26] Bei Dienstleistungsaufträgen erweist sich die Fachkompetenz oder die Qualifikation der Anbieterin regelmässig als sehr wichtig. Die Qualität der Leistung lässt sich dabei nicht (oder nur schwierig) mittels bereits vorhandener Güter überprüfen. Sie wird daher anhand der Qualifikation der Anbieterin bewertet. Bei der Eignungsprüfung wird die Qualität oder Fachkompetenz anbieterbezogen unter dem Gesichtspunkt der Ressourcen und insb. Referenzen, bei der Zuschlagsprüfung unter einem leistungs- oder angebotsbezogenen Gesichtspunkt betrachtet (z.B. Qualifikationen des Teams bez. Sprache, Kenntnisse). Das Bundesgericht führt zur Zulässigkeit einer Prüfung eines Kriteriums unter mehreren Aspekten zutreffend aus: «Es liegt auf der Hand, dass – jedenfalls bei Aufträgen, bei denen die Fachkompetenz eine Rolle spielt – die Qualität nicht getrennt vom Unternehmen und den darin tätigen Personen beurteilt werden kann.»[27]

---

24 BGE 139 II 489, E. 2.2.4.
25 BRK 2003-015 vom 01.09.2003 (VPB 68.10), E. 2b/cc; BRK 2004-004 vom 30.07.2004 (VPB 68.119), E. 4d/ee, 4e/cc. Es sei dahingestellt, ob von einem Verbot der Doppelprüfung gesprochen werden soll. In jedem Fall gewinnt man nichts bei gleichlautenden Eignungs- und Zuschlagskriterien, die nur mit Ja oder Nein beantwortet werden können. Angebote, welche das Kriterium nicht erfüllen, sind auszuschliessen, alle andere erhalten dieselbe Bewertung.
26 BEYELER, Öffentliche Beschaffung, S. 208 f.
27 BGE 139 II 489, E. 2.2.4. Die bundesgerichtliche Rechtsprechung widerspricht damit derjenigen des EuGH, welches eine strikte Trennung zwischen unternehmensbezogenen und Wirtschaftlichkeitsaspekten vornimmt, EuGH C-532/06 vom 24.01.2008, Rz. 30–32, bestätigt in EuGH C-199/07 vom 12.11.2009.

Die Prüfung der Mehreignung eines Kriteriums bei der Zuschlagserteilung setzt eine vorgängige Bekanntgabe voraus. Anderenfalls darf kein Abzug an der Offertbewertung gemäss Zuschlagskriterien gemacht werden.[28] Selbstverständlich kann auch eine Übererfüllung von technischen Spezifikationen im Rahmen der Zuschlagserteilung positiv gewertet werden (z.B. längere Gewährleistungsfristen oder kürzere Reaktionszeiten als gefordert).

16

5. Zuschlagskriterium Preis

Grundsätzlich darf der Preis als Zuschlagskriterium weder weggelassen noch untergewichtet werden. Als unterste Limite gilt gemäss geltender Rechtsprechung selbst für komplexe Beschaffungen ein Wert von 20 %.[29] Eine zu niedrige Gewichtung des Preises oder sogar dessen Weglassung stünde im Widerspruch zur Zielsetzung des öffentlichen Beschaffungsrechts, öffentliche Mittel unter anderem wirtschaftlich einzusetzen (BöB/IVöB 2 Bst. a).[30] Die Bedeutung des Preises hängt somit insb. vom angewendeten Bewertungssystem ab. Die Preiskurve selbst sollte so (steil oder flach) gewählt werden, dass sie die gemäss Marktabklärung zu erwartende Angebotsspanne gut abdeckt. Durch eine unangemessene Preisformel kann die Gewichtung des Kriteriums Preis verwässert werden. Dies gilt es zu vermeiden.[31]

17

Nur in Ausnahmefällen darf die Vergabestelle von diesem Grundsatz abweichen und das Zuschlagskriterium weglassen. Das ist der Fall bei Ingenieur- und Architekturwettbewerben, wenn aus wirtschaftlicher Sicht die geschätzten Erstellungskosten der projektierten Anlage von viel grösserer Bedeutung sind als die Kosten des Ingenieurs oder Architekten für dessen eigene Leistungen.[32] Zulässig ist es bei sehr komplexen Dienstleistungsaufträgen, das wirtschaftlich günstigste Angebot unter Zugrundlegung eines festen Kostendaches zu ermitteln, wenn im Vergabeverfahren lediglich nach der überzeugendsten Leistung gefragt wird.[33]

18

II. Abs. 1: Zulässige Kriterien

BöB/IVöB 29 Abs. 1 enthält eine nicht abschliessende Aufzählung möglicher Zuschlagskriterien. Zuschlagskriterien orientieren sich primär an der Leistung, d.h., sie haben einen sachlichen Bezug zum Beschaffungsgegenstand. Der Preis (vgl. Art. 29 N 17 f.)

19

---

28 BVGer B-4717/2010 vom 01.04.2011, E. 7.4 und 7.5; BVGer B-891/2009 vom 05.11.2009, E. 5.6.
29 BGE 129 I 313, E. 9.2.
30 Vgl. auch VGer ZH, VB.2010.00568 vom 12.01.2011, E. 5.5, mit der gleichzeitigen Bestätigung, dass der Preis jedoch bei einer Vergabe, deren Gegenstand nicht als überdurchschnittlich komplex bezeichnet werden könne, nicht mit nur 20 % gewichtet werden dürfe.
31 Botschaft BöB, S. 1957.
32 GALLI/MOSER/LANG/STEINER, Rz. 854.
33 BRK 2001-003 vom 05.07.2001 (VPB 65.94), E. 3.c.

ist immer zu berücksichtigen, indes in der Regel nicht als alleiniges Zuschlagskriterium (zur Ausnahme, siehe BöB/IVöB 29 Abs. 4).[34] Auf der anderen Seite ist es wie erwähnt unzulässig, bei den Zuschlagskriterien den Angebotspreis überhaupt nicht in die Bewertung einzubeziehen (zur Ausnahme N 18). Neben dem Preis und der Qualität einer Leistung zählt Abs. 1 diverse weitere Zuschlagskriterien auf; die meisten werden – wie bisher – keinen Anlass zu Diskussionen geben.

20 BöB 29 Abs. 1 weicht von IVöB 29 Abs. 1 in zwei Punkten ab:

- Preisfestlegungen: Der Gesetzestext des Bundes verpflichtet die Bundesbehörden, bei der Preisfestlegung «die unterschiedlichen Preisniveaus in den Ländern, in welchen die Leistung erbracht wird», sowie «die Verlässlichkeit des Preises» zu berücksichtigen. Dabei sind die «internationalen Verpflichtungen der Schweiz» zu beachten.

- Kann-Vorschrift bei den weiteren Zuschlagskriterien gemäss IVöB 29 Abs. 1.[35]

21 Mit der Formulierung bez. der Preisfestlegungen hat der Ständerat zum Ausdruck bringen wollen, dass die Interessenlage der Schweiz stärker gewichtet werden müsse. Das ausländische Preisniveau und die Lebenshaltungskosten sollen bei der Bewertung der Angebote berücksichtigt werden können. Im Rahmen der Einigungskonferenz wurden die Vorgaben zu den Preisfestlegungen mit dem Zusatz akzeptiert, die Bundesbehörden hätten die internationalen Verpflichtungen der Schweiz zu berücksichtigen.[36] Ob und inwiefern sich die bundesrechtliche Bestimmung um- und durchsetzen lässt, bleibt abzuwarten, zumal das Spannungsverhältnis zwischen der Formulierung dieser Vorgabe und dem Diskriminierungsverbot (und damit dem Verbot des Protektionismus) nicht von der Hand zu weisen ist.

22 Abgesehen von der Plausibilität des Angebots (vgl. N 23) haben die Kantone darauf verzichtet, die Kriterien «die unterschiedlichen Preisniveaus in den Ländern, in welchen die Leistung erbracht», wird und «Verlässlichkeit des Preises» in der IVöB einzuführen. Dies deshalb, weil die Vorgaben nach Auffassung der Kantone kaum umsetzbar sein würden.[37] Dem ist zuzustimmen. Ebenfalls fehlt aus guten Gründen der Hinweis auf die Beachtung der internationalen Verpflichtungen der Schweiz: Diese Verpflichtungen

---

34 Botschaft BöB, S. 1943. Soll als einziges Zuschlagskriterium der Preis gelten, hat die Vergabestelle die Voraussetzungen gemäss BöB 29 Abs. 4 zu berücksichtigen (vgl. N 33 f.).
35 Diese Unterscheidung hat keine rechtliche Relevanz. Erstens sind die Kriterien in beiden Erlassen nur exemplarisch (und nicht abschliessend) aufgeführt. Es kann daher kein Zwang zur vollständigen Berücksichtigung der Kriterien vorliegen. Zweitens müssen die ausgewählten Kriterien tauglich sein, die Angebote zu bewerten.
36 AB 2019 NR 1209, S. 1210, AB 2019 SR 519, S. 520. Mit dieser Selbstverständlichkeit soll der Vergabestelle ins Bewusstsein gerufen werden, dass bei der Berücksichtigung des ausländischen Preisniveaus eben die internationalen Verträge zu berücksichtigen sind.
37 Musterbotschaft IVöB, S. 68.

gelten auch ohne Erwähnung. Zudem hat das Bundesparlament den Zusatz im Zusammenhang mit dem Kriterium des unterschiedlichen Preisniveaus eingefügt (worauf die Kantone ja eben verzichtet haben).

Entsprechend der bundesgerichtlichen Rechtsprechung kann die Plausibilität des Angebots als Zuschlagskriterium angewendet werden.[38] Unzulässig ist es, die Plausibilität unter dem Blickwinkel des Preises als solches zu prüfen oder offerierte «Spekulationspreise» zur Bewertung zu erhöhen.[39] Nicht zu bestanden ist es aber, wenn die Vergabestelle andere Aspekte des Angebots auf ihre Plausibilität hin prüft. So darf die Auftraggeberin z.B. anhand der offerierten Stunden von Ingenieurleistungen analysieren, wie gut die Offerte in Umfang und Qualität den Anforderungen des ausgeschriebenen Auftrags entspricht.[40]   23

Lebenszykluskosten beinhalten die Kosten, welche während der gesamten Nutzungsdauer eines Beschaffungsgegenstands anfallen. Sie umfassen damit Beschaffungs-, Betriebs- und allfällige Rückbau- und Entsorgungskosten. Unter Betriebskosten subsumiert man nicht nur die Nutzungskosten (häufig der Energieverbrauch und der Verbrauch anderer Ressourcen), sondern auch die Wartungskosten oder Instandhaltungskosten.[41] Entscheidet sich die Vergabestelle, die Lebenszykluskosten zu berücksichtigen, hat sie in den Ausschreibungsunterlagen zu definieren, welche Daten die Anbieterinnen bereitzustellen haben, und die Methode zur Bestimmung der Lebenszykluskosten zu beschreiben.[42]   24

Das Kriterium Nachhaltigkeit enthält die drei Dimensionen «Wirtschaftlichkeit», «Ökologie» und «Soziales» (betreffend «Soziales» vgl. N 28). Die Dimension «Ökologie» wird durch die Aspekte der Umweltverträglichkeit sowie der Ressourcenschonung und -effizienz definiert.[43] Die Aspekte können sehr weit gefasst werden, sei es durch Faktoren wie Energie-, Wasserverbrauch, Belastungen der Umwelt, Beeinträchtigung der Biodiversität oder aber auch die Frage, wie umwelt- oder ressourcenschonend der Beschaffungsgegenstand selbst hergestellt worden ist. Insb. ökologische und soziale Kriterien eignen sich für die unzulässige und gezielte Bevorzugung von inländischen Anbieterinnen. Daher ist generell zu fragen, ob die Kriterien einen sachlichen Bezug zum Leistungsgegenstand haben.[44]   25

Ortsansässigkeit oder insb. Anfahrtsweg (auch im Rahmen der Dimension Ökologie des Kriteriums Nachhaltigkeit) sind regelmässig unzulässige Zuschlagskriterien, wenn sie   26

---

38 BGE 143 II 553, E. 7.2 ff.
39 BGE 130 I 241, E. 7.3, ebenso VGer SG, B/2014/61 vom 16.09.2014, E. 3.1. Die offerierten Preise sind grundsätzlich verbindlich und entsprechend anhand der Bewertungstabelle zu bewerten.
40 BGE 143 II 553, E. 7.2 mit Verweis auf BGer 2D_49/2011 vom 25.09.20012, E. 7 und 8.
41 Botschaft BöB, S. 1943.
42 Botschaft BöB, S. 1943.
43 Botschaft BöB, S. 1943.
44 Musterbotschaft IVöB, S. 25.

protektionistisch begründet sind.[45] Der Anfahrtsweg kann bei der Bewertung von Zuschlagskriterien nur bei einem sachlichen Zusammenhang berücksichtigt werden, wenn dies nicht der Bevorzugung von Ortsansässigen dient.[46] Dies ist z.B. der Fall bei einem Pikettdienst.[47] Nicht sachlich begründbar ist der Anfahrtsweg hingegen, wenn ein Planerauftrag (als reine Dienstleistung), der keiner raschen Interventionshandlungen bedarf, zu vergeben ist.[48] Ebenfalls kann die Vergabestelle auf die Ortskenntnis abstellen, wenn dies nach der Eigenart des Auftrags sachgerecht erscheint – so bei der Vergabe einer Gesamtmelioration.[49]

27 Das Zuschlagskriterium Transportweg erweist sich als zulässig, sofern es sich sachlich begründen lässt. Regelmässig trifft dies zu, wenn die Transporte zum Auftragsgegenstand gehören, über längere Zeit andauern und verglichen mit dem gesamten Auftrag von erheblichem Umfang sind. Dabei kann auch das Emissionsverhalten der tatsächlich eingesetzten Fahrzeuge berücksichtigt werden.[50] Erscheint der Transport aber nur als Nebensache der Beschaffung oder findet er nur wenige Male statt, wäre das Zuschlagskriterium unzulässig.[51]

28 Die Dimension «Soziales» erlaubt es, z.B. Fair-Trade-Produkte im Rahmen der Zuschlagskriterien besser zu bewerten. Regelmässig wird die Vergabestelle gut beraten sein, sich bei Definition und Prüfung der Umwelt- und Sozialaspekte auf international anerkannte Zertifizierungssysteme zu stützen. Der Nachweis, dass gleichwertige Anforderungen eingehalten werden, ist aber stets zuzulassen (vgl. dazu Art. 30 N 22).

29 Ausserhalb des Staatsvertragsbereichs kommt der Auftraggeberin bei der Festlegung der Zuschlagskriterien ein noch breiteres Ermessen zu. Die Vergabestelle darf auch den sprach-, binnenmarkt- und wirtschaftspolitischen Gegebenheiten Rechnung tragen (Berücksichtigung von Anbieterinnen mit regionalen Produkten, Anbieterinnen aus mehreren Sprachregionen etc.).[52] Solche Kriterien wären bei Beschaffungen im Staatsvertragsbereich unzulässig.

---

45 BVGer B-5601/2018 vom 24.04.2019, E. 6.8.3, wobei sich die Ortskenntnis im Rahmen der Eignungskriterien als sachgerecht erweisen kann; Komm BöB-Trüeb, Art. 21 N 15.
46 BGer 2P.342/1999 vom 31.05.2000, E. 4.c.
47 VGer ZH, VB.2006.00220 vom 28.06.2006, E. 7, wobei das Verwaltungsgericht die Beschwerde aus anderen Gründen gutgeheissen hat.
48 BVGer B-5601/2018 vom 24.04.2019, E. 6.8.5.
49 BGer 2P.46/2005 vom 16.09.2005, E. 5.1.
50 BGer 2P.342/1999 vom 31.05.2000, E. 4; OGer UR, V 13 21 vom 04.10.2013, E. 2a, 2c und 3a.
51 OGer UR, OG V 13 21 vom 04.10.2013, E. 2a, 2c und 3a.
52 Botschaft BöB, S. 1944.

III. Abs. 2: Vergaberechtsfremde Kriterien

Die Zuschlagskriterien gemäss BöB 29 Abs. 2 sind vergaberechtsfremd. Weder die Berücksichtigung der Lehrlingsausbildung noch das Anbieten von Arbeitsplätzen für ältere Arbeitnehmende oder für die Wiedereingliederung von Langzeitarbeitslosen orientieren sich am Nutzen des Angebots.[53] Sie befriedigen sozialpolitische Anliegen.[54] Aus diesem Grund hat der Gesetzgeber die Anwendung dieser Zuschlagskriterien auf Beschaffungen ausserhalb des Staatsvertragsbereichs begrenzt. Die Vergabestelle darf die Zuschlagskriterien im pflichtgemässen Ermessen und unter Beachtung der Gleichbehandlung aller Anbieterinnen zur Bewertung beiziehen.[55] 30

Bez. Lehrlingsausbildung ist die Anzahl der Ausbildungsplätze in Relation zur Gesamtzahl an Arbeitsstellen der betreffenden Anbieter zu setzen. Es ist mithin das relative Verhältnis, nicht die absolute Zahl massgeblich.[56] Da es sich bei den Zuschlagskriterien gemäss Abs. 2 um vergaberechtsfremde Zuschlagskriterien handelt, darf ihnen kein allzu grosses Gewicht beigemessen werden.[57] Zulässig erweist sich in der Regel eine Gewichtung von maximal 10 %.[58] 31

IV. Abs. 3: Transparenz

Die Zuschlagskriterien und deren Gewichtung sind, wie erwähnt, in der Ausschreibung oder in den Ausschreibungsunterlagen bekannt zu geben (vgl. N 6; vgl. auch Art. 35 N 50). Bei funktionalen Ausschreibungen, insb. wenn ein Dialog vorgesehen ist, kann ausnahmsweise auf eine Vorausmitteilung der Gewichtung verzichtet werden (vgl. Art. 24 N 18). Sind Lösungen, Lösungswege oder Vorgehensweisen Gegenstand einer Beschaffung, ist es regelmässig nicht möglich, dass die Vergabestelle bereits im Voraus die Gewichtung der Zuschlagskriterien festlegen kann. Charakteristisch für solche Beschaffungen ist, dass die Auftraggeberin eben nur das Ziel vorgibt, den Weg dorthin aber allenfalls nicht kennt oder bewusst nicht vorgeben will. Die Ungewissheit der möglichen Angebotsinhalte verunmöglicht eine pflichtgemässe Gewichtung der Kriterien im Voraus. Die Auftraggeberin hat immerhin die Rangfolge der Kriterien im Voraus festzulegen und die Bewertung zu dokumentieren.[59] 32

---

53 Das Bundesparlament und die Kantone haben BöB/IVöB 29 Abs. 2 mit den Zuschlagskriterien «Anbieten von Arbeitsplätzen für ältere Arbeitnehmende» oder für die «Wiedereingliederung von Langzeitarbeitslosen» gegenüber dem E-BöB ergänzt.
54 LANTER, Lehrlingsausbildung, S. 601; VGer ZH, VB.2012.00055 vom 20.07.2012, E. 5.
55 Botschaft BöB, S. 1944.
56 BGer 2P_242/2006 vom 16.03.2007, E. 4.2.1 ff.
57 LANTER, Lehrlingsausbildung, S. 601, GALLI/MOSER/LANG/STEINER, Rz. 930 ff.
58 VGer ZH, VB.2012.00001 vom 27.06.2012, E. 4.1; VGer SG, B 2012/27 vom 03.07.2012, E. 3.2.
59 Musterbotschaft IVöB, S. 70.

V. Abs. 4: Standardisierte Leistungen

33 Für die Beschaffung standardisierter Leistungen kann (zumindest nach interkantonalem Recht) ausschliesslich auf den Preis abgestellt werden. GPA 2012 XV:5 Bst. b (und vorher GPA 1994 X:7 Bst. c) lässt die Bewertung eines Angebots allein aufgrund des Preises zu. Dies kann insb. dann zulässig sein, wenn allgemein anerkannte Normen und Standards die Qualität des Produkts bereits umfassend definieren oder ökologische Aspekte bei den technischen Spezifikationen berücksichtigt wurden. So kann die Entsorgung von Strassenentwässerungsschlamm und Wischgut wegen der detaillierten Regulierung des Entsorgungswesens aufgrund genauer, zwingender betrieblicher und technischer Vorgaben als weitgehend standardisiert angesehen werden. Das Zuschlagskriterium Preis als einziges ist zulässig.[60] Gleiches gilt für die Beschaffung von Brenn- und Treibstoffen, Elektrizität oder von Schrauben, welche klar und abschliessend spezifiziert sind. Werden bei der Ausschreibung von Standardgütern keine Zuschlagskriterien bekannt gegeben, ist der Auftrag ausschliesslich nach dem Kriterium des niedrigsten Preises zu vergeben.[61]

34 Diese Bestimmung war ursprünglich aus systematischen Gründen in E-BöB 41 Abs. 2 beim Zuschlag vorgesehen. Das Bundesparlament hat sich anders entschieden und die entsprechende Regelung bei BöB 29 eingefügt. Zudem hat das Parlament die Bestimmung mit dem Nebensatz ergänzt, wonach der Zuschlag für standardisierte Güter nur aufgrund des niedrigsten Gesamtpreises erteilt werden könne, «sofern aufgrund der technischen Spezifikation der Leistung hohe Anforderungen an die Nachhaltigkeit in sozialer, ökologischer und wirtschaftlicher Hinsicht gewährleistet sind». Diese Ergänzung im BöB führt leider dazu, dass die Beschaffung von Standardleistungen aufgrund des Preises unnötige und wohl auch kostentreibende Einschränkungen erfährt. Es gilt abzuwarten, wie diese Regelung in der Praxis und von den Gerichten umgesetzt wird. Richtigerweise haben die Kantone dieses Manko erkannt und auf eine entsprechende Ergänzung im interkantonalen Bereich verzichtet.

VI. Rechtsvergleichung

35 Die Vorgaben der EU im Bereich des öffentlichen Beschaffungswesens sind in Bezug auf die Grundsätze und die Ausgestaltung der Zuschlagskriterien vergleichbar mit denjenigen in der Schweiz. Die in den Staaten der EU geltenden Vergaberegeln sollen die Einhaltung der Grundsätze der Gleichbehandlung und Transparenz der Anbieterinnen gewährleisten. Deshalb hat eine Vergabestelle jeweils im Voraus die Mindestanforderungen anzugeben, die das Wesen der Beschaffung charakterisieren. Die Zuschlagskriterien und ihre Gewichtung sollen während des gesamten Verfahrens stabil bleiben und nicht

---

60 VGer ZH, VB.2014.00701 vom 07.05.2015, E. 3.3.
61 Botschaft BöB, S. 1956.

verhandelbar sein, um die Gleichbehandlung aller Wirtschaftsteilnehmer zu gewährleisten.[62] Auch bez. Pflicht zur Bekanntgabe der Zuschlagskriterien und deren Gewichtung sind die Regeln vergleichbar.[63]

Die RL enthält eine nicht abschliessende Liste möglicher Zuschlagskriterien, in die ebenfalls ökologische und soziale Aspekte mit einfliessen. Dabei soll den qualitativen Kriterien ebenfalls (wie nach schweizerischem Recht) ein Kostenkriterium an die Seite gestellt werden.[64] 36

Was die Zuschlagskriterien selbst betrifft, gehören dazu neben Preis oder Kosten wie die Lebenszykluskosten insb. Kriterien wie Qualität (einschliesslich des technischen Wertes, der Ästhetik, der Zweckmässigkeit etc.), Organisation, Qualifikation und Erfahrung des Personals, Kundendienst, Lieferbedingungen, Liefertermin und -verfahren und weitere.[65] Betreffend Lebenszykluskostenrechnung führt die RL auf, welche Kosten – soweit relevant – umfasst werden können: Anschaffungskosten, Nutzungskosten, Wartungskosten, Kosten am Ende der Nutzungsdauer sowie Kosten, welche durch die externen Effekte der Umweltbelastung entstehen, die mit dem Auftrag während des Lebenszyklus in Verbindung stehen.[66] 37

Das europäische Recht macht, wie das interkantonale Recht, (zu Recht) keine Vorgaben, wenn das wirtschaftliche Angebot allein aufgrund des Preises ermittelt wird. Ausschlaggebend ist und bleibt der Preis.[67] 38

---

62   RL 2014/24/EU, E. 45.
63   RL 2014/24/EU 67 Abs. 5.
64   RL 2014/24/EU 67 Abs. 2.
65   RL 2014/24/EU 67 Abs. 1–3.
66   RL 2014/24/EU 68.
67   RL 2014/24/EU 67 Abs. 5.

Art. 30 Technische Spezifikationen

¹ Die Auftraggeberin / *Der Auftraggeber* bezeichnet in der Ausschreibung oder in den Ausschreibungsunterlagen die erforderlichen technischen Spezifikationen. Diese legen die Merkmale des Beschaffungsgegenstands wie Funktion, Leistung, Qualität, Sicherheit und Abmessungen oder Produktionsverfahren fest und regeln die Anforderungen an Kennzeichnung und Verpackung.

² Bei der Festlegung der technischen Spezifikationen stützt sich die Auftraggeberin / *der Auftraggeber*, soweit möglich und angemessen, auf internationale Normen, ansonsten auf in der Schweiz verwendete technische Vorschriften, anerkannte nationale Normen oder Branchenempfehlungen.

³ Bestimmte Firmen oder Marken, Patente, Urheberrechte, Designs oder Typen sowie der Hinweis auf einen bestimmten Ursprung oder bestimmte Produzentinnen / *Produzenten* sind als technische Spezifikationen nicht zulässig, es sei denn, dass es keine andere hinreichend genaue oder verständliche Art und Weise der Leistungsbeschreibung gibt und die Auftraggeberin / *der Auftraggeber* in diesem Fall in die Ausschreibungsunterlagen die Worte «oder gleichwertig» aufnimmt. Die Gleichwertigkeit ist durch die Anbieterin / *den Anbieter* nachzuweisen.

⁴ Die Auftraggeberin / *Der Auftraggeber* kann technische Spezifikationen zur Erhaltung der natürlichen Ressourcen oder zum Schutz der Umwelt vorsehen.

Inhaltsverzeichnis

I.	Grundlagen	1
A.	Referenz zu GPA und früheren Bestimmungen in BöB/VöB/IVöB	1
B.	Gegenstand, Zweck und Funktion	7
II.	Abs. 1: Ermessensspielraum	13
III.	Abs. 2: Internationale Normen	21
IV.	Abs. 3: Produktneutralität und Gleichwertigkeit	22
V.	Abs. 4: Erhaltung der natürlichen Ressourcen	25
VI.	Rechtsvergleichung	29

I. Grundlagen

A. Referenz zu GPA und früheren Bestimmungen in BöB/VöB/IVöB

1 Die technischen Spezifikationen als Teil des Leistungsbeschriebs gehören zu den wesentlichsten Bestandteilen einer Ausschreibung. Sie beschreiben den eigentlichen Kern des Beschaffungsgegenstands und schliessen technische Anforderungen im Sinne von Merk-

malen, Funktionen und Leistungsparametern mit ein.¹ Im Gegensatz zur bisherigen Regelung auf Bundesebene zählt BöB/IVöB 30 beispielhaft auf, welche Merkmale des Beschaffungsgegenstands durch die technischen Spezifikationen bestimmt werden können. Dazu wurde die Begriffsbestimmung der technischen Spezifikation aus GPA 2012 I Bst. u praktisch unverändert in die revidierten Erlasse übernommen.² Neu enthält somit auch die schweizerische Gesetzgebung eine exemplarische Aufzählung von Merkmalen, die als technische Spezifikation definiert werden können.

Wie das GPA 1994 sieht auch das GPA 2012 vor, dass Auftraggeberinnen weder technische Spezifikationen verwenden noch Verfahren für die Konformitätsbescheinigung vorschreiben dürfen in der Absicht oder mit der Folge, unnötige Handelshemmnisse für den internationalen Handel zu schaffen (GPA 2012 X:1). BöB/IVöB enthält diesen Grundsatz der Gleichbehandlung und Nichtdiskriminierung von (in- und ausländischen) Anbieterinnen im Zweckartikel (vgl. BöB/IVöB 2). Dieser Grundsatz wie auch die Förderung des Wettbewerbs gelten als Grundprinzipien des öffentlichen Vergaberechts und damit auch für die Festlegung der technischen Spezifikationen durch die Auftraggeberin (vgl. N 13 f.). 2

Analog zum GPA 2012 hält BöB/IVöB 30 fest, dass sich die Auftraggeberin bei der Festlegung von technischen Spezifikationen auf internationale Normen stützen soll. Ansonsten stützt sich die Auftraggeberin auf in der Schweiz verwendete technische Vorschriften, anerkannte nationale Normen oder Branchenempfehlungen. Der BöB/IVöB-Text weicht insofern von der Regelung aus dem GPA 2012 X:2 Bst. b ab, als gemäss Regelung im GPA die technischen Spezifikationen «soweit vorhanden» auf internationalen Normen basieren sollen,³ während gemäss neuem Recht diese «soweit möglich und angemessen» zu verwenden sind (BöB/IVöB 30 Abs. 2). In der Botschaft ist festgehalten, dass bei Beschaffungen im Staatsvertragsbereich nach Möglichkeit auf allfällige internationale Normen (oder andere Standardisierungsdokumente) Bezug zu nehmen ist.⁴ Die Formulierung von BöB/IVöB 30 Abs. 2 geht in Übereinstimmung mit der Rechtsprechung davon aus, dass es konkrete Ausschreibungen geben kann, in welchen trotz bestehenden internationalen Normen auf (abweichende) nationale Normen verwiesen wer- 3

---

1 Botschaft BöB, S. 1945.
2 GPA 2012 I Bst. u: Technische Spezifikationen sind Anforderungen, die: i) die Merkmale einschliesslich Qualität, Leistung, Sicherheit und Abmessungen einer zu beschaffenden Ware oder Dienstleistung oder die Produktionsprozesse und -verfahren festlegen, oder ii) die Anforderungen an Terminologie, Symbole, Verpackung, Kennzeichnung und Beschriftung, soweit sie auf die entsprechende Ware oder Dienstleistung anwendbar sind, regeln.
3 GPA 2012 X:2: Schreibt ein Auftraggeber technische Spezifikationen für die zu beschaffenden Waren oder Dienstleistungen vor, a) definiert er die technische Spezifikation eher bez. Leistung und Funktionsanforderungen als bez. Konzeption oder beschreibender Eigenschaften und b) gründet die technische Spezifikation, soweit vorhanden, auf internationale Normen, ansonsten auf nationale technische Vorschriften, anerkannte nationale Normen oder Bauvorschriften.
4 Botschaft BöB, S. 1945.

den darf. Gefordert sind sachliche Argumente, warum im konkreten Fall die Anwendung der internationalen Normen nicht möglich oder nicht angemessen und die Einschränkung des Markts durch den Verweis auf nationale Normen nötig ist (vgl. N 21).

4   Analog zu GPA 2012 X:4 ist die sog. Leitproduktklausel, die bisher in aVöB 16a enthalten war, in BöB/IVöB 30 integriert. Somit ist neu auf Gesetzesstufe verankert, dass es in der Regel nicht zulässig ist, bestimmte Firmen oder Marken, Patente, Urheberrechte, Muster oder Typen zu nennen sowie auf einen bestimmten Ursprung oder bestimmte Produzentinnen hinzuweisen. Zulässig ist der Hinweis auf eine Firma, eine Marke oder einen bestimmten Ursprung etc. dann, wenn es keine andere hinreichend genaue oder verständliche Art und Weise der Leistungsbeschreibung gibt und die Auftraggeberin darauf hinweist, dass gleichwertige Leistungen zugelassen sind. Eine Ausnahme ist somit einzig im Sinne des Transparenzgebots und unter Beachtung des Gleichbehandlungsgrundsatzes erlaubt (vgl. N 22 ff.). Neu bestimmt BöB/IVöB 30 ausserdem, dass die Gleichwertigkeit durch die Anbieterin nachzuweisen ist. Damit wird inhaltlich VRöB 15 Abs. 3 übernommen.

5   Im Unterschied zum GPA 1994 enthält GPA 2012 X:6 den ausdrücklichen Hinweis, dass Auftraggeberinnen im Rahmen des genannten Artikels technische Spezifikationen zur Förderung der Erhaltung der natürlichen Ressourcen oder des Umweltschutzes verwenden dürfen. Der Gesetzgeber hat in BöB/IVöB 30 Abs. 4 die explizite Rechtsgrundlage geschaffen, dass die Auftraggeberin die ökologische Dimension der nachhaltigen Entwicklung bei öffentlichen Ausschreibungen berücksichtigen darf. In der Praxis wurde das von vielen Vergabestellen bereits so gehandhabt, indem ökologische Kriterien wie bspw. die Verwendung von nachhaltig produziertem Holz oder von Bio-Baumwolle in Beschaffungen definiert wurden. Die Beachtung von Anliegen des Umweltschutzes darf jedoch keine protektionistischen Hindernisse bewirken und hat gleichzeitig die Grundsätze und Instrumente der Nichtdiskriminierung des GPA zu respektieren (vgl. N 25 ff.).[5]

6   Im Gegensatz zur aIVöB enthält IVöB 30 erstmals eine ausführliche Regelung zu den technischen Spezifikationen. Bisher war es Aufgabe der kantonalen Ausführungsbestimmungen, die Bezugnahme auf nichtdiskriminierende technische Spezifikationen zu gewährleisten.[6] IVöB 30 ist identisch mit BöB 30.

---

5   Botschaft GPA, S. 2086.
6   Vgl. aIVöB 13 Bst. b.

B. Gegenstand, Zweck und Funktion

Gemäss BöB/IVöB 30 bezeichnet die Auftraggeberin in der Ausschreibung oder in den Ausschreibungsunterlagen die erforderlichen technischen Spezifikationen. Diese legen die Merkmale des Beschaffungsgegenstands wie Funktion, Leistung, Qualität, Sicherheit und Abmessungen oder Produktionsverfahren fest und regeln die Anforderungen an Kennzeichnung und Verpackung. Die technischen Spezifikationen sind Teil der Leistungsbeschreibung und spezifizieren detailliert, welche Anforderungen der Beschaffungsgegenstand erfüllen muss. Sie grenzen sich damit von den Eignungskriterien ab, welche sich stets auf die Anbieterin beziehen (vgl. Art. 27 N 4). Es handelt sich bei den technischen Spezifikationen (wie bei den Zuschlagskriterien, vgl. Art. 29 N 19) um leistungsbezogene Anforderungen an den Beschaffungsgegenstand. Abhängig vom konkreten Beschaffungsgeschäft können das die unterschiedlichsten Anforderungen sein (Material, Technologie, Grösse, Gewicht, Schnittstellen, Sicherheitsvorgaben, IP-Schutzklassen, Lebensdauer, Garantiefrist, Bereitschaft-, Reaktions- oder Interventionszeiten usw.). Die technischen Spezifikationen sind Minimal- bzw. Mussanforderungen für die Erfüllung des ausgeschriebenen Auftrags[7] und damit wie die Eignungskriterien absoluter Natur.

Die Rechtsprechung spricht im Zusammenhang mit den technischen Spezifikationen auch von Produktanforderungen und hält fest, dass es sich bei diesen – soweit sich aus der Ausschreibung nichts anderes ergibt – um absolute Kriterien handelt. Die Nichterfüllung von Produktanforderungen führt grundsätzlich unabhängig vom Vergleich mit den anderen Angeboten zur Nichtberücksichtigung und zum Ausschluss des Angebots.[8] Gemäss VöB 7 (aVöB 16a Abs. 1) beschreibt die Auftraggeberin die Anforderungen an die geforderte Leistung, insb. deren technische Spezifikation, so ausführlich und klar wie nötig. Die Auftraggeberin hat im Rahmen der konkreten Beschaffung transparent festzulegen, welche der Anforderungen zwingend zu erfüllen sind und damit als technische Spezifikation im Sinne von BöB/IVöB gelten oder welche Anforderungen Abweichungen zulassen und wo Gestaltungsfreiräume der Anbieterinnen vorgesehen sind.

Die Vergabestelle ist grundsätzlich an die Ausschreibung und die Ausschreibungsunterlagen gebunden. Diese Bindung ergibt sich aus dem Transparenzgebot und dem Gleichbehandlungsgrundsatz.[9] Ein Angebot, das nicht sämtliche technischen Spezifikationen erfüllt, wird nicht nach Massgabe der Zuschlagskriterien geprüft und bewertet (BöB/IVöB 40 Abs. 1). Eine Zulassung würde den Grundsatz der Gleichbehandlung und das Transparenzgebot verletzen. Bei eindeutigen Vorgaben in den Ausschreibungs-

---

7   Botschaft BöB, S. 1939.
8   BVGer B-620/2018 vom 13.06.2018, E. 4.1 und E. 4.4.5, wonach es nicht in Frage kommen kann, den Zuschlag einem Angebot zu erteilen, das die technischen Spezifikationen nicht erfüllt; BVGer B-6295/2017 vom 18.06.2018, E. 4.7 m.w.H.
9   BVGer B-5452/2015 vom 19.06.2018, E. 5.2; BVGer B-2675/2012 vom 23.07.2012, E. 4.2.3.

unterlagen kann keine Anbieterin gestützt auf das Verbot des überspitzten Formalismus einen Anspruch darauf ableiten, trotz erwiesener Nichterfüllung der technischen Spezifikationen in die Evaluation einbezogen zu werden.[10] [11] Eindeutige Vorgaben in den Ausschreibungsunterlagen bedeuten, dass sowohl die Produktanforderung klar als auch der Ausschluss des Angebots bei Nichteinhaltung dieser angedroht ist. Solange die technischen Spezifikationen keine Diskriminierung von Anbieterinnen bewirken, liegt es in der Kompetenz der Vergabestelle zu definieren, welche Leistungen sie beschaffen will (vgl. N 13 f.).

10 Das verfassungsmässige Gebot der Verhältnismässigkeit und das daraus resultierende Verbot des überspitzten Formalismus können im Zusammenhang mit einer allfälligen Nachfragepflicht der Auftraggeberin eine Rolle spielen. In Anwendung der bundesverwaltungsgerichtlichen Rechtsprechung zum Verbot des überspitzten Formalismus kann ein sofortiger Ausschluss namentlich dann unverhältnismässig sein, wenn die Offerte einzelne Unklarheiten oder lediglich geringfügige Unvollständigkeiten aufweist. Vorausgesetzt ist, dass die Nachreichung der fehlenden Dokumente oder Angaben keine Änderung des Preis-Leistungs-Verhältnisses des Angebots nach sich zieht.[12] Im Zusammenhang mit technischen Spezifikationen ist bspw. an einzelne fehlende Nachweise zu denken, die bereits im Zeitpunkt der Einreichung des Angebots existieren, wie z.B. die Angabe der Energieeffizienzklasse oder der Nachweis der Einhaltung einer verlangten Produktnorm. Auch wenn sich im Einzelfall die Abgrenzung zwischen der (zulässigen) Korrektur von Fehlern in der Offerte und der (unzulässigen) Modifizierung oder Ergänzung eines Angebots als heikel erweisen kann,[13] besitzt die Auftraggeberin einen gewissen Ermessensspielraum, ob sie ein Angebot mit fehlenden Aussagen zu einzelnen tech-

---

10 BGer 2C_257/2016 vom 16.09.2016, E. 3.3.1 f., bei welchem es um die Breite von zu liefernden Stoffhandtuchrollen ging und das Bundesgericht ausführte, dass das Festhalten der Vergabestelle an der als «zwingend» bezeichneten Produkteigenschaft sich nicht als überspitzt formalistisch erweise. BVGer B-3526/2013 vom 20.03.2014, E. 6.6 ff., betreffend Ausschluss eines Angebots, bei welchem die Bildschirmdiagonale 9 mm ausserhalb des definierten Toleranzwertes lag; BGer 2C_346/2013 vom 20.01.2014, E. 4.3, wonach der Verzicht auf einen Ausschluss als mindestens vertretbar geschützt wurde, weil die Vorgabe der Schichtdicke ≤ 0.6 mm (und nicht 0.600 mm) betrug und die maximale Schichtdicke des angebotenen Gerätes von 0.625 mm willkürfrei auf 0.6 mm abgerundet werden kann.
11 Vgl. auch BEYELER, Geltungsanspruch, Rz. 1965 f., wonach ausschreibungswidrige Angebote dem Grundsatz nach auszuschliessen sind (vorbehältlich der Rechtmässigkeit des konkreten Auftraggeberwillens), denn sie widersprechen dem bekannt gegebenen Geschäftswillen des öffentlichen Auftraggebers und sind vergaberechtlich problematisch.
12 BVGer B-3644/2017 vom 23.08.2017, E. 6.4.2 f., mit Ausführungen zu den drei Kategorien bei unvollständigen Offerten.
13 BVGer B-3526/2013 vom 20.03.2014, E. 6.6, in welchem mit Verweis auf BVGE 2007/13 die Abweichung von einer eindeutigen technischen Spezifikation der unzulässigen Korrektur einer Offerte im Rahmen der Offertbereinigung und nicht der Nichteinhaltung von Formvorschriften wie der versäumten Vorlage von Dokumenten ohne Auswirkung auf das Preis-Leistungs-Verhältnis zugeordnet wird.

nischen Spezifikationen von vornherein ausschliessen oder ob sie die fehlenden Angaben und Unterlagen nachträglich einholen will. Dabei ist den konkreten Umständen Rechnung zu tragen,[14] wobei die Gleichbehandlung aller Anbieterinnen stets zu beachten ist. Die Auftraggeberin darf beim Entscheid bez. Nachfrage insb. darauf abstellen, wie umfangreich und komplex eine Ausschreibung ist.[15] Je komplexer die Ausschreibung und je umfangreicher die Ausschreibungsunterlagen und auch die Angebote sind, desto eher ist von einem Nachfragerecht oder sogar einer Nachfragepflicht der Auftraggeberin auszugehen. Ist offenkundig, dass es sich nicht um einen unbeabsichtigten Fehler oder Verschrieb oder eine geringfügige Unvollständigkeit des Angebots handelt, sondern um eine bewusste Abweichung von den als zwingend vorgegebenen Anforderungen handelt, hat die Auftraggeberin keine Nachfragepflicht.

In bestimmten Fällen und unter Einhaltung bestimmter Rahmenbedingungen ist es möglich, von Seiten Auftraggeberin eine Änderung der technischen Spezifikationen gegenüber allen Anbieterinnen vorzunehmen. Bei Vorliegen von objektiven und sachlichen Gründen ist das Ändern von definierten technischen Spezifikationen selbst nach Eingang der Offerten in einem eingeschränkten Rahmen zulässig. Bei einer sachlich begründeten Änderung von technischen Spezifikationen ist in erster Linie zu prüfen, ob es sich um eine wesentliche Änderung handelt, die einen Abbruch und eine Wiederholung des Verfahrens bedingt (z.B. weil sich die charakteristische Leistung ändert oder eine Veränderung des potenziellen Anbieterkreises zu erwarten ist). Erscheint ein Abbruch nicht zwingend, ist die Änderung transparent und gleichhandelnd im Rahmen der Bereinigung der Angebote vorzunehmen.[16] Den Anbieterinnen ist zudem die Möglichkeit zu geben, ihre Offerte neu zu berechnen.[17] 11

Ist in einer Beschaffung unklar, ob eine Anforderung als Muss- oder Mindestkriterium und damit als technische Spezifikation in Sinne des Gesetzes erkennbar war, erfolgt die Auslegung der Ausschreibung bzw. der Ausschreibungsunterlagen nach dem Vertrauensprinzip.[18] Massgebend sind der Wortlaut, die systematische Auslegung, der Zweck der fraglichen technischen Spezifikation und immer auch das effektive Verständ- 12

---

14 VGer ZH, VB.2015.00113 vom 16.04.2015, E. 3, betreffend eine fehlende Referenzliste im Zusammenhang mit einem Eignungskriterium, wo die Frage zu klären war, ob es sich um ein blosses Versehen oder eine darüber hinausgehende unsorgfältige Offertstellung handelt. Die Grundsätze lassen sich auch auf fehlende Unterlagen im Zusammenhang mit technischen Spezifikationen anwenden.
15 VGer ZH, VB.2018.00450 vom 15.11.2018, E. 7.5 f.
16 VGer ZH, VB.2018.00450 vom 15.11.2018, E. 8.4.1, betreffend Änderungen von Muss-Kriterien nach Offerteingabe, weil kein Angebot alle Muss-Kriterien erfüllt hat; vgl. auch BöB/IVöB 39 Abs. 2 und GPA 2012 X:11.
17 BVGer B-1680/2016 vom 18.07.2016, E. 4.1.3.
18 BVGer B-421/2012 vom 08.04.2012, E. 1.7.2.4 ff., mit der Auslegung der Bedeutung des Verbs «sollen» unter Beizug des französischen Ausschreibungstextes («*devront*») und der Prüfung, ob für die Beschwerdeführerin die Bedeutung und die Tragweite der Anforderung zur Zeit der Bekanntgabe ohne Weiteres erkennbar waren; VGer GR, U 15 24 vom 14.07.2015, E. 6, wo abweichend zum

nis der Verfahrensbeteiligten.[19] Die formulierten Kriterien sind so auszulegen und anzuwenden, wie sie von den Anbieterinnen in guten Treuen verstanden werden konnten und mussten. Nicht ausschlaggebend ist der subjektive Wille der Vergabestelle oder der dort tätigen Personen.[20] Grundsätzlich dürfen die Anbieterinnen darauf vertrauen, dass die Auftraggeberin die definierten Kriterien im herkömmlichen Sinn versteht. Hat die Auftraggeberin ein anderes Verständnis, muss sie das Kriterium entsprechend umschreiben, damit die Anbieterinnen erkennen können, welchen Anforderungen ihre Offerten zwingend genügen müssen.[21] Bei technisch geprägten Begriffen ist zudem dem Verständnis Rechnung zu tragen, wie es in der Fachwelt verbreitet ist oder wie die Anforderung im Zusammenhang mit dem konkreten Projekt von den Beteiligten verstanden worden ist.[22] Gibt es mehrere mögliche Auslegungen hat die gerichtliche Beschwerdeinstanz nicht die ihr zweckmässig scheinende auszuwählen, sondern die Grenzen des Zulässigen abzustecken.[23] Bei einem ohnehin schon eingeschränkten Anbietermarkt kann der Auftraggeberin kein Vorwurf gemacht werden, wenn sie ihren Interpretationsspielraum so nutzt, dass der Markt nicht noch enger wird.[24]

BVGer dem Wort «sollen» die Bedeutung einer Aufforderung bzw. eines Wunsches, aber keiner Verpflichtung bzw. keines Zwangs zukommt.
19 BGE 141 II 14, E. 7.2 (Auslegung nach dem Wortlaut); BVGer B-7753/2016 vom 01.02.2017, E. 4.7.2 (systematische und teleologische Auslegung); BGer 2P.141/2002 vom 07.01.2003, E. 2 (Auslegung nicht nach dem Wortlaut, sondern nach dem Zweck).
20 BVGer B-7753/2016 vom 01.02.2017, E. 4.5; BVGer B-2297/2017 vom 03.07.2017, E. 5.4.3.
21 BVGer B-4958/2013 vom 30.04.2014, E. 2.6.1 f., betreffend die Auslegung der Anforderung «Das Gesamtsystem PCS muss die technischen Spezifikationen zwingend vollständig erfüllen, damit auf das Angebot eingegangen wird» und die Bedeutung der Begriffe «entwickeln», «Basissystem» und «Gesamtsystem»; BVGer B-7753/2016 vom 01.02.2017, E. 4.5 ff., betreffend Auslegung der Vorgabe der Länge des Warntons bei mobilen Warnanlagen; BVGer B-3084/2016 vom 05.04.2017, E. 3.5, betreffend Auslegung der Anforderungen für die verlangte Hotline für Rückfragen, wobei der Ausschluss einer Anbieterin mit einer «zweistufigen» Hotline nicht geschützt wurde.
22 BGE 141 II 14, E. 7.1, betreffend Auslegung von Eignungskriterien, wobei dieser Grundsatz (verbreitete Auslegung in der Fachwelt oder Verständnis der Projektbeteiligten) wie die anderen Auslegungsgrundsätze auch auf die Auslegung der technischen Spezifikation anzuwenden ist.
23 BGer 2C_1101/2012 vom 24.01.2013, E. 2.4 (bestätigt in BGE 141 II 14, E. 7.1), betreffend Auslegung von Eignungskriterien.
24 BVGer B-7753/2016 vom 01.02.2017, E. 4.7.3, betreffend Auslegung der Anforderung der Länge des Warntons im Sinne der Zuschlagsempfängerin als Mindestanforderungen und nicht als präzis einzuhaltende Vorgabe, wobei der eingeschränkte Wettbewerb ergänzend zum Sinn und Zweck der Vorgabe und der systematischen Auslegung herangezogen wurde.

II. Abs. 1: Ermessensspielraum

Die Aufzählung in BöB/IVöB 30 Abs. 1 ist beispielhaft. Bei der Definition des Beschaf- 13
fungsgegenstands und damit auch der technischen Spezifikationen hat die Auftraggeberin innerhalb der gesetzlichen Rahmenbedingungen einen breiten Ermessensspielraum.[25] Die Anbieterinnen haben keinen Rechtsanspruch darauf, die Beschaffung des – aus ihrer Sicht – «richtigen» Produkts zu erstreiten.[26] Das bedeutet, dass die Auftraggeberin grundsätzlich selber entscheiden kann, welche Leistungen sie zur Aufgabenerfüllung in welcher Qualität beschaffen will. Stöckli spricht von «gesicherten Handlungsspielräumen» der Auftraggeberinnen[27] und Beyeler von der «vergaberechtlichen Definitionsfreiheit»[28].

Jede Festlegung der technischen Spezifikation oder des Beschaffungsgegenstands als 14
Ganzes schränkt den Wettbewerb ein. Dies ist grundsätzlich vergaberechtlich nicht zu beanstanden.[29] Der grosse Ermessensspielraum der Auftraggeberinnen bei der Definition der technischen Spezifikationen wird aber durch das Diskriminierungsverbot beschränkt. D.h., technische Spezifikationen dürfen im Regelfall nicht derart eng umschrieben werden, dass nur ein ganz bestimmtes Produkt oder nur eine einzelne Anbieterin bzw. nur wenige Anbieterinnen für die Zuschlagserteilung in Frage kommen.[30] Übermässige oder auf bestimmte Anbieterinnen abzielende Beschränkungen des Wettbewerbs sind unzulässig.[31] Trotz zwingend zu erfüllenden Anforderungen soll ein wirksamer Wettbewerb unter verschiedenen potenziellen Anbieterinnen möglich bleiben. Je einschränkender die technischen Spezifikationen sind, desto stichhaltigere sachliche und nichtdiskriminierende Gründe müssen für deren Zulässigkeit vorliegen. Schränken die technischen Spezifikationen den Markt ohne zulässige Gründe übermässig ein, ist eine leistungsorientierte Beschreibung des Beschaffungsgegenstands vorzunehmen oder die entsprechenden Punkte sind im Rahmen der Bewertung zu berücksichtigen.[32]

---

25 BVGer B-620/2018 vom 13.06.2018, E. 4.1 m.w.H.
26 BVGer B-7062/2017 vom 16.02.2018, E. 8.1 m.w.H.
27 Stöckli, (2P.282/1999), S. 65; darauf wird bspw. in BVGer B-7062/2017 vom 16.02.2018, E. 8.1, BVGer B-3084/2016 vom 05.04.2017, E. 3.4.2, oder in BVGer B-3526/2013 vom 20.03.2014, E. 6.3, verwiesen.
28 Beyeler, Geltungsanspruch, Rz. 2011 f. m.w.H. auf die Rechtsprechung und Ausführungen dazu in den Fn.
29 Beyeler, Ziele, S. 35.
30 BVGer B-7062/2017 vom 16.02.2018, E. 8.1 m.w.H.
31 Galli/Moser/Lang/Steiner, Rz. 407 ff. mit Hinweisen auf kantonale Urteile; Beyeler, Ziele, S. 35 f.
32 VGer GR, U 14 9 vom 18.03.2014, E. 3b, betreffend Beschaffung eines Forsttraktors. Die Vorgabe «Dieselpartikelfilter» als Muss-Kriterium wurde als unnötige und unzulässige Einschränkung des Wettbewerbs angesehen. Nicht die Tatsache, wie die Abgasvorschriften eingehalten werden, sondern dass sie eingehalten werden sei relevant. Die Kompatibilität mit den übrigen Fahrzeugen und die damit verbundenen betriebswirtschaftlich wichtigen Aspekte durften nicht als Ausschlusskriterium formuliert, sondern erst im Rahmen der Bewertung berücksichtigt werden.

Ob zulässige Gründe vorliegen ist unter Berücksichtigung der konkreten Vorgabe und dem vorhandenen Markt zu beurteilen. Durch die Bewertung der Anforderungen im Rahmen der Zuschlagskriterien und den damit verbundenen Einbezug in das Preis-Leistungs-Verhältnis wird der Eingriff in den Wettbewerb geringer, als wenn die Anforderung als technische Spezifikation und damit als zwingende Vorgabe verwendet wird.[33] Kommt aufgrund der engen Definition des Beschaffungsgegenstands nur eine Anbieterin in Frage, ist das Vorliegen eines Freihandtatbestands zu prüfen und die diesbezüglichen Regelungen sind anzuwenden (vgl. zum Freihandtatbestand Art. 21).

15 Es ist zulässig, im Rahmen der technischen Spezifikationen eine Minimalanforderung zu verlangen und eine Übererfüllung bei der Bewertung zu berücksichtigen. Gefordert werden gemäss Lehre und Rechtsprechung ein hinreichender Wirtschaftlichkeitsbezug und die Einhaltung des Transparenzgebots. Es muss somit ersichtlich sein, dass eine Übererfüllung im Rahmen der qualitativen Bewertung berücksichtigt wird.[34]

16 Im Sinne der Wettbewerbsförderung präferiert das GPA eine eher leistungsorientierte Umschreibung (GPA 2012 X:2 Bst. a) anstelle der Definition der Konzeption oder beschreibender Produkteigenschaften. Eine solche Umschreibung ist zwar erwünscht, aber nicht zwingend.[35] Die Einschränkung des Markts durch die Festlegung von technischen Spezifikationen wie z.B. die Wahl einer bestimmten Technologie oder eines bestimmten Materials ist zulässig, solange ein hinreichender Restwettbewerb verbleibt.[36] Weder ist die Auftraggeberin verpflichtet, die technische Spezifikation so zu gestalten, dass sie ungewollt Risiken in Kauf nehmen muss, noch darf es ihr verwehrt sein, neuartige Technologien anzuwenden, selbst wenn es noch keine wissenschaftlich gesicherten Erkenntnisse zu deren Effizienz gibt. Eine gerichtliche Überprüfung soll der Rechtskontrolle dienen und nicht verifizieren, ob von der Auftraggeberin im Rahmen der technischen Spezifikation eine mehr oder weniger zweckmässige oder innovative Lösung gewählt wird.[37]

17 Auch unter neuem Recht ist es möglich, auf technische Spezifikationen zu verzichten und lediglich das Ziel der Beschaffung zu umschreiben (VöB 7 Abs. 2).[38] Bei einer funktionalen Ausschreibung beschränkt sich der Leistungsbeschrieb auf die Festlegung des Beschaffungsziels, ohne dass der Beschaffungsgegenstand abschliessend und detailliert

---

33 STEINER, Nachhaltige öffentliche Beschaffung, S. 161 f., wobei der Grundsatz auf alle Anforderungen (und nicht nur auf ökologische) anwendbar ist.
34 BVGer B-5452/2015 vom 19.06.2018, E. 5.3.2.2, unter Beizug der Praxis zur Mehreignung und mit ausführlichen Ausführungen.
35 BVGer B-7062/2017 vom 16.02.2018, E. 8.1 m.w.H.
36 BVGer B-7753/2016 vom 01.02.2017, E. 4.7.3; BVGer B-822/2010 vom 10.03.2010, E. 5.2, mit Hinweis auf VGer ZH, VB.2008.00347 vom 10.12.2008, E. 5.2, wo der verbleibende Markt als Indiz für die Diskriminierungsfreiheit herangezogen wurde.
37 BVGer B-822/2010 vom 10.03.2010, E. 4.3, mit Verweis auf den Entscheid des VGer ZH, VB.2008.00347 vom 10.12.2008, E. 7.
38 Botschaft BöB, S. 1945; Erläuterungen VöB, S. 9.

beschrieben wird.[39] Die technische Lösung soll bei funktionalen Ausschreibungen – ganz oder teilweise je nach den in der konkreten Ausschreibung offengelassenen Spielräumen – von den Anbieterinnen erarbeitet werden, wodurch sich die Auftraggeberin das Fachwissen der Anbieterinnen zunutze machen und die Kreativität der Anbieterinnen bzw. die Innovation des Markts ausschöpfen kann.[40] Durch den Verzicht auf detaillierte Vorgaben (z.B. betreffend Umsetzungsvariante oder zu verwendende Technologie) kann im besten Fall ein breiter Markt mit unterschiedlich spezialisierten Anbieterinnen aktiviert und berücksichtigt werden. Auf der anderen Seite überwälzt die Auftraggeberin je nach Anteil des funktionalen Umfangs der Ausschreibung einen Teil der konzeptionellen Arbeit auf die Anbieterinnen. Die Erarbeitung der Offerten kann deshalb mit einem beträchtlichen Mehraufwand verbunden sein.[41]

Die funktionale Ausschreibung ist grundsätzlich immer zulässig.[42] Allerdings ist sie nicht für alle Beschaffungen geeignet oder sinnvoll. Fetz weist darauf hin, dass eine funktionale Leistungsumschreibung hohe Anforderungen an alle Beteiligten stellt und neben veritablen Chancen auch zahlreiche Risiken birgt.[43] Bei funktionalen Ausschreibungen ist die transparente, genaue und ausführliche Umschreibung der Ziele der Beschaffung mit klaren Regeln über die Grenzen der möglichen Lösungsvorschläge aufgrund der bestehenden Freiheiten der Anbieterinnen noch wichtiger als bei einer konventionellen Ausschreibung. Die Auftraggeberin ist verpflichtet, die Zielvorgaben und den Umfang der Ausschreibung so klar zu beschreiben, dass die Angebote letztendlich miteinander verglichen werden können und die Gleichbehandlung sichergestellt ist, auch wenn die technische Umsetzung den Anbieterinnen freigestellt ist.[44] Jede Offerte, die die bekannt gegebenen Ziele im geforderten Mass zu erreichen verspricht (auf welche Art auch immer) und die definierten Rahmenbedingungen erfüllt, ist ausschreibungskonform und damit zuzulassen.[45] Damit die ausgearbeiteten Lösungen den Vor- 18

---

39 Komm BöB-Trüeb, Art. 12 N 8; Beyeler, Geltungsanspruch, Rz. 1921 ff.; Fetz, Funktionale Ausschreibung, Rz. 19 ff.
40 Galli/Moser/Lang/Steiner, Rz. 419 f.; Fetz, Funktionale Ausschreibung, Rz. 11 f., zu den Beweggründen der Auftraggeberin für die Wahl einer funktionalen Beschaffung.
41 Fetz, Funktionale Ausschreibung, Rz. 13.
42 Fetz, Funktionale Ausschreibung, Rz. 15 ff.; Komm BöB-Trüeb, Art. 12 N 9; Beyeler, Geltungsanspruch, Fn. 1871; a.M. Jäger, Beschaffungsrecht, Rz. 109, welcher den Grundsatz der konventionellen Ausschreibungsmethode statuiert und die funktionale Ausschreibung als Ausnahme bei komplexen Beschaffungen und fehlenden Lösungen auf dem Markt sieht; so auch Galli/Moser/Lang/Steiner, Rz. 420 ff. mit Verweis auf die Nachteile von funktionalen Ausschreibungen und die sachliche Begründetheit als Anwendungsvoraussetzung.
43 Fetz, Funktionale Ausschreibung, Rz. 14.
44 VGer ZH, VB.2004.00195 vom 27.10.2001, E. 3.2, wo das Verwaltungsgericht das Vorliegen einer funktionalen Ausschreibung verneint und festgehalten hat, dass in jedem Fall klar sein muss, welche Leistungen die Offerte umfassen soll. Im konkreten Fall war es jedoch unklar, ob lediglich die Erstellung der Anschlüsse für definierte Geräte oder auch die Geräte selber von der Offerte gedeckt sein müssen.
45 Beyeler, Geltungsanspruch, Rz. 1921 f.

stellungen und Rahmenbedingungen der Auftraggeberin entsprechen, müssen auch bei nur in Teilen funktionalen Ausschreibungen die einzuhaltenden Rahmenbedingungen oder zwingenden Anforderungen an die Leistung immer definiert sein. Dabei kann es sich bspw. um die Kompatibilität zu Umsystemen (Schnittstellen), die Zugänglichkeit zum Objekt, Vorgaben betreffend Grösse und Ausdehnung oder auch um die Umweltverträglichkeit von verwendeten Materialien handeln. Zusätzlich können zwingende zeitliche oder organisatorische Restriktionen vorhanden sein, die bei einem Zuschlag von der Anbieterin eingehalten werden müssen. Für eine erfolgreiche funktionale Ausschreibung ist es unentbehrlich, dass zwingende Anforderungen und allfällige Einschränkungen (z.B. technischer, zeitlicher oder organisatorischer Art) für die Anbieterinnen von Anfang an erkennbar sind.[46] Nur so kann eine Auftraggeberin davon ausgehen, dass sie ihren Rahmenbedingungen entsprechende Angebote erhält.

19 In der Praxis kommt die funktionale Ausschreibung häufig nicht in Reinkultur vor. Während es für gewisse Komponenten oder Ausprägungen des Beschaffungsgegenstands sehr konkrete und detaillierte Anforderungen gibt, kann die Ausschreibung in anderen Teilen funktional ausgestaltet sein und die Anbieterinnen können diesbezüglich die geeignetste Lösung vorschlagen.[47] Bei komplexen IT-Projekten ist gemäss FRÖHLICH-BLEULER die funktionale Ausschreibung der Normalfall, da der Auftraggeberin in der Regel das Know-how fehlt, um einen Leistungskatalog zu erstellen.[48] Die technische Umsetzung, um das definierte Ziel zu erreichen, kann somit je Anbieterin unterschiedlich sein. Mit diesem Vorgehen können sowohl der Wettbewerb als auch innovative Lösungsansätze gefördert werden.

20 Wie bisher haben die Anbieterinnen gemäss VöB 9 grundsätzlich keinen Anspruch auf Vergütung ihrer Aufwendungen für die Offertstellung. Verlangt die Auftraggeberin Vorleistungen, die über den gewöhnlichen Aufwand hinausgehen und üblicherweise entschädigt werden, so gibt sie in den Ausschreibungsunterlagen bekannt, ob und wie diese Vorleistungen entschädigt werden. Das gilt auch bei funktionalen Ausschreibungen.[49] Eine allfällige Vergütung muss in der Ausschreibung oder den Ausschreibungsbedingungen vorgesehen werden, damit sich die Anbieterinnen in Kenntnis, ob und in welchem Umfang eine Entschädigung vorgesehen ist, für oder gegen die Aufnahme der Arbeiten zur Erstellung einer Offerte entscheiden können.

---

46 BEYELER, Kurzkommentar, S. 108.
47 FETZ, Funktionale Ausschreibung, Rz. 10; BVGer B-5452/2015 vom 19.06.2018, E. 6.2.2; BVGer B-4958/2013 vom 30.04.2014, E. 2.6.4.
48 FRÖHLICH-BLEULER, S. 276 f.
49 Erläuterungen VöB, S. 9 f.; FETZ, Funktionale Ausschreibung, Rz. 47.

III. Abs. 2: Internationale Normen

Der Verweis auf die Anwendung von internationalen Normen unterstützt die Öffnung der Märkte für den Wettbewerb, sodass eine grössere Anzahl von Anbieterinnen ein Angebot auf eine konkrete Ausschreibung einreichen kann. Die Vorschrift bezweckt, die Benachteiligung von ausländischen Produkten und Lieferanten zu verhindern und übernimmt damit den Grundsatz der Nichtdiskriminierung bzw. der Inländerbehandlung aus GPA 2012 IV. Durch die Marktöffnung wird zudem der wirtschaftliche Einsatz der öffentlichen Mittel gefördert. Wie bereits erwähnt (vgl. N 3), stützt sich die Auftraggeberin bei der Definition der technischen Spezifikation deshalb soweit möglich und angemessen auf internationale Normen. Falls notwendig und falls objektive sowie nichtdiskriminierende Gründe dies rechtfertigen, kann sie technische Spezifikationen definieren, die von den internationalen Normen abweichen.[50] Das ist insb. dann der Fall, wenn die internationale Norm die Auftraggeberin verpflichten würde, Leistungen zu beschaffen, die nicht kompatibel sind mit bereits in Betrieb befindlichen Anlagen oder unverhältnismässige Kosten oder technische Schwierigkeiten mit sich bringen würden.[51] Allerdings steht es der Auftraggeberin im Rahmen ihrer «vergaberechtlichen Definitionsfreiheit» oder «gesicherten Handlungsspielräume» grundsätzlich offen, bei der Definition der technischen Spezifikationen über bestehende Normen hinauszugehen, falls das nicht zu einer unzulässigen Einschränkung des Wettbewerbs führt.[52] Genauso ist es einer Auftraggeberin erlaubt, detaillierte Einzelvorgaben zu machen, die nicht dem neusten Stand der Technik entsprechen und sich somit mit einem weniger leistungsfähigen Beschaffungsgegenstand zufrieden zu geben, als der Markt hergäbe.[53]

21

IV. Abs. 3: Produktneutralität und Gleichwertigkeit

Eine weitere Vorgabe, die den Gleichbehandlungsgrundsatz konkretisiert, findet sich in Abs. 3. Der Ermessensspielraum der Auftraggeberin bei der Beschreibung des Beschaffungsgegenstands wird hier insofern eingeschränkt, als es unzulässig ist, bestimmte Firmen oder Marken, Patente, Urheberrechte, Muster oder Typen zu nennen sowie auf einen bestimmten Ursprung oder bestimmte Produzentinnen als technische Spezifikation hinzuweisen. Die Beschreibung des Beschaffungsgegenstands hat grundsätzlich produkt-, anbieter- und herkunftsneutral zu sein. Eine Ausnahme gilt nur dann, falls es keine andere hinreichend genaue oder verständliche Art und Weise der Leistungsbeschreibung gibt. In diesen Fall ist die Auftraggeberin verpflichtet, immer den Hinweis «oder gleichwertig» in die Ausschreibungsunterlagen aufzunehmen. Ausserdem be-

22

---

50   Komm BöB-Trüeb, Art. 12 N 6 mit Verweis auf BRK 2001-008 vom 17.04.2002 (VPB 66.54), E. 9d.
51   BRK 2001-008 vom 17.04.2002 (VPB 66.54), E. 9d.aa.
52   BVGer B-4743/2015 vom 09.12.2015, E. 4.2.
53   BGer C-346/2013 vom 20.01.2014, E. 5.3.

stimmt Abs. 3 ausdrücklich, dass die Gleichwertigkeit von alternativen Produkten durch die Anbieterin nachzuweisen ist. Diese Regelung war bisher in der VRöB (vgl. N 4) enthalten und infolgedessen in den meisten kantonalen Submissionserlassen zu finden.[54] Sie entspricht der bereits bisher geltenden Beweislastverteilung im Zusammenhang mit den Varianten (vgl. Art. 33 N 11).

23 Ausnahmsweise kann es zulässig sein, das Produkt einer Firma in einer Ausschreibung vorzugeben und einen Intrabrand-Wettbewerb unter den verschiedenen Händlern des Produkts zu veranstalten. Voraussetzung ist, dass die Auftraggeberin die Festlegung des Produkts analog zu einem Freihandtatbestand begründen kann. Bei technischen Produkten (insb. bei softwarebasierten Technologien) können Kompatibilitätsprobleme mit bereits vorhandener Infrastruktur oder bestehenden Produkten ein Grund sein, dass das Produkt vorgeschrieben werden darf.[55]

24 Im Gegensatz zum offenen Verfahren wurde es im Einladungsverfahren von kantonalen Gerichten als zulässig erachtet, dass die Auftraggeberin sich für ein bestimmtes Produkt, Fabrikat, System, eine bestimmte Marke oder eine bestimmte Ausführungsart entscheidet und gestützt auf diesen Entscheid nur solche Unternehmen zur Offerteinreichung einlädt, welche das entsprechende Produkt, Fabrikat etc. anbieten. Einer Begründung dafür bedarf es genauso wenig wie für den Entscheid, welche Unternehmen für das Verfahren einzuladen sind.[56] Zu beachten ist, dass auf Bundesebene neu bei Waren- und Dienstleistungsbeschaffungen ab dem massgebenden Schwellenwert für das Einladungsverfahren die Beschwerde an das Bundesverwaltungsgericht zulässig ist (BöB 52 Abs. 1 Bst. a).[57]

V. Abs. 4: Erhaltung der natürlichen Ressourcen

25 Das revidierte BöB/IVöB verankert im Zweckartikel neben der Wirtschaftlichkeit neu die volkswirtschaftliche, ökologische und soziale Nachhaltigkeit (vgl. BöB/IVöB 2). In Umsetzung dieses Grundsatzes und der Möglichkeit gemäss GPA 2012 X:6 sieht BöB/IVöB 30 Abs. 4 vor, dass die Auftraggeberin technische Spezifikationen zur Erhaltung der natürlichen Ressourcen oder zum Schutz der Umwelt vorsehen kann. Damit wird eine bereits bestehende, von vielen Vergabestellen angewendete und in der Lehre unbestrittene Praxis bez. Förderung von ökologischer Nachhaltigkeit im Rahmen von Be-

---

54 Z.B. Submissionsverordnung ZH 16 Abs. 3; ÖBV BE 12 Abs. 3; SubV UR 32 Abs. 3; Submissionsverordnung SO 17 Abs. 3; SubV GR 13 Abs. 3; RLMP-VD 16 Abs. 4.
55 FRÖHLICH-BLEULER, S. 275.
56 VGer SG, B 2018/31 vom 09.07.2018, E 2.2, mit Verweis auf GALLI/MOSER/LANG/STEINER, Rz. 355 und die dort zitierte aargauische Rechtsprechung.
57 Gemäss IVöB 52 Abs. 1 ist mindestens ab dem für das Einladungsverfahren massgebenden Auftragswert gegen Verfügungen der Auftraggeber die Beschwerde an das kantonale Verwaltungsgericht zulässig.

schaffungen gesetzlich verankert. Voraussetzung für die Anwendung von Umweltkriterien ist ein sachlicher Bezug zum jeweiligen Beschaffungsobjekt. Allerdings bedeutet dieser nötige Bezug zum konkreten Beschaffungsgegenstand nicht, dass die technische Spezifikation im Endprodukt sichtbar sein muss. Die ökologisch motivierte technische Spezifikation kann sich somit in Anwendung von BöB/IVöB 30 Abs. 1 auch auf das Produktionsverfahren beziehen, sofern der sachliche Bezug zum Beschaffungsgegenstand gegeben ist.[58] Unzulässig wäre es, von den Anbieterinnen unabhängig vom Beschaffungsgegenstand ein allgemeines ökologisches Engagement zu fordern.[59] Zulässig wäre es aber bspw., den Bau eines Gebäudes nach Minergie-Standard zu verlangen, den (maximalem) Stromverbrauch eines Produkts vorzugeben, ausschliesslich biologisch produzierte Lebensmittel, Recycling-Papier oder aus Bio-Baumwolle gefertigte Kleider zu beschaffen.

Wie bereits in der Botschaft zum GPA 2012 (vgl. N 5) wird auch in der Botschaft BöB verdeutlicht, dass das GPA 2012 trotz Erwähnung von ökologischen Zielen keine protektionistischen Praktiken duldet und die Berufung auf die Nachhaltigkeit nicht greift, falls Absicht oder Wirkung von Nachhaltigkeitsanforderungen auf eine Diskriminierung von ausländischen oder ortsfremden Anbieterinnen hinausläuft.[60] Die Botschaft BöB hält fest, dass die Regelung in Abs. 4 unter dem Vorbehalt der Schranken der beschaffungsrechtlichen Verfahrensgrundsätze steht und nicht zur Ungleichbehandlung von Anbieterinnen führen darf (Schutz von inländischen Anbieterinnen oder andere handelshemmenden Auswirkungen).[61] Bei der Festlegung von technischen Spezifikationen im Sinne der ökologischen Nachhaltigkeit ist somit v.a. im Staatsvertragsbereich ein besonderes Augenmerk auf die Gleichbehandlung ausländischer Anbieterinnen zu richten.[62] Um einem allfälligen Vorwurf der Inländerbevorzugung zuvorzukommen, empfiehlt es sich, für die Anforderungen auf internationale Zertifikate und Standards sowie

26

---

58 Botschaft BöB, S. 1885, «Solche Beschaffungskriterien beziehen sich auf das Produkt oder auf dessen erwünschte Wirkung bei der Nutzung. Die Art und Weise der Produktion kann ebenfalls vorgeschrieben werden, solange die Produktionsweise einen Bezug zum Beschaffungsgegenstand aufweist. Die Produktionsweise muss nicht notwendigerweise im Endprodukt sichtbar sein; sie muss aber zumindest den Wert und die Eigenart des Produkts verändern (z.B. Holz aus naturnaher Waldbewirtschaftung, Tierprodukte aus artgerechter Haltung)»; Botschaft BöB, S. 1946 mit Verweis auf die BKB-Empfehlungen «Nachhaltige Beschaffung» vom 06.2014 (punktuell aktualisiert im 07.2018).
59 Steiner, Arbeitspapier soziale Aspekte, S. 31, Fn. 76 und S. 62 f., mit den Beispielen, dass allgemeine Vorgaben über den Auftragsgegenstand hinaus unzulässig sind, wie die Vorgabe, dass ein Energielieferant ausschliesslich «grünen» Strom oder ein Kaffeelieferant ausschliesslich Fair-Trade-Kaffee im Angebot haben darf, und mit dem Hinweis, dass «Unternehmerumerziehungsprogramme» nicht ins Vergaberecht gehören.
60 Botschaft BöB, S. 1885 f.
61 Botschaft BöB, S. 1946.
62 Gestützt auf Botschaft BöB, S. 1944, ist analog zu den Zuschlagskriterien auch bei den technischen Spezifikationen davon auszugehen, dass die Vergabestellen ausserhalb des Staatsvertragsbereichs mehr Freiraum haben.

die dort zugrunde liegenden Vorgaben abzustellen. (Das ergibt sich im Übrigen auch bereits aus Abs. 2.) Zu beachten ist zusätzlich, dass bei der Vorgabe von Labels oder Zertifikaten alternativ der Nachweis der Einhaltung gleichwertiger Anforderungen zuzulassen ist.[63]

27 Trotz der Verankerung der sozialen Nachhaltigkeit im Zweckartikel wird diese im Rahmen der technischen Spezifikation nicht erwähnt. Die Formulierung in Abs. 4 beschränkt sich in Übereinstimmung mit GPA 2012 X:6 auf die Erhaltung der natürlichen Ressourcen und den Schutz der Umwelt.[64] Im Gegensatz zu den ökologischen Anforderungen ging man bei sozial motivierten technischen Spezifikationen bisher überwiegend davon aus, dass ihre Anwendbarkeit im Rahmen von technischen Spezifikationen nicht zulässig ist.[65] So auch das Urteil «Max Havelaar», in welchem der EuGH ausgeführt hat, dass die Kriterien des Labels «Max Havelaar» nicht der Definition des Begriffs «technische Spezifikation» der RL 2004/18/EG entsprechen.[66]

28 In den Ausführungen in der Botschaft BöB ist betreffend technische Spezifikationen ausschliesslich von ökologisch motivierten technischen Spezifikationen die Rede. Es wird zusätzlich auf die Bestimmungen von GPA 2012 XXII:6–8 und die Umsetzung des Arbeitsprogramms des GPA 2012 zu nachhaltigen Beschaffungen hingewiesen.[67] Anderer-

---

63 Botschaft BöB, S. 1946; EuGH C-368/10 vom 10.05.2012 («Max-Havelaar-Entscheid»), Rz. 64 f., mit Verweis auf RL 2004/18/EU 23 Abs. 6 Unterabs. 2, wonach bei entsprechenden technischen Spezifikationen bei Vorliegen eines Umweltgütezeichens vermutet wird, dass die Anforderungen eingehalten sind, jedes andere Beweismittel jedoch akzeptiert werden muss.
64 STEINER, Arbeitspapier soziale Aspekte, S. 38 f., mit dem Hinweis, dass im Gegensatz zu den Umweltaspekten bei den GPA-2012-Verhandlungen bez. sozialer Aspekte kein Konsens zwischen den Mitgliedstaaten gefunden werden konnte, dass aber der Spielraum für nachhaltige Beschaffungen in einem Arbeitsprogramm weiter ausgelotet wird.
65 BKB-Empfehlungen «Nachhaltige Beschaffungen» von 06.2014 (punktuell aktualisiert im 07.2018), welche soziale Anforderungen in Form von technischen Spezifikationen nicht empfehlen, weil diese in der Regel vergabefremd seien; STEINER, Nachhaltige öffentliche Beschaffung, S. 163; STEINER, Arbeitspapier soziale Aspekte, S. 39 f., wonach soziale Anforderungen mangels technischen Produktbezugs gemäss der wohl nach wie vor herrschenden Meinung nicht unter die Produktionsbedingungen im Sinne des GPA fallen, und S. 62 ff., wonach soziale Aspekte *de lege ferenda* als Zuschlagskriterium berücksichtigt werden können; anders BEYELER, Kaffee, S. 262 ff. (insb. Anm. 6 f.), mit Ausführungen zur sehr weitgehenden Definitionsfreiheit der Vergabestellen, auch was Qualitätsanforderungen betrifft, die keinen direkten wirtschaftlichen Nutzen haben, sowie der Abgrenzung der Anforderung, Fair-Trade-Produkte zu beschaffen, und dem unzulässigen «*government by procurement*» im Sinne einer Forderung nach allgemeinem sozialem (oder ökologischem) Engagement der Anbieter.
66 EuGH C-368/10 vom 10.05.2012 («Max-Havelaar-Entscheid»), Rz. 73 f., weil das Gütezeichen nicht «auf die Merkmale der Erzeugnisse selbst, ihre Produktionsprozesse und -methoden, ihre Verpackung oder Verwendung» abstellt, sondern auf die Bedingungen, «unter denen der Lieferant sie vom Erzeuger erworben hat». Ob es sich bei der Anforderung um eine «Bedingung für die Auftragsausführung» im Sinne von RL 2004/18/EG 26, in dessen Rahmen soziale Aspekte zulässig waren, handeln kann, hat das Gericht aus prozessualen Gründen offengelassen.
67 Botschaft BöB, S. 1946.

seits ist in der Botschaft BöB unter den Ausführungen zu den Zuschlagskriterien festgehalten, dass es bspw. möglich sein soll, Fair-Trade-Produkte zu beschaffen.[68] Diese zweite Aussage spricht dafür, dass der Aspekt Fair Trade nicht nur als Zuschlagskriterium vorgesehen und bewertet werden kann, sondern dass die Vergabestelle z.B. ein solches Label als technische Spezifikation berücksichtigen darf.[69] Im Rahmen der Behandlung der Vorlage in den Räten wurde ausserdem BöB 29 mit einem Abs. 4 ergänzt. Demgemäss kann der Zuschlag für standardisierte Leistungen ausschliesslich nach dem Kriterium des niedrigsten Gesamtpreises erfolgen, sofern aufgrund der technischen Spezifikation hohe Anforderungen an die Nachhaltigkeit in sozialer, ökologischer und wirtschaftlicher Hinsicht gewährleistet sind. Auch diese Regelung spricht dafür, dass die Auftraggeberin (mindestens auf Bundesebene) im Rahmen der technischen Spezifikationen neben ökologischen auch sozial motivierte Kriterien vorgeben darf. Wie bei den ökologischen Kriterien ist vorausgesetzt, dass ein genügender Bezug zur beschafften Leistung vorliegt.

VI. Rechtsvergleichung

Übereinstimmend mit dem schweizerischen Recht beschreiben die technischen Spezifikationen gemäss EU RL die geforderten Merkmale der Leistung, die sich auch auf den spezifischen Prozess oder die spezifische Methode zur Produktion beziehen können, auch wenn derartige Faktoren nicht materielle Bestandteile der Leistung sind. Voraussetzung ist, dass die Merkmale in Verbindung mit dem Auftragsgegenstand stehen und zu dessen Wert und Zielen verhältnismässig sind.[70] Im Weiteren ist in der EU RL der Grundsatz der Gleichbehandlung und Nichtdiskriminierung direkt im Zusammenhang mit den technischen Spezifikationen festgehalten. Technische Spezifikationen dürfen die Öffnung der öffentlichen Beschaffungsmärkte für den Wettbewerb nicht in ungerechtfertigter Weise behindern und allen Anbieterinnen ist der gleiche Zugang zum Vergabeverfahren zu gewähren.[71] 29

Gemäss EU RL kann das Ziel der Wettbewerbsförderung durch die Formulierung von technischen Spezifikationen in Form von Funktions- und Leistungsanforderungen bestmöglich erreicht werden. Die EU RL bevorzugt wie das GPA die leistungsorientierte (funktionale) Beschreibung der Leistung im Sinne der Wettbewerbs- und Innovationsförderung.[72] 30

---

68 Botschaft BöB, S. 1943.
69 So bereits BEYELER, Kaffee, S. 262 ff. (insb. Anm. 6 f.) gemäss bisheriger Rechtslage in der Schweiz, vgl. Fn. 67.
70 RL 2014/24/EU 42 Abs. 1.
71 RL 2014/24/EU 42 Abs. 2 und RL 2014/24/EU, E. 74, wonach die künstliche Einengung des Wettbewerbs durch technische Spezifikationen zu vermeiden ist.
72 RL 2014/24/EU, E. 74 und RL 2014/24/EU 42 Abs. 3 Bst. a.

5. Kapitel: Vergabeanforderungen

31 Im Zusammenhang mit der Verwendung von Normen wird festgehalten, dass erst in Ermangelung einer europäischen Norm oder einer nationalen Norm, mit denen europäische Normen umgesetzt werden, auf nationale Normen Bezug genommen werden darf.[73] Es ist ausserdem festgehalten, dass es den Anbieterinnen offensteht, mit geeigneten Mitteln den Nachweis zu erbringen, dass ihre vorgeschlagenen Lösungen den technischen Spezifikationen (Normen, Gütezeichen etc.) gleichermassen entsprechen.[74] Ausserdem gibt es eine analoge Regelung zur Leitproduktklausel in BöB/IVöB 30 Abs. 3 in RL 2014/24/EU 42 Abs. 4. Verweise auf eine bestimmte Herstellung oder Herkunft, auf Marken, Patente etc. sind ausnahmsweise zulässig, wenn der Auftragsgegenstand nicht hinreichend genau und allgemein verständlich beschrieben werden kann. In einem solchen Fall ist der Verweis mit dem Zusatz «oder gleichwertig» zu versehen. Eine vorgebrachte Gleichwertigkeit zu Normen, Gütezeichen, Marken etc. ist jeweils durch die Anbieterin zu belegen.[75] Damit stimmen das europäische und das schweizerische Vergaberecht auch in diesem Punkt überein (BöB/IVöB 30 Abs. 3).

32 Auch in der EU RL ist eine Ausweitung des bisher auf den wirtschaftlichen Einsatz von Mitteln beschränkten Ziels des Vergaberechts auszumachen. Die Möglichkeit, umweltbezogene oder soziale Merkmale für den Leistungsgegenstand zu definieren, sofern sie einen Bezug zum Auftragsgegenstand aufweisen, ist in der EU RL aufgeführt.[76] Es ist zu beachten, dass technische Spezifikationen nach wie vor als Merkmale der Leistung einschliesslich des anwendbaren Produktionsprozesses definiert sind. Es ist somit auch nach neuem Richtlinienrecht davon auszugehen, dass Labels wie «Max Havelaar», die sich auf einen fairen Handel (kostendeckender Preis, Zuschlag auf den Weltmarktpreis, Vorfinanzierung der Produktion und langfristige Handelsbeziehung) beziehen, nicht als technische Spezifikation gelten können, weil sie sich nicht auf das Produkt oder den Produktionsprozess selber beziehen.[77] Es gibt jedoch die Möglichkeit der Auftraggeberinnen, dass sie soziale Anforderungen als technische Spezifikation vorsehen können, wenn diese die betreffende Ware oder Dienstleistung unmittelbar charakterisieren.[78] Ökologische Kriterien wie Umwelt- oder Klimaleistungsstufen oder Produktionsprozesse und -methoden sind in der Begriffsbestimmung sowohl betreffend öffentliche Bauaufträge wie auch Dienstleistungs- und Lieferaufträge explizit genannt.[79]

---

73 RL 2014/24/EU, E. 74 und RL 2014/24/EU 42 Abs. 3 Bst. b.
74 RL 2014/24/EU, E. 74 und RL 2014/24/EU 42 Abs. 5.
75 RL 2014/24/EU, E. 74.
76 RL 2014/24/EU, E. 74 und E. 75.
77 STEINER, Nachhaltige öffentliche Beschaffung, S. 163.
78 RL 2014/24/EU, E. 99. Die genannten Kriterien der Zugänglichkeit für Personen mit einer Behinderung oder «Design für alle» haben einen anderen Fokus und beziehen sich auf die Nutzer der beschafften Leistungen und nicht auf die Herstellung und deren Mitarbeitende. Diese sind ohne Weiteres zulässig und diesen Kriterien ist gemäss RL 2014/24/EU, E. 76 ausser in hinreichend begründeten Fällen Rechnung zu tragen.
79 RL 2014/24/EU Anhang VII «Technische Spezifikationen – Begriffsbestimmungen».

Die Vorgaben für die Verwendung von Gütezeichen im Rahmen von technischen Spezi- 33
fikationen, Zuschlagskriterien oder Ausführungsbedingungen sind in RL 2014/24/
EU 43 enthalten. Der Nachweis der Einhaltung gleichwertiger Anforderungen durch
die Anbieterin ist sowohl im Zusammenhang mit Gütezeichen wie auch im Zusammenhang mit Zertifizierungen oder Testberichten von Konformitätsbewertungsstellen
grundsätzlich zuzulassen. Auch in der Schweiz ist es nach herrschender Lehre unbestritten (mindestens umweltbezogene Gütezeichen betreffend, vgl. N 25), dass Gütezeichen
grundsätzlich als technische Spezifikation zulässig sind, sofern sie allgemein zugänglich
sind. Der Nachweis der Einhaltung gleichwertiger Anforderungen ist auch in der
Schweiz zuzulassen.[80]

---

80 Botschaft BöB, S. 1946; STEINER, Nachhaltige öffentliche Beschaffung, S. 164 f.

Art. 31 Bietergemeinschaften und Subunternehmerinnen/*Subunternehmer*

[1] **Bietergemeinschaften und** Subunternehmerinnen / *Subunternehmer* **sind zugelassen, soweit die Auftraggeberin /** *der Auftraggeber* **dies in der Ausschreibung oder in den Ausschreibungsunterlagen nicht ausschliesst oder beschränkt.**

[2] **Mehrfachbewerbungen von** Subunternehmerinnen / *Subunternehmern* **oder von Anbieterinnen /***Anbietern* **im Rahmen von Bietergemeinschaften sind nur möglich, wenn sie in der Ausschreibung oder in den Ausschreibungsunterlagen ausdrücklich zugelassen werden.**

[3] **Die charakteristische Leistung ist grundsätzlich** von der Anbieterin / *vom Anbieter* zu erbringen.

Inhaltsverzeichnis

I.	Grundlagen	1
II.	Abs. 1: Zulassung von Bietergemeinschaften und Subunternehmerinnen	3
A.	Allgemeines	3
B.	Bietergemeinschaften	5
C.	Subunternehmerinnen	14
D.	Auswechslung von Gesellschaftsmitgliedern oder von Subunternehmerinnen	19
E.	Zulassungsverbot oder Beschränkung	27
III.	Abs. 2: Mehrfachbeteiligungen	33
IV.	Abs. 3: Charakteristische Leistung	39
V.	Rechtsvergleichung	43

I. Grundlagen

1 Das GPA 2012 erwähnt Bietergemeinschaften und Subunternehmerinnen nicht, was auch schon im GPA 1994 der Fall war. Das GPA 2012 wie auch das GPA 1994 sprechen einzig von Anbieterinnen und davon, dass die in- und ausländischen Anbieterinnen im Marktzugang gleichbehandelt resp. nicht diskriminiert werden sollen (GPA 2012 IV sowie Präambel; GPA 1994 III sowie Einleitung). In GPA 1994 VIII Bst. b werden die Anbieterinnen nur in der Weise beschränkt, dass sie die finanzielle, kommerzielle und technische Leistungsfähigkeit mitbringen, um den Auftrag erfüllen zu können, und den Zuschlag nach GPA 1994 XIII:4 Bst. a auch nur Anbieterinnen erhalten können, welche eben die Teilnahmebedingungen erfüllen. Diese Teilnahmebedingungen haben sich im GPA 2012 nicht verändert, jedoch werden in Abweichung dazu in GPA 2012 I Begriffsbestimmungen aufgenommen, welche insofern näher definieren, was unter einer Anbieterin zu verstehen ist. So wird in GPA 2012 I Bst. t eine Anbieterin als eine Person oder Personengruppe umschrieben, welche Waren oder Dienstleistun-

gen anbietet oder anbieten könnte. Diese Definition präzisiert im Gegensatz zum GPA 1994, dass eine Anbieterin auch eine Verbindung von Personen sein kann. Ergänzend dazu wird in GPA 2012 I Bst. n festgehalten, dass unter einer Person sowohl eine natürliche als auch eine juristische Person subsumiert wird. In Bezug auf Bietergemeinschaften und Subunternehmerinnen wird somit klar, dass nach GPA 2012 I eine Verbindung mehrerer Anbieterinnen, zusammengesetzt aus natürlichen und/oder juristischen Personen, bestehen kann und sie – sofern sie die Teilnahmebedingungen erfüllen – auch für den Zuschlag in Frage kommen können.

In BöB/IVöB 31 werden auf Bundesebene im Gegensatz zum alten Recht (aVöB 21) neu neben den Bietergemeinschaften nun auch die Subunternehmerinnen ausdrücklich im Gesetz erwähnt und damit eine Lücke zur jahrzehntelang gelebten Realität geschlossen. Auf kantonaler Ebene wurde der Föderalismus gelebt, d.h., es herrschte nach altem Recht keine einheitliche Regelung in den einzelnen Kantonen. In der aIVöB waren Bietergemeinschaften oder Subunternehmerinnen nicht erwähnt.[1] Anders dagegen in den unverbindlichen VRöB des InöB[2], wo nach VRöB 5 die Bildung von Arbeits- oder Bietergemeinschaften grundsätzlich zugelassen war, sofern diese in der Ausschreibung nicht ausdrücklich ausgeschlossen oder eingeschränkt wurden.[3] Ausserdem sah VRöB 6 (Beteiligte Unternehmerinnen) vor, dass Anbieterinnen die Leistungen, welche sie an beteiligte Unternehmerinnen untervergeben (also an Subunternehmerinnen), gegenüber der Auftraggeberin auf Verlangen offenzulegen haben. Und nach VRöB 7 hatten die Auftraggeberinnen diese Dritten vertraglich zur Einhaltung der Arbeitsschutzbestimmungen, Arbeitsbedingungen und der Gleichbehandlung von Frau und Mann zu verpflichten.

2

II. Abs. 1: Zulassung von Bietergemeinschaften und Subunternehmerinnen

A. Allgemeines

In der heutigen von Arbeitsteilung geprägten Wirtschaft gibt es kaum mehr Unternehmen, welche sämtliche Fertigungsstufen, d.h. von der Rohstoffgewinnung über die Herstellung bis und mit Vertrieb und Montage, abdecken. Für die Leistungserbringung schliessen sich deshalb die Unternehmen in der Praxis oft zu unterschiedlichen Anbietergruppen zusammen, insb. bei grossen und komplexen Bau- und Infrastrukturpro-

3

---

1 Mit Beschluss der Landsgemeinde vom 03.05.2009 ist der Kantons Glarus per 01.06.2009 als letzter Kanton der aIVöB beigetreten.
2 Gestützt auf aIVöB 4 Abs. 1 Bst. b hat das InöB die unverbindliche Mustervorlage für die VRöB zur IVöB vom 25.11.1994/15.03.2001 erlassen.
3 In den meisten alten kantonalen Gesetzen verhielt es sich gleich, d.h., in der Regel wurden nur die Bietergemeinschaften ausdrücklich erwähnt.

5. Kapitel: Vergabeanforderungen

jekten. Einerseits ist der Zweck des Beschaffungsrechts u.a., den Rahmen für wirtschaftliche, nachhaltige und wettbewerbsneutrale Beschaffungen abzustecken (BöB/IVöB 2 Bst. a und d), und als Grundsatz gilt, dass der Marktzutritt der Anbieterinnen nicht ohne Weiteres beschränkt werden darf (BöB/IVöB 2 Bst. c), was auch den Zugang für KMU bei grossen Aufträgen erleichtert. Auf der anderen Seite gehört es zur Wirtschaftsfreiheit der Anbieterinnen zu entscheiden, wie sie sich organisieren, um die ausgeschriebenen Leistungen erbringen zu können.[4] Unter diesen Aspekten haben sich dazu mit dem Zusammenschluss von selbständigen Unternehmen zu Bietergemeinschaften oder dem Beizug von Subunternehmerinnen zwei Organisationsformen zur Auftragserfüllung herausgebildet.[5] Konkret bedeutet das, dass ein Unternehmen auf horizontal und vertikal vor- oder nachgelagerte Fertigungsstufen zurückgreift, was letztlich von der Frage abhängt, ob es wirtschaftlicher ist, eine Leistung selbst zu erbringen oder einzukaufen.[6] Aus diesem Grund gibt es kaum Beschaffungen, bei denen Unternehmen alleine und ohne Beizug von Dritten und/oder Drittmitteln die ausgeschriebenen Leistungen erbringen bzw. erbringen können oder wollen. Ob eine Anbieterin alleine als einzelne Unternehmung oder zusammen mit anderen Unternehmen ein Angebot einreicht, hängt u.a. ab vom verlangten Spezialwissen oder -material, den erforderlichen personellen, finanziellen und materiellen Ressourcen, den zu erfüllenden Teilnahmebedingungen (insb. von verlangten Referenzen oder zuzusichernden Garantien) oder der Überwindung einer Markteintrittsbarriere (bspw. in einem neuen geografischen Gebiet oder einem anderen Staat), oder aber das Zusammengehen mit anderen Unternehmen liegt in der Natur des ausgeschriebenen Auftrags (z.B. General- oder Totalunternehmerinnenauftrag).[7]

4 Die Auftraggeberin legt das Fundament für einen Zusammenschluss von Unternehmen zu Bietergemeinschaften oder den Beizug von Subunternehmerinnen oft einerseits durch die Konkretisierung des Beschaffungsgegenstands fest und andererseits durch die Teilnahmebedingungen, die Eignungs- und Zuschlagskriterien oder sonstigen Vorgaben und Auflagen in der Ausschreibung.[8] Im Folgenden werden hinsichtlich Bietergemeinschaften und Subunternehmerinnen keine detaillierten Ausführungen bez. der generellen Grundvoraussetzungen für die Verfahrensteilnahme gemacht, sondern es wird auf die entsprechenden Kommentierungen bez. Einhaltung der Grundsätze (BöB/IVöB 12), der Teilnahmebedingungen (BöB/IVöB 26), der Eignungskriterien (BöB/IVöB 27) und möglicher Sanktionierung (BöB/IVöB 45) verwiesen.

---

4   Botschaft BöB, S. 1946; GAUCH, Probleme, S. 346; BEYELER, Ziele, Rz. 72.
5   LUTZ, Anbietergruppen, Rz. 5.
6   Botschaft BöB, S. 1946; DIETRICH, S. 91 f.; THOMMEN, S. 86.
7   LUTZ, Anbietergruppen, Rz. 1 ff.; GAUCH/STÖCKLI, S. 43; nach KUONEN, S. 149, kommen Bietergemeinschaften bei Leistungen, die im Einladungsverfahren beschafft werden, in der Praxis selten vor. Einerseits, weil die Auftraggeberinnen einzelne Anbieterinnen direkt einladen, die in der Lage sind, die Leistungen selbst auszuführen, und andererseits, weil es sich bei diesen Beschaffungen in der Regel um weniger komplexe Aufträge handelt.
8   LUTZ, Anbietergruppen, Rz. 4.

B. Bietergemeinschaften

Unter Bietergemeinschaft (abgekürzt auch BIEGE) versteht man einen losen Zusammenschluss von zwei oder mehreren rechtlich selbständigen Personen oder Unternehmen zur Einreichung eines gemeinsamen Teilnahmeantrags und/oder eines gemeinsamen Angebots, das alle zusammen solidarisch auf die gesamte ausgeschriebene und offerierte Leistung verpflichtet, und zwar mit dem Ziel, den Auftrag nach erhaltenem Zuschlag gemeinsam als Arbeitsgemeinschaft mit gemeinsamen Kräften und/oder Mitteln auszuführen.[9]

5

Die Bietergemeinschaft grenzt sich begrifflich von der Arbeitsgemeinschaft[10] (abgekürzt auch ARGE) insoweit ab, als die Zweckerreichung der Bietergemeinschaft im Erhalt des Zuschlags liegt und jener der Arbeitsgemeinschaft in der Erfüllung der nach dem Zuschlag vertraglich vereinbarten Leistung. Aufgrund der unterschiedlichen Zweckausrichtungen handelt es sich genau genommen um zwei unterschiedliche einfache Gesellschaften, wobei mit dem Zuschlag die Bietergemeinschaft in die spätere, vertragliche Arbeitsgemeinschaft überführt wird.[11] Die Begriffe Bietergemeinschaft und Arbeitsgemeinschaft werden in der Praxis begrifflich nicht immer strikt getrennt verwendet, und oft ist bereits in der Angebots- und Evaluationsphase von Arbeitsgemeinschaft, ARGE oder auch von (Unternehmerinnen-)Konsortium die Rede.[12]

6

Rechtlich gesehen handelt es sich bei der Bieter- und Arbeitsgemeinschaft um eine vertragliche Verbindung von natürlichen und/oder juristischen Personen[13] in der Form einer einfachen Gesellschaft i.S.v. OR 530 ff., d.h., es können die verschiedensten Konstellationen vorkommen.[14] Bei Angeboten aus Zusammenschlüssen von Teilen einer Konzerngesellschaft müssen sich die jeweiligen Konzernteile (Mutter-, Tochter- oder Schwestergesellschaft) dabei ihre juristische Eigenständigkeit anrechnen lassen und gel-

7

---

9 BVGer B-2562/2009 vom 23.02.2011, E. 4.1.1 und 4.1.2; VGer BE, VGE 100.2010.183 vom 16.09.2010, E. 4.1.1, in: BVR 2011, S. 228; KGer BL, 810 13 44 vom 29.05.2013, E. 7.1; Lutz, Anbietergruppen, Rz. 6; Stüssi/Lüthi, S. 205.
10 Bei Zusammenschlüssen von Ingenieurinnen/Planerinnen wird oft auch der Begriff «Ingenieurinnengemeinschaft» oder «IG bzw. INGE» verwendet.
11 Beyeler, Geltungsanspruch, Rz. 1338; Lutz, Anbietergruppen, Rz. 6; Gauch, Werkvertrag, Rz. 246.
12 Gauch, Werkvertrag, Rz. 243 und 246; Beyeler, Geltungsanspruch, Rz. 1338; Lutz, Anbietergruppen, Rz. 6.
13 Vgl. BöB/IVöB 3 Bst. a: Als Anbieterin wird eine «natürliche oder juristische Person des privaten oder öffentlichen Rechts oder Gruppe solcher Personen, die Leistungen anbietet, sich um die Teilnahme an einer öffentlichen Ausschreibung, die Übertragung einer öffentlichen Aufgabe oder die Erteilung einer Konzession bewirbt», beschrieben; Scherrer, S. 90, unter Verweis auf BGE 124 III 363: «Verbinden sich nur natürliche Personen zu einem Konsortium, erreicht deren Zusammenarbeit regelmässig den Status einer Kollektivgesellschaft»; so auch BSK OR II 2016-Baudenbacher, Art. 552 N 1, 4a, 5, sowie N 11, 13 und insb. N 17.
14 BVGer B-2562/2009 vom 29.06.2009, E. 3.2; BSK OR II 2016-Handschin, Art. 530 N 1; Gauch, Werkvertrag, Rz. 243; Gauch/Stöckli, S. 43.

ten – sofern sich keine anderslautende Absicht oder Erklärung aus dem Angebot ergibt[15] – als einfache Gesellschaft resp. Bietergemeinschaft.[16] Neben dem Zusammenschluss von privatrechtlich konstituierten Personen zu einer Bietergemeinschaft ist grundsätzlich auch der Zusammenschluss von öffentlich-rechtlichen Subjekten (Anstalten, Verbänden, Kooperationen und Gebietskörperschaften usw.) sowie gemischtwirtschaftlichen Subjekten, bestehend aus privat- und öffentlich-rechtlichen oder gemischtwirtschaftlichen Subjekten, zu Bietergemeinschaften möglich,[17] wobei diese Zusammenarbeit nur in nichthoheitlichen Bereich und nur aufgrund ausdrücklicher gesetzlicher Ermächtigung zulässig ist.[18] Das Obligationenrecht definiert den Begriff der einfachen Gesellschaft nur mittelbar als «vertragsmässige Verbindung von zwei oder mehreren Personen zur Erreichung eines gemeinsamen Zweckes mit gemeinsamen Kräften oder Mitteln» (OR 530 Abs. 1). Alsdann erfolgt die Begriffsbestimmung der einfachen Gesellschaft in OR 530 Abs. 2 insofern negativ, als die Gesellschaft eine einfache Gesellschaft ist, sofern «nicht die Voraussetzungen einer andern durch das Gesetz geordneten Gesellschaft zutreffen». Mit dieser Umschreibung stellte der Gesetzgeber die einfache Gesellschaft quasi als Grundform im Gesellschaftsrecht unter den Oberbegriff der «Gesellschaft» und somit neben die anderen gesetzlich geregelten Gesellschaftsformen.[19] Neben den gesetzlich geregelten Unternehmensformen ist vor allem aber auch die Einzelunternehmung[20], welche durch eine natürliche Person als alleinige Geschäfts-

---

15 Z.B. die Deklaration eines oder mehrerer Konzernteile als Subunternehmerin, Sub-Subunternehmerin oder Lieferantin.
16 LUTZ, Anbietergruppen, Rz. 66 f.; BVGer B-1600/2014 vom 02.06.2014, E. 4.4.4; VGer BE, VGE 100.2010.183 vom 16.09.2010, E. 4.1.1, in: BVR 2011, S. 228; VGer SG, B 2016/241 vom 16.12.2016, E. 2.2.2; KGer NE, CDP.2017.145 vom 02.08.2017, E. 3; VGer LU, 7H 14 173 vom 02.09.2014, E. 4.5.1 und 4.5.3, in: LGVE 2014 IV Nr. 8. In BGer 2C_634/2008 vom 11.03.2008, E. 3.4, hat das Bundesgericht entgegen der Behauptung der Beschwerdeführerin bei einer Konzernkonstellation das Vorliegen einer Bietergemeinschaft verneint, weil die Anbieterin im Angebot alleine auftrat und die allenfalls indirekt beteiligte andere Konzerngesellschaft zu ihr in keinem Konkurrenzverhältnis stand.
17 BSK OR II 2016-HANDSCHIN, Art. 530 N 3, wobei eine einfache Gesellschaft nicht Mitglied einer anderen einfachen Gesellschaft sein kann; BK OR-FELLMANN/KARIN, Art. 530 N 19; BEYELER, Geltungsanspruch, Rz. 1345 ff.
18 VGer SG, B 2006/184 vom 23.01.2007, E. 1.a.
19 BK OR-FELLMANN/MÜLLER, Art. 530 N 11 f.; die anderen gesetzlichen Gesellschaftsformen sind: die Kollektiv- oder Kommanditgesellschaft (OR 552 ff. und OR 594 ff.), die Aktiengesellschaft (OR 620 ff.), die Kommanditaktiengesellschaft (OR 764 ff.), die Gesellschaft mit beschränkter Haftung (OR 772 ff.) oder die Genossenschaft (OR 828 ff.).
20 MEIER-MAZZUCATO/TASINI, S. 110: Die Gründung einer Einzelunternehmung ist an keine Voraussetzungen geknüpft, d.h., sie entsteht durch die Aufnahme der selbständigen, auf dauernden Erwerb gerichteten wirtschaftlichen Tätigkeit. Wenn die natürliche Person oder Einzelunternehmung ein nach kaufmännischer Art geführtes Gewerbe betreibt und ein Jahreseinkommen von CHF 100 000 erzielt, ist sie verpflichtet, das Unternehmen im Handelsregister eintragen zu lassen (OR 954 f. i.V.m. HRegV 36; vgl. auch www.kmu.admin.ch/kmu/de/home/praktisches-wissen/kmu-gruenden/uebersicht-rechtsformen/einzelunternehmen.html [zuletzt besucht am 13.02.2020]).

inhaberin oder alleiniger Geschäftsinhaber repräsentiert wird, beschaffungsrechtlich von Bedeutung. Schliessen sich lediglich natürliche Personen zu einem Konsortium zusammen, erlangt deren Zusammenschluss jedoch regelmässig den Status einer Kollektivgesellschaft und nicht einer Bietergemeinschaft.[21]

Die einfache Gesellschaft bzw. die Bietergemeinschaft entsteht somit durch den Abschluss des Gesellschaftsvertrags und besitzt wegen der bloss vertraglichen Verbindung der Gesellschafterinnen keine eigene Rechtspersönlichkeit. Dies äussert sich darin, dass die einfache Gesellschaft gegen aussen zwar meistens als Einheit auftritt, jedoch die subjektiven Rechte und Pflichten im Rechtsverkehr mehreren Personen, den Gesellschafterinnen, gemeinsam zustehen.[22] Im Gegensatz zu anderen Handelsgesellschaften kann sie deshalb auch nicht in eigenem Namen klagen und betreiben oder verklagt und betrieben werden. Die einfache Gesellschaft ist also weder handlungsfähig noch prozess- oder betreibungsfähig.[23]   8

Die Auflösung einer einfachen Gesellschaft erfolgt u.a.[24], wenn gemäss OR 545 Abs. 1 Ziff. 1 der Gesellschaftszweck erreicht (d.h., der Zuschlag an eine Bietergemeinschaft ergangen) oder unmöglich geworden (d.h., der Ausschluss oder die Absage/Nichtberücksichtigung einer Bietergemeinschaft eröffnet) ist.[25] Solange noch Aktiven und/oder Passiven vorhanden sind, hört die Bietergemeinschaft aber nicht etwa mit der Zweckerreichung oder Nichterreichung auf zu existieren, sondern wird in eine Liquidationsgesellschaft überführt, bis das Gesellschaftsvermögen unter den Gesellschafterinnen aufgeteilt ist (OR 547 Abs. 1).[26]   9

---

21 BGE 124 III 363, E. 2a und 2c f.; GAUCH, Werkvertrag, Rz. 259; BSK OR II 2016-BAUDENBACHER, Art. 552 N 1, 4a, 5, 11, 13 und insb. N 17.

22 BK OR-FELLMANN/MÜLLER, Art. 530 N 14 f. und 27; EGLI, S. 38; GAUCH/STÖCKLI, S. 44 f.; BEYELER, Geltungsanspruch, Rz. 1466: Um keine Bietergemeinschaft handelt es sich, wenn eine Personen- oder Anbietervereinigung ein Bündel einzelner Teilofferten einreicht, die scheinbar eine einzige Offerte bilden, zwar alle ausgeschriebenen Leistungen angeboten werden, diese jedoch nur unter der Bedingung gelten sollen, dass die übrigen Teilofferten auch zugeschlagen werden.

23 BK OR-FELLMANN/MÜLLER, Art. 530 N 14 f.; BGE 131 I 153 vom 17.12.2004, E. 5.3 f.; BVGE 2008/7, E. 2.2.2; BRK 2005-0001 vom 14.04.2005 (VPB 69.80), E. 3b; anders in CRM 1999-002 vom 16.08.1999 (VPB 64.29), E. 1b, wonach unter gewissen Bedingungen ein Mitglied einer Bietergemeinschaft berechtigt ist, allein und in eigenem Namen Beschwerde zu führen, auch wenn sich das andere Mitglied nicht beteiligt, jedoch die Bereitschaft erklärt, den Auftrag im Falle einer Gutheissung der Beschwerde und eines Zuschlags gemeinsam auszuführen.

24 Nach OR 545 sind weitere Auflösungsgründe bspw. Tod, Austritt oder Konkurs einer Gesellschafterin. Sodann kann die einfache Gesellschaft durch gegenseitig Übereinkunft, durch richterliches Urteil oder, sofern vorgesehen, durch Kündigung von Seiten einer Gesellschafterin aufgelöst werden.

25 BSK OR II 2016-STAEHELIN, Art. 545/546 N 8; GAUCH, Werkvertrag, Rz. 246; LUTZ, Anbietergruppen, Rz. 6.

26 BSK OR II 2016-STAEHELIN, Art. 545/546 N 2.

5. Kapitel: Vergabeanforderungen

10 Die Gesellschafterinnen einer Bietergemeinschaft oder Arbeitsgemeinschaft haften – ohne anderslautende Vereinbarungen im Gesellschaftsvertrag – im Aussenverhältnis nach OR 532, OR 533 und OR 544 Abs. 3 persönlich, primär, unbeschränkt und solidarisch gegenüber der Auftraggeberin für das Angebot resp. die offerierte oder ausgeführte Leistung.[27] Die Auftraggeberin kann sich deshalb im Falle der Geltendmachung von Ansprüchen an alle Mitglieder der Gesellschaft oder aber nur an das solventeste Mitglied halten.[28] Andererseits stehen die Ansprüche der Bieter- oder Arbeitsgemeinschaft den Gesellschafterinnen nur gemeinsam, gesamthänderisch zu, d.h., dass sie abgesehen von Ausnahmen (z.B. bei Gefahr in Verzug oder Schadenabwehr) ihre Ansprüche nur gemeinsam wahrnehmen können.[29] Trotz fehlender Rechtspersönlichkeit werden Bietergemeinschaften beschaffungsrechtlich als eine Anbieterin betrachtet und behandelt.[30]

11 Das Innenverhältnis der Bieter- und Arbeitsgemeinschaften wird grundsätzlich durch den Gesellschaftsvertrag geregelt. Die Bieter- und Arbeitsgemeinschaft kann aber auch «konkludent [also ohne Gesellschaftsvertrag] entstehen und sich namentlich aus dem Verhalten der Gesellschafter ergeben [...], ohne dass ihnen diese Rechtsfolge bewusst sein muss». Neben dem Erreichen eines gemeinsamen Zwecks ist in diesem Fall jedoch vorausgesetzt, dass sich mindestens eine Vertragspartei rechtlich binden wollte.[31] Der Gesellschaftsvertrag der Bietergemeinschaft sollte inhaltlich auf den gemeinsamen Zweck, nämlich die Erstellung und Einreichung eines gemeinsamen Angebots, ausgerichtet sein[32] sowie mit Blick auf die spätere Ausführung des Auftrags auch die wichtigen Punkte der späteren Arbeitsgemeinschaft[33] oder zumindest die Verpflichtung zur

---

27 BEYELER, Geltungsanspruch, Rz. 1464; SCHERRER, S. 96 und 102 f.; JÄGER, Änderungen, Rz. 63.
28 LUTZ, Anbietergruppen, Rz. 8.
29 LUTZ, Anbietergruppen, Rz. 8; HÜRLIMANN, SBV-Formularvertrag, S. 208; EGLI, S. 38; CRM 2000-013 vom 30.08.2000 (VPB 65.12), E. 1c, wo auf die Beschwerde von zwei Mitgliedern einer Bietergemeinschaft eingetreten wurde, auch wenn die Zusammensetzung der Bietergemeinschaft im Zeitpunkt der Einreichung noch nicht genau bekannt war, weil sie an der Aufhebung/Änderung des Zuschlags ein schutzwürdiges Interesse haben.
30 BEYELER, Geltungsanspruch, Rz. 1464; LUTZ, Anbietergruppen, Rz. 8; KGer BL, 810 13 44 vom 29.05.2013, E. 7.1.
31 BGer 4C_24/2000 vom 28.03.2000, E. 3d; BVGer B-2562/2009 vom 29.06.2009, E. 3.2.
32 Im Gesellschaftsvertrag der Bietergemeinschaft sollten neben dem definierten Zweck mindestens die Arbeitsteilung für die Angebotsausarbeitung, die Kalkulationsgrundlagen, die interne Kostentragung bis zum Zeitpunkt des Zuschlags oder der Absage und die Beiträge der Gesellschafterinnen in finanzieller Art und/oder in Form von Arbeitsleistung geregelt sein. Überdies sollte er allfällige Geheimhaltungs-, Exklusivitäts- und Konkurrenzverbotsklauseln enthalten sowie die Verpflichtung, sich im Falle des Zuschlags als Arbeitsgemeinschaft zu konstituieren. Diverse Branchenverbände bieten ihren Mitgliedern entsprechende Mustervorlagen an, so bspw. der SBV, der SIA oder der SMBV.
33 Zusätzlich zu den Punkten des Gesellschaftsvertrags der Bietergemeinschaft sollten sich die Gesellschafterinnen der Arbeitsgemeinschaft vertraglich einigen über die finanziellen, materiellen und personellen Beiträge der Gesellschafterinnen, die Organisation, die Geschäftsführung, die

späteren Konstitution als Arbeitsgemeinschaft enthalten.[34] Haben es die Parteien versäumt, einen Gesellschaftsvertrag abzuschliessen oder regelt dieser nicht alle wichtigen Punkte, kommen die Bestimmungen von OR 530 ff. zur Anwendung.[35]

Für die Auftraggeberin sind die gesellschaftsinternen Regelungen der einfachen Gesellschaft grundsätzlich nicht von Belang, sofern aus dem Angebot klar hervorgeht, dass die zusammengeschlossenen Anbieterinnen ein gemeinsames Angebot als Bietergemeinschaft einreichen wollen.[36] Wenn die Auftraggeberin aber in der Ausschreibung konkrete Vorgaben zur Organisation einer Bietergemeinschaft macht und/oder entsprechende Informationen und Nachweise mit der Angebotseinreichung verlangt, sind die gesellschaftsinternen Verhältnisse für die Angebotsbewertung und folglich den Zuschlag wesentlich.[37] Für die Auftraggeberin sind in diesem Fall die Organisationsstruktur und die Vertretungsbefugnisse einer Bietergemeinschaft wichtig, insb. was die Vertretung anbelangt, denn ohne anderslautende Erklärung, sind nach OR 535 Abs. 1 alle Gesellschafterinnen geschäftsführungsbefugt.[38] Die Auftraggeberin tut also gut daran, wenn sie mit der Abgabe des Angebots genaue Angaben über eine die Gesamtverantwortung tragende Person oder ein federführendes Gesellschaftsmitglied verlangt.[39] Verlangt die Auftraggeberin entsprechende Vollmachten, müssen die Mitglieder einer Bietergemeinschaft durch Beschluss die Geschäftsführungsbefugnis ganz oder teilweise einer oder mehreren Gesellschafterinnen (oder einer dritten Person) übertragen und dies

12

Art der Beschlussfassung, die Entschädigung und Abrechnungsmodalitäten für die erbrachten Leistungen, den gegenseitigen Informationsaustausch sowie über die gegenseitige Rechenschaftsablegung, den Beizug vorgesehener Subunternehmerinnen, die Aufteilung von Gewinn und Verlust, die Regelung der Haftung für die gehörige Leistungserbringung, die Gewährleistung, die Versicherungen sowie die interne Streiterledigung. Empfehlenswert sind zudem auch Regeln im Falle des Ausscheidens einer Gesellschafterin (vgl. dazu bspw. den Gesellschaftsvertrag für Planergemeinschaft, SIA 1001/2, Ausgabe 2014, unter http://www.sia.ch/de/dienstleistungen/sia-norm/vertraege/ [zuletzt besucht am 13.02.2020]).

34 LUTZ, Anbietergruppen, Rz. 11.
35 SCHERRER, S. 90; BSK OR II 2016-HANDSCHIN, Art. 530 N 2 f.; BK OR-FELLMANN/MÜLLER, Art. 530 N 28.
36 BEYELER, Geltungsanspruch, Rz. 1465; LUTZ, Anbietergruppen, Rz. 9; nach LUTZ, Auswertung, Rz. 24, kommt es immer wieder vor, dass gerade Unterschriften von Bietergemeinschaften fehlen, weil die Vergabestellen häufig eine Fülle von Formularen unterschrieben haben wollen; VGer VS, A1 15 139 vom 14.01.2016, E. 2.3.1 ff., wonach es laut Gericht zur Annahme einer Bietergemeinschaft ausreicht, wenn die Vertreter der zusammengeschlossenen Anbieterinnen je ein separates Deckblatt des eingereichten Angebots unterzeichnet hatten, wo jeweils der genau gleiche Angebotspreis aufgeführt war.
37 LUTZ, Anbietergruppen, Rz. 10; LUTZ, Auswertung, Rz. 50 f.
38 SCHERRER, S. 97 und 99; BSK OR II 2016-HANDSCHIN, Art. 535 N 3; BK OR-FELLMANN/MÜLLER, Art. 535 N 24; EGLI, S. 40.
39 Vgl. Merkblatt «Bietergemeinschaften» des Beschaffungsportals der Bundesverwaltung, unter: https://www.beschaffung.admin.ch/bpl/de/home/beschaffung/merkblaetter.html (zuletzt besucht am 21.08.2020).

der Auftraggeberin mit Einreichung des Angebots entsprechend nachweisen.[40] Ist von der Auftraggeberin weder eine Vertretung verlangt noch eine solche von der Anbieterin angegeben worden, wird nach OR 543 Abs. 3 vermutet, dass die übrigen Gesellschafterinnen der als Geschäftsführerin auftretenden die Ermächtigung erteilt haben, sofern die Rechtshandlungen nicht über den gewöhnlichen Betrieb des gemeinschaftlichen Zwecks hinausgehen.[41] Mit der Vollmacht an die Geschäftsführerin werden die einzelnen Gesellschafterinnen vertreten, jedoch nicht die Bietergemeinschaft oder Arbeitsgemeinschaft als solche, weil diese keine Rechtspersönlichkeit hat.[42] Die vertraglichen Vereinbarungen einer Bietergemeinschaft resp. einer Arbeitsgemeinschaft können erfahrungsgemäss auch während der Auftragsausführung für die Auftraggeberin erhebliche Bedeutung erlangen, wenn es bspw. um Auseinandersetzungen, die Mängelbehebung, den Austausch oder Konkurs von Gesellschafterinnen usw. geht.[43]

13 Der Inhalt des Gesellschaftsvertrags kann auch dann relevant sein, wenn für die konkrete Auftragserfüllung eine bestimmte Rechtsform erforderlich ist und die Auftraggeberin die Teilnahme der Bietergemeinschaft am Vergabeverfahren davon abhängig machen will. In diesem Fall hat die Auftraggeberin wohl bereits in der Ausschreibung anzukündigen, dass sie von Bietergemeinschaften eine besondere Rechtsform verlangt und die Konstitution allenfalls vor dem Zuschlag zu erfolgen hat.[44] Wenn zur Auftragserfüllung eine besondere Gesellschaftsform erforderlich wäre, müssten sich zudem u.U. auch interessierte Einzelanbieterinnen unter dieser verlangten Gesellschaftsform konstituieren können. Darüber hinaus wäre die Konstitution zu einer besonderen Gesellschaftsform für die Angebotseinreichung gegebenenfalls nicht ohne Weiteres möglich, insb. mit Bezug auf die oft kurzen Angebotsfristen, sondern erst nach dem Zuschlag.

C. Subunternehmerinnen

14 Das Merkmal einer Subunternehmerin[45] ist, dass diese aufgrund eines zweiseitig schuldrechtlichen Vertrags (Subunternehmerinnenvertrag in der Regel in Form eines Werkvertrags, Auftrags oder eines gemischten Vertrags) mit einer anderen Unternehmerin (Hauptunternehmerin) in deren Auftrag die gesamte oder einen Teil der von der Haupt-

---

40 BSK OR II 2016-HANDSCHIN, Art. 530 N 3; BK OR-FELLMANN/MÜLLER, Art. 535 N 23.
41 BGE 124 III 355, E. 4; BVGer B-3060/2010 vom 27.08.2010, E. 2.1; BK OR-FELLMANN/MÜLLER, Art. 535 N 38; SCHERRER, S. 99; BSK OR II 2016-HANDSCHIN, Art. 535 N 4; Komm SIA 118-HÜRLIMANN, Art. 28 N 14.2.
42 Komm SIA 118-HÜRLIMANN, Art. 28 N 15; BK OR-FELLMANN/MÜLLER, Art. 530 N 14 f. und 27.
43 LUTZ, Anbietergruppen, Rz. 10.
44 LUTZ, Anbietergruppen, Rz. 21.
45 BEYELER, Geltungsanspruch, Rz. 1363, der Begriff der Subunternehmerin stammt aus dem Bauwesen, teilweise wird auch von Lieferantin gesprochen; laut GAUCH, Werkvertrag, Rz. 139, wird gemäss Rechtsprechung, Lehre und Praxis namentlich in der Bauwirtschaft oft von Subakkordantin oder Unterakkordantin gesprochen, wobei die Begriffe mehrdeutig verwendet würden, so auch für Arbeitnehmerinnen, die im Akkordlohn arbeiten; GAUCH, Subunternehmer, S. 154.

unternehmerin (Anbieterin) gegenüber deren Auftraggeberin geschuldeten Leistung erbringt. Die Subunternehmerin ist rechtlich selbständig (d.h. eine natürliche oder juristische Person) und in der Art und Weise, wie sie ihren Vertrag erfüllt, insofern frei.[46] Welche Leistung die Subunternehmerin im konkreten Fall zu erbringen hat, ergibt sich aus dem Vertrag mit der Hauptunternehmerin (Subunternehmerinnenvertrag), und zwar unabhängig davon, was im Hauptvertrag zwischen Hauptunternehmerin und Auftraggeberin[47] vereinbart wurde.[48] Die Subunternehmerin hat deshalb auch die Vollendung der Leistungserbringung gegenüber der Hauptunternehmerin (und nicht der Auftraggeberin) anzuzeigen. Aufgrund der vertraglichen Bindung zwischen Subunternehmerin und Hauptunternehmerin wird die Subunternehmerin sodann auf deren eigene Rechnung beigezogen und gilt als Hilfsperson oder Erfüllungsgehilfin (OR 101) der Hauptunternehmerin.[49]

15 Die Hauptunternehmerin (Anbieterin) ihrerseits ist gegenüber der Auftraggeberin vertraglich verpflichtet und haftet ihr gegenüber grundsätzlich nach OR 101 für den Beizug der Subunternehmerin. Die Hauptunternehmerin hat der Auftraggeberin deshalb einen allfälligen Schaden zu ersetzen, den die Hilfsperson (Subunternehmerin) im Rahmen ihrer Leistungserbringung verursacht, und zwar auch dann, wenn die Hauptunternehmerin die Subunternehmerin unerlaubterweise beizieht. Gleich verhält es sich, wenn die Subunternehmerin ihrerseits eine Hilfsperson beizieht.[50] Eingeschränkt wird die Haftung der Hauptunternehmerin allerdings nach OR 399 Abs. 2 durch die auftragsrechtliche Substitution dahingehend, dass, wenn die Subunternehmerin in zulässiger Weise Aufgaben auftragsrechtlicher Natur ausführt, die Hauptunternehmerin nur für die gehörige Sorgfalt bei der Auswahl und Instruktion der Subunternehmerin haftet.[51]

16 Als rechtlich selbständige Unternehmung kann die Subunternehmerin auch die Mutter- oder die Tochtergesellschaft der Hauptunternehmerin sein. Die Mutter- oder Tochtergesellschaft[52] muss sich ihre rechtliche Eigenständigkeit anrechnen lassen und

---

46 GAUCH, Werkvertrag, Rz. 138 und 144 ff.; BEYELER, Geltungsanspruch, Rz. 1353 f.; VGer ZH, VB.2012.00584 vom 16.01.2013, E. 5.2; KGer GE, ATA/444/2017 vom 20.04.2017, E. 4.
47 GAUCH, Probleme, S. 345: Nach ihm sollte die Auftraggeberin/Bauherrin in ihrem Vertrag mit der Hauptunternehmerin die Probleme der Weitervergabe regeln, insb. ob der Beizug einer Subunternehmerin überhaupt zulässig ist, ansonsten diese Fragen infolge fehlender Abrede bei Problemen nach OR 364 Abs. 2 zu beurteilen sind.
48 GAUCH, Werkvertrag, Rz. 145b; GAUCH, Subunternehmer, S. 155.
49 GAUCH, Werkvertrag, Rz. 138 und 177; GAUCH, Subunternehmer, S. 174 f.; BEYELER, Geltungsanspruch, Rz. 1354.
50 GAUCH, Werkvertrag, Rz. 177 und 1893; GAUCH, Subunternehmer, S. 174 f; BEYELER, Geltungsanspruch, Rz. 1354.
51 BEYELER, Geltungsanspruch, Rz. 1373; LUTZ, Anbietergruppen, Rz. 17; GAUCH, Werkvertrag, Rz. 1504.
52 Synonym ist anstelle von Mutter- und Tochtergesellschaft auch von Haupt- und Zweigniederlassung die Rede; vgl. dazu BVGer B-3596/2015 vom 03.09.2014, E. 4.3.7.

5. Kapitel: Vergabeanforderungen

ist vergaberechtlich – analog der Bietergemeinschaft – nicht automatisch als Teil der Hauptunternehmerin (Anbieterin) zu betrachten, sondern als Drittunternehmung und folglich als Subunternehmerin oder Lieferantin.[53]

17 Die Teilnahme an Vergabeverfahren bzw. Angebote von Einzelanbieterinnen und Bietergemeinschaften mit oder ohne Subunternehmerinnen ist je nach Branche verbreitet. Neben Angeboten von Haupt- mit Subunternehmerinnen kommt es in der Praxis immer wieder vor, dass die Subunternehmerin die von der Hauptunternehmerin übernommenen Arbeiten ihrerseits an weitere Unternehmerinnen (sog. Sub-Subunternehmerinnen) weitervergibt.[54] Die Sub-Subunternehmerin wird somit zur Erfüllungsgehilfin (OR 101) der Subunternehmerin. Vergaberechtlich nehmen die Sub-Subunternehmerinnen oder allenfalls Sub-Sub-Subunternehmerinnen die gleiche Stellung ein wie die Subunternehmerinnen und werden demzufolge bez. beschaffungsrechtlicher Grundvoraussetzungen und Vorschriften auch gleichbehandelt. Das zuvor Gesagte gilt folglich sinngemäss auch für die Sub-Subunternehmerinnen oder tiefere Strukturen.[55]

18 Von der Subunternehmerin abzugrenzen ist die reine Lieferantin (Zulieferantin), was nicht immer einfach ist. Die Abgrenzung ist deshalb von Bedeutung, weil vergaberechtlich für die Subunternehmerinnen die gleichen Teilnahmebedingungen (BöB/IVöB 26) und Sanktionsmöglichkeiten (BöB/IVöB 45) gelten wie für andere Anbieterinnen und Bietergemeinschaften, die Lieferantinnen hingegen von diesen Nachweisen und Sanktionen befreit sind. Die Lieferantin erbringt aber anders als die Subunternehmerin keine Arbeit, welche von der Hauptunternehmerin der Auftraggeberin geschuldet ist. Vielmehr liefert sie der Hauptunternehmerin unter Einhaltung weiterer Standards, wie bspw. der ILO-Übereinkommen, Material (z.B. Baumaterialien, Rohstoffe, Maschinen, vorfabrizierte Elemente, Textilien), die diese für die Ausführung der zugeschlagenen Arbeiten benötigt, aber nicht selber herzustellen hat. Mit anderen Worten ist die Lieferantin also im Hintergrund tätig oder erbringt untergeordnete Dienstleistungen.[56] Die Lieferung an die Hauptunternehmerin erfolgt meistens gestützt auf einen Kaufvertrag (OR 184), kann jedoch auch eine Werkleistung (OR 363) oder eine Auftragsleistung (OR 394) sein, was die Unterscheidung zwischen Lieferantin und Subunternehmerin erschwert. Ob die Dritte eine Subunternehmerin oder eine Lieferantin ist, muss im Einzelfall durch Auslegung des zwischen der Hauptunternehmerin und der Auftraggeberin abgeschlossenen Vertrags ermittelt werden.[57] Weil die Lieferantin keine direkten Leis-

---

[53] BVGer B-5563/2012 vom 28.02.2013, E. 3.3.3; BVGer B-3596/2015 vom 03.09.2014, E. 4.3.7; so auch VGer ZH, VB.2012.00584 vom 16.01.2013, E. 5.2 und 5.2.1 f.; Beyeler, Geltungsanspruch, Rz. 1374; Gauch, Werkvertrag, Rz. 144.

[54] Gauch, Werkvertrag, Rz. 142; Gauch, Subunternehmer, S. 157.

[55] Beyeler, Geltungsanspruch, Rz. 1377; Gauch, Werkvertrag, Rz. 142.

[56] Gauch, Werkvertrag, Rz. 140; Gauch, Subunternehmer, S. 156 f; Lutz, Anbietergruppen, Rz. 14; VGer GR, U 15 90 vom 24.11.2015, E. 3; VGer ZH, VB.2012.00584 vom 16.01.2013, E. 5.3; VGer VD, MPU.2017.0014 vom 07.06.2017, E. 5.

[57] Gauch, Werkvertrag, Rz. 140; Gauch, Subunternehmer, S. 156; Beyeler, Geltungsanspruch, Rz. 1372.

tungen erbringt, welche die Hauptunternehmerin der Auftraggeberin schuldet, sondern nur die von der Hauptunternehmerin benötigten «Hilfsmittel, Werkzeuge und Gerätschaften» (OR 364 Abs. 3) oder allenfalls eine Arbeitsleistung beibringt, ist die Lieferantin auch keine Erfüllungsgehilfin nach OR 101.[58] Gleiches gilt für die Herstellerin oder Händlerin, von der die Hauptunternehmerin Materialien und Gerätschaften usw. bezieht, die sie zur Auftragserfüllung benötigt.[59]

D. Auswechslung von Gesellschaftsmitgliedern oder von Subunternehmerinnen

Mit der fristgerechten Einreichung des Angebots wird dieses für die Anbieterin resp. die Bietergemeinschaft in der Weise und so lange verbindlich, als die Auftraggeberin mit dem Zuschlag die Annahmeerklärung abgibt und damit die Bietergemeinschaft auf die angebotenen Leistungen verpflichtet oder indirekt durch den Zuschlag den übrigen Anbieterinnen gegenüber die Absage ausspricht.[60]   19

Angesichts der Dauer von Vergabeverfahren kann es nach Einreichung des Angebots zu Veränderungen auf Anbieterinnenseite kommen (z.B. wegen Konkursen, Fusionen, Abspaltungen, entzogenen Bewilligungen oder Zertifikaten, fehlenden Kapazitäten usw.). Dies führt wegen des Gleichbehandlungsgrundsatzes (BöB/IVöB 11 Bst. c und/oder BöB/IVöB 11 Bst. c) grundsätzlich zur Ungültigkeit und damit zum Ausschluss des Angebots, weil Angebote nach Eingabe und Ablauf der Angebotsfrist – vorbehältlich möglicher Angebotsberichtigungen – nicht ergänzt oder abgeändert werden dürfen.[61]   20

---

58   GAUCH, Werkvertrag, Rz. 141; BSK OR I 2015-ZINDEL/PULVER/G. SCHOTT, Art. 364 N 45.
59   GAUCH, Werkvertrag, Rz. 141; GAUCH, Subunternehmer, S. 157.
60   BEYELER, Geltungsanspruch, Rz. 1689 und 1694 f.; JÄGER, Änderungen, Rz. 63; GALLI/MOSER/LANG/STEINER, Rz. 684 und 710; BSK OR I 2015-ZELLWEGER-GUTKNECHT/BUCHER, Art. 3 N 1 und 3 f.: Die Offerte der Anbieterin ist eine verbindliche Erklärung des Vertragswillens unter der Suspensivbedingung der deckungsgleichen Erklärung des Vertragswillens durch die Auftraggeberin. Die Erklärung der Offerentin ist bindend und kann während einer bestimmten Dauer nicht zurückgenommen werden, d.h., die Offerentin wird mit dem Eintreffen des Akzepts (Zuschlagsverfügung) gebunden, selbst wenn sie (Anbieterin) den Abschlusswillen in der Zwischenzeit aufgegeben hat; SHK Komm SIA-SPIESS/HUSER, Art. 6 N 13 f. und SHK Komm SIA-SPIESS/HUSER, Art. 17 N 1 und 6; Komm SIA 118-EGLI, Art. 6 N 5.1 ff. und Komm SIA 118-EGLI, Art. 17 N 2.1 ff., 3.1 ff. und N 4.1 ff.: Nach SIA-Norm 118 ist die Anbieterin grundsätzlich nach der in der Ausschreibung bekannt gegebenen Zeit an das Angebot gebunden (Art. 6). Ist in der Ausschreibung keine Bindungsdauer festgelegt oder hat die Unternehmerin/Anbieterin ihr Angebot nicht befristet, bleibt die Anbieterin für die Dauer von 30 Tagen ab Eingabefrist gebunden (Art. 17).
61   JÄGER, Änderungen, Rz. 65; STÖCKLI, (S 42), S. 174; STÖCKLI, (S 43), S. 174; BRK 2005-001 vom 14.04.2005 (VPB 69.80), E. 3b f.; VGer UR, OG V 00 12 vom 03.04.2000, E. 3 d; KGer VS, A1 12 271 vom 09.04.2013, E. 4.5–5; VGer ZH, VB.2003.00032 vom 18.06.2003, E. 2; VGer NE, TA.2010.175 vom 29.10.2010, E. 4, wo das Gericht den nachträglichen Beizug einer Subunternehmerin als unzulässig erachtete und den Zuschlag aufhob, weil die Anbieterin die Subunternehmerin im Angebot

Ungeachtet einer allfälligen gesellschaftsinternen Zulässigkeit kann ausnahmsweise die Auftraggeberin den Austausch eines Mitglieds auf Antrag der Bietergemeinschaft zulassen, nämlich dann, wenn der Austausch umgehend erfolgt, notwendig ist (z.B. bei Konkurs eines Mitglieds) und nicht einfach der Optimierung des Angebots dient und wenn durch den Austausch nicht wesentliche Leistungsanteile der Bietergemeinschaft betroffen sind und das Mitglied mindestens geleichwertig ersetzt wird, d.h., die Bietergemeinschaft mindestens gleich geeignet ist wie zuvor.[62] Sofern Anbieterinnen mit dem Angebot ihre vorgesehenen Subunternehmerinnen namentlich nicht bloss unverbindlich aufzuführen, sondern verbindlich bekannt zu geben haben und/oder auch die Eignung von den Subunternehmerinnenleistungen abhängig gemacht wird, knüpft das Auswechseln von Subunternehmerinnen grundsätzlich an die gleichen Voraussetzungen wie bei Bietergemeinschaften,[63] jedoch mit der Abweichung nach BöB/IVöB 31 Abs. 3, dass die charakteristische Leistung in der Regel von den Gesellschafterinnen einer Bietergemeinschaft und nicht von der Subunternehmerin zu erbringen ist. Eine Auswechslung eines Gesellschaftsmitglieds oder einer Subunternehmerin wäre darüber hinaus im Rahmen von Angebotsbereinigungen gestützt auf BöB/IVöB 39 Abs. 2 Bst. b denkbar, wenn Leistungsänderungen objektiv und sachlich geboten sind und die charakteristische Leistung oder der potenzielle Anbieterkreis unverändert bleibt. Weil die Sub-Subunternehmerinnen vergaberechtlich den Subunternehmerinnen gleichgestellt sind, gilt Analoges für deren Austausch.[64]

21 Der Ersatz eines Mitglieds einer Bietergemeinschaft führt nach dem Zuschlag, aber vor dem Vertragsabschluss oder wenn der Vertrag bereits geschlossen, aber mit der Arbeiten noch nicht begonnen wurde, in der Regel zum Widerruf des Zuschlags verbunden mit der eventuellen Auflösung des Vertrags. Der Grund liegt darin, dass der vergaberechtliche Zuschlag die rechtliche Voraussetzung dafür ist, dass die Auftraggeberin den Vertrag mit der Zuschlagsempfängerin – hier die Bietergemeinschaft – überhaupt abschliessen darf.[65] Das Angebot der Bietergemeinschaft gilt – obwohl von mehreren

---

nicht angegeben hatte; BEYELER, Geltungsanspruch, Rz. 1499; LUTZ, Anbietergruppen, Rz. 92; Komm BöB-TRÜEB, Art. 11 N 15.

62 BGer 2C_1101/2012 vom 24.01.2013, E. 2.4.4; BEYELER, Geltungsanspruch, Rz. 1502 ff.; JÄGER, Änderungen, Rz. 66; gemäss EuGH C-396/14 vom 24.05.2016 («MT Højgaard and Züblin»), Rz. 44 ff., ist sogar der Austritt einer Gesellschafterin aus der Bietergemeinschaft und die Aufrechterhaltung des Angebots durch die andere Gesellschafterin zulässig, sofern die Gesellschafterin die Teilnahmeanforderungen allein erfüllt und die weitere Teilnahme am Verfahren nicht den Wettbewerb der übrigen Anbieterinnen beeinträchtigt.

63 BEYELER, Geltungsanspruch, Rz. 1616 und 1645 ff.; LUTZ, Anbietergruppen, Rz. 92; BVGer B-3803/2010 vom 02.02.2011, E. 3.3; anders KGer VS, A1 12 271 vom 09.04.2013, E. 4.5–5, wo einer Subunternehmerin die Betriebsbewilligung entzogen wurde, die Anbieterin gleichwertige Alternativfirmen anbot, jedoch das Gericht die Auswechslung einer Subunternehmerin als unzulässige Angebotsänderung qualifizierte, obwohl nach den besonderen Bestimmungen als Teil der Ausschreibungsunterlagen der Wechsel von Subunternehmerinnen zulässig war.

64 BEYELER, Geltungsanspruch, Rz. 1377.

65 GAUCH, Zuschlag und Verfügung, S. 599 und 602 f.

Unternehmungen gemeinsam eingereicht – als ein einziges, solidarisch verpflichtendes Angebot und ist durch Eingabe der Offerte grundsätzlich verbindlich. Verändert sich der Mitgliederkreis einer Bietergemeinschaft, verändert sich auch das Angebot, selbst dann, wenn die Leistung juristisch exakt dieselbe bleibt, denn faktisch ist es nicht ganz dasselbe, ob das eine oder das andere Gesellschaftsmitglied die Leistung erbringt.[66] Folglich ist die Änderung der Zusammensetzung der Gemeinschaft im Aussenverhältnis gegenüber der öffentlichen Auftraggeberin nicht möglich, unabhängig davon, was im Innenverhältnis vereinbart wurde.[67] Wenn die Bieter- oder Arbeitsgemeinschaft hingegen umgehend einen gleichwertigen Ersatz des ausscheidenden Mitglieds vorschlägt, kann ausnahmsweise von einem Widerruf des Zuschlags und gegebenenfalls der Vertragsauflösung abgesehen werden.[68] So oder anders kann ein Mitgliederwechsel neben einer möglichen Vertragsauflösung u.U. auch vertragsrechtliche Sanktionen mit sich ziehen.[69] Hingegen ist der Austausch einer Subunternehmerin grundsätzlich eine Angelegenheit gestützt auf den privatrechtlichen Vertrag zwischen der Auftraggeberin und der Hauptunternehmerin und nur insofern ein vergaberechtliches Thema, als die neue Subunternehmerin die Teilnahmebedingungen (BöB/IVöB 12 Abs. 4 und BöB/IVöB 26) einzuhalten hat.[70]

Hat die Auftraggeberin in der Ausschreibung einerseits offengelassen, ob Subunternehmerinnen (und Sub-Subunternehmerinnen) beigezogen werden dürfen, bzw. den Beizug von Subunternehmerinnen nicht beschränkt oder hat sich die Auftragnehmerin andererseits in ihrem Angebot über den Einsatz von Erfüllungsgehilfinnen ausgeschwiegen, darf die Auftragnehmerin nach erhaltenem Zuschlag sowohl vor als auch nach Vertragsabschluss ohne Zustimmung der Auftraggeberin auch keine Subunternehmerinnen zur Leistungserfüllung beiziehen. Aufgrund der Treuepflicht hat sie die Auftraggeberin selbst über den Beizug von Subunternehmerinnen zu informieren, selbst wenn dies weder in der Ausschreibung noch im Vertrag vorgesehen oder verlangt wurde. Denn gemäss BöB/IVöB 26 Abs. 1 hat die Auftraggeberin sicherzustellen, dass auch die Subunternehmerinnen und Sub-Subunternehmerinnen die Teilnahmebedingungen nach BöB/IVöB 12 erfüllen, die Steuern und Sozialabgaben bezahlt werden und unzulässige Wettbewerbsabreden unterbleiben. Die Auftraggeberin kann von der Genehmigung der Auftraggeberin hingegen in unproblematischen Fällen absehen, nämlich dann, wenn es sich bei der Weitergabe von Arbeiten um Kleinigkeiten oder um gut austauschbare Leistungen mit einer ausreichenden Anzahl von Leistungserbringern handelt.[71]

22

Das zur Auswechslung von Subunternehmerinnen Gesagte gilt durchwegs auch bei Generalunternehmerinnenverträgen, sofern sich die Auftraggeberin in der Ausschreibung

23

---

66   BEYELER, Geltungsanspruch, Rz. 1487 und 1562.
67   BEYELER, Geltungsanspruch, Rz. 1499.
68   BEYELER, Geltungsanspruch, Rz. 1653 f.; LUTZ, Anbietergruppen, Rz. 93.
69   LUTZ, Anbietergruppen, Rz. 93; BVGer B-6518/2015 vom 10.11.2015, S. 5 f.
70   BGer 2C_1034/2015 vom 23.11.2015, E. 3.3.
71   Botschaft BöB, S. 1947; BEYELER, Geltungsanspruch, Rz. 1610 ff.; LUTZ, Anbietergruppen, Rz. 95.

5. Kapitel: Vergabeanforderungen

die Offenlegung der Subunternehmerinnenliste ausbedungen und eine spätere Auswechslung von ihrer Genehmigung abhängig gemacht hat.[72]

24 Schwieriger wird es, wenn es um die Frage des Austauschs eines Gesellschaftsmitglieds nach Vertragsabschluss und nach Arbeitsbeginn geht, denn wenn die öffentliche Auftraggeberin mit einer privaten Anbieterin einen privatrechtlichen Vertrag abschliesst, ist für das Verfahren und die Willensbildung das öffentliche Recht massgeblich. Das Beschaffungsrecht erfüllt somit eine dienende Funktion, indem es bestimmt, mit wem die Auftraggeberin welchen Vertrag zu welchen Bedingungen abschliessen darf, und diese interne Willensbildung schliesst mit einer Verfügung, dem Zuschlag, ab. Diese Verfügung entscheidet also, ob, mit wem und worüber der privatrechtliche Vertrag abgeschlossen werden soll (sog. Abschlusserlaubnis).[73] Dies bedeutet, dass in persönlicher Hinsicht einzig die Zuschlagsempfängerin die erlaubte Vertragspartnerin der Auftraggeberin ist und jeder Vertragsabschluss mit einer anderen Anbieterin beschaffungswidrig wäre (sog. Abschlussverbot). Mit jeder Änderung in der Zusammensetzung der Arbeitsgemeinschaft wird somit das Abschlussverbot nachträglich verletzt und ist – unabhängig davon, was im Innenverhältnis zwischen der Gesellschafterinnen vereinbart wurde – folglich nach Arbeitsbeginn nicht möglich bzw. führt zur beschaffungsrechtlichen Verpflichtung der Auftraggeberin, die Verletzung zu beseitigen.[74] Weil ein Widerruf nach erfolgten Vertragsabschluss und erst recht nach Auftragsbeginn jedoch nicht mehr möglich ist und der abgeschlossene Vertrag ungeachtet dessen weiterhin wirksam wäre, müsste der Vertrag mit der Bietergemeinschaft aufgelöst und die noch verbleibenden, also nicht ausgeführten (Rest-)Arbeiten müssten neu ausgeschrieben werden.[75] Die Vertragsauflösung ist je nach Art des abgeschlossenen Vertrags und soweit die jeweils einschlägige Norm oder eine vertragliche Vereinbarung dies zulassen, nicht immer ohne Weiteres möglich und/oder mit teilweise erheblichen Kosten für die Auftraggeberin verbunden.[76] Ist eine Vertragsauflösung möglich, hat die Auftraggeberin nach Vertragsauflösung die verbleibenden Restleistungen in einem ordentlichen Beschaffungsverfahren neu ausschreiben.[77] In diesem Zusammenhang stellt sich sogleich die Frage, auf wann der Vertrag aufgelöst werden soll. In der Praxis wird meines Erachtens die ausscheidende Gesellschafterin wohl noch gewisse Arbeiten fertigstellen oder die begonnene Teil-

---

72 LUTZ, Anbietergruppen, Rz. 97; VGer SG, B 2006/123 vom 14.12.2006, E. 3a)aa.
73 HÄFELI/MÜLLER/UHLMANN, Rz. 1392 und 1394; GAUCH, Zuschlag und Verfügung, S. 599.
74 BEYELER, Geltungsanspruch, Rz. 1497 f., 2552 f. und 2651 f.
75 BEYELER, Geltungsanspruch, Rz. 2652, 2730, 2776 f. und 2938.
76 BSK OR I 2015-ZINDEL/PULVER/G. SCHOTT, Art. 377 N 1 ff: Der Rücktritt vom Werkvertrag durch die Auftraggeberin bewirkt die fristlose Auflösung des Vertrags unter Vergütung sämtlicher bereits erbrachter Aufwendungen sowie der Zahlung von Schadenersatz im Sinne des positiven Vertragsinteresses an die Unternehmerin; BSK OR I 2015-WEBER, Art. 404 N 1 ff.: Das Auftragsverhältnis kann hingegen von beiden Vertragspartnerinnen jederzeit widerrufen und gekündigt werden. Die zurücktretende Partei ist nur dann zu Schadenersatz verpflichtet, wenn der Rücktritt zur Unzeit erfolgt.
77 BEYELER, Geltungsanspruch, Rz. 2938.

phase beenden, sofern nicht erst kurz zuvor damit begonnen wurde. Eine Auswechslung resp. eine Neuausschreibung der Leistungen scheint bei reinen Dienstleistungen nach Auftragsrecht (OR 394 ff.) ohne Weiteres möglich, wird aber bei gemischten Verträgen oder bei Werkverträgen über die Realisierung grosser Infrastrukturbauten fast hypothetisch. Abgesehen davon, dass eine Auswechslung zu erheblichen Projektverzögerungen führt, stellt ein Wechsel der Vertragspartnerin die Auftraggeberin vor eine grosse Herausforderung bez. Abgrenzung der Gewährleistung für die ausgeführten und die neu auszuschreibenden und auszuführenden Arbeiten. Wenn eine Vertragsauflösung hingegen nicht möglich wäre, müsste die Auftraggeberin faktisch den Austausch eines Gesellschaftsmitglieds hinnehmen, könnte jedoch – falls vereinbart – allenfalls vertragliche Sanktionen fordern.[78]

Der Austausch der schon im Vergabeverfahren benannten Subunternehmerinnen ist auch nach Vertragsabschluss und nach Beginn der Arbeiten vergaberechtlich unproblematisch, sofern je nach vertraglicher Regelung unter Information oder mit Zustimmung der Auftraggeberin die auszutauschende Subunternehmerin umgehend durch eine mindestens gleichwertige Drittunternehmung sowie unter Einhaltung der Beschaffungsgrundsätze (BöB/IVöB 11, 12 und 26) ersetzt wird. Bei einem beschaffungsrechtlich erlaubten Subunternehmerinnenersatz sind daneben auch die vertraglich vereinbarten Abmachungen zu berücksichtigen, die mildere oder strengere Vorschriften bis zur Auflösung des Vertrags enthalten können.[79] 25

Verändert ein Gesellschaftsmitglied seine rechtliche Struktur durch Fusion, Spaltung, Umwandlung oder Vermögensübertragung,[80] sei es nach Angebotseinreichung oder nach dem Zuschlag, aber auch nach Vertragsabschluss, kann dies submissionsrechtliche resp. vertragliche Auswirkungen haben, denn im Wesentlichen kommt es nicht auf das rechtliche Kleid der Anbieterin an, sondern darauf, ob mit der Veränderung die Identität der Anbieterin gewahrt und die Eignung weiter besteht bleibt. Ist dies der Fall, besteht im Allgemeinen kein Grund für einen Ausschluss.[81] Bei der Fusion (FusG 3 ff.) übernimmt eine Gesellschaft die andere (Absorption) oder zwei Firmen schliessen sich zu einer neuen Gesellschaft zusammen (Kombination). Ist die übernehmende oder die übernommene Gesellschaft am Angebot beteiligt, führt dies zwar bei der übernommen Gesellschaft zu einem Parteiwechsel, hat aber wegen der Universalsukzession, d.h., dass sämtliche Rechte und Pflichten auf die neue Gesellschaft übergehen, beschaffungsrechtlich keine Auswirkungen, sofern die Eignung davon nicht tangiert wird.[82] Falls es durch Fusion zu einer Doppelbeteiligung einer Gesellschaft am Beschaffungsverfahren kommt, keine unzulässigen Absprachen getroffen wurden und eine Mehrfachbeteiligung in der Ausschreibung ausdrücklich zugelassen wurde (BöB/IVöB 31 Abs. 2), ist das unproble- 26

---

78 LUTZ, Anbietergruppen, Rz. 93.
79 BEYELER, Geltungsanspruch, Rz. 1648 f. und 1654.
80 Vgl. FusG.
81 DENZLER/HEMPEL, S. 25; BEYELER, Geltungsanspruch, Rz. 1686.
82 DENZLER/HEMPEL, S. 25 f.; JÄGER, Änderungen, Rz. 64.

matisch und beide Angebote bleiben im Verfahren. Die Spaltung ist das Gegenstück zur Fusion, in welchem eine Gesellschaft ihr Vermögen auf andere Gesellschaften überträgt (sog. Aufspaltung) oder sie lediglich einen Teil des Vermögens auf andere Gesellschaften überträgt (sog. Abspaltung). Wenn der an der Submission beteiligte Unternehmensteil im Wesentlichen identisch bleibt und auch die Eignung weiterhin gegeben ist, spricht sowohl bei der Auf- wie der Abspaltung nichts gegen die Zulassung des Parteiwechsels.[83] Bei der Umwandlung (FusG 53 ff.) ändert eine Gesellschaft lediglich ihre Rechtsform, und solange dies nicht mit einer Reduktion des Haftungssubstrats verbunden ist, bleibt alles beim Alten, d.h., die Umwandlung ist vergaberechtlich unproblematisch.[84] Eine Vermögensübertragung (FusG 69 ff.), bei der ein Vermögen oder ein Teil davon auf eine andere Gesellschaft übertragen wird, ist wie eine Spaltung dann unbedenklich, wenn Identität und Eignung der Gesellschaft erhalten bleiben.[85] Unklar ist sowohl bei der Spaltung wie der Vermögensübertragung, ob auch Offerten bzw. die Beteiligung an einer Submission und Verträge automatisch übergehen. Falls eine Spaltung oder eine Vermögensübertragung die ursprüngliche Gesellschaft dermassen umkrempelt, dass sie als neue Gesellschaft zu qualifizieren ist, liegt eine unzulässige Änderung des Angebots oder des Vertrags vor, was zum Ausschluss des Angebots resp. zur Auflösung des Vertrags führen muss.[86]

E. Zulassungsverbot oder Beschränkung

27 Das Beschaffungsrecht verfolgt u.a. den Zweck, den Rahmen für wirtschaftliche und wettbewerbsneutrale Beschaffungen (BöB/IVöB 2 Bst. a und d) abzustecken, jedoch den Marktzutritt bzw. die Teilnahme am Vergabeverfahren für die Anbieterinnen nicht unnötig zu beschränken. Demgegenüber gehört es zur Wirtschaftsfreiheit der Anbieterinnen zu entscheiden, wie sie sich mit Blick auf ein Beschaffungsverfahren organisieren wollen. Um den Markt zu beleben und den Wettbewerb zu fördern (BöB/IVöB 2 Bst. d), soll auch kleineren und mittleren Betrieben der Zugang zu Vergabeverfahren erleichtert werden, weshalb gemäss BöB/IVöB 31 Abs. 1 sowohl Bietergemeinschaften als auch Subunternehmerinnen grundsätzlich uneingeschränkt zum Vergabeverfahren zugelassen sind.[87]

---

83 DENZLER/HEMPEL, S. 23 f. und 26; JÄGER, Änderungen, Rz. 64.
84 DENZLER/HEMPEL, S. 23 und 26.
85 DENZLER/HEMPEL, S. 24 und 26.
86 DENZLER/HEMPEL, S. 24 f.
87 Botschaft BöB, S. 1947; BGer 2C_634/2008 vom 11.03.2008, E. 3.4; EuGH C-298/15 vom 05.04.2017 («Borta»); BEYELER, Ziele, Rz. 25 und 107; HESS-ODONI, Rz. 4 ff.; Komm BöB-TRÜEB, Art. 18 N 9; nach KUONEN, S. 150 ff., gilt dies grundsätzlich auch für das Einladungsverfahren, obwohl die eingeladenen Anbieterinnen dort in der Regel nicht wissen, wer sonst noch eingeladen ist, und sich die Bildung von Bietergemeinschaften unter den Eingeladenen eher zufällig ergibt oder sich eine eingeladene Anbieterin mit einer nichteingeladenen Unternehmerin zusammenschliesst.

Von diesem Prinzip kann aber in begründeten Fällen abgewichen werden, indem die 28
Teilnahme von Bietergemeinschaften und/oder Subunternehmerinnen in der Ausschreibung beschränkt oder gar ausgeschlossen wird.[88] Entgegen aVöB 21 Abs. 1 ist neu nach BöB/IVöB 31 Abs. 1 die Bekanntgabe einer Beschränkung oder eines Ausschlusses nicht nur in der Ausschreibung selbst, sondern auch in den Ausschreibungsunterlagen explizit zulässig.[89] Ein Ausschluss ist gemäss Botschaft dann gerechtfertigt, wenn die Zulassung von Bietergemeinschaften und/oder Subunternehmerinnen für die Auftraggeberin mit einem übermässigen Koordinationsaufwand verbunden wäre oder wenn damit unnötige Transaktionskosten, die aufgrund des Austauschs oder der Abstimmung zwischen zwei oder mehreren Gesellschaften in einem Konsortium untereinander entstehen, generiert werden und dies im Ergebnis dazu führt, dass die Beschaffung verteuert wird und nicht mehr wirtschaftlich (BöB/IVöB 2 Bst. a) ist, was insb. auf kleine Aufträge zutrifft, die ohne Weiteres durch eine Anbieterin alleine erbracht werden könnten.[90] Ein Ausschluss von Bietergemeinschaften und Subunternehmerinnen kann zudem auch dann gerechtfertigt sein, wenn nur wenige Anbieterinnen auf dem Markt sind und dadurch eine Konkurrenzsituation aufrechterhalten werden kann[91] oder wenn es durch die mehrfache Verfahrensteilnahme einer Unternehmerin zu unzulässigen Wettbewerbsabreden kommen könnte.[92]

Trotz des Grundsatzes der Zulässigkeit von Bietergemeinschaften und Subunternehmerinnen und ohne diese oder jene von vornherein auszuschliessen, kann die Auftraggeberin aus sachlichen Gründen[93] aber Vorschriften über die innere Organisation einer Bietergemeinschaft aufstellen (z.B. betreffend die maximale Anzahl Gesellschafterinnen/Subunternehmerinnen/Sub-Subunternehmerinnen, die Aufteilung der zu erbringenden Leistung, Quotenvorgaben zur maximalen Leistungserbringung der einzelnen Beteiligten). Es steht ihr zudem frei, weitere administrative Vorgaben (z.B. Bekanntgabe einer federführenden Unternehmung oder einer Ansprechperson, Vorgaben zur Rechnungsstellung oder Versicherungsdeckung usw.) zu machen. Die Auftraggeberin kann das Einbinden von Subunternehmerinnen zulassen, jedoch nur unter der Voraussetzung der persönlichen Erfüllung und so indirekt Sub-Subunternehmerinnen ausschlies- 29

---

88 Botschaft BöB, S. 1947; BGer 2C_634/2008 vom 11.03.2008, E. 3.4; BVGer B-1470/2010 vom 24.03.2010, E. 4.3; VGer SG, B 2017/154 vom 26.10.2017, E. 2.1.2 f und 2.2; VGer ZH, VB.2009.00667 vom 05.05.2010, E. 2.1 und 2.3; EuGH C-298/15 vom 05.04.2017 («Borta»); Komm BöB-TRÜEB, Art. 18 N 7; BASS/CRAMERI/LANG/MALFANTI/SPÖRI, S. 249 mit Bezug auf BGBM 9 Abs. 1.
89 Nach BEYELER, Geltungsanspruch, Rz. 1467, sei einzig die Publikation in der öffentlichen Ausschreibung geeignet, unnötigen Aufwand auf Seiten von potenziellen Interessentinnen zu vermeiden, und zudem sei dies einfach umzusetzen.
90 Botschaft BöB, S. 1947; LUTZ, Anbietergruppen, Rz. 31; Komm BöB-TRÜEB, Art. 18 N 6; VGer BS, VD.2015.133 vom 08.12.2015, E. 3; vgl. THOMMEN, S. 768 f. zu Transaktionskosten.
91 BGer 2C_634/2008 vom 11.03.2008, E. 3.4; VGer SG, B 2006/123 vom 14.12.2006, E. 3a.
92 BEYELER, Ziele, Rz. 124; STÜSSI/LÜTHI, S. 205 f.
93 Nach aVöB 21 Abs. 1 war eine Beschränkung oder ein Ausschluss «In begründeten Einzelfällen» möglich.

sen.⁹⁴ Weiter kann sie festlegen, und insofern enthält BöB/IVöB 31 Abs. 3 bereits eine gesetzliche Einschränkung, dass die charakteristische Leistung von der Anbieterin zu erbringen ist, d.h., die charakteristische Leistung der Ausschreibung muss von einem Mitglied einer Bietergemeinschaft und nicht einer Subunternehmerin erbracht werden.⁹⁵ Auch wenn der Auftraggeberin bez. Beschränkung ein gewisser Ermessensspielraum zukommt, müssen diese Vorgaben auf eine reibungslose Auftragserfüllung ausgerichtet, verhältnismässig und nichtdiskriminierend sein.⁹⁶

30 Anstelle eines strikten Ausschlusses von Bietergemeinschaften oder Subunternehmerinnen ist die Auftraggeberin im Sinne der Verhältnismässigkeit gehalten, mildere Massnahmen zu prüfen.⁹⁷ Für ein Verbot von Bietergemeinschaften und Subunternehmerinnen ist jedoch eine qualifizierte Begründung erforderlich, und mit dem alleinigen Ausschluss von Bietergemeinschaften würde sich die Auftraggeberin sogar widersprüchlich verhalten, denn bei der blossen Zulassung von Subunternehmerinnen wird die Auftraggeberin sogar schlechtergestellt, weil die Gesellschafterinnen der Bietergemeinschaft im Gegensatz zu Subunternehmerinnen solidarisch haften.⁹⁸ Ein Ausschluss resp. eine Einschränkung kann «[i]nsbesondere bei Aufträgen, die besondere oder längere Garantieleistungen bedingen, [...] angebracht sein. Für die Auftraggeberin verursacht der Umgang mit Bietergemeinschaften in Form einer einfachen Gesellschaft einen Mehraufwand: So muss sie Regeln bez. Gewährleistung möglicher Ansprüche während der Garantiezeit und für den Fall des Konkurses einzelner Gesellschafterinnen treffen. Ohne diese Regeln riskiert die Auftraggeberin, plötzlich ohne Vertragspartner dazustehen. Sodann kann eine Einschränkung gerechtfertigt sein, wenn ansonsten die Gefahr besteht, dass sich Anbieterinnen eines bestimmten Gebiets zusammenschliessen und so den Wettbewerb faktisch unterbinden. Diese Überlegungen gelten sinngemäss auch für die Thematik der Subunternehmerinnen.»⁹⁹

---

94 BEYELER, Geltungsanspruch, Rz. 1592.
95 Botschaft BöB, S. 1948; LUTZ, Anbietergruppen, Rz. 31.
96 LUTZ, Anbietergruppen, Rz. 31 f.; BEYELER, Geltungsanspruch, Rz. 1469; VGer SG, B 2012/178 vom 24.01.2013, E. 2.2.1 f.
97 BVGer B-1470/2010 vom 24.03.2010, E. 4.3; BVGer B-2563/2009 vom 29.06.2009, E. 3.2; LUTZ, Anbietergruppen, Rz. 32.
98 Botschaft BöB, S. 1947; BEYELER, Geltungsanspruch, Rz. 1476.
99 Stellungnahme des Bundesrates vom 25.08.2010 auf die Motion 10.3382 von FLÜCKIGER-BÄNI SYLVIA vom 08.06.2010; VGer BS, VD.2017.249 vom 27.02.2018, E. 2.5; LUTZ, Anbietergruppen, Rz. 31; BEYELER, Geltungsanspruch, Rz. 1475; Komm BöB-TRÜEB, Art. 18 N 9; vgl. auch BVGer B-4011/2018 vom 11.10.2018, E. 6 ff., wo es in der Sache zwar um die Frage der zulässigen Loslimitierung ging, sich jedoch eine Partei (Beschwerdeführerin 1) sowohl als Einzelanbieterin als auch Teilnehmerin in einer Bietergemeinschaft am Verfahren mit total sechs Losen beteiligte. Die Bietergemeinschaft erhielt in der Folge trotz höchster Punktzahl den Zuschlag in Los 4 nicht, weil der Beschwerdeführerin 1 die dominierende Rolle in der Bietergemeinschaft zukam und sie als Einzelanbieterin bereits den Zuschlag für zwei Lose erhalten hatte. Begründet wurde dies damit, dass es sich bei den ausgeschriebenen Leistungen (Instandhaltung von Unterwerken und Trassen) um die Erhaltung einer hochkritischen nationalen Infrastruktur handle. Weil der poten-

Im Falle von schwerwiegenden Widerhandlungen gegen beschaffungsrechtliche Bestimmungen kann die Auftraggeberin oder die zuständige Behörde darüber hinaus einzelne Anbieterinnen oder Subunternehmerinnen nach BöB/IVöB 45 auch ohne vorhergehende Verwarnung sanktionieren und für die Dauer von bis zu fünf Jahren für künftige Vergabeverfahren ausschliessen.[100] 31

Auch wenn Anbieterinnen im Sinne einer KMU-Förderung oder aus anderen Gründen kein Anspruch auf die Bildung von Bietergemeinschaften auf dem Rechtsweg erstreiten können,[101] steht ihnen jedoch gegen den Ausschluss bzw. gegen die Beschränkung der Zulassung von Bietergemeinschaften und Subunternehmerinnen die gerichtliche Überprüfung auf dem Beschwerdeweg wegen Ermessensüberschreitung resp. -missbrauch zu.[102] 32

III. Abs. 2: Mehrfachbeteiligungen

Anders als nach altem Recht, wonach Mehrfachbeteiligungen (oder Mehrfachbewerbungen) generell zulässig waren, müssen nach BöB/IVöB 31 Abs. 2 Angebote von sich mehrfach beteiligenden Anbieterinnen als Subunternehmerin und/oder als Mitglied eines Konsortiums grundsätzlich ausgeschlossen werden, sofern die Mehrfachbeteiligung nicht in der Ausschreibung oder den Ausschreibungsunterlagen ausdrücklich zugelassen wird. Gemäss Botschaft können Mehrfachbewerbungen von Bietergemeinschaften und Subunternehmerinnen einerseits den Wettbewerb stärken, insb. dann, wenn eine Unternehmerin über Spezialkenntnisse oder Ressourcen verfügt, die auf dem Markt beschränkt zur Verfügung stehen. Andererseits kann eine Mehrfachbewerbung von Unternehmerinnen zu unzulässigen Absprachen zwischen den Anbieterinnen führen, sodass u.U. ein Teil der Angebote neutralisiert wird.[103] 33

Mehrfachbeteiligung bedeutet, dass sich ein Mitglied einer Bietergemeinschaft im selben Vergabeverfahren auch als Mitglied einer weiteren Bietergemeinschaft oder als Subunternehmerin einer anderen Anbieterin oder Bietergemeinschaft beteiligt. Mehrfachbeteiligung liegt auch vor, wenn eine Einzelanbieterin, die ein eigenes Angebot einreicht, 34

---

zielle Anbieterinnenkreis klein sei und um die Versorgungssicherheit der Schweiz zu gewährleisten, müsse eine kurzfristige Einsatzbereitschaft auch bei einem Ausfall einer anderen Anbieterin sichergestellt werden, weshalb die Vergabestelle zu Recht die wirtschaftlichen und betrieblichen Risiken durch die Losaufteilung und Limitierung auf mehrere Anbieterinnen verteilt habe. Wenn also mit einem Verbot oder einer Beschränkung von Bietergemeinschaften und/oder Subunternehmerinnen ein kleiner Anbieterinnenmarkt nachweisbar am Leben erhalten werden kann, liegt damit die in der Botschaft geforderte qualifizierte Begründung vor.

100 Vgl. Botschaft BöB, S. 1964 ff.; BGer 2D_49/2011 vom 25.09.2012, E. 5.3 ff.
101 BVGer B-1470/2010 vom 29.09.2010, E. 6.2.
102 Beyeler, Geltungsanspruch, Rz. 1470; Lutz, Anbietergruppen, Rz. 33.
103 Botschaft BöB, S. 1947 f.; BRK 1999-002 vom 16.08.1999 (VPB 64.29), E. 3; Beyeler, Ziele, Rz. 124; Stüssi/Lüthi, S. 206.

darüber hinaus als Teil einer Bietergemeinschaft ein gemeinsames Angebot einreicht oder als Subunternehmerin an weiteren Angeboten beteiligt ist.[104] Eine Mehrfachbeteiligung liegt vereinfacht gesagt dann vor, wenn eine Anbieterin in demselben Verfahren (oder Los) in irgendeiner Form ihre Leistungen in mindestens zwei unabhängig voneinander eingereichten Angeboten einbringt und sofern sie keine reine Lieferantin ist (vgl. dazu N 18).

35 Stellt die Auftraggeberin im Rahmen der Angebotsevaluation fest, dass trotz des nicht aufgehobenen gesetzlichen Ausschlusses eine Mehrfachbeteiligung vorliegt, führt dies zwingend zum Ausschluss aller betroffenen Bietergemeinschaften oder Angebote mit sich mehrfach beteiligenden Subunternehmerinnen. Die übrigen Mitglieder eines Konsortiums müssen sich das Wissen um die mehrfache Teilnahme eines Gemeinschaftsmitglieds anrechnen lassen, selbst dann, wenn die betroffenen Anbieterinnen oder Bietergemeinschaften von der Mehrfachbeteiligung subjektiv nichts wussten, denn das gesetzliche Verbot setzt kein absichtliches Nichtbeachten voraus.[105]

36 Das gesetzliche Verbot der Mehrfachbeteiligung schränkt die Angebotsfreiheit und das grundsätzliche Teilnahmerecht von Anbieterinnen am Vergabeverfahren ein und sollte deshalb im Interesse eines wirksamen, fairen Wettbewerbs (BöB/IVöB 2 Bst. d) und einer Angebotsvielfalt nicht generell so belassen, sondern mit jeder Ausschreibung neu überdacht und allenfalls aufgehoben werden. Ein generelles Verbot ist – auch wenn es als gesetzlicher Grundsatz gilt – nur dann sachlich begründet, wenn die Auftraggeberin mit hinreichender Wahrscheinlichkeit annehmen muss, dass eine grosse Zahl von Anbieterinnen resp. Bietergemeinschaften von Mehrfachbeteiligungen betroffen sein können und damit einhergehend viel Wissen zwischen diesen Teilnehmerinnen ausgetauscht und dadurch ein wirksamer Wettbewerb (BöB/IVöB 2 Bst. d) unterbunden würde.[106]

---

104 BEYELER, Geltungsanspruch, Rz. 1519 und 1536; RECHSTEINER, S. 160; GALLI/MOSER/LANG/STEINER, Rz. 289; VGer SG, B 2014/96 vom 21.10.2014, E. 2.2; VGer VD, MPU.2012.0012 vom 19.09.2012, E. 3 und 4; VGer ZH, VB.2010.00057 vom 05.05.2010, E. 2.2.

105 BEYELER, Geltungsanspruch, Rz. 1515; SCHERRER, S. 95; VGer ZH, VB.2005.00153 vom 18.05.2005, E. 2.2, wo eine Mehrfachbeteiligung trotz gesetzlichem Ausschluss verneint wurde. Die zu Unrecht ausgeschlossene Bietergemeinschaft bzw. das betroffene Mitglied des Konsortiums konnte nachweisen, dass mit der anderen Anbieterin nur ein informelles Gespräch i.S.v. «das wäre doch was» stattgefunden hatte, was diese als Zustimmung gewertet hatte und daraufhin ohne Wissen und Orientierung des betroffenen Mitglieds ein gemeinsames Angebot einreichte.

106 RECHSTEINER, S. 159; SCHERRER, S. 95; BEYELER, Geltungsanspruch, Rz. 1516, mit Verweis auf EuGH C-376/08 vom 23.12.2009 («Serrantoni»), Rz. 38 f., wonach kategorische gesetzliche Ausschlüsse von Bietergemeinschaften, die von einer Mehrfachbeteiligung betroffen sind, mit dem Verhältnismässigkeitsgrundsatz nicht vereinbar sind. «Eine solche Vorschrift enthält nämlich in den Fällen, in denen ein Konsortium und eines oder mehrere ihm angehörende Unternehmen in demselben Ausschreibungsverfahren konkurrierende Angebote eingereicht haben, eine unwiderlegliche Vermutung einer gegenseitigen Einflussnahme selbst dann, wenn das fragliche Konsortium sich an dem fraglichen Verfahren nicht für Rechnung und im Interesse dieser Unternehmen beteiligt hat, ohne dass es dem Konsortium oder den betroffenen Unternehmen ermöglicht

Je nach Beschaffungsgegenstand ist es in vielen Branchen oder Bereichen oft gar nicht 37
möglich, dass eine Anbieterin die nachgefragten Leistungen ohne den Beizug von Spezialistinnen anbieten kann.[107] Namentlich dort, wo zu erwarten ist, dass spezialisierte, hochqualifizierte und entsprechend anerkannte Unternehmerinnen mehrfach für eine Beteiligung als Mitglied einer Bietergemeinschaft oder als Subunternehmerin eingeladen werden könnten, sollte die Auftraggeberin in jedem Fall prüfen, ob es im Sinne der Verhältnismässigkeit und Nichtdiskriminierung (BöB/IVöB 2 Bst. c) anstelle des gesetzlichen Ausschlusses keine mildere Massnahme zur Regulierung der Mehrfachbeteiligung gibt.[108] Bei der Formulierung von Vorgaben und Regeln ist zu berücksichtigen, dass normalerweise Mehrfachbewerbungen von Wirtschaftsteilnehmerinnen in mehreren Bietergemeinschaften heikler sind und eine Einschränkung oder ein gesetzlicher Ausschluss der Mehrfachbewerbung angemessen erscheinen kann, jedoch Mehrfachbeteiligungen von Subunternehmerinnen mit vorwiegend untergeordneten Leistungsanteilen sinnvoll sind und eine mehrfache Nennung durch verschiedene Anbieterinnen erlaubt sein sollte.[109]

Dort, wo für ganz bestimmte spezialisierte Leistungen nur eine einzige Anbieterin in 38
Frage kommt (oder nur ganz wenige Anbieterinnen in Frage kommen), kann die Auftraggeberin, anstelle einer Beschränkung oder eines Ausschlusses der Mehrfachbeteiligung, den Anbieterinnen mit der Ausschreibung vorschreiben, diese spezialisierte Anbieterin als Subunternehmerin hinzuzuziehen, nachdem sie im Hinblick darauf in einem zuvor erfolgten freihändigen Verfahren nach BöB/IVöB 21 Abs. 2 Bst. c oder in einem eigenen ordentlichen Vergabeverfahren beschaffen (sog. Vorsubmission).[110]

IV. Abs. 3: Charakteristische Leistung

Mit dieser Bestimmung unter dem Titel der Bietergemeinschaften und Subunternehme- 39
rinnen soll – wie auch in BöB/IVöB 8 Abs. 1 – unterstrichen werden, dass die charakteristische Leistung in der Regel durch die Anbieterin selbst erbracht werden muss. Angebote von Anbieterinnen, die selber keine oder nur untergeordnete Leistungen erbringen, sollen prinzipiell unterbunden werden.[111] Darüber hinaus wird damit zum Ausdruck gebracht, dass die charakteristische Leistung grundsätzlich von der Anbieterin resp. Bietergemeinschaft, nicht jedoch von einer Subunternehmerin erbracht werden muss, weil

---

würde nachzuweisen, dass ihre Angebote völlig unabhängig voneinander formuliert worden sind und folglich eine Gefahr einer Beeinflussung des Wettbewerbs unter Bietern nicht besteht.»
107 SCHERRER, S. 95; LUTZ, Anbietergruppen, Rz. 79.
108 LUTZ, Anbietergruppen, Rz. 79 und 32; RECHSTEINER, S. 159; SCHERRER, S. 95.
109 LUTZ, Anbietergruppen, Rz. 79; RECHSTEINER, S. 159; BEYELER, Geltungsanspruch, Rz. 1516 und 1681.
110 VGer AG, vom 11.06.2015, E. 4.3, in: AVGE 2015 Nr. 27, S. 187 ff.; BEYELER, Geltungsanspruch, Rz. 1517; GAUCH, Subunternehmer, S. 158 und 173.
111 Botschaft BöB, S. 1948.

die Subunternehmerin nicht unter den Begriff der Anbieterin gemäss BöB/IVöB 3 Bst. a fällt und auch nicht direkt Vertragspartnerin der Auftraggeberin wird. Gemäss Botschaftstext genügt es bei Bietergemeinschaften, dass nur ein Gesellschaftsmitglied die charakteristische Leistung erbringt.[112]

40 Von diesem Grundsatz, dass die charakteristische Leistung von der Anbieterin zu erbringen ist, kann gemäss Botschaft nur in begründeten Fällen abgewichen werden. So ist es bei Angeboten von Konzerngesellschaften im Sinne eines «Durchgriffs» gerechtfertigt, von diesem Prinzip abzusehen, d.h., in diesem Fall kann sich ein Konzernmitglied als Anbieterin die durch einen anderen Konzernteil im In- oder Ausland erbrachten Leistungen zurechnen lassen. Insofern sind also bei Konzerngesellschaften die von Konzernmitgliedern als Subunternehmerinnen erbrachten Arbeiten als von der Anbieterin selbst erbrachte Leistungen anzurechnen.[113] Ebenfalls von diesem Grundsatz abgewichen werden kann, wenn dadurch, dass einerseits Subunternehmerinnen zugelassen würden, die aber andererseits nicht auch die Hauptelemente oder charakteristische Leistung erbringen dürften, in einem sehr beschränkten Markt ein wirksamer Wettbewerb verunmöglicht würde.[114]

41 Als charakteristische Leistung eines Vertrags wird bei den wichtigsten Vertragsarten ausdrücklich die vertragsbestimmende Leistung angesehen. Demnach ist bei den meisten geläufigen Austauschverträgen diejenige Leistung als charakteristisch anzusehen, die nicht in einer Geldzahlung oder geldwerten Gegenleistung besteht.[115] Hier ist anzumerken, dass der Begriff der charakteristischen Leistung nach Beschaffungsrecht und Privatrecht unterschiedlich verwendet wird. Das Beschaffungsrecht unterteilt die charakteristische Leistung nach BöB/IVöB 8 Abs. 2 in Bauleistungen, Lieferungen und Dienstleistungen, und für den Staatsvertragsbereich (BöB/IVöB 8 Abs. 4) werden diese Leistungen in den Anhängen 1, 2, und 3 zum Gesetz in weitere Unterkategorien aufgeteilt.[116] Die Qualifikation der charakteristischen Leistung bestimmt sich im konkreten

---

[112] Botschaft BöB, S. 1948; BVGer B-4895/2017 vom 08.02.2018, E. 3.1; VGer BS, VD.2016.128 vom 30.05.2017, E. 3.4.
[113] Botschaft BöB, S. 1948; anders VGer GR, U 12 49 vom 05.07.2012, E. 2, das einer Beschwerdeführerin die erforderliche Eignung absprach, weil sie die geforderte charakteristische Leistung (Baumeister- und Belagsarbeiten) nicht selber erbringt. Es hielt dazu fest: «Wie die Beschwerdeführerin selbst einräumt, verfügt sie weder über eigenes Personal oder eigene Gerätschaften für die verlangten Leistungen und auch über keine Referenzen, sondern muss diesbezüglich auf ihre Muttergesellschaft zurückgreifen. Damit fehlt es ihr einerseits an der erforderlichen Eignung, den Auftrag selber auszuführen; andererseits wäre der Beizug der Muttergesellschaft eine unzulässige Untervergabe, da die Anbieterin nicht die charakteristische Leistung des Auftrages selber erbringen würde»; gleich VGer SG, B 2016/241 vom 16.12.2016, E. 2.2.2, und VGer ZH, VB.2012.00584 vom 16.01.2013, E. 5.4.3; anders VGer LU, 7H 14 173 vom 02.09.2014, E. 4.5.1, in: LGVE 2014 IV Nr. 8.
[114] BGer 2C_665/2015 vom 26.01.2016, E. 1.3.1 und 3.2.1 f.
[115] BGer 4A-444/2018 vom 13.03.2019, E. 2; so auch Botschaft BöB, S. 1896.
[116] Botschaft BöB, S. 1895 f.; POLEDNA/TRÜMPLER, S. 189 f.

Fall aufgrund des tatsächlich ausgeschriebenen Beschaffungsgegenstands.[117] Nach Obligationenrecht liegt die charakteristische Leistung bei Veräusserungsverträgen (z.B. Kaufverträgen [OR 184 ff.] bzw. Lieferungen nach Beschaffungsrecht) in der Verpflichtung, dass eine Partei der anderen das Eigentum an einer Sache überträgt. Bei Dienstleistungsverträgen verpflichtet sich eine Partei, im Interesse einer anderen Partei gewisse Dienste zu erbringen. Unter die Dienstleistungsverträge werden privatrechtlich die Werkverträge (OR 363 ff.; in der Regel also die Bauleistungen nach BöB/IVöB), der einfache Auftrag (OR 394 ff.; also die Dienstleistungen nach BöB/IVöB) oder die gemischten Verträge[118], welche Elemente verschiedener gesetzlicher Vertragstypen aufweisen, untergeordnet.[119] Gemäss Bundesgericht gibt es in der Regel pro Vertrag nur eine charakteristische Leistung, doch sind Ausnahmen möglich, wie das bspw. bei gemischten Verträgen der Fall sein kann.[120]

Bei Generalunternehmerinnenverträgen übernimmt eine Generalunternehmerin im Wesentlichen die gesamte Ausführung eines grösseren Projekts (oder Bauwerks), wobei sie sich anstelle der Auftraggeberin (oder Bauherrin) verpflichtet, mit verschiedenen Nebenunternehmerinnen Ausführungsverträge abzuschliessen und die Arbeiten zu koordinieren.[121] Die charakteristische Leistung bei Generalunternehmerinnenverträgen liegt folglich in der Koordination aller Einzelleistungen und der Übernahme der Gesamtverantwortung des Projekts und nicht in der durch die Subunternehmerinnen erbrachten Einzelleistungen.[122] Dasselbe muss auch für Totalunternehmerinnenverträge gelten, wo sich die Totalunternehmerin neben der Projektrealisierung noch für die Planungsarbeiten mit verpflichtet.[123] 42

V. Rechtsvergleichung

In den EU-Vergaberichtlinien RL 2014/23/EU, RL 2014/24/EU und RL 2014/25/EU wird vorab in den Erwägungen und dann bei den Begriffsbestimmungen der betreffenden Artikel zum Begriff «Wirtschaftsteilnehmer»[124] ausgeführt, dass dieser weit ausge- 43

---

117 Botschaft BöB, S. 1948.
118 Vgl. auch Botschaft BöB, S. 1896: Danach setzen sich die gemischten Aufträge im Sinne des Beschaffungsrechts aus Bauleistungen, Lieferungen und Dienstleistungen zusammen, und bei einer Kombination von Bau- und Dienstleistungen, wie dies bei Total- und Generalunternehmerverträgen der Fall ist, ist der gesamte Auftrag als Bauleistung zu qualifizieren.
119 BK OR-Müller, Einleitung N 111 und 122; BGer 4A-444/2018 vom 13.03.2019, E. 2.
120 BGer 4A-444/2018 vom 13.03.2019, E. 3.3.1.
121 Gauch, Werkvertrag, Rz. 223.
122 Botschaft BöB, S. 1948.
123 Gauch, Werkvertrag, Rz. 233.
124 In den beiden RL 2014/24/EU und RL 2014/25/EU werden auch öffentliche und private Universitäten explizit als Wirtschaftsteilnehmerinnen erwähnt. Bei der RL 2014/23/EU über die Konzessionsvergabe fehlt diese Erwähnung.

5. Kapitel: Vergabeanforderungen

legt sein soll und alle Personen und/oder Einrichtungen umfasst, welche ihre Leistungen auf dem Markt anbieten, und zwar ungeachtet ihrer Rechtsform. Zudem stellen alle drei RL bereits in den Erwägungen klar, «dass Gruppen von Wirtschaftsteilnehmern – auch wenn ihr Zusammenschluss nur vorübergehend erfolgt – an Vergabeverfahren teilnehmen können, ohne dass sie eine bestimmte Rechtsform annehmen müssen». Ergänzend wird explizit darauf hingewiesen, dass die öffentlichen Auftraggeberinnen die Anforderungen bei Gruppen von Wirtschaftsteilnehmerinnen in Bezug auf die wirtschaftliche und finanzielle Leistungsfähigkeit sowie die Kriterien zur technischen und beruflichen Leistungsfähigkeit zu den eigenständigen Wirtschaftsteilnehmerinnen abzugrenzen haben.[125]

44 In den betreffenden Artikeln der RL wird analog zu aVöB 21 Abs. 2 dann zu den Wirtschaftsteilnchmern u.a. ergänzt, dass die öffentlichen Auftraggeberinnen von den Gruppen von Wirtschaftsteilnehmerinnen die Einreichung eines Angebots oder eines Antrags auf Teilnahme nicht von einer bestimmten Rechtsform abhängig machen dürfen, von ihnen die Annahme einer bestimmten Rechtsform nach dem Zuschlag aber verlangt werden kann, soweit es für die ordnungsgemässe Durchführung des Auftrags erforderlich ist. Stellen die Auftraggeberinnen für die Ausführung des Auftrags von den Gruppen von Wirtschaftsteilnehmerinnen im Gegensatz zu den einzelnen Teilnehmerinnen abweichende Anforderungen in Bezug auf die Qualifizierung und die Eignung auf, müssen diese abweichenden Bedingungen durch objektive Gründe gerechtfertigt und verhältnismässig sein.[126] Dabei behandeln die Auftraggeberinnen alle Wirtschaftsteilnehmerinnen in gleicher und nichtdiskriminierender Weise und handeln transparent und verhältnismässig.

45 Analog zu BöB/IVöB 2 und oder BöB/IVöB 11 wird festgehalten, dass die öffentlichen Auftraggeberinnen transparent handeln sollen und alle Wirtschaftsteilnehmerinnen in gleicher und nichtdiskriminierender Weise behandeln sowie dass sie die Vergabeverfahren nicht in der Absicht konzipieren, die RL zu umgehen oder den Wettbewerb künstlich einzuschränken. Die Mitgliedstaaten treffen geeignete Massnahmen, damit alle Wirtschaftsteilnehmerinnen, also auch die Gruppen solcher Personen und Einrichtungen, die Verfahrensgrundsätze und Teilnahmebedingungen einhalten.[127] Diese Grundsätze müssen auch bei der Vergabe von Unteraufträgen durch die Unterauftragnehmerinnen (Subunternehmerinnen) eingehalten werden, jedoch nicht von Lieferantinnen. Die Auftraggeberin kann diese Verpflichtungen auf die Unterauftragnehmerinnen der Unterauftragnehmerinnen (Sub-Subunternehmerinnen) der Hauptauftragnehmerin oder weitere Stufen in der Kette der Unterauftragsvergabe ausweiten. Dazu kann die Auftraggeberin die Anbieterinnen auffordern, die Anteile sowie die vorgeschlagenen Unterauftragnehmerinnen in den Offertunterlagen aufzuführen.[128]

---

125 RL 2014/23/EU 5 Ziff. 2 und RL 2014/23/EU, E. 9; RL 2014/24/EU 2 Abs. 1 Ziff. 10 und RL 2014/24/EU, E. 14 f.; RL 2014/25/EU 2 Abs. 1 Ziff. 6 und RL 2014/25/EU, E. 17 f.
126 RL 2014/23/EU 26 Ziff. 2 und 3; RL 2014/24/EU 19; RL 2014/25/EU 37.
127 RL 2014/23/EU 30; RL 2014/24/EU 18; RL 2014/25/EU 36.
128 RL 2014/23/EU 42; RL 2014/24/EU 71; RL 2014/25/EU 88.

Art. 32 Lose und Teilleistungen

¹ Die Anbieterin / *Der Anbieter* hat ein Grundangebot für den Beschaffungsgegenstand einzureichen.

² Die Auftraggeberin / *Der Auftraggeber* kann den Beschaffungsgegenstand in Lose aufteilen und an eine / *einen* oder mehrere Anbieterinnen / *Anbieter* vergeben.

³ Hat die Auftraggeberin / *der Auftraggeber* Lose gebildet, so können die Anbieterinnen / *Anbieter* ein Angebot für mehrere Lose einreichen, es sei denn, die Auftraggeberin / *der Auftraggeber* habe dies in der Ausschreibung abweichend geregelt. Sie / *Er* kann festlegen, dass eine einzelne Anbieterin / *ein einzelner Anbieter* nur eine beschränkte Anzahl Lose erhalten kann.

⁴ Behält sich die Auftraggeberin / *der Auftraggeber* vor, von den Anbieterinnen / *Anbietern* eine Zusammenarbeit mit Dritten zu verlangen, so kündigt sie / *er* dies in der Ausschreibung an.

⁵ Die Auftraggeberin / *Der Auftraggeber* kann sich in der Ausschreibung vorbehalten, Teilleistungen zuzuschlagen.

Inhaltsverzeichnis

I.	Grundlagen	1
II.	Abs. 1 und 2: Grundangebot und Lose	4
A.	Gesamtangebot	4
B.	Lose	10
C.	Vergabe an eine oder mehrere Anbieterinnen	13
III.	Abs. 3: Mehrzahl der Lose und ihre Beschränkung	14
A.	Angebotseinreichung auf mehrere Lose	14
B.	Beschränkung der Anzahl Lose	16
C.	Bekanntgabe der Losbeschränkung und Begründungspflicht	21
IV.	Abs. 4 und 5: Dritte und Teilleistungen	22
A.	Zusammenarbeit mit Dritten	22
B.	Teilleistungen	24
V.	Rechtsvergleichung	28

I. Grundlagen

Sowohl das GPA 2012 wie auch das GPA 1994 äussern sich nicht direkt zu Losen und Teilleistungen. Doch statuiert das GPA 2012 in verschiedenen Art. Anforderungen und Schranken, welche indirekten Einfluss auf BöB/IVöB 32 haben. Zum einen fliessen die zwingenden Regeln von GPA 2012 II:6 für die Auftragsbewertung ein, wonach es der

Auftraggeberin untersagt wird, zur Auftragswertschätzung die Beschaffung in mehrere Aufträge zu unterteilen, um die Anwendbarkeit des GPA-Übereinkommens zu umgehen (Bst. a), und zum anderen, dass für die Beschaffung der maximal geschätzte Gesamtwert inkl. Nebenkosten und Optionen über die gesamte Vertragslaufzeit einzurechnen ist (Bst. b). Ergänzend anerkennt GPA 2012 II:7 die Möglichkeit, Leistungen in Form von wiederkehrenden Leistungen in mehreren Aufträgen oder Teilaufträgen auszuschreiben. Ist eine Vergabe von «wiederkehrenden Leistungen» geplant, muss aufgrund der Anforderung von GPA 2012 II:6 der Gesamtwert der wiederkehrenden Beschaffungen erfasst und die Berechnungsmethode gemäss GPA 2012 II:7 Bst. a und b angewendet werden. Diese Methode war auch in GPA 1994 II:4 enthalten. Darüber hinaus ist bei Beschaffungen ohne Angabe eines Gesamtpreises die Bewertungsmethode von GPA 2012 II:8 Bst. a bei Verträgen mit bestimmter Laufzeit und von GPA 2012 II:8 Bst. b bei Aufträgen ohne unbestimmte Laufzeit anzuwenden.[1] Wie das GPA 1994 verlangt auch das GPA 2012 weiterhin die Einhaltung der Nichtdiskriminierung und die Sicherstellung von Transparenz, Wettbewerb und wirtschaftlicher Verwendung der öffentlichen Mittel (GPA 2012 Präambel und GPA 2012 IV) und soll auch u.a. die Submissionen flexibilisieren, was gerade bei der Ausschreibung und Vergabe von Losen von grosser Bedeutung ist.[2]

2 Die Thematik von Gesamtangebot und Teilung des Auftrags in Lose nach BöB/IVöB 32 wurde bis anhin in aBöB 21 Abs. 1bis und aVöB 22 geregelt und ist im Vergleich zwar kürzer gehalten, aber vom Inhalt und Wortlaut her fast gleich. In den kantonalen Submissionsgesetzen und Verordnungen gab es unterschiedliche Regelungen zur Losvergabe. Die aIVöB kannte keine Regelung zu Losen und Teilangeboten. Einzig in aIVöB 7 Abs. 2 wurde für Bauaufträge geregelt, dass bei der Vergabe von mehreren Hoch- und Tiefbauarbeiten für die Realisierung eines Bauwerks deren Gesamtwert für die Vergabe im Staatsvertragsbereich massgebend ist. Ergänzend zur aIVöB war in der interkantonalen, jedoch nicht verbindlichen VRöB eine zu aVöB 22 analoge Regelung in Bezug auf die Berechnung des Auftragswerts bei Liefer- und Dienstleistungsaufträgen aufgestellt, wenn diese in mehrere gleichartige Einzelaufträge (Lose) unterteilt wurden. Mit der Regelung in BöB/IVöB bestehen sowohl auf Bundesebene wie kantonaler und kommunaler Ebene einheitliche Regelungen zu Gesamtangeboten und Losen.

3 Mit diesem Art. soll die Aufteilung insb. grosser öffentlicher Aufträge in kleinere Aufträge durch die Auftraggeberinnen einerseits gefördert und andererseits einheitlich geregelt werden. Mit der Aufteilung eines Auftrags in Lose oder Teilleistungen soll der Wettbewerb gefördert werden, und durch die Entbündelung eines Gesamtauftrags steigen auch die Chancen für KMU, an Beschaffungen teilnehmen zu können. Je nach Leistungsgegenstand kann mit der Ausschreibung einer Gesamtleistung ein vorteilhafterer Preis erreicht werden, wo hingegen mit der Aufteilung des Beschaffungsvolumens und der Bildung von Losen oder Teilleistungen die Abhängigkeit der Auftraggeberin von ein-

---

1 Diese Bewertungsmethoden waren auch bereits in GPA 1994 II:4 und 5 enthalten.
2 Leduc, S. 5 und 6.

zelnen Anbieterinnen verkleinert werden kann. Die Auftraggeberin hat folglich in der Vorbereitung einer Beschaffung abzuwägen, ob Lose oder Teilleistungen für die Auftragserfüllung zweckmässig sind und ob allenfalls eine Losbeschränkung angezeigt sein kann. Aus Gründen der Transparenz, der Gleichbehandlung und der Förderung eines wirksamen Wettbewerbs nach BöB/IVöB 2 sind die Aufteilung, die Teilnahmebedingungen und auch die Bewertung der Angebote bereits in der Ausschreibung bekannt zu geben.

II. Abs. 1 und 2: Grundangebot und Lose

A. Gesamtangebot

Mit diesem Einleitungsabsatz wird am Grundsatz festgehalten, dass Anbieterinnen ohne anderslautende Ankündigung in der Ausschreibung ein Gesamtangebot der ausgeschriebenen Leistung einzureichen haben.[3] Ein Gesamtangebot deckt alle konkret und insgesamt ausgeschriebenen Leistungen ungeteilt als Ganzes ab. Reicht die Anbieterin lediglich ein Angebot für einzelne Leistungen des ausgeschriebenen Beschaffungsgegenstands ein, wird dieses Teilangebot grundsätzlich nicht berücksichtigt und ist auszuschliessen.[4] Einem Teilangebot gleichgesetzt werden Gesamtangebote, welche von der Anbieterin unter Vorbehalten oder Bedingungen eingereicht werden, sofern diese wesentlich sind und/oder das Angebot nicht durch Bereinigung (z.B. zur Beseitigung von Mängeln der Ausschreibung oder bei geringfügigen Leistungsanpassungen) korrigiert werden darf.[5]

Umgekehrt liegt es grundsätzlich im Ermessen der Vergabestelle, alle von ihr nachgefragten, örtlich, sachlich und rechtlich eng zusammenhängenden Leistungen in einer Beschaffung, einer Gesamtleistung oder einem Gesamtpaket, zu kumulieren, ansonsten sie die Leistungen in Lose aufzuteilen hat.[6] Eine nachgefragte Gesamtleistung beinhaltet

---

3 BGer 2D_36/2016 vom 27.03.2018, E. 2.1 und 2.4; GALLI/MOSER/LANG/STEINER, Rz. 775.
4 Botschaft BöB, S. 1948; GALLI/MOSER/LANG/STEINER, Rz. 468; BVGer B-8563/2010 vom 15.02.2011, E. 2.1, wobei es das Gericht offengelassen hat, ob die von der Anbieterin offerierten Leistungspositionen für Zwischentransporte zu CHF 0.00 als Teilangebot anzusehen sind, weil die Anbieterin die Materialien ohne Zwischenlagerung direkt in einem Vorgang von der Entnahmestelle an den Endbestimmungsort bringen wollte.
5 GALLI/MOSER/LANG/STEINER, Rz. 470 ff.; BEYELER, Geltungsanspruch, Rz. 1720 ff. und 1939 ff.
6 BRK 2002-004 vom 26.06.2002 (VPB 66.86), E. 2 b; VGer SG, B 2011/98 vom 20.09.2011, E. 2.2; VGer ZH, VB.2009.00551 vom 22.09.2010, E. 5.1; BEYELER, Geltungsanspruch, Rz. 74 und 2106; vgl. auch den umgekehrten Fall in OLG München, Verg 10/18 vom 25.03.2019, E. 2.1.1.1, wo Leistungen nach gesetzlicher Grundlage im Grundsatz in Losen zu vergeben sind, um die Nachteile der mittelständischen Wirtschaft gerade bei der Vergabe grosser Aufträge mit einem Volumen, das die Kapazitäten mittelständischer Unternehmen überfordern könnte, auszugleichen, und deshalb vom Gebot der Losvergabe nur in begründeten Ausnahmefällen abgewichen werden kann; vgl. auch BöB/IVöB 15 Abs. 3 ff.

5. Kapitel: Vergabeanforderungen

nach BöB/IVöB 8 Abs. 2 sämtliche Bau- und Dienstleistungen sowie Lieferungen oder eine Kombination davon (sog. gemischte Aufträge, vgl. BöB/IVöB 8 Abs. 3) sowie auch die Übertragung öffentlicher Aufgaben oder die Verleihung von Konzessionen (BöB/ IVöB 9), was für die Bestimmung des Schwellenwerts (BöB/IVöB 16) massgebend ist. Bei Bauleistungen ist darüber hinaus der Gesamtangebotswert eines Vorhabens, also alle für die Erstellung notwendigen Hoch- und Tiefbauarbeiten, massgebend für die Frage, ob die Beschaffung nach den Vorschriften des Staatsvertragsbereichs im entsprechenden Verfahren ausgeschrieben werden muss (BöB/IVöB 16 Abs. 4 und 5).[7] Sodann wird ein gemischter Auftrag von Bau- und Dienstleistungen in einem Gesamtauftrag, wie bspw. bei General- und Totalunternehmerinnenverträgen[8], beschaffungsrechtlich als Bauleistung (Bauauftrag) qualifiziert.[9] Handelt es sich beim Beschaffungsgegenstand um mehrere kleinere, für sich allein betrachtet als selbständige «Projekte» oder «Bauaufträge» ausführbare Vorhaben, kann die Abgrenzung und damit die Definition des Gesamtwerts der auszuschreibenden Leistungen in der Praxis Schwierigkeiten bereiten. Entscheidend für die Schätzung des gesamten Auftragswerts und den massgebenden Schwellenwert ist, ob im Gegenstand eines (Bau-)Auftrags ein isoliertes eigenes (Bau-)Werk oder ein Teil eines grösseren (Bau-)Auftrags zu sehen ist, wobei für die Beurteilung die wirtschaftliche und technische Gesamtfunktion eines Vorhabens massgebend ist und mit Blick auf Erreichung des massgeblichen Schwellenwerts eher weit ausgelegt wird.[10]

6   Unzulässig ist hingegen eine Aufteilung des Gesamtauftrags in Teilaufträge (Lose) insb., wenn dies einzig in der Absicht erfolgt, mit tieferen Beschaffungswerten das vorgeschrie-

---

7   SCHNEIDER HEUSI, Auftragswert, S. 2.
8   GAUCH, Werkvertrag, Rz. 233 f. der Unterschied zwischen General- und Totalunternehmerinnenvertrag liegt darin, dass die Generalunternehmerin die Ausführung einer grösseren Baute übernimmt, allenfalls unter Beizug von Subunternehmerinnen, deren Erstellung ansonsten von der Bauherrin an mehrere Unternehmen in verschiedenen Werkverträgen vergeben wird, und auch koordiniert, während sich die Totalunternehmerin neben der reinen Bauleistung zusätzlich zur Projektierung der bestellten Baute verpflichtet, also eine «projektierende Generalunternehmerin» ist.
9   Botschaft BöB, S. 1896; GAUCH, Werkvertrag, Rz. 237 mit Verweis auf BGE 114 II 53, E. 2a f.: Im Gegensatz zum beschaffungsrechtlichen Verständnis des gemischten Bauvertrags wird der aus Bau- und Dienstleistungen kombinierte Vertrag privatrechtlich eben gerade nicht als gemischter Vertrag, sondern als reiner Werkvertrag eingestuft.
10 BVGer B-6837/2010 vom 16.11.2010, E. 3.4 f.; BVGer B-3311/2009 vom 16.07.2009, E. 3.6.4, obwohl es sich i.c. um zwei fachlich völlig unterschiedliche und durch eine grössere Distanz voneinander getrennte Projekte (Teilprojekt 3, Belagssanierung und Teilprojekt 2, Brückenersatz) handelte, erachtete es das Gericht als fragwürdig, die beiden Bauwerke als eigenständige Projekte zu deklarieren, insb. auch, weil nach aBöB 7 Abs. 2 für die Erstellung eines Bauwerks in der Regel unterschiedliche Fachlose vergeben werden; anders in BVGer B-913/2012 vom 28.03.2012, E. 4.2.1 ff., wo das Gericht die Erstellung von Lärmschutzwänden in mehreren Abschnitten als Einzelaufträge und nicht als einheitliches Bauwerk ansah; BEYELER, Geltungsanspruch, Rz. 948; BVGE 2009/18, E. 2.4 und 2.4.1.

bene Beschaffungsverfahren zu umgehen.[11] In der Gesamtleistung ist sodann der Gesamtwert der zu erbringenden Leistungen inkl. aller Optionen und Folgeaufträge sowie aller Nebenkosten zusammenzufassen (BöB/IVöB 15 Abs. 3). Darüber hinaus bestimmt sich bei mehrjährigen Verträgen der geschätzte Gesamtwert der Leistung über die gesamte vorgesehene Auftragsdauer und muss genügend konkret bestimmt sein (BöB/IVöB 15 Abs. 4 und 5).[12]

Abzugrenzen ist der Begriff Gesamtangebot oder Grundangebot (auch Hauptangebot, «Amtslösung», Amtsangebot etc.) vom Los (auch Teilleistung oder Teilauftrag). Während das Gesamt- oder Grundangebot die ungeteilte Leistung als Ganzes meint, beinhaltet im Gegensatz dazu das Los resp. der Einzellosauftrag nur einen Teil der ausgeschriebenen Gesamtmenge, welche jedoch in sich geschlossen die gesamte ausgeschriebene (Teil-)Leistungsmenge umfasst und weder ein Teilangebot noch eine Variante[13] (BöB/IVöB 33) darstellt.[14] 7

Das Gegenstück des Gesamtangebots ist das Teilangebot. Im Unterschied zum Gesamtangebot oder dem Losangebot, welche für sich je die gesamthaft ausgeschriebene und ungeteilte (Teil-) Leistung eines Ganzen darstellen und somit die Gesamtmenge der ausgeschriebenen Leistungen abdecken, umfasst das Teilangebot der Anbieterin hingegen nur einen Teil eines ausgeschriebenen Gesamtauftrags (oder einer Gesamtleistung) resp. eines Loses (oder einer Teilleistung).[15] Werden folglich nicht alle nachgefragten Leistungen durch die Anbieterin vollständig angeboten, sondern eben nur ein Teil der ausgeschriebenen Menge, wird also ein Teilangebot eingereicht, ist dies grundsätzlich unzulässig. Auch wenn im BöB bzw. in der IVöB Teilangebote nicht ausdrücklich erwähnt werden, kann die Auftraggeberin Teilangebote neben Gesamtangeboten und/oder Losen zulassen, vorausgesetzt, sie kündigt dies mit den wesentlichen für die Beurteilung massgebenden Kriterien in der Ausschreibung an.[16] 8

Unter Wahrung der allgemeinen Beschaffungsgrundsätze (BöB/IVöB 11 ff.) darf der Zuschlag (BöB/IVöB 41) letztlich nur an das vorteilhafteste Angebot bzw. diejenige Anbieterin erfolgen, welche ein ausschreibungskonformes Gesamtangebot eingereicht hat, 9

---

11 BRK 2002-004 vom 26.06.2002 (VPB 66.86), E. 2 b; VGer SG, B 2011/98 vom 20.09.2011, E. 2.2; VGer ZH, VB.2009.00551 vom 22.09.2010, E. 5.1; gemäss BVGer B-6594/2017 vom 27.04.2018, E. 4.2 und 10, gibt es auch dann keine Pflicht zur Aufteilung eines Gesamtbedarfs in mehrere Aufträge, wenn *e contrario* nur der Wert der insgesamt nachgefragten Leistung für die Anwendung des Gesetzes bzw. die Erreichung der Schwellenwerte für das offene oder selektive Verfahren massgebend ist; KUONEN, S. 84; GALLI/MOSER/LANG/STEINER, Rz. 775.
12 SCHNEIDER HEUSI, Auftragswert, S. 1 f.; Botschaft BöB, S. 1919 ff.; gemäss VGer AG vom 29.06.1999, E. 6, in: AGVE 1999 Nr. 60, S. 307 ff. sind bei IT-Projekten neben der Softwareentwicklung insb. Wartung, Pflege und Weiterentwicklung in Bezug auf den Lebenszyklus der Software in die Gesamtleistung einzubeziehen.
13 Vgl. dazu Art. 33 N 12.
14 SPIESS/HUSER, Bau-Werkvertrag, Rz. 164 ff.
15 BEYELER, Geltungsanspruch, Rz. 2096.
16 BEYELER, Geltungsanspruch, Rz. 2100 ff.

welches allenfalls noch im Rahmen und unter Wahrung der Voraussetzungen einer Angebotsbereinigung (BöB/IVöB 39) seit der Einreichung des Angebots bereinigt werden musste und durfte.[17]

B. Lose

10 In Abs. 2 wird der Auftraggeberin das Recht eingeräumt, abweichend vom Grundsatz, den Beschaffungsgegenstand als Gesamtleistung auszuschreiben (BöB/IVöB 32 Abs. 1), diesen in Lose (oder auch Teilaufträge, Einzelaufträge) aufzuteilen. Mit einer konzentrierten Bestellung (Volumenbündelung) können einerseits vorteilhaftere Preise erreicht werden, wo hingegen andererseits durch die Aufteilung des Beschaffungsgegenstands in mehrere Lose der Wettbewerb begünstigt wird und die Chancen für KMU gefördert werden, an umfangreichen Beschaffungen teilzunehmen.[18] Die Losaufteilung kann zudem eine bessere Verteilung der Risiken bewirken, weil damit die Abhängigkeit von einer spezifischen Anbieterin eingeschränkt wird.[19] Die Losaufteilung darf jedoch nicht zur Umgehung der massgebenden Schwellenwerte und der Verfahrensart[20] oder zur Bevorzugung einzelner Anbieterinnen bzw. Diskriminierung (BöB/IVöB 2 Bst. c) anderer Anbieterinnen eingesetzt werden.[21] Eine Pflicht der Auftraggeberin zur Aufteilung eines Beschaffungsgegenstands in mehrere Aufträge (Lose) besteht hingegen nicht, d.h., dass Anbieterinnen kein Recht zur Entbündelung einer Gesamtleistung zusteht.[22]

---

17 GALLI/MOSER/LANG/STEINER, Rz. 837 f.; BEYELER, Geltungsanspruch, Rz. 2425 und 2428 ff.
18 BVGE 2010/58, E. 6.2; BRK 2002-004 vom 26.06.2012 (VPB 66.86), E. 2 b; GAUCH/STÖCKLI, S. 5 f.; vgl. auch den umgekehrten Fall in OLG München, Verg 10/18 vom 25.03.2019, E. 2.1.1.1, wo Leistungen nach gesetzlicher Grundlage im Grundsatz in Losen zu vergeben sind, um die Nachteile der mittelständischen Wirtschaft gerade bei der Vergabe grosser Aufträge mit einem Volumen, das die Kapazitäten mittelständischer Unternehmen überfordern könnte, auszugleichen, und deshalb vom Gebot der Losvergabe nur in begründeten Ausnahmefällen abgewichen werden kann.
19 Botschaft BöB, S. 1948; BBl 2009 1817, S. 1913; BVGer B-4011/2018 vom 11.10.2018, E. 3.5; vgl. auch OLG Düsseldorf, VII-Verg 99/11 vom 07.12.2011, E. II 1 c; nach OLG München, Verg 10/18 vom 25.03.2019, E. 2.1.1.3, wonach ein Auftrag nach Gesetz grundsätzlich in Lose aufzuteilen ist und ein erhöhter Koordinationsaufwand, die Vermeidung von Gewährleistungsschnittstellen oder Probleme bei der Mängelbeseitigung ohne projekt- bzw. auftragsbezogene Gründe eine Gesamtvergabe nicht rechtfertigen würden.
20 Vgl. GPA 2012 II:6 und 7; BöB/IVöB 15 i.V.m. BöB/IVöB 16; BVGer B-3311/2009 vom 16.07.2009, E. 3.6; VGer ZH, VB.2009.00551 vom 22.09.2010, E. 5.1; Komm BöB-TRÜEB, Art. 7 N 2 f. und 14.
21 Erläuternder Bericht aVöB, S. 14; vgl. auch BöB/IVöB 15 Abs. 2; BRK 2002-004 vom 26.06.2002 (VPB 66.86), E. 2 b; VGer SG, B 2011/98 vom 20.09.2011, E. 2.2.
22 BEYELER, Geltungsanspruch, Rz. 74; BEYELER, Ziele, Rz. 198 und 200; KommBöB-TRÜEB, VöB 22 N 18; BVGE 2010/58, E. 6.2; BVGer B-6594/2017 vom 27.04.2018, E. 4.2; BVGer B-1470/2010 vom 29.09.2010, E. 6.2; Botschaft BöB, S. 1948; so auch GALLI/MOSER/LANG/STEINER, Rz. 788 f., wobei danach ausnahmsweise auch eine Pflicht der Vergabestelle zur Aufteilung in Lose bestehen kann, wenn einer möglichen freihändigen Vergabe nach aVöB 13 weitere Teile hinzugefügt werden, die für sich alleine im offenen oder selektiven Verfahren beschafft werden müssten, vorausgesetzt, dass dies insofern technisch möglich ist und der Vergabestelle zugemutet werden kann.

Die Auftraggeberin kann die Gesamtleistung nach sachlichen (z.B. Schreiner-, Gipser-, Malerarbeiten usw.), räumlichen (z.B. Ost- und Westschweiz), zeitlichen (z.B. monatliche oder quartalsweise Aufteilung), quantitativen (z.B. Lieferung von 1000 und 2000 Stühlen) oder anderen Kriterien (z.B. Kombinationen von Kriterien [Gerätelieferung und aufgrund notwendiger rascher Interventionszeiten im Störungsfall oder im Fall von Gebietsvertretungen eine gebietsweise Vergabe der Service-/Wartungsverträge] oder Zusammenfassung mehrerer Arbeitsgattungen in Leistungspakte [z.B. Türen, Fenster, Schreinerarbeiten, Küchen]) unterteilen.[23]

11

Teilt die Auftraggeberin den Beschaffungsgegenstand in mehrere Lose auf, kann sie diese Lose gemeinsam in einer einzigen Ausschreibung publizieren (sog. gemeinsame Ausschreibung[24]) oder je einzeln in separaten Publikationen ausschreiben (sog. getrennte Ausschreibung).[25] Insb. bei grossen Infrastrukturvorhaben wird das Gesamtvorhaben meist in entsprechende Lose aufgeteilt und getrennt ausgeschrieben, um damit einerseits den unterschiedlichen Fach- und Spezialkenntnissen und andererseits der zeitlich meist um Jahre gestaffelten Ausführung Rechnung zu tragen, jedoch wird dort in den Ausschreibungen nicht immer ausdrücklich von verschiedenen Losen gesprochen.[26] Voraussetzung für die getrennte Ausschreibung ist aber, dass das für den Gesamtauftrag massgebende, allenfalls höherstufige Verfahren angewandt wird.[27] Der Auftraggeberin ist es zudem auch freigestellt, mehrere einzelne und voneinander fachlich losgelöste Einzelleistungen oder -aufträge, die je als Gesamtleistung einzeln ausgeschrieben werden könnten, zusammen in einer Ausschreibung als Lose zu publizieren.[28] Aufgrund des

12

---

23 Botschaft BöB, S. 1948; BEYELER, Geltungsanspruch, Rz. 2106; Komm BöB-TRÜEB, VöB 22 N 17.
24 Im Bauwesen ist bspw. häufig von einer Ausschreibung in Losen die Rede. Dabei beinhaltet die Ausschreibung einzelne (Fach-)Lose, und jedes Los enthält einen für sich rechtlich selbständigen Auftrag, der in der Regel eine Arbeitsgattung (oder einen sog. Einzelleistungsträger) umfasst und die Erstellung eines Gesamtbauwerks (Hoch- oder Tiefbau) zum Ziel hat; BVGer B-3311/2009 vom 16.07.2009, E. 3.6; zum Bauwerk vgl. GAUCH, Werkvertrag, Rz. 32 und 205 ff.
25 GALLI/MOSER/LANG/STEINER, Rz. 776; BEYELER, Geltungsanspruch, Rz. 2108 f.; SCHNEIDER HEUSI, Auftragswert, S. 2; Komm BöB-TRÜEB, VöB 22 N 18.
26 BEYELER, Geltungsanspruch, Rz. 2108; anders in BVGer B-8061/2010 vom 18.04.2011 oder BVGer B-8115/2015 vom 03.02.2016, wo die Nummer des Loses jeweils bereits im Titel der Ausschreibung erscheint und somit signalisiert, dass eine Losaufteilung von der Auftraggeberin vorgenommen wurde und die Lose in separaten Publikationen veröffentlicht werden bzw. wurden (getrennte Ausschreibung).
27 Komm BöB-TRÜEB, Art. 7 N 7 f.; BRK 2002-004 vom 26.06.2002 (VPB 66.86), E. 2 b.
28 BEYELER, Geltungsanspruch, Rz. 2109: Nach ihm trifft der Wortlaut von aVöB 22 Abs. 2 nur auf jenen Fall zu, wo «der öffentliche Auftraggeber über eine einzige Ausschreibung in einem einheitlichen Vergabeverfahren ausschreibt, in welchem er mehrere Zuschläge, nämlich pro Los, zu vergeben gedenkt». Dem ist zuzustimmen. Auch wenn der Gesetzestext in BöB/IVöB 32 Abs. 2 von aVöB 22 Abs. 2 abweichend formuliert ist, liegt dem Wortlaut der neu formulierten Bestimmung eben auch dieser Fall zugrunde. D.h., aufgrund des Wortlauts von BöB/IVöB 32 Abs. 1 und 2 handelt es sich um eine in (Fach-)Lose aufgeteilte, gemeinsam und gleichzeitig ausgeschriebene Gesamtleistung (vgl. dazu auch N 14 f.).

Transparenzgebots (BöB/IVöB 2 Bst. b) hat die Auftraggeberin wie bisher die einzelnen Lose bereits in der Ausschreibung zu nennen und zu umschreiben (BöB/IVöB 35 Bst. e)[29] und bei wiederkehrend benötigten Leistungen (bzw. auch zeitlich gestaffelter Vergabe) wenn möglich den Zeitpunkt der nachfolgenden Ausschreibung bekannt zu geben (BöB/IVöB 35 Bst. h).

C. Vergabe an eine oder mehrere Anbieterinnen

13 Evaluation und Zuschlag erfolgen grundsätzlich für jedes Los je separat. Die Aufteilung in Lose hat aber nicht automatisch zur Folge, dass die einzelnen Lose auch unterschiedlichen Anbieterinnen vergeben werden. Es kann somit durchaus sein, dass die Auftraggeberin einer Anbieterin mehrere Lose oder einer einzigen Anbieterin den ganzen Auftrag zuschlägt, vorausgesetzt, diese hat gemäss den Zuschlagskriterien des jeweiligen Loses das jeweils vorteilhafteste Angebot (BöB/IVöB 41) für mehrere oder alle Lose eingereicht.[30] Angesichts des in BöB/IVöB 11 Bst. d – auf Bundesebene neu – statuierten Verbots, Abgebotsrunden mit den Anbieterinnen durchzuführen, ist es hingegen zulässig, dass die Auftraggeberin bereits bei der Evaluation allfällige durch die Anbieterin in ihren Angeboten offerierte Nachlässe oder Rabatte für den Fall berücksichtigen kann, dass sie mehrere oder alle Lose zugeschlagen erhält (sog. Loskombinationsrabatte),[31] sofern dies aus Gründen der Transparenz (BöB/IVöB 11 Bst. a) und der Gleichbehandlung (BöB/IVöB 11 Bst. c) bereits in der Ausschreibung angekündigt wurde.[32] Nicht zulässig ist folglich die Nachverhandlung von Preisnachlässen unter Berücksichtigung von Loszusammenlegungen oder Mehrfachzuschlägen mit potenziellen Anbieterinnen (BöB/IVöB 39 Abs. 3 i.V.m. Abs. 2).[33] Die Auftraggeberin darf mit der Zuschlagsempfängerin mehrerer oder aller Lose jedoch anstelle mehrerer Verträge auch nur einen einzigen Vertrag abschliessen, sofern keine von der Ausschreibung abweichenden Vertragsinhalte vereinbart werden.[34]

---

29 BRK 2002-004 vom 26.06.2002 (VPB 66.86), E. 2 b.
30 Erläuternder Bericht aVöB, S. 14; VGer FR, 2A 02 92 vom 29.10.2002, E. 4; GALLI/MOSER/LANG/STEINER, Rz. 776; BEYELER, Geltungsanspruch, Rz. 2110 und 2111; Komm BöB-TRÜEB, VöB 22 N 18.
31 BEYELER, Geltungsanspruch, Rz. 2114; LEUTHOLD, Verhandlungen, Rz. 198 ff.; VGer FR, 2A 02 92 vom 29.10.2002, E. 4.
32 BVGer B-3196/2016 vom 31.08.2016, E. 6.1 m.w.H., wo im Gegensatz zu aIVöB 11 Bst. c gemäss aBöB 20 i.V.m. aVöB 26 auch Preisverhandlungen bei Beschaffungen des Bundes zulässig waren. Nach altem Bundesrecht war auch schon vorausgesetzt, dass in der Ausschreibung auf diesbezügliche Verhandlungen hingewiesen wurde (aBöB 20 Abs. 1 Bst. a) oder dass sich kein Angebot als das wirtschaftlich günstigste herausstellte; so auch LEUTHOLD, Verhandlungen, Rz. 207 ff. und 215 ff.; VGer FR, 2A 02 92 vom 29.10.2002, E. 4; VGer ZH, VB.2016.00180, E. 5.1 ff.
33 BEYELER, Geltungsanspruch, Rz. 2113.
34 BEYELER, Geltungsanspruch, Rz. 2112.

III. Abs. 3: Mehrzahl der Lose und ihre Beschränkung

A. Angebotseinreichung auf mehrere Lose

Hat die Auftraggeberin den Beschaffungsgegenstand in mehrere Lose aufgeteilt, steht es 14
den Anbieterinnen grundsätzlich frei, ein Angebot auf ein Los oder mehrere Angebote
auf mehrere oder alle Lose einzureichen.[35] Bei der gemeinsamen Ausschreibung von Losen hat die Anbieterin ohne gegenteilig lautende Vorgaben der Auftraggeberin davon
auszugehen, dass sie auch pro Los ein selbständiges, also losbezogenes Angebot (Einzellosangebot) einzureichen hat und der Zuschlag auch auf jedes Los je einzeln an das vorteilhafteste Einzellosangebot verfügt wird.[36] Unvollständig ist ein Angebot hingegen,
wenn es nicht einmal die Leistungen für ein Los vollumfassend enthält (sog. Teilangebot[37]).[38]

Obwohl in BöB/IVöB 32 Abs. 2 und 3 nicht erwähnt, muss es den Anbieterinnen ohne 15
anderslautende Ankündigung in der Ausschreibung oder den Ausschreibungsunterlagen hingegen auch erlaubt sein, bei der Aufteilung eines Beschaffungsgegenstands
durch die Auftraggeberin in Lose ein Gesamtangebot einzureichen.[39] Die Auftraggeberin kann in der Ausschreibung hingegen die Möglichkeit der Einreichung von Gesamtangeboten ausschliessen, damit sie nicht gleichzeitig Einzelangebote (Lose) und Gesamtangebote miteinander bewerten muss.[40] Umgekehrt kann sie, sofern sie die Einreichung
von Gesamtangeboten nicht ausgeschlossen hat, der Anbieterin eines solchen Gesamtangebots den Zuschlag auch nur auf ein Los erteilen, falls sie dies in der Ausschreibung
offengelassen bzw. sich dies ebenfalls explizit vorbehalten hat.[41]

B. Beschränkung der Anzahl Lose

Die Zuschlagsmöglichkeiten der Anbieterinnen können gemäss Gesetzeswortlaut in der 16
Ausschreibung beschränkt werden (siehe auch BöB/IVöB 35 Bst. e). So kann eine Auftraggeberin für die Einreichung der Angebote (z.B. zur Vermeidung von Abhängigkeiten oder damit die verschiedenen Aufträge überhaupt zeitgleich ausgeführt werden kön-

---

35 Botschaft BöB, S. 1949; Komm BöB-Trüeb, VöB 22 N 19.
36 Botschaft BöB, S. 1948; so auch BBl 2009 1817, S. 1913; Beyeler, Geltungsanspruch, Rz. 2111 und 2118 f.; BRK 2005-015 vom 28.12.2005 (VPB 70.34), E. 2.
37 Zu Teilangeboten vgl. N 8.
38 Lutz, Auswertung, Rz. 24.
39 Botschaft BöB, S. 1949; Beyeler, Geltungsanspruch, Rz. 2106.
40 Erläuternder Bericht aVöB, S. 14; nach Beyeler, Geltungsanspruch, Rz. 2105 ist ein Vergleich zwischen Teilangeboten und Gesamtangeboten nicht möglich, weil beide Offerttypen von unterschiedlichen Prämissen bez. Auftragsumfang ausgehen und so faktisch die Teilangebote wegen des günstigeren Preises im Vorteil sind; Komm BöB-Trüeb, VöB 22 N 19.
41 BRK 2002-004 vom 26.06.2002 (VPB 66.86), E. 2 b und 2d; BRK 2005-015 vom 28.12.2005 (VPB 70.34), E. 2; Komm BöB-Trüeb, VöB 22 N 19; Galli/Moser/Lang/Steiner, Rz. 775.

nen) festlegen, dass jedes Los einer anderen Anbieterin zugeschlagen wird oder dass eine Anbieterin nur eine bestimmte Zahl von Losen erhalten kann.[42] Darüber hinaus kann die Auftraggeberin auch den Zuschlag auf eine (oder auch verschiedene) Kombination von Losen (Leistungsbündeln) in Aussicht stellen. Zieht sie die Vergabe von sog. Loskombinationen in Betracht, hat sie die möglichen Loskombinationen in der Ausschreibung aus Gründen der Transparenz (BöB/IVöB 11 Bst. a) und der Gleichbehandlung (BöB/IVöB 11 Bst. c) offenzulegen, damit sie später vergleichbare Angebote erhält und nicht unterschiedliche resp. nicht vergleichbare Kombinationsangebote bewerten muss.[43]

17 Diese Einschränkung der Zuschlagsmöglichkeit resp. Wahlfreiheit der Anbieterinnen darf jedoch nicht dazu benutzt werden, ohne sachlichen Grund bestimmte Anbieterinnen oder Anbietergruppen zu bevorzugen bzw. andere zu benachteiligen oder zu diskriminieren (BöB/IVöB 11 Bst. c).[44] Obwohl mit der Losaufteilung und Vergabe an mehrere Anbieterinnen eine KMU-freundliche Vergabepraxis gefördert wird, darf dies umgekehrt auch nicht dazu führen, dass grossen Unternehmen durch entsprechende Loslimitierung der Zuschlag auf mehrere oder gar alle Lose verwehrt bleibt.[45] Bei allen möglichen Variationen der Losbildung resp. -ausschreibung und letztlich des Loszuschlags hat die Auftraggeberin die Zielsetzungen des Beschaffungsrechts, wirtschaftlicher und nachhaltiger Einsatz der öffentlichen Mittel (BöB/IVöB 2 Bst. a), Transparenz des Vergabeverfahrens (BöB/IVöB 2 Bst. b), Gleichbehandlung und Nichtdiskriminierung der Anbieterinnen (BöB/IVöB 2 Bst. c) sowie Förderung des wirksamen, fairen Wettbewerbs (BöB/IVöB 2 Bst. d) unter den Anbieterinnen, im Auge zu behalten. Die Beschaffungsgrundsätze und der Erhalt eines wirksamen Wettbewerbs stehen einer Losbeschränkung oder Loslimitierung entgegen und sprechen für die uneingeschränkte Vergabe der einzelnen Lose,[46] insb. wenn es einzig darum geht, einzelnen Anbieterinnen den Zuschlag per se zu verwehren.[47]

18 Losbeschränkungen müssen deshalb verhältnismässig sein, und es ist nur in besonders begründeten Fällen zulässig, vom Prinzip des Zuschlags an das vorteilhafteste Angebot abzuweichen. Eine Loslimitierung, wo einer Anbieterin je nur ein Auftrag zugeschlagen werden soll, um möglichst viele Anbieterinnen im Markt zu erhalten, schiesst an diesen

---

42 Botschaft BöB, S. 1949; VGer GR, U 17 27 vom 30.06.2017, E. 3b.
43 Beyeler, Geltungsanspruch, Rz. 2120 ff.; VGer ZH, VB.2016.00180 vom 04.08.2016, E. 5.1 ff.
44 Botschaft BöB, S. 1949; VGer GR, U 17 27 vom 30.06.2017, E. 3b; VGer SG, B 2011/98 vom 20.09.2011, E. 2.2; VGer FR, VG 602 2012-87 vom 04.10.2012, E. 4c ff. und 6; VGer BE, 100.2016.127/155U vom 30.06.2016, E. 2.5 f.; Beyeler, Geltungsanspruch, Rz. 2106 und auch Fn. 1979; Galli/Moser/Lang/Steiner, Rz. 840; OLG Düsseldorf, VII-Verg 24/12 vom 07.11.2012, E. 2 a.
45 BVGer B-1470/2010 vom 29.09.2010, E. 6.2; VGer ZH, VB.2016.00180, E. 4; VGer FR, VG 602 2012-87 vom 04.10.2012, E. 6; Beyeler, Ziele, Rz. 200; Gauch/Stöckli, S. 5 ff.; Botschaft BöB, S. 1949.
46 BRK 2005-015 vom 28.12.2005 (VPB 70.43), E. 2, VGer ZH, VB.2008.00460, E. 5; So auch BBl 2009 1817, S. 1913; Bass/Crameri/Lang/Malfanti/Spöri, S. 252.
47 Galli/Moser/Lang/Steiner, Rz. 840.

Zielen vorbei und ist folglich unzulässig, weil es nicht Aufgabe des Beschaffungsrechts ist, regulierend in den Markt einzugreifen, und sich allfällige Eingriffe in den Wettbewerb auf das erforderliche Mass zu beschränken haben.[48] Eine diesbezügliche Loslimitierung bzw. Losabschottung einzig zum Schutze des Wettbewerbs ist nur dort gerechtfertigt, wo der Markt ohne Loslimitierung faktisch zum Erliegen käme und ein künftiger Wettbewerb verunmöglicht würde. Eine Abhängigkeit der Auftraggeberin kann bei spezialisierten Märkten gegeben sein und insb. dort, wo sie einem (Angebots-)Oligopol oder einem Monopol gegenübersteht resp. wo es darum geht, eine Marktkonzentration zu verhindern.[49] Eine Loslimitierung aus anderen wichtigen Gründen ist sodann zulässig, wenn bspw. die Liefer- oder Versorgungssicherheit eines stets benötigten Produkts oder die kurzfristige Einsatzbereitschaft im Störungsfall vordergründig ist, um damit die wirtschaftlichen, technischen und betrieblichen Risiken auf mehrere Anbieterinnen zu verteilen.[50]

Wenn eine Auftraggeberin eine Beschränkung auf eine maximale Anzahl Lose/Zuschläge pro Anbieterin vorsieht, steht es der Anbieterin jedoch grundsätzlich frei, sich auf alle Lose mittels eines Angebots zu bewerben, weil ja im Zeitpunkt der Angebotseinreichung noch unklar ist, ob sie als potenzielle Zuschlagsempfängerin eines Loses oder mehrerer Lose überhaupt in Frage kommt. Nicht zulässig ist hingegen, eine Loslimitierung in der Absicht der Verhinderung an der Verfahrensteilnahme vorzusehen.[51] Die Beschränkung bezieht sich auf die Anbieterinnen selbst, d.h. gemäss BöB/IVöB 3 Bst. a auf natürliche oder juristische Personen des privaten oder öffentlichen Rechts oder eine Gruppe solcher Personen.[52] Bei Konzerngesellschaften müssen sich die Mutter- und/oder Tochtergesellschaften allenfalls ihre Abhängigkeit innerhalb des Konzerns anrechnen lassen.[53] Der Anbieterin ist es somit freigestellt, ob sie als Einzelanbieterin und/oder als Mitglied einer Bietergemeinschaft entsprechende Losangebote einreichen will. Hat sie als Einzelanbieterin bereits die maximale Anzahl Zuschläge auf ihre Losangebote erhalten, muss sie sich diese Zuschläge wegen der Losbeschränkung auch auf jene Angebote anrechnen lassen, die sie als (dominierender) Teil der Bietergemeinschaft eingereicht hat, was auch

19

---

48 VGer ZH, VB2008.00460 vom 01.07.2009, E. 5; BRK vom 26.05.1997 (VPB 61.76), E. 3c; so auch HESS-ODONI, Rz. 1 und 4 ff.
49 BEYELER/SCHERLER, Ausschreibung, S. 269.
50 BVGer B-4011/2018 vom 11.10.2018, E. 4; VGer GR, U 17 27 vom 30.06.2017, E. 3b; VGer GR, U 17 32 vom 30.06.2017, E. 3c; VGer FR, VG 602 2012-87 vom 04.10.2012, E. 4c und 6; OLG Düsseldorf, VII-Verg 24/12 vom 07.11.2012, E. 2; OLG Düsseldorf, VII-Verg 35/12 vom 17.01.2013, E. 3; BEYELER/SCHERLER, Ausschreibung, S. 269.
51 BEYELER/SCHERLER, Ausschreibung, S. 269.
52 BRK 2005-015 vom 28.12.2005 (VPB 70.34), E. 2.
53 BRK 2005-015 vom 28.12.2005 (VPB 70.34), E. 2: Zu prüfen ist, ob die Konzernteile wirtschaftlich unabhängig oder unter einheitlicher Leitung stehen. Kriterien können sein: Überschneidungen personeller Art bei Verwaltungsrat, Geschäftsleitung oder zeichnungsberechtigten Personen, einheitlicher oder getrennter Marktauftritt, eigenes Personal, gleiche oder jeweils eigene Fachkräfte/Schlüsselpersonen im Angebot, unterschiedliche oder gleiche Referenzen usw.

auf den umgekehrten Fall zutreffen kann.[54] Wurde eine Beschränkung auf eine maximale Anzahl Lose/Zuschläge pro Anbieterin vorgegeben und hat eine Anbieterin in allen Losen das vorteilhafteste Angebot eingereicht, steht es der Auftraggeberin alleine zu, demjenigen Angebot der Anbieterin den Zuschlag erteilen, bei dem die preisliche Differenz zur Zweitplatzierten am grössten ist, weil dies dem wirtschaftlichen Einsatz der öffentlichen Mittel entspricht (BöB/IVöB 2 Bst. a). Der Anbieterin steht in diesem Fall kein Wahlrecht hinsichtlich des von ihr bevorzugten Loses zu.[55]

20 Die Losabschottung im hier verstandenen Sinn ist abzugrenzen von jener, bei der die Auftraggeberin pro Los andere, auftragsbezogene, verhältnismässige und nichtdiskriminierende (BöB/IVöB 2 Bst. c) Teilnahmebedingungen (Eignungskriterien) formuliert, die im Ergebnis dazu führen, dass einer Anbieterin der Zuschlag nicht per se verwehrt wird, sondern sie nur bei jenem Los oder bei jenen Losen als potenzielle Zuschlagsempfängerin zugelassen wird, wo sie die entsprechende fachliche Qualifikation und Erfahrung bezogen auf die Leistungserbringung mitbringt, eben dieses Los oder diese Lose auszuführen.[56]

C. Bekanntgabe der Losbeschränkung und Begründungspflicht

21 Die Wahlfreiheit der Anbieterinnen, ein Angebot für ein, mehrere oder alle Lose einzureichen, kann von der Auftraggeberin durch Bekanntgabe in der Ausschreibung abweichend geregelt werden.[57] Aus Transparenzgründen (BöB/IVöB 2 Bst. b) ist eine Loslimitierung demzufolge bereits in der Ausschreibung bekannt zu geben, und folglich muss eine Anbieterin diese allenfalls innerhalb der Rechtsmittelfrist anfechten, wenn sie damit nicht einverstanden ist oder wenn ihrer Meinung nach die Formulierung unklar ist, ansonsten – und sofern die Bedeutung und Tragweite der Loslimitierung in diesem Zeitpunkt ohne Weiteres erkennbar war – die Publikation nach Ablauf der Beschwerdefrist in Rechtskraft erwächst.[58] Um aber die Rechtmässigkeit der Losbeschränkung bzw. die Chancen und Risiken einer gerichtlichen Überprüfung richtig einschätzen zu können, müssen die Anbieterinnen aufgrund des Transparenzgebots (BöB/IVöB 2 Bst. b) die Gründe für die Loslimitierung kennen. Aus dem verfassungsmässigen Anspruch auf rechtliches Gehör (BV 29 Abs. 2 und VwVG 29 ff. resp. kantonale Vorgaben) folgt, dass die Auftraggeberin die Gründe für die Losbeschränkung bereits mit der Ausschrei-

---

54 BVGer B-4011/2018 vom 11.10.2018, E. 6.3 f.
55 VGer GR, U 17 27 vom 30.06.2017, E. 3b; VGer GR, U 17 32 vom 30.06.2017, E. 3c; VGer VD, MPU.2012.0030 vom 17.12.2012, E. 2.
56 VGer GR, U 17 27 vom 30.06.2017, E. 3a f.; VGer BE, 100.2016.127/155U vom 30.06.2016, E. 2.3 f.; BEYELER, Geltungsanspruch, Rz. 2132.
57 Botschaft BöB, S. 1949; BBl 2009 1817, S. 1913; BRK 2005-015 vom 28.12.2005 (VPB 70.34), E. 2.
58 BGE 129 I 313, E. 6.2; BVGer B-4011/2018 vom 11.10.2018, E. 2.1 und 3.8; BVGer B-364/2014 vom 16.01.2015, E. 5.4; BRK vom 26.05.1997 (VPB 61.76), E. 3d; VGer ZH, VB.2008.00460 vom 01.07.2009, E. 4.1; BASS/CRAMERI/LANG/MALFANTI/SPÖRI, S. 249.

bung oder zumindest auf Anfrage unmittelbar innerhalb der Rechtsmittelfrist darlegen muss.[59] Gehen die Gründe der Losbeschränkung nicht aus der Ausschreibung selber, sondern (lediglich) aus den Ausschreibungsunterlagen hervor, stellt dies zwar eine Verletzung des Transparenzgebots (BöB/IVöB 2 Bst. b) dar, zieht u.U. jedoch für eine Anbieterin keine nachteiligen Folgen mit sich, wenn sie die Tatsachen und Umstände für die Loslimitierung bei der Erstellung ihrer Angebote angemessen mitberücksichtigen konnte. In diesem Fall erwächst die Loslimitierung jedoch nach Ablauf der Rechtsmittelfrist der Publikation nicht in Rechtskraft und könnte bei unklarer Formulierung von der Anbieterin mit dem Zuschlag noch angefochten werden.[60]

IV. Abs. 4 und 5: Dritte und Teilleistungen

A. Zusammenarbeit mit Dritten

Eine Aufteilung des Beschaffungsgegenstands in Lose zieht in der Regel Abstimmungsbedarf an den Schnittstellen nach sich. Behält sich die Auftraggeberin eine Zusammenarbeit der Anbieterinnen mit Dritten vor oder verlangt sie eine solche, hat sie dies mit der Ausschreibung ebenfalls anzukündigen. Nach dem Wortlaut ist somit eine explizite Erwähnung der (vorbehaltenen) Zusammenarbeit mit Dritten verlangt.[61] Dies betrifft namentlich jene Fälle, wo die Anbieterin aufgrund der ausgeschriebenen Leistung nicht im Geringsten mit der Zusammenarbeit einer Drittunternehmung rechnen muss und dem damit einhergehenden Zusatzaufwand bei der Erstellung ihres Angebots wegen fehlender oder unterlassener Transparenz (BöB/IVöB 2 Bst. b) der Auftraggeberin nicht angemessen Rechnung tragen kann.[62] Die Zusammenarbeit mit Dritten umfasst auch jene Konstellation, wo die Dritte ebenfalls Anbieterin des Beschaffungsverfahrens ist.[63] Vom Wortlaut nicht erfasst und folglich nicht in gleicher Weise anzukündigen ist jene Zusammenarbeit mit Dritten, die sich implizit aus der Ausschreibung (insb. der nachgefragten Leistung) oder den Ausschreibungsunterlagen ergibt. So kann sich die Zusammenarbeit mit Dritten daraus ergeben, dass die Zusammenarbeit mit Dritten Inhalt der Leistungserbringung und somit der ausgeschriebenen Leistung selbst darstellt oder dass sie im Leistungsbeschrieb erwähnt und somit Teil der Leistungserfüllung

22

---

59 BVGer B-4011/2018 vom 11.10.2018, E. 3.8.
60 BVGer B-4011/2018 vom 11.10.2018, E. 3.8 und 5; vgl. auch VGer ZH, VB.2008.00460 vom 01.07.2009, E. 4.5, wo die Vergabestelle die Losbeschränkung auf ein Los pro Anbieterin weder in der Ausschreibung noch in den Ausschreibungsunterlagen transparent offengelegt hatte und folglich die Beschwerde der Anbieterin gegen die Loslimitierung gutgeheissen wurde.
61 Botschaft BöB, S. 1949; bereits in aVöB 22 Abs. 5 war die Ankündigung einer Zusammenarbeit mit Dritten in der Ausschreibung verlangt (vgl. auch Erläuternder Bericht aVöB, S. 14); zur Ausschreibung und Rechtskraft des Ausschreibungstextes oder der Ausschreibungsunterlagen vgl. N 20.
62 So auch BBl 2009 1817, S. 1913.
63 BEYELER, Geltungsanspruch, Fn. 1649; LUTZ, Angebotspreis, Rz. 6 f.

ist. Den Ausschreibungsunterlagen kann bspw. aber auch ein (projektbezogenes) Organigramm oder ein anderes Dokument beigelegt sein, aus dem neben den Schnittstellen zur Auftraggeberin auch solche zu Drittenunternehmerinnen hervorgehen und somit für die Anbieterin indirekt eine (mehr oder weniger intensive) Zusammenarbeit und ein damit verbundener einzurechnender Aufwand für die zu erbringende Leistung herauslesbar ist. Darüber hinaus kann eine Anbieterin nicht bestreiten, von einer möglichen Zusammenarbeit gewusst zu haben, wenn von ihr selber mit dem einzureichenden Angebot entsprechende Ausführungen, Beschriebe, Projektanalysen usw. zur Leistungserfüllung eingereicht werden müssen, wo ebensolche Abgrenzungen bzw. Zusammenarbeiten mit Dritten und allfällig damit einhergehende Chancen und Risiken aufgezeigt werden sollen.

23 Auf die Ankündigung der Zusammenarbeit mit Dritten kann sodann generell bei der Ausschreibung von General- und Totalunternehmerinnenverträgen verzichtet werden, weil es sich bei General- und Totalunternehmerinnen in der Regel um reine Koordinationsbetriebe handelt, die sich unter Beizug von verschiedenen Nebenunternehmerinnen und/oder Subunternehmerinnen gegenüber der Auftraggeberin verpflichten, die Ausführung eines grösseren Vorhabens zu übernehmen, und somit die damit einhergehenden internen Koordinationsaufwände von sich aus bereits Vertragsinhalt sind.[64] Wird von der Auftraggeberin hingegen eine Zusammenarbeit mit Dritten ausserhalb des General- oder Totalunternehmerinnenvertrags gefordert, ist dies in der Ausschreibung ebenfalls anzukündigen.

B. Teilleistungen

24 Die Auftraggeberin kann in der Ausschreibung den Vorbehalt anbringen, den Anbieterinnen anstelle der Gesamtleistung nur eine Teilleistung zuzuschlagen. Will die Auftraggeberin von dieser Möglichkeit allenfalls Gebrauch machen, hat sie dies in der Ausschreibung anzukündigen, weil durch die Vergabe von Teilleistungen wie bei der Zusammenarbeit mit Dritten zusätzlicher Abstimmungsbedarf auf beiden Seiten entstehen kann.[65] Das Wort «Teilleistung» ist jedoch in Zusammenhang mit den anderen Abs., wo nur von Losen die Rede ist, im ersten Augenblick verwirrlich. Unklar ist, ob mit Teilleistungen synonym auch Lose gemeint sind oder nicht, weil der Titel von BöB/IVöB 32 von «Lose[n] und Teilleistungen» handelt, also etwas Unterschiedliches oder Alternatives meint, in den Ausführungen der Botschaft zu BöB/IVöB 32 Abs. 5

---

[64] GAUCH, Werkvertrag, Rz. 222 f. und 233; zum Unterschied zwischen General- und Totalunternehmerinnenvertrag vgl. Fn. 10.

[65] Botschaft BöB, S. 1949; BGer 2D_36/2016 vom 27.03.2018, E. 2.1 und 2.4 *e contrario*; BRK 2002-004 vom 26.06.2002 (VPB 66.86), E. 2 b ff.; VGer BS, VD.2016.183, E. 2.4; VGer LU, V 99 108 vom 23.07.1999, E. 2b und 2c, in: LGVE 1999 II Nr. 18; VGer SG, B 2011/98 vom 20.09.2011, E. 2.2; VGer ZH, VB.2016.00180, E. 4, wo Teilangebote einzelner Lose und Teilangebote betreffend Teile einzelner Lose in der Ausschreibung ausdrücklich nicht erlaubt waren; GALLI/MOSER/LANG/STEINER, Rz. 777.

der Zuschlag von Teilleistungen jedoch mit der Klammerbemerkung «einzelne Lose» ergänzt wird und folglich etwas Gleiches oder Analoges suggeriert.

Wie das Wort «Teilleistungen» schon sagt, ist damit ein Teil eines Ganzen gemeint, vorliegend die Erfüllung eines Teils einer Gesamtleistung.[66] Der Wortlaut erscheint insofern klar in dem Sinn, dass damit sowohl ein Teil des Gesamtangebots als auch ein Teil eines Loses gemeint sein kann. Aus der Systematik von BöB/IVöB 32 i.V.m. BöB/IVöB 35 Bst. q und in Analogie zu aVöB 22[67] i.V.m. Anhang 4 Abs. 1 Ziff. 19 lässt sich zudem folgern, dass jeweils Abs. 1 von Gesamtleistung (Gesamtangebot) spricht, während Abs. 2 von der Aufteilung dieser Gesamtleistung in Lose handelt. Aus dem Aufbau von BöB/IVöB 32 und weil danach ja sowohl die Gesamtleistung (Abs. 1) als auch die Lose (Abs. 2) je einzeln dem vorteilhaftesten Angebot zugeschlagen werden, kann es sich in Abs. 5, wo von einem Vorbehalt eines Teilleistungszuschlags die Rede ist, einzig um einen Teil eines Ganzen handeln, jedoch nicht um einzelne (ganze) Lose.[68] Mit BöB/IVöB 32 Abs. 5 sind folglich jene Fälle von «Teilleistungen» (Teilaufträge nach aBöB 22 Abs. 5) gemeint, wo sich die Auftraggeberin zunächst – aus welchen Gründen auch immer – vorbehält, die ausgeschriebene Gesamtleistung nicht insgesamt und ungeteilt als Ganzes zuzuschlagen, sondern sich eben Zuschläge auf Teilleistungen des ausgeschriebenen Beschaffungsgegenstands, d.h. auf einen Teilauftrag oder mehrere Teilaufträge eines Gesamtauftrags (-angebots) oder eines Einzelauftrags (Loses), für später vorbehält. 25

Die «Teilleistung» (oder das Teilangebot) unterscheidet sich somit von der Gesamtleistung (oder dem Gesamtangebot) dadurch, dass darin nicht eine gesamthaft, in sich geschlossen ausgeschriebene Leistung (die Gesamtleistung) beinhaltet ist, sondern ein reduzierter Leistungsinhalt.[69] Der Begriff «Los» grenzt sich hingegen von der Teilleistung in der Weise ab, dass damit zwar auch nur ein Teil einer Gesamtleistung gemeint ist, jedoch dieser Teil als Einzelauftrag separat ausgeschrieben wird, d.h., ein Gesamtvorhaben wird von der Auftraggeberin von Anfang an nicht gesamthaft ausgeschrieben, sondern in mehrere Einzelaufträge (Lose) aufgeteilt und zusammen in einer Ausschreibung 26

---

66 www.duden.de/rechtschreibung/Teilleistung; VGer AG, vom 22.06.2000, E. 3ccc, in: AGVE 2000 Nr. 69, S. 295 ff.; Spiess/Huser, Bau-Werkvertrag, Rz. 164.
67 In aVöB 22 Abs. 1– 4 wird das Gesamtangebot mehrheitlich vom Los oder Teilangebot abgegrenzt, aber sowohl beim Los als auch bei der Teilleistung jeweils der andere Begriff in Klammer hinzugefügt. In BöB 32 Abs. 1–4 hingegen ist nur von Gesamtangebot und Losen die Rede. In aVöB 22 Abs. 5 wird von Teilauftrag und in BöB/IVöB 32 Abs. 5 von Teilleistungen gesprochen.
68 Botschaft BöB, S. 1949; Erläuternder Bericht aVöB, S. 14, S. 25 f.; BRK 2002-004 vom 26.06.2002 (VPB 66.86), E. 2 b; vgl. auch VGer ZH, VB.2016.00180 vom 04.08.2016, E. 4, wo Teilangebote einzelner Lose und Teilangebote betreffend Teile einzelner Lose in der Ausschreibung ausdrücklich nicht erlaubt waren.
69 Galli/Moser/Lang/Steiner, Rz. 774 und 777 f.; Beyeler, Geltungsanspruch, Rz. 2096; BVGer B-8563/2010 vom 15.02.2011, E. 2.1.3; VGer AG, WBE.2007.167 vom 03.10.2007, E. 3.3.2, in: AGVE 2007 Nr. 38, S. 157 ff.; vgl. auch N 8.

oder in mehreren Submissionen ausgeschrieben.[70] Die Teilleistung bezieht sich folglich einzig auf die ausgeschriebene Menge bzw. den ausgeschriebenen Beschaffungsgegenstand, wohingegen sich das Los sowohl auf die Menge bzw. den Beschaffungsgegenstand wie auch auf die Verfahrens- bzw. Ausschreibungsart bezieht.

27 Ein allfälliger von der Auftraggeberin angebrachter Vorbehalt, Teilleistungen zuzuschlagen, erlaubt der Anbieterin andererseits aber nicht, anstelle des Beschaffungsgegenstands nur einen Teil eines Gesamtangebots oder eines Einzellosangebots anzubieten. D.h., hat sich die Auftraggeberin vorbehalten, Teilleistungen zuzuschlagen, hat die Anbieterin immer die ausgeschriebenen Leistungen gesamthaft und ungeteilt anzubieten, ansonsten sie auszuschliessen ist.[71]

V. Rechtsvergleichung

28 Im Rahmen der Strategie «Europa 2020» für intelligentes, nachhaltiges und integratives Wachstum spielen in den überarbeiteten und modernisierten EU-Vergaberichtlinien die marktwirtschaftlichen Instrumente zur Erzielung eines intelligenten, nachhaltigen und integrativen Wachstums bei gleichzeitiger Gewährleistung eines möglichst effizienten Einsatzes öffentlicher Gelder eine zentrale Rolle. Zu diesem Zweck und damit die Effizienz der öffentlichen Ausgaben gesteigert werden kann, soll die Teilnahme insb. von KMU an öffentlichen Vergabeverfahren erleichtert sowie den Beschaffern gleichzeitig ermöglicht werden, die öffentliche Auftragsvergabe in stärkerem Masse zur Unterstützung gemeinsamer gesellschaftlicher Ziele zu nutzen.[72]

29 Die öffentlichen Auftraggeberinnen sollen insb. ermutigt werden, grosse Aufträge in Lose zu unterteilen, wobei die Grösse und der Gegenstand der Lose durch die Auftraggeberinnen frei zu bestimmen sind. Eine Unterteilung könnte auf quantitativer Grundlage, sodass die Grösse der Aufträge den Kapazitäten der KMU besser entspricht, qualitativer Grundlage nach den verschiedenen Gewerken (Branchen) und Spezialisierungen oder unterschiedlichen aufeinanderfolgenden Projektphasen erfolgen. Wenn Aufträge zur Wahrung des Wettbewerbs oder zur Gewährleistung der Versorgungssicherheit in Lose unterteilt werden, dürfen die Auftraggeberinnen die Zahl der Lose begrenzen, für die eine Anbieterin ein Angebot unterbreiten oder für die eine Anbieterin den Zuschlag er-

---

70 GALLI/MOSER/LANG/STEINER, Rz. 776; BEYELER, Geltungsanspruch, Rz. 2106 ff.; so auch VGer ZH, VB.2016.00180 vom 04.08.2016, E. 5.2.
71 Botschaft BöB, S. 1948; GALLI/MOSER/LANG/STEINER, Rz. 468; VGer SG, B 2011/98 vom 20.09.2011, E. 2.4 f.
72 RL 2014/24/EU, E. 2 und 78; RL 2014/25/EU, E. 4 und 87. Die RL 2014/23/EU über die Konzessionsvergabe untersteht zwar auch der Strategie «Europa 2020» für intelligentes, nachhaltiges und integratives Wachstum, doch ist bei der Vergabe von Konzessionen die Aufteilung in Lose und/oder Teilaufträge nicht vorgesehen.

halten kann, sofern die objektiven und nichtdiskriminierenden Kriterien in der Ausschreibung bekannt gegeben wurden.[73]

Die Auftraggeberinnen sollten nicht verpflichtet sein, einen Auftrag auch dann Los für Los zu vergeben, wenn sich dadurch wesentlich ungünstigere Lösungen im Vergleich zu einer gemeinsamen Vergabe mehrerer oder aller Lose ergeben würden, weil sich dies negativ auf das Ziel des erleichterten Marktzugangs für KMU auswirken könnte. Es soll deshalb den Auftraggeberinnen unter vorheriger Ankündigung in der Ausschreibung gestattet sein, «eine vergleichende Bewertung der Angebote durchzuführen, um festzustellen, ob die Angebote eines bestimmten Bieters für eine bestimmte Kombination von Losen [...] in Bezug auf diese Lose als Ganzes besser erfüllen als die Angebote für die betreffenden einzelnen Lose für sich genommen. Ist dies der Fall, so sollte es dem öffentlichen Auftraggeber gestattet sein, dem betreffenden Bieter einen Auftrag in Kombination der betreffenden Lose zu erteilen.»[74]

---

[73] RL 2014/24/EU, E. 78 und RL 2014/24/EU 46 Abs. 1 und 2; RL 2014/25/EU, E. 87 und RL 2014/24/EU 65 Abs. 1 und 2.
[74] RL 2014/24/EU, E. 79 und RL 2014/24/EU 46 Abs. 3; RL 2014/25/EU, E. 88 und RL 2014/24/EU 65 Abs. 3.

Art. 33 Varianten

¹ Den Anbieterinnen / *Anbietern* steht es frei, zusätzlich zum Angebot der in der Ausschreibung beschriebenen Leistung Varianten vorzuschlagen. Die Auftraggeberin / *Der Auftraggeber* kann diese Möglichkeit in der Ausschreibung beschränken oder ausschliessen.

² Als Variante gilt jedes Angebot, mit dem das Ziel der Beschaffung auf andere Art als von der Auftraggeberin / *vom Auftraggeber* vorgesehen erreicht werden kann.

Inhaltsverzeichnis

I.	Grundlagen	1
II.	Abs. 1: Zulassung, Beschränkung und Ausschluss von Varianten	4
	A. Vorbemerkung	4
	B. Zulassung von Varianten	5
	C. Beschränkung oder Ausschluss	8
III.	Abs. 2: Definition, Abgrenzung und Risiken	12
	A. Definition der Variante	12
	B. Angebote, die keine Varianten sind	19
	C. Risiken (bei der Zulassung) von Varianten	27
IV.	Rechtsvergleichung	29

I. Grundlagen

1   Wie im GPA 1994 werden auch im GPA 2012 Varianten weder erwähnt noch geregelt. Auch das GPA 2012 soll ein effizientes Funktionieren des Wettbewerbs gewährleisten, indem das öffentliche Beschaffungswesen die Auftragsvergabe u.a. durch die Förderung des Wettbewerbs und der wirtschaftlichen Verwendung öffentlicher Mittel liberal hält, was also für die grundsätzliche Zulassung von Varianten spricht. In GPA 1994 XII:2 Bst. f und g wurde zu den Vergabeunterlagen präzisiert, dass die Auftraggeberin den Anbieterinnen alle Angaben zur Verfügung zu stellen hatte, damit die Angebote «die wirtschaftlichen und technischen Anforderungen» erfüllen, was «eine vollständige Beschreibung der benötigten Waren und Dienstleistungen sowie aller Anforderungen an technische Spezifikationen und Konformitätsbescheinigungen, die erfüllt werden müssen», voraussetzte. Zudem hatte die Auftraggeberin gemäss GPA 1994 XII:2 Bst. h «die Kriterien für den Zuschlag einschliesslich aller Gesichtspunkte, […] die bei der Beurteilung der Angebote in Betracht zu ziehen sind», in den Vergabeunterlagen zu nennen. In GPA 2012 X:7 wird zu den Ausschreibungsunterlagen ebenfalls festgehalten, dass diese alle erforderlichen Angaben enthalten müssen, damit die Anbieterinnen entsprechende Angebote einreichen können. In GPA 2012 X:7 Bst. a wird präzisierend ergänzt, dass die Ausschreibungsunterlagen eine vollständige Beschreibung der Beschaf-

fung und «aller Anforderungen, einschliesslich technischer Spezifikationen», enthalten müssen. GPA 2012 X:2 sieht vor, dass die Auftraggeberin die technischen Spezifikationen eher bez. Leistung und Funktionsanforderungen als bez. Konzeption oder beschreibender Eigenschaften vorzuschreiben hat. Gemäss GPA 2012 XV:4 muss ein Angebot, um für den Zuschlag in Betracht zu kommen, den wesentlichen Anforderungen der Ausschreibung entsprechen, und die Teilnahmebedingungen müssen erfüllt sein. Die Bestimmungen des GPA 2012 lassen somit Raum für Varianten, indem sie diese weder erwähnen noch explizit ausschliessen. Der Rahmen für Varianten muss aber in der Ausschreibung transparent abgesteckt sein, damit sie bei der Evaluation berücksichtigt werden, um nach den Grundsätzen von Gleichbehandlung, Transparenz und wirtschaftlicher Verwendung der öffentlichen Mittel für den Zuschlag in Frage zu kommen bzw. den Zuschlag zu erhalten.

In der föderativen Schweiz waren die gesetzlichen Grundlagen auch bez. Varianten und deren Zulässigkeit bis zur Inkraftsetzung der revidierten BöB/IVöB nicht einheitlich geregelt. Auf Stufe Bund gab es seit jeher in der VöB Bestimmungen zu Varianten. In Abweichung zu aVöB 22 Abs. 2 waren seit der Revision der Verordnung per 01.01.2010 gemäss aVöB 22a nur noch sog. Ausführungsvarianten zulässig, also Varianten, welche das Ziel der Beschaffung auf eine andere Art als von der Auftraggeberin in der Ausschreibung vorgesehen erreichten. Zudem sollten Varianten nur noch ausnahmsweise beschränkt werden können. Darüber hinaus sollten Angebote mit unterschiedlichen Preisarten nicht als Varianten gelten. Im Gegensatz zum Bundesrecht enthielt die aIVöB, welche als Rahmengesetz in den Kantonen Geltung hatte, keine Regelungen zu Varianten. In der Mustervorlage für Vergaberichtlinien, den VRöB, waren Varianten in VRöB 12 Bst. d, VRöB 14 Bst. h und VRöB 26 Abs. 3 erwähnt, jedoch ohne genauer zu umschreiben, was unter einer Variante zu verstehen ist. In der Umsetzung folgten einige Kantone dem Muster der VRöB[1] und andere erliessen in ihren Submissionserlassen analoge Bestimmungen zur aVöB.[2] 2

Die Auftraggeberin hat nach BöB/IVöB 35 in der Ausschreibung und den Ausschreibungsunterlagen den konkret zu beschaffenden Gegenstand, seien es Waren, Dienst- oder Bauleistungen, genau zu umschreiben sowie die zur Anwendung gelangenden sonstigen Bedingungen anzugeben. Dazu ist die Auftraggeberin zu einer genauen Bedürfnisabklärung mit Blick auf den optimalen Einsatz der öffentlichen Mittel (BöB/IVöB 2 Bst. a) verpflichtet. Bei der Erstellung der teilweise umfassenden Produkte- und Aufgabenbeschriebe sowie der detaillierten Leistungsverzeichnisse stossen die Auftraggeberinnen oft an ihre Grenzen und werden bei der Ausarbeitung der Unterlagen bisweilen betriebsblind in Bezug auf Technik und Ausführung. Mit der Zulassung von Varianten soll den Anbieterinnen die Möglichkeit eingeräumt werden, kritisch und innovativ mitzudenken und den Beschaffungsgegenstand zu optimieren, indem 3

---

1 So bspw. die Kantone Bern, Schwyz, Wallis, Zürich.
2 FETZ, funktionale Ausschreibung, Rz. 41 ff.

sie zukunftsweisende Lösungsansätze oder andere Lösungswege anbieten können, ohne das ausgeschriebene Ziel aus den Augen zu verlieren.[3]

II. Abs. 1: Zulassung, Beschränkung und Ausschluss von Varianten

A. Vorbemerkung

4 Varianten sind grundsätzlich von Seiten der Auftraggeberinnen wie der Auftragnehmerinnen erwünscht, stellen beide teilweise aber vor grosse Herausforderungen. In der Praxis sind Varianten je nach Branche mehr oder weniger verbreitet. Bei den Bauleistungen, vorab im Tief- und Untertagbau, werden Variantenangebote am häufigsten eingereicht, bei den Gütern und Dienstleistungen dagegen eher selten. Auf Seiten der Auftraggeberin besteht in der Regel stets das Streben nach Optimierung des Projekts, und sie ist deshalb interessiert, wenn die Anbieterinnen kritisch und innovativ mitdenken und ihr Fachwissen und ihre Ressourcen in eine Variante einfliessen lassen, um zu einer günstigeren, rascheren und/oder allenfalls technisch besseren Umsetzung beizutragen. Andererseits sind Varianten für Anbieterinnen interessant, weil sie sich mit abweichenden Umsetzungsvorschlägen von den anderen Anbieterinnen abheben und ihre Chance auf den Zuschlag erhöhen können. Trotz des gegenseitigen Interesses zur Optimierung der Projekte wird in der Praxis von der Möglichkeit, Varianten zu bilden, oftmals (noch) abgesehen, weil die beschaffungsrechtlichen Anforderungen hoch und die Ängste verbreitet sind.[4] Zwingende Mindestanforderungen an die Angebote, klare Abgrenzungen und Variantenvorgaben, geeignete Zuschlagskriterien sowie die nun mit der Harmonisierung von BöB/IVöB (hier speziell BöB/IVöB 33) geschaffene einheitliche und klare gesetzliche Grundlage auf Stufe Bund, Kantone und Gemeinden können dazu beitragen, Variantenangebote bei allen Beschaffungen attraktiver zu machen.[5]

B. Zulassung von Varianten

5 Als Grundsatz steht in BöB/IVöB 33 Abs. 1 niedergeschrieben, dass es den Anbieterinnen überlassen ist, auf die in der Ausschreibung nachgefragte Leistung zusätzlich zu ihrem Angebot (Grundangebot, Amtslösung oder Amtsvorschlag) Variantenangebote einzureichen. Damit ein Variantenangebot überhaupt zur Evaluation zugelassen wird und alsdann als zulässige (oder eventuell auch unzulässige) Offerte klassifiziert werden kann,

---

3   Erläuternder Bericht aVöB, S. 14; Botschaft BöB, S. 1949; Galli/Moser/Lang/Steiner, Rz. 382 ff.
4   Gauch/Stöckli, Rz. 19.2; Hürlimann, S. 3; Jäger, Beschaffungsrecht, Rz. 119; Kuonen, S. 154; Lutz, Varianten, Rz. 1 und 38; Zumstein Bonvin, S. 4; Komm BöB-Trüeb, VöB 22a N 21; VGer GR, U 11 50 vom 25.03.2010, E. 2b.
5   Vgl. auch Botschaft BöB, S. 1869 f.

wird zunächst – ohne anderslautende Anordnungen in der Ausschreibung bez. Beschränkung oder Ausschluss – die Einreichung eines Variantenangebots von der gleichzeitigen Einreichung eines Grundangebots abhängig gemacht, wobei die Variante gesondert vom Grundangebot einzureichen ist.[6] Neben der Vergleichbarkeit der Offerten wird dies insb. damit begründet, «dass sich der Anbieter mit der Gesamtheit der Probleme des konkreten Beschaffungsgeschäfts auseinandersetzt [...]. Eine ohne Amtslösung eingereichte Variante führt zur Unvollständigkeit der Offerte und damit grundsätzlich zu deren Ausschluss.»[7] Darüber hinaus muss das Variantenangebot auch sonst ausschreibungskonform sein, um als Offerte zugelassen zu werden. So muss das Variantenangebot dem in der Ausschreibung formulierten Willen der Auftraggeberin entsprechen, die definierten Ziele trotz der zulässigen Abweichungen beibehalten und mit den übrigen Angeboten vergleichbar sein. Als ausschreibungskonform gilt eine Variante (aber natürlich auch ein Grundangebot) folglich dann, wenn sie den formellen und materiellen Voraussetzungen entspricht, die Vorgaben der konkreten Ausschreibung einhält und sich auch sonst innerhalb der Schranken des anwendbaren Rechts bewegt.[8] Selbstverständlich ist zudem das Variantenangebot wie auch das Grundangebot schriftlich (Papierform), allenfalls elektronisch (elektronisches Dokument im zugelassenen Format), vollständig und innerhalb der vorgegebenen Frist einzureichen, um als Angebot in die Evaluation mit einbezogen zu werden (vgl. Art. 34 N 3 ff.).[9]

Der Auftraggeberin kommt beim Entscheid über die Gleichwertigkeit von Variante und Amtslösung ein grosser Ermessensspielraum zu, und es obliegt der Anbieterin, die Äqui-   6

---

6   Botschaft BöB, S. 1949; BGer 2P_139/2002 vom 18.03.2003, E. 3.1.3; BVGer B-1875/2014 vom 16.07.2014, E. 5.1.3 ff.; BVGer B-2675/2012 vom 23.07.2012, E. 4.3.1; BVGer B-5084/2007 vom 28.01.2008, E 2.1; VGer LU, V 99 323 und V 99 325 vom 17.02.2000, in: LGVE 2000 II Nr. 16; VGer SG, B 2005/50 vom 05.07.2005, E. 2; VGer VD, MPU.2012.0023 vom 07.11.2012, E. 3; VGer SG, B 2011/83 vom 20.09.2011, E. 4.2; Komm SIA 118-HÜRLIMANN, Art. 15 N 11.1 f.; GALLI/MOSER/LANG/STEINER, Rz. 748 f.; JÄGER, Beschaffungsrecht, Rz. 118 f.; KUONEN, S. 153 f.; FETZ, funktionale Ausschreibung, Rz. 43; Komm BöB-TRÜEB, VöB 22a N 21; SPIESS/HUSER, Bau-Werkvertrag, Rz. 237; GAUCH/STÖCKLI, Rz. 19.3, äussern sich kritisch zur gleichzeitigen Einreichung von Variante und Gesamtangebot, weil sie einerseits Anbieterinnen ausschliessen würde, welche zwar eine taugliche Variante (z.B. Ausführung in Holz), jedoch nicht das verlangte Grundangebot (z.B. Ausführung in Stahl) einreichen könnten, und weil sie andererseits der Anbieterin zusätzliche Kosten für die Erstellung eines zweiten Angebots (Amtsvorschlag) aufbürden würde; a.M. KGer LU, V 13 74 vom 08.07.2013, E. 3.5 und 5.3, wo nach kantonalem Vergaberecht im Gegensatz zu aVöB 22a Abs. 1 das Variantenangebot nicht von der gleichzeitigen Einreichung eines Grundangebots abhängig ist, dies jedoch von der Vergabestelle in der Ausschreibung ausdrücklich verlangt werden kann.

7   BGer 2P_164/2002 vom 27.11.2002, E. 3.3; BVGer B-7216/2014 vom 07.07.2016, E. 5.4 m.w.H.; BVGer B-1927/2014 vom 16.07.2014, E. 5.1.3; BVGer B-8061/2010 vom 18.04.2010, E. 7; BVGer B-5084/2007 vom 28.01.2008, E. 2.5; BVGE 2007/13, E. 5.1.

8   BEYELER, Geltungsanspruch, Rz. 1975 und 1995 f.; BVGer B-3644/2017 vom 23.08.2017, E. 6.2.1 f.; BRK 2000-013 vom 22.01.2001 (VPB 65.78), E. 2a und 3a.

9   Botschaft BöB, S. 1950; BVGer B-3644/2017 vom 23.08.2017, E. 6.4; BVGer B-2599/2016 vom 17.08.2016, E. 3.1; BVGer B-5084/2007 vom 28.01.2008, E. 2.1.

valenz aufzuzeigen. Erfüllt das Variantenangebot aber alle gesetzten Anforderungen und wird es nach der Prüfung in Bezug auf die Gleichwertigkeit im Vergleich zum ausgeschriebenen Beschaffungsgegenstand von der Auftraggeberin nicht ausgeschlossen, sondern als zulässig erklärt, ist es nach dem Gleichbehandlungsgrundsatz (BöB/IVöB 11 Bst. c) und dem Transparenzprinzip (BöB/IVöB 11 Bst. a) gleich zu behandeln wie die übrigen Angebote.[10] Wenn nach der Evaluation der Angebote darüber hinaus feststeht, dass sich das Variantenangebot als das vorteilhafteste Angebot hervorhebt, darf die Auftraggeberin das Variantenangebot nicht mehr ablehnen, schon gar nicht wegen der Variante als solcher, weil ihr diesbezüglich kein Ermessen mehr zusteht und sie dem Variantenangebot den Zuschlag zu erteilen hat.[11] Andererseits gebührt der Zuschlag nicht dem Variantenangebot, wenn sich ein anderes Angebot oder eine andere Variante als vorteilhafter herausstellt.[12]

7   Gelangt die Auftraggeberin hingegen im Rahmen der Evaluation zum Schluss, dass die Variante nicht den vorgegebenen Parametern der Ausschreibung entspricht, sie also vergaberechtlich unzulässig und folglich auszuschliessen ist, hat dies keine Auswirkungen auf das Grundangebot und allenfalls weitere Varianten der gleichen Anbieterin, denn die Gültigkeit von Grundangebot und Variante sind nur bezüglich der gleichzeitigen Einreichung voneinander abhängig, nicht jedoch inhaltlich.[13] Erweist sich hingegen bei der Prüfung das Grundangebot als unzulässig, so heisst das nicht automatisch, dass die Variante, die für sich alleine ein eigenständiges Angebot darstellt, auch aus dem Verfahren auszuschliessen ist. Es kommt in diesem Fall viel mehr auf den Ungültigkeitsgrund an, nämlich darauf, ob dieser entweder mit dem Grundangebot allein, dem Grundangebot und der Variante gleichermassen oder gar mit der Anbieterin selbst zu tun hat. Beschlägt ein bestimmter Ausschlussgrund nur das Grundangebot und die Variante entspricht den formalen und materiellen Anforderungen der Ausschreibung, ist lediglich das Grundangebot vom Ausschluss betroffen, nicht aber die Variante.[14]

---

10   GALLI/MOSER/LANG/STEINER, Rz. 766; LUTZ, Auswertung, Rz. 58; VGer AG, WBE.2007.167 vom 03.10.2007, E. 3.2 f., in: AGVE 2007 Nr. 38, S. 157 ff.; VGer GR, U 11 50 vom 25.03.2010, E. 2b; VGer SG, B 2008/234 vom 21.04.2009, E. 2.3.
11   BEYELER, Geltungsanspruch, Rz. 1977 f. und 1997; BEYELER, Ziele, Rz. 218; LUTZ, Auswertung, Rz. 56; LUTZ, Varianten, Rz. 19; GAUCH/STÖCKLI, Rz. 19.4; VGer AG, vom 06.07.2006, E. 2.2.4, in: AGVE 2006 Nr. 38, S. 195 ff.; VGer SG, B 2008/234 vom 21.04.2009, E. 2.3.
12   BEYELER, Geltungsanspruch, Rz. 1975 f.
13   VGer SG, B 2015/29 vom 25.08.2015, E. 3.2.1; VGer SG, B 2005/50 vom 05.07.2005, E. 2; VGer LU, V 99 323 und V 99 325 vom 17.02.2000, in: LGVE 2000 II Nr. 16; BEYELER, Geltungsanspruch, Rz. 2027 ff.; a.M. VGer ZG vom 28.10.2003, E. 2b, in: ZG GVP 2003, S. 113 ff., das festhielt, dass, wenn das Hauptangebot ungültig sei, auch die Unternehmerinnenvariante nicht zulässig sei.
14   BEYELER, Geltungsanspruch, Rz. 2028; BVGer B-3644/2017 vom 23.08.2017, E. 6.2, 6.5 und 6.6.

C. Beschränkung oder Ausschluss

Die grundsätzliche Zulässigkeit, Angebotsvarianten gemäss BöB/IVöB 33 Abs. 1 einreichen zu dürfen, kann von der Auftraggeberin in der Ausschreibung entweder beschränkt oder sogar ausgeschlossen werden. In der Botschaft wird dazu erläutert, dass Varianten einerseits bessere Lösungen ermöglichen (können) und andererseits den Vergleich mit den anderen Angeboten erschweren und somit den Transaktionsaufwand erhöhen. Will die Auftraggeberin die Unternehmerinnenvarianten beschränken oder gar ganz ausschliessen, hat sie von vornherein zu prüfen, ob der Nutzen von Varianten allfällige Schwierigkeiten bei der Auswertung nicht aufwiegt. Eine Begründung für die Beschränkung oder den Ausschluss ist hingegen gemäss Botschaftstext nicht erforderlich.[15] Ist eine Anbieterin mit der Beschränkung oder dem Ausschluss von Varianten nicht einverstanden, hat sie die Ausschreibung gestützt auf den Grundsatz von Treu und Glauben unmittelbar anzufechten, weil die Bedeutung und Tragweite einer solchen Anordnung aus sich heraus ohne Weiteres erkennbar ist.[16]

8

Es wird somit ins freie Ermessen der Auftraggeberin gelegt, ob und in welchem Umfang sie Varianten zulassen oder beschränken will. Solange sie die technischen Spezifikationen nicht derart eng und somit diskriminierend umschreibt, dass faktisch nur ein ganz bestimmtes Produkt oder nur eine Anbieterin resp. einzelne Anbieterinnen die Möglichkeit auf den Zuschlag haben, hat keine potenzielle Anbieterin gestützt auf den Gleichbehandlungs- oder Wirtschaftlichkeitsgrundsatz (BöB/IVöB 2 Bst. a und b) einen justiziablen Anspruch auf Zulassung von Varianten.[17] Im Sinne der Innovationsförderung sollten in der Ausschreibung oder den Ausschreibungsunterlagen die Leistungen neutral umschrieben und Varianten grundsätzlich zugelassen sein (BöB/IVöB 33 Abs. 1 Satz 1). Müssen Varianten eingeschränkt werden, empfiehlt sich, je nach Beschaffungsgegenstand die Mindestanforderungen für Varianten sachgerecht zu definieren und explizit anzugeben, unter welchen Voraussetzungen bzw. bei welchen Aspekten der Leistung Varianten als zulässig resp. unzulässig eingestuft werden (weil per se jede Spezifikation ausgrenzt) und ob sie auch Minder- oder Mehrleistungen enthalten dürfen. Andererseits machen Varianten dort keinen Sinn und sind folglich zu beschränken oder gar ganz auszuschliessen, wo die zwingenden Vorgaben oder das Beschaffungsziel keinen

9

---

15 Botschaft BöB, S. 1949; anders noch im Erläuternden Bericht aVöB, S. 15, nach dem die Auftraggeberin eine ausnahmsweise Beschränkung oder den Ausschluss von Varianten zu begründen hatte; Komm BöB-TRÜEB, VöB 22a N 22.
16 BRK 2005-016 vom 13.02.2006 (VPB 70.51), E. 2b, bb mit Verweis auf BGE 130 I 246, E. 4.3, wonach die unmittelbare Anfechtung in der Regel auch auf Anordnungen betreffend Verfahrensart, Eingabefristen, Zulässigkeit und Rechtsform von Bietergemeinschaften, Teilangebote, Losbildung oder Verfahrenssprache zutrifft.
17 BVGer B-822/2010 vom 10.03.2010, E. 4.2 f. und 5.1; VGer SG, B 2011/98 vom 20.09.2011, E. 2.2; LUTZ, Varianten, Rz. 40; BEYELER, Ziele, Rz. 96.

5. Kapitel: Vergabeanforderungen

Raum für Varianten zulassen oder für Varianten nicht attraktiv sind.[18] Trotz der allfälligen Schwierigkeit, die Mindestanforderungen an Varianten im Voraus zu definieren, sollte anstelle eines Totalverbots von Varianten einer Beschränkung als milderes Mittel jedoch der Vorzug gegeben werden.[19]

10 Gemäss BöB/IVöB 33 Abs. 1 Satz 2 hat die Auftraggeberin die Möglichkeit einer Beschränkung oder eines Ausschlusses von Varianten in der Ausschreibung zu publizieren (BöB/IVöB 35 Bst. g), d.h., sie muss Varianten im Voraus beschränken oder verbieten, kann dies allenfalls auch noch während der Ausschreibungsphase bis spätestens zum Offerteingabetermin, jedoch nicht später erklären.[20] Werden Varianten in der Ausschreibung hingegen zugelassen oder nicht eingeschränkt, kann die Auftraggeberin nachträglich, also nach dem Angebotseingabetermin, eine an sich formell und materiell zulässige Variante nicht aus irgendwelchen Gründen, nach freiem Ermessen, ohne Angabe eines Grundes oder gar weil sie sich als das vorteilhafteste Angebot erweist, ausschliessen. Sie würde sich damit widersprüchlich verhalten, was nicht geschützt werden kann.[21]

11 Ein Variantenangebot, das hingegen unklar ist und somit die Anforderungen an die formelle und inhaltliche Klarheit nicht erfüllt, läuft wegen der Gleichbehandlung der Angebote (BöB/IVöB 11 Bst. c) Gefahr, aufgrund seiner inhaltlichen Unklarheit ausgeschlossen zu werden. Es obliegt der Anbieterin, mit dem Angebot aufzuzeigen, dass das Variantenangebot mit dem Amtsvorschlag gleichwertig ist. Fehlen Ausführungen der Anbieterin zur Gleichwertigkeit des Variantenangebots mit der Amtslösung oder sind die Darlegungen derart oberflächlich, zu wenig detailliert oder gar widersprüchlich, darf die Auftraggeberin die Variante ohne weitere Prüfung vom Verfahren ausschliessen, denn die Auftraggeberin ist nicht gehalten – wenn sie denn überhaupt dazu in der Lage ist –, selber nach den Qualitäten und Konsequenzen der in der Variante enthaltenen Vorschläge zu forschen.[22] Ungeachtet dessen wäre es der Auftraggeberin faktisch nur unter Einhaltung der Voraussetzungen von BöB/IVöB 39 möglich, die Variante nachträglich zu präzisieren oder inhaltlich anzupassen, und es obliegt der Anbieterin, die Äquivalenz aufzuzeigen.[23]

---

18 VGer AG, vom 06.07.2006, E. 2.2.1, in: AGVE 2006 Nr. 38, S. 195 ff.; LUTZ, Varianten, Rz. 40 f.; HÜRLIMANN, S. 4; BEYELER, Ziele, Rz. 96 f.; KUONEN, S. 154.
19 BEYELER, Geltungsanspruch, Rz. 1978.
20 BEYELER, Geltungsanspruch, Rz. 2009 f.; BASS/CRAMERI/LANG/MALFANTI/SPÖRI, S. 249 mit Bezug auf BGBM 9 Abs. 1.
21 BEYELER, Geltungsanspruch, Rz. 1978, 2009 und 2013.
22 BEYELER, Geltungsanspruch, Rz. 2047 ff.; GALLI/MOSER/LANG/STEINER, Rz. 761 und 763; LUTZ, Auswertung, Rz. 58; BVGer B-2599/2016 vom 17.08.2016, E. 4.
23 GALLI/MOSER/LANG/STEINER, Rz. 766; LUTZ, Auswertung, Rz. 58.

III. Abs. 2: Definition, Abgrenzung und Risiken

A. Definition der Variante

Die Definition der Variante ist nicht ganz so einfach, wie es auf den ersten Blick scheint. 12
BöB/IVöB 33 Abs. 2 umschreibt dies kurzerhand: «Als Variante gilt jedes Angebot, mit dem das Ziel der Beschaffung auf andere Art als von der Auftraggeberin vorgesehen erreicht werden kann.» Bei der Variante (oder auch Unternehmerinnenvariante[24]) handelt es sich somit um ein Angebot, das sich vom normalen Angebot (Grundangebot, auch Amtslösung oder Amtsvariante) darin unterscheidet, dass es in bestimmten (oder allen) Punkten von der Ausschreibung abweicht bzw. nicht alle Vorgaben der Ausschreibung eins zu eins übernimmt, also etwas anderes vorschlägt, jedoch im Unterschied zum Teilangebot[25] zum ausgeschriebenen oder zumindest zu einem vollumfänglich gleichwertigen Ergebnis (Ziel) führt.[26] Eine Variante enthält somit immer eine leistungsbezogene, inhaltliche Abweichung von der mit der Ausschreibung oder den Ausschreibungsunterlagen vorgegebenen Parametern, um einen funktional gleichwertigen Beschaffungsgegenstand mit einem anderen Lösungsansatz oder anderen Lösungsweg zu erreichen, wobei die Gleichwertigkeit zur ausgeschriebenen Lösung durch die Anbieterin nachzuweisen ist.[27] «Anstatt eine Vorgabe wie ausgeschrieben zu übernehmen, funktionalisiert der Varianten-Anbieter diese Vorgabe – er sucht auf abstrakterer Ebene und jenseits der konkreten Ausformulierung der Vorgabe nach deren wesentlichem Zweck [...] – und formuliert hiervon ausgehend im fraglichen Punkt eine eigene Vorgabe im Sinne eines Gegenvorschlags, welcher den eigentlichen, abstrakt verstandenen Zweck der Vorgabe ebenfalls erfüllt (bzw. dem Versprechen nach erfüllen soll).»[28]

---

24 Vgl. z.B. SIA-Norm 118 15 Abs. 3.
25 Vgl. dazu Art. 32 N 8 und 23 ff.
26 BEYELER, Geltungsanspruch, Rz. 1974; HÜRLIMANN, S. 3; Komm SIA 118-HÜRLIMANN, Art. 15 N 10; KUONEN, S. 154; LUTZ, Varianten, Rz. 2; Komm BöB-TRÜEB, VöB 22a N 20; SHK Komm SIA-SPIESS/HUSER, Art. 15 N 39 ff.; KGer NE, CDP.2014.203 vom 06.10.2015, E. 3 f.; FETZ, funktionale Ausschreibung, Rz. 42: Varianten sind auch bei funktionalen Ausschreibungen denkbar. «Da eine funktionale Leistungsbeschreibung keine detaillierten Vorgaben verlangt, sondern nur ein Ziel bzw. eine Aufgabe vorgibt, ist aber nicht bereits jeder innovative Lösungsvorschlag eine Variante. In einer funktionalen Ausschreibung gilt ein Angebot erst dann als Variante, wenn es das vorgegebene Ziel oder die gestellte Aufgabe nicht respektiert. Die Anbieterin einer Variante schlägt somit nichts weniger vor, als dass die Auftraggeberin ihr Ziel ändern sollte oder dass die von der Auftraggeberin gestellte Aufgabe gar nicht diejenige ist, die es zu lösen gilt.»
27 Botschaft BöB, S. 1949; BRK 2000-013 vom 22.01.2001 (VPB 65.78), E. 3a f. und 4a; VGer AG, vom 06.07.2006, E. 2.1.2, in: AGVE 2006 Nr. 38, S. 195 ff.; VGer GR, U 11 50 vom 25.03.2010, E. 2b; VGer SZ, VGE 1021/01 vom 21.09.2001, E. 2c, in: EGV-SZ 2001 B 11.1, S. 125 ff.; GALLI/MOSER/LANG/STEINER, Rz. 759; SHK Komm SIA-SPIESS/HUSER, Art. 15 N 40; SPIESS/HUSER, Bau-Werkvertrag, Rz. 235.
28 BEYELER, Geltungsanspruch, Rz. 1974.

5. Kapitel: Vergabeanforderungen

13   Umgekehrt kann in einem Angebot dann eine Variante gesehen werden, wenn es die verlangte Leistung inhaltlich in beliebigem Umfang und in beliebiger Qualität anders anbietet, als dies in der Ausschreibung, den Ausschreibungsunterlagen oder dem Leistungsverzeichnis vorgegeben ist, ohne dass es deshalb zur Ausführung einer anderen als der geforderten Leistung kommt.[29] Von einer Variante kann dann nicht mehr gesprochen werden, wenn sich das Ergebnis der ausgeschriebenen Leistung nicht mehr mit dem geforderten Gegenstand deckt oder etwas Zusätzliches ausgeführt würde.[30]

14   Varianten werden grundsätzlich mit Bezug auf das Ergebnis der Leistung (Projektvariante) oder mit Bezug auf die Ausführung (Ausführungsvariante[31]) unterteilt, wobei auch Mischformen vorkommen können. Bei einer Projektvariante weicht die Anbieterin von der projektierten Ausführung bzw. der ausgeschriebenen Planung insofern ab, als sie die Planunterlagen in zulässiger Weise ganz oder teilweise abändert.[32] Die Grenze von der zulässigen zur unzulässigen Projektvariante liegt nach Bundesgericht dort, wo mit dem Variantenvorschlag von zwingend zu beachtenden Rahmenbedingungen (z.B. gesetzliche Vorschriften) abgewichen wird, auch wenn dies u.U. nicht ausdrücklich in den Ausschreibungsunterlagen erwähnt wird oder aus diesen hervorgeht (z.B. weil es offensichtlich ist, dass das genehmigte Ausführungsprojekt auszuführen ist und nicht ein anderes).[33] Wenn die Anbieterin hingegen mit ihrem Angebot in der Art und Weise der Ausführung von den vorgegebenen Punkten der Ausschreibung abweicht (z.B. nach Bau- oder Arbeitsmethode, Konstruktionsart, Reihenfolge der Arbeiten etc.), liegt eine Ausführungsvariante vor.[34]

15   Entgegen aVöB 22a Abs. 2, wonach Angebote mit unterschiedlichen (oder abweichenden) Preisarten nicht als Varianten galten, müssten diese Angebote mangels ausdrücklicher oder anderslautender Erwähnung in BöB/IVöB 33 neu den Varianten gleichge-

---

29   Lutz, Varianten, Rz. 30; Komm SIA 118-Hürlimann, Art. 15 N 11.3.
30   VGer GR, U 11 50 vom 25.03.2010, E. 2b.
31   Gauch, Rz. 460a, spricht alternativ von Herstellungsvariante.
32   Botschaft BöB, S. 1949; VGer ZH, VB.2010.00171 vom 17.05.2010, E. 4.1.1; VGer SZ, VGE 1021/01 vom 21.09.2001, E. 2c, in: EGV-SZ 2001 B 11.1, S. 125 ff.; Hürlimann, S. 2 f.; Lutz, Varianten, Rz. 6: Sie hält fest, dass aufgrund des Wortlauts von aVöB 22a (in Kraft seit 01.01.2010), wo nach Abs. 2 die Variante als Angebot, mit welchem das Ziel der Beschaffung auf eine andere Art als [...] vorgegeben erreicht werden kann, im Unterschied zu aVöB 22 Abs. 2 (Fassung vor 01.01.2010), welche nur von Varianten ohne weitere Definition spricht, offenbar nur noch Ausführungsvarianten zulässig sein sollen. Auch wenn der Wortlaut von BöB/IVöB 33 Abs. 2 mit jenem der Verordnung in aVöB 22 Abs. 2 identisch ist, wird diesbezüglich in der Botschaft BöB, S. 1949, präzisierend ausgeführt: «Mit der Zulassung von Varianten zielt die Auftraggeberin nicht darauf, eine andere Leistung als die ausgeschriebene zu beschaffen. Vielmehr können durch Varianten ein anderer Lösungsansatz oder ein anderer Lösungsweg beschrieben werden.» Folglich sind sowohl Projekt- als auch Ausführungsvarianten zulässig.
33   BGer 2D_39/2014 vom 26.07.2014, E. 5.5; Gauch, Rz. 460a.
34   BGer 2D_39/2014 vom 26.07.2014, E. 3.1; VGer GR, U 13 8 vom 06.03.2014, E. 3b; KGer NE, CDP.2012.78 vom 03.07.2012, E. 4; VGer ZH, VB.2007.00123 vom 12.09.2007, E. 3.3; VGer SZ, VGE 1021/01 vom 21.09.2001, E. 2a, in: EGV-SZ 2001 B 11.1, S. 125 ff.

stellt sein. In der Botschaft wird dies hingegen wie folgt relativiert: «Wählt eine Anbieterin lediglich eine andere Preisart (z.B. Globalpreis anstelle von Einheitspreis), liegt keine Variante, sondern ein ausschreibungswidriges Angebot vor. Immerhin steht es den Auftraggeberinnen frei, im Einzelfall den ‹Amtsvorschlag› hinsichtlich der Preisart derart offen zu umschreiben, dass die Wahl des Preismodells der Anbieterin überlassen wird. Erforderlich ist, dass die verschiedenen Offerten vergleichbar und bewertbar bleiben.»[35] Will also die Auftraggeberin ein anderes Preisbildungssystem oder ein anderes Preismodell resp. andere Vergütungs-, Zahlungskonditionen oder -varianten[36] zulassen, hat sie dies in der Ausschreibung möglichst klar und transparent vorzugeben, damit die Vergleichbarkeit der Angebote gewährleistet bleibt.[37] Bietet eine Anbieterin hingegen die ausgeschriebenen Leistungen mit einer abweichenden Preisart (z.B. einem gemittelten Stundenansatz [Zeitmitteltarif] anstatt qualifikationsabhängigen Mitarbeiterhonorraransätzen) oder einer abweichenden Vergütungsart an, ohne dass dies in der Ausschreibung zugelassen ist oder sie die Zulässigkeit allenfalls vorab abgeklärt hat, läuft sie Gefahr, dass ihre Offerte als ausschreibungswidriges Angebot ausgeschlossen wird.[38] Nach der Rechtsprechung beinhaltet eine Variante im beschaffungsrechtlichen Sinn immer eine leistungs- und nicht vergütungsbezogene Abweichung von vorgegebenen Punkten in der Ausschreibung, weil bei einer abweichenden Vergütungsart in Bezug

---

35 Botschaft BöB, S. 1949 f., mit Verweis auf den Erläuternden Bericht aVöB, S. 15, dessen Wortlaut fast wortwörtlich übernommen wurde; Lutz, Angebotspreis, Ziff. 22; in diesem Sinn auch VGer SG, B 2015/29 vom 06.02.2015, E. 3.1, und VGer ZH, VB.2012.00176 vom 05.10.2012, E. 6.2, die die Einreichung eines Angebots mit Gesamt-Pauschalpreis gegenüber den verlangten Offerten mit Einheitspreisen als ausschreibungswidrig bezeichneten, weil es an der Vergleichbarkeit fehlt; VGer ZH, VB.2009.00668 vom 19.05.2010, E. 7.3. In BGer 2D_2/2013 vom 18.06.2013, E. 3.4, wird die Zulässigkeit eines reinen Pauschalangebots bestätigt, weil nach kantonalem Gesetz und Beschaffungshandbuch Pauschalpreisangebote als Unternehmerinnenvarianten zulässig waren. Nach Fetz, Funktionale Ausschreibung, Rz. 44, scheint es sinnvoll, bei funktionalen Ausschreibungen nur Angebote mit Fixpreisen (Pauschal- oder Globalpreis) zu verlangen oder, wenn Einheitspreise zugelassen sind, von der Anbieterin mindestens eine Erklärung über Vollständigkeit und Richtigkeit der von ihr ermittelten Mengen zu verlangen; vgl. ebenfalls VGer AG, WBE.2013.550 vom 13.04.2014, E. 2.1, in: AGVE 2014 Nr. 32, S. 190 ff.
36 Nach Komm SIA 118-Hürlimann, Art. 15 N 11.3, und Spiess/Huser, Bau-Werkvertrag, Rz. 235, gelten auch reine Preis- und Zahlungsvarianten als Varianten im Sinne der SIA-Norm 118.
37 In BVGer B-4969/2017 vom 24.09.2018, E. 3.1 ff.: I.c. wurde in der Ausschreibung nicht vorgegeben, dass die aufsteigenden Honorarkategorien auch mit aufsteigenden Honoraransätzen anzubieten sind. Das Gericht kam zum Schluss, dass es sich beim Angebot der Beschwerdeführerin nicht um ein ausschreibungswidriges Angebot (Variante) handelt, wenn die Beschwerdeführerin die vorgegebene Anzahl Stunden auf die aufsteigenden Honorarkategorien mit absteigenden Honoraransätzen anbot, hiess die Beschwerde gut und wies die Sache zur Neubeurteilung an die Vergabestelle zurück; BVGer B-6123/2011 vom 08.12.2011, E. 4.2; BRK 2005-016 vom 13.02.2006 (VPB 70.51), E. 4c/aa, bb und ff.; VGer AG, WBE.2013.550 vom 13.04.2014, E. 2.1, in: AGVE 2014 Nr. 32, S. 190 ff.; VGer ZH, VB.2017.00180 vom 04.05.2017, E. 3; Lutz, Angebotspreis, Ziff. 22; Lutz, Varianten, Rz. 42, Beyeler, Geltungsanspruch, Rz. 2055 und 2059 f.
38 BVGer 6123/2011 vom 08.12.2011, E. 4.2 und 4.4; VGer ZH, VB.2007.00123 vom 12.09.2007, E. 3.4.3.

auf die nachgefragte Leistung letztlich immer noch die Amtslösung angeboten wird und der abweichende Vergütungsantrag der Anbieterin folglich nicht unter den Begriff der Variante subsumiert werden kann.[39] Wenn hingegen in der Ausführungsvariante unterschiedliche Einheitspreise angeboten werden, weil diese infolge der unterschiedlichen Vorgehensweisen für bestimmte Arbeiten unterschiedlich sein können, liegt keine unzulässige Preisvariante vor.[40] Offeriert eine Anbieterin einen Rabatt für den Fall, dass sie auf eine Ausschreibung den Zuschlag für mehrere Lose erhält, stellt auch dies keine Variante dar.[41]

16 Gleiches gilt für Angebote bzw. Varianten, welche Abweichendes mit Blick auf die Vertragsbedingungen oder AGB enthalten, denn ein zulässiges Angebot hat neben den ausgeschriebenen inhaltlichen Leistungen auch alle anderen Rahmenbedingungen (z.B. Organisationsvorschriften, Ausführungstermine, Vertretungs- und Geheimhaltungsregeln usw.) und Konditionen (z.B. Erfüllungsgarantien, Haftungs- und Gewährleistungsnormen, Konventionalstrafen, Zahlungsmodalitäten und -termine etc.) zu übernehmen. Diese allgemeinen Auftragskonditionen prägen ein Angebot entscheidend mit, weshalb es bei deren Abänderung nicht ohne Weiteres mit anderen Angeboten, welche sämtliche Ausschreibungsvorgaben einhalten, verglichen werden kann. Solche Variantenangebote sind nicht zulässig und auszuschliessen.[42]

17 Ungeachtet dessen, handelt es sich bei der (zulässigen oder unzulässigen) Variante grundsätzlich um ein verbindliches Leistungsversprechen der Anbieterin an die Auftraggeberin und folglich, abgesehen von den spezifischen Besonderheiten der Variante, um ein ganz normales und nicht anders zu behandelndes Angebot. D.h., für das Variantenangebot gelten die genau gleichen Regeln wie für die anderen Angebote. Sofern sich

---

39 BVGer B-4969/2017 vom 24.09.2018, E. 3.2 m.w.H.; BVGer B-6123/2011 vom 08.12.2011, E. 4.2 und 4.4; BVGer B-8563/2010 vom 15.02.2011, E. 2.1, wobei es das Gericht offengelassen hat, ob die von der Anbieterin offerierten Leistungspositionen für Zwischentransporte zu CHF 0.00 als Variante anzusehen sind, weil die Anbieterin die Materialien ohne Zwischenlagerung direkt in einem Vorgang von der Entnahmestelle an den Endbestimmungsort bringen wollte; BRK 2005-016 vom 13.02.2006 (VPB 70.51), E. 4b; VGer AG, WBE.2013.550 vom 13.04.2014, E. 2.1, in: AGVE 2014 Nr. 32, S. 190 f.; VGer BL, KGE 810 17 69 vom 30.08.2017, E. 5.7; VGer ZH, VB.2012.00176 vom 05.10.2012, E. 6.1 f.
Nach SIA-Norm 118 steht der Unternehmerin hingegen frei, von den ausgeschriebenen Parametern gegenüber privaten Bauherrinnen in beliebigem Umfang und in beliebiger Qualität abzuweichen, sofern sie die Variante als gesonderte Beilage zum Angebot einreicht. Die Frage, ob Preisvarianten zulässig sind oder nicht, stellt sich gegenüber privaten Bauherrinnen im Gegensatz zur öffentlichen Auftraggeberin nicht, weil – von anderslautenden Vorgaben in den Offertunterlagen abgesehen – jeder Änderungsvorschlag zulässig ist, auch Preisvarianten (vgl. dazu Komm SIA 118-HÜRLIMANN, Art. 15 N 10 ff.; SHK Komm SIA-SPIESS/HUSER, Art. 15 N 39 ff.).
40 BGer 2D_39/2014 vom 26.07.2014, E. 3.3 ff.; VGer GR, U 13 8 vom 06.03.2014, E. 4b.
41 VGer FR, 2A 02 92 vom 29.10.2002, E. 4b f.
42 BEYELER, Geltungsanspruch, Rz. 1927; Komm SIA 118-HÜRLIMANN, Art. 15 N 11.1 ff., N 3.3 und 3.7; GAUCH, Rz. 499.

die Variante nach der Evaluation als das vorteilhafteste Angebot herausstellt, muss ihr der Zuschlag erteilt werden.[43]

Problematisch wird es, wenn eine Anbieterin eine (zulässige oder unzulässige) innovative, effizientere, sachgerechtere und eventuell darüber hinaus noch kostengünstigere Variante als ausgeschrieben einreicht, die insb. nicht naheliegende oder branchenübliche Abweichungen oder Elemente beinhaltet (z.B. Recyclingmaterial statt Rundkies, Verwendung von Kunststoff- statt Gussrohren, Cloud statt lokaler Speicher usw.), und die Auftraggeberin diese im laufenden, in einem anderen oder späteren Verfahren oder gar in einem anderen Zusammenhang weiterverwenden will. Grundsätzlich ist die Weitergabe, Veröffentlichung oder Weiterverwendung von individuellen Lösungsansätzen und Innovationen einer Anbieterin unzulässig, weil damit einerseits gegen den vergaberechtlichen Vertraulichkeitsgrundsatz verstossen würde (BöB/IVöB 11 Bst. e) und andererseits regelmässig Normen des unlauteren Wettbewerbs[44], des Urheberrechts[45] oder des Immaterialgüterrechts[46] verletzt würden.[47] Abweichend vom Grundsatz, wonach das Angebot oder die Variante im vorvertraglichen Verhältnis von der Auftraggeberin nach Treu und Glauben vertraulich zu behandeln ist, kann die Anbieterin, abgesehen vom Zuschlag im betreffenden Verfahren, hingegen in die Weiterverwendung der Variantenidee einwilligen.[48] Ob eine Weiterverwendung der Idee im laufenden Verfahren bzw. die Anpassung der Konkurrenzangebote überhaupt möglich ist, hängt abgesehen von der Einwilligung der Anbieterin auch davon ab, ob die Angebote hinsichtlich der Leistungen nach BöB/IVöB 39 überhaupt bereinigt werden könnten, ansonsten das Verfahren, wenn die Idee denn übernommen werden soll, wohl abzubrechen und neu auszuschreiben wäre.[49] Ausser für das laufende Verfahren kann die Ideenanbieterin ihre Einwilligung zur Verwendung ihrer Innovation für spätere Ausschreibungen oder in einem anderen Zusammenhang erteilen. Aufgrund der Gleichbehandlung bzw. der Nichtdiskriminierung (BöB/IVöB 2 Bst. c) der übrigen Anbieterinnen ist bei einer späteren Ausschreibung jedoch zu berücksichtigen, dass allenfalls keine andere Anbieterin (oder nur wenige) die Idee anbieten und umsetzen können und folglich viele Mitbewerberinnen faktisch von der Verfahrensteilnahme ausgeschlossen würden.[50] Verwendet die Auftraggeberin hingegen die Idee einer Variante ohne Einverständnis der betreffen-

18

---

43 BEYELER, Geltungsanspruch, Rz. 1975 f.
44 Namentlich «Verwertung fremder Leistungen» (UWG 5) und «Verletzung von Fabrikations- oder Geschäftsgeheimnissen» (UWG 6).
45 Namentlich die «Verwendung des Werkes» (URG 10) oder die «Werkintegrität» (URG 11).
46 Namentlich Patente (PatG 1 Abs. 1) oder Designs (DesG 1).
47 BEYELER, Geltungsanspruch, Rz. 1980 ff.; GAUCH, Rz. 499; HÜRLIMANN, S. 6; LUTZ, Auswertung, Rz. 77; LUTZ, Varianten, Rz. 11; RECHSTEINER, Erkenntnisgewinn, S. 39, Ziff. 5; LEUTHOLD, Rz. 432 ff.; HESS-ODONI, Rz. 42.
48 BEYELER, Geltungsanspruch, Rz. 1985 ff.
49 RECHSTEINER, Erkenntnisgewinn, S. 37 mit Verweis auf BRK 2004-014; BEYELER, Geltungsanspruch, Rz. 1985; LUTZ, Auswertung, Rz. 77; HESS-ODONI, Rz. 41.
50 BEYELER, Geltungsanspruch, Rz. 1992.

den Anbieterin, verletzt sie nicht nur das Treueverhältnis zur Anbieterin, sondern verstösst regelmässig auch gegen Normen des unlauteren Wettbewerbs, des Urheber- oder Immaterialgüterrechts, was entsprechende Schadenersatz- oder sonstige Forderungen der Anbieterin zur Folge haben kann.[51]

B. Angebote, die keine Varianten sind

19 Von den echten Varianten sind die Teilangebote, die Mehr- und Minderleistungsvarianten, die Alternativvorschläge sowie die uneigentlichen Varianten abzugrenzen.

20 Die zulässige Variante grenzt sich vom Teilangebot insofern ab, als die Anbieterin mit dem Variantenangebot eine funktional gleichwertige Leistung mit einem anderen Lösungsansatz oder Lösungsweg anbietet, hingegen mit dem Teilangebot schlichtweg weniger offeriert, als von der Auftraggeberin ausgeschrieben wurde, und somit das Ziel und der Zweck des nachgefragten Beschaffungsspektrums nicht erreicht wird.[52] Das begriffliche Gegenstück des Teilangebots ist das Gesamtangebot (auch Grundangebot oder Amtslösung). Das Teilangebot stellt somit nichts anderes dar als eine sog. Minderleistungsvariante und ist, sofern Teilangebote nicht zugelassen sind (BöB/IVöB 32 Abs. 5), vergaberechtlich unzulässig und insofern auszuschliessen.[53] Teilangebote resp. Minderleistungsvarianten können von der Auftraggeberin hingegen ausdrücklich für zulässig erklärt werden und sind, sofern die übrigen formellen und materiellen Hürden erfüllt werden, wie die anderen Angebote und Varianten zu bewerten.[54] Gleiches gilt grundsätzlich auch für Mehrleistungsvarianten, wenngleich diese eher selten vorkommen, falls auch damit die ausgeschriebenen Ziele erreicht werden.[55] In der Literatur und Rechtsprechung ist umstritten, ob bei Vorliegen von Minder- oder Mehrleistungsvarianten den anderen Anbieterinnen eine «Nachbesserungsmöglichkeit» ihres Angebots eingeräumt werden muss. Nach einem Teil der Lehre und Rechtsprechung sind Varianten, welche eine quantitative oder qualitative Reduktion oder Ausweitung des Beschaffungsgegenstands zur Folge haben, nicht von vornherein auszuschliessen, sondern, falls solche Varianten für die Auftraggeberin in Frage kommen, als diskutables Beschaffungsziel nochmals zu überprüfen. Wenn die Auftraggeberin danach zum Schluss komme, den

---

51   GAUCH, Rz. 499; LUTZ, Varianten, Rz. 11; HESS-ODONI, Rz. 42.
52   BEYELER, Geltungsanspruch, Rz. 2034 und 2097.
53   BEYELER, Geltungsanspruch, Rz. 2057; LUTZ, Varianten, Rz. 6; BVGer B-8061/2010 vom 18.04.2010, E. 6.7 und 7, wo die Anbieterin eine geringere als die geforderte Anzahl Stunden offerierte.
54   BEYELER, Fokus Nr. 5, S. 107; VGer ZH, VB.2005.00514 vom 01.11.2006, E. 4.2.5; nach VGer ZH, VB.2004.00006 vom 20.07.2004, E. 2.2.2, sind Minderleistungsvarianten zulässig, sofern von der Vergabestelle für den von ihr verfolgten Zweck unnötig hohe Anforderungen gestellt wurden, wobei in diesem Fall den anderen Anbieterinnen Gelegenheit zu geben ist, ihre Angebote ebenfalls an den neuen Leistungsinhalt anzupassen.
55   GALLI/MOSER/LANG/STEINER, Rz. 757; LUTZ, Auswertung, Rz. 60; BEYELER, Geltungsanspruch, Rz. 2089.

Beschaffungsgegenstand entsprechend der Minder- oder Mehrleistungsvariante anzupassen, müsse sie auch den übrigen Anbieterinnen Gelegenheit geben, ihr Angebot in Bezug auf den neuen Leistungsinhalt zu überarbeiten.[56] Falls eine Bereinigung der Angebote unter den Voraussetzungen von BöB/IVöB 39 nicht möglich wäre, müsste die Auftraggeberin solche Änderungen des Beschaffungsgegenstands wohl neu ausschreiben.[57] Dieser Meinung kann nicht gefolgt werden, denn insb. bei Bauleistungen sind Unternehmerinnenvarianten erwünscht. «Bauherren, selbst wenn durch Planer sachverständig beraten, sind daran interessiert, dass die an der Ausschreibung teilnehmenden Unternehmer kritisch und innovativ mitdenken, ihr ausführungsorientiertes Knowhow bereits in die Planung einbringen und mit ihren Fachkenntnissen und ihren Ressourcen zu einer günstigeren, schnelleren und allenfalls technisch ausgereifteren Projektrealisierung beitragen. Auch aus Sicht des Bauunternehmers ist die Einreichung einer Unternehmervariante meist nicht unattraktiv: Überzeugt er den Ausschreiber durch einen Alternativvorschlag, der sich bez. Konstruktion, Ausführungsmethode, Arbeitsvorgängen vorteilhaft vom (Amts-)Projekt abhebt, erhöht sich dessen Zuschlagschance, namentlich wenn die Ausführung der Unternehmervariante zudem Einsparungen an Kosten oder Bauzeit erwarten lässt.»[58] Nach Bundesgericht und einem anderen Teil der Literatur liegt – meines Erachtens zu Recht – in der Berücksichtigung einer Minder- oder Mehrleistungsvariante keine Verletzung des Gleichbehandlungs- und Transparenzprinzips (BöB/IVöB 2 Bst. b und c sowie BöB/IVöB 11 Bst. a und c) vor, wenn den übrigen Anbieterinnen nicht die Möglichkeit zur Anpassung ihres Angebots gewährt wird. Dies deshalb, weil die Möglichkeit zur Einreichung einer zulässigen Minder- oder Mehrleistungsvariante bis zum Offerteingabetermin einerseits allen Anbieterinnen gleichermassen offenstand und andererseits die Anbieterinnen die Motivation, Varianten auszudenken und einzureichen, verlieren würden, wenn im Nachhinein auch die Konkurrez die Gelegenheit erhielte, entsprechende Nachofferten einzureichen. Zudem können mit der Minder- oder Mehrleistungsvariante auch schützenswerte Geschäfts- und Fabrikationsgeheimnisse einhergehen, und es entspricht grundsätzlich dem Wesen und dem Sinn von Varianten im Vergabeverfahren, die nachgefragte Leistung mit einem verringerten Leistungsumfang zu erbringen. Überdies ist der Vorteil einer zulässigen Variante unter der allgemeinen Angebotsfreiheit der Anbieterin absolut rechtmässig und bedarf gar keines Ausgleichs.[59]

---

56 VGer ZH, VB.2010.00171 vom 17.05.2010, E. 4.1.2; VGer ZH, VB.2005.00514 vom 01.11.2006, E. 4.2.4 ff.; VGer ZH, VB.2004.00133 vom 18.08.2004, E. 2.3.2; GALLI/MOSER/LANG/STEINER, Rz. 742 f. und 771; LUTZ, Auswertung, Rz. 60; LUTZ, Varianten, Rz. 31 f.
57 Nach B-7252/2007 vom 06.02.2008, E. 3.1.1, unterscheidet das BVGer zwischen kleinen, grösseren und wesentlichen Projektänderungen, wobei bei Letzteren ein neues Vergabeverfahren durchzuführen ist.
58 HÜRLIMANN, S. 3; ebenso LUTZ, Varianten, Rz. 1.
59 BGer 2P_14/2004, E. 3.3; LEUTHOLD, Rz. 427; BEYELER, Fokus Nr. 5, S. 106 f.; ZUMSTEIN BONVIN, S. 3 f.

5. Kapitel: Vergabeanforderungen

21 Weiter ist die Variante von der Alternative abzugrenzen. Bei der Alternative lässt sich die Auftraggeberin von Anfang an neben dem Grundangebot andere (oder mehrere) Möglichkeiten alternativ anbieten und behält sich vor, sich erst später definitiv zu entscheiden. Den Anbieterinnen steht es – sofern nichts anderes vorgegeben wird – insofern frei, nebst dem Grundangebot nur das eine oder mehrere Alternativangebote einzureichen.[60]

22 Weiter ist die Variante auch von den Vorbehalten abzugrenzen. Mit dem Vorbehalt oder dem «Kommentar»: «Ja, aber [...]» bringt die Anbieterin zum Ausdruck, dass sie nicht sämtliche ausgeschriebenen Leistungen in der verlangten Art und Weise oder nach den verlangten Voraussetzungen und Rahmenbedingungen anbieten oder nicht umfassend anbieten will resp. kann oder dass der Inhalt einer Leistungsposition in Bezug auf die Bepreisung der Erläuterung bedarf, was eingerechnet ist oder nicht.[61] Wenn die Auftraggeberin in der Ausschreibung Vorbehalte wünscht oder zulässt, können sich mitunter heikle Abgrenzungsfragen ergeben, weil bei Angeboten unter Vorbehalten nicht alle ausgeschriebenen Leistungen vollumfänglich offeriert werden. Hingegen wird bei Varianten das Ausgeschriebene auf eine andere Art und Weise vollständig angeboten.[62]

23 Die von der Anbieterin angebrachten Vorbehalte können sich bei genauer Betrachtung aber auch als Bedingungen herausstellen: Die Anbieterin behält sich vor, dass ihr Angebot oder eine Leistungsposition erst nach Eintritt (oder Wegfall) eines noch ungewissen Ereignisses bzw. einer bestimmten Tatsache wirksam wird (Suspensivbedingung, OR 151 Abs. 1) oder dass bei Eintritt (oder Wegfall) der Tatsache der Vertrag oder die betreffende Vertragsposition nachträglich aufgehoben wird (Resolutivbedingung, OR 154 Abs. 1).[63]

24 Sofern Vorbehalte und Bedingungen nicht ausdrücklich in der Ausschreibung zugelassen wurden, stimmt der angebotene Leistungsumfang nicht mit dem ausgeschriebenen Beschaffungsgegenstand überein bzw. ist die Verbindlichkeit des Angebots im Vergleich zu anderen – vorbehaltsfrei und bedingungslos eingereichten – Angeboten eingeschränkt. Dies hat zur Folge, dass aus Gründen der Gleichbehandlung (BöB/IVöB 11 Bst. d) das unter Vorbehalt oder Bedingung gestellte Angebot grundsätzlich ausschreibungswidrig und auszuschliessen ist, falls es sich dabei nicht um untergeordnete Punkt handelt.[64]

---

[60] BVGer B-1875/2014 vom 16.07.2014, E. 5.1.9; VGer ZH, VB.2009.00668 vom 19.05.2010, E. 5 und 7.4; BEYELER, Geltungsanspruch, Rz. 1925 f.

[61] BEYELER, Geltungsanspruch, Rz. 1934; GALLI/MOSER/LANG/STEINER, Rz. 470 ff.; Komm SIA 118-HÜRLIMANN, Art. 15 N 11.4; LUTZ, Auswertung, Rz. 53 ff.; SPIESS/HUSER, Bau-Werkvertrag, Rz. 236.

[62] LUTZ, Auswertung, Rz. 41 ff.; GALLI/MOSER/LANG/STEINER, Rz. 470 ff.; Komm SIA 118-HÜRLIMANN, Art. 15 N 4.3.

[63] BSK OR I 2015-EHRAT/WIDMER, Vor Art. 151–157 N 6, BSK OR I 2015-EHRAT/WIDMER, Art. 151 N 1 ff. und BSK OR I 2015-EHRAT/WIDMER, Art. 154 N 1 ff.; BEYELER, Geltungsanspruch, Rz. 1933.

[64] BEYELER, Geltungsanspruch, Rz. 1939 ff.; Komm SIA 118-HÜRLIMANN, Art. 15 N 9.

Keine Variante resp. eine uneigentliche Variante liegt vor, wenn Teile der ausgeschriebe- 25
nen Leistung, welche in den Verantwortungsbereich der Unternehmerin fallen, in abgeänderter Form angeboten werden, weil sie eine effizientere Lösung gefunden hat. Mit dem Angebot wird also nur in einem gewissen Sinn scheinbar weniger geleistet als vorgegeben, aber zugleich steht fest, dass alle Rahmenbedingungen und Ziele vollumfänglich eingehalten resp. erreicht werden. Mit dem Angebot schlägt die Anbieterin bspw. eine abweichende Baustelleninstallation, einen leistungsstärkeren oder grösseren Kran, eine Optimierung des Bau- oder Projektablaufs, die temporäre Räumung der Baustelle für einen zwei- statt einspurigen Verkehr während der Sommerferien, den Einsatz von effizienteren Leuchtkörpern mit weniger Stromverbrauch, einen grösseren Kabelquerschnitt mit der Konsequenz eines geringeren Mengenausmasses oder die Speicherung der Daten in einer Cloud statt einem lokalen Speicher vor.[65]

Darüber hinaus liegt keine Variante resp. eine uneigentliche Variante vor, wenn die An- 26
bieterin ein Angebot mit einem Alternativvorschlag wegen technischer Notwendigkeit unterbreitet, weil das Beschaffungsziel ohne Projektänderung oder Anpassung der Ausführungsart überhaupt nicht, nicht richtig oder nicht gefahrlos erreicht werden kann. Entdeckt eine Anbieterin einen solchen Fehler in der Ausschreibung, kann sie angehalten sein, in ihrem Angebot der Auftraggeberin ihre Bedenken in Bezug auf die technische Umsetzung oder die Gefahren in Form einer präzisierenden Bemerkung oder als eigentlichen Vorbehalt (allenfalls auch als unzulässige Variante) anzuzeigen, denn auch wenn Varianten nicht zugelassen sind, wird die Anbieterin dadurch nicht von der Abmahnungspflicht entbunden.[66]

C. Risiken (bei der Zulassung) von Varianten

Mit dem Zuschlag ist die Lieferung noch nicht erfolgt, die Dienstleistung noch nicht er- 27
bracht und das Werk noch nicht vollendet, weshalb sich die Auftraggeberin vorher eingehend mit einer Variante und deren Ausführungsqualität, der Haftung, der Gewährleistung oder anderen Risiken auseinanderzusetzen hat.[67] Gemäss Rechtsprechung hat die Auftraggeberin beim Entscheid, ob sie der Variante den Zuschlag erteilt oder nicht, einen grossen Ermessensspielraum, wobei sie nicht verpflichtet ist, irgendwelche Risiken einzugehen.[68] Weil an sich jede Ausschreibung mit Risiken verbunden ist, müssen

---

65 BVGer B-7216/2014 vom 07.07.2016, E. 5.5; BVGer B-7753/2016 vom 01.02.2017, E. 4; VGer BE, VGE 1996 4 vom 11.08.1997, in: BVR 1998, S. 59, E. 4b; HÜRLIMANN, S. 4; BEYELER, Geltungsanspruch, Rz. 2058; GALLI/MOSER/LANG/STEINER, Rz. 740; JÄGER, Beschaffungsrecht, Rz. 118.
66 HÜRLIMANN, S. 5 f. und S. 8 f.; GAUCH, Rz. 842 ff.; GALLI/MOSER/LANG/STEINER, Rz. 474; so auch VGer BL, 810 17 25 vom 16.08.2017, E. 7, wo die Auftraggeberin die Anbieterinnen in der Ausschreibung explizit aufforderte, auf nach ihrer Ansicht untaugliche Konstruktionen hinzuweisen.
67 LUTZ, Varianten, Rz. 12.
68 BVGer B-822/2010 vom 10.03.2010, E. 4.3; VGer AG, WBE.2007.167 vom 03.10.2007, E. 3.2.2, in: AGVE 2007 Nr. 38, S. 158 ff.

aber die besonderen oder besonders erhöhten Risiken als Folge eines Variantenzuschlags ausgemacht werden können.[69]

28 Die Unternehmerin haftet grundsätzlich nur für Fehler in ihrem Angebot, die zur Nichterreichung des Beschaffungsziels führen. Zu beachten bleibt, dass eine mit der Variante vorgeschlagene andere Konstruktion oder Ausführungsart aber eine Kausalhaftung zur Folge hat und die Unternehmerin bzw. Anbieterin verschuldensunabhängig haftet.[70] Lässt die Auftraggeberin vor der Ausführung die Variante durch eine eigene Prüfingenieurin/Planerin überprüfen, liegt die Verantwortung für die Einhaltung der geforderten Eigenschaften des Ausschreibungsgegenstands wieder bei ihr.[71] Reicht die Unternehmerin hingegen eine Variante ein, die dann zu einer vertragswidrigen Erfüllung führt, welche auf nicht oder unrichtig bekannt gegebene Umstände oder Annahmen der Auftraggeberin zurückzuführen ist, haftet sie nicht. Denn auch wenn die Auftraggeberin den Zuschlag der Variante der Unternehmerin erteilt hat, muss sich diese auf die Angaben in der Ausschreibung verlassen können, und die Auftraggeberin hat allfällige sich mit der Variante einhergehende und vom Amtsvorschlag abweichend ergebende Risiken selbst zu verantworten.[72]

IV. Rechtsvergleichung

29 Nach den neuen EU-Vergaberichtlinien[73] RL 2014/23/EU, RL2014/24/EU und RL 2014/25/EU gehören Forschung und Innovation, einschliesslich Öko-Innovation und sozialer Innovation zu den Haupttriebkräften künftigen Wachstums und stehen daher im Mittelpunkt der Strategie «Europa 2020» für intelligentes, nachhaltiges und integratives Wachstum. Die öffentlichen Auftraggeberinnen sollen die Auftragsvergabe optimal nutzen, um den Kauf innovativer Waren, Produkte, Bauleistungen und Dienstleistungen voranzutreiben. Innovationen würden dazu beitragen, ein optimales Preis-Leistungs-Verhältnis zu erzielen und folglich einen wirtschaftlichen, ökologischen und gesellschaftlichen Nutzen generieren. Da innovative Waren und Dienstleistungen

---

69 BEYELER, Geltungsanspruch, Rz. 1967.
70 STÖCKLI, Baurisiken, S. 12; SPIESS/HUSER, Bau-Werkvertrag, Rz. 238.
71 SPIESS/HUSER, Bau-Werkvertrag, Rz. 240.
72 HÜRLIMANN, S. 7, Ziff. 3 f.
73 Die Vergaberechtsmodernisierungsreform basiert auf den Vorgaben des EU-Richtlinienpakets zum Vergaberecht, das bereits am 28.03.2014 im Amtsblatt der Europäischen Union veröffentlicht wurde und von den Mitgliedstaaten bis zum 18.04.2016 umzusetzen war. Die Reform umfasst die drei RL: RL 2014/23/EU des Europäischen Parlaments und des Rates vom 26.02.2014 über die Konzessionsvergabe; RL 2014/24/EU des Europäischen Parlaments und des Rates vom 26.02.2014 über die öffentliche Auftragsvergabe und zur Aufhebung der RL 2004/18/EG und RL 2014/25/EU des Europäischen Parlaments und des Rates vom 26.02.2014 über die Vergabe von Aufträgen durch Auftraggeber im Bereich Wasser-, Energie- und Verkehrsversorgung sowie der Postdienste und zur Aufhebung der RL 2004/17/EG.

ein nachhaltiges Wirtschaftswachstum fördern würden, sollen die Auftraggeberinnen so oft als möglich unter Angabe der Mindestanforderungen Varianten zulassen.[74]

Bei der RL 2014/23/EU stehen hingegen nicht die wirtschaftspolitischen Ziele im Mittelpunkt, sondern sie soll zu grösserer Rechtssicherheit beitragen, d.h. dazu, dass auf Unionsebene klare und einheitliche Bestimmungen für die Vergabe von Konzessionen herrschen. Varianten sind bei der Konzessionsvergabe nicht vorgesehen und somit nicht erwähnt.[75] 30

Entgegen den Ausführungen in den Erwägungen sind aber gemäss RL 2014/24/EU 45 Abs. 1 Varianten grundsätzlich ausgeschlossen, wenn in der Ausschreibung eine entsprechende Angabe fehlt.[76] Abweichend von BöB/IVöB 33 können nach beiden RL die öffentlichen Auftraggeberinnen hingegen den Anbieterinnen nicht nur die Möglichkeit einräumen, Varianten einzureichen, sondern dies sogar vorschreiben. Präzisierend wird in RL 2014/24/EU 45 Abs. 2 resp. RL 2014/25/EU 64 Abs. 1 ausgeführt, dass, wenn Varianten zugelassen oder vorgeschrieben sind, die Auftraggeberin die Mindestanforderungen, welche Varianten zu erfüllen haben, sowie die Art und Weise der Einreichung, d.h., ob Varianten auch ohne Grundangebot eingereicht werden dürfen, in der Ausschreibung angegeben werden müssen. Zudem wird im gleichen Abs. ausdrücklich festgehalten, dass die Auftraggeberin die Zuschlagskriterien, die sowohl für die Varianten als auch für das Grundangebot angewendet werden, bereits in der Ausschreibung zu nennen hat. Nach RL 2014/24/EU 45 Abs. 3 resp. RL 2014/25/EU 64 Abs. 2 sind von der Auftraggeberin nur Varianten zu berücksichtigen, welche die mit der Ausschreibung verlangten Mindestanforderungen erfüllen. 31

---

74 RL 2014/24/EU, E. 47 f.; RL 2014/24/EU, E. 57 f.
75 RL 2014/23/EU, E. 1.
76 Ob dies auch auf die Sektorenauftragsvergabe zutrifft, bleibt offen, denn RL 2004/25/EU 64 Abs. 1 lässt sich nicht entnehmen, ob Varianten ohne entsprechende Erwähnung in der Ausschreibung zugelassen sind oder nicht.

Art. 34 Formerfordernisse

¹ Angebote und Anträge auf Teilnahme müssen schriftlich, vollständig und fristgerecht gemäss den Angaben in der Ausschreibung oder in den Ausschreibungsunterlagen eingereicht werden.

² Sie können elektronisch eingereicht werden, wenn dies in der Ausschreibung oder in den Ausschreibungsunterlagen vorgesehen ist und die seitens der Auftraggeberin / *des Auftraggebers* definierten Anforderungen eingehalten werden.

Inhaltsverzeichnis

I.	Referenz zu GPA und früheren Bestimmungen in BöB/VöB/IVöB	1
II.	Abs. 1: Schriftlich, vollständig und fristgerecht	3
A.	Schriftlich	5
B.	Vollständig	10
C.	Fristgerecht	12
D.	Weitere formelle Vorschriften zur Angebotsgestaltung	14
E.	Ausschluss wegen wesentlicher Formfehler	15
F.	Ausschluss wegen wesentlicher inhaltlicher Fehler	24
III.	Abs. 2: Elektronische Einreichung von Angeboten	30
IV.	Rechtsvergleichung	41

I. Referenz zu GPA und früheren Bestimmungen in BöB/VöB/IVöB

1   Die Bestimmung zu den Formerfordernissen stützt sich auf GPA 2012 XV:4: Danach muss ein Angebot insb. schriftlich eingereicht worden sein und den wesentlichen Anforderungen der Ausschreibung oder der Ausschreibungsunterlagen entsprechen, damit es für den Zuschlag in Betracht gezogen werden kann. GPA 2012 I Bst. g umschreibt den Begriff «schriftlich» als ausformulierten oder mit Zahlen versehener Wortlaut, der gelesen, wiedergegeben und später mitgeteilt werden kann, wobei das auch elektronisch übertragene oder gespeicherte Daten umfassen kann. Das GPA 2012 hebt die Bedeutung elektronischer Hilfsmittel für Beschaffungen in der Präambel hervor und fördert deren Verwendung. Die Anforderungen an die elektronische Abwicklung von Beschaffungen sind in GPA 2012 IV:3 geregelt.[1] Gemäss GPA 2012 können Beschaffungen auch vollstän-

---

1   Die Auftraggeberin hat nach GPA 2012 IV:3 dafür zu sorgen, dass bei der elektronischen Abwicklung von Beschaffungen (a) Informationstechnologie-Systeme und Software, einschliesslich jener zur Authentifizierung und Verschlüsselung von Daten, zum Einsatz kommen, die allgemein verfügbar und mit anderen allgemein verfügbaren Informationstechnologie-Systemen und Software-Applikationen kompatibel sind, und (b) dass Mechanismen bestehen, um die Integrität von Teil-

dig elektronisch abgewickelt werden. Das ergibt sich aus den Bestimmungen zu den Ausschreibungsunterlagen und den Fristen.[2]

Nach dem bisherigen BöB hatten die Anbieterinnen ihre Teilnahmeanträge und Angebote schriftlich, vollständig und fristgerecht einzureichen, wobei der Bundesrat Ausnahmen vom Schriftlichkeitserfordernis vorsehen konnte (aBöB 19 Abs. 1 und 2). Die Ausnahmen von den Formvorschriften waren in der VöB geregelt (aVöB 20): Die Auftraggeberin konnte zulassen, dass die Anbieterinnen ihre Angebote, Teilnahmeanträge und weitere Eingaben in einer im Geschäftsverkehr üblichen Form, insb. auch elektronisch, einreichen.[3] Sie musste dies in den Ausschreibungsunterlagen bekannt geben (aVöB 20 Abs. 1). Zudem mussten die Datensicherheit ab Empfang der Eingaben und deren Zuordnung zur richtigen Absenderin gewährleistet sein (aVöB 20 Abs. 2). Die bisherige IVöB regelte die Formvorschriften für Angebote nicht. Gemäss den bisherigen VRöB muss das Angebot innerhalb der Frist schriftlich, durch direkte Übergabe oder per Post vollständig bei der in der Ausschreibung genannten Stelle eintreffen (VRöB 23 Abs. 1). Das Angebot konnte auch elektronisch eingereicht werden (Abs. 2), wenn die Auftraggeberin dies in der Ausschreibung zuliess und dabei die Identität der Anbieterin sowie die Vertraulichkeit und die Unveränderlichkeit des Angebots gewährleistet waren. Entsprechende Bestimmungen mit Ausnahmen zum Schriftlichkeitsgebot gab es auch in kantonalen Submissionserlassen.[4] 2

II. Abs. 1: Schriftlich, vollständig und fristgerecht

Damit ein Angebot für den Zuschlag in Frage kommt, muss es den von der Auftraggeberin festgelegten formellen und inhaltlichen Anforderungen an das Angebot genügen. Die formellen Anforderungen sind in BöB/IVöB 34 geregelt. Hält ein Angebot diese nicht ein, richtet sich die Rechtsfolge nach BöB/IVöB 44 Abs. 1 Bst. b. Danach können Angebote mit wesentlichen Formfehlern vom Verfahren ausgeschlossen werden. Die inhaltlichen Anforderungen an ein Angebot werden nicht in BöB/IVöB 34 geregelt (vgl. N 24 ff.). Weicht ein Angebot wesentlich von den verbindlichen inhaltlichen Anforderungen einer Ausschreibung ab, kann es nach BöB/IVöB 44 Abs. 1 Bst. b ebenfalls ausgeschlossen werden. 3

---

    nahmeanträgen und von Angeboten zu gewährleisten und u.a. die Zeit des Eingangs festzustellen und unbefugte Zugriffe zu verhindern.

2 Vgl. dazu GPA 2012 X:7 Bst. d und g für die Ausschreibungsunterlagen und GPA 2012 XI:1 und 5 für die Fristen.

3 Gemäss erläuterndem Bericht des EFD vom 01.01.2010 zur Revision der VöB sollten elektronische Eingaben mit oder ohne qualifizierte elektronische Signatur zulässig sein (Erläuternder Bericht aVöB, S. 12).

4 Vgl. bspw. § 24 SubV ZH 1997.

4 Die Anbieterinnen reichen ihre Angebote und Teilnahmeanträge schriftlich (inkl. rechtsgültiger Unterschrift), vollständig und fristgerecht gemäss den Angaben in der Ausschreibung oder in den Ausschreibungsunterlagen ein.[5] Dieser Regel liegt der Gedanke zugrunde, dass die Auftraggeberin anhand der eingereichten Angebote direkt zur Vergabe des Auftrags schreiten können soll.[6] Wenn nachfolgend von «Angebot» die Rede ist, gilt dies sinngemäss auch für den «Teilnahmeantrag».

A. Schriftlich

5 Schriftlich bedeutet Text und weitere Darstellungen auf Papier mitsamt der Unterschrift derjenigen natürlichen Personen, die für die Anbieterin handlungsbevollmächtigt sind (OR 13 Abs. 1, OR 14 Abs. 1). Was wird mit dem Erfordernis der Schriftlichkeit bezweckt (vgl. N 6)? Welche Bestandteile des Angebots (vgl. N 7) sind durch wen (vgl. N 8) zu unterzeichnen und was geschieht mit Angeboten ohne Unterschrift (vgl. N 9)?

6 Das Erfordernis der Schriftlichkeit dient der Herstellung von Transparenz. Aufgrund der Schriftlichkeit kann nachgewiesen werden, dass Angebote vor Ablauf der Eingabefrist mit einem bestimmten Inhalt vorgelegen haben. Das Erfordernis der Unterschrift dient dazu, dass die Auftraggeberin die Erklärungen in einem Angebot einer bestimmten Anbieterin zuordnen kann. Zudem ist die Auftraggeberin durch die Unterschrift in der Lage, die Anbieterin besser auf die von ihr abgegebenen Versprechen zu behaften. Angebote, die mündlich erklärt werden oder per E-Mail oder Telefax übermittelt werden, sind daher grundsätzlich nicht zulässig (vgl. zur elektronischen Angebotseinreichung die Ausführungen bei N 30).[7]

7 Es ist nicht erforderlich, dass die Anbieterin sämtliche Bestandteile des Angebots unterzeichnet. Vielmehr reicht es aus, wenn mindestens ein Angebotsbestandteil, der sich ausdrücklich oder stillschweigend auf alle übrigen Angebotsbestandteile bezieht, die eigenhändige Unterschrift aufweist. Es liegt im Ermessen der Auftraggeberin, besondere Regeln betreffend Unterschriften aufzustellen. Sie kann festlegen, dass bestimmte Angebotsteile speziell unterzeichnet werden müssen. Damit kann sie die Anbieterin auf bestimmte Inhalte besonders aufmerksam machen. Hat die Anbieterin bestimmte Inhalte speziell unterzeichnet, kann sie später kaum mehr geltend machen, sie habe diese nicht gekannt oder nicht kennen können.[8]

8 Ist die Anbieterin eine natürliche Person, unterzeichnet diese selber. Bei juristischen Personen unterzeichnen die natürlichen Personen, die im Handelsregister als unterschrifts-

---

5 Botschaft BöB, S. 1950.
6 BGer 2C_241/2012 vom 28.06.2012, E. 4.1; BGer 2P.164/2002 vom 27.11.2002, E. 3.3; BVGer B-8115/2015 vom 06.10.2016, E. 3.8.1 m.H.
7 Zum Erfordernis der Schriftlichkeit BEYELER, Geltungsanspruch, Rz. 1764 ff.
8 BEYELER, Geltungsanspruch, Rz. 1768 f.

berechtigt eingetragen sind oder die über eine gültige entsprechende Ermächtigung verfügen, um für die juristische Person wirksam handeln zu können.[9] Bei Bietergemeinschaften wird ein verbindliches Angebot erklärt, indem alle Mitglieder das Angebot unterzeichnen. Es ist aber auch zulässig, dass nur das – von den anderen Mitgliedern der Bietergemeinschaft bevollmächtigte – federführende Mitglied das Angebot unterzeichnet.[10]

Weist ein Angebot gar keine Unterschriften auf oder fehlt ihm eine Unterschrift gemäss einer speziell aufgestellten Unterschriftsvorschrift, muss es grundsätzlich ausgeschlossen werden.[11] Das bedeutet aber nicht, dass dieses Angebot direkt und automatisch ausgeschlossen wird. Gemäss zutreffender Ansicht von BEYELER hat die Auftraggeberin der Anbieterin eine kurze Nachfrist zur Nachreichung der fehlenden Unterschrift einzuräumen. Diese Nachfrist darf aber nur gewährt werden, wenn die Anbieterin von ihrem Angebot nachträglich nicht abweichen kann. Erst wenn die Nachfrist ungenutzt bleibt, ist das Angebot definitiv auszuschliessen. Ein direkter Ausschluss ist nach BEYELER unverhältnismässig. Die Auftraggeberin schliesst sonst womöglich das vorteilhafteste Angebot aus dem Verfahren aus wegen einer korrigierbaren Formalie. Zudem wird der Wettbewerb in keiner Weise beeinträchtigt, wenn eine Anbieterin nachträglich ihre Offerte unterschreibt.[12] Das Schriftlichkeitserfordernis dient dem Transparenzgrundsatz, indem sichergestellt wird, dass nachträgliche Änderungen an der Offerte ohne Weiteres erkennbar sind. Diesem Anliegen nach Transparenz ist genügend Rechnung getragen, wenn zum Eingabezeitpunkt ein schriftliches Angebot vorliegt, dem einzig die Unterschrift fehlt. Vorausgesetzt ist aber, dass die Anbieterin diese Unterschrift zeitnahe nachliefert, ohne dabei ihr Angebot inhaltlich abzuändern. Das Erfordernis der Unterschrift selber dient primär dazu, dass die Auftraggeberin die Erklärungen in einem Angebot einer bestimmten Anbieterin zuordnen und diese auf ihre abgegebenen Versprechen besser behaften kann. Das gilt auch bei einer Unterschrift, die von der Anbieterin erst nachträglich geleistet wird, da auch diese einen gleichwertigen Nachweis erlaubt, solange die Unterschrift auf dem ansonsten unveränderten schriftlichen Angebot geleistet wird.[13]

---

9   Näheres bei BEYELER, Geltungsanspruch, Rz. 1779; vgl. zur Frage der Unterzeichnung durch im Handelsregister eingetragene Personen BRK 2005-017 vom 23.12.2005 (VPB 70.33), E. 3b/aa.
10 Vgl. BEYELER, Geltungsanspruch, Rz. 1780.
11 BEYELER, Geltungsanspruch, Rz. 1771.
12 BEYELER, Geltungsanspruch, Rz. 1773; a.M. LUTZ, Auswertung, Rz. 24.
13 BEYELER, Geltungsanspruch, Rz. 1773 ff.; gemäss BEYELER gibt es aber spezielle Situationen, bei denen die verspätete Unterschrift tatsächlich für die Anbieterin zu einem erheblichen materiellen Vorteil führt. Liegt ein solcher Vorteil vor, ist auf die Nachfrist zu verzichten und die Anbieterin direkt auszuschliessen.

B. Vollständig

10 Ob ein Angebot vollständig ist oder nicht, richtet sich nach den Vorgaben in der Ausschreibung bzw. den Ausschreibungsunterlagen. Dabei gelten die Verhältnisse zum Zeitpunkt der Einreichung des Angebots. Nach dem Eingabezeitpunkt nachgereichte Belege und Nachweise dürfen grundsätzlich nicht berücksichtigt werden.[14] Es stellt sich die Frage, ob die Auftraggeberin einmal festgelegte Vorgaben in der Ausschreibung bzw. den Ausschreibungsunterlagen nach der Publikation auf SIMAP korrigieren kann, wenn sie merkt, dass sie zu hohe Anforderungen ans Angebot gestellt hat. Vor Ablauf der Eingabefrist hat die Auftraggeberin die Möglichkeit zu einer Berichtigung auf SIMAP. Nach dem Eingang der Angebote sind Änderungen der Ausschreibung bzw. der Ausschreibungsunterlagen nur zulässig, wenn die Auftraggeberin diese Änderung sachlich begründen kann (z.B. durch neue Erkenntnisse), die Änderung nicht wesentlich ist und die Auftraggeberin die Änderung allen Anbieterinnen unter Wahrung der Gleichbehandlung mitgeteilt hat. Grundlose, willkürliche und diskriminierend motivierte Änderungen sind nicht zulässig.[15]

11 Nicht jede Unvollständigkeit eines Angebots führt zum Verfahrensausschluss. Der Ausschluss aus dem Verfahren ist in BöB/IVöB 44 als Kann-Vorschrift formuliert, womit der Auftraggeberin ein gewisser Ermessensspielraum eingeräumt wird. Sie hat dabei den Grundsatz der Verhältnismässigkeit zu beachten. Nach BöB/IVöB 44 Abs. 1 Bst. b werden Angebote oder Teilnahmeanträge ausgeschlossen, wenn sie wesentliche Formfehler aufweisen oder wesentlich von den verbindlichen Anforderungen einer Ausschreibung abweichen. Nur wenn dem Angebot relevante Angaben oder Unterlagen fehlen, führt dies zum Ausschluss.[16] Fehlen lediglich weniger relevante Angaben bzw. Unterlagen, liegt kein wesentlicher Formfehler vor und ein Ausschluss ist überspitzt formalistisch (vgl. dazu N 22 f.). Die Auftraggeberin hat in einem solchen Fall im Rahmen von Nachbereinigungen die Anbieterin aufzufordern, ihr Angebot zu ergänzen.[17]

---

14 BVGer B-8115/2015 vom 06.10.2016, E. 3.8.1; BVGer B-4366/2009 vom 24.02.2010, E. 7.3 m.H. auf den Entscheid der BRK 2003-015 vom 01.09.2003 (VPB 68.10), E. 3c/aa; Komm BöB-TRÜEB, Art. 19 N 1.

15 Vgl. zu den Möglichkeiten von Änderungen vor bzw. nach Ablauf der Eingabefrist weiterführend Art. 35 N 8–10.

16 BVGer B-5084/2007 vom 28.01.2008, E. 3.1.2; BRK 2000-022 vom 26.03.2001 (VPB 65.79), E. 2b/cc; VGer ZH, VB.2004.00133 vom 18.08.2004, E. 2.3.1; Komm BöB-TRÜEB, Art. 19 N 7.

17 Vgl. zum Ausschluss wegen wesentlicher Formfehler N 15 ff.

C. Fristgerecht

Reicht eine Anbieterin ein Angebot verspätet ein, liegt ein wesentlicher Formfehler vor, der zwingend zum Ausschluss führt. Die Praxis ist sehr streng.[18] Der Ausschluss ist auch dann zwingend, wenn die Frist nur geringfügig überschritten wird.[19]

12

Die Auftraggeberin hat in der Ausschreibung die Frist zur Einreichung von Angeboten oder Teilnahmeanträgen bekannt zu geben (BöB/IVöB 35 Bst. k) und dabei auch klar festzulegen, ob das Angebot auf diesen Zeitpunkt hin bereits bei der Auftraggeberin eingetroffen sein muss (sog. Zugangsprinzip) oder ob es ausreicht, wenn die Anbieterin ihr Angebot spätestens am letzten Tag der Frist der schweizerischen Post oder einer schweizerischen diplomatischen oder konsularischen Vertretung übergibt (sog. Absendeprinzip) (vgl. zum Ganzen Art. 46 N 1 ff.).[20]

13

D. Weitere formelle Vorschriften zur Angebotsgestaltung

Gemäss dem Wortlaut von BöB/IVöB 34 Abs. 1 müssen die Angebote «gemäss den Angaben in der Ausschreibung oder in den Ausschreibungsunterlagen» eingereicht werden. Die Auftraggeberin darf formelle Vorschriften zur Aufmachung des Angebots und zur Angebotsstruktur aufstellen. Sie kann Vorschriften zur Formatierung und Gliederung der Angebote definieren oder vorschreiben, welche Formulare wie auszufüllen sind, welche Angebotsbestandteile die Anbieterinnen zusätzlich unterschreiben und wie sie ihr Angebot genau beschriften und verpacken müssen. Die Auftraggeberin kann auch eine Zwei-Couverts-Methode vorgeben, bei der ein kommerzielles Couvert (mit dem Preis) und ein technisches Couvert (mit der Leistung) eingereicht werden (BöB/IVöB 35 Bst. l, BöB/IVöB 37 Abs. 3, BöB/IVöB 38 Abs. 4). Dank diesen Vorschriften zur Angebotsgestaltung kommen die Angebote einheitlich daher und sind für die Auftraggeberin besser vergleichbar. Bei der Festlegung von formellen Vorschriften zur Angebotsgestaltung muss die Auftraggeberin den Grundsatz der Verhältnismässigkeit wahren und darf dabei niemanden diskriminieren.[21]

14

---

18 BGer 2D_50/2009 vom 25.02.2010, E. 2.4 m.H.; Lutz, Auswertung, Rz. 19; Beyeler, Geltungsanspruch, Rz. 1747, Rz. 1751, Rz. 1853 ff.; Komm BöB-Trüeb, Art. 19 N 7.

19 BRK 2002-015 vom 29.01.2003 (VPB 67.65), E. 2a; BRK vom 13.08.1998 (VPB 63.17), E. 3b; ein Ausschluss ist dann überspitzt formalistisch, wenn die Anbieterin ihr Angebot zwar fristgerecht einreicht, darin aber weniger relevante Angaben und Unterlagen fehlen und sie diese erst nachträglich einreicht. Zu beachten ist GPA 2012 XV:2: «Die Auftraggeber benachteiligen Anbieter nicht, wenn ein Angebot nach Ablauf der Frist eintrifft, sofern die Verzögerung ausschliesslich dem Auftraggeber zuzuschreiben ist.» Eine Wiederherstellung der Frist wird in der Lehre zum Teil in Ausnahmesituationen bejaht, so bspw., wenn der Überbringer der Offerte auf dem Weg zur Auftraggeberin einen Herzinfarkt erleidet, sodass das Angebot verspätet eintrifft (Lutz, Auswertung, Rz. 20).

20 Vgl. dazu die Ausführungen zu BöB/IVöB 35 Bst. k (vgl. Art. 35 N 31 ff.).

21 Beyeler, Geltungsanspruch, Rz. 1833 ff.; zum Diskriminierungsverbot und zum Verhältnismässigkeitsgrundsatz weiterführend Rz. 1835.

E. Ausschluss wegen wesentlicher Formfehler

15 Nach BöB/IVöB 44 Abs. 1 Bst. b kann die Auftraggeberin eine Anbieterin ausschliessen, wenn ihr Angebot oder Teilnahmeantrag wesentliche Formfehler aufweist oder wesentlich von den verbindlichen Anforderungen einer Ausschreibung abweicht. Die Formulierung als Kann-Vorschrift zeigt, dass der Auftraggeberin bei den formellen und inhaltlichen Fehlern ein gewisser Ermessensspielraum zukommt. Sie beachtet dabei die Verhältnismässigkeit.

16 Entspricht das Angebot nicht den Vorgaben der Ausschreibung bzw. der Ausschreibungsunterlagen, fehlen wesentliche Angaben oder Belege und weist der betreffende Ausschlussgrund ein gewisses Gewicht auf, muss die Auftraggeberin das Angebot gemäss der bisherigen Praxis des Bundesverwaltungsgerichts ausschliessen, andernfalls sie die Gebote der Gleichbehandlung und Transparenz verletzt.[22]

17 Vorbehalten bleibt das Verbot des überspitzten Formalismus.[23] Ein überspitzter Formalismus nach BV 29 Abs. 1 liegt vor, wenn für ein Verfahren rigorose Formvorschriften aufgestellt werden, ohne dass die Strenge sachlich gerechtfertigt wäre, oder wenn die Behörde formelle Vorschriften mit übertriebener Schärfe handhabt. Durch ein derartiges Vorgehen wird die Formstrenge zum blossen Selbstzweck, womit die Verwirklichung des materiellen Rechts in unhaltbarer Weise erschwert oder gar verhindert werden kann.[24] Aus dem Verbot des überspitzten Formalismus wie auch aus BV 9 kann die Verpflichtung der Behörde abgeleitet werden, den Privaten in gewissen Situationen von Amtes wegen auf Verfahrensfehler hinzuweisen, die er begangen hat oder im Begriffe ist zu begehen.[25] Dies unter der Voraussetzung, dass der Fehler leicht zu erkennen ist und rechtzeitig behoben werden kann.[26]

18 Bei den Angeboten, die nicht den Anforderungen der Ausschreibung entsprechen, unterscheidet die bisherige Praxis – die wohl auch unter neuem BöB Geltung hat – zwischen schwerwiegenden (vgl. N 19–20), mittelschweren (vgl. N 21) und geringfügigen Fehlern (vgl. N 22–23):[27]

---

22 BVGer B-5017/2017 vom 13.12.2007, E. 7.3; BVGer B-7479/2016 vom 08.05.2017, E. 8.2; BVGE 2007/13, E. 3.1 m.H.; GALLI/MOSER/LANG/STEINER, Rz. 457.
23 BVGer B-5017/2017 vom 13.12.2007, E. 7.3; BVGer B-1057/2012 vom 29.03.2012, E. 2.4; BVGer B-6876/2013 vom 20.02.2012, E. 3.3.1; vgl. GALLI/MOSER/LANG/STEINER, Rz. 457.
24 BGE 135 I 6, E. 2.1 und BGE 132 I 249, E. 5.
25 BVGer B-5017/2017 vom 13.12.2007, E. 7.4.1; BVGer B-5563/2012 vom 28.02.2013, E. 2.2; BVGE 2007/13, E. 3.2 m.H.
26 BGE 125 I 166, E. 3a m.H.; BVGer B-5017/2017 vom 13.12.2007, E. 7.4.1; BRK 2005-017 vom 23.12.2005 (VPB 70.33), E. 2b m.H.
27 BVGer B-5017/2017 vom 13.12.2017, E. 7.4.2; BVGer B-5504/2015 vom 29.10.2015, E. 8.3.2; BVGer B-5563/2012 vom 28.02.2013, E. 2.2; BVGE 2007/13, E. 3.3, E. 6.2; BEYELER, Geltungsanspruch, Rz. 1746 ff.; LEUTHOLD, Offertverhandlungen, Rz. 252 f.

Ein schwerwiegender Formfehler liegt vor, wenn das Angebot wesentlich von formellen 19
Vorgaben abweicht, die sich aus dem BöB ergeben oder die die Auftraggeberin in der
Ausschreibung bzw. den Ausschreibungsunterlagen festgelegt hat. Der Ausschluss eines
Angebots mit einem schwerwiegenden Formfehler ist zwingend, da eine Berücksichtigung die Gleichbehandlung der Anbieterinnen und den Wettbewerb erheblich beeinträchtigen würde. Schliesst die Auftraggeberin ein Angebot mit einem schwerwiegenden Fehler nicht aus, handelt sie vergaberechtswidrig. Die konkurrierende Anbieterin kann den Ausschluss des Angebots mit einem schwerwiegenden Fehler gerichtlich durchsetzen.[28]

Ein Angebot ist wegen schwerwiegender Formfehler auszuschliessen, wenn die Un- 20
vollständigkeit wesentliche Punkte des Angebots betrifft.[29] Fehlen einem Angebot Angaben, die sich auf das Preis-Leistungs-Verhältnis auswirken, muss es ausgeschlossen werden.[30] Räumt die Auftraggeberin in einem solchen Fall eine Nachfrist zur Nachreichung ein, ergänzt bzw. ändert die Anbieterin ihr Angebot, was mit dem Gleichbehandlungsgebot nicht vereinbar ist. Auch ein Angebot, dem wichtige Teile wie namentlich Teile des Preisblatts fehlen, leidet an einem schwerwiegenden Formfehler. Wird ein Angebot berücksichtigt, bei dem einzelne Preispositionen nicht offeriert, sondern erst noch mit der Auftraggeberin ausgehandelt werden sollen, verletzt dies die Grundsätze der Transparenz und Gleichbehandlung.[31] Das Nichtausfüllen einer betragsmässigen Position führt aber nicht in jedem Fall zwingend zum Ausschluss. Kein wesentlicher Formfehler liegt dann vor, wenn die fehlende Position bezogen auf den Gesamtauftrag unbedeutend ist, sie sich nicht wesentlich auf die Differenz zum nächstgelegenen Angebot auswirkt und es sich zudem nicht um eine Position handelt, die trotz ihrer relativen betragsmässigen Geringfügigkeit für die Erfüllung des Auftrages bedeutsam ist.[32] Ein Angebot, bei dem eine andere Preisart offeriert wird als die, die von der Auftraggeberin festgelegt worden ist (z.B. Globalpreis statt Einheitspreis), leidet an einem wesentlichen Formfehler.[33] Auszuschliessen ist auch ein Angebot, wenn darin – obwohl von der Auftraggeberin verlangt – keine exakten Terminzusicherungen aufgeführt sind (kein Terminprogramm), sondern nur erwähnt wird, dass die Arbeiten nach Absprache mit der Auftraggeberin ausgeführt werden.[34] An einem schwerwiegenden Fehler leidet schliess-

---

28 BEYELER, Geltungsanspruch, Rz. 1749.
29 VGer AG, vom 27.12.1999, E. 3b/ee, in: AGVE 1999 Nr. 64, S. 341 ff.; BVGE 2007/13, E. 6.2; LUTZ, Auswertung, Rz. 24.
30 BVGE 2007/13, E. 3.4 m.H.; LUTZ, Auswertung, Rz. 24.
31 BRK 2006-016 vom 05.12.2006, E. 3.
32 BVGE 2007/13, E. 3.4 m.H. auf Rechtsprechung des VGer GR, U 01 109 vom 02.11.2001, in: PVG 2001 Nr. 41; GALLI/MOSER/LANG/STEINER, Rz. 464; LUTZ, Auswertung, Rz. 25.
33 Komm BöB-TRÜEB, Art. 19 N 7; GALLI/MOSER/LANG/STEINER, Rz. 482. Die falsche Preisart stellt keine Unternehmervariante dar; vgl. dazu Erläuternder Bericht aVöB, S. 15.
34 GALLI/MOSER/LANG/STEINER, Rz. 462 mit Kritik am Entscheid des VGer GR, U 01 109 vom 02.11.2001.

lich auch das zu spät eingereichte Angebot, denn bei der Frist besteht kein Raum für Toleranz.[35]

21 Ein mittelschwerer Fehler liegt vor, wenn die Verletzung der Formvorschriften zwar mehr als nur einen geringfügigen Bagatellfehler darstellt, gleichzeitig aber auch nicht derart schwerwiegend ist, dass ohne Ausschluss die Gleichbehandlung der Anbieterinnen und der Wettbewerb erheblich beeinträchtigt sind. Die Anbieterin mit dem mangelhaften Angebot geniesst durch die Verletzung zwar einen leichten Wettbewerbsvorteil. Dieser ist aber nicht ausschlaggebend für den Zuschlag an das mangelhafte Angebot. Der Zuschlag wäre mit oder ohne Fehler an dieses Angebot gegangen.[36] Die Auftraggeberin darf ein solches Angebot ausschliessen, muss aber nicht. Es ist in ihrem Ermessen, das Angebot durch Rückfragen auf den verlangten Stand zu bringen.[37] Die Auftraggeberin räumt der Anbieterin eine Nachfrist zur Korrektur des mittelschweren Fehlers ein. Lässt die Anbieterin diese Nachfrist verstreichen und bessert ihr Angebot nicht nach, muss es ausgeschlossen werden.[38] Die Auftraggeberin übt ihr Ermessen pflichtgemäss und widerspruchsfrei aus und muss alle Angebote mit mittelschweren Fehlern grundsätzlich gleichbehandeln. Es wäre daher unzulässig, bei einem Angebot mit einem mittelschweren Fehler eine Nachfrist zu setzen und das andere mit einem vergleichbaren mittelschweren Fehler direkt auszuschliessen.[39] Die konkurrierende Anbieterin kann den Ausschluss eines Angebots mit mittelschweren Fehlern nicht gerichtlich durchsetzen, solange die Auftraggeberin ihr Ermessen rechtmässig ausübt.

22 Ein geringfügiger Fehler liegt vor bei unbedeutenden Mängeln des Angebots (sog. «Bagatellfehler»). Das Angebot verletzt formelle Angebotsvorschriften, die im Hinblick auf die Grundsätze der Gleichbehandlung, der Wirtschaftlichkeit und des Wettbewerbs nicht wesentlich oder ganz unerheblich sind.[40] Bei geringfügigen Formfehlern muss die Auftraggeberin die Anbieterin im Rahmen der Bereinigung zur Nachbesserung der geringfügigen Fehler auffordern und darf nicht direkt ausschliessen. Ein Ausschluss ist mit dem Verbot des überspitzten Formalismus nicht vereinbar.[41] Die fragliche Anbie-

---

35 BEYELER, Geltungsanspruch, Rz. 1747; vgl. zur fristgerechten Einreichung N 12 f. In der Literatur wird zum Teil die Ansicht vertreten, es sei in Ausnahmesituationen denkbar, eine Frist gestützt auf die allgemeinen Grundsätze wiederherzustellen, so bspw., wenn der Überbringer der Offerte auf dem Weg zur Auftraggeberin einen Herzinfarkt erleide, sodass das Angebot nicht rechtzeitig bei der Auftraggeberin eintreffe (LUTZ, Auswertung, Rz. 20).
36 BEYELER Geltungsanspruch, Rz. 1754 f.; LEUTHOLD, Offertverhandlungen, Rz. 253.
37 BVGE 2007/13, E. 6.2.
38 Zu den Folgen mittelschwerer Fehler vgl. BEYELER, Geltungsanspruch, Rz. 1756 ff.
39 Zur Gleichbehandlung und Ermessensausübung beim Vorliegen mittelschwerer Fehler vgl. BEYELER, Geltungsanspruch, Rz. 1756 ff.
40 BEYELER, Geltungsanspruch, Rz. 1750.
41 BVGE 2007/13, E. 3.3; BVGer B-7393/2008 vom 14.01.2009, E. 3.1. Auch gemäss Praxis des Bundesgerichts vermag nicht jede Unregelmässigkeit einen Ausschluss zu rechtfertigen. Aus Gründen der Verhältnismässigkeit darf (und soll) vom Ausschluss einer Offerte abgesehen werden, wenn der festgestellte Mangel relativ geringfügig ist und der Zweck, den die in Frage stehende Formvor-

terin hat aus der Verletzung der formellen Angebotsvorschrift keinen spürbaren Wettbewerbsvorteil. Sie kann sich gegen einen Ausschluss erfolgreich vor Gericht zur Wehr setzen. Die konkurrierende Anbieterin kann den Ausschluss dieses Angebots nicht vor Gericht durchsetzen.[42]

In folgenden Fällen liegen geringfügige Fehler vor: Überspitzt formalistisch ist der Ausschluss eines Angebots, dem lediglich Bescheinigungen (z.B. betreffend Bezahlung der Steuern) fehlen, die die Anbieterin ohne grossen Aufwand und ohne Verzögerungen im Vergabeverfahren nachreichen kann.[43] Gewährt die Auftraggeberin in einem solchen Fall eine Nachfrist zur Bereinigung, darf die Anbieterin ihr Angebot inhaltlich nicht anpassen. Sie hat keinen eigentlichen Wettbewerbsvorteil, da sich das Ganze nicht auf das Preis-Leistungs-Verhältnis auswirkt. Auch ein Angebot, dem lediglich untergeordnete, ohne Weiteres und problemlos nachlieferbare Unterlagen fehlen (z.B. fehlendes Inhaltsverzeichnis, fehlende Angebotsabgabe auf CD, Nichtbefolgen des vorgegebenen Ordnerregisters), leidet an einem Bagatellfehler, der nicht zum Ausschluss führt.[44] Liegt ein offensichtliches Versehen vor, weil z.B. eine im Beilagenverzeichnis erwähnte Beilage fehlt (z.B. Referenzliste) oder ein im Inhaltsverzeichnis aufgeführtes Dokument nicht vorhanden ist, so ist dieser Fehler im Rahmen der Bereinigung zu beheben.[45] Gleiches gilt für die aufgrund eines offensichtlichen Versehens der Anbieterin nicht eingereichte Selbstdeklaration.[46] Fehlt dem Angebot die Hauptunterschrift oder sind spezielle Unterschriftsvorschriften nicht eingehalten, stellt dies ebenfalls einen Bagatellfehler dar, der nicht direkt zum Ausschluss führt. Das Nachreichen der fehlenden Unterschrift hat keine Auswirkung auf das Preis-Leistungs-Verhältnis, die Anbieterin geniesst keinen Wettbewerbsvorteil. Die Anbieterin kann diese fehlende Unterschrift rasch und ohne grossen Aufwand nachreichen, wobei das Angebot ansonsten inhaltlich unverändert bleiben muss. Ein sofortiger Ausschluss ist daher überspitzt formalistisch (vgl. dazu N 9).[47] Wird das Angebot zu spät eingereicht, liegt nie ein geringfügiger, sondern immer ein schwerwiegender Fehler vor. Auch eine geringfügige Verspätung führt zwingend zum

---

schrift verfolgt, dadurch nicht ernstlich beeinträchtigt wird (BGer 2D_34/2010 vom 23.02.2011, E. 2.3; BEYELER, Geltungsanspruch, Rz. 1752 f.; Komm BöB-TRÜEB, Art. 19 N 8).

42 BEYELER, Geltungsanspruch, Rz. 1753.
43 BVGE 2007/13, E. 3.3 m.H.
44 BEYELER, Geltungsanspruch, Rz. 1752; LUTZ, Auswertung, Rz. 24.
45 Reicht die Anbieterin diese Beilagen bzw. Dokumente aber bewusst nicht ein und liegt insofern kein Versehen vor, führt dies zum Ausschluss (Komm BöB-TRÜEB, Art. 19 N 8 m.H. auf die Rechtsprechung des VGer ZH).
46 GALLI/MOSER/LANG/STEINER, Rz. 459 m.H. auf VGer ZH, VB.2001.00215 vom 23.11.2001, E. 7 und 8 sowie Rz. 466 m.H. auf die Rechtsprechung des VGer AG, vom 25.10.2005, in: AGVE 2005 Nr. 52, S. 51 ff.; vgl. auch LUTZ, Auswertung, Rz. 24, wonach bei fehlender Selbstdeklaration ein Ausschluss zu bejahen ist.
47 BEYELER, Geltungsanspruch, Rz. 1773 ff.; a.M. LUTZ, wonach die fehlende Hauptunterschrift zwingend zum Ausschluss führt. Fehlt bei einer von mehreren Beilagen eine einzelne Unterschrift, ist ein Ausschluss auch nach dieser Autorin unverhältnismässig (LUTZ, Auswertung, Rz. 24).

5. Kapitel: Vergabeanforderungen

Ausschluss (vgl. dazu N 12 und 20). Weist das Angebot eine Vielzahl von geringfügigen Fehlern auf, führt die Summe aller Fehler nicht dazu, dass ein mittelschwerer oder schwerer Fehler vorliegt. Auch in der Summe betrachtet bleiben die Fehler bedeutungslos, weshalb ein Ausschluss überspitzt formalistisch ist.[48]

F. Ausschluss wegen wesentlicher inhaltlicher Fehler

24 Zusätzlich zu den formellen Anforderungen nach BöB/IVöB 34 muss ein Angebot auch jeweils die verbindlichen inhaltlichen Anforderungen gemäss Ausschreibung bzw. Ausschreibungsunterlagen erfüllen. Weicht ein Angebot inhaltlich wesentlich von verbindlichen Anforderungen ab, kann die Auftraggeberin die Anbieterin nach BöB/IVöB 44 Abs. 1 Bst. b vom Verfahren ausschliessen.

25 Die Abweichung kann dabei die Leistung selber oder auch die Modalitäten der Erbringung betreffen. Ausschreibungskonformität liegt vor, wenn die mit dem Angebot offerierte Leistung genau dem entspricht, was die Auftraggeberin mit der Ausschreibung verlangt hat, und wenn zusätzlich auch sämtliche sonstigen inhaltlichen Vorgaben eingehalten sind, die sich aus den rechtlichen Geschäftsbedingungen und den Vergabebedingungen ergeben:[49]

- Das Angebot muss exakt die Leistungen beinhalten, die die Auftraggeberin in der Ausschreibung bzw. den Ausschreibungsunterlagen verlangt hat. Im Angebot sind alle verbindlichen Vorgaben zur Leistung und zur Erfüllung zu übernehmen, insb. betreffend Art, Menge und Qualität der Leistung sowie Ort und Zeitpunkt der Erbringung, ansonsten ist das Angebot ausschreibungswidrig.

- Das Angebot muss zudem auch den von der Auftraggeberin als verbindlich erklärten rechtlichen Geschäftsbedingungen entsprechen. Weicht es von verbindlichen Vorgaben ab (z.B. betreffend Organisation- und Haftungsregeln, Ausführungstermine, Konventionalstrafen, Vertretung, Änderungswesen), ist es nicht ausschreibungskonform.

- Mit Einreichung des Angebots ist die Anbieterin auch zur Einhaltung sämtlicher Vergabebedingungen verpflichtet. Dabei geht um Vorgaben der Auftraggeberin über das Verhalten der Anbieterinnen im Vergabeverfahren, z.B. betreffend obligatorische Präsentationen und Begehungen, Klärungsgespräche, Einverständnis zu Besuchen, Probebetrieben und die Nachlieferung von Dokumenten. Für die Auftraggeberin ist es wichtig, dass die Anbieterin diese Vergabebedingungen einhält, denn diese dienen der Klärung des Angebotsinhalts. Missachtet die Anbieterin mit ihrem Verhalten diese Vergabebedingungen, ist ein Ausschluss aus Wirtschaftlichkeits- und Gleichbehandlungsgründen gerechtfertigt.

---

48 BEYELER, Geltungsanspruch, Rz. 1752.
49 Vgl. zum Ganzen BEYELER, Geltungsanspruch, Rz. 1919 ff., Rz. 1927 ff., Rz. 1929 ff.

Es ist im Ermessen der Auftraggeberin, in Bezug auf die Leistung den Anbieterinnen gewisse Spielräume offenzulassen. Solange die Anbieterin mit ihrem Angebot diesen Spielraum nicht verlässt, ist das Angebot ausschreibungskonform.[50] Auch bei den Geschäftsbedingungen ist es im Ermessen der Auftraggeberin, den Anbieterinnen Spielräume einzuräumen (z.B. betreffend Garantie und Haftung) oder sie gewisse Klauseln selber formulieren zu lassen. Jedes Angebot, dass die von der Auftraggeberin eingeräumten Spielräume ausnützt, aber nicht überschreitet, ist ausschreibungskonform.[51] 26

Wie bei den Formfehlern ist auch bei den inhaltlichen Fehlern zu unterscheiden zwischen schwerwiegenden, mittelschweren und geringfügigen Fehlern. Weicht ein Angebot in wesentlichen Teilen eigenmächtig von den Vorgaben der Ausschreibung ab, liegt eine schwerwiegende inhaltliche Abweichung vor, die zwingend zum Ausschluss führt.[52] Ein Angebot, dass zwingende technische Spezifikationen nicht erfüllt, ist auszuschliessen. Es ist nicht zulässig, ein solches Angebot im Rahmen von Bereinigungen derart anzupassen und zu ergänzen, dass die Ausschreibungskonformität nachträglich hergestellt wird.[53] Bei mittelschweren inhaltlichen Abweichungen von Vorgaben liegt es im Ermessen der Auftraggeberin, ob das Angebot ausgeschlossen wird oder nicht. Bei geringfügigen inhaltlichen Abweichungen von den Vorgaben ist ein Ausschluss überspitzt formalistisch. Solche Abweichungen sind im Rahmen der Bereinigung zu eliminieren. Häufig stellen inhaltliche Abweichungen aber bereits mittelschwere Fehler dar, da sie sich bereits auf das Preis-Leistungs-Verhältnis auswirken.[54] 27

Ein Angebot ist auch dann nicht ausschreibungskonform, wenn die Anbieterin das Angebot mit einer Bedingung, einem Vorbehalt oder eine Annahme versieht:[55] 28

– Bei den Bedingungen knüpft die Anbieterin die Verbindlichkeit des Angebots an eine bestimmte Tatsache und erklärt, dass sie nicht oder nicht vollständig an ihr Angebot gebunden ist, solange eine bestimmte Tatsache noch nicht eingetreten ist (Suspensivbedingung), oder dass die Bindung nicht mehr oder nur mehr eingeschränkt gilt, sobald eine bestimmte Tatsache eintritt (Resolutivbedingung). Da die Bedin-

---

50 Im Rahmen der funktionalen Ausschreibung ist ein Angebot ausschreibungskonform, solange es die vorgegebenen Ziele erreicht und dabei den Spielraum einhält. Auch Varianten sind ausschreibungskonforme Angebote. Sie weichen zwar von dem in der Ausschreibung umschriebenen Amtsvorschlag ab. Doch ist dies gerade der Sinn und der Zweck der Varianten, dass das Ziel der Beschaffung auf andere Art als von der Auftraggeberin vorgesehen erreicht werden kann (BöB/IVöB 33 Abs. 2). Vgl. zum Ganzen BEYELER, Geltungsanspruch, Rz. 1920, Rz. 1921 und Rz. 1923.
51 BEYELER, Geltungsanspruch, Rz. 1928.
52 GALLI/MOSER/LANG/STEINER, Rz. 468 m.H.
53 BRK 2006-016 vom 05.12.2006, E. 3; GALLI/MOSER/LANG/STEINER, Rz. 465 m.H. auf die Rechtsprechung des VGer AG, vom 27.12.1999, in: AGVE 1999 Nr. 64, S. 341 ff.
54 BEYELER, Geltungsanspruch, Rz. 1914.
55 Vgl. dazu weiterführend BEYELER, Geltungsanspruch, Rz. 1932 ff.

5. Kapitel: Vergabeanforderungen

gung weniger Bindung als von der Auftraggeberin vorgegeben bewirkt, ist das Angebot ausschreibungswidrig.[56]

- Beim Vorbehalt erklärt die Anbieterin, dass sie bestimmte Vorgaben zum Umfang der Leistung oder den Modalitäten der Leistungserbringung nicht oder nicht vollständig akzeptieren will. Der Vorbehalt kann bspw. bestimmte Leistungen, Liefermengen und -zeitpunkte, Qualitäten, Ausführungsart oder rechtliche Geschäftsbedingungen (z.B. Konventionalstrafe) betreffen. Da nicht sämtliche Leistungen in der Art und unter den rechtlichen und tatsächlichen Rahmenbedingungen offeriert werden, wie dies von der Auftraggeberin vorgegeben ist, ist das Angebot nicht ausschreibungskonform.[57]

- Von der Anbieterin getroffene Annahmen können darin bestehen, dass sie Rahmenbedingungen der Leistungserbringung, die die Auftraggeberin bewusst oder unbewusst offengelassen hat, ausfüllt. Die Anbieterin trifft bei lückenhaften Ausschreibungen konkretisierende Annahmen, um diese Lücken zu schliessen und korrekt offerieren zu können.[58] Häufig handelt es sich bei den «Annahmen» aber eigentlich um Bedingungen, mit denen die Verbindlichkeit des Angebots beschränkt werden soll.[59]

29 Im Resultat führen Bedingungen und Vorbehalte dazu, dass nicht sämtliche von der Auftraggeberin definierten Vorgaben offeriert werden. Die Verbindlichkeit des im Angebot enthaltenen Leistungsversprechens, der Leistungsumfang oder andere Modalitäten der Leistungserbringung entsprechen nicht dem, was die Auftraggeberin verlangt hat. Das Angebot ist ausschreibungswidrig und daher unter dem Vorbehalt des Verhältnismässigkeitsgrundsatzes auszuschliessen. Gleiches gilt für Annahmen, die häufig nichts anderes als Bedingungen sind. Füllt die Anbieterin indes mit einer Annahme eine Lücke der Ausschreibung, die bewusst oder unbewusst offengelassen wurde, ist das Angebot ausschreibungskonform.[60] Zu beachten sind die Spielräume, die die Auftraggeberin im Zusammenhang mit Bedingungen, Vorbehalten und Annahmen gewähren kann. Angebote, die sich innerhalb dieser Spielräume befinden, sind nicht ausschreibungswidrig.[61]

---

56 Vgl. zu den Bedingungen BEYELER, Geltungsanspruch, Rz. 1933, Rz. 1940.
57 Vgl. zum Vorbehalt BEYELER, Geltungsanspruch, Rz. 1934, Rz. 1946; LUTZ, Auswertung, Rz. 53.
58 Die Anbieterin trifft bspw. im Rahmen von Bauarbeiten an einer Strasse die Annahme, dass die Strasse ganz oder teilweise gesperrt wird, wenn die Auftraggeberin dies nicht selber definiert hat.
59 Die Anbieterin hält bspw. fest, dass sich ihr Preis für Stahlbeton unter der Annahme verstehe, dass der Stahlpreisindex im Vergleich mit einem bestimmten Stichtag nicht um mehr als eine bestimmte Anzahl Prozentpunkte ansteige; vgl. zu den Annahmen BEYELER, Geltungsanspruch, Rz. 1936 ff.
60 BEYELER, Geltungsanspruch, Rz. 1942 f. Gemäss Beyeler ist die Anbieterin gehalten, der Auftraggeberin umgehend eine Mitteilung zu machen, wenn sie in der Ausschreibung Lücken entdeckt. Die Auftraggeberin kann die Lücke dann selber füllen oder zur Füllung durch die Anbieterinnen freigeben.
61 BEYELER, Geltungsanspruch, Rz. 1947.

III. Abs. 2: Elektronische Einreichung von Angeboten

Nach neuem BöB und neuer IVöB ist eine elektronische Einreichung von Angeboten zulässig, wenn die Auftraggeberin dies vorgängig in der Ausschreibung oder den Ausschreibungsunterlagen angekündigt hat und die Anbieterin dabei die von der Auftraggeberin definierten Anforderungen einhält (BöB/IVöB 34 Abs. 2). Es ist zunächst zu unterscheiden zwischen einem elektronischen Angebot und elektronischen Bestandteilen eines Angebots (vgl. N 31). Bei beiden kann die Übermittlung des Angebots auf physischem oder elektronischem Weg erfolgen (vgl. N 32).

Von einem elektronischen Angebot spricht man dann, wenn die Anbieterin sämtliche Informationen des Angebots als elektronische Dateien speichert und so einreicht. Das Angebot wird gar nicht auf Papier erklärt, sodass die Auftraggeberin nur mit Zuhilfenahme elektronischer Geräte in der Lage ist, den Inhalt des Angebots zur Kenntnis zu nehmen. Ein elektronischer Bestandteil eines Angebots liegt hingegen vor, wenn die Anbieterin ihr Angebot in Papierform und unterzeichnet einreicht, dabei aber gewisse Informationen wie z.B. Pläne, Zeichnungen, Visualisierungen, Muster, Modelle, Berechnungen in elektronischer Form auf einem Datenträger (Memory-Stick, CD etc.) speichert und der Auftraggeberin zusammen mit dem Angebot übergibt.[62] Bereits nach bisherigem BöB durfte die Auftraggeberin verlangen, dass gewisse Angebotsbestandteile als digitale Datei auf einem Datenträger einzureichen sind. Umgekehrt steht es der Anbieterin aber nicht frei, von sich aus und ohne Erlaubnis der Auftraggeberin gewisse Angebotsbestandteile lediglich in elektronischer Form auf einem Datenträger einzureichen, wenn die Auftraggeberin die Schriftform verlangt hat. Sie kann die elektronische Form des Angebotsbestandteils zusätzlich zur Papierfassung einreichen.[63]

Sowohl bei elektronischen Bestandteilen von Angeboten als auch bei elektronischen Angeboten ist eine physische oder elektronische Übermittlung der Angebote möglich. Bei der physischen Übermittlung speichert die Anbieterin die elektronischen Bestandteile bzw. das elektronische Angebot auf einem Datenträger (z.B. auf einem Speicherchip) und übergibt diesen dann physisch der Auftraggeberin oder sendet ihn zu. Eine elektronische Übermittlung liegt vor, wenn die elektronischen Bestandteile bzw. elektronischen Angebote mittels Datenfernübertragung elektronisch übermittelt oder verfügbar gemacht werden (E-Mail, Upload auf Internet-Plattform).

---

62 Gemäss BEYELER ist das Schriftlichkeitsgebot selbst dann eingehalten, wenn die Anbieterin – nach den Vorgaben der Auftraggeberin – ihr Angebot auf einem Datenträger speichert, dieses physisch einreicht und der Auftraggeberin nur ein unterzeichnetes Begleitschreiben beifügt, das Bezug nimmt auf den Datenträger und die dort abgespeicherten elektronischen Daten zu Angebotsbestandteilen erklärt (BEYELER, Geltungsanspruch, Rz. 1788, Rz. 1793).
63 Zu elektronischen Bestandteilen einer Offerte BEYELER, Geltungsanspruch, Rz. 1788, Rz. 1791 ff., Rz. 1832. Vgl. zu den Folgen, wenn Bestandteile des Angebots ohne Erlaubnis der Auftraggeberin ausschliesslich elektronisch eingereicht werden, BEYELER, Geltungsanspruch, Rz. 1794.

33 Die Formerfordernisse zur Einreichung von Angeboten und Teilnahmeanträgen gehören zum Mindestinhalt der Ausschreibung (BöB/IVöB 35 Bst. l) und der Ausschreibungsunterlagen (BöB/IVöB 36 Bst. c). Es liegt im freien Ermessen der Auftraggeberin zu definieren, ob die Angebote konventionell in Papierform oder elektronisch eingereicht werden sollen. Sagt die Auftraggeberin nichts zur elektronischen Einreichung, sind die Angebote in Papierform einzureichen. Die Anbieterin hat keinen Anspruch darauf, ihr Angebot elektronisch einreichen zu dürfen.[64] Reicht sie ohne Erlaubnis der Auftraggeberin ein elektronisches Angebot ein, liegt ein wesentlicher Formfehler vor, der zum Ausschluss führt.

34 Es stellt sich die Frage, ob die Auftraggeberin auch ausschliesslich elektronische Angebote verlangen und damit ein rein elektronisches Beschaffungsverfahren durchführen darf. Gemäss bisherigem BöB/VöB war es der Auftraggeberin nicht erlaubt, ausschliesslich elektronische Angebote zu verlangen. Die Anbieterin durfte ihr Angebot jeweils auch konventionell in Papierform einreichen und konnte nicht zur elektronischen Übermittlung gezwungen werden.[65] VRöB 23 sah ebenfalls die schriftliche Angebotseinreichung vor, wobei die Auftraggeberin eine elektronische Einreichung zwar vorsehen konnte, diese aber nicht ausschliesslich verlangen durfte. Nach neuem BöB kann die Auftraggeberin in der Ausschreibung bzw. den Ausschreibungsunterlagen eine Einschränkung auf ausschliesslich elektronische Angebote vorsehen. Die Zulässigkeit eines ausschliesslich elektronisch durchgeführten Beschaffungsverfahrens lässt sich direkt aus dem GPA 2012 ableiten.[66] Hat die Auftraggeberin die Beschränkung auf ausschliesslich elektronische Angebote bekannt gegeben und reicht eine Anbieterin ihr Angebot trotzdem schriftlich ein, wird es ausgeschlossen.

35 Die Auftraggeberin, die ein elektronisches Beschaffungsverfahren durchführen will, muss die Anforderungen an die Authentifizierung und Verschlüsselung in den Ausschreibungsunterlagen bekannt geben (BöB/IVöB 36 Bst. e). Will die Anbieterin ihr Angebot elektronisch einreichen, hat sie diese Anforderungen einzuhalten (BöB/IVöB 34 Abs. 2).

36 Bei der elektronischen Angebotseinreichung muss die Zuordnung des Angebots zu einer bestimmten Anbieterin sichergestellt sein. Fraglich ist, ob nach neuem BöB/neuer IVöB eine qualifizierte elektronische Signatur im Sinne des ZertES verlangt ist. Weder der Gesetzestext des BöB noch die Botschaft beantworten diese Frage. Das bisherige BöB/VöB regelte in aVöB 20 die Ausnahmen zum Schriftlichkeitsgrundsatz. Die Auftraggeberin konnte die elektronische Einreichung von Angeboten zulassen, wobei die Zuordnung des Angebots zur richtigen Anbieterin und die Datensicherheit gewährleistet sein mussten. Dem erläuternden Bericht zur aVöB ist zu entnehmen, dass es je nach

---

64 BEYELER, Geltungsanspruch, Rz. 1807.
65 BEYELER, Geltungsanspruch, Rz. 1811 f.; vgl. dazu Erläuternder Bericht aVöB, S. 12.
66 Vgl. GPA 2012 II:1, GPA 2012 IV:3, GPA 2012 X:7 Bst. g, GPA 2012 XI:1 Bst. c; vgl. dazu auch die Ausführungen bei BEYELER, Geltungsanspruch, Rz. 1812.

Geschäftsverkehr sein könne, dass elektronische Eingaben mit oder ohne qualifizierte elektronische Signatur üblich seien.[67] Dem erläuternden Bericht ist zumindest kein Hinweis darauf zu entnehmen, dass elektronische Angebote zwingend nur mit qualifizierter elektronischer Signatur im Sinne des ZertES zulässig sein sollten, solange die Datensicherheit und die Feststellung der Identität der Anbieterin gewährleistet sind.[68]

Bei der Einreichung der Angebote in Papierform dient die handschriftliche Unterschrift dazu, die im Angebot abgegebenen Erklärungen einer Anbieterin zuzuordnen.[69] Bei der elektronischen Abwicklung einer Beschaffung verlangt das GPA, dass die Auftraggeberin IT-Systeme und Software (inkl. jener der Authentifizierung und Datenverschlüsselung) einsetzt, die allgemein verbreitet sowie kompatibel sind mit anderen allgemein verfügbaren IT-Systemen und Software. Es müssen ferner Mechanismen bestehen, um die Integrität von Teilnahmeanträgen und von Angeboten zu gewährleisten und u.a. die Zeit des Eingangs festzustellen und unbefugte Zugriffe zu verhindern (GPA 2012 IV:3 Bst. a und b). Mit der verlangten Authentifizierung und Verschlüsselung (BöB/IVöB 36 Bst. e) ist die Auftraggeberin u.a. in der Lage, ein elektronisches Angebot sicher einer bestimmten Anbieterin zuzuordnen. Neben der qualifizierten elektronischen Signatur im Sinne des ZertES sollten für die elektronische Angebotseinreichung nach neuem BöB/neuer IVöB auch andere gleichwertige Verfahren zulässig sein, mit denen eine sichere Authentifizierung möglich ist. Dies wäre auch im Sinn der mit der Revision angestrebten KMU-Förderung. 37

Nach GPA 2012 hat die Auftraggeberin bei der elektronischen Abwicklung von Beschaffungen dafür zu sorgen, dass Mechanismen bestehen, um die Integrität der Teilnahmeanträge und Angebote zu gewährleisten und u.a. die Zeit des Eingangs festzustellen und unbefugte Zugriffe zu verhindern (GPA 2012 IV:3 Bst. b). BöB/IVöB 36 Bst. e verpflichtet die Auftraggeberin, bei der elektronischen Angebotseinreichung die Anforderungen an die Authentifizierung und Verschlüsselung der Daten in den Ausschreibungsunterlagen bekannt zu geben. Aus Gründen der Transparenz muss die Auftraggeberin auch bei elektronisch erklärten Angeboten nachweisen können, dass das Angebot rechtzeitig vor Ablauf der Eingabefrist mit einem bestimmten Inhalt vorgelegen hat. Dieser Nachweis kann ohne grossen Aufwand mit einem sog. elektronischen Zeitstempel i.S.v. ZertES 2 Bst. i oder ähnlichen Verfahren erbracht werden. Indem die Auftraggeberin den ursprünglichen Inhalt nachweist, kann sie Vorwürfe entkräften, das elektronisch erklärte Angebot sei nachträglich abgeändert worden.[70] Da Änderungen bei elektronischen Angeboten relativ spurlos vorgenommen werden können, trifft die Auftraggeberin besondere Präventivpflichten. Sie hat Verfahren und Systeme zu wählen, die eine unbefugte Veränderung der Daten eines elektronisch erklärten Angebots möglichst verhindern. Die Auftraggeberin stellt technisch sicher, dass ihre Mitarbeitenden und Beauf- 38

---

67 Erläuternder Bericht aVöB, S. 12.
68 Dazu kritisch BEYELER, Geltungsanspruch, Rz. 1816 f.
69 Vgl. zur Funktion der Unterschrift weiterführend BEYELER, Geltungsanspruch, Rz. 1764 ff.
70 Vgl. zum Zeitstempel BEYELER, Geltungsanspruch, Rz. 1818 ff.

tragten die elektronischen Daten nicht ohne nachweisbare Spuren verändern können. Zudem stellt sie sicher, dass auch die Anbieterinnen nach Ablauf der Einreichungsfrist ihre elektronischen Angebote nicht mehr verändern können.[71]

39 Die Auftraggeberin muss bei der Zulassung der elektronischen Angebotseinreichung die Gleichbehandlung beachten. Da mit dem GPA 2012 die ausschliesslich elektronische Angebotseinreichung staatsvertraglich zulässig ist, dürfte die Einschränkung auf elektronische Angebote per se nichtdiskriminierend sein.[72] Eine Diskriminierung kann aber auch in den Modalitäten der elektronischen Angebotsübermittlung liegen. Daher verlangt das GPA 2012 den Einsatz von IT-Systemen und Software, die allgemein verfügbar oder kompatibel mit anderen IT-Systemen bzw. Software sind (GPA 2012 IV:3 Bst. a).[73]

40 Bei der elektronischen Angebotseinreichung wahrt die Auftraggeberin den vertraulichen Charakter der Angaben der Anbieterinnen (BöB 11 Bst. e). Es dürfen nur gerade so viele Mitarbeitende und Beauftragte der Auftraggeberin von der Angebotseinreichung durch eine Anbieterin und vom Angebotsinhalt Kenntnis erhalten, wie es der Zweck der Beschaffung erfordert. Konkurrentinnen oder sonstige Dritte dürfen keine Kenntnis vom Inhalt des Angebots erhalten können. Mit technischen und elektronischen Mitteln müssen die elektronisch eingereichten Angebote vor dem Zugriff durch Unbefugte und vor Manipulationen gesichert werden.[74]

IV. Rechtsvergleichung

41 Gemäss der RL 2014/24/EU kommt ein Angebot für den Zuschlag nur in Frage, wenn es die Anforderungen, Bedingungen und Kriterien einhält, die in der Bekanntmachung und in den Auftragsunterlagen genannt sind (RL 2014/24/EU 56 Abs. 1 Bst. a). Sind die Angebote unvollständig oder fehlerhaft, so ist die Auftraggeberin berechtigt, die Anbieterin zur Nachbesserung des Angebots aufzufordern.[75] Dabei ist sie an die Grundsätze der Transparenz und Gleichbehandlung sowie die Verhältnismässigkeit gebunden (RL 2014/24/EU 56 Abs. 3, RL 2014/24/EU 18 Abs. 1).

42 Die RL geht i.S. Digitalisierung der Beschaffungsverfahren weit. Oberhalb der Schwellenwerte ist vorgesehen, dass Beschaffungen vollständig elektronisch durchgeführt werden (RL 2014/24/EU 22). Die elektronische Kommunikation betrifft insb. die Veröffent-

---

71 Zur Datenintegrität weiterführend BEYELER, Geltungsanspruch, Rz. 1821 f.
72 Das GPA 2012 scheint vielmehr davon auszugehen, dass es für die Anbieterinnen aller GPA-Vertragsstaaten zumutbar ist, sich die erforderlichen Informationstechnologie-Systeme anzuschaffen.
73 Verlangt die Auftraggeberin ausschliesslich elektronische Angebote, muss sie auf Programme, Formate und Technologien der Datenübermittlung setzen, die allgemein (international) verbreitet sind oder zumindest kurzfristig zugänglich sind und zu zumutbaren Kosten eingekauft werden können; vgl. zur Gleichbehandlung weiterführend BEYELER, Geltungsanspruch, Rz. 1823 ff.
74 Vgl. zur Vertraulichkeit Näheres bei BEYELER, Geltungsanspruch, Rz. 1829 ff.
75 Vorbehalten sind anderslautende nationale Rechtsvorschriften.

lichung der Auftragsbekanntmachung und die unentgeltliche, uneingeschränkte und vollständige Bereitstellung der Auftragsunterlagen übers Internet (RL 2014/24/EU 49 und Anhang V Teil C sowie RL 2014/24/EU 53). Zur elektronischen Kommunikation gehört ferner auch die elektronische Angebotsabgabe. Die Umstellung auf die elektronische Kommunikation ist zwingend und war für sämtliche Auftraggeberinnen und Anbieterinnen bis spätestens 18.10.2018 durchzuführen. Angebote und Teilnahmeanträge, die nach diesem Zeitpunkt nicht elektronisch eingereicht werden, dürfen im Vergabeverfahren – abgesehen von Ausnahmefällen – nicht mehr berücksichtigt werden.[76] Die RL will elektronische Informations- und Kommunikationsmittel zum Standard für die Kommunikation zwischen Auftraggeberin und Anbieterin machen. Dadurch soll die Bekanntmachung von Aufträgen vereinfacht und sollen die Effizienz und Transparenz gesteigert werden, was zu mehr Wettbewerb führt.[77] Die Auftraggeberin muss dabei Kommunikationsmittel zum Einsatz bringen, die nichtdiskriminierend, allgemein verfügbar sowie mit den allgemein verbreiteten Erzeugnissen der Informations- und Kommunikationstechnologie kompatibel sind und den Zugang der der Anbieterinnen zum Vergabeverfahren nicht einschränken (RL 2014/24/EU 22 Abs. 1 sowie RL 2014/24/EU, E. 53).

---

76 RL 2014/24/EU, E. 52 und E. 53; die Pflicht betrifft nur die Kommunikation mit den Anbieterinnen. Die Auftraggeberinnen sind nicht verpflichtet, die Angebote elektronisch zu prüfen und bewerten.
77 RL 2014/24/EU, E. 52.

6. Kapitel: Ablauf des Vergabeverfahrens

Art. 35 Inhalt der Ausschreibung

Die Veröffentlichung einer Ausschreibung enthält mindestens folgende Informationen:

a. Name und Adresse der Auftraggeberin / *des Auftraggebers*;

b. Auftrags- und Verfahrensart sowie die einschlägige CPV-Klassifikation, bei Dienstleistungen zusätzlich die einschlägige CPC-Klassifikation;

c. Beschreibung der Leistungen, einschliesslich der Art und Menge, oder wenn die Menge unbekannt ist, eine diesbezügliche Schätzung, sowie allfällige Optionen;

d. Ort und Zeitpunkt der Leistung;

e. gegebenenfalls eine Aufteilung in Lose, eine Beschränkung der Anzahl Lose und eine Zulassung von Teilangeboten;

f. gegebenenfalls eine Beschränkung oder ein Ausschluss von Bietergemeinschaften und Subunternehmerinnen;

g. gegebenenfalls eine Beschränkung oder ein Ausschluss von Varianten;

h. bei wiederkehrend benötigten Leistungen wenn möglich eine Angabe des Zeitpunktes der nachfolgenden Ausschreibung und gegebenenfalls einen Hinweis, dass die Angebotsfrist verkürzt wird;

i. gegebenenfalls einen Hinweis, dass eine elektronische Auktion stattfindet;

j. gegebenenfalls die Absicht, einen Dialog durchzuführen;

k. die Frist zur Einreichung von Angeboten oder Teilnahmeanträgen;

l. Formerfordernisse zur Einreichung von Angeboten oder Teilnahmeanträgen, insbesondere gegebenenfalls die Auflage, Leistung und Preis in zwei separaten Couverts anzubieten;

m. Sprache oder Sprachen des Verfahrens und des Angebots;

n. die Eignungskriterien und die geforderten Nachweise;

o. bei einem selektiven Verfahren gegebenenfalls die Höchstzahl der Anbieterinnen / *Anbieter*, die zur Offertstellung eingeladen werden;

p. die Zuschlagskriterien sowie deren Gewichtung, sofern diese Angaben nicht in den Ausschreibungsunterlagen enthalten sind;

q. gegebenenfalls den Vorbehalt, Teilleistungen zuzuschlagen;

r. die Gültigkeitsdauer der Angebote;

s. die Bezugsquelle für die Ausschreibungsunterlagen sowie gegebenenfalls eine kostendeckende Gebühr;

t. einen Hinweis, ob die Beschaffung in den Staatsvertragsbereich fällt;

u. gegebenenfalls zum Verfahren zugelassene, vorbefasste Anbieterinnen / *Anbieter*;

v. gegebenenfalls eine Rechtsmittelbelehrung.

Inhaltsverzeichnis

I.	**Grundlagen**	1
A.	Referenz zu GPA und früheren Bestimmungen in BöB/VöB/IVöB	1
B.	Allgemeines zur Ausschreibung und den Ausschreibungsunterlagen	2
C.	Grundsatz der Klarheit und Vollständigkeit	6
D.	Grundsatz des wirksamen und fairen Wettbewerbs	19
E.	Grundsatz der Nichtdiskriminierung	20
II.	**Mindestinhalt der Ausschreibung**	21
A.	Allgemeine Informationen zu Auftraggeberin, Adresse, Auftrags- und Verfahrensart, Leistungsbeschrieb, Ort und Zeitpunkt der Leistung	22
B.	Aufteilung in Lose, Losbeschränkung und Zulassung von Teilangeboten	23
C.	Beschränkung oder Ausschluss von Bietergemeinschaften und Subunternehmerinnen	26
D.	Beschränkung oder Ausschluss von Varianten	27
E.	Frist zur Einreichung von Angeboten oder Teilnahmeanträgen	31
F.	Formerfordernisse zur Einreichung von Angeboten oder Teilnahmeanträgen, insb. gegebenenfalls die Auflage, Leistung und Preis in zwei separaten Couverts anzubieten	35
G.	Sprache oder Sprachen des Verfahrens und des Angebots	38
H.	Gültigkeitsdauer der Angebote	39
I.	Weiterer Mindestinhalt	44
III.	**Rechtsvergleichung**	56

I. Grundlagen

A. Referenz zu GPA und früheren Bestimmungen in BöB/VöB/IVöB

1 Die Bestimmung zum Mindestinhalt der Ausschreibung stützt sich auf GPA 2012 VII:2. Der Mindestinhalt nach BöB 35 geht über denjenigen nach GPA 2012 VII:2 hinaus, womit mehr Transparenz erzielt wird.[1] Im bisherigen BöB/VöB war der Mindestinhalt der

---

[1] So gehören namentlich auch Informationen über Losbildung (Bst. e), Ausschluss von Bieterge-

Ausschreibung im aVöB Anhang 4 geregelt. Im Verhältnis zur bisherigen Regelung wird die Liste von BöB 35 aus Transparenzgründen einerseits erweitert.[2] Andererseits sind verschiedene Aspekte nicht mehr im Mindestinhalt der Ausschreibung aufgeführt.[3] In der aIVöB war keine Liste zum Mindestinhalt der Ausschreibung enthalten. Lediglich in den VRöB gab es in § 12 eine kurze Liste zum Mindestinhalt der Ausschreibung.

B. Allgemeines zur Ausschreibung und den Ausschreibungsunterlagen

Was versteht man unter den Begriffen «Ausschreibung» und «Ausschreibungsunterlagen» (vgl. N 3), was ist deren Bedeutung für die Auftraggeberin und die Anbieterinnen (vgl. N 4) und wie frei ist die Auftraggeberin bei deren inhaltlicher Ausgestaltung (vgl. N 5)? 2

Mit dem Begriff «Ausschreibung» ist einerseits der Abschnitt des Beschaffungsverfahrens gemeint vom Zeitpunkt der Publikation des Auftrags auf der Internetplattform für öffentliche Beschaffungen (SIMAP) bis zum Eingang der Angebote. Andererseits bezeichnet der Begriff auch die Veröffentlichung des Auftrags mit seinen Eckwerten auf der Internetplattform selber.[4] In den «Ausschreibungsunterlagen» sind alle erforderlichen Angaben enthalten, damit die Anbieterinnen ordnungsgemässe Angebote oder Teilnahmeanträge einreichen können. Die Ausschreibungsunterlagen werden in der Regel zusammen mit der Ausschreibung auf der Internetplattform SIMAP publiziert und 3

---

meinschaften und Subunternehmerinnen (Bst. f), Ausschluss von Varianten (Bst. g), Dialogabsicht (Bst. j), Formerfordernisse (Bst. l) und Gültigkeitsdauer von Angeboten (Bst. r) zum Mindestinhalt von BöB 35. Damit wird mehr Transparenz erreicht. Umgekehrt ist die im GPA 2012 vorgesehene Absicht, Verhandlungen zu führen (GPA 2012 VII Bst. f), nicht in der Liste von BöB 35 aufgeführt, da Verhandlungen im BöB nicht mehr zulässig sind. Vgl. zu den Bereinigungen BöB 39 (Art. 39 N 1 ff.).

2 Zum Mindestinhalt von BöB 35 gehören neu namentlich: Losbeschränkung und Zulassung von Teilangeboten (Bst. e), Beschränkung und Ausschluss von Bietergemeinschaften und Subunternehmerinnen (Bst. f), Hinweis auf elektronische Auktionen (Bst. i), Nachweise zu den Eignungskriterien (Bst n), Höchstzahl der im selektiven Verfahren zur Offertstellung zugelassenen Anbieterinnen (Bst. o), Gewichtung der Zuschlagskriterien, sofern nicht in den Ausschreibungsunterlagen enthalten (Bst. p), Gültigkeitsdauer der Angebote (Bst. r), zum Verfahren zugelassene, vorbefasste Anbieter (Bst. u), Rechtsmittelbelehrung (Bst. v).

3 Im Verhältnis zu aVöB Anhang 4 namentlich nicht mehr aufgeführt sind: Besondere Rechtsform von Bietergemeinschaften (aVöB Anhang 4 Ziff. 5), Datum der Aufforderung zur Offerteinreichung im selektiven Verfahren (Ziff. 7), Kautionen und Sicherheiten (Ziff. 8), wesentliche Finanzierungs- und Zahlungsbedingungen (Ziff. 9), Höhe der für die Vergabeunterlagen zu entrichtenden Gebühren und die Zahlungsmodalitäten (Ziff. 11), Angaben darüber, ob die Auftraggeberin Angebote für Kauf, Leasing, Mieter oder Miet-Kauf resp. für mehr als eine dieser Formen einholt (Ziff. 12), Hinweis auf freihändig vergebene Folgeplanung (Ziff. 16; gemäss BöB 21 Abs. 2 Bst. i ist der Hinweis aber auch im neuen BöB in der Ausschreibung anzubringen).

4 Komm BöB-Trüeb, Art. 18 N 2 f.

6. Kapitel: Ablauf des Vergabeverfahrens

in elektronischer Form zur Verfügung gestellt (BöB/IVöB 48 Abs. 2). Der Zugang zu diesen Veröffentlichungen ist dabei unentgeltlich. Mit den Ausschreibungsunterlagen sind nicht nur die Unterlagen bei offenen und selektiven Verfahren gemeint, sondern auch diejenigen bei Einladungsverfahren.[5]

4 Der Inhalt der Ausschreibung und der Ausschreibungsunterlagen ist für die Auftraggeberin und die Anbieterinnen von grosser Bedeutung. Die Auftraggeberin ist verpflichtet, ihren Bedarf genau zu klären und den Beschaffungsgegenstand möglichst präzise zu umschreiben. Damit wird sichergestellt, dass sie ihrem Bedarf entsprechend die richtige Leistung beschafft und so die öffentlichen Mittel optimal einsetzt.[6] Für die Anbieterinnen ist der Inhalt der Ausschreibung und der Ausschreibungsunterlagen ebenfalls von Bedeutung. Weichen ihre Angebote von den dort festgelegten Anforderungen ab, werden sie ausgeschlossen.[7]

5 Die Auftraggeberin bestimmt ihren Bedarf selber. Sie geniesst daher bei der inhaltlichen Ausgestaltung der Ausschreibung und der Ausschreibungsunterlagen einen grossen Ermessensspielraum.[8] Sie hat dabei aber ein paar Grundsätze zu beachten: Sie muss die Leistung in der Ausschreibung und den Ausschreibungsunterlagen klar und vollständig umschreiben (vgl. N 6 ff.). Ferner darf sie durch Vorgaben in der Ausschreibung und den Ausschreibungsunterlagen den Wettbewerb nicht zu stark einschränken und die Anbieterinnen nicht diskriminieren (vgl. N 19 f.).

C. Grundsatz der Klarheit und Vollständigkeit

6 Die Auftraggeberin hat die Anforderungen an die zu beschaffende Leistung, insb. deren technische Spezifikationen in der Ausschreibung und den Ausschreibungsunterlagen klar und vollständig zu umschreiben. Der Bedarf an Leistungen muss mit einem genauen Produkte- oder Aufgabenbeschrieb oder einem detaillierten Leistungsverzeichnis definiert werden.[9] Dies ist Voraussetzung, damit die Anbieterinnen ordnungsgemäss offerieren können. Die Anforderungen an den Inhalt und den Detaillierungsgrad des Leistungsbeschriebs können nicht allgemein festgelegt werden, da sie von der Art des konkreten Auftrags abhängen.[10]

---

5 Botschaft BöB, S. 1951.
6 GALLI/MOSER/LANG/STEINER, Rz. 382; BVGer B-4387/2017 vom 08.02.2018, E. 4.2.
7 GALLI/MOSER/LANG/STEINER, Rz. 382; BVGer B-5563/2012 vom 28.02.2013, E. 3.1.1.
8 BGer 2D_36/2016 vom 27.03.2018, E 2.3.1; BVGer B-4387/2017 vom 08.02.2018, E. 4.2; GALLI/MOSER/LANG/STEINER, Rz. 401 m.H. auf VGer AG, vom 19.11.1998, in: AGVE 1998, S. 410 ff.
9 BVGer B-5563/2012 vom 28.02.2013, E. 3.1.1; BGer 2D_36/2016 vom 27.03.2018, E. 2.3.1; GALLI/MOSER/LANG/STEINER, Rz. 383; vgl. dazu aVöB 16a Abs. 1 und aVöB 18 Abs. 1 Bst. b.
10 BVGer B-4387/2017 vom 08.02.2018, E. 3.2; BGer 2D_36/2016 vom 27.03.2018, E. 2.3.1; GALLI/MOSER/LANG/STEINER, Rz. 385 und 401 m.H. auf VGer AG, vom 15.07.2004, in: AGVE 2004 Nr. 54, S. 223 ff. und VGer AG, vom 19.11.1998, in: AGVE 1998, S. 410 ff.

Der Grundsatz der Klarheit und Vollständigkeit wirft eine Reihe von Fragen auf: Welche 7
Möglichkeiten zur Änderung von Ausschreibung bzw. Ausschreibungsunterlagen bestehen vor bzw. nach Ablauf der Eingabefrist (vgl. N 8–10)? Wie sind unklare Angaben in der Ausschreibung bzw. den Ausschreibungsunterlagen zu verstehen (vgl. N 11)? Was sind die Folgen eines unklaren bzw. unvollständigen Leistungsbeschriebs (vgl. N 12–13)? Wie hat die Anbieterin auf Mängel in der Ausschreibung bzw. den Ausschreibungsunterlagen zu reagieren (vgl. N 14), und welche Möglichkeiten hat die Auftraggeberin, wenn ein genauer Leistungsbeschrieb nicht möglich bzw. nicht sinnvoll ist (vgl. N 15–18)?

Der klare und vollständige Leistungsbeschrieb ist u.a. deshalb für die Auftraggeberin 8
wichtig, weil eine nachträgliche Änderung nur beschränkt zulässig ist. Die Auftraggeberin ist an den Inhalt der Ausschreibung und der Ausschreibungsunterlagen und insb. an die darin publizierten Vergabekriterien gebunden. Dies ergibt sich aus dem Transparenzgebot und dem Gleichbehandlungsgrundsatz. Wendet die Auftraggeberin bekannt gegebene Kriterien nicht an, ändert sie ihre Bedeutungsfolge oder Gewichtung oder zieht sie neue, nicht bekannt gegebene Kriterien heran, handelt sie vergaberechtswidrig.[11]

Die Auftraggeberin hat die Möglichkeit, ihre Vorgaben in der Ausschreibung bzw. den 9
Ausschreibungsunterlagen nach der Publikation, aber noch vor Ablauf der Eingabefrist zu berichtigen. Muss ein Hinweis publiziert werden, so gilt dies auch für dessen Berichtigung.[12] Über die Berichtigung sind sämtliche Interessierten zu unterrichten. Die Auftraggeberin publiziert die Berichtigung auf der Internetplattform SIMAP.[13] Bei wesentlichen Berichtigungen beginnt gemäss Botschaft die Eingabefrist mit der Publikation der Berichtigung noch einmal neu. Bei kleineren Berichtigungen, die keinen substanziellen Mehraufwand für die Anbieterinnen und keine Änderung des Anbieterkreises bewirken, beginnt die Frist grundsätzlich nicht neu zu laufen. Ob die Eingabefrist neu beginnt, hängt neben der Wesentlichkeit der Berichtigung auch von deren Zeitpunkt ab. Je mehr Zeit den Anbieterinnen noch verbleibt, um die Anpassungen in ihrem Angebot zu berücksichtigen, desto eher spricht dies gegen die Einräumung einer neuen Eingabefrist.[14] Doch selbst wenn die Berichtigung nicht wesentlich ist, sollte die Auftraggeberin jeweils prüfen, ob sie die Eingabefrist nicht massvoll verlängern will. Denn letztlich ist es in ihrem Interesse, den Anbieterinnen genügend Zeit für ein qualitativ gutes Angebot einzuräumen.[15]

Nach dem Eingang der Angebote sind Änderungen der Ausschreibung bzw. der Aus- 10
schreibungsunterlagen nur zulässig, wenn die Änderung sachlich begründet ist (etwa

---

11 BVGer B-998/2014 vom 08.07.2016, E. 2.2; BVGer B-4958/2013 vom 30.04.2014, E. 2.5.2; BVGer B-891/2009 vom 05.11.2009, E. 3.4 m.H.
12 Botschaft BöB, S. 1950.
13 GALLI/MOSER/LANG/STEINER, Rz. 806; BVGer B-4387/2017 vom 08.02.2018, E. 5.2.
14 Botschaft BöB, S. 1967.
15 Vgl. zur Fristverlängerung die Ausführungen unter N 32.

durch neue Erkenntnisse der Auftraggeberin), allen Anbieterinnen unter Wahrung der Gleichbehandlung mitgeteilt wird und nicht wesentlich ist. Nicht zulässig sind grundlose, willkürliche und diskriminierend motivierte Änderungen. Eine Änderung ist dann wesentlich, wenn anzunehmen ist, dass auch andere Anbieterinnen ein Angebot eingereicht hätten, wenn die Auftraggeberin den Auftrag von Anfang an mit den geänderten Parametern publiziert hätte. Die wesentliche Änderung hat Auswirkungen auf den potenziellen Anbieterkreis. Eine wesentliche Änderung kann gegeben sein, wenn die Leistung ändert oder wenn Eignungskriterien weniger streng formuliert werden.[16] BöB/IVöB 39 Abs. 2 Bst. b hält zu Änderungen fest, dass der Leistungsgegenstand, die Kriterien und die Spezifikationen nicht in einer Weise angepasst werden dürfen, dass sich die charakteristische Leistung oder der potenzielle Anbieterkreis verändert. Ist dies der Fall, liegt eine wesentliche Änderung vor, bei der ein Verfahrensabbruch erfolgt. Handelt es sich hingegen um nicht wesentliche Änderungen, muss die Auftraggeberin diese allen Verfahrensteilnehmerinnen schriftlich mitteilen und ihnen die Möglichkeit einräumen, innert angemessener Frist ein überarbeitetes Angebot einzureichen.[17]

11   Wie sind unklare Angaben in der Ausschreibung bzw. den Ausschreibungsunterlagen (insb. betreffend Vergabeanforderungen) zu verstehen? Ausschreibung und Ausschreibungsunterlagen sind nach dem Vertrauensprinzip auszulegen. Die Anbieterinnen dürfen darauf vertrauen, dass die Auftraggeberin die Vergabeanforderungen im «herkömmlichen Sinn» versteht, d.h. so, wie sie der angesprochene Kreis von Fachleuten verstehen durfte und musste.[18] Auf den subjektiven Willen der Auftraggeberin oder ihrer Mitarbeitenden kommt es dabei nicht an.[19] Versteht die Auftraggeberin die Vergabeanforderungen anders, muss sie diese möglichst detailliert umschreiben, damit die Anbieterinnen den genauen Inhalt erkennen können.[20] Gemäss Rechtsprechung gilt dies für Eignungskriterien, Zuschlagskriterien und technische Spezifikationen.[21]

12   Es stellt sich die Frage, welche Folgen ein unklarer oder unvollständiger Leistungsbeschrieb hat. Wenn die Anbieterinnen nicht genau wissen, was die Auftraggeberin will,

---

16   SCHERLER/BEYELER, neue Urteile, S. 56. f. m.H.
17   Vgl. zum Umgang mit Änderungen GPA 2012 X:11: Sämtliche Änderungen sind allen am Verfahren teilnehmenden Anbieterinnen schriftlich zu übermitteln, sofern diese Anbieterinnen der Auftraggeberin bekannt sind. In allen anderen Fällen hat die Auftraggeberin gleich vorzugehen wie bei der Übermittlung der ursprünglichen Information. Die Auftraggeberin übermittelt die Änderung innert angemessener Frist, damit die Anbieterinnen gegebenenfalls ihr Angebot ändern und neu einreichen können. Zur Änderung von Kriterien und Anforderungen an die Leistung auch GALLI/MOSER/LANG/STEINER, Rz. 393 ff.; BVGer B-7252/2007 vom 06.02.2008, E. 3.1.1; STÖCKLI, Art. 38 VE-BöB, S. 195 f.
18   BVGer B-5504/2015 vom 29.10.2015, E. 6.4.2 f.
19   BVGer B-8115/2015 vom 06.10.2016, E. 3.5; BGE 141 II 14, E. 7.1; BGer 2C_1101/2012 vom 24.01.2013, E. 2.4.1; GALLI/MOSER/LANG/STEINER, Rz. 557 und 564 f. m.H.
20   BVGer B-5504/2015 vom 29.10.2015, E. 6.4.3.
21   BVGer B-4366/2009 vom 24.02.2010, E. 3.3; BVGer B-5504/2015 vom 29.10.2015, E. 6.4.2; GALLI/MOSER/LANG/STEINER, Rz. 566.

wirkt sich dies negativ auf die Qualität der Angebote aus. Die Angebote sind dann wie der Leistungsbeschrieb selber: unklar und unvollständig. Für die Auftraggeberin ergeben sich daraus Probleme beim Angebotsvergleich. Sie muss versuchen, die unterschiedlichen Angebote im Rahmen der Bereinigung vergleichbar zu machen, was die Gleichbehandlung aller Anbieterinnen gefährden kann.[22] Der in der Ausschreibung und den Ausschreibungsunterlagen enthaltene Leistungsbeschrieb bildet sodann die Grundlage für den Vertrag, der mit der Zuschlagsempfängerin abgeschlossen wird. Unter einem unklaren oder unvollständigen Leistungsbeschrieb leidet letztlich die Qualität des Vertrags. Oft kommt es in der Praxis zu Diskussionen über den genauen Vertragsinhalt mit entsprechenden Nachtragsforderungen.[23] Der nach dem Zuschlag abgeschlossene Vertrag muss schliesslich mit dem in der Ausschreibung bzw. den Ausschreibungsunterlagen definierten Leistungsinhalt übereinstimmen. Mit der Rechtskraft des Zuschlags müssen die wesentlichen Elemente des abzuschliessenden Vertrags feststehen.[24] Der Auftraggeberin ist es nicht erlaubt, einen Vertrag abzuschliessen, der wesentlich vom Leistungsinhalt der Ausschreibung abweicht. Dies zeigt, wie wichtig es für die Auftraggeberin ist, die Leistung in der Ausschreibung und den Ausschreibungsunterlagen möglichst genau zu umschreiben.[25]

Grundsätzlich trägt die negativen Folgen aus einem unvollständigen oder unklaren Leistungsbeschrieb die Auftraggeberin, hat sie doch dieses Resultat zu verantworten.[26] Fraglich ist, ob die Anbieterin bei einem unvollständigen oder unklaren Leistungsbeschrieb eine Fragepflicht trifft und ob sie erkennbare Mängel in den Ausschreibungsunterlagen direkt anfechten muss. Das Bundesgericht bejaht eine Fragepflicht der Anbieterin bei einem unvollständigen oder unklaren Leistungsbeschrieb.[27] Im zitierten Entscheid ging es um widersprüchliche Angaben zur Frage, ob die Anbieterin mit ihrem Angebot auch ein detailliertes Bauprogramm einreichen sollte. In den Ausschreibungsunterlagen wurde dieser Aspekt an einer Stelle gefordert. An einer anderen Stelle wurde wiederum festgehalten, dass die Bauleitung berechtigt sei, jederzeit und kostenlos ein detailliertes Bauprogramm zu verlangen. Diese Vorgaben führten gemäss Bundesgericht zu Missverständnissen. Es sei aber Sache der Anbieterin, sich durch eine – allenfalls informelle – Rückfrage bei der Auftraggeberin über diesen Punkt zu informieren. Dies sei für die Anbieterin ohne grossen Aufwand machbar gewesen. In der Literatur wird dieser Entscheid kritisiert. Nach GALLI/MOSER/LANG/STEINER[28] kann es nicht sein, dass die An-

---

22 GALLI/MOSER/LANG/STEINER, Rz. 383; vgl. auch Erläuternder Bericht VE-VöB, S. 10.
23 Vgl. zur Frage, ob die Auftraggeberin einen Vertrag abschliessen kann, der wesentlich vom Leistungsinhalt der Ausschreibung abweicht, GALLI/MOSER/LANG/STEINER, Rz. 1089 ff.
24 VGer ZH, VB.98.00369 vom 15.12.1998, E. 2c, in: ZBl 2000, S. 255 ff.; GALLI/MOSER/LANG/STEINER, Rz. 1089 ff.
25 Vgl. zum Verbot der Abänderung des Leistungsinhalts der Submission im Rahmen des Vertragsabschlusses weiterführend GALLI/MOSER/LANG/STEINER, Rz. 1089 ff.
26 VGer GR, U 01 62 vom 12.07.2001, E. 2 m.H.; GALLI/MOSER/LANG/STEINER, Rz. 384.
27 BGer 2P.1/2004 vom 07.07.2004, E. 2.2, E. 3.3.
28 GALLI/MOSER/LANG/STEINER, Rz. 388.

bieterin die Nachteile eines ungenügenden Leistungsbeschriebs tragen muss. Eine Fragepflicht ist nach diesen Autoren nur dann zu bejahen, wenn feststeht, dass das Unterlassen der Anfrage bei der Auftraggeberin und die anschliessende Berufung auf den Mangel der Ausschreibungsunterlagen einen Verstoss gegen den Grundsatz von Treu und Glauben darstellen. Die Fragepflicht besteht demnach dann, wenn die Anbieterin den ungenügenden Leistungsbeschrieb zum Zeitpunkt der Ausschreibung klar erkennt und der Auftraggeberin trotzdem keine Frage unterbreitet. Nach Treu und Glauben muss die Anbieterin diesen Mangel direkt durch Anfechtung der Ausschreibung geltend machen. Im Rahmen des Zuschlags hat sie diese Rüge verwirkt.

14 Wie geht die Anbieterin generell mit mangelhaften Ausschreibungen oder Ausschreibungsunterlagen um? Muss die Anbieterin diese direkt anfechten oder kann sie diese im Rahmen der Zuschlagsanfechtung vorbringen? Einwendungen gegen Anordnungen in der Ausschreibung (Publikationstext) müssen sofort geltend gemacht werden. Dies entspricht dem Gebot von Fairness und Verfahrenseffizienz. Die Anbieterin kann mit Beschwerde gegen den Zuschlag keine Rügen gegen Anordnungen in der Ausschreibung mehr vorbringen, die sie bereits im Rahmen einer Beschwerde gegen die Ausschreibung hätte vorbringen können. Verzichtet sie auf eine direkte Anfechtung der Ausschreibung, hat sie diesbezüglich ihr Beschwerderecht verwirkt.[29] Einwendungen gegen Anordnungen in den Ausschreibungsunterlagen sind dann direkt zusammen mit der Ausschreibung anzufechten, sofern deren Bedeutung für die Anbieterin erkennbar ist (BöB/IVöB 53 Abs. 2). Unterlässt die Anbieterin dies und wartet den Zuschlag ab, hat sie diesbezügliche Rügen verwirkt.[30]

---

[29] Vgl. dazu weiterführend die Ausführungen zu Art. 53 N 19 ff. sowie Botschaft BöB, S. 1979. Vgl. dazu die bisherige Rechtsprechung des Bundesverwaltungsgerichts, wonach Einwände gegen die Ausschreibung im Rahmen eines Beschwerdeverfahrens gegen einen späteren Verfügungsgegenstand grundsätzlich nicht mehr vorgebracht werden können, soweit Bedeutung und Tragweite der getroffenen Anordnungen ohne Weiteres erkennbar waren (BVGer B-5504/2015 vom 29.10.2015, E. 9.3.1; BVGer B-364/2014 vom 08.04.2014, E. 4.4; BVGer B-738/2012 vom 14.06.2012, E. 3.1 m.H.

[30] Diese Regelung entspricht dem Gebot der Fairness: Mit den Möglichkeiten der Internetplattform SIMAP stehen die Ausschreibungsunterlagen den Anbieterinnen in der Regel zeitgleich mit der Ausschreibung zur Verfügung (BöB/IVöB 48 Abs. 2). Der zeitliche Aspekt ist somit kein Argument für eine Ungleichbehandlung zwischen den Anordnungen in der Ausschreibung und jenen in den Ausschreibungsunterlagen. Es entspricht zudem dem Gebot von Treu und Glauben, dass eine Anbieterin einen erkennbaren Mangel der Ausschreibungsunterlagen direkt gegen die Ausschreibung geltend macht und damit nicht zuwartet, bis sie beim Zuschlag nicht berücksichtigt wird. Für die Auftraggeberin ist es schliesslich wichtig, dass sie Anbieterinnen möglichst früh im Verfahren auf den in den Ausschreibungsunterlagen umschriebenen Spielregeln behaften kann, wenn sie diese nicht direkt anfechten. Die direkte Anfechtung der Ausschreibungsunterlagen ist jedoch nur dann verlangt, wenn die Anbieterin die Bedeutung der Anordnungen bei pflichtgemässer Sorgfalt erkennen kann. Diese Einschränkung auf erkennbare Mängel ist sachgerecht, kann es doch der Anbieterin nicht zugemutet werden, sämtliche Ausschreibungsunterlagen bereits im Ausschreibungszeitpunkt einer umfassenden Rechtsprüfung zu unterziehen. Fraglich

Wie hat die Auftraggeberin vorzugehen, wenn eine genaue Umschreibung des Beschaf- 15
fungsgegenstands nicht möglich ist? In einem solchen Fall kann sie vor der eigentlichen
Beschaffung eine sog. Vorbereitungsbeschaffung durchführen, die der Ermittlung des
Beschaffungsbedarfs dient.[31]

Ist eine genaue Umschreibung des Beschaffungsgegenstands nicht möglich bzw. nicht 16
sinnvoll, kann die Auftraggeberin ferner eine finale oder funktionale Ausschreibung
wählen. Während bei der klassischen Ausschreibung eine klare und vollständige Leistungsbeschreibung gefordert ist, ist dies bei der finalen oder funktionalen Ausschreibung gerade nicht der Fall. Dort gibt die Auftraggeberin lediglich das Ziel der Beschaffung vor, nicht aber den Weg, wie die Anbieterin genau zu diesem Ziel kommt. Der Weg dorthin wird offengelassen, weil die Auftraggeberin diesen selber nicht kennt oder bewusst nicht vorgeben will, um vom Sachwissen und den Innovationen der Anbieterinnen zu profitieren. Es ist dann an der Anbieterin, sich Gedanken über den besten Weg zum Ziel zu machen und diese Lösung zu offerieren.[32] Die finale oder funktionale Ausschreibung wurde auf Bundesebene mit der Revision der aVöB bereits im Jahr 2010 zusammen mit dem Dialog als neues Instrument zur Flexibilisierung des Beschaffungsrechts eingeführt.[33] Im Gesetzestext des BöB/IVöB wird die finale oder funktionale Ausschreibung nicht explizit erwähnt. BöB/IVöB 29 Abs. 3 sieht aber vor, dass die Auftraggeberin auf die Bekanntgabe der Gewichtung von Zuschlagskriterien verzichten kann, wenn Lösungen, Lösungswege oder Vorgehensweisen Gegenstand der Beschaffung sind. Damit ist die finale oder funktionale Ausschreibung gemeint. Auch aus der Botschaft geht klar hervor, dass das Instrument der finalen oder funktionalen Ausschreibung auch im neuen BöB ein zulässiges Instrument ist.[34] Für die Bundesebene hält VöB 7 Abs. 2

---

ist, ob Anordnungen in der Ausschreibung selbst dann zwingend direkt angefochten werden müssen, wenn ihre Bedeutung und Tragweite aufgrund des Publikationstextes nicht ohne Weiteres erkennbar ist. Das Erkennen von Bedeutung und Tragweite wird weder im Gesetzestext noch in der Botschaft im Zusammenhang mit der Anfechtung von Anordnungen in der Ausschreibung erwähnt (dies im Unterschied zu den Anordnungen in den Ausschreibungsunterlagen). Die Anbieterinnen sind aber nur dann zur direkten Anfechtung einer Anordnung in der Ausschreibung in der Lage, wenn sie auch deren Bedeutung und Tragweite erkennen können. Die Anbieterin sollte nach Treu und Glauben all jene Anordnungen direkt anfechten müssen, deren Bedeutung und Tragweite sie ohne Weiteres erkennt. Dabei sollte es keine Rolle spielen, ob diese Anordnungen in der Ausschreibung oder den Ausschreibungsunterlagen stehen.

31 Die Auftraggeberin schreibt dabei den Vorbereitungsauftrag als Dienstleistung aus. Gestützt auf die Ergebnisse der Vorbereitungsbeschaffung und die gewonnenen Erkenntnisse ist die Auftraggeberin dann in der Lage, den Beschaffungsgegenstand genau zu umschreiben. Kommt die Zuschlagsempfängerin der Vorbereitungsbeschaffung beim eigentlichen Hauptauftrag als Anbieterin in Frage, hat die Auftraggeberin sie auf eine spätere allfällige Vorbefassung hinzuweisen; vgl. dazu GALLI/MOSER/LANG/STEINER, Rz. 398 f.
32 Botschaft BöB, S. 1945.
33 Erläuternder Bericht aVöB, S. 4.
34 Botschaft BöB, S. 1945 zu BöB 29 Abs. 3, S. 1951 zu BöB 35 Bst. p und S. 1954 zu BöB 39 Abs. 3.

fest, dass die Auftraggeberin anstelle einer genauen Leistungsbeschreibung auch nur das Ziel der Beschaffung festlegen kann.

17 Die Auftraggeberin wählt die finale oder funktionale Ausschreibung sinnvollerweise bei der Suche nach neuen Lösungen, Lösungswegen und Vorgehensweisen. In der Praxis wird sie oft mit dem Instrument des Dialogs (BöB/IVöB 24) kombiniert. Dies ermöglicht es der Auftraggeberin, die ersten Lösungen, Lösungswege und Vorgehensweisen zusammen mit der Anbieterin über mehrere Dialogrunden zu einem endgültigen Angebot weiterzuentwickeln. Indem die Auftraggeberin nur das Ziel vorgibt, kann sie das Sachwissen und die Kreativität der Anbieterinnen möglichst frühzeitig im Verfahren abrufen und Innovationen fördern.[35] Sie muss sich aber bewusst sein, dass die Vergleichbarkeit der Offerten mit unterschiedlichen Lösungen, Lösungswegen oder Vorgehensweisen erschwert und die Evaluation anspruchsvoll ist. Für die Anbieterinnen bietet eine finale bzw. funktionale Ausschreibung die Möglichkeit, der Auftraggeberin innovative Lösungsvorschläge aufzuzeigen und sich dadurch von der Konkurrenz abzuheben. Gleichzeitig bedeutet dies für sie aber auch immer mehr Aufwand bei der Erstellung der Offerte. Die Anbieterinnen erhalten die Lösung nicht einfach präsentiert und setzen ihre Preise ein, sondern müssen den besten Lösungsvorschlag selber erarbeiten.[36]

18 Bei der finalen oder funktionalen Ausschreibung müssen zumindest die zwingend einzuhaltenden Eckwerte des Beschaffungsgegenstands in technischer, wirtschaftlicher, gestalterischer oder funktioneller Hinsicht umschrieben werden, da sonst die Vergleichbarkeit der Offerten schwierig wird.[37] Weiter ist vorausgesetzt, dass die Anbieterinnen auch tatsächlich einen erheblichen Gestaltungsraum haben.[38] Fehlt dieser, ist eine finale oder funktionale Ausschreibung nicht sinnvoll und die Auftraggeberin wählt eine klassische Ausschreibung.

D. Grundsatz des wirksamen und fairen Wettbewerbs

19 Die Auftraggeberin ist verpflichtet, in der Ausschreibung und den Ausschreibungsunterlagen die Vergabeanforderungen so festzulegen, damit sie damit einen möglichst wirksamen und fairen Wettbewerb erzielt (BöB/IVöB 2 Bst. d).[39] Denn dadurch kann die Auftraggeberin die wirtschaftliche und nachhaltige Verwendung öffentlicher Mittel sicherstellen. Insb. die in den Ausschreibungsunterlagen festgelegten technischen Spezifikationen dürfen den Wettbewerb nicht zu stark einschränken. Die Auftraggeberin

---

35 So bereits Erläuternder Bericht aVöB, S. 10.
36 Vgl. zur finalen bzw. funktionalen Ausschreibung weiterführend GALLI/MOSER/LANG/STEINER, Rz. 421 ff.; FETZ, funktionale Ausschreibung, S. 101 ff.
37 GALLI/MOSER/LANG/STEINER, Rz. 428 m.H.; so explizit auch aVöB 16a Abs. 3.
38 HAUSER, Zuschlagskriterien, S. 1411; GALLI/MOSER/LANG/STEINER, Rz. 431 m.H. auf die Rechtsprechung des VGer BE, VGE 22443U vom 04.10.2005, E. 4.3.
39 Vgl. zur Stärkung des Wettbewerbs weiterführend BEYELER, Ziele, S. 27 ff.

darf die technischen Spezifikationen (vgl. Art. 30 N 1 ff.) im Regelfall nicht derart eng umschreiben, dass nur ein ganz bestimmtes Produkt oder nur eine einzelne Anbieterin bzw. nur wenige Anbieterinnen überhaupt in Frage kommen.[40] Ferner ist auch bei der Definition der Eignungskriterien darauf zu achten, dass die Anzahl potenzieller Anbieterinnen nicht derart beschränkt wird, dass kein wirksamer Wettbewerb erzielt wird.[41]

E. Grundsatz der Nichtdiskriminierung

Die Auftraggeberin darf in die Ausschreibung und in die Ausschreibungsunterlagen keine diskriminierenden Bestimmungen aufnehmen.[42] Dies gilt für sämtliche Vergabeanforderungen, d.h. für Teilnahmebedingungen (BöB/IVöB 26), Eignungskriterien (BöB/IVöB 27), Zuschlagskriterien (BöB/IVöB 29) und technische Spezifikationen (BöB/IVöB 30). Die Anbieterinnen haben aber keinen Anspruch darauf, dass die Auftraggeberin den «richtigen Beschaffungsgegenstand» einkauft. Definiert die Auftraggeberin die Leistung, geht mit dieser Definition automatisch eine Einschränkung des Wettbewerbs einher.[43] Anbieterinnen, welche diese definierte Leistung nicht anbieten können, werden vom Verfahren ausgeschlossen. Immerhin ist die Auftraggeberin aber verpflichtet, den Wettbewerb möglichst nicht zu stark einzuschränken.[44] Die Festlegung der technischen Spezifikationen wird in BöB/IVöB 30 näher geregelt.

20

II. Mindestinhalt der Ausschreibung

Unter dem Titel «Inhalt der Ausschreibung» sind in BöB/IVö 35 Informationen aufgeführt, die aufgrund des Transparenzgebots mindestens in der Veröffentlichung der Ausschreibung auf der Internetplattform SIMAP enthalten sein müssen (Publikationstext). Mit dem einleitenden Satz von BöB/IVöB 35 wird klar, dass es sich um einen Mindestinhalt handelt.[45] Es geht dabei um minimale Informationen, die für die Anbieterinnen beim Entscheid über eine Verfahrensteilnahme und bei der Erarbeitung des Angebots bzw. Teilnahmeantrags wichtig sind. Die Anbieterin soll diese Informationen direkt und ohne Aufwand dem Publikationstext im SIMAP entnehmen können, ohne die teilweise umfassenden Ausschreibungsunterlagen näher studieren zu müssen. Gibt die Auf-

21

---

40   BVGer B-2675/2012 vom 23.07.2012, E. 4.1; BVGer B-822/2010 vom 10.03.2010, E. 5.1; GALLI/MOSER/LANG/STEINER, Rz. 408.
41   BVGer B-5017/2017 vom 13.12.2017, E. 4.3.
42   GALLI/MOSER/LANG/STEINER, Rz. 402 ff.
43   Vgl. zur Freiheit der Auftragsdefinition BEYELER, Ziele, S. 78.
44   BVGer B-4387/2017 vom 08.02.2018, E. 3.2; BVGer B-822/2010 vom 10.03.2010, E. 5.1; GALLI/MOSER/LANG/STEINER, Rz. 409.
45   BöB 35: «Die Veröffentlichung einer Ausschreibung enthält mindestens folgende Informationen: […].»

traggeberin diese minimalen Informationen nicht bekannt, verletzt sie das Transparenzgebot (vgl. Art. 11 N 4 ff.).[46] Der Auftraggeberin steht es frei, zusätzliche Aspekte bereits in der Veröffentlichung der Ausschreibung auf SIMAP bekannt zu geben und so für mehr Transparenz zu sorgen. Zu beachten ist auch BöB/IVöB 36 mit dem Titel «Inhalt der Ausschreibungsunterlagen», der einleitend festhält, dass die dort aufgeführten Angaben in die Ausschreibungsunterlagen gehören, sofern sie nicht bereits in der Ausschreibung nach BöB/IVöB 35 enthalten sind.

A. Allgemeine Informationen zu Auftraggeberin, Adresse, Auftrags- und Verfahrensart, Leistungsbeschrieb, Ort und Zeitpunkt der Leistung

22 Zum Mindestinhalt der Ausschreibung gehören zunächst einmal allgemeine Informationen zur Auftraggeberin und zur Beschaffung:

- Ohne die Bekanntgabe des Namens und der Adresse der Auftraggeberin (BöB/IVöB 35 Bst. a) weiss die Anbieterin nicht, bei welcher Auftraggeberin und wo sie ihr Angebot bzw. ihren Teilnahmeantrag genau einreichen soll.
- Die Anbieterin muss ferner wissen, um welche Art öffentlicher Auftrag i.S.v. BöB/IVöB 8 Abs. 2 es geht (Lieferung, Bau- oder Dienstleistung) und in welchem Verfahren der öffentliche Auftrag vergeben wird (offenes oder selektives Verfahren; BöB/IVöB 18 f.). Beides gehört daher zum Mindestinhalt der Ausschreibung (BöB/IVöB 35 Bst. b). Zur Umschreibung der Art des öffentlichen Auftrags ist auch die einschlägige CPV-Klassifikation[47], bei Dienstleistungen zusätzlich die einschlägige CPC-Klassifikation[48] anzugeben.
- Zum Mindestinhalt der Ausschreibung gehört auch eine Beschreibung der zu beschaffenden Leistungen (BöB/IVöB 35 Bst. c). Dabei geht es um eine kurze Beschreibung des Beschaffungsgegenstands. Die Anbieterin muss erkennen können, was überhaupt beschafft wird. Eine detaillierte Umschreibung erfolgt dann in der Regel in den Ausschreibungsunterlagen. Zur Beschreibung gehören auch die Art und Menge der Leistungen. Ist die Menge unbekannt, muss die Auftraggeberin eine sorgfältige Schätzung anbringen. Zur Beschreibung gehören schliesslich auch allfällige Op-

---

46 Beim Gebot, das Beschaffungsverfahren transparent zu gestalten, handelt es sich um eine Regel formeller Natur. Verletzt die Auftraggeberin das Transparenzgebot, in dem sie zwingend bekannt zu gebende Parameter nicht publiziert, führt dies grundsätzlich zur Aufhebung des Zuschlags. Vorbehalten sind Fälle, in denen die Auftraggeberin nachweisen kann, dass die Verletzung des Transparenzgebots keinen Einfluss auf den Zuschlag hatte; vgl. BGer 2P.299/2000 vom 24.08.2001, E. 4; STÖCKLI, vergaberechtliche Praxis, S. 4; vgl. auch BEYELER, Ziele, S. 17 m.H. auf die frühere Rechtsprechung der BRK.
47 CPV ist auf der Internetplattform SIMAP zu finden. Die CPV-Klassifikation wird von der EU verwendet und hat sich auch in der schweizerischen Vergabepraxis etabliert.
48 CPC ist auf der Internetplattform SIMAP zu finden.

tionen (Verlängerungsoptionen, Optionen auf Folgeaufträge), die bei der Schätzung des Auftragswerts einzurechnen sind (BöB/IVöB 15 Abs. 3).[49]

- Für die Anbieterin sind die Informationen über den Ort und den Zeitpunkt der Leistung (BöB/IVöB 35 Bst. d) wichtig beim Entscheid über ihre Verfahrensteilnahme. Daher sind diese Angaben bereits in der Ausschreibung bekannt zu geben. Bevor die Anbieterin ein Angebot einreicht, stellt sie Überlegungen an, ob sie überhaupt über die nötigen Ressourcen verfügt, um die Leistung zum verlangten Zeitpunkt und am vorgesehenen Ort zu erbringen.

B. Aufteilung in Lose, Losbeschränkung und Zulassung von Teilangeboten

Vorgaben der Auftraggeberin zur Losbildung, Losbeschränkung und zur Zulassung von Teilangeboten gehören zum Mindestinhalt der Ausschreibung (BöB/IVöB 35 Bst. e), da sie für die Anbieterinnen beim Entscheid über eine Verfahrensteilnahme und für eine ordnungsgemässe Offertstellung wichtig sind. Die Anbieterin soll diese Angaben direkt aus dem Publikationstext entnehmen können, ohne die umfassenden Ausschreibungsunterlagen näher studieren zu müssen. 23

Grundsätzlich hat die Anbieterin ein Gesamtangebot für die ausgeschriebene Leistung anzubieten (BöB/IVöB 32 Abs. 1). Reicht sie ein Teilangebot für einzelne Leistungsteile ein, wird dieses nicht berücksichtigt. Eine Ausnahme ergibt sich dann, wenn die Auftraggeberin die Bildung von Losen in der Ausschreibung zulässt. Sie kann den Beschaffungsgegenstand in Lose aufteilen und an eine oder mehrere Anbieterinnen vergeben (BöB/IVöB 32 Abs. 2). Die Aufteilung in Lose schafft mehr Wettbewerb, ist KMU-freundlich und verringert die Abhängigkeit von einzelnen Anbieterinnen.[50] Die Losbildung kann nach Leistungsart (Maler-, Gipser-, Sanitärarbeiten), nach geografischem Gebiet sowie nach quantitativen oder zeitlichen Gesichtspunkten erfolgen. Die Auftraggeberin kann für jedes einzelne Los eine eigene Ausschreibung durchführen. Sie kann die verschiedenen Lose aber auch in einer Ausschreibung zusammenfassen. Für jedes Los erteilt sie dann einen eigenständigen Zuschlag, sodass jedes Los für sich allein anfechtbar ist. Die Bildung von Losen darf nicht zur Umgehung der massgebenden Verfahrensart missbraucht werden.[51] Zur Frage ob die Anbieterin jeweils auf mehrere Lose ein Angebot einreichen kann oder ob dies beschränkt werden kann (sog. Losbeschränkung), kann auf die Ausführungen zu BöB 32 verwiesen werden (vgl. Art. 32 N 16 ff.). 24

---

49 Vgl. zur geforderten Klarheit und Vollständigkeit des Leistungsbeschriebs die Ausführungen in N 6 ff.
50 Botschaft BöB, S. 1948; Erläuternder Bericht aVöB, S. 14.
51 Vgl. zum Zerstückelungsverbot BöB/IVöB 15 Abs. 2; GPA 2012 II:6 Bst. a; vgl. dazu auch Botschaft BöB, S. 1948; Komm BöB-TRÜEB, Art. 18 N 17.

25 Ebenfalls bereits in der Ausschreibung anzukündigen hat die Auftraggeberin die Absicht, von den Anbieterinnen eine Zusammenarbeit mit Dritten zu verlangen (BöB/IVöB 32 Abs. 4). Will sich die Auftraggeberin den Zuschlag von Teilleistungen (d.h. einzelnen Losen) vorbehalten, obwohl die Anbieterinnen Gesamtangebote einreichen, muss sie dies ebenfalls bereits in der Ausschreibung festhalten (BöB/IVöB 32 Abs. 5).[52]

C. Beschränkung oder Ausschluss von Bietergemeinschaften und Subunternehmerinnen

26 Bietergemeinschaften und Subunternehmerinnen sind grundsätzlich zugelassen, da dies den Wettbewerb stärkt und sich positiv auf KMU auswirkt. Die Auftraggeberin kann Bietergemeinschaften und/oder Subunternehmerinnen jedoch beschränken oder ausschliessen (BöB/IVöB 31 Abs. 1). Nach dem Wortlaut von BöB/IVöB 31 Abs. 1 erfolgt die Beschränkung bzw. der Ausschluss in der Ausschreibung oder in den Ausschreibungsunterlagen. Im Unterschied dazu führt BöB/IVöB 35 Bst. f die Beschränkung bzw. den Ausschluss beim Mindestinhalt der Ausschreibung auf. Eine Beschränkung oder ein Ausschluss muss daher aus Transparenzgründen bereits zwingend in der Ausschreibung erwähnt sein. Es steht der Auftraggeberin aber frei, die Beschränkung bzw. den Ausschluss zusätzlich in den Ausschreibungsunterlagen näher zu umschreiben. Zu den Gründen für einen Ausschluss bzw. eine Beschränkung von Bietergemeinschaften und/oder Subunternehmerinnen kann an dieser Stelle auf die Ausführungen in BöB/IVöB 31 N 27 ff. verwiesen werden. Mehrfachbewerbungen von Subunternehmerinnen oder von Anbieterinnen im Rahmen von Bietergemeinschaften sind grundsätzlich nicht zulässig, es sei denn, die Auftraggeberin lässt dies in der Ausschreibung oder den Ausschreibungsunterlagen explizit zu (BöB/IVöB 31 Abs. 2).

D. Beschränkung oder Ausschluss von Varianten

27 Als Variante gilt jedes Angebot, mit dem das Ziel der Beschaffung auf eine andere Art als von der Auftraggeberin vorgesehen erreicht werden kann (BöB/IVöB 33 Abs. 2).[53] Varianten sind mit Vor- und Nachteilen für die Auftraggeberin und die Anbieterinnen verbunden. Sie sind grundsätzlich erwünscht, da sie den Wettbewerb fördern und zu Innovationen führen. Die Anbieterinnen schlagen oft einen anderen, besseren Lösungsweg vor als den in der Ausschreibung definierten. Varianten weichen inhaltlich von der Ausschreibung bzw. den Ausschreibungsunterlagen ab, sind aber funktional gleichwertig mit dem Beschaffungsgegenstand. Es ist an der Anbieterin, diese Gleichwertigkeit der Variante nachzuweisen. Gelingt ihr das nicht, wird das Angebot ausgeschlossen.[54] Va-

---

52 Vgl. zu den Teilleistungen auch die Ausführungen zu BöB 35 Bst. q (N 51).
53 Vgl. dazu die Ausführungen zu BöB 33 (Art. 33 N 1 ff.).
54 Botschaft BöB, S. 1949.

rianten führen zu Schwierigkeiten und Mehraufwand bei der Evaluation der Offerten und erhöhen den Transaktionsaufwand.

Der Auftraggeberin ist es gestattet, Varianten in der Ausschreibung zu beschränken (z.B. auf einen bestimmten Bereich) oder ganz auszuschliessen (BöB/IVöB 33 Abs. 1; BöB/IVöB 35 Bst. g). Nach bisherigem BöB/IVöB waren diese Massnahmen von der Auftraggeberin zu begründen. Beschränkung und Ausschluss galten dabei als rein verwaltungsinterne Anweisungen, die nicht justiziabel waren.[55] Im neuen BöB soll gemäss Botschaft des Bundesrats eine Begründung der Auftraggeberin nicht erforderlich sein.[56]   28

Die Auftraggeberin hat in jedem Fall eine Abwägung der Vor- und Nachteile von Varianten vorzunehmen. Mit Blick auf den Wettbewerbsgedanken und mögliche Innovationen sollte die Auftraggeberin von deren Ausschluss bzw. deren Beschränkung nur zurückhaltend Gebrauch machen. Sind in der Ausschreibung keine Hinweise betreffend Varianten enthalten, steht es der Anbieterin frei, zusätzlich zum Grundangebot auch Varianten einzureichen.   29

Die Anbieterin muss ihre Variante jeweils zusätzlich zu ihrem Grundangebot einreichen, das der in der Ausschreibung beschriebenen Leistung (sog. Amtsvorschlag) entspricht (BöB/IVöB 33 Abs. 1). Reicht sie nur eine Variante ohne Grundangebot ein, wird sie vom Verfahren ausgeschlossen.[57]   30

E. Frist zur Einreichung von Angeboten oder Teilnahmeanträgen

Zum Mindestinhalt der Ausschreibung gehört die Frist, innert welcher die Anbieterinnen ihre Angebote bzw. ihre Teilnahmeanträge einzureichen haben (BöB/IVöB 35 Bst. k). Bei der Festlegung der Eingabefrist berücksichtigt die Auftraggeberin die Komplexität des Auftrags, die voraussichtliche Anzahl von Subunternehmerinnen und die für die Übermittlung des Angebots notwendige Zeit (BöB/IVöB 46 Abs. 1). Die Eingabefrist ist für die Anbieterinnen wichtig, weil ihr zu spät eingereichtes Angebot bzw. ihr zu spät eingereichter Teilnahmeantrag zwingend ausgeschlossen werden muss, auch wenn die Verspätung sehr gering ist.[58]   31

Für die Einreichung der Angebote im offenen/selektiven Verfahren ist im Staatsvertragsbereich eine Minimalfrist von 40 Tagen vorgesehen (BöB/IVöB 46 Abs. 2). Die Auftrag-   32

---

55 Vgl. dazu Erläuternder Bericht aVöB, S. 15.
56 Botschaft BöB, S. 1949.
57 Wie das bisherige BöB/VöB verlangt auch das neue BöB jeweils ein Grundangebot zusätzlich zur Variante. Dies dient der objektiven Beurteilung der Konkurrenzfähigkeit, weil sich die Anbieterinnen vertieft mit allen Fragen beschäftigt haben, die sich aus der ausgeschriebenen Leistung ergeben; vgl. Erläuternder Bericht aVöB, S. 14.
58 Vgl. zum Ausschluss von verspätet eingereichten Angeboten und Teilnahmeanträgen die Ausführungen zu BöB 34 (Art. 34 N 12 f.).

6. Kapitel: Ablauf des Vergabeverfahrens

geberin ist gut beraten, diese Minimalfrist bei umfangreichen und komplexen Beschaffungen angemessen zu verlängern, da sie sonst keine oder qualitativ schlechte Angebote erhält.[59] Ausserhalb des Staatsvertragsbereichs beträgt diese Minimalfrist in der Regel mindestens 20 Tage, bei weitgehend standardisierten Leistungen kann die Frist auf nicht weniger als 5 Tage reduziert werden (BöB/IVöB 46 Abs. 4). Für die Einreichung der Teilnahmeanträge im selektiven Verfahren beträgt die Minimalfrist 25 Tage (BöB/IVöB 46 Abs. 2 Bst. b). Eine Verkürzung der Minimalfristen im Staatsvertragsbereich ist unter den Voraussetzungen von BöB/IVöB 47 zulässig.[60] Eine Verlängerung der Minimalfristen ist nach BöB/IVöB 46 Abs. 3 im Ermessen der Auftraggeberin ohne Einschränkungen zulässig, solange dabei die Gleichbehandlung aller Anbieterinnen beachtet wird.[61] Fristverlängerungen im offenen und selektiven Verfahren sind zu publizieren (BöB/IVöB 46 Abs. 3). Da die ursprüngliche Eingabefrist in der Ausschreibung publiziert worden ist, muss auch die Fristverlängerung im Sinne einer nachträglichen Anpassung der Ausschreibung in der gleichen Form erfolgen. Im Einladungsverfahren erfolgt die Fristverlängerung durch eine schriftliche Anzeige, die an alle Anbieterinnen gleichzeitig geht.[62]

33   Der Beginn der Eingabefrist ist in BöB/IVöB 46 Abs. 2 klar geregelt: Die 40-tägige Minimalfrist für die Einreichung der Angebote im offenen Verfahren beginnt ab dem Zeitpunkt der Veröffentlichung der Ausschreibung auf der Internetplattform SIMAP. Im selektiven Verfahren ist für die Teilnahmeanträge ebenfalls der Zeitpunkt der Veröffentlichung der Ausschreibung fristauslösend, während für die Einreichung der Angebote auf den Zeitpunkt der Einladung zur Offertstellung (Erlass der Präqualifikationsverfügung) abgestellt wird.[63] Es spielt damit keine Rolle, wann die Anbieterin von der Aus-

---

59   Botschaft BöB, S. 1967.
60   Die Verkürzung nach BöB 47 ist zulässig bei Dringlichkeit (Abs. 1), elektronischer Abwicklung der Beschaffung (Abs. 2), Vorankündigung der Ausschreibung (Abs. 3), wiederkehrenden Leistungen (Abs. 4) sowie bei der Beschaffung von gewerblichen Waren oder Dienstleistungen (Abs. 5). Gemäss Botschaft kann aber nur die Frist zur Einreichung der Angebote im offenen und selektiven Verfahren verkürzt werden, nicht aber diejenige für die Einreichung der Teilnahmeanträge im selektiven Verfahren (ausgenommen bei Dringlichkeit); vgl. dazu Botschaft BöB, S. 1968.
61   Ist die Eingabefrist noch nicht abgelaufen, ist eine Fristerstreckung durch die Auftraggeberin grundsätzlich zulässig. Problematisch ist die Fristerstreckung allerdings dann, wenn die Auftraggeberin die Frist erst sehr spät erstrecken will, d.h. zu einem Zeitpunkt, zu dem ein Grossteil der Frist bereits abgelaufen und davon auszugehen ist, dass Anbieterinnen bereits ihre Angebote abgeschickt haben (insb. solche aus dem Ausland). Eine verspätete Erstreckung ist mit dem Gleichbehandlungsgrundsatz schwer vereinbar. Zudem setzt sich die Auftraggeberin bei einer späten Fristerstreckung dem Vorwurf aus, sie habe mit der verspäteten Erstreckung eine Anbieterin retten wollen, welche die ursprüngliche Eingabefrist nicht hätte wahren können (Beyeler, Geltungsanspruch, Rz. 1873 f.). Nicht zulässig ist eine Fristerstreckung, die nach dem Ablauf der ursprünglichen festgelegten Eingabefrist erfolgt (sog. Fristerneuerung; vgl. dazu Beyeler, Geltungsanspruch, Rz. 1875).
62   Botschaft BöB, S. 1968.
63   Vgl. auch GPA 2012 XI:2 und 3.

schreibung Kenntnis nimmt bzw. wann ihr im selektiven Verfahren die Präqualifikationsverfügung eröffnet wird.[64]

Der Endpunkt der Eingabefrist ist in der Ausschreibung bekannt zu geben. In der Regel legt die Auftraggeberin in der Ausschreibung ein Datum fest (allenfalls mit Uhrzeit). Dabei stellt sich die Frage, ob die Angebote auf diesen Zeitpunkt hin bereits bei der Auftraggeberin eingegangen sein müssen (sog. Zugangsprinzip) oder ob es ausreicht, wenn die Anbieterin ihr Angebot bis zu diesem Zeitpunkt einem Postunternehmen des In- oder Auslands oder allenfalls einer schweizerischen diplomatischen oder konsularischen Vertretung im Ausland (VwVG 21 Abs. 1) zuhanden der Auftraggeberin übergeben hat (sog. Absendeprinzip). Die Auftraggeberin muss daher nicht nur einen Zeitpunkt festlegen, sondern sich auch zum Absende- oder Zugangsprinzip in der Ausschreibung äussern. Gemäss Botschaft gilt grundsätzlich das Absendeprinzip nach VwVG 21. Wird das Angebot auf dem Postweg eingereicht, ist für die Fristwahrung der Poststempel massgebend. Die Auftraggeberin darf aber vom Absendeprinzip abweichen und die Frist in der Ausschreibung unter Bestimmung des Tages und der Uhrzeit so festsetzen, dass das Angebot zu diesem Zeitpunkt bei der Auftraggeberin eingehen muss, damit die Frist gewahrt ist. Die Auftraggeberin kann das Zugangsprinzip wählen, bei dem das Datum des Poststempels keine Rolle spielt.[65] 34

F. Formerfordernisse zur Einreichung von Angeboten oder Teilnahmeanträgen, insb. gegebenenfalls die Auflage, Leistung und Preis in zwei separaten Couverts anzubieten

Die Formerfordernisse gehören zum Mindestinhalt der Ausschreibung (BöB/IVöB 35 Bst. l), denn die Anbieterin muss für ihren Entscheid über die Verfahrensteilnahme frühzeitig wissen, welche Form ihr Angebot bzw. ihr Teilnahmeantrag aufweisen muss. Dabei gilt grundsätzlich das Schriftlichkeitserfordernis, es sei denn, die Auftraggeberin gibt bereits in der Ausschreibung bekannt, dass die Angebote elektronisch eingereicht werden dürfen oder sollen (vgl. Art. 34 N 3 ff. und 30 ff.). Will die Auftraggeberin eine elektronische Abwicklung der Beschaffung, muss sie zudem definieren, welche Anforde- 35

---

64 Vgl. zum Ganzen BEYELER, Geltungsanspruch, Rz. 1837 ff.
65 Botschaft BöB, S. 1967. Die Zulässigkeit des Zugangsprinzips ergibt sich direkt aus BöB 46. Nach Abs. 1 ist bei der Festlegung der Fristen den Übermittlungswegen Rechnung zu tragen. Diese Übermittlungswege spielen nur im Rahmen des Zugangsprinzips eine Rolle, da beim Absendeprinzip der Poststempel massgebend ist. Der Wortlaut von Abs. 2 lässt ebenfalls auf das Zugangsprinzip schliessen, ist dort doch von der Frist «für die Einreichung der Angebote», «*pour la remise des offres*» «*per la presentazione delle offerte*» die Rede. Die Angebote müssen innert dieser Frist bei der Auftraggeberin «eingereicht» sein. Schliesslich ist auch in der Botschaft klar festgehalten, dass das Zugangsprinzip vorgesehen werden kann. Auch das GPA 2012 lässt die Wahl des für ausländische Anbieterinnen weniger vorteilhaften Zugangsprinzips zu (vgl. GPA 2012 XI:1 Bst. c, GPA 2012 XI:2 und 3; GPA 2012 XV:2); zur Zulässigkeit des Zugangsprinzips nach GPA eingehend BEYELER, Geltungsanspruch, Rz. 1841 ff.

rungen an die Authentifizierung und Verschlüsselung bei der elektronischen Angebotseinreichung eingehalten werden müssen. Diese Definition erfolgt in den Ausschreibungsunterlagen (BöB/IVöB 36 Bst. e).

36 Die Formerfordernisse sind zusätzlich auch in der Liste zum Inhalt der Ausschreibungsunterlagen aufgeführt (BöB 36 Bst. c). Der Einleitungssatz von BöB 36 zeigt, dass diese Angaben nur dann in den Ausschreibungsunterlagen aufzuführen sind, wenn sie nicht bereits in der Ausschreibung enthalten sind. Aus Transparenzgründen empfiehlt sich, die Formerfordernisse zusätzlich auch in den Ausschreibungsunterlagen zu umschreiben, allenfalls mit weiteren Präzisierungen. Diese doppelte Bekanntgabe sorgt für mehr Transparenz und ist sinnvoll, da Angebote oder Teilnahmeanträge mit wesentlichen Formfehlern ausgeschlossen werden (BöB/IVöB 44 Abs. 1 Bst. b).

37 Die Auftraggeberin kann in der Ausschreibung vorgeben, dass die Anbieterinnen ihr Angebot in zwei Couverts einreichen müssen: Im technischen Couvert umschreibt die Anbieterin ihre technische Leistung, im kommerziellen Couvert bietet sie ihren Preis an. Mit dieser sog. Zwei-Couverts-Methode gelingt es der Auftraggeberin, die Qualität der technischen Lösung zu bewerten, ohne dabei vom offerierten Preis beeinflusst zu werden. Nach BöB/IVöB 38 Abs. 4 bewertet die Auftraggeberin in einem ersten Schritt die Qualität und erstellt eine Rangliste. In einem zweiten Schritt bewertet sie dann die Gesamtpreise.

G. Sprache oder Sprachen des Verfahrens und des Angebots

38 Die Information darüber, in welcher Sprache (bzw. welchen Sprachen) das Beschaffungsverfahren durchgeführt wird und in welchen Sprachen die Anbieterin ihr Angebot bzw. ihren Teilnahmeantrag einreichen darf, ist für den Entscheid über die Verfahrensteilnahme zentral und daher beim Mindestinhalt der Ausschreibung aufgeführt (BöB/IVöB 35 Bst. m). Für die Bundesebene hat der Bundesrat gestützt auf BöB 48 Abs. 5 auf Verordnungsstufe die Anforderungen an die Sprachen der Veröffentlichungen auf SIMAP[66] und der Ausschreibungsunterlagen[67] definiert. Für die Eingaben der Anbieterinnen gilt

---

66 Die Sprachen der Ausschreibungen auf SIMAP sind in BöB 48 Abs. 5 geregelt: Bei Bauaufträgen und damit zusammenhängenden Lieferungen und Dienstleistungen muss die Ausschreibung mindestens in zwei Amtssprachen (insb. in der Amtssprache am Standort der Baute) publiziert werden (Bst. a). Bei Liefer- und Dienstleistungen müssen die Ausschreibungen mindestens in zwei Amtssprachen veröffentlicht werden (Bst. b). Zu beachten ist ferner BöB 48 Abs. 4: Wird der Auftrag im Staatsvertragsbereich nicht in einer WTO-Amtssprache (d.h. in Französisch, Englisch oder Spanisch) ausgeschrieben (also z.B. auf Deutsch), muss die Auftraggeberin mit der Ausschreibung eine Zusammenfassung der Anzeige in einer Amtssprache der WTO (z.B. in Französisch) publizieren. Wird eine Leistung im Ausland erbracht oder handelt es sich um spezialisierte technische Leistungen, kann die Ausschreibung ausnahmsweise nur in einer Amtssprache des Bundes und in einer anderen Sprache erfolgen (z.B. auf Englisch; vgl. VöB 20 Abs. 1).

67 Die Sprachen der Ausschreibungsunterlagen sind in VöB 21 geregelt: Bei Lieferungen und Dienstleistungen gilt der Grundsatz, dass die Ausschreibungsunterlagen in den gleichen Sprachen wie

der Grundsatz, dass alle Amtssprachen zulässig sind (BöB 48 Abs. 5 Bst. c). Die sprachlichen Anforderungen an die Eingaben der Anbieterinnen[68] und ans Verfahren[69] sind auf Verordnungsstufe präzisiert worden.

H. Gültigkeitsdauer der Angebote

Zum Mindestinhalt der Ausschreibung gehört neben der Eingabefrist für die Angebote oder Teilnahmeanträge (BöB 35 Bst. k) auch die Bindungsfrist der Angebote (BöB/IVöB 35 Bst. r).[70] Die Angebote müssen für die Anbieterinnen verbindlich sein, sodass 39

---

die Ausschreibung auf SIMAP verfasst sein müssen (VöB 20 Abs. 1). Da die Ausschreibung auf SIMAP bei den Lieferungen und Dienstleistungen in zwei Amtssprachen veröffentlicht werden muss (BöB 48 Abs. 5 Bst. b), gilt dies somit grundsätzlich auch bei den Ausschreibungsunterlagen. Dieser Grundsatz gilt nicht ohne Ausnahmen: So kann die Auftraggeberin die Ausschreibungsunterlagen nur in einer Amtssprache des Bundes veröffentlichen, wenn aufgrund der Reaktionen auf eine Vorankündigung oder aufgrund anderer Indizien zu erwarten ist, dass kein Bedarf an einer Veröffentlichung der Ausschreibungsunterlagen in zwei Amtssprachen besteht (VöB 21 Abs. 2). Sodann können nach VöB 20 Abs. 3 die Ausschreibungsunterlagen nur in einer Amtssprache des Bundes oder in den Fällen von VöB 20 Abs. 1 in einer anderen Sprache verfasst werden, wenn eine Übersetzung erheblichen Mehraufwand verursachen würde (Bst. a: Übersetzungskosten übersteigen 5 % des Auftragswerts oder CHF 50 000) oder wenn die Leistung nicht in verschiedenen Sprachregionen der Schweiz und nicht mit Auswirkungen auf verschiedene Sprachregionen der Schweiz zu erbringen ist. Bei den Bauleistungen und damit zusammenhängenden Lieferungen und Dienstleistungen werden die Ausschreibungsunterlagen mindestens in der Amtssprache am Standort der Baute publiziert (VöB 21 Abs. 4). Damit wird die Ausschreibung des Bauauftrags in zwei Amtssprachen publiziert (insb. in der Amtssprache am Standort der Baute; BöB 48 Abs. 5 Bst. a), während die Ausschreibungsunterlagen ihrerseits lediglich in der Amtssprache am Standort der Baute vorhanden sein müssen.

68 Betreffend die Eingaben der Anbieterinnen wird BöB 48 Abs. 5 Bst. c ergänzt durch VöB 22. Danach müssen die Eingaben der Anbieterinnen, d.h. Angebote, Teilnahmeanträge, Gesuche um Eintrag in ein Verzeichnis sowie die Fragen im SIMAP-Forum von der Auftraggeberin in Deutsch, Französisch und Italienisch entgegengenommen werden (VöB 22). Unabhängig von der zu erbringenden Leistung hat die Anbieterin somit die Wahl, in welcher Amtssprache der Schweiz sie ihr Angebot einreicht. In den Fällen von VöB 20 kann die Auftraggeberin die Sprache oder die Sprachen der Eingaben bestimmen (VöB 22 Abs. 3).

69 Was die Sprache des Verfahrens angeht, ist die Auftraggeberin verpflichtet, eine Amtssprache der Schweiz als Verfahrenssprache festzulegen. Nur in den Ausnahmefällen nach VöB 20 kann sie eine andere Sprache als Verfahrenssprache wählen (VöB 23 Abs. 1). Bei der Wahl der Verfahrenssprache berücksichtigt die Auftraggeberin nach Möglichkeit, aus welcher Sprachregion für die zu erbringende Leistung die meisten Angebote zu erwarten sind. Bei Bauleistungen und damit zusammenhängenden Lieferungen und Dienstleistungen ist davon auszugehen, dass am meisten Angebote in der Amtssprache am Standort der Baute eintreffen (VöB 23 Abs. 2). Sie kommuniziert mit den Anbieterinnen in der Verfahrenssprache, sofern sie nichts anderes geregelt oder vereinbart hat (VöB 23 Abs. 3). Fragen zu den Ausschreibungsunterlagen werden von der Auftraggeberin auf SIMAP in der Verfahrenssprache oder in der Amtssprache, in der die Frage gestellt worden ist, beantwortet (VöB 23 Abs. 3).

70 Im bisherigen BöB/VöB war die Eingabefrist in der Ausschreibung aufzuführen, während die Bin-

die Auftraggeberin die Anbieterinnen auf dem Erklärten behaften und den Inhalt des Angebots durch einseitige Erklärung annehmen kann. Da das Beschaffungsverfahren vom Zeitpunkt der Öffnung der Angebote bis zum Zuschlag eine gewisse Zeit beansprucht, müssen die Angebote während dieser Dauer verbindlich bleiben. Mit Ablauf der Bindungsfrist wird die Anbieterin frei und die Auftraggeberin kann den Vertrag nicht mehr durch einseitige Erklärung zustande kommen lassen.[71] Gibt die Auftraggeberin in der Ausschreibung keine Bindungsfrist bekannt, sind die Anbieterinnen gehalten, im Rahmen der Fragerunde direkt die Bekanntgabe einer Bindungsfrist zu verlangen.[72]

40 Was hat die Auftraggeberin bei der Festlegung der Bindungsfrist zu beachten (vgl. N 41), wie geht sie mit zu kurz bzw. zu lang befristeten Angeboten um (vgl. N 42), und wie hat sie vorzugehen, wenn die Bindungsfrist verlängert werden soll (vgl. N 43)?

41 Die Auftraggeberin legt die Dauer der Bindungsfrist nach freiem Ermessen fest. Für alle Anbieterinnen gilt dabei die gleiche Bindungsfrist. Die Bindungsfrist muss lange genug sein, damit die Auftraggeberin die Evaluation der Angebote durchführen, den Zuschlag erteilen und die Beschwerdefrist abwarten kann, bevor die Bindungsfrist abläuft. Zwischen der Rechtskraft des Zuschlags und dem Vertragsabschluss benötigt die Auftraggeberin in der Regel auch noch etwas Zeit, was ebenfalls bei der Berechnung der Bindungsfrist zu berücksichtigen ist. Nicht einzuberechnen hat die Auftraggeberin hingegen ein Beschwerdeverfahren mit aufschiebender Wirkung gegen den Zuschlag.[73] Die Auftraggeberin sollte keine zu lange Bindungsfrist verlangen, da die Anbieterinnen dies als Risiko bei der Preiskalkulation einrechnen, was letztlich die Beschaffung unnötig verteuert und nicht wirtschaftlich ist.[74]

42 Wie geht die Auftraggeberin mit zu kurz bzw. zu lang befristeten Angeboten um? Erklärt die Anbieterin in ihrem Angebot eine Bindungsfrist, die kürzer ist als von der Auftraggeberin verlangt, verletzt sie damit die Ausschreibungsvorschriften. Mit Ausnahme von geringfügigen Fällen ist ein solches Angebot aus Gleichbehandlungsgründen auszuschliessen, denn in der kürzeren Bindung kann ein erheblicher Wettbewerbsvorteil liegen.[75] Die Auftraggeberin darf aber im Rahmen der Bereinigung von der Anbieterin

---

dungsfrist zum Mindestinhalt der Ausschreibungsunterlagen gehörte; vgl. aVöB Anhang 5 Ziff. 5; vgl. dazu BEYELER, Geltungsanspruch, Rz. 1886.

71 Vgl. zur Bindungsfrist weiterführend BEYELER, Geltungsanspruch, Rz. 1880 ff.
72 BEYELER, Geltungsanspruch, Rz. 1887.
73 Im Fall einer Beschwerde verlängert die Beschwerdeführerin mit dem Antrag um aufschiebende Wirkung implizit ihre Bindungsfrist. Der Zuschlagsempfängerin steht es im Fall eines Beschwerdeverfahrens frei, eine Verlängerung ihrer Bindung zu erklären; vgl. BEYELER, Geltungsanspruch, Rz. 1890 f.
74 BEYELER, Geltungsanspruch, Rz. 1893.
75 Die Dauer der Bindungsfrist wird von den Anbieterinnen bei der Kalkulation berücksichtigt. Je kürzer die Bindungsfrist ist, desto weniger risikobehaftet ist das Versprechen von tiefen Preisen durch die Anbieterin; vgl. dazu BEYELER, Geltungsanspruch, Rz. 1883, 1893.

eine längere Bindungsfrist verlangen. Die nachträgliche Verlängerung einer zu kurzen Bindungsfrist ist dann zulässig, wenn die Anbieterin ihr Angebot nicht ändert und durch die nachträgliche Verlängerung keinen relevanten Vorteil hat. Ist die von der Anbieterin angebotene Bindungsfrist länger als von der Auftraggeberin verlangt, benachteiligt die Anbieterin damit sich selber, was vergaberechtlich kein Problem ist und nicht zum Ausschluss führt.[76]

Es stellt sich die Frage, wie die Auftraggeberin vorzugehen hat, wenn sie die ursprüngliche Bindungsfrist zu knapp festgesetzt hat oder die Bindungsfrist aufgrund von Verzögerungen im Beschaffungsverfahren abzulaufen droht bzw. bereits abgelaufen ist. Ist in solchen Fällen eine Verlängerung oder Erneuerung der Bindungsfrist zulässig? Fest steht, dass der Zuschlag nicht an ein Angebot erfolgen darf, das gar keine Bindungswirkung mehr hat.[77] Die Auftraggeberin kann in solchen Fällen nicht von sich aus einseitig die von der Anbieterin im Angebot erklärte Bindungsfrist verlängern. Vielmehr braucht es dazu eine Verlängerungserklärung der Anbieterin. Es ist zulässig, dass die Anbieterin die ursprünglich erklärte Bindungsfrist nach der Eingabefrist, aber noch vor Ablauf der Bindungsfrist durch eine Verlängerungserklärung erstreckt. Die Anbieterin erklärt dabei, dass sie während einer bestimmten zusätzlichen Dauer weiterhin an ihr Angebot gebunden ist. Vorausgesetzt ist, dass ihr Angebot ansonsten unverändert bleibt.[78] Ist die ursprünglich erklärte Bindungsfrist bereits abgelaufen, kann die Anbieterin die Erneuerung der Bindungsfrist ihres Angebots erklären.[79]

I. Weiterer Mindestinhalt

Zum Mindestinhalt der Ausschreibung gehören weitere Aspekte:

Wiederkehrend benötigte Leistungen: Bei wiederkehrend benötigten Leistungen besteht die Möglichkeit einer Verkürzung der Eingabefrist von 40 auf 10 Tage (BöB/IVöB 47 Abs. 4). Voraussetzung ist, dass die Auftraggeberin bei der früheren Ausschreibung auf die Fristverkürzung hingewiesen hat. Die Auftraggeberin gibt wenn möglich auch an, wann die nächste Ausschreibung erfolgt (BöB/IVöB 35 Bst. h).

Elektronische Auktionen: Will die Auftraggeberin bei standardisierten Leistungen eine elektronische Auktion nach BöB/IVöB 23 durchführen, muss sie bereits in der Ausschreibung darauf hinweisen (BöB/IVöB 35 Bst. i). Das Instrument der elektronischen Auktion wird im BöB neu eingeführt.[80] Der Anwendungsbereich dieses neuen Instru-

---

76 Vgl. zum Umgang mit zu kurz oder zu lang befristeten Angeboten weiterführend BEYELER, Geltungsanspruch, Rz. 1883 ff.
77 BEYELER, Geltungsanspruch, Rz. 1903.
78 BEYELER, Geltungsanspruch, Rz. 1904.
79 BEYELER, Geltungsanspruch, Rz. 1907.
80 Botschaft BöB, S. 1931 f.; vgl. GPA 2012 XIV; gemäss GPA 2012 I Bst. f ist eine elektronische Auktion ein iteratives Verfahren, bei dem Anbieterinnen mittels elektronischer Hilfsmittel neue Preise und/oder für nicht preisliche, quantifizierbare Komponenten des Angebots neue Werte im Ver-

ments ist beschränkt auf die Beschaffung standardisierter Leistungen (BöB/IVöB 23 Abs. 1). Es handelt sich nicht um ein eigenes Verfahren, sondern um ein Hilfsmittel, das in andere Verfahren (z.B. in ein offenes oder selektives Verfahren) integriert wird. Die elektronische Auktion bildet eine Ausnahme zum Verbot von Abgebotsrunden. Faktisch ist sie eine auf elektronischem Weg durchgeführte Abgebotsrunde, bei der sich die Anbieterinnen gegenseitig unterbieten.

47 **Absicht zur Durchführung eines Dialogs:** Die Absicht, mit den Anbieterinnen einen Dialog[81] nach BöB/IVöB 24 zu führen, muss ebenfalls in der Ausschreibung bekannt gegeben werden (BöB/IVöB 35 Bst. j). Die Anbieterinnen sollen bereits zu einem frühen Zeitpunkt wissen, worauf sie sich einlassen.[82] Der Dialog wird in ein offenes oder selektives Verfahren integriert. Sein Anwendungsbereich ist auf komplexe Aufträge, intellektuelle Dienstleistungen oder auf die Beschaffung innovativer Leistungen beschränkt (BöB/IVöB 24 Abs. 1). In der Praxis wird der Dialog regelmässig im Rahmen einer finalen oder funktionalen Ausschreibung durchgeführt. Die Auftraggeberin gibt das Ziel bzw. den Zweck der Beschaffung bekannt, lässt aber den Weg dorthin offen. Es ist dann an den Anbieterinnen, Lösungswege und Vorgehensweisen aufzuzeigen. Diese werden im Rahmen des Dialogverfahrens über mehrere Dialogrunden weiterentwickelt, bis letztlich ein endgültiges Angebot vorliegt. Zwingend in der Ausschreibung erwähnt werden muss nur die Absicht zum Dialog, weitere Informationen kann die Auftraggeberin entweder in der Ausschreibung oder in den Ausschreibungsunterlagen bekannt geben (BöB/IVöB 24 Abs. 3). Für die Bundesebene hat der Bundesrat den Dialog in VöB 6 näher geregelt.

48 **Eignungskriterien und Nachweise:** Eignungskriterien können insb. die fachliche, finanzielle, wirtschaftliche, technische und organisatorische Leistungsfähigkeit sowie die Erfahrung der Anbieterin betreffen (BöB/IVöB 27 Abs. 2). Eignungskriterien und die geforderten Nachweise gehören zum Mindestinhalt der Ausschreibung (BöB/IVöB 35 Bst. n). Im Unterschied zum bisherigen BöB/VöB[83] werden neu auch die Nachweise der Eignung (und nicht nur die Eignungskriterien selber) zum Mindestinhalt der Ausschreibung erklärt. Dies ist sachgerecht, soll doch die Anbieterin aufgrund des Publikationstextes direkt beurteilen können, ob sie für den Auftrag geeignet ist. Dazu ist sie nur in der Lage, wenn sie auch erkennt, welche Nachweise gefordert werden.[84]

---

hältnis zu den Evaluationskriterien oder beides vorlegen, wodurch eine Rangliste oder Neuordnung der Angebote entsteht.
81 Vgl. zum Dialog auch die Ausführungen zu BöB 24 (Art. 24 N 1 ff.).
82 Botschaft BöB, S. 1934.
83 Vgl. aVöB Anhang 4 Abs. 1 Ziff. 10.
84 Nicht ganz vereinbar mit der Regelung von BöB/IVöB 35 Bst. n ist der Wortlaut von BöB/IVöB 27 Abs. 1, wonach die Auftraggeberin die Eignungskriterien abschliessend «in der Ausschreibung oder in den Ausschreibungsunterlagen» festlegt. Folgte man dem Wortlaut von BöB/IVöB 27 Abs. 1, müssten die Eignungskriterien nicht zwingend in der Ausschreibung selber aufgeführt sein, sondern könnten – analog den Zuschlagskriterien – in den Ausschreibungsunterlagen umschrieben werden. Aus Transparenzgründen sollten die Eignungskriterien mit den jeweiligen

Anbieterbeschränkung im selektiven Verfahren: Die Auftraggeberin kann im selektiven Verfahren die Zahl der zur Offertstellung zugelassenen Anbieterinnen beschränken (BöB/IVöB 19 Abs. 3). Sie muss dies in der Ausschreibung bekannt geben (BöB/IVöB 35 Bst. o). Da die Beschränkung der Anbieterzahl den Wettbewerb einschränkt, ist sie nur zulässig, wenn sie aus Effizienzgründen sachlich begründet ist. Auch bei einer Beschränkung der Anbieterzahl muss die Auftraggeberin aber wirksamen und fairen Wettbewerb (BöB/IVöB 2 Bst. d) sicherstellen. Deshalb ist sie verpflichtet, wenn möglich mindestens drei Anbieterinnen zum Angebot zuzulassen. Die maximal zur Offertstellung zugelassene Anbieterinnenzahl im selektiven Verfahren gehört zum Mindestinhalt der Ausschreibung (BöB/IVöB 35 Bst. o). Die Beschränkung der Anbieterinnen erfolgt über eine Gewichtung der Eignungskriterien, die in den Ausschreibungsunterlagen bekannt zu geben ist (BöB/IVöB 36 Bst. c). Die Auftraggeberin wählt aus den geeigneten Anbieterinnen anhand der gewichteten Eignungskriterien die am besten geeigneten Anbieterinnen aus.[85]

Zuschlagskriterien und deren Gewichtung: Die Zuschlagskriterien sind mit ihrer Gewichtung in der Ausschreibung aufzuführen, sofern keine Ausschreibungsunterlagen bestehen (BöB/IVöB 35 Bst. p). Sind diese vorhanden, kann die Bekanntgabe nur dort erfolgen.[86]

Vorbehalt des Zuschlags von Teilleistungen: Der Auftraggeberin kann sich vorbehalten, Teilleistungen (d.h. einzelne Lose) an mehrere Anbieterinnen zuzuschlagen, obwohl diese Gesamtangebote einreichen müssen (BöB/IVöB 32 Abs. 5). Dieser Vorbehalt muss in der Ausschreibung bekannt gegeben werden (BöB/IVöB 35 Bst. q).

Bezugsquelle für die Ausschreibungsunterlagen sowie gegebenenfalls eine kostendeckende Gebühr: Die Anbieterinnen müssen wissen, wo sie die Ausschreibungsunterlagen beziehen können, sollten diese nicht bereits auf SIMAP vollständig elektronisch zur Verfügung stehen (BöB/IVöB 48 Abs. 2). Die Bezugsquelle gehört daher zum Mindestinhalt der Ausschreibung. Für den Bezug kann die Auftraggeberin eine kostendeckende Gebühr verlangen. Sie gibt dies ebenfalls in der Ausschreibung bereits bekannt (BöB/IVöB 35 Bst. s).

Nachweisen in der Ausschreibung bekannt gegeben werden. Es steht der Auftraggeberin aber frei, die Eignungskriterien zusätzlich auch in den Ausschreibungsunterlagen aufzuführen.

85 Vgl. Botschaft BöB, S. 1924 f.; vgl. zur Beschränkung der Anbieter aufgrund gewichteter Eignungskriterien auch den Entscheid des VGer SG, B 2014/195 vom 17.12.2014, E. 2.2 f., wonach die Selektionskriterien graduell messbare Eignungskriterien sein müssen, die indirekte Aussagen über die von der Anbieterin zu erwartende Leistungsqualität zulassen. Eine Mehreignung, die für den fraglichen Auftrag nutzlos bleibt, darf keine Rolle spielen. Namentlich Projektreferenzen und Schlüsselpersonen, zwei Kriterien, die als Zuschlagskriterien herangezogen werden, sind als graduell bewertete Eignungskriterien zulässig. Es ist auch zulässig, bei einem bestimmten Eignungskriterium ein Mindestmass zu fordern (mit Ausschluss, wenn nicht erfüllt) und unter dem gleichen Kriterium eine Bewertung des Grades der Überschreitung des Minimums vorzunehmen.
86 Vgl. dazu BöB/IVöB 29 Abs. 3; BöB/IVöB 35 Bst. p, BöB/IVöB 36 Bst. d; vgl. dazu die Ausführungen in Art. 36 N 10 ff.

53 **Hinweis, ob die Beschaffung in den Staatsvertragsbereich fällt:** Die Auftraggeberin gibt in der Ausschreibung bekannt, ob der Auftrag in den Staatsvertragsbereich fällt (BöB/IVöB 35 Bst. t).

54 **Zum Verfahren zugelassene vorbefasste Anbieter:** Vorbefasste Anbieterinnen, die zum Verfahren zugelassen werden, sind aus Transparenzgründen in der Ausschreibung zu erwähnen (BöB/IVöB 35 Bst. u).

55 **Rechtsmittelbelehrung:** Eine Rechtsmittelbelehrung gehört ebenfalls zum Mindestinhalt der Ausschreibung (BöB/IVöB 35 Bst. v). Die Anbieterin muss frühzeitig wissen, ob und wie sie die Ausschreibung (bzw. die Ausschreibungsunterlagen) anfechten kann.[87]

III. Rechtsvergleichung

56 Nach RL 2014/24/EU 49 werden Auftragsbekanntmachungen als Mittel für den Aufruf zum Wettbewerb für alle Verfahren verwendet. Die Auftragsbekanntmachungen müssen die Informationen nach RL 2014/24/EU Anhang V Teil C enthalten und werden gemäss RL 2014/24/EU 51 veröffentlicht. Im erwähnten Anhang ist eine lange Liste mit 30 Ziffern enthalten, die die Auftraggeberin in der Auftragsbekanntmachung nach RL 2014/24/EU 49 aufführen muss.[88] Vom Grad der Transparenz her ist die Liste in etwa vergleichbar mit BöB 35. Von der Auftragsbekanntmachung zu unterscheiden sind die sog. Auftragsunterlagen. Diese entsprechen den Ausschreibungsunterlagen.

---

87 Vgl. zur Anfechtung von Ausschreibung und Ausschreibungsunterlagen die Ausführungen unter N 14.
88 In der Liste von Anhang 5 Teil C sind namentlich erwähnt: Angaben zum öffentlichen Auftraggeber (Ziff. 1), Bezugsquelle für den unentgeltlichen, vollständigen und unmittelbaren Zugang zu den Auftragsunterlagen (Ziff. 2), CPV-Codes des Auftrags (Ziff. 3), Beschreibung der Beschaffung nach Art, Umfang bzw. Menge, inkl. Angaben zu Losen und Optionen (Ziff. 7), geschätzte Gesamtgrössenordnung des Auftrags (Ziff. 8), Zulässigkeit oder Verbot von Änderungsvorschlägen (Ziff. 9), Zeitpunkt der Leistung und Laufzeit des Auftrags (Ziff. 10), Teilnahmebedingungen inkl. Eignungskriterien (Ziff. 11), Art des Vergabeverfahrens (Ziff. 12), Angaben zu Rahmenverträgen, dynamischem Beschaffungssystem und elektronischer Auktion (Ziff. 13), Losbildung und Losbeschränkung (Ziff. 14), Beschränkung der Anbieterzahl bei nichtoffenen Verfahren, Verhandlungsverfahren, wettbewerblichem Dialog oder Innovationspartnerschaften (Ziff. 15), Shortlist bei Verhandlungsverfahren, wettbewerblichem Dialog oder Innovationspartnerschaften (Ziff. 16), zusätzliche Bedingungen für die Ausführung des Auftrags (Ziff. 17), Zuschlagskriterien inkl. Gewichtung (Ziff. 18), Einreichungsfrist für Angebote und Teilnahmeanträge (Ziff. 19), Adresse für Offerteinreichung (Ziff. 20), Bindefrist und Modalitäten der Offertöffnung bei offenen Verfahren (Ziff. 21), Sprache(n), in der (denen) Angebote oder Teilnahmeanträge abzufassen sind (Ziff. 22), Angaben zur elektronischen Abwicklung des Auftrags (Ziff. 23), bei wiederkehrenden Aufträgen die Angaben zum geplanten Zeitpunkt für die Veröffentlichung weiterer Bekanntmachungen (Ziff. 27), Hinweis über Unterstellung unter das GPA (Ziff. 29), sonstige einschlägige Auskünfte (Ziff. 30).

Art. 36 Inhalt der Ausschreibungsunterlagen

Soweit diese Angaben nicht bereits in der Ausschreibung enthalten sind, geben die Ausschreibungsunterlagen Aufschluss über:

a. Name und Adresse der Auftraggeberin / *des Auftraggebers*;

b. den Gegenstand der Beschaffung, einschliesslich technischer Spezifikationen und Konformitätsbescheinigungen, Pläne, Zeichnungen und notwendiger Instruktionen sowie Angaben zur nachgefragten Menge;

c. Formerfordernisse und Teilnahmebedingungen für die Anbieterinnen / *Anbieter*, einschliesslich einer Liste mit Angaben und Unterlagen, welche die Anbieterinnen / *Anbieter* im Zusammenhang mit den Teilnahmebedingungen einreichen müssen, sowie eine allfällige Gewichtung der Eignungskriterien;

d. die Zuschlagskriterien sowie deren Gewichtung;

e. wenn die Auftraggeberin / *der Auftraggeber* die Beschaffung elektronisch abwickelt: allfällige Anforderungen an die Authentifizierung und Verschlüsselung bei der elektronischen Einreichung von Informationen;

f. wenn die Auftraggeberin / *der Auftraggeber* eine elektronische Auktion vorsieht: die Regeln, nach denen die Auktion durchgeführt wird, einschliesslich der Bezeichnung jener Angebotselemente, die angepasst werden können und anhand der Zuschlagskriterien bewertet werden;

g. das Datum, die Uhrzeit und den Ort für die Öffnung der Angebote, falls die Angebote öffentlich geöffnet werden;

h. alle anderen für die Offertstellung erforderlichen Modalitäten und Bedingungen; insbesondere die Angabe, in welcher Währung (in der Regel Schweizerfranken) das Angebot einzureichen ist;

i. Termine für die Erbringung der Leistungen.

Inhaltsverzeichnis

I.	Grundlagen	1
II.	Inhalt der Ausschreibungsunterlagen	5
A.	Bst. a: Auftraggeberin und Adresse	5
B.	Bst. b: Gegenstand der Beschaffung	6
C.	Bst. c: Formerfordernisse, Teilnahmebedingungen und Gewichtung der Eignungskriterien	7
D.	Bst. d: Zuschlagskriterien sowie deren Gewichtung	10
E.	Bst. e: Anforderungen bei elektronischer Abwicklung	14
F.	Bst. f: Regeln der elektronischen Auktion	15
G.	Bst. g: Modalitäten der Angebotsöffnung	16

6. Kapitel: Ablauf des Vergabeverfahrens

H.	Bst. h: Weitere Modalitäten und Bedingungen, die für die Offertstellung erforderlich sind	17
I.	Bst. i: Termine für die Erbringung der Leistungen	18
III.	Rechtsvergleichung	19

I. Grundlagen

1 Die Bestimmung zum Inhalt der Ausschreibungsunterlagen basiert auf GPA 2012 X:7. Abgesehen von kleineren Abweichungen entspricht die Liste von BöB/IVöB 36 vom Inhalt her derjenigen aus dem GPA 2012.[1]

2 Auf Bundesebene sah die bisherige Regelung in aVöB Anhang 5 «Mindestangaben» für die Ausschreibungsunterlagen vor. Auch für die Ausschreibung war in aVöB Anhang 4 eine Liste mit «Mindestangaben» vorgesehen. Da beide Anhänge somit Mindestangaben enthielten, mussten verschiedene, in beiden Anhängen aufgeführte Aspekte doppelt bekannt gegeben werden. Diese doppelte Bekanntgabe war bspw. bei der Frist für die Einreichung des Angebots verlangt.[2] Auf kantonaler Ebene gab VRöB 15 den Mindestinhalt für die Ausschreibungsunterlagen vor und VRöB 12 denjenigen für die Ausschreibung. Bei der in BöB/IVöB 36 abgebildeten Liste zum Inhalt der Ausschreibungsunterlagen wird einleitend festgehalten, dass die Ausschreibungsunterlagen Aufschluss über die aufgeführten Angaben geben, sofern diese Angaben nicht bereits in der Ausschreibung nach BöB/IVöB 35 enthalten sind. Mit anderen Worten: Angaben aus der Liste von BöB/IVöB 36, die nicht in BöB/IVöB 35 erwähnt sind, gehören in die Ausschreibungsunterlagen und sind als Mindestinhalt anzusehen. Angaben, die hingegen aufgrund von BöB/IVöB 35 bereits in die Ausschreibung aufzunehmen sind, müssen nicht zwingend bei den Ausschreibungsunterlagen wiederholt werden, dies im Unterschied zum bisherigen aBöB/aVöB. Trotzdem empfiehlt es sich aus Transparenzgründen, bspw. die in beiden Listen aufgeführten Formerfordernisse (BöB/IVöB 35 Bst. l, BöB 36 Bst. c) nicht nur in der Ausschreibung, sondern auch in den Ausschreibungsunterlagen aufzuführen und sie dort näher zu präzisieren.

3 Im Verhältnis zur bisherigen Regelung in aVöB Anhang 5 wird die Liste in BöB/IVöB 36 zum einen erweitert.[3] Zum anderen gehören verschiedene Informationen neu bereits

---

1 So erwähnt BöB/IVöB 36 Bst. a zusätzlich Name und Adresse der Auftraggeberin als Mindestinhalt der Ausschreibungsunterlagen. Die Formerfordernisse sind in BöB/IVöB 36 Bst. c zusammen mit den Teilnahmebedingungen explizit erwähnt, während dies bei GPA 2012 X:7 in Bst. g unter allen anderen Modalitäten und Bedingungen aufgeführt wird.
2 Die Frist für die Einreichung der Angebote war bisher sowohl in aVöB Anhang 5 Ziff. 4 beim Mindestinhalt der Ausschreibungsunterlagen als auch in aVöB Anhang 4 Ziff. 6 Bst. a beim Mindestinhalt der Ausschreibung erwähnt, was zu einer doppelten und strengen Bekanntgabepflicht führte; vgl. dazu BEYELER, Geltungsanspruch, Rz. 1857.
3 Die Liste wird erweitert um den Gegenstand der Beschaffung (Bst. b), die Teilnahmebedingungen (Bst. c), die Anforderungen an die elektronische Abwicklung der Beschaffung (Bst. e), die Moda-

zum Mindestinhalt der Ausschreibung und wurden daher aus der Liste des Inhalts der Ausschreibungsunterlagen gestrichen. So sind die Sprache des Angebots (aVöB Anhang 5 Ziff. 3), die Frist für die Einreichung der Offerten und Teilnahmeanträge (Ziff. 4) und die Bindungsfrist der Angebote (Ziff. 5) nicht mehr beim Mindestinhalt der Ausschreibungsunterlagen, sondern neu beim Mindestinhalt der Ausschreibung aufgeführt (vgl. BöB/IVöB 35 Bst. m, k und r). Verschiedene Informationen wurden hingegen gar nicht mehr in die Liste von BöB/IVöB 36 aufgenommen.[4]

Die Auftraggeberin hält in den «Ausschreibungsunterlagen» alle erforderlichen Angaben fest, damit die Anbieterinnen ordnungsgemässe Angebote oder Teilnahmeanträge einreichen können. Die Ausschreibungsunterlagen werden in der Regel zusammen mit der Ausschreibung auf SIMAP publiziert und in elektronischer Form zur Verfügung gestellt. Der Zugang zu den Ausschreibungsunterlagen ist für die Anbieterinnen unentgeltlich (BöB/IVöB 48 Abs. 2).[5] Die Anbieterinnen können ihre Fragen zu den Ausschreibungsunterlagen bis zum von der Auftraggeberin bekannt gegebenen Termin einreichen. Die Auftraggeberin beantwortet diese und stellt die anonymisierten Fragen mit den Antworten allen Anbieterinnen gleichzeitig zur Verfügung. Es ist sinnvoll, die Fragen und Antworten über SIMAP abzuwickeln.[6] Der Begriff «Ausschreibungsunterlagen» ist ein Oberbegriff, der neben den Unterlagen bei offenen und selektiven Verfahren auch diejenigen bei Einladungsverfahren umfasst.[7]

4

II. Inhalt der Ausschreibungsunterlagen

A. Bst. a: Auftraggeberin und Adresse

Soweit nicht bereits in der Ausschreibung enthalten (BöB/IVöB 35 Bst. a), muss der Name und die Adresse der Auftraggeberin in den Ausschreibungsunterlagen bekannt gegeben werden (BöB/IVöB 36 Bst. a). Die Anbieterin benötigt diese Angaben für eine korrekte Einreichung des Angebots bzw. des Teilnahmeantrags.

5

---

litäten der elektronischen Auktion (Bst. f), die Modalitäten der Offertöffnung (Bst. g), die für die Offertstellung erforderlichen Modalitäten und Bedingungen (Bst. h) und die Termine für die Erbringung der Leistung (Bst. i).

4   Im Vergleich zu aVöB Anhang 5 Ziff. 8 wurde verzichtet auf: die bei der Beurteilung der Angebotspreise einzubeziehenden Kostenelemente wie Transport-, Versicherungs- und Inspektionskosten, Zölle und andere Einfuhrabgaben (aVöB Anhang 5 Ziff. 8), die Zahlungsbedingungen (Ziff. 9), gegebenenfalls die Vergütung insb. von Vorleistungen (Ziff. 12), der Hinweis, dass vorbestehende Immaterialgüterrechte ganz oder teilweise auf die Auftraggeberin übergehen (Ziff. 13), und im Fall eines Dialogs: die Vergütung für die Teilnahme am Dialog und für die Nutzung der vorgeschlagenen oder weiterentwickelten Lösungswege und Vorgehensweisen (Ziff. 14).

5   Vgl. aber BöB 35 Bst. s, wonach die Auftraggeberin für den Bezug der Ausschreibungsunterlagen eine kostendeckende Gebühr verlangen darf.

6   Vgl. VöB 8.

7   Botschaft BöB, S. 1951.

B. Bst. b: Gegenstand der Beschaffung

6 Der Transparenzgrundsatz verlangt, dass die Auftraggeberin in den Ausschreibungsunterlagen genau umschreibt, was sie beschaffen will. Zur möglichst genauen Umschreibung des Beschaffungsgegenstands gehören insb. auch die technischen Spezifikationen und Konformitätsbescheinigungen, Pläne, Zeichnungen und notwendige Instruktionen sowie Angaben zur nachgefragten Menge (BöB/IVöB 36 Bst. b). Zur genauen Leistungsumschreibung in den Ausschreibungsunterlagen kann auf die Ausführungen zu BöB 35 verwiesen werden (vgl. Art. 35 N 6 ff.).

C. Bst. c: Formerfordernisse, Teilnahmebedingungen und Gewichtung der Eignungskriterien

7 In den Ausschreibungsunterlagen sind die Formerfordernisse und Teilnahmebedingungen für die Anbieterinnen bekannt zu geben (BöB/IVöB 36 Bst. c). Die Formerfordernisse zur Einreichung von Angeboten und Teilnahmeanträgen sind beim Mindestinhalt der Ausschreibung aufgeführt (BöB/IVöB 35 Bst. l). Zusätzlich sind die Formerfordernisse auch in der Liste zum Inhalt der Ausschreibungsunterlagen aufgeführt, wobei der Einleitungssatz von BöB/IVöB 36 klarmacht, dass diese Angaben dann in den Ausschreibungsunterlagen aufzuführen sind, wenn sie nicht bereits in der Ausschreibung enthalten sind. Aus Transparenzgründen ist zu empfehlen, die Formerfordernisse zusätzlich auch in den Ausschreibungsunterlagen zu umschreiben, allenfalls mit weiteren Präzisierungen. Diese doppelte Bekanntgabe der Formerfordernisse sorgt für mehr Transparenz und ist sinnvoll, da Angebote mit wesentlichen Formfehlern ausgeschlossen werden (BöB/IVöB 44 Abs. 1 Bst. b).

8 Mit den Teilnahmebedingungen für die Anbieterinnen sind die in BöB/IVöB 26 umschriebenen Teilnahmebedingungen gemeint, d.h. die Einhaltung der Arbeitsschutzbestimmungen, der Arbeitsbedingungen, der Lohngleichheit von Frau und Mann sowie des Umweltrechts (BöB/IVöB 12), dann aber auch die Bezahlung von Steuern und Sozialabgaben sowie der Verzicht auf Wettbewerbsabreden (BöB/IVöB 26). Die Auftraggeberin kann verlangen, dass die Anbieterinnen die Einhaltung der Teilnahmebedingungen bspw. mit einer Selbstdeklaration oder der Aufnahme in ein Verzeichnis nachweisen. In den Ausschreibungsunterlagen gibt sie eine Liste mit Angaben und Unterlagen bekannt, welche die Anbieterinnen im Zusammenhang mit den Teilnahmebedingungen einreichen müssen.

9 Eignungskriterien sind Mindestanforderungen an die Eignung der Anbieterinnen. Sie sind Muss-Kriterien, deren Nichterfüllung zum Ausschluss der Anbieterin führt. Im Unterschied zu den Zuschlagskriterien werden die Eignungskriterien daher nicht gewichtet. Eine Ausnahme ergibt sich dann, wenn die Auftraggeberin im selektiven Verfahren die Zahl derjenigen Anbieterinnen, die eine Offerte einreichen dürfen, beschränken will. Eine Beschränkung der Anbieterzahl schränkt den Wettbewerb ein. Daher ist sie nur zulässig, wenn sie aus Effizienzgründen sachlich begründet ist. Zudem muss der

wirksame Wettbewerb trotzdem gewährleistet bleiben (BöB/IVöB 19 Abs. 3). Wenn möglich hat die Auftraggeberin daher mindestens drei Anbieterinnen zur Angebotsphase zuzulassen. Die Beschränkung der Anbieterinnen erfolgt über eine Gewichtung der Eignungskriterien, die in den Ausschreibungsunterlagen bekannt zu geben sind. Die Auftraggeberin wählt dann aufgrund der gewichteten Eignungskriterien unter den geeigneten Anbieterinnen die am besten geeigneten Anbieterinnen aus.[8] Die maximal zur Offertstellung zugelassene Anbieterzahl gehört zum Mindestinhalt der Ausschreibung (BöB/IVöB 35 Bst. o).

D. Bst. d: Zuschlagskriterien sowie deren Gewichtung

Aus Transparenzgründen sind die Zuschlagskriterien mit ihrer Gewichtung in den Ausschreibungsunterlagen aufzuführen (BöB/IVöB 36 Bst. d). Sofern diese Angaben dort nicht stehen, müssen sie in der Ausschreibung enthalten sein (BöB/IVöB 35 Bst. p). 10

Lediglich bei finalen bzw. funktionalen Ausschreibungen, d.h., wenn Lösungen, Lösungswege oder Vorgehensweisen beschafft werden, kann die Auftraggeberin auf die Bekanntgabe der Gewichtung verzichten (BöB/IVöB 29 Abs. 3).[9] Gemäss Botschaft wäre es bei derartigen Ausschreibungen nicht praktikabel, wenn die Auftraggeberin die Gewichtung bereits im Voraus festlegen müsste. Es sei charakteristisch für diese Art von Ausschreibungen, dass die Auftraggeberin nur das Ziel vorgebe, den Weg dorthin aber nicht kenne oder nicht vorgeben wolle. Eine vorgängige pflichtgemässe Gewichtung der Zuschlagskriterien sei angesichts der Ungewissheit der Angebotsinhalte nicht möglich. Immerhin habe die Auftraggeberin aber auch bei der funktionalen Ausschreibung die Rangfolge der Zuschlagskriterien im Voraus bekannt zu geben und die Bewertung zu dokumentieren.[10] Ein Mindestmass an Transparenz betreffend die Zuschlagskriterien ist somit auch im Rahmen der finalen bzw. funktionalen Ausschreibung gefordert. 11

Legt die Auftraggeberin Subkriterien fest, sind diese grundsätzlich ebenfalls mit ihrer Gewichtung in der Ausschreibung bzw. den Ausschreibungsunterlagen bekannt zu geben. Eine Ausnahme ergibt sich gemäss bisheriger Rechtsprechung dann, wenn es sich um Subkriterien handelt, die einzig dazu dienen, die publizierten Zuschlagskriterien zu konkretisieren bzw. zu verfeinern. Solche bloss konkretisierenden Subkriterien müssen nicht publiziert werden. Nur Subkriterien, die eine eigenständige Bedeutung haben bzw. denen die Auftraggeberin eine Bedeutung beimisst, die derjenigen eines Zuschlagskriteriums gleichkommt, müssen wie die Zuschlagskriterien vorgängig bekannt gegeben werden.[11] Gemäss bisheriger Rechtsprechung des Bundesgerichts muss die Auftraggebe- 12

---

8   Vgl. Botschaft BöB, S. 1924.
9   Vgl. zur finalen bzw. funktionalen Ausschreibung weiterführend GALLI/MOSER/LANG/STEINER, Rz. 421 ff.; FETZ, Funktionale Ausschreibung, S. 101 ff.
10 Botschaft BöB, S. 1945.
11 BVGer B-6837/2010 vom 15.03.2011, E. 3.3; BVGer B-4387/2017 vom 08.02.2018, E. 6.2; BGE 130 I 241, E. 5.1; BGer 2C_91/2013 vom 23.07.2013, E. 4.1.

rin – unter dem Vorbehalt des Ermessensmissbrauchs – weder eine Beurteilungsmatrix noch eine Notenskala im Voraus bekannt geben.[12] Anders ist die Praxis des Bundesverwaltungsgerichts, das die Bekanntgabe der Zuschlagskriterien und ihrer Beurteilungsmatrix im Voraus verlangt.[13]

13 Diese Rechtsprechung des Bundesgerichts stösst in der Literatur zu Recht auf Kritik, da damit das Transparenzprinzip ungenügend umgesetzt wird.[14] Im Rahmen der Vorbereitung der Ausschreibung muss sich die Auftraggeberin Gedanken darüber machen, welche qualitativen Zuschlagskriterien sie wählt, wie hoch sie die Qualität bzw. den Preis gewichtet, welche Notenskala bzw. Preiskurve sie anwendet und welche Aspekte sie innerhalb eines Qualitätskriteriums beurteilen will (Subkriterien). Eine professionelle Auftraggeberin nimmt diese Denkarbeit vor der Ausschreibung sorgfältig vor. Sie erstellt eine detaillierte Beurteilungsmatrix, an die sie sich in der Folge auch hält. Ihr Ermessen übt sie im Rahmen dieser festgelegten Spielregeln aus. Um Manipulationen zu verhindern, muss sichergestellt sein, dass die Beurteilungsmatrix vor der Ausschreibung erstellt ist und nicht erst nach der Öffnung der Angebote erarbeitet wird. Wenn die Auftraggeberin diese Spielregeln vorgängig festgelegt hat und daran gebunden ist, ist kein Grund ersichtlich, wieso sie diese nicht auch gleich aus Transparenzgründen den Anbieterinnen bekannt geben sollte. Denn Transparenz ist nicht nur ein wichtiges Instrument zur Erreichung der anderen, in BöB/IVöB 2 formulierten Ziele wie Wirtschaftlichkeit, Gleichbehandlung, wirksamer und fairer Wettbewerb, sondern schützt auch vor Manipulationen und Korruption.[15] Vor diesem Hintergrund bleibt zu hoffen, dass das Bundesgericht seine Praxis in Bezug auf das Transparenzprinzip künftig anpassen wird.

E.   Bst. e: Anforderungen bei elektronischer Abwicklung

14 Lässt die Auftraggeberin die elektronische Angebotseinreichung zu, hat sie die Anforderungen an die Authentifizierung und Verschlüsselung der elektronischen Angebote in den Ausschreibungsunterlagen festzulegen (BöB/IVöB 36 Bst. e).

F.   Bst. f: Regeln der elektronischen Auktion

15 Will die Auftraggeberin eine elektronische Auktion durchführen, hat sie dies in der Ausschreibung bekannt zu geben (BöB/IVöB 35 Bst. i). Zusätzlich muss sie in den Ausschreibungsunterlagen die Regeln der elektronischen Auktion umschreiben und festlegen, welche Angebotselemente im Rahmen der elektronischen Auktion angepasst werden können und anhand der Zuschlagskriterien bewertet werden (BöB/IVöB 36 Bst. f).

---

12   BGE 130 I 241, E. 5.1; BGer 2P.172/2002 vom 10.03.2003, E. 2.3; vgl. GALLI/MOSER/LANG/ STEINER, Rz. 976.
13   B-4086/2018 vom 30.08.2018, E. 7.3.
14   GALLI/MOSER/LANG/STEINER, Rz. 977; ESSEIVA, BR 4/2005, S. 172; ESSEIVA, BR 4/2003, S. 154.
15   Vgl. zur Unterstützungsfunktion und zum Zweck der Transparenz weiterführend BEYELER, Ziele, S. 9 ff.; vgl. zur Transparenz auch STÖCKLI, Vergaberechtliche Praxis, S. 8 m.H.

G. Bst. g: Modalitäten der Angebotsöffnung

Wenn die Angebote öffentlich geöffnet werden, muss die Auftraggeberin das Datum, die Uhrzeit und den Ort der Angebotsöffnung in den Ausschreibungsunterlagen bekannt geben (BöB/IVöB 36 Bst. g). Auf Bundesebene war die Angebotsöffnung bisher in der Regel nicht öffentlich, dies im Gegensatz zur Praxis in vielen Kantonen. Das Gesetz lässt den Auftraggeberinnen den Handlungsspielraum, möglichst viel Transparenz zu schaffen und die Angebotsöffnung öffentlich durchzuführen.[16]

H. Bst. h: Weitere Modalitäten und Bedingungen, die für die Offertstellung erforderlich sind

Die Auftraggeberin gibt die zur Offertstellung notwendigen Modalitäten und Bedingungen (einschliesslich der Zahlungsbedingungen) in den Ausschreibungsunterlagen bekannt.[17]

I. Bst. i: Termine für die Erbringung der Leistungen

Die Anbieterinnen müssen wissen, wann sie ihre Waren liefern bzw. ihre Dienst- oder Bauleistungen erbringen müssen. Der Zeitpunkt der Leistungserbringung ist für den Entscheid über eine Verfahrensteilnahme wichtig und gehört daher zum Mindestinhalt der Ausschreibung (BöB/IVöB 35 Bst. d) sowie zum Inhalt der Ausschreibungsunterlagen (BöB 36 Bst. i). Auch hier wird eine doppelte Bekanntgabe der Termine in der Ausschreibung und den Ausschreibungsunterlagen aus Transparenzgründen empfohlen.

III. Rechtsvergleichung

Die «Ausschreibungsunterlagen» gemäss schweizerischem Recht sind mit den «Auftragsunterlagen» gemäss der RL 2014/24/EU vergleichbar. Nach RL 2014/24/EU 2 Ziff. 13 umfassen die Auftragsunterlagen sämtliche Unterlagen, die von der Auftraggeberin erstellt werden oder auf die sie sich bezieht, um Bestandteile der Vergabe oder des Verfahrens zu beschreiben. Dazu zählen die Bekanntmachung, Vorinformationen, sofern sie als Aufruf zum Wettbewerb dienen, die technischen Spezifikationen, die Beschreibung, die vorgeschlagenen Auftragsbedingungen, Formate für die Einreichung von Unterlagen seitens der Bewerber und Bieter, Informationen über allgemeingültige Verpflichtungen sowie sonstige zusätzliche Unterlagen. RL 2014/24/EU 53 regelt die elektronische Verfügbarkeit der Auftragsunterlagen und verlangt, dass die Auftraggebe-

---

16 Botschaft BöB, S. 1951.
17 Vgl. dazu auch GPA 2012 X:7 Bst. g. Im Unterschied zu aVöB Anhang 5 Ziff. 9 bzw. VRöB 14 Bst. j sind die Zahlungsbedingungen nicht mehr explizit in der Liste erwähnt. Sie fallen aber unter den Begriff der Bedingungen i.S.v. BöB/IVöB 36 Bst. h.

rin ab dem Tag der Veröffentlichung einer Bekanntmachung oder dem Tag der Aufforderung zur Interessenbestätigung unentgeltlich einen uneingeschränkten und vollständigen direkten Zugang anhand elektronischer Mittel zu den Auftragsunterlagen anbietet. Was alles in den Auftragsunterlagen bekannt gegeben werden muss, ergibt sich aus einer Vielzahl von Bestimmungen in der RL 2014/24/EU, ohne dass die Angaben der Auftragsunterlagen an einer Stelle gebündelt in einer Liste abgebildet sind.

Art. 37 Angebotsöffnung

¹ Im offenen und im selektiven Verfahren *sowie im Einladungsverfahren* werden alle fristgerecht eingereichten Angebote durch mindestens zwei Vertreter der Auftraggeberin / *des Auftraggebers* geöffnet.

² Über die Öffnung der Angebote wird ein Protokoll erstellt. Darin sind mindestens die Namen der anwesenden Personen, die Namen der *Anbieterinnen* /Anbieter, das Datum der Einreichung ihrer Angebote, allfällige Angebotsvarianten sowie die jeweiligen Gesamtpreise der Angebote festzuhalten.

³ Sind Leistung und Preis in separaten Couverts anzubieten, ist für die Öffnung der Couverts gemäss den Absätzen 1 und 2 vorzugehen, wobei im Protokoll über die Öffnung der zweiten Couverts nur der Gesamtpreis festzuhalten ist.

⁴ Allen Anbieterinnen / Anbietern wird spätestens nach dem Zuschlag auf Verlangen Einsicht in das Protokoll gewährt.

Inhaltsverzeichnis

I.	Grundlagen	1
A.	Referenz zum GPA und zu früheren Bestimmungen in BöB/VöB/IVöB	1
B.	Gegenstand, Zweck und Funktion	5
II.	Abs. 1: Offertöffnung	6
III.	Abs. 2: Protokoll	9
IV.	Abs. 3: Zwei-Couverts-Methode	12
V.	Abs. 4: Einsicht in das Protokoll	13
VI.	Rechtsvergleichung	15

I. Grundlagen

A. Referenz zum GPA und zu früheren Bestimmungen in BöB/VöB/IVöB

Das internationale Recht regelt die Öffnung der Angebote in GPA 2012 XV:1 explizit.[1] Die Entgegennahme, Öffnung und Behandlung der Angebote hat nach Verfahren zu erfolgen, die einen fairen und unparteiischen Beschaffungsprozess gewährleisten. Die Erstellung eines Offertöffnungsprotokolls wird nicht explizit vorgeschrieben.[2]

1

---

1 Bereits GPA 1994 XIII:3 sah eine ähnliche Regelung vor: Im offenen und selektiven Verfahren eingeholte Angebote mussten durch die Vergabestellen nach Verfahren und Bedingungen entgegengenommen und geöffnet werden, welche die Ordnungsmässigkeit der Öffnung gewährleisteten.
2 GPA 2012 X:7 Bst. f sieht die Möglichkeit der öffentlichen Offertöffnung zwar vor, aber es handelt sich um keinen verbindlichen Verfahrensschritt.

2 Das bisherige Beschaffungsrecht des Bundes hatte die bis 2012 gültigen Vorgaben des internationalen Rechts in aVöB 24 präzisiert. Es bestand im offenen und selektiven Verfahren die Pflicht der Prüfung der Einhaltung der fristgerechten Angebotseinreichung durch mindestens zwei Vertreter oder Vertreterinnen der Vergabestelle.[3] Bei Bauaufträgen bestand zusätzlich die Pflicht der Erstellung eines Offertöffnungsprotokolls. Bereits unter dem alten Recht hat sich die formelle Offertöffnung und die damit verbundene Erstellung eines Offertöffnungsprotokolls bei allen Auftragsarten und weitgehend auch im Einladungsverfahren etabliert.[4]

3 Die im interkantonalen Recht in VRöB 26 definierte Regelung kommt der aktuellen am nächsten. Die formelle Offertöffnung war hier bereits – mit Ausnahme des freihändigen Verfahrens – für alle Verfahren vorgesehen. Es bestand sowohl für Bauaufträge wie auch für Liefer- und Dienstleistungsaufträge die Pflicht der Erstellung eines Protokolls. Zudem wurde den Anbietenden auf Verlangen spätestens nach dem Zuschlag ein Einsichtsrecht in das Offertöffnungsprotokoll gewährt.

4 Die neu nun auch gesetzlich verankerte Zwei-Couverts-Methode war bisher weder im Beschaffungsrecht des Bundes noch im interkantonalen Recht geregelt; auch das GPA äussert sich nicht dazu.

B. Gegenstand, Zweck und Funktion

5 Das formalisierte Verfahren der Angebotsöffnung dient primär dem **Schutz gegen Missbräuche**.[5] Dadurch werden einerseits unerlaubte Nachbesserungen der Offerten im Interesse der **Gleichbehandlung der Anbietenden** verhindert,[6] andererseits dient der zu dokumentierende Schritt im Vergabeverfahren vor allem der **Schaffung von Transparenz**.[7]

II. Abs. 1: Offertöffnung

6 Das Gesetz sieht für sämtliche Leistungen[8] gemäss BöB/IVöB 8 Abs. 2 vor, dass im offenen und selektiven Verfahren alle fristgerecht eingereichten Angebote durch **mindestens zwei Vertreterinnen oder Vertreter der Auftraggeberin** geöffnet werden. Die unter dem alten Beschaffungsrecht des Bundes einzig für den Baubereich vorgesehene forma-

---

3 Bei Liefer- und Dienstleistungsaufträgen reichten zwei Vertreterinnen oder Vertreter. Bei Bauaufträgen forderte der Verordnungsgeber im Interesse des Schutzes vor Missbräuchen in aVöB 24 Abs. 2 Bst. a mindestens zwei Vertreterinnen oder Vertreter.
4 Vgl. LUTZ, Auswertung, Rz. 13.
5 Vgl. GALLI/MOSER/LANG/STEINER, Rz. 662.
6 Vgl. Botschaft BöB, S. 1951.
7 Vgl. LUTZ, Auswertung, Rz. 13.
8 Bauleistungen, Dienstleistungen und Lieferungen.

lisierte Vorgehensweise ist nun für sämtliche Leistungen zwingend.[9] Die Gleichbehandlung der Anbietenden, das Transparenzgebot sowie der Schutz gegen Missbräuche rechtfertigen dieses aufwendige Angebotsöffnungsprozedere, unabhängig von der Höhe der Auftragswerte.[10]

Es werden nur jene Angebote in das Offertöffnungsprotokoll[11] bzw. ins Protokoll der Angebotsöffnung aufgenommen, die **fristgerecht eingegangen** sind.[12] Reicht eine Anbieterin ein Angebot nicht fristgerecht ein, liegt ein wesentlicher Formfehler vor, der zwingend zum Ausschluss führt. Die Praxis ist diesbezüglich streng.[13] Der Ausschluss ist auch dann zwingend, wenn die Frist nur geringfügig überschritten wurde.[14] Da einzig fristgerecht eingetroffene Offerten geöffnet werden dürfen, ist die Auftraggeberin *e contrario* gehalten, verspätet eingetroffene Offerten gar nicht zu öffnen. Im Interesse des Schutzes gegen potenzielle Missbräuche ist die Auftraggeberin gut beraten, diese ungeöffnet und mit separater Ausschlussverfügung unmittelbar an die Anbieterin zurückzusenden. Anderenfalls hat der Ausschluss implizit mit der Zuschlagsverfügung zu erfolgen.[15]

Es ist den Auftraggeberinnen grundsätzlich freigestellt, Anbieterinnen zur Angebotsöffnung einzuladen oder darauf zu verzichten.[16] Die Teilnahme der Anbieterinnen an der Angebotsöffnung (sog. **öffentliche Offertöffnung**) ist in einigen Kantonen gepflegte Tradition. Auf Bundesebene ist sie nicht vorgesehen,[17] jedoch auch nicht explizit ausgeschlossen. Vor dem Hintergrund der Möglichkeit der Bereinigung der Offerten gemäss BöB/IVöB 39 birgt die Durchführung einer öffentlichen Offertöffnung klar Risiken in sich. Die Kenntnis der Namen der anderen Anbieterinnen sowie der jeweiligen Gesamtpreise zu Beginn des Vergabeverfahrens kann die Versuchung von Manipulationen oder Absprachen vor dem Zuschlag sowie abgestimmte Verhaltensweisen bei künftigen Ausschreibungen begünstigen.[18]

---

9   VRöB 26 Abs. 2 sah dies bereits für sämtliche Leistungen vor.
10 A.M. damals noch FETZ, Beschaffungsrecht, S. 257.
11 Das Gesetz spricht in BöB 49 Abs. 2 Bst. c von «Protokoll der Angebotsöffnung». Der Begriff des Offertöffnungsprotokolls ist in der Praxis jedoch fest verankert.
12 Vgl. LUTZ, Auswertung, Rz. 11.
13 BGer 2D_50/2009 vom 25.02.2010, E. 2.4 m.w.H.; LUTZ, Auswertung, Rz. 19; BEYELER, Geltungsanspruch, Rz. 1747, 1751, 1853 ff.; Komm BöB-TRÜEB, Art. 19 N 7.
14 Vgl. Art. 34 N 14.
15 Vgl. Art. 44 N 15 ff.
16 Vgl. GALLI/MOSER/LANG/STEINER, Rz. 6654 m.w.H.
17 Vgl. Botschaft BöB, S. 1951; LUTZ, Auswertung, Rz. 14.
18 Vgl. LEUTHOLD, Verhandlungen, Rz. 225 f.

III. Abs. 2: Protokoll

9 Über die Öffnung der Angebote **muss ein Protokoll erstellt werden**. Das Gesetz sieht Mindestangaben vor. Es müssen mindestens die Namen der anwesenden Personen, die Namen der Anbieterinnen, das Datum der Einreichung ihrer Angebote, allfällige Angebotsvarianten sowie die jeweiligen Gesamtpreise der Angebote schriftlich festgehalten werden. Die Dokumentierung schafft einerseits Transparenz, andererseits wird dadurch die Hürde für Missbräuche durch unerlaubte Nachbesserungen der Offerten erhöht.

10 Das Festhalten zusätzlicher Angaben im Offertöffnungsprotokoll ist grundsätzlich möglich. Sollte von dieser Möglichkeit Gebrauch gemacht werden, gilt es zu bedenken, dass die Auftraggeberin verpflichtet ist, den vertraulichen Charakter der Angaben der Anbieterinnen zu wahren (BöB 11 Bst. e). Die Protokollierung zusätzlicher Angaben steht somit diesbezüglich in einem gewissen Spannungsfeld zum Grundsatz der Wahrung der Vertraulichkeit der Angaben der Anbieterinnen, da allen Anbieterinnen auf Verlangen spätestens nach dem Zuschlag Einsicht in das Protokoll gewährt werden muss (BöB 37 Abs. 4).

11 Das Protokoll darf keine inhaltlichen Bemerkungen zu den Angeboten enthalten und ist nach dessen Erstellung zu den Vergabeakten zu nehmen.[19]

IV. Abs. 3: Zwei-Couverts-Methode

12 Bei Anwendung der neu im BöB bzw. in der IVöB geregelten sog. Zwei-Couverts-Methode[20] gilt es die in Abs. 1 und 2 definierten Verfahrensschritte einzuhalten. Obwohl die Zwei-Couverts-Methode ein Mittel zur sauberen, dokumentierten Trennung der Qualitäts- und Preisbewertung ist, müssen im Protokoll über die Öffnung der zweiten Couverts trotzdem die Gesamtpreise festgehalten werden.[21] Der hier getroffene Kompromiss soll wohl dem Schutz gegen Missbräuche, der Gleichbehandlung und der Schaffung von Transparenz dienen.

---

19 Vgl. Botschaft BöB, S. 1952.
20 Vgl. auch Art. 38 N 15 ff.
21 Zur genau zu wählenden Vorgehensweise äussert sich das BöB bzw. die IVöB nicht. Sinnvollerweise muss die Öffnung der beiden Couverts durch unterschiedliche Vertreterinnen oder Vertreter der Vergabestelle erfolgen.

V. Abs. 4: Einsicht in das Protokoll

Spätestens nach dem Zuschlag muss allen Anbieterinnen auf Verlangen Einsicht in das Protokoll gewährt werden. Die bisher in der kantonalen Gesetzgebung verankerte Regelung (VRöB 26 Abs. 4) wurde zur Schaffung von Transparenz nun auch ins Bundesrecht übernommen. 13

Es liegt im Ermessen der Auftraggeberin, den Anbieterinnen bereits zu einem früheren Zeitpunkt Einblick in das Offertöffnungsprotokoll zu gewähren. Nach der hier vertretenen Auffassung ist dies jedoch zu unterlassen, da das Offertöffnungsprotokoll rechnerisch ungeprüfte Offertbeträge enthält und Offerten erfahrungsgemäss häufig Rechnungsfehler oder Irrtümer bei einzelnen Positionen aufweisen können. Die ungeprüfte dokumentierte «Reihenfolge» ist somit nur begrenzt aussagekräftig und weckt allenfalls falsche Hoffnung oder falsche Enttäuschung auf Seiten der Anbieterinnen. Die Kenntnis über den «Rang» kann Anbieterinnen zu Manipulationen animieren.[22] 14

VI. Rechtsvergleichung

Die EU sieht in ihrer RL über die öffentliche Auftragsvergabe (RL 2014/24/EU) für die Modalitäten der Angebotsöffnung keine derart umfassenden gesetzlichen Regelungen vor wie das neue BöB bzw. die IVöB. Im Zusammenhang mit der Auftragsbekanntmachung nach RL 2014/24/EU 49 i.V.m. Anhang V Teil C Ziff. 21 Bst. b und c wird jedoch festgehalten, dass im offenen Verfahren einerseits Datum, Uhrzeit und Ort der Öffnung der Angebote, andererseits die Personen, die bei der Öffnung anwesend sein dürfen, als aufzuführende Angaben bekannt zu geben sind. 15

Die EU kennt somit das formalisierte Verfahren der Angebotsöffnung sehr wohl. Der Leitfaden für Bieter der Europäischen Kommission[23] sieht in Ziff. 2.3.5.1 explizit einen sog. Eröffnungsausschuss von mindestens zwei Personen vor, welcher die Angebote öffnet und die Konformität der Angebote – insb. im Hinblick auf das Datum der Einreichung jedes Angebots – prüft. Bei der Angebotseröffnung dürfen Vertreter der Bieter anwesend sein. 16

---

22 Vgl. Lutz, Auswertung, Rz. 16 f.; Leuthold, Verhandlungen, Rz. 226.
23 Vgl. Europäische Kommission, Amt für Gebäude, Anlagen und Logistik – Brüssel, Leitfaden für Bieter «Einreichen eines Angebots im Rahmen einer Ausschreibung des Amtes für Gebäude, Anlagen und Logistik – Brüssel (OIB)» (abrufbar unter https://ec.europa.eu/oib/doc/tenders-submission-guide_de.pdf [zuletzt besucht am 26.02.2020]).

Art. 38 Prüfung der Angebote

¹ Die Auftraggeberin / *Der Auftraggeber* prüft die eingegangenen Angebote auf die Einhaltung der Formerfordernisse. Offensichtliche Rechenfehler werden von Amtes wegen berichtigt.

² Die Auftraggeberin / *Der Auftraggeber* kann von den Anbieterinnen / *Anbietern* verlangen, dass sie ihre Angebote erläutern. Sie / *Er* hält die Anfrage sowie die Antworten schriftlich fest.

³ Geht ein Angebot ein, dessen Gesamtpreis / *Preis* im Vergleich zu den anderen Angeboten ungewöhnlich niedrig erscheint, so muss die Auftraggeberin bei der Anbieterin / *der Auftraggeber beim Anbieter* zweckdienliche Erkundigungen darüber einholen, ob die Teilnahmebedingungen eingehalten sind und die weiteren Anforderungen der Ausschreibung verstanden wurden.

⁴ Sind Leistung und Preis in zwei separaten Couverts anzubieten, so erstellt die Vergabestelle / *der Auftraggeber* in einem ersten Schritt eine Rangliste entsprechend der Qualität der Angebote. In einem zweiten Schritt bewertet sie / *er* die Gesamtpreise.

Inhaltsverzeichnis

I.	Grundlagen	1
A.	Referenz zum GPA und zu früheren Bestimmungen in BöB/VöB/IVöB	1
B.	Gegenstand, Zweck und Funktion	5
II.	Abs. 1: Prüfung der Formerfordernisse	7
III.	Abs. 2: Erläuterung der Angebote	9
IV.	Abs. 3: Ungewöhnlich niedrige Angebote	11
V.	Abs. 4: Zwei-Couverts-Methode	15
VI.	Rechtsvergleichung	18

I. Grundlagen

A. Referenz zum GPA und zu früheren Bestimmungen in BöB/VöB/IVöB

1 Das internationale Recht regelt einzig gewisse Teilaspekte der «Prüfung der Angebote» explizit.[1] GPA 2012 XV:3 hält den Grundsatz fest, dass unbeabsichtigte Formfehler nach Einreichung und Öffnung der Angebote berichtigt werden dürfen. Dies hat in einer nichtdiskriminierenden Vorgehensweise zu erfolgen. GPA 2012 XV:6 regelt den Umgang mit preislich «ungewöhnlich niedrigen Angeboten». Bei solchen Angeboten sieht

---

[1] Bereits GPA 1994 XV:1 Bst. b und GPA 1994 XV:4 Bst. a sah ähnliche Regelungen vor.

das GPA vor, dass die Auftraggeberin Erkundigungen bei den Anbieterinnen einholen kann.[2]

Das bisherige Beschaffungsrecht des Bundes sah für die «Prüfung der Angebote» keinen eigenständigen Artikel vor. Es hatte die Vorgaben des internationalen Rechts in seiner Verordnung unter dem Titel «Bereinigung und Bewertung der Angebote» präzisiert (vgl. aVöB 25). Bereits Gegenstand der Regelung waren der Umgang mit und der mögliche Ausschluss von Angeboten, deren Preise im Vergleich zu den anderen Angeboten aussergewöhnlich niedrig sind (vgl. aVöB 25 Abs. 4). Zudem war im Rahmen der Bereinigung der Angebote die Möglichkeit der Kontaktaufnahme mit den Anbieterinnen vorgesehen. Der Begriff der «Kontaktaufnahme» beinhaltete wohl auch die heutige Regelung der «Erläuterung der Angebote» durch die Anbieterinnen. Beide Regelungen fordern – zur Schaffung von Transparenz – das schriftliche Dokumentieren des Inhalts des Austauschs. 2

Im interkantonalen Recht waren verschiedene Aspekte der heutigen Regelung bereits abgebildet: Die Prüfung und die damit verbundene Erläuterung der Angebote sowie der Umgang mit ungewöhnlich niedrigen Angeboten waren bereits Gegenstand der Regelung in den Vergaberichtlinien (vgl. VRöB 28, 29 und 31). 3

Die neu nun auch gesetzlich verankerte Zwei-Couverts-Methode war bisher weder im Beschaffungsrecht des Bundes noch im interkantonalen Recht geregelt; auch das GPA äussert sich nicht dazu. 4

B. Gegenstand, Zweck und Funktion

Die «Prüfung der Angebote» ist nunmehr ein eigenständiger Verfahrensschritt und bezweckt primär die **Beseitigung offensichtlicher Fehler** durch die Vergabestelle. Zuerst werden die eingereichten Angebote auf die **Einhaltung der Formvorschriften** überprüft. Erst danach sind die Angebote technisch und rechnerisch zu bereinigen und anhand der Eignungs- und Zuschlagskriterien zu prüfen (vgl. BöB/IVöB 39).[3] Durch die Möglichkeit der **Erläuterung der Angebote** soll zusätzlich die Vergleichbarkeit von Offerten sichergestellt werden. 5

Im Umgang mit **ungewöhnlich niedrigen Angeboten** muss die Auftraggeberin neu – um möglichem Preisdumping entgegenzuwirken – bei den betroffenen Anbieterinnen zweckdienliche Erkundigungen einholen. Zudem erhält nun auch die sog. «**Zwei-Couverts-Methode**» im letzten Absatz eine gesetzliche Verankerung. 6

---

2 Dies im Unterschied zu BöB/IVöB 38 Abs. 3, wonach die Auftraggeberin entsprechende Erkundigungen einholen *muss*.
3 Vgl. Botschaft BöB, S. 1952.

II. Abs. 1: Prüfung der Formerfordernisse

7 Zunächst werden die eingereichten Angebote auf die **Einhaltung der Formvorschriften** überprüft (rechtzeitige Eingabe, Vollständigkeit, Unterschriften etc.).[4] Hält ein Angebot diese nicht ein, muss es vom Verfahren ausgeschlossen werden.[5]

8 Anders verhält es sich im Umgang mit **offensichtlichen Rechenfehlern**.[6] Diese gilt es **von Amtes wegen zu berichtigen**. Solche Fehler stehen somit einer Berücksichtigung des Angebots nicht entgegen. Das korrigierte Angebot ist in die Evaluation einzubeziehen. Die Offensichtlichkeit eines Rechenfehlers ist jedoch nicht leichthin anzunehmen, zumal jede Korrektur die Gefahr der Benachteiligung einer korrekten Anbieterin durch einen allfälligen Missbrauch mit sich bringen kann. In erster Linie hat die Anbieterin dafür zu sorgen, dass ihr Angebot frei von Rechnungsfehlern ist. Die Korrektur von Rechnungsfehlern hat sich auf klare Fälle zu beschränken und nur dann zu erfolgen, wenn eine unlautere Absicht der Anbieterin ausgeschlossen werden kann.[7]

III. Abs. 2: Erläuterung der Angebote

9 Die Auftraggeberin kann von den Anbieterinnen verlangen, dass sie ihre Angebote erläutern. Die **Erläuterung** hat zum Ziel, die Vergleichbarkeit von Offerten insb. mit Blick auf diejenigen Angaben, die sich auf das Preis-Leistungs-Verhältnis beziehen, sicherzustellen. Sie dient einzig der **Klärung des vorhandenen Angebotsinhalts** und ist grundsätzlich auf die Korrektur von unbeabsichtigten Fehlern zu begrenzen. Sie darf nicht zur Änderung der Angebote oder Nachbesserung von Mängeln (mit Ausnahme von Rechnungsfehlern) führen.[8] Anderenfalls handelt es sich um Bereinigungen des Angebotsinhalts (vgl. BöB 39), die nur bei entsprechender gesetzlicher Erlaubnis zulässig sind.[9]

---

4 Vgl. Art. 34 N 12.
5 Es handelt sich um einen Ausschlussgrund gemäss BöB/IVöB 44 Abs. 1 Bst. b.
6 Vgl. Botschaft BöB, S. 1952: «Der hier verwendete Begriff des ‹Rechenfehlers› entspricht dem zivilrechtlichen Begriff von Artikel 24 Absatz 3 OR. Es handelt sich demnach um eine fehlerhaft durchgeführte arithmetische Operation mit im Angebot richtig aufgeführten Grössen. Dies ist etwa dann der Fall, wenn beispielsweise für eine Materiallieferung von 1000 m^3 bei einem Preisangebot von 2 Franken/m^3 schliesslich der Gesamtpreis mit 200 Franken anstatt 2000 Franken berechnet wird. Ein solcher Fehler ist zu korrigieren und hindert die Verbindlichkeit des Angebots nicht. Davon zu unterscheiden sind absichtliche oder versehentliche Kalkulationsfehler (z.B. Liefern und Einbringen einer bestimmten Betonqualität à 150 statt 250 CHF, weil die Transportkosten vergessen wurden) oder Fehler in der Preiserklärung der Anbieterin (z.B. Kantholz ab Sägewerk à 35 CHF pro m^3 anstatt 350 CHF pro m^3). In diesen Fällen ist eine Berichtigung von Amtes wegen unzulässig».
7 GALLI/MOSER/LANG/STEINER, Rz. 729; BEYELER, Geltungsanspruch, Rz. 2152; BVGer B-1528/2017 vom 27.09.2017.
8 BVGer B-2675/2012 vom 23.07.2012, E. 4.
9 Vgl. BEYELER, Geltungsanspruch, Rz. 2140.

Es liegt im Ermessen der Auftraggeberin, ob und – vorbehältlich der Gleichbehandlung der Anbieterinnen – auf welchem Weg (z.B. anlässlich einer Angebotspräsentation oder schriftlich) die Angebote erläutert werden sollen. Falls es zwecks objektiver Vergleichbarkeit zu einer Korrektur kommt, ist diese zur Wahrung der Transparenz nachvollziehbar zu dokumentieren.[10]

IV. Abs. 3: Ungewöhnlich niedrige Angebote

Die Auftraggeberin ist neu verpflichtet, im Fall von **ungewöhnlich niedrigen Angeboten** bei der Anbieterin nachzufragen, ob die Teilnahmebedingungen eingehalten sind und die Modalitäten der Auftragserfüllung richtig verstanden wurden. Kann die Anbieterin die Einhaltung dieser Bedingungen nicht oder nicht überzeugend garantieren und allfällige Zweifel an einer korrekten Auftragserfüllung nicht ausräumen, kann das Angebot ausgeschlossen werden (vgl. BöB 44 Abs. 2 Bst. c).

Ungewöhnlich tiefe Angebote stellen *per se* kein vergaberechtliches Problem dar und sind im Grundsatz zulässig, sofern die Teilnahmebedingungen und die Eignungskriterien erfüllt sind. Die Auftraggeberin darf somit auch in Fällen grosser Preisdifferenzen nicht ohne Weiteres ein «Dumping»-Angebot von der Vergabe ausschliessen. Sie ist verpflichtet, in zumutbarem Masse abzuklären, ob das besonders billige Angebot zum offerierten Preis realisierbar ist.[11]

Unzulässig sind hingegen **unlautere Angebote** im Sinne des UWG. Unlauter ist ein Angebot, wenn ein Unternehmen die Differenz zu kostendeckenden Preisen mit illegalen Mitteln deckt, etwa durch die Verletzung von Gesamtarbeitsverträgen oder durch die Verwendung von Einsparungen, die aus Steuer- und Abgabehinterziehungen resultieren.[12]

Der Ausschluss eines ungewöhnlich tiefen Angebots kann **im Einzelfall** auch geboten sein, wenn die Anbieterin auf Aufforderung hin nicht nachzuweisen vermag, dass sie die Teilnahmebedingungen einhält, und zusätzlich keine Gewähr für die vertragskonforme Erbringung der ausgeschriebenen Leistung bietet.[13] Wenn infolge Preisumlagerungen von Einheits- in Pauschalpreispositionen der Auftraggeberin ein erhebliches Vergaberisiko entsteht, kann ein Ausschluss auch geboten sein. Nicht zuletzt ist ein Aus-

---

10 Vgl. Botschaft BöB, S. 1952; Leuthold, Verhandlungen, Rz. 244; Fetz, Beschaffungsrecht, S. 259.
11 Galli/Moser/Lang/Steiner, Rz. 1109; Lutz, Angebotspreis, Rz. 27.
12 Vgl. Botschaft BöB, S. 1953; Galli/Moser/Lang/Steiner, Rz. 1126. Strenger ist das Bundesverwaltungsgericht in Fällen, in denen öffentlich-rechtliche Anbieterinnen eine Offerte unterbreiten. Hier wird eine qualifizierte Überprüfungspflicht der Auftraggeberin gefordert. Aus dem verfassungsrechtlichen Grundsatz der Wettbewerbsneutralität wird ein Verbot abgeleitet, den Anbieterwettbewerb durch Quersubventionen zu verzerren (vgl. BVGer B-3797/2015 vom 13.04.2016; bestätigt durch BGer 2C_582/2016 vom 22.05.2017).
13 Vgl. Art. 44 N 31 f.

schluss einer Anbieterin auch dann gerechtfertigt, wenn vertiefte Abklärungen zum Ergebnis führen, dass sie effektiv nicht in der Lage ist, die verlangten Leistungen zum angebotenen Preis zu erbringen bzw. die Auftragsmodalitäten zu erfüllen. Hingegen wäre es sachwidrig und damit unzulässig, derartigen Bedenken in qualitativer Hinsicht bei der Preisbewertung Rechnung zu tragen, um auf diese Weise einen unerwünschten Zuschlag zu verhindern.[14]

V. Abs. 4: Zwei-Couverts-Methode

15 Die Auftraggeberin kann in ihren Ausschreibungsunterlagen vorsehen, dass Leistung und Preis in zwei separaten Couverts (sog. «Zwei-Couverts-Methode») anzubieten sind. In einem ersten Schritt gilt es, die Angebote einzig nach ihrer Qualität zu bewerten und eine entsprechende Rangliste zu erstellen. Erst in einem zweiten Schritt werden die Gesamtpreise bewertet. Was bereits unter dem alten Recht von verschiedenen Auftraggeberinnen insb. im Baubereich praktiziert wurde, ist nun gesetzlich geregelt.

16 Mit der «Zwei-Couverts-Methode» soll der Fokus auf die Qualität gelegt werden. Sie ermöglicht eine klare **Trennung der Qualitäts- und der Preisbewertung**.[15] Das technische Angebot soll in Unkenntnis des zugehörigen Preises wahrgenommen und beurteilt werden und zu einer unvoreingenommenen, vom Preis unbeeinflussten und somit objektiveren Beurteilung[16] der Qualität führen.[17]

17 Bei Anwendung der «Zwei-Couverts-Methode» ist für die Prüfung sämtlicher Angebote insb. neben der Qualität auch der Preis als Zuschlagskriterium zu berücksichtigen (vgl. BöB/IVöB 29 Abs. 1). Es ist auch unter neuem Recht nicht davon auszugehen, dass der Zuschlag an eine Anbieterin ohne Berücksichtigung des zum Angebot gehörenden Preises erteilt werden kann resp. nur noch die Preis-Couverts der aufgrund der Qualitätsbeurteilung bestplatzierten Angebote geöffnet werden (und dem Preis damit eine untergeordnete Rolle zukäme).[18] Ein derart «vergaberechtliches Novum» hätte der Gesetzgeber aufgrund seines disruptiven Ansatzes explizit in BöB/IVöB 38 Abs. 4 gesetzlich veran-

---

14 Vgl. Botschaft BöB, S. 1953 mit Verweis auf BRK 2003-032 vom 15.06.2004 (VPB 68.120), E. 2 ff.
15 Vgl. usic, publication No. 8, Ziff. 4.2.
16 Mithin ist nicht klar, ob die getrennte Öffnung tatsächlich zu einer objektiveren Bewertung führt, da davon auszugehen ist, dass die Auftraggeberin die Beurteilung der Qualität ohnehin objektiv vornimmt (vgl. usic, publication No. 8, Ziff. 5.2.2) – ist sie doch zu dieser gemäss BöB/IVöB 40 verpflichtet.
17 Auch bei der «Zwei-Couverts-Methode» sind die Auftraggeberinnen gemäss BöB/IVöB 37 Abs. 3 verpflichtet, die Gesamtpreise der Angebote protokollarisch festzuhalten. Der hier getroffene Kompromiss dient dem Schutz gegen Missbräuche, der Gleichbehandlung und der Schaffung von Transparenz. Es zwingt die Auftraggeberinnen jedoch, für die Öffnung der Preis-Couverts jeweils andere Vertreter vorzusehen als für die Evaluation.
18 Vgl. usic, publication No. 8, Ziff. 5.2.2.

kern müssen.[19] Sowohl der Gesetzestext als auch die dazugehörigen Materialien lassen keine solche Interpretation zu.[20]

VI. Rechtsvergleichung

Die EU sieht in ihrer RL über die öffentliche Auftragsvergabe (RL 2014/24/EU) für die «Prüfung der Angebote» lediglich teilweise gesetzliche Regelungen vor wie das neue BöB bzw. die IVöB. Die Grundsätze der Prüfung sind in RL 2014/24/EU56 geregelt. Erwähnenswert ist insb. RL 2014/24/EU 69, welche den Umgang mit ungewöhnlich niedrigen Angeboten regelt. Die «Zwei-Couverts-Methode» findet keine entsprechende gesetzliche Regelung. 18

---

19 Gleicher Meinung auch MARTIN BEYELER im Interview mit DENIS RASCHPICHLER (SIA) in espazium vom 24.01.2018, abrufbar unter https://www.espazium.ch/de/aktuelles/wir-sollten-ueber-neue-zuschlagskriterien-nachdenken (zuletzt besucht am 26.02.2020).
20 Vgl. BGE 129 I 313, E. 9.2: Gemäss Bundesgericht musste der Preis unter altem Recht mindestens mit einem Gewicht von 20 % berücksichtigt werden. Auch unter neuem Recht ist gemäss BöB/IVöB 2 Bst. b neben dem nachhaltigen weiterhin der wirtschaftliche Einsatz öffentlicher Mittel Ziel und Zweck des Gesetzes. Das eidgenössische Parlament und auch das InöB haben am Preiskriterium mit dessen Auflistung in BöB/IVöB 29 Abs. 1 festgehalten. Daran ändert auch der Wortlaut nichts, dass neu das «vorteilhafteste» und nicht mehr das «wirtschaftlich günstigste» Angebot den Zuschlag erhalten soll.

Art. 39 Bereinigung der Angebote

¹ Die Auftraggeberin / *Der Auftraggeber* kann mit den Anbieterinnen / *den Anbietern* die Angebote hinsichtlich der Leistungen sowie der Modalitäten ihrer Erbringung bereinigen, um das vorteilhafteste Angebot zu ermitteln.

² Eine Bereinigung findet nur dann statt, wenn:

    a. erst dadurch der Auftrag oder die Angebote geklärt oder die Angebote nach Massgabe der Zuschlagskriterien objektiv vergleichbar gemacht werden können; oder

    b. Leistungsänderungen objektiv und sachlich geboten sind, wobei der Leistungsgegenstand, die Kriterien und Spezifikationen nicht in einer Weise angepasst werden dürfen, dass sich die charakteristische Leistung oder der potenzielle Anbieterkreis verändert.

³ Eine Aufforderung zur Preisanpassung ist nur im Zusammenhang mit den Tatbeständen von Absatz 2 zulässig.

⁴ Die Auftraggeberin / *Der Auftraggeber* hält die Resultate der Bereinigung in einem Protokoll fest.

Inhaltsverzeichnis

I.	Grundlagen	1
II.	Abs. 1: Zweck	9
III.	Abs. 2: Voraussetzungen	15
A.	Bst. a: Herstellung der Vergleichbarkeit	22
B.	Bst. b: Leistungsänderungen	25
IV.	Abs. 3: Preisanpassungen	28
V.	Abs. 4: Nachvollziehbarkeit	33
VI.	Rechtsvergleichung	35

I. Grundlagen

1 Mit BöB/IVöB 39 werden die Vorgaben von GPA 2012 XV (Behandlung der Angebote ab deren Entgegennahme und Öffnung bis zur Zuschlagserteilung) sowie von GPA 2012 XII (insb. «Verhandlungen» zur Ausräumung von Unklarheiten bei der Feststellung des vorteilhaftesten Angebots, vgl. GPA 2012 XII:1 Bst. b) in das nationale Recht der Schweiz umgesetzt.

2 Nachdem die Angebote der Anbieterinnen eingegangen und geöffnet sind, startet die Phase der Evaluation. Nach bewährter Einkaufspraxis und den einschlägigen Bestim-

mungen vor der Revision des Beschaffungsrechts sind für die Evaluation grob die nachfolgenden Vorgehensschritte zu durchlaufen:

Bestimmungen vor der Revision		Vorgehensschritte	Neu	3
Kantone	Bund		BöB/IVöB	
VRöB 26 Öffnen der Angebote	aBöB 19 Formvorschriften	Prüfung der Einhaltung der Formerfordernisse		
VRöB 28 Prüfung der Angebote	aVöB 25 Bereinigung und Bewertung	Prüfung der Unterlagen in fachlicher, technischer und rechnerischer Hinsicht	BöB/IVöB 38 Prüfung der Angebote	
		Berichtigung offensichtlicher Rechenfehler		
VRöB 31 Ungewöhnlich niedrige Angebote		Bei ungewöhnlich niedrigen Preisangeboten bei den betreffenden Anbieterinnen Erkundigungen einholen, um sicherzustellen, dass sie die zwingenden Anforderungen der Ausschreibung einhalten		
VRöB 29 Erläuterungen		Fragen der Auftraggeberin zu Unklarheiten in den Angeboten sowie Beantwortung bzw. Erläuterung durch die Anbieterinnen		
VRöB 30 Verbot von Abgebotsrunden	aBöB 20 und aVöB 26 Verhandlungen	Vertiefte Klärung der Angebote sowie Konkretisierung oder – soweit es sich nur um unwesentliche Änderungen handelt – Anpassung von Leistungsgegenstand und -anforderungen durch die Auftraggeberin im Kontakt bzw. Gespräch mit den Anbieterinnen	BöB/IVöB 39 Bereinigung der Angebote	
		Möglichkeit der Anbieterinnen, ihre Angebote anzupassen (Nachofferten), soweit dies aufgrund der Konkretisierungen und Anpassungen der Auftraggeberin erforderlich wird		
VRöB 28 Abs. 3 Prüfung der Angebote	–	Durchführung der Bewertungen und Dokumentation der Prüfergebnisse, Abklärungen und Bewertungen	BöB/IVöB 40 Bewertung der Angebote	

Wie aus der Spalte «Neu» der Übersicht hervorgeht (vgl. N 3), konnten sich die Kantone und der Bund im Zuge der Revision auf die Abfolge der notwendigen Verfahrensschritte einigen und die Regelungsinhalte für die Offertevaluation aneinander angleichen. Im revidierten Beschaffungsrecht werden sie zur Vereinfachung und besseren Strukturierung

6. Kapitel: Ablauf des Vergabeverfahrens

in die drei Bestimmungen Prüfung (BöB/IVöB 38), Bereinigung (BöB/IVöB 39) und Bewertung der Angebote (BöB/IVöB 40) zusammengeführt. Gegenüber den bisherigen Regelungsinhalten zu den einzelnen Verfahrensschritten sind einige Änderungen festzustellen. Diese betreffen aus Sicht der Vergabestellen unterschiedliche Aspekte, abhängig von den Beschaffungsbestimmungen, denen sie vor der Revision unterstanden (aIVöB/VRöB oder aBöB/aVöB). Die bisherige Praxis der Vergabestellen wird aufgrund der geänderten Vorgaben überprüft und nötigenfalls angepasst werden müssen.

5   Die rein verwaltungsinternen Berichtigungen und die schriftlichen Erläuterungen der Offerten (aVöB 25 Abs. 1), welche nicht zu Änderungen der Angebote oder Nachbesserung von Mängeln (ausser Rechnungsfehlern) führen dürfen,[1] sind unter dem Titel «Prüfung der Angebote» neu in BöB/IVöB 38 geregelt.[2] Unter dem Titel «Bereinigung der Angebote» in BöB/IVöB 39 finden sich die Regelungsinhalte für Fälle, bei denen im Rahmen der «Prüfung der Angebote» keine genügende Vergleichbarkeit hergestellt werden kann und für die daher weitergehende Kontakte mit den Anbieterinnen erforderlich sind.[3]

6   Das vor der Revision strikte «Verbot von Abgebotsrunden» (VRöB 30) für Vergabestellen der Kantone und Gemeinden sowie die uneingeschränkte Möglichkeit von «Verhandlungen im engeren Sinn»[4] für Vergabestellen des Bundes (aBöB 20 und aVöB 26) werden je zum Zweck und unter den Voraussetzungen der «Bereinigung der Angebote» gemäss BöB/IVöB 39 relativiert.[5] Der Begriff «Verhandlungen» ist im BöB nicht mehr zu finden. Dies zeigt einerseits, dass der im Bundesbeschaffungsrecht neu aufgenommene Verfahrensgrundsatz des Verzichts auf Abgebotsrunden (BöB/IVöB 11) auch bei der Bereinigung der Angebote einzuhalten ist,[6] wenn auf eine Ausschreibung hin mehrere gültige Konkurrenzofferten eingereicht werden. Andererseits unterstreicht es den Willen zur Harmonisierung, weil das kantonale Beschaffungsrecht den Begriff «Verhandlungen» bisher nicht kannte. Mit dieser Lösung schöpft der schweizerische Gesetzgeber den Handlungsspielraum des GPA 2012 allerdings nicht aus. Dieses lässt – wie bereits das GPA 1994 – Verhandlungen unter gewissen Voraussetzungen ohne vergleichbare Einschränkungen zu (GPA 2012 XII:1).[7] Auch die RL 2014/24/EU sieht neben Bereinigungen bzw. Erläuterungen die Möglichkeit von Verhandlungen vor.[8]

---

1   BVGer B-2675/2012 vom 23.07.2012, E. 4; Musterbotschaft IVöB, S. 78, VGer ZH, VB.1999.00348 vom 13.04.2000, E. 5c/bb, und VGer ZH, VB.2000.00136 vom 02.11.2000, E. 6b/bb; BEYELER, Geltungsanspruch, Rz. 2139 ff. und 2144.
2   Komm BöB-TRÜEB, Art. 20 N 1 f.
3   Im Sinne der sog. Verhandlungen zur Offertbereinigung nach bisherigem Bundesbeschaffungsrecht, vgl. LEUTHOLD, Verhandlungen, Rz. 51 und 244 ff., Komm BöB-TRÜEB, Art. 20 N 1 f.
4   Komm BöB-TRÜEB, Art. 20 N 3 ff.
5   Vgl. nachfolgende N 7 f. und Ziffern III und IV hiernach.
6   Vgl. jedoch BöB/IVöB 39 Abs. 3 und Ausführungen dazu in N 28 ff. Vgl. Botschaft BöB, S. 1910 f. und Musterbotschaft IVöB, S. 43, für Gründe für das Verbot von Abgebotsrunden.
7   Botschaft BöB, S. 1954; GPA 2012 XII.
8   Vgl. N 36.

Kontakte bzw. Gespräche mit den Anbieterinnen, um den Auftrag oder die Angebote zu klären oder die Angebote zur Ermittlung des vorteilhaftesten Angebots objektiv vergleichbar zu machen, sind weiterhin erlaubt. Zudem hält BöB/IVöB 39 Abs. 2 Bst. b ausdrücklich fest, dass im Rahmen der Bereinigung auch unwesentliche Änderungen am Leistungsgegenstand durchgeführt werden können. Wo sich daraus Auswirkungen auf die Preiskalkulation ergeben können, darf die Vergabestelle den Anbieterinnen mit der Aufforderung zur Einreichung einer Nachofferte die Möglichkeit von Preisanpassungen einräumen (BöB/IVöB 39 Abs. 3), wie das bei Bundesbeschaffungen schon bisher der Fall war. Insofern wird das von der Lehre und Rechtsprechung gestützt auf das bisherige Beschaffungsrecht vertretene Prinzip der Unveränderbarkeit der Angebote nach deren Einreichung bei der Vergabehörde durchbrochen.[9] Neu ist die Durchführung von Bereinigungen an die Voraussetzungen von BöB/IVöB 39 Abs. 2 und die Formvorschriften von BöB/IVöB 39 Abs. 4 gebunden. Voraussetzung für Bereinigungen bleibt, dass für deren Durchführung sachliche Gründe vorliegen, der Gleichbehandlungsgrundsatz gewahrt bleibt und Kontaktaufnahmen mit den Anbieterinnen schriftlich festgehalten werden.[10] Unter den im Wesentlichen gleichlautenden Voraussetzungen für Verhandlungen durften Angebote gemäss Bundesbeschaffungsrecht bereits vor der Revision angepasst und unwesentliche Leistungsänderungen vorgenommen werden.[11]

7

Insgesamt ist die Bereinigung der Angebote gemäss BöB/IVöB 39 ein Verfahrensinstrument, mit dem die Vergabestellen sowohl den wirtschaftlichen Einsatz der öffentlichen Mittel als auch die Gleichbehandlung der Anbieterinnen und die erforderliche Transparenz gleichermassen ausgewogen bzw. optimal sicherstellen können. Das dient der Rechtssicherheit im Verfahren und ermöglicht eine sachlich begründete Flexibilität, auf nicht vorhersehbare Umstände oder Entwicklungen adäquat zu reagieren. Technisch, organisatorisch oder inhaltlich komplexe Ausschreibungen auf innovativen und rasch sich entwickelnden Märkten sind ohne die Flexibilisierungsmöglichkeiten gemäss BöB/IVöB 39 Abs. 2 und 3 weder für die Auftraggeberinnen noch die Anbieterinnen bedarfs- bzw. marktgerecht, effizient und wirtschaftlich durchführbar. Bei sog. finalen oder funktionalen Ausschreibungen, in denen lediglich das Ziel der Beschaffung vorgegeben wird, sowie bei Vorliegen zulässiger Varianten ist die Bereinigung von Leistungselementen im Sinn der Vorgaben von BöB/IVöB 39 regelmässig erforderlich.

8

---

9   Anstelle vieler Galli/Moser/Lang/Steiner, Rz. 710 ff.
10 GPA 2012 XV:1–3 und 7; Arrowsmith, Procurement, Rz. 7–292 f.; Botschaft BöB, S. 1954.
11 aBöB 20 Abs. 1 Bst. b und aVöB 26 Abs. 3; BVGer B-1528/2017 vom 27.09.2017, E. 4.2; Galli/Moser/Lang/Steiner, Rz. 686. Vgl. auch GPA 2012 XII:1 Bst. b und GPA 2012 XII:2 Bst. b, welche zu den neu in BöB/IVöB mit Bereinigungen angestrebten Zwecken ebenfalls die Möglichkeit von Kontakten/Gesprächen mit den Anbietern und die Möglichkeit zur Überarbeitung der Angebote vorsehen.

II. Abs. 1: Zweck

9 Die Bewertung der Angebote setzt voraus, dass sie objektiv vergleichbar sind oder durch die Vergabestelle im Rahmen der Prüfung oder Bereinigung gemäss BöB/IVöB 38 bzw. 39 objektiv vergleichbar gemacht werden. Obwohl BöB/IVöB 39 Abs. 1 als Kann-Bestimmung formuliert ist, unterliegen die Vergabestellen einer Rechtspflicht, soweit erforderlich eine genügende Bereinigung der Angebote durchzuführen.[12] Das gilt nicht nur für die Grundofferten, sondern auch für zulässigerweise eingereichte Varianten.[13] Eine Bereinigung i.S.v. BöB/IVöB 39 ist somit lediglich – dann aber zwingend – erforderlich, wenn die anzustrebende Klarheit und objektive Vergleichbarkeit sich nicht bereits aus den eingerichteten Angeboten direkt ergeben oder nicht im Rahmen der Prüfung der Angebote (BöB/IVöB 38) hergestellt werden können.[14]

10 Grundsätzlich steht es im Ermessen der Vergabestelle, ob sie unvollständige oder nicht den Anforderungen entsprechende Angebote durch Rückfragen auf den verlangten Stand bringen will.[15] Sind die Mängel solcher Angebote jedoch so wesentlich, dass deren Einbezug in die Bewertung das Transparenz- und Gleichbehandlungsgebot verletzen würde, sind sie auszuschliessen und nicht in die Bereinigung einzubeziehen.[16] Die in vorstehender Fussnote (vgl. Fn. 16) zitierte Rechtsprechung zu den Grenzen von Bereinigungen ist unter dem Blickwinkel von BöB/IVöB 39 für den Fall zu relativieren, dass Vorgaben der Vergabestelle in den Ausschreibungsunterlagen unklar oder missverständlich waren. Ist aufgrund dessen die Mehrzahl der eingegangenen Angebote unvollständig oder entsprechen sie nicht den Anforderungen, sind sie – unter Vorbehalt des Verbots wesentlicher Änderungen[17] – selbst dann zu bereinigen, wenn die Unvollständigkeit oder fehlende Konformität mit Anforderungen Angaben betreffen, die sich auf das Preis-Leistungs-Verhältnis auswirken. Die Dokumentationspflicht gemäss BöB/IVöB 39 Abs. 4 sorgt für die hierfür nötige Transparenz und Nachvollziehbarkeit. Sind die Mängel umgekehrt derart geringfügig, dass deren Ausschluss gegen das Verbot des überspitzten Formalismus verstossen würde, muss die Vergabestelle zur Bereinigung derselben Hand bieten.[18]

11 Aufgrund des Gleichbehandlungsgebots muss die Auftraggeberin alle Anbieterinnen in die Bereinigung einbeziehen, deren Angebote vernünftigerweise für den Zuschlag in

---

12 GALLI/MOSER/LANG/STEINER, Rz. 665 und Beispiel in Rz. 680; BEYELER, Geltungsanspruch, Rz. 2147.
13 GALLI/MOSER/LANG/STEINER, Rz. 675 m.w.H.; Komm BöB-TRÜEB, Art. 20 N 1.
14 GALLI/MOSER/LANG/STEINER, Rz. 687.
15 BVGer B-1774/2006 vom 13.03.2007, E. 6.2.
16 BVGer B-1774/2006 vom 13.03.2007, E. 3.3 f.; VGer AG, vom 25.10.2005, E. 2.1.1, in: AGVE 2005 Nr. 52, S. 254 ff.
17 Vgl. N 26.
18 Vgl. zum Ganzen BVGer B-3374/2019 vom 12.11.2019, E. 5.5.3 m.H.

Frage kommen.[19] Der Bereinigungsbedarf kann von Offerte zu Offerte variieren, hat aber nach einem einheitlichen Massstab zu erfolgen.[20] Die Vergabestelle muss allen Anbieterinnen, bez. deren Angebote Präzisierungsbedarf besteht, eine gleichwertige Erläuterungsmöglichkeit einräumen. Verzichtet die Vergabestelle bei allen Anbieterinnen in gleicher Weise auf eine strikte Einhaltung von Bedingungen und behandelt sie damit gleich, wird BV 27 nicht verletzt.[21]

Wer allerdings nach der Prüfung der Angebote und der gemäss Einschätzung der Auftraggeberin nach Treu und Glauben zu erwartenden Ergebnisse der Bereinigung keine Aussicht auf einen Zuschlag mehr hat, darf – ebenfalls aufgrund des Gleichbehandlungs-, aber auch des Wirtschaftlichkeitsgebots (Verfahrensökonomie) – nicht in Bereinigungen gemäss BöB/IVöB 39 Abs. 2 Bst. a einbezogen werden.[22] Das gilt auch für den Fall, dass nur bei einer einzelnen Anbieterin Unklarheit besteht, ob sie ein Eignungskriterium oder eine technische Spezifikation (sog. Muss-Kriterien) erfüllt oder eine wesentlich grössere Anzahl davon als bei ihren Mitbewerberinnen. Eine Anbieterin muss also mit ihrer Offerte sämtliche auf den Zeitpunkt der Einreichung verlangten Angaben und Nachweise klar und vollständig liefern (vgl. Art. 34 N 10). Sie kann nicht davon ausgehen, dass sie ihre Offerte im Verlauf des Verfahrens nachbessern kann.[23] 12

Anders sieht es aus, wenn die Auftraggeberin (unwesentliche) Anpassungen an den benötigten Leistungsinhalten oder -anforderungen vornimmt. Unter diesen Umständen hat die Auftraggeberin alle Anbieterinnen, welche ein Angebot eingereicht haben, über die Anpassungen zu informieren. Konsequenterweise hat sie daher alle Anbieterinnen in eine Bereinigung gemäss BöB/IVöB 39 Abs. 2 Bst. b einzubeziehen, welche gemäss Prüfung der Angebote die (Mindest-)Anforderungen[24] der Ausschreibung erfüllen. Die Auftraggeberin hat in jedem Fall darauf zu achten, dass sie nur Anbieterinnen zur Bereinigung zulässt, bei denen aufgrund der Umstände unlautere Absichten oder eine Missbrauchsmöglichkeit im Zusammenhang mit deren fehlerhaften oder unvollständigen Erstofferte ausgeschlossen werden können.[25] 13

Die Grundsätze der Fairness und der Transparenz setzen voraus, dass die Anbieterinnen wissen, worauf sich die Vergabestelle bei der Bewertung ihrer Angebote stützen wird. Um feststellen zu können, ob bei der Bereinigung das Gebot der Gleichbehandlung eingehalten wurde, sind klare Vorgaben der Vergabestelle für die transparente Abwicklung und Auswertung der Bereinigung unerlässlich. Das ist für die Vergabestelle umso anspruchsvoller, je grösser der Ausgestaltungsspielraum ist, welchen sie den Anbieterin- 14

---

19 Vgl. analoge Argumentation für Verhandlungen in BVGer B-2778/2008 vom 20.05.2009, E. 4.2; BRK 2004-017 vom 08.09.2005 (VPB 70.3), E. 4e/aa.
20 BVGer B-614/2018 vom 17.07.2018, E. 4.5.1.
21 BVGer B-614/2018 vom 17.07.2018, E. 4.5.3; vgl. BGer 2C_665/2015 vom 26.01.2016, E. 3.2.3.
22 GALLI/MOSER/LANG/STEINER, Rz. 675; BVGE 2007/13, E. 4–6.
23 GPA 2012 XV:4; vgl. Kategorisierung in BVGer B-3644/2017 vom 23.08.2017, E. 6.4.3.
24 Änderungen an den Muss-Kriterien sind unzulässige wesentliche Änderungen.
25 GALLI/MOSER/LANG/STEINER, Rz. 729.

nen mit tiefer oder fehlender Detaillierung und Konkretisierung der Leistungsbeschreibung überlässt (bspw. bei funktionalen Ausschreibungen [vgl. Art. 29 N 32]).[26]

III. Abs. 2: Voraussetzungen

15 Zum Zeitpunkt der Zuschlagserteilung müssen alle Vertragspunkte feststehen, die für den Entscheid relevant sind, welches der eingereichten Angebote das vorteilhafteste ist. Die Auftraggeberin und die Anbieterinnen müssen daher vor dem Zuschlag eine Plattform haben, auf der sie Auftrags- bzw. Angebotsinhalt und -bedingungen so lange besprechen können, bis klar ist, wie die zu erbringende Leistung ganz konkret beschaffen sein soll und zu welchen Konditionen sowie insb. auch zu welchem Preis die Anbieterin die Leistung liefert.[27] Ein möglichst klares und umfassendes Verständnis beider Parteien über die wesentlichen, von der jeweils andern Partei zugesicherten Vertragspunkte ist eine wichtige Voraussetzung, um Schwierigkeiten oder Streitigkeiten bei der Vertragsabwicklung möglichst zu vermeiden.

16 Gegenstand von Bereinigungen können sämtliche Teile der Ausschreibungsunterlagen inkl. eines beigelegten Vertragsentwurfs (Auftrag) und sämtliche Teile der Angebote sein. Sofern Vertragsverhandlungen bereits während der Bereinigung geführt und abgeschlossen werden, erübrigt sich eine Vertragsfinalisierung nach dem Zuschlag.[28] Das kann bspw. dann der Fall sein, wenn die Vergabestelle gemäss Ausschreibungsunterlagen zulassen will, dass die Anbieterinnen Anpassungen an klar definierten Teilen der AGB der Vergabestelle oder eines der Ausschreibung beigelegten Standardvertrags vornehmen können, und diese Anpassungen dann anhand eines vorab definierten Zuschlagkriteriums bewertet.

17 Nachstehend einige typische Fälle, in welchen Auftraggeberin und Anbieterinnen in der Praxis auf Bereinigungen i.S.v. BöB/IVöB angewiesen sein können:

– Aufgrund der eingereichten Nachweise kann nicht eindeutig beurteilt werden, ob (bzw. wie viele) Anbieterinnen die Minimalanforderungen gemäss Eignungskriterien oder technischen Spezifikationen erfüllt haben, ob mithin noch ein ausreichender Wettbewerb sichergestellt ist.

– Die Anbieterinnen reichen unklare und/oder zu wenige Nachweise für die Beurteilung des Erfüllungsgrads von (technischen und/oder kommerziellen) Zuschlagskriterien ein.

---

26 GALLI/MOSER/LANG/STEINER, Rz. 738 anhand VGer AG, vom 05.08.1998, in: AGVE 1998, S. 364 ff. und VGer ZH, VB.2004.00286 vom 13.10.2004, E. 3.
27 LEUTHOLD, Verhandlungen, Rz. 47 ff. und 71.
28 Vgl. Komm BöB-TRÜEB, Art. 20 N 5.

Art. 39 Bereinigung der Angebote

- Die von der Anbieterin in der Erstofferte gemachten Angaben bedürfen der Plausibilisierung resp. Verifizierung.

- Aufgrund der Angaben in den Angeboten stellt sich die Frage, ob die ausgeschriebene Leistung oder deren geforderte Ausprägung richtig verstanden wurde, sodass eine Klarstellung durch die Vergabestelle erforderlich ist.

- Erst nach Angebotseinreichung werden untergeordnete Mängel in den Ausschreibungsunterlagen festgestellt, welche korrigiert werden müssen.

Ohne die Möglichkeit, in solchen und ähnlich gelagerten Fällen die Angebote bereinigen zu dürfen, besteht das Risiko, dass nicht das vorteilhafteste Angebot den Zuschlag erhält. Vielmehr ist ein wirksamer, fairer Wettbewerb unter möglichst vielen Anbieterinnen zu ermöglichen, der nicht durch Kommunikationsmängel, Formalien oder Details unnötig eingeschränkt wird. Bei kleinen Märkten oder einer geringen Anzahl eingegangener Angebote laufen die Vergabestellen ansonsten Gefahr, dass kein gültiges Angebot mehr vorliegt und das Verfahren abgebrochen werden muss.

Weder für die Durchführung von Bereinigungen gemäss BöB/IVöB 39 Abs. 2 Bst. a noch Bst. b wird vorausgesetzt, dass in der Ausschreibung auf diese Handlungsoption der Vergabestelle hingewiesen wurde.[29] Die gesetzliche Grundlage ist klar. Zudem ist zum Zeitpunkt der Ausschreibung weder bekannt, ob Angebote geklärt oder objektiv vergleichbar gemacht werden müssen (Bst. a), noch ob objektiv und sachlich Leistungsänderungen geboten sind (Bst. b).

Die Vergabestellen sind gehalten, mittels aktueller und professioneller Bedarfs- und Marktabklärungen sowie klarer Ausschreibungsunterlagen dafür zu sorgen, dass das Erfordernis von Bereinigungen, zumal solcher mit Preisanpassungen, die Ausnahme ist. Mit der Umschreibung der nachgefragten Leistung anlässlich der Erstellung der Ausschreibungsunterlagen kann die Vergabestelle bis zu einem gewissen Grad steuern, wie viele Annahmen und Festlegungen die Anbieterinnen für die Erstellung ihrer Angebote von sich aus treffen müssen bzw. können. Je weniger detaillierte Vorgaben die Auftraggeberin macht, umso grösser ist die Spannbreite von Lösungen, die im Rahmen von Bereinigungen vergleichbar zu machen sind. Das kommt typischerweise bei Ausschreibungen vor, mit denen innovative Lösungsansätze gesucht werden. Oft kann die Auftraggeberin erst in Kenntnis der Lösungsvorschläge gewisse Chancen und Risiken des Beschaffungsvorhabens erkennen, die sie dann im Rahmen der Bereinigung geeignet thematisieren kann.[30]

Die Voraussetzungen von BöB/IVöB 39 Abs. 2 finden auf Dialogverfahren keine Anwendung. BöB/IVöB 24 Abs. 1 zum Dialog geht als spezielles Recht BöB/IVöB 39 vor. Auch der Dialog darf freilich nicht zum Zweck genutzt werden, Abgebotsrunden im Sinne reiner Preisverhandlungen durchzuführen (BöB/IVöB 24 Abs. 2). Es ist hingegen denkbar,

---

29 Vgl. GPA 2012 XII:1 Bst. a und aBöB 20 Abs. 1 Bst. a.
30 Vgl. LEUTHOLD, Verhandlungen, Rz. 222.

dass offerierte Gesamtpreise oder Preisbestandteile als Folge der Anpassung oder Konkretisierung des Leistungsgegenstands im Verlauf des Dialogs in der Schlussofferte angepasst werden müssen.[31]

A.   Bst. a: Herstellung der Vergleichbarkeit

22 Die Evaluation der Angebote ist in der Praxis oft mit Schwierigkeiten verbunden. Die eingereichten Angebote sind zum Teil noch unklar, nicht vollständig mit den Ausschreibungsunterlagen konform oder enthalten andere Form- oder Rechnungsfehler, die im Rahmen der Prüfung (BöB/IVöB 38) nicht geklärt werden können. Unter den Voraussetzungen des vorliegenden Abs. 2 können die Vergabestellen daher den Anbieterinnen die Möglichkeit einräumen, ihre Angebote vertiefter zu erläutern, nachzubessern oder zu berichtigen.[32] Die Vergabestellen können eine Bereinigung aber auch dazu nutzen, den Anbieterinnen ihren Bedarf, den Leistungsinhalt oder die Anforderungen an diesen bzw. weitere Rahmenbedingungen des Auftrags genauer zu erläutern, wenn sie anhand der eingegangenen Angebote feststellen, dass bei den Anbieterinnen aufgrund der Angaben in den Ausschreibungsunterlagen ein unzutreffendes Verständnis zu diesen Punkten entstanden ist.

23 Die Grenzen zwischen Erläuterungen der Anbieterinnen zu ihren Angeboten im Rahmen der Prüfung gestützt auf BöB/IVöB 38 Abs. 2 und denjenigen im Rahmen der Bereinigung gestützt auf BöB/IVöB 39 Abs. 2 Bst. a sind fliessend. Im Rahmen der Prüfung werden die Erläuterungen häufig auf dem Schriftweg eingeholt. Bei Bereinigungen werden die Erläuterungen hingegen häufig mündlich abgegeben und von der Vergabestelle protokolliert.

24 Weiterhin zulässig sind mündliche Präsentationen der Angebote vor der Vergabebehörde, die als Zuschlagskriterium samt Gewichtung in den Ausschreibungsunterlagen angekündigt und gemäss Abs. 4 hiernach formell und materiell ordnungsgemäss protokolliert worden sind.[33] Bei ihren Kontakten bzw. Gesprächen mit den Anbieterinnen hat die Auftraggeberin in jedem Fall strikt auf die Einhaltung der Vertraulichkeit gemäss BöB/IVöB 11 Bst. e zu achten.[34] Auch bei Bereinigungen gilt, dass selbst bei vorgängiger Zustimmung der Anbieterinnen zu einer allfälligen Bekanntgabe ihrer Angebote vertrauliche Angaben der Anbieterinnen nicht weitergegeben werden dürfen.[35]

---

31 Botschaft BöB, S. 1934; Musterbotschaft IVöB S. 61.
32 LEUTHOLD, Verhandlungen, Rz. 51 und 244.
33 GALLI/MOSER/LANG/STEINER, Rz. 738 anhand VGer ZH, VB.2011.00329 vom 25.01.2012, E. 6.
34 Vgl. auch GPA 2012 XV:1.
35 Komm BöB-TRÜEB, Art. 20 N 11; BRK 2004-017 vom 08.09.2005 (VPB 70.3), E. 4e/aa.

B. Bst. b: Leistungsänderungen

Änderungen der Auftraggeberin an den nachgefragten Leistungsinhalten oder -anforderungen oder an den Modalitäten ihrer Erbringung können bspw. objektiv geboten sein, weil sich seit der Erstellung und Publikation der Ausschreibungsunterlagen die wirtschaftlichen, technischen, politischen oder rechtlichen Rahmenbedingungen geändert haben. Vielleicht müssen bzw. sollen die Leistungsinhalte und -anforderungen aber auch aus anderen Gründen konkretisiert werden, bspw. um einen fairen Vergleich der Angebote oder eine optimalere Bedarfsdeckung der Auftraggeberin sicherzustellen. Zum Ausgleich der berechtigten Interessen aller involvierten Parteien muss die Auftraggeberin vorab gründlich überprüfen, welche Auswirkungen die erwünschten Leistungsoptimierungen mit sich ziehen. Die Änderungen müssen in jedem Fall objektiv und sachlich geboten sein. Das kann u.a. der Fall sein, wenn die Bedarfsstelle nachträglich unwesentliche Änderungen bez. ihres Bedarfs meldet (bspw. Menge, Liefertermine, Verfügbarkeiten, Leistungsort etc.).

25

Solange kein Missbrauch erfolgt, z.B. durch gezielte Bevorzugung einer Anbieterin,[36] sind Leistungsänderungen (inkl. Leistungsreduktionen, d.h. eine Verringerung des Leistungsumfangs) durch die Vergabestelle zulässig.[37] Solche Bereinigungen stehen zudem immer unter dem Vorbehalt, dass der Leistungsgegenstand nicht wesentlich geändert wird. Eine Änderung gilt als wesentlich, wenn die charakteristische Leistung geändert wird oder ein anderer Bieterkreis zu erwarten gewesen wäre, falls bereits die Ausschreibung mit der geänderten Leistung erfolgt wäre. Was den charakteristischen Leistungsinhalt darstellt, ist im Einzelfall anhand des ausgeschriebenen Vertragsverhältnisses zu bestimmen. Wesentliche Änderungen des Leistungsgegenstands führen zwingend zum Abbruch (BöB/IVöB 43 Abs. 1 Bst. f) und zur Neuausschreibung.[38]

26

Leistungsänderungen oder -reduktionen dürfen nicht darauf zielen, die Konformität einzelner Angebote, welche die ursprünglich gestellten Anforderungen klarerweise nicht erfüllt haben, nachträglich herbeizuführen. Angebote, die unvollständig sind oder anderweitig nicht den Ausschreibungsunterlagen entsprechen, sind vom Verfahren auszuschliessen (vgl. Art. 34 N 11).[39] So besteht kein Rechtsanspruch einer Anbieterin, ihr Angebot, das technische Spezifikationen nicht erfüllt, nachträglich zu ergänzen, um die Ausschreibungskonformität im zweiten Anlauf herzustellen.[40] Immerhin wird man der Auftraggeberin bei kleineren Abweichungen einen Ermessensspielraum zubilligen, Angebote durch Rückfragen auf den verlangten Stand zu bringen. Bei geringfügigen Män-

27

---

36 BRK 2006-016 vom 05.12.2006, E. 3; BRK 2004-014 vom 11.03.2005 (VPB 69.79), E. 2b/dd.
37 GPA 2012 X:4.
38 Komm BöB-Trüeb, Art. 20 N 4; Galli/Moser/Lang/Steiner, Rz. 689; BVGer B-1774/2006 vom 13.03.2007, E. 3.3; Beyeler, Finn Frogne, S. 63; BRK 2006-016 vom 05.12.2006, E. 3; BRK 2004-014 vom 11.03.2005 (VPB 69.79), E. 2b/bb; BRK 2002-004 vom 26.06.2002 (VPB 66.86), E. 5c.
39 BVGer B-1774/2006 vom 13.03.2007, E. 3.4.
40 BVGer B-6594/2017 vom 27.04.2018, E. 9.

geln des Angebots muss mit Rücksicht auf das Verbot des überspitzten Formalismus (vgl. Art. 34 N 17) Hand zu einer Nachbesserung geboten werden.[41] Die Vergabestelle hat sich aber auch in dieser Phase an die von ihr im Voraus festgelegten Spielregeln des Verfahrens zu halten. Weicht sie davon ab, liegt der Schluss auf eine diskriminierende Manipulation des Ergebnisses nahe.[42] In Analogie zur Anforderung von GPA 2012 XV:3 sind Änderungen allen Anbieterinnen mitzuteilen, deren Angebote zu bereinigen sind.[43]

IV. Abs. 3: Preisanpassungen

28 Einer von Wirtschaftsverbänden in der Vernehmlassung geäusserten Forderung entsprechend und zwecks Harmonisierung mit dem interkantonalen Recht werden Preisanpassungen nach der Angebotsöffnung auch im Bundesbeschaffungsrecht nicht mehr voraussetzungslos zugelassen (vgl. BöB/IVöB 11 Bst. d).

29 Die Anbieterinnen dürfen im Zuge einer Bereinigung ihre Angebote lediglich dann verändern oder ergänzen, wenn nach objektiver Beurteilung Ungenauigkeiten oder Missverständnisse betreffend den Auftrag mit leistungs- oder preisbezogenen Auswirkungen bestanden haben, die im Rahmen der Bereinigung geklärt werden (BöB/IVöB 39 Abs. 2 Bst. a).[44] Zudem sind Änderungen oder Ergänzungen an den Angeboten zulässig, wenn die Vergabestelle (unwesentliche) Änderungen an der ausgeschriebenen Leistung oder den Modalitäten ihrer Erbringung vornimmt (BöB/IVöB 39 Abs. 2 Bst. b). Entsprechend kann die Vergabestelle den Anbieterinnen nur dann die Möglichkeit zu Preisanpassungen einräumen, wenn diese Voraussetzungen erfüllt sind (BöB/IVöB 39 Abs. 3). Im Unterschied zu den Verhandlungen gemäss bisherigem Bundesbeschaffungsrecht (aBöB 20, aVöB 26) sind Anpassungen der Angebote nicht Zweck von Bereinigungen nach BöB/IVöB 39, sondern allenfalls eine notwendige Folge zur Erreichung der damit verfolgten Ziele (vgl. Bst. a und b).[45]

30 Neu dürfen Auftraggeberinnen die Möglichkeit zu Anpassungen des Preises oder anderer Angebotsteile demnach ausschliesslich einräumen, wenn dies aufgrund

---

41 Botschaft BöB, S. 1954.
42 BVGer B-1528/2017 vom 27.09.2017, E. 4.4.
43 Vgl. auch Hinweis in GALLI/MOSER/LANG/STEINER, Rz. 689 im Zusammenhang mit Verhandlungen.
44 Auftragsklärungen bzw. -präzisierungen seitens Auftraggeberin mit leistungs- oder preisbezogenen Auswirkungen waren im Bundesbeschaffungsrecht nicht Gegenstand von Bereinigungen (aVöB 25), sondern wurden im Rahmen von Verhandlungen im engeren Sinn (aBöB 20 und aVöB 26) abgewickelt. Inhaltlich ist diese Aussage somit auf der Linie der Lehre und Rechtsprechung zu Bereinigungen und Verhandlungen gemäss bisherigem Beschaffungsrecht, wie sie bspw. in Komm BöB-TRÜEB, Art. 20 N 2 und 3 dargestellt ist bzw. vertreten wird.
45 Vgl. auch LEUTHOLD, Verhandlungen, Rz. 26, 30 f. und 52.

- eines besseren Verständnisses des Auftrags bzw. der Angebote oder
- (unwesentlicher) Auftragspräzisierungen oder -änderungen

im Rahmen der Angebotsbereinigung zur Wahrung des Wirtschaftlichkeitsgebots in einem laufenden Vergabeverfahren angezeigt ist. In diesen Fällen ist es sowohl im Interesse der Auftraggeberin als auch der Anbieterinnen, dass Letztere die auf der Preisseite erforderlich werdenden Anpassungen vornehmen können. Beim ganzen Vorgang sind die Transparenz und die Gleichbehandlung der Anbieterinnen zu wahren. So ist es bspw. nicht zulässig, einzelne Anbieterinnen zu bevorteilen oder andere zu benachteiligen, indem z.B. nur einer willkürlich ausgewählten Anbieterin eine Nachbesserung ihrer (Preis-)Offerte zugestanden wird. Mit der bedingten Zulassung von Preisanpassungen aus begründetem Anlass und innerhalb enger formaler Schranken wird ein grundlegender Unterschied zwischen Bundesrecht und interkantonalem Recht beseitigt.

Die Vergabestelle hat bei der Durchführung von Bereinigungen darauf zu achten, dass die Anbieterinnen nicht von sich aus und ohne Aufforderung der Vergabestelle verdeckte Preis- oder Leistungsänderungen vornehmen.[46] Preis- oder Leistungsanpassungsmöglichkeiten im Verlauf der Bereinigung sind unter dem Gesichtswinkel des Gleichbehandlungs- und des Transparenzgebots insbesondere dann heikel, wenn zuvor schon die Protokolle über die Öffnung der Angebote mit den eingereichten Gesamtpreisen (vgl. BöB/IVöB 37 Abs. 4) eröffnet wurden.[47] Vergabestellen, die sich die Möglichkeit offenhalten wollen, während der Evaluation zur Bereinigung der Angebote nötigenfalls Preis- oder (unwesentliche) Leistungsanpassungen zuzulassen bzw. vorzunehmen, warten mit der Offenlegung des Öffnungsprotokolls daher mit Vorteil bis zur Zuschlagserteilung.[48]

Die gemäss BöB/IVöB vorgesehene bedingte Möglichkeit zur Preisanpassung ist nicht zu vergleichen mit einer «Abgebotsrunde» i.S.v. BöB/IVöB 11 Bst. d, deren einziger Zweck es ist, den Angebotspreis zu senken. Das Verbot von Abgebotsrunden bedeutet zudem nicht, dass Preisanpassungen schlechthin ausgeschlossen sind. So kann es nicht nur im Rahmen von Angebotsbereinigungen, sondern auch bei speziellen Verfahren wie dem Dialog (BöB/IVöB 24) vorkommen, dass der Leistungsgegenstand untergeordnete Modifikationen erfährt. In solchen Fällen ist in der Regel auch eine neue Preisofferte angezeigt, um dem Wirtschaftlichkeitsgebot Nachachtung zu verschaffen. Zudem können Preisanpassungen bei den Verhandlungen einer Offerte im freihändigen Verfahren (BöB/IVöB 21 Abs. 1) oder im Rahmen einer elektronischen Auktion (BöB/IVöB 23) erfolgen.[49] Schliesslich sind Verhandlungen inkl. Preisanpassungen weiterhin erlaubt, wenn in einer offenen oder selektiven Ausschreibung nur ein einziges Angebot die zwin-

---

46 BVGer B-620/2018 vom 13.06.2018, E. 8.5.
47 Botschaft BöB, S. 1951 f.; vgl. zur analogen Fragestellung LEUTHOLD, Verhandlungen, Rz. 225 f.
48 GALLI/MOSER/LANG/STEINER, Rz. 721 f. anhand VGer LU, V 99 186 vom 16.09.1999, in: LGVE 1999 II Nr. 15, S. 214 und VGer ZH, VB 2011.00714 vom 09.05.2012.
49 Musterbotschaft IVöB, S. 43.

genden Anforderungen erfüllt und sich die Wettbewerbsfähigkeit des Angebotspreises nicht durch Vergleich mit Konkurrenzofferten ermitteln lässt.

V. Abs. 4: Nachvollziehbarkeit

33 Das Erfordernis der Nachvollziehbarkeit gilt sowohl bei schriftlichen wie auch bei mündlichen Bereinigungen. Das Protokoll dient diesem Zweck und damit der Transparenz bei mündlichen Bereinigungen. Mit der Protokollierung der Resultate soll sichergestellt werden, dass die rechtlichen Vorgaben und die Gleichbehandlung der Anbieterinnen eingehalten werden. Das Protokoll muss von allen Teilnehmenden unterzeichnet werden und mindestens folgende Angaben enthalten: Ort, Datum, Namen der Teilnehmenden, die bereinigten Auftrags- oder Angebotsbestandteile, die gestellten Fragen bzw. kommunizierten Leistungsänderungen und die erteilten Antworten, d.h. die Resultate der Bereinigung, sodass sie für einen aussenstehenden Dritten nachvollziehbar sind.[50] Die Ergebnisse der Bereinigung wirken sich auf die Rangfolge der Angebote aus und müssen daher logisch nachvollziehbar im Evaluationsbericht abgebildet werden. Dadurch wird der Beschwerdeinstanz im Falle einer Beschwerde ermöglicht, diesen Schritt der Vergabebehörde auf seine Nachvollziehbarkeit hin zu überprüfen.[51]

34 Die Vergabestelle hat die Bereinigungsprotokolle während mindestens 3 Jahren ab rechtskräftigem Zuschlag aufzubewahren (BöB/IVöB 49). Der Hinweis auf die «Bereinigungsprotokolle» erfasst auch die Verhandlungsprotokolle, falls im Rahmen eines freihändigen Verfahrens nach BöB/IVöB 21 Abs. 2 Verhandlungen mit der Anbieterin geführt werden.[52] Nachträgliche Erklärungen der Vergabestelle zu Ablauf, Inhalt und Resultat der Bereinigung im Rahmen eines Beschwerdeverfahrens, die im Protokoll keine Grundlage haben, könnte ein Gericht als verspätet betrachten und nicht mehr berücksichtigen.[53]

VI. Rechtsvergleichung

35 Die EU regelt die Bereinigung der Angebote in RL 2014/24/EU 56 Abs. 3. Diese Bestimmung räumt den europäischen Vergabestellen weitgehend die gleichen Bereinigungsmöglichkeiten ein wie BöB/IVöB 38 Abs. 2 und BöB/IVöB 39 Abs. 2 Bst. a. RL 2014/

---

50 VöB 10; vgl. BEYELER, Geltungsanspruch, Rz. 2142.
51 Komm BöB-TRÜEB, Art. 20 N 10; betreffend Nachvollziehbarkeit des Evaluationsberichts vgl. GALLI/MOSER/LANG/STEINER, Rz. 676 m.w.H. und 718; vgl. Rechtsprechung zur Protokollierung von Verhandlungen in BRK 2003-016 vom 23.07.2003 (VPB 67.108), E. 4c; BRK 2000-001 vom 26.01.2001 (VPB 64.62), E. 3a; BRK 017/97 vom 29.04.1998 (VPB 62.80), E. 2c; BRK 62.17 (VPB 62.17), E. 4e/bb; VGer AG, vom 23.06.2008, in: AGVE 2008 Nr. 30, S. 174, E. 4.1.2.
52 BöB Botschaft, S. 1971.
53 GALLI/MOSER/LANG/STEINER, Rz. 697 mit Verweis auf BRK 016/03, E. 4c.

24/EU, E. 81, lässt ebenfalls unwesentliche Änderungen an den Ausschreibungsunterlagen zu. Dabei wird die Grenze, ab der von einer wesentlichen Änderung gesprochen werden muss, im Wesentlichen gleich definiert wie in der Schweiz.[54] Voraussetzung ist in beiden Fällen die Einhaltung des Gleichbehandlungs- und des Transparenzgebots. So sind alle Anbieterinnen gleichermassen über allfälligen Klärungsbedarf und Änderungen zu informieren. Ferner ist ihnen ausreichend Zeit einzuräumen, gegebenenfalls überarbeitete Angebote einzureichen.[55]

Gemäss RL 2014/24/EU 26 können die Mitgliedstaaten darüber hinaus Verhandlungsverfahren[56] bzw. Verhandlungen oder einen wettbewerblichen Dialog für Situationen vorsehen, in denen nicht damit zu rechnen ist, dass offene oder nichtoffene (entspricht in der Schweiz dem selektiven) Verfahren ohne Verhandlungen zu einem zufriedenstellenden Ergebnis führen.[57] Auch die RL 2014/24/EU verlangt, dass dabei Vorkehrungen getroffen werden, welche die Einhaltung der Grundsätze der Gleichbehandlung und Transparenz gewährleisten.[58] Die Mindestanforderungen und die Zuschlagskriterien können nicht Gegenstand von Verhandlungen sein.[59] In Verhandlungen dürfen keine wesentlichen Änderungen vorgenommen werden.[60] Ebenso sieht die EU Verhandlungen bei freihändigen Verfahren vor.[61] Insgesamt haben die EU und die Schweiz die Vorgaben des GPA 2012 im hier fraglichen Bereich – abgesehen von der Einschränkung in BöB/IVöB 11 Bst. d – inhaltlich weitgehend gleich umgesetzt. 36

---

54 Vgl. N 26.
55 RL 2014/24/EU 29 Abs. 5.
56 RL 2014/24/EU 29.
57 RL 2014/24/EU, E. 42; als Beispiele für solche Situationen werden Fälle genannt, in denen öffentliche Auftraggeber nicht in der Lage sind, die Mittel zur Befriedigung ihres Bedarfs zu definieren oder zu beurteilen, was der Markt an technischen, finanziellen oder rechtlichen Lösungen zu bieten hat. Das könne insb. bei innovativen Projekten, bei der Realisierung grosser, integrierter Verkehrsinfrastrukturprojekte oder grosser Computer-Netzwerke oder bei Projekten mit einer komplexen, strukturierten Finanzierung der Fall sein.
58 RL 2014/24/EU, E. 45.
59 RL 2014/24/EU 29 Abs. 3.
60 RL 2014/24/EU 30 Abs. 7.
61 RL 2014/24/EU 32.

Art. 40 Bewertung der Angebote

¹ Sofern die Eignungskriterien und die technischen Spezifikationen erfüllt sind, werden die Angebote nach Massgabe der Zuschlagskriterien objektiv, einheitlich und nachvollziehbar geprüft und bewertet. Die Auftraggeberin / *Der Auftraggeber* dokumentiert die Evaluation.

² Erfordert die umfassende Prüfung und Bewertung der Angebote einen erheblichen Aufwand und hat die Auftraggeberin / *der Auftraggeber* dies in der Ausschreibung angekündigt, so kann sie / *er* alle Angebote auf der Grundlage der eingereichten Unterlagen einer ersten Prüfung unterziehen und rangieren. Auf dieser Grundlage wählt sie / *er* nach Möglichkeit die drei bestrangierten Angebote aus und unterzieht sie einer umfassenden Prüfung und Bewertung.

Inhaltsverzeichnis

I.	Vorbemerkung	1
II.	Abs. 1: Gegenstand der Bewertung	3
A.	Abgrenzung	3
B.	Prüfung von Eignungskriterien und technischen Spezifikationen	4
C.	Bewertung von Zuschlagskriterien	5
D.	Ablauf der Angebotsprüfung	7
E.	Rechtsschutz	10
F.	Rechtsvergleichung	11
III.	Abs. 1: Zeitpunkt der Bewertung	13
IV.	Abs. 2: Shortlisting	15
A.	Voraussetzungen	15
B.	Ablauf des Shortlistings	21
C.	Problemfelder	24
	1. Ausgangslage	24
	2. Anzahl Angebote	25
	3. Kriterien für die provisorische Rangliste	29
	4. Prognose	32
D.	Kombination	35
E.	Rechtsschutz	37
F.	Rechtsvergleichung	38

I. Vorbemerkung

BöB/IVöB 40 ist Teil des im Rahmen von BöB/IVöB 35–42 beschriebenen, typischen 1
Ablaufs eines Vergabeverfahrens, in dem als gedanklicher Schritt die Bewertung der eingereichten Angebote zum Zweck der Ermittlung des vorteilhaftesten Angebots beschrieben wird.[1] In BöB/IVöB 35–40 und in der Botschaft zum BöB werden die Begriffe «Prüfung» und «Bewertung» in ihrer Bedeutung und in ihrer Systematik nicht einheitlich verwendet.

Vom Wortsinn ausgehend, wird der Begriff «Bewertung» nachfolgend für die Beurteilung von Zuschlagskriterien verwendet.[2] Demgegenüber wird der weniger spezifische 2
Begriff der «Prüfung» für die Auseinandersetzung mit allen übrigen Kriterien eines Angebots gebraucht. Wird sodann nachfolgend im allgemeinen Sinne von «Angebotsprüfung» gesprochen, so ist damit als Überbegriff die Begutachtung des kompletten Angebots – von der Öffnung der Angebote an bis zum (internen) Vergabeentscheid – gemeint, unter Einschluss Berücksichtigung sämtlicher Muss- und Kann-Kriterien.

II. Abs. 1: Gegenstand der Bewertung

A. Abgrenzung

In BöB/IVöB 40 geht es hauptsächlich um die Regelung der Bewertung von Zuschlags- 3
kriterien.[3] Die in BöB/IVöB 40 eingangs *en passant* genannte Prüfung der Eignungskriterien und technischen Spezifikationen ist von der Bewertung der Zuschlagskriterien gedanklich abzugrenzen.[4] Systematisch wäre die Prüfung der Eignungskriterien und technischen Spezifikationen in BöB/IVöB 38 freilich besser aufgehoben gewesen.[5]

---

1 Vgl. BöB/IVöB 41.
2 Als Synonyme zum Wort «Bewertung» nennt der Duden u.a. «Notengebung», «Ranking», «Wertung», «Zensierung», «Evaluation», «Benotung» oder «Punktwertung»; vgl. <www.duden.de/rechtschreibung/Bewertung>, besucht am 23.09.2019.
3 Vgl. Botschaft BöB, S. 1955.
4 Dies ist wohl ein Überbleibsel aus VE-BöB 42, wo die Prüfung und Bewertung noch gemeinsam beschrieben wurden.
5 Auch die Botschaft äussert sich bei BöB 40 ausschliesslich zur Bewertung der Zuschlagskriterien und nimmt im Rahmen von BöB 38 Bezug auf die Prüfung der Eignungskriterien; vgl. Botschaft BöB, S. 1952 sowie 1955.

B. Prüfung von Eignungskriterien und technischen Spezifikationen

4 Gemäss BöB/IVöB 40 Abs. 1 Teilsatz 1 ist zu prüfen, ob die Anbieterin die Eignungskriterien und der Angebotsgegenstand die technischen Spezifikationen erfüllt.[6] Sind ein oder mehrere Eignungskriterien oder technische Spezifikationen nicht erfüllt, so fällt die Anbieterin gemäss BöB/IVöB 44 Abs. 1 Bst. a oder b für den Zuschlag ausser Betracht.[7]

C. Bewertung von Zuschlagskriterien

5 Die Zuschlagskriterien sind nach dem Grad ihrer Erfüllung zu bewerten. Diese Bewertung hat nach dem Wortlaut von BöB/IVöB 40 Abs. 1 Teilsatz 2 objektiv, einheitlich und nachvollziehbar zu erfolgen und muss durch die Vergabestelle dokumentiert[8] werden. Mit der Wortwahl wird die besondere Bedeutung des Transparenz- und Gleichbehandlungsprinzips bei der Bewertung ausgedrückt (welche freilich für die gesamte Angebotsprüfung unabdingbar ist), zumal der dokumentierte, innere Willensbildungsprozess die Grundlage für den Vergabeentscheid darstellt.[9]

6 In der Praxis hat sich die Bewertung anhand einer Bewertungsmatrix durchgesetzt.[10] Die Gewichtung der Zuschlagskriterien sowie ihrer allfälligen Unterkriterien werden darin in Prozentzahlen (und übersichtshalber oftmals auch mit den erreichbaren Maximalpunktzahlen) angegeben.[11] Die Angebote erhalten sodann im Zuge ihrer Bewertung eine mehr oder weniger hohe Anzahl Punkte pro Zuschlagskriterium, je nachdem, wie gut dieses erfüllt ist. Das Angebot mit den meisten Punktzahlen muss schliesslich für die Erteilung des Zuschlags berücksichtigt werden.[12]

---

[6] Vgl. BöB/IVöB 27 und 30.

[7] Die Anbieterin kann entweder mittels separater Ausschlussverfügung oder mit ihrer Nichtberücksichtigung im Rahmen der Zuschlagsverfügung vom Verfahren ausgeschlossen werden; vgl. BöB/IVöB 44 Abs. 1 und 53 Abs. 1 Bst. h.

[8] Vgl. BVGer B-4717 vom 01.04.2011, E. 9.4 m.H. Die Dokumentationspflicht der Vergabebehörde steht spiegelbildlich zum Akteneinsichtsrecht der Parteien im Rahmen des Beschwerdeverfahrens (vgl. BöB/IVöB 57) sowie – nach Verfahrensabschluss – zum Recht auf Information über die Tätigkeit der Bundesverwaltung im Rahmen des Öffentlichkeitsprinzips (vgl. BGÖ 1 sowie insb. E-BöB 49 Abs. 3, welcher die Geheimhaltung der Akten des Vergabeverfahrens nach dessen rechtskräftigem Abschluss postulierte, aber im Zuge der parlamentarischen Beratungen ersatzlos gestrichen wurde).

[9] Vgl. Botschaft BöB, S. 1955.

[10] Vgl. Botschaft BöB, S. 1955 und BVGer B-4086/2018 vom 30.08.2018, E. 7.3 ff. unter Bezugnahme auf aVöB 27.

[11] Die Bekanntgabe der Bewertungsmatrix hat bereits mit der Ausschreibung zu erfolgen; vgl. BVGer B-4086/2018 vom 30.08.2018, E. 7.3 ff. mit Verweis auf BVGer B-6837/2010 vom 10.03.2011, E. 3.2 sowie BVGer B-7337/2010 vom 15.04.2011, E. 15.2 und BGE 130 I 241, E. 5.1.

[12] Vgl. BöB/IVöB 41. Hat die Vergabestelle dies in den Ausschreibungsunterlagen vorgesehen, kön-

D. Ablauf der Angebotsprüfung

Die Botschaft zum BöB sagt zu Recht, dass die Verwendung einer Bewertungsmatrix notwendig sei – wo diese aber im prozessualen Ablauf einer Angebotsprüfung zu verorten ist, lässt sie offen.

Um einen möglichst gut dokumentierten Prüfungsablauf zu garantieren, verfügen professionelle Vergabestellen in der Regel über einen vordefinierten Beschaffungsprozess, welcher die Aktivitäten bei einer Beschaffung insgesamt festlegt. Die Angebotsprüfung ist Teil des Beschaffungsprozesses und kann durch Hinzuziehen eines elektronischen Evaluationstools unterstützt werden.[13] Der Ablauf eines solchen Prozesses kann wie folgt aussehen:[14] In der Vorbereitung für die Angebotsprüfung werden die Mitglieder eines Beschaffungsteams[15] nach Massgabe ihrer individuellen Fachkenntnis in Evaluationsteams eingeteilt. Diese Evaluationsteams sind sodann für die Beurteilung derjenigen Kriterien zuständig, zu deren Prüfung und Bewertung sie fachlich qualifiziert sind.

Jedes Mitglied des Beschaffungsteams ergänzt die Bewertungsmatrix pro Anbieterin mit seinen Prüfungs- und Bewertungsergebnissen. Die Gesamtheit der Ergebnisse wird sodann an einem oder mehreren Konsolidierungsmeetings durch das Beschaffungsteam diskutiert und die Befunde werden konsolidiert. Über die konsolidierten Befunde der Angebotsprüfung erstellt das Beschaffungsteam einen Evaluationsbericht,[16] worin konzis alle Angebote anhand sämtlicher formeller und materieller Aspekte der Angebotsprüfung einander gegenübergestellt werden und die für den Zuschlag zu berücksichtigende Anbieterin ausgewiesen wird. Auf dieser Basis trifft die Vergabestelle ihren (internen) Vergabeentscheid definitiv und erlässt gestützt darauf die Zuschlagsverfügung.

---

nen gleichzeitig mehrere der bestbewerteten Angebote für je einen Zuschlag berücksichtigt werden; vgl. BöB/IVöB 25.

13 Bei der Verwendung von elektronischen Hilfsmitteln muss sichergestellt sein, dass die Verfahrensregeln nicht unterlaufen werden können. Es ist besonderes Augenmerk auf die Integrität, Vertraulichkeit, Nachvollziehbarkeit und Sicherheit der Daten (namentlich der Angebote und übrigen Parteieingaben) zu legen. Elektronische Evaluationstools müssen also ganz spezifisch dem Beschaffungsprozess und seinen Phasen angepasst sein, um diesen unterstützen zu können. Vgl. GPA 2012 IV:3 Bst. b und XV:1 sowie die spezifischen Regeln zur elektronischen Angebotseingabe, insb. BöB/IVöB 34 Abs. 2, 36 Bst. e, 47 Abs. 1 Bst. c und 47 Abs. 5. Für die elektronische Auktion vgl. BöB/IVöB 23, 35 Bst. i und 36 Bst. f. Für das EU-Recht vgl. RL 2014/24/EU 22.

14 So bspw. in der Praxis des Amts für Informatik und Organisation des Kantons Bern (KAIO) in seiner Rolle als Zentrale Beschaffungsstelle ICT; vgl. OÖBV BE 6.

15 Interdisziplinäres, nach Massgabe des Beschaffungsgegenstands zusammengesetztes Team, welches die Beschaffung von ihrer Vorbereitung bis zu ihrem Abschluss begleitet. Das Beschaffungsteam wird von einer Einkäuferin oder einem Einkäufer geleitet und koordiniert.

16 Vgl. Botschaft BöB, S. 1955.

E. Rechtsschutz

10 Die Vergabestelle kann sich nach Durchführung der Angebotsprüfung entscheiden, einzelne Anbieterinnen mit separater Verfügung vom Verfahren auszuschliessen.[17] Diese Ausschlussverfügungen sind selbständig anfechtbar und schliessen nach Eintritt ihrer Rechtskraft das Verfahren in den Aspekten, welche die ausgeschlossenen Anbieterinnen betreffen, ab.[18] Erlässt die Vergabestelle keine separate Ausschlussverfügung so fliessen die Ergebnisse der Prüfung gemeinsam mit der Bewertung des Angebots in die Zuschlagsverfügung ein. Die Zuschlagsverfügung kann mit Beschwerde angefochten werden und schliesst mit ihrer Rechtskraft das Vergabeverfahren insgesamt ab.[19]

F. Rechtsvergleichung

11 Das GPA 2012 äussert sich am Rande der Regelungen zu den Zuschlagskriterien zu deren Bewertung. GPA 2012 IV:4 hält in für die Vergabeverfahren generell fest, dass das Transparenz- und Gleichbehandlungsprinzip zu beachten sind. Sodann beschreibt GPA 2012 X:7 Bst. c, dass «sämtliche Zuschlagskriterien, welche der Auftraggeber bei der Zuschlagserteilung anwendet, mit ihrer relativen Bedeutung [...]» in den Vergabeunterlagen aufgeführt sein müssen. Für die Zuschlagserteilung gibt GPA 2012 XV:5 Bst. a sodann vor, dass diese an die Anbieterin gehen muss, welche «das günstigste Angebot eingereicht hat [...]»[20]. Spezifischer wird das GPA 2012 mit Bezug auf das Vorgehen bei der Bewertung der Angebote nicht.

12 Im ähnlichen Rahmen beschreibt die RL 2014/24/EU ihre Grundsätze für die Bewertung von Angeboten in den RL 2014/24/EU 67 ff. Gleich wie das GPA 2012 ist die RL im Gegensatz zum BöB und zur IVöB nicht ablauforientiert strukturiert und relativ rudimentär gehalten.[21] RL 2014/24/EU 67 Abs. 2 beschreibt in diesem Sinne lediglich, dass die Bestimmung des «wirtschaftlich günstigsten Angebots»[22] zentrale Richtschnur ist und der Vergabeentscheid mindestens anhand der Bewertung von Preis- oder Kostenkriterien erfolgen muss.[23] Die Vergabestelle muss gemäss RL 2014/24/EU 67 Abs. 5 in den Vergabeunterlagen angeben, wie die einzelnen Kriterien gewichtet werden, um das wirtschaftlich günstigste Angebot zu ermitteln. Sie hat sich bei der Anwendung der Zuschlagskriterien in allen Phasen des Vergabeverfahrens an die Prinzipien der Transpa-

---

[17] Vgl. Fn. 7.
[18] Vgl. BöB/IVöB 53 Abs. 1 Bst. h.
[19] Vgl. BöB/IVöB 53 Abs. 1 Bst. e.
[20] In der englischen Fassung «*the most advantageous tender*», in der französischen «*la soumission la plus avantageuse*».
[21] Dies ist wohl so gewollt; vgl. BC-INDÉN, Art. 67 N 8 mit Verweis auf RL 2014/24/EU, E. 89.
[22] In der englischen Fassung «*the most economically advantageous tender*», in der französischen «*l'offre économiquement la plus avantageuse*» (vgl. demgegenüber Fn. 20).
[23] Vgl. BC-INDÉN, Art. 67 N 5 ff.

renz, der Gleichbehandlung und der Gewährleistung des funktionierenden Wettbewerbs zu halten.[24]

III. Abs. 1: Zeitpunkt der Bewertung

Bei der Redaktion von BöB/IVöB 35–42 hat man sich zwar am typischen Ablauf eines Vergabeverfahrens orientiert – im Einzelfall gibt es für die umschriebenen Schritte allerdings keine feste Abfolge. So kann die Vergabestelle selbstverständlich jegliche Aktivitäten im Rahmen der Angebotsprüfung ab dem Zeitpunkt der Angebotsöffnung an die Hand nehmen. Ab dann liegt es in ihrem Ermessen, in welcher zeitlichen Abfolge sie welche Prüfungs- und Bewertungshandlungen vornimmt.[25]

In der Praxis wird insb. bei umfangreichen Beschaffungsgegenständen mit ebenso umfangreichen Angeboten von vorneherein ein iteratives Prüfungs- und Bewertungsvorgehen eingeplant. Letztlich können sich bei komplexen Beschaffungen noch bis zum letzten Konsolidierungsmeeting Detailfragen stellen, welche gegebenenfalls mit den Instrumenten von BöB/IVöB 38 f. geklärt werden müssen.

IV. Abs. 2: Shortlisting

A. Voraussetzungen

Im offenen oder selektiven Verfahren[26] ist es der Vergabestelle möglich, sich dem Instrument des sog. «*Shortlistings*» zu bedienen. Unter «Shortlisting» versteht man die Erstellung einer eben «kurzen Liste» von bloss wenigen Anbieterinnen auf Basis einer provisorischen Rangliste.

BöB/IVöB 40 Abs. 2 nennt als Voraussetzungen für das Shortlisting, dass (a) die umfassende Prüfung und Bewertung der Angebote einen erheblichen Aufwand für die Vergabestelle bedeuten und (b) das Shortlisting in der Ausschreibung entsprechend vor-

---

24　Vgl. RL 2014/24/EU 67 Abs. 4 sowie BC-Indén, Art. 67 N 37 ff.
25　Wobei der Hauptmassstab für das konkret zu wählende Vorgehen regelmässig die Verfahrensökonomie sein dürfte. Gegenüber den Anbieterinnen ist nach dem Transparenzgrundsatz gegebenenfalls zu kommunizieren, wenn aufgrund einer verzögerten Angebotsprüfung eine massgebliche Abweichung von in den Ausschreibungsunterlagen angegebenen Terminen zu erwarten ist.
26　Im Einladungsverfahren und im freihändigen Verfahren bestimmt die Vergabestelle den Kreis der Anbieterinnen direkt mit der Einladung bzw. der Offertanfrage. Dadurch hat sie bereits die Möglichkeit, den Aufwand für die Angebotsprüfung einzuschränken, was ein Shortlisting zwecklos machen dürfte.

angekündigt werden muss. Die Vergabestelle muss mindestens drei Anbieterinnen in die Shortlist aufnehmen.[27]

17 Die Voraussetzung der Ankündigung in der Ausschreibung dient der Transparenz gegenüber den Anbieterinnen. Die Ankündigung muss nach dem Sinn der Bestimmung mindestens die Hinweise umfassen, (a) dass das Instrument des Shortlistings angewendet wird und (b) wie viele Anbieterinnen in die Shortlist aufgenommen werden. Nach der hier vertretenen Auffassung sollte darüber hinaus in der Ankündigung oder in den Ausschreibungsunterlagen festgehalten werden, (c) welche spezifischen Teile der Angebote für die Erstellung der provisorischen Rangliste relevant sind, da die Anbieterinnen sonst den Stellenwert des Shortlistings im Rahmen des Vergabeverfahrens nicht einschätzen können.[28]

18 Die Ankündigung versteht sich ihrer Natur nach als Vorbehalt der Vergabestelle, wonach sie das Shortlisting anwenden kann, aber nicht muss. Ihr muss es stets möglich bleiben, bei Erstellung der Shortlist aufgrund von Interessenabwägungen der Verfahrensökonomie nicht den Vorzug zu geben und entgegen ihrer Ankündigung alle Angebote im Detail zu prüfen oder gegebenenfalls mehr (aber nicht weniger) Anbieterinnen als angekündigt in die Shortlist aufzunehmen.[29] Ansonsten könnte die Vergabestelle nicht «[i]n allen Fällen [sicherstellen], dass trotz Reduktion der Angebote ein echter Wettbewerb gewährleistet ist»[30].

19 Die Prüfung und Bewertung von Angeboten im Rahmen einer öffentlichen Ausschreibung dürfte sodann – gemessen am allgemeinen Sprachgebrauch – stets mit erheblichem Aufwand verbunden sein.[31] Wann der Aufwand für die Angebotsprüfung i.S.v. BöB/IVöB 40 Abs. 2 als erheblich gilt, muss sich nach objektiven Gesichtspunkten bestimmen. Hierbei ist im jeweiligen Einzelfall insb. die fachliche und technische Komplexität des Beschaffungsgegenstands sowie die erwartete (und die später tatsächliche) Anzahl der zu prüfenden und zu bewertenden Angebote ausschlaggebend. Für die Frage der Erheblichkeit unbeachtlich ist die ressourcenmässige Ausgangslage der Vergabestelle selbst. Die öffentliche Hand hat die Anwendung des öffentlichen Beschaffungsrechts gleichmässig sicherzustellen. Es wäre vor dem Gleichbehandlungsgrundsatz nicht ver-

---

27 Zum Ganzen (wenn auch bez. des selektiven Verfahrens) vgl. BRK vom 08.10.1998 (VPB 63.16), E. 4.
28 Wird bspw. bloss mit Blick auf die Angebotspräsentation ein Shortlisting durchgeführt, dürfte eine Anbieterin bei der Angebotserstellung andere Schwerpunkte setzen, als wenn gewisse Hauptkriterien für die Berücksichtigung in der Shortlist relevant sind.
29 Für die Shortlist zu berücksichtigende Anbieterinnen haben keinen Anspruch darauf, dass sie im Vergabeverfahren mit weniger Konkurrenz rechnen dürfen, als wenn das Instrument des Shortlistings nicht zum Einsatz käme; vgl. auch Botschaft BöB, S. 1955 f.
30 Botschaft BöB, S. 1955 f.
31 Immerhin ist bei einem Auftragsvolumen im offenen oder selektiven Verfahren mit einer gewissen Komplexität des Beschaffungsgegenstands oder mit einer grossen Menge an einzukaufenden Leistungen zu rechnen.

tretbar, wenn die Erheblichkeitsschwelle von Vergabestelle zu Vergabestelle unterschiedlich hoch wäre, bloss, weil diese über unterschiedliche Ressourcenlagen verfügen.[32]

Die Vergabestelle muss sich zu zwei Zeitpunkten mit der Frage der Erheblichkeit auseinandersetzen. Zunächst ist dies vor der Publikation der Ausschreibung notwendig, da sie zu diesem Zeitpunkt prognostizieren muss, ob voraussichtlich mit erheblichem Aufwand zu rechnen ist, damit sie gegebenenfalls eine Ankündigung in der Ausschreibung vornehmen kann. Sodann hat sie nach der Öffnung der Angebote zu prüfen, ob ihre Prognose soweit ersichtlich eingetroffen ist, und in der Folge abzuwägen, ob sie entweder auf das Shortlisting verzichtet und einem Mehr an Wettbewerb den Vorzug gibt oder ob verfahrensökonomische Interessen überwiegen und sie deshalb an der Verwendung des Shortlistings – gegebenenfalls in einer an die tatsächlichen Umstände angepassten Form – festhält.

B. Ablauf des Shortlistings

Sind die obengenannten Voraussetzungen erfüllt, so darf die Vergabestelle (a) alle Angebote einer ersten Angebotsprüfung unterziehen; (b) eine provisorische Rangliste auf Basis dieser ersten Prüfung erstellen; (c) von dieser Rangliste die angekündigte Anzahl der bestrangierten Angebote auswählen und (d) die umfassende Angebotsprüfung auf diese Angebote beschränken.[33]

Aus der Logik und dem Wortlaut von BöB/IVöB 40 Abs. 2 leitet sich ab, dass sich das Shortlisting sowohl auf die Prüfung als auch auf die Bewertung der Angebote bezieht und sich nicht bloss auf die Bewertung der Zuschlagskriterien beschränkt. Erfüllen Anbieterinnen bei der ersten Angebotsprüfung ein oder mehrere Muss-Kriterien nicht, so können sie für die Shortlist nicht berücksichtigt werden. Der Wortlaut von BöB/IVöB 40 Abs. 2 lässt in Bezug auf den Ablauf des Shortlistings offen, wann im Rahmen der Angebotsprüfung die provisorische Rangliste erstellt werden soll und darf. Ebenfalls lässt die Bestimmung offen, anhand welcher Vergabekriterien die provisorische Rangliste erstellt wird.

Mit Blick auf die Botschaft zum BöB bezieht sich das Shortlisting einerseits auf Fälle, in denen gewisse Vergabekriterien nach dem Unmittelbarkeitsprinzip und nicht bloss auf dem Papier geprüft und bewertet bzw. verifiziert werden sollen (Labor- und Feldtests, Ortsbegehungen, Vorführungen, Angebotspräsentationen etc.).[34] Andererseits soll im Sinn der Botschaft ein Shortlisting wohl auch die Möglichkeit eröffnen, den Kreis der zu prüfenden Angebote nach der provisorischen Bewertung der gewichtigsten Zuschlagskriterien auf jene zu minimieren, welche überhaupt noch für einen Zuschlag

---

32 Nebst dem dürfte es jeder Vergabestelle zuzumuten sein, auch bei einer komplexen Beschaffung die nötigen Personalressourcen und das fachliche Know-how vorab sicherzustellen.
33 Vgl. BöB/IVöB 40 Abs. 2.
34 Vgl. Botschaft BöB, S. 1955.

in Frage kommen (bspw. nach der Bewertung standardisierter Normpositionen im Hoch- oder Tiefbau).[35]

C. Problemfelder

1. Ausgangslage

24 Der Wortlaut von BöB/IVöB 40 Abs. 2 lässt der Vergabestelle beim Einsatz des Shortlistings grosse Spielräume. Die rechtmässige Ausfüllung dieser Spielräume kann jedoch mit einigen Schwierigkeiten verbunden sein. So sind beim Verwenden des Shortlistings die nachstehenden Problemfelder zu berücksichtigen, welche sich namentlich in Bezug auf die Anzahl der in die Shortlist aufzunehmenden Angebote und die Kriterien für die provisorische Rangliste eröffnen.

2. Anzahl Angebote

25 Kommt ein Shortlisting zur Anwendung, so können diejenigen Anbieterinnen, deren Angebot nach der ersten Angebotsprüfung nicht auf die Shortlist gesetzt wurde, prinzipiell in folgende drei Gruppen unterteilt werden. (1.) Anbieterinnen, welche keine rechnerischen Chancen gehabt hätten; (2.) solche, die zwar eine rechnerische, aber keine realistische Chance gehabt hätten; und (3.) solche, welche eine realistische Chance gehabt hätten, den Zuschlag zu erhalten.

26 Kardinaler Zweck des Vergabeverfahrens ist es, das vorteilhafteste Angebot zu ermitteln.[36] Ziel der Vergabestelle muss es mit Blick darauf zweifelsohne sein, dass sie alle Angebote in die Shortlist aufnimmt und im Detail prüft, welche nach der ersten Angebotsprüfung eine realistische Chance auf den Zuschlag haben.[37] Die Vergabestelle muss sich bewusst sein, dass bei mangelnder Sorgfalt das Risiko besteht, dass sie das Angebot, welches bei detaillierter Prüfung und Bewertung aller Angebote den Zuschlag objektiv gesehen hätte erhalten müssen, gar nie im Detail prüft und bewertet.[38] Sie muss sich deshalb nach der Erstellung der provisorischen Rangliste darüber versichern, dass die Shortlist alle Angebote umfasst, welche – soweit für sie ersichtlich – eine realistische Chance auf den Zuschlag haben.

27 Nach dem Wortlaut von BöB/IVöB 40 Abs. 2 wählt die Vergabestelle «nach Möglichkeit» die drei besten Angebote für ihre Shortlist aus. Will man diese Bestimmung nach

---

35 Vgl. Botschaft BöB, S. 1955.
36 Vgl. BöB/IVöB 41; GPA 2012 XV:5 Bst. a.
37 Haben in einem Vergabeverfahren ausserordentlich viele Angebote eine realistische Chance auf den Zuschlag, so hat die Vergabestelle freilich Zuschlagskriterien gewählt, welche keine ausreichende Filterfunktion zeitigen.
38 Verwendet die Vergabestelle für die Preisbewertung eine Formel, welche sich im Ausgangspunkt auf das billigste Angebot abstützt, so sollte dieses Angebot intern in der Shortlist vermerkt werden, um einer Falschbewertung des Preiskriteriums vorzubeugen.

dem oben Gesagten vergaberechtskonform auslegen, so kann das Shortlisting nach der hier vertretenen Auffassung nicht zulässig sein, wenn die Vergabestelle nur eine fixe, absolute Anzahl an Angeboten für die Shortlist zulässt, solange es darüber hinaus Angebote gibt, welche realistische Chancen auf den Zuschlag hätten.[39] Der angeführte Wortlaut von BöB/IVöB 40 Abs. 2 muss demnach so verstanden werden, dass die Vergabestelle zur Sicherstellung des Wettbewerbs darauf zu achten hat, wo immer möglich mindestens drei Anbieterinnen auf die Shortlist aufzunehmen.[40]

Hat eine für die Shortlist nicht berücksichtigte Anbieterin bloss rechnerische, nicht aber realistische Chancen auf den Zuschlag, so ist es demgegenüber ohne Weiteres zulässig, diese nicht auf die Shortlist aufzunehmen, solange auf dieser mindestens drei Anbieterinnen mit realistischen Chancen rangieren. Die Vergabestelle ist nicht gehalten, jede noch so entfernte Möglichkeit des Verfahrensausgangs bei der Erstellung der provisorischen Rangliste zu berücksichtigen – es muss vielmehr ausreichen, dass sie, nach sorgfältiger Erwägung der Umstände im Einzelfall, die Chancen der Anbieterinnen auf den Zuschlag abschätzt und die Shortlist auf diese Prognose stützt.[41] 28

3. Kriterien für die provisorische Rangliste

Damit die Vergabestelle die Gleichbehandlung und die Transparenz im Vergabeverfahren sicherstellen kann, sollte sie von vorneherein wissen, in welchem Rahmen sie das Shortlisting anwenden will. Es gibt dabei – soweit ersichtlich – zwei mögliche Varianten. 29

Unproblematisch erscheint die Variante, in welcher die Vergabestelle nur jene Anbieterinnen für gewisse, dem Unmittelbarkeitsprinzip folgende Verfahrensabschnitte (Labor- und Feldtests, Ortsbegehungen, Vorführungen, Angebotspräsentationen etc.) berücksichtigt, welche bei der Prüfung und Bewertung aller übrigen Kriterien eine realistische Chance auf den Zuschlag haben. Es werden also bei der Erstellung der provisorischen Rangliste alle Kriterien geprüft, welche zu diesem Zeitpunkt aufgrund der Aktenlage prüf- und bewertbar sind. Die Vergabestelle hat den Anbieterinnen den Ablauf des Verfahrens und das Vorgehen innerhalb der Verfahrensabschnitte in den Ausschreibungsunterlagen mitzuteilen.[42] 30

Problematischer erscheint hingegen die Variante, in der die Vergabestelle die provisorische Rangliste aufgrund der Vorprüfung gewisser Hauptkriterien erstellt und auf dieser 31

---

39 Vgl. BEYELER/JÄGER/SCHERLER/ZUFFEREY, Zuschlagskriterien 2018, Rz. 374 m.H. auf BVGer B-4387/2017 vom 08.02.2018; sowie sinngemäss BVGE 2018 IV/2, E. 7.3 f. Durch den der Bewertung vorgelagerten «harten Schnitt», der aus der Zulassung einer absoluten Anzahl an Anbieterinnen resultiert, kann eine «effektive Gewichtung» herbeigeführt werden, welche der gemäss den Ausschreibungsunterlagen massgeblichen Gewichtung nicht entspricht.
40 Vgl. bez. des selektiven Verfahrens schon BRK vom 08.10.1998 (VPB 63.16), E. 4.
41 Freilich kann es sinnvoll sein, dass die Vergabestelle den Anbieterinnen mit bloss rechnerischen Chancen ihre Prognose bekannt gibt und ihnen freistellt, am weiteren Verfahren teilzunehmen.
42 Vgl. BVGE 2018 IV/2, E 6.2.

Basis entscheidet, welche Angebote auf die Shortlist gelangen. Dies dürfte zulässig sein, wenn die Vergabestelle sich im Einzelfall sicher ist, dass die nicht berücksichtigten Angebote keine realistische Chance auf den Zuschlag hätten, wenn sie alle Kriterien prüfen und bewerten würde. Unzulässig wäre demgegenüber eine ausschliessliche Prüfung von starr im Voraus definierten Hauptkriterien zur Erstellung der Shortlist, wenn durch diese Bewertungsmethode eine «effektive Gewichtung» herbeigeführt wird, welche von der in den Ausschreibungsunterlagen bekannt gegebenen Gewichtung abweicht und diese somit untergräbt.[43]

4. Prognose

32 Der Entscheid der Vergabestelle, gewisse Anbieterinnen auf die Shortlist zu nehmen, muss auf der verlässlichen Prognose beruhen, dass ebendiese eine realistische Chance auf den Zuschlag haben. Eine solche Prognose ist nur möglich, wenn die Entwicklungen zwischen der provisorischen und definitiven Rangliste in ausreichendem Mass abschätzbar sind. Es gibt, soweit ersichtlich, zwei Konstellationen, in denen eine solche Prognose unmöglich ist, nämlich bei der Durchführung eines Dialogverfahrens (BöB/IVöB 24) oder von Vertragsverhandlungen.

33 Dem Dialogverfahren ist immanent, dass die Vergabestelle noch nicht genau weiss, wie die technischen Details und Varianten des Beschaffungsgegenstands aussehen könnten. In der Folge weiss sie auch noch nicht, welche Kriterien letztlich für den Zuschlag ausschlaggebend sein werden. Bei einer solchen Ausgangslage ist eine Prognose gar nicht möglich. Ein Shortlisting vor der Durchführung des Dialogverfahrens ist entsprechend unzulässig. Aus den gleichen Überlegungen ist es unzulässig, wenn die Vergabestelle nur Vertragsverhandlungen mit denjenigen Anbieterinnen führt, welche sie zuvor auf eine Shortlist gesetzt hat.[44]

34 In beiden der aufgezeigten Fälle kann die Vergabestelle bei der Erstellung der Shortlist keinen sachlich begründeten Entscheid fällen, da sie selbst die ausschlaggebenden Bedingungen für die Zuschlagserteilung nicht kennt. In der Konsequenz muss sie diese Bedingungen mit allen Anbieterinnen gemeinsam konkretisieren bzw. verhandeln, bevor sie das Shortlisting anwenden darf.[45]

---

[43] Vgl. BVGer B-4387/2017 vom 08.02.2018, E 7.4 sowie N 27.
[44] Vgl. zum Ganzen BEYELER, Geltungsanspruch, Fn. 1992 e.c.; FRÖHLICH-BLEULER, Rz. 37 mit Verweis auf GALLI/MOSER/LANG/STEINER, Rz. 701.
[45] Notabene steht es der Vergabestelle frei, den Dialog und die Verhandlung nur mit den am besten geeigneten Anbieterinnen zu führen, indem sie ein selektives Verfahren durchführt.

D. Kombination

Das Shortlisting gemäss BöB/IVöB 40 Abs. 2 kann formell von der Beurteilung der (Mehr-)Eignung der Anbieterinnen im Rahmen der Präqualifikation im selektiven Verfahren unterschieden werden. Freilich haben aber beide Instrumente denselben materiellen Zweck, nämlich, die Anzahl der tatsächlich zu prüfenden und zu bewertenden Angebote und damit den Aufwand der Vergabestelle zu minimieren.[46]

Die Kombination von selektivem Verfahren und Shortlisting erscheint grundsätzlich zulässig. Allerdings ist vorstellbar, dass die Präqualifikation die Anzahl der zu prüfenden Angebote bereits in dem Mass einschränkt, dass die Vergabestelle für die weitere Prüfung und Bewertung der Angebote nicht mehr von einem ausreichend erheblichen Aufwand ausgehen darf, welcher ein Shortlisting rechtfertigen würde. Auch ein mehrmaliges Shortlisting ist denkbar, bspw. wenn gewisse Verfahrensschritte in einem festgelegten Programm nacheinander durchgeführt werden (zuerst Angebotspräsentation mit sechs Anbieterinnen, dann Feldtests mit drei Anbieterinnen etc.).

E. Rechtsschutz

Der Entscheid über die Nichtberücksichtigung einer Anbieterin für die Shortlist wird auf der Liste der Beschwerdeobjekte von BöB/IVöB 53 Abs. 1 nicht aufgeführt. Der Rechtsschutz gegen diesen Entscheid bleibt somit gemäss BöB/IVöB 53 Abs. 5 versagt, sodass damit verbundene materielle Rügen regelmässig erst mit Anfechtung der Zuschlagsverfügung oder gegebenenfalls einer separaten Ausschlussverfügung vorgebracht werden können. Immerhin hält die Botschaft zum BöB fest, dass der Entscheid den nicht berücksichtigten Anbieterinnen im Sinne des Transparenzgebots mitzuteilen sei.[47]

F. Rechtsvergleichung

GPA 2012 IX:5 sieht eine Begrenzung von Anbieterinnen bzw. von Angeboten nur für das selektive Verfahren ausdrücklich vor. Die angeführte Bestimmung dürfte zwar auf die Beschränkung von Anbieterinnen aufgrund ihrer (Mehr-)Eignung ausgelegt sein, erwähnt aber in ihrem Wortlaut nicht spezifisch, welche Kriterien als Selektionskriterien zulässig sind.[48] In GPA 2012 VII:2 Bst. k wird festgehalten, dass der Hinweis auf die Be-

---

46 Vgl. Botschaft BöB, S. 1955 und 1924. Der Kreis der Anbieterinnen, welcher nach der Präqualifikation bei selektiven Verfahren im Vergabeverfahren verbleiben, wird in der Literatur verschiedentlich auch als «*Shortlist*» bezeichnet; vgl. bspw. JÄGER, Beschaffungsrecht, Rz. 93.
47 Vgl. Botschaft BöB, S. 1955.
48 Immerhin dürfen diese den Grundsatz der Sicherstellung eines funktionierenden internationalen Wettbewerbs und das Gleichbehandlungsgebot nicht verletzen. In Bezug auf die Teilnahme muss die Vergabestelle ihre Bedingungen explizit auf wesentliche Bedingungen beschränken; vgl. GPA 2012 VIII:1.

schränkung der Anbieterinnen in der Ausschreibung des öffentlichen Auftrags enthalten sein muss.

39 Umfangreicher gestalten sich die einschlägigen Regelungen im EU-Recht. Hier finden sich in RL 2014/24/EU 65 und 66 entsprechende Regelungen, welche die Reduktion von Anbieterinnen, bzw. Angeboten im Rahmen des nichtoffenen Verfahrens (RL 2014/24/EU 28), des Verhandlungsverfahrens (RL 2014/24/EU 29), des wettbewerblichen Dialogverfahrens (RL 2014/24/EU 30) und der Innovationspartnerschaften (RL 2014/24/EU 31) ausdrücklich – aber in einem abgesteckten Rahmen – zulassen.

Art. 41 Zuschlag

Das vorteilhafteste Angebot erhält den Zuschlag.

Inhaltsverzeichnis

I.	Grundlagen	1
A.	Die Vorgabe von GPA 2012 XV:5	2
B.	Zur Entstehungsgeschichte	3
C.	Zur Zweistufentheorie	7
II.	Zur Regelung	9
A.	Der Zuschlag	10
B.	Das vorteilhafteste Angebot	14
III.	Rechtsvergleichung	20

I. Grundlagen

BöB/IVöB 41 kann unter verschiedenen Aspekten als zentrale Bestimmung des schweizerischen Beschaffungsrechts herangezogen werden: Einerseits setzt er den «kardinalen Grundsatz des Staatsvertragsrechts»[1] um, dass der Vertrag mit jener Anbieterin abgeschlossen werden soll, deren Angebot als «*most advantageous*» zu qualifizieren ist (GPA XV:5 Bst. a). Andererseits gewann BöB/IVöB 41 auch im Rahmen der parlamentarischen Beratungen eine gewisse Symbolkraft, um dem angestrebten «Paradigmenwechsel vom Preis- zum Qualitätswettbewerb» äusseren Ausdruck zu verleihen. Schliesslich kennzeichnet er in rechtsdogmatischer Hinsicht den Abschluss des öffentlich-rechtlichen Aspekts des Vergabeverfahrens und öffnet die Tür zum privatrechtlichen Vertragsabschluss. In diesem Sinne bildet er zusammen mit BöB/IVöB 42 Ausdruck des auf der sog. Zweistufentheorie basierenden Konzepts des schweizerischen Beschaffungsrechts. Im Einzelnen:

A. Die Vorgabe von GPA 2012 XV:5

Gemäss GPA 2012 XV:5 soll die Vergabestelle im Rahmen eines Beschaffungsverfahrens den Vertrag mit jener Anbieterin abschliessen, deren Angebot sich nach Massgabe der

---

[1] Botschaft BöB, S. 1956; Musterbotschaft IVöB, S. 80.

anwendbaren Zuschlagskriterien als «*most advantageous*» erweist.[2] Auf dieser Begrifflichkeit basierte bereits das GPA 1994.[3]

B. Zur Entstehungsgeschichte

3 Die Umsetzung dieser staatsvertraglichen Vorgaben fand sich bislang in aBöB 21 Abs. 1 und in aIVöB 13 Bst. f. Beide Erlasse verlangten, dass das «wirtschaftlich günstigste Angebot» den Zuschlag erhalten sollte. In den französisch- und italienischsprachigen Erlassen war von der «*offre la plus avantageuse économiquement*» resp. von der «*offerta più favorevole dal profilo economico*» die Rede.

4 In Fortschreibung dieser Terminologie sprach der VE-BöB in dieser Frage weiterhin vom «wirtschaftlich günstigsten Angebot» und übernahm auch in den weiteren Landessprachen die Begrifflichkeit der bestehenden Erlasse. In der Vernehmlassung wurde verschiedentlich gefordert, für die Zuschlagserteilung neu auf das «vorteilhafteste Angebot» abzustellen; der Bundesrat lehnte dies für seinen Entwurf indessen ab, weil sich das «wirtschaftlich günstigste Angebot» in der deutschsprachigen Schweiz auf allen föderalen Stufen eingebürgert habe, was zudem im Einklang mit der Terminologie in den EU-RL stehe.[4]

5 Das Parlament nahm in der Folge dieses Anliegen indessen wieder auf. Der Nationalrat schwenkte als Erstrat auf das «vorteilhafteste Angebot» um. Dieser Formulierung schloss sich am Ende auch der Ständerat an. In der französisch- und der italienischsprachigen Fassung wurden die im bundesrätlichen Entwurf vorgesehenen Erweiterungen «*économiquement*» resp. «*dal profilo economico*» gestrichen. Im Rahmen der parlamentarischen Beratungen betonte im Rahmen dieser Diskussionen Bundesrat Maurer den «Paradigmenwechsel» vom Preis- zum Qualitätswettbewerb: «Mit der Formulierung, die wir jetzt gewählt haben, auch mit diesem geänderten Begriff, bestätigen und unterstreichen wir, dass wir einen Paradigmenwechsel vornehmen.»[5]

6 Mit der Neuformulierung von BöB/IVöB 41 wurde auch der im bundesrätlichen Entwurf vorgesehene Abs. 2 (Möglichkeit des Zuschlags ausschliesslich nach dem Kriterium des niedrigsten Preises bei standardisierten Leistungen) gestrichen. Diese Bestimmung wurde als neuer Abs. 4 in BöB/IVöB 29 überführt; allerdings wurde sie dabei im

---

[2] Wörtlich lautet GPA 2012 XV:5: «*Unless a procuring entity determines that it is not in the public interest to award a contract, the entity shall award the contract to the supplier that the entity has determined to be capable of fulfilling the terms of the contract and that, based solely on the evaluation criteria specified in the notices and tender documentation, has submitted:*
 a. *the most advantageous tender; or*
 b. *where price is the sole criterion, the lowest price.*»

[3] GPA 1994 XIII:4 Bst. b.

[4] Botschaft BöB, S. 1956.

[5] Votum Bundesrat Ueli Maurer (AB 2019 SR 416, S. 418 f.).

Bundesrecht, nicht jedoch im Konkordat,[6] ergänzt mit der zusätzlichen Voraussetzung, dass aufgrund der technischen Spezifikation der Leistung hohe Anforderungen an die Nachhaltigkeit in sozialer, ökologischer und wirtschaftlicher Hinsicht gewährleistet sein müssen (vgl. Art. 29 N 34).

C. Zur Zweistufentheorie

Konzeptionell ist das schweizerische Vergaberecht durch zwei Phasen geprägt: In der ersten Phase wird in einem öffentlich-rechtlich fundierten Verfahren das Angebot bestimmt, für welches das grundsätzliche Abschlussverbot mit Bezug auf Verträge betreffend öffentliche Aufträge beseitigt wird. Formell geschieht dies durch den sog. Zuschlag. In der zweiten Phase kann die Auftraggeberin mit der Zuschlagsempfängerin den Vertrag abschliessen. Die Revision wollte an diesem zweiphasigen Konzept nichts ändern: Der Zuschlag gemäss BöB/IVöB 41 beseitigt das grundsätzliche Abschlussverbot und ermöglicht es der Auftraggeberin, mit der Anbieterin, die das «vorteilhafteste» Angebot eingereicht hat, den Vertrag abzuschliessen (BöB/IVöB 42). 7

Bundesgericht und ein Teil der Lehre sehen in diesem (fortgeführten) Konzept die Umsetzung der verwaltungsrechtlichen Zweistufentheorie.[7] Kritisiert wird dieses Verständnis namentlich von Beyeler.[8] Seines Erachtens wird die Zweistufentheorie dem Umstand nicht gerecht, dass der Lebenssachverhalt «öffentliches Vergabeverfahren» nicht ausschliesslich durch das öffentliche Vergaberecht geregelt wird. Mit der von ihm entwickelten Zweischichtentheorie lehnt er insb. das Verständnis einer strikten zeitlichen Aufspaltung der Anwendungsbereiche des Vergabe- und des Vertragsrechts ab. Vielmehr geht er davon aus, dass das Vertragsrecht schon auf die Vergabephase Anwendung findet und das öffentliche Vergaberecht seine Geltung weder mit dem Zuschlag noch mit dem Eintritt von dessen Rechtskraft oder dessen tatsächlicher Umsetzung durch den Vertragsabschluss aufgibt oder auch nur zurückstellt. BöB/IVöB bleiben wie erwähnt beim zweiphasigen Konzept, verzichten aber richtigerweise darauf, zur rechtsdogmatischen Kontroverse betreffend Zweistufen-/Zweischichtentheorie Stellung zu beziehen, und überlassen die Klärung der daraus resultierenden Fragen Lehre und Rechtsprechung. 8

II. Zur Regelung

Auf die zentrale Frage, mit wem die Auftraggeberin bei einer öffentlichen Beschaffung einen Vertrag abschliessen darf, geben BöB/IVöB 41 unter der Marginalie «Zuschlag» eine kurze und prägnante Antwort: «Das vorteilhafteste Angebot erhält den Zuschlag.» 9

---

6   Vgl. dazu Musterbotschaft IVöB, S. 70 f.
7   BGE 134 II 297, E. 2.1; Locher, S. 95 f. Allgemein zur Zweistufentheorie: Häfelin/Müller/Uhlmann, Rz. 1394 ff.
8   Beyeler, Geltungsanspruch, Rz. 2407 ff.

6. Kapitel: Ablauf des Vergabeverfahrens

A. Der Zuschlag

10 Seinem Zweck nach verbietet das öffentliche Vergaberecht den ihm unterworfenen Auftraggeberinnen Vertragsabschlüsse betreffend öffentliche Aufträge i.S.v. BöB/IVöB 8 und 9. Die Beseitigung dieses öffentlich-rechtlichen Abschlussverbots setzt eine vergaberechtliche Abschlusserlaubnis voraus, welche das Verbot fallweise und ganz spezifisch durchbricht und einen inhaltlich genau bestimmten Geschäftsabschluss mit einer bestimmten Partnerin definiert und in diesem Rahmen ab einem bestimmten Zeitpunkt vergaberechtskonform ermöglicht.[9]

11 In formeller Hinsicht erfolgt die Erteilung dieser vergaberechtlichen Abschlusserlaubnis durch den Zuschlag. Er bildet gleichsam die öffentlich-rechtliche Vorstufe zum (in der Regel privatrechtlichen) Vertragsabschluss.[10] Der Zuschlag gilt dabei *ex lege* als anfechtbare Verfügung (BöB/IVöB 53 Abs. 1 Bst. e) und schliesst damit unter Vorbehalt eines Rechtsmittelverfahrens vorerst[11] das öffentlich-rechtliche Vergabeverfahren ab.

12 Inhaltlich wird die Auftraggeberin durch den Zuschlag ermächtigt (aber nicht verpflichtet), gemäss BöB/IVöB 42 den durch das vorangegangene Vergabeverfahren definierten Vertrag zu finalisieren und abzuschliessen.[12] Eine Kontrahierungspflicht der Auftraggeberin besteht indessen nicht.[13]

13 Bez. der rechtlichen Qualifikation der Angebote (und damit indirekt auch des Zuschlags) hatte das Bundesgericht zeitweilig für Verwirrung gesorgt, indem es in einem zu Recht harsch kritisierten Entscheid den von den Anbieterinnen eingereichten Angeboten im Rahmen eines Vergabeverfahrens die Eigenschaft als Offerten zum Vertragsabschluss i.S.v. OR 3 ff. absprach.[14] Mittlerweile hat es aber diesen Ausrutscher wieder korrigiert und ausdrücklich festgehalten, dass ein Angebot im Rahmen eines Vergabeverfahrens «eine verbindliche Vertragsofferte darstellt und sich der Anbieter damit – sofern der Vertrag zustande kommt – verpflichtet, die verlangte Leistung zu erbringen».[15]

---

9 BEYELER, Geltungsanspruch, Rz. 2428 ff.
10 Komm BöB-TRÜEB, Art. 21 N 1.
11 Neben der Möglichkeit eines Abbruchs des Vergabeverfahrens nach erfolgtem Zuschlag (BöB/IVöB 43) und des Widerrufs des Zuschlags (BöB/IVöB 44) kann das öffentliche Vergaberecht zumindest gemäss der Zweischichtentheorie auch nach dem Vertragsabschluss ganz allgemein noch Geltung beanspruchen, vgl. BEYELER, Geltungsanspruch, Rz. 2612 ff., 2649 ff., 2900 ff. und 2916 ff.
12 Komm BöB-TRÜEB, Art. 21 N 1.
13 BGE 129 I 410, E. 3.4.
14 BGE 134 II 297, E. 4.2.
15 BGE 141 II 14, E. 10.3.

B. Das vorteilhafteste Angebot

Die Bewertung der Angebote ist in ihrem Kern kein juristischer Vorgang. BöB/IVöB wollen diesen Wertungsprozess jedoch durch inhaltliche und verfahrensleitende Vorgaben rationalisieren mit dem Ziel, das vorteilhafteste Angebot zu ermitteln. Auf diese Weise stellt BöB/IVöB 41 neben einem haushälterischen Umgang mit öffentlichen Mitteln sicher, dass die Vergabe nicht nach wettbewerbsverzerrenden Kriterien erfolgt und ruft im spezifisch beschaffungsrechtlichen Kontext nach einem wettbewerbsneutralen Verhalten der Vergabestelle.[16]

14

Die Verwendung des Superlativs «vorteilhaftest» in BöB/IVöB 41 ist Ausdruck eines Optimierungsgebots («*best value for money*»). Er kennzeichnet für sich genommen jedoch nur das Ziel des Vergabeverfahrens und bedarf weiterer Konkretisierung. Die Auftraggeberin muss festlegen, welche Gesichtspunkte für die konkrete Beschaffung den aus ihrer Sicht «*best value for money*» resp. ein optimales Preis-Leistungs-Verhältnis gewährleisten. Das geschieht durch die Vorabfestlegung der technischen Spezifikationen und der Zuschlagskriterien und deren Gewichtung im Rahmen der Ausschreibung (BöB/IVöB 29 Abs. 3 und BöB/IVöB 30), bei der Qualität und Preis einer Leistung sowie je nach Leistungsgegenstand weitere gleichwertige Kriterien berücksichtigt werden. Die Berücksichtigung von Sekundärzielen (wie Förderung von Innovationen, soziale Eingliederung, Ausbildungsplätze in der beruflichen Grundbildung) darf nicht in einer Diskriminierung oder einer ungerechtfertigten Verweigerung des Marktzutritts resultieren.[17]

15

Das «vorteilhafteste» Angebot i.S.v. BöB/IVöB 41 ist jenes, welches die (gewichteten) Zuschlagskriterien am besten erfüllt.[18]

16

Für die Ermittlung des vorteilhaftesten Angebots sind mehrere Prüfungsschritte zu absolvieren: Zunächst muss die Vergleichbarkeit der Angebote sichergestellt werden. Dazu dient die Prüfung, ob die eingegangenen Angebote die Formerfordernisse einhalten (BöB/IVöB 38 Abs. 1) und kein Ausschlussgrund i.S.v. BöB/IVöB 44 vorliegt. Sodann muss die Auftraggeberin prüfen, ob die Eignungskriterien und die technischen Spezifikationen erfüllt sind (BöB/IVöB 40 Abs. 1 Halbsatz 1). Bei diesen Prüfungsschritten wird ermittelt, ob ein Angebot im Vergabeverfahren berücksichtigt werden kann oder nicht (Ja/Nein-Entscheidung). Zur besseren Vergleichbarkeit kann auch eine Bereinigung der Angebote erfolgen (BöB/IVöB 39). Die verbleibenden (allenfalls bereinigten) Angebote werden dann einer vergleichenden Bewertung unterzogen und nach Massgabe der Zuschlagskriterien objektiv, einheitlich und nachvollziehbar geprüft und bewertet (BöB/IVöB 40 Abs. 1 Halbsatz 2).

17

---

16 BGE 143 II 425, E. 4.4.2.
17 Botschaft BöB, S. 1956; Musterbotschaft IVöB, S. 81.
18 Botschaft BöB, S. 1956; dies ist jedoch nicht gleichzusetzen mit einem Rechtsanspruch auf Vertragsabschluss. Ein Kontrahierungszwang zulasten der Auftraggeberin besteht nicht.

18 Die Anbieterin des vorteilhaftesten Angebots hat einen Rechtsanspruch auf den Zuschlag; wie erwähnt hat dieser Anspruch jedoch keinen Kontrahierungszwang zulasten der Auftraggeberin zur Folge (N 16).

19 Die Verpflichtung, das vorteilhafteste Angebot im letzten Prüfungsschritt anhand der Zuschlagskriterien zu ermitteln, erhellt auch, dass der im Rahmen der parlamentarischen Beratungen vollzogene Austausch des «wirtschaftlich günstigsten» durch das «vorteilhafteste» Angebot primär semantischen Charakter aufweist. Bereits unter den Vorgängererlassen konnten die Auftraggeberinnen in gewissem Umfang dem Qualitäts- gegenüber dem Preiswettbewerb Vorrang einräumen.[19] Damals wie heute konnte und kann der vielzitierte Paradigmenwechsel vom Preis- zum Qualitätswettbewerb nur durch eine entsprechende Definition und Gewichtung der Zuschlagskriterien und der technischen Spezifikationen vollzogen werden. Die revidierten Erlasse und dabei namentlich BöB/IVöB 29 zeigen, dass der Gesetzgeber diesen Paradigmenwechsel ermöglichen will; letztlich entscheiden aber die Vergabestellen im Rahmen der Ausschreibung über dessen Umsetzung. Keinesfalls darf die Entstehungsgeschichte die Vergabestellen dazu verleiten, im Rahmen der Zuschlagserteilung ein Angebot unter Berufung auf den angestrebten Qualitätswettbewerb zum vorteilhaftesten zu erklären, das bei der Bewertung der Angebote gemäss BöB/IVöB 29 nicht obsiegt hatte. An der sorgfältigen Definition und Gewichtung der Zuschlagskriterien führt kein Weg vorbei.

III. Rechtsvergleichung

20 Gemäss RL 2014/24/EU 67 Abs. 1 erteilen die öffentlichen Auftraggeberinnen «den Zuschlag auf der Grundlage des wirtschaftlich günstigsten Angebots». Neben der terminologischen Differenz («wirtschaftlich günstigstes» versus «vorteilhaftestes» Angebot) unterscheidet sich RL 2014/24/EU 67 von BöB/IVöB 41 namentlich dadurch, dass RL 2014/24/EU 67 in den nachfolgenden Abs. 2–5 detailliert vorgibt, wie das wirtschaftlich günstigste Angebot zu bestimmen ist.

21 Trotz dieser auf den ersten Blick deutlichen Abweichung erweist sich BöB/IVöB 41 inhaltlich ohne Weiteres als kompatibel mit RL 2014/24/EU 67. Den Zuschlag soll jenes Angebot erhalten, bei dem ein strukturierter Prüfungs- und Bewertungsprozess ergibt, dass es die Zuschlagskriterien am besten erfüllt.

---

19 Vgl. etwa STEINER, Nachhaltige öffentliche Beschaffung, S. 166 f.

Art. 42 Vertragsabschluss

¹ Bei Aufträgen ausserhalb des Staatsvertragsbereichs darf ein Vertrag mit der berücksichtigten Anbieterin nach erfolgtem Zuschlag abgeschlossen werden.

²/¹ Bei Aufträgen im Staatsvertragsbereich darf ein / *Der* **Vertrag mit der berücksichtigten Anbieterin /** *dem berücksichtigten Anbieter darf* **nach Ablauf der Frist für die Beschwerde gegen den Zuschlag abgeschlossen werden, es sei denn, das Bundesverwaltungsgericht /** *kantonale Verwaltungsgericht* **habe einer Beschwerde gegen den Zuschlag aufschiebende Wirkung erteilt.**

³/² **Ist bei Aufträgen im Staatsvertragsbereich ein Beschwerdeverfahren gegen den Zuschlag hängig, ohne dass die aufschiebende Wirkung verlangt oder gewährt wurde, so teilt die Auftraggeberin /** *der Auftraggeber* **den Vertragsabschluss umgehend dem Gericht mit.**

Inhaltsverzeichnis

I.	Grundlagen	1
II.	Allgemeine Vorbemerkungen zu BöB/IVöB 42	5
A.	Der Vertragsabschluss im Vergaberecht im Allgemeinen	5
B.	Die vergabe(verfahrens)rechtliche Sonderregelung des Standstill	8
C.	Zum Akzept der Auftraggeberin im Besonderen	14
	1. Rechtliche Qualifikation	14
	2. Formvorschriften betreffend das Akzept der Auftraggeberin	20
	3. Vertragsverhandlungen	22
III.	Rechtsfolgen des rechtswidrig «abgeschlossenen» Vertrags	24
A.	Stellvertretungsrechtlicher Lösungsansatz	26
B.	Weitere Lösungsansätze	34
	1. Ungültigkeit *sui generis*	35
	2. Nichtigkeit	36
	3. Vergaberechtliche Passivität	37
	4. Richterliche Anweisungen	38
IV.	BöB Abs. 1: Unmittelbarer Vertragsabschluss	39
V.	BöB Abs. 2/IVöB Abs. 1: Wartefrist	40
VI.	BöB Abs. 3/IVöB Abs. 2: Vertragsabschluss *lite pendente*	41
VII.	Rechtsvergleichung	42

6. Kapitel: Ablauf des Vergabeverfahrens

I. Grundlagen

1   BöB/IVöB 42 markiert den Übergang vom öffentlich-rechtlich geprägten Vergabeverfahren zur (zumeist privatrechtlich geregelten) Vertragsphase (vgl. Art. 41 N 7 ff.): Der Zuschlag gemäss BöB/IVöB 41 beseitigt für ein bestimmtes Rechtsgeschäft das grundsätzliche Abschlussverbot, dem die öffentliche Hand betreffend Verträge im Zusammenhang mit öffentlichen Aufträgen unterliegt, und BöB/IVöB 42 regelt, wann und – zumindest implizit – in welcher Form und mit welchem Inhalt der entsprechende Vertrag abgeschlossen werden darf. Der Vertragsabschluss hat ausserdem weithin verfahrensrechtliche Auswirkungen, zieht doch BöB/IVöB 42 aus verfahrensrechtlicher Sicht für viele Beschaffungen betreffend Zuschlag die Grenze zwischen dem Primär- und dem Sekundärrechtsschutz, weil nach erfolgtem Vertragsabschluss in der Regel nur noch festgestellt werden kann, inwiefern dieser das anwendbare Recht verletzt (vgl. zur Unterscheidung von Primär- und Sekundärrechtsschutz Art. 58 N 1 ff.).

2   Gemäss BöB/IVöB 42 ist der Vertrag «mit der berücksichtigten Anbieterin» zu schliessen. Im Zusammenspiel mit BöB/IVöB 41 wird damit die Vorgabe von GPA 2012 XV:5 bekräftigt, dass die Auftraggeberin den Vertrag im Rahmen eines Beschaffungsverfahrens mit jener Anbieterin abschliessen muss, deren Angebot sich nach Massgabe der anwendbaren Zuschlagskriterien als *most advantageous* erweist. Gleichzeitig will der in BöB/IVöB 42 vorgesehene Standstill verhindern, dass im Ergebnis die Auftraggeberinnen darüber entscheiden können, ob einer Anbieterin Primär- oder nur Sekundärrechtsschutz gewährt wird, was für den von GPA 2012 XVIII geforderten wirksamen Rechtsschutz zentral ist.

3   BöB 42 unterscheidet zwischen Beschaffungen innerhalb und ausserhalb des Staatsvertragsbereichs,[1] während IVöB 42 auf diese Differenzierung verzichtet und den Vertragsabschluss in seinem Geltungsbereich ausnahmslos den gleichen Bestimmungen unterstellt. Innerhalb des Staatsvertragsbereichs sind die Regelungen im BöB und im IVöB *mutatis mutandis* identisch. Diese Abweichung zwischen den beiden Erlassen hat ihren Ursprung darin, dass das BöB für Beschaffungen ausserhalb des Staatsvertragsbereichs nur noch Sekundärrechtsschutz vorsieht. Hier hat der Bundesgesetzgeber den Pfad der Harmonisierung bewusst verlassen, obwohl er den Kantonen und Gemeinden in BGBM 9 den vollen Primärrechtsschutz ab dem Schwellenwert des Einladungsverfahrens vorschreibt. Diese «Disharmonie» ist zu bedauern, mehr noch aber die Beschränkung des Rechtsschutzes auf Bundesebene, welche die Rechtsweggarantie gemäss BV 29a zumindest ritzt[2] und damit Georg Müllers Diktum von den «Reservaten staatlicher Willkür»[3] einen Hauch neuen Lebens zuführt.

---

1   Zur Unterscheidung von Staatsvertrags- und Nicht-Staatsvertragsbereich vgl. Art. 3 N 14 ff.
2   Ebenfalls kritisch: Galli/Moser/Lang/Steiner, Rz. 1206 m.w.H.; Beyeler, Harmonie, S. 150.
3   Müller, Willkür, S. 109 ff.

Bereits die Vorgängererlasse kannten mit aBöB 22 resp. aIVöB 14 Bestimmungen zum 4
Vertragsschluss, die mit BöB/IVöB 42 weitgehend deckungsgleich waren. Der VE-BöB
übernahm – von sprachlichen Nuancen abgesehen – den Wortlaut von aIVöB 14
(VE-BöB 44). Für den Geltungsbereich des BöB wollte der Vorentwurf neu ausdrücklich
die Praxis des Bundesverwaltungsgerichts kodifizieren, dass vor Vertragsschluss der Ablauf der Beschwerdefrist für Rechtsmittel gegen den Zuschlag abzuwarten sei.[4] Der
VE-BöB sah überdies bei den Bestimmungen zur aufschiebenden Wirkung eine Regelung des Standstill vor.[5] Obwohl die im VE-BöB vorgesehene Ausweitung des Rechtsschutzes auf Bundesebene mehrheitlich begrüsst wurde, machte der E-BöB in dieser
Hinsicht einen Schritt zurück und gewährte für Bundesbeschaffungen ausserhalb des
Staatsvertragsbereichs ausschliesslich Sekundärrechtsschutz (E-BöB 52 Abs. 2) – primär aus Beschleunigungsüberlegungen und mit Blick auf die erhöhten Sparvorgaben
des Parlaments.[6] Als Konsequenz dieses eingeschränkten Rechtsschutzes fügte der Bundesgesetzgeber bei der Regelung zum Vertragsschluss einen neuen Abs. 1 ein, der bei
Beschaffungen ausserhalb des Staatsvertragsbereichs den Vertragsabschluss unmittelbar nach ergangenem Zuschlag zulässt (E-BöB 42 Abs. 1). Die zusätzliche Standstill-Regelung gemäss VE-BöB 56 Abs. 2 wurde gestrichen. Die parlamentarischen Beratungen
führten in der Folge zu keinen Änderungen des Wortlauts von BöB 42.

II. Allgemeine Vorbemerkungen zu BöB/IVöB 42

A. Der Vertragsabschluss im Vergaberecht im Allgemeinen

BöB/IVöB 42 sprechen abstrakt von «Vertragsabschluss» und greifen damit die Termi- 5
nologie des OR auf, das seine ersten zehn Artikel dem «Abschluss des Vertrags» widmet.
Diese Bestimmungen gelten sinngemäss auch, falls der Vertrag öffentlich-rechtlich ausgestaltet ist.[7] Vertragsabschluss meint somit zunächst den Austausch übereinstimmender gegenseitiger Willensäusserungen der Parteien (OR 1 Abs. 1).

Im Rahmen von öffentlichen Beschaffungen lassen sich folglich – idealtypisch – drei 6
Schritte zur Perfektionierung des Vertragsabschlusses unterscheiden:

- Offerte der Anbieterin: Das Bundesgericht qualifiziert Angebote in Beschaffungsverfahren als «verbindliche Vertragsofferten».[8] Als solche müssen sie den gesamten
  objektiv und subjektiv wesentlichen Inhalt des abzuschliessenden Vertrags umschreiben.[9] Die Vollständigkeit der Offerte mit Bezug auf die Hauptpunkte des Ver-

---

4   Erläuternder Bericht VE-BöB, S. 35.
5   VE-BöB 56 Abs. 2.
6   Botschaft BöB, S. 1974.
7   HÄFELIN/MÜLLER/UHLMANN, Rz. 1342.
8   BGE 141 II 14, E. 10.3; vgl. auch BRAHIER, Contrat, Rz. 16 ff.
9   BK OR-MÜLLER, Art. 3 N 21 ff.

trags ist vergaberechtlich zwingend.[10] Die Angebote unterliegen grundsätzlich dem Schriftlichkeitserfordernis (BöB/IVöB 34 Abs. 1).

- Zuschlag: Mit dem Zuschlag wird das öffentlich-rechtliche Abschlussverbot der Auftraggeberin mit Bezug auf die vorteilhafteste Offerte beseitigt, und die Auftraggeberin wird ermächtigt, diese Offerte anzunehmen (vgl. Art. 8 N 10 ff.).

- Akzept der Auftraggeberin: Mit dem Akzept erklärt die Auftraggeberin die Annahme der Offerte und perfektioniert damit den Austausch übereinstimmender gegenseitiger Willensäusserungen der Parteien i.S.v. OR 1 Abs. 1. Aus Sicht des allgemeinen Vertragsrechts handelt es sich beim Akzept um die der Offerte zeitlich nachfolgende zweite Willensäusserung. Sie bringt den Abschlusswillen (Rechtsfolgewillen) zum Ausdruck und muss inhaltlich in Bezug auf die objektiv und subjektiv wesentlichen Vertragspunkte mit der Offerte übereinstimmen.[11]

7 Mit Blick auf die weitreichenden Auswirkungen, die der Vertragsabschluss i.S.v. BöB/IVöB 42 auf den Rechtsschutz hat (Wechsel vom Primär- in den Senkundärrechtsschutz), reicht indessen nach der hier vertretenen Auffassung anders als im OR das Akzept der Auftraggeberin nicht aus für einen Vertragsabschluss im vergaberechtlichen Sinn. Dafür muss als zusätzliche Voraussetzung der im Sinne des OR abgeschlossene Vertrag allseitig bindend sein; namentlich darf kein Schwebezustand i.S.v. OR 33 resp. der «Ungültigkeit *sui generis*» bestehen.[12]

B. Die vergabe(verfahrens)rechtliche Sonderregelung des Standstill

8 BöB/IVöB 42 regeln den Übergang vom zweiten zum dritten Schritt (Zuschlag/Akzept); konkret beantworten sie die Frage, wann und wie die öffentliche Auftraggeberin nach erfolgtem Zuschlag den Vertrag mit der auserkorenen Anbieterin abschliessen darf. BöB/IVöB 42 sind inhaltlich daher zunächst und vor allem verwaltungsverfahrensrechtliche Bestimmungen:

---

10 Der Zuschlag bezieht sich auf die Offerte der Anbieterin und muss es der Auftraggeberin nach dem System des Vergaberechts ermöglichen, mittels schlichten Akzepts den Beschaffungsvertrag abzuschliessen. Aus diesem Grund ist die vergaberechtliche Offerte auf der Basis des Vertrauensprinzips so zu verstehen, dass die Anbieterin darin sämtliche ihrer subjektiven Hauptpunkte aufgeführt hat. Wenn die Anbieterin im Rahmen von (Detail-)Vertragsverhandlungen in ihrer Offerte nicht enthaltene Aspekte zusätzlich aufnehmen will, kann sie diese nicht zu zusätzlichen subjektiven Hauptpunkten erklären und den Vertragsabschluss davon abhängig machen, dass darüber Konsens erzielt wird. In diesem Sinne ist es zumindest missverständlich, wenn LOCHER davon spricht, dass subjektiv wesentliche Vertragspunkte nicht Gegenstand der Zuschlagsverfügung werden und darüber noch Konsens erzielt werden muss; vgl. LOCHER, S. 36, richtig demgegenüber DERS., S. 41: «Die Zuschlagsverfügung legt die wesentlichen Vertragspunkte verbindlich fest.»
11 BK OR-MÜLLER, Art. 3 N 96 ff.
12 Ebenso GAUCH, Beschaffungsvertrag, S. 8. Ausführlich dazu N 26 ff.

Der Zuschlag hat Verfügungscharakter (vgl. BöB/IVöB 53 Abs. 1 Bst. e). Folglich darf 9
die Auftraggeberin gemäss den allgemeinen verwaltungsverfahrensrechtlichen Bestimmungen von der durch den Zuschlag eingeräumten Vertragsabschlusserlaubnis erst Gebrauch machen, wenn diese (Zuschlags-)Verfügung im Sinne des anwendbaren Verwaltungsverfahrensrechts vollstreckbar ist, im Bund also, wenn die Voraussetzungen gemäss VwVG 39 erfüllt sind.[13] Verfügungen sind im Allgemeinen – vereinfachend – vollstreckbar, wenn sie nicht mehr durch (ordentliche) Rechtsmittel angefochten werden können oder wenn allfälligen Rechtsmitteln keine aufschiebende Wirkung zukommt oder diese entzogen wurde.[14]

Die allgemeinen verwaltungsverfahrensrechtlichen Bestimmungen gelten auch im Be- 10
reich des Vergaberechts, soweit BöB/IVöB keine abweichenden Regelungen enthalten
(BöB/IVöB 55). Weil einer gegen einen Zuschlag erhobenen Beschwerde keine aufschiebende Wirkung zukommt (BöB/IVöB 54 Abs. 1), wäre dieser im Lichte der allgemeinen
verwaltungsverfahrensrechtlichen Bestimmungen somit grundsätzlich sofort vollstreckbar.

Aufgrund dieser sofortigen Vollstreckbarkeit der Abschlussermächtigung hätte es die Auf- 11
traggeberin in der Hand, darüber zu entscheiden, ob den unterlegenen Anbieterinnen
Primär- oder nur Sekundärrechtsschutz gewährt wird. Dies wäre rechtsstaatlich bedenklich. Deshalb verankern BöB/IVöB 42 eine sog. Stillhaltefrist (Standstill), während der es
der Auftraggeberin untersagt ist, mit dem Zuschlagsempfänger den Vertrag abzuschliessen, obwohl die Zuschlagsverfügung bei rein formeller Betrachtung wegen der fehlenden aufschiebenden Wirkung einer allfälligen Beschwerde an sich vollstreckbar wäre.
Der Standstill hat zur Folge, dass die Auftraggeberin erst dann zum Vertragsabschluss
ermächtigt ist (mithin erst dann ihr Akzept betreffend die Offerte erklären darf), wenn
feststeht, dass gegen einen Zuschlag entweder keine Beschwerde erhoben wurde oder
einer solchen Beschwerde mangels entsprechenden Gesuchs oder aufgrund eines ablehnenden Entscheids der Beschwerdeinstanz keine aufschiebende Wirkung zukommt.

Eine Ausnahme von der Standstill-Verpflichtung besteht bei qualifizierten öffentlichen 12
Interessen, die einen unmittelbaren Vertragsschluss erforderlich machen, so bei besonderer Dringlichkeit infolge einer notstandsähnlichen Situation. Die Dringlichkeit darf
allerdings nicht durch die Auftraggeberin verschuldet sein. Diese hat die Möglichkeit
einer Beschwerde und deren aufschiebende Wirkung ist in die Planung einzubeziehen.
Beschaffungsgeschäfte sind so langfristig zu planen, dass keine Dringlichkeit eintreten
kann.[15]

Keine Aussage machen BöB/IVöB 42 zur Frage eines Standstill nach einer Abweisung 13
der Beschwerde. Grundsätzlich gelten daher in diesem Fall die allgemeinen Bestimmun-

---

13 Die kantonalen VRPG kennen durchwegs analoge Regelungen zur Vollstreckbarkeit von Verfügungen.
14 PraKomm VwVG 2016-Jaag/Häggi Furrer, Art. 39 N 12 ff.
15 Komm BöB-Trüeb, Art. 22 N 5 m.w.H.

gen des VwVG resp. des anwendbaren kantonalen VRPG: Weil den Rechtsmitteln ans Bundesgericht nicht *ex lege* aufschiebende Wirkung zukommt, ist die (durch die Beschwerdeinstanz bestätigte) Zuschlagsverfügung vollstreckbar, und die Auftraggeberin wäre folglich mit dem Beschwerdeentscheid zum Vertragsabschluss ermächtigt. Allerdings hat das Bundesgericht unter der Ägide der altrechtlichen Bestimmungen des aBöB und des aIVöB entschieden, dass ein allzu früh nach Erhalt des erstinstanzlichen Entscheids erfolgender Vertragsschluss missbräuchlich sein könnte. Wenn die im Beschwerdeverfahren unterliegende Anbieterin nach Erhalt des Beschwerdeentscheids ankündigt, diesen mit einem Gesuch um aufschiebende Wirkung umgehend beim Bundesgericht anzufechten, und diese Ankündigung effektiv auch umsetzt, bleibt der Vertragsschluss bis zum Entscheid des Bundesgerichts über die aufschiebende Wirkung oder andere vorsorgliche Massnahmen untersagt.[16] Die Überlegungen, die das Bundesgericht zur Einführung dieses richterrechtlichen Standstill bewogen haben, behalten ihre Gültigkeit auch unter den revidierten Erlassen, sodass dieser von den Auftraggeberinnen weiterhin zu beachten ist. Eine Präzisierung seiner Voraussetzungen wäre indessen wünschenswert (vgl. Art. 54 N 44).

C. Zum Akzept der Auftraggeberin im Besonderen

1. Rechtliche Qualifikation

14 Das schweizerische Vergaberecht basiert auf dem Konzept, dass das Vergaberecht das Verfahren zur Erreichung der Abschlusserlaubnis regelt, der Vertrag jedoch nach seinem Abschluss ausschliesslich nach den Regeln des anwendbaren materiellen Vertragsrechts zu beurteilen ist.[17]

15 Dieser Konzeption sind auch BöB/IVöB verpflichtet.[18] Sie darf aber nicht dazu verleiten, den Zuschlag als Abschluss des öffentlich-rechtlichen Vergabeverfahrens zu verstehen, mit dem der (in der Regel privatrechtliche) Vertrag gleichsam in eine Welt frei von öffentlich-rechtlichen Bindungen entlassen wird. Der Staat kann sich beim Abschluss

---

16 BGer 2C_203/2014 vom 09.05.2015, E 1.5.2; kritisch zu dieser Rechtsprechung insb. aus Rechtssicherheitsüberlegungen: SCHERLER/BEYELER, neue Urteile, Rz. 95.
17 Konkret bedeutet dies, dass sich ein privatrechtlicher Vertrag nach den auf ihn anwendbaren Bestimmungen des Privatrechts richtet und Streitigkeiten daraus vor den Zivilgerichten auszutragen sind. Das Vergaberecht soll demgegenüber keine direkten Auswirkungen auf das Vertragsrecht haben. Dazu namentlich BEYELER, Geltungsanspruch, Rz. 2414 ff.
18 Sie ist keineswegs zwingend; zumindest dem Bundesgesetzgeber wäre es nicht verwehrt gewesen, auch materielle vertragsrechtliche Bestimmungen zu erlassen. Dass solche Regelungen fehlen, ist als qualifiziertes Schweigen resp. als Bestätigung der erwähnten bereits unter aBöB/aIVöB geltenden schweizerischen Konzeption des Vergaberechts zu werten. Schwieriger zu beurteilen wäre demgegenüber, inwieweit die Kantone im Lichte der grundsätzlich abschliessenden Kompetenz des Bundes im Bereich des Zivilrechts gestützt auf ZGB 5 und 6 derartige Bestimmungen erlassen dürften.

eines privatrechtlichen Vertrags nicht dem öffentlichen Recht entziehen, das namentlich für das Verfahren der Willensbildung massgeblich bleibt.[19]

Privatrechtliche Verträge sind nicht weniger als Verfügungen, Pläne oder verwaltungsrechtliche Verträge eine Handlungsform der Verwaltung, bei der diese öffentlich-rechtlichen Bindungen unterliegt. Auch wenn mit Bezug auf den genauen Inhalt dieser teilweise als Verwaltungsprivatrecht bezeichneten Grundsätze weiterhin starker Konkretisierungsbedarf besteht, lässt sich im vorliegenden Kontext zumindest Folgendes auf abstrakter Basis festhalten: Die Verwaltung bleibt in ihrem gesamten Handeln ins Recht eingebunden (BV 5 Abs. 1), muss dabei den Grundsatz von Treu und Glauben, das Verhältnismässigkeitsprinzip und das öffentliche Interesse wahren (BV 5 Abs. 2) und die Grundrechte der Beteiligten beachten (BV 35). Dabei haben alle Betroffenen bei sämtlichen Handlungen der Verwaltung Anspruch auf wirksamen Rechtsschutz (BV 29a). 16

Die Unterscheidung von Zuschlag und Vertragsschluss i.S.v. BöB/IVöB 41 f. zeigt, dass der verwaltungsinterne Willensbildungsprozess mit der Erteilung des Zuschlags noch nicht beendet ist. Unbestrittenermassen auferlegt die durch den Zuschlag eingeräumte Abschlusserlaubnis der öffentlichen Auftraggeberin keine Kontrahierungspflicht (vgl. Art. 41 N 12 und 16). Vielmehr bedarf es für das Zustandekommen des Vertrags der Annahmeerklärung durch die Auftraggeberin, mithin einer Willenserklärung (vgl. N 6). Diese Willenserklärung ist eine Handlung der Verwaltung und unterliegt entsprechend – auch wenn ihre Wirkungssphäre im Privatrecht liegt – den erwähnten öffentlich-rechtlichen Bindungen. 17

Die Einordnung des vergaberechtlichen Akzepts in die allgemeinen Lehren der verwaltungsrechtlichen Handlungsformen ist nicht ganz trivial. Einerseits erzeugt sie Rechtswirkungen, weil erst mit ihr die vertragliche Bindung erzeugt wird. Andererseits sind diese Rechtswirkungen durch die (anfechtbare) Zuschlagsverfügung in persönlicher (Zuschlagsempfänger) und sachlicher (Hauptpunkte des Vertrags) Hinsicht bereits determiniert, sodass das Akzept der öffentlichen Auftraggeberin – zumindest soweit es sich im Rahmen der durch den Zuschlag definierten Abschlusserlaubnis bewegt – nurmehr als Vollzugshandlung erscheint. Es liegt daher nahe, das vergaberechtliche Akzept als verfügungsbezogenen Realakt[20] zu qualifizieren. 18

Folglich muss aber auch der Rechtsschutz betreffend das vergaberechtliche Akzept mindestens im Umfang des Rechtsschutzes bei verwaltungsrechtlichen Realakten gewährt werden. Dabei lassen sich aus VwVG 25a – als gesetzliche Konkretisierung von BV 29a für verwaltungsrechtliche Realakte auf Bundesebene – Anhaltspunkte für den Rechtsschutz betreffend vergaberechtliches Akzept gemäss BöB/IVöB[21] gewinnen: 19

---

19 HÄFELIN/MÜLLER/UHLMANN, Rz. 1392.
20 Vgl. dazu etwa WIEDERKEHR/RICHLI, Rz. 2851.
21 Diverse Kantone haben in ihren VRPG Rechtsschutzbestimmungen aufgenommen, die einen zu VwVG 25a analogen oder gar weitergehenden Rechtsschutz statuieren. Fehlen explizite Bestimmungen, haben die Betroffenen gestützt auf BV 29a Anspruch auf einen VwVG 25a gleichwertigen

- **Rechtsschutz nur bei Verletzung der vergaberechtlichen Abschlussermächtigung:** VwVG 25a greift zum Vornherein nur bei rechtswidrigem Verwaltungshandeln, nicht bei Ermessensfehlern.[22] Wenn sich die Auftraggeberin im Rahmen ihrer durch den Zuschlag eingeräumten Abschlussermächtigung entscheidet, mittels Erklärung des Akzepts den Beschaffungsvertrag abzuschliessen, fällt dies in ihren Ermessensbereich.

- **Aufhebung des Zuschlags:** Mögliche Rechtsbegehren gemäss VwVG 25a Abs. 1 sind u.a. der Widerruf widerrechtlicher Handlungen (Bst. a) und die Beseitigung von deren Folgen (Bst. b). VwVG 25a hat indessen subsidiären Charakter und kann nicht angerufen werden, wenn genügender Rechtsschutz auf andere Weise möglich ist.[23] Weil der Zuschlag selbständig angefochten werden kann, sind unterlegene Anbieterinnen grundsätzlich nicht legitimiert, den daran anschliessenden verfügungsbezogenen Realakt anzufechten und dabei die Aufhebung des Zuschlags zu verlangen. Allerdings gilt es zu differenzieren: Wenn das vergaberechtswidrige Akzept den Vertragsabschluss und damit den Wechsel vom Primär- in den Sekundärrechtsschutz zur Folge hat, muss es vor dem Hintergrund von VwVG 25a möglich sein, diese Folge der rechtswidrigen Verwaltungshandlung beseitigen zu lassen und in den Primärrechtsschutz zurückzukehren. Nach der hier vertretenen Auffassung wird diesem Rechtsschutzbedürfnis indessen durch eine entsprechende Auslegung des vergaberechtlichen Begriffs des Vertragsabschlusses besser Rechnung getragen (vgl. N 7), sodass der (subsidiäre) Rechtsschutz gemäss VwVG 25a aus diesem Grund nicht erforderlich ist.[24]

- **Bewusster Ausschluss des Rechtsschutzes:** Ein für die Anwendbarkeit von VwVG 25a legitimationsbegründendes schutzwürdiges Interesse ist schliesslich dann zu verneinen, wenn der Gesetzgeber den Rechtsschutz bewusst (und konform mit BV 29a)[25] ausgeschlossen hat.[26] Das Bundesverwaltungsgericht sah sich daher unter dem aBöB an den bewussten und ausdrücklichen Ausschluss des Rechtsschutzes im unterschwelligen Bereich gebunden.[27] Es bestehen jedoch keine Anhaltspunk-

---

Rechtsschutz. Für die nachfolgenden Überlegungen kann daher ohne weitere Differenzierungen auf VwVG 25a abgestellt werden.

22 PraKomm VwVG 2016-Häner, Art. 25a N 13.
23 BGE 140 II 315, E. 3.1; VwVG Kommentar 2019-Weber-Dürler/Kunz-Notter, Art. 25a N 33.
24 Wenn man den vergaberechtlichen Begriff des Vertragsabschlusses demgegenüber als vollständig kongruent mit dem Vertragsabschluss gemäss OR versteht, muss es einer beschwerdeführenden Anbieterin möglich sein, gestützt auf VwVG 25a (resp. analoge kantonalrechtliche Bestimmungen) die Aufhebung des Zuschlags durchzusetzen.
25 Auf Bundesebene ist von den rechtsanwendenden Behörden dabei das Gebot der Anwendung von Bundesgesetzen gemäss BV 190 zu beachten.
26 BGE 140 II 315, E. 3.1; VwVG Kommentar 2019-Weber-Dürler/Kunz-Notter, Art. 25a N 32 f.
27 Es sei dem BVGer «wohl grundsätzlich verwehrt», mit der Begründung, dies erscheine durch die Rechtsweggarantie gemäss BV 29a geboten, über den Anwendungsbereich des BöB hinausgehend seine Zuständigkeit zu bejahen (BVGE 2008/48, E. 5.3).

te für die Annahme, dass BöB/IVöB jeglichen Rechtsschutz mit Bezug auf vergaberechtswidrige Akzepte tilgen wollten.

2. Formvorschriften betreffend das Akzept der Auftraggeberin

Von einiger praktischer Relevanz ist der Umstand, dass die Annahme einer Vertragsofferte gemäss OR formfrei, auch durch konkludentes Handeln oder durch ein Realakzept, erfolgen kann, wenn gesetzlich keine bestimmte Form vorgeschrieben ist (OR 11). Für den Vertragsabschluss im Vergaberecht bestehen nach herrschender Lehre keine solchen Formvorschriften im Sinne des OR. Selbst die Vorgabe von aVöB 29 Abs. 1, dass die Auftraggeberin die Verträge schriftlich abschliesst, sollte demnach nach herrschender Lehre bloss eine verwaltungsintern wirkende Handlungsanweisung an die Vergabestelle darstellen und nicht etwa einen Gültigkeitsvorbehalt.[28] Aus den Materialien ergibt sich, dass auf die Schriftform als Gültigkeitserfordernis bewusst verzichtet wurde.[29] Als Konsequenz daraus könnte selbst im Rahmen von Beschaffungen, bei denen die Auftraggeberin das Schriftlichkeitserfordernis als Gültigkeitsvorbehalt für das Akzept in die Ausschreibungsunterlagen aufgenommen hat, ein Vertragsabschluss formfrei zustande kommen, falls das Verhalten der Auftraggeberin als konkludent erklärter Verzicht auf die Formvorschrift verstanden werden kann. 20

Nach der hier vertretenen Auffassung ist die Schriftform als Gültigkeitserfordernis aus rechtsstaatlichen Gründen indessen zwingend: Gemäss herrschender Lehre und Rechtsprechung unterliegen verwaltungsrechtliche Verträge dem Schriftlichkeitserfordernis.[30] Geltend gemacht wird, dass dies aus Gründen der Rechtssicherheit unerlässlich sei und sich eine Abweichung von den Formvorschriften bei Verfügungen nicht rechtfertigen lasse.[31] Mündet das Vergabeverfahren in einen öffentlich-rechtlichen Vertrag ist daher schon aus diesem Grund die Schriftform zu wahren. Namentlich die Rechtssicherheitsüberlegungen lassen aber auch für privatrechtliche Verträge keinen anderen Schluss zu, nicht zuletzt deswegen, weil der Vertragsabschluss fundamentale Auswirkungen auf den Rechtsschutz hat (Primär- oder Sekundärrechtsschutz). Schriftlichkeit als Gültigkeitserfordernis für den Vertragsabschluss erscheint daher grundsätzlich geboten. Davon kann nur gestützt auf eine ausdrückliche gesetzliche Grundlage (wie sie z.B. in aVöB 29 Abs. 2 enthalten war) abgewichen werden. 21

---

28 BEYELER, Geltungsanspruch, Rz. 2890; Komm BöB-TRÜEB, Art. 22 N 9; BRAHIER, Contrat, Rz. 94. BEYELER begründet seine Auffassung damit, dass sich keine vergaberechtliche Norm direkt auf Verträge auswirke oder direkt in Verträge eingreife (BEYELER, Geltungsanspruch, Rz. 2415 ff.). In VöB 11 Abs. 1 heisst es nunmehr: «Die Auftraggeberin schliesst den Vertrag in Schriftform ab.»
29 Botschaft BöB, S. 1958; Musterbotschaft IVöB, S. 82: «Während das EU-Recht die Schriftform des Beschaffungsvertrags vorschreibt, wird hier auf dieses Kriterium verzichtet. Aus Beweisgründen sind öffentliche Aufträge jedoch regelmässig schriftlich abzuschliessen.» Vgl. BRAHIER, Contrat, Rz. 95.
30 BGer 1C_61/2010 vom 02.11.2010, E. 4.1; HÄFELIN/MÜLLER/UHLMANN, Rz. 1342 m.w.H.
31 TSCHANNEN/ZIMMERLI/MÜLLER, § 34 Rz. 3.

3. Vertragsverhandlungen

22 Eine beschaffungsrechtliche Offerte muss zwingend sämtliche Hauptpunkte des Beschaffungsvertrags umfassen (vgl. N 6). Folglich kann die Auftraggeberin den Vertragsabschluss durch eine schlichte (schriftliche) Annahmeerklärung – allenfalls, bei entsprechender Ermächtigung, mit einseitigen Modifikationen – herbeiführen.[32] In diesem Fall gilt der Vertrag als abgeschlossen und muss nötigenfalls in den Nebenpunkten richterlich ergänzt werden (OR 2 Abs. 2). Regelmässig sind für den formellen Abschluss des Vertrags indessen noch Verhandlungen zur Vertragsfinalisierung erforderlich.[33] Um langwierige Vertragsverhandlungen nach erfolgtem Zuschlag zu vermeiden, sind Auftraggeberinnen teilweise dazu übergegangen, den Entwurf des Beschaffungsvertrages bereits mit den Ausschreibungsunterlagen aufzulegen.[34] Im Rahmen solcher Detailverhandlungen sollen bis anhin ungeklärte Punkte des Vertrags geklärt werden.

23 Der Spielraum für diese Detailverhandlungen wird durch die Schranken der durch den Zuschlag gewährten Abschlusserlaubnis definiert.[35] Der Auftraggeberin ist es gemäss einer Formulierung des Bundesverwaltungsgerichts «sowohl während den Detailverhandlungen wie auch nach dem privatrechtlichen Vertragsabschluss verboten, in erheblicher Weise von der im Vergabeentscheid genannten Beschaffung abzuweichen, selbst wenn die angestrebten Vertragsänderungen einvernehmlich vorgenommen würden. Unerhebliche oder in der Ausschreibung bereits angekündigte Änderungen sind hingegen erlaubt.»[36] Als Richtschnur für die Unterscheidung von erheblichen und unerheblichen Änderungen bietet sich OR 3 an: Über Nebenpunkte, die der richterlichen Ergänzung zugänglich sind, können Detailverhandlungen geführt werden. Eine Änderung von subjektiven oder objektiven Hauptpunkten dürfte indessen kaum je von der Abschlusserlaubnis gedeckt sein.[37]

---

32 Beyeler, Geltungsanspruch, Rz. 2846.
33 Komm BöB-Trüeb, Art. 20 N 5 f.
34 Botschaft BöB, S. 1957; Musterbotschaft IVöB, S. 81; jeweils mit dem Hinweis, dass es auch zulässig wäre, Anpassungen dieses Vertragsentwurfs im Rahmen der Zuschlagskriterien und der Vorgaben in den Ausschreibungsunterlagen in die Bewertung miteinzubeziehen.
35 Beyeler, Geltungsanspruch, Rz. 2851 ff.
36 BVGer B-4387/2017 vom 08.02.2018, E. 9.2; ähnlich: Komm BöB-Trüeb, Art. 20 N 6: «Wesentliche Änderungen im Rahmen der Vertragsverhandlungen sind daher ausgeschlossen.» Vgl. auch KGer NE, CDP.2016.76 vom 06.09.2016. Ausführlich zu den Detailverhandlungen: Brahier, Contrat, Rz. 100 f.
37 Änderungen von subjektiven oder objektiven Hauptpunkten sind vertragsrechtlich als Ablehnung der ursprünglichen Offerte und Unterbreitung einer Gegenofferte zu qualifizieren (BK OR-Müller, Art. 3 N 96 ff.). Wenn die Anbieterin diese annimmt, wäre der Vertrag gemäss dem Inhalt der Gegenofferte aus rein privatrechtlicher Sicht abgeschlossen, doch würde damit aus vergaberechtlicher Sicht die Abschlussermächtigung überschritten.

III. Rechtsfolgen des rechtswidrig «abgeschlossenen» Vertrags

Die Auftraggeberin kann einen Beschaffungsvertrag im Sinne des OR in Überschreitung 24
ihrer durch den Zuschlag eingeräumten Ermächtigung abschliessen. Die Frage nach den daraus resultierenden Rechtsfolgen wird zumeist im Zusammenhang mit dem verfrüht (d.h. in Verletzung des Standstill) abgeschlossenen Beschaffungsvertrag diskutiert. Sie stellt sich aber in gleicher Weise auch bei Verletzungen der Abschlussermächtigung in persönlicher oder sachlicher Hinsicht.[38] In all diesen Fällen erweist sich die Willensäusserung, mit welcher die Auftraggeberin ihr Akzept der Offerte der Anbieterin erklärt, aus vergaberechtlicher Sicht als rechtswidrig.

Die Frage der Rechtsfolgen rechtswidrig abgeschlossener Beschaffungsverträge gehört 25
zu den «knifflisten Problemen des Vergaberechts».[39] Wenig überraschend weisen daher auch die Meinungen in Praxis und Lehre eine grosse Bandbreite auf.[40] Die Möglichkeit, sie im Rahmen der Vergaberechtsrevision wie in der EU[41] positivrechtlich zu lösen,[42] wurde nicht genutzt. Und die Materialien beziehen dazu nur sehr zurückhaltend Stellung.[43]

A. Stellvertretungsrechtlicher Lösungsansatz

Die Rechtsfolgen des rechtswidrig abgeschlossenen Beschaffungsvertrags müssen nach 26
der hier vertretenen Auffassung einerseits der verfassungsrechtlichen Rechtsweggarantie (BV 29a), die alles Handeln der Verwaltung und damit auch das vergaberechtliche Akzept als verfügungsbezogenen Realakt (vgl. N 18) erfasst, Rechnung tragen und sich andererseits an der Konzeption des vergaberechtlich nicht determinierten materiellen Vertragsrechts orientieren. Diesem Spannungsfeld wird man nach der hier vertretenen Auffassung am besten mit dem stellvertretungsrechtlichen Lösungsansatz[44] gerecht:

---

38   BEYELER, Geltungsanspruch, Rz. 2613.
39   Komm BöB-TRÜEB, Art. 32 N 5.
40   Für eine Übersicht vgl. BEYELER, Geltungsanspruch, Rz. 2632 ff. und ZUFFEREY, Nouveautés, S. 3 ff.
41   Vgl. die Hinweise bei N 41.
42   Wie etwa von POLTIER, Marchés publics, Rz. 497, gefordert.
43   Immerhin wird die Nichtigkeitsfolge explizit verworfen, weil Sinn und Zweck des Vergaberechts keine derart weitgehende Sanktion gebieten würden. Im Weiteren findet sich in den Materialien der Hinweis, dass bei erfolgreichem Ausgang des Verfahrens eine Anweisung des Gerichts an die Auftraggeberin denkbar sei, die Leistungen neu auszuschreiben; Botschaft BöB, S. 1958; Musterbotschaft IVöB, S. 82.
44   GAUCH/SCHLUEP/SCHMID, Rz. 1072b; ABEGG, Verwaltungsvertrag, S. 170 f. Bis zu seiner «Reprise» vertrat auch GAUCH diesen Ansatz: GAUCH, Nichtigkeit, S. 121. Ähnlich VGer AG, vom 08.03.2001, in: AGVE 2001, S. 326 ff., Vollstreckbarkeit der Zuschlagsverfügung als Rechtsbedin-

6. Kapitel: Ablauf des Vergabeverfahrens

27 Wenn die Ermächtigung, im Namen eines andern (hier: der öffentlichen Auftraggeberin) Rechtshandlungen vorzunehmen, aus Verhältnissen des öffentlichen Rechtes hervorgeht, ist sie gemäss OR 33 Abs. 1 nach den Vorschriften des öffentlichen Rechtes des Bundes und der Kantone zu beurteilen. Das öffentliche Recht regelt dabei das Entstehen, den Umfang, die Form und das Erlöschen der Ermächtigung.[45] Im Vergaberecht entsteht die Ermächtigung für den Abschluss des Beschaffungsvertrags nur, wenn und soweit (i) der Zuschlag das grundsätzliche Abschlussverbot mit Bezug auf den Beschaffungsvertrag beseitigt hat und (ii) der Zuschlag vollstreckbar ist, und damit die Ermächtigung, den Vertrag durch das Akzept abzuschliessen, vorliegt. Wird das vergaberechtliche Akzept in Missachtung dieser vergaberechtlichen Ermächtigung erklärt, ist der Vertrag zwar im Sinne des OR abgeschlossen. Er befindet sich aber gemäss OR 38 Abs. 1 in einem Schwebezustand, während dessen die Auftraggeberin nicht gebunden ist.[46] Der Schwebezustand wird durch die Genehmigung oder Nichtgenehmigung des Vertrags beendet.

28 Beim Hauptfall des vorzeitig abgeschlossenen Beschaffungsvertrags erfolgt die Genehmigung durch den Eintritt der Vollstreckbarkeit des Zuschlags, konkret: Bei definitiver und rechtskräftiger Verweigerung der aufschiebenden Wirkung oder formell rechtskräftiger Abweisung der Beschwerde gegen die Zuschlagsverfügung.[47]

29 Als nicht genehmigt gilt der vorzeitig abgeschlossene Beschaffungsvertrag demgegenüber, wenn sich die Beschwerde gegen die Zuschlagsverfügung als begründet erweist. In diesem Fall hat die Beschwerdeinstanz die Zuschlagsverfügung aufzuheben (Primärrechtsschutz), weil der Beschaffungsvertrag bei einem in Überschreitung der Abschlussermächtigung erklärten Akzept zwar im Sinne des OR, nicht aber im Sinne des Vergaberechts als abgeschlossen gilt, mithin kein Wechsel in den Sekundärrechtsschutz gemäss BöB/IVöB 58 Abs. 2 stattgefunden hat.[48]

---

gung im Sinne einer öffentlich-rechtlichen Wirksamkeitsvoraussetzung für den Vertragsabschluss.

45 BK OR-Zäch/Künzler, Art. 33 N 12 ff.; BSK OR I-Watter, Art. 33 N 5.

46 BK OR-Zäch/Künzler, Art. 38 N 33. Ob OR 38 bei Beschaffungsverträgen direkt oder analog (so BK OR-Zäch/Künzler, Vorbemerkungen zu OR 38–39 N 3) anwendbar ist, kann dabei offenbleiben.

47 Im Rahmen der stellvertretungsrechtlichen Lösungsansätze dogmatisch schwierig zu erfassen, sind unangefochten gebliebene *de facto*-Vergaben. In diesen Fällen hat die Auftraggeberin zwar vergaberechtswidrig gegen das Abschlussverbot verstossen; weil bei *de facto*-Vergaben aber definitionsgemäss keine Zuschlagsverfügung ergeht und damit auch keine Genehmigung i.S.v. OR 38 durch Eintritt der formellen Rechtskraft der Zuschlagsverfügung denkbar ist, erfolgt die Genehmigung mit dem definitiven Wegfall der Beschwerdelegitimation betreffend die *de facto*-Vergaben (insb. aufgrund des fehlenden aktuellen und praktischen Interesses potenzieller Beschwerdeführer). Dogmatisch ist diese Konstruktion zwar nur mässig befriedigend; dies lässt sich indessen verkraften, weil im Rechtsalltag ausschliesslich praktisch unproblematische Fälle betroffen sind.

48 Oder aber, wenn man das hier vertretene Verständnis des vergaberechtlichen Vertragsabschlusses ablehnt, die Folgen dieses Wechsels durch Wiederherstellung des Primärrechtsschutzes beseitigt werden müssen; vgl. N 9. Und selbst wenn man jeglichen Rechtsschutz im Zusammenhang mit

Grundsätzlich die gleiche Rechtslage besteht bei Beschaffungsverträgen im Rahmen eines unzulässigen Freihandverfahrens sowie bei der Überschreitung der Abschlusserlaubnis im Rahmen von Vertragsverhandlungen. 30

Anders sieht die Rechtslage demgegenüber bei jenen Beschaffungsverträgen aus, bei denen die Auftraggeberin den Beschaffungsvertrag gestützt auf eine vollstreckbare Zuschlagsverfügung abgeschlossen hat, die sich jedoch in persönlicher oder sachlicher Hinsicht als rechtswidrig erweist. Dies betrifft einerseits Zuschlagsverfügungen, die trotz materieller Fehlerhaftigkeit in formelle Rechtskraft erwachsen sind, und andererseits jene (praktisch wohl seltenen Fälle), in denen die Auftraggeberin im Rahmen eines Beschwerdeverfahrens für den Abschluss des Beschaffungsvertrags den Stillstand korrekt abgewartet hat (kein oder abgelehnter Antrag auf aufschiebende Wirkung), der Zuschlag aber schliesslich gleichwohl aufgehoben wird. In all diesen Fällen hat die Auftraggeberin mit der Erklärung des Akzepts innerhalb ihrer Abschlussermächtigung gehandelt, sodass für die Anwendbarkeit von OR 38 kein Platz bleibt. Die Beschränkung auf den Sekundärrechtsschutz ist in diesen Fällen im Lichte von BV 29a indes nicht zu bemängeln, weil für die unterlegene Anbieterin ja die Möglichkeit eines wirksamen Rechtsschutzes bestanden hätte, aber nicht genutzt wurde (oder nicht erfolgreich war). Eine Ausnahme besteht bei qualifizierter Fehlerhaftigkeit dann, wenn sich die Zuschlagsverfügung im Lichte der verwaltungsrechtlichen Evidenztheorie als nichtig erweist.[49] Diesfalls hat gar nie eine Abschlussermächtigung bestanden. 31

Entfällt der Beschaffungsvertrag zufolge Nicht-Genehmigung, ist die ursprüngliche Zuschlagsempfängerin in ihren Interessen nach Massgabe von OR 39 geschützt und kann entsprechende Ansprüche gegenüber der Auftraggeberin (*culpa in contrahendo*, Ansprüche aus ungerechtfertigter Bereicherung) geltend machen. Die Beschränkung der Ansprüche auf den Ersatz des negativen Vertragsinteresses (BöB/IVöB 58 Abs. 4) kommt in diesem Fall selbstverständlich nicht zum Tragen. 32

Gegen den stellvertretungsrechtlichen Lösungsansatz wurden in Rechtsprechung und Lehre soweit ersichtlich keine stichhaltigen dogmatischen Vorbehalte erhoben. So hält etwa GAUCH den von ihm ursprünglich vertretenen stellvertretungsrechtlichen Lösungsansatz weiterhin für tragfähig und rückte davon ausschliesslich deswegen ab, weil 33

---

rechtswidrig erklärten vergaberechtlichen Akzepten ablehnt, widerspricht der stellvertretungsrechtliche Ansatz nicht BöB/IVöB 58 Abs. 2, demgemäss kann die Beschwerdeinstanz bei bereits abgeschlossenen Beschaffungsverträgen nur noch die Rechtswidrigkeit feststellen. Denn die Feststellung der Rechtswidrigkeit wäre vertragsrechtlich ohne Weiteres als Nicht-Genehmigung des in Verletzung der Abschlussermächtigung abgeschlossenen Vertrags zu qualifizieren. Der Beschaffungsvertrag würde dann entfallen, auch wenn die als rechtswidrig beurteilte Zuschlagsverfügung formell nicht aufgehoben wäre.

49 Gemäss der Evidenztheorie ist eine Verfügung nichtig, wenn der ihr anhaftende Mangel besonders schwer und offensichtlich oder zumindest leicht erkennbar ist und zudem die Rechtssicherheit dadurch nicht ernsthaft gefährdet wird, vgl. statt vieler: HÄFELIN/MÜLLER/UHLMANN, Rz. 1098.

sich der Ansatz in der Praxis kaum durchzusetzen vermochte.[50] Und auch BEYELER gesteht dem hier vertretenen stellvertretungsrechtlichen Lösungsansatz zu, schlüssig begründet zu sein.[51] Beim stellvertretungsrechtlichen Ansatz entfällt meines Erachtens auch die Gefahr widersprüchlicher Entscheide, falls eine Anbieterin eine (Erfüllungs-) Klage vor dem Zivilgericht erhebt.[52] Die vergaberechtliche Ermächtigung zum Vertragsabschluss gemäss OR 33 Abs. 1 ist nach den Vorschriften des öffentlichen Rechtes zu beurteilen und das Zivilgericht ist folglich an entsprechende Entscheidungen des Verwaltungsgerichts gebunden.

B. Weitere Lösungsansätze

34 Wie erwähnt besteht ein breites Spektrum an weiteren Lösungsvorschlägen, die nach der hier vertretenen Auffassung jedoch abzulehnen sind oder zumindest im Vergleich zum stellvertretungsrechtlichen Ansatz weniger gut begründet erscheinen:

1. Ungültigkeit *sui generis*

35 Am engsten verwandt mit dem stellvertretungsrechtlichen Ansatz ist die «Ungültigkeit *sui generis*», die GAUCH 2003 entwickelt hat und seither vertritt.[53] Für seine Alternative zum stellvertretungsrechtlichen Lösungsansatz muss GAUCH allerdings zu einer Fortentwicklung des privaten Vertragsrechts qua Lückenfüllung (ZGB 1 Abs. 2) Zugriff nehmen.[54] Zumindest nach der hier (und auch von GAUCH) vertretenen Auffassung gibt das Stellvertretungsrecht auf die vorliegende Fragestellung nach den Rechtsfolgen rechtswidrig abgeschlossener Beschaffungsverträge eine sachgerechte Antwort, sodass gar keine Gesetzeslücke im Sinne der bundesgerichtlichen Rechtsprechung[55]

---

50 GAUCH, Beschaffungsvertrag, S. 8 f.
51 BEYELER, Geltungsanspruch, Rz. 2642; den Schwachpunkt sieht er (Rz. 2643 ff.) einerseits in der erheblichen Rechtsunsicherheit, die durch den Schwebezustand wegen Überschreitens der Abschlussermächtigung entstände, und andererseits, weil nicht ersichtlich sei, was der Beschwerdeführer unternehmen könne, wenn die Auftraggeberin schlicht damit fortfahre, den vergaberechtswidrig geschlossenen Vertrag zu erfüllen. Dieser Kritik, die sich gleichermassen auch gegen andere Unwirksamkeitstheorien, insb. die «Ungültigkeit *sui generis*» (vgl. N 35), richtet, ist Folgendes entgegenzuhalten: Beim stellvertretungsrechtlichen Lösungsansatz besteht die von BEYELER kritisierte Rechtsunsicherheit nur insoweit, als die Zuschlagsverfügung oder die *de facto*-Vergabe noch anfechtbar sind (vgl. N 28); in diesen Fällen ist die «Rechtsunsicherheit» bez. des Beschaffungsvertrags vergaberechtlich aus Rechtsschutzgründen jedoch erwünscht und folglich auch nicht zu beanstanden. Und der Problematik einer renitenten Auftraggeberin (die sich zumindest in abgeschwächter Form auch bei BEYELERS Lösungsvorschlag stellt) kann im Rahmen der Rechtsschutzmöglichkeiten gegen Realakte begegnet werden.
52 BöB Komm-TRÜEB, Art. 32 N 10.
53 So zuletzt GAUCH, Werkvertrag 2019, Rz. 509. Im Weiteren: LEUTHOLD, Verhandlungen, Rz. 823, und im Ergebnis wohl auch STEINER, Verfahren, S. 419.
54 GAUCH, Beschaffungsvertrag, S. 7 f.
55 Danach besteht eine Lücke im Gesetz, «wenn sich eine Regelung als unvollständig erweist, weil sie

besteht und folglich auch kein Raum für eine lückenfüllende «Ungültigkeit *sui generis*».[56]

2. Nichtigkeit

Diese These, dass vergaberechtswidrig abgeschlossene Beschaffungsverträge als nichtig i.S.v. OR 20 anzusehen sind, wurde in der Lehre namentlich von CLERC vertreten.[57] Ihr hatten sich die BRK und einzelne kantonale Verwaltungsgerichte angeschlossen.[58] In den Materialien wird dieser Ansatz zu Recht abgelehnt, weil Sinn und Zweck des Vergaberechts keine derart weitgehende Sanktion gebieten.[59]

3. Vergaberechtliche Passivität

Verschiedene kantonale Beschwerdeinstanzen nehmen den Standpunkt ein, dass sich der Rechtsschutz bei rechtswidrigen Abschlüssen von Beschaffungsverträgen in der Feststellung der Rechtswidrigkeit erschöpft.[60] Folgt man der Einschätzung, dass das vergaberechtliche Akzept als verfügungsbezogener Realakt zu qualifizieren ist, setzt dieser Ansatz voraus, dass der Gesetzgeber jeglichen Rechtsschutz in dieser Frage ausgeschlossen hat. Dafür bestehen indessen keine Anhaltspunkte.[61]

---

eine Antwort auf die sich stellende Rechtsfrage schuldig bleibt oder eine Antwort gibt, die als sachlich unhaltbar angesehen werden muss» (BGE 135 II 385, E. 2.1).

56 Dazu kommt, dass der stellvertretungsrechtliche Lösungsansatz die Rechtslage bei einem zwar in Verletzung des materiellen Vergaberechts, aber gleichwohl gestützt auf eine vollstreckbare Zuschlagsverfügung abgeschlossenen Beschaffungsvertrag besser erklärt: Nach dem stellvertretungsrechtlichen Lösungsansatz ist ein solcher Beschaffungsvertrag rechtswirksam, weil das vergaberechtliche Akzept rechtmässig erklärt wurde und somit kein Anwendungsfall von OR 33 vorliegt. Um zum gleichen Ergebnis zu gelangen, das im Ergebnis als einziges mit dem für diese Konstellationen vorgesehenen Sekundärrechtsschutz kompatibel ist, müsste die «Ungültigkeit *sui generis*» bei den Ungültigkeitsgründen dogmatisch wenig überzeugende Differenzierungen vornehmen.

57 CLERC, Diss., S. 576 ff.; CLERC, Contrat conclu, S. 811; CLERC, Commentaire romand, Art. 9 BGBM N 96.

58 BRK 1997-010 vom 15.07.1997 (VPB 62.32I); VGer TI, 52.2013.519 vom 28.05.2014, E. 2; VGer FR, vom 03.02.1999, in: FZR 1999, S. 115 ff.

59 Vgl. Botschaft BöB, S. 1958; Musterbotschaft IVöB, S. 82. Zu den weiteren Gründen, die gegen die Nichtigkeit sprechen, vgl. namentlich: GAUCH, Nichtigkeit, S. 121 ff. Allerdings ist eine gewisse Relativierung der Elemente der traditionellen Nichtigkeit festzustellen. Ein Teil der (zivilistischen) Lehre möchte die einzelnen Begriffsmerkmale der Nichtigkeit im Kontext der verletzten Norm bestimmen, was zur Folge hat, dass die Nichtigkeit je nach Konstellation unterschiedliche Rechtswirkungen hat (sog. flexibler Nichtigkeitsbegriff), vgl. BSK OR I-MEISE/HUGUENIN, Art. 19/20 N 55.

60 So namentlich VGer SG, vom 30.10.2001, in: SG GVP 2001, S. 70 ff.; OGer UR, OG V 01 023 vom 14.02.2003, E. 4.

61 Vgl. N 19. Ohne Bezugnahme auf die Rechtsweggarantie zum gleichen Ergebnis gelangt man, wenn man mit BEYELER aus der grundsätzlichen Gewährung des Primärrechtsschutzes schliesst, dass eine «duldende Passivität des Vergaberechts» oder eine Beschränkung aller Sanktionen auf

4. Richterliche Anweisungen

38 Zunehmender Beliebtheit erfreut sich der von BEYELER entwickelte Lösungsvorschlag, die Vertragsgültigkeit ausschliesslich nach den Regeln des materiellen Vertragsrechts zu beurteilen, der Beschwerdeinstanz indessen für den Fall, dass die Auftraggeberin anzuweisen, den wirksam abgeschlossenen Vertrag unverzüglich aufzulösen, soweit dies das anwendbare Vertragsrecht zulässt.[62] Für diesen Ansatz haben sich mittlerweile diverse kantonale Verwaltungsgerichte ausgesprochen.[63] Dagegen wird zum einen vorgebracht, dass solche Anweisungen schon wegen der beschränkten Zuständigkeit und Funktion des überprüfenden Gerichts nicht in Frage kämen. Dieses handle nicht als übergeordnete Vergabestelle, die der untergeordneten Stelle «Weisungen» erteilen könnte.[64] In der Tat vermisst man bei BEYELERS Vorschlag eine vertiefte Auseinandersetzung mit der vergaberechtlichen Kompetenzordnung.[65] Vor allem aber ist er abzulehnen, weil der daraus resultierende Rechtsschutz je nach rechtlicher Qualifikation des abgeschlossenen Beschaffungsvertrags substanzielle Unterschiede aufweist.[66] Aus öffentlich-rechtlicher Sicht ist es indessen aus Rechtsgleichheitsüberlegungen schwerlich akzeptabel, wenn die Wirksamkeit des Rechtsschutzes gegen eine rechtswidrige Verwaltungshandlung (vergaberechtliches Akzept in Verletzung der Abschlusserlaubnis) von der (privat-)rechtlichen Qualifikation des abgeschlossenen Vertrags abhängt, der Rechtsschutz also beispielsweise bei einem Auftrag aufgrund von OR 404 wirksamer wäre als bei einem Kaufvertrag.

IV. BöB Abs. 1: Unmittelbarer Vertragsabschluss

39 BöB 42 Abs. 1 erlaubt es der Vergabestelle, bei Aufträgen ausserhalb des Staatsvertragsbereichs den Vertrag mit der berücksichtigten Anbieterin nach erfolgtem Zuschlag abzuschliessen. Diese Regelung ist im Lichte von BöB 52 Abs. 2 folgerichtig, weil dieser bei Aufträgen ausserhalb des Staatsvertragsbereichs das Beschwerderecht der nicht berücksichtigten Anbieterinnen auf den Sekundärrechtsschutz beschränkt. Mit anderen Worten: Im Geltungsbereich des Bundesvergaberechts wird der Zuschlag damit bei Aufträgen

---

maximal den Ersatz des negativen Vertragsinteresses nicht zulässig sein kann (BEYELER, Geltungsanspruch, Rz. 2612 und 2487).

62 Erstmals in BEYELER, Vertrag, insb. S. 1152 ff.; vgl. auch BEYELER, Geltungsanspruch, Rz. 2649 ff; zustimmend POLTIER, Marchés publics, Rz. 497.
63 VGer ZH, VB.2015.00238 vom 03.12.2015, E. 6.5; VGer AG, WBE.2012.159 vom 01.07.2013, E. 3.2, in: AGVE 2013, S. 193 ff.; VGer AI, V 6-2010 vom 04.05.2010, E. III./7a; KGer BL, 810 10 545 vom 19.01.2010; teilweise VGer VD, GE.2007.0013 vom 06.11.2009.
64 BöB Komm-TRÜEB, Art. 32 N 10, ähnlich GAUCH, Werkvertrag 2019, Rz. 509a.
65 Immerhin ist in den Materialien festgehalten, dass bei erfolgreichem Ausgang des Verfahrens eine Anweisung des Gerichts an die Auftraggeberin denkbar sei, die Leistungen neu auszuschreiben; Botschaft BöB, S. 1958; Musterbotschaft IVöB, S. 82.
66 Vgl. auch GAUCH, Werkvertrag 2019, Rz. 509a.

ausserhalb des Staatsvertragsbereichs sofort vollstreckbar,[67] sodass der Vertragsabschluss unmittelbar nach erfolgtem Zuschlag erfolgen kann. Weil sich die Auftraggeberin ihr Akzept in den Fällen von BöB 42 Abs. 1 gestützt auf eine vollstreckbare Abschlussermächtigung erklärt, entfaltet der Beschaffungsvertrag umgehend Bindungswirkung; erweist sich die Zuschlagsverfügung in einem Beschwerdeverfahren als materiell fehlerhaft, hat das entsprechend keine Auswirkungen auf den abgeschlossenen Vertrag (vgl. N 31). Dies gilt indessen nur insoweit, als die Auftraggeberin zu Recht annahm, die Beschaffung falle in den Anwendungsbereich von BöB 42 Abs. 1. Trifft dies nicht zu, erfolgte das Akzept in Verletzung der vergaberechtlichen Abschlusserlaubnis, und der Beschaffungsvertrag ist im Sinne des hier vertretenen stellvertretungsrechtlichen Lösungsansatzes bis zum Entscheid über die Genehmigung oder Nicht-Genehmigung unverbindlich (vgl. N 26 ff.).

V. BöB Abs. 2/IVöB Abs. 1: Wartefrist

Wegen der fehlenden automatischen aufschiebenden Wirkung von Beschwerden gegen die Zuschlagsverfügung wäre die Auftraggeberin nach den allgemeinen verwaltungsverfahrensrechtlichen Regelungen an sich berechtigt, den Beschaffungsvertrag sofort nach dem Zuschlag abzuschliessen. Mit der BöB 42 Abs. 2 respektive IVöB 42 Abs. 1 wird der Auftraggeberin der Abschluss des Beschaffungsvertrags während der laufenden Beschwerdefrist indessen untersagt und damit der sog. Standstill kodifiziert (vgl. ausführlicher N 8 ff.). Die Beschwerdefrist beträgt einheitlich 20 Tage seit der Eröffnung des Zuschlags (BöB/IVöB 53 Abs. 1). Vor dem Abschluss des Vertrags muss folglich mindestens die Beschwerdefrist von 20 Tagen abgewartet werden. Diese Standstillfrist verlängert sich jedoch, wenn die Beschwerdeinstanz[68] einer Beschwerde gegen den Zuschlag aufschiebende Wirkung erteilt. Infolge der Übermittlungsfristen von Gesuchen um Erteilung der aufschiebenden Wirkung sowie der Benachrichtigung durch das zuständige Gericht besteht in der Praxis eine Stillstandsperiode von insgesamt 25 Tagen, selbst wenn kein entsprechendes Gesuch gestellt wurde.[69] Der Standstill ist auch bei freihän-

40

---

67 Botschaft BöB, S. 1957.
68 Wie bei BöB/IVöB 54 Abs. 2 ist die Formulierung dieses Abs. (Erteilung der aufschiebenden Wirkung durch «das Bundesverwaltungsgericht» resp. das «Verwaltungsgericht») mit Bezug auf Beschaffungen des Bundesgerichts resp. der obersten kantonalen Gerichte etwas verunglückt. Zuständige Beschwerdeinstanz und folglich auch zuständig für die Erteilung der aufschiebenden Wirkung sind in diesen Fällen eine interne Rekurskommission des Bundesgerichts (BöB 52 Abs. 4) resp. direkt das Bundesgericht (IVöB 52 Abs. 2). Die ausschliessliche Bezugnahme auf die Erteilung der aufschiebenden Wirkung durch das Bundesverwaltungsgericht resp. das kantonale Verwaltungsgericht ist ein gesetzgeberisches Versehen. Stattdessen hätte – wie etwa bei BöB/IVöB 58 – der Begriff «Beschwerdeinstanz» verwendet werden müssen. So ist diese Bestimmung denn auch zu verstehen.
69 Botschaft BöB, S. 1958; Musterbotschaft, S. 82.

digen Verfahren zu beachten.⁷⁰ Wenn für eine Beschaffung ein Verpflichtungskredit erforderlich ist, steht der Zuschlag unter dem Vorbehalt der Bewilligung des Verpflichtungskredits durch das Parlament. Dieser Vorbehalt ist im Zuschlag festzuhalten. Die Beschwerdefrist läuft gleichwohl ab der Eröffnung des Zuschlags, nicht erst ab der Kreditgenehmigung. Wird der Vertrag ausnahmsweise (z.B. aus Effizienzgründen) schon vor der Genehmigung des Verpflichtungskredits abgeschlossen, ist darin eine entsprechende Suspensivbedingung vorzusehen.⁷¹

VI. BöB Abs. 3/IVöB Abs. 2: Vertragsabschluss *lite pendente*

41   Wurde in einem hängigen Beschwerdeverfahren gegen eine Zuschlagsverfügung die aufschiebende Wirkung nicht beantragt oder das Gesuch abgewiesen, endet der Standstill. Mangels Kontrahierungszwangs ist die Auftraggeberin aber weiterhin nicht zum Vertragsabschluss verpflichtet und kann den Ausgang des Beschwerdeverfahrens abwarten. Weil aber der Vertragsabschluss die Entscheidungskompetenz der Beschwerdeinstanz einschränkt (Sekundär- statt Primärrechtsschutz, BöB/IVöB 58 Abs. 2), verpflichtet dieser Abs. die Auftraggeberin dazu, der Beschwerdeinstanz einen Vertragsabschluss und damit den Wechsel in den Sekundärrechtsschutz mitzuteilen. Im Umkehrschluss folgt daraus, dass die Beschwerdeinstanz den Zuschlag auch ohne Gewährung der aufschiebenden Wirkung aufheben kann, solange der Vertrag noch nicht abgeschlossen ist.

VII. Rechtsvergleichung

42   Im Bereich der EU auferlegt RL 2014/24/EU 2a den Mitgliedstaaten, Stillhaltefristen festzulegen, die wirksame Nachprüfungsverfahren ermöglichen. Im Weiteren müssen sie gemäss RL 2014/24/EU 2d dafür Sorge tragen, dass ein Beschaffungsvertrag in bestimmten Fällen durch eine von dem öffentlichen Auftraggeber unabhängige Nachprüfungsstelle «für unwirksam erklärt wird». Die Folgen der Unwirksamkeit eines Vertrags richten sich nach einzelstaatlichem Recht. Dieses kann vorsehen, dass alle vertraglichen Verpflichtungen rückwirkend aufgehoben werden oder dass die Wirkung der Aufhebung auf die Verpflichtungen beschränkt ist, die noch zu erfüllen sind. Davon können die Mitgliedstaaten nur abweichen, wenn zwingende Gründe eines Allgemeininteresses es rechtfertigen, die Wirkung des Vertrags zu erhalten; in diesem Fall sind alternative Sanktionen vorzusehen.

---

70   Wenn der Beschaffungswert die Schwellenwerte für das Einladungsverfahren oder für das offene oder selektive Verfahren erreicht (Botschaft BöB, S. 1958).
71   Botschaft BöB, S. 1958; Musterbotschaft, S. 82.

Art. 43 Abbruch

¹ Die Auftraggeberin / *Der Auftraggeber* kann das Vergabeverfahren abbrechen, insbesondere wenn:

a. sie /*er* von der Vergabe des öffentlichen Auftrags aus zureichenden Gründen absieht;

b. kein Angebot die technischen Spezifikationen oder die weiteren Anforderungen erfüllt;

c. aufgrund veränderter Rahmenbedingungen günstigere Angebote zu erwarten sind;

d. die eingereichten Angebote keine wirtschaftliche Beschaffung erlauben oder den Kostenrahmen deutlich überschreiten;

e. hinreichende Anhaltspunkte für eine unzulässige Wettbewerbsabrede unter den Anbieterinnen / *Anbietern* bestehen;

f. eine wesentliche Änderung der nachgefragten Leistung erforderlich wird.

² Im Falle eines gerechtfertigten Abbruchs haben die Anbieterinnen / *Anbieter* keinen Anspruch auf eine Entschädigung.

Inhaltsverzeichnis

I.	Grundlagen	1
II.	Abs. 1: Verfahrensabbruch	7
A.	Bst. a: Definitiver Verfahrensabbruch	9
B.	Bst. b: Ausbleiben eines zulässigen Angebots	11
C.	Bst. c: Veränderte Rahmenbedingungen	13
D.	Bst. d: Keine wirtschaftliche Beschaffung	14
E.	Bst. e: Anhaltspunkte auf unzulässige Wettbewerbsabrede	16
F.	Bst. f: Wesentliche Bedarfsänderung	17
III.	Abs. 2: Entschädigung	19
IV.	Rechtsvergleichung	22

I. Grundlagen

BöB/IVöB 43 setzt GPA 2012 XV:5 (Verzicht auf Vergabe im öffentlichen Interesse) um. Wie unter altem Recht (aVöB 30) enthält der Gesetzestext eine nicht abschliessende Aufzählung von Abbruchgründen. Allerdings hat der Gesetzgeber die Chance genutzt und die in der Rechtsprechung der eidgenössischen und kantonalen Gerichte herausgearbei- 1 teten Abbruchgründe positivrechtlich kodifiziert. Zu begrüssen ist ebenfalls, dass die Abbruchgründe nun auch auf Bundesebene auf Gesetzesstufe legieriert sind.

2   Idealtypisch schliesst die Auftraggeberin ein Vergabeverfahren mit dem Zuschlag und damit mit der Vergabe des öffentlichen Auftrags (BöB 8) an die Zuschlagsempfängerin ab. Es geschieht allerdings regelmässig, dass die Beschaffung nicht erfolgreich beendet wird: z.B. aufgrund Verfahrensfehler, wegfallenden Bedarfs, ausbleibender zulässiger Angebote (vgl. BöB 43 Abs. 1). Für die Auftraggeberin stellt sich in solchen Situationen die Frage, ob und gegebenenfalls wie sie das Vergabeverfahren abbrechen darf und welche Rechtsfolgen der Abbruch zeitigen wird.

3   Im Gegensatz zum Ausschluss oder Widerruf betrifft der Abbruch nicht eine bestimmte Anbieterin, sondern umfasst das gesamte Vergabeverfahren. Die Vergabestelle kann den Abbruch vor oder nach dem Zuschlag verfügen. Bricht die Auftraggeberin das Verfahren nach dem Zuschlag ab und will sie dieses neu durchführen, hat sie vor Erlass der Abbruchverfügung den bestehenden Zuschlag zu widerrufen.[1] Aus verfahrensökonomischen Gründen kann die Vergabestelle Widerruf und Abbruch in einer Verfügung aussprechen.[2] Mit dem Widerruf setzt sich die Vergabestelle in den Zustand zurück, in dem sie sich vor dem Zuschlag befand.[3] Verzichtet sie trotz Zuschlags auf die Beschaffung, bedarf es keines Widerrufs. Die Zuschlagsempfängerin hat vergaberechtlich keinen Anspruch auf Vertragsabschluss. Mit Blick auf allfällige zivilrechtliche Folgen ist aber angezeigt, wenn die Vergabestelle die Zuschlagsempfängerin über den Verzicht auf die Beschaffung ins Bild setzt.[4]

4   Ein Verfahrensabbruch aus sachlichen Gründen ist in jedem Verfahrensstand möglich (GPA 2012 XV:5). Über das Beschaffungsbedürfnis entscheidet einzig die Auftraggeberin.[5] Ein sachlicher Grund liegt vor, wenn für die Vergabestelle die Vorteile eines Abbruchs im Vergleich zu jenen der Weiterführung des Verfahrens überwiegen.[6] Unbeachtlich ist, ob die Vergabestelle ein Verschulden am Abbruch trifft oder ob der Abbruchgrund für sie erkenn- oder voraussehbar war. Es ist weiter nicht notwendig, dass die Interessen der Anbieterin an der Fortführung gegenüber dem Interesse der Vergabestelle am Abbruch abgewogen werden.[7] Unzulässig wäre ein Abbruch jedoch, wenn er als

---

1   VGer ZH, VB.2005.00283 vom 20.04.2005, E. 3.2 und 3.3; GALLI/MOSER/LANG/STEINER, Rz. 791.
2   Komm BöB-TRÜEB, Art. 30 N 19, wobei der Widerruf auch implizit erfolgen könne. Unzulässig wäre allerdings ein «impliziter» Verfahrensabbruch durch eine Neuausschreibung: BVGer B-2449/2012 vom 06.09.2012, E. 3 ff.
3   BVGer B-6136/2007 und B-6137/2007 vom 30.01.2008, E. 6.1.3.
4   VGer ZH, VB.2005.00283 vom 20.04.2005, E. 3.2 und 3.3; a.M. BEYELER, Öffentliche Beschaffung, S. 289.
5   Botschaft BöB, S. 1959.
6   Komm BöB-TRÜEB, Art. 11 N 18. Dies ist insb. der Fall, wenn die Ziele des öffentlichen Beschaffungsrechts mit der Vergabe nicht (mehr) erreicht werden können.
7   BGE 134 II 192, E. 2.3; BEYELER, Überlegungen, S. 791.

Instrument zur gezielten Diskriminierung einer Anbieterin und damit dazu eingesetzt würde, einen nicht gewollten Verfahrensausgang abzuwenden.[8]

Der Abbruch des Verfahrens ist eine anfechtbare Verfügung (BöB/IVöB 53 Abs. 1 Bst. g; aBöB 29 Bst. a).[9] Im Gegensatz zum alten Recht ist die Auftraggeberin nun verpflichtet, bei offenen und selektiven Verfahren die Abbruchverfügung zu veröffentlichen (BöB 48 Abs. 1).[10] Bei einer Abbruchverfügung sind die Anforderungen an die Begründungsdichte etwas höher als bei einer Zuschlagsverfügung: Aus einer Abbruchverfügung muss direkt hervorgehen, aus welchen Gründen die Auftraggeberin das Verfahren abbricht und ob der Abbruch definitiv ist oder ob sie eine Wiederholung des Verfahrens in Betracht zieht.[11] Die Vergabestelle hat die Entscheidgründe offenzulegen und so zu begründen, dass die Anbieterinnen die Verfügung sachgerecht anfechten können und das Gericht den Entscheid sachgerecht beurteilen kann.[12]

Einen Spezialfall des Abbruchs stellt der Teilabbruch dar. Dabei verzichtet die Auftraggeberin auf einen Teil der ausgeschriebenen Leistung. Liegen sachliche Gründe für den Teilabbruch vor, erweist er sich als zulässig.[13] In der Sache selbst entspricht er einer nachträglichen Änderung des ursprünglichen Beschaffungsgegenstands (vgl. N 17 f.).[14]

II. Abs. 1: Verfahrensabbruch

BöB 43 Abs. 1 enthält eine nicht abschliessende Liste von zulässigen sachlichen Abbruchgründen. Bst. a umfasst primär den Verfahrensabbruch mit endgültigem Verzicht auf das Beschaffungsgeschäft (sog. definitiver Verfahrensabbruch). Bst. b–f beinhalten den Verfahrensabbruch im Hinblick auf eine Wiederholung oder Neuauflage des Beschaffungsgeschäfts (sog. provisorischer Abbruch). Die Unterscheidung ist u.a. relevant, weil bei einem definitiven Verfahrensabbruch die Vergabestelle nicht zur Weiterführung des Verfahrens verpflichtet werden kann, bei provisorischen Abbrüchen indessen je nachdem schon.[15]

---

8   Botschaft BöB, S. 1959.
9   Zur Erinnerung: Anfechtbar ist die Abbruchverfügung wie nach altem Recht nur im Staatsvertragsbereich.
10 BVGer B-2449/2012 vom 06.09.2012, E. 3.4.1 f.; Galli/Moser/Lang/Steiner, Rz. 791. Nach altem Recht war die individuelle Eröffnung der Abbruchverfügung rechtsgenüglich. Eine Publikation der Abbruchverfügung erwies sich nur dann als unabdingbar, wenn der Adressatenkreis der Verfügung nicht bekannt war – so z.B. bei Abbrüchen vor Eingang der Offerten im offenen Verfahren.
11 Botschaft BöB, S. 1959; BVGer B-2449/2012 vom 06.09.2012, E. 4.2 ff.; Seiler Germanier, S. 42; Suter, Rz. 359 ff.
12 Seiler Germanier, S. 42.
13 Beyeler, Überlegungen, S. 786.
14 Galli/Moser/Lang/Steiner, Rz. 829 m.w.H.
15 VGer VD, MPU.2013.0028 vom 14.05.2014, E. 2b.

8 Grundsätzlich bestimmt einzig und allein die Vergabestelle, ob sie ein Vergabeverfahren abbrechen oder weiterführen will.[16] Entsprechend ist BöB 43 Abs. 1 als Kann-Vorschrift ausgestaltet. Abgesehen von wenigen Ausnahmen besteht daher auch keine Pflicht zum Verfahrensabbruch. Eine Pflicht zum Abbruch kann bei wesentlicher Änderung der Vergabebedingungen bestehen, bei Wegfallen des Interesses am Verfahren und deshalb notorischer Untätigkeit der Behörde oder bei paralleler Suche von Anbieterinnen in unterschiedlichen Verfahren (z.B. gleichzeitig In-house-, freihändiges und offenes Verfahren).[17]

A. Bst. a: Definitiver Verfahrensabbruch

9 Sachlich begründbar (und damit rechtmässig) ist ein Verfahrensabbruch dann, wenn die Auftraggeberin endgültig auf das Beschaffungsgeschäft verzichtet.[18] Definitive Abbrüche sind damit stets zulässig (und sachlich begründet), weil eine Verfahrensfortsetzung weder sinnvoll wäre noch sich mit dem Grundsatz eines wirtschaftlich, ökologisch und sozial nachhaltigen Einsatzes der öffentlichen Mittel rechtfertigen liesse (BöB 1 Bst. a). Dem Zusatz «aus zureichenden Gründen» ist soweit ersichtlich keine weitergehende Bedeutung beizumessen: Denn mit dem Verzicht auf die Vergabe des öffentlichen Auftrags lässt sich ein definitiver Abbruch wie erwähnt ohne Weiteres sachlich begründen. Insofern erfolgt ein solcher Verzicht ohnehin aus zureichenden Gründen.

10 Zu einem definitiven Abbruch kann es z.B. kommen, wenn eine Leistung unter Vorbehalt der Kreditgewährung ausgeschrieben und der Kredit in der Folge nicht gesprochen wird. Ebenfalls können neue Erkenntnisse dazu führen, dass die Auftraggeberin auf die Vergabe des öffentlichen Auftrags verzichtet.[19] Weiter stellt der begründete (ernsthafte beabsichtigte und nicht missbräuchliche) Entscheid der Auftraggeberin, die nachgefragte Leistung in-house zu vergeben, einen sachlichen Grund dar, der den definitiven Abbruch eines bereits eingeleiteten Verfahrens rechtfertigt.[20] Die In-house-Vergabe selbst muss indes nicht zusätzlich sachlich begründet werden.[21] Es müssen daher auch keine besonders guten, gewichtigen oder gar notwendigen Gründe für die interne Lösung sprechen. Eine interne Lösung darf auch mehr kosten als eine Marktbeschaffung. Es reicht, dass die interne Lösung gewählt und umgesetzt wird. Dabei spielt es weiter

---

16 Botschaft BöB, S. 1959.
17 BEYELER, Überlegungen, S. 787.
18 BGE 129 I 410, E. 3.4; BVGer B-1284/2017 vom 06.06.2017, E. 2.2.
19 Botschaft BöB, S. 1959.
20 KGer GE, ATA/1056/2015 vom 06.10.2015, E. 9e; BEYELER, Überlegungen, S. 784; Komm BöB-TRÜEB, Art. 11 N 20.
21 VGer VD, MPU.2011.0020 vom 16.03.2012, E. 2 f.; a.M. BVGer B-536/2013 vom 29.05.2013, E. 3.2 ff.

keine Rolle, ob die Auftraggeberin den Entscheid für die In-house-Vergabe vor oder nach Einleitung des Vergabeverfahrens fällt.[22]

B. Bst. b: Ausbleiben eines zulässigen Angebots

Die Leistungsanforderungen werden gelegentlich «überspezifiziert». Ein Abbruch ist daher ohne Weiteres zulässig, wenn kein Angebot die technischen Spezifikationen oder die weiteren Anforderungen erfüllt (Bst. b).[23] Weitere Anforderungen können z.B. qualitative Mindestanforderungen an das Angebot darstellen (vgl. dazu Art. 29 N 11). Mit anderen Worten lassen sich keine Anbieterinnen finden, die eine ausschreibungskonforme Offerte eingereicht haben. Es besteht somit kein Wettbewerb.[24]

BöB 43 Abs. 1 Bst. b umfasst vom Wortlaut her nur den Abbruch aus Gründen, welche angebotsseitig zu finden sind. Allerdings scheint dieses Verständnis zu eng: Ein provisorischer Abbruch muss sich auch dann als zulässig erweisen, wenn im Verfahren z.B. keine Anbieterin die Eignungskriterien erfüllt.[25]

C. Bst. c: Veränderte Rahmenbedingungen

Veränderte Rahmenbedingungen können ebenfalls einen sachlichen Grund darstellen, um ein Vergabeverfahren abzubrechen. Vorausgesetzt ist, dass die veränderten Rahmenbedingungen günstigere Angebote erwarten lassen.[26] Dies ist der Fall, wenn die Auftraggeberin im Laufe des Verfahrens neue Erkenntnisse erlangt (z.B. von neuen Techniken). Auch die Änderung äusserer Umstände (Preiszerfall, technische Innovationen, neu entdeckte technische oder wirtschaftliche Hindernisse, Veränderungen des Beschaffungsbedarfes etc.) lassen einen Abbruch sachlich gerechtfertigt erscheinen.[27] Würde die Auftraggeberin einen öffentlichen Auftrag aufgrund der ursprünglichen Leistungsbeschreibung vergeben, würde dies zu einer nicht bedarfsgerechten Beschaffung führen (insb. auch in wirtschaftlicher Hinsicht; BöB 2 Bst. a). Insofern muss es der Vergabestelle erlaubt sein, das Verfahren abzubrechen und in geänderter Weise wieder zu publizieren.

---

22 BEYELER, interne Lösung, S. 21. Hat die Vergabestelle unter Anwendung der notwendigen Sorgfalt den Abbruch aber bereits bei Verfahrenseinleitung voraussehen können, kann sich daraus der Schluss ergeben, dass die Verfahrenseinleitung in treuwidriger Weise erfolgt ist. Daraus können «sich gegebenenfalls haftungsrechtliche Ansprüche» ableiten (VGer GR, U 13 101 vom 16.12.2014, E. 6c).
23 Botschaft BöB, S. 1959; VGer GR, U 12 52 vom 18.09.2012, E. 2d–g.
24 SCHERLER, Wiederholung, S. 288 f.
25 BVGer B-4637 vom 17.03.2017, E. 6: Beide Anbieterinnen haben die geforderten Eignungskriterien nicht erfüllt. Die Auftraggeberin hat in der Folge das Verfahren abgebrochen und mit geänderten Eignungskriterien neu ausgeschrieben.
26 Botschaft BöB, S. 1959.
27 Komm BöB-TRÜEB, Art. 11 N 21; Botschaft BöB, S. 1959.

D. Bst. d: Keine wirtschaftliche Beschaffung

14 Gestützt auf BöB 2 Bst. a und die Forderung nach einer nachhaltigen Beschaffung (in wirtschaftlicher, sozialer und ökologischer Hinsicht) darf eine Auftraggeberin ein Vergabeverfahren ebenfalls abbrechen (und allenfalls in veränderter Form wieder ausschreiben). Vorausgesetzt ist z.B., dass die eingereichten Angebote keine wirtschaftliche Beschaffung erlauben oder die geschätzten Kosten deutlich übersteigen.[28]

15 Keine wirtschaftliche Beschaffung kann vorliegen, wenn sich nicht genügend geeignete Anbieterinnen finden lassen. Hat nur eine Anbieterin eine gültige Offerte eingereicht, kann das Verfahren aber nicht unbesehen abgebrochen werden. Es ist insb. zu prüfen, ob das Angebot im Lichte der Preisschätzung der Vergabestelle als preislich angemessen erscheint oder nicht.[29] In jedem Fall darf die Vergabestelle das Verfahren abbrechen, wenn die eingereichten und gültigen Offerten ihre sorgfältige Preisschätzung deutlich übersteigen. Sachlich nicht begründen lässt sich ein Abbruch, wenn die Kostenüberschreitung des Budgets lediglich 3 % beträgt.[30] Sachlich begründbar ist ein Verfahrensabbruch jedenfalls bei einer Kostenüberschreitung von 25 %.[31] Mit Blick auf die Grundsätze des Werkvertragsrechts sollte ein Abbruch auch bei einer Kostenüberschreitung von mehr als 10 % vom geschätzten Preis zulässig sein.

E. Bst. e: Anhaltspunkte auf unzulässige Wettbewerbsabrede

16 Für die Beurteilung unzulässiger Wettbewerbsabreden (Bst. e) wird auf die Erläuterungen zu BöB 44 Abs. 2 verwiesen (vgl. Art. 44 N 36 ff.). Auch bei Bst. e geht es letztendlich darum, dass die Vergabestelle nicht zu einer Beschaffung verpflichtet wird, welche nicht als nachhaltig i.S.v. BöB 2 Bst. a anzusehen ist. Hinreichende Anhaltspunkte auf eine unzulässige Wettbewerbsabrede können z.B. bestehen, wenn bei einem herkömmlichen Auftrag, welcher keine Spezialleistungen enthält, nur ein Angebot bei der Auftraggeberin eingeht und die Kostenschätzung der Vergabestelle deutlich überschritten wird.[32]

---

[28] Botschaft BöB, S. 1959.
[29] GALLI/MOSER/LANG/STEINER, Rz. 820 m.w.H.
[30] VGer VD, MPU.2013.0028 vom 14.05.2014, E. 2b; ebenso VGer ZH, VB.2012.00822 vom 13.03.2013, E. 4.6.2 (Kostenüberschreitung von 2 %) und VGer ZH, VB.2011.00330 vom 25.10.2011, E. 4.4 (Kostenüberschreitung von 2,5 %).
[31] VGer GR, U 01 71 vom 01.08.2001, E. 4c und d. Vgl. auch BGer 2P.34/2007 vom 08.05.2007, E. 6.3 (Kostenüberschreitung von 85 %).
[32] GALLI/MOSER/LANG/STEINER, Rz. 802; Komm BöB-TRÜEB, Art. 11 N 21; BRK 2002-013 vom 06.03.2003 (VPB 67.67), E. 2a ff.

F. Bst. f: Wesentliche Bedarfsänderung

Ein Abbruch eines Vergabeverfahrens ist auch aufgrund einer wesentlichen Bedarfs- 17
änderung möglich, ja u.U. sogar notwendig (vgl. N 8). Wesentlich ist eine Bedarfsänderung (und damit einhergehend Änderung am Beschaffungsgegenstand) dann, wenn sich die Änderung auf den zu erwartenden Kreis von Anbieterinnen, welche auf die entsprechende Ausschreibung reagieren würden, auswirkt.[33]

Unwesentliche Leistungsanpassungen während des laufenden Verfahrens sind erlaubt, 18
sofern die Vergabestelle alle Anbieterinnen gleichbehandelt und transparent vorgeht (BöB 2 Bst. b und c). Erweist sich die Leistungsänderung aber als wesentlich, muss die Auftraggeberin das Verfahren förmlich abbrechen und das Verfahren bez. des geänderten Bedarfs erneut einleiten.[34]

III. Abs. 2: Entschädigung

Bei einem Verfahrensabbruch aus sachlichem Grund hat die Vergabestelle das (Vergabe) 19
recht nicht verletzt (so z.B. bei definitiven Verfahrensabbrüchen [vgl. N 9] oder eben sachlich begründeten provisorischen Verfahrensabbrüchen). Dementsprechend haben die Anbieterinnen keinen Anspruch auf Entschädigung ihrer Auslagen für die Einreichung des Angebots.[35] Der vergaberechtliche Rechtsschutz greift nicht.

Ein fehlerhaftes Verhalten der Vergabestelle vor dem Abbruch lässt sich bei einem ge- 20
rechtfertigten Verfahrensabbruch gegebenenfalls über die Haftung aus *culpa in contrahendo* sanktionieren. Der Rechtsgrund für die *Culpa*-Haftung wäre dabei nicht im (zulässigen) Verfahrensabbruch, sondern in einer fehlerhaften verfahrenseinleitenden oder -fortführenden Handlung zu suchen.[36]

Erweist sich ein provisorischer Abbruch mangels sachlichen Grundes auf Beschwerde 21
hin als vergaberechtswidrig, wird das Vergabeverfahren fortgeführt (BöB 58 Abs. 1).[37] Hat die Vergabestelle zwischenzeitlich aber bereits einen Beschaffungsvertrag über die betreffende Leistung abgeschlossen, kann die Anbieterin nur noch vergaberechtlichen Schadenersatz fordern.[38]

---

33 BVGer B-6274/2015 vom 21.12.2015, E. 4.6.
34 Beyeler, Überlegungen, S. 786; Leuthold, Angebotsänderungen, S. 111 m.w.H.
35 Botschaft BöB, S. 1959; Komm BöB-Trüeb, Art. 11 N 24 und Komm BöB-Trüeb, Art. 35 N 16.
36 Beyeler, Überlegungen, S. 793; Komm BöB-Trüeb, Art. 35 N 16.
37 Bei definitiven Verfahrensabbrüchen stellt sich die Frage nach der Fortführung des Verfahrens nicht: Ein Verzicht auf den Beschaffungsgegenstand rechtfertigt jeden Verfahrensabbruch (vgl. N 9 f.).
38 Komm BöB-Trüeb, Art. 11 N 23; Beyeler, Überlegungen, S. 792; BRK 2001-005 vom 16.11.2001 (VPB 66.39), E. 3.

IV. Rechtsvergleichung

22 Der Abbruch wurde in der allgemeinen RL 2014/24/EU nicht harmonisiert, sondern den einzelnen Mitgliedstaaten der EU zur Regelung überlassen. Der Blick nach Deutschland zeigt, dass der Abbruch (und seine Rechtsfolgen) ähnlich geregelt sind. VgV 63 Abs. 1 enthält die Abbruchgründe für Vergabeverfahren. So ist die Auftraggeberin berechtigt, ein Vergabeverfahren ganz oder teilweise aufzuheben, wenn kein Angebot eingegangen ist, das den Bedingungen entspricht, sich die Grundlage des Vergabeverfahrens wesentlich geändert hat, kein wirtschaftliches Ergebnis erzielt wurde oder andere schwerwiegende Gründe bestehen. VgV 63 Abs. 1 Abschnitt 2 bestimmt zudem, dass die öffentliche Auftraggeberin grundsätzlich nicht verpflichtet ist, den Zuschlag zu erteilen. Anders gewendet: Die Auftraggeberin kann ohne Weiteres auf die Vergabe eines öffentlichen Auftrags verzichten.

23 Auch bez. Bekanntgabe des Verfahrensabbruchs ist das deutsche Recht mit demjenigen in der Schweiz vergleichbar: Die öffentliche Auftraggeberin teilt den Bewerberinnen oder Bieterinnen nach Aufhebung des Vergabeverfahrens unverzüglich die Gründe für ihre Entscheidung mit, auf die Vergabe eines Auftrages zu verzichten oder das Verfahren erneut einzuleiten.[39]

---

39 VgV 63 Abs. 2.

Art. 44 Ausschluss vom Verfahren und Widerruf des Zuschlags

¹ Die Auftraggeberin / *Der Auftraggeber* kann eine Anbieterin / *einen Anbieter* von einem Vergabeverfahren ausschliessen, aus einem Verzeichnis streichen oder einen ihr / *ihm* bereits erteilten Zuschlag widerrufen, wenn festgestellt wird, dass auf die betreffende Anbieterin / *den betreffenden Anbieter*, ihre / *seine* Organe, eine beigezogene Drittperson oder deren Organe einer der folgenden Sachverhalte zutrifft:

a. Sie erfüllen die Voraussetzungen für die Teilnahme am Verfahren nicht oder nicht mehr, oder der rechtskonforme Ablauf des Vergabeverfahrens wird durch ihr Verhalten beeinträchtigt.

b. Die Angebote oder Anträge auf Teilnahme weisen wesentliche Formfehler auf oder weichen wesentlich von den verbindlichen Anforderungen einer Ausschreibung ab.

c. Es liegt eine rechtskräftige Verurteilung wegen eines Vergehens zum Nachteil der jeweiligen Auftraggeberin / *des jeweiligen Auftraggebers* oder wegen eines Verbrechens vor.

d. Sie befinden sich in einem Pfändungs- oder Konkursverfahren.

e. Sie haben Bestimmungen über die Bekämpfung der Korruption verletzt.

f. Sie widersetzen sich angeordneten Kontrollen.

g. Sie bezahlen fällige Steuern oder Sozialabgaben nicht.

h. Sie haben frühere öffentliche Aufträge mangelhaft erfüllt oder liessen in anderer Weise erkennen, keine verlässlichen und vertrauenswürdigen Vertragspartnerinnen / *Vertragspartner* zu sein.

i. Sie waren an der Vorbereitung der Beschaffung beteiligt, und der dadurch entstehende Wettbewerbsnachteil der anderen Anbieterinnen / *Anbieter* kann nicht mit geeigneten Mitteln ausgeglichen werden.

j. Sie wurden nach Artikel 45 Absatz 1 von künftigen öffentlichen Aufträgen rechtskräftig ausgeschlossen.

² Die Auftraggeberin / *Der Auftraggeber* kann überdies Massnahmen nach Absatz 1 treffen, wenn hinreichende Anhaltspunkte dafür vorliegen, dass auf die Anbieterin / *den Anbieter*, ihre / *seine* Organe, eine beigezogene Drittperson / *einen beigezogenen Dritten* oder deren / *dessen* Organe insbesondere einer der folgenden Sachverhalte zutrifft:

a. Sie haben unwahre oder irreführende Aussagen und Auskünfte gegenüber der Auftraggeberin / *dem Auftraggeber* gemacht.

b. Es wurden unzulässige Wettbewerbsabreden getroffen.

c. Sie reichen ein ungewöhnlich niedriges Angebot ein, ohne auf Aufforderung hin nachzuweisen, dass die Teilnahmebedingungen eingehalten werden, und bieten keine Gewähr für die vertragskonforme Erbringung der ausgeschriebenen Leistungen.

d. Sie haben gegen anerkannte Berufsregeln verstossen oder Handlungen oder Unterlassungen begangen, die ihre berufliche Ehre oder Integrität beeinträchtigen.

e. Sie sind insolvent.

f. Sie missachten die Arbeitsschutzbestimmungen, die Arbeitsbedingungen, die Bestimmungen über die Gleichbehandlung von Frau und Mann in Bezug auf die Lohngleichheit, die Bestimmungen über die Vertraulichkeit und die Bestimmungen des schweizerischen Umweltrechts oder die vom Bundesrat bezeichneten internationalen Übereinkommen zum Schutz der Umwelt.

g. Sie haben Melde- oder Bewilligungspflichten nach dem BGSA verletzt.

h. Sie verstossen gegen das Bundesgesetz vom 19. Dezember 1986 gegen den unlauteren Wettbewerb.

Inhaltsverzeichnis

I.	Grundlagen	1
II.	Abs. 1: Vorliegen von sicherer Kenntnis über den Sachverhalt	10
A.	Bst. a: Nichterfüllung der Teilnahmebedingungen	11
B.	Bst. b: Wesentliche Formfehler	15
C.	Bst. c: Rechtskräftige Verurteilung	20
D.	Bst. d: Pfändungs- oder Konkursverfahren	23
E.	Bst. e: Korruption	24
F.	Bst. f: Widersetzung angeordneter Kontrollen	28
G.	Bst. g: Nichtbezahlung von Steuern oder Sozialabgaben	29
H.	Bst. h: Keine verlässliche oder vertrauenswürdige Vertragspartnerin	31
I.	Bst. i: Vorbefassung	33
J.	Bst. j: Auftragssperre	34
III.	Abs. 2: Vorliegen hinreichender Anhaltspunkte	36
IV.	Rechtsvergleichung	42

I. Grundlagen

1 Das GPA 2012 sieht keine ausdrückliche Vorschrift zum Ausschluss und Widerruf vor. Der Ausschluss wird unter den Titeln «Teilnahmebedingungen» und «Zuschlagserteilung» behandelt. GPA 2012 VIII:4 nennt bei den Teilnahmebedingungen als Tatbestän-

de für einen Ausschluss u.a. den Konkurs, unwahre Aussagen, erhebliche oder anhaltende Mängel bei der Erfüllung einer wesentlichen Anforderung oder Verpflichtung früherer Aufträge, ein rechtskräftiges Urteil betreffend ein schweres Verbrechen oder sonstige schwere Delikte, berufliches Fehlverhalten, Handlungen oder Unterlassungen, welche die kommerzielle Integrität der Anbieterin beeinträchtigen, oder die Nichtbezahlung von Steuern. Die möglichen Tatbestände sind exemplarisch aufgelistet und es handelt sich gemäss der Bestimmung im GPA 2012 um eine Kann-Vorschrift. Das GPA 2012 setzt bei einem Ausschluss das Vorliegen von Beweisen («*supporting evidence*») voraus. Ein Ausschluss vom Verfahren ist nach GPA 2012 somit nur möglich, wenn dieser mit Beweisen belegt werden kann. Eine schlichte Vermutung oder ein Gerücht reicht nicht aus, um einen Ausschluss zu begründen. Die Bestimmung im GPA 2012 ist umfangreicher und präziser als GPA 1994 VIII Bst. h, welcher nur die Tatbestände des Konkurses und der unwahren Erklärungen als Beispiele auflistete.

GPA 2012 XV:4 hält in Bezug auf die Zuschlagserteilung sodann fest, dass ein Angebot schriftlich eingereicht sein und bei der Öffnung den wesentlichen Anforderungen und/oder den Ausschreibungsunterlagen entsprechen muss und dass die Anbieterin die Teilnahmebedingungen erfüllen muss. Sind diese Voraussetzungen nicht erfüllt, kommt eine Anbieterin für die Zuschlagserteilung nicht in Frage und ist auszuschliessen. 2

Eine zentrale und für die Praxis begrüssenswerte Neuerung des GPA 2012 ist die Möglichkeit, eine Anbieterin wegen negativer Erfahrungen aus früheren Aufträgen vom Verfahren auszuschliessen.[1] 3

Die Tatbestände im GPA 2012 wurden in BöB/IVöB 44 grundsätzlich übernommen. Allerdings ist die Auflistung in BöB/IVöB 44 umfangreicher und es werden weitere Tatbestände für einen Ausschluss aufgeführt (so u.a. Bst. i–j). Im Unterschied zum GPA 2012 gelten die Tatbestände sodann nicht nur für den Ausschluss, sondern auch für die Streichung aus einem Verzeichnis sowie den Widerruf des Zuschlags. Schliesslich erfolgt eine Unterteilung in Tatbestände, die eine sichere Kenntnis voraussetzen (Abs. 1), und in Tatbestände, die bei Vorliegen hinreichender Anhaltspunkte zur Anwendung gelangen (Abs. 2).[2] 4

Bei BöB/IVöB 44 handelt es sich um eine Kann-Vorschrift. Während aBöB 11 ebenfalls eine Kann-Vorschrift war, hielt aBöB 19 Abs. 3 dagegen fest, dass die Auftraggeberin Angebote und Anträge auf Teilnahme mit wesentlichen Formfehlern vom weiteren Verfahren auszuschliessen habe. Auch die Kantone sahen in der Regeln eine in diese Richtung gehende Formulierung vor, d.h. keine Kann-Vorschrift. 5

Trotz der Formulierung als Kann-Vorschrift sind Auftraggeberinnen grundsätzlich verpflichtet, bei Vorliegen der Voraussetzungen gemäss Tatbestandskatalog eine Anbiete- 6

---

[1] Botschaft BöB, S. 1962 f. Eine frühere Vertragsverletzung in einem untergeordneten Punkt rechtfertigt keinen Ausschluss einer Anbieterin, selbst wenn diese wiederholt erfolgt ist.
[2] Das GPA 2012 setzt das Vorliegen von Beweisen voraus (vgl. N 1). Ein Ausschluss sollte daher immer nachvollziehbar dokumentiert sein.

rin vom Vergabevefahren auszuschliessen.³ Zu beachten ist gleichzeitig, dass der Ausschluss vom Verfahren jederzeit vor dem Verhältnismässigkeitsprinzip (BV 5 Abs. 2) wie auch dem Verbot des überspitzten Formalismus (BV 29 Abs. 1) standhalten muss.⁴ Ein Ausschlussgrund muss daher eine gewisse Schwere aufweisen und ist dann auch anzuordnen; geringfügige Mängel der Offerte rechtfertigen dagegen keinen Ausschluss (vgl. Art. 34 N 22 ff.).⁵

7 In Bezug auf den Zeitpunkt ist festzuhalten, dass der Ausschluss nur vor dem Zuschlag möglich ist.⁶ Ein Ausschlussverfahren kann ab Offertöffnung bis zum Zuschlag grundsätzlich jederzeit eingeleitet werden. Es liegt im Ermessen der Auftraggeberin, wann innerhalb dieses Zeitraums sie den Ausschluss vornimmt. Nach dem Zuschlag bleibt die Möglichkeit, den Zuschlag an eine Anbieterin aus den gleichen Gründen wie beim Ausschluss zu widerrufen.

8 Beim Ausschluss und beim Widerruf des Zuschlags handelt es sich um anfechtbare Verfügungen.⁷ Die Auftraggeberin hat beim Ausschluss die Möglichkeit, eine Anbieterin individuell mittels Verfügung auszuschliessen oder implizit, durch die Zuschlagserteilung mittels Verfügung an eine andere Anbieterin. Die Anbieterin hat keinen Anspruch auf eine individuelle Ausschlussverfügung.⁸ Erfolgt ein individueller Ausschluss wegen fehlender Eignung vor Zuschlagserteilung, ist es wichtig, dass bei sämtlichen Anbietenden die Eignung aus Gleichbehandlungsgründen bereits vollumfänglich geprüft wurde. Der Ausschluss mangels Eignung darf somit erst verfügt werden, wenn auch bez. Konkurrenten die Eignungsprüfung durchgeführt worden ist.⁹ Bei der Streichung von der Liste¹⁰ handelt es sich ebenfalls um eine anfechtbare Verfügung.¹¹

9 In BöB 44 wird nicht nur der Begriff «Anbieterin» verwendet (bzw. «Anbieter» in IVöB 44), sondern die Tatbestände für einen Ausschluss können auch von den Organen der Anbieterin oder beigezogenen Dritten erfüllt werden. Der Hinweis auf die Organe der Anbieterin ist begrüssenswert: Es genügt somit explizit, wenn ein Organ einer An-

---

3   Galli/Moser/Lang/Steiner, Rz. 435; VGer AG, vom 14.07.2000, E. 2 Bst. a, in: AGVE 2000 72, S. 315 ff.
4   VGer BE, 100.2017.228 vom 18.12.2017, E. 3.1; BGer 2C_346/2013 vom 20.01.2014, E. 3.3; BGer 2C_665/2015 vom 26.01.2016, E. 1.3.3.
5   Galli/Moser/Lang/Steiner, Rz. 444.
6   Komm BöB-Trüeb, Art. 11 N 1.
7   BöB/IVöB 53 Abs. 1. Die Zuschlagsempfängerin hat mangels Kontrahierungspflicht zwar keinen Anspruch auf den Vertragsabschluss, doch muss sie die Möglichkeit haben, einen ungerechtfertigten Zuschlagswiderruf anzufechten und Schadenersatz geltend zu machen. Dies geht in der Praxis häufig vergessen: Eine Auftraggeberin muss – wenn sie mit der Zuschlagsempfängerin keinen Vertrag abschliessen will – den Zuschlag an sie widerrufen.
8   BVGE 2007/13, E. 1.
9   Galli/Moser/Lang/Steiner, Rz. 450.
10 Vgl. dazu im Einzelnen Art. 28 N 10.
11 Vgl. dazu BöB/IVöB 53 Abs. 1 Bst. c.

bieterin einen Ausschlussgrund erfüllt. Beigezogene Dritte sind grundsätzlich Subunternehmen.

II. Abs. 1: Vorliegen von sicherer Kenntnis über den Sachverhalt

Die Auftraggeberin hat unter bestimmten Voraussetzungen die Möglichkeit, eine Anbieterin vom Vergabeverfahren auszuschliessen. Die Sachverhalte, welche Abs. 1 aufführt, müssen als solche festgestellt werden können. In Abs. 1 wird damit sichere Kenntnis über den Sachverhalt vorausgesetzt. Es genügt in der Regel nicht, wenn ein Sachverhalt lediglich vermutet wird, bspw. wenn ein Konkursverfahren allenfalls eröffnet wurde.[12] Dieser muss vielmehr – spätestens beim Verfügen des Ausschlusses – nachgewiesen und belegt sein. Bei einem Ausschluss nach Abs. 1 empfiehlt sich daher, die Gründe für den Ausschluss in den Vergabeakten dokumentiert zu haben.[13]

A. Bst. a: Nichterfüllung der Teilnahmebedingungen

Dieser Ausschlussgrund knüpft an die Person der Anbieterin und ihre Eigenschaften an. Sie muss gewisse Voraussetzungen für die Teilnahme am Verfahren erfüllen, um zugelassen zu werden. Im Vordergrund steht dabei insb. der Nachweis, dass die Anbieterin die Teilnahmebedingungen, u.a. die Arbeitsschutzbestimmungen sowie die Arbeitsbedingungen, das Umweltrecht, die Melde- und Bewilligungspflichten nach dem Bundesgesetz gegen die Schwarzarbeit sowie die Bestimmungen über die Gleichbehandlung von Frau und Mann in Bezug auf die Lohngleichheit einhält.[14]

Sodann definiert die Auftraggeberin in der Ausschreibung und den Ausschreibungsunterlagen technische Spezifikationen[15] und Eignungskriterien.[16] Erfüllt eine Anbieterin die technischen Spezifikationen und/oder Eignungskriterien nicht, führt dies zum Ausschluss vom Verfahren, sofern sich der Ausschluss nicht als unverhältnismässig und

---

12 Eine Ausnahme bestimmt Bst. e, wo die Eröffnung einer Strafuntersuchung grundsätzlich ausreicht, vgl. N 26.
13 Vgl. dazu das GPA 2012 und N 1.
14 Vgl. Art. 12 N 5 ff. Für die im Ausland zu erbringenden Leistungen kommt BöB/IVöB 12 Abs. 2 zum Tragen, wonach die Anbieterinnen mindestens die Kernübereinkommen der ILO nach Massgabe von BöB Anhang 6/IVöB Anhang 4 einzuhalten haben.
15 Vgl. zu den technischen Spezifikationen Art. 30 N 7 ff.. Die technischen Spezifikationen legen die Merkmale des Beschaffungsgegenstands wie Funktion, Leistung, Qualität, Sicherheit und Abmessungen fest.
16 Vgl. zu den Eignungskriterien Art. 27 N 8 ff. Mit den Eignungskriterien wird die Befähigung der Anbieterinnen zur Erfüllung des Auftrags sichergestellt. Eignungskriterien sind stets anbieterbezogen.

überspitzt formalistisch erweist.[17] Die Nichterfüllung auch nur eines Eignungskriteriums führt zum Ausschluss vom Verfahren. Eignungskriterien sind so auszulegen und in der Folge auch anzuwenden, wie sie von den Anbietenden in guten Treuen verstanden werden konnten und mussten. Auf den subjektiven Willen der Auftraggeberin und der dort tätigen Personen kommt es nicht an.[18]

13 Aufgrund der Formulierung in Bst. a müssen die Voraussetzungen für die Teilnahme am Verfahren dauernd erfüllt sein. Dies hat zur Folge, dass die Auftraggeberin auf Veränderungen und die Entdeckung neuer Tatsachen jederzeit mit dem Ausschluss reagieren kann.[19]

14 Schliesslich kann ein Ausschluss nach dieser Bestimmung auch erfolgen, wenn eine Anbieterin durch ihr Verhalten den rechtskonformen Ablauf des Vergabeverfahrens beeinträchtigt. Die Qualifikation, ob und welches Verhalten (dazu gehört auch ein Untätigbleiben) einer Anbieterin oder beigezogener Dritter so unpassend ist, dass ein Ausschluss oder Widerruf des Zuschlags gerechtfertigt wäre, liegt im Ermessen der Auftraggeberin.[20]

B. Bst. b: Wesentliche Formfehler[21]

15 Es entspricht dem Zweck und Charakter des Submissionsverfahrens, dass sowohl seitens der Anbieterinnen wie auch seitens der Auftraggeberin bestimmte Formvorschriften eingehalten werden müssen, deren Missachtung zum Ausschluss der betreffenden Offerte führen kann. Nicht jede Unregelmässigkeit vermag aber eine solche Massnahme zu rechtfertigen. Die Bestimmung spricht ausdrücklich von wesentlichen Formvorschriften, ohne aber Beispiele dafür zu nennen. Eine Verletzung von wesentlichen Formvorschriften liegt insb. bei der Nichteinhaltung der Eingabefrist, der fehlenden Unterschrift sowie der Unvollständigkeit des Angebots bzw. des Antrags auf Teilnahme im selektiven Verfahren vor.[22]

---

17 VGer ZH, VB.2018.0061 vom 19.12.2018; BGer 2C_346/2013 vom 20.01.2014, E. 3.3; BGer 2C_665/2015 vom 26.01.2016, E. 1.3.3. Vgl. das VGer ZH, welches bei der Nichterfüllung von Muss-Anforderungen festhält, dass dies nicht zwingend zum Ausschluss aus dem Verfahren führt, sondern die enthaltenen Vorgaben an das Produkt sachlich begründet sein müssen (VGer ZH, VB.2018.00450 vom 15.11.2018, E. 4.2.2).
18 BGE 141 II 14, E. 7. Eignungskriterien sind grundsätzlich nach dem Vertrauensprinzip auszulegen. Die Auftraggeberin darf die Anforderungen gegenüber der Ausschreibung nicht erhöhen, bei unklaren Vorgaben müssen sie deshalb grosszügig zugunsten der Anbietenden angewendet werden (VGer ZH, VB.2012.00243 vom 21.09.2012, E. 3).
19 Jäger, Ausschluss, Rz. 33. Dies unter der Voraussetzung, dass es die Schwere des Mangels zulässt und sich die Auftraggeberin nicht widersprüchlich verhält.
20 Botschaft BöB, S. 1961.
21 Vgl. diesbezüglich ebenfalls Kommentierung BöB/IVöB 34 (Art. 34 N 15 ff.).
22 Vgl. u.a. Komm BöB-Trüeb, Art. 19 N 1. Die Rechtsprechung zeigt aufgrund des unbestimmten Rechtsbegriffs der «wesentlichen Formfehler» eine grosse Verschiedenartigkeit bei der Handha-

Die Auftraggeberinnen prüfen, ob ein Angebot fristgerecht eingereicht worden ist. Massgebend dabei ist das Eintreffen bei der Auftraggeberin. Ein Angebot kann vor diesem Hintergrund zwar rechtzeitig der Post übergeben worden sein, aber nicht innert Frist bei der Auftraggeberin eingehen. Hier ist eine strenge Handhabung der Auftraggeberinnen gefragt: Ein Angebot ist vom Verfahren auszuschliessen, auch wenn dieses nur wenige Minuten zu spät oder nicht an dem von der Auftraggeberin angegebenen Ort eintrifft. Auch eine noch so geringe Überschreitung der Eingabefrist muss zwingend zum Ausschluss führen.[23]

Fehlende oder unvollständige Unterschriften (durch bspw. nicht zeichnungsberechtigte Personen) im Angebot stellen grundsätzlich geringfügige Mängel dar, welche nicht unmittelbar zum Ausschluss führen dürfen. Vielmehr ist den Anbietenden eine kurze Nachfrist zur Nachreichung der Unterschrift zu setzen. Erst wenn innert dieser Nachfrist keine rechtsgültige Unterschrift folgt, ist der Ausschluss anzuordnen.[24] Die Offerte ist von den handelsrechtlich ausgewiesenen berechtigten Personen zu unterzeichnen.

Ob ein Angebot vollständig ist, ergibt sich aus den Bestimmungen der Ausschreibung und den Ausschreibungsunterlagen der Auftraggeberin. In der Praxis stellt sich häufig die Frage, ob bei Unvollständigkeit eines Angebots den Anbieterinnen in gewissen Situationen eine Frist für die Nachreichung der fehlenden Unterlagen gewährt werden kann. Auch bei einer solchen Beurteilung ist der Einzelfall massgebend. Grundsätzlich muss zur Beantwortung dieser Frage geklärt werden, ob die Nachreichung Auswirkungen auf das Preis-Leistungs-Verhältnis der Offerte hat und ob ein schwerer Mangel des Angebots vorliegt. Ist die Frage zu verneinen, ist eine Nachreichung durch die Anbieterin noch möglich. Sobald aber Angaben oder Dokumente nachgereicht werden müssten, die einen Einfluss auf das Preis-Leistungs-Verhältnis haben, ist die Nachreichung unzulässig und ein Ausschluss vorzunehmen.[25] Von der Rechtsprechung zur Nachreichung als zulässig befunden wurden etwa die fehlende Zweitunterschrift oder Unterschrift

---

bung von Verstössen gegen Formvorschriften durch die Anbietenden. Im Zusammenhang mit der Rechtsprechungsübersicht wird auf GALLI/MOSER/LANG/STEINER, Rz. 456 ff. sowie Art. 34 N 15 f. verwiesen.

23 BGer 2C_1006/2016 vom 20.02.2017, E. 1.
24 Vgl. auch BEYELER, Geltungsanspruch, Rz. 1771: Es ist kein Grund ersichtlich, strenge Massstäbe aufzustellen, wo es um die Unterzeichnung des Angebots geht, die letztlich nur der Vereinfachung des Beweises der Zurechnung des Angebots zum offerierenden Subjekt dient und die in keiner Art den materiellen Gehalt des Angebots berühren. Diese Auffassung wurde in der Rechtsprechung grundsätzlich bestätigt: VGer TI, 52.2017.105 vom 26.09.2017 sowie VGer ZH, VB.2015.00513 vom 10.12.2015; anders dagegen LANG H., S. 235, wonach eine fehlende Unterzeichnung des Angebots nach Ablauf der Eingabefrist nicht mehr nachgereicht werden kann. Lediglich ergänzende Beilagen können u.U. noch eingegeben oder auch ohne Unterschrift akzeptiert werden, wenn das Hauptdokument unterschrieben ist.
25 Vgl. im Einzelnen BVGer B-4969/2017 vom 24.09.2018, E 4.4. Detailliert auch BEYELER, Geltungsanspruch, Rz. 1745 ff.

von Subplanern,[26] Unterlagen, die zwar im Inhaltsverzeichnis aufgeführt sind, aber dann fehlen,[27] das vorgegebene Ordnerregister (nachdem die Anbieterin dies nicht befolgt hat)[28] sowie Angaben zu den Auftragssummen von Referenzen.[29]

19 Schliesslich steht es der Auftraggeberin frei, weitere Anforderungen zu definieren, welche einzuhalten sind. In der Praxis verbreitet sind bspw. Bestimmungen zur Mehrfachnennung von Bewerbern in verschiedenen Teams bei einer Präqualifikation[30] oder zur Zulässigkeit von Arbeitsgemeinschaften, Subunternehmen oder Unternehmervarianten. Wichtig ist, dass die Auftraggeberin auf die Anforderung hinweist und den Ausschluss bei Nichteinhaltung ausdrücklich androht. Der Ausschluss ist weiter zulässig, wenn eine Umlagerung von einer Einheitspreisposition in eine Festpreisposition durch eine Anbieterin vorgenommen wird.[31] Auch Vorbehalte können eine wesentliche Abweichung von den verbindlichen Anforderungen darstellen.[32]

C. Bst. c: Rechtskräftige Verurteilung

20 Diesem Ausschlussgrund liegt die Überlegung zugrunde, dass eine verurteilte Anbieterin keine Gewähr für die richtige Vertragserfüllung bietet und auch aus Reputationsgründen als Vertragspartnerin der öffentlichen Hand nicht mehr in Frage kommt.[33]

21 Vom Wortlaut der Bestimmung her wird einerseits die rechtskräftige Verurteilung der Anbieterin oder ihrer Organe wegen eines Verbrechens (gegen Dritte oder die Auftraggeberin selbst) sowie andererseits ein Vergehen zum Nachteil der jeweiligen Auftraggeberin vorausgesetzt. Bei Letzteren handelt es sich um Fälle, in denen die Auftraggeberin bspw. geschädigte Person i.S.v. StPO 115 ist.[34] Vergehen gegen Dritte (und nicht die Auftraggeberin) reichen nicht aus. Die rechtskräftige Verurteilung der Anbieterin bezieht sich nicht nur auf die StPO, sondern auch auf weitere Spezialgesetze, wie bspw. das USG.[35]

---

26 BRK 2005-0017 vom 23.12.2005 (VPB 70.33), E. 3.
27 VGer ZH, VB.2003.00228 vom 10.05.2004, E. 3.
28 VGer ZH, VB.2005.00350 vom 28.06.2006, E. 4.1.
29 VGer ZH, VB.2015.00702 vom 02.03.2016 E. 6.3 und 7.2.
30 VGer ZH, VB.2010.00057 vom 05.05.2010, E. 2.
31 Auch hier unter der Voraussetzung, dass die Auftraggeberin ausdrücklich auf den Ausschluss solcher Angebote hingewiesen hat (BGer 2C_782/2012 vom 10.01.2013, E. 3).
32 Solchen Angeboten gegenüber ist aus Gleichbehandlungsgründen eine strenge Haltung gerechtfertigt. Grundsätzlich sind Vorbehalte, Abänderungen oder Ergänzungen im Angebot unzulässig. Vorbehalten bleiben auch hier unwesentliche Fehler. Vgl. im Einzelnen die Übersicht zur Zulässigkeit und Unzulässigkeit von Vorbehalten in GALLI/MOSER/LANG/STEINER, Rz. 470 ff.
33 JÄGER, Ausschluss, Rz. 42.
34 Botschaft BöB, S. 1961.
35 Botschaft BöB, S. 1961. Diesbezüglich ist festzuhalten, dass es sich bei einer Vielzahl von Umweltdelikten um Übertretungen oder Vergehen handelt. Nur bei Letzteren (also nicht bei Übertretun-

Auch dieser Ausschlussgrund muss dem Verhältnismässigkeitsgrundsatz (BV 5 Abs. 2) 22
standhalten. Insb. muss eine zeitliche Begrenzung, bis wann eine Verurteilung noch berücksichtigt werden darf, gelten.[36] In der Regel wird die Auftraggeberin einen Strafregisterauszug verlangen, wo Strafen teilweise sehr lange vermerkt sind. Grundsätzlich darf es nicht Aufgabe des Vergaberechts sein, straffällig gewordenen Anbietern die Teilnahme am Wirtschaftsleben über einen zu langen Zeitraum zu verunmöglichen. Meines Erachtens ist aus Verhältnismässigkeitsgründen eine Verurteilung, die 3 Jahre zurückliegt, grundsätzlich für einen Ausschluss nach dieser Bestimmung noch gerechtfertigt. Eine Berücksichtigung über einen längeren als den angegebenen Zeitraum wäre aus meiner Sicht nur in begründeten Fällen möglich.

D. Bst. d: Pfändungs- oder Konkursverfahren

Dieser Ausschlussgrund soll sicherstellen, dass sich nur finanziell und wirtschaftlich gesunde, aufrechtstehende Anbieterinnen um den öffentlichen Auftrag bewerben.[37] Der Wortlaut der Bestimmung ist eindeutig: Eine Anbieterin muss sich bereits in einem Pfändungs- oder Konkursverfahren befinden. Dieses schliesst an ein abgeschlossenes Betreibungsverfahren an. Die Fortsetzung erfolgt dann entweder durch die Pfändungsankündigung oder durch Konkursandrohung.[38] Das Vorliegen von Betreibungen allein reicht nicht aus, um den Ausschlussgrund anzurufen. 23

E. Bst. e: Korruption

Das GPA 2012 beabsichtigt u.a. die Verbesserung der Rahmenbedingungen für den Wettbewerb. Dies soll u.a. mittels konsequenten Kampfs gegen die den Wettbewerb beeinträchtigende Korruption erreicht werden, weshalb Letzteres ein Kernthema der Revision bildet.[39] 24

Sodann ist die OECD-Konvention zur Bestechungsbekämpfung[40] für die Schweiz bereits seit dem 30.07.2000 in Kraft. Sie verpflichtet dazu, die Bestechung ausländischer Amtsträger im internationalen Geschäftsverkehr unter Strafe zu stellen. Die OECD-Antikorruptionsarbeitsgruppe im Bereich des öffentlichen Beschaffungswesens hat eine Empfehlung zur Korruptionsprävention erlassen, wonach einem Unternehmen der Zugang zu öffentlichen Beschaffungsverfahren in der Schweiz nicht möglich sein soll, wenn 25

---

gen) wäre ein Ausschluss möglich, sofern diese gegen die Auftraggeberin gerichtet sind. In der Praxis wird dies voraussichtlich kaum der Fall sein.
36 BGer 2D_49/2011 vom 25.09.2012, E. 5.
37 Jäger, Ausschluss, Rz. 39.
38 Botschaft BöB, S. 1961.
39 Vgl. im Einzelnen Art. 2 N 33 ff.
40 Übereinkommen vom 17.12.1997 über die Bekämpfung der Bestechung ausländischer Amtsträger im internationalen Geschäftsverkehr, SR 0.311.21.

es der Korruption im In- oder Ausland überführt wurde.[41] Gestützt darauf ist nun auch der Ausschluss vom Verfahren bzw. Widerruf des Zuschlags aus Korruptionsgründen möglich.

26 Im Zentrum der möglichen Korruptionsformen stehen die Gewährung und die Annahme geldwerter Vorteile, auf die kein gesetzlicher Anspruch besteht. Auch hier wird gemäss Abs. 1 vorausgesetzt, dass gesicherte Kenntnis über eine Korruption vorliegt. Im Unterschied zu Bst. c muss aber keine rechtskräftige Verurteilung der betroffenen Anbieterin vorliegen. Begründete Vermutungen, wie bspw. die Eröffnung einer Untersuchung durch die Strafuntersuchungsbehörden, reichen aus.[42]

27 Bestimmungen zur Bekämpfung der Korruption finden sich im StGB (vgl. StGB 322ter ff.) sowie im UWG (vgl. UWG 23). Es können aber auch Bestimmungen zur Bekämpfung der Korruption vertragsrechtlich vorgesehen werden, bspw. als Vertragsklausel oder Bestandteil von AGB. Ist der Vertrag abgeschlossen und kommt es dann zu einer Verletzung einer solchen Klausel, ist ein Widerruf des Zuschlags möglich.

F. Bst. f: Widersetzung angeordneter Kontrollen

28 Die Auftraggeberin kann die Einhaltung der Arbeitsschutzbestimmungen, der Arbeitsbedingungen und der Lohngleichheit sowie die Einhaltung des Umweltrechts gemäss BöB/IVöB 12 kontrollieren oder durch Dritte kontrollieren lassen.[43] In der Regel werden diese Kontrollen durch die Auftraggeberin selbst oder durch dazu berufene Behörden oder paritätische Organe durchgeführt.[44] Die Anbieterin ist gehalten, an solchen Kontrollen mitzuwirken. Widersetzt sie sich einer angeordneten Kontrolle, kann ein Ausschluss vom Verfahren erfolgen. Bei diesem Ausschlussgrund empfiehlt sich, die Widersetzung durch die Anbieterin schriftlich zu dokumentieren (in Form eines Schreibens oder Protokolls).[45]

---

41 Botschaft BöB, S. 1910.
42 Botschaft BöB, S. 1962.
43 Bei der Einhaltung des Umweltrechts stellt sich die Frage, wie dies in der Praxis kontrolliert werden soll, da es insb. (noch) keine tripartiten Kommissionen hierfür gibt. Bei Anbieterinnen in Ländern mit einem Risikopotenzial könnte bei diesbezüglichen Zweifeln bspw. ein Audit vor Ort durch einen unabhängigen Dritten durchgeführt werden. Hier wäre aber dann genau anzugeben, wie und was bei der Einhaltung des lokalen Umweltrechts berücksichtigt wird. In der Praxis dürfte dies nebst dem grossen Aufwand wohl kaum umsetzbar sein.
44 Vgl. Art. 12 N 20 ff.
45 Die Dokumentation sollte auch erfolgen, wenn die Einhaltung des Umweltrechts kontrolliert werden würde und sich die Anbieterin dagegen widersetzt.

G. Bst. g: Nichtbezahlung von Steuern oder Sozialabgaben

Das Nichtbezahlen von fälligen Steuern (seien dies Bundes-, Kantons- oder Gemeinde- 29
steuern) und Sozialabgaben (u.a. AHV-, IV-, EO-, ALV-, BVG- und UVG-Beiträge) stellt
einen Ausschlussgrund dar. In BöB/IVöB 26 Abs. 1 wird explizit darauf hingewiesen,
dass die Auftraggeberin sicherzustellen hat, dass die Anbieterin und ihre Subunternehmerinnen die Teilnahmebedingungen erfüllen, u.a. namentlich die fälligen Steuern und
Sozialversicherungsbeiträge bezahlt haben. Unterlässt sie dies, erfüllt sie die Teilnahmebedingungen gemäss Bst. a nicht, weshalb sie auch gemäss dieser Bestimmung auszuschliessen ist.

Als zulässig wurde ein Ausschluss erachtet, nachdem eine Anbieterin beim Einreichen 30
der Offerte Ausstände bei den AHV-Beiträgen hatte und die Selbstdeklaration diesbezüglich wahrheitswidrig ausfüllte.[46] Ein hängiges Strafsteuerverfahren reicht für die Begründung eines Ausschlusses hingegen (noch) nicht.[47]

H. Bst. h: Keine verlässliche oder vertrauenswürdige Vertragspartnerin

Eine Auftraggeberin kann grundsätzlich nicht gezwungen werden, mit einem Unterneh- 31
men zusammenzuarbeiten, welches unzuverlässig und nicht vertrauenswürdig ist. Es
stellt sich die Frage, wie schwer die Verfehlungen sein müssen, um einen Ausschluss
zu rechtfertigen. GPA 2012 VIII:4 sieht als Ausschlussgrund vor, dass erhebliche oder
anhaltende bzw. wiederholte Verletzungen wesentlicher Erfordernisse oder Pflichten
aus einem früheren Vertrag («*significant or persistent deficiencies in performance of
any substantive requirement or obligation under a prior contract*») vorliegen müssen.
Gemäss RL 2004/18/EU 45 Abs. 2 Bst. d, welche mittlerweile aufgehoben ist, konnten
Anbieterinnen vom Vergabeverfahren ausgeschlossen werden, die im Rahmen ihrer beruflichen Tätigkeit eine schwere Verfehlung begangen hatten und die vom öffentlichen
Auftraggeber nachweislich festgestellt wurde. Der EuGH hat diesbezüglich festgehalten,
dass diese Vorschrift durch die Mitgliedstaaten konkretisiert werden dürfe, solange die
RL dabei beachtet werde. Eine schwere Verfehlung i.S.v. RL 2004/18/EU 45 Abs. 2 liege
insb. nur bei Absicht oder Fahrlässigkeit von «gewisser Schwere» vor. Der offen formulierte Begriff der schweren Verfehlung verbiete zudem eine formelhafte Umschreibung
der Anwendungsfälle und verlange eine in jedem Einzelfall individuell vorzunehmende
Prüfung.[48] Daraus folgt, dass auch für die Begründung eines Ausschlusses nach Bst. h

---

46 VGer GR, U-01-41 vom 31.05.2001, E. 1c. Keine Rolle spielte dabei, dass die Anbieterin die Ausstände in der Zwischenzeit nach einer Mahnung beglichen hatte.
47 Im Zusammenhang mit einem hängigen Strafsteuerverfahren hat das VG LU festgehalten, dass aufgrund des laufenden Ermittlungsverfahrens und der Unschuldsvermutung ein Ausschluss nicht gerechtfertigt sei (VGer LU, V 00 163 [LU] vom 24.11.2000, in: LGVE 2000 II Nr. 11, S. 205 ff.).
48 EuGH C-465/11 vom 13.12.2012, Rz. 22 ff.

nicht jede mangelhafte Erfüllung der Vertragspartnerinnen ausreicht, sondern dass eine absichtliche oder grobfahrlässig verschuldete Pflichtverletzung vorliegen muss, welche objektiv und schwerwiegend ist.[49]

32 Im Zusammenhang mit dem Auffangtatbestand, wonach eine Anbieterin in anderer Weise erkennen liess, keine verlässliche und vertrauenswürdige Vertragspartnerin zu sein, muss Gleiches gelten: Nicht jeder untergeordnete Anhaltspunkt kann zu einem Ausschluss führen. Die Gründe für einen solchen Ausschluss müssen objektiv sowie schwerwiegend sein und sind hinreichend nachzuweisen.[50] Der Nachweis dürfte dort gelingen, wo die Auftraggeberin die Erfüllung der abgeschlossenen Verträge im Rahmen des internen Controllings angemessen und regelmässig dokumentiert. Untergeordnete Mängel oder Versäumnisse bei der früheren Vertragserfüllung berechtigen nicht zu einem Ausschluss. Im Einzelfall ist eine sorgfältige Interessenabwägung vorzunehmen. Insb. ist auch entscheidend, wie lange das geltend gemachte Fehlverhalten zurückliegt. Ein Fehlverhalten, welches bereits mehrere Jahre zurückliegt, dürfte für einen Ausschluss schwieriger bzw. nicht mehr zu begründen sein.

I. Bst. i: Vorbefassung

33 Dieser Ausschlussgrund betrifft die Vorbefassung.[51] Resultieren aus der Beschäftigung einer Anbieterin mit dem Beschaffungsgegenstand vor der Ausschreibung erhebliche, nicht auszugleichende Wettbewerbsvorteile, darf diese am Vergabeverfahren nicht mehr teilnehmen.[52] Besteht ein enger Markt oder eine geringfügige Vorbefassung, ist eine Ausnahme vom Ausschluss möglich.[53]

---

49 Vgl. dazu auch VGer BE, 100.2017.228 vom 18.12.2017, E. 3, wonach ein Ausschluss wegen beruflichen Fehlverhaltens geschützt wurde mit der Begründung, die Annahme der mangelnden Gewähr für eine richtige Vertragserfüllung könne nicht nur dann zutreffen, wenn es um eine qualitativ mangelhafte Erfüllung gehe, sondern ganz allgemein dann, wenn eine hinreichend schwerwiegende Verletzung von Vertrags- oder Treuepflichten nachgewiesen sei.
50 Das VG Bern hielt in VGer BE, 100.2017.228 vom 18.12.2017, E. 3.5, weiter fest, dass ein Unternehmen, welches ungerechtfertigte Nachforderungen stelle und damit nicht unbedeutende zusätzliche Kosten und Aufwände verursache, nicht nur seine Vertrauenswürdigkeit und Verlässlichkeit in Frage stelle, sondern auch die Grundsätze des Vergaberechts, weshalb ein Ausschluss gerechtfertigt sei. Anders wäre die Situation wohl zu beurteilen gewesen, wenn nicht mehrere Nachforderungen, sondern nur eine einzelne vorgelegen wäre (vgl. auch STÖCKLI/BEYELER, Neues GPA, Rz. 14).
51 Vgl. dazu im Einzelnen Art. 14 N 5 ff.
52 JÄGER, Ausschluss, Rz. 50; BGer 2D_29/2012 vom 21.11.2012, E. 3.
53 GALLI/MOSER/LANG/STEINER, Rz. 541.

J. Bst. j: Auftragssperre

Nach BöB/IVöB 45 Abs. 1 kann eine Anbieterin bei Erfüllung eines oder mehrerer Tatbestände von BöB/IVöB 44 Abs. 1 Bst. c (vgl. N 20 ff.) und Bst. e (vgl. N 24 ff.) sowie BöB/IVöB 44 Abs. 2 Bst. b (vgl. N 38), Bst. f (vgl. N 41) und Bst. g (vgl. N 41) für die Dauer von bis zu fünf Jahren von künftigen Vergaben ausgeschlossen werden.[54]

Mit einer sog. Auftragssperre belegte Anbieterinnen dürfen nicht zur öffentlichen Auftragsvergabe zugelassen werden und sind entsprechend aus einem laufenden Vergabeverfahren auszuschliessen.

III. Abs. 2: Vorliegen hinreichender Anhaltspunkte

Im Unterschied zu Abs. 1 enthält Abs. 2 Tatbestände, die bereits bei Vorliegen hinreichender Anhaltspunkte erfüllt sind. Dabei handelt es sich um Tatbestände, die – im Vergleich zu Abs. 1 – in der Praxis nicht immer abschliessend festgestellt und dokumentiert werden können. Gleichzeitig kann mit einem Ausschluss aber (bspw. bei einem dringenden Verdacht auf eine Insolvenz oder der Verletzung einer Teilnahmebedingung) nicht zugewartet werden, weshalb hinreichende Anhaltspunkte genügen müssen. Unabhängig davon ist die Auftraggeberin auch in den Fällen von Abs. 2 gehalten, einem allfälligen Verdacht nachzugehen und zumindest Indizien zu sammeln, um einen der Tatbestände in Abs. 2 begründen zu können.

Bst. a regelt, dass Massnahmen nach Abs. 1 getroffen werden können, wenn die Anbieterin unwahre oder irreführende Aussagen und Auskünfte gegenüber der Auftraggeberin gemacht bzw. gegeben hat. Insb. falsche oder irreführende Angaben über rechtlich bedeutsame Umstände wie bspw. die Gesellschaftsform, die Firma, den Gesellschaftssitz, den Gesellschaftszweck oder die Vertretungsbefugnis führen grundsätzlich zum Ausschluss vom Verfahren.[55]

Bst. b bestimmt, dass der Ausschluss (bzw. Widerruf oder die Streichung aus einem Verzeichnis) verfügt werden kann, wenn die Anbieterinnen unzulässige Wettbewerbsabreden getroffen haben. Dies ist bspw. bei Eingaben von Schutzofferten oder etwa der Verwendung von Kalkulationshilfen der Fall.[56] Die Bestimmung sieht – im Gegensatz zu aBöB 11 Bst. e – nicht mehr vor, dass der wirksame Wettbewerb dadurch beseitigt oder erheblich beeinträchtigt werden muss. Besteht daher der dringende Verdacht,[57] dass

---

54 Vgl. dazu im Einzelnen Art. 45 N 3 ff.
55 VGer ZH, VB.2001.00419 vom 19.06.2002, E. 4.
56 Vgl. Galli/Moser/Lang/Steiner, Rz. 525 und Beyeler, Geltungsanspruch, Rz. 1962, Fn. 1858 und die dortige Unterscheidung zwischen Ausbeutungsabsprachen und Kampfabsprachen.
57 Bspw. wenn die WEKO bereits eine Untersuchung eröffnet hat oder wenn die Vergabestelle konkrete Indizien hat.

39 Weiter sind Massnahmen nach Abs. 1 möglich, wenn eine Anbieterin ein ungewöhnlich niedriges Angebot einreicht (Bst. c). Dabei ist vorausgesetzt, dass die Auftraggeberin bei der Anbieterin nach BöB/IVöB 38 Abs. 3 nachgefragt hat, ob die Teilnahmebedingungen eingehalten sind und die Modalitäten der Auftragserfüllung richtig verstanden wurden.[58] Kann die Anbieterin die Einhaltung dieser Bedingungen nicht oder nicht überzeugend garantieren und allfällige Zweifel an einer korrekten Auftragserfüllung nicht ausräumen, kann das Angebot ausgeschlossen oder der Zuschlag widerrufen werden.

40 Hat die Anbieterin gegen anerkannte Berufsregeln verstossen, Handlungen oder Unterlassungen begangen, die ihre berufliche Ehre oder Integrität beeinträchtigen, können ebenfalls Massnahme nach Abs. 1 getroffen werden, sofern hinreichende Anhaltspunkte dafür vorliegen (Bst. d).

41 Bei einem dringenden Verdacht einer Insolvenz (Bst. e) oder einer Verletzung der Arbeitsschutzbestimmungen, der Arbeitsbedingungen, der Bestimmungen über die Gleichbehandlung von Frau und Mann in Bezug auf die Lohngleichheit, der Bestimmungen über die Vertraulichkeit oder des Umweltrechts (Bst. f)[59] oder der Verletzung einer Melde- oder Bewilligungspflicht nach dem BGSA (Bst. g) kann ebenfalls ein Ausschluss bzw. ein Widerruf oder eine Streichung aus dem Verzeichnis erfolgen. Die Zusammenarbeit bei der Leistungserbringung setzt Vertrauen in die Anbieterinnen voraus. Ist dieses Vertrauen zerstört oder ernstlich gefährdet, soll die Auftraggeberin nicht zur Zusammenarbeit gezwungen werden. Sie soll aber auch nicht auf den blossen Verdacht hin eine Anbieterin ausschliessen. Vielmehr ist sie gehalten, sorgfältig die Verdachtsgründe abzuklären und allfällige Beweise sorgfältig zu würdigen. Hat die Auftraggeberin Sachverhalte in einem Rechtsgebiet zu beurteilen, in welchem sie keine besonderen Fachkenntnisse aufweist, kann sie bei Bedarf die entsprechenden Fachbehörden konsultieren.[60]

IV. Rechtsvergleichung

42 In RL 2014/24/EU 57 ist der Ausschluss vom Verfahren umfangreich geregelt. Abs. 1 enthält zwingende Ausschlussgründe, welche an eine rechtskräftige Verurteilung im Zusammenhang mit verschiedenen Tatbeständen knüpfen. Neu sind insb. die Tatbestände, wonach eine Verurteilung wegen terroristischer Straftaten und wegen Verstosses gegen

---

58 Vgl. Art. 38 N 11 ff.
59 Der Gesetzestext sieht durch die Formulierung mit «und» eine kumulative Verletzung der Bestimmungen vor. Hier handelt es sich wohl um ein gesetzgeberisches redaktionelles Versehen. Die Verletzung dieser Bestimmung kann nur alternativ gemeint sein, d.h., die Verletzung eines «Bereichs» muss klarerweise genügen.
60 Botschaft BöB, S. 1963 f.

das Verbot der Kinderarbeit oder anderer Formen des Menschenhandels zum Ausschluss führt. In Abs. 2 wird der grundsätzlich zwingende Ausschluss aufgeführt, wenn der Wirtschaftsteilnehmer Steuern oder Sozialversicherungsabgaben nicht entrichtet hat. Abs. 3 regelt – im Unterschied zum GPA 2012 und zum BöB bzw. zur IVöB – Ausnahmen vom zwingenden Ausschluss nach den Abs. 1 und 2. Dabei können die Mitgliedstaaten aus zwingenden Gründen des öffentlichen Interesses, wie z.B. der öffentlichen Gesundheit oder des Umweltschutzes, eine Ausnahme vom zwingenden Ausschluss vorsehen. Abs. 4 enthält sodann neue fakultative Ausschlussgründe, die von den Mitgliedstaaten auch als zwingende Ausschlussgründe ausgestaltet werden können. Abs. 5 hält klar fest, dass die Ausschlussgründe während des gesamten Vergabeverfahrens anzuwenden sind. Abs. 6 regelt die Selbstreinigung (Nachweis der Zuverlässigkeit) durch den Wirtschaftsteilnehmer. Abs. 7 hält den höchstzulässigen Zeitraum des Ausschlusses fest. Wurde kein Ausschlusszeitraum festgelegt, darf dieser Zeitraum in den in Abs. 1 genannten Fällen fünf Jahre ab dem Tag der rechtskräftigen Verurteilung und in den in Abs. 4 genannten Fällen drei Jahre ab dem betreffenden Ereignis nicht überschreiten.

Art. 45 Sanktionen

1 Die Auftraggeberin / *Der Auftraggeber* **oder die nach gesetzlicher Anordnung zuständige Behörde kann** eine Anbieterin / *einen Anbieter* **oder** Subunternehmerin / *Subunternehmer,* die / *der* **selber oder durch ihre /** *seine* **Organe in schwerwiegender Weise einen oder mehrere der Tatbestände von Artikel 44 Absatz 1 Buchstaben c, e und k sowie Absatz 2 Buchstaben b, f und g erfüllt, von künftigen öffentlichen Aufträgen für die Dauer von bis zu fünf Jahren ausschliessen** *oder ihm eine Busse von bis zu zehn Prozent der bereinigten Angebotssumme auferlegen.* **In leichten Fällen kann eine Verwarnung erfolgen. Beim Tatbestand der Korruption (Art. 44 Abs. 1 Bst. e) wirkt der Ausschluss für alle Auftraggeberinnen des Bundes, bei den anderen Tatbeständen nur für die betroffene Auftraggeberin.**

2 Diese Sanktionsmöglichkeiten gelten unabhängig von weiteren rechtlichen Schritten gegen die fehlbare Anbieterin / *den fehlbaren Anbieter,* Subunternehmerin / *Subunternehmer* **oder deren Organe. Den Verdacht auf unzulässige Wettbewerbsabreden** (*nach* Art. / *Artikel* 44 Abs. / *Absatz* 2 Bst. / *Buchstabe* b) **teilt die Auftraggeberin /** *der Auftraggeber* **oder die nach gesetzlicher Anordnung zuständige Behörde der Wettbewerbskommission mit.**

3 Die Auftraggeberin / *Der Auftraggeber* **oder die nach gesetzlicher Anordnung zuständige Behörde meldet einen rechtskräftigen Ausschluss nach Absatz 1 einer vom Bundesrat bezeichneten Stelle /** *dem InöB.* **Diese Stelle /** *Das InöB* **führt eine nicht öffentliche Liste der sanktionierten** Anbieterinnen / *Anbieter* **und** Subunternehmerinnen / *Subunternehmer* **unter Angabe der Gründe für den Ausschluss sowie der Dauer des Ausschlusses von öffentlichen Aufträgen. Sie /** *Es* **sorgt dafür, dass jede Auftraggeberin /** *jeder Auftraggeber* **in Bezug auf** eine bestimmte Anbieterin / *einen bestimmten Anbieter* **oder** Subunternehmerin / *Subunternehmer* **die entsprechenden Informationen erhalten kann. Sie /** *Es* **kann zu diesem Zweck ein Abrufverfahren einrichten. Bund und Kantone stellen einander alle nach diesem Artikel erhobenen Informationen zur Verfügung. Nach Ablauf der Sanktion wird der Eintrag aus der Liste gelöscht.**

4 *Verstösst ein Auftraggeber gegen diese Vereinbarung, erlässt die nach gesetzlicher Anordnung zuständige Behörde die angemessenen Weisungen und sorgt für deren Einhaltung.*

5 *Werden für einen öffentlichen Auftrag finanzielle Beiträge gesprochen, so können diese Beiträge ganz oder teilweise entzogen oder zurückgefordert werden, wenn der Auftraggeber gegen beschaffungsrechtliche Vorgaben verstösst.*

Inhaltsverzeichnis

I. Grundlagen 1
II. Abs. 1: Verwarnung und Ausschluss 3
III. Abs. 2: Unzulässige Wettbewerbsabreden 9
IV. Abs. 3: Zentrale, nicht öffentliche Liste 12
V. Abs. 4 und Abs. 5 IVöB 19
VI. Rechtsvergleichung 22

I. Grundlagen

BöB/IVöB 45 sehen Sanktionen für den Fall vor, dass eine Anbieterin in schwerwiegender Weise gegen bestimmte Bestimmungen des Beschaffungsrechts verstösst. Als Inspiration für die Regelung in BöB/IVöB 45 diente VRöB 38. Hingegen kennen weder das GPA 1994 noch das GPA 2012 eine entsprechende Regelung und auch im Bundesbeschaffungsrecht war sie bis anhin unbekannt. Gesetzlich vorgesehene Sanktionen sind eine Verwarnung sowie ein Ausschluss von künftigen öffentlichen Aufträgen für die Dauer von max. fünf Jahren («Auftragssperre»). In der IVöB ist als weitere Sanktionsmöglichkeit eine Busse von bis zu 10 % der bereinigten Angebotssumme vorgesehen. Neu ist zudem die Einführung einer zentralen «nicht öffentlichen Liste» der sanktionierten Anbieterinnen und Subunternehmerinnen. 1

IVöB 45 enthält – nebst kleineren, teilweise organisatorisch bedingten Abweichungen – zwei Absätze mehr als BöB 5 (vgl. N 17 f.). 2

II. Abs. 1: Verwarnung und Ausschluss

Erfüllen Anbieterinnen oder Subunternehmerinnen einen oder mehrere der nachfolgend aufgelisteten Tatbestände, können sie von der zuständigen Auftraggeberin oder der nach gesetzlicher Anordnung zuständigen Behörde sanktioniert werden: 3

- Es liegt eine rechtskräftige Verurteilung wegen eines Vergehens zum Nachteil der jeweiligen Auftraggeberin oder eine rechtskräftige Verurteilung wegen eines Verbrechens vor (BöB/IVöB 44 Abs. 1 Bst. c);
- Sie haben Bestimmungen über die Bekämpfung der Korruption verletzt (BöB/IVöB 44 Abs. 1 Bst. e);
- Sie haben unzulässige Wettbewerbsabreden getroffen (BöB/IVöB 44 Abs. 2 Bst. b);
- Sie haben die Arbeitsschutzbestimmungen, die Arbeitsbedingungen, die Bestimmungen über die Gleichbehandlung von Frau und Mann in Bezug auf die Lohngleichheit, die Bestimmungen über die Vertraulichkeit oder des Umweltrechts missachtet (BöB/IVöB 44 Abs. 2 Bst. f);

6. Kapitel: Ablauf des Vergabeverfahrens

- Sie haben Melde- oder Bewilligungspflichten nach dem BGSA verletzt (BöB/IVöB 44 Abs. 2 Bst. g).

4 Abs. 1 sieht folgende Sanktionsinstrumente vor: Ausschluss von künftigen öffentlichen Aufträgen für die Dauer von bis zu fünf Jahren i.S. einer «Auftragssperre». In leichten Fällen erfolgt eine Verwarnung (vgl. N 7). Diese hat schriftlich zu erfolgen. Die IVöB sieht als weitere Sanktionsmöglichkeit eine Busse von bis zu 10 % der bereinigten Angebotssumme vor.

5 Beim Ausschluss handelt es sich dogmatisch um einen administrativen Rechtsnachteil, bei der Busse und Verwarnung um repressive Sanktionen. Voraussetzungen für die Rechtmässigkeit von Sanktionen sind eine gesetzliche Grundlage, Verhältnismässigkeit der Sanktion sowie ein Verschulden der fehlbaren Person, wobei Fahrlässigkeit grundsätzlich ausreicht.[1] Im Sinne des Legalitätsprinzips gemäss BV 5 bedarf es für eine ausreichende gesetzliche Grundlage ein Gesetz im formellen Sinn. Dies ist auch in der Botschaft entsprechend festgehalten.[2] Vorliegend wurde die erforderliche gesetzliche Grundlage mit BöB/IVöB 45 geschaffen. Grundsätzlich beschränkt sich der Ausschluss von künftigen Aufträgen – jedenfalls aus Bundesebene – auf die Beschaffungen der jeweiligen Auftraggeberin. Zur Auftraggeberin gehören alle Organisationseinheiten derselben Rechtspersönlichkeit (etwa Zentralverwaltung, öffentliche Unternehmen). Beim Tatbestand der Korruption (BöB 44 Abs. 1 Bst. e i.V.m. BöB 45 Abs. 1) greift die Auftragssperre jedoch für sämtliche dem BöB unterstellten Vergabestellen. Die IVöB enthält keine entsprechende Vorgabe: Auf kantonaler Ebene ist die Regelung heterogen. So gilt im Kanton Zürich auf kantonaler Stufe eine generelle Sperre für alle Ämter, jedoch sind die Gemeinden hiervon nicht betroffen. Demgegenüber werden im Kanton Graubünden neben den kantonalen Ämtern auch die Gemeinden von der Sperre umfasst.

6 Es steht im pflichtgemässen Ermessen der jeweiligen Auftraggeberin, ob sie eine Sanktion ausspricht oder nicht. Im Sinne des Verhältnismässigkeitsprinzips ist bei leichten Verstössen das mildeste Mittel der Verwarnung zu wählen. Der Ausschluss von künftigen Vergaben ist als schwere Sanktion zu qualifizieren und insb. bei einmaligen leichten Verstössen grundsätzlich nicht gerechtfertigt. Hingegen kann diese Sanktion bei wiederholten oder schweren Widerhandlungen angemessen sein.[3]

7 Verletzt eine Anbieterin oder Subunternehmerin in schwerwiegender oder wiederholter Weise gewisse Bestimmungen über die Schwarzarbeit und wird deswegen rechtskräftig verurteilt, wird sie grundsätzlich gemäss BGSA sanktioniert. Gemäss BGSA 13 Abs. 1 wird sie entweder von der zuständigen kantonalen Behörde während maximal fünf Jahren von künftigen Aufträgen des öffentlichen Beschaffungswesens auf kommunaler, kantonaler und eidgenössischer Ebene ausgeschlossen, oder es können ihr während

---

1 Vgl. zum Ganzen Botschaft BöB, S. 1964; HÄFELIN/MÜLLER/UHLMANN, Rz. 1446 ff.; LOCHER, Rz. 244 ff.
2 Botschaft BöB, S. 1964.
3 Botschaft BöB, S. 1964.

einer bestimmten Dauer Finanzhilfen gekürzt werden. BöB/IVöB 45 gibt einer öffentlichen Auftraggeberin parallel dazu die Möglichkeit, eine Anbieterin oder Subunternehmerin, welche die Melde- oder Bewilligungspflichten nach dem BGSA verletzt hat, zu verwarnen oder bis zu fünf Jahren von ihren öffentlichen Aufträgen auszuschliessen, sofern diese Sanktion nicht bereits von der zuständigen kantonalen Behörde verhängt wurde (*ne bis in idem*).

Die Sanktionsadressatin (Anbieterin oder Subunternehmerin) kann sich gegen die Sanktionierung mit den im Gesetz genannten Rechtsmittelmöglichkeiten zur Wehr setzen (BöB/IVöB 51 ff.). Anfechtbare Sanktionen i.S.v. BöB/IVöB 53 Abs. 1 Bst. i sind der dauerhafte Ausschluss sowie – ausschliesslich auf kantonaler Ebene – die Busse (vgl. Art. 53 N 18).[4] Da vergaberechtliche Sanktionen strafähnlichen Charakter haben, können die an Beschleunigung und Rechtssicherheit orientierten Spezialvorschriften des Beschaffungsrechts nicht unbesehen übertragen werden.[5] Vielmehr ist der Rechtsschutz der Sanktionierten höher zu gewichten. Entsprechend finden bei Beschwerden gegen die Verhängung einer Sanktion die Bestimmungen zum rechtlichen Gehör im Verfügungsverfahren (BöB/IVöB 53 Abs. 3), zur aufschiebenden Wirkung (BöB/IVöB 54) und zur Beschränkung der Beschwerdegründe (BöB/IVöB 56 Abs. 3) keine Anwendung. Stattdessen gilt das Verwaltungsverfahrensrecht.[6]

III. Abs. 2: Unzulässige Wettbewerbsabreden

Die in Abs. 1 erwähnten Sanktionen bestehen unabhängig von weiteren rechtlichen Schritten gegen die fehlbare Anbieterin, Subunternehmerin oder deren Organe. In diesem Zusammenhang ist insb. an Untersuchungen und Sanktionen der Wettbewerbsbehörden, der Strafverfolgungsbehörden oder paritätischer Kommissionen zu denken, soweit diese nicht die Voraussetzung der Sanktionierung nach dieser Bestimmung bilden.[7]

Den Verdacht auf unzulässige Wettbewerbsabreden teilt die Auftraggeberin (oder in der IVöB speziell erwähnt: die nach gesetzlicher Anordnung zuständige Behörde) der Wettbewerbskommission mit. Die Anzeigepflicht wurde basierend auf einem Vorschlag der WEKO in das Gesetz aufgenommen. Bereits Org-VöB 33 sieht vor, dass eine Beschaffungsstelle des Bundes bei hinreichenden Anhaltspunkten für eine Kollusion zwischen Anbieterinnen verpflichtet ist, diese beim Sekretariat der WEKO anzuzeigen.

Die Meldung i.S.v. BöB/IVöB 45 Abs. 2 an die WEKO kann auch unabhängig von der Sanktionierung betroffener Anbieterinnen erfolgen. Entsprechend teilt die Auftraggeberin oder die zuständige Behörde der WEKO mit, wenn sie wegen abgestimmter

---

4   In Anlehnung an BVGer A-6699/2015 vom 21.03.2016, E. 3.1. f.
5   BöB 53 Abs. 3.
6   Vgl. hierzu auch Art. 53 N 26 ff.
7   Botschaft BöB, S. 1965 f.

Angebote eine freihändige Vergabe durchführt (BöB/IVöB 21 Abs. 2 Bst. b), ein Vergabeverfahren abbricht (BöB/IVöB 43 Abs. 1 Bst. e) oder den Verdacht auf unzulässige Wettbewerbsabreden hegt (BöB/IVöB 44 Abs. 2 Bst. b).[8]

IV. Abs. 3: Zentrale, nicht öffentliche Liste

12 Mit BöB/IVöB 45 Abs. 3 wird die gesetzliche Grundlage für eine zentrale Liste der von künftigen öffentlichen Aufträgen ausgeschlossenen Anbieterinnen und Subunternehmerinnen geschaffen. Die Kantone sehen auf kantonaler Ebene eine äquivalente Liste vor.[9] Auf Bundesebene ist ein rechtskräftiger Ausschluss einer vom Bundesrat bezeichneten Stelle – konkret der BKB – zu melden, auf kantonaler Ebene dem InöB.

13 Auf Bundesebene führt die BKB diese zentrale Liste in elektronischer Form (VöB 25). Sie erlaubt den Auftraggeberinnen sowohl auf Bundes- als auch subzentraler Ebene nach deren Authentisierung eine automatisierte Abfrage (vgl. N 16 ff.). Die technischen Voraussetzungen regelt sie in einer Weisung. Jeder gemeldete Ausschluss wird auf der Liste mit Datum der Meldung, Name und Adresse der Anbieterin, Grund der Sperre sowie Dauer der Sperre verzeichnet. Eine Auftraggeberin bzw. eine subzentrale Vergabestelle erhält diese Daten nach einer autorisierten Anfrage. Des Weiteren werden diese Informationen der betroffenen Anbieterin auf ihr Ersuchen hin mitgeteilt. Gesetzliche Grundlage hierfür bietet DSG 8 Abs. 2, wonach der Inhaber der Datensammlung der betroffenen Person alle über sie in der Datensammlung vorhandenen Daten sowie den Zweck und gegebenenfalls die Rechtsgrundlagen des Bearbeitens sowie die Kategorien der bearbeiteten Personendaten, der an der Sammlung Beteiligten und der Datenempfänger mitteilen muss. Der Ausschluss einer Anbieterin gilt auch für ihre Zweigniederlassungen und ihre Tochterunternehmen, die sie kapital- oder stimmenmässig beherrscht.[10] Bund und Kantone bzw. Gemeinden sollen die so erhobenen Daten in geeigneter Weise austauschen (vgl. N 14).[11]

14 Die Liste ist nicht öffentlich, d.h., sie wird weder aktiv publiziert noch ist der Zugang nach Massgabe der Bestimmungen des BGÖ (Passivinformation) vorbehalten. Passivinformation bedeutet, dass Personendaten bekannt gegeben werden müssen, wenn sie im Zusammenhang mit der Erfüllung öffentlicher Aufgaben stehen und an ihrer Bekanntgabe ein überwiegendes öffentliches Interesse besteht.[12] Das BGÖ hat den Zweck, die Transparenz über den Auftrag, die Organisation und die Tätigkeit der Verwaltung zu fördern, indem es den Zugang zu amtlichen Dokumenten gewährleistet.[13] Vorbehalten

---

8 Botschaft BöB, S. 1965 f.
9 Musterbotschaft IVöB, S. 88.
10 Vgl. zum Ganzen auch Botschaft BöB, S. 1966.
11 Vgl. auch Botschaft BöB, S. 1966.
12 DSG 19 Abs. 1bis.
13 BGÖ 1.

bleiben jedoch spezielle Bestimmungen anderer Bundesgesetze, die entweder bestimmte Informationen als geheim bezeichnen oder vom BGÖ abweichende Voraussetzungen für den Zugang zu bestimmten Informationen vorsehen (BGÖ 4). Der Gesetzgeber qualifiziert die nicht öffentliche Liste i.S.v. BöB/IVöB 45 Abs. 3 i.V.m. BGÖ 4 als eine derartige Spezialbestimmung.

Die fehlende Öffentlichkeit der Liste i.S.v. BöB/IVöB 45 i.V.m. BGÖ 4 steht in einem gewissen Spannungsverhältnis zum Transparenzprinzip. Die Forderung nach mehr Transparenz hat insb. in den letzten Jahren zugenommen und wird inzwischen (teilweise) in der Lehre als ungeschriebener Verfassungsgrundsatz i.S.v. BV 5 erachtet.[14] Das Transparenzprinzip soll für das gesamte Staatshandeln und alle Staatsorgane auf allen drei Ebenen gelten.[15] Der Gesetzgeber des BöB bzw. der IVöB führt als Grund für die fehlende Öffentlichkeit der zentralen Liste auf, dass die öffentliche Bekanntgabe einer solchen Liste einer Anbieterin nicht wiedergutzumachende Nachteile bringen könnte (etwa Geschäftsschädigungen, die über die Nichtberücksichtigung im Rahmen eines öffentlichen Auftrags hinausgehen).[16] 15

Das Gesetz sieht vor, dass Bund und Kantone die nach BöB/IVöB 45 Abs. 3 erhobenen Informationen einander zur Verfügung stellen. Der Gesetzgeber konkretisiert in der Botschaft, dass diese Informationen zwischen Bund und Kantone «in geeigneter Weise» ausgetauscht werden sollen.[17] So bleibt insb. unklar, ob Bund und Kantone einander die Informationen auf den Listen i.S.v. BöB/IVöB 45 Abs. 3 stets und umfassend zur Verfügung stellen sollen oder ob das Vorliegen bestimmter Voraussetzungen für eine Auskunft über den Inhalt der Liste notwendig ist. Und falls Letzteres zutrifft, stellt sich die Frage, was die spezifischen Voraussetzungen sind. Auf der Liste i.S.v. BöB/IVöB 45 Abs. 3 werden nicht alle Verstösse von Anbieterinnen oder Subunternehmerinnen gemäss BöB/IVöB 44 aufgeführt. Vielmehr werden nur qualifizierte Verstösse gemäss BöB/IVöB 45 Abs. 1 i.V.m. BöB/IVöB 44 auf die Liste aufgenommen, die zu einer rechtskräftigen Auftragssperre geführt haben. Nach vorliegender Ansicht ist ein Informationsaustausch zulässig, wenn ein Kanton oder der Bund ein berechtigtes Interesse hierfür hat. Bund und Kantone bedürfen für ihre Aufgabenerfüllung regelmässig gleicher oder ähnlicher Sachmittel und Leistungen, die sie bei privaten Anbieterinnen beziehen und einkaufen, bzw. sie sind häufig im gleichen Beschaffungsmarkt tätig. Beispiele sind Bauleistungen für Universitäten (kantonale Ebene) oder Eidgenössische Technische Hochschulen (Bundesebene) sowie Bauleistungen für eine Kantonsstrasse (kantonale Ebene) oder Nationalstrasse (Bundesebene). Schreibt der Bund Leistungen aus, so hat er nach vorliegender Ansicht beim Vorliegen der nachfolgenden Voraussetzungen ein berechtigtes Interesse an entsprechenden Informationen der zentralen Liste der Kanto- 16

---

14 SCHINDLER, St. Galler Kommentar 2014, Art. 5 N 8; SPRECHER, S. 182 ff.; WIEDERKEHR, Transparenz, S. 522 ff.
15 SPRECHER, S. 1139 ff.
16 Botschaft BöB, S. 1966.
17 Musterbotschaft IVöB, S. 88.

ne (und umgekehrt): Es handelt sich um eine Ausschreibung im gleichen Beschaffungsmarkt, und der Bund stellt ein Gesuch für Informationen in Bezug auf eine spezifische Anbieterin, die an einer konkreten Ausschreibung teilnimmt.

17 Nach Ablauf der Auftragssperre wird die Anbieterin aus der Liste entfernt. Über abgelaufene Sanktionen wird aktiv keine Auskunft erteilt.

18 BöB/IVöB 45 Abs. 3 enthält eine gesetzliche Grundlage i.S.v. DSG 19 Abs. 3 für die Einrichtung eines Abrufverfahrens.[18] Abrufverfahren gemäss DSG 19 Abs. 3 sind automatisierte Verfahren, welche es dem informationssuchenden Organ erlauben, sich seine Informationen anhand eines Datenbestandes selber zu beschaffen bzw. sie abzurufen.[19] Eine Besonderheit ist, dass nicht der Datenherr, sondern der Datenempfänger bestimmt, welche Daten zu welchem Zeitpunkt und in welchem Umfang bekannt gegeben werden. Damit verliert der Datenherr die Kontrolle über die Bearbeitungen der bei ihm vorhandenen Personendaten, und das Gefährdungspotenzial für die Persönlichkeitsrechte der Betroffenen verschärft sich entsprechend im Gegensatz zu einer Datenbekanntgabe, bei welcher der Datenherr einem bestimmten Empfänger aktiv bestimmte Auskünfte erteilt.[20] Der Gesetzgeber sieht aufgrund des erhöhten Gefährdungspotenzials striktere Anforderungen an die Rechtsgrundlage vor. So dürfen besonders schützenswerte Personendaten sowie Persönlichkeitsprofile nur zugänglich gemacht werden, wenn das Abrufverfahren in einem Gesetz im formellen Sinn ausdrücklich vorgesehen ist.[21] Eine solche gesetzliche Grundlage wird mit BöB/IVöB 45 Abs. 3 geschaffen.

V. Abs. 4 und Abs. 5 IVöB

19 Das interkantonale Recht sieht in IVöB 45 Abs. 4 und 5 zwei zusätzliche Vorschriften vor, die im BöB nicht verankert sind. Sowohl Abs. 4 als auch Abs. 5 beziehen sich auf Verfehlungen der Auftraggeber und nicht – wie in den übrigen Absätzen – auf Sanktionen gegen die Anbieter. Dies erschwert zumindest auf den ersten Blick das Verständnis von IVöB 45, zumindest wird jedoch die einheitliche Artikelnummerierung im BöB und in der IVöB gewahrt.

20 Gemäss Abs. 4 erlässt die Aufsichtsbehörde angemessene Weisungen und sorgt für deren Einhaltung bei Auftraggebern, die gegen die IVöB verstossen. Der Hinweis auf die Aufsichts- und Weisungskompetenz der übergeordneten Behörde hat bei öffentlichen Auftraggebern, die der Verwaltungs- oder Verbandsaufsicht unterstehen, nur deklaratorische Bedeutung. Bei privaten Auftraggebern, die infolge öffentlicher Finanzierung oder Leistungsauftrags dem Vergaberecht unterstehen, bildet Abs. 4 eine gesetzliche

---

18 Botschaft BöB, S. 1966.
19 ROSENTHAL/JÖHRI, HK DSG, Art. 19 N 74.
20 Vgl. zum Ganzen ROSENTHAL/JÖHRI, HK DSG, Art. 19 N 74.
21 ROSENTHAL/JÖHRI, HK DSG, Art. 19 N 77.

Grundlage für den Erlass und die Durchsetzung verbindlicher Weisungen. Der Inhalt der Weisungen ist durch die IVöB vorgegeben. Missachtet ein Auftraggeber eine oder mehrere Bestimmungen, so ist die nach dem jeweiligen Einführungsgesetz zuständige kantonale Behörde berechtigt und verpflichtet einzuschreiten.[22] Neben der Weisung, ein gesetzeskonformes Vergabeverfahren durchzuführen, kommt auch die Aufforderung in Betracht, einen unter Missachtung der Vereinbarung geschlossenen Vertrag unter Beachtung der massgeblichen Fristen zu kündigen.

IVöB 45 Abs. 5 statuiert eine weitere Sanktionsmöglichkeit der Aufsichtsbehörden. Im Gegenzug zu den Möglichkeiten gegenüber fehlbaren Anbietern sind auch Sanktionen vorzusehen im Falle von Widerhandlungen durch Auftraggeber, die öffentliche Beiträge erhalten. Demnach können finanzielle Beiträge ganz oder teilweise entzogen oder zurückgefordert werden, falls die Auftraggeberin die beschaffungsrechtlichen Vorgaben nicht beachtet hat. Zuständig zum Erlass dieser Massnahme ist der jeweilige Beitraggeber. Der Rechtsschutz ergibt sich aus dem massgebenden Subventionsrecht oder subsidiär aus den auf den Subventionsgeber anwendbaren Rechtsgrundlagen. Neben der Rückforderung von finanziellen Beiträgen bleiben weitere Disziplinarmassnahmen gegen die verantwortliche Person vorbehalten.[23] Auf Bundesebene ist eine explizite Regelung im BöB obsolet, weil allfällige Rückforderungsansprüche von finanziellen Beiträgen durch das SuG bereits geregelt sind.

VI. Rechtsvergleichung

RL 2014/24/EU 57 befasst sich mit den Gründen für den Ausschluss von einem Vergabeverfahren. Demnach schliessen die öffentlichen Auftraggeber einen Wirtschaftsteilnehmer von der Teilnahme an einem Vergabeverfahren aus, wenn dieser bspw. wegen Bestechung, Betrug, einer terroristischen Straftat, Geldwäsche, Terrorismusfinanzierung oder Kinderarbeit rechtskräftig verurteilt worden ist. Zwar erwähnt RL 2014/24/EU 57 eine Auftragssperre i.S.v. BöB/IVöB 45 Abs. 1 nicht ausdrücklich, jedoch ergibt sich aus RL 2014/24/EU 57 Abs. 7, dass ein Ausschluss nicht auf ein Vergabeverfahren beschränkt sein muss. Vielmehr dürfen die Mitgliedstaaten durch Gesetz den höchstzulässigen Zeitraum des Ausschlusses festlegen, wobei – je nach Ausschlussgrund – eine maximale Ausschlussdauer von drei bzw. fünf Jahren ab dem Tag der rechtskräftigen Verurteilung nicht überschritten werden darf.

---

22 Vgl. zum Ganzen Musterbotschaft IVöB, S. 88.
23 Vgl. zum Ganzen Musterbotschaft IVöB, S. 88 f.

7. Kapitel: Fristen und Veröffentlichungen, Statistik

Art. 46 Fristen

¹ Bei der Bestimmung der Fristen für die Einreichung der Angebote oder Teilnahmeanträge trägt die Auftraggeberin / *der Auftraggeber* der Komplexität des Auftrags, der voraussichtlichen Anzahl von Unteraufträgen sowie den Übermittlungswegen Rechnung.

² Im Staatsvertragsbereich gelten folgende Minimalfristen:

  a. im offenen Verfahren: 40 Tage ab Veröffentlichung der Ausschreibung für die Einreichung der Angebote;

  b. im selektiven Verfahren: 25 Tage ab Veröffentlichung der Ausschreibung für die Einreichung der Teilnahmeanträge und 40 Tage ab Einladung zur Angebotserstellung für die Einreichung der Angebote.

³ Eine Verlängerung dieser Fristen ist allen Anbieterinnen / *Anbietern* rechtzeitig anzuzeigen oder zu veröffentlichen.

⁴ Ausserhalb des Staatsvertragsbereichs beträgt die Frist für die Einreichung der Angebote in der Regel mindestens 20 Tage. Bei weitgehend standardisierten Leistungen kann die Frist auf nicht weniger als 5 Tage reduziert werden.

Inhaltsverzeichnis
I. Grundlagen 1
II. Abs. 1: Festsetzung der Fristen 11
III. Abs. 2: Minimalfristen im Staatsvertragsbereich 14
IV. Abs. 3: Fristverlängerungen 18
V. Abs. 4: Minimalfristen im Binnenbereich 22
VI. Rechtsvergleichung 26

I. Grundlagen

Die altrechtliche Bestimmung von aBöB 17 delegierte die Regelung der Fristen an den Bundesrat, der in Übereinstimmung mit GPA 1994 XI legiferierte (aVöB 19 und 19a; vgl. auch aVRöB 19). Nunmehr finden sich in BöB/IVöB 46 Vorschriften zu den (Minimal-)Fristen, die nach GPA 2012 XI im Vergabeverfahren einzuhalten sind. 1

Die Vergabestellen sind grundsätzlich frei darin, die Dauer der Eingabefristen festzusetzen, wobei sie der Komplexität des Auftrags, der voraussichtlichen Anzahl von Unter- 2 aufträgen sowie den Übermittlungswegen Rechnung zu tragen haben (GPA 2012 XI:1; BöB/IVöB 46 Abs. 1). Allerdings sieht das GPA 2012 XI:2 und 3 Regeln vor, nach denen die Eingabefristen (im Staatsvertragsbereich) gewisse Mindestfristen nicht unterschreiten dürfen. BöB/IVöB 46 Abs. 2 enthält eine Wiederholung dieser Regeln.

3 Die Fristen (sowie Fristverlängerungen und -verkürzungen) sind für alle interessierten Anbieterinnen oder Teilnehmerinnen gleich (GPA 2012 XI:1). Die Vergabestellen sind gehalten, die in einem Vergabeverfahren geltenden Fristen (sowie die anwendbaren Regeln in Bezug auf die Fristwahrung) in der Ausschreibung ausdrücklich bekannt zu geben (GPA 2012 VII:2 Bst. g und h sowie GPA 2012 VII:3 Bst. b; BöB/IVöB 35 Bst. k). Ausserdem haben die Zusammenfassungen, welche für alle Aufträge im Staatsvertragsbereich, die nicht in einer Amtssprache der WTO ausgeschrieben werden, zu veröffentlichen sind (BöB/IVöB 48 Abs. 4 Satz 1), die Fristen für das Einreichen der Angebote oder der Anträge auf Teilnahme zu enthalten (BöB/IVöB 48 Abs. 4 Bst. b; GPA 2012 VII:3). Diese strenge Pflicht zur Bekanntgabe rechtfertigt sich in Anbetracht der absoluten Formstrenge, die in Bezug auf die Frage der Fristwahrung vorherrscht (s. N 10).

4 Nach dem klaren Wortlaut der einschlägigen Erlasse und gemäss allgemeinen Grundsätzen (vgl. VwVG 20 Abs. 1) beginnen die Fristen für die Einreichung der Angebote im offenen Verfahren und für die Einreichung der Teilnahmeanträge im selektiven Verfahren am Tag nach der Veröffentlichung der Ausschreibung (GPA 2012 XI:2 und 3 Bst. a; BöB/IVöB 46 Abs. 2 Bst. a und b) und die Fristen für die Einreichung der Angebote im selektiven Verfahren am Tag nach der Einladung zur Offertstellung bzw. dem Erlass der Präqualifikationsverfügung (GPA 2012 XI:3 Bst. b; BöB/IVöB 46 Abs. 2 Bst. b) zu laufen.[1]

5 Im BöB bzw. der IVöB und dem GPA 2012 nicht ausdrücklich geregelt ist die Frage, wann ein Angebot als fristgerecht eingereicht gilt. Insbesondere kann den einschlägigen Bestimmungen nicht entnommen werden, ob die Frist zur Einreichung der Angebote eingehalten ist, wenn die Offerte innerhalb der Frist bei der Vergabestelle oder an einem anderen von dieser bezeichneten Ort eingeht (sog. Zugangsprinzip), oder ob es ausreicht, wenn das Angebot spätestens am letzten Tag der Frist der Vergabestelle eingereicht bzw. zu deren Händen der schweizerischen Post oder einer schweizerischen diplomatischen oder konsularischen Vertretung im Herkunftsland übergeben wird (sog. Absendeprinzip, vgl. VwVG 21 Abs. 1).

6 Im Rahmen von Binnenverhältnissen gelangt grundsätzlich – kraft Verweis auf das Bundesverwaltungsgesetz – das Absendeprinzip zur Anwendung, und somit reicht hier im Hinblick auf die Fristwahrung die fristgerechte Postaufgabe aus (BöB 55 i.V.m. VwVG 21 Abs. 1).

---

1   Vgl. zur Veröffentlichung der Ausschreibung BöB/IVöB 35 und zur Präqualifikationsverfügung BöB/IVöB 53 Abs. 1 Bst. b.

Auf die Frage, ob im Staatsvertragsbereich im Grundsatz das Absende- oder das Zu- 7
gangsprinzip gilt, liefert GPA 2012 XI:1 Bst. c einen Hinweis: Nach dieser Bestimmung
hat die Vergabestelle bei der Festsetzung der Fristen «die erforderliche Zeit für die Übermittlung von Angeboten auf nicht elektronischem Weg durch die Post vom In- und Ausland aus» zu berücksichtigen. Diese Bestimmung wäre wenig zweckvoll, wenn im Grundsatz das Absendeprinzip gelten würde. Vielmehr lässt sich daraus der Schluss ziehen, dass das GPA 2012 davon ausgeht, dass die Frist zur Einreichung der Angebote nur eingehalten ist, wenn das Angebot innerhalb der Frist bei der Vergabestelle eingeht.[2]

Der Vergabestelle steht es (auch im Binnenbereich) frei, (in Abweichung vom verwal- 8
tungsrechtlichen Grundsatz nach VwVG 21 Abs. 1) das Zugangsprinzip für anwendbar zu erklären und die Frist in der Ausschreibung unter Bestimmung des Tages und der Uhrzeit so festzusetzen, dass das vollständige Angebot zur Fristwahrung zu diesem Zeitpunkt bei ihr eingehen muss.[3] Umgekehrt ist die Vergabestelle stets berechtigt, das Absendeprinzip zu wählen und zu gewähren, dass die Angebote bis Fristablauf der Post (oder einer schweizerischen diplomatischen oder konsularischen Vertretung) zu übergeben sind.[4] Die Vergabestelle hat bereits in der Ausschreibung in verständlicher und eindeutiger Weise festzulegen, ob das Zugangs- oder das Absendeprinzip gilt, und unmissverständliche Angaben zur Wahrung der Angebotsfrist (bei Anwendung des Zugangsprinzips unter anderem zum genauen Zeitpunkt und zum massgeblichen Abgabeort) zu machen.[5]

In der Vergabepraxis zeigt sich, dass mehrheitlich die Anwendbarkeit des Zugangsprin- 9
zips angeordnet wird. Das Zugangsprinzip dient der Rechtssicherheit und der zügigen Durchführung des Vergabeverfahrens, indem es der Vergabestelle umgehend nach Fristablauf vollumfängliche Klarheit über die Anzahl der fristgerecht eingereichten Angebote verschafft.[6] Hingegen kann eine faktische Benachteiligung ausländischer Anbieterinnen bei Geltung des Zugangsprinzips nicht von der Hand gewiesen werden: Im Gegensatz zum Absendeprinzip, bei dem grundsätzlich alle Anbieterinnen derselbe Zeitraum für die Ausarbeitung und Einreichung ihrer Angebote zur Verfügung steht, kommt den ausländischen Anbieterinnen durch das Zugangsprinzip, bei welchem die Übermittlung der Angebote innerhalb der Frist erfolgen muss, ein zeitlicher Nachteil zu, weil der Übermittlungsvorgang, situativ bedingt, mehr Zeit in Anspruch nimmt.[7] Um diese Benachteiligung zu vermeiden, hat die Vergabestelle bei Geltung des Zugangsprinzips die Frist so anzusetzen, dass unter normalen Verhältnissen eine fristgerechte Einreichung (auch für ausländische Anbieterinnen) möglich ist (vgl. GPA 2012 XI:1 Bst. c). Ausserdem sollen die Vorschriften über die Minimalfristen sicherstellen, dass auch aus-

---

2   Vgl. Komm BöB-Trüeb, Art. 17 N 10.
3   Botschaft BöB, S. 1967; Beyeler, Geltungsanspruch, Rz. 1839 ff.
4   Beyeler, Geltungsanspruch, Rz. 1850.
5   Beyeler, Geltungsanspruch, Rz. 1851; Lutz, Auswertung, Rz. 21.
6   Beyeler, Geltungsanspruch, Rz. 1839 und 1847.
7   Beyeler, Geltungsanspruch, Rz. 1839 und 1848; Lutz, Auswertung, Rz. 22.

ländische Anbieterinnen trotz längerer Übermittlungszeit genügend Zeit für die Ausarbeitung und Einreichung ihrer Angebote haben.[8] Obwohl GPA 2012 XI:1 Bst. c indiziert, dass für die Übermittlung die ausländische Post beigezogen werden kann, darf daraus nicht abgeleitet werden, dass die Vergabestellen bei der Festsetzung der Fristen notorische Verzögerungen bei der Postzustellung in gewissen europäischen und aussereuropäischen Ländern einzubeziehen haben. Bei heutigen Verhältnissen dürfte ein Zeitraum von zwei bis drei Tagen für die Übermittlung (z.B. per Kurierdienst) reichen.[9]

10 Bei der Frist für die Einreichung der Teilnahmeanträge und Angebote handelt es sich um eine Formvorschrift, welche die Gleichbehandlung der Anbieterinnen und die Transparenz des Verfahrens gewährleistet. Unabhängig davon, ob das Zugangs- oder das Absendeprinzip gilt, stellt die Nichteinhaltung einer Frist einen wesentlichen Formfehler dar, auch wenn die Frist nur geringfügig (beispielsweise um wenige Minuten) überschritten wird. Deshalb sind verspätet eingegangene Teilnahmeanträge oder Angebote – soweit die Verzögerung nicht ausschliesslich der Vergabestelle zuzuschreiben ist (GPA 2012 XV:2) – zwingend vom Verfahren auszuschliessen (BöB/IVöB 44 Abs. 1 Bst. b).[10] Bei der Beurteilung, ob eine Anbieterin mit ihrer Eingabe die Frist zur Einreichung des Teilnahmeantrags bzw. des Angebots gewahrt hat, kommt der Vergabestelle kein Ermessensspielraum zu. Ebenso wenig ist hierbei das Verbot des überspitzten Formalismus zu berücksichtigen.[11]

II. Abs. 1: Festsetzung der Fristen

11 Die Fristen für die Einreichung der Teilnahmeanträge und der Angebote sind so festzulegen, dass allen Anbieterinnen genügend Zeit zur Prüfung der Ausschreibungsunterlagen, zur Antrags- bzw. Angebotsausarbeitung und zur Einreichung der Offerte bleibt. Was «genügend» ist, bestimmt sich im Einzelfall. Die Vergabestellen haben bei der Festsetzung der Fristen insbesondere der Komplexität des Auftrags, der voraussichtlichen Anzahl von Unteraufträgen sowie der erforderlichen Zeit für die Übermittlung der Eingaben Rechnung zu tragen (GPA 2012 XI:1; BöB/IVöB 46 Abs. 1). Genügend lange Fristen zur Einreichung von Teilnahmeanträgen und Angeboten kommen den Anbieterinnen und Teilnehmerinnen zugute, schaffen aber in erster Linie die Grundlage für qualitativ und preislich attraktive Angebote, wodurch tendenziell breitere Wettbewerbe sowie bessere Beschaffungen ermöglicht werden. Mithin sollte die Vergabestelle aus allge-

---

8   BEYELER, Geltungsanspruch, Rz. 1870.
9   Komm BöB-TRÜEB, Art. 17 N 10.
10 BVGer 2D_50/2009 vom 25.02.2010, E. 2.4; BEYELER, Geltungsanspruch, Rz.1853; GALLI/MOSER/LANG/STEINER, Rz. 507 ff.; Komm BöB-TRÜEB, Art. 17 N 8.
11 BEYELER, Geltungsanspruch, Rz. 1853 ff.; GALLI/MOSER/LANG/STEINER, Rz. 507 f.

meinen haushaltsrechtlichen Gründen ein eigenes Interesse daran haben, genügend lange Fristen anzusetzen.[12]

Die Dauer der von der Vergabestelle angesetzten Frist ist im Allgemeinen nicht gerichtlich überprüfbar (sofern die Vorschriften über die Minimalfristen eingehalten wurden).[13] Hält man sich vor Augen, dass die Regel der Festsetzung von angemessenen Fristen nicht der Gleichbehandlung der Anbieterinnen dient, sondern in erster Linie haushaltsrechtlicher Natur ist und der Wirtschaftlichkeitsgrundsatz nur mit Bezug auf eine konkrete Beschaffung und im Zusammenhang mit dem Gleichbehandlungsgrundsatz angerufen werden kann, erscheint klar, dass sich eine Anbieterin im Grundsatz nicht mit vergaberechtlichen Mitteln gegen eine zu kurze Frist zur Wehr setzen kann (ohne dass die Regeln über die Minimalfristen verletzt wurden). Der Anbieterin, die sich nicht mit der von der Vergabestelle angesetzten Frist einverstanden erklären kann, bleibt in der Regel nichts anderes übrig, als auf eine Teilnahme am Vergabeverfahren zu verzichten. Denn es ist nicht eine Frage der (unzulässigen) Ungleichbehandlung, wenn ein bestimmtes Unternehmen bei Geltung einer längeren Frist aus vorbestehenden, ausserhalb der fraglichen Beschaffung liegenden Gründen ein besseres Angebot einreichen könnte. Zum gewöhnlichen Wettbewerb gehört, dass die eine Anbieterin bei kurzer Frist ein besseres Angebot zu erarbeiten vermag als eine andere. Auf eine ungerechtfertigte Diskriminierung ist nur im Ausnahmefall zu schliessen, beispielsweise dann, wenn eine Frist so kurz ist, dass damit der Wettbewerb ohne zwingenden Grund ausgehebelt wird, weil dadurch nur wenige Anbieterinnen in der Lage sind, ein (gutes) Angebot einzureichen, währenddessen es für die anderen Anbieterinnen aufgrund der kurzen Frist unmöglich ist, ein solches abzugeben.[14]

Ebenso wenig kann sich eine Anbieterin gegen zu lange Fristen wehren und vor Gericht verlangen, dass die von der Vergabestelle festgelegte Frist verkürzt werden soll. Es kann keine (unzulässige) Ungleichbehandlung darin erblickt werden, dass die Vergabestelle eine lange Angebotsfrist gewährt, sodass auch Unternehmen, die bei einer kürzeren Angebotsfrist kein (gutes) Angebot ausarbeiten könnten, nunmehr im Stande sind, eine (chancenreiche) Offerte einzureichen. Auf eine Beschwerde, die sich gegen eine zu lange Frist richtet, ist mangels schutzwürdigen Interesses nicht einzutreten, zumal es der beschwerdeführenden Anbieterin in einem solchen Fall nicht um das Gleichbehandlungsgebot gehen dürfte, sondern darum, anderen Anbieterinnen die Teilnahme am Vergabeverfahren zu erschweren.[15]

---

12 BEYELER, Geltungsanspruch, Rz. 1860.
13 Vgl. zur Anfechtung der Minimalfristen N 17.
14 BEYELER, Geltungsanspruch, Rz. 1861 ff.
15 BEYELER, Geltungsanspruch, Rz. 1865.

III. Abs. 2: Minimalfristen im Staatsvertragsbereich

14 BöB/IVöB 46 Abs. 2 statuiert die Minimalfristen für das offene und selektive Verfahren im Staatsvertragsbereich in Übereinstimmung mit GPA 2012 XI:2 und 3. Diese Minimalfristen gelten nach dem klaren Wortlaut der Bestimmung nur im Staatsvertragsbereich, währenddessen die Vergabestelle im Binnenbereich kürzere Fristen ansetzen darf (vgl. BöB/IVöB 46 Abs. 4 N 22 ff.).

15 Im selektiven Verfahren beträgt die Frist für die Einreichung der Teilnahmeanträge mindestens 25 Tage (BöB/IVöB 46 Abs. 2 Bst. b). Die Frist für die Einreichung der Angebote darf sowohl im selektiven als auch im offenen Verfahren nicht kürzer als 40 Tage sein (BöB/IVöB 46 Abs. 2 Bst. a und b). Dabei handelt es sich um Kalender-, nicht Werktage (vgl. GPA 2012 I Bst. e).[16]

16 BöB/IVöB 46 Abs. 2 schreibt in Ausführung des GPA lediglich Minimalfristen vor. Den Auftraggeberinnen steht es deshalb zu, diese Fristen zu verlängern (vgl. BöB/IVöB 46 Abs. 3 N 11 ff.). Hingegen sind Fristverkürzungen nur ausnahmsweise unter bestimmten Voraussetzungen zulässig (vgl. BöB/IVöB 47).

17 Den allgemeinen verwaltungsverfahrensrechtlichen Prinzipien folgend können sich interessierte Anbieterinnen und Teilnehmerinnen auf die Vorschriften über die Minimalfristen berufen, sofern ihnen an der Anfechtung der Fristen ein Rechtsschutzinteresse zukommt. Die Staatsverträge und insbesondere das GPA haben nicht zum Zweck, inländische Anbieterinnen zu schützen (vgl. GPA 2012 Präambel und IV:1 und 2). Die Vorschriften über die Minimalfristen sollen in erster Linie sicherstellen, dass auch ausländischen Anbieterinnen trotz längerer Übermittlungszeit genügend Zeit für die Ausarbeitung und Einreichung ihrer Angebote zur Verfügung steht (vgl. GPA 2012 XI:1 Bst. c). Vor diesem Hintergrund ist die Legitimation zur Anfechtung im Grundsatz lediglich den durch die fraglichen Staatsverträge privilegierten ausländischen Anbieterinnen zuzusprechen. Hingegen ist anzunehmen, dass inländische Anbieterinnen nur in Ausnahmefällen durch eine zu kurze Frist diskriminiert sein könnten, sodass sie in aller Regel auch kein schutzwürdiges Interesse daran haben dürften, sich auf die Einhaltung der Minimalfristen zu berufen.[17]

---

16 Vgl. Art. 46 N 12; BEYELER, Geltungsanspruch, Rz. 1867.
17 BEYELER, Geltungsanspruch, Rz. 1869 ff.

IV. Abs. 3: Fristverlängerungen

Fristverlängerungen sind, da es sich bei den in BöB/IVöB 46 Abs. 2 festgehaltenen Fristen um Minimalfristen handelt, stets zulässig. Dies gilt, entgegen einer rein systematischen Betrachtungsweise dieser Bestimmung, auch im Nichtstaatsvertragsbereich. Den Vergabestellen steht es grundsätzlich bis zum Ablauf der Eingabefrist offen, die Frist entgegen der in der Ausschreibung festgelegten zu verlängern. Dabei haben die Vergabestellen das Gleichbehandlungsgebot zu beachten: Wird einer Anbieterin eine Fristverlängerung gewährt, so gilt diese auch für alle anderen Anbieterinnen (GPA 2012 XI:1). Ebenso hat die Vergabestelle darauf zu achten, dass die Bekanntgabe der Fristverlängerung möglichst gleichzeitig erfolgt und damit jeder Anbieterin tatsächlich die gleich langen Fristen für die Vorbereitung ihrer Angebote zur Verfügung stehen.[18]

Im offenen Verfahren hat die Bekanntgabe der Fristverlängerung mittels einer Publikation zu erfolgen, um sicherzustellen, dass alle interessierten Anbieterinnen (gleichzeitig) hiervon Kenntnis nehmen können. Aus diesem Grund ist die Verlängerung der Frist zur Einreichung von Teilnahmeanträgen im selektiven Verfahren ebenfalls zu veröffentlichen. Bei einer Verlängerung der Angebotsfrist im selektiven Verfahren reicht hingegen eine Mitteilung in Verfügungsform an die präqualifizierten Anbieterinnen aus. Diesfalls haben nämlich nur diejenigen Anbieterinnen, die ein Angebot einreichen können, ein (schutzwürdiges) Interesse an der Fristverlängerung. Im Einladungsverfahren genügt eine schriftliche Anzeige an die eingeladenen Anbieterinnen.[19]

Der Vergabestelle kann die Frist selbst während der laufenden Eingabefrist – entgegen dem in der Ausschreibung Angekündigten – verlängern. Zumindest ist die Fristverlängerung «rechtzeitig» und damit so frühzeitig anzuzeigen bzw. zu veröffentlichen, dass die Anbieterinnen diese Änderung berücksichtigen und sich danach richten bzw. ihr Angebot ändern sowie neu einreichen können (vgl. GPA 2012 X:11 Bst. b).[20] Eine Fristverlängerung, welche erst nach Ablauf der ursprünglich angekündigten Frist angezeigt bzw. veröffentlicht wird (sog. Fristerneuerung), ist unzulässig.[21]

Eine Verlängerung der in BöB/IVöB 46 Abs. 2 statuierten Mindestfristen kann überdies als Mittel dienen, um einen Wettbewerbsvorteil einer vorbefassten Anbieterin auszugleichen (vgl. BöB/IVöB 14 Abs. 2 Bst. c).[22]

---

18 Komm BöB-TRÜEB, Art. 17 N 2; BEYELER, Geltungsanspruch, Rz. 1877.
19 Vgl. Botschaft BöB, S. 1968; BEYELER, Geltungsanspruch, Rz. 1876.
20 Vgl. BRK 2004-014 (VPB 69.79), E. 2b/bb; BEYELER, Beschaffungsprozess, S. 277 f.; BEYELER, Geltungsanspruch, Rz. 1873 f.
21 Vgl. BEYELER, Geltungsanspruch, Rz. 1875.
22 Botschaft BöB, S. 1918.

V. Abs. 4: Minimalfristen im Binnenbereich

22 Für Beschaffungen ausserhalb des Staatsvertragsbereichs gelten hinsichtlich der Angebotsfrist die Vorgaben von BöB/IVöB 46 Abs. 4.[23] Im Binnenbereich beträgt die Frist zur Einreichung von Angeboten in der Regel mindestens 20 Tage. Eine Unterschreitung dieser Frist ist ausnahmsweise möglich. Bei weitgehend standardisierten Leistungen darf eine Reduktion der Frist auf nicht weniger als 5 Tage erfolgen.

23 Der Begriff der «weitgehend standardisierten Leistungen» findet sich an keiner anderen Stelle im BöB bzw. in der IVöB. In BöB/IVöB 23 Abs. 1 und 29 Abs. 4 werden «standardisierte Leistungen» genannt, bei deren Beschaffung eine elektronische Auktion durchgeführt bzw. der Zuschlag (unter bestimmten Voraussetzungen) ausschliesslich nach dem Kriterium des niedrigsten Gesamtpreises erfolgen kann.[24] Zweck dieser Bestimmungen ist es insbesondere, eine Flexibilisierung des Vergabeverfahrens sowie eine Effizienzsteigerung zu bewirken.[25] Die in BöB/IVöB 46 Abs. 4 vorgesehene Möglichkeit der Fristverkürzung dient demselben Zweck.[26] Diesem Zweck wird dann bestmöglich entsprochen, wenn bei sämtlichen Beschaffungen, im Rahmen deren eine elektronische Auktion durchgeführt und/oder der Zuschlag nach dem Kriterium des niedrigsten Gesamtpreises erteilt werden kann, in jedem Fall auch Fristverkürzungen (auf nicht weniger als 5 Tage) vorgenommen werden dürfen. Auch systematische Überlegungen und Praktikabilitätsgründe sowie die mit der Revision angestrebte pragmatische Anwendung der Vorschriften sprechen für eine einheitliche Handhabung.[27]

24 Vor diesem Hintergrund ist nicht anzunehmen, dass der in BöB/IVöB Abs. 4 statuierte Begriff der «weitgehend standardisierten Leistungen» weiter zu verstehen ist. Nachdem der Zusatz «weitgehend» im Zuge der Detailberatung der WAK-S (in der damaligen Bestimmung von BöB 41 Abs. 2) gestrichen wurde (und keinen Eingang in die neue Bestimmung von BöB 29 Abs. 1 fand)[28], ist es dem redaktionellen Versehen des Gesetzgebers zuzuschreiben, dass BöB/IVöB 46 Abs. 4 unverändert geblieben ist.[29] Mithin dürften jegliche «standardisierten Leistungen» unter den Anwendungsbereich von BöB/IVöB 46 Abs. 4 zu subsumieren und die Bestimmung – entgegen dem Wortlaut – nicht auf «weitgehend» standardisierte Leistungen beschränkt sein.

25 BöB 46 Abs. 4 bezieht sich nach dem klaren Wertlauf nur auf die Frist zur Einreichung von Angeboten und äussert sich insoweit nicht zur Teilnahmefrist. Es handelt sich hierbei um eine (echte) Gesetzeslücke bzw. eine planwidrige Unvollständigkeit des Gesetzes.

---

23 Zum Begriff des Nicht-Staatsvertragsbereichs vgl. Art. 3 Bst. c N 28 und BöB Anhang 5 Ziff. 1.
24 Vgl. Art. 23 N 12 und Art. 29 N 33 ff.
25 Botschaft BöB, S. 1998.
26 Botschaft BöB, S. 1870.
27 Botschaft BöB, S. 1870.
28 Vgl. Fahne Wintersession 2018 Ständerat, Art. 29 und 41.
29 Vgl. Botschaft BöB, S. 1968 (wo darauf hingewiesen wurde, dass eine Unterschreitung der Minimalfrist nur ausnahmsweise, z.B. bei «standardisierten Waren und Dienstleistungen» möglich sei).

Mit Blick darauf, dass die Angebotsfrist im Binnenbereich halb so lang ist wie diejenige im Staatsvertragsbereich (vgl. BöB 46 Abs. 2), erscheint (in Halbierung der Teilnahmefrist von 25 Tagen gemäss BöB 46 Abs. 2 Bst. b) eine Mindestfrist von 13 Tagen für die Einreichung von Teilnahmeanträgen als gerechtfertigt.

VI. Rechtsvergleichung

Auch in RL 2014/24/EU 47 Abs. 1 ist (in vergleichbarer Weise zu BöB/IVöB 46 Abs. 1) festgehalten, dass die öffentlichen Auftraggeberinnen bei der Festsetzung der Fristen für den Eingang der Angebote und der Teilnahmeanträge die Komplexität des Auftrags und die Zeit, welche für die Ausarbeitung der Angebote erforderlich ist, zu berücksichtigen haben.[30] Dabei soll als Grundsatz gelten, dass im Hinblick auf die Beschleunigung und Effizienzsteigerung der Verfahren die Fristen für die Teilnahme an Vergabeverfahren so kurz wie möglich gehalten werden, ohne unzulässige Hürden für den Zugang von Wirtschaftsteilnehmern im gesamten Binnenmarkt und insbesondere für KMU zu schaffen.[31] Sofern Angebote nur nach einer Ortsbesichtigung oder Einsichtnahme in die Anlagen zu den Auftragsunterlagen vor Ort erstellt werden können, sind die Mindestfristen zu verlängern und insbesondere so festzulegen, dass alle betroffenen Anbieterinnen von allen Informationen, die für die Erstellung der Angebote erforderlich sind, Kenntnis nehmen können (RL 2014/24/EU 47 Abs. 2).[32]

26

In Bezug auf die Dauer der Angebotsfrist hat das revidierte EU-Vergaberecht Neuerungen erfahren: Im offenen Verfahren beträgt die Frist für den Eingang der Angebote nunmehr mindestens 35 Tage.[33] Die Frist läuft ab dem Tag, an dem die Auftragsbekanntmachung an das Amt für Veröffentlichungen der Europäischen Union übermittelt wurde (RL 2014/24/EU 27 Abs. 1).[34] Im zweistufigen, nichtoffenen Verfahren beträgt die Frist für den Eingang der Teilnahmeanträge neu mindestens 30 Tage ab dem Tag, an dem die Bekanntgabe bzw. – wenn eine Vorinformation als Aufruf zum Wettbewerb dient – die Aufforderung zur Interessenbestätigung abgesendet wurde. Für den Eingang der Angebote beträgt die Frist ebenfalls mindestens 30 Tage, gerechnet ab dem Tag, an dem die Aufforderung zur Angebotsabgabe abgesendet wurde (RL 2014/24/EU 28

27

---

30 Vgl. auch die gleichlautenden Bestimmungen in RL 2014/25/EU 66, RL 2014/23/EU 39 und RL 2009/81/EG 33.
31 RL 2014/24/EU Präambel und E. 80.
32 Vgl. in Umsetzung dieser Bestimmung § 71 Abs. 7 des österreichischen Vergaberechtsreformgesetzes vom 20.08.2018 (BGBl I Nr. 65) und § 20 Abs. 2 der deutschen Verordnung über die Vergabe öffentlicher Aufträge vom 12.04.2016 (BGBl. I S. 624).
33 Die bisherige Bestimmung in der RL 2004/18/EG, welche durch die RL 2014/24/EU abgelöst wurde, sah eine Frist von mindestens 52 Tagen für die Einreichung eines Angebots im offenen Verfahren vor (Art. 38 Abs. 2).
34 Vgl. zur Auftragsbekanntmachung im Allgemeinen RL 2014/24/EU 49 und zur Veröffentlichung von Bekanntmachungen RL 2014/24/EU 51 Abs. 2; vgl. auch BC-Caranta, Art. 27 N 3.

Abs. 2).[35] Auch hierbei handelt es sich um Minimalfristen, welche nur ausnahmsweise verkürzt werden können.[36]

28 Im Gegensatz zum GPA und zum BöB bzw. zur IVöB sieht das revidierte Vergaberecht der Europäischen Union gar eine Verpflichtung zur Fristverlängerung in bestimmten Fällen vor (RL 2014/24/EU 47 Abs. 3).[37] Die öffentliche Auftraggeberin muss zum einen eine Verlängerung der Fristen gewähren, wenn Zusatzinformationen, obwohl sie rechtzeitig von der Anbieterin angefordert wurden, nicht innerhalb bestimmter Fristen zur Verfügung gestellt werden (Bst. a). Zum anderen sind die Fristen zu verlängern, wenn an den Auftragsunterlagen wesentliche Änderungen vorgenommen werden (Bst. b).[38] Eine Fristverlängerung hat so zu erfolgen, dass die betroffenen Anbieterinnen Kenntnis aller erforderlichen Informationen haben können, die sie für die Erstellung von Angeboten benötigen. Zudem muss sie in jedem Fall in einem angemessenen Verhältnis zur Bedeutung der Informationen oder Änderungen stehen und ist allen Anbieterinnen gleichermassen zu gewähren.[39] Die öffentlichen Auftraggeberinnen trifft keine Verpflichtung zur Fristverlängerung, wenn die Zusatzinformationen entweder nicht rechtzeitig angefordert wurden oder ihre Bedeutung für die Erstellung zulässiger Angebote unerheblich ist.[40]

---

35 Bisher betrugen die Fristen für die Einreichung von Teilnahmeanträgen und Angeboten im nichtoffenen Verfahren 37 bzw. 40 Tage (RL 2004/18/EG 38 Abs. 2).
36 Vgl. BC-CARANTA, Art. 27 N 3.
37 Vgl. in Umsetzung dieser Bestimmung beispielsweise § 72 des österreichischen Vergaberechtsreformgesetzes vom 20.08.2018 (BGBl I Nr. 65) und § 20 Abs. 3 der deutschen Verordnung über die Vergabe öffentlicher Aufträge vom 12.04.2016 (BGBl. I S. 624).
38 Vgl. zum Begriff der wesentlichen Änderungen die RL 2014/24/EU Präambel, E. 81 und BC-STEINICKE, Art. 47 N 8.
39 RL 2014/24/EU 47 Abs. 3 Unterabsatz 2; BC-STEINICKE, Art. 47 N 4 und N 9.
40 RL 2014/24/EU 47 Abs. 3 Unterabsatz 3.

Art. 47 Fristverkürzungen im Staatsvertragsbereich

¹ Die Auftraggeberin / *Der Auftraggeber* kann die Minimalfristen nach Artikel 46 Absatz 2 in Fällen nachgewiesener Dringlichkeit auf nicht weniger als 10 Tage verkürzen.

² Sie / *Er* kann die minimale Angebotsfrist von 40 Tagen nach Artikel 46 Absatz 2 um je 5 Tage kürzen, wenn:

 a. die Ausschreibung elektronisch veröffentlicht wird;

 b. die Ausschreibungsunterlagen zeitgleich elektronisch veröffentlicht werden;

 c. Angebote auf elektronischem Weg entgegengenommen werden.

³ Sie / *Er* kann die minimale Angebotsfrist von 40 Tagen nach Artikel 46 Absatz 2 auf nicht weniger als 10 Tage verkürzen, sofern sie/er mindestens 40 Tage bis höchstens 12 Monate vor der Veröffentlichung der Ausschreibung eine Vorankündigung mit folgendem Inhalt veröffentlicht hat:

 a. Gegenstand der beabsichtigten Beschaffung;

 b. ungefähre Frist für die Einreichung der Angebote oder Teilnahmeanträge;

 c. Erklärung, dass die interessierten Anbieterinnen der Auftraggeberin ihr Interesse an der Beschaffung mitteilen sollen;

 d. Bezugsquellen für die Ausschreibungsunterlagen;

 e. alle weiteren zu diesem Zeitpunkt bereits verfügbaren Angaben nach Artikel 35.

⁴ Sie / *Er* kann die minimale Angebotsfrist von 40 Tagen nach Artikel 46 Absatz 2 auf nicht weniger als 10 Tage verkürzen, wenn sie / *er* wiederkehrend benötigte Leistungen beschafft und bei einer früheren Ausschreibung auf die Fristverkürzung hingewiesen hat.

⁵ Überdies kann die Auftraggeberin / *der Auftraggeber* beim Einkauf gewerblicher Waren oder Dienstleistungen oder einer Kombination der beiden in jedem Fall die Frist zur Angebotseinreichung auf nicht weniger als 13 Tage verkürzen, sofern sie / *er* die Ausschreibungsunterlagen gleichzeitig mit der Ausschreibung elektronisch veröffentlicht. Nimmt die Auftraggeberin / *der Auftraggeber* Angebote für gewerbliche Waren oder Dienstleistungen elektronisch entgegen, kann sie / *er* ausserdem die Frist auf nicht weniger als 10 Tage kürzen.

Inhaltsverzeichnis

I.	Grundlagen	1
II.	Abs. 1: Bei nachgewiesener Dringlichkeit	6
III.	Abs. 2: Bei elektronischer Beschaffung	8
IV.	Abs. 3: Bei Vorankündigung	10

V.	Abs. 4: Bei der Beschaffung von wiederkehrend benötigten Leistungen	12
VI.	Abs. 5: Bei der elektronischen Beschaffung von gewerblichen Waren und Dienstleistungen	14
VII.	Rechtsvergleichung	16

I. Grundlagen

1 Die Voraussetzungen für Fristverkürzungen fanden sich bisher in VöB 19a. Dabei wurden die im GPA 1994 für Fristverkürzungen zur Verfügung gestellten Möglichkeiten grundsätzlich ausgeschöpft; einzig die darin vorgesehene Möglichkeit einer Verkürzung der Minimalfristen durch vertragliche Vereinbarung zwischen Vergabestelle und Anbieterin (GPA 1994 XI:3 Bst. d) wurde nicht aufgenommen. Die bisherige Bestimmung von VöB 19a erlaubte Verkürzungen der Minimalfrist im Rahmen wiederkehrender Leistungen, sofern darauf in einer früheren Ausschreibung hingewiesen wurde (aVöB 19a Abs. 1), im Falle einer Vorankündigung der Ausschreibung (aVöB 19a Abs. 2) sowie bei Dringlichkeit der Beschaffung (aVöB 19a Abs. 3). Ähnliche Bestimmungen zur Verkürzung der Minimalfrist sah aVRöB 19 Abs. 2 vor.

2 Die revidierten Bestimmungen des GPA 2012 zu den Fristverkürzungen (GPA 2012 XI:4 ff.) wurden in BöB/IVöB 47 im Grundsatz übernommen; allerdings wurde auch hier auf die Aufnahme der Möglichkeit zur Festsetzung bzw. Verkürzung der Einreichungsfrist bei gegenseitigem Einverständnis (GPA 2012 XI:8) verzichtet. Nunmehr statuiert wurde die Möglichkeit der Fristverkürzung bei elektronisch geführten Beschaffungen (GPA 2012 XI:5; BöB/IVöB 47 Abs. 2).

3 Fristverkürzungen sind im Staatsvertragsbereich sowohl beim offenen als auch beim selektiven Verfahren möglich. Auch im Binnenbereich sind Fristverkürzungen zulässig, wobei die Bestimmungen zur Fristverkürzung im Staatsvertragsbereich (insbesondere BöB 47 Abs. 1, 3–5) – soweit sinnvoll – analog heranzuziehen sind[1]

4 Nach dem klaren Wortlaut der Bestimmungen kann grundsätzlich nur die Angebotsfrist, nicht auch die (im Rahmen des selektiven Verfahrens zur Anwendung gelangende) Teilnahmefrist verkürzt werden. Ausgenommen hiervon ist die Möglichkeit der Verkürzung der Teilnahmefrist im Falle nachgewiesener Dringlichkeit (BöB/IVöB 47 Abs. 1)[2]

5 Die Entscheidung, ob eine Fristverkürzung vorgenommen wird, steht im Ermessen der Vergabestelle; sie kann trotz Vorliegen aller Voraussetzungen auf eine Fristverkürzung verzichten. Mithin steht es den Anbieterinnen nicht zu, sich gegen zu lange Fristen zu wehren und vor Gericht zu verlangen, dass die von der Vergabestelle festgelegte Frist verkürzt werden soll.[3] Umgekehrt können sich Anbieterinnen auf die Vorschriften über die

---

1 Vgl. Art. 46 N 22.
2 Botschaft BöB, S. 1968.
3 Vgl. hierzu Art. 46 N 13 f.

Minimalfristen und Fristverkürzungen nur berufen, sofern ihnen an deren Anfechtung ein Rechtsschutzinteresse zukommt. Dabei ist die Legitimation im Grundsatz lediglich den durch die fraglichen Staatsverträge privilegierten ausländischen Anbieterinnen zuzusprechen, wohingegen anzunehmen ist, dass inländische Anbieterinnen nur in Ausnahmefällen durch eine zu kurze Frist diskriminiert sein könnten, sodass sie in aller Regel auch kein schutzwürdiges Interesse daran haben dürften, sich auf die Einhaltung der Minimalfristen zu berufen.[4]

II. Abs. 1: Bei nachgewiesener Dringlichkeit

BöB/IVöB 47 Abs. 1 sieht vor, dass die Vergabestelle die Minimalfristen nach BöB/IVöB 46 Abs. 2 bei nachgewiesener Dringlichkeit bis auf 10 Tage verkürzen kann. Die Dringlichkeit ist von der Vergabestelle nachzuweisen und insoweit gebührend zu begründen (vgl. GPA 2012 XI:4 Bst. c). Wie bisher soll – im Unterschied zur Praxis bei freihändigen Vergabeverfahren nach BöB/IVöB 21 Abs. 2 Bst. d – nicht ausschlaggebend sein, ob die Dringlichkeit dem Verhalten der Beschaffungsstelle zuzuschreiben ist oder sich aus äusseren Umständen ergibt.[5]

In diesem Zusammenhang ist dies anzumerken: Will die Vergabestelle eine Freihandvergabe gestützt auf den Ausnahmetatbestand der «äussersten Dringlichkeit» von GPA 2012 XIII:1 Bst. d bzw. BöB/IVöB 21 Abs. 2 Bst. d begründen, hat sie vorgängig zu prüfen, ob nicht aufgrund des Verhältnismässigkeitsprinzips ein offenes (oder selektives) Verfahren mit einer verkürzten Eingabefrist von 10 Tagen im Sinn einer den Wettbewerb weniger einschränkenden Massnahme durchgeführt werden könnte. Ein freihändiges Verfahren aus Dringlichkeitsgründen ist unzulässig, wenn die Beschaffung im offenen oder selektiven Verfahren (mit verkürzten Minimalfristen) rechtzeitig erfolgen könnte (vgl. GPA 2012 XIII:1 Bst. d und BöB/IVöB 21 Abs. 2 Bst. d). In den meisten Fällen dürfte zwischen einem Vergabeverfahren mit maximal verkürzten Minimalfristen und einer freihändigen Vergabe kaum ein zeitlicher Unterschied auszumachen sein. Allerdings ist im Rahmen einer Beschaffung im offenen oder selektiven Verfahren die Zeitdauer infolge der Einreichung einer allfälligen Beschwerde, welche aufschiebende Wirkung entfaltet, zusätzlich zu berücksichtigen, wohingegen dieser Aspekt bei einer Freihandvergabe aufgrund des Umstands, dass der Beschaffungsvertrag abgeschlossen werden darf, ohne die Anfechtungsfrist abwarten zu müssen, nicht verlängernd hinzuzurechnen ist.[6]

---

[4] Vgl. hierzu Art. 46 N 17.
[5] Vgl. Komm BöB-Trüeb, Art. 17 N 7.
[6] Vgl. Beyeler, Vergaberecht 2014, Rz. 62.

III. Abs. 2: Bei elektronischer Beschaffung

8 Die elektronische Beschaffung (vgl. BöB/IVöB 34 Abs. 2) wirkt insofern verfahrensbeschleunigend, als die Minimalfrist von 40 Tagen für die Einreichung der Angebote bei elektronischer Publikation der Ausschreibung (Bst. a), bei elektronischer Bereitstellung sämtlicher Ausschreibungsunterlagen zum Zeitpunkt der Veröffentlichung der Ausschreibung (Bst. b) sowie bei elektronischer Entgegennahme der Angebote (Bst. c) um je fünf Tage verkürzt werden kann (vgl. GPA 2012 XI:5).[7] Die reduzierten Tage können kumuliert werden; mithin ist bei Erfüllung aller drei genannten Umstände eine Verkürzung auf insgesamt 25 Tage (40 Tage minus 15 Tage) möglich.[8]

9 GPA 2012 XI:6 sieht ausdrücklich vor, dass die Kumulation von GPA 2012 XI:5 (bzw. BöB/IVöB 47 Abs. 2) mit GPA 2012 XI:4 (bzw. BöB/IVöB 47 Abs. 3) nicht zu einer Reduktion der Frist für die Einreichung des Angebots auf weniger als 10 Tage (ab dem Veröffentlichkeitsdatum der Ausschreibung) führen darf.

IV. Abs. 3: Bei Vorankündigung

10 Eine weitere Fristverkürzung auf bis zu 10 Tage für die Einreichung der Angebote ist möglich, wenn eine Vorankündigung ergangen ist. Die Vorankündigung ist eine im Voraus angekündigte Ausschreibung bzw. die Veröffentlichung einer geplanten Beschaffung (vgl. GPA 2012 VII:4).[9] Eine Vorankündigung empfiehlt sich in Fällen, in denen die Vergabestelle vor der definitiven Ausschreibung noch bestimmte Voraussetzungen ausserhalb ihres Einflussbereichs abwarten möchte (z.B. eine noch notwendige Kreditzusage oder Bewilligung). Durch die Vorankündigung kann die Vergabestelle nach Eintritt dieser Voraussetzungen rasch reagieren und damit den Beschaffungsprozess beschleunigen. Überdies wird den Anbieterinnen ermöglicht, ihre Angebote vorzubereiten und Ressourcen längerfristig einzuplanen.[10]

11 Die Vorankündigung hat mindestens 40 Tage bis höchstens 12 Monate vor der Veröffentlichung der Ausschreibung zu ergehen und muss die folgenden Mindestangaben enthalten: den Gegenstand der beabsichtigten Beschaffung (Bst. a), die ungefähre Frist für die Einreichung der Angebote oder Teilnahmeanträge (Bst. b), die Erklärung, dass die interessierten Anbieterinnen der Auftraggeberin ihr Interesse an der Beschaffung mitteilen sollen (Bst. c), die Bezugsquelle für die Ausschreibungsunterlagen (Bst. d) sowie alle weiteren zu diesem Zeitpunkt bereits verfügbaren Angaben gemäss BöB/IVöB 35 (Bst. e).

---

7   Vgl. zur elektronischen Veröffentlichung der Ausschreibung und der Ausschreibungsunterlagen BöB/IVöB 48 Abs. 1 und 2 und zur elektronischen Einreichung der Angebote BöB/IVöB 34 Abs. 2.
8   Botschaft BöB, S. 1968; Botschaft GPA, S. 2089.
9   Botschaft GPA, S. 2081.
10 Komm BöB-Trüeb, Art. 17 N 6.

V. Abs. 4: Bei der Beschaffung von wiederkehrend benötigten Leistungen

Wie schon das GPA 1994 anerkennt auch das revidierte GPA 2012 die Möglichkeit der Vergabestelle, mehrere gleichartige Aufträge oder Teilaufträge zur Deckung eines bestimmten Bedarfs zu vergeben (sog. wiederkehrende Leistungen; GPA 2012 II:7).[11] In Übereinstimmung mit der im revidierten GPA 2012 aufgenommenen Bestimmung (GPA 2012 XI:4 Bst. b) erlaubt BöB/IVöB 47 Abs. 4 bei der Beschaffung von wiederkehrend benötigten Leistungen eine Verkürzung der Angebotsfrist auf nicht weniger als 10 Tage unter der Voraussetzung, dass darauf in einer früheren Ausschreibung hingewiesen wurde (vgl. BöB/IVöB 35 Bst. h). 12

Diese Fristverkürzung rechtfertigt sich in Anbetracht dessen, dass den Anbieterinnen Vereinfachungen bei der Erstellung ihrer (wiederholenden) Angebote entstehen. 13

VI. Abs. 5: Bei der elektronischen Beschaffung von gewerblichen Waren und Dienstleistungen

Schliesslich ermöglicht die elektronische Beschaffung von gewerblichen Waren und Dienstleistungen unter bestimmten Voraussetzungen eine Fristverkürzung. Gewerbliche Waren oder Dienstleistungen in diesem Sinn sind Leistungen (Lieferungen, Dienstleistungen und Bauleistungen), die im Allgemeinen auf dem Markt zum Verkauf angeboten oder verkauft werden und gewöhnlich von privaten Käufern zu nicht öffentlichen Zwecken erworben werden (vgl. GPA 2012 I Bst. a).[12] Bei solchen Beschaffungen sieht BöB/IVöB 47 Abs. 5 – nach Massgabe von GPA 2012 XI:7 – vor, dass die Frist zur Einreichung von Angeboten auf 13 Tage verkürzt werden kann, sofern die Vergabestelle die Ausschreibung und die Ausschreibungsunterlagen gleichzeitig elektronisch veröffentlicht. Nimmt die Vergabestelle ausserdem die Angebote elektronisch entgegen, kann sie diese Frist um drei zusätzliche Tage (und somit auf nicht weniger als 10 Tage) reduzieren. 14

Soweit Leistungen im Hinblick auf einen gewerblichen Verkauf oder Wiederverkauf erworben werden, ist ihre Beschaffung vom objektiven Geltungsbereich des Beschaffungsrechts ausgenommen (GPA 2012 II: 2 Bst. a/ii; BöB/IVöB 10 Abs. 1 Bst. a).[13] 15

---

11 Vgl. zum Zerstückelungsverbot und zur Bestimmung des Auftragswerts bei der Beschaffung von wiederkehrenden Leistungen GPA 2012 II:7 und BöB/IVöB 15 Abs. 6.
12 Botschaft BöB, S. 1968 f.
13 Botschaft GPA, S. 2075; Botschaft BöB, S. 1894, 1903 und 1969.

VII. Rechtsvergleichung

16 Im Einklang mit den Vorschriften des GPA 2012 und in Übereinstimmung mit BöB/IVöB 47 ermöglicht auch die RL 2014/24/EU Fristverkürzungen im offenen und nichtoffenen Verfahren. Dabei stimmen die in der Richtlinie statuierten Ausnahmegründe mit denjenigen im GPA 2012 und BöB bzw. in der IVöB überein: So kann unter bestimmten Bedingungen die Mindestfrist für den Eingang der Angebote auf 15 Tage (im offenen Verfahren) bzw. auf 10 Tage (im nichtoffenen Verfahren) verkürzt werden, wenn die öffentlichen Auftraggeberinnen ihre Absicht einer geplanten Auftragsvergabe mittels Veröffentlichung einer Vorinformation (ohne Aufruf zum Wettbewerb) – ähnlich der Vorankündigung nach GPA 2012 VII:4 – bekannt gegeben haben (RL 2014/24/EU 27 Abs. 2 und 28 Abs. 3).[14] Ausserdem können die öffentlichen Auftraggeberinnen kürzere Fristen festlegen, wenn eine Dringlichkeit die Einhaltung dieser Fristen unmöglich macht (RL 2014/24/EU 27 Abs. 3 und 28 Abs. 6).[15] Die öffentlichen Auftraggeberinnen haben die Dringlichkeit hinreichend zu begründen, wobei es sich nicht notwendigerweise um eine extreme Dringlichkeit wegen unvorhersehbarer und von der öffentlichen Auftraggeberin nicht zu verantwortender Ereignisse handeln muss.[16] Schliesslich können die öffentlichen Auftraggeberinnen die Frist für den Eingang der Angebote um fünf Tage verkürzen, wenn sie die elektronische Übermittlung der Angebote[17] akzeptieren (RL 2014/24/EU 27 Abs. 4 und 28 Abs. 5). Im Gegensatz zu den Bestimmungen im GPA 2012 und BöB bzw. in der IVöB ist die Möglichkeit der Fristverkürzung im Rahmen der Beschaffung von wiederkehrenden Leistungen nicht vorgesehen.

---

14 Vgl. zur Vorinformation Richtlinie RL 2014/24/EU 48; vgl. in Umsetzung dieser Bestimmung beispielsweise § 73 des österreichischen Vergaberechtsreformgesetzes vom 20.08.2018 (BGBl I N 65).
15 Hierbei sind Fristverkürzungen (im offenen Verfahren) auf mindestens 15 Tage für den Eingang der Angebote bzw. (im nichtoffenen Verfahren) 15 Tage für den Eingang der Teilnahmeanträge und 10 Tage für den Eingang der Angebote im nichtoffenen Verfahren zulässig; vgl. in Umsetzung dieser Bestimmung § 74 des österreichischen Vergaberechtsreformgesetzes vom 20.08.2018 (BGBl I N 65).
16 Vgl. RL 2014/24/EU Präambel, E. 46 und 80; BC-Caranta, Art. 27 N 6.
17 Gemäss RL 2014/24/EU 22 Abs. 1, 5 und 6.

Art. 48 Veröffentlichungen

¹ Im offenen und im selektiven Verfahren veröffentlicht die Auftraggeberin die Vorankündigung, die Ausschreibung, den Zuschlag sowie den Abbruch des Verfahrens auf einer gemeinsam von Bund und Kantonen betriebenen Internetplattform für öffentliche Beschaffungen. Ebenso veröffentlicht sie Zuschläge, die ab dem für das offene oder selektive Verfahren massgebenden Schwellenwert / *im Staatsvertragsbereich* freihändig erteilt wurden. Dies gilt nicht für freihändig erteilte Zuschläge nach Anhang 5 Ziffer 1 Buchstaben c und d.

² Die Ausschreibungsunterlagen werden in der Regel zeitgleich und elektronisch zur Verfügung gestellt. Der Zugang zu diesen Veröffentlichungen ist unentgeltlich.

³ Die vom Bund und den Kantonen mit der Entwicklung und dem Betrieb der Internetplattform beauftragte Organisation kann von den Auftraggeberinnen, den Anbieterinnen sowie weiteren Personen, welche die Plattform oder damit verbundene Dienstleistungen nutzen, Entgelte oder Gebühren erheben. Diese bemessen sich nach der Anzahl der Veröffentlichungen beziehungsweise nach dem Umfang der genutzten Leistungen.

⁴ Für jeden Auftrag im Staatsvertragsbereich, der nicht in einer Amtssprache der Welthandelsorganisation (WTO) ausgeschrieben wird, veröffentlicht die Auftraggeberin zeitgleich mit der Ausschreibung eine Zusammenfassung der Anzeige in einer Amtssprache der WTO. Die Zusammenfassung enthält mindestens:

a. den Gegenstand der Beschaffung;

b. die Frist für die Abgabe der Angebote oder Teilnahmeanträge;

c. die Bezugsquelle für die Ausschreibungsunterlagen.

⁵ Der Bundesrat regelt darüber hinausgehende Anforderungen an die Sprachen der Veröffentlichungen, der Ausschreibungsunterlagen, der Eingaben der Anbieterinnen und des Verfahrens. Er kann den unterschiedlichen sprachlichen Verhältnissen in der Schweiz angemessen Rechnung tragen. Er kann die Anforderungen nach Leistungstypen differenzieren. Dabei gelten, unter Vorbehalt vom Bundesrat ausdrücklich präzisierter Ausnahmen, folgende Grundsätze:

a. Bei Bauaufträgen sowie damit zusammenhängenden Lieferungen und Dienstleistungen müssen die Ausschreibungen und die Zuschläge mindestens in zwei Amtssprachen, insbesondere in der Amtssprache am Standort der Bauten, veröffentlicht werden.

b. Bei Liefer- und Dienstleistungsaufträgen müssen die Ausschreibungen und die Zuschläge mindestens in zwei Amtssprachen veröffentlicht werden.

c. Für die Eingaben der Anbieterinnen sind alle Amtssprachen zulässig.

7. Kapitel: Fristen und Veröffentlichungen, Statistik

⁵ *Ausserhalb des Staatsvertragsbereichs ist auf die sprachlichen Verhältnisse des Gebiets Rücksicht zu nehmen, in welchem der Auftrag zur Ausführung gelangt.*

⁶ **Im Staatsvertragsbereich erteilte Zuschläge sind in der Regel innerhalb von 30 Tagen zu veröffentlichen. Die Mitteilung enthält folgende Angaben:**

- a. Art des angewandten Verfahrens;
- b. Gegenstand und Umfang des Auftrags;
- c. Name und Adresse der Auftraggeberin;
- d. Datum des Zuschlags;
- e. Name und Adresse der berücksichtigten Anbieterin;
- f. **Gesamtpreis des berücksichtigten Angebots** oder ausnahmsweise die tiefsten und die höchsten Gesamtpreise der in das Vergabeverfahren einbezogenen Angebote **einschliesslich Mehrwertsteuer.**

⁷ *Die Kantone können zusätzliche Publikationsorgane vorsehen.*

Inhaltsverzeichnis

I.	Grundlagen	1
II.	Abs. 1: Gegenstand	4
A.	Schwellenwert und Rechtsmittelbelehrung	4
B.	Elektronische Publikation	8
III.	Abs. 2: Ausschreibungsunterlagen	10
IV.	Abs. 3: Gebühren und Kosten	11
V.	Abs. 4: Publikationssprache	12
VI.	Abs. 5: Vergabespezifische Sprachvorgaben	14
A.	Anbietermarkt	15
B.	Nachgefragte Leistung	16
C.	Transaktionskosten	17
D.	Mehrsprachigkeit, Verfahrenssprache und Sprachengesetz	18
VII.	Abs. 6: Fristengleichlauf	22
VIII.	Abs. 7 IVöB: Weitere Publikationsmöglichkeiten	25
IX.	Rechtsvergleichung	26

I. Grundlagen

1 BöB/IVöB 48 basiert primär auf folgenden internationalen Vorgaben: GPA 2012 VII:1 appelliert an die Vertragsstaaten, Ausschreibungen in einem breit verteilten sowie leicht und kostenlos zugänglichen Publikationsorgan in Papier- oder elektronischer Form zu

veröffentlichen (N 7). Nach GPA 2012 VII:3 muss zum Zeitpunkt der Ausschreibung für jede dem GPA unterstellte Beschaffung eine Zusammenfassung in einer der Amtssprachen der WTO vorliegen (N 12). GPA 2012 XVI:1 und 2 regeln die Modalitäten der Bekanntgabe der Zuschlagserteilung.

Bereits GPA 1994 IX (Einladung zur Teilnahme an geplanten Beschaffungen) enthielt einige Mindestvorgaben in Bezug auf die Publikation von Ausschreibungen und Zuschlägen. Sie wurden vom Bund und den Kantonen in verschiedenen Bestimmungen umgesetzt. Massgeblich waren bisher auf Bundesebene insbesondere aBöB 23, der die Eröffnung von Verfügungen regelte, sowie aBöB 24 betreffend Veröffentlichungen und Sprachen. Konkretisiert wurden diese Bestimmungen durch aVöB 8, der die unentgeltliche Abfrage auf der Internetplattform SIMAP vorsah, aVöB 24 Abs. 2 mit Hinweisen zur Zusammenfassung und aVöB 28 betreffend Bekanntmachung des Zuschlags. Auf (inter-)kantonaler Ebene gab aIVöB 13 vor, dass die kantonalen Ausführungsbestimmungen die notwendigen Veröffentlichungen (Bst. a), den Zuschlag durch Verfügung (Bst. g) sowie die Mitteilung und kurze Begründung des Zuschlags (Bst. h) «gewährleisten» mussten. Zudem äusserten sich VRöB 10 und 13 zur Veröffentlichung bzw. zum Publikationsorgan, zu den anwendbaren Sprachen und der Zusammenfassung der Ausschreibung. 2

Die bewährten Regelungen wurden im Rahmen der Revision zusammengeführt und präzisiert, namentlich hinsichtlich der Sprachen bei Vergaben, die dem Bundesrecht unterstehen. BöB/IVöB 48 dienen im Wesentlichen der Gleichbehandlung der Anbieterinnen und der Transparenz und sind weitgehend identisch. Teils politisch, teils organisatorisch bedingte Unterschiede gibt es jedoch in Bezug auf die Veröffentlichung freihändig erteilter Zuschläge (N 4 und 6), die Sprachvorgaben (N 13 ff.), die Kommunikation des Zuschlags (N 25) sowie die zulässigen Publikationsorgane (N 26). 3

II. Abs. 1: Gegenstand

A. Schwellenwert und Rechtsmittelbelehrung

Die Veröffentlichungsvorschriften sind Voraussetzung für die Ansprache des gesamten Anbietermarkts. Ohne Veröffentlichung können denknotwendig die Anbieterinnen in ihrer Gesamtheit nicht von der Ausschreibung wissen. Damit erweist sich die Publikationspflicht nicht als zusätzliche Pflicht, sondern als ein funktional notwendiger Bestandteil der im Wortsinn öffentlichen Verfahren, d.h. des offenen Verfahrens und des selektiven Verfahrens. Die Vorschriften schreiben die Art der Informationsverbreitung vor. In welchem Umfang eine Öffentlichkeit hergestellt werden kann, hängt von zwei Faktoren ab: der Reichweite des Mediums und der Sprache. Das GPA selbst verwendet drei Amtssprachen. Diese sind im internationalen, grenzüberschreitenden Handel gebräuchliche Sprachen. Zudem wird mittels eines elektronischen Marktplatzes auch eine inhaltliche und zeitliche Gleichbehandlung der Anbieterinnen hergestellt. Bei die- 4 ser funktionalen Betrachtung ist die vorliegende gesetzliche Regelung, wonach die Beschaffung – ausserhalb oder innerhalb des Staatsvertragsbereichs – unterstellt ist, die einzige denkbare Regelung. Für abweichende Regelungen ausserhalb des Staatsvertragsbereichs bleibt hinsichtlich der Medien derzeit kein Raum, weil sich sonst beim für die Anbieterinnen wichtigen Element der Frist für die Erarbeitung der Offerten und Teilnahmeanträge gewichtige Unterschiede ergeben würden. Bislang ist hinsichtlich Verbreitungsgeschwindigkeit und Reichweite keine Alternative zur Publikation im öffentlich zugänglichen Internet erkennbar.

5   Auf Bundesebene hat bei freihändigen Zuschlägen ab dem Schwellenwert für das offene oder selektive Verfahren eine Publikation zu erfolgen, da nur so alle zur Beschwerde legitimierten Anbieterinnen überhaupt Kenntnis vom Eingriff in ihre Rechtsposition erhalten können (BöB 48 Abs. 1 2. Satz). Spiegelbildlich ist es auch der zuständigen Behörde tatsächlich nicht möglich, mit Sicherheit festzustellen, wem überhaupt eine individuelle Verfügung zuzustellen wäre. Die IVöB hingegen beschränkt die Publikationspflicht bei freihändig erteilten Zuschlägen auf öffentliche Aufträge im Staatsvertragsbereich (IVöB 48 Abs. 1 2. Satz); d.h., es muss beispielsweise nicht veröffentlicht werden, wenn Dienstleistungen, die zwar den massgeblichen Schwellenwert erreichen, jedoch nicht auf der Positivliste bzw. Annex 4 des GPA 2012 aufgeführt sind, freihändig vergeben werden.

6   Anders gestaltet sich die Sachlage bei Einladungsverfahren. Soweit dieses Verfahren angewendet werden darf, besteht, mangels Recht auf Teilnahme, weder eine Publikationsnotwendigkeit noch eine solche Pflicht und alle Entscheide können sämtlichen Anbieterinnen, die ein Rechtsschutzinteresse haben, individuell eröffnet werden. Dies gilt umso mehr für reguläre freihändige Vergaben einerseits sowie andererseits für faktische Vergaben, auf die das Gesetz bzw. die Vereinbarung nach BöB/IVöB 10 keine Anwendung findet.

7   Den gleichen funktionalen Normzweck gilt es bei der Publikation der Zuschläge anzulegen. Da bei Beschaffungen gemäss BöB Anhang 5 Ziffer 1 Buchstaben c und d kein Rechtsschutz besteht (vgl. Art. 53 N 31 ff.), kann bei freihändigen Zuschlägen solcher Leistungen von einer Publikation abgesehen werden (BöB 48 Abs. 1 3. Satz). Davon unabhängig wird künftig auf Bundesebene mit der Umsetzung der Motion 14.3045 (NR Graf-Litscher) eine gebündelte Bekanntgabe aller Beschaffungen ab CHF 50 000 (inkl. MWST) erfolgen (VöB 27).

B. Elektronische Publikation

8   GPA 2012 VII:1[1] erlaubt nicht nur ausdrücklich die Verwendung einer elektronischen Plattform. Die Vertragsparteien und die Vergabestellen werden sogar aufgefordert, die Mitteilungen auf elektronischem Weg kostenlos zu veröffentlichen. Zur Kostenlosigkeit siehe unten N 11.

---

1   Parties, including their procuring entities covered under Annex 2 or 3, are encouraged to publish their notices by electronic means free of charge through a single point of access.

Auf Bundesebene werden die entsprechenden Mitteilungen auf der Plattform SIMAP 9 veröffentlicht. Dies gilt auch für kantonale Vergaben, wobei es den Kantonen gemäss IVöB 48 Abs. 7 freisteht, weitere Publikationsorgane – z.B. das Amtsblatt – vorzusehen (N 26). Dass SIMAP nicht im Gesetzestext erwähnt ist, lässt sich gemäss Botschaft BöB auf tatsächliche Gründe, namentlich die rasche Entwicklung im Bereich der Domainnamen und des E-Government, zurückführen.[2] Plattformseitig werden die Inhalte, für die der Betreiber, der Verein für ein Informationssystem über das öffentliche Beschaffungswesen in der Schweiz, verantwortlich ist, auf Deutsch, Französisch, Italienisch und weitgehend auch auf Englisch zur Verfügung gestellt. Dies gilt aber nicht für die Inhalte bezogen auf die einzelnen Vergaben. Der Umfang und die Anforderungen an die Sprachen richten sich nach den Mindestvorgaben von Abs. 4 (N 12). In den gelegentlich auftretenden Fällen, wo die verfügende Stelle nicht über die technische Infrastruktur oder die notwendigen Zugriffsrechte verfügt – zu denken ist hier z.B. an den seltenen Fall der Zuschlagsverfügung durch die Gerichte –, ist selbstredend auch eine amtshilfeweise Publikation durch eine andere Behörde, beispielsweise die Vorinstanz, zulässig.

III. Abs. 2: Ausschreibungsunterlagen

Damit eine Ausschreibung vollständig eröffnet ist, müssen den Anbieterinnen die Aus- 10 schreibungsunterlagen zur Verfügung gestellt worden sein. Im gesetzlich vorgesehenen Normalfall werden die Ausschreibungsunterlagen zeitgleich mit der Ausschreibung zur Verfügung gestellt. Werden sie elektronisch veröffentlicht, so gelten sie als allen gleichzeitig eröffnet. Werden die Ausschreibungsunterlagen zeitgleich mit der Ausschreibung auf der Internetplattform publiziert, nehmen die darin enthaltenen Festlegungen an derselben Publizitätswirkung teil. Sie sind daher nach Massgabe von BöB/IVöB 53 Abs. 2 zusammen mit der Ausschreibung anzufechten. Bedingt die Beschaffenheit der Ausschreibungsunterlagen eine andere Zustellart, so ist dies, um die Gleichbehandlung der Anbieterinnen zu gewährleisten, verfahrensmässig zu berücksichtigen. Obschon die elektronische Publikation die kostengünstigste und effizienteste Form darstellt, muss in gewissen Einzelfällen auf eine solche aus sachlichen oder rechtlichen Gründen verzichtet werden. Dies ist insbesondere dann der Fall, wenn die Ausschreibungsunterlagen klassifizierte Informationen oder datenschutzrechtlich geschützte Personendaten enthalten.

---

2 Botschaft BöB, S. 1969. Auf Verordnungsstufe wird «simap.ch» weiterhin erwähnt, vgl. VöB 1 Abs. 2, Fn. 2.

IV. Abs. 3: Gebühren und Kosten

11 Nur unmittelbar einem konkreten Beschaffungsprojekt dienende Leistungen der Internetplattform – gemeint ist der Zugang zu den Publikationen über Ausschreibungen und Zuschläge – sind kostenlos. Allfällige weitere Dienstleistungen von SIMAP können aber, den allgemeinen Verwaltungsgrundsätzen folgend, für die Nutzerinnen und Nutzer (Auftraggeberinnen, Anbieterinnen und weitere, z.B. Forschende oder Medienschaffende) mit Kosten verbunden sein.[3] Dabei sind die Gebühren oder Entgelte nach dem Äquivalenzprinzip zu erheben. Die Höhe der Gebühr hat damit, bezogen auf die jeweilige Anbieterin und die erbrachte Leistung, in einem vernünftigen Verhältnis zu stehen. Diese Norm ist jedoch keine hinreichende Grundlage für die Abweichung von allfälligen verwaltungsrechtlichen oder zivilrechtlichen Formvorschriften. Allein aus der Tatsache, dass hier die Ausschreibungsunterlagen verbindlich veröffentlicht werden, darf nicht geschlossen werden, dass sämtliche über die Plattform abgewickelte Korrespondenz rechtsgenüglich oder rechtsverbindlich ist. Die Vergabebehörde kann, soweit erforderlich, Formvorschriften verfügen.

V. Abs. 4: Publikationssprache

12 Bei Aufträgen im Staatsvertragsbereich ist, sofern nicht bereits in einer Amtssprache der WTO ausgeschrieben wurde, zusätzlich zur Ausschreibung noch deren Zusammenfassung zu publizieren. GPA 2012 VII:3 schreibt für die Zusammenfassung die Verwendung einer WTO-Amtssprache, also Englisch, Spanisch oder eben Französisch, vor. Diese Zusammenfassung ist aber nicht mit der Ausschreibung nach BöB/IVöB 35 gleichzusetzen. Es liegt im Ermessen der Vergabestelle, nebst den in Abs. 4 genannten Mindestangaben (Gegenstand der Beschaffung, Eingabefrist sowie Bezugsquelle für die Ausschreibungsunterlagen) weitere Informationen in der Zusammenfassung aufzuführen. Im Gegensatz zu den Ausschreibungsunterlagen hat die Zusammenfassung stets zeitgleich mit der Ausschreibung zu erfolgen. Sie bewirkt, dass auch Anbieterinnen aus Sprachräumen ausserhalb der schweizerischen Amtssprachen sich der Vergabe gewahr werden. Es ermöglicht ihnen somit, bei Interesse die nötigen Vorkehren, namentlich die Übersetzung der Ausschreibungsunterlagen, vorzunehmen.

13 Vgl. dazu und zum Folgenden auch Art. 35 N 38 Fn. 66.

---

3 Botschaft BöB, S. 1970.

VI. Abs. 5: Vergabespezifische Sprachvorgaben

In Abweichung von den in der Botschaft beantragten Kompetenzregeln ergab die parlamentarische Debatte auf Bundesebene eine differenzierte Regel, die – nach zahlreichen politischen Vorstössen[4] – Eingang ins BöB fand: Das Gesetz schreibt die Grundsätze vor und ermächtigt den Bundesrat nur, aber immerhin ausdrücklich, präzisierte Ausnahmen festzulegen. Als Grundsatz gilt, dass Ausschreibungen und Zuschläge jeweils in zwei Amtssprachen zu veröffentlichen sind. Die revidierte Verordnung sieht Ausnahmen im Zusammenhang mit Projekten im Ausland oder hochspezialisierten technischen Leistungen vor (VöB 20 Abs. 1 und 2) und enthält Regeln zur Sprache der Ausschreibungsunterlagen und Eingaben der Anbieterinnen (VöB 21 f.).[5]

A. Anbietermarkt

Steht nachweisbar fest oder muss gestützt auf eine Analyse des Beschaffungsmarktes davon ausgegangen werden, dass keine Anbieterin in einer anderen Sprache anbieten will oder wird, so würde sich eine erweiterte Mehrsprachigkeit in der Sache erübrigen. In einer solchen Situation ist aus der Warte der Beschaffung auch keine andere öffentliche Aufgabe ersichtlich, die eine solche Erweiterung rechtfertigen oder der sie dienen würde.

B. Nachgefragte Leistung

Zu den Wahrheiten einer jeden Vergabe gehört, unabhängig davon, ob dies eine gesetzlich geregelte öffentliche Beschaffung oder eine Beschaffung in der Privatwirtschaft darstellt, dass nur was gemessen auch bewertet werden kann. Ist jedoch die Güte eines Angebots oder der ausgeschriebenen Leistung eine logische Funktion der Güte der verwendeten Sprache, so trüge eine Übersetzung nichts zu einer Erweiterung des Anbietermarktes bei. Im Gegenteil muss es der Behörde jederzeit möglich sein, die Sprache der Leistung oder des Angebots einzuschränken. Zum Normwiderspruch bezüglich der Zulässigkeit der Eingabe in einer anderen Amtssprache vgl. N 22.

C. Transaktionskosten

Nach der Bestimmung BöB 21 Abs. 2 Bst. e ist eine angemessene Berücksichtigung der Transaktionskosten zulässig (vgl. dort). Die Kosten für eine zusätzliche Übersetzung nach diesem Artikel sind diesen Transaktionskosten zuzuordnen. Führte eine solche

---

4 Z.B. Postulat 12.3910, Bundesgesetz über das öffentliche Beschaffungswesen. Stopp dem Missstand (NR Christophe Darbellay); Motion 12.3739. Öffentliche Beschaffungen des Bundes. Gleiche Rechte für die Sprachregionen (NR Antonio Hodgers); Motion 12.3914. Ausschreibungsverfahren in den drei Amtssprachen des Bundes (NR Dominique de Buman) etc. Vgl. Botschaft BöB, S. 1851, Erläuterungen VöB, S. 12.
5 Vgl. Erläuterungen VöB, S. 12 ff.

Übersetzung nun dazu, dass sie eine freihändige Vergabe zuliesse, so ist, in Berücksichtigung des Zweckes dieses Gesetzes, dem Herbeiführen einer Wettbewerbslage und damit einhergehend dem Verzicht auf die Übersetzung der Vorzug zu geben. Mit anderen Worten hat – nicht nur hier – eine Reduktion der Beschaffungskosten der Betrachtung der Kosten der Beschaffung, hier in der Form der Übersetzung und der möglicherweise anspruchsvolleren Auswertung, vorzugehen.

D. Mehrsprachigkeit, Verfahrenssprache und Sprachengesetz

18 Nach der hier vertretenen Auffassung ist nicht nur im Hinblick auf ein effizientes Verwaltungshandeln, sondern insbesondere zur Herstellung der Vergleichbarkeit der Angebote, soweit sich die Kriterien nicht als messbare Grösse darstellen, sondern mittels Auslegung zu ermitteln sind, zwingend auf eine einzige Sprache zu beschränken. Daran ändern auch die Vorschriften des Sprachengesetzes (SpG) nichts. Die verfahrensrechtlichen Vorschriften sind im Grunde nichts anderes als eine spezifische Ausprägung des rechtlichen Gehörs. Es beschlägt alle prozess- und verfahrensrechtlichen Schritte des Vergabeverfahrens. Damit haben weder VwVG 33a noch SpG 6 einen Einfluss auf den Ausschreibungsgegenstand oder die durch die Anbieterin zu erstellenden Offertunterlagen. Ein Anspruch auf Mehrsprachigkeit besteht in diesen Fällen eben gerade nicht. Ist ein Verfahren hingegen mehrsprachig eröffnet werden, so müssen auch Offertunterlagen in allen Amtssprachen der Schweiz zugelassen sein, in denen die Ausschreibung erfolgte.

19 Daneben hat die zuständige Behörde nach pflichtgemässem Ermessen eine Verfahrenssprache festzulegen. Es ist dies die Sprache, in der die Behörde mitteilt und eröffnet. Dies ist gerade in Mehrparteienverfahren mit unbestimmter Anzahl Teilnehmender zum Erhalt der Rechtssicherheit und der Verfahrenseffizienz unerlässlich.

20 Die Eingaben der Anbieterinnen sind also in sachlich eingeschränktem Umfang in allen Amtssprachen der Schweiz zugelassen (Bst. c). Dies ändert an der einheitlichen Verfahrenssprache gemäss VwVG 33a grundsätzlich nichts. Allerdings entsteht damit eine systemische erweiterte Ungenauigkeit, da nicht nur die Ausschreibungsunterlagen in ihrer Ursprache auslegungsbedürftig sind, sondern auch die Bedeutungsunterschiede in den verwendeten Sprachen in den Angeboten hinzukommen. Gleiches gilt für die an sich klare Regelung bezüglich der Sprachen bei Liefer- und Dienstleistungsaufträgen (Bst. b). Dabei ist auch die sachlogisch gebotene Einschränkung bezüglich Leistung und Angebot (N 18) stets zu berücksichtigen. Ausschreibungen und Zuschläge sind in allen Fällen in mindestens zwei Amtssprachen zu veröffentlichen. Bei Bauaufträgen sowie damit zusammenhängenden Lieferungen und Dienstleistungen sind ebenfalls zwei Amtssprachen, insbesondere aber die Anwendung der Amtssprache am Standort der Baute vorgeschrieben (Bst. c).

21 Eine entsprechende zwingende Regel betreffend Mehrsprachigkeit fehlt in der IVöB. Doch auch auf kantonaler Ebene ist den sprachlichen Gegebenheiten angemessen Rechnung zu tragen, wobei der Behörde das pflichtgemäss auszuübende Ermessen zusteht.

VII. Abs. 6: Fristengleichlauf

Die in der Botschaft beschriebene Praxis der gleichzeitigen Erteilung und Publikation des Zuschlags sorgt dafür, dass die materielle Rechtskraft der Abschlusserlaubnis mit dem Beginn der Vertragswirkung abgestimmt werden kann. Um die gesetzlichen Anforderungen an die summarisch zu eröffnenden Verfügungen einzuhalten und den Fristenlauf auszulösen, muss die Publikation die Mindestangaben nach BöB 51 Abs. 3 enthalten. Diese Angaben wurden bereits unter dem bisherigen Recht in der Praxis auf der Internetplattform SIMAP publiziert. Publikation und individuelle Zustellung bewirken bei der Zustellempfängerin dieselbe Rechtswirkung. Die jeweils frühere Form der Eröffnung löst den Fristenlauf aus. 22

Mit der gesetzlichen Regelung werden der in GPA 2012 XVI:2 vereinbarte Umfang und die geforderte Frist von maximal 72 Tagen nicht nur erfüllt, sondern in zeitlicher Hinsicht unterschritten. 23

In einem wesentlichen Punkt geht die IVöB über die Bestimmung des BöB hinaus. Gemäss IVöB 6 Abs. 1 Bst. f ist stets der Gesamtpreis des berücksichtigten Angebots einschliesslich Mehrwertsteuer zu publizieren. Dies hat den Vorteil der vollständigen Transparenz auf Behördenseite, kann aber allenfalls in bestimmten Märkten, die ausserordentlich preissensitiv sind, dazu führen, dass Anbieterinnen auf die Einreichung einer Offerte verzichten werden. 24

VIII. Abs. 7 IVöB: Weitere Publikationsmöglichkeiten

Um den lokalen und kantonsspezifischen Gegebenheiten und Bedürfnissen Rechnung zu tragen, lässt die IVöB den Kantonen weiterhin Raum, um zusätzliche Publikationsorgane, in der Regel die kantonalen Amtsblätter, vorzusehen. 25

IX. Rechtsvergleichung

In RL 2014/24/EU 51 ff. sind Form und Modalitäten der Veröffentlichung von Bekanntmachungen festgehalten. Dabei gilt der Grundsatz des uneingeschränkten und vollständigen direkten Zugangs. Der öffentliche Auftraggeber kann dabei eine oder mehrere Amtssprachen der Union festlegen. Einzig die so festgelegten Sprachfassungen sind verbindlich und nicht etwa sämtliche Amtssprachen der Union. Die Veröffentlichung erfolgt dabei über das Europäische Amt für Veröffentlichungen, was eine Folge der im Vergleich zur Schweiz erheblich vergrösserten Sprachenvielfalt darstellt. 26

Art. 49 Aufbewahrung der Unterlagen

[1] Die Auftraggeberinnen / *Auftraggeber* bewahren die massgeblichen Unterlagen im Zusammenhang mit einem Vergabeverfahren während mindestens drei Jahren ab rechtskräftigem Zuschlag auf.

[2] Zu den aufzubewahrenden Unterlagen gehören:

a. die Ausschreibung;
b. die Ausschreibungsunterlagen;
c. das Protokoll der Angebotsöffnung;
d. die Korrespondenz über das Vergabeverfahren;
e. die Bereinigungsprotokolle;
e. Verfügungen im Rahmen des Vergabeverfahrens;
e. das berücksichtigte Angebot;
e. Daten zur Rückverfolgbarkeit der elektronischen Abwicklung einer Beschaffung;
i. Dokumentationen über im Staatsvertragsbereich freihändig vergebene öffentliche Aufträge.

[3] *Alle Unterlagen sind für die Dauer ihrer Aufbewahrung vertraulich zu behandeln, soweit diese Vereinbarung nicht eine Offenlegung vorsieht. Vorbehalten bleibt die Auskunftspflicht, soweit hierfür eine gesetzliche Grundlage besteht.*

Inhaltsverzeichnis

I.	Grundlagen	1
II.	Abs. 1: Fristen und Aktenbereinigung	7
III.	Abs. 2: Umfang und Form	12
IV.	Abs. 3 IVöB: Vertraulichkeit der Unterlagen	18

I. Grundlagen

1 Auf den Dokumentenbestand einer Vergabebehörde sind, neben den in der Botschaft aufgeführten gesetzlichen Grundlagen, weitere Gesetze anwendbar. Auf Bundesebene sind in der Praxis von der zentralen Bundesverwaltung insb. das BGA, DSG, FHG und das BGÖ zu beachten. Hingegen sind die Sektorunternehmen den subjektiven Geltungsbereichen dieser Gesetze, mit Ausnahme des DSG und des BGÖ, nicht unterworfen. Im DSG gelten sie als Bundesorgane. Keine Anwendung finden die Vorschriften des

DSG auf Kantone und Gemeinden, da diese, selbst wenn sie Bundesaufgaben vollziehen, nie als Organe gelten.[1]

Während das BGA und das BGÖ einen Vorbehalt zugunsten spezialgesetzlicher Normen enthalten, ist dies beim DSG und dem FHG nicht der Fall. Im internationalen Bereich bestehen zudem noch etliche Informationsschutzabkommen, die namentlich bei kontrollpflichtigen Gütern gemäss dem GKG und Kriegsmaterial gemäss dem KMG einschlägig sind und die innerstaatliche Regelung verdrängen.

Darüber hinaus gilt RVOG 57h, wonach zur Registrierung, Verwaltung, Indexierung und Kontrolle von Schriftverkehr und Geschäften jedes Bundesorgan nach dem DSG ein Informations- und Dokumentationssystem führen kann. Dieses System kann besonders schützenswerte Daten und Persönlichkeitsprofile enthalten, soweit sich diese aus dem Schriftverkehr oder aus der Art des Geschäfts ergeben. Das betreffende Bundesorgan kann Personendaten nur speichern, wenn sie dazu dienen: a.) seine Geschäfte zu bearbeiten; b). die Arbeitsabläufe zu organisieren; c.) festzustellen, ob es Daten über eine bestimmte Person bearbeitet; d.) den Zugang zur Dokumentation zu erleichtern.

Im Hinblick auf das Gebot der Transparenz wurde im Rahmen der parlamentarischen Beratung des BöB auf eine spezialgesetzliche Regelung im Sinne des BGÖ 5 für Dokumente im Vergabeverfahren verzichtet. Insb. sollte kein Ausnahmetatbestand hinsichtlich der Regelung im BGÖ geschaffen werden (vgl. Art. 11 N 22).

Im Lichte der Regelung von RVOG 57h ist die Aufzählung der Ausschreibungsunterlagen in BöB 49 Abs. 2 als abschliessend zu betrachten. Damit ist nur die Vernichtung aller nicht aufgeführten Dokumente zulässig. Insb. fehlt die Grundlage für eine kommerzielle Auswertung der erhobenen Daten. Andererseits müssen die aufzubewahrenden Dokumente so gestaltet sein, dass sämtliche für den Zuschlagsentscheid erheblichen Elemente darin enthalten sind. Gleichzeitig wird damit eine gesetzliche Vermutung der Vollständigkeit der Unterlagen festgelegt, wonach sich ein Verfahren mithilfe dieser Unterlagen vollständig nachvollziehen lässt. Dies ist vor allem im Hinblick auf den Entscheid über die Anbieterauswahl bedeutsam, da die Vergabebehörde die zugrunde liegenden Angebote, welche sie ausgewertet hat, nicht mehr hat und auch nicht haben darf.

Damit ergibt sich in der Praxis ein Trilemma, bei der Transparenz (Dokumentationspflicht), Datenschutz und Geschäftsgeheimnisse im Lichte des BGÖ – in Bezug auf ihren Wirksinn hin – unter einen Hut gebracht werden müssen. Die Gestaltung der Dokumente und ihrer Inhalte muss der rechtlichen Tatsache Rechnung tragen, dass mit der materiellen Rechtskraft des Vergabeverfahrens zwei (drei) Arten von Verfahrensbeteiligten streng voneinander unterschieden werden müssen. Die Vergabebehörde und die Zuschlagsempfängerin einerseits, die der Öffentlichkeit via das Archivierungs- und Öffentlichkeitsrecht über ihre privatrechtlichen Verhältnisse weitgehend auskunftsverpflichtet sind. Nur gerade im Rahmen der Verweigerungsgründe von BGÖ 7 sind diese Informa-

---

[1] BBl 1988 413, S. 445.

tionen von Rechts wegen schützbar. Diese faktische Ausweitung des Öffentlichkeitsprinzips auf nicht staatliche Akteure wird ihre endgültige Ausprägung in der Praxis von Vergabebehörden und Gerichten erfahren, bei der der systeminhärente Zielwiderspruch zwischen Datenschutz- und Öffentlichkeitsrecht versöhnt werden muss.

II. Abs. 1: Fristen und Aktenbereinigung

7 Bereits in GPA 1994 XX:4 war eine Aufbewahrungsfrist von drei Jahren für «die Unterlagen zu sämtlichen Aspekten des Beschaffungsverfahrens» vorgesehen. GPA 2012 XVI:3 weist in die gleiche Richtung. Die Auftraggeberinnen können über diese staatsvertragliche Mindestfrist hinausgehen. Von der Aufbewahrungspflicht erfasst werden alle Dokumente, welche den Ablauf des Verfahrens und die Rechtmässigkeit des Zuschlags nachvollziehbar dokumentieren. Die dreijährige Frist beginnt ab rechtskräftigem Abschluss des Vergabeverfahrens zu laufen, d.h. ab Rechtskraft des Zuschlagsentscheids oder der das Verfahren abschliessenden Verfügung. Gleichzeitig gehen diese Akten in den ordentlichen Aktenbestand der Behörde über. Die verfahrensrechtlichen Bestimmungen greifen nicht mehr, vielmehr greifen die allgemeinen Bestimmungen, namentlich das BGÖ und das BGA.

8 Nicht explizit geregelt sind Änderungen im Umfang oder Inhalt des Aktenstandes. Dies betrifft in der Praxis folgende Konstellationen: 1. Eine Anbieterin verzichtet auf eine weitere Teilnahme, 2. Wiedererwägung bzw. Rücknahme oder 3. Abbruch des Verfahrens.

9 Die Teilnahme am Vergabeverfahren ist für die Anbieterin freiwillig. Ist sie mit Verfahrensanordnungen oder Verfahrensergebnissen nicht zufrieden, so kann sie durch einseitige, empfangsbedürftige Mitteilung zu jeder Zeit das Verfahren verlassen. Die Wirkungen dieser Nichtteilnahme treten aufbewahrungsrechtlich/archivrechtlich rückwirkend ein, weil keine unmittelbar für den Vergabeentscheid erheblichen Sachverhalte in den Offertunterlagen enthalten sind. Hingegen ist die Verzichtserklärung, und nur diese, Bestandteil der Vergabeakten. Die entsprechende Empfangsbestätigung hat dieselbe Wirkung wie eine Feststellungsverfügung einer Nichtteilnahme und erwächst sofort in Rechtskraft.

10 Bei einer Rücknahme oder Wiedererwägung kommt die Vergabebehörde anlässlich eines Beschwerdeverfahrens aus eigenem Antrieb auf ihre Verfügung zurück (vgl. VwVG 58). Durch die Rücknahme oder Wiedererwägung wird – wie beim Widerruf – die Zuschlagsverfügung beseitigt.[2] Das Verfahren wird so in einen früheren Zustand zu-

---

2 BEYELER, Geltungsanspruch, Rz. 2726 f.; BEYELER unterscheidet zusätzlich die von Amtes wegen oder auf Begehren einer unberücksichtigten Anbieterin vorgenommene formlose Wiedererwägung, die mit Blick auf die Verlässlichkeit von Vergabeverfahren nur als Reaktion auf einen offenkundigen, groben Fehler bei der Bewertung der Angebote oder in der Verfahrensleitung zulässig sein dürfte (BEYELER, Geltungsanspruch, Rz. 2729).

rückversetzt. Gleichzeitig werden damit Teile der Ausschreibungsunterlagen öffentlichkeitsrechtlich zu nicht fertiggestellten Unterlagen gemäss BGÖ 5 Abs. 3 Bst. b. Gleichwohl sind die Änderungen auszuweisen und zu begründen.

Bei einem Abbruch sind nach Rechtskraft des Entscheides definitionsgemäss keine Angebote berücksichtigt worden. Damit umfasst der Aktenbestand nur die eigentliche Abbruchverfügung und die dazugehörenden Urkunden. 11

III. Abs. 2: Umfang und Form

BöB/IVöB enthält Vorgaben betreffend Form und Inhalt folgender in Abs. 2 aufgeführter Dokumente: So sind die Ausschreibung (Bst. a) und die dazugehörigen Ausschreibungsunterlagen (Bst. b) in BöB/IVöB 35 und 36 geregelt. Das Protokoll der Angebotsöffnung bzw. Offertöffnungsprotokoll (Bst. c) ist nach den Vorschriften von BöB/IVöB 37 Abs. 2 zu führen. BöB/IVöB 39 Abs. 4 stipuliert die Protokollierungspflicht für Bereinigungen (Bst. e); BöB/IVöB 51 schreibt die summarische Begründung von beschwerdefähigen Verfügungen (Bst. f) im Rahmen des Vergabeverfahrens vor und für die Dokumentation freihändig erteilter Zuschläge (Bst. i) ist BöB/IVöB 21 Abs. 4/3 zu beachten. 12

Nach Bst. d gehört zu den aufbewahrungspflichtigen Unterlagen die Korrespondenz über das Vergabeverfahren. Darunter sind alle persönlich adressierten und zugestellten Schriftstücke zu verstehen, ungeachtet des Zustellmediums. Darunter fallen insb. Briefe oder E-Mails an und von Anbieterinnen. In diesem Zusammenhang ist dem Gebot der Gleichbehandlung der Anbieterinnen besondere Beachtung zu schenken. Der Korrespondenzweg ist dann zu wählen, wenn nicht allen Teilnehmenden dieselbe Information zukommen soll oder darf. Dies ist insb. dann der Fall, wenn individuell-konkrete Anordnungen getroffen werden müssen oder ein untrennbarer Zusammenhang mit einem eingereichten Angebot besteht. Trifft eine dieser Voraussetzungen nicht zu, so sind Anordnungen und Mitteilungen zu publizieren. 13

Das berücksichtigte Angebot (Bst. g) ist in der Form aufzubewahren, in der es eingereicht wurde. Werden Dokumente elektronisch eingereicht, so müssen sie den Anforderungen an die Rückverfolgbarkeit nach Bst. h (vgl. N 14) genügen. Zu beachten gilt, dass bei einer allfälligen nachträglichen Digitalisierung die Autorenschaft gar nicht und bez. Zeit nur diejenige der Digitalisierung selbst festgehalten werden kann. Soweit physische Objekte zum Angebot gehören, können diese selbst aufbewahrt oder teilweise durch (digitale) Prüfprotokolle ersetzt werden. In der Praxis hat sich jedoch gezeigt, dass die Prüfprotokolle teilweise ungenau und daher einer Auslegung zugänglich sind, womit ihr Beweiswert im entsprechenden Ausmass vermindert wird. 14

Daten zur Rückverfolgbarkeit der elektronischen Abwicklung einer Beschaffung (Bst. h) betreffen Autorenschaft, Inhalt und Zeitpunkt der Erstellung der jeweiligen Dokumente. Elektronisch geführte Dokumente haben die an sich erwünschte Eigenschaft der einfa- 15 chen Veränderbarkeit. Nicht nur das Beschaffungsrecht knüpft an Absender, Inhalt und Zeit zum Teil weitrechende Rechtsfolgen. Um diese Eigenschaften nachträglich noch nachzuweisen, kann mittels frei zugänglichen mathematisch-kryptologischen Verfahren eine sichere Überprüfbarkeit sichergestellt werden. Beim An- oder Ablegen eines Dokuments kann mittels eines Prüfzeichenfolge der Inhalt auf einen Zeitpunkt fixiert und auf seine Unveränderbarkeit abgesichert werden.

16 Ebenfalls aufzubewahren sind Dokumentationen über im Staatsvertragsbereich freihändig vergebene öffentliche Aufträge (Bst. i). Gemäss Botschaft werden allfällige Verhandlungsprotokolle im Freihandverfahren unter Bereinigungsprotokolle (Bst. e) erfasst, alle sonst erstellten Akten und Urkunden hingegen unter Bst. i.[3]

17 Nicht namentlich erwähnt sind die Dokumente oder Urkunden der Sachverhaltsermittlung, die dem Zuschlagsentscheid zugrunde liegen. Diese sind in der Behördenpraxis auch als Evaluationsberichte bekannt. Diese lassen sich aber zwanglos unter die Bereinigungsprotokolle subsumieren, da darunter nicht nur die Bereinigung eines einzelnen Angebots, sondern sämtlicher Angebote zu verstehen ist.

IV. Abs. 3 IVöB: Vertraulichkeit der Unterlagen

18 Diese Bestimmung ist nur in der IVöB enthalten und fasst zusammen, was ohnehin gilt. Soweit die IVöB nicht schon eine Offenlegung oder Veröffentlichung vorsieht, unterliegen die in Abs. 2 erwähnten Unterlagen der Vertraulichkeit. Zu beachten ist, dass diese Bestimmung keine eigenständige Grundlage für eine datenschutzrechtlich relevante Sammlung und Archivierung darstellt. Vielmehr sind auch hier die Bestimmungen von Abs. 1 und 2 einzuhalten. Ausnahmen vom Grundsatz der Vertraulichkeit sind möglich, wenn der Auftraggeber aufgrund einer gesetzlichen Grundlage im kantonalen Recht, z.B. in den kantonalen Öffentlichkeitsgesetzen, zur Auskunft verpflichtet ist.[4]

---

3   Botschaft BöB, S. 1971.
4   Musterbotschaft IVöB, S. 92.

Art. 50 Statistik

¹ Die Auftraggeberinnen / *Kantone* erstellen innerhalb von zwölf / *12* Monaten nach Ablauf jedes Kalenderjahres zuhanden des Staatssekretariats für Wirtschaft (SECO) eine elektronisch geführte Statistik über die Beschaffungen des Vorjahres im Staatsvertragsbereich.

² Die Statistiken enthalten mindestens die folgenden Angaben:

a. Anzahl und Gesamtwert der öffentlichen Aufträge jeder Auftraggeberin / *jedes Auftraggebers* gegliedert nach Bau-, Liefer- und Dienstleistungsaufträgen unter Angabe der einschlägigen CPC- oder CPV-Klassifikation;

b. Anzahl und Gesamtwert der öffentlichen Aufträge, die im freihändigen Verfahren vergeben wurden;

c. wenn keine Daten vorgelegt werden können: Schätzungen zu den Angaben gemäss Buchstaben a und b mit Erläuterungen zur eingesetzten Schätzungsmethode.

³ Der Gesamtwert ist jeweils einschliesslich Mehrwertsteuer anzugeben.

⁴ Die Gesamtstatistik des SECO ist unter Vorbehalt des Datenschutzes und der Wahrung von Geschäftsgeheimnissen öffentlich zugänglich.

Inhaltsverzeichnis

I.	Grundlagen	1
II.	Abs. 1: Erhebungsmethode und Zuständigkeit	5
III.	Abs. 2: Gliederung der Angaben	7
IV.	Abs. 3: Definition des Gesamtwertes	10
V.	Abs. 4: Datenschutz	12
VI.	Rechtsvergleichung	15

I. Grundlagen

GPA 2012 VI definiert den Umfang der Informationen über das Beschaffungswesen, die eine Vertragspartei zu liefern hat. Er legt die Regeln fest, welche die Auftraggeberinnen anwenden müssen, um die Transparenz bei der Veröffentlichung der Informationen über das Beschaffungswesen, bei der Erhebung von Statistiken und bei Notifikationen zu gewährleisten. Im Vergleich zu GPA 1994 XIX, der bereits ein Informationssystem über das Beschaffungswesen vorsah, integriert GPA 2012 VI:1 die Verwendung elektronischer Mittel für die Informationsverbreitung, lässt jedoch den Vertragsparteien die Wahl, zur Gewährleistung der Veröffentlichung und der Transparenz die Papierform zu verwenden. 1

2   In GPA 2012 Anhang IV werden die Links zu den gemäss den Anforderungen von GPA 2012 XVI:5 veröffentlichten Statistiken erfasst sowie die Links zu den vergebenen Aufträgen, wenn die Bedingungen von GPA 2012 XVI:6 erfüllt sind. Das GPA 1994 konnte noch keine solchen Vereinfachungen zur Gewährleistung der Transparenz vorsehen. Mit dem GPA 2012 wird den Fortschritten der Informationstechnologien somit Rechnung getragen.

3   Werden die erforderlichen Statistiken auf einer offiziellen Website veröffentlicht, kann die Vertragspartei anstelle der schriftlichen Übermittlung der statistischen Daten dem Ausschuss für das öffentliche Beschaffungswesen die Adresse dieser Website oder der zentralen Datenbank bekannt geben, wo diese Statistiken verfügbar sind. Die Mitteilung muss zudem Anweisungen zur Nutzung der Website enthalten.

4   Neben dem SECO bieten auch private Stellen statistische Erhebungen an, die sich auf öffentlich publizierte Daten stützen. So bietet die Forschungsstelle Digitale Nachhaltigkeit der Universität Bern auf der Plattform www.beschaffungsstatistik.ch nach Auftraggeberinnen und Anbieterinnen aufschlüsselbare Angaben zu Beschaffungen der letzten 12 Jahre an.

II.   Abs. 1: Erhebungsmethode und Zuständigkeit

5   Die Veröffentlichung der Zuschläge erfolgt durch die Auftraggeberinnen heute ausschliesslich über das Informationssystem für das öffentliche Beschaffungswesen in der Schweiz (SIMAP). Im Rahmen der Erfassung einer Zuschlagspublikation werden durch die Auftraggeberinnen zusätzlich statistische Angaben mitgeliefert, welche jedoch nicht in der öffentlichen Publikation auf SIMAP ersichtlich sind. Diese rein für statistische Zwecke erhobenen Angaben dienen als Basis für die Erstellung der WTO-Statistik. Für das Aggregieren der Statistiken, für welche ausschliesslich Vergaben im Staatsvertragsbereich berücksichtig werden, ist das SECO zuständig. Das SECO stützt sich dabei auf die in SIMAP erfassten Daten.

6   Die Aufbereitung der Statistik erfolgt jährlich und umfasst das zurückliegende Kalenderjahr. Dank der elektronischen Datenquelle können diese jeweils zeitnah im Folgejahr an das WTO-Sekretariat in Genf zur Notifizierung zugestellt werden.

III.   Abs. 2: Gliederung der Angaben

7   GPA 2012 XVI:4 verlangt eine Gliederung der Statistik nach Massgabe der Auftraggeberinnen (Anhang I Annexe 1–3) sowie eines international anerkannten Klassifikationssystems. Indem auch für subzentrale Auftraggeberinnen und für Sektorenauftraggeberinnen Angaben zur Auftragsart sowie zu den freihändigen Vergaben im Staatsvertragsbereich auf-

genommen werden, geht die Schweiz über die staatsvertraglichen Transparenzpflichten hinaus.

CPC (*Central Product Classification*) ist die offizielle Nomenklatur der UNO, auf die die WTO sowie die schweizerischen Verpflichtungslisten in den Anhängen zum GPA 2012 referenzieren. Während sich die CPC-Nomenklatur seit 1994 weiterentwickelt hat und aktuell in der Version 2.1 aufliegt, beziehen sich die Länderverpflichtungen nach dem GPA 2012 noch immer auf die prov.CPC-Nomenklatur, die 1991 publiziert wurde. Die CPV-Klassifikation[1] wird von der EU verwendet und hat sich auch in der schweizerischen Vergabepraxis etabliert. Die Statistik der Beschaffungen durch Auftraggeberinnen des Bundes enthält neben den Angaben zur Anzahl und zum Gesamtwert der Aufträge eine Gliederung in die verschiedenen CPV-Klassierungen (Bst. a). Zudem werden Anzahl und Gesamtwert aller öffentlichen Aufträge erfasst, die im freihändigen Verfahren vergeben werden (Bst. b). 8

Die unter Bst. c vorgesehene Möglichkeit, die statistischen Angaben basierend auf Schätzungen aufzubereiten, finden in der Schweiz keine Anwendung. 9

IV. Abs. 3: Definition des Gesamtwertes

Die aus SIMAP generierten Gesamtwerte der Vergaben werden in CHF einschliesslich der MWST angegeben. Diese Werte werden nach wie vor in SZR[2] umgerechnet. Dies erfolgte in Anlehnung an die GPA-Bestimmungen, welche zur Umrechnung der Schwellenwerte ebenfalls die SZR beiziehen. Damit kann gewährleistet werden, dass sie CHF-Äquivalenten der in dem GPA genannten Schwellenwerte entsprechen. Für die Statistiken wird dadurch die Vergleichbarkeit mit den anderen GPA-Mitgliedstaaten ermöglicht. Ein Vergleich der aktuellen Statistiken anderer GPA-Mitgliedstaaten zeigt, dass eine solche Umrechnung inzwischen nur noch von der Schweiz gemacht wird und wohl künftig darauf verzichtet wird. 10

Bei der Interpretation der WTO-Statistik muss zwingend präzisiert werden, dass der Wert der innerhalb eines Zeitraums vergebenen Aufträge nicht unbedingt dem Wert der in diesem Zeitraum bezahlten Aufträge entspricht. Die in den WTO-Statistiken er- 11

---

1 Das Gemeinsame Vokabular für öffentliche Aufträge (*Common Procurement Vocabulary – CPV*) ist das einheitliche Klassifizierungssystem in Europa für das öffentliche Beschaffungswesen. Die Verwendung des CPV-Codes ist durch die Europäische Union für die Anwendung im öffentlichen Vergabewesen ab den EU-Schwellenwerten vorgeschrieben (Verordnung (EG) Nr. 213/2008 der Kommission vom 28.11.2007). Das Gemeinsame Vokabular stellt sich als eine Liste von Leistungen und Liefergegenständen dar, denen jeweils ein eindeutiger Schlüssel (CPV-Nr. bzw. CPV-Code) zugeordnet ist. Dieser Klassifikationsstandard umfasst über 9 000 Codes.
2 Der Wechselkurs der Sonderziehungsrechte richtet sich nach einem Währungskorb, in dem die international wichtigsten Währungen (derzeit US-amerikanischer Dollar, japanischer Yen, Euro, britisches Pfund, seit 01.10.2016 auch chinesischer Renminbi) gewichtet vertreten sind.

fassten vergebenen Aufträge beinhalten nämlich auch die Optionen, die nicht automatisch im Verlauf des Vergabezeitraums bezahlt werden.

V. Abs. 4: Datenschutz

12 Abs. 4 hat keine selbständige Bedeutung. Bereits das BGÖ gewährt den Zugang zur Gesamtstatistik als amtliches Dokument. In BGÖ 7 wiederum finden sich die Ausnahmen vom Zugangsrecht. Abs. 4 erwähnt nur den Datenschutz und Geschäftsgeheimnisse, ohne indessen die anderen Ausnahmen (z.B. Gefährdung der inneren oder äusseren Sicherheit) zu makulieren.

13 Da das DSG auch die Personendaten juristischer Personen schützt (DSG 3 Bst. a und b), wären an sich die Namen der Auftraggeberinnen ausserhalb der Zentralverwaltung und die Namen der Zuschlagsempfängerinnen zu anonymisieren. Nachdem sich diese Informationen bereits aus den amtlichen Veröffentlichungen auf SIMAP ergeben und jede Anbieterin mit der Teilnahme an einem Beschaffungsverfahren ihr Einverständnis zur Bearbeitung ihrer Personendaten im Zusammenhang mit der Bewertung der Offerten und der Zuschlagserteilung gewährt, steht einer Offenlegung im Rahmen der Gesamtstatistik im Grundsatz nichts entgegen.

14 In der Praxis veröffentlicht das SECO auf www.simap.ch die Gesamtstatistik, unter Vorbehalt des Datenschutzes und der Wahrung von Geschäftsgeheimnissen, proaktiv, ohne dass es eines Zugangsgesuchs bedarf. Die Gesamtstatistik gibt Auskunft über die Beschaffungen des Bundes, der Sektorenauftraggeberinnen und der Kantone. Sie kann ausser den Mindestangaben gemäss Abs. 2 weitere Informationen enthalten, z.B. die Verteilung der Zuschläge auf die Sprachregionen und die Zuschlagsempfängerinnen.

VI. Rechtsvergleichung

15 Im Unionsrecht regeln RL 2014/24/EU 85 und Sektoren-RL 2014/25/EU 101 die statistische Berichterstattung. Die Kommission bezieht die Daten einerseits aus den öffentlichen Bekanntmachungen auf der elektronischen Plattform ted.europa.eu (*Tenders Electronic Daily*), andererseits aus der Berichterstattung der Mitgliedstaaten. Diese sind verpflichtet, der Kommission im Rhythmus von drei Jahren statistische Berichte für unterschwellige Beschaffungen abzuliefern, die – wenn ihr Wert den geltenden Schwellenwert des Unionsrecht überschritten hätte – unter die RL gefallen wären, mit Angabe des geschätzten Gesamtwerts solcher Beschaffungen im betreffenden Zeitraum. Diese Schätzung kann sich insb. auf Daten stützen, die gemäss nationalen Veröffentlichungsvorschriften verfügbar sind, oder auf stichprobenartige Schätzungen.

8. Kapitel: Rechtsschutz

Art. 51 Eröffnung von Verfügungen

¹ Die Auftraggeberin / *Der Auftraggeber* eröffnet Verfügungen durch Veröffentlichung oder durch individuelle Zustellung an die Anbieterinnen / *Anbieter*. Die Anbieterinnen / *Anbieter* haben vor Eröffnung der Verfügung keinen Anspruch auf rechtliches Gehör.

² Beschwerdefähige Verfügungen sind summarisch zu begründen und mit einer Rechtsmittelbelehrung zu versehen.

³ Die summarische Begründung eines Zuschlags umfasst:

a. die Art des Verfahrens und den Namen der / *des* berücksichtigten Anbieterin / *Anbieters*;

b. den Gesamtpreis des berücksichtigten Angebots oder ausnahmsweise die tiefsten und die höchsten Preise der in das Vergabeverfahren einbezogenen Angebote;

c. die massgebenden Merkmale und Vorteile des berücksichtigten Angebots;

d. gegebenenfalls eine Darlegung der Gründe für eine freihändige Vergabe.

⁴ Die Auftraggeberin / *Der Auftraggeber* darf keine Informationen bekannt geben, wenn dadurch:

a. gegen geltendes Recht verstossen würde oder öffentliche Interessen verletzt würden;

b. berechtigte wirtschaftliche Interessen der Anbieterinnen / *Anbieter* beeinträchtigt würden; oder

c. der lautere Wettbewerb zwischen den Anbieterinnen / *Anbietern* gefährdet würde.

Inhaltsverzeichnis

I.	Grundlagen	1
II.	Abs. 1: Eröffnung der Verfügung	4
A.	Eröffnung von Ausschreibung, Zuschlag und Abbruch	5
B.	Übrige Verfügungen	10
C.	Rechtliches Gehör	16
III.	Abs. 2: Verfügungsinhalt	19
IV.	Abs. 3: Zuschlagsbegründung	25
A.	Begründungsinhalt	27
B.	Debriefing	29

C.	Begründungstiefe	32
V.	Abs. 4: Ausnahmen	38
VI.	Rechtsvergleichung	40

I. Grundlagen

1 Die Regelungen zur Eröffnung von Verfügungen orientieren sich am Mindestgehalt der staatsvertraglichen Vorgaben des GPA, insb. hinsichtlich Zuschlagsbegründung,[1] in einem Debriefing ergänzend bekannt zu gebender Informationen[2] sowie der Beschränkung dieser Angaben.[3] Unter «altem Recht» bestanden inhaltlich ähnliche Regelungen zur Eröffnung von Verfügungen und Bekanntmachung des Zuschlags, sie waren jedoch auf unterschiedliche Erlasse verteilt.[4]

2 BöB/IVöB 51 regelt Form und Inhalt der in einem Vergabeverfahren ergehenden Verfügungen. Er bildet somit die Basis für den Rechtsschutz im öffentlichen Beschaffungswesen und stellt hinsichtlich der inhaltlichen Begründung einer Zuschlagsverfügung Mindestanforderungen auf, welche aufgrund der Rechtsprechung und der Beschaffungspraxis zu präzisieren sind.

3 Diese Bestimmungen flechten sich in das bestehende kantonal[5]- und bundesrechtliche[6] Netz der allgemeinen verwaltungsverfahrensrechtlichen Vorschriften zur Verfügungseröffnung.

II. Abs. 1: Eröffnung der Verfügung

4 Im Verlauf eines Vergabeverfahrens werden regelmässig mehrere Verfügungen erlassen.[7] So werden bspw. Ausschreibungen publiziert, Anbieterinnen ausgeschlossen, Ausschreibungsunterlagen berichtigt, Verfahren abgebrochen und Zuschläge veröffentlicht.[8] Verfügungen sind individuell-konkrete, auf eine Rechtswirkung ausgerichtete Akte.[9] Eine Verfügung kann sich aber in Form einer Allgemeinverfügung auch an eine Vielzahl von Adressaten wenden, wie dies bspw. bei der Publikation einer Ausschrei-

---

[1] GPA 2012 XVI:2.
[2] GPA 2012 XVI:1.
[3] GPA 2012 XVII:3.
[4] aBöB 23; aVöB 28; VRöB 37.
[5] Bspw. VerwVG AI 2 ff., CPJA FR 66 ff. oder VRPG BE 44.
[6] Vgl. insb. VwVG 34 ff.
[7] Scherler, Verfügungen, Rz. 1.
[8] Vgl. insb. BöB 48, BöB 44, BöB 43, BöB 41 und BöB 53.
[9] Häfelin/Müller/Uhlmann, Rz. 849 ff.

bung der Fall ist.[10] Im Fall von Allgemeinverfügungen gilt regelmässig bereits nach allgemeinem Verwaltungsverfahrensrecht der Grundsatz der Publikation.[11]

A. Eröffnung von Ausschreibung, Zuschlag und Abbruch

Einführend wird festgehalten, dass eine Verfügung sowohl durch Veröffentlichung wie auch durch individuelle Zustellung an die Anbieterinnen eröffnet werden kann. Dadurch wird an der altrechtlichen Regelung festgehalten.[12]

Im offenen und selektiven Verfahren sind Ausschreibungs-, Zuschlags- und Abbruchverfügungen durch Veröffentlichung zu erlassen, sie können aber zusätzlich, fakultativ und vor der Publikation individuell eröffnet werden.[13] Sollte vor der Veröffentlichung individuell verfügt worden sein, würde die Beschwerdefrist bereits mit individueller Eröffnung zu laufen beginnen.[14]

Freihändige Zuschläge über dem Schwellenwert für das offene bzw. selektive Verfahren sind ebenfalls zu veröffentlichen.[15]

Auf den Einbezug in ein Einladungsverfahren besteht kein Rechtsanspruch. Folglich ist im Einladungsverfahren eine individuelle Zustellung der Einladung, aber auch des Zuschlags ausreichend.[16]

Für den Fall, dass der Transparenzanspruch einer öffentlichen Zuschlagspublikation hinter konträren und überwiegenden Interessen zurückzutreten hat, bestehen für die Auftraggeberin mehrere Möglichkeiten, diese Interessen zu wahren. Sie kann bspw. die Zuschlagspublikation entsprechend ausgestalten oder gar eine andere Verfahrenswahl treffen.[17]

---

10 SCHERLER, Verfügungen, Rz. 12; HÄFELIN/MÜLLER/UHLMANN, Rz. 933 ff.
11 VWVG 36 Bst. d; VRPG BE 44 Abs. 5 Bst. b; VerwVG AI 5 Bst. d; CPJA FR 35 Abs. 1 Bst. b und CPJA FR 68 Abs. 2; HÄFELIN/MÜLLER/UHLMANN, Rz. 945.
12 aBöB 23 Abs. 1.
13 BöB 48; SCHERLER, Verfügungen, Rz. 12; Botschaft BöB, S. 1975; wobei eine Unterscheidung zwischen beschwerdefähigen und keinem Rechtsmittel unterworfenen Verfügungen in diesem Zusammenhang fraglich scheint.
14 Botschaft BöB, S. 1975.
15 Vgl. BöB/IVöB 48 Abs. 1.
16 Botschaft BöB, S. 1979.
17 Vgl. zur Informationsbeschränkung: BöB 51 Abs. 4 und zu sicherheitssensitiven Beschaffungen: BöB 10.

B. Übrige Verfügungen

10 Bei Verfügungen, welche weder Ausschreibung noch Zuschlag oder Abbruch betreffen,[18] obliegt es der Auftraggeberin zwischen einer individuellen Eröffnung oder der Eröffnung über ein öffentliches Publikationsorgan zu wählen.[19]

11 Besondere Erwähnung verdient in diesem Zusammenhang der Präqualifikationsentscheid im selektiven Verfahren. Eine charakteristische Spezialität des selektiven Verfahrens ist, dass der ersten Eignungsüberprüfung aller teilnehmenden Anbieterinnen eine zweite Phase mit eingeschränktem Wettbewerb folgt.[20] Zwischen den beiden Phasen wird die Präqualifikation der für die zweite Phase zugelassenen Offerierenden verfügt. Dem Transparenzgebot folgend sind auch diese Verfügungen im Regelfall durch Publikation zu eröffnen.

12 In gewissen Fallkonstellationen erweist sich eine Publikation der zugelassenen Anbieterinnen jedoch als problematisch. So kann die durch Publikation geschaffene Transparenz bspw. Abreden unter den verbleibenden Anbieterinnen vereinfachen. Dies liefe den Absichten des Beschaffungsrechts entgegen, wettbewerbsbehindernde Verhaltensweisen zu bekämpfen bzw. zu sanktionieren.[21] Daher kann bei entsprechenden Branchenverhältnissen eine individuelle Eröffnung der Präqualifikation angezeigt sein.

13 Besonders evident scheint eine individuelle Eröffnung der Präqualifikation im Fall, dass im selektiven Verfahren trotz anderslautender Marktanalyse nur ein Teilnahmeantrag die Eignungsanforderungen erfüllt. Vor dem Hintergrund, dass die Anbieterin durch eine Publikation des Präqualifikationsentscheids von ihrer verfahrenstechnischen Monopolstellung erfahren würde und der Teilnahmeantrag üblicherweise noch keine Preisofferte enthält, wäre die Vergabestelle in der Offertphase den kommerziellen Wunschvorstellungen der Anbieterin weitestgehend ausgeliefert. Folglich ist in solchen Situationen mit Blick auf das Wirtschaftlichkeitsgebot eine individuelle Eröffnung der mit einer Begründung versehenen Präqualifikationsverfügung zumindest zu prüfen.[22]

14 Auch bei der Verhängung von Sanktionen ist besondere Vorsicht geboten.[23] Die öffentliche Publikation des Umstands, dass eine Anbieterin mit einer Sanktion belegt wurde, würde im Widerspruch stehen zur nicht öffentlichen Natur der Sanktionsliste und den berechtigten Interessen der Anbieterin, diesen Umstand nicht publik zu machen.[24] Folglich ist die Verhängung einer Sanktion individuell zu eröffnen.

---

18 Bspw. der Widerruf eines Zuschlags, nicht aber die Verhängung einer Sanktion (vgl. N 14).
19 Botschaft BöB, S. 1975.
20 Vgl. zum selektiven Verfahren: BöB 19.
21 Botschaft BöB, S. 1886 und S. 1964 ff.
22 Vgl. SCHERLER, Verfügungen, Rz. 26 und 46 f. m.H.
23 BöB/IVöB Art. 45.
24 BöB/IVöB Art. 45 Abs. 3.

Schliesslich ist bez. Ausschlussverfügungen zu berücksichtigen, dass es der Vergabestelle 15
zwar freisteht, zwischen einem expliziten, individuell verfügten Ausschluss und einem
impliziten Ausschluss mit der Zuschlagsverfügung zu wählen, ein impliziter Ausschluss
aber im Beschwerdeverfahren dazu führen kann, dass hinsichtlich der aufschiebenden
Wirkung das Vorbringen der Dringlichkeit von Seiten der Vergabestelle weniger Gewicht geniessen kann.[25]

C. Rechtliches Gehör

Grundsätzlich besteht auch im Submissionsverfahren ein Anspruch auf rechtliches 16
Gehör.[26] Dieser Anspruch wird im vergaberechtlichen Verfügungsverfahren jedoch
stark relativiert. Aufgrund der speziellen Eigenschaft des erstinstanzlichen Verfahrens
und des Schutzes der Geschäftsgeheimnisse der konkurrierenden Anbieterinnen finden
VwVG 26–33 keine Anwendung.[27] Somit ist fraglich, ob tatsächlich noch von einem
grundsätzlichen Anspruch gesprochen werden kann.[28]

Dies bedeutet jedoch nicht, dass diese verwaltungsrechtlichen Prinzipien vom Vergabe- 17
recht ignoriert würden. So wird bspw. der Anspruch auf rechtliches Gehör und Akteneinsicht – wiederum bedingt durch die Natur des Verfahrens – zeitlich auf ein allfälliges
Debriefing bzw. ein Beschwerdeverfahren verschoben. Zudem wird durch diverse Interaktionen mit den Anbieterinnen während des Vergabeverfahrens, wie Fragerunden während der Offerteingabefrist und Bereinigungsrunden während der Evaluation der Offerten, der Gehörsanspruch ausreichend geschützt.[29]

Ein Spezialfall bez. des rechtlichen Gehörs bildet der Ausschluss einer Anbieterin nach 18
BöB/IVöB 44. Bei Ausschlüssen kann geboten sein, dass der ausgeschlossenen Anbieterin vorab die Möglichkeit zur Stellungahme hinsichtlich der Ausschlussgründe gegeben
wird.[30] Ein Angebot darf nicht überspitzt formalistisch ausgeschlossen werden, indem
einer Anbieterin bspw. keine Möglichkeit gegeben wird, nebensächliche Aspekte ihrer
Offerte bereinigen zu dürfen.[31]

---

25 BVGer B-4958/2013 vom 23.10.2013, E. 5.4; GALLI/MOSER/LANG/STEINER, Rz. 449.
26 BGE 139 II 489, E. 3.3.
27 BöB/IVöB 57; Botschaft BöB, S. 1975 und S. 1984.
28 Botschaft BöB, S. 1975; BVGer B-3013/2012 vom 31.08.2012, E. 2.2; BEYELER/DUBEY/SCHERLER, Beschwerdeverfahren 2013, Rz. 21.
29 Botschaft BöB, S. 1975.
30 BGE 130 I 241, E. 7.3.
31 Vgl. BöB 39; GALLI/MOSER/LANG/STEINER, Rz. 438 ff. m.H.; JÄGER, Ausschluss, Rz. 70 ff.

III. Abs. 2: Verfügungsinhalt

19 Die beschwerdefähigen Verfügungen haben eine summarische Begründung und eine Rechtsmittelbelehrung zu enthalten.

20 Hat die Vergabestelle eine Verfügung ohne jegliche Begründung erlassen, wird die Beschwerdefrist nicht ausgelöst. Die Frist würde dann erst mit einer nachträglichen summarischen Begründung zu laufen beginnen.[32] Sollte die Vergabestelle ihrer Begründungspflicht nicht ausreichend nachgekommen sein, besteht im Grundsatz die Möglichkeit, diese Pflicht im Beschwerdeverfahren zu heilen.[33] Eine solche Heilung hätte jedoch im ersten Schriftenwechsel stattzufinden.[34]

21 Wird der Verfügung fälschlicherweise eine Rechtsmittelbelehrung beigefügt, obwohl die Verfügung gar keinem Rechtsmittel unterliegt, kann basierend darauf der Rechtsmittelweg nicht beschritten werden. Wobei im Beschwerdeverfahren dem Urteil der Auftraggeberin, ob ein Beschaffungsgeschäft einem Rechtsmittel unterliegt, besonderes Gewicht zukommt.[35]

22 Dennoch kann die Vergabestelle eine Vergabe nicht freiwillig einem Rechtsmittel unterstellen, wo ein solches nicht vorgesehen ist.[36] Umgekehrt darf eine fehlende Rechtsmittelbelehrung für die Betroffenen keinen Nachteil zur Folge haben.[37] Daraus folgt, dass eine betroffene Verfügung, zumindest für eine gewisse Zeit, nicht in Rechtskraft erwächst.[38] Ein Nachteil ist aber mindestens dann zu verneinen, wenn die Betroffenen dennoch rechtzeitig ein Rechtsmittel ergriffen haben.[39]

23 Bei Abbruchverfügungen wird eine höhere Begründungsdichte erwartet als bei Zuschlagsverfügungen. Aus der inhaltlichen Begründung hat hervorzugehen, aus welchem sachlichen Grund das Verfahren abgebrochen wird und ob die Vergabestelle das Verfahren definitiv abbricht oder eine Neuausschreibung beabsichtigt.[40]

24 Die begriffliche Einschränkung im Gesetzeswortlaut auf beschwerdefähige Verfügungen ist wohl mit Fokus auf die Rechtsmittelbelehrung zu verstehen. Mit Blick auf die ver-

---

32 Botschaft BöB, S. 1976.
33 BVGer B-2675/2012 vom 23.07.2012, E. 3; BVGer B-1831/2018 vom 01.11.2018, E. 5.1; BEYELER/JÄGER/SCHERLER/ZUFFEREY, Beschwerdeverfahren 2019, Rz. 88; HÄFELIN/MÜLLER/UHLMANN, Rz. 1039.
34 SCHERLER, Verfügungen, Rz. 57.
35 BVGer B-985/2015 vom 12.07.2015, E. 2.4.2; GALLI/MOSER/LANG/STEINER, Rz. 305 ff.
36 BGer B-2192/2018 vom 12.06.2018, E. 3.2; BEYELER/JÄGER/SCHERLER/ZUFFEREY, Beschwerdeverfahren 2019, Rz. 84.
37 VwVG 38.
38 PraKomm VwVG 2016, UHLMANN/SCHILLING-SCHWANK, Art. 38 N 17 ff.
39 BGer B-307/2016 vom 23.03.2016, E. 3; KÖLZ/HÄNER/BERTSCHI, Rz. 641 ff., Rz. 646.
40 BVGE 2012/28, E. 3.6.4; GALLI/MOSER/LANG/STEINER, Rz. 1246; SCHERLER, Verfügungen, Rz. 49 f.

fahrens- und vergaberechtlichen Grundsätze ist eine analoge Begründungspflicht auch bei Verfügungen, welche keinem Rechtsmittel unterstehen, geradezu geboten.[41]

IV. Abs. 3: Zuschlagsbegründung

Abgesehen von den formellen Informationen, die in einer Zuschlagsverfügung bereits aufgrund von BöB 48 Abs. 6 mitgeteilt werden müssen, ist der Zuschlag auch inhaltlich zu begründen. Diese auf eine summarische Begründung beschränkte Pflicht der Vergabestelle stellt eine *lex specialis* zu VwVG 35 Abs. 1 und 3 dar.[42] 25

Im Falle von freihändigen Vergaben hat die Zuschlagsverfügung eine Zusammenfassung der ohnehin zu erstellenden Begründung nach BöB 21 Abs. 4 Bst. c zu enthalten. 26

A. Begründungsinhalt

Hinsichtlich der Zuschlagsofferte sind die massgebenden Merkmale und Vorteile des berücksichtigten Angebots summarisch darzulegen. Neu muss diese Zuschlagsbegründung aktiv in der Zuschlagsverfügung dargelegt werden und nicht erst auf Verlangen einer Anbieterin.[43] Die Vergabestelle verletzt ihre Begründungspflicht, wenn sie dazu ausschliesslich Formulierungen wie «Den Zuschlag erhält das wirtschaftlich günstigste Angebot»[44] oder «Der Zuschlag geht an das Angebot, welches in der Gesamtevaluation am meisten Punkte erreicht hat» verwendet.[45] Mit derartigen Begründungen wird lediglich das Ergebnis der Evaluation wiedergegeben, ohne jedoch einen inhaltlich Gehalt zu liefern. Die Aussagekraft solcher Formulierungen kommt «Leerformeln»[46] oder «rein rhetorischen Phrasen»[47] gleich. 27

Es ist somit darauf zu achten, dass konkrete Anhaltspunkte für die Vorteile der Zuschlagsofferte bekannt gegeben werden. Im Hinblick darauf, dass einer Anbieterin auf ihr Verlangen in einem Debriefing noch weitergehende Informationen bekannt zu geben sind, kann es als summarische Zuschlagsbegründung bspw. ausreichen, wenn 28

---

41 Zu denken ist bspw. an eine Zuschlagsverfügung im Rahmen eines freiwilligen, offenen Verfahrens unterhalb des Schwellenwerts für ein Einladungsverfahren oder die Vergabe von Aufträgen für die humanitäre Hilfe (BöB 52 Abs. 5).
42 BVGer B-1831/2018 vom 01.11.2018, E. 2.2.2; BVGer B-3526/2013 vom 20.03.2014, E. 3.2; GALLI/MOSER/LANG/STEINER, Rz. 1243 ff.
43 Vgl. zum staatsvertraglichen Mindestgehalt N 36.
44 Auch unter Verwendung der neuen Gesetzesterminologie «das vorteilhafteste Angebot» (vgl. BöB/IVöB 41) wird eine analoge Formulierung unzureichend sein.
45 BEYELER/JÄGER/SCHERLER/ZUFFEREY, Beschwerdeverfahren 2019, Rz. 87.
46 BGer 2D_40/2008 vom 19.05.2008, E. 2.4.
47 BVGer B-1831/2018 vom 01.11.2018, E. 2.3.

darauf verwiesen wird, dass die offerierte Lösung hinsichtlich Migration und Betrieb einen «hohen Beitrag zur Zielerreichung» leiste und preislich das günstigste Angebot sei.[48]

B. Debriefing

29 Auf Verlangen einer nichtberücksichtigten Anbieterin hat die Vergabestelle ein Debriefing durchzuführen, in welchem auch auf die wesentlichen Gründe einer Nichtberücksichtigung der jeweiligen Offerte einzugehen ist.[49] Diese zusätzlichen Informationen sind noch nicht Bestandteil der öffentlichen Zuschlagseröffnung. Dies nicht nur zum Schutz der Vertraulichkeit,[50] sondern selbstredend auch aus dem praktischen Umstand, dass in einer Zuschlagsveröffentlichung nicht auf jede einzelne Offerte eingegangen werden kann.[51]

30 Mit einer nicht berücksichtigten Anbieterin ein Debriefing durchzuführen, kann mehrere Zwecke erfüllen. Die Anbieterin kann dadurch den Vergabeentscheid besser nachvollziehen und somit ihre Beschwerdechancen konkreter einschätzen. Zudem können die ihr zur Verfügung gestellten Informationen helfen, bei künftigen Ausschreibungen aus allfälligen Fehlern zu lernen und so ihre Erfolgschancen zu erhöhen. Für die Vergabestelle kann ein Debriefing dazu dienen, eine beschwerdegeneigte Anbieterin durch ergänzende Erläuterungen von den – im Einzelfall liegenden – beschränkten Chancen einer Beschwerde zu überzeugen. Als zusätzlicher volkswirtschaftlicher Nutzen können Debriefings auch dazu führen, dass der Anbietermarkt mit jedem Debriefing erfahrener wird und künftig präzisere Offerten einreicht.[52] Dies steigert den qualitativen und kommerziellen Wettbewerb und kommt somit wieder den Steuerzahlern zugute.

31 Die Informationen in einem Debriefing können mündlich oder schriftlich abgegeben werden, wobei bei mündlichen Debriefings keine Protokollierungspflicht besteht.[53] Akteneinsicht ist der Anbieterin in diesem Verfahrensschritt nicht zu gewähren.[54]

C. Begründungstiefe

32 Zur Beantwortung der Frage, welche Angaben in einem Debriefing verfügbar gemacht werden müssen, können zwei unterschiedliche Wege eingeschlagen werden. Die Mindestanforderung an den Informationsgehalt ist für beide Wege, dass die Anbieterin über

---

48 BVGer B-5504/2015 vom 29.10.2015, E. 5.3.2.
49 GPA 2012 XVI:1; Botschaft BöB, S. 1976; GALLI/MOSER/LANG/STEINER, Rz. 1243 ff.
50 BStGer BB.2013.38 / BP.2013.22 vom 29.07.2013, E. 4.13.
51 Vgl. zum Vertraulichkeitsgrundsatz: BöB 11.
52 Vgl. zur Wirtschaftlichkeit: BöB 2.
53 BVGer B-1831/2018 vom 01.11.2018, E. 2.2.2; BVGer B-5213/2014 vom 02.10.2018, E. 3.2; BVGer B-6742/2011 vom 02.09.2013, E. 4.2.4.
54 BVGer B-5504/2015 vom 29.10.2015, E. 5.4.1; GALLI/MOSER/LANG/STEINER, Rz. 1185, Rz. 1363 ff.

ausreichende Anhaltspunkte verfügt, um ihr die Einreichung einer substanziierten Beschwerde zu ermöglichen.[55]

Der eine Weg folgt dem Transparenzgrundsatz.[56] In seiner extremsten Ausprägung würde er dazu führen, dass die Vergabestelle sämtliche Informationen offenlegt, solange dies gesetzlich nicht verboten ist.[57] In abgeschwächter Form wäre denkbar, dass eine anonymisierte Rangliste aller Angebote inkl. der jeweils erreichten Gesamtpunktzahl bekannt gegeben wird. Zusätzlich könnte überlegt werden, die Begründungstiefe bez. des Angebots der Debriefingnehmerin zu erhöhen, indem die Bewertung ihres Angebots detailliert besprochen wird. 33

In der Rechtsprechung ist diesbezüglich eine Tendenz erkennbar. Während noch vor wenigen Jahren darauf verwiesen wurde, dass nach dem Gesetzeswortlaut im Rahmen eines Debriefings keine Informationen «über die übrigen vorrangig platzierten Anbieter» abgegeben werden müsse,[58] wird in jüngerer Rechtsprechung die Frage offengelassen, ob es gegen die Begründungspflicht der Vergabestelle verstösst, wenn sie sich zu den übrigen Angeboten ausschweigt.[59] 34

Mitauslöser dieser Tendenz wird die Rechtsprechung des Bundesgerichts zur Beschwerdelegitimation sein.[60] Eine Beschwerdeführerin hat als Teil der Beschwerdelegitimation ein praktisches Rechtsschutzinteresse nachzuweisen.[61] Mangels spezialgesetzlicher Grundlage bedeutet dies im Zusammenhang mit vergaberechtlichen Beschwerden nach bundesgerichtlicher Rechtsprechung, dass die Beschwerdeführerin nachzuweisen hat, dass sie bei Durchdringen ihrer Anträge eine reelle Chance auf den Zuschlag hat bzw. hätte, falls sich die Begehren auf den Sekundärrechtsschutz beziehen.[62] Daraus entsteht die Pflicht der Beschwerdeführerin, entkräftende Aussagen über alle gegenüber ihr vorrangigen Anbieterinnen zu treffen. Dazu hat sie mindestens über Angaben zu Anzahl, Rang und Gesamtpunktzahl jener Anbieterinnen zu verfügen. 35

Der andere Weg hält sich strikt an den Gesetzeswortlaut, ehrt den Vertraulichkeitsgrundsatz, gibt keinerlei Informationen preis, wenn dafür nicht eine explizite gesetzliche Grundlage besteht, und öffnet dadurch das Fenster für einen diesbezüglich umfassenderen Schriftenwechsel im Beschwerdeverfahren.[63] 36

---

55 BVGer B-5213/2014 vom 02.10.2018, E. 3.2; BVGer B-3526/2013 vom 20.03.2014, E. 3.2; BVGer B-6742/2011 vom 02.09.2013, E. 4.2.4.
56 Vgl. zum Transparenzgrundsatz: BöB/IVöB 2.
57 Bspw., weil die Offenlegung Geschäftsgeheimnisse oder Landesinteressen verletzen würde, vgl. BöB/IVöB 51 Abs. 4.
58 BVGer B-3596/2015 vom 03.09.2015, E. 4.1.
59 BVGer B-1831/2018 vom 01.11.2018, E. 2.4.3.
60 BGE 141 II 14, E. 4.6 ff.; BVGer B-1831/2018 vom 01.11.2018, E. 1.3.2.
61 VwVG 48 Abs. 1 Bst. c.
62 BGE 141 II 14, E. 4.6 ff.
63 BöB 51 Abs. 4.

37 Im Lichte des Transparenzgrundsatzes und der erwähnten Tendenz in der Rechtsprechung scheint die Beschreitung des «Gesetzeswortlaut»-Wegs schwerlich empfehlenswert. Aber auch eine zu ausgeprägte Transparenz in der Debriefing-Praxis wird sich insb. aufgrund des damit verbundenen administrativen Mehraufwands kaum durchsetzen. Wie so oft wird auch in dieser Frage jede Vergabestelle für sich einen eigenen Mittelweg finden müssen. Eine durch die Harmonisierung des Beschaffungsrechts motivierte vereinheitlichte Praxis der öffentlichen Auftraggeberinnen wäre jedoch wünschenswert.[64]

V. Abs. 4: Ausnahmen

38 Trotz dem gesetzgeberischen Willen zu mehr Transparenz gibt es Angaben, deren Bekanntgabe gegen überwiegende Interessen der Öffentlichkeit, der Konkurrenten oder des Wettbewerbs verstossen würde.[65] Folglich darf die Vergabestelle Informationen nicht bekannt geben, wenn dies bspw. geistiges Eigentum oder Geschäftsgeheimnisse verletzen würde.[66]

39 Diese Ausnahmeregelung betrifft den Informationsfluss sowohl bei der summarischen Begründung wie auch bei einem allfälligen Debriefing.[67]

VI. Rechtsvergleichung

40 Die EU-RL über die öffentliche Auftragsvergabe widmet sich in mehreren Artikeln und Anhängen dem Thema Veröffentlichung und Transparenz, wobei sich ein erheblicher Teil auf die unionsrechtlichen und -organisatorischen Spezialitäten bezieht.[68]

41 Die Regelungen in der EU-RL bez. Zuschlagsbegründung orientieren sich stark an den Mindestanforderungen des GPA.[69] Während die BöB/IVöB-Regelung eine aktive Zuschlagsbegründung vorsieht,[70] genügt es nach EU-RL die Bieter erst auf Verlangen insb. über die Merkmale und relativen Vorteile des ausgewählten Angebots zu unterrichten.[71] In diesem Bereich geht der BöB/IVöB-Gesetzgeber weiter, als es die staatsvertraglichen Verpflichtungen vorschreiben würden, und schafft damit zusätzliche Transparenz.

---

64 Vgl. Botschaft BöB, S. 1867 f.
65 Botschaft BöB, S. 1976.
66 GPA 2012 XVII:3 Bst. c; BVGer B-3526/2013 vom 20.03.2014, E. 3.2.
67 Botschaft BöB, S. 1976.
68 RL 2014/24/EU Abschnitt 2; vgl. insb. RL 2014/24/EU 51 zu Form und Modalitäten der Veröffentlichung von Bekanntmachungen.
69 GPA 2012 XVI.
70 BöB/IVöB 51 Abs. 3.
71 RL 2014/24/EU 55 Abs. 2 Bst. c.

Art. 52 Beschwerde

¹ Gegen Verfügungen der Auftraggeberinnen ist eine Beschwerde an das Bundesverwaltungsgericht zulässig:

a. bei Lieferungen und Dienstleistungen: ab dem für das Einladungsverfahren massgebenden Schwellenwert;

b. bei Bauleistungen: ab dem für das offene oder selektive Verfahren massgebenden Schwellenwert.

² Bei Aufträgen ausserhalb des Staatsvertragsbereichs kann mit der Beschwerde nur die Feststellung beantragt werden, dass eine Verfügung Bundesrecht verletzt; dies gilt nicht für Beschwerden gegen Verfügungen gemäss Artikel 53 Absatz 1 Buchstabe i. Ausländische Anbieterinnen sind zur Beschwerde nur zugelassen, soweit der Staat, in dem sie ihren Sitz haben, Gegenrecht gewährt.

³ Für Beschwerden gegen Beschaffungen des Bundesverwaltungsgerichts ist das Bundesgericht direkt zuständig.

⁴ Zur Beurteilung von Beschwerden gegen Beschaffungen des Bundesgerichts setzt das Bundesgericht eine interne Rekurskommission ein.

⁵ Bei der Vergabe öffentlicher Aufträge gemäss Anhang 5 Ziffer 1 Buchstaben c und d besteht kein Rechtsschutz.

¹ Gegen Verfügungen der Auftraggeber ist mindestens ab dem für das Einladungsverfahren massgebenden Auftragswert die Beschwerde an das kantonale Verwaltungsgericht als einzige kantonale Instanz zulässig.

² Für Beschwerden gegen Beschaffungen der oberen kantonalen Gerichtsbehörden ist das Bundesgericht direkt zuständig.

³ Ausländische Anbieter sind bei Aufträgen ausserhalb des Staatsvertragsbereichs zur Beschwerde nur zugelassen, soweit der Staat, in dem sie ihren Sitz haben, Gegenrecht gewährt.

Inhaltsverzeichnis

I.	Grundlagen	1
A.	Allgemeines	1
B.	Prozessvoraussetzungen	5
II.	Abs. 1 BöB: Beschwerdeweg und Auftragswerte	8
III.	Abs. 1 IVöB: Beschwerdeweg und Auftragswerte	15
IV.	Abs. 2 BöB: Rechtsschutz im Nichtstaatsvertragsbereich	19
V.	Abs. 2 IVöB: Beschaffungen der oberen kantonalen Gerichtsbehörden	23
VI.	Abs. 3 BöB: Beschaffungen des Bundesverwaltungsgerichts	24

VII.	Abs. 3 IVöB: Rechtsschutz im Nichtstaatsvertragsbereich	25
VIII.	Abs. 4 BöB: Beschaffungen des Bundesgerichts	26
IX.	Abs. 5 BöB: Ausnahmen vom Rechtsschutz	27
X.	Beschwerde an das Bundesgericht	29
XI.	Rechtsvergleichung	39

I. Grundlagen

A. Allgemeines

1 Die Bestimmungen zum Rechtsschutz in BöB/IVöB 51 ff. finden ihre völkerrechtliche Grundlage in GPA XVIII (*«Domestic Review Procedures»*). Mit GPA XVIII:1 verpflichten sich die Vertragsparteien, rasche, wirksame, transparente und nichtdiskriminierende Beschwerdeverfahren auf Verwaltungs- oder Gerichtsebene vorzusehen. Sie sollen es den Anbieterinnen ermöglichen, Verletzungen des Übereinkommens bzw. der nationalen Umsetzungsvorschriften zu rügen. Zudem haben die Vertragsparteien unparteiliche und unabhängige Verwaltungs- oder Gerichtsbehörden zu bezeichnen (GPA XVIII:4). BöB/IVöB 52 setzt diese Vorgaben im nationalen Recht um.

2 BöB/IVöB 52 regelt die Grundzüge der Beschwerde gegen Verfügungen der Auftraggeberinnen in Beschaffungsverfahren. Gleich wie die weiteren Verfahrensbestimmungen enthält BöB/IVöB 52 Sonderregelungen zu den allgemeinen Vorschriften des VwVG bzw. der kantonalen Verfahrensgesetze. Die allgemeinen verfahrensrechtlichen Vorschriften kommen damit nur subsidiär zur Anwendung, d.h., soweit die beschaffungsrechtlichen Erlasse keine abweichenden Bestimmungen enthalten (BöB/IVöB 55).

3 Mit der Totalrevision des BöB erfolgte auf Bundesebene ein moderater Ausbau des Rechtsschutzes gegenüber dem früheren Recht, der im Wesentlichen auf die im Jahr 2007 in die Verfassung aufgenommene Rechtsweggarantie (BV 29a) zurückgeht.[1] Früher stand den Anbietern bei Verfügungen ausserhalb des Staatsvertragsbereichs (bzw. des Geltungsbereichs des aBöB) kein Rechtsmittel zur Verfügung (aVöB 39). Im Unterschied dazu sind nach dem neuen BöB Verfügungen in Bezug auf Lieferungen und Dienstleistungen bereits ab dem für das Einladungsverfahren massgebenden Schwellenwert von CHF 150 000 und hinsichtlich Bauleistungen ab dem für das offene oder selektive Verfahren massgebenden Schwellenwert von CHF 2 000 000 (und insofern auch ausserhalb des Staatsvertragsbereichs) anfechtbar. Allerdings wird bei Beschaffungen im Nichtstaatsvertragsbereich, im Unterschied zur IVöB, nur der sog. Sekundärrechtsschutz gewährt (vgl. Art. 52 N 19).

4 Auf kantonaler Ebene wird der Rechtsschutz nach Massgabe des revidierten BGBM 9 Abs. 2 gewährt. Diese Bestimmung verpflichtet die Kantone, ein Rechtsmittel an eine

---

1 Botschaft BöB, S. 1977.

verwaltungsunabhängige Behörde ab dem für das Einladungsverfahren massgeblichen Schwellenwert vorzusehen. Für viele Kantone entspricht dies der bisherigen Praxis.

B. Prozessvoraussetzungen

Die Beschwerdevoraussetzungen richten sich in erster Linie nach den spezialgesetzlichen Vorschriften des BöB bzw. der IVöB und subsidiär nach den anwendbaren allgemeinen Verfahrensvorschriften. Auf Stufe Bund kommt damit für die Beschwerde ans Bundesverwaltungsgericht das VwVG und das VGG und für die Beschwerde ans Bundesgericht das BGG zur Anwendung, auf Stufe Kanton das jeweilige kantonale Verfahrensrecht. Die üblichen Prozessvoraussetzungen einer Beschwerde an das Bundesverwaltungsgericht sind:[2]

- Zulässiges Anfechtungsobjekt (vgl. Art. 53 N 4 ff.)
- Erreichen der Schwellenwerte (vgl. N 10 ff.)
- Zuständigkeit des Bundesverwaltungsgerichts (vgl. N 8)
- Zulässiger Beschwerdegrund (vgl. Art. 56 N 19 ff.)
- Einhaltung der 20-tägigen Frist (vgl. Art. 56 N 19 ff.)
- Einhaltung der Form (vgl. Art. 56 N 9 ff. und VwVG 52)
- Partei- und Prozessfähigkeit des Beschwerdeführers (VwVG 6; vgl. N 7)
- Legitimation des Beschwerdeführers (VwVG 48 Abs. 1; vgl. Art. 55 N 27 und Art. 56 N 26 ff.)
- Zahlung eines allfälligen Kostenvorschusses (VwVG 63 Abs. 4)
- Bei Beschwerden ausländischer Anbieterinnen im Nichtstaatsvertragsbereich: ausländischer Staat gewährt Gegenrecht (vgl. N 22)

Sowohl die eidgenössischen Gerichte (Bundesverwaltungsgericht[3] und Bundesgericht[4]) als auch die kantonalen Verwaltungsgerichte prüfen ihre Zuständigkeit von Amtes wegen und mit freier Kognition.

Die Partei- und Prozessfähigkeit der Beschwerdeführer richtet sich grundsätzlich nach den allgemeinen verwaltungsverfahrensrechtlichen Vorschriften (VwVG 6). Bietergemeinschaften, die sich im Zeitpunkt der Anfechtung bereits als solche konstituiert haben und ein Angebot eingereicht haben, bilden eine notwendige Streitgenossenschaft

---

2 Vgl. auch Komm BöB-Trüeb, Art. 27 N 1.
3 BVGE 2017/4, E. 1 m.H.
4 BGer 2C_861/2017 vom 12.10.2018, E. 1 m.H.

und müssen entsprechend gemeinsam Beschwerde führen, andernfalls auf die Beschwerde nicht eingetreten wird.[5]

II. Abs. 1 BöB: Beschwerdeweg und Auftragswerte

8   Seit der Revision der Bundesrechtspflege (Inkrafttreten 01.01.2007) ist das Bundesverwaltungsgericht als erste Instanz zuständig für Beschwerden gegen Verfügungen von Bundesvergabestellen. Es ersetzte die frühere BRK. Innerhalb des Gerichts befasst sich die Abteilung II mit Submissionsbeschwerden.[6]

9   Vorinstanzen sind alle Bundesvergabestellen i.S.v. BöB 4 im Zusammenhang mit Beschaffungsvorhaben, die nach Bundesvergaberecht durchgeführt werden bzw. durchgeführt werden müssen. Die zulässigen Beschwerdeobjekte sind allerdings im Sinne eines *numerus clausus* begrenzt (vgl. Art. 53 N 4 f.). Wird die angefochtene Verfügung vom Vergaberecht nicht erfasst, wie etwa im Fall einer «freiwilligen» öffentlichen Ausschreibung, ist das Bundesverwaltungsgericht ebenso wenig zuständig wie im Fall einer falschen Rechtsmittelbelehrung. Auch eine «Einlassung» der Parteien ist ausgeschlossen.[7]

10 Im Unterschied zum bisherigen Bundesvergaberecht, das im Nichtstaatsvertragsbereich keinen Rechtsschutz vorsah, steht der Beschwerdeweg bei Lieferungen und Dienstleistungen neu ab dem für das Einladungsverfahren massgebenden Schwellenwert offen. Dieser liegt gemäss BöB Anhang 4 Ziff. 2 für alle Auftraggeberinnen bei CHF 150 000. Bei Bauleistungen kann ab dem Schwellenwert für das offene oder selektive Verfahren Beschwerde geführt werden, d.h. ab einem Auftragswert von CHF 2 000 000. Auch dieser Wert gilt unabhängig davon, ob es sich um eine Bundesvergabestelle nach BöB 4 Abs. 1 oder eine Sektorenauftraggeberin handelt.[8]

11 Bei der Vorgabe von Mindestwerten gemäss BöB 52 Abs. 1 handelt es sich um eine bundesgesetzliche Ausnahme von der Rechtsweggarantie von BV 29a.[9] Damit wird sichergestellt, dass zwischen dem Verfahrensaufwand und der wirtschaftlichen Bedeutung der Beschaffung ein vernünftiges Verhältnis besteht und sich die Gerichte nicht mit «Bagatellvergaben» beschäftigen müssen.[10] Gemäss Botschaft übersteigen die (direkten und indirekten) Kosten gerichtlicher Überprüfungsverfahren solcher Vergaben deren Nutzen regelmässig.[11] Mit dem Bundesverwaltungsgericht ist davon auszugehen, dass eine

---

5   BVGer B-3531/2018 vom 28.11.2018, E. 3.2.
6   Komm BöB-Trüeb, Art. 27 N 3.
7   BVGer B-1773/2006 vom 25.09.2008, E. 1.2.
8   Vgl. auch Botschaft BöB, S. 1977.
9   In diesem Sinne jedenfalls Botschaft BöB, S. 1980, wo festgehalten wird: «Die Rechtsweggarantie der Verfassung (Art. 29a BV) steht diesem Ausschluss nicht entgegen.»
10 Vgl. zur Zulässigkeit von kantonalrechtlichen Mindestwert-Vorgaben unter dem früheren BGBM 9 BGE 131 I 137 ff.
11 Botschaft BöB, S. 1980.

gerichtliche Überprüfung von Vergabeentscheiden im sog. unterschwelligen Bereich (bzw. im Bereich unter den in BöB 52 Abs. 1 festgelegten Schwellenwerten) auch nicht über das Instrument der Verfügung über Realakte nach VwVG 25a erreicht werden kann. Die gegenteilige Auffassung verkennt den Willen des Bundesgesetzgebers, der den Rechtsschutz ausdrücklich an die Auftragswerte gekoppelt hat, und damit das Gebot zur Anwendung von Bundesgesetzen nach BV 190.[12]

Der Auftragswert bestimmt sich nach dem (sorgfältig geschätzten) Wert des Gesamtauftrags, d.h. einschliesslich allfälliger Optionen und ungeachtet einer allfälligen Aufteilung in mehrere Lose (BöB/IVöB 15). Entscheidet sich die Vergabestelle aufgrund ihrer Schätzung des Auftragswerts für eine bestimmte Verfahrensart, wird sie sich in einem anschliessenden Beschwerdeverfahren nach Treu und Glauben nicht darauf berufen können, dass die effektiven Angebotspreise unter den Schwellenwerten liegen und daher kein Rechtsschutz oder nur der sekundäre Rechtsschutz besteht. 12

Anders ist der Fall zu beurteilen, in dem der geschätzte Auftragswert zwar unter den Schwellenwerten für das Einladungsverfahren liegt, die Vergabestelle jedoch freiwillig ein höherstufiges Verfahren wählt, was zumindest in begründeten Fällen zulässig ist (vgl. Art. 17 N 12 ff.).[13] Im Lichte der klaren Vorgabe des Bundesgesetzgebers, der den Rechtsschutz vom Erreichen der Schwellwerte abhängig macht, um Bagatellverfahren auszuschliessen (vgl. N 10), kann eine solche freiwillige «Höherstufung» nicht zu einem Beschwerderecht der Anbieterinnen bzw. zur Bejahung der Eintretensfrage führen. Die gesetzliche Zuständigkeitsregelung ist zwingend und abschliessend. Entsprechend führt auch eine fehlerhafte Rechtsmittelbelehrung nicht zur Zuständigkeit des Bundesverwaltungsgerichts.[14] Ebenso wenig ist eine Parteivereinbarung über die gerichtliche Zuständigkeit oder eine Einlassung möglich. Ein allfälliger Verstoss gegen Treu und Glauben (z.B. der mehrfache Verweis der Vergabestelle auf eine falsche Rechtsmittelbelehrung) kann im Rahmen der Kostenfolgen berücksichtigt werden.[15] Es empfiehlt sich, die Freiwilligkeit der gewählten Verfahrensart und die fehlende Beschwerdemöglichkeit in der Ausschreibung transparent zu machen. 13

Die genannten Beschwerdevoraussetzungen (Vorinstanzen, Auftragswerte) kommen unterschiedslos sowohl auf den Staatsvertrags- wie auch den Nichtstaatsvertragsbereich 14

---

12   BVGer B-913/2012 vom 28.03.2012, E. 6; vgl. BVGE 2008/48, E. 5.3; GALLI/MOSER/LANG/STEINER, Rz. 1220.
13   Vgl. dazu Botschaft BöB, S. 1923: «Die Auftraggeberin darf aus hinreichenden Gründen ein höherrangiges Verfahren wählen (d.h. offenes oder selektives Verfahren statt Einladungsverfahren; Einladungsverfahren statt freihändiges Verfahren, soweit der Sachverhalt dies zulässt), auch wenn das Gesetz nur eine einfachere Verfahrensform verlangt. Diese Wahl darf nicht ohne sachlichen Grund erfolgen. Aus Gründen der Verwaltungsökonomie macht es keinen Sinn, für Bagatellbeschaffungen ein offenes oder selektives Verfahren vorzusehen».
14   Vgl. bereits zum alten Recht BVGer B-2192/2018 vom 12.06.2018, E. 3.2 und BVGer B-1687/2010 vom 21.06.2011, E. 1.2.
15   BVGer B-2192/2018 vom 12.06.2018, E. 3.2.

zur Anwendung. Gemäss Botschaft gelten sie auch für die Anfechtung von freihändigen Vergaben gestützt auf einen Ausnahmetatbestand nach BöB 21 Abs. 2.[16] Die Verwaltungsbeschwerde an den Bundesrat ist ausgeschlossen (VwVG 74).

III. Abs. 1 IVöB: Beschwerdeweg und Auftragswerte

15 Die Vorschrift von IVöB 52 Abs. 1 geht auf den neuen BGBM 9 Abs. 2 Bst. a zurück. Im Unterschied zum BöB sind auf kantonaler Ebene Verfügungen für alle Auftragsarten (d.h. auch für Bauaufträge) bereits ab dem für das Einladungsverfahren massgeblichen Schwellenwert anfechtbar. Gemäss IVöB Anhang 2 liegt dieser Schwellenwert für Lieferungen, Dienstleistungen sowie Bauarbeiten des Baunebengewerbes bei CHF 150 000, bei Bauarbeiten im Bauhauptgewerbe bei CHF 300 000.

16 Bei IVöB 52 Abs. 1 handelt es sich um eine Mindestvorgabe auf der Ebene des BGBM bzw. des Konkordats. Den Kantonen steht es demnach frei, auch für Aufträge mit niedrigerem Auftragswert (d.h. bereits ab einem Franken) den Beschwerdeweg vorzusehen.[17] Es bleibt abzuwarten, ob die diesbezüglichen kantonalen Vorschriften bzw. die Gerichtspraxis angepasst werden.[18]

17 Ein weiterer Unterschied zum Bundesrecht besteht darin, dass unter der IVöB generell, sowohl im Staatsvertrags- als auch im Nichtstaatsvertragsbereich, der Primärrechtsschutz (d.h. die Möglichkeit, die Aufhebung bzw. Abänderung der Verfügung zu beantragen) gewährleistet ist, und zwar ab dem für das Einladungsverfahren massgeblichen Schwellenwert. Dass der Rechtsschutz im Nichtstaatsvertragsbereich zwischen Bund und Kantonen unterschiedlich gehandhabt wird, ist wohl der historischen Entwicklung geschuldet (bislang kein Rechtsschutz auf Bundesebene im Nichtstaatsvertragsbereich), heute jedoch kaum schlüssig zu erklären (vgl. N 23).

18 Im Interesse eines schlanken Rechtsmittelwegs ist die Beschwerde gegen Verfügungen kantonaler Vergabestellen direkt an die kantonalen Verwaltungsgerichte zu richten, die nunmehr nach der klaren Vorgabe im Konkordat als *einzige* kantonale Rechtsmittelinstanzen fungieren. Die kantonalen Zwischeninstanzen, die verschiedene Kantone (z.B. der Kanton Bern) vor der Gesetzesrevision noch kannten, werden damit obsolet.

---

16 Botschaft BöB, S. 1976.
17 Musterbotschaft IVöB, S. 94 f.
18 Umfassender Rechtsschutz (auch bei freihändigen Verfahren) besteht bspw. nach der (bisherigen) Praxis des Verwaltungsgerichts des Kantons Zürich: VGer ZH, VB.98.00372, E. 1 f., in: ZBl 1999, S. 372 ff.

IV. Abs. 2 BöB: Rechtsschutz im Nichtstaatsvertragsbereich

Ausserhalb des Staatsvertragsbereichs gewährt das revidierte BöB den sog. sekundären Rechtsschutz, während unter dem früheren Recht überhaupt keine Beschwerdemöglichkeit bestand. Dies bedeutet, dass beschwerdeweise nicht die Aufhebung der angefochtenen Verfügung verlangt werden kann, sondern nur (aber immerhin) die Feststellung von deren Bundesrechtswidrigkeit sowie Schadenersatz (BöB/IVöB 58 Abs. 3). 19

Diese Einschränkung der gerichtlichen Prüfungsbefugnis, die eine bundesgesetzliche Ausnahme von der Rechtsweggarantie nach BV 29a darstellt, war in den parlamentarischen Beratungen umstritten. Der Bundesrat hatte sie namentlich mit Blick auf die Kosten- und Verfahrenseffizienz vorgeschlagen. Würde der primäre Rechtsschutz auch ausserhalb des Staatsvertragsbereichs (und damit auch bei Beschaffungen von verhältnismässig geringem Wert) greifen, hätte dies gemäss Botschaft höhere administrative Aufwendungen und Verfahrensverzögerungen, jedoch kaum mehr Wettbewerb zur Folge. Dieser Ansatz basiert auf der Transaktionskostenlogik und ist insofern nachvollziehbar. Allerdings lässt er diejenigen öffentlichen (Dienstleistungs-)Aufträge unberücksichtigt, welche die staatsvertraglichen Schwellenwerte (CHF 230 000 für Dienstleistungen) zwar erreichen, aber trotzdem nur in den Nichtstaatsvertragsbereich fallen, weil sie von der Positivliste zum GPA nicht erfasst sind (wie etwa Dienstleistungen im Bereich Bildung, Prov. CPC Nr. 92). Für derartige Aufträge besteht nach wie vor eine Ungleichheit zwischen dem bundes- und dem kantonalrechtlichen Rechtsschutz, die den Harmonisierungsbestrebungen zuwiderläuft. *De lege ferenda* wäre es im Sinne eines Kompromisses vorstellbar, auch im Nichtstaatsvertragsbereich vollen Rechtsschutz zu gewährleisten unter der Voraussetzung, dass die im Staatsvertragsbereich geltenden Schwellenwerte erreicht sind. 20

Sanktionen i.S.v. BöB 45 können einen einschneidenden Eingriff in die Rechtsposition des betroffenen Anbieters bedeuten. Entsprechend muss auch im Nichtstaatsvertragsbereich beschwerdeweise nicht bloss die Feststellung der Rechtswidrigkeit der Sanktion, sondern auch deren Aufhebung verlangt werden können. Die Auftragswerte sind dabei unerheblich (vgl. BöB 53 Abs. 4). 21

Bei Aufträgen im Nichtstaatsvertragsbereich besteht ein Gegenrechtsvorbehalt für ausländische Anbieterinnen: Sie sind nur dann zum Angebot zugelassen, wenn ihr Staat Gegenrecht gewährt bzw. die Auftraggeberin dies erlaubt (BöB/IVöB 6 Abs. 2; vgl. Art. 6 N 17 ff.). Ähnliches gilt nach BöB 52 Abs. 2 für den Rechtsschutz. Nur wenn der Sitzstaat der ausländischen Beschwerdeführerin ebenfalls eine Überprüfungsmöglichkeit für die konkret angefochtene Verfügung kennt, ist sie beschwerdelegitimiert. Anderenfalls ist auf das Begehren nicht einzutreten. Grundsätzlich dürfte es trotz Offizial- und Untersuchungsmaxime der ausländischen Beschwerdeführerin im Rahmen ihrer Mitwirkungspflicht (VwVG 13) obliegen, die Überprüfungsmöglichkeit nach ausländischem Recht 22 nachzuweisen.[19] In der Regel wird es hierzu ausreichen, die indikative Liste (Staaten, die Gegenrecht gewähren) des Bundesrates gemäss BöB 6 Abs. 3 herbeizuziehen (vgl. Art. 6 N 23 ff.). Allerdings gilt es zu beachten, dass gewisse Staaten ausländischen Anbietern zwar grundsätzlich den Marktzutritt, hingegen keinen Rechtsschutz gewähren mögen. Aus Gründen der Reziprozität geniessen Anbieter aus solchen Staaten in der Schweiz keinen Rechtsschutz. Derzeit ist unklar, ob die indikative Liste gemäss BöB 6 Abs. 3 nebst dem Marktzugang an sich auch den Rechtsschutz umfassen soll. Das SECO beantwortet Anfragen zu den eingegangenen Verpflichtungen (VöB 6 Abs. 3).

V. Abs. 2 IVöB: Beschaffungen der oberen kantonalen Gerichtsbehörden

23 Analog zur Regelung im BöB (vgl. N 24) steht auch gegen Beschaffungen der oberen kantonalen Gerichtsbehörden die ordentliche Beschwerde in öffentlich-rechtlichen Angelegenheiten an das Bundesgericht zur Verfügung, wobei die Voraussetzung der Rechtsfrage von grundsätzlicher Bedeutung (vgl. N 30 ff.) entfällt (BGG 83 Bst. f Ziff. 1). Nach der klaren Vorschrift von IVöB 52 Abs. 2 können keine anderen kantonalen Rechtsmittelinstanzen vorgesehen werden. Die subsidiäre Verfassungsbeschwerde an das Bundesgericht fällt ausser Betracht, da diese nur gegen Entscheide kantonaler Vorinstanzen erhoben werden kann (BGG 114). Soweit ein kantonales Gericht als Vergabestelle amtet (und nicht als Rechtsmittelinstanz in einem vergaberechtlichen Beschwerdeverfahren), handelt es sich nicht um einen Entscheid einer kantonalen gerichtlichen Vorinstanz i.S.v. BGG 114.[20]

VI. Abs. 3 BöB: Beschaffungen des Bundesverwaltungsgerichts

24 Beschaffungen des Bundesverwaltungsgerichts (wie auch der anderen eidgenössischen richterlichen Behörden) unterstehen neu dem Staatsvertragsbereich (BöB 4 Abs. 1 Bst. b). (Alleinige) Beschwerdeinstanz ist nach Abs. 3 das Bundesgericht, wobei grundsätzlich das ordentliche Rechtsmittel der Beschwerde in öffentlich-rechtlichen Angelegenheiten zur Verfügung steht. Die Voraussetzung der Rechtsfrage von grundsätzlicher Bedeutung (vgl. N 29 ff.) entfällt in diesem Fall (BGG 83 Bst. f Ziff. 1). Die subsidiäre Verfassungsbeschwerde steht nicht zur Verfügung, da diese nur gegen Entscheide kantonaler Vorinstanzen erhoben werden kann (BGG 114). Für Beschaffungen des Bundes-

---

19 Dahingehend BVGer A-6394/2016, E. 2.5 m.H.
20 Vgl. zu den Anforderungen an die Vorinstanz Komm BGG-BIAGGINI, Art. 21 N 1 ff.

strafgerichts, des Bundespatentgerichts und der Bundesanwaltschaft ist das Bundesverwaltungsgericht die zuständige Beschwerdeinstanz (BöB 52 Abs. 1).[21]

VII. Abs. 3 IVöB: Rechtsschutz im Nichtstaatsvertragsbereich

Gleich wie auf Bundesebene (vgl. Art. 53 N 22) ist auch in den Kantonen der Rechtsschutz ausländischer Anbieter im Nichtstaatsvertragsbereich an die Bedingung geknüpft, dass der Sitzstaat des beschwerdeführenden Anbieters Gegenrecht gewährt (vgl. Art. 6 N 23 ff.). 25

VIII. Abs. 4 BöB: Beschaffungen des Bundesgerichts

Da das Bundesgericht die oberste richterliche Behörde ist, kommt für die Beurteilung von Beschwerden gegen seine eigenen Beschaffungen eine interne Rekurskommission zum Einsatz. Das Verfahren zur Einsetzung und die Ausgestaltung der Rekurskommission sowie weitere Verfahrensfragen werden im BGerR oder alternativ in einem separaten Reglement festzuhalten sein. 26

IX. Abs. 5 BöB: Ausnahmen vom Rechtsschutz

Keine Beschwerdemöglichkeit besteht in Bezug auf bestimmte Beschaffungen ausserhalb des Staatsvertragsbereichs i.S.v. BöB Anhang 5. Es sind dies: 27

– die Beschaffung von Waffen, Munition, Kriegsmaterial oder, sofern sie für Verteidigungs- und Sicherheitszwecke unerlässlich sind, sonstigen Lieferungen, Bauleistungen, Dienstleistungen, Forschungs- oder Entwicklungsleistungen, die für Verteidigungs- und Sicherheitszwecke unerlässlich sind (BöB Anhang 5 Ziff. 1 Bst. c),

– öffentliche Aufträge für die internationale Entwicklungs- und Ostzusammenarbeit, die humanitäre Hilfe sowie die Förderung des Friedens und der menschlichen Sicherheit, soweit eine Beschaffung nicht von der Geltung dieses Gesetzes ausgenommen ist, sowie von Leistungen im Rahmen der internationalen Entwicklungshilfe, die zwar dem Gesetz, nicht aber dem Staatsvertragsbereich unterstellt sind (BöB Anhang 5 Ziff. 1 Bst. d).

Diese Einschränkung des Rechtsschutzes, die sich explizit auf die «Vergabe von Aufträgen» bezieht, kann nach der hier vertretenen Auffassung nicht für Beschwerden gegen 28

---

21 Vgl. Botschaft BöB, S. 1978.

Sanktionen (BöB 53 Abs. 1 Bst. i) gelten. Der Ausschluss von künftigen öffentlichen Aufträgen i.S.v. BöB 45 Abs. 1 stellt einen relativ schwerwiegenden Eingriff in die Rechtsstellung von Anbietern dar, weswegen er im Lichte der Rechtsweggarantie (BV 29a) einer gerichtlichen Überprüfung zugänglich sein muss (vgl. auch die diesbezügliche Spezialregelung von BöB/IVöB 53 Abs. 3; Art. 53 N 26 ff.).

X. Beschwerde an das Bundesgericht

29 Urteile des Bundesverwaltungsgerichts und letzter kantonaler Instanzen in Vergabeangelegenheiten können unter bestimmten Voraussetzungen innert 30 Tagen mit Beschwerde in öffentlich-rechtlichen Angelegenheiten an das Bundesgericht weitergezogen werden (BGG 86 Abs. 1 Bst. a und Bst. d, BGG 100 Abs. 1). Das Verfahren richtet sich nach den allgemeinen Bestimmungen über die Bundesrechtspflege.

30 Die Beschwerde ist unter der doppelten Voraussetzung zulässig, dass sich eine Rechtsfrage von grundsätzlicher Bedeutung stellt und der geschätzte Auftragswert zugleich den massgeblichen staatsvertraglichen Schwellenwert erreicht (BGG 83 Bst. f).[22] Sie ist somit bereits dann ausgeschlossen, wenn eine der beiden Voraussetzungen nicht erfüllt ist.[23] Vorbehalten bleiben Beschwerden gegen Beschaffungen des Bundesverwaltungsgerichts, des Bundesstrafgerichts, des Bundespatentgerichts, der Bundesanwaltschaft sowie der oberen kantonalen Gerichtsinstanzen, bei denen nur das Kriterium der Schwellenwerte zur Anwendung kommt (BGG 83 Bst. f Ziff. 1).

31 Die bundesgerichtlichen Anforderungen an das Vorliegen einer «Rechtsfrage von grundsätzlicher Bedeutung» sind streng:

– Erstens muss die aufgeworfene Rechtsfrage das Gebiet des Beschaffungsrechts betreffen;[24] eine Rechtsfrage von bloss allgemeiner, z.B. verfahrens- oder verwaltungsrechtlicher Bedeutung genügt diesen Anforderungen nicht.[25]

– Zweitens muss die Rechtsfrage ein gewisses Gewicht haben, d.h. von einigem praktischen Interesse sein. Der blosse Umstand, dass die Frage vom Bundesgericht noch nie entschieden wurde, genügt nicht. Vielmehr muss es sich dabei «um eine Rechtsfrage handeln, deren Entscheid für die Praxis wegleitend sein kann und die von ihrem Gewicht her nach einer höchstrichterlichen Klärung ruft.»[26]

32 Eine Rechtsfrage von grundsätzlicher Bedeutung in diesem Sinn wird vom Bundesgericht nur zurückhaltend angenommen. Diese strenge Praxis wird namentlich damit begründet, dass bei kantonalen Submissionen subsidiär immer noch die subsidiäre Verfas-

---

22 BGE 143 II 425, E. 1.3; BGE 141 II 14, E. 1.2.
23 BGE 133 II 396, E. 2.1.
24 Komm BöB-Trüeb, Art. 27 N 6.
25 BGE 143 II 425, E. 1.3.2; BGE 141 II 14, E. 1.2.2.1; BGE 137 II 313, E. 1.1.1; BGE 134 II 192, E. 1.3.
26 BGE 143 II 425, E. 1.3.2; BGE 141 II 14, E. 1.2.2.1; BGE 138 I 143, E. 1.1.2.

sungsbeschwerde zur Verfügung steht und bei Bundesvergaben das Bundesverwaltungsgericht als Rechtsmittelinstanz angerufen werden kann.[27]

Gemäss BGG 42 Abs. 2 obliegt es dem Beschwerdeführer, in der Beschwerdeschrift darzutun, dass und inwiefern die Voraussetzung des Vorliegens einer Rechtsfrage von grundsätzlicher Bedeutung erfüllt ist. Vermag er dieser prozessualen Obliegenheit nicht zu genügen, tritt das Bundesgericht auf die Beschwerde nicht ein.[28] 33

Der Beschwerde an das Bundesgericht kommt (wie derjenigen an das Bundesverwaltungsgericht) grundsätzlich, d.h. mangels anderslautender gerichtlicher Anordnung, keine aufschiebende Wirkung zu (BGG 103). 34

Nicht in den Geltungsbereich von BGG 83 Bst. f fallen Entscheide, die zwar in einem (mehr oder weniger) formalisierten Vergabeverfahren ergangen sind, jedoch ausserhalb der Geltungsbereiche der Submissionserlasse (BöB und IVöB) liegen, so etwa die Vergabe von Sondernutzungs- oder spezialgesetzlich geregelten Monopolkonzessionen.[29] Auf diese Akte kommen die allgemeinen Prozessvoraussetzungen zur Anwendung. 35

Subsidiär zur ordentlichen Beschwerde in öffentlich-rechtlichen Angelegenheiten an das Bundesgericht (d.h., wenn die Eintretensvoraussetzungen gemäss BGG 83 Bst. f nicht erfüllt sind) steht gegen Entscheide kantonaler Vorinstanzen die subsidiäre Verfassungsbeschwerde zur Verfügung. Damit kann allerdings lediglich die Verletzung verfassungsmässiger Rechte gerügt werden (BGG 116). Die Überprüfungsbefugnis des Bundesgerichts beschränkt sich in diesem Fall im Wesentlichen auf das Willkürverbot bzw. den Grundsatz von Treu und Glauben (BV 9), das Gleichbehandlungsgebot (BV 8) und die formelle Rechtsverweigerung (BV 29). Die Verletzung von vergaberechtlichen Vorschriften, einschliesslich des Staatsvertrags- und des Konkordatsrechts, kann dabei nur unter dem Blickwinkel des Willkürverbots (BV 9) gerügt werden.[30] 36

Angesichts der restriktiven Praxis des Bundesgerichts zur Voraussetzung der Rechtsfrage von grundsätzlicher Bedeutung ist es regelmässig empfehlenswert, gegen kantonale Entscheide nicht nur die ordentliche Beschwerde, sondern gleichzeitig die subsidiäre Verfassungsbeschwerde zu erheben. Die beiden Rechtsmittel sind in der gleichen Rechtsschrift einzureichen (BGG 119 Abs. 1). Das ändert aber nichts daran, dass es sich um zwei Beschwerden handelt, die in Anträgen und Begründung auseinandergehalten werden müssen; namentlich müssen im Teil «Verfassungsbeschwerde» rechtsgenügliche Verfassungsrügen vorgebracht werden und das Bundesgericht beschränkt sich darauf, die gültig vorgetragenen Rügen zu beurteilen.[31] 37

---

27 BGE 140 III 501, E. 1.3; BGE 138 I 143, E. 1.1.2; BGE 133 III 493, E. 1.1 m.H.
28 BGer 2C_425/2017 vom 06.02.2018, E. 1.3; BGE 133 III 439, E. 2.2.2.1.
29 Komm BGG-HÄBERLI, Art. 83 N 154 m.H.
30 BGer 2C_634/2008 vom 11.03.2009, E. 2.3; Komm BGG-HÄBERLI, Art. 85 N 152.
31 BGE 133 II 396, E. 3; zum Ganzen BGer 2C_665/2015 vom 26.01.2016, E. 2.4.

38 Im Rahmen der subsidiären Verfassungsbeschwerde gilt das sog. Rügeprinzip (BGG 106 Abs. 2 i.V.m. BGG 117). Dieses verlangt, dass der Beschwerdeführer in seiner Eingabe dartut, welche verfassungsmässigen Rechte inwiefern durch den angefochtenen Entscheid verletzt worden sind. Eine Rechtsanwendung von Amtes wegen, wie sie dem Bundesgericht hinsichtlich des Gesetzes- und Verordnungsrechts des Bundes zusteht (vgl. BGG 106 Abs. 1), findet nicht statt. In diesem Sinn prüft das Bundesgericht nur vorgebrachte, klar erhobene und, soweit möglich, belegte Rügen. Ruft der Beschwerdeführer das Willkürverbot an, muss er darlegen, dass und inwiefern der angefochtene Entscheid offensichtlich unhaltbar ist, mit der tatsächlichen Situation in klarem Widerspruch steht, eine Norm oder einen unumstrittenen Rechtsgrundsatz krass verletzt oder in stossender Weise dem Gerechtigkeitsgedanken zuwiderläuft. Genügt eine Rechtsschrift diesen Anforderungen nicht, tritt das Bundesgericht auf die subsidiäre Verfassungsbeschwerde nicht ein.[32]

XI. Rechtsvergleichung

39 Die europarechtlichen Bestimmungen zum Rechtsschutz befinden sich in der «Rechtsmittel-Richtlinie» RL 89/665/EWG und der diese ergänzenden RL 2007/66/EG, während die RL 2014/24/EU keine dahingehenden Bestimmungen enthält. Nach den genannten RL müssen die Mitgliedstaaten (in den von den EU-Vergaberichtlinien erfassten Fällen, d.h. im Staatsvertragsbereich) wirksame, rasche und diskriminierungsfreie Nachprüfungsverfahren (Beschwerdeverfahren) vorsehen. Diese müssen zumindest jeder Person zur Verfügung stehen, (i) die ein Interesse an einem bestimmten Auftrag hat oder hatte und (ii) der durch einen behaupteten Verstoss gegen das Unionsrecht im Bereich des öffentlichen Auftragswesens oder gegen die nationalen Vorschriften zur Umsetzung dieses Rechts ein Schaden entstanden ist bzw. zu entstehen droht. In diesem Umfang sind die EU-Staaten verpflichtet, eine Nachprüfung durch ein unabhängiges Gericht vorzusehen.

---

32 BGer 2C_634/2008 vom 11.03.2009, E. 2.4; BGE 133 III 393, E. 6.

Art. 53 Beschwerdeobjekt

¹ Durch Beschwerde anfechtbar sind ausschliesslich die folgenden Verfügungen:

a. die Ausschreibung des Auftrags;

b. der Entscheid über die Auswahl der Anbieterinnen / *Anbieter* im selektiven Verfahren;

c. der Entscheid über die Aufnahme einer Anbieterin / *eines Anbieters* in ein Verzeichnis oder über die Streichung einer Anbieterin / *eines Anbieters* aus einem Verzeichnis;

d. der Entscheid über Ausstandsbegehren;

e. der Zuschlag;

f. der Widerruf des Zuschlags;

g. der Abbruch des Verfahrens;

h. der Ausschluss aus dem Verfahren;

i. die Verhängung einer Sanktion;

² Anordnungen in den Ausschreibungsunterlagen, deren Bedeutung erkennbar ist, müssen zusammen mit der Ausschreibung angefochten werden.

³ Auf Beschwerden gegen die Verhängung einer Sanktion finden die Bestimmungen dieses Gesetzes / *dieser Vereinbarung* zum rechtlichen Gehör im Verfügungsverfahren, zur aufschiebenden Wirkung und zur Beschränkung der Beschwerdegründe keine Anwendung.

⁴ Verfügungen nach Absatz 1 Buchstaben c und i können unabhängig vom Auftragswert durch Beschwerde angefochten werden.

⁵ Im Übrigen ist der Rechtsschutz gegen Verfügungen nach diesem Gesetz / *dieser Vereinbarung* ausgeschlossen.

⁶ Die Beschwerde gegen den Abschluss von Einzelverträgen nach Artikel 25 Absätze 4 und 5 ist ausgeschlossen.

Inhaltsverzeichnis

I.	Grundlagen	1
II.	Abs. 1: Anfechtbare Verfügungen	4
A.	Allgemeines	4
B.	Beschwerdeobjekte	6
	1. Bst. a: Ausschreibung	6
	2. Bst. b: Präqualifikationsentscheid	10
	3. Bst. c: Aufnahme in ein Verzeichnis oder Streichung aus einem Verzeichnis	12

4.	Bst. d: Entscheid über den Ausstand	13
5.	Bst. e: Zuschlag	14
6.	Bst. f: Widerruf des Zuschlags	15
7.	Bst. g: Verfahrensabbruch	16
8.	Bst. h: Verfahrensausschluss	17
9.	Bst. i: Sanktion	18
III.	Abs. 2: Rügeobliegenheit bei Mängeln der Ausschreibungsunterlagen	19
IV.	Abs. 3: Beschwerden gegen Sanktionen	26
V.	Abs. 4: Ausnahme vom Erfordernis des Mindestauftragswerts	30
VI.	Abs. 5: Kein weiterer Rechtsschutz	31
VII.	Abs. 6: Kein Rechtsschutz bei Einzelverträgen	34
VIII.	Rechtsvergleichung	35

I. Grundlagen

1 Die Vertragsstaaten des GPA 2012 verpflichten sich, ein rasches, wirksames, transparentes und nichtdiskriminierendes Überprüfungsverfahren vor unparteilichen und unabhängigen Verwaltungs- oder Gerichtsbehörden vorzusehen (GPA 2012 XVIII).[1] Im Übrigen ist es ihnen überlassen zu bestimmen, welche konkreten Akte des Vergabeverfahrens unter welchen Voraussetzungen anfechtbar sind, solange ein effektiver Rechtsschutz im Sinne von GPA 2012 XVIII gewährleistet ist.

2 BöB/IVöB 53 trägt die Artikelüberschrift «Beschwerdeobjekt», regelt jedoch nebst den zulässigen (und unzulässigen) Anfechtungsobjekten (Abs. 1, 5 und 6) auch weitere Aspekte des Beschwerdeverfahrens, namentlich die Rügeobliegenheit betreffend Anordnungen in den Ausschreibungsunterlagen, deren Bedeutung erkennbar ist (Abs. 2), verfahrensrechtliche Besonderheiten beim Erlass und der Anfechtung von Sanktionen (Abs. 3) sowie Ausnahmen vom erforderlichen Mindestauftragswert nach BöB/IVöB 52 (Abs. 4). Gleich wie die weiteren Rechtsschutzbestimmungen ist BöB/IVöB 53 offensichtlich vom Gedanken getragen, das Rechtsmittelverfahren effizient zu gestalten, sodass für die Beteiligten möglichst rasch Rechtssicherheit eintritt, ohne den Rechtsschutz der Anbieterinnen übermässig zu beschneiden.

3 BöB 53 und IVöB 53 sind inhaltlich identisch.

---

1 Vgl. auch GPA 1994 XX:2.

II. Abs. 1: Anfechtbare Verfügungen

A. Allgemeines

Abs. 1 tritt an die Stelle von aBöB 29 (bzw. aIVöB 15 Abs. 1bis) und enthält (im Unterschied zu diesem)² eine abschliessende Aufzählung *(numerus clausus)* möglicher Beschwerdeobjekte. Dies geht bereits aus dem Wort «ausschliesslich» hervor und im Weiteren aus Abs. 5, der den Rechtsschutz «im Übrigen» ausschliesst (vgl. N 31 ff.). Weitere Zwischenverfügungen oder Realakte, die im Laufe eines Vergabeverfahrens ergehen, sind somit nicht selbständig anfechtbar, und zwar auch dann nicht, wenn sie alle Merkmale einer Verfügung nach VwVG 5 aufweisen und (im Falle von Zwischenverfügungen) für die Beschwerdeführerin einen nicht wiedergutzumachenden Nachteil (i.S.v. VwVG 46 Abs. 1 Bst. a) bewirken.³ Dies gilt laut Botschaft auch für sog. Parkierungsschreiben, mit denen die Anbieterinnen informiert werden, dass ihr Angebot zumindest einstweilen nicht weiter geprüft wird. Derartige und ähnliche Mitteilungen oder Handlungen der Vergabestelle sind nicht bzw. erst mit dem Endentscheid (i.d.R. dem Zuschlag) beschwerdefähig.⁴ Damit wird die bisherige Praxis kodifiziert.⁵

4

Für die Beschwerdeerhebung nicht erforderlich ist, dass der angefochtene Akt als «Verfügung», «Anordnung» oder dergl. bzw. ausdrücklich als «Ausschreibung», «Zuschlag», «Ausschluss» etc. gekennzeichnet ist. Grundsätzlich genügt es, wenn er bei objektiver Betrachtung als einen der in Abs. 1 genannten behördlichen Akte zu qualifizieren ist und die materiellen Voraussetzungen einer Verfügung i.S.v. VwVG 5 erfüllt. Soweit eine Verfügung formell mangelhaft ist (z.B. fehlende Rechtsmittelbelehrung oder fehlende Schriftlichkeit), kann sie grundsätzlich immer noch ein taugliches Beschwerdeobjekt darstellen, jedoch darf den Adressaten aus der Mangelhaftigkeit kein Nachteil erwachsen (VwVG 38).⁶ Selbstverständlich müssen im Fall einer Anfechtung stets die weiteren Eintretensvoraussetzungen, etwa das Erreichen der in BöB/IVöB 52 vorgesehenen Schwellenwerte (vgl. Art. 52 N 15), erfüllt sein.

5

---

2   Vgl. Komm BöB-Trüeb, Art. 29 N 1.
3   Botschaft BöB, S. 1978; Musterbotschaft IVöB, S. 101.
4   Botschaft BöB, S. 1978.
5   Vgl. zum fehlenden Verfügungscharakter von Parkierungsschreiben etwa den Zwischenentscheid des BVGer B-4958/2013 vom 23.10.2013, E. 5.2 und 5.4 (Beschwerdeführerin führt zutreffend aus, dass es die Vergabestelle bei einem Parkierungsschreiben ohne Verfügungsqualität habe bewenden lassen); in diesem Sinne auch KBOB, Leitfaden Öffentliche Beschaffungen mit Dialog, Stand: Mai 2012, S. 14.
6   Vgl. Komm BöB-Trüeb, Art. 29 N 1.

B. Beschwerdeobjekte

1. Bst. a: Ausschreibung

6 Die Ausschreibung eröffnet das (offene oder selektive) Verfahren und beinhaltet die wesentlichen Angaben zum Beschaffungsprojekt (vgl. Art. 35 N 2 ff.). Sie wird auf der von Bund und Kantonen betriebenen elektronischen Beschaffungsplattform (SIMAP) veröffentlicht (vgl. Art. 48 N 9). Obwohl im Gesetzestext nicht ausdrücklich erwähnt, umfasst die Ausschreibung i.S.v. Bst. a auch eine allfällige spätere Berichtigung der Ausschreibung (die selbstredend ebenfalls öffentlich zu publizieren ist).[7]

7 Wird die Ausschreibung bzw. eine allfällige Berichtigung nicht fristgerecht angefochten, erwachsen die darin enthaltenen Festlegungen in Rechtskraft und können bei einer späteren Anfechtung des Zuschlags (oder einer anderen Verfügung der Vergabestelle) nicht mehr gerügt werden. Gemäss der bisherigen Rechtsprechung des Bundesverwaltungsgerichts galt diese Rügeobliegenheit der Anbieterinnen zumindest für alle Anordnungen in der Ausschreibung, deren Bedeutung und Tragweite ohne Weiteres erkennbar waren.[8] Davon betroffen sind i.d.R. etwa Anordnungen betreffend Verfahrensart, Eingabefristen, Zulässigkeit und Rechtsformen von Bietergemeinschaften, Teilangeboten und Varianten, Losbildung oder Verfahrenssprachen.[9] Diese Rechtsprechung dürfte auch unter dem (in diesem Punkt unveränderten) revidierten Recht Bestand haben, wobei in der Praxis nur wenige Anordnungen in der Ausschreibung vorstellbar sind, deren Bedeutung im Zeitpunkt der Publikation «nicht erkennbar» war (zur Anforderung der Erkennbarkeit vgl. N 23). Entsprechend sind die Anbieterinnen gut beraten, die Ausschreibung unmittelbar nach Publikation sorgfältig zu prüfen und im Zweifelsfall die Vergabestelle frühzeitig (vor Ablauf der Beschwerdefrist) zu kontaktieren. Bringt dieser Kontakt keine (rechtzeitige) Klärung, muss eine vorsorgliche Beschwerde gegen die Ausschreibung geprüft werden. Dasselbe gilt neu auch für die Ausschreibungsunterlagen, die nach den Voraussetzungen von BöB/IVöB 53 Abs. 2 zusammen mit der Ausschreibung angefochten werden können bzw. müssen (vgl. N 19 ff.).

8 Das Einladungs- und das freihändige Verfahren werden ohne Ausschreibung eröffnet. Entsprechend kann in diesen Fällen erst bei Ergehen einer förmlichen Verfügung i.S.v. BöB/IVöB 53 Abs. 1 gerügt werden, es sei die falsche Verfahrensart gewählt worden.[10] Die Einladung zur Offerte bildet demgegenüber kein Anfechtungsobjekt i.S.v. BöB/IVöB 53.

9 Vorbehältlich einer abweichenden gerichtlichen Anordnung wird das Ausschreibungsverfahren durch die Anfechtung einer Ausschreibung i.d.R. nicht gestoppt. Die Vergabe-

---

7 Botschaft BöB, S. 1979; Musterbotschaft IVöB, S. 101.
8 BVGE 2014/14, E. 4.4; BVGer B-738/2012 vom 14.06.2012, E. 3.1.
9 GALLI/MOSER/LANG/STEINER, Rz. 1254.
10 GALLI/MOSER/LANG/STEINER, Rz. 1256 m.w.H.

stelle hat jedoch darauf zu achten, dass die Rechte der Beschwerdeführerin durch den weiteren Verfahrensgang nicht präjudiziert werden.[11]

2. Bst. b: Präqualifikationsentscheid

Im zweistufigen selektiven Verfahren wählt die Vergabestelle zunächst aufgrund einer Eignungsprüfung diejenigen Anbieterinnen aus, die zum Angebot zugelassen sind (sog. Präqualifikationsentscheid; [vgl. Art. 19 N 7 ff.]). Dieser Entscheid muss nicht publiziert werden, sondern kann den betroffenen Anbieterinnen individuell eröffnet werden (BöB/IVöB 48 Abs. 1 *e contrario;* [vgl. Art. 48 N 6]). Die Nichtberücksichtigung von Anbieterinnen im selektiven Verfahren bedeutet deren Ausschluss, weshalb ein derartiger Entscheid anfechtbar ist.[12]

10

Was das Einladungsverfahren (BöB/IVöB 20) angeht, kommt der Auftraggeberin bei der Auswahl der Anbieterinnen ein weiter Ermessensspielraum zu. Ein Rechtsanspruch auf Teilnahme an einem Einladungsverfahren besteht nicht.[13] Entsprechend sind nicht zum Angebot eingeladene Anbieterinnen nicht legitimiert, die im Rahmen eines Einladungsverfahrens ergangenen behördlichen Akte (sei es die Einladung zum Angebot oder den Zuschlag) anzufechten (vgl. N 8).[14] Etwas anderes muss immerhin dann gelten, wenn eine Vergabestelle pflichtwidrig kein Einladungsverfahren, sondern eine Freihandvergabe durchführt (vgl. N 14).

11

3. Bst. c: Aufnahme in ein Verzeichnis oder Streichung aus einem Verzeichnis

Nach BöB/IVöB 28 können Vergabestellen Verzeichnisse über Anbieterinnen führen, die für öffentliche Aufträge geeignet sind (vgl. Art. 28 N 6 ff.). Die Nichtaufnahme einer Anbieterin in ein solches Verzeichnis trotz eines entsprechenden Antrags ist ebenso beschwerdefähig wie die Streichung aus einem solchen Verzeichnis. Gemäss der bundesgerichtlichen Praxis zur Konkurrentenbeschwerde[15] wäre eine Anbieterin mangels schutzwürdigen Interesses nicht berechtigt, die Aufnahme einer anderen Anbieterin in ein Verzeichnis anzufechten.

12

4. Bst. d: Entscheid über den Ausstand

Die für Vergabeverfahren massgeblichen Ausstandsgründe sind abschliessend in BöB/IVöB 13 geregelt (vgl. Art. 13 N 4 ff.). In verfahrensrechtlicher Hinsicht entscheidend ist, dass ein Ausstandsbegehren unmittelbar nach Kenntnis des Ausstandsgrunds vorgebracht wird (BöB/IVöB 13 Abs. 2), anderenfalls die Rüge und damit das Beschwerde-

13

---

11 BVGer B-1470/2010 vom 24.03.2010, Bst. c; Komm BöB-Trüeb, Art. 29 N 3.
12 Komm BöB-Trüeb, Art. 29 N 5.
13 Botschaft BöB, S. 1979; Musterbotschaft IVöB, S. 95.
14 Botschaft BöB, S. 1979; Musterbotschaft IVöB, S. 101.
15 BGE 141 II 14, E. 4.4; BGE 139 II 328, E. 3.3.

recht verwirkt sind. Sind einer Anbieterin bspw. die Mitglieder des Evaluationsteams der Vergabestelle und ein damit verbundener Ausstandsgrund bereits im Zeitpunkt der Ausschreibung bekannt, kann sie die Zusammensetzung des Evaluationsteams nicht erst mit der Anfechtung des Zuschlags rügen.

5. Bst. e: Zuschlag

14 Der Zuschlag bildet die Erlaubnis zum Abschluss des Beschaffungsvertrags. Mit ihm wird das öffentlich-rechtliche Beschaffungsverfahren abgeschlossen. Ein Zuschlag kann unabhängig von der gewählten Verfahrensart angefochten werden, d.h. ungeachtet dessen, ob er im offenen, selektiven, im Einladungs- oder freihändigen Verfahren[16] ergeht. Freilich führt dies nicht dazu, dass Zuschläge im unterschwelligen Bereich, d.h. ungeachtet der Schwellenwerterfordernisse von BöB/IVöB 52 Abs. 1, anfechtbar wären. Bei Freihandvergaben kann im Wesentlichen geltend gemacht werden, es sei die falsche Verfahrensart gewählt worden bzw. der Zuschlag gehe auf korruptes Handeln zurück (BöB 56 Abs. 4/IVöB 56 Abs. 5).[17] Auf eine Beschwerde gegen einen Zuschlag wird nur dann eingetreten, wenn die Beschwerdeführerin eine «reelle Chance auf den Zuschlag» hat (vgl. Art. 55 N 27, Art. 56 N 27).[18]

6. Bst. f: Widerruf des Zuschlags

15 Der Widerruf des Zuschlags ist spezialgesetzlich in BöB/IVöB 44 geregelt und ist der Zuschlagsempfängerin verfügungsweise zu eröffnen (vgl. Art. 44 N 8). Unter dem früheren Recht war die Anfechtbarkeit des Widerrufs nur im kantonalen Recht (aIVöB 15 Abs. 1bis Bst. e), nicht jedoch auf Bundesebene vorgesehen. Praxisgemäss wurde die Anfechtbarkeit jedoch bereits unter dem alten BöB zumindest dann bejaht, wenn davon auszugehen war, dass die Vergabestelle nicht in endgültiger Weise auf die Beschaffung verzichten, sondern nur den Weg für eine neue Ausschreibung frei machen bzw. das Verfahren abbrechen will.[19] Das revidierte Recht enthält keine ausdrückliche dahingehende Präzisierung. Zwei Fallkonstellationen sind zu unterscheiden: Widerruft die Vergabestelle den Zuschlag, um ihn anschliessend einer anderen Anbieterin zu erteilen, ist der Widerruf an sich anfechtbar. Dabei kann namentlich geltend gemacht werden, es sei kein Widerrufsgrund gemäss BöB/IVöB 44 gegeben. Daneben steht es der Vergabestelle in begründeten Fällen (etwa bei unzulässigen Wettbewerbsabreden gemäss BöB/IVöB 43 Abs. 1 Bst. e) auch offen, ein Vergabeverfahren selbst nach Zuschlagserteilung (und selbst nach Vertragsschluss) abzubrechen und zu diesem Zweck den Zuschlag zu wider-

---

16 BGE 137 II 313, E. 2.3.
17 BGer 2C_783/2010 vom 11.03.2011, E. 2.3.
18 BGE 141 II 14, E. 4.6.
19 BVGer B-6136/2007 vom 30.01.2008, E. 6.1.2, bestätigt durch BGE 134 II 192, E. 2.3; BVGer B-307/2016 vom 23.03.2016 (Widerruf des Zuschlags wegen Nichterfüllung von Eignungskriterien); Komm BöB-TRÜEB, Art. 29 N 7.

rufen (was sinnvollerweise mit einer einzigen Verfügung geschieht).[20] In diesem zweiten Fall ist wohl nicht der Widerruf des Zuschlags an sich, jedoch die Rechtmässigkeit des Abbruchs nach BöB/IVöB 43 gerichtlich überprüfbar (vgl. N 16).

7. Bst. g: Verfahrensabbruch

Der Verfahrensabbruch ist neu ausführlich in BöB/IVöB 43 geregelt und insb. (wenn auch nicht ausschliesslich) in den dort genannten Fällen zulässig. Wie bislang sind Verfahrensabbrüche, auch Teilabbrüche, beschwerdeweise überprüfbar. 16

8. Bst. h: Verfahrensausschluss

Eine Vergabestelle kann eine Anbieterin unter den Voraussetzungen von BöB/IVöB 44 aus dem Vergabeverfahren ausschliessen. Die Vergabestelle ist frei darin, ob sie den Ausschluss während des laufenden Verfahrens oder erst zusammen mit dem Zuschlag verfügen will (vgl. Art. 44 N 7 f.). Als Ausschluss i.S.v. BöB/IVöB 53 Abs. 2 Bst. h gilt auch die Reduktion von Anbieterinnen im Rahmen eines Dialogs (BöB/IVöB 24) oder einer elektronischen Auktion (BöB/IVöB 23), sofern ein solcher Ausschluss durch separat eröffnete Zwischenverfügung erfolgt.[21] 17

9. Bst. i: Sanktion

Mit den Sanktionsmöglichkeiten von Vergabestellen nach BöB/IVöB 45 wurde ein Instrument eingeführt, das die Rechtsposition der Anbieterinnen empfindlich tangieren kann. Entsprechend sind solche Sanktionen den betroffenen Anbieterinnen verfügungsweise zu eröffnen und gerichtlich überprüfbar. Nicht verfügungs- und damit auch nicht beschwerdefähig dürfte eine blosse Verwarnung i.S.v. BöB/IVöB 45 sein. Im Gegensatz zu einem Ausschluss von öffentlichen Aufträgen oder einer Busse handelt es sich bei einer Verwarnung nach der hier vertretenen Meinung um einen blossen Realakt, der keine schutzwürdigen Interessen der betroffenen Anbieterin berührt (vgl. Art. 45 N 8).[22] Es bleibt der Praxis überlassen, die Anfechtbarkeit von vergaberechtlichen Verwarnungen zu klären. 18

III. Abs. 2: Rügeobliegenheit bei Mängeln der Ausschreibungsunterlagen

Von der Ausschreibung zu unterscheiden sind die Ausschreibungsunterlagen. Es handelt sich dabei um einen Oberbegriff, der nicht nur die Unterlagen bei öffentlichen Ausschreibungen (d.h. Beschaffungen im offenen oder selektiven Verfahren), sondern auch 19

---

20 Vgl. BEYELER, Überlegungen, S. 786.
21 Botschaft BöB, S. 1979; Musterbotschaft IVöB, S. 101.
22 BVGer A-6699/2015 vom 21.03.2016, E. 3.1 f. spricht jedenfalls Mahnungen gegenüber Arbeitnehmenden gemäss Art. 103 Abs. 3 des Bundespersonalgesetzes den Verfügungscharakter ab.

Unterlagen bei Einladungsverfahren umfasst (vgl. BöB/IVöB 20 Abs. 2).[23] In den Ausschreibungsunterlagen sind sämtliche weiteren Informationen enthalten, die den Anbieterinnen im Zusammenhang mit einem Beschaffungsprojekt (zusätzlich zur Ausschreibung) zur Verfügung gestellt werden, darunter etwa die technischen Spezifikationen des Beschaffungsgegenstands, die Teilnahmebedingungen, nähere Angaben zu den einzureichenden Unterlagen, den Bewertungskriterien oder zum Verfahrensablauf («Spielregeln» der Ausschreibung).[24] Die Ausschreibungsunterlagen werden i.d.R. zeitgleich mit der Ausschreibung und elektronisch zur Verfügung gestellt (BöB/IVöB 48 Abs. 2).

20 Unter dem früheren Recht war die Frage, ob und unter welchen Bedingungen Anordnungen in den Ausschreibungsunterlagen angefochten werden können oder müssen, gesetzlich nicht geregelt. Die Frage wurde in der Gerichtspraxis uneinheitlich gehandhabt. Nach bundesgerichtlicher Rechtsprechung zu aIVöB 15 Abs. 1bis Bst. a galten die Ausschreibungsunterlagen als «integrierender Bestandteil der Ausschreibung» («*partie intégrante de l'appel d'offres*»)[25]. Allfällige Mängel der Unterlagen waren nach dem Grundsatz von Treu und Glauben grundsätzlich mit der Ausschreibung anzufechten, zumindest soweit sie auf Anhieb erkennbar waren.[26] Demgegenüber waren nach der Praxis des Bundesverwaltungsgerichts behauptete Mängel in den Ausschreibungsunterlagen grundsätzlich nicht selbständig, sondern mit dem nächstfolgenden Verfahrensschritt, d.h. in der Regel dem Präqualifikationsentscheid oder dem Zuschlag, zu rügen. Rügen betreffend die Ausschreibungsunterlagen liess das Bundesverwaltungsgericht aus Gründen der Verfahrensökonomie immerhin dann zu, wenn sie im Rahmen der Beschwerde gegen die Ausschreibung geltend gemacht wurden.[27] Die Praxis der kantonalen Verwaltungsgerichte fiel ebenfalls uneinheitlich aus.

21 Das revidierte Recht beendet die bisherige uneinheitliche Praxis zumindest insofern, als es klarstellt, dass Anordnungen in den Ausschreibungsunterlagen «zusammen mit der Ausschreibung» angefochten werden müssen (und nicht nur können), soweit ihre Bedeutung erkennbar ist. Damit übernimmt der Gesetzgeber die erwähnte bundesgerichtliche Praxis (vgl. N 20). Verzichtet eine Anbieterin auf die Anfechtung von Anordnungen trotz ihrer Erkennbarkeit, so verwirkt sie ihr diesbezügliches Beschwerderecht. Auf in diesem Sinn verwirkte Rügen tritt das Gericht nicht ein. Diese sog. Rügeobliegenheit ist Ausfluss der Prozessökonomie (Verfahrenseffizienz) und des Grundsatzes von Treu und Glauben, an dem sich auch Private in ihrem Verhalten gegenüber Behörden zu messen haben (BV 5 Abs. 3).[28] Die Anbieterinnen sind demnach fortan auch bei Bundesbeschaffungen gehalten, nebst der Ausschreibung auch die Ausschreibungsunterlagen un-

---

23 Botschaft BöB, S. 1951; Musterbotschaft IVöB, S. 76.
24 Vgl. zum Mindestinhalt Art. 36 N 5 ff.
25 BGE 129 I 313, E. 6.2; BGE 130 I 241, E. 4.2; BGer 2C_225/2009 vom 16.10.2009, E. 4.2.
26 BGE 130 I 241, E. 4.2 f.
27 BVGE 2014/14, E. 4.4; BVGer, B-4387/2017 vom 08.02.2018, E. 1.1, auszugsweise publiziert in: BVGE 2018 IV/2.
28 Botschaft BöB, S. 1979; Musterbotschaft IVöB, S. 96.

mittelbar nach Erhalt sorgfältig auf allfällige Mängel, d.h. widerrechtliche und damit anfechtbare Anordnungen, hin zu untersuchen. Bringt eine Rückfrage bei der Auftraggeberin keine Klärung, ist gegebenenfalls rechtzeitig Beschwerde zu erheben.

Nachdem die Ausschreibungsunterlagen auch solche des Einladungsverfahrens abdecken (vgl. N 19), ist fraglich, ob die Rügeobliegenheit nach Abs. 2 nicht nur auf Ausschreibungen im offenen und selektiven Verfahren, sondern auch auf Einladungsverfahren anwendbar ist.[29] Die Frage ist zu verneinen. Nachdem die Einladung selbst (im Unterschied zu einer öffentlichen Ausschreibung) kein Anfechtungsobjekt bildet (vgl. N 11), kann auch gegen die dazugehörigen Unterlagen keine eigenständige Beschwerde erhoben werden. Allfällige Mängel können jedoch zusammen mit dem nächsten anfechtbaren Verfahrensakt (z.B. Ausschluss oder Zuschlag) gerügt werden. Zu beachten ist immerhin die aus Treu und Glauben abgeleitete Fragepflicht der Anbieter (vgl. N 25). 22

Zu Auslegungsschwierigkeiten führt der Begriff der Erkennbarkeit (einer Anordnung bzw. deren Bedeutung) als Voraussetzung der Rügeobliegenheit. Unter dem alten Recht stellte das Bundesverwaltungsgericht (im Zusammenhang mit der Anfechtung der Ausschreibung) keine strengen Anforderungen an die Erkennbarkeit von Anordnungen. Das Gericht liess eine spätere Beschwerde bereits dann zu, wenn eine in der Ausschreibung enthaltene Anordnung nicht «ohne Weiteres» erkennbar war.[30] Richtigerweise ist darauf abzustellen, wie eine Anordnung objektiv[31], d.h. von einer durchschnittlichen (aber fachkundigen) Anbieterin nach dem Vertrauensprinzip und bei Anwendung der pflichtgemässen Sorgfalt[32] verstanden werden darf. Dabei sind die Umstände des Einzelfalls zu berücksichtigen, wozu nebst der Komplexität und dem Umfang der Ausschreibungsunterlagen auch allfällige branchenspezifische Usanzen sowie die branchenüblichen Kenntnisse und Erfahrungen des betroffenen Anbieterkreises gehören. Ausserdem darf von einer Anbieterin im Interesse der Verfahrenseffizienz auch erwartet werden, dass sie mit den Grundzügen von öffentlichen Vergabeverfahren vertraut ist. Nach der bisherigen bundesgerichtlichen Rechtsprechung sind jedoch angesichts des Zeitdrucks und der beschränkten Rechtskenntnisse der Anbieterinnen sowie aufgrund der möglichen Furcht vor der Verringerung der Chancen im Vergabeverfahren keine überzogenen Anforderungen an die Anbieterinnen zu stellen.[33] Insb. bei überdurchschnittlich umfangreichen oder komplexen Ausschreibungsunterlagen mit detaillierten Pflichtenheften und Leistungsverzeichnissen kann von den Anbieterinnen nichts Übermenschliches erwartet werden. 23

Stehen Ausschreibungsunterlagen ausnahmsweise (entgegen dem Grundsatz von BöB/ IVöB 48 Abs. 2) nicht gleichzeitig mit der Ausschreibung zur Verfügung, sind sie laut Botschaft nicht (selbständig) anfechtbar.[34] In einem solchen Fall ist mit dahingehenden 24

---

29 Vgl. zur bisherigen Praxis GALLI/MOSER/LANG/STEINER, Rz. 1256.
30 BVGE 2014/14, E. 4.4.
31 Dahingehend auch GALLI/MOSER/LANG/STEINER, Rz. 1254.
32 Botschaft BöB, S. 1980.
33 BGE 130 I 241, E. 4.3; so auch VGer ZH, VB.2010.00170 vom 22.09.2010, E. 3.1.2 f.
34 Botschaft BöB, S. 1979.

Rügen bis zur nächsten anfechtbaren Verfügung zuzuwarten. Dasselbe müsste im gesetzlich nicht geregelten (und seltenen) Fall gelten, in dem Ausschreibungsunterlagen zwar nicht gleichzeitig mit der Ausschreibung (bzw. Einladung im Fall eines Einladungsverfahrens), jedoch noch innerhalb der 20-tägigen Beschwerdefrist zur Verfügung stehen. Eine Anbieterin kann in diesem Fall nicht gezwungen werden, die Prüfung der Ausschreibungsunterlagen innerhalb von weniger als 20 Tagen vorzunehmen und eine Beschwerde zu erheben. Alternativ könnten die Gerichte eine Beschwerde gegen nicht gleichzeitig mit der Ausschreibung zur Verfügung stehende Ausschreibungsunterlagen unter der Voraussetzung zulassen, dass sie innert 20 Tagen seit Bekanntgabe der Unterlagen erhoben wird.

25 Bei unklaren Ausschreibungsunterlagen gehen das Bundesgericht und einzelne Verwaltungsgerichte von einer Pflicht der Anbieterinnen aus, sich bei der Vergabestelle nach dem genauen Inhalt zu erkundigen, anderenfalls sie sich im Rahmen einer späteren Beschwerde nicht mehr auf die Unklarheit berufen können.[35] Gewisse Autoren verlangen eine Einschränkung dieser Fragepflicht auf Fälle, in denen das Unterlassen einer Anfrage und die anschliessende Berufung auf den Mangel auf eine Verletzung der Pflicht zum Verhalten nach Treu und Glauben hinausliefen. Dies soll insb. dann zutreffen, wenn die betreffende Anbieterin den Mangel von Beginn weg erkennt und der Vergabebehörde gleichwohl keine Fragen unterbreitet.[36] Dem ist im Grundsatz beizupflichten, darf doch eine von der Vergabestelle verantwortete und nicht ohne Weiteres erkennbare Unklarheit in einem späteren Beschwerdeverfahren nicht zulasten der Anbieterinnen gehen. Trotzdem sind die Anbieterinnen gut beraten, allfällige Unklarheiten sofort zu adressieren, um sich nicht dem Vorwurf des treuwidrigen Verhaltens auszusetzen. Die Fragepflicht dürfte auch unter dem neuen Recht und grundsätzlich losgelöst von der gesetzlichen Rügeobliegenheit Bestand haben.

IV. Abs. 3: Beschwerden gegen Sanktionen

26 Nach BöB/IVöB 45 können Anbieterinnen, die in schwerwiegender Weise einen oder mehrere der Tatbestände von BöB/IVöB 44 Abs. 1 Bst. c und e sowie Abs. 2 Bst. b, f und g erfüllen, von künftigen öffentlichen Aufträgen für die Dauer von bis zu fünf Jahren ausgeschlossen werden bzw. im Geltungsbereich der IVöB mit bis zu zehn Prozent der bereinigten Angebotssumme gebüsst werden. Diese Sanktionen stellen für die Anbieterinnen einschneidende Massnahmen dar, die strafähnlichen Charakter haben und sie wirtschaftlich empfindlich treffen können. Entsprechend dürfen die vergaberechtlichen Spezialvorschriften, die sich am Gebot der Verfahrensbeschleunigung und der Rechtssicherheit orientieren, nicht unbesehen auf Sanktionen übertragen werden.

---

35 BGer 2P.1/2004 vom 07.07.2004, E. 3.3.
36 GALLI/MOSER/LANG/STEINER, Rz. 388.

Der Rechtsschutz der Sanktionierten ist höher zu gewichten.[37] Gemäss BöB/IVöB 53 Abs. 3 finden daher die Bestimmungen zum (fehlenden) rechtlichen Gehör im Verfügungsverfahren (BöB/IVöB 51 Abs. 1), zur (grundsätzlich fehlenden) aufschiebenden Wirkung (BöB/IVöB 54) und zur Beschränkung der Beschwerdegründe (keine Angemessenheitsrüge; BöB/IVöB 56 Abs. 3) keine Anwendung. Stattdessen greifen die allgemeinen verfahrensrechtlichen Bestimmungen des VwVG bzw. (im Geltungsbereich der IVöB) der kantonalen Verfahrensgesetze.[38]

Was das rechtliche Gehör angeht, so hat die betroffene Anbieterin das Recht, nach den Regeln von VwVG 29 ff. und demnach vor Erlass einer entsprechenden Sanktion angehört zu werden. Die Vergabestelle hat dabei alle erheblichen und rechtzeitigen Vorbringen zu würdigen, bevor sie verfügt, und alle angebotenen Beweise abzunehmen, wenn sie zur Abklärung des Sachverhalts tauglich erscheinen (VwVG 32 Abs. 1). 27

Während nach BöB/IVöB 54 der Beschwerde gegen Verfügungen von Vergabebehörden grundsätzlich keine aufschiebende Wirkung zukommt, tritt dieser Effekt bei einer Beschwerde gegen eine Sanktion von Gesetzes wegen ein. Eine Vergabestelle ist jedoch – zumindest nach Bundesrecht (VwVG 55 Abs. 2) – befugt, einer allfälligen Beschwerde die aufschiebende Wirkung vorsorglich zu entziehen. 28

Führt eine mit einer Sanktion belegte Anbieterin Beschwerde, ist die Rechtsmittelinstanz im Unterschied zu allen anderen vergaberechtlichen Beschwerdeverfahren mit voller Kognition ausgestattet, d.h., sie kann neben der erstinstanzlichen Sachverhaltsfeststellung und der Rechtmässigkeit der angefochtenen Sanktion auch deren Angemessenheit überprüfen (VwVG 49 Bst. a bis c). In diesem Rahmen kann insb. geltend gemacht werden, die Vergabestelle habe ihr Ermessen pflichtwidrig, d.h. nach unsachlichen Kriterien. Falls die Vergabestelle das ihr zustehende Ermessen missbraucht, über- oder unterschreitet, gilt dies praxisgemäss als Rechtsverletzung. 29

V. Abs. 4: Ausnahme vom Erfordernis des Mindestauftragswerts

Entscheide über die Aufnahme einer Anbieterin in ein Verzeichnis bzw. deren Streichung (BöB/IVöB 53 Abs. 1 Bst. c i.V.m. BöB/IVöB 28) wirken sich, gleich wie Sanktionen (BöB/IVöB 53 Abs. 1 Bst. i i.V.m. BöB/IVöB 45), in der Regel nicht auf ein spezifisches Beschaffungsprojekt aus. Sanktionen (Ausschluss von künftigen Aufträgen[39] oder 30

---

37 Botschaft BöB, S. 1980; Musterbotschaft IVöB, S. 102. Rechtsschutz besteht nach der hier vertretenen Auffassung auch bei Sanktionen im Rahmen öffentlicher Aufträge im Verteidigungs- und Sicherheitsbereich sowie im Bereich der internationalen Entwicklungs- und Ostzusammenarbeit (vgl. Art. 52 N 29).
38 Botschaft BöB, S. 1980; Musterbotschaft IVöB, S. 102.
39 BöB/IVöB 45 Abs. 1.

Busse[40]) stellen zudem einen gravierenden Eingriff in die Rechtsposition der betroffenen Anbieterinnen dar. Entsprechend ist der Rechtsschutz nicht an einen Mindestauftragswert i.S.v. BöB/IVöB 52 Abs. 1 gekoppelt.

VI. Abs. 5: Kein weiterer Rechtsschutz

31   Abs. 5 stellt klar, dass ausserhalb der im Gesetz bzw. Konkordat ausdrücklich vorgesehenen Fälle kein Rechtsschutz besteht. Mit anderen Worten ist der Rechtsschutz auch dann ausgeschlossen, wenn ansonsten alle im allgemeinen Verfahrensrecht vorgesehenen Beschwerdevoraussetzungen erfüllt wären. Ein Verwaltungsgericht darf auf eine entsprechende Beschwerde nicht eintreten. Der Rechtsschutz kann in solchen Fällen auch nicht über das Instrument einer Verfügung über Realakte (i.S.v. VwVG 25a) erzwungen werden, wie das Bundesverwaltungsgericht unter altem Recht mit Blick auf den unterschwelligen Bereich festgehalten hat (vgl. Art. 52 N 11).[41] Ob diese in Abs. 5 enthaltene Klarstellung gesetzgeberisch notwendig ist, nachdem die spezialgesetzlichen Beschwerdevoraussetzungen in BöB/IVöB 51 ff. klar definiert sind, scheint zweifelhaft.

32   Laut Botschaft steht die verfassungsrechtliche Rechtsweggarantie (BV 29a) dieser Begrenzung des Rechtschutzes nicht entgegen, obwohl es sich bei Beschaffungen (im Unterschied zu anderen von der Rechtsweggarantie nicht erfassten Entscheiden) nicht um «actes de gouvernement» mit vorwiegend politischem Charakter handelt. Auch andere Rechtfertigungsgründe, wie sie im Zusammenhang mit Ausnahmen von der Rechtsweggarantie regelmässig genannt werden (z.B. demokratische Überlegungen und Gewaltentrennung[42]), fallen ausser Betracht. Es ist jedoch nicht ausgeschlossen, dass auch das Gebot der Rechtssicherheit und die Prozessökonomie eine (wie hier) gesetzlich klar definierte, inhaltlich begrenzte Ausnahme von der Rechtsweggarantie rechtfertigen können. In diesem Sinn verweist die Botschaft auf die vergaberechtliche Besonderheit der (unterschwelligen) Freihandvergabe, die sowohl im Völker- als auch im Binnenrecht ausdrücklich vorgesehen, nach pflichtgemässem Ermessen durchzuführen und insofern nicht gerichtlich überprüfbar ist.[43]

33   Vor diesem Hintergrund ist die Tragweite von Abs. 5 im Geltungsbereich des BöB nicht deckungsgleich mit derjenigen im Geltungsbereich der IVöB. Auf kantonaler Ebene bekräftigt die Bestimmung im Wesentlichen, dass die in IVöB 53 Abs. 1 enthaltene Liste von Beschwerdeobjekten (vgl. N 6 ff.) abschliessend ist und keine weiteren Anwendungsfälle bestehen.[44] Im Übrigen besteht ab dem für das Einladungsverfahren massge-

---

40   IVöB 45 Abs. 1.
41   Vgl. BVGer B-913/2012 vom 28.03.2012, E. 6; vgl. BVGE 2008/48, E. 5.3; GALLI/MOSER/LANG/ STEINER, Rz. 1220.
42   BBl 1997 1, S. 524.
43   Botschaft BöB, S. 1980.
44   Musterbotschaft IVöB, S. 101.

benden Auftragswert voller Rechtsschutz (IVöB 52 Abs. 1). Dieselbe Einschränkung (hinsichtlich der zulässigen Beschwerdeobjekte) besteht im Bundesrecht. Allerdings gilt dort die zusätzliche Einschränkung, dass (i) bei Bauleistungen unterhalb des für das offene oder selektive Verfahren massgebenden Schwellenwerts keine Beschwerdemöglichkeit besteht (BöB 52 Abs. 1 Bst. b) und (ii) ausserhalb des Staatsvertragsbereichs nur der sekundäre Rechtsschutz (Feststellung der Widerrechtlichkeit einer Verfügung) gewährt wird (BöB 52 Abs. 2). Diese Einschränkung erfolgt mit der – nicht in jeder Hinsicht überzeugenden (vgl. Art. 52 N 21) – Begründung, dass die (direkten und indirekten) Kosten der gerichtlichen Überprüfung solcher Vergaben deren Nutzen regelmässig übersteigen.[45]

VII. Abs. 6: Kein Rechtsschutz bei Einzelverträgen

Vergabestellen haben die Möglichkeit, mit einer oder mehreren Anbieterinnen Rahmenverträge abzuschliessen. Das Verfahren zur Ausschreibung solcher Rahmenverträge ist in BöB/IVöB 25 geregelt. Mit dem rechtskräftigen Zuschlag (eines Rahmenvertrags) wird das entsprechende (öffentlich-rechtliche) Ausschreibungsverfahren abgeschlossen. Das weitere Verhältnis zwischen Auftraggeberin und Zuschlagsempfängerin untersteht dem Privatrecht (in seltenen Fällen dem öffentlichen Recht).[46] Während der Zuschlag (eines Rahmenvertrags) anfechtbar ist, sind es die unter dem laufenden Rahmenvertrag abgeschlossenen Einzelverträge bzw. die einzelnen Leistungsbezüge nicht. Dies bedeutet, dass sich Rahmenvertragspartnerinnen, geschweige denn Drittanbieterinnen ohne Rahmenvertrag, gegen vertragsrechtliche Handlungen der Auftraggeberin während laufender Rahmenverträge auf verwaltungsrechtlichem Weg nicht zur Wehr setzen können. Sie sind stattdessen auf den zivilen Rechtsweg verwiesen.[47] Auch diese Regelung dürfte vornehmlich dem Bedürfnis der Vergabestellen (und der Rahmenvertragspartnerinnen) nach Rechtssicherheit geschuldet sein. 34

VIII. Rechtsvergleichung

Vgl. allgemein zum Rechtsschutz unter dem Unionsrecht Art. 52 N 40. Das Unionsrecht schreibt den Mitgliedstaaten nicht vor, welche konkreten Akte einer Vergabestelle anfechtbar sein sollen, solange ein wirksames, rasches und diskriminierungsfreies Nachprüfungsverfahren garantiert ist. Die Regelung dieser Fragen, genauso wie allfälliger verfahrensrechtlicher Besonderheiten (z.B. Rügeobliegenheiten), ist den Mitgliedstaaten überlassen. 35

---

45 Botschaft BöB, S. 1980.
46 Botschaft BöB, S. 1981; Musterbotschaft IVöB, S. 102.
47 Botschaft BöB, S. 1981; Musterbotschaft IVöB, S. 102.

Art. 54 Aufschiebende Wirkung

¹ Die Beschwerde hat keine aufschiebende Wirkung.

² Das Bundesverwaltungsgericht / *kantonale Verwaltungsgericht* kann einer Beschwerde bei einem Auftrag im Staatsvertragsbereich auf Gesuch hin aufschiebende Wirkung gewähren, wenn die Beschwerde als ausreichend begründet erscheint und keine überwiegenden öffentlichen Interessen entgegenstehen. Zur Frage der aufschiebenden Wirkung findet in der Regel nur ein Schriftenwechsel statt.

³ Ein rechtsmissbräuchliches oder treuwidriges Gesuch um aufschiebende Wirkung wird nicht geschützt. Schadenersatzansprüche der Auftraggeberin / *des Auftraggebers* und der / *des* berücksichtigten Anbieterin / *Anbieters* sind von den Zivilgerichten zu beurteilen.

Inhaltsverzeichnis

I.	Grundlagen	1
A.	Allgemeines	1
B.	Bedeutung der aufschiebenden Wirkung im Vergaberecht	3
C.	Andere vorsorgliche Massnahmen	9
II.	Abs. 1: Kein gesetzlicher Automatismus	12
III.	Abs. 2: Voraussetzungen und Verfahren	15
A.	Beschränkung auf den Staatsvertragsbereich auf Bundesebene	15
B.	Kriterien für die Anordnung der aufschiebenden Wirkung	16
C.	Kasuistik	24
D.	Teilweise Gewährung der aufschiebenden Wirkung	27
E.	Verfahrensablauf und Beschränkung auf einen Schriftenwechsel	29
IV.	Abs. 3: Rechtsmissbräuchliche oder treuwidrige Gesuche	35
V.	Weiterzug des Entscheids betreffend aufschiebende Wirkung an das Bundesgericht	38
VI.	Rechtsvergleichung	45

I. Grundlagen

A. Allgemeines

1 Nach GPA 2012 XVIII:7 müssen die Vertragsstaaten im Rahmen der Überprüfungsverfahren rasch greifende vorsorgliche Massnahmen vorsehen, um das Recht einer Anbieterin auf Teilnahme an der Ausschreibung zu wahren. Die vorsorglichen Massnahmen sollen zur Aussetzung des Beschaffungsverfahrens führen können. Beim Entscheid über die Verhängung solcher Massnahmen dürfen etwaige negative Folgen bedeutenden Ausmasses für die betroffenen Interessen, darunter öffentliche Interessen, berücksichtigt

werden. Ob dem Überprüfungsverfahren automatisch, d.h. von Gesetzes wegen, die aufschiebende Wirkung zukommt oder nicht, ist den Vertragsstaaten überlassen (so auch der frühere GPA 1994 XX:7).[1]

BöB/IVöB 54, welcher aBöB 28 bzw. aIVöB 17 ablöst, setzt die genannten völkerrechtlichen Vorgaben mit Blick auf die aufschiebende Wirkung im innerstaatlichen Recht um. Es handelt sich um eine spezialgesetzliche Regelung, die dem VwVG (vgl. VwVG 55) bzw. den anwendbaren kantonalen Verwaltungsrechtspflegegesetzen vorgeht. Der Hauptunterschied zur gewöhnlichen verwaltungsgerichtlichen Beschwerde besteht darin, dass der Submissionsbeschwerde nicht automatisch (d.h. von Gesetzes wegen) aufschiebende Wirkung zukommt, sondern nur auf richterliche Anordnung hin (BöB/IVöB 54 Abs. 1; vgl. N 11 ff.). Die Regelung ist für den Bund und die Kantone (abgesehen von den naturgemäss unterschiedlichen Instanzenzügen) deckungsgleich. Andere vorsorgliche Massnahmen richten sich grundsätzlich nach dem anwendbaren allgemeinen Verwaltungsverfahrensrecht. 2

B. Bedeutung der aufschiebenden Wirkung im Vergaberecht

Das Institut der aufschiebenden Wirkung kann in seiner Bedeutung kaum überschätzt werden, gilt es doch als «Dreh- und Angelpunkt» des vergaberechtlichen Beschwerdeverfahrens. Die aufschiebende Wirkung erlaubt es der Beschwerdeführerin, die eigenen Chancen auf den Zuschlag aufrechtzuerhalten. Gleichzeitig kann sie wichtige und dringliche Beschaffungsprojekte verzögern oder (bei zeitkritischen Beschaffungen) gar verhindern. Entsprechend hat sich der Gesetzgeber gegen einen Automatismus und für eine einzelfallgerechte richterliche Prüfung entschieden (Abs. 2; vgl. N 14 ff.). 3

Kommt einer Beschwerde Suspensiveffekt zu, ist die Wirkung der angefochtenen Verfügung einstweilen, d.h. während der Verfahrensdauer und bis auf abweichende gerichtliche Anordnungen, gehemmt. Die in der angefochtenen Verfügung angeordnete Rechtsfolge tritt einstweilen nicht ein.[2] Damit wird vorderhand derjenige Rechtszustand aufrechterhalten, der vor Erlass der Verfügung bestand, so als ob die Verfügung (noch) nicht erlassen worden wäre. Die mit der Verfügung angeordnete Rechtslage befindet sich damit in einer Art Schwebezustand: Sie wird erst verbindlich, wenn die Beschwerde abgewiesen oder abgeschrieben oder darauf nicht eingetreten wird oder wenn der Beschwerde die aufschiebende Wirkung entzogen wird. Bis zu diesem Zeitpunkt bleibt die Verfügung wirkungslos.[3] 4

Wie sich die Gewährung (oder Nichtgewährung) der aufschiebenden Wirkung für die Verfahrensparteien ganz konkret auswirkt, hängt von den Umständen des Einzelfalls und namentlich vom Anfechtungsobjekt ab. Praxisgemäss ordnen die Gerichte in ihren 5

---

1 Vgl. Botschaft BöB, S. 1981; Botschaft GPA, S. 2095; Musterbotschaft IVöB, S. 96.
2 BGE 140 II 134, E. 4.2.1.
3 PraKomm VwVG 2016, Seiler, Art. 55 N 8.

Zwischenverfügungen betreffend die aufschiebende Wirkung die konkreten Rechtsfolgen mehr oder weniger ausdrücklich an. Wird bspw. der Zuschlag angefochten, hat die Erteilung der aufschiebenden Wirkung zur Folge, dass der Vergabestelle die (Vertrags-)Abschlusserlaubnis vorläufig entzogen bleibt. Während sich in diesem Fall das Bundesverwaltungsgericht im Dispositiv regelmässig auf die Gutheissung des Gesuchs um aufschiebende Wirkung beschränkt, untersagen gewisse kantonale Verwaltungsgerichte der Vergabestelle ausdrücklich, den Vertrag mit der Zuschlagsempfängerin abzuschliessen, bzw. schreiben ihr vor, sämtliche Vollzugshandlungen zu unterlassen.[4]

6 Bei der Zuschlagsanfechtung ist die aufschiebende Wirkung deshalb von entscheidender Bedeutung, weil der Beschaffungsvertrag privatrechtlicher Natur ist und vom Verwaltungsrichter nachträglich nicht aufgehoben werden kann.[5] Das verwaltungsrechtliche Verfahren wird von der zivilrechtlichen Sphäre strikt getrennt.[6] Stellt sich eine Beschwerde gegen die Zuschlagsverfügung erst nach Abschluss des Vertrags mit der Zuschlagsempfängerin als begründet heraus, kann das Gericht lediglich feststellen, dass und inwiefern die Zuschlagsverfügung rechtswidrig ist (BöB/IVöB 58 Abs. 2[7]).[8] Wie mit der Situation umzugehen ist, in welcher der Beschaffungsvertrag trotz aufschiebender Wirkung abgeschlossen wird, ist unklar.[9] In der bisherigen (verwaltungsgerichtlichen) Praxis wurde diese Frage zumeist (und zu Recht) offengelassen.[10] Von einer Nichtigkeit des (privatrechtlichen) Vertrags i.S.v. OR 20 ist jedoch, übereinstimmend mit der Botschaft, nicht auszugehen (vgl. Art. 42 N 36).[11]

7 BöB/IVöB 54 gilt zwar unterschiedslos für alle vergaberechtlichen Beschwerden und damit für alle Beschwerdeobjekte i.S.v. BöB/IVöB 53 Abs. 1. Praktische Bedeutung erlangt das Instrument der aufschiebenden Wirkung jedoch besonders (aber nicht ausschliesslich) bei der Anfechtung des Zuschlags (BöB/IVöB 53 Abs. 1 Bst. e), da der einstweilige Rechtsschutz für die Beschwerdeführerin nur bei einer vollständigen Hemmung der Rechtswirkungen des Zuschlags gewährleistet werden kann. Angezeigt sein kann die Ge-

---

4   Vgl. BVGer B-1600/2014 vom 02.06.2014, Dispositiv-Ziff. 1 (im Unterschied zu superprovisorischen Anordnungen); VGer SG, B 2018/187 vom 15.08.2018, Dispositiv-Ziff. 2; VGer SG, B 2018/124 vom 31.05.2018, Dispositiv-Ziff. 2; VGer GE, A/2584/2011-MARPU; VGer GE, ATA/586/2011 vom 15.09.2011.
5   Vgl. etwa BVGer B-4852/2012 vom 15.11.2012, E. 7.4.
6   Vgl. auch Botschaft BöB, S. 1958.
7   So schon aBöB 32 Abs. 2; aIVöB 18 Abs. 2.
8   BVGer B-3579/2012 vom 06.12.2012, E. 2.3.
9   Für die Dauer der Beschwerdefrist darf der Vertrag nach ausdrücklicher Regelung in BöB 42 Abs. 2/1 nicht abgeschlossen werden; vgl. Art. 42 N 40.
10 BRK 2001-014 vom 16.11.2001 (VPB 66.37), E. 2a; BGer 2C_487/2009 vom 18.09.2009, E. 2.2.2; VGer ZH, VB.2005.00068 vom 20.04.2005, E. 4; VGer AG, vom 08.03.2001, E. II.2c, in: AGVE 2001 Nr. 69, S. 311 ff.; vgl. zum Ganzen BEYELER, Vertrag, S. 1141 ff.; GALLI/MOSER/LANG/STEINER, Rz. 1326 ff.; Komm BöB-TRÜEB, Art. 32 N 5 ff. m.w.H.
11 Vgl. auch Botschaft BöB, S. 1958. Im Gegensatz dazu wird im Unionsrecht von der Nichtigkeit ausgegangen (EGGER, Rz. 1489).

währung der aufschiebenden Wirkung ausserdem bei der Beschwerde gegen einen während des laufenden Verfahrens verfügten Ausschluss einer Anbieterin (BöB/IVöB 53 Abs. 1 Bst. h), einen Widerruf des Zuschlags (BöB/IVöB 53 Abs. 1 Bst. f) oder einen Verfahrensabbruch (BöB/IVöB 53 Abs. 1 Bst. g).[12] Bei der Anfechtung anderer Verfügungen der Vergabestelle (insb. der Ausschreibung oder des Präqualifikationsentscheids im selektiven Verfahren) kann es demgegenüber zweckmässiger sein, einzelfallgerechte differenzierende vorsorgliche Massnahmen anzuordnen, statt das gesamte Verfahren mittels aufschiebender Wirkung zu hemmen (vgl. N 9 f.).

Die Frage der aufschiebenden Wirkung ist zu unterscheiden von der Frage der (formellen) Rechtskraft: Auch wenn einer Beschwerde keine aufschiebende Wirkung zukommt, ist die angefochtene Verfügung deswegen noch nicht rechtskräftig, sondern erst nach Ablauf der unbenutzten verstrichenen Beschwerdefrist oder nach Abschluss eines allfälligen Beschwerdeverfahrens.[13]

C. Andere vorsorgliche Massnahmen

Neben der Gewährung der aufschiebenden Wirkung kann die Beschwerdeinstanz gestützt auf das allgemeine Verwaltungsverfahrensrecht weitere vorsorgliche Massnahmen anordnen, um den bestehenden Zustand zu erhalten oder bedrohte Interessen einstweilen sicherzustellen.[14] Die Anordnung solcher anderer vorsorglicher Massnahmen kann insb. sinnvoll sein, um den Effekt einer Anordnung betreffend die aufschiebende Wirkung einzelfallgerecht zu differenzieren.[15] Das Gericht kann in diesen Fällen die schrittweise Fortsetzung des Vergabeverfahrens mittels spezifischer vorsorglicher Anordnungen ermöglichen,[16] wobei sich die konkreten Anordnungen nach den Umständen des Einzelfalls richten. So kann das Gericht der Vergabestelle etwa vorschreiben, die Beschwerdeführerin zum Verfahren einstweilen zuzulassen, die Angebote einstweilen nicht zu öffnen, das Angebot einer anderen Anbieterin einstweilen nicht zu prüfen oder den Zuschlag nur unter bestimmten Bedingungen und Auflagen zu erteilen. Auf diese Weise kann einerseits dem Interesse der Beschwerdeführerin, weiterhin am Verfahren teilzunehmen und die Chancen auf den Zuschlag intakt zu halten, andererseits dem Beschleunigungsinteresse der Vergabestelle und der anderen Anbieterinnen Rechnung getragen werden. Anordnungen betreffend die aufschiebende Wirkung und andere vorsorgliche Massnahmen gehen in diesen Fällen ineinander über.[17] Bei

---

12 Beschwerden gegen Sanktionen kommt von Gesetzes wegen aufschiebende Wirkung zu (BöB/IVöB 53 Abs. 3).
13 BGE 138 II 169, E. 3.3; PraKomm VwVG 2016, SEILER, Art. 55 N 13; Komm BGG-MEYER/DORMANN, Art. 103 N 5 f.
14 Statt vieler BVGer B-6177/2008 vom 20.10.2008 und vom 18.11.2008, jeweils E. 2.
15 Vgl. VwVG-Kommentar-KIENER, Art. 56 N 3.
16 Vgl. BVGer B-1470/2010 vom 24.03.2010, E. 6; BVGer B-6646/2014 vom 19.12.2014; BVGer B-6646/2014 vom 14.01.2015.
17 BVGer B-3526/2013 vom 13.08.2013, E. 3.3; GALLI/MOSER/LANG/STEINER, Rz. 1342 mit Fn. 3120.

der Beurteilung entsprechender Gesuche wenden die Gerichte im Wesentlichen dieselben Grundsätze an wie bei der aufschiebenden Wirkung (vgl. N 15 ff.).[18]

10 Wird bspw. die Ausschreibung wegen eines (behaupteterweise) unzulässigen Eignungskriteriums, das die Beschwerdeführerin nicht erfüllt, angefochten, erscheint es u.U. wenig sinnvoll, das gesamte Verfahren zu hemmen und das Beschaffungsprojekt unnötig zu verzögern. Der Umstand, dass ein gewisses Missbrauchspotenzial bei der Evaluation der Offerten besteht, darf denn auch nach bundesverwaltungsgerichtlicher Rechtsprechung nicht dazu führen, dass die aufschiebende Wirkung regelmässig erteilt und damit die Fortführung des Vergabeverfahrens gänzlich verhindert wird. Stattdessen kann es sachgerechter erscheinen, die von der Vergabestelle angeordneten Fristen (z.B. zur Einreichung der Angebote) beizubehalten und die Öffnung sowie die einstweilige Bewertung der Offerten zuzulassen.[19] Dabei ist stets darauf zu achten, dass der weitere Verfahrensverlauf nicht präjudiziert wird.

11 Obwohl vorsorgliche Massnahmen gemäss VwVG 56 auch von Amtes wegen angeordnet werden können, prüfen die Gerichte derartige Massnahmen in vergaberechtlichen Beschwerdeverfahren in der Regel nur auf Antrag hin.[20]

II. Abs. 1: Kein gesetzlicher Automatismus

12 Da sich der Gesetzgeber der Bedeutung der aufschiebenden Wirkung im Vergaberecht bewusst war, hat er in Abweichung vom allgemeinen Verfahrensrecht (vgl. für den Bund VwVG 55 Abs. 1) keinen gesetzlichen Automatismus, sondern eine einzelfallspezifische richterliche Prüfung angeordnet (anders nur bei Sanktionen, vgl. BöB/IVöB 53 Abs. 3, Art. 53 N 28). Der Entscheid über die Erteilung der aufschiebenden Wirkung erfolgt daher mit Rücksicht auf die Umstände des konkreten Falls aufgrund einer *prima facie*-Würdigung der materiellen Rechtslage («Hauptsachenprognose») und einer Interessenabwägung (BöB/IVöB 54 Abs. 2; vgl. N 16 ff.). Derselbe Grundsatz gilt generell bei Beschwerden an das Bundesgericht (BGG 103 Abs. 1).

13 Für diese Lösung sprechen laut Botschaft primär Praktikabilitätsüberlegungen. Würde eine Beschwerde automatisch, d.h. ungeachtet der konkreten Umstände, die Vollstreckbarkeit des Zuschlagsentscheids aufschieben und den Vertragsabschluss bis zum Entscheid der Beschwerdeinstanz verhindern, so bestünde die Gefahr von Verzögerungen und erheblichen Mehrkosten seitens Auftraggeberin. Ebenso unvorteilhaft würde sich die Situation für die berücksichtigte Anbieterin auswirken.[21] Der automatische Eintritt der aufschiebenden Wirkung wäre insb. dort stossend, wo eine bisherige Anbieterin

---

18 BVGer B-6177/2008 vom 20.10.2008, E. 2.1.
19 Dahingehend etwa BVGer B-6646/2014 vom 19.12.2014.
20 Vgl. etwa BVGer B-1470/2010 vom 24.03.2010, E. 2 und 6; BVGer B-6646/2014 vom 14.01.2015.
21 Botschaft BöB, S. 1982; Musterbotschaft IVöB, S. 97.

(Lieferantin oder Dienstleisterin) allein mit der Einreichung einer (unbegründeten) Beschwerde die Auftraggeberin dazu zwingen könnte, das bestehende, durch die Neubeschaffung abzulösende Vertragsverhältnis bis auf Weiteres fortzusetzen.

Laut der bisherigen ständigen Praxis zu aBöB 28 bzw. aIVöB 17 bedeutet die Tatsache, dass der Beschwerde von Gesetzes wegen keine aufschiebende Wirkung zukommt, nicht, dass der Gesetzgeber den Suspensiveffekt nur ausnahmsweise gewährt haben wollte.[22] Dasselbe gilt für andere vorsorgliche Massnahmen.[23] 14

III. Abs. 2: Voraussetzungen und Verfahren

A. Beschränkung auf den Staatsvertragsbereich auf Bundesebene

In Bezug auf Aufträge ausserhalb des Staatsvertragsbereichs lässt das BöB (im Unterschied zur IVöB) nur Feststellungs- und Schadenersatzbegehren zu (sog. Sekundärrechtsschutz), was allerdings nicht für Beschwerden gegen Sanktionen nach BöB 53 Abs. 1 Bst. i gilt (vgl. Art. 52 N 21). Da eine Beschwerdeführerin mithin nicht die Aufhebung der angefochtenen Verfügung verlangen kann, sondern nur deren Rechtmässigkeit bzw. ein allfälliger Schadenersatz zur Diskussion steht, bleibt kein Raum für die Gewährung der aufschiebenden Wirkung. Ein entsprechendes Gesuch müsste demnach abgewiesen werden.[24] Angesichts der ausdrücklichen spezialgesetzlichen Regelung könnten dahingehende Anordnungen auch nicht gestützt auf das allgemeine Verwaltungsverfahrensrecht erlassen werden. Laut Botschaft gilt diese Einschränkung (selbstverständlich) dann nicht, wenn gerade die Zugehörigkeit einer Beschaffung zum Staatsvertragsbereich Streitgegenstand bildet.[25] 15

B. Kriterien für die Anordnung der aufschiebenden Wirkung

Nach ausdrücklicher gesetzlicher Vorschrift wird die aufschiebende Wirkung nur auf Gesuch hin, nicht aber von Amtes wegen erteilt. Diese Regelung entspricht dem früheren aBöB 28 Abs. 2, weicht jedoch von aIVöB 7 Abs. 2 ab, wonach die kantonalen Gerichte die aufschiebende Wirkung theoretisch auch von Amtes wegen anordnen konnten. Praxisgemäss gewährten jedoch auch die kantonalen Verwaltungsgerichte die aufschie- 16

---

22   Vgl. BVGer B-3402/2009 vom 02.07.2009, auszugsweise publiziert in: BVGE 2009/19, E. 2.1 m.H.; BRK 62.79 vom 06.02.1998 (VPB 62.79), E. 2a m.H.; BRK 2001-014 vom 16.11.2001 (VPB 66.37), E. 2c; CLERC, Diss., S. 545; GALLI/MOSER/LANG/STEINER, Rz. 884; BEYELER, Rechtsprechung, S. 68 ff., insb. S. 90 m.H.); vgl. etwa BGer 2P.161/2002 vom 06.09.2002, E. 2.1; vgl. zum Ganzen DENZLER/HEMPEL, Aufschiebende Wirkung, S. 313 ff., insb. S. 317.
23   Vgl. dazu BVGer B-3526/2014 vom 13.08.2013, E. 2.1 m.H.
24   Botschaft, S. 1981.
25   Botschaft, S. 1981.

bende Wirkung in Vergabesachen bloss auf Antrag hin,[26] genauso wie das Bundesgericht (trotz der offenen Normierung in BGG 103 Abs. 3).[27] Dasselbe gilt (in Vergabesachen) analog für andere vorsorgliche Massnahmen gestützt auf allgemeines Verfahrensrecht.[28] Gerade Laienbeschwerden enthalten gelegentlich kein entsprechendes (ausdrückliches) Gesuch. Es kann in diesen Fällen nur durch Auslegung ermittelt werden, ob sinngemäss die Gewährung der aufschiebenden Wirkung beantragt wird oder nicht. Der Hinweis eines Unternehmens, es brauche den Auftrag, dürfte kein solches Begehren darstellen,[29] ein Antrag auf sofortige Sistierung jedoch schon.[30] Da das Gesuch prozeduraler Natur ist, kann es auch nach Ablauf der Beschwerdefrist gestellt werden (was jedoch nicht ratsam erscheint).[31]

17 Gleich wie der frühere aIVöB 17 Abs. 2 (aber anders als aBöB 28 Abs. 2) nennt die Bestimmung die zwei Grundvoraussetzungen, welche kumulativ erfüllt sein müssen, damit die aufschiebende Wirkung gewährt wird. Erstens muss die Beschwerde als ausreichend begründet «erscheinen», und zweitens dürfen der aufschiebenden Wirkung keine überwiegenden öffentlichen Interessen entgegenstehen. Diese Kriterien entsprechen der etablierten Gerichtspraxis.

18 Liegt ein Gesuch um Erteilung der aufschiebenden Wirkung vor, folgt das Bundesverwaltungsgericht einem zweistufigen Prüfschema. In einem ersten Schritt wird im Sinn einer *prima facie*-Würdigung der materiellen Rechtslage geprüft, ob aufgrund der Akten davon auszugehen ist, dass die Beschwerde offensichtlich unbegründet ist (auch sog. Hauptsachenprognose).[32] Bei offensichtlicher Unbegründetheit ist die aufschiebende Wirkung von vornherein nicht zu gewähren.[33] Dasselbe gilt für den Fall, dass die Zuständigkeit des Bundesverwaltungsgerichts *prima facie* aller Voraussicht nach nicht gegeben ist (oder falls andere Eintretensvoraussetzungen nicht erfüllt sind, z.B. die Beschwerdelegitimation).[34] Werden der Beschwerde hingegen Erfolgschancen zuerkannt oder bestehen darüber Zweifel, so ist über das Begehren um aufschiebende Wirkung aufgrund der erwähnten Interessenabwägung zu befinden.[35] Die kantonalen Verwaltungs-

---

26 GALLI/MOSER/LANG/STEINER, Rz. 1331, Fn. 3082 m.H. auf WOLF, Rechtsschutz, S. 174.
27 GALLI/MOSER/LANG/STEINER, Rz. 1356, Fn. 3149.
28 GALLI/MOSER/LANG/STEINER, Rz. 1356.
29 GALLI/MOSER/LANG/STEINER, Rz. 1339 und Fn. 3096 m.H. auf STEINER, Verfahren, S. 419 mit Fn. 57.
30 GALLI/MOSER/LANG/STEINER, Rz. 1339, Fn. 3099 m.H auf BRK 008/97 vom 26.03.1997 (VPB 61.77), E. 2.c.
31 GALLI/MOSER/LANG/STEINER, Rz. 1284; MOSER/BEUSCH/KNEUBÜHLER, Rz. 3.18a.
32 BVGE 2007/13, E. 2.2 m.H.; BVGer B-3402/2009 vom 02.07.2009, auszugsweise publiziert in: BVGE 2009/19, E. 2.2 m.H.; vgl. auch VGer ZH, VB.2016.00300 vom 10.02.2017, E. 1.3, 14 und 16; VGer SG, B 2019/45 vom 11.03.2019, E. 2 und 3; VGer BE, 100.2014.25U vom 24.02.2014, E. 2.
33 BVGer B-6876/2013 vom 20.02.2014, E. 2.2.
34 BVGer B-6177/2008 vom 20.10.2008, E. 3.1.
35 Vgl. zum Ganzen etwa BVGer B-4958/2013 vom 23.10.2013, E. 2.2 unter ausführlicher Darlegung der zu berücksichtigenden Interessen.

gerichte trennen die beiden Prüfschritte mitunter weniger strikt voneinander, verwenden die umgekehrte Reihenfolge (zuerst Interessenabwägung, dann Hauptsachenprognose)[36] oder beurteilen die Erfolgsaussichten einer Beschwerde im Rahmen einer gesamtheitlichen Interessenabwägung.[37]

In der Praxis erfolgt die *prima facie*-Würdigung bzw. Hauptsachenprognose meistens verhältnismässig ausführlich. Dies erscheint angesichts der grossen praktischen Bedeutung der aufschiebenden Wirkung (vgl. N 3 ff.) für die Parteien sinnvoll, obwohl damit das Verfahren gezwungenermassen verzögert wird. Bislang kam es nicht selten vor, dass bereits zur Frage der aufschiebenden Wirkung sogar ein doppelter Schriftenwechsel stattfindet.[38] Dies soll nach dem revidierten Recht nur noch ausnahmsweise der Fall sein (vgl. N 29). 19

In die Interessenabwägung sind einerseits die Interessen der beschwerdeführenden Partei an der Aufrechterhaltung der Möglichkeit, den Zuschlag zu erhalten, einzubeziehen. Zudem wird immer wieder betont, dass auch ein gewichtiges öffentliches Interesse an der Gewährung effektiven Rechtsschutzes besteht sowie an der Verhinderung von Vorkehren, welche das Rechtsmittel illusorisch werden lassen.[39] Andererseits sind die öffentlichen Interessen, welche die Auftraggeberin wahrnimmt, zu berücksichtigen. Nach ständiger Gerichtspraxis wird dem öffentlichen Interesse an einer möglichst raschen Umsetzung des Vergabeentscheids ein erhebliches Gewicht zugemessen.[40] Unter dem alten Recht wurde diesbezüglich regelmässig auf die GATT-Botschaft 2 vom 19.09.1994[41] verwiesen, wonach die Gefahr von Verzögerungen und erheblichen Mehrkosten gegen den automatischen Suspensiveffekt spreche.[42] Gleichzeitig hob das Bundesverwaltungsgericht stets hervor, dass dies nicht bedeute, dass den öffentlichen Interessen von vornherein ein stärkeres Gewicht als den entgegenstehenden privaten Interessen eingeräumt wird. Dass der Gesetzgeber anders als im VwVG von einem automatischen Suspensiveffekt absah, zeige nur, dass er sich der Bedeutung dieser Anordnung im Submissionsrecht bewusst war und eine individuelle Prüfung dieser Frage als notwendig erachtete, nicht aber, dass er diesen nur ausnahmsweise gewährt haben wollte.[43] 20

---

36 Z.B. VGer SG, B 2017/132 vom 19.07.2017.
37 Vgl. etwa VGer ZH, VB.2016.00300 und VB.2016.00294 vom 10.02.2017, E. 16.
38 Vgl. etwa BVGer B-3374/2019 vom 02.09.2019; BVGer B-4895/2017 vom 08.02.2018; BVGer B-6332/2016 vom 21.11.2016; VGer AG, WBE.2012.237 vom 18.12.2012; VGer AG, WBE.2009.124 vom 24.08.2009; VGer TG, VB.2017.00405 vom 26.07.2017; VGer ZH, VB.2017.00405 vom 26.07.2017; VGer ZH, VB.2003.00319 vom 07.04.2004.
39 Botschaft BöB, S. 1982; Musterbotschaft IVöB, S. 97.
40 BVGer B-82/2017 vom 24.04.2017; BGer 2P.103/2006 vom 29.05.2006, E. 4.2.1 m.H.
41 BBl 1994 950.
42 Vgl. etwa BVGer B-3402/2009 vom 02.07.2009, auszugsweise publiziert in: BVGE 2009/19, E. 2.1.
43 Grundlegend BVGE 2007/13, E. 2.1.

21 Ein Selbstverschulden der Vergabestelle, etwa was die fehlende Einplanung von Beschwerdeverfahren angeht, wird regelmässig zu ihren Ungunsten berücksichtigt.[44] Allerdings hindert eine selbstverschuldete Dringlichkeit das Gericht nicht daran, einer Beschwerde nicht gleichwohl die aufschiebende Wirkung zu versagen, wenn dies zur Vermeidung gravierender Folgen notwendig ist und diese Folgen von der Vergabestelle substanziiert dargelegt werden.[45]

22 Private Interessen (die gegen die aufschiebende Wirkung sprechen) werden zwar im heutigen Gesetzestext, im Unterschied zu aIVöB 17 Abs. 2, nicht erwähnt. Es dürfte sich dabei jedoch eher um eine planwidrige Unvollständigkeit des Gesetzes (echte Lücke) denn um einen bewussten Entscheid des Gesetzgebers handeln. Es entspricht jedenfalls der verbreiteten Gerichtspraxis, die Interessen der weiteren Verfahrensbeteiligten (namentlich an der Planungs- und Investitionssicherheit) ebenfalls in die Interessenabwägung einzubeziehen. Ein gesetzgeberischer Wille, diese Praxis umzustossen, ist nicht ersichtlich. Die Botschaft nimmt auf derartige Drittinteressen denn auch ausdrücklich Bezug.[46]

23 Aus der reichhaltigen Kasuistik des Bundesverwaltungsgerichts zur aufschiebenden Wirkung geht hervor, dass das Bedürfnis nach einem effektiven Rechtsschutz sowie das wirtschaftliche Interesse der Beschwerdeführerin, die Chancen auf den Zuschlag aufrechtzuerhalten, nicht selten höher gewichtet werden als die Interessen der Vergabestelle und der Zuschlagsempfängerin an einem raschen Vertragsabschluss. Etwas anderes gilt immerhin dann, wenn die Vergabestelle die Dringlichkeit substanziiert darlegt, etwa wenn die strittige Vergabe zur Verzögerung anderer Projekte führen würde und wenn Sicherheits- oder andere wesentliche Interessen betroffen sind. Regelmässig verneint wird die Dringlichkeit dagegen, wenn diese durch die Vergabestelle selbst verschuldet ist und kein anderweitiges öffentliches Interesse an einer sofortigen Vergabe geltend gemacht wird. Vergabestellen sind daher gut beraten, allfällige Verzögerungen infolge von Beschwerdeverfahren von vornherein bei der Planung zu berücksichtigen.

C. Kasuistik

24 Das Bundesverwaltungsgericht hat die in Frage stehenden öffentlichen Interessen bzw. die Dringlichkeit bspw. in den folgenden Fällen als überwiegend betrachtet: Sicherheitsrisiko für Verkehrsteilnehmer;[47] Verkehrssicherheit (d.h. Schutz des Lebens und der Gesundheit) und volkswirtschaftliche Interessen (Umsetzung von eidgenössischen konjunkturellen Stabilisierungsmassnahmen, auflaufende Unterhaltskosten);[48] öffentliche

---

44 BVGer B-4895/2017 vom 08.02.2018, E. 7.5 und 8; BVGer B-985/2015 vom 25.03.2015, E. 6.4; VGer AG, WBE.2011.231 vom 03.08.2011.
45 BVGer B-1249/2017 vom 30.03.2017, E. 6.3; BVGer B-3797/2015 vom 13.07.2015, E. 4.
46 Botschaft BöB, S. 1982 m.H. auf BVGer B-4904/2013 vom 29.10.2013, E. 3; Musterbotschaft IVöB, S. 97.
47 BVGer B-6332/2016 vom 21.11.2016, E. 6 *(obiter dictum)*.
48 BVGer B-6742/2011 vom 08.03.2012, E. 4.

Interessen an Wirtschaftlichkeit von AHV/IV;[49] Funktionsfähigkeit der Bundesverwaltung (Informatikbeschaffung);[50] Verknüpfung des strittigen Auftrags mit Hauptarbeiten am Ceneri-Basistunnel;[51] Sicherung der Finanzmittel der Armee;[52] Schutz des Lebens und der körperlichen Integrität (Korrosionsgefahr Stützmauer Nationalstrasse);[53] Einhaltung der Konzessionsbestimmungen und Analyse des Onlineangebots der SRG SSR – Dringlichkeit zwar bez. Grundleistung bejaht, bez. Option (Folgestudien) jedoch verneint (teilweises Selbstverschulden) –;[54] keine Gefährdung der privaten Interessen der Beschwerdeführerin;[55] Abhängigkeit des Ausbaus Gotthardachse vom strittigen Beschaffungsprojekt (zeitlich und finanziell inakzeptable Entwicklung);[56] Eindämmung einer Tierseuche.[57]

In den folgenden Fällen hat das Bundesverwaltungsgericht die Interessen der Beschwerdeführerin als überwiegend betrachtet bzw. die Dringlichkeit verneint: keine Dringlichkeit geltend gemacht, Interessen der Beschwerdeführer und öff. Interessen an Gewährleistung des wirksamen Rechtsschutzes überwiegen;[58] keine ausreichende Begründung der Vergabestelle, weshalb Projektfristen nur mit sofortigem Abbruch zwecks Neuausschreibung gewahrt werden können, Interessen der Beschwerdeführerin an möglichem Zuschlag überwiegen;[59] Interessen der Beschwerdeführerin an mehrjährigem Leistungsauftrag überwiegen finanzielle Interessen der Vergabestelle an raschem Vertragsabschluss;[60] entgegen Befürchtung der Vergabestelle keine Verzögerung um 6–9 Monate (Beschleunigungsgebot im Rechtsmittelverfahren);[61] Selbstverschulden der Vergabestelle: zu späte Ausschreibung, Rechtsmittelverfahren nicht eingeplant;[62] Bedeutung des effektiven Rechtsschutzes und wirtschaftliches Interesse der Beschwerdeführerin überwiegen politische Planung;[63] politische Planung stellt kein überwiegendes öffentliches Interesse dar, sofern keine inakzeptablen finanziellen Folgen;[64] keine Dringlichkeit in Bezug auf Folgeaufträge für spätere Jahre;[65] Dringlichkeit der Infrastrukturerneuerung

---

49 BVGer B-6177/2008 vom 20.10.2008, E. 5.1 und 5.2.
50 BVGer B-3402/2009 vom 02.07.2009, E. 8.3.
51 BVGer B-743/2007 vom 31.07.2007, E. 4.4 und 4.5.
52 BVGer B-5838/2007 vom 06.12.2007, E. 7.
53 BVGer B-3158/2011 vom 12.07.2011, E. 4.3.
54 BVGer B-3797/2015 vom 13.07.2015, E. 4.
55 BVGer B-1680/2016 vom 11.04.2016, E. 4.5.
56 BVGer B-2028/2013 vom 15.05.2013, E. 6.4.
57 BVGer B-5865/2007 vom 03.12.2007, E. 6 (*obiter dictum*).
58 BVGer B-396/2018 vom 05.04.2018, E. 5.
59 BVGer B-3531/2018 vom 28.11.2018, E. 9.4 und 10.
60 BVGer B-3374/2019 vom 02.09.2019, E. 8.5.
61 BVGer B-6160/2017 vom 18.12.2017, E. 14.5.
62 BVGer B-4895/2017 vom 08.02.2018, E. 7.5 und 8.
63 BVGer B-1600/2014 vom 02.06.2014, E. 6.2–6.4.
64 BVGer B-985/2015 vom 25.03.2015, E. 6.4.
65 BVGer B-3797/2015 vom 13.07.2015, E. 4.

mangels Substanziierung verneint;[66] kein Vorrang von verkehrspolitischen und betrieblichen Interessen bzw. Mehrkosten seitens Vergabestelle (Inbetriebnahme Ceneri-Basistunnel).[67]

26 Kantonale Verwaltungsgerichte haben die öffentlichen Interessen der Auftraggeber bspw. in den folgenden Fällen bejaht: Überwiegende Wahrscheinlichkeit der Abweisung der Beschwerde und damit überwiegende öffentliche Interessen;[68] öffentliche Interessen wegen Abhängigkeiten von Projektteilen und drohenden Zeitverzögerungen;[69] öffentliche Interessen an der rechtzeitigen Bereitstellung von ausreichendem Schulraum;[70] zeitgerechte Realisierung der Erneuerung und Erweiterung eines Spitals;[71] Abhängigkeit von anderen Strassen- und Tunnelprojekten und Nachvollziehbarkeit des Vergabeentscheids;[72] Unfallträchtigkeit des betroffenen Strassenabschnitts und drohende Rückstaus;[73] Flugsicherheit Flughafen Genf;[74] schnelle Bereitstellung von Wohnraum für die Bevölkerung;[75] Hochwasserschutzmassnahmen.[76]

D. Teilweise Gewährung der aufschiebenden Wirkung

27 Die aufschiebende Wirkung muss nicht immer ganz oder gar nicht, sondern kann mit Blick auf das Verhältnismässigkeitsprinzip auch nur teilweise gewährt werden, d.h. in Bezug auf einen Teil des Ausschreibungsgegenstands. Wird die Dringlichkeit in diesem Sinn teilweise bejaht (z.B. die Beleuchtung einzelner Tunnels), begründet dies noch kein überwiegendes Interesse der Vergabestelle an der sofortigen Beschaffung des gesamten Ausschreibungsgegenstands (z.B. die Beleuchtung aller Tunnels).[77] Selbstverständlich ist die teilweise Gewährung der aufschiebenden Wirkung längst nicht in allen Fällen möglich und sinnvoll.

28 Analog zur vorgenannten Konstellation kann der Vergabestelle trotz grundsätzlicher Erteilung der aufschiebenden Wirkung erlaubt werden, die ausgeschriebenen Leistungen während der Verfahrensdauer freihändig zu beziehen. Die kommerziellen Bedingungen eines solchen temporären Bezugs sind regelmässig Verhandlungssache, da sich die Anbieterinnen an ihre (auf ein längerfristiges Vertragsverhältnis ausgerichteten) Angebote nicht gebunden fühlen. Entsprechend wird der Vergabestelle sinnvollerweise freigestellt,

---

66 BVGer B-3234/2016 vom 24.08.2016, E. 7.4.
67 BVGer B-4904/2013 und B-4902/2013 vom 29.10.2013, E. 6.
68 VGer ZH, VB.2016.00300 und VB.2016.00294 vom 10.02.2017, E. 16.
69 VGer BE, VGE 100.2014.25U vom 24.02.2014, E. 3.2 und 3.3.
70 VGer SG, B 2017/40 vom 15.03.2017, E. 3.
71 VGer SG, B 2016/130 vom 01.07.2016, E. 3.
72 VGer SG, B 2018/197 vom 12.09.2018, E. 5.
73 VGer SG, B 2018/172 vom 20.07.2018, E. 2.1.
74 VGer GE, A/1115/2017-MARPU und ATA/444/2017 vom 20.04.2017.
75 VGer GE, ATA/725/2016 vom 26.08.2016, in: BR 2017, S. 60.
76 OGer UR, V 09 7 vom 20.03.2009, in: BR 2010, S. 230 f.
77 BVGer B-3644/2017 vom 23.08.2017, E. 6.8.

bei wem und nach welchen Konditionen sie die Leistungen beziehen will. In diesem Sinn erlaubte etwa das Bundesverwaltungsgericht die SBB im Projekt «Tunnelreinigung Gotthard-Basistunnel», die ausgeschriebenen Reinigungsdienstleistungen «bis zum Ablauf der Rechtsmittelfrist des Urteils des Bundesverwaltungsgerichts bei der Beschwerdeführerin oder bei der Zuschlagsempfängerin oder einem Dritten zu beziehen».[78]

E. Verfahrensablauf und Beschränkung auf einen Schriftenwechsel

Wird ein Gesuch um Erteilung der aufschiebenden Wirkung gestellt, wird diese in aller Regel zunächst superprovisorisch, d.h. ohne Anhörung der Vergabestelle (und gegebenenfalls der Zuschlagsempfängerin), und ohne nähere Prüfung der Voraussetzungen einstweilen gewährt. Auf diese Weise wird sichergestellt, dass der Zweck des späteren Entscheids betreffend die aufschiebende Wirkung nicht von vornherein (im Fall der Zuschlagsanfechtung durch einen frühzeitigen Vertragsabschluss) vereitelt wird. Damit kommt der Beschwerde faktisch aufschiebende Wirkung zu, es sei denn, sie enthalte ausnahmsweise keinen entsprechenden Antrag, was bei Laienbeschwerden mitunter vorkommt.[79] Mit der Anordnung des Superprovisoriums wird der Gegenseite regelmässig eine Frist von rund 10 Tagen zur Einreichung einer Stellungnahme zur beantragten aufschiebenden Wirkung (sowie zur Einreichung der Vergabeakten) angesetzt. Diese Frist ist meistens um einige Tage erstreckbar, soweit sich dies mit dem Beschleunigungsgebot vereinbaren lässt. 29

Angesichts der faktisch grossen Bedeutung der aufschiebenden Wirkung ordneten das Bundesverwaltungsgericht und die kantonalen Gerichte unter dem früheren Recht regelmässig einen zweiten Schriftenwechsel an.[80] Um diese Praxis einzudämmen und dem Beschleunigungsgebot stärker Rechnung zu tragen, sieht das revidierte Recht vor, dass der einfache Schriftenwechsel die Regel sein soll. Der Zusatz «in der Regel» war im bundesrätlichen Entwurf noch nicht enthalten, sondern wurde durch das Parlament eingefügt. Analoge Bestimmungen finden sich bspw. in KVG 53 Abs. 2 Bst. d für Beschwerden gegen Beschlüsse der Kantonsregierungen[81] und in BGG 102 Abs. 3 für Verfahren vor dem Bundesgericht. Der Grundsatz bedeutet, dass jeder zur Vernehmlassung berechtigten Partei oder sonstigen Verfahrensbeteiligten einmal Gelegenheit zur Stellungnahme zur Frage der aufschiebenden Wirkung einzuräumen ist.[82] Der An- 30

---

78 BVGer B-4637/2016 vom 19.10.2016, E. 10.3; vgl. auch BVGer B-891/2009 vom 23.03.2009, in: BR 2009, S. 191.
79 Komm BöB-Trüeb, Art. 28 N 2.
80 Vgl. etwa BVGer B-3374/2019 vom 02.09.2019; BVGer B-4895/2017 vom 08.02.2018; BVGer B-6332/2016 vom 21.11.2016; vgl. auch Botschaft BöB, S. 1982; ein zweiter Schriftenwechsel fand teilweise auch vor kantonalen Gerichten statt: VGer AG, WBE.2012.237 vom 18.12.2012; VGer AG, WBE.2009.124 vom 24.08.2009; VGer TG, VB.2017.00405 vom 26.07.2017; VGer ZH, VB.2017.00405 vom 26.07.2017; VGer ZH, VB.2003.00319 vom 07.04.2004.
81 Vgl. Komm KVG/KVAG-Zobl, Art. 53 N 50.
82 Vgl. Komm BGG-Meyer/Dormann, Art. 102 N 20.

spruch auf rechtliches Gehör wird damit zugunsten der Verfahrensbeschleunigung eingeschränkt. Für die Beschwerdeführerin hat dies zur Folge, dass sie ihr Gesuch um aufschiebende Wirkung bereits mit der Beschwerde möglichst substanziiert begründen muss, soweit es ihr aufgrund der beschränkten Aktenkenntnisse möglich ist, da sie nicht mit einer Replik (zur Frage der aufschiebenden Wirkung) rechnen kann. Da der einfache Schriftenwechsel ausdrücklich als Grundsatz («in der Regel») vorgesehen ist, kann das Gericht in begründeten Fällen einen zweiten Schriftenwechsel anordnen, namentlich zur Wahrung des rechtlichen Gehörs. Zu denken ist etwa an Situationen, in denen die Vernehmlassung der Vergabestelle ganz neue entscheidwesentliche Vorbringen enthält und das Beschleunigungsinteresse nicht überwiegt. Diese Abwägung vorzunehmen, liegt weitgehend im Ermessen des zuständigen Gerichts.

31 Wird die aufschiebende Wirkung gewährt, heisst das noch nicht, dass sie bis zum materiellen Entscheid (dem Urteil) aufrechterhalten bleibt. Vielmehr müssen die Voraussetzungen während der gesamten Verfahrensdauer stets gegeben sein. Zwischenentscheide über die aufschiebende Wirkung können (gleich wie andere vorsorgliche Massnahmen) jederzeit geändert oder aufgehoben werden, wenn sich dies aufgrund geänderter Umstände oder Prozessaussichten aufdrängt.[83] Insb. kann sich aufgrund des sich verdichtenden Prozessstoffes eine Wiedererwägung zugunsten der Vergabestelle aufdrängen.[84] Theoretisch könnte das Gericht auf seinen Entscheid auch ohne entsprechenden Parteiantrag zurückkommen, was in der Praxis jedoch kaum je vorkommt.

32 Im Rahmen des Verfahrens betreffend die Erteilung der aufschiebenden Wirkung wird in der Regel auf die Erhebung von Beweisen verzichtet. Das Beschleunigungsgebot führt auch insoweit zu einer (notwendigen) Einschränkung des rechtlichen Gehörs.[85]

33 Angesichts der eminenten Bedeutung des Entscheids über die aufschiebende Wirkung entscheidet das Bundesverwaltungsgericht bei Beschwerden gegen den Zuschlag gemäss ständiger Praxis in Dreierbesetzung.[86] Dasselbe gilt für ein Wiedererwägungsgesuch bzw. einen Antrag auf Entzug der zuvor erteilten aufschiebenden Wirkung.[87] Über vorsorgliche Massnahmen im Rahmen von Beschwerden gegen die Ausschreibung wird dagegen einzelrichterlich entschieden.[88]

34 Nach Abweisung des Gesuchs um Erteilung der aufschiebenden Wirkung wird die Beschwerde oft zurückgezogen,[89] da die Beschwerde an das Bundesgericht nur unter ein-

---

83 Statt vieler BVGer B-3374/2019 vom 12.11.2019, E. 2; VwVG-Kommentar-KIENER, Art. 55 N 22; PraKomm VwVG 2016, SEILER, Art. 56 N 56.
84 BVGer B-4958/2013 vom 17.02.2014, S. 3.
85 BVGer B-2960/2014 vom 28.10.2014, E. 8.3; vgl. auch BVGE 2012/6, E. 3.5; GALLI/MOSER/LANG/STEINER, Rz. 1205 und 1340 m.w.H.
86 BVGer B-3402/2009 vom 02.07.2009 («Microsoft»), auszugsweise publiziert in: BVGE 2009/19, E. 1.2 m.H.
87 BVGer B-4958/2013 vom 17.02.2014, S. 2.
88 Komm BöB-TRÜEB, Art. 28 N 1; GALLI/MOSER/LANG/STEINER, Rz. 1340.
89 Vgl. Komm BöB-TRÜEB, Art. 28 N 6.

geschränkten Voraussetzungen möglich ist und – im Falle der Zuschlagsanfechtung – der Beschaffungsertrag grundsätzlich abgeschlossen werden darf (vgl. BGG 83 Bst. f Ziff. 2 und BGG 116; vgl. N 6 und Art. 52 N 30 ff.). Der Beschwerdeführerin bleibt in diesem Fall nur noch der Sekundärrechtsschutz (Feststellung der Rechtswidrigkeit der Verfügung und ggf. Schadenersatzbegehren). Das Verfahren wird in diesen Fällen als durch Rückzug gegenstandslos geworden abgeschrieben.

IV. Abs. 3: Rechtsmissbräuchliche oder treuwidrige Gesuche

Abs. 3 wurde neu ins Gesetz eingefügt. Er bekräftigt das verfassungsrechtliche Gebot zum Verhalten nach Treu und Glauben (BV 5 Abs. 3, ZGB 2 Abs. 1) bzw. das Verbot des Rechtsmissbrauchs (ZGB 2 Abs. 2) und hält insofern eine Selbstverständlichkeit fest. Wer ein missbräuchliches oder treuwidriges Gesuch stellt, dem kommt ohnehin kein schützenswertes und damit auch kein überwiegendes Interesse i.S.v. Abs. 2 zu. Dass die Bestimmung trotzdem Eingang ins Gesetz gefunden hat, dürfte zum einen mit der daraus abgeleiteten Schadenersatzpflicht (vgl. N 36) und zum anderen mit der Erfahrung zusammenhängen, dass rechtsmissbräuchliche Gesuche in der Vergabepraxis keine Seltenheit sind und oftmals erst im Nachhinein als solche erkannt werden. 35

Von Rechtsmissbrauch ist laut Botschaft namentlich dann auszugehen, wenn das Gesuch einzig in der Absicht gestellt wird, die Vollstreckbarkeit des Zuschlagsentscheids hinauszuzögern. Eine solche Absicht fällt insbesondere dann in Betracht, wenn eine Beschwerdeführerin bereits Leistungen für die Auftraggeberin erbringt und mit ihrer Beschwerde einzig verhindern will, dass die geplante Marktöffnung stattfinden kann bzw. eine Konkurrentin, die berechtigterweise den Zuschlag erhalten hat, neu an ihre Stelle tritt.[90] Weitere Fälle von Rechtsmissbrauch (etwa die gezielte Schikane der Vergabestelle oder der Zuschlagsempfängerin durch Konkurrenten) sind zwar denkbar, in der Praxis aber selten. 36

Wird die aufschiebende Wirkung gewährt, droht eine Verzögerung des Projekts um Monate oder (falls zwei Instanzen durchlaufen werden) sogar um Jahre. Dilatorische bzw. rechtsmissbräuchliche Gesuche können sowohl der Auftraggeberin als auch der Zuschlagsempfängerin, die gewisse Ressourcen vorhalten muss, Schaden zufügen. Solches Verhalten kann daher die Schadenersatzpflicht des Gesuchstellers auslösen. Diese ist nach Abs. 3 Satz 2 vor dem zuständigen Zivilgericht nach Massgabe von OR 41 ff. (Haftung für unerlaubte Handlung) geltend zu machen. Ein solcher ausservertraglicher Anspruch bedingt, dass der Geschädigte i) einen durch das Verhalten des Beklagten (Schädiger) adäquat kausal verursachten Schaden, ii) ein schuldhaftes Verhalten des Beklagten sowie iii) die Verletzung einer gesetzlichen Schutznorm nachweist. Gemäss Bot- 37

---

90 Botschaft BöB, S. 1982.

schaft enthält Abs. 3 eine solche Schutznorm. Sie ermöglicht die Liquidierung von Schäden, welche aus missbräuchlichem oder treuwidrigem prozessualem Verhalten resultieren.[91] Allerdings dürfte es in einem Schadenersatzprozess nicht immer einfach sein, die Rechtsmissbräuchlichkeit nachzuweisen. Erfolgsaussichten wird eine Schadenersatzforderung insbesondere dann haben, wenn sich dahingehende Anhaltspunkte aus den ergangenen verwaltungsgerichtlichen Verfügungen ergeben, wobei der Zivilrichter an die Feststellungen des Verwaltungsrichters nicht gebunden ist.

V. Weiterzug des Entscheids betreffend aufschiebende Wirkung an das Bundesgericht

38 Der Entscheid über die aufschiebende Wirkung kann grundsätzlich mit Beschwerde beim Bundesgericht angefochten werden. Nebst den allgemeinen Anforderungen an Beschwerden in beschaffungsrechtlichen Belangen (Rechtsfrage von grundsätzlicher Bedeutung, Mindestauftragswert; vgl. Art. 52 N 30 ff.) kommen zusätzliche Eintretensvoraussetzungen zur Anwendung.[92]

39 Da es sich um einen Zwischenentscheid gemäss BGG 93 Abs. 1 handelt, ist die Beschwerde nur zulässig, wenn der Entscheid einen nicht wiedergutzumachenden Nachteil bewirken (Bst. a) oder wenn die Gutheissung der Beschwerde sofort einen Endentscheid herbeiführen und damit einen bedeutenden Aufwand an Zeit oder Kosten für ein weitläufiges Beweisverfahren ersparen würde (Bst. b). Die Voraussetzung des nicht wiedergutzumachenden Nachteils ist insb. bei der Anfechtung des Zuschlags regelmässig gegeben,[93] da es ein rechtskräftiger Zwischenentscheid (Nichtgewährung der aufschiebenden Wirkung) der Vergabestelle erlaubt, den Vertrag mit der Zuschlagsempfängerin abzuschliessen (BöB 42 Abs. 2). Die Beschwerdeführerin wird dann auf den sog. Sekundärrechtsschutz (Feststellung der Rechtswidrigkeit der angefochtenen Verfügung und Schadenersatz) verwiesen.

40 Hinzu kommt, dass bei Entscheiden über vorsorgliche Massnahmen (wozu auch die Erteilung oder Nichterteilung der aufschiebenden Wirkung gehört) vor Bundesgericht nur die Verletzung verfassungsmässiger Rechte gerügt werden kann (BGG 98). Derartige Rügen bedürfen spezifischer Geltendmachung und Begründung (BGG 106 Abs. 2; vgl. N 42). Denkbar und grundsätzlich zulässig sind in diesem Zusammenhang die Rügen der willkürlichen Anwendung des Beschaffungsrechts[94] und der Verletzung der in der Wirtschaftsfreiheit (BV 27) enthaltenen Gleichbehandlung der Konkurrenten. Diese

---

91 Zum Ganzen Botschaft BöB, S. 1982.
92 Komm BöB-Trüeb, Art. 29 N 7.
93 BGer 2C_339/2010 vom 11.06.2010, E. 2.4; BGer 2C_203/2008 vom 29.04.2008, E. 1.4; BGer 2D_40/2008 vom 19.05.2008, E. 1.3; vgl. im Rahmen der früheren staatsrechtlichen Beschwerde BGer 2P.164/2002 vom 06.09.2002, E. 1.
94 BGE 125 II 86, E. 4.

gibt zwar keinen Anspruch darauf, staatliche Aufträge zu erhalten, garantiert aber die Möglichkeit, an öffentlichen Submissionen nach sachgerechten und wettbewerbsneutral ausgestalteten Zulassungsbedingungen teilnehmen zu können.[95] Falsche Sachverhaltsfeststellungen der Vorinstanz können nur gerügt werden, wenn sie auf einer Verletzung verfassungsmässiger Rechte (z.B. des Anspruchs auf rechtliches Gehör) beruhen.[96]

Das Bundesgericht beschränkt sich auf eine *prima facie*-Beurteilung. Es überprüft allein, 41 ob die Vorinstanz beim Entscheid über die vorsorgliche Massnahme bzw. aufschiebende Wirkung ihr Ermessen überschritten oder missbraucht hat. Das Bundesgericht hebt den angefochtenen Entscheid nur auf, wenn die Vorinstanz wesentliche Interessen oder Gesichtspunkte unberücksichtigt gelassen oder offensichtlich falsch bewertet hat bzw. wenn die Interessenabwägung einer vernünftigen Grundlage entbehrt.[97]

Für die Verletzung verfassungsmässiger Rechte gilt die qualifizierte Rügepflicht 42 (BGG 117 i.V.m. BGG 106 Abs. 2). Diese verlangt, dass in der Beschwerde klar und detailliert anhand der Erwägungen des angefochtenen Entscheids dargelegt wird, inwiefern verfassungsmässige Rechte verletzt worden sein sollen.[98] Ruft die Beschwerdeführerin das Willkürverbot an, muss sie anhand der Erwägungen des angefochtenen Entscheids dartun, dass und inwiefern der angefochtene Entscheid willkürlich ist,[99] d.h. offensichtlich unhaltbar ist, mit der tatsächlichen Situation in klarem Widerspruch steht, eine Norm oder einen unumstrittenen Rechtsgrundsatz krass verletzt oder in stossender Weise dem Gerechtigkeitsgedanken zuwiderläuft. Das Bundesgericht hebt einen Entscheid jedoch nur auf, wenn nicht bloss die Begründung, sondern auch das Ergebnis unhaltbar ist. Dass eine andere Lösung ebenfalls als vertretbar oder gar zutreffender erscheint, genügt nicht.[100]

Wird das Gesuch um Erteilung der aufschiebenden Wirkung im Rahmen einer Zu- 43 schlagsanfechtung durch die erste Beschwerdeinstanz, d.h. die Vorinstanz des Bundesgerichts, abgewiesen, darf die Vergabestelle den Vertrag mit der Zuschlagsempfängerin grundsätzlich abschliessen. Denn mit dem abschlägigen Entscheid wird das Abschlussverbot gemäss BöB/IVöB 42 beseitigt. Der Beschwerde an das Bundesgericht kommt nur auf entsprechende bundesgerichtliche Anordnung hin aufschiebende Wirkung zu, nicht jedoch von Gesetzes wegen (BGG 103 Abs. 1 und 3). Vorbehalten bleibt gemäss einem jüngeren Entscheid des Bundesgerichts aus dem Jahr 2015[101] immerhin die Verletzung des Rechtsmissbrauchsverbots. Laut Bundesgericht fällt Rechtsmissbrauch insb. dann in Betracht, wenn i) die Beschwerdeführerin – unabhängig von der Dauer der gesetzlichen Beschwerdefrist – unmittelbar (*«dans les plus brefs délais»*) nach der Abwei-

---

95 BGer 2C_665/2015 vom 26.01.2016, E. 2.3; BGer 2D_29/2012 vom 21.11.2012, E. 5.
96 BGer 2D_20/2010 vom 20.05.2010, E. 2.2.
97 GALLI/MOSER/LANG/STEINER, Rz. 1355 u.a. m.H. auf BGer 2D_20/2010 vom 20.05.2010, E. 2.2.
98 BGE 139 I 229, E. 2.2; BGE 135 III 232, E. 1.
99 BGE 135 III 232, E. 1.2.
100 BGE 137 I 1, E. 2.4.
101 BGer 2C_203/2014 vom 09.05.2015.

sung ihres Gesuchs um Erteilung der aufschiebenden Wirkung durch die Vorinstanz beim Bundesgericht eine Beschwerde erhebt und ii) die Beschwerdeführerin die Vergabestelle nach dem Erhalt des vorinstanzlichen Entscheids so rasch wie möglich über dessen Anfechtung informiert.

44 Damit hat das Bundesgericht ein neues Regime für die Zeit nach dem Entscheid des Bundesverwaltungsgerichts bzw. des kantonalen Gerichts im Sinn einer «*cool down period*» eingeführt. Demgemäss ist der Vertragsabschluss zulässig, wenn bei der Vergabestelle keine (rechtzeitigen) Meldungen über einen Weiterzug ans Bundesgericht eingehen. Es wäre begrüssenswert, wenn das Bundesgericht die Voraussetzungen des rechtsmissbräuchlichen Vertragsabschlusses bei Gelegenheit präzisieren und sich insb. zur Dauer des «*cool down*» äussern würde. Bis dies der Fall ist, ist den Vergabestellen – im Sinn eines Richtwerts – zu empfehlen, den Vertrag frühestens fünf Tage nach dem Entscheid des Bundesverwaltungsgerichts bzw. der kantonalen Beschwerdeinstanz abzuschliessen. Die unterlegene und beschwerdeführende Anbieterin wiederum muss schnellstmöglich ans Bundesgericht gelangen und die Vergabestelle entsprechend informieren. Wird der Vertrag trotzdem abgeschlossen, dürfte er nicht per se nichtig sein (vgl. Art. 42 N 36).

VI. Rechtsvergleichung

45 Die europarechtlichen Bestimmungen zum Rechtsschutz («Nachprüfungsverfahren») befinden sich in der «Rechtsmittel-Richtlinie» RL 89/665/EWG und der diese ergänzenden RL 2007/66/EG, während die RL 2014/24/EU keine dahingehenden Bestimmungen enthält. Analog zu GPA 2012 XVIII:7 bestimmt Art. 2 Abs. 1 Bst. a der genannten RL, dass die EU-Mitgliedstaaten Verfahren vorzusehen haben, «damit so schnell wie möglich im Wege der einstweiligen Verfügung vorläufige Massnahmen ergriffen werden können, um den behaupteten Verstoss zu beseitigen oder weitere Schädigungen der betroffenen Interessen zu verhindern.» Dazu gehören laut der erwähnten Bestimmungen auch «Massnahmen, um das Verfahren zur Vergabe eines öffentlichen Auftrags oder die Durchführung jeder sonstigen Entscheidung des öffentlichen Auftraggebers auszusetzen oder die Aussetzung zu veranlassen». Wie die Anordnung von vorsorglichen Massnahmen im Einzelnen ausgestaltet wird, bleibt weitgehend den Verfahrensordnungen der Mitgliedstaaten überlassen.[102]

46 Nach der RL 2014/24/EU 2 Ziff. 4 haben die Nachprüfungsverfahren als solche zwar nicht notwendigerweise einen automatischen Suspensiveffekt für die betroffenen Vergabeverfahren. Allerdings haben die Mitgliedstaaten dafür zu sorgen, dass der öffentliche Auftraggeber den Vertragsabschluss nicht vornehmen kann, bevor die Nachprüfungsstelle eine Entscheidung über einen Antrag auf vorläufige Massnahmen oder eine Entscheidung in der Hauptsache getroffen hat. Diese Aussetzung endet frühestens mit Ab-

---

102 Vgl. EGGER, Rz. 1500 ff.

lauf der Stillhaltefrist, die je nach verwendetem Kommunikationsmittel 10 resp. 15 Tage seit Bekanntgabe der Zuschlagsentscheidung folgt. Ein automatischer Suspensiveffekt tritt auch dann ein, wenn die unterliegende Anbieterin beim öffentlichen Auftraggeber selbst eine Nachprüfung beantragt.

Art. 55 Anwendbares Recht

Das Verfügungs- und das Beschwerdeverfahren richten sich nach den Bestimmungen des Verwaltungsverfahrensgesetzes vom 20. Dezember 1968 (VwVG) / *der kantonalen Gesetze über die Verwaltungsrechtspflege*, **soweit** das vorliegende Gesetz / *diese Vereinbarung* nichts anderes bestimmt.

Inhaltsverzeichnis

I.	Einleitung	1
II.	**Grundlagen**	3
A.	Regelungsbereich der Verwaltungsverfahrensgesetze	3
B.	Nichtstreitiges Verwaltungsverfahren	4
C.	Vergabeverfahren	5
D.	Verfahrensgrundsätze	8
E.	Verfahrensgarantien	9
F.	Abweichungen	10
III.	**Vergaberechtliche Besonderheiten**	11
A.	Im Vergabeverfahren (Verfügungsverfahren)	11
	1. Ausstand	11
	2. Rechtliches Gehör/Akteneinsicht	12
	3. Keine Öffentlichkeit; Vertraulichkeit	13
	4. Unentgeltlichkeit	14
	5. Sprache(n)	15
	6. Fristenstillstand/Gerichtsferien	16
	7. Fristwiederherstellung	17
	8. Eröffnung und Begründung von Vergabeentscheiden	18
B.	Im Beschwerdeverfahren	19
	1. Übersicht	19
	2. Anfechtungsobjekte	21
	3. Beschwerdefrist	22
	4. Beschwerdeschrift, Beschwerdeergänzung, Devolutiveffekt, Wiedererwägung	23
	5. Keine Geltung von Gerichtsferien	24
	6. Beschwerdegründe, Kognition	25
	7. Beschwerdelegitimation	27
	8. Streitgegenstand und Rechtsbegehren	28
	9. Aufschiebende Wirkung	29
	10. Akteneinsicht	30
	11. Beschwerdeentscheid	31
	12. Verfahrens- und Parteikosten	32

13. Schadenersatz 33
IV. Rechtsvergleichung 34

I. Einleitung

BöB/IVöB 55 regeln das anwendbare Verfahrensrecht für das Verfügungs- und Beschwerdeverfahren, während BöB/IVöB 5, die ebenfalls die Marginalie «Anwendbares Recht» verwenden, das anwendbare Beschaffungsrecht (Kollisionsregeln und Vorschriften zur Rechtswahl) zum Gegenstand haben. Der neue BöB 55 ist im Wortlaut identisch mit aBöB 26 Abs. 1. Auf die in aBöB 26 Abs. 2 enthaltene explizite Bezeichnung der für das Verfügungsverfahren derogierten Bestimmungen des VwVG wurde verzichtet. Der Artikel war von Beginn weg unbestritten und hat weder im Vernehmlassungsverfahren (VE-BöB 57) noch in der Beratung im Parlament zu Diskussionen geführt. Auch IVöB 55 gab in der Vernehmlassung kaum zu Bemerkungen Anlass.[1]

Mit Hinblick auf die Einheit des Verwaltungsverfahrens werden Abweichungen von den allgemeinen Regeln des Verwaltungsverfahrensrechts nur dort vorgesehen, wo sie im Hinblick auf die besondere Natur des Vergabeverfahrens (Stichworte Mehrparteienverfahren, Verfahrenseffizienz und -beschleunigung) unbedingt erforderlich sind.[2] Das Verfahren zum Erlass eines Vergabeentscheids und das Beschwerdeverfahren in Vergabesachen richten sich somit grundsätzlich nach dem VwVG bzw. nach den kantonalen Verwaltungsrechtspflegegesetzen.

II. Grundlagen

A. Regelungsbereich der Verwaltungsverfahrensgesetze

Das VwVG regelt das nichtstreitige Verwaltungsverfahren, d.h. das Verfahren vor Erlass einer Verfügung (VwVG 5) in Verwaltungssachen vor einer Bundesbehörde sowie das verwaltungsinterne Beschwerdeverfahren. Im Beschwerdeverfahren vor dem Bundesverwaltungsgericht gilt das VwVG ebenfalls, soweit das VGG oder das jeweilige Spezialgesetz keine abweichenden Bestimmungen formulieren (VwVG 1 Abs. 2 Bst. c^{bis}; VwVG 2 Abs. 4; VGG 37).[3] Das kantonale Verwaltungsverfahren ist in den kantonalen Verwaltungsrechtspflegegesetzen (oder in Spezialerlassen) geregelt.

---

1   Der Kanton Thurgau machte in der Vernehmlassung den Vorschlag, die Marginalie in «Anwendbares Verfahrensrecht» zu ändern, da die verwendete Marginalie (Anwendbares Recht) schon in BöB/IVöB 5 benutzt werde (Vernehmlassungsbericht zum Entwurf der Interkantonalen Vereinbarung über das öffentliche Beschaffungswesen *[E-IVöB]* vom 17.09.2015, S. 83).
2   Botschaft BöB, S. 1982 f.; Musterbotschaft IVöB, S. 98.
3   HÄFELIN/MÜLLER/UHLMANN, Rz. 973; ferner KÖLZ/HÄNER/BERTSCHI, Rz. 1094.

B. Nichtstreitiges Verwaltungsverfahren

4 Das nichtstreitige Verwaltungsverfahren ist grundsätzlich geprägt von der Offizial- und der Untersuchungsmaxime (VwVG 12) sowie vom Prinzip der Rechtsanwendung von Amtes wegen. Die Parteien sind verpflichtet, an der Feststellung des Sachverhalts mitzuwirken (VwVG 13). Der Umfang dieser Mitwirkungspflichten richtet sich nach der Natur des Einzelfalles. Sowohl im Verfahren vor Bundesbehörden als auch vor kantonalen Instanzen sind neben den einschlägigen gesetzlichen Regelungen auch Verfahrensgarantien und -grundrechte zu beachten, welche in der Bundesverfassung (BV 29, 29a und 30) und im internationalen Recht (z.B. in der EMRK) statuiert werden. Das rechtliche Gehör (BV 29 Abs. 2) ist das zentrale Mitwirkungsrecht des Privaten im Verwaltungsverfahren.[4]

C. Vergabeverfahren

5 Das (erstinstanzliche) Vergabeverfahren[5] ist ein nichtstreitiges Verwaltungsverfahren, weshalb grundsätzlich die Vorschriften des VwVG / der kantonalen Verwaltungsrechtspflegegesetze zur Anwendung gelangen, und zwar trotz der speziellen Funktion (öffentliche Beschaffungen stellen weder Eingriffs- noch Leistungsverwaltung dar, sondern gehören zur Bedarfsverwaltung) und des im Grunde vertraglich-konsensualen Charakters des Beschaffungsrechts.[6] BöB/IVöB 53 bezeichnen den Zuschlag und weitere Akte des Submissionsverfahrens zudem ausdrücklich als (anfechtbare) Verfügungen.[7] Spezialgesetzliche Verfahrensvorschriften des BöB/der IVöB gehen dem VwVG bzw. den Verwaltungsrechtspflegegesetzen indessen vor.[8]

6 Das Vergabeverfahren beginnt entweder mit der Veröffentlichung der Ausschreibung auf der Internetplattform für öffentliche Beschaffungen (SIMAP) oder – bei Einladungsverfahren und freihändigen Verfahren – mit der (individuellen) Einladung zur Offertstellung. Jedes einmal eröffnete Vergabeverfahren endet mit einem (rechtskräftigen) Zuschlag oder einem (rechtskräftigen) Abbruch.[9] Eine dritte Möglichkeit besteht nicht. Die Ausschreibung stellt gemäss BöB/IVöB 53 Abs. 1 Bst. a die erste selbständig anfechtbare Verfügung in einem Vergabeverfahren dar.[10]

---

4 HÄFELIN/MÜLLER/UHLMANN, Rz. 982 ff.
5 Auch das sog. Freihandverfahren ist ein (in den Grundzügen) rechtlich geordnetes, wenn auch «nicht formalisiertes» oder «liberales» Verwaltungsverfahren (BEYELER, Geltungsanspruch, Rz. 15; GALLI/MOSER/LANG/STEINER, Rz. 280).
6 Komm BöB-TRÜEB, Art. 26 N 2.
7 Zur umstrittenen Frage, ob der Zuschlag lediglich aufgrund der spezialgesetzlichen Regelung in BöB und IVöB oder auch dogmatisch aufgrund seiner Rechtsnatur als Verfügung zu erfassen ist vgl. VwVG-Kommentar 2019-MÜLLER, Art. 5 N 19 m.w.H. und N 34.
8 Vgl. unten N 11 ff.
9 Vgl. VGer ZH, VB.2018.00455 vom 31.01.2019, E. 6.
10 Demgegenüber hat die Einladung zur Offertstellung im Einladungs – oder Freihandverfahren keinen Verfügungscharakter und ist nicht selbständig anfechtbar (OGer SH, OGE 60/2016/26 vom

Der öffentlichen Ausschreibung vorgelagerte Marktabklärungen i.S.v. BöB/IVöB 14   7
Abs. 3 hingegen bringen keine Verfahrensrechte der im Vorfeld der Ausschreibung kontaktierten Anbieterinnen mit sich. Auch die Veröffentlichung einer Vorankündigung i.S.v. BöB/IVöB 48 Abs. 1 begründet noch kein Vergabeverfahren.

D. Verfahrensgrundsätze

Im Vergabeverfahren gelten die Offizial- und die Untersuchungsmaxime. D.h., ein Be-   8
schaffungsverfahren wird ausschliesslich durch die Behörde eingeleitet; diese entscheidet auch über den Beschaffungsgegenstand.[11] Die Vergabestelle hat den Sachverhalt von Amtes wegen abzuklären und ist für die Beschaffung der notwendigen Entscheidungsgrundlagen verantwortlich; allerdings reichen im Vergaberecht die Mitwirkungspflichten der Anbieterinnen bei der Sachverhaltsabklärung aus naheliegenden Gründen weit.[12] Die Vergabestelle wendet das Recht von Amtes wegen an.

E. Verfahrensgarantien

Grundsätzlich gelten auch für das Vergabeverfahren die Verfahrensgarantien der BV   9
und die verfassungsmässigen Grundprinzipien des Verwaltungsrechts als Mindestgarantien. Von der Vergabestelle bei ihrem Handeln zu beachten sind die in der BV (und gegebenenfalls in den kantonalen Verfassungen) statuierten Grundsätze des rechtsstaatlichen Verwaltungshandelns, namentlich das Legalitätsprinzip (BV 5 Abs. 1),[13] der Grundsatz der Verhältnismässigkeit (BV 5 Abs. 2), die Rechtsgleichheit (BV 8), der Grundsatz von Treu und Glauben und das Willkürverbot (BV 5 Abs. 3, BV 9) sowie die in BV 29 festgelegten allgemeinen Verfahrensgarantien, wie das Gebot eines fairen Verfahrens, das Rechtsverweigerungsverbot und das Verbot des überspitzten Formalismus. Von der Vergabestelle zu beachten sind sodann die in BöB/IVöB 11 Bst. a–e statuierten spezifisch vergaberechtlichen Verfahrensgrundsätze. Danach hat sie die Vergabeverfahren transparent, objektiv und unparteiisch durchzuführen, Massnahmen gegen Interessenkonflikte, unzulässige Wettbewerbsabreden und Korruption zu treffen, die Gleichbehandlung der Anbietenden in allen Phasen des Verfahrens zu beachten, auf Abgebotsrunden zu verzichten und den vertraulichen Charakter der Angaben der Anbietenden zu wahren.[14]

    20.09.2016; GALLI/MOSER/LANG/STEINER, Rz. 1256; abweichend VGer GR, U 16 74 vom 25.10.2016). Zur Anfechtung der Ausschreibungsunterlagen und zur Verwirkung des Beschwerderechts vgl. Art. 53 N 19 ff.
11 Sie kann stattdessen z.B. auch auf eine Ausschreibung verzichten und die benötigten Leistungen mit eigenen Ressourcen erbringen (BöB/IVöB 10 Abs. 3 Bst. c).
12 Vgl. z.B. BöB/IVöB 38 f. (Prüfung und Bereinigung der Angebote).
13 Ob das Legalitätsprinzip für die Bedarfsverwaltung, wozu die Güter- und Leistungsbeschaffung zählt, gilt, ist umstritten (vgl. HÄFELIN/MÜLLER/UHLMANN, Rz. 388).
14 Vgl. dazu Art. 11 N 4 ff.

F. Abweichungen

10 Die Vorschriften des Verwaltungsverfahrensrechts streben nicht nur die Rationalisierung von Verwaltungsabläufen an, sondern sie dienen auch der Legitimation des Verwaltungshandelns durch rechtsstaatlich geprägte Verfahren. Ein rechtsstaatlich einwandfreies Verfahren ist im Vergaberecht angesichts des den Vergabestellen bei ihrer Entscheidfindung zustehenden grossen Ermessens von wesentlicher Bedeutung.[15] Aus dem besonderen Charakter vor allem des erstinstanzlichen Beschaffungsverfahrens ergibt sich jedoch die Notwendigkeit gewisser Abweichungen von den allgemeinen Verfahrensregeln sowie auch von Einschränkungen in Bezug auf die Verfahrensgarantien (rechtliches Gehör, Akteneinsicht). Explizite und implizite Abweichungen vom VwVG sind soweit zulässig, als sie sich zwingend aus dem BöB ergeben. Solche Abweichungen sind im Lichte von Systematik, Sinn und Zweck des BöB, aber auch VwVG- und verfassungskonform auszulegen.[16]

III. Vergaberechtliche Besonderheiten

A. Im Vergabeverfahren (Verfügungsverfahren)

1. Ausstand

11 Gestützt auf BV 29 Abs. 1 haben die Anbietenden einen Anspruch darauf, dass ihre Offerten durch eine unabhängige und unvoreingenommene Vergabebehörde beurteilt werden (vgl. BöB/IVöB 11 Bst. a: «unparteiisch»). Während bisher die Ausstandsregeln des allgemeinen Verwaltungsverfahrensrechts (VwVG 10) uneingeschränkt auch für die öffentlichen Auftraggeberinnen galten[17], enthält das revidierte Vergaberecht in BöB/IVöB 13 neu eine spezialgesetzliche Ausstandsregelung. Im Unterschied zu VwVG 10 und zur bisherigen Praxis ist ein blosser Anschein der Befangenheit nicht (mehr) ausreichend, sondern die Befangenheit muss sich konkret auf den Beschaffungsvorgang auswirken. Ist bspw. der Beitrag eines befangenen Mitarbeiters im Rahmen des Beschaffungsvorgangs nicht kausal für den Zuschlagsentscheid, wäre eine Wiederholung des gesamten Verfahrens unverhältnismässig und mit den Zielen des Beschaffungsrechts nicht zu vereinbaren.[18]

---

[15] Komm BöB-Trüeb, Art. 26 N 4.
[16] Komm BöB-Trüeb, Art. 26 N 5.
[17] BVGer B-4852/2012 vom 15.11.2012, E. 5.
[18] Botschaft BöB, S. 1916; Musterbotschaft IVöB, S. 48; Art. 13 N 17. Der Nationalrat lehnte am 06.06.2018 einen Einzelantrag von Beat Flach, der darauf abzielte, wie bisher gemäss der Konzeption von VwVG 10 den Anschein der Befangenheit genügen zu lassen, ab (AB 2018 NR 1000, S. 1021 f.).

2. Rechtliches Gehör/Akteneinsicht

Gemäss BöB/IVöB 51 Abs. 1 Satz 2 haben die Anbieterinnen vor Eröffnung der Verfügung keinen Anspruch auf rechtliches Gehör. Der Grund für die Abweichung vom Grundsatz, dass die Behörde die Betroffenen anhört, bevor sie verfügt,[19] liegt im speziellen Charakter des Verfahrens und im Schutz der Geschäftsgeheimnisse der Anbieterinnen.[20] Im Verfügungsverfahren besteht dementsprechend auch kein Anspruch auf Akteneinsicht (BöB/IVöB 57 Abs. 1). Dieser Ausschluss gilt bis zum Ablauf der Beschwerdefrist nach dem Zuschlagsentscheid.[21] VwVG 26–33, die das Akteneinsichtsrecht und das rechtliche Gehör im Verwaltungsverfahren regeln, finden im erstinstanzlichen Vergabeverfahren von Bundesbehörden somit keine Anwendung. Eine Ausnahme vom Grundsatz, dass kein vorgängiger Gehörsanspruch besteht, dürfte sich aber rechtfertigen, wenn eine Anbieterin nach BöB/IVöB 44 vom Verfahren ausgeschlossen werden soll[22] oder wenn die Anordnung von Sanktionen nach BöB/IVöB 45 droht.[23]

12

3. Keine Öffentlichkeit; Vertraulichkeit

Das Vergabeverfahren ist kein öffentliches Verfahren. Eine Verpflichtung, die Offertöffnung (partei-)öffentlich durchzuführen, besteht nicht.[24] Die Vergabestelle hat namentlich den vertraulichen Charakter der Angaben der Anbietenden zu wahren (BöB/IVöB 11 Bst. e). Die Vertraulichkeit schützt nicht nur die privaten Interessen der Anbietenden, sondern auch die Funktionsfähigkeit des Beschaffungsverfahrens. Vorbehalten bleiben die zahlreichen positivrechtlichen Publikationspflichten, die mit der Vorankündigung der öffentlichen Ausschreibung beginnen und auch den Zuschlag und den Verfahrensabbruch miteinschliessen.[25] Den Kantonen ist es zudem (weiterhin) freigestellt, zur Erhöhung der Verfahrenstransparenz und Rechtssicherheit eine öffentliche Offertöffnung bei Einladungsverfahren und offenen Verfahren durchzuführen.[26]

13

4. Unentgeltlichkeit

Das Vergabeverfahren ist grundsätzlich unentgeltlich. Die Ausschreibungsunterlagen werden in der Regel zeitgleich mit der Ausschreibung und elektronisch zur Verfügung gestellt. Der Zugang zu diesen Veröffentlichungen ist unentgeltlich (BöB/IVöB 48 Abs. 2).[27] Die Vergabestelle ist aber berechtigt, für den Bezug der Ausschreibungsunter-

14

---

19 VwVG 30 Abs. 1; für das kantonale Recht z.B. VRPG BE 21 Abs. 1; VRPG AG 21 Abs. 1.
20 Botschaft BöB, S. 1975; Musterbotschaft IVöB, S. 94.
21 Vgl. GALLI/MOSER/LANG/STEINER, Rz. 1363.
22 Botschaft BöB, S. 1975.
23 Vgl. auch BöB 53 Abs. 3, der sich dem Wortlaut nach allerdings (nur) auf Beschwerden gegen die Verhängung von Sanktionen bezieht.
24 BVGer B-1682/2016 vom 06.04.2016.
25 Botschaft BöB, S. 1911.
26 Musterbotschaft IVöB, S. 77.
27 Botschaft BöB, S. 1970.

lagen (z.B. Modelle, Unterlagen, Pläne) eine kostendeckende Gebühr zu verlangen. Sie hat bei Bedarf einen entsprechenden Hinweis in die öffentliche Ausschreibung aufzunehmen (BöB/IVöB 35 Bst. s).[28]

5. Sprache(n)

15 In BöB und IVöB spezialgesetzlich geregelt ist der Sprachgebrauch im Beschaffungsverfahren.[29] Die öffentliche Ausschreibung enthält gemäss BöB/IVöB 35 Bst. m Informationen zur Sprache oder zu den Sprachen des Verfahrens und des Angebots.[30] Dabei ist nach IVöB 48 Abs. 5 auf die sprachlichen Verhältnisse des Gebietes Rücksicht zu nehmen, in welchem der Auftrag zur Ausführung gelangt.[31] Gemäss BöB 48 Abs. 5 regelt der Bundesrat für das Bundesvergaberecht die Anforderungen an die Sprachen der Veröffentlichungen, der Ausschreibungsunterlagen, der Eingaben der Anbietenden und des Verfahrens auf Verordnungsstufe, wobei gewisse Mindestvorgaben bereits im Gesetz verankert sind. So müssen Ausschreibungen und Zuschläge mindestens in zwei Amtssprachen veröffentlich werden (vgl. BöB 48 Abs. 5 Bst. a und b), und für die Eingaben der Anbietenden sind grundsätzlich alle Amtssprachen zulässig (BöB 48 Abs. 5 Bst. c).[32]

6. Fristenstillstand/Gerichtsferien

16 Weder für das Verfügungs- noch für das Beschwerdeverfahren in Vergabesachen gelten die Bestimmungen über den Fristenstillstand (BöB 56 Abs. 2; VwVG 22a Abs. 2 Bst. b).[33]

---

28 Die Schutzgebühr war im Parlament umstritten. Der Nationalrat wollte aufgrund eines Einzelantrags in BöB 11 Bst. f ein Verbot von Schutzgebühren in das Gesetz aufnehmen (AB 2018 NR 1000, S. 1012), der Ständerat lehnte ein solches Verbot ab (AB 2018 SR 963, S. 973). Im Rahmen der Differenzbereinigung beschloss das Parlament eine Klarstellung dahingehend, dass die Vergabestelle bei Bedarf eine kostendeckende Gebühr erheben kann (AB 2019 NR 139, S. 152).
29 VwVG 33a regelt den Sprachgebrauch im Verwaltungsverfahren. Eine davon abweichende spezialgesetzliche Regelung enthielt bereits aBöB 24 Abs. 3.
30 Die Ausschreibungen von Aufträgen im Staatsvertragsbereich haben zudem eine Zusammenfassung in einer Amtssprache der WTO zu enthalten (BöB/IVöB 48 Abs. 4).
31 Musterbotschaft IVöB, S. 76.
32 Vgl. Botschaft BöB, S. 1873 f., 1876, 1950 und 1970. In BVGer B-2570/2017 vom 22.06.2017 wurde vom Instruktionsrichter im Rahmen der summarischen Prüfung eine Pflicht der Vergabestelle (SBB) bejaht, in einem deutschsprachig geführten Vergabeverfahren auch französischsprachige Angebote zu akzeptieren. Zudem wurde nicht ausgeschlossen, dass auch die Ausschreibungsunterlagen in der entsprechenden Sprache oder den entsprechenden Sprachen verfasst werden müssten.
33 Im Zuge der BöB-Revision wurde VwVG 22a Abs. 2 dahingehend ergänzt, dass die Vorschrift betreffend Fristenstillstand (VwVG 22a Abs. 1) für öffentliche Beschaffungen keine Geltung hat (VwVG 22a Abs. 2 Bst. b). Bis anhin galt dieser Grundsatz lediglich für die aufschiebende Wirkung und andere vorsorgliche Massnahmen (Botschaft BöB, S. 1983). Vgl. auch IVöB 56 Abs. 2 und BGG 46 Abs. 2 Bst. e sowie unten N 24. Siehe auch Art. 56 N 16 ff.

7. Fristwiederherstellung

aBöB 26 Abs. 2 hatte auch die in VwVG 24 Abs. 1 vorgesehene Möglichkeit der Fristwiederherstellung wegbedungen. Das revidierte BöB enthält diesbezüglich keine ausdrückliche Regelung. Die effiziente Abwicklung des Beschaffungsverfahrens steht der Wiederherstellung einer Frist, namentlich einer (unverschuldet) verpassten Offerteingabefrist, aber grundsätzlich entgegen.[34] Im Einzelfall kann sich aus Gründen der Verhältnismässigkeit eine abweichende Beurteilung aufdrängen. 17

8. Eröffnung und Begründung von Vergabeentscheiden

Besonderheiten bzw. Abweichungen zum allgemeinen Verwaltungsverfahrensrecht[35] ergeben sich auch bei der Eröffnung und Begründung von Vergabeverfügungen. Die Auftraggeberin eröffnet Verfügungen durch Veröffentlichungen oder durch individuelle Zustellung an die Anbieterinnen.[36] Die Anbieterinnen haben vor der Eröffnung der Verfügung – in Abweichung zu VwVG 30 Abs. 1 – keinen Anspruch auf rechtliches Gehör (BöB/IVöB 51 Abs. 1).[37] Die Eröffnung der Ausschreibung, des Zuschlags sowie des Abbruchs erfolgt durch Publikation, sofern diese Verfügungen nach BöB/IVöB 52 mit Beschwerde anfechtbar sind. Werden die Verfügungen (fakultativ) vor der Publikation individuell eröffnet, läuft die Frist nach BöB/IVöB 56 Abs. 1 ab der individuellen Eröffnung, sonst ab der Publikation.[38] Beschwerdefähige Verfügungen, wie z.B. der Zuschlag, der Ausschluss oder der Verfahrensabbruch, sind – unabhängig von der Art der Eröffnung – summarisch zu begründen.[39] Die Beschwerdefrist beginnt erst mit der summarischen Begründung zu laufen.[40] 18

---

34 Vgl. GALLI/MOSER/LANG/STEINER, Rz. 508 m.H. auf VGer AG, vom 01.11.2001, in: AGVE 2001 Nr. 76, S. 353 ff.
35 Vgl. für den Bund VwVG 34 ff.
36 BöB und IVöB äussern sich nicht zur Form der individuellen Zustellung. Gemäss VwVG 34 Abs. 1 eröffnet die Behörde Verfügungen den Parteien schriftlich. In der Regel erfolgt die Zustellung postalisch. Mit dem Einverständnis der Partei können Verfügungen auch elektronisch eröffnet werden (VwVG 34 Abs. 1bis). Gegen eine elektronische Eröffnung auch von Vergabeverfügungen, sofern die entsprechenden Voraussetzungen erfüllt sind, spricht nichts.
37 Vgl. oben N 12.
38 Botschaft BöB, S. 1975 f.
39 Botschaft BöB, S. 1976 (GPA 2012 XVI:1 schreibt die summarische Begründung des Zuschlags lediglich auf Ersuchen einer Anbieterin vor).
40 Botschaft BöB, S. 1976.

B. Im Beschwerdeverfahren

1. Übersicht

19 Gegen Verfügungen der Auftraggeberinnen des Bundes ist die Beschwerde an das Bundesverwaltungsgericht möglich, sofern bei Bauleistungen der Schwellenwert des offenen oder selektiven Verfahrens und bei Lieferungen und Dienstleistungen der Schwellenwert des Einladungsverfahrens erreicht ist (BöB 52 Abs. 1). Dies gilt auch bei freihändigen Vergaben aufgrund eines Ausnahmetatbestands. Ausserhalb des Staatsvertragsbereichs kann auf Bundesebene mit der Beschwerde nur die Feststellung der Rechtswidrigkeit der angefochtenen Verfügung beantragt werden (sog. Sekundärrechtsschutz); damit kann «adhäsionsweise» ein Schadenersatzbegehren verbunden werden (BöB 52 Abs. 2). In den Kantonen ist gegen Verfügungen der Auftraggeberinnen mindestens ab dem für das Einladungsverfahren massgebenden Auftragswert die Beschwerde an das kantonale Verwaltungsgericht als einzige kantonale Instanz zulässig (IVöB 52 Abs. 1).[41] Urteile des Bundesverwaltungsgerichts und der kantonalen Verwaltungsgerichte können unter bestimmten Voraussetzungen (Erreichen der staatsvertraglichen Schwellenwerte und Beurteilung einer Rechtsfrage von grundsätzlicher Bedeutung[42]) mit Beschwerde in öffentlich-rechtlichen Angelegenheiten an das Bundesgericht weitergezogen werden (BGG 83 Bst. f, BGG 85 und BGG 100 Abs. 1). Gegen die Urteile der kantonalen Verwaltungsgerichte steht zusätzlich die subsidiäre Verfassungsbeschwerde an das Bundesgericht offen (BGG 113).[43]

20 Das Verfahren vor dem Bundesverwaltungsgericht bestimmt sich nach dem VwVG, soweit das BöB und das VVG nichts anderes bestimmen. Sonderregeln gelten in Bezug auf die Beschwerdeobjekte (BöB 53), die Beschwerdegründe (BöB 56 Abs. 3) und die Beschwerdefrist (BöB 56 Abs. 1). Demgegenüber richtet sich die Beschwerdelegitimation grundsätzlich nach dem VwVG (vgl. aber BöB 56 Abs. 4). Vom VwVG abweichende Regelungen finden sich auch in Bezug auf die aufschiebende Wirkung (BöB 54), die Akteneinsicht (BöB 57 Abs. 2), die Kognition[44] (BöB 56 Abs. 3) und den Beschwerdeentscheid (BöB 58). In Bezug auf die Garantie des verfassungsmässigen Richters gemäss BV 30 kennt der Vergabeprozess keine Besonderheiten. Gemäss VGG 38 gelten die für das Verfahren vor Bundesgericht anwendbaren Ausstandsregeln für das bundesverwaltungsgerichtliche Verfahren sinngemäss.[45] Das Verfahren wird auch in Vergaberechtsstreitsachen vom Untersuchungsgrundsatz, wonach die Beschwerdeinstanz den rechtserheb-

---

41 Den Kantonen bleibt es ausserhalb des Staatsvertragsbereichs unbenommen, Rechtsschutz in einem weiteren Umfang zu gewähren (vgl. Musterbotschaft IVöB, S. 95). Vgl. ebenfalls Art. 52 N 16.
42 Dabei muss es sich um eine grundsätzliche Rechtsfrage aus dem Gebiet des öffentlichen Beschaffungsrechts handeln (BGE 143 II 425, E. 1.3.2.).
43 Das Verfahren richtet sich nach BGG 29 ff.
44 Die Kognition des Bundesverwaltungsgerichts bildet das prozessuale Spiegelbild der Beschwerdegründe (GALLI/MOSER/LANG/STEINER, Rz. 1388).
45 MOSER/BEUSCH/KNEUBÜHLER, Rz. 3.58.

lichen Sachverhalt von Amtes wegen feststellt (VwVG 12), beherrscht. Dieser gilt jedoch nicht uneingeschränkt, sondern ist eingebunden in den Verfügungsgrundsatz, das Erfordernis der Begründung einer Rechtsschrift (VwVG 52 Abs. 1), die objektive Beweislast sowie in die Regeln der Sachverhaltsabklärung und Beweiserhebung mit richterlichen Obliegenheiten und Mitwirkungspflichten der Parteien (VwVG 13).[46] Das Bundesverwaltungsgericht zieht in Vergaberechtsstreitigkeiten zur Klärung von Sachumständen, die ein spezielles Fachwissen erfordern, gelegentlich – auch schon für den Zwischenentscheid zur aufschiebenden Wirkung – Experten bei.[47]

2. Anfechtungsobjekte

Die anfechtbaren Entscheide («Verfügungen») werden in BöB/IVöB 53 Abs. 1 Bst. a–i abschliessend aufgezählt. Im Übrigen ist der Rechtsschutz gegen Verfügungen nach dem Gesetz bzw. der Vereinbarung ausgeschlossen (BöB/IVöB 53 Abs. 5). BöB 53 stellt damit eine *lex specialis* zu VwVG 44 dar.[48]   21

3. Beschwerdefrist

GPA 2012 XVIII:3 verlangt eine ausreichende Frist für die Vorbereitung und Einreichung der Beschwerde gegen den Zuschlag. Sie muss mindestens 10 Tage ab Kenntnis der wesentlichen Entscheidgründe betragen. Bereits aBöB 30 sah eine – gegenüber VwVG 50 Abs. 1 (30 Tage) verkürzte – Beschwerdefrist von 20 Tagen vor. BöB 56 Abs. 1 übernimmt die bisherige Regelung. Eine Frist von 20 Tagen wird als angemessen erachtet, um einerseits (dem in Vergabesachen qualifizierten[49]) Beschleunigungsgebot und dem Bestreben, den Beschaffungsvorgang zeitnah abzuschliessen, Rechnung zu tragen und andererseits – durch eine allzu kurze Frist mitverursachte – unbegründete «Spontanbeschwerden» zu verhindern. Die 20-tägige Frist ermöglicht auch ein professionelles Debriefing.[50] Die IVöB, die bisher für die Kantone eine Beschwerdefrist von 10 Tagen vorsah,[51] hat die Regelung übernommen.   22

---

46 Moser/Beusch/Kneubühler, Rz. 1.49, 3.119 ff.; Galli/Moser/Lang/Steiner, Rz. 1380.
47 BVGer B-743/2007 vom 31.07.2007, E. 3.5.1; BVGer B-7216/2014 vom 30.09.2015, E. 5.3 ff.; BVGer B-7216/2014 vom 18.03.2020.
48 Zur Vereinbarkeit mit BV 29a (Rechtsweggarantie) vgl. Galli/Moser/Lang/Steiner, Rz. 1206, 1220, 1289.
49 Gemäss Bundesverwaltungsgericht gilt ein qualifiziertes Beschleunigungsgebot bis zum Entscheid über die aufschiebende Wirkung (BVGE 2012/6, E. 3.4). Generell ist zu beachten, dass Beschwerden gegen Beschaffungsvorhaben jedenfalls in denjenigen Fällen, in denen es nicht nur um die Feststellung der Widerrechtlichkeit einer Vergabeverfügung geht, möglichst beförderlich zu behandeln sind. Eine Verfahrensdauer von fünf Jahren und vier Monaten ist selbst bei einem Fall mit sehr hoher Komplexität (BVGer B-7216/2014 vom 18.03.2020) deutlich zu lang (a.M. anscheinend BGer 12T_1/2020 vom 28.04.2020).
50 Botschaft BöB, S. 1983.
51 aIVöB 15 Abs. 2.

4. Beschwerdeschrift, Beschwerdeergänzung, Devolutiveffekt, Wiedererwägung

23 In Bezug auf die formellen und inhaltlichen Anforderungen an die Beschwerde und die Möglichkeit der Beschwerdeergänzung gelten VwVG 52 f.[52] Mit Einreichung der Beschwerde geht die Behandlung der Sache, die Gegenstand der angefochtenen Verfügung bildet, auf die Beschwerdeinstanz über (VwVG 54). Diese devolutive Wirkung der Beschwerde wird allerdings durch die Möglichkeit der Beschaffungsstelle, die angefochtene Verfügung *lite pendente* in Wiedererwägung[53] zu ziehen, relativiert (VwVG 58 Abs. 1 und 2). In den Kantonen geltend die entsprechenden Vorschriften des jeweilig anwendbaren kantonalen Verwaltungsrechtspflegegesetzes. Das Vergaberecht beansprucht diesbezüglich keine Abweichungen.

5. Keine Geltung von Gerichtsferien

24 Art. 56 Abs. 2 BöB erklärt die Bestimmungen des VwVG und des BGG über den Fristenstillstand auf Vergabeverfahren nicht anwendbar.[54] Damit gelten in Vergabesachen auch im Beschwerdeverfahren vor Bundesverwaltungsgericht (und vor Bundesgericht) keine Gerichtsferien (mehr).[55] IVöB 56 Abs. 2 schliesst die Geltung von Gerichtsferien für die kantonalen Verwaltungsgerichte ebenfalls aus. Auch bei einem Weiterzug eines Urteils des Bundesverwaltungsgerichts oder eines kantonalen Verwaltungsgerichts an das Bundesgericht kommen die Vorschriften über den Fristenstillstand gemäss BGG 46 Abs. 1 gestützt auf (den neu eingefügten) BGG 46 Abs. 2 Bst. e (Verfahren betreffend die öffentlichen Beschaffungen) nicht (mehr) zur Anwendung. Die Geltung von allfälligen Sperrzeiten (Gerichtsferien) ist mithin im Bereich der öffentlichen Beschaffungen für das gesamte Verfahren[56] (einschliesslich der Verfahren vor erster und zweiter Beschwerdeinstanz) ausgeschlossen.

---

52 MOSER/BEUSCH/KNEUBÜHLER, Rz. 2.211 ff.
53 BVGer B-2957/2017 vom 23.06.2017, E. 5.2. In der Praxis wird die Wiedererwägung nicht nur bis zur Vernehmlassung (VwVG 58), sondern in der Regel bis vor Ergehen des Endentscheids zugelassen (GALLI/MOSER/LANG/STEINER, Rz. 1376; VwVG-Kommentar 2019-MÄCHLER, Art. 58 N 16).
54 VwVG und BGG sind durch VwVG 22a Abs. 2 Bst. b bzw. BGG 46 Abs. 2 Bst. e (vgl. BöB Anhang 7 zu BöB 61) im Sinne der Nichtgeltung des Fristenstillstands für öffentliche Beschaffungen angepasst bzw. ergänzt worden. Selbstredend kann sich die Wegbedingung der Bestimmungen über den Fristenstillstand in BöB 56 Abs. 2 nur auf VwVG 22a Abs. 1 und BGG 46 Abs. 1 beziehen, hingegen gerade nicht auf die (neu) eingefügten Ausnahmetatbestände gemäss VwVG 22 Abs. 2 Bst. b und BGG 46 Abs. 2 Bst. e.
55 Der Bund hat damit die in den Kantonen schon bisher geltende Regelung von aIVöB 15 Abs. 2bis übernommen.
56 Botschaft BöB, S. 1983.

6. Beschwerdegründe, Kognition

Mit Beschwerde gerügt werden kann die Verletzung von Bundesrecht einschliesslich 25
Über- und Unterschreitung oder Missbrauch des Ermessens sowie die unrichtige oder
unvollständige Feststellung des rechtserheblichen Sachverhalts (VwVG 49 Bst. a und b).
In Abweichung zu VwVG 49 Bst. c kann die Unangemessenheit einer Verfügung im Beschwerdeverfahren nicht gerügt werden (BöB 56 Abs. 3 als *lex specialis*).[57] Entsprechend
ist die Überprüfungsbefugnis des Bundesverwaltungsgerichts auf die genannten Beschwerdegründe beschränkt. Das Gericht darf nicht in den Ermessensspielraum der Beschaffungsstelle, die in der Regel über besondere Sachkenntnisse verfügt, eingreifen.[58]
Die Überprüfung der Angemessenheit des Zuschlags, insb. des Bewertungsvorgangs,
ist mangels Justiziabilität technischer und wirtschaftlicher Kriterien nicht möglich.[59]
Ob die Prozessvoraussetzungen erfüllt sind bzw. ob auf eine Beschwerde einzutreten
ist, prüft das Bundesverwaltungsgericht hingegen von Amtes wegen und mit freier Kognition.[60] Im Beschwerdeverfahren vor den kantonalen Verwaltungsgerichten ist die
Überprüfung der Angemessenheit von anfechtbaren Vergabeverfügungen ebenfalls ausgeschlossen (IVöB 56 Abs. 4).

Auf Beschwerden gegen die Verhängung einer Sanktion findet die Beschränkung der Be- 26
schwerdegründe wegen des strafähnlichen Charakters keine Anwendung (BöB/IVöB 53
Abs. 3). Es gilt das Verwaltungsverfahrensrecht. D.h., es kann auch die Unangemessenheit einer Sanktion gerügt werden, und der Beschwerdeinstanz kommt die volle Überprüfungsbefugnis zu.[61]

7. Beschwerdelegitimation

Die Beschwerdelegitimation beurteilt sich bei Beschaffungen von Vergabestellen des 27
Bundes nach den allgemeinen Bestimmungen der Bundesverwaltungsrechtspflege. Gemäss VwVG 48 Abs. 1 ist zur Beschwerde berechtigt, wer am vorinstanzlichen Verfahren
teilgenommen hat, durch den angefochtenen Entscheid besonders berührt ist und ein
schutzwürdiges Interesse an dessen Änderung oder Aufhebung hat. Nicht berücksichtigte Anbieterinnen waren nach der Rechtsprechung des Bundesverwaltungsgerichts
(und seiner Vorgängerin, der BRK) zur Beschwerde gegen Vergabeentscheide legitimiert, und zwar unabhängig von ihren konkreten Zuschlagschancen. Diese Praxis hat
das Bundesgericht mit BGE 141 II 14, E. 4.6 ff., im Sinne der Voraussetzung einer «reellen Chance» auf den Zuschlag im Falle der Gutheissung der Beschwerde korrigiert. Das
Bundesverwaltungsgericht hat die bundesgerichtliche Rechtsprechung zwischenzeitlich

---

57 Bereits aBöB 31 schloss den Beschwerdegrund der Unangemessenheit für das Beschwerdeverfahren in Submissionsstreitigkeiten spezialgesetzlich aus (GALLI/MOSER/LANG/STEINER, Rz. 1388).
58 Vgl. etwa BVGE 2017 IV/3, E. 4.3.3 m.H.
59 Botschaft BöB, S. 1983.
60 BVGE 2017 IV/4, E. 1.1 m.H.
61 Botschaft BöB, S. 1980; Musterbotschaft IVöB, S. 96.

übernommen.⁶² Das BöB enthält nur für die Anfechtung von Zuschlägen im freihändigen Verfahren eine eigene Legitimationsbestimmung. Danach kann gegen einen freihändig erteilten Zuschlag nur Beschwerde führen, wer nachweist (oder zumindest glaubhaft macht⁶³), dass er die nachgefragte Leistung oder damit substituierbare Leistungen erbringen kann und erbringen will (BöB 56 Abs. 4 BöB). Die IVöB enthält in IVöB 56 Abs. 5 eine analoge Bestimmung. Im Übrigen richtet sich die Beschwerdebefugnis in den Kantonen nach den jeweiligen Verwaltungsrechtspflegegesetzen.

8. Streitgegenstand und Rechtsbegehren

28 Der Streitgegenstand bestimmt sich auch im Beschaffungsprozess durch die Parteibegehren.⁶⁴ Diese können kassatorischer und reformatorischer Natur sein. Bei Beschwerden ausserhalb des Staatsvertragsbereichs kann dem Bundesverwaltungsgericht allerdings nur beantragt werden, es sei die Rechtswidrigkeit der angefochtenen Verfügung festzustellen (BöB 52 Abs. 2). Mit dem Feststellungsbegehren kann ein Schadenersatzbegehren verbunden werden (BöB 58 Abs. 3).⁶⁵

9. Aufschiebende Wirkung

29 Die Beschwerde hat keine aufschiebende Wirkung (BöB 54 Abs. 1).⁶⁶ Bei Beschwerden im Staatsvertragsbereich kann das Bundesverwaltungsgericht auf Gesuch hin aufschiebende Wirkung gewähren, wenn die Beschwerde als ausreichend begründet erscheint und keine überwiegenden öffentlichen Interessen entgegenstehen.⁶⁷ Das Beschaffungsrecht verkehrt damit die allgemeine Regelung in VwVG 55, wonach der Beschwerde von Gesetzes wegen aufschiebende Wirkung zukommt, diese aber entzogen werden kann, ins Gegenteil.⁶⁸ Dies allerdings aus Beschaffungssicht mit guten Gründen. Mit der automatischen Gewährung der aufschiebenden Wirkung wären oftmals erhebliche Verzögerungen und Mehrkosten bei der Beschaffung zu gewärtigen. Zur Frage der aufschiebenden Wirkung findet in der Regel nur ein Schriftenwechsel statt (BöB 54 Abs. 2 Satz 2).⁶⁹ Gemäss BöB 54 Abs. 3 wird ein rechtsmissbräuchliches oder treuwidriges Gesuch nicht geschützt, und die Auftraggeberin sowie die berücksichtigte Anbieterin sind berechtigt,

---

62 Vgl. BVGer B-5601/2018 vom 24.04.2019, E. 1.5 m.H.
63 Botschaft BöB, S. 1984.
64 VwVG-Kommentar 2019-Moser, Art. 52 N 3.
65 Vgl. unten N 33.
66 Wie schon bis anhin (vgl. BöB 28 Abs. 1).
67 Bei Vergaben ausserhalb des Staatsvertragsbereichs stellt sich die Frage von vornherein nicht.
68 Das GPA 2012 legt es – wie schon das GPA 1994 – in das Ermessen der Mitgliedstaaten, ob einer Beschwerde automatisch die aufschiebende Wirkung zukommen soll oder nicht (GPA 2012 XVIII:7 Bst. a).
69 Diese Regelung wurde aufgrund der Praxis der Gerichte (bzw. des Bundesverwaltungsgerichts), jeden Antrag superprovisorisch zu schützen und in Dreierbesetzung nach doppeltem Schriftenwechsel zu entscheiden, ins BöB aufgenommen. Damit soll verhindert werden, dass unbegründete Beschwerden zu Projektverzögerungen führen (Botschaft BöB, S. 1982).

gestützt darauf vor den Zivilgerichten Schadenersatzansprüche nach Massgabe von OR 41 geltend zu machen.[70] Den Beschwerden gegen die Verhängung von Sanktionen kommt von Gesetzes wegen aufschiebende Wirkung zu (BöB 53 Abs. 3 i.V.m. VwVG 55).

10. Akteneinsicht

Im Gegensatz zum Vergabeverfahren (Verfügungsverfahren) besteht im Beschwerdeverfahren grundsätzlich in BöB 57 Abs. 2/IVöB 57 Abs. 3 ein Anspruch auf Akteneinsicht. Er setzt ein Gesuch der Beschwerdeführerin voraus und beschränkt sich auf die Einsichtnahme in die Bewertung ihres Angebots und in weitere entscheidrelevante Verfahrensakten, soweit nicht überwiegende öffentliche oder private Interessen entgegenstehen. Die Rechte Dritter (z.B. Geschäftsgeheimnisse) sind bei der Gewährung der Akteneinsicht angemessen und wirksam zu schützen.[71] Bei BöB 57 Abs. 2 handelt es sich um eine *lex specialis* zu den VwVG 26–28,[72] wobei davon auszugehen ist, dass in Bezug auf die Massgeblichkeit geheimer Akten für den Entscheid VwVG 28 nach wie vor Geltung hat.

30

11. Beschwerdeentscheid

Die Beschwerdeinstanz kann in der Sache selber entscheiden oder diese mit verbindlichen Anweisungen an die Beschaffungsstelle zurückweisen (BöB/IVöB 58 Abs. 1). Bei Feststellungsbegehren wird das Gericht stets selber entscheiden, da dort eine Rückweisung undenkbar ist; ansonsten hat es von Fall zu Fall über das geeignete Vorgehen zu befinden. Eine Zuschlagserteilung durch das Gericht wird nur in liquiden Fällen möglich sein.[73] Der früheren Praxis des Bundesverwaltungsgerichts (und zuvor der BRK), wonach im Falle der Aufhebung des widerrechtlichen Zuschlags und der Rückweisung an die Vorinstanz zur Neubeurteilung nur noch die obsiegende Beschwerdeführerin und die vormalige Zuschlagsempfängerin für den Zuschlag in Betracht kamen, nicht aber die übrigen Anbieterinnen, hat das Bundesgericht mit BGE 141 II 14, E. 4.7, ein Ende bereitet.[74]

31

---

70 Botschaft BöB, S. 1982.
71 Botschaft BöB, S. 1984; Musterbotschaft IVöB, S. 99.
72 Bisher kamen gestützt auf den Verweis in VGG 37 die VwVG 26–28 im Verfahren vor dem Bundesverwaltungsgericht zur Anwendung (GALLI/MOSER/LANG/STEINER, Rz. 1363). Sie waren durch aBöB 26 Abs. 2 nur für das Verfügungsverfahren wegbedungen. Für das Beschwerdeverfahren enthielt das aBöB keine eigene Bestimmung zur Akteneinsicht. Vom Einsichtsrecht ausgenommen waren jene Akten, bez. welcher ein überwiegendes Geheimhaltungsinteresse bestand (VwVG 27 Abs. 1 Bst. a und b).
73 Botschaft BöB, S. 1984. Ein Beispiel für ein reformatorisches Urteil ist der Entscheid des VGer SO, VWBES. 2018.274 vom 17.09.2018 (Erteilung des neuen Zuschlags an die Beschwerdeführerin durch das Gericht). Vgl. nun auch BGer 2C_979/2018 vom 22.01.2020, E. 6.2.1 und 6.3.4 (zur Publikation vorgesehen).
74 Das Bundesverwaltungsgericht hat seine Rechtsprechung dementsprechend angepasst (BVGer B-5601/2018 vom 24.04.2019, E. 8).

12. Verfahrens- und Parteikosten

32 In Bezug auf die Verfahrenskosten und die Parteientschädigung kennt das Vergaberecht (BöB/IVöB) keine besonderen Bestimmungen.[75] Für das Verfahren vor Bundesverwaltungsgericht gelten VwVG 63 und 64 sowie das VGKE.[76] Den Vergabestellen des Bundes werden auch im Falle des Unterliegens keine Verfahrenskosten auferlegt (VwVG 63 Abs. 2). Umgekehrt kommt den im Beschwerdeverfahren obsiegenden Auftraggeberinnen des Bundes kein Anspruch auf Parteientschädigung zu (VGKE 7 Abs. 3).[77] Das Bundesgericht hat es abgelehnt, die Frage, ob die (privatrechtlich konstituierte) Swissgrid AG als obsiegende Auftraggeberin einen Anspruch auf Parteikostenersatz habe, als Rechtsfrage von grundsätzlicher Bedeutung aus dem Gebiet des öffentlichen Beschaffungsrecht zu qualifizieren.[78]

13. Schadenersatz

33 Das Vergaberecht enthält in BöB/IVöB 58 Abs. 3 und 4 eine spezialgesetzliche Regelung der Staatshaftung, indem die Beschwerdeinstanz gleichzeitig mit der Feststellung der Rechtswidrigkeit der angefochtenen Verfügung über ein allfälliges Schadenersatzbegehren entscheidet. Voraussetzung für eine Behandlung im Rahmen des Beschwerdeverfahrens ist, dass das Schadenersatzbegehren liquid ist. Die Anspruchsvoraussetzungen richten sich im Bund wie bisher nach dem VG. Der Schadenersatz ist dabei beschränkt auf die erforderlichen Aufwendungen, die der Anbieterin im Zusammenhang mit der Vorbereitung und Einreichung ihres Angebots erwachsen sind.[79]

IV. Rechtsvergleichung

34 Alle Verfahren zur Vergabe öffentlicher Aufträge in der EU werden auf der Grundlage nationaler Vorschriften durchgeführt. Bei Aufträgen von höherem Auftragswert basieren diese Vorschriften auf den allgemeinen EU-Vorschriften für die Vergabe öffentlicher Aufträge (insb. auf der RL 2014/24/EU), die den Vergaberechtsrahmen für die EU-Mitgliedstaaten vorgeben. In Deutschland regelt das GWB in Teil 4 die Vergabe von öffentlichen Aufträgen und Konzessionen. Der Rechtsschutz erfolgt in einem zweistufigen Kontrollverfahren («Nachprüfungsverfahren»); in der ersten Instanz durch verwaltungsinterne Vergabekammern des Bundes und der Länder (GWB 155 ff.), bei Rechtsmitteleinlegung durch die Vergabesenate der Oberlandesgerichte (GWB 171 ff.). Das Verfahren vor der Vergabekammer richtet sich nach GWB 160 ff. Von den Regelungen

---

75 Vgl. GALLI/MOSER/STEINER/LANG, Rz. 1430 ff.
76 VwVG 65 (unentgeltliche Rechtspflege) dürfte bei beschaffungsrechtlichen Streitigkeiten kaum je eine Bedeutung zukommen.
77 Vgl. GALLI/MOSER/LANG/STEINER, Rz. 1443; kritisch Komm BöB-TRÜEB, Art. 28 N 8.
78 BGer 2C_590/2017 vom 21.09.2017, E. 1.4 ff.
79 Botschaft BöB, S. 1985 f.; Musterbotschaft IVöB, S. 100.

zum Verwaltungsverfahren darf dabei durch Landesrecht nicht abgewichen werden (GWB 170).[80] Rechtsvergleichend von Interesse ist namentlich das in GWB 167 statuierte Beschleunigungsgebot, wonach die Vergabekammer ihre Entscheidung grundsätzlich innert einer Frist von fünf Wochen trifft und schriftlich begründet.[81]

---

80 Für das Verfahren vor dem Vergabesenat des OLG verweist GWB 175 Abs. 2 auf die Verfahrensvorschriften bei kartellrechtlichen Streitsachen (GWB 69 ff.).
81 Vgl. zudem GWB 176 für das zweitinstanzliche Verfahren vor dem Vergabesenat.

Art. 56 Beschwerdefrist, Beschwerdegründe und Legitimation

[1] Beschwerden müssen schriftlich und begründet innert 20 Tagen seit Eröffnung der Verfügung eingereicht werden.

[2] Die Bestimmungen des VwVG und des Bundesgerichtsgesetzes vom 17. Juni 2005 über den Fristenstillstand finden keine Anwendung auf die Vergabeverfahren nach dem vorliegenden Gesetz. / *Es gelten keine Gerichtsferien.*

[3] *Mit der Beschwerde können gerügt werden:*

    a) *Rechtsverletzungen, einschliesslich Überschreitung oder Missbrauch des Ermessens; sowie*

    b) *die unrichtige oder unvollständige Feststellung des rechtserheblichen Sachverhalts.*

[3/4] Die Angemessenheit einer Verfügung kann im Rahmen eines Beschwerdeverfahrens nicht überprüft werden.

[4/5] Gegen Zuschläge im freihändigen Verfahren kann nur Beschwerde führen, wer nachweist, dass sie oder er die nachgefragten Leistungen oder damit substituierbare Leistungen erbringen kann und erbringen will. Es kann nur gerügt werden, das freihändige Verfahren sei zu Unrecht angewandt oder der Zuschlag sei aufgrund von Korruption erteilt worden.

Inhaltsverzeichnis

I.	Grundlagen	1
II.	Abs. 1: Beschwerdeschrift und Beschwerdefrist	6
III.	Abs. 2: Fristenstillstand	16
IV.	Abs. 3 BöB/Abs. 3 und 4 IVöB: Beschwerdegründe	19
V.	Abs. 4 BöB/Abs. 5 IVöB: Legitimation, Beschwerde gegen den freihändig erteilten Zuschlag	26
VI.	Rechtsvergleichung	46

I. Grundlagen

1 Gemäss GPA 2012 XVIII:1 haben die Vertragsstaaten «rasche, wirksame, transparente und nichtdiskriminierende» Beschwerdeverfahren vorzusehen. Den Anbieterinnen ist eine ausreichende Frist für die Vorbereitung und Einreichung der Beschwerde zu gewähren, welche mindestens zehn Tage ab dem Zeitpunkt zu betragen hat, ab dem der Anlass der Beschwerde bekannt ist oder vernünftigerweise bekannt sein sollte (GPA 2012 XVIII:3).

2 Die Rechtsschutzbestimmungen im Vergaberecht weichen in verschiedenen Punkten von den Normen des allgemeinen Verfahrensrechts (VwVG 44 ff.) ab, um den Eigenhei-

ten des Vergabeverfahrens Rechnung zu tragen. Dies betrifft namentlich die Beschwerdefrist und den Fristenlauf, die Anforderungen an die Begründung der Beschwerde sowie die zulässigen Beschwerdegründe. Die verfahrensrechtlichen Spezialvorschriften bezwecken einerseits eine Beschleunigung des Verfahrens und andererseits die Herstellung von (rascher) Rechtssicherheit.[1]

BöB 56 Abs. 1 und IVöB 56 Abs. 1 sehen neu eine einheitliche 20-tägige Beschwerdefrist ab Eröffnung der angefochtenen Verfügung sowohl für das eidgenössische als auch für die kantonalen Vergabeverfahren vor. 3

Im Bund richtete sich unter altem Recht der Fristenlauf nach den allgemeinen Bestimmungen über die Bundesverwaltungsrechtspflege (vgl. aBöB 26 Abs. 1). Im Beschwerdeverfahren vor Bundesverwaltungsgericht galt demnach bislang der Fristenstillstand gemäss VwVG 22a Abs. 1 und im Verfahren vor Bundesgericht gemäss BGG 46 Abs. 1 – der Ausschluss in aBöB 26 Abs. 2 bezog sich nur auf das Verfügungsverfahren. Kein Fristenstillstand galt in Beschwerdeverfahren betreffend Entscheide über die aufschiebende Wirkung und andere vorsorgliche Massnahmen (VwVG 22a Abs. 2 i.V.m. VGG 37 und BGG 46 Abs. 2). Neu gibt es auch in den Beschwerdeverfahren vor Bundesverwaltungsgericht und Bundesgericht generell keinen Fristenstillstand mehr. Der Gesetzgeber bezweckte mit dieser Anpassung neben einer Beschleunigung der Beschwerdeverfahren eine Angleichung an die in zahlreichen Kantonen geltende Regelung.[2] IVöB 56 Abs. 2 entspricht der bisherigen Regelung (aIVöB 15 Abs. 2bis).[3] 4

Im beschaffungsrechtlichen Beschwerdeverfahren sind die zulässigen Beschwerdegründe eingeschränkt. Sowohl die Bedarfsermittlung als auch die Angebotsbewertung sind nur in begrenztem Masse einer gerichtlichen Überprüfung zugänglich. Die Vergabebehörden geniessen bei der Wahl und Umschreibung des Beschaffungsgegenstands eine relativ grosse Freiheit, denn sie kennen den eigenen Bedarf zur Erfüllung der ihnen obliegenden öffentlichen Aufgaben und die genauen technischen Anforderungen selbst am besten. Die Gerichte sind keine «Obervergabebehörden»[4] und auferlegen sich entsprechend bei der Überprüfung von Vergabeentscheiden in dieser Hinsicht eine gewisse Zurückhaltung.[5] Besondere Anforderungen an die Beschwerdegründe und die Beschwerdelegitimation werden schliesslich bei der Anfechtung freihändig erteilter Zuschläge gestellt. 5

---

1   Vgl. Botschaft BöB, S. 1980.
2   Vgl. Botschaft BöB, S. 1983.
3   Siehe Musterbotschaft IVöB, S. 98.
4   BVGer B-822/2010 vom 10.03.2010, E. 4.3.
5   Vgl. BGE 125 II 86, E. 6.

II. Abs. 1: Beschwerdeschrift und Beschwerdefrist

6 Im Zuge der IVöB-Revision wurde die Beschwerdefrist für kantonale Verfahren mit der geltenden bundesrechtlichen Regelung harmonisiert. Die neu einheitlich sowohl für eidgenössische als auch für kantonale Vergabeverfahren anwendbare 20-tägige Beschwerdefrist liegt zwischen der Mindestanforderung des GPA 2012 (vgl. N 1) und der üblichen 30-tägigen Frist von VwVG 50 Abs. 1. Die bisherige 10-tägige Beschwerdefrist gemäss aIVöB 15 Abs. 2 erwies sich als äusserst knapp. Bei der Bemessung der Frist auf 20 Tage wollte der Gesetzgeber gleichzeitig dem qualifizierten Beschleunigungsgebot im Vergabeverfahren Rechnung tragen und dem Risiko unbegründeter «Spontanbeschwerden» begegnen.[6]

7 Die Frist läuft ab Eröffnung der angefochtenen Verfügung. Die Eröffnung der Ausschreibung, des Zuschlags (erfasst werden auch freihändige Zuschläge ab dem für das offene oder selektive Verfahren massgebenden Schwellenwert, vgl. BöB 48 Abs. 1 bzw. im Staatsvertragsbereich IVöB 48 Abs. 1) und des Abbruchs erfolgt grundsätzlich durch Publikation auf der von Bund und Kantonen betriebenen Internetplattform, sofern gegen diese Verfügungen ein Rechtsmittel besteht. Die Vergabestelle kann die Verfügungen aber auch (fakultativ) vor Publikation individuell den Anbieterinnen eröffnen. Die übrigen Verfügungen werden nach Wahl der Vergabestelle entweder durch Publikation oder durch individuelle Zustellung eröffnet (BöB 51 Abs. 1). Im Falle der Eröffnung durch individuelle Zustellung (auch wenn danach noch eine Publikation erfolgt bzw. zu erfolgen hat, vgl. BöB/IVöB 48 Abs. 1) läuft die Frist bereits ab dem auf die Mitteilung folgenden Tag (BöB 55 i.V.m. VwVG 20 Abs. 1), wobei allenfalls die Zustellfiktion (VwVG 20 Abs. 2bis) zum Tragen kommt. Ist der letzte Tag der Frist ein Samstag, ein Sonntag oder ein vom Bundesrecht oder vom kantonalen Recht anerkannter Feiertag, so endet die Frist am nächstfolgenden Werktag. Massgebend ist das Recht des Kantons, in welchem der Verfügungsadressat oder dessen Vertreter seinen Wohnsitz oder Sitz hat (VwVG 20 Abs. 3).

8 Die Beschwerdefrist wird nur durch Verfügungen ausgelöst, welche den formellen Anforderungen von BöB 55 i.V.m. VwVG 35 bzw. von IVöB 55 i.V.m. den kantonalen Verwaltungsverfahrensgesetzen genügen. Schriftliche Verfügungen sind als solche zu bezeichnen, zu begründen und mit einer Rechtsmittelbelehrung zu versehen (VwVG 35 Abs. 1). So ist etwa weder eine telefonische Mitteilung der Vergabestelle an eine Anbieterin, ihr Angebot werde nicht berücksichtigt und der Zuschlag gehe an eine Mitbewerberin, noch eine schriftliche Mitteilung, bei der die Rechtsmittelbelehrung fehlt, fristauslösend.[7] Zu den Anforderungen an die Begründung der Verfügung vgl. N 11 ff.

9 Das BöB verlangt, dass die Beschwerde «schriftlich und begründet» einzureichen sei. Mit Schriftlichkeit ist gemeint, dass der Erklärungsinhalt einer Eingabe «verurkundet»,

---

6 Botschaft BöB, S. 1983; Musterbotschaft IVöB, S. 98.
7 Komm BöB-Trüeb, Art. 30 N 2 m.w.H.

d.h. in Schriftform auf einem dauerhaften Erklärungsträger (regelmässig ein Papierdokument), festgehalten ist.[8] Eine Einreichung mittels Telefax oder Kopie ist nicht möglich: Das Gesetz verlangt eine eigenhändige Unterschrift (BöB 55 i.V.m. VwVG 52 Abs. 1 und VwVG 67 Abs. 3; BGG 42 Abs. 1 verlangt generell eine eigenhändige Unterschrift für Rechtsschriften).[9]

Genügt die Beschwerde den Formerfordernissen nicht (mangelnde Begründung, Fehlen einer eigenhändigen Unterzeichnung), so räumt die Beschwerdeinstanz dem Beschwerdeführer eine kurze Nachfrist zur Verbesserung ein, sofern sich die Beschwerde nicht als offensichtlich unzulässig erweist (VwVG 52 Abs. 2). Diese Bestimmung kann aber nur anrufen, wer die eigenhändige Unterzeichnung «unfreiwillig» unterlässt, nicht aber, wer sie durch Einreichung einer Eingabe mittels Telefax bewusst verletzt.[10] 10

Voraussetzung einer hinreichend begründeten Beschwerde ist die Kenntnis der wesentlichen Erwägungen der Vergabestelle für die erlassene Verfügung. Gemäss BöB 51 Abs. 2 sind Verfügungen summarisch zu begründen. Die Anforderungen an die summarische Begründung von Zuschlagsverfügungen wurden gegenüber dem alten Recht angehoben: Unter altem Recht erfolgte gestützt auf aBöB 23 Abs. 1 eine Begründung, wie das Resultat des Verfahrens zustande gekommen ist.[11] Häufig begnügten sich Vergabestellen sogar mit Floskeln wie z.B. «Der Zuschlag wurde dem wirtschaftlichen günstigsten Angebot erteilt».[12] Erst auf entsprechendes Gesuch hin waren der nicht berücksichtigten Anbieterin gestützt auf aBöB 23 Abs. 2 genauere Angaben insb. zu den Gründen der Nichtberücksichtigung des Angebots «umgehend» bekannt zu geben. Die 20-tägige Beschwerdefrist begann jedoch bereits mit Eröffnung der gemäss aBöB 23 Abs. 1 summarisch begründeten Verfügung, ungeachtet des Umstands, wie rasch die Vergabestelle die ausführlichere Begründung nach Abs. 2 nachlieferte bzw. ob diese überhaupt innert laufender Beschwerdefrist noch bei der Anbieterin eintraf. U.U. waren Anbieterinnen damit zur Einreichung von «Blankobeschwerden» unter Vorbehalt später nachgereichter Begründung gezwungen.[13] 11

Gemäss BöB/IVöB 51 Abs. 3 erfasst die summarische Begründung der Zuschlagsverfügung neu Angaben über die Art des Vergabeverfahrens und den Namen der berücksichtigten Anbieterin (Bst. a), den Gesamtpreis des berücksichtigten Angebots oder – allerdings nur bei Beschaffungen gemäss BöB – ausnahmsweise die tiefsten und die höchsten 12

---

8   VwVG-Kommentar-AUER/MÜLLER/SCHINDLER, Art. 21 N 7.
9   Vgl. BGE 121 II 252, E. 4.
10 BGE 124 II 358, E. 2.
11 SCHERLER, Verfügungen, Rz. 42.
12 BEYELER, Ziele, Rz. 242; kritisch zu diesem Vorgehen GALLI/MOSER/LANG/STEINER, Rz. 1243 m.H. auf BGer 2D_40/2008 vom 19.05.2008, E. 2.4.
13 Zur Problematik dieser Rechtslage unter dem Blickwinkel der Wirksamkeit des Rechtsschutzes im Vergaberecht siehe BEYELER, Ziele, Rz. 243. Die Rechtsprechung gewährte der Anbieterin in solchen Fällen in der Regel eine Nachfrist zur Beschwerdeergänzung, vgl. Komm BöB-TRÜEB, Art. 23 N 5 m.w.H.

Gesamtpreise der in das Vergabeverfahren einbezogenen Angebote (Bst. b)[14], die massgebenden Merkmale und Vorteile des berücksichtigten Angebots und gegebenenfalls die Gründe für eine freihändige Vergabe (Bst. d). Diese (weitgehend aus aBöB 23 Abs. 2 übernommenen) Angaben hat die Vergabestelle neu nicht erst auf Gesuch hin, sondern von Amtes wegen mitzuteilen.[15] Da die summarische Begründung mit der Verfügung zu ergehen hat, kann die ausführliche Begründung nach BöB 51 Abs. 3 nicht mehr z.B. (wie nach bisheriger Praxis) im Rahmen eines während der Beschwerdefrist angesetzten Debriefings verschoben werden.[16]

13 Die summarische Begründung nach BöB/IVöB 51 Abs. 3 soll die unterlegenen Anbieterinnen in die Lage versetzen, den Zuschlagsentscheid in den Grundzügen nachvollziehen[17] und eine substanziierte Beschwerde einreichen zu können.[18] Die Beschwerdefrist beginnt erst mit der summarischen Begründung zu laufen (vgl. GPA 2012 XVIII:3). Eine mangelhafte Begründung der Verfügung kann jedoch im Beschwerdeverfahren u.U. geheilt werden, etwa wenn die Vergabestelle die Begründung des Vergabeentscheids im Rahmen der Beschwerdeantwort ergänzt und die Anbieterin Gelegenheit erhält, im Rahmen der Replik hierzu Stellung zu nehmen.[19]

14 Aus Anbietersicht besteht die Erschwernis, dass zum Schutz der Geschäftsgeheimnisse der Anbieterinnen und des wirksamen Anbieterwettbewerbs[20] in Abweichung vom VwVG erst im Beschwerdeverfahren ein (beschränktes) Akteneinsichtsrecht gewährleistet ist (BöB/IVöB 57; vgl. auch BöB/IVöB 51 Abs. 1).[21] Der spezialgesetzliche Ausschluss des Akteneinsichtsrechts gilt bis zum Ablauf der Beschwerdefrist nach dem Zuschlagsentscheid.[22] Damit ist eine umfassende Begründung der Beschwerde trotz der Angaben nach BöB/IVöB 51 Abs. 2 bzw. 3 oft erst im Verlauf des Rechtsmittelverfahrens möglich.

---

14 Vgl. VöB 12, wonach die Auftraggeberin mit einer nicht berücksichtigten Anbieterin auf deren Verlangen hin oder nach Ermessen zwecks Klärung ein Debriefing durchführt. Im Rahmen des Debriefings gibt die Vergabestelle insb. die wesentlichen Gründe für die Nichtberücksichtigung des Angebots bekannt. Sie hat dabei die Vertraulichkeit nach BöB 51 Abs. 4 zu beachten.
15 Unklar hierzu die Botschaft BöB, S. 1975.
16 Vgl. zu dieser Praxis GALLI/MOSER/LANG/STEINER, Rz. 1244 m.w.H. Das Debriefing war aus dem Blickwinkel der Effektivität des Rechtsschutzes in der ersten Hälfte der 20-tägigen Beschwerdefrist anzusetzen, vgl. BEYELER, Ziele, Rz. 248.
17 Botschaft BöB, S. 1976.
18 Vgl. GALLI/MOSER/LANG/STEINER, Rz. 1246.
19 BVGer B-2675/2012 vom 23.07.2012, E. 3; vgl. ebenfalls BEYELER, Ziele, Rz. 244 m.H. auf BRK 003/2006a, E. 3b; aus der kantonalen Rechtsprechung siehe etwa VGer ZH, VB.2001.00198 vom 13.11.2002, E. 3a und VGer ZH, VB.2004.00562 vom 13.07.2005, E. 3.
20 Botschaft BöB, S. 1984.
21 Vgl. bereits im alten Recht aBöB 26 Abs. 2 *e contrario*. Eine Abweichung soll nach der Botschaft BöB, S. 1975, dort angezeigt sein, wo eine Anbieterin nach BöB 44 vom Verfahren ausgeschlossen wird.
22 GALLI/MOSER/LANG/STEINER, Rz. 1363; ebenso wohl BVGer B-2675/2012 vom 23.07.2012, E. 3; a.M. noch Komm BöB-TRÜEB, Art. 27 N 8, gestützt auf die Vorauflage (GALLI/MOSER/LANG/STEINER, Rz. 834).

Die Anforderungen an die Substanziierung der Beschwerde sind entsprechend herabgesetzt.[23] Erforderlich ist jedoch in jedem Fall die minimale Substanziierung einer Rechtsverletzung. Reine «*fishing expeditions*», d.h. Blankobeschwerden in der Hoffnung, ein «Haar in der Suppe» zu finden, sind unzulässig.[24]

Nach den allgemeinen Regeln des Verfahrensrechts könnte die Beschwerdeführerin nach Ablauf der Beschwerdefrist die Begründung nur noch im Rahmen von VwVG 53, d.h. bei aussergewöhnlichem Umfang oder besonderer Schwierigkeit der Beschwerdesache, ergänzen. Da die Einsicht in die wesentlichen Verfahrensakten Voraussetzung für die Wahrung der Parteirechte darstellt,[25] ist die Praxis vor dem Hintergrund der Besonderheiten der Akteneinsicht im Vergabeverfahren bez. der Nachreichung von Beschwerdegründen und der Ansetzung einer entsprechenden Nachfrist zur Beschwerdeergänzung grosszügig.[26] 15

III. Abs. 2: Fristenstillstand

Gemäss aBöB 26 Abs. 1 galten für die vergaberechtlichen Verfahren die allgemeinen Bestimmungen der Bundesrechtspflege, soweit das aBöB keine davon abweichenden Vorschriften aufstellte. aBöB 26 Abs. 2 erklärte u.a. VwVG 22a betreffend den Fristenstillstand im Verfügungsverfahren für nicht anwendbar. Aus dieser Regelung ergaben sich Abgrenzungsfragen, welche Fristenläufe noch zum Verfügungsverfahren und welche bereits zum Rechtsmittelverfahren gehören. Die Beschwerdefrist gegen vergaberechtliche Verfügungen wurde aus gesetzessystematischen Gründen bereits dem Beschwerdeverfahren zugeordnet, womit sie dem Fristenstillstand unterlag.[27] Zu beachten war aber 16

---

23 Vgl. BEYELER, Ziele, Rz. 243.
24 Der Gesetzgeber hat die Akteneinsicht im Verfügungsverfahren bewusst mit Blick auf den Schutz der Geschäftsgeheimnisse der Anbieterinnen ausgeschlossen. Will eine Anbieterin über das Beschwerdeverfahren eine Abweichung vom Grundsatz der Nichtoffenlegung der Vergabeakten erwirken, so muss sie dartun, dass sich die Abweichung aus sachlichen Gründen aufdrängt. Dies ist nur der Fall, wenn sie in ihrer Beschwerde zumindest Indizien aufzeigen kann, welche auf eine Rechtsverletzung hindeuten, vgl. TRÜEB, FHB, Rz. 25.142.
25 VGer ZH, VB.2001.00095 vom 18.12.2002, E. 3d m.w.H.
26 Vgl. etwa BVGer B-2960/2014 vom 28.10.2014, E. 8.3 m.H. auf BVGE 2012/6, E. 3.5. In diesem Fall wurde der Beschwerdeführerin nach Gewährung (teilweiser) Akteneinsicht Gelegenheit zur Einreichung einer Replik unter Ergänzung der Beschwerdebegründung gegeben. Weil im konkreten Fall damit bereits ein zweiter Schriftenwechsel erfolgt war, wurde die Beschwerdeführerin für eine weitere Ergänzung ihrer Begründung auf das Hauptverfahren verwiesen. Das Bundesverwaltungsgericht stellte fest, dass im Verfahren betreffend die aufschiebende Wirkung ein qualifiziertes Beschleunigungsgebot herrscht, welches zu einer Einschränkung des rechtlichen Gehörs (d.h. auch des Replikrechts) führt. Es bestehe demnach kein Rechtsanspruch darauf, die Beschwerde vor Ergehen des Zwischenentscheides betreffend die aufschiebende Wirkung gestützt auf die offengelegten Akten zu ergänzen.
27 Vgl. Komm BöB-TRÜEB, Art. 27 N 8.

VwVG 22a Abs. 2, wonach Fristen in Verfahren betreffend aufschiebende Wirkung und andere vorsorgliche Massnahmen nicht stillstehen. Dies bedeutete jedoch nicht, dass die Beschwerdefrist gegen einen anfechtbaren Endentscheid während der Gerichtsferien weiterlief, obwohl mit der Anfechtung des Zwischen- oder Endentscheids allenfalls auch prozessuale Anträge betreffend aufschiebende Wirkung oder andere vorsorgliche Massnahmen zu beurteilen waren.[28] Aufgrund VwVG 22a Abs. 2 konnte sich allerdings u.U. die Situation ergeben, dass die der Vergabestelle gerichtlich angesetzte Frist zur Stellungnahme zu den prozessualen Anträgen der Beschwerdeführerin nicht stillstand, während die (allenfalls gleichlautende) Frist für die Eingabe der Vergabeakten ruhte.[29]

17 BöB 56 Abs. 2 sieht nun vor, dass die Bestimmungen des VwVG und des BGG über den Fristenstillstand «auf die Vergabeverfahren nach diesem Gesetz» keine Anwendung finden. Entgegen ihrer systematischen Einordnung im 8. Kapitel (Rechtsschutz) gilt die Regelung sowohl für das Beschwerdeverfahren als auch für das erstinstanzliche Vergabeverfahren,[30] womit die in N 16 beschriebenen Abgrenzungsfragen entfallen. Mit der Erweiterung des Ausschlusses des Fristenstillstands auf sämtliche vergaberechtlichen Verfahren wird dem Beschleunigungsgebot umfassend Rechnung getragen.[31] Im vergaberechtlichen Beschwerdeverfahren gilt – jedenfalls bis zum Zwischenentscheid über die Erteilung der aufschiebenden Wirkung – ein qualifiziertes Beschleunigungsgebot[32]: Das Gemeinwesen soll bei der Deckung seines Beschaffungsbedarfs und damit in der Erfüllung seiner gesetzlichen Aufgaben nicht unverhältnismässig eingeschränkt werden.[33] So gewährt das Bundesverwaltungsgericht in diesem Verfahrensstadium etwa Fristerstreckungen nur zurückhaltend.

18 Im Gegensatz zum Bundesrecht schloss aIVöB 15 Abs. 2bis die Geltung der Gerichtsferien im Beschwerdeverfahren aus. Hingegen blieb es den Kantonen überlassen, ob sie im Verfügungsverfahren einen Fristenstillstand vorsehen. Der Kanton Zürich bspw. kennt im erstinstanzlichen Verwaltungsverfahren keine Gerichtsferien.[34] IVöB 56 Abs. 2 entspricht der bisherigen interkantonalen Regelung. Es bleibt den Kantonen somit im Gegensatz zur Rechtslage im Bund weiterhin unbenommen, für das Verfügungsverfahren vom Fristenstillstand abzusehen.

---

28 BVGer B-5865/2007, vom 03.12.2007, E. 1.5.1.2; vgl. auch Komm BöB-Trüeb, Art. 27 N 8.
29 Diesem Problem begegnete das Bundesverwaltungsgericht jeweils dadurch, dass es die Fristen nicht nach Tagen bemass, sondern mit einem Enddatum versah.
30 Vgl. Botschaft BöB, S. 1983.
31 Vgl. BVGer B-5865/2007 vom 03.12.2007, E. 1.5.1.2, wo das BVGer *de lege ferenda* die Frage aufwarf, ob «Gerichtsferien in Prozessen im öffentlichen Beschaffungswesen überhaupt sinnvoll» seien.
32 BVGer B-6762/2011 vom 10.02.2012, E. 3.4 m.H. auf BVGer B-3311/2009 vom 16.07.2009, E. 12.
33 Aus dem qualifizierten Beschleunigungsgebot können sich im Verfahren betreffend die aufschiebende Wirkung u.a. Einschränkungen des Akteneinsichtsrechts (statt vieler BVGer B-5533/2017 vom 24.01.2018, E. 8 m.w.H.) und des Replikrechts (BVGE 2012/6, E. 3.4 f.) ergeben.
34 VGer ZH, VB.2012.00080 vom 08.03.2012, E. 3.2; vgl. BGer 1C_239/2010 vom 10.09.2010, E. 2.2.

IV. Abs. 3 BöB/Abs. 3 und 4 IVöB: Beschwerdegründe

Die Rüge der Unangemessenheit vergaberechtlicher Verfügungen ist sowohl bei eidgenössischen als auch bei kantonalen Vergaben ausgeschlossen. Zulässige Beschwerdegründe sind Rechtsverletzungen einschliesslich qualifizierter Ermessensfehler (Ermessensmissbrauch, -überschreitung oder -unterschreitung) sowie die unrichtige Feststellung des rechtserheblichen Sachverhalts.[35] Dies entspricht der bisherigen Rechtslage (aBöB 31 und aIVöB 16 Abs. 2).[36] In IVöB 56 Abs. 3 werden die zulässigen Beschwerdegründe in Bezug auf kantonale Vergaben ausdrücklich aufgelistet, wohingegen sich BöB 56 Abs. 3 darauf beschränkt festzuhalten, dass eine Angemessenheitsprüfung nicht erfolgt. Die Regelungen sind inhaltlich deckungsgleich. Jedoch konnte auf Bundesebene wegen der Verweisung in BöB 55 auf das VwVG auf eine positive Auflistung zulässiger Beschwerdegründe verzichtet werden. 19

Als Rechtsverletzungen erfasst sind im Verfahren vor Bundesverwaltungsgericht Verletzungen von Bundesrecht (BöB 55 i.V.m. VGG 37 i.V.m. VwVG 49 Bst. a). Zum Bundesrecht zählen alle Normen sowohl des geschriebenen (Gesetze im formellen und materiellen Sinn) wie auch des ungeschriebenen Rechts. Dazu gehören namentlich unmittelbar anwendbares Völkerrecht, unmittelbar anwendbare Normen der Bundesverfassung, Bundesgesetze, Verordnungen (soweit es sich um Rechtsverordnungen handelt), allgemeine Rechtsgrundsätze und Grundsätze des Verwaltungsrechts (z.B. Verhältnismässigkeit, Treu und Glauben, Vertrauensschutz, Rechtssicherheitsprinzip).[37] Die Verletzung kantonalen oder kommunalen Rechts kann durch das Bundesverwaltungsgericht nur indirekt überprüft werden, nämlich im Rahmen der Prüfung einer Bundes- oder Völkerrechtsverletzung.[38] 20

Der Rügegrund der Rechtsverletzung im bundesgerichtlichen Verfahren ist weiter gefasst: Gemäss BGG 95 kann mit der Beschwerde in öffentlich-rechtlichen Angelegenheiten neben der Verletzung von Bundesrecht und Völkerrecht (Bst. a–b) auch die Verletzung kantonaler verfassungsmässiger Rechte sowie interkantonalen Rechts, d.h. namentlich der IVöB und der entsprechenden kantonalen Einführungsgesetze (Bst. c und e), gerügt werden. Diese Weiterung der Rügegründe liegt darin begründet, dass der Beschwerde in öffentlich-rechtlichen Angelegenheiten auch die letztinstanzlichen kantonalen Entscheide unterliegen (BGG 82 Bst. a i.V.m. BGG 86 Abs. 1 Bst. d). Die Kognition der kantonalen Beschwerdeinstanzen in Vergabesachen betreffend Rechtsverletzungen erfasst sowohl Bundesrecht als auch kantonales und interkantonales Recht (IVöB 56 Abs. 3; vgl. auch BGG 111 Abs. 3). 21

---

35 BGE 141 II 14, E. 2.3; BGE 125 II 86, E. 6.
36 Botschaft BöB, S. 1983.
37 Prakomm VwVG-ZIBUNG/HOFSTETTER, Art. 49 N 7.
38 Vgl. hierzu ausführlich KIENER/RÜTSCHE/KUHN, Rz. 1559.

22 Der Grund für den Ausschluss der Prüfung der Angemessenheit von Vergabeentscheiden liegt darin, dass der Vergabebehörde namentlich in Bezug auf die Bedarfsermittlung und die Bewertung von Angeboten ein sachlich begründeter Ermessensspielraum belassen werden soll. Die Vergabebehörde als Auftraggeberin soll grundsätzlich frei darüber bestimmen können, welche Lieferungen, Bau- oder Dienstleistungen sie benötigt und welche konkreten Anforderungen sie bez. Qualität, Ausstattung, Service usw. stellt, was also im einzelnen Gegenstand und Inhalt der Submission ist.[39] Den Gerichten fehlen in der Regel die erforderlichen fachspezifischen bzw. technischen Kenntnisse für die Beurteilung, welche Anforderungen ein Produkt erfüllen muss, um dem Bedarf der Vergabestelle gerecht zu werden. Der Vergabestelle steht aus diesem Grund namentlich bei der Festlegung der technischen Spezifikationen ein grosser Ermessensspielraum zu.[40]

23 Der Freiheit der Vergabestelle bei der Umschreibung des Auftrags sind allerdings Schranken gesetzt. Diese ergeben sich aus dem Wettbewerbsprinzip (BöB/IVöB 2 Bst. d) einerseits und dem Gebot der Nichtdiskriminierung (BöB/IVöB 2 Bst. c) andererseits: Die Definition des Beschaffungsgegenstands bewirkt zwangsläufig einen Ausschluss gewisser potenzieller Leistungserbringer, mithin eine Einschränkung des Wettbewerbs. Diese ist im Grundsatz vergaberechtlich nicht zu beanstanden.[41] Die Grenze liegt allerdings dort, wo die Umschreibung des Auftrags nicht sachgerecht (d.h. nicht durch den Zweck der Beschaffung gerechtfertigt) ist oder wenn sie zum Zweck gezielter Vereitelung der Möglichkeit bestimmter Unternehmen, am Verfahren teilzunehmen, formuliert wird.[42] Gleichermassen dürfen Vergabebehörden die Auftragsspezifikationen vorbehältlich genügender sachlicher Gründe nicht derart eng umschreiben, dass nur ein ganz bestimmtes Produkt oder nur eine einzelne Anbieterin bzw. nur wenige Anbieterinnen für die Zuschlagserteilung in Frage kommen.[43] Um eine übermässige Beschränkung des Wettbewerbs zu verhindern, soll das gewünschte Produkt möglichst nicht unter Bezugnahme auf besondere Handelsmarken oder Handelsnamen oder einen bestimmten Ursprung umschrieben werden. Solche Umschreibungen sind gemäss GPA 2012 und BilatAbk nur unter sehr restriktiven Bedingungen zulässig.[44]

24 Die Freiheit der Vergabestelle in Bezug auf die Bedarfsanalyse äussert sich ferner dahingehend, dass die Vergabestelle ein laufendes Vergabeverfahren definitiv oder zwecks

---

39 BRK 2001-011 vom 16.11.2001 (VPB 66.38), E. 5a.
40 BVGer B-822/2010 vom 10.03.2010, E. 4.3.
41 BEYELER, Ziele, Rz. 96 m.H. auf BRK 011/2001b, E. 5a.
42 Vgl. BEYELER, Ziele, Rz. 97.
43 BVGer B-1570/2015 vom 07.10.2015, E. 2.2.
44 GPA 2012 X:4: «Die Auftraggeber schreiben keine technischen Spezifikationen vor, bei denen bestimmte Handelsmarken oder Handelsnamen, Patente, Urheberrechte, Muster oder Typen sowie ein bestimmter Ursprung, bestimmte Produzenten oder Anbieter erwähnt werden oder eine Anforderung darstellen, es sei denn, dass es keine andere hinreichend genaue oder verständliche Art und Weise der Beschreibung des Beschaffungsbedarfs gibt und dass der Auftraggeber in diesem Fall in die Ausschreibungsunterlagen die Worte ‹oder gleichwertig› aufgenommen hat.» Vgl. auch BilatAbk 4 Abs. 2 sowie bereits GPA 1994 VI:3.

Neuauflage eines geänderten Projekts abbrechen und einen allfälligen bereits erteilten Zuschlag widerrufen darf, wenn ein sachlicher Grund vorliegt, welcher den Abbruch des Verfahrens im öffentlichen Interesse verlangt – z.B. wenn sie das Beschaffungsgeschäft aus objektiven Gründen nicht mehr weiterverfolgen möchte – und damit keine gezielte Diskriminierung von Bewerbern beabsichtigt ist.[45]

Die Rechtsmittelinstanzen auferlegen sich auch in Bezug auf die Beurteilung von Offerten besondere Zurückhaltung, da diese in der Regel besondere technische Kenntnisse voraussetzt und notwendigerweise eine subjektive Komponente aufweist. Das Bundesverwaltungsgericht greift deshalb nur ein, wenn die Bewertung sachlich nicht nachvollziehbar, d.h. willkürlich ist.[46] Das Gericht hat sich auf eine Rechtskontrolle zu beschränken und sein Ermessen nicht an die Stelle desjenigen der Vergabebehörde zu setzen.

V. Abs. 4 BöB/Abs. 5 IVöB: Legitimation, Beschwerde gegen den freihändig erteilten Zuschlag

BöB/IVöB enthalten zur Frage der Beschwerdelegitimation besondere Regelungen nur in Bezug auf den freihändig erteilten Zuschlag (vgl. hierzu N 31 ff.). Im Übrigen gelten die allgemeinen Rechtsschutzbestimmungen des eidgenössischen bzw. kantonalen Rechts (BöB/IVöB 55). Im Bund wird für die Beschwerdelegitimation verlangt, dass die Beschwerdeführerin am vorinstanzlichen Verfahren teilgenommen hat oder keine Gelegenheit zur Teilnahme erhalten hat, von der angefochtenen Verfügung besonders berührt ist und ein schutzwürdiges Interesse an der Aufhebung oder Änderung derselben hat (vgl. VwVG 48 Abs. 1). Für die Legitimation vor kantonalen Rechtsmittelinstanzen ist BGG 111 Abs. 1 zu beachten. Die Kantone haben in Angelegenheiten des öffentlichen Beschaffungswesens unabhängig vom Auftragswert mindestens ein Rechtsmittel an eine verwaltungsunabhängige Behörde vorzusehen (BGBM 9 Abs. 2).

Nicht berücksichtigte Anbieterinnen sind im offenen und im selektiven Verfahren ebenso wie die Zuschlagsempfängerin Verfügungsadressaten und damit formell beschwert. Gleiches gilt für Anbieterinnen, denen die Einreichung eines Angebots nicht zumutbar war.[47] Gemäss verbreiteter kantonaler Praxis ist im öffentlichen Beschaffungsrecht ein praktisches Interesse der Beschwerdeführerin an der Aufhebung bzw. Änderung der angefochtenen Verfügung bzw. die materielle Beschwer nur dann zu bejahen, wenn die Beschwerdeführerin bei Gutheissung ihrer Beschwerde eine realistische Chance hat, mit dem eigenen Angebot zum Zuge zu kommen.[48] Das Bundesgericht hat diesen Grund-

---

45 Vgl. BGE 134 II 192, E. 2.3.
46 Vgl. statt vieler BVGer B-7252/2007 vom 06.02.2008, E. 8.2 m.w.H.
47 Vgl. GALLI/MOSER/LANG/STEINER, Rz. 1301 m.w.H.
48 Vgl. die Hinweise bei GALLI/MOSER/LANG/STEINER, Rz. 1304.

satz sowohl für die subsidiäre Verfassungsbeschwerde[49] als auch für die Beschwerde in öffentlich-rechtlichen Angelegenheiten bestätigt.[50]

28 Als nicht berücksichtigte Anbieterin ist auch die ursprüngliche Zuschlagsempfängerin zur Beschwerde legitimiert, wenn ihr durch die Rechtsmittelinstanz der anfänglich erteilte Zuschlag wieder entzogen wird. Dies selbst dann, wenn sie am Verfahren vor der Rechtsmittelinstanz nicht teilgenommen hat: Gemäss bundesgerichtlicher Rechtsprechung ist die Zuschlagsempfängerin nämlich «unabhängig von einer aktiven Teilnahme am vorinstanzlichen Verfahren notwendige Gegenpartei der Beschwerdegegnerin». Nach Ansicht des Bundesgerichts zeichnet sich in diesem Fall das den Prozessgegenstand definierende Rechtsverhältnis (Vergabe eines öffentlichen Auftrags) gerade dadurch aus, dass es in persönlicher Hinsicht eine ausschliessliche Rechtsposition vermittelt, um die sich die Zuschlagsempfängerin mit ihrer Teilnahme am Submissionsverfahren bereits vor der Vergabebehörde erfolgreich beworben hatte. Die Erteilung des Zuschlags an sie ziehe daher «zwangsläufig» ihre Teilnahme i.S.v. BGG 115 Bst. a bzw. BGG 89 Abs. 1 Bst. a am kantonalen Beschwerdeverfahren nach sich, ohne dass die Zuschlagsempfängerin noch förmlich mit Anträgen und einer Vernehmlassung im kantonalen Gerichtsverfahren aktiv werden müsste.[51]

29 Bei Bietergemeinschaften haben gemäss Bundesgericht sowie nach der jüngeren Rechtsprechung des Bundesverwaltungsgerichts, solange der Vertrag zwischen Vergabebehörde und Anbieterin noch nicht abgeschlossen ist, sämtliche Mitglieder gemeinschaftlich Beschwerde gegen den Vergabeentscheid zu erheben.[52] Das nachträgliche Ausscheiden eines Mitgliedes einer Bietergemeinschaft führt zu einer unzulässigen Änderung des Angebots. Entsprechend können die restlichen Mitglieder nicht die Erteilung des Zuschlags an sich selber verlangen.[53]

30 Im Bereich des öffentlichen Beschaffungswesens gibt es auf Bundesebene kein spezielles Beschwerderecht für Behörden (vgl. aber BGBM 9 Abs. 2bis). Es gelten die allgemeinen Grundsätze des BGG sowie der kantonalen Verfahrensgesetze. Gemeinden etwa sind durch Aufhebung ihrer Submissionsentscheide durch kantonale Instanzen als Trägerin hoheitlicher Gewalt betroffen und können sich auf eine Verletzung ihrer Autonomie (BGG 89 Abs. 2 Bst. c) oder auch auf die allgemeinen Beschwerdegründe gemäss BGG 89 Abs. 1 berufen.[54] Ob ihnen im betreffenden Bereich tatsächlich Autonomie zukommt, ist eine Frage der materiellen Beurteilung.[55]

---

49 Statt vieler BGer 2D_74/2010 vom 31.05.2011, E. 1.2 ff. m.w.H.
50 BGE 141 II 14, E. 4.
51 BGer 2C_1021/2016 und BGer 2D_39/2016 vom 18.07.2017, E. 3.2 m.w.H.
52 Vgl. BGE 131 I 153, E. 5; BVGE 2008/7, E. 2.2.2.
53 Vgl. GALLI/MOSER/LANG/STEINER, Rz. 1306 m.w.H.
54 Vgl. GALLI/MOSER/LANG/STEINER, Rz. 1317 f. m.w.H.
55 Statt vieler BGE 136 I 404, E. 1.1.3.

BöB 56 Abs. 4/IVöB 56 Abs. 5 sehen betreffend Beschwerden gegen den freihändig er- 31
teilten Zuschlag eine Einschränkung sowohl der Beschwerdelegitimation als auch der zulässigen Rügegründe vor. Die Regelung beruht auf der bundesverwaltungsgerichtlichen bzw. bundesgerichtlichen Rechtsprechung zum sog. «Microsoft-Fall»[56] (vgl. N 35 ff.).

Wird zulässigerweise das freihändige Verfahren angewendet, vergibt die Auftraggeberin 32
rechtmässig den Auftrag ohne Ausschreibung an eine bestimmte Anbieterin (BöB/IVöB 21 Abs. 1). Eine potenzielle Konkurrentin kann daher im Rechtsmittelverfahren nicht verlangen, in ein (rechtmässiges) Freihandverfahren einbezogen zu werden. Mit der Beschwerde gegen die freihändige Auftragserteilung kann folglich nur geltend gemacht werden, dass die Voraussetzungen für das freihändige Verfahren nicht erfüllt waren.[57]

Aus der grundsätzlichen Freiheit der Vergabebehörde zur Festlegung des Beschaffungs- 33
gegenstands (vgl. N 22 ff.) folgt, dass eine Anbieterin die Vergabestelle nicht gerichtlich zwingen kann, eine andere Leistung als die nachgefragte zu beschaffen. Es muss jedoch beschwerdeweise überprüfbar sein, ob die Umschreibung des Beschaffungsgegenstands rechtmässig erfolgt ist. Über ein genügendes Rechtsschutzinteresse im Beschwerdeverfahren gegen freihändige Beschaffungen verfügt konsequenterweise, wer nachweist, dass er die nachgefragten oder damit substituierbare Leistungen erbringen kann und erbringen will. Bietet eine Konkurrentin ein Produkt an, welches das Beschaffte bei rechtmässiger Umschreibung des Bedarfs der Vergabestelle zu substituieren vermag, so ist das Freihandverfahren nicht zulässig. Die zulässige Umschreibung des Beschaffungsgegenstands erweist sich damit als doppelrelevante Tatsache: Sie bildet Gegenstand der materiellen Beurteilung (weil davon die Zulässigkeit des freihändigen Verfahrens abhängt). Zugleich ist sie vorfrageweise von Bedeutung für die Frage, wer überhaupt aufgrund des angebotenen Produkts zur Beschwerde legitimiert ist. Im Rahmen der Eintretensfrage wird jeweils geprüft, ob der Beschwerdeführer, welcher das Vorliegen der Verfahrensvoraussetzungen auf doppelrelevante Tatsachen stützt, diese mit einer gewissen Wahrscheinlichkeit geltend macht. Ob sie tatsächlich begründet sind, ist Sache der materiellen Beurteilung.[58]

Relevanz haben diese Feststellungen vor allem im Zusammenhang mit BöB/IVöB 21 34
Abs. 2 Bst. c: Eine freihändige Vergabe ist nach dieser Bestimmung zulässig, wenn «aufgrund der technischen oder künstlerischen Besonderheiten des Auftrags oder aus Gründen des Schutzes geistigen Eigentums [...] nur eine Anbieterin in Frage [kommt], und es [...] keine angemessene Alternative [gibt]». Das erste Kriterium besitzt nur eine begrenzte Aussagekraft: Die Feststellung, dass die freihändig berücksichtigte Bieterin als einzige über die technischen Fähigkeiten oder über die Berechtigung, die konkret umschriebene Leistung zu erbringen, verfügt, kann für die Zulässigkeit der Freihandvergabe nicht entscheidend sein: Viele Wirtschaftsteilnehmerinnen verfügen mit Bezug auf

---

56 BVGE 2012/13 und BGE 137 II 313 ff.
57 BGE 137 II 313, E. 3.3.2.
58 BGE 137 II 313, E. 3.3.3 m.H. auf BGer 2C_484/2008 vom 09.10.2009, E. 1.3.

ihre ganz spezifischen Produkte und Leistungen über eine faktisch oder rechtlich begründete Exklusivitätsstellung. Die entscheidende Frage ist daher, ob die Vergabestelle wirklich das Bedürfnis hat, gerade diese Produkte zu erwerben, und es dafür keine gleichwertige Alternative auf dem Markt gibt. Für die mit der Auftragsdefinition einhergehende Wettbewerbsverhinderung müssen qualifizierte sachliche Gründe vorliegen.[59] Hierauf zielt das zweite Kriterium in BöB/IVöB 21 Abs. 2 Bst. c. Hat die Vergabestelle ihren Bedarf verfassungs- und gesetzeskonform definiert, so ist die Substituierbarkeit von Alternativprodukten in Bezug auf diese konkrete von der Vergabestelle gewählte Leistung zu beurteilen,[60] und es ist nur zur Beschwerde gegen die Vergabe legitimiert, wer ein in diesem Sinne substituierbares Produkt anbietet.

35   Im in N 31 erwähnten «Microsoft-Fall» hatte das BBL Microsoft im freihändigen Verfahren einen Lieferauftrag für die Verlängerung von Lizenzen für den standardisierten Arbeitsplatz Bund und darauf aufbauende Anwendungen sowie die Wartung und den *Third Level Support* zugeschlagen. Strittig war, ob das BBL den Beschaffungsgegenstand auf Microsoft-Produkte beschränken durfte. Die beschwerdeführenden OSS-Anbieterinnen brachten vor, der Beschaffungsgegenstand hätte so definiert werden müssen, dass auch ihre alternativen Produkte hätten beschafft werden können. Sie rügten eine zu enge Definition des Beschaffungsgegenstands und damit eine unzulässige Anwendung des freihändigen Verfahrens. Das Bundesverwaltungsgericht war der Ansicht, dass genügende sachliche Gründe bestanden, um den Beschaffungsgegenstand entgegen GPA 1994 VI:3 Marken- bzw. Anbieter-spezifisch zu umschreiben: Die Beschaffung der Produkte der OSS-Anbieterinnen hätte die Bundesverwaltung zu einem eigentlichen Strategie- bzw. Systemwechsel in der Büroinformatik gezwungen. Das Beschaffungsrecht gewähre keinen Anspruch darauf, einen früher getroffenen Strategieentscheid bei jeder Beschaffung, die auf dieser Strategie beruht, aufs Neue überprüfen zu lassen. Es entspreche dem wirtschaftlichen Einsatz öffentlicher Mittel, funktionierende Güter weiter zu nutzen. Das BBL habe (zulässigerweise) den Beschaffungsgegenstand auf die Fortführung des bestehenden Informatiksystems des Bundes ausgerichtet, womit es den Produkten der OSS-Anbieterinnen an der nötigen Substituierbarkeit im Hinblick auf die seitens der Vergabestelle gewählte Lösung fehle. Das Bundesverwaltungsgericht verneinte folglich die Beschwerdelegitimation der OSS-Anbieterinnen.[61]

36   Das nachfolgend angerufene Bundesgericht stellte zwar fest, es müsse beschwerdeweise u.a. überprüft werden können, ob die Umschreibung des Beschaffungsgegenstands rechtmässig sei.[62] Es verneinte die Legitimation der Beschwerdeführerinnen mit der Begründung, dass diese nicht ausreichend dargetan hätten, dass funktional und wirtschaft-

---

59   Beyeler, Einladungsverfahren, S. 109. Notwendig seien schwerwiegende, nahezu zwingende Gründe, welche die streitige Auftragsdefinition stützen (insb. ein hochspezifischer Bedarf und Unmöglichkeit oder Unzumutbarkeit der Verallgemeinerung bzw. Entspezifizierung dieses Bedarfs).
60   BVGE 2012/13, E. 3.2.8.
61   BVGE 2012/13, E. 4.3 ff.
62   BGE 137 II 313, E. 3.3.2.

lich angemessene Alternativen bestehen, welche sie als konkrete Lösungen anbieten würden.[63] Das Bundesgericht auferlegte den Beschwerdeführerinnen damit faktisch die Beweislast dafür, dass der Beschaffungsgegenstand sachlich richtig abgegrenzt wurde, namentlich dafür, dass keine genügenden sachlichen Gründe dafür bestanden, den Beschaffungsgegenstand entgegen GPA 1994 VI:3 Marken- bzw. Anbieter-spezifisch zu umschreiben. Da diese ihr Vorbringen nach Ansicht des Bundesgerichts ungenügend substanziiert hatten, klärte es die Frage der korrekten Umschreibung des Beschaffungsgegenstands nicht.

Der Microsoft-Entscheid wurde in der Literatur unter mehreren Gesichtspunkten kritisiert: 37

- Es wird namentlich vorgebracht, das Urteil trage dem Umstand zu wenig Rechnung, dass es sich bei der Freihandvergabe um einen Ausnahmetatbestand zum gesetzlichen Regelfall der öffentlichen Ausschreibung handle. Die Beweislast für das Vorliegen der die Ausnahme begründenden Tatsachen liege (im Einklang mit der bisherigen Rechtsprechung der BRK und des Bundesverwaltungsgerichts) bei demjenigen, welcher sich auf deren Vorliegen beruft, mithin bei der Vergabestelle. Diese müsse aufgrund der von ihr vorzunehmenden Marktabklärungen glaubhaft machen, dass keine angemessenen Alternativprodukte auf dem Markt seien.[64]

- Beschwerdeführer würden in einem freihändigen Verfahren angesichts der kurzen, nicht verlängerbaren Beschwerdefrist und aufgrund des Fehlens von Ausschreibungsunterlagen die vom Bundesgericht gestellten Anforderungen an die Substanziierung ihrer Beschwerdelegitimation kaum je erfüllen können.[65] Einer potenziellen Anbieterin sei es bei Einreichung einer Beschwerde faktisch unmöglich, konkret und detailliert darzulegen, dass und inwiefern sie ein wirtschaftlich und funktional gleichwertiges Produkt anbietet, welches bei rechtmässiger Ausschreibung Beschaffungsgegenstand sein könnte. Da bei IT-Beschaffungen in der Regel komplexe Beschaffungsgegenstände vorlägen, sei die Legitimationsbegründung zusätzlich erschwert.[66]

- Die befassten Gerichte hätten zu Unrecht wettbewerbliche Aspekte ausgeblendet. Es sei bei einer Freihandvergabe relevant und zu prüfen, ob eine frühere und möglicherweise unzulässige Beschaffungsstrategie dazu führt, dass ein Markt (weiter) abgeschottet wird und anderen potenziellen Anbieterinnen nicht mehr offensteht. Anderen Anbieterinnen müsse die Chance eingeräumt werden, auf dem Markt Fuss zu fassen und für ihre Leistungen oder ihr Produkt auch Referenzobjekte erlangen zu können. Insb. seien deshalb Daueraufträge zeitlich zu begrenzen.[67]

---

63 BGE 137 II 313.
64 GALLI/MOSER/LANG/STEINER, Rz. 301 m.w.H.
65 GALLI/MOSER/LANG/STEINER, Rz. 406.
66 SCHNEIDER HEUSI/MAZZARIELLO, Rz. 26 f.
67 SCHNEIDER HEUSI/MAZZARIELLO, Rz. 33 ff. m.w.H.

38 Der Beschaffungsgegenstand kann im Lichte der Freihandtatbestände, insb. BöB/IVöB 21 Abs. 2 Bst. c, nicht nur unzulässigerweise zu eng, sondern auch zu weit gefasst sein: Gemäss BöB/IVöB 32 Abs. 2 liegt es zwar grundsätzlich im Ermessen der Vergabestelle, ob sie für die zu beschaffenden Leistungen ein Gesamtangebot einholt oder diese in Teilleistungen (Lose) aufteilt und an einen oder mehrere Anbieter und Anbieterinnen vergibt (vgl. für das alte Recht aVöB 22 Abs. 2, VRöB 4 Abs. 1). Die Grenzen der Freiheit der Vergabestelle werden von der Rechtsprechung jedoch wie folgt gezogen:

39 • Die Aufteilung des Auftrags darf nicht in der Absicht erfolgen, die für die Bestimmung der Verfahrensart massgeblichen Schwellenwerte zu umgehen (BöB/IVöB 16 i.V.m. Anhang 4/1 f.);[68]

40 • die Auftragserteilung darf nicht dazu dienen, bestimmte Anbieterinnen zu bevorzugen oder benachteiligen (Diskriminierungsverbot).[69]

41 Gemäss der Rechtsprechung kann die Vergabestelle (entgegen der Botschaft BöB[70]) in gewissen Spezialfällen sehr wohl zur Aufteilung des Auftrags in Lose verpflichtet sein. Ein solcher Spezialfall ist die freihändige Beschaffung gemäss BöB/IVöB 21 Abs. 2 Bst. c (aVöB 13 Abs. 1 Bst. c, VRöB 9 Abs. 1 Bst. c), da hier mit einem Verzicht auf die Aufteilung des Auftrags zugleich der Ausschluss von Wettbewerb verbunden ist.[71] Die Vergabe eines Auftrags als Gesamtleistung ist für die Vergabestelle oftmals unter wirtschaftlichen Gesichtspunkten attraktiver, da die Anbieterinnen aufgrund von Synergieeffekten oder Skalenvorteilen die einzelnen Leistungen zu einem geringeren Preis zu offerieren vermögen. Dies steht im Einklang mit dem Ziel des Beschaffungsrechts, den wirtschaftlichen Einsatz öffentlicher Mittel zu fördern (BöB/IVöB 1 Bst. a), und zwar mittels des Wettbewerbs (BöB/IVöB 2 Bst. d). Dieses ist durch eine Interessenabwägung zu lösen. Die Vergabestelle darf ein Bündel von Leistungen nicht als Gesamtleistung mit der Begründung freihändig zuschlagen, dass für die Gesamtleistung nur eine einzige Anbieterin in Frage komme, sofern (i) bei einer Aufteilung des Auftrags in Lose für einzelne Leistungen mehrere Anbieterinnen in Frage kämen und (ii) keine sachlichen Gründe gegen die Aufteilung der Leistungen sprechen. Eine Pflicht der Auftraggeberin zur separaten Vergabe einzelner Leistungen kann entsprechend bestehen, wenn die Abtrennung einzelner Leistungen technisch möglich und für die Vergabestelle zumutbar ist.[72]

42 Die revidierten Beschaffungserlasse verankern ausdrücklich das Ziel der Förderung des wirksamen, fairen Wettbewerbs unter den Anbieterinnen insb. durch Massnahmen gegen die Korruption (BöB/IVöB 2 Bst. d). Es ist in diesem Kontext zu verstehen, dass BöB 56 Abs. 4/IVöB 56 Abs. 5 für das Freihandverfahren neben der Rüge der falschen Verfahrensart ausdrücklich noch den weiteren eigenständigen Beschwerdegrund der

---

68 Vgl. BRK 2002-004 vom 26.06.2002 (VPB 66.86), E. 2b.
69 Vgl. BRK 2002-004 vom 26.06.2002 (VPB 66.86), E. 2b.
70 Botschaft BöB, S. 1948; ebenso Musterbotschaft IVöB, S. 74.
71 BVGer B-3402/2009 vom 02.07.2009, E. 5.3.
72 GALLI/MOSER/LANG/STEINER, Rz. 789.

Korruption im Vergabeprozess statuieren. Auch diese Rüge setzt indessen voraus, dass die Beschwerdeführerin glaubhaft zu machen vermag, dass sie die nachgefragten bzw. damit substituierbare Leistungen zu erbringen vermag. Wird die Beschwerde auf Basis dieser Rüge gutgeheissen, so erfolgt – gleichsam wie bei einer rechtswidrigen Wahl des Freihandverfahrens – eine Rückweisung an die Vergabestelle zur Durchführung eines rechtmässigen Vergabeverfahrens. Dieses kann auch eine neue freihändige Vergabe umfassen.

Im Zusammenhang mit der Anfechtung freihändiger Zuschläge stellen sich weitere Fragen, etwa wenn geltend gemacht wird, es hätte ausserhalb des Staatsvertragsbereichs statt dem freihändigen Verfahren das höherstufige Einladungsverfahren angewandt werden sollen: Auf Bundesebene sind freihändige Zuschläge nur zu publizieren, soweit sie Beschaffungen betreffen, welche den für das offene bzw. das selektive Verfahren massgeblichen Schwellenwert überschreiten (BöB 48 Abs. 1). Die Auftraggeberinnen haben immerhin über öffentliche Aufträge ab einem Wert von CHF 50 000 mindestens jährlich «in maschinenlesbarer Form» zu informieren (VöB 27). Im Falle der Eröffnung des Zuschlags durch Veröffentlichung läuft die Beschwerdefrist ab dem der Publikation auf SIMAP folgenden Tag.[73] Es ist daher denkbar, dass im Lichte dieser Publikationsvorschriften z.B. Monate nach dem Zuschlag über einen Auftrag mit Wert ab CHF 50 000 noch Beschwerden eingehen. Die praktischen Auswirkungen dieser Rechtsgestaltung dürften jedoch gering sein, da ausserhalb des Staatsvertragsbereich so oder so keine Aufhebung des Zuschlags erfolgen kann (BöB 52 Abs. 2). IVöB 52 Abs. 1 hingegen gewährt zwar bei solchen Fällen ausserhalb des Staatsvertragsbereichs formal vollen Rechtsschutz (d.h. einschliesslich der Möglichkeit der Zuschlagsaufhebung). Da jedoch für freihändige Zuschläge ausserhalb des Staatsvertragsbereichs keine Publikationspflicht besteht (IVöB 48 Abs. 1), werden die Anbieterinnen in der Regel keine Möglichkeit zur Anfechtung erhalten.

Fraglich ist schliesslich, ob BöB 56 Abs. 4/IVöB 56 Abs. 5 analog auf den Fall anzuwenden sind, in welchem zu Unrecht ein Einladungsverfahren anstelle eines offenen oder selektiven Verfahrens angewandt wird. Dies ist nach hier vertretener Auffassung zu bejahen (vgl. auch Art. 17 N 18), und zwar aus folgenden Gründen: Im freihändigen Verfahren ist die Vergabestelle (im Rahmen der vergaberechtlichen Grundsätze) frei zu wählen, wem sie den Auftrag erteilt. Folglich ist eine Anbieterin nicht dazu legitimiert, die Auftragsvergabe an sich selbst zu verlangen. Sie muss jedoch nach BöB 56 Abs. 4/IVöB 56 Abs. 5 rügen können, dass das freihändige Verfahren zu Unrecht angewandt wurde. Im Einladungsverfahren ist die Situation vergleichbar: Es besteht kein Rechtsanspruch auf Einbezug in das Einladungsverfahren. Daher können die Anbieterinnen mit Beschwerde gegen den im Einladungsverfahren erteilten Zuschlag weder verlangen, zum Angebot eingeladen zu werden noch den Zuschlag zu erhalten.[74] Jedoch muss es

---

73 Komm BöB-Trüeb, Art. 30 N 1.
74 Nach der Botschaft BöB, S. 1979 sollen die nicht zum Angebot eingeladene Anbieterinnen nicht legitimiert sein, den im Einladungsverfahren erteilten Zuschlag anzufechten. Nach dem Gesagten

ihnen möglich sein, beschwerdeweise geltend zu machen, die Vergabestelle habe die falsche Verfahrensart gewählt, ansonsten der Rechtsschutz ungerechtfertigterweise eingeschränkt würde.

45 Im Bund besteht für Zuschläge, welche im Einladungsverfahren ergehen, abgesehen von der jährlichen Information gemäss VöB 27, keine Publikationspflicht.[75] Die IVöB sieht wiederum keine Publikation von im Einladungsverfahren ergangenen Zuschlägen vor. Für die praktische Durchsetzung des Rechtsschutzes stellen sich mithin analoge Fragen wie im Fall, wo zu Unrecht ein freihändiges Verfahren statt eines Einladungsverfahrens angewandt wird (vgl. N 44).

VI. Rechtsvergleichung

46 Die RL 2014/24/EU enthält selbst keine Bestimmungen zum Rechtsschutz gegen Vergabeentscheide. Die massgeblichen Normen finden sich in der RL 89/665/EWG und der diese ergänzenden RL 2007/66/EG. Die EU-Mitgliedstaaten haben für die von den genannten RL erfassten Aufträge sicherzustellen, dass Vergabeentscheide in einem raschen, wirksamen Verfahren auf Verletzungen gegen Unionsrecht oder nationales Recht, welches dieses umsetzt, nachgeprüft werden können (RL 89/665/EWG 1 Abs. 1). Vom Geltungsbereich erfasst sind öffentliche Aufträge im Sinne der RL 2014/24/EU, welche bestimmte in RL 2014/24/EU 4 vorgesehene Schwellenwerte erreichen oder überschreiten.[76] Bei der für die Nachprüfung zuständigen Instanz muss es sich nicht zwingend um ein Gericht handeln. In diesem Fall ist jedoch in einer zweiten Stufe der Weiterzug an eine Gerichtsbehörde vorzusehen (vgl. RL 89/665/EWG 2 Abs. 9).

47 Die RL 89/665/EWG enthielt ursprünglich noch keine Bestimmungen zur Frist, innert welcher die Nachprüfung des Zuschlags angestrengt werden muss (Rechtsmittelfrist). Gemäss der durch RL 2007/66/EG revidierten RL 89/665/EWG müssen die Mitgliedstaaten Fristen festlegen, welche eine wirksame Nachprüfung sicherstellen. Dazu gehört – vorbehältlich Fälle äusserster Dringlichkeit – einerseits eine sog. Stillhaltefrist, während welcher der Beschaffungsvertrag nicht abgeschlossen werden darf. Diese beträgt (je nach Kommunikationsmittel) mindestens zehn oder fünfzehn Tage nach Absendung des Zuschlagsentscheids an die Anbieterin oder mindestens zehn Tage seit Eröffnung des Entscheids (RL 89/665/EWG 2a Abs. 2). Andererseits gehört dazu auch eine Rechts-

---

ist diese Aussage insofern zu präzisieren, als sie zur Anfechtung befugt sind, soweit sie die nachgefragten bzw. damit substituierbare Leistungen erbringen können und wollen sowie die Wahl der falschen Verfahrensart rügen.
75 Vgl. Botschaft BöB, S. 1969.
76 RL 89/665/EWG, ergänzt um RL 2007/66/EG, verweist in RL 89/665/EWG 1 Abs. 1 betreffend den Geltungsbereich auf Aufträge gemäss RL 2004/18/EG. Die RL 2004/18/EG wurde durch die RL 2014/24/EU ersetzt. Einschlägig ist mithin die Definition der Aufträge gemäss RL 2014/24/EU (vgl. RL 2014/24/EU 91).

mittelfrist («Frist für die Beantragung einer Nachprüfung»).[77] Diese Mindestdauer der Rechtsmittelfrist ist analog der Mindestdauer der Stillhaltefrist bemessen (RL 89/665/EWG 2c). Bei Nachprüfungsverfahren, in welchen die Unwirksamkeit eines abgeschlossenen Beschaffungsvertrags festgestellt werden soll (etwa wegen Verletzung von Publikationsvorschriften, Missachtung des Suspensiveffekts, Verletzung der Stillhaltefrist), sind längere Beschwerdefristen vorgesehen (RL 89/665/EWG 2f). Dem Zuschlag ist eine «Zusammenfassung der einschlägigen Gründe» beizufügen, um eine wirksame Beschwerde zu ermöglichen (Art. 2c).

In Bezug auf die Beschwerdelegitimation hält RL 2007/66/EG, E. 17, fest, dass ein Nachprüfungsverfahren zumindest jeder Person zur Verfügung stehen sollte, die «ein Interesse an einem bestimmten Auftrag hat oder hatte und der durch einen behaupteten Verstoss ein Schaden entstanden ist bzw. zu entstehen droht». Gemeint ist nicht ein Schaden im Sinne des Haftpflichtrechts. Die Anbieterin muss vielmehr durch eine Verletzung des Unionsrechts und/oder des dieses ausführenden nationalen Rechts in ihren schutzwürdigen Interessen betroffen sein. Das Kriterium des Rechtsverstosses wird im Rechtsmittelverfahren als doppelrelevante Tatsache (vgl. N 33) im Rahmen des Eintretens geprüft.[78] Es können u.U. auch Anbieterinnen legitimiert sein, welche gar nicht am Verfahren teilgenommen haben. Dies ist insb. bei Wahl der falschen Verfahrensart (z.B. unrechtmässiger Anwendung des Freihandverfahrens) relevant.[79] 48

An dieser Stelle sei noch beispielhaft auf das Vergaberecht der Bundesrepublik Deutschland hingewiesen. Im Einklang mit dem europäischen Recht sieht das GWB für Vergaben oberhalb der im europäischen Recht definierten Schwellenwerte[80] ein zweistufiges Rechtsschutzverfahren («Kontrollverfahren») vor; in der ersten Instanz durch verwaltungsinterne Vergabekammern des Bundes und der Länder, in der zweiten Instanz durch die Vergabesenate der Oberlandesgerichte (GWB 155 ff.). Die Legitimation zur Einleitung eines Nachprüfungsverfahrens gegen den Zuschlagsentscheid entspricht dem europäischen Recht (GWB 160 Abs. 2 und GWB 174, vgl. N 49). Im Hinblick auf einen Nachprüfungsantrag an die Vergabekammer sind bestimmte Rügefristen einzuhalten (GWB 160 Abs. 3). Für die Beschwerde an die Oberlandesgerichte gilt eine «Notfrist» von zwei Wochen ab Zustellung der Entscheidung der Vergabekammer zur Einreichung der Beschwerde (GWB 172). 49

---

77 Dies gilt, sofern der betreffende Mitgliedstaat überhaupt eine Frist für die Einreichung eines Nachprüfungsantrags (d.h. einer Beschwerde) vorsieht (RL 2007/66/EG 2c).
78 EGGER, Rz. 1415 ff.
79 Vgl. EGGER, Rz. 1418 m.w.H.
80 GWB 106 Abs. 2 verweist auf die jeweiligen europäischen Rechtsgrundlagen.

Art. 57 Akteneinsicht

¹ Im Verfügungsverfahren besteht kein Anspruch auf Akteneinsicht.

² Im Beschwerdeverfahren ist der Beschwerdeführerin / *dem Beschwerdeführer* auf Gesuch hin Einsicht in die Bewertung ihres / *seines* Angebots und in weitere entscheidrelevante Verfahrensakten zu gewähren, soweit nicht überwiegende öffentliche oder private Interessen entgegenstehen.

Inhaltsverzeichnis

I.	Grundlagen	1
II.	Abs. 1: Kein Anspruch auf Akteneinsicht im Verfügungsverfahren	7
III.	Abs. 2: Beschränktes Akteneinsichtsrecht im Beschwerdeverfahren	12
A.	Überblick	12
B.	Gegenstand und Umfang	16
C.	Einschränkungen	24
D.	Verfahrensfragen und Rechtsschutz	33
IV.	Rechtsvergleichung	41

I. Grundlagen

1 BöB/IVöB 57 sieht für das Vergaberecht eine spezialgesetzliche Regelung des Akteneinsichtsrechts vor, welche dieses in Bezug auf das Verfügungsverfahren explizit ausschliesst (Abs. 1) und im Beschwerdeverfahren dessen Gehalt einschränkt (Abs. 2). Abs. 1 entspricht inhaltlich aBöB 26 Abs. 2, welcher die Regelung des Akteneinsicht in Verfahren vor Bundesbehörden gemäss VwVG 26–28 als für das beschaffungsrechtliche Verfügungsverfahren nicht anwendbar bezeichnete.[1] Abs. 2 ist insofern neu, als sich die Akteneinsicht im Beschwerdeverfahren vor dem Bundesverwaltungsgericht bis anhin gestützt auf VGG 37 und aBöB 26 Abs. 1 nach VwVG 26–28 bzw. in den Kantonen nach dem jeweiligen Gesetz über die Verwaltungsrechtspflege richtete. Mit dem revidierten Recht sind im Vergaberecht VwVG 26–28 bzw. die entsprechenden Bestimmungen der kantonalen Verwaltungsrechtspflegeordnungen zur Akteneinsicht nur noch soweit anwendbar, als deren Ausgestaltung des Akteneinsichtsrechts mit BöB/IVöB 57 Abs. 2 kompatibel ist (BöB/IVöB 55).

2 Die nach Verfahrensstadium differenzierende Lösung des Akteneinsichtsrechts in BöB/IVöB 57 trägt den divergierenden Anforderungen gemäss GPA 2012 Rechnung: Die Auftraggeberin hat die Vertraulichkeit der Angebote zu gewährleisten (GPA 2012 XI:1), wo-

---

1 Zur Praxis des BVGer gemäss bisherigem Recht siehe: BVGer B-5504/2015 vom 29.10.2015, E. 5.4.1; BVGer B-2675/2012 vom 23.07.2012, E. 3 sowie BVGer B-5190/2011 vom 19.10.2011, S. 3.

bei gleichzeitig ein wirksames Überprüfungsverfahren vorzusehen ist (GPA 2012 XVIII:1). Letzteres bedingt insb. auch, dass die Weitergabe aller relevanten Unterlagen an die Beschwerdeinstanz (GPA 2012 XVIII:6 Bst. a), das rechtliche Gehör der Parteien (GPA 2012 XVIII:6 Bst. b) und deren Zugang zu den Verfahrensakten (GPA 2012 XVIII:6 Bst. d)[2] im Beschwerdeverfahren gewährleistet sein müssen.

Das Akteneinsichtsrecht gehört zu den fundamentalen Verfahrensrechten und bildet einen Teilgehalt des verfassungsmässigen Anspruchs auf rechtliches Gehör gemäss BV 29 Abs. 2.[3] Aus dem Verfassungsrang des Akteneinsichtsrechts folgt, dass in der Verwaltungsrechtspflege die Gewährung der Akteneinsicht den Grundsatz, deren Verweigerung die Ausnahme darstellt.[4] Im Submissionsverfahren gilt diese Regel freilich nicht bzw. nur eingeschränkt. Hier hat das allgemeine Akteneinsichtsrecht gegenüber dem Interesse der Anbieterinnen an der vertraulichen Behandlung ihrer Geschäftsgeheimnisse sowie des in den Offertunterlagen zum Ausdruck kommenden unternehmerischen Know-how zurückzutreten.[5] Der in BöB/IVöB 11 Bst. e statuierte Verfahrensgrundsatz der Vertraulichkeit sämtlicher von den Anbieterinnen gemachten Angaben soll sicherstellen, dass sich ein wirksamer Wettbewerb unter Anbieterinnen erst entfalten kann.[6] Entsprechend hat die unterlegene Bewerberin im Verfügungsverfahren nur Anspruch auf Bekanntgabe jener Informationen, die von Gesetzes wegen zur Begründung des Zuschlags angeführt werden müssen (vgl. BöB/IVöB 51 Abs. 3); diese Regelung soll nicht durch das blosse Einlegen eines Rechtsmittels umgangen werden können. Deshalb besteht grundsätzlich selbst im Rechtsmittelverfahren kein Anspruch auf Einsicht in die Offertunterlagen von Konkurrentinnen.[7] Dass die Beschränkung des Einsichtsrechts für die unterlegene Konkurrentin eine Erschwernis bewirkt, vermutete Mängel des Vergebungsentscheids auf dem Rechtsmittelweg geltend zu machen, ist gemäss dem Bundesgericht hinzunehmen, zumal die Rechtsmittelinstanz selber den Vergabeentscheid gestützt auf einen vollumfänglichen Einblick in die Konkurrenzofferten überprüfen kann.[8] BöB/IVöB 57 stellt dabei die formellgesetzliche Grundlage zur Einschränkung des Akteneinsichtsrechts im Anwendungsbereich des Beschaffungsrechts dar.[9]

---

2 Der englische authentische Text von GPA 2012 XVIII:6 Bst. d lautet: «*The participants shall have access to all proceedings.*» Dieser wird in der von der WTO erstellten deutschen Fassung des Abkommens freilich dahingehend übersetzt, dass interne Überprüfungsverfahren vorzusehen sind, in denen «die Teilnehmer zu allen Akten Zugang haben».
3 Siehe hierzu etwa Prakomm VwVG-Waldmann/Oeschger, Art. 26 N 2 und Art. 27 N 7.
4 BVGer B-369/2014 vom 11.09.2014, S. 5; BVGer B-3604/2007 vom 16.11.2007, E. 2.1; Steiner, Verfahren, S. 416.
5 BGer 2P.274/1999 vom 02.03.2000, E. 2c; BGer 2P.226/2002 vom 20.02.2003, E. 2.2; BGer 2P.193/2006 vom 29.11.2006, E. 3.1.
6 Vgl. Botschaft BöB, S. 1911 und 1984.
7 BGer 2P.111/2003 vom 21.01.2010, E. 4.1.2; BVGer B-369/2014 vom 11.09.2014, S. 5; vgl. auch BVGer B-3604/2007 vom 16.11.2007, E. 2.1 und 2.4, sowie VGer ZH, VB.2019.00334 vom 25.07.2019, E. 3.
8 BGer 2P.274/1999 vom 02.03.2000, E. 2c; BGer 2P.226/2002 vom 20.02.2003, E. 2.2.
9 Zwar steht BöB/IVöB 40 unter der Marginalie «Akteneinsicht», inhaltlich erschöpft sich die Be-

4 Anderseits ändert die Tatsache, dass das verfassungsrechtliche Akteneinsichtsrecht durch BöB/IVöB 57 ausser Kraft gesetzt bzw. modifiziert wird, nichts daran, dass (auch) diese Bestimmung verfassungskonform auszulegen ist. Bei der Anwendung und Auslegung von BöB/IVöB 57 sind deshalb immer auch der Grundsatz der Verhältnismässigkeit (BV 5 Abs. 2) und der verfassungsmässige Anspruch auf rechtliches Gehör (BV 29 Abs. 2) mit zu berücksichtigen.

5 Der Anspruch auf Akteneinsicht hängt zunächst davon ab, in welchem Stadium sich das Vergabeverfahren befindet. Das Gesetz unterscheidet dabei zwischen dem Verfügungsverfahren (BöB/IVöB 57 Abs. 1) und dem Beschwerdeverfahren (BöB/IVöB 57 Abs. 2). Der spezialgesetzliche Ausschluss des Akteneinsichtsrechts nach Abs. 1 gilt im gesamten Verfügungsverfahren bis hin zum Ablauf der Beschwerdefrist nach dem Zuschlagsentscheid.[10] Erst im Beschwerdeverfahren besteht – in den Schranken von BöB/IVöB 57 Abs. 2 – ein Anspruch auf Akteneinsicht.[11]

6 Das Abweichen von den Verfahrensbestimmungen des VwVG rechtfertigt sich aufgrund der Eigenheiten des Vergabeverfahrens. Die mit BöB/IVöB 57 getroffene Regelung ist letztendlich ein Kompromiss, um den teilweise divergierenden Grundsätzen und Zielen des Vergaberechts Rechnung zu tragen. Ein zu weit gefasstes Einsichtsrecht stünde im Widerspruch zu den Grundsätzen der Vertraulichkeit der Offerten und der Gleichbehandlung der Anbieterinnen (BöB/IVöB 11 Bst. e und c) sowie zu dem vom Gesetz verfolgten Zweck, den wirksamen Wettbewerb zwischen den Anbieterinnen zu schützen und zu fördern (BöB/IVöB 2 Bst. d). Demgegenüber wäre ein zu eng gefasstes Einsichtsrecht mit dem Grundsatz der Transparenz (BöB/IVöB 11 Bst. a) unvereinbar und würde einen effektiven Rechtsschutz für die Anbieterinnen erschweren oder gar verunmöglichen.[12]

II. Abs. 1: Kein Anspruch auf Akteneinsicht im Verfügungsverfahren

7 BöB/IVöB 57 Abs. 1 schliesst den Anspruch auf Akteneinsicht für das gesamte Verfügungsverfahren ausdrücklich aus. Diese Bestimmung findet ihr Pendant in BöB/IVöB 51 Abs. 1, wonach «die Anbieterinnen […] vor Eröffnung der Verfügung keinen Anspruch auf rechtliches Gehör» haben. Es ist nicht erwünscht, dass Konkurrentinnen während des Vergabeverfahrens Angaben über den Inhalt der Angebote anderer Anbie-

---

stimmung im Wesentlich darin, die Verfahrensgarantie in ihrer durch VwVG 26–28 erfolgten Konkretisierung spezialgesetzlich für das Submissionsrecht einzuschränken.
10 So auch die bisherige Praxis zu aBöB 26 Abs. 2: BVGer B-2675/2012 vom 23.07.2012, E. 3; BVGer B-5504/2015 vom 29.10.2015, E. 5.4.1, mit Verweis auf GALLI/MOSER/LANG/STEINER, Rz. 1363.
11 Vgl. BVGer B-2675/2012 vom 23.07.2012, E. 3, mit Verweis auf Komm BöB-TRÜEB, Art. 26 N 6.
12 Siehe Botschaft BöB, S. 1984 und Musterbotschaft IVöB, S. 99.

terinnen machen.[13] BöB/IVöB 57 Abs. 1 implementiert entsprechend den Verfahrensgrundsatz, wonach die Vergabestelle den vertraulichen Charakter der Angaben der Anbieterinnen zu wahren hat (BöB/IVöB 11 Bst. b).

Ungeachtet des fehlenden Akteneinsichtsrechts ist die Vergabestelle selbstverständlich 8 verpflichtet, die Akten korrekt zu führen und im Falle einer Beschwerde dem Gericht vollständig vorzulegen.[14] Sie hat ihre Sachverhaltsabklärungen aktenkundig zu machen, da ansonsten eine wirksame Überprüfung des Entscheids weder durch die Parteien noch durch die Beschwerdeinstanz möglich ist.[15] Gerade der Evaluationsprozess hat im Sinne der *ex post*-Transparenz hinreichend dokumentiert zu sein, denn «ohne hinreichende Dokumentation lässt sich der Verdacht auf Ungleichbehandlung nachträglich weder bestätigen noch widerlegen».[16] Hierzu finden die Dokumentations- und Aktenführungs- bzw. Protokollierungspflichten der Auftraggeberin in einer Reihe von Bestimmungen des BöB/der IVöB expliziten Niederschlag, u.a. mit Bezug auf die Öffnung (BöB/IVöB 37 Abs. 2), Prüfung (BöB/IVöB 38 Abs. 2), Bereinigung (BöB/IVöB 39 Abs. 4) und Bewertung (BöB/IVöB 40 Abs. 2) der Angebote. Siehe auch BöB/IVöB 49, wonach die Auftraggeberinnen die «massgeblichen Unterlagen im Zusammenhang mit einem Vergabeverfahren» mindestens drei Jahre ab rechtskräftigem Zuschlag aufzubewahren haben.

Der Grundsatz, dass im Vergabeverfahren weder Akteneinsicht noch rechtliches Gehör 9 gewährt wird, wird durch die Bestimmungen über die Eröffnung von Verfügungen (BöB/IVöB 51) partiell durchbrochen.[17] Gemäss BöB/IVöB 51 Abs. 3 hat die Vergabestelle die Eröffnung des Zuschlages summarisch zu begründen, wobei jede Anbieterin Anspruch auf Kenntnis der Gründe hat, aus denen ihr Angebot nicht berücksichtigt wurde, sowie auf Darlegung der relativen Vorteile des berücksichtigten Angebots (vgl. Art. 51 N 25 f.). Die Vergabestelle ist dabei berechtigt, aber nicht verpflichtet, diese Auskünfte mittels Einsicht in gewisse Verfahrensakten, wie etwa Auszüge aus der Bewertungsmatrix oder dem Evaluationsbericht, zu erteilen.[18] Sie hat dabei ein Einsehen in solche Angaben zu verwehren, betreffend welche ein berechtigtes Geheimhaltungsinteresse besteht (BöB/IVöB 51 Abs. 4).[19] In der Praxis werden die Gründe für die Nichtbe-

---

13 So schon BBl 1994 950, S. 1196; GALLI/MOSER/LANG/STEINER, Rz. 1363.
14 Vgl. GPA 2012 XVIII:6 Bst. a; BVGer B-1172/2011 vom 06.05.2011, E. 2.2; BVGer B-6646/2014 vom 19.12.2014, S. 2; STEINER, Verfahren, S. 416.
15 RASTER/SCHMID STEFAN, S. 1 ff. Siehe auch VGer ZH, VB.2003.00016 vom 13.08.2003, E. 2 e: «Das im Rahmen des Beschwerdeverfahrens bestehende Recht auf Einsicht in die Akten der Vergabebehörde würde in unzulässiger Weise seines Gehalts entleert, wenn die Behörde von ihrer Pflicht, die für den Zuschlag massgeblichen Sachverhaltsabklärungen aktenkundig zu machen, entbunden wäre. Es ist somit unzulässig, den Vergabeentscheid mit nicht aktenkundigen Sachverhaltsabklärungen zu begründen.»
16 BVGer B-562/2015 vom 23.06.2015, E. 3.3, mit Verweisen auf die Lehre.
17 Komm BöB-TRÜEB, Art. 26 N 6.
18 BVGer B-5504/2015 vom 29.10.2015, E. 5.4.2.
19 Botschaft BöB, S. 1976; BVGer B-3526/2013 vom 20.03.2014, E. 3.2.

rücksichtigung des unterlegenen Angebotes meist in einem individuellen Debriefing mündlich dargelegt und teilweise mit gewissen Unterlagen oder Auszügen aus den Vergabeakten unterlegt (vgl. Art. 51 N 28 ff.). Dabei ist eine Tendenz kantonaler Vergabestellen erkennbar, der nichtberücksichtigten Anbieterin Einsicht in die ihr Angebot betreffenden Teile des Evaluationsberichts und in eine betreffend die weiteren Anbieterinnen anonymisierte Beurteilungsmatrix zu gewähren.[20] In den Vergabeverfahren nach BöB werden Auszüge aus dem Evaluationsbericht der nichtberücksichtigten Anbieterin hingegen regelmässig erst im Rahmen des Beschwerdeverfahrens zugänglich gemacht.[21] Gemäss dem BVGer sei zwar einzuräumen, dass es «in Vergabesachen aufgrund der summarischen Begründung des Zuschlags [...] allein und ohne Akteneinsicht schwierig sein kann zu beurteilen, ob der Zuschlag rechtskonform erfolgt ist», aufgrund des gesetzlichen Ausschlusses des Akteneinsichtsrechts im Verfügungsverfahren sei aber in Kauf zu nehmen, dass sich «der Beschwerdeführer erst anhand im Rahmen der Akteneinsicht [im Beschwerdeverfahren] neu gewonnener Kenntnisse der Aussichtslosigkeit seiner Beschwerde bewusst wird».[22] Hier zeigt sich unter dem neuen Recht ein weiterer Zielkonflikt: Zum einen ist einer nichtberücksichtigten Anbieterin gemäss GPA 2012 XVIII:7 ein effektiver Rechtsschutz mit rasch greifenden vorsorglichen Massnahmen zu Verfügung zu stellen, zum anderen sieht BöB/IVöB 54 Abs. 2 vor, dass vor der Beschwerdeinstanz «zur Frage der aufschiebenden Wirkung in der Regel nur ein Schriftenwechsel stattfindet». Damit dem Beschleunigungsgebot nachgelebt werden kann, sollte die Auftraggeberin der nichtberücksichtigten Anbieterin auf Ersuchen hin bereits im Rahmen des Debriefings diejenigen Angaben und Unterlagen – soweit mit BöB/IVöB 51 Abs. 4 vereinbar – zugänglich machen, welche erforderlich sind, um mit der Beschwerde ein substanziiertes Gesuch um Erteilung der aufschiebenden Wirkung stellen zu können.[23]

10 Der Ausschluss der Akteneinsicht im Verfügungsverfahren gemäss BöB/IVöB 57 Abs. 1 gilt weder lückenlos noch absolut: Gemäss BöB/IVöB 37 Abs. 3 haben alle Anbieterinnen spätestens nach erfolgtem Zuschlag Anspruch auf Einsicht in das Protokoll der Angebotsöffnung. BöB/IVöB 53 Abs. 3 erklärt den Ausschluss des rechtlichen Gehörs für die Verhängung von Sanktionen gemäss BöB/IVöB 45 als nicht anwendbar. Diese Gegenausnahme hat sich auf das Akteneinsichtsrecht als Teilgehalt und Vorbedingung

---

20 Siehe etwa das «Handbuch für Vergabestellen 2020» des Kantons Zürich, S. 8–43.
21 Z.B. BVGer B-3302/2019 vom 24.09.2019; BVGer B-6988/2018 vom 17.04.2019 und BVGer B-4895/2017 vom 08.02.2018; BVGer B-1600/2014 vom 02.06.2014; BVGer B-369/2014 vom 11.09.2014; anders in BVGer B-3604/2007 vom 16.11.2007 (AlpTransit), S. 4.
22 BVGer B-5213/2014 vom 02.10.2014, E. 3.3.
23 Vgl. BVGer B-7062/2017 vom 16.02.2018, E. 13.1. Siehe hingegen etwa BVGer B-3302/2019 vom 24.09.2019, E. 6.4; BVGer B-6988/2018 vom 17.04.2019, E. 5 und BVGer B-4895/2017 vom 08.02.2018, E. 9, wo die Beschwerdeführerinnen jeweils erst im Beschwerdeverfahren in eine – teilweise abgedeckte – Kopie des Evaluationsberichts und der Bewertungsmatrix Einsicht nehmen konnten, und das BVGer erst nach Einräumung der Gelegenheit einer ergänzenden Stellungnahme über den Antrag auf Erteilung der aufschiebenden Wirkung entschied. Vgl. auch BVGer B-614/2018 vom 17.07.2018, E. 12.

des rechtlichen Gehörs zu erstrecken,[24] und zwar (nur) im Umfang, als die Vergabeakten die erstinstanzliche Sachverhaltsfeststellung des zu sanktionieren Tatbestands betreffen.[25] Im gleichen Umfang ist eine Ausnahme vom Grundsatz, wonach im Verfügungsverfahren kein Anspruch auf rechtliches Gehör und Akteneinsicht besteht, dort angezeigt, wo die Anbieterin nach BöB/IVöB 44 vom Vergabeverfahren ausgeschlossen wird.[26] In die eigene Offerte und die damit eingereichten Unterlagen sowie in die Ausschreibungsunterlagen oder sonstige, der Gesamtheit der Anbieterinnen mitgeteilte Angaben hat die Auftraggeberin jederzeit Einsicht zu gewähren, da einer solchen keine Geheimhaltungsinteressen entgegenstehen können.[27] Aus den Verfahrensgrundsätzen der Transparenz und Gleichbehandlung folgt wiederum, dass den Anbietenden gewisse Auskünfte zu erteilen sind, soweit diese die Ausschreibung an sich, wie insb. Unklarheiten der Ausschreibungsunterlagen, betreffen, die sodann aber allen Anbietenden gleichermassen zur Verfügung stehen müssen (vgl. Art. 11 N 4 und 15).[28]

Ein Anspruch auf Akteneinsicht kann unter bestimmten Umständen auch ausserhalb eines hängigen Vergabeverfahrens bestehen. So kann eine umfassende Rechtswahrung gebieten, dass eine Betroffene oder eine Dritte ausnahmsweise einen Anspruch auf Einsicht in die Akten eines bereits abgeschlossenen (Vergabe-)Verfahrens beanspruchen kann.[29] Ein solcher Anspruch ist jedoch davon abhängig, dass die Rechtsuchende ein besonderes schutzwürdiges Interesse glaubhaft machen kann, wobei ein schutzwürdiges Interesse an der Akteneinsicht insb. dort besteht, wo diese zur Vorbereitung eines Verfahrens beansprucht wird, in dem ein Ausgleich – z.B. i.S.v. Schadenersatz – abgestrebt wird.[30] Dem Anspruch der (damaligen) Anbieterinnen auf Schutz ihrer Daten und Geschäftsgeheimnisse ist freilich auch nach Abschluss des Vergabeverfahrens gehörig Rechnung zu tragen. Gerade mit Blick auf die Pflicht zur Aufbewahrung der Vergabeunterlagen gemäss BöB/IVöB 49 sind die Pflicht zur Vertraulichkeit (BöB/IVöB 11 Bst. c) und das Verbot der Preisgabe von Informationen, wenn dadurch berechtigte wirtschaftliche Interessen der Anbieterinnen beeinträchtigt würden (BöB/IVöB 51 Abs. 4 Bst. b), als umfassende, das jeweilige Vergabeverfahren überdauernde Aufgaben der Vergabebehörden zu werten (vgl. Art. 49 N 18).[31]

---

24 Vgl. Prakomm VwVG-WALDMANN/OESCHGER, Art. 27 N 7.
25 Siehe auch Botschaft BöB, S. 1980, wonach für den Rechtsschutz bei vergaberechtlichen Sanktionen «stattdessen [...] das Verwaltungsverfahrensrecht» gilt.
26 Vgl. Botschaft BöB, S. 1975.
27 Vgl. Prakomm VwVG-WALDMANN/OESCHGER, Art. 27 N 39 f.
28 Vgl. auch BVGer B-1284/2017 vom 06.06.2017, E. 3.2.
29 Vgl. BVGer B-1284/2017 vom 06.06.2017, E. 3.3.1 (mit Verweis auf BGer 1A.253/2005 vom 17.02.2006, E. 3.6.1).
30 *Idem.*
31 IVöB 49 Abs. 3 schreibt ausdrücklich vor, dass «alle Unterlagen [...] für die Dauer ihrer Aufbewahrung vertraulich zu behandeln [sind], soweit diese Vereinbarung nicht eine Offenlegung vorsieht».

III. Abs. 2: Beschränktes Akteneinsichtsrecht im Beschwerdeverfahren

A. Überblick

12 Das Akteneinsichtsrecht kommt erst im Beschwerdeverfahren zum Tragen.

13 Voraussetzung ist ein entsprechendes Gesuch. Dieses ist an die Beschwerdeinstanz zu richten; es wird von der Beschwerdeführerin regelmässig bereits mit der Beschwerdeschrift gestellt. Über das Akteneinsichtsgesuch entscheidet demnach die Beschwerdeinstanz, nicht die Vergabestelle.[32] Letztere ist vielmehr gehalten, der Beschwerdeinstanz die vollständigen Akten auszuhändigen, inkl. solcher Dokumente, welche sie als vertraulich betrachtet.[33] Praxisgemäss ersucht das Bundesverwaltungsgericht die Vergabestelle, die ihrer Ansicht nach vom Akteneinsichtsrecht auszunehmenden Aktenstücke oder Aktenstellen genau zu bezeichnen.[34]

14 Der Anspruch ist beschränkt auf Einsicht in die Bewertung des eigenen Angebots sowie in die entscheidrelevanten Verfahrensakten (vgl. N 16 ff.).[35] Vom Einsichtsrecht ausgeschlossen bleiben Akten, bez. deren ein überwiegendes öffentliches oder privates Geheimhaltungsinteresse besteht (vgl. N 24 ff.).[36]

15 BöB/IVöB 57 Abs. 2 regelt die Akteneinsicht im vergaberechtlichen Beschwerdeverfahren unmittelbar. Als spezialgesetzliche Vorschrift verdrängt sie im Bundesrecht ungeachtet der Verweisung in VGG 37 auf das VwVG die Regelung des allgemeinen Akteneinsichtsrechts in VwVG 26–28 bzw. im kantonalen Recht die entsprechenden Gesetzesbestimmungen der Verwaltungsrechtspflege-Ordnungen, soweit BöB/IVöB 57 Abs. 2 die Akteneinsicht abweichend bzw. restriktiver regelt. Die genaue Delimitation zwischen den allgemeinen verwaltungsverfahrens- und den spezialrechtlichen Regelungsinhalten wird die Praxis erst noch ziehen müssen.[37]

---

32 Vgl. BVGer B-3604/2007 vom 16.11.2007, E. 1.
33 BVGer B-1172/2011 vom 06.05.2011, E. 2.2.
34 STEINER, Verfahren, S. 416; GALLI/MOSER/LANG/STEINER, Rz. 1364.
35 Botschaft BöB, S. 1984.
36 Vgl. Botschaft BöB, S. 1984, sowie zum bisherigen Recht: GALLI/MOSER/LANG/STEINER, Rz. 1364; BVGer B-2675/2012 vom 05.12.2012, E. 3.1; BVGer B-3797/2015 vom 03.09.2015, S. 4; VGer ZH, VB.2011.00316 vom 28.09.2011, E. 3.1.1.
37 In der Vernehmlassung wurde deshalb von CLAUDIA SCHNEIDER HEUSI und MARTIN BEYELER die Streichung von Abs. 2 angeregt; siehe Erläuternder Bericht VE-BöB, S. 65 f.

B. Gegenstand und Umfang

Während gemäss BV 29 Abs. 2 und VwVG 26 der Betroffenen grundsätzlich das gesamte, vollständige Verfahrensdossier zur Einsicht zu überlassen ist,[38] bezeichnet BöB/IVöB 57 Abs. 2 lediglich die Bewertung des Angebots der Beschwerdeführerin und die «weiteren entscheidrelevanten Verfahrensakten» explizit als Gegenstand des Einsichtsrechts.

In der Formulierung, dass der Beschwerdeführerin Einblick «in die Bewertung ihres Angebots» gewährt wird, spiegelt sich wider, dass gemäss ständiger Rechtsprechung[39] auch im Beschwerdeverfahren kein allgemeiner Anspruch auf Einsichtnahme in Konkurrenzofferten besteht. Der Ausschluss der Akteneinsicht in die Konkurrenzofferten ohne Einwilligung der betroffenen Anbieterinnen ist nicht absolut zu verstehen, sondern gilt nur soweit, als die Konkurrenzofferten Geschäftsgeheimnisse beinhalten.[40] Liegt die Einwilligung der betroffenen Anbieterin vor, steht einer Akteneinsicht in deren Offertunterlagen nichts mehr entgegen.[41]

Das Einsichtsrecht im Beschwerdeverfahren ist nach Abs. 2 weiter auf die «entscheidrelevanten Verfahrensakten» beschränkt. Die Gesetzesmaterialien erörtern den Begriff «entscheidrelevant» nicht näher. Anhand der Rechtsprechung zum alten Recht lässt sich schliessen, dass sich Einschränkungen des Einsichtsrechts entsprechend auch aus dem Streitgegenstand des jeweiligen Beschwerdeverfahrens ergeben können.[42] Ist das Beschwerdeverfahren etwa auf die Frage der Zuständigkeit der Beschwerdeinstanz beschränkt, so besteht – unter Wahrung schützenswerter Geheimhaltungsinteressen – ein Anspruch auf Einsicht vorerst nur in die für die Beurteilung der Zuständigkeit relevanten Akten. In Bezug auf die übrigen Akten des Vergabeverfahrens besteht zumindest bis zu einem positiven Entscheid über die Zuständigkeitsfrage kein Einsichtsrecht.[43] Gleiches gilt *mutatis mutandis* dann, wenn die Legitimation der Beschwerdeführerin in Frage steht. In diesem Fall ist es zulässig, der Beschwerdeführerin die Einsicht vorerst nur in diejenigen Akten zu gewähren, welche in Bezug auf die Prüfung ihrer Legitimation relevant sind.[44] Im Rahmen der Anfechtung eines Ausschlusses wegen unvollständiger Offerte hat das Bundesverwaltungsgericht bestätigt, dass diejenigen Akten, welche

---

38 Prakomm VwVG-WALDMANN/OESCHGER, Art. 26 N 78.
39 Vgl. BVGer B-2675/2012 vom 05.12.2012, E. 3.3; BVGer B-369/2014 vom 11.09.2014; BVGer B-562/2015 vom 23.06.2015, E. 4.4.1; BGer 2P.193/2006 vom 29.11.2006 E. 3.1 sowie BGer 2P.274/1999 vom 02.03.2000, E. 2c.
40 Vgl. BVGer B-1172/2011 vom 06.05.2011, E. 3.3 und E. 5.2; siehe aber BGer 2P.173/2003 vom 09.12.2003, E. 2.5, wonach die Offerten als solche «den Schutz als Geschäftsgeheimnisse» geniessen. Siehe weiter VGer ZH, VB.2015.00403 vom 08.10.2015, E. 3.1 und KGer LU, 7H 17 60 vom 17.05.2017, E. 2, wonach «ausnahmsweise ein überwiegendes Interesse für eine beschränkte Einsicht in einzelne Teile einer Konkurrenzofferte bestehen» können.
41 Vgl. BVGer B-3803/2010 vom 23.06.2010, E. 7.2; BVGer B-1172/2011 vom 06.05.2011, E. 3.3.
42 GALLI/MOSER/LANG/STEINER, Rz. 1368.
43 Vgl. BVGer B-93/2007 vom 08.06.2007, E. 5.
44 Vgl. BVGer B-2197/2011 vom 19.05.2011, E. 5.

in Bezug auf die Bewertung der Offerten bei Anfechtung des Zuschlages (entscheid-)relevant wären, bei der Prüfung der Rechtmässigkeit des Ausschlusses nicht Gegenstand der Akteneinsicht sind.[45] Die gleichen Einschränkungen der Akteneinsicht in Bezug auf den jeweiligen Streitgegenstand sind schliesslich bei der Anfechtung von Zwischenverfügungen zu beachten.[46]

19 Ist die Beschwerde bereits aufgrund übereinstimmender Anträge gutzuheissen und fällt somit eine Verfügung zum Nachteil der Beschwerdeführerin in der Hauptsache ausser Betracht, kann die Beschwerdeinstanz eine Einsicht in die Akten des Verfügungsverfahrens der (obsiegenden) Beschwerdeführerin verwehren.[47]

20 Hingegen ist die Beschränkung des Einsichtsrechts auf «entscheidrelevante» Akten nicht dahingehend zu verstehen, dass die Beschwerdeführerin mit ihrem Gesuch vorab zu substanziieren hätte, inwiefern die Einsicht in ein spezifisches Aktenstück für die von ihr erhobenen Rügen wesentlich ist.[48] Vielmehr besteht der Sinn der Akteneinsicht ja gerade darin, dass sich die Betroffene ein Bild über die einschlägigen Aktenstücke machen kann.[49] Entsprechend muss die Beurteilung der Relevanz der Akten grundsätzlich der Beschwerdeführerin selbst überlassen sein und darf nicht der Beschwerdebehörde vorbehalten bleiben.[50]

21 Vom Einsichtsrecht ausgeschlossen sind nach konstanter Rechtsprechung die sog. «verwaltungsinternen» Akten. Als solche gelten Dokumente, denen kein Beweiswert zukommt und die nicht entscheidrelevant sind, sondern ausschliesslich der internen Meinungsbildung dienen und allein für den behördeninternen Gebrauch bestimmt sind. Damit kommt ihnen gemäss der bundesverwaltungs- und bundesgerichtlichen Rechtsprechung nicht der Charakter von Akten i.S.v. VwVG 26 ff. zu,[51] weshalb sie vom allgemeinen Akteneinsichtsrecht von vornherein nicht erfasst werden und nicht Teil der massgebenden Verfahrensakten bilden.[52] Massgeblich ist dabei nicht die Bezeichnung als «intern» oder «vertraulich», sondern einzig der Charakter solcher Dokumente.[53] Gemäss Rechtsprechung und Lehre sind zu den internen Akten etwa persönliche Notizen, Gedächtnisstützen, Hilfsbelege oder Entwürfe zu zählen.[54] Auch behördeninterne

---

45 Vgl. BVGer B-1774/2006 vom 13.03.2007, E. 7.2.
46 Komm BöB-Trüeb, Art. 26 N 6; BVGer B-7062/2017 vom 16.02.2018, E. 13.1; BVGer B-6762/2011 vom 26.01.2012, E. 8.
47 Vgl. BVGer B-5190/2011 vom 19.10.2011, S. 3.
48 Vgl. BVGer B-3604/2007 vom 16.11.2007, E. 2.3; BVGer B-1172/2011 vom 06.05.2011, E. 4.3.
49 BVGer B-1172/2011 vom 06.05.2011, E. 3.3.
50 So Prakomm VwVG-Waldmann/Oeschger, Art. 26 N 58, zum allgemeinen Akteneinsichtsrecht gemäss VwVG.
51 BGE 125 II 473, E. 4a; BVGer B-1172/2011 vom 06.05.2011, E. 2.3–4 m.w.H.
52 Prakomm VwVG-Waldmann/Oeschger, Art. 26 N 63 mit Verweis auf BVGer D-7276/2006 vom 12.03.2008.
53 Vgl. BVGer B-1172/2011 vom 06.05.2011, E. 2.3.
54 BVGer B-1172/2011 vom 06.05.2011, E. 2.3–4 m.w.H.

Rechtsabklärungen und Parteimemoranden von damit beauftragten Rechtsberatern bilden gemäss dem Bundesverwaltungsgericht nicht Teil der Verfahrensakten, soweit ihnen kein Beweischarakter zukommt.[55] Zum Schutze der freien Meinungsbildung innerhalb der Behörde bilden weiter Berichtsentwürfe, Anträge auf Berichtsanpassungen und Vorversionen zu Berichten keine Aktenstücke des streitbetroffenen Submissionsverfahrens.[56] Das Bundesgericht hat sich in einem jüngeren Entscheid mit der Frage auseinandergesetzt, ob die von einer Vergabestelle bei einer Dritten eingeholten Referenzauskünfte über eine Anbieterin als «interne» Akten vom Einsichtsrecht ausgenommen sind. Das Bundesgericht hat diese Frage verneint und darauf hingewiesen, dass Referenzauskünfte, auf welche die Vergabestelle abstellen will, aktenmässig festzuhalten seien und den Parteien (vorbehaltlich überwiegender Geheimhaltungsinteressen) Einsicht in diese zu gewähren sei.[57]

In der Lehre wird die Rechtsfigur der vom Einsichtsrecht ausgenommenen internen Akten seit längerer Zeit kritisiert. Im Rahmen des Erläuternden Berichtes zur Revision des BöB setzte sich das EFD mit dieser Kritik auseinander und sprach sich ausdrücklich dafür aus, dass – mit Blick auf die Besonderheiten des Vergabeverfahrens – trotz Kritik weiterhin an der dargelegten Praxis festgehalten werden soll.[58] 22

Der Anspruch auf Akteneinsicht umfasst gemäss VwVG 26 Abs. 1 Bst. b i.V.m. VGG 37 auch die als Beweismittel dienenden Aktenstücke, welche nicht zum streitbetroffenen Submissionsverfahren gehören.[59] 23

C. Einschränkungen

Die Vergabeakten bleiben von einer Einsichtnahme durch die Beschwerdeführerin ausgenommen, soweit einer solchen «überwiegende öffentliche oder private Interessen entgegenstehen». 24

Während es sich in Beschwerdeverfahren bis anhin nach VwVG 27 Abs. 1 Bst. b bzw. den entsprechenden Bestimmungen der kantonalen Verwaltungsrechtspflegeordnungen beurteilte, ob ein überwiegendes Geheimhaltungsinteresse vorliegt, finden sich nun die Verweigerungs- oder Einschränkungsgründe unmittelbar in BöB/IVöB 57 Abs. 2. Die neue Bestimmung nennt als solche kurz «überwiegende öffentliche oder private Interessen». Anders als VwVG 27 Abs. 1 Bst. b besagt BöB/IVöB 57 Abs. 2 nicht explizit, dass es sich dabei um Geheimhaltungsinteressen handeln muss. Dennoch ist davon auszugehen, dass der Gesetzgeber mit der besagten Formulierung keine Erweiterung der 25

---

55 BVGer B-1172/2011 vom 06.05.2011, E. 2.3–4 m.w.H.; Gutachten und Berichte zu umstrittenen Sachverhaltsfragen zählen hingegen nicht zu den verwaltungsinternen Akten (vgl. BVGer B-6177/2008 vom 04.12.2008, E. 5.1).
56 BVGer B-1172/2011 vom 06.05.2011, E. 2.3–4 m.w.H.
57 Vgl. BGE 139 II 489, E. 3.3.
58 Vgl. Erläuternder Bericht VE-BöB, S. 44.
59 BVGer B-1172/2011 vom 06.05.2011, E. 2.6.

8. Kapitel: Rechtsschutz

Verweigerungs- und Einschränkungsgründe bezweckt hat, sondern die bisherige vergaberechtliche Beschwerdepraxis für die Anwendung von BöB/IVöB 57 Abs. 2 richtungsgebend bleibt.

26 Ein überwiegendes privates Interesse an der Geheimhaltung und somit der Verweigerung der Einsicht besteht insb. bei Aktenstücken, welche vertrauliche Geschäftsinformationen anderer Anbieterinnen enthalten, mithin Fabrikations- oder Geschäftsgeheimnisse betreffen. Als schützenswert fallen z.B. Angaben von Mitbewerbenden über interne Produktionsabläufe, detaillierte Kalkulationsgrundlagen oder Qualifikationsprofile von Mitarbeitenden in Betracht.[60]

27 Gemäss der bundesgerichtlichen Rechtsprechung gelten als Geschäftsgeheimnisse «geschäftlich relevante Informationen», die «weder offenkundige noch allgemein zugängliche Tatsachen (relative Unbekanntheit), die ein Geheimnisherr berechtigterweise geheim halten möchte (Geheimhaltungswille) und an deren Geheimhaltung der Geheimnisherr ein objektiv berechtigtes Geheimhaltungsinteresse [...] hat», enthalten, wie etwa Informationen betreffend Einkaufs- und Bezugsquellen, Betriebsorganisation, Preiskalkulation, Geschäftsstrategien, Businesspläne sowie Kundenlisten und -beziehungen. Entscheidend ist gemäss Bundesgericht, «ob die geheimen Informationen Auswirkungen auf das Geschäftsergebnis haben können, oder mit anderen Worten, ob die geheimen Informationen Auswirkungen auf die Wettbewerbsfähigkeit der Unternehmung haben».[61] Solche geheime Informationen werden regelmässig nicht nur aus den Konkurrenzofferten selbst, sondern auch aus den Unterlagen der Vergabestelle zur Bereinigung bzw. Aus- und Bewertung der Angebote ersichtlich.

28 Als öffentliche Geheimhaltungsinteressen, die eine Verweigerung oder Einschränkung der Akteneinsicht rechtfertigen können, kommen insb. – wie in VwWG 27 Abs. 1 Bst. a bzw. c ausdrücklich genannt – die innere oder äussere Sicherheit oder das Interesse an einer noch nicht abgeschlossenen amtlichen Untersuchung in Frage. Die Wahrung von Geheimhaltung und Vertraulichkeit ist freilich bereits ein zentraler Aspekt des Sondervergaberegimes für Beschaffungen von Leistungen für Verteidigungs- und Sicherheitszwecke. Soweit BöB 52 Abs. 5 für Verteidigungs- und Sicherheitszwecke unerlässliche Beschaffungen oder solche im Rahmen internationaler Zusammenarbeit gänzlich vom Rechtsschutz ausnimmt, kommt ein vergabeverfahrensrechtliches Akteneinsichtsrecht ohnehin nicht in Frage. Im Zusammenhang mit der Verhängung vergaberechtlicher Sanktionen kann etwa die Geheimhaltung von privaten Informationsquellen bzw. Informanten ein weiteres öffentliches Geheimhaltungsinteresse begründen.[62]

---

60 Vgl. GALLI/MOSER/LANG/STEINER, Rz. 1367; VGer ZH, VB.2011.00316 vom 28.09.2011, E. 3.1.1; VGer ZH, VB.2015.00403 vom 08.10.2015, E. 3.1.
61 BGer 1C_665/2017 vom 16.01.2019, E. 3.3; BGE 142 II 268, E. 5.2.2 ff.
62 Zum öffentlichen Interesse an der Geheimhaltung von Informationsquellen i.S.v. VwVG 27 Abs. 1 Bst. a siehe etwa: BVGer B-829/2012 vom 25.06.2018, E. 5.2.1 und 5.2.2.3, betreffend die Geheimhaltung der Identität des Anzeigers in Kartellverwaltungsverfahren sowie Prakomm

Keine wesentlichen, einen Ausschluss des Akteneinsichtsrechts rechtfertigende Interessen i.S.v. BöB/IVöB 57 Abs. 2 sind allgemeine Gründe der Verfahrensökonomie oder der effizienten Verwaltungstätigkeit.[63] Weiter kommt der Auftraggeberin im Gegensatz zu den Anbieterinnen grundsätzlich keine eigene Geheimnissphäre zu, weshalb ihre technische Auswertung der Offerten nur insoweit von einer Akteneinsicht ausgenommen bleibt, als sich darin Geschäftsgeheimnisse der Anbieterinnen offenbaren und diese einer Offenlegung nicht zustimmen.[64] Vielmehr ist es das Ziel des beschaffungsrechtlichen Rechtsmittelverfahrens und des Akteneinsichtsrechts, das Vorgehen der Auftraggeberin nachvollziehbar zu machen.[65] Die *ex post*-Transparenz ist für den Rechtsschutz unerlässlich, denn «ob ein Vergabeverfahren rechtmässig ist, lässt sich nur beurteilen, wenn ersichtlich ist, unter Berücksichtigung welcher Grundlagen, Kriterien und Überlegungen die Vergabestelle entschieden hat».[66] 29

Gemäss BöB/IVöB 57 Abs. 2 rechtfertigt sich eine Einschränkung des Akteneinsichtsrechts (nur), wenn die Geheimhaltungsinteressen «überwiegend» sind. Mit anderen Worten sind die Geheimhaltungsinteressen, wie etwa das Bedürfnis der Zuschlagsempfängerin nach Schutz vertraulicher Unterlagen, im Rahmen einer Interessenabwägung den Informationsbedürfnissen der beschwerdeführenden Anbieterin und den Interessen an einem wirksamen Rechtsschutz gegenüberzustellen.[67] 30

Soweit hinsichtlich bestimmter Akten ein überwiegendes Geheimhaltungsinteresse besteht, ergibt sich aus dem Grundsatz der Verhältnismässigkeit, dass eine teilweise Einsichtsgewährung (insb. durch Abdecken oder Schwärzen bestimmter Passagen oder durch Entfernen der betroffenen Seiten) zu erfolgen hat und nicht etwa die Einsicht ins gesamte Dossier verweigert werden darf.[68] Grundsätzlich ist jeweils die Form zu wählen, welche die Einsicht am wenigsten einschränkt, sofern und soweit diese mit vertretbarem Aufwand umgesetzt werden kann.[69] 31

VwVG-Waldmann/Oeschger, Art. 27 N 23. Zur Einsicht von Vergabestellen in die Akten eines Kartellverfahrens siehe: Waser/Sutter, S. 1 ff.

63 Vgl. Prakomm VwVG-Waldmann/Oeschger, Art. 27 N 26; hingegen kann es mit Blick auf das Beschleunigungsgebot angezeigt sein, dass Akteneinsichtsrecht vorerst auf die für den jeweiligen Zwischenentscheid relevanten Aktenstücke zu begrenzen; vgl. N 37.
64 Vgl. BVGer B-369/2014 vom 11.09.2014, S. 7 f.
65 Steiner, Verfahren, S. 417.
66 BVGer B-562/2015 vom 23.06.2015, E. 3.3; siehe auch VGer ZH, VB.2001.00095 vom 18.12.2002, wonach «durch den Ausschluss der Akteneinsicht im erstinstanzlichen Verfügungsverfahren [...] diese dafür im Beschwerdeverfahren vor dem Verwaltungsgericht ein umso grösseres Gewicht» erhält.
67 Vgl. BVGer B-7062/2017 vom 16.02.2018, E. 13.1; BVGer B-562/2015 vom 23.06.2015, E. 3.2; BGer 2P.14/2007 vom 03.09.2007, E. 5.2; VGer SG, B 2010/165 vom 09.11.2010; VGer ZH, VB.2016.00300 vom 10.02.2017, E. 19; VGer ZH, VB.2011.00316 vom 28.09.2011, E. 3.1.1, Wolf, Beschwerde, S. 23.
68 Vgl. BVGer B-369/2014 vom 11.09.2014, S. 5 f.; BVGer B-1172/2011 vom 06.05.2011, E. 3.2.
69 *Idem*; Galli/Moser/Lang/Steiner, Rz. 1366.

32 BöB/IVöB 57 beinhaltet keine Regelung analog zu VwVG 28, wonach zum Nachteil einer Partei nur dann auf Aktenstücke abgestellt werden darf, wenn die betroffene Partei von deren wesentlichem Inhalt mündlich oder schriftlich in Kenntnis gesetzt wurde und ihr ausserdem die Möglichkeit eingeräumt wurde, sich dazu zu äussern.[70] Im Kern handelt es sich bei dieser Regel um einen Anwendungsfall des Verhältnismässigkeitsprinzips, dessen Inhalt sich bereits aus BV 29 Abs. 2 ergibt.[71] Mithin ist diesbezüglich nicht von einem qualifizierten Schweigen in BöB/IVöB 57 auszugehen; vielmehr gilt VwVG 28 weiterhin auch für das vergaberechtliche Beschwerdeverfahren.[72]

D. Verfahrensfragen und Rechtsschutz

33 Das Gesuch um Akteneinsicht sollte die Beschwerdeführerin zum frühestmöglichen Zeitpunkt, mithin bereits mit der Beschwerde selbst, stellen. In der Beschwerde wird die Beschwerdeführerin nebst der (superprovisorischen) Anordnung der aufschiebenden Wirkung weitere prozessuale Anträge stellen, den Aktenbeizug und die umfassende Akteneinsicht beantragen und um Gelegenheit zur ergänzenden Begründung nach erfolgter Einsichtnahme in die Akten ersuchen.

34 Der Wortlaut von BöB/IVöB 57 Abs. 2 nennt nur das Akteneinsichtsrecht der Beschwerdeführerin. Vorbehältlich überwiegender Geheimhaltungsinteressen kommt mit Blick auf das Ziel der Waffengleichheit und den Grundsatz des rechtlichen Gehörs auch einer etwaigen Beschwerdegegnerin, d.h. insb. der Zuschlagsempfängerin, sowie der Auftraggeberin selbst ein Anspruch auf Akteneinsicht im Rechtsmittelverfahren zu.[73]

35 Gewöhnlich wird die Beschwerdeinstanz unmittelbar nach Beschwerdeeingang die Auftraggeberin auffordern, die Vergabeakten – vollständig und mit einem der Beschwerdeführerin zustellbaren Aktenverzeichnis versehen – dem Gericht einzureichen und dabei die Aktenstücke bzw. -stellen zu bezeichnen, die gemäss Auffassung der Vergabestelle nicht offenzulegen sind. Regelmässig wird die Auftraggeberin dem Gericht nebst der vollständigen Fassung der Vergabeakten auch bereits einen Abdeckungsvorschlag hinsichtlich der geheim zu haltenden Angaben oder Passagen unterbreiten.

36 Im Beschwerdeverfahren vor Bundesverwaltungsgericht befindet die zuständige Instruktionsrichterin über Gesuche um Akteneinsicht (VGG 39 Abs. 1).[74] Dabei hat sie

---

70 Zur bisherigen Praxis des Bundesverwaltungsgerichts siehe: BVGer B-1172/2011 vom 06.05.2011, E. 3.4; BVGer B-562/2015 vom 23.06.2015, E. 3.5; GALLI/MOSER/LANG/STEINER, Rz. 1369.
71 BGE 100 Ia 97, E. 5d; Prakomm VwVG-WALDMANN/OESCHGER, Art. 28 N 2.
72 Siehe aber BGer 2P.274/1999 vom 02.03.2000, E. 2.c und die Kritik daran von WOLF, Beschwerde, S. 24 f.
73 Vgl. auch BVGer B-4086/2018 vom 20.12.2018, S. 5, wonach sich das Akteneinsichtsrecht «im Rechtsmittelverfahren mit Blick auf das Ziel der Waffengleichheit auch zugunsten der Vergabestelle auswirkt».
74 BVGer B-3604/2007 vom 16.11.2007, E. 1.4; BVGer B-6762/2011 vom 12.01.2012, S. 3. Für den Kanton Zürich vgl. VGer ZH, VB.2001.00095 vom 18.12.2002, E. 1.

zur Wahrung der Interessen der Anbieterinnen an der vertraulichen Behandlung ihrer Geschäftsgeheimnisse sicherzustellen, dass diese vor der Gewährung der Akteneinsicht angehört werden. Somit ist nicht nur derjenigen Zuschlagsempfängerin, die sich als Beschwerdegegnerin am Beschwerdeverfahren beteiligt, sondern auch selbst am Verfahren nicht beteiligten Anbieterinnen in Bezug auf ihre Geheimhaltungsinteressen das rechtliche Gehör zu gewähren.[75] In komplexen Fällen kann eine auf die Akteneinsichtsbegehren beschränkte Instruktionsverhandlung angezeigt sein, etwa um mit der Vergabestelle und/oder der Zuschlagsempfängerin – unter Ausschluss der Beschwerdeführerin – Abdeckungsvorschläge auszuarbeiten und zu erörtern.[76]

Gemäss ständiger Rechtsprechung des Bundesverwaltungsgerichts kann es sich insb. mit Blick auf das bis zum Ergehen des Zwischenentscheides über die aufschiebende Wirkung geltende qualifizierte Beschleunigungsgebot rechtfertigen, Akteneinsicht in einem ersten Verfahrensstadium einstweilen nur teilweise zu gewähren und die endgültige Beurteilung der (weiteren) Akteneinsichtsbegehren für das Hauptverfahren vorzubehalten.[77] In jedem Falle sind der Beschwerdeführerin die relevanten Unterlagen soweit offenzulegen, dass sie in die Lage gesetzt wird, sich ein hinreichendes Bild zur Ausgangslage namentlich mit Blick auf die Anfechtung des Zwischenentscheids betreffend aufschiebende Wirkung zu machen.[78]

37

Der (separate) Entscheid der Beschwerdeinstanz über das Einsichtsbegehren stellt eine Zwischenverfügung dar und kann selbständig mittels Beschwerde in öffentlich-rechtlichen Angelegenheiten nach BGG 82 ff. beim Bundesgericht angefochten werden, sofern sich eine Rechtsfrage von grundsätzlicher Bedeutung stellt und zudem ein nicht wieder gutzumachender Nachteil droht. Steht die Beschwerde in öffentlich-rechtlichen Angelegenheiten nicht offen, kann gegen Entscheide kantonaler Vorinstanzen subsidiäre Verfassungsbeschwerde nach BGG 113 ff. erhoben werden.

38

Wird Akteneinsicht gegen den Widerstand von Verfahrensbeteiligten gewährt, kündigt das Bundesverwaltungsgericht mit Blick auf das Beschleunigungsgebot in seiner Zwischenverfügung regelmässig den Parteien an, dass es die Akten ohne Abwarten der 30-tägigen Beschwerdefrist gemäss BGG 100 der Beschwerdeführerin zustellen wird, soweit keine Partei innert weniger Tage dem Bundesverwaltungsgericht anzeigt, die Anfechtung der Zwischenverfügung zu erwägen.[79]

39

---

75 BVGer B-3803/2010 vom 23.06.2010, E. 7.4; BVGer B-3604/2007 vom 16.11.2007, E. 2.1.
76 Siehe z.B. BVGer B-3604/2007 vom 16.11.2007, S. 7 ff.
77 BVGer B-1600/2014 vom 02.06.2014, E. 7.3; BVGer B-562/2015 vom 21.04.2015, E. 7.2; GALLI/MOSER/LANG/STEINER, Rz. 1371.
78 BVGer B-6332/2016 vom 21.11.2016, E. 7; BVGer B-1470/2010 vom 24.03.2010, E. 7; GALLI/MOSER/LANG/STEINER, Rz. 1371.
79 BVGer B-4086/2018 vom 20.12.2018, S. 7; BVGer B-562/2015 vom 23.06.2015, E. 5; GALLI/MOSER/LANG/STEINER, Rz. 1371.

40 Das Recht auf Akteneinsicht ist wie das Recht, angehört zu werden, formeller Natur. Die Verletzung des Akteneinsichtsrechts führt grundsätzlich ungeachtet der Erfolgsaussichten der Beschwerde in der Sache selbst zur Aufhebung des angefochtenen Entscheids.[80] Eine Gehörsverletzung kann geheilt werden, wenn sie nicht besonders schwer wiegt und die unterlassene Gehörsgewährung in einem Rechtsmittelverfahren nachgeholt wird, das eine Prüfung im gleichen Umfang wie durch die Vorinstanz gestattet.[81] Letzteres ist zwar mit Bezug auf die verwaltungsgerichtlichen Beschwerdeverfahren, nicht aber vor Bundesgericht der Fall.

IV. Rechtsvergleichung

41 Während RL 2014/24/EU 21 Abs. 1 den Grundsatz der Vertraulichkeit der von den Wirtschaftsteilnehmerinnen übermittelten technischen und handelsbezogenen Geschäftsgeheimnisse festlegt, verpflichtet RL 89/665/EWG 1 Abs. 1 die Mitgliedstaaten dazu sicherzustellen, dass «die Entscheidungen der Vergabebehörden wirksam und vor allem möglichst rasch [...] auf Verstösse gegen das Gemeinschaftsrecht im Bereich des öffentlichen Auftragswesens oder gegen die einzelstaatlichen Vorschriften, die dieses Recht umsetzen, nachgeprüft werden können».

42 Auf Verlangen hat die öffentliche Auftraggeberin jede nicht erfolgreiche Bieterin schriftlich über die Gründe für die Ablehnung ihres Angebots und über die Merkmale und relativen Vorteile des ausgewählten Angebots zu unterrichten (RL 2014/24/EU 55 Abs. 2 Bst. b und c). RL 2007/66/EG, welche auf die Beseitigung festgestellter Schwächen der Nachprüfungsverfahren in den Mitgliedstaaten abzielt, hält diesbezüglich mit Blick auf die Stillhaltefrist fest, dass gleichzeitig mit der Mitteilung der Zuschlagsentscheidung den betroffenen Bieterinnen die relevanten Informationen übermittelt werden sollten, die für sie unerlässlich sind, um eine wirksame Nachprüfung zu beantragen.

---

80 BGE 132 V 387, E. 5.1.
81 Vgl. etwa BGE 133 I 201, E. 2.2; VGer ZH, VB.2001.00103 vom 12.09.2001, E. 4b.

Art. 58 Beschwerdeentscheid

¹ Die Beschwerdeinstanz kann in der Sache selbst entscheiden oder diese an die Vorinstanz oder an die Auftraggeberin/*den Auftraggeber* zurückweisen. Im Fall einer Zurückweisung hat sie verbindliche Anweisungen zu erteilen.

² Erweist sich die Beschwerde als begründet und ist der Vertrag mit der berücksichtigten Anbieterin/*dem berücksichtigten Anbieter* bereits abgeschlossen, so stellt die Beschwerdeinstanz fest, inwiefern die angefochtene Verfügung das anwendbare Recht verletzt.

³ Gleichzeitig mit der Feststellung der Rechtsverletzung entscheidet die Beschwerdeinstanz über ein allfälliges Schadenersatzbegehren.

⁴ Der Schadenersatz ist beschränkt auf die erforderlichen Aufwendungen, die der Anbieterin/*dem Anbieter* im Zusammenhang mit der Vorbereitung und Einreichung ihres/*seines* Angebots erwachsen sind.

Inhaltsverzeichnis

I.	Grundlagen	1
II.	Abs. 1: Primärrechtsschutz	8
II.	Abs. 2: Sekundärrechtsschutz und Feststellung der Rechtsverletzung	17
IV.	Abs. 3: Direktanspruch auf Schadenersatz	26
V.	Abs. 4: Beschränkung des Schadenersatzes auf erforderliche Aufwendungen	39
VI.	Rechtsvergleichung	45

I. Grundlagen

BöB/IVöB 58 regelt den vergaberechtlichen Primär- und Sekundärrechtsschutz und damit die materiellen Urteilsfolgen, wenn sich die Vergabebeschwerde (mindestens teilweise) als begründet erweist. Der Primärrechtsschutz (Abs. 1) wahrt die Chance der Beschwerdeführerin, den Zuschlag zu erhalten, indem die für sie nachteilige Verfügung gerichtlich aufgehoben oder abgeändert wird. Der Sekundärrechtsschutz erschöpft sich hingegen in der Feststellung der erlittenen Rechtsverletzung (Abs. 2) zwecks Gewährung von Schadenersatz (Abs. 3 und 4), während das Vergabegeschäft als solches vom Beschwerdeentscheid unberührt bleibt. 1

Der in seinen Wirkungen beschränkte Sekundärrechtsschutz bildet die verfahrensrechtliche Konsequenz des (zulässigen[1]) Abschlusses des privatrechtlichen Vertrags mit der berücksichtigten Anbieterin (vgl. Art. 42 N 1–4), zumal nach hiesigem Verständnis das 2

---

1 «Zulässig» ist der Vertragsabschluss insoweit, als er in Beachtung der Stillstandfristen gemäss BöB/IVöB 42 erfolgt.

Verwaltungsgericht nicht befugt ist, vergaberechtlich in das zivilrechtliche Vertragsverhältnis einzugreifen.² Oder anders gesagt: Mit dem Vertragsabschluss verliert die übergangene Anbieterin definitiv die Möglichkeit, mittels der Vergabebeschwerde den Auftrag noch selbst zu erlangen. Darin zeigt sich die für die Beschwerdeführerin zentrale Wichtigkeit, vor der Beschwerdeinstanz die aufschiebende Wirkung zu erwirken (vgl. Art. 54 N 3 ff.), denn nur damit lässt sich verhindern, auf den (weiterhin unattraktiven)³ Sekundärrechtsschutz verwiesen zu werden.

3   BöB/IVöB 58 tritt im Bund anstelle von aBöB 32–35 bzw. vereinheitlicht die vormals disparaten Schadenersatzregelungen des kantonalen Vergaberechts. Die Regelungen gemäss den Absätzen 1, 2 und 4 entsprechen im Kern der bisherigen Rechtslage im Bund und einem Grossteil der Kantone. Abs. 3 verschafft hingegen der Beschwerdeführerin neu die Möglichkeit, direkt vor der Beschwerdeinstanz Schadenersatz geltend zu machen, falls sich ihre Beschwerde als begründet erweist, der Vertrag mit der Anbieterin aber bereits abgeschlossen ist (vgl. N 26 ff).

4   Im revidierten Recht findet sich kein Verweis (mehr) auf das Verantwortlichkeitsgesetz bzw. auf die kantonalen Haftungsgesetze. Dennoch beinhaltet die spezialgesetzliche Regelung in BöB/IVöB 58 Abs. 3 und 4 keine umfassende vergaberechtliche Regelung der Staatshaftung, zumal diese weder sämtliche Konstellationen einer haftungsbegründenden Schadenszufügung durch die Vergabestelle abbildet noch die einzelnen Haftungsvoraussetzungen abschliessend bezeichnet. Insoweit bleibt das allgemeine Staatshaftungsrecht als Auffangordnung und zur Konkretisierung der vergaberechtlichen Sonderordnung von Bedeutung (vgl. N 37).

5   Wie die «adhäsionsweise» Geltendmachung des Schadenersatzes im Beschwerdeverfahren prozessual zu verorten ist, hat der Gesetzgeber mit BöB/IVöB 58 nicht näher geregelt. Die Vorgabe in Abs. 3, dass die Beschwerdeinstanz über ein Schadenersatzbegehren *gleichzeitig* mit der Feststellung der Rechtsverletzung entscheidet, einerseits und die Streichung im Bundesrecht der Regeln betreffend Anspruchserhebung in einem separaten Verfahren, andererseits indizieren immerhin, dass der Sekundärrechtsschutz im Beschwerdeverfahren selbst geltend zu machen ist und der Gesetzgeber eine Aufteilung des Beschwerdeverfahrens in zwei Phasen (erstere zur Beurteilung der Rechtmässigkeit der angefochtenen Verfügung und gegebenenfalls eine zweite zur Bestimmung des Schadenersatzes) vermeiden wollte. Es wird hier die Sache der Verwaltungsgerichte sein, unter Berücksichtigung der verschiedenen Interessenslagen eine geeignete Verfahrenspraxis zu schaffen (vgl. N 32 f.).

6   Das Konzept des Sekundärrechtsschutzes gemäss BöB/IVöB 58 Abs. 2 ist mit dem Erfordernis eines wirksamen Rechtsschutzes in GPA 2012 XVIII vereinbar, zumal dessen Ziff. 7 Bst. a den Vertragsstaaten erlaubt, die Anordnung vorsorglicher Massnahmen

---

2   Vgl. VGer ZH, VB.2018.00469 vom 17.01.2019, E. 4.2.; vgl. auch BVGer B-3579/2012 vom 06.12.2012, E. 2.3.
3   Siehe BEYELER, Rechtsschutz, S. 41 f.; sowie Art. 58 N 40–42.

zur Wahrung des Rechts auf Teilnahme an der Ausschreibung einer Interessensabwägung zu unterstellen.[4] Bleibt der Beschwerdeführerin auf dieser Grundlage ein vorsorglicher Schutz verwehrt und stellt das Überprüfungsorgan in der Folge fest, dass es zu einer Verletzung des Übereinkommens gekommen ist, so verpflichtet GPA 2012 XVIII Ziff. 7 Bst. b die Vertragsstaaten, «Korrekturmassnahmen oder Ersatz für erlittene Verluste oder Schäden» vorzusehen, wobei mindestens der Ersatz der «Kosten für die Vorbereitung der Angebote oder für die Beschwerde» zu gewährleisten ist. Mit BöB/IVöB 58 Abs. 2 hat sich der Gesetzgeber für die Minimalvariante entschieden.

Bei Aufträgen ausserhalb des Staatsvertragsbereichs hat der Bundesgesetzgeber die Mindestanforderungen von GPA 2012 XVIII sodann bewusst unterschritten: Gemäss BöB 52 Abs. 2 bleibt der Rechtschutz hier im vornherein auf die Feststellung der Rechtswidrigkeit und die Leistung von Schadenersatz beschränkt (siehe Art. 52 N 14 sowie die Kritik hierzu in Art. 42 N 3).

II. Abs. 1: Primärrechtsschutz

Trotz der Marginalie «Beschwerdeentscheid» befasst sich BöB/IVöB 58 – als spezialgesetzliches Prozessrecht – inhaltlich ausschliesslich mit den materiellen Urteilsfolgen des die Vergabebeschwerde (mindestens teilweise) gutheissenden Sachentscheids. Alle weiteren Belange, wie insbesondere Inhalt, Form und Eröffnung des Beschwerdeentscheids, richten sich aufgrund des Verweises in BöB/IVöB 55 nach dem VwVG und VGG bzw. nach den kantonalen Verwaltungsrechtspflegeordnungen.

Gemäss BöB/IVöB 58 Abs. 1 entscheidet die Beschwerdeinstanz entweder in der Sache selbst oder sie weist diese mit verbindlichen Weisungen an die Vorinstanz oder an die Auftraggeberin zurück. Mit anderen Worten hebt das Gericht bei Gutheissung der Beschwerde die angefochtene Verfügung auf und erlässt einen reformatorischen *oder* einen kassatorischen Entscheid. Entsprechend darf sich eine Beschwerdeführerin grundsätzlich nicht darauf beschränken, lediglich die Aufhebung der angefochtenen Verfügung zu beantragen, sondern die Beschwerde muss stets auch einen Antrag in der Sache beinhalten.[5]

Die vergaberechtliche Sonderregelung sieht, anders etwa als VwVG 61 Abs. 1, keine Prioritätenordnung zwischen den beiden Entscheidformen vor.[6] Vielmehr muss die Beschwerdeinstanz «von Fall zu Fall entscheiden […], welches Vorgehen sich im betreffenden Verfahren als geeignet erweist».[7] BöB/IVöB 58 Abs. 1 deckt sich inhaltlich mit

---

4   So schon GATT-Botschaft 2, S. 1201.
5   BGer 2C_783/2010 vom 11.03.2011, E. 1.3, mit Bezug auf die Vergabebeschwerde an das Bundesgericht und BGG 107 Abs. 2.
6   Ähnlich etwa BGG 107 Abs. 2.
7   Botschaft BöB, S. 1984.

aBöB 32 Abs. 1, weshalb die hierzu erfolgte Kasuistik, jedenfalls für den Bereich des Bundesrechts, weiterhin einschlägig ist.

11 In der Regel führt die Aufhebung der Zuschlagsverfügung zur Rückweisung an die Vergabestelle (kassatorisches Urteil).[8] So fällt eine direkte Erteilung des Zuschlags durch das Gericht immer dann ausser Betracht, wenn noch Fragen zu entscheiden sind, bezüglich deren der Vergabestelle Ermessen zukommt.[9] Ebenfalls kassatorisch ist zu entscheiden, wenn zusätzliche Erkundigungen einzuholen oder weitere Sachverhaltsabklärungen zu treffen sind.[10] Leidet der Entscheid an unheilbaren formellen Fehlern, kommt wiederum nur eine Rückweisung an die Vergabestelle zur Wiederholung der Ausschreibung ab dem Zeitpunkt der fehlerhaften Handlung in Frage.[11]

12 BöB/IVöB 58 Abs. 1 schreibt der Beschwerdeinstanz vor, mit der Rückweisung verbindliche Anweisungen an die Vergabestelle bzw. die Vorinstanz zu erteilen. Die Anweisungen haben konkret aufzuzeigen, wie die Entscheidungsreife der Sache zu erstellen bzw. die Rechtswidrigkeit zu beseitigen ist. Im Rückweisungsentscheid kann die Beschwerdeinstanz zugleich einen Grundsatzentscheid zur strittigen Rechtsfrage fällen oder der Vergabestelle das zu befolgende Prüfungs- und Evaluationsschema vorgeben.[12] Dabei legt sich die Beschwerdeinstanz regelmässig Zurückhaltung auf, soweit damit ein Eingriff in das Ermessen der Vergabestelle betreffend Wahl und Ausgestaltung des weiteren Vorgehens nach Aufhebung der angefochtenen Vergabeverfügung verbunden ist.[13] Das Vergabeverfahren ist nur insoweit zu wiederholen, als dieses noch nicht in Rechtskraft erwachsen ist, mithin regelmässig ohne die Ausschreibung und einen etwaigen Präqualifikationsentscheid.[14] Hingegen darf die Vergabestelle das Verfahren nach einer erfolgter Rückweisung nicht ohne Not abbrechen, um die Beschwerdeführerin auszubooten.[15]

13 In BGE 141 II 14 hat das Bundesgericht entschieden, dass sich entgegen der (vormaligen) Praxis des BVGer[16] und der BRK die Wirkung einer Gutheissung der Beschwerde nicht auf die Zuschlagempfängerin und die anfechtenden Anbieterinnen beschränken lässt, sondern die Aufhebung des Zuschlags gleichsam *erga omnes* wirkt.[17] Auf Rückweisung

---

8 Komm BöB-Trüeb, Art. 32 N 1; Galli/Moser/Lang/Steiner, Rz. 1396 und 1401.
9 BVGer B-5601/2018 vom 24.04.2019, E. 8, mit weiteren Hinweisen auf die Rechtsprechung des BVGer; vgl. auch BVGer B-4969/2017 vom 24.09.2018, E. 8.2, wo die Rückweisung mit dem Hinweis erfolgt, dass die Vergabestelle die Offerte der Beschwerdeführerin bisher nicht vollständig evaluiert hat.
10 Botschaft BöB, S. 1984; BVGer B-5601/2018 vom 24.04.2019, E. 8.
11 Botschaft BöB, S. 1984; vgl. BVGer B-4387/2017 vom 08.02.2018, E. 8.5 und 10.
12 Vgl. Prakomm VwVG-Weissenberger/Hirzel, Art. 61 N 22–24.
13 Vgl. BVGer B-5084/2007 vom 28.02.2008, E. 3; BVGer B-7571/2009 vom 20.04.2011, E. 9.2; Galli/Moser/Lang/Steiner, Rz. 1402 mit Bezug auf die Rechtspflege von VD.
14 Komm BöB-Trüeb, Art. 32 N 3; Galli/Moser/Lang/Steiner, Rz. 1396.
15 Galli/Moser/Lang/Steiner, Rz. 1396; vgl. BVGer B-2449/2012 vom 06.09.2012, E. 4.2.
16 Zur Begründung der vormaligen Praxis des BVGer und der BKR siehe: BVGer 738/2012 vom 24.10.2012, E. 4.3.
17 BGE 141 II 14, E. 4.7 und BGer 2C_383, E. 4.7, beide vom 15.09.2014.

der Sache zur neuen Beurteilung hin hat die Vergabestelle demnach alle Anbieterinnen, die offeriert haben, in das weitere Verfahren einzubeziehen, nicht nur die Beschwerdeführerin und die Zuschlagsempfängerin.[18]

Einen Entscheid in der Sache selbst (reformatorisches Urteil) kann die Beschwerdeinstanz nur bei gegebener Spruchreife treffen.[19] Eine direkte Zuschlagserteilung an die Beschwerdeführerin erfolgt dann, wenn die Sache nach Aufhebung des angefochtenen Zuschlags als offenkundig spruchreif erscheint und für die Entscheidfindung insbesondere keine neue Evaluation und Prüfung der Offerten mehr erforderlich ist,[20] mithin nurmehr die Beschwerdeführerin für den Zuschlag in Frage kommt (z.B. weil diese bei nachträglichem Ausschluss der Zuschlagsempfängerin unstrittig das vorteilhafteste Angebot eingereicht hat und zur Auftragserfüllung ohne Weiteres geeignet ist).[21] 14

Hingegen steht es der Beschwerdeinstanz so oder anders nicht zu, die Vergabestelle anzuweisen, den Vergabevertrag abzuschliessen bzw. mit einer bestimmten Anbieterin abzuschliessen (oder gar den Vertrag anstelle der Vergabestelle selbst zum Abschluss zu bringen).[22] 15

Die Beschwerdeentscheide des Bundesverwaltungsgerichts und der kantonalen Verwaltungsgerichte in Vergabeangelegenheiten können unter den Voraussetzungen von BGG 83 Bst. f mit Beschwerde in öffentlich-rechtlichen Angelegenheiten an das Bundesgericht weitergezogen werden (BGG 86 Abs. 1 Bst. a und Bst. d). Das Verfahren richtet sich nach den allgemeinen Bestimmungen über die Bundesrechtspflege. Siehe hierzu Art. 52 N 29 ff. Rückweisungsentscheide des Bundesverwaltungsgerichts oder der kantonalen Rechtsmittelinstanzen, mit welchen diese das Verfahren zur weiteren Beurteilung an die Vergabestelle zurückweisen, sind Zwischenentscheide.[23] Sie können grundsätzlich nur dann direkt mit Beschwerde beim Bundesgericht angefochten werden, wenn sie entweder einen nicht wiedergutzumachenden Nachteil bewirken können (BGG 93 Abs. 1 Bst. a), oder unter der doppelten Voraussetzung, dass die Gutheissung der Beschwerde sofort einen Endentscheid herbeiführen und damit einen bedeutenden Auf- 16

---

18 So nun auch die Praxis des BVGer; siehe B-364/2014 vom 16.01.2015, E. 9, und B-5601/2018 vom 24.04.2019, E. 8; siehe auch BEYELER, Lausanne–Luzern, S. 216, der präzisiert, dass nur solche Anbieter ins weitere Verfahren einzubeziehen sind, welche zum Zeitpunkt der Zuschlagsverfügung nicht bereits rechtskräftig ausgeschlossen waren.
19 BVGer B-1528/2017 vom 27.09.2017, E. 6.1; VGer SO, VWBES. 2018.274 vom 17.09.2018, E. 7.1–2.
20 BVGer B-5601/2018 vom 24.04.2019, E. 8; BVGer B-1528/2017 vom 27.09.2017, E. 6; BVGer B-7571/2009 vom 20.04.2011, E. 9.2; Botschaft BöB, S. 1984; Komm BöB-TRÜEB, Art. 32 N 3; GALLI/MOSER/LANG/STEINER, Rz. 1405.
21 Vgl. BVGer B-1528/2017 vom 27.09.2017, E. 6.1, sowie VGer SO, VWBES. 2018.274 vom 17.09.2018, E. 7.2.
22 BGE 129 I 410, E. 3.4; vgl. BGE 134 II 192, E. 2.3 sowie BGE 137 II 313, E. 3.3.1; BVGer B-3402/2009 vom 06.07.2010, E. 2.4; ZUFFEREY/DUBEY, Quid après l'adjudication?, S. 63 f.; GALLI/MOSER/LANG/STEINER, Rz. 1405; BELLANGER/DAYEN, Nouveautés, S. 37.
23 BGE 143 III 290, E. 1.4; Prakomm VwVG-WEISSENBERGER/HIRZEL, Art. 61 N 31.

wand an Zeit oder Kosten für ein weitläufiges Beweisverfahren ersparen würde (BGG 93 Abs. 1 Bst. b).[24]

II. Abs. 2: Sekundärrechtsschutz und Feststellung der Rechtsverletzung

17 BöB/IVöB 58 sieht vor, dass der Sekundärrechtsschutz greift, wenn sich die Beschwerde als begründet erweist, der Vergabevertrag von der Beschaffungsstelle unterdessen aber bereits (erlaubterweise) abgeschlossen worden ist. Mit dem Vertragsabschluss zwischen der Vergabestelle und der berücksichtigten Anbieterin geht der Anspruch der Beschwerdeführerin auf Primärrechtsschutz unter; ihre auf diesen gerichtete Beschwerdeanträge (Aufhebung der Zuschlagsverfügung und Zuschlagserteilung an die Beschwerdeführerin bzw. Rückweisung an die Vorinstanz zur Neubeurteilung) werden ohne Weiteres gegenstandslos und sind vom Gericht materiell nicht mehr zu behandeln.[25] An die Stelle des Primärrechtsschutz tritt als Streitgegenstand nun der Sekundärrechtsschutz. Abs. 2 regelt dabei lediglich einen Teilaspekt des Sekundärrechtsschutzes, nämlich die gerichtliche Feststellung der Rechtsverletzung, während der (darauf aufbauende) vergaberechtliche Schadenersatzanspruch in Abs. 3 und 4 normiert wird.

18 Im Bund fehlt es ausserhalb des Staatsvertragsbereichs weiterhin an einem Primärrechtsschutz. Gemäss BöB 52 Abs. 2 stehen hier der übergangenen Anbieterin von Anfang an nur die Rechtsbehelfe des Feststellungurteils (BöB 58 Abs. 2) und des vergaberechtlichen Schadenersatzanspruches in Form eines Auslagenersatzes (BöB 58 Abs. 3–4) zur Verfügung. Für BEYELER bedeutet diese Beschränkung, dass die Ausweitung des Rechtsschutzes auf den Nichtstaatsvertragsbereich in der Praxis «nahezu wirkungslos bleiben» wird.[26] Die vom Gesetzgeber gewählte Lösung harmoniert jedenfalls nur schlecht mit der verfassungsrechtlichen Rechtsweggarantie (BV 29a; vgl. Art. 42 N 3).

19 Von Abs. 2 unmittelbar erfasst wird einzig die Situation, in welcher der Vergabevertrag bereits vor Ergehen des Beschwerdeentscheids *erlaubterweise* (wenngleich gestützt auf einen materiell vergaberechtswidrigen Zuschlag) von der Vergabestelle abgeschlossen worden ist. Mithin kommt der Sekundärrechtsschutz gemäss BöB 58 Abs. 2–4 (im Staatsvertragsbereich) nur dann zum Tragen, wenn der Zuschlag nach Massgabe der Stillhalteregelung in BöB/IVöB 42 bereits rechtsbeständig ist, weil im Beschwerdeverfahren keine Gesuche um aufschiebende Wirkung erhoben oder schon rechtskräftig abgewiesen worden sind.[27] In der gesetzlichen Regelung von Abs. 2 wird implizit bestätigt, dass die Zuschlagsverfügung trotz begründeter Beschwerde Bestand hat und der auf ih-

---

24 Botschaft BöB, S. 1985.
25 BVGer B-7062/2017 vom 22.08.2019, E. 1.3; BVGer B-3803/2010 vom 02.02.2011, E. 1.5.2.
26 BEYELER, Rechtsschutz, S. 41.
27 Siehe hierzu grundlegend: BEYELER, Vertrag, insb. S. 1146 f.; zur Stillhalteregelung siehe Art. 42 N 8–13.

rer Grundlage abgeschlossene Vertrag durch das Feststellungurteil weder vergabe- noch zivilrechtlich tangiert wird. Stattdessen muss die obsiegende Beschwerdeführerin mit dem vergaberechtlichen Schadenersatz, soweit die Voraussetzungen gemäss Abs. 3 und 4 erfüllt sind, vorliebnehmen.[28]

Diese Lösung entspricht aBöB 32 Abs. 2 und ist – wie schon diese altrechtliche Bestimmung – darauf ausgerichtet, die Vertragsabwicklung nicht nachträglich zu behindern oder den privatrechtlichen Vertrag zu verletzen.[29] Sie ist Ausfluss des anlässlich der Regelung des öffentlichen Beschaffungswesens bewusst getroffenen gesetzgeberischen Entscheids, für das Nachprüfungsverfahren keinen automatischen Suspensiveffekt vorzusehen, um so die «Gefahr von Verzögerungen und erheblichen Mehrkosten bei der Beschaffung» zu vermeiden.[30] 20

Die Erläuterungen in der Botschaft BöB zu Abs. 2 gehen über den soeben diskutierten Fall des vergaberechtskonform abgeschlossenen Vertrags hinaus. Der Hinweis, dass dem Verwaltungsgericht ein «direkter Eingriff in den privatrechtlichen Vertrag mangels Zuständigkeit verwehrt» sei und die Gültigkeit oder Ungültigkeit eines privatrechtlichen Vertrags durch die Zivilgerichte zu beurteilen sei,[31] nimmt Bezug auf die Problematik des *vergaberechtswidrig* abgeschlossenen Vertrags. Ein solcher liegt vor, wenn die Vergabestelle den Vertrag verfrüht, d.h. in Missachtung der Stillhalteverpflichtung nach BöB/IVöB 42, oder aber in Verletzung der Abschlussermächtigung in persönlicher oder sachlicher Hinsicht abschliesst.[32] Nur hier stellt sich die Frage, inwieweit sich die Vergaberechtsverletzung auf den privatrechtlichen Vergabevertrag auswirkt, während für den vergaberechtskonform abgeschlossenen Vertrag, wie soeben gesehen, die Vergaberechtswidrigkeit der ihm zugrundeliegenden Zuschlagsverfügung ohne Konsequenzen bleibt.[33] 21

Die Frage, welche Rechtswirkungen dem vergaberechtswidrig abgeschlossenen Vertrag zukommen bzw. wie ein solches Vorgehen zu sanktionieren ist, damit der submissionsrechtliche Rechtsschutz nicht beliebig ausgehebelt werden kann, gehört weiterhin zu den «kniffligsten Problemen des Vergaberechts».[34] In Praxis und Lehre wird eine Vielzahl von Lösungen angeboten;[35] das Bundesgericht hat die Frage bislang offengelassen.[36] 22

---

28 Locher, S. 72 f.
29 Vgl. GATT-Botschaft 2, S. 1201.
30 GATT-Botschaft 2, S. 1197.
31 Botschaft BöB, S. 1985. So unterstreicht etwa das VGer ZH, es sei «nicht befugt, vergaberechtlich in das zivilrechtliche Vertragsverhältnis einzugreifen» (VGer ZH, VB.2015.00238 vom 03.12.2015, E. 6.5.2, und VB.2018.00469 vom 17.01.2019, E. 4.2).
32 Siehe hierzu Art. 42 N 24 ff. sowie Beyeler, Vertrag, S. 1145–1149.
33 Was in aBöB 32 Abs. 2 im Zusatz, dass das BVGer «lediglich» die Bundesrechtsverletzung feststellt, klaren Ausdruck fand.
34 Komm BöB-Trüeb, Art. 32 N 5.
35 Siehe Art. 42 N 24–37 für eine Übersicht über die verschiedenen Lösungsansätze.
36 Siehe BGer 2C_203/2014 vom 09.05.2015, E. 1.5.3 sowie 1.7.

Auch die Totalrevision bringt keine abschliessende Antwort: Weder in BöB/IVöB 42 noch in BöB/IVöB 58 findet sich hierzu eine Regelung. Die Botschaft nimmt zwar auf den von Beyeler[37] entwickelten und von mehreren kantonalen Verwaltungsgerichten rezipierten Lösungsansatz Bezug, wonach der Verwaltungsrichter die Vergabestelle anweisen kann, den vergaberechtswidrig abgeschlossenen Vertrag im Rahmen der vertragsrechtlichen Möglichkeiten umgehend aufzulösen.[38] Im neuen Gesetzestext hat dieser Ansatz aber keinen Niederschlag gefunden.[39] Insbesondere hat es der Gesetzgeber verpasst, eine entsprechende verwaltungsrichterliche Kompetenz explizit vorzusehen und den Vergabestellen vorzuschreiben, in ihren Beschaffungsverträgen standardmässig eine entsprechende Exit-Klausel vorzusehen. Es wird damit Aufgabe der Rechtsprechung sein, eine tragfähige Lösung zur Sanktionierung vergaberechtswidriger Vertragsabschlüsse zu finden.[40]

23 Bleibt der Beschwerdeinstanz trotz begründeter Beschwerde eine Aufhebung des Zuschlags verwehrt, weil mit der berücksichtigten Anbieterin der Vertrag unterdessen in Beachtung von BöB/IVöB 42 abgeschlossen worden ist, muss das Gericht ein Feststellungsurteil fällen. Dieses hat festzuhalten, «inwiefern die angefochtene Verfügung das anwendbare Recht verletzt». Anders als bei der Zusprechung von Schadenersatz gemäss Abs. 3 macht Abs. 2 die gerichtliche Verletzungsfeststellung nicht von einem entsprechenden (Eventual-)Begehren der Beschwerdeführerin abhängig. Ein solches gilt als in den Beschwerdeanträgen auf Primärrechtsschutz mitenthalten.[41] Ohnehin sollte das Gericht der Beschwerdeführerin explizit die Gelegenheit einräumen, im laufenden Verfahren ihre Beschwerdeanträge im Sinne eines Sekundärrechtsschutzes anzupassen, wenn die Vergabebehörde dem Gericht gemäss BöB/IVöB 42 Abs. 3 den Vertragsabschluss mitteilt. Allerdings ist der sorgfältigen Beschwerdeführerin zu raten, bereits mit der Beschwerde entsprechende Eventualbegehren samt dem Vorbehalt anzubringen, eine Schadenersatzforderung im weiteren Beschwerdeverfahren noch näher zu beziffern.

24 Anders als im allgemeinen Verwaltungsprozess stellt im Vergaberecht das Interesse an der Geltendmachung von Schadenersatzansprüchen ein hinreichendes Interesse dar, um eine gerichtliche Feststellung der Rechtswidrigkeit der strittigen Verfügung zu er-

---

37 Beyeler, Vertrag, S. 1141 ff.; kritisch gegenüber diesem Ansatz: Komm BöB-Trüeb, Art. 32 N 10, mit Verweis auf BVGer B-3402/2009 vom 06.07.2010, E. 2.4.
38 Vgl. VGer ZH, VB.2018.00469 vom 17.01.2019, E. 4.2 f., und VB.2015.00238 vom 03.12.2015, E. 6.5; VGer AG, WBE.2016.539 vom 28.12.2016, in AGVE 2016, S. 194 ff., und WBE.2012.159 vom 01.07.2013, E. 3.2, in: AGVE 2013, S. 209 f.; VGer AI, V 6–2010 vom 04.05.2010, E. III./7a; VGer VD, GE.2007.0013 vom 06.11.2009.
39 Bellanger/Dayen, S. 38; vgl. auch Beyeler, Rechtsschutz, S. 40.
40 So auch Bellanger/Dayen, S. 38.
41 BGer 2P.294/2005 vom 14.03.2006, E. 3.2; BVGer B-3803/2010 vom 02.02.2011, E. 1.5.3; Cour de justice GE, ATA/123/2001 vom 01.03.2011, E. 4.b.

wirken.⁴² Denn nur bei einer gerichtlichen Feststellung der Rechtsverletzung gemäss BöB/IVöB 58 Abs. 2 kann die Beschwerdeführerin überhaupt nach Massgabe von BöB/IVöB 58 Abs. 3 und 4 (teilweisen) Ersatz des ihr entstandenen Schadens fordern.⁴³ Gemäss der Rechtsprechung zu aBöB 32 Abs. 2 gelten für den Primär- und den Sekundärrechtsschutz grundsätzlich die gleichen Legitimationsvoraussetzungen, d.h. erforderlich ist, dass der Beschwerdeführerin bei Gutheissung ihrer Begehren ein effektiver praktischer Vorteil erwächst, nämlich dass sie im Falle der Gutheissung ihrer Rügen (und angenommen der Vertragsabschluss wäre noch nicht erfolgt) eine reelle Chance hätte, den Zuschlag zu erhalten.⁴⁴ Im Übrigen gilt auch im Bereich des öffentlichen Beschaffungswesens für ein Feststellungsbegehren das Subsidiaritätsprinzip, das heisst, ein solches Begehren kommt nur dann in Betracht, wenn der Primärrechtsschutz ausgeschlossen ist.⁴⁵

Bereits bisher fand aBöB 32 Abs. 2 analog ebenfalls Anwendung im Falle eines definitiven Verfahrensabbruchs, der sich auf Beschwerde hin als rechtswidrig erweist. Will die Vergabebehörde definitiv auf das Vergabevorhaben verzichten, kommt eine Aufhebung der rechtswidrigen Abbruchverfügung nämlich nicht mehr in Betracht, vielmehr kommt auch hier der Sekundärrechtsschutz zum Tragen.⁴⁶ Gleiches muss unter dem revidierten Recht mit Blick auf BöB/IVöB 58 Abs. 2–4 gelten. 25

IV. Abs. 3: Direktanspruch auf Schadenersatz

BöB/IVöB 58 Abs. 3 und 4 stellen eine spezialgesetzliche Regelung der Staatshaftung im Vergaberecht dar.⁴⁷ Abs. 3 schliesst an die beiden Fälle der blossen Feststellung der Rechtswidrigkeit gemäss BöB/IVöB 52 Abs. 2 und BöB/IVöB 58 Abs. 2 an, wobei die Beschwerdeinstanz gemäss der neuen Regelung direkt bzw. «gleichzeitig» mit der Feststellung der Rechtswidrigkeit auch über Schadenersatzbegehren entscheidet. 26

Diese Regelung indiziert, dass der spezialgesetzliche, vergaberechtliche Schadenersatz nach BöB/IVöB 58 Abs. 3 und 4 nur von denjenigen unberücksichtigt gebliebenen Anbietern verlangt werden kann, welche gegen die fehlerhafte Verfügung nach BöB 52 ff. Beschwerde erhoben haben. Wer von dem ihm zustehenden Rechtsmittel keinen Ge- 27

---

42 BGE 141 II 14, E. 4.6; BVGer B-1470/2010 vom 29.09.2010, E. 1.4.2; BVGer B-7062/2017 vom 22.08.2019, E. 1.3.
43 Vgl. BGE 141 II 14, E. 4.6.
44 BGE 141 II 14, E. 4.6; BGer 2P.97/2005 vom 28.06.2006, E. 1.3; BVGer B-1470/2010 vom 29.09.2010, E. 1.4.2.
45 BVGer B-6136/2007 vom 30.01.2008, E. 6.2.1, mit Verweis auf BGE 131 I 166, E. 1.4; GALLI/MOSER/LANG/STEINER, Rz. 1427; vgl. BEYELER/ZUFFEREY/JÄGER, Abbruch, S. 59, Anm. 3.b.
46 BRK 2001–005 vom 16.11.2001 (VPB 66.39), E. 3.b; GALLI/MOSER/LANG/STEINER, Rz. 1399; Komm BöB-TRÜEB, Art. 32 N 4.
47 GALLI/MOSER/LANG/STEINER, Rz. 1414.

brauch macht, verwirkt auch den allfälligen spezialgesetzlichen Schadenersatzanspruch.[48] Damit wird der Regelung von VG 12 entsprochen.

28 Einzelne kantonale Verwaltungsgerichte haben zusätzlich verlangt, dass der Beschwerdeführer ebenfalls, sofern der Vertrag noch nicht geschlossen worden ist, so bald wie möglich die aufschiebende Wirkung für die Beschwerde verlangen muss, um so zu verhindern, dass der Schaden eintreten kann. Unterlässt es der Beschwerdeführer, einen Antrag auf aufschiebende Wirkung zu erheben, komme er nach dieser Rechtsprechung seiner Schadensminderungspflicht nicht nach, womit er den Schadenersatzanspruch verliere.[49] Das Bundesgericht[50] und die Lehre[51] haben diese Auffassung gestützt. In rechtsdogmatischer Hinsicht ist ihr entgegenzuhalten, dass im Moment der angeblichen Verletzung der Schadensminderungspflicht gar noch kein Schaden vorliegt, sondern ein solcher erst durch einen späteren, von der Vergabebehörde in Verkennung der Rechtslage getätigten Rechtsakt, nämlich den Vertragsabschluss, ausgelöst wird.

29 Der Anspruch richtet sich gegen die Auftraggeberin gemäss BöB/IVöB 4 als Beschwerdegegnerin und somit gegen die hinter der Vergabestelle stehende juristische Person des öffentlichen Rechts bzw. gegen das öffentliche oder private Sektorenunternehmen.[52]

30 Die nicht berücksichtigte Anbieterin, die nach erfolgtem Vertragsabschluss den vergaberechtlichen Schadenersatz beanspruchen will, kann diesen gemäss der neuen Regelung direkt im Beschwerdeverfahren beantragen. Gemäss der Botschaft soll die neue Regelung «Doppelspurigkeiten und unnötige Transaktionskosten» vermeiden.[53] Diese Neuerung wurde im Vernehmlassungsverfahren allseits begrüsst, löst sie doch das im Bund und in den meisten Kantonen bis anhin vorgesehene zweistufige Verfahren ab, welches sich in der Praxis – da für den rechtsuchenden Anbieter zu umständlich, langsam und teuer – als unbefriedigend erwies.

31 Aus dem Verzicht im revidierten Recht auf eine separate Verwirkungsfrist für den vergaberechtlichen Schadenersatzanspruch und jede Bezugnahme auf das allgemeine Staatshaftungsrecht folgt nach der hier vertretenen Auffassung, dass die Beschwerdeführerin den vergaberechtlichen Schadenersatzanspruch nicht nur direkt im Beschwerde-

---

48 So bereits die Botschaft zum aBöB: GATT-Botschaft 2, S. 1202. Siehe BGer 2C_203/2014 vom 09.05.2015, E. 2.3; BGer 2P.218/2001 vom 31.01.2002, E. 3.4; BGer 2P.71/2005 vom 27.01.2006, E. 5; Komm BöB-Trüeb, Art. 35 N 2; Galli/Moser/Lang/Steiner, Rz. 1414. Trüeb, a.a.O., weist darauf hin, dass ein beim Zuschlag nicht berücksichtigter Anbieter daher nicht als «Trittbrettfahrer» ein (vergaberechtliches) Schadenersatzbegehren auf der Grundlage einer erfolgreichen Beschwerde eines Mitbewerbers führen kann.
49 Z.B. KGer VS, A1 17 67 vom 25.10.2017, E. 5; anders aber: VGer TG, Entscheid vom 07.06.2000, TVR 2000 Nr. 29, E. 4.
50 BGer 2P.71/2005 vom 27.01.2006, E. 5.
51 Galli/Moser/Lang/Steiner, Rz. 1427; Komm BöB-Trüeb, Art. 35 N 2; Bruchez, S. 461.
52 Vgl. aBöB 34 Abs. 1 für das Bundesrecht; Komm BöB-Trüeb, Art. 35 N 3.
53 Botschaft BöB, S. 1985.

verfahren selbst geltend machen kann, sondern diesen auch bei dieser Gelegenheit geltend machen *muss*, ansonsten sie einen solchen Anspruch verwirkt.

Hingegen überlässt es das neue Recht der Praxis festzulegen, bis zu welchem Zeitpunkt im Verfahren eine Beschwerdeführerin ihren Schadenersatzanspruch geltend zu machen hat. Soll der vergaberechtliche Schadenersatzanspruch mit der neuen Regelung nicht schon zu Grabe getragen werden, darf im Staatsvertragsbereich von der Beschwerdeführerin nicht verlangt werden, ein Schadenersatzbegehren innert der ohnehin kurzen Beschwerdefrist (sozusagen auf Vorrat) zu erheben oder dieses gar zu beziffern und die nach Abs. 4 ersatzfähigen Aufwendungen zu belegen.[54] Vielmehr ist der Beschwerdeführerin hierzu im laufenden Beschwerdeverfahren dann Gelegenheit einzuräumen und eine richterliche Frist anzusetzen, wenn die Vergabestelle dem Gericht gemäss BöB/IVöB 42 Abs. 3/2 den Vertragsabschluss anzeigt (und mit welchem der Paradigmenwechsel von Primär- zu Sekundärrechtsschutz ja auch erst eintritt). Bis sich hierzu eine gefestigte Verwaltungsgerichtspraxis gebildet hat, wird die vorsichtige Beschwerdeführerin freilich nicht darum herumkommen, dennoch bereits mit der Beschwerde ein Eventualbegehren auf Schadenersatz unter Angabe eines Mindestbetrags zu stellen und sich für den Fall des Vertragsabschlusses durch die Vergabestelle eine abschliessende Bezifferung der Schadenersatzforderung im weiteren Beschwerdeverfahren vorzubehalten. Im Rahmen einer Beschwerde gemäss BöB 52 Abs. 2 ergibt sich hingegen ein Erfordernis, die Feststellung der Widerrechtlichkeit und Schadenersatz mit der Beschwerde zu beantragen, bereits aus der gesetzlichen Regelung.

Die Botschaft spricht von einer «‹adhäsionsweisen› Beurteilung des Ersatzbegehrens», die voraussetze, dass das Schadenersatzbegehren «liquid» bzw. «fondée sur des faits incontestables» ist.[55] Im Gesetzestext selbst findet sich jedoch weder ein solches Erfordernis noch ein diesbezügliches Ermessen der Beschwerdeinstanz. Das Gesetz sieht vielmehr vor, dass die Beschwerdeinstanz über ein allfälliges Schadenersatzbegehren «gleichzeitig mit der Feststellung der Rechtsverletzung entscheidet». Tatsächlich ist seitens des Gerichts im vergaberechtlichen Beschwerdeverfahren – anders als im strafprozessualen Adhäsionsprozess – weder eine zivilrechtliche Schadenersatzforderung noch, nach erfolgtem Vertragsabschluss, ein vom Schadenersatz separater Hauptpunkt zu entscheiden. Vielmehr hat das weitere Beschwerdeverfahren keine Auswirkungen mehr auf das Schicksal des Vergabegeschäfts (BöB 58 Abs. 2); und es verbleibt auch kein Prozessthema, welches der Disposition der geschädigten Beschwerdeführerin entzogen wäre. Schliesslich würde ein Verweis der Beschwerdeführerin auf ein nachgelagertes, separates Staatshaftungsverfahren die «Doppelspurigkeiten und unnötigen Transaktionskosten» nur noch akzentuieren, die die neue Regelung gerade vermeiden soll. Wird der Sekundärrechtsschutz im Sinne der Botschaft verstanden, dürfte die Einführung eines

---

54 So auch Beyeler, Rechtsschutz, S. 42.
55 Botschaft BöB, S. 1985 bzw. Message LMP, S. 1831.

Direktanspruchs auf Schadenersatz in der Praxis bedeutungslos, ja in Verbindung mit der Einschränkung des ersatzfähigen Schadens gemäss Abs. 4 eine Totgeburt bleiben.[56]

34 Wie unter dem bisherigen Recht kann Schadenersatz verlangen, wem durch eine widerrechtliche (aber rechtsbeständige) Vergabeverfügung ein Vermögensschaden im Umfang von Abs. 4 entstanden ist. Es gelten grundsätzlich somit die allgemeinen Haftungsvoraussetzungen: Schaden (vgl. N 39 ff.), Widerrechtlichkeit und Kausalität.[57]

35 Für die Widerrechtlichkeit der Vergabeverfügung genügt die blosse Fehlerhaftigkeit im Sinne des Vergaberechts, wobei gegebenenfalls die Rechtsverletzung von der Beschwerdeinstanz gemäss BöB/IVöB 58 Abs. 2 explizit im Urteilsdispositiv festzustellen ist. Mit anderen Worten kommt eine Staatshaftung einzig in Frage, wenn die Vergabebeschwerde in der Sache selbst begründet und gutzuheissen ist.[58] Eine wesentliche Amtspflichtverletzung als Voraussetzung für das Vorliegen einer Staatshaftung für Schäden infolge eines Rechtsaktes, der sich später als unrichtig erweist,[59] ist aufgrund der spezialgesetzlichen Regelung für den vergaberechtlichen Schadenersatz (weiterhin) nicht erforderlich.[60]

36 Der Schadenersatzanspruch setzt nach der Rechtsprechung des Bundesgerichts weiter voraus, dass der Beschwerdeführer ohne den Vertragsabschluss eine reelle Chance auf den Zuschlag gehabt hätte; denn andernfalls kann die Rechtswidrigkeit des Entscheids nicht kausal für den Schaden gewesen sein.[61] Eine reelle Chance auf den Zuschlag und somit die Kausalität zwischen dem geltend gemachten Schaden und der widerrechtlichen Verfügung ist zu bejahen, wenn ohne den Vertragsabschluss der «geschädigte Anbieter, dessen Offerte keine formellen Fehler aufweist, hinsichtlich der Eignungs- und Zuschlagskriterien den Anforderungen der Ausschreibung entspricht und von der Auftraggeberin in die letzte Evaluationsrunde mit einbezogen wurde»[62] bzw. wenn die Gutheissung der Beschwerde zu einer Wiederholung des Submissionsverfahrens führt, in welchem der Anbieter ein neues Angebot einreichen könnte.[63]

37 Der spezialgesetzliche Sekundärrechtsschutz erfasst unmittelbar nur Schädigungen, die durch eine vergaberechtswidrige (aber rechtsbeständige) Verfügung im Sinne von BöB/

---

56 Vgl. BELLANGER/DAYEN, S. 38; BEYELER, Rechtsschutz, S. 41 f.
57 Vgl. BRUCHEZ, S. 463 f.; TRÜEB, OFK-Wettbewerbsrecht II, BöB 35 N 4–6.
58 BRUCHEZ, S. 462.
59 Siehe etwa BGE 123 II 577, E. 4.d.dd.
60 Vgl. aBöB 34 Abs. 1, wonach die Auftraggeberinnen für einen Schaden haften, «den sie durch eine Verfügung verursacht haben, deren Rechtswidrigkeit im Verfahren nach Artikel 32 Absatz 2 oder Artikel 33 festgestellt worden ist»; Komm BöB-TRÜEB, Art. 35 N 10 und GALLI/MOSER/LANG/STEINER, Rz. 1418, jeweils unter Bezugnahme auf die Verfügung der EFD vom 27.06.2000, in BR 2002 S. 73 ff., 73; BRUCHEZ, S. 464.
61 BGE 141 II 14, E. 4.6; BGer 2D_49/2011 vom 25.09.2012, E. 1.3.2; BGer 2D_74/2010 vom 31.05.2011, E. 1.2; BGer 2D_34/2010 vom 23.02.2011, E. 1.1; VGer ZG, V 2014 67 vom 28.06.2016.
62 Verfügung der EFD vom 27.06.2000 in BR 2002 S. 73 ff., 74.
63 BGE 141 II 307, E. 6.6; VGer ZH, VB.2008.00194 vom 08.04.2009.

IVöB 53 Abs. 1 verursacht werden.⁶⁴ Schädigung durch Realakte der Vergabestelle können hingegen nicht zu einem Ersatzanspruch gemäss BöB/IVöB 58 Abs. 3 und 4 führen.⁶⁵ Entsprechend bleibt die verantwortungsrechtliche Deliktshaftung neben dem vergaberechtlichen Rechtsschutz anwendbar, wenn anderweitig oder zusätzlich zu einer fehlerhaften Verfügung «eine schädigende Handlung der Vergabestelle vorliegt, welche für sich genommen eine Widerrechtlichkeit [...] indiziert».⁶⁶ Nach der hier vertretenen Auffassung regeln BöB/IVöB 58 Abs. 3 und 4 auch nicht den Ersatz eines etwaigen Vermögensschaden, welcher unberücksichtigt gebliebenen Anbietern durch einen *vergaberechtswidrig* getätigten Vertragsabschluss verursacht wird;⁶⁷ und das unabhängig davon, welche Rechtsfolgen man dem rechtswidrig «geschlossenen» Vertrag zumessen will.⁶⁸

Als eine weitere Haftungsgrundlage nebst BöB/IVöB 58 Abs. 3 und 4 und dem allgemeinen Verantwortlichkeitsrecht kommt die privatrechtliche Haftung aus *culpa in contrahendo* in Frage, zumal privatrechtlich betrachtet das Verhältnis zwischen Vergabestelle und Anbieterin im Rahmen der Angebotsphase den Regeln der *culpa in contrahendo* untersteht.⁶⁹ Die Lehre geht überwiegend von einer konkurrierenden zivilrechtlichen Haftung aus, zumindest mit Bezug auf den zufolge eines *vergaberechtswidrig* getätigten Vertragsabschlusses verursachten Schaden.⁷⁰ Ob die Beschwerdeführerin ausserhalb des Vergaberechts einen Anspruch auf Schadensliquidation im Rahmen einer «Culpa in contrahendo»-Haftung hat, kann von der Beschwerdeinstanz aber nicht geprüft werden und ist gegebenenfalls von einem Zivilgericht zu beurteilen.⁷¹ 38

V. Abs. 4: Beschränkung des Schadenersatzes auf erforderliche Aufwendungen

Gemäss Abs. 4 ist der Umfang des Schadenersatzanspruchs beschränkt «auf die erforderlichen Aufwendungen, die der Anbieterin im Zusammenhang mit der Vorbereitung und Einreichung ihres Angebots erwachsen sind», und somit auf den sog. Teilnahmeschaden. 39

---

64 So bereits GATT-Botschaft 2, S. 1202; Komm BöB-Trüeb, Art. 35 N 14; Beyeler/Zufferey/Jäger, Abbruch, S. 60, Anm. 4.b.
65 Komm BöB-Trüeb, Art. 35 N 4.
66 Komm BöB-Trüeb, Art. 35 N 14.
67 Im gleiche Sinne Locher, S. 180 f.
68 Siehe hierzu Art. 42 N 24–37.
69 Komm BöB-Trüeb, Art. 35 N 15; Beyeler, Öffentliche Beschaffung, Rz. 719 ff.; Locher, S. 181 ff.
70 Galli/Moser/Lang/Steiner, Rz. 1415; Komm BöB-Trüeb, Art. 35 N 17; Beyeler, Öffentliche Beschaffung, Rz. 719 ff.
71 BVGer B-6295/2017 vom 25.02.2020, E. 8.5.

40 Dem Wortlaut gemäss werden einzig die Offertkosten ersetzt, welche der Anbieterin im Zusammenhang mit der Vorbereitung und Einreichung des Angebots erwachsen sind.[72] Damit reduziert das revidierte Recht den vergaberechtlichen Schadenersatz merklich gegenüber der bisherigen Rechtslage in Bund und Kantonen. Die Neuregelung schliesst insbesondere die Rechtsverfolgungskosten und damit einen Ersatz von durch die Parteientschädigung ungedeckt gebliebenen Aufwendungen für das Beschwerdeverfahren aus.[73] In dieser Hinsicht begnügt sich das neue Recht mit der staatsvertraglich gerade noch zulässigen Minimalvariante des Rechtschutzes (vgl. GPA 2012 XVIII Ziff. 7 Bst. b). Der Grund für eine solche Reduktion wird in der Botschaft nicht erläutert; vielmehr geht Letztere entgegen dem Wortlaut von Abs. 4 davon aus, dass die bisherige Rechtslage beibehalten werde.[74]

41 Weiter haben die Aufwendungen für die Vergabeteilnahme gemäss Abs. 4 «erforderlich» zu sein. Ersatzfähig sind die seitens der Anbieterin tatsächlich getätigten Aufwendungen somit bloss, soweit diese objektiv vertretbar und angezeigt waren.[75] Das (übrige) negative Interesse ist nicht ersatzfähig. Eine Anbieterin kann daher keinen Ersatz für denjenigen Schaden verlangen, der ihr dadurch entstanden ist, dass sie während der für die fragliche Vergabe aufgewendeten Zeit andere Geschäfte nicht an die Hand nehmen konnte.[76] Das Erfüllungsinteresse (positives Vertragsinteresse) – und somit ein entgangener, bei Auftragsabwicklung realisierter Gewinn – ist von vornherein nicht ersatzfähig, da das Beschaffungsrecht keinen Kontrahierungszwang kennt.[77]

42 Auch im öffentlichen Recht gilt der allgemeine Rechtsgrundsatz, wonach jene Partei das Vorhandensein einer behaupteten Tatsache zu beweisen hat, die aus ihr Rechte ableitet. Bleibt ein Sachverhalt unbewiesen, fällt der Entscheid somit zuungunsten jener Partei aus, die daraus Rechte ableiten wollte.[78] Mithin hat die Beschwerdeführerin ungeachtet des im Vergabebeschwerdeverfahren geltenden Untersuchungsgrundsatzes den Teilnahmeschaden substanziiert darzutun und gehörig zu belegen. Soll aber der Sekundärrechtsschutz nicht toter Buchstabe bleiben, dürfen freilich keine allzu hohen Anforderungen an den Offertkostennachweis gestellt werden. Denn die hierfür erforderlichen Transaktionskosten müssen in einem vernünftigen Verhältnis zum erzielbaren Schadenersatzbetrag bleiben – umso mehr, wenn die Rechtsverfolgungskosten nicht mehr als Schadenersatz geltend gemacht werden können. Das sollte insbesondere auch mit Bezug auf den Ersatz von internem Aufwand gelten, soweit die zur Angebotsausarbeitung ge-

---

72 Botschaft BöB, S. 1985.
73 BELLANGER/DAYEN, S. 38; ZOBL/FELLNER, S. 5.
74 Siehe die Kritik bei BEYELER, Rechtsschutz, S. 42, sowie BELLANGER/DAYEN, S. 38.
75 Freilich spricht eine gewisse natürliche Vermutung dafür, dass die von einer Anbieterin effektiv aufgewendeten Kosten auch erforderlich sind, zumal sie grundsätzlich keinen Anspruch auf eine Entschädigung für die Teilnahme am Vergabeverfahren hat (vgl. etwa BV 9).
76 GALLI/MOSER/LANG/STEINER, Rz. 1415.
77 Botschaft BöB, S. 1985 f.; Komm BöB-TRÜEB, Art. 35 N 9.
78 BVGer A-5172/2014 vom 08.01.016, E. 3; BVGer A-7515/2015 vom 04.01.2017.

leisteten Stunden hinreichend ausgewiesen sind und sich die Üblichkeit des geltend gemachten Aufwands vom Gericht der Grössenordnung nach anhand der Offertunterlagen beurteilen lässt.[79]

Zudem ist Schadenszins von 5 % geschuldet, wobei der Zinslauf mit Datum des Abschlusses des Vertrags beginnt, da ab diesem Zeitpunkt die Aufwendungen nutzlos werden.[80] 43

Als «Entscheid auf dem Gebiet der Staatshaftung» kann der Entscheid über das Schadenersatzbegehren nur dann mit Beschwerde in öffentlich-rechtlichen Angelegenheiten an das Bundesgericht weitergezogen werden, wenn der Streitwert mindestens CHF 30 000 beträgt (BGG 85 Abs. 1 Bst. a) oder sich eine Rechtsfrage von grundsätzlicher Bedeutung stellt (BGG 85 Abs. 2).[81] 44

VI. Rechtsvergleichung

Die Rechtsmittelrichtlinie 89/665/EWG sieht seit der Änderungsrichtlinie 2007/66/EG vom 11.12.2007 ausdrücklich die Unwirksamkeit rechtswidrig geschlossener Vergabeverträge als Rechtsfolge qualifizierter Vergabeverstösse vor. Gemäss RL 89/665/EWG 2d kann der rechtswidrig geschlossene Vertrag gerichtlich für unwirksam erklärt oder dessen Unwirksamkeit gerichtlich festgestellt werden. Zielsetzung dieser Regelung ist die wirksame Bekämpfung von Vergabepraktiken, die einen «ganz beträchtlichen Verstoss gegen das Unionsvergaberecht» darstellen. Als schwerwiegende Verstösse, die zwingend mit der Unwirksamkeit zu sanktionieren sind, gelten insbesondere die rechtswidrige *de facto*-Vergabe oder ein Vertrag, der vor Ablauf der Stillhaltefrist oder unter Missachtung der aufschiebenden Wirkung abgeschlossen wurde. Nur soweit zwingende Gründe des Allgemeininteresses die Bestandeskraft des Vertrags erfordern, können ausnahmsweise alternative Sanktionen anstelle der Unwirksamkeit angeordnet werden. Gründet der Vertragsabschluss nicht auf einem qualifizierten Verstoss gegen das Vergaberecht, sondern wird dieser vielmehr trotz Verstoss gegen materielles Vergaberecht rechtsbeständig, sind Schadenersatzansprüche im Sinne eines Sekundärrechtsschutzes ausreichend. 45

---

79 Vgl. etwa mit Bezug auf das vormalige Recht: VGer AG, WKL.2007.1 vom 30.06.2009, E. 3.5.1 f., in: AGVE 2009, S. 210 ff., S. 217; VGer TG, Entscheid vom 07.06.2000, TVR 2000 Nr. 29, E. 4.b; Cour de justice GE, ATA/123/2001 vom 01.03.2011, E. 8.d.
80 Unter dem bisherigen Recht ging die Lehre von einem Beginn des Zinslaufs ab Datum des die Rechtwidrigkeit der Vergabeverfügung feststellenden Entscheids aus: GALLI/MOSER/LANG/STEINER, Rz. 1418; Komm BöB-TRÜEB, Art. 35 N 12; siehe auch den Entscheid der Cour de justice GE, ATA/123/2001 vom 01.03.2011, E. 9, wonach der Schadenszins ab dem Datum des Schadenersatzbegehrens geschuldet wird.
81 GALLI/MOSER/LANG/STEINER, Rz. 1417 und 1428.

Art. 59 IVöB Revision

Hat die Beschwerdeinstanz über ein Revisionsgesuch zu entscheiden, so gilt Artikel 58 Absatz 2 sinngemäss.

Inhaltsverzeichnis

I.	Grundlagen	1
II.	Sekundärrechtsschutz im Revisionsverfahren	4

I. Grundlagen

1 Ist ein Beschwerdeentscheid formell in Rechtskraft erwachsen, steht den Parteien mit dem Revisionsgesuch ein ausserordentliches Rechtsmittel zur Verfügung, um beim Vorliegen gewisser Gründe von der Beschwerdeinstanz verlangen zu können, auf ihren Entscheid zurückzukommen und ihn zu revidieren.[1] Auf Bundesebene sind VGG 45 i.V.m. VwVG 66 ff. sowie BGG 121 ff. massgebend. Die kantonalen Verwaltungsrechtspflegegesetze sehen ebenfalls die Möglichkeit vor, rechtskräftige Beschwerdeentscheide in Revision zu ziehen bzw. abzuändern oder aufzuheben.[2]

2 IVöB 59 wurde in Anlehnung an aBöB 33 statuiert, der mit Verweis auf aBöB 32 Abs. 2 verdeutlichte, dass auch im Fall einer Revision nur Sekundärrechtsschutz gewährt wird.[3] Die aIVöB regelte den Rechtsschutz im 5. Kapitel, äusserte sich jedoch (ebenso wie die VRöB) nicht speziell zum Revisionsverfahren.

3 Angesichts der Harmonisierungsbestrebungen und aBöB 33 mag es erstaunen, dass IVöB 59 kein Pendant im BöB findet – zumal der in Vernehmlassung gegebene Vorentwurf BöB noch eine identische Regelung vorsah. Auf sie wurde in der Folge in der Bundesvorlage jedoch verzichtet, weil sich ihr Inhalt aus BGG 128 und gegebenenfalls VGG 45 ergibt.

II. Sekundärrechtsschutz im Revisionsverfahren

4 Kommt es zu einem Revisionsgesuch, wurde der Vertrag zwischen Vergabestelle und berücksichtigtem Anbieter in der Regel bereits abgeschlossen. IVöB 59 ist primär deklaratorischer Natur und stellt klar, dass auch im Rahmen eines Revisionsverfahrens im An-

---

1 Waldmann/Wiederkehr, S. 179, Rz. 102. Vgl. z.B. Art. 95 ff. VRPG BE, Art. 62 f. VVRG VS oder § 86 ff. VRG ZH.
2 Waldmann/Wiederkehr, S. 179, Rz. 104.
3 Komm-BöB Trüeb, Art. 33 N 1.

wendungsbereich der IVöB kein Primär-, sondern lediglich Sekundärrechtsschutz beansprucht werden darf.[4]

Bejaht die Revisionsinstanz das Vorliegen eines Revisionsgrunds, entscheidet sie neu über die Beschwerde und IVöB 58 Abs. 2 ist sinngemäss anwendbar (Art. 58 N 17 ff.). Dem Gericht bleibt somit nur noch die Möglichkeit, die Rechtswidrigkeit der angefochtenen Verfügung festzustellen.[5] 5

---

[4] Musterbotschaft IVöB, S. 100.
[5] Musterbotschaft IVöB, a.a.O.

9. Kapitel: Kommission Beschaffungswesen Bund–Kantone/*Behörden*

Art. 59/60 *Kommission Beschaffungswesen Bund–Kantone*

¹ Die Überwachung der internationalen Verpflichtungen der Schweiz im Bereich des öffentlichen Beschaffungswesens obliegt der Kommission Beschaffungswesen Bund–Kantone (KBBK). Diese setzt sich paritätisch aus Vertreterinnen und Vertretern / *Vertretern* des Bundes und der Kantone zusammen. Das Sekretariat wird vom SECO sichergestellt.

² Die KBBK nimmt insbesondere folgende Aufgaben wahr:
  a. Ausarbeitung der Position der Schweiz in internationalen Gremien zu Handen des Bundesrates und Beratung der Schweizer Verhandlungsdelegationen;
  b. Förderung des Informations- und Erfahrungsaustausches zwischen Bund und Kantonen und Erarbeitung von Empfehlungen betreffend die Umsetzung internationaler Verpflichtungen in Schweizer Recht;
  c. Pflege der Beziehungen zu ausländischen Überwachungsbehörden;
  d. Erteilung von Ratschlägen und Vermittlung in Einzelfällen bei Streitigkeiten im Zusammenhang mit Geschäften gemäss den Buchstaben a– / *bis* c.

³ Bestehen Anhaltspunkte dafür, dass internationale Verpflichtungen der Schweiz über das öffentliche Beschaffungswesen verletzt werden, so kann die KBBK bei den Behörden des Bundes oder der Kantone intervenieren und sie veranlassen, den Sachverhalt abzuklären und bei festgestellten Missständen die erforderlichen Massnahmen zu treffen.

⁴ Die KBBK kann Gutachten erstellen oder Sachverständige damit beauftragen.

⁵ Sie gibt sich ein Geschäftsreglement. Dieses bedarf der Genehmigung des Bundesrates und des InöB.

Inhaltsverzeichnis

I.	Grundlagen	1
II.	Abs. 1: Zweck und Zusammensetzung	5
III.	Abs. 2: Aufgaben	8
IV.	Abs. 3: Aufsichtsbeschwerde	12
V.	Abs. 4: Gutachten	15
VI.	Abs. 5: Geschäftsreglement	16

9. Kapitel: Kommission Beschaffungswesen Bund–Kantone/Behörden

I. Grundlagen

1 Mit BöB 59/IVöB 60 werden die Umsetzung und die Überwachung der internationalen Verpflichtungen der Schweiz im Bereich des öffentlichen Beschaffungswesens geregelt. Die Bestimmung entspricht weitgehend aVöB 68a–68c. Die Finanzierung des Sekretariats und der externen Sachverständigen sowie die Vergütungsfragen entsprechen der bisherigen Bestimmung (aVöB 68d) und werden weiterhin in der VöB geregelt.

2 Die KBBK wurde im Zuge der Ratifikation des GPA 1994 eingesetzt, um die kohärente Umsetzung der internationalen Verpflichtungen der Schweiz im Bereich des öffentlichen Beschaffungswesens auf allen Stufen sicherzustellen. Die Kommission setzt sich paritätisch aus Vertreterinnen und Vertretern des Bundes und der Kantone zusammen und dient seit dem 01.01.1996 als beratendes Organ für die Vorbereitung und Durchführung von internationalen Verhandlungen sowie für die kohärente und korrekte Umsetzung und Anwendung völkerrechtlicher Übereinkommen im Bereich des öffentlichen Beschaffungswesens auf Stufen Bund und Kantone.

3 Mit Inkrafttreten des BilatAbk am 01.06.2002 wurde der Kompetenzbereich der Kommission erweitert. Sie fungiert seither auch als unabhängige Überwachungsbehörde für die Schweiz gemäss BilatAbk 8.[1] Dabei ist sie befugt, Beschwerden über die Anwendung des bilateralen Beschaffungsabkommens entgegenzunehmen oder selbständig ein Verfahren einzuleiten, sofern gegen die Verletzung internationaler Verpflichtungen kein Rechtsmittel ergriffen wurde und die zuständige Auftraggeberin keine Abhilfe schafft.[2]

4 Mit der Umsetzung des GPA 2012 sowie mit der Einbindung des bilateralen Beschaffungsabkommens und der Freihandelsabkommen in die revidierten und angeglichenen Beschaffungsgesetzgebungen von Bund und Kantonen wird die KBBK in einen harmonisierten gesetzlichen Rahmen eingebettet. Damit wird der Grad der Angleichung der Beschaffungserlasse des Bundes und der Kantone erhöht und gleichzeitig die Transparenz verbessert.[3]

II. Abs. 1: Zweck und Zusammensetzung

5 Die Kernaufgabe der KBBK bleibt die Überwachung der internationalen Verpflichtungen der Schweiz im öffentlichen Beschaffungswesen. Die spezifischen Aufgaben der Kommission sind in BöB 59 Abs. 2/IVöB 60 Abs. 2 geregelt. Die Kommission wurde im Zuge der Ratifikation des GPA 1994 mit Beschlüssen des Bundesrates vom 04.12.1995 und 03.04.1996 sowie mit Beschluss der KdK vom 21.06.1996 ins Leben geru-

---

1 BBl 1999 6128, S. 6207.
2 Botschaft BöB, S. 1988.
3 Botschaft BöB, S. 1988.

fen. Der Bundesrat hat die Einsetzungsverfügung für den Zeitraum von 2016–2019 am 05.12.2014 in Einklang mit RVOV 8a Abs. 2 verlängert (2020–2023).

Die KBBK ist eine ausserparlamentarische Kommission, welche sich paritätisch aus Vertreterinnen und Vertretern des Bundes und der Kantone zusammensetzt. Die Aufgabenerfüllung erfordert den frühzeitigen Einbezug der Kantone, die für die Umsetzung der internationalen Verpflichtungen der Schweiz im Bereich des öffentlichen Beschaffungswesens mitverantwortlich sind und auf diesem Gebiet verfassungsrechtlich über eigenständige Kompetenzen verfügen. Durch die paritätische Teilnahme der Kantone wird bei der Ausarbeitung der schweizerischen Position im Rahmen der internationalen Verhandlungen von Beschaffungsabkommen und bei deren Umsetzung in die schweizerischen Beschaffungsgesetzgebungen eine wirksame Interessenvertretung und -wahrnehmung sichergestellt. 6

Die KBBK ist dem WBF zugeordnet und ihr Sekretariat dem SECO angegliedert. Sie wird von einem Direktionsmitglied des SECO präsidiert, denn das SECO verfügt über die aussenhandelspolitischen Kompetenzen und die verwaltungsinterne Federführung bei der Verhandlung von internationalen Verpflichtungen im öffentlichen Beschaffungswesen. Das WBF beantragt dem Bundesrat die Wahl der Bundesvertreterinnen und -vertreter und ihrer Stellvertreterinnen und Stellvertreter. Die Vertreterinnen und Vertreter der Kantone und ihre Stellvertreterinnen und Stellvertreter sowie das Vizepräsidium werden vom InöB gewählt. 7

III. Abs. 2: Aufgaben

Im Zusammenhang mit der Überwachung der internationalen Verpflichtungen der Schweiz im Bereich des öffentlichen Beschaffungswesens kommen der Kommission verschiedene Aufgaben zu. Sie trägt insb. zur Ausarbeitung der Position der Schweiz in internationalen Gremien sowie zur Beratung der Schweizer Verhandlungsdelegation bei (Bst. a). Dies erfolgt bspw. bei der Erweiterung des Anwendungsbereichs des GPA gegenüber neuen Vertragsparteien, laufenden Arbeiten im Rahmen des WTO-Ausschusses über das öffentliche Beschaffungswesen, einer Revision des GPA sowie der Aushandlung neuer Freihandelsabkommen der Schweiz. Des Weiteren begleitet die Kommission die Vorbereitung (z.B. Erarbeitung der Tagesordnung) und die Folgearbeiten (z.B. Erarbeitung von Klarstellungen) des Gemischten Ausschusses des bilateralen Beschaffungsabkommens. 8

Die KBBK fördert den Informations- und Erfahrungsaustausch zwischen Bund und Kantonen (Bst. b). Da der Bund und die Kantone im Bereich der Beschaffungsgesetzgebungen über eigenständige verfassungsrechtliche Kompetenzen verfügen, vermitteln die Kenntnisse und die Erfahrungen zwischen Bund- und Kantonsvertretern dienliche Lösungsansätze für die Umsetzung des internationalen Beschaffungsrechts in Schweizer Recht. Dieser Informations- und Erfahrungsaustausch kann u.a. mittels der Ausarbei- 9 tung von Empfehlungen bei voller Wahrung der jeweiligen Zuständigkeiten (Gesetzgebung, Rechtsprechung, Entscheidungs- und Überwachungsbefugnisse) erfolgen. Die Kommission dient interessierten Kreisen auch als Anlaufstelle für Einzelfragen im Zusammenhang mit den internationalen Verpflichtungen der Schweiz und relevanten Gesetzesvorschriften im Bereich des öffentlichen Beschaffungswesens auf Stufen Bund und Kantone, sofern die gesuchten Informationen nicht bei anderen Bundes- oder Kantonsstellen erhältlich sind.

10 Auch die Pflege internationaler Kontakte zu Überwachungsbehörden im Rahmen der internationalen Zusammenarbeit im Bereich des öffentlichen Beschaffungswesens wird von der KBBK wahrgenommen (Bst. c). Der Ausbau eines informellen Rahmens bzw. Dialogs mit anderen Überwachungsbehörden soll dazu beitragen, allfällige Praxisprobleme, die bei der Anwendung der Staatsverträge entstehen, im direkten Austausch ansprechen zu können.

11 Im Rahmen ihres Tätigkeitsbereichs kann die KBBK in Einzelfällen eine Beratungs- und Vermittlungsrolle bei Streitigkeiten übernehmen (Bst. d).

IV. Abs. 3: Aufsichtsbeschwerde

12 Bestehen Anhaltspunkte für eine Verletzung einer internationalen Verpflichtung, kann die KBBK dies bei der zuständigen Behörde des Bundes oder der Kantone anzeigen. Dies, sofern gegen die Verletzung internationaler Verpflichtungen kein Rechtsmittel ergriffen wurde. Jede Anbieterin oder jede ausländische Behörde hat die Möglichkeit, bei der Kommission Reklamationen einzureichen bzw. Einwände zu erheben. Die Kommission interveniert erst nach Erschöpfung des ordentlichen Instanzenzuges, d.h. erst, nachdem die Beschwerdefrist von 20 Tagen (BöB/IVöB 56) verstrichen ist. Sie dient dementsprechend nicht als Ersatz eines förmlichen Rechtsmittelverfahrens gemäss BöB/IVöB 52.

13 Die Rolle der KBBK besteht in erster Linie darin, bei der zuständigen Aufsichtsbehörde vermittelnd oder mit einer Aufsichtsbeschwerde zu intervenieren, wenn eine Auftraggeberin sich offensichtlich weigert, eine internationale Verpflichtung einzuhalten. Die Kommission kann bei allfälligen Streitigkeiten die zuständigen Behörden des Bundes oder der Kantone veranlassen, Abklärungen zu treffen und bei festgestellten Verfehlungen die erforderlichen Massnahmen zu ergreifen. Die zuständigen Behörden des Bundes oder der Kantone sind aber rechtlich nicht verpflichtet, auf eine Aufsichtsbeschwerde der Kommission einzutreten.

14 Die Kompetenzen der Aufsichtsbehörde einer Beschaffungsstelle werden durch die Tätigkeit der Kommission auch nicht berührt. Es ist nach wie vor Aufgabe der jeweiligen Aufsichtsbehörde, die gesamte Amtstätigkeit der betreffenden Beschaffungsstelle zu beaufsichtigen und gegebenenfalls die notwendigen Massnahmen zu ergreifen.

V. Abs. 4: Gutachten

Bei Bedarf kann die KBBK Gutachten entweder selber erstellen oder aber Sachverständi- 15
gen einen entsprechenden Auftrag erteilen. Für das Verfassen eines Gutachtens können
bspw. Vertreterinnen und Vertreter der betroffenen Amtsstellen, unabhängige Sachverständige oder Vertreterinnen und Vertreter der betroffenen Branchen als Expertinnen
und Experten angehört werden.

VI. Abs. 5: Geschäftsreglement

Die Kommission gibt sich ein Geschäftsreglement. Dieses bedarf der Genehmigung des 16
Bundesrates und des InöB. Das Geschäftsreglement spezifiziert den Auftrag und die Organisation der KBBK sowie die Schweigepflicht der Mitglieder. Es sieht u.a. vor, dass die
KBBK dem Bundesrat und der BPUK zuhanden des InöB jährlich Bericht erstattet.

Art. 61 IVöB Interkantonales Organ

¹ Die Mitglieder der an der Vereinbarung beteiligten Kantone in der Schweizerischen Bau-, Planungs- und Umweltdirektoren-Konferenz (BPUK) bilden das Interkantonale Organ für das öffentliche Beschaffungswesen (InöB).

² Das InöB nimmt insbesondere folgende Aufgaben wahr:

a. Erlass dieser Vereinbarung;

b. Änderungen dieser Vereinbarung unter Vorbehalt der Zustimmung der beteiligten Kantone;

c. Anpassung der Schwellenwerte;

d. Vorschlag an den Bundesrat für die Befreiung von der Unterstellung unter diese Vereinbarung und Entgegennahme diesbezüglicher Gesuche der Auftraggeber nach Artikel 7 Absatz 1 (Ausklinkklausel);

e. Kontrolle über die Umsetzung dieser Vereinbarung durch die Kantone und Bezeichnung einer Kontrollstelle;

f. Führen der Liste über sanktionierte Anbieter und Subunternehmer nach Massgabe von Artikel 45 Absatz 3;

g. Regelung der Organisation und des Verfahrens für die Anwendung dieser Vereinbarung;

h. Tätigkeiten als Kontaktstelle im Rahmen der internationalen Übereinkommen;

i. Bezeichnung der kantonalen Delegierten in nationalen und internationalen Gremien sowie Genehmigung der entsprechenden Geschäftsreglemente.

³ Das InöB trifft seine Entscheide mit Dreiviertelmehrheit der Anwesenden, sofern mindestens die Hälfte der beteiligten Kantone vertreten ist. Jeder beteiligte Kanton hat eine Stimme, die von einem Mitglied der Kantonsregierung wahrgenommen wird.

⁴ Das InöB arbeitet mit den Konferenzen der Vorsteher der betroffenen kantonalen Direktionen, mit den Fachkonferenzen der Kantone und mit dem Bund zusammen.

Inhaltsverzeichnis

I.	Grundlagen	1
II.	Abs. 1: Zusammensetzung des InöB	5
III.	Abs. 2: Zuständigkeiten	10
A.	Bst. a und b: Erlass und Änderungen der IVöB	12
B.	Bst. c: Anpassen der Schwellenwerte	15
C.	Bst. d: Vorschlag an Bundesrat betreffend Befreiung von der Unterstellung	16
D.	Bst. e: Kontrolle über Umsetzung	17

E.	Bst. f: Liste über sanktionierte Unternehmen	18
F.	Bst. g: Regelung Organisation und Verfahren für Anwendung der IVöB	23
G.	Bst. h: Kontaktstelle im Rahmen internationaler Übereinkommen	24
H.	Bst. i: Bezeichnung kantonaler Delegierter in Gremien und Genehmigung Geschäftsreglemente	25
IV.	Abs. 3: Beschlussfassung	26
V.	Abs. 4: Zusammenarbeit mit Konferenzen der Kantone und mit dem Bund	31

I. Grundlagen

Wie bisher ist das InöB als Leitorgan der IVöB vorgesehen.[1] IVöB 61 ersetzt aIVöB 4 und übernimmt dessen Wortlaut für die Abs. 1, 3 und 4 vollständig. Minimale Änderungen gibt es hingegen betreffend die Zuständigkeiten gemäss Abs. 2: Einerseits sind die Aufgaben des InöB nicht mehr abschliessend aufgeführt, wie durch den Einschub «insbesondere» deutlich wird. Andererseits wurde die Ermächtigung des InöB, Vergaberichtlinien zu erlassen (aIVöB 4 Abs. 2 Bst. b), ersatzlos gestrichen. Die VRöB, die das InöB gestützt auf diese Bestimmung am 02.05.2002 erlassen hat, fallen jedoch mit Inkrafttreten der IVöB nicht unmittelbar dahin. Grund dafür ist, dass die aIVöB und somit auch die VRöB für diejenigen Kantone weiterhin gilt, die noch nicht die neue Vereinbarung ratifiziert haben.[2] Sobald alle Kantone der IVöB beigetreten sind, wird die Geschäftsstelle des InöB dies der Bundeskanzlei mitteilen.[3] Dies kommt faktisch einer Aufhebung der VRöB gleich. Wie das Bundesgericht in Bezug auf die aIVöB bereits mehrfach festgehalten hat, sind die VRöB ohnehin nicht direkt verbindlich, sondern werden lediglich, aber immerhin, für die Auslegung der Prinzipien, zu denen sich die Kantone verpflichtet haben, herbeigezogen.[4] Inhaltlich wurden die Grundsätze der VRöB jedoch in die IVöB integriert,[5] weshalb sie nicht grundsätzlich an Bedeutung verlieren. 1

Mangels umfassender Gesetzgebungskompetenz des Bundes[6] sind die Kantone grundsätzlich zuständig für die Umsetzung des GPA auf kantonaler Ebene. Um die kantonale 2

---

1 Musterbotschaft IVöB, S. 101.
2 Gemäss IVöB 64 Abs. 1 ist für Verfahren, die vor Inkrafttreten der IVöB eingeleitet wurden, ohnehin das bisherige Recht – und damit auch die VRöB – anzuwenden.
3 In Anbetracht, dass bei der am 14.03.2001 beschlossenen aIVöB der letzte Kanton (Solothurn) im Jahr 2010 beigetreten ist, kann es also noch ein paar Jahre dauern, bis die aIVöB und die VRöB aufgehoben werden.
4 BGE 129 I 313, E. 8.2; BGE 125 II 86, E. 7a.
5 Musterbotschaft, S. 15 und 106.
6 Siehe aber immerhin BV 95 Abs. 2, wonach der Bund für einen einheitlichen schweizerischen Wirtschaftsraum sorgt, sowie die Bestimmungen des BGBM zu öffentlichen Beschaffungen der Kantone.

9. Kapitel: Kommission Beschaffungswesen Bund–Kantone/Behörden

Umsetzung zu erleichtern und einheitlich zu gestalten, haben die Kantone die IVöB parallel zum revidierten BöB und eng damit verzahnt erlassen. Zum Zwecke der horizontalen Koordination bedarf es eines interkantonalen Organs, welches die Einhaltung der Verpflichtungen gemäss GPA und BilatAbk sicherstellt. U.a. ist das InöB für das Festlegen der Schwellenwerte im Staatsvertragsbereich zuständig und fungiert als Kontaktstelle für internationale Übereinkommen.[7]

3   IVöB 61 findet keine Parallelbestimmung im BöB. Grund hierfür ist u.a., dass Fragen, welche auf interkantonaler Ebene zu adressieren sind, sich auf Bundesebene gar nicht stellen. So ist bspw. klar, dass die Bundesversammlung die zuständige Legislative für das BöB ist und der Bundesrat, als Exekutive, verantwortlich ist, entsprechende Ausführungsbestimmungen zu erlassen, wo das Gesetz dies vorsieht. Auf interkantonaler Ebene braucht es hingegen eine klare Regelung der Kompetenzen und Verfahren, da das allgemeine Konkordatsrecht keine organisatorischen «Default-Bestimmungen» kennt.[8]

4   IVöB 61 ist eingegliedert in das neu geschaffene Kapitel «Behörden». Er folgt unmittelbar auf die Bestimmung zur KBBK. Aus der systematischen Einordnung ergibt sich, dass das InöB als Behörde im Sinne der IVöB gilt. Das InöB ist generell für den Vollzug der IVöB verantwortlich, während die spezifischen Zuständigkeiten in IVöB 61 Abs. 2 festgelegt werden. Mit anderen Worten kommt dem InöB eine Exekutivfunktion zu. Es nimmt jedoch unter Vorbehalt der Zustimmung der beteiligten Kantone auch rechtsetzende Aufgaben wahr (z.B. IVöB 61 Abs. 2 Bst. a und b).

II.   Abs. 1: Zusammensetzung des InöB

5   Das InöB setzt sich zusammen aus den Mitgliedern der BPUK derjenigen Kantone, die der IVöB beigetreten sind. Die kantonalen Vertreter sprechen und handeln auch im Namen des jeweiligen Kantons.[9] Entsprechend bedarf es vorgängig einer Beitrittserklärung durch den Kanton gemäss IVöB 63 Abs. 1. Sobald dieser der IVöB beigetreten ist, wird diejenige Person automatisch Mitglied des InöB, die im Rahmen ihrer Zuständigkeit für das Beschaffungsrecht den Kanton auch in der BPUK vertritt.[10] Gemäss Art. 1 der Statuten der BPUK vom 20.02.2012[11] gehören hierzu die «Regierungsmitglieder aller schwei-

---

7   IVöB 61 Abs. 2 Bst. h; vgl. N 24.
8   Tschannen, § 25 Rz. 4 ff.
9   Musterbotschaft IVöB, S. 101.
10 Aufgrund der unterschiedlichen Zuteilungen der Aufgabenbereiche zu den jeweiligen Departementen kann es sein, dass mehrere Regierungsratsmitglieder Einsitz in der BPUK nehmen. Folglich ist es u.U. nicht die gleiche Person, die die Stimme für den jeweiligen Kanton in der BPUK abgibt und den Kanton im InöB vertritt; vgl. Mitgliederliste BPUK, abrufbar unter https://www.dtap.ch/bpuk/organisation/mitglieder/ (zuletzt besucht am 02.09.2020) und Mitgliederliste InöB, abrufbar unter https://www.dtap.ch/de/bpuk/konkordate/ivoeb/ (zuletzt besucht am 02.09.2020).
11 Abrufbar unter https://www.bpuk.ch/fileadmin/Dokumente/bpuk/public/de/statuten/Statuten.pdf (zuletzt besucht am 02.09.2020).

zerischen Kantone, die für einen oder mehrere der Bereiche Raumplanung und Raumentwicklung, Strasse/Verkehr, Bau, Umwelt, öffentliches Beschaffungswesen verantwortlich sind». Während in die BPUK folglich grundsätzlich mehrere Konferenzmitglieder desselben Kantons entsendet werden können,[12] wird allein dasjenige Regierungsratsmitglied, der für das öffentliche Beschaffungswesen zuständig ist, Mitglied des InöB. Auf der Website der BPUK werden die aktuellen Mitglieder des InöB publiziert.[13]

Die Rechtsform des InöB ergibt sich nicht aus der IVöB. Aufgrund der mitgliedschaftlichen Zusammensetzung, der Rechtsgrundlage im öffentlichen Recht und des Auftrags zur Erfüllung einer staatlichen Aufgabe weist das InöB Elemente einer öffentlich-rechtlichen Körperschaft mit beschränkter Rechtsfähigkeit[14] auf.[15] Dies lässt sich damit begründen, dass das InöB Teil der BPUK bildet und deren Aufgaben im Bereich des Beschaffungswesens wahrnimmt. Folglich ist das InöB ähnlich wie die BPUK organisiert, welche ihren Statuten zufolge eine Körperschaft des öffentlichen Rechts mit beschränkter Rechtsfähigkeit ist.[16] 6

Bevor ein Kanton der IVöB beitritt, gibt es theoretisch kein InöB i.S.v. IVöB 61 Abs. 1, da nur die BPUK-Mitglieder der beigetretenen Kantone das InöB bilden. Folglich gibt es keinen Empfänger für die Beitrittserklärung des ersten beitretenden Kantons bzw. dieser Kanton müsste seinen Beitritt zur neuen IVöB seinem eigenen Regierungsratsmitglied, der für das öffentliche Beschaffungswesen zuständig ist, erklären. Faktisch gibt es jedoch bereits dieselbe Behörde nach aIVöB 4. Entsprechend ist die Beitrittserklärung zur neuen IVöB an die Geschäftsstelle des InöB zu richten, welche sowohl unter der aIVöB als auch unter der neuen Vereinbarung die Administration wahrnimmt. 7

Aus der Natur der IVöB als interkantonale Vereinbarung ergibt sich, dass der Bund nicht beteiligt ist und folglich nicht Einsitz im InöB nehmen kann. Zwar könnte sich der Bund grundsätzlich an einem Konkordat beteiligen (BV 48 Abs. 3); IVöB 63 Abs. 1 regelt diesbezüglich jedoch klar, dass der Beitritt nur Kantonen offensteht. Der Bund kann sich 8

---

12 Vgl. Art. 4 Statuten der BPUK vom 20.02.2012 (vgl. Fn. 10).
13 BPUK, Konkordate, IVöB, abrufbar unter https://www.dtap.ch/bpuk/konkordate/ivoeb/ (zuletzt besucht am 02.09.2020).
14 Zur öffentlich-rechtlichen Körperschaft siehe HÄFELIN/MÜLLER/UHLMANN, Rz. 1633 ff.
15 Die öffentlich-rechtliche Körperschaft wird sodann als Modellform für eine multikantonale Trägerschaft genannt (ZEHNDER, S. 107 ff.); in Bezug auf die KdK hielt WALDMANN im Jahr 2005 jedoch fest, dass erstens kein Wille zur Bildung einer Körperschaft erkennbar sei und ihr zweitens angesichts der Rechtsgrundlagen keine Rechtsfähigkeit im Sinne von ZGB 52 und 59 zukomme (WALDMANN, Rechtsabklärung, S. 10 ff. und S. 22).
16 Art. 1 Abs. 2 Statuten der BPUK vom 20.02.2012 (vgl. Fn. 10); vgl. auch Art. 1 Abs. 2 Statuten der FöB vom 23.11.2012, abrufbar unter https://www.bpuk.ch/fileadmin/Dokumente/foeb/public/de/statuten/Statuten%2BF%c3%25b6B.pdf (zuletzt besucht am 02.09.2020), wonach die FöB ebenfalls eine Körperschaft des öffentlichen Rechts mit beschränkter Rechtsfähigkeit ist.

9. Kapitel: Kommission Beschaffungswesen Bund–Kantone/Behörden

aber im Rahmen der KBBK engagieren, die sich im Gegensatz zum InöB paritätisch zusammensetzt.[17] Darüber hinaus ist die Beteiligung des Bundes ohnehin obsolet, da auf Bundesebene das BöB massgebend ist und dem Bund gerade keine Kompetenz zur Regelung des Beschaffungswesens auf kantonaler Ebene zuteil kommt.

9   Das InöB hat dieselbe Geschäftsstelle wie die BPUK.[18] Die Geschäftsstelle ist zudem auch zuständig für die FöB. Diese wiederum setzt sich zusammen aus Fachpersonen, die in den Kantonen für das öffentliche Beschaffungswesen verantwortlich sind.[19] Während also das InöB aus Regierungsratsmitgliedern der Kantone besteht, d.h. politisch zusammengesetzt ist, sind die Mitglieder der FöB die fachlichen Spezialisten.

III. Abs. 2: Zuständigkeiten

10 Die Zuständigkeiten des InöB werden in IVöB 61 Abs. 2 in nicht abschliessender Weise aufgezählt. Zudem sind sie teilweise offen formuliert (vgl. z.B. N 17 und 23 zu Bst. e und g) und somit der Auslegung zugänglich. Weitere Aufgaben, die weder in IVöB 61 noch sonst in der Vereinbarung explizit erwähnt und auch nicht durch die Kantone selbst übernommen werden bzw. einer Koordination auf überkantonaler Ebene bedürfen, können in den meisten Fällen dennoch dem InöB zugewiesen werden, indem sie unter eine der in IVöB 61 Abs. 2 erwähnten Zuständigkeiten subsumiert werden. Die Zuständigkeiten des InöB wurden bewusst offen formuliert, da interkantonale Vereinbarungen ihrer Natur nach schwer zu ändern sind. Die Flexibilität, welche auf Bundesebene durch Regulierungen auf Verordnungsstufe möglich ist, sollte jedoch auch langfristig erhalten bleiben, um Anpassungen im Wandel der Zeit begegnen zu können. Da die Liste in IVöB 61 Abs. 2 nicht abschliessend ist, kann das InöB theoretisch auch weitere Aufgaben annehmen, die sich nicht unter die aufgeführten Zuständigkeiten subsumieren lassen.

11 Bei der Erfüllung seiner Aufgaben ist das InöB nicht auf sich selber gestellt. Vielmehr ist es im Rahmen seiner Organisationskompetenz (Bst. g) befugt, seine Geschäftsstelle zur Vorbereitung der Beschlüsse zu beauftragen. Das InöB ist das politische Organ; operativ tätig ist dessen Geschäftsstelle. Mit anderen Worten erfolgt die gesamte Verwaltung und Vorbereitung durch die Geschäftsstelle.[20]

---

17   Vgl. Art. 59/60 N 5 f.
18   Tätigkeitsbericht 2014 des InöB, S. 1, abrufbar unter https://www.bpuk.ch/fileadmin/Dokumente/bpuk/public/de/konkordate/ivoeb/PDF_Taetigkeitsbericht_InoeB_2014.pdf (zuletzt besucht am 02.09.2020).
19   Art. 3 Abs. 1 Statuten der FöB vom 23.11.2012 (vgl. Fn. 15).
20   Zurzeit besteht die Geschäftsstelle des InöB nur aus einer Person, welche Teil der fünfköpfigen BPUK-Geschäftsstelle ist, vgl. https://www.dtap.ch/bpuk/organisation/geschaeftsstelle/ (zuletzt besucht am 02.09.2020).

A. Bst. a und b: Erlass und Änderungen der IVöB

Durch die IVöB delegieren die Kantone dem InöB Rechtsetzungskompetenzen.[21] Jeder Kanton ermächtigt mit seinem Beitritt das InöB, die IVöB zu erlassen und zu ändern.[22] Die Rechtsetzungsbefugnis ist jedoch in zweierlei Hinsicht zu relativieren: Einerseits ist die Vereinbarung formell tatsächlich durch das InöB zu erlassen, d.h. festzusetzen. Die IVöB tritt in Kraft, sobald zwei Kantone dem InöB gegenüber den Beitritt erklärt haben (IVöB 65 Abs. 1 i.V.m. IVöB 63 Abs. 1).[23] Das Ausarbeiten der IVöB erfolgte materiell hingegen nicht durch das InöB; vielmehr folgte es den Formulierungsvorschlägen einer paritätisch aus Vertreterinnen und Vertretern des Bundes und der Kantone zusammengesetzten Arbeitsgruppe.[24] Das InöB selbst ist nur die Legislative, welche die IVöB bzw. Änderungen derselben formell beschliesst. Anzumerken ist des Weiteren, dass die Revision der Vereinbarung durch das InöB nach aIVöB initiiert wurde. Folglich erfasst die Zuständigkeit des InöB, die Vereinbarung zu erlassen, namentlich die formelle Inkraftsetzung gemäss IVöB 65 Abs. 1 sowie die damit verbundene Pflicht, dies der Bundes-

12

---

21 Bei der interkantonalen Zusammenarbeit wird in der Lehre postuliert, dass interkantonale Organe nur sekundäre Normen erlassen dürfen (MÜLLER/UHLMANN, Rz. 526; UHLMANN/ZEHNDER, S. 23 und S. 25; ZEHNDER, S. 28 m.w.H.).

22 BV 48 Abs. 4 erlaubt den Kantonen, einem interkantonalen Organ durch einen interkantonalen Vertrag rechtsetzende Befugnisse zu delegieren (vgl. St. Galler BV-Kommentar-SCHWEIZER/ABDERHALDEN, Art. 48 N 51 ff.).

23 Erste Beitritte zur neuen Vereinbarung werden ab Ende 2020 erwartet (https://www.bpuk.ch/bpuk/konkordate/ivoeb/ivoeb-2019, zuletzt besucht am 02.09.2020). Der Kanton Bern hat das kantonale Beitrittsverfahren bereits eingeleitet: Das Einführungsgesetz befand sich von 08.05.2020 bis 01.08.2020 in der Vernehmlassung (https://www.be.ch/portal/de/index/medien center/medienmitteilungen/suche.archiv.meldungNeu.html/portal/de/meldungen/mm/2020/05/20200507_1526_kurzinformation_ausdemregierungsrat.html, zuletzt besucht am 02.09.2020). Der Erlass des neuen Beschaffungsrechts durch den Regierungsrat ist für Mai 2021 und das Inkrafttreten für den Kanton Bern für August 2021 geplant (https://www.fin.be.ch/fin/de/index/beschaffung/beschaffung/rechtliche_grundlagen/neues-beschaffungsrecht.html, zuletzt besucht am 02.09.2020). Im Kanton Schwyz hat der Regierungsrat am 30.06.2020 den Beitrittsbeschluss zur IVöB in die Vernehmlassung geschickt, welche bis am 09.10.2020 dauert (https://www.sz.ch/behoerden/vernehmlassungen/medieninformation-beschaffungswesen.html/72-416-376-7263, zuletzt besucht am 02.09.2020). Auch im Kantone Aargau wurde die IVöB zusammen mit dem Dekret über das öffentliche Beschaffungsweisen an den Grossen Rat zur Beschlussfassung unterbreitet (https://www.ag.ch/de/aktuelles/medienportal/medienmitteilung/medienmitteilungen/mediendetails_145031.jsp, zuletzt besucht am 02.09.2020, und https://www.ag.ch/grossrat/grweb/de/195/Detail%20Geschäft?ProzId=4758872, zuletzt besucht am 02.09.2020). Angestrebt wird der Beitritt des Kantons Aargau zur IVöB im 1. Quartal 2021 (Botschaft an den Grossen Rat vom 1. Juli 2020, Ges.-Nr. 20.199, S. 72, abrufbar unter https://www.ag.ch/grossrat/grweb/de/195/Detail%20Geschäft?ProzId=4758872, zuletzt besucht am 02.09.2020).

24 Musterbotschaft IVöB, S. 11 f. Das InöB beauftragte die Fachebene, namentlich den Präsidenten und Vizepräsidenten der FöB, welche halbjährlich das InöB über den Fortschritt der Revision informieren mussten.

kanzlei mitzuteilen.²⁵ Im weiteren Sinn kann der Erlass auch darin erblickt werden, dass das InöB mit jeder Beitrittserklärung, die ihm zugeht, die IVöB für den entsprechenden Kanton erlässt.

13 Die Rechtsetzungsbefugnis des InöB wird andererseits dahingehend abgeschwächt, als das letzte Wort bei den beigetretenen Kantonen liegt. So kann die IVöB nur erlassen werden, wenn die Kantone selbst beitreten und somit ihr Einverständnis erklären. Zudem steht die Befugnis des InöB, die Vereinbarung zu ändern, ausdrücklich unter dem Vorbehalt der Zustimmung der Kantone. Entsprechend ist die dem Wortlaut von IVöB 61 Abs. 2 Bst. a und b abzuleitende Annahme falsch, dass dem InöB tatsächlich eine Rechtsetzungskompetenz zukommt.²⁶

14 Das InöB kann überdies auch Änderungen der IVöB beschliessen, welche jedoch der Zustimmung der beteiligten Kantone bedürfen. Um lange Ratifizierungsverfahren bei geringfügigen Änderungen zu vermeiden, wird den Kantonen empfohlen, gesetzlich den Regierungsrat bzw. den Staatsrat zu ermächtigen, Änderungen von untergeordneter Bedeutung selbständig zu ratifizieren.²⁷ Als solche gelten u.a. die Anpassung der Schwellenwerte (IVöB 16), welche in den Anhängen zur Vereinbarung aufgeführt werden.²⁸

B. Bst. c: Anpassen der Schwellenwerte

15 Das InöB ist zuständig für die Anpassung der Schwellenwerte gemäss IVöB 16. Die Schwellenwerte werden in IVöB Anhang 1 (Staatsvertragsbereich) und IVöB Anhang 2 (nicht von Staatsverträgen erfasster Bereich) festgehalten.²⁹ Die Anpassung erfolgt periodisch; unter der aIVöB hat das InöB die Schwellenwerte jeweils im Dezember für die zwei darauffolgenden Jahre festgelegt und auf ihrer Website publiziert.³⁰ Die Über-

---

25 Konkordate zwischen den Kantonen sind dem Bund zur Kenntnis zur bringen (BV 48 Abs. 3, RVOG 61c Abs. 1).
26 Auch unter dem Gesichtspunkt der Gewaltenteilung ist es korrekt, dass dem InöB keine Rechtsetzungsbefugnisse delegiert werden, welche eigentlich den Kantonen verbleiben müssten (TSCHANNEN, § 25 Rz. 15 und § 27 Rz. 19 ff.).
27 InöB, Grundlagen für ein Beitrittsgesetz, Ziff. 6 Bst. i, abrufbar unter https://www.bpuk.ch/filead min/Dokumente/bpuk/public/de/konkordate/ivoeb/ivoeb_2019/DE_Grundlagen_Beitrittsge setz.pdf (zuletzt besucht am 02.09.2020).
28 InöB, Erläuterungen zum Beitrittsgesetz zur IVöB, Ziff. 6 Bst. i, abrufbar unter https://www.bpuk. ch/fileadmin/Dokumente/bpuk/public/de/konkordate/ivoeb/ivoeb_2019/DE_Erlaeuterun gen_Beitrittsgesetz.pdf (zuletzt besucht am 02.09.2020).
29 Vgl. Art. 16 N 3 ff.
30 BPUK, Konkordate, IVöB, (vgl. Fn. 12); vgl. z.B. Mitteilung: Schwellenwerte IVöB für die Jahre 2018/2019 vom 11.12.2017, abrufbar unter https://www.bpuk.ch/fileadmin/Dokumente/bpuk/ public/de/konkordate/ivoeb/Schwellenwerte/Schwellenwerte_2018_und_2019.pdf (zuletzt besucht am 02.09.2020) und Mitteilung: Schwellenwerte IVöB für die Jahre 2020/2021 vom 11.12.2019, abrufbar unter https://www.bpuk.ch/fileadmin/Dokumente/bpuk/public/de/kon kordate/ivoeb/Schwellenwerte/D_Rundschreiben_Schwellenwerte_2020_und_2021.pdf (zuletzt besucht am 02.09.2020).

prüfung der Schwellenwerte erfolgt im Staatsvertragsbereich durch die KBBK. Das InöB folgt bei der Festsetzung grundsätzlich den Empfehlungen des Bundesrats. Ausserhalb des Staatsvertragsbereichs muss das InöB die Vorgaben von BGBM 5 berücksichtigen; deren Einhaltung wird durch die WEKO überwacht (BGBM 8 Abs. 1).

C. Bst. d: Vorschlag an Bundesrat betreffend Befreiung von der Unterstellung

Das InöB ist weiter Adressat für Gesuche der Sektoren-Auftraggeber, sie von der Unterstellung unter die IVöB zu befreien (vgl. Art. 7 N 10 ff.). Das InöB nimmt die Gesuche an und macht einen entsprechenden Vorschlag an den Bundesrat. Dem Wortlaut zufolge soll das InöB die Gesuche nicht nur weiterleiten; vielmehr ist es dazu angehalten, einen Vorschlag für den Bundesrat zu erarbeiten. Hierfür ist erforderlich, dass das InöB – bzw. faktisch dessen Geschäftsstelle – das Gesuch vorprüft. Mithin wird in formeller und materieller Hinsicht zu überprüfen sein, ob die Voraussetzungen für die Befreiung erfüllt sind. Keinen anderen Schluss lässt auch die *ratio legis* zu: IVöB 61 beauftragt das InöB mit dem Vollzug der Vereinbarung. Folglich fällt es in die Kompetenz des InöB, Gesuche auf Übereinstimmung mit der IVöB zu prüfen. Daraufhin leitet es das Gesuch gemeinsam mit einer Stellungnahme dem Bundesrat weiter, welcher ein Gutachten der WEKO und eine Stellungnahme der betroffenen Wirtschaftskreise einholt.[31] Schliesslich entscheidet der Bundesrat auf dem Verordnungsweg darüber, ob die im betroffenen Sektormarkt tätigen Auftraggeber von der Unterstellung befreit werden.[32] Die unter altem Recht befreiten Bereiche oder Teilbereiche wurden im Anhang der Verordnung des UVEK über die Nichtunterstellung unter das öffentliche Beschaffungsrecht aufgeführt.[33] Mit Inkrafttreten der revidierten VöB wird diese Verordnung aufgehoben,[34] und die ausgeklinkten Sektorenmärkte werden im VöB Anhang 1 erwähnt.

16

31　Art. 2 Abs. 2 und Art. 3 der Verordnung des UVEK über die Nichtunterstellung unter das öffentliche Beschaffungsrecht, SR 172.056.111.

32　Dies im Gegensatz zum alten Recht, vgl. dazu Art. 4 Verordnung des UVEK über die Nichtunterstellung unter das öffentliche Beschaffungsrecht; die Voraussetzungen für die Befreiung und die Anforderungen an das entsprechende Gesuch sind im Leitfaden des UVEK für Gesuchstellende um Nichtunterstellung, November 2007, präzisiert, abrufbar unter https://www.bkb.admin.ch/bkb/de/home/rechtsgrundlagen/bundeserlasse/weitere-beschaffungsrechtliche-erlasse.html (zuletzt besucht am 02.09.2020).

33　Zurzeit sind vier Teilbereiche der Telekommunikation (Festnetz- und Mobilkommunikation sowie Internetzugang und Datenkommunikation) und ein Teilbereich des Schienenverkehrs (Güterverkehr auf der Normalspur) auf dem Gebiet der Schweizerischen Eidgenossenschaft von der Unterstellung befreit.

34　VöB 31 Abs. 1 Ziff. 2.

D. Bst. e: Kontrolle über Umsetzung

17 Das InöB kontrolliert die Kantone in ihrer Umsetzung der IVöB. Gemäss IVöB 62 sind die Kantone zuständig, dass die der Vereinbarung unterstellten Auftraggeber diese einhalten.[35] Die Kantone wiederum werden durch das InöB überwacht. Hierfür bezeichnet es eine Kontrollstelle, wie dies auch in BilatAbk 8 vorgesehen ist.[36] Die Aufgaben der Kontrollstelle wird durch die Geschäftsstelle wahrgenommen werden, welche in der Praxis am besten geeignet ist.[37] Um die Flexibilität aufrechtzuerhalten, werden die Zusammensetzung und Befugnisse jedoch nicht auf Stufe IVöB festgelegt, sondern sollten im entsprechenden Reglement präzisiert werden (vgl. IVöB 61 Abs. 2 Bst. g).[38] Es ist jedoch zu betonen, dass die Kontrollstelle nie von sich aus tätig werden soll, sondern nur auf Anzeige hin.[39]

E. Bst. f: Liste über sanktionierte Unternehmen

18 Nach IVöB 61 Abs. 2 Bst. f i.V.m. IVöB 45 Abs. 3 führt das InöB eine nicht öffentliche Liste über Anbieter und Subunternehmer, die aufgrund eines Tatbestands nach IVöB 44 Abs. 1 Bst. c und e oder IVöB 44 Abs. 2 Bst. b, f und g rechtskräftig von künftigen öffentlichen Aufträgen ausgeschlossen wurden.[40] Mit der Führung der Liste wird die Geschäftsstelle betraut.[41] Dementsprechend muss der Auftraggeber oder die zuständige Behörde dem InöB Meldung über einen rechtskräftigen Ausschluss melden. Die Liste ist vertraulich zu halten, d.h., es sind die notwendigen Sicherheitsmassnahmen zu treffen.

19 Des Weiteren sind bei der Führung der Liste über sanktionierte Unternehmen die datenschutzrechtlichen Bestimmungen zu beachten, wobei anzumerken ist, dass das InöB als interkantonales Organ dem DSG nicht untersteht (vgl. DSG 2 Abs. 1).[42] Hingegen untersteht es den kantonalen Datenschutzgesetzgebungen – auch wenn es nicht explizit im

---

35 Vgl. Art. 62 N 7 ff.
36 Musterbotschaft IVöB, S. 102.
37 Musterbotschaft IVöB, S. 102.
38 Vgl. Art. 62 N 28 ff.
39 Vgl. Art. 62 N 14 ff.
40 Vgl. Art. 45 N 12.
41 Musterbotschaft IVöB, S. 102.
42 Mit der Revision der Datenschutzgesetzgebung auf Bundesebene wird der persönliche Geltungsbereich voraussichtlich auf natürliche Personen beschränkt (BBl 2017 6941, S. 6944). Juristische Personen sind folglich datenschutzrechtlich nicht mehr geschützt. Viele Kantone richten sich bei der Anwendbarkeit ihres Datenschutzrechts am DSG aus, weshalb davon auszugehen ist, dass der Datenschutz juristischer Personen auch in einigen Kantonen wegfallen wird. Dies ist auch die Empfehlung der KdK; vgl. KdK, Leitfaden zur EU-Datenschutzreform/Modernisierung der Europarats-Konvention 108, S. 3, abrufbar unter https://www.dsb.bs.ch/datenschutz/privatim-und-kdk-leitfaden.html (zuletzt besucht am 02.09.2020). Im Ergebnis bedeutet dies, dass die nachstehenden Ausführungen je nach Kanton nur für Einzelunternehmen gelten.

Geltungsbereich erwähnt wird,[43] dann zumindest auf dem Weg der Lückenfüllung. Die Regelung des Beschaffungswesens auf kantonaler Ebene fällt (hauptsächlich) in die Kompetenz der Kantone. Zwecks Vereinfachung und Koordination übertragen sie gewisse Aufgaben, u.a. das Führen der Liste über sanktionierte Unternehmen, auf das InöB. Bez. der Aspekte, die nicht durch die IVöB geregelt und dem InöB übertragen werden, sind aufgrund der Organisationskompetenz der Kantone (BV 3) nach wie vor die Kantone zuständig.[44]

Die Frage, welches kantonale Datenschutzrecht anzuwenden ist, kann in persönlicher, funktionaler und örtlicher Hinsicht beurteilt werden: In persönlicher Hinsicht ist das Recht jenes Kantons anzuwenden, in welchem das betroffene Unternehmen seinen Sitz hat. Dies führt u.U. dazu, dass bei Auskunftsgesuchen eines sanktionierten Unternehmens, das seinen Sitz nicht in der Schweiz hat, das InöB ausländisches Datenschutzrecht zu beachten hätte. Bei einer funktionalen Betrachtungsweise wäre das Recht jenes Kantons anzuwenden, zu welchem der engste sachliche Zusammenhang besteht. Bspw. im Fall eines Auskunftsgesuchs von Seiten eines Auftraggebers im Hinblick auf eine Beschaffung wäre das Recht jenes Kantons anwendbar, in dem die ausgeschriebene Auftragsleistung zu erbringen ist. Hier könnten sich jedoch u.a. bei kantonsübergreifenden Ausschreibungen Abgrenzungsprobleme ergeben. Letztlich ist in örtlicher Hinsicht denkbar, das Recht desjenigen Kantons anzuwenden, in dem entweder die Datenbearbeitung stattfindet oder das InöB seinen Sitz hält. Ersteres ist zwar datenschutzrechtlich der Normalfall (vgl. z.B. DSG 2 Abs. 1; KDSG BE 4 Abs. 1), kann sich bei einem interkantonalen Organ allerdings als unpraktisch erweisen. So stellt bspw. die Weitergabe der Liste durch das InöB, welches die Daten grundsätzlich an seinem Sitz hält, an einzelne Kantone eine Datenbearbeitung dar, wobei sich wiederum die Frage stellt, welches kantonale Recht auf diese Bearbeitung Anwendung findet.

20

Nach hier vertretener Ansicht überzeugt daher die letzte Theorie, wonach das Recht jenes Kantons anzuwenden ist, in welchem das InöB seinen Sitz hat.[45] Der Sitz des InöB wird in der IVöB zwar nicht festgelegt; im Sinne einer faktischen Verwaltung befindet sich jedoch der Sitz gleich wie bei der BPUK am Domizil der Geschäftsstelle.[46] Diese Lösung bietet den betroffenen Personen Rechtssicherheit, da klar ist, an welchem materiellen Recht sich das InöB messen kann bzw. welcher Aufsichtsstelle/welchem Datenschutzbeauftragten eine Anzeige betreffend die Missachtung von datenschutzrechtlichen

21

---

43 So lässt sich z.B. nach dem KDSG BE argumentieren, dass das InöB aufgrund seiner Zusammensetzung eine Behörde i.S.v. KDSG BE 2 Abs. 6 ist und daher dem KDSG BE untersteht. Auch im Kanton Zürich kann das InöB als öffentliches Organ i.S.v. IDG ZH 3 qualifiziert werden, weshalb es an das IDG ZH gebunden ist.
44 InöB, Grundlagen für ein Beitrittsgesetz (vgl. Fn. 26) halten fest, welche Punkte im Rahmen der IVöB durch die Kantone geregelt werden müssen.
45 Gleichermassen geht die EDK vor, welche, sofern keine interkantonalen Regeln bestehen, das jeweilige Recht ihres Sitzkantons anwendet.
46 Vgl. auch Art. 3 Statuten der BPUK vom 20.02.2012 (vgl. Fn. 10) und Art. 1 Abs. 3 Statuten der FöB (vgl. Fn. 15) vom 23.11.2012.

Vorschriften zu erstatten ist. Zudem wird dadurch Gleichbehandlung aller Betroffenen sichergestellt, indem unabhängig von einer Ausschreibung und dem Zeitpunkt der datenschutzrechtlichen Verfahrenseinleitung die gleiche Verfahrensordnung anwendbar ist.

22 Gleiches gilt in Bezug auf das Öffentlichkeitsprinzip: Das BGÖ ist nicht anwendbar, da das InöB nicht in den persönlichen Geltungsbereich gemäss BGÖ 2 fällt. Das InöB wird hingegen gleich wie beim Datenschutz explizit oder durch Auslegung des Geltungsbereichs von den kantonalen Öffentlichkeitsgesetzen erfasst. Allerdings liegt mit IVöB 45 Abs. 3 eine spezialgesetzliche Bestimmung vor,[47] welche das Recht auf Zugang zu amtlichen Dokumenten in Bezug auf die Liste sanktionierter Unternehmen einschränkt.[48] Im Übrigen richtet sich der Zugang zu Dokumenten des InöB nach dem IG-BE als Sitzkanton des InöB.[49] Bez. archivierter Dokumente ist hingegen das Archivgesetz des Kantons Zürich anwendbar,[50] wo sich die Archive der BPUK und des InöB zurzeit befinden.[51]

F. Bst. g: Regelung Organisation und Verfahren für Anwendung der IVöB

23 Im Rahmen seiner Exekutivbefugnisse ist das InöB zuständig, die Organisation und die Verfahren zu regeln, um die Anwendung der IVöB sicherzustellen. Teleologisch ausgelegt, enthält diese Bestimmung die Kompetenz, Ausführungsbestimmungen zu erlassen.[52] Das InöB soll insb. auch Regelungen zur eigenen Organisation einführen. Während die IVöB teilweise direkt die Pflicht des InöB, ein Reglement zu erlassen, statuiert,[53] ergibt sich die Notwendigkeit bei anderen Aspekten gerade daraus, dass sie in der IVöB nicht festgelegt werden.[54] Zu empfehlen ist diesbezüglich bspw. der Erlass eines Organisationsreglements, welches namentlich die Aufgaben und Instrumente des InöB, der Geschäftsstelle und der Kontrollstelle regelt.

---

47 Vgl. Art. 45 N 12 ff.
48 Siehe z.B. IG BE 27 Abs. 1, OeffG SG 3 oder OeffG ZG 5.
49 BPUK, Regelung zur Umsetzung des Öffentlichkeitsprinzips in der Bau-, Planungs- und Umweltdirektoren-Konferenz (BPUK), S. 2, abrufbar unter https://www.bpuk.ch/fileadmin/Dokumente/bpuk/public/de/dokumentation/merkblaetter/Oeffentlichkeitsprinzip_der_BPUK.pdf (zuletzt besucht am 02.09.2020).
50 Archivgesetz des Kantons Zürich vom 24.09.1995, LS 170.6.
51 BPUK, Regelung zur Umsetzung des Öffentlichkeitsprinzips in der Bau-, Planungs- und Umweltdirektoren-Konferenz (BPUK) (vgl. Fn. 44), S. 2.
52 UHLMANN/ZEHNDER, S. 25.
53 Siehe z.B. IVöB 62 Abs. 4.
54 Z.B. Sitz des InöB oder Existenz, Zusammensetzung und Befugnisse der Geschäftsstelle.

G. Bst. h: Kontaktstelle im Rahmen internationaler Übereinkommen

Das InöB wird weiter tätig als Kontaktstelle, wo dies in einem internationalen Übereinkommen verlangt wird. Da das InöB nicht selber Vertragspartei eines internationalen Abkommens sein kann, obliegt es den Kantonen, die ein solches internationales Abkommen unterzeichnen, das InöB als Kontaktstelle anzugeben. Sinn und Zweck dieses zentralisierten Vorgehens ist die Koordination und Vereinheitlichung. Da auf Kantonsstufe wohl ohnehin das für das Beschaffungswesen zuständige Regierungsratsmitglied als Kontaktstelle bezeichnet werden dürfte, ist aus einer staatsrechtlichen Perspektive nichts dagegen vorzubringen, dass das InöB diese Zuständigkeit übernimmt, da damit jedes Regierungsratsmitglied Kenntnis von einer Kontaktaufnahme erhält. Kritisch könnte lediglich sein, wenn nicht alle Kantone der IVöB beitreten. Dieses Problem ist jedoch theoretischer Natur, da alle Kantone der aIVöB beigetreten sind[55] und beabsichtigen, die IVöB ebenfalls zu übernehmen.[56] Tätigkeiten als Kontaktstelle umfassen u.a. die Information des SECO, damit dieses im Rahmen der OECD einen Bericht bspw. über die Massnahmen zur Verhinderung von Korruption auf Kantonsebene verfassen kann.[57] Das SECO geht jedoch auch auf das InöB als Kontaktstelle zu, um die Geschäfte der OECD mit Bezug zum Beschaffungsrecht mit den Kantonen abzustimmen. Des Weiteren wird das InöB auch im Rahmen der bilateralen Verträge mit der EU als Kontaktstelle angefragt, wenn sich Fragen des Beschaffungswesens ergeben.

24

H. Bst. i: Bezeichnung kantonaler Delegierter in Gremien und Genehmigung Geschäftsreglemente

Das InöB ist befugt, Delegierte in nationale und internationale Gremien zu entsenden. Diese Bestimmung bringt zum Ausdruck, dass in der Praxis wohl oft unerwünscht ist, dass sämtliche Kantone in den Gremien vertreten sind. Die Lösung ist folglich die Entsendung einzelner Vertreterinnen oder Vertreter eines interkantonalen Organs, welches zur Vertretung aller beteiligten Kantone befugt ist. Wichtig ist allerdings, dass die Reich-

25

---

55 Auch unter der aIVöB ist das InöB zuständig für Tätigkeiten als Kontaktstelle im Rahmen internationaler Abkommen (aIVöB 4 Abs. 2 Bst. g).
56 Medienmitteilung des InöB vom 18.11.2019, abrufbar unter https://www.bpuk.ch/fileadmin/Dokumente/bpuk/public/de/konkordate/ivoeb/ivoeb_2019/DE_Medienmitteilung_Revision_IVoeB.pdf (zuletzt besucht am 02.09.2020); die Allgemeinverbindlicherklärung durch den Bund oder Beteiligungspflicht nicht beigetretener Kantone nach BV 48a steht nicht zur Verfügung, da die IVöB nicht in einen der in BV 48a Abs. 1 aufgezählten Aufgabenbereiche interkantonaler Verträge fällt.
57 SECO, Korruptionsbekämpfung, abrufbar unter https://www.seco.admin.ch/seco/de/home/Aussenwirtschaftspolitik_Wirtschaftliche_Zusammenarbeit/Wirtschaftsbeziehungen/Korruptionsbekaempfung.html (zuletzt besucht am 02.09.2020); siehe auch dort abrufbare OECD-Berichte über Länderexamen Schweiz.

weite der Vertretung der Delegierten[58] klar definiert und vom InöB als Organ korrekt beschlossen wird. Als Beispiel eines solchen Gremiums kann erstens die KBBK genannt werden, für welche das InöB die kantonalen Vertreter, ihre Stellvertreter und den Vizepräsidenten bezeichnet.[59] Zweitens hat das InöB im Rahmen der Revision des BöB und der IVöB ebenfalls kantonale Delegierte für die paritätische Arbeitsgruppe Bund–Kantone namens AURORA gestellt.[60] Das Geschäftsreglement kann je nach Gremium und Zweck auf eine längere Zeit ausgerichtet und entsprechend allgemein ausgestaltet sein (z.B. im Fall eines ständigen Gremiums) oder spezifisch für einzelne Geschäfte formuliert werden.

IV. Abs. 3: Beschlussfassung

26 Jeder Kanton hat im InöB eine Stimme. Diese muss von einem Mitglied der Kantonsregierung wahrgenommen werden, d.h., dass im Falle einer Verhinderung eines Regierungsratsmitglieds nur ein/e Stellvertreter/in entsendet werden darf, der/die ebenfalls in der Regierung des gleichen Kantons Einsitz nimmt. Hingegen ist es nach dem Wortlaut von IVöB 61 Abs. 3 nicht erforderlich, dass die Stimme im InöB zwingend durch dasjenige Regierungsratsmitglied ausgeübt wird, welches im entsprechenden Kanton für das Beschaffungswesen zuständig ist.[61]

27 Um gültig Beschlüsse fassen zu können, muss mindestens die Hälfte der beteiligten Kantone vertreten sein. Wird das Anwesenheitsquorum nicht erfüllt, liegt Beschlussunfähigkeit vor, d.h., das InöB muss seine Entscheidungen vertagen. Der Wortlaut («vertreten») stellt klar, dass die Beschlussfassung auf schriftlichem Weg nicht zur Verfügung steht.

---

58 Wie bei jeder Stellvertretung stellt sich auch hier das Problem von Vertretungsrecht (im Innenverhältnis) und Vertretungsmacht (im Aussenverhältnis). Selbst wenn die Delegierten den Auftrag haben, in einem bestimmten Geschäft die Meinung X zu vertreten, so haben sie die Macht, im Rahmen des fraglichen Gremiums effektiv die Ansicht Y kundzutun. Dieses Risiko wird erstens dadurch reduziert, dass oft mehrere Delegierte entsandt werden, die im Rahmen der sog. *«checks and balances»* ihre Mitdelegierten kontrollieren können. Zweitens ist ohnehin fraglich, inwieweit die Delegierten eines interkantonalen Organs dieses oder die Kantone direkt verpflichten können. Vielmehr wird i.d.R. erforderlich sein, dass das InöB als Gesamtorgan bzw. die Kantone selber die sie verpflichtenden Geschäfte abschliessen oder zumindest nachträglich ratifizieren, damit sie für den entsprechenden Kanton verbindlich werden. Überdies muss drittens für ein Funktionieren des Staates die Integrität der Volksvertreter und Regierung gewissermassen vorausgesetzt werden. Letztlich ist noch anzumerken, dass die fehlbaren Delegierten im schlimmsten Fall nach den Regeln der Staatshaftung zur Verantwortung gezogen werden könnten.

59 Art. 2 Abs. 1 des Geschäftsreglements der KBBK; die kantonalen Delegierten der KBBK werden auf der Seite der IVöB publiziert, https://www.dtap.ch/bpuk/konkordate/ivoeb/ (zuletzt besucht am 02.09.2020).

60 Botschaft BöB, S. 1865.

61 Mithin können u.U. Personen die Entscheidungen des InöB beeinflussen, die zwar Regierungsratsmitglieder sind, aber gemäss IVöB 61 Abs. 1 nicht dem InöB angehören.

Vielmehr müssen die Kantonsrepräsentanten physisch anwesend sein. Zudem sieht die IVöB keine Möglichkeit vor, an der Versammlung des InöB mittels Telefon- oder Videokonferenz teilzunehmen. Die physische Anwesenheit aller Kantonsvertreter ist für den Zusammenhalt von höchster Bedeutung, da somit das Bewusstsein gestärkt wird, dass es um ein wichtiges Geschäft geht.

Sind die Voraussetzungen der Beschlussfähigkeit gegeben, ist also die Hälfte der beigetretenen Kantone durch ein Mitglied der Kantonsregierung vertreten, braucht es wie bereits unter der aIVöB eine Dreiviertelmehrheit der Anwesenden, um einen Entscheid des InöB zu treffen. Wie das InöB zu einer Entscheidung gelangt, geht aus der IVöB selbst nicht hervor. In der Praxis sieht eine Sitzung des InöB einer parlamentarischen Debatte ähnlich: Es gibt verschiedene Voten und eine mündliche Diskussion. Teilweise werden die Kantone im Vorfeld schriftlich zur Stellungnahme aufgefordert. Allenfalls werden externe Gutachten eingeholt[62] oder Experten zur Befragung eingeladen. Die mündliche Debatte sowie die Beschlussfassung werden durch den Vorstand der BPUK geleitet. Die Geschäftsstelle des InöB erstellt ein Protokoll, welches an der nächsten Versammlung formell genehmigt wird.

28

Die IVöB spricht sich nicht darüber aus, ob das InöB auf ein bereits zur Abstimmung gebrachtes Geschäft zurückkommen und seine Entscheidung (positiv oder negativ) revidieren kann. Dies soll nach der hier vertretenen Ansicht nur zulässig sein, wenn analog zu den Wiedererwägungsgründen im Verwaltungsrecht[63] die Entscheidung entweder aufgrund einer wesentlichen Änderung der Verhältnisse nachträglich fehlerhaft wird oder ursprünglich fehlerhaft ist.[64]

29

Die Entscheidungen des InöB sind für sämtliche Kantone verbindlich – unabhängig davon, ob sie anwesend sind bzw. ob sie ihre Zustimmung gegeben haben. Grund dafür ist, dass die Kantone durch Beitritt zur IVöB einen Teil ihrer Kompetenzen dem InöB übertragen und sich folglich auch dessen Entscheidungen unterworfen haben. Dem Konsens zwischen den Kantonen kommt allerdings eine grosse Bedeutung zu;[65] dies wird auch in der IVöB sichergestellt durch das Anwesenheitsquorum von 50 % und das Zustimmungserfordernis von 75 %. Aus politischen Gründen wird in der Praxis stets ein einstimmiger Entscheid angestrebt, damit dieser durch die Kantone auch umgesetzt wird.

30

---

62 Bspw. wurde für die Revision der IVöB ein Gutachten zum Herkunfts- und Leistungsortsprinzip eingeholt.
63 Siehe HÄFELIN/MÜLLER/UHLMANN, Rz. 1274.
64 Im Rechtsetzungsverfahren einer interkantonalen Vereinbarung schlägt es ebenfalls negativ an, wenn die Kantone auf einen bereits abgehandelten Punkt zurückkommen bzw. zurückzukommen wünschen (UHLMANN/ZEHNDER, S. 17); dasselbe gilt bei Verhandlungen, um sich zu einigen bzw. einen Konsens zwischen den Beteiligten zu finden (MÜLLER/UHLMANN, Rz. 533). Eine Ausnahme gilt auch nach MÜLLER/UHLMANN, wenn sich die früher getroffene Entscheidung als falsch oder verbesserungsbedürftig erweist.
65 MÜLLER/UHLMANN, Rz. 526.

V. Abs. 4: Zusammenarbeit mit Konferenzen der Kantone und mit dem Bund

31 Das InöB ist schliesslich zur Zusammenarbeit mit anderen kantonalen, interkantonalen und eidgenössischen Organisationen verpflichtet. Grund dafür ist, dass das Beschaffungswesen zahlreiche staatliche Tätigkeitsbereiche betrifft und das InöB als gemeinsames Organ alle Interessen zu berücksichtigen bzw. einzubeziehen hat.[66] Aus diplomatischen und politischen Gründen ist es von Bedeutung, für eine möglichst umfassende Umsetzung der IVöB und eine einheitliche Praxis zu sorgen, sodass sämtliche Ebenen in den Dialog einbezogen werden. Daher sind Fragen des Beschaffungsrechts sowohl auf horizontaler Ebene, d.h. mit anderen interkantonalen Organen und Konferenzen, aber auch auf vertikaler Ebene, d.h. mit über- und untergeordneten Stellen, zu koordinieren. Insb. den Gemeinden, die die IVöB ebenfalls umsetzen müssen, ist aufgrund ihrer verfassungsrechtlichen Autonomie (BV 50 Abs. 1) ein Mitwirkungsrecht zu gewähren.

32 Der Wortlaut von IVöB 61 Abs. 4 setzt die Zusammenarbeit mit Konferenzen der Kantone und mit dem Bund voraus. Die Bestimmung ist jedoch offen formuliert:[67] Weder wird in sachlicher Hinsicht verlangt, dass sich die Zusammenarbeit auf das Vergabewesen beschränkt. Noch wird durch die Formulierung von «Konferenzen» und «Bund» im allgemeinen Sinn vorgegeben, mit welchen Konferenzen oder Bundesstellen zusammengearbeitet werden soll oder muss. Das InöB ist folglich befugt – oder im Einzelfall gar verpflichtet – zur Zusammenarbeit in all jenen Bereichen, die sich aus dem Zuständigkeitskatalog von IVöB 61 Abs. 2 ergeben. Das InöB hat jedoch den Gesamtblick zu wahren und «die Interessen aller Direktoren- und Fachkonferenzen zu berücksichtigen bzw. diese einzubeziehen».[68]

33 Zu den «Konferenzen der Vorsteher der betroffenen kantonalen Direktionen» gehört auch die BPUK, wobei sich dabei u.U. Personenidentität zwischen InöB und BPUK ergeben kann (vgl. IVöB 61 Abs. 1).[69] Da das Beschaffungsrecht eine Querschnittsmaterie darstellt und Einfluss auf sämtliches staatliches Handeln hat, ist die Zusammenarbeit mit anderen kantonalen Direktoren bzw. Direktorenkonferenzen (z.B. Gesundheitsdirektorenkonferenz oder Finanzdirektorenkonferenz) wichtig. Unverzichtbar ist auch die Zusammenarbeit mit der FöB, welche ebenfalls der BPUK zugeordnet ist. Das InöB ist zudem gemäss IVöB 62 Abs. 4 verpflichtet, mit dem «Bund», d.h. mit sämtlichen Bun-

---

66 Musterbotschaft IVöB, S. 102.
67 Die offene Formulierung sollte ermöglichen, dass die Vereinbarung auch langfristig bestehen bleiben kann, vgl. N 10.
68 Musterbotschaft IVöB, S. 102.
69 So ist bspw. die Geschäftsführerin des InöB und der FöB auch die stellvertretende Generalsekretärin der BPUK, siehe https://www.dtap.ch/bpuk/organisation/geschaeftsstelle/ (zuletzt besucht am 02.09.2020).

desorganen[70] und Verwaltungsstellen des Bundes, zusammenzuarbeiten.[71] Schliesslich ist das InöB angewiesen, auch mit der KBBK, einer hybriden ausserparlamentarischen Kommission mit Vertretern von Bund und Kantonen, zusammenzuarbeiten und die Arbeiten gegenseitig zu koordinieren.

---

70 Vgl. z.B. N 16.
71 Musterbotschaft IVöB, S. 102.

Art. 62 IVöB Kontrollen

¹ *Die Kantone überwachen die Einhaltung dieser Vereinbarung.*

² *Das InöB behandelt Anzeigen von Kantonen bezüglich der Einhaltung dieser Vereinbarung durch andere Kantone.*

³ *Private können ihre Anzeigen bezüglich der Einhaltung dieser Vereinbarung durch die Kantone an das InöB richten. Die Anzeige verleiht weder Parteirechte noch Anspruch auf einen Entscheid.*

⁴ *Das InöB erlässt hierzu ein Reglement.*

Inhaltsverzeichnis

I.	Grundlagen	1
II.	Abs. 1: Überwachung der IVöB durch die Kantone	7
III.	Abs. 2: Anzeigen von Kantonen	14
IV.	Abs. 3: Anzeigen von Privaten	22
V.	Exkurs: Aufsicht durch die WEKO	27
VI.	Abs. 4: Reglement	28

I. Grundlagen

1 IVöB 62 befasst sich mit den Kontrollen im Rahmen der IVöB. Die Bestimmung statuiert u.a. eine Kompetenzverteilung zwischen den Kantonen, welche grundsätzlich über die Einhaltung der Vereinbarung wachen, und dem InöB, welches die Aufsicht über die Kantone ausübt. Dieses Zusammenspiel stellt sicher, dass einerseits Anbieter und Auftraggeber die IVöB einhalten und andererseits die Kantone über die Einhaltung der IVöB wachen und diese in ihrem Hoheitsgebiet entsprechend umsetzen.

2 Unter der aIVöB wurde unter dem Abschnitt «Überwachung» geregelt, dass die Kantone die Einhaltung der Vergabebestimmungen vor und nach dem Zuschlag überwachen (aIVöB 19 Abs. 1). Für den Fall einer Verletzung der Vergabebestimmungen sollten die Kantone überdies Sanktionen vorsehen (aIVöB 19 Abs. 2). In Bezug auf die Kontrolle durch die Kantone unterscheidet sich IVöB 62 Abs. 1 nur redaktionell von aIVöB 19 Abs. 1, indem unter der revidierten Vereinbarung die Kantone allgemein für die Überwachung zuständig sind. Materiell sind damit keine Änderungen verbunden. Hingegen wurde aIVöB 19 Abs. 2 gestrichen; die Sanktionen werden neu in IVöB 44 und 45 abschliessend geregelt.[1] Im Gegensatz zur aIVöB wird nun explizit festgehalten, dass auch dem InöB innerhalb seiner Aufsichtskompetenz gewisse Kontrollbefugnisse zugesprochen werden. Unter der aIVöB war die Möglichkeit einer Anzeige beim InöB durch

---

1 Vgl. Art. 45 N 3 ff.

die Kantone oder durch Private nicht vorgesehen. Basierend auf der Kompetenz zur Kontrolle über die Durchführung gemäss aIVöB 4 Abs. 2 Bst. e war es grundsätzlich dennoch möglich, dem InöB mittels Aufsichtsbeschwerde Missstände anzuzeigen.[2]

Im BöB findet sich keine parallele Bestimmung betreffend Kontrollen. Vielmehr ist der Bundesrat zuständig für den Vollzug und erlässt die hierfür notwendigen Ausführungsbestimmungen (BöB 60 Abs. 1). Die Notwendigkeit einer Regelung der Kontrollbefugnisse im überkantonalen Kontext ergibt sich aus der Natur einer interkantonalen Vereinbarung.[3] Da es sich dabei politisch um eine Spezialkonstellation handelt, gibt es keine bestehenden Verfahren und Behörden; dies muss im Konkordat geregelt werden. 3

Systematisch ist IVöB 62 im Abschnitt «Behörden» eingegliedert und folgt unmittelbar auf die Bestimmung zur Zusammensetzung und zu den Aufgaben des InöB. Diese Nachbarschaft ist nicht zufällig. Gemäss IVöB 61 Abs. 2 Bst. e obliegt dem InöB u.a. die Kontrolle über die Umsetzung der IVöB durch die Kantone. Zu diesem Zweck soll das InöB eine Kontrollstelle bezeichnen. In IVöB 62 folgt nun die Aufgabenübertragung hinsichtlich der Behandlung von Anzeigen seitens der Kantone. 4

Auch dem Bund kommt die Kompetenz zur Aufsicht über die Kantone zu – zumindest betreffend die Einhaltung des GPA: Gemäss BV 46 Abs. 1 müssen die Kantone das Bundesrecht umsetzen, wozu insb. auch die für die Schweiz als verbindlich anerkannten völkerrechtlichen Bestimmungen gehören.[4] BV 49 Abs. 2 ergänzt, dass der Bund über die Einhaltung des Bundesrechts durch die Kantone wacht. Zuständig für die Bundesaufsicht ist in erster Linie der Bundesrat (BV 186 Abs. 4). Er kann bspw. einen Kanton im Einzelfall zur Auskunft und Informationsbekanntgabe verpflichten, Ermittlungen und Untersuchungen anordnen, eine förmliche Beanstandung im Einzelfall verfügen oder Weisungen (Kreisschreiben) erlassen.[5] Steht jedoch ein ordentliches oder ausserordentliches Rechtsmittel zur Verfügung, ordnet der Bundesrat nach ständiger Praxis keine Aufsichtsmassnahme an – ausser ein gewichtiges öffentliches Interesse verlangt das Einschreiten unabhängig von einem Rechtsmittelverfahren.[6] 5

Die Bundesversammlung ist gemäss BV 173 Abs. 1 Bst. e ebenfalls befugt, Massnahmen zur Durchsetzung des Bundesrechts zu treffen. Nebst den nichtrepressiven Mitteln, die dem Bundesrat zur Verfügung stehen,[7] kann die Bundesversammlung auch repressive Massnahmen anordnen.[8] In Betracht kommt insb. eine Ersatzvornahme: Setzt ein Kanton das Bundesrecht, d.h. vorliegend das GPA, nicht, nicht vollständig oder nicht recht- 6

---

2 HÄFELIN/MÜLLER/UHLMANN, Rz. 1202; vgl. N 26.
3 Vgl. Art. 61 N 3.
4 St. Galler BV-Kommentar-EGLI, Art. 46 N 10.
5 St. Galler BV-Kommentar-RUCH, Art. 186 N 19.
6 Sog. Subsidiarität der Aufsichtsbeschwerde; vgl. VPB 2010.6, E. 3.2, in: VPB 1/2010 vom 15.04.2010, S. 68–74.
7 St. Galler BV-Kommentar-SÄGESSER, Art. 173 N 88.
8 St. Galler BV-Kommentar-SÄGESSER, Art. 173 N 102.

zeitig um, kann die Bundesversammlung im Sinne eines vorläufigen Erlasses die notwendigen Regelungen treffen.[9] Schliesslich ist auch das Bundesgericht im Rahmen seiner Kompetenzen zuständig, die Einhaltung des Bundesrechts durch die Kantone zu überprüfen.[10] Da der Grundsatz des Vorrangs des Bundesrechts gemäss BV 49 Abs. 1 ein verfassungsmässiges Recht des Invidiuums darstellt, kann dessen Verletzung vor Bundesgericht selbständig gerügt werden.[11]

II. Abs. 1: Überwachung der IVöB durch die Kantone

7 Gemäss IVöB 61 Abs. 1 obliegt es in erster Linie den Kantonen, die Einhaltung der IVöB zu überwachen. Mithin ist jeder Kanton dafür zuständig, dass auf seinem Hoheitsgebiet das Beschaffungswesen den Regeln der IVöB folgt und sich Auftraggeber wie auch Anbieter an die Vergabevorschriften halten. Hierfür müssen die Kantone eine kantonale Kontrollstelle bzw. Aufsichtsinstanz bezeichnen.[12]

8 Obwohl die IVöB unmittelbar rechtsetzend (d.h. «*self-executing*») ist,[13] erklärt ein beitretender Kanton die IVöB i.d.R. mit einem Beitrittsgesetz oder einem Submissionsgesetz für den entsprechenden Kanton für verbindlich. Der Kanton Zürich ist bspw. der aIVöB beigetreten, indem er ein Betrittsgesetz[14] erlassen hat, welches die aIVöB vollständig wiedergibt und überdies Ausführungsbestimmungen enthält.[15] Der Kanton Bern hat eine Verordnung über das öffentliche Beschaffungswesen[16] erlassen, worin ÖBV BE 1 Bezug auf die aIVöB nimmt. Der revidierten IVöB soll mittels Einführungsgesetz (EG IVöB) beigetreten werden, während die Ausführungsbestimmungen in der Einführungsverordnung (EV IVöB) geregelt werden sollen (https://www.fin.be.ch/fin/de/index/beschaffung/beschaffung/rechtliche_grundlagen/neues-beschaffungsrecht.html, zuletzt besucht am 02.09.2020). Im Kanton Schwyz wiederum hat der Kantonsrat den Beitritt

---

9   St. Galler BV-Kommentar-SÄGESSER, Art. 173 N 96 und 102.
10 Nach BGG 82 Bst. b sind kantonale Erlasse auch der abstrakten Normenkontrolle zugänglich. Das Bundesgericht kann hierbei grundsätzlich frei prüfen, ob übergeordnetes Recht verletzt wird (BGE 135 II 243, E. 2). Darüber hinaus kann auch im konkreten Fall vorfrageweise überprüft werden, ob die Norm, auf die sich ein Rechtsanwendungsakt stützt, dem höherrangigen Gesetz entspricht (sog. konkrete Normenkontrolle). Diesbezüglich ist anzumerken, dass bei Nichterreichen des Streitwerts eine Beschwerde dennoch zulässig ist, wenn sich eine Rechtsfrage von grundsätzlicher Bedeutung stellt (BGG 85 Abs. 2).
11 BGE 138 I 356, E. 5.4.2 m.w.H.
12 Musterbotschaft IVöB, S. 102; InöB, Grundlagen für ein Beitrittsgesetz, Ziff. 6 Bst. c und g, abrufbar unter https://www.bpuk.ch/fileadmin/Dokumente/bpuk/public/de/konkordate/ivoeb/ivoeb_2019/DE_Grundlagen_Beitrittsgesetz.pdf (zuletzt besucht am 02.09.2020).
13 JAAG, in: Biaggini/Gächter/Kiener, § 14 Rz. 5.
14 Gesetz des Kantons Zürich über den Beitritt zur revidierten Interkantonalen Vereinbarung über das öffentliche Beschaffungswesen vom 15. März 2001, LS 720.1.
15 Weitere Ausführungsbestimmungen finden sich in der SubmV ZH.
16 ÖBV BE; Zudem enthält auch das ÖBG Ausführungsbestimmungen für das Beschaffungswesen.

zur IVöB beschlossen;[17] die Ausführungsbestimmungen finden sich in der Verordnung zur Interkantonalen Vereinbarung über das öffentliche Beschaffungswesen.[18] Der Kanton Genf hat per Gesetz den Staatsrat ermächtigt, der aIVöB beizutreten;[19] die Ausführungsbestimmungen finden sich im entsprechenden Reglement.[20] Der Kanton Jura sowie der Kanton Tessin sind per Dekret der aIVöB beigetreten,[21] während die einzelnen Bestimmungen auf Gesetzes- und Verordnungsebene[22] enthalten sind.[23]

Im Ergebnis erfolgen weder die Umsetzung der Vereinbarung auf kantonaler Ebene noch die Überwachung der Einhaltung der IVöB einheitlich. Allerdings überträgt IVöB 61 Abs. 2 Bst. e dem InöB die entsprechende Kompetenz, zu kontrollieren, ob die beigetretenen Kantone die Vereinbarung umsetzen. Diese Zuständigkeit erfasst jedoch grundsätzlich nur das «Ob» und nicht das «Wie», weshalb u.U. verschiedene Ansätze durch die Kantone gewählt werden. Das InöB will dieser Vielfalt begegnen, indem es den Kantonen ein Muster-Einführungsgesetz zur Hand gibt.[24] Es bleibt abzuwarten, ob die Kantone diese Vorlage unverändert übernehmen werden.[25]

9

---

17 Kantonsratsbeschluss des Kantons Schwyz vom 17.12.2003 über den Beitritt des Kantons Schwyz zur Interkantonalen Vereinbarung über das öffentliche Beschaffungswesen, SRSZ 430.120; Auch betreffend revidierte IVöB ist ein Kantonsratsbeschluss geplant (https://www.sz.ch/public/upload/assets/47394/IVÖB_Vorlage_Vernehmlassung.pdf, zuletzt besucht am 02.09.2020).
18 Verordnung des Regierungsrates des Kantons Schwyz vom 15.12.2004 zur Interkantonalen Vereinbarung über das öffentliche Beschaffungswesen, SRSZ 430.130.
19 *Loi du grand conseil de la République et canton de Genève du 14.10.2012 autorisant le Conseil d'État à adhérer à l'accord intercantonal sur les marchés publics, RSG, L 6 05.0.*
20 *Règlement du conseil d'État de la République et canton de Genève du 17.12.2007 sur la passation des marchés publics, RSG, L 6 05.01.*
21 Kanton Jura: *Arrêté du Parlement de la République et Canton du Jura du 09.09.1998 portant approbation de l'accord intercantonal sur les marchés publics, RSJU 174.01*; Kanton Tessin: *Decreto legislativo del Gran Consiglio della Repubblica e Cantone Ticino del 16.10.1995 concernente l'adesione del Cantone Ticino al Concordato intercantonale sugli appalti pubblici, RLTI 730.510.*
22 Kanton Jura: *Loi du Parlement de la République et Canton du Jura du 21.10.1998 concernant les marchés publics, RSJU 174.1,* und *Ordonnance du Gouvernement de la République et Canton du Jura du 04.04.2006 concernant l'adjudication des marchés publics, RSJU 174.11*; Kanton Tessin: *Legge del Gran Consiglio della Repubblica e Cantone Ticino del 20.02.2001 sulle commesse pubbliche, RLTI 730.100,* und *Regolamento del Consiglio di Stato della Repubblica e Cantone Ticino del 12.09.2006 di applicazione della legge sulle commesse pubbliche e del concordato intercantonale sugli appalti pubblici, RLTI 730.110.*
23 Eine Übersicht über die kantonalen gesetzlichen Grundlagen im Beschaffungswesen kann über https://www.beschaffungswesen.ch/grundlagen/links (zuletzt besucht am 02.09.2020) abgerufen werden.
24 InöB, Grundlagen für ein Beitrittsgesetz (vgl. Fn. 12).
25 Das neue Einführungsgesetz des Kantons Bern (abrufbar unter https://www.rr.be.ch/etc/designs/gr/media.cdwsbinary.RRDOKUMENTE.acq/5f764f4429bd41c89072d6f33075ac3b-332/3/PDF/2019.KAIO.520-Beilage-D-205170.pdf, zuletzt besucht am 02.09.2020), welches von 08.05.2020 bis 01.08.2020 in der Vernehmlassung war, regelt den Beitritt und führt aus, dass die Beschwerde (IVöB 52) ab dem für das Einladungsverfahren massgebenden Auftragswert zulässig sein soll. Für den Erlass von weiteren Ausführungsbestimmungen sowie den Vollzug ist gemäss Einführungs-

9. Kapitel: Kommission Beschaffungswesen Bund–Kantone/Behörden

10 Prominentes Praxisbeispiel, in dem ein Kanton seine Kontrollbefugnis durchgesetzt hat, ist der Fall «GZO-Spital Wetzikon». Der Regierungsrat des Kantons Zürich hat auf eine Empfehlung des InöB und der Gesundheitsdirektorenkonferenz hin beschlossen, dass das GZO-Spital Wetzikon als Listenspital Aufträge im Bereich seiner Leistungsaufträge öffentlich auf Grundlage der IVöB ausschreiben müsse.[26] Das GZO-Spital Wetzikon wehrte sich dagegen mit Beschwerde an das Verwaltungsgericht des Kantons Zürichs. Das Verwaltungsgericht[27] wies die Beschwerde ab und entschied, dass das GZO-Spital Wetzikon wie vom Regierungsrat angeordnet subjektiv dem Vergaberecht unterstellt sei. Der Entscheid wurde vom Bundesgericht[28] bestätigt.[29]

11 Mit Blick auf das Subsidiaritätsprinzip (BV 5a)[30] und die Eigenständigkeit der Kantone (BV 47) ist es richtig, dass den Kantonen ein Ermessensspielraum verbleibt, wo dies nicht durch eine Bundeskompetenz (BV 3) oder eine Delegation auf interkantonaler Ebene[31] eingeschränkt wird.[32] Im Bereich des Beschaffungswesens gilt dies u.a. für die Kontrollmechanismen: So legt die IVöB fest, dass der Kanton für die Überwachung zuständig ist. Welche Massnahmen jedoch im Falle einer Nichteinhaltung zu ergreifen sind, wird durch die IVöB nicht vorgeschrieben, sondern von den Kantonen im Rahmen ihrer Autonomie und ihres Ermessens entschieden.[33] Denkbar sind insb. der Entzug oder die Kürzung von Abgeltungen und Finanzhilfen an renitente Auftraggeber.

12 Wo der Kanton selber als Auftraggeber auftritt (IVöB 4 Abs. 1), führt die vorgesehene kantonale Kontrolle dazu, dass der Überwachende und der Überwachte zusammenfallen.[34] Zur Vermeidung von Interessenkonflikten und aus Gründen der «*Good Governance*» ist daher erforderlich, dass innerhalb des Kantons sichergestellt wird, dass nicht

---

gesetz der Regierungsrat zuständig. Gleiches ist im Kantonsratsbeschluss zum Beitritt zur IVöB des Kantons Schwyz vorgesehen, welcher bis am 09.10.2020 in der Vernehmlassung ist (https://www.sz.ch/public/upload/assets/47394/IVÖB_Vorlage_Vernehmlassung.pdf, zuletzt besucht am 02.09.2020). Insoweit ist der Einfluss des Muster-Einführungsgesetzes durchaus erkennbar.

26 Auszug aus dem Protokoll des Regierungsrats des Kantons Zürich, Sitzung vom 08.07.2015, Regierungsratsbeschluss Nr. 758/2015.
27 VGer ZH, VB.2015.00555 vom 20.12.2016.
28 BGer 2C_196/2017 vom 21.02.2019.
29 Vgl. zum Ganzen ZIMMERLI/ZOBL, S. 3 f.
30 Der Bund soll nur dann eine Aufgabe übernehmen, wenn er diese besser als die Kantone erfüllen kann (St. Galler BV-Kommentar-SCHWEIZER/MÜLLER, Art. 5a N 10).
31 Gemäss BV 48 Abs. 5 beachten die Kantone das interkantonale Recht, d.h., dieses hat Vorrang gegenüber dem kantonalen Recht (St. Galler BV-Kommentar-SCHWEIZER/ABDERHALDEN, Art. 48 N 61).
32 Vgl. St. Galler BV-Kommentar-SCHWEIZER/MÜLLER, Art. 5a N 10, 18 und 27.
33 Bereits unter aIVöB 19 war dies den Kantonen selber überlassen. Obwohl in Abs. 2 vorgeschrieben wurde, dass sie «Sanktionen für den Fall der Verletzung der Vergabebestimmungen» vorsehen, hatten die Kantone ein Ermessen bei der Auswahl der möglichen Sanktionen.
34 Dies gilt namentlich in Bezug auf die Zentralverwaltung, wo die einzelnen Organisationseinheiten im Namen des Kantons auftreten (müssen). Eine rechtlich verselbständigte Anstalt oder Körper-

die gleichen Personen als Aufsichtsstelle auftreten, die einen Auftrag vergeben.[35] Es empfiehlt sich daher, dass ein internes Reglement zur Organisation bzw. zum Umgang mit Interessenkonflikten erlassen wird.[36] Allerdings ist an dieser Stelle anzumerken, dass stets die Möglichkeit besteht bzw. bestehen muss, dass sich Anbieterinnen mit Beschwerde gemäss IVöB 52 an die zuständigen Gerichte wenden können.[37] Zusätzlich stellen auch die Anzeige durch andere Kantone (IVöB 62 Abs. 2) bzw. durch Private (IVöB 62 Abs. 3) sowie die Aufsichtskompetenz des InöB (IVöB 61 Abs. 2 Bst. e) eine gewisse Kontrolle über die Kantone sicher, weshalb insgesamt davon auszugehen ist, dass die Gewaltenteilung gewährleistet ist.[38]

Folglich ist zu unterscheiden zwischen der Überwachung der Behörden bzw. staatlichen Auftraggeber einerseits und der Überwachung von Privaten andererseits. Bei Letzterer kann der Kanton hoheitlich auftreten und ohne Weiteres seine Kontrollkompetenz ausüben. Es ist ausserdem möglich und i.d.R. sachgerecht, dass die Vergabestelle selbst überprüft, ob die privaten Anbieterinnen die Vergabebestimmungen einhalten. Den Vergabestellen wiederum stehen die Sanktionen von IVöB 44 und 45 zur Verfügung. 13

III. Abs. 2: Anzeigen von Kantonen

Gemäss IVöB 62 Abs. 2 können Kantone dem InöB Anzeige erstatten, wenn sie feststellen, dass ein anderer Kanton die Vereinbarung nicht einhält. Aufgrund der staatlichen Souveränität kann ein Kanton den anderen weder direkt überwachen noch sanktionieren. Vielmehr muss der Weg über eine interkantonale Stelle gewählt werden. Durch den Beitritt eines Kantons zur IVöB, der damit verbundenen Unterwerfung unter das InöB und der Legitimation des InöB aufgrund der Einsitznahme des Regierungsratsmitglieds des betroffenen Kantons ist das InöB ermächtigt, seine Kontrollbefugnisse gegenüber dem fehlbaren Kanton wahrzunehmen. Damit wird ein Kompromiss hergestellt zwischen der kantonalen Souveränität und dem öffentlichen Interesse an der Einhaltung der IVöB durch alle beteiligten Kantone. 14

Sinn und Zweck der Bestimmung ist es nicht, dass ein anderer Kanton jedes Mal, wenn einer kantonalen Auftraggeberin im Einzelfall (angeblich) ein Fehler im Rahmen eines 15

---

schaft des Kantons kann hingegen in eigenem Namen auftreten, wobei auch hier der Kanton auf einen Vergabeentscheid Einfluss nehmen könnte.

35 Eine gewisse Trennung geht bereits aus IVöB 52 Abs. 2 hervor, gemäss dem die Beschaffung der oberen kantonalen Gerichtsbehörden der Beschwerde an das Bundesgericht unterliegt und nicht durch die kantonalen Gerichte beurteilt wird.

36 Aufgrund der Souveränität der Kantone fällt der Erlass eines internen Reglements in deren Organisationskompetenz, weshalb die IVöB keine Vorgaben machen kann.

37 Vgl. auf Bundesebene KIENER, in: Biaggini/Gächter/Kiener, § 21 Rz. 10; dieser Anspruch ist einer Person auch aufgrund der Rechtsweggarantie (BV 29a) zu gewähren; vgl. Art. 52 N 1.

38 Vgl. BIAGGINI, in: Biaggini/Gächter/Kiener, § 17 Rz. 7 ff.

9. Kapitel: Kommission Beschaffungswesen Bund–Kantone/Behörden

Vergabeverfahrens unterläuft, dem InöB Anzeige erstattet.[39] Ein anzeigender Kanton verfolgt Allgemeininteressen, indem er einerseits aus Gleichbehandlungsgründen die korrekte Umsetzung durch andere beteiligte Kantone verlangt (allgemeines öffentliches Interesse an der Rechtsdurchsetzung) und andererseits zumindest indirekt die privaten Interessen der Personen wahren will, die im anzeigenden Kanton Wohnsitz haben und bspw. nicht an einer Ausschreibung im angezeigten Kanton teilnehmen durften. Folglich ist im Sinne der Subsidiarität der Aufsichtsbeschwerde[40] zu verlangen, dass eine Anzeige durch einen Kanton gemäss IVöB 62 Abs. 2 nur dann angebracht ist, wenn der anzuzeigende Kanton die IVöB entgegen ihrem Sinn im kantonalen Recht umsetzt und damit eine «systematische» Verletzungsgefahr herbeiführt. Dadurch kann u.U. eine Benachteiligung oder Diskriminierung von Anbietern nach Massgabe ihrer Herkunft verhindert werden.

16 In der Praxis werden die Anzeigen an das InöB durch die hierfür geschaffene Kontrollstelle (IVöB 61 Abs. 2 Bst. e) in einem Standardprozess behandelt.[41] Dabei wird grundsätzlich zu überprüfen sein, ob die Anzeige begründet ist. Zu unterscheiden ist sodann, ob der angezeigte Kanton die Vereinbarung gar nicht, nicht vollständig oder nicht korrekt umgesetzt hat oder ob es sich um einen Verstoss handelt, bei dem ein Kanton im Einzelfall die Vergabevorgaben nicht eingehalten hat. Bei der Vorgehensweise sollte die Kontrollstelle die verschiedenen Interessen berücksichtigen. Eine Konfrontation ist zu vermeiden, weshalb eine Anzeige zu keinem streitigen Parteiverfahren führt.

17 Es obliegt dem InöB, in einem Reglement gemäss IVöB 62 Abs. 4 zu präzisieren, wie mit einer Anzeige umzugehen ist. Da Konkordanz und Harmonie zwischen den Kantonen zu schützen sind, sollte im Anzeigeverfahren eine einvernehmliche Lösung angestrebt werden. Es empfiehlt sich, einen ähnlichen Streitbeilegungsmechanismus vorzusehen wie bei der KdK.[42] Die Kontrollstelle sollte zunächst den angezeigten Kanton informieren und zur schriftlichen Stellungnahme auffordern. Allenfalls sind die Vertreter des Anzeigerkantons und des angezeigten Kantons zur Aussprache einzuladen, welche als Mediation ausgestaltet werden kann.[43] Kommt es zu keiner Einigung, kann in einem zweiten Schritt ein förmliches Vermittlungsverfahren eröffnet werden.[44]

18 Es ist darauf hinzuweisen, dass die Anzeige durch einen Kanton an das InöB nach IVöB 62 Abs. 2 keinen Anspruch auf Parteistellung und keinen Anspruch auf eine Entscheidung vermittelt, selbst wenn dies – im Gegensatz zu IVöB 62 Abs. 3 – nicht explizit festgehalten wird. Folglich kann das InöB bzw. die Kontrollstelle des InöB eine Anzeige (im Rahmen des pflichtgemässen Ermessens) auch nicht anhandnehmen (Nichteintreten) und es ist nicht verpflichtet, den anzeigenden Kanton in das Verfahren einzubezie-

---

39 Musterbotschaft IVöB, S. 102.
40 Musterbotschaft IVöB, S. 102; vgl. VPB 2010.6, E. 3.2, in: VPB 1/2010 vom 15.04.2010, S. 68–74.
41 Musterbotschaft IVöB, S. 102.
42 IRV 31 ff.
43 Vgl. IRV 33 Abs. 1 und 2.
44 Vgl. IRV 34.

hen. Die Anzeige ist daher mit einer verwaltungsrechtlichen Aufsichtsbeschwerde vergleichbar.

Die Massnahmen, die die Kontrollstelle des InöB ergreifen kann, sind begrenzt. Zwar ist 19
es ihre Aufgabe, den fehlbaren Kanton zur (Wieder-)Herstellung des rechtmässigen Zustands aufzufordern. Sanktionsmöglichkeiten sind jedoch weder in der IVöB selbst noch in sonstigen Erlassen oder der Bundesverfassung vorgesehen.[45]

Verstösst ein Kanton im Einzelfall gegen die IVöB, z.B. indem er ein Vergabeverfahren 20
nicht korrekt ausführt, dürfte häufig auch eine Anzeige an das InöB von Seiten Privater und/oder eine Beschwerde an das zuständige kantonale Verwaltungsgericht durch die Betroffenen ergehen. Ungeklärt ist die Frage, wie die Anzeige(n) an das InöB und die Bestimmungen zum Rechtsschutz gemäss IVöB 51 ff. zueinander stehen. Vieles spricht dafür, dass die Anzeige an das InöB nur subsidiären Charakter hat. Kann ein vergaberechtlicher Fehler gerichtlich korrigiert werden, sollte das InöB bzw. die Kontrollstelle eine Anzeige gemäss IVöB 62 Abs. 2 abweisen oder die Behandlung vorläufig aussetzen, bis das Gericht entschieden hat.[46]

Die Vorgehensweise bei Nichteinhaltung der IVöB durch die Kantone unterscheidet 21
sich vom Fall, in dem sich ein privater Auftraggeber nicht an die Vorgaben der IVöB bzw. deren kantonale Umsetzung hält. Erstens kann ein Kanton auch gegenüber einem privaten Auftraggeber eingreifen, und zwar unabhängig von dessen Sitz, wenn dieses auf dem Hoheitsgebiet des betroffenen Kantons die Vergabebestimmungen verletzt.[47] Zweitens kann der betroffene Kanton direkt, d.h. ohne Dazwischenschalten des InöB, gegen das fehlbare private Unternehmen vorgehen.

IV. Abs. 3: Anzeigen von Privaten

Gleich wie die Kantone können auch Private eine Anzeige beim InöB erstatten. Die 22
Möglichkeit von Privaten, die Nichteinhaltung durch einen Kanton gemäss IVöB 62 Abs. 3 dem InöB zu melden, ist zu unterscheiden von einer Beschwerde gemäss IVöB 52. Hält sich ein Kanton nicht an die Vergabebestimmungen im Zusammenhang mit einer

---

45 Gemäss BV 44 Abs. 3 sollen Konflikte zwischen Kantonen, wozu wohl auch Streitigkeiten zwischen einem interkantonalen Organ wie dem InöB und einem Kanton gehören, grundsätzlich durch Verhandlung und Vermittlung gelöst werden. Kann keine Einigung erreicht werden, hat das Bundesgericht die Kompetenz, den Konflikt zu beurteilen (BV 189 Abs. 2), wobei insb. auch die Verletzung von interkantonalem Recht gerügt werden kann (BV 189 Abs. 2 Bst. c). BGG 120 Abs. 1 Bst. b sieht hierfür die Klage vor. Als öffentlich-rechtliche Streitigkeiten, die durch das Bundesgericht entschieden werden können, gelten namentlich auch Streitigkeiten aus interkantonalen Verträgen (BGer 2E_3/2009, 2E_4/2009 vom 11.07.2011, E. 2.1; Komm BGG-WALDMANN, Art. 120 N 16).
46 Vgl. Musterbotschaft IVöB, S. 102.
47 Sog. Erfolgsort (vgl. auch StGB 8 Abs. 1).

konkreten Ausschreibung, so sind der Vergabeentscheid bzw. jegliche vorgehenden Schritte der Vergabestelle direkt bei den Gerichten anzufechten. Folglich bietet sich die Anzeige an das InöB vor allem an, wenn ein beigetretener Kanton die IVöB nicht oder nicht korrekt auf kantonaler Ebene umsetzt, z.B. durch Erlass eines Gesetzes, das sich nicht an die IVöB hält. Ein weiterer Anwendungsbereich könnte sich daraus ergeben, dass eine private Person eine Anzeige an das InöB erstattet, wenn die Voraussetzungen für eine Beschwerde an das kantonale Verwaltungsgericht bzw. an das zuständige kantonale Gericht nicht gegeben sind.[48] Das InöB kann jedoch nur die Umsetzung der Vereinbarung durch die Kantone überwachen und hat keine Befugnis, Private in ihrer Rechtsstellung zu schützen.

23 Eine Beschwerde(möglichkeit) an das kantonale Verwaltungsgericht schliesst die (private) Anzeige nach IVöB 62 Abs. 3 aus. Nach der *ratio legis* sollte die Anzeige an das InöB nur möglich sein, wenn eine Verletzung der IVöB nicht gerichtlich angefochten werden kann. Hingegen sind eine Anzeige von Seiten Privater nach IVöB 62 Abs. 3 und eine Anzeige durch andere Kantone nach IVöB 62 Abs. 2 parallel möglich.[49]

24 Wie bei der Anzeige von Kantonen ist davon auszugehen, dass die Anzeige von Privaten ebenfalls durch die Kontrollstelle überprüft und behandelt wird. Gleich wie bei der Anzeige durch einen anderen Kanton sollte das InöB einen zweistufigen Mechanismus zur Streitbeilegung vorsehen. Der persönliche Kontakt sollte im Vordergrund stehen, um eine Eskalation der Situation zu vermeiden.[50]

25 IVöB 62 Abs. 3 hält explizit fest, dass den Privaten keine Parteistellung zukommt[51] und kein Anspruch auf eine Entscheidung durch das InöB begründet wird. Die explizite Regelung verhindert, dass Private allfällig bestehende Ansprüche aus den Verfahrensgarantien (BV 29 ff.) herzuleiten versuchen.[52] Das InöB ist als Aufsichtsbehörde zwar von Amtes wegen verpflichtet, eine Anzeige zu prüfen und die erforderlichen Untersuchungen vorzunehmen.[53] Allerdings hat das InöB ein Ermessen darüber, ob und allenfalls welche Massnahmen ergriffen werden müssen.

---

48 Z.B. kein besonderes Berührtsein und/oder kein schutzwürdiges Interesse (vgl. z.B. VRG ZH 49 i.V.m. VRG ZH 21 Abs. 1).
49 Ähnlich wie bei zivilrechtlichen Verfahren, die einen engen sachlichen Zusammenhang aufweisen (z.B. ZPO 125 Bst. c), ist auch hier zu postulieren, dass die Anzeigeverfahren im Sinne der Prozessökonomie zu vereinigen sind.
50 Vgl. N 17.
51 Mithin haben sie kein Recht auf Akteneinsicht, Begründung des Entscheids etc. (HÄFELIN/MÜLLER/UHLMANN, Rz. 1200).
52 Grundsätzlich ist davon auszugehen, dass damit eine hinreichende gesetzliche Grundlage für eine Einschränkung der Grundrechte gemäss BV 36 Abs. 1 vorliegt. Da den betroffenen Personen der Rechtsweg an die Gerichte offenbleibt und sämtliche Verfahrensrechte im gerichtlichen Verfahren gewährleistet werden, ist ein schwerwiegender Eingriff zu verneinen.
53 BGer 2A.415/2003 vom 19.12.2003, E. 2.3.3.

Die Anzeige an das InöB ist nichts anderes als eine aufsichtsrechtliche Beschwerde im 26
Sinne des Verwaltungsrechts.[54] Danach können der Aufsichtsbehörde jederzeit Tatsachen angezeigt werden, die im öffentlichen Interesse ein Einschreiten gegen eine Behörde von Amtes wegen erfordern.[55] Die Aufsichtsbeschwerde ist ein formloser Rechtsbehelf, um eine Verfügung oder eine andere Handlung bzw. Unterlassung einer Verwaltungsbehörde bei deren Aufsichtsbehörde zu beanstanden.[56] Es besteht weder ein Anspruch auf eine Entscheidung[57] noch werden der anzeigenden Person Parteirechte zugesprochen.[58] Ausserdem ist kein ordentliches oder ausserordentliches Rechtsmittel gegen den Aufsichtsentscheid (falls einer ergeht) vorgesehen.[59] Eine Anzeige kann beim InöB jederzeit eingereicht werden, da dies mit dessen Aufsichtskompetenz (IVöB 61 Abs. 2 Bst. e) verknüpft ist.[60] Grundsätzlich bedarf es hierfür keiner gesetzlichen Grundlage,[61] weshalb IVöB 62 Abs. 2 und 3 lediglich deklaratorischer Natur sind.[62]

V. Exkurs: Aufsicht durch die WEKO

Die WEKO überwacht die Einhaltung des BGBM durch Bund, Kantone und Gemeinden 27
sowie andere Träger öffentlicher Aufgaben (BGBM 8 Abs. 1). Gemäss BGBM 9 Abs. 1 sind Beschränkungen des freien Marktzugangs, insb. im Bereich des öffentlichen Beschaffungswesens, in Form einer anfechtbaren Verfügung zu erlassen. Ein Beschwerderecht besteht neu bei überschwelligen Vergaben, bei Aufnahme und Streichung aus einem Verzeichnis, bei der Verhängung einer Sanktion sowie beim Verzicht auf eine öffentliche Ausschreibung (BGBM 9 Abs. 2 Bst. a–c). Neben den konkurrierenden Anbietern kommt auch der WEKO ein Beschwerderecht zu (BGBM 9 Abs. 2bis). Davon hat die

---

54 Musterbotschaft IVöB, S. 103; als solche ist sie zu unterscheiden von einer Aufsichtsbeschwerde, wie dies teilweise im Privatrecht gesetzlich statuiert wird und welche ein ordentliches Rechtsmittel darstellt (z.B. SchKG 17).
55 Jeder Kanton kennt dieses Anzeigerecht, welches sich aus dem Gesetz oder aus dem allgemeinen Verwaltungsrecht herleitet (vgl. z.B. VRPG BE 101 Abs. 1). Auf Bundesebene ist die Aufsichtsbeschwerde in VwVG 71 Abs. 1 gesetzlich verankert.
56 HÄFELIN/MÜLLER/UHLMANN, Rz. 1199 und 1204.
57 BGE 133 II 468, E. 2 m.w.H.
58 Vgl. z.B. VwVG 71 Abs. 2 oder VRPG BE 101 Abs. 2.
59 BGE 133 II 468, E. 2; BGE 126 II 300, E. 2c m.w.H. Es stellt sich jedoch die Frage, inwieweit ein Entscheid des InöB – sei es ein Nichteintretensentscheid oder ein Entscheid in der Sache – wiederum der Aufsichtsbeschwerde unterliegt (HÄFELIN/MÜLLER/UHLMANN, Rz. 1200).
60 Das BGer spricht davon, dass die anzeigende Person «der Behörde in der Wahrnehmung der ihr ohnehin obliegenden Aufgabe» helfe (BGer 2A.415/2003 vom 19.12.2003, E. 2.3.3); VwVG-Kommentar 2019-VOGEL, Art. 71 N 4.
61 HÄFELIN/MÜLLER/UHLMANN, Rz. 1202.
62 VwVG-Kommentar 2019-VOGEL, Art. 71 N 2.

WEKO in der Vergangenheit verschiedentlich Gebrauch gemacht.[63] Namentlich in Fällen, in denen ein Auftrag nicht öffentlich ausgeschrieben wurde – u.a. bei freihändigen Vergaben –, schritt die WEKO ein. Allerdings beschränkt sich die Interventionsmöglichkeit der WEKO auf den Sekundärrechtsschutz. Die Nichteinhaltung des anzuwenden kantonalen Vergaberechts führt nach der Rechtsprechung auch zu einer Verletzung des Binnenmarktrechts; das BGBM wurde daher von der Praxis subsidiär angewendet.[64] Nach dem revidierte Recht gilt das auch umgekehrt: Werden die Bestimmungen der IVöB eingehalten, ist auch dem BGBM Genüge getan (BGBM 5 Abs. 1).

VI. Abs. 4: Reglement

28   Nach IVöB 62 Abs. 4 muss das InöB ein Reglement erlassen, um die Kontrolle der Einhaltung der Vereinbarung zu konkretisieren. Diese Aufgabe wird dem InöB bereits in IVöB 61 Abs. 2 Bst. g übertragen und kann aus der Aufsichtskompetenz des InöB, welches dafür zu sorgen hat, dass es die Aufsicht tatsächlich wahrnehmen kann, hergeleitet werden. Folglich wiederholt IVöB 62 Abs. 4, dass spezifisch in Bezug auf die Kontrolle bzw. Anzeigerechte ein Reglement zu erlassen ist.

29   Im Vordergrund stehen insb. Bestimmungen betreffend IVöB 62 Abs. 2 und 3. Aufgrund der Organisationskompetenz der Kantone kann das Reglement keine Ausführungsbestimmungen zu IVöB 62 Abs. 1 enthalten. Vielmehr sind die Kantone frei zu regeln, welche Kontrollmechanismen sie auf kantonaler Ebene vorsehen wollen und unter welchen Umständen Sanktionen ergriffen werden. In Bezug auf Abs. 2 und 3 sollte im Reglement konkret festgehalten werden, wie in der Praxis mit Anzeigen von Kantonen und Privaten umzugehen ist.

30   Das Reglement klärt namentlich folgende Aspekte:
   – Wer ist für die Behandlung der Anzeigen zuständig?
   – Wie ist die Kontrollstelle organisatorisch zusammengesetzt und welche Befugnisse kommen ihr zu?
   – Welche Voraussetzungen gibt es für eine Anzeige durch die Kantone (Abs. 2) bzw. durch Private (Abs. 3)?
   – Wie sieht das Verfahren bei einer Anzeige aus?
   – Welche Rechte stehen dem angezeigten Kanton zu?
   – Was kann mit einer Anzeige bezweckt werden?

---

63   Z.B. BGE 141 II 307; BGE 141 II 113; BGer 2C_701/2014 vom 13.04.2015; VGer TG, VG.2015.118 vom 09.10.2015, in: RPW 2015/4, S. 873 f.; KGer LU, 7H 13 98 vom 12.02.2014.
64   BGE 141 II 113, E. 3.1.5.

Das Reglement darf die Aufsichtsrechte des InöB, die Kontrollbefugnisse der Kantone 31
oder die Anzeigerechte der Kantone und der Privaten nicht einschränken. Eine derartige Einschränkung wäre nicht mit der IVöB vereinbar, da diese weitgehende Anzeigerechte gewährt. Im Übrigen ist das Reglement des InöB verbindlich, da sich die Pflicht zum Erlass direkt aus der IVöB ergibt. Folglich muss das InöB dafür sorgen, dass das Reglement insb. von der Kontrollstelle des InöB eingehalten wird. Dies kann bspw. dadurch erreicht werden, dass die Kontrollstelle dem InöB regelmässig Bericht erstattet und insb. rapportiert, wie viele Anzeigen eingegangen sind. Ob das Reglement publiziert werden muss, ergibt sich weder aus IVöB 62 Abs. 4 noch aus der allgemeinen Zuständigkeit für die Regelung der Organisation gemäss IVöB 61 Abs. 2 Bst. g. Nach der hier vertretenen Meinung ist die Publikationspflicht aus Gründen der Transparenz zu bejahen. Ausserdem würde dadurch Rechtssicherheit geschaffen werden, insb. weil im Reglement auch die Verfahrensordnung in Bezug auf Anzeigen durch Private (IVöB 62 Abs. 3) festgelegt wird.

10. Kapitel: Schlussbestimmungen

Art. 60 BöB Vollzug

¹ Der Bundesrat erlässt die Ausführungsbestimmungen. Er kann den Erlass von Ausführungsbestimmungen zur Statistik nach Artikel 50 dem für das Beschaffungswesen zuständigen Bundesamt übertragen.

² Er beachtet beim Erlass der Ausführungsbestimmungen die Anforderungen der massgebenden Staatsverträge.

³ Der Bund kann sich an der Organisation, welche die Internetplattform von Bund und Kantonen für das öffentliche Beschaffungswesen in der Schweiz betreibt, beteiligen.

Inhaltsverzeichnis

I.	Grundlagen	1
II.	Abs. 1 und 2: Ausführungsbestimmungen	6
A.	Delegation	6
B.	VöB	9
C.	Exkurs: Preisprüfung	12
III.	Abs. 3: Beteiligung des Bundes am Verein simap.ch	17

I. Grundlagen

GPA 2012 XXII:4 (Schlussbestimmungen) verlangt von den Vertragsstaaten sicherzustellen, dass ihre Gesetze, Verordnungen und Verwaltungsverfahren sowie die Beschaffungspraxis spätestens bei Inkrafttreten des Übereinkommens mit diesem übereinstimmen. Die Einhaltung dieser Anforderungen durch die Schweiz bedeutet, dass die nationale Gesetzgebung zum Beschaffungswesen an die Verpflichtungen unter dem GPA 2012 anzupassen sind.[1] Gemäss Botschaft kann die Schweiz ihre Ratifikationsurkunde hinterlegen, «sobald die Vereinbarkeit ihrer Gesetzgebung mit dem GPA 2012 hergestellt ist», was mithin den Abschluss der parallelen Revisionsarbeiten voraussetze.[2] Das GPA 2012 wird für die Schweiz gleichzeitig mit BöB und VöB, d.h. am 01.01.2021, in Kraft treten. Ab diesem Zeitpunkt sind die Verpflichtungslisten des GPA 2012 auch für die Kantone massgebend, und zwar selbst dann, wenn sie der IVöB noch nicht beigetreten sind (Einführung in den internationalen Kontext N 14). Da die Kantone jeweils selbst entscheiden, ob und wann sie der IVöB beitreten, wird die vollumfängliche Erfüllung von GPA 2012 XXII:4 nur gestaffelt möglich sein.

1

---

1 Botschaft GPA, S. 2099.
2 Botschaft GPA, a.a.O.

10. Kapitel: Schlussbestimmungen

2 BöB und IVöB weichen im 10. Kapitel voneinander ab (IVöB 63 N 4). BöB 60 enthält als erste der vier Schlussbestimmungen der Bundesvorlage in Abs. 1 eine generelle (und damit deklaratorische) Delegation an den Bundesrat, das Gesetz auf Verordnungsstufe auszuführen (N 7 ff.). Das aBöB beinhaltete keine entsprechende Norm. Eine solche war auch nicht erforderlich, weil der Bundesrat schon gestützt auf BV 174 und 182 Abs. 2 zum Erlass von Vollziehungsverordnungen befugt ist. Beschränkt er seine rechtsetzende Tätigkeit darauf, bereits im Gesetz angelegte Rechte und Pflichten zu verdeutlichen und damit vollzugstauglich zu gestalten, ist er nicht auf eine Delegation durch den Gesetzgeber angewiesen.[3] Punktuell fanden sich im aBöB jedoch Ermächtigungen zum Erlass von (zum Teil gesetzesvertretenden) Ausführungsbestimmungen, so z.B. betreffend die Unterstellung von weiteren Auftraggeberinnen (aBöB 2 Abs. 2 und 3).[4]

3 Mit BöB 60 Abs. 1 und 2 vergleichbar ist IVöB 63 Abs. 4, der die Kantone ermächtigt, Ausführungsbestimmungen zu gewissen, exemplarisch aufgezählten Themen zu erlassen (IVöB 63 N 8 ff.). Im früheren Recht fand sich in aIVöB 3 eine allgemeine und zusätzlich in aVöB 13 eine spezifische Grundlage für kantonale Ausführungsbestimmungen.

4 Eine formell-gesetzliche Grundlage für die (finanzielle) Beteiligung des Bundes an der Organisation, welche die Internetplattform von Bund und Kantonen für das öffentliche Beschaffungswesen in der Schweiz betreibt, fehlte im aBöB (N 15 ff.). Dies lässt sich damit erklären, dass diese Organisation bzw. der Verein simap.ch rund sechs Jahre nach Inkrafttreten des aBöB, nämlich Anfang 2002, gegründet wurde. In der Folge wurde die Plattform in Betrieb genommen und kontinuierlich ausgebaut (N 15 ff.). Ab 01.01.2010 war die Publikation auf SIMAP für die Beschaffungsstellen des Bundes verbindlich vorgeschrieben (aVöB 8). Ausserdem sieht Org-VöB 24 Abs. 1 Bst. c die Förderung des Einsatzes moderner Technologien im öffentlichen Beschaffungswesen durch das Kompetenzzentrum Simap Bund vor, was auch die damit verbundenen finanziellen Investitionen erfasst. Im Rahmen der Revision wurde die Rechtsgrundlage für die Beteiligung des Bundes am Verein simap.ch nun in einem formellen Gesetz statuiert.

5 Dass die Kantone sich ebenfalls an diesem Internetportal beteiligen bzw. Mitglieder des Vereins sind, ergibt sich u.a. aus BöB/IVöB 28 Abs. 2 sowie BöB/IVöB 48 Abs. 1 und 3. Der aIVöB liessen sich wie dem aBöB noch keine Hinweise auf SIMAP entnehmen; die gemeinsame elektronische Beschaffungsplattform von Bund und Kantonen wurde jedoch in VRöB 10 und 34 thematisiert.

---

3 BELSER/WALDMANN/WIEDERKEHR, Rz. 101.
4 Das aBöB enthielt auch spezifische Delegationen betreffend den Auftragswert von Bauwerken (aBöB 7 Abs. 2), das Verfahren für die Einrichtung eines Systems für die Überprüfung der Eignung der Anbieterinnen (aBöB 10 Abs. 2), die Regelung von Planungs- und Gesamtleistungswettbewerben (aBöB 13 Abs. 2 und 3), die Fristen (aBöB 17), die Ausnahmen von den Formvorschriften (aBöB 19 Abs. 2), die Regelung von Verhandlungen (aBöB 20 Abs. 2) und die für die Beurteilung von Schadenersatzbegehren zuständige Stelle (aBöB 35 Abs. 1).

II. Abs. 1 und 2: Ausführungsbestimmungen

A. Delegation

Abs. 1 und 2 sind deklaratorischer Natur. Abs. 1 Satz 1 und Abs. 2 ermächtigen den Bundesrat in genereller Weise, unter Beachtung der massgebenden Staatsverträge Ausführungsbestimmungen zu erlassen. Als massgebende Staatsverträge im Vordergrund stehen das GPA 2012, das BilatAbk und diverse bilaterale Freihandelsabkommen[5], welche die Schweiz mit Drittstaaten abgeschlossen hat.[6] 6

Das BöB enthält zudem eine Reihe spezifischer Delegationen, z.B. betreffend Wettbewerbe oder Ausnahmen hinsichtlich der vorgeschriebenen Sprachen bei Veröffentlichungen (N 10 f.).[7] 7

Abs. 1 Satz 2 stellt es ins Ermessen des Bundesrats, den Erlass von Ausführungsbestimmungen zur Statistik (Art. 50 N 5 f.) «dem für das Beschaffungswesen zuständigen Bundesamt» zu übertragen. Diese Formulierung ist missverständlich, weil im Bund an und für sich kein Bundesamt allein zuständig für das Beschaffungswesen ist. Zwar amtet der Direktor des BBL sowohl als Vorsitzender der BKB als auch der KBOB, doch bezeichnet Org-VöB 9 mit der Gruppe armasuisse, dem ASTRA, dem BBL und der Bundesreisezentrale insgesamt vier zentrale und Org-VöB 10 weitere Beschaffungsstellen (wie das EDA oder das SECO). Gemäss Botschaft kann die Subdelegation an eine Verwaltungseinheit, bspw. das SECO oder das BBL, erfolgen. Die Statistik nach BöB 50, d.h. die Statistik zu Aufträgen im Staatsvertragsbereich, fällt jedoch in den Zuständigkeitsbereich des SECO, womit naheliegt, dass primär dieses für den Erlass entsprechender Ausführungsbestimmungen zuständig sein wird. 8

B. VöB

Der Bundesrat hat von seiner Ermächtigung mit Verabschiedung der totalrevidierten VöB am 12.02.2020 zurückhaltend Gebrauch gemacht und im Sinne des Harmonisierungsziels auf Verordnungsstufe lediglich das ausgeführt, was nur den Bund bzw. die dem BöB unterstellten Auftraggeberinnen betrifft. Vollzugsthemen, die auf sämtlichen föderalen Ebenen von Bedeutung sind, sollen wenn möglich mit harmonisierten Instru- 9

---

5 Einige davon wurden bereits auf Grundlage des GPA 2012 ausgehandelt, z.B. mit Kolumbien, Peru, Panama, Costa Rica und den Golfstaaten, vgl. Botschaft BöB, S. 1862. Die Ukraine, die in der Botschaft BöB ebenfalls unter diesen Drittstaaten aufgeführt wird, ist dem GPA 2012 per 18.05.2016 beigetreten. Weitere «neue» GPA-Mitgliedstaaten sind im Übrigen die Republik Moldawien (per 14.07.2016) und Australien (per 05.05.2019).
6 Botschaft BöB, S. 1988 f.
7 Vgl. zudem BöB 7 Abs. 1, 12 Abs. 3, 16 Abs. 1, 24 Abs. 6 und 45 Abs. 3.

menten umgesetzt werden.[8] Folglich ist die VöB als unselbständige Verordnung, die ihre Grundlage unmittelbar im Gesetz findet,[9] mit sieben Abschnitten, 32 Artikeln und drei Anhängen nicht sehr umfangreich ausgefallen.[10] Dies bringt m.E. zugleich den Vorteil mit sich, dass der Spielraum für die Praxis und künftige Entwicklungen nicht von vornherein übermässig eingeschränkt wird.

10 Die VöB enthält u.a. Ausführungen zur vom SECO geführten Liste von Staaten, die sich gegenüber der Schweiz zum Marktzutritt verpflichtet haben (VöB 1, Art. 6 N 23 ff.), zur Ausklinkung (VöB 2, Art. 7 N 24 ff.), zum Dialog (VöB 6, Art. 24 N 30) und zur Liste der sanktionierten Anbieterinnen, die von der BKB geführt wird (VöB 25, Art. 45 N 12 ff.). Sie konkretisiert die weiteren wesentlichen internationalen Arbeitsstandards, deren Einhaltung bei Leistungserbringung im Ausland verlangt werden darf (VöB 4 Abs. 2[11], Art. 12 N 14), und bezeichnet die relevanten internationalen Übereinkommen zum Schutz der Umwelt und zum Erhalt der natürlichen Ressourcen (VöB 4 Abs. 4 i.V.m. Anhang 2, Art. 12 N 15 f.). Weiter regelt sie im 4. Abschnitt die Wettbewerbs- und Studienauftragsverfahren (VöB 13 ff., Art. 22 N 12 ff.) und im 5. Abschnitt die Sprache(n) der Veröffentlichung (VöB 20), der Ausschreibungsunterlagen (VöB 21), der Eingaben der Anbieterinnen (VöB 22) sowie die Verfahrenssprache (VöB 23). Zur Sprachenthematik vgl. Art. 48 N 14 ff. und Art. 35 N 38.

11 Soweit der Bundesrat sich nicht darauf beschränkt hat, die an sich (in den Grundzügen) vollständige gesetzliche Regelung zu konkretisieren, sondern sie ergänzt oder erweitert, handelt es sich um gesetzesvertretende Verordnungsbestimmungen.[12] In diese Kategorie einordnen lässt sich insbesondere die ursprünglich mit fast identischem Wortlaut

---

8   Erläuterungen VöB, S. 3. Zu den «harmonisierten Instrumenten» zählen beispielsweise die im November 2018 von der BKB verabschiedeten Leitsätze für eine nachhaltige öffentliche Beschaffung (Güter und Dienstleistungen). Erarbeitet wurden diese Leitsätze von einer Fachgruppe, in der auch (einzelne) Kantone, Städte und Gemeinden vertreten sind.
9   Vgl. zu unselbständigen Verordnungen BELSER/WALDMANN/WIEDERKEHR, Rz. 100.
10 Sie umfasst nur halb so viele Bestimmungen wie der gleichzeitig mit dem VE-BöB bereits am 01.04.2015 in Vernehmlassung gegebene VE-VöB.
11 Demnach kann nebst der (zwingenden) Einhaltung der acht ILO-Kernübereinkommen auch die Einhaltung von «Prinzipien aus weiteren Übereinkommen der ILO» verlangt werden, sofern diese von der Schweiz ratifiziert worden sind. Gemeint sind primär von der Schweiz und der internationalen Staatengemeinschaft anerkannte Grundsätze, die rechtlich klar definiert sind und aus einem zwischen den Regierungen und den jeweiligen Sozialpartnern abgeschlossenen internationalen Abkommen stammen, vgl. Erläuterungen VöB, S. 7. Die zahlreichen von der Schweiz ratifizierten ILO-Übereinkommen sind allesamt in der Systematischen Rechtssammlung unter Ziffer 082 (Arbeit) auffindbar. Im Vordergrund stehen in Anbetracht von BöB 12 Abs. 2 wohl die Übereinkommen zum Arbeitnehmerschutz, die Themen wie Arbeitssicherheit und Gesundheitsschutz betreffen. M.E. ist es auch zulässig, gestützt auf das Übereinkommen Nr. 26 vom 16. Juni 1928 über die Einrichtung von Verfahren zur Festsetzung von Mindestlöhnen (SR 0.822.713.3) i.V.m. UNO-Pakt I 7 und 11 zu verlangen, dass Arbeiterinnen und Arbeiter (i.d.R. branchen- und länderspezifisch festgelegte) existenzsichernde Löhne, sog. *living wages* erhalten.
12 BELSER/WALDMANN/WIEDERKEHR, Rz. 101.

in E-BöB 59 vorgesehene Norm zur Preisprüfung, jedenfalls soweit darin eine Verfügungsgewalt seitens der Auftraggeberin statuiert wird (VöB 24 Abs. 5).[13]

C. Exkurs: Preisprüfung

Das vom Bundesrat vorgeschlagene (gesetzliche) Einsichts- bzw. Preisprüfungsrecht in Monopolsituationen (E-BöB 59) war im Rahmen der Vernehmlassung fast einhellig abgelehnt worden und auch im Parlament bis zuletzt umstritten.[14] E-BöB 59 fand schliesslich keinen Eingang ins Gesetz,[15] sondern wurde – im Sinn eines Kompromisses als Kann-Bestimmung – unter dem Titel «Preisprüfung» in die VöB integriert.[16] Darin nicht (mehr) enthalten sind hingegen die in Vernehmlassung gegebenen Ausführungen zum gesetzlichen Einsichtsrecht (VE-VöB 13 f.). 12

VöB 24 Abs. 1 sieht vor, dass die Auftraggeberin bei fehlendem Wettbewerb mit der Anbieterin ein Recht auf Einsicht in die Kalkulation vereinbaren kann. Fehlender Wettbewerb liegt vor, wenn ein Auftrag direkt und ohne Ausschreibung vergeben wird, oder aber, wenn in einem offenen oder selektiven Verfahren oder in einem Einladungsverfahren (nach BöB 20 Abs. 3) nur eine Anbieterin ein gültiges Angebot einreicht.[17] Eine Preisprüfung kommt somit bei freihändigen Vergaben von Aufträgen im Wert von mindestens CHF 1 Mio. (exkl. MWST) zur Anwendung, beispielsweise bei Rüstungsbeschaffungen.[18] Während es im Ermessen der Auftraggeberin steht, dieses Preisprüfungsrecht im Einzelfall in den Vertrag mit der Anbieterin aufzunehmen, wird diese in der Praxis wohl keine andere Wahl haben, als einzuwilligen und sich bei der Preisprüfung kooperativ zu zeigen. Dies nicht zuletzt deshalb, weil sie andernfalls mit Konsequenzen nach BöB 44 rechnen müsste (die Ausschluss- bzw. Widerrufsgründe in BöB 44 Abs. 2 sind nicht abschliessend).[19] Zudem sollte die Anbieterin, da das vereinbarte Recht auf Einsicht und 13

---

13 Die Grenze zwischen Vollzug und Rechtsetzung bei der Verordnungsgebung lässt sich oft nicht ohne Weiteres festlegen, vgl. BGE 136 I 29, E. 3.3.
14 Während einige Parlamentarierinnen und Parlamentarier das Preisprüfungsrecht zum Teil oder sogar ganz aufheben wollten (pacta sunt servanda), bevorzugten andere eine Regelung auf Verordnungsstufe, vgl. Erläuterungen VöB, S. 16.
15 Aus der Gesetzesvorlage entfernt wurden konsequenterweise auch E-BöB 44 Abs. 1 Bst. k (Ausschluss, Widerruf oder Streichung aus einem Verzeichnis bei Verletzung der Pflichten im Zusammenhang mit dem Einsichtsrecht) und E-BöB 53 Abs. 1 Bst. j (Beschwerdemöglichkeit der Anbieterin, wenn im Rahmen einer Preisprüfung z.B. eine Rückerstattung verfügt worden ist).
16 Als Ausgleich für fehlenden Wettbewerb sah aVöB 5 noch eine Pflicht seitens der Auftraggeberin vor, mit der Zuschlagsempfängerin ein sog. Einsichtsrecht in ihre Kalkulationsgrundlagen zu vereinbaren. Mit E-BöB 59 hätte dieses Einsichtsrecht – entsprechend einer Empfehlung der parlamentarischen Finanzdelegation – von Gesetzes wegen gegolten. Dies hätte eine Vereinbarung überflüssig gemacht, was im Übrigen auch dem beabsichtigten Ziel gedient hätte, den administrativen Aufwand von Anbieterinnen zu senken. Botschaft BöB, S. 1986, 1869 f.
17 So sah es jedenfalls VE-VöB 13 vor.
18 Erläuterungen VöB, S. 16.
19 Erläuterungen VöB, S. 17.

Überprüfung des Preises auch hinsichtlich der beigezogenen Subunternehmerinnen gilt, ihre Verpflichtungen vertraglich überbinden.[20] Sollte (ausnahmsweise) auch eine Preisprüfung durchgeführt werden bei Subunternehmerinnen, die Leistungen untergeordneter Art erbringen, müssten diese – anders als die Anbieterinnen oder Subunternehmerinnen, die wesentliche Leistungen erbringen – die erforderlichen Unterlagen und Informationen nicht unentgeltlich zur Verfügung zu stellen (VöB 24 Abs. 3 *e contrario*).

14 VöB 24 Abs. 2 und 3 kodifizieren die aktuelle Praxis nach der Richtlinie des EFD vom 28.12.2009 über die Vereinbarung des Einsichtsrechts bei Beschaffungen des Bundes. Die Prüfarbeiten werden entweder durch eine besondere Organisationseinheit der Auftraggeberin (interne Revision) oder die EFK durchgeführt; bei einer ausländischen Anbieterin oder Subunternehmerin kann mittels Amtshilfe eine ausländische Preisprüfungsstelle beigezogen werden.[21] VöB 24 Abs. 4 erwähnt (in illustrativer Weise) die Grundlagen, die für die Preisprüfung herangezogen werden können. Preisprüfungen und damit zusammenhängende Informationen und Unterlagen unterliegen einer treuhänderischen Vertraulichkeit.[22]

15 Stellt sich im Rahmen der Preisprüfung heraus, dass seitens Anbieterin zu viel verlangt worden ist, verfügt die Auftraggeberin gestützt auf VöB 25 Abs. 5 entweder eine Rückerstattung der Preisdifferenz oder eine Preisreduktion für die Zukunft. Abweichende vertragliche Regelungen sind vorbehalten. VöB 25 Abs. 5 entspricht E-BöB 59 Abs. 2, wobei die (materiell-)gesetzliche Grundlage für eine Verfügung zumindest fragwürdig ist. Ausreichend dürfte sie sein, wenn man die Verfügung als Vorschlag einer Preisreduktion betrachtet, die der Auftraggeberin im Falle einer Weigerung der Anbieterin ein Sonderkündigungsrecht verleiht.

16 Angesichts der abschliessenden Natur der Aufzählung der Beschwerdeobjekte in BöB 53 Abs. 1 fragt sich, ob diese preisgestaltende Verfügung anfechtbar ist. Hier eine Ausnahme von der Rechtsweggarantie anzunehmen, wäre mit Blick auf die Entstehungsgeschichte von VöB 24 sinnwidrig. Anwendbar ist daher das VwVG (vgl. BöB 55), d.h., die Anbieterin könnte eine Verfügung nach VöB 25 Abs. 5 gestützt auf VwVG 44 anfechten. Die Auftraggeberin muss die Verfügung mit einer Rechtsmittelbelehrung versehen und dabei auch die Beschwerdefrist angeben. Fraglich ist in diesem Zusammenhang, ob die Frist 20 Tage (BöB 56 Abs. 1 und 2) beträgt oder die allgemeinen Regeln des VwVG zur Anwendung kommen. Für Letzteres und damit eine Beschwerdefrist von 30 Tagen (VwVG 50 Abs. 1) spricht, dass die «Verfügung infolge Preisprüfung» nicht (mehr) unter den Beschwerdeobjekten in BöB 53 Abs. 1 figuriert und das Vergabeverfahren an sich abgeschlossen ist.

---

20 Erläuterungen VöB, S. 17.
21 Botschaft BöB, S. 1986.
22 Erläuterungen VöB, S. 17.

III. Abs. 3: Beteiligung des Bundes am Verein simap.ch

Bei der in Abs. 3 erwähnten Organisation handelt es sich um einen Verein im Sinn von ZGB 60 ff., genau genommen den Verein für ein Informationssystem über das öffentliche Beschaffungswesen in der Schweiz (Verein simap.ch).[23] Der Name SIMAP ist ein Akronym und abgeleitet aus der französischen Bezeichnung «Système d'information sur les marchés publics en Suisse». Die Mitgliedschaft steht gemäss Art. 4 der Statuten dem Bund und den Kantonen offen. Der Bund und sämtliche Kantone sind Mitglieder des Vereins.[24]

17

Die Vereinsgründung erfolgte im Jahr 2002 und war getragen vom gemeinsamen Willen von Bund und Kantonen, eine gesamtschweizerische Beschaffungsplattform zu schaffen, die Transparenz zu verbessern und langfristig die Kosten zu senken. Ab 2002 betrieb der Verein eine Internetplattform, die zuerst nur von einzelnen, später von etwa der Hälfte der Kantone, jedoch noch nicht vom Bund genutzt wurde. Finanziert wurde sie von den Vereinsmitgliedern.

18

Am 01.03.2009 nahm der Verein eine neue technische Lösung in Betrieb, deren Sicherheitsstandards und Belastbarkeit eine erweiterte Nutzung zuliessen. Sie wurde ab ihrer Lancierung von den bisherigen Nutzern und neu auch vom Bund als gemeinsame Publikationsplattform für öffentliche Beschaffungen verwendet; die restlichen Kantone nahmen die Nutzung von SIMAP bis 2011 auf. Mit der neuen Applikation wurde, noch vor der Harmonisierung des Vergaberechts, eine weitgehende Standardisierung der Beschaffungsprozesse der öffentlichen Auftraggeberinnen eingeleitet.[25]

19

Die Plattform, deren Betrieb bis 2023 vom SECO sichergestellt wird, wird aufgrund der sich ändernden Bedürfnissen von Vergabestellen und Anbieterinnen stetig weiterentwickelt. Als massgebliches Publikationsorgan der Auftraggeberinnen des Bundes, der Kantone und etlicher Gemeinden bietet SIMAP Interessierten und potenziellen Anbieterinnen einen umfassenden und kostenlosen Überblick über das öffentliche Auftragswesen in der Schweiz (Art. 48 N 9 ff.). Zugleich können Publikationen auf SIMAP auch auf TED, dem Online-Ausschreibungsportal der EU[26] veröffentlicht werden; es besteht eine technische Anbindung der beiden Systeme via monodirektionale Schnittstelle.

20

Der Bund trägt einen Viertel, die Kantone zusammen (aufgeteilt nach Bevölkerungszahl) drei Viertel der Mitglieder- und Investitionsbeiträge.[27] Mit BöB 60 Abs. 3 wurde

21

---

23 Die Vereinsstatuten (Fassung vom 17.06.2016) sind abrufbar unter: https://www.simap.ch/shab forms/COMMON/simap/content/constitution.jsf (zuletzt besucht am 30.04.2020).
24 Ich danke Fabio Bossi vom Kompetenzzentrum Simap Bund für seine Unterstützung bei den Ausführungen zu SIMAP.
25 TANNER, S. 32.
26 Tenders Electronic Daily. Weitere Informationen zum Auftragswesen in der EU sind abrufbar unter: https://simap.ted.europa.eu/ (zuletzt besucht am 30.04.2020).
27 Vgl. Art. 21 der Statuten.

10. Kapitel: Schlussbestimmungen

die bis anhin auf Verordnungsstufe vorgesehene Rechtsgrundlage für die finanzielle Beteiligung des Bundes am Verein simap.ch formell-gesetzlich kodifiziert.[28] Darüber hinaus sieht BöB/IVöB 48 Abs. 3 vor, dass der Verein in Zukunft Entgelte oder Gebühren für die Nutzung der Plattform und damit verbundener Dienstleistungen, z.B. statistische Erhebungen oder zukünftig allenfalls elektronische Angebotseingaben, verlangen kann (Art. 48 N 11).[29] Der Zugang zu den Veröffentlichungen (samt Ausschreibungsunterlagen) wird weiterhin unentgeltlich sein (BöB/IVöB 48 Abs. 1 und 2).

---

28 Botschaft BöB, S. 1989.
29 Vgl. Art. 19 Bst. c der Statuten.

Art. 61 BöB Aufhebung und Änderung anderer Erlasse

Die Aufhebung und die Änderung anderer Erlasse werden in Anhang 7 geregelt.

Art. 62 Übergangsbestimmung/*Art. 64 Übergangsrecht*

¹ Vergabeverfahren, die vor Inkrafttreten dieses Gesetzes / *dieser Vereinbarung* eingeleitet wurden, werden nach bisherigem Recht zu Ende geführt.

² *Im Fall des Austrittes eines Kantons gilt diese Vereinbarung für die Vergabe von öffentlichen Aufträgen, die vor dem Ende eines Kalenderjahres, auf das der Austritt wirksam wird, ausgeschrieben werden.*

Inhaltsverzeichnis

I.	Grundlagen	1
II.	BöB 62/IVöB 64 Abs. 1: Weiterführung eingeleiteter Verfahren nach bisherigem Recht	3
III.	IVöB 64 Abs. 2: Vorgehen bei Austritt eines Kantons	8

I. Grundlagen

1 BöB 62/IVöB 64 sind in das 10./11. Kapitel des BöB/der IVöB integriert und bilden Teil der Schlussbestimmungen. BöB 62/IVöB 64 Abs. 1 regeln die Weiterführung nach bisherigem Recht eingeleiteter Verfahren und wurden in Anlehnung an aIVöB 22 Abs. 1 statuiert.[1] Grund für die Anlehnung an aIVöB 22 Abs. 1 ist die Harmonisierung der Beschaffungsordnungen beim Bund und bei den Kantonen, welche im Rahmen der Umsetzung des GPA 2012 ins nationale Recht herbeigeführt werden soll.[2]

2 BöB 62 regelt das Übergangsrecht kurz und prägnant in einem Satz. IVöB 64, auf der anderen Seite, widmet sich in seinem ersten Absatz der Weiterführung eingeleiteter Verfahren nach bisherigem Recht, während IVöB 64 Abs. 2 sich dem Vorgehen bei Austritt eines Kantons aus der Vereinbarung annimmt.

II. BöB 62/IVöB 64 Abs. 1: Weiterführung eingeleiteter Verfahren nach bisherigem Recht

3 Gemäss BöB 62/IVöB 64 Abs. 1 werden Vergabeverfahren, die vor Inkrafttreten des BöB/der IVöB eingeleitet wurden, nach bisherigem Recht zu Ende geführt. Abgesehen von der Bezeichnung als Gesetz bzw. Vereinbarung stimmen BöB 62 und IVöB 64 Abs. 1 wörtlich genau überein.

4 Das Vergabeverfahren gilt i.S.v. BöB 62/IVöB 64 Abs. 1 als eingeleitet, wenn eine öffentliche Ausschreibung, eine Einladung oder ein freihändiger Zuschlag erfolgt ist, wobei je-

---

1 Musterbotschaft IVöB, S. 104.
2 Musterbotschaft IVöB, S. 12; Botschaft BöB, S. 1865.

weils der Zeitpunkt der Publikation resp. der Einladung oder der individuellen Eröffnung massgebend sein soll.[3]

Auf Zusatz- und Folgeaufträge, die nach Inkrafttreten des BöB/der IVöB vergeben werden und bei welchen die Vergabe des ursprünglichen Auftrags nach altem Recht erfolgt ist, sind die revidierten Bestimmungen anwendbar.[4] Beim Abschluss von Rahmenverträgen gilt das Vergabeverfahren mit dem Zuschlag als abgeschlossen; der Bezug von Einzelleistungen richtet sich nach dem OR.[5] Die Bestimmungen von BöB/IVöB 25 sind demnach anwendbar auf Rahmenverträge, die nach Inkrafttreten des BöB/der IVöB ausgeschrieben werden. 5

Für den Fall, dass in einem pendenten Verfahren nach Inkrafttreten des Gesetzes/der Vereinbarung ein Entscheid auf Ausschluss oder Abbruch getroffen würde, müsste dieser Entscheid nach altem Recht angefochten werden.[6] Dasselbe gilt in Bezug auf eine Beschwerde gegen einen Zuschlag, der im Rahmen eines nach bisherigem Recht eingeleiteten Verfahrens erteilt wird. Auf Bundesebene wäre damit der Rechtsweg bei Einladungsverfahren nach aVöB 35 ausgeschlossen. 6

Gemäss IVöB 52 Abs. 1 ist die Beschwerde gegen Verfügungen kantonaler Vergabestellen direkt an die kantonalen Verwaltungsgerichte zu richten. Diese fungieren ab Inkrafttreten der IVöB bzw. nach dem Beitritt des jeweiligen Kantons als *einzige* kantonale Rechtsmittelinstanz. Bis anhin sahen einige Kantone (z.B. Bern[7]) kantonale Zwischeninstanzen vor.[8] Mit anderen Worten wird der zweistufige Instanzenzug, den einige Kantone bis zur Revision bzw. ihrem Beitritt zur IVöB kannten, durch einen einstufigen Instanzenzug abgelöst (vgl. Art. 52 N 18). Bezogen auf das Übergangsrecht bedeutet dies, dass für Beschwerden im Zusammenhang mit öffentlichen Aufträgen, die noch nach den Vorgaben der aIVöB ausgeschrieben wurden, weiterhin das bisherige kantonale Recht massgeblich ist.[9] In Kantonen mit zweistufigem Instanzenzug würde eine solche Beschwerde somit zuerst durch die zuständige Erstinstanz und erst bei einem Weiterzug vom Verwaltungsgericht behandelt werden. Auf der anderen Seite durchlaufen Beschwerden im Zusammenhang mit Beschaffungsverfahren, die sich nach der IVöB richten, einen einstufigen kantonalen Instanzenzug und sind direkt an das kantonale Verwaltungsgericht zu richten. 7

---

3   Botschaft BöB, S. 1192.
4   Botschaft BöB, S. 1192.
5   Botschaft BöB, S. 1192.
6   Botschaft BöB, S. 1192.
7   Vgl. ÖBG 12.
8   Musterbotschaft IVöB, S. 94 f.
9   Vorbehältlich anderweitiger kantonaler Regelungen.

III. IVöB 64 Abs. 2: Vorgehen bei Austritt eines Kantons

8   IVöB 64 Abs. 2, welcher kein Pendant im BöB findet, statuiert das Vorgehen bei Austritt eines Kantons aus der Vereinbarung. Danach gilt die IVöB im Fall des Austrittes eines Kantons für die Vergabe von öffentlichen Aufträgen, die vor dem Ende des Kalenderjahres, auf das der Ausritt wirksam wird, ausgeschrieben werden.

Art. 63 IVöB Beitritt, Austritt, Änderung und Aufhebung

¹ Jeder Kanton kann der Vereinbarung durch Erklärung gegenüber dem InöB beitreten.

² Der Austritt kann auf das Ende eines Kalenderjahres erfolgen. Er ist sechs Monate im Voraus dem InöB anzuzeigen.

³ Der Beitritt und der Austritt sowie die Änderung oder Aufhebung dieser Vereinbarung werden der Bundeskanzlei durch das InöB zur Kenntnis gebracht.

⁴ Die Kantone können unter Beachtung der internationalen Verpflichtungen der Schweiz Ausführungsbestimmungen insbesondere zu den Artikeln 10, 12 und 26 erlassen.

Inhaltsverzeichnis

I.	Grundlagen	1
II.	Abs. 1, 2 und 3: Beitritt, Austritt, Änderung und Aufhebung	5
III.	Abs. 4: Ausführungsbestimmungen	8
A.	Erweiterung des Geltungsbereichs	10
B.	Leistungsorts- oder Herkunftsortsprinzip im Binnenmarktbereich?	12
C.	Zusätzliche Regelungen und Zuschlagskriterien	14
IV.	Rechtsvergleichung	18

I. Grundlagen

IVöB 63 ist im 10. Kapitel IVöB integriert und legt in Abs. 4 den Spielraum für kantonales Ausführungsrecht fest. Zu den weiteren Schlussbestimmungen gehören je eine Norm zum Übergangsrecht (IVöB 64) und zum Inkrafttreten (IVöB 65). 1

Kantonales Ausführungsrecht ist immer eingebettet in ein umfassendes völker- und binnenrechtliches Regelwerk. Im Vordergrund stehen dabei nebst den Bestimmungen des GPA 2012 weitere beschaffungsrechtlich relevante Abkommen wie das BilatAbk und diverse Freihandelsabkommen der Schweiz mit anderen Ländern (Einführung in den int. Kontext N 3 ff.). Auch das BGBM enthält Vorgaben für öffentliche Beschaffungen von Kantonen, Gemeinden und anderen Trägern kantonaler und kommunaler Aufgaben. Hierarchisch befinden sich die kantonalen (und kommunalen) Erlasse auf der untersten Stufe der Rechtsordnung. Entsprechend ist auch die Delegationsnorm im Einklang mit den Zielen und Grundsätzen des Vergaberechts auszulegen (IVöB 2 und 11). Zu den tragenden Pfeilern des Submissionsrechts gehören die Grundsätze der Gleichbehandlung und Nichtdiskriminierung sowie der Transparenz; sie sind Voraussetzungen für einen wirksamen und fairen Wettbewerb. Der rechtsgleiche und diskriminierungsfreie Marktzugang ist sowohl im internationalen Verhältnis (d.h. insbesondere im Geltungsbereich des GPA und des BilatAbk) als auch im Binnenbereich (BGBM) sicherzustellen. Zudem 2 ist mit öffentlichen Mitteln haushälterisch umzugehen, d.h., Beschaffungen sollen nicht nur wirtschaftlich, sondern (nach der neuen Terminologie) auch nachhaltig erfolgen.

3 Auch die aIVöB enthielt im Sinn einer Rahmengesetzgebung Mindestvorgaben in Bezug auf kantonale Ausführungsbestimmungen (aIVöB 13). Sie führte die Schlussbestimmungen im 7. Abschnitt auf: Beitritt und Austritt (aIVöB 20), Inkrafttreten (aIVöB 21, der in Abs. 2 Ergänzungen und Änderungen der Vereinbarung thematisierte) sowie Übergangsrecht (aIVöB 22, dessen Abs. 2 einen allfälligen Austritt eines Kantons betraf).

4 Da die Artikelnummerierung ab BöB/IVöB 59 in den Erlassen des Bundes und der Kantone voneinander abweicht, sind auch die Schlussbestimmungen im 10. Kapitel BöB/IVöB anders nummeriert und weisen zudem wegen der föderalen Kompetenzaufteilung gewisse inhaltliche Unterschiede auf. Das hier nicht näher beleuchtete 10. Kapitel BöB regelt den Vollzug (BöB 60 N 6 ff.), die Aufhebung und Änderung anderer Erlasse (BöB 61) sowie das Referendum und Inkrafttreten (BöB 63). Es enthält zudem eine Übergangsbestimmung (BöB 62).

II. Abs. 1, 2 und 3: Beitritt, Austritt, Änderung und Aufhebung

5 Jeder Kanton kann der IVöB beitreten, indem er seine Beitrittsabsicht dem InöB kundtut (Abs. 1). Der Beitritt erfolgt mithin in Form einer Erklärung. Die Kantone setzen das Beitrittsverfahren gemäss dem jeweiligen kantonalen Recht in Gang. Dieses regelt nicht nur, welche Behörden für den Abschluss und den Vollzug zuständig sind, sondern auch das Ratifikationsverfahren.[1] Auf ihrer Website stellt die BPUK den Kantonen Grundlagen für ein Beitrittsgesetz zur Verfügung (Musterbeitrittsgesetz samt Erläuterungen).[2]

6 Beigetretene Kantone haben die Möglichkeit, jeweils auf Ende eines Kalenderjahres, somit bis am 31.12., wieder aus dem Konkordat auszutreten. Voraussetzung ist, dass sie ihren Austritt dem InöB sechs Monate im Voraus bzw. spätestens bis Ende Juni schriftlich anzeigen (Abs. 2).[3] Hinsichtlich der Beantwortung der Fragen, ob – was vorliegend angenommen wird – einfache Schriftform genügt und wie das innerkantonale Austrittsprozedere aussieht, wären in Anlehnung an den Beitrittsprozess das jeweilige kantonale Recht und die kantonalen Gepflogenheiten zu beachten.

7 Die IVöB ist nicht in Stein gemeisselt; sie kann geändert oder aufgehoben werden. Änderungen sind insbesondere naheliegend bei einer Anpassung der Schwellenwerte (IVöB 16 i.V.m. Anhang 1 und 2). Dem InöB obliegt es, die Bundeskanzlei über allfällige

---

1 Musterbotschaft IVöB, S. 103.
2 Zu finden unter: www.dtap.ch/bpuk/konkordate/ivoeb/ivoeb-2019/ (zuletzt besucht am 28.08.2020).
3 Musterbotschaft IVöB, a.a.O.

Änderungen oder eine Aufhebung der IVöB ebenso wie über einen Beitritt oder Austritt eines Kantons in Kenntnis zu setzen (Abs. 3).[4]

III. Abs. 4: Ausführungsbestimmungen

Die Delegationsnorm war im Vernehmlassungsentwurf vom Herbst 2014 nicht enthalten, sondern wurde auf Wunsch einzelner Kantone im Sommer 2019, kurz vor Abschluss der Revision IVöB, eingefügt.[5] Weil die IVöB als weitgehend abschliessender Erlass konzipiert und mit ihrer Revision auch die Harmonisierung des kantonalen Beschaffungsrechts angestrebt wurde, bedarf sie höchstens punktuell der Ergänzung oder Konkretisierung in kantonalen Ausführungsbestimmungen.

Abs. 4 bringt in erster Linie zum Ausdruck, dass die genannten Konkordatsnormen keine abschliessende Regelung enthalten und demnach von den Kantonen näher ausgeführt werden können: Er legt den Rahmen für kantonales Ausführungsrecht fest, indem er den Kantonen erlaubt, einzelne Ausführungsbestimmungen zu erlassen – und zwar *insbesondere*, also nicht nur – zu den Ausnahmen (Art. 10 N 6 ff.), zur Einhaltung der Arbeitsschutzbestimmungen, der Arbeitsbedingungen, der Lohngleichheit und des Umweltrechts (Art. 12 N 5 ff.) sowie zu den Teilnahmebedingungen (Art. 26 N 5 ff.). «Ausführungsbestimmungen» sind Normen organisatorischer, vollziehender oder konkretisierender Natur. Sie müssen sich an den gesetzlichen Rahmen halten und dürfen keine neuen Vorschriften aufstellen, welche die Rechte der Adressatinnen und Adressaten beschränken oder ihnen neue Pflichten auferlegen, selbst wenn diese Regeln mit dem Zweck des Gesetzes vereinbar wären.[6] Kantonale Ausführungsgesetze wären folglich insoweit nicht anwendbar, als sie bundes- oder konkordatswidrige Normen enthalten.

A. Erweiterung des Geltungsbereichs

Als möglicher Regelungsinhalt im Vordergrund stehen gemäss Ziff. 2 des Musterbeitrittsgesetzes Ausführungsbestimmungen betreffend den (objektiven) Geltungsbereich, d.h. namentlich eine positivrechtliche Unterstellung (bzw. Klärung der Unterstellung) von:

– Aufträgen an Organisationen der Arbeitsintegration (vgl. die Ausnahme in IVöB 10 Abs. 1 Bst. e);
– öffentlich-rechtlichen Vorsorgeeinrichtungen der Kantone und Gemeinden (vgl. die Ausnahme in IVöB 10 Abs. 1 Bst. i) sowie von Kantonalbanken.

---

4   Musterbotschaft IVöB, a.a.O.
5   Musterbotschaft IVöB, a.a.O.
6   BGE 124 I 127, E. 3b.

10. Kapitel: Schlussbestimmungen

11 Die Kantone sind grundsätzlich frei, den Geltungsbereich der IVöB autonom auszuweiten.[7] In Anbetracht der klar formulierten Ausnahmetatbestände kann man sich durchaus fragen, ob es nicht konkordatswidrig oder zumindest widersprüchlich wäre, wenn einzelne Kantone im Rahmen von «Ausführungsbestimmungen» Pensionskassen oder Aufträge an Organisationen der Arbeitsintegration (hier stehen Aufträge im Zusammenhang mit sog. arbeitsmarktlichen Massnahmen im Vordergrund) generell unterstellen. Dass IVöB 10 explizit in IVöB 63 Abs. 4 genannt ist, lässt sich primär dadurch erklären, dass die Unterstellung von Pensionskassen (bzw. von deren Aufträgen) einerseits und von Aufträgen an Organisationen der Arbeitsorganisation andererseits nicht nur im Bundesparlament, sondern auch unter den Kantonen kontrovers diskutiert wurde.[8] Die Delegationsnorm mit dem Hinweis auf IVöB 10 ist demnach Resultat eines politischen Konsenses auf interkantonaler Ebene, wonach es interessierten Kantonen auch in Zukunft offenstehen soll, Pensionskassen dem Beschaffungsrecht zu unterstellen und Aufträge an Organisationen der Arbeitsintegration nach den Regeln des Vergaberechts zu vergeben.[9] Nicht zulässig wäre es hingegen, weitere als die in IVöB 10 statuierten Ausnahmen vorzusehen und damit den Geltungsbereich der IVöB einzuschränken.

B. Leistungsorts- oder Herkunftsortsprinzip im Binnenmarktbereich?

12 Was die anwendbaren Arbeitsschutzbestimmungen und Arbeitsbedingungen (nachfolgend Arbeitsvorschriften) angeht, wurde das Ziel der Revision, eine möglichst umfassende Harmonisierung zwischen dem Beschaffungsrecht des Bundes und der Kantone, nicht vollständig erreicht. Das eidgenössische Parlament hat sich betreffend die massgeblichen Arbeitsvorschriften im Binnenmarktbereich entgegen dem Vorschlag des Bundesrats, der eine Angleichung ans kantonale Recht befürwortete, für die Beibehaltung des *Leistungsortsprinzips* ausgesprochen (BöB 12 Abs. 1). Die Regelung in der IVöB hingegen steht im Einklang mit dem BGBM, das auf kantonaler Ebene das *Herkunftsortsprinzip* als Grundsatz verankert. Auch wenn IVöB 63 Abs. 4 ausdrücklich Bezug auf IVöB 12 nimmt, wäre es wegen der Vorgaben des BGBM nach Einschätzung der WEKO nicht zulässig, wenn die Kantone auf Erlassstufe ein generelles Leistungsortsprinzip einführen würden. Hingegen stehe es den Kantonen frei, «in der Rechtsanwendung unter den Voraussetzungen von Art. 2 Abs. 5 und Art. 3 BGBM im Einzelfall die am Ort der Leistungserbringung geltenden Arbeitsvorschriften als anwendbar zu erklären».[10] Das Herkunftsortsprinzip kann somit im Einzelfall zugunsten des Leistungsortsprinzips eingeschränkt werden, wenn überwiegende öffentliche Interessen dies zwingend er-

---

7   BGE 142 II 369, E. 4.1.
8   Musterbotschaft IVöB, S. 23.
9   Musterbotschaft IVöB, S. 38 f.
10 WEKO, Gutachten Leistungsortsprinzip, S. 16.

fordern und der Schutz dieser Interessen nicht bereits durch die Vorschriften des Herkunftsorts gewährleistet ist (BGBM 3 Abs. 1 und 2).[11]

Spielraum für Ausführungsbestimmungen besteht beispielsweise auch in Bezug auf die Präzisierung weiterer «wesentlicher internationaler Arbeitsstandards» in IVöB 12 Abs. 2, wenn Leistungen im Ausland erbracht werden. Auf Bundesebene wurde diesbezüglich auf Verordnungsstufe geregelt, dass die Einhaltung von Prinzipen aus weiteren von der Schweiz ratifizierten Übereinkommen der ILO verlangt werden kann (VöB 4 Abs. 2). 13

C. Zusätzliche Regelungen und Zuschlagskriterien

Die Kantone können Ausführungen zu den Teilnahmebedingungen erlassen (IVöB 26); darunter fallen auch Anforderungen an den Nachweis, dass die Teilnahmebedingungen eingehalten sind. Gemäss dem Musterbeitrittsgesetz und den entsprechenden Erläuterungen liegt es zudem in der Kompetenz der Kantone, Regelungen hinsichtlich Fristen und Fristverkürzungen (Ziff. 3) sowie in Bezug auf die Veröffentlichung von freihändigen Zuschlägen ausserhalb des Staatsvertragsbereichs zu erlassen (Ziff. 4). Letzteres ist unter anderem relevant, wenn Kantone (weiterhin) einen von der Verfahrensart und den Schwellenwerten unabhängigen generellen Rechtsschutz vorsehen wollen (Ziff. 5).[12] Im Rahmen des Vollzugs (Ziff. 6) können die Kantone z.B. Ausführungsbestimmungen betreffend die Offertöffnung, ein zusätzliches Publikationsorgan (wie das kantonale Amtsblatt), das Ergreifen von Sanktionen (Ausschluss, Busse, Verwarnung, Auftragssperre) usw. erlassen. 14

Angesichts der exemplarischen Aufzählung in Abs. 4 ist nicht ausgeschlossen, dass die Kantone in ihren Beitrittsgesetzen zusätzliche Regelungen aufstellen. Denkbar wäre etwa, dass in Anlehnung an BöB 29 Abs. 1 eine Erweiterung des (nicht abschliessenden) Katalogs möglicher Zuschlagskriterien erwogen würde, z.B. durch Kriterien wie «Verlässlichkeit des Preises» oder «unterschiedliche Preisniveaus, in den Ländern, in denen die Leistung erbracht wird». Diese beiden Kriterien waren sowohl im Rahmen der parlamentarischen Beratung des BöB als auch im kantonalen Revisionsprozess umstritten, fanden jedoch schliesslich keinen Eingang in die IVöB.[13] 15

Vorweg ist festzuhalten, dass es den Vergabestellen im Einzelfall freisteht, mit dem Beschaffungsgegenstand sachlich zusammenhängende Zuschlagskriterien aufzustellen (Art. 29 N 9). Gegen die Schaffung einer gesetzlichen Grundlage für ein generell-abstraktes Zuschlagskriterium i.S.v. «unterschiedlichen Preisniveaus» sprechen indessen verschiedene und ernst zu nehmende Gründe: Erstens ist die rechtliche Zulässigkeit eines solchen Kriteriums umstritten. Wenn überhaupt, könnte es wohl nur bei Beschaffungen ausserhalb des Staatsvertragsbereichs, d.h. bei überschwelligen Dienstleistungen, 16

---

11 Musterbotschaft IVöB, S. 104.
12 Beitrittsgesetz zur IVöB, Erläuterungen.
13 Vgl. Musterbotschaft IVöB, S. 23, 68 f.

die nicht auf der (mit der Revision erweiterten) Positivliste des GPA 2012 aufgeführt sind, sowie bei Dienst- und Bauleistungen sowie Waren unterhalb der massgeblichen Schwellenwerte zum Tragen kommen.[14] Entsprechend wird in der Bundesvorlage auch deklaratorisch darauf hingewiesen, dass die Zuschlagskriterien unter Berücksichtigung der internationalen Verpflichtungen der Schweiz anzuwenden sind.[15] Zweitens wirft die praktische Umsetzung resp. Handhabung eines «Preisniveaus-Kriteriums» vielerlei Fragen auf: Wie soll angesichts der komplexen Liefer- und Produktionsketten eruiert werden, welche Leistung im Inland und welche im Ausland erbracht worden ist? Welche sektor- bzw. branchenspezifischen Kaufkraftvergleiche sollen angewandt werden etc.? Die Berücksichtigung der «unterschiedlichen Preisniveaus» scheint zudem mit unverhältnismässigem zusätzlichem Aufwand sowohl für die rechtsanwendenden Behörden (Vergabestellen und Gerichte) als auch für die Anbieter verbunden zu sein.

17 Will man den Bedürfnissen von inländischen KMU Rechnung tragen (bzw. gleich lange Spiesse und damit fairen Wettbewerb schaffen, was ein grosses Anliegen im Bundesparlament war), stehen verschiedene völkerrechts-, bundesrechts- und konkordatskonforme Mittel zur Verfügung. Dazu gehören z.B. die Aufteilung grösserer Aufträge in Lose (Art. 32 N 10 ff.) oder das Aufstellen angemessener bzw. nicht überzogener Eignungskriterien (Art. 27 N 8 ff.). Zudem müssen ausländische Anbieter bei Vergaben ausserhalb des Staatsvertragsbereichs nur insoweit zum Verfahren zugelassen werden, als ihr Sitzstaat Gegenrecht gewährt (Art. 6 N 17 ff.). Und im Bereich des Einladungsverfahrens steht es im Ermessen der Vergabestellen, welche Anbieter sie zum Angebot zulassen (IVöB 20).

IV. Rechtsvergleichung

18 Die EU-Mitgliedstaaten mussten gemäss RL 2014/24/EU 90 Ziff. 1 und RL 2014/25/EU 106 Ziff. 1 bis spätestens 18.04.2016 die für die Umsetzung der Vergaberichtlinien erforderlichen Rechts- und Verwaltungsvorschriften in Kraft setzen (vorbehalten waren Vorschriften betreffend die elektronische Auftragsvergabe, für die eine Umsetzungsfrist bis 18.10.2018 vorgesehen war). In Deutschland beispielsweise wurden die Richtlinien im Gesetz gegen Wettbewerbsbeschränkung umgesetzt (GWB; Teil 4 Vergabe von öffentlichen Aufträgen und Konzessionen). GWB 113[16] ermächtigt die Bundesregierung in

---

14 Vgl. z.B. AB 2019 N 147 ff.
15 Die rechtliche Tragweite und der Geltungsbereich der sog. Best-Endeavour-Klausel in BilatAbk 6 Abs. 3 sind nicht restlos geklärt (vgl. dazu Einführung in den internationalen Kontext N 32). Daher wäre es sogar mit dem Vorbehalt «unter Berücksichtigung der internationalen Pflichten der Schweiz» fragwürdig (soll jedoch vorliegend nicht näher erörtert werden), ob die Bewertung unterschiedlicher Preisniveaus bei unterschwelligen kantonalen oder kommunalen Beschaffungen zulässig wäre.
16 Gesetz gegen Wettbewerbsbeschränkungen in der Fassung der Bekanntmachung vom 26. Juni 2013 (BGBl. I S. 1750, 3245), das zuletzt durch Artikel 1 des Gesetzes vom 25. März 2020 (BGBl. I S. 674) geändert worden ist.

nicht abschliessender Weise zur Regelung diverser Bereiche, darunter die Vergabe von Unteraufträgen oder von öffentlichen Aufträgen und Konzessionen, die soziale und andere besondere Dienstleistungen betreffen (Ziff. 2), oder die Auswahl und Prüfung der Unternehmen und Angebote (Ziff. 5).

Art. 63 Referendum und Inkrafttreten/*Art. 65 Inkrafttreten*

[1] Dieses Gesetz untersteht dem fakultativen Referendum.

[2] Der Bundesrat bestimmt das Inkrafttreten.

[1] *Diese Vereinbarung tritt in Kraft, sobald ihr zwei Kantone beigetreten sind. Das Inkrafttreten wird der Bundeskanzlei durch das InöB zur Kenntnis gebracht.*

[2] *Für Kantone, die dieser Vereinbarung nicht beigetreten sind, gilt weiterhin die Vereinbarung vom 15. März 2001.*

Anhang

Anhang 1

Bundesgesetz über das öffentliche Beschaffungswesen (BöB)*

vom 21. Juni 2019 (Stand am 1. Januar 2021)

Die Bundesversammlung der Schweizerischen Eidgenossenschaft,

gestützt auf Artikel 173 Absatz 2 der Bundesverfassung[1],
in Ausführung des Protokolls vom 30. März 2012[2] zur Änderung des Übereinkommens über das öffentliche Beschaffungswesen,
der Artikel 3 und 8 des Abkommens vom 21. Juni 1999[3] zwischen der Schweizerischen Eidgenossenschaft und der Europäischen Gemeinschaft über bestimmte Aspekte des öffentlichen Beschaffungswesens,
von Artikel 3 von Anhang R des Übereinkommens vom 4. Januar 1960[4]
zur Errichtung der Europäischen Freihandelsassoziation
sowie weiterer internationaler Übereinkommen, welche Marktzugangsverpflichtungen im Bereich des öffentlichen Beschaffungswesens enthalten,
nach Einsicht in die Botschaft des Bundesrates vom 15. Februar 2017[5],

beschliesst:

1. Kapitel: Gegenstand, Zweck und Begriffe

Art. 1   Gegenstand

Dieses Gesetz findet auf die Vergabe öffentlicher Aufträge durch unterstellte Auftraggeberinnen innerhalb und ausserhalb des Staatsvertragsbereichs Anwendung.

Art. 2   Zweck

Dieses Gesetz bezweckt:

a. den wirtschaftlichen und den volkswirtschaftlich, ökologisch und sozial nachhaltigen Einsatz der öffentlichen Mittel;

b. die Transparenz des Vergabeverfahrens;

c. die Gleichbehandlung und Nichtdiskriminierung der Anbieterinnen;

d. die Förderung des wirksamen, fairen Wettbewerbs unter den Anbieterinnen, insbe-

---

*   AS 2020 641.
1   SR 101.
2   BBl 2017 2175.
3   SR 0.172.052.68.
4   SR 0.632.31.
5   BBl 2017 1851.

sondere durch Massnahmen gegen unzulässige Wettbewerbsabreden und Korruption.

Art. 3 Begriffe

In diesem Gesetz bedeuten:

a. *Anbieterin:* natürliche oder juristische Person des privaten oder öffentlichen Rechts oder Gruppe solcher Personen, die Leistungen anbietet, sich um die Teilnahme an einer öffentlichen Ausschreibung, die Übertragung einer öffentlichen Aufgabe oder die Erteilung einer Konzession bewirbt;

b. *öffentliches Unternehmen:* Unternehmen, auf das staatliche Behörden aufgrund von Eigentum, finanzieller Beteiligung oder der für das Unternehmen einschlägigen Vorschriften unmittelbar oder mittelbar einen beherrschenden Einfluss ausüben können; ein beherrschender Einfluss wird vermutet, wenn das Unternehmen mehrheitlich durch den Staat oder durch andere öffentliche Unternehmen finanziert wird, wenn es hinsichtlich seiner Leitung der Aufsicht durch den Staat oder durch andere öffentliche Unternehmen unterliegt oder wenn dessen Verwaltungs-, Leitungs- oder Aufsichtsorgan mehrheitlich aus Mitgliedern besteht, die vom Staat oder von anderen öffentlichen Unternehmen ernannt worden sind;

c. *Staatsvertragsbereich:* Geltungsbereich der internationalen Verpflichtungen der Schweiz über das öffentliche Beschaffungswesen;

d. *Arbeitsbedingungen:* zwingende Vorschriften des Obligationenrechts[6] über den Arbeitsvertrag, normative Bestimmungen der Gesamtarbeitsverträge und der Normalarbeitsverträge oder, wo diese fehlen, die orts- und branchenüblichen Arbeitsbedingungen;

e. *Arbeitsschutzbestimmungen:* Vorschriften des öffentlichen Arbeitsrechts, einschliesslich der Bestimmungen des Arbeitsgesetzes vom 13. März 1964[7] und des zugehörigen Ausführungsrechts sowie der Bestimmungen zur Unfallverhütung.

2. Kapitel: Geltungsbereich

1. Abschnitt: Subjektiver Geltungsbereich

Art. 4 Auftraggeberinnen

[1] Diesem Gesetz unterstehen als Auftraggeberinnen:

a. die Verwaltungseinheiten der zentralen und der dezentralen Bundesverwaltung nach Artikel 2 des Regierungs- und Verwaltungsorganisationsgesetzes vom 21. März

---

6   SR 220.
7   SR 822.11.

1997[8] und nach den dazugehörigen Ausführungsvorschriften in der zum Zeitpunkt der Ausschreibung aktuellen Fassung;

b. die eidgenössischen richterlichen Behörden;

c. die Bundesanwaltschaft;

d. die Parlamentsdienste.

[2] Öffentliche und private Unternehmen, die öffentliche Dienstleistungen erbringen und die mit ausschliesslichen oder besonderen Rechten ausgestattet sind, unterstehen diesem Gesetz, soweit sie Tätigkeiten in einem der nachfolgenden Sektoren in der Schweiz ausüben:

a. Bereitstellen oder Betreiben fester Netze zur Versorgung der Öffentlichkeit im Zusammenhang mit der Produktion, dem Transport oder der Verteilung von Trinkwasser oder die Versorgung dieser Netze mit Trinkwasser;

b. Bereitstellen oder Betreiben fester Netze zur Versorgung der Öffentlichkeit im Zusammenhang mit der Produktion, der Fortleitung oder der Verteilung von elektrischer Energie oder Versorgung dieser Netze mit elektrischer Energie;

c. Versorgung von Beförderungsunternehmen im Luftverkehr mit Flughäfen oder anderen Verkehrsendeinrichtungen;

d. Versorgung von Beförderungsunternehmen im Binnenschiffsverkehr mit Häfen oder anderen Verkehrsendeinrichtungen;

e. Bereitstellen von Postdiensten im Bereich des reservierten Dienstes nach dem Postgesetz vom 17. Dezember 2010[9];

f. Bereitstellen oder Betreiben von Eisenbahnen einschliesslich des darauf durchgeführten Verkehrs;

g. Bereitstellen oder Betreiben fester Netze zur Versorgung der Öffentlichkeit im Zusammenhang mit der Produktion, dem Transport oder der Verteilung von Gas oder Wärme oder Versorgung dieser Netze mit Gas oder Wärme; oder

h. Nutzung eines geografisch abgegrenzten Gebiets zum Zweck der Suche oder Förderung von Erdöl, Gas, Kohle oder anderen Festbrennstoffen.

[3] Die Auftraggeberinnen nach Absatz 2 unterstehen diesem Gesetz nur bei Beschaffungen für den beschriebenen Tätigkeitsbereich, nicht aber für ihre übrigen Tätigkeiten.

[4] Führt eine Drittperson die Vergabe eines öffentlichen Auftrags für eine oder mehrere Auftraggeberinnen durch, so untersteht diese Drittperson diesem Gesetz wie die von ihr vertretene Auftraggeberin.

---

8 SR 172.010.
9 SR 783.0.

Art. 5 Anwendbares Recht

¹ Beteiligen sich mehrere dem Bundesrecht und dem kantonalen Recht unterstellte Auftraggeberinnen an einer Beschaffung, so ist das Recht des Gemeinwesens anwendbar, dessen Auftraggeberin den grössten Teil an der Finanzierung trägt. Überwiegt der kantonale Anteil insgesamt den Bundesanteil, so findet dieses Gesetz keine Anwendung.

² Mehrere an einer Beschaffung beteiligte Auftraggeberinnen sind im gegenseitigen Einvernehmen befugt, eine gemeinsame Beschaffung in Abweichung von den vorstehenden Grundsätzen dem Recht einer beteiligten Auftraggeberin zu unterstellen.

³ Öffentliche oder private Unternehmen mit ausschliesslichen oder besonderen Rechten, die ihnen durch den Bund verliehen wurden, oder die Aufgaben im nationalen Interesse erbringen, können wählen, ob sie ihre Beschaffungen dem Recht an ihrem Sitz oder dem Bundesrecht unterstellen.

Art. 6 Anbieterinnen

¹ Nach diesem Gesetz sind Anbieterinnen aus der Schweiz zum Angebot zugelassen sowie Anbieterinnen aus Staaten, denen gegenüber die Schweiz sich vertraglich zur Gewährung des Marktzutritts verpflichtet hat, Letzteres im Rahmen der gegenseitig eingegangenen Verpflichtungen.

² Ausserhalb des Staatsvertragsbereichs werden ausländische Anbieterinnen aus Staaten zum Angebot zugelassen, soweit diese Gegenrecht gewähren oder soweit die Auftraggeberin dies zulässt.

³ Der Bundesrat führt eine Liste der Staaten, die sich gegenüber der Schweiz zur Gewährung des Marktzutritts verpflichtet haben. Die Liste wird periodisch nachgeführt.

Art. 7 Befreiung von der Unterstellung

¹ Herrscht in einem Sektorenmarkt nach Artikel 4 Absatz 2 wirksamer Wettbewerb, so befreit der Bundesrat auf Vorschlag einer Auftraggeberin oder des Interkantonalen Organs für das öffentliche Beschaffungswesen (InöB) in einer Verordnung die Beschaffungen in diesem Markt ganz oder teilweise von der Unterstellung unter dieses Gesetz.

² Der Bundesrat konsultiert vor Erlass seiner Verordnung die Wettbewerbskommission, das InöB und die betroffenen Wirtschaftskreise. Die Wettbewerbskommission kann ihr Gutachten unter Wahrung der Geschäftsgeheimnisse veröffentlichen.

2. Abschnitt: Objektiver Geltungsbereich

Art. 8 Öffentlicher Auftrag

[1] Ein öffentlicher Auftrag ist ein Vertrag, der zwischen Auftraggeberin und Anbieterin abgeschlossen wird und der Erfüllung einer öffentlichen Aufgabe dient. Er ist gekennzeichnet durch seine Entgeltlichkeit sowie den Austausch von Leistung und Gegenleistung, wobei die charakteristische Leistung durch die Anbieterin erbracht wird.

[2] Es werden folgende Leistungen unterschieden:

a. Bauleistungen;

b. Lieferungen;

c. Dienstleistungen.

[3] Gemischte Aufträge setzen sich aus unterschiedlichen Leistungen nach Absatz 2 zusammen und bilden ein Gesamtgeschäft. Die Qualifikation des Gesamtgeschäfts folgt der finanziell überwiegenden Leistung. Leistungen dürfen nicht mit der Absicht oder Wirkung gemischt oder gebündelt werden, die Bestimmungen dieses Gesetzes zu umgehen.

[4] Im Staatsvertragsbereich unterstehen diesem Gesetz die Leistungen nach Massgabe der Anhänge 1–3, soweit sie die Schwellenwerte nach Anhang 4 Ziffer 1 erreichen.

[5] Die öffentlichen Aufträge ausserhalb des Staatsvertragsbereichs und die darauf anwendbaren Sonderbestimmungen sind in Anhang 5 aufgeführt.

Art. 9 Übertragung öffentlicher Aufgaben und Verleihung von Konzessionen

Die Übertragung einer öffentlichen Aufgabe oder die Verleihung einer Konzession gilt als öffentlicher Auftrag, wenn der Anbieterin dadurch ausschliessliche oder besondere Rechte zukommen, die sie im öffentlichen Interesse wahrnimmt, und ihr dafür direkt oder indirekt ein Entgelt oder eine Abgeltung zukommt. Spezialgesetzliche Bestimmungen gehen vor.

Art. 10 Ausnahmen

[1] Dieses Gesetz findet keine Anwendung auf:

a. die Beschaffung von Leistungen im Hinblick auf den gewerblichen Verkauf oder Wiederverkauf oder im Hinblick auf die Verwendung in der Produktion oder im Angebot von Leistungen für einen gewerblichen Verkauf oder Wiederverkauf;

b. den Erwerb, die Miete oder die Pacht von Grundstücken, Bauten und Anlagen sowie der entsprechenden Rechte daran;

c. die Ausrichtung von Finanzhilfen gemäss dem Subventionsgesetz vom 5. Oktober 1990[10];

---

10 SR **616.1**.

d. Verträge über Finanzdienstleistungen im Zusammenhang mit Ausgabe, Ankauf, Verkauf, Übertragung oder Verwaltung von Wertpapieren oder anderen Finanzinstrumenten sowie Dienstleistungen der Zentralbanken;

e. Aufträge an Behinderteninstitutionen, Organisationen der Arbeitsintegration, Wohltätigkeitseinrichtungen und Strafanstalten;

f. die Verträge des Personalrechts;

g. folgende Rechtsdienstleistungen:
   1. Vertretung des Bundes oder eines öffentlichen Unternehmens des Bundes durch eine Anwältin oder einen Anwalt in einem nationalen oder internationalen Schiedsgerichts-, Schlichtungs- oder Gerichtsverfahren und damit zusammenhängende Dienstleistungen,
   2. Rechtsberatung durch eine Anwältin oder einen Anwalt im Hinblick auf ein mögliches Verfahren nach Ziffer 1, wenn eine hohe Wahrscheinlichkeit besteht, dass die Angelegenheit, auf die sich die Beratung bezieht, Gegenstand eines solchen Verfahrens werden wird;

h. Beschaffungen:
   1. im Rahmen internationaler humanitärer Nothilfe sowie Agrar- und Ernährungshilfe,
   2. gemäss den besonderen Verfahren oder Bedingungen eines internationalen Abkommens betreffend die Stationierung von Truppen oder die gemeinsame Umsetzung eines Projekts durch Unterzeichnerstaaten,
   3. die gemäss den besonderen Verfahren oder Bedingungen einer internationalen Organisation durchgeführt werden oder die durch internationale Finanzhilfen, Darlehen oder andere Unterstützung mitfinanziert werden, falls die dabei anwendbaren Verfahren oder Bedingungen mit diesem Gesetz nicht vereinbar wären,
   4. im Rahmen der internationalen Zusammenarbeit, soweit ein äquivalentes lokales Verfahren im Empfängerstaat beachtet wird;

i. die öffentlich-rechtlichen Vorsorgeeinrichtungen des Bundes.

[2] Die Auftraggeberin erstellt über jeden nach Massgabe von Absatz 1 Buchstabe h vergebenen Auftrag eine Dokumentation.

[3] Dieses Gesetz findet zudem keine Anwendung auf die Beschaffung von Leistungen:

a. bei Anbieterinnen, denen ein ausschliessliches Recht zur Erbringung solcher Leistungen zusteht;

b. bei anderen, rechtlich selbstständigen Auftraggeberinnen, die ihrerseits dem Beschaffungsrecht unterstellt sind, soweit diese Auftraggeberinnen diese Leistungen nicht im Wettbewerb mit privaten Anbieterinnen erbringen;

c. bei unselbstständigen Organisationseinheiten der Auftraggeberin;

d. bei Anbieterinnen, über die die Auftraggeberin eine Kontrolle ausübt, die der Kontrolle über ihre eigenen Dienststellen entspricht, soweit diese Unternehmen ihre Leistungen im Wesentlichen für die Auftraggeberin erbringen.

⁴ Dieses Gesetz findet sodann keine Anwendung auf öffentliche Aufträge:

a. wenn dies für den Schutz und die Aufrechterhaltung der äusseren oder inneren Sicherheit oder der öffentlichen Ordnung als erforderlich erachtet wird;

b. soweit dies erforderlich ist zum Schutz der Gesundheit oder des Lebens von Menschen oder zum Schutz der Tier- und Pflanzenwelt;

c. soweit deren Ausschreibung Rechte des geistigen Eigentums verletzen würde.

3. Kapitel: Allgemeine Grundsätze

Art. 11 Verfahrensgrundsätze

Bei der Vergabe öffentlicher Aufträge beachtet die Auftraggeberin folgende Verfahrensgrundsätze:

a. Sie führt Vergabeverfahren transparent, objektiv und unparteiisch durch.

b. Sie trifft Massnahmen gegen Interessenkonflikte, unzulässige Wettbewerbsabreden und Korruption.

c. Sie achtet in allen Phasen des Verfahrens auf die Gleichbehandlung der Anbieterinnen.

d. Sie verzichtet auf Abgebotsrunden.

e. Sie wahrt den vertraulichen Charakter der Angaben der Anbieterinnen.

Art. 12 Einhaltung der Arbeitsschutzbestimmungen, der Arbeitsbedingungen, der Lohngleichheit und des Umweltrechts

¹ Für die im Inland zu erbringenden Leistungen vergibt die Auftraggeberin einen öffentlichen Auftrag nur an Anbieterinnen, welche die am Ort der Leistung massgeblichen Arbeitsschutzbestimmungen und Arbeitsbedingungen, die Melde- und Bewilligungspflichten nach dem Bundesgesetz vom 17. Juni 2005[11] gegen die Schwarzarbeit (BGSA) sowie die Bestimmungen über die Gleichbehandlung von Frau und Mann in Bezug auf die Lohngleichheit einhalten.

---

[11] SR **822.41**.

² Für die im Ausland zu erbringenden Leistungen vergibt die Auftraggeberin einen öffentlichen Auftrag nur an Anbieterinnen, welche mindestens die Kernübereinkommen der Internationalen Arbeitsorganisation (ILO) nach Massgabe von Anhang 6 einhalten. Die Auftraggeberin kann darüber hinaus die Einhaltung weiterer wesentlicher internationaler Arbeitsstandards fordern und entsprechende Nachweise verlangen sowie Kontrollen vereinbaren.

³ Die Auftraggeberin vergibt einen öffentlichen Auftrag nur an Anbieterinnen, welche mindestens die am Ort der Leistung geltenden rechtlichen Vorschriften zum Schutz der Umwelt und zur Erhaltung der natürlichen Ressourcen einhalten; dazu gehören im Inland die Bestimmungen des schweizerischen Umweltrechts und im Ausland die vom Bundesrat bezeichneten internationalen Übereinkommen zum Schutz der Umwelt.

⁴ Die Subunternehmerinnen sind verpflichtet, die Anforderungen nach den Absätzen 1–3 einzuhalten. Diese Verpflichtungen sind in die Vereinbarungen zwischen den Anbieterinnen und den Subunternehmerinnen aufzunehmen.

⁵ Die Auftraggeberin kann die Einhaltung der Anforderungen nach den Absätzen 1–3 kontrollieren oder die Kontrolle Dritten übertragen, soweit diese Aufgabe nicht einer spezialgesetzlichen Behörde oder einer anderen geeigneten Instanz, insbesondere einem paritätischen Kontrollorgan, übertragen wurde. Für die Durchführung dieser Kontrollen kann die Auftraggeberin der Behörde oder dem Kontrollorgan die erforderlichen Auskünfte erteilen sowie Unterlagen zur Verfügung stellen. Auf Verlangen hat die Anbieterin die erforderlichen Nachweise zu erbringen.

⁶ Die mit der Einhaltung der Anforderungen nach den Absätzen 1–3 befassten Behörden und Kontrollorgane erstatten der Auftraggeberin Bericht über die Ergebnisse der Kontrollen und über allfällige getroffene Massnahmen.

Art. 13 Ausstand

¹ Am Vergabeverfahren dürfen auf Seiten der Auftraggeberin oder eines Expertengremiums keine Personen mitwirken, die:

a. an einem Auftrag ein persönliches Interesse haben;

b. mit einer Anbieterin oder mit einem Mitglied eines ihrer Organe durch Ehe oder eingetragene Partnerschaft verbunden sind oder eine faktische Lebensgemeinschaft führen;

c. mit einer Anbieterin oder mit einem Mitglied eines ihrer Organe in gerader Linie oder bis zum dritten Grad in der Seitenlinie verwandt oder verschwägert sind;

d. Vertreterinnen oder Vertreter einer Anbieterin sind oder für eine Anbieterin in der gleichen Sache tätig waren; oder

e. aufgrund anderer Umstände die für die Durchführung öffentlicher Beschaffungen erforderliche Unabhängigkeit vermissen lassen.

[2] Ein Ausstandsbegehren ist unmittelbar nach Kenntnis des Ausstandgrundes vorzubringen.

[3] Über Ausstandsbegehren entscheidet die Auftraggeberin oder das Expertengremium unter Ausschluss der betreffenden Person.

Art. 14 Vorbefassung

[1] Anbieterinnen, die an der Vorbereitung eines Vergabeverfahrens beteiligt waren, sind zum Angebot nicht zugelassen, wenn der ihnen dadurch entstandene Wettbewerbsvorteil nicht mit geeigneten Mitteln ausgeglichen werden kann und wenn der Ausschluss den wirksamen Wettbewerb unter den Anbieterinnen nicht gefährdet.

[2] Geeignete Mittel, um den Wettbewerbsvorteil auszugleichen, sind insbesondere:

a. die Weitergabe aller wesentlichen Angaben über die Vorarbeiten;

b. die Bekanntgabe der an der Vorbereitung Beteiligten;

c. die Verlängerung der Mindestfristen.

[3] Eine der öffentlichen Ausschreibung vorgelagerte Marktabklärung durch die Auftraggeberin führt nicht zur Vorbefassung der angefragten Anbieterinnen. Die Auftraggeberin gibt die Ergebnisse der Marktabklärung in den Ausschreibungsunterlagen bekannt.

Art. 15 Bestimmung des Auftragswerts

[1] Die Auftraggeberin schätzt den voraussichtlichen Auftragswert.

[2] Ein öffentlicher Auftrag darf nicht aufgeteilt werden, um Bestimmungen dieses Gesetzes zu umgehen.

[3] Für die Schätzung des Auftragswerts ist die Gesamtheit der auszuschreibenden Leistungen oder Entgelte, soweit sie sachlich oder rechtlich eng zusammenhängen, zu berücksichtigen. Alle Bestandteile der Entgelte sind einzurechnen, einschliesslich Verlängerungsoptionen und Optionen auf Folgeaufträge sowie sämtliche zu erwartenden Prämien, Gebühren, Kommissionen und Zinsen, ohne Mehrwertsteuer.

[4] Bei Verträgen mit bestimmter Laufzeit errechnet sich der Auftragswert anhand der kumulierten Entgelte über die bestimmte Laufzeit, einschliesslich allfälliger Verlängerungsoptionen. Die bestimmte Laufzeit darf in der Regel 5 Jahre nicht übersteigen. In begründeten Fällen kann eine längere Laufzeit vorgesehen werden.

[5] Bei Verträgen mit unbestimmter Laufzeit errechnet sich der Auftragswert anhand des monatlichen Entgelts multipliziert mit 48.

[6] Bei Verträgen über wiederkehrend benötigte Leistungen errechnet sich der Auftragswert aufgrund des geleisteten Entgelts für solche Leistungen während der letzten 12 Monate oder, bei einer Erstbeauftragung, anhand des geschätzten Bedarfs über die nächsten 12 Monate.

4. Kapitel: Vergabeverfahren

Art. 16 Schwellenwerte

[1] Die Wahl des Verfahrens richtet sich danach, ob ein Auftrag einen Schwellenwert nach Anhang 4 erreicht. Der Bundesrat passt die Schwellenwerte nach Konsultation des InöB periodisch gemäss den internationalen Verpflichtungen an.

[2] Bei einer Anpassung der internationalen Verpflichtungen hinsichtlich der Schwellenwerte garantiert der Bund den Kantonen die Mitwirkung.

[3] Beteiligen sich mehrere diesem Gesetz unterstellte Auftraggeberinnen, für die je verschiedene Schwellenwerte gelten, an einer Beschaffung, so sind für die gesamte Beschaffung die Schwellenwerte derjenigen Auftraggeberin massgebend, die den grössten Teil an der Finanzierung trägt.

[4] Erreicht der Gesamtwert mehrerer Bauleistungen nach Anhang 1 Ziffer 1 für die Realisierung eines Bauwerks den Schwellenwert des Staatsvertragsbereichs, so finden die Bestimmungen dieses Gesetzes für Beschaffungen im Staatsvertragsbereich Anwendung. Erreichen jedoch die Werte der einzelnen Leistungen nicht zwei Millionen Franken und überschreitet der Wert dieser Leistungen zusammengerechnet nicht 20 Prozent des Gesamtwerts des Bauwerks, so finden für diese Leistungen die Bestimmungen für Beschaffungen ausserhalb des Staatsvertragsbereichs Anwendung (Bagatellklausel).

[5] Ausserhalb des Staatsvertragsbereichs wird das massgebliche Verfahren für Bauleistungen anhand des Wertes der einzelnen Leistungen bestimmt.

Art. 17 Verfahrensarten

In Abhängigkeit vom Auftragswert und der Schwellenwerte werden öffentliche Aufträge nach Wahl der Auftraggeberin entweder im offenen Verfahren, im selektiven Verfahren, im Einladungsverfahren oder im freihändigen Verfahren vergeben.

Art. 18 Offenes Verfahren

[1] Im offenen Verfahren schreibt die Auftraggeberin den Auftrag öffentlich aus.

[2] Alle Anbieterinnen können ein Angebot einreichen.

Art. 19 Selektives Verfahren

[1] Im selektiven Verfahren schreibt die Auftraggeberin den Auftrag öffentlich aus und fordert die Anbieterinnen auf, vorerst einen Antrag auf Teilnahme zu stellen.

[2] Die Auftraggeberin wählt die Anbieterinnen, die ein Angebot einreichen dürfen, aufgrund ihrer Eignung aus.

³ Die Auftraggeberin kann die Zahl der zum Angebot zugelassenen Anbieterinnen so weit beschränken, als ein wirksamer Wettbewerb gewährleistet bleibt. Es werden wenn möglich mindestens drei Anbieterinnen zum Angebot zugelassen.

Art. 20 Einladungsverfahren

¹ Das Einladungsverfahren findet Anwendung für öffentliche Aufträge ausserhalb des Staatsvertragsbereichs nach Massgabe der Schwellenwerte von Anhang 4.

² Im Einladungsverfahren bestimmt die Auftraggeberin, welche Anbieterinnen sie ohne öffentliche Ausschreibung zur Angebotsabgabe einladen will. Zu diesem Zweck erstellt sie Ausschreibungsunterlagen. Es werden wenn möglich mindestens drei Angebote eingeholt.

³ Für die Beschaffung von Waffen, Munition, Kriegsmaterial oder, sofern sie für Verteidigungs- und Sicherheitszwecke unerlässlich sind, sonstigen Lieferungen, Bauleistungen, Dienstleistungen, Forschungs- oder Entwicklungsleistungen steht das Einladungsverfahren ohne Beachtung der Schwellenwerte zur Verfügung.

Art. 21 Freihändiges Verfahren

¹ Im freihändigen Verfahren vergibt die Auftraggeberin einen öffentlichen Auftrag direkt ohne Ausschreibung. Die Auftraggeberin ist berechtigt, Vergleichsofferten einzuholen und Verhandlungen durchzuführen.

² Die Auftraggeberin kann einen Auftrag unabhängig vom Schwellenwert freihändig vergeben, wenn eine der nachstehenden Voraussetzungen erfüllt ist:

a. Es gehen im offenen Verfahren, im selektiven Verfahren oder im Einladungsverfahren keine Angebote oder keine Teilnahmeanträge ein, kein Angebot entspricht den wesentlichen Anforderungen der Ausschreibung oder den technischen Spezifikationen oder es erfüllt keine Anbieterin die Eignungskriterien.

b. Es bestehen hinreichende Anhaltspunkte, dass alle im offenen Verfahren, im selektiven Verfahren oder im Einladungsverfahren eingegangenen Angebote auf einer unzulässigen Wettbewerbsabrede beruhen.

c. Aufgrund der technischen oder künstlerischen Besonderheiten des Auftrags oder aus Gründen des Schutzes geistigen Eigentums kommt nur eine Anbieterin in Frage, und es gibt keine angemessene Alternative.

d. Aufgrund unvorhersehbarer Ereignisse wird die Beschaffung so dringlich, dass selbst mit verkürzten Fristen kein offenes oder selektives Verfahren und kein Einladungsverfahren durchgeführt werden kann.

e. Ein Wechsel der Anbieterin für Leistungen zur Ersetzung, Ergänzung oder Erweiterung bereits erbrachter Leistungen ist aus wirtschaftlichen oder technischen Gründen nicht möglich, würde erhebliche Schwierigkeiten bereiten oder substanzielle Mehrkosten mit sich bringen.

f. Die Auftraggeberin beschafft Erstanfertigungen (Prototypen) oder neuartige Leistungen, die auf ihr Verlangen im Rahmen eines Forschungs-, Versuchs-, Studien- oder Neuentwicklungsauftrags hergestellt oder entwickelt werden.

g. Die Auftraggeberin beschafft Leistungen an Warenbörsen.

h. Die Auftraggeberin kann Leistungen im Rahmen einer günstigen, zeitlich befristeten Gelegenheit zu einem Preis beschaffen, der erheblich unter den üblichen Preisen liegt (insbesondere bei Liquidationsverkäufen).

i. Die Auftraggeberin vergibt den Folgeauftrag an die Gewinnerin eines Planungs- oder Gesamtleistungswettbewerbs oder eines Auswahlverfahrens zu Planungs- oder Gesamtleistungsstudien; dabei müssen die folgenden Voraussetzungen erfüllt sein:

1. das vorausgehende Verfahren wurde in Übereinstimmung mit den Grundsätzen des Gesetzes durchgeführt;

2. die Lösungsvorschläge wurden von einem unabhängigen Expertengremium beurteilt;

3. die Auftraggeberin hat sich in der Ausschreibung vorbehalten, den Folgeauftrag freihändig zu vergeben.

³ Die Auftraggeberin kann einen Auftrag nach Artikel 20 Absatz 3 freihändig vergeben, wenn das freihändige Verfahren von grosser Bedeutung ist:

a. zum Erhalt von inländischen Unternehmen, die für die Landesverteidigung wichtig sind; oder

b. für die Wahrung der öffentlichen Interessen der Schweiz.

⁴ Sie erstellt über jeden nach Massgabe von Absatz 2 oder 3 vergebenen Auftrag eine Dokumentation mit folgendem Inhalt:

a. Name der Auftraggeberin und der berücksichtigten Anbieterin;

b. Art und Wert der beschafften Leistung;

c. Erklärung der Umstände und Bedingungen, welche die Anwendung des freihändigen Verfahrens rechtfertigen.

⁵ Öffentliche Aufträge dürfen nicht mit der Absicht umschrieben werden, dass von vornherein nur eine bestimmte Anbieterin für den Zuschlag in Frage kommt, insbesondere aufgrund technischer oder künstlerischer Besonderheiten des Auftrags (Abs. 2 Bst. c) oder im Fall der Ersetzung, Ergänzung oder Erweiterung bereits erbrachter Leistungen (Abs. 2 Bst. e).

Art. 22 Wettbewerbe sowie Studienaufträge

¹ Die Auftraggeberin, die einen Planungs- oder Gesamtleistungswettbewerb veranstaltet oder Studienaufträge erteilt, regelt im Rahmen der Grundsätze dieses Gesetzes das Verfahren im Einzelfall. Sie kann auf einschlägige Bestimmungen von Fachverbänden verweisen.

² Der Bundesrat bestimmt:

a. die Wettbewerbsarten sowie die Modalitäten der Studienaufträge;

b. welche Verfahrensarten anzuwenden sind;

c. die Anforderungen an die Vorbereitungsarbeiten;

d. die Modalitäten der technischen Vorprüfung der Wettbewerbsbeiträge vor deren Bewertung durch das Expertengremium;

e. die besonderen Modalitäten für Studienaufträge und Wettbewerbe zur Beschaffung von Leistungen im Bereich der Informations- und Kommunikationstechnologie;

f. die Zusammensetzung des Expertengremiums und die Anforderungen an die Unabhängigkeit seiner Mitglieder;

g. die Aufgaben des Expertengremiums;

h. unter welchen Voraussetzungen das Expertengremium Ankäufe beschliessen kann;

i. unter welchen Voraussetzungen das Expertengremium für Wettbewerbsbeiträge, die von den Bestimmungen des Wettbewerbsprogramms abweichen, eine Rangierung vornehmen kann;

j. in welcher Art Preise vergeben werden können sowie die Ansprüche, welche die Gewinnerinnen je nach Wettbewerbsart geltend machen können;

k. die Abgeltungen für die Urheber prämierter Wettbewerbsbeiträge in Fällen, in denen die Auftraggeberin der Empfehlung des Expertengremiums nicht folgt.

Art. 23 Elektronische Auktionen

¹ Die Auftraggeberin kann für die Beschaffung standardisierter Leistungen im Rahmen eines Verfahrens nach diesem Gesetz eine elektronische Auktion durchführen. Dabei werden die Angebote nach einer ersten vollständigen Bewertung überarbeitet und mittels elektronischer Hilfsmittel und allenfalls mehrfacher Durchgänge neu geordnet. In der Ausschreibung ist darauf hinzuweisen.

² Die elektronische Auktion erstreckt sich:

a. auf die Preise, wenn der Zuschlag für den niedrigsten Gesamtpreis erteilt wird; oder

b. auf die Preise und die Werte für quantifizierbare Komponenten wie Gewicht, Reinheit oder Qualität, wenn der Zuschlag für das vorteilhafteste Angebot erteilt wird.

³ Die Auftraggeberin prüft, ob die Anbieterinnen die Eignungskriterien und ob die Angebote die technischen Spezifikationen erfüllen. Sie nimmt anhand der Zuschlagskriterien und der dafür festgelegten Gewichtung eine erste Bewertung der Angebote vor. Vor Beginn der Auktion stellt sie jeder Anbieterin zur Verfügung:

a. die automatische Bewertungsmethode, einschliesslich der auf den genannten Zuschlagskriterien beruhenden mathematischen Formel;

b. das Ergebnis der ersten Bewertung ihres Angebots; und

c. alle weiteren relevanten Informationen zur Abwicklung der Auktion.

⁴ Alle zugelassenen Anbieterinnen werden gleichzeitig und auf elektronischem Weg aufgefordert, neue beziehungsweise angepasste Angebote einzureichen. Die Auftraggeberin kann die Zahl der zugelassenen Anbieterinnen beschränken, sofern sie dies in der Ausschreibung oder in den Ausschreibungsunterlagen bekannt gegeben hat.

⁵ Die elektronische Auktion kann mehrere aufeinander folgende Durchgänge umfassen. Die Auftraggeberin informiert alle Anbieterinnen in jedem Durchgang über ihren jeweiligen Rang.

Art. 24 Dialog

¹ Bei komplexen Aufträgen, bei intellektuellen Dienstleistungen oder bei der Beschaffung innovativer Leistungen kann eine Auftraggeberin im Rahmen eines offenen oder selektiven Verfahrens einen Dialog durchführen mit dem Ziel, den Leistungsgegenstand zu konkretisieren sowie die Lösungswege oder Vorgehensweisen zu ermitteln und festzulegen. Auf den Dialog ist in der Ausschreibung hinzuweisen.

² Der Dialog darf nicht zum Zweck geführt werden, Preise und Gesamtpreise zu verhandeln.

³ Die Auftraggeberin formuliert und erläutert ihre Bedürfnisse und Anforderungen in der Ausschreibung oder in den Ausschreibungsunterlagen. Sie gibt ausserdem bekannt:

a. den Ablauf des Dialogs;

b. die möglichen Inhalte des Dialogs;

c. ob und wie die Teilnahme am Dialog und die Nutzung der Immaterialgüterrechte sowie der Kenntnisse und Erfahrungen der Anbieterin entschädigt werden;

d. die Fristen und Modalitäten zur Einreichung des endgültigen Angebots.

⁴ Sie kann die Zahl der teilnehmenden Anbieterinnen nach sachlichen und transparenten Kriterien reduzieren.

⁵ Sie dokumentiert den Ablauf und den Inhalt des Dialogs in geeigneter und nachvollziehbarer Weise.

⁶ Der Bundesrat kann die Modalitäten des Dialogs näher regeln.

Art. 25 Rahmenverträge

¹ Die Auftraggeberin kann Vereinbarungen mit einer oder mehreren Anbieterinnen ausschreiben, die zum Ziel haben, die Bedingungen für die Leistungen, die im Laufe eines bestimmten Zeitraums bezogen werden sollen, festzulegen, insbesondere in Bezug auf deren Preis und gegebenenfalls die in Aussicht genommenen Mengen. Gestützt auf einen solchen Rahmenvertrag kann die Auftraggeberin während dessen Laufzeit Einzelverträge abschliessen.

² Rahmenverträge dürfen nicht mit der Absicht oder der Wirkung verwendet werden, den Wettbewerb zu behindern oder zu beseitigen.

³ Die Laufzeit eines Rahmenvertrags beträgt höchstens fünf Jahre. Eine automatische Verlängerung ist nicht möglich. In begründeten Fällen kann eine längere Laufzeit vorgesehen werden.

⁴ Wird ein Rahmenvertrag mit nur einer Anbieterin abgeschlossen, so werden die auf diesem Rahmenvertrag beruhenden Einzelverträge entsprechend den Bedingungen des Rahmenvertrags abgeschlossen. Für den Abschluss der Einzelverträge kann die Auftraggeberin die jeweilige Vertragspartnerin schriftlich auffordern, ihr Angebot zu vervollständigen.

⁵ Werden aus zureichenden Gründen Rahmenverträge mit mehreren Anbieterinnen abgeschlossen, so erfolgt der Abschluss von Einzelverträgen nach Wahl der Auftraggeberin entweder nach den Bedingungen des jeweiligen Rahmenvertrags ohne erneuten Aufruf zur Angebotseinreichung oder nach folgendem Verfahren:

a. Vor Abschluss jedes Einzelvertrags konsultiert die Auftraggeberin schriftlich die Vertragspartnerinnen und teilt ihnen den konkreten Bedarf mit.

b. Die Auftraggeberin setzt den Vertragspartnerinnen eine angemessene Frist für die Abgabe der Angebote für jeden Einzelvertrag.

c. Die Angebote sind schriftlich einzureichen und während der Dauer, die in der Anfrage genannt ist, verbindlich.

d. Die Auftraggeberin schliesst den Einzelvertrag mit derjenigen Vertragspartnerin, die gestützt auf die in den Ausschreibungsunterlagen oder im Rahmenvertrag definierten Kriterien das beste Angebot unterbreitet.

5. Kapitel: Vergabeanforderungen

Art. 26 Teilnahmebedingungen

¹ Die Auftraggeberin stellt im Rahmen des Vergabeverfahrens und bei der Erbringung der zugeschlagenen Leistungen sicher, dass die Anbieterin und ihre Subunternehmerinnen die Teilnahmebedingungen, namentlich die Voraussetzungen nach Artikel 12, erfüllen, die fälligen Steuern und Sozialversicherungsbeiträge bezahlt haben und auf unzulässige Wettbewerbsabreden verzichten.

² Sie kann von der Anbieterin verlangen, dass diese die Einhaltung der Teilnahmebedingungen insbesondere mit einer Selbstdeklaration oder der Aufnahme in ein Verzeichnis nachweist.

³ Sie gibt in der Ausschreibung oder in den Ausschreibungsunterlagen bekannt, zu welchem Zeitpunkt welche Nachweise einzureichen sind.

Art. 27 Eignungskriterien

¹ Die Auftraggeberin legt in der Ausschreibung oder in den Ausschreibungsunterlagen die Kriterien zur Eignung der Anbieterin abschliessend fest. Die Kriterien müssen im Hinblick auf das Beschaffungsvorhaben objektiv erforderlich und überprüfbar sein.

² Die Eignungskriterien können insbesondere die fachliche, finanzielle, wirtschaftliche, technische und organisatorische Leistungsfähigkeit sowie die Erfahrung der Anbieterin betreffen.

³ Die Auftraggeberin gibt in der Ausschreibung oder in den Ausschreibungsunterlagen bekannt, zu welchem Zeitpunkt welche Nachweise einzureichen sind.

⁴ Sie darf nicht zur Bedingung machen, dass die Anbieterin bereits einen oder mehrere öffentliche Aufträge einer diesem Gesetz unterstellten Auftraggeberin erhalten hat.

Art. 28 Verzeichnisse

¹ Die Auftraggeberin kann ein Verzeichnis der Anbieterinnen führen, die aufgrund ihrer Eignung die Voraussetzungen zur Übernahme öffentlicher Aufträge erfüllen.

² Folgende Angaben sind auf der Internetplattform von Bund und Kantonen zu veröffentlichen:

a. Fundstelle des Verzeichnisses;

b. Informationen über die zu erfüllenden Kriterien;

c. Prüfungsmethoden und Eintragungsbedingungen;

d. Dauer der Gültigkeit und Verfahren zur Erneuerung des Eintrags.

³ Ein transparentes Verfahren muss sicherstellen, dass die Gesuchseinreichung, die Prüfung oder die Nachprüfung der Eignung sowie die Eintragung einer Gesuchstellerin in das Verzeichnis oder deren Streichung aus dem Verzeichnis jederzeit möglich sind.

⁴ In einem konkreten Beschaffungsvorhaben sind auch Anbieterinnen zugelassen, die nicht in einem Verzeichnis aufgeführt sind, sofern sie den Eignungsnachweis erbringen.

⁵ Wird das Verzeichnis aufgehoben, so werden die darin aufgeführten Anbieterinnen informiert.

Art. 29 Zuschlagskriterien

¹ Die Auftraggeberin prüft die Angebote anhand leistungsbezogener Zuschlagskriterien. Sie berücksichtigt, unter Beachtung der internationalen Verpflichtungen der Schweiz, neben dem Preis und der Qualität einer Leistung, insbesondere Kriterien wie Zweckmässigkeit, Termine, technischer Wert, Wirtschaftlichkeit, Lebenszykluskosten, Ästhetik, Nachhaltigkeit, Plausibilität des Angebots, die unterschiedlichen Preisniveaus in den Ländern, in welchen die Leistung erbracht wird, Verlässlichkeit des Preises, Kreativität, Kundendienst, Lieferbedingungen, Infrastruktur, Innovationsgehalt, Funktionalität, Servicebereitschaft, Fachkompetenz oder Effizienz der Methodik.

² Ausserhalb des Staatsvertragsbereichs kann die Auftraggeberin ergänzend berücksichtigen, inwieweit die Anbieterin Ausbildungsplätze für Lernende in der beruflichen Grundbildung, Arbeitsplätze für ältere Arbeitnehmende oder eine Wiedereingliederung für Langzeitarbeitslose anbietet.

³ Die Auftraggeberin gibt die Zuschlagskriterien und ihre Gewichtung in der Ausschreibung oder in den Ausschreibungsunterlagen bekannt. Sind Lösungen, Lösungswege oder Vorgehensweisen Gegenstand der Beschaffung, so kann auf eine Bekanntgabe der Gewichtung verzichtet werden.

⁴ Für standardisierte Leistungen kann der Zuschlag ausschliesslich nach dem Kriterium des niedrigsten Gesamtpreises erfolgen, sofern aufgrund der technischen Spezifikation der Leistung hohe Anforderungen an die Nachhaltigkeit in sozialer, ökologischer und wirtschaftlicher Hinsicht gewährleistet sind.

Art. 30 Technische Spezifikationen

¹ Die Auftraggeberin bezeichnet in der Ausschreibung oder in den Ausschreibungsunterlagen die erforderlichen technischen Spezifikationen. Diese legen die Merkmale des Beschaffungsgegenstands wie Funktion, Leistung, Qualität, Sicherheit und Abmessungen oder Produktionsverfahren fest und regeln die Anforderungen an Kennzeichnung und Verpackung.

² Bei der Festlegung der technischen Spezifikationen stützt sich die Auftraggeberin, soweit möglich und angemessen, auf internationale Normen, ansonsten auf in der Schweiz verwendete technische Vorschriften, anerkannte nationale Normen oder Branchenempfehlungen.

³ Bestimmte Firmen oder Marken, Patente, Urheberrechte, Designs oder Typen sowie der Hinweis auf einen bestimmten Ursprung oder bestimmte Produzentinnen sind als technische Spezifikationen nicht zulässig, es sei denn, dass es keine andere hinreichend genaue oder verständliche Art und Weise der Leistungsbeschreibung gibt und die Auftraggeberin in diesem Fall in die Ausschreibungsunterlagen die Worte «oder gleichwertig» aufnimmt. Die Gleichwertigkeit ist durch die Anbieterin nachzuweisen.

⁴ Die Auftraggeberin kann technische Spezifikationen zur Erhaltung der natürlichen Ressourcen oder zum Schutz der Umwelt vorsehen.

Art. 31 Bietergemeinschaften und Subunternehmerinnen

¹ Bietergemeinschaften und Subunternehmerinnen sind zugelassen, soweit die Auftraggeberin dies in der Ausschreibung oder in den Ausschreibungsunterlagen nicht ausschliesst oder beschränkt.

² Mehrfachbewerbungen von Subunternehmerinnen oder von Anbieterinnen im Rahmen von Bietergemeinschaften sind nur möglich, wenn sie in der Ausschreibung oder in den Ausschreibungsunterlagen ausdrücklich zugelassen werden.

³ Die charakteristische Leistung ist grundsätzlich von der Anbieterin zu erbringen.

Art. 32 Lose und Teilleistungen

¹ Die Anbieterin hat ein Gesamtangebot für den Beschaffungsgegenstand einzureichen.

² Die Auftraggeberin kann den Beschaffungsgegenstand in Lose aufteilen und an eine oder mehrere Anbieterinnen vergeben.

³ Hat die Auftraggeberin Lose gebildet, so können die Anbieterinnen ein Angebot für mehrere Lose einreichen, es sei denn, die Auftraggeberin habe dies in der Ausschreibung abweichend geregelt. Sie kann festlegen, dass eine einzelne Anbieterin nur eine beschränkte Anzahl Lose erhalten kann.

⁴ Behält sich die Auftraggeberin vor, von den Anbieterinnen eine Zusammenarbeit mit Dritten zu verlangen, so kündigt sie dies in der Ausschreibung an.

⁵ Die Auftraggeberin kann sich in der Ausschreibung vorbehalten, Teilleistungen zuzuschlagen.

Art. 33 Varianten

¹ Den Anbieterinnen steht es frei, zusätzlich zum Angebot der in der Ausschreibung beschriebenen Leistung Varianten vorzuschlagen. Die Auftraggeberin kann diese Möglichkeit in der Ausschreibung beschränken oder ausschliessen.

² Als Variante gilt jedes Angebot, mit dem das Ziel der Beschaffung auf andere Art als von der Auftraggeberin vorgesehen erreicht werden kann.

Art. 34 Formerfordernisse

¹ Angebote und Anträge auf Teilnahme müssen schriftlich, vollständig und fristgerecht gemäss den Angaben in der Ausschreibung oder in den Ausschreibungsunterlagen eingereicht werden.

² Sie können elektronisch eingereicht werden, wenn dies in der Ausschreibung oder in den Ausschreibungsunterlagen vorgesehen ist und die seitens der Auftraggeberin definierten Anforderungen eingehalten werden.

6. Kapitel: Ablauf des Vergabeverfahrens

Art. 35 Inhalt der Ausschreibung

Die Veröffentlichung einer Ausschreibung enthält mindestens folgende Informationen:

a. Name und Adresse der Auftraggeberin;

b. Auftrags- und Verfahrensart sowie die einschlägige CPV-Klassifikation[12], bei Dienstleistungen zusätzlich die einschlägige CPC-Klassifikation[13];

c. Beschreibung der Leistungen, einschliesslich der Art und Menge, oder wenn die Menge unbekannt ist, eine diesbezügliche Schätzung, sowie allfällige Optionen;

d. Ort und Zeitpunkt der Leistungserbringung;

e. gegebenenfalls eine Aufteilung in Lose, eine Beschränkung der Anzahl Lose und eine Zulassung von Teilangeboten;

f. gegebenenfalls eine Beschränkung oder einen Ausschluss von Bietergemeinschaften und Subunternehmerinnen;

g. gegebenenfalls eine Beschränkung oder einen Ausschluss von Varianten;

h. bei wiederkehrend benötigten Leistungen wenn möglich eine Angabe des Zeitpunktes der nachfolgenden Ausschreibung und gegebenenfalls einen Hinweis, dass die Angebotsfrist verkürzt wird;

i. gegebenenfalls einen Hinweis, dass eine elektronische Auktion stattfindet;

j. gegebenenfalls die Absicht, einen Dialog durchzuführen;

k. die Frist zur Einreichung von Angeboten oder Teilnahmeanträgen;

l. Formerfordernisse zur Einreichung von Angeboten oder Teilnahmeanträgen, insbesondere gegebenenfalls die Auflage, Leistung und Preis in zwei separaten Couverts anzubieten;

m. Sprache oder Sprachen des Verfahrens und des Angebots;

n. die Eignungskriterien und die geforderten Nachweise;

o. bei einem selektiven Verfahren gegebenenfalls die Höchstzahl der Anbieterinnen, die zur Offertstellung eingeladen werden;

---

12 CPV = «Common Procurement Vocabulary» (Gemeinsames Vokabular für öffentliche Aufträge der Europäischen Union).
13 CPC = «Central Product Classification» (Zentrale Gütersystematik der Vereinten Nationen).

p. die Zuschlagskriterien sowie deren Gewichtung, sofern diese Angaben nicht in den Ausschreibungsunterlagen enthalten sind;

q. gegebenenfalls den Vorbehalt, Teilleistungen zuzuschlagen;

r. die Gültigkeitsdauer der Angebote;

s. die Bezugsquelle für die Ausschreibungsunterlagen sowie gegebenenfalls eine kostendeckende Gebühr;

t. einen Hinweis, ob die Beschaffung in den Staatsvertragsbereich fällt;

u. gegebenenfalls zum Verfahren zugelassene, vorbefasste Anbieterinnen;

v. gegebenenfalls eine Rechtsmittelbelehrung.

Art. 36 Inhalt der Ausschreibungsunterlagen

Soweit diese Angaben nicht bereits in der Ausschreibung enthalten sind, geben die Ausschreibungsunterlagen Aufschluss über:

a. Name und Adresse der Auftraggeberin;

b. den Gegenstand der Beschaffung, einschliesslich technischer Spezifikationen und Konformitätsbescheinigungen, Pläne, Zeichnungen und notwendiger Instruktionen sowie Angaben zur nachgefragten Menge;

c. Formerfordernisse und Teilnahmebedingungen für die Anbieterinnen, einschliesslich einer Liste mit Angaben und Unterlagen, welche die Anbieterinnen im Zusammenhang mit den Teilnahmebedingungen einreichen müssen, sowie eine allfällige Gewichtung der Eignungskriterien;

d. die Zuschlagskriterien sowie deren Gewichtung;

e. wenn die Auftraggeberin die Beschaffung elektronisch abwickelt: allfällige Anforderungen an die Authentifizierung und Verschlüsselung bei der elektronischen Einreichung von Informationen;

f. wenn die Auftraggeberin eine elektronische Auktion vorsieht: die Regeln, nach denen die Auktion durchgeführt wird, einschliesslich der Bezeichnung jener Angebotselemente, die angepasst werden können und anhand der Zuschlagskriterien bewertet werden;

g. das Datum, die Uhrzeit und den Ort für die Öffnung der Angebote, falls die Angebote öffentlich geöffnet werden;

h. alle anderen für die Erstellung der Angebote erforderlichen Modalitäten und Bedingungen, insbesondere die Angabe, in welcher Währung (in der Regel Schweizerfranken) das Angebot einzureichen ist;

i. Termine für die Erbringung der Leistungen.

Art. 37 Angebotsöffnung

¹ Im offenen und im selektiven Verfahren werden alle fristgerecht eingereichten Angebote durch mindestens zwei Vertreterinnen oder Vertreter der Auftraggeberin geöffnet.

² Über die Öffnung der Angebote wird ein Protokoll erstellt. Darin sind mindestens die Namen der anwesenden Personen, die Namen der Anbieterinnen, das Datum der Einreichung ihrer Angebote, allfällige Angebotsvarianten sowie die jeweiligen Gesamtpreise der Angebote festzuhalten.

³ Sind Leistung und Preis in zwei separaten Couverts anzubieten, so ist für die Öffnung der Couverts nach den Absätzen 1 und 2 vorzugehen, wobei im Protokoll über die Öffnung der zweiten Couverts nur die Gesamtpreise festzuhalten sind.

⁴ Allen Anbieterinnen wird spätestens nach dem Zuschlag auf Verlangen Einsicht in das Protokoll gewährt.

Art. 38 Prüfung der Angebote

¹ Die Auftraggeberin prüft die eingegangenen Angebote auf die Einhaltung der Formerfordernisse. Offensichtliche Rechenfehler werden von Amtes wegen berichtigt.

² Die Auftraggeberin kann von den Anbieterinnen verlangen, dass sie ihre Angebote erläutern. Sie hält die Anfrage sowie die Antworten schriftlich fest.

³ Geht ein Angebot ein, dessen Gesamtpreis im Vergleich zu den anderen Angeboten ungewöhnlich niedrig erscheint, so muss die Auftraggeberin bei der Anbieterin zweckdienliche Erkundigungen darüber einholen, ob die Teilnahmebedingungen eingehalten sind und die weiteren Anforderungen der Ausschreibung verstanden wurden.

⁴ Sind Leistung und Preis in zwei separaten Couverts anzubieten, so erstellt die Vergabestelle in einem ersten Schritt eine Rangliste entsprechend der Qualität der Angebote. In einem zweiten Schritt bewertet sie die Gesamtpreise.

Art. 39 Bereinigung der Angebote

¹ Die Auftraggeberin kann mit den Anbieterinnen die Angebote hinsichtlich der Leistungen sowie der Modalitäten ihrer Erbringung bereinigen, um das vorteilhafteste Angebot zu ermitteln.

² Eine Bereinigung findet nur dann statt, wenn:

a. erst dadurch der Auftrag oder die Angebote geklärt oder die Angebote nach Massgabe der Zuschlagskriterien objektiv vergleichbar gemacht werden können; oder

b. Leistungsänderungen objektiv und sachlich geboten sind, wobei der Leistungsgegenstand, die Kriterien und Spezifikationen nicht in einer Weise angepasst werden dürfen, dass sich die charakteristische Leistung oder der potenzielle Anbieterkreis verändert.

³ Eine Aufforderung zur Preisanpassung ist nur im Zusammenhang mit den Tatbeständen von Absatz 2 zulässig.

⁴ Die Auftraggeberin hält die Resultate der Bereinigung in einem Protokoll fest.

Art. 40 Bewertung der Angebote

¹ Sofern die Eignungskriterien und die technischen Spezifikationen erfüllt sind, werden die Angebote nach Massgabe der Zuschlagskriterien objektiv, einheitlich und nachvollziehbar geprüft und bewertet. Die Auftraggeberin dokumentiert die Evaluation.

² Erfordert die umfassende Prüfung und Bewertung der Angebote einen erheblichen Aufwand und hat die Auftraggeberin dies in der Ausschreibung angekündigt, so kann sie alle Angebote auf der Grundlage der eingereichten Unterlagen einer ersten Prüfung unterziehen und rangieren. Auf dieser Grundlage wählt sie nach Möglichkeit die drei bestrangierten Angebote aus und unterzieht sie einer umfassenden Prüfung und Bewertung.

Art. 41 Zuschlag

Das vorteilhafteste Angebot erhält den Zuschlag.

Art. 42 Vertragsabschluss

¹ Bei Aufträgen ausserhalb des Staatsvertragsbereichs darf ein Vertrag mit der berücksichtigten Anbieterin nach erfolgtem Zuschlag abgeschlossen werden.

² Bei Aufträgen im Staatsvertragsbereich darf ein Vertrag mit der berücksichtigten Anbieterin nach Ablauf der Frist für die Beschwerde gegen den Zuschlag abgeschlossen werden, es sei denn, das Bundesverwaltungsgericht habe einer Beschwerde gegen den Zuschlag aufschiebende Wirkung erteilt.

³ Ist bei Aufträgen im Staatsvertragsbereich ein Beschwerdeverfahren gegen den Zuschlag hängig, ohne dass die aufschiebende Wirkung verlangt oder gewährt wurde, so teilt die Auftraggeberin den Vertragsabschluss umgehend dem Gericht mit.

Art. 43 Abbruch

¹ Die Auftraggeberin kann das Vergabeverfahren abbrechen, insbesondere wenn:

a. sie von der Vergabe des öffentlichen Auftrags aus zureichenden Gründen absieht;

b. kein Angebot die technischen Spezifikationen oder die weiteren Anforderungen erfüllt;

c. aufgrund veränderter Rahmenbedingungen vorteilhaftere Angebote zu erwarten sind;

d. die eingereichten Angebote keine wirtschaftliche Beschaffung erlauben oder den Kostenrahmen deutlich überschreiten;

e. hinreichende Anhaltspunkte für eine unzulässige Wettbewerbsabrede unter den Anbieterinnen bestehen;

f. eine wesentliche Änderung der nachgefragten Leistungen erforderlich wird.

² Im Fall eines gerechtfertigten Abbruchs haben die Anbieterinnen keinen Anspruch auf eine Entschädigung.

Art. 44 Ausschluss vom Verfahren und Widerruf des Zuschlags

¹ Die Auftraggeberin kann eine Anbieterin von einem Vergabeverfahren ausschliessen, aus einem Verzeichnis streichen oder einen ihr bereits erteilten Zuschlag widerrufen, wenn festgestellt wird, dass auf die betreffende Anbieterin, ihre Organe, eine beigezogene Drittperson oder deren Organe einer der folgenden Sachverhalte zutrifft:

a. Sie erfüllen die Voraussetzungen für die Teilnahme am Verfahren nicht oder nicht mehr, oder der rechtskonforme Ablauf des Vergabeverfahrens wird durch ihr Verhalten beeinträchtigt.

b. Die Angebote oder Anträge auf Teilnahme weisen wesentliche Formfehler auf oder weichen wesentlich von den verbindlichen Anforderungen einer Ausschreibung ab.

c. Es liegt eine rechtskräftige Verurteilung wegen eines Vergehens zum Nachteil der jeweiligen Auftraggeberin oder wegen eines Verbrechens vor.

d. Sie befinden sich in einem Pfändungs- oder Konkursverfahren.

e. Sie haben Bestimmungen über die Bekämpfung der Korruption verletzt.

f. Sie widersetzen sich angeordneten Kontrollen.

g. Sie bezahlen fällige Steuern oder Sozialabgaben nicht.

h. Sie haben frühere öffentliche Aufträge mangelhaft erfüllt oder liessen in anderer Weise erkennen, keine verlässlichen und vertrauenswürdigen Vertragspartnerinnen zu sein.

i. Sie waren an der Vorbereitung der Beschaffung beteiligt, und der dadurch entstehende Wettbewerbsnachteil der anderen Anbieterinnen kann nicht mit geeigneten Mitteln ausgeglichen werden.

j. Sie wurden nach Artikel 45 Absatz 1 von künftigen öffentlichen Aufträgen rechtskräftig ausgeschlossen.

² Die Auftraggeberin kann überdies Massnahmen nach Absatz 1 treffen, wenn hinreichende Anhaltspunkte dafür vorliegen, dass auf die Anbieterin, ihre Organe, eine beigezogene Drittperson oder deren Organe insbesondere einer der folgenden Sachverhalte zutrifft:

a. Sie haben unwahre oder irreführende Aussagen und Auskünfte gegenüber der Auftraggeberin gemacht.

b. Es wurden unzulässige Wettbewerbsabreden getroffen.

c. Sie reichen ein ungewöhnlich niedriges Angebot ein, ohne auf Aufforderung hin nachzuweisen, dass die Teilnahmebedingungen eingehalten werden, und bieten keine Gewähr für die vertragskonforme Erbringung der ausgeschriebenen Leistungen.

d. Sie haben gegen anerkannte Berufsregeln verstossen oder Handlungen oder Unterlassungen begangen, die ihre berufliche Ehre oder Integrität beeinträchtigen.

e. Sie sind insolvent.

f. Sie missachten die Arbeitsschutzbestimmungen, die Arbeitsbedingungen, die Bestimmungen über die Gleichbehandlung von Frau und Mann in Bezug auf die Lohngleichheit, die Bestimmungen über die Vertraulichkeit und die Bestimmungen des schweizerischen Umweltrechts oder die vom Bundesrat bezeichneten internationalen Übereinkommen zum Schutz der Umwelt.

g. Sie haben Melde- oder Bewilligungspflichten nach dem BGSA[14] verletzt.

h. Sie verstossen gegen das Bundesgesetz vom 19. Dezember 1986[15] gegen den unlauteren Wettbewerb.

Art. 45 Sanktionen

[1] Die Auftraggeberin oder die nach gesetzlicher Anordnung zuständige Behörde kann eine Anbieterin oder Subunternehmerin, die selber oder durch ihre Organe in schwerwiegender Weise einen oder mehrere der Tatbestände von Artikel 44 Absatz 1 Buchstaben c und e sowie Absatz 2 Buchstaben b, f und g erfüllt, von künftigen öffentlichen Aufträgen für die Dauer von bis zu fünf Jahren ausschliessen. In leichten Fällen kann eine Verwarnung erfolgen. Beim Tatbestand der Korruption (Art. 44 Abs. 1 Bst. e) wirkt der Ausschluss für alle Auftraggeberinnen des Bundes, bei den anderen Tatbeständen nur für die betroffene Auftraggeberin.

[2] Diese Sanktionsmöglichkeiten gelten unabhängig von weiteren rechtlichen Schritten gegen die fehlbare Anbieterin, Subunternehmerin oder deren Organe. Den Verdacht auf unzulässige Wettbewerbsabreden (Art. 44 Abs. 2 Bst. b) teilt die Auftraggeberin der Wettbewerbskommission mit.

[3] Die Auftraggeberin oder die nach gesetzlicher Anordnung zuständige Behörde meldet einen rechtskräftigen Ausschluss nach Absatz 1 einer vom Bundesrat bezeichneten Stelle. Diese Stelle führt eine nicht öffentliche Liste der sanktionierten Anbieterinnen und Subunternehmerinnen unter Angabe der Gründe für den Ausschluss sowie der Dauer des Ausschlusses von öffentlichen Aufträgen. Sie sorgt dafür, dass jede Auftraggeberin in Bezug auf eine bestimmte Anbieterin oder Subunternehmerin die entsprechenden Informationen erhalten kann. Sie kann zu diesem Zweck ein Abrufverfahren einrichten.

---

14 SR **822.41**.
15 SR **241**.

Bund und Kantone stellen einander alle nach diesem Artikel erhobenen Informationen zur Verfügung. Nach Ablauf der Sanktion wird der Eintrag aus der Liste gelöscht.

7. Kapitel: Fristen und Veröffentlichungen, Statistik

Art. 46 Fristen

¹ Bei der Bestimmung der Fristen für die Einreichung der Angebote oder Teilnahmeanträge trägt die Auftraggeberin der Komplexität des Auftrags, der voraussichtlichen Anzahl von Unteraufträgen sowie den Übermittlungswegen Rechnung.

² Im Staatsvertragsbereich gelten folgende Minimalfristen:

a. im offenen Verfahren: 40 Tage ab Veröffentlichung der Ausschreibung für die Einreichung der Angebote;

b. im selektiven Verfahren: 25 Tage ab Veröffentlichung der Ausschreibung für die Einreichung der Teilnahmeanträge und 40 Tage ab Einladung zur Angebotserstellung für die Einreichung der Angebote.

³ Eine Verlängerung dieser Fristen ist allen Anbieterinnen rechtzeitig anzuzeigen oder zu veröffentlichen.

⁴ Ausserhalb des Staatsvertragsbereichs beträgt die Frist für die Einreichung der Angebote in der Regel mindestens 20 Tage. Bei weitgehend standardisierten Leistungen kann die Frist auf nicht weniger als 5 Tage reduziert werden.

Art. 47 Fristverkürzung im Staatsvertragsbereich

¹ Die Auftraggeberin kann die Minimalfristen nach Artikel 46 Absatz 2 in Fällen nachgewiesener Dringlichkeit auf nicht weniger als 10 Tage verkürzen.

² Sie kann die minimale Angebotsfrist von 40 Tagen nach Artikel 46 Absatz 2 um je 5 Tage kürzen, wenn:

a. die Ausschreibung elektronisch veröffentlicht wird;

b. die Ausschreibungsunterlagen zeitgleich elektronisch veröffentlicht werden;

c. Angebote auf elektronischem Weg entgegengenommen werden.

³ Sie kann die minimale Angebotsfrist von 40 Tagen nach Artikel 46 Absatz 2 auf nicht weniger als 10 Tage verkürzen, sofern sie mindestens 40 Tage bis höchstens 12 Monate vor der Veröffentlichung der Ausschreibung eine Vorankündigung mit folgendem Inhalt veröffentlicht hat:

a. Gegenstand der beabsichtigten Beschaffung;

b. ungefähre Frist für die Einreichung der Angebote oder Teilnahmeanträge;

c. Erklärung, dass die interessierten Anbieterinnen der Auftraggeberin ihr Interesse an der Beschaffung mitteilen sollen;

d. Bezugsquelle für die Ausschreibungsunterlagen;

e. alle weiteren zu diesem Zeitpunkt bereits verfügbaren Angaben nach Artikel 35.

⁴ Sie kann die minimale Angebotsfrist von 40 Tagen nach Artikel 46 Absatz 2 auf nicht weniger als 10 Tage verkürzen, wenn sie wiederkehrend benötigte Leistungen beschafft und bei einer früheren Ausschreibung auf die Fristverkürzung hingewiesen hat.

⁵ Überdies kann die Auftraggeberin beim Einkauf gewerblicher Waren oder Dienstleistungen oder einer Kombination der beiden in jedem Fall die Frist zur Angebotseinreichung auf nicht weniger als 13 Tage verkürzen, sofern sie die Ausschreibungsunterlagen gleichzeitig mit der Ausschreibung elektronisch veröffentlicht. Nimmt die Auftraggeberin Angebote für gewerbliche Waren oder Dienstleistungen elektronisch entgegen, so kann sie ausserdem die Frist auf nicht weniger als 10 Tage verkürzen.

Art. 48 Veröffentlichungen

¹ Im offenen und im selektiven Verfahren veröffentlicht die Auftraggeberin die Vorankündigung, die Ausschreibung, den Zuschlag sowie den Abbruch des Verfahrens auf einer gemeinsam von Bund und Kantonen betriebenen Internetplattform für öffentliche Beschaffungen. Ebenso veröffentlicht sie Zuschläge, die ab dem für das offene oder selektive Verfahren massgebenden Schwellenwert freihändig erteilt wurden. Dies gilt nicht für freihändig erteilte Zuschläge nach Anhang 5 Ziffer 1 Buchstaben c und d.

² Die Ausschreibungsunterlagen werden in der Regel zeitgleich und elektronisch zur Verfügung gestellt. Der Zugang zu diesen Veröffentlichungen ist unentgeltlich.

³ Die vom Bund und den Kantonen mit der Entwicklung und dem Betrieb der Internetplattform beauftragte Organisation kann von den Auftraggeberinnen, den Anbieterinnen sowie weiteren Personen, welche die Plattform oder damit verbundene Dienstleistungen nutzen, Entgelte oder Gebühren erheben. Diese bemessen sich nach der Anzahl der Veröffentlichungen beziehungsweise nach dem Umfang der genutzten Leistungen.

⁴ Für jeden Auftrag im Staatsvertragsbereich, der nicht in einer Amtssprache der Welthandelsorganisation (WTO) ausgeschrieben wird, veröffentlicht die Auftraggeberin zeitgleich mit der Ausschreibung eine Zusammenfassung der Anzeige in einer Amtssprache der WTO. Die Zusammenfassung enthält mindestens:

a. den Gegenstand der Beschaffung;

b. die Frist für die Abgabe der Angebote oder Teilnahmeanträge;

c. die Bezugsquelle für die Ausschreibungsunterlagen.

⁵ Der Bundesrat regelt darüber hinausgehende Anforderungen an die Sprachen der Veröffentlichungen, der Ausschreibungsunterlagen, der Eingaben der Anbieterinnen und

des Verfahrens. Er kann den unterschiedlichen sprachlichen Verhältnissen in der Schweiz angemessen Rechnung tragen. Er kann die Anforderungen nach Leistungstypen differenzieren. Dabei gelten, unter Vorbehalt vom Bundesrat ausdrücklich präzisierter Ausnahmen, folgende Grundsätze:

a. Bei Bauaufträgen sowie damit zusammenhängenden Lieferungen und Dienstleistungen müssen die Ausschreibungen und die Zuschläge mindestens in zwei Amtssprachen, insbesondere in der Amtssprache am Standort der Bauten, veröffentlicht werden.

b. Bei Liefer- und Dienstleistungsaufträgen müssen die Ausschreibungen und die Zuschläge mindestens in zwei Amtssprachen veröffentlicht werden.

c. Für die Eingaben der Anbieterinnen sind alle Amtssprachen zulässig.

[6] Im Staatsvertragsbereich erteilte Zuschläge sind in der Regel innerhalb von 30 Tagen zu veröffentlichen. Die Mitteilung enthält folgende Angaben:

a. Art des angewandten Verfahrens;

b. Gegenstand und Umfang des Auftrags;

c. Name und Adresse der Auftraggeberin;

d. Datum des Zuschlags;

e. Name und Adresse der berücksichtigten Anbieterin;

f. Gesamtpreis des berücksichtigten Angebots oder ausnahmsweise die tiefsten und die höchsten Gesamtpreise der in das Vergabeverfahren einbezogenen Angebote einschliesslich Mehrwertsteuer.

Art. 49 Aufbewahrung der Unterlagen

[1] Die Auftraggeberinnen bewahren die massgeblichen Unterlagen im Zusammenhang mit einem Vergabeverfahren während mindestens drei Jahren ab rechtskräftigem Zuschlag auf.

[2] Zu den aufzubewahrenden Unterlagen gehören:

a. die Ausschreibung;

b. die Ausschreibungsunterlagen;

c. das Protokoll der Angebotsöffnung;

d. die Korrespondenz über das Vergabeverfahren;

e. die Bereinigungsprotokolle;

f. Verfügungen im Rahmen des Vergabeverfahrens;

g. das berücksichtigte Angebot;

h. Daten zur Rückverfolgbarkeit der elektronischen Abwicklung einer Beschaffung;

i. Dokumentationen über im Staatsvertragsbereich freihändig vergebene öffentliche Aufträge.

Art. 50 Statistik

¹ Die Auftraggeberinnen erstellen innerhalb von zwölf Monaten nach Ablauf jedes Kalenderjahres zuhanden des Staatssekretariats für Wirtschaft (SECO) eine elektronisch geführte Statistik über die Beschaffungen des Vorjahres im Staatsvertragsbereich.

² Die Statistiken enthalten mindestens die folgenden Angaben:

a. Anzahl und Gesamtwert der öffentlichen Aufträge jeder Auftraggeberin gegliedert nach Bau-, Liefer- und Dienstleistungsaufträgen unter Angabe der einschlägigen CPC- oder CPV-Klassifikation;

b. Anzahl und Gesamtwert der öffentlichen Aufträge, die im freihändigen Verfahren vergeben wurden;

c. wenn keine Daten vorgelegt werden können: Schätzungen zu den Angaben gemäss Buchstaben a und b mit Erläuterungen zur eingesetzten Schätzungsmethode.

³ Der Gesamtwert ist jeweils einschliesslich Mehrwertsteuer anzugeben.

⁴ Die Gesamtstatistik des SECO ist unter Vorbehalt des Datenschutzes und der Wahrung von Geschäftsgeheimnissen öffentlich zugänglich.

8. Kapitel: Rechtsschutz

Art. 51 Eröffnung von Verfügungen

¹ Die Auftraggeberin eröffnet Verfügungen durch Veröffentlichung oder durch individuelle Zustellung an die Anbieterinnen. Die Anbieterinnen haben vor Eröffnung der Verfügung keinen Anspruch auf rechtliches Gehör.

² Beschwerdefähige Verfügungen sind summarisch zu begründen und mit einer Rechtsmittelbelehrung zu versehen.

³ Die summarische Begründung eines Zuschlags umfasst:

a. die Art des Verfahrens und den Namen der berücksichtigten Anbieterin;

b. den Gesamtpreis des berücksichtigten Angebots oder ausnahmsweise die tiefsten und die höchsten Gesamtpreise der in das Vergabeverfahren einbezogenen Angebote;

c. die massgebenden Merkmale und Vorteile des berücksichtigten Angebots;

d. gegebenenfalls eine Darlegung der Gründe für eine freihändige Vergabe.

⁴ Die Auftraggeberin darf keine Informationen bekannt geben, wenn dadurch:

a. gegen geltendes Recht verstossen würde oder öffentliche Interessen verletzt würden;

b. berechtigte wirtschaftliche Interessen der Anbieterinnen beeinträchtigt würden; oder

c. der lautere Wettbewerb zwischen den Anbieterinnen gefährdet würde.

Art. 52 Beschwerde

¹ Gegen Verfügungen der Auftraggeberinnen ist eine Beschwerde an das Bundesverwaltungsgericht zulässig:

a. bei Lieferungen und Dienstleistungen: ab dem für das Einladungsverfahren massgebenden Schwellenwert;

b. bei Bauleistungen: ab dem für das offene oder selektive Verfahren massgebenden Schwellenwert.

² Bei Aufträgen ausserhalb des Staatsvertragsbereichs kann mit der Beschwerde nur die Feststellung beantragt werden, dass eine Verfügung Bundesrecht verletzt; dies gilt nicht für Beschwerden gegen Verfügungen nach Artikel 53 Absatz 1 Buchstaben i. Ausländische Anbieterinnen sind zur Beschwerde nur zugelassen, soweit der Staat, in dem sie ihren Sitz haben, Gegenrecht gewährt.

³ Für Beschwerden gegen Beschaffungen des Bundesverwaltungsgerichts ist das Bundesgericht direkt zuständig.

⁴ Zur Beurteilung von Beschwerden gegen Beschaffungen des Bundesgerichts setzt das Bundesgericht eine interne Rekurskommission ein.

⁵ Bei der Vergabe öffentlicher Aufträge nach Anhang 5 Ziffer 1 Buchstaben c und d besteht kein Rechtsschutz.

Art. 53 Beschwerdeobjekt

¹ Durch Beschwerde anfechtbar sind ausschliesslich die folgenden Verfügungen:

a. die Ausschreibung des Auftrags;

b. der Entscheid über die Auswahl der Anbieterinnen im selektiven Verfahren;

c. der Entscheid über die Aufnahme einer Anbieterin in ein Verzeichnis oder über die Streichung einer Anbieterin aus einem Verzeichnis;

d. der Entscheid über Ausstandsbegehren;

e. der Zuschlag;

f. der Widerruf des Zuschlags;

g. der Abbruch des Verfahrens;

h. der Ausschluss aus dem Verfahren;

i. die Verhängung einer Sanktion.

² Anordnungen in den Ausschreibungsunterlagen, deren Bedeutung erkennbar ist, müssen zusammen mit der Ausschreibung angefochten werden.

³ Auf Beschwerden gegen die Verhängung einer Sanktion finden die Bestimmungen dieses Gesetzes zum rechtlichen Gehör im Verfügungsverfahren, zur aufschiebenden Wirkung und zur Beschränkung der Beschwerdegründe keine Anwendung.

⁴ Verfügungen nach Absatz 1 Buchstaben c und i können unabhängig vom Auftragswert durch Beschwerde angefochten werden.

⁵ Im Übrigen ist der Rechtsschutz gegen Verfügungen nach diesem Gesetz ausgeschlossen.

⁶ Die Beschwerde gegen den Abschluss von Einzelverträgen nach Artikel 25 Absätze 4 und 5 ist ausgeschlossen.

Art. 54 Aufschiebende Wirkung

¹ Die Beschwerde hat keine aufschiebende Wirkung.

² Das Bundesverwaltungsgericht kann einer Beschwerde bei einem Auftrag im Staatsvertragsbereich auf Gesuch hin aufschiebende Wirkung gewähren, wenn die Beschwerde als ausreichend begründet erscheint und keine überwiegenden öffentlichen Interessen entgegenstehen. Zur Frage der aufschiebenden Wirkung findet in der Regel nur ein Schriftenwechsel statt.

³ Ein rechtsmissbräuchliches oder treuwidriges Gesuch um aufschiebende Wirkung wird nicht geschützt. Schadenersatzansprüche der Auftraggeberin und der berücksichtigten Anbieterin sind von den Zivilgerichten zu beurteilen.

Art. 55 Anwendbares Recht

Das Verfügungs- und das Beschwerdeverfahren richten sich nach den Bestimmungen des Verwaltungsverfahrensgesetzes vom 20. Dezember 1968[16] (VwVG), soweit das vorliegende Gesetz nichts anderes bestimmt.

Art. 56 Beschwerdefrist, Beschwerdegründe und Legitimation

¹ Beschwerden müssen schriftlich und begründet innert 20 Tagen seit Eröffnung der Verfügung eingereicht werden.

² Die Bestimmungen des VwVG[17] und des Bundesgerichtsgesetzes vom 17. Juni 2005[18] über den Fristenstillstand finden keine Anwendung auf die Vergabeverfahren nach dem vorliegenden Gesetz.

---

16   SR **172.021**.
17   SR **172.021**.
18   SR **173.110**.

³ Die Angemessenheit einer Verfügung kann im Rahmen eines Beschwerdeverfahrens nicht überprüft werden.

⁴ Gegen Zuschläge im freihändigen Verfahren kann nur Beschwerde führen, wer nachweist, dass sie oder er die nachgefragten Leistungen oder damit substituierbare Leistungen erbringen kann und erbringen will. Es kann nur gerügt werden, das freihändige Verfahren sei zu Unrecht angewandt oder der Zuschlag sei aufgrund von Korruption erteilt worden.

Art. 57 Akteneinsicht

¹ Im Verfügungsverfahren besteht kein Anspruch auf Akteneinsicht.

² Im Beschwerdeverfahren ist der Beschwerdeführerin auf Gesuch hin Einsicht in die Bewertung ihres Angebots und in weitere entscheidrelevante Verfahrensakten zu gewähren, soweit nicht überwiegende öffentliche oder private Interessen entgegenstehen.

Art. 58 Beschwerdeentscheid

¹ Die Beschwerdeinstanz kann in der Sache selbst entscheiden oder diese an die Vorinstanz oder an die Auftraggeberin zurückweisen. Im Fall einer Zurückweisung hat sie verbindliche Anweisungen zu erteilen.

² Erweist sich die Beschwerde als begründet und ist der Vertrag mit der berücksichtigten Anbieterin bereits abgeschlossen, so stellt die Beschwerdeinstanz fest, inwiefern die angefochtene Verfügung das anwendbare Recht verletzt.

³ Gleichzeitig mit der Feststellung der Rechtsverletzung entscheidet die Beschwerdeinstanz über ein allfälliges Schadenersatzbegehren.

⁴ Der Schadenersatz ist beschränkt auf die erforderlichen Aufwendungen, die der Anbieterin im Zusammenhang mit der Vorbereitung und Einreichung ihres Angebots erwachsen sind.

9. Kapitel: Kommission Beschaffungswesen Bund-Kantone

Art. 59

¹ Die Überwachung der internationalen Verpflichtungen der Schweiz im Bereich des öffentlichen Beschaffungswesens obliegt der Kommission Beschaffungswesen Bund-Kantone (KBBK). Diese setzt sich paritätisch aus Vertreterinnen und Vertretern des Bundes und der Kantone zusammen. Das Sekretariat wird vom SECO sichergestellt.

² Die KBBK nimmt insbesondere folgende Aufgaben wahr:

a. Ausarbeitung der Position der Schweiz in internationalen Gremien zu Handen des Bundesrates und Beratung der Schweizer Verhandlungsdelegationen;

b. Förderung des Informations- und Erfahrungsaustausches zwischen Bund und Kantonen und Erarbeitung von Empfehlungen betreffend die Umsetzung internationaler Verpflichtungen in Schweizer Recht;

c. Pflege der Beziehungen zu ausländischen Überwachungsbehörden;

d. Erteilung von Ratschlägen und Vermittlung in Einzelfällen bei Streitigkeiten im Zusammenhang mit Geschäften nach den Buchstaben a–c.

³ Bestehen Anhaltspunkte dafür, dass internationale Verpflichtungen der Schweiz über das öffentliche Beschaffungswesen verletzt werden, so kann die KBBK bei den Behörden des Bundes oder der Kantone intervenieren und sie veranlassen, den Sachverhalt abzuklären und bei festgestellten Missständen die erforderlichen Massnahmen zu treffen.

⁴ Die KBBK kann Gutachten erstellen oder Sachverständige damit beauftragen.

⁵ Sie gibt sich ein Geschäftsreglement. Dieses bedarf der Genehmigung des Bundesrates und des InöB.

10. Kapitel: Schlussbestimmungen

Art. 60 Vollzug

¹ Der Bundesrat erlässt die Ausführungsbestimmungen. Er kann den Erlass von Ausführungsbestimmungen zur Statistik nach Artikel 50 dem für das Beschaffungswesen zuständigen Bundesamt übertragen.

² Er beachtet beim Erlass der Ausführungsbestimmungen die Anforderungen der massgebenden Staatsverträge.

³ Der Bund kann sich an der Organisation, welche die Internetplattform von Bund und Kantonen für das öffentliche Beschaffungswesen in der Schweiz betreibt, beteiligen.

Art. 61 Aufhebung und Änderung anderer Erlasse

Die Aufhebung und die Änderung anderer Erlasse werden in Anhang 7 geregelt.

Art. 62 Übergangsbestimmung

Vergabeverfahren, die vor Inkrafttreten dieses Gesetzes eingeleitet wurden, werden nach bisherigem Recht zu Ende geführt.

Art. 63 Referendum und Inkrafttreten

¹ Dieses Gesetz untersteht dem fakultativen Referendum.

² Der Bundesrat bestimmt das Inkrafttreten.

Datum des Inkrafttretens: 1. Januar 2021[19]

---

[19] BRB vom 12. Febr. 2020.

Anhang 1

(Art. 8 Abs. 4 und 16 Abs. 4)

Bauleistungen

1 Bauleistungen im Staatsvertragsbereich

	Zentrale Güter-systematik der UNO (prov. CPC) Referenz-Nr.
1. Vorbereitung des Baugeländes und der Baustellen	511
2. Bauarbeiten für Hochbauten	512
3. Bauarbeiten für Tiefbauten	513
4. Montage und Bau von Fertigbauten	514
5. Arbeiten spezialisierter Bauunternehmen	515
6. Einrichtungsarbeiten von Installationen	516
7. Ausbauarbeiten und Endfertigung von Bauten	517
8. Miete oder Leasing von Bau- oder Abbruchausrüstungen, einschliesslich Personalleistungen	518

2 Bauleistungen ausserhalb des Staatsvertragsbereichs

Übrige Bauleistungen

Anhang 2

(Art. 8 Abs. 4)

Lieferungen

1 Lieferungen (Waren) im Staatsvertragsbereich

1.1 Als Waren im Staatsvertragsbereich gelten:

a. für Beschaffungen durch die mit der Verteidigung und Sicherheit beauftragten Auftraggeberinnen, die in den für die Schweiz geltenden internationalen Abkommen als solche bezeichnet werden: die Waren, die in der nachfolgenden Liste des zivilen Materials für Verteidigung und Sicherheit aufgeführt sind;

b. für Beschaffungen durch andere Auftraggeberinnen: sämtliche Waren.

1.2 Liste des zivilen Materials für Verteidigung und Sicherheit

	Nomenklatur des Harmonisierten Systems (HS)[20]
1. Salz; Schwefel; Erden und Steine; Gips; Kalk und Zement	Kapitel 25
2. Erze, Schlacken und Aschen	Kapitel 26
3. mineralische Brennstoffe, Mineralöle und Erzeugnisse ihrer Destillation; bitumöse Stoffe; Mineralwachse	Kapitel 27
4. anorganische chemische Erzeugnisse; anorganische und organische Verbindungen von Edelmetallen, radioaktiven Elementen, Seltenerdmetallen oder Isotopen	Kapitel 28
5. organische chemische Erzeugnisse	Kapitel 29
6. pharmazeutische Erzeugnisse	Kapitel 30
7. Düngemittel	Kapitel 31
8. Gerb- oder Farbstoffauszüge; Tannine und ihre Derivate; Pigmente und andere Farbstoffe; Anstrichfarben und Lacke; Kitte; Tinten	Kapitel 32
9. ätherische Öle und Resinoide; zubereitete Riechstoffe, Körperpflege- und Schönheitsmittel	Kapitel 33

---

[20] Internationales Übereinkommen vom 14. Juni 1983 über das Harmonisierte System zur Bezeichnung und Codierung der Waren (SR **0.632.11**).

	Nomenklatur des Harmonisierten Systems (HS)
10. Seifen, organische grenzflächenaktive Stoffe, zubereitete Waschmittel, zubereitete Schmiermittel, künstliche Wachse, zubereitete Wachse, Putzmittel, Kerzen und ähnliche Erzeugnisse, Modelliermassen, Dentalwachse und Zubereitungen zu zahnärztlichen Zwecken auf der Grundlage von Gips	Kapitel 34
11. Eiweissstoffe; Erzeugnisse auf der Grundlage modifizierter Stärken; Klebstoffe; Enzyme	Kapitel 35
12. Pulver und Sprengstoffe; pyrotechnische Artikel, Zündhölzer; Zündmetalllegierungen; leicht entzündliche Stoffe	Kapitel 36
13. Erzeugnisse zu fotografischen und kinematografischen Zwecken	Kapitel 37
14. verschiedene Erzeugnisse der chemischen Industrie	Kapitel 38
15. Kunststoffe und Waren daraus	Kapitel 39
16. Kautschuk und Waren daraus	Kapitel 40
17. Häute, Felle (andere als Pelzfelle) und Leder	Kapitel 41
18. Lederwaren; Sattlerwaren; Reiseartikel, Handtaschen und ähnliche Behältnisse; Waren aus Därmen	Kapitel 42
19. Pelzfelle und künstliches Pelzwerk; Waren daraus	Kapitel 43
20. Holz, Holzkohle und Holzwaren	Kapitel 44
21. Kork und Korkwaren	Kapitel 45
22. Flechtwaren und Korbmacherwaren	Kapitel 46
23. Halbstoffe aus Holz oder anderen zellulosehaltigen Faserstoffen; Papier oder Pappe für die Wiederaufbereitung (Abfälle und Ausschuss)	Kapitel 47
24. Papier und Pappen; Waren aus Zellstoff, Papier oder Pappe	Kapitel 48
25. Waren des Buchhandels, Presseerzeugnisse oder andere Waren der grafischen Industrie; hand- oder maschinengeschriebene Schriftstücke und Pläne	Kapitel 49
26. Seide	Kapitel 50
27. Wolle, feine oder grobe Tierhaare; Garne und Gewebe aus Rosshaar	Kapitel 51
28. Baumwolle	Kapitel 52
29. andere pflanzliche Spinnstoffe; Papiergarne und Gewebe aus Papiergarnen	Kapitel 53
30. synthetische oder künstliche Filamente, ausgenommen: 54.07: Gewebe aus Garnen aus synthetischen Filamenten 54.08: Gewebe aus Garnen aus künstlichen Filamenten	Kapitel 54

	Nomenklatur des Harmonisierten Systems (HS)
31. synthetische oder künstliche Kurzfasern, ausgenommen: 55.11–55.16: Garne aus synthetischen oder künstlichen Kurzfasern	Kapitel 55
32. Watte, Filze und Vliesstoffe; Spezialgarne; Bindfäden, Seile und Taue; Seilerwaren, ausgenommen: 56.08: Netze, geknüpft, in Stücken oder als Meterware, aus Bindfäden, Seilen oder Tauen sowie konfektionierte Fischernetze und andere konfektionierte Netze, aus Spinnstoffen	Kapitel 56
33. Teppiche und andere Bodenbeläge aus Spinnstoffen	Kapitel 57
34. Spezialgewebe; getuftete Spinnstofferzeugnisse; Spitzen; Tapisserien; Posamentierwaren; Stickereien	Kapitel 58
35. gewirkte oder gestrickte Stoffe	Kapitel 60
36. Bekleidung und Bekleidungszubehör, gewirkt oder gestrickt	Kapitel 61
37. Bekleidung und Bekleidungszubehör, weder gewirkt noch gestrickt	Kapitel 62
38. andere konfektionierte Spinnstoffwaren; Warenzusammenstellungen; Altwaren und Lumpen	Kapitel 63
39. Schuhe, Gamaschen und ähnliche Waren; Teile davon	Kapitel 64
40. Kopfbedeckungen und Teile davon	Kapitel 65
41. Regenschirme, Sonnenschirme, Spazierstöcke, Sitzstöcke, Peitschen, Reitpeitschen und Teile davon	Kapitel 66
42. zugerichtete Federn und Daunen und Waren aus Federn oder Daunen; künstliche Blumen; Waren aus Menschenhaaren	Kapitel 67
43. Waren aus Steinen, Gips, Zement, Asbest, Glimmer oder ähnlichen Stoffen	Kapitel 68
44. keramische Waren	Kapitel 69
45. Glas und Glaswaren	Kapitel 70
46. echte Perlen oder Zuchtperlen, Edelsteine, Schmucksteine oder dergleichen, Edelmetalle, Edelmetallplattierungen und Waren daraus; Fantasieschmuck; Münzen	Kapitel 71
47. Gusseisen, Eisen und Stahl	Kapitel 72
48. Waren aus Gusseisen, Eisen oder Stahl	Kapitel 73
49. Kupfer und Waren daraus	Kapitel 74
50. Nickel und Waren daraus	Kapitel 75
51. Aluminium und Waren daraus	Kapitel 76
52. Blei und Waren daraus	Kapitel 78

	Nomenklatur des Harmonisierten Systems (HS)
53. Zink und Waren daraus	Kapitel 79
54. Zinn und Waren daraus	Kapitel 80
55. andere unedle Metalle; Cermets; Waren aus diesen Stoffen	Kapitel 81
56. Werkzeuge, Messerschmiedewaren und Essbestecke aus unedlen Metallen; Teile von diesen Waren aus unedlen Metallen	Kapitel 82
57. verschiedene Waren aus unedlen Metallen	Kapitel 83
58. Kernreaktoren, Kessel, Maschinen, Apparate und mechanische Geräte; Teile dieser Maschinen oder Apparate, ausgenommen: 84.71: Datenverarbeitungsmaschinen, automatisch, und ihre Einheiten; magnetische oder optische Leser, Maschinen zum Aufzeichnen von Daten auf Datenträger in codierter Form und Maschinen zum Verarbeiten solcher Daten, anderweit weder genannt noch inbegriffen	Kapitel 84
59. elektrische Maschinen und Apparate und andere elektrotechnische Waren sowie Teile davon; Tonaufnahme- und Tonwiedergabegeräte, Fernsehbild- und Fernsehtonaufzeichnungs- oder -wiedergabegeräte sowie Teile und Zubehör für diese Geräte, beschränkt auf: 85.10: Rasierapparate, Haarschneidemaschinen und Haarentferner usw. 85.16: Warmwasserbereiter und Tauchsieder usw. 85.37: Tafeln, Felder, Konsolen, Pulte, Schränke und andere Hilfsmittel usw. 85.38: für Geräte der Positionen 85.35, 85.36 oder 85.37 bestimmte Teile usw. 85.39: Glühlampen und Entladungslampen usw. 85.40: Glühkathoden-Elektronenröhren, Kaltkathoden-Elektronenröhren usw.	Kapitel 85
60. Schienenfahrzeuge und ortsfestes Gleismaterial sowie Teile davon; mechanische (einschliesslich elektromechanische) Signalvorrichtungen für Verkehrswege	Kapitel 86
61. Automobile, Traktoren, Motorräder, Fahrräder und andere Landfahrzeuge; Teile und Zubehör dazu; ausgenommen: 87.05: Kraftfahrzeuge zu besonderen Zwecken (z.B. Abschleppwagen, Kranwagen, Feuerwehrwagen, Betonmischwagen, Strassenkehrwagen, Strassensprengwagen, Werkstattwagen, Wagen mit Röntgenanlagen) usw. 87.08: Teile und Zubehör für Automobile der Nummern 87.01–87.05 usw. 87.10: Panzerkampfwagen und andere selbstfahrende gepanzerte Kampffahrzeuge, auch mit Waffen, Teile davon usw.	Kapitel 87
62. Wasserfahrzeuge	Kapitel 89

	Nomenklatur des Harmonisierten Systems (HS)
63. optische, fotografische und kinematografische Instrumente, Apparate und Geräte; Mess-, Prüf- oder Präzisionsinstrumente, -apparate und -geräte; medizinische und chirurgische Instrumente, Apparate und Geräte; Teile und Zubehör für diese Instrumente, Apparate und Geräte; ausgenommen: 90.14: Kompasse, einschliesslich Navigationskompasse usw. 90.15: Instrumente, Apparate und Geräte für Geodäsie, Topografie usw. 90.27: Instrumente, Apparate und Geräte für physikalische oder chemische Untersuchungen usw. 90.30: Oszilloskope usw.	Kapitel 90
64. Uhrmacherwaren	Kapitel 91
65. Musikinstrumente; Teile und Zubehör für diese Instrumente	Kapitel 92
66. Möbel; medizinisch-chirurgisches Mobiliar; Bettzeug und dergleichen; Beleuchtungskörper, anderweit weder genannt noch inbegriffen; Reklameleuchten, Leuchtschilder und ähnliche Waren; vorgefertigte Gebäude	Kapitel 94
67. Spielzeug, Spiele, Unterhaltungsartikel und Sportgeräte; Teile und Zubehör davon	Kapitel 95
68. verschiedene Waren	Kapitel 96
69. Kunstgegenstände, Sammlungsstücke und Antiquitäten	Kapitel 97

2 Lieferungen (Waren) ausserhalb des Staatsvertragsbereichs

Übrige Waren

Anhang 3

(Art. 8 Abs. 4)

Dienstleistungen

1 Dienstleistungen im Staatsvertragsbereich

Als Dienstleistungen im Staatsvertragsbereich gelten die nachfolgend aufgeführten Leistungen:

	Zentrale Gütersystematik der UNO (prov. CPC) Referenz-Nr.
1. Instandhaltung und Reparatur	6112, 6122, 633, 886
2. Hotellerie- und andere ähnliche Beherbergungsdienstleistungen	641
3. Restauration und Verkauf von an Ort zu konsumierenden Getränken	642, 643
4. Landverkehr einschliesslich Geldtransport und Kurierdienste, ohne Postverkehr	712 (ausser 71235), 7512, 87304
5. Fracht- und Personenbeförderung im Flugverkehr, ohne Postverkehr	73 (ausser 7321)
6. Postbeförderung im Landverkehr (ohne Eisenbahnverkehr) sowie Luftpostbeförderung	71235, 7321
7. Dienstleistungen von Reisebüros und Reiseorganisatoren	7471
8. Fernmeldewesen	752
9. Versicherungs-, Bank- und Anlagedienstleistungen mit Ausnahme von Wertpapiergeschäften oder Geschäften mit anderen Finanzinstrumenten sowie Dienstleistungen der Zentralbanken	Teil von 81, 812, 814
10. Dienstleistungen von Immobilienmaklern auf Honorar- oder Vertragsbasis	822
11. Miet- oder Leasingdienstleistungen von Maschinen und Ausrüstung, ohne Führer	83106–83109
12. Miet- oder Leasingdienstleistungen von Gebrauchsgütern	Teil von 832
13. Datenverarbeitung und verbundene Dienstleistungen	84
14. Beratungsdienstleistungen auf dem Gebiet des Rechts des Herkunftslandes und des Völkerrechts	Teil von 861
15. Buchführung, -haltung und -prüfung	862
16. Steuerberatung	863
17. Markt- und Meinungsforschung	864
18. Unternehmungsberatung und verbundene Dienstleistungen	865, 866[21]

---

21 Ohne Schiedsgerichts- und Schlichtungsleistungen.

	Zentrale Gütersystematik der UNO (prov. CPC) Referenz-Nr.
19. Architektur, technische Beratung und Planung; integrierte technische Leistungen; Stadt- und Landschaftsplanung; zugehörige wissenschaftliche und technische Beratung; technische Versuche und Analysen	867
20. Werbung	871
21. Gebäudereinigung und Hausverwaltung	874, 82201–82206
22. Verpackungsdienstleistungen	876
23. Beratung im Bereich Forstwirtschaft	Teil von 8814
24. Verlegen und Drucken gegen Vergütung oder auf vertraglicher Grundlage	88442
25. Abwasser- und Abfallbeseitigung; sanitäre und ähnliche Dienstleistungen	94

2 Dienstleistungen ausserhalb des Staatsvertragsbereichs

Übrige Dienstleistungen

Anhang 4

(Art. 8 Abs. 4, 16 und 20 Abs. 1)

Schwellenwerte[22]

1 Schwellenwerte für Beschaffungen im Staatsvertragsbereich

1.1 Protokoll vom 30. März 2012 zur Änderung des Übereinkommens über das öffentliche Beschaffungswesen sowie Freihandelsabkommen.

Offenes oder selektives Verfahren

Auftraggeberin	Bauleistungen (Gesamtwert)	Lieferungen	Dienstleistungen
Auftraggeberin nach Art. 4 Abs. 1	ab CHF 8 700 000	ab CHF 230 000	ab CHF 230 000
Auftraggeberin nach Art. 4 Abs. 2 Bst. a–e	ab CHF 8 700 000	ab CHF 700 000	ab CHF 700 000

1.2 Abkommen vom 21. Juni 1999 zwischen der Schweizerischen Eidgenossenschaft und der Europäischen Gemeinschaft über bestimmte Aspekte des öffentlichen Beschaffungswesens

Offenes oder selektives Verfahren

Auftraggeberin	Bauleistungen (Gesamtwert)	Lieferungen	Dienstleistungen
Auftraggeberin nach Art. 4 Abs. 2 Bst. f–h	ab CHF 8 000 000	ab CHF 640 000	ab CHF 640 000

2 Schwellenwerte und Verfahren ausserhalb des Staatsvertragsbereichs

Offenes oder selektives Verfahren

Auftraggeberin	Bauleistungen (Gesamtwert)	Lieferungen	Dienstleistungen
Auftraggeberin nach Art. 4 Abs. 1	ab CHF 2 000 000	ab CHF 230 000	ab CHF 230 000
Auftraggeberin nach Art. 4 Abs. 2 Bst. a–e	ab CHF 2 000 000	ab CHF 700 000	ab CHF 700 000
Auftraggeberin nach Art. 4 Abs. 2 Bst. f–h	ab CHF 2 000 000	ab CHF 640 000	ab CHF 640 000

---

22 Die Schwellenwerte in Schweizerfranken gelten für die Jahre 2016 und 2017.

Einladungsverfahren			
Alle Auftraggeberinnen	ab CHF 300 000	ab CHF 150 000	ab CHF 150 000
Freihändiges Verfahren			
Alle Auftraggeberinnen	unter CHF 300 000	unter CHF 150 000	unter CHF 150 000

Anhang 5

(Art. 8 Abs. 5, 48 Abs. 1 und 52 Abs. 5)

Öffentliche Aufträge ausserhalb des Staatsvertragsbereichs

1. Als öffentliche Aufträge ausserhalb des Staatsvertragsbereichs gelten:

    a. Beschaffungen, die nicht unter die Listen unterstellter Leistungen nach den Ziffern 1 der Anhänge 1–3 fallen oder deren Auftragswert unterhalb der Schwellenwerte nach Anhang 4 liegt;

    b. die Übertragung öffentlicher Aufgaben und die Verleihung von Konzessionen im Sinne von Artikel 9;

    c. die Beschaffung von Waffen, Munition, Kriegsmaterial oder, sofern sie für Verteidigungs- und Sicherheitszwecke unerlässlich sind, sonstigen Lieferungen, Bauleistungen, Dienstleistungen, Forschungs- oder Entwicklungsleistungen;

    d. öffentliche Aufträge für die internationale Entwicklungs- und Ostzusammenarbeit, die humanitäre Hilfe sowie die Förderung des Friedens und der menschlichen Sicherheit, soweit eine Beschaffung nicht von der Geltung dieses Gesetzes ausgenommen ist.

2. Auf die öffentlichen Aufträge ausserhalb des Staatsvertragsbereichs sind zudem folgende Bestimmungen anwendbar:

    – Artikel 6 Absatz 2

    – Artikel 16 Absätze 4 und 5

    – Artikel 20

    – Artikel 29 Absatz 2

    – Artikel 42 Absatz 1

    – Artikel 46 Absatz 4

    – Artikel 52 Absatz 2

Anhang 6

(Art. 12 Abs. 2)

Kernübereinkommen der ILO

Als Kernübereinkommen der ILO im Sinne von Artikel 12 Absatz 2 gelten die folgenden Übereinkommen:

1. Übereinkommen Nr. 29 vom 28. Juni 1930[23] über Zwangs- oder Pflichtarbeit;
2. Übereinkommen Nr. 87 vom 9. Juli 1948[24] über die Vereinigungsfreiheit und den Schutz des Vereinigungsrechtes;
3. Übereinkommen Nr. 98 vom 1. Juli 1949[25] über die Anwendung der Grundsätze des Vereinigungsrechtes und des Rechtes zu Kollektivverhandlungen;
4. Übereinkommen Nr. 100 vom 29. Juni 1951[26] über die Gleichheit des Entgelts männlicher und weiblicher Arbeitskräfte für gleichwertige Arbeit;
5. Übereinkommen Nr. 105 vom 25. Juni 1957[27] über die Abschaffung der Zwangsarbeit;
6. Übereinkommen Nr. 111 vom 25. Juni 1958[28] über die Diskriminierung in Beschäftigung und Beruf;
7. Übereinkommen Nr. 138 vom 26. Juni 1973[29] über das Mindestalter für die Zulassung zur Beschäftigung;
8. Übereinkommen Nr. 182 vom 17. Juni 1999[30] über das Verbot und unverzügliche Massnahmen zur Beseitigung der schlimmsten Formen der Kinderarbeit.

---

23 SR **0.822.713.9**.
24 SR **0.822.719.7**.
25 SR **0.822.719.9**.
26 SR **0.822.720.0**.
27 SR **0.822.720.5**.
28 SR **0.822.721.1**.
29 SR **0.822.723.8**.
30 SR **0.822.728.2**.

Anhang 7
(Art. 61)

Aufhebung und Änderung anderer Erlasse

I

Das Bundesgesetz vom 16. Dezember 1994[31] über das öffentliche Beschaffungswesen wird aufgehoben.

II

Die nachstehenden Erlasse werden wie folgt geändert:

...[32]

---

31 [AS **1996** 508, **1997** 2465 Anhang Ziff. 3, **2006** 2197 Anhang Ziff. 11, **2007** 5635 Art. 25 Ziff. 1, **2011** 5659 Anhang Ziff. 1 6515 Art. 26 Ziff. 1, **2012** 3655 Ziff. I 2, **2015** 773, **2017** 7563 Anhang Ziff. II 1, **2019** 4101 Art. 1].
32 Die Änderungen können unter AS **2020** 641 konsultiert werden.

Verordnung über das öffentliche Beschaffungswesen (VöB)*

vom 12. Februar 2020 (Stand am 1. Januar 2021)

Der Schweizerische Bundesrat,

gestützt auf die Artikel 6 Absatz 3, 7 Absatz 1, 12 Absatz 3, 22 Absatz 2, 24 Absatz 6, 45 Absatz 3, 48 Absatz 5 und 60 Absätze 1 und 2 des Bundesgesetzes vom 21. Juni 2019[1] über das öffentliche Beschaffungswesen (BöB),

verordnet:

1. Abschnitt: Geltungsbereich

Art. 1 Gegenrecht
(Art. 6 Abs. 2 und 3 sowie 52 Abs. 2 BöB)

[1] Die Liste der Staaten, die sich gegenüber der Schweiz zur Gewährung des Marktzutritts verpflichtet haben, wird vom Staatssekretariat für Wirtschaft (SECO) geführt.

[2] Sie wird auf der vom Bund und den Kantonen betriebenen Internetplattform für das öffentliche Beschaffungswesen[2] veröffentlicht.

[3] Das SECO beantwortet Anfragen zu den eingegangenen Verpflichtungen.

Art. 2 Befreiung von der Unterstellung unter das BöB
(Art. 7 BöB)

[1] Die Sektorenmärkte nach Anhang 1 sind von der Unterstellung unter das BöB befreit.

[2] Vorschläge für die Befreiung weiterer Sektorenmärkte sind beim Eidgenössischen Departement für Umwelt, Verkehr, Energie und Kommunikation (UVEK) einzureichen.

[3] Erachtet das UVEK die Voraussetzungen für die Befreiung als erfüllt, so stellt es dem Bundesrat Antrag auf eine Anpassung von Anhang 1.

2. Abschnitt: Allgemeine Grundsätze

Art. 3 Massnahmen gegen Interessenkonflikte und Korruption
(Art. 11 Bst. b BöB)

[1] Die Mitarbeiterinnen und Mitarbeiter einer Auftraggeberin sowie von dieser beauftragte Dritte, die an einem Vergabeverfahren mitwirken, sind verpflichtet:

a. Nebenbeschäftigungen und Auftragsverhältnisse sowie Interessenbindungen, die zu einem Interessenkonflikt beim Vergabeverfahren führen können, offenzulegen;

---

* AS **2020** 691.
1 SR **172.056.1**.
2 www.simap.ch.

b. eine Erklärung ihrer Unbefangenheit zu unterzeichnen.

² Die Auftraggeberin weist ihre Mitarbeiterinnen und Mitarbeiter, die an Vergabeverfahren mitwirken, regelmässig darauf hin, wie sie Interessenkonflikte und Korruption wirksam vermeiden.

Art. 4 Teilnahmebedingungen und Eignungskriterien
(Art. 12, 26 und 27 BöB)

¹ Die Auftraggeberin kann die Durchführung der Kontrollen in Bezug auf die Lohngleichheit insbesondere dem Eidgenössischen Büro für die Gleichstellung von Frau und Mann (EBG) übertragen. Das EBG bestimmt die Einzelheiten seiner Kontrollen in einer Richtlinie. Die Auftraggeberin kann die Selbstdeklarationen der Anbieterinnen über die Einhaltung der Lohngleichheit dem EBG weiterleiten.

² Als wesentliche internationale Arbeitsstandards kann die Auftraggeberin neben den Kernübereinkommen der Internationalen Arbeitsorganisation (ILO) gemäss Anhang 6 BöB die Einhaltung von Prinzipien aus weiteren Übereinkommen der ILO verlangen, soweit die Schweiz sie ratifiziert hat.

³ Bei Leistungen, die im Ausland erbracht werden, sind neben dem am Ort der Leistung geltenden Umweltrecht die Übereinkommen gemäss Anhang 2 massgeblich.

⁴ Um zu prüfen, ob die Anbieterinnen die Teilnahmebedingungen und die Eignungskriterien erfüllen, kann die Auftraggeberin unter Berücksichtigung des konkreten Auftrags ausgewählte, in Anhang 3 beispielhaft genannte Unterlagen oder Nachweise anfordern.

3. Abschnitt: Vergabeverfahren

Art. 5 Einladungsverfahren
(Art. 20 BöB)

Die Auftraggeberin lädt mindestens eine Anbieterin ein, die einem anderen Sprachraum der Schweiz angehört, falls dies möglich und zumutbar ist.

Art. 6 Dialog
(Art. 24 BöB)

¹ Die Auftraggeberin wählt wenn möglich mindestens drei Anbieterinnen aus, die sie zum Dialog einlädt.

² Der Ablauf des Dialogs einschliesslich Dauer, Fristen, Entschädigung und Nutzung der Immaterialgüterrechte werden in einer Dialogvereinbarung festgelegt. Die Zustimmung zur Dialogvereinbarung bildet eine Voraussetzung für die Teilnahme am Dialog.

³ Während eines Dialogs und auch nach der Zuschlagserteilung dürfen ohne schriftliche Zustimmung der betroffenen Anbieterin keine Informationen über Lösungen und Vorgehensweisen der einzelnen Anbieterinnen weitergegeben werden.

Art. 7 Leistungsbeschreibung
(Art. 36 Bst. b BöB)

¹ Die Auftraggeberin beschreibt die Anforderungen an die Leistung, insbesondere deren technische Spezifikationen nach Artikel 30 BöB, so ausführlich und klar wie nötig.

² Statt einer Beschreibung nach Absatz 1 kann sie das Ziel der Beschaffung festlegen.

Art. 8 Fragen zu den Ausschreibungsunterlagen
(Art. 36 BöB)

¹ Die Auftraggeberin kann in den Ausschreibungsunterlagen bestimmen, bis zu welchem Zeitpunkt Fragen entgegengenommen werden.

² Sie anonymisiert alle Fragen zu den Ausschreibungsunterlagen und stellt die Fragen und die Antworten innert wenigen Arbeitstagen nach Ablauf der Einreichungsfrist für Fragen allen Anbieterinnen gleichzeitig zur Verfügung.

Art. 9 Entschädigung der Anbieterinnen
(Art. 24 Abs. 3 Bst. c und 36 Bst. h BöB)

¹ Anbieterinnen haben keinen Anspruch auf eine Entschädigung für die Teilnahme an einem Verfahren.

² Verlangt die Auftraggeberin Vorleistungen, die über den gewöhnlichen Aufwand hinausgehen, so gibt sie in den Ausschreibungsunterlagen bekannt, ob und wie sie diese Vorleistungen entschädigt.

Art. 10 Dokumentationspflichten
(Art. 37, 38, 39 Abs. 4 und 40 Abs. 1 BöB)

¹ Die Öffnung und die Evaluation der Angebote werden durch die Auftraggeberin so dokumentiert, dass sie nachvollziehbar sind.

² Das Protokoll der Angebotsbereinigung enthält mindestens folgende Angaben:

a. Ort;

b. Datum;

c. Namen der Teilnehmerinnen;

d. bereinigte Angebotsbestandteile;

e. Resultate der Bereinigung.

Art. 11 Vertragsabschluss
   (Art. 42 BöB)

¹ Die Auftraggeberin schliesst den Vertrag in Schriftform ab.

² Sie wendet ihre allgemeinen Geschäftsbedingungen an, es sei denn, die Art der Leistung erfordere besondere Vertragsbedingungen.

Art. 12 Debriefing
   (Art. 51 BöB)

¹ Die Auftraggeberin führt mit einer nicht berücksichtigten Anbieterin auf deren Verlangen hin ein Debriefing durch.

² Im Debriefing werden insbesondere die wesentlichen Gründe für die Nichtberücksichtigung des Angebots bekannt gegeben. Die Vertraulichkeit nach Artikel 51 Absatz 4 BöB ist zu beachten.

4. Abschnitt: Wettbewerbs- und Studienauftragsverfahren
   (Art. 22 BöB)

Art. 13 Leistungsarten

Wettbewerbs- und Studienauftragsverfahren können zur Beschaffung sämtlicher Leistungen im Sinne von Artikel 8 Absatz 2 BöB durchgeführt werden.

Art. 14 Anwendungsbereich

¹ Mit Wettbewerbs- und mit Studienauftragsverfahren kann die Auftraggeberin verschiedene Lösungen, insbesondere in konzeptioneller, gestalterischer, ökologischer, wirtschaftlicher, funktionaler oder technischer Hinsicht, ausarbeiten lassen.

² Wettbewerbsverfahren kommen bei Aufgabenstellungen zur Anwendung, die im Voraus genügend und abschliessend bestimmt werden können.

³ Studienauftragsverfahren eignen sich für Aufgabenstellungen, die aufgrund ihrer Komplexität erst im Laufe des weiteren Verfahrens präzisiert und vervollständigt werden können.

Art. 15 Verfahrensarten

¹ Wettbewerbe und Studienaufträge sind im offenen oder im selektiven Verfahren auszuschreiben, sofern der Auftragswert den massgebenden Schwellenwert nach Anhang 4 BöB erreicht.

² Werden diese Schwellenwerte nicht erreicht, so kann der Wettbewerb oder Studienauftrag im Einladungsverfahren durchgeführt werden.

³ Die Anzahl der Teilnehmerinnen kann im Verlauf des Verfahrens reduziert werden, sofern auf diese Möglichkeit in der Ausschreibung hingewiesen wurde.

Art. 16 Unabhängiges Expertengremium

¹ Das unabhängige Expertengremium setzt sich zusammen aus:

a. Fachpersonen auf mindestens einem bezüglich des ausgeschriebenen Leistungsgegenstands massgebenden Gebiet;

b. weiteren von der Auftraggeberin frei bestimmten Personen.

² Die Mehrheit der Mitglieder des Gremiums muss aus Fachpersonen bestehen.

³ Mindestens die Hälfte der Fachpersonen muss von der Auftraggeberin unabhängig sein.

⁴ Das Gremium kann zur Begutachtung von Spezialfragen jederzeit Sachverständige beiziehen.

⁵ Es spricht insbesondere eine Empfehlung zuhanden der Auftraggeberin aus für die Erteilung eines Folgeauftrages oder für das weitere Vorgehen. Im Wettbewerbsverfahren entscheidet es zudem über die Rangierung der formell korrekten Wettbewerbsarbeiten und über die Vergabe der Preise.

⁶ Es kann auch Beiträge rangieren oder zur Weiterbearbeitung empfehlen, die in wesentlichen Punkten von den Anforderungen in der Ausschreibung abweichen (Ankauf), sofern:

a. diese Möglichkeit in der Ausschreibung ausdrücklich festgelegt wurde; und

b. es dies gemäss in der Ausschreibung festgelegtem Quorum beschliesst.

Art. 17 Besondere Bestimmungen zum Wettbewerbsverfahren

¹ Im Wettbewerbsverfahren sind die Wettbewerbsbeiträge anonym einzureichen. Teilnehmerinnen, die gegen das Anonymitätsgebot verstossen, werden vom Wettbewerb ausgeschlossen.

² Die Mitglieder des unabhängigen Expertengremiums werden in den Ausschreibungsunterlagen bekannt gegeben.

³ Die Auftraggeberin kann die Anonymität vorzeitig aufheben, sofern in der Ausschreibung darauf hingewiesen wird.

Art. 18 Ansprüche aus dem Wettbewerb oder Studienauftrag

¹ Die Auftraggeberin legt in der Ausschreibung namentlich fest:

a. ob die Gewinnerin einen Folgeauftrag erhält;

b. welche Ansprüche den Teilnehmerinnen zustehen (insbesondere Preise, Entschädigungen, allfällige Ankäufe).

² In der Ausschreibung ist zudem anzugeben, welchen zusätzlichen Abgeltungsanspruch die Urheberinnen und Urheber von Beiträgen haben, sofern:

a. ein Folgeauftrag in Aussicht gestellt wurde; und

b. eine der folgenden Voraussetzungen erfüllt ist:

1. Die Auftraggeberin vergibt den Auftrag an Dritte, obschon das unabhängige Expertengremium empfohlen hat, er sei der Urheberin oder dem Urheber des Beitrags zu erteilen.

2. Die Auftraggeberin verwendet den Beitrag mit dem Einverständnis der Urheberin oder des Urhebers weiter, ohne dass sie dieser oder diesem einen Folgeauftrag erteilt.

Art. 19 Weisungen

Das Eidgenössische Finanzdepartement (EFD) erlässt für die Auftraggeberinnen weiterführende und ergänzende branchenspezifische Weisungen über die Wettbewerbs- und die Studienauftragsverfahren; es erlässt die Weisungen auf Antrag:

a. der Beschaffungskonferenz des Bundes (BKB) nach Artikel 24 der Verordnung vom 24. Oktober 2012[3] über die Organisation des öffentlichen Beschaffungswesens der Bundesverwaltung; oder

b. der Koordinationskonferenz der Bau- und Liegenschaftsorgane der öffentlichen Bauherren (KBOB) nach Artikel 27 der Verordnung vom 5. Dezember 2008[4] über das Immobilienmanagement und die Logistik des Bundes.

5. Abschnitt: Sprachen

Art. 20 Sprache der Veröffentlichungen
 (Art. 48 Abs. 4 und 5 BöB)

¹ Veröffentlichungen können in Abweichung von Artikel 48 Absatz 5 Buchstaben a und b BöB ausnahmsweise nur in einer Amtssprache des Bundes und in einer anderen Sprache erfolgen, wenn es sich:

a. um Leistungen handelt, die im Ausland zu erbringen sind; oder

b. um hochspezialisierte technische Leistungen handelt.

² Entspricht keine der Sprachen nach Absatz 1 einer Amtssprache der Welthandelsorganisation (WTO), so veröffentlicht die Auftraggeberin zudem im Sinne von Artikel 48

---

3   SR 172.056.15.
4   SR 172.010.21.

Absatz 4 BöB eine Zusammenfassung der Ausschreibung in einer Amtssprache der WTO.

Art. 21 Sprache der Ausschreibungsunterlagen
    (Art. 47 Abs. 3 und 48 Abs. 5 BöB)

¹ Für Lieferungen und Dienstleistungen sind die Ausschreibungsunterlagen grundsätzlich in den beiden Amtssprachen des Bundes zu verfassen, in denen die Ausschreibung veröffentlicht wurde.

² Die Auftraggeberin kann die Ausschreibungsunterlagen nur in einer Amtssprache des Bundes veröffentlichen, wenn aufgrund der Reaktionen auf eine Vorankündigung oder aufgrund anderer Indizien zu erwarten ist, dass kein Bedarf an einer Veröffentlichung der Ausschreibungsunterlagen in zwei Amtssprachen besteht.

³ Die Ausschreibungsunterlagen können überdies nur in einer Amtssprache des Bundes oder in den Fällen nach Artikel 20 in einer anderen Sprache verfasst werden, wenn:

a. eine Übersetzung erheblichen Mehraufwand verursachen würde; ein erheblicher Mehraufwand ist in jedem Fall gegeben, wenn die Übersetzungskosten 5 Prozent des Auftragswerts oder 50 000 Franken übersteigen würden; oder

b. die Leistung nicht in verschiedenen Sprachregionen der Schweiz und nicht mit Auswirkungen auf verschiedene Sprachregionen der Schweiz zu erbringen ist.

⁴ Für Bauleistungen und damit zusammenhängende Lieferungen und Dienstleistungen sind die Ausschreibungsunterlagen mindestens in der Amtssprache am Standort der Baute in der Schweiz zu verfassen.

Art. 22 Sprache der Eingaben

¹ Die Auftraggeberin nimmt Angebote, Teilnahmeanträge, Gesuche um Eintrag in ein Verzeichnis und Fragen in Deutsch, Französisch und Italienisch entgegen.

² In den Fällen nach Artikel 20 kann die Auftraggeberin die Sprache oder die Sprachen der Eingaben bestimmen.

Art. 23 Verfahrenssprache
    (Art. 35 Bst. m BöB)

¹ Die Auftraggeberin bestimmt als Verfahrenssprache Deutsch, Französisch oder Italienisch. In Fällen nach Artikel 20 kann sie eine andere Sprache wählen; auch in diesen Fällen sind ihre Verfügungen in einer Amtssprache des Bundes zu erlassen.

² Bei der Wahl der Verfahrenssprache berücksichtigt sie nach Möglichkeit, aus welcher Sprachregion für die zu erbringende Leistung die meisten Angebote zu erwarten sind. Bei Bauleistungen und damit zusammenhängenden Lieferungen und Dienstleistungen

ist davon auszugehen, dass am meisten Angebote in der Amtssprache am Standort der Baute eintreffen.

[3] Soweit nichts anderes vereinbart ist, kommuniziert die Auftraggeberin mit den Anbieterinnen in der Verfahrenssprache. Fragen zu den Ausschreibungsunterlagen beantwortet sie in der Verfahrenssprache oder in der Amtssprache des Bundes, in der diese gestellt wurden.

6. Abschnitt: Weitere Bestimmungen

Art. 24 Preisprüfung

[1] Bei fehlendem Wettbewerb kann die Auftraggeberin mit der Anbieterin ein Recht auf Einsicht in die Kalkulation vereinbaren, wenn der Auftragswert eine Million Franken erreicht.

[2] Eine Überprüfung des Preises kann durch die zuständige interne Revision oder durch die Eidgenössische Finanzkontrolle (EFK) bei der Anbieterin und den Subunternehmerinnen durchgeführt werden. Bei einer ausländischen Anbieterin oder ausländischen Subunternehmerinnen kann die zuständige interne Revision oder die EFK die zuständige ausländische Stelle um die Durchführung der Überprüfung ersuchen, wenn ein angemessener Schutz im Sinne des Bundesgesetzes vom 19. Juni 1992[5] über den Datenschutz gewährleistet ist.

[3] Die Anbieterinnen sowie ihre Subunternehmerinnen, die wesentliche Leistungen erbringen, sind verpflichtet, dem zuständigen Prüforgan alle notwendigen Unterlagen und Informationen unentgeltlich zur Verfügung zu stellen.

[4] Die Grundlagen für eine Überprüfung des Preises sind insbesondere das finanzielle und betriebliche Rechnungswesen der Anbieterin oder der Subunternehmerin sowie die darauf basierende Vor- oder Nachkalkulation des Vertragspreises. Die Kalkulation weist die Selbstkosten in der branchenüblichen Gliederung, die Risikozuschläge sowie den Gewinn aus.

[5] Ergibt die Überprüfung einen zu hohen Preis, so verfügt die Auftraggeberin die Rückerstattung der Differenz oder eine Preisreduktion für die Zukunft, sofern der Vertrag keine anderslautende Regelung enthält. Als Folge der Überprüfung ist eine Erhöhung des Preises ausgeschlossen.

Art. 25 Ausschluss und Sanktion
(Art. 44 und 45 BöB)

[1] Die BKB führt die Liste der für künftige Aufträge gesperrten Anbieterinnen und Subunternehmerinnen nach Artikel 45 Absatz 3 BöB.

---

5   SR 235.1.

² Jeder gemeldete Ausschluss (Sperre) wird auf der Liste mit den folgenden Angaben verzeichnet:

a. Datum der Meldung;

b. meldende Auftraggeberin;

c. Name (Firma) und Adresse der Anbieterin oder Subunternehmerin;

d. Grund der Sperre;

e. Dauer der Sperre.

³ Diese Daten werden auf Ersuchen bekannt gegeben:

a. einer Auftraggeberin oder ihrer untergeordneten Vergabestelle;

b. der betroffenen Anbieterin oder Subunternehmerin.

⁴ Anbieterinnen und Subunternehmerinnen, die auf der Liste nach Absatz 1 oder einer Sanktionsliste einer multilateralen Finanzinstitution verzeichnet sind, können nach Massgabe von Artikel 44 BöB von einem Vergabeverfahren ausgeschlossen werden, oder der ihnen erteilte Zuschlag kann widerrufen werden.

⁵ Die BKB gibt die auf der Liste verzeichneten Daten dem Interkantonalen Organ für das öffentliche Beschaffungswesen (InöB) unter entsprechender Zweckbindung bekannt.

⁶ Das EFD regelt die technischen und organisatorischen Voraussetzungen des Zugangs zur Liste sowie das Verfahren zur Korrektur von Fehleinträgen in einer Verordnung.

Art. 26 Zugangsrecht der Wettbewerbskommission
    (Art. 37 Abs. 2 und 49 BöB)

Die Wettbewerbskommission oder deren Sekretariat erhält auf Anfrage Zugang zu den Protokollen der Angebotsöffnung.

Art. 27 Bekanntgabe der Beschaffungen ab 50 000 Franken

¹ Die Auftraggeberinnen informieren mindestens einmal jährlich in elektronischer Form über ihre dem BöB unterstellten öffentlichen Aufträge ab 50 000 Franken.

² Bekannt zu geben sind insbesondere:

a. Name und Adresse der berücksichtigten Anbieterin;

b. Gegenstand des Auftrags;

c. Auftragswert;

d. Art des angewandten Verfahrens;

e. Datum des Vertragsbeginns oder Zeitraum der Vertragserfüllung.

Art. 28 Statistik zu den Beschaffungen im Staatsvertragsbereich
(Art. 50 BöB)

[1] Das SECO errechnet die Gesamtwerte der öffentlichen Aufträge nach Artikel 50 BöB.

[2] Es erstellt und notifiziert die Statistiken nach Artikel XVI Absatz 4 des Protokolls vom 30. März 2012[6] zur Änderung des Übereinkommens über das öffentliche Beschaffungswesen.

Art. 29 Kosten und Vergütungen der KBBK
(Art. 59 BöB)

[1] Das SECO trägt die Sekretariatskosten der Kommission Beschaffungswesen Bund-Kantone (KBBK).

[2] Es trägt die Kosten für die externen Sachverständigen der KBBK unter der Voraussetzung, dass sich die Kantone in angemessenem Umfang an den Kosten beteiligen.

[3] Die Departemente tragen die Untersuchungskosten, die von den Auftraggeberinnen verursacht wurden, die ihnen organisatorisch zugeordnet sind.

[4] Die Vertreterinnen und Vertreter des Bundes in der KBBK haben keinen Vergütungsanspruch.

7. Abschnitt: Schlussbestimmungen

Art. 30 Vollzug und Überwachung

[1] Das EFD vollzieht diese Verordnung.

[2] Die internen Kontrollorgane der Auftraggeberinnen überwachen die Einhaltung dieser Verordnung.

Art. 31 Aufhebung und Änderung anderer Erlasse

[1] Folgende Erlasse werden aufgehoben:

1. Verordnung vom 11. Dezember 1995[7] über das öffentliche Beschaffungswesen;
2. Verordnung des UVEK vom 18. Juli 2002[8] über die Nichtunterstellung unter das öffentliche Beschaffungsrecht.

[2] …[9]

---

6   BBl **2017** 2053.
7   [AS **1996** 518, **1997** 2779 Anhang Ziff. II 5, **2002** 886 1759, **2006** 1667 5613 Art. 30 Abs. 2 Ziff. 1, **2009** 6149 Ziff. I und II, **2010** 3175 Anhang 3 Ziff. 2, **2015** 775, **2017** 5161 Anhang 2 Ziff. II 3].
8   [AS **2002** 2663, **2006** 4777, **2007** 4519].
9   Die Änderung kann unter AS **2020** 691 konsultiert werden.

Art. 32 Inkrafttreten

Diese Verordnung tritt am 1. Januar 2021 in Kraft.

Anhang 1
(Art. 2 Abs. 1)

Sektorenmärkte im Sinne von Artikel 4 Absatz 2 BöB, die nach Artikel 7 BöB von der Unterstellung unter das BöB befreit sind

1. Telekommunikation auf dem Gebiet der Schweiz:
1.1 Teilbereich der Festnetzkommunikation
1.2 Teilbereich der Mobilkommunikation
1.3 Teilbereich des Internet-Zugangs
1.4 Teilbereich der Datenkommunikation
2. Schienenverkehr auf dem Gebiet der Schweiz:
2.1 Teilbereich des Güterverkehrs auf der Normalspur

Anhang 2

(Art. 4 Abs. 3)

Massgebliche Übereinkommen zum Schutz der Umwelt und zur Erhaltung der natürlichen Ressourcen

1. Wiener Übereinkommen vom 22. März 1985[10] zum Schutz der Ozonschicht und das im Rahmen dieses Übereinkommens geschlossene Montrealer Protokoll vom 16. September 1987[11] über Stoffe, die zum Abbau der Ozonschicht führen

2. Basler Übereinkommen vom 22. März 1989[12] über die Kontrolle der grenzüberschreitenden Verbringung gefährlicher Abfälle und ihrer Entsorgung

3. Stockholmer Übereinkommen vom 22. Mai 2001[13] über persistente organische Schadstoffe

4. Rotterdamer Übereinkommen vom 10. September 1998[14] über das Verfahren der vorherigen Zustimmung nach Inkenntnissetzung für bestimmte gefährliche Chemikalien sowie Pflanzenschutz- und Schädlingsbekämpfungsmittel im internationalen Handel

5. Übereinkommen vom 5. Juni 1992[15] über die Biologische Vielfalt

6. Rahmenübereinkommen der Vereinten Nationen vom 9. Mai 1992[16] über Klimaänderungen

7. Übereinkommen vom 3. März 1973[17] über den internationalen Handel mit gefährdeten Arten frei lebender Tiere und Pflanzen

8. Übereinkommen vom 13. November 1979[18] über weiträumige grenzüberschreitende Luftverunreinigung und die im Rahmen dieses Übereinkommens von der Schweiz ratifizierten acht Protokolle

---

10 SR **0.814.02**.
11 SR **0.814.021**.
12 SR **0.814.05**.
13 SR **0.814.03**.
14 SR **0.916.21**.
15 SR **0.451.43**.
16 SR **0.814.01**.
17 SR **0.453**.
18 SR **0.814.32**.

Anhang 3

(Art. 4 Abs. 4)

Nachweis der Erfüllung der Teilnahmebedingungen und der Eignungskriterien

Die Auftraggeberin kann zum Nachweis der Erfüllung der Teilnahmebedingungen und der Eignungskriterien insbesondere Dokumente gemäss der folgenden Liste verlangen:

1. Erklärung bzw. Nachweis betreffend die Einhaltung:

    a. der Bestimmungen über den Arbeitsschutz und der Arbeitsbedingungen,

    b. der Lohngleichheit von Frau und Mann,

    c. des Umweltrechts,

    d. der Verhaltensregeln zur Vermeidung von Korruption;

2. Nachweis der Bezahlung von Sozialabgaben und Steuern;

3. Handelsregisterauszug;

4. Betreibungsregisterauszug;

5. Bilanzen oder Bilanzauszüge der Anbieterin für die letzten drei Geschäftsjahre vor der Ausschreibung;

6. Erklärung über den Gesamtumsatz der Anbieterin in den der Ausschreibung vorangegangenen drei Jahren;

7. letzter Prüfungsbericht der Revisionsstelle bei juristischen Personen;

8. Bankgarantie;

9. Bankerklärungen, die garantieren, dass der Anbieterin im Falle der Auftragserteilung entsprechende Kredite gewährt werden;

10. Bescheinigung über das Vorliegen eines anerkannten Qualitätsmanagementsystems;

11. Liste der in den letzten fünf Jahren vor der Ausschreibung erbrachten wichtigsten Leistungen;

12. Referenzen, bei denen die Auftraggeberin in Erfahrung bringen kann, ob die Anbieterin ihre bisherigen Leistungen ordnungsgemäss erbracht hat, und insbesondere folgende Auskünfte einholen kann: Wert der Leistung; Zeit und Ort der Leistungserbringung; Stellungnahme der damaligen Auftraggeberin, ob die Leistung den anerkannten Regeln der Technik entsprach und ob die Anbieterin sie ordnungsgemäss erbracht hat;

13. bei Planungswettbewerben objektspezifische Nachweise, insbesondere hinsichtlich Ausbildung, Leistungsfähigkeit und Praxis der Anbieterin;

14. Erklärung über Anzahl und Funktion der in den drei Jahren vor der Ausschreibung bei der Anbieterin beschäftigten Personen;

15. Erklärung betreffend einsetzbare Personalkapazität und Ausstattung im Hinblick auf die Erbringung des zu vergebenden Auftrags;

16. Studiennachweise und Bescheinigungen über die berufliche Befähigung der Mitarbeiterinnen und Mitarbeiter der Anbieterin oder von deren Führungskräften, insbesondere der für die Ausführung des zu vergebenden Auftrags vorgesehenen verantwortlichen Personen;

17. Strafregisterauszug der Führungskräfte sowie der für die Ausführung des ausgeschriebenen Auftrags vorgesehenen verantwortlichen Personen.

Anhang 2

Interkantonale Vereinbarung über das öffentliche Beschaffungswesen (IVöB)

1. Kapitel Gegenstand, Zweck und Begriffe

Art. 1 Gegenstand

Diese Vereinbarung findet auf die Vergabe öffentlicher Aufträge durch unterstellte Auftraggeber innerhalb und ausserhalb des Staatsvertragsbereichs Anwendung.

Art. 2 Zweck

Diese Vereinbarung bezweckt:

a) den wirtschaftlichen und den volkswirtschaftlich, ökologisch und sozial nachhaltigen Einsatz der öffentlichen Mittel;

b) die Transparenz des Vergabeverfahrens;

c) die Gleichbehandlung und Nichtdiskriminierung der Anbieter;

d) die Förderung des wirksamen, fairen Wettbewerbs unter den Anbietern, insbesondere durch Massnahmen gegen unzulässige Wettbewerbsabreden und Korruption.

Art. 3 Begriffe

In dieser Vereinbarung bedeuten:

a) *Anbieter*[1]: natürliche oder juristische Person des privaten oder öffentlichen Rechts oder Gruppe solcher Personen, die Leistungen anbieten, sich um die Teilnahme an einer öffentlichen Ausschreibung, die Übertragung einer öffentlichen Aufgabe oder die Erteilung einer Konzession bewerben;

b) *öffentliches Unternehmen*: Unternehmen, auf das staatliche Behörden aufgrund von Eigentum, finanzieller Beteiligung oder der für das Unternehmen einschlägigen Vorschriften unmittelbar oder mittelbar einen beherrschenden Einfluss ausüben können; ein beherrschender Einfluss wird vermutet, wenn das Unternehmen mehrheitlich durch den Staat oder durch andere öffentliche Unternehmen finanziert wird, wenn es hinsichtlich seiner Leitung der Aufsicht durch den Staat oder durch andere öffentliche Unternehmen unterliegt oder wenn dessen Verwaltungs-, Leitungs- oder Aufsichtsorgan mehrheitlich aus Mitgliedern besteht, die vom Staat oder von anderen öffentlichen Unternehmen ernannt worden sind;

---

[1] Im Interesse der besseren Lesbarkeit wird in dieser Vereinbarung nur die männliche Form verwendet.

c) *Staatsvertragsbereich:* Geltungsbereich der internationalen Verpflichtungen der Schweiz über das öffentliche Beschaffungswesen;

d) *Arbeitsbedingungen:* zwingende Vorschriften des Obligationenrechts vom 30. März 1911[2] über den Arbeitsvertrag, normative Bestimmungen der Gesamtarbeitsverträge und der Normalarbeitsverträge oder, wo diese fehlen, die orts- und branchenüblichen Arbeitsbedingungen;

e) *Arbeitsschutzbestimmungen:* Vorschriften des öffentlichen Arbeitsrechts, einschliesslich der Bestimmungen des Arbeitsgesetzes vom 13. März 1964[3] und des zugehörigen Ausführungsrechts sowie der Bestimmungen zur Unfallverhütung.

f) *Einrichtung des öffentlichen Rechts:* jede Einrichtung, die

- zum besonderen Zweck gegründet wurde, im öffentlichen Interesse liegende Aufgaben nicht gewerblicher Art zu erfüllen;
- Rechtspersönlichkeit besitzt; und
- überwiegend vom Staat, von Gebietskörperschaften oder von anderen Einrichtungen des öffentlichen Rechts finanziert wird, hinsichtlich ihrer Leitung der Aufsicht durch Letztere unterliegt oder deren Verwaltungs-, Leitungs- oder Aufsichtsorgan mehrheitlich aus Mitgliedern besteht, die vom Staat, von den Gebietskörperschaften oder von anderen Einrichtungen des öffentlichen Rechts ernannt worden sind;

g) *staatliche Behörden:* der Staat, die Gebietskörperschaften, Einrichtungen des öffentlichen Rechts und Verbände, die aus einer oder mehreren dieser Körperschaften oder Einrichtungen des öffentlichen Rechts bestehen.

2. Kapitel Geltungsbereich

1. Abschnitt: Subjektiver Geltungsbereich

Art. 4 Auftraggeber

1 Im Staatsvertragsbereich unterstehen dieser Vereinbarung die staatlichen Behörden sowie zentrale und dezentrale Verwaltungseinheiten, einschliesslich der Einrichtungen des öffentlichen Rechts auf Kantons-, Bezirks- und Gemeindeebene im Sinne des kantonalen und kommunalen Rechts, mit Ausnahme ihrer gewerblichen Tätigkeiten.

2 Im Staatsvertragsbereich unterstehen dieser Vereinbarung ebenso staatliche Behörden sowie öffentliche und private Unternehmen, die öffentliche Dienstleistungen erbringen und die mit ausschliesslichen oder besonderen Rechten ausgestattet sind soweit sie Tätigkeiten in einem der nachfolgenden Sektoren in der Schweiz ausüben:

---

2 SR 220.
3 SR 822.11.

a) Bereitstellen oder Betreiben fester Netze zur Versorgung der Öffentlichkeit im Zusammenhang mit der Produktion, dem Transport oder der Verteilung von Trinkwasser oder die Versorgung dieser Netze mit Trinkwasser;

b) Bereitstellen oder Betreiben fester Netze zur Versorgung der Öffentlichkeit im Zusammenhang mit der Produktion, der Fortleitung oder der Verteilung von elektrischer Energie oder die Versorgung dieser Netze mit elektrischer Energie;

c) Betreiben von Netzen zur Versorgung der Öffentlichkeit im Bereich des Verkehrs durch Stadtbahn, automatische Systeme, Strassenbahn, Trolleybus, Bus oder Kabelbahn;

d) Versorgung von Beförderungsunternehmen im Luftverkehr mit Flughäfen oder anderen Verkehrsendeinrichtungen;

e) Versorgung von Beförderungsunternehmen im Binnenschiffsverkehr mit Häfen oder anderen Verkehrsendeinrichtungen;

f) Bereitstellen oder Betreiben von Eisenbahnen einschliesslich des darauf durchgeführten Verkehrs;

g) Bereitstellen oder Betreiben fester Netze zur Versorgung der Öffentlichkeit im Zusammenhang mit der Produktion, dem Transport oder der Verteilung von Gas oder Wärme oder Versorgung dieser Netze mit Gas oder Wärme; oder

h) Nutzung eines geographisch abgegrenzten Gebiets zum Zweck der Suche oder Förderung von Erdöl, Gas, Kohle oder anderen Festbrennstoffen.

3 Die Auftraggeber nach Absatz 2 unterstehen dieser Vereinbarung nur bei Beschaffungen für den beschriebenen Tätigkeitsbereich, nicht aber für ihre übrigen Tätigkeiten.

4 Ausserhalb des Staatsvertragsbereichs unterstehen dieser Vereinbarung überdies:

a) andere Träger kantonaler und kommunaler Aufgaben, mit Ausnahme ihrer gewerblichen Tätigkeiten;

b) Objekte und Leistungen, die zu mehr als 50 Prozent der Gesamtkosten mit öffentlichen Geldern subventioniert werden.

5 Führt eine Drittperson die Vergabe eines öffentlichen Auftrags für einen oder mehrere Auftraggeber durch, so untersteht diese Drittperson dieser Vereinbarung wie der von ihm vertretene Auftraggeber.

Art. 5 Anwendbares Recht

1 Beteiligen sich mehrere dem Bundesrecht und dieser Vereinbarung unterstellte Auftraggeber an einer Beschaffung, so ist das Recht des Gemeinwesens anwendbar, dessen Auftraggeber den grössten Teil an der Finanzierung trägt. Überwiegt der kan-

tonale Anteil insgesamt den Bundesanteil, so kommt diese Vereinbarung zur Anwendung.

2 Beteiligen sich mehrere dieser Vereinbarung unterstellte Auftraggeber an einer Beschaffung, so ist das Recht desjenigen Kantons anwendbar, der den grössten Anteil an der Finanzierung trägt.

3 Mehrere an einer Beschaffung beteiligte Auftraggeber sind im gegenseitigen Einvernehmen befugt, eine gemeinsame Beschaffung in Abweichung von den vorstehenden Grundsätzen dem Recht eines beteiligten Auftraggebers zu unterstellen.

4 Eine Beschaffung, deren Ausführung nicht im Rechtsgebiet des Auftraggebers erfolgt, untersteht wahlweise dem Recht am Sitz des Auftraggebers oder am Ort, wo die Leistungen hauptsächlich erbracht werden.

5 Eine Beschaffung durch eine gemeinsame Trägerschaft untersteht dem Recht am Sitz der Trägerschaft. Hat diese keinen Sitz, findet das Recht am Ort Anwendung, wo die Leistungen hauptsächlich erbracht werden.

6 Öffentliche oder private Unternehmen mit ausschliesslichen oder besonderen Rechten, die ihnen durch den Bund verliehen wurden, oder die Aufgaben im nationalen Interesse erbringen, können wählen, ob sie ihre Beschaffungen dem Recht an ihrem Sitz oder dem Bundesrecht unterstellen.

Art. 6 Anbieter

1 Nach dieser Vereinbarung sind Anbieter aus der Schweiz zum Angebot zugelassen sowie Anbieter aus Staaten, denen gegenüber die Schweiz sich vertraglich zur Gewährung des Marktzutritts verpflichtet hat, Letzteres im Rahmen der gegenseitig eingegangenen Verpflichtungen.

2 Ausserhalb des Staatsvertragsbereichs werden ausländische Anbieter aus Staaten zum Angebot zugelassen, soweit diese Gegenrecht gewähren oder soweit der Auftraggeber dies zulässt.

3 Der Bundesrat führt eine Liste der Staaten, die sich gegenüber der Schweiz zur Gewährung des Marktzutritts verpflichtet haben. Die Liste wird periodisch nachgeführt.

4 Die Kantone können Vereinbarungen mit den Grenzregionen und Nachbarstaaten abschliessen.

Art. 7 Befreiung von der Unterstellung

1 Herrscht in einem Sektorenmarkt nach Artikel 4 Absatz 2 wirksamer Wettbewerb, kann das Interkantonale Organ für das öffentliche Beschaffungswesen (InöB) dem Bundesrat vorschlagen, die entsprechenden Beschaffungen ganz oder teilweise von der Unterstellung unter diese Vereinbarung zu befreien. Im betroffenen Sektoren-

markt tätige Auftraggeber sind berechtigt, zu Handen des InöB ein diesbezügliches Gesuch zu stellen.

2 Eine Befreiung gilt für die entsprechenden Beschaffungen aller im betroffenen Sektorenmarkt tätigen Auftraggeber.

2. Abschnitt: Objektiver Geltungsbereich

Art. 8 Öffentlicher Auftrag

1 Ein öffentlicher Auftrag ist ein Vertrag, der zwischen Auftraggeber und Anbieter abgeschlossen wird und der Erfüllung einer öffentlichen Aufgabe dient. Er ist gekennzeichnet durch seine Entgeltlichkeit sowie den Austausch von Leistung und Gegenleistung, wobei die charakteristische Leistung durch den Anbieter erbracht wird.

2 Es werden folgende Leistungen unterschieden:

  a) Bauleistungen (Bauhaupt- und Baunebengewerbe);

  b) Lieferungen;

  c) Dienstleistungen.

3 Gemischte Aufträge setzen sich aus unterschiedlichen Leistungen nach Absatz 2 zusammen und bilden ein Gesamtgeschäft. Die Qualifikation des Gesamtgeschäfts folgt der finanziell überwiegenden Leistung. Leistungen dürfen nicht mit der Absicht oder Wirkung gemischt oder gebündelt werden, die Bestimmungen dieser Vereinbarung zu umgehen.

Art. 9 Übertragung öffentlicher Aufgaben und Verleihung von Konzessionen

Die Übertragung einer öffentlichen Aufgabe oder die Verleihung einer Konzession gilt als öffentlicher Auftrag, wenn dem Anbieter dadurch ausschliessliche oder besondere Rechte zukommen, die er im öffentlichen Interesse wahrnimmt, und ihm dafür direkt oder indirekt ein Entgelt oder eine Abgeltung zukommt. Spezialgesetzliche Bestimmungen des Bundesrechts und des kantonalen Rechts gehen vor.

Art. 10 Ausnahmen

1 Diese Vereinbarung findet keine Anwendung auf:

  a) die Beschaffung von Leistungen im Hinblick auf den gewerblichen Verkauf oder Wiederverkauf oder im Hinblick auf die Verwendung in der Produktion oder im Angebot von Leistungen für einen gewerblichen Verkauf oder Wiederverkauf;

  b) den Erwerb, die Miete oder die Pacht von Grundstücken, Bauten und Anlagen sowie der entsprechenden Rechte daran;

  c) die Ausrichtung von Finanzhilfen;

d) Verträge über Finanzdienstleistungen im Zusammenhang mit Ausgabe, Ankauf, Verkauf, Übertragung oder Verwaltung von Wertpapieren oder anderen Finanzinstrumenten sowie Dienstleistungen der Zentralbanken;

e) Aufträge an Behinderteninstitutionen, Organisationen der Arbeitsintegration, Wohltätigkeitseinrichtungen und Strafanstalten;

f) die Verträge des Personalrechts;

g) die öffentlich-rechtlichen Vorsorgeeinrichtungen der Kantone und Gemeinden.

2 Diese Vereinbarung findet zudem keine Anwendung auf die Beschaffung von Leistungen:

a) bei Anbietern, denen ein ausschliessliches Recht zur Erbringung solcher Leistungen zusteht;

b) bei anderen, rechtlich selbständigen Auftraggebern, die ihrerseits dem Beschaffungsrecht unterstellt sind, soweit diese Auftraggeber diese Leistungen nicht im Wettbewerb mit privaten Anbietern erbringen;

c) bei unselbständigen Organisationseinheiten des Auftraggebers;

d) bei Anbietern, über die der Auftraggeber eine Kontrolle ausübt, die der Kontrolle über seine eigenen Dienststellen entspricht, soweit diese Unternehmen ihre Leistungen im Wesentlichen für den Auftraggeber erbringen.

3 Diese Vereinbarung findet sodann keine Anwendung auf öffentliche Aufträge,

a) wenn dies für den Schutz und die Aufrechterhaltung der äusseren oder inneren Sicherheit oder der öffentlichen Ordnung als erforderlich erachtet wird;

b) soweit dies erforderlich ist zum Schutz der Gesundheit oder des Lebens von Menschen oder zum Schutz der Tier- und Pflanzenwelt;

c) soweit deren Ausschreibung Rechte des geistigen Eigentums verletzen würde.

3. Kapitel Allgemeine Grundsätze

Art. 11 Verfahrensgrundsätze

Bei der Vergabe öffentlicher Aufträge beachtet der Auftraggeber folgende Verfahrensgrundsätze:

a) Er führt Vergabeverfahren transparent, objektiv und unparteiisch durch;

b) er trifft Massnahmen gegen Interessenkonflikte, unzulässige Wettbewerbsabreden und Korruption;

c) er achtet in allen Phasen des Verfahrens auf die Gleichbehandlung der Anbieter;

d) er verzichtet auf Abgebotsrunden;

e) er wahrt den vertraulichen Charakter der Angaben der Anbieter.

Art. 12 Einhaltung der Arbeitsschutzbestimmungen, der Arbeitsbedingungen, der Lohngleichheit und des Umweltrechts

1 Für die im Inland zu erbringenden Leistungen vergibt der Auftraggeber einen öffentlichen Auftrag nur an Anbieter, welche die im Inland massgeblichen Arbeitsschutzbestimmungen und Arbeitsbedingungen, die Melde- und Bewilligungspflichten nach dem Bundesgesetz vom 17. Juni 2005[4] gegen die Schwarzarbeit (BGSA), sowie die Bestimmungen über die Gleichbehandlung von Frau und Mann in Bezug auf die Lohngleichheit einhalten.

2 Für die im Ausland zu erbringenden Leistungen vergibt der Auftraggeber einen öffentlichen Auftrag nur an Anbieter, welche mindestens die Kernübereinkommen der Internationalen Arbeitsorganisation (ILO) nach Massgabe von Anhang 3 einhalten. Der Auftraggeber kann darüber hinaus die Einhaltung weiterer wesentlicher internationaler Arbeitsstandards fordern und entsprechende Nachweise verlangen sowie Kontrollen vereinbaren.

3 Der Auftraggeber vergibt einen öffentlichen Auftrag nur an Anbieter, welche mindestens die am Ort der Leistung geltenden rechtlichen Vorschriften zum Schutz der Umwelt und zur Erhaltung der natürlichen Ressourcen einhalten; dazu gehören im Inland die Bestimmungen des schweizerischen Umweltrechts und im Ausland die vom Bundesrat bezeichneten internationalen Übereinkommen zum Schutz der Umwelt nach Massgabe von Anhang 4.

4 Die Subunternehmer sind verpflichtet, die Anforderungen nach den Absätzen 1 bis 3 einzuhalten. Diese Verpflichtungen sind in die Vereinbarungen zwischen den Anbietern und den Subunternehmern aufzunehmen.

5 Der Auftraggeber kann die Einhaltung der Anforderungen nach den Absätzen 1 bis 3 kontrollieren oder die Kontrolle Dritten übertragen, soweit diese Aufgabe nicht einer spezialgesetzlichen Behörde oder einer anderen geeigneten Instanz, insbesondere einem paritätischen Kontrollorgan, übertragen wurde. Für die Durchführung dieser Kontrollen kann der Auftraggeber der Behörde oder dem Kontrollorgan die erforderlichen Auskünfte erteilen sowie Unterlagen zur Verfügung stellen. Auf Verlangen hat der Anbieter die erforderlichen Nachweise zu erbringen.

6 Die mit der Einhaltung der Anforderungen nach den Absätzen 1 bis 3 befassten Behörden und Kontrollorgane erstatten dem Auftraggeber Bericht über die Ergebnisse der Kontrollen und über allfällige getroffene Massnahmen.

---

4 SR **822.41**.

Art. 13 Ausstand

1 Am Vergabeverfahren dürfen auf Seiten des Auftraggebers oder eines Expertengremiums keine Personen mitwirken, die:

   a) an einem Auftrag ein persönliches Interesse haben;

   b) mit einem Anbieter oder mit einem Mitglied eines seiner Organe durch Ehe oder eingetragene Partnerschaft verbunden sind oder eine faktische Lebensgemeinschaft führen;

   c) mit einem Anbieter oder mit einem Mitglied eines seiner Organe in gerader Linie oder bis zum dritten Grad in der Seitenlinie verwandt oder verschwägert sind;

   d) Vertreter eines Anbieters sind oder für einen Anbieter in der gleichen Sache tätig waren; oder

   e) aufgrund anderer Umstände die für die Durchführung öffentlicher Beschaffungen erforderliche Unabhängigkeit vermissen lassen.

2 Ein Ausstandsbegehren ist unmittelbar nach Kenntnis des Ausstandgrundes vorzubringen.

3 Über Ausstandsbegehren entscheidet der Auftraggeber oder das Expertengremium unter Ausschluss der betreffenden Person.

4 Der Auftraggeber kann in der Ausschreibung vorgeben, dass Anbieter, die bei Wettbewerben und Studienaufträgen in einem ausstandsbegründenden Verhältnis zu einem Jurymitglied stehen, vom Verfahren ausgeschlossen sind.

Art. 14 Vorbefassung

1 Anbieter, die an der Vorbereitung eines Vergabeverfahrens beteiligt waren, sind zum Angebot nicht zugelassen, wenn der ihnen dadurch entstandene Wettbewerbsvorteil nicht mit geeigneten Mitteln ausgeglichen werden kann und wenn der Ausschluss den wirksamen Wettbewerb unter den Anbietern nicht gefährdet.

2 Geeignete Mittel, um den Wettbewerbsvorteil auszugleichen, sind insbesondere:

   a) die Weitergabe aller wesentlichen Angaben über die Vorarbeiten;

   b) die Bekanntgabe der an der Vorbereitung Beteiligten;

   c) die Verlängerung der Mindestfristen.

3 Eine der öffentlichen Ausschreibung vorgelagerte Marktabklärung durch den Auftraggeber führt nicht zur Vorbefassung der angefragten Anbieter. Der Auftraggeber gibt die Ergebnisse der Marktabklärung in den Ausschreibungsunterlagen bekannt.

Art. 15 Bestimmung des Auftragswerts

1 Der Auftraggeber schätzt den voraussichtlichen Auftragswert.

2 Ein öffentlicher Auftrag darf nicht aufgeteilt werden, um Bestimmungen dieser Vereinbarung zu umgehen.

3 Für die Schätzung des Auftragswerts ist die Gesamtheit der auszuschreibenden Leistungen oder Entgelte, soweit sie sachlich oder rechtlich eng zusammenhängen, zu berücksichtigen. Alle Bestandteile der Entgelte sind einzurechnen, einschliesslich Verlängerungsoptionen und Optionen auf Folgeaufträge sowie sämtliche zu erwartenden Prämien, Gebühren, Kommissionen und Zinsen, ohne die Mehrwertsteuer.

4 Bei Verträgen mit bestimmter Laufzeit errechnet sich der Auftragswert anhand der kumulierten Entgelte über die bestimmte Laufzeit, einschliesslich allfälliger Verlängerungsoptionen. Die bestimmte Laufzeit darf in der Regel 5 Jahre nicht übersteigen. In begründeten Fällen kann eine längere Laufzeit vorgesehen werden.

5 Bei Verträgen mit unbestimmter Laufzeit errechnet sich der Auftragswert anhand des monatlichen Entgelts multipliziert mit 48.

6 Bei Verträgen über wiederkehrend benötigte Leistungen errechnet sich der Auftragswert aufgrund des geleisteten Entgelts für solche Leistungen während der letzten 12 Monate oder, bei einer Erstbeauftragung, anhand des geschätzten Bedarfs über die nächsten 12 Monate.

4. Kapitel Vergabeverfahren

Art. 16 Schwellenwerte

1 Die Wahl des Verfahrens richtet sich danach, ob ein Auftrag einen Schwellenwert nach den Anhängen 1 und 2 erreicht. Das InöB passt die Schwellenwerte nach Konsultation des Bundesrates periodisch gemäss den internationalen Verpflichtungen an.

2 Bei einer Anpassung der internationalen Verpflichtungen hinsichtlich der Schwellenwerte garantiert der Bund den Kantonen die Mitwirkung.

3 Erreicht der Gesamtwert mehrerer Bauleistungen für die Realisierung eines Bauwerks den Schwellenwert des Staatsvertragsbereichs, so finden die Bestimmungen dieser Vereinbarung für Beschaffungen im Staatsvertragsbereich Anwendung. Erreichen jedoch die Werte der einzelnen Leistungen nicht zwei Millionen Franken und überschreitet der Wert dieser Leistungen zusammengerechnet nicht 20 Prozent des Gesamtwerts des Bauwerks, so finden für diese Leistungen die Bestimmungen für Beschaffungen ausserhalb des Staatsvertragsbereichs Anwendung (Bagatellklausel).

4 Ausserhalb des Staatsvertragsbereichs wird das massgebliche Verfahren für Bauleistungen anhand des Wertes der einzelnen Leistungen bestimmt.

Art. 17 Verfahrensarten

In Abhängigkeit vom Auftragswert und der Schwellenwerte werden öffentliche Aufträge nach Wahl des Auftraggebers entweder im offenen Verfahren, im selektiven Verfahren, im Einladungsverfahren oder im freihändigen Verfahren vergeben.

Art. 18 Offenes Verfahren

1 Im offenen Verfahren schreibt der Auftraggeber den Auftrag öffentlich aus.

2 Alle Anbieter können ein Angebot einreichen.

Art. 19 Selektives Verfahren

1 Im selektiven Verfahren schreibt der Auftraggeber den Auftrag öffentlich aus und fordert die Anbieter auf, vorerst einen Antrag auf Teilnahme zu stellen.

2 Der Auftraggeber wählt die Anbieter, die ein Angebot einreichen dürfen, aufgrund ihrer Eignung aus.

3 Der Auftraggeber kann die Zahl der zum Angebot zugelassenen Anbieter so weit beschränken, als ein wirksamer Wettbewerb gewährleistet bleibt. Es werden wenn möglich mindestens drei Anbieter zum Angebot zugelassen.

Art. 20 Einladungsverfahren

1 Das Einladungsverfahren findet Anwendung für öffentliche Aufträge ausserhalb des Staatsvertragsbereichs nach Massgabe der Schwellenwerte von Anhang 2.

2 Im Einladungsverfahren bestimmt der Auftraggeber, welche Anbieter er ohne öffentliche Ausschreibung zur Angebotsabgabe einladen will. Zu diesem Zweck erstellt er Ausschreibungsunterlagen. Es werden wenn möglich mindestens drei Angebote eingeholt.

Art. 21 Freihändiges Verfahren

1 Im freihändigen Verfahren vergibt der Auftraggeber einen öffentlichen Auftrag direkt ohne Ausschreibung. Der Auftraggeber ist berechtigt, Vergleichsofferten einzuholen und Verhandlungen durchzuführen.

2 Der Auftraggeber kann einen Auftrag unabhängig vom Schwellenwert freihändig vergeben, wenn eine der nachstehenden Voraussetzungen erfüllt ist:

   a) es gehen im offenen Verfahren, im selektiven Verfahren oder im Einladungsverfahren keine Angebote oder keine Teilnahmeanträge ein, kein Angebot entspricht den wesentlichen Anforderungen der Ausschreibung oder den technischen Spezifikationen oder es erfüllt kein Anbieter die Eignungskriterien;

   b) es bestehen hinreichende Anhaltspunkte, dass alle im offenen Verfahren, im selektiven Verfahren oder im Einladungsverfahren eingegangenen Angebote auf einer unzulässigen Wettbewerbsabrede beruhen;

c) aufgrund der technischen oder künstlerischen Besonderheiten des Auftrags oder aus Gründen des Schutzes geistigen Eigentums kommt nur ein Anbieter in Frage, und es gibt keine angemessene Alternative;

d) aufgrund unvorhersehbarer Ereignisse wird die Beschaffung so dringlich, dass selbst mit verkürzten Fristen kein offenes oder selektives Verfahren und kein Einladungsverfahren durchgeführt werden kann;

e) ein Wechsel des Anbieters für Leistungen zur Ersetzung, Ergänzung oder Erweiterung bereits erbrachter Leistungen ist aus wirtschaftlichen oder technischen Gründen nicht möglich, würde erhebliche Schwierigkeiten bereiten oder substanzielle Mehrkosten mit sich bringen;

f) der Auftraggeber beschafft Erstanfertigungen (Prototypen) oder neuartige Leistungen, die auf sein Verlangen im Rahmen eines Forschungs-, Versuchs-, Studien- oder Neuentwicklungsauftrags hergestellt oder entwickelt werden;

g) der Auftraggeber beschafft Leistungen an Warenbörsen;

h) der Auftraggeber kann Leistungen im Rahmen einer günstigen, zeitlich befristeten Gelegenheit zu einem Preis beschaffen, der erheblich unter den üblichen Preisen liegt (insbesondere bei Liquidationsverkäufen);

i) der Auftraggeber vergibt den Folgeauftrag an den Gewinner eines Planungs- oder Gesamtleistungswettbewerbs oder eines Auswahlverfahrens zu Planungs- oder Gesamtleistungsstudien; dabei müssen die folgenden Voraussetzungen erfüllt sein:

  1. das vorausgehende Verfahren wurde in Übereinstimmung mit den Grundsätzen der Vereinbarung durchgeführt;

  2. die Lösungsvorschläge wurden von einem unabhängigen Expertengremium beurteilt;

  3. der Auftraggeber hat sich in der Ausschreibung vorbehalten, den Folgeauftrag oder die Koordination freihändig zu vergeben.

3 Der Auftraggeber erstellt über jeden nach Massgabe von Absatz 2 vergebenen Auftrag eine Dokumentation mit folgendem Inhalt:

a) Name des Auftraggebers und des berücksichtigten Anbieters;

b) Art und Wert der beschafften Leistung;

c) Erklärung der Umstände und Bedingungen, welche die Anwendung des freihändigen Verfahrens rechtfertigen.

Art. 22 Wettbewerbe sowie Studienaufträge

Der Auftraggeber, der einen Planungs- oder Gesamtleistungswettbewerb veranstaltet oder Studienaufträge erteilt, regelt im Rahmen der Grundsätze dieser Vereinbarung das Verfahren im Einzelfall. Er kann auf einschlägige Bestimmungen von Fachverbänden verweisen.

Art. 23 Elektronische Auktionen

1 Der Auftraggeber kann für die Beschaffung standardisierter Leistungen im Rahmen eines Verfahrens nach dieser Vereinbarung eine elektronische Auktion durchführen. Dabei werden die Angebote nach einer ersten vollständigen Bewertung überarbeitet und mittels elektronischer Hilfsmittel und allenfalls mehrfacher Durchgänge neu geordnet. In der Ausschreibung ist darauf hinzuweisen.

2 Die elektronische Auktion erstreckt sich:

a) auf die Preise, wenn der Zuschlag für den niedrigsten Gesamtpreis erteilt wird; oder

b) auf die Preise und die Werte für quantifizierbare Komponenten wie Gewicht, Reinheit oder Qualität, wenn der Zuschlag für das vorteilhafteste Angebot erteilt wird.

3 Der Auftraggeber prüft, ob die Anbieter die Eignungskriterien und ob die Angebote die technischen Spezifikationen erfüllen. Er nimmt anhand der Zuschlagskriterien und der dafür festgelegten Gewichtung eine erste Bewertung der Angebote vor. Vor Beginn der Auktion stellt er jedem Anbieter zur Verfügung:

a) die automatische Bewertungsmethode, einschliesslich der auf den genannten Zuschlagskriterien beruhenden mathematischen Formel;

b) das Ergebnis der ersten Bewertung seines Angebots; und

c) alle weiteren relevanten Informationen zur Abwicklung der Auktion.

4 Alle zugelassenen Anbieter werden gleichzeitig und auf elektronischem Weg aufgefordert, neue beziehungsweise angepasste Angebote einzureichen. Der Auftraggeber kann die Zahl der zugelassenen Anbieter beschränken, sofern er dies in der Ausschreibung oder in den Ausschreibungsunterlagen bekannt gegeben hat.

5 Die elektronische Auktion kann mehrere aufeinander folgende Durchgänge umfassen. Der Auftraggeber informiert alle Anbieter in jedem Durchgang über ihren jeweiligen Rang.

Art. 24 Dialog

1 Bei komplexen Aufträgen, bei intellektuellen Dienstleistungen oder bei der Beschaffung innovativer Leistungen kann ein Auftraggeber im Rahmen eines offenen oder

selektiven Verfahrens einen Dialog durchführen mit dem Ziel, den Leistungsgegenstand zu konkretisieren sowie die Lösungswege oder Vorgehensweisen zu ermitteln und festzulegen. Auf den Dialog ist in der Ausschreibung hinzuweisen.

2 Der Dialog darf nicht zum Zweck geführt werden, Preise und Gesamtpreise zu verhandeln.

3 Der Auftraggeber formuliert und erläutert seine Bedürfnisse und Anforderungen in der Ausschreibung oder in den Ausschreibungsunterlagen. Er gibt ausserdem bekannt:

a) den Ablauf des Dialogs;

b) die möglichen Inhalte des Dialogs;

c) ob und wie die Teilnahme am Dialog und die Nutzung der Immaterialgüterrechte sowie der Kenntnisse und Erfahrungen des Anbieters entschädigt werden;

d) die Fristen und Modalitäten zur Einreichung des endgültigen Angebots.

4 Der Auftraggeber kann die Zahl der teilnehmenden Anbieter nach sachlichen und transparenten Kriterien reduzieren.

5 Er dokumentiert den Ablauf und den Inhalt des Dialogs in geeigneter und nachvollziehbarer Weise.

Art. 25 Rahmenverträge

1 Der Auftraggeber kann Vereinbarungen mit einem oder mehreren Anbietern ausschreiben, die zum Ziel haben, die Bedingungen für die Leistungen, die im Laufe eines bestimmten Zeitraums bezogen werden sollen, festzulegen, insbesondere in Bezug auf deren Preis und gegebenenfalls die in Aussicht genommenen Mengen. Gestützt auf einen solchen Rahmenvertrag kann der Auftraggeber während dessen Laufzeit Einzelverträge abschliessen.

2 Rahmenverträge dürfen nicht mit der Absicht oder der Wirkung verwendet werden, den Wettbewerb zu behindern oder zu beseitigen.

3 Die Laufzeit eines Rahmenvertrags beträgt höchstens fünf Jahre. Eine automatische Verlängerung ist nicht möglich. In begründeten Fällen kann eine längere Laufzeit vorgesehen werden.

4 Wird ein Rahmenvertrag mit nur einem Anbieter abgeschlossen, so werden die auf diesem Rahmenvertrag beruhenden Einzelverträge entsprechend den Bedingungen des Rahmenvertrags abgeschlossen. Für den Abschluss der Einzelverträge kann der Auftraggeber den jeweiligen Vertragspartner schriftlich auffordern, sein Angebot zu vervollständigen.

5 Werden aus zureichenden Gründen Rahmenverträge mit mehreren Anbietern abgeschlossen, so erfolgt der Abschluss von Einzelverträgen nach Wahl des Auftragge-

bers entweder nach den Bedingungen des jeweiligen Rahmenvertrags ohne erneuten Aufruf zur Angebotseinreichung oder nach folgendem Verfahren:

a) vor Abschluss jedes Einzelvertrags konsultiert der Auftraggeber schriftlich die Vertragspartner und teilt ihnen den konkreten Bedarf mit;

b) der Auftraggeber setzt den Vertragspartnern eine angemessene Frist für die Abgabe der Angebote für jeden Einzelvertrag;

c) die Angebote sind schriftlich einzureichen und während der Dauer, die in der Anfrage genannt ist, verbindlich;

d) der Auftraggeber schliesst den Einzelvertrag mit demjenigen Vertragspartner ab, der gestützt auf die in den Ausschreibungsunterlagen oder im Rahmenvertrag definierten Kriterien das beste Angebot unterbreitet.

5. Kapitel Vergabeanforderungen

Art. 26 Teilnahmebedingungen

1 Der Auftraggeber stellt im Rahmen des Vergabeverfahrens und bei der Erbringung der zugeschlagenen Leistungen sicher, dass der Anbieter und seine Subunternehmer die Teilnahmebedingungen, namentlich die Voraussetzungen nach Artikel 12, erfüllen, die fälligen Steuern und Sozialversicherungsbeiträge bezahlt haben und auf unzulässige Wettbewerbsabreden verzichten.

2 Er kann vom Anbieter verlangen, dass dieser die Einhaltung der Teilnahmebedingungen insbesondere mit einer Selbstdeklaration oder der Aufnahme in ein Verzeichnis nachweist.

3 Er gibt in der Ausschreibung oder in den Ausschreibungsunterlagen bekannt, zu welchem Zeitpunkt welche Nachweise einzureichen sind.

Art. 27 Eignungskriterien

1 Der Auftraggeber legt in der Ausschreibung oder in den Ausschreibungsunterlagen die Kriterien zur Eignung des Anbieters abschliessend fest. Die Kriterien müssen im Hinblick auf das Beschaffungsvorhaben objektiv erforderlich und überprüfbar sein.

2 Die Eignungskriterien können insbesondere die fachliche, finanzielle, wirtschaftliche, technische und organisatorische Leistungsfähigkeit sowie die Erfahrung des Anbieters betreffen.

3 Der Auftraggeber gibt in der Ausschreibung oder in den Ausschreibungsunterlagen bekannt, zu welchem Zeitpunkt welche Nachweise einzureichen sind.

4 Er darf nicht zur Bedingung machen, dass der Anbieter bereits einen oder mehrere öffentliche Aufträge eines dieser Vereinbarung unterstellten Auftraggebers erhalten hat.

Art. 28 Verzeichnisse

1 Der Auftraggeber oder die nach gesetzlicher Anordnung zuständige Behörde kann ein Verzeichnis der Anbieter führen, die aufgrund ihrer Eignung die Voraussetzungen zur Übernahme öffentlicher Aufträge erfüllen.

2 Folgende Angaben sind auf der Internetplattform von Bund und Kantonen zu veröffentlichen:

a) Fundstelle des Verzeichnisses;

b) Informationen über die zu erfüllenden Kriterien;

c) Prüfungsmethoden und Eintragungsbedingungen;

d) Dauer der Gültigkeit und Verfahren zur Erneuerung des Eintrags.

3 Ein transparentes Verfahren muss sicherstellen, dass die Gesuchseinreichung, die Prüfung oder die Nachprüfung der Eignung sowie die Eintragung eines Gesuchstellers in das Verzeichnis oder deren Streichung aus dem Verzeichnis jederzeit möglich sind.

4 In einem konkreten Beschaffungsvorhaben sind auch Anbieter zugelassen, die nicht in einem Verzeichnis aufgeführt sind, sofern sie den Eignungsnachweis erbringen.

5 Wird das Verzeichnis aufgehoben, so werden die darin aufgeführten Anbieter informiert.

Art. 29 Zuschlagskriterien

1 Der Auftraggeber prüft die Angebote anhand leistungsbezogener Zuschlagskriterien. Neben dem Preis und der Qualität einer Leistung kann er insbesondere Kriterien wie Zweckmässigkeit, Termine, technischer Wert, Wirtschaftlichkeit, Lebenszykluskosten, Ästhetik, Nachhaltigkeit, Plausibilität des Angebots, Kreativität, Kundendienst, Lieferbedingungen, Infrastruktur, Innovationsgehalt, Funktionalität, Servicebereitschaft, Fachkompetenz oder Effizienz der Methodik berücksichtigen.

2 Ausserhalb des Staatsvertragsbereichs kann der Auftraggeber ergänzend berücksichtigen, inwieweit der Anbieter Ausbildungsplätze für Lernende in der beruflichen Grundbildung, Arbeitsplätze für ältere Arbeitnehmende oder eine Wiedereingliederung für Langzeitarbeitslose anbietet.

3 Der Auftraggeber gibt die Zuschlagskriterien und ihre Gewichtung in der Ausschreibung oder in den Ausschreibungsunterlagen bekannt. Sind Lösungen, Lösungswege oder Vorgehensweisen Gegenstand der Beschaffung, so kann auf eine Bekanntgabe der Gewichtung verzichtet werden.

4 Für standardisierte Leistungen kann der Zuschlag ausschliesslich nach dem Kriterium des niedrigsten Preises erfolgen.

Art. 30 Technische Spezifikationen

1 Der Auftraggeber bezeichnet in der Ausschreibung oder in den Ausschreibungsunterlagen die erforderlichen technischen Spezifikationen. Diese legen die Merkmale des Beschaffungsgegenstands wie Funktion, Leistung, Qualität, Sicherheit und Abmessungen oder Produktionsverfahren fest und regeln die Anforderungen an Kennzeichnung und Verpackung.

2 Bei der Festlegung der technischen Spezifikationen stützt sich der Auftraggeber, soweit möglich und angemessen, auf internationale Normen, ansonsten auf in der Schweiz verwendete technische Vorschriften, anerkannte nationale Normen oder Branchenempfehlungen.

3 Bestimmte Firmen oder Marken, Patente, Urheberrechte, Designs oder Typen sowie der Hinweis auf einen bestimmten Ursprung oder bestimmte Produzenten sind als technische Spezifikationen nicht zulässig, es sei denn, dass es keine andere hinreichend genaue oder verständliche Art und Weise der Leistungsbeschreibung gibt und der Auftraggeber in diesem Fall in die Ausschreibungsunterlagen die Worte «oder gleichwertig» aufnimmt. Die Gleichwertigkeit ist durch den Anbieter nachzuweisen.

4 Der Auftraggeber kann technische Spezifikationen zur Erhaltung der natürlichen Ressourcen oder zum Schutz der Umwelt vorsehen.

Art. 31 Bietergemeinschaften und Subunternehmer

1 Bietergemeinschaften und Subunternehmer sind zugelassen, soweit der Auftraggeber dies in der Ausschreibung oder in den Ausschreibungsunterlagen nicht ausschliesst oder beschränkt.

2 Mehrfachbewerbungen von Subunternehmern oder von Anbietern im Rahmen von Bietergemeinschaften sind nur möglich, wenn sie in der Ausschreibung oder in den Ausschreibungsunterlagen ausdrücklich zugelassen werden.

3 Die charakteristische Leistung ist grundsätzlich vom Anbieter zu erbringen.

Art. 32 Lose und Teilleistungen

1 Der Anbieter hat ein Gesamtangebot für den Beschaffungsgegenstand einzureichen.

2 Der Auftraggeber kann den Beschaffungsgegenstand in Lose aufteilen und an einen oder mehrere Anbieter vergeben.

3 Hat der Auftraggeber Lose gebildet, so können die Anbieter ein Angebot für mehrere Lose einreichen, es sei denn, der Auftraggeber habe dies in der Ausschreibung abweichend geregelt. Er kann festlegen, dass ein einzelner Anbieter nur eine beschränkte Anzahl Lose erhalten kann.

4 Behält sich der Auftraggeber vor, von den Anbietern eine Zusammenarbeit mit Dritten zu verlangen, so kündigt er dies in der Ausschreibung an.

5 Der Auftraggeber kann sich in der Ausschreibung vorbehalten, Teilleistungen zuzuschlagen.

Art. 33 Varianten

1 Den Anbietern steht es frei, zusätzlich zum Angebot der in der Ausschreibung beschriebenen Leistung Varianten vorzuschlagen. Der Auftraggeber kann diese Möglichkeit in der Ausschreibung beschränken oder ausschliessen.

2 Als Variante gilt jedes Angebot, mit dem das Ziel der Beschaffung auf andere Art als vom Auftraggeber vorgesehen erreicht werden kann.

Art. 34 Formerfordernisse

1 Angebote und Anträge auf Teilnahme müssen schriftlich, vollständig und fristgerecht gemäss den Angaben in der Ausschreibung oder in den Ausschreibungsunterlagen eingereicht werden.

2 Sie können elektronisch eingereicht werden, wenn dies in der Ausschreibung oder in den Ausschreibungsunterlagen vorgesehen ist und die seitens des Auftraggebers definierten Anforderungen eingehalten werden.

6. Kapitel Ablauf des Vergabeverfahrens

Art. 35 Inhalt der Ausschreibung

Die Veröffentlichung einer Ausschreibung enthält mindestens folgende Informationen:

a) Name und Adresse des Auftraggebers;

b) Auftrags- und Verfahrensart sowie die einschlägige CPV-Klassifikation[5], bei Dienstleistungen zusätzlich die einschlägige CPC-Klassifikation[6];

c) Beschreibung der Leistungen, einschliesslich der Art und Menge, oder wenn die Menge unbekannt ist, eine diesbezügliche Schätzung, sowie allfällige Optionen;

d) Ort und Zeitpunkt der Leistungserbringung;

e) gegebenenfalls eine Aufteilung in Lose, eine Beschränkung der Anzahl Lose und eine Zulassung von Teilangeboten;

f) gegebenenfalls eine Beschränkung oder einen Ausschluss von Bietergemeinschaften und Subunternehmern;

---

5 CPV = «Common Procurement Vocabulary» (Gemeinsames Vokabular für öffentliche Aufträge der Europäischen Union).
6 CPC = «Central Product Classification» (Zentrale Gütersystematik der Vereinten Nationen).

g) gegebenenfalls eine Beschränkung oder einen Ausschluss von Varianten;

h) bei wiederkehrend benötigten Leistungen wenn möglich eine Angabe des Zeitpunktes der nachfolgenden Ausschreibung und gegebenenfalls einen Hinweis, dass die Angebotsfrist verkürzt wird;

i) gegebenenfalls einen Hinweis, dass eine elektronische Auktion stattfindet;

j) gegebenenfalls die Absicht, einen Dialog durchzuführen;

k) die Frist zur Einreichung von Angeboten oder Teilnahmeanträgen;

l) Formerfordernisse zur Einreichung von Angeboten oder Teilnahmeanträgen, gegebenenfalls die Auflage, dass Leistung und Preis in zwei separaten Couverts anzubieten sind;

m) Sprache oder Sprachen des Verfahrens und des Angebots;

n) die Eignungskriterien und die geforderten Nachweise;

o) bei einem selektiven Verfahren gegebenenfalls die Höchstzahl der Anbieter, die zur Offertstellung eingeladen werden;

p) die Zuschlagskriterien sowie deren Gewichtung, sofern diese Angaben nicht in den Ausschreibungsunterlagen enthalten sind;

q) gegebenenfalls den Vorbehalt, Teilleistungen zuzuschlagen;

r) die Gültigkeitsdauer der Angebote;

s) die Bezugsquelle für die Ausschreibungsunterlagen sowie gegebenenfalls eine kostendeckende Gebühr;

t) einen Hinweis, ob die Beschaffung in den Staatsvertragsbereich fällt;

u) gegebenenfalls zum Verfahren zugelassene, vorbefasste Anbieter;

v) eine Rechtsmittelbelehrung.

Art. 36 Inhalt der Ausschreibungsunterlagen

Soweit diese Angaben nicht bereits in der Ausschreibung enthalten sind, geben die Ausschreibungsunterlagen Aufschluss über:

a) Name und Adresse des Auftraggebers;

b) den Gegenstand der Beschaffung, einschliesslich technischer Spezifikationen und Konformitätsbescheinigungen, Pläne, Zeichnungen und notwendiger Instruktionen sowie Angaben zur nachgefragten Menge;

c) Formerfordernisse und Teilnahmebedingungen für die Anbieter, einschliesslich einer Liste mit Angaben und Unterlagen, welche die Anbieter im Zusammenhang mit den Teilnahmebedingungen einreichen müssen, sowie eine allfällige Gewichtung der Eignungskriterien;

d) die Zuschlagskriterien sowie deren Gewichtung;

e) wenn der Auftraggeber die Beschaffung elektronisch abwickelt: allfällige Anforderungen an die Authentifizierung und Verschlüsselung bei der elektronischen Einreichung von Informationen;

f) wenn der Auftraggeber eine elektronische Auktion vorsieht: die Regeln, nach denen die Auktion durchgeführt wird, einschliesslich der Bezeichnung jener Angebotselemente, die angepasst werden können und anhand der Zuschlagskriterien bewertet werden;

g) das Datum, die Uhrzeit und den Ort für die Öffnung der Angebote, falls die Angebote öffentlich geöffnet werden;

h) alle anderen für die Erstellung der Angebote erforderlichen Modalitäten und Bedingungen, insbesondere die Angabe, in welcher Währung (in der Regel Schweizerfranken) das Angebot einzureichen ist;

i) Termine für die Erbringung der Leistungen.

Art. 37 Angebotsöffnung

1   Im offenen und im selektiven Verfahren sowie im Einladungsverfahren werden alle fristgerecht eingereichten Angebote durch mindestens zwei Vertreter des Auftraggebers geöffnet.

2   Über die Öffnung der Angebote wird ein Protokoll erstellt. Darin sind mindestens die Namen der anwesenden Personen, die Namen der Anbieter, das Datum der Einreichung ihrer Angebote, allfällige Angebotsvarianten sowie die jeweiligen Gesamtpreise der Angebote festzuhalten.

3   Sind Leistung und Preis in separaten Couverts anzubieten, so ist für die Öffnung der Couverts nach den Absätzen 1 und 2 vorzugehen, wobei im Protokoll über die Öffnung der zweiten Couverts nur die Gesamtpreise festzuhalten sind.

4   Allen Anbietern wird spätestens nach dem Zuschlag auf Verlangen Einsicht in das Protokoll gewährt.

Art. 38 Prüfung der Angebote

1   Der Auftraggeber prüft die eingegangenen Angebote auf die Einhaltung der Formerfordernisse. Offensichtliche Rechenfehler werden von Amtes wegen berichtigt.

2   Der Auftraggeber kann von den Anbietern verlangen, dass sie ihre Angebote erläutern. Er hält die Anfrage sowie die Antworten schriftlich fest.

3   Geht ein Angebot ein, dessen Preis im Vergleich zu den anderen Angeboten unge-

wöhnlich niedrig erscheint, so muss der Auftraggeber beim Anbieter zweckdienliche Erkundigungen darüber einholen, ob die Teilnahmebedingungen eingehalten sind und die weiteren Anforderungen der Ausschreibung verstanden wurden.

4 Sind Leistung und Preis in separaten Couverts anzubieten, so erstellt der Auftraggeber in einem ersten Schritt eine Rangliste entsprechend der Qualität der Angebote. In einem zweiten Schritt bewertet er die Gesamtpreise.

Art. 39 Bereinigung der Angebote

1 Der Auftraggeber kann mit den Anbietern die Angebote hinsichtlich der Leistungen sowie der Modalitäten ihrer Erbringung bereinigen, um das vorteilhafteste Angebot zu ermitteln.

2 Eine Bereinigung findet nur dann statt, wenn:

   a) erst dadurch der Auftrag oder die Angebote geklärt oder die Angebote nach Massgabe der Zuschlagskriterien objektiv vergleichbar gemacht werden können; oder

   b) Leistungsänderungen objektiv und sachlich geboten sind, wobei der Leistungsgegenstand, die Kriterien und Spezifikationen nicht in einer Weise angepasst werden dürfen, dass sich die charakteristische Leistung oder der potenzielle Anbieterkreis verändert.

3 Eine Aufforderung zur Preisanpassung ist nur im Zusammenhang mit den Tatbeständen von Absatz 2 zulässig.

4 Der Auftraggeber hält die Resultate der Bereinigung in einem Protokoll fest.

Art. 40 Bewertung der Angebote

1 Sofern die Eignungskriterien und die technischen Spezifikationen erfüllt sind, werden die Angebote nach Massgabe der Zuschlagskriterien objektiv, einheitlich und nachvollziehbar geprüft und bewertet. Der Auftraggeber dokumentiert die Evaluation.

2 Erfordert die umfassende Prüfung und Bewertung der Angebote einen erheblichen Aufwand und hat der Auftraggeber dies in der Ausschreibung angekündigt, so kann er alle Angebote auf der Grundlage der eingereichten Unterlagen einer ersten Prüfung unterziehen und rangieren. Auf dieser Grundlage wählt er nach Möglichkeit die drei bestrangierten Angebote aus und unterzieht sie einer umfassenden Prüfung und Bewertung.

Art. 41 Zuschlag

Das vorteilhafteste Angebot erhält den Zuschlag.

Art. 42 Vertragsabschluss

1 Der Vertrag mit dem berücksichtigten Anbieter darf nach Ablauf der Frist für die Beschwerde gegen den Zuschlag abgeschlossen werden, es sei denn, das kantonale Verwaltungsgericht habe einer Beschwerde gegen den Zuschlag aufschiebende Wirkung erteilt.

2 Ist ein Beschwerdeverfahren gegen den Zuschlag hängig, ohne dass die aufschiebende Wirkung verlangt oder gewährt wurde, so teilt der Auftraggeber den Vertragsabschluss umgehend dem Gericht mit.

Art. 43 Abbruch

1 Der Auftraggeber kann das Vergabeverfahren abbrechen, insbesondere wenn:

   a) er von der Vergabe des öffentlichen Auftrags aus zureichenden Gründen absieht;

   b) kein Angebot die technischen Spezifikationen oder die weiteren Anforderungen erfüllt;

   c) aufgrund veränderter Rahmenbedingungen vorteilhaftere Angebote zu erwarten sind;

   d) die eingereichten Angebote keine wirtschaftliche Beschaffung erlauben oder den Kostenrahmen deutlich überschreiten;

   e) hinreichende Anhaltspunkte für eine unzulässige Wettbewerbsabrede unter den Anbietern bestehen;

   f) eine wesentliche Änderung der nachgefragten Leistungen erforderlich wird.

2 Im Fall eines gerechtfertigten Abbruchs haben die Anbieter keinen Anspruch auf eine Entschädigung.

Art. 44 Ausschluss vom Verfahren und Widerruf des Zuschlags

1 Der Auftraggeber kann einen Anbieter von einem Vergabeverfahren ausschliessen, aus einem Verzeichnis streichen oder einen ihm bereits erteilten Zuschlag widerrufen, wenn festgestellt wird, dass auf den betreffenden Anbieter, seine Organe, eine beigezogene Drittperson oder deren Organe einer der folgenden Sachverhalte zutrifft:

   a) sie erfüllen die Voraussetzungen für die Teilnahme am Verfahren nicht oder nicht mehr, oder der rechtskonforme Ablauf des Vergabeverfahrens wird durch ihr Verhalten beeinträchtigt;

   b) die Angebote oder Anträge auf Teilnahme weisen wesentliche Formfehler auf oder weichen wesentlich von den verbindlichen Anforderungen einer Ausschreibung ab;

c) es liegt eine rechtskräftige Verurteilung wegen eines Vergehens zum Nachteil des jeweiligen Auftraggebers oder wegen eines Verbrechens vor;

d) sie befinden sich in einem Pfändungs- oder Konkursverfahren;

e) sie haben Bestimmungen über die Bekämpfung der Korruption verletzt;

f) sie widersetzen sich angeordneten Kontrollen;

g) sie bezahlen fällige Steuern oder Sozialabgaben nicht;

h) sie haben frühere öffentliche Aufträge mangelhaft erfüllt oder liessen in anderer Weise erkennen, keine verlässlichen und vertrauenswürdigen Vertragspartner zu sein;

i) sie waren an der Vorbereitung der Beschaffung beteiligt, und der dadurch entstehende Wettbewerbsnachteil der anderen Anbieter kann nicht mit geeigneten Mitteln ausgeglichen werden;

j) sie wurden nach Artikel 45 Absatz 1 von künftigen öffentlichen Aufträgen rechtskräftig ausgeschlossen.

2 Der Auftraggeber kann überdies Massnahmen nach Absatz 1 treffen, wenn hinreichende Anhaltspunkte dafür vorliegen, dass auf den Anbieter, seine Organe, einen beigezogenen Dritten oder dessen Organe insbesondere einer der folgenden Sachverhalte zutrifft:

a) sie haben unwahre oder irreführende Aussagen und Auskünfte gegenüber dem Auftraggeber gemacht;

b) es wurden unzulässige Wettbewerbsabreden getroffen;

c) sie reichen ein ungewöhnlich niedriges Angebot ein, ohne auf Aufforderung hin nachzuweisen, dass die Teilnahmebedingungen eingehalten werden, und bieten keine Gewähr für die vertragskonforme Erbringung der ausgeschriebenen Leistungen;

d) sie haben gegen anerkannte Berufsregeln verstossen oder Handlungen oder Unterlassungen begangen, die ihre berufliche Ehre oder Integrität beeinträchtigen;

e) sie sind insolvent;

f) sie missachten die Arbeitsschutzbestimmungen, die Arbeitsbedingungen, die Bestimmungen über die Gleichbehandlung von Frau und Mann in Bezug auf die Lohngleichheit oder die Bestimmungen über die Vertraulichkeit, die Bestimmungen des schweizerischen Umweltrechts oder die vom Bundesrat bezeichneten internationalen Übereinkommen zum Schutz der Umwelt;

g) sie haben Melde- oder Bewilligungspflichten nach dem BGSA[7] verletzt;

---

[7] SR **822.41**.

h) sie verstossen gegen das Bundesgesetz vom 19. Dezember 1986[8] gegen den unlauteren Wettbewerb.

Art. 45 Sanktionen

1 Der Auftraggeber oder die nach gesetzlicher Anordnung zuständige Behörde kann einen Anbieter oder Subunternehmer, der selber oder durch seine Organe in schwerwiegender Weise einen oder mehrere der Tatbestände von Artikel 44 Absatz 1 Buchstaben c und e sowie Absatz 2 Buchstaben b, f und g erfüllt, von künftigen öffentlichen Aufträgen für die Dauer von bis zu fünf Jahren ausschliessen oder ihm eine Busse von bis zu zehn Prozent der bereinigten Angebotssumme auferlegen. In leichten Fällen kann eine Verwarnung erfolgen.

2 Diese Sanktionsmöglichkeiten gelten unabhängig von weiteren rechtlichen Schritten gegen den fehlbaren Anbieter, Subunternehmer oder deren Organe. Den Verdacht auf unzulässige Wettbewerbsabreden nach Artikel 44 Absatz 2 Buchstabe b teilt der Auftraggeber oder die nach gesetzlicher Anordnung zuständige Behörde der Wettbewerbskommission mit.

3 Der Auftraggeber oder die nach gesetzlicher Anordnung zuständige Behörde meldet einen rechtskräftigen Ausschluss nach Absatz 1 dem InöB. Das InöB führt eine nicht öffentliche Liste der sanktionierten Anbieter und Subunternehmer, unter Angabe der Gründe für den Ausschluss sowie der Dauer des Ausschlusses von öffentlichen Aufträgen. Es sorgt dafür, dass jeder Auftraggeber in Bezug auf einen bestimmten Anbieter oder Subunternehmer die entsprechenden Informationen erhalten kann. Es kann zu diesem Zweck ein Abrufverfahren einrichten. Bund und Kantone stellen einander alle nach diesem Artikel erhobenen Informationen zur Verfügung. Nach Ablauf der Sanktion wird der Eintrag aus der Liste gelöscht.

4 Verstösst ein Auftraggeber gegen diese Vereinbarung, erlässt die nach gesetzlicher Anordnung zuständige Behörde die angemessenen Weisungen und sorgt für deren Einhaltung.

5 Werden für einen öffentlichen Auftrag finanzielle Beiträge gesprochen, so können diese Beiträge ganz oder teilweise entzogen oder zurückgefordert werden, wenn der Auftraggeber gegen beschaffungsrechtliche Vorgaben verstösst.

7. Kapitel Fristen und Veröffentlichungen, Statistik

Art. 46 Fristen

1 Bei der Bestimmung der Fristen für die Einreichung der Angebote oder Teilnahmeanträge trägt der Auftraggeber der Komplexität des Auftrags, der voraussichtlichen Anzahl von Unteraufträgen sowie den Übermittlungswegen Rechnung.

---

8 SR **241**.

2 Im Staatsvertragsbereich gelten folgende Minimalfristen:

a) im offenen Verfahren: 40 Tage ab Veröffentlichung der Ausschreibung für die Einreichung der Angebote;

b) im selektiven Verfahren: 25 Tage ab Veröffentlichung der Ausschreibung für die Einreichung der Teilnahmeanträge und 40 Tage ab Einladung zur Angebotserstellung für die Einreichung der Angebote.

3 Eine Verlängerung dieser Fristen ist allen Anbietern rechtzeitig anzuzeigen oder zu veröffentlichen.

4 Ausserhalb des Staatsvertragsbereichs beträgt die Frist für die Einreichung der Angebote in der Regel mindestens 20 Tage. Bei weitgehend standardisierten Leistungen kann die Frist auf nicht weniger als 5 Tage reduziert werden.

Art. 47 Fristverkürzung im Staatsvertragsbereich

1 Der Auftraggeber kann die Minimalfristen nach Artikel 46 Absatz 2 in Fällen nachgewiesener Dringlichkeit auf nicht weniger als 10 Tage verkürzen.

2 Er kann die minimale Angebotsfrist von 40 Tagen nach Artikel 46 Absatz 2 um je 5 Tage kürzen, wenn:

a) die Ausschreibung elektronisch veröffentlicht wird;

b) die Ausschreibungsunterlagen zeitgleich elektronisch veröffentlicht werden;

c) Angebote auf elektronischem Weg entgegengenommen werden.

3 Er kann die minimale Angebotsfrist von 40 Tagen nach Artikel 46 Absatz 2 auf nicht weniger als 10 Tage verkürzen, sofern er mindestens 40 Tage bis höchstens 12 Monate vor der Veröffentlichung der Ausschreibung eine Vorankündigung mit folgendem Inhalt veröffentlicht hat:

a) Gegenstand der beabsichtigten Beschaffung;

b) ungefähre Frist für die Einreichung der Angebote oder Teilnahmeanträge;

c) Erklärung, dass die interessierten Anbieter dem Auftraggeber ihr Interesse an der Beschaffung mitteilen sollen;

d) Bezugsquelle für die Ausschreibungsunterlagen;

e) alle weiteren zu diesem Zeitpunkt bereits verfügbaren Angaben nach Artikel 35.

4 Er kann die minimale Angebotsfrist von 40 Tagen nach Artikel 46 Absatz 2 auf nicht weniger als 10 Tage verkürzen, wenn er wiederkehrend benötigte Leistungen beschafft und bei einer früheren Ausschreibung auf die Fristverkürzung hingewiesen hat.

5 Überdies kann der Auftraggeber beim Einkauf gewerblicher Waren oder Dienstleis-

tungen oder einer Kombination der beiden in jedem Fall die Frist zur Angebotseinreichung auf nicht weniger als 13 Tage verkürzen, sofern er die Ausschreibungsunterlagen gleichzeitig mit der Ausschreibung elektronisch veröffentlicht. Nimmt der Auftraggeber Angebote für gewerbliche Waren oder Dienstleistungen elektronisch entgegen, so kann er ausserdem die Frist auf nicht weniger als 10 Tage verkürzen.

Art. 48 Veröffentlichungen

1 Im offenen und im selektiven Verfahren veröffentlicht der Auftraggeber die Vorankündigung, die Ausschreibung, den Zuschlag sowie den Abbruch des Verfahrens auf einer gemeinsam von Bund und Kantonen betriebenen Internetplattform für öffentliche Beschaffungen. Ebenso veröffentlicht er Zuschläge, die im Staatsvertragsbereich freihändig erteilt wurden.

2 Die Ausschreibungsunterlagen werden in der Regel zeitgleich und elektronisch zur Verfügung gestellt. Der Zugang zu diesen Veröffentlichungen ist unentgeltlich.

3 Die vom Bund und den Kantonen mit der Entwicklung und dem Betrieb der Internetplattform beauftragte Organisation kann von den Auftraggebern, den Anbietern sowie weiteren Personen, welche die Plattform oder damit verbundene Dienstleistungen nutzen, Entgelte oder Gebühren erheben. Diese bemessen sich nach der Anzahl der Veröffentlichungen beziehungsweise nach dem Umfang der genutzten Leistungen.

4 Für jeden Auftrag im Staatsvertragsbereich, der nicht in einer Amtssprache der Welthandelsorganisation (WTO) ausgeschrieben wird, veröffentlicht der Auftraggeber zeitgleich mit der Ausschreibung eine Zusammenfassung der Anzeige in einer Amtssprache der WTO. Die Zusammenfassung enthält mindestens:

a) den Gegenstand der Beschaffung;

b) die Frist für die Abgabe der Angebote oder Teilnahmeanträge;

c) die Bezugsquelle für die Ausschreibungsunterlagen.

5 Ausserhalb des Staatsvertragsbereichs ist auf die sprachlichen Verhältnisse des Gebiets Rücksicht zu nehmen, in welchem der Auftrag zur Ausführung gelangt.

6 Im Staatsvertragsbereich erteilte Zuschläge sind in der Regel innerhalb von 30 Tagen zu veröffentlichen. Die Mitteilung enthält folgende Angaben:

a) Art des angewandten Verfahrens;

b) Gegenstand und Umfang des Auftrags;

c) Name und Adresse des Auftraggebers;

d) Datum des Zuschlags;

e) Name und Adresse des berücksichtigten Anbieters;

f) Gesamtpreis des berücksichtigten Angebots einschliesslich Mehrwertsteuer.

7 Die Kantone können zusätzliche Publikationsorgane vorsehen.

Art. 49 Aufbewahrung der Unterlagen

1 Die Auftraggeber bewahren die massgeblichen Unterlagen im Zusammenhang mit einem Vergabeverfahren während mindestens drei Jahren ab rechtskräftigem Zuschlag auf.

2 Zu den aufzubewahrenden Unterlagen gehören:

a) die Ausschreibung;

b) die Ausschreibungsunterlagen;

c) das Protokoll der Angebotsöffnung;

d) die Korrespondenz über das Vergabeverfahren;

e) die Bereinigungsprotokolle;

f) Verfügungen im Rahmen des Vergabeverfahrens;

g) das berücksichtigte Angebot;

h) Daten zur Rückverfolgbarkeit der elektronischen Abwicklung einer Beschaffung;

i) Dokumentationen über im Staatsvertragsbereich freihändig vergebene öffentliche Aufträge.

3 Alle Unterlagen sind für die Dauer ihrer Aufbewahrung vertraulich zu behandeln, soweit diese Vereinbarung nicht eine Offenlegung vorsieht. Vorbehalten bleibt die Auskunftspflicht, soweit hierfür eine gesetzliche Grundlage besteht.

Art. 50 Statistik

1 Die Kantone erstellen innerhalb von 12 Monaten nach Ablauf jedes Kalenderjahres zuhanden des Staatssekretariats für Wirtschaft (SECO) eine elektronisch geführte Statistik über die Beschaffungen des Vorjahres im Staatsvertragsbereich.

2 Die Statistiken enthalten mindestens die folgenden Angaben:

a) Anzahl und Gesamtwert der öffentlichen Aufträge jedes Auftraggebers gegliedert nach Bau-, Liefer- und Dienstleistungsaufträgen unter Angabe der CPC- oder CPV-Klassifikation;

b) Anzahl und Gesamtwert der öffentlichen Aufträge, die im freihändigen Verfahren vergeben wurden;

c) wenn keine Daten vorgelegt werden können: Schätzungen zu den Angaben gemäss Buchstaben a und b mit Erläuterungen zur eingesetzten Schätzungsmethode.

3 Der Gesamtwert ist jeweils einschliesslich Mehrwertsteuer anzugeben.

4 Die Gesamtstatistik des SECO ist unter Vorbehalt des Datenschutzes und der Wahrung von Geschäftsgeheimnissen öffentlich zugänglich.

8. Kapitel Rechtsschutz

Art. 51 Eröffnung von Verfügungen

1 Der Auftraggeber eröffnet Verfügungen durch Veröffentlichung oder durch individuelle Zustellung an die Anbieter. Die Anbieter haben vor Eröffnung der Verfügung keinen Anspruch auf rechtliches Gehör.

2 Beschwerdefähige Verfügungen sind summarisch zu begründen und mit einer Rechtsmittelbelehrung zu versehen.

3 Die summarische Begründung eines Zuschlags umfasst:

a) die Art des Verfahrens und den Namen des berücksichtigten Anbieters;

b) den Gesamtpreis des berücksichtigten Angebots;

c) die massgebenden Merkmale und Vorteile des berücksichtigten Angebots;

d) gegebenenfalls eine Darlegung der Gründe für eine freihändige Vergabe.

4 Der Auftraggeber darf keine Informationen bekannt geben, wenn dadurch:

a) gegen geltendes Recht verstossen würde oder öffentliche Interessen verletzt würden;

b) berechtigte wirtschaftliche Interessen der Anbieter beeinträchtigt würden; oder

c) der lautere Wettbewerb zwischen den Anbietern gefährdet würde.

Art. 52 Beschwerde

1 Gegen Verfügungen der Auftraggeber ist mindestens ab dem für das Einladungsverfahren massgebenden Auftragswert die Beschwerde an das kantonale Verwaltungsgericht als einzige kantonale Instanz zulässig.

2 Für Beschwerden gegen Beschaffungen der oberen kantonalen Gerichtsbehörden ist das Bundesgericht direkt zuständig.

3 Ausländische Anbieter sind bei Aufträgen ausserhalb des Staatsvertragsbereichs zur Beschwerde nur zugelassen, soweit der Staat, in dem sie ihren Sitz haben, Gegenrecht gewährt.

Art. 53 Beschwerdeobjekt

1 Durch Beschwerde anfechtbar sind ausschliesslich die folgenden Verfügungen:

   a) die Ausschreibung des Auftrags;

   b) der Entscheid über die Auswahl der Anbieter im selektiven Verfahren;

   c) der Entscheid über die Aufnahme eines Anbieters in ein Verzeichnis oder über die Streichung eines Anbieters aus einem Verzeichnis;

   d) der Entscheid über Ausstandsbegehren;

   e) der Zuschlag;

   f) der Widerruf des Zuschlags;

   g) der Abbruch des Verfahrens;

   h) der Ausschluss aus dem Verfahren;

   i) die Verhängung einer Sanktion.

2 Anordnungen in den Ausschreibungsunterlagen, deren Bedeutung erkennbar ist, müssen zusammen mit der Ausschreibung angefochten werden.

3 Auf Beschwerden gegen die Verhängung einer Sanktion finden die Bestimmungen dieser Vereinbarung zum rechtlichen Gehör im Verfügungsverfahren, zur aufschiebenden Wirkung und zur Beschränkung der Beschwerdegründe keine Anwendung.

4 Verfügungen nach Absatz 1 Buchstaben c und i können unabhängig vom Auftragswert durch Beschwerde angefochten werden.

5 Im Übrigen ist der Rechtsschutz gegen Verfügungen nach dieser Vereinbarung ausgeschlossen.

6 Die Beschwerde gegen den Abschluss von Einzelverträgen nach Artikel 25 Absätze 4 und 5 ist ausgeschlossen.

Art. 54 Aufschiebende Wirkung

1 Die Beschwerde hat keine aufschiebende Wirkung.

2 Das kantonale Verwaltungsgericht kann einer Beschwerde auf Gesuch hin aufschiebende Wirkung gewähren, wenn die Beschwerde als ausreichend begründet erscheint und keine überwiegenden öffentlichen Interessen entgegenstehen. Zur Frage der aufschiebenden Wirkung findet in der Regel nur ein Schriftenwechsel statt.

3 Ein rechtsmissbräuchliches oder treuwidriges Gesuch um aufschiebende Wirkung wird nicht geschützt. Schadenersatzansprüche des Auftraggebers und des berücksichtigten Anbieters sind von den Zivilgerichten zu beurteilen.

Art. 55 Anwendbares Recht

Das Verfügungs- und das Beschwerdeverfahren richten sich nach den Bestimmungen der kantonalen Gesetze über die Verwaltungsrechtspflege, soweit diese Vereinbarung nichts anderes bestimmt.

Art. 56 Beschwerdefrist, Beschwerdegründe und Legitimation

1 Beschwerden müssen schriftlich und begründet innert 20 Tagen seit Eröffnung der Verfügung eingereicht werden.

2 Es gelten keine Gerichtsferien.

3 Mit der Beschwerde können gerügt werden:

a) Rechtsverletzungen, einschliesslich Überschreitung oder Missbrauch des Ermessens; sowie

b) die unrichtige oder unvollständige Feststellung des rechtserheblichen Sachverhalts.

4 Die Angemessenheit einer Verfügung kann im Rahmen eines Beschwerdeverfahrens nicht überprüft werden.

5 Gegen Zuschläge im freihändigen Verfahren kann nur Beschwerde führen, wer nachweist, dass er die nachgefragten Leistungen oder damit substituierbare Leistungen erbringen kann und erbringen will. Es kann nur gerügt werden, das freihändige Verfahren sei zu Unrecht angewandt oder der Zuschlag sei aufgrund von Korruption erteilt worden.

Art. 57 Akteneinsicht

1 Im Verfügungsverfahren besteht kein Anspruch auf Akteneinsicht.

2 Im Beschwerdeverfahren ist dem Beschwerdeführer auf Gesuch hin Einsicht in die Bewertung seines Angebots und in weitere entscheidrelevante Verfahrensakten zu gewähren, soweit nicht überwiegende öffentliche oder private Interessen entgegenstehen.

Art. 58 Beschwerdeentscheid

1 Die Beschwerdeinstanz kann in der Sache selbst entscheiden oder diese an die Vorinstanz oder an den Auftraggeber zurückweisen. Im Fall einer Zurückweisung hat sie verbindliche Anweisungen zu erteilen.

2 Erweist sich die Beschwerde als begründet und ist der Vertrag mit dem berücksichtigten Anbieter bereits abgeschlossen, so stellt die Beschwerdeinstanz fest, inwiefern die angefochtene Verfügung das anwendbare Recht verletzt.

3 Gleichzeitig mit der Feststellung der Rechtsverletzung entscheidet die Beschwerdeinstanz über ein allfälliges Schadenersatzbegehren.

4 Der Schadenersatz ist beschränkt auf die erforderlichen Aufwendungen, die dem Anbieter im Zusammenhang mit der Vorbereitung und Einreichung seines Angebots erwachsen sind.

Art. 59 Revision

Hat die Beschwerdeinstanz über ein Revisionsgesuch zu entscheiden, so gilt Artikel 58 Absatz 2 sinngemäss.

9. Kapitel Behörden

Art. 60 Kommission Beschaffungswesen Bund-Kantone

1 Die Überwachung der internationalen Verpflichtungen der Schweiz im Bereich des öffentlichen Beschaffungswesens obliegt der Kommission Beschaffungswesen Bund-Kantone (KBBK). Diese setzt sich paritätisch aus Vertretern des Bundes und der Kantone zusammen. Das Sekretariat wird vom Staatssekretariat für Wirtschaft (SECO) sichergestellt.

2 Die KBBK nimmt insbesondere folgende Aufgaben wahr:

   a) Ausarbeitung der Position der Schweiz in internationalen Gremien zu Handen des Bundesrates und Beratung der Schweizer Verhandlungsdelegationen;

   b) Förderung des Informations- und Erfahrungsaustausches zwischen Bund und Kantonen und Erarbeitung von Empfehlungen betreffend die Umsetzung internationaler Verpflichtungen in Schweizer Recht;

   c) Pflege der Beziehungen zu ausländischen Überwachungsbehörden;

   d) Erteilung von Ratschlägen und Vermittlung in Einzelfällen bei Streitigkeiten im Zusammenhang mit Geschäften nach den Buchstaben a bis c.

3 Bestehen Anhaltspunkte dafür, dass internationale Verpflichtungen der Schweiz über das öffentliche Beschaffungswesen verletzt werden, so kann die KBBK bei den Behörden des Bundes oder der Kantone intervenieren und sie veranlassen, den Sachverhalt abzuklären und bei festgestellten Missständen die erforderlichen Massnahmen zu treffen.

4 Die KBBK kann Gutachten erstellen oder Sachverständige damit beauftragen.

5 Sie gibt sich ein Geschäftsreglement. Dieses bedarf der Genehmigung des Bundesrates und des InöB.

Art. 61 Interkantonales Organ

1 Die Mitglieder der an der Vereinbarung beteiligten Kantone in der Schweizerischen

Bau-, Planungs- und Umweltdirektoren-Konferenz (BPUK) bilden das Interkantonale Organ für das öffentliche Beschaffungswesen (InöB).

2 Das InöB nimmt insbesondere folgende Aufgaben wahr:

a) Erlass dieser Vereinbarung;

b) Änderungen dieser Vereinbarung unter Vorbehalt der Zustimmung der beteiligten Kantone;

c) Anpassung der Schwellenwerte;

d) Vorschlag an den Bundesrat für die Befreiung von der Unterstellung unter diese Vereinbarung und Entgegennahme diesbezüglicher Gesuche der Auftraggeber nach Artikel 7 Absatz 1 (Ausklinkklausel);

e) Kontrolle über die Umsetzung dieser Vereinbarung durch die Kantone und Bezeichnung einer Kontrollstelle;

f) Führen der Liste über sanktionierte Anbieter und Subunternehmer nach Massgabe von Artikel 45 Absatz 3;

g) Regelung der Organisation und des Verfahrens für die Anwendung dieser Vereinbarung;

h) Tätigkeiten als Kontaktstelle im Rahmen der internationalen Übereinkommen;

i) Bezeichnung der kantonalen Delegierten in nationalen und internationalen Gremien sowie Genehmigung der entsprechenden Geschäftsreglemente.

3 Das InöB trifft seine Entscheide mit Dreiviertelmehrheit der Anwesenden, sofern mindestens die Hälfte der beteiligten Kantone vertreten ist. Jeder beteiligte Kanton hat eine Stimme, die von einem Mitglied der Kantonsregierung wahrgenommen wird.

4 Das InöB arbeitet mit den Konferenzen der Vorsteher der betroffenen kantonalen Direktionen, mit den Fachkonferenzen der Kantone und mit dem Bund zusammen.

Art. 62 Kontrollen

1 Die Kantone überwachen die Einhaltung dieser Vereinbarung.

2 Das InöB behandelt Anzeigen von Kantonen bezüglich der Einhaltung dieser Vereinbarung durch andere Kantone.

3 Private können Anzeigen bezüglich der Einhaltung dieser Vereinbarung durch die Kantone an das InöB richten. Die Anzeige verleiht weder Parteirechte noch Anspruch auf einen Entscheid.

4 Das InöB erlässt hierzu ein Reglement.

10. Kapitel Schlussbestimmungen

Art. 63 Beitritt, Austritt, Änderung und Aufhebung

1 Jeder Kanton kann der Vereinbarung durch Erklärung gegenüber dem InöB beitreten.

2 Der Austritt kann auf das Ende eines Kalenderjahres erfolgen. Er ist sechs Monate im Voraus dem InöB anzuzeigen.

3 Der Beitritt und der Austritt sowie die Änderung oder Aufhebung dieser Vereinbarung werden der Bundeskanzlei durch das InöB zur Kenntnis gebracht.

4 Die Kantone können unter Beachtung der internationalen Verpflichtungen der Schweiz Ausführungsbestimmungen insbesondere zu den Artikeln 10, 12 und 26 erlassen.

Art. 64 Übergangsrecht

1 Vergabeverfahren, die vor Inkrafttreten dieser Vereinbarung eingeleitet wurden, werden nach bisherigem Recht zu Ende geführt.

2 Im Fall des Austrittes eines Kantons gilt diese Vereinbarung für die Vergabe von öffentlichen Aufträgen, die vor dem Ende eines Kalenderjahres, auf das der Austritt wirksam wird, ausgeschrieben werden.

Art. 65 Inkrafttreten

1 Diese Vereinbarung tritt in Kraft, sobald ihr zwei Kantone beigetreten sind. Das Inkrafttreten wird der Bundeskanzlei durch das InöB zur Kenntnis gebracht.

2 Für Kantone, die dieser Vereinbarung nicht beigetreten sind, gilt weiterhin die Vereinbarung vom 15. März 2001.

Anhänge Kantone

Anhang 1: Schwellenwerte Staatsvertragsbereich

Anhang 2: Schwellenwerte ausserhalb des Staatsvertragsbereichs

Anhang 3: Kernübereinkommen der Internationalen Arbeitsorganisation (ILO)

Anhang 4: Massgebliche Übereinkommen zum Schutz der Umwelt und der natürlichen Ressourcen

Anhang 1

Schwellenwerte im Staatsvertragsbereich

a. Government Procurement Agreement GPA (WTO-Übereinkommen über das öffentliche Beschaffungswesen)

Auftraggeber	Auftragswert CHF (Auftragswert SZR)		
	Bauleistungen (Gesamtwert)	*Lieferungen*	*Dienstleistungen*
Kantone	8 700 000 CHF (5 000 000 SZR)	350 000 CHF (200 000 SZR)	350 000 CHF (200 000 SZR)
Behörden und öffentliche Unternehmen in den Sektoren Wasser, Energie, Verkehr und Telekommunikation	8 700 000 CHF (5 000 000 SZR)	700 000 CHF (400 000 SZR)	700 000 CHF (400 000 SZR)

b. Gemäss Bilateralem Abkommen zwischen der Europäischen Gemeinschaft und der Schweizerischen Eidgenossenschaft sind auch folgende Auftraggeber dem Staatsvertragsbereich unterstellt:

Auftraggeber	Auftragswert CHF (Auftragswert EURO)		
	Bauleistungen (Gesamtwert)	*Lieferungen*	*Dienstleistungen*
Gemeinden/Bezirke	8 700 000 CHF (6 000 000 EURO)	350 000 CHF (240 000 EURO)	350 000 CHF (240 000 EURO)
Private Unternehmen mit ausschliesslichen oder besonderen Rechten in den Sektoren Wasser, Energie und Verkehr	8 700 000 CHF (6 000 000 EURO)	700 000 CHF (480 000 EURO)	700 000 CHF (480 000 EURO)
Öffentliche sowie aufgrund eines besonderen oder ausschliesslichen Rechts tätige private Unternehmen im Bereich des Schienenverkehrs und der Gas- und Wärmeversorgung	8 000 000 CHF (5 000 000 EURO)	640 000 CHF (400 000 EURO)	640 000 CHF (400 000 EURO)

Öffentliche sowie aufgrund eines besonderen oder ausschliesslichen Rechts tätige private Unternehmen im Bereich der Telekommunikation*	**8 000 000 CHF** (5 000 000 EURO)	**960 000 CHF** (600 000 EURO)	**960 000 CHF** (600 000 EURO)

* Dieser Bereich ist ausgeklinkt (VO des UVEK über die Nichtunterstellung unter das öffentliche Beschaffungsrecht, insbesondere Anhang – SR 172.056.111)

Anhang 2

Schwellenwerte und Verfahren im von Staatsverträgen nicht erfassten Bereich

Verfahrensarten	Lieferungen (Auftragswert CHF)	Dienstleistungen (Auftragswert CHF)	Bauleistungen (Auftragswert CHF)	
			Baunebengewerbe	Bauhauptgewerbe
Freihändiges Verfahren	unter 150 000	unter 150 000	unter 150 000	unter 300 000
Einladungsverfahren	unter 250 000	unter 250 000	unter 250 000	unter 500 000
offenes/selektives Verfahren	ab 250 000	ab 250 000	ab 250 000	ab 500 000

Anhang 3

Kernübereinkommen der Internationalen Arbeitsorganisation (ILO)[1]

- Übereinkommen Nr. 29 vom 28. Juni 1930 über Zwangs- oder Pflichtarbeit (SR **0.822.713.9**);

- Übereinkommen Nr. 87 vom 9. Juli 1948 über die Vereinigungsfreiheit und den Schutz des Vereinigungsrechtes (SR **0.822.719.7**);

- Übereinkommen Nr. 98 vom 1. Juli 1949 über die Anwendung der Grundsätze des Vereinigungsrechtes und des Rechtes zu Kollektivverhandlungen (SR **0.822.719.9**);

- Übereinkommen Nr. 100 vom 29. Juni 1951 über die Gleichheit des Entgelts männlicher und weiblicher Arbeitskräfte für gleichwertige Arbeit (SR **0.822.720.0**);

- Übereinkommen Nr. 105 vom 25. Juni 1957 über die Abschaffung der Zwangsarbeit (SR **0.822.720.5**);

- Übereinkommen Nr. 111 vom 25. Juni 1958 über die Diskriminierung in Beschäftigung und Beruf (SR **0.822.721.1**);

- Übereinkommen Nr. 138 vom 26. Juni 1973 über das Mindestalter für die Zulassung zur Beschäftigung (SR **0.822.723.8**);

- Übereinkommen Nr. 182 vom 17. Juni 1999 über das Verbot und unverzügliche Massnahmen zur Beseitigung der schlimmsten Formen der Kinderarbeit (SR **0.822.728.2**).

---

[1] Als wesentliche internationale Arbeitsstandards kann der Auftraggeber neben den Kernübereinkommen gemäss diesem Anhang die Einhaltung von Prinzipien aus weiteren Übereinkommen der Internationalen Arbeitsorganisation (ILO) verlangen, soweit die Schweiz sie selbst ratifiziert hat.

Anhang 4

Massgebliche Übereinkommen zum Schutz der Umwelt und der natürlichen Ressourcen

- Wiener Übereinkommen vom 22. März 1985 zum Schutz der Ozonschicht (SR **0.814.02**) und das im Rahmen dieses Übereinkommens geschlossene Montrealer Protokoll vom 16. September 1987 über die Stoffe, die zum Abbau der Ozonschicht führen (SR **0.814.021**);

- Basler Übereinkommen vom 22. März 1989 über die Kontrolle der grenzüberschreitenden Verbringung gefährlicher Abfälle und ihrer Entsorgung (SR **0.814.05**);

- Stockholmer Übereinkommen vom 22. Mai 2001 über persistente organische Schadstoffe (SR **0.814.03**);

- Rotterdamer Übereinkommen vom 10. September 1998 über das Verfahren der vorherigen Zustimmung nach Inkenntnissetzung für bestimmte gefährliche Chemikalien sowie Pflanzenschutz- und Schädlingsbekämpfungsmittel im internationalen Handel (SR **0.916.21**);

- Übereinkommen vom 5. Juni 1992 über die Biologische Vielfalt (SR **0.451.43**);

- Rahmenübereinkommen der Vereinten Nationen über Klimaänderungen vom 9. Mai 1992 (SR **0.814.01**);

- Übereinkommen über den internationalen Handel mit gefährdeten Arten frei lebender Tiere und Pflanzen vom 3. März 1973 (SR **0.453**);

- Übereinkommen über weiträumige grenzüberschreitende Luftverunreinigung vom 13. November 1979 und die im Rahmen dieses Übereinkommens von der Schweiz ratifizierten acht Protokolle (SR **0.814.32**).

Anhang 3

Übereinkommen über das öffentliche Beschaffungswesen (GPA 2012)*

Abgeschlossen in Marrakesch am 15. April 1994
Von der Bundesversammlung genehmigt am 8. Dezember 1994[1]
Schweizerische Ratifikationsurkunde hinterlegt am 19. Dezember 1995
In Kraft getreten für die Schweiz am 1. Januar 1996

(Stand am 2. Juli 2019)

Die Parteien dieses Übereinkommens (im folgenden «die Vertragsparteien» genannt),

anerkennend, dass es notwendig ist, einen effizienten multilateralen Rahmen von Rechten und Pflichten betreffend Gesetze, Vorschriften, Verfahren und Praktiken auf dem Gebiet des öffentlichen Beschaffungswesens festzulegen, um eine grössere Liberalisierung und Ausweitung des Welthandels zu erreichen und den internationalen Rahmen für die Abwicklung des Welthandels zu verbessern,

anerkennend, dass Gesetze, Vorschriften, Verfahren und Praktiken auf dem Gebiet des öffentlichen Beschaffungswesens nicht ausgearbeitet, angenommen oder auf in- oder ausländische Waren und Dienstleistungen und in- oder ausländische Anbieter angewendet werden sollten, um inländische Waren oder Dienstleistungen oder Anbieter zu schützen, und nicht zur Diskriminierung zwischen ausländischen Waren oder Dienstleistungen oder ausländischen Anbietern führen sollten,

anerkennend, dass es wünschenswert ist, für die Transparenz der Gesetze, Vorschriften, Verfahren und Praktiken auf dem Gebiet des öffentlichen Beschaffungswesens zu sorgen,

anerkennend, dass es notwendig ist, internationale Verfahren für die Notifizierung, Konsultation, Überwachung und Streitbeilegung zu schaffen, um eine gerechte, schnelle und wirksame Durchsetzung der internationalen Bestimmungen über das öffentliche Beschaffungswesen zu sichern und das Gleichgewicht der Rechte und Pflichten auf dem höchstmöglichen Stand zu erhalten,

anerkennend, dass es notwendig ist, die Entwicklungs-, Finanz- und Handelsbedürfnisse der Entwicklungsländer und insbesondere der am wenigsten entwickelten unter ihnen zu berücksichtigen,

in dem Wunsch, gemäss Artikel IX Absatz 6 Buchstabe b des Übereinkommens über das öffentliche Beschaffungswesen vom 12. April 1979[2] in der geänderten Fassung vom 2. Februar 1987 das Übereinkommen auf der Basis gegenseitiger Reziprozität aus-

---

* AS **1996** 609; BBl **1994** IV 1.
1 Art. 1 Abs. 1 Ziff. 1 des BB vom 8. Dez. 1994 (AS **1995** 2116).
2 [AS **1979** 2383, **1988** 856].

zuweiten und zu verbessern und den Geltungsbereich des Übereinkommens auf Dienstleistungsverträge auszuweiten,

in dem Wunsch, Regierungen von Nicht-Vertragsparteien zu ermutigen, dieses Übereinkommen anzunehmen und ihm beizutreten,

sind nach weiteren Verhandlungen zur Verwirklichung dieser Ziele wie folgt übereingekommen:

Art. I   Anwendungsbereich

1. Dieses Übereinkommen findet Anwendung auf alle Gesetze, Vorschriften, Verfahren und Praktiken betreffend die öffentlichen Beschaffungen durch Stellen, die, wie in Anhang I[3] ausgeführt, diesem Übereinkommen unterliegen.

2. Dieses Übereinkommen findet Anwendung auf jede Beschaffung durch vertragliche Methoden, einschliesslich Kauf oder Leasing, Miete oder Miete-Kauf, mit oder ohne Kaufoption. Es gilt auch für Beschaffungen von Kombinationen von Waren und Dienstleistungen.

3. Wenn Beschaffungsstellen im Rahmen einer diesem Übereinkommen unterliegenden Beschaffung von einem bestimmten Unternehmen, das nicht in Anhang I aufgeführt ist, fordern, dass es den Auftrag nach besonderen Vorschriften vergibt, so gilt Artikel III sinngemäss.

4. Dieses Übereinkommen gilt für alle Beschaffungsaufträge, deren Wert nicht unter den einschlägigen Schwellenwerten nach Anhang I liegt.

Art. II   Auftragsbewertung

1. Die folgenden Bestimmungen gelten für die Berechnung des Auftragswertes[4], mit dem Ziel, dieses Übereinkommen umzusetzen.

---

3   Für jede Vertragspartei ist Anhang I in fünf Annexe unterteilt:
    – Annex 1 enthält zentrale Regierungsstellen.
    – Annex 2 enthält subzentrale Regierungsstellen.
    – Annex 3 enthält alle anderen Stellen, die sich bei der Beschaffung an die Bestimmungen dieses Übereinkommens halten.
    – Annex 4 führt in positiven oder negativen Listen die von diesem Übereinkommen abgedeckten Dienstleistungen auf.
    – Annex 5 führt die Baudienstleistungen auf.
    Die jeweiligen Schwellenwerte sind in den Annexen der einzelnen Vertragsparteien aufgeführt. Die Anhänge und Annexe werden in der AS nicht publiziert. Sie können im Internet unter www.wto.org/french/tratop_f/gproc_f/appendices_f.htm in der französischen Originalsprache konsultiert werden.
4   Dieses Übereinkommen gilt für jeden Beschaffungsauftrag, dessen geschätzter Vertragswert zum Zeitpunkt der Veröffentlichung der Bekanntmachung gemäss Artikel IX dem Schwellenwert entspricht oder ihn übersteigt.

2. Bei der Bewertung sind alle Arten der Vergütung, einschliesslich sämtlicher ausstehender Prämien, Gebühren oder Kommissionen und Zinsen zu berücksichtigen.

3. Die Wahl der Bewertungsmethode durch die Beschaffungsstelle und die Aufteilung von Verträgen dürfen nicht in der Absicht erfolgen, dieses Übereinkommen zu umgehen.

4. Werden zur Deckung eines bestimmten Bedarfs mehrere Aufträge oder Teilaufträge vergeben, so gilt als Bewertungsgrundlage entweder:

a) der tatsächliche Wert ähnlicher wiederkehrender Aufträge des vergangenen Geschäftsjahres oder der vergangenen zwölf Monate, wenn möglich angepasst an vorhersehbare Änderungen in Menge und Wert über die folgenden zwölf Monate; oder

b) der geschätzte Wert von wiederkehrenden Aufträgen im Geschäftsjahr oder in den zwölf Monaten, die dem Erstauftrag folgen.

5. Bei Beschaffungen von Waren oder Dienstleistungen in Form von Leasing, Miete oder Miete-Kauf oder bei Beschaffungen ohne Angabe eines Gesamtpreises gilt als Grundlage für die Berechnung des Auftragswertes:

a) im Falle von Fixzeitverträgen der gesamte Vertragswert bei einer Laufzeit von höchstens zwölf Monaten, oder bei einer Laufzeit von mehr als zwölf Monaten der Gesamtwert, einschliesslich des geschätzten Restwertes;

b) im Falle von Aufträgen mit unbeschränkter Zeitdauer die monatliche Rate, multipliziert mit 48.

In Zweifelsfällen ist die zweite Berechnungsgrundlage zu verwenden, nämlich b.

6. In Fällen, in denen eine geplante Beschaffung den Bedarf von Optionsklauseln ausdrücklich vorsieht, gilt als Grundlage für die Bewertung der Gesamtwert der maximal erlaubten Beschaffung, einschliesslich der Optionskäufe.

Art. III   Inländerbehandlung und Nichtdiskriminierung

1. In bezug auf alle Gesetze, Vorschriften, Verfahren und Praktiken betreffend das unter dieses Übereinkommen fallende öffentliche Beschaffungswesen behandeln die Vertragsparteien umgehend und bedingungslos die Waren oder Dienstleistungen anderer Vertragsparteien sowie die Anbieter, die Waren oder Dienstleistungen anbieten, nicht ungünstiger als:

a) inländische Waren, Dienstleistungen und Anbieter;

b) Waren, Dienstleistungen und Anbieter einer anderen Vertragspartei.

2. In bezug auf alle Gesetze, Vorschriften, Verfahren und Praktiken betreffend das unter dieses Übereinkommen fallende öffentliche Beschaffungswesen stellen die Vertragsparteien sicher:

a) dass ihre Beschaffungsstellen einen im Inland niedergelassenen Anbieter nicht aufgrund des Grades der ausländischen Kontrolle oder Beteiligung ungünstiger behandeln als einen anderen im Inland niedergelassenen Anbieter;

b) dass ihre Beschaffungsstellen im Inland niedergelassene Anbieter nicht aufgrund des Ursprungslandes der gelieferten Ware oder Dienstleistung diskriminieren, vorausgesetzt, dass das Ursprungsland eine Vertragspartei nach den Bestimmungen von Artikel IV ist.

3. Die Absätze 1 und 2 gelten nicht für Zölle und Abgaben aller Art, die anlässlich oder im Zusammenhang mit der Einfuhr erhoben werden, für die Erhebungsverfahren für solche Zölle und Abgaben sowie für andere Einfuhrbestimmungen und -formalitäten und Massnahmen mit Auswirkung auf den Handel mit Dienstleistungen, ausgenommen Gesetze, Vorschriften, Verfahren und Praktiken betreffend das unter dieses Übereinkommen fallende öffentliche Beschaffungswesen.

Art. IV Ursprungsregeln

1. Die Vertragsparteien wenden auf Waren oder Dienstleistungen, die für unter dieses Übereinkommen fallende öffentliche Beschaffungen aus anderen Vertragsparteien eingeführt oder geliefert werden, keine Ursprungsregeln an, die sich von den im normalen Handelsverkehr und zum Zeitpunkt der Einfuhr auf Einfuhren oder Lieferungen der gleichen Waren aus den gleichen Vertragsparteien angewendeten Ursprungsregeln unterscheiden.

2. Nach Abschluss des Arbeitsprogramms zur Harmonisierung der Ursprungsregeln für Waren in Anhang 1A des Abkommens zur Errichtung der Welthandelsorganisation (im folgenden «WTO-Abkommen») und nach Abschluss der Verhandlungen über den Handel mit Dienstleistungen berücksichtigen die Vertragsparteien bei der erforderlichen Abänderung von Absatz 1 die Ergebnisse des Arbeitsprogramms und der Verhandlungen.

Art. V Besondere und differenzierte Behandlung zugunsten der Entwicklungsländer

Ziele

1. Nach diesem Artikel ziehen die Vertragsparteien bei der Anwendung und Durchführung dieses Übereinkommens die Entwicklungs-, Finanz- und Handelsbedürfnisse der Entwicklungsländer, vor allem der am wenigsten entwickelten unter ihnen, gebührend in Betracht und zwar im Hinblick darauf, dass es für diese Länder notwendig ist:

a) ihre Zahlungsbilanz zu schützen und für die Durchführung von Programmen zur wirtschaftlichen Entwicklung angemessene Reserven zu sichern;

b) die Errichtung oder Entwicklung inländischer Wirtschaftszweige, einschliesslich der Entwicklung von Kleinbetrieben und Heimarbeit in ländlichen und rückständigen

Gebieten, sowie die wirtschaftliche Entwicklung anderer Wirtschaftsbereiche zu fördern;

c) Wirtschaftseinheiten so lange zu unterstützen, wie sie ganz oder zu einem wesentlichen Teil von öffentlichen Aufträgen abhängig sind;

d) ihre wirtschaftliche Entwicklung durch regionale oder weltweite Vereinbarungen zwischen Entwicklungsländern zu fördern, die der Ministerkonferenz der Welthandelsorganisation (im folgenden «WTO») unterbreitet und von dieser nicht abgelehnt worden sind.

2. Bei der Ausarbeitung und Anwendung von Gesetzen, Vorschriften und Verfahren betreffend das öffentliche Beschaffungswesen erleichtern die Vertragsparteien im Einklang mit diesem Übereinkommen die Zunahme der Einfuhren aus den Entwicklungsländern im Bewusstsein der besonderen Probleme der am wenigsten entwickelten Länder und der Länder, die sich auf einer niedrigen Stufe der wirtschaftlichen Entwicklung befinden.

Anwendungsbereich

3. Um sicherzustellen, dass die Entwicklungsländer diesem Übereinkommen zu Bedingungen beitreten können, die mit ihren Entwicklungs-, Finanz- und Handelsbedürfnissen vereinbar sind, werden in den Verhandlungen über das öffentliche Beschaffungswesen der Entwicklungsländer, welches unter dieses Übereinkommen fällt, die Ziele nach Absatz 1 gebührend in Betracht gezogen. Die entwickelten Länder bemühen sich, bei der Erstellung ihrer Listen von Beschaffungsstellen, die unter dieses Übereinkommen fallen, Stellen aufzunehmen, die Waren und Dienstleistungen verkaufen, an deren Ausfuhr die Entwicklungsländer interessiert sind.

Vereinbarte Ausnahmen

4. Entwicklungsländer können in den Verhandlungen über dieses Übereinkommen mit anderen Teilnehmern betreffend bestimmte Beschaffungsstellen, Waren oder Dienstleistungen, die in den Listen der einzelnen Beschaffungsstellen enthalten sind, allseits annehmbare Ausnahmen aushandeln, wobei die besonderen Umstände jedes einzelnen Falles gebührend in Betracht zu ziehen sind. In solchen Verhandlungen sind die in Absatz 1 Buchstaben a–c angeführten Überlegungen gebührend zu berücksichtigen. Entwicklungsländer, die an regionalen oder weltweiten Vereinbarungen zwischen Entwicklungsländern nach Absatz 1 Buchstabe d teilnehmen, können unter Berücksichtigung der besonderen Umstände jedes einzelnen Falles auch Ausnahmen von ihren Listen aushandeln, wobei sie unter anderem die in den betreffenden regionalen oder weltweiten Vereinbarungen enthaltenen Bestimmungen über das öffentliche Beschaffungswesen sowie insbesondere solche Waren oder Dienstleistungen in Betracht ziehen, die Gegenstand gemeinsamer industrieller Entwicklungsprogramme sein können.

5. Nach Inkrafttreten dieses Übereinkommens können die Entwicklungsländer unter den Vertragsparteien ihre Listen der Beschaffungsstellen gemäss den in Artikel XXIV

Absatz 6 enthaltenen Bestimmungen über die Änderung solcher Listen und unter Berücksichtigung ihrer Entwicklungs-, Finanz- und Handelsbedürfnisse ändern, oder sie können den Ausschuss für öffentliches Beschaffungswesen (im folgenden «der Ausschuss» genannt) ersuchen, für bestimmte Beschaffungsstellen, Waren oder Dienstleistungen, die in den Listen der einzelnen Beschaffungsstellen enthalten sind, Ausnahmen von den Bestimmungen über die Inländerbehandlung zu gewähren, wobei die besonderen Umstände jedes einzelnen Falles und die Bestimmungen von Absatz 1 Buchstaben a–c gebührend zu berücksichtigen sind. Entwicklungsländer unter den Vertragsparteien können nach Inkrafttreten dieses Übereinkommens den Ausschuss ersuchen, aufgrund ihrer Teilnahme an regionalen oder weltweiten Vereinbarungen zwischen Entwicklungsländern für bestimmte Beschaffungsstellen, Waren oder Dienstleistungen, die in den Listen der einzelnen Beschaffungsstellen enthalten sind, Ausnahmen zu gewähren, wobei die besonderen Umstände jedes einzelnen Falles und die Bestimmungen von Absatz 1 Buchstabe d gebührend zu berücksichtigen sind. Jeder Antrag auf Änderung einer Liste, den ein Entwicklungsland unter den Vertragsparteien an den Ausschuss richtet, muss sachdienliche Unterlagen und alle Angaben enthalten, die für die Behandlung der Angelegenheit notwendig sein können.

6. Die Absätze 4 und 5 gelten sinngemäss für Entwicklungsländer, die diesem Übereinkommen nach seinem Inkrafttreten beitreten.

7. Vereinbarte Ausnahmen, wie sie in den Absätzen 4, 5 und 6 erwähnt sind, unterliegen der Überprüfung gemäss Absatz 14 dieses Artikels.

Technische Hilfe für Entwicklungsländer unter den Vertragsparteien

8. Die entwickelten Länder unter den Vertragsparteien leisten auf Ersuchen jede technische Hilfe, die ihrer Ansicht nach für die Entwicklungsländer unter den Vertragsparteien bei der Lösung ihrer Probleme des öffentlichen Beschaffungswesens zweckmässig ist.

9. Diese Hilfe, die auf der Grundlage der Nichtdiskriminierung zwischen Entwicklungsländern unter den Vertragsparteien gewährt wird, bezieht sich unter anderem auf:

- die Lösung besonderer technischer Probleme, im Zusammenhang mit der Vergabe eines bestimmten Auftrags;

- jedes andere Problem, dessen Behandlung im Rahmen dieser Hilfe zwischen der entsprechenden Vertragspartei und einer anderen Vertragspartei vereinbart wird.

10. Die in den Absätzen 8 und 9 erwähnte technische Hilfe kann die Übersetzung der Qualifikationsunterlagen und der Angebote von Anbietern aus Entwicklungsländern in eine von der Beschaffungsstelle bezeichnete Amtssprache der WTO einschliessen, es sei denn, die entwickelten Länder betrachten eine Übersetzung als belastend; in diesem Fall wird den Entwicklungsländern, die die entwickelten Länder oder deren Beschaffungsstellen darum ersuchen, eine Erklärung gegeben.

Informationszentren

11. Die entwickelten Länder unter den Vertragsparteien errichten entweder allein oder gemeinsam Informationszentren, um angemessene Auskunftsersuchen von Entwicklungsländern unter den Vertragsparteien zu beantworten; diese Auskunftsersuchen können sich unter anderem auf Gesetze, Vorschriften, Verfahren und Praktiken betreffend das öffentliche Beschaffungswesen beziehen, auf veröffentlichte Bekanntmachungen geplanter Beschaffungen, auf Adressen der unter dieses Übereinkommen fallenden Beschaffungsstellen sowie auf Art und Menge der gekauften oder zu kaufenden Waren oder Dienstleistungen, einschliesslich der verfügbaren Angaben über zukünftige Vergaben. Auch der Ausschuss kann ein Informationszentrum errichten.

Besondere Behandlung für die am wenigsten entwickelten Länder

12. Im Hinblick auf Absatz 6 der Entscheidung der *Vertragsparteien* des GATT 1947 vom 28. November 1979 über Besondere Behandlung und Meistbegünstigung, Reziprozität und umfassendere Beteiligung der Entwicklungsländer (BISD 26S/203–205) wird den am wenigsten entwickelten Ländern unter den Vertragsparteien und den Anbietern in diesen Ländern für Waren oder Dienstleistungen aus diesen Ländern im Rahmen aller allgemeinen oder besonderen Massnahmen zugunsten der Entwicklungsländer unter den Vertragsparteien eine besondere Behandlung gewährt. Die Vertragsparteien können die Vorteile dieses Übereinkommens auch Anbietern in den am wenigsten entwickelten Ländern, die nicht Vertragsparteien sind, für Waren oder Dienstleistungen aus diesen Ländern gewähren.

13. Die entwickelten Länder unter den Vertragsparteien gewähren auf Ersuchen möglichen Anbietern aus den am wenigsten entwickelten Ländern die ihnen zweckmässig erscheinende Hilfe beim Unterbreiten der Angebote und bei der Auswahl der Waren oder Dienstleistungen, die für die Beschaffungsstellen in den entwickelten Ländern sowie für die Anbieter aus den am wenigsten entwickelten Ländern von Interesse sein können, und unterstützen die Anbieter bei der Einhaltung von technischen Vorschriften und Normen für Waren oder Dienstleistungen, die Gegenstand der geplanten Beschaffung sind.

Überprüfung

14. Der Ausschuss überprüft jährlich die Durchführung und Wirksamkeit dieses Artikels und nimmt alle drei Jahre aufgrund der von den Vertragsparteien unterbreiteten Berichte eine umfassende Überprüfung vor, um die Auswirkungen dieses Artikels zu beurteilen. Um die weitestgehende Anwendung dieses Übereinkommens und insbesondere von Artikel III zu erreichen, und im Hinblick auf den Entwicklungsstand und die Finanz- und Handelslage der betreffenden Entwicklungsländer, untersucht der Ausschuss als Teil der alle drei Jahre stattfindenden Überprüfung, ob die nach den Absätzen 4–6 dieses Artikels vorgesehenen Ausnahmen zu ändern sind oder ihre Geltungsdauer verlängert werden soll.

15. Im Laufe weiterer Verhandlungsrunden nach Artikel XXIV Absatz 7 prüfen die Entwicklungsländer unter den Vertragsparteien die Möglichkeit, ihre Listen der Beschaffungsstellen im Hinblick auf ihre Wirtschafts-, Finanz- und Handelslage zu erweitern.

Art. VI   Technische Spezifikationen

1. Technische Spezifikationen, wie Qualität, Leistung, Sicherheit und Abmessungen, Symbole, Terminologie, Verpackung, Kennzeichnung und Beschriftung oder die Produktionsprozesse und -verfahren, die die Merkmale einer zu kaufenden Ware oder Dienstleistung festlegen, sowie die von den Beschaffungsstellen vorgeschriebenen Anforderungen hinsichtlich der Konformitätsbescheinigungen werden nicht in der Absicht ausgearbeitet, angenommen oder angewendet, unnötige Hemmnisse für den internationalen Handel zu schaffen.

2. Von den Beschaffungsstellen vorgeschriebene technische Spezifikationen werden, soweit angebracht:

a) eher bezüglich Leistung als bezüglich Konzeption oder beschreibender Eigenschaften definiert; und

b) soweit vorhanden, auf internationale Normen, ansonsten auf nationale technische Vorschriften[5], anerkannte nationale Normen[6] oder Bauvorschläge gestützt.

3. Anforderungen oder Hinweise in bezug auf besondere Handelsmarken oder Handelsnamen, Patente, Muster oder Typen sowie auf einen bestimmten Ursprung, bestimmte Produzenten oder Anbieter sind nicht zulässig, es sei denn, dass es keine andere hinreichend genaue oder verständliche Art und Weise der Beschreibung des Beschaffungsbedarfs gibt und dass in die Vergabeunterlagen die Worte «oder gleichwertig» einbezogen werden.

4. Die Beschaffungsstellen dürfen nicht auf eine den Wettbewerb ausschaltende Art und Weise von einer Firma, die ein geschäftliches Interesse an der Beschaffung haben könnte,

---

5   Im Sinne dieses Übereinkommens ist eine technische Vorschrift ein Dokument, in dem die Eigenschaften einer Ware oder Dienstleistung oder verwandter Produktionsverfahren und -methoden niedergelegt sind, eingeschlossen die zwingend anzuwendenden Verwaltungsvorschriften. Es kann auch Terminologie, Symbole, Verpackung, Kennzeichnungs- oder Beschriftungsvorschriften, wie sie für eine Ware, eine Dienstleistung, ein Verfahren oder eine Produktionsmethode gelten, einschliessen oder diese ausschliesslich behandeln.

6   Im Sinne dieses Übereinkommens ist eine Norm ein Dokument, das von einem anerkannten Gremium gebilligt wurde und das für die allgemeine und wiederholte Nutzung Richtlinien oder Eigenschaften für Waren oder Dienstleistungen oder verwandte Produktionsverfahren und -methoden liefert, deren Anwendung nicht verpflichtend ist. Es kann auch Terminologie, Symbole, Verpackung, Kennzeichnungs- oder Beschriftungsvorschriften, wie sie für eine Ware, eine Dienstleistung, ein Verfahren oder eine Produktionsmethode gelten, einschliessen oder diese ausschliesslich behandeln.

Ratschläge einholen oder annehmen, welche bei der Ausarbeitung der Spezifikationen für eine bestimmte Beschaffung verwendet werden können.

Art. VII   Vergabeverfahren

1. Die Vertragsparteien sorgen dafür, dass die Vergabeverfahren ihrer Beschaffungsstellen nicht diskriminierend angewendet werden und mit den Bestimmungen der Artikel VII–XVI im Einklang stehen.

2. Die Beschaffungsstellen machen keinem Anbieter zu einer bestimmten Beschaffung derartige Angaben, dass dies zu einem Ausschluss des Wettbewerbs führen würde.

3. Im Sinne dieses Übereinkommens ist das:

a) offene Verfahren dasjenige Verfahren, bei dem alle interessierten Anbieter ein Angebot abgeben können;

b) selektive Verfahren dasjenige Verfahren, bei dem nach Artikel X Absatz 3 und anderen einschlägigen Bestimmungen dieses Übereinkommens diejenigen Anbieter ein Angebot abgeben können, die von der Beschaffungsstelle dazu eingeladen werden;

c) freihändige Verfahren dasjenige Verfahren, bei dem sich eine Beschaffungsstelle, jedoch nur unter den Bedingungen nach Artikel XV, mit Anbietern einzeln in Verbindung setzt.

Art. VIII   Qualifikation der Anbieter

Die Beschaffungsstellen dürfen bei der Qualifikation der Anbieter nicht unter ausländischen Anbietern oder in- und ausländischen Anbietern diskriminieren. Die Qualifikationsverfahren haben mit den folgenden Bestimmungen im Einklang zu stehen:

a) die Bedingungen für die Teilnahme an einem Vergabeverfahren sind rechtzeitig zu veröffentlichen, um es den interessierten Anbietern zu ermöglichen, das Qualifikationsverfahren zu beginnen und, soweit dies mit einer effizienten Abwicklung des Beschaffungsverfahrens vereinbar ist, abzuschliessen;

b) die Bedingungen für die Teilnahme an Vergabeverfahren sind auf diejenigen zu beschränken, welche wesentlich sind, um sicherzustellen, dass das Unternehmen den betreffenden Auftrag erfüllen kann. Die von den Anbietern zu erfüllenden Teilnahmebedingungen, einschliesslich der finanziellen Garantien, der technischen Qualifikationen und der Informationen, die zum Nachweis der finanziellen, kommerziellen und technischen Leistungsfähigkeit der Anbieter dienen, sowie die Nachprüfung der Qualifikationen dürfen für ausländische Anbieter nicht ungünstiger sein als für inländische und dürfen nicht zur Diskriminierung zwischen ausländischen Anbietern führen. Die finanzielle, wirtschaftliche und technische Leistungsfähigkeit eines Anbieters wird sowohl auf der Grundlage der globalen Geschäftstätigkeit dieses Anbieters als auch seiner Tätigkeit im Gebiet der Beschaffungsstelle beurteilt, wobei die rechtlichen Beziehungen zwischen den Lieferorganisationen gebührend berücksichtigt werden;

c) das Verfahren für die Qualifikation der Anbieter und die dafür erforderliche Zeit dürfen nicht dazu benutzt werden, einen ausländischen Anbieter von der Anbieterliste auszuschliessen oder zu verhindern, dass für eine bestimmte geplante Beschaffung ausländische Anbieter in Betracht gezogen werden. Die Beschaffungsstellen anerkennen diejenigen in- und ausländischen Anbieter als qualifiziert, die die Teilnahmebedingungen für eine bestimmte geplante Beschaffung erfüllen. Anbieter, die die Teilnahme an einer bestimmten geplanten Beschaffung beantragen, sich aber noch nicht qualifiziert haben sollten, werden ebenfalls in Betracht gezogen, sofern genügend Zeit vorhanden ist, um das Qualifikationsverfahren abzuschliessen;

d) Beschaffungsstellen, die ständige Listen qualifizierter Anbieter führen, sorgen dafür, dass alle qualifizierten Anbieter auf Antrag innerhalb einer angemessen kurzen Frist in diese Listen aufgenommen werden;

e) beantragt nach der Veröffentlichung der Bekanntmachung gemäss Artikel IX Absatz 1 ein noch nicht qualifizierter Anbieter die Teilnahme an einer geplanten Beschaffung, so leitet die Beschaffungsstelle unverzüglich das Qualifikationsverfahren ein;

f) jeder Anbieter, der seine Aufnahme als qualifizierter Anbieter beantragt hat, wird von den betreffenden Beschaffungsstellen über die getroffene Entscheidung benachrichtigt. Qualifizierten Anbietern, die auf den ständigen Listen der Beschaffungsstellen stehen, wird auch mitgeteilt, wenn derartige Listen abgeschafft oder sie daraus gestrichen werden;

g) die Vertragsparteien sorgen dafür, dass

  i) jede Beschaffungsstelle und ihre zugehörigen Stellen ein einheitliches Qualifikationsverfahren anwenden, ausgenommen in Fällen von gebührend belegtem Bedarf nach anderen Verfahren;

  ii) Anstrengungen unternommen werden, um Unterschiede in den Qualifikationsverfahren zwischen den Beschaffungsstellen zu verringern;

h) keine Bestimmung der Buchstaben a–g steht dem entgegen, dass ein Anbieter, zum Beispiel wegen Konkurs oder unwahrer Erklärungen, ausgeschlossen wird, sofern dies mit den Bestimmungen dieses Übereinkommens über die Inländerbehandlung und die Nichtdiskriminierung vereinbar ist.

Art. IX Einladung zur Teilnahme an geplanten Beschaffungen

1. Die Beschaffungsstellen veröffentlichen für jede geplante Beschaffung nach den Absätzen 2 und 3 eine Einladung zur Teilnahme, vorbehaltlich der anderslautenden Bestimmungen von Artikel XV (freihändige Vergabe). Die Bekanntmachung wird im entsprechenden Publikationsorgan nach Anhang II veröffentlicht.

2. Die Einladung zur Teilnahme kann in der Form einer Bekanntmachung der beabsichtigten Beschaffung, wie in Absatz 6 vorgesehen, erfolgen.

3. Die in den Annexen 2 und 3 aufgeführten Beschaffungsstellen können eine regelmässige Bekanntmachung, wie in Absatz 7 vorgesehen, oder eine Bekanntmachung über das Bestehen eines Qualifikationssystems, wie in Absatz 9 vorgesehen, als Einladung zur Teilnahme benutzen.

4. Beschaffungsstellen, die eine regelmässige Bekanntmachung als Einladung zur Teilnahme benutzen, fordern alle sich interessiert zeigenden Anbieter auf, aufgrund einer Information, die wenigstens jene von Absatz 6 enthalten muss, ihr Interesse zu bestätigen.

5. Beschaffungsstellen, die eine Bekanntmachung über das Bestehen eines Qualifikationssystems als Einladung zur Teilnahme benutzen, müssen rechtzeitig und entsprechend den in Artikel XVIII Absatz 4 genannten Erwägungen Angaben bereitstellen, die all denjenigen, die sich interessiert gezeigt haben, eine echte Möglichkeit bieten, ihr Interesse an der Teilnahme an der Beschaffung zu evaluieren. Diese Angaben müssen die in den Absätzen 6 und 8 genannten Bekanntmachungsangaben möglichst vollständig umfassen, sofern sie zur Verfügung stehen. Angaben, die einem interessierten Anbieter gemacht werden, sind auf nichtdiskriminierende Weise auch den anderen interessierten Anbietern mitzuteilen.

6. Jede Bekanntmachung einer beabsichtigten Beschaffung nach Absatz 2 enthält die folgenden Angaben:

a) Art und Menge der zu liefernden Waren oder Dienstleistungen, einschliesslich Optionen für zusätzliche Mengen, sowie wenn möglich eine Schätzung des Zeitpunktes, zu dem solche Optionen ausgeübt werden; im Falle von wiederkehrenden Aufträgen die Art und Menge sowie wenn möglich eine Schätzung des Zeitpunktes der nachfolgenden Bekanntmachungen von Ausschreibungen für die zu beschaffenden Waren oder Dienstleistungen;

b) die Angabe, ob das Verfahren offen oder selektiv ist oder Verhandlungen beinhaltet;

c) gegebenenfalls die vorgesehenen Liefertermine für Waren oder Dienstleistungen;

d) Adresse und letzter Tag für die Einreichung des Antrages auf Einladung zur Angebotsabgabe oder auf Qualifikation zur Aufnahme in die Anbieterliste oder für die Entgegennahme von Angeboten sowie die Sprache oder Sprachen, in denen die Angebote abzugeben sind;

e) die Adresse der Beschaffungsstelle, die den Zuschlag erteilt und die Angaben liefert, die für den Erhalt des Pflichtenheftes und anderer Dokumente notwendig sind;

f) alle wirtschaftlichen und technischen Anforderungen, finanziellen Garantien und Angaben, die von den Anbietern verlangt werden;

g) Höhe der für die Vergabeunterlagen zu entrichtenden Beträge und Zahlungsmodalitäten;

h) ob die Beschaffungsstelle Angebote für Kauf, Leasing, Miete oder Miete-Kauf oder für mehr als eine dieser Formen einholt.

7. Jede regelmässige Bekanntmachung nach Absatz 3 muss möglichst viele der in Absatz 6 genannten Angaben, soweit diese verfügbar sind, enthalten. Auf jeden Fall muss sie die in Absatz 8 genannten Angaben enthalten sowie:

a) eine Erklärung, dass die interessierten Anbieter der Beschaffungsstelle ihr Interesse an der Beschaffung mitteilen sollen;

b) die Erwähnung einer Kontaktperson oder einer Kontaktstelle bei der Beschaffungsstelle, von der zusätzliche Angaben zu erhalten sind.

8. Für jede geplante Beschaffung veröffentlicht die Beschaffungsstelle in einer der Amtssprachen der WTO eine Zusammenfassung der Anzeige, die mindestens folgendes enthält:

a) Gegenstand der Beschaffung;

b) Fristen für das Einreichen der Angebote oder der Anträge auf Einladung zur Angebotsabgabe; und

c) Adressen, bei denen die Vergabeunterlagen angefordert werden können.

9. Für selektive Verfahren machen Beschaffungsstellen, die ständige Listen qualifizierter Anbieter führen, jährlich in einem der Publikationsorgane nach Anhang III folgendes bekannt:

a) die Aufzählung der geführten Listen einschliesslich ihrer Überschriften nach Waren oder Dienstleistungen oder Waren- oder Dienstleistungskategorien, die über diese Listen eingekauft werden;

b) die von den möglichen Anbietern für die Aufnahme in diese Listen zu erfüllenden Bedingungen und die Methode, nach denen jede dieser Bedingungen von der betreffenden Beschaffungsstelle überprüft wird;

c) die Gültigkeitsdauer der Listen und die Formalitäten für deren Erneuerung. Wenn eine solche Bekanntmachung als Einladung zur Teilnahme nach Absatz 3 gilt, muss die Bekanntmachung zusätzlich folgende Angaben enthalten:

d) Art der jeweiligen Waren oder Dienstleistungen;

e) eine Erklärung, dass die Bekanntmachung eine Einladung zur Teilnahme darstellt.

Wenn jedoch die Dauer des Qualifikationssystems drei Jahre oder weniger beträgt und wenn die Dauer des Systems deutlich aus der Bekanntmachung hervorgeht und auch klar ist, dass keine weiteren Bekanntmachungen veröffentlicht werden, reicht es aus, die Bekanntmachung nur einmal, zu Beginn der Anwendung des Systems, zu veröffentlichen. Ein solches System darf nicht so genutzt werden, dass die Bestimmungen dieses Übereinkommens umgangen werden.

10. Wird es nach der Veröffentlichung der Bekanntmachung einer geplanten Beschaffung, aber noch vor dem in der Bekanntmachung oder den Vergabeunterlagen angegebenen Termin für die Öffnung oder die Entgegennahme von Angeboten notwendig, die Bekanntmachung zu ändern oder neu zu veröffentlichen, so ist die Änderung oder die neue Bekanntmachung genauso zu verbreiten wie die ursprünglichen Unterlagen, auf die sich die Änderung bezieht. Jede wichtige Angabe, die einem Anbieter in bezug auf eine bestimmte geplante Beschaffung gemacht wird, ist gleichzeitig allen anderen betroffenen Anbietern mitzuteilen, und zwar so rechtzeitig, dass die Anbieter diese Angabe berücksichtigen und sich danach richten können.

11. Die Beschaffungsstellen müssen in den in diesem Artikel erwähnten Bekanntmachungen oder im Publikationsorgan, in dem die Bekanntmachungen erscheinen, klarstellen, dass die Beschaffung unter dieses Übereinkommen fällt.

Art. X Auswahlverfahren

1. Um einen optimal wirksamen internationalen Wettbewerb bei den selektiven Verfahren zu gewährleisten, laden die Beschaffungsstellen für jede geplante Beschaffung die grösstmögliche mit einer effizienten Abwicklung der Beschaffung zu vereinbarende Zahl von in- und ausländischen Anbietern zur Angebotsabgabe ein. Sie wählen die Anbieter, die an dem Verfahren teilnehmen sollen, in gerechter und nichtdiskriminierender Weise aus.

2. Die Beschaffungsstellen, die ständige Listen qualifizierter Anbieter führen, können aus diesen Listen diejenigen Anbieter auswählen, die sie zur Angebotsabgabe einladen. Jede Auswahl muss den Anbietern in diesen Listen faire Chancen einräumen.

3. Beantragen Anbieter die Beteiligung an einer bestimmten geplanten Beschaffung, so ist ihnen die Abgabe des Angebots zu gestatten, und sie sind in Betracht zu ziehen, sofern im Falle von noch nicht qualifizierten Anbietern genügend Zeit vorhanden ist, um das Qualifikationsverfahren nach den Artikeln VIII und IX abzuschliessen. Die Zahl der zusätzlichen Anbieter, denen die Teilnahme gestattet wird, darf nur aus Gründen der effizienten Abwicklung der Beschaffung begrenzt werden.

4. Anträge zur Beteiligung an selektiven Verfahren können per Telex, Telegramm oder Telefax übermittelt werden.

Art. XI Fristen für Angebote und Lieferungen

Allgemeines

1.

a) Jede festgesetzte Frist muss so bemessen sein, dass es sowohl ausländischen als auch inländischen Anbietern möglich ist, Angebote einzureichen, bevor das Verfahren abgeschlossen wird. Bei der Festsetzung dieser Fristen berücksichtigen die Beschaffungsstellen, soweit es mit ihren angemessenen Bedürfnissen zu vereinbaren ist, Umstände wie die Komplexität der geplanten Beschaffung, das voraussichtliche Ausmass der Vergabe von Unteraufträgen und die übliche Zeit für die Übermittlung von Angeboten durch die Post vom In- und Ausland aus.

b) Jede Vertragspartei hat sicherzustellen, dass ihre Beschaffungsstellen Verzögerungen bei der Veröffentlichung gebührend Rechnung tragen, wenn sie die Frist für die Entgegennahme der Angebote oder die Frist für die Vorlage des Antrags auf Einladung zur Angebotsabgabe festsetzen.

Fristen

2. Vorbehaltlich der Bestimmungen von Absatz 3 gilt folgendes:

a) Beim offenen Verfahren darf die Frist für die Entgegennahme der Angebote in keinem Fall kürzer sein als 40 Tage, gerechnet vom Zeitpunkt der Veröffentlichung nach Artikel IX Absatz 1 an.

b) Bei selektiven Verfahren, bei denen keine ständige Liste qualifizierter Anbieter verwendet wird, darf die Frist für die Vorlage des Antrags auf Einladung zur Angebotsabgabe in keinem Fall kürzer sein als 25 Tage, gerechnet vom Zeitpunkt der Veröffentlichung nach Artikel IX Absatz 1 an; die Frist für die Entgegennahme der Angebote darf in keinem Fall kürzer sein als 40 Tage, gerechnet vom Zeitpunkt an, zu dem die Einladung zur Angebotsabgabe ergeht.

c) Bei selektiven Verfahren, bei denen eine ständige Liste qualifizierter Anbieter verwendet wird, darf die Frist für die Entgegennahme der Angebote in keinem Fall kürzer sein als 40 Tage, gerechnet vom Zeitpunkt an, zu dem die Einladung zur Angebotsabgabe erstmals ergeht, unabhängig davon, ob der Zeitpunkt, zu dem die Einladung zur Angebotsabgabe erstmals ergeht, mit dem Zeitpunkt der Veröffentlichung nach Artikel IX Absatz 1 zusammenfällt oder nicht.

3. Die Fristen nach Absatz 2 können unter folgenden Umständen gekürzt werden:

a) wenn zwischen 40 Tagen und höchstens 12 Monaten eine getrennte Bekanntmachung veröffentlicht wurde, die mindestens folgende Angaben enthält:

   i) die Angaben nach Artikel IX Absatz 6, soweit sie verfügbar sind, möglichst vollständig;

   ii) die in Artikel IX Absatz 8 genannten Angaben;

   iii) eine Erklärung, dass interessierte Anbieter der Beschaffungsstelle ihr Interesse an der Beschaffung mitteilen sollen;

   iv) eine Kontaktperson oder eine Kontaktstelle bei der Beschaffungsstelle, von der zusätzliche Informationen zu erhalten sind;

   die 40-Tage-Grenze für die Annahme von Angeboten kann durch einen Zeitraum ersetzt werden, der lange genug ist, um die Einreichung von Angeboten zu erlauben. In der Regel sollte dieser Zeitraum nicht weniger als 24 Tage umfassen, in keinem Fall jedoch weniger als zehn Tage;

b) wenn es sich um die zweite oder eine weitere Veröffentlichung nach Artikel IX Absatz 6 handelt, darf die Frist von 40 Tagen für die Annahme von Angeboten nicht auf weniger als 24 Tage reduziert werden;

c) wenn eine von der Beschaffungsstelle gebührend begründete Dringlichkeit die betreffenden Fristen unpraktikabel macht, können die Fristen nach Absatz 2 reduziert werden. Sie dürfen aber in keinem Fall weniger als zehn Tage betragen, gerechnet vom in Artikel IX Absatz 1 genannten Veröffentlichungsdatum an; oder

d) der in Absatz 2 Buchstabe c genannte Zeitraum kann für Beschaffungen durch in den Annexen 2 und 3 aufgeführte Beschaffungsstellen mit einer gegenseitigen Einigung zwischen der Beschaffungsstelle und ausgewählten Anbietern festgelegt werden. Andernfalls kann die Beschaffungsstelle einen Zeitraum festlegen, der genügend lang sein muss, um die Einreichung von Angeboten zu erlauben. Dieser darf keinesfalls weniger als zehn Tage betragen.

4. In Übereinstimmung mit den angemessenen Bedürfnissen der Beschaffungsstellen werden bei der Festsetzung eines Liefertermins Faktoren wie die Komplexität der beabsichtigten Beschaffung, das Ausmass der zu erwartenden Weitervergabe sowie eine realistische Zeitspanne für die Herstellung, die Entnahme vom Lager und den Transport der Waren von den Lieferorten oder für die Erbringung der Dienstleistungen berücksichtigt.

Art. XII   Vergabeunterlagen

1. Gestattet eine Beschaffungsstelle bei Vergabeverfahren, dass Angebote in mehreren Sprachen eingereicht werden, so muss eine dieser Sprachen eine der Amtssprachen der WTO sein.

2. Die den Anbietern zur Verfügung gestellten Vergabeunterlagen müssen alle Angaben enthalten, die für sie notwendig sind, um entsprechende Angebote einreichen zu können, einschliesslich der Angaben, die in der Bekanntmachung der beabsichtigten Beschaffung veröffentlicht werden müssen, mit Ausnahme von Artikel IX Absatz 6 Buchstabe g, sowie die folgenden Angaben:

a) die Adresse der Beschaffungsstelle, an die die Angebote zu senden sind;

b) die Adresse, an die Ersuchen um zusätzliche Angaben zu senden sind;

c) die Sprache oder Sprachen, in denen die Angebote und Angebotsunterlagen einzureichen sind;

d) Datum und Frist der Entgegennahme von Angeboten sowie die Zeitspanne, innerhalb deren jedes Angebot angenommen werden kann;

e) Angabe der Personen, die bei der Angebotsöffnung anwesend sein dürfen, sowie Tag, Stunde und Ort der Öffnung;

f) die wirtschaftlichen und technischen Anforderungen, finanziellen Garantien und Angaben oder Unterlagen, die von den Anbietern verlangt werden;

g) eine vollständige Beschreibung der benötigten Waren oder Dienstleistungen sowie aller Anforderungen an technische Spezifikationen und Konformitätsbescheinigungen, die erfüllt werden müssen, einschliesslich der Pläne, Zeichnungen und notwendigen Instruktionen;

h) die Kriterien für den Zuschlag einschliesslich aller Gesichtspunkte, ausgenommen den Preis, die bei der Beurteilung der Angebote in Betracht zu ziehen sind, und der in die Beurteilung der Angebotspreise einzubeziehenden Kostenelemente, wie Transport-, Versicherungs- und Inspektionskosten sowie, bei ausländischen Waren oder Dienstleistungen, Zölle und andere Einfuhrabgaben, Steuern und die Währung, in der die Zahlung geleistet wird;

i) die Zahlungsbedingungen;

j) alle anderen Modalitäten und Bedingungen;

k) gemäss Artikel XVII, die Modalitäten und Bedingungen, sofern vorhanden, unter denen Angebote aus Ländern eingereicht werden können, die nicht Vertragsparteien dieses Übereinkommens sind, sich aber an die Bestimmungen dieses Artikels halten.

Zusendung von Vergabeunterlagen durch die Beschaffungsstellen

3.

a) Beim offenen Verfahren senden die Beschaffungsstellen auf Ersuchen jedem an dem Verfahren teilnehmenden Anbieter die Vergabeunterlagen und beantworten innerhalb kürzester Frist alle angemessenen Anfragen über Erklärungen zu diesen Unterlagen.

b) Beim selektiven Verfahren senden die Beschaffungsstellen die Vergabeunterlagen auf Ersuchen jedem Anbieter, der die Teilnahme beantragt, und beantworten innerhalb kürzester Frist alle angemessenen Anfragen über Erklärungen zu diesen Unterlagen.

c) Die Beschaffungsstellen beantworten innerhalb kürzester Frist alle angemessenen Anfragen über einschlägige Informationen zu den Unterlagen, die von einem am Verfahren teilnehmenden Anbieter gestellt werden, unter der Bedingung, dass diese Angaben den Anbieter gegenüber seinen Konkurrenten im Zuschlagsverfahren nicht bevorzugen.

Art. XIII Einreichung, Entgegennahme und Öffnung der Angebote und Zuschlagserteilung

1. Einreichung, Entgegennahme und Öffnung von Angeboten sowie Zuschlagserteilung richten sich nach folgendem:

a) Angebote werden normalerweise schriftlich, und zwar direkt oder per Post, eingereicht. Ist es gestattet, Angebote per Telex, Telegramm oder Telefax einzureichen, so müssen diese Angebote alle für ihre Beurteilung erforderlichen Angaben enthalten, insbesondere den vom Anbieter vorgeschlagenen endgültigen Preis sowie eine Erklärung, dass der Anbieter mit allen Modalitäten, Bedingungen und Bestimmungen der Einladung zur Angebotsabgabe einverstanden ist. Das Angebot ist innerhalb kürzester Frist durch Brief oder durch Zusendung einer unterzeichneten Kopie des Telex, des Telegramms oder des Telefax zu bestätigen. Telefonische Angebote sind unzulässig. Bei Widersprüchen oder Unterschieden zwischen dem Inhalt des Telex, des Telegramms oder des Telefax und dem Inhalt der nach Ablauf der Frist entgegengenommenen Unterlagen ist der Inhalt des Telex, des Telegramms oder des Telefax massgebend.

b) Wird Anbietern Gelegenheit gegeben, zwischen der Öffnung der Angebote und der Zuschlagserteilung unbeabsichtigte Formfehler zu berichtigen, so darf dies nicht zu diskriminierenden Praktiken führen.

Entgegennahme der Angebote

2. Einem Anbieter darf kein Nachteil entstehen, wenn ein Angebot bei der in den Vergabeunterlagen angegebenen Stelle nach Ablauf der Frist eintrifft, sofern die Verzögerung ausschliesslich der Beschaffungsstelle zuzuschreiben ist. Angebote können auch in anderen aussergewöhnlichen Fällen in Betracht gezogen werden, wenn dies in den Verfahren der Beschaffungsstellen vorgesehen ist.

Öffnung der Angebote

3. Alle von Beschaffungsstellen in offenen und selektiven Verfahren eingeholten Angebote werden nach Verfahren und unter Bedingungen entgegengenommen und geöffnet, die die Ordnungsmässigkeit der Öffnung gewährleisten. Entgegennahme und Öffnung der Angebote haben auch mit den Bestimmungen dieses Übereinkommens über Inländerbehandlung und Nichtdiskriminierung im Einklang zu stehen. Die Angaben über die Angebotsöffnung verbleiben bei den betreffenden Beschaffungsstellen und stehen den für die Beschaffungsstelle zuständigen Regierungsstellen zur Verfügung, damit sie erforderlichenfalls für die Verfahren nach den Artikeln XVIII, XIX, XX und XXII herangezogen werden können.

Zuschlagserteilung

4.

a) Um für den Zuschlag in Betracht gezogen zu werden, muss ein Angebot bei der Öffnung den wesentlichen Anforderungen der Bekanntmachung oder der Vergabeunterlagen entsprechen und von Anbietern eingereicht worden sein, die die Teilnahmebedingungen erfüllen. Erhält eine Beschaffungsstelle ein Angebot, das ungewöhnlich niedriger ist als andere eingereichte Angebote, so kann sie beim Anbieter Erkundigungen einziehen und sicherstellen, dass er die Teilnahmebedingungen einhalten und die Auftragsmodalitäten erfüllen kann.

b) Sofern die Beschaffungsstelle nicht im öffentlichen Interesse beschlossen hat, keinen Auftrag zu vergeben, erteilt sie den Zuschlag dem Anbieter, von dem feststeht, dass er voll in der Lage ist, den Auftrag zu erfüllen, und dessen Angebot – gleich, ob es sich um in- oder ausländische Waren und Dienstleistungen handelt – entweder das billigste ist oder anhand der spezifischen Bewertungskriterien in den Bekanntmachungen oder den Vergabeunterlagen als das günstigste beurteilt wird.

c) Zuschläge erfolgen gemäss den in den Vergabeunterlagen angeführten Kriterien und wesentlichen Bedingungen.

Optionsklauseln

5. Optionsklauseln dürfen nicht zur Umgehung der Bestimmungen dieses Übereinkommens benützt werden.

Art. XIV Verhandlungen

1. Die Parteien können vorsehen, dass Beschaffungsstellen Verhandlungen führen:

a) im Zusammenhang mit Beschaffungen, bei denen diese Absicht in der Bekanntmachung laut Artikel IX Absatz 2 angekündigt wurde (Einladung an Anbieter, sich am Verfahren der beabsichtigten Beschaffung zu beteiligen);

b) wenn die Bewertung ergibt, dass kein Angebot nach den spezifischen Bewertungskriterien in den Bekanntmachungen oder Vergabeunterlagen eindeutig das günstigste ist.

2. Die Verhandlungen sollen hauptsächlich dazu dienen, Stärken und Schwächen der Angebote zu erkennen.

3. Die Angebote sind von den Beschaffungsstellen vertraulich zu behandeln. Letztere sollen insbesondere davon absehen, bestimmten Anbietern vertrauliche Informationen weiterzugeben mit dem Ziel, deren Angebote auf das Niveau anderer Teilnehmer zu heben.

4. Während der Verhandlungen dürfen die Beschaffungsstellen Anbieter weder bevorzugen noch benachteiligen. Sie sollen insbesondere sicherstellen, dass:

a) die Ablehnung von Teilnehmern im Einklang mit den Kriterien der Bekanntmachungen oder der Vergabeunterlagen erfolgt;

b) sämtliche Änderungen der Kriterien und technischen Anforderungen allen verbleibenden Verhandlungsteilnehmern schriftlich mitgeteilt werden;

c) alle verbleibenden Teilnehmer die Gelegenheit erhalten, neue oder aufgrund der revidierten Anforderungen geänderte Angebote einzureichen;

d) nach Abschluss der Verhandlungen alle verbleibenden Verhandlungsteilnehmer innerhalb einer für alle gleichen Frist ihre endgültigen Angebote einreichen dürfen.

Art. XV   Freihändige Vergabe

1. Die Bestimmungen der Artikel VII–XIV über das offene und das selektive Verfahren brauchen unter den nachfolgenden Bedingungen nicht angewendet zu werden, sofern die freihändige Vergabe nicht mit der Absicht, den grösstmöglichen Wettbewerb zu verhindern, oder so angewendet wird, dass sie ein Mittel zur Diskriminierung zwischen ausländischen Anbietern oder zum Schutz inländischer Produzenten und Anbieter darstellt:

a) wenn bei einem offenen oder einem selektiven Verfahren keine Angebote eingehen oder Angebote eingereicht werden, die aufeinander abgestimmt sind oder nicht den wesentlichen Anforderungen der Ausschreibung entsprechen, oder wenn diese Angebote von Anbietern eingereicht werden, die die Teilnahmebedingungen nach diesem Übereinkommen nicht erfüllen, jedoch unter der Voraussetzung, dass die Anforderungen der ursprünglichen Ausschreibung im Auftrag, der vergeben wird, nicht wesentlich geändert sind;

b) wenn bei Kunstwerken oder aus Gründen des Schutzes ausschliesslicher Rechte, wie Patent- oder Urheberrechte, oder bei fehlendem Wettbewerb aus technischen Gründen die Waren oder Dienstleistungen nur von einem bestimmten Anbieter geliefert werden können und es keine angemessene Alternative oder keine Ersatzware gibt;

c) soweit dies unbedingt erforderlich ist, wenn aus Gründen äusserster Dringlichkeit im Zusammenhang mit Ereignissen, die die Beschaffungsstelle nicht vorhersehen konnte, die Waren oder Dienstleistungen im offenen oder im selektiven Verfahren nicht rechtzeitig beschafft werden könnten;

d) bei zusätzlichen Lieferungen der ursprünglichen Anbieter, die entweder als Ersatzteile für gelieferte Waren oder bestehende Anlagen oder als Ergänzungslieferungen oder zur Erweiterung bestehender Dienstleistungen oder Anlagen bestimmt sind, wenn ein Wechsel des Anbieters die Beschaffungsstelle dazu zwingen würde, Material oder Dienstleistungen zu kaufen, welche die Bedingungen der Austauschbarkeit mit schon vorhandenem Material oder vorhandenen Dienstleistungen nicht erfüllen[7];

---

[7] Es gilt als vereinbart, dass «bestehende Anlagen» Software in dem Ausmass umfassen, als die Erstbeschaffung der Software diesem Übereinkommen unterlag.

e) wenn eine Beschaffungsstelle Prototypen oder eine Erstanfertigung oder -dienstleistung kauft, die auf ihr Ersuchen für einen bestimmten Forschungs-, Versuchs-, Studien- oder Neuentwicklungsauftrag oder in dessen Verlauf entwickelt werden. Nachdem solche Aufträge ausgeführt sind, unterliegen alle weiteren Käufe solcher Waren den Artikeln VII–XIV[8];

f) wenn zusätzliche Baudienstleistungen, die im Erstauftrag nicht eingeschlossen waren, aber den Zielen der ursprünglichen Ausschreibung entsprechen, sich durch unvorhersehbare Entwicklungen zur Vollendung der darin beschriebenen Baudienstleistungen als notwendig erweisen und die Beschaffungsstelle dem Anbieter, der bereits Baudienstleistungen ausführt, den Zuschlag für die zusätzlichen Baudienstleistungen erteilen muss, weil eine Trennung der zusätzlichen Baudienstleistungen vom ursprünglichen Auftrag aus technischen und wirtschaftlichen Gründen für die Beschaffungsstelle erhebliche Schwierigkeiten mit sich bringen würde. Der Gesamtwert des Zuschlags für zusätzliche Baudienstleistungen darf jedoch nicht über 50 Prozent der Summe des Hauptzuschlags ausmachen;

g) für neue Baudienstleistungen, welche eine Wiederholung ähnlicher Baudienstleistungen darstellen und sich auf ein Grundprojekt beziehen, für welches laut den Artikeln VII–XIV ein Erstzuschlag erteilt wurde und für welches die Beschaffungsstelle in der Bekanntmachung der geplanten Beschaffung betreffend die Erstdienstleistung angegeben hat, dass die freihändige Vergabe bei der Zuschlagserteilung für neue Baudienstleistungen angewandt werden könne;

h) für an Warenbörsen gekaufte Produkte;

i) für unter ausserordentlich günstigen, nur befristet bestehenden Bedingungen getätigte Käufe. Diese Bestimmung bezieht sich auf Ausnahmeverkäufe von Unternehmen, welche normalerweise nicht Anbieter sind, und die Veräusserung des Geschäftsvermögens bei Liquidierung oder Konkursverwaltung. Routinekäufe üblicher Anbieter werden von dieser Bestimmung nicht erfasst;

j) bei Zuschlägen, die dem Gewinner eines Wettbewerbs erteilt werden, vorausgesetzt, dass die Organisation des Wettbewerbs den Grundsätzen dieses Übereinkommens entspricht, insbesondere hinsichtlich der Veröffentlichung, gemäss Artikel IX, einer Einladung an angemessen qualifizierte Anbieter zur Teilnahme an einem solchen Wettbewerb. Zur Beurteilung ist eine unabhängige Jury einzusetzen. Den Gewinnern werden Verträge in Aussicht gestellt.

---

8   Die Neuentwicklung einer Erstanfertigung oder -dienstleistung kann eine begrenzte
    Produktion oder Lieferung einschliessen, um die Erprobungsergebnisse zu verarbeiten und zu zeigen, dass sich das Produkt für eine Produktion oder Lieferung in grösseren Mengen bei annehmbaren Qualitätsnormen eignet. Nicht darunter fällt eine Serienfertigung oder -lieferung zum Nachweis der Vermarktbarkeit des Produkts oder zur
    Deckung der Forschungs- und Entwicklungskosten.

2. Die Beschaffungsstellen arbeiten über jeden nach Absatz 1 vergebenen Auftrag einen schriftlichen Bericht aus. Jeder Bericht enthält den Namen der Beschaffungsstelle, Wert und Art der gekauften Waren oder Dienstleistungen, Ursprungsland sowie einen Hinweis darauf, welche der in Absatz 1 aufgeführten Bedingungen gegeben waren. Dieser Bericht verbleibt bei der betreffenden Beschaffungsstelle und steht den für die Beschaffungsstelle zuständigen Regierungsstellen zur Verfügung, damit er erforderlichenfalls bei den Verfahren nach den Artikeln XVIII, XIX, XX und XXII herangezogen werden kann.

Art. XVI   Kompensationsgeschäfte

1. Die Beschaffungsstellen sollen bei der Qualifikation und Auswahl der Anbieter, Waren und Dienstleistungen oder bei der Bewertung der Angebote oder der Zuschlagserteilung Kompensationsgeschäfte weder erzwingen, anstreben noch in Betracht ziehen[9].

2. Aus grundsätzlichen politischen Erwägungen und insbesondere im Hinblick auf entwicklungspolitische Bedürfnisse dürfen Entwicklungsländer zum Zeitpunkt ihres Beitritts Bedingungen zum Einsatz von Kompensationsgeschäften aushandeln, zum Beispiel die Anforderung, dass zu einem bestimmten Anteil inländische Erzeugnisse zu verwenden sind. Derartige Anforderungen werden nur zur Entscheidung über die Teilnahme am Beschaffungsverfahren und nicht als Kriterium bei der Zuschlagserteilung gestellt. Die Bedingungen müssen objektiv, eindeutig und nichtdiskriminierend sein. Sie werden im Anhang I des betreffenden Landes niedergelegt und enthalten gegebenenfalls die genauen Grenzen des Einsatzes von Kompensationsgeschäften bei von diesem Übereinkommen erfassten Beschaffungen. Über bisherige Bedingungen ist der Ausschuss zu unterrichten. Ferner sind sie in Bekanntmachungen zu beabsichtigten Beschaffungen und in anderen Unterlagen zu veröffentlichen.

Art. XVII   Transparenz

1. Die Vertragsparteien fordern die Beschaffungsstellen auf, Modalitäten und Bedingungen, darunter Abweichungen von den Ausschreibungsverfahren im Wettbewerb oder im Zugang zu Beschwerdeverfahren, bekanntzumachen, laut welchen Angebote von Anbietern eingereicht werden können, die zwar nicht aus Vertragsparteien dieses Übereinkommens stammen, die aber im Hinblick auf die Schaffung grösserer Transparenz bezüglich ihrer eigenen Vergabeverfahren wie folgt handeln:

a) sie spezifizieren ihre Beschaffungen im Einklang mit Artikel VI (technische Spezifikationen);

b) sie machen in den Bekanntmachungen zu Beschaffungen nach Artikel IX – darunter

---

9   Kompensationsgeschäfte im öffentlichen Beschaffungswesen sind Massnahmen, welche darauf abzielen, mit Vorschriften bezüglich nationaler Rohstoffanteile (domestic content), Lizenzerteilung für Technologie, Investitionsvorschriften, Ausgleichshandel oder ähnlichen Anforderungen die lokale Entwicklung zu fördern oder Zahlungsbilanzschwierigkeiten zu beheben.

in der Version der Bekanntmachung nach Artikel IX Absatz 8, die in einer der Amtssprachen der WTO veröffentlicht wird (Kurzfassung der Bekanntmachung der beabsichtigten Beschaffung) – Angaben zu Modalitäten und Bedingungen für die Angebotsabgabe durch Anbieter aus Vertragsparteien dieses Übereinkommens;

c) sie sind bereit sicherzustellen, dass ihre Verordnungen bezüglich der Beschaffung normalerweise während des Beschaffungsverfahrens nicht geändert werden oder dass bei unvermeidlichen Änderungen zufriedenstellende Abhilfemöglichkeiten zur Verfügung stehen.

2. Regierungen, die nicht Vertragsparteien dieses Übereinkommens sind, aber die Bestimmungen von Absatz 1 Buchstaben a–c erfüllen, steht das Recht zu, den Sitzungen des Ausschusses als Beobachter beizuwohnen, vorausgesetzt, dass sie die Vertragsparteien davon unterrichten.

Art. XVIII Information und Prüfung bezüglich der Verpflichtungen der Beschaffungsstellen

1. Die Beschaffungsstellen veröffentlichen spätestens 72 Tage nach erfolgtem Zuschlag des Auftrages gemäss den Artikeln XIII–XV eine Bekanntmachung im entsprechenden Publikationsorgan gemäss Anhang II. Diese Bekanntmachungen enthalten folgende Angaben:

a) Art und Menge der Waren oder Dienstleistungen des zugeschlagenen Auftrages;

b) Name und Adresse der vergebenden Beschaffungsstelle;

c) Datum des Zuschlages;

d) Name und Adresse des erfolgreichen Anbieters;

e) Wert des erfolgreichen Angebots oder höchstes und niedrigstes Angebot, das bei der Vergabe berücksichtigt wurde;

f) gegebenenfalls Bezeichnung der gemäss Artikel IX Absatz 1 veröffentlichten Bekanntmachung oder Begründung für die Anwendung dieses Verfahrens gemäss Artikel XV;

g) Art des angewendeten Verfahrens.

2. Die Beschaffungsstellen sind auf Ersuchen eines Anbieters einer Vertragspartei unverzüglich bereit:

a) ihre Beschaffungspraktiken und -verfahren zu erläutern;

b) sachdienliche Angaben über die Gründe, aus denen der Antrag eines Anbieters auf Qualifikation abgelehnt oder ein Anbieter aus der Qualifikationsliste gestrichen oder nicht ausgewählt wurde, mitzuteilen;

c) einem erfolglosen Anbieter sachdienliche Angaben über die Gründe mitzuteilen, aus denen sein Angebot nicht berücksichtigt wurde, einschliesslich der charakteristischen Merkmale und relativen Vorteile des ausgewählten Angebots sowie des Namens des erfolgreichen Anbieters.

3. Die Beschaffungsstellen müssen die teilnehmenden Anbieter unverzüglich und auf Ersuchen in schriftlicher Form über die Zuschlagserteilung informieren.

4. Würde die Weitergabe gewisser Angaben zur Zuschlagserteilung nach den Absätzen 1 und 2 Buchstabe c die Durchführung von Rechtsvorschriften behindern oder sonst dem öffentlichen Interesse zuwiderlaufen oder die berechtigten Wirtschaftsinteressen bestimmter öffentlicher oder privater Unternehmen schädigen oder den fairen Wettbewerb zwischen den Anbietern beeinträchtigen, so kann die Beschaffungsstelle beschliessen, solche Angaben nicht weiterzugeben.

Art. XIX   Information und Prüfung bezüglich der Verpflichtungen der Vertragsparteien

1. Die Vertragsparteien veröffentlichen unverzüglich alle Gesetze, Verordnungen, Gerichtsentscheide, Verwaltungsbeschlüsse mit allgemeiner Geltung und alle Verfahren (darunter Standard-Vertragsklauseln) zu den von diesem Übereinkommen erfassten öffentlichen Beschaffungen im einschlägigen Publikationsorgan nach Anhang IV, sodass die übrigen Vertragsparteien und die Anbieter davon Kenntnis nehmen können. Die Vertragsparteien sollen auf Ersuchen jeder anderen Vertragspartei ihre Verfahren des öffentlichen Beschaffungswesens erläutern.

2. Die Regierung des erfolglosen Anbieters, die Vertragspartei dieses Übereinkommens ist, kann unbeschadet der Bestimmungen von Artikel XXII zusätzliche Auskünfte über die Zuschlagserteilung einholen, soweit dies notwendig ist, um sicherzugehen, dass die Beschaffung ordnungsgemäss und unparteiisch vor sich gegangen ist. Zu diesem Zweck erteilt die Behörde, die die Beschaffung tätigt, Auskunft über die charakteristischen Merkmale und relativen Vorteile des ausgewählten Angebots sowie über den Zuschlagspreis. Die Regierung des erfolglosen Anbieters darf die letztgenannte Auskunft normalerweise weitergeben, sofern sie von diesem Recht mit Zurückhaltung Gebrauch macht. Würde die Weitergabe dieser Auskunft den Wettbewerb bei künftigen Ausschreibungen beeinträchtigen, so darf diese Auskunft nur nach Konsultationen und mit Zustimmung der Vertragspartei, die die Auskunft erteilt hat, weitergegeben werden.

3. Verfügbare Angaben über erfasste Beschaffungsstellen und einzelne von diesen getätigte Zuschläge sind auf Ersuchen jeder anderen Vertragspartei mitzuteilen.

4. Würde die Weitergabe vertraulicher Angaben, die einer Vertragspartei zur Verfügung gestellt werden, die Durchführung von Rechtsvorschriften behindern oder sonst dem öffentlichen Interesse zuwiderlaufen oder die berechtigten Wirtschaftsinteressen bestimmter öffentlicher oder privater Unternehmen schädigen oder den fairen Wettbewerb zwischen den Anbietern beeinträchtigen, so dürfen diese Angaben nicht ohne

formelle Ermächtigung durch die Vertragspartei, die sie zur Verfügung stellt, weitergegeben werden.

5. Die Vertragsparteien stellen jährlich Statistiken über ihre Beschaffungen zusammen und übermitteln sie dem Ausschuss. Diese Berichte enthalten folgende Angaben über die Aufträge, die von allen unter dieses Übereinkommen fallenden Beschaffungsstellen vergeben worden sind:

a) für die Beschaffungsstellen nach Annex 1 Statistiken, die global und nach Beschaffungsstellen den geschätzten Wert der vergebenen Aufträge über und unter dem Schwellenwert angeben; für die Beschaffungsstellen nach den Annexen 2 und 3 Statistiken, die global und nach Kategorien von Beschaffungsstellen den geschätzten Wert der vergebenen Aufträge über dem Schwellenwert angeben;

b) für die Beschaffungsstellen nach Annex 1 Statistiken über Gesamtzahl und Gesamtwert der vergebenen Aufträge über dem Schwellenwert, aufgegliedert nach Beschaffungsstellen, Waren- und Dienstleistungskategorien auf der Grundlage eines einheitlichen Klassifikationssystems; für die Beschaffungsstellen nach den Annexen 2 und 3 Statistiken, die nach Kategorien von Beschaffungsstellen und nach Waren- und Dienstleistungskategorien den geschätzten Wert der vergebenen Aufträge über dem Schwellenwert angeben;

c) für Beschaffungsstellen nach Annex 1 Statistiken über Gesamtzahl und Gesamtwert der vergebenen Aufträge, aufgegliedert nach Beschaffungsstellen und nach Waren- und Dienstleistungskategorien, die in jedem der Fälle nach Artikel XV vergeben wurden; für die Kategorien von Beschaffungsstellen nach den Annexen 2 und 3 Statistiken zum Gesamtwert der vergebenen Aufträge über dem Schwellenwert, die in jedem der Fälle nach Artikel XV vergeben wurden;

d) für Beschaffungsstellen nach Annex 1 Statistiken über Gesamtzahl und Gesamtwert der Aufträge, aufgegliedert nach Beschaffungsstellen, welche im Rahmen der in den einschlägigen Anhängen enthaltenen Abweichungen von diesem Übereinkommen vergeben wurden; für die Kategorien von Beschaffungsstellen nach den Annexen 2 und 3 Statistiken zum Gesamtwert der Aufträge, die im Rahmen der in den einschlägigen Anhängen enthaltenen Abweichungen von diesem Übereinkommen vergeben wurden.

Sofern die entsprechenden Angaben verfügbar sind, soll jede Vertragspartei Statistiken zum Ursprungsland der von ihren Beschaffungsstellen gekauften Waren oder Dienstleistungen vorlegen. Der Ausschuss liefert Anhaltspunkte zu den verwendbaren Methoden, um sicherzustellen, dass die Statistiken vergleichbar sind. Der Ausschuss kann einstimmig beschliessen, die Anforderungen der Buchstaben a–d betreffend Art und Umfang der statistischen Angaben, die weitergegeben werden, sowie betreffend Aufgliederungs- und Klassifikationsmöglichkeiten zu ändern, um die von diesem Übereinkommen erfassten Beschaffungen effektiv zu überprüfen.

Art. XX Beschwerdeverfahren

Konsultationen

1. Erhebt ein Anbieter Beschwerde wegen einer Verletzung dieses Übereinkommens im Zusammenhang mit einem Beschaffungsverfahren, so fordern die Vertragsparteien den Anbieter auf, die Angelegenheit in Konsultationen mit der Beschaffungsstelle zu regeln. In solchen Fällen nimmt die Beschaffungsstelle rechtzeitig eine unparteiliche Überprüfung der Beschwerde vor, und zwar in einer Weise, welche die Annahme von Abhilfemassnahmen aufgrund des Beschwerdesystems nicht behindert.

Beschwerde

2. Die Vertragsparteien legen nichtdiskriminierende, zügige, transparente und wirksame Verfahren fest, welche den Anbietern erlauben, gegen vermutete Verletzungen dieses Übereinkommens im Zusammenhang mit Beschaffungen, an welchen sie ein Interesse haben oder hatten, Beschwerde zu erheben.

3. Die Vertragsparteien halten ihre Beschwerdeverfahren schriftlich fest und machen sie allgemein verfügbar.

4. Die Vertragsparteien stellen sicher, dass die Unterlagen zu sämtlichen Aspekten des Beschaffungsverfahrens im Geltungsbereich dieses Übereinkommens während drei Jahren aufbewahrt werden.

5. Die betroffenen Anbieter können angehalten werden, ein Beschwerdeverfahren einzuleiten und die Beschaffungsstelle innerhalb einer bestimmten Frist ab dem Zeitpunkt, zu welchem die Begründung der Beschwerde bekannt ist oder vernünftigerweise bekannt sein sollte, frühestens aber nach zehn Tagen, davon in Kenntnis zu setzen.

6. Beschwerden werden vor ein Gericht oder ein unparteiliches und unabhängiges Überprüfungsorgan gebracht, das am Ergebnis der Beschaffung kein Interesse hat und dessen Mitglieder während ihres Mandats keinen Einflüssen von aussen unterliegen. Handelt es sich beim Überprüfungsorgan nicht um ein Gericht, so wird es entweder einer gerichtlichen Überprüfung unterzogen oder es muss Verfahren anwenden, aufgrund deren:

a) die Teilnehmer anzuhören sind, bevor Stellungnahmen abgegeben oder Entscheidungen getroffen werden;

b) die Teilnehmer Anspruch auf Vertretung und Begleitung haben;

c) die Teilnehmer zum ganzen Verfahren Zugang haben;

d) das Verfahren öffentlich ist;

e) Stellungnahmen und Entscheidungen schriftlich und mit Angaben zu deren Begründung abgegeben werden müssen;

f) Zeugen vernommen werden können;

g) Unterlagen dem Überprüfungsorgan weitergegeben werden können.

7. Die Beschwerdeverfahren sehen folgendes vor:

a) rasch greifende Übergangsmassnahmen, um Verletzungen dieses Übereinkommens zu beheben und wirtschaftliche Chancen zu wahren. Dieses Vorgehen kann zur Sistierung des Beschaffungsverfahrens führen. Die Verfahren können jedoch vorsehen, dass bei der Entscheidung über die Verhängung solcher Massnahmen etwaige negative Folgen bedeutenden Ausmasses für die betroffenen Interessen, auch das öffentliche Interesse, zu berücksichtigen sind. Wird unter solchen Umständen kein Verfahren eingeleitet, so ist dies schriftlich zu begründen;

b) eine Bewertung und Entscheidungsmöglichkeiten zur Frage, ob die Beschwerde gerechtfertigt ist;

c) die Behebung der Verletzungen dieses Übereinkommens oder Ersatz für Verluste oder Schäden. Die Behebung kann sich auf die Kosten für die Vorbereitung der Angebote oder für die Beschwerde beschränken.

8. Das Beschwerdeverfahren ist normalerweise unverzüglich abzuschliessen, um wirtschaftliche oder andere Interessen zu wahren.

Art. XXI   Institutionen

1. Es wird ein Ausschuss für das öffentliche Beschaffungswesen eingesetzt, der aus Vertretern jeder Vertragspartei besteht. Der Ausschuss wählt seinen Vorsitzenden und stellvertretenden Vorsitzenden und tagt so oft wie notwendig, mindestens aber einmal im Jahr, um den Vertragsparteien Gelegenheit zu bieten, über alle das Funktionieren dieses Übereinkommens oder das Verfolgen seiner Ziele betreffenden Fragen zu beraten, und um alle anderen Aufgaben zu erfüllen, die ihm von den Vertragsparteien übertragen werden können.

2. Der Ausschuss kann Arbeitsgruppen und sonstige Untergruppen einsetzen, die die Aufgaben erfüllen, die ihnen vom Ausschuss übertragen werden.

Art. XXII   Konsultationen und Streitbeilegung

1. Sofern in der Folge nicht anders vorgesehen, finden die Bestimmungen der Vereinbarung über Regeln und Verfahren für die Streitbeilegung des WTO-Abkommens (im folgenden «Streitbeilegungsvereinbarung» genannt) Anwendung.

2. Ist eine Vertragspartei der Auffassung, dass Vorteile, die sich mittelbar oder unmittelbar aufgrund dieses Übereinkommens für sie ergeben, zunichte gemacht oder geschmälert werden oder dass das Erreichen eines der Ziele dieses Übereinkommens behindert wird, weil eine oder mehrere Vertragsparteien ihren Verpflichtungen aus diesem Übereinkommen nicht nachkommen oder weil eine oder mehrere Vertragsparteien Massnahmen anwenden – unabhängig davon, ob sie den Bestimmungen dieses Übereinkommens zuwiderlaufen –, so kann diese Vertragspartei zur Erzielung einer allseits zu-

friedenstellenden Regelung der Angelegenheit sich mit schriftlichen Vorstellungen und Vorschlägen an die nach ihrem Dafürhalten betroffenen Vertragsparteien wenden. Über solche Massnahmen ist das im Rahmen der oben erwähnten Streitbeilegungsvereinbarung eingesetzte Streitbeilegungsorgan (im folgenden «DSB» genannt) unverzüglich zu unterrichten. Jede Vertragspartei prüft wohlwollend die Vorstellungen oder Vorschläge, die ihr gemacht werden.

3. Das DSB ist ermächtigt, Sondergruppen einzusetzen, die Berichte der Sondergruppen und des Einspruchsgremiums anzunehmen, Empfehlungen oder Beschlüsse zu erlassen, die Umsetzung der Beschlüsse und Empfehlungen zu überwachen, die Aussetzung von Zugeständnissen und anderen Verpflichtungen aus diesem Übereinkommen zu beschliessen oder Konsultationen zu Abhilfemassnahmen anzuordnen, wenn die Rücknahme der diesem Übereinkommen zuwiderlaufenden Massnahmen nicht möglich ist – vorausgesetzt, dass lediglich WTO-Mitglieder, die Vertragsparteien dieses Übereinkommens sind, sich an Entscheidungen und Massnahmen des DSB bezüglich der von diesem Übereinkommen erfassten Streitfälle beteiligen.

4. Sofern die Streitparteien innerhalb von 20 Tagen nach Einsetzung einer Sondergruppe nichts anderes vorsehen, erhalten die Sondergruppen folgendes Mandat:

«Im Lichte der einschlägigen Bestimmungen dieses Übereinkommens und der (Bezeichnung der unter die Vereinbarung fallenden Übereinkunft/Übereinkünfte, auf die die Streitparteien Bezug nehmen), die von (Name der Partei) mit der Schriftsache... dem DSB übermittelte Angelegenheit zu prüfen und Feststellungen zu treffen, die das DSB im Hinblick auf seine Empfehlungen oder Entscheidungen gemäss dieser Übereinkunft/diesen Übereinkünften unterstützen».

Bei Streitfällen, in welchen Bestimmungen dieses Übereinkommens oder einer oder mehrerer anderer in der Anlage 1 der Streitbeilegungsvereinbarung aufgelisteten Übereinkünfte von einer Streitpartei geltend gemacht werden, ist Absatz 3 nur auf die Teile des Berichtes der Sondergruppe anwendbar, die sich auf die Auslegung und die Anwendung dieses Übereinkommens beziehen.

5. Die Mitglieder der Sondergruppen, die vom DSB zur Überprüfung der unter dieses Übereinkommen fallenden Streitfälle eingesetzt werden, sollen über ausreichendes Fachwissen im Bereich des öffentlichen Beschaffungswesens verfügen.

6. Es werden alle notwendigen Schritte eingeleitet, um die Verfahren zu beschleunigen. Unbeschadet der Bestimmungen von Artikel 12 Absätze 8 und 9 der Streitbeilegungsvereinbarung bemüht sich die Sondergruppe, den Streitparteien ihren Schlussbericht innerhalb von vier Monaten und spätestens von sieben Monaten ab dem Zeitpunkt, an dem die Zusammensetzung und das Mandat der Sondergruppe vereinbart wurden, vorzulegen. Zudem sollen alle Bemühungen unternommen werden, um die in den Artikeln 20 Absatz 1 und 21 Absatz 4 der Streitbeilegungsvereinbarung vorgesehenen Fristen ebenfalls zu verringern. Unbeschadet der Bestimmungen von Artikel 21 Absatz 5 der Streitbeilegungsvereinbarung soll die Sondergruppe versuchen, innerhalb von 60 Tagen

eine Entscheidung auszusprechen, wenn Uneinigkeit darüber besteht, ob Massnahmen zur Umsetzung der Empfehlungen und Entscheidungen getroffen wurden oder ob diese Massnahmen mit einer erfassten Übereinkunft vereinbar sind.

7. Unbeschadet der Bestimmungen von Artikel 22 Absatz 2 der Streitbeilegungsvereinbarung sollen Streitfälle im Rahmen einer in der Anlage 1 der Streitbeilegungsvereinbarung enthaltenen Übereinkunft nicht zur Aussetzung von Zugeständnissen oder anderen Verpflichtungen aus einer in der erwähnten Anlage aufgelisteten Übereinkunft führen.

Art. XXIII Ausnahmebestimmungen zum Übereinkommen

1. Die Bestimmungen dieses Übereinkommens hindern die Vertragsparteien nicht daran, zum Schutz ihrer wesentlichen Sicherheitsinteressen in bezug auf die Beschaffung von Waffen, Munition oder Kriegsmaterial oder in bezug auf für die nationale Sicherheit oder die Landesverteidigung unerlässliche Beschaffungen Massnahmen zu treffen oder Auskünfte zu verweigern, soweit sie dies für erforderlich erachten.

2. Unter dem Vorbehalt, dass die folgenden Massnahmen nicht so angewendet werden, dass sie zu einer willkürlichen oder ungerechtfertigten Diskriminierung zwischen Ländern, in denen die gleichen Bedingungen herrschen, oder zu einer versteckten Beschränkung des internationalen Handels führen, darf keine Bestimmung dieses Übereinkommens so ausgelegt werden, dass sie eine Vertragspartei daran hindert, Massnahmen zu beschliessen oder durchzuführen zum Schutze der öffentlichen Sittlichkeit, Ordnung und Sicherheit, zum Schutze des Lebens und der Gesundheit von Menschen, Tieren und Pflanzen, zum Schutze des geistigen Eigentums oder in bezug auf von Behinderten, Wohltätigkeitseinrichtungen oder Strafgefangenen hergestellte Waren.

Art. XXIV Schlussbestimmungen

1. Annahme und Beitritt

Dieses Übereinkommen tritt für die Regierungen[10], deren vereinbarter Geltungsbereich in den Annexen 1–5 von Anhang I dieses Übereinkommens enthalten ist und die dieses Übereinkommen bis spätestens zum 15. April 1994 durch Unterzeichnung angenommen oder nach der ratifizierungspflichtigen Unterzeichnung bis spätestens zu diesem Zeitpunkt das Übereinkommen vor dem 1. Januar 1996 ratifiziert haben, am 1. Januar 1996 in Kraft.

2. Beitritt

Jede Regierung, die WTO-Mitglied oder vor dem Inkrafttreten des WTO-Abkommens Vertragspartei des GATT 1947, aber nicht Vertragspartei dieses Übereinkommens ist, kann diesem Übereinkommen unter Bedingungen beitreten, die zwischen dieser Regie-

---

10 Im Sinne dieses Übereinkommens umfasst der Begriff «Regierung» auch die zuständigen Organe der Europäischen Gemeinschaften.

rung und den Vertragsparteien dieses Übereinkommens zu vereinbaren sind. Der Beitritt erfolgt durch Hinterlegung einer die vereinbarten Bedingungen enthaltenden Beitrittsurkunde beim Generaldirektor der WTO. Das Übereinkommen tritt für eine beitretende Regierung 30 Tage nach ihrem Beitritt zum Übereinkommen in Kraft.

3. Übergangsbestimmungen

a) Hongkong und Korea dürfen die Anwendung der Bestimmungen dieses Übereinkommens, ausser den Artikeln XXI und XXII, bis spätestens zum 1. Januar 1997 aufschieben. Setzen sie die Bestimmungen vor dem 1. Januar 1997 um, so ist dies dem Generaldirektor der WTO 30 Tage im voraus mitzuteilen.

b) Während des Zeitraums zwischen dem Inkrafttreten dieses Übereinkommens und dem Anwendungsbeginn für Hongkong unterliegen Rechte und Verpflichtungen zwischen Hongkong und allen anderen Vertragsparteien dieses Übereinkommens, die am 15. April 1994 Vertragsparteien des Übereinkommens über das öffentliche Beschaffungswesen (geschehen zu Genf am 12. April 1979 mit Änderungen vom 2. Februar 1987, «Übereinkommen von 1988») waren, den wesentlichen Bestimmungen[11] des Übereinkommens von 1988, einschliesslich der geänderten oder berichtigten Anhänge, deren Bestimmungen zu diesem Zweck in das vorliegende Übereinkommen eingegliedert werden und bis zum 31. Dezember 1996 in Kraft bleiben sollen.

c) Zwischen Vertragsparteien dieses Übereinkommens, die auch Vertragsparteien des Übereinkommens von 1988 sind, haben die Rechte und Verpflichtungen des vorliegenden Übereinkommens Vorrang vor denjenigen des Übereinkommens von 1988.

d) Artikel XXII wird erst beim Inkrafttreten des WTO-Abkommens wirksam. Bis dahin sind die Bestimmungen von Artikel VII des Übereinkommens von 1988 auf Konsultationen und Streitbeilegung im Rahmen des vorliegenden Übereinkommens anwendbar. Die einschlägigen Bestimmungen werden zu diesem Zweck in das vorliegende Übereinkommen eingegliedert. Sie sind unter der Schirmherrschaft des aufgrund des vorliegenden Übereinkommens eingesetzten Ausschusses anzuwenden.

e) Vor dem Inkrafttreten des WTO-Abkommens sollen Hinweise auf WTO-Organe dahingehend ausgelegt werden, dass sie sich auf die entsprechenden GATT-Organe beziehen; Hinweise auf den Generaldirektor der WTO und auf das WTO-Sekretariat sollen dahingehend ausgelegt werden, dass sie sich auf den Generaldirektor der Vertragsparteien des GATT 1947 beziehungsweise auf das GATT-Sekretariat beziehen.

4. Vorbehalte

Es können keine Vorbehalte gegen Bestimmungen dieses Übereinkommens gemacht werden.

---

11 Alle Bestimmungen des Übereinkommens von 1988 ausser der Präambel, Artikel VII und Artikel IX, ohne die Absätze 5 Buchstaben a und b sowie 10.

5. *Innerstaatliche Rechtsvorschriften*

a) Jede Regierung, die dieses Übereinkommen annimmt oder ihm beitritt, stellt sicher, dass spätestens zu dem Zeitpunkt, zu dem dieses Übereinkommen für sie in Kraft tritt, ihre Gesetze, Verordnungen und Verwaltungsverfahren sowie die Vorschriften, Verfahren und Praktiken, die von den in ihren Listen im Anhang zum Übereinkommen enthaltenen Beschaffungsstellen angewendet werden, mit diesem Übereinkommen übereinstimmen.

b) Jede Vertragspartei unterrichtet den Ausschuss über alle Änderungen ihrer Gesetze und Verordnungen, die sich auf dieses Übereinkommen beziehen, und über alle Änderungen in der Durchführung dieser Gesetze und Verordnungen.

6. *Berichtigungen oder Änderungen*

a) Berichtigungen und Verschiebungen innerhalb der Listen der Beschaffungsstellen oder ausnahmsweise andere Änderungen bezüglich der Anhänge I–IV sind dem Ausschuss mitzuteilen. Informationen zu wahrscheinlichen Folgen der Änderungen auf den gemeinsam vereinbarten und in diesem Übereinkommen niedergelegten Geltungsbereich sind dem Ausschuss ebenfalls zu übermitteln. Geringfügige Berichtigungen und Verschiebungen oder andere Änderungen rein formeller Art werden innerhalb von 30 Tagen wirksam, sofern keine Einwände dagegen erhoben werden. Andernfalls muss der Vorsitzende des Ausschusses unverzüglich eine Sitzung einberufen. Der Ausschuss prüft die beabsichtigte Änderung und die sich daraus ergebenden ausgleichenden Anpassungen mit dem Ziel, ein Gleichgewicht von Rechten und Pflichten herzustellen sowie den allseits vereinbarten Geltungsbereich dieses Übereinkommens, wie er vor dieser Änderung gegeben war, in vergleichbarem Masse aufrechtzuerhalten. Für den Fall, dass keine Einigung erreicht wird, wird die Angelegenheit nach Artikel XXII weiterbehandelt.

b) Wünscht eine Vertragspartei in Ausübung ihrer Rechte eine Beschaffungsstelle aus Anhang I zu streichen, weil Kontrolle oder Einfluss der Regierung über die Beschaffungsstelle aufgehoben wurde, so teilt sie dies dem Ausschuss mit. Diese Änderung wird am Tag nach dem Ende der nächsten Sitzung des Ausschusses wirksam, vorausgesetzt, dass der Ausschuss nicht innerhalb von 30 Tagen nach der Notifizierung tagt und dass keine Einwände erhoben werden. Andernfalls wird die Angelegenheit in Übereinstimmung mit den Verfahren zu Konsultationen und zur Streitbeilegung nach Artikel XXII weiterbehandelt. Bei der Prüfung der beabsichtigten Änderung von Anhang I und etwaiger ausgleichender Anpassungen sollte die Marktöffnung durch Aufhebung des staatlichen Einflusses oder der staatlichen Kontrolle berücksichtigt werden.

7. *Überprüfungen, Verhandlungen und künftige Arbeiten*

a) Der Ausschuss überprüft jährlich unter Berücksichtigung der Ziele dieses Übereinkommens dessen Durchführung und Funktionieren. Er unterrichtet den Generalrat der WTO jährlich über die Entwicklungen im Überprüfungszeitraum.

b) Die Vertragsparteien führen nicht später als nach Ablauf des dritten Jahres nach Inkrafttreten dieses Übereinkommens und danach in bestimmten Zeitabständen weitere Verhandlungen mit dem Ziel, dieses Übereinkommen auf der Grundlage der Gegenseitigkeit zu erweitern und zu verbessern, wobei sie Artikel V, der sich auf die Entwicklungsländer bezieht, im Auge behalten.

c) Die Vertragsparteien sind bestrebt, die Einführung oder Verlängerung von diskriminierenden Massnahmen oder Praktiken, welche offene Beschaffungsverfahren verzerren, zu vermeiden und in den Verhandlungen laut Buchstabe b diejenigen Massnahmen zu beseitigen, welche beim Inkrafttreten dieses Übereinkommens noch bestehen.

8. *Informationstechnologie*

Um sicherzustellen, dass dieses Übereinkommen keine unnötige Behinderung des technischen Fortschrittes verursacht, befassen sich die Vertragsparteien im Ausschuss regelmässig mit den neuesten Einsatzmöglichkeiten von Informationstechnologie im öffentlichen Beschaffungswesen und handeln gegebenenfalls Änderungen dieses Übereinkommens aus. Ihre Arbeiten zielen namentlich darauf ab, Offenheit, Nichtdiskriminierung und Wirksamkeit des öffentlichen Beschaffungswesens durch den Einsatz der Informationstechnologie zu verbessern, vom Übereinkommen erfasste Aufträge klar zu bezeichnen und verfügbare Angaben bezüglich bestimmter Beschaffungen zu ermitteln. Wenn eine Vertragspartei Neuerungen einführt, so bemüht sie sich, die Hinweise anderer Vertragsparteien auf etwaige Schwierigkeiten zu berücksichtigen.

9. *Änderungen*

Die Vertragsparteien können dieses Übereinkommen unter anderem im Hinblick auf die bei seiner Durchführung gewonnenen Erfahrungen ändern. Eine solche Änderung, der die Vertragsparteien gemäss den vom Ausschuss festgelegten Verfahren zugestimmt haben, tritt für jede Vertragspartei erst in Kraft, wenn sie von ihr angenommen worden ist.

10. *Rücktritt*

a) Jede Vertragspartei kann von diesem Übereinkommen zurücktreten. Der Rücktritt wird nach Ablauf von 60 Tagen nach Eingang der schriftlichen Rücktrittsanzeige beim Generaldirektor der WTO wirksam. Jede Vertragspartei kann im Falle einer solchen Notifizierung beantragen, dass der Ausschuss umgehend zusammentritt.

b) Wenn eine Vertragspartei dieses Übereinkommens ein Jahr nach dem Inkrafttreten des WTO-Abkommens nicht Mitglied der WTO wird oder die WTO-Mitgliedschaft aufkündigt, so gilt sie ab dem selben Zeitpunkt nicht mehr als Vertragspartei dieses Übereinkommens.

11. Nichtanwendung dieses Übereinkommens zwischen bestimmten Vertragsparteien

Dieses Übereinkommen findet zwischen zwei Vertragsparteien keine Anwendung, wenn eine der beiden Vertragsparteien zu dem Zeitpunkt, in dem eine von ihnen das Übereinkommen annimmt oder ihm beitritt, der Anwendung ihre Zustimmung versagt.

12. Anmerkungen, Anhänge und Annexe

Die Anmerkungen, Anhänge und Annexe sind Bestandteil dieses Übereinkommens.

13. Sekretariat

Die Sekretariatsgeschäfte für dieses Übereinkommen werden vom WTO-Sekretariat wahrgenommen.

14. Hinterlegung

Dieses Übereinkommen wird beim Generaldirektor der WTO hinterlegt, der jeder Vertragspartei innerhalb kürzester Frist eine beglaubigte Abschrift dieses Übereinkommens und jeder Berichtigung oder Änderung nach Absatz 6 und jeder Änderung nach Absatz 9 übermittelt sowie jede Annahme dieses Übereinkommens und jeden Beitritt hierzu nach den Absätzen 1 und 2 und jeden Rücktritt von diesem Übereinkommen nach Absatz 10 notifiziert.

15. Registrierung

Dieses Übereinkommen wird gemäss den Bestimmungen von Artikel 102 der Charta der Vereinten Nationen registriert.

Geschehen zu Marrakesch am fünfzehnten April neunzehnhundertvierundneunzig in einem einzigen Exemplar in englischer, französischer und spanischer Sprache, wobei jeder Wortlaut gleichermassen verbindlich ist, sofern nicht in Listen der Beschaffungsstellen im Anhang zu diesem Übereinkommen etwas anderes gesagt ist.

(Es folgen die Unterschriften)

Anmerkungen

Im Sinne dieses Übereinkommens, einschliesslich der Anhänge, erfassen die Begriffe «Land» oder «Länder» auch getrennte Zollgebiete, welche Vertragsparteien dieses Übereinkommens sind. Sofern nicht anders vorgesehen, sind mit «national» umschriebene Begriffe auch auf getrennte Zollgebiete, welche Vertragsparteien dieses Übereinkommens sind, zu beziehen.

Artikel I Absatz 1

Im Hinblick auf allgemeine politische Überlegungen betreffend die gebundene Hilfe einschliesslich des von den Entwicklungsländern verfolgten Ziels, diese Bindung der Hilfe aufzuheben, findet dieses Übereinkommen keine Anwendung auf Beschaffungen im

Rahmen der gebundenen Entwicklungshilfe, solange diese von Vertragsparteien gewährt wird.

Geltungsbereich am 2. Juli 2019[12]

Vertragsstaaten	Ratifikation Beitritt (B)		Inkrafttreten	
Armenien	15. September	2011 B	15. September	2011
Australien	5. Mai	2019 B	5. Mai	2019
China				
Hongkong	19. Juni	1997 B	19. Juni	1997
Taiwan (Chinesisches Taipei)	15. Juli	2009	15. Juli	2009
Europäische Union a	30. Dezember	1994	1. Januar	1996
Island	28. April	2001 B	28. April	2001
Israel	31. Dezember	1995	1. Januar	1996
Japan	5. Dezember	1995	1. Januar	1996
Kanada	22. Dezember	1995	1. Januar	1996
Korea (Süd-)	22. Dezember	1995	1. Januar	1996
Liechtenstein	18. September	1997 B	18. September	1997
Moldau	14. Juli	2016 B	14. Juli	2016
Montenegro	15. Juli	2015	15. Juli	2015
Neuseeland	12. August	2015	12. August	2015
Niederlande				
Aruba	25. Oktober	1996	25. Oktober	1996
Norwegen	7. Dezember	1994	1. Januar	1996
Schweiz	19. Dezember	1995	1. Januar	1996
Singapur	20. Oktober	1997 B	20. Oktober	1997
Ukraine	18. Mai	2016	18. Mai	2016
Vereinigte Staaten von Amerika	1. Dezember	1995	1. Januar	1996

a   Europäische Union in Bezug auf ihre 28 Mitgliedstaaten (mit Datum des Inkrafttretens): Belgien, Dänemark, Deutschland, Finnland, Frankreich, Griechenland, Irland, Italien, Luxemburg, Nieder-

---

12   AS **1996** 609, **2014** 97, **2016** 2371, **2019** 2249. Eine aktualisierte Fassung des Geltungsbereiches findet sich auf der Internetseite des EDA (www.eda.admin.ch/vertraege).

lande, Österreich, Portugal, Spanien, Schweden, Vereinigtes Königreich, 1. Januar 1996; Estland, Lettland, Litauen, Malta, Polen, Slowakei und Slowenien, Tschechische Republik, Ungarn, Zypern, 1. Mai 2004; Bulgarien und
Rumänien, 1. Januar 2007; Kroatien, 1. Juli 2013

Schlussofferte unter Anhang 1 der Schweiz

(Übersetzung, es gilt die französische Fassung)

ANNEX 1

Beschaffungsstellen auf zentraler Regierungsebene

Güter (erläutert in Annex 4)	Schwellenwert:	130 000 SZR
Dienstleistungen (erläutert in Annex 5)	Schwellenwert:	130 000 SZR
Bauleistungen (erläutert in Annex 6)	Schwellenwert:	5 000 000 SZR

Indikative Liste der Beschaffungsstellen:

Alle Behörden oder Verwaltungseinheiten der zentralen und dezentralen Bundesverwaltung im Sinne des öffentlichen Rechts der Schweiz

I. Liste der Verwaltungseinheiten der zentralen und dezentralen Bundesverwaltung, gemäss Regierungs- und Verwaltungsorganisationsgesetz vom 21. März 1997 und der entsprechenden Verordnung (Stand per 1. November 2011)[1]:

1. Bundeskanzlei (BK):

    Bundeskanzlei (BK)

    Eidgenössischer Datenschutz- und Öffentlichkeitsbeauftragter (EDÖB)

2. Eidgenössisches Departement für auswärtige Angelegenheiten (EDA):

2.1 Verwaltungseinheiten

– Generalsekretariat (GS-EDA)

– Staatssekretariat (STS)

– Politische Direktion (PD)

– Direktion für Völkerrecht (DV)

– Direktion für Entwicklung und Zusammenarbeit (DEZA)

– Direktion für Ressourcen (DR)

– Konsularische Direktion (KD)

2.2 Marktorientierte ausserparlamentarische Kommissionen

---

1 SR 172.010 und SR 172.010.1http://www.admin.ch/ch/d/sr/c172_010.html und http://www.admin.ch/ch/d/sr/1/172.010.1.de.pdf.

2.3 Gesellschaftsorientierte ausserparlamentarische Kommissionen
- Beratende Kommission für internationale Entwicklungszusammenarbeit
- Schweizerische UNESCO-Kommission

3. Eidgenössisches Departement des Innern (EDI):

3.1 Verwaltungseinheiten
- Generalsekretariat (GS-EDI)
- Eidgenössisches Büro für die Gleichstellung von Frau und Mann (EBG)
- Bundesamt für Kultur (BAK)
- Schweizerisches Bundesarchiv (BAR)
- Bundesamt für Meteorologie und Klimatologie (MeteoSchweiz)
- Bundesamt für Gesundheit (BAG)
- Bundesamt für Statistik (BFS)
- Bundesamt für Sozialversicherungen (BSV)
- Staatssekretariat für Bildung und Forschung (SBF)
- Bereich der Eidgenössischen Technischen Hochschulen (ETH-Bereich)
- Eidgenössische Technische Hochschule Zürich (ETHZ)
- Eidgenössische Technische Hochschule Lausanne (ETHL)
- Paul-Scherrer-Institut (PSI)
- Eidgenössische Forschungsanstalt für Wald, Schnee und Landschaft (WSL)
- Eidgenössische Materialprüfungs- und Forschungsanstalt (EMPA)
- Eidgenössische Anstalt für Wasserversorgung, Abwasserreinigung und Gewässerschutz (EAWAG)
- Schweizerisches Nationalmuseum (SNM)
- Pro Helvetia
- Swissmedic, Schweizerisches Heilmittelinstitut

3.2 Marktorientierte ausserparlamentarische Kommissionen
- Oberaufsichtskommission Berufliche Vorsorge

3.3 Gesellschaftsorientierte ausserparlamentarische Kommissionen
- Expertenkommission für genetische Untersuchungen beim Menschen
- Fachkommission für Radiopharmazeutika

- Medizinalberufekommission
- Eidgenössische Expertenkommission für das Berufsgeheimnis in der medizinischen Forschung
- Eidgenössische Kommission für Strahlenschutz und Überwachung der Radioaktivität
- Eidgenössische Kommission für Denkmalpflege
- Nationale Ethikkommission im Bereich der Humanmedizin
- Schweizerischer Akkreditierungsrat
- Schweizerischer Wirtschafts- und Technologierat
- Leitender Ausschuss für die eidgenössischen Lebensmittelinspektor-Prüfungen
- Leitender Ausschuss für die eidgenössischen Lebensmittelchemiker-Prüfungen
- Prüfungskommission für die Lebensmittelinspektor-Prüfungen
- Prüfungskommission für Chiropraktik
- Prüfungskommission für Zahnmedizin
- Prüfungskommission für Humanmedizin
- Prüfungskommission für Veterinärmedizin
- Prüfungskommission für Pharmazie
- Prüfungskommission für die Lebensmittelchemiker-Prüfungen
- Schweizerisches nationales Komitee des Codex Alimentarius
- Expertenkommission für den Tabakpräventionsfonds
- Fachkommission Filmförderung
- Kommission der Schweizerischen Nationalbibliothek
- Kommission für Bundesstatistik
- Aufsichtskommission für die Sammlung Oskar Reinhart Am Römerholz in Winterthur
- Kommission für die Statistik der Unfallversicherung
- Eidgenössische Kommission gegen Rassismus
- Eidgenössische Koordinationskommission für Familienfragen
- Eidgenössische Ernährungskommission
- Eidgenössische Kommission für die Alters-, Hinterlassenen- und Invalidenversicherung

- Eidgenössische Kommission der Gottfried-Keller-Stiftung
- Eidgenössische Kommission für die berufliche Vorsorge
- Eidgenössische Kommission für Analysen, Mittel und Gegenstände
- Eidgenössische Kunstkommission
- Eidgenössische Stipendienkommission für ausländische Studierende
- Eidgenössische Arzneimittelkommission
- Eidgenössische Kommission für allgemeine Leistungen und Grundsatzfragen
- Eidgenössische Filmkommission
- Eidgenössische Designkommission
- Eidgenössische Kommission für Kinder- und Jugendfragen
- Eidgenössische Kommission für Tabakprävention
- Eidgenössische Kommission für Weltraumfragen
- Eidgenössische Kommission für Alkoholfragen
- Eidgenössische Kommission für Aids-Fragen
- Eidgenössische Kommission für Drogenfragen
- Eidgenössische Kommission für Frauenfragen
- Eidgenössische Kommission für Impffragen
- Kommission für die Förderung der Ausbildung junger Auslandschweizerinnen und Auslandschweizer
- Arbeitsgruppe Influenza

4. Eidgenössisches Justiz- und Polizeidepartement (EJPD):

4.1 Verwaltungseinheiten

- Generalsekretariat (GS-EJPD)
- Bundesamt für Justiz (BJ)
- Bundesamt für Polizei (fedpol)
- Bundesamt für Migration (BFM)
- Bundesamt für Metrologie (METAS)
- Dienst Überwachung Post- und Fernmeldeverkehr (ÜPF)
- Kommission zur Verhütung von Folter
- Schweizerisches Institut für Rechtsvergleichung (SIR)

- Eidgenössisches Institut für Geistiges Eigentum (IGE)
- Eidgenössische Revisionsaufsichtsbehörde (RAB)

4.2 Marktorientierte ausserparlamentarische Kommissionen

- Eidgenössische Spielbankenkommission (ESBK)
- Eidgenössische Schiedskommission für die Verwertung von Urheberrechten und verwandten Schutzrechten

4.3 Gesellschaftsorientierte ausserparlamentarische Kommissionen

- Fachausschuss für die Begutachtung von Gesuchen für Beiträge an Modellversuche
- Eidgenössische Expertenkommission für das Handelsregister
- Eidgenössische Kommission für das Messwesen
- Eidgenössische Kommission für Schuldbetreibung und Konkurs
- Eidgenössische Kommission für Migrationsfragen

5. Eidgenössisches Departement für Verteidigung, Bevölkerungsschutz und Sport (VBS):

5.1 Verwaltungseinheiten

- Generalsekretariat (GS-VBS)
- Nachrichtendienst des Bundes (NDB)
- Oberauditorat (OA)
- Gruppe Verteidigung

    (a) Armeestab (A Stab)

    (b) Führungsstab der Armee (FST A)

    (c) Höhere Kaderausbildung der Armee (HKA), Heer (HE)

    (d) Luftwaffe (LW)

    (e) Logistikbasis der Armee (LBA)

    (f) Führungsunterstützungsbasis (FUB)

- Gruppe armasuisse (ar)

    (a) Bundesamt für Rüstungsbeschaffung

    (b) Bundesamt für Landestopografie (swisstopo)

- Bundesamt für Bevölkerungsschutz (BABS)
- Bundesamt für Sport (BASPO)

5.2 Marktorientierte ausserparlamentarische Kommissionen

—

5.3 Gesellschaftsorientierte ausserparlamentarische Kommissionen

- Eidgenössische Kommission für Kulturgüterschutz
- Eidgenössische Kommission für Militär- und Katastrophenmedizin
- Eidgenössische Kommission für ABC-Schutz
- Eidgenössische geologische Fachkommission
- Eidgenössische Aufsichtskommission für die fliegerische Vorschulung
- Eidgenössische Kommission für Ingenieur-Geometerinnen und -Geometer
- Rüstungskommission
- Eidgenössische Fachkommission Waffenloser Militärdienst aus Gewissensgründen
- Eidgenössische Schiesskommission
- Eidgenössische Kommission für Jugend- und Rekrutenbefragungen
- Eidgenössische Sportkommission
- Kommission für militärische Einsätze der Schweiz zur internationalen Friedensförderung
- Ausschuss Telematik

6. Eidgenössisches Finanzdepartement (EFD):

6.1 Verwaltungseinheiten

- Generalsekretariat (GS-EFD)
- Staatssekretariat für internationale Finanzfragen (SIF)
- Eidgenössische Finanzverwaltung (EFV)
- Eidgenössisches Personalamt (EPA)
- Eidgenössische Steuerverwaltung (ESTV)
- Eidgenössische Zollverwaltung (EZV)
- Bundesamt für Informatik und Telekommunikation (BIT)
- Bundesamt für Bauten und Logistik (BBL)
- Informatikstrategieorgan Bund (ISB)
- Eidgenössische Finanzkontrolle (EFK)
- Eidgenössische Alkoholverwaltung (EAV)

- Eidgenössische Finanzmarktaufsicht (FINMA)
- Pensionskasse des Bundes PUBLICA

6.2 Marktorientierte ausserparlamentarische Kommissionen

6.3 Gesellschaftsorientierte ausserparlamentarische Kommissionen

- Eidgenössische Kommission für Bauprodukte
- Kommission für die eidgenössische Diplomprüfung für beeidigte Edelmetallprüfer
- Schlichtungskommission nach Gleichstellungsgesetz
- Kommission für die Harmonisierung der direkten Steuern des Bundes, der Kantone und der Gemeinden
- Mehrwertsteuer-Konsultativgremium

7. Eidgenössisches Volkswirtschaftsdepartement (EVD):

7.1 Verwaltungseinheiten

- Generalsekretariat (GS-EVD)
- Preisüberwachung (PUE)
- Staatssekretariat für Wirtschaft (SECO)
- Bundesamt für Berufsbildung und Technologie (BBT)
- Bundesamt für Landwirtschaft (BLW)
- Bundesamt für Veterinärwesen (BVET)
- Bundesamt für wirtschaftliche Landesversorgung (BWL)
- Bundesamt für Wohnungswesen (BWO)
- Schweiz Tourismus (ST)
- Schweizerische Gesellschaft für Hotelkredit (SGH)
- Schweizerische Exportrisikoversicherung (SERV)
- Eidgenössisches Hochschulinstitut für Berufsbildung (EHB)

7.2 Marktorientierte ausserparlamentarische Kommissionen

- Wettbewerbskommission (WEKO)
- Kommission für Technologie und Innovation (KTI)

7.3 Gesellschaftsorientierte ausserparlamentarische Kommissionen

- Bildungskommission für den Veterinärdienst
- Rat für Raumordnung

- Aufsichtskommission für den Ausgleichsfonds der Arbeitslosenversicherung
- Schweizerisches FAO-Komitee
- Beratende Kommission für Landwirtschaft
- Zollexpertenkommission
- Kommission für Wirtschaftspolitik
- Kommission für das Beschaffungswesen Bund-Kantone
- Eidgenössische Akkreditierungskommission
- Eidgenössische Kommission für Konsumentenfragen
- Eidgenössische Berufsbildungskommission
- Eidgenössische Berufsmaturitätskommission
- Eidgenössische Kommission für Ursprungsbezeichnungen und geografische Angaben
- Eidgenössische Kommission für höhere Fachschulen
- Eidgenössische Fachhochschulkommission
- Eidgenössische Kommission für Wohnungswesen
- Eidgenössische Arbeitskommission
- Eidgenössische Kommission für die Belange des Artenschutzabkommens
- Eidgenössische Kommission für Tierversuche
- Eidgenössische Kommission für Berufsbildungsverantwortliche
- Tripartite eidgenössische Kommission für Angelegenheiten der IAO
- Kommission für Stalleinrichtungen
- Tripartite Kommission des Bundes im Rahmen der flankierenden Massnahmen zum freien Personenverkehr
- Landwirtschaftlicher Forschungsrat
- KMU-Forum
- Eidgenössische Einigungsstelle zur Beilegung von kollektiven Arbeitsstreitigkeiten

8. Eidgenössisches Departement für Umwelt, Verkehr, Energie und Kommunikation (UVEK):

8.1 Verwaltungseinheiten

- Generalsekretariat (GS-UVEK)

- Bundesamt für Verkehr (BAV)
- Bundesamt für Zivilluftfahrt (BAZL)
- Bundesamt für Energie (BFE)
- Bundesamt für Strassen (ASTRA)
- Bundesamt für Kommunikation (BAKOM)
- Bundesamt für Umwelt (BAFU)
- Bundesamt für Raumentwicklung (ARE)
- Eidgenössisches Nuklearsicherheitsinspektorat (ENSI)

8.2 Marktorientierte ausserparlamentarische Kommissionen

- Eidgenössische Kommunikationskommission (ComCom)
- Eidgenössische Elektrizitätskommission (ElCom)
- Unabhängige Beschwerdeinstanz für Radio und Fernsehen (UBI)
- Schiedskommission im Eisenbahnverkehr (SKE)
- Kommission Poststellen

8.3 Gesellschaftsorientierte ausserparlamentarische Kommissionen

- Fachkommission für Umwelttoxikologie
- Eidgenössische Fachkommission für biologische Sicherheit
- Eidgenössische Ethikkommission für die Biotechnologie im Ausserhumanbereich
- Eidgenössische Kommission für nukleare Sicherheit
- Eidgenössische Natur- und Heimatschutzkommission
- Eidgenössische Energieforschungskommission
- Kommission Nukleare Entsorgung
- Kommission für Anschlussbedingungen für erneuerbare Energien
- Schweizerische Unfalluntersuchungsstelle
- Eidgenössische Naturparkkommission
- Verwaltungskommission des Fonds für Verkehrssicherheit
- Fachkommission für die VOC-Lenkungsabgabe
- Kommission für Forschung im Strassenwesen
- Eidgenössische Kommission für Lufthygiene
- Eidgenössische Arbeitszeitgesetzkommission

- Eidgenössische Kommission für Lärmbekämpfung
- Nationale Plattform Naturgefahren

II. Beschaffungsstellen aus den eidgenössischen richterlichen Behörden und den eidgenössischen Strafverfolgungsbehörden:

1. Bundesgericht
2. Bundesstrafgericht
3. Bundesverwaltungsgericht
4. Bundespatentgericht
5. Bundesanwaltschaft (BA)

III. Beschaffungsstellen aus der Bundesversammlung:

1. Nationalrat
2. Ständerat
3. Parlamentsdienste

ANNEX 2

Beschaffungsstellen auf subzentraler Regierungsebene[*2]

Güter (erläutert in Annex 4)	Schwellenwert:	200 000 SZR
Dienstleistungen (erläutert in Annex 5)	Schwellenwert:	200 000 SZR
Bauleistungen (erläutert in Annex 6)	Schwellenwert:	5 000 000 SZR

1. Jede Behörde oder zentrale und dezentrale Verwaltungseinheit auf Kantonsebene im Sinne des öffentlichen Rechts der Kantone.

2. Jede Behörde oder zentrale und dezentrale Verwaltungseinheit auf Bezirks- und Gemeindeebene im Sinne des öffentlichen Rechts der Kantone und Gemeinden.

Liste der schweizerischen Kantone:

Appenzell (Innerrhoden/Ausserrhoden)

Aargau

Basel (Stadt/Land)

Bern

Freiburg

Glarus

Genf

Graubünden

Jura

Neuenburg

Luzern

Schaffhausen

Schwyz

Solothurn

St. Gallen

Tessin

Thurgau

Waadt

---

2   d.h. kantonale Regierungen nach schweizerischer Terminologie.

Wallis

Unterwalden (Nidwalden/Obwalden)

Uri

Zug

Zürich

Anmerkung betreffend Annex 2

Im Sinne der Klärung wird präzisiert, dass der Begriff dezentrale Einheit auf Kantons- und Gemeindeebene die auf der Ebene der Kantone, der Bezirke und der Gemeinden angesiedelten Einrichtungen des öffentlichen Rechts umfasst, die keinen kommerziellen oder industriellen Charakter haben.

ANNEX 3

Alle anderen Beschaffungsstellen, die Aufträge in Übereinstimmung mit dem vorliegenden Übereinkommen vergeben

Güter (erläutert in Annex 4)	Schwellenwert:	400 000 SZR
Dienstleistungen (erläutert in Annex 5)	Schwellenwert:	400 000 SZR
Bauleistungen (erläutert in Annex 6)	Schwellenwert:	5 000 000 SZR

Beschaffungsstellen, die staatliche Behörden[3] oder öffentliche Unternehmen[4] sind und die mindestens eine der folgenden Tätigkeiten ausüben:

1. die Bereitstellung oder das Betreiben fester Netze zur Versorgung der Öffentlichkeit im Zusammenhang mit der Produktion, dem Transport oder der Verteilung von Trinkwasser oder die Versorgung dieser Netze mit Trinkwasser (erläutert unter Absatz I);

2. die Bereitstellung oder das Betreiben fester Netze zur Versorgung der Öffentlichkeit im Zusammenhang mit der Produktion, Fortleitung oder der Verteilung von elektrischer Energie und die Versorgung dieser Netze mit elektrischer Energie (erläutert unter Absatz II);

---

3 <u>Staatliche Behörden</u>: der Staat, die Gebietskörperschaften, Einrichtungen des öffentlichen Rechts und Verbände, die aus einer oder mehreren dieser Körperschaften oder Einrichtungen des öffentlichen Rechts bestehen. Einrichtungen des öffentlichen Rechts sind Einrichtungen,
   - die zu dem besonderen Zweck gegründet wurden, im Allgemeininteresse liegende Aufgaben zu erfüllen, und die keinen industriellen oder kommerziellen Charakter haben,
   - die Rechtspersönlichkeit besitzen und
   - deren Tätigkeit überwiegend vom Staat, den Gebietskörperschaften oder anderen Einrichtungen des öffentlichen Rechts finanziert wird oder deren Leitung einer Kontrolle durch letztere unterliegt oder deren Verwaltungs-, Leitungs- oder Aufsichtsorgane mehrheitlich aus Mitgliedern bestehen, die vom Staat, den Gebietskörperschaften oder anderen Einrichtungen des öffentlichen Rechts ernannt wurden.

4 <u>Öffentliche Unternehmen</u>: jedes Unternehmen, auf das die staatlichen Behörden aufgrund von Eigentum, finanzieller Beteiligung oder der für das Unternehmen einschlägigen Vorschriften unmittelbar oder mittelbar einen beherrschenden Einfluss ausüben können. Es wird vermutet, dass ein beherrschender Einfluss ausgeübt wird, wenn die staatlichen Behörden unmittelbar oder mittelbar
   - die Mehrheit des gezeichneten Kapitals des Unternehmens besitzen oder
   - über die Mehrheit der mit den Anteilen des Unternehmens verbundenen Stimmrechte verfügen oder
   - mehr als die Hälfte der Mitglieder des Verwaltungs-, Leitungs- oder Aufsichtsorgans des Unternehmens bestellen können.

3. das Betreiben von Netzen zur Versorgung der Öffentlichkeit im Bereich des Verkehrs per Stadtbahn, automatische Systeme, Strassenbahn, Trolleybus, Bus oder Kabel (erläutert unter Absatz III);

4. die Nutzung eines geografisch abgegrenzten Gebietes zum Zwecke der Versorgung von Beförderungsunternehmen im Luftverkehr mit Flughäfen oder anderen Verkehrsendeinrichtungen (erläutert unter Absatz IV);

5. die Nutzung eines geografisch abgegrenzten Gebietes zum Zwecke der Versorgung von Beförderungsunternehmen im Flussverkehr mit Binnenhäfen oder anderen Verkehrsendeinrichtungen (erläutert unter Absatz V);

6. die Bereitstellung von Postdienstleistungen (erläutert unter Absatz VI).

I) Produktion, Transport oder Verteilung von Trinkwasser

Staatliche Behörden oder öffentliche Unternehmen, die Wasser gewinnen, fortleiten und verteilen. Solche staatlichen Behörden oder öffentlichen Unternehmen sind aufgrund der lokalen oder kantonalen Gesetzgebung oder der darauf abgestützten, individuellen Vereinbarungen tätig.

Zum Beispiel:

- Wasserverbund Region Bern AG
- Hardwasser AG

II) Produktion, Fortleitung oder Verteilung von elektrischer Energie

Staatliche Behörden oder öffentliche Unternehmen, denen für die Fortleitung und Verteilung von elektrischer Energie gemäss dem «Bundesgesetz vom 24. Juni 1902 betreffend die elektrischen Schwach- und Starkstromanlagen»[5] das Enteignungsrecht erteilt werden kann.

Staatliche Behörden oder öffentliche Unternehmen, die elektrische Energie gemäss dem «Bundesgesetz vom 22. Dezember 1916 über die Nutzbarmachung der Wasserkräfte»[6] und dem «Kernenergiegesetz vom 21. März 2003»[7] erzeugen.

Zum Beispiel:

- BKW FMB Energie AG
- Axpo AG

---

5 SR 734.0.
6 SR 721.80.
7 SR 732.1.

III) Transport von Verkehr per Stadtbahn, Strassenbahn, automatische Systeme, Trolleybus, Bus oder Kabel

Staatliche Behörden oder öffentliche Unternehmen, die Strassenbahnen gemäss Artikel 1 Absatz 2 des «Eisenbahngesetzes vom 20. Dezember 1957»[8] betreiben.

Staatliche Behörden oder öffentliche Unternehmen, die öffentliche Transportleistungen gemäss Artikel 6 des «Bundesgesetzes vom 20. März 2009 über die Personenbeförderung»[9] erbringen.

Zum Beispiel:

- Transports Publics Genevois
- Verkehrsbetriebe Zürich

IV) Flughäfen

Staatliche Behörden oder öffentliche Unternehmen, die aufgrund einer Konzession nach Artikel 36a des «Bundesgesetzes vom 21. Dezember 1948 über die Luftfahrt»[10] Flughäfen betreiben.

Zum Beispiel:

- Flughafen Zürich–Kloten
- Aéroport de Genève-Cointrin
- Aérodrome civil de Sion

V) Binnenhäfen

Schweizerische Rheinhäfen: Massgebend ist der «Staatsvertrag über die Zusammenlegung der Rheinschifffahrtsdirektion Basel und der Rheinhäfen des Kantons Basel-Landschaft zu einer Anstalt öffentlichen Rechts mit eigener Rechtspersönlichkeit unter dem Namen «Schweizerische Rheinhäfen» vom 13./20. Juni 2006».[11]

---

8   SR 742.101.
9   SR 745.1.
10 SR 748.0.
11 SGS 421.1.

VI) Postdienste

> Staatliche Behörden oder öffentliche Unternehmen, die Postdienste erbringen, allerdings nur für diejenigen Tätigkeiten, für die sie über ein ausschliessliches Recht verfügen (reservierte Dienste im Sinne des Postgesetzes).[12]

Anmerkungen betreffend Annex 3

Dieses Übereinkommen ist nicht anwendbar auf:

1. Aufträge, welche die Beschaffungsstellen zu anderen Zwecken vergeben, als zur Durchführung einer in diesem Annex aufgezählten Tätigkeit oder zur Durchführung derartiger Aufgaben ausserhalb der Schweiz;
2. Aufträge, die von den Beschaffungsstellen bei der Durchführung einer in diesem Annex aufgezählten Tätigkeit vergeben werden, wenn diese Tätigkeit dem uneingeschränkten Wettbewerb des Marktes ausgesetzt ist.

---

[12] SR 783.0.

ANNEX 4

Waren

Unter dieses Übereinkommen fallen die öffentlichen Beschaffungen aller Waren durch die in den Annexen 1 bis 3 aufgeführten Beschaffungsstellen, sofern das Übereinkommen nichts anderes vorsieht.

Liste des Materials für Verteidigung und Sicherheit, das unter das Übereinkommen fällt[13]:

Für die Beschaffungen durch das Eidgenössische Departement für Verteidigung, Bevölkerungsschutz und Sport[14] und durch andere mit der Verteidigung und der Sicherheit beauftragte Stellen, wie die Eidgenössische Zollverwaltung, insofern das Grenzwachtkorps und das Zollpersonal betroffen sind, fallen folgende Waren unter das Übereinkommen:

Kapitel 25:
Salz; Schwefel; Erden und Steine; Gips; Kalk und Zement

Kapitel 26:
Erze, Schlacken und Aschen

Kapitel 27:
Mineralische Brennstoffe, Mineralöle und Erzeugnisse ihrer Destillation; bitumöse Stoffe; Mineralwachse

Kapitel 28:
Anorganische chemische Erzeugnisse; anorganische und organische Verbindungen von Edelmetallen, radioaktiven Elementen, Seltenerdmetallen oder Isotopen

Kapitel 29:
Organische chemische Erzeugnisse

Kapitel 30:
Pharmazeutische Erzeugnisse

Kapitel 31:
Düngemittel

Kapitel 32:
Gerb- oder Farbstoffauszüge; Tannine und ihre Derivate; Pigmente und andere Farbstoffe; Anstrichfarben und Lacke; Kitte; Tinten

---

13 Die von der Schweiz bezeichneten Zollpositionen sind diejenigen des Harmonisierten Systems gemäss dem «Internationalen Übereinkommen vom 14. Juni 1983 über das Harmonisierte System zur Bezeichnung und Codierung der Waren». Dieses Übereinkommen ist in der Schweiz am 1. Januar 1988 in Kraft getreten (SR 0.632.11).

14 Mit Ausnahme des Bundesamtes für Landestopografie (swisstopo) und des Bundesamtes für Sport (BASPO).

Kapitel 33:
Ätherische Öle und Resinoide; zubereitete Riechstoffe, Körperpflege- und Schönheitsmittel

Kapitel 34:
Seifen, organische grenzflächenaktive Stoffe, zubereitete Waschmittel, zubereitete Schmiermittel, künstliche Wachse, zubereitete Wachse, Putzmittel, Kerzen und ähnliche Erzeugnisse, Modelliermassen, Dentalwachse und Zubereitungen zu zahnärztlichen Zwecken auf der Grundlage von Gips

Kapitel 35:
Eiweissstoffe; Erzeugnisse auf der Grundlage modifizierter Stärken; Klebstoffe; Enzyme

Kapitel 36:
Pulver und Sprengstoffe; pyrotechnische Artikel; Zündhölzer; Zündmetalllegierungen; leicht entzündliche Stoffe

Kapitel 37:
Erzeugnisse zu fotografischen oder kinematografischen Zwecken

Kapitel 38:
Verschiedene Erzeugnisse der chemischen Industrie

Kapitel 39:
Kunststoffe und Waren daraus

Kapitel 40:
Kautschuk und Waren daraus

Kapitel 41:
Häute, Felle (andere als Pelzfelle) und Leder

Kapitel 42:
Lederwaren; Sattlerwaren; Reiseartikel, Handtaschen und ähnliche Behältnisse; Waren aus Därmen

Kapitel 43:
Pelzfelle und künstliches Pelzwerk; Waren daraus

Kapitel 44:
Holz, Holzkohle und Holzwaren

Kapitel 45:
Kork und Korkwaren

Kapitel 46:
Flechtwaren und Korbmacherwaren

Kapitel 47:
Halbstoffe aus Holz oder anderen zellulosehaltigen Faserstoffen; Papier oder Pappe für die Wiederaufbereitung (Abfälle und Ausschuss)

Kapitel 48:
Papiere und Pappen; Waren aus Zellstoff, Papier oder Pappe

Kapitel 49:
Waren des Buchhandels, Presseerzeugnisse oder andere Waren der grafischen Industrie; hand- oder maschinengeschriebene Schriftstücke und Pläne

Kapitel 50:
Seide

Kapitel 51:
Wolle, feine oder grobe Tierhaare; Garne und Gewebe aus Rosshaar

Kapitel 52:
Baumwolle

Kapitel 53:
Andere pflanzliche Spinnstoffe; Papiergarne und Gewebe aus Papiergarnen

Kapitel 54:
Synthetische oder künstliche Filamente, ausgenommen:

    5407:   Gewebe aus Garnen aus synthetischen Filamenten
    5408:   Gewebe aus Garnen aus künstlichen Filamenten

Kapitel 55:
Synthetische oder künstliche Kurzfasern, ausgenommen:

    5511 – 5516:   Garne oder Gewebe aus synthetischen oder künstlichen Kurzfasern

Kapitel 56:
Watte, Filze und Vliesstoffe; Spezialgarne; Bindfäden, Seile und Taue; Seilerwaren, ausgenommen:

    5608:   Netze, geknüpft, in Stücken oder als Meterware, aus Bindfäden, Seilen oder Tauen sowie konfektionierte Fischernetze und andere konfektionierte Netze, aus Spinnstoffen

Kapitel 57:
Teppiche und andere Bodenbeläge aus Spinnstoffen

Kapitel 58:
Spezialgewebe; getuftete Spinnstofferzeugnisse; Spitzen; Tapisserien; Posamentierwaren; Stickereien

Kapitel 60:
Gewirkte oder gestrickte Stoffe

Kapitel 61:
Bekleidung und Bekleidungszubehör, gewirkt oder gestrickt

Kapitel 62:
Bekleidung und Bekleidungszubehör, weder gewirkt noch gestrickt

Kapitel 63:
Andere konfektionierte Spinnstoffwaren; Warenzusammenstellungen; Altwaren und Lumpen

Kapitel 64:
Schuhe, Gamaschen und ähnliche Waren; Teile davon

Kapitel 65:
Kopfbedeckungen und Teile davon

Kapitel 66:
Regenschirme, Sonnenschirme, Spazierstöcke, Sitzstöcke, Peitschen, Reitpeitschen und Teile davon

Kapitel 67:
Zugerichtete Federn und Daunen und Waren aus Federn oder Daunen; künstliche Blumen; Waren aus Menschenhaaren

Kapitel 68:
Waren aus Steinen, Gips, Zement, Asbest, Glimmer oder ähnlichen Stoffen

Kapitel 69:
Keramische Waren

Kapitel 70:
Glas und Glaswaren

Kapitel 71:
Echte Perlen oder Zuchtperlen, Edelsteine, Schmucksteine oder dergleichen, Edelmetalle, Edelmetallplattierungen und Waren daraus; Fantasieschmuck; Münzen

Kapitel 72:
Eisen und Stahl

Kapitel 73:
Waren aus Gusseisen, Eisen oder Stahl

Kapitel 74:
Kupfer und Waren daraus

Kapitel 75:
Nickel und Waren daraus

Kapitel 76:
Aluminium und Waren daraus

Kapitel 78:
Blei und Waren daraus

Kapitel 79:
Zink und Waren daraus

Kapitel 80:
Zinn und Waren daraus

Kapitel 81:
Andere unedle Metalle; Cermets; Waren aus diesen Stoffen

Kapitel 82:
Werkzeuge, Messerschmiedewaren, Essbestecke, aus unedlen Metallen; Teile von diesen Waren, aus unedlen Metallen

Kapitel 83:
Verschiedene Waren aus unedlen Metallen

Kapitel 84:
Kernreaktoren, Kessel, Maschinen, Apparate und mechanische Geräte; Teile dieser Maschinen oder Apparate, ausgenommen:

    84.71: Datenverarbeitungsmaschinen, automatisch, und ihre Einheiten; magnetische und optische Leser, Maschinen zum Aufzeichnen von Daten auf Datenträger in codierter Form und Maschinen zum Verarbeiten solcher Daten, anderweit weder genannt noch inbegriffen

Kapitel 85:
Elektrische Maschinen und Apparate und andere elektrotechnische Waren sowie Teile davon; Tonaufnahme- und Tonwiedergabegeräte, Fernsehbild- und Fernsehtonaufzeichnungs- oder -wiedergabegeräte sowie Teile und Zubehör für diese Geräte, beschränkt auf:

    85.10: Rasierapparate, Haarschneidemaschinen und Haarentferner usw.
    85.16: Warmwasserbereiter und Tauchsieder usw.
    85.37: Tafeln, Felder, Konsolen, Pulte, Schränke und andere Hilfsmittel usw.
    85.38: Für Geräte der Positionen 8535, 8536 oder 8537 bestimmte Teile usw.
    85.39: Glühlampen und Entladungslampen usw.
    85.40: Glühkathoden-Elektronenröhren, Kaltkathoden-Elektronenröhren usw.

Kapitel 86:
Schienenfahrzeuge und ortsfestes Gleismaterial, und Teile davon; mechanische (einschliesslich elektromechanische) Signalvorrichtungen für Verkehrswege.

Kapitel 87:
Automobile, Traktoren, Motorräder, Fahrräder und andere Landfahrzeuge; Teile und Zubehör dazu, ausgenommen:

    87.05: Kraftfahrzeuge zu besonderen Zwecken (z.B. Abschleppwagen, Kranwagen, Feuerwehrwagen, Betonmischwagen, Strassenkehrwagen, Strassensprengwagen, Werkstattwagen, Wagen mit Röntgenanlage) usw.
    87.08: Teile und Zubehör für Automobile der Nummer 87.01 bis 87.05 usw.
    87.10: Panzerkampfwagen und andere selbstfahrende gepanzerte Kampffahrzeuge, auch mit Waffen, Teile davon usw.

Kapitel 89:
Wasserfahrzeuge

Kapitel 90:
Optische, fotografische oder kinematografische Instrumente, Apparate und Geräte; Mess-, Prüf- oder Präzisionsinstrumente, -apparate und -geräte; medizinische und chirurgische Instrumente, Apparate und Geräte; Teile und Zubehör für diese Instrumente, Apparate und Geräte, ausgenommen:

    9014: Kompasse, einschliesslich Navigationskompasse usw.
    9015: Instrumente, Apparate und Geräte für Geodäsie, Topografie usw.
    9027: Instrumente, Apparate und Geräte für physikalische oder chemische Untersuchungen usw.
    9030: Oszilloskope, usw.

Kapitel 91:
Uhrmacherwaren

Kapitel 92:
Musikinstrumente; Teile und Zubehör für diese Instrumente

Kapitel 94:
Möbel; medizinisch-chirurgisches Mobiliar; Bettzeug und dergleichen; Beleuchtungskörper, anderweit weder genannt noch inbegriffen; Reklameleuchten, Leuchtschilder und ähnliche Waren; vorgefertigte Gebäude

Kapitel 95:
Spielzeug, Spiele, Unterhaltungsartikel und Sportgeräte; Teile und Zubehör davon

Kapitel 96:
Verschiedene Waren

Kapitel 97:
Kunstgegenstände, Sammlungsstücke und Antiquitäten

ANNEX 5

Dienstleistungen

Die folgenden Dienstleistungen, die in der Klassifikation der Dienstleistungssektoren gemäss Dokument MTN.GNS/W/120 aufgeführt sind, fallen unter das Übereinkommen:

Objekt	Referenznummer der prov. CPC (zentrale Produkteklassifikation)
Instandhaltung und Reparatur	6112, 6122, 633, 886
Hotellerie und ähnliche Beherbergungsdienstleistungen	641
Restauration und Verkauf von an Ort zu konsumierenden Getränken	642, 643
Landverkehr einschliesslich Geldtransport und Kurierdienste, ohne Postverkehr	712 (ohne 71235) 7512, 87304
Fracht- und Personenbeförderung im Flugverkehr, ohne Postverkehr	73 (ohne 7321)
Postbeförderung im Landverkehr (ohne Eisenbahnverkehr) sowie Luftpostbeförderung	71235, 7321
Dienstleistungen von Reisebüros und Reiseorganisatoren	7471
Fernmeldewesen	752
Finanzdienstleistungen:	Teil von 81
a) Versicherungsdienstleistungen	812, 814
b) Bankdienstleistungen und Wertpapiergeschäfte[15]	
Dienstleistungen von Immobilienmaklern auf Honorar- oder Vertragsbasis	822
Miet- oder Leasingdienstleistungen von Maschinen und Ausrüstungen, ohne Führer	83106–83109
Miet- oder Leasingdienstleistungen von Gebrauchsgütern	Teil von 832
Datenverarbeitung und verbundene Dienstleistungen	84
Beratungsdienstleistungen auf dem Gebiet des Rechts des Herkunftslandes und des Völkerrechts	Teil von 861
Buchführung, -haltung und -prüfung	862

15 Ohne Verträge über Finanzdienstleistungen im Zusammenhang mit Ausgabe, Verkauf, Ankauf oder Übertragung von Wertpapieren oder anderen Finanzinstrumenten sowie Dienstleistungen der Zentralbanken.

Steuerberatung	863
Markt- und Meinungsforschung	864
Unternehmensberatung und verbundene Dienstleistungen	865, 866**[16]
Architektur, technische Beratung und Planung; integrierte technische Leistungen; Stadt- und Landschaftsplanung; zugehörige wissenschaftliche und technische Beratung; technische Versuche und Analysen	867
Werbung	871
Gebäudereinigung und Hausverwaltung	874, 82201–82206
Verpackungsdienstleistungen	876
Beratung im Bereich Forstwirtschaft	Teil von 8814
Verlegen und Drucken gegen Vergütung oder auf vertraglicher Grundlage	88442
Abwasser- und Abfallbeseitigung; sanitäre und ähnliche Dienstleistungen	94

Anmerkungen betreffend Annex 5

1. Unbeschadet der Verpflichtungen der Schweiz unter dem Allgemeinen Abkommen über den Dienstleistungshandel (GATS) der WTO erfolgen die Verpflichtungen im Bereich der Dienstleistungen nach dem vorliegenden Übereinkommen unter Vorbehalt der Einschränkungen und Bedingungen betreffend den Marktzugang und die Inländerbehandlung, die in der Verpflichtungsliste der Schweiz unter dem GATS spezifiziert wurden.

2. Die Schweiz wird die Vorteile aus den Bestimmungen dieses Übereinkommens nicht auf die Dienstleistungen und die Dienstleistungserbringer jener Parteien ausdehnen, die Dienstleistungsaufträge für die in Annex 1 bis 3 genannten Beschaffungsstellen nicht in ihre eigenen Listen aufgenommen haben, bis die Schweiz festgestellt hat, dass die betroffenen Vertragsparteien schweizerischen Unternehmen vergleichbaren und effektiven Marktzutritt zu ihren Beschaffungsmärkten gewähren.

3. Aufträge über Erwerb, Entwicklung, Produktion oder Koproduktion von Programmelementen durch Sendeunternehmen und Verträge über Sendezeit fallen nicht unter dieses Übereinkommen.

---

16 Ohne Schiedsgerichts- und Schlichtungsleistungen.

ANNEX 6

Bauleistungen

Definition:

Bei einem Vertrag über Bauleistungen handelt es sich um einen Vertrag mit dem Ziel, mit welchen Mitteln auch immer, Hoch- oder Tiefbauarbeiten im Sinne von Ziffer 51 der zentralen Produkteklassifikation (CPC) zu verwirklichen.

Liste der Bauleistungen unter Ziffer 51 der CPC:

Vorbereitung des Baugeländes und der Baustellen	511
Bauarbeiten für Hochbauten	512
Bauarbeiten für Tiefbauten	513
Montage und Bau von Fertigbauten	514
Arbeiten spezialisierter Bauunternehmen	515
Einrichtungsarbeiten von Installationen	516
Ausbauarbeiten und Endfertigung von Bauten	517
Andere Dienstleistungen	518

Anmerkungen betreffend Annex 6

1. Unbeschadet der Verpflichtungen der Schweiz unter dem Allgemeinen Abkommen über den Dienstleistungshandel (GATS) der WTO erfolgen die Verpflichtungen im Bereich der Dienstleistungen nach dem vorliegenden Übereinkommen unter Vorbehalt der Einschränkungen und Bedingungen betreffend den Marktzugang und die Inländerbehandlung, die in der Verpflichtungsliste der Schweiz unter dem GATS spezifiziert wurden.

2. Die Schweiz wird die Vorteile aus den Bestimmungen dieses Übereinkommens nicht auf die Dienstleistungen und die Dienstleistungserbringer jener Parteien ausdehnen, die Dienstleistungsaufträge für die in Annex 1 bis 3 genannten Beschaffungsstellen nicht in ihre eigenen Listen aufgenommen haben, bis die Schweiz festgestellt hat, dass die betroffenen Vertragsparteien schweizerischen Unternehmen vergleichbaren und effektiven Marktzutritt zu ihren Beschaffungsmärkten gewähren.

ANNEX 7

*Allgemeine Anmerkungen und abweichende Regelungen
zu den Bestimmungen von Artikel IV*

A) Länderspezifische abweichende Regelungen

1. Die Schweiz wird die Vorteile aus den Bestimmungen des vorliegenden Übereinkommens nicht ausdehnen auf:

   - die Auftragsvergabe durch die in Annex 2 Ziffer 2 genannten Beschaffungsstellen auf alle Mitglieder des GPA, mit Ausnahme derjenigen der Europäischen Union, der Mitglieder der Europäischen Freihandelsassoziation (EFTA) sowie Armeniens

   - die Auftragsvergabe durch die in Annex 3 genannten Beschaffungsstellen in folgenden Sektoren:

     a) Wasser: auf die Lieferanten von Produkten und Dienstleistungserbringer in Kanada, den Vereinigten Staaten von Amerika und Singapur;

     b) Elektrizität: auf die Lieferanten von Produkten und Dienstleistungserbringer in Kanada, Japan und Singapur;

     c) Flughäfen: auf die Lieferanten von Produkten und Dienstleistungserbringer in Kanada, Korea und den Vereinigten Staaten von Amerika;

     d) Häfen: auf die Lieferanten von Produkten und Dienstleistungserbringer in Kanada;

     e) Städtisches Verkehrswesen: auf die Lieferanten von Produkten und Dienstleistungserbringer in Kanada, Israel, Japan und den Vereinigten Staaten von Amerika;

   bis sie festgestellt hat, dass die betroffenen Vertragsparteien schweizerischen Unternehmen vergleichbaren und effektiven Marktzutritt zu ihren Beschaffungsmärkten gewähren.

2. Die Bestimmungen des Artikels XVIII sind nicht auf die Lieferanten von Produkten und Dienstleistungserbringer der folgenden Länder anwendbar:

   - Israel und Korea in Bezug auf Verfahren gegen den Zuschlag von Aufträgen durch die in der Anmerkung betreffend Annex 2 genannten Einrichtungen, bis die Schweiz festgestellt hat, dass diese Länder ihre Liste der Beschaffungsstellen auf subzentraler Regierungsebene vervollständigt haben;

   - Japan, Korea und die Vereinigten Staaten von Amerika in Bezug auf Verfahren gegen den Zuschlag von Aufträgen an Lieferanten von Produkten oder Dienstleistungserbringer anderer Parteien dieses Übereinkommens, wenn es sich beim Lieferanten oder Dienstleistungserbringer um ein kleines oder mittleres Unternehmen im Sinne des schweizerischen Rechts handelt, bis die Schweiz festgestellt hat, dass diese Länder ihre diskriminierenden Massnahmen zur Förderung nationaler kleiner Unternehmen oder nationaler Unternehmen mit Minderheitsbeteiligung eingestellt haben;

- Israel, Japan und Korea in Bezug auf Verfahren gegen den Zuschlag von Aufträgen durch schweizerische Beschaffungsstellen, deren Wert unter dem Schwellenwert liegt, welche die besagten Vertragsparteien für Aufträge derselben Kategorie anwenden.

3. Bis die Schweiz festgestellt hat, dass die Vertragsparteien schweizerischen Lieferanten von Produkten und Dienstleistungserbringern Marktzutritt gewähren, wird sie die Vorteile aus den Bestimmungen des vorliegenden Übereinkommens nicht auf die Lieferanten von Produkten und Dienstleistungserbringer der folgenden Länder ausdehnen:

- Kanada, bezüglich der Lieferungsaufträge nach Nr. 58 der Bundesbeschaffungsklassifikation (Federal Supply Classification, FSC) (Kommunikationsmaterial, Material zur Radiationserkennung und zur Emission von kohärenten Strahlungen), sowie Vereinigte Staaten von Amerika bezüglich der Luftverkehrskontrollapparate;

- Korea und Israel bezüglich der Auftragsvergabe der in Annex 3 Ziffer 2 genannten Beschaffungsstellen für Produkte nach Nr.°8504, 8535, 8537 und 8544 des HS (elektrische Transformatoren, Steckdosen, Schalter und Isolierkabel); Israel bezüglich der Produkte nach Nr.°85012099, 85015299, 85015199, 85015290, 85014099, 85015390, 8504, 8535, 8536, 8537 und 8544 des HS.

B) Allgemeine abweichende Regelungen

Dieses Übereinkommen gilt nicht für:

1. Leistungen, die innerhalb einer oder zwischen verschiedenen, rechtlich selbstständigen Beschaffungsstellen erbracht werden;

2. Beschaffungen von Gütern oder Dienstleistungen, die nur bei Einrichtungen mit einem ausschliesslichen Recht getätigt werden können, das ihnen aufgrund von veröffentlichten Gesetzes-, Reglements- oder Verwaltungsbestimmungen gewährt wurde (zum Beispiel für die Beschaffung von Trinkwasser, Energie usw.).

C) Erläuternde Anmerkungen

1. Die Schweiz interpretiert Artikel II Absatz 2 a) ii) in dem Sinne, dass die Anlage der Mittel der Versicherten durch Einrichtungen des Öffentlichen Rechts wie öffentlichrechtliche Versicherungen und Pensionskassen nicht unter das vorliegende Übereinkommen fällt.

2. Unabhängig von ihren Tätigkeiten unterliegen die Behörden und zentralen und dezentralen Verwaltungseinheiten nur den Regeln der Annexe 1 oder 2. Unabhängig von ihren Tätigkeiten unterliegen die staatlichen Behörden oder öffentlichen Unternehmen unter Annex 3 nicht den Regeln der Annexe 1 und 2.

Anhang 2
ANNEX A

BESCHLUSS DES AUSSCHUSSES FÜR DAS ÖFFENTLICHE BESCHAFFUNGSWESEN ZU DEN VORSCHRIFTEN FÜR DIE NOTIFIZIERUNG GEMÄSS ARTIKEL XIX UND XXII DES ÜBEREINKOMMENS

Beschluss vom 30. März 2012

Der Ausschuss für das öffentliche Beschaffungswesen,

in Anbetracht der Bedeutung der Transparenz von Gesetzen und Verordnungen im Zusammenhang mit diesem Übereinkommen, einschliesslich der entsprechenden Änderungen gemäss Artikel XXII Absatz 5 des Übereinkommens;

in Anbetracht der Wichtigkeit, in Übereinstimmung mit Artikel XIX des Übereinkommens genaue Listen der unter die Annexe einer Vertragspartei zu Anhang I des Übereinkommens fallenden Beschaffungsstellen zu pflegen;

in Anerkennung der Schwierigkeit für die Vertragsparteien, dem Ausschuss rechtzeitig die Änderungen ihrer Gesetze und Verordnungen im Zusammenhang mit dem Übereinkommen gemäss Artikel XXII Absatz 5 des Übereinkommens sowie die beabsichtigten Berichtigungen ihrer Annexe zu Anhang I gemäss Artikel XIX Absatz 1 des Übereinkommens zu notifizieren;

unter Berücksichtigung, dass die Bestimmungen von Artikel XIX des Übereinkommens zwischen Notifizierungen von beabsichtigten Berichtigungen, die den gemeinsam vereinbarten Geltungsbereich des Übereinkommens nicht verändern und sonstigen Arten von beabsichtigten Änderungen der Annexe zu Anhang I unterscheiden;

in Anerkennung, dass die technologischen Änderungen vielen Vertragsparteien ermöglicht haben, elektronische Mittel zu verwenden, um Informationen zu ihrem öffentlichen Beschaffungswesen bereitzustellen und um den anderen Vertragsparteien diesbezügliche Änderungen zu notifizieren;

beschliesst Folgendes:

Jährliche Notifizierung der Änderungen in Gesetzen und Verordnungen

1. Wenn eine Vertragspartei über offiziell bezeichnete elektronische Medien verfügt, die Links auf ihre aktuellen Gesetze und Vorschriften im Zusammenhang mit diesem Übereinkommen enthalten, und diese Gesetze und Vorschriften in einer offiziellen WTO-Sprache verfügbar sind, und wenn diese Medien in Anhang II aufgeführt sind, kann die Vertragspartei die Anforderung von Artikel XXII Absatz 5 erfüllen, indem sie dem Ausschuss jährlich, per Ende Jahr, allfällige Änderungen notifiziert, es sei denn, es handle sich um grundlegende Änderungen, die Auswirkungen auf die Verpflichtungen der Vertragspartei unter dem Übereinkommen haben können, in welchem Fall die Notifizierung unverzüglich zu erfolgen hat.

2. Die Vertragsparteien erhalten die Gelegenheit, die jährliche Notifizierung einer Vertragspartei im Rahmen des ersten informellen Treffens des Ausschusses im folgenden Jahr zu diskutieren.

Beabsichtigte Berichtigungen der Annexe einer Vertragspartei zu Anhang I

3. Die folgenden Änderungen der Annexe einer Vertragspartei zu Anhang I werden als Berichtigung im Sinne von Artikel XIX des Übereinkommens betrachtet:

   a) die Änderung des Namens einer Beschaffungsstelle;

   b) die Fusion von zwei oder mehreren in einem Annex aufgeführten Beschaffungsstellen; und

   c) die Aufteilung einer in einem Annex aufgeführten Beschaffungsstelle in zwei oder mehrere Beschaffungsstellen, da alle zu den im selben Annex aufgeführten Beschaffungsstellen ergänzt werden.

4. Im Fall von beabsichtigten Berichtigungen der Annexe einer Vertragspartei zu Anhang I gemäss Absatz 3 notifiziert die Vertragspartei diese dem Ausschuss alle zwei Jahre ab dem Inkrafttreten des Protokolls zur Änderung des bestehenden Übereinkommens (1994).

5. Eine Vertragspartei kann dem Ausschuss einen Einwand gegen eine beabsichtigte Berichtigung innerhalb von 45 Tagen ab dem Datum des Versands der Notifizierung an die Vertragsparteien notifizieren. Gemäss Artikel XIX Absatz 2 hat eine Vertragspartei, die einen Einwand erhebt, diesen Einwand zu begründen und die Gründe anzugeben, weshalb sie der Ansicht ist, dass die beabsichtigte Berichtigung Auswirkungen auf den gemeinsam vereinbarten Geltungsbereich hätte und daher nicht Absatz 3 unterliegt. Falls kein schriftlicher Einwand erhoben wird, treten die beabsichtigten Berichtigungen gemäss Artikel XIX Absatz 5 a) 45 Tage nach dem Versand der Notifizierung in Kraft.

6. Die Vertragsparteien prüfen die praktische Umsetzung und die Tauglichkeit dieses Beschlusses innerhalb von vier Jahren nach seiner Verabschiedung und nehmen gegebenenfalls die erforderlichen Anpassungen vor.

ANNEX B

BESCHLUSS DES AUSSCHUSSES FÜR DAS ÖFFENTLICHE BESCHAFFUNGSWESEN ZUR VERABSCHIEDUNG VON ARBEITSPROGRAMMEN

Beschluss vom 30. März 2012

Der Ausschuss für das öffentliche Beschaffungswesen,

unter Feststellung, dass der Ausschuss gemäss Artikel XXII Absatz 8 b) einen Beschluss verabschieden kann, der zusätzliche Arbeitsprogramme auflistet, die er lancieren wird, um die Umsetzung des Übereinkommens und die Verhandlungen gemäss Artikel XXII Absatz 7 des Übereinkommens zu fördern;

beschliesst Folgendes:

1. Folgende Arbeitsprogramme werden auf der Liste der Arbeitsprogramme ergänzt, im Rahmen derer der Ausschuss künftig Arbeiten durchführen wird:

   a) die Prüfung der Nutzung, der Transparenz und der Rechtsrahmen von öffentlich-privaten Partnerschaften und deren Beziehung zu einschlägigen Beschaffungen;

   b) die Vor- und Nachteile der Entwicklung einer gemeinsamen Nomenklatur für Waren und Dienstleistungen; und

   c) die Vor- und Nachteile der Entwicklung von standardisierten Bekanntmachungen.

2. Der Ausschuss wird den Umfang und den Zeitplan dieser Arbeitsprogramme zu einem späteren Zeitpunkt festlegen.

3. Der Ausschuss wird diese Liste von Programmen periodisch prüfen und geeignete Anpassungen vornehmen.

ANNEX C

BESCHLUSS DES AUSSCHUSSES FÜR DAS ÖFFENTLICHE BESCHAFFUNGSWESEN ZU EINEM ARBEITSPROGRAMM ZU DEN KMU

Beschluss vom 30. März 2012

Der Ausschuss für das öffentliche Beschaffungswesen,

unter Feststellung, dass Artikel XXII Absatz 8 a) des Übereinkommens über das öffentliche Beschaffungswesen (Übereinkommen) bestimmt, dass die Vertragsparteien Arbeitsprogramme verabschieden und periodisch überprüfen, darunter ein Arbeitsprogramm zu den kleinen und mittleren Unternehmen (KMU);

in Anerkennung der Wichtigkeit, die Teilnahme von KMU am öffentlichen Beschaffungswesen zu fördern; und

in Anerkennung, dass die Vertragsparteien in Artikel XXII Absatz 6 vereinbart haben, Bestrebungen zu unternehmen, um die Einführung oder Aufrechterhaltung von diskriminierenden Massnahmen, welche offene Beschaffungsverfahren verzerren, zu vermeiden;

verabschiedet das folgende Arbeitsprogramm betreffend die KMU:

1. **Lancierung des Arbeitsprogramms zu den KMU:** An seiner ersten Sitzung nach dem Inkrafttreten des Protokolls zur Änderung des bestehenden Übereinkommens (1994) wird der Ausschuss ein Arbeitsprogramm zu den KMU lancieren. Der Ausschuss wird die Massnahmen und Politiken betreffend KMU prüfen, welche die Vertragsparteien anwenden, um die Teilnahme von KMU am öffentlichen Beschaffungswesen zu unterstützen, fördern, ermutigen oder erleichtern und er wird einen Bericht mit den Ergebnissen dieser Prüfung erstellen.

2. **Vermeidung diskriminierender Massnahmen gegenüber KMU:** Die Vertragsparteien vermeiden die Einführung diskriminierender Massnahmen, die nur inländische KMU begünstigen und bringen beitretende Parteien davon ab, solche Massnahmen und Politiken einzuführen.

3. **Transparenzprogramm und KMU-Umfrage**

3.1 **Transparenzprogramm**
Bei Inkrafttreten des Protokolls zur Änderung des bestehenden Übereinkommens (1994) notifizieren die Vertragsparteien, die in ihrem Anhang I spezifische Bestimmungen zu den KMU, einschliesslich reservierter Märkte aufrechterhalten, dem Ausschuss solche Massnahmen und Politiken. Die Notifizierung sollte eine ausführliche Beschreibung der Massnahmen und Politiken enthalten, den entsprechenden Rechtsrahmen, das Funktionieren und den Wert der Beschaffungen, die solchen Massnahmen unterliegen. Ausserdem haben diese Vertragsparteien

dem Ausschuss gemäss Artikel XXII Absatz 5 des Übereinkommens alle substanziellen Änderungen solcher Massnahmen und Politiken zu notifizieren.

3.2 **KMU-Umfrage**

a) Der Ausschuss wird Informationen bei den Vertragsparteien einholen, mit einem Fragebogen zu den Massnahmen und Politiken, die angewendet werden, um die Teilnahme von KMU an öffentlichen Beschaffungen zu unterstützen, fördern, ermutigen oder erleichtern. In dem Fragebogen soll jede Vertragspartei Informationen zu den folgenden Themen angeben:

   i) Beschreibung der von der Vertragspartei angewendeten Massnahmen und Politiken, einschliesslich der wirtschaftlichen, sozialen und sonstigen Ziele der Massnahmen und Politiken und der Art ihrer Verwaltung;

   ii) Definition, welche die Partei für KMU anwendet;

   iii) Ausmass, in dem eine Partei über spezialisierte Gremien oder Institutionen verfügt, die KMU im Zusammenhang mit öffentlichen Beschaffungen unterstützen;

   iv) Niveau der Teilnahme von KMU an öffentlichen Beschaffungen, gemessen am Wert und an der Anzahl Aufträge, für die KMU den Zuschlag erhielten;

   v) Beschreibung der Massnahmen und Politiken für die Weitervergabe von Aufträgen an KMU, einschliesslich Ziele, Garantien und Anreize im Bereich der Weitervergabe;

   vi) Förderung der Teilnahme von KMU an gemeinsamen Angeboten (mit anderen grossen oder kleinen Anbietern);

   vii) Massnahmen und Politiken, die darauf abzielen, den KMU die Gelegenheit zu bieten, an öffentlichen Beschaffungen teilzunehmen (wie verbesserte Transparenz und Verfügbarkeit von Informationen zu öffentlichen Beschaffungen für die KMU, Vereinfachung der Bedingungen für die Teilnahme an Ausschreibungen, Reduktion der Auftragsvolumen und Gewährleistung der rechtzeitigen Bezahlung gelieferter Waren oder erbrachter Leistungen); und

   viii) Verwendung von Massnahmen und Politiken im Bereich des öffentlichen Beschaffungswesens, um die Innovation bei den KMU zu fördern.

b) Zusammenfassung der Antworten auf die KMU-Umfrage durch das WTO-Sekretariat: Das WTO-Sekretariat wird eine Frist für die Übermittlung der Antworten auf den Fragebogen durch alle Vertragsparteien an das WTO-Sekretariat festlegen. Nach Erhalt der Antworten wird das Sekretariat eine Zusammenfassung erstellen und die Antworten sowie die Zusammenfassung an die

Vertragsparteien übermitteln. Es wird eine Liste der Vertragsparteien mitschicken, die nicht geantwortet haben.

c) Austausch zwischen den Vertragsparteien zu den Antworten auf den KMU-Fragebogen: Auf der Grundlage des vom WTO-Sekretariats erstellten Dokuments wird der Ausschuss eine Periode für den Austausch von Fragen, von Anforderungen zusätzlicher Informationen und von Kommentaren zu den Antworten der anderen Vertragsparteien festlegen.

4. **Beurteilung der Ergebnisse der KMU-Umfrage und Umsetzung ihrer Folgerungen**

4.1 **Beurteilung der Ergebnisse der KMU-Umfrage**
Der Ausschuss wird die Massnahmen und Politiken bestimmen, der er als beste Praktiken für die Förderung und Erleichterung der Teilnahme der KMU der Vertragsparteien an den öffentlichen Beschaffungen erachtet, und einen Bericht erstellen, der auf die besten Praktiken in diesem Bereich hinweist und eine Liste der anderen Massnahmen enthält.

4.2 **Umsetzung der Folgerungen der KMU-Studie**

a) Die Vertragsparteien fördern die Annahme der in der Beurteilung der Umfrageergebnisse bestimmten besten Praktiken zur Förderung und Erleichterung der Teilnahme ihrer KMU an den öffentlichen Beschaffungen.

b) Betreffend andere Massnahmen wird der Ausschuss die Vertragsparteien, die solche Massnahmen aufrechterhalten, auffordern, diese zu überprüfen und entweder zu beseitigen oder auch auf die KMU der anderen Vertragsparteien anzuwenden. Diese Vertragsparteien haben den Ausschuss über die Folgerungen aus der Überprüfung zu informieren.

c) Die Vertragsparteien, die andere Massnahmen aufrechterhalten, haben den Wert der solchen Massnahmen unterliegenden Beschaffungen in den Statistiken aufzuführen, die sie dem Ausschuss gemäss Artikel XVI Absatz 4 des Übereinkommens übermitteln.

d) Die Vertragsparteien können beantragen, dass solche anderen Massnahmen in den künftigen Verhandlungen gemäss Artikel XXII Absatz 7 des Übereinkommens enthalten sein sollen. Solche Anträge werden von den Vertragsparteien, die solche Massnahmen aufrechterhalten, wohlwollend entgegengenommen.

5. **Überprüfung**
Zwei Jahre nach Inkrafttreten des Protokolls zur Änderung des bestehenden Übereinkommens (1994) wird der Ausschuss die Auswirkungen der besten Praktiken auf die vermehrte Teilnahme der KMU der Vertragsparteien an öffentlichen Beschaffungen überprüfen und in Erwägung ziehen, ob andere Praktiken die Teilnahme der KMU weiter stärken könnten. Er kann auch die Auswirkungen anderer Massnahmen auf die Teilnahme der KMU anderer Vertragsparteien an den öffent-

lichen Beschaffungen der Vertragsparteien, die solche Massnahmen aufrechterhalten, überprüfen.

ANNEX D

BESCHLUSS DES AUSSCHUSSES FÜR DAS ÖFFENTLICHE BESCHAFFUNGSWESEN ZU EINEM ARBEITSPROGRAMM ZUR ERHEBUNG UND KOMMUNIKATION STATISTISCHER DATEN

Beschluss vom 30. März 2012

Der Ausschuss für das öffentliche Beschaffungswesen,

unter Feststellung, dass Artikel XXII Absatz 8 a) des Übereinkommens über das öffentliche Beschaffungswesen (Übereinkommen) bestimmt, dass die Vertragsparteien Arbeitsprogramme verabschieden und periodisch überprüfen, darunter ein Arbeitsprogramm zur Erhebung und Kommunikation statistischer Daten;

in Anbetracht der Bedeutung der Erhebung und Kommunikation statistischer Daten gemäss Artikel XVI Absatz 4 des Übereinkommens für die Gewährleistung der Transparenz der unter das Übereinkommen fallenden öffentlichen Beschaffungen;

unter Berücksichtigung, dass statistische Daten, die zeigen, in welchem Ausmass die Vertragsparteien unter das Übereinkommen fallende Waren und Dienstleistungen von den anderen Parteien des Übereinkommens erwerben, ein wichtiges Instrument für die Überzeugung weiterer WTO-Mitglieder sein könnten, dem Übereinkommen beizutreten;

in Anerkennung der allgemeinen Schwierigkeiten der Parteien des Übereinkommens bei der Datenerhebung im Bereich des öffentlichen Beschaffungswesens und insbesondere bei der Bestimmung des Ursprungslandes der unter dem Übereinkommen erworbenen Waren und Dienstleistungen; und

in Anerkennung, dass die Vertragsparteien verschiedene Methoden für die Erhebung ihrer Statistiken verwenden, um die Kommunikationsanforderungen gemäss Artikel XVI Absatz 4 des Übereinkommens zu erfüllen, und dass sie unterschiedliche Methoden bei der Datenerhebung für die Beschaffungsstellen auf zentraler Regierungsebene und auf subzentraler Regierungsebene verwenden können;

verabschiedet das folgende Arbeitsprogramm betreffend die Erhebung und Kommunikation statistischer Daten:

1. **Lancierung eines Arbeitsprogramms zur Erhebung und Kommunikation statistischer Daten:** An seiner ersten Sitzung nach dem Inkrafttreten des Protokolls zur Änderung des bestehenden Übereinkommens (1994) wird der Ausschuss ein Arbeitsprogramm zur Erhebung und Kommunikation statistischer Daten lancieren. Der Ausschuss wird die Erhebung und die Kommunikation statistischer Daten durch die Vertragsparteien untersuchen, das Potenzial einer Harmonisierung prüfen und einen Bericht mit den Ergebnissen dieser Untersuchungen erstellen.

2. **Einreichung der Daten durch die Vertragsparteien:** Der Ausschuss vereinbart ein Datum, bis zu dem jede Vertragspartei ihm die folgenden Informationen im Zusammenhang mit den statistischen Daten zu den unter das Übereinkommen fallenden Beschaffungen einzureichen hat:

   a) Beschreibung der Methode, die sie für die Erhebung, Evaluation und Kommunikation der statistischen Daten über und unter den Schwellenwerten des Übereinkommens sowie für Beschaffungen gemäss Absatz 4.2 c) des Arbeitsprogrammes zu den KMU anwenden. Dabei ist anzugeben, ob die Daten zu den unter das Übereinkommen fallenden Beschaffungen auf dem vollen Wert der vergebenen Aufträge oder auf den Gesamtausgaben für Beschaffungen innerhalb eines gegebenen Zeitrahmens basieren;

   (b) Informationen dazu, ob die erhobenen statistischen Daten Aufschluss über das Herkunftsland der beschafften Waren oder Dienstleistungen geben und gegebenenfalls, wie das Herkunftsland bestimmt oder geschätzt wird sowie zu den technischen Hindernissen bei der Erhebung der Daten zum Herkunftsland;

   (c) Erläuterung der in den statistischen Berichten verwendeten Klassifikationen; und

   (d) Beschreibung der Datenquellen.

3. **Zusammenfassung der eingereichten Informationen:** Das Sekretariat wird eine Zusammenfassung der eingereichten Informationen erstellen und die Informationen sowie die Zusammenfassung an die Vertragsparteien übermitteln. Es wird eine Liste der Vertragsparteien mitschicken, die keine Informationen eingereicht haben.

4. **Empfehlungen:** Der Ausschuss wird die eingereichten Informationen der Vertragsparteien prüfen und Empfehlungen zu folgenden Punkten abgeben:

   a) ob die Vertragsparteien eine gemeinsame Methode für die Erhebung statistischer Daten anwenden sollen;

   b) ob die Vertragsparteien in der Lage sind, die Klassifizierungen in den dem Ausschuss übermittelten statistischen Daten zu standardisieren;

   c) Mittel zur Vereinfachung der Erhebung des Ursprungslandes von unter das Übereinkommen fallenden Waren und Dienstleistungen; und

   d) weitere von den Vertragsparteien gestellte technische Fragen betreffend die Kommunikation von Daten zu den öffentlichen Beschaffungen.

5. Der Ausschuss erarbeitet gegebenenfalls Empfehlungen zu den folgenden Punkten:

   a) mögliche Harmonisierung der Kommunikation der Statistiken mit dem Ziel, Statistiken zu den öffentlichen Beschaffungen den Jahresberichten der WTO beizufügen;

b) Leistung von technischer Unterstützung bei der Kommunikation der Statistiken durch das Sekretariat für WTO-Mitglieder die dabei sind, dem Übereinkommen beizutreten; und

c) Mittel zur Gewährleistung, dass WTO-Mitglieder, die dabei sind, dem Übereinkommen beizutreten, über die geeigneten Instrumente verfügen, um die Vorschriften zur Erstellung und zur Kommunikation statistischer Daten zu erfüllen.

6. **Analyse der Daten:** Der Ausschuss wird prüfen, wie die jährlich dem Sekretariat übermittelten statistischen Daten der Vertragsparteien für weitere Analysen verwendet werden können, um ein besseres Verständnis der wirtschaftlichen Bedeutung des Übereinkommens zu fördern, insbesondere der Auswirkungen der Schwellenwerte auf das Funktionieren des Übereinkommens.

ANNEX E

BESCHLUSS DES AUSSCHUSSES FÜR DAS ÖFFENTLICHE BESCHAFFUNGSWESEN ZU EINEM ARBEITSPROGRAMM ZU NACHHALTIGEN BESCHAFFUNGEN

Beschluss vom 30. März 2012

Der Ausschuss für das öffentliche Beschaffungswesen,

unter Feststellung, dass Artikel XXII Absatz 8 a) des Übereinkommens über das öffentliche Beschaffungswesen (Übereinkommen) bestimmt, dass die Vertragsparteien Arbeitsprogramme verabschieden und periodisch überprüfen, darunter ein Arbeitsprogramm zu nachhaltigen Beschaffungen;

in Anerkennung, dass mehrere Vertragsparteien nationale und subnationale Politiken im Bereich der nachhaltigen Beschaffungen entwickelt haben;

unter Anerkennung der Wichtigkeit, dafür zu sorgen, dass alle Beschaffungen in Übereinstimmung mit den im Übereinkommen festgelegten Grundsätzen der Nichtdiskriminierung und der Transparenz erfolgen;

verabschiedet das folgende Arbeitsprogramm betreffend nachhaltige Beschaffungen.

1. **Lancierung eines Arbeitsprogramms zu nachhaltigen Beschaffungen:** An seiner ersten Sitzung nach dem Inkrafttreten des Protokolls zur Änderung des bestehenden Übereinkommens (1994) wird der Ausschuss ein Arbeitsprogramm zu nachhaltigen Beschaffungen lancieren.

2. Das Arbeitsprogramm wird sich unter anderem mit den folgenden Fragen befassen:

   a) Ziele nachhaltiger Beschaffungen;

   b) Art und Weise, wie das Konzept der nachhaltigen Beschaffung in die nationalen und subnationalen Beschaffungspolitiken integriert ist;

   c) Art und Weise, wie nachhaltige Beschaffungen in Übereinstimmung mit dem Grundsatz des optimalen Ressourceneinsatzes durchgeführt werden können; und

   d) Art und Weise, wie nachhaltige Beschaffungen in Übereinstimmung mit den internationalen Handelsverpflichtungen der Vertragsparteien durchgeführt werden können.

3. Der Ausschuss wird Massnahmen und Politiken bestimmen, die er als nachhaltige Beschaffungspraktiken in Übereinstimmung mit dem Grundsatz des optimalen Ressourceneinsatzes und mit den internationalen Handelsverpflichtungen der Vertragsparteien betrachtet und wird einen Bericht erstellen, in dem die Massnahmen und Politiken aufgeführt sind, welche die besten Praktiken darstellen.

ANNEX F

BESCHLUSS DES AUSSCHUSSES FÜR DAS ÖFFENTLICHE BESCHAFFUNGSWESEN ZU EINEM ARBEITSPROGRAMM ZU AUSSCHLÜSSEN UND RESTRIKTIONEN IN DEN ANNEXEN DER VERTRAGSPARTEIEN

Beschluss vom 30. März 2012

Der Ausschuss für das öffentliche Beschaffungswesen,

unter Feststellung, dass Artikel XXII Absatz 8 a) des Übereinkommens über das öffentliche Beschaffungswesen (Übereinkommen) bestimmt, dass die Vertragsparteien Arbeitsprogramme verabschieden und periodisch überprüfen, darunter ein Arbeitsprogramm zu Ausschlüssen und Restriktionen in den Annexen der Vertragsparteien;

in Anerkennung, dass die Vertragsparteien Ausschlüsse und Restriktionen in ihren Annexen zu Anhang I des Übereinkommens aufgeführt haben (Ausschlüsse und Restriktionen);

in Anerkennung der Wichtigkeit transparenter Massnahmen im Bereich des öffentlichen Beschaffungswesens; und

unter Berücksichtigung der Wichtigkeit, Ausschlüsse und Restriktionen in den künftigen Verhandlungen gemäss Artikel XXII Absatz 7 des Übereinkommens schrittweise zu reduzieren und zu beseitigen;

verabschiedet das folgende Arbeitsprogramm betreffend Ausschlüsse und Restriktionen in den Annexen der Vertragsparteien:

1. **Lancierung des Arbeitsprogramms zu Ausschlüssen und Restriktionen:** An seiner ersten Sitzung nach dem Inkrafttreten des Protokolls zur Änderung des bestehenden Übereinkommens (1994) wird der Ausschuss ein Arbeitsprogramm zu Ausschlüssen und Restriktionen in den Annexen der Vertragsparteien lancieren, mit den Zielen:

    a) die Transparenz hinsichtlich Umfang und Auswirkungen der in den Annexen der Vertragsparteien zu Anhang I des Übereinkommens spezifizierten Ausschlüsse und Restriktionen zu steigern;

    b) Informationen zu den Ausschlüssen und Restriktionen zu geben, um die Verhandlungen gemäss Artikel XXII Absatz 7 des Übereinkommens zu erleichtern.

2. **Transparenzprogramm:** Jede Partei hat dem Ausschuss bis spätestens sechs Monate nach der Lancierung des Arbeitsprogramms eine Liste mit folgenden Informationen zu übermitteln:

    a) Länderspezifische Ausschlüsse, die sie in ihren Annexen zu Anhang I des Übereinkommens aufrechterhält; und

b) andere Ausschlüsse oder Restriktionen in ihren Annexen zu Anhang I des Übereinkommens, die unter Artikel II Absatz 2 e) des Übereinkommens fallen, mit Ausnahme von Ausschlüssen oder Restriktionen, die im Rahmen des Arbeitsprogramms zu den KMU geprüft werden oder von Fällen, in denen eine Vertragspartei sich verpflichtet hat, ein Ausschluss oder eine Restriktion in einem Annex zu Anhang I des Übereinkommens schrittweise zu beseitigen.

3. **Zusammenfassung der eingereichten Informationen:** Das Sekretariat wird eine Zusammenfassung der eingereichten Informationen erstellen und die Informationen sowie die Zusammenfassung an die Vertragsparteien übermitteln. Es wird eine Liste der Vertragsparteien mitschicken, die keine Informationen eingereicht haben.

4. **Anforderung zusätzlicher Informationen:** Jede Vertragspartei kann periodisch zusätzliche Informationen zu einem Ausschluss oder einer Restriktion innerhalb des Geltungsbereichs von Absatz 2 a) und b) anfordern, einschliesslich zu den einen Ausschluss oder eine Restriktion betreffenden Massnahmen, ihren Rechtsrahmen, Umsetzungsstrategien und -praktiken sowie zum Wert der Beschaffungen, die solchen Massnahmen unterliegen. Eine Vertragspartei, die eine solche Anfrage erhält, hat die angeforderten Informationen unverzüglich zu liefern.

5. **Zusammenfassung der zusätzlichen Informationen:** Das Sekretariat wird eine Zusammenfassung der zusätzlichen Informationen jeder Vertragspartei erstellen und sie den Vertragsparteien übermitteln.

6. **Prüfung durch den Ausschuss:** An seiner jährlichen Sitzung gemäss Artikel XXI Absatz 3a) des Übereinkommens prüft der Ausschuss die von den Parteien übermittelten Informationen, um festzustellen:

   a) ob sie grösstmögliche Transparenz betreffend die Ausschlüsse und Restriktionen in den Annexen der Vertragsparteien zu Anhang I des Übereinkommens schaffen; und

   b) ob sie im Sinne der Vereinfachung der Verhandlungen gemäss Artikel XXII Absatz 7 des Übereinkommens zufriedenstellend sind.

7. **Neue Partei, die dem Übereinkommen beitritt:** Eine neue Partei, die dem Übereinkommen beitritt, hat dem Ausschuss die Liste gemäss Absatz 2 innerhalb von sechs Monaten nach ihrem Beitreten einzureichen.

ANNEX G

BESCHLUSS DES AUSSCHUSSES FÜR DAS ÖFFENTLICHE BESCHAFFUNGSWESEN ZU EINEM ARBEITSPROGRAMM ZU SICHERHEITSNORMEN IM INTERNATIONALEN BESCHAFFUNGSWESEN

Beschluss vom 30. März 2012

Der Ausschuss für das öffentliche Beschaffungswesen,

unter Feststellung, dass Artikel XXII Absatz 8 a) des Übereinkommens über das öffentliche Beschaffungswesen (Übereinkommen) bestimmt, dass die Vertragsparteien Arbeitsprogramme verabschieden und periodisch überprüfen, darunter ein Arbeitsprogramm zu Sicherheitsnormen im internationalen Beschaffungswesen;

unter Feststellung, dass Artikel X Absatz 1 des Übereinkommens bestimmt, dass die Beschaffungsstellen keine «technischen Spezifikationen ausarbeiten, annehmen oder anwenden [dürfen] […] in der Absicht oder mit der Folge, unnötige Hemmnisse für den internationalen Handel zu schaffen»;

unter Feststellung, dass Artikel III Absatz 2 a) des Übereinkommens die Vertragsparteien nicht daran hindert, notwendige Massnahmen zum Schutz der öffentlichen Sicherheit zu beschliessen oder durchzusetzen, vorausgesetzt, dass diese Massnahmen nicht so angewendet werden, dass sie zu einer willkürlichen oder ungerechtfertigten Diskriminierung oder zu einer versteckten Beschränkung des internationalen Handels führen;

in Anerkennung der Notwendigkeit eines ausgewogenen Vorgehens zwischen öffentlicher Sicherheit und unnötiger Hindernisse für den internationalen Handel;

in Anerkennung, dass unterschiedliche Praktiken unter den Vertragsparteien hinsichtlich der öffentlichen Sicherheit sich negativ auf das Funktionieren des Übereinkommens auswirken können;

verabschiedet das folgende Arbeitsprogramm betreffend Sicherheitsnormen:

1. **Lancierung eines Arbeitsprogramms zu Sicherheitsnormen im internationalen Beschaffungswesen:** An seiner ersten Sitzung nach dem Inkrafttreten des Protokolls zur Änderung des bestehenden Übereinkommens (1994) wird der Ausschuss ein Arbeitsprogramm zu Sicherheitsnormen im internationalen Beschaffungswesen lancieren.

2. Das Arbeitsprogramm wird sich unter anderem mit den folgenden Themen befassen, mit dem Ziel, die besten Praktiken dazu zu verbreiten:

    a) Art und Weise, in der Anliegen der öffentlichen Sicherheit in der Gesetzgebung, den Verordnungen und den Praktiken der Vertragsparteien sowie in den Richtlinien für die Umsetzung des Übereinkommens durch die Beschaffungsstellen behandelt werden;

b) Beziehung zwischen den Bestimmungen von Artikel X zu den technischen Spezifikationen und dem Schutz der öffentlichen Sicherheit gemäss Artikel III des Übereinkommens und gemäss den Annexen der Vertragsparteien zu Anhang 1;

c) Beste Praktiken, die zum Schutz der öffentlichen Sicherheit im Licht der Bestimmungen zu den technischen Spezifikationen und Vergabeunterlagen von Artikel X angewandt werden können.

3. Der Ausschuss wird den Umfang und den Zeitplan für die Untersuchung der in Absatz 2 bestimmten Themen festlegen. Der Ausschuss wird einen Bericht erstellen, der die Ergebnisse seiner Untersuchung dieser Themen zusammenfasst und die in Absatz 2 c) bestimmten besten Praktiken auflistet.

Anhang 4

Bilaterales Abkommen Schweiz–EU*

Abgeschlossen am 21. Juni 1999
Von der Bundesversammlung genehmigt am 8. Oktober 1999[1]
Schweizerische Ratifikationsurkunde hinterlegt am 16. Oktober 2000
In Kraft getreten am 1. Juni 2002

(Stand am 22. Oktober 2011)

Die Schweizerische Eidgenossenschaft (nachstehend «Schweiz» genannt)
einerseits und *die Europäische Gemeinschaft* (nachstehend «Gemeinschaft» genannt)
andererseits,

nachstehend «Vertragsparteien» genannt,

in Anbetracht der von den Vertragsparteien unternommenen Anstrengungen und eingegangenen Verpflichtungen, was die Liberalisierung ihrer jeweiligen öffentlichen Beschaffungsmärkte anbelangt, insbesondere im Rahmen des Übereinkommens über das öffentliche Beschaffungswesen (Government Procurement Agreement, GPA), das am 15. April 1994[2] in Marrakesch geschlossen wurde und am 1. Januar 1996 in Kraft trat, und durch die Annahme von Bestimmungen auf nationaler Ebene über die tatsächliche Öffnung des öffentlichen Beschaffungswesens durch eine schrittweise Liberalisierung,

in Anbetracht des Briefwechsels vom 25. März und vom 5. Mai 1994 zwischen der Kommission der Europäischen Gemeinschaften und dem Bundesamt für Aussenwirtschaft,

in Anbetracht des am 22. Juli 1972[3] zwischen der Schweiz und der Gemeinschaft geschlossenen Abkommens,

in dem Wunsche, den Geltungsbereich ihrer jeweiligen Anhänge I zum GPA zu erweitern,

in dem Wunsche, ihre Liberalisierungsbemühungen fortzusetzen durch die Gewährung des gegenseitigen Zugangs zu den Liefer-, Bau- und Dienstleistungsaufträgen, die von folgenden Stellen vergeben werden: den Anbietern von Telekommunikationsdienstleistungen und von Dienstleistungen des Schienenverkehrs, den im Bereich der Energieversorgung mit Ausnahme der Stromversorgung tätigen Vergabestellen und den privaten Vergabestellen, die auf der Grundlage ausschliesslicher oder besonderer Rechten, die ih-

---

* AS **2002** 1951; BBl **1999** 6128.
1 Art. 1 Abs. 1 Bst. b des BB vom 8. Okt. 1999 (AS **2002** 1527).
2 SR **0.632.231.422**.
3 SR **0.632.401**.

nen von einer staatlichen Behörde gewährt wurden, öffentliche Dienstleistungen erbringen und die im Bereich der Trinkwasser-, Strom- und städtischen Verkehrsversorgung, der Flughäfen und der Binnen- und Seehäfen tätig sind,

sind wie folgt übereingekommen:

Kapitel I
Erweiterung des Geltungsbereichs des im Rahmen der Welthandelsorganisation geschlossenen Abkommens über das öffentliche Beschaffungswesen

Art. 1 Verpflichtungen der Gemeinschaft

(1) Zur Ergänzung und Erweiterung des Geltungsbereichs ihrer Verpflichtungen gegenüber der Schweiz gemäss dem am 15. April 1994 im Rahmen der Welthandelsorganisation (WTO) geschlossenen Übereinkommen über das öffentliche Beschaffungswesen (Government Procurement Agreement, GPA) verpflichtet sich die Gemeinschaft, ihre Anlagen und Allgemeinen Anmerkungen zu Anhang I des GPA wie folgt zu ändern:

> Streichung des Verweises auf «die Schweiz» im ersten Gedankenstrich der Allgemeinen Anmerkung Nummer 2, damit es den Lieferanten und Dienstleistungserbringern aus der Schweiz möglich wird, gemäss Artikel XX Beschwerde gegen die Vergabe von Aufträgen durch die in Anhang 2 Absatz 2 aufgeführten Vergabestellen der Gemeinschaft zu erheben.

(2) Die Gemeinschaft notifiziert dem WTO-Sekretariat diese Änderung innerhalb eines Monats nach dem Inkrafttreten dieses Abkommens.

Art. 2 Verpflichtungen der Schweiz

(1) Zur Ergänzung und Erweiterung des Geltungsbereichs ihrer im Rahmen des GPA eingegangenen Verpflichtungen gegenüber der Gemeinschaft verpflichtet sich die Schweiz, ihre Anlagen und Allgemeinen Anmerkungen zu Anhang I des GPA wie folgt zu ändern:

> In die «Liste der Auftraggeber» in Anlage 2 wird nach Nummer 2 folgende Nummer eingefügt:

> «3. Die Behörden und öffentlichen Stellen auf Bezirks- und Gemeindeebene»

(2) Die Schweiz notifiziert dem WTO-Sekretariat diese Änderung innerhalb eines Monats nach dem Inkrafttreten dieses Abkommens.

Kapitel II
von Anbietern von Telekommunikationsdienstleistungen, Dienstleistungen des Schienenverkehrs und bestimmten Unternehmen, die öffentlichen Dienstleistungen erbringen, vergebene Aufträge

Art. 3 Zielsetzung, Definitionen und Geltungsbereich

(1) Ziel dieses Abkommens ist die Sicherstellung eines gegenseitigen, transparenten und nichtdiskriminierenden Zugangs der Lieferanten und Dienstleistungserbringer der beiden Vertragsparteien zu den von den Anbietern von Telekommunikationsdienstleistungen und von Dienstleistungen des Schienenverkehrs, den im Bereich der Energieversorgung (mit Ausnahme der Stromversorgung) tätigen Vergabestellen und den privaten Vergabestellen, die öffentliche Dienstleistungen erbringen, beider Vertragsparteien getätigten Beschaffungen von Waren und Dienstleistungen einschliesslich Bauleistungen.

(2) Im Sinne dieses Kapitels bedeuten:

(a) «Anbieter von Telekommunikationsdienstleistungen» Körperschaften, die öffentliche Telekommunikationsnetze bereitstellen oder betreiben oder einen oder mehrere öffentliche Telekommunikationsdienste erbringen und die entweder öffentliche Behörden oder Unternehmen sind oder auf der Grundlage besonderer oder ausschliesslicher Rechte tätig sind, die ihnen von einer zuständigen Behörde einer der Vertragsparteien gewährt wurden;

(b) «öffentliches Telekommunikationsnetz» die öffentliche Telekommunikationsinfrastruktur, mit der Signale zwischen definierten Netzabschlusspunkten über Draht, über Richtpunkt, auf optischem oder anderem elektromagnetischem Wege übertragen werden;

(c) «öffentliche Telekommunikationsdienste» Dienste, die ganz oder teilweise aus der Übertragung und Weiterleitung von Signalen auf dem öffentlichen Telekommunikationsnetz durch Telekommunikationsverfahren bestehen, mit Ausnahme von Rundfunk und Fernsehen;

(d) «Anbieter von Dienstleistungen des Schienenverkehrs» Vergabestellen, die entweder staatliche Behörden oder öffentliche Unternehmen sind oder die mit ausschliesslichen oder besonderen Rechten ausgestattet sind, die ihnen zum Zweck der Ausübung dieser Tätigkeit von einer staatlichen Behörde einer der Vertragsparteien gewährt wurden, und zu deren Tätigkeiten das Betreiben von Netzen zur Versorgung der Öffentlichkeit im Bereich des Verkehrs per Schiene gehört;

(e) «im Bereich der Energieversorgung (mit Ausnahme der Stromversorgung) tätige Vergabestellen» Vergabestellen, die entweder staatliche Behörden oder öffentliche Unternehmen sind oder die mit ausschliesslichen oder besonderen Rechten ausgestattet sind, die ihnen zum Zweck der Ausübung dieser Tätigkeit von einer zuständigen Behörde einer der Vertragsparteien gewährt wurden und zu deren Tätigkeiten eine oder mehrere der unter Ziffern i und ii genannten Tätigkeiten gehören:

(i) Bereitstellung oder Betreiben fester Netze zur Versorgung der Öffentlichkeit im Zusammenhang mit der Produktion, dem Transport oder der Verteilung von Gas oder Wärme oder die Versorgung dieser Netze mit Gas oder Wärme,

(ii) Nutzung eines geographisch abgegrenzten Gebietes zum Zwecke der Suche oder Förderung von Erdöl, Gas, Kohle oder anderen Festbrennstoffen;

(f) «private Vergabestellen, die öffentliche Dienstleistungen erbringen» Vergabestellen, die nicht unter das GPA fallen, jedoch mit ausschliesslichen oder besonderen Rechten ausgestattet sind, die ihnen für die Ausübung dieser Tätigkeit von einer zuständigen Behörde einer der Vertragsparteien verliehen wurden und zu deren Tätigkeiten eine oder mehrere der unter den Ziffern i bis v genannten Tätigkeiten gehören:

(i) Bereitstellung oder Betreiben fester Netze zur Versorgung der Öffentlichkeit im Zusammenhang mit der Produktion, dem Transport oder der Verteilung von Trinkwasser oder die Versorgung dieser Netze mit Trinkwasser,

(ii) Bereitstellung oder Betreiben fester Netze zur Versorgung der Öffentlichkeit im Zusammenhang mit der Produktion, dem Transport oder der Verteilung von Strom oder die Versorgung dieser Netze mit Strom,

(iii) Versorgung von Beförderungsunternehmen im Luftverkehr mit Flughäfen oder sonstigen Verkehrsendeinrichtungen,

(iv) Versorgung von Beförderungsunternehmen im See- oder Binnenschiffsverkehr mit Häfen oder sonstigen Verkehrsendeinrichtungen,

(v) Betreiben von Netzen zur Versorgung der Öffentlichkeit im Bereich des städtischen Verkehrs per Schiene, automatische Systeme, Strassenbahn, Trolleybus, Bus oder Kabel.

(3) Dieses Abkommen gilt für die Gesetze, Vorschriften und Praktiken im Zusammenhang mit den Beschaffungen der in diesem Artikel definierten und in den Anhängen I bis IV aufgeführten Anbietern von Telekommunikationsdienstleistungen und von Dienstleistungen des Schienenverkehrs der Vertragsparteien, der im Bereich der Energieversorgung mit Ausnahme der Stromversorgung tätigen Vergabestellen und der privaten Vergabestellen, die öffentliche Dienstleistungen erbringen (nachfolgend «Vergabestellen» genannt) sowie für jede Vergabe von Aufträgen durch diese Vergabestellen.

(4) Die Artikel 4 und 5 gelten für Aufträge oder Serienaufträge, deren geschätzter Auftragswert ohne Mehrwertsteuer nicht weniger beträgt als:

(a) im Falle der von den Anbietern von Telekommunikationsdienstleistungen vergebenen Aufträge

(i) 600 000 Euro oder der Gegenwert in SZR bei Liefer- und Dienstleistungsaufträgen,

(ii) 5 000 000 Euro oder der Gegenwert in SZR bei Bauaufträgen;

(b) im Falle der von Anbietern von Dienstleistungen des Schienenverkehrs und den im Bereich der Energieversorgung mit Ausnahme der Stromversorgung tätigen Vergabestellen vergebenen Aufträge

(i) 400 000 Euro oder der Gegenwert in SZR bei Liefer- und Dienstleistungsaufträgen,

(ii) 5 000 000 Euro oder der Gegenwert in SZR bei Bauaufträgen,

(c) im Falle der von privaten Vergabestellen, die öffentliche Dienstleistungen erbringen, vergebenen Aufträge:

(i) 400 000 SZR oder der Gegenwert in Euro bei Liefer- und Dienstleistungsaufträgen,

(ii) 5 000 000 SZR oder der Gegenwert in Euro bei Bauaufträgen.

Der Gegenwert des Euro in SZR wird nach den Verfahren des Übereinkommens über das öffentliche Beschaffungswesen (GPA) festgesetzt.

(5) Dieses Kapitel gilt nicht für Aufträge, die Anbieter von Telekommunikationsdienstleistungen für Einkäufe ausschliesslich in Verbindung mit einem oder mehreren Telekommunikationsdienstleistungen vergeben, sofern andere Unternehmen die Möglichkeit haben, diese Dienstleistungen in demselben geographischen Gebiet unter im Wesentlichen gleichen Bedingungen anzubieten. Jede Vertragspartei unterrichtet die andere unverzüglich über derartige Aufträge. Diese Bestimmung gilt unter den oben genannten Bedingungen ebenfalls für die von den Anbietern von Dienstleistungen des Schienenverkehrs, den im Bereich der Energieversorgung mit Ausnahme der Stromversorgung tätigen Vergabestellen und den privaten Vergabestellen, die öffentliche Dienstleistungen erbringen, vergebenen Aufträge, sobald diese Sektoren liberalisiert sind.

(6) Was die Dienstleistungen einschliesslich der Bauleistungen anbelangt, so gilt dieses Abkommen für diejenigen, die in den Anhängen VI und VII aufgeführt sind.

(7) Dieses Abkommen gilt nicht für die Vergabestellen, wenn sie folgende Bedingungen erfüllen: für die Gemeinschaft: die Bedingungen in Artikel 2 Absätze 4 und 5, Artikel 3, Artikel 6 Absatz 1, Artikel 7 Absatz 1, Artikel 9 Absatz 1, den Artikeln 10, 11 und 12 sowie Artikel 13 Absatz 1 der Richtlinie 93/38/EWG, zuletzt geändert durch die Richtlinie 98/4/EG vom 16. Februar 1998 (ABl. L 101 vom 1.4.1998, S. 1) und für die Schweiz die Bedingungen in den Anhängen VI und VIII.

Dieses Abkommen gilt auch nicht für die von Anbietern von Dienstleistungen des Schienenverkehrs vergebenen Aufträge, deren Gegenstand der Erwerb oder die Miete von

Produkten ist, um die gemäss den Bestimmungen dieses Abkommens vergebenen Lieferaufträge zu refinanzieren.

Art. 4 Verfahren zur Vergabe der Aufträge

(1) Die Vertragsparteien achten darauf, dass die von ihren Vergabestellen angewandten Verfahren und Praktiken der Auftragsvergabe den Grundsätzen der Nichtdiskriminierung, der Transparenz und der Gleichbehandlung entsprechen. Diese Verfahren und Praktiken müssen mindestens folgende Bedingungen erfüllen:

(a) Der Aufruf zum Wettbewerb erfolgt durch Veröffentlichung einer Bekanntmachung von geplanten Beschaffungsaufträgen, einer als Hinweis dienenden Bekanntmachung oder einer Bekanntmachung über das Bestehen eines Prüfungssystems. Diese Bekanntmachungen oder eine Zusammenfassung ihrer wichtigsten Bestandteile sind, was die Schweiz betrifft, auf nationaler Ebene, und was die Gemeinschaft betrifft, auf Gemeinschaftsebene in mindestens einer Amtssprache des GPA zu veröffentlichen. Sie enthalten alle erforderlichen Informationen über die geplante Beschaffung, falls möglich einschliesslich der Art des angewandten Vergabeverfahrens.

(b) Die Fristen müssen so bemessen sein, dass es den Lieferanten oder den Dienstleistungserbringern möglich ist, ihre Angebote auszuarbeiten und einzureichen.

(c) Die Ausschreibungsunterlagen enthalten alle erforderlichen Informationen, insbesondere die technischen Spezifikationen und die Auswahl- und Vergabekriterien, damit die Bieter ordnungsgemässe Angebote einreichen können. Die Ausschreibungsunterlagen werden den Lieferanten oder den Dienstleistungserbringern auf Anfrage zugesandt.

(d) Die Auswahlkriterien müssen nichtdiskriminierend sein. Verwendet eine Vergabestelle ein Prüfungssystem, so muss dieses auf der Grundlage im voraus festgelegter und nichtdiskriminierender Kriterien gehandhabt werden, und das Teilnahmeverfahren und die Teilnahmebedingungen müssen auf Anfrage angegeben werden.

(e) Das für die Auftragsvergabe massgebende Kriterium ist entweder das wirtschaftlich günstigste Angebot unter Berücksichtigung besonderer Wertungskriterien wie Lieferfrist oder Ausführungsdauer, Preis-Leistungs-Verhältnis, Qualität, technischer Wert, Kundendienst und Verpflichtungen hinsichtlich der Ersatzteile, Preis usw. oder ausschliesslich der niedrigste Preis.

(2) Die Vertragsparteien stellen sicher, dass die von ihren Vergabestellen in den Ausschreibungsunterlagen festgelegten technischen Spezifikationen eher in Bezug auf die Funktionsmerkmale als in Bezug auf die Entwurfs- und die beschreibenden Merkmale definiert werden. Diese Spezifikationen werden auf internationale Normen, soweit solche bestehen, oder anderenfalls auf nationale technische Vorschriften, anerkannte nationale Normen oder Bauvorschriften gestützt. Alle technischen Spezifikationen, die mit dem Ziel oder der Wirkung aufgestellt oder angewendet werden, die Beschaffung von Waren oder Dienstleistungen der anderen Vertragspartei durch die Vergabestelle der

Vertragspartei oder den damit zusammenhängenden Handel zwischen den Vertragsparteien zu behindern, sind untersagt.

Art. 5 Beschwerdeverfahren

(1) Die Vertragsparteien richten nichtdiskriminierende, rasch greifende, transparente und wirksame Verfahren ein, damit Lieferanten oder Dienstleistungserbringer gegen angebliche Verletzungen dieses Abkommens bei Beschaffungen, an denen sie ein Interesse haben oder hatten, Beschwerde erheben können. Es gelten die Beschwerdeverfahren des Anhangs V.

(2) Die Vertragsparteien stellen sicher, dass ihre Vergabestellen die einschlägigen Unterlagen über die unter dieses Abkommen fallenden Beschaffungsverfahren für die Dauer von mindestens drei Jahren aufbewahren.

(3) Die Vertragsparteien stellen sicher, dass die Beschlüsse der für die Beschwerdeverfahren zuständigen Instanzen wirksam durchgesetzt werden.

Kapitel III
Allgemeine und Schlussbestimmungen

Art. 6 Nichtdiskriminierung

(1) Die Vertragsparteien stellen sicher, dass hinsichtlich der Verfahren und Praktiken der Vergabe von Aufträgen, deren Auftragswert über den in Artikel 3 Absatz 4 festgelegten Schwellenwerten liegt, die in ihrem jeweiligen Gebiet niedergelassenen Vergabestellen

(a) Waren, Dienstleistungen, Lieferanten und Dienstleistungserbringer der anderen Vertragspartei nicht ungünstiger behandeln als

  (i) inländische Waren, Dienstleistungen, Lieferanten und Dienstleistungserbringer oder

  (ii) Waren, Dienstleistungen, Lieferanten und Dienstleistungserbringer eines Drittlandes;

(b) einen im Inland niedergelassenen Lieferanten oder Dienstleistungserbringer nicht auf Grund des Grades seiner Zugehörigkeit zu einer natürlichen oder einer juristischen Person der anderen Vertragspartei, deren Eigentumsrechte an ihm oder Kontrolle über ihn, ungünstiger behandeln als einen anderen im Inland niedergelassenen Lieferanten oder Dienstleistungserbringer;

(c) einen im Inland niedergelassenen Lieferanten oder Dienstleistungserbringer nicht auf Grund der Tatsache diskriminieren, dass die gelieferte Ware oder die erbrachte Dienstleistung aus der anderen Vertragspartei stammt;

(d) keine Kompensationen («offsets») bei der Qualifikation und der Auswahl der Waren,

Dienstleistungen, Lieferanten und Dienstleistungserbringer oder bei der Bewertung der Angebote und der Auftragsvergabe verlangen.

(2) Die Vertragsparteien verpflichten sich, weder den zuständigen Behörden noch den Vergabestellen auf irgendeine Weise eine direkt oder indirekt diskriminierende Verhaltensweise vorzuschreiben. Eine Liste der Bereiche, in denen eine solche Diskriminierung möglich wäre, befindet sich in Anhang X.

(3) Was die Verfahren und Praktiken der Vergabe von Aufträgen, deren Auftragswert unter den in Artikel 3 Absatz 4 festgesetzten Schwellenwerten liegt, anbelangt, so verpflichten sich die Vertragsparteien, ihre Vergabestellen aufzufordern, die Lieferanten und Dienstleistungserbringer der anderen Vertragspartei gemäss den Bestimmungen von Absatz 1 zu behandeln. Die Vertragsparteien vereinbaren, dass diese Bestimmung spätestens fünf Jahre nach dem Inkrafttreten dieses Abkommens im Lichte der im Rahmen der gegenseitigen Beziehungen gewonnenen Erfahrungen überprüft wird. Zu diesem Zweck erstellt der Gemischte Ausschuss Listen der Fälle, in denen der in Artikel 6 enthaltene Grundsatz zur Anwendung kommt.

(4) Die in Absatz 1 insbesondere unter Buchstabe a Ziffer i und in den Absätzen 2 und 3 dargelegten Grundsätze berühren nicht die Massnahmen, die durch den gemeinschaftsinternen Integrationsprozess und die Schaffung und das Funktionieren des Binnenmarktes der Gemeinschaft sowie die Entwicklung des Binnenmarktes der Schweiz erforderlich werden. Desgleichen berühren diese insbesondere unter Buchstabe a Ziffer ii dargelegten Grundsätze nicht die in Übereinstimmung mit bestehenden oder künftigen Abkommen über regionale wirtschaftliche Integration gewährte Präferenzbehandlung. Die Anwendung dieser Bestimmung darf jedoch nicht dieses Abkommen gefährden. Die Massnahmen, auf die dieser Absatz Anwendung findet, werden in Anhang IX aufgeführt; jede Vertragspartei kann weitere Massnahmen notifizieren, für die dieser Absatz gilt. Auf Antrag einer der Vertragsparteien finden Beratungen im Gemischten Ausschuss statt, um das reibungslose Funktionieren dieses Abkommens zu gewährleisten.

Art. 7 Informationsaustausch

(1) Soweit es die ordnungsgemässe Anwendung von Kapitel II verlangt, unterrichten die Vertragsparteien einander über die vorgesehenen Änderungen in ihren einschlägigen Rechtsvorschriften, die in den Anwendungsbereich dieses Abkommens fallen oder fallen können (Vorschläge für Richtlinien, Entwürfe von Gesetzen und Verordnungen und Entwürfe für Änderungen der Interkantonalen Vereinbarung).

(2) Die Vertragsparteien unterrichten einander über alle anderen Fragen im Zusammenhang mit der Auslegung und Anwendung dieses Abkommens.

(3) Die Vertragsparteien teilen einander die Namen und Adressen der «Kontaktstellen» mit, die damit beauftragt sind, Informationen über die Rechtsvorschriften zu liefern, die in den Anwendungsbereich dieses Abkommens sowie des GPA fallen, auch auf lokaler Ebene.

Art. 8 Überwachungsbehörde

(1) Die Durchführung dieses Abkommens wird in jeder Vertragspartei von einer unabhängigen Überwachungsbehörde überwacht. Diese Behörde ist befugt, alle Reklamationen oder Beschwerden über die Anwendung dieses Abkommens entgegenzunehmen. Sie handelt schnell und effizient.

(2) Spätestens zwei Jahre nach Inkrafttreten dieses Abkommens ist die Überwachungsbehörde ebenfalls befugt, bei Verstössen gegen dieses Abkommen im Rahmen eines Verfahrens zur Vergabe von Aufträgen gegen die beteiligten Vergabestellen ein Verfahren einzuleiten oder verwaltungstechnische oder rechtliche Schritte zu unternehmen.

Art. 9 Dringlichkeitsmassnahmen

(1) Falls eine Vertragspartei der Auffassung ist, dass die andere Vertragspartei einer Verpflichtung aus diesem Abkommen nicht nachgekommen ist oder dass Rechts- und Verwaltungsvorschriften oder Praktiken der anderen Vertragspartei die Vorteile, die sich auf Grund dieses Abkommens für sie ergeben, wesentlich schmälern oder zu schmälern drohen, und falls die Vertragsparteien nicht in der Lage sind, unverzüglich angemessene Ausgleichsmassnahmen oder andere Abhilfemassnahmen zu vereinbaren, so kann die beeinträchtigte Vertragspartei unbeschadet anderer nach internationalem Recht für sie bestehender Rechte und Verpflichtungen die Anwendung dieses Abkommens teilweise oder gegebenenfalls ganz aussetzen; die andere Vertragspartei ist davon umgehend zu unterrichten. Die beeinträchtigte Vertragspartei kann dieses Abkommen ebenfalls gemäss Artikel 18 Absatz 3 beenden.

(2) Der Umfang und die Dauer dieser Massnahmen werden auf das Mass beschränkt, das unbedingt notwendig ist, um den Zustand zu beheben und gegebenenfalls ein ausgewogenes Gleichgewicht der Rechte und Pflichten aus diesem Abkommen sicherzustellen.

Art. 10 Streitbeilegung

Jede Vertragspartei kann den Gemischten Ausschuss mit der Regelung einer Streitigkeit hinsichtlich der Auslegung oder Anwendung dieses Abkommens befassen. Der Ausschuss bemüht sich, die Streitigkeit beizulegen. Dem Gemischten Ausschuss müssen alle sachdienlichen Auskünfte erteilt werden, die für eine eingehende Prüfung der Angelegenheit im Hinblick auf eine annehmbare Lösung erforderlich sind. Zu diesem Zweck untersucht der Gemischte Ausschuss alle Möglichkeiten, mit denen das ordnungsgemässe Funktionieren dieses Abkommens gewahrt werden kann.

Art. 11 Gemischter Ausschuss

(1) Es wird ein Gemischter Ausschuss eingesetzt, der für die Verwaltung und ordnungsgemässe Anwendung dieses Abkommens zuständig ist. Zu diesem Zweck sorgt er für den Meinungs- und Informationsaustausch und bildet den Rahmen für Beratungen zwischen den Vertragsparteien.

(2) Der Ausschuss setzt sich aus Vertretern der Vertragsparteien zusammen und äussert sich in gemeinsamem Einvernehmen. Er gibt sich eine Geschäftsordnung und kann Arbeitsgruppen einsetzen, die ihn bei der Erfüllung seiner Aufgaben unterstützen.

(3) Zum Zwecke eines ordnungsgemässen Funktionierens dieses Abkommens tritt der Gemischte Ausschuss mindestens einmal pro Jahr oder auf Verlangen einer der Vertragsparteien zusammen.

(4) Der Gemischte Ausschuss prüft regelmässig die Anhänge zu diesem Abkommen. Er kann sie auf Verlangen einer der Vertragsparteien ändern.

Art. 12 Informationstechnologien

(1) Die Vertragsparteien arbeiten zusammen, um sicherzustellen, dass die in ihren Datenbanken enthaltenen Informationen über die Beschaffungen, insbesondere die Ausschreibungen und Ausschreibungsunterlagen, hinsichtlich ihrer Qualität und des Zugangs vergleichbar sind. Desgleichen arbeiten sie zusammen, um sicherzustellen, dass die Informationen, die mit Hilfe ihrer jeweiligen elektronischen Mittel im Zusammenhang mit öffentlichen Beschaffungen zwischen den Beteiligten ausgetauscht werden, hinsichtlich ihrer Qualität und des Zugangs vergleichbar sind.

(2) Die Vertragsparteien treffen nach Einigung über die Vergleichbarkeit der in Absatz 1 genannten Informationen unter gebührender Berücksichtigung der Fragen der Interoperabilität und der Verbundfähigkeit die erforderlichen Massnahmen, damit die Lieferanten und Dienstleistungserbringer der anderen Vertragspartei Zugang zu den Informationen über die Beschaffungen, insbesondere zu den Ausschreibungen, in ihren Datenbanken erhalten. So stellt jede Vertragspartei den Zugang der Lieferanten und Dienstleistungserbringer der anderen Vertragspartei zu ihren elektronischen Systemen für das Beschaffungswesen, insbesondere zu ihren elektronischen Ausschreibungen, sicher. Ferner kommen die Vertragsparteien den Bestimmungen des Artikels XXIV Nummer 8 des GPA nach.

Art. 13 Durchführung des Abkommens

(1) Die Vertragsparteien ergreifen alle allgemeinen und besonderen Massnahmen, die für die Erfüllung der in diesem Abkommen enthaltenen Verpflichtungen erforderlich sind.

(2) Sie enthalten sich aller Massnahmen, die die Verwirklichung der in diesem Abkommen enthaltenen Ziele gefährden könnten.

Art. 14 Überprüfung des Abkommens

Die Vertragsparteien überprüfen dieses Abkommen spätestens drei Jahre nach seinem Inkrafttreten, um gegebenenfalls seine Anwendung zu verbessern.

Art. 15 Beziehung zu den WTO-Übereinkommen

Die Rechte und Pflichten, die sich für die Vertragsparteien aus den im Rahmen der WTO geschlossenen Übereinkommen ergeben, bleiben von diesem Abkommen unberührt.

Art. 16 Räumlicher Geltungsbereich

Dieses Abkommen gilt für die Gebiete, in denen der Vertrag zur Gründung der Europäischen Gemeinschaft Anwendung findet, und nach Massgabe jenes Vertrags einerseits und für das Hoheitsgebiet der Schweiz andererseits.

Art. 17 Anhänge

Die Anhänge sind Bestandteil dieses Abkommens.

Art. 18 Inkrafttreten und Geltungsdauer

(1) Dieses Abkommen bedarf der Ratifikation oder Genehmigung durch die Vertragsparteien gemäss ihren eigenen Verfahren. Es tritt am ersten Tag des zweiten Monats in Kraft, der auf die letzte Notifizierung der Hinterlegung der Ratifikations- oder Genehmigungsurkunden aller nachstehenden sieben Abkommen folgt:

- Abkommen über bestimmte Aspekte des öffentlichen Beschaffungswesens;
- Abkommen über die Freizügigkeit[4];
- Abkommen über den Luftverkehr[5];
- Abkommen über den Güter- und Personenverkehr auf Schiene und Strasse[6];
- Abkommen über den Handel mit landwirtschaftlichen Erzeugnissen[7];
- Abkommen über die gegenseitige Anerkennung von Konformitätsbewertungen[8];
- Abkommen über die wissenschaftliche und technologische Zusammenarbeit[9].

4　SR **0.142.112.681**.
5　SR **0.748.127.192.68**.
6　SR **0.740.72**.
7　SR **0.916.026.81**.
8　SR **0.946.526.81**.
9　SR **0.420.513.1**.

(2) Dieses Abkommen wird für eine anfängliche Dauer von sieben Jahren geschlossen. Es verlängert sich für unbestimmte Zeit, sofern die Gemeinschaft oder die Schweiz der anderen Vertragspartei vor Ablauf der anfänglichen Geltungsdauer nichts Gegenteiliges notifiziert. Im Falle einer solchen Notifikation findet Absatz 4 Anwendung.

(3) Die Gemeinschaft oder die Schweiz kann dieses Abkommen durch Notifikation gegenüber der anderen Vertragspartei kündigen. Im Falle einer solchen Notifikation findet Absatz 4 Anwendung.

(4) Die in Absatz 1 aufgeführten sieben Abkommen treten sechs Monate nach Erhalt der Notifikation über die Nichtverlängerung gemäss Absatz 2 oder über die Kündigung gemäss Absatz 3 ausser Kraft.

Geschehen zu Luxemburg am einundzwanzigsten Juni neunzehnhundertneunundneunzig in zwei Urschriften in dänischer, deutscher, englischer, finnischer, französischer, griechischer, italienischer, niederländischer, portugiesischer, spanischer und schwedischer Sprache abgefasst, wobei jeder Wortlaut gleichermassen verbindlich ist.

Für die Schweizerische Eidgenossenschaft:	Für die Europäische Gemeinschaft:
Pascal Couchepin Joseph Deiss	Joschka Fischer Hans van den Broek

Anhang III B – Schweiz

a) Beförderungen oder Verteilung von Gas oder Fernwärme

Stellen, die gestützt auf eine Konzession gemäss Artikel 2 des Rohrleitungsgesetzes vom 4. Oktober 1963[10] Gas befördern oder verteilen.

Stellen, die gestützt auf eine kantonale Konzession Fernwärme befördern oder verteilen.

Beispiele: SWISSGAS AG, Gaznat SA, Gasverbund Ostschweiz AG, REFUNA AG, Cadbar SA.

b) Öl- und Gasgewinnung

Stellen, die gestützt auf das Interkantonale Konkordat vom 24. September 1955[11] betreffend die Schürfung und Ausbeutung von Erdöl zwischen den Kantonen Zürich, Schwyz, Glarus, Zug, Schaffhausen, Appenzell Ausserrhoden, Appenzell Innerrhoden, St. Gallen, Aargau und Thurgau Öl und Gas gewinnen.

Beispiel: Seag AG.

c) Schürfen und Gewinnung von Kohle oder anderen Festbrennstoffen

---

10 SR **746.1**.
11 SR **931.1**.

Keine Stelle in der Schweiz.

Anhang IV B – Schweiz

Spezifikation der privaten Stellen gemäss Artikel 3, Absatz 1 und 2 f) des Abkommens

a) Gewinnung, Fortleitung und Verteilung von Trinkwasser

Stellen, die Trinkwasser gewinnen, fortleiten oder verteilen. Diese Stellen sind nach kantonalem oder lokalem Recht oder auf Grund von Vereinbarungen, die in Übereinstimmung mit diesem Recht stehen, tätig.

Beispiele: Wasserversorgung Zug AG, Wasserversorgung Düdingen.

b) Erzeugung, Fortleitung oder Verteilung von elektrischem Strom

Stellen, die elektrischen Strom fortleiten und verteilen und denen gemäss BG vom 24. Juni 1902[12] betreffend die elektrischen Schwach- und Starkstromanlagen das Enteignungsrecht erteilt werden kann.

Stellen, die elektrischen Strom erzeugen gemäss BG vom 22. Dezember 1916[13] über die Nutzbarmachung der Wasserkräfte und BG vom 23. Dezember 1959[14] über die friedliche Verwendung der Atomenergie.

Beispiele: CKW, ATEL, EGL.

c) Verkehr per Stadtbahn, automatische Systeme, Strassenbahn, Trolleybus, Bus oder Kabel

Stellen, die Strassenbahnen gemäss Artikel 2, Absatz 1, Eisenbahnsgesetz vom 20. Dezember 1957[15] (EBG) betreiben.

Stellen, die öffentliche Verkehrsleistungen gemäss Artikel 4, Absatz 1, des BG vom 29. März 1950[16] über die Trolleybusunternehmungen bereitstellen.

Stellen, die gewerbsmässig mit regelmässigen Fahrten nach Fahrplan Reisende befördern auf Grund einer Konzession gemäss Artikel 4 des BG vom 18. Juni 1993[17] über die Personenbeförderung und die Zulassung als Strassentransportunternehmung, wenn für deren Linien eine Erschliessungsfunktion nach Artikel 5, Absatz 3 der Verordnung vom 18. Dezember 1995[18] über Abgeltungen, Darlehen und Finanzhilfen nach Eisenbahngesetz gegeben ist.

---

12 SR 734.0.
13 SR 721.80.
14 SR 732.0.
15 SR 742.101.
16 SR 744.21.
17 SR 744.10.
18 SR 742.101.1.

d) Flughäfen

Stellen, die auf Grund einer Konzession gemäss Artikel 37, Absatz 1 des BG vom 21. Dezember 1948[19] über die Luftfahrt Flughäfen betreiben.

Beispiele: Bern-Belp, Birrfeld, Grenchen, Samedan.

---

19   SR **748.0**.

Anhang V

(zu Art. 5 des Abkommens – Beschwerdeverfahren)

1. Beschwerden werden einem Gericht oder einer unparteiischen und unabhängigen Prüfinstanz vorgelegt, die kein Interesse an dem Ergebnis des Vergabeverfahrens hat, deren Mitglieder keinem externen Einfluss unterliegen und deren Entscheidungen rechtlich bindend sind. Sofern für die Beschwerde eine Frist vorgesehen ist, muss diese mindestens zehn Tage betragen und darf erst zu dem Zeitpunkt zu laufen beginnen, zu dem der Beschwerdegrund bekannt wurde oder bekannt sein musste.

Eine Prüfinstanz, die kein Gericht ist, unterliegt entweder gerichtlicher Kontrolle oder arbeitet nach Verfahren, die

a) gewährleisten, dass die Teilnehmer vor der Entscheidung gehört werden, dass sie während des Verfahrens vertreten und begleitet werden können und zum gesamten Verfahren Zugang erhalten,

b) es ermöglichen, Zeugen zu hören und die verlangen, dass Unterlagen im Zusammenhang mit dem Auftrag, die für den guten Verfahrensverlauf benötigt werden, der Prüfinstanz offengelegt werden,

c) gewährleisten, dass die Verfahren öffentlich sein können und die Entscheidungen schriftlich gefasst und begründet werden.

2. Vertragsparteien stellen sicher, dass die Massnahmen im Zusammenhang mit den Beschwerdeverfahren zumindest die Ermächtigung beinhalten,

entweder

a) so schnell wie möglich vorsorgliche Massnahmen zu ergreifen, um die behauptete Verletzung zu berichtigen oder eine weitere Beeinträchtigung der betroffenen Interessen zu verhindern, einschliesslich Massnahmen zur Suspendierung des Vergabeverfahrens oder des Vollzugs einer Entscheidung der Stellen, die unter dieses Abkommen fallen, und

b) rechtswidrige Entscheidungen aufzuheben oder aufheben zu lassen, einschliesslich der Aufhebung diskriminierender technischer, wirtschaftlicher oder finanzieller Spezifikationen in der Bekanntmachung öffentlicher Aufträge, in der Bekanntmachung von Hinweisen auf Aufträge, in der Bekanntmachung eines Prüfungssystems oder in anderen Unterlagen im Zusammenhang mit dem Vergabeverfahren. Die Befugnisse des für das Beschwerdeverfahren zuständigen Organs können jedoch beschränkt werden auf die Zuerkennung von Schadenersatzansprüchen an durch Verletzungen dieses Abkommens Geschädigte, sofern der Vertrag von Stellen geschlossen wurde, die unter dieses Abkommen fallen;

oder

indirekt Druck auf die unter dieses Abkommen fallenden Stellen auszuüben, damit sie Verstösse berichtigen bzw. keine Verstösse begehen und um Benachteiligungen zu unterbinden.

3. Im Rahmen des Beschwerdeverfahrens werden auch die Schadenersatzansprüche geregelt, die durch die Verletzung dieses Abkommens entstehen. Ist der Schaden auf eine rechtswidrige Entscheidung zurückzuführen, so kann die Vertragspartei vorsehen, dass die strittige Entscheidung zunächst aufgehoben oder für rechtswidrig erklärt wird.

Anhang VI

(siehe Art. 3 Abs. 6 und 7 des Abkommens)

Dienstleistungen

Dieses Abkommen umfasst die folgenden Dienstleistungen aus der Klassifikation der Dienstleistungssektoren (siehe Dokument MTN.GNS/W/120):

Bezeichnung	Codes der CPC (Zentrale Gütersystematik)
Instandhaltung und Reparatur	6112, 6122, 633, 886
Landverkehr[20] einschliesslich Geldtransport und Kurierdienste, ohne Postverkehr	712 (ohne 71235) 7512, 87304
Fracht- und Personenbeförderung im Flugverkehr, ohne Postverkehr	73 (ohne 7321)
Postbeförderung im Landverkehr (ohne Eisenbahnverkehr) sowie Luftpostbeförderung	71235, 7321
Fernmeldewesen	752[21] (ohne 7524, 7525, 7526)
Finanzdienstleistungen:	ex 81
a) Versicherungsleistungen	812, 814
b) Bankleistungen und Wertpapiergeschäfte[22]	
Datenverarbeitung und verbundene Dienstleistungen	84
Buchführung und Buchprüfung	862
Markt- und Meinungsforschung	864
Unternehmensberatung und verbundene Dienstleistungen	865, 866[23]
Dienstleistungen von Architektur- und Ingenieurbüros; Stadt- und Landschaftsplanung; zugehörige wissenschaftliche und technische Beratung; technische Versuche und Analysen	867
Werbung	871
Gebäudereinigung und Hausverwaltung	874, 82201–82206
Verlegen und Drucken gegen Entgelt oder auf anderer vertraglicher Grundlage	88442
Abwasser- und Abfallbeseitigung sowie sonstige Entsorgung	94

---

20 Ohne Eisenbahnverkehr.
21 Fernsprech-, Telex-, Sprechfunk-, Funkruf- und Satellitenkommunikationsdienste.
22 Ohne Verträge über Finanzdienstleistungen im Zusammenhang mit Ausgabe, Ankauf, Verkauf und Übertragung von Wertpapieren oder anderen Finanzinstrumenten sowie Dienstleistungen der Zentralbanken.
23 Ohne Handels- und Ausgleichsdienste.

Die im Rahmen dieses Abkommens von den Parteien im Dienstleistungsbereich einschliesslich Bauleistungen eingegangenen Verpflichtungen beschränken sich auf die anfänglichen Verpflichtungen, spezifiziert in den letzten Angeboten der Gemeinschaft und der Schweiz, die im Rahmen des allgemeinen Abkommens über den Handel mit Dienstleistungen unterbreitet werden.

Dieses Abkommen gilt nicht für:

1. die Vergabe von öffentlichen Dienstleistungsaufträgen an eine Stelle, die ihrerseits öffentlicher Auftraggeber, im Sinne dieses Abkommens und der Anhänge 1, 2 oder 3 des WTO-Übereinkommens über das öffentliche Beschaffungswesen (GPA), ist und diese Aufträge auf Grund eines ausschliesslichen Rechts erhält, das sie gemäss veröffentlichter Rechts- oder Verwaltungsvorschriften innehat;

2. die Vergabe von öffentlichen Dienstleistungsaufträgen an verbundene Unternehmen oder die Vergabe von öffentlichen Dienstleistungsaufträgen durch ein Gemeinschaftsunternehmen, das zum Zwecke der Ausführung von Tätigkeiten im Sinne von Artikel 3 dieses Abkommens aus mehreren Vergabestellen gebildet wurde, an eine dieser Vergabestellen oder ein mit ihr verbundenes Unternehmen, sofern mindestens 80 % des durchschnittlichen Umsatzes dieses Unternehmens in den letzten drei Jahren aus der Erbringung dieser Dienstleistungen an verbundene Unternehmen stammen. Falls die gleichen oder ähnliche Dienstleistungen von mehr als einem mit der Vergabestelle verbundenen Unternehmen erbracht werden, ist der aus der Erbringung von Dienstleistungen herrührende Gesamtumsatz dieser Unternehmen zu berücksichtigen;

3. die Vergabe von öffentlichen Dienstleistungsaufträgen über Erwerb oder Miete von Grundstücken, vorhandenen Gebäuden oder anderen unbeweglichen Sachen oder in Bezug auf diesbezügliche Rechte, ungeachtet der Finanzmodalitäten;

4. Arbeitsverträge;

5. Verträge über Erwerb, Entwicklung, Produktion oder Koproduktion von Programmelementen durch Sendeanstalten sowie Verträge über Sendezeiten.

Anhang VII

(siehe Art. 3 Abs. 6 des Abkommens)

Bauleistungen

Spezifizierung der eingeschlossenen Bauleistungen:

1. Definition

Ein Vertrag über Bauleistungen hat zum Gegenstand jegliche Ausführung von Hoch- oder Tiefbauarbeiten im Sinne der Abteilung 51 der Zentralen Gütersystematik (CPC).

2. Liste der relevanten Bauleistungen aus Abteilung 51 der CPC

Vorbereitende Baustellenarbeiten	511
Hochbauarbeiten	512
Tiefbauarbeiten	513
Herstellung von Fertigteilbauten aus Beton auf der Baustelle	514
Spezialbauarbeiten	515
Bauinstallation	516
Baufertigstellungs- und Ausbauarbeiten	517
Sonstige Bauleistungen	518

Die im Rahmen dieses Abkommens von den Vertragsparteien im Dienstleistungsbereich einschliesslich Bauleistungen eingegangenen Verpflichtungen beschränken sich auf die anfänglichen Verpflichtungen, spezifiziert in den letzten Angeboten der Gemeinschaft und der Schweiz, die im Rahmen des Allgemeinen Abkommens über den Handel mit Dienstleistungen unterbreitet werden.

Anhang VIII

(zu Art. 3 Abs. 7 des Abkommens)

Schweiz

In der Schweiz gilt dieses Abkommen nicht

a) für Aufträge, die die Auftraggeber zu anderen Zwecken als zur Ausübung ihrer Tätigkeiten gemäss Artikel 3 Absatz 2 und den Anhängen I bis IV dieses Abkommens oder zu deren Ausübung ausserhalb der Schweiz vergeben;

b) für die Vergabe von Aufträgen zu Zwecken der Weiterveräusserung oder der Vermietung an Dritte, sofern der Auftraggeber kein besonderes oder ausschliessliches Recht für den Verkauf oder die Vermietung des Auftragsgegenstands besitzt und andere Stellen diesen Gegenstand unter denselben Bedingungen wie der Auftraggeber uneingeschränkt verkaufen oder vermieten können;

c) für Aufträge zur Wasserbeschaffung;

d) für die Vergabe von Aufträgen durch Auftraggeber, die keine staatlichen Behörden sind und die die Trinkwasser- oder Stromlieferung an öffentliche Versorgungsnetze gewährleisten, sofern die Trinkwasser- oder Stromerzeugung durch die betreffende Stelle erfolgt, weil der Verbrauch für die Ausübung einer anderen Tätigkeit als die unter Artikel 3 Absatz 2 Buchstabe f Ziffern i und ii angeführten notwendig ist, und wenn die Lieferung an das öffentliche Netz nur vom Eigenverbrauch der Stelle abhängt, und im Durchschnitt der letzten drei Jahre, einschliesslich des laufenden Jahres, 30 % der gesamten Trinkwasser- oder Stromerzeugung der betreffenden Stelle nicht überschritten hat;

e) für die Vergabe von Aufträgen durch Auftraggeber, die keine staatlichen Behörden sind und die die Gas- oder Wärmelieferung an öffentliche Versorgungsnetze gewährleisten, sofern die Gas- oder Wärmeerzeugung durch die betreffende Stelle das unvermeidbare Ergebnis einer anderen als der unter Artikel 3 Absatz 2 Buchstabe e Ziffer i genannten Tätigkeit ist und die Einspeisung in das öffentliche Netz nur zum Ziel hat, diese Erzeugung wirtschaftlich zu nutzen und im Durchschnitt der letzten drei Jahre, einschliesslich des laufenden Jahres, höchstens 20 % des Umsatzes der betreffenden Stelle entspricht;

f) für die Vergabe von Aufträgen zur Lieferung von Energie oder Brennstoffen für die Energieerzeugung;

g) für die Vergabe von Aufträgen durch Auftraggeber, die eine öffentliche Dienstleistung im Bereich des Busverkehrs erbringen, sofern andere Stellen diese Dienstleistung im Allgemeinen oder in einem bestimmten geographischen Gebiet unter denselben Bedingungen wie der Auftraggeber frei erbringen können;

h) für die Vergabe von Aufträgen durch Auftraggeber, die eine Tätigkeit gemäss Artikel 3 Absatz 2 Buchstabe d ausüben, sofern diese Aufträge den Verkauf oder das Leasing von Gütern zum Gegenstand haben, um die Refinanzierung des nach den Bestimmungen dieses Abkommens vergebenen Beschaffungsauftrags zu sichern;

i) für Aufträge, die im Rahmen eines internationalen Abkommens vergeben werden und sich auf die gemeinsame Errichtung oder Nutzung eines Werkes durch die Vertragsparteien beziehen;

j) für Aufträge, die im Rahmen des besonderen Verfahrens einer internationalen Organisation vergeben werden;

k) für Aufträge, die von den Vertragsparteien für vertraulich erklärt werden oder deren Durchführung gemäss den geltenden Rechts- oder Verwaltungsvorschriften der Vertragsparteien besondere Sicherheitsmassnahmen erfordert, oder wenn der Schutz wesentlicher Sicherheitsinteressen des betreffenden Landes dies erforderlich macht.

Anhang IX

(zu Art. 6 Abs. 4 des Abkommens)

Anhang IX A – Von der Europäischen Gemeinschaft notifizierte Massnahmen

Anhang IX B – Von der Schweiz notifizierte Massnahmen

- Die Rechtsmittel gemäss Artikel 6 Absatz 4 dieses Abkommens, die auf der Grundlage des Bundesgesetzes vom 6. Oktober 1995[24] über den Binnenmarkt in den Kantonen und Gemeinden für Aufträge unterhalb der Schwellenwerte eingeführt wurden.

---

24 SR **943.02**.

Anhang X

(zu Art. 6 Abs. 2 des Abkommens)

Beispiele für Bereiche, die eine solche Diskriminierung darstellen können

Alle Rechtsvorschriften, Verfahren oder Praktiken wie Abzüge, Preisvorteile, örtliche Auflagen in Bezug auf Inhalt, Investitionen oder Produktion, Bedingungen für die Erteilung von Lizenzen und Genehmigungen, Rechte auf Finanzierungen oder auf die Einreichung von Angeboten, die bei der Vergabe von öffentlichen Aufträgen Waren, Dienstleistungen, Lieferanten oder Dienstleistungserbringer der anderen Vertragspartei diskriminieren oder eine von diesem Abkommen erfasste Stelle dazu zwingen, sie zu diskriminieren.

Schlussakte

*Die Bevollmächtigten der Schweizerischen Eidgenossenschaft
und
der Europäischen Gemeinschaft,*

die am einundzwanzigsten Juni neunzehnhundertneunundneunzig in Luxemburg zur Unterzeichnung des Abkommens zwischen der Europäischen Gemeinschaft und der Schweizerischen Eidgenossenschaft über bestimmte Aspekte des öffentlichen Beschaffungswesens zusammengetreten sind, haben die folgenden, dieser Schlussakte beigefügten gemeinsamen Erklärungen angenommen:

Gemeinsame Erklärung zu den Verfahren zur Vergabe von Aufträgen und den Widerspruchsverfahren

Gemeinsame Erklärung zu den Überwachungsbehörden

Gemeinsame Erklärung über die Aktualisierung der Anhänge

Gemeinsame Erklärung über künftige zusätzliche Verhandlungen.

Sie haben ferner die folgenden, dieser Schlussakte beigefügten Erklärungen zur Kenntnis genommen:

Erklärung der Schweiz zum Prinzip der Gegenseitigkeit im Zusammenhang mit der Öffnung der Märkte für Lieferanten und Dienstleistungserbringer der EG auf Ebene der Bezirke und Gemeinden

Erklärung zur Teilnahme der Schweiz an den Ausschüssen.

Geschehen zu Luxemburg am einundzwanzigsten Juni neunzehnhundertneunundneunzig.

Für die Schweizerische Eidgenossenschaft: Pascal Couchepin Joseph Deiss	Für die Europäische Gemeinschaft: Joschka Fischer Hans van den Broek

Gemeinsame Erklärung zu den Verfahren zur Vergabe von Aufträgen und den Beschwerdeverfahren

Die Vertragsparteien kommen überein, dass ihre Pflichten gemäss Artikel 4 und 5 des Abkommens über bestimmte Aspekte des öffentlichen Beschaffungswesens erfüllt sind, wenn sie einerseits von den Schweizer Vergabestellen die Einhaltung der Vorschriften des GPA und andererseits von den Vergabestellen der Gemeinschaft und ihrer Mitgliedstaaten die Einhaltung der Vorschriften der Richtlinie 93/38/EWG, zuletzt geändert durch die Richtlinie 4/98/EG vom 16. Februar 1998 (ABl. L 101 vom 1. 4. 1998, S. 1), sowie der Richtlinie 92/13/EWG vom 25. Februar 1992 (ABl. L 76 vom 23.3.1992, S. 14) verlangen.

Gemeinsame Erklärung zu den Überwachungsbehörden

Für die Gemeinschaft kann die Kommission der Europäischen Gemeinschaften oder eine unabhängige nationale Behörde eines Mitgliedstaates Überwachungsbehörde gemäss Artikel 8 des Abkommens sein, wobei keine dieser Behörden die ausschliessliche Zuständigkeit besitzt, im Rahmen dieses Abkommens zu intervenieren. Gemäss Artikel 211 EG-Vertrag besitzt die Kommission der Europäischen Gemeinschaften bereits die in Artikel 8 Absatz 2 genannten Befugnisse.

Für die Schweiz kann eine Bundesbehörde für das gesamte schweizerische Territorium oder eine Kantonsbehörde im Rahmen ihrer Zuständigkeit Überwachungsbehörde sein.

Gemeinsame Erklärung über die Aktualisierung der Anhänge

Die Vertragsparteien verpflichten sich, die Anhänge des Abkommens über bestimmte Aspekte des öffentlichen Beschaffungswesens spätestens einen Monat nach Inkrafttreten dieses Abkommens zu aktualisieren.

Gemeinsame Erklärung über künftige zusätzliche Verhandlungen

Die Europäische Gemeinschaft und die Schweizerische Eidgenossenschaft erklären, dass sie beabsichtigen, Verhandlungen aufzunehmen im Hinblick auf den Abschluss von Abkommen in Bereichen von gemeinsamem Interesse wie der Aktualisierung des Protokolls 2[25] des Freihandelsabkommens von 1972 und der Beteiligung der Schweiz an bestimmten Gemeinschaftsprogrammen in den Bereichen Bildung, Jugend, Medien, Statistik und Umwelt. Diese Verhandlungen sollten bald nach Abschluss der derzeitigen bilateralen Verhandlungen vorbereitet werden.

---

[25] SR **0.632.401.2**.

Erklärung der Schweiz zum Prinzip der Gegenseitigkeit
im Zusammenhang mit der Öffnung der Märkte für Lieferanten und Dienstleistungserbringer der EG auf Ebene der Bezirke und
Gemeinden

Gemäss dem Prinzip der Gegenseitigkeit und um den Zugang zur Vergabe von Aufträgen in der Schweiz auf Ebene der Bezirke und Gemeinden auf Lieferanten und Dienstleistungserbringer der EG zu beschränken, fügt die Schweiz in Ziffer 1 der Allgemeinen Anmerkung zu den Anhängen des Übereinkommens über das öffentliche Beschaffungswesen (Government Procurement Agreement, GPA) einen neuen Absatz folgenden Inhalts ein:

«hinsichtlich der Vergabe von Aufträgen durch die in Ziffer 3 des Anhangs 2 genannten Stellen an Lieferanten und Dienstleistungserbringer aus Kanada, Israel, Japan, Korea, Norwegen, den Vereinigten Staaten von Amerika, Hongkong (China), Singapur und Aruba».

Erklärung zur Teilnahme der Schweiz an den Ausschüssen

Der Rat kommt überein, dass die Vertreter der Schweiz für die sie betreffenden Fragen als Beobachter an den Sitzungen folgender Ausschüsse und Sachverständigengruppen teilnehmen:

- Ausschüsse von Forschungsprogrammen einschliesslich des Ausschusses für wissenschaftliche und technische Forschung (CREST)
- Verwaltungskommission für die soziale Sicherheit der Wanderarbeitnehmer
- Koordinierungsgruppe für die Anerkennung der Hochschuldiplome
- Beratende Ausschüsse über Flugstrecken und die Anwendung der Wettbewerbsregeln im Luftverkehr.

Diese Ausschüsse treten ohne die Vertreter der Schweiz zu Abstimmungen zusammen.

Was die übrigen Ausschüsse betrifft, die Bereiche behandeln, die unter diese Abkommen fallen und in denen die Schweiz den gemeinschaftlichen Besitzstand übernommen hat oder gleichwertige Rechtsvorschriften anwendet, so wird die Kommission die schweizerischen Sachverständigen gemäss der Regelung des Artikels 100 EWR-Abkommen[26] konsultieren.

---

26   BBl 1992 IV 668.

Sachregister

A

Abbruch des Verfahrens Art. 21 N 11; Art. 27 N 5; Art. 35 N 10; Art. 43 N 1 ff.; Art. 56 N 24
- Beschwerdeobjekt Art. 53 N 16
- definitiver Art. 43 N 7, 9
- Eröffnung Art. 56 N 7
- provisorischer Art. 43 N 7
- Teilabbruch Art. 43 N 6
- Verschulden Art. 43 N 4

Abdeckungsvorschlag Art. 57 N 35 f.

Abgebotsrunden Art. 35 N 46; Art. 39 N 21
- Verbot Art. 39 N 3, 6, 32
- Verzicht Art. 11 N 18 ff.; Art. 23 N 10

Abgeltung Art. 4 N 32; Art. 9 N 45, 66
- Abgrenzung
  - Finanzhilfen Art. 10 N 13

Abkommen
- Assoziierung Einf. in int. Kontext N 36
- sektorielles Einf. in int. Kontext N 36

Abmahnungspflicht siehe Varianten
- Varianten Art. 33 N 26

Abrufverfahren Art. 25 N 14 f., 17; Art. 45 N 18; siehe auch Rahmenvertrag
- Ausgestaltung Art. 25 N 21
- Kriterien Art. 25 N 18 ff.

Abschlussermächtigung Art. 42 N 29, 31
- Vertrag Art. 42 N 24

Abschlussfreiheit Art. 8 N 13
- Vertrag Art. 8 N 10

Abschlussverbot Art. 42 N 1; siehe auch Bietergemeinschaft, Auswechslung von Gesellschaftsmitgliedern
- Beseitigung Art. 54 N 43 f.
- Vertrag Art. 41 N 7, 10

Absendeprinzip Art. 34 N 13; Art. 35 N 34; Art. 46 N 3 ff.

Abwicklung
- elektronische Art. 34 N 1

Administrativer Rechtsnachteil
- Auftragssperre Art. 45 N 5

AGB Art. 34 N 26; Art. 39 N 16

Agrarhilfe Art. 10 N 29

Aim and Effect Art. 2 N 7, 9

Akkreditierung Art. 9 N 20

Akten
- entscheidrelevante Art. 57 N 20
- verwaltungsinterne Art. 57 N 21

Akteneinsicht Art. 51 N 1 ff., 12 ff., 17, 31; Art. 55 N 12, 30; Art. 56 N 14; Art. 57 N 7, 9
- Anspruch auf Akteneinsicht Art. 57 N 5
- Ausschluss der Akteneinsicht Art. 57 N 5, 10

Aktiengesellschaft Art. 3 N 35; Art. 4 N 23

Allgemeine Verfahrensgrundsätze Art. 11 N 1 ff.

Allgemeininteresse Art. 4 N 18

Allgemeinverfügung Art. 7 N 19 ff.

Alternativvorschlag Art. 33 N 21, 26; siehe auch Varianten, unechte

Altpapier Art. 8 N 40

Amtliche Untersuchung Art. 57 N 28

Amtsangebot Art. 32 N 7; siehe auch Grundangebot

Amtssprache Art. 35 N 38
- Publikation Art. 48 N 12
- Verfahren Art. 48 N 18 ff.
- WTO Art. 35 N 38; Art. 55 N 15

Amtsvorschlag Art. 35 N 30

Anbietergruppen Art. 31 N 3

Anbieterin
- Bekanntgabe Art. 14 N 16
- Beizug von Subunternehmerinnen Art. 31 N 22
- im Sinne des Gesetzes / der Vereinbarung Art. 3 N 4 ff.
- präqualifizierte Art. 19 N 3

- privilegierte Art. 6 N 9 ff., 20 ff.
- schweizerische Art. 6 N 7 ff.
- Status Art. 9 N 21

Anbieterprofil
- elektronisches Art. 28 N 5

Anbieterzahl Art. 36 N 9
- Beschränkung Art. 23 N 25

Änderung Art. 35 N 8, 10; Art. 39 N 3, 25, 30, 36; siehe auch Anpassung; Leistungsänderung
- Angebote Art. 39 N 5, 29
- Ausschreibungsunterlagen Art. 39 N 35
- nachträgliche Beschränkung der Teilnehmerzahl Art. 19 N 21
- Preis Art. 39 N 26, 31
- unwesentliche Art. 39 N 7
- wesentliche Art. 35 N 10; Art. 39 N 10, 24, 26

Anfechtbarkeit von Ausschreibungsunterlagen
- die nicht gleichzeitig mit der Ausschreibung zur Verfügung stehen Art. 53 N 24
- frühere Gerichtspraxis Art. 53 N 20

Anfechtung
- freihändig erteilter Zuschlag Art. 56 N 44

Anfechtungsobjekt Art. 7 N 21; Art. 53 N 2; siehe auch Beschwerdeobjekt

Anforderungen
- inhaltliche Art. 34 N 24

Angebot Art. 18 N 10 f.
- Annahmeerklärung Art. 18 N 10
- Ausbleiben eines zulässigen Angebots Art. 43 N 11
- Ausschluss Art. 18 N 10
- Bestandteil Art. 34 N 7
- Erläuterung Art. 38 N 5 ff.
- Öffnung Art. 37 N 1 ff.; siehe auch Offertöffnung
- Schriftlichkeitserfordernis Art. 42 N 6
- ungewöhnlich niedriges Art. 38 N 1 ff., 5 ff., 11; Art. 44 N 39
- unlauteres Art. 38 N 13
- unvollständiges Art. 34 N 20
- Vergleichbarkeit von Angeboten Art. 35 N 12; Art. 41 N 17

Angebotsabgabe
- Einladung zur Angebotsabgabe im selektiven Verfahren Art. 19 N 8

Angebotseinreichung Art. 35 N 32
- elektronisch Art. 36 N 13

Angebotsphase Art. 36 N 9

Angebotsprüfung Art. 38 N 2
- Ablauf Art. 40 N 7 ff.

Angemessenheit Art. 55 N 25

Ankauf Art. 22 N 45

Annex
- zum GPA 2012 Art. 3 N 19 ff.

Anonymität im Wettbewerbsverfahren Art. 22 N 24, 27, 36

Anpassung siehe Änderung
- Angebot Art. 39 N 29
- Leistung Art. 39 N 3, 21
  - unwesentliche Art. 39 N 13
- Preis Art. 39 N 7, 20, 28 ff.

Anspruch
- auf eine Entscheidung Art. 62 IVöB N 18, 25 f.
- auf eine unbefangene Entscheidinstanz
  - formelle Natur Art. 13 N 4
- auf einen unabhängigen Richter
  - EMRK 6 Art. 13 N 25

Anstalt Art. 3 N 7

Anstellungsvertrag
- Ausnahmekatalog Art. 10 N 22

Antikorruptionsgrundsätze Art. 11 N 9 ff.

Anwälte
- Ausnahmekatalog Art. 10 N 22 ff.

Anwendbarkeit
- direkte Einf. in int. Kontext N 16 ff., 21, 35

Anwendungsbereich
- Aufgabenübertragung Art. 9 N 35
- Konzessionen Art. 9 N 25 f.

Anwesenheitsquorum Art. 61 IVöB N 27, 30

Anzeige Art. 18 N 5; Art. 62 IVöB N 30; siehe auch Ausschreibung, öffentliche
- durch Kanton Art. 62 IVöB N 14 ff.
- Verfahren Art. 62 IVöB N 17
- von Privaten Art. 62 IVöB N 22 ff.

Sachregister

Appendix
- zum GPA 2012 Art. 3 N 19

Arbeitsbedingungen Art. 2 N 15; Art. 12 N 1 ff.; Art. 26 N 2, 5; Art. 36 N 8; Art. 45 N 3
- branchenübliche Art. 12 N 9
- Dritte Art. 31 N 2
- Legaldefinition Art. 3 N 30 f.
- Subunternehmerin Art. 31 N 2

Arbeits- und Sozialstandards
- Einhaltung von Art. 12 N 1 ff.
- weitere wesentliche internationale Arbeitsstandards
  - Einhaltung Art. 12 N 14
  - Konkretisierung in der VöB Art. 60 BöB N 11

Arbeitsgemeinschaft (ARGE) Art. 31 N 6
- Auswechslung von Gesellschaftsmitgliedern Art. 31 N 24; siehe auch Bietergemeinschaft

Arbeitsrecht Art. 2 N 6

Arbeitsschutz Art. 2 N 15
- Dritte Art. 31 N 2
- Legaldefinition Art. 3 N 30
- Subunternehmerin Art. 31 N 2

Arbeitsschutzbestimmungen und Arbeitsbedingungen Art. 3 N 32; Art. 12 N 1 ff.; Art. 26 N 2, 5; Art. 36 N 8; Art. 45 N 3
- am Niederlassungsort der Anbieterin Art. 12 N 8
- am Sitz der Anbieterin Art. 12 N 8

Arbeitsvertrag
- Ausnahmekatalog Art. 10 N 20 f.

Architektur- und Ingenieurstudienaufträge Art. 22 N 10

Architektur- und Ingenieurwettbewerbe Art. 22 N 10

Aufbewahrung der Vergabeunterlagen Art. 57 N 11
- Aufbewahrungsfrist Art. 49 N 7
- Aufbewahrungspflicht
  - Begriff Art. 49 N 7
  - Korrespondenz Art. 49 N 19
  - Protokoll Art. 49 N 12

Aufgabenübertragung auf Private
- Formen Art. 9 N 17

Aufnahme in ein Verzeichnis
- Beschwerdeobjekt Art. 53 N 12

Aufschiebende Wirkung Art. 51 N 3 ff., 15; Art. 55 N 29; Art. 56 N 4
- Anordnung auf Gesuch hin Art. 54 N 16; siehe auch Gesuch um Erteilung der aufschiebenden Wirkung
- Anordnung von Amtes wegen Art. 54 N 16
- bei Anfechtung des Zuschlags Art. 54 N 6 f.
- bei Beschwerden gegen Sanktionen Art. 53 N 28
- Dauer Art. 54 N 31
- Frist Art. 56 N 16
- Gewährung der aufschiebenden Wirkung
  - Grundvoraussetzungen Art. 54 N 17
  - superprovisorische Gewährung Art. 54 N 29
  - teilweise Gewährung Art. 54 N 27 ff.
- Kasuistik des BVGer Art. 54 N 23 ff.
- kein gesetzlicher Automatismus Art. 54 N 12 ff.
- Kriterien für die Anordnung Art. 54 N 16 ff.

Aufsicht
- Behörde Art. 59 BöB N 13; Art. 60 IVöB N 13; Art. 62 IVöB N 25 f.
- Beschwerde Art. 62 IVöB N 2, 18, 26
  - der KBBK Art. 59 BöB N 13; Art. 60 IVöB N 13
- Kompetenz Art. 62 IVöB N 2, 5, 12, 26, 28
- Massnahme Art. 62 IVöB N 5

Aufsichts- und Weisungskompetenz Art. 45 N 20

Auftrag
- Bekanntmachung Art. 35 N 56
- Aufteilung Art. 56 N 40
- gemischter Art. 8 N 51, 57, 61, 68, 70; Art. 9 N 54
  - EU-Recht Art. 8 N 80 ff.
- In-house- Art. 10 N 42
- In-state- Art. 10 N 38 ff.
- komplexer Art. 24 N 10

1019

Sachregister

- Quasi-In-house- Art. 10 N 43 ff.
- Spezifikation Art. 56 N 23
- Unterlagen Art. 35 N 56; Art. 36 N 19

Auftraggeberin Art. 4 N 1 ff.; siehe auch Sektorenauftraggeberin
- EU-Recht Art. 3 N 42
- funktionaler Auftraggeberbegriff Art. 4 N 12
- subzentrale
  - EU-Recht Art. 3 N 42
- Staatsvertragsbereich Art. 4 N 2

Auftragssperre Art. 44 N 34 f.; Art. 45 N 1 ff.
- Ablauf Art. 45 N 17
- EU-Recht Art. 45 N 22

Auftragswert Art. 15 N 1 ff.; Art. 52 N 12 f.
- Bauaufträge siehe Bauwerkregel
- Bestimmung siehe Auftragswert, Zusammensetzung
- EU-Recht Art. 15 N 26 ff.
- im Einladungsverfahren Art. 20 N 6
- Schätzung Art. 15 N 4 ff.; Art. 32 N 6
  - Grundlagen der Schätzung Art. 15 N 5
- tatsächlicher Auftragswert Art. 15 N 4
- und Preis der eingehenden Angebote Art. 15 N 7
- wiederkehrende Leistungen
  - GPA 2012 Art. 32 N 1
- Zerstückelung siehe Zerstückelungsverbot
- Zusammensetzung Art. 15 N 20 f.

Auktion siehe elektronische Auktion

Ausführungsbestimmungen Art. 61 IVöB N 3; Art. 62 IVöB N 3; Art. 60 BöB N 2 f.
- kantonale Art. 63 IVöB N 1 f., 9
- Statistik Art. 60 BöB N 8 f.

Ausführungsvariante siehe Varianten

Ausgleich Art. 14 N 8, 10, 12
- Ausgleichsmechanismus Art. 2 N 17
- Ausgleichsmittel bei Vorbefassung Art. 14 N 12 ff.

Ausklinkklausel Einf. in int. Kontext N 31, 34; Art. 4 N 59; Art. 7 N 1 ff.;

Ausklinkung Art. 4 N 21, 25, 43; Art. 7 N 1 ff.
- erga omnes Art. 7 N 16 f.
- Schienengüterverkehr Art. 7 N 18

- tätigkeitsorientierte Art. 7 N 15
- Telekommunikation Art. 7 N 18

Ausklinkverfahren Art. 7 N 19 ff.

Auskunft
- unwahre Art. 44 N 36 ff.

Auslegung Art. 8 N 3; Art. 61 IVöB N 1, 10
- Auslegungshilfe Art. 2 N 40

Ausnahmekatalog
- Organisationen der Arbeitsintegration Art. 10 N 16 ff.
- Dokumentationspflicht Art. 10 N 35
- EU-Recht Art. 10 N 59 ff.
- Finanzdienstleistungen Art. 10 N 14 f.
- Finanzhilfen Art. 10 N 11 ff.
- geistiges Eigentum Art. 10 N 57 f.
- gemeinnützige Organisationen Art. 10 N 16 ff.
- Gesundheitsschutz Art. 10 N 55 f.
- gewerblicher Verkauf Art. 10 N 6 ff.
- Grundstücksgeschäfte Art. 10 N 9 f.
- In-house-Geschäfte Art. 10 N 42
- In-state-Geschäfte Art. 10 N 38 ff.
- internationale Zusammenarbeit Art. 10 N 28 ff.
- objektiver Geltungsbereich Art. 8 N 43, 52 f.; Art. 10 N 1 ff.
- öffentliche Ordnung Art. 10 N 49 ff.
- Personalrecht Art. 10 N 20 f.
- Quasi-In-house-Geschäfte Art. 10 N 43 ff.
- Rechtsdienstleistungen Art. 10 N 22 ff.
- Sicherheit Art. 10 N 49 ff.
- Strafanstalten Art. 10 N 16 ff.
- Umweltschutz Art. 10 N 55 f.
- Verhältnismässigkeit Art. 10 N 4
- Wettbewerb Art. 10 N 7
- Wiederverkauf Art. 10 N 6 ff.

Ausnahmetatbestand
- freihändiges Verfahren Art. 21 N 2, 4

Ausschliessliches oder besonderes Recht Art. 9 N 37 ff.

Ausschluss Art. 14 N 6; Art. 26 N 2 ff.; Art. 27 N 5 f., 16 ff.; Art. 37 N 7; Art. 44 N 1; Art. 51 N 15, 18; Art. 57 N 18; Art. 61 N 18; siehe auch Bietergemeinschaft
- Beschwerdeobjekt Art. 53 N 17

- des Akteneinsichtsrechts Art. 56 N 14
- oder Widerruf infolge Korruption Art. 11 N 10
- wegen Nichteinhaltung der Frist Art. 46 N 10
  - von künftigen Aufträgen Art. 45 N 1 ff.
- von Wettbewerb Art. 56 N 42
- Zeitpunkt Art. 53 N 17

Ausschlussverfügung Art. 37 N 7; Art. 40 N 7, 10; Art. 44 N 8

Ausschreibung Art. 18 N 5 ff.; Art. 35 N 3
- Beschwerdeobjekt Art. 53 N 6 ff.
- Eignungskriterien Art. 27 N 8
- finale/funktionale Art. 35 N 16
- gemeinsame Art. 32 N 12 Fn. 24
- getrennte Art. 32 N 12
- mangelhafte Art. 35 N 14
- Nachweise Art. 26 N 12; Art. 27 N 14
- öffentliche Art. 18 N 5 ff.; Art. 19 N 3, 7 ff.

Ausschreibungspflicht
- aufgrund subventionsrechtlicher Vorgaben Art. 8 N 25

Ausschreibungsunterlagen Art. 21 N 10; Art. 35 N 3, 52; Art. 36 N 1, 4
- Eignungskriterien Art. 27 N 8
- im Einladungsverfahren Art. 20 N 5
  - Rügeobliegenheit bei Mängeln Art. 53 N 22
- mangelhafte Art. 35 N 14
- Nachweise Art. 26 N 12; Art. 27 N 14
- Publikation Art. 48 N 10
- Rügeobliegenheit bei Mängeln Art. 53 N 19 ff.
- Zeitpunkt der Anfechtung Art. 53 N 21

Ausserparlamentarische Kommission
- KBBK Art. 59 BöB N 6; Art. 60 IVöB N 6

Ausstand Art. 13 N 1 ff.; Art. 55 N 11

Ausstandsbegehren Art. 13 N 20
- Entscheid Art. 13 N 23 f.

Ausstandsgrund
- Beachtung von Amtes wegen Art. 13 N 20
- bei Wettbewerben und Studienaufträgen Art. 22 N 42

- Ehe, eingetragene Partnerschaft oder faktische Lebensgemeinschaft Art. 13 N 9
- Fallgruppen Art. 13 N 19
- persönliches Interesse Art. 13 N 7 f.
- Vertretung einer Partei Art. 13 N 14 f.
- Verwandtschaft oder Schwägerschaft Art. 13 N 10 ff.
- Zeitpunkt der Geltendmachung Art. 13 N 21 f.

Ausstandspflicht Art. 13 N 3
- Auffangtatbestand Art. 13 N 16 ff.

Austritt aus der IVöB Art. 62 IVöB N 8; Art. 63 IVöB N 6

Auswahlkriterien
- Teilnehmerzahl
  - Beschränkung Art. 19 N 17

Auswahlverfahren
- private Leistungserbringer Art. 9 N 12
- transparentes, objektives und unparteiisches Art. 9 N 67 ff.

Authentifizierung Art. 34 N 3, 35, 38; Art. 35 N 35; Art. 36 N 14
- der Anbieterinnen bei elektronischer Auktion Art. 23 N 7

Autonomie Art. 61 IVöB N 31; Art. 62 IVöB N 11

B

Bagatellklausel Art. 8 N 51; Art. 16 N 28 ff.
- EU-Recht Art. 16 N 34

Bagatellvergabe Art. 52 N 11

Bauauftrag Art. 32 N 5
- (Bau-)Werk Art. 32 N 5

Baubereich Art. 22 N 2; Art. 37 N 6; Art. 38 N 15 ff.

Baugewerbe
- Bauhauptgewerbe Art. 8 N 50
  - Unterscheidung Art. 8 N 4
- Baunebengewerbe Art. 8 N 50
  - Unterscheidung Art. 8 N 4
- Haftung des Erstunternehmers Art. 12 N 18

Sachregister

Bauhandwerkerpfandrecht Art. 8 N 51
Bauhauptgewerbe siehe Baugewerbe
Baukonzession
- EU-Recht Art. 9 N 72

Bauleistung Art. 8 N 49 ff.; Art. 32 N 5; Art. 8 N 75
- charakteristische Leistung Art. 31 N 41
- bereits erbrachte Art. 21 N 18

Bauleistungskonzession Art. 8 N 51; Art. 9 N 4 ff.

Baumaterial Art. 8 N 51

Baunebengewerbe siehe Baugewerbe

Bauwerk Art. 8 N 49; siehe auch Bauwerkregel

Bauwerkregel Art. 16 N 20 ff.; Art. 8 N 51
- Ausnahme siehe auch Bagatellklausel
- Begriff Art. 16 N 21
- EU-Recht Art. 16 N 34
- Sanierungen Art. 16 N 26
- Staatsvertragsbereich Art. 16 N 27

Bedarfsänderung
- wesentliche Art. 43 N 17

Bedarfsermittlung Art. 56 N 24
- Ermessensspielraum Art. 56 N 22

Bedarfsstelle Art. 4 N 63 ff.

Bedarfsverwaltung Art. 8 N 24, 27; Art. 9 N 9; Art. 55 N 5

Befangenheit
- Anschein der Art. 13 N 17

Befreiung
- von der Unterstellung Art. 3 N 37

Begriffsdefinitionen Art. 3 N 42 f.

Begründung Art. 51 N 19 ff.
- Begründungstiefe Art. 51 N 32
- der Zuschlagsverfügung Art. 51 N 25 ff., 41; Art. 56 N 11
- summarische Art. 55 N 18
- von Vergabeverfügungen Art. 55 N 18

Beherrschender Einfluss
- staatlicher Behörden Art. 3 N 10

Beherrschung Art. 3 N 12
- staatliche Art. 4 N 36

Behinderteninstitutionen
- Ausnahmekatalog Art. 10 N 16

Behörde Art. 61 IVöB N 4; Art. 62 IVöB N 4
- Überwachung Einf. in int. Kontext N 37

Beitritt zur IVöB Art. 61 IVöB N 8, 12
- Erklärung Art. 61 IVöB N 5, 7, 12
- Beitrittsgesetz Art. 62 IVöB N 8

Bekanntgabe Art. 36 N 19
- doppelte Art. 36 N 2; Art. 35 N 36
- vorgängige Art. 19 N 17

Beleihung Art. 9 N 17, 20

Benachteiligung
- der Mitbewerber Art. 11 N 16
- von Anbieterinnen Art. 62 N 15
  - ausländische Art. 46 N 9

Bereinigung Art. 34 N 27; Art. 39 N 3 ff., 17, 19 ff., 29 ff., 44
- Angebotsinhalt Art. 38 N 9
- Bedarf Art. 39 N 11
- der Angebote Art. 11 N 6; Art. 41 N 17
- Gegenstand Art. 39 N 16
- Möglichkeit Art. 24 N 15 f.
- Protokoll Art. 39 N 34

Berichtigung Art. 34 N 10; Art. 35 N 9; Art. 39 N 3, 5
- der Ausschreibung
  - Beschwerdeobjekt Art. 53 N 6 f.

Berufs-, Geschäfts- und Fabrikationsgeheimnisse
- der Anbieterinnen Art. 11 N 23

Berufsregister
- branchenspezifisches Art. 12 N 22

Beschaffung
- binnenrechtliche Art. 1 N 11
- durch gemeinsame Trägerschaft Art. 5 N 24, 26
- elektronische Art. 47 N 8 f.
  - Ware und Dienstleistung, gewerbliche Art. 47 N 14 f.
- Gesamtkosten Art. 5 N 16
- nachhaltige Art. 43 N 14
- wiederkehrende Art. 28 N 2
- wirtschaftliche Art. 43 N 14, 15

Sachregister

Beschaffungsgegenstand
- Gesamtleistung Art. 32 N 10
- Grundangebot Art. 32 N 4 ff.
- Lose Art. 32 N 10 ff.

Beschaffungsgesetzgebung
- verfassungsrechtliche Kompetenz Art. 59 BöB N 9; Art. 60 IVöB N 9

Beschaffungsmarktanalyse Art. 20 N 3

Beschaffungsprozess Art. 40 N 8 f.

Beschaffungsstelle
- zentrale Art. 4 N 67

Beschleunigung Art. 42 N 4
- des Beschwerdeverfahrens Art. 56 N 5
- des Verfahrens Art. 56 N 2

Beschleunigungsgebot Art. 54 N 29 f., 32; Art. 55 N 22, 34; Art. 56 N 17; Art. 57 N 37, 39
- qualifiziertes Art. 55 N 22; Art. 56 N 6, 17

Beschleunigungsinteresse Art. 54 N 30
- der Vergabestelle Art. 54 N 9

Beschränkung siehe Bietergemeinschaft
- Anbieterin Art. 35 N 49

Beschwer
- formelle Art. 56 N 27
- materielle Art. 56 N 27

Beschwerde Art. 42 N 29; Art. 51 N 6, 20, 32; Art. 62 IVöB N 12, 20, 22 f.;
- an das Bundesgericht
  - aufschiebende Wirkung Art. 52 N 34
- an die KBBK Art. 59 BöB N 3; Art. 60 IVöB N 3
- aufsichtsrechtliche Art. 62 IVöB N 26; siehe auch Aufsicht, Beschwerde
- Begründung Art. 56 N 14 f.
- Beschwerdelegitimation Art. 51 N 35
- gegen Sanktionen Art. 53 N 28; Art. 54 N 12
- Grundzüge Art. 52 N 2 ff.
- kantonaler Rechtsschutz Art. 62 IVöB N 7
- selbständig anfechtbar Art. 19 N 14

Beschwerde in öffentlich-rechtlichen Angelegenheiten Einf. in int. Kontext N 25; Art. 7 N 22; Art. 55 N 19; Art. 56 N 21, 27; Art. 58 N 16, 44
- an das Bundesgericht Art. 52 N 23 f.
- Voraussetzungen Art. 52 N 29 ff.

Beschwerdefrist Art. 55 N 22; Art. 56 N 1 f., 6 ff.
- Auslösung Art. 56 N 7, 13
- bei preisgestaltender Verfügung Art. 60 BöB N 17
- bei freihändig erteiltem Zuschlag Art. 56 N 44
- einheitliche Art. 56 N 3
- Ende Art. 56 N 7

Beschwerdegründe
- zulässige Art. 56 N 5, 19 ff.

Beschwerdeinstanz Art. 30 N 12
- bei Beschaffungen des Bundesgerichts Art. 52 N 26
- bei Beschaffungen des Bundesverwaltungsgerichts Art. 52 N 24
- Bundesverwaltungsgericht Art. 30 N 24

Beschwerdelegitimation Art. 55 N 27; Art. 56 N 26 ff.
- auf Bundesebene Art. 56 N 26
- auf kantonaler Ebene Art. 56 N 26
- bei Bietergemeinschaften Art. 56 N 29
- bei freihändig erteiltem Zuschlag Art. 56 N 26, 31
- der ursprünglichen Zuschlagsempfängerin Art. 56 N 28
- EU-Recht Art. 56 N 49
- im Einladungsverfahren Art. 53 N 11, 22
- von Gemeinden Art. 56 N 30

Beschwerdeobjekt siehe Anfechtungsobjekt
- Numerus clausus Art. 52 N 9; Art. 53 N 4 ff., 33

Beschwerdeschrift Art. 52 N 33

Beschwerdeverfahren Art. 42 N 12; Art. 53 N 2; Art. 56 N 1; Art. 57 N 5, 12
- verwaltungsinternes Art. 55 N 3

Beschwerdevoraussetzungen Art. 52 N 5 ff.
- unterschiedslose Anwendung im Staatsvertrags- und im Nichtstaatsvertragsbereich Art. 52 N 14

Best-Endeavour-Klausel Einf. in int. Kontext N 32

Beurteilungsbericht Art. 22 N 44

Beurteilungsgremium Art. 22 N 40

Sachregister

Beurteilungsmatrix Art. 29 N 7; Art. 36 N 12

Bevorzugung
- Anbieterin Art. 39 N 26
- schweizerischer Anbieterinnen Art. 2 N 12, 17

Beweiserhebung
- im Verfahren betr. die Gewährung der aufschiebenden Wirkung Art. 54 N 32

Beweislast Art. 21 N 7, 13; Art. 56 N 37
- Verteilung Art. 30 N 22

Beweismittel Art. 57 N 23

Beweiswert Art. 57 N 21

Bewertung
- des Angebots Art. 41 N 14
  - Ermessensspielraum Art. 56 N 22
- des eigenen Angebots Art. 57 N 14

Bewertungsmatrix Art. 40 N 6; Art. 57 N 9

Bewertungsmethode
- automatische Art. 23 N 18

Bewertungssystem
- Bekanntgabe Art. 11 N 4; siehe auch Transparenzgebot

Bezugnahme
- auf einen besonderen Ursprung Art. 56 N 23
- auf Handelsmarken Art. 56 N 23
- auf Handelsnamen Art. 56 N 23

BGBM Art. 1 N 18; Art. 3 N 16, 30; Art. 4 N 12, 27; Art. 8 N 3; Art. 9 N 43, 48; Art. 12 N 6 ff.; Art. 52 N 15 f.; Art. 62 IVöB N 27

BGSA Art. 26 N 5

Bietergemeinschaft (BIEGE) Art. 3 N 4 f.; Art. 27 N 7; Art. 31 N 1, 5 ff.; Art. 34 N 8; Art. 35 N 26
- Arbeitsgemeinschaft Art. 31 N 6
- Auflösung Art. 31 N 9
- Ausschluss
  - gerichtliche Überprüfung Art. 31 N 32
- Aussenverhältnis Art. 31 N 10
- Auswechslung von Gesellschaftsmitgliedern Art. 31 N 19 ff.
- Beschränkung Art. 31 N 27 f.
  - gerichtliche Überprüfung Art. 31 N 32
- Beschwerdelegitimation Art. 56 N 29
- Betreibungsfähigkeit Art. 31 N 8
- charakteristische Leistung Art. 31 N 39 ff.; siehe auch charakteristische Leistung
- Dritte Art. 31 N 2
- Einheit gegen aussen Art. 31 N 8
- erforderliche Gesellschaftsform Art. 31 N 13
- Ersatz von Gesellschaftsmitgliedern Art. 31 N 20 f.
- EU-Recht Art. 31 N 43 ff.
  - Kette der Unterauftragsvergabe Art. 31 N 45
- gemischtwirtschaftliche Art. 31 N 7
- Gesellschaftsvertrag Art. 31 N 8 ff.
- Grundsatz der Zulässigkeit Art. 31 N 29
- Handlungsfähigkeit Art. 31 N 8
- Innenverhältnis Art. 31 N 11
- innere Organisation
  - Vorschriften Art. 31 N 29
- Mehrfachbeteiligung Art. 31 N 33 ff.
  - Ausschluss als Grundsatz Art. 31 N 33, 35
  - Vorsubmission Art. 31 N 38
  - Zulassung als Ausnahme Art. 31 N 33
- Mehrfachbewerbung siehe Mehrfachbeteiligung
- Mitgliederwechsel Art. 31 N 19 ff.
- Organisation und Struktur Art. 31 N 12
- Partei- und Prozessfähigkeit Art. 31 N 8; Art. 52 N 7
- Sanktionen Art. 31 N 31
- Teilnahme am Vergabeverfahren Art. 31 N 27 f.
- Veränderung eines Mitglieds Art. 31 N 20, 26
- Verbot Art. 31 N 30
  - qualifizierte Begründung Art. 31 N 30
- Vertretungsbefugnis Art. 31 N 12
- Widerhandlungen gegen beschaffungsrechtliche Bestimmungen Art. 31 N 31
- Zulassung Art. 31 N 27 ff.

- Zulassungsverbot Art. 31 N 27 ff.
  - qualifizierte Begründung Art. 31 N 30
- Zusammenschluss von Unternehmen Art. 31 N 4
- Zusammensetzung der Gemeinschaft Art. 31 N 21 f.

Bilaterales Abkommen über bestimmte Aspekte des öffentlichen Beschaffungswesens Einf. in int. Kontext N 30 ff.; Art. 1 N 26; Art. 3 N 15, 27; Art. 4 N 12, 37 f.; Art. 6 N 14; Art. 7 N 6 f.

Bindungsfrist Art. 35 N 39 ff.

Binnenhäfen Art. 4 N 50; Art. 3 N 27
- Sektor Art. 3 N 24

Binnenmarkt
- Recht Art. 62 IVöB N 27

Binnenschiffverkehr Art. 4 N 50

Blankobeschwerde Art. 56 N 15

BPUK Art. 61 IVöB N 5 f.

Branchenzugehörigkeit Art. 21 N 8

Brennstoffe
- fossile Art. 4 N 38, 57

Bündelung Art. 8 N 40; Art. 9 N 55 ff.
- Ausschreibung Art. 25 N 6
- unterschiedlicher Leistungsarten Art. 8 N 64
- von Leistungen Art. 8 N 66

Build-Operate-Transfer Art. 5 N 30

Bundesgericht Art. 4 N 10

Bundespatentgericht Art. 4 N 10

Bundesratsverordnung Art. 7 N 19 ff.

Bundesstrafgericht Art. 4 N 10

Bundesversammlung Art. 3 N 22

Bundesverwaltung Art. 4 N 4 ff.

Bundesverwaltungsgericht Art. 4 N 10
- Erstinstanz für Beschwerden gegen Verfügungen von Bundesvergabestellen Art. 52 N 8

Busse Art. 45 N 1, 4 f., 8; Art. 45 N 18, 30

C

Chance
- auf den Zuschlag Art. 55 N 27; Art. 58 N 24, 36

Chancengleichheit Art. 2 N 30

Charakteristische Leistung Art. 8 N 40 f.; Art. 39 N 26
- Anbieterin
  - Abweichung in begründeten Fällen Art. 31 N 40
  - Grundsatz Art. 31 N 39 f.
- Begriff Art. 31 N 41 f.
- Bietergemeinschaft Art. 31 N 39 f.
- Generalunternehmerin Art. 31 N 42
- Konzerngesellschaften Art. 31 N 40
- Subunternehmerin Art. 31 N 39 f.
- Totalunternehmerin Art. 31 N 42
- vertragsbestimmende Leistung Art. 31 N 41 f.

Compensuisse Art. 4 N 8

Covered procurement
- Anwendungsbereich des GPA 2012 Art. 3 N 17 ff.

Culpa in contrahendo Art. 42 N 32; Art. 58 N 38; siehe auch Haftung

D

Daten
- digitale Art. 34 N 31
- Personendaten Art. 49 N 3
- schützenswerte nach DSG Art. 49 N 3
- Sicherheit Art. 34 N 36
- Träger Art. 34 N 31

Datenschutz Art. 61 IVöB N 19 ff.
- im Beschaffungsprozess Art. 40 N 13

Dauerhafter Erklärungsträger
- Schriftform Art. 56 N 9

Dauervertrag Art. 9 N 36

de facto-Vergabe Art. 4 N 25; Art. 7 N 21; Art. 25 N 15

Debriefing Art. 51 N 1, 17, 28 ff.; Art. 55 N 22; Art. 56 N 12; Art. 57 N 9

Definitionen
- Begriffe Art. 3 N 1 ff.

Design für alle Art. 30 N 32

Design-Build-Finance-Operate-Transfer Art. 5 N 30

Design-Build-Operate-Transfer Art. 5 N 30

Detailverhandlungen
- zum Vertrag Art. 42 N 22 f.

Dialog Art. 22 N 9, 15, 23; Art. 35 N 17, 47; Art. 39 N 21, 32, 36
- bei Shortlisting Art. 40 N 32 f.
- Einladung Art. 24 N 23 ff.
- wettbewerblicher Art. 24 N 31 f.

Dienstleistungen Art. 8 N 55, 75
- Annex 5 Art. 3 N 19
- Architektur Art. 8 N 51
- charakteristische Leistung Art. 31 N 41
- gewerbliche Art. 47 N 14 f.
- Ingenieur Art. 8 N 51
- intellektuelle Art. 23 N 12

Dienstleistungskonzession Art. 9 N 4 ff.
- EU-Recht Art. 9 N 72

Digitalisierung
- Beschaffungswesen Art. 34 N 42
- Prüfprotokolle Art. 49 N 14
- Rückverfolgbarkeit Art. 49 N 15

Direktorenkonferenz Art. 61 IVöB N 33; Art. 62 IVöB N 10

Diskriminierung Art. 1 N 9
- Losaufteilung Art. 32 N 10
- Varianten Art. 33 N 9
- von Anbieterinnen Art. 62 IVöB N 15

Diskriminierungsverbot Art. 6 N 2, 27; Art. 27 N 13; Art. 30 N 14; Art. 56 N 41

Dispute Settlement Body Einf. in int. Kontext N 23

Dispute Settlement Understanding Einf. in int. Kontext N 23

Doha-Runde Einf. in int. Kontext N 5

Dokumentation Art. 21 N 31; Art. 24 N 27 ff.; Art. 39 N 3

Dokumentationspflicht Art. 39 N 10
- archivrechtliche Art. 49 N 6
- Ausnahmekatalog Art. 10 N 35

Dokumentenbestand
- bei Abbruch Art. 49 N 11
- bei Rücknahme Art. 49 N 10; siehe auch Rücknahme
- der Sektorunternehmen Art. 49 N 1

Doppelprüfung Art. 29 N 15

Doppelrelevante Tatsache
- EU-Recht Art. 56 N 49
- Umschreibung des Beschaffungsgegenstands Art. 56 N 33

Dringlichkeit Art. 21 N 16; Art. 54 N 23 ff.
- aufschiebende Wirkung Art. 51 N 15
- äusserste Art. 47 N 7
- infolge Notstand Art. 42 N 12
- Kasuistik des BVGer Art. 54 N 24 f.

Dritte
- Bietergemeinschaft Art. 31 N 1
- Subunternehmerin Art. 31 N 1
- Zusammenarbeit siehe Zusammenarbeit mit Dritten

Drittunternehmung
- Subunternehmerin Art. 31 N 16
- Zusammenarbeit siehe Zusammenarbeit mit Dritten

Dumping Art. 38 N 12
- Preisdumping Art. 38 N 5

Durchgriff
- Konzern Art. 31 N 40

E

EFTA Einf. in int. Kontext N 9; Art. 6 N 14
- Konvention Art. 3 N 15

Ehe, eingetragene Partnerschaft oder faktische Lebensgemeinschaft
- Ausstandsgrund Art. 13 N 9

Eidgenössische Finanzkontrolle
- Preisprüfung Art. 60 BöB N 15
- Whistleblowing-Meldestelle Art. 11 N 12

Eidgenössisches Büro für die Gleichstellung zwischen Frau und Mann Art. 12 N 25

Eigenständigkeit
- der Kantone Art. 62 IVöB N 11; siehe auch Souveränität

Eigentum Art. 8 N 40
- geistiges Art. 21 N 13

Eignung Art. 19 N 3
- Nachweis Art. 19 N 8, 11 ff.
- Prüfung Art. 19 N 3, 8, 11 ff.; Art. 29 N 15; Art. 44 N 8; siehe auch Eignungskriterien

Eignungskriterien Art. 19 N 10; Art. 29 N 14; Art. 35 N 48; Art. 36 N 9; Art. 44 N 12
- Abgrenzung Art. 26 N 1
- Auslegung Art. 27 N 17
- Bietergemeinschaft Art. 27 N 7
- Erfüllung
  - Zeitpunkt Art. 27 N 14
- Ermessen der Vergabestelle Art. 27 N 12, 16
- Gleichbehandlung Art. 27 N 16
- Konzerngesellschaft Art. 27 N 7
- Lernende Art. 27 N 13; siehe auch Zuschlagskriterien, Lehrlinge [bzw. Lernende]
- Mehreignung Art. 27 N 6
- Prüfung Art. 40 N 3 ff.
- Steuerdomizil Art. 27 N 13
- Subunternehmen Art. 27 N 7
- Übererfüllung Art. 27 N 6
- Überprüfbarkeit Art. 27 N 10
- Überprüfung Art. 27 N 16
  - Verzeichnis Art. 28 N 11
- Vertragsbedingungen Art. 27 N 13
- Verzicht Art. 27 N 16
- zulässige Art. 27 N 13

Einfache Gesellschaft Art. 31 N 6 ff.

Eingabefrist Art. 35 N 33; Art. 35 N 34
- Nichteinhaltung Art. 44 N 15

Einhaltung der Lohngleichheit
- Kontrolle Art. 12 N 21
- Selbsttest Art. 12 N 21

Einladungsverfahren Art. 20 N 1 ff.; Art. 30 N 24; Art. 51 N 8; Art. 62 BöB N 4; Art. 64 IVöB N 4
- Bauleistungen Art. 20 N 3
- Bietergemeinschaft Art. 31 N Fn. 7, Fn. 87
- Dienstleistungen Art. 20 N 3
- Rechtsschutz Art. 53 N 11
- Schwellenwert Art. 20 N 3
- Waren Art. 20 N 3

Einlassung Art. 52 N 13

Einmaligkeit der Ausschreibung Art. 4 N 66; Art. 5 N 33
- Grundsatz Art. 9 N 14, 21

Einrichtung des öffentlichen Rechts Art. 3 N 33 ff.; Art. 4 N 15 ff., 40 ff.
- Allgemeininteresse Art. 4 N 18
- EU-Recht Art. 3 N 42
- funktionelle Verwaltungsaufgaben Art. 8 N 25
- Rechtspersönlichkeit Art. 4 N 17
- Staatsgebundenheit Art. 4 N 22
- Tatbestandsvoraussetzung Art. 4 N 16

Einschränkung
- der gerichtlichen Prüfungsbefugnis Art. 52 N 20
- länderspezifische Art. 3 N 26

Einsetzungsverfügung
- KBBK Art. 59 BöB N 5; Art. 60 IVöB N 5

Einsicht
- im Rechtsmittelverfahren Art. 11 N 23
- in die Offertunterlagen Art. 57 N 3

Eintreten auf Beschwerde Art. 56 N 33
- Voraussetzungen Art. 52 N 36; Art. 53 N 5

Einwendung Art. 35 N 14

Einwilligung Art. 57 N 17

Einzelleistung Art. 32 N 10

Einzellosangebot Art. 32 N 14 f.
- Gesamtangebot Art. 32 N 15

Einzelunternehmung Art. 31 N 7

Eisenbahn Art. 4 N 54 ff.
- Fernverkehr Art. 4 N 54 ff.

Eisenbahngesetz Art. 9 N 47

Elektrizitätsmarkt Art. 4 N 48

Elektrizitätsunternehmen Art. 4 N 47
Elektrizitätsversorgung Art. 3 N 27; Art. 4 N 47 ff.
Elektronische Angebotseinreichung Art. 34 N 30
Elektronische Auktion Art. 23 N 1 ff.; Art. 35 N 46; Art. 36 N 15
- Ankündigung Art. 23 N 13
- Anzahl Auktionsdurchgänge Art. 23 N 26 ff.
- Auktionsphase Art. 23 N 5, 11
  - Ablauf Art. 23 N 24 ff.
  - Ausgestaltung Art. 23 N 14 ff.
- Bewertungsmethode Art. 23 N 8
- EU-Recht Art. 23 N 28
- Schutz vor unbefugtem Zugang Art. 23 N 6
- System Art. 23 N 20

Elektronische Signatur Art. 23 N 7; Art. 34 N 36
- qualifizierte Art. 34 N 36, 37

Energieversorgung Art. 3 N 27; Art. 4 N 38, 57 ff.
Enteignungsrecht Art. 4 N 48
Entgelt
- direktes oder indirektes Art. 9 N 44

Entgeltlichkeit Art. 8 N 31 f., 39
Entreprise publique Art. 3 N 24
Entschädigung Art. 30 N 20; Art. 43 N 19
- Dialog Art. 24 N 21

Entscheid
- betr. aufschiebende Wirkung
  - Eintretensvoraussetzungen bei Weiterzug ans Bundesgericht Art. 54 N 38 ff.
- über den Ausstand
  - Beschwerdeobjekt Art. 53 N 13

Entsenderichtlinie
- EU-Recht Art. 12 N 13

Entsendung
- Regierungsratsmitglieder Art. 61 IVöB N 25

Entwicklungshilfe Einf. in int. Kontext N 15
Entwicklungsländer Art. 1 N 6

Erfordernis
- Form Art. 35 N 35, 36
- Schriftlichkeit Art. 35 N 35

Erfüllungsgehilfin
- Sub-Subunternehmerin Art. 31 N 17
- Subunternehmerin Art. 31 N 14 f.

Erfüllungsverantwortung Art. 8 N 22; Art. 9 N 10, 19
- Übertragung Art. 9 N 33 f.

Erfüllungsverwaltung Art. 9 N 10
Erkennbarkeit einer Anordnung
- Voraussetzung der Rügeobliegenheit Art. 53 N 23

Erkenntnisse
- neue Art. 43 N 10

Erklärung der Annahme der Wahl siehe Wahlannahme, Erklärung

Erläuterungen Art. 38 N 9; Art. 39 N 3, 6, 23
- Möglichkeit Art. 39 N 11
- schriftliche Art. 39 N 5

Ermächtigung
- zum Vertragsabschluss Art. 42 N 24
- zur Vornahme von Rechtshandlungen Art. 42 N 27

Ermessen
- bei Varianten Art. 33 N 6, 8 ff., 17, 27
- der Vergabestelle Art. 19 N 9; Art. 29 N 9
- der Kontrollstelle Art. 62 IVöB N 18
- der Vorinstanz Art. 54 N 41

Ermessensfehler
- qualifizierter Art. 56 N 19

Ermessensspielraum Art. 8 N 68; Art. 30 N 13; Art. 35 N 5

Ernährungshilfe Art. 10 N 29
Eröffnung der Verfügung Art. 55 N 18
- Beginn des Fristenlaufs Art. 56 N 7
- individuelle Art. 56 N 7

Eröffnungsausschuss Art. 37 N 16
Ersatz von Mitgliedern der Bietergemeinschaft siehe Bietergemeinschaft, Auswechslung von Gesellschaftsmitgliedern

Ersatzvornahme Art. 8 N 31

Erstanfertigungen Art. 21 N 24

Erstunternehmer
- Haftung für Subunternehmer Art. 12 N 18
- Sorgfaltspflicht Art. 12 N 18

EuGH Einf. in int. Kontext N 22, 36

Evaluation Art. 11 N 6; Art. 39 N 2, 31; Art. 40 N 8 f.
- der Angebote Art. 39 N 4, 22
- Evaluationstool Art. 40 N 8

Evaluationsbericht Art. 39 N 33, 51; Art. 40 N 9; Art. 57 N 9

Evaluationsfunktion Art. 22 N 14

Evidenztheorie
- verwaltungsrechtliche Art. 42 N 31

EWG Einf. in int. Kontext N 28

Exekutive Art. 61 IVöB N 3
- Befugnis Art. 61 IVöB N 23
- Funktion Art. 61 IVöB N 4

Existenzsichernder Lohn Art. 60 BöB N 11

Exklusivstellung Art. 4 N 37

Expertengremium Art. 21 N 28; Art. 22 N 40
- Ausstandspflicht Art. 13 N 5
- Unabhängigkeitserfordernis Art. 22 N 26, 43
- Zusammensetzung Art. 22 N 41

Exportförderung
- Beauftragung Art. 9 N 47

Ex-post-Transparenz Art. 57 N 8, 29

Externalitäten Art. 2 N 18

Externe Sachverständige
- Finanzierung Art. 59 BöB N 1; Art. 60 IVöB N 1

F

Fabrikations- oder Geschäftsgeheimnisse Art. 57 N 26

Fachperson Art. 22 N 33, 42

Fachverbände Art. 22 N 10

Fairness Art. 2 N 33 f.
- Gebot Art. 35 N 14
- im Verfahren Art. 11 N 16

Fair Trade Art. 30 N 28

Fehler Art. 34 N 27; siehe auch Formfehler
- Bagatelle Art. 34 N 21
- offensichtlicher
  - Beseitigung Art. 38 N 5 ff.
- Rechenfehler
  - offensichtlicher Art. 38 N 8

Fernwärmeversorgung Art. 4 N 57

Feststellung
- gerichtliche Feststellung der Rechtsverletzung Art. 52 N 19; Art. 58 N 17

Feststellungsbegehren
- in Bezug auf Aufträge im Nichtstaatsvertragsbereich Art. 54 N 15

Feststellungsurteil Art. 58 N 23

Feststellungsverfügung Art. 7 N 19 ff.

Fiktive Kosten siehe Ohnehin-Kosten

Finanzdienstleistungen
- Ausnahmekatalog Art. 10 N 14 f.

Finanzhaushaltsgesetzgebung Art. 8 N 30

Finanzhilfen Art. 4 N 32; Art. 8 N 37; Art. 9 N 45
- angemessener Wettbewerb Art. 9 N 69
- Ausnahmekatalog Art. 10 N 11 ff.
- Kürzung Art. 45 N 7
- Sanktionsmöglichkeit Art. 9 N 68

Finanzielle Beiträge
- Rückforderung Art. 45 N 21

Finanzinstrumente siehe Finanzdienstleistungen

Finanzvermögen Art. 8 N 30; Art. 9 N 38

FINMA Art. 4 N 8

Firma
- bestimmte Art. 30 N 4, 22

Fishing expedition Art. 56 N 15

Flughafen Art. 4 N 35

Flughafenendeinrichtung Art. 3 N 27
- Sektor Art. 3 N 24

Flugverkehr Art. 4 N 50

Folgebeschaffungen Art. 21 N 18

Förderzweck Art. 8 N 38

Form
- elektronische Art. 34 N 31
- Schriftform Art. 34 N 20

Formelle Natur Art. 57 N 40

Formerfordernisse Art. 34 N 1; Art. 36 N 2, 7
- der Beschwerde Art. 56 N 10

Formfehler Art. 34 N 3, 12; Art. 37 N 7; Art. 38 N 1
- geringfügiger Art. 34 N 23
- mittelschwerer Art. 34 N 21, 22
- schwerwiegender Art. 34 N 19
- wesentlicher Art. 34 N 15; Art. 46 N 10

Formvorschriften Art. 34 N 2; Art. 44 N 15 ff.; Art. 46 N 10
- Einhaltung Art. 38 N 5 ff., 7
- Vertragsabschluss Art. 42 N 20

Fragepflicht Art. 35 N 13
- der Anbieterin bei unklaren Ausschreibungsunterlagen Art. 53 N 25

Fragerunde Art. 35 N 39

Freihandelsabkommen
- Aushandlung Art. 59 BöB N 8; Art. 60 IVöB N 8

Freihändiges Verfahren Art. 21 N 1 ff.; Art. 30 N 14; Art. 56 N 32 ff., 34 ff.

Freihandtatbestand Art. 8 N 38; Art. 21 N 9 ff.
- EU-Recht Art. 21 N 35 ff.

Freiheit der Vergabestelle siehe Ermessensspielraum
- bei der Umschreibung des Auftrags Art. 56 N 23
- in Bezug auf die Bedarfsanalyse Art. 56 N 24

Freizügigkeitsabkommen
- Anbieterinnen aus EU-/EFTA-Staaten Art. 12 N 13

Frist Art. 46 N 1 ff.
- Angebot Art. 47 N 3
- Ausschreibung Art. 46 N 3, 8
- Beginn Art. 46 N 4
- Dauer Art. 46 N 2, 11 ff.
- Eingabe Art. 35 N 9, 31; Art. 46 N 1 ff.

- Erneuerung Art. 35 N 32
  - Staatsvertragsbereich Art. 46 N 20
- minimale Art. 35 N 32
- Nichteinhaltung Art. 46 N 10
- Teilnahme Art. 47 N 3
- Wahrung Art. 46 N 5 ff.

Fristenlauf Art. 56 N 4
- Abgrenzungsfragen Art. 56 N 16

Fristverkürzung Art. 35 N 45
- Anfechtung Art. 47 N 5
- Beschaffung, elektronische Art. 47 N 2, 8 f.
- Binnenbereich Art. 47 N 4
- Dringlichkeit, nachgewiesene Art. 47 N 6 f.
- Ermessen Art. 47 N 5
- Leistung, wiederkehrende Art. 47 N 12 f.
- Staatsvertragsbereich Art. 46 N 16; Art. 47 N 1 ff.
- Vorankündigung Art. 47 N 10 f.

Fristverlängerung Art. 35 N 32; Art. 56 N 17
- Bekanntgabe Art. 46 N 18 ff.
- Staatsvertragsbereich Art. 46 N 16, 18 ff.
- Verpflichtung Art. 46 N 27
- Wettbewerbsausgleich Art. 46 N 21; Art. 35 N 32

Fristenstillstand Art. 55 N 16, 24; Art. 56 N 4; siehe auch Gerichtsferien
- Ausschluss Art. 56 N 16
- im Verfügungsverfahren Art. 56 N 16, 18

Fristwiederherstellung Art. 55 N 17

Funktionale Ausschreibung Art. 30 N 17 ff.; siehe auch Ausschreibung

Fusion Art. 4 N 7

G

Garantenstellung Art. 9 N 10

Garantie
- einheitlicher Binnenmarkt Einf. in int. Kontext 1 N 1
- Rechtsweg Einf. in int. Kontext N 8, 24

Gasversorgung Art. 4 N 57

GATS Einf. in int. Kontext N 10

GATT Einf. in int. Kontext N 2, 10

Sachregister

GATTS Einf. in int. Kontext N 3
GAV/LMV Art. 12 N 10
Gebietskörperschaft Art. 4 N 13 ff.
Gebot der Gleichbehandlung Art. 2 N 8; Art. 29 N 6; siehe auch Gleichbehandlung, Grundsatz
Gebot der Nichtdiskriminierung Art. 56 N 23; siehe auch Nichtdiskriminierung
Gebühr Art. 35 N 52
- kostendeckende Art. 55 N 14

Gefechtsfeldbedingungen Art. 20 N 12; siehe auch Kriegsmaterial
Gegenrecht Einf. in int. Kontext N 10, 27, 32
- Gewährung Art. 6 N 18

Geheimhaltungsinteresse Art. 57 N 9, 14, 21
- überwiegendes Art. 57 N 25

Geistiges Eigentum Art. 51 N 38
- Ausnahmekatalog Art. 10 N 57 f.

Geld Art. 8 N 31
- öffentliches Art. 4 N 32
- Zahlung Art. 8 N 31

Geltungsbereich Art. 1 N 8; Art. 8 N 2
- Einschränkung Art. 3 N 26
- Einzelfallprüfung Art. 20 N 12
- objektiver
  - Ausnahmen siehe Ausnahmekatalog
  - EU-Recht Art. 9 N 1; Art. 10 N 59 ff.
- subjektiver Art. 3 N 25; Art. 4 N 1 ff.

Gemeinde Art. 4 N 13 ff.; Art. 61 N 31; Art. 62 N 27
- Autonomie Art. 56 N 30

Gemeinnützige Organisationen
- Ausnahmekatalog Art. 8 N 14

Gemeinsame Beschaffung Art. 5 N 3 ff.
- mehrerer Auftraggeberinnen Art. 5 N 19 ff.
- Schwellenwerte siehe Schwellenwerte, gemeinsame Beschaffungen

Gemeinsame Trägerschaft
- von Bund und Kantonen Art. 5 N 27

Gemischte Leistungen
- anwendbares Recht Art. 8 N 58 ff.

Gemischter Auftrag Art. 32 N 5
Gemischter Vertrag Art. 4 N 48
- charakteristische Leistung Art. 31 N 41 f. Fn. 118

Gemischtwirtschaftliches Unternehmen Art. 3 N 7, 11

Genehmigung
- des Vertrags Art. 42 N 27

General notes
- zum GPA 2012 Art. 3 N 26

Generalausnahme
- Wettbewerb Art. 4 N 21, 24 ff.; siehe auch Generalvorbehalt

Generalunternehmerin Art. 16 N 9; Art. 31 N 42; Art. 32 N Fn. 8
- Auftrag Art. 31 N 3
- Begriff Art. 32 N 5
- Zusammenarbeit mit Dritten Art. 32 N 23

Generalunternehmerinnenvertrag Art. 32 N 5
- Auswechslung von Subunternehmerinnen Art. 31 N 23
- charakteristische Leistung Art. 31 N 42
- Qualifikation
  - Bauleistung Art. 31 N 41

Generalvorbehalt
- Wettbewerb Art. 7 N 17; siehe auch Generalausnahme

Gerichtsferien Art. 55 N 24

Gerichtsverfahren
- Ausnahmekatalog Art. 10 N 22 ff.

Gesamtangebot Art. 32 N 4 ff.; Art. 56 N 39; siehe auch Grundangebot
- Abgrenzung
  - Teilangebot Art. 32 N 7 f.
- Ausschluss Art. 32 N 15
- Einzellosangebot Art. 32 N 15
- gemischter Auftrag
  - Bau- und Dienstleistungsauftrag Art. 32 N 5
  - Hoch- und Tiefbauarbeiten Art. 32 N 5
- General- und Totalunternehmerinnenverträge Art. 32 N 5 Fn. 8
- Grundsatz Art. 32 N 4

Sachregister

- Schwellenwert
  - Bestimmung Art. 32 N 5
  - Volumenbündelung Art. 32 N 10

Gesamt- und Normalarbeitsverträge Art. 12 N 9

Gesamtauftrag Art. 8 N 56
- Aufteilung Art. 32 N 6
- Gesamtwert aller Leistungen Art. 32 N 6

Gesamtgeschäft Art. 8 N 57, 73; Art. 9 N 27

Gesamtkosten
- von Beschaffungen Art. 5 N 16

Gesamtleistung Art. 32 N 5, 10; Art. 56 N 42
- kein Recht zur Entbündelung Art. 32 N 10
- Kombination von Unterteilungskriterien Art. 32 N 11
- Kriterien zur Unterteilung Art. 32 N 11

Gesamtleistungsstudie Art. 22 N 17, 18

Gesamtleistungswettbewerb Art. 22 N 17, 18, 27

Geschäfte
- In-house- Art. 10 N 42
- In-state- Art. 10 N 38 ff.
- Quasi-In-house- Art. 10 N 43 ff.

Geschäftsbedingungen siehe AGB

Geschäftsgeheimnisse Art. 11 N 21; Art. 51 N 16, 38; Art. 55 N 30; Art. 57 N 3, 11, 17, 26 f., 29, 36, 41
- Fabrikations- oder Geschäftsgeheimnisse Art. 57 N 26
- Schutz Art. 55 N 12; Art. 56 N 14

Geschäftsreglement
- KBBK Art. 59 BöB N 16; Art. 60 IVöB N 16

Geschäftsstelle Art. 61 IVöB N 7, 9, 11, 16 f., 21, 23, 28

Gesellschaftsform
- Bietergemeinschaft
  - erforderliche Art. 31 N 13

Gesellschaftsrecht Art. 31 N 7
- gesetzliche Gesellschaftsformen Art. 31 N 7

Gesellschaftsvertrag Art. 31 N 8 ff.; Art. 8 N 35
- konkludent Art. 31 N 10
- Innenverhältnis Art. 31 N 11

Gesetzeslücke Art. 4 N 53; Art. 42 N 35

Gesetzesumgehung Art. 8 N 62 ff.

Gesuch
- Sektoren-Auftraggeber siehe Sektoren-Auftraggeber

Gesuch um Erteilung der aufschiebenden Wirkung
- Abweisung Art. 54 N 34
- Interessenabwägung Art. 54 N 18, 20 ff.
- Prüfschema Art. 54 N 18
- rechtsmissbräuchliches Art. 54 N 35 f.

Gesundheitsschutz
- Ausnahmekatalog Art. 10 N 55 f.

Getrennte Vergabe siehe Zerstückelungsverbot

Gewährleistungsverantwortung Art. 4 N 28

Gewährleistungsverwaltung Art. 9 N 10 ff., 31

Gewerbefreiheit Einf. in int. Kontext N 1

Gewerbliche Tätigkeit Art. 4 N 24 f., 59; Art. 7 N 17; Art. 8 N 28 f.

Gewichtung Art. 36 N 9, 10
- des Preiskriteriums Art. 2 N 13
- im Einladungsverfahren Art. 20 N 5

Gewinner
- Wettbewerb Art. 22 N 52

Gleichbehandlung Einf. in int. Kontext N 32; Art. 30 N 2; Art. 32 N 3; Art. 46 N 10; Art. 62 N 15
- Bietergemeinschaft
  - Auswechslung von Gesellschaftsmitgliedern Art. 31 N 20
- der Anbieterinnen Art. 2 N 8; Art. 37 N 5 f., 6
- Eignungskriterien Art. 27 N 16
- Grundsatz Art. 2 N 8, 28 f.; Art. 14 N 5; Art. 18 N 1, 6; Art. 19 N 9; Art. 29 N 6; siehe auch Gleichbehandlungsgebot

1032

- in- und ausländischer Anbieterinnen Art. 11 N 14
- Losbeschränkung Art. 32 N 16 f.
- Loskombinationen Art. 32 N 16
- Loskombinationsrabatte Art. 32 N 13
- Subunternehmerin Art. 31 N 20
- Varianten
  - Ausschluss Art. 33 N 9
  - Beschränkung Art. 33 N 9
  - Möglichkeit zur Angebotsanpassung Art. 33 N 20
  - Weiterverwendung der Variantenidee Art. 33 N 18
  - Zulassung Art. 33 N 6

Gleichbehandlung von Frau und Mann
- in Bezug auf den Lohn Art. 2 N 15; Art. 3 N 30; Art. 12 N 1 ff., 9
  - Subunternehmerin Art. 31 N 2

Gleichbehandlungsgebot Art. 11 N 5, 14 ff.; Art. 30 N 9, 22, 29; Art. 35 N 8; Art. 57 N 6; siehe auch Gleichbehandlung, Grundsatz
- Verletzung Art. 11 N 16

Gleichwertigkeit Art. 30 N 4, 22, 31; Art. 35 N 27
- Varianten
  - Ermessen Art. 33 N 6 f.

Globalisierung Einf. in int. Kontext N 2

Good Governance Art. 62 N 12

Governance Einf. in int. Kontext N 10

Government Procurement Code Einf. in int. Kontext 1 N 3

GPA Einf. in int. Kontext N 4; Art. 51 N 1, 41

GPA 2012 Art. 1 N 3; Art. 6 N 12 ff.

GPA-Ausschuss Art. 16 N 15

Grundangebot Art. 32 N 4 ff.; Art. 35 N 30; siehe auch Gesamtangebot
- Abgrenzung
  - Los Art. 32 N 7
  - Variante Art. 32 N 7; Art. 33 N 12 ff.
- Aufteilung des Beschaffungsgegenstands Art. 32 N 10
- Folgeaufträge Art. 32 N 6
- Grundsatz Art. 32 N 4

- Recht zur Entbündelung Art. 32 N 10
- Schwellenwert Art. 32 N 5
- Übertragung öffentlicher Aufgaben Art. 32 N 5
- Verleihung von Konzessionen Art. 32 N 5

Grundauftrag Art. 21 N 20

Gründe
- sachliche
  - Beschränkung der Teilnehmerzahl Art. 19 N 19
- technische Art. 21 N 19
- wirtschaftliche Art. 21 N 19

Grundprinzipien
- des öffentlichen Vergaberechts Art. 30 N 2
- des Verwaltungsrechts Art. 55 N 9

Grundsatz
- Einmaligkeit der Ausschreibung Art. 9 N 14
- Klarheit und Vollständigkeit Art. 35 N 7

Grundsatz der Transparenz siehe Transparenzgebot

Grundsatz der Verhältnismässigkeit siehe Verhältnismässigkeitsprinzip

Grundsatz von Treu und Glauben Art. 27 N 17; Art. 54 N 35; Art. 55 N 9; siehe auch Vertrauensprinzip
- Varianten
  - Ausschluss Art. 33 N 8
  - Beschränkung Art. 33 N 8
  - Einwilligung der Anbieterin Art. 33 N 18
  - Weiterverwendung der Variantenidee Art. 33 N 18
- Verstoss gegen Treu und Glauben
  - Berücksichtigung im Rahmen der Kostenfolge Art. 52 N 13

Grundstückerwerb Art. 8 N 43

Grundstücksgeschäfte
- Ausnahmekatalog Art. 10 N 9 f.

Grundversorgungsbereich Art. 9 N 32

Gültigkeit
- Erfordernis Art. 42 N 20
- Vorbehalt Art. 42 N 20

Gutachten Art. 7 N 25; Art. 59 BöB N 15; Art. 60 IVöB N 15

Güter
- immaterielle Art. 8 N 52

Güterkontrollgesetz Art. 20 N 10, 10

Güterschienenverkehr
- auf der Normalspur Art. 3 N 27

Gütezeichen Art. 30 N 31, 33

H

Hafen Art. 4 N 35; siehe auch Binnenhafen

Haftung Art. 43 N 20
- culpa in contrahendo Art. 43 N 20
- für unerlaubte Handlung Art. 54 N 37

Handelsfreiheit Einf. in int. Kontext N 1

Handelsgesellschaft Art. 31 N 8
- Rechtspersönlichkeit Art. 31 N 8

Handelshemmnisse Art. 11 N 15; Art. 30 N 2
- tarifäre Art. 2 N 10

Handelsordnung
- liberale Art. 2 N 19

Handelsregister Art. 34 N 8

Handlungsfähigkeit Art. 31 N 8

Handlungsform
- hoheitliche Art. 8 N 12

Harmonisierung Art. 1 N 1 f.; Art. 39 N 6, 28; Art. 62 BöB N 1; Art. 64 IVöB N 1

Hauptangebot Art. 32 N 7; siehe auch Grundangebot

Hauptauftraggeberin Art. 5 N 16

Hauptsachenprognose Art. 54 N 18 f.
- Prima-facie-Würdigung der materiellen Rechtslage Art. 54 N 12

Hauptunternehmerin Art. 31 N 14 f.

Haushaltsrecht Art. 2 N 11

Heilung
- bei unzureichender Begründung der Beschwerde Art. 51 N 20

Heimatschutz Art. 2 N 5

Herausgabe
- von Dokumenten Art. 14 N 14 f.

Herkunftsortsprinzip Art. 3 N 30; Art. 11 N 14; Art. 63 IVöB N 12
- BGBM Art. 12 N 6
- Einschränkung im Einzelfall Art. 12 N 8

Herstellerin siehe Lieferantin

Herstellungsvariante siehe Varianten

Hilfsmittel
- elektronisches
  - zur Evaluation Art. 23 N 3; siehe auch Evaluationstool

Hilfsperson
- Subunternehmerin Art. 31 N 14 f.

Hilfstätigkeit
- administrative Art. 9 N 34

I

Ideenwettbewerb Art. 22 N 17, 19

IKT-Beschaffung Art. 25 N 13
- IT-Projekt Art. 30 N 19
- IT-Systeme Art. 34 N 37, 39

ILO-Kernübereinkommen Art. 2 N 15; Art. 12 N 11 f.; Art. 3 N 30

Immaterialgüterrechte Art. 8 N 52
- Ausnahmekatalog Art. 10 N 57 f.
- Nutzung Art. 24 N 20
- Varianten Art. 33 N 18

Incumbent Art. 2 N 30

Industrieländer Art. 2 N 5

Infektionstheorie Art. 4 N 20 ff., 59; Art. 8 N 58, 70

Information
- Aktiv- Art. 2 N 23
- Kommunikationsmittel
  - elektronische Art. 34 N 42
- Vorsprung Art. 2 N 30; Art. 11 N 15
- Weitergabe Art. 14 N 13

Informationsaustausch
- zwischen Auftraggeberin und Kontrollorganen Art. 12 N 26

Informationsschutzabkommen
- zwischenstaatliche Art. 49 N 2

Informationstechnologie Art. 22 N 38
- Kommunikationstechnologie Art. 34 N 42

Infrastrukturkonzession
- Erteilung Art. 9 N 47

Ingenieurgemeinschaft Art. 31 N 6 Fn. 10 f.

Ingenieurtechnik Art. 22 N 7

Inhaltsfreiheit
- Vertrag Art. 8 N 10, 13

In-house-Geschäfte Art. 8 N 14; Art. 10 N 42; Art. 43 N 10

Inländerbehandlung Einf. in int. Kontext N 10; Art. 2 N 1; Art. 30 N 21
- Gebot der Art. 2 N 8

Innere oder äussere Sicherheit Art. 57 N 28
- Ausnahmekatalog Art. N 12

Innovation Art. 22 N 14; Art. 35 N 17

InöB Art. 31 N 2; Art. 61 IVöB N 1 ff.; Art. 63 IVöB N 5
- Beschlussfassung Art. 61 IVöB N 26 ff.
- Zuständigkeiten Art. 61 IVöB N 10

Instanzenzug
- Erschöpfung Art. 59 BöB N 12; Art. 60 IVöB N 12

In-state-Geschäfte Art. 8 N 14
- Ausnahmekatalog Art. 10 N 38 ff.

Instruktionsverhandlung Art. 57 N 36

Integrität Art. 34 N 38

Integritätsklausel Art. 11 N 13; siehe auch Korruptionsprävention und -bekämpfung

Interesse
- allgemeines Art. 62 IVöB N 15
- öffentliches Art. 4 N 18; Art. 62 IVöB N 14 f., 26
- privates Art. 62 IVöB N 15
- sicherheitspolitisches
  - Verhältnismässigkeit Art. 10 N 49 ff.

Interessenabwägung Art. 56 N 42; Art. 57 N 30
- sicherheitspolitische Interessen Art. 10 N 52 f.

Interessenkonflikt Art. 14 N 5; Art. 62 IVöB N 12

Internationale Zusammenarbeit
- Ausnahmekatalog Art. 10 N 28 ff.

Interne Rekurskommission
- des Bundesgerichts Art. 52 N 26

Interne Revision
- Preisprüfung Art. 60 BöB N 15

Internetplattform siehe SIMAP

Intrabrand-Wettbewerb Art. 30 N 23

Investitionssicherheit Art. 54 N 22

IV Art. 4 N 8, 64

J

Jury Art. 22 N 4

Justiziabilität Art. 7 N 20 ff.
- Ausklinkung Art. 7 N 23

K

Kabinettsverwaltung Art. 2 N 22

Kanton Art. 4 N 13 ff.

Kauf
- Objekt Art. 8 N 40
- Preis Art. 8 N 40

Kausalität Art. 58 N 34, 36

KBBK Art. 59 BöB N 2 ff.; Art. 60 IVöB N 2 ff.

Kennzeichnung Art. 30 N 7

Kernbereich Art. 4 N 41; Art. 7 N 3

Kernkraft Art. 4 N 47 ff.

Kerntätigkeit Art. 4 N 41 ff., 49, 58 ff.
- Bahnbetrieb Art. 4 N 54 ff.
- Eisenbahn Art. 4 N 54 ff.

Kirchgemeinde Art. 4 N 14

Klassifikation
- CPC Art. 35 N 22; Art. 50 N 8
- CPV Art. 35 N 22; Art. 50 N 8

KMU Art. 2 N 41, 41; Art. 63 IVöB N 17
- Bauaufträge siehe Bagatellklausel
- Förderung Art. 34 N 37

Know-how Art. 57 N 3

Kognition Art. 55 N 25
- bei Beschwerden gegen Sanktionen Art. 53 N 29
- der kantonalen Beschwerdeinstanzen Art. 56 N 21
- freie Art. 55 N 25

Kohle Art. 4 N 57

Kollektivgesellschaft Art. 3 N 6; Art. 31 N 7

Kollisionsrecht
- Grundzüge Art. 5 N 8 ff.; Art. 55 N 1

Kollisionsregelung
- Grundsatz Art. 5 N 15 ff.
- IVöB Art. 5 N 18
- subsidiäre Anwendbarkeit Art. 5 N 12
- Zuständigkeit zum Erlass Art. 5 N 6 ff.

Kollusion
- hinreichende Anhaltspunkte Art. 45 N 10

Kombination
- von Auftragsteilen Art. 8 N 73

Kommanditgesellschaft Art. 3 N 6

Kommerzielle oder industrielle Tätigkeit
siehe gewerbliche Tätigkeit

Kommission
- ausserparlamentarische Art. 3 N 22

Kommunikationsmittel Art. 34 N 42

Kommunikationstechnologie Art. 22 N 38

Kompetenzdelegation Art. 22 N 1; siehe auch VöB

Kompetenzkonflikt Art. 5 N 7

Komplexer Beschaffungsgegenstand
- Legitimationsbegründung Art. 56 N 37

Konformität
- Bescheinigung Art. 30 N 2
- Bewertungsstelle Art. 30 N 33
- der Ausschreibung Art. 34 N 25, 27

Konkordanz Einf. in int. Kontext N 21

Konkordat Art. 1 N 17
- Vorrang des Konkordatsrechts Art. 9 N 48, 60

Konkurrentenbeschwerde
- bundesgerichtliche Praxis Art. 53 N 12

Konkurrenzofferten Art. 57 N 27
- Anspruch auf Einsichtnahme in Konkurrenzofferten Art. 57 N 17

Konkurs Art. 44 N 1
- Risiko Art. 4 N 19; Art. 8 N 29
- Verfahren Art. 44 N 23

Konsolidierung
- der Angebote Art. 40 N 14

Konsortium Art. 31 N 6 f.
- Arbeitsgemeinschaft Art. 31 N 6
- Bietergemeinschaft Art. 31 N 6

Konsultationsverfahren Art. 4 N 6; Art. 7 N 24 ff., 26
- WTO Art. 10 N 18

Kontaktaufnahme Art. 38 N 2

Kontrahierungspflicht Art. 41 N 12; Art. 42 N 17 f.; Art. 58 N 41

Kontrollbegriff Art. 4 N 22

Kontrolle Art. 62 IVöB N 1, 28
- Befugnis Art. 62 IVöB N 2, 14
- Beizug Dritter Art. 12 N 25
- Einhaltung der Arbeitsschutzbestimmungen etc. Art. 12 N 24
- Einhaltung der Melde- und Bewilligungspflichten gemäss BGSA Art. 12 N 23
- Kompetenz Art. 62 IVöB N 13
- Widersetzung Art. 44 N 28
- durch Dritte Art. 9 N 34
- Vereinbarung Art. 12 N 14

Kontrollerfordernis
- Quasi-In-house- Art. 10 N 46

Kontrollorgane
- Einhaltung der Arbeitsschutzbestimmungen etc. Art. 12 N 27

Kontrollstelle Art. 61 IVöB N 17, 23; Art. 62 IVöB N 4, 16 ff., 24, 30

Konventionalstrafe Art. 11 N 13; Art. 34 N 28; siehe auch Korruptionsprävention und -bekämpfung

Konzeptarbeiten Art. 21 N 27

Konzern Art. 31 N 7
- charakteristische Leistung Art. 31 N 40
- Subunternehmerin
  - charakteristische Leistung Art. 31 N 40

Konzession Art. 32 N 5
- Anwendungsbereich Art. 9 N 25 f.
- Begriff Art. 9 N 22 ff.
- des öffentlichen Dienstes Art. 9 N 25 f.
- EU-Recht Art. 9 N 70 ff.
- Gebühr Art. 8 N 31
- Infrastruktur Art. 9 N 47
- Monopol Art. 9 N 22
- Nebenleistung Art. 8 N 70; siehe auch Veloverleih
- Personenbeförderung Art. 9 N 47
- Sondernutzung Art. 8 N 42; Art. 9 N 22

Körperschaft
- öffentlich-rechtliche Art. 3 N 7

Korrektur
- Fehler Art. 34 N 21
- unbeabsichtigte Fehler Art. 11 N 16

Korruption Art. 2 N 32; Art. 45 N 3; Art. 61 N 24
- Beschwerdegrund Art. 56 N 43
- Risiko Einf. in int. Kontext N 7

Korruptionsprävention und -bekämpfung Art. 2 N 32; Art. 11 N 9 ff.; Art. 44 N 24 ff.
- Massnahmen Art. 11 N 11 ff.

Kosten
- Betrieb Art. 29 N 24
- der Auftragsübergabe siehe Ohnehin-Kosten
- fiktive siehe Ohnehin-Kosten
- hypothetische siehe Ohnehin-Kosten
- Instandhaltung Art. 29 N 24
- Lebenshaltung Art. 29 N 21
- Lebenszyklus Art. 29 N 24
- Migration Art. 2 N 30
- Nutzung Art. 29 N 24
- Ohnehin- Art. 2 N 37; siehe auch Ohnehin-Kosten
- Überschreitung Art. 43 N 15
- von Vorleistungen siehe Ohnehin-Kosten
- Wartung Art. 29 N 24

Kosten-Nutzen-Verhältnis Art. 2 N 18

Kreativität Art. 35 N 17

Kreditgenehmigung Art. 42 N 40

Kriegsmaterial Art. 20 N 10; Art. 21 N 3; siehe auch Verteidigungszwecke

Kunst Art. 22 N 7

L

Label Art. 30 N 26

Laienbeschwerde Art. 54 N 16, 29

Landeskirche Art. 4 N 14

Laufzeit des Vertrags siehe Vertrag, Laufzeit

Legalitätsprinzip Art. 4 N 29; Art. 8 N 20, 27; Art. 45 N 5; Art. 55 N 9

Legislative Art. 61 IVöB N 12

Legitimation Art. 57 N 18

Leistung Art. 39 N 15, 17
- Anpassung Art. 39 N 31
- Beschreibung Art. 39 N 14, 20
- charakteristische siehe charakteristische Leistung
- geldwerte Art. 8 N 31
- kombinierte Art. 8 N 69 f.
- optionale Art. 25 N 3
- Reduktion Art. 39 N 26
- standardisierte Art. 23 N 11; Art. 29 N 33
- subventionierte Art. 4 N 31 ff.
- wiederkehrende Art. 35 N 45; Art. 47 N 12 f.
- zusammenhängende Art. 32 N 5

Leistungsänderung Art. 11 N 20; Art. 39 N 7, 19, 25 ff., 26, 27, 31, 33

Leistungsart
- Zuordnung Art. 9 N 53

Leistungsbeschrieb Art. 35 N 8; Art. 36 N 6
- summarischer Art. 24 N 8

Leistungsbezug bei Rahmenverträgen Art. 25 N 17 f.
- Rechtsschutz Art. 53 N 34

Leistungsbilanzüberschuss Art. 1 N 2

Leistungsort Art. 12 N 5 ff.
- ausländische Anbieterinnen Art. 12 N 8

Leistungsortsprinzip
- auf Bundesebene bei Leistungen im Inland Art. 12 N 7 f.
- auf Bundesebene bei Leistungserbringung im Inland Art. 12 N 5 ff.
- bei Leistungserbringung im Ausland Art. 12 N 11 ff.
- Binnenmarktbereich Art. 63 IVöB N 12

Leistungsverzeichnis Art. 35 N 6

Leitfaden
- für bewährte Verfahren zur Erleichterung des Zugangs kleiner und mittlerer Unternehmen zu öffentlichen Aufträgen Art. 2 N 41
- für Bieter der Europäischen Kommission Art. 37 N 16

Leitorgan Art. 61 IVöB N 1

Leitproduktklausel Art. 30 N 4, 31

Lernende Art. 27 N 13

Liberalisierung Art. 7 N 5, 11
- Niveau Einf. in int. Kontext N 11

Lieferantin Art. 31 N 18
- Herstellerin Art. 31 N 18

Lieferung Art. 8 N 51
- Annex 4 Art. 3 N 19
- charakteristische Leistung Art. 31 N 41

Lifecycle Art. 25 N 13

Liquidationsverkäufe Art. 21 N 26

Liste der rechtskräftig ausgeschlossenen Anbieterinnen und Subunternehmerinnen Art. 45 N 12 ff.
- Informationsaustausch zwischen Bund und Kantonen Art. 45 N 16
- Zugang Art. 45 N 14

Listenspital Art. 4 N 23, 30; Art. 62 N 10
- kantonales Art. 3 N 40

Lizenz Art. 8 N 52
- Kauf via Auktion Art. 23 N 12

Lohnanalyse Art. 12 N 25

Lohngleichheit Art. 26 N 2; Art. 36 N 8; Art. 45 N 3; siehe auch Gleichbehandlung von Frau und Mann

Losaufteilung Art. 32 N 5 f., 10 ff., 14
- aus wichtigen Gründen Art. 32 N 18
- Chancen für KMU Art. 32 N 3, 17
- Liefer- und Versorgungssicherheit Art. 32 N 18
- Risiken Art. 32 N 10, 18
- Umgehung Schwellenwerte und Verfahrensart Art. 32 N 10

Losbeschränkung siehe Lose, Loslimitierung

Lose Art. 32 N 7 f., 26; Art. 35 N 23 f., 51; Art. 56 N 39, 42
- Abgebotsrunden Art. 32 N 13
- Abgrenzung
  - Gesamtangebot Art. 32 N 7
- Angebot auf ein Los Art. 32 N 14
- Aufteilung Art. 32 N 5 f., 10 ff., 14
- Aufteilung eines Auftrags Art. 32 N 3
- Beschränkung Art. 35 N 24
- Eignungskriterien Art. 32 N 20
- Einzelauftrag Art. 32 N 10
- Einzelleistungsträger Art. 32 N 12 Fn. 24
- Einzellosangebot Art. 32 N 14
- Einzellosauftrag Art. 32 N 7
- EU-Recht Art. 32 N 29 f.
  - KMU Art. 32 N 28
- Fachlose Art. 32 N 12 Fn. 24
- gemeinsame Ausschreibung Art. 32 N 12
- Gesamtangebot Art. 32 N 15
- getrennte Ausschreibung Art. 32 N 12
- KMU Art. 32 N 10
- Kombination von Kriterien Art. 32 N 11
- Losabschottung siehe Loslimitierung
- Losaufteilung Art. 32 N 10
- Losbeschränkung siehe Loslimitierung
- Loskombinationsrabatte Art. 32 N 13
- Loslimitierung Einf. in int. Kontext N 21; Art. 32 N 17 ff.
  - Abgrenzung zu Eignungskriterien Art. 32 N 20
  - Bekanntgabe Art. 32 N 21
  - Beschränkung auf Anbieterin Art. 32 N 19
  - Gründe der Loslimitierung Art. 32 N 21
  - Losabschottung Art. 32 N 17 ff.
  - Rechtsmittel Art. 32 N 21
  - Wahlfreiheit der Anbieterin Art. 32 N 17 ff., 31

- Loszusammenlegungen Art. 32 N 13
- mehrere Angebote auf mehrere Lose Art. 32 N 14
- Mehrfachzuschläge Art. 32 N 13
- Nachverhandlung Art. 32 N 13
- Preisnachlässe Art. 32 N 13
- Teilaufträge Art. 32 N 6
- Teilnahmebedingungen Art. 32 N 20
- Unterteilungskriterien Art. 32 N 11
- unvollständiges Angebot Art. 32 N 14
- Variationen der Losbildung Art. 32 N 11, 17
- Vergabe an eine oder mehrere Anbieterinnen Art. 32 N 13
- Verträge Art. 32 N 13
- Volumenbündelung Art. 32 N 10
- vorteilhaftestes Einzellosangebot Art. 32 N 14
- Zuschlag Art. 32 N 13 f., 16 ff.

Lösungen Art. 35 N 17; Art. 36 N 11
- Vorschläge Art. 24 N 5
- Wege Art. 35 N 17; Art. 36 N 11

Lückenfüllung Art. 42 N 35

M

Make-or-buy-Entscheid Art. 10 N 42

Marke
- bestimmte Art. 30 N 4, 22, 24

Markt
- relevanter Art. 4 N 20
- Versagen Art. 2 N 21

Marktabklärung Art. 14 N 3, 18 ff.; Art. 39 N 20; Art. 55 N 7; Art. 56 N 37

Markteinschränkung
- aus Sicherheitsgründen Art. 20 N 15

Marktkenntnisse
- im Einladungsverfahren Art. 20 N 7

Marktkräfte Art. 4 N 19

Marktzugang Art. 2 N 1, 3; Art. 18 N 1
- Verpflichtungsliste Einf. in int. Kontext N 6, 11

Marktzutritt Einf. in int. Kontext N 22, 27; Art. 1 N 4; Art. 2 N 1; Art. 27 N 19; Art. 31 N 3; Art. 41 N 15; Art. 62 N 27
- ortsfremde Anbieterinnen Art. 23 N 3

Massnahmen
- arbeitsmarktliche Art. 10 N 19; Art. 63 IVöB N 11

Max Havelaar Art. 30 N 27, 32

Mehrfachbeteiligung
- Bietergemeinschaft siehe Bietergemeinschaft
  - Ausschluss als Grundsatz Art. 31 N 33
  - Unterbindung des wirksamen Wettbewerbs Art. 31 N 36 ff.
  - Vorsubmission Art. 31 N 38
- Subunternehmerin siehe Subunternehmerin
  - Ausschluss als Grundsatz Art. 31 N 35
  - Einschränkung der Angebotsfreiheit Art. 31 N 36 ff.
  - Zulassung als Ausnahme Art. 31 N 33

Mehrfachbewerbung Art. 35 N 26
- Bietergemeinschaft siehe Bietergemeinschaft Mehrfachbeteiligung
  - Ausschluss als Grundsatz Art. 31 N 35
  - Einschränkung Angebotsfreiheit Art. 31 N 36 ff.
  - Zulassung als Ausnahme Art. 31 N 33
- Subunternehmerin siehe Subunternehmerin Mehrfachbeteiligung
  - Ausschluss als Grundsatz Art. 31 N 33
  - Verbot Art. 31 N 36 f.
  - Vorsubmission Art. 31 N 38

Mehrkosten Art. 21 N 19; Art. 54 N 13, 20

Mehrleistungsvariante siehe Varianten

Mehrparteienverfahren Art. 55 N 2

Meinungsbildung
- interne Art. 57 N 21

Meistbegünstigung
- Grundsatz der Einf. in int. Kontext N 10

Melde- und Bewilligungspflichten gemäss BGSA Art. 45 N 3, 7
- Kontrolle Art. 12 N 23

Menschenrechtsschutz Art. 2 N 5 f.
Microsoft-Entscheid Art. 56 N 31, 35 ff.
Militärgerichte Art. 4 N 10
Minderleistungsvariante siehe Varianten
Mindestanforderungen Art. 19 N 12
- zwingend einzuhaltende Art. 19 N 12; Art. 39 N 36

Mindestinhalt
- Ausschreibung Art. 35 N 21
- Ausschreibungsunterlagen Art. 36 N 2

Mindestkriterium Art. 30 N 12
Mindeststandard
- Geltungsbereich Art. 8 N 3

Minimalanforderungen Art. 30 N 7
- nach BGBM 5 Abs. 2 Art. 3 N 16

Minimalfristen
- Anfechtung Art. 46 N 17
- Binnenbereich Art. 46 N 22 ff.
  - standardisierte Leistungen Art. 46 N 22 ff.
- Staatsvertragsbereich Art. 46 N 14 ff., 18; Art. 47 N 1 ff.
- Verkürzung Art. 35 N 32
- Verlängerung Art. 14 N 1, 7; Art. 35 N 32

Minitender Art. 25 N 9, 18
Mischung Art. 8 N 40; Art. 9 N 55 ff.
- unterschiedlicher Leistungsarten Art. 8 N 64
- von Leistungen Art. 8 N 66
  - EU-Recht Art. 8 N 82

Missbrauch Art. 29 N 5; Art. 39 N 26
- Möglichkeit Art. 39 N 13
- Potenzial bei der Evaluation von Angeboten Art. 54 N 10

Mitwirkung der Kantone
- Festlegung der Schwellenwerte Art. 16 N 16

Mitwirkungspflichten Art. 55 N 4, 8
- der ausländischen Beschwerdeführerin Art. 52 N 22
- der Anbieterin bei Kontrollen Art. 12 N 21

Mitwirkungsrechte Art. 7 N 24 ff.; Art. 61 N 31

Monopol
- Ausnahmekatalog Art. 10 N 37
- Grundversorgung Art. 9 N 32

Monopolkonzession Art. 4 N 37; Art. 9 N 17, 22; Art. 52 N 35

Munition Art. 21 N 3
Mussanforderung Art. 30 N 7
Muss-Kriterien Art. 30 N 12; Art. 36 N 9; Art. 39 N 12, 24
Muster Art. 30 N 4, 22
Muttergesellschaft
- Konzern Art. 31 N 7

N

Nachbereinigung Art. 34 N 11
Nachbesserung Art. 34 N 22
Nachfragepflicht Art. 30 N 10
Nachfragerecht Art. 30 N 10
Nachfrist Art. 34 N 9, 21
- Ablauf Art. 34 N 9
- Nachreichung Art. 34 N 9
- zur Verbesserung Art. 56 N 10

Nachhaltigkeit Art. 2 N 9, 12, 39; Art. 29 N 25; Art. 30 N 25 ff.
- Marktzutritt nicht beschränken Art. 31 N 3
- Ökologie Art. 29 N 25
- soziale Art. 2 N 14; Art. 12 N 1; Art. 29 N 25
- volkswirtschaftliche Art. 2 N 17
- wirtschaftliche Art. 2 N 13; Art. 29 N 25

Nachprüfungsverfahren Einf. in int. Kontext N 38; Art. 42 N 42; Art. 55 N 34; Art. 57 N 42;
- EU-Recht Art. 52 N 38; Art. 53 N 35; Art. 54 N 45 f.; Art. 56 N 48

Nachschusspflicht Art. 4 N 23
Nachtragsforderung Art. 35 N 12
Nachweis Art. 26 N 10 ff.
- Überprüfung Art. 26 N 10; Art. 27 N 16
- Zeitpunkt Art. 26 N 12; Art. 27 N 14

Nahverkehr Art. 3 N 27
- öffentlicher Art. 4 N 35
- städtischer Art. 4 N 51

Namensänderung Art. 4 N 7

Nationales Sicherheitsinteresse
- Ausnahmekatalog Art. 10 N 51 ff.

Natürliche Ressourcen Art. 30 N 5, 25

Nebenunternehmerin
- Zusammenarbeit mit Dritten Art. 32 N 23

Netzinfrastruktur
- Eisenbahn Art. 4 N 54

Neuausschreibung Art. 39 N 26

Nichtdiskriminierung Art. 2 N 1; Art. 30 N 2
- EU-Recht Art. 11 N 25
- Gebot Einf. in int. Kontext N 32; Art. 2 N 29
- Losaufteilung Art. 32 N 10
- Losbeschränkung Art. 32 N 17
- Mehrfachbeteiligung Art. 31 N 37
- Varianten
    - Weiterverwendung der Variantenidee Art. 33 N 18

Nichteinhaltung der IVöB Art. 62 IVöB N 11, 21, 22, 27

Nichteintreten des INöB auf Anzeigen Art. 62 IVöB N 18

Nichtgenehmigung
- des Vertrags Art. 42 N 27

Nichtgewerbliche Tätigkeit Art. 4 N 19 ff.

Nichtunterstellung Einf. in int. Kontext N 34

Niederlassungsfreiheit Einf. in int. Kontext N 28; Art. 12 N 6

Norm Art. 30 N 31; Einf. in int. Kontext N 21
- Konflikt Einf. in int. Kontext N 37

Normen
- internationale Art. 30 N 21
- justiziable Art. 2 N 11
- Produkt Art. 2 N 7
- Produktion Art. 2 N 7
- Qualität Art. 2 N 7

Normenkontrolle
- abstrakte Art. 7 N 21 ff.
- konkrete Art. 7 N 21 ff.

Notenskala Art. 36 N 12, 13

Nothilfe
- humanitäre Art. 10 N 29

Notifizierungsverfahren Art. 7 N 26; Art. 10 N 18

Nutzniesser
- mittelbarer Art. 8 N 41

Nutzung
- Untergrund Art. 9 N 60

Nutzungsrecht Art. 8 N 31

O

Objekt
- subventioniertes Art. 4 N 31 ff.

Objektivität
- des Vergabeverfahrens Art. 11 N 8

Öffentliche Aufgabe Art. 8 N 18 ff.; Art. 9 N 17
- Begriff Art. 8 N 22 ff.
- Erfüllung Art. 8 N 27

Öffentliche Interessen Art. 8 N 25
- Kasuistik der kantonalen Verwaltungsgerichte Art. 54 N 26
- Kasuistik des BVGer Art. 54 N 24
- Wahrung Art. 8 N 20

Öffentliche Mittel Art. 29 N 17
- haushälterischer Umgang Art. 2 N 2
- Verwendung Art. 2 N 11

Öffentliche Ordnung
- Ausnahmekatalog Art. 10 N 49 ff.

Öffentlicher Auftrag
- Begriff Art. 8 N 8 ff.; Art. 9 N 49
- Definition Art. 8 N 6 ff.
- Nichtstaatsvertragsbereich Art. 3 N 28 f.; Art. 9 N 14

Öffentlicher Auftraggeber siehe Auftraggeberin

Öffentlicher Nahverkehr
- Sektor Art. 3 N 24

Öffentliches Unternehmen Art. 3 N 9 ff.
- funktionelle Verwaltungsaufgaben Art. 8 N 25

Öffentlichkeitsgesetz Art. 2 N 22
- Anwendung nach Abschluss des Vergabeverfahrens Art. 11 N 23

Öffentlichkeitsprinzip Art. 2 N 28; Art. 49 N 6; Art. 61 IVöB N 22

Offertanfragen Art. 20 N 7

Offerte Art. 42 N 6
- Vergleichbarkeit Art. 38 N 5
- zum Vertragsabschluss Art. 41 N 13

Offertkosten Art. 58 N 40

Offertöffnung Art. 37 N 3 ff.; Art. 55 N 13
- öffentliche Art. 37 N 8; Art. 55 N 13
- Protokoll Art. 11 N 6; Art. 37 N 1 ff., 7 f., 10 ff., 14; Art. 39 N 31; Art. 55 N 13

Offertunterlagen Art. 57 N 3
- Einsicht Art. 57 N 3

Offizial- und Untersuchungsmaxime Art. 52 N 22; Art. 55 N 4, 8

Ohnehin-Kosten Art. 2 N 37; Art. 15 N 21

Ökologische Aspekte Art. 2 N 16
- Vergabekriterien Art. 12 N 16

Öl Art. 4 N 57

Optimierungsgebot Art. 41 N 15

Opt-in Art. 17 N 11 ff.

Optionen Art. 35 N 22

Opt-out Art. 17 N 15

Organisationen
- der Arbeitsintegration Art. 10 N 16 ff.
- gemeinnützige Art. 10 N 16 ff.

Organisationskompetenz
- der Kantone Art. 62 IVöB N 29

P

Paradigmenwechsel
- vom Preis- zum Qualitätswettbewerb Art. 41 N 5, 19

Parkierungsschreiben Art. 53 N 4

Parlamentsdienste Art. 4 N 11

Parteifähigkeit
- der Beschwerdeführerin Art. 52 N 7

Parteivereinbarung
- über die gerichtliche Zuständigkeit Art. 52 N 13

Partnerwahlfreiheit
- Vertrag Art. 8 N 10, 13

Patent Art. 30 N 4, 22, 31

Pensionskasse siehe Vorsorgeeinrichtung

Personalrecht
- Ausnahmekatalog Art. 10 N 20 f.

Personalverleih Art. 10 N 21

Personenbeförderungsgesetz Art. 9 N 47

Personenbeförderungskonzession Art. 4 N 53
- Erteilung Art. 9 N 47

Personenverkehr Art. 4 N 54 ff.

Persönliches Interesse
- Ausstandsgrund Art. 13 N 7 f.

Pfändungsverfahren Art. 44 N 23

Planungsstudien Art. 22 N 17

Planungswettbewerb Art. 22 N 17

Plausibilität des Angebots Art. 29 N 22, 23

Polizeibewilligung Art. 4 N 37

Positives Vertragsinteresse Art. 58 N 41

Positivlisten Art. 4 N 4 ff., 15
- Rechtsdienstleistungen Art. 10 N 27
- zum GPA 2012 Art. 8 N 47 f., 74 f.; Art. 52 N 20; siehe auch Verpflichtungslisten

Post Art. 4 N 52 ff.
- Grundversorgung Art. 4 N 52
- reservierter Dienst Art. 4 N 52
- Wettbewerbsbereich Art. 4 N 52

Postauto Art. 4 N 51, 53

Postdienstleistungen Art. 3 N 27
- Sektor Art. 3 N 24

Post-Qualification
- EU-Recht Art. 18 N 13

Pouvoir public Art. 3 N 24

Präponderanztheorie Art. 4 N 20 ff., 48, 52, 59; Art. 5 N 16; Art. 8 N 54, 58 f., 64, 70, 73; Art. 9 N 54 ff.

Präqualifikation Art. 19 N 9 ff.; Art. 22 N 29, 31; Art. 51 N 11 ff.
- Entscheid Art. 19 N 14
  - Beschwerdeobjekt Art. 53 N 10
- Phase Art. 23 N 5, 11, 17 ff.
- Verfahren Art. 19 N 3, 9 ff.; Art. 22 N 30

Präsentation
- Angebote Art. 39 N 24

Präzisierung
- Auftrag Art. 39 N 30, 44
- Bedarf Art. 39 N 11

Preis Art. 2 N 13; Art. 29 N 17, 19, 36
- Absprache Art. 21 N 11
- Angebot Art. 29 N 19
- Anpassung Art. 11 N 20
- Austausch Art. 2 N 35
- Bewertung
  - bei Shortlisting Art. 40 N 38
- Einheitspreise Art. 34 N 20
- Festlegung Art. 29 N 20, 21
- Formel Art. 29 N 17
- Globalpreise Art. 34 N 20
- Kurve Art. 29 N 17; Art. 36 N 13
- Spekulation Art. 29 N 23
- Umlagerungen Art. 29 N 23; Art. 38 N 14
- und Auftragswert Art. 15 N 7

Preisgeld Art. 22 N 51

Preisgericht Art. 22 N 34, 40

Preis-/Leistungsänderungen
- verdeckte Art. 39 N 31

Preis-Leistungs-Verhältnis Art. 39 N 10; Art. 41 N 15

Preisniveau Art. 29 N 3, 21, 22; Art. 63 IVöB N 16

Preisprüfungsrecht Art. 60 BöB N 13 ff.

Preisvarianten siehe Varianten

Preisverhandlungen
- reine Art. 11 N 18

Preiswettbewerb Art. 41 N 5

Primärrechtsschutz Einf. in int. Kontext N 25; Art. 42 N 3, 29; Art. 58 N 1, 8 ff.
- auf kantonaler Ebene Art. 52 N 17

Private Interessen
- die gegen die aufschiebende Wirkung sprechen Art. 54 N 22

Privatrechtliche Stiftung
- Errichtung Art. 9 N 20

Privileg
- In-house- Art. 10 N 42
- In-state- Art. 10 N 38 ff.
- Quasi-In-house- Art. 10 N 43 ff.

Procuring entity
- Anwendungsbereich des GPA 2012 Art. 3 N 17

Produktanforderung Art. 30 N 8

Produktionsverfahren Art. 30 N 25

Produktionsweise Art. 2 N 16

Produktneutralität Art. 30 N 22 ff.

Projektvariante siehe Varianten

Projektwettbewerb Art. 22 N 17

Protektionismus Art. 29 N 21; Einf. in int. Kontext N 2, 10; Art. 2 N 16

Protokoll Art. 39 N 33; Art. 61 N 28
- Bereinigung Art. 39 N 34
- der Angebotsöffnung Art. 37 N 9; Art. 57 N 10; siehe auch Offertöffnung, Protokoll
- Einsicht Art. 37 N 13
- Präsentation Art. 39 N 24
- Verhandlung Art. 39 N 34

Protokollierung Art. 39 N 33
- Verhandlungen Art. 39 N 51

Prototypen Art. 21 N 24

Prozessfähigkeit
- der Beschwerdeführerin Art. 52 N 7

Prozessökonomie Art. 53 N 21

Prozessuale Obliegenheit Art. 52 N 33

Prozessvoraussetzungen Art. 55 N 25
- einer Beschwerde Art. 52 N 5 ff.

Public-Private Partnerships Art. 5 N 28 ff.

PUBLICA Art. 4 N 8 f.; siehe auch Vorsorgeeinrichtung
- Ausnahmekatalog Art. 10 N 32 ff.

Publikation Art. 55 N 18
- Gebühren Art. 48 N 11
- Grundsatz Art. 51 N 4
- öffentlicher Aufträge ab CHF 50 000 Art. 56 N 44
- Organ Art. 18 N 7; Art. 48 N 1 ff., 8, 25
- Text Art. 35 N 14, 21
- Zuschlag Art. 48 N 22; Art. 51 N 9

Publikationspflichten Art. 55 N 13; Art. 62 N 31; Art. 52 IVöB N 31

Putativ-Umgehung Art. 8 N 61

Q

Qualität Art. 38 N 16 f.

Qualitätswettbewerb Art. 41 N 5

Quasi-In-house-Geschäfte Art. 8 N 14; Art. 10 N 43 ff.; siehe auch Vergabe, Quasi-In-house

Quersubventionierung
- Verbot Art. 26 N 7

R

Rahmenbedingungen
- veränderte Art. 43 N 13

Rahmenvertrag
- Abrufverfahren Art. 25 N 14 f.
- Abschluss von Einzelverträgen Art. 25 N 17 f., 18
- Arten Art. 25 N 5
- Einfachzuschlag Art. 25 N 8, 11 ff.
- EU-Recht Art. 25 N 23 ff.
- Laufzeit Art. 25 N 9
    - EU-Recht Art. 25 N 26
- Mehrfachzuschlag Art. 25 N 8, 16 ff.
- Minitender Art. 25 N 9, 18
- Rangfolgeabruf Art. 25 N 17
- Rechtsschutz Art. 53 N 34

Rangierung Art. 22 N 44

Rangliste
- provisorische
    - bei Shortlisting Art. 40 N 29 ff.

Ratifikation Einf. in int. Kontext N 14; Art. 61 N 14
- GPA 1994 Art. 59 BöB N 2; Art. 60 IVöB N 2

Realakt Art. 42 N 18 f., 26

Rechnungsfehler Art. 39 N 22
- offensichtlicher Art. 39 N 5

Recht
- anwendbares Art. 55 N 1
- kommunales Einf. in int. Kontext N 12

Rechtliches Gehör Art. 51 N 16 ff.; Art. 55 N 4, 12, 18; Art. 57 N 3 f., 9
- Anspruch Art. 54 N 30
- Verletzung Art. 21 N 33
- vor Erlass einer Sanktion Art. 53 N 27

Rechtsabklärungen
- behördeninterne Art. 57 N 21

Rechtsanspruch
- auf Erteilung des Zuschlags Art. 41 N 16, 18

Rechtsanwendung
- von Amtes wegen Art. 55 N 4

Rechtsbehelf Einf. in int. Kontext N 38
- formloser Art. 62 N 26

Rechtsberatung
- Ausnahmekatalog Art. 10 N 22 ff.

Rechtsdienstleistungen Art. 10 N 22 ff.

Rechtsetzung
- Kompetenz Art. 61 N 12 f.

Rechtsform Art. 31 N 44
- Bietergemeinschaft Art. 31 N 7, 13
    - erforderliche Art. 31 N 13

Rechtsfrage von grundsätzlicher Bedeutung Art. 52 N 23 f.
- bundesgerichtliche Anforderungen Art. 52 N 31 ff.

Rechtsgleichheit Art. 55 N 9

Rechtskraft Art. 51 N 22
- archivrechtlich Art. 49 N 6
- der angefochtenen Verfügung Art. 54 N 8
- der Ausschlussverfügung Art. 40 N 10

Rechtsmissbrauch Art. 54 N 43

Rechtsmittel Art. 42 N 4; Art. 62 N 5, 26; Einf. in int. Kontext N 38
- Frist
  - EU-Recht Art. 56 N 48

Rechtsmittelbelehrung Art. 35 N 55; Art. 51 N 19 ff.; Art. 52 N 9; Art. 56 N 7
- fehlerhafte Art. 52 N 13

Rechtsmittelinstanz
- bei Bundesvergaben Art. 52 N 32
- kantonale Art. 52 N 18

Rechtsmittel-Richtlinie
- EU-Recht Art. 52 N 38; Art. 54 N 45

Rechtsmittelverfahren Art. 59 BöB N 12; Art. 60 IVöB N 12; Art. 62 N 5

Rechtsschutz Art. 1 N 16; Art. 42 N 1, 4, 7; Art. 52 N 1 ff.; Einf. in int. Kontext N 32
- auf Bundesebene Art. 52 N 8 ff.
- auf kantonaler Ebene Art. 52 N 4, 15 ff.
  - Aufhebung des Zuschlags Art. 56 N 44
- Ausnahmen auf Bundesebene Art. 52 N 27 f.
- Ausschluss des Art. 42 N 19
- Bedürfnis Art. 42 N 19
- bei Abschluss eines Einzelvertrags Art. 25 N 22
- bei Beschaffungen der oberen kantonalen Gerichtsbehörden Art. 52 N 23
- bei Beschaffungen des Bundesgerichts Art. 52 N 26
- bei Beschaffungen des Bundesverwaltungsgerichts Art. 52 N 24
- bei freiwilliger Wahl eines höherstufigen Verfahrens Art. 52 N 13
- bei unzulässigem Einladungsverfahren Art. 56 N 45 f.
- bei Vergaben im unterschwelligen Bereich Art. 52 N 11
- EU-Recht Art. 53 N 35; Art. 56 N 47
- Individual- Einf. in int. Kontext N 24
- Nichtstaatsvertragsbereich
  - Gegenrechtsvorbehalt betr. ausländische Anbieterinnen Art. 52 N 22, 25
- Schwellenwerte auf kantonaler Ebene Art. 52 N 15 f.
- unabhängig vom Auftragswert Art. 53 N 30
- vergaberechtliches Akzept Art. 42 N 19

Rechtsschutzbestimmungen
- allgemeine Art. 56 N 26
- im Vergaberecht Art. 56 N 2

Rechtsschutzinteresse Art. 51 N 35

Rechtssicherheit Art. 42 N 21; Art. 46 N 9; Art. 56 N 2

Rechtsverhältnis
- Begründung Art. 8 N 10

Rechtsverletzung
- zulässiger Beschwerdegrund Art. 56 N 19 ff.

Rechtsverweigerungsverbot Art. 55 N 9

Rechtswahl Art. 55 N 1
- bei gemeinsamen Beschaffungen Art. 5 N 19
- in Sonderkonstellationen Art. 5 N 19
- von Sektorenauftraggeberinnen Art. 5 N 22 f.

Rechtsweggarantie Einf. in int. Kontext N 8, 24; Art. 42 N 3, 26; Art. 52 N 11, 28
- Ausnahme Art. 52 N 20; Art. 53 N 32

Rechtswidrig abgeschlossener Vertrag
- Folgen Art. 42 N 26

Rechtswidrigkeit
- der angefochtenen Verfügung Art. 55 N 28

Reduktion von Anbieterinnen
- im Rahmen einer elektronischen Auktion
  - Beschwerdeobjekt Art. 53 N 17
- im Rahmen eines Dialogs Art. 53 N 17

Referenzen Art. 27 N 19 ff.
- Anrechnung Art. 27 Fn. 16
- Auskünfte Art. 57 N 21
- Überprüfung Art. 27 Fn. 39

Regierungsbehörde
- zentrale
  - EU-Recht Art. 3 N 42; Art. 4 N 68

Regierungsstelle
- subzentrale Art. 3 N 22
- unterstellte Art. 3 N 21 ff.

Regionalkonferenz Art. 4 N 13

1045

Reglement Art. 62 IVöB N 28, 31
- Organisation Art. 61 IVöB N 23; Art. 62 N 12

Regulierung
- extraterritoriale Art. 2 N 6
- nicht extraterritoriale Art. 2 N 6

Reorganisation Art. 4 N 7

Replik Art. 56 N 13
- zur Frage der aufschiebenden Wirkung Art. 54 N 30

Ressourcen Art. 35 N 23
- natürliche Art. 2 N 5

Restwettbewerb Art. 27 N 9; Art. 30 N 16

Revision Art. 59 IVöB N 4 f.
- des Vergaberechts 2019 Einf. in int. Kontext N 19; Art. 22 N 31; Art. 42 N 25

Reziprozität Einf. in int. Kontext N 10; Art. 52 N 22

Richterliche Anweisung Art. 42 N 38

Richterliche Behörde Art. 3 N 22

Rückfragen Art. 39 N 10, 27

Rückweisung Art. 55 N 31

Rüge
- der falschen Verfahrensart Art. 56 N 43, 45 f.
- der Gleichbehandlung der Konkurrenten Art. 54 N 40
- der Unangemessenheit Art. 56 N 19
- der willkürlichen Anwendung des Beschaffungsrechts Art. 54 N 40

Rügegrund der Rechtsverletzung
- im bundesgerichtlichen Verfahren Art. 56 N 21
- im Verfahren vor Bundesverwaltungsgericht Art. 56 N 20

Rügeobliegenheit Art. 53 N 7

Rügepflicht
- qualifizierte Art. 54 N 42

Rügeprinzip
- im Rahmen der subsidiären Verfassungsbeschwerde Art. 52 N 37

S

Sachleistung Art. 8 N 31

Salamitaktik siehe Zerstückelungsverbot

Sanierungen
- Bauwerkregel Art. 16 N 26

Sanktionen Art. 55 N 26
- Beschwerdeobjekt Art. 53 N 18, 26 ff.
- Rechtsschutz Art. 45 N 1 ff.; Art. 51 N 14; Art. 52 N 21; Art. 57 N 10, 28; Art. 62 IVöB N 2, 13, 29 f.
- Möglichkeiten Art. 62 IVöB N 19
- nach BöB/IVöB 45 Art. 12 N 26
- Rechtsschutz Art. 45 N 8

Schadenersatz Art. 55 N 29, 33
- negatives Interesse Art. 58 N 41
- spezialgesetzlicher, vergaberechtlicher Schadenersatz Art. 58 N 27
- Varianten Art. 33 N 18

Schadenersatzbegehren Art. 55 N 28, 33; Art. 58 N 5, 26, 32 f., 44
- in Bezug auf Aufträge im Nichtstaatsvertragsbereich Art. 54 N 15

Schadenersatzpflicht
- des Gesuchstellers Art. 54 N 37

Schiedsverfahren
- Ausnahmekatalog Art. 10 N 22 ff.

Schienenverkehr Art. 3 N 27; Art. 4 N 38, 45

Schlussbestimmungen Art. 62 BöB N 1 f.; Art. 64 IVöB N 1 f.

Schriftenwechsel Art. 54 N 30

Schriftlichkeit Art. 34 N 6; Art. 56 N 9
- Erfordernis Art. 34 N 2, 9; Art. 42 N 20 f.

Schubert-Praxis Art. 4 N 9, 53; Art. 9 N 50

Schutz von Daten und Geschäftsgeheimnissen Art. 11 N 21; Art. 57 N 11

Schutzgebühr Art. 55 N 14

Schutznorm
- gesetzliche Art. 54 N 37

Schwarzarbeit
- Sanktionen Art. 45 N 7

Schwebezustand Art. 42 N 27; Art. 54 N 4

Schweigepflicht
- der Mitglieder der KBBK   Art. 59 BöB N 16; Art. 60 IVöB N 16

Schwellenwerte   Einf. in int. Kontext N 8; Art. 4 N 61; Art. 16 N 3; Art. 20 N 2; Art. 21 N 4; Art. 22 N 28; siehe auch Studienauftrag; Wettbewerb
- Annexe 1–3   Art. 3 N 20
- Bedeutung   Art. 16 N 1 f.
  - im BöB   Art. 16 N 5 ff.
  - in der IVöB   Art. 16 N 6 ff.
- bei gemeinsamen Beschaffungen   Art. 16 N 17 ff.
- EU-Recht   Art. 16 N 31
- für die verschiedenen Auftragsarten
  - Anhang 4 BöB   Art. 8 N 77
- Gesamtangebot
  - Bestimmung   Art. 16 N 1 ff.; Art. 32 N 5; Art. 61 N 2, 14 f.
- im GPA   Art. 16 N 11
- Währung   Art. 16 N 12 ff.
- Wechselkurs   Art. 16 N 14

Schwergewichtstheorie   siehe Präponderanztheorie

Schwestergesellschaft
- Konzern   Art. 31 N 7

Sekretariat der KBBK
- Angliederung   Art. 59 BöB N 7; Art. 60 IVöB N 7
- Finanzierung   Art. 59 BöB N 1; Art. 60 IVöB N 1

Sektoren   Art. 3 N 24, 27, 13

Sektorenauftraggeberin
- Autobusverkehr   Art. 7 N 6
- Binnenschiffverkehr   Art. 4 N 50
- Eisenbahn   Art. 4 N 54 ff.
- Eisenbahn-Fernverkehr   Art. 4 N 54 ff.
- Eisenbahn-Personenverkehr   Art. 4 N 54 ff.
- Elektrizitätsversorgung   Art. 4 N 47 ff.; Art. 7 N 2
- Energieversorgung   Art. 4 N 57; Art. 7 N 2, 7; siehe auch Gasversorgung; Wärmeversorgung
- Flugverkehr   Art. 4 N 50
- Gesuch   Art. 61 N 16; Art. 4 N 15, 35 ff., 44 ff.
- Nahverkehr, öffentlicher   Art. 7 N 2
- Nahverkehr, städtischer   Art. 4 N 51
- Post   Art. 4 N 52 ff.; Art. 7 N 6
- Schienengüterverkehr   Art. 4 N 45
- Schienenverkehr   Art. 7 N 2, 7
- Stromversorgung   Art. 7 N 2, 7
- Telekommunikation   Art. 4 N 45; Art. 7 N 2
- Trinkwasser   Art. 4 N 46; Art. 7 N 2
- Verkehrsendeinrichtung   Art. 7 N 2

Sektorenbeschaffungsrecht   Art. 4 N 61

Sektorenmarkt   Art. 4 N 15, 35 ff., 44 ff.; Art. 7 N 2 ff., 5; Art. 61 N 16

Sektorenrecht
- Vorrang   Art. 9 N 59 ff.

Sektorenrichtlinie   Art. 7 N 27; Art. 25 N 23; Art. 31 N 43 ff.; Art. 32 N 28 ff.; Art. 33 N 31 ff.

Sektorentätigkeit   Art. 4 N 61
- öffentlicher Unternehmen   Art. 3 N 13

Sektorenunternehmen   Art. 4 N 35 ff.; siehe auch Sektorenauftraggeberin
- Ausnahmekatalog   Art. 10 N 36
- In-state-Geschäfte   Art. 10 N 40
- Quasi-In-house-Geschäfte   Art. 10 N 45
- unterstellte   Art. 3 N 21

Sekundärrechtsschutz   Einf. in int. Kontext N 25; Art. 6 N 21; Art. 42 N 3, 29; Art. 51 N 35; Art. 54 N 34, 39; Art. 55 N 19; Art. 58 N 1 f., 6, 17 ff., 37, 42, 45; siehe auch Rechtsschutz
- bei Beschaffungen im Nichtstaatsvertragsbereich   Art. 52 N 3
- bei Revision   Art. 59 IVöB N 4 f.
- im Nichtstaatsvertragsbereich   Art. 52 N 19 ff.

Selbstdeklaration   Art. 26 N 11; Art. 27 N 22; Art. 36 N 8

Selbstverschulden der Vergabestelle   Art. 54 N 21
- Kasuistik des BVGer   Art. 54 N 25

Selektives Verfahren Art. 26 N 5 f.; Art. 51 N 6 f., 11 ff.
- Beschränkung der Teilnehmerzahl Art. 19 N 19
- Shortlisting Art. 26 N 6

Self-executing
- Wechselkursbestimmungen des GPA Art. 16 N 15

Separatvergabe siehe Zerstückelungsverbot

Serienlieferung Art. 21 N 24

Service public Art. 4 N 35

Shortlisting Art. 23 N 17; Art. 40 N 15 ff.

SIA-Ordnung 142 Art. 22 N 10

SIA-Ordnung 143 Art. 22 N 23

Sicherheit
- Ausnahmekatalog Art. 10 N 49 ff.
- äussere
   - Ausnahmekatalog Art. 10 N 49 ff.
- Daten Art. 34 N 2
- innere
   - Ausnahmekatalog Art. 10 N 49 ff.

Sicherheitsinteresse
- national Art. 10 N 51 ff.

Sicherheitspolitische Interessen
- Verhältnismässigkeit Art. 10 N 49 ff.

Sicherheitszwecke
- Begriff Art. 20 N 7
- Inhalt Art. 20 N 2

Sieger
- Studienauftrag Art. 22 N 26; siehe auch Studienauftrag
- Wettbewerb Art. 22 N 26; siehe auch Wettbewerb

SIMAP Art. 35 N 3, 9, 21; Art. 36 N 4; Art. 56 N 7
- Forum Art. 35 N 38
- Internetplattform Art. 35 N 33; Art. 48 N 9
- Verein Art. 28 N 7; Art. 60 BöB N 4 f., 18 ff.

Sitzkanton Art. 61 IVöB N 22

Skalenvorteil Art. 56 N 42

Software Art. 21 N 13; Art. 34 N 3, 37, 39
- Standardsoftware Art. 8 N 52

Sondernutzungskonzession Art. 4 N 34; Art. 9 N 22, 28, 43; Art. 52 N 35; siehe auch Konzession

Sonderziehungsrechte siehe SZR

Sonnenenergie Art. 4 N 47 ff.

Sorgfaltspflicht
- des Erstunternehmers Art. 12 N 18

Souveränität Art. 62 IVöB N 14
- Ausnahmekatalog Art. 10 N 51 ff.

Sozialabgaben Art. 26 N 2, 6; Art. 36 N 8
- Nichtbezahlung Art. 44 N 29 f.

Sozialdumping Art. 2 N 21

Sozialpolitik Art. 2 N 18

Sozialrechte
- Schutz Art. 2 N 6

Sperrzeiten Art. 55 N 24; siehe auch Gerichtsferien

Spezialgesetzliche Bestimmung
- Mindestanforderungen
   - Vorbehalt Art. 9 N 64
- Vorbehalt Art. 9 N 52
- verfahrensrechtliche Art. 56 N 2

Spitalverband Art. 4 N 23, 30

Spitalversorgung Art. 4 N 30

Sponsoring Art. 8 N 37

Spontanbeschwerde Art. 56 N 6; Art. 55 N 22

Sprache Art. 35 N 38; Art. 55 N 15

Sprachengesetz Art. 48 N 18

Sprachvorgaben Art. 48 N 14 ff.

Staatliche Beherrschung Art. 3 N 39

Staatliche Behörde
- Legaldefinition Art. 3 N 41

Staatsaufgabe Art. 4 N 28 f.

Staatsgebundenheit Art. 3 N 39 f.; Art. 4 N 22, 22, 36

Staatshaftung Art. 26 N 8; Art. 55 N 33

Staatsvertragsbereich Art. 3 N 14 ff.; Art. 6 N 3, 9; Art. 21 N 1, 2
- ausserhalb Art. 3 N 28 f.
- Bauaufträge Art. 16 N 27

Standardgüter Art. 29 N 33

Standardvertrag Art. 39 N 16

Standstill Art. 42 N 8 ff., 31, 40; siehe auch Stillhaltefrist
- Regelung Art. 42 N 4

Statistik
- Ausführungsbestimmungen Art. 60 BöB N 8 f.

Stellvertretung Art. 4 N 67

Stellvertretungsrecht Art. 42 N 35

Steuer- und Abgabepflichten Art. 36 N 6
- Einhaltung Art. 12 N 2
- Teilnahmebedingungen Art. 12 N 2, 6

Stiftung Art. 3 N 35; Art. 4 N 23

Stillhaltefrist Art. 42 N 11; Art. 57 N 42; siehe auch Standstill
- EU-Recht Art. 42 N 42; Art. 54 N 46; Art. 56 N 48

Stillstandsperiode Art. 42 N 40; siehe auch Standstill

Strafanstalten
- Ausnahmekatalog Art. 8 N 14; Art. 10 N 16 ff.

Strafregisterauszug Art. 44 N 22

Strafverfolgungsbehörden Art. 3 N 22; Art. 4 N 10

Streichung aus einem Verzeichnis
- Beschwerdeobjekt Art. 53 N 12

Streitbeilegung Art. 62 IVöB N 24
- Mechanismus Art. 62 IVöB N 17
- Organ Einf. in int. Kontext N 23
- Vereinbarung
  - WTO Einf. in int. Kontext N 23

Streitgegenstand Art. 55 N 28; Art. 57 N 18
- Zugehörigkeit zum Staatsvertragsbereich Art. 54 N 15

Streitgenossenschaft Art. 52 N 7

Stromproduktion Art. 4 N 47 ff.

Stromversorgung Art. 3 N 27; Art. 4 N 35
- Sektor Art. 3 N 24

Studien Art. 14 N 6
- Gesamtleistung Art. 21 N 27
- Planung Art. 21 N 27

Studienauftrag Art. 21 N 27; Art. 22 N 9, 16, 17, 21

Subjektive Unterstellung Art. 3 N 21 ff.; Art. 4 N 1 ff.

Subkriterien Art. 36 N 12
- Publikationspflicht Art. 29 N 6

Submission
- Protektionismus Einf. in int. Kontext N 2, 10

Submissionsbeschwerde Art. 52 N 8
- aufschiebende Wirkung auf richterliche Anordnung Art. 54 N 2 ff.

Subsidiäre Verfassungsbeschwerde Art. 7 N 22; Art. 52 N 32, 36 f.
- an das Bundesgericht Art. 52 N 23 f.

Subsidiaritätsprinzip Art. 58 N 24; Art. 62 N 11

Substanziierung
- der Beschwerde Art. 56 N 14 f.

Substituierbarkeit Art. 4 N 19; Art. 7 N 12
- von Alternativprodukten Art. 56 N 34

Substitutionsgüter
- Grundstücksgeschäfte Art. 10 N 10

Sub-Sub-Subunternehmerin Art. 31 N 17
- Auswechslung von Sub-Subunternehmerinnen Art. 31 N 20

Sub-Subunternehmerin Art. 31 N 17
- Teilnahmebedingungen Art. 31 N 22

Subunternehmerin Art. 26 N 3; Art. 27 N 7
- Abgrenzung zur Lieferantin und Zulieferantin Art. 31 N 18
- Ausschluss
  - gerichtliche Überprüfung Art. 31 N 32
- Auswechslung von Subunternehmerinnen Art. 31 N 19 ff.
  - Widerruf Zuschlag Art. 31 N 22
- Beizug Art. 31 N 4
- Beschränkung Art. 31 N 28 ff.
  - gerichtliche Überprüfung Art. 31 N 32

- charakteristische Leistung Art. 31 N 39 ff.; siehe auch charakteristische Leistung
- Dritte Art. 31 N 2
- Drittunternehmung Art. 31 N 16
- Einhaltung der Arbeitsschutzbestimmungen etc. Art. 3 N 5; Art. 12 N 17 ff.; Art. 31 N 1, 14 ff.; Art. 35 N 26
- Erfüllungsgehilfin Art. 31 N 14
- Grundsatz der Zulässigkeit Art. 31 N 29
- Haftung Art. 31 N 14 f.
- Hauptunternehmerin Art. 31 N 14 f.
- Hilfsperson Art. 31 N 14 f.
- Leistungserbringung Art. 31 N 14 f.
- Mehrfachbeteiligung Art. 31 N 33 ff.
    - Ausschluss als Grundsatz Art. 31 N 33, 35
    - Einschränkung Angebotsfreiheit Art. 31 N 36 ff.
    - Vorsubmission Art. 31 N 38
    - Zulassung als Ausnahme Art. 31 N 33
- Mehrfachbewerbung siehe Subunternehmerin, Mehrfachbeteiligung
- Muttergesellschaft Art. 31 N 16
- Sanktionen Art. 31 N 18, 31
- Teilnahmebedingungen Art. 31 N 18, 22
- Tochtergesellschaft Art. 31 N 16
- Verbot Art. 31 N 30
    - qualifizierte Begründung Art. 31 N 30
- Zulassung Art. 31 N 27 ff.
- Zulassungsverbot Art. 31 N 28 ff.
    - qualifizierte Begründung Art. 31 N 30
- Zusammenarbeit mit Dritten Art. 32 N 23

Subunternehmerinnenvertrag Art. 31 N 14

Subvention Art. 4 N 31 ff.

Summarische Begründung
- der Zuschlagsverfügung Art. 56 N 11 ff.

Superprovisorium Art. 54 N 29

Suspensivbedingung Art. 33 N 23 f.; Art. 42 N 40

Suspensiveffekt Art. 54 N 20
- bei Nachprüfungsverfahren gemäss EU-Recht Art. 54 N 46
- der Beschwerde Art. 54 N 4 ff., 14

Synallagma Art. 8 N 33 ff.

Synergieeffekt Art. 56 N 42

System
- monistisches Einf. in int. Kontext N 13

Systeme
- Informationstechnologie Art. 34 N 3

SZR Art. 16 N 12 ff.

T

Tätigkeitserfordernis
- Quasi-In-house-Geschäfte Art. 10 N 47

Technische Spezifikationen Art. 30 N 1 ff., 7; Art. 35 N 19; Art. 44 N 12
- Änderung Art. 30 N 11
- Prüfung Art. 40 N 3 ff.

Teckal-Kriterien Art. 10 N 43 ff.

Teilangebot Art. 32 N 4, 8, 14; Art. 35 N 23, 24
- Abgrenzung
    - Gesamtangebot Art. 32 N 8
    - Los Art. 32 N 8
    - Teilleistung Art. 32 N 8

Teilauftrag siehe Lose
- Abgrenzung
    - Gesamtangebot Art. 32 N 7
- Begriff Art. 32 N 7

Teilleistungen Art. 8 N 57; Art. 56 N 39
- Abgrenzung
    - Grundangebot Art. 32 N 8, 25
    - Lose Art. 32 N 7 f., 25
- Angebot
    - Ausschluss Art. 32 N 26
    - gesamthaftes und ungeteiltes Art. 32 N 26
- Aufteilung eines Auftrags Art. 32 N 3
- Begriff Art. 32 N 8, 24, 26
- des Gesamtgeschäfts Art. 8 N 64; Art. 35 N 25, 51
- Teil einer Gesamtleistung Art. 32 N 25
- Teil eines Ganzen Art. 32 N 25
- Zuschlag
    - Teilleistungszuschlag Art. 32 N 25
    - Vorbehalt Art. 32 N 25 f.

Teilleistungszuschlag Art. 32 N 25

Teilnahmeanspruch Art. 18 N 3, 10 ff.; Art. 19 N 7

Teilnahmeantrag Art. 19 N 3; Art. 51 N 13

Teilnahmebedingungen Art. 26 N 5 ff.; Art. 36 N 7; Art. 38 N 14; Art. 44 N 1, 11 ff.; Art. 63 IVöB N 14
- Abgrenzung Art. 27 N 4
- allgemeine Art. 12 N 2
- Lose Art. 32 N 20
- Missachtung Art. 12 N 3
- Subunternehmerin Art. 26 N 3

Teilnahmeschaden Art. 58 N 39, 42

Teilnehmerkreis Art. 22 N 27; siehe auch Studienauftrag; Wettbewerb

Teilnehmerzahl
- Beschränkung Art. 19 N 15 ff.

Teilrechtsfähiges Subjekt
- Anbieterin Art. 3 N 6

Teilunterstellung Art. 4 N 41, 58 ff.

Telekommunikation Art. 4 N 38, 45
- Sektor Art. 3 N 27

Territorialitätsprinzip Art. 4 N 42; Art. 5 N 25

Theorie
- Infektion Art. 8 N 58
- Präponderanz Art. 8 N 54, 58 f.; siehe auch Präponderanztheorie
- Zweistufen Art. 8 N 24; siehe auch Zweistufentheorie

Tochtergesellschaft
- Konzern Art. 31 N 7

Tokyo Round Government Procurement Code Art. 1 N 2

Totalunternehmerin Art. 32 N 5
- Auftrag Art. 16 N 9; Art. 31 N 3
- Bauwerkregel Art. 16 N 22; Art. 31 N 42;
- Zusammenarbeit mit Dritten Art. 32 N 23

Totalunternehmerinnenvertrag Art. 32 N 5
- charakteristische Leistung Art. 31 N 42
- Qualifikation
  - Bauleistung Art. 31 N 41

Träger kantonaler und kommunaler Aufgaben Art. 4 N 28 f.

Trägergemeinwesen Art. 4 N 22

Transaktionsaufwand Art. 35 N 27

Transaktionskosten Art. 23 N 3
- Logik Art. 52 N 20

Transparenz Art. 2 N 22 ff.; Art. 35 N 36; Art. 36 N 2, 13; Art. 37 N 7 f.; Art. 46 N 10; Art. 51 N 9, 33, 37; Art. 62 N 31

Transparenzgebot Art. 2 N 38; Art. 18 N 1, 6; Art. 19 N 9; Art. 29 N 6; Einf. in int. Kontext N 19; Art. 11 N 4 ff.; Art. 25 N 3; Art. 30 N 9; Art. 32 N 3; Art. 35 N 8, 21, 21; Art. 37 N 6; Art. 49 N 4; Art. 57 N 6; siehe auch Daten
- Beschränkung der Anzahl Lose Art. 32 N 16 f., 20
- Bietergemeinschaft Art. 31 N 28
  - EU-Recht Art. 31 N 44 f.
- Eignungskriterien Art. 27 N 8, 17
- formelle Natur Art. 11 N 7
- keine Verletzung
  – Variante Art. 33 N 20
- Losbeschränkung und Begründungspflicht Art. 32 N 20 f.
- Lose Art. 32 N 12
- Loskombinationsrabatte Art. 32 N 13
- Loslimitierung Art. 32 N 21
- Nachlässe und Rabatte Art. 32 N 13
- Subunternehmerin Art. 31 N 22, 28
- Varianten
  - Gleichbehandlung mit übrigen Angeboten Art. 33 N 6
  - Möglichkeit zur Angebotsanpassung Art. 33 N 20
- Verzeichnisse Art. 28 N 6
- Zusammenarbeit mit Dritten Art. 32 N 22; Art. 34 N 9; Art. 36 N 13; Art. 45 N 15

Transportmarkt Art. 4 N 53

Trinkwasserversorgung Art. 3 N 27; Art. 4 N 35, 46
- Sektor Art. 3 N 24

TRIPS Einf. in int. Kontext N 10

Typ Art. 30 N 4, 22

U

Übergangslösung Art. 21 N 17
Übermittlung Art. 34 N 32
- elektronische Art. 34 N 32
- physische Art. 34 N 32

Übermittlungsweg Art. 35 N 35
Übernutzung
- öffentlicher Güter Art. 2 N 18

Überprüfungsbefugnis des Bundesgerichts
- im Rahmen der subsidiären Verfassungsbeschwerde Art. 52 N 36

Überprüfungsverfahren
- gemäss GPA 2012 Art. 53 N 1; Art. 54 N 1

Überspitzter Formalismus
- Eignungskriterien Art. 27 N 18
- Teilnahmebedingungen Art. 26 N 4

Übertragung einer öffentlichen Aufgabe Art. 9 N 1 ff.
Übertragungsnetz Art. 4 N 47
Überwachung Art. 61 IVöB N 17; Art. 62 IVöB N 2, 7, 11, 13, 22
- der internationalen Verpflichtungen der Schweiz Art. 59 BöB N 5, 8; Art. 60 IVöB N 5, 8

Überwachungsbehörde Einf. in int. Kontext N 37
- BilatAbk Art. 59 BöB N 3; Art. 60 IVöB N 3
- Pflege internationaler Kontakte Art. 59 BöB N 10; Art. 60 IVöB N 10

Umgehung Art. 4 N 63 ff.
- Verbot Art. 8 N 71

Umrechnungskurs Art. 8 N 77
Umschreibung des Auftrags Art. 56 N 23
Umschreibung des Beschaffungsgegenstands
- im freihändigen Verfahren Art. 56 N 33
  - Überprüfung Art. 56 N 36

Umsysteme Art. 30 N 18
Umweltrecht Art. 36 N 8; Art. 45 N 3
- Einhaltung Art. 12 N 1 ff.
- schweizerisches Art. 12 N 15

Umweltschutz Art. 2 N 6 f.; Art. 26 N 5; Art. 30 N 5, 25
- Ausnahmekatalog Art. 10 N 55 f.
- rechtliche Vorschriften Art. 12 N 15 ff.

Umweltziel und Umweltpolitik Einf. in int. Kontext N 7; Art. 2 N 18
Unangemessenheit Art. 55 N 25
Unbefangenheitserklärung Art. 11 N 11
Unbestimmte Laufzeit des Vertrags siehe Vertrag, unbestimmte Laufzeit
Uneigentliche Variante siehe Varianten, uneigentliche
Unentgeltlichkeit Art. 55 N 14
Unerlässlichkeit
- Sicherheitszwecke Art. 20 N 12; siehe auch Sicherheitszwecke
- Verteidigungszwecke Art. 20 N 12; siehe auch Verteidigungszwecke

Ungerechtfertigte Bereicherung Art. 42 N 32
Ungültigkeit
- sui generis Art. 42 N 35

Unklarheiten
- bei der Feststellung des vorteilhaftesten Angebots Art. 39 N 1 ff.

Unlauterer Wettbewerb
- Varianten Art. 33 N 18

Unmittelbarkeitsprinzip
- bei der Prüfung von Vergabekriterien
  - bei Shortlisting Art. 40 N 23, 30

Unparteilichkeit Einf. in int. Kontext N 10
- des Vergabeverfahrens Art. 11 N 8

Unrichtige Feststellung des Sachverhalts Art. 56 N 19
Unterkriterien
- Bekanntgabe Art. 11 N 4; siehe auch Transparenzgebot

Unternehmen
- gemischtwirtschaftliches Art. 9 N 20
- öffentliches Art. 4 N 7 f., 36, 39 f., 52
- privates Art. 4 N 39 f.
- wahlberechtigtes Art. 5 N 23

Sachregister

Unternehmerinnenvariante siehe Varianten

Unterscheidung
- Bauhauptgewerbe Art. 8 N 4
- Baunebengewerbe Art. 8 N 4
- Beschaffungen
  - Staatsvertragsbereich Art. 8 N 4

Unterschrift Art. 34 N 4 ff.
- Erfordernis Art. 34 N 9
- fehlende Art. 34 N 9; Art. 44 N 15 ff.

Untersuchungsgrundsatz Art. 55 N 4, 8, 20

Unveränderbarkeit
- Angebote Art. 39 N 7

Unvollständigkeit Art. 39 N 10, 27

Unzulässige Wettbewerbsabrede Art. 2 N 32
- Verdacht Art. 45 N 10

Urheberrecht Art. 30 N 4, 22
- Varianten Art. 33 N 18

Ursprung Art. 30 N 4, 22

Urteil
- kassatorisches Art. 58 N 9, 11
- reformatorisches Art. 58 N 9

V

Varianten Art. 33 N 18; Art. 35 N 27, 28
- Abhängigkeit von Grundangebot Art. 33 N 5 ff.
- Abmahnungspflicht Art. 33 N 26
- Amtslösung Art. 32 N 7; Art. 33 N 12
- Ausführungsvariante Art. 33 N 14
- Ausschluss Art. 33 N 7 ff.
  - als Ausnahme Art. 33 N 9
- ausschreibungswidriges Angebot
  - abweichende Preisart Art. 33 N 15
- Bereinigung Art. 33 N 18
- Beschränkung Art. 33 N 8 ff.
- Definition Art. 33 N 12 ff.
- echte Art. 33 N 12 ff., 12 ff.
  - Bauunternehmen Art. 33 N 20
  - Nachbesserungsmöglichkeit Art. 33 N 20
- Erfüllungsgarantien Art. 33 N 16
- Ermessen der Auftraggeberin Art. 33 N 6, 9, 27
- EU-Recht Art. 33 N 31
  - Konzessionsvergabe Art. 33 N 30
- Evaluation Art. 33 N 17
- formelle Voraussetzungen Art. 33 N 5
- funktionale Gleichwertigkeit Art. 33 N 12 f.
- Gegenvorschlag Art. 33 N 12 f.
- Gesamtangebot Art. 34 N 4 f.; Art. 35 N 7
- Geschäfts- und Fabrikationsgeheimnisse Art. 33 N 18, 20
- Gleichwertigkeit
  - Nachweis Art. 33 N 11 f.
  - Variante und Amtslösung Art. 33 N 6
- Grundangebot Art. 32 N 4 f.; Art. 33 N 5, 7, 12
- Gültigkeit Art. 33 N 7
- Haftung Art. 33 N 16, 27 f.
- Herstellungsvariante Art. 33 N Fn. 32
- Immaterialgüterrecht Art. 33 N 18
- inhaltliche Unklarheit Art. 33 N 11
- Innovationsförderung Art. 33 N 9
- kein Anspruch auf Zulassung Art. 33 N 9
- Konventionalstrafen Art. 33 N 16
- leistungs- und nicht vergütungsbezogene Abweichung Art. 33 12 f.; N 15
- Mehrleistungsvariante Art. 33 N 19 f.
- Minderleistungsvariante Art. 33 N 19 f.
- mit/ohne Grundangebot Art. 33 N 5
- Nachbesserungsmöglichkeit anderer Angebote Art. 33 N 20
- normales Angebot Art. 33 N 17
- Preisart Art. 33 N 15
- Preismodell Art. 33 N 15
- Preisvariante Art. 33 N 15
  - unterschiedliche Einheitspreise Art. 33 N 15
- Projektvariante Art. 33 N 14
- Risiken Art. 33 N 27 f.
- Schadenersatz Art. 33 N 18
- Schwierigkeiten bei der Auswertung Art. 33 N 8
- technische Notwendigkeit Art. 33 N 26
- Teilangebot Art. 32 N 8, 24 ff.; Art. 33 N 12, 19 f.
- Transaktionsaufwand Art. 33 N 8
- unechte Art. 33 N 19 ff.

- Alternativvorschlag Art. 33 N 19, 21
- Bedingungen Art. 33 N 23 f.
- uneigentliche Art. 33 N 19, 25 f.
  - technische Notwendigkeit Art. 33 N 26
  - Verantwortungsbereich der Anbieterin Art. 33 N 25 f.
- Unternehmerinnenvariante Art. 33 N 12 f., 20
- unzulässige Art. 33 N 7, 14, 16, 17
- Urheberrecht Art. 33 N 18
- Vergleichbarkeit der Offerten Art. 33 N 5
- Vergütungsvariante Art. 33 N 15
- Vertragsbedingungen Art. 33 N 16
- Vollständigkeit der Offerte Art. 33 N 5
- Weiterverwendung der Idee Art. 33 N 18
- Zahlungskonditionen Art. 33 N 15 f.
- Zahlungsvarianten Art. 33 N 15
- zulässige Art. 33 N 14, 16 f.
  - Vorteil Art. 33 N 20
- Zulassung als Grundsatz Art. 33 N 9
- Zuschlag Art. 33 N 6, 17, 27 f.

Veloverleih Art. 8 N 70

Veräusserungsverträge
- charakteristische Leistung Art. 31 N 41

Verbot der Preisgabe von Informationen Art. 57 N 11

Verbot des Rechtsmissbrauchs Art. 54 N 35 f.

Verbot des überspitzten Formalismus Art. 12 N 3; Art. 30 N 9 f. Art. 34 N 17; Art. 39 N 10, 27; Art. 44 N 6; Art. 55 N 9

Verbot von Abgebotsrunden Art. 11 N 19

Verein Art. 4 N 23, 30

Verfahren
- faires Art. 55 N 9
- freihändiges Art. 21 N 2, 4, 1
- freihändiges mit Konkurrenzofferten Art. 17 N 16
- nichtoffenes Art. 19 N 22
- offenes Art. 18 N 1 ff.
  - Ablauf Art. 18 N 4
- ordentliches Art. 20 N 4
- selektives Art. 19 N 1 ff.
  - Ablauf Art. 19 N 5
  - bei Shortlisting Art. 40 N 35 f.

Verfahrensabschnitt Art. 18 N 4; siehe auch Verfahren, offenes, Ablauf

Verfahrensakten
- entscheidrelevante Art. 57 N 14, 16, 18

Verfahrensart Art. 8 N 45; Art. 17 N 1 ff.; Art. 22 N 28

Verfahrensausschluss Art. 12 N 3; Art. 34 N 11

Verfahrensbeschleunigung Art. 54 N 30; Art. 55 N 2

Verfahrenseffizienz Art. 53 N 21; Art. 55 N 2

Verfahrensgarantien Art. 55 N 4, 9; Art. 62 N 25

Verfahrensgrundsätze
- Gleichwertigkeit Art. 11 N 3

Verfahrensinstrument Art. 17 N 7 f.

Verfahrenskosten Art. 55 N 32

Verfahrensökonomie Art. 39 N 12; Art. 57 N 29
- im Beschaffungsprozess Art. 40 N 19 ff.

Verfahrensrecht Art. 55 N 1
- allgemeines Art. 56 N 2; Art. 57 N 3

Verfahrenssprache Art. 35 N 38

Verfahrenswahl Art. 17 N 9 ff.; Art. 19 N 2
- Schwellenwerte Art. 16 N 1 ff.

Verfassungsbeschwerde
- subsidiäre Art. 55 N 19; Art. 56 N 27

Verfügung Einf. in int. Kontext N 25; Art. 22 N 27, 30; Art. 43 N 5; Art. 53 N 5; Art. 56 N 7;
- Abbruch Art. 43 N 5; Art. 51 N 23
- Allgemeinverfügung Art. 51 N 4
- Eröffnung Art. 51 N 1 ff.; Art. 56 N 7
- mitwirkungsbedürftige Art. 8 N 12
- Präqualifikation Art. 35 N 33
- rechtsbeständige Art. 58 N 37
- über Realakte Art. 52 N 11; Art. 53 N 31
- Verzeichnisse Art. 28 N 10
- Widerruf Art. 43 N 3
- Zuschlag Art. 41 N 11; Art. 51 N 26 f.
- Zustellung Art. 51 N 5

Verfügungsverfahren Art. 57 N 3, 5, 7, 10

Vergabe
- In-house- Art. 10 N 42
- innerhalb Staatssphäre Art. 10 N 36 ff.
- In-state- Art. 10 N 38 ff.
- Quasi-In-house- Art. 10 N 43 ff.

Vergabebehörde Art. 30 N 9; Art. 58 N 23, 25, 28

Vergabeentscheid
- interner Art. 40 N 9

Vergabegrundsätze Art. 26 N 2

Vergabeverfahren Art. 57 N 9
- Einleitung Art. 62 BöB N 3 ff.; Art. 64 IVöB N 3 ff.
- erstinstanzlich Art. 55 N 5

Vergabeverfügung
- rechtsbeständige Vergabeverfügung Art. 58 N 34

Vergleichbarkeit Art. 35 N 17; Art. 39 N 5, 9, 22

Vergleichsofferte Art. 20 N 1; Art. 21 N 5

Vergütung Art. 30 N 20

Vergütungsvarianten siehe Varianten

Verhältnis
- BöB/IVöB 8 und 9 Art. 9 N 50
- Kosten-Nutzen- Art. 2 N 18
- Preis-Leistungs- Art. 34 N 20

Verhältnismässigkeitsprinzip Art. 12 N 3; Art. 30 N 10; Art. 34 N 11; Art. 44 N 6; Art. 45 N 6; Art. 54 N 27; Art. 55 N 4, 9, 31; Art. 57 N 4, 31
- Ausnahmekatalog Art. 10 N 4
- Bietergemeinschaft Art. 31 N 37
   - Regulierung der Mehrfachbeteiligung Art. 31 N 37
- Eignungskriterien Art. 27 N 8, 18
- Losbeschränkung Art. 32 N 18
- sicherheitspolitische Interessen Art. 10 N 49 ff.
- Subunternehmerin Art. 31 N 37
- Teilnahmebedingungen Art. 26 N 4, 7

Verhandlungen Art. 11 N 18; Art. 39 N 1, 3, 6 f., 19, 27, 30, 34, 43 ff., 47, 51
- Reform des GPA Einf. in int. Kontext N 5;

- Preis- Art. 39 N 21, 29, 32
- Protokoll Art. 39 N 34
- Verfahren Art. 39 N 36
- Vertrag Art. 39 N 16
- zur Vertragsfinalisierung Art. 42 N 22

Verhandlungsdelegation Art. 59 BöB N 8; Art. 60 IVöB N 8

Verhandlungsverfahren Art. 39 N 36

Verkauf
- gewerblicher Art. 10 N 6 ff.

Verkehrsversorgung Art. 3 N 27

Verlängerungserklärung Art. 35 N 43

Verleihung einer Konzession Art. 9 N 1 ff.; siehe auch Konzession
- Formen Art. 9 N 20

Verletzung verfassungsmässiger Rechte
- qualifizierte Rügepflicht Art. 54 N 42

Veröffentlichung Art. 48 N 1; Art. 51 N 5

Verpackung Art. 30 N 7

Verpflichtungen
- internationale Art. 29 N 22

Verpflichtungskredit Art. 42 N 40

Verpflichtungslisten Art. 8 N 45; siehe auch Positivlisten

Verschlüsselung Art. 34 N 3, 35; Art. 35 N 35; Art. 36 N 14
- Daten Art. 34 N 38

Verspätung Art. 34 N 23

Verteidigungs- und Sicherheitszwecke Art. 8 N 76; Art. 21 N 29; Art. 57 N 28
- Verteidigungszwecke
   - Begriff Art. 20 N 8
   - Inhalt Art. 20 N 12; siehe auch Vertragsfreiheit

Vertrag
- bestimmbare Laufzeit Art. 15 N 16
- einseitiger Art. 8 N 38
- Gesellschaft Art. 8 N 35
- Gültigkeit des Art. 42 N 38
- im vergaberechtlichen Sinn Art. 8 N 9 ff.
- Laufzeit Art. 15 N 14 ff.
- öffentlich-rechtlicher Art. 8 N 11

- Offerte Art. 41 N 13; Art. 42 N 6
- privatrechtlicher Art. 42 N 16
- Schenkung Art. 8 N 38
- Sponsoring Art. 8 N 37
- unbestimmte Laufzeit Art. 15 N 18, 23; siehe auch Vertrag, Laufzeit
- vergaberechtswidrig abgeschlossener Vertrag Art. 58 N 21 ff.
- Verlängerung siehe Vertrag, Laufzeit

Vertragsabschluss Art. 41 N 1, 7; Art. 42 N 1 ff., 4
- nach Abweisung des Gesuchs um Erteilung der aufschiebenden Wirkung Art. 54 N 43

Vertragsdauer siehe Vertrag, Laufzeit

Vertragsfreiheit Art. 8 N 10; Art. 25 N 3

Vertragspartnerin
- nicht verlässliche und vertrauenswürdige Art. 44 N 31 ff.

Vertragsrecht Art. 42 N 14

Vertragstypenqualifikation Art. 20 N 2, 2

Vertragsverhandlungen Art. 42 N 22 f.
- bei Shortlisting Art. 40 N 32 f.

Vertrauensprinzip Art. 29 N 8; Art. 30 N 12; Art. 35 N 11; siehe auch Grundsatz von Treu und Glauben

Vertraulichkeit Art. 37 N 10; Art. 39 N 24; Art. 45 N 3; Art. 55 N 13; Art. 57 N 11
- der Angebote Art. 11 N 22; Art. 57 N 2, 6
- der Unterlagen Art. 49 N 18
- EU-Recht Art. 11 N 24 f.
- nach Abschluss des Vergabeverfahrens Art. 11 N 23

Vertraulichkeitsgrundsatz Art. 11 N 21 ff.; Art. 57 N 3, 41
- Varianten
  - Innovation der Anbieterin Art. 33 N 18
  - Weitergabe, Veröffentlichung oder Weiterverwendung der Variantenidee Art. 33 N 18

Vertretung einer Partei
- Ausstandsgrund Art. 13 N 14 f.

Vertretungsbefugnis
- Bietergemeinschaft Art. 31 N 12

Verurteilung
- rechtskräftige Art. 44 N 20 ff.
- wegen eines Verbrechens Art. 45 N 3
- wegen eines Vergehens zum Nachteil der Auftraggeberin Art. 45 N 3

Verwaltungsaufgabe Art. 4 N 18; Art. 8 N 27

Verwaltungseinheit
- auf Bezirksebene Art. 3 N 22
- auf Gemeindeebene Art. 3 N 23
- auf Kantonsebene Art. 3 N 23
- dezentrale Art. 8 N 27
- zentrale Art. 8 N 27

Verwaltungshandeln
- rechtsstaatlich Art. 21 N 5

Verwaltungsprivatrecht Art. 42 N 16

Verwaltungstätigkeit Art. 57 N 29
- funktionelle Art. 8 N 23; Art. 9 N 42

Verwaltungsverfahren
- Ausnahmekatalog Art. 10 N 22 ff.
- Einheit Art. 55 N 2
- nichtstreitig Art. 55 N 3

Verwaltungsvermögen Art. 8 N 30

Verwandtschaft oder Schwägerschaft
- Ausstandsgrund Art. 13 N 10 ff.

Verwarnung Art. 45 N 1 ff.

Verweigerungs- oder Einschränkungsgründe Art. 57 N 25

Verzeichnis Art. 19 N 13; Art. 26 N 11; siehe auch Eignung, Prüfung
- Abgrenzung Art. 28 N 5
- Aufnahme Art. 28 N 10
- Befristung Art. 28 N 8
- Publikation Art. 28 N 3, 7
- Verfügung Art. 28 N 10

Verzichtserklärung
- Aufbewahrungspflicht Art. 49 N 9

Verzögerung Art. 54 N 13

VöB Art. 60 BöB N 10 ff.

Vollkostenrechnung Art. 4 N 33

Vollständigkeit
- des Angebots Art. 34 N 11

Vollstreckbarkeit
– des Zuschlagsentscheids Art. 54 N 13

Volumenbündelung Art. 32 N 10

Vorankündigung Art. 47 N 10 f.; Art. 55 N 7

Vorarbeiten Art. 14 N 5

Vorbefassung Art. 14 N 2 ff.; Art. 44 N 33
– qualifizierte Art. 14 N 6

Vorbehalt Art. 34 N 28
– Bewilligung des Verpflichtungskredits Art. 42 N 40

Vorbereitungsarbeiten Art. 22 N 32, 33

Vorgehensweise Art. 35 N 17; Art. 36 N 11

Vorinformationen Art. 36 N 19

Vorleistungen siehe Ohnehin-Kosten

Vorprojekt Art. 14 N 6

Vorprüfung Art. 22 N 32, 34

Vorrang
– Konkordatsrecht Art. 9 N 60
– Sektorenrecht Art. 9 N 59 ff.
– spezialgesetzliche Bestimmung Art. 9 N 14

Vorsorgeeinrichtung
– Ausnahmekatalog Art. 10 N 32 ff.; siehe auch PUBLICA
– öffentlich-rechtliche Art. 4 N 23
– kantonale Art. 63 IVöB N 11

Vorsorgliche Massnahmen Art. 56 N 4
– Frist Art. 56 N 16; Art. 54 N 1, 9 ff.
– Anordnung von Amtes wegen oder auf Gesuch hin Art. 54 N 11
– bei Anfechtung der Ausschreibung Art. 54 N 7
– bei Anfechtung des Präqualifikationsentscheids Art. 54 N 7

Vorteilhaftestes Angebot Art. 41 N 14 ff.
– Varianten Art. 33 N 6

Vorwissen Art. 14 N 13

Vorzugsrecht Art. 4 N 37

VwVG Art. 55 N 1 ff.

W

Waffe Art. 21 N 3

Waffengleichheit Art. 57 N 34

Wahl der falschen Verfahrensart
– EU-Recht Art. 56 N 49

Währung
– der Schwellenwerte siehe Schwellenwerte, Währung

Wahrung
– öffentlicher Interessen Art. 3 N 36

Ware
– gewerbliche Art. 47 N 14 f.
– standardisierte Art. 25 N 12

Warenbörse Art. 21 N 25

Warenverkehr
– freier Einf. in int. Kontext N 28

Wärmeversorgung Art. 4 N 57

Wasenaar-Vereinbarung Art. 20 N 10

Wasserkraft Art. 4 N 47 ff.

Wasserversorgung Art. 3 N 27

Wechselkurs
– der Schwellenwerte siehe Schwellenwerte, Wechselkurs

Welthandelsorganisation (WTO) Einf. in int. Kontext N 2, 4;
– Arbeitsprogramm betreffend nachhaltige Beschaffungen Art. 2 N 14
– Ausschuss über das öffentliche Beschaffungswesen Art. 59 BöB N 8; Art. 60 IVöB N 8

Wertbestimmung siehe Auftragswert, Bestimmung

Wettbewerb Art. 7 N 1, 4, 8, 10 ff.; Art. 21 N 4; Art. 22 N 17; Art. 30 N 21; Art. 35 N 19; Art. 36 N 9
– Bietergemeinschaft
  – Ausschluss Art. 31 N 28 f.
  – Verbot der Mehrfachbeteiligung Art. 31 N 36
  – Zugang zu Vergabeverfahren Art. 31 N 27

- de facto Art. 7 N 11
- de iure Art. 7 N 11
- fairer Art. 19 N 3, 18
- Förderung Art. 30 N 2, 16, 19, 29 f.; Art. 32 N 3
- funktionierender Art. 3 N 37
- Gesamtleistung Art. 21 N 27
- Nachteil Art. 2 N 36
- Planung Art. 21 N 27
- Subunternehmerin
  - Stärkung Art. 31 N 33
- Varianten
  - unlauterer Art. 33 N 18
- wirksamer Art. 2 N 31; Art. 4 N 19 ff., 25; Art. 7 N 10 ff.; Art. 14 N 10; Art. 19 N 3, 18; Art. 30 N 14; Art. 32 N 3

Wettbewerbsabreden
- Bietergemeinschaft
  - Ausschluss Art. 31 N 28
  - Mehrfachbeteiligung Art. 31 N 33 f.
- Sub-Subunternehmerinnen
  - Beizug Art. 31 N 22
- Subunternehmerin
  - Ausschluss Art. 31 N 28
  - Beizug Art. 31 N 22
  - Mehrfachbeteiligung Art. 31 N 33 f.
- unzulässige Art. 21 N 11; Art. 26 N 2, 6; Art. 36 N 8; Art. 43 N 16; Art. 44 N 38; Art. 45 N 3, 9 ff.;

Wettbewerbsdruck Art. 4 N 19 ff., 48, 48, 59; Art. 7 N 4; Art. 8 N 29 f.

Wettbewerbsfunktionen Art. 4 N 19; Art. 7 N 10 ff.

Wettbewerbsgrundsatz Art. 25 N 8; Art. 56 N 23

Wettbewerbskommission (WEKO) Art. 7 N 21, 24 ff.; Art. 21 N 11; Art. 61 IVöB N 16; Art. 62 IVöB N 27

Wettbewerbsrecht Art. 2 N 3

Wettbewerbsverfahren Art. 22 N 9

Wettbewerbsvorteil Art. 14 N 8

Whistleblowing
- Meldestelle Art. 11 N 12

Widerrechtlichkeit Art. 58 N 32, 34 ff.

Widerruf des Zuschlags Art. 44 N 1 ff.
- Beschwerdeobjekt Art. 53 N 15

Wiedererwägung Art. 54 N 31
- Gesuch Art. 54 N 33
- Gründe Art. 61 IVöB N 29

Willensbildung
- beim Vergabeentscheid Art. 40 N 5
- Prozess Art. 42 N 17

Willenserklärung Art. 42 N 17

Willkürverbot Art. 54 N 42; Art. 55 N 9

Windkraft Art. 4 N 47 ff.

Wirtschaftlichkeit Art. 2 N 13, 39; Art. 21 N 4; Art. 51 N 13

Wirtschaftlichkeitsgebot Art. 39 N 12, 30, 32
- Losbeschränkung Art. 32 N 17
- Zuschlag
  - Lose Art. 32 N 19

Wirtschaftsfreiheit Einf. in int. Kontext N 1; Art. 54 N 40

Wirtschaftsteilnehmer Art. 31 N 43

Wissensvorsprung Art. 14 N 7, 9, 13 ff.
- Ausgleich Art. 14 N 8
- geringfügiger Art. 14 N 7

Wohltätigkeitseinrichtungen Art. 10 N 16

Z

Zahlungsvarianten siehe Varianten

Zeitstempel
- elektronischer Art. 34 N 38

Zerstückelungsverbot Art. 15 N 8 ff.
- Bagatellklausel Art. 16 N 28
- Bauaufträge siehe Bauwerkregel
- Praxis Art. 15 N 11 f.

ZertES Art. 34 N 36 f.

Zertifizierung Art. 9 N 20; Art. 30 N 33
- international anerkanntes Zertifizierungssystem Art. 12 N 22
- Zertifikat Art. 30 N 26

Zielkonflikte Art. 2 N 35 f.

Zugangsprinzip Art. 34 N 13; Art. 35 N 34; Art. 46 N 3 ff.

Zulassung
- nichtprivilegierter Anbieterinnen Art. 6 N 19
- Voraussetzungen Art. 24 N 9 ff.

Zulieferantin Art. 12 N 17; Art. 31 N 18
- Subunternehmerin Art. 31 N 18

Zurückhaltung
- bei der Überprüfung von Vergabeentscheiden Art. 56 N 5
- der Rechtsmittelinstanz in Bezug auf die Bewertung von Offerten Art. 56 N 25

Zusammenarbeit Art. 61 IVöB N 31
- internationale
  - Ausnahmekatalog Art. 10 N 28 ff.
- mit Dritten Art. 32 N 22 f.

Zusammenrechnung siehe Zerstückelungsverbot
- von Bauaufträgen siehe Bauwerkregel

Zusammenrechnungspflicht siehe Zerstückelungsverbot

Zusammenschluss Art. 31 N 7
- Bietergemeinschaft Art. 31 N 4
- Einzelunternehmen Art. 31 N 7
- gemischtwirtschaftliche Subjekte Art. 31 N 7
- juristische Personen Art. 31 N 7
- öffentlich-rechtliche Subjekte Art. 31 N 7

Zuschlag Art. 29 N 1; Art. 41 N 7, 9 ff.; Art. 42 N 6
- Archivwürdigkeit der Akten Art. 49 N 5; siehe auch Dokumentationspflicht
- Aufhebung Art. 42 N 19, 29
- Beschwerdeobjekt Art. 53 N 14
- Eröffnung Art. 56 N 7
- Erteilung Art. 44 N 2
- freihändiger Art. 62 BöB N 4; Art. 64 IVöB N 4
- rechtsbeständiger Art. 58 N 19
- Verfügungscharakter Art. 42 N 9
- Widerruf Art. 26 N 2

Zuschlagskriterien Art. 29 N 1, 2, 5, 6, 14; Art. 35 N 50; Art. 36 N 10; Art. 39 N 36
- Änderung Art. 29 N 13
- Anfahrtsweg Art. 29 N 26
- Arbeitsplätze Art. 29 N 30
- Bewertung Art. 40 N 3 ff.
- Gewichtung Art. 29 N 32
- im Einladungsverfahren Art. 20 N 5
- Langzeitarbeitslose Art. 29 N 30
- Lernende Art. 29 N 30
- Ökologie Art. 29 N 26
- Ortskenntnis Art. 29 N 26
- Sprachregion Art. 29 N 29
- Subkriterien Art. 29 N 6
- Transportweg Art. 29 N 27
- Unabänderlichkeit Art. 29 N 12
- Veröffentlichung Art. 29 N 6

Zuschlagsverfügung
- als Teil des Beschaffungsprozesses Art. 40 N 9 ff.
- vollstreckbare Art. 42 N 31

Zuständigkeitsregelung
- gesetzliche Art. 52 N 13

Zustellfiktion Art. 56 N 7

Zustellung Art. 55 N 18

Zustimmungserfordernis Art. 61 IVöB N 30

Zweckverband Art. 4 N 13, 23

Zwei-Couverts-Methode Art. 34 N 13; Art. 35 N 37; Art. 37 N 4 ff., 12; Art. 38 N 4 ff., 6 ff., 15 ff., 16 ff., 17 f., 18

Zweistufentheorie Art. 8 N 24; Art. 17 N 5; Art. 23 N 2; Art. 41 N 1, 8

Zwischenentscheid
- Anfechtung Art. 54 N 39
- über die aufschiebende Wirkung Art. 54 N 31

Zwischenverfügung Art. 57 N 38 f.
- Anfechtung Art. 57 N 18